Süß

Erbrecht in Europa

Süß

Erbrecht in Europa

Herausgegeben von
Rechtsanwalt Dr. Rembert Süß, Würzburg

3. Auflage 2015

zerb verlag

Hinweis:
Die Ausführungen und Formulierungsbeispiele in diesem Buch und auf der CD-ROM wurden mit Sorgfalt und nach bestem Wissen erstellt, sie stellen jedoch lediglich Anregungen für die Lösung typischer Fallgestaltungen dar. Autoren und Verlag übernehmen keine Haftung für die Richtigkeit und Vollständigkeit der in dem Buch und auf der CD-ROM enthaltenen Materialien und Formulierungsmuster.

Zitiervorschlag:
Bearbeiter, Beitrag, in: Süß, Erbrecht in Europa, Rn.1

Die Deutsche Bibliothek – CIP Einheitsaufnahme
Süß
Erbrecht in Europa, 3. Auflage 2015
zerb verlag, Bonn

ISBN 978-3-95661-022-6

zerb verlag GmbH
Rochusstr. 2–4
53123 Bonn

Copyright 2015 by zerb verlag

Das Werk einschließlich aller seiner Teile ist urheberrechtlich geschützt. Jede Verwertung, die nicht ausdrücklich vom Urheberrechtsgesetz zugelassen ist, bedarf der vorherigen Zustimmung des Verlages. Das gilt insbesondere für Vervielfältigungen, Bearbeitungen, Übersetzungen, Mikroverfilmungen sowie Einspeicherung und Verarbeitung in elektronischen Systemen.

Satz: Cicero Computer GmbH, Bonn
Druck: Kösel GmbH & Co. KG, Altusried-Krugzell

Das Werk erscheint auch als Lizenzausgabe in den Verlagen
Helbing Lichtenhahn Verlag, Basel ISBN 978-3-7190-3628-7
LexisNexis Verlag ARD Orac, Wien ISBN 978-3-7007-6022-1

Vorwort

Die dritte Auflage dieses Werkes kann umsetzen, was bei der ersten Auflage noch Vision war: Aus Erbrecht in Europa wird Europäisches Erbrecht! Die Europäische Erbrechtsverordnung vom 4. Juli 2012 hat das internationale Erbkollisionsrecht und Erbverfahrensrecht vereinheitlicht. Weit entfernt von einem „wertneutralen" Kollisionsrecht begünstigt die EU-ErbVO durch die Einführung des Errichtungsstatuts für alle Verfügungen von Todes wegen Formerleichterungen und durch Sonderregeln zum vereinfachten Abschluss von Erbverträgen und die Einführung von Rechtswahlmöglichkeiten die Nachlassgestaltung. Es bleibt daher abzuwarten, ob und wie diese durch die wirtschaftlichen Grundfreiheiten motivierte rechtspolitische Tendenz der kollisionsrechtlichen Sonderregeln auf das nationale materielle Erbrecht durchfärbt. Auch das Europäische Nachlasszeugnis wird möglicherweise die innerstaatliche Nachlassabwicklung in solchen Ländern prägen, die einen Erbschein bislang nicht kannten.

Das Erscheinen der Neuauflage rechtzeitig zum Anwendungsstichtag für die Verordnung stellte eine besondere Herausforderung für Autoren und den Verlag dar. Alle haben Außerordentliches geleistet. Ihnen sei für die Disziplin gedankt. Besonderes Lob gebührt Frau Andrea Albers und Frau Marita Blaschko vom zerb verlag, die mit ihrem unermüdlichen Einsatz und Durchhaltevermögen das Projekt vor dem Anpfiff für die EU-ErbVO auf den Startblock gezogen haben. Nicht ganz so diszipliniert wie sie waren die nationalen Gesetzgeber, die in einigen Ländern die Ausführungsregeln erst so spät fertiggestellt haben, dass unsere Autoren diese in ihren Länderberichten zum Teil nicht mehr berücksichtigen konnten. Wir bitten hierfür um Verständnis.

Wir wünschen allen Lesern viel Gewinn und Freude bei der Lektüre des Werkes und hoffen, dass es auch weiterhin auf so große Gunst wie bisher stößt. Für Kritik und Anregungen sind wir nach wie vor dankbar.

Estenfeld, im August 2015

Dr. Rembert Süß

Inhaltsübersicht

Inhaltsübersicht CD-ROM IX
Autorenverzeichnis XI
Abkürzungsverzeichnis XV
Allgemeines Literaturverzeichnis XIX

Allgemeiner Teil

§ 1 Die Europäische Erbrechtsverordnung 1
§ 2 Die Bestimmung des Erbstatuts nach der EU-Erbrechtsverordnung 25
§ 3 Regelungsbereich des Erbstatuts und Abgrenzung zu anderen Statuten 81
§ 4 Nachlassbezogene Verfügungen 123
§ 5 Grenzen der Anwendung ausländischen Erbrechts 151
§ 6 Das Europäische Nachlasszeugnis 165
§ 7 Grundzüge des deutschen internationalen Erbschaftsteuerrechts 181

Länderberichte

Albanien 221
Belgien 223
Bosnien und Herzegowina 285
Bulgarien 321
Dänemark 341
Deutschland 377
Estland 449
Finnland 467
Frankreich 491
Griechenland 553
Großbritannien: England und Wales 585
Großbritannien: Schottland 629
Irland 643
Island 687
Italien 695
Katalonien 769

Kroatien	799
Lettland	811
Liechtenstein	823
Litauen	831
Luxemburg	849
Malta	885
Mazedonien	889
Moldawien	893
Monaco	897
Montenegro	899
Niederlande	905
Norwegen	933
Österreich	957
Polen	995
Portugal	1019
Rumänien	1067
Russische Föderation	1079
San Marino	1097
Schweden	1099
Schweiz	1141
Serbien	1201
Serbien: Provinz Kosovo	1209
Slowakei	1213
Slowenien	1243
Spanien	1273
Tschechien	1355
Türkei	1385
Ukraine	1421
Ungarn	1427
Weißrussland/Republik Belarus	1475
Zypern (Republik Zypern)	1483
Zypern (Nord)	1487
Stichwortverzeichnis	1491

Inhaltsübersicht CD-ROM

- Albanien
- Basler Konvention
- Belgien
- Dänemark
- Deutschland
- Estland
- Europa
- Finnland
- Frankreich
- Gibraltar
- Großbritannien: England und Wales
- Großbritannien: Schottland
- Haager Konventionen
- Irland
- Island
- Italien
- Katalonien
- Kosovo
- Lettland
- Liechtenstein
- Litauen
- Luxemburg
- Malta
- Moldawien
- Monaco
- Niederlande
- Norwegen
- Österreich
- Portugal
- Russische Föderation
- San Marino
- Schweden
- Schweiz
- Slowenien
- Spanien
- Tschechien
- Türkei
- Ukraine
- Washingtoner Konvention

Autorenverzeichnis

Rechtsanwältin Esmeralda Balode-Buraka, LL.M., bnt Rechtsanwälte, Alberta iela 13, LV-1010 Riga, Tel.: +371/67/770 504, Fax: +371/67/770 527, esmeralda.balode-buraka@bnt.eu, LETTLAND

Rechtsanwalt Dr. Michal Baloga, bnt Rechtsanwälte, Cintorinska 7, SK-81108 Bratislava, Tel.: +421/2/578 800 88, Fax: +421/2/578 800 89, michal.baloga@bnt.eu, SLOWAKEI

Mag. iur. Sergey Bekgulyan, bnt Rechtsanwälte, Revolyutsionnaya str. 9–40, BY-220030 Minsk, Tel.: +375/172 039 455, Fax: +375/172 039 273, sergey.bekgulyan@bnt.eu, WEISSRUSSLAND

Rechtsanwältin Aet Bergmann, bnt Rechtsanwälte, Tatari 6, EE-10116 Tallinn, Tel.: +372/667 6240, Fax: +372/667 6241, aet.bergmann@bnt.eu, ESTLAND

Prof. Dr. Maria Giovanna Cubeddu Wiedemann, Universität Triest, Facoltà di Giurisprudenza, Piazzale Europa 1, I-34100 Triest, Tel.: +39/040/558 3203, Fax: +39/040/558 3203, mgcubeddu@units.it, cubeddu@vr-web.de, ITALIEN

Notar Dr. Christoph Döbereiner, Notare Rüth und Dr. Döbereiner, Tal 13, 80331 München, Tel.: 089/290 0340, Fax: 089/290 03434, cd@rueth-doebereiner.de, FRANKREICH

Rechtsanwältin Andrea Dorjee-Good, TEP, Schellenberg Wittmer Rechtsanwälte, Löwenstrasse 19, CH-8001 Zürich, Tel.: +41/44/215 5252, Fax: +41/44/215 5200, andrea.dorjee@swlegal.ch, SCHWEIZ

Notarin Dr. Susanne Frank, lic. en droit (Paris), Notare Dr. Susanne Frank und Dr. Wolfram Schneeweiss, Residenzstraße 27, 80333 München, Tel.: 089/290 1410, Fax: 089/296 360, frank@notare-frank-schneeweiss.de, LUXEMBURG

Abogada (span. Rechtsanwältin) Rocío García Alcázar, Löber & Steinmetz Partnerschaft von Rechtsanwälten mbB, Im Medienpark 8, 50670 Köln, Tel.: 0221/554 055 18, Fax: 0221/554 0545, r.garcia@loeber-steinmetz.de, SPANIEN

Rechtsanwalt Dr. Franz Haunschmidt, Haunschmidt Minichmayr Partner Rechtsanwälte, Johann-Konrad-Vogel-Str. 7, A-4020 Linz, Tel.: +43/732/773 4100, Fax: +43/732/773 4106, office@h-m-p.at, ÖSTERREICH

Rechtsanwalt Frank Heemann, LL.M., bnt Rechtsanwälte, Kalinausko 24, LT-03107 Vilnius, Tel.: +370/5/212 1627, Fax: +370/5/212 1630, frank.heemann@bnt.eu, LITAUEN

Notar Dr. Volker Hustedt, Notare Hustedt und Bardenhewer, Erftstraße 72, 41460 Neuss, Tel.: 02131/220 960 oder 02131/222 035, Fax: 02131/218 41, hustedt@notare-h-b.de, BELGIEN

Prof. Dr. Erhard Huzel, Hochschule des Bundes, Ratzeburger Landstraße 4, 23562 Lübeck, Tel.: 0451/490 557 200, Fax: 0451/490 557 099, eehuzel@aol.com, PORTUGAL, SPANIEN

Advokat Stela Ivanova, LL.M., bnt Rechtsanwälte, Leipziger Platz 21, 90491 Nürnberg, Tel.: 0911/569 610, Fax: 0911/569 6112, stela.ivanova@bnt.eu, BULGARIEN

Rechtsanwalt und Notar a.D., Honorarkonsul des Königreichs Schweden a.D. Prof. h.c. Ernst Johansson, Bruck Goerke Johansson, Holstenbrücke 2, 24103 Kiel, Tel.: 0431/997 076, Fax: 0431/997 0777, happ-law-kiel@t-online.de, SCHWEDEN

Avukat Memet Kiliç, LL.M., Anwaltskanzlei Kiliç & Kiliç, Jahnstraße 9, 69120 Heidelberg, Tel.: 06221/796 9455, Fax: 06221/796 9456, kanzlei.kilic@gmail.com, TÜRKEI

Rechtsanwalt Theis Klauberg, LL.M., bnt Rechtsanwälte, Alberta iela 13, LV-1010 Riga, Tel.: +371/677 705 04, Fax: +371/777 0527, theis.klauberg@bnt.eu, LETTLAND

Rechtsanwalt Karl-Friedrich v. Knorre, Heinemann von Knorre Rechtsanwälte, Luisenstr. 3, 63067 Offenbach am Main, Tel.: 069/26 494 800, Fax: 069/26 494 803, vonknorre@hvko.de, FINNLAND

Notar Sławomir Łakomy, Kancalaria Bielicki, Helik, Jankowski Adwokat i Radcowie Prawni, Zielony Rynek 12, PL-62–200 Gniezno, Tel.: +48/614 258 945, Fax: +48/614 259 143, bhj.kancelaria@op.pl, POLEN

Prof. Dr. Albert Lamarca i Marquès, Universitat Pompeu Fabra Barcelona, Ramon Trias Fargas 21–25, E-08005 Barcelona, Tel.: +34/93/542 1914, Fax: +34/93/542 1719, albert.lamarca@upf.edu, KATALONIEN

Rechtsanwalt Alexander A. Ließem, bnt Rechtsanwälte, Revolyutsionnaya str. 9–40, BY-220030 Minsk, Tel.: +375/172 039 544, Fax: +375/172 039 273, alexander.liessem@bnt.eu, WEISSRUSSLAND

Rechtsanwältin Dr. Arlette van Maas de Bie, VMBS Advocaten, Paradijslaan 42b, NL-5611 KP Eindhoven, Tel.: +31/40/219 8430, Fax: +31/40/219 8435, arlette.vanmaasdebie@vmbsadvocaten.nl, NIEDERLANDE

Rechtsanwalt Helge Masannek, Russia Consulting, ul. Bakhrushina 32/1, RU-115054 Moskau, Tel.: +7/495/956 5557, Fax: +7/495/956 8263, masannekh@russia-consulting.eu, RUSSISCHE FÖDERATION

Rechtsanwalt Prof. Dr. Dr. h.c. Wolfgang Mincke, Neef Legal, Bleibtreustraße 24, 10707 Berlin, Tel.: 030/889 189 70, Fax: 030/889 189 711, mincke@neef-legal.de, FINNLAND

Notar Dr. Felix Odersky, Notare Dr. Mayr und Dr. Odersky, Sparkassenplatz 9, 85221 Dachau, Tel.: 08131/569 9180, Fax: 08131/569 918 29, notare@dachau-sparkassenplatz.de, GROSSBRITANNIEN: ENGLAND UND WALES, GROSSBRITANNIEN: SCHOTTLAND

Prof. Dr. Line Olsen-Ring, LL.M., Honorarprofessorin für Skandinavisches Recht an der Universität Leipzig, freiberufliche Übersetzerin für den EuGH, Abraham-v.-Schönberg-Str. 36, 09599 Freiberg/Sachsen, Tel.: 03731/392026, Fax: 03731/394043, olsenring@gmx.de, DÄNEMARK

Rechtsanwältin Dr. Beate Paintner, Rechtsanwälte Paintner PartGmbB, Bischof-Sailer-Platz 420, 84028 Landshut, Tel.: 0871/931 1142, Fax: 0871/931 1143, beate.paintner@ra-paintner.de, ISLAND

Prof. Dr. Meliha Povlakić, Juristische Fakultät der Universität Sarajevo, Obala Kulina bana 7, BiH-71000 Sarajevo, Tel.: +387/206 350, Fax: +387/206 355, m.povlakic@pfsa.unsa.ba, mpovlakic@hotmail.com, BOSNIEN-HERZEGOWINA

Notar Prof. Thomas Reich, Lauensteiner Straße 11, 96337 Ludwigsstadt, Tel.: 09263/263, Fax: 09263/7722, mail@notariat-ludwigsstadt.de, § 7 GRUNDZÜGE DES DEUTSCHEN INTERNATIONALEN ERBSCHAFTSTEUERRECHTS, DEUTSCHLAND

Univ.-Prof. Dr. Gerhard Ring, Technische Universität Freiberg, Lehrstuhl für Bürgerliches Recht, Deutsches und Europäisches Wirtschaftsrecht, Lessingstraße 45, 09599 Freiberg/Sachsen, Tel.: 03731/392 026, Fax: 03731/394 043, ring@rewi.tu-freiberg.de, DÄNEMARK

Notarin Dr. Claudie Rombach, Notare Dr. Paul Rombach und Dr. Claudie Rombach, Königsallee 70, 40212 Düsseldorf, Tel.: 0211/863 2720, Fax: 0211/863 272 20, mail@notare-rombach.de, TSCHECHIEN

ao. Univ.-Prof. Dr. Claudia Rudolf, Rechtswissenschaftliche Fakultät Wien, Abteilung für Rechtsvergleichung, Einheitsrecht und IPR, Schottenbastei 10–16, A-1010 Wien, Tel.: +43/01/427 735 124, claudia.rudolf@univie.ac.at, SLOWENIEN

Notarin Anne Saaber, Maakri 23A, EE-10145 Tallinn, Tel.: +372/2/666 2010, Fax: +372/2/666 2011, anne.saaber@notar.ee, ESTLAND

Rechtsanwalt Dr. Johannes Ritter von Schönfeld, LL.M., Kaiser Partner, Pflugstraße 10/12, LI-9490 Vaduz, Tel.: +423/236 5845, Fax: +423/236 5392, johannes.vonschoenfeld@kaiserpartner.com, LIECHTENSTEIN

Notar Gido Schür, Wiesenbachstr. 1, B-4780 Sankt Vith, Tel.: +32/80/228 669, Fax: +32/80/227 738, gido.schur@belnot.be, BELGIEN

Rechtsanwalt und Advokat Ralf Sedlmayr, Gram, Hambro & Garman, Radhusgaten 5b, NO-0151 Oslo, Tel.: +47/22/941 420, Fax: +47/850 294 43, rs@ghg.no, NORWEGEN

Dr. Darja Softic Kadenic, Juristische Fakultät der Universität Sarajevo, Obala Kulina bana 7, BiH-71000 Sarajevo, Tel.: +387/33/206 350, Fax: +387/33/ 206 355, darjasoftic@gmail.com, BOSNIEN UND HERZEGOWINA

Rechtsanwältin Dr. Margareta Sovova, bnt Rechtsanwälte, Cintorinska 7, SK-81108 Bratislava, Tel.: +421/2/578 800 88, Fax: +421/2/578 800 89, margareta.sovova@bnt.eu, SLOWAKEI

Rechtsanwalt Prof. Dr. Dimitrios Stamatiades, Vosporou 37, GR-17124 Athen, Tel.: +30/210/9330637, stamd@hol.gr, GRIECHENLAND

Rechtsanwalt Dr. Alexander Steinmetz, Mag. iur., Löber & Steinmetz Partnerschaft von Rechtsanwälten mbB, Kaulbachstraße 1, 60594 Frankfurt a.M., Tel.: 069/962 211 23, Fax: 069/962 211 11, a.steinmetz@loeber-steinmetz.de, SPANIEN

Rechtsanwalt Dr. Rembert Süß, Deutsches Notarinstitut, Gerberstr. 19, 97070 Würzburg, Tel.: 0931/355 76 35, Fax: 0931/355 76 225, r.suess@dnoti.de, § 1 DIE EUROPÄISCHE ERBRECHTSVERORDNUNG, § 2 DIE BESTIMMUNG DES ERBSTATUTS NACH DER EU-ERBRECHTSVERORDNUNG, § 3 REGELUNGSBEREICH DES ERBSTATUTS UND ABGRENZUNG ZU ANDEREN STATUTEN, § 4 NACHLASSBEZOGENE VERFÜGUNGEN, § 5 GRENZEN DER ANWENDUNG AUSLÄNDISCHEN ERBRECHTS, § 6 DAS EUROPÄISCHE NACHLASSZEUGNIS, ALBANIEN, KROATIEN, LIECHTENSTEIN, MALTA, MAZEDONIEN, MOLDAWIEN, MONACO, MONTENEGRO, RUMÄNIEN, SAN MARINO, SERBIEN, SERBIEN: PROVINZ KOSOVO, UKRAINE, ZYPERN (NORD), ZYPERN (REPUBLIK ZYPERN)

Notar Dr. Jens Tersteegen, Notare Dr. Rethmeier & Dr. Tersteegen, Drususgasse 1–5, 50667 Köln, Tel.: 0221/356 5930, Fax: 0221/257 8578, mail@notare-drususgasse.de, DEUTSCHLAND

Öffentlicher Notar Dr. Ádám Tóth, Ráday u. 34.I/8., H-1092 Budapest, Tel.: +36/1/476 0270 oder +36/1/476 0158, Fax: +36/1/476 0271, adam@notar.hu, UNGARN

Rechtsanwalt Prof. Dr. Spyros Tsantinis, KPST Lawfirm, 77, Solonos str. , GR-10679 Athen, Tel.: +30/210/725 5291, Fax: +30/210/725 552 89, spyros@tsantinis.com, tsantinis@kpstlawfirm.com, GRIECHENLAND

Notar Dr. Anton Wiedemann, Unterer Markt 4, 92507 Nabburg, Tel.: 09433/900 010, Fax: 09433/900 0110, notar.wiedemann@notariat-nabburg.de, ITALIEN

Fürsprecher und Notar Prof. Dr. iur. Stephan Wolf, Ordinarius für Privatrecht sowie Notariatsrecht an der Universität Bern, Schanzeneckstr. 1, Postfach 8573, CH-3001 Bern, Tel.: +41/31/631 3795, Fax: +41/31/631 4736, stephan.wolf@ziv.unibe.ch, SCHWEIZ

Rechtsanwältin Ines Wollmann, Caminho da Fonte de Cima 26, P-4150–338 Porto, Tel.: +351/2/261 997 99, Fax: +351/2/261 997 98, info@juristin.com, PORTUGAL

Staatsanwältin Elke Worthmann, Staatsanwaltschaft Nürnberg-Fürth, mail@elke-worthmann.de, IRLAND

Abkürzungsverzeichnis

a.A.	anderer Auffassung; anderer Ansicht	BGG	Bundesgesetz über das Bundesgericht
a.a.O.	am angegebenen Ort	BGH	Bundesgerichtshof
a.E.	am Ende	BGHZ	Entscheidungen des Bundesgerichtshofs in Zivilsachen
a.F.	alte Fassung		
a.M.	anderer Meinung	BiH	Bosnien-Herzegowina
ABGB	Allgemeines Bürgerliches Gesetzbuch	BMVG	Betriebliches Mitarbeitervorsorgegesetz
abl.	ablehnend	BNotO	Bundesnotarordnung
ABl.	Amtsblatt	BOE	Boletín Oficial del Estado (Bundesgesetzblatt)
ABl. EG	Amtsblatt der Europäischen Gemeinschaften	BStBl.	Bundessteuerblatt
Abs.	Absatz	Buchst.	Buchstabe
abw.	abweichend	BV	Bundesverfassung
AdWirkG	Adoptionswirkungsgesetz	BVerfG	Bundesverfassungsgericht
Alt.	Alternative	B-VG	Bundes-Verfassungsgesetz
AnerbenG	Anerbengesetz	BWNotZ	Zeitschrift für das Notariat in Baden-Württemberg
AngG	Angestelltengesetz		
Anh.	Anhang	bzw.	beziehungsweise
Anm.	Anmerkung	ca.	circa
AO	Abgabenordnung	Cass.	Cour de cassation (Oberster Gerichtshof)
AP	Areopag (Oberster Gerichtshof)	CAT	Capital Acquisitions Tax
AP	Audiencia Provincial	CATCA 2003	Capital Acquisitions Tax Consolidation Act 2003
ARL	arvelov (dänisches Erbgesetz)	CC	Código Civil
Art.	Artikel	CCCat	Codi Civil de Catalunya
AS	Amtliche Sammlung der Bundesgesetze und Verordnungen (Schweiz)	Cciv	Code civil (Bürgerliches Gesetzbuch)
		CE	Constitución Española (Spanische Verfassung)
AStG	Außensteuergesetz		
AsylVfG	Asylverfahrensgesetz	CF	Codi de Família (Familiengesetzbuch)
Aufl.	Auflage		
AußStrG	Außerstreitgesetz	CGT	Capital Gains Tax
Az.	Aktenzeichen	Codi de Successions	Codi de Successions (Erbgesetzbuch)
BAO	Bundesabgabenordnung		
BayObLG	Bayerisches Oberstes Landesgericht	Cour	Cour Supérieure de Justice (Oberstes Gericht)
BBl	Bundesblatt	CPC	Código do Processo Civil
Bd.	Band	d.h.	das heißt
Bearb.	Bearbeitung	DBA	Doppelbesteuerungsabkommen
Beschl.	Beschluss		
BeurkG	Beurkundungsgesetz	DBG	Bundesgesetz vom 14.12.1990 über die direkte Bundessteuer
BewG	Bewertungsgesetz		
BFH	Bundesfinanzhof		
BFHE	Entscheidungen des Bundesfinanzhofs	ders.	derselbe
		DNotI	Deutsches Notarinstitut
BFHE/NV	Sammlung amtlich nicht veröffentlichter Entscheidungen des Bundesfinanzhofs	DNotZ	Deutsche Notar-Zeitschrift
		DStR	Deutsches Steuerrecht (Zeitschrift)
BG	Bundesgesetz	DStRE	Deutsches Steuerrecht – Entscheidungsdienst
BGB	Bürgerliches Gesetzbuch		
BGBl.	Bundesgesetzblatt	DV	Darzhaven Vestnik (bulgarischer Staatsanzeiger)
BGE	Bundesgerichtsentscheid (Amtliche Sammlung der Entscheidungen des Schweizerischen Bundesgerichtes, Lausanne)		
		E	Entwurf; Esas (Rechtssache)
		EAC	Estatut d´Autonomia de Catalunya
		EG	Europäische Gemeinschaft

EG ZGB	Gesetz betreffend die Einführung des Schweizerischen Zivilgesetzbuches		den Angelegenheiten der freiwilligen Gerichtsbarkeit
EGBGB	Einführungsgesetz zum Bürgerlichen Gesetzbuch	FamRBint	Der Familien-Rechts-Berater International
EGMR	Europäischer Gerichtshof für Menschenrechte	FamRZ	Zeitschrift für das gesamte Familienrecht
EGV	Vertrag zur Gründung der Europäischen Gemeinschaft	FF	Forum Familien- und Erbrecht
Einl.	Einleitung	Fn.	Fußnote
EMRK	Europäische Konvention zum Schutze der Menschenrechte und Grundfreiheiten	FS	Festschrift
		G.	Gesetz
		GB	Gesetzblatt
		GBO	Grundbuchordnung
ErbG	Erbgesetz	GD	Gesetzesdekret
ErbSchImÜG	Gesetz über Erbschafts-, Schenkungs- und Immobilienübertragungssteuer	GebAG	Gebührenanspruchsgesetz
		GEDIP	Groupe Européen de Droit International Privé
ErbStB	Der Erbschaft-Steuer-Berater (Zeitschrift)	gem.	gemäß
		GestG	Bundesgesetz über den Gerichtsstand in Zivilsachen
ErbStG	Erbschaftsteuer- und Schenkungsteuergesetz	GewStG	Gewerbesteuergesetz
ErbStH	Hinweise zu den Erbschaftsteuer-Richtlinien	GGB	Gerichtsgesetzbuch
		ggf.	gegebenenfalls
ERPL	European Review of Private Law	GGG	Gerichtsgebührengesetz
		GKG	Gerichtskommissärsgesetz
EStG	Einkommensteuergesetz	GKTG	Gerichtskommissionstarifgesetz
EU	Europäische Union		
EU-ErbVO	Europäische Erbrechtsverordnung	Gr.	Gruppe
		h.L.	herrschende Lehre
EuGH	Europäischer Gerichtshof	h.M.	herrschende Meinung
EuGH Slg.	Entscheidungssammlung EuGH	HGA	Haager Übereinkommen über das auf Ehegüterstände anwendbare Recht vom 14.3.1978
EuGRZ	Europäische Grundrechte Zeitschrift		
EuGVÜ	Europäisches Übereinkommen über die gerichtliche Zuständigkeit und die Vollstreckung gerichtlicher Entscheidungen in Zivil- und Handelssachen	HGB	Handelsgesetzbuch
		HöfeO	Höfeordnung
		Hrsg.	Herausgeber
		hrsg.	herausgegeben
		Hs.	Halbsatz
		HTestÜ	Haager Testamentsformübereinkommen
EuGVVO	Verordnung (EG) Nr. 44/2001 des Rates über die gerichtliche Zuständigkeit und die Anerkennung und Vollstreckung von Entscheidungen in Zivil- und Handelssachen	HUP	Haager Unterhaltsprotokoll
		i.d.F.	in der Fassung
		i.d.R.	in der Regel
		i.H.v.	in Höhe von
		i.S.d.	im Sinne des/der
		i.S.v.	im Sinne von
		i.V.m.	in Verbindung mit
EuVÜ	Römisches EWG-Übereinkommen über das auf vertragliche Schuldverhältnisse anzuwendende Recht vom 19.6.1980	IHT	Inheritance Tax
		ImEintrG	Gesetz über die Eintragungen von Eigentumsrechten und anderen dinglichen Rechten an Immobilien
EvBl	Evidenzblatt der Rechtsmittelentscheidungen		
		InsG	Insolvenzgesetz
evtl.	eventuell	InsO	Insolvenzordnung
EWG	Europäische Wirtschaftsgemeinschaft	IntErbRVG	Internationales Erbrechtsverfahrensgesetz
F	Fach; Föderation	IPR	Internationales Privatrecht
f., ff.	folgende, fortfolgende	IPRax	Praxis des Internationalen Privat- und Verfahrensrechts (Zeitschrift)
FamFG	Gesetz über das Verfahren in Familiensachen und in		

IPRG	Bundesgesetz vom 15.7.1978 über das Internationale Privatrecht	Nr.	Nummer
		NZ	Notariatszeitung
		OFFI	Országos Fordító és Fordításhitelesít o Iroda (amtliches Übersetzungsbüro)
IPRspr.	Die deutsche Rechtsprechung auf dem Gebiete des Internationalen Privatrechts (Rechtsprechungssammlung)		
		OG	Offene Gesellschaft
		OGH	Oberster Gerichtshof
IRN	Instituto dos Registos e do Notariado	ÖJZ	Österreichische Juristen-Zeitung
IStR	Internationales Steuerrecht	OLG	Oberlandesgericht
IWB	Internationale Wirtschaftsbriefe (Zeitschrift)	OR	Obligationenrecht
		P.	Punkt
JbItR	Jahrbuch für Italienisches Recht	p.	page
		Pas lux	Pasicrisie luxembourgeoise (Entscheidungssammlung der luxemburgischen Gerichte)
JBl	Juristische Blätter; Justizblatt		
JN	Gesetz vom 1.8.1895 über die Ausübung der Gerichtsbarkeit und die Zuständigkeit der ordentlichen Gerichte in bürgerlichen Rechtssachen (Jurisdiktionsnorm)		
		PETs	potentially exempt transfers
		PIStB	Praxis Internationale Steuerberatung (Zeitschrift)
		PK	perintökaari (Erbrechtsgesetz Finnland)
		PSG	Privatstiftungsgesetz
JOR	Jahrbuch für Ostrecht	RabelsZ	Rabels Zeitschrift für ausländisches und internationales Privatrecht
JR	Juristische Rundschau		
KG	Kammergericht; Kommanditgesellschaft		
		RdW	Österreichisches Recht der Wirtschaft
L.	Loi (Gesetz)		
LEC	Ley de Enjuiciamiento (Zivilprozessgesetz)	RF	Russische Föderation
		RIDC	Revue internationale de droit comparé (Bulletin der Societé de Législation comparée in Paris)
lit.	litera (Buchst.)		
LPartG	Lebenspartnerschaftsgesetz		
m. Of.	Monitorul Oficial (rumänisches Gesetz- und Verordnungsblatt)		
		Rn.	Randnummer
		RNotZ	Rheinische Notar-Zeitschrift
m.w.N.	mit weiteren Nachweisen		
Mém.	Mémorial (Luxemburgisches Offizielles Gesetzblatt)	Rpfleger	Der Deutsche Rechtspfleger (Zeitschrift)
MittBayNot	Mitteilungen des Bayerischen Notarvereins, der Notarkasse und der Landesnotarkammer Bayern	RPG	Bundesgesetz über die Raumplanung
		Rs	Rechtssache
		Rspr.	Rechtsprechung
MittRhNotK	Mitteilungen der Rheinischen Notarkammer	Rv	Wetboek van Burgerlijke Rechtsvordering
MPSaP	Gesetz über das internationale Privat- und Prozessrecht von 1963	S.	Satz; Seite
		SchKG	Bundesgesetz über Schuldbeitreibung und Konkurs
MSA	Haager Minderjährigenschutzabkommen	sec.	section (Gesetzesabschnitt)
		Slg.	Sammlung
NCPC	Nouveau Code de procédure civil (Neue Zivilprozeßordnung)	SNV	Schweizerischer Notarenverband
		sog.	so genannte(r/s)
NEhelG	Gesetz über die Stellung der nichtehelichen Kinder	StAG	Staatsangehörigkeitsgesetz
		StG	Steuergesetz
NJW	Neue Juristische Wochenschrift	StiftungsG	Stiftungsgesetz
		SZIER	Schweizerische Zeitschrift für internationales und europäisches Recht
NO	Notariatsordnung		
NotBZ	Zeitschrift für die notarielle Beratungs- und Beurkundungspraxis	TC	Tribunal Constitucional (spanisches Verfassungsgericht)
NotO	Notarordnung		

Trib Ardt	Tribunal d'Arrrondissement (Bezirksgericht)	WCH	Wet Conflictenrecht Huwelijk
TS	Tribunal Supremo (oberster spanischer Gerichtshof in Madrid)	WCHv	Wet Conflictenrecht Huwelijksvermogensregime
		WEG	Bundesgesetz über das Wohnungseigentum
TSJC	Tribunal Superior de Justícia de Catalunya	WGO	Monatshefte für Osteuropäisches Recht
u.a.	unter anderem	WiRO	Wirtschaft und Recht in Osteuropa (Zeitschrift)
UNMIK	United Nations Interim Administration Mission in Kosovo	z.B.	zum Beispiel
UNÜ	New Yorker Übereinkommen zur Anerkennung und Vollstreckung ausländsicher Schiedssprüche von 1958	ZBGR	Schweizerische Zeitschrift für Beurkundungs- und Grundbuchrecht
		ZBJV	Zeitschrift des Bernischen Juristenvereins
Urt.	Urteil		
v.	von; vom	ZErb	Zeitschrift für die Steuer- und Erbrechtspraxis
v.a.	vor allem		
vgl.	vergleiche	ZEuP	Zeitschrift für Europäisches Privatrecht
VO	Verordnung		
VStG	Bundesgesetz über die Verrechnungssteuer	ZEV	Zeitschrift für Erbrecht und Vermögensnachfolge
VVG	Versicherungsvertragsgesetz	ZfRV	(österreichische) Zeitschrift für Rechtsvergleichung
VVK	Veraset ve Intikal Vergisi Kanunu (Gesetz betreffend die Erbschafts- und Schenkungssteuer)	ZGB	Zivilgesetzbuch
		Ziff.	Ziffer
		ZNotP	Zeitschrift für die Notarpraxis
WCA	Wet Conflictenrecht Afstamming	ZTR	Zentrales Testamentenregister
WCAd	Wet Conflictenrecht adoptie	zutr.	zutreffend
WCErf	Wet Conflictenrecht Erfopvolging	ZVglRWiss	Zeitschrift für Vergleichende Rechtswissenschaft

Allgemeines Literaturverzeichnis

Andrae, Internationales Familienrecht, 3. Auflage 2014

Bachler, Situs-Regel, innerdeutsche und inneramerikanische Nachlassspaltung, 2007

Bäck, Familien- und Erbrecht – Europas Perspektiven, Wien 2007

Bamberger/Roth (Hrsg.), Kommentar zum Bürgerlichen Gesetzbuch, 3. Auflage 2012

von Bar, Internationales Privatrecht, Band 2: Besonderer Teil, 1991

von Bar/Mankowski, Internationales Privatrecht, Band 1: Allgemeine Lehren, 2. Auflage 2003

Baumbach/Lauterbach/Albers/Hartmann, Zivilprozessordnung, Kommentar, 73. Auflage 2015

Bengel/Reimann (Hrsg.), Handbuch der Testamentsvollstreckung, 5. Auflage 2013

Bonefeld/Wachter (Hrsg.), Der Fachanwalt für Erbrecht, 3. Auflage 2014

Bonomi/Wautelet, Le droit européen des successions, Brüssel, 2013

Collins, Dicey and Morris on The Conflict of Laws, 15. Auflage, London 2014

Damrau/Tanck, Praxiskommentar Erbrecht, 3. Auflage 2015

Daragan/Halaczinsky/Riedel, Praxiskommentar ErbStG und BewG, 2. Auflage 2012

Deininger/Götzenberger, Internationale Vermögensnachfolgeplanung mit Auslandsstiftungen und Trusts, 2006

Derstadt, Die Notwendigkeit der Anpassung bei Nachlaßspaltung im internationalen Erbrecht, 1998

Dutta/Herrler, Die Europäische Erbrechtsverordnung, 2014

Ebenroth, Erbrecht, 1992

Erman, Handkommentar zum Bürgerlichen Gesetzbuch, 14. Auflage 2014

Ferid/Firsching/Dörner/Hausmann (Hrsg.), Internationales Erbrecht, Loseblatt (zitiert: *Ferid/Firsching*)

Fischer/Kühne/Warlich, Anwaltformulare Bankvermögen im Erbfall, 2015

Flick/Piltz, Der Internationale Erbfall, 2. Auflage 2008

Frank/Döbereiner, Nachlassfälle mit Auslandsbezug, 2015

Frank/Wachter (Hrsg.), Handbuch Immobilienrecht in Europa, 2. Auflage 2015

Geimer, Internationales Zivilprozessrecht, 7. Auflage 2014

Hager, Die neue Europäische Erbrechtsverordnung, 2013

Hausmann/Hohloch (Hrsg.), Das Recht der nichtehelichen Lebensgemeinschaft, 2. Auflage 2005

Hayton, European Succession Laws, 2. Auflage, London 2002

Henrich, Internationales Familienrecht, 2. Auflage 2000

Henrich, Deutsches, ausländisches und internationales Familien- und Erbrecht, 2006

Henrich/Schwab (Hrsg.), Familienerbrecht und Testierfreiheit im europäischen Vergleich, 2001 (zitiert: *Henrich/Schwab*, Familienerbrecht)

von Hoffmann/Thorn, Internationales Privatrecht, 9. Auflage 2007

Honsell/Vogt/Schnyder/Berti, Basler Kommentar Internationales Privatrecht, 3. Auflage, Basel 2013

Jayme/Hausmann, Internationales Privat- und Verfahrensrecht, Textausgabe, 17. Auflage 2014

Kegel/Schurig, Internationales Privatrecht, 9. Auflage 2004

Kemp, Grenzen der Rechtswahl im internationalen Ehegüter- und Erbrecht, 1999

Khairallah/Revillard, Droit Européen des Successions Internationales, Paris, 2013

Kipp/Coing, Erbrecht. Ein Lehrbuch, 14. Auflage 1990

Kopp, Probleme der Nachlaßabwicklung bei kollisionsrechtlicher Nachlaßspaltung, 1997

Kropholler/von Hein, Europäisches Zivilprozessrecht, 9. Auflage 2011

Kropholler, Internationales Privatrecht, 6. Auflage 2006

Krug/Rudolf/Kroiß/Bittler, Anwaltformulare Erbrecht, 5. Auflage 2015

Lange/Kuchinke, Erbrecht. Ein Lehrbuch, 5. Auflage 2001

Lehmann, Die Reform des internationalen Erb- und Erbprozessrechts im Rahmen der geplanten Brüssel-IV Verordnung, 2006

Leipold, Erbrecht, 20. Auflage 2014

Linke/Hau, Internationales Zivilprozessrecht, 6. Auflage 2015

Lødrup, Nordisk Arverett (Erbrecht der Nordischen Länder), Kopenhagen 2002

Looschelders, Internationales Privatrecht, Kommentar, Art. 3–46 EGBGB, 2013

Löhnig/Schwab/Henrich/Gottwald/Grziwotz/Reimann/Dutta (Hrsg.), Erbfälle unter Geltung der Europäischen Erbrechtsverordnung, Tagungsband, 2015

Mayer/Süß/Tanck/Bittler/Wälzholz, Handbuch Pflichtteilsrecht, 3. Auflage 2013

Müller/Sieghörtner/Emmerling de Oliveira, Adoptionsrecht in der Praxis – einschließlich Auslandsbezug, 2. Auflage 2011

Müller-Lukoschek, Die neue EU-Erbrechtsverordnung, 2014

Münchener Kommentar zum Bürgerlichen Gesetzbuch
  Band 9: Erbrecht, §§ 1922–2385, 6. Auflage 2013
  Band 10: EGBGB (Art. 1–46), IPR, 6. Auflage 2015

Nagel/Gottwald, Internationales Zivilprozessrecht, 7. Auflage 2013

Nomos-Kommentar BGB (zit.: NK-BGB/*Bearbeiter*)
  Band 1: Allgemeiner Teil mit EGBGB, hrsg. von Heidel/Hüßtege/Mansel/Noack, 2. Auflage 2011
  Band 5: Erbrecht, hrsg. v. Kroiß/Ann/Mayer, 4. Auflage 2014

Palandt, Bürgerliches Gesetzbuch, Kommentar, 74. Auflage 2015

Pintens (Hrsg.), International Encyclopaedia of Laws: Family and Succession Law, Volume I–IV (Loseblatt), Kluwer, Den Haag

Raape/Sturm, Internationales Privatrecht, Band I: Allgemeine Lehren, 6. Auflage 1977

Rauscher, Internationales Privatrecht, 4. Auflage 2012

Rechberger, Winfried-Kralik-Symposion 2006 – Auf dem Weg zum Europäischen Justizraum, Wien 2007

Reimann/Bengel/Mayer (Hrsg.), Testament und Erbvertrag, Kommentar mit Erläuterungen, Checklisten und Gestaltungsvorschlägen, 5. Auflage 2006

Revillard, Droit international privé et européen: Pratique notariale, 8. Auflage, Paris 2014

Richter/Wachter (Hrsg.), Handbuch des internationalen Stiftungsrechts, 2007

Röthel (Hrsg.), Reformfragen des Pflichtteilsrechts, Symposium vom 30.11.–2.12.2006 in Salzau, 2010

Schack, Internationales Zivilverfahrensrecht, 6. Auflage 2014

Scherer (Hrsg.), Münchener Anwaltshandbuch Erbrecht, 4. Auflage 2014

Schotten/Schmellenkamp, Das Internationale Privatrecht in der notariellen Praxis, 2. Auflage 2007

Schulze/Dörner u.a., Bürgerliches Gesetzbuch, Handkommentar, 8. Auflage 2014

Schütze, Deutsches Internationales Zivilprozessrecht unter Einschluss des Europäischen Zivilprozessrechts, 2. Auflage 2005

Siehr, Internationales Privatrecht – Deutsches und Europäisches Kollisionsrecht für Studium und Praxis, 3. Auflage 2001

Soergel, Bürgerliches Gesetzbuch mit Einführungsgesetz und Nebengesetzen, Kommentar, Band X, Art. 3–38, 220–236 EGBGB, 13. Auflage 2002/2003

von Staudinger, Kommentar zum Bürgerlichen Gesetzbuch mit Einführungsgesetz und Nebengesetzen: §§ 2265–2302 BGB, 2014 (Hrsg.: *Baldus*, bearbeitet von *Kanzleiter*); Internationales Privatrecht – Einleitung zum IPR, Neuauflage 2012; Art. 3–6 (Internationales Privatrecht – Allgemeiner Teil), 15. Neubearbeitung 2013 (bearbeitet von *Henrich/Bausback/Hausmann/Voltz*); Art. 13–17b EGBGB (Internationales Eherecht) – Neubearbeitung 2010 (bearbeitet von *Mankowski*); Art. 25, 26 EGBGB (Internationales Erbrecht), Neubearbeitung 2007 (bearbeitet von *Dörner*)

Steiner, Testamentsgestaltung bei kollisionsrechtlicher Nachlassspaltung, 2001

Süß/Ring (Hrsg.), Eherecht in Europa, 2. Auflage 2012

Tanck/Krug, Anwaltformulare Testamente, 5. Auflage 2015

Tanck/Uricher (Hrsg.), Erbrecht – Testamentsgestaltung, Vertragsgestaltung, Prozessführung, Formularbuch, 2. Auflage 2011

Thomas/Putzo, Zivilprozessordnung, Kommentar, 36. Auflage 2015

Troll/Gebel/Jülicher, Erbschaftsteuer- und Schenkungsteuergesetz: ErbStG, Loseblatt-Kommentar, 48. Auflage 2014

Werbik, Lebzeitige Zuwendungen des Erblassers. Die Berücksichtigung lebzeitiger Zuwendungen bei der Erbauseinandersetzung und im Pflichtteilsrecht nach deutschem, französischem und schweizerischem Recht, 2004

Zankl, Das gesetzliche Vorausvermächtnis des Ehegatten – Österreichisches Recht und Rechtsvergleichung, Wien 1996

Zimmermann, Praxiskommentar Erbrechtliche Nebengesetze, 2013

Zöller (Hrsg.), Zivilprozessordnung, Kommentar, 30. Auflage 2014

§ 1 Die Europäische Erbrechtsverordnung

Dr. Rembert Süß, Würzburg

Inhalt

A. Vorrangige internationale Abkommen ... 1
 I. Multilaterale Übereinkommen 1
 II. Bilaterale Abkommen mit Drittstaaten ... 3
  1. Das Nachlassabkommen mit der Türkei 4
  2. Deutsch-Sowjetischer Konsularvertrag 6
  3. Deutsch-Persisches Niederlassungsabkommen 9
B. Entstehung der Europäischen Erbrechtsverordnung 11
C. Übersicht über die Europäische Erbrechtsverordnung 21
 I. Internationale Zuständigkeit 22
 II. Das auf die Erbfolge anwendbare Recht .. 23
 III. Erbrechtliche Rechtswahl 27
 IV. Anerkennung und Vollstreckung gerichtlicher Entscheidungen im Erbrecht 28
 V. Schaffung des Europäischen Nachlasszeugnisses 29

D. Übergangsregeln für die EU-ErbVO 30
 I. Bisherige nationale Regelung 30
 II. Anwendungsstichtag für die EU-ErbVO 34
 III. Sonderregelungen für vor dem 17.8.2015 getroffene Verfügungen von Todes wegen 38
 IV. Sonderregelungen für eine vor dem 17.8.2015 getroffene Rechtswahl 47
E. Praktisches Vorgehen bei der Lösung eines internationalen Erbfalls 51
 I. Formulierung der Rechtsfrage 52
 II. Qualifikation der Rechtsfrage 55
 III. Anknüpfung 59
 IV. Prüfung von Rück- und Weiterverweisungen 62
 V. Anwendung des Sachrechts (Erbstatut) ... 67
 VI. Anknüpfung von Vorfragen 69
 VII. Ergebniskorrekturen 73
F. Prüfungsschema für die Lösung von Erbrechtsfällen unter der EU-ErbVO 75

Literatur

Bonomi/Wautelet, Le droit européen des successions – commentaire du R`glement no 650/2012 du 4 juillet 2012, Brüssel, 2013*; Dörner,* Die Verordnung zum Internationalen Erb- und Erbverfahrensrecht ist in Kraft!, ZEV 2012, 505; *Dörner,* Der Entwurf einer europäischen Verordnung zum Internationalen Erb- und Erbverfahrensrecht, ZEV 2010, 221; *Dörner/Hertel/Lagarde/Riering,* Auf dem Weg zu einem europäischen Internationalen Erb- und Erbverfahrensrecht, IPRax 2005, 1; *Dutta,* Das neue internationale Erbrecht der Europäischen Union – Eine erste Lektüre der Erbrechtsverordnung, FamRZ 2013, 4; *Dutta,* Die Europäische Erbrechtsverordnung vor ihrem Anwendungsbeginn: Zehn ausgewählte Streitstandsminiaturen, IPRax 2015, 32; *Dutta,* Succession and Wills in the Conflict of Laws on the Eve of Europeanisation, RabelsZ 73 (2009) 547; *Dutta/Herrler,* Die Europäische Erbrechtsverordnung, 2014; *Hager,* Die neue europäische Erbrechtsverordnung, 2013; *Khairallah/Revillard,* Droit européen des successions internationales: Le règlement du 4 juillet 2012, Paris 2013; *Lagarde,* Les principes de base du nouveau règlement européen sur les successions, Revue critique de droit international prive 2012, 691; *Lechner,* Erbverträge und gemeinschaftliche Testamente in der neuen EU-Erbrechtsverordnung, NJW 2013, 26; *Lehmann,* Die EU-Erbrechtsverordnung zur Abwicklung grenzüberschreitender Nachlässe, DStR 2012, 2065; *Löhnig/Schwab/Henrich/Gottwald/Grziwotz/Reimann/Dutta,* Erbfälle unter Geltung der Europäischen Erbrechtsverordnung, 2014; *Mansel,* Vereinheitlichung des internationalen Erbrechts in der Europäischen Gemeinschaft – Kompetenzfragen und Regelungsansätze, in: FS Ansay, 2006, S. 185 ff.; *Max-Planck-Institut für ausländisches und internationales Privatrecht,* Stellungnahme zum Vorschlag für eine Verordnung des Europäischen Parlaments und des Rates über die Zuständigkeit, das anzuwendende Recht, die Anerkennung und die Vollstreckung von Entscheidungen und öffentlichen Urkunden in Erbsachen sowie zur Einführung eines europäischen Nachlasszeugnisses vom 14.10.2009, RabelsZ 74 (2010), 522; *Müller-Lukoschek,* Die neue EU-Erbrechtsverordnung, 2. Aufl. 2015; *Remde,* Die Europäische Erbrechtsverordnung nach dem Vorschlag der Kommission vom 14.10.2009, RNotZ 2012, 65; *Reichelt/Rechberger,* Europäisches Erbrecht, Wien 2011; *Schauer/Scheuba,* Europäische Erbrechtsverordnung, Wien 2012; *Simon/Buschbaum,* Die neue EU-Erbrechtsverordnung, NJW 2012, 2393; *Süß,* Der Vorschlag der EG-

Kommission zu einer Erbrechtsverordnung (Rom IV-Verordnung) vom 14.10.2009, ZErb 2009, 342; *Vollmer*, Die neue europäische Erbrechtsverordnung – ein Überblick, ZErb, 2012, 227; *Wagner*, Der Kommissionsvorschlag vom 14.10.2009 zum internationalen Erbrecht, DNotZ 2010, 506; *Wilke*, Das internationale Erbrecht nach der neuen EU-Erbrechtsverordnung, RIW 2012, 601.

A. Vorrangige internationale Abkommen

Literatur

Damar, Deutsch-türkisches Nachlassabkommen: zivilprozess- und kollisionsrechtliche Aspekte, IPRax 2012, 278; *Dörner*, Das deutsch-türkische Nachlassabkommen, ZEV 1996, 90; *Emmerling de Oliveira/Heggen*, Türkische Mandanten im Notariat, notar 2010, 38; *Kohler*, Die künftige Erbrechtsverordnung der Europäischen Union und die Staatsverträge mit Drittstaaten, in: Reichelt/Rechberger, Europäisches Erbrecht: Zum Verordnungsvorschlag der Europäischen Kommission zum Erb- und Testamentsrecht, 2011, S. 109 ff.; *Kremer*, Die Bedeutung des deutsch-türkischen Konsularvertrags für Nachlaßverfahren in der Bundesrepublik Deutschland, IPRax 1981, 205; *Krüger*, Studien über Probleme des türkischen Internationalen Erbrechts, in: FS Ansay, 2006, S. 131 ff.; *Majer*, Das deutsch-türkische Nachlassabkommen, ZEV 2012, 182; *Mankowski*, Gelten die bilateralen Staatsverträge der Bundesrepublik Deutschland im Internationalen Erbrecht nach dem Wirksamwerden der EuErbVO weiter?, ZEV 2013, 529; *Schotten/Wittkowski*, Das deutsch-iranische Niederlassungsabkommen im Familien- und Erbrecht, FamRZ 1995, 264; *Süß*, Der Vorbehalt zugunsten bilateraler Abkommen mit Drittstaaten, in: Dutta/Herrler, Die Europäische Erbrechtsverordnung, 2014, S. 181 ff.

I. Multilaterale Übereinkommen

1 Als einziges auf dem Bereich des internationalen Erbrechts geltendes multilaterales Übereinkommen hat die Bundesrepublik Deutschland das Haager Übereinkommen über das auf die Form letztwilliger Verfügungen anwendbare Recht vom 5.10.1961 ratifiziert. Dieses Übereinkommen hat sich als sehr erfolgreich erwiesen, wurde es doch von zahlreichen Staaten, darunter von der Hälfte der Mitgliedstaaten der EU, ratifiziert. Die kollisionsrechtlichen Regelungen des Übereinkommens wurden darüber hinaus in zahlreichen weiteren Staaten (z.B. in Italien und Tschechien) in das nationale IPR kopiert. In Deutschland hatte man sie 1986 im Rahmen der IPR-Reform der Klarstellung halber in Art. 26 Abs. 1–3 EGBGB übernommen.

2 Gemäß Art. 75 Abs. 1 UA 2 EU-ErbVO bleibt das Haager Testamentsformübereinkommen für die Mitgliedstaaten, die das Übereinkommen ratifiziert haben – also damit auch Deutschland –, auch nach dem Anwendungsstichtag (dem 17.8.2015) weiterhin vorrangig vor Art. 27 EU-ErbVO anwendbar.

II. Bilaterale Abkommen mit Drittstaaten

3 Auch bilaterale Abkommen mit Drittstaaten werden vom Vorbehalt des Art. 75 Abs. 1 UA 1 EU-ErbVO erfasst.[1] Für die Bundesrepublik Deutschland sind drei solcher Abkommen in Kraft.

---

1 Zu den sich aus der Anwendung ergebenden Problemen siehe § 2 Rn 205 ff.

1. Das Nachlassabkommen mit der Türkei

Leicht werden die Bestimmungen zum Erbstatut übersehen, die in einige bilaterale Abkommen eingestreut sind. Praktisch am wichtigsten ist das zwischen dem Deutschen Reich und der Türkischen Republik vereinbarte Nachlassabkommen, das die Anlage zu Art. 20 des **Deutsch-Türkischen Konsularvertrages** vom 28.5.1929 bildet.[2] Dieses Abkommen gilt laut Bekanntmachung vom 26.2.1952[3] nach Beendigung des Krieges wieder. § 14 des Nachlassabkommens bestimmt das auf die Erbfolge anwendbare Recht wie folgt:

§ 14
(1) Die erbrechtlichen Verhältnisse bestimmen sich in Ansehung des beweglichen Nachlasses nach den Gesetzen des Landes, dem der Erblasser zur Zeit seines Todes angehörte.
(2) Die erbrechtlichen Verhältnisse in Ansehung des unbeweglichen Nachlasses bestimmen sich nach den Gesetzen des Landes, in dem dieser Nachlass liegt, und zwar in der gleichen Weise, wie wenn der Erblasser zur Zeit seines Todes Angehöriger dieses Landes gewesen wäre.

Damit gilt im Verhältnis zur Türkei nicht das Aufenthaltsrecht, sondern das **Heimatrecht** des Erblassers als Erbstatut.[4] Für in Deutschland und in der Türkei belegene Immobilien eines aus dem jeweils anderen Abkommensstaat stammenden Erblassers kommt zwingend das jeweilige Belegenheitsrecht zur Anwendung, so dass bei Immobilien eines Deutschen in der Türkei und bei inländischen Immobilien eines türkischen Erblassers eine **Nachlassspaltung** eintritt.[5]

2. Deutsch-Sowjetischer Konsularvertrag

Eine weitere erbrechtliche Kollisionsnorm enthält Art. 28 Abs. 3 des **Deutsch-Sowjetischen Konsularvertrages** vom 25.4.1958.[6] Diese Bestimmung lautet wie folgt:

Art. 28
Hinsichtlich der unbeweglichen Nachlassgegenstände finden die Rechtsvorschriften des Staates Anwendung, in dessen Gebiet diese Gegenstände belegen sind.

Zwar ist die Sowjetunion am 1.1.1992 untergegangen. Die **Russische Föderation** hat jedoch durch Note vom 24.12.1991 die völkerrechtlichen Verträge der früheren Sowjetunion übernommen.[7] Die meisten Nachfolgestaaten der UdSSR, nämlich **Armenien, Aserbaidschan, Georgien, Kasachstan, Kirgisistan, Moldawien, Tadschikistan, Ukraine, Usbekistan und Weißrussland**, haben sich dem angeschlossen.[8] Der Konsularvertrag mit seiner erbrechtlichen Kollisionsnorm gilt daher im Verhältnis zwischen der Bundesrepublik Deutschland und diesen Staaten fort. Für in Deutschland wie auch in jenen Staaten belegenen unbeweglichen Nachlass eines Erblassers, der dem jeweils anderen Staat angehört, gilt also das jewei-

---

2 RGBl 1930 II, S. 747; Text z.B. in *Ferid/Firsching*, Deutschland Texte A II 2 Nr. 12; mit Kommentar in: Staudinger/*Dörner*, Vorbem. zu Art. 25 f. EGBGB Rn 164; ausführlich auch *Haas*, in: Süß, Erbrecht in Europa, 2. Aufl. 2008, § 2 Rn 6; siehe auch *Zimmermann*, Praxiskommentar Erbrechtliche Nebengesetze, Internationale Abkommen Rn 25 ff.
3 BGBl 1952 II, S. 608.
4 Zu Einzelheiten siehe § 2 Rn 191.
5 Zu Einzelheiten siehe § 2 Rn 204.
6 BGBl 1959 II, S. 33; siehe auch *Zimmermann*, Praxiskommentar Erbrechtliche Nebengesetze, Internationale Abkommen Rn 71 ff.
7 Bekanntmachung in BGBl II 1992, S. 1016.
8 Einzelnachweise bei *Jayme/Hausmann*, Internationales Privat- und Verfahrensrecht, 17. Aufl. 2014.

lige Belegenheitsrecht. Im Übrigen bleibt es für Deutschland bei der Verweisung durch Art. 21 EU-ErbVO auf das Recht des Staates, in dem der Erblasser seinen letzten gewöhnlichen Aufenthalt hatte, bzw. auf das Heimatrecht des Erblassers, wenn dieser es gewählt hatte, Art. 22 Abs. 1 EU-ErbVO.[9]

8 Die drei **baltischen Staaten** Litauen, Lettland und Estland, die sich nicht als Rechtsnachfolger der Sowjetunion verstehen, haben mit der Bundesrepublik Deutschland keine Weiteranwendung vereinbart. Da die baltischen Staaten Mitgliedstaaten i.S.v. Art. 75 Abs. 2 EU-ErbVO sind, würde die konsularvertragliche Kollisionsnorm aber ohnehin durch die EU-ErbVO verdrängt werden.

3. Deutsch-Persisches Niederlassungsabkommen

9 Schließlich ist Art. 8 Abs. 3 des Niederlassungsabkommens zwischen dem Deutschen Reich und dem **Kaiserreich Persien** vom 17.2.1929[10] zu beachten, der durch ein Schlussprotokoll erläutert wird:[11]

> *Art. 8*
> *In Bezug auf das Personen-, Familien- und Erbrecht bleiben die Angehörigen jedes der vertragsschließenden Staaten im Gebiet des anderen Staates jedoch den Vorschriften ihrer heimischen Gesetze unterworfen. Die Anwendung dieser Gesetze kann von den anderen vertragsschließenden Staaten ausnahmsweise nur insoweit ausgeschlossen werden, als ein solcher Ausschluss allgemein gegenüber jedem anderen Staat erfolgt.*

10 Diese Regel wird durch das Schlussprotokoll wie folgt ergänzt:

> *Die vertragsschließenden Staaten sind sich darüber einig, dass das Personen-, Familien- und Erbrecht, d.h. das Personalstatut, die folgenden Angelegenheiten umfasst: Ehe, ... testamentarische und gesetzliche Erbfolge, Nachlassabwicklung und Erbauseinandersetzung.*

B. Entstehung der Europäischen Erbrechtsverordnung

Literatur

Bajons, Internationale Zuständigkeit und anwendbares Recht in grenzüberschreitenden Erbrechtsfällen innerhalb des europäischen Justizraums, in: FS Heldrich, 2005, S. 495 ff.; *Blum*, Das Grünbuch der Europäischen Kommission zum internationalen Erbrecht, ZErb 2005, 170; *Deutsches Notarinstitut* (Hrsg.), Internationales Erbrecht in der EU. Perspektiven einer Harmonisierung, Würzburg 2004; *Dörner*, Vorschläge für ein europäisches internationales Erbrecht, in: FS Holzhauer, 2005, S. 474 ff.; *Dörner*, Das Grünbuch „Erb- und Testamentsrecht" der Europäischen Kommission, ZEV 2005, 137; *Dörner/Hertel/Lagarde/Riering*, Auf dem Weg zu einem europäischen Internationalen Erb- und Erbverfahrensrecht, IPRax 2005, 1; *Haas*, Der europäische Justizraum in „Erbsachen", in: Gottwald, Perspektiven der justiziellen Zusammenarbeit in Zivilsachen in der Europäischen Union, 2003, S. 43 ff.; *Heggen*, Europäische Vereinheitlichungstendenzen im Bereich des Erb- und Testamentsrechts, RNotZ 2007, 1; *Heß*, Die „Europäisierung" des internationalen Privatrechts durch den Amsterdamer Vertrag.

---

9 Zu Einzelheiten siehe § 2 Rn 200.
10 RGBl 1930 II, S. 1006, wieder anwendbar nach Protokoll vom 4.11.1954, BGBl 1955 II, S. 829; siehe auch *Zimmermann*, Praxiskommentar Erbrechtliche Nebengesetze, Internationale Abkommen Rn 61 ff.
11 Zu Einzelheiten siehe § 2 Rn 187.

Chancen und Gefahren, NJW 2000, 23; *Jayme/Kohler*, Europäisches Kollisionsrecht 2003: Der Verfassungskonvent und das Internationale Privat- und Verfahrensrecht, IPRax 2003, 485; *Kohler*, Auf dem Weg zu einem europäischen Justizraum für das Familien- und Erbrecht, FamRZ 2002, 709; *Lechner*, Die Entwicklung der Erbrechtsverordnung, in: Dutta/Herrler, Erbrechtsverordnung, 2014, S. 5 ff.; *Lehmann*, Die Reform des internationalen Erb- und Erbprozessrechts im Rahmen der geplanten Brüssel IV-Verordnung, 2006; *Pintens*, Die Europäisierung des Erbrechts, ZEuP 2001, 628; *Pintens*, Hamonisierung im europäischen Familien- und Erbrecht, FamRZ 2005, 1597; *Schack*, Die EG-Kommission auf dem Holzweg von Amsterdam, ZEuP 1999, 805; *Süß*, Auf dem Weg zum Einheitlichen Europäischen Erbrecht – Die Konferenz „Harmonisierung des internationalen Erbrechts in der Europäischen Union, ZErb 2005, 28; *Süß*, Das Grünbuch der EG zum ehelichen Güterrecht, ZErb 2006, 326; *Voltz*, Internationales Erbrecht in der EU – Perspektiven einer Harmonisierung, IPRax 2005, 64; *Wagner*, Zur Kompetenz der Europäischen Gemeinschaft in der justiziellen Zusammenarbeit in Zivilsachen, IPRax 2007, 290; *Ziegert*, Bericht über das „Hearing on the Law applicable to succession and wills in the European Union", ZErb 2007, 218.

Der **Vertrag von Maastricht** vom 7. Februar 1992 schuf die justizielle Zusammenarbeit in Zivil- und Strafsachen als dritte Säule der Union.[12] Nachdem hierauf erarbeitete Entwürfe scheiterten, überführte der **Vertrag von Amsterdam** vom 2. Oktober 1997[13] die justizielle Zusammenarbeit in die „erste Säule". Dadurch wurde der Rat ausdrücklich ermächtigt, Maßnahmen zur Vereinbarung und Verbesserung der Anerkennung und Vollstreckung gerichtlicher und außergerichtlicher Entscheidungen in Zivil- und Handelssachen (Art. 61 lit. c, Art. 65 lit. a EG-Vertrag) und zur Förderung der Vereinbarkeit der in den Mitgliedstaaten geltenden Kollisionsnormen und Vorschriften zur Vermeidung von Kompetenzkonflikten (Art. 65 lit. b EG-Vertrag) zu erlassen. Die Effektivität dieser Kompetenzzuweisung wurde durch den **Vertrag von Nizza** vom 26. Februar 2001 ausgeweitet, indem dieser die Möglichkeit der Anwendung des Verfahrens mit einfacher Mehrheitsentscheidung (Art. 251 EG-Vertrag) auf die Maßnahmen gem. Art. 65 EG-Vertrag erstreckte, ausgenommen allein der „familienrechtlichen Aspekte" (Art. 67 Abs. 5 EG-Vertrag).

Seitdem wurden auf EU-Ebene sukzessive immer mehr Bereiche des internationalen Kollisions- und Verfahrensrechts durch europäische Rechtsakte abgedeckt. Den Beginn machte das Zivilverfahrensrecht. So wurde das Brüsseler Übereinkommen vom 27. September 1968 „vergemeinschaftet" und mit leichten Änderungen – freilich einschließlich des Vorbehalts für erbrechtliche Streitigkeiten – in die Verordnung (EG) Nr. 44/2001 vom 22. Dezember 2000 über die gerichtliche Zuständigkeit und die Anerkennung und Vollstreckung von Entscheidungen in Zivil- und Handelssachen (**Brüssel I-VO**) überführt.[14] Eine weitere Verordnung erging bereits am 29. Mai 2000 über die gerichtliche Zuständigkeit und die Anerkennung und Vollstreckung von Entscheidungen in Ehesachen und in Verfahren betreffend die elterliche Verantwortung für die gemeinsamen Kinder der Ehegatten und vereinheitlichte das internationale Verfahrensrecht in Ehesachen (**Brüssel II-VO**).[15]

Auch auf dem Bereich des internationalen Kollisionsrechts sind zahlreiche Verordnungen in Kraft: Das Römische Schuldvertragsübereinkommen vom 19. Juni 1980[16] ist in eine Verordnung umgegossen worden (**Rom I-VO**), die ab dem 17.12.2009 anwendbar ist. Am 11.1.2009 ist eine Verordnung über das Kollisionsrecht der außervertraglichen Schuldverhältnisse (**Rom II-VO**) in Kraft getreten. Darüber hinaus hat sich die Kommission auch in das Gebiet des familienrechtlichen Kollisionsrechts hineinbegeben. Die Verordnung vom

---

12 Art. K 6, 7, ABl 1992 C 191, S. 1.
13 ABl 1997 C 340, S. 1.
14 ABl 2001 Nr. L 12, S. 1.
15 ABl 2000 Nr. L 160, S. 19.
16 Siehe *Jayme/Hausmann*, Internationales Privat- und Verfahrensrecht, 17. Aufl. 2014, S. 171 ff.

18. Dezember 2008 über die Zuständigkeit, das anwendbare Recht, die Anerkennung und Vollstreckung von Entscheidungen und die Zusammenarbeit in Unterhaltssachen (EU-Unterhaltsverordnung) vereinheitlichte nicht nur das internationale Verfahrensrecht in Unterhaltssachen, sondern durch Inkraftsetzen des Haager Unterhaltsprotokolls für die EU-Mitgliedstaaten auch das Unterhalts-Kollisionsrecht.

14 Mittlerweile musste die Kommission allerdings auch die Grenzen der Rechtsvereinheitlichung in politisch sensiblen Bereichen erfahren. Die Rom III-Verordnung vom 20. Dezember 2010 über das auf die Ehescheidung und Trennung des Ehebandes anzuwendende Recht betrifft ausschließlich das auf den Ausspruch der Scheidung, nicht aber das auf die Scheidungsfolgen anwendbare Recht und konnte lediglich im Wege der „verstärkten Zusammenarbeit" in 15 Mitgliedstaaten in Kraft treten. Wegen der besonderen Bedeutung für das Erbrecht sollte rechtzeitig zum Anwendungsstichtag der EU-ErbVO eine Verordnung zum internationalen Güterrecht in Kraft treten. Ein Vorschlag der Kommission vom März 2011 stieß allerdings auf den erbitterten Widerstand zahlreicher Mitgliedstaaten, weil der Verordnungsvorschlag das Güterrecht mit der Anerkennung gleichgeschlechtlicher Partnerschaften und Ehen verknüpfte und die gefundenen Regeln einigen osteuropäischen Staaten zu weit, einigen westeuropäischen Staaten nicht weit genug gingen.

15 Ob Art. 65 lit. b EG-Vertrag eine ausreichende Grundlage für den Erlass einer Verordnung gibt, die auch das internationale Zivilverfahrensrecht und das Kollisionsrecht auf dem Bereich der Erbfolge erfasst, war umstritten.[17] Dies galt insbesondere für die Frage, ob derartige Maßnahmen auch für das Verhältnis zu Drittstaaten erlassen werden können.[18] Nachdem aber die EU-ErbVO im Rat durch die Vertreter nahezu sämtlicher Mitgliedstaaten (ausgenommen allein Malta) angenommen worden ist, hat das Problem der kompetenzrechtlichen Legitimität seine Bedeutung verloren.

16 Schon der **Aktionsplan des Rates** und der Kommission zur Umsetzung des Amsterdamer Vertrages vom 3. Dezember 1998[19] sah in Teil II unter Punkt 41 vor, dass innerhalb von fünf Jahren – also bis Ende 2003 – die Möglichkeit geprüft werden solle, einen Rechtsakt betreffend das auf Ehesachen anzuwendende Recht sowie betreffend die internationale Zuständigkeit, das anwendbare Recht sowie die Anerkennung und Vollstreckung gerichtlicher Entscheidungen in „Güterstands- und Erbschaftssachen" zu erstellen. Zur Prüfung dieser Möglichkeiten wurde von der Kommission 2001 eine „Rechtsvergleichende Studie über die Zuständigkeitskonflikte und Gesetzeskollisionen in Testaments- und Erbsachen in den Mitgliedstaaten der Europäischen Union" (im Weiteren: „**Studie**") in Auftrag gegeben. Diese wurde vom Deutschen Notarinstitut mit *Prof. Dr. Heinrich Dörner* (Münster) und *Prof. Dr. Paul Lagarde* (Paris) als wissenschaftliche Koordinatoren erstellt.[20] Die Studie **empfahl** eine umfassende Regelung des internationalen Erbrechts durch die Gemeinschaft, und zwar der internationalen Zuständigkeit der Gerichte, der Anerkennung und Vollstreckung von Entscheidungen, der Vereinheitlichung des internationalen Erbkollisionsrechts,

---

17 Ablehnend vor allem *Schack*, ZEuP 1999, 808; MüKo-BGB/*Birk*, Art. 25 EGBGB Rn 409; krit. auch *Jayme/Kohler*, IPRax 1999, 413 und IPRax 2000, 458; nach *Herweg*, Die Vereinheitlichung des Internationalen Erbrechts im Europäischen Binnenmarkt, 2004, S. 199, 222 ließe sich die Kompetenz bei einem „weitgefassten Verständnis" der Voraussetzungen begründen; bejahend dagegen: *Heß*, NJW 2000, 27; *Sandrock*, ZVglRWiss 98 (1999) 244.

18 Vgl. *Leible*, in: Streinz, Art. 65 EGV Rn 25 m.w.N.; ausführlich zu dieser Frage *Wagner*, EG-Kompetenz für das Internationale Privatrecht in Ehesachen, RabelsZ 68 (2004) 119.

19 ABl 1999 C 19, S. 1.

20 Siehe http://europa.eu.int/comm/justice_home/doc/centre/civil/studies/doc/ testaments_successions_fr.pdf.

der Schaffung eines einheitlichen Europäischen Erbscheins und der Einrichtung eines Systems nationaler Testamentsregister. Am 11./12.5.2004 wurden auf einem akademischen Symposium in Brüssel die Ergebnisse der Studie diskutiert.[21]

Auf der Basis der Studie wurde am 1.3.2005 von der Kommission ein sog. **Grünbuch zum Erb- und Testamentsrecht** veröffentlicht, welches 39 Fragen zu den verschiedenen Bereichen des internationalen Erbrechts enthielt.[22] Hiermit wurden erste Stellungnahmen der breiteren Öffentlichkeit gesammelt.[23] Zur weiteren Vertiefung der Stellungnahmen wurde am 30.11.2006 von der Kommission in Brüssel eine öffentliche Anhörung veranstaltet, zu der insbesondere auch Praktiker geladen wurden. Der Rechtsausschuss des Europäischen Parlaments legte durch seinen Berichterstatter am 16.10.2006 einen Bericht mit Empfehlungen an die Kommission zum Erb- und Testamentsrecht vor (sog. **Gargani Report**).[24] Eine weitere Stellungnahme legte der Europäische Wirtschafts- und Sozialausschuss vor (**EWS-Stellungnahme zum Grünbuch**). Nahezu einheitlich wurde in sämtlichen Stellungnahmen ein Regelungsbedarf bejaht und eine Regelung des internationalen Erbrechts durch die Union befürwortet.

Wegen einer Rücksichtnahme auf allgemeine politische Probleme in der Union[25] dauerte es aber bis zum 14.10.2009, bis die Kommission einen Vorschlag für eine Verordnung mit ca. 30 Artikeln vorlegte.[26]

In der Folge wurde der Entwurf vom Rechtsausschuss des Europäischen Parlaments unter der Federführung von MEP *Kurt Lechner* als Berichterstatter sowie vom Rat der EU erheblich überarbeitet, verfeinert und erweitert. Es fanden zahlreiche Sitzungen des Europäischen Parlaments statt, zu denen hunderte von Änderungsvorschlägen eingebracht wurden, es wurde 13 so genannte Trilogen abgehalten, Verhandlungen zwischen dem Rat, dem Europäischen Parlament und der Kommission, ferner fanden Expertenanhörungen und Konferenzen statt. Auch wurde ein Briefing durch die Universität Heidelberg eingeholt, welches von den Professoren *Hess*, *Jayme* und *Pfeiffer* zu dem damaligen Entwurf des Europäischen Parlaments erstellt wurde. Prof. *Etienne Pataut* aus Paris wurde mit einer Studie zu der Frage beauftragt, inwieweit der Ordre-public-Vorbehalt im Bereich des Pflichtteilsrechts zum Einsatz kommen könne.[27]

Nach nahezu zehn Jahren Vorarbeit durch die Europäische Kommission und andere Organe der EU konnte dann endlich am 4.7.2012 die „Verordnung (EU) Nr. 650/2012 des Europäischen Parlaments und des Rates über die Zuständigkeit, das anzuwendende Recht, die Anerkennung und Vollstreckung von Entscheidungen und die Annahme und Vollstreckung öffentlicher Urkunden in Erbsachen sowie zur Einführung eines Europäischen Nachlass-

---

21 *Voltz*, Internationales Erbrecht in der EU – Perspektiven einer Harmonisierung, IPRax 2005, 64; *Ziegert*, ZErb 2007, 218 f. Die Beiträge und Zusammenfassung der Diskussionen sind gesammelt in: *Deutsches Notarinstitut* (Hrsg.), Internationales Erbrecht in der EU. Perspektiven einer Harmonisierung, Würzburg 2004.
22 KOM (2005) 65 endg. Das Grünbuch findet sich auf der beigefügten CD-ROM in der Rubrik „Europa" in der Datei „Grünbuch Erbrecht".
23 Überblick über die Stellungnahmen z.B. bei *Lehmann*, Internationale Reaktionen auf das Grünbuch zum Erb- und Testamentsrecht, IPRax 2006, 204.
24 Az. A6–0359/2006. Auf der beigefügten CD-ROM in der Rubrik „Europa" in der Datei „Hearing".
25 Dazu *Wagner*, DNotZ 2010, 507.
26 Dazu *Süß*, ZErb 2009, 342.
27 Ausführlich zur Gesetzgebung *Lechner*, Die Entwicklung der Erbrechtsverordnung, in: Dutta/Herrler, EU-ErbVO, S. 5 ff.

zeugnisses" (**EU-Erbrechtsverordnung** – EU-ErbVO) verabschiedet werden.[28] Diese trat bereits am 17.8.2012 in Kraft. Bis zur Anwendung der materiellen Regeln sieht Art. 84 Abs. 2 EU-ErbVO aber eine Übergangszeit von 36 Monaten vor. Die EU-ErbVO gilt daher erstmalig für alle **am 17.8.2015 eingetretenen Erbfälle**.

C. Übersicht über die Europäische Erbrechtsverordnung

21   Die Erbrechtsverordnung enthält Regelungen zu folgenden Komplexen:

I. Internationale Zuständigkeit

22
- Die internationale Zuständigkeit für erbrechtliche Streitigkeiten wird in Art. 4 EU-ErbVO den Gerichten des Staates zugewiesen, in dem der Erblasser seinen letzten gewöhnlichen Aufenthalt hatte. Diese Zuständigkeit ist grundsätzlich **ausschließlich**. Allenfalls dann, wenn der Erblasser die Erbfolge durch Rechtswahl gem. Art. 22 EU-ErbVO seinem Heimatrecht unterstellt hatte, ergeben sich Möglichkeiten, die Sache gem. Art. 7 EU-ErbVO an die Gerichte des Heimatstaates zu verweisen. Art. 10 EU-ErbVO sieht ergänzende Zuständigkeiten für den Fall vor, dass der Erblasser seinen gewöhnlichen Aufenthalt in einem Drittstaat – also in einem Staat, in dem die EU-ErbVO nicht gilt – gehabt hatte.
- Die ausschließliche Zuständigkeit der Gerichte des Wohnsitzstaates kann beispielsweise dann, wenn der Erblasser im Ausland verstorben ist, seine Angehörigen und sein wesentliches Vermögen jedoch im Heimatstaat hinterlassen hat (z.B. der deutsche Unternehmer, der sich für seinen Lebensabend nach Apulien zurückgezogen hat), wegen der für die Hinterbliebenen mit der Prozessführung im Ausland verbundenen besonderen Kosten und Zeitverzögerungen effektiv zum Ausschluss des Rechtswegs führen.
- Gegen die konkurrierende Zuständigkeit der Gerichte mehrerer Staaten wurde in der Literatur häufig angeführt, diese fördere das *forum shopping*. Das überzeugt schon deswegen nicht, als nicht überzeugend dargelegt ist, wieso in dem Fall, in dem der Erbfall gleichberechtigte Schwerpunkte in mehreren Ländern hat, sich immer nur die deutsche Perspektive durchsetzen soll. Darüber hinaus wird durch die Vereinheitlichung des internationalen Kollisionsrechts im Erbrecht dem *forum shopping* weithin die Basis genommen. Das *forum shopping* bietet mithin allenfalls im Bereich der auf europäischer Ebene noch nicht vereinheitlicht geregelten Vorfragen Potential.

II. Das auf die Erbfolge anwendbare Recht

23   Gemäß Art. 21 EU-ErbVO wird das auf die Erbfolge anwendbare Recht an den **gewöhnlichen Aufenthalt** des Erblassers angeknüpft. Dieses Recht gilt nicht nur für die Erbfolge an sich, also die gesetzliche Erbfolge, die Wirkungen einer testamentarischen Verfügung und die Pflichtteilsrechte. Auch die Wirksamkeit einer Verfügung von Todes wegen unterliegt dem am gewöhnlichen Aufenthalt geltenden Recht, wobei aber in Art. 24, 25 EU-ErbVO eine Vorverlegung des Anknüpfungszeitpunkts auf den Tag der Errichtung der Verfügung bzw. des Abschlusses des Erbvertrages angeordnet ist. So kann sich die anschließende Verlegung des gewöhnlichen Aufenthalts in einen anderen Staat auf die Wirksamkeit und Bindungswirkung der Verfügung nicht mehr auswirken.

---

28   ABl EU L 201, S. 107 vom 27.7.2012 Text der EU-ErbVO siehe CD-ROM.

Bedenken gegen die Anknüpfung an den gewöhnlichen Aufenthalt wurden anlässlich des Kommissionsentwurfs vom 14.10.2009 geäußert, weil der **leichte Wechsel** des gewöhnlichen Aufenthalts zu einer Instabilität führt, die gerade im Erbrecht für alle Betroffenen verheerende Auswirkungen haben kann. Zudem wurden Unsicherheiten im Zusammenhang mit der rechtlichen Unbestimmtheit des Begriffs geäußert. Teilweise wurde vorgeschlagen, in die Verordnung eine Definition des Begriffs des gewöhnlichen Aufenthalts aufzunehmen.

Der Rat und das Europäische Parlament haben auf diese Bedenken reagiert, indem in **Nr. 23 und 24 der Erwägungsgründe** zur EU-ErbVO (siehe CD-ROM unter Rubrik „Europa") gewisse Richtlinien zur Bestimmung des **gewöhnlichen Aufenthalts** aufgenommen werden. So soll bei der Bestimmung des gewöhnlichen Aufenthalts die mit der Erbsache befasste Behörde eine **langfristige Gesamtbeurteilung der Lebensumstände** des Erblassers in den Jahren vor seinem Tod und im Zeitpunkt seines Todes vornehmen, indem alle relevanten Tatsachen berücksichtigt werden, insbesondere die Dauer und die Regelmäßigkeit des Aufenthalts des Erblassers in dem betreffenden Staat sowie die damit zusammenhängenden Umstände und Gründe. Der so bestimmte gewöhnliche Aufenthalt sollte unter Berücksichtigung der spezifischen Ziele dieser Verordnung eine besonders enge und feste Bindung zu dem betreffenden Staat erkennen lassen.

Daraus – ebenso wie auch aus der neueren Rechtsprechung des EuGH[29] – ergibt sich, dass der Begriff des gewöhnlichen Aufenthalts im Rahmen der EU-ErbVO „**erbrechtsspezifisch" auszulegen** ist, so dass durch Betonung der langfristigen Perspektive eine gewisse Stabilität gewährleistet ist. Die Gegenansicht[30] möchte an einer einheitlichen Auslegung des Begriffs im europäischen IPR festhalten und unangemessene Rechtsfolgen im Einzelfall durch Rückgriff auf die Ausweichklausel in Art. 21 Abs. 2 EU-ErbVO vermeiden, wonach in Ausnahmefällen die Anwendung des Rechts eines anderen Staates möglich ist, wenn sich aus der Gesamtheit der Umstände ergibt, dass der Erblasser im Zeitpunkt seines Todes eine offensichtlich engere Verbindung zu diesem Staat hatte. Im internationalen Pflichtteilsrecht würde die Anknüpfung an den gewöhnlichen Aufenthalt dem Erblasser interessante Gestaltungsmöglichkeiten eröffnen, die freilich einseitig zu Lasten der Angehörigen gingen.

III. Erbrechtliche Rechtswahl

Die objektive Anknüpfung an den gewöhnlichen Aufenthalt wird in Art. 22 EU-ErbVO durch die Möglichkeit einer **Rechtswahl** zugunsten des **Heimatrechts** des Erblassers ergänzt. Wer sich eine anspruchsvolle Rechtsberatung leistet, kann auf diese Weise die vorgenannten Gefahren eines unerwünschten Wechsels des Erbstatuts vermeiden und sich ggf. erweiterte Gestaltungsmöglichkeiten erschließen. Aus pflichtteilsrechtlicher Sicht fehlt freilich für das Privileg des Erblassers, durch einseitige Verfügung darüber entscheiden zu können, in welcher Art und Höhe seinen engsten Angehörigen „zwingende Rechte" am

---

29 EuGH (*Mercredi*), FamRZ 2011, 617; EuGH 2.4.2009 (A), Slg. 2009, 2805; *Dutta/Schulz*, Erste Meilensteine im europäischen Kindschaftsverfahrensrecht: Die Rechtsprechung des Europäischen Gerichtshofs zur Brüssel IIa-Verordnung von C bis Mercredi, ZEuP 2012, 526, 534.
30 *Dörner*, ZEV 2012, 510.

Nachlass zukommen, die rechtsdogmatische Legitimation.[31] Missbrauch hat man hier allerdings vorgebeugt, indem man die Rechtswahlmöglichkeiten auf das Recht des Staates, dem der Erblasser angehört, begrenzt hat. Vorbehaltlich einer mehrfachen Staatsangehörigkeit kann er daher lediglich zugunsten eines einzigen Rechts optieren.

IV. Anerkennung und Vollstreckung gerichtlicher Entscheidungen im Erbrecht

28 Die in einem der Mitgliedstaaten in erbrechtlichen Angelegenheiten ergangenen Urteile sind gem. Art. 39 EU-ErbVO im Gebiet aller anderen Mitgliedstaaten anzuerkennen und zu vollstrecken. Dies ist logisch-zwingende Folge aus der Konzentration der internationalen Zuständigkeit und der Rechtsanwendung. Voraussetzung für die Vollstreckung ist allerdings die vorherige Durchführung eines Exequaturverfahrens gem. Art. 48 EU-ErbVO. Der Bereich des Erbrechts profitiert also nicht von der Abschaffung der Exequatur, die die Reform der Brüssel I-VO seit 2015 in den anderen Bereichen des Zivil- und Handelsrechts gebracht hat.

V. Schaffung des Europäischen Nachlasszeugnisses

29 „Krönung" der Erbrechtsverordnung ist die Einführung eines Europäischen Nachlasszeugnisses in Art. 62 ff. EU-ErbVO. Verwaltung und Abwicklung von über mehrere Mitgliedstaaten verstreuten Nachlässen werden dadurch erleichtert, dass das im Staat des letzten gewöhnlichen Aufenthalts des Erblassers ausgestellte Nachlasszeugnis in allen anderen Mitgliedstaaten als Nachweis der Erbfolge anzuerkennen ist und das Europäische Nachlasszeugnis die in Art. 69 EU-ErbVO definierten, dem deutschen Erbschein entsprechenden besonderen Beweis- und Gutglaubenswirkungen entfaltet.

D. Übergangsregeln für die EU-ErbVO

I. Bisherige nationale Regelung

30 Das deutsche internationale Erbkollisionsrecht war bislang in den Art. 25, 26 EGBGB geregelt. Dabei bestimmte Art. 25 EGBGB das allgemein auf die Erbfolge anwendbare Recht (**Erbstatut**), indem Abs. 1 auf das Heimatrecht des Erblassers bei seinem Tode verwies. Art. 25 Abs. 2 EGBGB erlaubte eine auf inländisches unbewegliches Vermögen beschränkte Rechtswahl. Für Testamente und andere Verfügungen von Todes wegen enthielt Art. 26 EGBGB Sondervorschriften. So bestimmte Art. 26 Abs. 1–4 EGBGB in Umsetzung des Haager Übereinkommens über das auf die Form letztwilliger Verfügungen anzuwendende Recht vom 5.10.1961, welches für Deutschland am 1.1.1966 in Kraft getreten ist, das auf die Formwirksamkeit von Testamenten und Erbverträgen anwendbare Recht.[32] Eine

---

31 Die Befürworter argumentieren regelmäßig damit, dass der Erblasser durch die Rechtswahl die Geltung des Heimatrechts wiederherstelle. Freilich ist dem entgegenzusetzen, dass schon die Möglichkeit, zwischen mehreren Rechten wählen zu können – selbst wenn zu allen eine besondere Verbindung besteht –, dann eine einseitige Begünstigung darstellt, wenn einer der Betroffenen (der Erblasser) die Rechtswahl einseitig und nach Belieben auch mit Wirkung gegenüber den anderen Betroffenen (den Pflichtteilsberechtigten) treffen kann. Praktisch wird so das Schutzniveau von dem Niveau eines einzigen bestimmten Rechts auf das jeweils niedrigste Niveau mehrerer bestimmter Rechtsordnungen abgesenkt. Angesichts der gewaltigen Unterschiede im Pflichtteilsrecht der EU-Mitgliedstaaten ist auch davon auszugehen, dass das Pflichtteilsrecht einer der entscheidenden Faktoren bei der Rechtswahl sein wird.
32 BGBl 1965 II, S. 1145. Text auch bei Palandt/*Thorn*, Anh. zu Art. 26 EGBGB.

Abweichung zum Haager Abkommen ergab sich allein aus der Hinzufügung der Nr. 5 in Art. 26 Abs. 1 EGBGB.[33]

Die Art. 25, 26 EGBGB waren im Rahmen der Neuregelung des IPR zum **1.9.1986 neu gefasst** worden. Auf **Altfälle**, also Erbfälle, die vor diesem Stichtag eingetreten sind, ist gem. Art. 220 Abs. 1 EGBGB das davor geltende, in Art. 24–26 EGBGB a.F. kodifizierte internationale Erbrecht anzuwenden. Im Unterschied zum aktuellen Recht kannte das alte Recht die in Art. 25 Abs. 2 EGBGB n.F. vorgesehene Rechtswahl noch nicht. Die Bestimmungen zum „Allgemeinen Teil" des IPR enthielten die Art. 27, 28 EGBGB a.F.

Das internationale Zivilverfahrensrecht war nicht Gegenstand einer gesonderten Regelung, sondern in die großen verfahrensrechtlichen Kodizes integriert (§§ 105, 106 ff., 343 FamFG, § 328 ZPO etc.).

Diese Rechtsnormen sind für Erbfälle, die vor dem 17.8.2015 eingetreten sind, weiterhin anwendbar. Für nach dem 17.8.2015 eingetretene Erbfälle werden sie durch die EU-ErbVO vollständig ersetzt, und zwar auch in den Fällen, die keinen Bezug zu einem anderen Mitgliedstaat i.S.d. EU-ErbVO haben.

II. Anwendungsstichtag für die EU-ErbVO

Die Erbrechtsverordnung ist am 4.7.2012 vom Rat verabschiedet und am 27.7.2012 im Amtsblatt der EU veröffentlicht worden. Das Inkrafttreten erfolgte gem. Art. 84 Abs. 1 EU-ErbVO am zwanzigsten Tag nach ihrer Veröffentlichung im Amtsblatt der Europäischen Union, also am 17.8.2012.

Um den Regierungen genügend Zeit für die rechtliche Umsetzung zu geben, vor allem für die Schaffung der für die Erstellung des Nachlasszeugnisses erforderlichen Ausführungsregeln, den Gerichten und Rechtsanwendern Zeit für die Ausbildung im neuen Rechtssystem und schließlich auch der Kommission Zeit für die Erstellung der einheitlichen Formblätter (Art. 80 EU-ErbVO) einzuräumen, wurde eine großzügige Übergangsfrist von drei Jahren bis zur Anwendung der Verordnung festgesetzt. Art. 84 Abs. 2 EU-ErbVO bestimmt daher, dass die Regeln der Verordnung **erstmalig ab dem 17.8.2015 gelten**.

Als Übergangsregelung bestimmt Art. 83 Abs. 1 EU-ErbVO, dass die Verordnung auf die Rechtsnachfolge aller Personen Anwendung findet, die **am 17.8.2015 oder danach verstorben** sind. Diese Übergangsregelung betrifft sämtliche Teile der Verordnung. Damit ergibt sich praktisch Folgendes:
- Die rigiden Regeln über die **internationale Zuständigkeit** in **Kapitel II** der EU-ErbVO, die die ausschließliche Zuständigkeit der Gerichte eines einzigen Mitgliedstaates begründen, greifen allein dann ein, wenn der Erbfall nach dem 16.8.2015 eingetreten ist. Auch wenn die Klage nach dem Anwendungsstichtag rechtshängig gemacht wird, bleiben also für vor dem Stichtag eingetretene Erbfälle die bisherigen nationalen Regeln über die internationale Zuständigkeit anwendbar, so dass der Kläger erweiterte Möglichkeiten hat, die Klage im Inland rechtshängig zu machen – oder auch in einem anderen Mitgliedstaat zu klagen, wenn sich die Möglichkeit ergibt, dort ein günstigeres Urteil zu erstreiten.
- Die europaweit vereinheitlichten Kollisionsnormen über die Bestimmung des auf erbrechtliche Fragen **anwendbaren Rechts** in **Kapitel III** der EU-ErbVO finden ebenfalls ausschließlich auf Erbfälle Anwendung, die nach dem 16.8.2015 eingetreten sind. Sonderregeln enthält Art. 83 Abs. 2–4 EU-ErbVO für die Fälle, in denen der Erbfall zwar nach

---

33 Art. 3 des Testamentsformübereinkommens gestattet dies.

dem Anwendungsstichtag eingetreten ist, der Erblasser aber vor dem Anwendungsstichtag eine testamentarische oder erbvertragliche Verfügung und/oder eine Rechtswahl getroffen hat (zu diesen Sonderregeln siehe unten Rn 38 ff., 42). Ist der Erbfall vor dem 17.8.2015 eingetreten, so hat jedes Gericht das anwendbare Recht nach dem zuvor geltenden nationalen IPR zu bestimmen. In Deutschland bleiben also weiterhin Art. 25 f. EGBGB anwendbar, so dass das Heimatrecht des Erblassers gilt, eine Rechtswahl allenfalls als nachlassspaltende Rechtswahl gem. Art. 25 Abs. 2 EGBGB möglich ist und für im Ausland belegende Güter ein vorrangiges Einzelstatut i.S.v. Art. 3a Abs. 2 EGBGB denkbar ist.

- Die Verpflichtung zur **Anerkennung und Vollstreckung erbrechtlicher Entscheidungen** in **Kapitel IV** der EU-ErbVO gilt ausschließlich für nach dem Anwendungsstichtag ergangene Entscheidungen, die die Erbfolge in den Nachlass von nach dem 16.8.2015 verstorbener Personen betreffen, soweit[34] das anwendbare Recht auf der Basis der EU-ErbVO bestimmt worden ist. Alle anderen Entscheidungen (also solche, die die Erbfolge von vor dem 17.8.2015 verstorbenen Erblassern betreffen) können allenfalls auf der Basis der autonomen zivilprozessualen Regeln über die internationale Anerkennung ausländischer Entscheidungen (in Deutschland: § 328 ZPO) anerkannt und vollstreckt werden, auch wenn sie erst nach dem 16.8.2015 ergangen sind.
- Die **Anerkennung von Urkunden** gem. Art. 59 EU-ErbVO bezieht sich ausschließlich auf Urkunden zu solchen Erbfällen, die nach dem 16.8.2015 eingetreten sind.
- Auch ein **Europäisches Nachlasszeugnis** zur Verwendung in einem anderen Mitgliedstaat gemäß **Kapitel VI** der EU-ErbVO kann ausschließlich dann ausgestellt werden, wenn der Erbfall, dessen Erbfolge bezeugt wird, nach dem 16.8.2015 eingetreten ist. Für vor dem 17.8.2015 eingetretene Erbfälle kann also allenfalls ein nationales Zeugnis (in Deutschland: nicht gegenständlich beschränkter Erbschein gem. §§ 2353 ff. BGB) ausgestellt werden. Die anderen Mitgliedstaaten wären nicht verpflichtet, diesen als „öffentliche Urkunde" i.S.v. Art. 59 EU-ErbVO oder als „gerichtliche Entscheidung" i.S.v. Art. 39 EU-ErbVO anzuerkennen.

III. Sonderregelungen für vor dem 17.8.2015 getroffene Verfügungen von Todes wegen

38 Der Kommissionsentwurf zur EU-ErbVO vom November 2009 hatte in Art. 50 eine Übergangsregelung vorgesehen, wonach die Verweisung auf das am Aufenthaltsort bei Errichtung der Verfügung geltende Recht uneingeschränkt auch für vor dem Anwendungsstichtag für die EU-ErbVO errichtete Verfügungen gelten soll. Das hätte zu überraschenden Folgen geführt:

39 Hätten z.B. in Andalusien lebende Eheleute mit beiderseits deutscher Staatsangehörigkeit dort in holographer Form ein gemeinschaftliches Testament errichtet, so wäre dieses nach dem autonomen spanischen IPR wie auch nach dem autonomen deutschen IPR in seiner Wirksamkeit nach dem deutschen Heimatrecht der Eheleute zu beurteilen und damit wirksam gewesen. Die Anwendung des am gewöhnlichen Aufenthalt bei Errichtung geltenden Rechts hätte nach dem Kommissionsentwurf dagegen bei Eintritt des Erbfalls nach dem Anwendungsstichtag für die EU-ErbVO dazu geführt, dass Zulässigkeit und Wirksamkeit der Verfügung nach dem in Andalusien geltenden gemeinspanischen Erbrecht des *código civil* zu beurteilen wären. Dieser kennt keine gemeinschaftlichen Testamente und untersagt die gemeinschaftliche Errichtung ausdrücklich in Art. 669 CC.[35] Der durch das Testament

---

34 Zur Eingrenzung des Anwendungsbereichs bei Bestimmung des Erbstatuts auf der Basis bilateraler Abkommen siehe § 2 Rn 180 ff.
35 Siehe *Steinmetz/Huzel/Garcia*, Länderbericht Spanien Rn 12.

begünstigte überlebende Ehegatte wäre so zum Verlierer der Umstellung der Anknüpfung von der Staatsangehörigkeit auf die Geltung des am gewöhnlichen Aufenthalt geltenden Rechts geworden. Das wäre extrem unbillig gewesen, haben sich doch die Eheleute im vorliegenden Fall an dem Recht orientiert, das sowohl aus Sicht der Gerichte ihres deutschen Heimatstaates als auch aus Sicht der Gerichte ihres spanischen Aufenthaltsstaates anwendbar gewesen wäre.

Der Autor hatte im April 2010 in einer Expertenanhörung vor dem Europäischen Parlament vorgeschlagen, die Wirksamkeit von vor dem Anwendungsstichtag für die EU-ErbVO errichteten Verfügungen nicht unmittelbar dem am gewöhnlichen Aufenthalt bei Errichtung der Verfügung geltenden materiellen Erbrecht zu unterstellen, sondern stattdessen dem Recht, welches das am gewöhnlichen Aufenthalt bei Errichtung der Verfügung geltende IPR bestimmt. So wäre die Wirksamkeit des gemeinschaftlichen Testaments im vorgenannten Beispielsfall nach dem von Art. 9.8 S. 3 span. CC bezeichneten deutschem Heimatrecht zu beurteilen. Nachdem die vorgeschlagene intertemporale Kollisionsnorm nicht unmittelbar eine bestimmte Rechtsordnung, sondern das zu ihrer Bestimmung anwendbare Kollisionsrecht bezeichnet, handelt es sich nicht um eine normale Kollisionsnorm, sondern quasi um eine „Meta-Kollisionsnorm". 40

Art. 83 Abs. 3 EU-ErbVO versucht im Wege eines optimierten *favor testamenti*, durch eine gehäufte Anknüpfung jede Art von „Verlierer aufgrund der EU-ErbVO" zu vermeiden. Eine vor dem Anwendungsstichtag wirksame Verfügung soll **auch weiterhin wirksam bleiben**.³⁶ 41

Eine vor dem 17.8.2015 errichtete Verfügung von Todes wegen ist nun **zulässig** sowie **materiell und formell wirksam**, wenn diese nach einer der folgenden Rechtsordnungen zulässig sowie materiell und formell wirksam ist: 42

– Nach der von **Kapitel III der EU-ErbVO** bestimmten Rechtsordnung. – Diese Regelung ist eigentlich überflüssig, denn die Anwendung des durch die Kollisionsnormen in Kapitel III der EU-ErbVO bezeichneten Rechts bei Eintritt des Erbfalls nach dem 16.8.2015 auch auf vor diesem Stichtag errichtete Verfügungen ergibt sich bereits aus Art. 83 Abs. 1 EU-ErbVO. Das bedeutet dann also das nach Art. 24 bzw. Art. 25 EU-ErbVO bestimmte Recht, mithin das am gewöhnlichen Aufenthalt zum Zeitpunkt der Errichtung der Verfügung (Art. 24 Abs. 1, 25 Abs. 1, 2, jeweils i.V.m. Art. 21 Abs. 1 EU-ErbVO) geltende Recht. Darüber hinaus kommt aber über Art. 24 Abs. 2, 25 Abs. 3 EU-ErbVO auch die Anwendung eines gewählten Heimatrechts in Betracht. Diese wird gerade in Fällen der Errichtung des Testaments vor der Verkündung der EU-ErbVO im Juli 2012 in der Praxis selten sein. Bedeutung könnte diesem Fall aber aufgrund der „Fiktion" einer entsprechenden Rechtswahl in diesen Fällen durch Art. 83 Abs. 4 EU-ErbVO zukommen (siehe Rn 49). Da die Verfügung von Todes wegen erst mit Eintritt des Erbfalls wirksam wird, handelt es sich hier nicht um einen Fall der Rückwirkung, sondern rechtstechnisch gesehen um einen Fall der sog. unechten Rückwirkung. Wegen der auch hier gegebenen Gefahr, dass Vertrauen in die Wirksamkeit einer Verfügung enttäuscht wird, ist aber in gleicher Weise die Notwendigkeit gegeben, unerwartete Auswirkungen der Rückwirkung zu vermeiden. 43

– Nach der von den zum Zeitpunkt der Errichtung der Verfügung geltenden Vorschriften des Internationalen Privatrechts in dem Staat, in dem der Erblasser seinen gewöhnlichen Aufenthalt hatte, bestimmten Rechtsordnung. – Diese Verweisung kombiniert die Wertung der EU-ErbVO, wonach die engste Verbindung zu dem Recht besteht, in dem eine

---

36 *Lechner*, Die Entwicklung der Erbrechtsverordnung, in: Dutta/Herrler, EU-ErbVO, S. 19.

Person aktuell ihren gewöhnlichen Aufenthalt hat, mit der Rücksichtnahme auf die damalige Situation des Erblassers, der sich an dem damals geltenden IPR orientiert.
Nach der von den zum Zeitpunkt der Errichtung der Verfügung geltenden Vorschriften des Internationalen Privatrechts in einem Staat, dessen Staatsangehörigkeit der Erblasser besaß, bestimmten Rechtsordnung.

- Nach der von den zum Zeitpunkt der Errichtung der Verfügung geltenden Vorschriften des Internationalen Privatrechts in dem Mitgliedstaat, dessen Behörde mit der Erbsache befasst ist, bestimmten Rechtsordnung (altes nationales IPR des Forumstaates). – Diese Verweisung ist zunächst in der deutschen Fassung der im Amtsblatt verkündeten EU-ErbVO „vergessen" worden und erst durch ein „Korrigendum"[37] nachgetragen worden. Regelmäßig läuft sie auf die Anwendung des damaligen IPR in dem Mitgliedstaat, in dem der Erblasser zum Zeitpunkt seines Todes seinen gewöhnlichen Aufenthalt hatte, hinaus (Art. 4 EU-ErbVO). Bei gewöhnlichem Aufenthalt in einem „Drittstaat" wäre das IPR des gem. Art. 10 EU-ErbVO bezeichneten Mitgliedstaates maßgeblich.

44 Die auf diese Weise bestimmten Rechtsordnungen regeln allein die Zulässigkeit sowie materielle und formelle Wirksamkeit der Verfügung von Todes wegen (nicht aber ihre **Bindungswirkung** oder gar die **übrigen Wirkungen** der Verfügungen, diese sind bei Eintritt des Erbfalls nach dem 16.8.2015 gem. Art. 83 Abs. 1 EU-ErbVO nach dem gem. Art. 24, 25 EU-ErbVO ermittelten Recht zu bestimmen). Für die die Zulässigkeit sowie materielle und formelle Wirksamkeit gilt eine alternative Anknüpfung, wie sie aus dem Haager Testamentsformübereinkommen vom 5.10.1961 für die Anknüpfung des Formstatuts bekannt ist: Führt eine einzige der bezeichneten Kollisionsrechtsordnung zur Geltung eines materiellen Rechts, wonach die Verfügung von Todes wegen wirksam ist, so ist diese Anknüpfung maßgeblich und die Verfügung als wirksam zu behandeln.

45 Dennoch kann es in **Spezialkonstellationen** zu Rechtsänderungen aufgrund des Inkraftsetzens der EU-ErbVO kommen:

46 – In Deutschland lebende spanische Eheleute mit andalusischer *vecindad civil* haben ein gemeinschaftliches Testament errichtet. Dieses war nach dem gemeinsamen Heimatrecht unwirksam. Nachdem sie von der Unwirksamkeit erfahren haben, haben sie nichts unternommen, weil es ihnen nun auf die gegenseitige Alleinerbeinsetzung nicht mehr ankam. Das Inkrafttreten der EU-ErbVO führt nun dazu, dass das zuvor aus Sicht aller beteiligten Rechtsordnungen nichtige Testament plötzlich – wegen des gewöhnlichen Aufenthalts der Eheleute bei Testamentserrichtung (Art. 24 Abs. 1 EU-ErbVO) – wieder auflebt.

– Noch schlimmer kann sich eine nachträglich eingreifende Bindungswirkung auswirken: Man stelle sich im vorgenannten Spanier-Fall vor, dass sich die Eheleute noch vor dem Anwendungsstichtag für die EU-ErbVO getrennt haben, der Ehemann eine neue Liaison eingegangen ist und zugunsten seiner neuen Liebschaft testiert hat. Mangels Bindungswirkung des gemeinschaftlichen Testaments nach dem gem. Art. 25 Abs. 1, 26 Abs. 5 S. 1 EGBGB als Errichtungsstatut anwendbaren spanischen Heimatrechts war die neue Verfügung wirksam. Verstirbt der Ehemann aber nach dem Anwendungsstichtag für die EU-ErbVO, so ist über Art. 83 Abs. 1 EU-ErbVO auch die Bindungswirkung des gemeinschaftlichen Testaments gem. Art. 24 Abs. 1 EU-ErbVO an den damaligen gewöhnlichen Aufenthalt in Deutschland anzuknüpfen. Damit hätte die Anwendbarkeit der EU-ErbVO nicht nur die Wirksamkeit des ursprünglich unwirksamen gemeinschaftlichen Testaments gebracht, sondern auch die Unwirksamkeit des ursprünglich wirksam

---

37 ABl EU 2013 Nr. L 41, S. 16.

später errichteten Testaments wegen Verstoßes gegen die nachträglich zugestandene Bindungswirkung.

Dutta will in diesem Zusammenhang darauf abstellen, ob der Widerruf vor oder nach dem Anwendungsstichtag erfolgte. Entfalte eine Verfügung keine Bindungswirkung unter dem „alten mitgliedstaatlichen Kollisionsrecht", so könne der Erblasser die Verfügung vor dem Stichtag abändern und widerrufen, nicht aber am oder nach dem Stichtag.[38] Damit wird bei mehreren einander widersprechenden Verfügungen der Konflikt zwischen der Rechtslage nach altem und nach dem neuen Recht dahingehend gelöst, dass quasi die testamentarische Situation zum Anwendungsstichtag darüber entscheidet, welche der bis dahin errichteten Verfügungen Vorrang genießt.

Freilich hat diese Ansicht auch ihre Schwächen, denn sie kann nur die Kollision zwischen neuem und altem IPR lösen, nicht aber erklären, welche der alten nationalen Kollisionsrechtsordnungen (wenn also im Beispielsfall nicht das deutsche und das spanische IPR übereinstimmend zur Anwendbarkeit des spanischen materiellen Erbrechts kämen) bei entsprechender Kollision dazu berufen ist, die Situation zum Eintritt des Anwendungsstichtags zu definieren.

IV. Sonderregelungen für eine vor dem 17.8.2015 getroffene Rechtswahl

Das IPR zahlreicher Mitgliedstaaten enthielt vor dem Anwendungsstichtag für die EU-ErbVO Rechtswahlmöglichkeiten, die über die Rechtswahlmöglichkeiten der EU-ErbVO hinausgingen (Beispiele: Polen, wo bei gesetzlicher Anknüpfung an die Staatsangehörigkeit das Wohnsitzrecht und das am gewöhnlichen Aufenthalt geltende Recht gewählt werden konnten; Wahl des deutschen Rechts für in Deutschland belegene Immobilien in Art. 25 Abs. 2 EGBGB; Wahl des aktuellen und künftigen Aufenthalts- und Heimatrechts in den Niederlanden und in Finnland).[39] Die Reduzierung der Rechtswahlmöglichkeiten auf das **Heimatrecht** in Art. 22 EU-ErbVO hätte in den Fällen, dass eine Verfügung von Todes wegen auf eine Rechtswahl gestützt wurde, die nach der EU-ErbVO weder wählbar war noch im Rahmen der objektiven Anknüpfung zum Zuge kommen könnte (auch nicht über Art. 21 Abs. 2 EU-ErbVO), zur Folge, dass die Verfügung bei Eintritt des Erbfalls nach dem Anwendungsstichtag ihre Effektivität verlieren würde. Auch hier hat man daher durch Einfügung einer Sonderklausel in Art. 82 Abs. 2 EU-ErbVO eine „Rettungsinsel" geschaffen, mit der die Rechtswahl quasi den Weg aus dem sinkenden Dampfer des nationalen Erbkollisionsrechts findet.

Hatte der Erblasser das auf seine Rechtsnachfolge von Todes wegen anzuwendende Recht vor dem 17.8.2015 gewählt, so ist diese **Rechtswahl wirksam**, wenn sie nach einer der folgenden Rechtsordnungen zulässig ist:

1. Die Rechtswahl erfüllt die Voraussetzungen des **Kapitels III** der EU-ErbVO. Der Erblasser kann daher schon vor dem Anwendungsstichtag für die EU-ErbVO die in Art. 22 EU-ErbVO bereitgestellten Rechtswahlmöglichkeiten nutzen. Gerade in den Fällen, in denen die Verfügung noch vor der Verkündung der EU-ErbVO im Amtsblatt der Union erfolgte, werden solche Rechtswahlklauseln nur selten in das Testament aufgenommen worden sein, denn weder war die Rechtswahlmöglichkeit bekannt, noch ergab sich – aufgrund der Anknüpfung des Erbstatuts an die Staatsangehörigkeit – für die meisten

---

38 MüKo-BGB/*Dutta*, 6. Aufl. 2015, Art. 83 EU-ErbVO Rn 10.
39 Ein auf den *Status quo* zum Anwendungsstichtag der EU-ErbVO bezogener umfassender Überblick über die erbrechtlichen Rechtswahlmöglichkeiten im nationalen IPR der Mitgliedstaaten findet sich bei *Heinig*, Rechtswahlen im Erbrecht nach nationalem Kollisionsrecht – Der Countdown läuft, RNotZ 2014, 281.

EU-Bürger überhaupt eine Notwendigkeit, die Geltung des Heimatrechts ausdrücklich anzuordnen.

Art. 83 Abs. 4 EU-ErbVO weitet diesen Tatbestand dadurch aus, dass dort für den Fall einer Verfügung von Todes wegen, die vor dem 17.8.2015 nach dem Recht errichtet wurde, welches der Erblasser gem. Art. 22 EU-ErbVO hätte wählen können, angeordnet wird, dass dieses Recht als das auf die Rechtsfolge von Todes wegen anzuwendende gewählte Recht **gilt**. Hierbei handelt es sich nicht um eine widerlegliche Vermutung, sondern um eine **Fiktion**.[40] Verlangt wird kein Rechtswahlwille, sondern lediglich das bewusste Ausgehen von der Anwendbarkeit des Rechts eines bestimmten der Staaten, denen der Erblasser bei Errichtung der Verfügung angehörte.[41] Folge ist eine umfassende Rechtswahl i.S.v. Art. 22 EU-ErbVO hinsichtlich der gesamten Erbfolge, also nicht lediglich eine auf die Wirksamkeit der Verfügung beschränkte Teilrechtswahl i.S.v. Art. 24 Abs. 2 oder Art. 25 Abs. 3 EU-ErbVO.

2. Die Rechtswahl ist auch wirksam, wenn sie nach den zum Zeitpunkt der Rechtswahl geltenden Vorschriften des Internationalen Privatrechts in dem Staat, in dem der Erblasser seinen gewöhnlichen Aufenthalt hatte, wirksam ist.

Beispiel 1: Hat ein in Deutschland lebender Serbe im Jahre 2003 mit seiner Ehefrau einen Erbvertrag abgeschlossen, in dem er für seine Beteiligung an dem in Heidelberg belegenen gemeinsamen Hausgrundstück das deutsche Recht wählte und die Verfügung auf diesen Vermögensteil beschränkte, so bleibt diese Rechtswahl – da er zum Zeitpunkt der Ausübung der Rechtswahl seinen gewöhnlichen Aufenthalt in Deutschland hatte – auch nach der Aufhebung des Art. 25 Abs. 2 EGBGB durch die EU-ErbVO weiterhin wirksam.

Beispiel 2: Behält der Erblasser im Beispiel 1 freilich seinen Lebensmittelpunkt in Deutschland bei, so kommt es aber nach den Regeln der EU-ErbVO ohnehin zur Geltung deutschen Erbrechts, und zwar über das Grundstück hinaus auf das gesamte Vermögen des Erblassers. Das hat dann nicht nur zur Folge, dass die Rechtswahl „quasi ins Leere" geht. Es stellt sich dann auch die Frage, wie die auf die Nachlassspaltung ausgerichtete materielle Verfügung des Erblassers nunmehr vor dem Hintergrund der unerwarteten Nachlasseinheit auszulegen ist. Hier könnte man zum einen die Zuwendung des Grundstücks in eine Vermächtniszuwendung (Vorausvermächtnis bzw. „Hineinvermächtnis", also Teilungsanordnung) umdeuten. Denkbar wäre wegen der Erheblichkeit der Zuwendung im Verhältnis zum Gesamtnachlass auch eine Quoten verschiebende Vermächtniszuwendung oder gar eine Umdeutung in eine Alleinerbeinsetzung auf das gesamte Vermögen.

Praxishinweis: Die Aufzählung dieser Umdeutungsmöglichkeiten macht deutlich, welches Streitpotential in diesem Fall in Patchwork-Familien und anderen auf Interessenkonflikt ausgelegten Familienkonstellationen aufgebaut wird. Daher sollten derartige in der Vergangenheit auf Art. 25 Abs. 2 EGBGB gestützte Verfügungen aufgespürt werden und ggf. durch eine der neuen Rechtslage angepasste Neuregelung ersetzt werden.

3. Schließlich ist die Rechtswahl wirksam, wenn sie nach den zum Zeitpunkt der Rechtswahl geltenden Vorschriften des Internationalen Privatrechts in einem Staat, dessen Staatsangehörigkeit er besaß, wirksam ist. Ein Erblasser mit mehrfacher Staatsangehörigkeit kann hier also auf die Rechtswahlmöglichkeiten im IPR jedes der Staaten zurückgreifen, dessen Staatsangehörigkeit er besitzt.

---

40 MüKo-BGB/*Dutta*, Art. 83 EU-ErbVO Rn 8.
41 MüKo-BGB/*Dutta*, Art. 83 EU-ErbVO Rn 8 spricht hier von „Rechtsanwendungsbewusstsein".

Kein ausreichender Bezugspunkt ist dagegen die **Belegenheit des Vermögens**. Unterstellte eine Person, die in Deutschland weder ihren gewöhnlichen Aufenthalt hatte noch die deutsche Staatsangehörigkeit besaß, ihre in Deutschland belegene Immobilie dem deutschen Erbrecht, so wird diese Rechtswahl mit Eintritt des Erbfalls nach dem Anwendungsstichtag gem. Art. 83 Abs. 1 EU-ErbVO hinfällig. Eine auf diese Nachlassspaltung gestützte Verfügung von Todes wegen (also z.B. ein nach dem Recht des Aufenthaltsstaates nicht anerkannter Erbvertrag) würde dann seine Wirksamkeit verlieren – sofern sich nicht aus dem am gewöhnlichen Aufenthalt des Erblassers bei Errichtung der Verfügung eine Rückverweisung auf das deutsche Belegenheitsrecht ergeben sollte.

E. Praktisches Vorgehen bei der Lösung eines internationalen Erbfalls

Beispiel: Der Erblasser war spanischer Staatsangehöriger und hat die letzten 20 Jahre seines Lebens mit seiner Familie in Cambridge gelebt. Durch Testament vermachte er seine Anteile an einer französischen Aktiengesellschaft, die fast den gesamten Nachlass ausmachen, seiner Tochter. Das Testament hatte er bei einem Besuch in Paris errichtet, indem er den Text, den sein Anwalt mit der Schreibmaschine geschrieben hatte, eigenhändig abschrieb und unter Angabe von Tag und Ort unterzeichnete. Zeugen wirkten bei der Errichtung des Testaments nicht mit.
1. Ist das Testament des Erblassers wirksam?
2. Welche Rechte hat der Sohn des Erblassers?

I. Formulierung der Rechtsfrage

Das IPR ergibt nicht unmittelbar die rechtliche Lösung des Falls. Vielmehr bestimmt das IPR allein, aus welchem Recht sich die Lösung ergeben soll (**Verweisung**).

Ausgangspunkt der Falllösung ist – wie bei rein nationalen Fällen – eine **Rechtsfrage**, also die Verbindung eines bestimmten Sachverhalts mit einer mutmaßlichen Rechtsfolge. Während in rein nationalen Fällen die Rechtsfrage gleich schon auf eine bestimmte Anspruchsgrundlage gestützt werden kann, ist dies in internationalen Fällen schwieriger, da verschiedene Rechtsordnungen den Anspruch anders befriedigen könnten. So könnte es sich bei den Rechten des übergangenen Sohnes im Beispiel je nach anwendbarem Recht um einen Geldanspruch gegen die Schwester handeln (deutsche Lösung), um eine erbrechtliche Mindestbeteiligung am Nachlass unter Anfechtung des Testaments (französisches Recht) oder um das Recht, vor Gericht eine Verurteilung des Nachlassverwalters zu einer vom Gericht nach eigenem Ermessen festzulegenden Leistung an den übergangenen Angehörigen zu verlangen (*family provision* nach dem englischen *Inheritance Act*). Die „Rechtsfrage" ist daher unspezifischer zu stellen als bei rein nationalen Fällen.

Im **Beispiel** wäre also nicht zu formulieren: „Steht dem Sohn ein Pflichtteilsanspruch gegen die Alleinerbin zu?", sondern besser: „Welche Rechte stehen ihm aufgrund der Übergehung im Testament gegen den Nachlass zu?" Die Rechtsfrage 1. könnte lauten: „Welche Wirkungen kommen den vom Erblasser getroffenen Anordnungen zu?" (inhaltliche Wirksamkeit) bzw. „Konnte der Erblasser in dieser Art und Weise wirksam testieren?" (Form).

II. Qualifikation der Rechtsfrage

Die Rechtsfrage ist einer bestimmten Kollisionsnorm zuzuordnen (**Qualifikation**). Hierbei handelt es sich um den wichtigsten Abschnitt der kollisionsrechtlichen Falllösung.

56 In den meisten Fällen ist die Qualifikation einer Rechtsfrage so eindeutig, dass sie dem Rechtsanwender als gedanklicher Schritt kaum bewusst wird. Die besondere Schwierigkeit ergibt sich daraus, dass sich die Systembegriffe der Kollisionsnorm zwar regelmäßig an den Kategorien des inländischen materiellen Rechts orientieren, aber auch dem eigenen Recht fremde Erscheinungen erfasst werden müssen. In fremden Rechtsordnungen können eine vergleichbare Funktion erfüllende Institute systematisch abweichend geregelt sein. So ist im spanischen Recht der Pflichtteil nicht als Geldanspruch, sondern als Noterbrecht ausgestaltet. Die EU-ErbVO und andere europäische Regelwerke zum Kollisionsrecht enthalten daher notwendigerweise Regeln zum Inhalt der eingesetzten Systembegriffe. So definiert Art. 23 EU-ErbVO den Inhalt des in Art. 21, 22 EU-ErbVO bestimmten Erbstatuts und Art. 26 EU-ErbVO des in Art. 24, 25 EU-ErbVO bestimmten „Errichtungsstatuts".

57 Die unentziehbaren Rechte des Sohnes am Nachlass des Vaters im **Beispiel** könnte man unter den Begriff „die Berufung der Berechtigten, die Bestimmung ihrer jeweiligen Anteile und etwaiger ihnen vom Erblasser auferlegter Pflichten sowie die Bestimmung sonstiger Rechte an dem Nachlass" (Art. 23 Abs. 2 Buchst. b EU-ErbVO) oder unter den Begriff „der verfügbare Teil des Nachlasses, die Pflichtteile und andere Beschränkungen der Testierfreiheit sowie etwaige Ansprüche von Personen, die dem Erblasser nahe stehen, gegen den Nachlass oder gegen den Erben" (Art. 23 Abs. 2 Buchst. h EU-ErbVO) subsumieren und damit erbrechtlich qualifizieren. Schwieriger wäre die Entscheidung, wenn der Sohn aufgrund des englischen *Inheritance Act* Anspruch auf bedarfsbezogene periodische Geldzahlungen geltend machte, da dieser möglicherweise als Unterhaltsanspruch i.S.d. Haager Unterhaltsprotokolls (HUP) qualifiziert werden könnten (vgl. aber Art. 1 Abs. 2 Buchst. e EU-ErbVO und § 3 Rn 98).

58 Die Frage, ob der Testator ein Testament eigenhändig ohne Beiziehung von Zeugen errichten kann, hat mit dem Inhalt und den Wirkungen der im Testament getroffenen Verfügungen nichts zu tun und wäre daher als Frage der Formgültigkeit des Testaments zu qualifizieren und somit der Regelung des Art. 27 EU-ErbVO bzw. dem Haager Testamentsformübereinkommen zuzuweisen.

III. Anknüpfung

59 Hat man die einschlägige Kollisionsnorm ermittelt, so muss dieser die Rechtsfolge entnommen werden. Die Rechtsfolge besteht bei einer Kollisionsnorm darin, dass diese das anwendbare Recht bezeichnet (**Verweisung**). Das anwendbare Recht (Rechtsfolge) hingegen wird als „**Statut**" bezeichnet. Das auf die Erbfolge anwendbare Recht ist also das „**Erbstatut**", das auf die formelle Wirksamkeit des Testaments anwendbare Recht das „Testamentsformstatut", das auf die güterrechtlichen Wirkungen der Ehe anwendbare Recht das „Güterstatut" etc.

60 Dabei wird in der Kollisionsnorm das anwendbare Recht durch Bestimmung eines besonderen Tatbestandsmerkmals, des **Anknüpfungspunkts**, bezeichnet. Anknüpfungspunkt für das Erbstatut war z.B. in Art. 25 Abs. 1 EGBGB das Recht des Staates, dem der Erblasser zum Zeitpunkt des Eintritts des Erbfalls angehörte. Maßgeblicher Anknüpfungspunkt war also die Staatsangehörigkeit des Erblassers. Art. 21 Abs. 1 EU-ErbVO dagegen verweist – vorbehaltlich einer Rechtswahl gem. Art. 22 Abs. 1 EU-ErbVO und vorbehaltlich des Falls, dass sich ausnahmsweise aus der Gesamtheit der Umstände ergibt, dass der Erblasser im Zeitpunkt seines Todes eine offensichtlich engere Verbindung zu einem anderen als dem Staat hatte – auf das Recht des Staates, in dem der Erblasser im Zeitpunkt seines Todes seinen gewöhnlichen Aufenthalt hatte. Maßgeblicher **Anknüpfungspunkt** für das **Erbstatut** ist also nunmehr der **gewöhnliche Aufenthalt** des Erblassers. Der gewöhnliche Aufenthalt

wiederum ist durch Auslegung zu ermitteln, wobei die Gesetzesmaterialien (*in casu* die Erwägungsgründe 23 und 24 der EU-ErbVO; siehe § 2 Rn 5), die Rechtsprechung des EuGH und vorläufig die europäische Literatur zu konsultieren sind.

Bei der Bestimmung des **Testamentsformstatuts** ergeben sich aus der alternativen Anknüpfung in Art. 27 Abs. 1 EU-ErbVO zahlreiche Verweisungen. So z.B. auf das spanische Heimatrecht des Erblassers (Art. 27 Abs. 1 Buchst. b Fall 1 und 2 EU-ErbVO), das französische Recht als das Recht des Errichtungsortes (Art. 27 Abs. 1 Buchst. a EU-ErbVO) und das englische Recht, weil der Erblasser zum Zeitpunkt seines Todes seinen gewöhnlichen Aufenthalt in Cambridge hatte (Art. 27 Abs. 1 Buchst. d Fall 2 EU-ErbVO). Die Testamentsformen aller dieser Rechtsordnungen wären also so lange durchzuprüfen, bis sich eine Rechtsordnung findet, die das befolgte Verfahren zur wirksamen Errichtung einer letztwilligen Verfügung genügen lässt.[42] Einschlägig dürfte insoweit das französische Recht als Recht des Errichtungsortes bzw. das spanische Recht als Heimatrecht sein, welches das Testament als holographes Testament anerkennt.[43] 61

IV. Prüfung von Rück- und Weiterverweisungen

Für die Erbfolge, im Beispiel mithin die Pflichtteilsberechtigung des Sohnes, verweist Art. 21 EU-ErbVO aufgrund des Lebensmittelpunkts und damit seines gewöhnlichen Aufenthalts in Cambridge auf das Recht des Vereinigten Königreichs. Da das Vereinigte Königreich zwar Mitgliedstaat der EU ist, aber wegen ausstehendes „Opt-in" nicht „Mitgliedstaat" i.S.d. EU-ErbVO (vgl. EG 82 EU-ErbVO), ist das Recht des Vereinigten Königreichs das „Recht eines Drittstaats" i.S.v. Art. 34 EU-ErbVO. Daher ist gem. Art. 34 Abs. 1 EU-ErbVO nach Verweisung auf das Recht des Vereinigten Königreichs auch das internationale Erbrecht des Vereinigten Königreichs zu beachten. 62

An dieser Stelle ist zu berücksichtigen, dass in einigen Staaten – wie auch im Vereinigten Königreich – kein einheitliches Rechtssystem besteht. Vielmehr gelten in den Landesteilen England und Wales, in Schottland und in Nordirland jeweils eigene Regeln, und zwar sowohl für das materielle Erbrecht als auch für das Internationale Privatrecht. Mithin ist vor Prüfung des Renvoi die einschlägige Teilrechtsordnung zu bestimmen. 63

Bei einer derartigen **interlokalen Rechtsspaltung** sind gem. Art. 36 Abs. 1 EU-ErbVO vorrangig die für die internen Rechtskollisionen geltenden Kollisionsvorschriften dieses Staates (also ein landeseinheitliches System des interlokalen Kollisionsrechts) die **Gebietseinheit**, deren Rechtsvorschriften anzuwenden sind. Ein solches landeseinheitliches System des interlokalen Kollisionsrechts existiert z.B. in Spanien, nicht aber im Vereinigten Königreich. Art. 36 Abs. 2 Buchst. a EU-ErbVO bestimmt für diesen Fall ersatzweise, dass jede Verweisung aufgrund einer Anknüpfung an den gewöhnlichen Aufenthalt des Erblassers als Bezugnahme auf das Recht der Gebietseinheit zu verstehen ist, in der der Erblasser im Zeitpunkt seines Todes seinen gewöhnlichen Aufenthalt hatte. Die Verweisung auf das Recht des Vereinigten Königreichs wird also quasi „verlängert", indem die Anknüpfung an den gewöhnlichen Aufenthalt auch für die Bestimmung der einschlägigen Teilrechtsordnung eingesetzt wird. Aufgrund des gewöhnlichen Aufenthalts in Cambridge, also England, ergibt sich damit die Geltung des im Landesteil England und Wales geltenden Rechts. 64

Diese Verweisung erfasst zunächst das englische internationale Erbrecht (siehe Rn 63). Das englische ungeschriebene, aber in langer Rechtsprechung herausgebildete *common law* 65

---

42 Zur Technik der alternativen Anknüpfung des Formstatuts siehe § 4 Rn 14.
43 Siehe *Odersky*, Länderbericht Großbritannien: England Rn 46.

unterstellt die Erbfolge in das unbewegliche Vermögen dem jeweiligen Belegenheitsrecht, während für die Vererbung des beweglichen Nachlasses das Recht des Staates gilt, in dem der Erblasser zum Zeitpunkt seines Todes sein *domicile* hatte. Zur Differenzierung, ob es sich bei einem Vermögensgegenstand um bewegliches oder unbewegliches Vermögen handelt (**Qualifikation**), verweist das englische *common law* ebenfalls auf das Recht des Staates, in dem der jeweilige Vermögensgegenstand belegen ist[44] (**Qualifikationsverweisung**). Mithin ist dem französischen Recht zu entnehmen, ob es sich bei den Aktien an der französischen Gesellschaft um bewegliches oder – z.B. wegen Vorliegens einer reinen Immobilienholding – um unbewegliches Vermögen handelt. Dabei ist zu unterstellen, dass nach französischem Recht die Beteiligung an einer Kapitalgesellschaft im kollisionsrechtlichen Sinne stets als „*chose mobile*" anzusehen ist und ein „Durchgriff" auf das Gesellschaftsvermögen nicht erfolgt. Maßgeblich ist also die Kollisionsnorm für die Vererbung des beweglichen Nachlasses, so dass das englische Kollisionsrecht auf das Recht des Staates verweist, in dem sich das letzte *domicile* des Erblassers befand. Das *domicile* als Anknüpfungspunkt des englischen Kollisionsrechts wiederum ist nach den hierfür herausgebildeten Maßstäben des englischen *common law* zu bestimmen. Dieses unterscheidet zwischen verschiedenen Formen des *domicile* und hat insoweit eine umfassende Kasuistik herausgebildet.[45] Im Vergleich zur Staatsangehörigkeit fällt auf, dass diese wohl noch leichter gewechselt werden kann als das *domicile* des englischen Rechts – während das *domicile* des Rechts der US-amerikanischen Staaten wohl eher dem Begriff des gewöhnlichen Aufenthalts nach der EU-ErbVO nahekommen wird.

66 Die Begründung eines sog. *domicile of choice* in England und Wales wird daher im **Beispiel** wohl nur dann in Betracht kommen, wenn der Aufenthalt in Cambridge zuletzt nicht mehr allein berufsbedingt war, sondern davon ausgegangen werden kann, dass der Erblasser dort unabhängig von anderen äußeren Anlässen verblieben wäre, also die Absicht zu einer (eventuellen) Rückkehr nach Spanien aufgegeben hatte. Aus englischer Sicht wäre dann also auf die Vererbung des beweglichen Nachlasses ebenfalls das englische Recht anwendbar. Das englische Recht „nimmt die Verweisung an" und ist damit Erbstatut.

V. Anwendung des Sachrechts (Erbstatut)

67 Nach Abschluss der kollisionsrechtlichen Prüfung und Bestimmung des Erbstatuts kann das **einschlägige materielle Recht** (Sachrecht im Gegensatz zum Kollisionsrecht) angewandt werden.

68 Im englischen Recht steht dem Abkömmling keine zwingende Beteiligung am Nachlass seines verstorbenen Vaters zu. Auf der Basis des *Inheritance Act 1975* kann er zwar unter Berufung darauf, dass der Erblasser ihn ungerechtfertigterweise testamentarisch übergangen hat, den Nachlass auf Zuwendungen verklagen, die das Gericht nach eigenem Ermessen festsetzt. Derartige Klagen haben aber dann, wenn der Abkömmling volljährig und wirtschaftlich selbstständig ist, nur unter außergewöhnlichen Umständen Aussicht auf Erfolg.[46]

VI. Anknüpfung von Vorfragen

69 Bei Anwendung englischen Erbrechts werden weitere inzidente Rechtsfragen auftreten. So wäre festzustellen, ob im Beispiel das **Testament formgerecht** errichtet worden ist, obwohl

---

44 Dazu *Steinmetz/Huzel/Garcia*, Länderbericht Spanien Rn 55.
45 Ausführlich *Odersky*, Länderbericht Großbritannien: England und Wales Rn 5.
46 Dazu *Dutta*, FamRZ 2011, 1829.

es ohne Beiziehung von Testamentszeugen errichtet worden ist und damit den Formanforderungen des englischen Rechts (Zweizeugentestament) nicht entspricht.

Die Formwirksamkeit des Testaments fällt nicht unter den Systembegriff der „Rechtsnachfolge von Todes wegen" i.S.v. Art. 21 EU-ErbVO, sondern in den kollisionsrechtlich gesonderten Bereich der „Formwirksamkeit einer Verfügung von Todes wegen". Gleiches wäre bei der Feststellung der Abstammung des Sohnes der Fall.

Bei diesen **präjudiziellen Rechtsverhältnissen** handelt es sich um sog. **Vorfragen**. Für deren Beantwortung ist das einschlägige Sachrecht durch eine erneute Anknüpfung festzustellen. Es gilt also das Abstammungs- bzw. das Testamentsformstatut. Nach der Rechtsprechung und der herrschenden Lehre sind die Vorfragen auch dann, wenn sie im Tatbestand einer ausländischen Norm auftauchen, stets unter Rückgriff auf das deutsche IPR anzuknüpfen (**selbstständige Vorfragenanknüpfung**).[47] Nach der von *Wilhelm Wengler* begründeten Theorie der sog. unselbstständigen Vorfragenanknüpfung wäre dagegen bei Geltung ausländischen Erbstatuts dem ausländischen Kollisionsrecht – *in casu* dem englischen IPR – zu entnehmen, welchem Recht die Entscheidung der Vorfrage unterliegt.[48] Folge wäre, dass ein deutscher Richter die Vorfrage in unterschiedlichen Rechtsverhältnissen u.U. nach verschiedenen Rechten und mit unterschiedlichem Ergebnis zu beurteilen hätte.

Im Beispiel richtet sich bei selbstständiger Anknüpfung also gem. Art. 19 EGBGB die Abstammung nach dem Recht des Staates, in dem der Sohn seinen gewöhnlichen Aufenthalt hat. Bei unselbstständiger Anknüpfung wäre dagegen das Abstammungsstatut nach den Regeln des englischen IPR anzuknüpfen. Hinsichtlich des Testamentsformstatuts gilt sowohl aus deutscher wie auch aus englischer Sicht das Kollisionsrecht des Haager Testamentsformübereinkommens vom 5.10.1961. Danach genügt zur Formwirksamkeit die Einhaltung des am Errichtungsort geltenden Rechts. Insoweit würde also im Beispielsfall ausreichen, dass das Testament den Regeln des französischen Rechts für die holographe Errichtung eines Testaments entsprechend verfasst wurde. Gemäß Art. Art. 970 franz. *code civil* – *testament holographe* – muss das eigenhändige Testament vollständig eigenhändig verfasst, datiert und unterschrieben werden. Diese Erfordernisse sind hier eingehalten worden.

VII. Ergebniskorrekturen

Nach Lösung aller Einzelfragen und Beantwortung auch der Vorfragen nach den jeweils einschlägigen Rechtsordnungen können sich verschiedene Folgefragen ergeben: beispielsweise, ob es aus deutscher Sicht zu akzeptieren ist, wenn nichteheliche Kinder nicht als Abkömmlinge gelten oder nur ein reduziertes Erbrecht besitzen oder wenn die Ehefrau keinen Pflichtteil hat[49] oder wie die Herabsetzungsklage des Noterben im deutschen Prozessrecht zu behandeln ist. Das Fehlen eines Pflichtteils im ausländischen Erbrecht kann durch andere Rechtsfolgen, wie die Güter- oder Errungenschaftsgemeinschaft als gesetzlichem Güterstand, Unterhaltsansprüche als Erbfallschulden etc., kompensiert werden. Beherrscht nicht dasselbe Recht zugleich die erb- und die güter- bzw. unterhaltsrechtlichen Fragen, kommt die Kompensation u.U. nicht zustande oder es ergeben sich kumulierte

---

47 BGH NJW 1981, 1901; *Kegel/Schurig*, Internationales Privatrecht, § 9 II, S. 376 ff.; Palandt/*Thorn*, Einl. vor Art. 3 EGBGB Rn 29.
48 *Wengler*, RabelsZ 8 (1934) 148; *Wolff*, Das internationale Privatrecht Deutschlands, 3. Aufl. 1954, S. 79; MüKo-BGB/*Sonnenberger*, Einl. IPR Rn 551 ff.; OLG Oldenburg IPRspr. 1987 Nr. 107.
49 Zur Vereinbarkeit mit dem deutschen internationalen *ordre public* (Art. 35 EU-ErbVO bzw. Art. 6 EGBGB) siehe § 5 Rn 14.

Begünstigungen. Verzerrungen können sich auch ergeben, wenn für einzelne Nachlassteile unterschiedliches Recht gilt (**Nachlassspaltung**). Für die **Korrektur** derartiger Fallgestaltungen (**Anpassung** bzw. **Angleichung**) sind zumeist Einzelfalllösungen zu suchen.

74 Im vorliegenden Fall wird der übergangene Sohn vor Gericht vortragen, die Regelung des englischen Rechts, wonach er ersatzlos enterbt werden könne, verstoße gegen den deutschen **ordre public**, so dass dieses Ergebnis aus der Anwendung des englischen Erbrechts gem. Art. 35 EU-ErbVO zu korrigieren sei. Ohne Bedeutung wird hierbei sein, dass das englische Recht eine großzügige zwingende Teilhabe für die überlebende Ehefrau vorsieht, denn damit wird die Rechtslosigkeit des Sohnes nicht kompensiert. 1992 freilich hatte der BGH noch die Regelung des in Florida geltenden Rechts, wonach dem Abkömmling kein Pflichtteil zusteht, ohne weitere Bedenken hingenommen.[50]

F. Prüfungsschema für die Lösung von Erbrechtsfällen unter der EU-ErbVO

75 **Checkliste**

1. Qualifikation der Rechtsfrage

Nur dann, wenn die Rechtsfrage erbrechtlich zu qualifizieren ist, ist auch eine erbrechtliche Kollisionsnorm anzuwenden („Wie lautet die gesetzliche Erbfolge?", „Ist der Erbvertrag wirksam?" – Nicht aber: „Welche Rechte stehen der Witwe wegen Auflösung des Güterstands zu?" oder „Wer ist aufgrund des Todes des Mieters berechtigt, in den Mietvertrag einzutreten?").

2. Auffinden der einschlägigen Rechtsgrundlage
- Eintritt des Erbfalls vor dem 1.8.1986: Art. 24 ff. EGBGB a.F. (siehe Rn 31)
- Eintritt des Erbfalls vor dem 17.8.2015: EGBGB n.F. (siehe Rn 47 ff.)
- Eintritt des Erbfalls nach dem 16.8.2015: EU-ErbVO (siehe Rn 36 ff.)
- Immobilien des deutschen Erblassers in der Türkei oder in einem Nachfolgestaat der Sowjetunion: Deutsch-Türkisches Nachlassabkommen (siehe § 2 Rn 189) bzw. Deutsch-Sowjetischer Konsularvertrag (siehe § 2 Rn 193)
- Erblasser war Türke oder Iraner: Deutsch-Türkisches Nachlassabkommen (siehe § 2 Rn 189) bzw. Deutsch-Persisches Niederlassungsabkommen (siehe § 2 Rn 185)
- Formwirksamkeit eines einseitigen oder eines gemeinschaftlichen Testaments: Haager Übereinkommen vom 5.10.1961 (siehe § 4 Rn 12)

3. Anknüpfung des Erbstatuts (bei Anwendbarkeit der EU-ErbVO)
- Vorliegen einer Rechtswahl (Art. 22 Abs. 1 EU-ErbVO)
  → Geltung des Rechts des Staates, dessen Recht gewählt wurde
- Fehlen bzw. Unwirksamkeit der Rechtswahl
  → Bestimmung des gewöhnlichen Aufenthalts i.S.v. Art. 21 Abs. 1 EU-ErbVO
  → ausschließen, dass eine erheblich engere Verbindung zum Recht eines anderen Staates vorlag (vgl. Art. 21 Abs. 2 EU-ErbVO)

4. Prüfen von Rück- und Weiterverweisungen
- Verweisung auf das Recht eines Drittstaates (Staat, für den die EU-ErbVO nicht gilt)
  → Anwendung des IPR dieses Drittstaates (ausgenommen: Verweisung beruht auf Art. 21 Abs. 2 oder Art. 22 EU-ErbVO)

---

50 BGH NJW 1993, 1920.

→ Verweist das IPR des Drittstaates auf das deutsche Recht oder das Recht eines anderen Mitgliedstaates: Anwendung des deutschen materiellen Erbrechts (Sachrechts) bzw. des materiellen Erbrechts dieses Mitgliedstaates
→ Verweist das IPR des Drittstaates auf das Recht eines weiteren Drittstaates: weitere Prüfung (siehe § 2 Rn 67)
- Verweisung auf das deutsche Recht oder auf das Recht eines anderen Mitgliedstaates
→ immer Sachnormverweisung

5. Sonderanknüpfung bei Verfügungen von Todes wegen
- Erbverträge: Art. 25 EU-ErbVO
- Testamente: Art. 24 EU-ErbVO
- Formstatut: Art. 27 EU-ErbVO

6. Selbstständige Anknüpfung von Vorfragen
- Z.B.:
    - Abstammung und Verwandtschaft: → Art. 19 EGBGB
    - Adoption: → Art. 22 EGBGB bzw. § 108 FamFG
    - Ehe: → Art. 13 EGBGB
    - eingetragene gleichgeschlechtliche Lebenspartnerschaft bzw. gleichgeschlechtliche Ehe: → Art. 17b Abs. 1 EGBGB
    - ehelicher Güterstand: → Art. 15 EGBGB
- ggf. fortfahren bei der Prüfung des nach den Stufen 1–4 bestimmten Erbstatuts

7. Korrekturen bei der Rechtsanwendung
- Bei „unangemessenem" Ergebnis: Korrektur mittels „Anpassung" oder *ordre public*.

Weitere Informationen und Materialien, wie z.B. Muster, Formulare, amtliche Texte und Internetadressen, befinden sich auf der beiliegenden CD-ROM.

§ 2 Die Bestimmung des Erbstatuts nach der EU-Erbrechtsverordnung

Dr. Rembert Süß, Würzburg

Inhalt

A. Die Anknüpfung an den gewöhnlichen Aufenthalt ... 1
   I. Die Bedeutung des gewöhnlichen Aufenthalts im internationalen Erbrecht ... 1
   II. Einheitlicher oder erbrechtsspezifischer Begriff des gewöhnlichen Aufenthalts? ... 5
   III. Tatsächliche Elemente des gewöhnlichen Aufenthalts ... 18
   IV. Bedeutung des Bleibewillens ... 26
   V. Möglichkeit eines mehrfachen gewöhnlichen Aufenthalts? ... 33
B. Die Ausweichklausel des Art. 21 Abs. 2 EU-ErbVO ... 37
C. Beachtung von Rück- und Weiterverweisungen ... 43
   I. Die einfache Rückverweisung auf das deutsche Recht ... 43
   II. Ausnahmen von der Beachtung des Renvoi ... 51
   III. Rückverweisung auf das Recht eines anderen Mitgliedstaates ... 54
   IV. Gespaltene Rückverweisung ... 58
      1. Gegenständlich gespaltene Rückverweisung ... 58
      2. Funktionell gespaltene Rückverweisung ... 64
   V. Weiterverweisung auf das Recht eines Drittstaates ... 67
D. Die Bestimmung des Erbstatuts durch Rechtswahl ... 74
   I. Bedeutung ... 74
      1. Hintergrund ... 74
      2. Praktische Bedeutung ... 78
   II. Kreis der wählbaren Rechtsordnungen ... 79
   III. Materielle Wirksamkeit der Rechtswahl ... 89
      1. Erfordernis der Ausdrücklichkeit ... 89
      2. Weitere materielle Erfordernisse ... 92
   IV. Widerruf und Änderung der Rechtswahl ... 94
   V. Form der Rechtswahl ... 103
   VI. Weitergehende Rechtswahlmöglichkeiten ... 104
      1. Rechtswahl hinsichtlich des Errichtungsstatuts ... 104
      2. Rechtswahl nach ausländischem IPR ... 109
      3. Rechtswahl nach Übergangsrecht ... 114
      4. Fiktion einer Rechtswahl gem. Art. 83 Abs. 4 EU-ErbVO ... 118
      5. Sonderprobleme mit Art. 25 Abs. 2 EGBGB ... 123
E. Unteranknüpfung bei Staaten mit gespaltenem Rechtssystem ... 129
   I. Problematik ... 129
   II. Vorgehensweise bei interlokaler Rechtsspaltung mit einheitlichem interlokalem Privatrecht ... 135
   III. Interlokale Rechtsspaltung in Staaten ohne einheitliches interlokales Privatrecht ... 140
      1. Anknüpfung an den gewöhnlichen Aufenthalt ... 142
      2. Anknüpfung an die Staatsangehörigkeit ... 145
   IV. Behandlung des Renvoi bei interlokaler Rechtsspaltung ... 151
   V. Vorgehensweise bei interpersonaler Rechtsspaltung ... 157
F. Nachlassspaltung, Sonderregime und internationaler Entscheidungsdissens ... 160
   I. Allgemeines ... 160
   II. Sonderregime für Immobilien und Unternehmen ... 161
   III. Bestellung eines personal representative ... 165
   IV. Internationaler Entscheidungsdissens ... 167
      1. Allgemeines ... 167
      2. Mögliche Ursachen für einen internationalen Entscheidungsdissens ... 170
      3. Insbesondere: Geltung des Belegenheitsrechts für im Ausland belegenes Vermögen ... 174
      4. Inländerprivilegien an Inlandsvermögen ... 178
G. Bestimmung des Erbstatuts aufgrund bilateraler Abkommen mit Drittstaaten ... 180
   I. Grundsatzentscheidung der EU-ErbVO ... 180
   II. Die für Deutschland geltenden Abkommen ... 184
      1. Das Deutsch-Persische Niederlassungsabkommen ... 185
      2. Das Deutsch-Türkische Nachlassabkommen ... 189
      3. Der Deutsch-Sowjetische Konsularvertrag ... 193
   III. Anwendung der Abkommen im bilateralen Verhältnis ... 196
   IV. Belegenheit von Nachlass in einem anderen Mitgliedstaat ... 205
   V. Gewöhnlicher Aufenthalt des Erblassers in einem anderen Mitgliedstaat ... 211

A. Die Anknüpfung an den gewöhnlichen Aufenthalt

Literatur

Baetge, Der gewöhliche Aufenthalt im Internationalen Privatrecht, 1994; *Hau*, Die Verortung natürlicher Personen – Ein Beitrag zum Allgemeinen Teil des Europäischen Zivilverfahrensrechts, in: Gedächtnisschrift M. Wolf 2011, S. 224; *Hilbig-Lugani*, Divergenz und Transparenz: Der Begriff des gewöhnlichen Aufenthalts der privat handelnden natürlichen Person im jüngeren EuIPR und EuZVR, GPR 2014, 8; *Kanzleiter*, Die Reform des internationalen Erbrechts in der Europäischen Union, in: FS Zimmermann 2010, S. 165 ff.; *Solomon*, Die allgemeine Kollisionsnorm (Art. 21, 22 EU-ErbVO), in: Dutta/Herrler, Die Europäische Erbrechtsverordnung, 2014, S. 19 ff.; *Weller*, Der „gewöhnliche Aufenthalt" – Plädoyer für einen willenszentrierten Aufenthaltsbegriff, in: Leible/Unberath, Brauchen wir eine Rom 0-Verordnung?, 2013, S. 293 ff.

I. Die Bedeutung des gewöhnlichen Aufenthalts im internationalen Erbrecht

1 Der gewöhnliche Aufenthalt ist einer der Schlüsselbegriffe der EU-ErbVO.[1] Er ist nicht nur für die **Anknüpfung** des Erbstatuts (Art. 21 EU-ErbVO) und des für die Verfügungen von Todes wegen maßgeblichen Errichtungsstatuts (Art. 24, 25 EU-ErbVO) von besonderer Bedeutung. Auch die internationale Zuständigkeit für gerichtliche Streitigkeiten (Art. 4 EU-ErbVO) und die Ausstellung des Europäischen Nachlasszeugnisses (Art. 64 EU-ErbVO) knüpft an den gewöhnlichen Aufenthalt an.

2 Auch wenn der gewöhnliche Aufenthalt schon lange als Anknüpfungspunkt verwandt wird, bleibt er in seinen Konturen weiterhin schattenhaft. Bezeichnend mag hier das berühmte Bonmot des britischen *Generalanwalts Sir Jean-Pierre Warner* aus dem Jahre 1976 sein: „It seems to me that habitual residence is, rather like an elephant, easier to recognize than to define."[2] Daraus ergibt sich zutreffend, dass in der Praxis in den meisten Fällen die Feststellung des gewöhnlichen Aufenthalts wohl keine Probleme bereitet. Hier genügen die Schlagworte vom „Daseinsmittelpunkt" bzw. „Lebensmittelpunkt", um zu erkennen, was gemeint ist. In den Randbereichen freilich bedarf es schärferer Konturen.

3 Man hat im Verlauf der Arbeiten an der EU-ErbVO vorgeschlagen, in die Verordnung eine **Definition** des Begriffs des gewöhnlichen Aufenthalts aufzunehmen. Der Berichterstatter für die EU-ErbVO im Europäischen Parlament, *Kurt Lechner*, hat bekundet, er habe sich gegen diese Forderungen gewehrt. Der Begriff sei zu komplex. Ihm habe auch niemand einen Vorschlag machen können.[3] Man hat immerhin der Erläuterung des Begriffs zwei Erwägungsgründe (EG 23 und 24 EU-ErbVO) gewidmet. Diese enthalten durchaus mehr als unverbindliche Gemeinplätze.[4] Dies wird nachfolgend (siehe Rn 20) anhand einiger konkreter Auslegungsprobleme gezeigt werden. Im Übrigen stände eine Definition der offenbaren Absicht entgegen, mit dem gewöhnlichen Aufenthalt bewusst einen „offenen Terminus" gewählt zu haben, um die Feinjustierung, also die Entscheidung der Frage, welches Erbrecht in den problematischen Grenzfällen gelten soll, der Rechtsprechung zu überlassen. Durch Verwendung dieses Begriffs hat man also die Frage, welches Recht gelten soll, m.E. nur teilweise geregelt und im Übrigen eine Delegation an die Judikative vorgenommen. Eine zuverlässige Entscheidung hinsichtlich dieser Grenzfälle wird daher

---

1 Zu einem Prüfschema zur Ermittlung des auf die Erbfolge anwendbaren Rechts im Rahmen der EU-ErbVO siehe § 1 Rn 75.
2 *GA Warner*, EuGH v. 17.2.1976 – Rs. 42/75 (Delvaux/Kommission), Slg. 1976, 179.
3 *Lechner*, in: Dutta/Herrler, EU-ErbVO, S. 11.
4 So aber *Dörner*, ZEV 2012, 510.

erst in einigen Jahren möglich sein. Das ist belastend, denn insoweit gibt es vorerst für die Beteiligten keine Planungssicherheit. Zwar gewährt Art. 22 die Möglichkeit einer Rechtswahl. Die Wahlmöglichkeit betrifft aber ausschließlich das Heimatrecht. Eine Festlegung auf das – von den Vätern der EU-ErbVO als vorzugswürdig gehaltene – „Umweltrecht" des Erblassers wird also in den Zweifelsfällen gerade ausgeschlossen (zu den Möglichkeiten der Beeinflussung siehe Rn 32).

Bei den zahlreichen **ungeklärten Problemen** mit dem gewöhnlichen Aufenthalt geht es im Wesentlichen um folgende Fragen:
– Ist ein mehrfacher gewöhnlicher Aufenthalt möglich?
– Ist der gewöhnliche Aufenthalt für sämtliche Rechtsgebiete oder zumindest für sämtliche Felder des IPR einheitlich zu bestimmen?
– Dürfen die Absichten des Erblassers (subjektive Faktoren) berücksichtigt werden oder zählen ausschließlich „objektive Faktoren"?
– Ist zur Begründung eines gewöhnlichen Aufenthalts eine zeitlich bestimmte Mindestverweildauer erforderlich?

II. Einheitlicher oder erbrechtsspezifischer Begriff des gewöhnlichen Aufenthalts?

Der gewöhnliche Aufenthalt taucht im Recht an vielen Stellen auf. So kennt das deutsche Recht eine Definition in § 9 AO und in § 30 Abs. 3 S. 2 SGB I. Die Haager Abkommen zum Internationalen Privatrecht benutzen seit dem Zweiten Weltkrieg regelmäßig den gewöhnlichen Aufenthalt als Anknüpfungspunkt zur Bestimmung des Personalstatuts (für Deutschland verbindlich z.B. die Haager Unterhaltsabkommen von 1956 und 1973, das Haager Kinderschutzübereinkommen (KSÜ) von 1996, das Haager Erwachsenenschutzübereinkommen (ESÜ) von 2000 und das Haager Unterhaltsprotokoll von 2007). Schließlich taucht der gewöhnliche Aufenthalt auch im EG-Recht an vielen Stellen auf. Die Rechtsprechung betrifft insbesondere Fälle aus dem Arbeits- und Sozialrecht und aus dem internationalen Zivilverfahrensrecht, vor allem der Brüssel IIa-VO.

Zum Vorschlag der Kommission für die EU-ErbVO war einmal die Ansicht vertreten worden, der Zusammenhang mit dem Haager Testamentsformübereinkommen erzwinge eine Auslegung des Begriffs des gewöhnlichen Aufenthalts nach der jeweiligen nationalen *lex fori*.[5] Die mit der EU-ErbVO angestrebte Vereinheitlichung des internationalen Erbrechts kann freilich nicht erreicht werden, wenn die Regeln in jedem der Mitgliedstaaten abweichend ausgelegt werden. Daher wird für internationale Rechtsnormen, insbesondere auch die Rechtsakte der EU, eine **„autonome" Auslegung** dahingehend vertreten, dass eine von der nationalen Rechtsordnung losgelöste einheitliche Interpretation auf der Ebene des EU-Rechts erfolgen muss.[6]

Umstritten ist aber im deutschen Schrifttum die Frage, ob nicht zumindest im Internationalen Privatrecht der EU der Begriff des gewöhnlichen Aufenthalts **einheitlich auszulegen** sei, der gewöhnliche Aufenthalt im internationalen Erbrecht also genauso bestimmt werden müsse wie in anderen Rechtsakten der Europäischen Union auf dem Gebiet des Internationalen Privatrechts und des Internationalen Zivilverfahrensrechts.

---

5 *Kindler*, IPRax 2010, 45.
6 *Hau*, in: GS Wolf 2011, S. 417; *Kunz*, GPR 2012, 2010; *Wilke*, RIW 2012, 603. Ebenso auch die Rspr. des EuGH zur Brüssel IIa-VO: EuGH, Urt. v. 2.4.2009 – C-523/07 (A/Perusturvalautakunta – „A") Rn 34, FamRZ 2009, 843 = IPRax 2011, 76; EuGH, Urt. v. 22.12.2010 – C-J049/10 (Barbara Mercredi/Richard Chaffe – „Mercredi") Rn 45, FamRZ 2011, 617 = IPRax 2012, 340.

8 Für eine einheitliche Auslegung[7] spricht insbesondere die Kohärenz des Internationalen Privatrechts. Es würde die Rechtsanwendung im Bereich des IPR erleichtern und die Herausbildung eines einheitlichen IPR in der EU ermöglichen, wenn derselbe Begriff im Rahmen jeder Verordnung gleich auszulegen wären. Vor allem ist darauf hinzuweisen, dass bei unterschiedlicher Auslegung des Begriffs in den einzelnen Sachbereichen die gesetzgeberische Entscheidung für einen bestimmten Anknüpfungspunkt praktisch aufgegeben wird, indem die Rechtsprechung diesen quasi auf seinen Kernbereich reduziert und sich damit die Freiheit schafft, in den vom Kernbereich nicht erfassten Randfällen die Anknüpfung des Erbstatuts frei von der Festlegung des gewöhnlichen Aufenthalts in den übrigen Rechtsbereichen fallbezogen zu gestalten. Eine relative, sachgebietsspezifische Auslegung des Begriffs wird daher von einem Teil der Lehre mit vielen guten Gründen abgelehnt.[8]

9 Zwar wird auch von diesen Autoren anerkannt, dass selbst im Bereich des IPR der gewöhnliche Aufenthalt mittlerweile in derart unterschiedlichen Sachzusammenhängen eingesetzt wird, dass eine einheitliche Definition kaum durchzuhalten sei.

10 **Beispiel:** Ein polnischer Student ist nach Erlangung des Bachelor in Krakau zur Durchführung eines Masterstudiengangs nach Toulouse gegangen. Nach Abschluss der Magisterarbeit verkauft er seinen Renault an einen polnischen Kommilitonen, weil er diesen nicht nach Polen zurücknehmen will. Noch vor der Übergabe rast er mit dem Wagen in den Tod. Der Kommilitone verlangt von den Erben Schadensersatz.

11 In diesem **Beispielsfall** bestimmt sich – mangels Rechtswahl – sowohl das auf den Schadensersatzanspruch aus dem Kaufvertrag anwendbare Recht (Art. 4 Rom I-VO) als auch das für die Bestimmung und die Haftung der Erben maßgebliche Erbstatut (Art. 21 EU-ErbVO) anhand des gewöhnlichen Aufenthalts des polnischen Studenten. Bei der Bestimmung des Vertragsstatuts wird man eher auf die objektiven Umstände abstellen und in dem Studienaufenthalt in Toulouse trotz seiner Befristung einen hinreichenden persönlichen Bezug zum französischen Recht sehen. Dagegen wird man auf dem Bereich des Erbrechts die durch den Studienaufenthalt nicht beeinträchtigten persönlichen und familiären Beziehungen nach Polen in den Vordergrund stellen. Es wäre seltsam, in diesem Fall die ausschließliche Zuständigkeit der französischen Gerichte für einen erbrechtlichen Rechtsstreit zwischen den in Polen verbliebenen Verwandten und eine Anwendbarkeit französischen Erbrechts anzunehmen.[9]

12 *Solomon* nimmt diese Situation nur zum Anlass, eine differenzierte Verwendung des gewöhnlichen Aufenthalts als Anknüpfungspunkt durch den Gesetzgeber zu fordern, hält

---

7 *Dörner*, ZEV 2012, 510; *Mankowski*, GPR 2011, 211; *Solomon*, in: Dutta/Herrler, EU-ErbVO, S. 31 ff.; MüKo-BGB/*Sonnenberger*, 5. Aufl. 2010, Einl. IPR Rn 721; Palandt/*Thorn*, 73. Aufl. 2014, Art. 21 EU-ErbVO Rn 5. Für eine differenzierende Auslegung: *Baetge*, in: Basedow/Hopt, Handwörterbuch des Europäischen Privatrechts, Band I, 2009, S. 759; *Bonomi*, in: Bonomi/Wautelet, commentaire, Art. 4 Rn 14; *Dutta*, in: MüKo-BGB, 6. Aufl. 2015, Art. 4 EU-ErbVO Rn 4; *Helms*, Liber Amicorum Walter Pintens, 2012, Band I, S. 688 ff.; *Hess*, in: Dutta/Herrler, EU-ErbVO, S. 136; *Hilbig-Lugani*, GPR 2014, 15; *Kropholler*, Internationales Privatrecht, 6. Aufl. 2006, § 39 II 5, S. 285; *Lechner*, in: Dutta/Herrler, EU-ErbVO, S. 11; *Lehmann*, DStR 2012, 2086; *Max Planck Institut*, RabelsZ 74 (2010) 605 (Nr. 133); *Neuhaus*, Grundbegriffe des Internationalen Privatrechts, 2. Aufl. 1976, S. 227 f.; *Pirrung*, IPRax 2011, 53; *Süß*, ZErb 2009, 344; *Weller*, in: Leible/Unberath, Rom 0-Verordnung, S. 312.
8 Z.B. *Dörner*, ZEV 2012, 510; *Mankowski*, GPR 2011, 211; *Solomon*, in: Dutta/Herrler, EU-ErbVO, S. 31 ff.
9 Vgl. auch die ähnlichen Beispiele bei *Hilbig/Lugani*, GPR 2014, 13 und *Solomon*, in: Dutta/Herrler, EU-ErbVO, S. 37.

aber im Übrigen allenfalls eine abweichende Anknüpfung in Fragen des Schuldvertrags- und Deliktsrechts denkbar, wo es um Rechtsfolgen eines punktuellen Kontakts gehe.[10]

Diese Auffassung scheint durch die Ausweichregelung in Art. 21 Abs. 2 EU-ErbVO gestützt zu werden: Der Begriff des gewöhnlichen Aufenthalts könnte bei erbrechtsspezifischer Auslegung so ausgeformt werden, dass er regelmäßig zu dem Recht des Staates führt, mit dem der Erblasser gerade auch im Hinblick auf die Bestimmung des Erbstatuts zum Zeitpunkt seines Todes am engsten verbunden war. Die Ausweichklausel wäre also bei erfolgreicher Umsetzung der sachbereichsspezifischen Auslegung überflüssig.[11] Ihre Einfügung könnte daher indizieren, dass der Gesetzgeber eine erbrechtsspezifische Auslegung für unmöglich hielt. Zwingend ist dieses Argument freilich nicht, denn der Gesetzgeber könnte mit Einfügung dieser Ausweichregelung auch an die Lösung solcher Fälle gedacht haben, die sich selbst mit sachbereichstypischer Auslegung nicht befriedigend lösen lassen.[12]

Der EuGH hat freilich schon in seiner Entscheidung in der **Rechtssache A** am 2.4.2009 festgestellt,[13] dass die Rechtsprechung des Gerichtshofs zum Begriff des gewöhnlichen Aufenthalts „in anderen Bereichen des Rechts der Europäischen Union ... nicht unmittelbar auf die Feststellung des gewöhnlichen Aufenthalts von Kindern im Sinne von Art. 8 Abs. 1 der Verordnung übertragen werden" könne. Das lässt zwar noch den Weg offen, den gewöhnlichen Aufenthalt zumindest auf dem gesamten Bereich des IPR einheitlich zu bestimmen. Der EuGH verweist im Weiteren auch darauf, dass bei der Auslegung „auf den Kontext der Vorschriften der Verordnung und auf deren Ziel" abzustellen sei, wie es „namentlich aus ihrem zwölften Erwägungsgrund hervorgeht, wonach die in der Verordnung festgelegten Zuständigkeitsvorschriften dem Wohle des Kindes entsprechend und insbesondere nach dem Kriterium der räumlichen Nähe ausgestaltet wurden". Damit hat sich der EuGH auf eine an den konkreten Zielen einer einzelnen Verordnung orientierte Auslegung festgelegt und einer **einheitlichen Auslegung** im Bereich des gesamten IPR eine **Absage** erteilt.

In der Entscheidung **Mercredi** vom 22.12.2010[14] bestätigt er dies: „Da EG-Recht für die Ermittlung des Sinnes und der Bedeutung des Begriffs nicht ausdrücklich auf das Recht der Mitgliedstaaten verweist, ist auf den Kontext der Vorschriften der Verordnung und auf deren Ziel abzustellen." Damit ist die autonome Auslegung nicht nur insoweit autonom durchzuführen, als diese unabhängig von den nationalen Begriffen durchzuführen ist. Der Begriff des gewöhnlichen Aufenthalt wird sogar unter Orientierung auf den **Kontext der Vorschriften** und das **Ziel der jeweiligen konkreten Verordnung** ausgelegt.

In der EU-ErbVO ist diese Sichtweise akzeptiert worden. So bestimmt **EG 23 EU-ErbVO**, dass bei der Bestimmung des gewöhnlichen Aufenthalts die mit der Erbsache befasste Behörde eine Gesamtbeurteilung der Lebensumstände des Erblassers in den Jahren vor seinem Tod und im Zeitpunkt seines Todes vornehmen und dabei alle relevanten Tatsachen berücksichtigen solle, insbesondere die Dauer und die Regelmäßigkeit des Aufenthalts des Erblassers in dem betreffenden Staat sowie die damit zusammenhängenden Umstände und Gründe. Von den Anhängern der einheitlichen Auslegung des Begriffs des gewöhnlichen Aufenthalts wird hierzu vorgetragen, sie vermöchten nicht zu erkennen, warum die Ziele der

---

10 *Solomon*, in: Dutta/Herrler, EU-ErbVO, S. 33.
11 So in der Tat die Ansicht der Autoren, die für eine erbrechtsspezifische Auslegung plädieren (siehe dazu Rn 39).
12 *Lechner*, in: Dutta/Herrler, EU-ErbVO, S. 11 beschreibt, wie diese Regelung erst in einem sehr späten Stadium des Legislativverfahrens auf Druck Großbritanniens aufgenommen worden sei.
13 EuGH, Urt. v. 2.4.2009 – C-523/07 (A) Rn 36.
14 EuGH, Urt. v. 22.12.2010 – C-J049/10 (Mercredi).

Verordnung eine besonders enge und feste Verbindung zum betreffenden Staat erforderten.[15] Dennoch lässt sich aber – bei aller Unbestimmtheit dieser Klausel – nicht der Auftrag an die Rechtsprechung verkennen, den Begriff des gewöhnlichen Aufenthalts im Rahmen der EU-ErbVO **„erbrechtsspezifisch" auszulegen**, also z.B. eine langfristigere Bindung zum betroffenen Staat zu verlangen, als dies z.B. für die Anknüpfung des Unterhalts- oder des Güterstatuts erforderlich ist.

17 Im Zusammenhang der EU-ErbVO stellt sich dann wieder die Frage, ob die unterschiedliche Funktion des Anknüpfungspunkts bei der Bestimmung des Erbstatuts und im Rahmen der Bestimmung der internationalen gerichtlichen Zuständigkeit nicht auch eine unterschiedliche Auslegung des Begriffs im Rahmen von Art. 4 EU-ErbVO einerseits und im Rahmen von Art. 21 ff. EU-ErbVO andererseits verlangt. Dafür spricht, dass der „erbrechtsspezifische" Begriff des gewöhnlichen Aufenthalts nicht die von außen erkennbare Eindeutigkeit hat, wie es für eine zivilprozessuale Zuständigkeitsnorm wünschenswert wäre.[16] Dagegen spricht aber das Ziel des Gleichlaufs. Die Verwendung desselben Anknüpfungspunkts in beiden Regelungen kann nur dann zum **Gleichlauf von forum und ius** führen, wenn eine einheitliche Auslegung erfolgt. Daher ist der Begriff im Rahmen der EU-ErbVO stets einheitlich auszulegen.[17]

III. Tatsächliche Elemente des gewöhnlichen Aufenthalts

18 Der gewöhnliche Aufenthalt bezeichnet den **Daseinsmittelpunkt** einer Person. Der EuGH hat im Rahmen der Auslegung von Art. 8 Abs. 2 Brüssel IIa-VO für die Bestimmung des gewöhnlichen Aufenthalts eines minderjährigen Kindes auf den Ort verwiesen, „der Ausdruck einer gewissen sozialen und familiären Integration" ist.[18] Der entscheidende **Unterscheid** zum **Wohnsitzbegriff** liegt darin, dass beim gewöhnlichen Aufenthalt die tatsächlichen Umstände (soziale und familiäre Integration) im Vordergrund stehen, während beim Wohnsitzbegriff – abhängig von der nationalen Ausprägung – regelmäßig der Bleibewille (*animus manendi*) im Vordergrund steht. So führt der EuGH aus, dass der gewöhnliche Aufenthalt „anhand aller *tatsächlichen*[19] Umstände des Einzelfalls zu ermitteln" sei. Maßgeblich – aber wohl nicht abschließend – sind dabei folgende Umstände zu berücksichtigen:
1. Körperliche Anwesenheit in einem Mitgliedstaat;
2. andere Faktoren, die belegen können, dass es sich nicht nur um eine vorübergehende oder gelegentliche Anwesenheit handelt:
    – Integration in ein soziales und familiäres Umfeld;
    – Dauer, Regelmäßigkeit und Umstände des Aufenthalts in einem Mitgliedstaat;
    – Gründe für diesen Aufenthalt und den Umzug in diesen Staat;
    – Staatsangehörigkeit;
    – geografische und familiäre Herkunft;
    – Sprachkenntnisse;
    – familiäre und soziale Bindungen.

19 Es kommt also zu einem **Doppeltatbestand**, bei dem sowohl rein objektive Elemente – nämlich die körperliche Anwesenheit im entsprechenden Staat – mit – wenn auch nicht rein

---

15 So *Dörner*, ZEV 2012, 510.
16 *Dörner*, ZEV 2012, 510 stützt daher seine Bedenken gegen die erbrechtsspezifische Auslegung auf die zivilprozessualen Auswirkungen.
17 *Buschbaum/Kohler*, GPR 2010, 112; *Solomon*, in: Dutta/Herrler, EU-ErbVO, S. 34.
18 So EuGH, Urt. v. 2.4.2009 – C-523/07 (A), dort Entscheidungsleitsatz Nr. 2, Begründung Rn 44.
19 Hervorhebung durch den Verfasser.

willensabhängigen – subjektiven Elementen verkoppelt werden. Es ist nahezu selbstverständlich, dass man sich schneller in einem anderen Land einlebt, wenn man dorthin auf eigenen Antrieb gegangen ist, dort auch die engeren Familienangehörigen leben, man viele Freunde hat, man die dortige Sprache spricht, dort schon früher gelebt hat oder gar von dorther stammt, ggf. auch, wenn man dort ein Unternehmen, eine Landwirtschaft oder vielleicht auch nur ein Eigenheim mit Garten aufgebaut hat. Erst diese subjektiven Elemente geben dem dauernden Aufenthalt die Qualität des gewöhnlichen Aufenthalts. Dabei wird man diese an der Brüssel IIa-VO ausgerichtete Formel wegen ihrer Abstraktheit auch auf die EU-ErbVO übertragen können. Allenfalls die Gewichtung der einzelnen Faktoren wird sich dadurch ändern, dass es zum einen hier regelmäßig nicht um Minderjährige, sondern um reife Erwachsene geht, und zum anderen die Erbfolge und nicht die Zuständigkeit für Schutzmaßnahmen im Vordergrund steht.[20]

Diese Akzentverschiebung ergibt sich aus EG 23 S. 2 und 3 EU-ErbVO: „Bei der Bestimmung des gewöhnlichen Aufenthalts sollte die mit der Erbsache befasste Behörde eine Gesamtbeurteilung der Lebensumstände des Erblassers in den Jahren vor seinem Tod und im Zeitpunkt seines Todes vornehmen und dabei alle relevanten Tatsachen berücksichtigen, insbesondere die Dauer und die Regelmäßigkeit des Aufenthalts des Erblassers in dem betreffenden Staat sowie die damit zusammenhängenden Umstände und Gründe. Der so bestimmte gewöhnliche Aufenthalt sollte unter Berücksichtigung der spezifischen Ziele dieser Verordnung eine besonders enge und feste Bindung zu dem betreffenden Staat erkennen lassen." 20

Es ergibt sich also für das Erbrecht eine **Verschiebung des Schwerpunkts auf die subjektiven Faktoren**, während das Erfordernis der **körperlichen Anwesenheit** elastischer ausgelegt werden kann. Es ist also nicht erforderlich, dass der Erblasser in dem entsprechenden Staat verstorben ist. Es genügt, wenn er sich „in den Jahren vor seinem Tod" dort regelmäßig aufgehalten hat. Dabei kann man die „**Regelmäßigkeit**" – anders als den „überwiegenden Aufenthalt" – nicht von einer quantitativen Bewertung abhängig machen. Auch jährliche Weihnachtsbesuche in der Heimat sind regelmäßig. Hier entscheidet nicht die Dauer des Weihnachtsaufenthalts, sondern die Heimatzugehörigkeit. 21

Typisches **Beispiel** sind hier die **Diplomaten**. Bei ihnen wird bei den üblicherweise zeitlich befristeten Aufenthalten die soziale Integration regelmäßig die Ausnahme bleiben. Sie behalten daher ihren gewöhnlichen Aufenthalt im Entsendestaat selbst dann, wenn sie dort schon seit zehn Jahren nicht mehr dauerhaft gewohnt haben.[21] 22

Ähnlich wird es bei den Einwohnern der mediterranen **Rentnerkolonien** sein. Diese suchen selbst dann, wenn sie den überwiegenden Teil des Jahres in den südlichen Gefilden verbringen, soziale Kontakte allenfalls unter ihresgleichen und kehren im Fall der Pflegebedürftigkeit wieder in die „Heimat" zurück. Es wäre lebensfremd, sie und ihre Angehörigen in erbrechtlicher Hinsicht einem Rechtssystem („mallorquinisches Foralrecht") zu unterstellen, das sie nicht kennen und möglicherweise schon mangels Sprachkenntnisse nicht zu begreifen vermögen.[22] 23

Die langfristige Sichtweise führt aber nicht dazu, dass erst ein langjähriger Aufenthalt zur Begründung eines gewöhnlichen Aufenthalts führt. In der Rechtssache Mercredi hat der 24

---

20 Vgl. oben Rn 15.
21 So z.B. die *Cour d'Appell Luxembourg*, zit. bei *Helms*, Liber Amicorum Walter Pintens, 2012, S. 689 Anm. 24. vgl. auch *Dutta*, in: MüKo-BGB, 6. Aufl. 2015, Art. 4 EU-ErbVO Rn 5.
22 *Burandt*, FuR 2013, 383; *Dutta*, in: MüKo-BGB, 6. Aufl. 2015, Art. 4 EU-ErbVO Rn 4; *Odersky*, notar 2013, 5.

EuGH festgestellt, „dass der gewöhnliche Aufenthalt grundsätzlich von gewisser Dauer sein muss, damit ihm ausreichende Beständigkeit innewohnt. Die Verordnung sieht allerdings **keine Mindestdauer**[23] vor. Maßgebend für die Verlagerung des gewöhnlichen Aufenthalts in den Aufnahmestaat ist nämlich vor allem der Wille des Betreffenden, dort den ständigen oder gewöhnlichen Mittelpunkt seiner Interessen in der Absicht zu begründen, ihm Beständigkeit zu verleihen. Die Dauer eines Aufenthalts kann daher nur als Indiz im Rahmen der Beurteilung seiner Beständigkeit dienen, die im Licht aller besonderen tatsächlichen Umstände des Einzelfalls vorzunehmen ist." Wer also nach Australien „auswandert", zu seinem Ehegatten in ein anderes Land zieht oder – nach gescheiterter Ehe mit einem Ölmagnaten – aus Oman nach Deutschland zurückkehrt, gibt seinen bisherigen gewöhnlichen Aufenthalt auf und begründet mit dem Ausstieg aus dem Flugzeug einen neuen gewöhnlichen Aufenthalt im neuen Zielstaat. Das ergibt sich aus dem Umsiedlerfall in EG 25 S. 1 EU-ErbVO. Der Aufenthaltsbegriff enthält daher kein quantitatives, allenfalls ein **qualitatives Zeitelement**.[24]

25 Abschließend bleibt darauf hinzuweisen, dass die Ermittlung des gewöhnlichen Aufenthalts wegen der offenen Wertung und **„Einbeziehung sämtlicher Umstände des Einzelfalls"** stets auch eine Frage der Perspektive ist. Nicht zu verkennen ist dabei, dass für einen nationalen Beobachter die Beziehungen ins Inland aus seiner Perspektive selbstverständlich bedeutender erscheinen als die Beziehungen in das ihm unbekannte Ausland. Für jeden Frosch ist hinter seinem Teich die Welt zu Ende. Der nationale Richter kann sich diesen Gesetzen der subjektiven Wahrnehmung nur schwer entziehen. Fälle des „mehrfachen gewöhnlichen Aufenthalts" bieten daher weiterhin erfolgversprechendes Jagdrevier für das *forum shopping*.

IV. Bedeutung des Bleibewillens

26 Der gewöhnliche Aufenthalt wird in Deutschland als „faktischer Wohnsitz"[25] charakterisiert, um deutlich zu machen, dass voluntative Elemente – die beim Wohnsitz so bedeutend sind – hier keine Rolle spielen. In der Tat ersetzt der EuGH das voluntative „subjektive Element" des Wohnsitzbegriffs bei der Bestimmung des gewöhnlichen Aufenthalts durch eher tatsächlich orientierte Merkmale, wie die **familiäre und soziale Integration**. Dennoch entkommt der EuGH auf diese Weise nicht vollständig einer Willensfeststellung.

27 In der vom EuGH am 22.12.2010 entschiedenen Rechtssache **Mercredi**[26] hatte Frau Mercredi das Kleinkind Chloe – für das sie die alleinige elterliche Sorge besaß – aus London mit dem Flugzeug nach Réunion verbracht. Der in England lebende leibliche Vater beantragte kurz darauf vor den englischen Gerichten, ihm die elterliche Sorge zu übertragen. Der Antrag wäre nur dann zulässig gewesen, wenn die englischen Gerichte aufgrund eines gewöhnlichen Aufenthalts des Kindes in England international zuständig gewesen wären. Der EuGH stellte hierbei – da es sich um ein Kleinkind ohne eigene soziale Integration handelte – darauf ab, ob auf Seiten der Mutter eine Beständigkeit des erst vor kurzem begründeten Aufenthalts in La Réunion gegeben sei. Der EuGH ging hier davon aus, dass trotz der Kürze des Aufenthalts auf La Réunion sich aus der Absicht der Mutter, dort

---

23 Hervorhebung durch den Verfasser.
24 *Baetge*, in Basedow/Hopt/Zimmermann, Handwörterbuch des Europäischen Zivilrechts, 2009, Band I S. 760.
25 BGH NJW 1997, 1070.
26 EuGH, Urt. v. 22.12.2010 – C-497/10 PPU.

dauerhaft zu bleiben, die Beständigkeit des Aufenthalts dort ergeben könne.[27] Das ist insoweit selbstverständlich, als ein als Urlaub geplanter Aufenthalt keinen gewöhnlichen Aufenthalt begründen kann und – bei Erfüllung der Voraussetzungen für eine soziale Integration im Übrigen – die Beständigkeit des Aufenthalts dann allenfalls von subjektiven Umständen abhängen kann. Der willenszentrierten Begründung des gewöhnlichen Aufenthalts hat der EuGH damit nicht das Wort geredet. Vielmehr ergibt sich die Bedeutung des Willens unvermeidlich daraus, dass bei einem **Wechsel des Aufenthalts** dessen Beständigkeit **zu Beginn** nur abhängig davon ermittelt werden kann, ob dieser **als Provisorium oder als Dauerlösung geplant** ist.

Auch in der Rechtssache A[28] hat der EuGH darauf hingewiesen, dass „die Absicht der Eltern, sich mit dem Kind dauerhaft in einem anderen Mitgliedstaat niederzulassen, die sich in bestimmten äußeren Umständen, wie in dem Erwerb oder der Anmietung einer Wohnung im Zuzugsstaat, manifestiert, ein Indiz für die Verlagerung des gewöhnlichen Aufenthalts sein" könne. Ein weiteres Indiz könne in der Einreichung eines Antrags auf Zuweisung einer Sozialwohnung liegen.[29]

Bedeutung und **Grenzen des Bleibewillens** für die Begründung eines gewöhnlichen Aufenthalts hat das OLG Stuttgart anschaulich dargelegt:[30]

„Nach h.A. ist der ‚gewöhnliche Aufenthalt' rein tatsächlich und nicht normativ zu bestimmen. Es kommt daher darauf an, wo der Daseinsmittelpunkt eines Kindes ist, d.h. der Ort des tatsächlichen Mittelpunktes seiner Lebensführung, des Schwerpunktes seiner sozialen Bindungen, insbesondere in familiärer und schulischer bzw. beruflicher Hinsicht. Eine solche soziale Integration setzt voraus, dass der Aufenthalt von einer gewissen Dauer ist, wobei in der Regel ein Zeitraum von sechs Monaten zugrunde gelegt wird. Je nach Umständen kann dieser Zeitraum auch länger oder kürzer sein. Da die Eltern von A. ab September 2001 einverständlich an einen ihnen vertrauten Ort in Frankreich zurückkehrten, der Antragsteller dort wieder als Lehrer arbeitete und sie somit keine größere Eingewöhnungsphase benötigten, kam dies auch der sozialen Integration von A. zugute. Unter diesen Umständen hatte A. seinen gewöhnlichen Aufenthalt jedenfalls in Frankreich, bevor er im April 2002 in Deutschland zurückgehalten wurde. Dass die Parteien mittelfristig beabsichtigten, wieder nach Deutschland zurückzukehren – sobald der Antragsteller dort eine Anstellung gefunden hat –, ändert an diesem tatsächlichen Daseinsschwerpunkt nichts, weil ein sog. animus manendi für die Begründung eines gewöhnlichen Aufenthalts nicht erforderlich ist."

Für die Begründung des gewöhnlichen Aufenthalts in Frankreich war daher – neben der Möglichkeit zur sofortigen Re-Integration aufgrund des bisherigen Lebensverlaufs – der einverständliche Wille der Eltern maßgeblich, dort wegen der Arbeitsstelle des Vaters erst einmal länger zu bleiben. Die Absicht, bei besserer Gelegenheit später nach Deutschland zurückzukehren, stand hier der Integration nicht entgegen. Anders wäre dies aber – zumindest im Erbrecht – möglicherweise dann zu bewerten, wenn die Arbeitsstelle in Frankreich von Anfang an befristet gewesen wäre.[31]

---

27 EuGH, Urt. v. 22.12.2010 – C-J049/10 Rn 51.
28 EuGH, Urt. v. 2.4.2009 – C-523/07, Slg. 2009, I-2805 = NJW 2009, 1868 = FamRZ 2009, 843.
29 Für die Beachtlichkeit des Willens bei der Bestimmung des gewöhnlichen Aufenthalts: PWW/*Martiny*, EU-ErbVO Rn 35; *Weller*, in: Leible/Unberath, Rom 0-Verordnung, S. 295 ff.
30 OLG Stuttgart FamRZ 2003, 959.
31 Zum Ausschluss des gewöhnlichen Aufenthalts bei befristeten Arbeitsaufenthalten: *Hess*, in: Dutta/Herrler, EU-ErbVO, S. 135 f.

32 **Praxishinweis** Für die **testamentarische Gestaltung** ergibt sich daraus, dass der Erblasser in den typischen „Grenzfällen" die **subjektiven Elemente** in seine Verfügung mitaufnehmen sollte (*Declaration of residence*).[32] Damit lässt sich zwar keine Rechtswahl erreichen, denn die tatsächlichen Faktoren werden sich am Ende gegen den entgegenstehenden Willen durchsetzen. Wohl aber kann hier gerade in den Grenzfällen eine Klarstellung erfolgen, die dagegen absichert, dass die Gerichte – ggf. nach vielen Jahren – die damalige Situation abweichend beurteilen. Darüber hinaus wird die Rechtsprechung dann, wenn sich anhand der rein objektiven Umstände eine Gleichgewichtslage ergibt (vgl. die Fälle, die als Beispiel für den alternierenden oder gar simultanen mehrfachen Aufenthalt herangezogen werden; siehe dazu Rn 33), es möglicherweise akzeptieren, wenn der Erblasser durch die von ihm „authentisch" dokumentierte Absicht den Ausschlag gibt. Dies gilt freilich nur solange, wie die tatsächlichen Voraussetzungen für den gewöhnlichen Aufenthalt erfüllt sind.

V. Möglichkeit eines mehrfachen gewöhnlichen Aufenthalts?

33 Umstritten ist die Frage, ob auch ein mehrfacher gewöhnlicher Aufenthalt vorstellbar ist. Typischerweise werden hier als Problemfälle die sog. **Mallorca-Rentner** genannt, die gleichermaßen viel Zeit des Jahres in Deutschland wie auch im Süden verbringen, oder die Fälle, in denen eine Person in einem Staat arbeitet und in einem anderen mit der Familie lebt. Man könnte hier sowohl einen **simultan bestehenden** Aufenthalt in beiden Staaten als auch einen **alternierenden** Aufenthalt (also dort, wo sich die betreffende Person aktuell aufhält) annehmen.

34 Unverkennbar ist, dass sich hier Konstellationen ergeben können, in denen die Fixierung des gewöhnlichen Aufenthalts auf einen der beiden Staaten willkürlich erscheinen muss. Das gilt gerade in den Phasen, in denen ein allmählicher Wechsel des Lebensmittelpunkts von einem Staat in den anderen stattfindet, so dass zu beiden Staaten nahezu gleich starke Bindungen bestehen. Dennoch gibt es zwei Argumente, die gegen dieses Modell sprechen: Zum einen schließt die Konzeption des gewöhnlichen Aufenthalts als „Lebensmittelpunkt" seine Teilbarkeit aus. Zum anderen – und dies ist das bedeutendere – mag es zwar denkbar sein, im Bereich der internationalen Zuständigkeit zu einer konkurrierenden Zuständigkeit mehrerer Gerichte aufgrund mehrfachen gewöhnlichen Aufenthalts der betreffenden Person zu gelangen, im Bereich der Anknüpfung des Erbstatuts aber würde man bei Annahme eines mehrfachen gewöhnlichen Aufenthalts zu keiner Anknüpfung gelangen. Art. 21 Abs. 1 EU-ErbVO sieht für diesen Fall keine Ersatzanknüpfung vor (anders als z.B. die insoweit differenzierter ausgestaltete Vorschrift in Art. 3 Haager Erbrechtsübereinkommen 1989, wo im Rahmen einer Stufenanknüpfung eine subsidiäre Anknüpfung an die Staatsangehörigkeit vorgesehen ist). Daher **verbietet** die Regelung in Kapitel III der EU-ErbVO die Feststellung eines **mehrfachen gewöhnlichen Aufenthalts** und zwingt den Rechtsanwender dazu, im Rahmen der Auslegung des Begriffs eine eindeutige Entscheidung zu fällen.[33]

35 Die Väter der EU-ErbVO haben dieses Problem gesehen. In EG 24 EU-ErbVO geben sie Hinweise, welche Kriterien in diesen Fällen den Ausschlag geben sollen. Dabei werden z.B. der „Herkunftsstaat", die Staatsangehörigkeit, die familiäre Verbundenheit, soziale Beziehungen genannt, als *ultima ratio* bei Personen, die ständig durch die Welt reisen, auch die Staatsangehörigkeit oder die Belegenheit des wesentlichen Teil des Vermögens. Hieraus

---

[32] *Solomon*, in: Dutta/Herrler, EU-ErbVO, S. 37.
[33] *Dörner*, ZEV 2012, 510; *Dutta*, in: MüKo-BGB, 6. Aufl. 2015, Art. 4 EU-ErbVO Rn 6; *Lehmann*, DStR 2012, 2086; PWW/*Martiny*, EU-ErbVO Rn 36; *Solomon*, in: Dutta/Herrler, EU-ErbVO, S. 31; Palandt/*Thorn*, Art. 21 EU-ErbVO Rn 6.

ergibt sich nicht nur, dass der gewöhnliche Aufenthalt im Rahmen der EU-ErbVO erbrechtsspezifisch unter besonderer Berücksichtigung langfristiger Bindungen und familiärer Beziehung zu bestimmen ist. Es ergibt sich auch die Übertragung des aus dem *common law* bekannten Grundsatzes, wonach keine Person ohne *domicile* ist und niemand mehr als ein *domicile* hat, auf den gewöhnlichen Aufenthalt im Erbrecht.

Hilfreich könnte hier auch die Entscheidung des OLG Rostock vom 25.5.2000[34] zur Zuständigkeit nach dem Haager Kindesentführungsübereinkommen sein. Dort hatten die Eltern zunächst mit dem Kind gemeinsam in Deutschland gelebt. Als nach Trennung der Ehemann nach Toulouse versetzt wurde, vereinbarten sie, dass das Kind abwechselnd bei dem Vater in Toulouse und bei der Mutter in Mecklenburg leben sollte. Das OLG war der Ansicht, wenn ein Kind nach dem Willen seiner Eltern abwechselnd bei dem einen Elternteil im Staat A und dem anderen Elternteil im Staat B lebe, verbleibe sein gewöhnlicher Aufenthalt i.S.d. Art. 3 HaagKindEntfÜbk unabhängig von der Sechs-Monats-Regel dort, wo es sich zu dem Zeitpunkt befand, als der ständige Ortswechsel begann, es sei denn, dass im Ausnahmefall besondere Gründe dafür sprechen, dem Aufenthalt im anderen Staat trotz seiner nur vorübergehenden Anlage den Charakter eines gewöhnlichen Aufenthalts zuzusprechen. Die Wechselfälle begründen also – da hier der Aufenthalt in keinem der betroffenen Staaten dauerhaft angelegt ist – keinen gewöhnlichen Aufenthalt. In den Zugvögel-Fällen (**Mallorca-Rentner**) bzw. bei **Weltreisenden** verbleibt es also beim gewöhnlichen Aufenthalt in der Heimat solange, bis der alte durch einen neuen gewöhnlichen Aufenthalt ersetzt wird.

B. Die Ausweichklausel des Art. 21 Abs. 2 EU-ErbVO

Literatur

Remien, Engste Verbindung und Ausweichklauseln, in: Leible/Unberath, Brauchen wir eine Rom 0-Verordnung?, 2013, S. 223 ff.; *Solomon*, Die allgemeine Kollisionsnorm (Art. 21, 22 EU-ErbVO), in: Dutta/Herrler, Die Europäische Erbrechtsverordnung, 2014, S. 19 ff.

Ergibt sich ausnahmsweise aus der Gesamtheit der Umstände, dass der Erblasser im Zeitpunkt seines Todes eine offensichtlich engere Verbindung zu einem anderen als dem Staat hatte, in dem er seinen gewöhnlichen Aufenthalt hatte, so ist gem. **Art. 21 Abs. 2 EU-ErbVO** auf die Rechtsnachfolge von Todes wegen das Recht dieses anderen Staates anzuwenden (**Ausweichklausel**).

Der Sinn dieser Klausel erschließt sich nur schwer. Geht man von einem einheitlichen Begriff des gewöhnlichen Aufenthalts für sämtliche Bereiche des IPR aus (vgl. Rn 8), so würde eine solche Klausel eine Problemlösung für die Fälle bieten, in denen der gewöhnliche Aufenthalt nicht in dem Staat liegt, mit dem der Erblasser in der für das Erbrecht angemessenen Art und Weise langfristig verwurzelt ist. Für solche Fälle wäre die Vorbehaltsklausel hilfreich.

Geht man allerdings mit der Rechtsprechung des EuGH und den Erwägungsgründen 23 und 24 EU-ErbVO davon aus, dass sich der gewöhnliche Aufenthalt im Rahmen der EU-ErbVO nach „erbrechtsspezifischen" Maßstäben bestimmt (siehe Rn 5 ff.), so fließen die Wertungen, die die Ausweichklausel in Art. 21 Abs. 2 EU-ErbVO berücksichtigen will, bereits in die Ermittlung des gewöhnlichen Aufenthalts ein. Die Offenheit des Begriffs des

---

34 OLG Rostock FamRZ 2001, 642.

gewöhnlichen Aufenthalts macht dann diese Korrekturklausel überflüssig.[35] Die in der Literatur teilweise angebotenen Beispielsfälle für die Ausweichklausel lassen sich m.E. überwiegend auch mit einer „erbrechtsspezifischen" Interpretation des Begriffs des gewöhnlichen Aufenthalts angemessen lösen.

40   Damit kristallisieren sich folgende **Anwendungsfelder** heraus:
– Der Erblasser hatte seinen gewöhnlichen Aufenthalt in einem exotischen Drittstaat (Urwaldarzt, Ingenieur am Golf, Geschäftsmann in Malaysia), so dass die inländischen Gerichte ausschließlich wegen der Staatsangehörigkeit oder der Vermögensbelegenheit zuständig sind (Art. 10 EU-ErbVO). Hier führt die Ausweichklausel ggf. zum inländischen Recht.
– Der Erblasser hatte seinen gewöhnlichen Aufenthalt zwar im Inland, aber ein Testament nach einem anderen Recht errichtet. War der Erblasser mit diesem Staat durch eine Staatsangehörigkeit verbunden, würde man darin eine konkludente Rechtswahl sehen (siehe Rn 89). Konnte er dieses Recht aber nicht gem. Art. 22 EU-ErbVO wählen, so mag sich darin ggf. eine „offensichtlich engere Verbindung" ergeben. Freilich müsste diese sich dann aus der „Gesamtheit der Umstände" ergeben, also über das Testament hinausgehend auch aus anderen Handlungen des Erblassers (z.B. von ihm verwandte Sprache, kulturelle und religiöse Verbindungen).[36]

41   Folgende Fälle erscheinen aber **eher ungeeignet**:
– Ist der Erblasser erst **kurz vor seinem Tode** in einen anderen Staat **umgezogen**, so ist es angemessen, die Erbfolge dem Recht der „neuen Heimat" zu unterstellen, sollte er tatsächlich den gewöhnlichen Aufenthalt im Herkunftsstaat aufgegeben und im Zuzugsstaat tatsächlich einen gewöhnlichen Aufenthalt begründet haben. Sollte er dagegen weiterhin erheblich engere Bindungen zu einem anderen Staat beibehalten haben (vgl. das Beispiel in EG 25 S. 1 EU-ErbVO), so spricht m.E. alles dafür, dass er den alten gewöhnlichen Aufenthalt nicht aufgegeben hat.[37]
– Wird der pflegebedürftige Erblasser in ein Heim jenseits der Grenze verbracht (weil preisgünstiger, in der Nähe der Kinder oder sonniger), so wird es zu keiner sozialen Integration kommen, wenn er **passiv bleibt** und das Gebiet des Sanatoriums nicht verlässt. Auch dies ist kein Problem der engeren Verbindung, sondern schon mit der Formel des EuGH zur Bestimmung des gewöhnlichen Aufenthalts zu lösen.
– Denken könnte man schließlich auch an die Fälle der **arglistigen Verlagerung** des gewöhnlichen Aufenthalts in ein „Pflichtteilsparadies", um Ehegatten oder Abkömmlinge effektiv vom Nachlass auszuschließen. In diesen Fällen müsste man freilich entscheiden: Hält der Erblasser erhebliche Verbindungen zum ursprünglichen Aufenthaltsstaat aufrecht, so hat er möglicherweise nur scheinbar einen gewöhnlichen Aufenthalt begründet, eigentlich aber den alten Lebensmittelpunkt beibehalten. Hier läge dann keine Verlegung, sondern nur eine Simulation vor. Hat er aber konsequent mit dem ursprünglichen Aufenthaltsstaat abgebrochen, so gibt es für ihn es keine „engere Beziehung" mehr dorthin, sondern allenfalls für seine Hinterbliebenen. Dann ist auch die Pflichtteilsregelung am neuen Aufenthalt anzuwenden. In „krassen" Fällen käme eine vorsichtige Korrektur durch den *ordre public* in Betracht.

---

[35] Krit. daher auch *Audit/Avout*, Droit International Privé, 7. Aufl., Paris 2013, Rn 1007; *Burandt*, in: Burandt/Rojahn, Art. 21 EU-ErbVO Rn 8; *Dutta*, FamRZ 2013, 8; *Vollmer*, ZErb 2012, 231.
[36] Diese Konstellation wird unter dem Stichwort der „fehlgeschlagenen Rechtswahl" gehandelt: *Dutta*, in: MüKo-BGB, 6. Aufl. 2015, Art. 21 EU-ErbVO Rn 6; *Volmer*, Rpfleger 2013, 424.
[37] *Solomon*, in: Dutta/Herrler, EU-ErbVO, S. 35.

Abschließend stehen auch aufgrund der verfahrensrechtlichen Vorgaben die Chancen für einen praktischen Einsatz der Ausweichklausel ungünstig: Bei der Anknüpfung des Erbstatuts an den gewöhnlichen Aufenthalt des Erblassers kommt es gem. Art. 4 ff. EU-ErbVO zu einem Gleichlauf von *forum* und *lex*. Für eine Anwendung der Ausweichklausel müsste das zuständige Gericht aber feststellen, dass trotz des gewöhnlichen Aufenthalts des Erblassers im Forumstaat die Verbindung zu einem anderen Staat so viel enger ist, dass die Anwendung des Rechts des Forumstaates unangemessen ist. Das erscheint schon deswegen schwierig, weil ein nationales Gericht regelmäßig vordergründig die Beziehungen des Erblassers zum Inland deutlicher erkennen wird (Froschperspektiven-Theorie, siehe oben Rn 25). Auch müsste das Gericht einräumen, dass die Anwendung nationalen Rechts offenbar unangemessen wäre. Das wird selten vorkommen.

C. Beachtung von Rück- und Weiterverweisungen

Literatur

Davi, Le renvoi en droit international privé contemporain, Recueil de Cours de l'Académie de la Haye 352 (2012), 9; *von Hein*, Der Renvoi im europäischen Kollisionsrecht, in: Leible/Unberath, Brauchen wir eine Rom 0-Verordnung?, 2013, S. 341 ff.; *Hellner*, Probleme des Allgemeinen Teils des Internationalen Privatrechts, in: Dutta/Herrler, Die Europäische Erbrechtsverordnung, 2014, S. 107 ff.; *Henrich*, Der Renvoi: Zeit für einen Abgesang?, in: FS Hoffmann 2011, S. 159 ff.; *Mansel*, Movables oder immovables – Zur Qualifikation eines vererbten Miterbenanteils im deutsch-englischen Erbrechtsverkehr, in: FS Schurig 2013, S. 181 ff.; *Michaels*, Der Abbruch der Weiterverweisung im deutschen Internationalen Privatrecht, RabelsZ 1997, 685; *Solomon*, Die Renaissance des Renvoi im Europäischen Internationalen Privatrecht, in: FS Schurig 2013, S. 159 ff.; *Süß*, Die Rückverweisung im Internationalen Privatrecht – Einführung mit Länderübersicht, ZEV 2000, 486.

I. Die einfache Rückverweisung auf das deutsche Recht

Beispiel 1: Der Erblasser war Deutscher. Er lebte die letzten zehn Jahre seines Lebens mit seiner Lebensgefährtin in Sarajevo, wo er einen Kfz-Import betrieb. Testamentarisch hatte er seine Lebensgefährtin zur Alleinerbin eingesetzt. Die in Schleswig lebenden Eltern des Erblassers erheben gegen die Lebensgefährtin Stufenklage auf Auszahlung des halben Nachlasswertes als Pflichtteil. Die Lebensgefährtin beantragt, die Klage abzuweisen. Gemäß Art. 22 Abs. 1 EU-ErbVO gelte bosnisches Erbrecht. Dieses kenne einen Zahlungsanspruch für Eltern ausschließlich dann, wenn diese bedürftig seien.[38]

Die EU-ErbVO vereinheitlicht das Erbkollisionsrecht in den Mitgliedstaaten. Daher ist nunmehr in den praktisch häufigsten Fällen mit Auslandsberührung die Möglichkeit eines **Renvoi ausgeschlossen** und daher auch die Möglichkeit von Rück- und Weiterverweisungen zwischen den Mitgliedstaaten. Zu **Rück- und Weiterverweisungen** kann es mithin nunmehr ausschließlich nach Verweisung auf das Recht eines Staates kommen, der nicht zur EU gehört, bzw. im Verhältnis zu den drei EU-Staaten Dänemark, Irland und Vereinigtes Königreich.

Der Kommissionsvorschlag zur EU-ErbVO vom November 2009 hatte noch vorgesehen, dass Rück- und Weiterverweisungen des ausländischen IPR unberücksichtigt bleiben. Nach vielfältiger Kritik aus dem Schrifttum ist diese Regelung aber wieder zurückgenommen

---

38 Hierzu Länderbericht Bosnien-Herzegowina (Rn 45).

worden. **Art. 34 Abs. 1 EU-ErbVO** bestimmt daher nun, dass nach Verweisung auf das Recht eines Drittstaates die in diesem Staat geltenden Rechtsvorschriften einschließlich derjenigen seines Internationalen Privatrechts anzuwenden sind, soweit diese auf das eigene Recht, das Recht eines anderen Mitgliedstaates oder das Recht eines Drittstaates verweisen, der sein eigenes Recht anwenden würde. Ausgenommen sind gem. Art. 34 Abs. 2 EU-ErbVO die Fälle, in denen die Verweisung auf einer besonders engen Verbindung beruht (Art. 21 Abs. 2 EU-ErbVO), auf einer Rechtswahl des Erblassers (Art. 22 EU-ErbVO) oder in denen die Verweisung die Formwirksamkeit einer Verfügung von Todes wegen (Art. 27 EU-ErbVO) bzw. einer Ausschlagungserklärung betrifft. Die Behandlung von **Rückverweisungen** entspricht damit der geltenden Situation in Deutschland. Bei der **Weiterverweisung** auf das Recht eines Drittstaates ist freilich die Beachtung der Weiterverweisung davon abhängig, dass der Drittstaat nach seinem IPR die Verweisung annimmt (was bei Verweisung auf das Recht eines Mitgliedstaats gem. Art. 34 Abs. 1 lit. a EU-ErbVO immer der Fall wäre, weil sich aus Sicht dieses Mitgliedstaats immer eine Rückverweisung durch das Recht des Drittstaates, auf dessen Recht verwiesen wurde, ergäbe).

46 In Bosnien-Herzegowina ist auch nach der Auflösung der Jugoslawischen Föderation weiterhin das Jugoslawische Gesetz zur Lösung von Gesetzeskollisionen mit den Vorschriften anderer Staaten für bestimmte Verhältnisse vom 15.7.1982 (bosn. IPRG)[39] in Kraft. Gemäß Art. 30 IPRG gilt für die Erbfolge das Heimatrecht des Erblassers. Das Heimatrecht wird dann auch für die Pflichtteilsrechte der Eltern gelten. Im **Beispielsfall 1** spricht das bosnische Recht daher aufgrund der deutschen Staatsangehörigkeit des Erblassers eine Verweisung auf das deutsche Heimatrecht aus. Folglich ist für die Erbfolge, insbesondere auch für das Bestehen von Pflichtteilsrechten der Eltern, aus bosnischer Sicht deutsches Recht anwendbar (Rückverweisung). Diesem Rechtsanwendungsbefehl folgen wir aus deutscher Sicht, da unsere Verweisung auf das bosnische Recht die bosnische Erbkollisionsnorm umfasst. Da mithin deutsches Recht gilt, können sich die Eltern im Beispiel gem. § 2303 Abs. 2 S. 1 BGB eigentlich auf einen Pflichtteil berufen.

47 Allerdings enthält auch das bosnische IPR in Art. 6 Abs. 1 bosn. IPRG eine Regelung, wonach bei Verweisung auf das Recht eines ausländischen Staates auch das internationale Kollisionsrecht dieses ausländischen Staates zu beachten sei. Erfasst die ausländische rückverweisende Kollisionsnorm auch das IPR des (aus dortiger Sicht) ausländischen Staates, wie z.B. die Verweisung auf das deutsche Heimatrecht des Erblassers durch das bosnische Recht (Art. 6 Abs. 1 bosn. IPRG), so trifft diese Rückverweisung auf Art. 21 EU-ErbVO, der seinerseits wieder auf das bosnische Recht zurückverweisen würde. Folge wäre ein endloses „Tennis-Match" von Hin- und Rückverweisungen. Art. 4 Abs. 1 S. 2 EGBGB bestimmt daher für das deutsche Recht, dass jede Rückverweisung durch ein ausländisches IPR auf das deutsche Recht so zu behandeln sei, als handele es sich um eine Verweisung unmittelbar auf deutsches materielles Recht (Sachnormverweisung). Damit bricht der Verweisungszirkel in Deutschland ab (*single renvoi*). Diese Klarstellung war 1986 notwendig geworden, weil damals in der Literatur vielfach die Forderung erhoben worden war, im Fall einer Rückverweisung sei so zu verfahren, wie dies das IPR des Staates vorsehe, auf dessen Recht die inländische Kollisionsnorm erstmals verwiesen habe (*double renvoi* bzw. *foreign court theorie*).[40] Die Lehre vom *single renvoi* vereinfacht den Gerichten die Rechtsanwendung, da sie insbesondere dann, wenn wegen der Anknüpfung des Erbstatuts an die

---

39 Dt. Übersetzung z.B. bei *Firsching*, IPRax 1983, 6; *Lipowschek*, StAZ 1983, 38; ausf. Länderbericht Bosnien-Herzegovina.
40 Vgl. nur *Kegel*, Internationales Privatrecht, 5. Aufl. 1985, § 10 III 3, S. 225; MüKo-BGB/*Sonnenberger*, 1. Aufl. 1980, Art. 27 EGBGB Rn 24.

Staatsangehörigkeit des Erblassers bei Auslandsbezug häufig eine Verweisung auf ausländisches Recht stattfindet, die Anwendbarkeit des deutschen Erbrechts fördert.

Art. 34 EU-ErbVO enthält hingegen keine eindeutige Regelung über den **Abbruch der Verweisungskette** im Gerichtsstaat.[41] Damit bleibt offen, wie die Rückverweisung auf das Recht eines Mitgliedstaates zu behandeln ist. Die deutsche Literatur hat dieses Problem bislang erst selten thematisiert.[42] EG 57 S. 2 EU-ErbVO bestimmt insoweit lediglich ein wenig sibyllinisch, dass nach Verweisung auf das Recht eines Drittstaates, falls diese Vorschriften die Rück- und Weiterverweisung entweder auf das Recht eines Mitgliedstaates oder aber auf das Recht eines Drittstaates, der sein eigenes Recht auf die Erbsache anwenden würde, vorsehen, dieser Rück- und Weiterverweisung gefolgt werden sollte, „um den internationalen Entscheidungseinklang zu gewährleisten". Gerade das Ziel, den internationalen Entscheidungseinklang zu fördern, lässt sich aber nur dann erreichen, wenn man der Lehre vom *double renvoi* bzw. der *foreign court theorie* folgt.[43]

Im **Beispielsfall 1** hätte dann auch das deutsche Gericht nach (Rück-)Verweisung des bosnischen IPR auf das deutsche Recht gem. Art. 30 bosn. IPRG (erneut) Art. 22 EU-ErbVO anzuwenden. Diese Verweisung wäre dann gem. Art. 6 Abs. 1 bosn. IPRG als Sachnormverweisung auf das bosnische Recht zu behandeln. Die Verweisungskette würde also im bosnischen Recht abgebrochen. Den nicht bedürftigen Eltern stände mithin nach Maßgabe des bosnischen Erbrechts kein Pflichtteil zu.

Dörner weist allerdings zu Recht darauf hin, dass die Fälle des Renvoi künftig selten sein werden, denn die Anknüpfung der internationalen Zuständigkeit an den gewöhnlichen Aufenthalt des Erblassers (Art. 4 EU-ErbVO) führt regelmäßig zum Gleichlauf von *forum* und *lex*.[44] Erfolgt die Verweisung auf ausländisches Heimatrecht aufgrund einer Anknüpfung an eine Rechtswahl des Heimatrechts, so ist die Beachtung ausländischen IPR regelmäßig ausgeschlossen (siehe Rn 51 ff.). Damit verbleiben nach *Dörner* die Fälle, in denen die Zuständigkeit auf Art. 10 EU-ErbVO gestützt wird. Ergänzend wird man aber auf die Fälle hinweisen müssen, in denen sich aufgrund eines gewöhnlichen Aufenthalts im Ausland bei Vornahme der Verfügung ein ausländisches Errichtungsstatut ergibt (Art. 24, 25 EU-ErbVO).

II. Ausnahmen von der Beachtung des Renvoi

Art. 34 Abs. 2 EU-ErbVO sieht zahlreiche Ausnahmen von der Beachtung der Rück- und Weiterverweisung vor:
– Im Fall der Anknüpfung an eine „offensichtliche engere Verbindung" im Fall der Ausweichklausel soll die durch Art. 21 Abs. 2 EU-ErbVO vorgesehene Geltung des Rechts, mit dem der Erblassers besonders eng verbunden ist, nicht durch eine Rück-

---

41 PWW/*Martiny*, Art. 26 Anh. I EGBGB Rn 83; *Bonomi*, in: Bonomi/Wautelet, Art. 34 Rn 17; *Köhler*, in NK-Nachfolgerecht, Art. 34 Rn 6.
42 Vgl. z.B. *Dörner*, ZEV 2012, 511; *Dutta*, FamRZ 2013, 12; für eine Behandlung der Rückverweisung als Sachnormverweisung auch: *von Hein*, in: Leible/Unberath, Rom 0-Verordnung, S. 374; *Solomon*, in: FS Schurig 2012, S. 258; ausgenommen sind die in der vorangegangenen Fn genannten Autoren.
43 Ebenso Staudinger/*Hausmann*, 2012, Art. 4 EGBGB Rn 165. Für eine Behandlung jedes Renvoi ohne weitere Problematisierung als Sachnormverweisung: *Bajons*, in: Schauer/Scheuba, Die Europäische Erbrechtsverordnung, Wien 2012, S. 34. *Bonomi*, in: Bonomi/Wautelet, Art. 34 Rn 17 erkennt die Regelungslücke, tendiert aber ebenfalls zum *renvoi simple*, da es sonst Probleme mit der Rückverweisung aus Staaten gebe, die ebenfalls der *foreign court theorie* folgen.
44 *Dörner*, ZEV 2012, 511.

oder Weiterverweisung wieder verhindert werden.[45] Freilich könnte die „Anwendungsunwilligkeit" dieses Rechts in die davor anzustellende Bewertung einfließen, ob hier überhaupt eine entsprechende „offensichtlich engere Verbindung" zu dem betreffenden Recht besteht.[46]

– Hat der Erblasser die Erbfolge durch **Rechtswahl** seinem Heimatrecht unterstellt (Art. 22 EU-ErbVO), so würde die Beachtung des ausländischen IPR regelmäßig seine Erwartung zunichte machen, damit gälten die materiellen Regeln dieser Rechtsordnung. Auch würde in diesem Fall das ausländische Heimatrecht die Rechtswahlmöglichkeit wieder vernichten, sollte es eine zwingende Verweisung auf das am gewöhnlichen Aufenthalt geltende Recht aussprechen.

– Auch der umfangreiche Strauß der in Art. 27 EU-ErbVO aufgenommenen Verweisungen zur Bestimmung des auf die **Formwirksamkeit** einer Verfügung anwendbaren Rechts könnte wieder in sich zusammenfallen, würde man Rückverweisungen auf die *lex fori* beachten.[47] Darüber hinaus verlangt auch der angestrebte Gleichklang mit dem Haager Testamentsformübereinkommen vom 5.10.1961,[48] dass die dem Übereinkommen entlehnten Verweisungsnormen wie im Übereinkommen als Sachnormverweisungen behandelt werden.

– Gleiches gilt für die Verweisung zur Formwirksamkeit einer Ausschlagungserklärung in Art. 28 lit. b EU-ErbVO. Das ist im Ergebnis bedauerlich, kommt auf diese Weise doch offenbar die an dem Ort, an dem die **Ausschlagungserklärung** abgegeben wurde, geltende Form selbst dann nicht zur Anwendung, wenn das am Aufenthaltsort des Erklärenden geltende IPR die Einhaltung dieser Form genügen lässt.

– Irritierend ist die Erwähnung von Art. 30 EU-ErbVO in Art. 34 Abs. 2 EU-ErbVO. Es soll ja gerade Voraussetzung für die Verweisung auf diese Vorschriften des Belegenheitsstaates sein, dass diese Regeln nach dem Recht dieses Staates unabhängig von dem auf die Rechtsnachfolge von Todes wegen anzuwendenden Recht anzuwenden sind. Da der ausländische Staat von der Anwendbarkeit dieser Regeln ausgeht, ist eine Rück- oder Weiterverweisung durch das IPR jenes Staates schon gar nicht vorstellbar. Vielmehr wären in einem solchen Fall die Voraussetzungen des Art. 30 EU-ErbVO nicht erfüllt.

52 Darüber hinaus wird man den Ausschluss der Rück- und Weiterverweisung aber auch in folgenden Fällen beachten müssen:

– Hat der Testator oder haben die Parteien eines Erbvertrages gem. Art. 24 Abs. 2 bzw. Art. 25 Abs. 3 EU-ErbVO ausschließlich für die Zulässigkeit, die materielle Wirksamkeit und die Bindungswirkungen (Errichtungsstatut) eine Rechtswahl zugunsten seines Heimatrechts bzw. zugunsten des Heimatrechts eines anderen Erbvertragsbeteiligten getroffen, so wird sich wohl aus der Bezugnahme dieser Regeln auf Art. 22 EU-ErbVO auch die entsprechende Anwendung von Art. 34 Abs. 2 EU-ErbVO ergeben.[49]

---

45 Vgl. allgemein *Kropholler*, Internationales Privatrecht, 6. Aufl. 2006, § 4 II 2 c, S. 28; *von Hein*, in: Leible/Unberath, Rom 0-Verordnung, S. 356; MüKo-BGB/*Sonnenberger*, 5. Aufl. 2010, Art. 4 EGBGB Rn 29; krit. Solomon, in: FS Schurig 2012, S. 256.
46 So *Bonomi*, in: Bonomi/Wautelet, Art. 34 Rn 22 unter Verweisung auf *Davi*, Recueil des Cours 352, S. 133.
47 Dem mit der Alternativität verfolgten Günstigkeitsprinzip steht die Beachtung des ausländischen IPR hingegen nicht grundsätzlich entgegen, könnte man den Renvoi doch flexibel so behandeln, dass er den Kreis der anwendbaren Rechte noch erweitert, so: Bamberger/Roth/*St. Lorenz*, BGB, 3. Aufl. 2012, Art. 4 EGBGB Rn 8; NK-BGB/*Freitag*, 2. Auf. 2012, Art. 4 EGBGB Rn 26.
48 Siehe dazu § 4 Rn 17.
49 Ebenso *Dutta*, FamRZ 2013, 12; Palandt/*Thorn*, Art. 22 EU-ErbVO Rn 2.

– Art. 27 EU-ErbVO gilt in Deutschland für die Bestimmung des Formstatuts von einseitigen und gemeinschaftlichen Testamenten nicht. Allerdings enthält auch das Haager Testamentsformübereinkommen, welches unmittelbar auf das „innerstaatliche Recht" des ausländischen Staates verweist, ausschließlich Sachnormverweisungen.

Positiv gewendet verbleibt es bei der Beachtlichkeit des Renvoi mithin ausschließlich bei der Verweisung auf das am gewöhnlichen Aufenthalt anwendbare Recht, also in folgenden Fällen:
– Bestimmung des Erbstatuts aufgrund objektiver Anknüpfung gem. Art. 22 Abs. 1 EU-ErbVO;
– Bestimmung des Errichtungsstatuts für Testamente aufgrund objektiver Anknüpfung an den gewöhnlichen Aufenthalt gem. Art. 24 Abs. 1 EU-ErbVO;
– Bestimmung des Errichtungsstatuts für einen Erbvertrag aufgrund objektiver Anknüpfung an den gewöhnlichen Aufenthalt gem. Art. 25 Abs. 1 und 2 EU-ErbVO.

III. Rückverweisung auf das Recht eines anderen Mitgliedstaates

Beispiel 2: Der Sachverhalt lautet im Wesentlichen wie in Beispiel 1 (siehe Rn 43). Allerdings stammt die Familie aus Kroatien und ist in den 1970er Jahren nach Deutschland ausgewandert. Der nach Bukarest gezogene Sohn war daher beim Eintritt des Erbfalls kroatischer Staatsangehöriger.

In **Beispielsfall 2** verweist Art. 21 Abs. 1 EU-ErbVO wiederum auf das bosnische Recht. Das bosnische Recht wiederum knüpft das Erbstatut an die kroatische Staatsangehörigkeit an und spricht damit eine Verweisung auf das kroatische Recht aus. Aus deutscher Sicht handelt es sich um eine Weiterverweisung auf das Recht eines dritten Staates. Da die EU-ErbVO auch in Kroatien anwendbar ist, handelt es sich um eine Weiterverweisung auf das Recht eines anderen Mitgliedstaates. Gemäß Art. 34 Abs. 1 lit. a EU-ErbVO ist auch in diesem Fall die bosnische Kollisionsnorm, die die Verweisung auf das Heimatrecht ausspricht, anzuwenden. Es kommt also zur Geltung kroatischen Rechts.

Aus Sicht von Kroatien liegt in dieser Konstellation eine Rückverweisung durch das bosnische Recht vor. Um die einheitliche Rechtsanwendung im Erbrecht in den Mitgliedstaaten zu wahren, ist die Konstellation daher identisch zu behandeln wie der Fall der Rückverweisung. Auch in diesem Fall stellt sich daher die Frage, ob die Verweisung des bosnischen (Drittstaat) Rechts auf das kroatische Recht (Mitgliedstaat) stets als Sachnormverweisung zu behandeln ist (*renvoi simple*) oder ob hier nach den Regeln der *foreign court theorie* (*double renvoi*) zu verfahren ist.

Entscheidet man sich für die Lehre vom *renvoi simple*, so ergibt sich im **Beispielsfall 2** die Anwendbarkeit kroatischen materiellen Rechts. Dort wäre die nichteheliche Lebensgefährtin ebenfalls erb- und pflichtteilsberechtigt, so dass sich die Pflichtteilsquote der Eltern auf $1/6$ halbiert. Folgt man der *foreign court theory*, so wäre zu beachten, dass der bosnische Rechtsanwender nach Verweisung auf das kroatische Heimatrecht des Erblassers gem. Art. 6 bosn. IPRG die Verweisung auf das bosnische Aufenthaltsrecht (Art. 21 Abs. 1 EU-ErbVO) als Rückverweisung befolgen würde und die Verweisungskette im bosnischen Recht abbrechen würde. Danach hätten die Eltern kein Pflichtteil, weil keine Bedürftigkeit vorliegt.

IV. Gespaltene Rückverweisung

1. Gegenständlich gespaltene Rückverweisung

58 In vielen Rechtsordnungen wird das Erbstatut nicht einheitlich angeknüpft, also z.B. an Staatsangehörigkeit oder Wohnsitz des Erblassers (**Nachlasseinheit**), sondern für Immobilien oder gar sämtliche Nachlassgegenstände dem jeweiligen Belegenheitsrecht unterstellt (siehe Rn 174). Verteilt sich der Nachlass über mehrere Staaten, gelten für die Erbfolge der einzelnen Teile verschiedene Rechtsordnungen (**Nachlassspaltung**). Hatte der Erblasser seinen gewöhnlichen Aufenthalt in einem solchen Staat, so kann über den Renvoi auch unter Anwendung der EU-ErbVO eine Nachlassspaltung eintreten, aufgrund derer der Nachlass in rechtlich voneinander unabhängig abzuhandelnde Teile zerfällt (**gegenständliche Nachlassspaltung**). Zwar hatte es in Frankreich mit der Entscheidung der *Cour de Cassation*[50] und in Spanien mit mehreren Entscheidungen des *Tribunal Supremo*[51] Entscheidungen gegeben, wonach die Beachtung eines Renvoi ausgeschlossen ist, wenn dieser zur Nachlassspaltung führt. Für die Interpretation der EU-ErbVO werden diese aber nach allgemeiner Ansicht wohl keine Rolle spielen, da diese Rechtsprechung bei Entwurf der EU-ErbVO bekannt gewesen ist, aber keine ausdrückliche Regelung gefunden hat (wie z.B. in Art. 78 § 2 Abs. 2 belg. CODIP).[52]

59 **Beispiel 3:** Der Erblasser war deutscher Staatsangehöriger. Er lebte zuletzt mit seiner Familie in Kalifornien, wo er in der Flugzeugtechnik tätig war. Vor einigen Jahren hatte er mit seiner Schwester den Großvater beerbt. Der Nachlass enthielt ein in Laatzen belegenes Miethaus und ein Ferienhaus auf Mallorca. Zwei Jahre vor dem Tod des Erblassers hatten beide zwei Wohnungen aus dem Miethaus der Schwester und das Ferienhaus in Mallorca dem Erblasser übertragen. In Bezug auf die übrigen Mietswohnungen besteht die Erbengemeinschaft fort.

60 In **Beispielsfall 3** befand sich der gewöhnliche Aufenthalt des Erblassers offensichtlich in Kalifornien. Daher ist gem. Art. 21 Abs. 1 EU-ErbVO das in Kalifornien geltende Recht anzuwenden (zur Behandlung der in den USA bestehenden interlokalen Rechtsspaltung siehe Rn 140). Das kalifornische internationale Erbrecht unterscheidet zwischen beweglichem und unbeweglichem Nachlass. Für die Vererbung beweglicher Nachlassgegenstände gilt das Recht des Staates, in dem der Erblasser zuletzt sein *domicile* hatte. Das *domicile* i.S.d. US-amerikanischen Rechts kommt dem gewöhnlichen Aufenthalt i.S.d. EU-ErbVO sehr nahe. Allerdings kommt dem Bleibewillen (*animus manendi*) im *domicile* eine etablierte Rolle zu. Für die Vererbung des unbeweglichen Vermögens gilt dagegen des Recht des Staates, in dem der jeweilige Gegenstand belegen ist.

61 Da das *domicile* des Erblassers i.S.d. kalifornischen Rechts in Kalifornien anzusiedeln war, nimmt das kalifornische IPR die Verweisung hinsichtlich des beweglichen Vermögens an. Für die Rechtsanwendung in Bezug auf das Ferienhaus und die Beteiligung an dem Miets-

---

50 Entscheidung der *Cour de Cassation* v. 11.2.2009 „Riley", Revue critique de droit international privé 2009, 512; *Cour de Cassation* v. 20.6.2006 „Wildenstein", Revue critique de droit international privé 2007, 383.
51 Entscheidung des *Tribunal Supremo* v. 15.11.1998 „Lowenthal" (dazu *Rodriguez Pineau*, IPRax 1998, 135); Entscheidung des *Tribunal Supremo* v. 21.5.1999 „Denney" (dazu *Süß*, IPRax 2001, 488).
52 *Bonomi*, in: Bonomi/Wautelet, Art. 34 Rn 27; *von Hein*, in: Leible/Unberath, Rom 0-Verordnung, S. 379; *Lagarde*, Revue Critique de Droit international Privé 2012, 706. Vgl. auch die Situation in Belgien, wo eine entsprechende Begrenzung gesetzlich vorgeben wurde, Art. 78 § 2 CODIP.

haus wäre zunächst zu ermitteln, ob es sich hierbei um „Immobilien" i.S.d. kalifornischen Kollisionsnorm handelt.

Die Auslegung ausländischer Kollisionsnormen erfolgt ausschließlich nach den Regeln des jeweiligen ausländischen Rechts. Das Recht der *Common Law*-Staaten weist freilich die Besonderheit auf, dass für die Qualifikation eines Gegenstandes als beweglich oder unbeweglich auf Recht des Staates verwiesen wird, in dem dieses belegen ist. Hierbei handelt es sich um eine kollisionsrechtliche Hilfsnorm (*auxiliary rule*), die ebenfalls eine Verweisung ausspricht (**Qualifikationsverweisung**).[53] Auch insoweit kann sich daraus für die Qualifikation eine gem. Art. 34 Abs. 1 lit. a EU-ErbVO beachtliche Rückverweisung (**Qualifikationsrückverweisung**) ergeben. Für die Frage, ob die Beteiligung an der Erbengemeinschaft, in der sich die Mietwohnungen befinden, unbewegliches Vermögen ist, gelten damit die Regeln des deutschen Rechts. Es kommt also zu denselben Regeln wie für die Bestimmung des „unbeweglichen Vermögens" im Rahmen von Art. 15 Abs. 2 Ziff. 3 (und bisher auch im Rahmen von Art. 25 Abs. 2 EGBGB). Danach wird mittlerweile die Beteiligung an einer Erbengemeinschaft selbst dann als bewegliches Vermögen behandelt, wenn ausschließlicher Gegenstand der Gemeinschaft ein im Inland belegenes Grundstück ist.[54] Für das Alleineigentum an dem Ferienhaus auf Mallorca kann wohl unterstellt werden, dass dieses auch nach dem spanischen Recht als unbewegliches Vermögen zu behandeln ist.

62

Damit ergibt sich, dass für den beweglichen Nachlass, einschließlich der Beteiligung an der Erbengemeinschaft, kalifornisches Recht gilt, für das auf Mallorca belegene Ferienhaus hingegen das spanische Recht.[55]

63

2. Funktionell gespaltene Rückverweisung

In manchen Rechtsordnungen werden bestimmte Fragen der Nachlassabwicklung nicht dem Erbstatut, sondern dem Belegenheitsrecht unterstellt. So wurde die im **österreichischen Recht** erforderliche gerichtliche **Einantwortung** der Erben in den Nachlass für in Österreich belegene Liegenschaften unabhängig davon verlangt, ob österreichisches Recht Erbstatut ist.[56] Umgekehrt wurde aus österreichischer Sicht für die Frage, auf welche Weise ein in Deutschland belegenes Nachlassgrundstück mit Eintritt des Erbfalls auf die Erben übergeht, auch dann auf das deutsche Belegenheitsrecht verwiesen, wenn der Erblasser Österreicher war und österreichisches Recht Erbstatut ist.

64

Dem vergleichbar ist die Situation im Recht der Staaten des angloamerikanischen Rechtskreises, das den Übergang des Nachlasses auf einen Zwischenberechtigten (*personal representative*) vorsieht. Diese Frage wird nicht dem für die erbrechtlichen Fragen (*succession*) maßgeblichen Statut unterstellt, sondern als Frage des Verfahrens (*administration*) qualifiziert. Maßgeblich ist aus der Sicht dieser Staaten die *lex fori*, also das Recht des Staates, dessen Gerichte mit der Nachlassabwicklung befasst sind. Wird ein deutsches Nachlassgericht tätig, folgt nach in Deutschland h.A. hieraus eine (versteckte) Rückverweisung auf das

65

---

53 *Scoles/Hay*, Conflict of Laws, 5. Aufl., St. Paul/Minnesota 2010, § 19.2 S. 1232; *Cheshire/North/Fawcett*, Private International Law, 14. Aufl., London 2008, S. 1194; BGHZ 24, 352, 355; *Jayme*, ZfRVgl. 1976, 93.
54 KG ZEV 2012, 593; vgl. auch BGHZ 146,310 = ZErb 2001, 84 (zu § 25 IPRG-DDR).
55 Hier stellt sich dann wiederum das Problem, ob im innerspanischen Verhältnis sich das anwendbare Recht (gemeinspanischer *Código civil* oder mallorquinisches autonomes Recht) nach den interlokalen Kollisionsnormen des *Código civil* anhand der *vecindad civil* oder aber unmittelbar nach den kalifornischen Kollisionsnormen (Belegenheit des Hauses) bestimmt; siehe dazu Rn 135.
56 *Firsching*, IPRax 1982, 168.

deutsche Recht, da dieses auch aus dortiger Sicht deutsches Verfahrensrecht anzuwenden hat.[57]

66 In **Beispielsfall 3** folgt daraus, dass trotz der Geltung des kalifornischen Rechts für die Erbfolge der Anwendungsbereich dieses Rechts (grob gesagt) gegenständlich auf den Bereich beschränkt bleibt „wer erhält wie viel aus dem Nachlass". Die Frage, ob in diesem Fall die Hinterbliebenen unmittelbar mit dem Eintritt des Erbfalls am Nachlass in Höhe der ihnen zustehenden Quoten beteiligt werden oder ob der Nachlass auf einen *personal representative* übergeht, der den Hinterbliebenen erst nach vollständiger Abwicklung den Nettoerlös auszahlt, beurteilt sich daher hinsichtlich des in Deutschland belegenen Nachlasses nach dem deutschen Recht.

V. Weiterverweisung auf das Recht eines Drittstaates

67 Das IPR des Aufenthaltsstaates kann auch das Recht eines weiteren Drittstaates für anwendbar erklären. Gemäß Art. 34 Abs. 1 lit. b EU-ErbVO ist nach Verweisung auf das Recht eines Drittstaates die Verweisung des IPR dieses Drittstaates auf das Recht eines weiteren Drittstaates zu befolgen, wenn dieser sein eigenes Recht anwenden würde.

68 **Beispiel 4:** Der Erblasser stammt aus Kalifornien. Er lebte zuletzt in Tiflis, um dort den Aufbau eine Dependance einer internationalen Wirtschaftsprüfersozietät zu begleiten. In seinem Nachlass befinden sich u.a. eine Beteiligung an einer Immobiliengesellschaft in Form einer Kommanditgesellschaft mit Sitz in Düsseldorf und ein Weingut in der Bourgogne. Für seine Ehefrau hat er eine Eigentumswohnung in Istanbul gekauft.

69 In **Beispielsfall 4** verweist Art. 22 EU-ErbVO wohl wegen des mehrjährigen Aufenthalts in Tiflis auf das georgische Recht. Art. 55 S. 1 georg. IPRG wiederum erklärt das Heimatrecht des Erblassers für anwendbar. Es gilt daher das Recht der USA, mangels eines einheitlichen Zivilrecht das kalifornische Recht. Hierbei handelt es sich gem. Art. 4 Abs. 1 georg. IPRG[58] um eine Gesamtverweisung, die auch das in Kalifornien geltende IPR umfasst. Das kalifornische internationale Erbrecht verweist für die Vererbung beweglicher Nachlassgegenstände auf das Recht des Staates, in dem der Erblasser zuletzt sein *domicile* hatte (siehe Rn 60). Beruflich bedingte Versetzungen für eine beschränkte Dauer dürften aber noch zu keiner Begründung eines *domicile of choice* führen, da es hier an der Absicht zu bleiben fehlt.

70 Gemäß Art. 34 Abs. 1 lit. b EU-ErbVO ist die Verweisung des georgischen IPR auf das kalifornische Recht zu befolgen, wenn das kalifornische IPR auf das kalifornische Recht verweisen würde. Dieser Fall ist hier gegeben, da das kalifornische Recht für die Erbfolge des beweglichen Nachlasses sich für anwendbar erklärt. Damit vererbt sich der bewegliche Nachlass nach dem kalifornischen Erbrecht.

71 Für die Vererbung der Immobilien gilt im kalifornischen IPR das jeweilige Belegenheitsrecht. Insoweit stellt sich mithin die Frage, ob es sich bei der Beteiligung an der in Deutschland errichteten Immobiliengesellschaft um „unbewegliches Vermögen" handelt. Dies wäre wegen der Qualifikationsverweisung auf das deutsche Belegenheitsrecht der Immobilie nach dem deutschen Recht zu beantworten und damit zu verneinen (vgl. auch Rn 62 zur

---

57 Staudinger/*Dörner*, Art. 25 EGBGB Rn 683.
58 Gesetz vom 20.5.1998, deutsche Übersetzung in *Ferid/Firsching/Dörner/Hausmann*, Internationales Erbrecht, Länderteil Georgien, Texte S. 2.

Erbengemeinschaft).⁵⁹ Die Gesellschaftsanteile vererben sich mithin im **Beispielsfall 4** nach dem kalifornischen Recht.

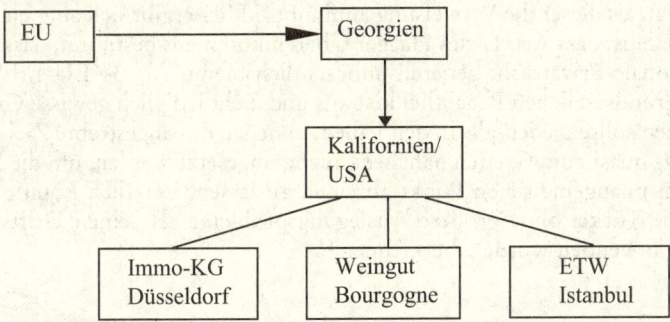

Das Weingut in der Bourgogne hingegen wäre nach dem französischen Belegenheitsrecht als Immobilie zu qualifizieren. Insoweit ergäbe sich daher eine Verweisung auf die französische lex rei sitae. Insoweit nimmt daher das kalifornische Recht die Verweisung nicht an, sondern spricht eine weitere Verweisung aus. Dabei sei unterstellt, dass das georgische IPR, welches die Verweisung auf das kalifornische Recht ausgesprochen hat, diese Weiterverweisung befolgen würde. Würde man hier Art. 34 Abs. 1 lit. b EU-ErbVO streng anwenden, so ergäbe sich die Folgerung, dass auf die Verweisung des Aufenthaltsrechts (Georgien) auf das Recht eines weiteren Drittstaates (Kalifornien) dieser sein eigenes Recht nicht anwenden würde. Die Befolgung der Weiterverweisung ist durch Art. 34 Abs. 1 lit. b EU-ErbVO also bei literaler Auslegung ausgeschlossen. Allerdings lässt Art. 34 Abs. 1 lit. a EU-ErbVO die Beachtung einer nach dem anzuwendenden Recht ausgesprochenen Verweisung zu, wenn die ausländischen Rechtsvorschriften auf das Recht eines anderen Mitgliedstaates weiterverweisen. Auch wenn mit dieser Klausel wohl ausschließlich die Fälle gemeint waren, in denen das durch die Regeln der EU-ErbVO bestimmte Recht unmittelbar auf das Recht eines Mitgliedstaates verweist, so spricht der Wortlaut m.E. dennoch nicht dagegen, auch die Fälle, in denen die Verweisung des Art. 22 EU-ErbVO erst über eine Weiterverweisung zum Recht eines rückverweisenden Staates (also eines dritten Drittstaates) führt, einzubeziehen. Dafür spricht im vorliegenden Fall das Ziel des Entscheidungseinklangs. Denn würde man wegen der Weiterverweisung durch das kalifornische IPR im vorliegenden Fall die Verweisungskette bereits im georgischen Recht abbrechen, so käme man zu einem Ergebnis, das weder der Rechtslage in Georgien noch der kalifornischen Perspektive entsprechen würde. Daher sind unter Art. 34 Abs. 1 lit. a EU-ErbVO nicht nur die Fälle der direkten Rückverweisung, sondern auch die Fälle der **mittelbaren Rückverweisung** zu erfassen.⁶⁰

Noch unsicherer stellt sich die Situation in Bezug auf die in Istanbul belegene Eigentumswohnung dar. Hier würde das kalifornische Recht auf das türkische Belegenheitsrecht verweisen. Das türkische IPR wiederum geht ebenfalls von der Geltung der lex rei sitae für Immobilien aus und würde sich selbst für anwendbar erklären. Nach dem EGBGB war in solchen Fällen über Art. 3a Abs. 2 schon aus diesem Grunde türkisches Erbrecht anwendbar, ohne dass es auf die Berufung über das Heimatrecht des Erblassers überhaupt ankam.⁶¹ Art. 34 Abs. 1 lit. b EU-ErbVO geht auf das Vorbild von Art. 4 des Haager Erbrechtsüber-

---

59 Palandt/*Thorn*, Art. 25 EGBGB Rn 7.
60 So auch *Solomon*, in: FS Schurig 2012, S. 256; *von Hein*, in: Leible/Unberath, Rom 0-Verordnung, S. 375; *Köhler*, NK-Nachfolgerecht, Art. 34 EU-ErbVO Rn 11.
61 Das Deutsch-Türkische Nachlassabkommen gilt hier nicht, weil der Erblasser nicht deutscher Staatsangehöriger war (siehe Rn 189).

einkommens vom 31.8.1989 zurück. Dieser war so zu interpretieren, dass nach der ersten Weiterverweisung die Verweisung durch das Recht des dritten Staates nur noch insoweit zu beachten war, als dieser die Verweisung annimmt.[62] Hier ergibt sich aber ein wesentlicher Unterschied daraus, dass Art. 17 des Haager Übereinkommens bestimmt, dass das ausländische Internationale Privatrecht generell unbeachtlich bleibt. Art. 34 EU-ErbVO hingegen geht von der grundsätzlichen Beachtlichkeit aus und zieht lediglich gewisse Grenzen. Diese Beschränkungen sollten jedenfalls in den Fällen, in denen das angestrebte Ziel des Entscheidungseinklangs quasi zum Greifen naheliegt, nicht eingesetzt werden, um die Verweisungskette an einem unangemessenen Punkt abreißen zu lassen. Letztlich könnte man auch in diesem Fall die Türkei ohne größere Auslegungsprobleme als „einen Drittstaat, der sein eigenes Recht anwenden würde", bezeichnen.[63]

D. Die Bestimmung des Erbstatuts durch Rechtswahl

Literatur

Döbereiner, (Bindende?) Rechtswahlen nach der EU-Erbrechtsverordnung, DNotZ 2014, 323; *Goré*, La professio juris, Defrénois, 30 August 2012 No 16–18, S. 762; *Heinig*, Rechtswahlen in Verfügungen von Todes wegen nach der EU-Erbrechts-Verordnung, RNotZ 2014, 197; *Heinig*, Rechtswahlen im Erbrecht nach nationalem Kollisionsrecht – Der Countdown läuft, RNotZ 2014, 281; *Keim*, Rechtswahl nach der Europäischen Erbrechtsverordnung, in: Roth, Die Wahl ausländischen Rechts im Familien- und Erbrecht, 2013, S. 67 ff.; *Leitzen*, Die Rechtswahl nach der EU-ErbVO, ZEV 2013, 128; *Ludwig*, Die Wahl zwischen zwei Rechtsordnungen durch bedingte Rechtswahl nach Art. 22 der EU-Erbrechtsverordnung, DNotZ 2014, 12; *Mansel*, Parteiautonomie, Rechtsgeschäftslehre der Rechtswahl und Allgemeiner Teil des europäischen Kollisionsrechts, in: Leible/Unberath, Brauchen wir eine Rom 0-Verordnung?, 2013, S. 241 ff.; *Nordmeier*, Grundfragen der Rechtswahl in der neuen EU-Erbrechtsverordnung – eine Untersuchung des Art. 22 ErbRVO, GPR 2013, 148; *Odersky*, Die Europäische Erbrechtsverordnung in der Gestaltungspraxis, notar 2013, 3; *Schoppe*, Die Übergangsbestimmungen zur Rechtswahl im internationalen Erbrecht: Anwendungsprobleme und Gestaltungspotential, IPRax 2014, 27; *Solomon*, Die allgemeine Kollisionsnorm (Art. 21, 22 EU-ErbVO), in: Dutta/Herrler, Die Europäische Erbrechtsverordnung, 2014, S. 19 ff.; *Wachter*, Die Europäische Erbrechtsverordnung in der Gestaltungspraxis, ZNotP 2014, 2.

I. Bedeutung

1. Hintergrund

74 Die Unterstellung der Erbfolge unter das am gewöhnlichen Aufenthalt des Erblassers geltende Recht war aus politischen Gründen vorgegeben. Es sei hier dahingestellt, ob die Vorteile der gefundenen Regelung ihre Nachteile aufwiegen. Es bleibt auf der Ebene des internationalen Erbrechts bei folgenden Schwächen:
– Die Unbestimmtheit des Begriffs des gewöhnlichen Aufenthalts, insbesondere die Unsicherheiten in Bezug auf seine Auslegung im Rahmen der EU-ErbVO, führen dazu, dass in den angeblich besonders begünstigten Fällen der „internationalen Mobilität" häufig keine zuverlässige Aussage darüber getroffen werden kann, wo sich der gewöhnliche Aufenthalt einer Person aktuell befindet.

---

62 So *Waters*, in: Actes et document de la Seizième Session, Den Haag 1990, Report, Rn 117 ff.
63 So auch *Solomon*, in: Dutta/Herrler, EU-ErbVO, S. 25; *Bonomi*, in: Bonomi/Wautelet, Art. 34 Rn 20.

- Die Ausweichklausel in Art. 21 Abs. 2 EU-ErbVO erhöht die Unsicherheiten bei der Anknüpfung weiter.
- Der Erblasser mag sich trotz seines Aufenthalts in einem Staat weiterhin enger mit dem Recht des Staates verbunden fühlen, aus dem er stammt.
- Der gewöhnliche Aufenthalt kann wechseln. Anders als bei einem Wechsel der Staatsangehörigkeit wird hier der Wechsel nicht eindeutig wahrgenommen, der Zeitpunkt ist u.U. unklar und der Wechsel den Beteiligten nicht bewusst. Die damit einhergehende Änderung des (hypothetischen) Erbstatuts kann u.U. die gesamte Nachlassplanung zunichte machen.

Die Einführung der Rechtswahl in Art. 22 EU-ErbVO ist insoweit als Korrektiv zu begreifen, mit dem der Erblasser die Möglichkeit erhält, die Nachteile der Anknüpfung an den gewöhnlichen Aufenthalt zu vermeiden.[64] Freilich kann die Einführung der Rechtswahl diese **Korrekturfunktion** in der Praxis nur dann übernehmen, wenn die Beteiligten sich rechtlich beraten lassen und ihr Berater so erfahren ist, dass er die Möglichkeiten einer oder gar die Notwendigkeit der Rechtswahl erkennt.

Nach Publikation des Vorschlags der Kommission zur EU-ErbVO war von vielen Seiten eine großzügige Ausweitung der Rechtswahlmöglichkeiten gefordert worden.[65] Aus EG 38 EU-ErbVO ergibt sich, dass sich die einschlägigen Stellen mit der Anerkennung der Rechtswahlmöglichkeit offenbar doch nicht leicht getan haben: „Diese Verordnung sollte es den Bürgern ermöglichen, durch die Wahl des auf die Rechtsnachfolge von Todes wegen anwendbaren Rechts ihren Nachlass vorab zu regeln. Diese Rechtswahl sollte auf das Recht eines Staates, dem sie angehören, beschränkt sein, damit sichergestellt wird, dass eine Verbindung zwischen dem Erblasser und dem gewählten Recht besteht, und damit vermieden wird, dass ein Recht mit der Absicht gewählt wird, die berechtigten Erwartungen der Pflichtteilsberechtigten zu vereiteln."

Die Befürchtungen, die Rechtswahl könnte als Instrument der Pflichtteilsumgehung missbraucht werden, haben sich also insoweit durchgesetzt, als man zumindest eine **Wahl des Aufenthaltsrechts bei Testamentserrichtung** (Fixierung des Aufenthaltsrechts) **ausgeschlossen** hat. Das ist insoweit realistisch gewesen, als wohl kein vernünftiger Zweifel daran besteht, dass die Pflichtteilslast in der Praxis voraussichtlich der bedeutendste Faktor bei der Entscheidung sein wird, ob und wie die Rechtswahl ausgeübt werden soll.

2. Praktische Bedeutung

Für die Nachlassgestaltung ist die Rechtswahl vor allem aus folgenden Gründen von Bedeutung:
1. Durch die Rechtswahl lässt sich das **Erbstatut fixieren**. Ein späterer Umzug kann sich auf die Bestimmung des auf die Erbfolge anwendbaren Rechts nicht mehr auswirken. Insoweit wird **Rechtssicherheit** erreicht.
2. Mit der Rechtswahl stehen sämtliche Gestaltungsmöglichkeiten des gewählten Heimatrechts zur Verfügung. Das gilt nicht nur für die möglicherweise andersartige Ausgestaltung der Pflichtteilsrechte der Angehörigen (Kreis der Berechtigten, Art der Berechtigung und Umfang der Berechtigung). Viele aus dem deutschen Erbrecht vertraute Gestaltungen (Testamentsvollstreckung, Vor- und Nacherbfolge etc.) sind in anderen

---

[64] Die Bedeutung der Rechtswahl als Kompensation für die Festlegung des gewöhnlichen Aufenthalts als Primäranknüpfung für die objektive Bestimmung des anwendbaren Rechts im europäischen Erb- und Familienrecht betont *Mansel*, in: Leible/Unberath, Rom 0-Verordnung, S. 263.

[65] Z.B. *Max Planck Institut*, RabelsZ 74 (2010) 522 Nr. 143–147; *Buschbaum/Kohler*, GPR 2010, 106, 112.

Rechtsordnungen unbekannt oder schwächer ausgeprägt als im BGB. Teilweise ergeben sich andersartige Instrumente, die sich im Einzelfalls als vorteilhafter erweisen (trust, güterrechtliche Gestaltungen etc.). Die Rechtswahl bietet also eine **Ausweitung der Gestaltungsmöglichkeiten**.

3. Hat der Erblasser seinen gewöhnlichen Aufenthalt oder einen Teil seines Vermögens in einem Drittstaat und geht dieser von der zwingenden Geltung des dortigen Rechts aus, so führt die Ausübung der Rechtswahl zu einem Entscheidungsdissens. Gehört der Erblasser aber einem Drittstaat an, der das Heimatrecht gelten lässt (wobei es unbeachtlich ist, ob dies auf der Anknüpfung an die Staatsangehörigkeit beruht oder ob sich im konkreten Fall die Geltung des Heimatrechts aus einer andersartigen Anknüpfung ergibt), so würde die Wahl des in diesem Staat geltenden Rechts dazu führen, dass aus Sicht der Mitgliedstaaten und des Heimatstaates die gleiche Rechtsordnung zur Anwendung gelangt. Mit der Rechtswahl lässt sich mithin auch ein **internationaler Entscheidungseinklang** erreichen.

4. Für die Nachlassgestaltung ist darüber hinaus zu beachten, dass die Rechtswahl sich nicht ausschließlich auf die Rechtsanwendung auswirkt. Nur dann, wenn der Erblasser nach Art. 22 EU-ErbVO als das auf die Rechtsnachfolge von Todes wegen gewählte Recht das Recht eines Mitgliedstaates gewählt hat, können die Hinterbliebenen gem. Art. 5 Abs. 1 EU-ErbVO vereinbaren, dass für Entscheidungen in Erbsachen ausschließlich ein Gericht oder die Gerichte dieses Mitgliedstaates zuständig sein sollen. Will ein ins Ausland gegangener Erblasser seinen im Heimatstaat gebliebenen Hinterbliebenen **ermöglichen**, eine **Gerichtsstandsvereinbarung** für Gerichte des Heimatstaates zu treffen, so muss er sein Heimatrecht wählen. Das gilt insbesondere dann auch für das unstreitige Nachlassverfahren, also die Durchführung eines Verfahrens zur Ausstellung eines Europäischen Nachlasszeugnisses oder eines Erbscheins nach BGB (folgt man der Ansicht, wonach auch die internationale Zuständigkeit zur Erbscheinserteilung durch die EU-ErbVO geregelt wird).

II. Kreis der wählbaren Rechtsordnungen

79 Der Erblasser kann gem. Art. 22 EU-ErbVO ausschließlich das Recht des Staates wählen, dem er im Zeitpunkt der Rechtswahl oder im Zeitpunkt seines Todes angehört. Maßgeblich ist also, welche Staatsangehörigkeit der Erblasser besitzt. Ohne Bedeutung ist es, ob das gewählte Recht das Recht eines Staates ist, in dem die EU-ErbVO gilt oder ob das Recht eines Drittstaates gewählt wurde.[66] Ohne Bedeutung ist auch, ob der ausländische Heimatstaat oder der ausländische Staat, in dem der Erblasser seinen gewöhnlichen Aufenthalt hat und dessen Recht er mithin durch die Ausübung der Rechtswahl derogiert, eine entsprechende Rechtswahlmöglichkeit überhaupt kennt oder nicht.

80 Die Frage, ob jemand Angehöriger eines Staates ist, fällt nicht in den Anwendungsbereich der EU-ErbVO. Vielmehr ergibt sich die **Staatsangehörigkeit** aus dem öffentlichen Recht des Staates, dessen Recht gewählt werden soll.[67] Aus diesem Recht ergibt sich dann, unter welchen Voraussetzungen die Staatsangehörigkeit erworben wird (Abstammung, Anerkennung, Einbürgerung, Heirat etc.) und aus welchen Gründen die Staatsangehörigkeit wieder verloren wird (vgl. insoweit z.B. § 25 StAG, wonach der Erwerb einer ausländischen Staatsangehörigkeit zum automatischen Verlust der deutschen Staatsangehörigkeit führen kann).

---

66 Vgl. EG 40 EU-ErbVO.
67 Siehe auch EG 21 EU-ErbVO.

Besitzt jemand mehrere Staatsangehörigkeiten nebeneinander (**Mehrstaater**; z.B. aufgrund Abstammung von Eltern mit unterschiedlicher Staatsangehörigkeit), so kann er gem. Art. 22 Abs. 1 UA 2 EU-ErbVO das Recht jedes dieser Staaten wählen. Das gilt selbst dann, wenn er zu dem Staat, dessen Recht er wählen will, außer der Staatsangehörigkeit keine weiteren Beziehungen mehr hat.[68]

Eigenartig mutet die Regelung an, wonach der Erblasser neben dem Recht des Staates, dem er zum Zeitpunkt der Rechtswahl angehört, auch das Recht eines Staates wählen kann, dessen **Staatsangehörigkeit** er noch nicht besitzt und über die er **erst bei seinem Tod** verfügen wird, Art. 22 Abs. 1 UA 1 Fall 2 EU-ErbVO. Da niemand sicher voraussehen kann, welche Staatsangehörigkeit er zum Zeitpunkt seines Todes besitzen wird, ist damit gesetzlich anerkannt, dass die Rechtswahl unter einer **aufschiebenden Bedingung** erfolgen kann. Die mit der Rechtswahl verfolgte „Stabilität der Anknüpfung" und „Planungssicherheit" lässt sich freilich mit einer derartigen Klausel kaum erreichen. Als praktischen Anwendungsfall könnte man sich allenfalls die Situation vorstellen, dass der Erblasser bereits die Einbürgerung in einem exotischen Staat ohne Pflichtteilsordnung beantragt hat, der Einbürgerungsbescheid aber noch aussteht.

Häufiger findet sich der Hinweis, eine Rechtswahl, mit der der Erblasser pauschal auf das Recht des Staates verweise, dem er zum Zeitpunkt seines Todes angehören werde (**dynamische Rechtswahl**), sei unwirksam.[69] Es ist zuzugeben, dass eine derartige Rechtswahlklausel voraussichtlich in noch weniger Fällen sinnvoll sein wird als die vorgenannte Wahl des (konkreten) künftigen Heimatrechts. Ein Grund dafür, dass eine entsprechende Anordnung nichtig sein soll, ergibt sich daraus aber noch nicht. Vielmehr ergibt sich aus der gesetzlich anerkannten Möglichkeit, auf künftige Umstände zurückgreifen zu können, gerade, dass eine bedingte Rechtswahl trotz der sich daraus ergebenden Rechtsunsicherheiten zum Zeitpunkt der Erklärung wirksam sein soll. Beim Eintritt des Erbfalls steht die Staatsangehörigkeit ja fest, so dass Interessen Dritter durch die Unsicherheiten nicht beeinträchtigt werden können.[70]

Verfügt der **Heimatstaat** über **kein einheitliches Rechtssystem**, sondern existieren in einzelnen Gebietseinheiten unterschiedliche Regeln (**interlokale Rechtsspaltung**; siehe dazu Art. 36 EU-ErbVO) bzw. existieren für einzelne Bevölkerungsgruppen unterschiedliche Rechtssysteme (**interpersonale Rechtsspaltung**; siehe dazu Art. 37 EU-ErbVO), so kann der Erblasser ausschließlich das Recht des Heimatstaates (also indisches oder spanisches Recht) wählen. Eine unmittelbare Bestimmung einer bestimmten Teilrechtsordnung (also Hindu-Recht oder katalanisches Recht) ist nicht wirksam (siehe Rn 147). Sie kann allenfalls dann getroffen werden, wenn sie nach dem interlokalen Privatrecht des Heimatstaates zulässig wäre. In allen anderen Fällen kann sie u.U. in die Wahl des Heimatstaates umgedeutet werden.

Problematisch sind in diesem Zusammenhang die **Staatenlosen**. Diese können nach dem Wortlaut von Art. 22 EU-ErbVO mangels Staatsangehörigkeit kein Recht wählen. Für sie wäre die Geltung des am gewöhnlichen Aufenthalt zum Zeitpunkt des Todes angeknüpften Rechts gem. Art. 21 EU-ErbVO zwingend. Mehrfach wird nun darauf verwiesen, dass gem. Art. 12 Abs. 1 New Yorker Übereinkommen über die Rechtsstellung der Staatenlosen vom

---

68 *Bonomi*, in: Bonomi/Wautelet, Art. 22 Rn 21.
69 Z.B. *Döbereiner*, MittBayNot 2013, 363; *Dörner*, ZEV 2012, 511; *Leitzen* ZEV 2013, 128.
70 Gegen die Bedenken daher auch *Nordmeier*, GPR 2013, 151; *Solomon*, in: Dutta/Herrler, EU-ErbVO, S. 38.

28.9.1954[71] das Recht des Staates, in dem der Staatenlose seinen Wohnsitz hat, als sein Personalstatut gilt. Insoweit müsse ein Staatenloser als „Recht des Staates, dem er im Zeitpunkt der Rechtswahl angehört", das Recht des Staates wählen können, in dem er zum Zeitpunkt der Ausübung der Rechtswahl seinen aktuellen Wohnsitz hat.[72] Dies erscheint allerdings aus mehreren Gründen fraglich: Ein völkerrechtliches Abkommen kann zur Ergänzung nationalen Rechts verwandt werden, sobald es vom entsprechenden Staat ratifiziert worden ist. Das New Yorker Übereinkommen über die Rechtsstellung der Staatenlosen ist aber von der EU nicht ratifiziert worden, so dass es auch nicht unmittelbar zur Auslegung der EU-ErbVO herangezogen werden kann. Auch über Art. 75 Abs. 1 EU-ErbVO wird man das Übereinkommen in den beigetretenen Mitgliedstaaten nicht unbedingt berücksichtigen können, denn das Abkommen betrifft nicht die Bereiche, die in der EU-ErbVO geregelt sind.[73] Schließlich ist auch das Ergebnis dieser Auslegung bedenklich: Die Wahl des am aktuellen Aufenthalt geltenden Rechts durch den Erblasser ist bei Erlass der EU-ErbVO bewusst ausgeschlossen worden, um den Kreis der wählbaren Rechtsordnungen auf solche Rechtsordnungen einzuschränken, zu denen der Erblasser eine besonders stabile Verbindung hat.

86　Eine ähnliche Problematik ergibt sich für **internationale Flüchtlinge**. Gemäß Art. 12 Abs. 1 des Abkommens über die Rechtsstellung der Flüchtlinge vom 28.7.1951 (**Genfer Flüchtlingskonvention**)[74] ist das Recht des Wohnsitzlandes eines Flüchtling oder, wenn er keinen Wohnsitz hat, das Recht seines Aufenthaltslandes sein Personalstatut. Die Staatsangehörigkeit spielt also nach der Flucht aus dem Heimatstaat für die Anknüpfung des Personalstatuts keine Rolle mehr. Hier stellt sich dann im Rahmen des Art. 22 EU-ErbVO zunächst die Frage, ob dann, wenn der Erblasser im Völkerrecht nicht als Angehöriger des Staates gilt, aus dem er geflüchtet ist, er dieses Recht gem. Art. 22 EU-ErbVO als sein Heimatrecht wählen kann. Hier sollte m.E. auf den Zweck der Regelung der Genfer Flüchtlingskonvention abgestellt werden, die offenbar vermeiden möchte, dass der Flüchtling nach Flucht aus seinem Heimatstaat im Aufnahmestaat weiterhin dem Recht des Staates unterworfen werden soll, aus dem er gerade unter Gefährdung von Leib, Leben und Familie geflüchtet ist. Andererseits dürfte aber nichts dagegen sprechen, das Recht des Heimatstaates weiterhin anzuwenden, wenn der Flüchtling (aufgrund kultureller und nicht aufgrund politischer Verbundenheit) die Erbfolge aus eigenem Willen dieser Rechtsordnung unterstellen möchte.[75] Für die Entscheidung der zweiten Frage, ob der Flüchtling gem. Art. 22 EU-ErbVO stattdessen auch das Recht des Staates wählen kann, in dem er seinen Wohnsitz hat oder in dem er – mangels Wohnsitzes – sich aktuell aufhält, gelten die gleichen Erwägungen wie zuvor für die Staatenlosen nach dem New Yorker Übereinkommen über die Rechtsstellung der Staatenlosen (siehe Rn 85).

87　Es versteht sich von selbst, dass auch dann, wenn der Erblasser das Recht des Staates wählt, dem er zum Zeitpunkt der Rechtswahl angehörte, das Recht in dem Zustand zum Zeitpunkt des Eintritts des Erbfalls anzuwenden ist. Es sind also alle späteren Änderungen zu beachten. Die Fixierung auf einen bestimmten Rechtszustand (**Versteinerungsklausel**) ist nicht zulässig.

71　BGBl 1976 II, S. 473.
72　So z.B. *Döbereiner*, MittBayNot 2013, 363; PWW/*Martiny*, Art. 26 Anh. I EGBGB Rn 42; Palandt/*Thorn*, Art. 22 EU-ErbVO Rn 4, EGBGB Anh. Rn 19 ff.
73　So aber z.B. *Köhler*, NK-Nachfolgerecht, Art. 75 EU-ErbVO Rn 4.
74　BGBl 1953 II, S. 559; Text in Palandt/*Thorn*, Art. 5 EGBGB Anh. Rn 19 ff.
75　*Dutta*, in: MüKo-BGB, 6. Aufl. 2015, Art. 22 EU-ErbVO Rn 5.

Die sich aus der Rechtswahl ergebende Verweisung ist gem. Art. 34 Abs. 2 EU-ErbVO **Sachnormverweisung**. Es ist also unmittelbar das materielle Erbrecht der gewählten Rechtsordnung anzuwenden. Eine Rück- oder Weiterverweisung durch das IPR der gewählten Rechtsordnung ist unbeachtlich. Das gilt selbst dann, wenn der Erblasser ausdrücklich die Beachtung des ausländischen IPR vorschreibt. Er hat also keine Möglichkeit, über das IPR des ausländischen Heimatrechts quasi als „Sprungbrett" in eine nach der EU-ErbVO nicht anwendbare Rechtsordnung zu gelangen oder die Geltung des am aktuellen gewöhnlichen Aufenthalt geltenden Rechts zu fixieren.

III. Materielle Wirksamkeit der Rechtswahl

1. Erfordernis der Ausdrücklichkeit

Die Rechtswahl kann **ausdrücklich** erfolgen, etwa in der Weise: „Die Erbfolge nach meinem Tode soll dem Recht des Vereinigten Königreichs unterliegen." Art. 22 Abs. 2 EU-ErbVO lässt es aber auch genügen, dass sich die Rechtswahl „aus den Bestimmungen einer Verfügung von Todes wegen" ergibt.[76] Erstaunlich ist dabei, dass – im Gegensatz zu Art. 3 Rom I-VO – es nicht erforderlich ist, dass sich die Rechtswahl „eindeutig aus den Bestimmungen des Vertrags" ergibt bzw. sie sich „mit hinreichender Sicherheit aus den Umständen des Falles ergeben" muss (Art. 14 Abs. 1 Rom II-VO). EG 39 S. 2 EU-ErbVO weist in diesem Zusammenhang darauf hin, dass eine Rechtswahl sich als durch eine Verfügung von Todes wegen ergebend angesehen werden könnte, wenn z.B. der Erblasser in seiner Verfügung Bezug auf spezifische Bestimmungen des Rechts des Staates, dem er angehört, genommen hat oder das Recht dieses Staates in anderer Weise erwähnt hat. Damit wird in weitem Umfang eine „konkludente" Rechtswahl[77] ermöglicht, wo der Erblasser die Geltung einer bestimmten Rechtsordnung wollte, aber sich hierzu nicht ausdrücklich geäußert hat. An einen rechtsgeschäftlichen Rechtswahlwillen seien geringe Anforderungen zu stellen.[78] Darüber hinausgehend werden einer „ergänzenden Testamentsauslegung" auch in allen Fällen, in denen sich der Erblasser über die Frage des anwendbaren Rechts nicht einmal Gedanken gemacht hatte, Tür und Tor geöffnet. Im Wege eines „kollisionsrechtlichen *favor testamenti*" wird sich hieraus wohl ergeben, dass eine Wahl des Heimatrechts immer dann unterstellt werden muss, wenn die getroffenen Verfügungen nur unter Zugrundelegung eines bestimmten Rechts die offensichtlich beabsichtigten Wirkungen entfalten können.[79] Der europäische Gesetzgeber favorisiert insoweit „liberale" Erbrechtsordnungen, die – wie z.B. das deutsche Erbrecht – durch ein weites Instrumentarium (Erbvertrag, Erbverzicht, gemeinschaftliches Testament, Nacherbfolge, Testamentsvollstreckung, relativ maßvolle Pflichtteilsrechte) die Verfügungsfreiheit begünstigen, und setzt solche Rechtsordnungen zurück, die lebzeitige Bindungen nicht zulassen oder den Hinterbliebenen mehr Schutz vor der Regelungswut des Erblassers bieten. Grenzen für die Unterstellung einer Rechtswahl ergeben sich hier allein aus dem Erfordernis, dass die Rechtswahl sich aus der Erklärung in Form einer **Verfügung von Todes wegen** (zur erforderlichen Form siehe Rn 103) ergeben muss. Ob ein in Spanien lebender Deutscher das deutsche Erbrecht wählt, wenn er „Vor- und Nach-

---

[76] Daraus, dass die EU-ErbVO diese Frage ausdrücklich regelt, ist insoweit für die Beurteilung der Möglichkeit einer konkludenten Rechtswahl ein Rückgriff auf das nationale Recht – also das gewählte Recht – ausgeschlossen.

[77] Dazu *Dutta*, FamRZ 2013, 8.

[78] *Dutta*, FamRZ 2013, 8; anders *Leitzen*, ZEV 2013, 129 unter Bezugnahme auf die Auslegung von Art. 25 Abs. 2 EGBGB.

[79] Vgl. *Mansel*, in: Leible/Unberath, Rom 0-Verordnung, S. 276.

erbfolge" anordnet,[80] ist zweifelhaft. Auch spanisches Recht kennt die „*sustitución fideicomisaria*" (Art. 781 ff. CC)[81] und verlangt für die Wirksamkeit eines Testaments nicht die Verwendung der spanischen Sprache.

90 Die Rechtswahl muss sich **in einer Verfügung** also **irgendwie niedergeschlagen** haben. Eine reine Bezugnahme auf die „Umstände des Einzelfalles" genügt nicht für die Annahme einer Rechtswahl. Damit ist klar, dass nur in einem Testament mit materiellen Verfügungen eine **konkludente** Rechtswahl gesehen werden kann. Eine isolierte Rechtswahl dagegen kann nur durch ausdrückliche Erklärung in testamentarischer Form erfolgen.[82]

91 Da freilich die internationale Zuständigkeit nach der EU-ErbVO im Wesentlichen an dem gewöhnlichen Aufenthalt und nur ausnahmsweise an der Staatsangehörigkeit des Erblassers ausgerichtet ist, würde die Unterstellung einer Rechtswahl in den meisten Fällen dazu führen, dass das zuständige Gericht der Erbfolge statt der *lex fori* das ausländische Heimatrecht des Erblassers zugrunde legen müsste. Das mag einer voreiligen Unterstellung einer nicht ausdrücklich formulierten Rechtswahl in der Praxis entgegenwirken. Wer die Anwendung des Heimatrechts dennoch ausschließen will, kann dies vorsichtshalber durch Einfügung einer „**negativen Rechtswahl**" in sein Testament erreichen, indem er sich gegen eine entsprechende Unterstellung ausdrücklich ausspricht.

2. Weitere materielle Erfordernisse

92 Aus Art. 22 EU-ErbVO ergibt sich lediglich, dass eine Rechtswahl möglich ist und welche Rechtsordnungen zur Wahl stehen. Des Weiteren wird verlangt, dass die Rechtswahl ausdrücklich in Form einer Verfügung erfolgt oder sich aus den Bestimmungen einer solchen Verfügung ergibt, Art. 22 Abs. 2 EU-ErbVO. Für die materiellen Anforderungen an die wirksame Errichtung einer entsprechenden Verfügung (das erfasst dann zumindest die Voraussetzungen für das Zustandekommen und die Wirksamkeit, einschließlich der Rechtsfolgen von Willensmängeln)[83] wiederum verweist Art. 22 Abs. 3 EU-ErbVO auf das Recht, das durch die Erklärung gewählt wird (Rechtswahlstatut). Praktisch erfolgt das, indem zunächst zu unterstellen ist, dass die Rechtswahl wirksam ist (Vorgriff auf das gewählte Recht). Dogmatisch gesehen führt diese Regelung zu einem Zirkelschluss.[84]

93 Unter die materiellen Erfordernisse fallen im Wesentlichen die in Art. 26 EU-ErbVO enumerierten Umstände, vor allem die Testierfähigkeit, die Auswirkung von Irrtümern etc. Daher kann z.B. auch eine nach dem am gewöhnlichen Aufenthalt geltenden Erbrecht testierunfähige Person sich durch Wahl des Heimatrechts nicht nur die Testierfähigkeit herbeiwählen, sondern auch die Fähigkeit, eine entsprechende Rechtswahl vornehmen zu können.[85] Die Auslegung der Rechtswahlerklärung dürfte wohl zumindest insoweit, als sich aus der EU-ErbVO auch die Möglichkeit einer konkludenten Rechtswahl ergibt, nicht dem Rechtswahlstatut, sondern der EU-ErbVO zu entnehmen sein.

---

80 So *Leitzen*, ZEV 2013, 129.
81 Siehe Länderbericht Spanien (Rn 71).
82 Vgl. *Mansel*, in: Leible/Unberath, Rom 0-Verordnung, S. 276.
83 *Mansel*, in: Leible/Unberath, Rom 0-Verordnung, S. 273.
84 So *Ferrari*, in: Ferrari/Kieninger/Mankowski/Otte/Saenger/Schulze/Staudinger, Internationales Vertragsrecht, 2. Aufl. 2012, Art. 3 Rom I-VO Rn 8 zur Parallelregelung in Art. 3 Abs. 5 Rom I-VO.
85 *Mansel*, in: Leible/Unberath, Rom 0-Verordnung, S. 278; vgl. auch den Beispielsfall von *Bonomi/Öztürk*, in: Dutta/Herrler, EU-ErbVO, S. 55.

IV. Widerruf und Änderung der Rechtswahl

Die Änderung oder der Widerruf der Rechtswahl muss gem. Art. 22 Abs. 4 EU-ErbVO den **Formvorschriften** für die Änderung oder den Widerruf einer Verfügung von Todes wegen entsprechen. Insoweit wird für die Form also auf die entsprechende Regelung in Art. 2 des Haager Testamentsformübereinkommens bzw. auf Art. 27 Abs. 2 EU-ErbVO verwiesen. Danach wird der bunte Strauß der Anknüpfungen noch einmal erweitert. Es genügt nicht nur, dass die Verfügung nach aufgrund der aktuellen Verhältnisse bestimmten Rechtsordnungen formgültig ist. Darüber hinaus ist die Änderung oder der Widerruf der Rechtswahl hinsichtlich der Form auch dann gültig, wenn sie den Formerfordernissen einer der Rechtsordnungen entsprechen, nach denen die geänderte oder widerrufene Rechtswahl nach Art. 27 Abs. 1 EU-ErbVO bzw. nach Art. 1 Abs. 1 Haager Testamentsformübereinkommen gültig war. Freilich ist Vorsicht geboten: Das Formstatut der ursprünglichen Verfügung erstreckt sich hier nur auf den Widerruf bzw. die Modifikation, nicht aber auf in diesem Zusammenhang getroffene neue Verfügungen.

94

Für die **materiellen Voraussetzungen** für den Widerruf einer Rechtswahl enthält die EU-ErbVO keine Regelung. EG 40 S. 3 EU-ErbVO enthält allein den Hinweis, dass das gewählte Recht auch für die Rechtshandlung gelten soll, mit der die Rechtswahl geändert oder widerrufen wird. Dieser Hinweis ist freilich nur für den Widerruf eindeutig. Für die Änderung einer Rechtswahl hingegen bleibt es offen, ob hier das ursprünglich gewählte Recht (also das nunmehr abgewählte Recht) gelten soll, das Recht, das durch die Änderung der Rechtswahl zur Anwendung gelangen soll, oder gar beide.

95

Denkbar wären hier folgende Fälle:
1. Der Erblasser widerruft eine Rechtswahl. Das Erbstatut bestimmt sich dann danach, wo er zum Zeitpunkt des Todes seinen gewöhnlichen Aufenthalt haben wird.
2. Der Erblasser hat in der Zwischenzeit eine Staatsangehörigkeit gewechselt oder eine weitere Staatsangehörigkeit erworben. In diesem Fall kann er das neue Heimatrecht wählen. Der Sache nach handelt es sich um einen Widerruf der alten und die Vornahme einer neuen Rechtswahl.
3. Der Erblasser hatte schon bei Errichtung mehrere Staatsangehörigkeiten. Er entscheidet sich nachträglich für eine andere, als er damals gewählt hat. In diesem Fall muss er auch zum Zeitpunkt der Modifikation der Rechtswahl Angehöriger des Staates ein, dessen Recht er nun wählen will.

96

In **Fall 1** unterliegt nicht nur die ursprüngliche Ausübung der Wahl des Heimatrechts, sondern auch (quasi als *actus contrarius*) ihr Widerruf dem gewählten Heimatrecht.[86] Mit diesem ist der Erblasser aber nicht mehr unbedingt verbunden. Er könnte z.B. die Rechtswahl deswegen widerrufen, weil er die Zugehörigkeit zu dem Staat, dessen Recht er gewählt hatte, zwischenzeitlich verloren hat. Daher wäre m.E. zu überlegen, ggf. ersatzweise auf das am gewöhnlichen Aufenthalt des Erblassers zum Zeitpunkt des Widerrufs geltende Recht abzustellen (Art. 24 Abs. 1 EU-ErbVO entsprechend).

97

In **Fall 2 und 3** könnte man darauf abstellen, dass in der Änderung der Rechtswahl zugleich auch ein Widerruf der ursprünglich getroffenen Rechtswahl liegt (also Widerruf und Neuvornahme). Man müsst also sowohl das ursprünglich gewählte Recht (für den Widerruf der alten) und das neu gewählte Recht (für die Wirksamkeit der neuen Rechtswahl) anwenden.[87] Das erscheint freilich ein wenig gekünstelt. Probleme ergeben sich insbesondere, wenn eine

98

---

[86] Für dessen Geltung: *Solomon*, in: Dutta/Herrler, EU-ErbVO, S. 43.
[87] So *Leitzen*, ZEV 2013, 129.

der beiden Erklärungen unwirksam ist und z.B. nur der Widerruf wirksam ist (es gilt dann kraft objektver Anknüpfung das Aufenthaltsrecht) oder nur die neue Rechtswahl wirksam ist, so dass nun neue beide beider Rechtsordnungen zugleich anzuwenden wären. Insoweit könnte man für die Geltung ausschließlich des derogierten Rechts[88] oder des prorogierten Rechts[89] plädieren.

99 Für die Anwendung des prorogierten Rechts[90] spricht hier zunächst, dass im Fall einer Änderung der Rechtswahl aufgrund Wechsels der Staatsangehörigkeit der Erblasser möglicherweise mit dem ursprünglich gewählten Recht nicht mehr verbunden ist und gerade aus diesem Grunde die ursprüngliche Rechtswahl aus der Welt schaffen will. Es wäre unbillig, ihn nun noch an diesem Recht festzuhalten, sollte hiernach die neue Verfügung nicht wirksam sein. Hinzu tritt kommt, dass bei der Änderung der Rechtswahl (weniger also noch beim Widerruf) nicht das abgewählte, sondern das neu gewählte Recht im Vordergrund steht. Insoweit überzeugt daher die Auffassung, es gelte allein das neu gewählte Recht.

100 Von dieser Frage der Wirksamkeit des Widerrufs zu trennen ist aber die Frage, ob der Widerruf überhaupt möglich ist oder ob die ursprüngliche Rechtswahl **Bindungswirkung** entfaltet (**Widerruflichkeit der Rechtswahl**). Diese Frage soll nach wohl allgemeiner Ansicht nicht dem neu gewählten Recht unterliegen, sondern dem für die ursprüngliche Rechtswahl geltenden Recht. Es gilt also das durch die widerrufene Rechtswahl gewählte Recht.[91] Sieht dieses eine Bindungswirkung vor, so bleibt die ursprüngliche Rechtswahl bindend, auch wenn das neu gewählte Recht oder das am gewöhnlichen Aufenthalt des Erblassers geltende Recht eine Bindungswirkung nicht kennt.

101 Fraglich ist nun, ob eine Wahl deutschen Erbrechts nach deutschem Recht im Rahmen eines Erbvertrages oder gar im Rahmen eines gemeinschaftlichen Testaments mit vertraglicher Bindungswirkung getroffen werden kann. § 2278 Abs. 2 BGB bestimmte ursprünglich, dass andere Verfügungen als Erbeinsetzungen, Vermächtnisse und Auflagen vertragsmäßig nicht getroffen werden können. Die Rechtswahl blieb also nach deutschem Recht stets frei widerruflich. Die Wirksamkeit und Bindungswirkung eines Erbvertrages oder gemeinschaftlichen Testaments wurden dadurch nicht riskiert, denn der Widerruf nach Abschluss bzw. Errichtung lässt das auf die Zulässigkeit, Wirksamkeit und Bindungswirkung der Verfügung anwendbare Recht gem. Art. 24, 25 EU-ErbVO unberührt.

102 Freilich könnten die Wirkungen der vertragsmäßig getroffenen Verfügungen durch einen Widerruf der Rechtswahl erheblich beeinträchtigt werden. So könnten ggf. die Pflichtteilsberechtigten gegen den Vertragserben weitergehende Ansprüche geltend machen oder es könnten die vertragsmäßig getroffenen Verfügungen nach dem Erbstatut schwächere Wirkungen entfalten als nach dem gewählten Recht. Daher wurde in der Literatur für die Möglichkeit einer bindenden Rechtswahl plädiert.[92] § 2270 Abs. 3 BGB bestimmt nun, dass außer Erbeinsetzungen, Vermächtnissen und Auflagen auch die Wahl des anzuwendenden Erbrechts vertragsmäßig getroffen werden kann. § 2270 Abs. 1 BGB sieht sogar vor, dass eine Rechtswahl in einem gemeinschaftlichen Testament wechselbezüglich angeordnet werden kann. Offen und durch die Literatur und die gerichtliche Praxis zu klären sein wird dann freilich, wie die Wechselbezüglichkeit festzustellen ist. Das gilt insbesondere dann, wenn die Wechselbezüglichkeit nicht ausdrücklich angeordnet ist, denn anders als bei Erb-

---

[88] So *Nordmeier*, GPR 2013, 154.
[89] *Solomon*, in: Dutta/Herrler, EU-ErbVO, S. 43.
[90] *Döbereiner*, MittBayNot 2013, 363; *Köhler* in NK-Nachfolgerecht, Art. 22EU-ErbVO Rn 13.
[91] *Bonomi*, in: Bonomi/Wautelet, Art. 22 Rn 74; *Döbereiner*, DNotZ 2014, 332; *Leitzen*, ZEV 2013, 130.
[92] Z.B. *Döbereiner*, DNotZ 2014, 333 unter Bezugnahme auf Literatur, die nach der Einführung von Art. 25 Abs. 2 EGBGB erschienen war.

einsetzungen, Vermächtnissen und Auflagen lässt sich bei der Anordnung einer Rechtswahl noch nicht direkt und eindeutig feststellen, zu wessen Gunsten die Rechtswahl getroffen wurde. Insoweit stellt daher auch hier der Erbvertrag das bessere Gestaltungsmittel dar, lässt doch nur der Erbvertrag die Möglichkeit zu, die Rechtswahl unmittelbar mit Bindungswirkung zu versehen.

V. Form der Rechtswahl

Gemäß Art. 22 Abs. 2 EU-ErbVO muss die Rechtswahl „in einer Erklärung in Form einer Verfügung von Todes wegen erfolgen oder sich aus den Bestimmungen einer solchen Verfügung ergeben". Die Form einer Verfügung von Todes wegen wiederum ergibt sich aus dem gem. Art. 27 EU-ErbVO bestimmten Recht. Es gilt daher der umfangreiche Strauß der Rechtsordnungen, die das Haager Testamentsformübereinkommen von 1961 vorsieht[93] und aus dem sich der Testator eine ihm genehme Rechtsordnung herauspicken kann. Zwar taucht das „gewählte Recht" in dem Strauß dieser Rechtsordnungen nicht auf.[94] Art. 1 Abs. 1 S. 1 lit. b des Testamentsformübereinkommens bzw. Art. 27 Abs. 1 lit. b EU-ErbVO lassen es für die Formwirksamkeit der Verfügung aber genügen, wenn diese dem Recht „eines Staates entspricht, dem der Erblasser angehörte". Damit sind auch die Rechtsordnungen, die der Erblasser gem. Art. 22 Abs. 1 EU-ErbVO wählen kann, in den Strauß der Formstatute aufgenommen. Daher genügt in jedem Fall die Einhaltung der vom gewählten Recht vorgesehenen Form. Wegen der alternativen Anwendung der Rechte ist darüber hinaus aber selbstverständlich auch die Einhaltung eines der anderen Rechte, auch des abgewählten Rechts am gewöhnlichen Aufenthalt, oder des Rechts einer weiteren Staatsangehörigkeit, das nicht gewählt wurde, ausreichend.

103

VI. Weitergehende Rechtswahlmöglichkeiten

1. Rechtswahl hinsichtlich des Errichtungsstatuts

Nach der EU-ErbVO bezieht sich die Rechtswahl grundsätzlich auf das gesamte Vermögen des Erblassers (keine gegenständliche Nachlassspaltung) und auf sämtliche Fragen der Erbfolge (keine funktionelle Nachassspaltung). Eine Teilrechtswahl (*depeçage*) ist grundsätzlich unzulässig. Einzige Ausnahme in diesem Zusammenhang ist die Abspaltung des Errichtungsstatuts für Testamente und Erbverträge in Art. 24, 25 EU-ErbVO. Diese war bislang auch in einzelnen Rechten bekannt (Art. 26 Abs. 5 EGBGB, § 30 öst. IPRG, Art. 9.8 span. CC, Art. 95 schw. IPRG), stellt aber für die meisten Mitgliedstaaten eine Neuheit dar. Art. 26 EU-ErbVO erleichtert den Rechtsanwendern in diesen Ländern das Verständnis, indem hier der Umfang des Errichtungsstatuts veranschaulicht wird.

104

Die Ausübung einer Rechtswahl nach Art. 22 EU-ErbVO wirkt sich grundsätzlich auch auf das Errichtungsstatut aus. Wegen der Fixierung auf den Zeitpunkt der Errichtung des Testaments bzw. des Erbvertrages in Art. 24, 25 EU-ErbVO wird freilich die Rechtswahl nur dann berücksichtigt, wenn sie schon vor Errichtung der Verfügung oder aber in der betroffenen Verfügung getroffen wurde. In diesem Fall ist die Geltung des gewählten Rechts für die Bestimmung des Errichtungsstatuts zwingend. Der Erblasser kann nach Wahl des Heimatrechts für die Erbfolge die Wirksamkeit der Verfügung also nicht abspalten und dem an seinem gewöhnlichen Aufenthalt geltenden Recht unterstellen.

105

---

93 Dazu ausf. § 4 Rn 12 ff..
94 So der Hinweis von *Leitzen*, ZEV 2013, 129.

106 Daneben kann aber eine auf das Errichtungsstatut funktionell beschränkte Wahl des Heimatrechts erfolgen, Art. 24 Abs. 2, Art. 25 Abs. 3 EU-ErbVO. Vertragsmäßige Verfügungen können in einem mehrseitig verfügenden Erbvertrag sogar dem Recht eines Staates unterstellt werden, dem ausschließlich eine der Vertragsparteien angehört, zu dem also die anderen Verfügenden keine Verbindung besitzen.[95]

107 Daraus ergeben sich interessante Gestaltungsmöglichkeiten:

Beispiel: Eine deutsche Ehefrau lebt mit einem niederländischen Ehemann in Amsterdam. Die beiden möchten sich gerne gegenseitige bindend zu Erben einsetzen und die Kinder des Ehemannes aus erster Ehe möglichst weit außen vor halten. Das niederländische Recht kennt keinen Erbvertrag, sieht aber vor, dass der überlebende Ehegatte den gesamten Nachlass übernehmen kann und die Kinder des Erblassers erst nach dessen Tod zum Zuge kommen. Das deutsche Recht kennt den Erbvertrag, gewährt den Kindern aber sofort fällige Pflichtteilsansprüche. Keine der beiden Rechtsordnungen gewährt den Eheleuten also beide Wünsche.

Lösung: Die Eheleute vereinbaren die Geltung des deutschen Heimatrechts der Ehefrau gem. Art. 25 Abs. 3 EU-ErbVO ausschließlich für die Wirksamkeit und Bindungswirkung des Erbvertrages und belassen es für die Erbfolge im Übrigen, also die Wirkungen des Erbvertrages einschließlich der Pflichtteile der Kinder, bei dem gem. Art. 21 EU-ErbVO anwendbaren niederländischen Recht.

108 **Abwandlung 1:** Leben die Eheleute in Deutschland, so muss der Ehemann für die Erbfolge gem. Art. 22 EU-ErbVO sein niederländisches Recht und für die Wirksamkeit des Erbvertrages gem. Art. 25 Abs. 3 EU-ErbVO das deutsche Recht wählen.

Abwandlung 2: Verfügen niederländische Eheleute mit gewöhnlichem Aufenthalt in Deutschland erbvertraglich und wählt der Ehemann in derselben Urkunde für die Erbfolge das niederländische Heimatrecht, so dürfte der Erbvertrag wegen der Geltung des niederländischen Rechts auf seiner Seite gem. Art. 25 Abs. 2 EU-ErbVO – da die nach Art. 22 EU-ErbVO getroffene Rechtswahl gem. Art. 25 Abs. 1 EU-ErbVO auch das Errichtungsstatut erfasst – nach dem niederländischen Recht insgesamt nichtig sein. Er könnte die Rechtswahl aber nach Abschluss des Erbvertrages in einer zeitlich späteren Verfügung vornehmen. Das auf die Wirksamkeit des Erbvertrages anwendbare Recht wird durch die zeitliche Fixierung auf seinen Abschluss durch die spätere Rechtswahl nicht mehr tangiert.

2. Rechtswahl nach ausländischem IPR

109 **Beispiel:** Ein koreanischer Staatsangehöriger arbeitet derzeit als Ingenieur bei einem Industrieunternehmen in München. Derzeit hat er Wohnsitz und gewöhnlichen Aufenthalt in Deutschland. Er möchte gerne ein Testament errichten, mit dem er seine zweite Ehefrau zur Alleinerbin einsetzt und die gemeinsamen Kinder zu Schlussberechtigten bestimmt. Beider Kinder aus erster Ehe sollen weitestmöglich ausgeschlossen werden. Der beurkundende Notar weist darauf hin, dass nach aktuellen Umständen deutsches Recht gelte, welches hier die Vor- und Nacherbfolge zur Verfügung stelle. Würde aber der Erblasser vor seinem Tode nach Korea zurückkehren, so entfiele die Anwendbarkeit deutschen Rechts. Es käme koreanisches ZGB zur Anwendung, wonach die Nacherbfolge nicht möglich sei.

110 Die Einführung einer kollisionsrechtlichen Rechtswahl liegt auch im Erbrecht im Trend. Dabei stellt die enge Beschränkung auf die Wahl des Heimatrechts, wie sie in Art. 22

---

95 Das führt zum „Export des Erbvertrages" (siehe § 4 Rn 38).

EU-ErbVO enthalten ist, aber wiederum die Ausnahme dar. Regelmäßig lässt sich durch Rechtswahl auch die Geltung des aktuellen Aufenthaltsrechts fixieren. So bestimmt z.B. Art. 49 des koreanischen IPR vom 7.4.2001, dass die Erbfolge dem Heimatrecht des Erblassers unterliegt.[96] Dieser kann aber durch Rechtswahl die Geltung des Rechts des Staates anordnen, in dem er zum Zeitpunkt der Ausübung der Rechtswahl seinen gewöhnlichen Aufenthalt hat.

Im **Beispielsfall** würde die materielle Wirksamkeit des in München beurkundeten Testaments dem aktuellen Aufenthaltsrecht unterliegen, Art. 24 Abs. 1 EU-ErbVO (Errichtungsstatut). Dagegen käme für die Erbfolge, insbesondere auch die Wirkungen des Testaments, gem. Art. 21 Abs. 1 EU-ErbVO das Recht des Staates zur Anwendung, in dem der Erblasser zum Zeitpunkt seines Todes seinen gewöhnlichen Aufenthalt haben wird. Bei Rückkehr nach Korea wäre das das koreanische Recht, welches keine Nacherbfolge kennt.

111

Vorrangig vor den Regeln des ausländischen materiellen Rechts sind die Regeln des koreanischen IPR anzuwenden. Gemäß Art. 34 Abs. 1 lit. a EU-ErbVO wäre eine Rückverweisung auf das deutsche Recht zu beachten. Dabei kann sich eine Rückverweisung nicht allein aus den Regeln über die objektive Anknüpfung des Erbstatuts im ausländischen IPR ergeben. In gleicher Weise wäre auch ein Renvoi zu befolgen, der Folge erweiterter Rechtswahlmöglichkeiten ist. Damit würde sich für das bewegliche Vermögen eine Verweisung auf das gewählte Recht am gewöhnlichen Aufenthalt zum Zeitpunkt der Errichtung des Testaments – also das deutsche Recht – ergeben.

112

Beachte aber in diesem Zusammenhang, dass sich diese Rechtswahlmöglichkeiten ausschließlich aus dem gem. Art. 21 Abs. 1 EU-ErbVO objektiv bestimmten Recht ergeben können. Beruht die Verweisung auf das ausländische Erbrecht auf einer „engeren Verbindung" i.S.v. Art. 21 Abs. 2 EU-ErbVO oder einer Rechtswahl gem. Art. 22 EU-ErbVO, so bleibt das ausländische (rechtswahlfreundliche) IPR gem. Art. 34 Abs. 2 EU-ErbVO unberücksichtigt.

113

3. Rechtswahl nach Übergangsrecht

Gemäß Art. 83 Abs. 2 EU-ErbVO ist eine auf die Rechtsnachfolge von Todes wegen bezogene Rechtswahl, die vor dem Anwendungsstichtag für die EU-ErbVO (17.8.2015) getroffen wurde, für eine nach dem Anwendungsstichtag eingetretene Erbfolge nicht nur dann wirksam, wenn sie die Voraussetzungen des Kapitels III der EU-ErbVO erfüllt (**antizipierte Rechtswahl**). Sie ist auch dann wirksam, wenn sie nach den zum Zeitpunkt der Rechtswahl geltenden Vorschriften des Internationalen Privatrechts in dem Staat, in dem der Erblasser seinen gewöhnlichen Aufenthalt hatte, oder in einem Staat, dessen Staatsangehörigkeit er besaß, wirksam ist. Das betrifft vor allem die Möglichkeiten, das am gewöhnlichen Aufenthalt geltende Recht zu wählen, wie dies z.B. bis zur Anwendbarkeit der EU-ErbVO das IPR in Finnland, in den Niederlanden, Tschechien und in Polen zuließ.[97] Eine Rechtswahl genießt also nach dem Anwendungsstichtag weiterhin „**Bestandsschutz**", wenn sie nach dem IPR eines Staates zulässig war, mit dem der Erblasser durch Staatsangehörigkeit oder gewöhnlichen Aufenthalt verbunden war.

114

Unklar ist dabei, zu welchem **Zeitpunkt** die **Verbindung** bestanden haben muss. Der Todeszeitpunkt scheidet hier aus, denn zu diesem Tag galten die durch die EU-ErbVO ersetzten Rechtswahlmöglichkeiten des nationalen Rechts nicht mehr. Dem Charakter der

115

---

96 Weitere Beispiele unter Rn 114.
97 Ausführliche Übersicht bei *Heinig*, RNotZ 2014, 281.

Übergangsvorschrift würde es am ehesten entsprechen, auf die Umstände bei Inkrafttreten der EU-ErbVO abzustellen. Was damals wirksam war, soll durch das Inkrafttreten der EU-ErbVO nicht wieder vernichtet werden. Man könnte auch an den Zeitpunkt der Vornahme der Rechtswahl denken:

116 **Beispiel:** Ein deutscher Ingenieur wird 2002 für einige Jahre zur Tätigkeit in einem Atomkraftwerk in Finnland abgeordnet. Er heiratet dort und errichtet mit seiner Ehefrau ein Testament, in dem beide finnisches Erbrecht wählten. Im Sommer 2014 ist seine Abordnung beendet und er kehrt nach Deutschland zurück. Hier stirbt er im Jahre 2020.

117 Die Rechtswahl war nach dem finnischen Erbkollisionsrecht zulässig. Der Erblasser hatte im **Beispielsfall** bei Vornahme auch einen gewöhnlichen Aufenthalt in Finnland. Später ist die Rechtswahl aber dadurch ineffektiv geworden, dass er Finnland endgültig verließ und wieder in Deutschland lebte. In Deutschland war die Geltung des deutschen Heimatrechts zwingend, so dass die Rechtswahl bis zum 17.8.2015 unbeachtlich war. Hier ist es zweifelhaft, ob ihr mittels rückwirkender Bezugnahme auf den Vornahmezeitpunkt der Rechtswahl quasi wieder zur Auferstehung verholfen werden sollte. Auf Seiten der Ehefrau hingegen war bis zum Anwendungsstichtag durch die finnische Staatsangehörigkeit weiterhin ein Art. 83 Abs. 2 EU-ErbVO genügender Bezug zum finnischen Kollisionsrecht verwirklicht, so dass hier die kontinuierliche Wirksamkeit gewahrt würde.

4. Fiktion einer Rechtswahl gem. Art. 83 Abs. 4 EU-ErbVO

118 Eine besondere Vertrauensschutzregelung enthält Art. 83 Abs. 4 EU-ErbVO: Wurde eine Verfügung von Todes wegen vor dem Anwendungsstichtag für die EU-ErbVO nach dem Recht errichtet, welches der Erblasser „gemäß dieser Verordnung hätte wählen können", so gilt dieses Recht als das auf die Rechtsfolge von Todes wegen anzuwendende gewählte Recht. Während sich Art. 83 Abs. 3 EU-ErbVO um das Errichtungsstatut für Verfügungen von Todes wegen kümmert, betrifft Art. 83 Abs. 4 EU-ErbVO das effektive Erbstatut. Diese Regelung unterstellt eine Rechtswahl ohne Rücksicht darauf, ob sich der Erblasser über die Frage des anwendbaren Rechts Gedanken gemacht hat. Daher handelt es sich um keine stillschweigende Rechtswahl, sondern um eine „**Fiktion**".[98]

119 **Beispiel:** Ein in der Toskana lebender Rentner errichtet 1996 mit seiner Ehefrau ein gemeinschaftliches Testament. Die Tochter der beiden ist behindert, lebt in Deutschland in einer entsprechenden Einrichtung und erhält Sozialhilfe. Das gemeinschaftliche Testament der beiden ordnet daher Nacherbfolge und Testamentsvollstreckung nach dem Muster des „Behindertentestaments" an. Testamentsvollstrecker und Nacherbe soll der in Göttingen lebende Sohn der Eheleute werden. Der Ehemann ist 2001 verstorben. Die Ehefrau stirbt am 1.10.2015.

120 Für die materielle Wirksamkeit des gemeinschaftlichen Testaments kann über Art. 83 Abs. 3 EU-ErbVO statt des gem. Art. 24 Abs. 1 EU-ErbVO geltenden italienischen Rechts (gewöhnlicher Aufenthalt der Eheleute bei Errichtung) auch das sich aus dem damaligen gemeinsamen Heimatrecht-IPR (Art. 25 Abs. 1 EGBGB) geltende deutsche Erbrecht angewandt werden. Die Wirkungen des Testaments auf die Erbfolge nach dem Tod der Ehefrau freilich unterliegen gem. Art. 83 Abs. 1, Art. 21 Abs. 1 EU-ErbVO dem italienischen Erbrecht, sollte diese auch noch zum Zeitpunkt ihres Todes ihren gewöhnlichen Aufenthalt in Italien beibehalten haben.

---

98 So z.B. *Köhler* in NK-Nachfolgerecht, Art. 84 EU-ErbVO Rn 5.

Das italienische Recht kennt ebenfalls die „Testamentsvollstreckung" und die Vor- und Nacherbfolge (*sostituzione fedecomissaria*). Der Testamentsvollstrecker kann aber nicht über den Nachlass verfügen. Nacherbschaft kann nur in Spezialfällen angeordnet werden. Die von den Eheleuten getroffenen Anordnungen würden bei Geltung italienischen Erbrechts daher voraussichtlich nicht den Nachlass in der beabsichtigten Weise dem Zugriff des deutschen Sozialhilfeträgers entziehen. Angesichts dieser Situation kann die Verfügung also wohl nur nach dem deutschen Recht errichtet worden sein. Dieses Recht konnte die überlebende Ehefrau auch gem. Art. 22 Abs. 1 EU-ErbVO wählen. Damit unterliegt die Erbfolge nach ihrem Tode dem deutschen Recht.

121

Die Fiktion greift unabhängig davon ein, ob nach den Umständen bei Errichtung des Testaments das wählbare Heimatrecht überhaupt gegolten hätte. Haben also die Eheleute damals nicht in der Toskana, sondern in den französischen Pyrenäen gelebt, so wäre auf die Erbfolge nach der Ehefrau das deutsche Heimatrecht anwendbar, auch wenn sowohl nach dem zum Zeitpunkt der Errichtung dort geltenden IPR als auch nach dem zum Zeitpunkt des Todes geltenden europäischen IPR französisches Erbrecht gelten würde (!).

122

5. Sonderprobleme mit Art. 25 Abs. 2 EGBGB

Beispiel: In Deutschland lebende kroatische Eheleute haben im Jahre 2008 einen Erbvertrag beurkunden lassen. Da das kroatische Erbrecht den Erbvertrag nicht kennt, hat der beurkundende Notar für die in Duisburg belegene Wohnimmobilie – den bedeutendsten Vermögensgegenstand – eine Rechtswahlklausel zum deutschen Recht aufgenommen (Art. 25 Abs. 2 EGBGB) und die vertragsmäßig bindende gegenseitige Erbeinsetzung hierauf beschränkt.

123

Da die Eheleute (zum 17.8.2015 bzw. bei Abschluss des Erbvertrages) ihren gewöhnlichen Aufenthalt in Deutschland hatten, bleibt diese Rechtswahl auch dann wirksam, wenn die Eheleute vor ihrem Tod wieder nach Kroatien zurückkehren sollten. Die – aufgrund der Geltung kroatischen Rechts gem. Art. 21 EU-ErbVO für den übrigen Nachlass eintretende – Nachlassspaltung ließe eine derartige Begrenzung der Erbeinsetzung, da sie den gesamten, dem deutschen Recht unterliegenden Spaltnachlass erfasste, zu.

124

Hat der Erblasser aber seinen gewöhnlichen Aufenthalt in Deutschland, so unterliegt über Art. 21 EU-ErbVO künftig die Erbfolge des gesamten Nachlasses dem deutschen Recht. Die auf Art. 25 Abs. 2 EGBGB gestützte Rechtswahl ginge also „ins Leere". Damit wird die Nachlassspaltung, auf die sich die gegenständlich beschränkte Erbeinsetzung stützt, hinfällig. Im Rahmen der Nachlassabwicklung stellt sich dann die Frage, wie mit dieser verunglückten Gestaltung zu verfahren ist.

125

Denkbar wären z.B. folgende Varianten:
– Eine auf das Grundstück bezogene Vermächtniszuwendung vor dem Hintergrund der gesetzlichen Erbfolge im Übrigen (Vorausvermächtnis zugunsten des überlebenden Ehegatten).
– Eine quotale Erbeinsetzung der Ehefrau und der Kinder, auf Seiten des überlebenden Ehegatten unter Berücksichtigung der Werte des Grundstücks und der nach kroatischem Erbrecht berechneten Erbquote für den übrigen Nachlass.
– Handelt es sich bei der Immobilie um den wesentlichen Wertgegenstand des Vermögens, mag es angemessen sein, eine Alleinerbeinsetzung auf den gesamten Nachlass zu unterstellen. Hierfür mag man die Auslegungsregel in § 2087 BGB heranziehen. Aus der ausdrücklichen Beschränkung auf den inländischen Nachlass ergibt sich m.E. regelmäßig kein Hindernis für eine entsprechende Auslegung, denn diese war nicht dadurch bedingt, dass die Eheleute im Übrigen den Nachlass den Kindern zuwenden wollten, sondern

126

dadurch, dass ihnen erklärt wurde, bzgl. des beweglichen Nachlasses sei eine vertragsmäßige Verfügung nicht möglich.
– Die Kontinuität der Nachlassspaltung wäre gesichert, wenn man über Art. 84 Abs. 4, Art. 22 EU-ErbVO zu einer Wahl des Heimatrechts für den übrigen Nachlass käme. Eine derartige simultane Kumulation von Rechtswahlmöglichkeiten nach neuem und altem Recht erscheint zwar ein wenig gekünstelt. Freilich ist die Verknüpfung von alter und neuer Rechtslage gerade Aufgabe des Art. 84 Abs. 4 EU-ErbVO. Dogmatische Bedenken gegen die eigenwillige Kombination einer spaltenden Rechtswahl mit dem auf die Nachlasseinheit bedachten Art. 22 EU-ErbVO verblassen, wenn man den Übergangscharakter der Fälle bedenkt und auf Art. 83 Abs. 2 EU-ErbVO Rücksicht nimmt, der einer spaltenden Rechtswahl über den Anwendungsstichtag des 17.8.2015 hinaus zur Wirksamkeit verhelfen soll.

127 **Praxishinweis:** Jedenfalls ist voraussehbar, dass diese Fälle künftig Probleme bereiten werden. Um Streit über die Auslegung zu vermeiden, sollte daher eine Überprüfung der alten Verfügungen durchgeführt werden und ggf. eine Klarstellung erfolgen.

128 Im deutschen Recht sind die Rechtswahlmöglichkeiten in Art. 25 Abs. 2 EGBGB auf die Wahl deutschen Rechts beschränkt – und damit deutschen Staatsangehörigen, für die das deutsche Recht ohnehin gilt, grundsätzlich versperrt. Freilich wird sich insoweit mit dem Anwendungsstichtag für die EU-ErbVO insoweit eine Änderung ergeben, als sich die Erbfolge danach bei einem deutschen Erblasser mit gewöhnlichem Aufenthalt im Ausland anhand seines ausländischen Aufenthaltsortes bestimmen wird, Art. 21 EU-ErbVO. Eine noch vor dem Anwendungsstichtag getroffene Rechtswahl bleibt aber gem. Art. 83 Abs. 2 EU-ErbVO weiterhin wirksam, wenn sie nach den zum Zeitpunkt der Rechtswahl geltenden Vorschriften des Internationalen Privatrechts in einem Staat, dessen Staatsangehörigkeit der Erblasser besaß, wirksam ist. Eine gem. Art. 25 Abs. 2 EGBGB auf ein in Deutschland belegenes Grundstück beschränkte Wahl deutschen Erbrechts durch einen deutschen Erblasser würde also dazu führen, dass dieser nach seinem Tode hinsichtlich seines übrigen Vermögens nach dem ausländischen Aufenthaltsrecht, hinsichtlich der Immobilie aber nach deutschem Recht beerbt werden wird. Auf diese Weise könnte er also eine Nachlassspaltung herbeiführen und sich somit z.B. weitere Gestaltungsmöglichkeiten erschließen oder aber Probleme vermeiden, die sich aus der Anwendung ausländischen Rechts im deutschen Grundbuchverfahren ergeben (gesetzlicher Nießbrauch des überlebenden Ehegatten am Nachlass, Vindikationslegate etc.).

E. Unteranknüpfung bei Staaten mit gespaltenem Rechtssystem

Literatur

Eichel, Interlokale und interpersonale Anknüpfungen, in: Leible/Unberath, Brauchen wir eine Rom 0-Verordnung?, 2013, S. 397 ff.; *Steinmetz/Löber/Garcia Alcázar*, Die EU-ErbVO und ihre Anwendbarkeit im Mehrrechtsstaat Spanien, ZEV 2013, 535.

I. Problematik

129 In einigen Staaten gilt kein einheitliches Recht auf dem Gebiet des Erb- und Familienrechts, sondern es gibt mehrere parallele Rechtsordnungen nebeneinander.

130 So kann es eine **interterritoriale Rechtsspaltung** geben, bei der in einzelnen Gebieten dieses Staates unterschiedliches Recht gilt. In Europa ist das z.B. im Vereinigten Königreich

(England und Wales, Schottland, Nordirland) und in Spanien (autonomes Recht in Aragon, Katalonien, Navarra, Galizien, im Baskenland und auf den Balearen sowie „gemeinspanisches Recht" in den übrigen Landesteilen) der Fall. Außereuropäische Beispiele für eine interlokale Rechtsspaltung sind die USA, Kanada, Australien, Mexiko und China.

Personenbezogene (interpersonale) Rechtsspaltungen ergeben sich in Form der **interreligiösen** Rechtsspaltung vor allem in den islamisch geprägten Staaten Nordafrikas und des Nahen Ostens bis hin nach Malaysia, Pakistan und auch in Indien. Schließlich gibt es Staaten, in denen nach ethnischer Herkunft differenziert wird (**intergentile** Rechtsspaltung), wie z.B. Indonesien, Nigeria und Sri Lanka. Zur intergentilen Rechtsspaltung wird man wohl auch die Abgrenzung zwischen importiertem englischem oder niederländischem Recht und dem traditionellen „Stammesrecht" in einigen asiatischen und afrikanischen Staaten zählen müssen (z.B. Indonesien und Nigeria, wo die Einwohner für das westliche Recht optieren können).

131

Beispiel: Ein Deutscher verstirbt mit letztem Lebensmittelpunkt auf Mallorca.

132

Im **Beispielsfall** hatte der Erblasser seinen letzten gewöhnlichen Aufenthalt in Spanien, genauer gesagt auf den Balearen, wo im Erbrecht ein Sonderstatut gilt. Es stellt sich nun die Frage, ob hier „spanisches Recht" anzuwenden ist oder ob mit der Anknüpfung an den gewöhnlichen Aufenthalt in einer bestimmten Gebietseinheit unmittelbar auf das Recht dieser territorialen Untereinheit zugegriffen werden kann. So wird z.B. im deutschen IPR eine Verweisung auf das Recht „des Staates, in dem" eine Person „ihren gewöhnlichen Aufenthalt hat" (bspw. Art. 14 Abs. 1 Nr. 2, Art. 15 Abs. 2 Nr. 2, Art. 19 EGBGB) dahingehend ausgelegt, dass hier unmittelbar auf die Partikularordnung zugegriffen werden kann.[99]

133

Art. 21 EU-ErbVO bestimmt nicht, dass das Recht des *Ortes* anzuwenden ist, an dem der Erblasser zum Zeitpunkt seines Todes seinen gewöhnlichen Aufenthalt hatte, sondern es gilt das Recht des entsprechenden **Staates**, mithin spanisches Recht. Hier genügt die Verweisung auf das Recht des Aufenthaltsstaates noch nicht, die einschlägigen Normen zu bestimmen.[100] Mithin ist eine Unteranknüpfung vorzunehmen. Diese ist in der EU-ErbVO in den Art. 36 ff. geregelt. Dabei enthält Art. 37 EU-ErbVO eine Regelung für die Unteranknüpfung bei interpersonaler Rechtsspaltung, die Regelung für die Verweisung auf das Recht eines Staates mit interlokaler Rechtsspaltung befindet sich in Art. 36 EU-ErbVO.

134

II. Vorgehensweise bei interlokaler Rechtsspaltung mit einheitlichem interlokalem Privatrecht

Art. 36 Abs. 1 EU-ErbVO bestimmt, dass vorrangig auf ein einheitliches interlokales Kollisionsrecht des Staates, auf dessen Recht verwiesen wurde, abzustellen ist. Staaten mit einem entsprechenden einheitlichen interlokalen Kollisionsrecht sind selten. Ein solches gab es im früheren Jugoslawien, und gibt es heute immer noch z.B. in Spanien. Bei Verweisung auf das spanische Recht ist also die in Art. 14 des spanischen *Código civil* vorgesehene Anknüpfung an die *vecindad civil* zu befolgen. Es wäre also nach den Regeln des spanisches Rechts die *vecindad civil* zu ermitteln und dann auf dieser Basis die einschlägige Teilrechtsordnung – also eine bestimmte autonome oder die gemeinspanische Regelung – anzuwenden.

135

---

99 MüKo-BGB/*Sonnenberger*, 5. Aufl. 2010, Art. 4 EGBGB.
100 Unproblematisch wäre bei interlokaler Rechtsspaltung freilich eine Verweisung auf das Ortsrecht oder den gewöhnlichen Aufenthalt, da diese Verweisung die einschlägige Teilrechtsordnung unmittelbar bezeichnet.

136 Besonderheit des spanischen Rechts ist es nun, das eine *vecindad civil* ausschließlich spanischen Staatsangehörigen zustehen kann. Diese erwerben die *vecindad civil* bei Geburt durch Abstammung von den Eltern oder bei Einbürgerung durch entsprechende Option und können sie später durch dauernden Aufenthalt in einem anderen Gebiet bzw. durch Erklärung gegenüber der zuständigen Behörde ändern.

137 Da ein in Spanien lebender Ausländer auch bei noch so langem Aufenthalt in einem Gebiet mit autonomer Zivilrechtsordnung keine *vecindad civil* erwirbt, unterliegt dieser also nach spanischem interlokalen Privatrecht zwingend dem gemeinspanischen Recht, also den erbrechtlichen Regeln des *código civil*.

138 Im **Beispielsfall** (Rn 132) würde der in Mallorca verstorbene deutsche Erblasser also nach den Regeln des gemeinspanischen *código civil* beerbt.

139 Wie nicht anders zu erwarten, ist diese Lösung, die auf einer subsidiären Geltung des nationalen *código civil* beruht, in Spanien umstritten. Vor allem die Rechtsgelehrten aus den autonomen Gebieten vertreten hier die Auffassung, für in Spanien lebende Ausländer ergebe sich aus dem interlokalen Regelungssystem mangels *vecindad civil* keine Lösung. Es sei daher auf Art. 36 Abs. 2 EU-ErbVO zurückzugreifen.[101]

III. Interlokale Rechtsspaltung in Staaten ohne einheitliches interlokales Privatrecht

140 In den meisten Staaten mit interlokaler Rechtsspaltung ist dagegen auch das interlokale Kollisionsrecht gespalten. Art. 4 Abs. 3 S. 2 EGBGB sieht hier vor, dass die Teilrechtsordnung anzuwenden ist, mit der der Sachverhalt **am engsten verbunden** ist. In der Rechtspraxis wird die deutsche internationale Verweisungsnorm quasi in den interlokalen Bereich „hineinverlängert".

141 Art. 36 Abs. 2 EU-ErbVO sieht in diesem Fall ebenfalls ein interlokales Ersatz-Kollisionsrecht vor. Dieses verfährt aber differenzierter:

1. Anknüpfung an den gewöhnlichen Aufenthalt

142 Gemäß Art. 36 Abs. 2 lit. a EU-ErbVO gilt jede Verweisung aufgrund Anknüpfung an den gewöhnlichen Aufenthalt des Erblassers als Bezugnahme auf das Recht der Gebietseinheit, in der der Erblasser im Zeitpunkt seines Todes seinen gewöhnlichen Aufenthalt hatte. Konkret bedeutet dies, dass bei einer Verweisung aufgrund von Art. 21 EU-ErbVO (sei es unmittelbar, sei es aufgrund einer Verweisung in Art. 24, 25 EU-ErbVO etc.) der gewöhnliche Aufenthalt des Erblassers nicht nur in Bezug auf einen bestimmten Staat zu bestimmen ist, sondern dieser auch innerhalb des bestimmten Staates auf eine bestimmte Gebietseinheit einzugrenzen ist.

143 Im **Beispielsfall** (Rn 132) mag dies einfach sein, hatte doch der Erblasser in Spanien seinen gewöhnlichen Aufenthalt stets nur auf den Balearen und dort immer nur auf der Insel Mallorca. Ob er freilich auch mit den Besonderheiten des *local law* vertraut war oder sich ausschließlich an der gemeinspanischen Regelung orientierte, welche Ausländern erheblich leichter zugänglich ist, ist fraglich.

144 Ist der Erblasser innerhalb des betreffenden Staates häufig umgezogen, wirft die Bestimmung eines „gewöhnlichen Aufenthalts" in einem bestimmten Teilrechtsgebiet freilich tat-

---

[101] Ausf. *Steinmetz/Löber/Garcia Alcazar*, ZEV 2013, 535 und im Länderbericht Spanien Rn 50; *Lamarca Marquès*, Länderbericht Katalonien Rn 8.

sächliche Probleme auf. Hier wird man wohl ersatzweise dann auf eine „engste Verbindung" abstellen müssen.

2. Anknüpfung an die Staatsangehörigkeit

Beispiel: Ein aus Los Angeles stammender US-Amerikaner, der zuletzt mit seiner Ehefrau in New York wohnte und nach der Trennung von ihr nun mit seiner Freundin in Düsseldorf wohnt, möchte für seine Erbfolge gerne kalifornisches Erbrecht wählen. Dieses sieht – anders als das in New York geltende Recht – für die Witwe keine zwingenden Rechte vor, so dass die Erbeinsetzung seiner Lebensgefährtin nicht beeinträchtigt werde.

Eine Verweisung aufgrund Anknüpfung an die Staatsangehörigkeit des Erblassers gilt gem. Art. 36 Abs. 2 lit. b EU-ErbVO als Bezugnahme auf das Recht der Gebietseinheit, zu der der Erblasser die engste Verbindung hatte. Diese Regelung betrifft effektiv aufgrund Anknüpfung an die Staatsangehörigkeit in der EU-ErbVO ausschließlich die Fälle der Rechtswahl (Art. 22, Art. 24 Abs. 2, Art. 25 Abs. 3 EU-ErbVO).

Damit kann in dem Fall, dass der Heimatstaat keine einheitliche Regelung hinsichtlich des interlokalen Privatrechts kennt, der Testator nur das Recht des Gesamtstaates wählen, er kann aber nicht unmittelbar eine ihm vertraute oder günstig erscheinende Teilrechtsordnung aussuchen. Vorbehaltlich eines einheitlichen interlokalen Kollisionsrechtssystems in diesem Staat (vgl. Art. 36 Abs. 1 EU-ErbVO) wird dann also die maßgebliche Teilrechtsordnung zwingend nach dem „objektiven Maßstab" in Art. 36 Abs. 2 lit. b EU-ErbVO bestimmt.

Für den **Beispielsfall** ergibt sich daraus, dass der Kalifornier in seinem Testament ausschließlich die Geltung des US-Rechts anordnen kann. Bestimmt er dennoch die Geltung des Rechts eines bestimmten Einzelstaates, so ist diese Anordnung unzulässig und man könnte sich allenfalls überlegen, ob eine Umdeutung in die Wahl des Rechts des Gesamtstaates in Betracht kommt. Ob dann das vom Erblasser gewünschte kalifornische oder das mutmaßlich von der Ehefrau präferierte Recht von New York gilt, entscheidet der zuständige deutsche (Art. 4 EU-ErbVO) Richter anhand seiner Vorstellungen von der engsten Verbindung. Kommt es dann zur Geltung des Erbrechts von New York, so wäre genauer zu ermitteln, ob der Erblasser auch für diesen Fall die Geltung des US-Rechts gewollt hätte oder ob aus diesem Grunde die Umdeutung ausscheidet.

Eine besondere Rechtsunsicherheit ergibt sich nun daraus, dass Art. 36 Abs. 2 lit. b EU-ErbVO nicht konkretisiert, ob die **engste Verbindung** zum **Zeitpunkt des Todes** oder **zum Zeitpunkt der Rechtswahl** entscheidet.

So würde sich im **Beispielsfall** vermutlich die Verbindung nach New York mit der Zeit abschwächen und die Verbindung nach Kalifornien verstärken, wenn der Erblasser z.B. in Los Angeles Familienangehörige hätte, die er regelmäßig besucht, in New York aber außer seiner Ehefrau niemand mehr wohnt. Die Rechtswahl würde aber als Gestaltungsmittel erheblich an Bedeutung verlieren. Zieht der Erblasser z.B. später nach Texas und stirbt dort, so würde eine enge Beziehung wohl nur noch zum texanischen Recht führen, welches er bei Errichtung der Verfügung möglicherweise gar nicht in Betracht gezogen hatte.

IV. Behandlung des Renvoi bei interlokaler Rechtsspaltung

Beispiel: Der Erblasser war Professor an einer Hochschule in Berlin. Aufgrund eines universitären Kooperationsprogramms ist er für zunächst zehn Jahre an eine Partnerhochschule nach Glasgow gegangen. Noch bevor sein Engagement verlängert wurde, verstarb er plötzlich. Er hinterlässt ein Grundstück in Spandau, eine Eigentumswohnung in London und ein Haus in Glasgow sowie Bankguthaben in London und Frankfurt.

152 Auch bei Verweisung auf das Recht eines Staates ohne einheitliches Zivilrecht ist das dort geltende internationale Erbrecht gem. Art. 34 Abs. 1 EU-ErbVO anzuwenden und auf eine Rück- oder Weiterverweisung zu prüfen. Dabei ist wie folgt vorzugehen:

153 Zunächst ist zu prüfen, ob ein **national einheitliches IPR** existiert. In diesem Fall ist noch vor Anwendung des interlokalen Privatrechts zu prüfen, ob der ausländische Staat die Verweisung überhaupt annimmt. Spricht das nationale IPR eine Rück- oder Weiterverweisung aus, so steigt man in die interlokale Prüfung erst gar nicht ein. Diese Situation war in der früheren Jugoslawischen Föderation gegeben und ist derzeit wohl allein in Spanien der Fall. Da in Spanien aber auch die EU-ErbVO gilt, scheidet eine Rück- oder Weiterverweisung ohnehin aus (siehe Rn 44).

154 In den meisten Staaten mit interlokaler Rechtsspaltung auf dem Gebiet des Erbrechts ist hingegen auch das **internationale Erb-Kollisionsrecht gespalten**, wie z.B. in den USA, in Großbritannien, Kanada, Mexiko und China. Daher ist über Art. 36 Abs. 2 EU-ErbVO nach Verweisung auf das Recht dieses Staates auch zur Prüfung des ausländischen IPR zunächst die einschlägige Teilrechtsordnung zu ermitteln. Auf Ebene der Teilrechtsordnung ist wiederum vorrangig das internationale und das interlokale Kollisionsrecht zu prüfen. Typisch für die meisten Staaten ist dabei, dass die Anknüpfung des Erbstatuts im internationalen und im interlokalen Verhältnis nach denselben Regeln erfolgt (insbesondere im Vereinigten Königreich, in den USA und Kanada). Hier sind dann drei Möglichkeiten denkbar:
– Zunächst kann das IPR die Verweisung annehmen und damit kann sich die Anwendbarkeit dieser Teilrechtsordnung ergeben.
– Es kann aber auch eine internationale Rückverweisung auf das deutsche Recht oder eine internationale Weiterverweisung auf das Recht eines dritten Staates aussprechen.
– Schließlich ist vorstellbar, dass eine „interne" Weiterverweisung auf das Recht einer anderen Teilrechtsordnung desselben Staates erfolgt.

155 Damit ergibt sich im **Beispielsfall** zunächst aufgrund des gewöhnlichen Aufenthalts des Erblassers gem. Art. 21 EU-ErbVO eine Verweisung auf das Recht des Vereinigten Königreichs. Dieses hat kein einheitliches Erbrecht und auch kein einheitliches IPR auf dem Gebiet des Erbrechts. Auch wenn die Anknüpfungsregeln in den einzelnen Gebieten weitgehend identisch sind, so sind sie dennoch nicht einheitlich, sondern basieren auf der Rechtshoheit der einzelnen Landesteile. Mangels eines einheitlichen interlokalen Privatrechts i.S.v. Art. 36 Abs. 1 EU-ErbVO ist gem. Art. 36 Abs. 2 EU-ErbVO zu verfahren. Gemäß Art. 36 Abs. 2 lit. a EU-ErbVO ist also das Recht des Teilrechtsgebietes anzuwenden, in dem der Erblasser seinen gewöhnlichen Aufenthalt hatte. Diese Verweisung führt im vorliegenden Fall zum Recht von Schottland.

156 Hier wäre zunächst das IPR von Schottland zu prüfen. Dieses verweist für die Vererbung von *immoveables* auf das Recht des Staates, in dem diese jeweils belegen sind. Für bewegliches Vermögen gilt das Recht des Rechtsgebietes (*jurisdiction*), in der der Erblasser sein letztes *domicile* hatte.[102] Im Einzelnen:
– Daraus folgt für das in Glasgow belegene Wohnhaus des Erblassers, dass das schottische Recht die Verweisung annimmt.
– Für das Grundstück in Spandau spricht das schottische Recht eine Rückverweisung auf die deutsche *lex rei sitae* aus, die gem. Art. 34 Abs. 1 lit. a EU-ErbVO angenommen wird.

---

102 *Odersky*, Länderbericht Großbritannien: Schottland (Rn 2).

- Die Bankguthaben in Frankfurt und London unterliegen dem Domizilrecht des Erblassers. Da dieser sich allein berufsbedingt in Glasgow aufhielt, kann nicht ausgeschlossen werden, dass er nach Beendigung der Abordnung bzw. mitEintritt in den Ruhestand nach Deutschland zurückkehrt. Er wird daher wohl kein „Schotte" geworden sein und sein *domicile of origin* in Deutschland nicht durch ein *domicile of choice* in Schottland ersetzt haben. Auch insoweit erfolgt daher eine Rückverweisung auf das deutsche Recht, Art. 34 Abs. 1 lit. a EU-ErbVO.
- Für die Eigentumswohnung in London schließlich spricht das schottische Recht eine (landesinterne) Verweisung auf das englische Recht aus. Da das englische Kollisionsrecht ebenfalls von der Geltung der *lex rei sitae* ausgeht, nimmt diese die Verweisung an. In entsprechender Anwendung von Art. 34 Abs. 1 lit. b EU-ErbVO ist daher die Verweisungskette in England beendet.

V. Vorgehensweise bei interpersonaler Rechtsspaltung

Ist das Rechtssystem nicht territorial, sondern nach Personengruppen gespalten (interpersonale Rechtsspaltung z.B. nach Religionszugehörigkeit), so ist auch hier gem. Art. 37 EU-ErbVO vorrangig ein internes interlokales Kollisionsrecht in diesem Staat anzuwenden. Ersatzweise gilt das Rechtssystem, zu dem der Erblasser die engste Verbindung hatte. 157

In Staaten mit interreligiöser oder intergentiler Rechtsspaltung gibt es häufig staatliche Gesetze, die die einschlägigen Regeln für Personen bestimmter Religion oder bestimmter ethnischer Herkunft enthalten (z.B. in Indonesien das Zivilgesetzbuch, das Regeln für die aus Europa oder Ostasien stammenden Einwohner enthält; in Indien der Indian Succession Act und der Hindu Succession Act etc.). Diese Regelwerke bestimmen aber regelmäßig ausschließlich ihren eigenen Anwendungsbereich. Regelmäßig ergibt sich hieraus aber der – wenn auch ungeschriebene, so dennoch allgemein anerkannte – Grundsatz, dass jeder den Regeln seiner Religionsgemeinschaft bzw. den Regeln seiner Bevölkerungsgruppe unterliegt. 158

Daher dürfte sich zumeist ein Anwendungsfall für Art. 37 S. 1 EU-ErbVO ergeben.[103] Unabhängig davon würde allerdings auch die Anknüpfung an die „engste Verbindung" i.S.v. Art. 3 S. 2 EU-ErbVO dem System folgen müssen und auf die religiöse bzw. ethnische Zugehörigkeit abstellen müssen. 159

F. Nachlassspaltung, Sonderregime und internationaler Entscheidungsdissens

I. Allgemeines

Das an den gewöhnlichen Aufenthalt des Erblassers angeknüpfte Erbstatut gilt grundsätzlich universell. Aus Art. 29, 30, 31 EU-ErbVO ergeben sich lediglich eng begrenzte Möglichkeiten zu einer Modifikation ausländischen Erbrechts für die Vererbung inländischen Vermögens. Auch hinsichtlich des im Ausland belegenen Vermögens verlangt das Erbstatut uneingeschränkte Geltung. Wird das anwendbare Recht in dem ausländischen Staat, in dem der Erblasser Vermögen hinterlassen hatte oder gar einen Wohnsitz hatte, nach anderen Maßstäben bestimmt, so bleibt der dadurch eintretende internationale Entscheidungsdissens auf der Basis der EU-ErbVO *de iure* unberücksichtigt. Im Rahmen der Nachlassplanung wird man sich freilich *de facto* auf diese Situation einstellen müssen. Das Gleiche gilt für die Nachlassabwicklung. 160

---

103 Vgl. BGH NJW-RR 2007, 145 zum interreligiösen Privatrecht in Syrien.

II. Sonderregime für Immobilien und Unternehmen

161 Gemäß Art. 30 EU-ErbVO finden „Besondere Regelungen" im Recht eines Staates, in dem sich bestimmte unbewegliche Sachen, Unternehmen oder andere besondere Arten von Vermögenswerten befinden, vorrangig vor dem nach den Regeln der EU-ErbVO bestimmten Erbstatut Anwendung, wenn diese die Rechtsnachfolge von Todes wegen in Bezug auf jene Vermögenswerte aus wirtschaftlichen, familiären oder sozialen Erwägungen beschränken oder berühren und diese Regeln nach dem Recht dieses Staates unabhängig von dem auf die Rechtsnachfolge von Todes wegen anzuwendenden Recht anzuwenden sind.

162 Diese Klausel provoziert beim deutschen Rechtsanwender ein *Déjà-vu* in Bezug auf Art. 3a Abs. 2 EGBGB, der insbesondere im internationalen Erbrecht nach der Rechtsprechung und weit überwiegenden Literaturansicht zur Begründung eines kollisionsrechtlichen „vorrangigen Einzelstatuts" führte. EG 54 S. 3 und 4 EU-ErbVO stellt hier aber vorsorglich klar, dass diese Ausnahme von der Anwendung des auf die Rechtsnachfolge von Todes wegen anzuwendenden Rechts eng auszulegen sei. Daher dürften Kollisionsnormen, die unbewegliche Sachen einem anderen als dem auf bewegliche Sachen anzuwendenden Recht unterwerfen, nicht als besondere Regelungen mit Beschränkungen angesehen werden, die die Rechtsnachfolge von Todes wegen in Bezug auf bestimmte Vermögenswerte betreffen oder Auswirkungen auf sie haben. Als „**Besondere Regeln**" i.S.v. Art. 30 EU-ErbVO sollen also ausschließlich **Sachnormen** anzusehen sein. Diese Feststellung ist freilich widersprüchlich. Die ausländischen Regeln sollen nämlich nur dann vorrangig anzuwenden sein, wenn diese „nach dem Recht dieses Staates unabhängig von dem auf die Rechtsnachfolge von Todes wegen anzuwendenden Recht anzuwenden sind". Die Frage, ob diese Regeln nach dem ausländischen Recht anzuwenden sind, ergibt sich aber nicht aus dem ausländischen Sachrecht – dieses kann seinen gegenständlichen Anwendungsbereich nicht selber bestimmen –, sondern aus dem ausländischen Kollisionsrecht. Insoweit ist daher notwendigerweise auf die – ausdrücklichen oder ungeschriebenen – Kollisionsnormen des ausländischen Belegenheitsstaates zurückzugreifen, um festzustellen, ob es dort irgendwelche „Besondere Reglungen" gibt, die unabhängig vom Erbstatut anzuwenden sind.[104]

163 EG 54 S. 1 EU-ErbVO verweist erläuternd auf Regelungen, die bestimmte unbewegliche Sachen, bestimmte Unternehmen und andere besondere Arten von Vermögenswerten aufgrund wirtschaftlicher, familiärer oder sozialer Erwägungen besonderenRegelungen mit Beschränkungen unterwerfen, die die Rechtsnachfolge von Todes wegen in Bezug auf diese Vermögenswerte betreffen oder Auswirkungen auf sie haben. Man wird sich keine Sorgen darüber machen müssen, dass schon bald nach dem Verstreichen des Anwendungsstichtags die Gerichte der einzelnen Mitgliedstaaten die Regeln präsentieren werden, die ihnen so sehr am Herzen liegen, dass sie diese als „erbrechtsverordnungsfest" i.S.v. Art. 30 EU-ErbVO eingeordnet sehen wollen.

164 Folgende potentielle Kandidaten empfehlen sich schon jetzt:
– Die Sonderregelungen zur Hoferbfolge, wie sie z.B. in einigen deutschen Gebieten, in Österreich, Polen und einigen skandinavischen Ländern gelten.[105]

---

104 Zur Theorie der *lois d'application immédiate* vgl. *von Bar/Mankowski*, IPR I, 2. Aufl. 2001, § 4 Rn 12; *Kegel/Schurig*, IPR, 9. Aufl. 2004, § 6 I 5 S. 308 ff.
105 Vgl. dazu *Kegel/Schurig*, IPR, 9. Aufl. 2004, S. 426.

- Art. 831 frz. code civil und Art. 832–1 lux. code civil enthalten Regelungen, die sich auf die Zuteilung des Eigentums an einem landwirtschaftlichen, industriellen oder handwerklichen Betrieb bzw. einer freiberuflichen Praxis an den überlebenden Ehegatten oder einen Miterben beziehen, wenn der Ehegatte bereits in dem Betrieb mitgearbeitet hatte (*demande d'attribution préférentielle*).
- Auch die Regeln, die eine vorrangige Zuordnung des Wohnungseigentums an die überlebende Ehefrau anordnen, wie sie z.B. das öst. Wohnungseigentumsgesetz und der französische code civil anordnen, stehen auf der Liste. Freilich dürfte die Belegenheit der ehelichen Wohnung regelmäßig mit dem gewöhnlichen Aufenthalt des Erblassers zusammenfallen, so dass sich diese Regeln weniger gegen das gem. Art. 21 EU-ErbVO bestimmte Erbstatut, sondern allenfalls gegen das gem. Art. 22 EU-ErbVO gewählte abweichende Heimatrecht des Erblassers durchsetzen müssen.

III. Bestellung eines personal representative

Das Erbrecht der *common law*-Staaten (in Europa das Vereinigte Königreich, Irland, Zypern) geht von einem Übergang des Nachlasses auf einen Nachlassverwalter aus (*personal representative*). Dieser hat als testamentarisch benannter *executor* bzw. als vom Gericht ausgewählter *administrator* den Nachlass unter Aufsicht des Gerichts abzuwickeln und den verbleibenden Nettonachlass den Berechtigten (*beneficiaries*) auszuzahlen. Dieses System (*administration*) erfasst den gesamten in diesen Ländern belegenen Nachlass, unabhängig davon, welches Recht auf die Verteilung des Nachlasses (*succession*) anwendbar ist. Hintergrund ist u.a. die Sicherung der Befriedigung der inländischen Nachlassgläubiger. Die drohende Beeinträchtigung dieses Systems war u.a. eines der Hauptargumente aus dem Vereinigten Königreich gegen die Einführung der EU-ErbVO.

Mit Art. 29 EU-ErbVO sollte offenbar diesen Ländern entgegengekommen werden. Diese Regelung – die wortreichste Reglung in der gesamten Verordnung – verwendet freilich so viel Raum auf die Einengung ihres Anwendungsbereichs, dass ihr Anwendungsbereich denkbar schmal geraten ist. So wären die Behörden gem. Art. 29 Abs. 1 EU-ErbVO nicht mehr in jedem Fall zuständig, für das inländische Vermögen einen *personal representative* zu bestellen, sondern nur noch dann, wenn diese nach den Art. 4 ff. EU-ErbVO die allgemeine gerichtliche Zuständigkeit für die Abhandlung des Nachlasses haben und zusätzlich von den Parteien angerufen werden. In allen anderen Fällen müsste also hingenommen werden, dass bei Geltung des Erbstatuts eines anderen Mitgliedstaates die nach dem Erbstatut bestimmten Erben ungehindert und ohne Zwischenschaltung eines gerichtlich kontrollierten *administrator* auf den inländischen Nachlass zugreifen und diesen ggf. ins Ausland transferieren. Es überrascht kaum, dass das Vereinigte Königreich und Irland sich mit diesem Angebot nicht zufriedengegeben, sondern das *opt in* verweigert haben. Zypern steht das *opt out* nach Europarecht nicht zu. Dort wird freilich der weite Begriff des Erbstatuts in der EU-ErbVO zu tiefgreifenden Eingriffen in das nationale Recht der Nachlassabwicklung führen. Einziger Trost wird hier sein, dass zumindest in den Fällen, in denen der Erblasser aus einem Drittstaat stammte (Russen, Briten), sich regelmäßig über Art. 10 EU-ErbVO eine internationale Zuständigkeit der zypriotischen Gerichte für den in Zypern belegenen Nachlass ergeben wird.

Süß

IV. Internationaler Entscheidungsdissens

Literatur

Dörner, Nachlassspaltung – und die Folgen, IPRax 1994, 362; *Haas*, Der deutsche Erblasser mit Auslandsvermögen – Überblick über das anwendbare Recht, ZNotP 2002, 206; *Süß*, Die Rückverweisung im Internationalen Privatrecht – Einführung mit Länderübersicht, ZEV 2000, 486.

1. Allgemeines

167 **Beispiel:** Ein aus Bristol stammender britischer Staatsangehöriger lebt seit 20 Jahren in Frankfurt, da er hier die Leitung einer Tochtergesellschaft auf dem Gebiet des Wertpapierhandels übernommen hatte. Er hinterlässt neben einem Wohnhaus im Taunus ein Landhaus bei Bristol, das er regelmäßig in den Ferien besucht.

168 Wie bereits zur Frage der Rückverweisung ausgeführt, ergeben sich auf dem Bereich des internationalen Erbrechts im internationalen Vergleich erhebliche Unterschiede. Diese können nicht nur dazu führen, dass die Rechtsordnungen sich gegenseitig für anwendbar erklären, so dass eine Rückverweisungssituation auftritt (negativer Rechtsanwendungskonflikt). Es kann auch der Fall eintreten, dass sich mehrere Rechtsordnungen für selbst bzw. ein anderes Recht für zuständig erklären (positiver Rechtsanwendungskonflikt).

169 Die praktischen Möglichkeiten für einen Entscheidungskonflikt haben sich nun erheblich dadurch vermindert, dass innerhalb der EU das internationale Erbrecht vereinheitlicht worden ist. Ein Entscheidungsdissens kraft divergierenden Erbkollisionsrechts ist daher nur noch im Verhältnis zu den Drittstaaten möglich. Auch führt der Übergang vom Staatsangehörigkeitsprinzip zur Geltung des am gewöhnlichen Aufenthalt geltenden Rechts dazu, dass Lebensmittelpunkt, Belegenheitsort des Vermögens und anwendbares Recht weiter zusammengeführt werden. Das reduziert die Möglichkeit eines (realen) Entscheidungsdissenses.

2. Mögliche Ursachen für einen internationalen Entscheidungsdissens

170 Als Ursache für den internationalen Entscheidungsdissens kommt eine abweichende Anknüpfung des Personalstatuts in Betracht. Das trifft z.B. dann zu, wenn ein im Inland lebender Erblasser Angehöriger eines ausländischen Staates ist, der das Erbstatut an die Staatsangehörigkeit anknüpft, und der Erblasser dieses Recht nicht oder ein anderes Recht als Erbstatut gewählt hat. Das Gleiche gilt, wenn der ausländische Staat nicht dem Staatsangehörigkeits-, sondern dem Domizilprinzip folgt, das Domizil aber anders bestimmt als wir den gewöhnlichen Aufenthalt.

171 So wäre im **Beispielsfall** wegen des langandauernden Aufenthalts des Erblassers in Deutschland ein gewöhnlicher Aufenthalt des Erblassers i.S.v. Art. 21 Abs. 1 EU-ErbVO in Deutschland gegeben. Ein englisches Gericht würde dennoch von einer Fortdauer des *domicile* des Erblassers in England ausgehen, da dieser nicht nachweislich die Absicht aufgegeben hat, möglicherweise nach Beendigung der Arbeitstätigkeit in sein Haus bei Bristol zurückzukehren.

172 Differenzen können auch aus der abweichenden Beurteilung vorgreiflicher Rechtsverhältnisse (**Vorfragen**) resultieren. Dies gilt insbesondere für das Bestehen von Statusverhältnissen (Abstammung, Wirksamkeit einer Eheschließung oder Scheidung, Anerkennung einer eingetragenen gleichgeschlechtlichen Lebenspartnerschaft oder einer gleichgeschlechtlichen

Ehe etc.), aber auch für die Formwirksamkeit und materielle Wirksamkeit von Testamenten. Haben sich z.B. eine Deutsche und ein englischer Soldat in Hannover von einem britischen Militärkaplan trauen lassen, ist die Ehe aus englischer Sicht wirksam, aus deutscher Sicht aber formnichtig. Gleiches gilt für Griechen, die in Deutschland vor einem griechischen Geistlichen, der nicht entsprechend zur Eheschließung ermächtigt war, geheiratet haben (Art. 13 Abs. 3 S. 2 EGBGB). Ein Ehegattenerbrecht besteht dann nur aus Sicht der englischen bzw. der griechischen Gerichte (sog. **hinkende Ehe**).[106] Insbesondere Art. 17b Abs. 1 EGBGB wird dazu führen, dass bei einer in Deutschland eingetragenen gleichgeschlechtlichen Lebenspartnerschaft unter Beteiligung von Ausländern in Zukunft im Heimatland der Beteiligten nicht anerkannte (hinkende) Rechtsverhältnisse entstehen werden. Den ausländischen Beteiligten ist in solchen Fällen dringend die erbrechtliche Absicherung im Wege einer flankierenden Verfügung von Todes wegen anzuraten.[107]

Schließlich können sich sonstige Unterschiede im Kollisionsrecht auswirken (z.B. die andersartige Behandlung von Rück- und Weiterverweisungen, abweichende kollisionsrechtliche Behandlung von § 1371 Abs. 1 BGB, Qualifikation der erbrechtlichen Wirkungen einer Adoption, Angleichung, *ordre public*).

3. Insbesondere: Geltung des Belegenheitsrechts für im Ausland belegenes Vermögen

Häufigste Ursache für Probleme wird wohl weiterhin der Fall sein, dass der inländische Erblasser im Ausland Immobilien hat und der Belegenheitsstaat diese der *lex rei sitae* unterwirft. Dies trifft insbesondere für die folgenden Staaten zu:[108]

- Albanien
- Argentinien[109]
- Australien
- Bolivien
- China, Volksrepublik[110]
- Ghana
- Großbritannien
- Indien
- Irland
- Kanada
- Kasachstan
- Malaysia
- Monaco
- Neuseeland
- Nigeria
- Pakistan
- Paraguay
- Russland
- San Marino
- Südafrika
- Thailand
- Türkei
- Ukraine
- USA
- Usbekistan
- Weißrussland (Belarus)

Einzelne Staaten sehen die zwingende Geltung des inländischen Belegenheitsrechts nicht nur für Immobilien, sondern auch für inländische Unternehmen oder „im Inland registrierte Vermögensgegenstände" vor.

Noch weitergehend lässt eine Reihe von – insbesondere südamerikanischen – Staaten für die Erbfolge sämtlicher Nachlassgegenstände das jeweilige Belegenheitsrecht gelten und wendet auch auf das im Inland belegene bewegliche Vermögen das inländische Erbrecht an. Das betrifft z.B. die folgenden Staaten:

---

106 Hierzu auch § 4 Rn 12.
107 Hierzu *Süß*, DNotZ 2001, 168 ff.
108 Umfassende Übersicht über die Anknüpfung des Erbstatuts im Ausland z.B. bei *Süß*, ZEV 2000, 486; Staudinger/*Dörner*, Anh. zu Art. 25 EGBGB; Bamberger/Roth/*St. Lorenz*, BGB, 3. Aufl. 2012, Art. 25 EGBGB Rn 83.
109 Argentinisches Recht gilt auch für bewegliche Gegenstände „mit festem Lageort in Argentinien".
110 Festland China und Hongkong, ausgenommen ist die Sonderverwaltungszone Macau.

- Costa Rica
- Guatemala
- Mexiko (Bundesdistrikt und die meisten weiteren Einzelstaaten)
- Mississippi (USA)
- Panama
- Uruguay.

177 Im angloamerikanischen Rechtskreis, insbesondere also auch in den USA, in England, Schottland und Irland, wird die Abwicklung der Erbfolge (*administration*) nicht dem Erbstatut, sondern dem Belegenheitsrecht bzw. dem Recht des Staates, dessen Gericht mit der Abwicklung befasst ist, unterstellt. Der Nachlass geht also auf einen *personal representative* über, der vom Gericht eingesetzt wird und die Abwicklung der Erbschaft übernimmt. Dabei wendet das Gericht in Bezug auf die *administration* stets die *lex fori* an. Da die Gerichte für den im jeweiligen Staat belegenen gesamten Nachlass eine ausschließliche Zuständigkeit in Bezug auf die *administration* in Anspruch nehmen, folgt daraus auch für den beweglichen Nachlass im Ergebnis in Bezug auf die *administration* die Geltung der *lex rei sitae* und damit ebenfalls eine Nachlassspaltung – wenn auch in funktioneller Hinsicht.

4. Inländerprivilegien an Inlandsvermögen

178 Art. 34 des venezolanischen IPRG[111] bestimmt das Wohnsitzrecht zum Erbstatut. Abkömmlinge, die Aszendenten und der Ehegatte des Erblassers können an dem in Venezuela belegenen Nachlass aber jedenfalls die ihnen vom venezolanischen Recht gewährten Noterbrechte geltend machen.[112] Vergleichbares gilt im brasilianischen Recht.[113] Nach dem Vorbild des französischen *droit de prélèvement*[114] können bei Geltung ausländischen Erbstatuts die diesem ausländischen Staat nicht angehörenden Personen (regelmäßig Angehörige des Staates, der das Privileg anordnet) aus dem im Inland belegenen Vermögen das beanspruchen, was sie aus der Erbschaft noch erhalten müssten, wenn man auf die Erbfolge das inländische Recht anwenden würde.[115] Hier wird zwar ausländisches Erbrecht angewandt, den eigenen Staatsangehörigen aber eine Mindestteilhabe nach inländischem Recht gewährt, so dass sie im Ergebnis von der günstigeren Lösung profitieren.

179 Es besteht wohl kein vernünftiger Zweifel daran, dass derartige Differenzierungen des Erbrechts nach der Nationalität, die von längst überkommenen Vorstellungen des 19. Jahrhunderts zeugen, gegen den europäischen internationalen *ordre public* verstoßen (Art. 35 EU-ErbVO). Liegt also z.B. eine Rückverweisung durch das brasilianische Recht vor, so dürfen diese Regeln daher aus deutscher Sicht nicht als Einschränkung der Rückverweisung beachtet werden.[116]

---

111 In Kraft getreten am 6.2.1999, dt. Übersetzung von *Samtleben*, IPRax 1999, 198.
112 Staudinger/*Dörner*, Art. 25 EGBGB Rn 538, Anh. zu Art. 25 f. EGBGB Rn 100; Staudinger/*Hausmann*, Art. 3 EGBGB Rn 122.
113 Dazu Staudinger/*Dörner*, Anh. zu Art. 25 f. EGBGB Rn 133.
114 Bis zum Inkrafttreten des IPR-Gesetzes in Belgien gab es auch dort ein vergleichbares Vorwegnahmerecht.
115 Die entsprechende Regelung wurde in Frankreich schon vor dem Erlass der EU-ErbVO durch Entscheidung des Verfassungsgerichts aufgehoben.
116 Staudinger/*Dörner*, 13. Aufl. 2000, Anh. zu Art. 25 f. EGBGB Rn 76 zog für die ehemalige belgische Regelung eine Nichtanwendung im Verhältnis zu EG-Bürgern in Betracht.

G. Bestimmung des Erbstatuts aufgrund bilateraler Abkommen mit Drittstaaten

Literatur

Damar, Deutsch-türkisches Nachlassabkommen: zivilprozess- und kollisionsrechtliche Aspekte, IPRax 2012, 278; *Dörner*, Das deutsch-türkische Nachlassabkommen, ZEV 1996, 90; *Emmerling de Oliveira/Heggen*, Türkische Mandanten im Notariat, notar 2010, 38; *Kohler*, Die künftige Erbrechtsverordnung der Europäischen Union und die Staatsverträge mit Drittstaaten, in: Reichelt/Rechberger, Europäisches Erbrecht: Zum Verordnungsvorschlag der Europäischen Kommission zum Erb- und Testamentsrecht, 2011, S. 109 ff.; *Kremer*, IPRax 1981, 205; *Krüger*, Studien über Probleme des türkischen Internationalen Erbrechts, in: FS Ansay 2006, S. 131 ff.; *Majer*, Das deutsch-türkische Nachlassabkommen, ZEV 2012, 182; *Mankowski*, Gelten die bilateralen Staatsverträge der Bundesrepublik Deutschland im Internationalen Erbrecht nach dem Wirksamwerden der EU-ErbVO weiter?, ZEV 2013, 529; *Schotten/Wittkowski*, Das deutsch-iranische Niederlassungsabkommen im Familien- und Erbrecht, FamRZ 1995, 264; *Süß*, Der Vorbehalt zugunsten bilateraler Abkommen mit Drittstaaten, in: Dutta/Herrler, Die Europäische Erbrechtsverordnung, 2014, S. 181 ff.

I. Grundsatzentscheidung der EU-ErbVO

Eine erhebliche Anzahl von Mitgliedstaaten der EU sind durch internationale Abkommen mit Drittstaaten auf dem Gebiet des internationalen Erbrechts völkerrechtlich gebunden. Der europäische Gesetzgeber hat auf diese Bindung Rücksicht genommen. Um eine Kollision der europarechtlichen Verpflichtung dieser Staaten aus der EU-ErbVO mit der völkerrechtlichen Verpflichtung zur Einhaltung der völkerrechtlichen Abkommen zu vermeiden, bestimmt Art. 75 Abs. 1 EU-ErbVO, dass die Abkommen mit Drittstaaten grundsätzlich bestehen bleiben und Vorrang vor den Regeln der EU-ErbVO erhalten.

180

Das gilt zunächst für das Haager Übereinkommen über die Form letztwilliger Verfügungen vom 5.10.1961, dessen Anwendungsvorrang Art. 75 Abs. 1 UA 2 EU-ErbVO ausdrücklich anerkennt. Das gilt aber nach bislang unbestrittener Ansicht auch für die bilateralen Abkommen, die Rechtsanwendungsregeln in Bezug auf das Erbrecht enthalten.[117]

181

Bei Abkommen zwischen Mitgliedstaaten hingegen werden sämtliche Abkommensparteien durch die EU-ErbVO gebunden, so dass diese komplett durch die EU-ErbVO ersetzt werden können, Art. 75 Abs. 2 EU-ErbVO. Dies betrifft z.B. die bilateralen Abkommen der Bundesrepublik Österreich mit Ungarn[118] sowie mit Slowenien und Kroatien. Gleiches gilt für die aus der Zeit des Ostblocks stammenden bilateralen Abkommen der osteuropäischen Staaten untereinander, soweit diese der EU beigetreten sind.

182

Auf dem Bereich des internationalen Erbrechts haben die Bundesrepublik Deutschland bzw. das Deutsche Reich bis auf das Haager Testamentsformabkommen vom 5.10.1961 keine multilateralen internationalen Übereinkommen abgeschlossen. Wohl aber gelten drei bilaterale Abkommen, die (in zeitlicher Reihenfolge) mit dem damaligen Kaiserreich Persien, der Türkischen Republik und der damaligen Sowjetunion abgeschlossen wurden.

183

---

117 *Dutta*, FamRZ 2013, 452; *Ludwig*, FamRBInt 2013, 10, 12; *Majer*, ZEV 2012, 186; ausf. *Mankowski*, ZEV 2013, 529 ff.
118 Dazu *Süß/Tóth*, Erbrecht in Europa, Länderbericht Ungarn Rn 11.

II. Die für Deutschland geltenden Abkommen

184 Die für die Bundesrepublik Deutschland aktuell geltenden Abkommen (in chronologischer Reihenfolge ihres Abschlusses) treffen zur Bestimmung des auf die Erbfolge anwendbaren Rechts folgende von den Bestimmungen der EU-ErbVO abweichende Regelungen:

1. Das Deutsch-Persische Niederlassungsabkommen

185 Art. 8 des Niederlassungsabkommens zwischen dem Deutschen Reich und dem Kaiserreich Persien (Deutsch-Persisches Niederlassungsabkommen) vom 17. Februar 1929[119] lautet wie folgt:

Art. 8
(1) Die Angehörigen jedes vertragsschließenden Staates genießen im Gebiet des anderen Staates in allem, was den gerichtlichen und behördlichen Schutz ihrer Personen und Güter angeht, die gleiche Behandlung wie Inländer.
(2) Sie haben insbesondere freien und völlig ungehinderten Zutritt zu den Gerichten und können vor Gericht unter den gleichen Bedingungen wie Inländer auftreten. Jedoch werden bis zum Abschluß eines besonderen Abkommens die Voraussetzungen für das Armenrecht und die Sicherheitsleistung für Prozeßkosten durch die örtliche Gesetzgebung geregelt.
(3) In Bezug auf das Personen-, Familien- und Erbrecht bleiben die Angehörigen jedes der vertragsschließenden Staaten im Gebiet des anderen Staates jedoch den Vorschriften ihrer heimischen Gesetze unterworfen. Die Anwendung dieser Gesetze kann von dem anderen vertragsschließenden Staat nur ausnahmsweise und nur insoweit ausgeschlossen werden, als ein solcher Ausschluß allgemein gegenüber jedem anderen Staat erfolgt.

186 Das Schlussprotokoll enthält zu Art. 8 Abs. 3 des Abkommens folgende Erläuterung:

„*Die vertragsschließenden Staaten sind sich darüber einig, daß das Personen-, Familien- und Erbrecht, das heißt das Personalstatut, die folgenden Angelegenheiten umfaßt: Ehe, eheliches Güterrecht, Scheidung, Aufhebung der ehelichen Gemeinschaft, Mitgift, Vaterschaft, Abstammung, Annahme an Kindes Statt, Geschäftsfähigkeit, Volljährigkeit, Vormundschaft und Pflegschaft, Entmündigung, testamentarische und gesetzliche Erbfolge, Nachlaßabwicklungen und Erbauseinandersetzungen, ferner alle anderen Angelegenheiten des Familienrechts unter Einschluß aller den Personenstand betreffenden Fragen.*"

187 Art. 8 Abs. 3 des Abkommens begründet die Geltung des **Staatsangehörigkeitsprinzips**. Es gilt heute im Verhältnis zur Islamischen Republik **Iran**. Voraussetzung für die Anwendbarkeit ist auf dem Gebiet des Erbrechts nach allgemeiner Ansicht, dass der Erblasser ausschließlich die Staatsangehörigkeit des anderen Mitgliedstaates besaß.[120] Im Fall von Mehrstaatern[121] oder internationalen Flüchtlingen greift die Verweisungsnorm dagegen nicht ein.[122]

188 Die Anknüpfung des Erbstatuts an die Staatsangehörigkeit des Erblassers harmonisierte bislang mit den autonomen Kollisionsnormen des deutschen wie auch des iranischen Rechts.

---

119 RGBl II 1930, S. 1002; in Kraft seit dem 11.1.1931, RGBl II 1931, S. 9. Nach dem Krieg wieder anwendbar gemäß der Bekanntmachung der Wiederanwendung vom 15.8.1955, BGBl 1955 II, S. 829. Ausf. *Schotten/Wittkowski*, FamRZ 1995, 264; *Staudinger/Dörner*, Neubearb. 2007, Vorbem. zu Art. 25 f. EGBGB Rn 149.
120 BGHZ 60, 68 (74); OLG Hamm FamRZ 1976, 29; *Schotten/Wittkowski*, FamRZ 1995, 265.
121 BVerfG NJW-RR 2007, 577.
122 BGH NJW 1990, 636.

Folge war, dass sich bislang eine Besonderheit aus deutscher Sicht allenfalls insoweit ergab, als die Rechtswahl gem. Art. 25 Abs. 2 EGBGB für iranische Staatsangehörige ausschied. Die Umstellung auf die Anknüpfung an den gewöhnlichen Aufenthalt wird daher im Fall von in Deutschland lebenden Iranern sowie im Fall von im Iran lebenden deutschen Staatsangehörigen zu einer Abweichung von der Lösung der EU-ErbVO führen, soweit diese nicht für ihr Heimatrecht optiert haben, Art. 22 EU-ErbVO. Ein iranischer Erblasser wird daher auch dann nach iranischem Erbrecht beerbt, wenn er seinen letzten gewöhnlichen Aufenthalt in Deutschland hatte.

2. Das Deutsch-Türkische Nachlassabkommen

Eine besonders komplexe Regelung enthält der Konsularvertrag zwischen der Türkischen Republik und dem Deutschen Reich vom 28. Mai 1929:[123]

189

Art. 20
In Ansehung der in dem Gebiete des einen vertragsschließenden Staates befindlichen Nachlässe von Angehörigen des anderen Staates haben die Konsuln die aus der Anlage dieses Vertrages ersichtlichen Befugnisse.

Die Anlage zu Art. 20 des Konsularvertrages enthält ein umfangreiches Nachlassabkommen, das nicht nur Kollisionsnormen zum Erbstatut und zum Formstatut, sondern darüber hinausgehend auch Regeln zur internationalen Zuständigkeit der Gerichte und zur gegenseitigen Anerkennung von Urteilen enthält. Art. 20 Nachlassabkommen regelt das auf die Erbfolge anwendbare Recht wie folgt:

190

§ 14
(1) Die erbrechtlichen Verhältnisse bestimmen sich in Ansehung des beweglichen Nachlasses nach den Gesetzen des Landes, dem der Erblasser zur Zeit seines Todes angehörte.
(2) Die erbrechtlichen Verhältnisse in Ansehung des unbeweglichen Nachlasses bestimmen sich nach den Gesetzen des Landes, in dem dieser Nachlass liegt, und zwar in der gleichen Weise, wie wenn der Erblasser zur Zeit seines Todes Angehöriger dieses Landes gewesen wäre.

Während die Anknüpfung des Erbstatuts für das bewegliche Vermögen mit dem in Deutschland bislang geltenden Staatsangehörigkeitsprinzip harmonisierte, widersprach die Geltung der *lex rei sitae* für Immobilien dem Grundsatz der Nachlasseinheit des deutschen IPR (sie entspricht allerdings den in der Türkei geltenden autonomen kollisionsrechtlichen Regeln des türkischen IPR-Gesetzes aus dem Jahre 2007). In der Türkei belegene Immobilien eines deutschen Erblassers und in Deutschland belegene Immobilien eines türkischen Erblassers führten daher zwingend zu einer Nachlassspaltung. Mit der EU-ErbVO werden sich die Spannungen noch erhöhen, da die Anknüpfung an die Staatsangehörigkeit der Grundsatzanknüpfung nach Art. 21 EU-ErbVO widerspricht. Darüber hinaus ist die EU-ErbVO in Bezug auf die Nachlassspaltung erheblich weniger tolerant als das deutsche autonome IPR,

191

---

[123] RGBl 1930 II, S. 747; in Kraft getreten am 18.9.1931, RGBl 1931 II, S. 538. Nach dem Krieg wieder anwendbar gemäß der Bekanntmachung der Wiederanwendung vom 29.2.1952, BGBl 1952 II, S. 608. Ausf. hierzu z.B. *Damar*, IPRax 2012, 278; *Dörner*, ZEV 1996, 90; Staudinger/*Dörner*, Neubearb. 2007, Vorbem. zu Art. 25 f. EGBGB Rn 160 ff.; Müller/Schlitt/*Emmerling de Oliveira*, Handbuch Pflichtteilsrecht, 2010, Türkei, § 15 Rn 642; *Emmerling de Oliveira/Heggen*, notar 2010, 38; *Kremer*, IPRax 1981, 205; *Krüger*, in: FS Ansay 2006, S. 131; Bamberger/Roth/*St. Lorenz*, BGB, 3. Aufl. 2012, Art. 25 EGBGB Rn 6 ff.; *Majer*, ZEV 2012, 182; *Schotten/Schmellenkamp*, Das Internationale Privatrecht in der notariellen Praxis, 2. Aufl. 2007, Rn 264.

welches hinsichtlich der in der Türkei belegenen Immobilien die Geltung der *lex rei sitae* auch ohne Abkommen über Art. 3a Abs. 2 EGBGB akzeptiert hätte.

192 Wegen der großen Anzahl türkischer Staatsangehöriger, die in Deutschland leben bzw. Grundbesitz haben, aber auch wegen der zunehmenden Anzahl von Immobilien, die Deutsche an der türkischen Riviera zu Urlaubszwecken oder zur dauernden Bewohnung im Alter erworben haben, hat das Deutsch-Türkische Nachlassabkommen schon rein quantitativ gesehen erhebliche faktische Bedeutung. Wegen der großen Ähnlichkeiten zwischen dem deutschen und dem türkischen materiellen Erbrecht – welches weitgehend dem Schweizer Erbrecht entspricht[124] –, sind die tatsächlichen Auswirkungen aus der Anwendung des türkischen Rechts aber erheblich geringer als z.B. beim Deutsch-Iranischen Abkommen.[125]

3. Der Deutsch-Sowjetische Konsularvertrag

193 Art. 28 Abs. 3 des Konsularvertrages zwischen der Bundesrepublik Deutschland und der Union der Sozialistischen Sowjetrepubliken vom 25. April 1958 enthält eine erbrechtliche Kollisionsnorm:[126]

> *Art. 28*
> *(1) Der Konsul ist befugt, von den örtlichen Behörden die Übergabe der Nachlaßgegenstände einschließlich der Schriftstücke des Verstorbenen zu verlangen, wenn die Erben Staatsangehörige des Entsendestaates sind und sich nicht im Gebiet des Empfangsstaates befinden.*
> *(2) Bevor der Konsul die Nachlaßgegenstände an die Erben übergibt oder in das Ausland verbringt, müssen in den Grenzen des Nachlaßwertes die festgesetzten Abgaben bezahlt und die sonstigen von anderen im Empfangsstaat wohnhaften Personen erhobenen und nachgewiesenen Ansprüche befriedigt sein. Diese Verpflichtungen des Konsuls erlöschen, wenn ihm nicht innerhalb von sechs Monaten nach dem Tode des Erblassers nachgewiesen wird, daß die Ansprüche dieser Personen als berechtigt anerkannt sind oder derzeit von den zuständigen Behörden geprüft werden.*
> *(3) Hinsichtlich der unbeweglichen Nachlaßgegenstände finden die Rechtsvorschriften des Staates Anwendung, in dessen Gebiet diese Gegenstände belegen sind.*

194 Diese Regelung bestimmt das Erbstatut ausschließlich in Bezug auf die **unbeweglichen Nachlassgegenstände**. Für das bewegliche Vermögen enthält das Konsularabkommen – anders als in der Vorgängerregelung mit dem Deutschen Reich vom 12. Oktober 1925[127] – keine Regelung. Insoweit greifen das nationale IPR bzw. auf deutscher Seite die Art. 20 ff. EU-ErbVO ein.

---

124 Dazu *Serozan*, ZEV 1997, 473.
125 Die Eigenheiten des im Iran geltenden islamischen Erbrechts führen dazu, dass in Erbfällen nach iranischen Staatsangehörigen von den Gerichten das sich aus dem iranischen Erbrecht ergebende Ergebnis regelmäßig, u.U. sogar an mehreren Stellen, durch den deutschen *ordre public* modifiziert wird, so dass auch hier im Ergebnis die Abweichungen zum deutschen Recht geringer sind, als es zunächst scheint (vgl. z.B. OLG München ZErb 2012, 220).
126 BGBl 1959 II, S. 233. Ausf. Staudinger/*Dörner*, Neubearb. 2007, Vorbem. zu Art. 25 f. EGBGB Rn 193; *Schotten/Schmellenkamp*, Das Internationale Privatrecht in der notariellen Praxis, 2. Aufl. 2007, Rn 265.
127 § 13 Abs. 1 des Deutsch-Russischen Nachlassabkommens, Anlage zu Art. 22 des Deutsch-Russischen Konsularvertrages, RGBl 1926 II, S. 1; dazu Staudinger/*Raape*, 9. Aufl. 1931, Art. 25 EGBGB Anm. H III.

Mit dem Zerfall der Sowjetunion ist der Vertragspartner des Konsularabkommens verschwunden. Aufgrund von völkerrechtlichen Vereinbarungen der Bundesrepublik Deutschland über die Weitergeltung gilt es allerdings im Verhältnis zu den meisten Nachfolgestaaten der Sowjetunion (Russische Föderation, Armenien, Aserbaidschan, Georgien, Kasachstan, Kirgisistan, Moldawien, Tadschikistan, Ukraine, Usbekistan und Weißrussland) fort.[128] Ausgenommen von der Fortgeltung sind die baltischen Staaten Litauen, Estland und Lettland, da diese von der Sowjetunion annektiert waren und sich daher nicht als Nachfolgestaaten ansehen.

III. Anwendung der Abkommen im bilateralen Verhältnis

Beispiel 1 (Iranischer Maschinenhändler): Ein iranischer Maschinenhändler verstirbt mit letztem gewöhnlichem Aufenthalt in München. Er hat keine Verfügung von Todes wegen errichtet und keine Rechtswahl getroffen. Er hinterlässt bewegliches und unbewegliches Vermögen in Deutschland wie auch im Iran.

Gemäß Art. 4 EU-ErbVO sind im vorliegenden Fall die deutschen Gerichte für die Ausstellung eines Erbscheins international zuständig. Gemäß Art. 21 EU-ErbVO würde eigentlich wegen des gewöhnlichen Aufenthalts des Erblassers in Deutschland das deutsche Erbrecht gelten. Die deutschen Gerichte haben aber gem. Art. 8 Abs. 3 des Deutsch-Persischen Niederlassungsabkommens das iranische Heimatrecht des Erblassers anzuwenden. Das Nachlassgericht hat daher bei der Ausstellung eines Erbscheins das iranische Erbrecht anzuwenden (zur Korrektur des islamischen Erbrechts aufgrund des deutschen internationalen *ordre public* siehe § 5 Rn 17).

Beispiel 2: Ein aus Frankfurt stammender Bankier mit deutscher Staatsangehörigkeit verstirbt an seinem letzten Wohnsitz in St. Petersburg. Er lebte dort schon seit 15 Jahren zusammen mit seiner Ehefrau, einer russischen Lehrerin, die dort an der Schule unterrichtete. Die beiden Kinder lebten bei ihnen und gingen in St. Petersburg zur Schule. Der Erblasser hinterlässt u.a. Eigentumswohnungen jeweils in St. Petersburg und in Sachsenhausen.

Die in St. Petersburg belegene Eigentumswohnung würde gem. Art. 28 Abs. 3 des Deutsch-Sowjetischen Konsularvertrages nach russischem Recht vererbt werden.

Für die Eigentumswohnung in Sachsenhausen würde sich eigentlich aus Art. 28 des Deutsch-Sowjetischen Konsularvertrages die Geltung der deutschen *lex rei sitae* ergeben. Aus Art. 25 Abs. 1 des Konsularvertrages ergibt sich aber, dass die nachfolgenden Vorschriften – einschließlich Art. 28 Abs. 3 des Konsularvertrages – ausschließlich den Fall betreffen, dass ein Staatsangehöriger des einen Staates im anderen Staat verstirbt und dort Vermögen hinterlässt, so dass der Konsul des Entsendestaates Anlass zum Tätigwerden erhält. Soweit aber der Erblasser eines der Vertragsstaaten Nachlass in seinem Heimatstaat hinterlässt, ist dieser Fall nicht gegeben. Damit greift dann bzgl. der Eigentumswohnung in Sachsenhausen Art. 28 Abs. 3 des Konsularvertrages nicht ein.

Aus deutscher Sicht kommt daher Art. 21 EU-ErbVO zum Zuge. Diese Regelung würde hier wegen des gewöhnlichen Aufenthalts des Erblassers in St. Petersburg auf das russische Recht verweisen. Diese Verweisung erfasst gem. Art. 34 EU-ErbVO auch das russische IPR. Insbesondere wäre dann also eine Verweisung auf das Recht eines Mitgliedstaates zu

---

128 Vgl. die Einzelnachweise bei Staudinger/*Dörner*, Neubearb. 2007, Vorbem. zu Art. 25 f. EGBGB Rn 194; unsicher ist die Fortgeltung im Verhältnis zu Turkmenistan, da mit Turkmenistan keine Regelung über die Fortgeltung getroffen wurde.

beachten. Art. 1124 russ. ZGB enthält für den unbeweglichen Nachlass eine Verweisung auf das jeweilige Belegenheitsrecht. Insoweit würde sich hinsichtlich der Eigentumswohnung in Sachsenhausen eine Rückverweisung auf die deutsche *lex rei sitae* ergeben.[129]

202 Für den in Deutschland und in der Russischen Föderation belegenen beweglichen Nachlass enthält der Konsularvertrag keine Kollisionsnorm. Hier würde aufgrund des letzten Wohnsitzes des Erblassers in St. Petersburg das russische Recht gem. Art. 1124 Abs. 1 russ. ZGB[130] die Verweisung annehmen. Insoweit wäre daher russisches Erbrecht anwendbar.

203 **Beispiel 3:** In Side (Türkei) lebende Eheleute mit beiderseits deutscher Staatsangehörigkeit möchten ein Testament beurkunden lassen. Ihnen gehört eine in Side belegene Eigentumswohnung sowie ein Reiheneckhaus in Bottrop, welches derzeit vermietet ist.

204 Der beurkundende deutsche Notar hätte im vorliegenden Fall auf der Basis des Deutsch-Türkischen Nachlassabkommens für die Verfügungen über die in Side belegene Eigentumswohnung gem. § 14 Abs. 2 des Nachlassabkommens die türkische *lex rei sitae* zugrunde zu legen. Für das in der Türkei belegene bewegliche Vermögen käme gem. Art. 14 Abs. 1 des Nachlassabkommens das deutsche Heimatrecht zur Anwendung. Das in Bottrop belegene Reiheneckhaus und das in Deutschland belegene bewegliche Vermögen hingegen würde gem. Art. 20 des Deutsch-Türkischen Konsularvertrages als im Heimatstaat des Erblassers belegenes Vermögen vom Nachlassabkommen nicht erfasst. Gemäß Art. 21 EU-ErbVO wäre wegen des Lebensmittelpunkts der Eheleute an der türkischen Riviera daher türkisches Recht maßgeblich. Allerdings würde das türkische IPR diese Verweisung nicht annehmen. Für das bewegliche Vermögen würde vielmehr Art. 20 türk. IPR wegen der deutschen Staatsangehörigkeit der Eheleute und für die in Deutschland belegene Immobilie wegen der Belegenheit eine Rückverweisung auf das deutsche Recht aussprechen. Diese Rückverweisung würde aus deutscher Sicht gem. Art. 34 Abs. 1 lit. a EU-ErbVO angenommen.[131]

IV. Belegenheit von Nachlass in einem anderen Mitgliedstaat

205 Im **Beispiel 1** (Iranischer Maschinenhändler; siehe Rn 196) hinterlässt der Erblasser auch Anteile an Gesellschaften mit Sitz in Marseille, so dass die Erben die Ausstellung eines Europäischen Nachlasszeugnisses (ENZ) beantragen. Gemäß Art. 4 EU-ErbVO sind ausschließlich die deutschen Gerichte für die Ausstellung eines ENZ zuständig. Gemäß Art. 21 EU-ErbVO wäre wegen des gewöhnlichen Aufenthalts des Erblassers in Deutschland das deutsche Erbrecht anwendbar. Die deutschen Gerichte haben aber gem. Art. 8 Abs. 3 des Deutsch-Persischen Niederlassungsabkommens das iranische Heimatrecht des Erblassers anzuwenden. Insoweit ergibt sich aus Art. 75 Abs. 1 EU-ErbVO der Vorrang des Niederlassungsabkommens vor der EU-ErbVO, so dass das iranische Heimatrecht angewandt werden kann.

206 Das vom deutschen Nachlassgericht ausgestellte ENZ wäre in Frankreich bei der Abwicklung der dort belegenen Nachlassteile anzuerkennen. Da für Frankreich das Deutsch-Persische Niederlassungsabkommen nicht bindend ist und die Französische Republik mit dem Iran kein entsprechendes Abkommen abgeschlossen hat, wäre aus französischer Sicht aber deutsches Aufenthaltsrecht und nicht das iranische Heimatrecht des Erblassers auf die

---

129 Da das russische IPR Sachnormverweisungen ausspricht, kommt es hier auf die Frage, wie Rückverweisungen aus Sicht der Mitgliedstaaten zu behandeln sind (siehe § 2 Rn 49), nicht an.
130 Dazu *Massanek*, Länderbericht Russland Rn 2.
131 Jedenfalls dann, wenn man die Rückverweisung aus deutscher Sicht als Sachnormverweisung behandelt und im Inland abbricht. Anders, wenn man der *foreign court theory* folgte (siehe dazu Rn 48).

Erbfolge anwendbar. Bei Anerkennung des in Deutschland nach iranischem Erbrecht ausgestellten ENZ zur Abwicklung des in Frankreich belegenen Nachlasses ergäbe sich also ein „Widerspruch" zur Rechtslage nach der EU-ErbVO. Das ENZ wäre daher aus französischer Sicht zumindest hinsichtlich der Angaben zum Erbstatut, möglicherweise auch zur Erbfolge, unrichtig.[132] Das Deutsch-Persische Niederlassungabkommen würde damit über die Regeln zur Anerkennung des ENZ in den Mitgliedstaaten auch für Frankreich verbindlich.

Zur Lösung dieses Problems ist m.E. der Regelungszusammenhang der Konsular- und Niederlassungsabkommen genauer zu betrachten. Die Konsularabkommen beschreiben die Aufgaben und Kompetenzen, die den Konsuln des jeweils anderen Staates im Empfangsstaat zukommen. Hierzu gehört bei den beiden genannten Abkommen auch, dass der Konsul den Nachlass eines Angehörigen des Entsendestaates abwickeln kann, wenn sämtliche Erben sich im Entsendestaat aufhalten und daher (zumindest nach den Verhältnissen zu der Zeit, in der die Abkommen abgeschlossen wurden) nicht in der Lage sind, den im jeweils anderen Abkommenstaat belegenen Nachlass zu ermitteln, zu liquidieren und zu transferieren.[133] Aus der strengen Territorialität der konsularischen Befugnisse (der Empfangsstaat kann dem Konsul des Entsendestaates entsprechende Befugnisse nur für sein eigenes Gebiet verleihen, nicht aber darüber hinaus) ergibt sich, dass die mit dem Konsularabkommen verliehenen Befugnisse ausschließlich das im Empfangsstaat belegene Vermögen eines Erblassers aus dem Entsendestaat erfassen. Wenn dann ergänzend zu diesen konsularischen Kompetenzen Vereinbarungen getroffen werden, nach welchem Recht der Nachlass abzuhandeln ist, so beziehen sich diese in das Konsularabkommen eingefügten erbrechtlichen Kollisionsnormen notwendigerweise ebenfalls ausschließlich auf den im Empfangsstaat belegenen Nachlass. Art. 20 des Deutsch-Türkischen Konsularabkommens bestimmt sogar ausdrücklich, dass die Regeln des dem Konsularabkommen beigefügten Nachlassabkommens sich auf die *„in dem Gebiete des einen vertragsschließenden Staates befindlichen Nachlässe von Angehörigen des anderen Staates"* beziehen. Das Nachlassabkommen regelt also bei einem türkischen Erblasser das auf die Erbfolge anwendbare Recht ausschließlich hinsichtlich seines in der Bundesrepublik Deutschland belegenen beweglichen und unbeweglichen Nachlasses und im Fall eines deutschen Erblassers ausschließlich hinsichtlich seines in der Türkei belegenen beweglichen und unbeweglichen Nachlasses,[134] nicht aber die im Heimat- bzw. Entsendestaat belegenen Nachlässe. Das gilt umso mehr für die in Drittstaaten belegenen Nachlassteile.

Das Deutsch-Persische Niederlassungsabkommen enthält keine so deutlichen Anhaltspunkte für eine territoriale Beschränkung des Anwendungsbereichs der Kollisionsnorm

---

132 *Christian Kohler* hat bereits in seinem Vortrag auf den 21. Europäischen Notarentagen 2009 am 24.4.2009 in Salzburg auf die praktischen Folgen der damals noch in Art. XX des Vorschlags der Kommission zur Erbrechtsverordnung vom November 2009 enthaltenen Regelung hingewiesen (Kohler, in: Reichelt/Rechberger, Europäisches Erbrecht: Zum Verordnungsvorschlag der Europäischen Kommission zum Erb- und Testamentsrecht, 2011, S. 109).

133 Zu den konsularischen Befugnissen nach dem Deutsch-Türkischen Nachlassabkommen *Kremer*, IPRax 1981, 205.

134 Staudinger/*Dörner*, Neubearb. 2007, vor Art. 25 EGBGB Rn 163; *Dörner*, ZEV 1996, 94; *Majer*, ZEV 2012, 184; *Schotten/Schmellenkamp*, Das Internationale Privatrecht in der notariellen Praxis, 2. Aufl. 2007, Rn 264; so wohl auch Bamberger/Roth/*St. Lorenz*, BGB, 3. Aufl. 2012, Art. 25 EGBGB Rn 6. A.A. (auch in Drittstaaten belegenes Vermögen sei betroffen): MüKo-BGB/*Birk*, 5. Aufl. 2010, Art. 25 EGBGB Rn 299; *Krüger*, in: FS Ansay 2006, S. 150; *Mankowski*, ZEV 2013, 530; siehe auch Rn 189 ff.

hinsichtlich des auf die Erbfolge anwendbaren Rechts.[135] Allerdings dürfte wohl der Regelungszweck des Abkommens, die rechtliche Position der im anderen Abkommensstaat niedergelassenen eigenen Staatsangehörigen zu verbessern, für eine entsprechende territoriale Eingrenzung sprechen.

209 Die Erstreckung des Anwendungsbereichs der in den Konsularabkommen und dem Niederlassungsabkommen enthaltenen erbrechtlichen Kollisionsnormen auf außerhalb des Abkommensstaates belegenes Vermögen würde also zu einer Ausweitung führen, die schon vor dem Erlass der EU-ErbVO zu nicht beherrschbaren Abgrenzungsproblem geführt hätte. Erst recht würde sie wegen der andersartigen Anknüpfung unter der EU-ErbVO zu permanenten Rangkollisionen führen. Sie ist daher vom Zweck der bilateralen Abkommen nicht gedeckt.

210 **Beispiel 1 (Rn 196)** ist daher dahingehend zu lösen, dass das Deutsch-Persische Niederlassungsabkommen ausschließlich den in Deutschland belegenen Nachlass des iranischen Erblassers erfasst und dem iranischen Heimatrecht unterstellt. Hinsichtlich des in Frankreich und den anderen Mitgliedstaaten belegenen Nachlasses hingegen ist – auch aus Sicht der deutschen Nachlassgerichte – als Erbstatut gem. Art. 21 EU-ErbVO das am letzten gewöhnlichen Aufenthalt des Erblassers geltende deutsche Erbrecht anzuwenden. Folglich wäre für das in den anderen Mitgliedstaaten belegene Vermögen ein Europäisches Nachlasszeugnis unter Zugrundelegung des deutschen Erbrechts auszustellen, welches den in Deutschland belegenen Nachlass ausdrücklich ausnimmt. Für den in Deutschland belegenen Nachlass kann das deutsche Nachlassgericht einen auf das im Inland belegene Vermögen beschränkten Erbschein nach den Regeln des BGB unter Anwendung iranischen Erbrechts ausstellen (§ 2369 BGB). Die Konkurrenz von EU-ErbVO und bilateralem Abkommen führt hier zu einer Nachlassspaltung. Auf diese Weise wird vermieden, dass die Erben in Frankreich mit einem aus französischer Sicht unter Anwendung „falschen Rechts" erstellten Europäischen Nachlasszeugnis agieren.

V. Gewöhnlicher Aufenthalt des Erblassers in einem anderen Mitgliedstaat

211 Noch komplizierter werden die Fälle, wenn der Erblasser mit letztem gewöhnlichen Aufenthalt in einem anderen Mitgliedstaat der EU-ErbVO verstorben ist.

212 **Abwandlung von Beispiel 1 (Rn 196):** Der iranische Staatsangehörige verstirbt mit letztem gewöhnlichen Aufenthalt in Toulouse. Er hinterlässt Vermögen in Deutschland, in Frankreich und im Iran.

213 Gemäß Art. 4 EU-ErbVO sind aufgrund des gewöhnlichen Aufenthalts des Erblassers die französischen Behörden zuständig, ein Europäisches Nachlasszeugnis (ENZ) auszustellen. Sie wenden – da aus französischer Sicht ein bilaterales Abkommen mit dem Iran über die Rechtsanwendung auf dem Gebiet des Erbrechts nicht besteht – gem. Art. 21 EU-ErbVO französisches Erbrecht an. Dieses französische ENZ wäre gem. Art. 69 EU-ErbVO in Deutschland anzuerkennen, obgleich aus deutscher Sicht der in Deutschland belegene Nachlass sich nach iranischem Erbrecht vererbt. Sollte ein Grundbuchamt das französische ENZ akzeptieren und die nach französischem Recht bestimmten Erben in das Grundbuch eintragen, so würde das Grundbuchamt hierbei gegen Art. 8 Abs. 3 des Deutsch-Persischen

---

[135] *St. Lorenz*, in: Bamberger/Roth, BGB, 3. Aufl. 2012, Art. 25 EGBGB Rn 11 leitet daher bei diesem Abkommen (anders als beim Deutsch-Türkischen Nachlassabkommen) einen – nach der hier vertretenen einschränkenden Auffassung – nahezu extraterritorialen Geltungsanspruch auf für in Drittstaaten belegenes Vermögen ab.

Niederlassungsabkommens verstoßen. Das wäre nicht mit Art. 75 Abs. 1 EU-ErbVO vereinbar, denn diese Regel soll gerade den Konflikt mit dem bilateralen Abkommen vermeiden und es den deutschen Behörden ermöglichen, entsprechend den völkerrechtlichen Verpflichtungen aus dem Niederlassungsabkommen den Nachlass des iranischen Erblassers nach dem iranischen Heimatrecht abzuhandeln (vgl. dazu EG 73 EU-ErbVO).

Eine Lösung dieses Problems wurde bislang in der Literatur – soweit ersichtlich – noch nicht vorgebracht. Man sollte m.E. diese Fälle unter der EU-ErbVO so behandeln wie vor dem Anwendungsstichtag für die EU-ErbVO eingetretene Erbfälle. Bei diesen findet gem. Art. 83 Abs. 1 EU-ErbVO die EU-ErbVO insgesamt keine Anwendung. Das entspricht in beiden Fällen dem Grundsatz der EU-ErbVO, wonach die gegenseitige Anerkennung von erbrechtlichen Entscheidungen und Nachlasszeugnissen darauf beruht, dass der Urteilsstaat das anwendbare Recht nach denselben Regeln ermittelt hat, die auch im Anerkennungsstaat gelten. Die EU-ErbVO ist aus Sicht des durch das bilaterale Abkommen gebundenen Staates also insoweit nicht anwendbar, wie der Nachlass in den sachlichen Anwendungsbereich des Abkommens fällt (im Fall des iranischen oder eines türkischen Erblassers also der gesamte in Deutschland belegene Nachlass, im Fall eines Angehörigen der Russischen Föderation ausschließlich die in Deutschland belegenen Grundstücke, etc.). Aus Sicht der anderen Mitgliedstaaten wiederum wäre ein von einem deutschen Gericht auf der Basis des bilateralen Abkommens ergangenes Urteil nicht nach den Regeln der EU-ErbVO anzuerkennen. Für die deutschen Gerichte ergibt sich umgekehrt, dass diese bei Einschlägigkeit eines bilateralen Abkommens nicht nur in Bezug auf die Rechtsanwendung, sondern auch in Bezug auf die internationale Zuständigkeit von den Regeln der EU-ErbVO befreit sind. Im Gegenzug dürfen sie kein ENZ ausstellen, sondern allenfalls ein Nachfolgezeugnis nach nationalem Recht.[136] Ein von einem anderen Mitgliedstaat ausgestelltes ENZ müsste im Anwendungsbereich des bilateralen Abkommens im Inland nicht gem. Art. 69 EU-ErbVO anerkannt werden.

In der **Fallabwandlung** könnte das Grundbuch daher ausschließlich aufgrund eines von einem deutschen Nachlassgericht ausgestellten Erbscheins berichtigt werden.

Weitere Informationen und Materialien, wie z.B. Muster, Formulare, amtliche Texte und Internetadressen, befinden sich auf der beiliegenden CD-ROM.

---

136 Legt man die Abkommen dahingehend aus, dass in Drittstaaten belegenes Vermögen von den bilateralen Abkommen nicht erfasst wird (siehe Rn 207 m.w.N.), stellt sich diese Frage freilich nicht, denn dann würde das „zur Verwendung in einem anderen Mitgliedstaat" bestimmte Europäische Nachlasszeugnis (Art. 62 Abs. 1 EU-ErbVO) ohnehin Vermögen betreffen, das nicht vom bilateralen Abkommen erfasst wird, so dass das anwendbare Recht (auch bei einem iranischen Erblasser) gem. Kapitel III der EU-ErbVO bestimmt werden könnte.

Süß

§ 3 Regelungsbereich des Erbstatuts und Abgrenzung zu anderen Statuten

Dr. Rembert Süß, Würzburg

Inhalt

A. Die Qualifikation 1	III. Bestimmung des Güterstatuts durch Rechtswahl 63
B. Feststellung des Angehörigenstatus 9	IV. Objektive Anknüpfung des Güterstatuts .. 65
I. Ehe 9	V. Übergangsregeln für vor dem 1.9.1986 geschlossene Ehen 67
1. Zustandekommen der Ehe 9	1. Eheschließung nach dem 8.4.1983 und vor dem 1.9.1986 67
a) Rechtsgrundlage 9	2. Eheschließung nach dem 31.3.1953 und vor dem 9.4.1983 (Alt-Ehen) 69
b) Materielle Voraussetzungen der Eheschließung 10	3. Vor dem 1.4.1953 geschlossene Ehen (Uralt-Ehen) 75
c) Formelle Voraussetzungen der Eheschließung 12	VI. Künftige europäische Regelung 76
2. Scheidung der Ehe 15	VII. Abgrenzung des Güterstatuts vom Erbstatut 77
3. Lockerung des Ehebandes 21	1. Allgemeine Regeln 78
II. Eingetragene Lebenspartnerschaft und gleichgeschlechtliche Ehe 29	2. Qualifikation von § 1371 Abs. 1 BGB .. 85
1. Kollisionsrechtliche Behandlung des Erbrechts in eingetragenen Lebenspartnerschaften 29	3. Güterrechtliche Vereinbarungen auf den Todesfall 91
2. Fälle, in denen das Erbrecht des Lebenspartners trotz Anerkennung scheitert 33	E. Erbstatut und Unterhaltsansprüche 95
III. Abstammung 37	F. Erbstatut und Sachenstatut (bzw. sonstige Einzelstatute) 103
IV. Begründung eines Erbrechts aufgrund Adoption 41	I. Grundsatz 103
1. Zustandekommen der Adoption 41	II. Dingliche Wirkungen von Vindikationslegaten und Teilungsanordnungen 106
2. Erbrechtliche Wirkungen der Adoption 47	III. Kein Trust an in Deutschland belegenen Sachen 110
V. Erbrecht aufgrund nichtehelicher Lebensgemeinschaft 53	IV. Anerkennung des Ehegattennießbrauchs .. 114
C. Erbenloser Nachlass 57	V. Dingliche Wirkung eines pflichtteilsrechtlichen Herabsetzungsurteils 117
D. Güterrecht und Erbstatut 60	G. Erbstatut und Gesellschaftsrecht 120
I. Vorbemerkung 60	
II. Grundsätze des deutschen internationalen Güterrechts 61	

A. Die Qualifikation

Literatur

Dörner, Die Qualifikation im IPR – Ein Buch mit sieben Siegeln?, StAZ 1988, 345; *Heiss/Kaufmann-Mohi*, „Qualifikation" – Ein Regelungsgegenstand für eine Rom 0-Verordnung?, in: Leible/Unberath, Brauchen wir eine Rom 0-Verordnung?, 2013, S. 181 ff.; *Hellner*, Probleme des allgemeinen Teils des Internationalen Privatrechts, in: Dutta/Herrler, Die Europäische Erbrechtsverordnung, 2014, S. 107 ff.; *Mäsch*, Zur Vorfrage im europäischen IPR, in: Leible/Unberath, Brauchen wir eine Rom 0-Verordnung?, 2013, S. 201 ff.; *Rabel*, Das Problem der Qualifikation, RabelsZ 5 (1931) 241.

Die EU-ErbVO ist gem. Art. 1 Abs. 1 EU-ErbVO auf die „Rechtsnachfolge von Todes wegen" anzuwenden. Als „Rechtsnachfolge von Todes wegen" gilt gem. Art. 3 Abs. 1 lit. a EU-ErbVO jede Form des Übergangs von Vermögenswerten, Rechten und Pflichten von Todes wegen, sei es im Wege der gewillkürten Erbfolge durch eine Verfügung von Todes wegen oder im Wege der gesetzlichen Erbfolge. Unter der Geltung von Art. 25 EGBGB wurden im Wesentlichen sämtliche im Fünften Buch des BGB geregelten Gegenstände als

„erbrechtlich" angesehen. Eine entsprechende Verkoppelung mit einem materiellen Zivilrecht ist – da es ein solches auf EU-Ebene nicht gibt – im Rahmen der EU-ErbVO nicht möglich. Daher wird in **Art. 23 Abs. 2 EU-ErbVO** der **Gegenstand des Erbstatuts** wie folgt näher ausgeführt:
a) die Gründe für den Eintritt des Erbfalls sowie dessen Zeitpunkt und Ort;
b) die Berufung der Berechtigten, die Bestimmung ihrer jeweiligen Anteile und etwaiger ihnen vom Erblasser auferlegter Pflichten sowie die Bestimmung sonstiger Rechte an dem Nachlass, einschließlich der Nachlassansprüche des überlebenden Ehegatten oder Lebenspartners;
c) die Erbfähigkeit;
d) die Enterbung und die Erbunwürdigkeit;
e) der Übergang der zum Nachlass gehörenden Vermögenswerte, Rechte und Pflichten auf die Erben und gegebenenfalls die Vermächtnisnehmer, einschließlich der Bedingungen für die Annahme oder die Ausschlagung der Erbschaft oder eines Vermächtnisses und deren Wirkungen;
f) die Rechte der Erben, Testamentsvollstrecker und anderer Nachlassverwalter, insbesondere im Hinblick auf die Veräußerung von Vermögen und die Befriedigung der Gläubiger, unbeschadet der Befugnisse nach Artikel 29 Absätze 2 und 3;
g) die Haftung für die Nachlassverbindlichkeiten;
h) der verfügbare Teil des Nachlasses, die Pflichtteile und andere Beschränkungen der Testierfreiheit sowie etwaige Ansprüche von Personen, die dem Erblasser nahe stehen, gegen den Nachlass oder gegen den Erben;
i) die Ausgleichung und Anrechnung unentgeltlicher Zuwendungen bei der Bestimmung der Anteile der einzelnen Berechtigten und
j) die Teilung des Nachlasses.

2 Unproblematisch hinzufügen kann man die Gegenstände, die unter das „**Errichtungsstatut**" i.S.v. Art. 24 und 24 EU-ErbVO fallen und in **Art. 26 EU-ErbVO** aufgezählt werden:
a) die Testierfähigkeit der Person, die die Verfügung von Todes wegen errichtet;
b) die besonderen Gründe, aufgrund deren die Person, die die Verfügung errichtet, nicht zugunsten bestimmter Personen verfügen darf oder aufgrund deren eine Person kein Nachlassvermögen vom Erblasser erhalten darf;
c) die Zulässigkeit der Stellvertretung bei der Errichtung einer Verfügung von Todes wegen;
d) die Auslegung der Verfügung;
e) Täuschung, Nötigung, Irrtum und alle sonstigen Fragen in Bezug auf Willensmängel oder Testierwillen der Person, die die Verfügung errichtet.

3 Die negative Abgrenzung des Erbstatuts ergab sich im nationalen Erbrecht daraus, dass alle Regelungsgegenstände, die von einer anderen Kollisionsnorm erfasst werden (in Deutschland also durch eine andere Kollisionsnorm im EGBGB), damit automatisch aus dem Anwendungsbereich der erbrechtlichen Kollisionsnorm herausgenommen waren. In einem geschlossenen System von Kollisionsnormen begrenzen sich die Kollisionsnormen also notwendigerweise gegenseitig. Dieses Korrektiv entfällt im europäischen IPR deswegen, weil die Kodifikation des Internationalen Privatrechts in der EU schrittweise erfolgt, es also Bereiche gibt, die nicht europarechtlich geregelt sind, sondern weiterhin Gegenstand des nationalen IPR sind. Nationales IPR kann aber den Anwendungsbereich einer europarechtlichen Vorschrift nicht beschränken. Daher listet **Art. 1 Abs. 2 EU-ErbVO** im Wege einer **negativen Abgrenzung** die Themen auf, die vom **Anwendungsbereich der EU-ErbVO ausgenommen** sein sollen. Das sind insbesondere:
a) der Personenstand sowie Familienverhältnisse und Verhältnisse, die nach dem auf diese Verhältnisse anzuwendenden Recht vergleichbare Wirkungen entfalten;

Süß

b) die Rechts-, Geschäfts- und Handlungsfähigkeit von natürlichen Personen, unbeschadet des Art. 23 Abs. 2 lit. c und des Art. 26;
c) Fragen betreffend die Verschollenheit oder die Abwesenheit einer natürlichen Person oder die Todesvermutung;
d) Fragen des ehelichen Güterrechts sowie des Güterrechts aufgrund von Verhältnissen, die nach dem auf diese Verhältnisse anzuwendenden Recht mit der Ehe vergleichbare Wirkungen entfalten;
e) Unterhaltspflichten außer derjenigen, die mit dem Tod entstehen;
f) die Formgültigkeit mündlicher Verfügungen von Todes wegen;
g) Rechte und Vermögenswerte, die auf andere Weise als durch Rechtsnachfolge von Todes wegen begründet oder übertragen werden, wie unentgeltliche Zuwendungen, Miteigentum mit Anwachsungsrecht des Überlebenden (joint tenancy), Rentenpläne, Versicherungsverträge und ähnliche Vereinbarungen, unbeschadet des Art. 23 Abs. 2 lit. i;
h) Fragen des Gesellschaftsrechts, des Vereinsrechts und des Rechts der juristischen Personen, wie Klauseln im Errichtungsakt oder in der Satzung einer Gesellschaft, eines Vereins oder einer juristischen Person, die das Schicksal der Anteile verstorbener Gesellschafter beziehungsweise Mitglieder regeln;
i) die Auflösung, das Erlöschen und die Verschmelzung von Gesellschaften, Vereinen oder juristischen Personen;
j) die Errichtung, Funktionsweise und Auflösung eines Trusts;
k) die Art der dinglichen Rechte und
l) jede Eintragung von Rechten an beweglichen oder unbeweglichen Vermögensgegenständen in einem Register, einschließlich der gesetzlichen Voraussetzungen für eine solche Eintragung, sowie die Wirkungen der Eintragung oder der fehlenden Eintragung solcher Rechte in einem Register.

Aus dieser detaillierten Auflistung ergibt sich daher im Vergleich zum Zustand unter dem EGBGB nur sehr begrenzt ein Fortschritt. Eine zusätzliche Klarstellung enthält hier z.B. lit. e des Art. 1 Abs. 2 EU-ErbVO, wonach bei der Abgrenzung zum Unterhaltsstatut (bis vor kurzem in Art. 18 EGBGB geregelt, seitdem im Haager Unterhaltsprotokoll; siehe Rn 96) nun klargestellt wird, dass mit dem Erbfall entstehende Unterhaltspflichten keinen Unterhalt im kollisionsrechtlichen Sinne darstellen, sondern als erbrechtliche Ansprüche zu qualifizieren sind. Im Übrigen bleiben aber die bisherigen Probleme erhalten. Diese ergaben sich nämlich nicht daraus, die vom Erbstatut ausgenommenen Bereiche abstrakt zu benennen, sondern bestanden darin, in den Grenzbereichen eine genaue Zuordnung der auftretenden Rechtsfrage zur erbrechtlichen oder zu einer benachbarten Kollisionsnorm vorzunehmen.

Die Zuweisung einer rechtlichen Frage in den Anknüpfungsgegenstand einer bestimmten Kollisionsnorm (**Qualifikation**) bereitet insbesondere dann erhebliche Probleme, wenn diese Frage mehrere Rechtsbereiche berührt und diese in den verschiedenen Kollisionsnormen zugeordnet sind. Dies gilt z.B. für die Frage nach den erbrechtlichen Wirkungen einer Adoption, die man sowohl dem Bereich des Erbstatuts als auch der für die Adoptionswirkungen maßgeblichen Kollisionsnorm zuordnen könnte. Probleme stellen sich auch dann, wenn es sich um dem Kollisionsrecht bislang unbekannte Erscheinungen handelt, für die es keine unmittelbar einschlägige Kollisionsnorm gibt (z.B. Wirkungen der nichtehelichen Lebensgemeinschaft oder der gleichgeschlechtlichen Ehe). Es überrascht nicht, dass hier weder im methodischen Vorgehen noch in einzelnen praktischen Ergebnissen Einigkeit herrscht und vieles umstritten ist.

6   Nach wohl mittlerweile h.M. sind die Systembegriffe der internationalprivatrechtlichen Kollisionsnormen **autonom auszulegen**. Das bedeutet zum einen, dass die Auslegung der Kollisionsnormen nach den eigenen Ordnungskriterien erfolgt und zwar auch dann, wenn ausländisches Recht anwendbar ist und dieses die entsprechende Frage abweichend qualifiziert bzw. die einschlägige Vorschrift unter einen anderen Systembegriff fasst (die Qualifikation erfolgt also nach der *lex fori* und nicht *lege causae*).[1] Die Qualifikation der Systembegriffe des Internationalen Privatrechts erfolgt aber auch in der Weise autonom, als sie sich auch von der systematischen Einordnung der Rechtsinstitute im materiellen deutschen Recht (also z.B. im BGB) löst. Man gesteht dem Internationalen Privatrecht zu, dass es eine eigene Systematik entwickelt (sog. **funktionelle Qualifikation**).[2] Der BGH formuliert: *„Die dem deutschen Richter obliegende Aufgabe ist es, die Vorschrift des ausländischen Rechts nach ihrem Sinn und Zweck zu erfassen, ihre Bedeutung vom Standpunkt des ausländischen Rechts zu würdigen und sie mit Einrichtungen der deutschen Rechtsordnung zu vergleichen. Auf der so gewonnenen Grundlage ist sie den aus den Begriffen und Abgrenzungen der deutschen Rechtsordnung aufgebauten Merkmalen der deutschen Kollisionsnorm zuzuordnen."*[3]

Beispiel: Die Mitwirkung des Standesbeamten bei der Eheschließung oder die Höchstpersönlichkeit der Abgabe der Willenserklärung bei der Eheschließung ist im deutschen materiellen Recht materielle Voraussetzung für die Wirksamkeit einer Eheschließung, im IPR hingegen ist es eine Frage der Form.[4]

7   Die Probleme ergeben sich daraus, diese allgemeinen – und zutreffenden – Grundsätze praktisch umzusetzen. Es gibt nur wenige Stimmen in der Literatur, die sie bezweifeln. Dagegen bereitet es einem im deutschen materiellen Recht geschulten Juristen große Schwierigkeiten, sich von der Systematik des eigenen Zivilrechts zu lösen.

Beispiel: Nur mit rechtsvergleichender Kenntnis lässt sich erkennen, dass die Frage nach den sachenrechtlichen Wirkungen eines Vermächtnisses (also die Erscheinungsform des sog. Vindikationslegats) auf das Sachenrecht zurückgeht und damit nicht erbrechtlich qualifiziert werden darf (siehe Rn 106 ff.). In gleicher Weise verbaut die subjektive Theorie des BGH deutschen Juristen die Erkenntnis, dass die Frage nach der Wirksamkeit eines Testaments, das mehrere Personen gemeinsam errichtet haben, nur die Art und Weise der Errichtung und nicht den Inhalt berührt, und damit unter das Formstatut zu qualifizieren ist (allenfalls die Frage, ob die Erklärungen auch wechselbezüglich sind und welche Konsequenzen hieraus zu ziehen sind, sind unter das Errichtungsstatut zu subsumieren; siehe näher § 4 Rn 55 ff.).

8   Die autonome Auslegung der Vorschriften im europäischen vereinheitlichten Kollisionsrecht fällt insoweit etwas leichter, als hier der supranationale Charakter der Regeln und das Fehlen eines europäischen Sachrechts quasi die autonome Qualifikation erzwingen.

---

1   Für Letzteres dagegen insbesondere *Martin Wolff*, Internationales Privatrecht, 3. Aufl. 1954, S. 54 ff.
2   Siehe z.B. BGHZ 47, 336; *von Bar/Mankowski*, Internationales Privatrecht I, § 7 Rn 173; *Kropholler*, Internationales Privatrecht, 6. Aufl. 2006, § 16 II 2, S. 122; *Rauscher*, Internationales Privatrecht, S. 101; *Kegel/Schurig*, Internationales Privatrecht, § 7 IV, S. 355; MüKo-BGB/*Sonnenberger*, Einl. IPR Rn 493 ff.
3   BGHZ 29, 137, 139; BGH NJW 1967, 1177.
4   *Kegel/Schurig*, Internationales Privatrecht, § 20 IV 2, S. 808.

B. Feststellung des Angehörigenstatus

I. Ehe

Literatur

Andrae, Internationales Familienrecht, 3. Aufl. 2014; *Buschbaum*, Rechtslagenanerkennung aufgrund öffentlicher Urkunden?, in: FS Martiny 2014, S. 259 ff.; *Hausmann*, Kollisionsrechtliche Schranken von Scheidungsurteilen, 1980; *Helms*, Reform des internationalen Scheidungsrechts durch die Rom III-Verordnung, FamRZ 2011, 1765; *Helms*, Die Anerkennung ausländischer Scheidungen im Europäischen Eheverfahrensrecht, FamRZ 2001, 257; *Henrich*, Probleme des internationalen Familienrechts, in: Schwab/Hahne, Familienrecht im Brennpunkt, 2004, S. 259 ff.; *Henrich*, Internationales Familienrecht, 2. Aufl. 2000; *Henrich*, Internationales Scheidungsrecht, 2. Aufl. 2012; *Sturm*, Eheschließung im Ausland – Nachweis, Wirksamkeit und Folgen von Rechtsverletzungen, StAZ 2005, 1; *Voit*, „Heilung durch Statutenwechsel" im internationalen Eheschließungsrecht, 1997.

1. Zustandekommen der Ehe

a) Rechtsgrundlage

Für das Zustandekommen der Ehe gibt es noch keine einheitlichen europäischen Rechts- oder Kollisionsnormen. Maßgeblich sind daher weiterhin grundsätzlich die autonomen nationalen Kollisionsnormen, in Deutschland also **Art. 13 EGBGB**. Noch nicht absehbar ist, inwieweit sich hier durch die „Anerkennung" von Heiratsurkunden etwas anderes ergeben könnte. Sollten die Pläne der Kommission zur gegenseitigen Anerkennung von Personenstandsurkunden dazu führen, dass eine in einem Mitgliedstaat der EU auf der Basis der dort geltenden Rechtsregeln wirksam abgeschlossene Ehe über den Weg der Anerkennung der dort über die Eheschließung ausgestellten Heiratsurkunden anschließend in allen anderen Mitgliedstaaten ohne Rücksicht auf die dort geltenden Normen des IPR als rechtswirksam anerkannt werden muss, so würde damit faktisch das nationale Recht in Art. 13 EGBGB (und auch in Art. 17b Abs. 1 EGBGB) faktisch weitgehend ausgehebelt. 9

b) Materielle Voraussetzungen der Eheschließung

Für die Prüfung der Wirksamkeit einer Eheschließung wird zwischen formellen und materiellen Voraussetzungen unterschieden. Für die materiellen Voraussetzungen (Heiratsalter, Fehlen von Ehehindernissen etc.) verweist Art. 13 Abs. 1 EGBGB für jeden der Verlobten auf dessen jeweiliges Heimatrecht. Die Grenze bilden sog. **zweiseitige Ehehindernisse**, die nach ihrem Inhalt auch die Person des anderen Verlobten einbeziehen. 10

Beispiele: So kann ein Deutscher eine fünfzehnjährige Iranerin heiraten, da diese nach ihrem Heimatrecht heiratsfähig ist (Minderjährigkeit als einseitiges Ehehindernis). Eine deutsche Staatsangehörige kann aber nicht einen bereits ein- oder mehrfach verheirateten Saudi heiraten, selbst wenn das saudische Recht diesem die weitere Eheschließung erlauben sollte, denn das für die Deutsche geltende Verbot der Mehrehe in § 1306 BGB ist zweiseitiges Ehehindernis, das auch verbietet, eine verheiratete Person zu ehelichen.[5]

Das verletzte Recht bestimmt auch die Folgen des Verstoßes. So wäre im Saudi-Fall (Rn 10) die auf Seiten des Ehemannes bigamische Ehe gem. §§ 1306, 1314 BGB aufhebbar, aber 11

---

[5] Palandt/*Brudermüller*, § 1306 BGB Rn 2.

wirksam.⁶ Bis zur Aufhebung beerben sich die Eheleute also gegenseitig als Ehegatten. Sind beide Rechte verletzt, so setzt sich das Recht durch, das die weitergehenden Rechtsfolgen anordnet (Grundsatz des ärgeren Rechts).⁷

c) Formelle Voraussetzungen der Eheschließung

12 Für die Formwirksamkeit der Eheschließung genügt gem. Art. 11 Abs. 1 Fall 2 EGBGB die Einhaltung des am Eheschließungsort geltenden Rechts. Der **Gegenstand der Form** ist **weit** gegriffen und umfasst z.B. die Zulässigkeit der Stellvertretung – soweit sie nicht die Befugnis zur Auswahl des Partners umfasst⁸ –, das Erfordernis eines Aufgebots und das für die Eheschließung zuständige Organ, insbesondere die Zulässigkeit einer Eheschließung durch einen Geistlichen.⁹ Auch zwei deutsche Staatsangehörige können daher z.B. in Italien oder Spanien entsprechend dem Ortsrecht vor dem katholischen Priester heiraten.

13 Alternativ genügt gem. Art. 11 Abs. 1 Fall 1, Art. 13 Abs. 1 EGBGB für die Formwirksamkeit die Einhaltung der Formerfordernisse, die sich aus dem auf die materiellen Voraussetzungen anwendbaren Recht ergeben, also beider (kumulativ) Heimatrechte der Verlobten. Die sich hieraus für ausländische Verlobte grundsätzlich ergebende Möglichkeit, auch im Inland in der Form ihres gemeinsamen Heimatrechts zu heiraten, wird aber durch Art. 13 Abs. 3 EGBGB wieder kassiert. In Deutschland kann die Ehe nur in der nach deutschem Recht vorgeschriebenen standesamtlichen Form geschlossen werden. Raum für Ausnahmen lässt hier allein Art. 13 Abs. 2 S. 2 EGBGB für bestimmte Fälle. Diese einseitige Betonung angeblicher öffentlicher Interessen im Inland provoziert aus deutscher Sicht formnichtige **(hinkende) Ehen.** Dennoch kommen immer wieder Fälle vor, in denen Griechen oder Orientalen in Deutschland von einem Geistlichen getraut wurden¹⁰ und dieser die Ermächtigung nach Art. 13 Abs. 3 S. 2 EGBGB nicht besaß.¹¹ Diese Ehen sind aus deutscher Sicht Nicht-Ehen, es entstehen weder die einem Ehegatten zustehenden gesetzlichen Erb- oder Pflichtteilsrechte noch güterrechtliche Ansprüche des Überlebenden.

14 „Inland" ist auch das Gelände von Konsulaten und Botschaften ausländischer Staaten. Für konsularische Trauungen im Inland ist daher zu beachten, dass keiner der Verlobten Deutscher (i.S.v. Art. 5 Abs. 1 EGBGB) sein darf.

---

6 Mehrehen von Personen, deren Heimatrecht die Einehe vorschreibt, kommen besonders in internationalen Lebensläufen vor. Bei deutschem Erbstatut erben bis zur Aufhebung beide Gatten des polygamen Erblassers bzw. der polyandrischen Erblasserin, müssen sich aber die gesetzliche Ehegattenerbquote hälftig teilen: KG OLGZ 1977, 386; MüKo-BGB/*Leipold*, 6. Aufl. 2013, § 1931 BGB Rn 11. Etwas anderes gilt dann, wenn auch das Heimatrecht des zweiten Ehegatten Mehrehen verbietet und als Rechtsfolge deren Nichtigkeit *ipso iure* anordnet (wie z.B. das philippinische Recht): Dann setzt sich das strengere Recht durch und die Ehe ist Nichtehe (Grundsatz des ärgeren Rechts), BGH FamRZ 1991, 303; OLG Frankfurt ZEV 2001, 493; Palandt/*Thorn*, Art. 13 EGBGB Rn 14.
7 BGH FamRZ 1991, 303; *Kegel/Schurig*, Internationales Privatrecht, § 20 IV 3, S. 812.
8 BGHZ 29, 137; BayObLGZ 2000, 335 (sog. Handschuhehe).
9 OLG Hamm NJW 1988, 3097; OLG Düsseldorf FamRZ 1992, 1078; BayObLGZ 1999, 440.
10 Bei Griechen war dies bis 1982 dadurch erzwungen, dass eine in Deutschland zwischen Griechen geschlossene Zivilehe in Griechenland nicht anerkannt wurde, vgl. *Stamitiadis/Tsantinis*, in: Süß/Ring, Eherecht in Europa, 2. Aufl. 2012, Länderbericht Griechenland Rn 2. In jedem Fall unzulässig ist die durch einen Geistlichen durchgeführte Trauung von türkischen Staatsangehörigen, da das türkische Recht ausschließlich die Zivilehe anerkennt.
11 Das Gleiche gilt für die in der Vergangenheit in Deutschland von einem britischen Militärkaplan getrauten Ehen. Die Zulassung des ausländischen Geistlichen kann beim Bundesverwaltungsamt in Köln erfragt werden.

Praxishinweis: Bei einer religiösen Eheschließung im Inland sollte daher stets kontrolliert werden, ob diese anschließend in das deutsche Standesregister eingetragen worden ist. In diesem Fall sind weitere Zweifel erledigt (Art. 13 Abs. 3 S. 2 Hs. 2 EGBGB). Anderenfalls ist zu empfehlen, beim Bundesverwaltungsamt in Köln oder bei dem für den Ort der Eheschließung zuständigen Standesamt anzufragen, ob der Geistliche ausnahmsweise zur Trauung befugt war. Die religiöse Eheschließung im Ausland ist jedenfalls dann wirksam, wenn das Ortsrecht sie anerkennt. Bei konsularischer Eheschließung kann erfahrungsgemäß die Wirksamkeit jedenfalls dann unterstellt werden, wenn beide Verlobte Angehörige des Entsendestaates waren.

2. Scheidung der Ehe

Das auf die Zulässigkeit und Voraussetzungen anwendbare Recht bestimmt seit dem 21.6.2012 die sog. **Rom III-Verordnung** (Verordnung [EU] Nr. 1259/2010 des Rates vom 20. Dezember 2010 zur Durchführung einer Verstärkten Zusammenarbeit im Bereich des auf die Ehescheidung und Trennung ohne Auflösung des Ehebandes anzuwendenden Rechts). Art. 6 Rom III-VO ermöglicht nun, das Scheidungsstatut durch vertragliche **Rechtswahl** festzulegen. Die Rechtswahl muss durch im Deutschland lebende Eheleute gem. Art. 46d EGBGB durch notariell beurkundeten Ehevertrag getroffen werden. Haben die Eheleute keine Rechtswahl getroffen, so gilt gem. Art. 8 lit. a Rom III-VO vorrangig (**Stufenanknüpfung**) das Recht des Staates, in dem beide Eheleute bei Einleitung des Scheidungsverfahrens ihren gewöhnlichen Aufenthalt haben.

Gemäß Art. 21 Abs. 1 Brüssel IIa-VO ist der in einem anderen **EU-Mitgliedstaat**[12] ergangene gerichtliche **Scheidungsspruch** im Inland *ipso iure* als wirksam zu behandeln, ohne dass es eines Anerkennungsverfahrens bedarf.[13]

Von einem **Gericht außerhalb der EU** oder von einem **dänischen Gericht**[14] gefällte Scheidungsurteile sind anzuerkennen, wenn keiner der in § 109 FamFG abschließend aufgezählten Gründe für die Ablehnung der Anerkennung vorliegt. Dabei kann die Anerkennung in der Praxis regelmäßig nur bei erheblicher Verletzung wesentlicher verfahrensrechtlicher Grundrechte oder wenn die Entscheidung zu einem Ergebnis führt, das mit wesentlichen Grundsätzen des deutschen Rechts offensichtlich unvereinbar ist, insbesondere, wenn die Anerkennung mit den Grundrechten unvereinbar ist (internationaler *ordre public*, § 109 Abs. 1 Nr. 4 FamFG), versagt werden. Gleichgültig ist dabei, ob das Scheidungsgericht das aus deutscher Sicht anwendbare Recht oder das eines anderen Staates angewandt hat.

Ist einer der Eheleute Deutscher oder sind nicht beide Eheleute Angehörige des Urteilsstaates, kann die Scheidung der Ehe in Deutschland allerdings erst nach Anerkennung durch die Justizverwaltung gem. § 107 FamFG (vormals Art. 7 § 1 FamRÄndG) geltend gemacht werden.[15] Die gilt auch für Scheidungen, die nicht durch gerichtliches Urteil erfolgt sind.

Hinweis: Da es sich bei der Scheidung der Ehe um eine Vorfrage handelt, kommt es nicht darauf an, ob die Rechtsordnung, der die Erbfolge unterliegt, die Scheidung überhaupt

---

12 Ausgenommen ist allein Dänemark, Art. 1 Abs. 3 der VO.
13 Hierzu Zöller/*Geimer*, Anh. II Art. 26 Rn 2; *Kohler*, NJW 2001, 15; *Schack*, RabelsZ 65 (2001) 615; *Wagner*, IPRax 2001, 73; *Helms*, Die Anerkennung ausländischer Entscheidungen im Europäischen Eheverfahrensrecht, FamRZ 2001, 257.
14 Im Verhältnis der EU zu Dänemark ist ein Abkommen in Vorbereitung, das Scheidungsurteile aus Dänemark in Deutschland den Entscheidungen aus einem der anderen EU-Mitgliedstaaten gleichstellt.
15 BGH NJW 1983, 515; *Baumbach/Lauterbach*, § 328 ZPO Rn 49 ff.; Keidel/*Zimmermann*, 18. Aufl. 2013, § 107 FamFG Rn 7; Palandt/*Thorn*, Art. 17 EGBGB Rn 31 ff.

kennt oder unter den gegebenen Voraussetzungen anerkennen würde.[16] Es genügt vielmehr, dass aus deutscher Sicht die Ehe wirksam aufgelöst worden ist. Allerdings käme es in diesen Fällen möglicherweise zu einer „hinkenden Scheidung" mit der Folge, dass der Heimatstaat ein Ehegattenerbrecht bejahen würde.

20 Freilich gewähren manche ausländischen Rechtsordnungen trotz wirksamer Scheidung dem geschiedenen Ehegatten weiterhin ein Erbrecht. So hat der zu Lebzeiten unterhaltsberechtigte Ehegatten gem. Art. 9bis des italienischen Scheidungsgesetzes einen (wahrscheinlich) erbrechtlich zu qualifizierenden (siehe Rn 69 ff.) Anspruch auf eine Unterhaltsrente gegen den Nachlass.

3. Lockerung des Ehebandes

21 Ist die Ehe nicht geschieden, aber ein Scheidungsverfahren anhängig bzw. eine rechtskräftige Trennung der Eheleute von Tisch und Bett ausgesprochen worden, ergeben sich unverständliche Folgen (**teleologische Widersprüche**), wenn Scheidungsstatut und Erbstatut unterschiedlichen Rechtsordnungen angehören und nicht zusammenpassen:
– So bleibt nach deutschem Erbrecht das gegenseitige Erbrecht von Eheleuten, die nach dem für ihre Ehe geltenden ausländischen Recht wirksam von Tisch und Bett getrennt worden sind,[17] auch dann weiter bestehen, wenn nach dem für die Ehewirkungen geltenden Recht das Ehegattenerbrecht mit der Trennung entfällt (wie dies z.B. gem. Art. 4:10 lit. a B.W. im niederländischen Recht der Fall ist).
– Gemäß § 759 Abs. 1 öst. ABGB entfällt das gesetzliche Erbrecht des geschiedenen Ehegatten nur dann, wenn er aus seinem Verschulden geschieden worden ist. Lebten aber die Eheleute zuletzt in Deutschland und sind sie daher gem. Art. 8 lit. a Rom III-VO nach deutschem Recht zu scheiden, so kann hiernach kein Verschulden festgestellt werden.[18]

22 Diese Umstände führen dazu, dass – wie z.B. im zuletzt genannten Fall – die Anwendung der entsprechenden Bestimmungen des ausländischen Rechts nicht gelingt.[19] Die Literatur möchte im Wege der Substitution den scheidungsrechtlichen Tatbestand unter die entsprechend flexibel ausgelegten Bestimmungen des Erbstatuts subsumieren. So wäre im zuletzt genannten Beispiel trotz Geltung deutschen Ehewirkungs- und Scheidungsstatuts allein aufgrund der Geltung österreichischen Rechts für die Erbfolge das Verschulden der Scheidung entsprechend dem österreichischen Recht zu ermitteln.[20] Damit lassen sich bei der Geltung österreichischen Erb- und deutschen Scheidungsstatuts zwar die technischen Rechtsanwendungsprobleme lösen. Das Ergebnis wäre aber insoweit inkonsequent, als die Verletzung ehelicher Pflichten nach einem Recht sanktioniert wird, das auf die Ehe nicht

---

16 Zu welchen tief greifenden Änderungen des materiellen Rechts die Verordnung über die gerichtliche Zuständigkeit und Anerkennung von Urteilen führen kann, zeigt sich am Beispiel von Malta: Das maltesische Recht kennt die Scheidung nicht. Dennoch wäre Malta gezwungen, ein in den Niederlanden gefälltes Scheidungsurteil betreffend ein maltesisches Ehepaar anzuerkennen, wenn nur irgendeiner der Zuständigkeitszuweisungen in Art. 3 Abs. 1 lit. a und b Brüssel IIa-VO zu einer internationalen Zuständigkeit der niederländischen Gerichte geführt hat.
17 Dieses vom kanonischen Recht inspirierte Rechtsinstitut gilt außer in den Niederlanden weiterhin in Italien und vielen südamerikanischen Staaten, seit Kurzem aber auch wieder in Polen. In Malta ersetzt es die Scheidung, die dort weiterhin nicht möglich ist.
18 So im Fall BayObLGZ 1980, 376 = IPRax 1981, 100 m. Aufsatz von *Firsching*, S. 100 und weiterer Anm. von *Coester*, S. 206.
19 So von § 759 ABGB im Fall BayObLGZ 1980, 376.
20 *Coester*, IPRax 1980, 206; Staudinger/*Dörner*, Art. 25 EGBGB Rn 152.

anwendbar war. Darüber hinaus treten Asymmetrien in deutsch-österreichischen Ehen auf (siehe näher Rn 24 ff.).

In **gemischt-nationalen Ehen** kann es zu Ungleichheiten kommen, die noch schwieriger zu beheben sind:

23

Beispiel:[21] Ein deutsch-italienisches Ehepaar ließ sich in Deutschland auf gemeinsamen Antrag hin scheiden. Der italienische Ehemann verstarb nach Ausspruch der Scheidung, aber noch vor Zustellung des Urteils. Da der Erblasser keine Abkömmlinge hinterließ, machte die Ehefrau gegen die Eltern und Geschwister nach italienischem Erbrecht eine Erbquote in Höhe von zwei Drittel (Art. 582 *Codice Civile*) geltend (bei Anwendung von § 1371 Abs. 1 BGB hätte sich diese weiter auf mindestens drei Viertel erhöht, siehe Rn 85 ff.). Die Angehörigen wenden ein, es gelte § 1933 BGB, denn wenn die Ehefrau zuerst verstorben wäre, hätte der Ehemann nichts bekommen.

Das Ehegattenerbrecht erlischt nach italienischem Recht erst mit vollständiger Auflösung der Ehe. Die der Scheidung vorausgehende Trennung von Tisch und Bett entzieht gem. Art. 585 Abs. 1 c.c. dem überlebenden Ehegatten allein dann das Erbrecht, wenn ihm die Schuld an der Trennung angelastet worden ist. Ob die Ehe durch die Scheidung bereits aufgelöst ist, ist Vorfrage und ergibt sich nach den Regeln der Rom III-VO aus dem deutschen Recht. Danach ist mangels Zustellung des Scheidungsurteils gem. § 1564 S. 2 BGB, § 705 ZPO die Ehe vor Eintritt des Erbfalls nicht mehr beendet worden.

24

Dieses Ergebnis[22] ist ungerecht, denn allein aufgrund der Kombination deutschen und italienischen Erbrechts kann von der Beantragung der Scheidung an bis zu ihrer Rechtskraft wohl die deutsche Ehefrau ihren italienischen Ehemann beerben, wegen § 1933 BGB nicht aber der italienische Ehemann seine deutsche Ehefrau. Dies stellt m.E. einen teleologischen Widerspruch dar.[23] Zwar wird es allgemein hingenommen, dass aufgrund unterschiedlicher Staatsangehörigkeit der Beteiligten z.B. nur einseitig ein Pflichtteilsrecht zwischen Geschwistern besteht oder sich die Ehegatten wechselseitig zu unterschiedlichen Quoten beerben. In der vorliegenden Konstellation ergeben sich die Gegensätze aber nicht aus dem unterschiedlichen Inhalt des jeweilgen Heimatrechts als Erbstatut, sondern erst aus der Kombination italienischen Erbrechts mit deutschem Scheidungsrecht, also daraus, dass das italienische Recht sehr wohl eine Beendigung des Erbrechts vor rechtskräftiger Scheidung kennt, der Ehemann aber aufgrund der Geltung deutschen Scheidungsstatuts keine Möglichkeit hatte, eine Trennung von Tisch und Bett zu beantragen, bei der der Ehefrau die Trennung angelastet wird.

25

Zur Auflösung des Widerspruchs könnte man daran denken – wie es von den Angehörigen im **Beispiel** vorgeschlagen wurde –, der Ehefrau das Erbrecht zu versagen, wenn der Ehemann seinerseits nach ihr nicht erben könnte (Angleichung auf materiell-rechtlicher Ebene). Das aber wäre willkürlich, denn im umgekehrten Fall, dass er sie überlebt, müsste eine Angleichung dann dahingehend erfolgen, dass der Ehemann wie nach italienischem Erbrecht zur Erbfolge berufen bliebe. Es bliebe dann bei der ungleichen Behandlung – nur dass diese umgekehrt würde. Der Widerspruch lässt sich auf diese Weise also nicht beseitigen.

26

Soweit das materielle Erbrecht bei Einleitung bestimmter eherechtlicher Maßnahmen das subjektive Ehegattenerbrecht enden lässt, ist diese Rechtswirkung besonders eng vom materiellen Eherecht der Rechtsordnung, der das Erbstatut zugehört, abhängig. Die erbrechtliche

27

---

21 Aus einer Anfrage an das Deutsche Notarinstitut, Würzburg.
22 BayObLG 1980, 284.
23 Vgl. *Kegel/Schurig*, Internationales Privatrecht, § 8 II 2, S. 359 ff.

Süß

Qualifikation der Frage nach den erbrechtlichen Folgen der entsprechenden scheidungsrechtlichen Sachverhalte provoziert mithin zwangsläufig Probleme. Besser wäre es, die Frage, ob die Ehe aufgrund Einleitung bestimmter Maßnahmen bereits soweit gelöst ist, dass ihr auch keine erbrechtlichen Wirkungen mehr zukommen soll, funktionell dem Scheidungsstatut zuzuordnen (**scheidungsrechtliche Qualifikation**). Dies gilt umso mehr, als einem der Ehegatten u.U. aufgrund des abweichenden Scheidungsstatuts Maßnahmen versagt bleiben (im **Beispielsfall** z.B. die Feststellung des Trennungsverschuldens der Ehefrau, Trennung von Tisch und Bett), die nach seinem Erbstatut das Ehegattenerbrecht beenden. Ob die betreffende Regelung sich im Zusammenhang mit ehe- oder mit erbrechtlichen Vorschriften befindet, ist meistens zufällig und im Rahmen der funktionellen Qualifikation letztlich unbeachtlich (siehe Rn 6).

28   Für den **Beispielsfall** ergäbe sich daraus, dass § 1933 BGB scheidungsrechtlich zu qualifizieren wäre, mit der Folge, dass er aufgrund der Geltung deutschen Scheidungsstatuts auf die Erbfolge nach beiden Ehegatten, auch nach dem italienischen Ehegatten, anwendbar wäre.

II. Eingetragene Lebenspartnerschaft und gleichgeschlechtliche Ehe

Literatur

Buschbaum, Kollisionsrecht der Partnerschaften außerhalb der traditionellen Ehe – Teil 1, RNotZ 2010, 73; Teil 2, RNotZ 2010, 149; *Coester*, Das Erbrecht registrierter Lebenspartner unter der EuErbVO, ZEV 2013, 115; *Dörner*, Grundfragen der Anknüpfung eingetragener gleichgeschlechtlicher Partnerschaften, in: FS Erik Jayme 2004, Band I, S. 143 ff.; *Frank*, Die eingetragene Lebenspartnerschaft unter Beteiligung von Ausländern, MittBayNot 2001 – Sonderheft Lebenspartnerschaften, S. 35 ff.; *Gebauer/Staudinger*, Registrierte Lebenspartnerschaft und die Kappungsregel des Art. 17b Abs. 4 EGBGB, IPRax 2002, 275; *Henrich*, Kollisionsrechtliche Fragen der eingetragenen Lebenspartnerschaft, FamRZ 2002, 137; *Jakob*, Die eingetragene Lebenspartnerschaft im internationalen Privatrecht, 2002; *Martiny*, Cross-Border recognition (and Refusal of Recognition) of Registered Partnerships and Marriages with a Focus on Their Financial Aspects and the Consequences for Divorce, Maintenance and Succession, in: Boele-Woelki/Fuchs, Legal Recognition of Same-Sex Relationships in Europe, 2. Aufl. 2012, S. 225 ff.; *Martiny*, Internationales Privatrecht, in: Hausmann/Hohloch, Handbuch der nichtehelichen Lebensgemeinschaft, 2. Aufl. 2004, S. 773 ff.; *Rigaux*, The Law Applicable to Non Traditional Families, Liber Amicorum Kurt Siehr, 2000, S. 647 ff.; *Röthel*, Gleichgeschlechtliche Ehe und ordre public, IPRax 2002, 496; *Süß*, Notarieller Gestaltungsbedarf bei Eingetragenen Lebenspartnerschaften mit Ausländern, DNotZ 2001, 168; *Wagner*, Das neue internationale Privat- und Verfahrensrecht zur eingetragenen Lebenspartnerschaft, IPRax 2001, 281; *Wasmuth*, Eheschließung unter Gleichgeschlechtlichen in den Niederlanden und deutscher ordre public, Liber Amicorum Gerhard Kegel, 2002, S. 237 ff.; *Winkler von Mohrenfels*, Die gleichgeschlechtliche Ehe im deutschen IPR und im europäischen Verfahrensrecht, in: FS Ansay 2006, S. 527 ff.

1. Kollisionsrechtliche Behandlung des Erbrechts in eingetragenen Lebenspartnerschaften

29   Die eingetragene Lebenspartnerschaft gleichgeschlechtlicher Partner findet in Europa immer weitere Verbreitung (z.B. in Deutschland, Dänemark, Österreich, der Schweiz, Luxemburg, Finnland, Irland, Kroatien, der Tschechischen Republik, dem Vereinigten Königreich, Slowenien und Ungarn). Gemäß Art. 17b Abs. 1 S. 1 EGBGB[24] unterliegt die Wirksamkeit der Begründung dem Recht des Ortes, an dem diese **registriert** worden ist. Ausländer können daher eine Lebenspartnerschaft in Deutschland auch dann eingehen, wenn ihr Heimatrecht ein derartiges Institut nicht kennt. Dieses ausländische Heimatrecht wird

---

24   Bis zum 1.1.2002: Art. 17a EGBGB, BGBl 2001 I, S. 3513.

dann naturgemäß kein gesetzliches Erbrecht für den überlebenden Lebenspartner vorsehen. Art. 17b Abs. 1 S. 2 EGBGB bestimmte für diese Fälle daher ersatzweise „insoweit" die Anwendung des Rechts des Registrierungsstaates. Bei Registrierung der Lebenspartnerschaft im Inland könnte der überlebende Partner in diesen Fällen also seinen ausländischen Lebenspartner nach deutschem Recht beerben.[25] Diese Kollisionsnorm freilich ist offensichtlich keine familienrechtliche Kollisionsnorm mehr, sondern als Regelung des internationalen Erbrechts zu qualifizieren. Das bedeutet, dass **Art. 17b Abs. 1 S. 2 EGBGB** durch die **EU-ErbVO verdrängt** werden wird.[26] Dementsprechend sehen auch die Pläne der Bundesregierung für ein Durchführungsgesetz zur EU-ErbVO die Streichung dieser Vorschrift vor. Damit drohen nur eingetragenen Lebenspartnern vor allem in folgenden beiden Konstellationen Probleme:

- Ein deutscher und ein polnischer Staatsangehöriger haben in Deutschland eine eingetragene Lebenspartnerschaft registrieren lassen. Diese wird im polnischen Recht nicht anerkannt. Aufgrund des gewöhnlichen Aufenthalts beider Partner in Deutschland und der ausschließlichen Zuständigkeit deutscher Gericht für die erbrechtlichen Angelegenheiten ist insoweit die Anerkennung des gegenseitigen gesetzlichen Erbrechts nach deutschem Recht gem. Art. 4, 21 EU-ErbVO gesichert. Probleme treten freilich für den deutschen Partner auf, wenn der polnische Partner gem. Art. 22 Abs. 1 EU-ErbVO für die Erbfolge polnisches Recht wählt. Dieses kennt keine eingetragene Lebenspartnerschaft, so dass der deutsche Lebenspartner weder ein gesetzliches Erbrecht noch ein Pflichtteilsrecht hätte. Gegen eine solche Verfügung würde allenfalls ein Erbvertrag mit vertragsmäßiger gegenseitiger Erbeinsetzung helfen. Dieser kann gem. Art. 25 Abs. 3 EU-ErbVO dem deutschen Heimatrecht des inländischen Partners unterstellt werden.
- Zwei deutsche Frauen haben in Deutschland eine eingetragene Lebenspartnerschaft registrieren lassen. Ziehen diese nach Italien, so entfällt mit der Anwendbarkeit italienischen Erbrechts über Art. 21 EU-ErbVO das gegenseitige gesetzliche Erbrecht. Hier könnte eine Wahl deutschen Heimatrechts (Art. 22 EU-ErbVO) helfen. Diese wäre aber jederzeit frei widerruflich.

Ist umgekehrt **deutsches Recht Erbstatut** und die Lebenspartnerschaft **im Ausland registriert** worden, wäre zu prüfen, ob die ausländische Lebenspartnerschaft eine so starke rechtliche Verbindung zwischen den Lebenspartnern begründet, wie sie das deutsche Erbstatut für eine Beteiligung an der gesetzlichen Erbfolge voraussetzt (**Substitution**).[27] Dies wäre beim *PACS* des französischen Rechts oder bei der *cohabitation légale* belgischen Rechts, welche z.B. jederzeit, auch einseitig, aufgelöst werden können, auch heterosexuellen Paaren offenstehen und kein gesetzliches Erbrecht begründen und damit eine im Vergleich zur eingetragenen Lebenspartnerschaft deutschen Rechts erheblich losere rechtliche Beziehung darstellen, offensichtlich nicht der Fall.[28] Als Faustformel ließe sich insoweit festhalten, dass dann, wenn die institutionalisierte Lebenspartnerschaft nach dem Recht des register-

---

25 Dabei greift das Recht des Registrierungsstaates noch nicht ein, wenn das Erbstatut eine andersartige oder mindere Beteiligung des Lebenspartners am Nachlass vorsieht (z.B. die Erbquote anders bestimmt oder den überlebenden Lebenspartner nur Vorerbe bzw. Nießbraucher werden lässt) oder nur im konkreten Fall eine solche ganz versagt (z.B. weil es ein gesetzliches Erbrecht, aber kein Pflichtteilsrecht vorsieht). Vielmehr wird zum Eingreifen des Rechts am Registrierungsort erforderlich sein, dass das Erbstatut generell kein gesetzliches Partnererbrecht kennt, weil es die Lebenspartnerschaft nicht kennt oder aber dem Lebenspartner keinerlei gesetzliche Beteiligung am Nachlass zugesteht.
26 Ausf. dazu *Coester*, ZEV 2013, 115.
27 *Hausmann*, in: FS Henrich 2000, S. 242, 262.
28 Eingehend zum *PACS* des französischen Rechts: *Ferrand*, FamRZ 2000, 517, 521 ff.; *Döbereiner*, in: Süß/Ring, Eherecht in Europa, 2. Aufl. 2012, Länderbericht Frankreich Rn 244.

führenden Staates der Ehe gleichgestellt ist oder ein gesetzliches Erb- bzw. Pflichtteilsrecht begründet, ein solches also auch nach deutschem Erbrecht entsteht; entsteht es nach dem Recht des registerführenden Staates nicht, ist dagegen eine entsprechende Substitution mit der eingetragenen Lebenspartnerschaft deutschen Rechts zweifelhaft.

Praxishinweis: Im Zweifel sollten die Beteiligten entweder durch Neuregistrierung im Inland über Art. 17b Abs. 3 EGBGB die Geltung deutschen Rechts herbeiführen oder aber entsprechend letztwillig verfügen.

31 In einigen Staaten ist die gleichgeschlechtliche Lebenspartnerschaft als zivile Rechtsbeziehung zwischen zwei Personen mit ehegleichen oder der Ehe weitestgehend angenäherten Wirkungen in der Weise verwirklicht worden, dass nicht – wie in Deutschland – ein neues Rechtsinstitut geschaffen wurde, welches mit im Wesentlichen gleichen Wirkungen ausgestattet wurde wie die Ehe („Kopiermethode"), oder indem pauschal auf die Wirkungen der Ehe verwiesen wurde („Verweisungsmethode"),[29] sondern indem die traditionelle Ehe auch Personen gleichen Geschlechts geöffnet wurde (so z.B. in Argentinien, Belgien, England, Frankreich, Island, den Niederlanden, Norwegen, Portugal, Schweden und Spanien, Massachusetts, New York und in einzelnen anderen Staaten der USA). Das hat zur Folge, dass im Erbrecht für den gleichgeschlechtlichen Partner das Ehegattenerbrecht unmittelbar gilt. Die Einordnung dieser **gleichgeschlechtlichen Ehe** bzw. Homo-Ehe im Internationalen Privatrecht ist in Deutschland umstritten. Von einigen Autoren wird insoweit die ausländische Bezeichnung übernommen und die Anwendung der Art. 13 ff. EGBGB befürwortet.[30] Nach einer in der Lehre mittlerweile aber überwiegend akzeptierten und vor allem in der Rechtsprechung praktizierten Auslegung ist hier **Art. 17b EGBGB** als *lex specialis* heranzuziehen.[31] Die Übernahme des erweiterten Ehebegriffs aus dem ausländischen (z.B. dem niederländischen) Recht stellt sich als Qualifikation *lege causae* dar (siehe Rn 6) und widerspricht damit dem Gedanken der funktionellen Qualifikation im deutschen IPR. Vielmehr wäre die Homo-Ehe als funktionsgleiches Institut wie eine eingetragene Lebenspartnerschaft unter Art. 17b EGBGB zu subsumieren. Das entspricht letztlich auch dem Zweck der Norm, die Anerkennung im Ausland begründeter entsprechender Beziehungen zu erleichtern.[32]

32 Noch schwieriger ist die Einordnung registrierter oder sonstiger rechtlicher Beziehungen, die **keine Ehen** sind und **gleich- wie auch verschiedengeschlechtlichen** Paaren offenstehen (z.B. die registrierte Partnerschaft des französischen (*PACS*), des belgischen (*cohabitation légale*) oder des luxemburgischen Rechts.[33] Hier liegt es nahe, auch für heterosexuelle

---

29 So beispielsweise in England.
30 So MüKo-BGB/*Coester*, Art. 17b EGBGB Rn 147 bis zur 4. Auflage; NK-BGB/*Gebauer*, Art. 17b EGBGB Rn 19; *Gebauer/Staudinger*, IPRax 2002, 277; *Kiel*, in: Bruns/Kemper, LPartG, 2001, Art. 17a EGBGB Rn 2, 68; *Röthel*, IPRax 2002, 497; *v. Hoffmann/Thorn*, Internationales Privatrecht, § 8 Rn 73c; *Winkler von Mohrenfels*, in: FS Ansay 2006, S. 537.
31 OLG München, Beschl. v. 7.2.2011 – 31 Wx 278/10, FamRZ 2011, 1506; BFH IPRax 2006, 287; AG Münster IPRax 2011, 269; VG Berlin IPRax 2011, 270 m. Anm. *Mankowski/Höffmann*; MüKo-BGB/*Coester*, 5. Aufl. 2010, Art. 17b EGBGB Rn 143.
32 Vgl. NK-BGB/*Andrae*, Art. 13 EGBGB Rn 50; *Dörner*, in: FS Jayme 2004, S. 150; Palandt/*Thorn*, Art. 17b EGBGB Rn 11; *Henrich*, FamRZ 2002, 138; *ders.*, in: Schwab/Hahne, Familienrecht im Brennpunkt, 2004, S. 260; Erman/*Hohloch*, Art. 17b EGBGB Rn 6; *Kropholler*, Internationales Privatrecht, 6. Aufl. 2006, § 44 V, S. 339; *Martiny*, in: Hausmann/Hohloch, Das Recht der nichtehelichen Lebensgemeinschaft, Kap. 12 Rn 62; *Rauscher*, Internationales Privatrecht, S. 189; MüKo-BGB/*Siehr*, Art. 15 EGBGB Rn 201; *Süß*, in: Süß/Ring, Eherecht in Europa, 2. Aufl. 2012, Allgemeiner Teil § 2 Rn 347; *Wasmuth*, in: FS Kegel 2002, S. 237, 241.
33 Dazu z.B. *Watgen*, in: Süß/Ring, Eherecht in Europa, 2. Aufl. 2012, Länderbericht Luxemburg Rn 38.

Verbindungen auf Art. 17b EGBGB zurückzugreifen. Die damit grundsätzlich erleichterte Anerkennung würde aber aufgrund der Kappungsgrenze in Art. 17b Abs. 4 EGBGB letztlich wieder zurückgenommen, weil das deutsche Recht entsprechende Einrichtungen nicht kennt. Auch ergäben sich Probleme bei der Abgrenzung dieser eheähnlichen Institute zur Ehe. Meines Erachtens sollte daher für gleichgeschlechtliche Verbindungen stets auf Art. 17b EGBGB und für verschiedengeschlechtliche Verbindungen auf das am gewöhnlichen Aufenthalt geltende Recht zurückgegriffen werden.[34] Hier ist freilich in der Rechtslehre noch alles im Fluss. Einschlägige Rechtsprechung liegt zu dieser Frage noch nicht vor. Europarechtliche Ansätze des EuGH sind nicht völlig auszuschließen.

2. Fälle, in denen das Erbrecht des Lebenspartners trotz Anerkennung scheitert

Wegen der geringen internationalen Verbreitung und der großen Unterschiede bei der gesetzlichen Regelung der eingetragenen Lebenspartnerschaft ergeben sich in internationalen Fällen für die Beteiligten erhebliche Risiken: 33

(1) Gemäß Art. 75 Abs. 1 EU-ErbVO genießen Regelungen in **internationalen Vereinbarungen** Vorrang vor den autonomen Kollisionsnormen, damit also auch vor Art. 17b Abs. 1 EGBGB. Dies betrifft beispielsweise die zwingende Anwendung des Heimatrechts in Bezug auf die Mobiliarerbfolge nach einem türkischen Staatsangehörigen und die Erbfolge des in der Türkei belegenen unbeweglichen Nachlasses (nach einem deutschen Lebenspartner)[35] sowie die Erbfolge nach einem iranischen Staatsangehörigen.[36] Für die Anwendung deutschen Partnerschaftserbrechts bleibt hier kein Raum. 34

(2) Ausländische Nachlassbehörden werden ein gesetzliches Erbrecht des Lebenspartners voraussichtlich nur dann anerkennen, wenn das aus ihrer Sicht einschlägige Erbstatut ein gesetzliches Erbrecht des Lebenspartners begründet und die Lebenspartnerschaft nach dem auf deren Zustandekommen – aus Sicht des ausländischen Staates – anzuwendenden Recht (Vorfrage) wirksam zustande gekommen ist. Zudem wird das gesetzliche Partnererbrecht selbst bei Anwendung deutschen Partnerschaftsrechts versagt werden, wenn es das dortige sittliche Empfinden oder verfassungsrechtliche Vorgaben (*ordre public*) verletzt. 35

So wird z.B. im oben aufgeführten Fall (Rn 29) für die polnischen Behörden selbst die Wahl deutschen Erbrechts nicht helfen, weil diese nämlich bei der Anwendung deutschen Erbrechts schon die Vorfrage nach dem Bestehen einer „eingetragenen Lebenspartnerschaft" i.S.v. § 10 LPartG wegen Beteiligung eines polnischen Staatsangehörigen verneinen werden.

(3) Der Statutenwechsel durch Verlegung des gewöhnlichen Aufenthalts des Paares in einen Mitgliedstaat ohne Regelung zur Lebenspartnerschaft führt hier ebenfalls zu Risiken. Das gilt insbesondere dann, wenn die Verlagerung des Lebensmittelpunkts nicht zu einem bestimmten Zeitpunkt bewusst, sondern sukzessive und damit unbewusst erfolgt (**schleichende Verlegung des gewöhnlichen Aufenthalts**). Eine Rechtswahl kann hier nur dann helfen, wenn beide Partner einem Staat angehören, der ein gesetzliches Partnerschaftserbrecht vorsieht. Aber auch dann ist die Sicherheit für den anderen nicht gegeben, denn ihm könnte der Pflichtteil jederzeit dadurch entzogen werden, dass der andere die Rechtswahl widerruft und damit das „partnerlose" Erbrecht des Aufenthaltsstaates zur Anwendung bringt. 36

---

34 *Süß*, in: Süß/Ring, Eherecht in Europa, 2. Aufl. 2012, Allgemeiner Teil § 2 Rn 348 m.w.N.
35 Art. 14 Abs. 1 der Anlage zu Art. 20 des Deutsch-Türkischen Konsularvertrages vom 28.5.1929 (Nachlassabkommen), RGBl 1930 II, S. 758; siehe § 2 Rn 189 ff.
36 Art. 8 des Deutsch-Iranischen Niederlassungsabkommens vom 17.2.1929, RGBl 1930 II, S. 1006; siehe § 2 Rn 185 ff.

Praxishinweis: Mittel der Wahl ist hier daher regelmäßig der Erbvertrag, der gem. Art. 25 Abs. 3 EU-ErbVO nun zum „Exportprodukt" geworden ist (siehe § 4 Rn 38).

III. Abstammung

Literatur

Dethloff, Konkurrenz von Vaterschaftsvermutung und Anerkennung der Vaterschaft, IPRax 2005, 326; *Dörner*, Probleme des neuen Internationalen Kindschaftsrechts, in: FS Henrich 2000, S. 119 ff.; *Henrich*, Kindschaftsrechtsreformgesetz und IPR, FamRZ 1998, 1401; *Henrich*, Legitimationen nach ausländischem Recht: Sind sie noch zu beachten?, Mélanges Fritz Sturm, Liège 1999, S. 1505 ff.; *Hepting*, Konkurrierende Vaterschaften in Auslandsfällen, StAZ 2000, 33; *Walburg*, Anpassungsprobleme im internationalen Abstammungsrecht, 2001; *Wedemann*, Konkurrierende Vaterschaft und doppelte Mutterschaft im internationalen Abstammungsrecht, 2006.

37 Die Abstammung unterliegt dem gem. Art. 19 Abs. 1 EGBGB anwendbaren Recht. Dies gilt wohl auch unter der Geltung der EU-ErbVO selbst dann, wenn ausländisches Recht Erbstatut ist (selbständige Vorfragenanknüpfung).[37]

38 Um die Feststellung der Abstammung zu begünstigen, sieht Art. 19 Abs. 1 EGBGB nebeneinander mehrere Anknüpfungspunkte vor (alternative Anknüpfung).[38]

39 **Hinweis:** Für vor dem 1.7.1998 geborene Kinder ist nicht Art. 19 EGBGB in der aktuellen Fassung anwendbar, sondern es gelten die Art. 19, 20 EGBGB in der bis dahin geltenden Fassung (Art. 224 § 1 Abs. 1 EGBGB).[39]

40 Schwierigkeiten ergeben sich, wenn das ausländische Erbstatut – wie z.B. das japanische Erbrecht – noch eine unterschiedliche Behandlung ehelicher und nichtehelicher Abkömmlinge vorsieht. Da das deutsche Kollisionsrecht für seit dem 1.7.1998 geborene Kinder nicht mehr eine Kollisionsnorm für die Feststellung der ehelichen Abstammung enthält, besteht für diese Fälle eine kollisionsrechtliche Regelungslücke. Das Vorgehen in diesen Fällen ist umstritten:
– Nach einer Ansicht soll die eheliche bzw. uneheliche Abstammung sowie die Legitimation **unmittelbar dem Sachrecht der auf die Erbfolge anwendbaren Rechtsordnung entnommen** werden, also dem Kindschaftsrecht des Staates, dessen Recht die Erbfolge unterliegt; lediglich in diesem Zusammenhang auftauchende weitere Vorfragen, wie z.B. die wirksame Eheschließung der Mutter, seien nach deutschem IPR anzuknüpfen.[40]
– Die mittlerweile wohl überwiegende abweichende Ansicht befürwortet hier dagegen ausnahmsweise eine sog. **unselbständige Vorfragenanknüpfung**. Das heißt, dass das auf die Ehelichkeit anwendbare Recht nach dem IPR des Staates bestimmt werden soll,

---

[37] Palandt/*Thorn*, Art. 25 EGBGB Rn 17; Staudinger/*Dörner*, Art. 25 EGBGB Rn 600; *Kegel/Schurig*, Internationales Privatrecht, § 9 II 1, S. 376. Zur unselbständigen Anknüpfung von Vorfragen nach dem IPR der auf die Erbfolge anwendbaren Rechtsordnung z.B. *Dörner*, ZEV 2012, 512; schon zum alten Art. 25 EGBGB MüKo-BGB/*Sonnenberger*, 5. Aufl. 2010, Einl. Internationales Privatrecht Rn 560 ff.

[38] Die alternative Anknüpfung zur Begünstigung der Wirksamkeit eines Rechtsverhältnisses findet sich in Art. 26 Abs. 1 EGBGB wieder (siehe § 4 Rn 12 ff.). Zu Einzelfragen siehe *Süß*, in: Süß/Ring, Eherecht in Europa, 2. Auf. 2012, Allgemeiner Teil § 2 Rn 411.

[39] Bamberger/Roth/*Otte*, 3. Aufl. 2012, Art. 19 EGBGB Rn 2.

[40] Quasi eine erbrechtliche Qualifikation. So: *Dörner*, in: FS Henrich 2000, S. 119, 126; Staudinger/*Dörner*, Art. 25 EGBGB Rn 171; *Sturm*, StAZ 1998, 313.

dessen Recht Erbstatut ist.⁴¹ Weitere Vorfragen, wie z.B. das Bestehen einer Ehe der Mutter, sind freilich auch hier wieder nach deutschem IPR anzuknüpfen. Kommt man auf diese Weise zum deutschen Kindschaftsrecht, welches nur eine einheitliche Kindschaft kennt, ist das Kind m.E. stets als ehelich zu behandeln.⁴² Unabhängig davon wäre eine Ungleichbehandlung ohnehin gem. Art. 35 EU-ErbVO regelmäßig als ordre public-widrig zu korrigieren.

IV. Begründung eines Erbrechts aufgrund Adoption

Literatur

Busch, Adoptionswirkungsgesetz und Haager Adoptionsübereinkommen – von der Nachadoption zur Anerkennung und Wirkungsfeststellung, IPRax 2003, 13; *Dietz*, Das Erbrecht des Adoptivkindes im Internationalen Privatrecht, 2006; *Emmerling de Oliveira*, Adoptionen mit Auslandsberührung, MittBayNot 2010, 429; *Heiderhoff*, Das Erbrecht des adoptierten Kindes nach der Neuregelung des internationalen Adoptionsrechts, FamRZ 2002, 1682; *St. Lorenz*, Adoptionswirkungen, Vorfragenanknüpfung und Substitution im Internationalen Adoptionsrecht nach der Umsetzung des Haager Adoptionsabkommens vom 29.5.1993, in: FS Sonnenberger 2004, S. 497 ff.; *Ludwig*, Internationales Adoptionsrecht in der notariellen Praxis nach dem Adoptionswirkungsgesetz, RNotZ 2002, 253; *Müller*, Erbrechtliche Konsequenzen der Adoption im Internationalen Privatrecht, NJW 1985, 2056; *Müller/Sieghörtner/Emmerling de Oliveira*, Adoptionsrecht in der Praxis – einschließlich Auslandsbezug, 2. Aufl. 2011; *Sonnenberger*, Erwerb und Fortfall der Erbberechtigung adoptierter Kinder, insbesondere bei Adoptionen in den USA, in: Gedächtnisschrift Lüderitz, 2000, S. 713 ff.; *Süß*, Ratifikation der Haager Adoptionskonvention – Folgen für die notarielle Praxis, MittBayNot 2002, 88; *Wandel*, Auslandsadoption, Anerkennung und erbrechtliche Auswirkungen im Inlandserbfall, BWNotZ 1992, 17; *Weitzel*, Zur Anerkennung ausländischer Adoptionsentscheidungen, IPRax 2007, 308.

1. Zustandekommen der Adoption

Die Wirksamkeit einer Adoption unterliegt gem. Art. 22 Abs. 1 S. 1 EGBGB dem **Heimatrecht des Annehmenden**. Ist der Annehmende verheiratet oder nehmen Eheleute gemeinsam ein Kind an, unterliegt die Adoption dem auf die allgemeinen Wirkungen ihrer Ehe anwendbaren Recht, so dass bei unterschiedlicher Staatsangehörigkeit gem. Art. 23 Abs. 1 S. 2, Art. 14 Abs. 1 Nr. 2 EGBGB das Recht des Staates gilt, in dem sie beide ihren gewöhnlichen Aufenthalt haben. Zusätzlich dazu (kumulativ) sind gem. Art. 23 EGBGB die sich aus dem Heimatrecht des Angenommenen ergebenden Zustimmungserfordernisse einzuhalten.

41

Die **Anerkennung einer im Ausland vorgenommenen Minderjährigenadoption** regelt im Verhältnis zu den mittlerweile über 50 Beitrittsstaaten das Haager Übereinkommen über den Schutz von Kindern und die Zusammenarbeit auf dem Gebiet der internationalen Adoption (**Haager Adoptionsübereinkommen**) vom 29.5.1993.⁴³ Aufgrund des Beitritts

42

---

41 Palandt/*Thorn*, Art. 19 EGBGB Rn 8; Erman/*Hohloch*, Art. 19 EGBGB Rn 24; *Henrich*, FamRZ 1998, 1405; Staudinger/*Hein/Henrich*, Art. 19 EGBGB Rn 99; *Hepting*, StAZ 1999, 97; *Kropholler*, Internationales Privatrecht, 6. Aufl. 2006, § 32 IV 2 c, S. 225; MüKo-BGB/*Klinkhardt*, Art. 19 EGBGB n.F. Rn 1; Bamberger/Roth/*Otte*, Art. 19 EGBGB Rn 26; MüKo-BGB/*Sonnenberger*, Einl. Internationales Privatrecht Rn 566.
42 So z.B. auch Bamberger/Roth/*Otte*, Art. 19 EGBGB Rn 26.
43 BGBl 2001 II, S. 1034; Kopie auch auf der beiliegenden CD-ROM unter der Rubrik „Haager Konventionen".

Deutschlands zu dem Abkommen kann nun gem. § 2 Adoptionswirkungsgesetz[44] durch hoheitlichen Akt im Inland mit Wirkung *erga omnes* die Anerkennung einer konventionskonform begründeten Minderjährigenadoption gerichtlich festgestellt werden (= Art. 23 Abs. 1 Adoptionsübereinkommen – **Anerkennungsfeststellung**).[45]

Praxishinweis: Die vorherige Feststellung ist im Nachlassverfahren vorteilhaft, aber nicht erforderlich. Haben die Beteiligten vor dem Eintritt des Erbfalls eine gerichtliche Feststellung der Adoption nicht durchgeführt, so ist die Wirksamkeit der Adoption durch das Nachlassgericht quasi inzidenter als Vorfrage selbst zu prüfen.

43 Die Wirkungen einer durch Urteil oder Verwaltungsakt zustande gekommenen Adoption (**Dekretadoption**) bestimmen sich nach dem Recht, das von der ausländischen Behörde im Adoptionsverfahren zugrunde gelegt worden ist. Hat die Adoption nach dem Recht, das von der ausländischen Behörde angewandt worden ist, die Beendigung der familienrechtlichen Beziehungen zur leiblichen Familie zur Folge (**Volladoption**), kann dem Angenommenen durch Feststellung des deutschen Gerichts gem. § 2 Abs. 2 Nr. 1 AdWirkG (= Art. 26 Adoptionsübereinkommen – **Wirkungsfeststellung**) die Stellung eines nach deutschem Recht angenommenen Kindes verliehen werden.

44 Hat die Adoption nach dem hierauf angewandten Recht die Beziehungen zur leiblichen Familie bestehen lassen (sog. **schwache Adoption**), stellt das Gericht nur fest, dass das Kind im Hinblick auf die elterliche Sorge und die Unterhaltspflicht einem nach deutschem Recht angenommenen Kind gleichsteht (Wirkungsfeststellung gem. § 2 Abs. 2 Nr. 2 AdWirkG), kann aber auf Antrag dem Kind auch die Rechtsstellung eines nach deutschem Recht angenommenen Kindes verleihen (= Art. 27 Adoptionsübereinkommen – **Umwandlungsausspruch**), § 3 Abs. 1 AdWirkG.

45 Im Fall einer Volljährigenadoption kann eine allgemeine Feststellung der Wirksamkeit der ausländischen Dekretadoption ausschließlich durch eine gerichtliche Entscheidung über die Anerkennung gem. § 108 Abs. 2 S. 1 FamFG herbeigeführt werden.

46 Ist zur Vornahme der Adoption lediglich ein zivilrechtlicher Vertrag abgeschlossen worden (**Vertragsadoption**), beurteilt sich dessen Wirksamkeit (also in Bezug auf die materielle Wirksamkeit ohne Rücksicht darauf, ob die Adoption im In- oder Ausland vorgenommen worden ist)[46] nach dem aus deutscher Sicht maßgeblichen Adoptionsstatut – also dem gem. Art. 22, 23 EGBGB maßgeblichen Recht.

---

44 Gesetz über Wirkungen der Annahme als Kind nach ausländischem Recht vom 5.11.2001, BGBl 2001 I, S. 2950. Durch dieses Gesetz wurde die Haager Konvention vom 19.5.1993 über die internationale Adoption umgesetzt, allerdings mit der Besonderheit, dass die entsprechenden Anerkennungs- und Umwandlungsmöglichkeiten nach dem autonomen Recht nun auch für Adoptionen gelten, die in einem Nicht-Konventionsstaat vorgenommen wurden.

45 Zu beachten ist, dass eine im Ausland vorgenommene Vertragsadoption dann nicht anerkannt werden kann, wenn gem. Art. 23 Abs. 1 EGBGB deutsches Recht Adoptionsstatut ist. Ausgenommen sind nur die Fälle, in denen die Adoption in einem Staat erfolgt ist, der der Haager Adoptionskonvention von 1993 beigetreten ist und über die Adoption die entsprechende Bescheinigung ausgestellt hat, siehe *Süß*, MittBayNot 2002, 90.

46 Für die Form dagegen käme gem. Art. 11 Abs. 1 Fall 2 EGBGB der Rückgriff auf die Bestimmungen des am Abschlussort geltenden Rechts in Betracht.

2. Erbrechtliche Wirkungen der Adoption

Fallen das auf die Wirkungen der Adoption anwendbare Recht und das Erbstatut auseinander, fragt sich, ob sich das Erlöschen des Erbrechts in der leiblichen Familie und die Begründung eines Erbrechts in der Familie des Annehmenden aus dem Recht ergeben, das allgemein die Adoptionswirkungen bestimmt, oder aus dem Erbstatut. Diese Frage ist umstritten und nicht höchstrichterlich geklärt.[47]

47

Nach der wohl überwiegenden Ansicht[48] entscheidet das **Erbstatut** darüber, ob angenommene Personen überhaupt erbberechtigt sein können und welche erbrechtliche Stellung ihnen aufgrund der Adoption und der Stellung in der Familie zukommt (sog. **erbrechtliche Qualifikation**). Nach dem **Adoptionsstatut** bzw. dem auf die anerkannte Adoption angewandten Recht entscheide sich allein, ob die Adoption wirksam ist (Vorfrage). Ergibt sich aus dem Erbstatut, dass auch eine Adoption eine erbrechtliche Position des Angenommenen begründen kann, so sei dem Adoptionswirkungsstatut zu entnehmen, ob es zwischen dem Erblasser und dem Adoptivkind zu einer so starken rechtlichen verwandtschaftlichen Beziehung gekommen sei, wie sie das für die Erbfolge maßgebende Recht für eine Beteiligung an der gesetzlichen Erbfolge voraussetze (**Substitution**).[49] Das Adoptionsstatut entscheide mithin nur, welchen Verwandten der Angenommene familienrechtlich gleichgestellt ist und zu welchen leiblichen Verwandten die familienrechtlichen Beziehungen erlöschen.

48

Diese Ansicht ist m.E. nicht ganz widerspruchsfrei und führt zu einer erbrechtlichen **Diskriminierung der an einer Adoption beteiligten Personen:** Die herrschende Ansicht verneint bei Vorliegen einer Volladoption ein Erbrecht auch dann, wenn das Erbstatut ein Erbrecht des Angenommenen nur deswegen nicht gewährt, weil dieser Rechtsordnung (wie z.B. den islamischen Rechten) die Adoption insgesamt unbekannt ist oder weil sie nur die „schwache Adoption" kennt, man also gar nicht feststellen kann, wie ein Richter dieses Landes entscheiden würde, wenn er die Volladoption anerkannt hätte. Das Erbrecht hängt im praktischen Ergebnis davon ab, dass sowohl das Adoptionsstatut als auch das Erbstatut das Erbrecht aufgrund der Adoption anerkennen. Damit wird auf diesem Weg eine **vom Gesetz nicht vorgesehene kumulative Anknüpfung** des Erbrechts an das Erb- und das Adoptionsstatut vorgenommen, die den Angenommenen im Zweifel vom Erbrecht ausschließt.

49

Die EU-ErbVO verschärft diesen Konflikt noch dadurch, dass nunmehr ein ursprünglich gegebenes gesetzliches Erbrecht des Angenommenen dadurch verschwinden kann, dass der Erblasser seinen gewöhnlichen Aufenthalt in ein anderes Land verlegt oder eine Rechtswahl trifft.

50

---

47 Zwar hat der BGH (Urt. v. 14.12.1988 – IVa ZR 231/87, NJW 1989, 2197) einmal zu der Frage der Behandlung ausländischer Adoptionen im Erbrecht entschieden. Diese Entscheidung betraf allerdings den Fall, dass deutsches Erbrecht anwendbar war, also ein Erbrecht galt, welches für den Angenommenen ein gesetzliches Erbrecht vorsieht. Problematisch bleiben damit die Fälle, dass das Erbrecht keine Adoption kennt und damit ein gesetzliches Erbrecht nur für „Abkömmlinge" vorsieht.

48 Die Begründung des BGH und der anderen Rspr. hat sich nicht mit letzter Eindeutigkeit zu einer bestimmten Theorie bekannt, weshalb sie auch von beiden Ansichten für sich in Anspruch genommen wird.

49 So wohl BGH NJW 1989, 2197, 2198 = FamRZ 1989, 378; KG FamRZ 1983, 99; OLG Düsseldorf FamRZ 1998, 1627; *von Bar*, Internationales Privatrecht II, Rn 383; *Beitzke*, in: FS Firsching 1985, S. 19; MüKo-BGB/*Birk*, Art. 25 EGBGB Rn 217; Staudinger/*Dörner*, Art. 25 EGBGB Rn 179; Palandt/ *Thorn*, Art. 22 EGBGB Rn 6; *Kropholler*, Internationales Privatrecht, 6. Aufl. 2006, § 51 IV 2 b, S. 435; Bamberger/Roth/*Lorenz*, 12. Aufl. 2012, Art. 25 EGBGB Rn 46; *Lüderitz*, FamRZ 1988, 881; Bamberger/Roth/*Otte*, Art. 22 EGBGB Rn 31; *Schotten/Schmellenkamp*, Internationales Privatrecht, 2. Aufl. 2007, Rn 255; *Sonnenberger*, in: GS Lüderitz 2000, S. 716.

51 Nach m.E. vorzugswürdiger Ansicht handelt es sich bei der **Erbberechtigung des Angenommenen** um eine Frage der Adoptionswirkungen (**adoptionsrechtliche Qualifikation**): Das Adoptionsstatut entscheidet dann darüber, welchen Angehörigen der Angenommene bzw. der Annehmende im Rahmen der erbrechtlichen Beurteilung gleichgestellt ist. Das Erbstatut regelt dann nur noch, welche Angehörigen erben und Art und Umfang der Erbberechtigung, so dass also das sich aus dem Adoptionsstatut ergebende Verwandtschaftsverhältnis zugrunde zu legen ist.[50] Es kann also ein Erbrecht auch dann entstehen, wenn die für die Erbfolge maßgebliche Rechtsordnung keine Adoption kennt oder nur eine „schwache Adoption" ohne erbrechtliche Konsequenzen. Bei Zugrundelegung dieser Auffassung würde z.B. der Umwandlungsausspruch unmittelbar zur Begründung der erbrechtlichen Position führen.

52 **Praxishinweis:** Der Erblasser kann bei der Anwendung der adoptionsrechtlichen Qualifikation verbleibende Unsicherheiten vermeiden, indem er durch einen Umwandlungsausspruch gem. § 3 AdWirkG den Einklang von Adoptions- und Erbstatut herbeiführt oder aber – sollte deutsches Erbrecht Erbstatut sein – in sein Testament eine **Gleichstellungserklärung**[51] gem. Art. 22 Abs. 3 S. 1 EGBGB aufnimmt. Dabei dürfte die Möglichkeit der Gleichstellungserklärung, da es sich um keine Regelung des Kollisionsrechts, sondern um eine Regelung des materiellen deutschen Erbrechts handelt, durch die EU-ErbVO voraussichtlich nicht „verdrängt" werden.

V. Erbrecht aufgrund nichtehelicher Lebensgemeinschaft

Literatur

Buschbaum, Kollisionsrecht der Partnerschaften außerhalb der traditionellen Ehe – Teil 1, RNotZ 2010, 73; Teil 2, RNotZ 2010, 149; *Coester*, Die kollisionsrechtliche Bedeutung des Bundesverfassungsgerichtsurteils zur Lebenspartnerschaft, in: FS Sonnenberger 2004, S. 321 ff.; *Henrich*, Probleme des internationalen Familienrechts, in: Schwab/Hahne, Familienrecht im Brennpunkt, 2004, S. 259 ff.; *Jakob*, Die eingetragene Lebenspartnerschaft im internationalen Privatrecht, 2002; *Martiny*, Internationales Privatrecht, in: Hausmann/Hohloch, Handbuch der nichtehelichen Lebensgemeinschaft, 2. Aufl. 2004, S. 773 ff.; *Rigaux*, The Law Applicable to Non Traditional Families, Liber Amicorum Kurt Siehr, 2000, S. 647 ff.; *Scherpe/Yassari*, Die Rechtsstellung nichtehelicher Lebensgemeinschaften – The Legal Status of Cohabitants, 2005; *Schümann*, Nichteheliche Lebensgemeinschaften und ihre Einordnung im internationalen Privatrecht, 2001; *Striewe*, Ausländisches und Internationales Privatrecht der nichtehelichen Lebensgemeinschaft, 1986; *Thorn*, Entwicklung des internationalen Privatrechts 2000/2001, IPRax 2002, 349.

53 In einer zunehmenden Anzahl von Staaten, z.B. Israel, Kroatien und Slowenien, entsteht ein gegenseitiges gesetzliches Erbrecht schon aufgrund einer formlos begründeten nichtehelichen Lebensgemeinschaft, soweit diese durch eine bestimmte Mindestdauer, die Geburt gemeinschaftlicher Kinder oder andere Faktoren eine bestimmte Stabilität erreicht hat. Weitgehend ungeklärt ist und wenig erläutert wird die Frage, wie dieses Erbrecht kollisionsrechtlich zu behandeln ist.

54 Nach einer Ansicht ergibt sich zwar das Erbrecht des nichtehelichen Lebensgefährten aus dem Erbstatut, das Bestehen einer nichtehelichen Lebensgemeinschaft sei aber als selbstän-

---

50 NK-BGB/*Benicke*, Art. 22 EGBGB Rn 42; *Heiderhoff*, FamRZ 2002, 1683; Erman/*Hohloch*, Art. 22 EGBGB Rn 19; *v. Hoffmann/Thorn*, Internationales Privatrecht, § 8 Rn 145; MüKo-BGB/*Klinkhardt*, Art. 22 EGBGB Rn 45; *Müller*, NJW 1985, 2056, 2059; Soergel/*Schurig*, Art. 25 EGBGB Rn 28; *Wandel*, BWNotZ 1992, 17, 23; Palandt/*Thorn*, Art. 25 EGBGB Rn 17.

51 Muster hierfür bei *Sieghörtner*, in: Müller/Sieghörtner/Emmerling, Adoptionsrecht, S. 480.

dige **Vorfrage** zu behandeln und in entsprechender Anwendung von Art. 13 Abs. 1 EGBGB nach den Heimatrechten der Partner – bei unterschiedlicher Staatsangehörigkeit gelangen beide Rechte kumulativ zur Anwendung (siehe Rn 10) – zu behandeln. Folge wäre, dass das Erbrecht des überlebenden Lebensgefährten nicht allein davon abhängt, dass ihm das Erbstatut ein solches gewährt, sondern kumulativ davon, dass nach den Heimatrechten beider Partner eine „nichteheliche Lebensgemeinschaft" vorlag.[52] Eine Variante dieser Ansicht will nicht das gemeinsame Heimatrecht, sondern das Aufenthaltsrecht der Lebensgefährten zugrunde legen. Es gilt also das Recht des Staates, in dem beide aktuell ihren gewöhnlichen Aufenthalt haben.[53]

Nach einer anderen Auffassung, die z.B. auch das BayObLG einmal angewandt hatte, ist das Bestehen der nichtehelichen Lebensgemeinschaft nicht als Vorfrage zu behandeln, vielmehr sollen die Voraussetzungen für das Vorliegen einer nichtehelichen Lebensgemeinschaft in einer **„erbrechtlichen Lösung"** unmittelbar der auf die Erbfolge anwendbaren Rechtsordnung entnommen werden.[54]

55

Letztere Auffassung hat einen gewissen Charme: Anders als bei „Ehe" oder „Abstammung" handelt es sich bei dem Begriff der nichtehelichen Lebensgemeinschaft um keinen typisierten Begriff. So kennt das deutsche Zivilrecht z.B. den Begriff der nichtehelichen Lebensgemeinschaft nicht, weil es an ihn keine zivilrechtlichen Folgen knüpft. Hinzu kommt, dass die erbrechtlichen Folgen der nichtehelichen Lebensgemeinschaft auf die mehr oder weniger strengen Anforderungen der jeweiligen Rechtsordnung an Dauer und Intensität der nichtehelichen Lebensgemeinschaft abgestimmt sind. Bei Kombination verschiedener Rechtsordnungen können so nicht beabsichtigte Ergebnisse zu Tage treten. Dagegen besteht bei gemischt-nationalen Konkubinaten im Rahmen der „erbrechtlichen Lösung" (vgl. Rn 23) die Gefahr von Äquivalenzstörungen: Leben z.B. ein Slowene und eine Italienerin gemeinsam, würde danach zwar die Italienerin den Slowenen bei seinem Tode beerben, bei ihrem Versterben hingegen kämen im Rahmen der gesetzlichen Erbfolge allein ihre Verwandten zum Zuge.

56

C. Erbenloser Nachlass

Literatur

Bungert, Ausländisches Fiskuserbrecht vor deutschen Gerichten, MDR 1991, 713; *Firsching,* Das Anfallsrecht der Fiskus bei erblosem Nachlass, IPRax 1986, 25; *Lorenz,* Staatserbrecht bei deutschösterreichischen Erbfällen, Rpfleger 1993, 433.

Anlass für die Probleme mit dem **Fiskuserbrecht** im Internationalen Privatrecht ist, dass dieses in einigen Staaten, insbesondere in England und anderen Staaten mit angloamerikani-

57

---

[52] Staudinger/*Dörner,* Art. 25 EGBGB Rn 597; Staudinger/*Mankowski,* Anh. zu Art. 13 EGBGB Rn 79; *Striewe,* Ausländisches und Internationales Privatrecht der nichtehelichen Lebensgemeinschaft, 1986, S. 411.

[53] *Henrich,* Internationales Familienrecht, 2. Aufl., S. 46 ff.; *v. Hoffmann/Thorn,* Internationales Privatrecht, § 8 Rn 18; *Kropholler,* Internationales Privatrecht, 6. Aufl. 2006, § 46 V, S. 376.

[54] Quasi erbrechtliche Qualifikation: BayObLGZ 1976, 151, 163 = NJW 1976, 2067; NK-BGB/*Andrae,* Art. 13 EGBGB Rn 190; MüKo-BGB/*Coester,* Art. 17b EGBGB Rn 151; *Martiny,* in: Hausmann/Hohloch, Das Recht der nichtehelichen Lebensgemeinschaft, S. 572; *Rauscher,* Internationales Privatrecht, S. 187.

schem Rechtssystem, aber auch in Österreich und den Niederlanden,[55] als hoheitliches Aneignungsrecht (Okkupationsrecht der Krone)[56] an dem „herrenlosen" Nachlass (*bona vacantia*) ausgestaltet ist (**öffentliches Anfallsrecht**).[57] Als solches ist es territorial beschränkt und erfasst in kollisionsrechtlicher Hinsicht das gesamte, aber auch nur das im Inland belegene Vermögen. In anderen Ländern – z.B. Deutschland und Spanien – ist das Fiskuserbrecht als echtes Erbrecht ausgestaltet (erbrechtliche Lösung), was bedeutet, dass der Staat nach dem Erbstatut Universalerbe wird und damit auch den Auslandsnachlass zu erwerben beansprucht.[58]

58 Wohl ausgehend von dem zivilrechtlichen Gestaltungsansatz im deutschen Recht wurde das Erbrecht des Staates aufgrund zivilrechtlicher Erbenstellung im deutschen IPR erbrechtlich qualifiziert,[59] während das Anfallsrecht sachenrechtlich qualifiziert wurde und erst nachrangig zum Zuge kam, nämlich erst dann, wenn sich aus dem Erbstatut weder ein Erbrecht der Angehörigen noch des Staates ergab. In gleicher Weise hat der englische *Court of Appeal* im Fall *Maldonado* den extraterritorialen Anspruch des spanischen Fiskuserbrechts respektiert, so dass das Aneignungsrecht der britischen Krone mangels „Herrenlosigkeit" nicht zum Zuge kam.[60] Hinterlässt umgekehrt ein Engländer Nachlass in Deutschland, greift das englische Okkupationsrecht wegen seiner territorialen Beschränkung nicht ein (Normenmangel). Der territorialen Konzeption lässt sich vielmehr eine versteckte Rückverweisung auf das deutsche Belegenheitsrecht entnehmen, so dass für den in Deutschland belegenen Nachlass § 1936 BGB gilt und das jeweilige deutsche Bundesland erbt.[61]

59 Art. 33 EU-ErbVO bestimmt nun, dass dann, wenn nach dem Erbstatut weder ein durch Verfügung von Todes wegen eingesetzter Erbe oder Vermächtnisnehmer für die Nachlassgegenstände noch eine natürliche Person als gesetzlicher Erbe vorhanden ist, dieses Recht nicht das Recht eines Mitgliedstaates oder einer von diesem Mitgliedstaat für diesen Zweck bestimmten Einrichtung berührt, sich das im Hoheitsgebiet dieses Mitgliedstaates belegene Nachlassvermögen anzuzeigen. Hieraus ergibt sich ein **Vorrang für das nationale Okkupationsrecht des Belegenheitsstaates**, und zwar auch in den Fällen, in denen das nach der EU-ErbVO bestimmte Erbstatut ein „echtes Erbrecht" des Staates vorsieht (vgl. auch EG 56 S. 3 EU-ErbVO). Das Staatserbrecht lässt sich also auch nicht über das Erbstatut nach den Regeln der EU-ErbVO gegen das hoheitliche Aneignungsrecht des Belegenheitsstaates durchsetzen. Letztlich könnte man darin die Erkenntnis vermuten, dass auch das staatliche Erbrecht ausschließlich auf einem staatlichen Privileg beruht und damit ebenfalls öffentlich-rechtlicher Natur ist. Diese Frage bleibt nach der EU-ErbVO aber wohl offen. Der deutsche Gesetzgeber hat dieser Einladung Folge geleistet. § 32 IntErbRVG bestimmt nun, dass bezüglich des im Inland belegenen Nachlasses ein territoriales Erbrecht des deutschen Staates eingreift und ein sich aus einem ausländischen Erbstatut ergebendes Erbrecht zugunsten eines ausländischen Staates nicht zu akzeptieren ist.

---

55 Zu den Niederlanden: *Bungert*, ZfRVgl 1991, 241 ff.; zu Schweden: KG OLGZ 1985, 280.
56 Sect. 46 (1) (vi) Administration of Estates Act 1925.
57 Rechtsvergleichender und historischer Überblick bei *Lange/Kuchinke*, Erbrecht, S. 282 ff.
58 Außer in Deutschland z.B. auch in Italien und in der Schweiz.
59 Siehe auch KG, Beschl. v. 5.10.2010 – 3 W 673/09, ZErb 2010, 29.
60 Ausf. hierzu *Kegel/Schurig*, Internationales Privatrecht, § 7 II 1, S. 328.
61 Staudinger/*Dörner*, Art. 25 EGBGB Rn 215; Palandt/*Weidlich*, § 1936 BGB Rn 2; *Lange/Kuchinke*, Erbrecht, S. 285; Bamberger/Roth/*Lorenz*, Art. 25 EGBGB Rn 25.

D. Güterrecht und Erbstatut

Literatur

Derstadt, Der Zugewinnausgleich nach § 1371 BGB bei Geltung französischen Erbrechts, IPRax 2001, 84; *Dörner*, Die Qualifikation von § 1371 Abs. 1 BGB – Eine verpasste Gelegenheit, IPRax 2014, 323; *Dörner*, Die Abgrenzung des Erbstatuts vom Güterrecht, in: Dutta/Herrler, Die Europäische Erbrechtsverordnung, 2014, S. 73 ff.; *Henrich*, Auf dem Weg zu einem einheitlichen europäischen Ehegüterrecht, in: FS Brudermüller 2014, S. 311 ff.; *Jeremias/Schäper*, Zugewinnausgleich nach § 1371 BGB bei Geltung ausländischen Erbrechts, IPRax 2005, 521; *Ludwig*, Zur Anwendbarkeit des Art. 3 III EGBGB im Internationalen Ehegüterrecht bei der Berechnung des Zugewinnausgleichs nach deutschem Recht, DNotZ 2000, 663; *Ludwig*, Anwendung des § 1371 BGB bei ausländischem Erbstatut, DNotZ 2005, 586; *Mankowski*, Das erbrechtliche Viertel nach § 1371 Abs. 1 BGB im deutschen und europäischen Internationalen Privatrecht, ZEV 2014, 121; *Mansel*, Das „Ausgehen" von der Geltung österreichischen Ehegüterrechts sowie dessen „Weiterwirken" und die Verfassungsmäßigkeit des Art. 220 Abs. 3 EGBGB, in: FS Geimer 2002, S. 624 ff.; *Martiny*, Die Kommissionsvorschläge für das internationale Ehegüterrecht sowie für das internationale Güterrecht eingetragener Partnerschaften, IPRax 2011, 437; *Mäsch/Gotsche*, Friktionen zwischen Erb- und Güterrechtsstatut, ZErb 2007, 43; *Rauscher*, Ist Art. 220 III EGBGB verfassungsmäßig?, NJW 1987, 531; *Reiß*, Das Zusammenwirken von Güterrechtsstatut und Erbstatut bei Beendigung von deutsch-italienischen Ehen durch Tod eines Ehegatten, ZErb 2005, 306; *Schotten*, Die Konstituierung des neuen sowie die Beendigung und Abwicklung des alten Güterstands nach einer Rechtswahl, DNotZ 1999, 326; *Schurig*, Erbstatut, Güterrechtsstatut, gespaltenes Vermögen und ein Pyrrhussieg, IPRax 1990, 389; *Siehr*, Güterrechts- und Erbstatut im deutsch-schweizerischen Rechtsverkehr, in: FS Geimer 2002, S. 1097 ff.; *Siehr*, Internationalprivatrechtliche Probleme des Ehegüterrechts im Verhältnis zur Türkei, IPRax 2007, 353; *Süß*, Die Wahl deutschen Güterrechts für inländische Grundstücke, ZNotP 1999, 385; *Süß*, Anmerkung zum Urteil OLG Stuttgart vom 8.3.2004, ZErb 2005, 208; *Tersteegen*, Pauschalierter Zugewinnausgleich bei ausländischem Erbstatut, NotBZ 2006, 351; *Wagner*, Kontroversen eines Gemeinschaftsinstruments zum internationalen Güterrecht unter besonderer Berücksichtigung des Grünbuchs der Europäischen Kommission, FamRZ 2009, 269.

I. Vorbemerkung

Das internationale Güterrecht ist in der Europäischen Union weiterhin noch nicht vereinheitlicht. Es gibt also weiterhin höchst unterschiedliche nationale Regelungen dazu, welches Recht auf die güterrechtlichen Beziehungen der Eheleute anzuwenden ist. Da das Güterrecht bei der Nachlassabwicklung, ggf. sogar bei der Berechnung der gesetzlichen Erbquoten bzw. Pflichtteilsquoten (vgl. § 1931 BGB), von erheblicher Bedeutung ist, kann die Vereinheitlichung des internationalen Erbrechts in der Union ohne ein einheitliches internationales Güterrecht im Bereich der Nachlassabwicklung nur zu einer unvollständigen Rechtseinheit führen. Ein entsprechender Rechtsakt auf dem Bereich des Güterrechts ist seit einigen Jahren in Vorbereitung (siehe Rn 76). Von Bedeutung wird sein, dass diese Verordnung die Ehen in sämtlichen Erbfällen erfasst, die unter die EU-ErbVO fallen.

60

II. Grundsätze des deutschen internationalen Güterrechts

Gemäß Art. 15 EGBGB wird das **Güterstatut** anhand der Umstände zum Zeitpunkt der Eheschließung angeknüpft.[62] Spätere Änderungen der Staatsangehörigkeit bzw. des gewöhnlichen Aufenthalts wirken sich auf das Güterstatut nicht mehr aus, das Güterstatut

61

---

62 Bzw. in Art. 220 Abs. 3 S. 3 EGBGB an die Umstände zum 9.4.1983.

bleibt über die gesamte Dauer der Ehe konstant (**Grundsatz der Unwandelbarkeit des Güterstatuts**).⁶³ Allerdings gibt es verschiedene **Ausnahmen**:
– Treffen die Eheleute nach der Eheschließung ehevertraglich eine Rechtswahl gem. Art. 15 Abs. 2 EGBGB, gilt mit Wirkung *ex nunc* das gewählte Recht.
– Für volksdeutsche Vertriebene und **Aussiedler** tritt drei Monate nach Übersiedlung nach Deutschland gesetzlich ein Statutenwechsel zum deutschen Recht ein.⁶⁴
– Schließlich kann die Rück- bzw. Weiterverweisung durch das aus deutscher Sicht anwendbare ausländische IPR zu einem Statutenwechsel führen, wenn dieses das Güterstatut wandelbar anknüpft.⁶⁵

62 Das Güterstatut knüpft an **personenbezogene** Umstände an (Staatsangehörigkeit, gewöhnlicher Aufenthalt, engste Verbindung der Eheleute). Daher gilt dieses Recht für das gesamte Vermögen der Eheleute, gleich welcher Art und wo belegen (**Grundsatz der Einheitlichkeit des Güterstatuts**). Dennoch können sich **Durchbrechungen** der Einheitlichkeit ergeben:
– Gemäß Art. 15 Abs. 2 Nr. 3 EGBGB können die Eheleute für Immobilien die Geltung der *lex rei sitae* anordnen. Im Unterschied zu Art. 25 Abs. 2 EGBGB gilt dies auch für Auslandsimmobilien.
   Beispiel: Deutsche Eheleute unterstellen durch güterrechtliche Rechtswahl ein in Frankreich belegenes Grundstück französischem Güterrecht, um ausschließlich bezogen auf diesen Gegenstand durch Vereinbarung der *communauté universelle* (Gütergemeinschaft) mit Anwachsungsklausel (*clause de stipulation intégrale*) den unmittelbaren Erwerb des Eigentums (Anwachsung) durch den überlebenden Ehegatten im Todesfall sicherzustellen.⁶⁶
– Für im Ausland belegenes Vermögen, insbesondere Immobilien, kann sich ein über Art. 3a Abs. 2 EGBGB zu beachtendes Einzelstatut ergeben. Dies gilt z.B. in den Ländern angloamerikanischen Rechts, in denen die güterrechtlichen Eigentumsverhältnisse an Immobilien dem jeweiligen Belegenheitsrecht unterstellt werden.
– Auch Rück- und Weiterverweisungen durch das Recht eines Staates, der das Güterstatut nicht einheitlich anknüpft, können aus deutscher Sicht gem. Art. 4 Abs. 1 S. 2 EGBGB zur Vermögensspaltung führen.⁶⁷

---

63 Ausf. z.B. *Schotten/Schmellenkamp*, Internationales Privatrecht, Rn 138–145.
64 Art. 15 Abs. 4 EGBGB, Art. 1 Gesetz über den ehelichen Güterstand von Vertriebenen und Flüchtlingen vom 4.8.1969; Palandt/*Thorn*, Anh. Art. 15 EGBGB Rn 2; *Firsching*, FamRZ 1970, 134. Umstritten ist die Anwendung auf Spätaussiedler, wobei aber die überwiegende Ansicht der Lehre dieses Gesetz zumindest entsprechend anwendet: Erman/*Hohloch*, Art. 15 EGBGB Rn 51; Staudinger/*Mankowski*, 2012, Art. 15 EGBGB Rn 441; Soergel/*Schurig*, Art. 15 EGBGB Rn 74; *Scheugenpflug*, MittRhNotK 1999, 374; NK-BGB/*Sieghörtner*, Anh. II zu Art. 15 EGBGB Rn 10; *Wandel*, BWNotZ 1994, 87; a.A. Palandt/*Thorn*, Anh. Art. 15 EGBGB Rn 2. Die Rspr. hat bislang zu diesem Problem keine Stellung genommen (vgl. zuletzt OLG Düsseldorf ZEV 2011, 473).
65 OLG Düsseldorf FamRZ 2011, 1540; KG FamRZ 2007, 1564; OLG München NJW-RR 2011, 299; NK-BGB/*Sieghörtner*, Art. 15 EGBGB Rn 21; *Schotten/Schmellenkamp*, Internationales Privatrecht, Rn 144 m.w.N.; a.A. OLG Nürnberg MittBayNot 2011, 337; OLG Frankfurt IPRax 2001, 40 m. Anm. *Henrich*, S. 113 zu dem Sonderfall einer zunächst rein jugoslawischen, nachträglich durch den Zerfall der Jugoslawischen Föderation slowenisch-kroatischen Ehe.
66 Eine entsprechende immobilienbezogene Rechtswahl ergibt sich aus Art. 3 und 6 des Haager Güterrechtsabkommens von 1978, welches seit 1992 in Frankreich, Luxemburg und in den Niederlanden gilt.
67 Vgl. OLG München MittBayNot 2012, 404 (Kalifornien).

III. Bestimmung des Güterstatuts durch Rechtswahl

Das Güterstatut unterliegt gem. Art. 15 Abs. 2 EGBGB vorrangig dem durch die Eheleute gewählten Recht.[68] Die Verweisung aufgrund **Rechtswahl** führt unmittelbar zum gewählten Recht. Wählen Ausländer deutsches Recht, ist es aus deutscher Sicht also bedeutungslos, ob die nach Art. 15 Abs. 2 EGBGB wirksame Rechtswahl auch vom Heimatrecht der Eheleute bzw. vom gewählten Recht anerkannt wird.[69]

Beispiel: Gesetzlicher Güterstand nach griechischem Recht ist die Zugewinngemeinschaft. Ein vertraglicher Ausschluss des Zugewinnausgleichs ist nicht möglich.[70] Aus deutscher Sicht können in Deutschland lebende griechische Eheleute die Zugewinngemeinschaft daher nur ausschließen, indem sie gem. Art. 15 Abs. 2 Nr. 2 EGBGB unter Berufung auf ihren gewöhnlichen Aufenthalt in Deutschland deutsches Güterrecht wählen und den dadurch für sie eingetretenen Güterstand der Zugewinngemeinschaft deutschen Rechts modifizieren bzw. durch die Gütertrennung deutschen Rechts ersetzen. Aus griechischer Sicht hingegen würden eine güterrechtliche Rechtswahl und der darauf gestützte güterrechtliche Vertrag gem. Art. 15 griech. ZGB nicht anerkannt werden (international hinkender Ehevertrag), so dass eine in Griechenland erhobene Klage auf Zugewinnausgleich dennoch Erfolg hätte (Möglichkeit des *forum shopping*).

Rück- und Weiterverweisungen durch das gewählte Recht sind gem. Art. 4 Abs. 2 EGBGB unbeachtlich.

IV. Objektive Anknüpfung des Güterstatuts

Mangels Rechtswahl gilt das anhand der sog. **Kegelschen Leiter**[71] bestimmte Recht:
1. Zunächst (1. Stufe) gilt das Recht des Staates, dem beide Eheleute bei Eheschließung angehörten, Art. 15 Abs. 1 i.V.m. Art. 14 Abs. 1 Nr. 1 EGBGB. Ist ein Ehegatte Mehrstaater, kann bei ihm gem. Art. 5 Abs. 1 EGBGB nur das deutsche bzw. das effektive Heimatrecht berücksichtigt werden. Ist die gemeinsame Staatsangehörigkeit auf Seiten eines der Ehegatten nicht effektiv i.S.v. Art. 5 Abs. 1 S. 1 oder S. 2 EGBGB (z.B. bei einer Ehe, in der beide Eheleute Türken sind, der Ehemann zugleich aber auch die deutsche Staatsangehörigkeit erworben hat), scheitert folglich die Anknüpfung auf dieser Stufe.
2. Hilfsweise (2. Stufe) gilt das Recht des Staates, in dem beide Eheleute bei Eheschließung ihren gewöhnlichen Aufenthalt hatten, Art. 15 Abs. 1 i.V.m. Art. 14 Abs. 1 Nr. 2 EGBGB.
3. Höchst hilfsweise (3. Stufe) ist gem. Art. 15 Abs. 1 i.V.m. Art. 14 Abs. 1 Nr. 3 EGBGB das Recht des Staates anwendbar, mit dem die Eheleute bei Eheschließung auf andere Weise am engsten verbunden waren. Regelmäßig ist das der Staat, in dem sie schon

---

68 Vorrangig sind auch hier internationale Abkommen zu beachten, wie für iranisch-iranische Ehen das Deutsch-Iranische Niederlassungsabkommen (siehe § 2 Rn 185 ff.). Das zuletzt im Verhältnis zu Italien noch bis zum 23.8.1987 geltende Haager Eheringabkommen vom 17.7.1905 wird nach überwiegender Ansicht für ab dem 31.3.1953 geschlossene Ehen durch Art. 220 Abs. 3 S. 1 EGBGB verdrängt: BGH NJW 1987, 583; *Schotten/Schmellenkamp*, Internationales Privatrecht, Rn 133; Palandt/*Thorn*, Anh. zu Art. 15 EGBGB Rn 1.
69 Einzelheiten zur güterrechtlichen Rechtswahl können der oben angegebenen Literatur sowie den einschlägigen Kommentaren entnommen werden.
70 Dazu *Stamatiadis/Tsantinis*, in: Süß/Ring, Eherecht in Europa, 2. Aufl. 2012, Länderbericht Griechenland Rn 21.
71 Siehe *Kegel*, Internationales Privatrecht, 5. Aufl. 1985, S. 491.

bei Eheschließung beabsichtigten, anschließend gemeinsam zu leben.[72] Der Ort der Eheschließung ist regelmäßig – entgegen einer unter Laien verbreiteten Ansicht – ohne Bedeutung.

66 Rück- und Weiterverweisungen sind bei der objektiven Anknüpfung zu beachten, Art. 4 Abs. 1 EGBGB.

V. Übergangsregeln für vor dem 1.9.1986 geschlossene Ehen

1. Eheschließung nach dem 8.4.1983 und vor dem 1.9.1986

67 Am **8.4.1983** verkündete das BVerfG das Urteil, dass die Anknüpfung des Güterstatuts an das Heimatrecht des Ehemannes in Art. 15 EGBGB a.F. gegen Art. 3 Abs. 2 GG verstoße und daher gem. Art. 117 Abs. 1 GG mit Wirkung vom **1.4.1953** an außer Kraft getreten sei.[73]

68 Am **1.9.1986** trat Art. 15 EGBGB n.F. in Kraft und gilt gem. Art. 220 Abs. 3 S. 2 EGBGB rückwirkend für alle seit dem 8.4.1983 geschlossenen Ehen.

2. Eheschließung nach dem 31.3.1953 und vor dem 9.4.1983 (Alt-Ehen)

69 Für die vor dem 9.4.1983 geschlossenen Ehen installiert Art. 220 Abs. 3 S. 1 EGBGB eine komplizierte Übergangsregelung, die den Spagat zwischen einer verfassungskonformen Übergangsregelung unter der Wahrung des Vertrauensschutzes versucht. Die hierfür geschaffenen Übergangsregelungen für „Alt-Ehen" sind insbesondere im Internationalen Erbrecht von Bedeutung, da die meisten der nun verstorbenen Erblasser noch vor 1983 geheiratet haben.

70 Gemäß Art. 220 Abs. 3 S. 1 Nr. 1 EGBGB gilt vorrangig das **gemeinsame Heimatrecht** der Eheleute **bei Eheschließung**. Für die Zeit nach dem 8.4.1983 ergibt sich dies aus Art. 220 Abs. 3 S. 2, Art. 15 Abs. 1, Art. 14 Abs. 1 Nr. 1 EGBGB, einschließlich der Möglichkeit, gem. Art. 15 Abs. 2 EGBGB mit Wirkung *ex nunc* ein anderes Recht zu wählen.

71 Hatten die Eheleute **bei der Eheschließung unterschiedliche Staatsangehörigkeiten**, gilt grundsätzlich bis zum 8.4.1983 das Heimatrecht des Ehemannes bei Eheschließung, Art. 220 Abs. 3 S. 1 Nr. 3 EGBGB. Die Wirkungen dieser bedenklichen Anknüpfung werden in der Rechtsprechung aber weitgehend ausgehebelt. Ist die Scheidung oder die Auflösung der Ehe durch den **Tod eines der Ehegatten** (güterrechtsrelevanter Vorgang) **nach dem 8.4.1983** eingetreten, gilt das gem. Art. 220 Abs. 3 S. 2, Art. 15 EGBGB n.F. gleichheitskonform bestimmte Güterstatut rückwirkend für die gesamte Dauer der Ehe. Maßgeblicher Zeitpunkt für die Anknüpfung ist dabei gem. Art. 220 Abs. 3 S. 3 EGBGB aber nicht die Eheschließung, sondern der 9.4.1983.[74]

72 Die Anknüpfung an die Staatsangehörigkeit des Ehemannes unterbleibt ferner, wenn die Eheleute bis zum 8.4.1983 gemeinsam **von der Geltung eines bestimmten Rechts ausgegangen** sind oder sich diesem gemeinsam „**unterstellt**" haben, Art. 220 Abs. 3 S. 1 Nr. 2 EGBGB. Dieser Tatbestand wird von der Rechtsprechung weit ausgelegt, um die subsidiär

---

[72] OLG Köln FamRZ 1998, 1590; Palandt/*Thorn*, Art. 15 EGBGB Rn 10; Soergel/*Schurig*, Art. 15 EGBGB Rn 9; NK-BGB/*Sieghörtner*, Art. 15 EGBGB Rn 15.
[73] BVerfG NJW 1983, 1968.
[74] BGH NJW 1987, 584; BGH NJW 1988, 639; OLG Hamm FamRZ 1993, 115; Palandt/*Thorn*, Art. 15 EGBGB Rn 12; a.A. *Rauscher*, NJW 1987, 532; *Schurig*, IPRax 1988, 93.

zur Anwendung gelangende und verfassungsrechtlich bedenkliche Anknüpfung an die Staatsangehörigkeit des Ehemannes möglichst weit zurückzudrängen.[75] Es bedürfe einer Gesamtbetrachtung, in die alle äußeren Umstände einzubeziehen sind, wie etwa gewöhnlicher Aufenthalt der Ehegatten, der Erwerb von Immobilien zur Schaffung eines Familienheims, Grundbucheintragungen und andere gemeinsame Erklärungen gegenüber Behörden oder Handlungen, die ohne Bezug zu einer bestimmten Güterrechtsordnung nicht denkbar wären. Es reiche, dass die Eheleute „wie selbstverständlich von der ihnen am nächsten liegenden Rechtsordnung ausgegangen sind".[76] Möglicher Fall sei hier der Erwerb eines Grundstücks unter Angabe eines bestimmten Güterstands oder der Abschluss eines Ehevertrages unter Zugrundelegung eines bestimmten Rechts. Als **konkludent und formlos getroffene Rechtswahl** wirkt diese Unterstellung unter ein bestimmtes Recht **über den Stichtag des 8.4.1983 hinaus** unter den Voraussetzungen des Art. 15 Abs. 2 EGBGB fort.[77] Entgegen dem Wortlaut von Art. 220 Abs. 3 S. 2 EGBGB findet also in diesen Fällen keine rückwirkende Anknüpfung des Güterstatuts nach Art. 15 Abs. 1 EGBGB n.F. statt.

Da die „Unterstellung" bzw. das „Ausgehen" konkludente Rechtswahl ist, bleiben gem. Art. 4 Abs. 2 EGBGB **Rück- und Weiterverweisungen** durch das ausländische Recht unbeachtlich.[78]

Nach Ansicht des BVerfG greift die „Unterstellung" bzw. das „Ausgehen" allerdings dann nicht, wenn die Eheleute allein deshalb gemeinsam von der Geltung des Mannesrechts ausgegangen sind, weil sie sich auf Art. 15 EGBGB a.F. verließen und eine gleichheitskonforme Anknüpfung zu einem anderen Recht geführt hätte.[79] Hier sei das Vertrauen nicht schutzwürdig. Wie im Fall von Art. 220 Abs. 3 S. 1 Nr. 3 EGBGB gelte dann Art. 15 EGBGB n.F. mit Rückwirkung unter Anknüpfung an die Umstände zum 9.4.1983.[80]

Praxishinweis: Die Anwendung von Art. 220 Abs. 3 EGBGB, insbesondere von Art. 220 Abs. 3 S. 1 Nr. 2 EGBGB, ist vor allem dann mit erheblichen Unsicherheiten verbunden, wenn ein Ehegatte bereits verstorben ist und nicht mehr bestätigen kann, von der Geltung welchen Rechts die Eheleute gemeinsam ausgegangen waren. Sicherheitshalber sollte schon zu Lebzeiten beider jede Gelegenheit (Abschluss eines Ehevertrages, Grundstückserwerb, gemeinschaftliches Testament oder Ehegattenerbvertrag) genutzt werden, insoweit eine Klarstellung herbeizuführen und eine ggf. konstitutive Rechtswahl gem. Art. 15 Abs. 2 EGBGB zu treffen.[81]

---

75 Z.B. BGH NJW 1987, 584 = DNotZ 1987, 296; BGHZ 119, 400.
76 BGHZ 119, 400; BGH NJW 1988, 639; BGH FamRZ 1993, 292; OLG Köln FamRZ 1996, 1480; OLG Frankfurt FamRZ 1987, 1147; Palandt/*Thorn*, Art. 15 EGBGB Rn 9; krit. *Schotten/Schmellenkamp*, Internationales Privatrecht, 2. Aufl. 2007, Rn 184.
77 BGH FamRZ 1986, 1202; *Lichtenberger*, DNotZ 1987, 299.
78 *von Bar*, Internationales Privatrecht II, Rn 230; Palandt/*Thorn*, Art. 15 EGBGB Rn 9; *Schotten/Schmellenkamp*, Internationales Privatrecht, Rn 184; einschränkend Staudinger/*Dörner*, Art. 220 EGBGB Rn 130.
79 BVerfG, Beschl. v. 18.12.2002 – 1 BvR 108/96, NJW 2003, 1656: Deutsche Ehefrau und österreichischer Ehemann, die gesamte Ehe in Deutschland verbracht haben, gingen ausschließlich wegen der Staatsangehörigkeit des Ehemannes von der Geltung österreichischen Güterrechts aus (wonach die Ehefrau bei Tod des Ehemannes keinen Anspruch auf einen güterrechtlichen Ausgleich hatte). Dazu: Staudinger/*Dörner*, Art. 220 EGBGB Rn 117; *Mansel*, in: FS Geimer 2002, S. 624; Soergel/*Schurig*, 12. Aufl. 1996, Art. 220 EGBGB Rn 51; MüKo-BGB/*Siehr*, Art. 15 EGBGB Rn 183; *Süß*, ZErb 2003, 148.
80 Staudinger/*Dörner*, Art. 220 EGBGB Rn 117; Soergel/*Schurig*, Art. 220 EGBGB Rn 51; MüKo-BGB/*Siehr*, Art. 15 EGBGB Rn 183.
81 Formulierungshilfen bei *Schotten/Schmellenkamp*, Internationales Privatrecht, 2. Aufl. 2007, Rn 208.

3. Vor dem 1.4.1953 geschlossene Ehen (Uralt-Ehen)

75   Für vor dem 1.4.1953 geschlossene Ehen gilt weiterhin Art. 15 EGBGB in der vom BVerfG am 22.2.1983 für nichtig erklärten Fassung (Art. 220 Abs. 3 S. 6 EGBGB) und damit das **Heimatrecht des Ehemannes** bei Eheschließung, da gem. Art. 117 GG für diese Ehen Art. 3 Abs. 2 GG noch nicht gilt. Die Eheleute haben aber seit dem 9.4.1983 die Möglichkeit, die ggf. als unangemessen empfundene Geltung des „Mannesrechts" zu beenden und gem. Art. 15 Abs. 2 EGBGB n.F. eine **Rechtswahl**, z.B. zugunsten des Rechts ihres Aufenthaltsstaates, zu treffen.

VI. Künftige europäische Regelung

76   Auch auf dem Bereich des Internationalen Güterrechts hat die EU-Kommission bereits am 16.3.2011 einen Vorschlag für eine Verordnung zu den güterrechtlichen Folgen vorgelegt,[82] der eine entsprechende Ratsverordnung vorbereiten soll. Dieser Vorschlag hat mittlerweile auch das Verfahren im Europäischen Parlament beendet.
– Der Vorschlag sieht vorrangig die Möglichkeit einer **Rechtswahl** für das Güterstatut vor. Im Vergleich zu Art. 15 Abs. 2 EGBGB fällt auf, dass ausdrücklich neben einer Rechtswahl mit Wirkung *ex nunc* auch eine rückwirkende Rechtswahl ermöglicht werden soll.
– Bei der objektiven Bestimmung des Güterstatuts wird **vorrangig** das Recht des Staates gelten, in dem die Eheleute ihren ersten gemeinsamen gewöhnlichen Aufenthalt nach der Eheschließung genommen haben. Erst ersatzweise ist das gemeinsame Heimatrecht bei Eheschließung anzuwenden.
– Die Beachtung einer **Rückverweisung** ist in den Entwürfen nicht vorgesehen.
– Die Anknüpfung an die Verhältnisse bei Eheschließung, die zu einer Stabilität des Güterstands führt (Unwandelbarkeit), wird auch in der europäischen Regelung beibehalten werden.
– Eine Spaltung des Güterstatuts wird wohl bald der Vergangenheit angehören. Bei der Rechtswahl ist eine auf eine einzelne Immobilie gegenständlich beschränkte Rechtswahl (wie in Art. 15 Abs. 2 Nr. 3 EGBGB bzw. in Art. 3 und 6 der Haager Güterrechtsverordnung) nicht vorgesehen. Bei der objektiven Anknüpfung ist künftig mangels Beachtlichkeit einer vorrangigen ausländischen Sonderanknüpfung (vgl. Art. 3a Abs. 2 EGBGB) und aufgrund des Ausschlusses einer Rück- und Weiterverweisung auch aufgrund Beachtung ausländischer Kollisionsnormen keine Spaltung des Güterstatuts mehr möglich.
– Der Entwurf sieht vor, dass die Regeln ausschließlich für die Ehen gelten, die nach dem Eintritt des Anwendungsstichtags geschlossen wurden – voraussichtlich frühestens nach Mitte 2016. Damit wäre das Ziel, durch den Erlass der Verordnung zum internationalen Güterrecht eine Koordinierung des Güterrechts mit dem Erbrecht zu erreichen, für die nächste Zeit weitgehend gescheitert. Es wird erst eine ganze Generation von Erbfällen vergehen, bis von einer flächendeckenden Harmonisierung von Erb- und Güterrecht ausgegangen werden kann. Bis dahin wird sich die Praxis mit einem komplizierten Nebeneinander von nationalem und europäischem Güterrechts-IPR plagen müssen. Es ist daher zu hoffen, dass eine Übergangsregelung gefunden wird, die sämtliche Ehen erfasst.

---

82 Verordnung über die Zuständigkeit, das anzuwendende Recht, die Anerkennung und die Vollstreckung von Entscheidungen im Bereich des Ehegüterrechts (KOM(2011) 126 endg.

VII. Abgrenzung des Güterstatuts vom Erbstatut

Beispiel: Der deutsche Erblasser hatte mit seiner damaligen französischen Braut vor der Eheschließung bei einem Pariser Notar einen Ehevertrag beurkunden lassen. Mit diesem vereinbarten die Brautleute die Errungenschaftsgemeinschaft des französischen Rechts, wobei dem überlebenden Ehegatten das Gesamtgut zuwachsen sollte (*clause de stipulation intégrale*). Später wechselte der Ehemann von der Pariser Dépendance der Kanzlei als leitender Partner in die Zentrale nach Stuttgart. Als er nach einer Karriere als erfolgreicher Rechtsanwalt ein großes Vermögen hinterlässt, erklärt die Ehefrau den Kindern, dies gehöre nun alles ihr. Zur Teilung stände als Nachlass allenfalls das Biedermeier-Esszimmer an, Familienbesitz des Ehemannes.

1. Allgemeine Regeln

Gemäß Art. 1 Abs. 2 lit. d EU-ErbVO sind die Fragen des ehelichen Güterrechts sowie des Güterrechts aufgrund von Verhältnissen, die nach dem auf diese Verhältnisse anzuwendenden Recht mit der Ehe vergleichbare Wirkungen entfalten, vom Anwendungsbereich der Verordnung ausgenommen. Die EU-ErbVO regelt also allein das Erbrecht unter Ausnahme der Fragen des ehelichen Güterrechts. Gemäß Art. 2 lit. a des Entwurfs der Kommission zur Güterrechtsverordnung (vgl. Rn 76) umfassen die „Fragen des ehelichen Güterstands" sämtliche vermögensrechtlichen Regelungen, die im Verhältnis der Ehegatten untereinander sowie zwischen ihnen und Dritten gelten. Das soll gem. EG 11 des Verordnungsentwurfs sowohl die Verwaltung des Vermögens der Ehegatten im Alltag betreffen als auch die güterrechtliche Auseinandersetzung infolge der Trennung des Paares oder des Todes eines Ehegatten. Beide Regelungskomplexe sind autonom zu qualifizieren. Das heißt, dass die Begriffe weder auf der Basis des nationalen materiellen Rechts noch auf der Basis des nationalen IPR zu qualifizieren sind. Abzustellen ist vielmehr auf die **spezifischen Zwecke der Verordnungen**.

Die Abgrenzung von Erb- und Güterstatut war schon immer schwierig, da beide Systeme im Erbfall das Vermögen des Erblassers verteilen und dem überlebenden Ehegatten eine Vermögensbeteiligung gewähren. Unterliegen Güter- und Erbstatut derselben Rechtsordnung, kann die Frage dahingestellt bleiben, denn in diesem Fall wirkt sich die Zuordnung nicht aus. Bisweilen kommt es jedoch zur Geltung verschiedener Rechtssysteme:
- Im aktuellen System wird das Güterstatut vorrangig an die Staatsangehörigkeit angeknüpft, während auf dem Gebiet des Erbrechts das Aufenthaltsrecht gilt. In Portugal lebende deutsche Eheleute leben in Zugewinngemeinschaft deutschen Rechts (Art. 15 Abs. 1, Art. 14 Abs. 1 Nr. 1 EGBGB), beerben sich aber nach den Regeln des portugiesischen Erbrechts (Art. 21 EU-ErbVO).
- In gemischt-nationalen Ehen stimmt das Güterstatut mit dem Erbstatut nur solange überein, wie die Eheleute noch in dem Staat leben, in dem sie bei Beginn der Ehe ihren gewöhnlichen Aufenthalt hatten. Ziehen sie um, so wechselt das Erbstatut (Art. 21 EU-ErbVO), das Güterstatut bleibt bestehen (Art. 15 Abs. 1 EGBGB). Hier könnte allenfalls eine güterrechtliche Rechtswahl helfen, mit der die Ehegatten das Recht des neuen Aufenthaltsstaates zum Güterstatut bestimmten, Art. 15 Abs. 2 Nr. 2 EGBGB.
- Die Möglichkeit einer einseitigen erbrechtlichen Rechtswahl fördert die Entstehung von Divergenzen. So könnte bei in Frankreich lebenden französisch-deutschen Eheleuten der deutsche Ehemann für die Erbfolge einseitig sein deutsches Heimatrecht wählen, während für die güterrechtlichen Folgen der Ehe das französische Recht anwendbar bleibt.

80　Im **Beispiel** wird der Ehemann aufgrund seines Lebensmittelpunkts in Stuttgart gem. Art. 21 EU-ErbVO nach dem deutschen Recht beerbt. Je nachdem, ob die Eheschließung vor oder nach dem 9.4.1984 stattgefunden hat, wäre aber aufgrund der Bezugnahme auf die güterrechtlichen Besonderheiten des französischen Rechts gem. Art. 220 Abs. 3 S. 1 Nr. 2 EGBGB („Unterstellung" unter das französische Recht) bzw. gem. Art. 15 Abs. 2 Nr. 1 EGBGB aufgrund ausdrücklicher oder konkludenter Rechtswahl französisches Recht Güterstatut.

81　Eine Vermögenszuweisung soll nach bislang in Deutschland vertretener Ansicht erbrechtlich zu qualifizieren sein, „wenn sie dem überlebenden Ehegatten eine Teilhabe allein aufgrund seiner Nähebeziehung zum Erblasser gewährt; güterrechtlich, wenn sie einen Ausgleich für während der Ehe erbrachte Leistungen darstellt und darauf beruht, dass bereits während der Ehe die Vermögen der Eheleute verschmolzen sind und sie aus einem Topf gewirtschaftet haben".[83] Das ist vage und mag in den problematischen Fällen dem mit dem Sachverhalt befassten Praktiker nicht weiterhelfen.

82　Konkreter ist daher die Formel: Eine **güterrechtliche Zuordnung** liegt regelmäßig dann vor, **wenn sie vom Bestehen eines bestimmten Güterstands abhängig ist**, während die erbrechtliche unabhängig vom Güterstand gewährt werde.[84] Von untergeordneter Bedeutung ist dagegen, ob die einschlägige Norm im Gesetzbuch im Erb- oder Güterrecht eingeordnet ist[85] oder ob sich die Vereinbarung im Erb- oder in einem Gütervertrag befindet: Der enge sachliche Zusammenhang bedingt, dass diese Fragen zusammengefasst und ohne Rücksicht auf die kollisionsrechtliche Systematik geregelt werden.

83　Die **güterrechtliche Auseinandersetzung** hat **Vorrang vor der Nachlassverteilung**. Nur was nach Auseinandersetzung des Güterstands dem Erblasser gebühren würde, gelangt in den Nachlass. Das Erbrecht bestimmt dann, wer hiervon wie viel erhält.[86]

84　Demnach ist auch im **Beispiel** zunächst die güterrechtliche Auseinandersetzung nach französischem Güterrecht zu vollziehen. Dieses gestattet für den Fall des Versterbens eines der Eheleute die Vereinbarung einer ungleichen Teilung des Gesamtguts bzw. der Zuweisung des vollen Gesamtguts an den Überlebenden (*clause d'attribution intégrale*, Art. 1524 c.c.).[87] Der Nachlass wird so weitgehend ausgehöhlt – bis auf das eheliche Vorbehaltsgut. Freilich kann das Erbstatut in dieser Vereinbarung eine ergänzungspflichtige unentgeltliche Zuwendung sehen (siehe Rn 93).

2. Qualifikation von § 1371 Abs. 1 BGB

85　Nach wohl einhelliger Ansicht entsteht das pauschale Viertel gem. § 1371 Abs. 1 BGB nur bei Geltung der Zugewinngemeinschaft deutschen Rechts, also der Geltung deutschen Güterstatuts. Umstritten ist aber, inwieweit das güterrechtliche Viertel auch dann zu gewähren ist, wenn ausländisches Recht Erbstatut ist.

83　LG München I FamRZ 1978, 364; Staudinger/*Dörner*, Art. 25 EGBGB Rn 33; Staudinger/*Mankowski*, Art. 15 EGBGB Rn 328. Ausf. zu dieser Frage auch *Döbereiner*, Ehe- und Erbverträge im deutschfranzösischen Rechtsverkehr, 2001, S. 276.
84　Staudinger/*Mankowski*, Art. 15 EGBGB Rn 326.
85　Staudinger/*Mankowski*, Art. 15 EGBGB Rn 327 weist diesem Faktor zumindest indizielle Funktion („im Zweifel") zu.
86　*Ferid*, Internationales Privatrecht, Rn 8–128; *Henrich*, in: FS Schippel, S. 906; *Schotten/Schmellenkamp*, Internationales Privatrecht, Rn 212; NK-BGB/*Sieghörtner*, Art. 15 EGBGB Rn 92.
87　Hierzu *Döbereiner*, Länderbericht Frankreich Rn 171 ff.

Bei der **erbrechtlichen Qualifikation (Theorie von der „Doppelqualifikation")** ist § 1371 Abs. 1 BGB nur anwendbar, wenn deutsches Recht zugleich auch Erbstatut ist.[88] Dies vermeidet Angleichungsprobleme, die sich ergeben, wenn durch die pauschale Erhöhung des Ehegattenerbrechts um ein ganzes Viertel das wohlaustarierte Verhältnis von Verwandten- und Ehegattenerbrecht in der ausländischen Erbrechtsordnung in recht massiver Weise gestört wird. Leider widerspricht sie dem damaligen mit Einführung von § 1371 BGB verfolgten gesetzgeberischen Ziel, wonach der rechnerische Zugewinnausgleich im Erbfall gerade unterbleiben soll: Die erbrechtliche Qualifikation erzwingt den Zugewinnausgleich auf güterrechtlichem Wege; die Privilegierung des überlebenden Ehegatten durch die Zuweisung einer Pauschale geht verloren.

86

Im deutschen Schrifttum und in der Rechtsprechung herrscht die sog. **güterrechtliche Qualifikation**, wonach die pauschale Erhöhung ausschließlich von der Geltung deutschen Güterrechts abhängt.[89] Wenn das Erbstatut auf erbrechtlichem Wege einen Ersatz für einen fehlenden güterrechtlichen Ausgleich verwirkliche,[90] soll eine doppelte Begünstigung im Wege der Angleichung z.B. dadurch vermieden werden, dass die Erhöhung gem. § 1371 Abs. 1 BGB ausscheidet oder begrenzt wird.[91]

87

Das Problem hat in der letzten Zeit wieder vermehrt an Aktualität gewonnen. Die deutsche Literatur bejaht die güterrechtliche Qualifikation nach Inkrafttreten der EU-ErbVO erst recht vehement.[92] In der Rechtsprechung überwogen seit 2005 Entscheidungen, nach denen sich die gesetzlichen Erbquoten ausschließlich nach dem Erbstatut beurteilen.[93] Allerdings wurde diese Erfolgsserie für die erbrechtliche Qualifikation zuletzt durch zwei Entscheidungen für die güterrechtliche Qualifikation durchkreuzt.[94] Der BGH hat sich in seiner Entscheidung vom 12.9.2012[95] vor einer Stellungnahme „gedrückt", indem er sich mit dem

88

---

88 Z.B. OLG Düsseldorf IPRspr. 1987 Nr. 105; *Ferid*, Internationales Privatrecht, Rn 8–130; *Schotten*, MittRhNotK 1987, 18; MüKo-BGB/*Siehr*, Art. 15 EGBGB Rn 114 f. will aber das Viertel dennoch gewähren, wenn das ausländische Erbstatut dem Ehegatten einen Erbteil zuspricht, der genauso groß ist, wie er bei Geltung deutschen Erbrechts wäre – und kommt damit zum gleichen Ergebnis wie das LG Mosbach ZEV 1998, 490; ebenso MüKo-BGB/*Birk*, Art. 25 EGBGB Rn 158.

89 BayObLG FamRZ 1975, 416 und IPRax 1981, 100; OLG Karlsruhe NJW 1990, 1421; OLG Hamm IPRspr. 1995 Nr. 119; *von Bar*, Internationales Privatrecht II, Rn 244; Staudinger/*Dörner*, Art. 25 EGBGB Rn 36; Palandt/*Thorn*, Art. 15 EGBGB Rn 26; Erman/*Hohloch*, Art. 15 EGBGB Rn 37; *Looschelders*, IPR-Kommentar, Art. 15 EGBGB Rn 11; Soergel/*Schurig*, Art. 15 EGBGB Rn 101 f.; NK-BGB/*Sieghörtner*, Art. 15 EGBGB Rn 94; ausführliche Auseinandersetzung mit der Theorie der Doppelqualifikation bei Staudinger/*Mankowski*, Art. 15 EGBGB Rn 342 ff.

90 Das ist m.E. im österreichischen Recht der Fall, da dort eine Art „Zugewinnausgleich" im Fall der Scheidung durchgeführt wird, bei Auflösung der Ehe durch Tod aber „Gütertrennung" gilt.

91 *von Bar*, Internationales Privatrecht II, 1991, Rn 244; Palandt/*Thorn*, Art. 15 EGBGB Rn 26; Erman/*Hohloch*, Art. 15 EGBGB Rn 37; *Kropholler*, Internationales Privatrecht, 6. Aufl. 2006, § 34 IV 2 b, S. 353; Soergel/*Schurig*, Art. 15 EGBGB Rn 40. So auch LG Mosbach ZEV 1998, 490, wonach der Ehegatte durch die Erhöhung keinen Erbteil erhalten darf, der höher als nach deutschem Recht (neben Abkömmlingen also ein halb) wäre.

92 Staudinger/*Dörner*, 2007, Art. 25 EGBGB Rn 156; Staudinger/*Mankowski*, 2012, Art. 15 EGBGB Rn 342; Palandt/*Thorn*, 73. Aufl. 2014, Art. 15 EGBGB Rn 26; *Kropholler*, Internationales Privatrecht, 6. Aufl. 2006, § 45 IV 2, S. 353; Bamberger/Roth/*Mörsdorf-Schulte*, 3. Aufl. 2012, Art. 15 EGBGB Rn 47.

93 OLG Stuttgart ZErb 2005, 162; OLG Frankfurt ZEV 2010, 253; OLG Düsseldorf RNotZ 2009, 247; OLG Köln DNotI-Report 2012, 107.

94 OLG Schleswig ZErb 2014, 52; OLG München DNotI-Report 2012, 107; jetzt zuletzt wieder OLG Frankfurt, Beschl. v. 21.11.2013 – 21 W 17/13.

95 BGH ZErb 2012, 334.

Hinweis verabschiedete, die Frage sei in dem vorgelegten Fall nicht entscheidungserheblich. Daher steht man in Deutschland weiterhin vor einer regionalen Dreiteilung des Bundesgebiets: OLG-Bezirke mit Vorrang von § 1371 BGB, solche mit Vorrang des ausländischen Erbstatuts und solche mit ungeklärter Rechtslage.

89 Für die EU-ErbVO wird von führenden Autoren in Deutschland eine Weiteranwendung der güterrechtlichen Qualifikation für möglich gehalten.[96] Ob freilich der mit § 1371 BGB verfolgte güterrechtliche Zweck sich auch dann gegen das ausländische Erbrecht durchzusetzen vermag, wenn die Behörden des Staates entscheiden, deren Recht Erbstatut ist, dürfte zweifelhaft sein. Bislang galt in den ausländischen Nachbarstaaten Österreich und Frankreich die erbrechtliche Qualifikation. Art. 23 Abs. 2 lit. b EU-ErbVO unterstellt die Bestimmung der Anteile der Berechtigten am Nachlass – also die gesetzliche Erbquote des Ehegatten – dem Erbstatut. Das spricht für eine erbrechtliche Qualifikation. Die Anhänger der güterrechtlichen Qualifikation weisen demgegenüber darauf hin, dass Art. 1 Abs. 2 lit. d EU-ErbVO die „Fragen des ehelichen Güterrechts" vom Anwendungsbereich der EU-ErbVO ausnehme.[97]

90 Allerdings ist es schwierig, in § 1371 Abs. 1 BGB noch einen echten güterrechtlichen Ausgleich zu sehen, ist die Gewährung des Viertels doch völlig unabhängig davon, ob der Erblasser überhaupt einen Zugewinn erzielt hat und ob dem Überlebenden ein Ausgleichsanspruch zustehen könnte. Damit stellt das güterrechtliche Viertel weniger einen Zugewinnausgleich dar als eine güterrechtlich motivierte pauschale Begünstigung des überlebenden Ehegatten auf erbrechtlichem Wege. Auch bei § 1931 Abs. 4 BGB besteht weitgehende Einigkeit, dass diese Bestimmung zum Erbstatut gehöre.[98] Bei Geltung eines ausländischen Güterstandes sei zu ermitteln, ob dieser der Gütertrennung deutschen Rechts gleichzusetzen ist (**Substitution**). Unter der Geltung der EU-ErbVO wird man m.E. von deutscher Seite kaum überzeugend darlegen können, wieso hier aus Sicht der übrigen Mitgliedstaaten beide Vorschriften unterschiedlich zu behandeln seien. Eine weitere Erschwerung wird sich für die Durchsetzung der güterrechtlichen Theorie daraus ergeben, dass die Entscheidung wegen des über Art. 4 und 21 EU-ErbVO erreichten Gleichlaufs von internationaler Zuständigkeit und anwendbarem Recht künftig in die Hände der Richter des Staates gelegt werden wird, dessen Erbrecht von der güterrechtlichen Pauschale modifiziert werden wird. Diesem wird die Konfliktlösung zwischen dem Verwandten- und Ehegattenerbrecht seines Erbrechts näher liegen als die güterrechtlichen Prinzipien des deutschen Rechts.

3. Güterrechtliche Vereinbarungen auf den Todesfall

91 Im französischen Recht gilt die Vereinbarung von der gesetzlichen Halbteilung abweichender Quoten für die Auseinandersetzung des Güterstandes im Falle des Todes nicht als Schenkung oder Vermächtnis, sondern als entgeltliches Geschäft, soweit die Erwerbschancen beider Ehegatten halbwegs ebenbürtig sind. Sie sind also im französischen Erbrecht

---

96 *Dörner*, in: Dutta/Herrler, EU-ErbVO, S. 77 ff.; *Dutta*, FamRZ 2013, 4; *Mankowski*, ZEV 2014, 121.
97 *Dörner*, ZEV 2012, 507.
98 *von Bar*, Internationales Privatrecht II, Rn 244; Staudinger/*Dörner*, 2007, Art. 25 EGBGB Rn 154; *Kropholler*, Internationales Privatrecht, 6. Aufl. 2006, § 45 IV 2, S. 353; Schotten/*Schmellenkamp*, Internationales Privatrecht, Rn 212; NK-BGB/*Sieghörtner*, Art. 15 EGBGB Rn 95; a.A. Soergel/*Schurig*, Art. 15 EGBGB Rn 38.

„pflichtteilsfest".⁹⁹ Ähnliches ergibt sich für die Vereinbarung einer *joint tenancy* unter Ehegatten, die im Güterstand der Errungenschaft nach US-Recht leben und aufgrund derer dem überlebenden Ehegatten ebenfalls das Gesamtgut zuwächst;¹⁰⁰ ebenso die Gütergemeinschaft auf den Todesfall nach dänischem Recht, bei der nur das Vermögen des Zuerstversterbenden in die Gütergemeinschaft fällt, das Vermögen des Überlebenden aber Sondergut bleibt.¹⁰¹

Die Zulässigkeit und Wirksamkeit derartiger Vereinbarungen sind nach einer Ansicht erbrechtlich zu qualifizieren, da so Wirksamkeit und Wirkungen einer Verfügung von Todes wegen einheitlich nach einer einzigen Rechtsordnung beurteilt werden können.¹⁰² Nach anderer Ansicht gilt das Güterstatut, da die Wirksamkeit der Klausel vom Bestehen eines bestimmten Güterstandes abhänge und sich der Übergang des Vermögens auf den überlebenden Ehegatten „vorbei am Nachlass" auf spezifisch güterrechtlichem Wege vollziehe.¹⁰³ Der Schutz der Angehörigen wird hierbei nicht preisgegeben, denn auch bei güterrechtlicher Qualifikation bleibt die Frage, gegen welche Zuwendungen unter Eheleuten Verwandte des Erblassers zum Schutz ihrer Pflichtteilsrechte geschützt werden und ob die Erbmasse durch güterrechtliche Vereinbarungen zu Lasten der Pflichtteilsberechtigten vermindert werden kann, erbrechtlich zu qualifizieren. Die erbrechtlichen Regeln über die Mindestbeteiligung der Angehörigen am Nachlass können ohnehin nicht ausgeschaltet werden, indem güterrechtliche Vereinbarungen dem Recht eines anderen Staates unterstellt werden.¹⁰⁴ Für die Beteiligten ist es funktionell gleichwertig, ob sie sich durch „Berliner Testament" bzw. Erbvertrag gegenseitig nach deutschem Recht zu Alleinerben einsetzen oder der gleiche wirtschaftliche Erfolg durch eine nur für den Todesfall gedachte güterrechtliche Teilungsregelung herbeigeführt wird.¹⁰⁵

92

So gilt im **Beispiel** für den Erwerb des ehelichen Gesamtguts durch die Ehefrau das für die güterrechtlichen Verhältnisse maßgebliche französische Güterstatut. Ob die Zuwendung des über die Hälfte hinausgehenden Anteils am Gesamtgut eine ergänzungspflichtige unentgeltliche Zuwendung darstellt, unterliegt hingegen nicht dem Güterstatut, sondern dem als Erbstatut geltenden deutschen Recht (§ 2325 BGB). Dieses bejaht die Ergänzungspflichtigkeit einer güterrechtlichen Vereinbarung, wenn die Absichten der Eheleute nicht auf eine Ordnung der beiderseitigen Vermögen zwecks Verwirklichung der Ehe, sondern auf „ehefremde Zwecke" gerichtet waren. Eine derartige Annahme kommt aber nur ausnahmsweise in Betracht, z.B. wenn ein Ehevertrag geschlossen wird, um pflichtteilsberechtigte Angehö-

93

---

99 Dies gilt gem. Art. 1527 Abs. 2 frz. c.c. in der nun geltenden Fassung jedoch nicht zum Nachteil der Kinder des Erblassers, die nicht zugleich Kinder des überlebenden Ehegatten sind. Art. 1465 belg. c.c. hingegen schützt nur Kinder aus einer vorangegangenen Ehe gegen entsprechende Gestaltungen ihres Elternteils. Ausf. hierzu *Döbereiner*, Länderbericht Frankreich Rn 170 ff.
100 Hierzu z.B. *Steiner*, Testamentsgestaltung bei kollisionsrechtlicher Nachlassspaltung, 2002, S. 205.
101 Siehe *Dübeck*, ZEuP 1995, 835 f. mit Berechnungsbeispiel.
102 *Döbereiner*, Ehe- und Erbverträge im deutsch-französischen Rechtsverkehr, S. 280; *Henrich*, in: FS Schippel, S. 911.
103 NK-BGB/*Sieghörtner*, Art. 15 EGBGB Rn 92.
104 *Henrich*, in: FS Schippel, S. 913 f.; *ders.*, FF 2000, 86 f.; *Döbereiner*, Ehe- und Erbverträge im deutsch-französischen Rechtsverkehr, S. 279.
105 Bezeichnenderweise beschreiben Eheleute, die in Frankreich eine entsprechende güterrechtliche Vereinbarung haben beurkunden lassen, diese in Deutschland zumeist als „Erbvertrag".

rige zu benachteiligen.¹⁰⁶ Im Beispielsfall stand bei Abschluss des Ehevertrages offenbar die Versorgung des überlebenden Ehegatten im Vordergrund. Die Absicht der Benachteiligung der Kinder scheidet schon deswegen aus, weil die Kinder zum Zeitpunkt des Abschlusses des Ehevertrages noch nicht geboren waren.

94 **Praxishinweis:** Umgekehrt kann eine güterrechtliche Vereinbarung auch die Wirkungen eines Pflichtteilsverzichts erfüllen. So ist im französischen Recht ein Pflichtteilsverzicht – wie der Erbvertrag – grundsätzlich verboten. Der überlebende Ehegatte hat – auch nach der jüngsten Reform des Erbrechts im Jahre 2006 – neben Abkömmlingen des Erblassers aber weiterhin keinerlei Pflichtteil, sondern soll durch Teilung der ehelichen Errungenschaft abgesichert werden. Durch Vereinbarung der Gütertrennung gibt er auch diese Rechte auf, so dass er im Fall der Erbeinsetzung der Kinder allenfalls Unterhaltsansprüche und ein Wohnrecht geltend machen könnte.

E. Erbstatut und Unterhaltsansprüche

Literatur

Gruber, Die neue EG-Unterhaltsverordnung, IPRax 2010, 128; *Henrich*, Zur Qualifikation von Unterhaltsansprüchen gegen den Nachlass, in: FS Gernhuber 1993, S. 667 ff.

95 Qualifikationsprobleme ergeben sich, wenn überlebende Angehörige Unterhaltsansprüche gegen den Nachlass geltend machen. Unterhaltspflichten sind gem. Art. 1 Abs. 2 lit. e EU-ErbVO vom Anwendungsbereich der EU-ErbVO ausdrücklich ausgenommen. Eine Abgrenzung anhand des „Zwecks" des Unterhaltsanspruchs ist kaum möglich, denn nicht nur das Unterhaltsrecht, auch das Erb-, insbesondere das Pflichtteilsrecht erfüllen Versorgungsfunktionen, so dass sie sich im Grenzbereich überschneiden und gegenseitig beeinflussen. So wird z.B. im deutschen Recht der überlebende Ehegatte nach Rechtshängigkeit des Scheidungsantrags für den Wegfall des Erbteils nach § 1933 BGB durch einen Unterhaltsanspruch gegen den Nachlass entschädigt, der wiederum auf den hypothetischen Pflichtteil eines Ehegatten begrenzt ist, § 1586b Abs. 1 BGB. Der im französischen Recht neben Abkömmlingen pflichtteilslose Ehegatte erhält im Fall der Bedürftigkeit einen Unterhaltsanspruch gegen den Nachlass (Art. 767 c.c.). Die Entstehung von Ansprüchen auf *family provision* in England, Neuseeland und Kanada für Kinder, Verwandte und andere Personen ist im Wesentlichen von ihrer Bedürftigkeit abhängig; für die Bemessung der Beträge wird auf den Unterhaltsbedarf abgestellt und vielfach erfolgt die Zuweisung in Form von Rentenzahlungen.¹⁰⁷

96 Die am 18.6.2011 in Kraft getretene Europäische Verordnung über die Zuständigkeit, das anwendbare Recht, die Anerkennung und Vollstreckung von Entscheidungen und die Zusammenarbeit in Unterhaltssachen (ABl. 2009 L 7 S. 1) enthält – entgegen ihrem vielversprechenden Titel – keine kollisionsrechtlichen Regeln zur Bestimmung des Unterhaltsstatuts. Art. 15 EU-UntVO verweist aber zur Bestimmung des auf die Unterhaltspflichten anzuwendenden Rechts auf das Haager Protokoll vom 23.11.2007 über das auf Unterhaltspflich-

---

106 Vgl. BGHZ 116, 178, 182; *von Dickhuth-Harrach*, in: FS Rheinisches Notariat 1998, S. 220 f.; Palandt/*Weidlich*, § 2325 BGB Rn 15; *Mayer*, in: Mayer/Süß/Tanck/Wälzholz, Handbuch Pflichtteilsrecht, 3. Aufl. 2013, § 18 Rn 254 mit weiteren Beispielen; Staudinger/*Olshausen*, § 2325 BGB Rn 21. Diese Ansicht steht in auffallendem Gegensatz zur gesellschaftsrechtlichen Fortsetzungsklausel, die nach dem gleichen Prinzip der Anwachsung arbeitet, aber nach der Rspr. pflichtteilsfest ist.
107 *Süß*, in: Mayer/Süß/Tanck/Wälzholz, Handbuch Pflichtteilsrecht, 3. Aufl. 2013, § 19 Rn 162.

ten anzuwendende Recht (HUP). Art. 18 EGBGB wurde mit Wirkung vom 18.6.2011 an aufgehoben. Der **Unterhaltsanspruch** unterliegt gem. Art. 3 Abs. 1 des Haager Unterhaltsprotokolls[108] dem am gewöhnlichen Aufenthalt des Unterhaltsberechtigten geltenden Recht. Lebten Erblasser und Unterhaltsberechtigter in verschiedenen Ländern oder hat der Erblasser durch erbrechtliche Rechtswahl gem. Art. 22 EU-ErbVO die Erbfolge einem Recht unterstellt, das nicht für die unterhaltsrechtlichen Beziehungen gilt, so divergieren Erb- und Unterhaltsstatut. Die Qualifikation des aufgrund des Todesfalls entstehenden Anspruchs als erb- oder als güterrechtlich kann sich dann auf das anwendbare Recht und damit auf Existenz und Höhe auswirken.

Einigung scheint man zumindest in folgenden Punkten gefunden zu haben:
- Das Unterhaltsstatut entscheidet über Voraussetzungen und Höhe eines Unterhaltsanspruchs, der bereits unter Lebenden understanden ist, auch wenn der Unterhaltsschuldner zwischenzeitlich verstorben ist und sich der Anspruch daher jetzt als Erblasserschuld gegen den Nachlass richtet.
- Das Erbstatut entscheidet, wer im Rahmen der Universalsukzession für die Unterhaltsverbindlichkeiten des Erblassers als Erbe etc. aufkommt und wie er sich hierdurch durch Ausschlagung, Nachlassverwaltung etc. befreien kann.
- Das Unterhaltsstatut bestimmt, ob mit dem Tod des Unterhaltsschuldners die Unterhaltsberechtigung insgesamt erlischt oder ob die persönliche Unterhaltsverpflichtung mit dem Tod des Unterhaltsschuldners auf andere Angehörige – also seine Erben – übergeht.

97

Umstritten war dagegen, ob **Ansprüche** auf laufende Unterhaltszahlungen, die **mit oder erst nach dem Erbfall entstehen**, erb- oder unterhaltsrechtlich zu qualifizieren sind. Nach einer Ansicht sind auf Zahlung von laufenden Renten zur Deckung des Lebensbedarfs gerichtete Ansprüche **stets unterhaltsrechtlich** zu qualifizieren und zwar selbst dann, wenn sie ein fehlendes Erbrecht ausgleichen sollen. Fallen Erbstatut und Unterhaltsstatut auseinander, kann es deswegen, weil der Unterhaltsanspruch hier an die Stelle eines fehlenden Erb- oder Pflichtteilsrechts tritt (bzw. umgekehrt), zu „Normenhäufungen" kommen, wenn der Begünstigte sowohl mit einem Erb- bzw. Pflichtteilsrecht als auch mit einem Unterhaltsanspruch entschädigt wird. Ebenso sind „Normenmangel-Situationen" möglich, wenn er weder nach Erb- noch aus dem Unterhaltsstatut etwas erhält, obwohl jede der beiden Rechtsordnungen ihn berücksichtigen würde – nur die für das Erbrecht geltende Rechtsordnung mit einem Unterhaltsanspruch und die für den Unterhaltsanspruch geltende Rechtsordnung mit einem erbrechtlichen Pflichtteil. Diese Diskrepanzen sollen im Wege der **Angleichung** bewältigt werden.

98

Zwingend erscheint dies nicht. Da es ein typisches Merkmal von Unterhaltsbeziehungen ist, dass sie unter Lebenden bestehen, beruht die vorgenannte Ansicht auf einer ausdehnenden Auslegung des Unterhaltsbegriffs. Praktische Probleme sind die Folge: Die Angleichung ist aufwendig, da sie einen umfassenden Vergleich der beteiligten Rechtsordnungen erfordert. Wegen der unterschiedlichen Methoden zur Angleichung sind die Ergebnisse nicht vorhersehbar. Ungeklärt bleibt schließlich, wie man genau abgrenzen soll, ob der geltend gemachte Zahlungsanspruch überhaupt „Unterhaltsanspruch" ist oder nicht vielmehr ein „verrenteter Pflichtteil". So hängt es z.B. bei der Gewährung der *family provision* des englischen Rechts vom Ermessen des Richters ab, ob die *family provision* in Form einer laufenden Rente oder als einmalige Abfindung gewährt wird.

99

---

108 Palandt/*Thorn*, Art. 18 EGBGB Anh. Rn 1 mit einer Wiedergabe des Textes des HUP.

100 Zunehmend wird daher vertreten, dass mit oder nach dem Tode fällig werdende Unterhaltszahlungen **erbrechtlich** zu **qualifizieren** seien. Es handele sich um Erbfallschulden bzw. um eine Unterhaltspflicht, die funktionell an die Stelle eines Erbteils (bzw. eines Pflichtteils) trete.[109]

101 Auch in den anderen Mitgliedstaaten der Europäischen Union gehört es zum Wesen des Unterhaltsanspruchs, dass dieser als familienrechtliche Beziehung nur zwischen lebenden Personen bestehen kann. Ansprüche gegen den Nachlass fallen daher unabhängig davon, ob diese der Deckung des Lebensbedarfs dienen oder eine reine Vermögensteilhabe darstellen, aus dem Unterhaltsbegriff heraus.

102 **Art. 1 Abs. 2 lit. e EU-ErbVO** bestimmt nun ausdrücklich, dass Unterhaltspflichten nur dann vom Anwendungsbereich der EU-ErbVO ausgeschlossen sind, wenn diese mit dem Tod entstehen. Die erbrechtliche Qualifikation solcher Ansprüche ist damit nicht zwingend vorgegeben, zumal diese nicht in Art. 23 EU-ErbVO aufgeführt sind. Nach dem Vorgenannten lassen sich die mit dem Tod des Erblassers entstehenden Unterhaltsansprüche aber auch unter die „etwaigen Ansprüche von Personen, die dem Erblasser nahe stehen, gegen den Nachlass oder gegen den Erben" subsumieren.

F. Erbstatut und Sachenstatut (bzw. sonstige Einzelstatute)

Literatur

Döbereiner, Vindikationslegate unter der Geltung der EU-Erbrechtsverordnung, GPR 2014, 42; *Dörner*, Keine dingliche Wirkung ausländischer Vindikationslegate im Inland, IPRax 1996, 26; *Hertel*, Die Abgrenzung des Erbstatuts vom Sachstatut und vom Gesellschaftsstatut, in: Dutta/Herrler, Die Europäische Erbrechtsverordnung, 2014, S. 85 ff.; *Kegel*, Erbfolge und Vermächtnis: Heres ex re und Vindikationslegat, in: FS Seidl-Hohenfeldern 1998, S. 339 ff.; *Lechner*, Die EUErbVO im Spannungsfeld zwischen Erbstatut und Sachenrecht, IPRax 2013, 497; *Margonski*, Ausländische Vindikationslegate nach der EU-Erbrechtsverordnung, GPR 2013, 106; *Jan Peter Schmidt*, Ausländische Vindikationslegate über im Inland belegene Immobilien – zur Bedeutung des Art. 1 Abs. 2 lit. l EuErbVO, ZEV 2014, 133; *Jan Peter Schmidt*, Die kollisionsrechtliche Behandlung dinglich wirkender Vermächtnisse, RabelsZ 77 (2013) 1; *Süß*, Das Vindikationslegat im Internationalen Privatrecht, RabelsZ 65 (2001) 245; *Süß*, Der Trust als erbrechtliches Gestaltungsmittel für deutsche Erblasser, in: FS 10 Jahre DNotI 2003, S. 387 ff.

I. Grundsatz

103 Für sachenrechtliche Verhältnisse gilt gem. Art. 43 Abs. 1 EGBGB das am Belegenheitsort der Sache geltende Recht (**Sachenstatut**). Dieses Recht entscheidet nicht nur darüber, welche Rechte an einer Sache begründet werden können, sondern auch, wie diese entstehen. Wenn es zur Übertragung des Eigentums im Rahmen einer Gesamtrechtsnachfolge, also z.B. der Erbfolge, kommt, erkennt das deutsche Sachenstatut (Einzelstatut) den durch das Vermögensstatut (Gesamtstatut) angeordneten Vermögensübergang (Universalsukzession) an. Erkennt ein ausländisches Sachenstatut die *ipso iure* eintretende Universalsukzession

---

109 Staudinger/*Dörner*, 2007, Art. 25 EGBGB Rn 136; Staudinger/*Ferid/Cieslar*, Einl. zu §§ 2303 ff. BGB Rn 186; Staudinger/*Haas*, Vor §§ 2303 ff. BGB Rn 60; *Henrich*, in: FS Gernhuber, S. 671; *Looschelders*, Die Anpassung im Internationalen Privatrecht, 1995, S. 352; Staudinger/*Mankowski*, Neubearb. 2003, Anh. I zu Art. 18 EGBGB Rn 121 ff. Das LG Arnsberg (DAVorm. 1978, 813 = IPRspr. 1977 Nr. 85) kam zu diesem Ergebnis erst durch Angleichung.

nicht bzw. nur eingeschränkt an – weil es insoweit z.B. die ausdrückliche Annahme der Erbfolge in einer bestimmten Form verlangt (wie das italienische und das spanische Recht), die Übertragung des Nachlasses auf die Erben durch gerichtlichen Einantwortungsbeschluss (Österreich) oder dieses einen direkten Erwerb durch die „Erben" überhaupt versagt und einen gerichtlich autorisierten und überwachten *personal representative* dazwischenschaltet, der die Nachlassabwicklung zugunsten der Vermächtnisnehmer und Nachlassgläubiger durchführt (England, USA) –, ergibt sich ein Widerspruch zum sachenrechtlichen System dieses Landes, welches diese Art des Eigentumserwerbs nicht anerkennt.[110]

Dieses Problem bei der Koordination von Vermögensstatut und Einzelstatut ergibt sich nicht nur bei Rechten an Sachen; auch **unkörperliche Rechte** wie schuldrechtliche Forderungen, Urheberrechte, Patente und andere gewerbliche Schutzrechte sowie sonstige Vermögensrechte aller Art sind betroffen.

104

Jedenfalls ist dem Sachen- bzw. Einzelstatut zu entnehmen, **welche Vermögensrechte überhaupt** zum Vermögen des Erblassers gehören und ob sie nach seinem Tode überhaupt noch fortbestehen und **in den Nachlass fallen**. So mag das für den jeweiligen Vermögensgegenstand maßgebliche Einzelstatut vorsehen, dass das Recht als höchstpersönliches Recht mit dem Tode des Erblassers untergeht oder (wie Ansprüche aus einem Unterhaltsverhältnis, Schmerzensgeldansprüche, Pflichtteilsrechte aus einem anderen Erbfall, gesellschaftsrechtliche Beteiligungen) nur unter bestimmten Voraussetzungen oder nur auf bestimmte Personen übertragen werden kann bzw. mit dem Tode *ipso iure* auf eine bestimmte andere Person übergeht. Diese Frage ist also nicht nach dem Erbstatut zu beurteilen, sondern als **Vorfrage** nach dem für den jeweiligen Gegenstand z.B. gem. Art. 43 Abs. 1 EGBGB maßgeblichen Einzelstatut zu behandeln.

105

Beispiel: Bei der *joint tenancy* angloamerikanischen Rechts sind mehrere Personen an einem Recht in einer Weise beteiligt, die am ehesten mit der deutschen Gesamthand vergleichbar ist. Verstirbt einer der Beteiligten, wächst der Anteil des Verstorbenen den Überlebenden automatisch zu.[111] Die Wirksamkeit einer derartigen Form der Beteiligung ist sachenrechtlich zu qualifizieren, so dass es bei unbeweglichen und beweglichen körperlichen Gegenständen auf das jeweilige Sachenstatut (vgl. Art. 43 Abs. 1 EGBGB) ankäme; bei anderen Rechten wäre das für das jeweilige Recht maßgebliche Statut anwendbar (also z.B. bei vertraglichen Forderungen das Schuldstatut gem. Art. 3 ff. Rom I-VO). Ist danach die Beteiligung dem Nachlass entzogen, ergibt sich aus dem Erbstatut allenfalls, ob die Begründung der *joint tenancy* als ergänzungspflichtige unentgeltliche Zuwendung zu behandeln ist. Grundsätzliche Bedenken auf der Basis deutschen Erbstatuts[112] sind m.E. schon deswegen unangebracht, weil das deutsche Recht in gesellschaftsrechtlichen Fortsetzungsklauseln eine weitgehend vergleichbare Konstruktion anerkennt.

II. Dingliche Wirkungen von Vindikationslegaten und Teilungsanordnungen

Einzelvermächtnisse und Teilungsanordnungen betreffen nicht den Übergang des Vermögens als Ganzem (Universalsukzession), sondern einzelne Rechte, die aus dem Nachlass herausgelöst werden (Singularsukzession). Selbst dann, wenn dem Vermächtnis in der

106

---

110 Beispielsweise die besonderen Regeln über die Nachlassverteilung im englischen Recht, das Erfordernis der Einantwortung von Immobilien im österreichischen Recht und die Regeln des französischen Rechts über die innere Organisation der Erbengemeinschaft.
111 Hierzu *Jülicher*, ZEV 2001, 469 ff.; siehe *Odersky*, Länderbericht Großbritannien: England und Wales (Rn 86); IPG 2002 Nr. 12 (München) Rn 24.
112 So aber MüKo-BGB/*Birk*, Art. 25 EGBGB Rn 171.

Rechtsordnung, die Erbstatut ist, unmittelbar verfügende Wirkung zukommen sollte – wie z.B. im französischen oder italienischen Recht (sog. **Vindikationslegat**), weil dort nach dem dinglichen Konsensprinzip die Begründung des Anspruchs auf die Sache bereits zum Übergang des Eigentums führt –, ist die verfügende „dingliche" Wirkung des Vermächtnisses nicht dem Erbstatut zu entnehmen. Vielmehr ist m.E. diese dinglich zu qualifizieren und damit nach dem einschlägigen Einzelstatut (Sachenstatut, Schuldstatut etc.) zu bestimmen.

Diese Frage ist freilich nach Inkrafttreten der EU-ErbVO erneut aufgekocht und zu einer der in Deutschland heißest diskutierten Streitfragen geworden.[113] Daher wird man für die Klärung dieser Frage im Rahmen der EU-ErbVO erneut eine höchstrichterliche Entscheidung – dieses Mal dann des EuGH – abwarten müssen.

Beispiel: Daher kommt dem Vermächtnis eines in einem westfälischen Reitstall stehenden Rappen oder einer Guthabenforderung bei der Frankfurter Filiale einer New Yorker Großbank selbst bei Geltung italienischen Erbstatuts keine unmittelbare dingliche Wirkung zu, sondern gemäß dem nach Art. 43 Abs. 1 EGBGB maßgebenden deutschen Sachenstatut nur die sich aus dem Erbstatut ergebende schuldrechtliche Wirkung. Das Vermächtnis wäre daher von den Erben im Wege der Übereignung maßgeblichen deutschen Sachenstatut (bzw. bei Vermächtnis einer deutschem Schuldstatut unterliegenden Forderung durch Abtretung nach dem deutschen Forderungsstatut) zu erfüllen.[114]

107 Gleiches gilt für eine **Teilungsanordnung**, wenn diese die Aufteilung des Vermögens auf verschiedene Personen bewirkt. Diese ist im französischen Recht mit unmittelbarer dinglicher Wirkung möglich. Da die dingliche Wirkung der nicht auf den Gesamtnachlass, sondern jeweils auf einzelne Gegenstände bezogenen Teilungsanordnung – weil eine Singularsukzession bewirkt werden soll – sachenrechtlich zu qualifizieren ist, tritt sie bei Gegenständen, die deutschem Sachen- bzw. sonstigem Einzelstatut unterliegen, nicht unmittelbar mit dem Erbfall ein, sondern muss mit einer entsprechenden Verfügung durch die Erben vollzogen werden.[115] Die Bundesregierung ging bereits im Regierungsentwurf für ein Ausführungsgesetz zur EU-ErbVO ebenfalls davon aus, dass sich gem. Art. 1 Abs. 2 lit. k EU-ErbVO das deutsche Sachenrecht gegen ein ausländisches Erbstatut durchsetzt, welches möglicherweise einem Stückvermächtnis unmittelbare dingliche Wirkungen verleiht.[116]

108 Anderes gilt freilich für die sog. **Nachlassverteilung niederländischen Rechts**, bei der der Nachlass zunächst *insgesamt* auf den überlebenden Ehegatten übergehen soll und die zugleich zur Erbfolge berufenen Kindern lediglich einen auf dessen Tod aufschiebend bedingten Anspruch auf den Nachlass erhalten. Hier tritt eine Universalsukzession (Aktiv- und Passivvermögen) zugunsten des überlebenden Ehegatten ein, welcher das deutsche Recht nichts entgegenzusetzen hat.[117]

---

113 Vgl. nur *Buschbaum/Simon*, ZEV 2012, 527; *Dörner*, ZEV 2012, 509; *Dutta*, FamRZ 2013, 12; *Margonski*, GPR 2013, 106; *Schmidt*, RabelsZ 77, 1.
114 BGH NJW 1995, 58 (Vindikationslegat nach kolumbianischem Recht); Staudinger/*Dörner*, Art. 25 EGBGB Rn 50, 284; *Ferid*, Internationales Privatrecht, Rn 7–33; *Süß*, RabelsZ 65 (2001) 245. Vergleichbares gilt für den gesetzlichen Voraus des Ehegatten im italienischen Pflichtteilsrecht, siehe *Cubbeddu-Wiedemann/Wiedemann*, Länderbericht Italien (Rn 32).
115 So i.E. – trotz grundsätzlich erbrechtlicher Qualifikation – auch Staudinger/*Dörner*, Art. 25 EGBGB Rn 281; MüKo-BGB/*Birk*, Art. 26 EGBGB Rn 129.
116 Bundesrats-Drucksache 644/14, S. 54.
117 Zustimmend OLG Düsseldorf IPRspr. 1985 Nr. 114; Staudinger/*Dörner*, Art. 25 EGBGB Rn 870, 884; dieses Modell ist nun in den Niederlanden vom Standard-Ehegattentestament zum gesetzlichen Modell avanciert (siehe NK-BGB/*Süß*, Bd. 5, Erbrecht, Länderbericht Niederlande Rn 28); gegen die Anerkennung der dinglichen Wirkung und Ausweisung des Ehegatten als Alleinerben im Erbschein noch Staudinger/*Dörner*, 13. Bearb. 1995, Art. 25 EGBGB Rn 844; *Johnen*, MittRhNotK 1986, 67.

Anzuerkennen sind auch die auf eine bestimmte Quote des Nachlasses bzw. den gesamten Nachlass bezogenen **Vermächtnisse französischen Rechts** (*legs universel* bzw. *legs à titre universel*).[118] Denn hier gehen nicht bestimmte einzelne Rechte aus dem Nachlass heraus und auf den Berechtigten über, sondern dieser soll eine quotale Beteiligung am Gesamtnachlass (Aktiva und Passiva) erhalten. Es handelt sich also um eine Frage der Universalsukzession, die dem Erbstatut als Vermögensstatut unterliegt.

III. Kein Trust an in Deutschland belegenen Sachen

Der *trust* ist eine dem angloamerikanischen Rechtskreis eigentümliche Rechtsfigur, bei der der Errichter des *trust* (*trustor*) das Eigentum in das dem Treuhänder (*trustee*) zugewiesene formelle Eigentum (*legal title*) und das dem Begünstigten (*beneficiary*) zustehende Recht auf die Nutzungen der Sache aufspaltet.[119]

Art. 1 Abs. 2 lit. j EU-ErbVO bestimmt, dass die Errichtung, Funktionsweise und Auflösung eines Trusts vom Anwendungsbereich der EU-ErbVO ausgenommen ist. Kein Mitgliedstaat ist daher verpflichtet, diese Fragen nach dem nach der EU-ErbVO bestimmten Erbstatut zu bestimmen – selbst wenn sie sich aus einem testamentarisch angeordneten Trust ergeben sollten. Wegen dieser Aufspaltung des Eigentums in die formelle und materielle Eigentümerstellung wird die Wirksamkeit der Begründung eines *Trust*-Verhältnisses in Deutschland sachenrechtlich qualifiziert, also dem für das jeweilige einzelne Recht maßgeblichen Einzelstatut (Sachenstatut, Forderungsstatut, Gesellschaftsstatut etc.) unterstellt. Allgemeine Ansicht ist, dass sich diese Aufspaltung des Eigentums **mit dem deutschen Sachenrecht**, insbesondere dem *numerus clausus* der Sachenrechte, **nicht vereinbaren** lasse.[120] Eine auf deutschem Einzelstatut unterliegende Eigentumsrechte, Forderungen oder Gesellschaftsanteile bezogene *Trust*-Errichtung wird daher nicht anerkannt. Das steht in Übereinstimmung mit Art. 1 Abs. 2 lit. k EU-ErbVO, wonach die Art der dinglichen Rechte nicht Gegenstand der Verordnung ist und damit den deutschen Gerichten die Anwendung der deutschen *lex rei sitae* als Sachenstatut ermöglicht.

Art. 31 EU-ErbVO bestimmt hier, dass das sich aus dem ausländischen Erbrecht ergebende Recht, „soweit erforderlich und möglich, an das in der Rechtsordnung dieses Mitgliedstaats am ehesten vergleichbare Recht anzupassen (ist), wobei die mit dem besagten dinglichen Recht verfolgten Ziele und Interessen und die mit ihm verbundenen Wirkungen zu berücksichtigen sind". Damit stellt sich die Frage, wie die Anordnung des *trust* unter weitgehender Wahrung der vom *trustor* mit der Errichtung verfolgten Zwecke in eine Treuhand, die Erbeinsetzung der Begünstigten und/oder die Ernennung eines Testamentsvollstreckers umgedeutet werden kann.[121]

Betroffen hiervon ist nicht allein die Errichtung eines zur Nachlassplanung konzipierten unter Lebenden errichteten *trust* oder die letztwillige Anordnung eines *testamentary trust*,

---

118 Dazu Länderbericht Frankreich (Rn 87 ff.).
119 *Böhmer*, Das deutsche Internationale Privatrecht des timesharing, 1993, S. 41 ff.; *von Bernstorff*, RIW 2007, 642. Siehe auch *Odersky*, Länderbericht Großbritannien: England und Wales, Rn 44.
120 BGH IPRax 1985, 221, 223; *Witthuhn*, Das Internationale Privatrecht des Trust, 1987, S. 141 ff.; *Czermak*, express trust, S. 281 ff.; *von Caemmerer*, in: FS Zepos 1973, S. 25, 34; *von Bar*, Internationales Privatrecht II, Rn 500; *Coing*, ZfRV 1994, 81, 90; *Böhmer*, Das deutsche Internationale Privatrecht des timesharing, 1993, S. 75.
121 BGH IPRax 1985, 221; *von Bar*, Internationales Privatrecht II, Rn 500; *Böhmer*, Das deutsche Internationale Privatrecht des timesharing, 1993, S. 75; *Coing*, ZfRV 1974, 81, 90; *Czermak*, express trust, S. 288.

sondern auch die Position des in England und anderen *Common-law*-Rechtsordnungen im Rahmen der Nachlassabwicklung stets erforderlichen *personal representative*, also des testamentarisch eingesetzten *executor* und des gerichtlich bestellten *administrator*. Solche Personen können daher nicht als Inhaber des Nachlasses behandelt werden, sondern allenfalls als Testamentsvollstrecker, die über fremdes Vermögen verfügen. Die Rechtsprechung der deutschen Gerichte und die überwiegende Ansicht in der Literatur behandeln vielmehr die *beneficiaries* als Erben, ggf. unter dem Vorbehalt der Testamentsvollstreckung durch den *trustee* bzw. den *executor*.[122]

IV. Anerkennung des Ehegattennießbrauchs

114 Viele der sog. romanischen Rechtsordnungen, insbesondere das **französische**, das **spanische** und das **belgische**,[123] aber auch das **ungarische** Recht sehen für den überlebenden Ehegatten immer noch statt einer quotenmäßigen Beteiligung (Miterbenstellung) am Nachlass einen **kraft Gesetzes entstehenden Nießbrauch** am gesamten Nachlass bzw. an einer bestimmten Quote des Nachlasses vor. Ist ein Teil des Nachlasses im Inland belegen, werden gegen die Anerkennung eines solchen *ipso iure* entstehenden Nießbrauchs Bedenken vorgetragen. Die Entstehung des Nießbrauchs kraft Gesetzes sei mit dem deutschen Sachenrecht nicht vereinbar.[124] Ersatzweise seien die als Erben berufenen Verwandten verpflichtet, den Nießbrauch an den einzelnen Nachlassgegenständen rechtsgeschäftlich zu bestellen.

115 Allerdings kennt das deutsche Sachenrecht nur den Nießbrauch an einzelnen Gegenständen, nicht aber den Nießbrauch an einer Vermögensgesamtheit.[125] Daher entspricht die Summe der nach deutschem Recht an den einzelnen Nachlassgegenständen bestellten Nießbrauchsrechte nicht unbedingt der rechtlichen Position, die dem Ehegatten nach dem Inhalt der ausländischen Rechtsordnung zustehen soll. Würde man dagegen den Vermögensnießbrauch statt in Einzelnießbräuche in eine besondere Art der Vorerbschaft des überlebenden Ehegatten umdeuten, bewegt man sich weiterhin auf der Ebene des Vermögensstatuts und ist vom Typenzwang des deutschen Sachenstatuts befreit. Vielmehr könnte man auf der Ebene des erbrechtlichen Gesamtstatuts die Rechtsstellung des Vermögensnießbrauchers der ausländischen Rechtsordnung nachbilden und käme damit der Wertung des Erbstatuts am nächsten.[126]

116 Die Bedenken der Rechtsprechung bleiben allenfalls bezüglich des **gesetzlichen Ehegattennießbrauchs nach dem italienischen Recht** berechtigt. Dieser entsteht neben dem gesetzlichen Erbteil bzw. dem Pflichtteil des Ehegatten und beschränkt sich auf die Ehewohnung samt Inventar. Hierbei handelt es sich um keine Form der Universalsukzession, da sich der Nießbrauch nicht auf den gesamten Nachlass bzw. eine Quote desselben (inklusive Aktiva und Passiva) erstreckt, sondern auf bestimmte Nachlassaktiva (Ehewohnung, Hausrat) beschränkt. Wegen dieser gegenständlichen Beschränkung würde insbesondere auch die Um-

---

122 OLG Schleswig ZEV 2014, 570; OLG Frankfurt/M. IPRspr. 1962/63 Nr. 146; *von Bar*, Internationales Privatrecht II, Rn 376 Fn 105; *Czermak*, express trust, S. 294 ff.; Staudinger/*Dörner*, Art. 25 EGBGB Rn 111; *Graue*, in: FS Ferid 1978, S. 176; Bamberger/Roth/*Lorenz*, Art. 25 EGBGB Rn 44; *Schurig*, IPRax 2001, 446; skeptisch: MüKo-BGB/*Birk*, Art. 25 EGBGB Rn 239; ausf. *Odersky*, Länderbericht Großbritannien: England und Wales, Rn 111.
123 Im italienischen Erbrecht wurde 1975 der Ehegattennießbrauch durch ein Ehegattenerbrecht ersetzt.
124 BayObLGZ 1961, 19; BayObLG DNotI-Report 1996, 125; OLG Hamm NJW 1954, 1733; *von Bar*, Internationales Privatrecht II, Rn 377; *Johnen*, MittRhNotK 1986, 67.
125 Vgl. *Harry Westermann*, Sachenrecht, 5. Aufl. 1966, § 141.
126 Ablehnend *Ferid*, Frankreich Grundzüge Rn 86 Fn 142 m.w.N., in: Ferid/Firsching/Dörner/Hausmann, Internationales Erbrecht.

deutung dieser Position in eine Vorerbenstellung ausscheiden. Insoweit liegt also eine Form der Individualsukzession vor, die für in Deutschland belegenes Vermögen nur in den Formen der Einzelverfügung unter Lebenden (Übereignung, Abtretung etc.) vollzogen werden kann.

V. Dingliche Wirkung eines pflichtteilsrechtlichen Herabsetzungsurteils

In vielen Rechtsordnungen wird den Pflichtteilsberechtigten kein Geldanspruch gegen den Nachlass, sondern eine unmittelbare Beteiligung am Nachlass in Höhe einer garantierten Mindestquote (*réserve*) vorbehalten (**Noterbrecht**). In den meisten dieser Rechte setzt sich diese Mindestbeteiligung aber nicht *ipso iure* gegen eine entgegenstehende testamentarische Verfügung durch (so aber z.B. in Griechenland).[127] Der Pflichtteilsberechtigte muss sie vielmehr zunächst gegen die testamentarischen Erben, die Vermächtnisnehmer und ggf. auch Begünstigte aus lebzeitigen Schenkungen durch Klage gerichtlich oder ggf. auf andere Weise geltend machen. Auf diese **Herabsetzungsklage** hin setzt das Gericht mittels Gestaltungsurteils die Erbquoten (ggf. die testamentarischen Vermächtnisanordnungen und erforderlichenfalls auch die lebzeitigen Schenkungen) so fest, dass die Noterbquote des Klägers am Nachlass wiederhergestellt wird. Ist eine Erbeinsetzung Gegenstand der Herabsetzungsklage, wird durch die Klage der Berechtigte zusammen mit den testamentarischen Erben (nachträglich und rückwirkend) Miterbe. Hier spielt sich die Änderung auf der Ebene der Zuordnung des gesamten Nachlasses (Vermögensstatut) ab, eine Kollision mit dem Sachenstatut (Einzelstatut) ergibt sich somit nicht.

117

Anders ist die Situation, wenn der testamentarische Erbe **Alleinerbe** war, so dass der Nachlass bereits mit seinem eigenen Vermögen verschmolzen ist. Hier würde die Gestaltungswirkung des Herabsetzungsurteils nach dem Erbstatut dazu führen, dass nicht nur die Höhe seiner Beteiligung an der Erbengemeinschaft geändert und die des Noterben erhöht oder ggf. neu begründet wird, sondern die Zuordnung des Vermögens in das Eigenvermögen des testamentarischen Alleinerben insgesamt rückgängig gemacht wird, also die entsprechenden Vermögensgegenstände aus dem Vermögen des Alleinerben in eine nachträglich begründete Erbengemeinschaft „zurückwandern". Diese wäre mit dem deutschen Sachenrecht nicht vereinbar. Ein entsprechendes, in einem anderen Mitgliedstaat der EU ergangenes Pflichtteilsurteil wäre allerdings aus deutscher Sicht gem. Art. 39 Abs. 1 EU-ErbVO anzuerkennen. Möglicherweise könnte man hier über Art. 1 Abs. 2 lit. k, Art. 31 EU-ErbVO die Wirkungen dahingehend umdeuten, dass die unmittelbar dinglichen Wirkungen der Entscheidungen mit Rechtskraft des Urteils *ex nunc* eintreten (auch wenn das Erbstatut die Wirkung *ex tunc* vorsieht) und im Übrigen die testamentarischen Erben verpflichtet sind, den Pflichtteilsberechtigen für die Zwischenzeit so zu stellen, also ob er von Anfang an Miterbe gewesen sei.

118

Gleiches ergibt sich, wenn **Vermächtnisse oder lebzeitige Schenkungen** des Erblassers angefochten werden, die bereits erfüllt worden sind, oder wenn die testamentarischen Erben den Nachlass bereits auseinandergesetzt haben. Nach den einschlägigen Rechtsordnungen sind Verfügungen nicht abstrakt, sondern kausal, so dass die nachträgliche Vernichtung bzw. Reduzierung des testamentarischen Titels unmittelbar eine Änderung der dinglichen Zuordnung (mit Rückwirkung auf den Erbfall) zur Folge hat. Bei deutschem Einzelstatut unterliegenden Rechten hingegen bliebe aufgrund des sachenrechtlichen Abstraktionsprinzips die dingliche Zuordnung von der Änderung des erbrechtlichen Titels unberührt. Eine Änderung der dinglichen Zuordnung käme allenfalls dann in Betracht, wenn man die

119

---

127 Siehe *Stamatiadis/Tsantinis*, Länderbericht Griechenland Rn 41 ff.

Gestaltungswirkung des Herabsetzungsurteils auch auf die Verfügung erstreckte. Dies wäre allerdings nicht mit dem sachenrechtlichen Abstraktionsprinzip vereinbar, das Verfügungen vor Mängeln des Grundgeschäfts schützt. Die Herabsetzung einer Schenkung bzw. eines bereits vollzogenen Vermächtnisses hat mithin bezüglich deutschem Sachen- bzw. Schuldstatut unterliegenden Rechten keine verfügende Wirkung. Vielmehr entstünde alleine ein Übereignungsanspruch aus ungerechtfertigter Bereicherung (*condictio ob causam finitam*), der durch Übertragung zu erfüllen wäre.

G. Erbstatut und Gesellschaftsrecht

Literatur

Dörner, Internationales Pflichtteilsrecht: Herabsetzungsklage und gesellschaftsvertragliche Fortsetzungsklausel (zu LG Kempten), IPRax 2004, 519; *Haverkamp*, Die Erbfolge in Gesellschaftsanteile im Internationalen Privatrecht, 2007; *Leitzen*, EuErbVO: Praxisfragen an der Schnittstelle zwischen Erb- und Gesellschaftsrecht, ZEV 2012, 520; *von Oertzen*, Vererbung von deutschen Personengesellschaftsanteilen und ausländisches Erbstatut, RIW 1994, 818; *von Oertze/Cornelius*, Behandlung von Anteilen an einer englischen Limited im Nachlassvermögen eines deutschen Erblassers, ZEV 2006, 106; *Schurig*, Ererbte Kommanditanteile und US-amerikanischer Trust, IPRax 2001, 446; *Wachter*, Internationale Erbfälle und Anteile an Gesellschaften mit beschränkter Haftung – Ausgewählte Probleme des internationalen Erbrechts sowie Erbschaftsteuerrechts anhand praktischer Beispiele, GmbHR 2005, 407; *Witthoff*, Die Vererbung von Anteilen deutscher Personengesellschaften im Internationalen Privatrecht, 1992.

120 Erbrechtliche Nachfolge und Gesellschaftsrecht verhalten sich wie Wasser und Öl. Schon im nationalen Bereich ergeben sich hier schwer überbrückbare Widersprüche. Im kollisionsrechtlichen Bereich bereitet die Zuordnung der zwischen Erb- und Gesellschaftsrecht vermittelnden Lösungsmechanismen besondere Unsicherheiten und Zweifel bei der Qualifikation.

121 Der Ausgangspunkt ist grundsätzlich derselbe wie beim Verhältnis von Sachen- und Erbstatut (siehe Rn 103 ff.): Gemäß Art. 1 Abs. 2 lit. h EU-ErbVO sind Fragen des Gesellschaftsrechts, des Vereinsrechts und des Rechts der juristischen Personen, wie Klauseln im Errichtungsakt oder in der Satzung einer Gesellschaft, eines Vereins oder einer juristischen Person, die das Schicksal der Anteile verstorbener Gesellschafter beziehungsweise Mitglieder regeln, vom Anwendungsbereich der EU-ErbVO ausgenommen. Das Gleiche gilt gem. Art. 1 Abs. 2 lit. h EU-ErbVO für die Auflösung, das Erlöschen und die Verschmelzung von Gesellschaften, Vereinen oder juristischen Personen. Vielmehr bestimmt das für die Beteiligung des Erblassers maßgebliche **Gesellschaftsstatut**,[128] was überhaupt in den Nachlass fällt und damit zur Verteilung anstehen kann bzw. welche Rechte daran begründet werden können. Aus dem **Erbstatut** ergibt sich dagegen, wem in den Nachlass gefallene Rechte in welchem Umfang zustehen bzw. gebühren (siehe Rn 1). Des Weiteren ist dem Gesellschaftsstatut zu entnehmen, welche Auswirkungen der Tod des Gesellschafters im Übrigen auf die Gesellschaft hat.

---

128 Zur Bestimmung des Gesellschaftsstatuts: *Behrens*, in: Ulmer Großkommentar zum GmbHG, 2005, Einl. II Rn B4 ff.; MüKo-BGB/*Kindler*, 5. Aufl. 2010, IntGesR Rn 331; *Süß*, Grundlagen des internationalen Gesellschaftsrechts, in: Süß/Wachter, Handbuch des internationalen GmbH-Rechts, 2. Aufl. 2011, § 1 Rn 1 ff.

Dem **Gesellschaftsstatut** soll danach Folgendes zuzuordnen sein:[129]
- Die Frage, ob eine Beteiligung überhaupt vererblich ist oder eine Anwachsung bei den verbleibenden Gesellschaftern erfolgt;
- welche Eigenschaften ein Erbe haben muss (qualifizierte Nachfolgeklausel in Personengesellschaft), um die Beteiligung erben zu können;
- ob der Tod des Gesellschafters ein Eintrittsrecht für einen Dritten begründet bzw. seinen Eintritt in den Anteil zur Folge hat;
- die rechtsgeschäftliche Nachfolgeklausel, vgl. Art. 1 Abs. 2 lit. g EU-ErbVO;
- ob die Gesellschaft mit dem Tod des Gesellschafters aufgelöst ist oder ohne Beeinträchtigung fortgesetzt wird;
- ob die übrigen Gesellschafter nach dem Tod des Gesellschafters die Einziehung des Anteils beschließen können oder andere Sonderrechte gegen die Erben geltend machen können;
- ob und, falls ja, in welcher Höhe den von dem Eintritt in die Gesellschaft ausgeschlossenen Erben des verstorbenen Gesellschafters eine Abfindung zusteht;
- in welcher Weise die Erben an der Gesellschaft beteiligt sind, also ob diese an der Gesellschaft in Form einer sich aus dem Erbstatut ergebenden gesamthänderisch gebundenen Erbengemeinschaft, über einen *personal representative* oder einen *trust* beteiligt sein können;
- ob und mit welchem Inhalt besondere dingliche Berechtigungen (z.B. Nießbrauch) am Gesellschaftsanteil zulässig sind;
- ob eine Testamentsvollstreckung, eine Nachlassverwaltung oder vergleichbare Rechtsinstrumente über die Gesellschaftsbeteiligung zulässig sind und welche Rechte dem Treuhänder i.w.S. im Verhältnis zu den übrigen Gesellschaftern bzw. zur Gesellschaft zustehen können;
- ob ein den Gesellschaftsanteil betreffendes Vermächtnis in der Weise wirkt, dass der Anteil unmittelbar auf den Berechtigten übergeht (Vindikationslegat), oder ob hierzu eine Abtretung bzw. Übertragung des Anteils durch gesondertes Rechtsgeschäft erforderlich ist.[130]

Weitere Informationen und Materialien, wie z.B. Muster, Formulare, amtliche Texte und Internetadressen, befinden sich auf der beiliegenden CD-ROM.

---

129 Ausf. *Leitzen*, ZEV 2012, 521.
130 Umstr.; insoweit gilt das Gleiche wie bei Vermächtnissen, die Rechte an Sachen betreffen (siehe Rn 106).

§ 4 Nachlassbezogene Verfügungen

Dr. Rembert Süß, Würzburg

Inhalt

A. Das einseitige Testament 1
   I. Bestimmung des Errichtungsstatuts 1
   II. Inhalt des Errichtungsstatuts 6
   III. Bindungswirkung 9
   IV. Formwirksamkeit eines Testaments 12
   V. Registrierung von Testamenten 22
B. Der Erbvertrag 26
   I. Materielle Wirksamkeit 26
   II. Besonderheiten beim mehrseitigen Erbvertrag 33
   III. Formwirksamkeit des Erbvertrages 44
C. Das gemeinschaftliche Testament 46
   I. Das gemeinschaftliche Testament in der EU-ErbVO 46
   II. Zulässigkeit der gemeinschaftlichen Errichtung 53
   III. Wechselbezüglichkeit der Verfügungen 62
   IV. Bindungswirkung gemeinschaftlich getroffener Verfügungen 64
   V. Formwirksamkeit des gemeinschaftlichen Testaments 67
D. Der Erbverzicht 69
   I. Materielle Wirksamkeit des Verzichts 69
   II. Wirkungen des Verzichts 72
   III. Formwirksamkeit des Verzichtsvertrages .. 74
E. Schenkungen von Todes wegen und auf den Todesfall 77
F. Der Erbschaftskauf 83

A. Das einseitige Testament

Literatur

Bonomi/Öztürk, Das Statut der Verfügung von Todes wegen (Art. 24 ff. EU-ErbVO), in: Dutta/Herrler, Die Europäische Erbrechtsverordnung, 2014, S. 47 ff.; *Döbereiner*, Das Internationale Erbrecht nach der Europäischen Erbrechtsverordnung, MitBayNot 2013, 317 und 463; *Hausmann*, Verfügungen von Todes wegen im deutsch-italienischen Rechtsverkehr unter Geltung der Europäischen Erbrechtsverordnung, Jahrbuch für italienisches Recht 27 (2014) S. 21; *Odersky*, Die Europäische Erbrechtsverordnung in der Gestaltungspraxis, notar 2013, 3; *Paintner*, Die Entwicklung des Testamentsrechts im nordischen Rechtskreis, ZfRV 2013, 40; *Reid/de Waal/Zimmermann* (Hrsg.), Comparative Succession Law Vol. I. Testamentary Formalities, 2011; *v. Schack*, Das Haager Übereinkommen über das auf die Form letztwilliger Verfügungen anwendbare Recht, DNotZ 1966, 131; *Süß*, Der unnichtige Erbvertrag nach der Europäischen Erbrechtsverordnung, ZErb 2014, 225; *Urquhart*, The Will in the Member States of the European Union, Notarius International 6 (2001) 131; *Weyts*, Central Register for Wills: A Successful European Experiment, Notarius International 6 (2001) 16.

I. Bestimmung des Errichtungsstatuts

Aufgrund der Anknüpfung des Erbstatuts an den gewöhnlichen Aufenthalt des Erblassers im Zeitpunkt des Todes bzw. an eine von ihm noch zu Lebzeiten getroffene Rechtswahl steht das Erbstatut zum Zeitpunkt der Errichtung eines Testaments noch nicht fest. Kommt es nach Errichtung zu einem Umzug, zu einer Rechtswahl oder zu einem Widerruf einer Rechtswahl, so würde ein auf der Basis des nach den damaligen Umständen anwendbaren Erbrechts (hypothetisches Erbstatut) wirksam errichtetes Testament möglicherweise unerwartet seine Wirksamkeit verlieren bzw. eine nichtig geglaubte Verfügung plötzlich Bedeutung erlangen. Die Rechtsfolge entspricht z.B. der vor Inkrafttreten der EU-ErbVO in Frankreich, Belgien, Italien und weiterhin in England geltenden Rechtslage.

Art. 24 Abs. 1 EU-ErbVO dagegen unterstellt – wie schon zuvor Art. 26 Abs. 5 EGBGB – zur Vermeidung der Auswirkungen eines **unvorhergesehenen „Statutenwechsels"** die Zulässigkeit und die materielle Wirksamkeit einer Verfügung von Todes wegen – mit Ausnahme eines Erbvertrages – dem Recht, das nach dieser Verordnung auf die Rechtsnachfolge von Todes wegen anzuwenden wäre, wenn die Person, die die Verfügung errichtet hat, zu diesem Zeitpunkt verstorben wäre. Es gilt das **unwandelbare** sog. **Errichtungsstatut**,[1] also das Recht, welches anhand der Umstände bei Errichtung der Verfügung hypothetisch Erbstatut wäre[2] – so als wäre der Erbfall unmittelbar nach Testamentserrichtung eingetreten.

3 Gemäß Art. 24 Abs. 2 EU-ErbVO kann der Erblasser für die Zulässigkeit und die materielle Wirksamkeit seiner Verfügung von Todes wegen auch das **Recht seines Heimatstaates wählen,** das er nach Art. 22 EU-ErbVO hätte wählen können. Der Erblasser kann also eine auf die Zulässigkeit und die materielle Wirksamkeit der Verfügung beschränkte Rechtswahl vornehmen (sog. **funktionell beschränkte Rechtswahl** bzw. **Teilrechtswahl**). Folge der Beschränkung der inhaltlichen Reichweite der Rechtswahl ist, dass für die Erbfolge im Übrigen das am gewöhnlichen Aufenthalt zum Zweitpunkt des Todes geltende Recht gilt bzw. ein gem. Art. 22 EU-ErbVO gewähltes anderes Heimatrecht (beispielsweise weil der Erblasser Mehrstaater ist und mit der Rechtswahl aus Art. 24 Abs. 2 und Art. 22 EU-ErbVO jeweils andere Heimatrechte bestimmt hat, oder weil er die Staatsangehörigkeit nach der Errichtung des Testaments gewechselt hat und ein weiteres Rechtswahltestament unter Aufrechterhaltung der ursprünglichen Testaments errichtet hat).

4 Damit ergibt sich für die Ermittlung des auf die Wirksamkeit eines Testaments anwendbaren Rechts folgende **Anknüpfungsleiter:**
1. Vorrangig gilt das Recht eines Heimatstaates des Testators, das dieser gem. Art. 24 Abs. 2, Art. 22 EU-ErbVO als auf die Zulässigkeit und die materielle Wirksamkeit seiner Verfügung anwendbares Recht gewählt hat.
2. Hat er keine auf dieses Errichtungsstatut bezogene Rechtswahl getroffen, so gilt ersatzweise das Heimatrecht, das er in dem Testament oder irgendwann einmal *vor* der Errichtung dieses Testaments gem. Art. 22 EU-ErbVO als das allgemein auf seine Rechtsnachfolge von Todes wegen geltende Recht gewählt hat, Art. 24 Abs. 1 i.V.m. Art. 22 EU-ErbVO.
3. Hat er schließlich keine Rechtswahl getroffen oder aber eine solche erst nach Errichtung des Testaments, so gilt hilfsweise das Recht des Staates, in dem er zum Zeitpunkt der Errichtung des Testaments seinen gewöhnlichen Aufenthalt hatte, Art. 24 Abs. 1 i.V.m. Art. 22 Abs. 1 EU-ErbVO (sollte nicht die Ausweichklausel in Art. 21 Abs. 2 EU-ErbVO eingreifen).

5 Tritt Nachlassspaltung ein – z.B. weil das Erbkollisionsrecht des Drittstaates, in dem der Erblasser bei Errichtung des Testaments seinen gewöhnlichen Aufenthalt hatte, eine gespaltene Anknüpfung des Erbstatuts vorsieht, oder weil insoweit ein bilaterales Übereinkommen eingreift, welches eine Nachlassspaltung vorsieht[3] –, so ist die Wirksamkeit der Verfügung für jeden der einzelnen Spaltnachlässe gesondert zu prüfen. So kann es dazu kommen, dass das Testament bezüglich des einen Spaltnachlasses wirksam ist, bezüglich eines anderen nicht.

---

1 Verbreitet ist auch die Bezeichnung „hypothetisches" bzw. „fiktives" Erbstatut.
2 Im Schweizer Recht gilt das Errichtungsstatut gem. Art. 95 Abs. 1 IPRG nur für Erbverträge und korrespektive Testamente (vgl. Basler Kommentar/*Schnyder*/*Liatowitsch*, Art. 95 IPRG Rn 4), die Testierfähigkeit wird aber gem. Art. 94 IPRG nach den zum Zeitpunkt der Verfügung geltenden Verhältnissen angeknüpft.
3 Siehe hierzu § 2 Rn 54, 184; das betrifft für Deutschland insb. das Deutsch-Türkische Nachlassabkommen und den Deutsch-Sowjetischen Konsularvertrag.

II. Inhalt des Errichtungsstatuts

Der Regelungsbereich des Errichtungsstatutes ist in Art. 26 EU-ErbVO bestimmt und umfasst insbesondere folgende Aspekte:

- Die **Testierfähigkeit**, Art. 26 Abs. 1 lit. a EU-ErbVO. Die Unterstellung der Testierfähigkeit unter das Errichtungsstatut hat zur Folge, dass der Erblasser erforderlichenfalls durch eine Rechtswahl seine Testierfähigkeit herbeiführen kann. Für den Vorwurf eines „Missbrauchs" besteht hier aufgrund des sehr engen Rahmens für eine Rechtswahl regelmäßig kein Raum.
Hat eine Person nach dem Errichtungsstatut einmal die Testierfähigkeit erlangt, so beeinträchtigt ein späterer Wechsel des anzuwendenden Rechts gem. Art. 26 Abs. 1 EU-ErbVO nicht mehr ihre Fähigkeit zur Änderung oder zum Widerruf der Verfügung. Es gilt also ähnlich wie in Art. 26 Abs. 5 S. 2 EGBGB der Grundsatz „*semel maior semper maior*" auch für die Testierfähigkeit. Freilich dürfte sich wegen des in Europa weitgehend nach unten angeglichenen Mindestalters für die Testierfähigkeit der Anwendungsbereich dieser Vorschrift künftig verschieben. Es wird künftig möglicherweise eher um die Frage gehen, ob eine demente Person, die (im Zustand der Demenz) nach dem Errichtungsstatut wirksam ein Testament errichtet hat, dieses nach einem grenzüberschreitenden Umzug ändern oder widerrufen kann, wenn sie aufgrund der Demenz nach dem neuen Aufenthaltsrecht testierunfähig ist. Diese Frage freilich regelt Art. 26 EU-ErbVO nicht.
- Auch der **Ausschluss bestimmter Personen** von der testamentarischen Begünstigung soll dem Errichtungsstatut unterliegen, Art. 26 Abs. 1 lit. b EU-ErbVO. Schwierig ist hier die Abgrenzung zu dem gem. Art. 27 EU-ErbVO bestimmten Formstatut, wenn die Regelung die Unwirksamkeit daraus herleitet, dass die Verfügung zugunsten eines Testamentszeugen oder zugunsten des beurkundenden Notars, seiner Angestellten oder einer ihm sonst nahe stehenden Person getroffen wurde.
- Wenig praktische Bedeutung dürfte bei Testamenten der Regelung des Art. 26 Abs. 1 lit. c EU-ErbVO zukommen, wonach auch die **Zulässigkeit der Stellvertretung** bei der Errichtung einer Verfügung von Todes wegen dem Errichtungsstatut unterliegt.
- Die **Auslegung** der Verfügung unterliegt gem. Art. 26 Abs. 1 lit. d EU-ErbVO ebenfalls dem Errichtungsstatut. Dieser Bereich ist praktisch sehr wichtig. Es existieren in jeder Rechtsordnung hierzu zahlreiche gesetzliche und richterrechtliche Regeln. Wegen der großen Unterschiede in den nationalen Rechtsordnungen kann nur davor gewarnt werden, die hier auftretenden Rechtskollisionen zu unterschätzen und die Auslegung zu einer „Tatsachenfeststellung" zu reduzieren.
- Auch die Frage der Feststellung und Rechtsfolgen von **Fehlern bei der Testamentserrichtung**, wie Irrtum, Täuschung und Nötigung, unterliegen dem Errichtungsstatut, Art. 26 Abs. 2 lit. e EU-ErbVO. So ist in vielen Rechtsordnungen[4] die Regel verbreitet, dass Willensfehler und andere Mängel, ja sogar Formmängel, nicht *ex officio*, sondern erst dann beachtet werden können, wenn das Testament von bestimmten Personen angefochten wird, eine gerichtliche Anfechtungsklage erfolgt und hierfür eine bestimmte Frist eingehalten wird.

---

[4] Vgl. z.B. das Schweizer, das türkische und das kroatische Erbrecht.

7 Die in Art. 26 Abs. 1 EU-ErbVO vorgenommene Aufzählung ist nur beispielhaft und nicht abschließend.[5] Aus dem Errichtungsstatut ergibt sich daher m.E. auch:
- Ob bedingte Verfügungen zulässig sind und welche Folgen sich aus der **Bedingung** ergeben;
- insbesondere entscheidet das Errichtungsstatut darüber, ob eine Verfügung in ihrem Bestand von der **(korrespektiven) Verfügung** eines anderen abhängig gemacht werden kann;[6]
- unter welchen Voraussetzungen diese wechselseitige Abhängigkeit **vermutet** wird und welche Folgen sich aus dem **Widerruf** der korrespektiven Verfügung für die Verfügung ergeben.[7]

8 Die Wirkungen des Testaments freilich bleiben dem nach Art. 21, 22 EU-ErbVO bestimmten Erbstatut („**effektives Erbstatut**") unterworfen. Dieses entscheidet beispielsweise darüber, inwieweit der eingesetzte Testamentsvollstrecker über den Nachlass verfügen kann, ob und welche Wirkungen eine angeordnete Vor- und Nacherbfolge haben kann, inwieweit die testamentarischen Verfügungen aufgrund von Pflichtteilsrechten Angehöriger wieder reduziert werden können etc. Auch insoweit führt eine Nachlassspaltung dazu, dass dasselbe Testament bezüglich unterschiedlicher Nachlassteile unterschiedliche Wirkungen hat.[8]

Beispiel: Hinterlässt eine in Philadelphia lebende Erblasserin in Deutschland unbeweglichen Nachlass und eine Eigentumswohnung in Verona, so gilt für die Eigentumswohnung aufgrund Verweisung des US-amerikanischen IPR auf die *lex rei sitae* das italienische Erbrecht.[9] Daher wäre bezüglich der Wohnung die Testamentsvollstreckung auf die im italienischen Erbrecht vorgesehenen Überwachungstätigkeiten des Testamentsvollstreckers beschränkt und es könnten die Noterben beschränkt auf den aus diesem Grundstück bestehenden Nachlass die testamentarischen Verfügungen gerichtlich so weit herabsetzen lassen, dass die ihnen nach italienischem Erbrecht zustehende Miterbenbeteiligung in Höhe ihrer Noterbquoten wiederhergestellt wird.

III. Bindungswirkung

9 Das Errichtungsstatut erstreckt sich wohl auch auf die Beschränkung des Widerrufs des Testaments. Art. 24 Abs. 3 EU-ErbVO bestimmt hier, dass Art. 24 Abs. 1 EU-ErbVO „für die Änderung oder den Widerruf einer Verfügung von Todes wegen mit Ausnahme eines Erbvertrags entsprechend" gelte. Bei Rechtswahl nach Art. 24 Abs. 2 EU-ErbVO unterliege die Änderung oder der Widerruf dem gewählten Recht. Dies kann man so interpretieren, dass für ein Änderungs- bzw. Widerrufstestament das nach den neuen Umständen bestimmte Errichtungsstatut gelte. Allerdings wäre m.E. auch eine Interpretation dahingehend möglich, dass die Änderung oder der Widerruf sich nach dem Recht richtet, welches für die ursprüngliche, nun widerrufene bzw. geänderte Verfügung maßgeblich ist.

10 Sinnvollerweise ist die Vorschrift des Art. 24 Abs. 3 EU-ErbVO so zu interpretieren, dass das Errichtungsstatut der neuen Verfügung insoweit anzuwenden ist, als dies die Wirksam-

---

5 Ebenso *Bonomi*, in: Bonomi/Wautelet, Art. 26 Rn 2 – wobei erkennbar ist, dass in den romanischen Staaten, die bislang ein Errichtungsstatut nicht kannten, im Errichtungsstatut eher eine „Ausnahmeklausel" gesehen wird und man eine Ausweitung der Anwendbarkeit eher restriktiv handhaben möchte.
6 Das italienische Recht verbietet z.B. in Art. 635 *Codice Civile* wechselbezügliche Verfügungen.
7 Im deutschen Recht z.B. gem. § 2270 Abs. 2 BGB bei gegenseitigen Verfügungen und gemeinschaftlicher Errichtung.
8 Siehe insoweit die Ausführungen zum französischen Erbrecht in Länderbericht Frankreich (Rn 1).
9 Zur Beachtung von Rückverweisungen siehe § 2 Rn 54 ff.

keit der neuen Verfügung und der hierin getroffenen Verfügungen angeht. Die Frage aber, ob die ursprüngliche Verfügung widerruflich oder unwiderruflich ist und auf welche Weise ggf. der Widerruf erfolgen kann, kann sich notwendigerweise nur aus dem für die ursprüngliche Verfügung maßgeblichen Errichtungsstatut ergeben. Denn eine andere Interpretation würde dazu führen, dass sich nach der Errichtung ergebende neue Umstände (also z.B. eine Änderung des gewöhnlichen Aufenthalts des Testators oder die abweichende Ausübung bzw. der Widerruf einer Rechtswahl) trotz der in Art. 24 Abs. 1 EU-ErbVO bestehenden Sonderregeln für die Anknüpfung des Errichtungsstatuts auf die Widerruflichkeit bzw. Bindungswirkung einer Verfügung nachträglich auswirken könnten.[10]

Dabei kann die Bindung zum einen darin bestehen, dass der Widerruf insgesamt ausgeschlossen ist – wie im deutschen Recht bei vertraglichen Verfügungen oder bei wechselbezüglichen gemeinschaftlichen Verfügungen nach Versterben des anderen Teils. Ausdruck einer abgeschwächten Bindungswirkung ist aber auch eine **Erschwerung des Widerrufs** auf andere Weise, wie z.B. das Erfordernis der Zustellung des Widerrufs (§ 2271 Abs. 1 BGB bzw. § 2296 Abs. 2 BGB). Umstritten ist, wie zu verfahren ist, wenn für die miteinander in Wechselbeziehung stehenden Verfügungen unterschiedliche Errichtungsstatute gelten. Diese Frage wird nachfolgend beim gemeinschaftlichen Testament (siehe Rn 64 ff.) erörtert.

IV. Formwirksamkeit eines Testaments

Für die Ermittlung des auf die Formwirksamkeit eines Testaments anwendbaren Rechts gilt das Haager Übereinkommen über das auf die Form letztwilliger Verfügungen anwendbare Recht vom 5.10.1961 (**Testamentsformübereinkommen**),[11] welches für Deutschland am 1.1.1966 in Kraft getreten ist.[12] Das Abkommen gilt aktuell in 16 Mitgliedstaaten der EU, darunter auch in den drei Mitgliedstaaten, in denen die EU-ErbVO nicht in Kraft getreten ist. In den Mitgliedstaaten der EU ist das Abkommen gem. Art. 75 Abs. 1 UA 2 EU-ErbVO weiterhin vorrangig vor der EU-ErbVO anwendbar. In den übrigen Mitgliedstaaten, die das Abkommen nicht ratifiziert haben, gelten die einschlägigen Kollisionsnormen des Abkommens über Art. 27 Abs. 1 EU-ErbVO, der diese weitgehend wörtlich übernommen hat, entsprechend.

Eine Ausnahme ergibt sich gem. Art. 1 Abs. 2 lit. f EU-ErbVO für **mündliche Verfügungen von Todes wegen**. Diese sind vom Anwendungsbereich der EU-ErbVO hinsichtlich der Formwirksamkeit ausgenommen. Nachdem in Österreich das mündliche Testament schon vor einigen Jahren als ordentliche Testamentsform abgeschafft worden ist, betrifft diese Ausnahme wohl nur noch die sog. Nottestamente. Für die Staaten, die das Haager Testamentsformübereinkommen ratifiziert haben, richtet sich die Formwirksamkeit dann nach den Regeln dieses Abkommens – es sei denn, diese haben den entsprechenden Vorbehalt in Art. 10 des Haager Testamentsformübereinkommens[13] eingelegt. Für Letztere und die Mitgliedstaaten, die das Haager Testamentsformabkommen nicht ratifiziert haben, gelten die Regeln des nationalen IPR zur Formwirksamkeit von Testamenten, und, soweit diese im Zusammenhang mit der Anwendbarkeit der EU-ErbVO aufgehoben worden sind, die allgemeinen Regeln über die Bestimmung des auf die Formwirksamkeit von Rechtsgeschäften anwendbaren Rechts.

---

10 *Bonomi*, in: Bonomi/Wautelet, Art. 24 Rn 12; *Dutta*, FamRZ 2013, 10; *Nordmeier*, ZEV 2012, 518.
11 Der Text befindet sich auf der beiliegenden CD-ROM unter der Rubrik „Haager Konventionen". Siehe auch Palandt/*Thorn*, Anh. zu Art. 26 EGBGB.
12 BGBl 1965 II, S. 1145.
13 Das gilt für die EU-Mitgliedstaaten Belgien, Estland, Frankreich, Luxemburg und die Niederlande.

14 Das Testamentsformübereinkommen hält einen bunten Strauß von nebeneinander (alternativ) anwendbaren Anknüpfungen bereit (Staatsangehörigkeit, Wohnsitz, gewöhnlicher Aufenthalt). Eine letztwillige Verfügung ist danach hinsichtlich ihrer Form gültig, wenn diese den Formerfordernissen auch nur einer der folgenden Rechte entspricht:
- das Recht des Ortes, an dem der Erblasser letztwillig verfügt hat (Ortsform; Art. 1 Abs. 1 lit. a Testformübk = Art. 27 Abs. 1 lit. a EU-ErbVO = Art. 26 Abs. 1 Nr. 2 EGBGB);
- das Recht irgendeines der Staaten, dem der Erblasser im Zeitpunkt, in dem er letztwillig verfügt hat, angehörte (Art. 1 Abs. 1 lit. b Fall 1 Testformübk = Art. 27 Abs. 1 lit. b EU-ErbVO);
- das Recht irgendeines der Staaten, dem der Erblasser im Zeitpunkt seines Todes angehörte (Art. 1 Abs. 1 lit. b Fall 2 Testformübk = Art. 27 Abs. 1 lit. b EU-ErbVO);
- das Recht eines Ortes, an dem der Erblasser im Zeitpunkt, in dem er letztwillig verfügt hat, seinen Wohnsitz hatte (Art. 1 Abs. 1 lit. c Fall 1 Testformübk = Art. 27 Abs. 1 lit. c EU-ErbVO = Art. 26 Abs. 1 Nr. 3 Fall 1 EGBGB). Ob der Erblasser an einem bestimmten Ort einen Wohnsitz hatte, regelt das an diesem Ort geltende Recht (Art. 1 Abs. 3 Testformübk);
- das Recht eines Ortes, an dem der Erblasser im Zeitpunkt seines Todes seinen Wohnsitz hatte (Art. 1 Abs. 1 lit. c Fall 2 Testformübk = Art. 27 Abs. 1 lit. c EU-ErbVO);
- das Recht eines Ortes, an dem der Erblasser im Zeitpunkt, in dem er letztwillig verfügt hat, seinen gewöhnlichen Aufenthalt hatte (Art. 1 Abs. 1 lit. d Fall 1 Testformübk = Art. 27 Abs. 1 lit. d EU-ErbVO);
- das Recht eines Ortes, an dem der Erblasser im Zeitpunkt seines Todes seinen gewöhnlichen Aufenthalt hatte (Art. 1 Abs. 1 lit. d Fall 2 Testformübk = Art. 27 Abs. 1 lit. d EU-ErbVO);
- das Recht des Ortes, an dem sich unbewegliches Vermögen befindet, soweit die Verfügungen des Testaments dieses Vermögen betreffen (Art. 1 Abs. 1 lit. e Testformübk = Art. 27 Abs. 1 lit. e EU-ErbVO).

15 Die Formwirksamkeit des Testaments nach einer einzigen der so bestimmten Rechtsordnungen soll genügen, um diesem überall Wirksamkeit zu verschaffen (*favor testamenti*).[14] Freilich muss das Testament sämtliche Erfordernisse für die Formwirksamkeit nach einer der dort genannten Rechtsordnungen einhalten.

16 Die praktisch bedeutendste Anknüpfung befindet sich in Art. 1 Abs. 1 lit. a des Testamentsformübereinkommens (= Art. 27 Abs. 1 lit. a EU-ErbVO). Diese verweist auf das am Errichtungsort geltende Recht. Das verwirklicht die Grundsätze des Vertrauensschutzes und erleichtert die Errichtung international anerkennungsfähiger Testamente in besonderer Weise. Des Weiteren genügt die Beachtung des am Wohnsitz, am gewöhnlichen Aufenthalt oder im Heimatstaat – jeweils zum Zeitpunkt der Errichtung des Testaments – geltenden Rechts. Kaum mit Gründen des Vertrauensschutzes lässt sich dagegen rechtfertigen, dass neben dem Zeitpunkt der Errichtung auch künftige Entwicklungen (wie die Staatsangehörigkeit, Wohnsitz, gewöhnlicher Aufenthalt zum Zeitpunkt des Erbfalls) berücksichtigt werden müssen (Art. 1 Abs. 1 lit. b bis d Testamentsformübereinkommen = Art. 27 Abs. 1 lit. b bis d EU-ErbVO). Diese zusätzliche Anknüpfung würde zu einer bei Errichtung u.U. nicht vorhersehbaren nachträglichen Wirksamkeit formnichtiger Verfügungen führen. Die praktische Bedeutung dieser an die Umstände bei Eintritt des Erbfalls anknüpfenden Regeln liegt wohl darin, dass so im Erbfall dahingestellt bleiben kann, wo sich der Wohnsitz etc. zum Zeitpunkt der in der Vergangenheit liegenden Errichtung befunden hatte bzw. wann die Errichtung der Verfügung stattgefunden hat (Beweiserleichterung).

---

14 *von Bar*, Internationales Privatrecht II, Rn 393.

Die Verweisungen des Abkommens sind **Sachnormverweisungen**. Das ausländische Kollisionsrecht sowie von diesem ausgesprochene Rück- und Weiterverweisungen bleiben außer Betracht. Das Gleiche gilt für die in Art. 27 EU-ErbVO übernommenen Verweisungen (Art. 34 Abs. 2 EU-ErbVO). Das Abkommen ist auch ohne Rücksicht darauf anwendbar, ob der Erblasser Angehöriger eines anderen Abkommensstaates ist oder die Verweisung zum Recht eines Staates führt, der Abkommensstaat ist oder nicht (sog. *loi uniforme*).

Als Frage der Form sind insbesondere auch das Erfordernis der Herbeiziehung von Testamentszeugen, deren persönliche Eigenschaften, die Anforderungen an die Eigenhändigkeit und die Leistung der Unterschrift zu qualifizieren. Umstritten und im Haager Übereinkommen nicht entschieden ist die Frage, ob die Zusammenfassung der Verfügungen mehrerer Personen in einer einheitlichen Urkunde (gemeinschaftliches Testament) eine Frage der Form oder des Inhalts der Verfügung ist (siehe Rn 55). Eindeutig ist allein, dass sich eine hieraus ggf. ergebende Bindungswirkung und Beschränkungen beim Widerruf keine Frage der Form, sondern der materiellen Wirkungen des Testaments ist.

Das **Washingtoner Abkommen über ein einheitliches Recht der Form eines Internationalen Testaments** vom 26.10.1973[15] gilt innerhalb der EU für die Mitgliedstaaten **Belgien, Frankreich, Italien, Kroatien, Portugal** und **Slowenien** sowie außerhalb der Union für Bosnien-Herzegowina, Mazedonien, Montenegro, Serbien und einige kanadische Provinzen.[16] Dieses Abkommen verfolgt – anders als das Haager Testamentsformübereinkommen – keinen kollisionsrechtlichen Lösungsansatz. Vielmehr wird die besondere Form eines „Internationalen Testaments" geschaffen.[17] Die Regeln dieses Abkommens werden in den Beitrittsstaaten regelmäßig wie eine Richtlinie der Europäischen Union in das nationale materielle Erbrecht umgesetzt. Die einheitliche Form bildet daher eine weitere Testamentsform, die gleichberechtigt neben den überkommenen Formen für die Errichtung eines Testaments steht. Insbesondere ist es für die Errichtung eines Testaments in der Form des internationalen Testaments nicht erforderlich, dass der Sachverhalt irgendeinen internationalen Bezug hat.

Das Testament ist schriftlich zu errichten. Der Erblasser muss das Testament in Gegenwart von zwei Zeugen und einer bestimmten autorisierten Urkundsperson unterzeichnen. Schließlich ist das Testament von den zwei Zeugen und der Urkundsperson zu unterzeichnen. Die Urkundsperson stellt anschließend eine Bescheinigung über die ordnungsgemäße Errichtung des Testaments nach einem im Anhang des Abkommens vorformulierten Muster[18] aus. Testamente, in denen mehrere Personen in derselben Urkunde letztwillige Verfügungen treffen (also gemeinschaftliche Testamente, ebenso Erbverträge), sind gem. Art. 2 des Abkommens von seinem Anwendungsbereich ausdrücklich ausgenommen.

Praxishinweis: Das **Washingtoner Abkommen** ist für **Deutschland** nicht in Kraft. Dennoch kann die internationale Form aus deutscher Sicht zur Anwendung gelangen, wenn eine der Verweisungen des Haager Testamentsformübereinkommens zur Anwendbarkeit

---

15 Der Text des Abkommens befindet sich auf der beiliegenden CD-ROM unter der Rubrik „Washingtoner Konvention".
16 Nachweise bei *Jayme/Hausmann*, 17. Aufl. 2014, Nr. 60 Anm. 4.
17 Ausf. *Nadelmann*, The formal Validity of Wills and the Washington Convention 1973 Providing the Form of an International Will, American Journal of Comparative Law 22 (1974) 365; *Kegel/Schurig*, Internationales Privatrecht, § 21 V 3 b, S. 1026 ff. und Staudinger/*Dörner*, Vorbem. Art. 25 f. EGBGB Rn 136 ff., Letzterer mit vollständigem Text des Abkommens und des Formulars für das *Certificate* der Urkundsperson.
18 Der Text des Abkommens befindet sich auf der beiliegenden CD-ROM unter der Rubrik „Washingtoner Konvention".

des Rechts eines der Staaten führt, die das Washingtoner Abkommen ratifiziert und in nationales Recht umgesetzt haben. Soll ein Testament in einem der Abkommensstaaten verwandt werden, ist daher zu überlegen, ob nicht auch die Erfordernisse des Abkommens im Rahmen der Beurkundung durch einen deutschen Notar zusätzlich eingehalten werden – was durchaus möglich ist. Zwar hat Deutschland, da es dem Abkommen nicht beigetreten ist, nicht speziell in Bezug auf dieses Abkommen Personen benannt, die die Unterschriften unter dem Testament beglaubigen und die Niederschrift über die Testamentserrichtung zu erstellen haben. Da jedoch der deutsche Notar allgemein mit der Ermächtigung zur Beurkundung von Testamenten ausgestattet worden ist, könnte dieser in den meisten Beitrittsstaaten als eine Person anerkannt werden, die als in diesem Land zur Bestätigung der Testamentserrichtung öffentlich autorisierte Person anzusehen ist. Bei Verwendung des Testaments im Ausland braucht das dortige Nachlassgericht dann nur noch zu prüfen, ob das Testament den Anforderungen des Abkommens entsprechend errichtet worden ist. Weder der beurkundende Notar noch das ausländische Nachlassgericht müssen sich dann mit den Formerfordernissen nach einem ihnen fremden Recht auseinandersetzen.

V. Registrierung von Testamenten

22   In Deutschland sind nach Beurkundung eines Testaments vom Notar gem. § 34a Abs. 1 S. 1 BeurkG die Verwahrangaben dem von der Bundesnotarkammer geführten **Zentralen Testamentsregister (ZTR)** in Berlin mitzuteilen. Bei Beurkundung anderer Verfügungen, die sich auf die Erbfolge auswirken können (Widerruf von Testamenten, erbrechtliche oder güterrechtliche Rechtswahl, Erbverträge etc.), muss der Notar in gleicher Weise verfahren.[19] Diese Vorschriften gelten als Verfahrensrecht unabhängig von dem auf die Errichtung der Verfügung anwendbaren Recht, also auch dann, wenn der Erblasser Ausländer ist oder seinen gewöhnlichen Aufenthalt außerhalb Deutschlands hat.

23   Ist der Erblasser ausländischer Staatsangehöriger und hat er weiterhin Beziehungen in sein Heimatland oder hat der Erblasser Vermögen im Ausland, insbesondere Immobilien oder Unternehmensbeteiligungen, bietet sich darüber hinaus an, ein Testament oder einen Erbvertrag auch bei einem dort bestehenden zentralen Testamentsregister registrieren zu lassen, um zu verhindern, dass dort ein Nachlassverfahren durchgeführt wird, bei dem die letztwillige Verfügung nicht berücksichtigt wird.

24   Eine europäische Regelung zur Registrierung von Testamenten war im Zuge der Vorarbeiten zur EU-ErbVO vorgeschlagen worden. Weiterhin wünschenswert wäre, dass in sämtlichen Mitgliedstaaten Testamentsregister eingerichtet werden, die miteinander vernetzt werden, so dass durch die zur Organisation der Nachlassabwicklung entsprechend autorisierten Personen nach Eintritt des Erbfalls europaweit recherchiert werden könnte, ob der Erblasser ein Testament errichtet hat und wo dieses hinterlegt ist. Leider ist dieses Projekt aber noch nicht umgesetzt worden. Eine Reihe von europäischen Staaten sind dem **Baseler Europäischen Übereinkommen über die Einrichtung einer Organisation zur Registrierung von Testamenten**[20] beigetreten.[21] Da Deutschland das Abkommen zwar gezeichnet, allerdings nicht ratifiziert hat, bestehen auf der Basis des Abkommens noch keine verbürgten

---

19   § 16 Abs. 2 DNotO, *Keidel/Winkler*, § 51 Rn 75.
20   Vom 16.5.1972. Hierzu: *Kegel/Schurig*, Internationales Privatrecht, § 21 V 3 c, S. 1028; englischer und französischer Originaltext z.B. bei Staudinger/*Dörner*, Vorbem. zu Art. 25 EGBGB Rn 142 ff. und auf der beiliegenden CD-ROM unter der Rubrik „Baseler Konvention".
21   Mittlerweile in Kraft für Belgien, Frankreich, Italien, Luxemburg, die Niederlande, Portugal, Spanien, die Türkei und Zypern, nicht aber für Deutschland.

Möglichkeiten, eine in Deutschland notariell beurkundete Verfügung von Todes wegen in diesen Ländern auch registrieren zu lassen.

In vielen Ländern begrüßt man dennoch die Mitteilung der Testamentserrichtung auch aus **Drittstaaten**, da der Zweck einer solchen Einrichtung am besten verwirklicht werden kann, wenn man sämtliche Verfügungen des Erblassers erfasst, gleich wo sie errichtet worden sind. Daher können in Deutschland beurkundete Verfügungen z.B. in den **Niederlanden** und in **Spanien** in das Testamentsregister eingetragen werden. In dem von der **österreichischen** Notarkammer geführten Zentralregister für Testamente ist die Registrierung in Deutschland errichteter Testamente möglich, wenn diese bei einer österreichischen „Verwahrstelle" hinterlegt worden sind. Ähnliches gilt für die Hinterlegung von Testamenten beim Testamentsregister in **Italien**.[22]

B. Der Erbvertrag

Literatur

Denzler, Die Konversion eines ungültigen Erbvertrages in Einzeltestamente nach österreichischem und italienischem Recht, IPRax 1982, 181; *Nordmeier*, Erbverträge und nachlassbezogene Rechtsgeschäfte in der EU-ErbVO – eine Begriffserklärung, ZEV 2013, 117; *Nordmeier*, Erbverträge in der neuen EU-Erbrechtsverordnung: Zur Ermittlung des hypothetischen Erbstatuts nach Art. 25 ErbVO, ZErb 2013, 112.

I. Materielle Wirksamkeit

Der Erbvertrag ist im internationalen Vergleich eine Besonderheit des deutschsprachigen Rechtsraums und im Wesentlichen nur im Recht Deutschlands, Österreichs, der Schweiz, der Tschechischen Republik und der Türkei bekannt. In Dänemark, Norwegen, England und weiteren Ländern des angloamerikanischen Rechtsraums sind Vereinbarungen möglich, mit denen sich die Erblasser verpflichten, nicht anderweitig zu testieren (Testiervertrag i.S.v. § 2302 BGB). Die romanischen Rechtsordnungen und viele Staaten, die ehemals zum sog. sozialistischen Rechtskreis gehörten, verbieten ausdrücklich vertragsmäßige Verfügungen. Vielfach lassen sie aber Ersatzlösungen zu. Dies gilt z.B. für Vermögenszuwendungen auf den Todesfall in Eheverträgen (*institution contractuelle* in Belgien, Frankreich, Luxemburg, Niederlande und Portugal), auf den Todesfall bezogene Anwachsungsvereinbarungen in güterrechtlichen Vereinbarungen über eine Gütergemeinschaft (Frankreich, Schweiz, Luxemburg, Belgien) oder die Schenkung von Todes wegen (in Griechenland, eingeschränkt auch in Italien).

Art. 3 Abs. 1 lit. d EU-ErbVO **definiert** den Erbvertrag als eine Unterart der „Verfügung von Todes wegen". Nach Art. 3 Abs. 1 lit. b EU-ErbVO ist der **Erbvertrag** eine „Vereinbarung, einschließlich einer Vereinbarung aufgrund gegenseitiger Testamente, die mit oder ohne Gegenleistung Rechte am künftigen Nachlass oder künftigen Nachlässen einer oder mehrerer an dieser Vereinbarung beteiligter Personen begründet, ändert oder entzieht". Aus dieser Definition ergibt sich, dass der Begriff des Erbvertrages in der EU-ErbVO erheblich weiter ist als im BGB. So ist mit „der Vereinbarung, die Rechte am künftigen Nachlass oder künftigen Nachlässen einer oder mehrerer an dieser Vereinbarung beteiligter

---

22 Zu Einzelheiten siehe bei den jeweiligen Länderberichten.

Personen ... entzieht", nach allgemeiner Ansicht auch der Erbverzicht und der Pflichtteilsverzicht i.S.d. BGB erfasst (siehe im Einzelnen Rn 70).[23]

28 Die Wirksamkeit vertragsmäßiger Verfügungen und ihre Bindungswirkung wie auch die Zulässigkeit, Wirksamkeit und die Wirkungen eines Testiervertrages werden **erbrechtlich qualifiziert**. Maßgeblich ist gem. Art. 25 Abs. 1 EU-ErbVO das auf den Zeitpunkt des Abschlusses eines Erbvertrages fixierte **Errichtungsstatut**. Es ist also jeweils festzustellen, welches Recht nach den aktuellen Verhältnissen bei Abschluss des Vertrages für das von den Verfügungen betroffene Vermögen Erbstatut wäre.

29 Hier ergibt sich wieder, vergleichbar der Situation bei dem Testament (siehe Rn 14), folgende **„Anknüpfungsleiter":**
1. Vorrangig gilt das Recht eines Heimatstaates des vertragsmäßig Verfügenden, das dieser gem. Art. 25 Abs. 3, Art. 22 EU-ErbVO als auf die Zulässigkeit und die materielle Wirksamkeit seiner Verfügung anwendbares Recht gewählt hat.
2. Hat er keine auf dieses Errichtungsstatut bezogene Rechtswahl getroffen, so gilt ersatzweise das Heimatrecht, das er in dem Erbvertrag oder irgendwann einmal *vor* dem Abschluss des Erbvertrages gem. Art. 22 EU-ErbVO als das allgemein auf seine Rechtsnachfolge von Todes wegen geltende Recht gewählt hat, Art. 25 Abs. 1 i.V.m. Art. 22 EU-ErbVO.
3. Hat er schließlich keine Rechtswahl getroffen, diese vor Errichtung des Erbvertrages widerrufen oder aber eine Rechtswahl erst nach Abschluss des Erbvertrages getroffen, so gilt hilfsweise das Recht des Staates, in dem er zum Zeitpunkt des Abschlusses des Erbvertrages seinen gewöhnlichen Aufenthalt hatte, Art. 25 Abs. 1 i.V.m. Art. 21 Abs. 1 EU-ErbVO (sollte nicht die Ausweichklausel in Art. 21 Abs. 2 EU-ErbVO eingreifen).

30 Bei einem einseitig verfügenden Erbvertrag ist somit ausschließlich das auf Seiten des verfügenden Erblassers geltende Errichtungsstatut maßgeblich. Auf den gewöhnlichen Aufenthalt oder die Staatsangehörigkeit dessen, demgegenüber er die vertragsmäßige Bindung eingeht, kommt es allenfalls für die Frage seiner Geschäftsfähigkeit an. Tritt eine Nachlassspaltung auf oder enthält der Erbvertrag Verfügungen mehrerer Erblasser, sind u.U. mehrere Rechtsordnungen anwendbar und nebeneinander zu beachten (siehe näher Rn 70).

31 Aus dem Errichtungsstatut ergibt sich, ob vertragsmäßige Verfügungen überhaupt zulässig sind und welche Personen als Vertragspartner in Betracht kommen (im österreichischen Recht z.B. nur Ehegatten, § 1249 ABGB; im belgischen und französischen Recht in der Sonderform der *institution contractuelle* nur zwischen bzw. mit Brautleuten, Art. 1082 belg. c.c.; Art. 1082 frz. c.c.).

Beispiel: Folge wäre z.B., dass ein in Deutschland lebender Erblasser und sein in Österreich lebender Mitgesellschafter miteinander keinen gegenseitigen Erbvertrag schließen könnten. Es wäre allenfalls möglich, dass der Österreicher widerruflich und der deutsche Partner einseitig vertragsmäßig verfügen.

32 Das Errichtungsstatut bestimmt, welche Arten von Verfügungen mit vertragsmäßiger Bindungswirkung getroffen werden können, insbesondere auch zugunsten Dritter oder nur des Vertragspartners (beispielsweise können im österreichischen Recht vertragsmäßige Verfügungen ausschließlich zugunsten des anderen Ehegatten, nicht aber zugunsten Dritter getroffen werden; auch ist die vertragsmäßige Verfügung nichtig, soweit sie mehr als drei Viertel des Nachlasses erfasst).[24] Es ergibt sich aus dem Errichtungsstatut, welche Bindungs-

---

23 *Dutta*, FamRZ 2013, 10.
24 Ausf. dazu *Haunschmidt*, Länderbericht Österreich, Rn 79.

wirkung den vertraglichen Verfügungen zukommt und auf welche Weise diese widerrufen werden können. Ist die vertragliche Verfügung danach unzulässig, ergibt sich aus dem Errichtungsstatut schließlich auch, welche Auswirkungen die Unzulässigkeit auf die Wirksamkeit hat. Dies gilt insbesondere für die Frage, ob die vertragsmäßige Verfügung durch **Umdeutung** in eine testamentarische **geheilt** werden kann.[25]

Beispiel: So verlangt die strenge Einseitigkeit letztwilliger Verfügungen im italienischen Recht die absolute Unwirksamkeit vertragsmäßiger Verfügungen und schließt damit die Umdeutung in testamentarische Verfügungen aus.[26] Das *Tribunal Mulhouse* hingegen hatte einmal auf der Basis französischen Rechts die Umdeutung in eine einfache testamentarische Verfügung für möglich gehalten. In diesem Fall hatten Schweizer einen Erbvertrag errichtet, der auch ein französisches Grundstück betraf.[27] Nach dem insoweit anwendbaren französischen Erbstatut war der Erbvertrag nichtig. Das Gericht aber deutete die vertraglichen Verfügungen in gemeinschaftliche um. Zwar verbietet das französische Recht auch gemeinschaftliche Testamente; hierbei handelt es sich nach französischer Sicht jedoch um eine Formvorschrift, so dass insoweit auf das Ortsrecht zurückgegriffen werden konnte. Damit waren die Verfügungen aus französischer Sicht wirksam.[28]

II. Besonderheiten beim mehrseitigen Erbvertrag

Schwierigkeiten ergeben sich beim mehrseitigen Erbvertrag, wenn die von den Vertragsparteien getroffenen Verfügungen nicht bei jeder Vertragspartei demselben Recht unterliegen. Dies ist z.B. möglich, wenn die Parteien ihren gewöhnlichen Aufenthalt in verschiedenen Staaten haben oder eine abweichende Rechtswahl getroffen haben. Einhellige Ansicht ist, dass sämtliche Verfügungen nur dann insgesamt wirksam sein können, wenn sämtliche betroffenen Rechtsordnungen die Wirksamkeit der vertragsmäßigen Verfügungen anerkennen.[29] Umstritten war in Deutschland, was passiert, wenn nur ein Teil dieser Rechtsordnungen die Wirksamkeit der Verfügungen bejaht.

33

Eine ältere Auffassung versuchte, dieses Problem bereits auf der kollisionsrechtlichen Ebene zu lösen. Hiernach müssen die Zulässigkeitsvoraussetzungen der für alle im Vertrag vertragsmäßig getroffenen Verfügungen Errichtungsstatute gleichzeitig gegeben sein, damit alle Verfügungen wirksam sind („**kumulative Anknüpfung**").[30] Gilt für einen Vertragspartner ein Errichtungsstatut, welches vertragliche Verfügungen der getroffenen Art nicht kennt, so sind auch die Verfügungen aller anderen Vertragspartner unwirksam („Grundsatz des ärgeren Rechts").

34

Das genaue Gegenteil war in Art. 18 des Vorschlags der Kommission zur EU-ErbVO vom November 2011 vorgesehen: Dieser ließ für die Wirksamkeit eines mehrseitigen Erbvertrages genügen, dass dieser nach dem für einen einzigen der Verfügenden geltenden Errichtungsstatut wirksam ist (**alternative Anknüpfung**).

35

---

25 OLG Düsseldorf NJW 1963, 2229; Staudinger/*Dörner*, Art. 25 EGBGB Rn 258; Erman/*Hohloch*, Art. 25 EGBGB Rn 32.
26 *Denzler*, IPRax 1982, 181.
27 Nach allgemeiner Auffassung in Frankreich aber ist die vertragsmäßige Verfügung nichtig und kann nicht als testamentarische aufrechterhalten werden, siehe *Döbereiner*, Länderbericht Frankreich, Rn 112.
28 Tribunal de Mulhouse 19.1.1950. Zusammenfassung und Kritik bei *Revillard*, Droit international privé et pratique notariale, 8. Aufl. 2014, Rn 897.
29 Siehe z.B. MüKo-BGB/*Birk*, Art. 26 EGBGB Rn 134; Palandt/*Thorn*, Art. 25 EGBGB Rn 13.
30 Erman/*Hohloch*, Art. 25 EGBGB Rn 32; Bamberger/Roth/*Lorenz*, Art. 25 EGBGB Rn 28.

36 Die in Deutschland bei Erlass der EU-ErbVO wohl überwiegende Auffassung beließ es bei der gesetzlichen Regel, dass sich Zulässigkeit und Bindungswirkung der vertragsmäßigen Verfügungen für jeden Nachlass nach dem jeweils für ihn geltenden Errichtungsstatut beurteilen („**distributive Anknüpfung**").[31] Ergibt sich aus einem der Errichtungsstatute die Unwirksamkeit der Verfügung (im **Beispielsfall** also für den dem belgischen Recht unterliegenden Spaltnachlass der Ehefrau), entscheiden die jeweils für die anderen Verfügungen geltenden Errichtungsstatute darüber, welche Folgen sich für die Verfügungen über das Vermögen, das ihnen untersteht, in Bezug auf Gültigkeit und Bindungswirkung ergeben („**Lösung auf sachrechtlicher Ebene**").[32]

37 In **Art. 25 Abs. 2 EU-ErbVO** hat man sich für eine **differenzierte Anknüpfung** entschieden: Ein Erbvertrag, der den Nachlass mehrerer Personen betrifft, ist nur dann zulässig, wenn er nach jedem der Rechte zulässig ist, die nach dieser Verordnung auf die Rechtsnachfolge der einzelnen beteiligten Personen anzuwenden wären, wenn sie zu dem Zeitpunkt verstorben wären, in dem der Erbvertrag geschlossen wurde. Es kommt daher zu einer **kumulativen Anknüpfung** der Errichtungsstatute aller am Erbvertrag beteiligter und in dem Vertrag Verfügungen treffender Vertragsparteien. Im Zweifel setzt sich also das vertragsfeindliche Recht durch.

38 Eine Abmilderung der rigiden Kumulation ergibt sich allerdings aus Art. 25 Abs. 3 EU-ErbVO: Die Parteien können für die Zulässigkeit, die materielle Wirksamkeit und die Bindungswirkungen ihres Erbvertrages, einschließlich der Voraussetzungen für seine Auflösung, das Heimatrecht wählen, das eine einzige der Personen, deren Nachlass betroffen ist, nach Art. 22 EU-ErbVO wählen kann. Für die Voraussetzungen einer entsprechenden **Rechtswahl** gilt Art. 22 EU-ErbVO entsprechend. Da es genügt, dass ein einziger der Vertragsparteien Angehöriger eines Staates ist, der den Erbvertrag kennt, kommt es durch diese Klausel zu einem „**Export des Erbvertrages**".

Beispiel: Eine Deutsche hat in den 70er Jahren einen Italiener geheiratet und damals die italienische Staatsangehörigkeit erworben. Seitdem lebt die gesamte Familie in Italien. Hier ergäbe sich zwar aufgrund des gewöhnlichen Aufenthalts die Geltung italienischen Erbrechts, Art. 25 Abs. 2 EU-ErbVO. Gemäß Art. 25 Abs. 3 EU-ErbVO können die Beteiligten aber auch für die Zulässigkeit, die materielle Wirksamkeit und die Bindungswirkungen des Erbvertrages, einschließlich der Voraussetzungen für seine Auflösung, das deutsche Recht wählen.

39 Auffällig hieran ist, dass die **Harmonisierung unterschiedlicher Errichtungsstatute** für den Erbvertrag hier allein durch **Einigung auf das Heimatrecht** eines der Beteiligten möglich ist. Die Vereinbarung der Geltung des Rechts des Staates, in dem einer oder gar die Mehrheit der Beteiligten ihren gewöhnlichen Aufenthalt haben, ist nicht möglich, wenn nicht auch einer der Beteiligten Angehöriger dieses Staates ist.

40 Insoweit stellt sich dann regelmäßig die Frage, ob dann, wenn einer der Beteiligten seinen gewöhnlichen Aufenthalt nicht in Deutschland hat und die Bedeutung dieses Umstands bei der Beurkundung des Vertrages nicht erkannt wird, in der Vereinbarung eines Erbvertrages nach „deutschem Muster" bereits die Vereinbarung deutschen Rechts für die Wirksamkeit des Vertrages zu sehen ist:

---

[31] Zum grundsätzlichen Verhältnis der kumulativen zur distributiven Anknüpfung *von Bar/Mankowski*, Internationales Privatrecht I, § 7 Rn 101 f.

[32] *von Bar*, Internationales Privatrecht II, Rn 381; Staudinger/*Dörner*, Art. 25 EGBGB Rn 362; Palandt/*Thorn*, Art. 25 EGBGB Rn 13; *Kropholler*, Internationales Privatrecht, 6. Aufl. 2006, § 51 V 2, S. 438; *Schotten/Schmellenkamp*, Internationales Privatrecht, Rn 319.

Beispiel: Die drei Kinder eines mit letztem gewöhnlichem Aufenthalt in Deutschland verstorbenen Unternehmers vereinbaren, dass sie die Unternehmensbeteiligung jeweils nur dem Erstgeborenen ihrer Abkömmlinge vermachen, um eine Zersplitterung der Beteiligungen zu verhindern. Einer von ihnen lebt mit seiner Ehefrau in Südtirol. Das italienische Erbrecht lässt solche Verträge nicht zu.

Im **Beispielsfall** wird man wohl dann, wenn die meisten anderen Verbindungen des Vertrages in eine bestimmte Rechtsordnung deuten, eine konkludente bzw. eher wohl eine hypothetische Rechtswahl hinsichtlich der Zulässigkeit und der Bindungswirkungen annehmen müssen. Eine Rechtswahl auch für das allgemeine Erbstatut (Art. 22 EU-ErbVO) dürfte allerdings wohl nur in Sonderfällen vorliegen. 41

Während bei der Rechtswahl auch die Bindungswirkungen des Erbvertrages dem gewählten Recht unterliegen, ergibt sich bei der objektiven Anknüpfung gem. Art. 25 Abs. 1 EU-ErbVO aus der Kumulation nur die Zulässigkeit des Erbvertrages. Damit kommt es hier zu einer weitgehenden Auffächerung der Rechtsfragen: 42
- Für die Zulässigkeit sind die Errichtungsstatuten kumulativ anzuknüpfen.
- Für die materielle Wirksamkeit und die Bindungswirkungen eines Erbvertrages und Voraussetzungen für seine Auflösung gilt eines der Errichtungsstatute, und zwar dasjenige, zu dem der Erbvertrag „die engste Verbindung" hat.
- Für die Formwirksamkeit gilt das in Art. 27 EU-ErbVO bestimmte Recht (siehe Rn 44).
- Die Wirkungen des Vertrages im Übrigen unterliegen für jeden der Beteiligten seinem Erbstatut. Daraus ergibt sich dann nicht nur die Frage, inwieweit die Verfügungen durch Pflichtteilsrecht beeinträchtigt werden, sondern auch, ob diese (wie z.B. die Einsetzung von Nacherben, Einsetzung von Testamentsvollstreckern etc.) überhaupt zulässig sind.

Wird der Erbvertrag **in einer Urkunde mit anderen Vereinbarungen verbunden** (z.B. postmortale Vollmacht, güterrechtliche Vereinbarungen, Bestimmung eines Vormunds für die gemeinsamen Kinder), gilt für die Wirksamkeit und Wirkungen dieser Vereinbarungen, da sie nicht erbrechtlich zu qualifizieren sind, nicht das Erbstatut, sondern das für die maßgebliche Rechtsbeziehung geltende Recht (also das Vollmachtsstatut, das Güterstatut gem. Art. 15 bzw. Art. 220 Abs. 3 EGBGB, das Vormundschaftsstatut gem. Art. 15 ff. KSÜ). Sind die Verfügungen inhaltlich voneinander abhängig, ergibt sich aus dem jeweils maßgeblichen Recht die Folge aus der Unwirksamkeit der verbundenen Verfügung. 43

Beispiel: So ist nach dem Güterstatut zu beurteilen, ob die Vereinbarung der Gütertrennung wieder hinfällig wird, wenn die als Kompensation für den Verzicht auf den Zugewinnausgleich durch den einkommensstärkeren italienischen Ehemann vorgenommene vertragsmäßige Zuwendung eines Vermächtnisses an seine Ehefrau wegen der Unwirksamkeit der vertragsmäßigen Zuwendung nach dem Errichtungsstatut nichtig ist.

III. Formwirksamkeit des Erbvertrages

Das Haager Testamentsformübereinkommen (siehe Rn 12 ff.) gilt für die Formwirksamkeit von Erbverträgen nicht. Über Art. 27 Abs. 1 EU-ErbVO werden dessen zahlreiche Anknüpfungen aber im Wege autonomen europäischen Verordnungsrechts auf Erbverträge erstreckt. Die dort aus dem Testamentsformübereinkommen entlehnten Anknüpfungen gelten für sämtliche „schriftliche Verfügungen von Todes wegen", mithin gem. Art. 3 Abs. 1 lit. d EU-ErbVO auch auf Erbverträge. Dabei ergibt sich eine Ausweitung der Anknüpfung daraus, dass es für die Anknüpfung genügt, dass die Anknüpfung in einer einzigen Person, deren Rechtsnachfolge von Todes wegen betroffen ist, verwirklicht ist, so dass damit auch die Verfügungen aller anderen Personen, deren Rechtsnachfolge von Todes wegen betroffen 44 ist, nach dieser Rechtsordnung formgerecht errichtet werden können. Der auch der erbvertraglichen Rechtswahl zugrunde liegende Grundsatz „Jedes Heimatrecht für alle" wird hier im Wege der *ipso iure*-Verweisung auf die Formanknüpfung erstreckt. Die damit erreichte Multiplikation der Anknüpfung, vor allem die Anwendung der Formregeln auch solcher Staaten, zu denen der Verfügende keine persönliche Beziehung hat (sondern nur sein Vertragspartner), ist bedenklich, denn sie entzieht u.U. den Verfügenden den mit den Formvorschriften verfolgten Übereilungsschutz. Dieser ist gerade im Erbvertragsrecht von großer Bedeutung, denn hier hat der Verfügende – anders als nach Errichtung eines Testaments – keine Möglichkeit mehr, die Verfügung nach Überdenken der Angelegenheit durch ein erneutes Testament aus der Welt zu schaffen.

45 Darüber hinaus ergeben sich aus der nahezu uferlosen Ausdehnung des Kreises der anwendbaren Rechte Probleme bei der **Feststellung der Formwirksamkeit** eines Erbvertrages: Da im Erbfall auch noch auf Seiten des noch nicht verstorbenen Vertragspartners eine Verwirklichung von weiteren Anknüpfungsmomenten (z.B. die Verlegung des gewöhnlichen Aufenthalts in einen anderen Staat vor dem Tod des Überlebenden) zur Heilung einer Formnichtigkeit der vertragsmäßigen Verfügung des Verstorbenen führen kann, ist eine endgültige Feststellung der Formnichtigkeit beim mehrseitig verfügenden Erbvertrag erst dann möglich, wenn der letzte Verfügende verstorben ist (!). Da es hier für den „Auslandsbezug" genügt, dass dieser erst beim Tod des Letztversterbenden verwirklicht ist, ergibt sich damit das Problem der „latenten Formwirksamkeit" selbst für solche Erbverträge, die beim Tod des Vorversterbenden noch keinen Auslandsbezug aufweisen, also sog. *pure domestic contracts* sind.

C. Das gemeinschaftliche Testament

Literatur

Dopffel, Deutsch-englische gemeinschaftliche Testamente, DNotZ 1976, 335; *Grundmann*, Zur Errichtung eines gemeinschaftlichen Testaments durch italienische Ehegatten in Deutschland, IPRax 1986, 94; *Hilbig-Lugani*, Das gemeinschaftliche Testament im deutsch-französischen Rechtsverkehr – ein Stiefkind der Erbrechtsverordnung, IPRax 2014, 480; *Lechner*, Erbverträge und gemeinschaftliche Testamente in der neuen Erbrechtsverordnung, NJW 2013, 26; *Lehmann*, Die Zukunft des gemeinschaftlichen Testaments in Europa, ZEV 2007, 193; *Leipold*, Das Europäische Erbrecht (EU-ErbVO) und das deutsche gemeinschaftliche Testament, ZEV 2014, 139; *Neuhaus/Gündisch*, Gemeinschaftliche Testamente amerikanischer Erblasser, RabelsZ 21 (1956) 550; *Nordmeier*, Zulässigkeit und Bindungswirkung gemeinschaftlicher Testamente im Internationalen Privatrecht, 2008; *Pfeiffer*, Das gemeinschaftliche Ehegattentestament – Konzept, Bindungsgrund und Bindungswirkungen, FamRZ 1993, 1266; *Schack*, Gemeinschaftliche Testamente im Internationalen Privatrecht, in: Gedächtnisschrift Lüderitz, 2000, S. 659 ff.; *Süß*, Das Verbot gemeinschaftlicher Testamente im Internationalen Erbrecht, IPRax 2002, 22; *Umstätter*, Gemeinschaftliche Testamente mit Auslandsberührung, DNotZ 1984, 532.

I. Das gemeinschaftliche Testament in der EU-ErbVO

46 Art. 3 Abs. 1 lit. c EU-ErbVO enthält eine **Definition** des gemeinschaftlichen Testaments. Ein „gemeinschaftliches Testament" ist danach ein von zwei oder mehr Personen in einer einzigen Urkunde errichtetes Testament. Gemäß Art. 3 Abs. 1 lit. d EU-ErbVO sind das Testament, das gemeinschaftliche Testament und der Erbvertrag „Verfügung von Todes wegen". Daraus ergibt sich klar, dass das gemeinschaftliche Testament gemeinsam mit dem einseitigen Testament unter den Oberbegriff „Testament" fällt, während der Erbvertrag als eine andere Kategorie der Verfügung von Todes wegen eingeordnet wird. Als „Erbvertrag"

wird in Art. 3 Abs. 1 lit. b EU-ErbVO eine Vereinbarung definiert, einschließlich „einer Vereinbarung aufgrund gegenseitiger Testamente", die mit oder ohne Gegenleistung Rechte am künftigen Nachlass oder künftigen Nachlässen einer oder mehrerer an dieser Vereinbarung beteiligter Personen begründet, ändert oder entzieht.

Nach dieser vielversprechenden Definition im „Allgemeinen Teil" der Verordnung findet sich aber keine Spezialregelung zum gemeinschaftlichen Testament in der EU-ErbVO. Der Begriff „gemeinschaftliches Testament" taucht nach der Definition in Art. 3 EU-ErbVO vielmehr überhaupt nicht mehr in der Verordnung auf. Das erweist sich als schweres Manko, denn gemeinschaftliche Testamente sind nicht nur in Deutschland, sondern auch in zahlreichen weiteren Mitgliedstaaten der EU verbreitet (z.B. in Österreich, Litauen, Dänemark, Schweden, Finnland, im Vereinigten Königreich und Irland, in Teilen Spaniens und in Malta, nun auch in Ungarn und möglicherweise bald auch in Polen). 47

In der Literatur wird teilweise vorgeschlagen, das „wechselbezügliche Testament nach deutschem Recht" unter den Begriff der „Vereinbarung aufgrund gegenseitiger Testamente" i.S.v. in Art. 3 Abs. 1 lit. b EU-ErbVO zu fassen.[33] Es erscheint naheliegend, dass man mit dieser Formulierung das gemeinschaftliche Testament erfassen wollte. *Bonomi*[34] weist bereits darauf hin, dass die Definition des gemeinschaftlichen Testaments in Art. 3 Abs. 1 lit. d EU-ErbVO ausschließlich auf die formalen Aspekte beschränkt ist und damit allenfalls *testamenta mere simultanea* erfassen kann, also solche Verfügungen, bei denen sich die Gemeinschaftlichkeit auf die äußere Urkundeneinheit beschränkt und eine innere Verbindung der Verfügungen miteinander nicht erforderlich ist. Andererseits werden die Fälle der Urkundeneinheit unabhängig davon erfasst, ob eine innere Verknüpfung der Verfügungen vorliegt oder nicht. Darüber hinaus geht aber auch die Definition des Erbvertrages am Wesen des gemeinschaftlichen Testaments weit vorbei. Eine „Vereinbarung" ist zur Errichtung auch von gegenseitigen Testamenten nicht erforderlich. Darüber hinaus bezieht die Definition des Erbvertrages allein die den Testamenten zugrunde liegende Vereinbarung ein, lässt aber die aufgrund der Vereinbarung errichteten gegenseitigen Testamente selber ausdrücklich außen vor. Die Qualifikation des gemeinschaftlichen Testaments und der gegenseitigen Testamente als „Nicht-Erbvertrag" und damit als Testament i.S.v. Art. 24 EU-ErbVO wird durch diese Vorschrift also nicht in Frage gezogen, sondern – berücksichtigt man das in Art. 3 Abs. 1 lit. d EU-ErbVO zum Ausdruck kommende Ausschließlichkeitsverhältnis – im Gegenteil bestätigt.[35] 48

Darüber hinaus laufen die vorgenannten Versuche auf einen Zirkelschluss hinaus: Ob die Verfügungen bei Errichtung von zwei Testamenten in einer einheitlichen Urkunde „wechselbezüglich" sind und ob ein „Testament nach deutschem Recht" vorliegt, kann nicht im Rahmen der Qualifikation, also am Ausgangspunkt der kollisionsrechtlichen Prüfung, zugrunde gelegt werden. Vielmehr ist die Anwendbarkeit deutschen Rechts auf die Verfügungen erst Rechtsfolge der Anknüpfung und damit das Ergebnis der kollisionsrechtlichen Prüfung, und auch die Wechselbezüglichkeit lässt sich erst nach eingehender Prüfung der Verfügungen anhand des durch die Anknüpfung ermittelten Errichtungsstatuts entnehmen 49

---

33 Z.B. *Lechner*, NJW 2013, 23 ff.; *Döbereiner*, MittBayNot 2013, 438; *Dutta*, FamRZ 2013, 9; *Leipold*, ZEV 2014, 140 strebt eine entsprechende Qualifikation an, um damit die erweiterten Rechtswahlmöglichkeiten des Art. 25 Abs. 3 EU-ErbVO zu erreichen.
34 *Bonomi/Wautelet*, Commentaire Art. 3 Rn 13; *Bonomi/Öztürk*, in Dutta/Herrler, Erbrechtsverordnung, S. 60.
35 Für die Behandlung auch gegenseitiger Testamente als Testamente i.S.v. Art. 24 EU-ErbVO dagegen zu Recht *Nordmeier*, ZEV 2012, 514 und ZEV 2013, 120; *Schaal*, BWNotZ 2013, 30; *Simon/Buschbaum*, NJW 2012, 2396.

(so sind zwar nach den Vermutungsregeln in den §§ 2270 f. BGB und der dazu ergangenen Rechtsprechung der deutschen Gerichte von Eheleuten getroffene Verfügungen – auch außerhalb eines gemeinschaftlichen Testaments im formellen Sinne – häufig wechselbezüglich; nach § 1248 öst. ABGB hingegen ist Wechselbezüglichkeit nur bei ausdrücklicher Anordnung im Testament anzunehmen). Ebenso schwierig dürfte es sein, schon auf der kollisionsrechtlichen Ebene Testamente in „gegenseitige gemeinschaftliche Testamente" und „nicht gegenseitige gemeinschaftliche Testamente" abzugrenzen.

50 Schließlich gibt es m.E. auch keinen Anlass für die gekünstelte und wesensfremde Umdeutung des gemeinschaftlichen Testaments in einen Erbvertrag: Teilweise wird zur Rechtfertigung vorgetragen, diese sei erforderlich, um zu verhindern, dass sich einer der gemeinschaftlich testierenden Erblasser nachher der Bindungswirkung durch einen Statutenwechsel entziehe. Bei einer gemeinschaftlichen Errichtung von Testamenten in einer Urkunde unterliegen die Verfügungen der Regelung des Art. 24 EU-ErbVO. Die Gefahr eines Widerrufs nach Statutenwechsel lässt sich bei entsprechender Auslegung von Art. 24 Abs. 3 EU-ErbVO vermeiden. Danach bleibt das ursprünglich Errichtungsstatut für die Widerruflichkeit weiterhin anwendbar (siehe Rn 9). Auch ein Statutenwechsel führt daher nicht dazu, dass sich die Widerruflichkeit nach einem anderen Recht beurteilt.

51 Die im Vergleich zum Erbvertrag reduzierten Rechtswahlmöglichkeiten kann man hier nicht als Argument für eine Qualifikation als Erbvertrag anführen, denn die Begrenzung der Rechtswahlmöglichkeiten geht auf die Entscheidung des europäischen Gesetzgebers zurück, der den Rechtswahlmöglichkeiten nur eingeschränkten Raum gewähren wollte. Darüber hinaus ließe sich diese Eingrenzung auch dadurch leichter umgehen, indem man die Zulässigkeit der gemeinschaftlichen Errichtung als Formfrage qualifiziert und damit der großzügigen alternativen Anknüpfung in Art. 27 EU-ErbVO unterfallen lässt.

52 Nach alledem sollte man daher die EU-ErbVO so anwenden, wie es den Definitionen in Art. 3 EU-ErbVO entspricht. Unter die Erbverträge fallen damit auch die Testierverträge des dänischen, englischen und US-amerikanischen Rechts, also solche Vereinbarungen, mit denen sich die Beteiligten verpflichten, eine Vereinbarung zu errichten und/oder nicht zu widerrufen. Das gilt dann auch, wenn diese Vereinbarung nicht in einer gesonderten Urkunde getroffen wird, sondern sich ausdrücklich oder in Verbindung mit den äußeren Umständen erst aus den von den Beteiligten der Vereinbarung errichteten einseitigen bzw. gemeinschaftlichen Testamenten ergibt. Das gemeinschaftliche Testament selber dagegen bleibt Testament i.S.v. Art. 24 EU-ErbVO.

II. Zulässigkeit der gemeinschaftlichen Errichtung

53 **Beispiel:** Deutsche Eheleute sind nach Aufgabe der Zahnarztpraxis durch den Ehemann nach Andalusien übersiedelt und haben dort ein Haus mit Meerblick bezogen. Nach einigen Jahren ereilt die Ehefrau ein Schlaganfall. Um dem Überlebenden von ihnen das Weiterleben in der neuen Heimat zu ermöglichen, verfasst der Ehemann eigenhändig ein Testament in spanischer Sprache, mit dem sich die Eheleute gegenseitig zu alleinigen Erben einsetzen und den Kindern allein das in Deutschland verbliebene Vermögen zuweisen. Beide Eheleute unterschreiben gemeinsam. Die Schlusserbfolge wird nicht geregelt.

Nach dem plötzlichen Tod des Ehemannes erklärt der Rechtsanwalt des Sohnes, das Testament sei nach dem in Andalusien geltenden gemeinspanischen Recht als *testamento mancomunado* unwirksam und damit gesetzliche Erbfolge eingetreten.

54 Die Vorstellung, dass das Testament den „letzten Willen" des Erblassers enthalten soll, bedingt in vielen Rechtsordnungen, insbesondere auch in den romanischen Rechtsordnun-

gen, dass dieses notwendig frei von jeder Einflussnahme Dritter errichtet und stets frei widerruflich bleiben muss. Daher muss es in diesen Rechtsordnungen zwingend **einseitig** errichtet werden. Letztlich kennen auch das deutsche, das österreichische und das litauische Recht das gemeinschaftliche Testament grundsätzlich nicht an und beschränken die Errichtung streng auf Ehegatten. Nur wenige Rechte, wie z.B. das dänische, das schwedische und das englische Recht, lassen die gemeinschaftliche Errichtung von Testamenten allgemein zu (so sind z.B. gemeinschaftliche Testamente von Geschwistern in Schweden praktisch vorkommend).

Angesichts dieser Situation stellt sich die Frage, ob die **gemeinschaftliche Errichtung** (bzw. das Verbot gemeinschaftlicher Testamentserrichtung) als Frage der materiellen Wirksamkeit des Testaments zu behandeln ist oder aber als Frage der formellen Wirksamkeit bzw. Unwirksamkeit. Im ersten Fall unterfällt die Zulässigkeit zwingend dem Errichtungsstatut (Art. 24 EU-ErbVO), im zweiten Fall käme die alternative Anknüpfung nach dem Haager Testamentsformübereinkommen bzw. in Art. 27 Abs. 1 EU-ErbVO zum Zuge, mit der Folge, dass z.B. ausländische Eheleute oder solche, bei denen nur einer deutscher Staatsangehöriger ist, im Inland unter Rückgriff auf die deutsche Ortsform bzw. den gemeinsamen gewöhnlichen Aufenthalt in Deutschland gem. § 2267 BGB gemeinschaftlich testieren könnten. Kernpunkt bei der Behandlung von gemeinschaftlichen Testamenten im Internationalen Privatrecht ist also die **Qualifikation der Errichtung als Frage der formellen oder der materiellen Wirksamkeit**. Diese ist seit langem umstritten.

55

Das Verbot der gemeinschaftlichen Errichtung von Testamenten (vgl. dort Art. 968 frz. c.c.) wird in der französischen Rechtsprechung seit jeher als **Formvorschrift** behandelt. Ehegatten können daher nach der Regel *locus regit actum* in Deutschland wirksam gemeinschaftlich testieren, und zwar selbst dann, wenn die materielle Wirksamkeit des Testaments französischem Erbstatut unterliegt.[36] Ähnlich sind die Ansichten z.B. in den Niederlanden, in Belgien, Luxemburg, Polen, Rumänien, Slowenien, in Skandinavien und in England. Die wörtliche Übersetzung dieser aus dem französischen *Code Civil* entnommenen Vorschrift in Art. 589 des italienischen *Codice Civile* hingegen wird von den italienischen Gerichten als Vorschrift zur **materiellen Wirksamkeit** der Verfügung behandelt und dem Erbstatut unterstellt.[37] Vergleichbare Ansichten finden sich in Griechenland und in Portugal. In Spanien ist die Situation unklar. Von *Lewald* wurde die These entwickelt, das Verbot der gemeinschaftlichen Testamentserrichtung sei als Frage der materiellen Wirksamkeit des Testaments zu behandeln (und damit dem Errichtungsstatut zu unterstellen), wenn der Gesetzgeber durch das Verbot der Verbindung von letztwilligen Verfügungen mehrerer in einer einzigen Urkunde klarstellen wollte, dass nur eine streng einseitige und vollständig selbstständige Erklärung als Testament betrachtet werden könne.[38] Bei Ausarbeitung des Haager Testamentsformübereinkommens hat man sich zu keiner Regelung gemeinschaftlicher Testamente durchringen konnte, sondern in Art. 4 des Übereinkommens wurde allein festgeschrieben, dass sich auch die Formwirksamkeit eines – nach einem wie auch immer

56

---

36 *Revillard*, Droit international privé et communitaire – pratique notariale, 8. Aufl. 2014, Rn 560 unter Bezugnahme auf Tribunal de Grande Instance Paris 24.4.1980. Jetzt Cour de Cassation, Cass. Civ 1re, 21 novembre 2012, D 2013, 880, hierzu *Döbereiner*, ZEV 2014, 486 und Länderbericht Frankreich Rn 39; zum niederländischen Recht OLG Düsseldorf NJW 1963, 2228.
37 Bereits Kassationshof Florenz, Entscheidung vom 9.11.1896, Clunet 1902, 175; zur neueren Rechtslage *Grundmann*, IPRax 1986, 96.
38 *Lewald*, Recueil des Cours de l'Académie de droit international, 9 (1925 IV) S. 100 f.

bestimmten Recht zulässig errichteten – gemeinschaftlichen Testaments nach den Vorschriften des Abkommens richte.[39]

57 Die EU-ErbVO schweigt ebenfalls zu dieser Frage. Nachdem aber die EU-ErbVO – anders als das Testamentsformübereinkommen – eine abschließende Regelung des internationalen Erbrechts enthält, muss die Qualifikation dieser Frage im Rahmen der EU-ErbVO gefunden werden und kann nicht dem nationalen Recht überlassen werden. Daher ist um diese Frage bereits ein heißer Streit entbrannt und es wird wohl noch viel Papier beschrieben werden.

58 Art. 3 Abs. 1 lit. c EU-ErbVO **definiert** das „**gemeinschaftliche Testament**" als „ein von zwei oder mehr Personen in einer einzigen Urkunde errichtetes Testament". Dieser rein an der äußeren Errichtungsart orientierten Definition („objektive Theorie" im Sinne des Reichsgerichts) würde es entsprechen, die gemeinschaftliche Errichtung als eine **Frage der Form** zu qualifizieren. Die weiteren Fragen (Gegenseitigkeit, Wechselbezüglichkeit, Bindung etc.) wären freilich materieller Art und müssten nach dem Errichtungsstatut beantwortet werden (siehe Rn 62 ff.).

59 Im **Zahnarztfall** (Rn 53) wäre bei Qualifikation als Formfrage die Zulässigkeit der gemeinschaftlichen Testamentserrichtung nach dem vom Haager Testamentsformübereinkommen bestimmten Recht zu beurteilen. Dieses ist für Spanien und Deutschland gem. Art. 75 Abs. 1 EU-ErbVO vorrangig vor Art. 27 EU-ErbVO anzuwenden. Gemäß Art. 1 Abs. 1 lit. b, Art. 4 des Übereinkommens (= Art. 27 Abs. 1 lit. b EU-ErbVO) genügt für die Wirksamkeit eines gemeinschaftlichen Testaments, dass dieses den Formerfordernissen des Heimatrechts der Erblasser zum Zeitpunkt der Errichtung des Testaments entsprechend errichtet worden ist. Diese Erfordernisse wären im vorliegenden Fall eingehalten, da beide Eheleute Deutsche waren und § 2276 BGB die Errichtung des gemeinschaftlichen Testaments in dieser Form durch Eheleute zulässt. Auf die Zulässigkeit nach dem gemeinspanischen Erbrecht käme es mithin im vorliegenden Fall nicht an.

60 Soweit man das gemeinschaftliche Testament als „**Erbvertrag**" i.S.v. Art. 3 Abs. 1 lit. b EU-ErbVO qualifiziert (sei es allgemein jedes gemeinschaftlich errichtete Testament, sei es nur das gegenseitige oder das wechselbezügliche Testament), so gelangt man in den Anwendungsbereich des Art. 25 EU-ErbVO. Der von dieser Ansicht in den Vordergrund gestellten intensiven Verknüpfung von gemeinschaftlicher Testamentserrichtung und Bindungswirkung (die übrigens eine Spezialität des deutschen Rechts ist und in dieser Weise dem englischen und österreichischen Recht und auch den skandinavischen Rechten fremd ist) entspricht es, auch die Möglichkeit der gemeinschaftlichen Testamentserrichtung als Frage der „Zulässigkeit" i.S.v. Art. 25 Abs. 1 EU-ErbVO dem Errichtungsstatut zu unterstellen (**materiellrechtliche Qualifikation**).

61 Im **Zahnarztfall** (Rn 53) wäre bei einer materiellrechtlichen Qualifikation die Zulässigkeit der gemeinschaftlichen Testamentserrichtung nach dem gem. Art. 25 EU-ErbVO bestimmten Errichtungsstatut zu beurteilen. Das Testament wäre daher gem. Art. 25 Abs. 2 EU-ErbVO nur dann wirksam, wenn das für jeden der Ehegatten geltende Errichtungsstatut die gemeinschaftliche Errichtung zulässt. Da beide Eheleute zum Zeitpunkt der Errichtung in Spanien ihren Lebensmittelpunkt hatten und dort auch bis zum Ende ihres Lebens bleiben wollten, hatten sie ihren gewöhnlichen Aufenthalt i.S.v. Art. 21 EU-ErbVO in Spanien. Eine erbrechtliche Rechtswahl haben die Eheleute vor oder bei Errichtung des Testaments weder gem. Art. 22 EU-ErbVO allgemein noch gem. Art. 25 Abs. 3 EU-ErbVO

---

[39] *Ferid*, RabelsZ 27 (1962/1963) 412, 423; *von Schack*, DNotZ 1966, 134; *Scheucher*, ZfRVgl 5 (1964) S. 220, der aber für die Anwendung der Kollisionsnormen des Übereinkommens auch für die Zulässigkeit plädiert; MüKo-BGB/*Birk*, Art. 26 EGBGB Rn 70.

für die Wirksamkeit des gemeinschaftlichen Testaments/Erbvertrags getroffen. Nach dem somit auf die Zulässigkeit der gemeinschaftlichen Testamentserrichtung anwendbaren gemeinspanischen Recht wäre das Testament wegen der Errichtung in einer einheitlichen Urkunde unwirksam. Da würde dann auch nicht helfen, dass diese unzulässige Verfügung in der richtigen Form (Formprivileg nach dem deutschen Heimatrecht) erfolgt ist.

III. Wechselbezüglichkeit der Verfügungen

Im Zusammenhang mit gemeinschaftlichen Testamenten tritt regelmäßig die Frage der Wechselbezüglichkeit auf. Dabei können freilich auch in getrennten Urkunden niedergelegte Verfügungen wechselbezüglich getroffen werden, ebenso wie ein gemeinschaftlich errichtetes Testament gegenseitige Verfügungen enthalten kann, die nicht wechselbezüglich sind.[40] Da es sich letztlich um eine der letztwilligen Verfügung beigefügte Bedingung handelt, unterliegt die **Wechselbezüglichkeit** einer Verfügung gem. Art. 26 Abs. 1 lit. d EU-ErbVO (Auslegung) dem gem. Art. 24 Abs. 1 EU-ErbVO ermittelten **Errichtungsstatut**. Maßgeblich ist das Errichtungsstatut der abhängigen Verfügung, also der Verfügung, deren Geltung vom Fortbestand einer bestimmten anderen Verfügung (der „tragenden Verfügung") abhängen soll. Dieses Recht gilt dann für die Frage, ob die in der Wechselbezüglichkeit der Verfügung liegende Beifügung einer Bedingung überhaupt zulässig ist, welche Folgen sich ggf. aus der Unzulässigkeit dieser Bedingung ergeben, ob die Wechselbezüglichkeit vermutet wird[41] und welche Folgen sich ggf. aus der zulässigen Wechselbezüglichkeit ergeben, insbesondere also, wie und ob überhaupt sich der Widerruf o.Ä. der in Bezug genommenen anderen Verfügung auf die Wirksamkeit der abhängigen Verfügung auswirkt.

62

Während das deutsche Recht gem. § 2270 Abs. 2 BGB bei gegenseitigen Verfügungen die Wechselbezüglichkeit vermutet, ist dies in den ausländischen Rechten nicht der Fall: § 1248 S. 2 öst. ABGB enthält sogar eine gesetzliche Vermutung gegen die Wechselbezüglichkeit bei gegenseitiger Erbeinsetzung.

63

Beispiel: Setzen sich also eine in Deutschland lebende Ehefrau und ihr in Österreich lebender Ehemann in einem gemeinschaftlichen Testament wechselseitig zu Erben ein, ohne dass sich die Wechselbezüglichkeit positiv feststellen lässt, so gilt die Verfügung der Ehefrau nach dem deutschen Errichtungsstatut als wechselbezüglich, die des Mannes nach dem österreichischen Recht als unbedingt.

IV. Bindungswirkung gemeinschaftlich getroffener Verfügungen

Die Bindungswirkung betrifft zum einen den **Ausschluss des Widerrufs** durch den überlebenden Ehegatten – wie ihn z.B. das deutsche und das litauische Recht kennen.[42] Eine abgeschwächte Form der Bindungswirkung ergibt sich bei der **Erschwerung des Widerrufs** durch Form- und Mitteilungserfordernisse etc., wie sie nicht nur im deutschen Recht, sondern z.B. auch im dänischen und norwegischen Recht vorkommen. Maßgeblich ist insoweit – da es um die Möglichkeit des Widerrufs geht, gem. Art. 24 Abs. 3 EU-ErbVO

64

---

40 Vgl. MüKo-BGB/*Birk*, Art. 26 EGBGB Rn 97.
41 Anders das OLG Zweibrücken ZEV 2003, 162, das trotz Geltung kroatischen Erbstatuts aus § 2270 Abs. 2 BGB ableitet, die gegenseitige Erbeinsetzung sei wechselbezüglich und damit nach dem kroatischen Erbstatut nichtig; vgl. hierzu die Anm. v. *Süß*, ZEV 2003, 165.
42 Im südafrikanischen Recht tritt Bindungswirkung im Fall des sog. *massing* ein, siehe *Dannenbring*, Länderbericht Südafrika Grundzüge Rn 105, in: Ferid/Firsching/Dörner/Hausmann, Internationales Erbrecht.

m.E. das **Errichtungsstatut** der jeweiligen Verfügung (siehe Rn 10). Unterliegen die Verfügungen der Testierenden unterschiedlichen Rechten, kann sich hieraus ergeben, dass die Testierenden in unterschiedlichem Ausmaß gebunden sind oder nur einer von ihnen einer Bindung unterliegt, der andere aber frei widerrufen kann.[43] So könnte im deutsch-österreichischen **Beispielsfall** (siehe Rn 63) der österreichische Ehemann jederzeit widerrufen, zu Lebzeiten seines deutschen Ehegatten sogar heimlich, die deutsche Ehefrau hingegen wäre gem. Art. 2271 BGB gebunden.

65 Qualifiziert man das gemeinschaftliche Testament als Erbvertrag i.S.v. Art. 3 Abs. 1 lit. b EU-ErbVO (siehe Rn 48), so ergibt sich die Bindungswirkung bei unterschiedlichen Errichtungsstatuten gem. Art. 25 Abs. 2 UA 2 EU-ErbVO aus demjenigen der Errichtungsstatute, zu dem der Erbvertrag (also das gemeinschaftliche Testament) die engsten Verbindungen hat. Es wäre dann also eine Entscheidung zugunsten eines einzigen bestimmten Rechts zu treffen. Vorrangig freilich wäre in diesem Fall eine Rechtswahl der Testierenden zu beachten, Art. 25 Abs. 3 EU-ErbVO. Dabei ist zu beachten, dass ausschließlich das Recht der Staaten gewählt werden kann, dem einer der Eheleute angehört. Handelt es sich bei den Eheleuten um in Deutschland lebende Kroaten, wäre dies problematisch, weil das kroatische Recht das gemeinschaftliche Testament nicht regelt.

66 Bei Anwendung von Art. 24 EU-ErbVO könnte man eine einseitige Bindung vermeiden, indem man für die Bindungswirkung eine **kumulative Anwendung** der Errichtungsstatute vornimmt. Kommt es zu abweichenden Ergebnissen bezüglich der Bindungswirkung, setzte sich das schwächere Recht durch.[44] Nach anderer Auffassung bleibt es bei der gesonderten Behandlung jeder Verfügung nach dem für diese geltenden Errichtungsstatut (**distributive Anknüpfung**; siehe Rn 36). Dem jeweiligen Errichtungsstatut wäre dann allerdings auch zu entnehmen, welche Folgen sich aus der schwächeren bzw. fehlenden Bindungswirkung hinsichtlich der korrespektiven Verfügung ergeben.[45] Hier wird also versucht, das Problem der unterschiedlichen Bindung durch eine Angleichung auf der Ebene des materiellen Rechts zu lösen. Das hat den Vorteil der größeren Flexibilität für sich. So könnte den §§ 2270 f. BGB z.B. in diesem Zusammenhang entnommen werden, dass die (deutschem Errichtungsstatut unterliegende) Verfügung keine weiterreichende Bindungswirkung entfaltet als die mit ihr korrespektive, einem ausländischen Errichtungsstatut unterliegende Verfügung.[46] Schließlich käme in Betracht, in entsprechender Anwendung von Art. 25 Abs. 1 UA 2 EU-ErbVO sich für eine einzige Rechtsordnung zu entscheiden und diejenige der beiden Rechtsordnungen anzuwenden, zu dem das gemeinschaftliche Testament „die engste Verbindung" hat.

---

43 Beispielsweise, wenn französisches Erbrecht Errichtungsstatut ist: Dieses kennt keine gemeinschaftlichen Testamente und damit auch keine Bindungswirkung; die Verfügung wäre aber nach der Ortsform wirksam.
44 „Kumulative Anknüpfung", so z.B. zu Art. 25 EGBGB MüKo-BGB/*Birk*, Art. 26 EGBGB Rn 103; Erman/*Hohloch*, Art. 25 EGBGB Rn 31; *Ferid*, Internationales Privatrecht, Rn 9–63; *Riering*, ZEV 1994, 226.
45 So z.B. *Dopffel*, DNotZ 1976, 348; *Kegel/Schurig*, Internationales Privatrecht, § 21 III 2 c, S. 1015; *Kropholler*, Internationales Privatrecht, 6. Aufl. 2006, § 51 V 2, S. 445; Palandt/*Thorn*, Art. 25 EGBGB Rn 13; *Pfeiffer*, FamRZ 1993, 1277 f.; *Rauscher*, Internationales Privatrecht, S. 206; Staudinger/*Dörner*, Art. 25 EGBGB Rn 337; Soergel/*Schurig*, Art. 26 EGBGB Rn 37; *Umstätter*, DNotZ 1984, 532, 536; OLG Zweibrücken NJW 1992, 587, 588.
46 Staudinger/*Dörner*, Art. 25 EGBGB Rn 340; *Pfeiffer*, FamRZ 1993, 1277.

V. Formwirksamkeit des gemeinschaftlichen Testaments

Die Anknüpfungsregeln in Art. 27 Abs. 1 EU-ErbVO bzw. in Art. 1 des **Haager Testamentsformübereinkommens** (siehe Rn 12) gelten gem. Art. 3 Abs. 1 lit. d EU-ErbVO bzw. Art. 4 des Haager Übereinkommens auch für die Formwirksamkeit gemeinschaftlicher Testamente. Soweit dabei auf die Person des Erblassers abgestellt wird (gewöhnlicher Aufenthalt, Staatsangehörigkeit, Wohnsitz), sind die Voraussetzungen für jeden Erblasser für die von ihm getroffenen Verfügungen getrennt festzustellen. Insoweit kann also die Formwirksamkeit sich für die Beteiligten unterschiedlich beurteilen:

Beispiel: Lebt z.B. ein Deutscher mit seiner österreichischen Ehefrau in Graz und errichten diese dort ein gemeinschaftliches Testament, so könnte allein der Ehemann das Formprivileg des § 2267 BGB nutzen, indem er die Verfügung von seiner Ehefrau schreiben lässt und eigenhändig allein die Unterschrift zufügt. Die Ehefrau dagegen hat – mangels Verwirklichung einer Anknüpfung zum deutschen Recht – entsprechend den Regeln des österreichischen Erbrechts bei holographer Errichtung des Testaments den Text, soweit er die Erbfolge nach ihrem Tod betrifft, vollständig mit eigener Hand niederzulegen.

Dabei muss das Formstatut weder für beide Testatoren anhand desselben Anknüpfungsmoments bestimmt werden noch muss sich die Formwirksamkeit für beide aus demselben Recht ergeben.[47]

D. Der Erbverzicht

Literatur

Böhmer, Der Erb- und Pflichtteilsverzicht im anglo-amerikanischen Rechtskreis, ZEV 1998, 251; *St. Lorenz*, Internationaler Pflichtteilsschutz und Reaktionen des Erbstatuts auf lebzeitige Zuwendungen, in: Dutta/Herrler, Die Europäische Erbrechtsverordnung, 2014, S. 113 ff.; *Nordmeier*, Erbverträge und nachlassbezogene Rechtsgeschäfte in der EU-ErbVO – eine Begriffserklärung, ZEV 2013, 117; *Riering*, Der Erbverzicht im internationalen Privatrecht, ZEV 1998, 248.

I. Materielle Wirksamkeit des Verzichts

Ein Erbverzicht ist z.B. nach dem Recht Deutschlands, Österreichs, der Schweiz, der Türkei und einiger skandinavischer Länder sowie Polens und Ungarns möglich. Aber auch viele angloamerikanische Rechtsordnungen, wie die Staaten der USA, Irland und Schottland,[48] lassen einen Verzicht auf erbrechtliche Rechtspositionen zu. Einige Balkanstaaten kennen eine verbindliche „Ausschlagung der Erbfolge zu Lebzeiten des Erblassers" durch Abkömmlinge an. Praktisch ist damit nichts anderes als ein Erbverzicht erreicht. Die „romanischen Rechtsordnungen" hingegen kennen den Verzicht zu Lebzeiten des Erblassers nicht an.[49] Gleiches gilt für viele der zum ehemaligen sozialistischen Rechtskreis gehörenden Länder.[50] In letzter Zeit zeigen sich allerdings Aufweichungstendenzen. So wird im italieni-

---

47 Vgl. MüKo-BGB/*Birk*, Art. 26 EGBGB Rn 68 f.; Staudinger/*Dörner*, Vorbem. Art. 25 f. EGBGB Rn 78.
48 Ausgenommen ist aber insbesondere England. Länderübersicht bei Staudinger/*Schotten*, Neubearb. 2004, Einl. zu §§ 2346 ff. BGB Rn 45 ff.
49 *Kipp/Coing*, Erbrecht, § 82 I; *Lange/Kuchinke*, Erbrecht, § 7 I 2.
50 Ausgenommen aber z.B. Polen und Ungarn.

schen *patto di famiglia*[51] der Pflichtteilsanspruch der dem Unternehmensnachfolger weichenden, am Vertrag beteiligten Angehörigen auf den dort vereinbarten Betrag beschränkt. In Frankreich hat die mit dem Erblasser vereinbarte Ausschlagung der Erbfolge zu dessen Lebzeiten keine andere Funktion als den lebzeitigen Verzicht auf diese Rechte.[52]

70 Da der Erbverzicht Verfügung über Rechte aus der Erbfolge nach dem Verzichtsempfänger ist, mithin eine Vereinbarung darstellt, „die mit oder ohne Gegenleistung Rechte am künftigen Nachlass oder künftigen Nachlässen einer oder mehrerer an dieser Vereinbarung beteiligter Personen entzieht", wird er als **Erbvertrag i.S.v. Art. 3 Abs. 1 lit. b EU-ErbVO** qualifiziert.[53] Maßgeblich ist gem. Art. 25 Abs. 1 EU-ErbVO also der gewöhnliche Aufenthalt des Erblassers zum Zeitpunkt des Abschlusses des Vertrages.[54]

71 Bei **wechselseitigen Verzichtserklärungen** in einem einheitlichen Vertrag ist die Wirksamkeit wohl nicht – wie bisher im deutschen Recht – hinsichtlich jeder Verzichtsvereinbarung nach dem für sie maßgeblichen Recht zu beurteilen. Wie beim wechselseitigen Erbvertrag findet hier vielmehr gem. Art. 25 Abs. 2 UA 1 EU-ErbVO wohl eine kumulierte Anwendung der Errichtungsstatute statt. Ist eine der Verzichtsvereinbarungen – beispielsweise der Verzicht durch den deutschen Ehemann gegenüber seiner spanischen Ehefrau – nach dem für sie maßgeblichen Recht unwirksam, so gilt dies dann auch für sämtliche anderen im Vertrag enthaltenen Verzichtserklärungen.

Praxishinweis: Vermeiden lässt sich dies durch eine Rechtswahl gem. Art. 25 Abs. 3 EU-ErbVO. Da Verzichtsvereinbarungen wohl unter den Begriff des Erbvertrages i.s.v. Art. 3 Abs. 1 lit. b EU-ErbVO fallen, ergeben sich auch die Rechtswahlmöglichkeiten des Art. 25 Abs. 3 EU-ErbVO.[55] Es können dann Zulässigkeit und materielle Wirksamkeit hinsichtlich sämtlicher Verzichtserklärungen dem Heimatrecht eines einzigen der am Vertrag beteiligten Erblasser unterstellt werden.

II. Wirkungen des Verzichts

72 Für die Wirkungen des Erbverzichts gilt nach wohl überwiegender Ansicht das **effektive Erbstatut.**[56]

Beispiel: Hat ein in Deutschland lebender italienischer Vater mit seinem Sohn einen Verzichtsvertrag abgeschlossen und zieht er später wieder zurück nach Apulien, lässt die durch den Wegzug entfallene Verweisung auf das deutsche Aufenthaltsrecht wegen der unwandelbaren Anknüpfung in Art. 25 Abs. 1 EU-ErbVO die Geltung deutschen Rechts für die Wirksamkeit des Verzichtsvertrages unberührt. Auf die Erbfolge des Nachlasses ist das am letzten gewöhnlichen Aufenthalt des Erblassers in Apulien geltende italienische

---

51 Hierzu *Cubeddu-Wiedemann/Wiedemann*, Länderbericht Italien Rn 138 ff.
52 Hierzu *Döbereiner*, Länderbericht Frankreich Rn 38 ff.
53 *Döbereiner*, MittBayNot 2013, 438; *Dutta*, FamRZ 2013, 10; *Lorenz*, in: Dutta/Herrler, EU-ErbVOEU-ErbVO, S. 119; *Nordmeier*, ZEV 2013, 120.
54 Vgl. Rn 28 ff.
55 *Lorenz*, in: Dutta/Herrler, EU-ErbVO, S. 119.
56 Staudinger/*Dörner*, Art. 25 EGBGB Rn 385; *Nordmeier*, ZEV 2013, 121; *v. Hoffmann/Thorn*, Internationales Privatrecht, § 9 Rn 49.

Recht anzuwenden. Da dieses den Erbverzicht nicht kennt, wäre der Verzichtsvertrag hiernach wirkungslos.[57]

Das Ergebnis überrascht zunächst. Es ergibt sich aber aus der in Art. 25 und 26 EU-ErbVO vorgenommenen Unterscheidung zwischen „Gültigkeit" und „Wirkungen" einer erbvertraglichen Verfügung.[58] Die in Art. 26 EU-ErbVO getroffene relativ enge Aufzählung der vom Errichtungsstatut geregelten Fragen wird in Art. 25 EU-ErbVO für Erbverträge allein um die Bindungswirkung bei verfügenden Erbverträgen ergänzt, nicht aber um die Verzichtswirkungen bei den „entziehenden" Erbverträgen (vgl. Art. 3 Abs. 2 lit. b EU-ErbVO). Hätte der Erblasser z.B. den Sohn im Erbvertrag zum Nacherben eingesetzt, bliebe in gleicher Weise der Erbvertrag zwar wirksam, die Nacherbeneinsetzung unter dem italienischen Erbstatut, welches die Nacherbfolge nur für Sonderkonstellationen anerkennt, aber wirkungslos. Allenfalls könnte man überlegen, den Begriff der „Bindungswirkung" bei einem Verzichtsvertrag auch auf die Verzichtswirkungen zu erstrecken. Das geht aber über die in der EU-ErbVO vorgenommene Abgrenzung von Erb- und Errichtungsstatut hinaus und wäre daher – gerade auch im Hinblick auf die Wirkungen anderer vertragsmäßiger Verfügungen – eine willkürliche Ausweitung des Anwendungsbereichs. Zu überlegen ist auch, dass im Fall des Verzichts der Statutenwechsel nicht in der Gewalt des Verzichtenden, sondern allein in der Hand des Erblassers liegt. Dieser kann selber den Statutenwechsel voraussehen und dann entweder vermeiden oder solche Maßnahmen veranlassen, die die Folgen des Statutenwechsels abfedern.

III. Formwirksamkeit des Verzichtsvertrages

Da der Erb- und Pflichtteilsverzicht als „Vereinbarung, die Rechte am künftigen Nachlass einer oder mehrere an dieser Vereinbarung beteiligter Personen entzieht", gem. Art. 3 Abs. 1 lit. b EU-ErbVO als „Erbvertrag" i.S.d. EU-ErbVO zu qualifizieren ist, ergibt sich das auf die Formwirksamkeit anwendbare Recht aus Art. 27 EU-ErbVO mit den zahlreichen Anknüpfungsalternativen aus dem Haager Testamentsformübereinkommen. Das Haager Testamentsformübereinkommen erfasst allein Testamente und keine Erbverträge. Dies ist daher auch für solche Mitgliedstaaten, die das Übereinkommen ratifiziert haben, nicht über Art. 75 Abs. 1 EU-ErbVO vorrangig anzuwenden.

Praktische Schwierigkeiten können sich ergeben, wenn ein deutscher Erblasser im Ausland lebt und das ausländische Ortsrecht keinen Erbverzicht kennt. Gegebenenfalls kann er dann über die Wahl des Heimatrechts (Art. 25 Abs. 3 EU-ErbVO) oder seinen beibehaltenen gewöhnlichen Aufenthalt in Deutschland bzw. über eine Rückverweisung des Aufenthaltsrechts auf das deutsche Heimatrecht das deutsche Recht auf die Zulässigkeit des Vertrages zur Anwendung bringen. Mangels Ortsform kann der Verzicht dann regelmäßig ausschließlich in der vom Errichtungsstatut (also dem deutschen Recht) vorgeschriebenen Form formgerecht zustande kommen. Die von § 2348 BGB verlangte notarielle Beurkundung kann der **ausländische Notar** nur dann erfüllen, soweit seine Beurkundung „gleichwertig" mit der Beurkundung durch seinen deutschen Kollegen ist. Dies wird im Geltungsbereich

---

[57] Anzunehmen ist, dass das vorrangige Einzelstatut für das französische Grundstück nicht allein im Rahmen von Art. 25 Abs. 1 EGBGB zu berücksichtigen ist, sondern allgemein die Bestimmungen des deutschen Internationalen Erbrechts verdrängt, so dass also insoweit auch Art. 26 Abs. 5 S. 1 EGBGB ausgeschaltet wird und das auf die Wirksamkeit des Verzichts anwendbare Recht entsprechend den Regeln des französischen Internationalen Erbrechts nach dem effektiven Erbstatut beurteilt wird.

[58] Andere Autoren beziehen das Errichtungsstatut auf die „Zulässigkeit des Erbverzichts", ohne dagegen zu dem auf die Wirkungen anwendbaren Recht Stellung zu nehmen, z.B. *Kropholler*, Internationales Privatrecht, 6. Aufl. 2006, § 51 V 6 a, S. 447; *Riering*, ZEV 1998, 250.

des lateinischen Notariats für erbrechtliche Rechtsgeschäfte regelmäßig bejaht.[59] Es mag sich der ausländische Notar aber scheuen, ein Rechtsgeschäft zu beurkunden, das nach dem in seinem Land geltenden materiellen Recht unzulässig ist, u.U. nach allgemeiner Anschauung sogar als sittenwidrig zu behandeln ist.

76 **Praxishinweis:** Da sich der Verzichtende, gem. § 2347 Abs. 2 BGB nicht aber der Erblasser, bei einer Beurkundung durch einen deutschen Notar vertreten lassen kann, kommt in den Fällen, in denen der Erblasser seinen gewöhnlichen Aufenthalt im Ausland hat, damit häufig nur noch die Beurkundung durch einen deutschen Konsularbeamten bzw. Honorarkonsul im Aufenthaltsstaat des Erblassers in Betracht.[60] Diese nehmen regelmäßig die Beurkundung vor. Der deutsche Berater sollte dann zur Erleichterung des Verfahrens und zur Entlastung des Konsularbeamten den Entwurf der Verzichtsvereinbarung zur Verfügung stellen. Zu beachten ist allerdings, dass dann, wenn der Verzichtende seine Genehmigungserklärung bzw. eine Vollmacht zum Abschluss des Vertrages nicht beurkunden lässt, die notarielle Belehrung nicht gewährleistet ist, was die Gefahr einer späteren Anfechtung der Verzichtserklärung heraufbeschwört.

E. Schenkungen von Todes wegen und auf den Todesfall

Literatur

Henrich, Die Schenkung von Todes wegen mit Auslandsberührung, in: FS Firsching 1985, S. 111 ff.; *St. Lorenz*, Schenkung von Todes wegen, Sachstatut und internationales Bereicherungsrecht, ZEV 1996, 406; *Ludwig*, Gestaltungsmittel zur Nachlassplanung im IPR außerhalb der Verfügung von Todes wegen, in: FS 10 Jahre DNotI 2003, S. 407 ff.; *Nordmeier*, Erbverträge und nachlassbezogene Rechtsgeschäfte in der EU-ErbVO – eine Begriffserklärung, ZEV 2013, 117.

77 Bei Schenkungsverträgen, die auf eine Verteilung des Vermögens erst nach dem Tode des Schenkers ausgerichtet sind, stellt sich die Frage, ob diese kollisionsrechtlich als Verfügungen unter Lebenden behandelt werden können oder ob sie als erbrechtlich zu qualifizieren sind. Verfügungen unter Lebenden sind bezüglich des Zustandekommens und der schuldrechtlichen Wirkungen nach dem gem. Art. 3 f. Rom I-VO bestimmten, regelmäßig durch freie Rechtswahl definierten Schuldvertragsstatut zu beurteilen. Bei erbrechtlicher Qualifikation dagegen wäre die Schenkung als „Erbvertrag" i.S.v. Art. 25 EU-ErbVO zu behandeln. Die in Deutschland wohl überwiegende Auffassung zu Art. 25 EGBGB unterschied für die kollisionsrechtliche Behandlung einer Schenkung von Todes wegen unter entsprechender Heranziehung von § 2301 BGB danach, ob diese **zum Zeitpunkt des Erbfalls bereits vollzogen ist oder nicht**.[61] Im ersteren Fall liege eine Schenkung unter Lebenden vor, daher gelte das gem. Art. 3 f. Rom I-VO ermittelte **Schenkungsstatut** (vertragsrechtliche Qualifikation). Es ist dann das durch Rechtswahl frei bestimmte Recht anzuwenden. Ist eine Rechtswahl weder ausdrücklich noch konkludent getroffen worden, gilt gem. Art. 4 Rom I-VO im Zweifel das am gewöhnlichen Aufenthalt des Schenkers geltende Recht. Die zum Zeitpunkt des Erbfalls noch nicht vollzogene Schenkung dagegen soll dem **Errich-**

---

59 Zur Gleichwertigkeit siehe z.B. Staudinger/*Winkler von Mohrenfels*, Art. 11 EGBGB Rn 304 ff.
60 § 10 Abs. 1 Nr. 1 Konsulargesetz. Beachte aber, dass Honorarkonsuln regelmäßig intern gehalten sind, keine Beurkundungen vorzunehmen.
61 BGH NJW 1959, 1317, 1318; OLG Düsseldorf ZEV 1996, 423; *von Bar*, Internationales Privatrecht II, Rn 382; MüKo-BGB/*Birk*, Art. 26 EGBGB Rn 154; *Kropholler*, Internationales Privatrecht, 6. Aufl. 2006, § 51 V 6 b, S. 447; *Lorenz*, ZEV 1996, 407; Palandt/*Thorn*, Art. 25 EGBGB Rn 15; *Schotten/Schmellenkamp*, Internationales Privatrecht, Rn 323.

tungsstatut bei Abschluss des Schenkungsvertrages unterliegen (erbrechtliche Qualifikation).⁶²

Art. 1 Abs. 2 lit. g EU-ErbVO bestimmt nun, dass „Rechte und Vermögenswerte, die auf andere Weise als durch Rechtsnachfolge von Todes wegen begründet oder übertragen werden, wie unentgeltliche Zuwendungen, Miteigentum mit Anwachsungsrecht des Überlebenden (*joint tenancy*), Rentenpläne, Versicherungsverträge und ähnliche Vereinbarungen", vom Anwendungsbereich der Verordnung ausgenommen werden sollen. Das Erbstatut soll allerdings regeln, ob unentgeltliche Zuwendungen oder sonstige Verfügungen unter Lebenden mit dinglicher Wirkung vor dem Tod für die Zwecke der Bestimmung der Anteile der Berechtigten im Einklang mit dem auf die Rechtsnachfolge von Todes wegen anzuwendenden Recht ausgeglichen oder angerechnet werden sollten (EG 14 S. 2 EU-ErbVO).

78

Hieraus ergibt sich m.E. als Differenzierungskriterium deutlich, ob eine Verfügung über den Nachlass vorliegt. Alle Verfügungen oder Gestaltungen, die dazu führen, dass der betroffene Gegenstand nicht in den Nachlass fällt, sondern quasi am Nachlass vorbei auf den Begünstigten übergeht, führen dazu, dass dieser nicht „durch Rechtsnachfolge von Todes wegen" erwirbt bzw. keine „Vereinbarung ... (vorliegt), die mit oder ohne Gegenleistung Rechte am künftigen Nachlass oder künftigen Nachlässen einer oder mehrerer an dieser Vereinbarung beteiligter Personen begründet" (vgl. Art. 3 Abs. 1 lit. b EU-ErbVO), sondern eine Vereinbarung unter Lebenden.⁶³

79

Das betrifft dann insbesondere die Fälle, in denen schon bei einem gemeinschaftlichen Erwerb einer Sache vereinbart wurde, dass dem überlebenden Eigentümer der Anteil des vorverstorbenen Eigentümers unmittelbar zuwächst (so die in Art. 1 Abs. 2 lit. g EU-ErbVO genannte *joint tenancy with right of survivorship*, gleichermaßen aber die *clause tontine* im französischen Recht und entsprechende Klauseln in Kaufverträgen nach dem katalanischen Recht). Maßgeblich ist hier dann das für die sachenrechtliche Miteigentümerstellung einschlägige Belegenheitsrecht, Art. 43 EGBGB. Das Gleiche muss aber auch gelten, wenn in einem Gesellschaftsvertrag eine Anwachsung durch einfache Fortsetzungsklausel unter Abfindungsausschluss vereinbart wurde bzw. ein Eintrittsrecht zugunsten eines Dritten. Nicht wesentlich hiervon weicht die Übernahmeklausel in französischen Eheverträgen ab, wonach im Rahmen der gesetzlichen Gütergemeinschaft (*communauté réduite aux acquets*) oder vertraglichen allgemeinen Gütergemeinschaft (*communauté conventionelle*) der überlebende Ehegatte die Gütergemeinschaft vollständig oder zum überwiegenden Teil übernimmt (*clause d'attribution intégrale*), so dass ggf. der Nachlass ausgehöhlt wird. Diese Verträge und die mit ihnen verursachten Vermögenserwerbe wären dann nach dem Güterstatut zu behandeln, und dem Erbstatut wäre dann allenfalls die Frage zu entnehmen, ob den Abkömmlingen des Erblassers gegen den begünstigten Ehegatten Ansprüche wegen Verletzung ihres Pflichtteilsrechts zustehen. Nach dieser Regel fällt die Schenkung auf den Todesfall dann unter die Regelung für die Schenkungen unter Lebenden, wenn diese zu Lebzeiten des Schenkers schon vollständig vollzogen war, der Eigentumsübergang also

80

---

62 MüKo-BGB/*Birk*, Art. 26 EGBGB Rn 154; *Kropholler*, Internationales Privatrecht, 6. Aufl. 2006, § 51 V 6 b, S. 447; Palandt/*Thorn*, Art. 25 EGBGB Rn 15; *Winkler von Mohrenfels*, IPRax 1991, 239.
63 So auch *Nordmeier*, ZEV 2013, 121, der zwischen vollzogenen und nicht vollzogenen Schenkungen differenziert. *Dörner*, ZEV 2012, 508 dagegen will nur die Verfügungen am Nachlass vorbei ausnehmen, eine auf den Todesfall aufgeschobene Verfügung dagegen wegen der funktionalen Ausrichtung einer postmortale Vermögensverteilung kollisionsrechtlich als Verfügung von Todes wegen behandeln; vgl. auch *Dutta*, FamRZ 2013, 5. *Bonomi*, in: Bonomi/Wautelet, Commentaire, Art. 1 Rn 53 und Art. 3 Rn 21 will die Qualifikation dem Sachrecht übertragen, das gem. Art. 25 EU-ErbVO über die Zulässigkeit eines Erbvertrages entscheiden würde.

spätestens beim Tod des Erblassers eintritt, so dass der Gegenstand erst gar nicht in den Nachlass fällt.

81 Ist dagegen die Schenkung vom Erben zu erfüllen, so ergibt sich kein Unterschied zu einem vereinbarten **Vermächtnis**. Dann liegt also ein Erbvertrag i.S.v. Art. 3 Abs. 2 lit. b EU-ErbVO vor, mit der Folge, dass das erbrechtliche Errichtungsstatut über die Wirksamkeit entscheidet. Das Erbstatut entscheidet dann freilich selbstständig darüber, ob es für die Bewertung im Rahmen des anwendbaren Sachrechts das Rechtsgeschäft als Erbvertrag oder als Schenkung unter Lebenden einordnet und damit ggf. die Zulässigkeit bejaht, obwohl Erbverträge grundsätzlich unzulässig sind. Ebenfalls als erbrechtlich ist dann auch eine Schenkung zu qualifizieren, die sich nicht auf zum Zeitpunkt der Schenkung konkretisierte Gegenstände bezieht, sondern auf sog. künftige Vermögen (wie in Frankreich die sog. *donation des choses presentes et des choses futures*). In diesem Fall konkretisiert sich die Schenkung erst mit dem Eintritt des Erbfalls, so dass sich die Schenkung notwendigerweise auf den Nachlass bezieht.

82 **Abzugrenzen** von den Schenkungen von Todes wegen sind **Verträge zugunsten Dritter auf den Todesfall**, wie z.B. die Benennung eines Bezugsberechtigten für eine Lebensversicherung oder die Anlegung eines Sparbuchs auf einen fremden Namen. Eine Schenkung von Todes wegen (ggf. auch ein Vermächtnis) besteht hier allenfalls im Valutaverhältnis (Zuwendungsverhältnis) zwischen dem Erblasser und dem begünstigten Dritten. Da dieser Vertrag durch Abschluss des Versicherungsvertrages und Benennung des Begünstigten durch den Erblasser schon zu Lebzeiten erfüllt sein wird, gilt nach der hier vertretenen Ansicht dann also das gem. Art. 3 f. Rom I-VO bestimmte Statut des Schenkungsvertrages. Für die Wirksamkeit des Vertrages auf den Todesfall als Deckungsverhältnis hingegen gilt das nach den einschlägigen schuldvertraglichen Kollisionsnormen (also Art. 3 f. Rom I-VO) bestimmte Vertragsstatut. Dieses bestimmt insbesondere das Schicksal der Forderung, also z.B. unter welchen Voraussetzungen diese abgetreten, vererbt, vom neuen Gläubiger geltend gemacht werden kann etc.[64]

F. Der Erbschaftskauf

83 Wegen der im Erbrecht vorgesehenen besonderen Folgen des Erbschaftskaufs für den Käufer (Haftung des Käufers für Nachlassverbindlichkeiten) wird in der Literatur vielfach ein untrennbarer Zusammenhang mit dem Erbstatut unterstellt, der eine erbrechtliche Qualifikation verlange.[65] Dieses Argument kann schon deswegen wenig überzeugen, weil auch ein Kaufvertrag über Gesellschaftsanteile selbst im Fall der Veräußerung einer Beteiligung an einer Personengesellschaft, der in weitgehend vergleichbarer Weise mit dem Gesellschaftsstatut der Objektgesellschaft verquickt ist, ohne Probleme einem eigenständig angeknüpften Kaufvertragsstatut unterworfen wird.[66] Darüber hinaus ist die **erbrechtliche Qualifikation** praktisch nicht mehr zu handhaben, wenn die einheitlich verkaufte Erbschaft sich in mehrere Spaltnachlässe aufteilt. Die Gegenansicht vertritt daher **zutreffend** die **vertragsrechtliche Qualifikation**.[67] Anwendbar ist daher das nach den Vorschriften der Rom I-VO be-

---

[64] So Staudinger/*Dörner*, Art. 25 EGBGB Rn 421.
[65] *von Bar*, Internationales Privatrecht II, Rn 382; MüKo-BGB/*Birk*, Art. 26 EGBGB Rn 162; *Ferid*, Internationales Privatrecht, Rn 9–67; Soergel/*Schurig*, Art. 26 EGBGB Rn 45.
[66] Siehe nur *Merkt*, Internationaler Unternehmenskauf, 2. Aufl. 2003, Rn 32.
[67] Staudinger/*Dörner*, 2007, Art. 25 EGBGB Rn 417; zust. *Kropholler*, Internationales Privatrecht, 6. Aufl. 2006, § 51 V 6 c, S. 448.

stimmte Vertragsstatut. Vorrangig gilt daher das von den Vertragsparteien vertraglich vereinbarte Schuldvertragsstatut, Art. 3 Rom I-VO. Mangels Rechtswahl ist auf die engsten Verbindungen abzustellen, Art. 4 Rom I-VO.

Freilich ist dem **Erbstatut** zu entnehmen, ob die Übertragung des Erbteils überhaupt möglich ist, wie die Übertragung der Anteile erfolgt und in welcher Weise sich die Haftung für die Nachlassverbindlichkeiten auf den Käufer und den Verkäufer erstrecken. Erbrechtlich, da ausschließlich die Ausgestaltung der Erbengemeinschaft betreffend, ist auch zu qualifizieren, welche **Vorkaufsrechte** den Miterben zustehen und ob diesen irgendwelche Vetorechte gegen die Abtretung zustehen bzw. sie dieser zustimmen müssen. Für die Erfüllung des Kaufvertrages, also für die Voraussetzungen für die dingliche Übertragung der Rechte, gilt das Erbstatut, wenn sich der Erbteil hiernach als gesamthänderische Beteiligung der Erben am Nachlass oder als Anspruch gegen den *personal representative* darstellt. Wird dagegen der Erbe unmittelbar Miteigentümer des Nachlasses (wie z.B. nach dem französischen oder italienischen Recht), gilt für die Übertragung das für die Nachlassgegenstände geltende jeweilige Einzelstatut (z.B. gem. Art. 43 Abs. 1 EGBGB das Belegenheitsrecht). Bei inländischen Grundstücken im Nachlass bedeutet dies dann die Notwendigkeit einer Auflassung vor dem deutschen Notar.

Weitere Informationen und Materialien, wie z.B. Muster, Formulare, amtliche Texte und Internetadressen, befinden sich auf der beiliegenden CD-ROM.

§ 5 Grenzen der Anwendung ausländischen Erbrechts

Dr. Rembert Süß, Würzburg

Inhalt

A. Überblick 1	I. Erscheinungsformen 23
B. Der allgemeine ordre public-Vorbehalt ... 3	II. Manipulationshandlungen 26
I. Rechtsgrundlage 4	1. Verlegung des gewöhnlichen Aufenthalts 27
II. Ergebnis der Rechtsanwendung 9	2. Ausübung einer Rechtswahl 29
III. Unvereinbarkeit mit wesentlichen Grundsätzen der lex fori 13	3. Erwerb einer weiteren Staatsangehörigkeit 30
IV. Örtliche und zeitliche Relativität des ordre public 18	4. Vermögensumschichtung 31
V. Wege der Korrektur 21	D. Anpassung ausländischer erbrechtlicher Institute an das inländische Sachenrecht 34
C. Die Gesetzesumgehung im internationalen Erbrecht 22	

Literatur

Hellner, Probleme des Allgemeinen Teils des Internationalen Privatrechts, in: Dutta/Herrler, Die Europäische Erbrechtsverordnung, 2014, S. 107 ff.; *Sonnenberger*, Eingriffsnormen, in: Leible/Unberath, Brauchen wir eine Rom 0-Verordnung?, 2013, S. 429 ff.

A. Überblick

Unter der EU-ErbVO wird der angestrebte Gleichlauf von internationaler Zuständigkeit und anwendbarem Recht die praktischen Fälle der Anwendung ausländischen Rechts erheblich reduzieren. Dennoch kann es auch weiterhin zur Anwendung ausländischen Rechts kommen, wie z.B. bei im Inland belegenem Nachlass einer mit gewöhnlichem Aufenthalt in einem Drittstaat verstorbenen Person (Art. 10 EU-ErbVO) oder im Fall einer Rechtswahl zugunsten des Heimatrechts (Art. 22 EU-ErbVO). Die EU-ErbVO enthält hier an mehreren Stellen Sonderregeln, die zur Vermeidung von Widersprüchen mit dem inländischen materiellen Recht eine Einschränkung der Anwendung des ausländischen Rechts zulassen:

– Der allgemeine **ordre public-Vorbehalt** in Art. 35 EU-ErbVO lässt die Nichtanwendung einer Vorschrift des nach der Verordnung bezeichneten Rechts eines anderen Staates zu, wenn ihre Anwendung mit der öffentlichen Ordnung (*ordre public*) des Staates des angerufenen Gerichts offensichtlich unvereinbar ist (siehe Rn 4 ff.).

– **Erbrechtliche Sonderregelungen** im Recht eines Staates, in dem sich bestimmte unbewegliche Sachen, Unternehmen oder andere besondere Arten von Vermögenswerten befinden, die die Rechtsnachfolge von Todes wegen in Bezug auf jene Vermögenswerte aus wirtschaftlichen, familiären oder sozialen Erwägungen beschränken oder berühren, verdrängen gem. Art. 30 EU-ErbVO das Erbstatut, soweit sie nach dem Recht dieses Staates unabhängig von dem auf die Rechtsnachfolge von Todes wegen anzuwendenden Recht anzuwenden sind.[1]

---

[1] Siehe § 2 Rn 161.

- Ein nach dem Erbstatut zustehendes dingliches Recht, das nach dem Recht des Mitgliedstaates, in dem das Recht geltend gemacht wird, unbekannt ist, ist gem. Art. 31 EU-ErbVO im Rahmen einer **dinglichen Anpassung** an das in der Rechtsordnung dieses Mitgliedstaates am ehesten vergleichbare Recht anzupassen (siehe Rn 34 ff.).
- Nach Art. 29 EU-ErbVO kann das Gericht eines Mitgliedstaates, nach dessen Recht die Bestellung eines Verwalters verpflichtend oder auf Antrag verpflichtend ist, trotz Anwendbarkeit ausländischen Erbrechts einen oder mehrere Nachlassverwalter nach ihrem eigenen Recht bestellen. Diese Klausel zielt auf die in den *common law*-Rechtsordnungen zwingende *administration* ab[2] und ist wegen des *opt out* von Irland und dem Vereinigten Königreich nur in Zypern anzuwenden.[3]

2 Daneben wird aber auch diskutiert, ob sich nicht auch aus „allgemeinen Regeln" des Kollisionsrechts weiterhin die Möglichkeit zur Abwehr ausländischen Erbrechts ergeben kann. Das betrifft insbesondere die folgenden Fälle:
- Die Fälle der arglistigen **Umgehung** des auf die Erbfolge eigentlich anwendbaren Rechts (siehe Rn 22 ff.). Gemäß EG 26 EU-ErbVO soll die Verordnung ein Gericht nicht daran hindern, Mechanismen gegen die Gesetzesumgehung anzuwenden.
- Die Anpassung in den Fällen, dass die gleichzeitige Anwendung verschiedener Rechtsordnungen auf einzelne Teile oder Fragen des Nachlasses zu inhaltlichen Widersprüchen führt.

B. Der allgemeine ordre public-Vorbehalt

Literatur

Dörner, Zur Beerbung eines in der Bundesrepublik verstorbenen Iraners, IPRax 1994, 33; *Looschelders*, Grundrechtliche Diskriminierungsverbote, Pflichtteilsrechte und Testierfreiheit im internationalen Erbrecht, IPRax 2006, 462; *Looschelders*, Begrenzung des ordre public durch den Willen des Erblassers, IPRax 2009, 246; *Looschelders*, Begrenzung des ordre public durch den Willen des Erblassers, IPRax 2009, 246; *Lorenz*, Islamisches Ehegattenerbrecht und deutscher ordre public, IPRax 1993, 148; *Obergfell*, Ägyptisches Erbstatut und deutscher ordre public, ErbR 2008, 349; *Pentz*, Pflichtteil bei Grundeigentum im Ausland – Ein Fall des ordre public, ZEV 1998, 449; *Pfundstein*, Pflichtteil und ordre public, 2010; *Scholz*, Islamisch geprägtes Erbrecht und deutscher ordre public, in: Ebert/Hanstein, Beiträge zum islamischen Recht VI, 2007, S. 9 ff.; *Röthel*, Englische family provision und ordre public, in: FS Hoffmann 2011, S. 348 ff.; *Schotten*, Der ordre public im Internationalen Erbrecht, in: FS Otte 2005, S. 351 ff.; *Stürner*, Die Bedeutung des ordre public in der EUErbVO, GPR 2014, 317; *Wurmnest*, Ordre public, in: Leible/Unberath, Brauchen wir eine Rom 0-Verordnung?, 2013, S. 445 ff.

3 **Beispiel:** Der in Hamburg lebende ägyptische Erblasser hatte 1984 in Hamburg eine Deutsche Staatsangehörige geheiratet. Durch eigenhändig errichtetes Testament hat er die Erbfolge seinem ägyptischen Heimatrecht unterstellt. Nach seinem Tode hinterließ er neben seiner Witwe eine Tochter und einen Sohn. Die Kinder sind beide getauft. Einen in Alexandria lebenden Neffen hatte er zum Alleinerben eingesetzt. Dieser nimmt nun den gesamten Nachlass in Besitz, da die Ehefrau und die Kinder nach dem islamisch geprägten Erbrecht

---

2 Ausf. siehe *Odersky*, Länderbericht England.
3 Siehe § 2 Rn 165.

im ägyptischen ZGB⁴ als Ungläubige nach ihrem muslimischen Vater keinerlei Erbrechte hätten.

I. Rechtsgrundlage

Die Verweisung durch das IPR auf das Recht eines ausländischen Staates ist in der Regel[5] ergebnisoffen. Nicht zuletzt die Bindung der inländischen Gerichte an die Verfassung erzwingt aber, dass auch nach Verweisung auf eine ausländische Rechtsordnung durch das Kollisionsrecht – welches im Range einfachen Gesetzesrechts steht – übergeordnete Regeln des inländischen Rechtssystems nicht außer Acht gelassen werden dürfen. Es ist daher international seit jeher anerkannt, dass der Vorbehalt der Grundwerte der inländischen Rechtsordnung (*ordre public*) einen elementaren Bestandteil des Kollisionsrechts darstellt. Dies gilt daher nicht nur für das deutsche nationale IPR (vgl. Art. 6 EGBGB), sondern auch für das europäische vereinheitlichte Internationale Kollisionsrecht (s. z.B. Art. 12 Rom III-VO).

Gemäß Art. 35 EU-ErbVO darf die Anwendung einer Vorschrift des nach dieser Verordnung bezeichneten Rechts eines Staates nur versagt werden, wenn ihre Anwendung mit der öffentlichen Ordnung (*ordre public*) des Staates des angerufenen Gerichts offensichtlich unvereinbar ist.

Weil der *ordre public*-Vorbehalt auf einer europäischen Gesetzesregel beruht, ist er **autonom**, also nach europäischen Maßstäben, auszulegen. Andererseits verweist Art. 35 EU-ErbVO auf die öffentliche Ordnung (*ordre public*) des Staates des angerufenen Gerichts, nimmt also auf die nationalen Vorstellungen Bezug. Nach der **Definition des EuGH** zählen zum *ordre public* alle „nationalen Vorschriften …, deren Einhaltung als so entscheidend für die Wahrung der politischen, sozialen oder wirtschaftlichen Organisation des betreffenden Mitgliedstaates angesehen wird, dass ihre Beachtung für alle Personen, die sich im nationalen Hoheitsgebiet dieses Mitgliedstaates aufhalten, und für jedes dort lokalisierte Rechtsverhältnis vorgeschrieben ist".[6] Der EuGH kann hier zwar nicht definieren, was zur öffentlichen Ordnung eines Mitgliedstaates gehört. Er sieht sich aber dazu berufen, die Grenzen des *ordre public* zu ziehen, also „über die Grenzen zu wachen, innerhalb derer sich das Gericht eines Vertragsstaates auf diesen Begriff stützen darf".[7]

Für **deutsche Gerichte** bedeutet dies, dass sie auch für Erbfälle, die nach der EU-ErbVO zu beurteilen sind, grundsätzlich weiterhin die bislang geltende Rechtsprechung der deutschen Gerichte zum *ordre public* heranziehen können.[8]

Im **Beispiel** verstößt die ungleiche Behandlung von männlichen und weiblichen Angehörigen bzw. der Ausschluss andersgläubiger Personen von der Erbfolge nicht nur gegen Art. 3 Abs. 2 GG, sondern auch gegen die einschlägigen Regeln der EMRK. Insoweit wäre hier sowohl ein nationaler als auch ein europäischer[9] *ordre public* tangiert.

---

4 *Scholz*, in: Ferid/Firsching/Dörner/Hausmann, Ägypten Grdz. E Rn 44; Sure 4 Vers 13 des Koran; dazu *St. Lorenz*, IPRax 1993, 148.
5 Ausgenommen z.B. die alternative Anknüpfung zur Begünstigung der Formwirksamkeit in Art. 27 EU-ErbVO.
6 GA EuGH 23.22.1999 – C-369/96 (Arblade), Slg. 1999, I-8453 = NJW 2000, 1553.
7 GA EuGH 23.9.1999 – C-7/98 (Krombach/Baberski), Slg. 2000, I-1935 Rn 23.
8 Erman/*Hohloch*, 14. Aufl. 2014, Art. 35 EU-ErbVO Rn 1; *Wumnest*, in: Leible/Unberath, Rom 0-Verordnung, S. 460.
9 Dazu GA beim EuGH 23.9.1999 – C-7/98 (Krombach/Baberski), Slg. 2000, I-1935.

II. Ergebnis der Rechtsanwendung

9   Allein das (Gesamt-)Ergebnis der Rechtsanwendung ist Gegenstand der Kontrolle. Da der ausländische Gesetzgeber nicht deutschem Verfassungsrecht unterliegt, ist eine abstrakte Kontrolle der Regeln des ausländischen Erbrechts anhand der deutschen Grundrechte nicht möglich. **„Ergebnis der Rechtsanwendung"** bedeutet insbesondere, dass sämtliche Möglichkeiten des ausländischen Sachrechts wie auch des deutschen IPR auszuschöpfen sind:
- Fehlende Pflichtteile von Abkömmlingen oder des Ehegatten werden im ausländischen Recht vielfach bei Bedürftigkeit durch Unterhaltsansprüche kompensiert. Durch erbrechtliche Qualifikation dieser Ansprüche bzw. durch „Angleichung" kann man diese zum Erbstatut ziehen.[10]
- Eine zu geringe oder fehlende Ehegattenerbquote wird erträglich, wenn § 1371 Abs. 1 BGB eingreift oder der Ertrag aus einer güterrechtlichen Auseinandersetzung in die Betrachtung einbezogen wird.[11]
- Die einseitige Verstoßung der deutschen Ehefrau durch ihren muslimischen Ehemann (*talaq*) ist anzuerkennen, wenn die Ehefrau ohnehin mit der Scheidung einverstanden war oder wegen Zerrüttung der Ehe auch nach deutschem Recht gerichtlich hätte geschieden werden können.[12]

10   Im **Beispiel** sind die „ungläubigen" Kinder und die Ehefrau aufgrund ihrer Konfession vollständig von der Erbfolge ausgeschlossen. Damit ist das Endergebnis und kein „Zwischenergebnis" betroffen.[13]

11   Das OLG Hamm[14] hatte 1993 entschieden, dass die im Vergleich zur Schwester doppelt so hohe gesetzliche Erbquote des Sohnes bei der Erbfolge nach einem iranischen Erblasser hinzunehmen sei, weil ein solches Ergebnis auch darauf beruhen könne, dass der Erblasser eine entsprechende letztwillige Verfügung getroffen oder die Schwester auf die Hälfte ihres Erbrechts verzichtet hat. Dieses Argument ist freilich unzutreffend, da die geringere Erbquote der Tochter gerade nicht auf einem entsprechenden testamentarisch niedergelegten Willen des Erblassers beruhte, sondern auf dem Gesetz.[15] Anderes könnte allenfalls gelten, wenn der Erblasser nur deswegen von einer letztwilligen Verfügung abgesehen hat, weil er darauf vertraut hat, dass die beabsichtigte Verteilung nach den Regeln des Korans schon von Gesetzes wegen eintritt.[16] Freilich muss in einem solchen Fall dann ein entsprechender Wille des Erblassers klar nachgewiesen werden.[17]

---

10 Siehe § 3 Rn 102; MüKo-BGB/*Birk*, 5. Aufl. 2010, Art. 25 EGBGB Rn 112.
11 Krit. insoweit *Dörner*, IPRax 1994, 37, nach dessen Ansicht das zusätzliche Viertel bereits als güterrechtlicher Ausgleich geschuldet sei, so dass es nicht mehr ein zu geringes Erbrecht kompensieren könne. Dieses Argument überzeugt bei einem rechnerischen Güterausgleich, nicht jedoch bei § 1371 Abs. 1 BGB, der auf eine pauschale Besserstellung des überlebenden Ehegatten abzielt.
12 *Kegel/Schurig*, Internationales Privatrecht, 9. Aufl. 2004, § 20 I 1 a, S. 793; OLG München IPRax 1989, 238 m. Anm. *Jayme*, S. 223 f.
13 OLG Hamm FamRZ 2005, 1705 = ZEV 2004, 436 m. Anm. *St. Lorenz*.
14 OLG Hamm FamRZ 1993, 111.
15 Daher braucht man deswegen noch nicht die ausländische Norm zum Gegenstand der Prüfung zu machen, siehe *v. Hoffmann/Thorn*, Internationales Privatrecht, § 6 Rn 115; MüKo-BGB/*Sonnenberger*, Art. 6 EGBGB Rn 47; anders *Dörner*, IPRax 1994, 35; vorsichtiger *St. Lorenz*, IPRax 1993, 150.
16 Darauf beruft sich OLG Hamm ZEV 2005, 439.
17 Vgl. *St. Lorenz*, ZEV 2005, 441 m.w.N. Anders aber MüKo-BGB/*Birk*, 5. Aufl. 2010, Art. 25 EGBGB Rn 114: Es ist alles zu akzeptieren, was noch ohne Grundrechtsverstoß im deutschen Recht durch letztwillige Verfügung erreicht werden könnte.

Errichtet ein in Deutschland lebender ägyptischer Erblasser ein Testament, in dem er seinen Nachlass nach den im Koran festgelegten Quoten unter seinen Angehörigen verteilt, so liegt hierin schon deswegen kein Anwendungsfall für Art. 35 EU-ErbVO, weil in diesem Fall die Erbfolge nicht auf dem ägyptischen, sondern auf dem deutschen Recht und auf dem Testament beruht. Da der Schutz der Angehörigen gegen die Willkür des Testators hinreichend durch das Pflichtteilsrecht gewährleistet ist, dürfte auch der Rückgriff auf § 138 BGB verschlossen sein. Erspart sich der Erblasser das Abschreiben und bringt er die Quoten des islamischen Rechts zur Anwendung, indem er sein Testament auf eine Rechtswahl zum ägyptischen Recht beschränkt (Art. 22 Abs. 1 EU-ErbVO), so müsste man hingegen das Ergebnis mit dem *ordre public* korrigieren. Nach einer Gegenansicht ist der Rückgriff auf den *ordre public* gegen die gesetzlichen Regeln über die Erbfolge jedoch dann nicht zulässig, wenn der Ausschluss von der Erbfolge dem feststellbaren Willen des Erblassers entspricht. In diesem Fall kommt allenfalls dann der *ordre public* zum Einsatz, wenn zugleich auch die Versagung eines Pflichtteils- oder Noterbrechts im konkreten Einzelfall den *ordre public* verletzt.[18]

12

III. Unvereinbarkeit mit wesentlichen Grundsätzen der lex fori

Zum Bestand des nationalen Rechts gehören nicht nur die nationalen Normen, sondern auch die im Inland anzuwendenden Regelungen des europäischen Rechts, vor allem des AEUV und der Europäischen Menschenrechtskonvention (EMRK). Es ist zu erwarten, dass dem EuGH diese Regeln besonders nahe liegen und er daher bei Berufung auf diese Regeln am ehesten einen Verstoß gegen den nationalen *ordre public* anerkennen wird. Insoweit wird sich trotz Bezugnahme des Art. 35 EU-ErbVO auf das nationale Recht voraussichtlich doch ein „europäischer" *ordre public* herausbilden.

13

Das Ergebnis muss also **mit wesentlichen Grundsätzen des deutschen Rechts offensichtlich unvereinbar** sein. Es genügt also nicht, dass das Ergebnis nach deutschem Recht anders oder entgegengesetzt lauten würde. Das Ergebnis muss vielmehr „so anstößig sein und mit den deutschen Gerechtigkeitsvorstellungen in so starkem Widerspruch stehen, dass es untragbar erscheint".[19] Das ist noch nicht der Fall, wenn der Umfang der Pflichtteile größer[20] oder der Kreis der Pflichtteilsberechtigten weiter als im deutschen Recht ist und z.B. nichteheliche Lebensgefährten umfasst.[21] Das Gleiche gilt dann, wenn Pflichtteile nicht als Geldzahlungsansprüche ausgestaltet sind, sondern als dingliche Beteiligung am Nachlass, als Nießbrauch oder als Beschränkung der Testierfreiheit auf einen Bruchteil des Nachlasses.[22] Auch niedrigere oder fehlende Pflichtteile zugunsten naher Angehöriger werden von

14

---

18 OLG Hamm IPRax 2006, 481; Staudinger/*Dörner*, 2007, Art. 25 EGBGB Rn 717; *Looschelders*, IPRax 2009, 248; *Rauscher/Pabst*, NJW 2007, 3541.
19 BGHZ 50, 375; 104, 243; 118, 330; 123, 270.
20 LG Hamburg IPRspr. 1991 Nr. 142; Soergel/*Schurig*, 12. Aufl. 1996, Art. 25 EGBGB Rn 104. Anders *Pentz*, ZEV 1998, 451, der bei jedem Abweichen vom deutschen Pflichtteilsrecht bereits einen Verstoß gegen den deutschen *ordre public* für möglich hält; dazu auch Staudinger/*Voltz*, 2013, Art. 6 EGBGB Rn 190.
21 BayObLGZ 1976, 163 = NJW 1976, 2076; Staudinger/*Dörner*, 2007, Art. 25 EGBGB Rn 736; Soergel/*Schurig*, 12. Aufl. 1996, Art. 25 EGBGB Rn 104.
22 Bamberger/Roth/*Lorenz*, 3. Aufl. 2012, Art. 25 EGBGB Rn 61.

der Rechtsprechung hingenommen.²³ Nach dem Schrifttum sollte dies zumindest so lange gelten, wie der Angehörige hierdurch nicht zum Sozialfall wird.²⁴

15 Umstritten ist, ob sich hieran durch die Entscheidung des BVerfG vom 19.4.2005²⁵ zum **Pflichtteilsrecht** etwas geändert hat. Teilweise wird die Ansicht vertreten, ein Pflichtteil der Kinder sei nun auch bei ausländischem Erbstatut bei ausreichender Inlandsberührung des Falls durch den *ordre public* garantiert.²⁶ Das ist allerdings schon deswegen zweifelhaft, weil das BVerfG den verfassungsrechtlichen Schutz im Wesentlichen auf eine Institutsgarantie beschränkt und mit den historischen Wurzeln des deutschen Rechts begründet hat.²⁷ Es ist allgemein anerkannt, dass nicht jeder Verfassungsverstoß auch schon einen Eingriff über den *ordre public* verlangt.²⁸ In einem praktischen Anwendungsfall könnten die Gerichte kaum feststellen, ab welcher Schwelle die verfassungsrechtliche Garantie des Pflichtteils – die selbst schon nicht beziffert werden kann – so weit unterschritten ist, dass auch die Latte des *ordre public* gerissen wird.

16 Durch die „**Europäisierung**" des *ordre public* freilich droht auf diesem Gebiet eine juristische Debatte mit noch ungewissem Ausgang. Einerseits zeigte sich im Gesetzgebungsstadium, dass wohl im Pflichtteilsrecht die Sensibilität am stärksten ausgeprägt ist und z.B. Bedenken gegen weitergehende Rechtswahlmöglichkeiten ausschließlich deswegen bestanden, weil befürchtet wurde, dass damit das Pflichtteilsrecht ausgehöhlt werden könnte. Andererseits sind die Systeme in Europa sehr unterschiedlich. In England und Irland z.B. wird nahezu ausschließlich der überlebende Ehegatte geschützt, Abkömmlinge können nur ausnahmsweise gegen sie benachteiligende Verfügungen vorgehen. In Frankreich und den Niederlanden hingegen sind in der Kleinfamilie ausschließlich die Abkömmlinge pflichtteilsberechtigt und der überlebende Ehegatte geht u.U. erbrechtlich leer aus. Fraglich ist nun, ob das Gericht eines Mitgliedstaates gegen ein fehlendes Pflichtteilsrecht des Ehegatten nach einem ausländischen Recht einwenden kann, dieses „sei so anstößig und stünde mit den deutschen Gerechtigkeitsvorstellungen in so starkem Widerspruch, dass es untragbar erscheint", wenn eine vergleichbare Regelung in einem anderen europäischen Nachbarstaat *communis opinio* und gesetzliche Regelung ist.²⁹

---

23 BGH NJW 1993, 1921 hielt nicht einmal eine ausdrückliche Erwähnung für erforderlich; OLG Hamm ZEV 2005, 439; OLG Köln FamRZ 1976, 172; OLG Hamm NJW 1954, 1731.
24 MüKo-BGB/*Birk*, 5. Aufl. 2010, Art. 25 EGBGB Rn 113; *Ebenroth*, Erbrecht, 1992, Rn 1248; *Gruber*, ZEV 2001, 465; Staudinger/*Haas*, 2006, Einl. zu §§ 2303 ff. BGB Rn 65; Palandt/*Thorn*, 73. Aufl. 2014, Art. 6 EGBGB Rn 30; Erman/*Hohloch*, 14. Aufl. 2014, Art. 25 EGBGB Rn 48; *Klingelhöffer*, ZEV 1996, 259; Bamberger/Roth/*Lorenz*, 3. Aufl. 2012, Art. 25 EGBGB Rn 60; *Looschelders*, Art. 25 EGBGB Rn 35; *Lüderitz*, Internationales Privatrecht, 2. Aufl. 1992, Rn 208; Soergel/*Schurig*, 12. Aufl. 1996, Art. 25 EGBGB Rn 104; *Spickhoff*, Der ordre public im Internationalen Privatrecht, 1989, S. 278. A.A. *Pentz*, ZEV 1998, 451 mit einer Ausdehnung von Art. 6 EGBGB.
25 BVerfG NJW 2005, 1561 = ZErb 2005, 169 = ZEV 2005, 301.
26 KG IPRax 2009, 263; Palandt/*Thorn*, 73. Aufl. 2014, Art. 6 EGBGB Rn 30; *St. Lorenz*, ZEV 2005, 441; *Looschelders*, IPRax 2009, 248; Staudinger/*Voltz*, 2012, Art. 6 EGBGB Rn 190.
27 Hierauf weist zu Recht Staudinger/*Haas*, 2006, Einl. zu §§ 2303 ff. BGB Rn 65 hin; ähnl. *Röthel*, in: FS Hoffmann 2011, S. 360.
28 Palandt/*Thorn*, 73. Aufl. 2014, Art. 6 EGBGB Rn 7.
29 Für eine fortdauernde Notwendigkeit des *ordre public*-Vorbehalts auch im Verhältnis zu anderen EU-Mitgliedstaaten gerade auf dem Gebiet des Familien- und Erbrechts dagegen *Wurmnest*, in: Leible/Unberath, Rom 0-Verordnung, S. 453 unter Hinweis auf das Scheitern der Bemühungen um eine Rom III-VO, die letztlich nicht europaweit, sondern nur im Wege der „verstärkten Zusammenarbeit" wirksam werden konnte. Manche Autoren sprechen sich selbst gegen eine Privilegierung einer mitgliedstaatlichen Rechtsordnung aus (MüKo-BGB/*Sonnenberger*, 5. Aufl. 2010, Einl. IPR Rn 208; PWW/*Martiny*, BGB, 8. Aufl. 2014, Art. 6 EGBGB Rn 8).

Auf diese Problematik weist EG 58 S. 2 EU-ErbVO hin: Die Gerichte oder andere zuständige Behörden sollten allerdings die Anwendung des Rechts eines anderen Mitgliedstaates nicht ausschließen oder die Anerkennung – oder ggf. die Annahme – oder die Vollstreckung einer Entscheidung, einer öffentlichen Urkunde oder eines gerichtlichen Vergleichs aus einem anderen Mitgliedstaat aus Gründen der öffentlichen Ordnung (*ordre public*) nicht versagen dürfen, wenn dies gegen die Charta der Grundrechte der Europäischen Union, insbesondere gegen das Diskriminierungsverbot in Art. 21, verstoßen würde. *Wurmnest* weist darauf hin, dass aufgrund dieser Klausel z.B. ein Staat, der die gleichgeschlechtliche Ehe oder das gesetzliche Erbrecht einer eingetragenen Lebenspartnerschaft nicht kennt, gehindert sei, unter Berufung auf seinen nationalen *ordre public* (und unter Verletzung des sich aus Art. 21 der Grundrechtscharta der EU ergebenden Diskriminierungsverbots) ein gesetzliches Erbrecht nach einem ausländischen Recht zu versagen.

- Im **Beispiel** ist der Ausschluss der engsten Angehörigen von der gesetzlichen Erbfolge aufgrund der Religionsverschiedenheit mit wesentlichen Grundsätzen des deutschen Rechts (Art. 3 Abs. 2 GG) unvereinbar.[30] Das Gleiche gilt für ausschließlich auf dem Geschlecht beruhende ungleiche Erbquoten von Brüdern und Schwestern im oben genannten Fall (siehe Rn 12). Das OLG Hamm hat darauf verwiesen, dass eine entsprechende letztwillige Verfügung des Erblassers anzuerkennen sei.[31]
- Mit Art. 6 Abs. 5 GG kollidieren Vorschriften, die pauschal ein geringeres Erbrecht für uneheliche Abkömmlinge, Ehebruchskinder, inzestuös gezeugte Kinder etc. vorsehen.[32] Besteht die Diskriminierung nicht in einer quantitativen, sondern lediglich in einer qualitativen Zurücksetzung, die die Durchsetzung nicht erschwert – etwa indem diese Kinder einen wirtschaftlich gleichwertigen Geldanspruch gegen den Nachlass erhalten anstelle der ehelichen Abkömmlingen vorbehaltenen Erbenstellung –, liegt zwar ein Verstoß gegen Art. 6 Abs. 5 GG vor, der aber u.U. noch „erträglich" ist.
- Auch die Versagung einer gesetzlichen Erbbeteiligung aufgrund einer aus deutscher Sicht wirksam begründeten eingetragenen Lebenspartnerschaft oder gleichgeschlechtlichen Ehe kann ggf. unter Rückgriff auf den internationalen *ordre public* korrigiert werden. Dies gilt umsomehr, als in Deutschland mit der Umsetzung der EU-ErbVO der einschlägige Art. 17b Abs. 1 S. 2 EGBGBG gestrichen worden ist.[33]
- Die Witwe erhält nach islamischem Recht neben Abkömmlingen eine Erbquote von $^{1}/_{8}$, während der Witwer nach dem Tode seiner Frau $^{1}/_{4}$ erhalten würde. Dies stellt anerkanntermaßen eine unzulässige Differenzierung nach dem Geschlecht dar. Die Ungleichbehandlung bleibt aber hypothetisch, da die Ehegatten – anders als im oben genannten Fall Söhne und Töchter (siehe Rn 12) – nicht gleichzeitig erben können.[34] Die Rechtsprechung lehnte die Anwendung von Art. 6 EGBGB in diesem Fall daher noch bis vor

---

30 Wohl einhellige Ansicht: OLG Hamm ZEV 2005, 436; Staudinger/*Dörner*, 2007, Art. 25 EGBGB Rn 728; *St. Lorenz*, IPRax 1993, 148.
31 OLG Hamm FamRZ 1993, 111. Dieses Argument bezweifelt z.B. *Looschelders*, IPRax 2006, 464. Anders nun OLG Düsseldorf FamRZ 2009, 1013.
32 KG IPRax 2009, 263; *Stürner*, GPR 2014, 323.
33 *Coester*, ZEV 2013, 117; *Stürner*, GPR 2014, 323.
34 Auf eine noch höhere Abstraktionsebene wird die Hypothese hier dadurch gehoben, dass bei Versterben der Ehefrau der Ehemann diese nicht nach iranischem, sondern nach deutschem Recht beerben würde.

kurzem ab.³⁵ Das Schrifttum wollte schon immer Art. 6 EGBGB eingreifen lassen, konnte allerdings das dogmatische Problem m.E. nicht befriedigend lösen.³⁶

IV. Örtliche und zeitliche Relativität des ordre public

18 Der Sachverhalt muss einen **erheblichen Inlandsbezug**³⁷ und eine **Gegenwartsbeziehung** aufweisen.

Beispiel: Sind sämtliche Beteiligte in Tunesien lebende Muslime und beantragen sie einen Erbschein zur Abwicklung eines hier befindlichen Bankdepots nach ihrem 1994 verstorbenen Vater, erscheint es vermessen, die sich bei Anwendung des islamischen Erbrechts ergebende Verteilung der Erbquoten zu prüfen. Der geringe Inlandsbezug rechtfertigt allenfalls die Berücksichtigung universeller Menschenrechte.³⁸

19 Die Nähebeziehung nimmt auch bei **Vorfragen** ab.

Beispiel: Haben in Gelsenkirchen lebende Muslime in ihrer Heimat nach dem dort geltenden Heimatrecht polygam geheiratet, würde man bei isolierter Betrachtung der Wirksamkeit der Eheschließung diese für nichtig halten. Beurteilt man aber das gesetzliche Erbrecht der beiden überlebenden Ehefrauen nach dem Tod des Ehemannes, so muss man beiden Witwen ein Pflichtteilsrecht zuerkennen, um sich aus der Rechtlosstellung der zweiten Ehefrau ergebendes größeres Unrecht zu verhindern.³⁹

20 Der Grad der erforderlichen Nähebeziehung lässt sich also nicht absolut festsetzen, sondern hängt von der Bedeutung der verletzten deutschen Grundsatznorm ab. Die ausländische Staatsangehörigkeit des Erblassers schließt die erforderliche Inlandsbeziehung nicht aus,⁴⁰ denn erst dieser Umstand führt häufig zur Anwendbarkeit ausländischen Rechts.⁴¹

V. Wege der Korrektur

21 Greift Art. 6 EGBGB ein, so ist die Lösung zunächst durch **Anpassung des ausländischen Rechts** zu suchen, soweit dies sinnvoll möglich ist. Standardlösungen gibt es nicht. In einigen Staaten tritt im Fall des *ordre public*-Verstoßes automatisch die inländische Rechtsordnung (*lex fori*) in Kraft. In Deutschland gilt der Grundsatz des „geringstmöglichen Eingriffs".⁴² Es ist also unter möglichst weitgehender Anwendung der Rechtsregeln des anwendbaren ausländischen Rechts im Übrigen zu versuchen, durch einfache Außerachtlassung der problematischen ausländischen Regelung eine Regelung zu finden, die weitgehend das ausländische System beibehält. Freilich darf nicht übersehen werden, dass es auch bei

---

35 OLG Hamm FamRZ 1993, 111 – allerdings unter unzutreffender Berufung auf fehlenden Inlandsbezug; zust. Palandt/*Thorn*, 73. Aufl. 2014, Art. 6 EGBGB Rn 30; *Firsching/Graf*, Nachlassrecht, 9. Aufl. 2008, Rn 2.88; *Ferid*, Internationales Privatrecht, 3. Aufl. 1987, Rn 9–25.
36 *Dörner*, IPRax 1994, 35; Erman/*Hohloch*, 14. Aufl. 2014, Art. 25 EGBGB Rn 8; *St. Lorenz*, IPRax 1993, 150; Soergel/*Schurig*, 12. Aufl. 1996, Art. 25 EGBGB Rn 104. In der Rspr. so jetzt auch OLG Frankfurt ZEV 2011, 135; OLG Düsseldorf FamRZ 2009, 1013; KG FamRZ 2008, 1564; OLG Hamm ZEV 2005, 436.
37 BGH NJW-RR 2007, 145; *Kegel/Schurig*, Internationales Privatrecht, 9. Aufl. 2004, § 16 II, S. 523.
38 So auch IPG 2002 Nr. 25 Libyen (Erlangen) S. 371.
39 Palandt/*Thorn*, 73. Aufl. 2014, Art. 6 EGBGB Rn 6.
40 Insoweit unzutr. daher OLG Hamm FamRZ 1993, 111.
41 In diesem Sinne *Dörner*, IPRax 1994, 36.
42 *Kegel/Schurig*, Internationales Privatrecht, 9. Aufl. 2004, § 16 VI, S. 538; *Kropholler*, Internationales Privatrecht, 6. Aufl. 2006, § 36 V, S. 254.

vermeintlich „kleinen" Eingriffen zu einer **erheblichen Umgestaltungen des ausländischen Rechts** kommen kann. Insbesondere dann, wenn an mehreren Stellen korrigiert wird, entsteht ein völlig neuartiges Mischsystem, das weder dem inländischen noch dem ausländischen Rechtssystem entspricht. Hier stellt sich die Frage, ob die Entwicklung derartiger **Mischsysteme** überhaupt noch dem Grundsatz des **„geringstmöglichen Eingriffs"** entsprechen oder ob nicht die Korrektur auf kollisionsrechtlicher Ebene (Anwendung der *lex fori* als Ersatzrecht) das ausländische Recht mehr schont.

- So erben im **Beispiel** die Angehörigen so, als ob sie alle Moslems wären.
- Unehelichen und anderen Kindern steht zumindest wertmäßig der gleiche Anteil an der den Abkömmlingen vorbehaltenen Nachlassquote zu wie ehelichen Abkömmlingen.
- Die den Abkömmlingen vorbehaltene Gesamtquote ist bei Geltung islamischen Rechts unter Söhnen und Mädchen gleichmäßig zu teilen.
- Schwieriger ist die Bestimmung der Erbquote der Witwe: Soll diese wie ein Witwer oder der Mann wie seine Witwe erben? Das Schrifttum zieht allein die erste Lösung in Betracht.[43] Diese Korrektur geht dann einseitig zu Lasten der Kinder. Man könnte aber auch die Lösung in der Mitte suchen und jeweils einen Anteil von $3/16$ gewähren (materiellrechtliche Lösung).
- Fraglich ist auch, wie ein fehlendes Pflichtteilsrecht zu ersetzen ist. Ein fehlender Pflichtteil bedürftiger Angehöriger kann m.E. nicht durch ein volles Pflichtteilsrecht nach deutschem Recht ersetzt werden, denn das Ergebnis soll nicht auf deutschen Standard gebracht, sondern „erträglich" gestaltet werden. Man könnte es aber in freier Rechtsfortbildung durch eine angemessene Unterhaltsrente gegen den Nachlass, in der Höhe beschränkt auf den halben Wert eines gesetzlichen Erbteils, ergänzen.[44] Beschränkt man das Eingreifen des *ordre public* auf den Fall der Sozialhilfeabhängigkeit oder Bedürftigkeit Hinterbliebener, dürfte eine Unterhaltsrente gegen den Nachlass genügen. Geht man von einer generellen Garantie des Pflichtteils als bedarfsunabhängiger Mindestbeteiligung am Nachlass mit Verfassungsrang aus, käme bei vollständiger testamentarischer Enterbung wohl allein ein Rückgriff auf das deutsche Pflichtteilsrecht in Betracht, da jede Festsetzung eines „gerade noch erträglichen Mindestbetrages"[45] willkürlich wäre.[46]

C. Die Gesetzesumgehung im internationalen Erbrecht

Literatur

Schurig, Die Gesetzesumgehung im Privatrecht, in: FS Ferid 1988, S. 375 ff.

Beispiel: Der ursprünglich französische, bei seinem Tode US-amerikanische Staatsangehörige *Caron* besaß eine an der Côte d'Azur belegene Eigentumswohnung. Er brachte diese in eine amerikanische *Corporation* ein, um die Entstehung von Pflichtteilen nach dem für in Frankreich belegene Immobilien geltenden französischen Erbrecht zu verhindern. Die

---

43 *Dörner*, IPRax 1994, 35; Erman/*Hohloch*, 14. Aufl. 2014, Art. 25 EGBGB Rn 8; *St. Lorenz*, IPRax 1993, 150. Dieses Ergebnis ist daher nicht logisch zwingend, wie es die genannten Literaturstimmen auf den ersten Eindruck vermuten lassen.
44 Vgl. *Klingelhöffer*, ZEV 1996, 259.
45 So z.B. *Kegel/Schurig*, Internationales Privatrecht, 9. Aufl. 2014, § 16, S. 539.
46 So *St. Lorenz*, ZEV 2005, 441.

Süß

Cour de Cassation[47] bestätigte zwar, dass die Anteile an der *Corporation* als bewegliches Vermögen zu qualifizieren seien, obwohl es sich um eine reine Immobiliengesellschaft handele. Grundsätzlich gelte daher das amerikanische Wohnsitzrecht des Erblassers, wonach den Kindern keine Pflichtteile zuständen. Allerdings liege in dieser Gestaltung eine unzulässige Rechtsumgehung. Der Herabsetzungsklage des Sohnes wurde daher in Anwendung französischen Erbrechts stattgegeben.

I. Erscheinungsformen

23 Die Möglichkeit einer arglistigen Umgehung einschränkender Rechtsnormen im internationalen Rechtsverkehr hat stets in besonderer Weise die Phantasie und die Gemüter bewegt. Gerichtliche Entscheidungen hierzu sind dennoch äußerst selten. Unklar ist, ob das daran liegt, dass einschlägige Fälle so selten sind, oder ob es daran liegt, dass die Erblasser in diesen Fällen so geschickt vorgehen, dass ein gerichtliches Vorgehen aussichtslos erscheint.

24 Die EU-ErbVO enthält keine ausdrückliche Regelung zur Rechtsumgehung. EG 26 EU-ErbVO bestimmt aber, dass die Verordnung kein Gericht daran hindern soll, Mechanismen gegen die Gesetzesumgehung wie beispielsweise gegen die *fraude à la loi* im Bereich des Internationalen Privatrechts anzuwenden.

25 Das Vorliegen einer **Rechtsumgehung** wird regelmäßig bei Vorliegen folgender **Tatbestandsvoraussetzungen** bejaht:
   – Eine umgangene Rechtsfolge bzw. eine Rechtsordnung, die diese Rechtsfolge enthält (z.B. die Regelung des französischen Rechts, dass die Kinder ¾ des Nachlasses als Pflichtteil erhalten).
   – Eine ergangene Rechtsfolge bzw. eine Rechtsordnung, die diese Rechtsfolge nicht enthält (z.B. das Recht von Mexiko, das grundsätzlich keine Pflichtteile kennt).
   – Eine Umgehungshandlung (z.B. Wechsel der Staatsangehörigkeit oder des Wohnsitzes, Umschichtung oder Verlagerung des Vermögens).
   – Die Umgehungsabsicht (Erforderlichkeit umstritten).
   – Die Anwendung der ergangenen Norm erscheint als „unangemessene Rechtsfolge", obwohl formell die Voraussetzungen für ihre Anwendbarkeit vorliegen. Dieser letzte Punkt ist am schwierigsten zu beurteilen, da er eine Wertung verlangt.

II. Manipulationshandlungen

26 Manipulationen kämen in Form von folgenden Maßnahmen in Betracht:

1. Verlegung des gewöhnlichen Aufenthalts

27 Eine Manipulationsmöglichkeit im Rahmen der EU-ErbVO mag sich zunächst daraus ergeben, dass der für die objektive Bestimmung des Erbstatuts maßgebliche Anknüpfungspunkt des gewöhnlichen Aufenthalts leicht verlegbar erscheint. Dies freilich stellt sich in der Praxis schwieriger dar, als es zunächst den Anschein hat. Geht man mit der wohl überwiegenden Ansicht vom einheitlichen Begriff ab und verlangt man einen „erbrechtsspezifischen gewöhnlichen Aufenthalt", so muss der Erblasser derart intensiv mit der gewünschten Rechtsordnung verbunden sein, dass die Anwendbarkeit dieses Rechts auf die

---

[47] *Cour d'Appell* Aix en Provence v. 9.3.1982, siehe Audit Droit international privé, 2. Aufl., Paris 1997, Rn 198, bestätigt von der *Cour de Cassation*. Ausf. *Kegel/Schurig*, Internationales Privatrecht, 9. Aufl. 2004, § 14 II, S. 480.

Erbfolge kaum noch als unangemessene Folge erscheinen kann. Stellt sich hingegen heraus, dass er nur scheinbar umgezogen ist (und z.B. die im Wunschstaat belegene Immobilie in Wirklichkeit nur wenige Wochen im Jahr genutzt hat, vielmehr den überwiegenden Teil bei Freunden im Herkunftsstaat gelebt hatte), so wird der Erblasser bei dieser Definition in Wirklichkeit der gewöhnliche Aufenthalt weiterhin im Herkunftsstaat beibehalten haben. Es läge damit ein Fall der sog. **unechten Umgehung** vor. Die Umgehung ist dann misslungen.

Aber auch bei geringeren Anforderungen an die Begründung des gewöhnlichen Aufenthalts im Rahmen der Verwendung eines IPR-einheitlichen Begriffs des gewöhnlichen Aufenthalts[48] dürfte ein Rückgriff auf die Figur der „Rechtsumgehung" entbehrlich sein. Gerade auch auf die Fälle der „dolosen Rechtserschleichung" gemünzt erscheint die Ausweichklausel in Art. 21 Abs. 2 EU-ErbVO. Ergibt sich ausnahmsweise aus der Gesamtheit der Umstände, dass der Erblasser im Zeitpunkt seines Todes eine offensichtlich engere Verbindung zu einem anderen als dem Staat hatte, dessen Recht nach Art. 21 Abs. 1 EU-ErbVO anzuwenden wäre, so ist auf die Rechtsnachfolge von Todes wegen das Recht dieses anderen Staates anzuwenden. Das soll gem. EG 25 EU-ErbVO gerade für Fälle gelten, in denen der Erblasser erst kurz vor seinem Tod in den Staat seines gewöhnlichen Aufenthalts umgezogen ist. Im Fall der Verlegung des gewöhnlichen Aufenthalts ist also der Einwand der *exceptio doli* also schon auf dieser Ebene denkbar. Freilich ist in diesem Fall zu berücksichtigen, dass bei Verlegung des gewöhnlichen Aufenthalts in einen anderen Mitgliedstaat der EU-ErbVO dieser Staat gem. Art. 4 EU-ErbVO die ausschließliche Zuständigkeit in der Nachlasssache erhält. Seine Gerichte müssten dann davon überzeugt werden, dass über Art. 21 Abs. 2 EU-ErbVO die Anwendung des dort geltenden Rechts unangemessen sei und das Recht eines anderen Staates wegen der dort geltenden zwingenden Vorschriften vorzuziehen sei. Das mag in der Praxis erheblichen Überzeugungsaufwand verlangen.

2. Ausübung einer Rechtswahl

Die Rechtswahl ist unter der EU-ErbVO das wohlfeilste Manipulationsmittel, erfordert diese doch lediglich einen Federstrich. Zudem wird sie künftig voraussichtlich nicht nur dazu eingesetzt werden, die Geltung eines dem Erblasser vertrauten Rechts zu gewährleisten, sondern überwiegend wohl dazu, sich missliebiger Beschränkungen durch das am gewöhnlichen Aufenthalt geltende Recht (Pflichtteilsrecht und andere Beschränkungen der Testiermöglichkeiten) zu entledigen. Und dennoch erscheint die Rechtswahl regelmäßig als unverdächtig. Die Gefahr einer Rechtsumgehung bzw. der Minderung der Rechte der pflichtteilsberechtigten Angehörigen durch die Rechtswahl war im Gesetzgebungsverfahren für die EU-ErbVO Gegenstand ausführlicher Diskussionen und hat dazu geführt, dass die Rechtswahlmöglichkeiten auf das Heimatrecht beschränkt wurden und insbesondere das bei Ausübung der Rechtswahl aktuelle Aufenthaltsrecht vom Kreis der wählbaren Rechtsordnungen ausgeschlossen wurde. Mit dieser Eingrenzung – so könnte man vertreten – wurde dann anerkannt, dass mit dem Heimatrecht eine so enge Verbindung besteht, dass die Geltung dieses Rechts hinsichtlich sämtlicher erbrechtlicher Konsequenzen akzeptiert wird, auch hinsichtlich der pflichtteilsrechtlichen Auswirkungen.

---

48 Siehe § 2 Rn 8 ff.

3. Erwerb einer weiteren Staatsangehörigkeit

30 Die vorgenannte Konsequenz mag allerdings nur für den Fall gelten, dass der Erblasser zu dem Staat, dessen Recht er gewählt hat, bzw. zu diesem Recht auch eine persönliche Bindung hat. Die Wahl des Rechts eines Staates, den der Erblasser nie besucht hatte, mag auch in den Fällen unangemessen erscheinen, in denen er aufgrund elterlicher Abstammung die Staatsangehörigkeit zu diesem Staat erworben hatte. Das unterscheidet die Situation unter der EU-ErbVO von der Situation nach dem EGBGB. Im EGBGB ist gem. Art. 5 stets eine einzige Staatsangehörigkeit als effektive zu ermitteln, in Art. 22 EU-ErbVO ist dagegen jede bestehende Staatsangehörigkeit als gleichberechtigt anzuerkennen – auch wenn es sich nicht um eine „effektive" Staatsangehörigkeit handelt. Das ermöglicht dem Erblasser dann sogar, das Erbrecht eines Staates zu wählen, dessen Zugehörigkeit er ausschließlich in Hinblick auf die erbrechtlichen Folgen erworben hat, unter Beibehaltung der bisherigen Staatsangehörigkeit und ohne Begründung tatsächlicher Beziehungen zu diesem Staat. Unter diesen Bedingungen könnte es unangemessen sein, den Hinterbliebenen die Anwendung dieses Rechts zuzumuten.

4. Vermögensumschichtung

31 Unter dem EGBGB ergab sich die Möglichkeit, durch Erwerb von Immobilien in einer „pflichtteilslosen" Rechtsordnung, die für die Vererbung von Immobilien die Geltung der *lex rei sitae* vorsah (z.B. Thailand und einzelne US-Staaten), das heimatliche Erbrecht auszuschalten. Der BGH hatte gegen eine solche Maßnahme nicht einmal Bedenken in Richtung auf die Rechtsumgehung.[49]

32 Diese Möglichkeiten sind unter der EU-ErbVO weitgehend reduziert. Der Rahmen, den Art. 30 EU-ErbVO hier zieht,[50] ist erheblich enger. Die kollisionsrechtliche Nachlassspaltung wird nun – anders als bislang unter Art. 3a Abs. 2 EGBGB aus deutscher Sicht nicht mehr rechtlich anerkannt werden. Insoweit wäre allenfalls auf faktischer Ebene – also im Rahmen eines realen Entscheidungsdissenses – die Möglichkeit gegeben, das Vermögen dem bislang geltenden Erbrecht zu entziehen.

33 Es bliebe dann noch die Möglichkeit, das Vermögen in *trusts*, Lebensversicherungen, einer *joint tenancy* oder in Personengesellschaften zu verpacken und auf diese Weise quasi am Nachlass vorbei durchzuschleusen. Für diese Fälle freilich bedarf es keines Rückgriffs auf die Figur der Rechtsumgehung. Aus Art. 23 EU-ErbVO ergibt sich ein weiter Umfang des Erbstatuts. Zwar wird die Wirkungsweise der Lebensversicherung, der Personengesellschaft, der *trusts* und *joint tenancy* etc. gem. Art. 1 Abs. 2 EU-ErbVO vom Anwendungsbereich der EU-ErbVO ausgenommen. Wenn Ausgleich, Anrechnung und Pflichtteile aber gem. Art. 23 Abs. 2 lit. h und i EU-ErbVO dem Erbstatut unterstellt werden, so entscheidet das Erbstatut auch darüber, inwieweit derartig übertragenes Vermögen dem Nachlass zugerechnet wird. Hier sind dann also nicht mehr kollisionsrechtliche, sondern materiellrechtliche Lösungen gefragt. Lässt das ohne „unangemessene Manipulation" durch den Erblasser bestimmte materielle Erbrecht die Folgen dieser Konstruktion zu, bedarf es keiner Rechtsumgehung.

---

49 BGH NJW 1990, 1993 zur Vererbung von Immobilien in Florida.
50 Siehe § 2 Rn 161 ff.

D. Anpassung ausländischer erbrechtlicher Institute an das inländische Sachenrecht

Erbrecht und Sachenrecht liegen dicht beieinander. Unterliegt die Erbfolge einem anderen Recht als ein zum Nachlass gehörender Gegenstand (z.B. im Fall der Vererbung eines in Deutschland belegenen Grundstücks durch einen mit letztem gewöhnlichen Aufenthalt in Frankreich verstorbenen Erblasser), so können sich aus dem französischen Erbrecht Folgen ergeben, die das deutsche Sachenrecht so nicht kennt. Beispielsweise könnte die Ehefrau kraft Gesetzes einen Nießbrauch an der Immobilie erwerben (Legalnießbrauch) oder es würde bei Geltung französischen Rechts ein Vermächtnisnehmer, dem das Eigentum an dieser Immobilie im Wege eines Einzelvermächtnisses zugewandt wurde, unmittelbar mit Eintritt des Erbfalls das Eigentum an der Immobilie erwerben (Vindikationslegat).[51] Art. 31 EU-ErbVO sieht hier nun vor, dass dann, wenn eine Person ein dingliches Recht geltend macht, das ihr nach dem auf die Rechtsnachfolge von Todes wegen anzuwendenden Recht zusteht, und das Recht des Mitgliedstaates, in dem das Recht geltend gemacht wird, das betreffende dingliche Recht nicht kennt, dieses Recht – soweit erforderlich und möglich – an das in der Rechtsordnung dieses Mitgliedstaates am ehesten vergleichbare Recht anzupassen sei (Transposition). Bei dieser Form der Anpassung sollen die mit dem dinglichen Recht verfolgten Ziele und Interessen und die mit ihm verbundenen Wirkungen berücksichtigt werden.

34

Beispielsweise könnte auf diese Weise ein nach dem Recht von New York angeordneter *testamentary trust* in eine Anordnung der Testamentsvollstreckung (Dauervollstreckung)[52] oder ein gesetzliches *life interest* der überlebenden Ehefrau an einem Teil des Nachlasses nach englischem Recht in eine Vorerbfolge des Ehegatten und die Nacherbfolge der Kinder umgedeutet werden.

35

Beim Legalnießbrauch bzw. Vindikationslegat des französischen Rechts ergibt sich die Besonderheit, dass das deutsche Recht zwar den Nießbrauch und auch die Übertragung von einzelnen Gegenständen aus dem Nachlass an berechtigte Dritte kennt, nicht aber den unmittelbaren Erwerb *ipso iure* mit Eintritt des Erbfalls. In Deutschland wird mittlerweile allerdings vielfach die Auffassung vertreten, dass nicht nur die unbekannte Art des dinglichen Rechts eine Anpassung nach Art. 31 EU-ErbVO eröffne, sondern auch die dem Sachenrecht unbekannte Art und Weise der Entstehung dieser Rechte.[53]

36

Weitere Informationen und Materialien, wie z.B. Muster, Formulare, amtliche Texte und Internetadressen, befinden sich auf der beiliegenden CD-ROM.

---

51 Siehe *Döbereiner*, Länderbericht Frankreich, Rn 27, 31.
52 *Wautelet*, in: Bonomi/Wautelet, Art. 31 Anm. 21.
53 *Burandt*, in: Burandt/Rojahn, Erbrecht, 2. Aufl. 2014, Art. 31 EU-ErbVO Rn 1; *Dörner*, ZEV 2012, 509; Erman/*Hohloch*, 14. Aufl. 2014, Art. 31 EU-ErbVO Rn 4; Palandt/*Thorn*, 73. Aufl. 2014, Art. 31 EU-ErbVO Rn 2; a.A.: *Margonski*, GPR 2013, 106; *Jan Peter Schmidt*, ZEV 2014, 137.

§ 6 Das Europäische Nachlasszeugnis

Dr. Rembert Süß, Würzburg

Inhalt

A. Praktische Bedeutung des Europäischen Nachlasszeugnisses 1
B. Inhalt des Europäischen Nachlasszeugnisses 3
  I. Aufbau des Europäischen Nachlasszeugnisses 3
  II. Vollzertifikat und Teilzertifikat 5
  III. Erben und ihre Quoten 7
  IV. Fälle der Singularsukzession 11
C. Wirkungen des Europäischen Nachlasszeugnisses 16
  I. Legitimationswirkungen 16
  II. Voraussetzungen für den Gutglaubensschutz 20
  III. Die Verwendung des Europäischen Nachlasszeugnisses im deutschen Grundbuchverfahren 24
D. Zuständigkeit zur Ausstellung des Europäischen Nachlasszeugnisses 26
  I. Internationale Zuständigkeit 26
  II. Zuständigkeit ausschließlich für den im Inland belegenen Nachlass? 29
  III. Sachliche und örtliche Zuständigkeit 31
    1. Sachliche Zuständigkeit 31
    2. Örtliche Zuständigkeit 33
E. Verfahren bei der Ausstellung des Europäischen Nachlasszeugnisses 34
  I. Antragsberechtigung 34
  II. Ausstellung des Zeugnisses 40
  III. Korrektur unrichtiger Zeugnisse 42
F. Neben dem Europäischen Nachlasszeugnis verbleibende Nachweismöglichkeiten 46
  I. Erbnachweis in Altfällen 46
  II. Ausstellung eines deutschen Erbscheins neben einem ausländischen Europäischen Nachlasszeugnis? 49

Literatur

Buschbaum, Europäisches Nachlasszeugnis und Annahme öffentlicher Urkunden – neue Mechanismen zur grenzüberschreitenden Nachlassabwicklung und ihr Verhältnis zum materiellen Sachenrecht, in: Hager, Die neue europäische Erbrechtsverordnung, S. 39 ff.; *Buschbaum/Simon,* EuErbVO: Das Europäische Nachlasszeugnis, ZEV 2012, 525; *Dorsel,* Europäische Erbrechtsverordnung und Europäisches Nachlasszeugnis, ZErb 2014, 212; *Kleinschmidt,* Optionales Erbrecht: Das Europäische Nachlasszeugnis als Herausforderung an das Kollisionsrecht, RabelsZ 77 (2013) 723; *Lange,* Das Europäische Nachlasszeugnis, in: Dutta/Herrler, Die Europäische Erbrechtsverordnung, 2014, S. 161 ff.; *Lange,* Das geplante Europäische Nachlasszeugnis, DNotZ 2012, 171; *Lübcke,* Das neue europäische internationale Nachlassverfahrensrecht, 2013; *Olmor,* Gutglaubensschutz durch das Europäische Nachlasszeugnis, GPR 2014, 216; *Padovini,* Der Europäische Erbschein, in: Jud/Rechberger/Reichelt, Kollisionsrecht in der Europäischen Union, Wien 2008, S. 161 ff.; *Rechberger,* Das Europäische Nachlasszeugnis und seine Wirkungen, Österreichische Juristenzeitung (ÖJZ) 2012, 16; *J. Schmidt,* Der Erbnachweis in Deutschland ab 2015: Erbschein vs. Europäisches Nachlasszeugnis, ZEV 2014, 389; *Süß,* Das Europäische Nachlasszeugnis, ZEuP 2013, 725; *Wilsch,* EuErbVO: Die Verordnung in der deutschen Grundbuchpraxis, ZEV 2012, 530.

A. Praktische Bedeutung des Europäischen Nachlasszeugnisses

Differenzen im materiellen Erbrecht bzw. im IPR lassen sich bei grenzüberschreitenden Erbfällen im tatsächlichen Sinne – also in den Fällen, in denen sich der Nachlass über mehrere Staaten verteilt – durch eine geschickte Nachlassgestaltung fast vollständig kompensieren. Eine echte Behinderung der grenzüberschreitenden Investitionen in Europa ergab sich bis zur Anwendbarkeit der EU-ErbVO aber daraus, dass die Erben eines über mehrere Staaten verteilten Nachlasses regelmäßig in jedem Staat, in dem sich Nachlass befindet, ein eigenes Nachlassverfahren durchführen mussten, um mittels eines landesüblichen Erbnachweises über den dort belegenen Nachlass zu verfügen. Das erforderte regelmäßig den Einsatz lokaler Rechtsberater und Behörden und verschlang Ressourcen in Form von Zeit und Geld. Bei diesem Albtraum von einer justiziellen Hecke, die die Erben von der Sicherung ihres Vermögens abhielt, erschien die Vorstellung eines internationalen Erbenausweises, der dem Erben **in jedem Mitgliedstaat** den **ungehinderten Zugriff auf den Nachlass** ermöglicht, wie die Verwirklichung eines europäischen Wunschtraums. Das **Europäische Nachlasszeugnis (ENZ)** erfüllt diese Aufgabe und ist daher als die praktisch wichtigste Errungenschaft der EU-ErbVO zu werten.

Da dieses neuartige Instrument völlig unterschiedliche Systeme im Erbrecht, im Sachenrecht und im Nachlassverfahrensrecht überbrücken muss, stellte die Regelung an den europäischen Gesetzgeber außerordentliche Anforderungen. Auch die Praxis der einzelnen Länder ist gefordert, für die Ausstellung und die Verwendung des ENZ angemessene flexible Lösungen zu finden, um die Ansprüche auf Niederlassungs- und Kapitalverkehrsfreiheit zu verwirklichen.

B. Inhalt des Europäischen Nachlasszeugnisses

I. Aufbau des Europäischen Nachlasszeugnisses

Der Inhalt des Nachlasszeugnisses wird in Art. 68 EU-ErbVO in 15 Posten (lit. a bis o) aufgegliedert. Diese Posten lassen sich zu folgenden **drei Gruppen** gliedern:
– Die ersten sieben Punkte (lit. a bis g) betreffen quasi das „**Rubrum**" (Angaben zu Erblasser, Antragsteller, Gericht etc.).
– Die zweite Gruppe (lit. h bis k) zählt die **rechtlichen Grundlagen** für das ausgewiesene Erbrecht auf (Eheverträge, Erbstatut, Verfügungen von Todes wegen, Annahme- und Ausschlagungserklärungen der Begünstigten).
– Es folgen (lit. l bis o) das ausgewiesene Erbrecht (der **Tenor**), also die Quoten der Erben, die gegebenenfalls einem Erben oder dinglichen Vermächtnisnehmer zustehenden Rechte und ihre Beschränkungen sowie schließlich die Nennung der Testamentsvollstrecker und Nachlassverwalter unter Angabe ihrer Befugnisse.
Wegen der großen Vielfalt bei der Ausgestaltung der Beteiligung am Nachlass bei gesetzlicher und testamentarischer Erbfolge in den Rechten der Mitgliedstaaten sind an dieser Stelle – quasi eine der Schnittstellen zwischen dem europäischen Verordnungsrecht und dem nationalen materiellen Erbrecht – in zahlreichen Fällen sehr unterschiedliche Vorstellungen in den unterschiedlichen Mitgliedstaaten darüber zu erwarten, wie hier die einzelnen Rubriken des ENZ auszufüllen sind.

Der Verordnungsgeber hat offenbar erkannt, dass eine abschließende detaillierte Regelung in der EU-ErbVO nicht möglich ist und die Problemfälle wohl erst dann auftreten werden, wenn die ersten praktischen Erfahrungen vorliegen. Um trotz der Notwendigkeit verbindlicher Vorgaben für den Inhalt des ENZ die Möglichkeit der jederzeitigen Anpassung zu erhalten, hat er eine pragmatische Lösung darin gefunden, in Art. 67 Abs. 1 S. 2 EU-ErbVO die Verwendung eines **Formblatts** vorzuschreiben, das von einem gesonderten Ausschuss (Komitologie-Gremium) entworfen worden ist.[1] Wegen der hinreichend flexibel gehaltenen Vorgaben in Art. 68 EU-ErbVO wird die Kommission mit dem Formblatt die Möglichkeit erhalten, auf zahlreiche in der Praxis auftauchende Unsicherheiten und Probleme zeitnah

---

1 Vgl. die beigefügte CD-ROM, EU-ErbVO unter der Rubrik „Europa".

zu reagieren und diese im Vergleich zur Änderung der Verordnung erheblich rascher unbürokratischer auf administrativer Ebene beheben zu können.

II. Vollzertifikat und Teilzertifikat

Art. 39 des Kommissionsentwurfs vom 14.10.2009 sah noch ausdrücklich die Möglichkeit vor, ein „Teilzeugnis" zu beantragen, das nur einzelne Rechte an dem Nachlass ausweist.[2] Die endgültige Fassung der EU-ErbVO enthält diese Vorschrift nicht mehr. Dennoch ergeben sich m.E. Hinweise darauf, dass nicht in jedem Fall das gesamte Formblatt auszufüllen ist. So wird man schon bei gesetzlicher Erbfolge keine Angaben zu Vermächtnissen oder zur Testamentsvollstreckung aufnehmen. Auch muss der Antragsteller Angaben nur insoweit machen, wie sie zur Beschreibung des Sachverhalts, „dessen Bestätigung der Antragsteller begehrt", benötigt werden. Das Zeugnis kann gem. Art. 63 Abs. 2 EU-ErbVO als Nachweis „für einen oder mehrere" der folgenden speziellen Aspekte verwandt werden.

5

Daraus ergibt sich m.E., dass der Antragsteller über den **Umfang** der im Zeugnis ausgewiesenen Rechte **disponiert**. Er könnte also z.B. verlangen, dass das Zeugnis nur die Erben mit ihren Quoten oder nur die Erbquote eines einzelnen oder einzelner Erben ausweist, nur ein Vermächtnis oder auch nur die Person und Befugnisse des Testamentsvollstreckers. Gegebenenfalls bestehende Beschränkungen der Befugnisse (also z.B. beim Erben die Testamentsvollstreckung oder die Anordnung einer Nacherbfolge) sind freilich, da sie den Umfang der ausgewiesenen Rechte bestimmen, zwingend anzugeben. Anderenfalls ist eine Beschränkung auf den in einem bestimmten Mitgliedstaat belegenen Nachlass nicht vorgesehen. Vorstellbar wäre dagegen, dass das außerhalb der Mitgliedstaaten – also in einem Drittstaat i.W.d. EU-ErbVO – belegene Vermögen vom ENZ ausgeklammert wird. Dafür spricht, dass das ENZ gem. Art. 63 Abs. 1 EU-ErbVO zur Verwendung „in einem anderen Mitgliedstaat" gedacht ist, nicht aber zur Verwendung auch darüber hinaus.

6

III. Erben und ihre Quoten

Das Zeugnis führt den Erbteil jedes Erben auf (Art. 68 lit. l EU-ErbVO), samt Vor- und Zunamen und gegebenenfalls Identifikationsnummer (Art. 68 lit. g EU-ErbVO). Damit sind nicht nur die gesetzlichen Erben und die testamentarischen Erben gemeint. Gleiches gilt für Vermächtnisnehmer, soweit das Erbstatut – wie das französische – keine testamentarische Erbeinsetzung kennt, sondern zugunsten bestimmter testamentarisch begünstigter Personen[3] eine Universalrechtsnachfolge in Aktiva und Passiva des Nachlasses vorsieht, die der rechtlichen Position eines gesetzlichen Erben weitgehend entspricht.

7

Umstritten ist, ob und wie das **„güterrechtliche Viertel" aus §§ 1931 Abs. 3, 1371 Abs. 1 BGB** im Rahmen der gesetzlichen Erbfolge ausgewiesen werden kann, wenn die Eheleute in Zugewinngemeinschaft deutschen Rechts gelebt haben. Bekanntes Dauerproblem ist der Fall, dass die Eheleute im gesetzlichen Güterstand der Zugewinngemeinschaft deutschen Rechts lebten und ausländisches Recht Erbstatut ist.[4]

8

Für das ENZ wird nun vorgetragen, dieses zusätzliche Viertel sei vom ehelichen Güterstand abhängig und solle den überlebenden Ehegatten an dem während der Ehe erzielten Erwerb beteiligen. Es handele sich um einen güterrechtlichen Zugewinnausgleich und damit um ein gem. Art. 1 Abs. 2 lit. d EU-ErbVO vom Anwendungsbereich der EU-ErbVO ausgenom-

9

---

2 Dazu auch *Lange*, DNotZ 2012, 171.
3 Im französischen Recht die *legataires universels* und die *legataires à titre universel*.
4 Zum Problem der erbrechtlichen oder güterrechtlichen Qualifikation siehe § 3 Rn 85.

menes Institut. Mithin dürfe es im ENZ nicht als Erbquote i.S.v. Art. 68 lit. l EU-ErbVO ausgewiesen werden, sondern allenfalls mit „informatorischer Wirkung" unter den Angaben zum Güterstand (Art. 68 lit. h EU-ErbVO).[5] Betroffen davon wären praktisch alle Fälle der gesetzlichen Erbfolge, in denen der Erblasser mit seiner überlebenden Ehefrau im gesetzlichen Güterstand der Zugewinngemeinschaft deutschen Rechts gelebt hat – also auch die bislang unproblematischen Fälle, in denen deutsches Recht auch für die Erbfolge gilt. Es würde dann in fast jedem Fall, in dem ein inländischer Erblasser von seiner Ehefrau kraft Gesetzes beerbt wird, ein Ausweis der vollen Ehegattenerbquote im ENZ nicht möglich sein (!).

10 Gegen diese Konsequenz spricht, dass das „güterrechtliche Viertel" gem. § 1371 Abs. 1 BGB unabhängig davon gewährt wird, ob dem überlebenden Ehegatten nach Güterrecht überhaupt ein Ausgleichsanspruch zustehen würde oder ob er bei der „güterrechtlichen Lösung" nicht sogar ausgleichspflichtig wäre, so dass sich seine Nachlassbeteiligung effektiv mindern würde. Damit handelt es sich bei dem „güterrechtlichen Viertel" funktionell[6] gesehen weniger um einen güterrechtlichen Ausgleich, als vielmehr um eine güterrechtlich „motivierte" Erhöhung des gesetzlichen Erbteils. Handelt es sich aber um ein vom Gesetz – aus welchem Motiv auch immer[7] – gewährtes „Erbteil",[8] so bestehen m.E. auch keine Gründe, es im ENZ nicht zu erwähnen.

IV. Fälle der Singularsukzession

11 Eine weitere schwierige Schnittstelle betrifft das Verhältnis von Erbstatut und Sachenstatut. Die „Art der dinglichen Rechte" ist gem. Art. 1 Abs. 2 lit. k EU-ErbVO vom Erbstatut ausgenommen. Kennt das einschlägige Sachenstatut ein vom Erbstatut vorgesehenes dingliches Recht nicht, so ist gem. Art. 31 EU-ErbVO dieses Recht in ein diesem möglichst nahekommendes, dem Sachenstatut bekanntes Recht umzudeuten (**Anpassung**).

12 Größere Probleme ergeben sich in der deutschen Praxis aber mit einer dem deutschen Sachenrecht **unbekannten** Art der Entstehung der Rechte. Das betrifft insbesondere den Übergang des Eigentums und anderer Rechte an einzelnen Gegenständen aus dem Nachlass auf Dritte, wie z.B. bei einem *testament partage* des französischen Rechts,[9] dem Nießbrauch des Ehegatten an den Hausratsgegenständen gem. Art. 540 ital. *Codice Civile* oder dem sog. Vindikationslegat.[10] Gemäß Art. 23 Abs. 2 lit. e EU-ErbVO unterliegt der Übergang der zum Nachlass gehörenden Vermögenswerte, Rechte und Pflichten auf die Erben und „gege-

---

[5] So z.B. *Dörner*, ZEV 2012, 507; *ders.*, ZEV 2010, 228; *Steinmetz/Löber*, ZEV 2010, 237. Hier bleibt m.E. offen, wie dann das ENZ formuliert werden kann. Soll in diesem Fall ein „Dreiviertel-ENZ" als Teilzeugnis ausgestellt werden, bei dem das „erbrechtliche Viertel" der Ehefrau und die den Abkömmlingen zustehende Hälfte ausgewiesen werden, das letzte Viertel aber draußen vor bleibt?

[6] Wenn man insoweit die güterrechtliche Motivation hinter die tatsächliche rechtliche Ausgestaltung zurücktreten lässt.

[7] Vgl. *Anne Röthel*: „Inhaltlich ist § 1371 Abs. 1 BGB so weit von den Anliegen der Zugewinngemeinschaft entfernt, dass sich die Regelung eigentlich nur noch erbrechtlich erklären lässt." (Ist unser Erbrecht noch zeitgemäß, Gutachten A für den 68. Deutschen Juristentag 2010, 42/100).

[8] Vgl. auch den „sibyllinischen" (so *Dörner*, ZEV 2012, 507) Erwägungsgrund 12 S. 2 EU-ErbVO, wonach die Behörden bei der Beendigung des Güterstands oder der Bestimmung der Anteile der Berechtigten berücksichtigen sollen. *Dutta*, FamRZ 2013, 14 hält es hier für erforderlich, dass der Anwendungsbereich der erbrechtlichen Kollisionsnorm und des Verfahrensrechts im Rahmen der EU-ErbVO unterschiedlich zu bestimmen sei.

[9] Dazu *Döbereiner*, Länderbericht Frankreich Rn 146.

[10] Dazu *Margonski*, ZErb 2011, 97. Zur Behandlung im deutschen Recht BGH ZEV 1995, 298.

benenfalls die Vermächtnisnehmer" dem Erbstatut. Man könnte hieraus den Schluss ziehen, auch der Eigentumserwerb einzelner Rechte aus dem Nachlass durch den Vermächtnisnehmer unterliege dem Erbstatut. Dagegen spricht allerdings schon, dass in Art. 23 Abs. 2 lit. e EU-ErbVO die „Gesamtheit" der zum Nachlass gehörenden (…) Rechte und Pflichten angesprochen wird, nicht aber der Übergang einzelner Rechte. Letzterer ist vielmehr in Art. 31 EU-ErbVO unter Rücksicht auf die jeweilige *lex rei sitae* zu beurteilen. Nachlassverbindlichkeiten gehen ohnehin nicht auf den Vermächtnisnehmer über – allenfalls eine auf den Wert der Sache beschränkte Haftung.[11]

Mit den „**Vermächtnisnehmern**" i.S.v. Art. 23 Abs. 2 lit. e EU-ErbVO sind daher offenbar nicht die Empfänger eines Stückvermächtnisses gemeint, sondern die Begünstigten eines der Erbeinsetzung nahekommenden Universal- oder Quotenvermächtnisses,[12] wie z.B. des französischen Rechts.[13] Diesen für die gesamte Erbrechtsverordnung gültigen allgemeinen Vorrang des Einzelstatuts vor dem Erbstatut in Bezug auf den Erwerb an einzelnen Rechten bestätigt Art. 1 Abs. 2 lit. l EU-ErbVO, wonach nicht nur die Eintragung von Rechten an Vermögensgegenständen in einem Register, sondern auch die Voraussetzungen und Wirkungen der Eintragung von der EU-ErbVO ausgenommen sind. Für Grundstücke stellt Erwägungsgrund 18 S. 2 EU-ErbVO mit seiner Verweisung auf die *lex rei sitae* klar, dass der Anwendungsausschluss in Art. 1 Abs. 2 lit. l EU-ErbVO nicht nur für das formelle Grundbuchverfahrensrecht gilt, sondern zugleich einen Vorbehalt für das materielle Sachenrecht enthält. Damit ist klargestellt, dass z.B. der Erwerb des Eigentums an einem in Deutschland belegenen Grundstück durch einen Vermächtnisnehmer unabhängig vom maßgeblichen Erbstatut gem. § 873 Abs. 1 BGB der Auflassung und der Eintragung im Grundbuch bedarf.[14]

13

Wenn mithin gem. Art. 68 lit. m EU-ErbVO die Rechte und Vermögenswerte, die einem bestimmten dinglichen Vermächtnisnehmer zustehen, im ENZ aufzuführen sind, so ergibt sich aus dieser Angabe ausschließlich das sich aus dem Erbstatut ergebende **Recht des Vermächtnisnehmers** auf diese Gegenstände. Darüber, **wie** diese Gegenstände auf den Vermächtnisnehmer übergehen, entscheidet hingegen das Einzelstatut, also je nach Art des betroffenen Rechts das Sachenstatut, das Forderungsstatut etc. Der Person, die das ENZ ausstellt, wird es kaum möglich sein, die dinglichen Folgen eines Vermächtnisses hinsichtlich des in einem anderen Mitgliedstaat belegenen Nachlasses im Einzelnen zu beurteilen. Daraus folgt zwingend, dass sich auf einen bestimmten Gegenstand beziehende Vermächtnisse im ENZ **vollständig aufzuführen** sind. Ob diese dann nach der jeweiligen *lex rei sitae* ipso iure zum Eigentumserwerb des Vermächtnisnehmers führen oder ob hierzu ein wie auch immer gearteter Vollzug durch den Erben erforderlich ist, ergibt sich dann nicht aus dem ENZ, sondern ist vor Ort vom Rechtsverkehr nach den dort geltenden sachenrechtlichen Regeln zu beurteilen.[15]

14

---

11 Ausführlicher zu dieser – gegenwärtig noch sehr umstrittenen – Frage § 3 Rn 106.
12 Vgl. hierzu auch Erwägungsgrund 47 S. 3 EU-ErbVO: „In einigen Rechtsordnungen kann der Vermächtnisnehmer einen unmittelbaren Anteil ‚am Nachlass' erhalten, (…)."
13 *Legs universel* bzw. *legs à titre universel* – siehe dazu § 3 Rn 109.
14 *Buschbaum/Simon*, ZEV 2012, 527; *Dörner*, ZEV 2012, 509; *Hertel*, DNotZ 2012, 691; *Kunz*, GPR 2012, 255; *Remde*, RNotZ 2012, 65; *Buschbaum/Simon*, NJW 2012, 2394; *Wilsch*, ZEV 2012, 531; krit. zu dieser Ansicht *Dutta*, FamRZ 2013, 12.
15 Anders *J. Schmidt*, ZEV 2014, 389, nach deren Ansicht ein Vermächtnis bei Geltung deutschen Erbstatuts im ENZ nicht verlautbart werden kann. Dabei übersieht sie freilich, dass auch bei Geltung deutschen Erbrechts ein Vermächtnis – z.B. hinsichtlich in Italien belegener Nachlassgrundstücke – zum unmittelbaren Eigentumserwerb durch den Vermächtnisnehmer führen kann, so dass dieser ein ENZ benötigt, um sich dem Immobilienregister gegenüber als Eigentümer ausweisen zu können.

15 Eine **Schenkung von Todes wegen** und eine **Schenkung auf den Todesfall** bewirken eine (aufschiebend bedingte) Übertragung in den schuldrechtlichen und sachenrechtlichen Formen eines Rechtsgeschäfts unter Lebenden. Da hier keine Rechtsnachfolge von Todes wegen (Art. 1 Abs. 1 EU-ErbVO), also im Wege der gewillkürten Erbfolge durch Verfügung von Todes wegen oder im Wege der gesetzlichen Erbfolge (Art. 3 Abs. 1 lit. a EU-ErbVO), stattfindet, unterfällt sie nicht der EU-ErbVO. Diese sind damit auch **im ENZ nicht** zu erwähnen.

C. Wirkungen des Europäischen Nachlasszeugnisses

I. Legitimationswirkungen

16 Das ENZ ist mit mehreren Wirkungen versehen:
– Das Zeugnis dient dem Nachweis der Stellung als Erbe bzw. dinglicher Vermächtnisnehmer, der Zuweisung eines bestimmten Vermögenswertes oder der Befugnisse als Testamentsvollstrecker bzw. Nachlassverwalter, Art. 63 Abs. 2 EU-ErbVO (**Beweiswirkung**).
– Es wird bis zum Beweis des Gegenteils vermutet, dass das ENZ diese Umstände[16] zutreffend ausweist, Art. 69 Abs. 2 S. 1 EU-ErbVO (**Beweisfunktion**).[17]
– Ferner wird vermutet, dass die Person, die im Zeugnis als Erbe oder Testamentsvollstrecker genannt ist, diese Rechtsstellung hat, Art. 69 Abs. 2 S. 2 EU-ErbVO (**Legitimationswirkung**).
– Wer gutgläubig an eine im ENZ als zur Entgegennahme der Leistung bezeichnete Person leistet, wird von seiner Verbindlichkeit frei, Art. 69 Abs. 3 EU-ErbVO. Wer von der Person, die im ENZ als Erbe, Vermächtnisnehmer, Testamentsvollstecker oder Nachlassverwalter genannt ist, Nachlassgegenstände erwirbt, kann gutgläubig erwerben, Art. 69 Abs. 4 EU-ErbVO (**Gutglaubenswirkung**).

17 Diese Wirkungen sind aus dem deutschen Erbscheinsrecht bekannt. Eine Abweichung zum deutschen Recht ergibt sich aber daraus, dass Legitimations- und Gutglaubenswirkung nicht erst bei „positiver" Kenntnis der Unrichtigkeit (so § 2366 BGB), sondern schon bei grob fahrlässiger Unkenntnis der Unrichtigkeit entfallen (Art. 69 Abs. 3 und 4 EU-ErbVO). Ob sich diese Abweichung in der Praxis in einer erheblichen Anzahl von Fällen auswirkt, muss sich noch zeigen.

18 Insoweit könnte man im deutschen Rechtsverkehr daran denken, das **ENZ** wegen seiner schwächeren Schutzwirkungen[18] **zurückzuweisen** und sicherheitshalber auf der Vorlage eines **BGB-Erbscheins** zu bestehen.[19] Bei Ausstellung des ENZ durch ein deutsches Gericht könnte man dazu auf Art. 62 Abs. 3 S. 1 EU-ErbVO verweisen, wonach das ENZ nicht an die Stelle der innerstaatlichen Erbnachweise tritt. Nach Ausstellung eines ENZ zur Verwendung im Ausland entfaltet das **ENZ** seine Beweis- und sonstigen Wirkungen gem. Art. 62 Abs. 3 S. 2, 69 EU-ErbVO aber **auch im Inland**. Das ENZ kann gem. Art. 63 Abs. 2 lit. a EU-ErbVO zum Nachweis der Rechte jedes Erben verwandt werden und stellt gem. Art. 63 Abs. 5 EU-ErbVO ein wirksames Schriftstück zur Eintragung in ein Register dar.

---

16 Die deutsche Sprachfassung spricht hier ungeschickt von „Sachverhalten", obgleich es sich nicht um den Sachverhalt im eigentlichen Sinn, sondern um Rechtsfolgen handelt. Klarer die englische Version („*elements*") bzw. die französische („*éléments*").
17 Vgl. die Differenzierung bei *Steiner*, Österreichische Notariatszeitung (NZ) 2012, 112.
18 Dazu, dass die Schutzwirkungen des ENZ effektiv weiter gehen als bei dem deutschen Erbschein, siehe Rn 23.
19 Dazu *Buschbaum/Simon*, ZEV 2012, 528.

Aus EG 69 S. 3 EU-ErbVO ergibt sich, dass eine Person, der ein in einem anderen Mitgliedstaat ausgestelltes ENZ vorgelegt wird, die Vorlage weiterer Nachweise nicht verlangen kann.[20] Daraus ergibt sich im Umkehrschluss, dass allein bei Vorlage eines im Inland ausgestellten ENZ jemand auf der Vorlage eines BGB-Erbscheins bestehen darf.

Ist das ENZ dagegen in einem anderen Mitgliedstaat ausgestellt worden, so würde ein Recht auf Zurückweisung des ENZ nicht nur dem Sinn von Art. 62, 69 EU-ErbVO widersprechen. Sind nach den Art. 4 ff. EU-ErbVO die Behörden eines anderen Mitgliedstaates international zuständig, so fehlt den deutschen Nachlassgerichten die internationale Zuständigkeit.[21] Dann kann auch kein BGB-Erbschein mehr ausgestellt werden.

19

II. Voraussetzungen für den Gutglaubensschutz

Wer sich auf den Schutz des guten Glaubens beruft, muss gem. Art. 69 Abs. 3 und 4 EU-ErbVO „auf der Grundlage der in dem Zeugnis enthaltenen Angaben" gehandelt haben. Ihm muss also der Inhalt des ENZ – z.B. über eine von der Behörde ausgestellte Abschrift – bekanntgemacht worden sein (**konkreter Gutglaubensschutz**). Nach der Rechtsprechung zum BGB-Erbschein hingegen genügt es für den Gutglaubensschutz, dass ein entsprechender Erbschein überhaupt ausgestellt worden ist (**abstrakter Gutglaubensschutz**).[22]

20

Unklar bleibt dabei, was im Einzelnen **Träger des guten Glaubens** sein soll. Art. 69 Abs. 3, 4 EU-ErbVO verlangt ein Handeln „auf der Grundlage der in dem Zeugnis enthaltenen Angaben". Nachdem das Zeugnis in den Nachlassakten verbleibt (siehe Rn 41), wird ein Handeln aufgrund eigener unmittelbarer Einsichtnahme in das ENZ praktisch kaum vorkommen. Vielmehr wird der Inhalt des ENZ Dritten regelmäßig erst durch die vom Nachlassgericht ausgestellten Abschriften zugänglich gemacht werden. Da eine Abschrift nach Widerruf des Zeugnisses nicht eingezogen wird (siehe Rn 45), kann es vorkommen, dass diese auch schon vor Ablauf des Verfallsdatums mit dem Inhalt der Urschrift des Zeugnisses nicht mehr übereinstimmt. Der Dritte, der sich auf die Richtigkeit verlässt, handelt dann nicht mehr auf der Basis „der in dem Zeugnis enthaltenen Angaben", sondern auf der Basis der Angaben in der Abschrift. Folge wäre, dass nur der den vollen Schutz seines guten Glaubens erhielte, der sich eine aktuelle Abschrift vorlegen lässt. Das entspricht der Situation beim Handelsregisterauszug. Freilich sind die nachlassgerichtlichen Akten anders als das Handelsregister nicht öffentlich einsehbar. Auch würde die Angabe des sechsmonatigen „Verfallsdatums" keinen Sinn machen, wenn die Abschriften schon vorher mit Widerruf oder der Änderung des ENZ ihre Gutglaubenswirkungen verlören.[23] Man wird die Klausel wohl dahingehend auslegen müssen, dass es für den Dritten auf den **Inhalt des ENZ an dem Tag ankommt**, an dem die **Abschrift erstellt** wurde, auf deren Grundlage er gehandelt hat. Er kann sich dann also auf die Abschrift verlassen, solange das Gültigkeitsdatum noch nicht verstrichen ist.

21

---

20 A.A. *Buschbaum*, in: Hager, Die neue europäische Erbrechtsverordnung, S. 63.
21 A.A. *Dörner*, ZEV 2012, 512, der darauf hinweist, dass die Zuständigkeit zur Ausstellung nationaler Zeugnisse auch bei internationalen Sachverhalten unberührt bleibe und die deutschen Nachlassgerichte weiterhin Fremdrechtserbscheine ausstellen könnten. So auch *Buschbaum*, in: Hager, Die neue europäische Erbrechtsverordnung, S. 57.
22 Der Dritte muss vom Vorhandensein des Erbscheins nicht einmal Kenntnis gehabt haben, *Lange/Kuchinke*, Erbrecht, 5. Aufl. 2001, § 39 VII 1, S. 1031 unter Verweisung auf BGH v. 13.6.1990 – IV ZR 241/89, DNotZ 1991, 545.
23 So *Buschbaum/Simon*, ZEV 2012, 527.

22 Aus dieser Auslegung lässt sich auch die Frage beantworten, wie bei **einander widersprechenden ENZ** zu verfahren ist: Auf der Basis der EU-ErbVO ergibt sich die Zuständigkeit der Behörden eines einzigen Staates, so dass eine konkurrierende Zuständigkeit der Behörden mehrerer Länder, die gegensätzlich entscheiden könnten, grundsätzlich ausscheidet. Unterschiedliche Ansichten bei der Bestimmung des gewöhnlichen Aufenthalts i.S.v. Art. 4 EU-ErbVO können aber in Einzelfällen dazu führen, dass Behörden mehrerer Staaten in demselben Fall ihre Zuständigkeit zur Ausstellung eines ENZ bejahen.[24] Weitaus wahrscheinlicher ist freilich das Kursieren einander widersprechender Abschriften nach einer Änderung des ENZ, da nach Widerruf des ENZ keine Einziehung der Abschriften des widerrufenen ENZ vorgesehen ist (siehe Rn 43).[25]

23 Legt man den Wortlaut des Art. 69 Abs. 3 EU-ErbVO dahin aus, dass der Gutglaubensschutz an die Vorlage einer entsprechenden Abschrift gebunden ist, führt das Kursieren der Abschriften mehrerer ENZ zu einander widersprechenden Gutglaubenstatbeständen.[26] Weiß der Dritte von einem abweichenden ENZ, dürfte er **grob fahrlässig** handeln, wenn er sich auf die Abschrift eines widerrufenen ENZ verlässt. Da beim BGB-Erbschein hingegen der Gutglaubensschutz bereits mit dem Erlass eines abweichenden Erbscheins erlöschen kann, geht der Gutglaubensschutz bei Vorlage der Abschrift eines ENZ in diesem Falle also weiter als nach BGB. Das Risiko der Unrichtigkeit des ENZ wird so nicht dem Dritten, sondern den Nachlassbeteiligten auferlegt, die durch Mitwirkung im Verfahren den Erlass eines unrichtigen ENZ verhindern können.[27]

III. Die Verwendung des Europäischen Nachlasszeugnisses im deutschen Grundbuchverfahren

24 Gemäß § 29 GBO kann im deutschen Grundbuchverfahren ein Nachweis der Erbfolge nur durch öffentliche Urkunde geführt werden. Gemäß § 35 Abs. 1 S. 2 GBO kann dies durch öffentlich beurkundetes Testament samt gerichtlicher Eröffnungsniederschrift erfolgen. Regelmäßig wird die Erbfolge aber gem. § 35 Abs. 1 S. 2 GBO durch Erbschein nachgewiesen. Hierunter wurde bislang ausschließlich der von einem deutschen Nachlassgericht ausge-

---

24 Freilich dürfte regelmäßig die notwendige Beteiligung aller Berechtigten und Beteiligten (Art. 66 Abs. 4 EU-ErbVO) ausschließen, dass beide Verfahren enden, ohne dass ein Gericht von dem anderen Verfahren Kenntnis erlangt.
25 Unabhängig davon könnte sich bei internationaler Zuständigkeit allein der deutschen Nachlassgerichte ein Tätigwerden mehrerer Gerichte bei mehrfachem Wohnsitz in Deutschland ergeben, § 343 Abs. 1 FamFG, § 7 BGB. Bei Übertragung der Zuständigkeit auf Notare ergäbe sich ebenfalls eine konkurrierende Zuständigkeit der Notare, selbst dann, wenn nur die Notare am letzten Wohnsitz des Erblassers zuständig sein sollten.
26 Beim BGB-Erbschein heben, sobald Erbscheine widersprechenden Inhalts ausgestellt worden sind, nach in Deutschland überwiegender Ansicht die Wirkungen sich gegenseitig auf, soweit der Widerspruch reicht, BGH DNotZ 1991, 545; Palandt/*Weidlich*, § 2366 BGB Rn 3. Nachdem freilich nach dem BGH der Gutglaubensschutz die Kenntnis vom Erbschein nicht voraussetzt, ist es nur konsequent, wenn bei Ausstellung mehrerer Erbscheine die Kenntnis auch des widersprechenden Erbscheins unterstellt wird.
27 Nach *Buschbaum/Simon*, ZEV 2012, 528 soll in diesem Fall der Gutglaubensschutz wie beim deutschen Erbschein vollständig entfallen. Sie gehen davon aus, dass – wie beim deutschen Erbschein – bereits die abstrakte Existenz eines entsprechenden ENZ den guten Glauben schützt, selbst wenn der Dritte hiervon nichts wusste.

stellte Erbschein verstanden.[28] Hintergrund ist zum einen, dass nur der von einem deutschen Nachlassgericht ausgestellte Erbschein gewährleistet, dass die Erbfolge unter Zugrundelegung des nach deutschem IPR anzuwendenden materiellen Erbrechts ermittelt wurde. Zum anderen kann das deutsche Grundbuchamt nur bei einem deutschen Erbschein wissen, dass dieser die vom deutschen BGB vorgesehenen und damit mittelbar von der deutschen GBO vorausgesetzten Wirkungen entfaltet.

Aus Art. 69 Abs. 5 EU-ErbVO ergibt sich nun, dass das in einem Mitgliedstaat (einschließlich Deutschland selbst) ausgestellte ENZ im Hinblick auf Eintragungen in ein nationales Register die **vollen Legitimationswirkungen** entfaltet.[29] Dies dürfte wohl selbst dann gelten, wenn es sich (was kaum vorstellbar ist) um keine öffentliche Urkunde i.S.v. § 29 GBO handeln sollte. Daher ist § 35 GBO durch das deutsche Ausführungsgesetz zur EU-ErbVO dahingehend geändert worden, dass ein in einem Mitgliedstaat der EU ausgestelltes ENZ ohne weitere Voraussetzungen als Nachweis für die Grundbuchberichtigung anzuerkennen ist (Art. 6 des Gesetzes v. 29.6.2015, BGBl I, 1042, 1054).

D. Zuständigkeit zur Ausstellung des Europäischen Nachlasszeugnisses

I. Internationale Zuständigkeit

Die internationale Zuständigkeit zur Ausstellung des ENZ folgt der gerichtlichen Zuständigkeit im streitigen Verfahren, Art. 64 EU-ErbVO. Zuständig sind die Gerichte des Staates, in dem der Erblasser seinen gewöhnlichen Aufenthalt hatte, Art. 4 EU-ErbVO. Da das Erbstatut gem. Art. 21 Abs. 1 EU-ErbVO an den **letzten gewöhnlichen Aufenthalt** des Erblassers angeknüpft wird, können diese Behörden die Erbfolge regelmäßig nach ihrem eigenen Recht beurteilen.

Hatte der Erblasser gem. Art. 22 EU-ErbVO für die Erbfolge sein **Heimatrecht gewählt**, so können gem. Art. 7 EU-ErbVO unter bestimmten weiteren Bedingungen die Gerichte des Heimatstaates das ENZ erteilen, wenn z.B. die Beteiligten eine Gerichtsstandsvereinbarung treffen, sie sich auf ein im Heimatstaat eingeleitetes Verfahren einlassen oder wenn das Gericht des Aufenthaltsstaates davon überzeugt ist, dass die Gerichte des Heimatstaates in der Sache besser entscheiden können und ein Verfahrensbeteiligter einen Antrag auf Abgabe der Sache stellt.

Hatte der Erblasser seinen gewöhnlichen Aufenthalt in einem **Drittstaat**, so ergibt sich aus Art. 4 EU-ErbVO keine Zuständigkeit der Gerichte eines Mitgliedstaates. Gemäß Art. 10 Abs. 1 EU-ErbVO sind in diesem Fall die Gerichte des Mitgliedstaates, dessen Staatsangehörigkeit er besaß oder – ersatzweise – in dem er in den letzten fünf Jahren vor seinem Tode seinen gewöhnlichen Aufenthalt hatte, für den Nachlass in der gesamten EU zuständig. Theoretisch ergibt sich hieraus eine mehrfache Zuständigkeit, sollte der Erblasser in den letzten fünf Jahren in mehr als einem Mitgliedstaat seinen gewöhnlichen Aufenthalt gehabt haben. Da er aber mit gewöhnlichem Aufenthalt in einem Drittstaat verstorben ist, müsste er in den letzten fünf Jahren mindestens zwei Mal den gewöhnlichen Aufenthalt grenzüberschreitend (erst innerhalb der Mitgliedstaaten und dann in einen Drittstaat) verlegt haben.

---

28 *Roth*, in: Meikel, Grundbuchordnung, 10. Aufl. 2009, § 35 Rn 42; *Schöner/Stöber*, Grundbuchrecht, 15. Aufl. 2012, Rn 800; BayObLG FamRZ 1991, 1237 (Schweizer Erbschein). Für die Anerkennung ausländischer (Schweizer) Erbscheine im Grundbuchverfahren *Kaufhold*, ZEV 1997, 399.
29 *J. Schmidt*, ZEV 2014, 393.

Das erscheint angesichts der strengen Anforderungen der EU-ErbVO[30] an die Begründung eines gewöhnlichen Aufenthalts kaum vorstellbar. Eher wird es in der Praxis zu einer mehrfachen Zuständigkeit kommen, weil der Erblasser die Staatsangehörigkeit mehrerer Mitgliedstaaten besaß.

Beispiel: Ist ein Schwabe mit Firmenbeteiligungen in Deutschland, Italien und Frankreich nach Eintritt in den Ruhestand mit seiner aus den USA stammenden Lebensgefährtin von Heilbronn nach Florida übersiedelt, um dort seinen Ruhestand zu verbringen, so bleiben die deutschen Nachlassgerichte für die Erbfolge nach der US-amerikanischen Lebensgefährtin fünf Jahre lang weiter zuständig. Für ihn bleibt die Zuständigkeit aufgrund seiner deutschen Staatsangehörigkeit so lange erhalten, wie er die deutsche Staatsangehörigkeit beibehält.

II. Zuständigkeit ausschließlich für den im Inland belegenen Nachlass?

29   Führt weder der gewöhnliche Aufenthalt des Erblassers noch seine Staatsangehörigkeit zur Zuständigkeit der Gerichte eines Mitgliedstaates, so sind gem. Art. 10 Abs. 2 EU-ErbVO die Gerichte jedes Mitgliedstaates gegenständlich beschränkt für das jeweils dort belegene Vermögen zuständig. Hinterlässt also z.B. ein US-Amerikaner mit gewöhnlichem Aufenthalt in Texas Eigentumswohnungen in Nizza, Rimini, Genf und Tübingen, so ergibt sich nebeneinander eine internationale gerichtliche Zuständigkeit der französischen, italienischen und deutschen Behörden, beschränkt auf die jeweils in Frankreich, Italien und Deutschland belegenen Nachlassteile.

30   Das ENZ wird gem. Art. 62 Abs. 1 EU-ErbVO „zur Verwendung in einem anderen Mitgliedstaat" ausgestellt. Da nach Art. 10 Abs. 2 EU-ErbVO die internationale Zuständigkeit auf den inländischen Nachlass beschränkt ist, darf das Gericht in diesem Fall einen Erbnachweis ausschließlich in Bezug auf den im Inland belegenen Nachlass ausstellen. Eine Ausstellung eines ENZ für die Abwicklung im Ausland scheidet damit aus. Das deutsche Gericht dürfte im Beispielsfall also allein einen BGB-Erbschein ausstellen. Auch hierfür muss sich m.E. die nachlassgerichtliche internationale Zuständigkeit nicht aus §§ 343, 105 FamFG, sondern aus dem hierzu vorrangigen Art. 10 Abs. 2 EU-ErbVO ergeben.[31] Damit ist die Ausstellung eines „Welterbscheins" – der im Beispielsfall die Immobilien in Nizza und Rimini erfassen würde – ausgeschlossen. Man könnte allenfalls daran denken, ob nicht zumindest der in der Schweiz belegene Nachlass abgehandelt werden könnte – ist insoweit doch kein anderer Mitgliedstaat betroffen. Aus Art. 11 EU-ErbVO i.V.m. Art. 10 Abs. 2 EU-ErbVO ergibt sich aber, dass selbst dann, wenn der Nachlass ausschließlich in Drittstaaten belegen ist, die Gerichte eines Mitgliedstaates nur in „Notfällen" tätig werden dürfen. Daher darf über die Zuständigkeit aus Art. 10 Abs. 2 EU-ErbVO auch kein Drittstaatsvermögen abgehandelt werden, mithin ein BGB-Erbschein ausschließlich als Inlandserbschein gem. § 2369 BGB erteilt werden.

III. Sachliche und örtliche Zuständigkeit

1. Sachliche Zuständigkeit

31   Die EU-ErbVO regelt ausschließlich die internationale Zuständigkeit, Art. 2 EU-ErbVO. Die sachliche Zuständigkeit regeln die Mitgliedstaaten. Dabei gibt die EU-ErbVO den

---

30 Vgl. dazu § 2 Rn 5 ff.
31 A.A. aber z.B. *Buschbaum*, in: Hager, Die neue europäische Erbrechtsverordnung, S. 60.

nationalen Ausführungsgesetzgebern einen weiten Spielraum. Die Ausstellung des ENZ kann gem. Art. 64 lit. a EU-ErbVO nicht nur an „Gerichte" i.S.v. Art. 3 Abs. 2 EU-ErbVO delegiert werden, also an Gerichte und alle sonstigen Behörden und an „Angehörige von Rechtsberufen mit Zuständigkeiten in Erbsachen", die gerichtliche Funktionen ausüben oder in Ausübung einer Befugnisübertragung durch ein Gericht oder unter der Aufsicht eines Gerichts handeln. Auch andere „Behörden", die nach innerstaatlichem Recht für Erbsachen zuständig sind, können gem. Art. 64 lit. b EU-ErbRVO beauftragt werden. So wird z.B. erwartet, dass in **Frankreich** die Notare, die schon bislang mit der Ausstellung des zum Nachweis der Erbenstellung verwandten *actes de notoriété* betraut waren, künftig das ENZ ausstellen werden. In **Deutschland** wird die sachliche Zuständigkeit in § 34 Abs. 2 IntErbRVG (Art. 1 d. G. vom 29.6.2015, BGBl I, 1042; Text siehe CD-ROM unter Rubrik „Europa") den Amtsgerichten als Nachlassgerichten unter Mitwirkung der Notare bei der Antragstellung[32] zugewiesen. Vorschlägen aus der Lehre, die Zuständigkeit – wie z.B. in internationalen Adoptionsverfahren gem. § 187 FamFG – zur Ermöglichung einer Spezialisierung der damit befassten Richter für jeden OLG-Bezirk bei den Amtsgerichten zu konzentrieren, in deren das OLG seinen Sitz hat, ist der Bundesgesetzgeber nicht gefolgt.

Offen ist insbesondere, wer in den **skandinavischen Staaten** mit der Ausstellung des ENZ betraut werden wird. Dort ist bislang kein öffentlicher Nachweis der Erbenstellung bekannt. Bei dem von den Nachlassbeteiligten für das Finanzamt unter Herbeiziehung von Zeugen aufgestellten und gegebenenfalls mit Eid versehenen Nachlassinventar[33] handelt es sich um eine Privaturkunde, die von keinem Gericht oder einer Behörde i.S.v. Art. 64 EU-ErbVO ausgestellt wird. Daher kann in einem solchen Verfahren kein ENZ erstellt werden.[34] Vielmehr wird man in diesen Ländern Zuständigkeit und Verfahren durch gesetzliche Zuweisung an eine Behörde oder ein Gericht quasi „aus dem Nichts heraus" schaffen müssen. 32

2. Örtliche Zuständigkeit

Auch die örtliche Zuständigkeit ist gem. Art. 2 EU-ErbVO Gegenstand des nationalen Rechts. In **Deutschland** enthalten die §§ 34 ff. IntErbRVG hierzu Regeln, die dem § 343 FamFG entlehnt worden sind. Die örtliche Zuständigkeit des Nachlassgerichts zur Ausstellung des ENZ ergibt sich gem. § 34 Abs. 3 IntErbRVG nun vorrangig aus dem letzten gewöhnlichen Aufenthalt des Erblassers. 33

E. Verfahren bei der Ausstellung des Europäischen Nachlasszeugnisses

I. Antragsberechtigung

Den Antrag auf Ausstellung eines ENZ können die **Erben**, Vermächtnisnehmer mit unmittelbarer Berechtigung am Nachlass, Testamentsvollstrecker und Nachlassverwalter stellen, Art. 65 Abs. 1 EU-ErbVO. 34

---

32 Vgl. Erwägungsgrund 70 S. 3 EU-ErbVO, wonach die Ausstellungsbehörde andere Stellen insbesondere mit der Entgegennahme von eidesstattlichen Versicherungen betrauen kann.
33 Dazu *M. Wenckstern*, in: Basedow/Hopt/Zimmermann, Handwörterbuch des Europäischen Privatrechts, 2009, Band II, 415 Stichwort „Erbschein".
34 Nachdem es sich also schon um kein ENZ i.S.v. Art. 64 EU-ErbVO handelt, sind die auf § 29 GBO gestützten Vorbehalte gegen die Verwendung solcher ENZ im deutschen Grundbuchverfahren (*Schöner/Stöber*, Grundbuchrecht, 15. Aufl. 2012, Rn 3137a Anm. 29) m.E. überflüssig.

35 Für **Gläubiger des Erben** ist in der EU-ErbVO – anders als in §§ 792, 896 ZPO – kein Antragsrecht vorgesehen. Fraglich ist hier, ob man die §§ 792, 896 ZPO vollstreckungsrechtlich qualifizieren könnte, so dass im deutschen Verfahren vollstreckende Gläubiger die Ausstellung eines ENZ beantragen könnten.[35] Der Kreis der Antragsberechtigten bleibt m.E. aber ohne Rücksicht darauf, in welchem Regelungszusammenhang er bestimmt oder erweitert wird, eine Frage des Nachlassverfahrens und nicht des Vollstreckungsverfahrens. Das Gleiche gilt für die Frage, ob das Antragsrecht gepfändet und die Ausübung dem Gläubiger überlassen werden kann. Die Regelung in Art. 65 Abs. 1 EU-ErbVO ist damit abschließend, die §§ 792, 896 ZPO können hier keine Antragsberechtigung für weitere Personen begründen. Jedenfalls aber könnte ein Erbengläubiger mit seinem Vollstreckungstitel ein „berechtigtes Interesse" i.S.v. Art. 70 Abs. 1 EU-ErbVO nachweisen und daher von einem bereits erteilen ENZ eine Abschrift (siehe Rn 41) beantragen.

36 Das ENZ wird gem. Art. 62 Abs. 1 EU-ErbVO zur **Verwendung im Ausland** ausgestellt. Hintergrund ist der **Subsidiaritätsgrundsatz**. Die beschränkte Gesetzgebungskompetenz der Europäischen Union verlangt, dass neu geschaffene Instrumente ausschließlich im grenzüberschreitenden Rechtsverkehr eingesetzt werden. Ansonsten würde das ENZ im Inland vollständig mit den entsprechenden nationalen Erbnachweisen konkurrieren bzw. in solchen Ländern, die einen entsprechenden Nachweis bislang nicht kennen (wie z.B. Italien[36]), einen entsprechenden Nachweis auch für den rein nationalen Verkehr schaffen.

37 Das ENZ stellt gem. Art. 62 Abs. 3 S. 1 EU-ErbVO ein eigenes Rechtsinstrument dar, das **nicht an die Stelle der innerstaatlichen Nachweise** tritt. Nationale Erbnachweise bleiben also weiterhin neben dem ENZ bestehen, so dass die Erben die Wahl haben, ob sie ein Zeugnis nationalen Rechts oder ein ENZ beantragen.

38 Die Antragsberechtigung verlangt nicht das Vorhandensein von Nachlass im Ausland. Es genügt, dass der Antragsteller das Zeugnis zur Verwendung in einem anderen Mitgliedstaat benötigt (Art. 62 Abs. 1 EU-ErbVO) und dies im Antrag darlegt (Art. 65 Abs. 3 lit. f EU-ErbVO). Ist das Zeugnis einmal ausgestellt worden, so kann man es auch in dem Mitgliedstaat verwenden, der das Zeugnis ausgestellt hat, Art. 62 Abs. 3 S. 2 EU-ErbVO. Im praktischen Gebrauch ist das ENZ also durchaus fähig, den nationalen Erbnachweis zu ersetzen. Wenn der Erbe ein ENZ erhalten hat, so benötigt er zum Erbnachweis auch im deutschen Inland keinen BGB-Erbschein mehr.

39 Ob die Möglichkeit einer „Umgehung" der Vorschriften über die Abwicklung inländischer Nachlässe verlangt, dass die **beabsichtigte Verwendung im Ausland bewiesen** werden muss,[37] ist fraglich. In der deutschen Praxis werden schon das erheblich ausführlichere Formular und das voraussichtlich kompliziertere Verfahren für das ENZ dafür sorgen, dass kaum ein Erbe das ENZ beantragen wird, wenn er davon ausgeht, dass er den Nachlass auch mit einem BGB-Erbschein abwickeln kann. Das mag in Staaten ohne oder mit einem „schwachen" Erbnachweis anders sein. Dort könnten die Vorzüge der Verwendung des ENZ bei der Abwicklung von Nachlässen den nationalen Gesetzgeber dazu zwingen, ein vergleichbares Rechtsinstitut nach nationalem Recht zu schaffen oder aber das ENZ auch für die Abwicklung rein nationaler Erbfälle zuzulassen.

---

35 So der Vorschlag von *Buschbaum/Simon*, ZEV 2012, 525.
36 Zur Rechtslage in Italien vgl. *Cubbeddu-Wiedemann/Wiedemann*, Länderbericht Italien Rn 223.
37 *Simon/Buschbaum*, NJW 2012, 2397.

II. Ausstellung des Zeugnisses

Die zuständige Behörde stellt, sobald sie die zu bezeugenden Umstände festgestellt hat und weder Einwände gegen den zu bescheinigenden Inhalt rechtshängig sind noch eine Entscheidung ergangen ist, die mit dem Zeugnis unvereinbar ist, gem. Art. 67 Abs. 1 S. 2 EU-ErbVO unverzüglich das ENZ aus. Sie hat[38] dafür ein von einem Ausschuss erstelltes einheitliches Formblatt zu verwenden.[39] Fraglich ist die Rechtsfolge, wenn das **Formblatt nicht verwandt** worden ist. Nach Ansicht von *Wilsch*[40] soll ein ENZ nicht wirksam erteilt sein. Das erscheint mir fraglich. Zum einen wird die Definition des Zwecks des ENZ durch den Antragsteller zur Folge haben, dass jedes ENZ seinen eigenen Aufbau hat und verschiedene Kategorien nicht ausgefüllt werden bzw. fehlen (vgl. dazu Rn 6). Zudem wird das Formblatt voraussichtlich in regelmäßigen Abständen nach den zwischenzeitlich gewonnenen Erfahrungen angepasst werden, so dass sich schon die Frage stellt, ob auch schon die Verwendung eines nicht mehr aktuellen Formulars zur Nichtigkeit des ENZ führt. Das spricht dafür, weniger formalistisch zu verfahren. Entscheidend sollte sein, dass das Zeugnis eindeutig als ENZ nach der EU-ErbVO erkennbar ist und die in Art. 68 EU-ErbVO vorgeschriebenen Angaben enthält.

40

Das ENZ wird dem Antragsteller – anders als ein Erbschein nach BGB – nicht ausgehändigt, sondern verbleibt in den **Akten der Nachlassbehörde** („okkultes Zeugnis"). Der Antragsteller – und alle weiteren Personen, die ein berechtigtes Interesse nachweisen (siehe Rn 35) – erhalten auf Antrag je nach Bedarf eine oder mehrere **beglaubigte Abschriften** des Zeugnisses. Um einen Missbrauch eines inhaltlich unrichtigen ENZ zu erschweren, wird auf den Kopien ein „**Ablaufdatum**" angegeben, das regelmäßig **sechs Monate nach Ausstellung** liegt, Art. 70 Abs. 3 EU-ErbVO.

41

III. Korrektur unrichtiger Zeugnisse

Schreibfehler im ENZ berichtigt die Ausstellungsbehörde von Amts wegen und auf Antrag eines Betroffenen, Art. 71 Abs. 1 EU-ErbVO. Bei sonstigen – also **inhaltlichen** – Fehlern erfolgt ausschließlich auf **Antrag** eine **Änderung** oder ein **Widerruf** des ENZ. Eine Berichtigung von Amts wegen kommt nur dann in Betracht, wenn diese nach dem für die Behörde geltenden innerstaatlichen Verfahrensrecht möglich ist, Art. 71 Abs. 2 EU-ErbVO.

42

Die von der Ausstellungsbehörde gem. Art. 70 EU-ErbVO ausgestellten beglaubigten Abschriften werden weder widerrufen noch eingezogen. Es ist lediglich vorgesehen, dass sämtliche Personen, denen eine Abschrift ausgestellt wurde, über die Berichtigung, die Änderung bzw. den Widerruf des Zeugnisses **benachrichtigt** werden. Diese werden dadurch **bösgläubig**, aber an einem **Missbrauch der Abschrift** nicht gehindert.

43

Solange wie die Ausstellungsbehörde einen Antrag auf Änderung oder Widerruf des ENZ prüft oder das Rechtsmittelgericht ein Rechtsmittel gegen die Erteilung eines ENZ prüft, können die **Wirkungen des ENZ ausgesetzt** werden, Art. 73 EU-ErbVO. Die Aussetzung

44

---

38 „Die ausstellende Behörde ist … *verpflichtet*, das Formblatt zu verwenden" (*Janzen*, Die EU-Erbrechtsverordnung, DNotZ 2012, 492 – Hervorhebung im Original).

39 Für den Entwurf gilt das gleiche Verfahren wie für die Erstellung des Formulars für den Antrag, Art. 81 Abs. 2 EU-ErbVO i.V.m. Art. 4 der Verordnung (EU) Nr. 182/2011 des Europäischen Parlaments und des Rates vom 16.2.2011 zur Festlegung der allgemeinen Regeln und Grundsätze, nach denen die Mitgliedstaaten die Wahrnehmung der Durchführungsbefugnisse durch die Kommission kontrollieren (ABl EU 2011 L 55/13).

40 *Wilsch*, ZEV 2012, 530.

bedeutet, dass keine weiteren Abschriften von dem streitbefangenen ENZ ausgestellt werden dürfen. Sollten bereits Abschriften ausgestellt worden sein, so ist im Fall der Aussetzung lediglich eine Information an die Empfänger vorgesehen, Art. 73 Abs. 2 EU-ErbVO, nicht aber die Rückgabe an die Behörde.

45 Hierin liegt eine **Schwäche im System des ENZ**. Die Abschriften des als unrichtig eingezogenen oder wegen möglicher Unrichtigkeit ausgesetzten ENZ können noch so lange von den dort ausgewiesenen Berechtigten im Rechtsverkehr unter Ausnutzung der Gutglaubenswirkungen verwandt werden, bis die auf der Abschrift vermerkte „Mindesthaltbarkeitsdauer" abgelaufen ist. Dies ließe sich durch Einrichtung eines europaweiten Verzeichnisses für ENZ vermeiden. Anhand eines online einsehbaren Registers könnte sich jedermann nach Präsentation der Abschrift unter Angabe des Aktenzeichens tagesaktuell rückversichern, ob das ENZ noch bestandskräftig, bereits widerrufen oder aber ausgesetzt ist. Damit wäre der Gutglaubensschutz entlastet und die Berechtigten wären der Notwendigkeit enthoben, sich jedes Mal nach Auslaufen der Mindesthaltbarkeitsdauer eine neue Abschrift zu besorgen.

F. Neben dem Europäischen Nachlasszeugnis verbleibende Nachweismöglichkeiten

I. Erbnachweis in Altfällen

46 Gemäß Art. 83 Abs. 1 EU-ErbVO findet die Erbrechtsverordnung auf die Rechtsnachfolge von Personen Anwendung, die am 17.8.2015 oder danach verstorben sind. Daraus ergibt sich, dass auch nach dem Anwendungsstichtag für Erbfälle, die vor dem 17.8.2015 eingetreten sind, kein ENZ ausgestellt werden kann. Das überrascht zunächst. Es ist aber Konsequenz daraus, dass für diese Erbfälle sich das Erbstatut noch nach dem nationalstaatlichen IPR bestimmt, so dass hier die in der einheitlichen Rechtsanwendung liegende „Geschäftsgrundlage" für die gegenseitige Anerkennung des ENZ fehlt.

47 Es bleibt in diesen Fällen nur die Ausstellung eines Erbnachweises nach nationalem Recht. Hierfür könnte man an die gegenseitige Anerkennung nach den Regelungen über die gegenseitige Annahme öffentlicher Urkunden in Art. 59 EU-ErbVO denken, wonach die in einem Mitgliedstaat ausgestellten Urkunden bei Verwendung in einem anderen Mitgliedstaat die gleiche formelle Beweiskraft entfalten wie im Ursprungsmitgliedstaat. Fraglich ist die Anwendbarkeit aber schon deswegen, weil auch für diese Regeln mangels Eintritts des Erbfalls nach dem Anwendungsstichtag die Anwendbarkeit der EU-ErbVO gem. Art. 83 Abs. 1 EU-ErbVO nicht eröffnet ist. Zudem dürfte unabhängig davon, ob Art. 59 EU-ErbVO (bzw. Art. 39 EU-ErbVO) auf nationale Erbnachweise überhaupt Anwendung finden kann,[41] die „formelle Beweiskraft" bei einem Erbschein lediglich die Vermutung erfassen, dass das deutsche Nachlassgericht die Erbfolge entsprechend festgestellt hat (vgl. § 417 ZPO), nicht allerdings die besonderen „materiellen" Legitimations- und Gutglaubenswirkungen der §§ 2365 ff. BGB.[42] Letztere könnten den deutschen Erbscheinen bei Verwendung in einem anderen Mitgliedstaat daher nur dann zukommen, wenn das nationale IPR

---

41 Gegen eine Geltung von Kapitel IV (Anerkennung, Vollstreckbarkeit und Vollstreckung von Entscheidungen, Art. 39–58 EU-ErbVO) und Kapitel V (Öffentliche Urkunden und gerichtliche Vergleiche, Art. 59–61 EU-ErbVO); für nationale Erbnachweise *Dörner*, ZEV 2012, 512; *Hertel*, DNotZ 2012, 689; *Buschbaum*, in Hager, S. 57 f.

42 *Hertel*, DNotZ 2012, 689 Anm. 9. Im Ergebnis ebenso *Dörner*, ZEV 2012, 512, wenn auch mit abweichender Begründung.

bzw. IZPR des Verwendungsstaates für die Vermutungs- und Legitimationswirkungen sowie den Gutglaubensschutz auf die deutsche *lex fori* verweist.⁴³

Unbenommen bleibt dem Verwendungsstaat also die (freiwillige) Anerkennung als Nachweis. In der Vergangenheit erfuhren diese Anerkennung deutsche Erbscheine z.B. in der italienischen und luxemburgischen Bankenpraxis⁴⁴ oder bei den spanischen Grundstücksregistern. Insoweit wäre es seltsam, wenn die Einführung des ENZ dazu führen würde, dass in diesen Ländern deutsche Erbscheine nun nicht mehr akzeptiert werden würden.

II. Ausstellung eines deutschen Erbscheins neben einem ausländischen Europäischen Nachlasszeugnis?

Trotz der einheitlichen Bestimmung des Erbstatuts in den Art. 21 ff. EU-ErbVO ist eine einheitliche Rechtsanwendung noch nicht gewährleistet. So wird aufgrund der Lücken im vereinheitlichten europäischen IPR z.B. das Bestehen eines für die Erbfolge maßgeblichen familienrechtlichen Statusverhältnisses (Ehe, Abstammung, Adoption etc.) in den Mitgliedstaaten der EU weiterhin uneinheitlich beurteilt. Gerade bei gleichgeschlechtlichen Ehen, eingetragenen Lebenspartnerschaften und Privatscheidungen und bei der Bestimmung des auf den ehelichen Güterstand anwendbaren Rechts ist weiterhin mit erheblichen Unterschieden zu rechnen.⁴⁵ Teilweise wird daher in der Literatur verlangt, in diesen Fällen müsse weiterhin die Ausstellung eines BGB-Erbscheins auf der Basis der sich aus deutscher Sicht ergebenden Rechtslage möglich sein.⁴⁶

Diese Ansicht verkennt, dass sich gem. Art. 69 Abs. 5 EU-ErbVO die **Legitimationswirkungen** eines ENZ **europaweit** entfalten und damit auch in Deutschland anzuerkennen sind. Die EU-ErbVO sieht nicht einmal einen *ordre public*-Vorbehalt vor, mit dem sich die Behörden des Verwendungsstaates gegen ein aus ihrer Sicht grob fehlerhaftes Zeugnis wehren könnten.

War die Behörde eines anderen EU-Mitgliedstaates nach den Art. 4 ff. EU-ErbVO für die Ausstellung des ENZ zuständig, so ist wegen der ausschließlichen Zuständigkeit dieser ausländischen Behörden für die deutschen Gerichte nicht nur für die Ausstellung eines ENZ, sondern auch für die Ausstellung eines BGB-Erbscheins die Zuständigkeit genommen.⁴⁷

Darüber hinaus könnte man einzelnen der Erben kaum dadurch „helfen", dass man ihnen einen vom ENZ abweichenden Erbschein aushändigt und hiermit dafür sorgt, dass im Inland einander widersprechende Erbnachweise nebeneinander kursieren, die Berechtigten also einen Wettlauf starten, um sich möglichst schnell möglichst viel Nachlassvermögen „unter den Nagel zu reißen". Die im deutschen Erbschein ausgewiesenen Personen würden

---

43 Vgl. für die Schweiz z.B. Art. 96 Abs. 1 des Schweizerischen Bundesgesetzes über das internationale Privatrecht vom 18.12.1987, dazu *Schnyder/Liatowitsch*, in: Honsell/Vogt/Schnyder/Berti, Internationales Privatrecht (Basler Kommentar), 3. Aufl. 2013, Art. 96 Rn 4.
44 *Gottwald/Stangl*, Ausländische Wertpapierdepots im Nachlass, ZEV 1997, 221.
45 Wie die Probleme mit den Vorschlägen der EU-Kommission zu den Güterrechtsverordnungen vom 16.3.2011 zeigen, steckt in diesen Fragen weiterhin viel politisches Konfliktpotential, so dass allenfalls mittelfristig mit einer Lösung der Probleme gerechnet werden kann.
46 Z.B. *Dorsel*, ZErb 2014, 220.
47 Umstritten; wie hier z.B. *J. Schmidt*, ZEV 2014, 390.

hierbei aber nichts auf Dauer gewinnen, denn für eine Nachlassklage wären nach Art. 4 EU-ErbVO nicht die deutschen, sondern die ausländischen Gerichte ausschließlich zuständig. Die EU-ErbVO zwingt daher, zumindest bis zum Erreichen einer Kollisionsrechtsangleichung auch im Familienrecht, ein ENZ aus einem anderen Mitgliedstaat anzuerkennen, selbst wenn dieses mit der Rechtslage aus deutscher Sicht nicht vereinbar ist.

Weitere Informationen und Materialien, wie z.B. Muster, Formulare, amtliche Texte und Internetadressen, befinden sich auf der beiliegenden CD-ROM.

§ 7 Grundzüge des deutschen internationalen Erbschaftsteuerrechts

Prof. Thomas Reich, Notar, Ludwigsstadt/Wiesentheid

Inhalt

A. Einleitung 1	3. Vermächtnisse 79
I. Erbschaftsteuer im internationalen Recht 1	V. Auslandsvorfälle im deutschen Erbschaftsteuerrecht 82
1. Völkerrecht 1	1. Erwerb von Todes wegen, § 3 ErbStG 83
2. Gegenstand des internationalen Steuerrechts und Einfluss der EuGH-Rechtsprechung 4	2. Ehegattenfreibetrag, § 5 ErbStG 86
3. Zielrichtung des internationalen Steuerrechts und Abgrenzung zum IPR ... 5	VI. Bewertung für erbschaftsteuerliche Zwecke 92
II. Ausgestaltung der Erbschaftsteuer als Erbanfallsteuer oder Nachlasssteuer 9	1. Bewertungsmaßstab 92
III. Doppelbesteuerung 12	2. Allgemeines zur Bewertung 93
IV. Auslandsbezug des Erbfalls 25	3. Abzug von Schulden 94
B. Internationales Erbschaftsteuerrecht 29	VII. Steuertarif in Deutschland 100
I. Nationales Steuerrecht als Rechtsgrundlage 29	1. Allgemeiner Freibetrag und Versorgungsfreibetrag nur für unbeschränkt Steuerpflichtige 101
II. Erbschaftsteuer als Erbanfallsteuer bzw. Nachlasssteuer 35	2. Ausnutzung des Betriebsvermögensfreibetrages, § 13a ErbStG 104
III. Anknüpfungsmerkmale für die Steuerpflicht 36	3. Tarifbegünstigung, § 19a ErbStG .. 106
1. Anknüpfungsmerkmale 36	VIII. Problem der Doppelbesteuerung 107
2. Persönliche Anknüpfungsmerkmale (unbeschränkte Erbschaftsteuerpflicht) 39	1. Doppelbesteuerung wegen unterschiedlicher Anknüpfungsmerkmale .. 108
a) Allgemeines 39	2. Vermeidung der Doppelbesteuerung nach nationalem Recht 111
b) Begriff des Wohnsitzes in Deutschland 43	a) Freistellungsmethode (unter Progressionsvorbehalt), § 19 Abs. 2 ErbStG 112
c) Begriff des gewöhnlichen Aufenthalts in Deutschland 48	b) Anrechnungsmethode, § 21 ErbStG 114
d) Kollision von Anknüpfungsmerkmalen 50	aa) Antragstellung 115
e) Nachfolgeplanung 53	bb) Unbeschränkte Erbschaftsteuerpflicht 116
3. Sachliche Steuerpflicht (beschränkte Erbschaftsteuerpflicht) 57	cc) Belastung mit vergleichbarer Steuer 117
4. Erweiterte beschränkte Erbschaftsteuerpflicht 70	dd) Fünfjahreszeitraum 119
IV. Teilungsanordnungen und Vermächtnisse 73	ee) Berechnung der anzurechnenden Steuer 120
1. Erbeinsetzung 74	3. Abzug der ausländischen Steuer 134
2. Teilungsanordnung 75	4. Doppelbesteuerungsabkommen ... 135
	5. Nachfolgeplanung 141

Literatur

Arlt, Internationale Erbschaft- und Schenkungsteuerplanung, 2001; *Arlt*, Vermeidung der Doppelbesteuerung bei internationalen Erbfällen und Schenkungen, in: Grotherr, Handbuch der internationalen Steuerplanung, 3. Aufl. 2011, S. 1931 ff.; *Daragan*, Vermächtnisse als Mittel der Erbschaftsteuergestaltung, DStR 1998, 357; *Dautzenberg/Brüggemann*, EG-Verträge und deutsches Erbschaftsteuerrecht, BB 1997, 123; *Dautzenberg/Brüggemann*, Keine Einschränkung der Erbschaftsteuerbelastung durch den EU-Vertrag?, RIW 1997, 882; *Dehmer*, Einmal Erben, mehrfach zahlen – Gestaltungsansätze zur Vermeidung doppelter Erbschaftsteuerbelastung, IStR 2009, 4; *Demuth*, Auslandsvermögen im Erbschaftsteuerrecht, KÖSDI 2012, 18025; *Dißars/Dißars*, Die Anrechnung ausländischer Erbschaft- und Schenkungsteuer in Deutschland, RIW 1996, 144; *Faltings*, Die Vermeidung der Doppelbesteuerung im Internationalen Erbschaftsteuerrecht – Deutschland und Großbritannien, 2010, S. 64 ff.;

Fischer/Jüptner/Pahlke/Wachter (Hrsg.), ErbStG, Kommentar, 5. Aufl. 2014; *Flick/Piltz,* Der internationale Erbfall, 2. Aufl. 2008; *Frotscher,* Internationales Steuerrecht, 2009; *Füger/Rieger,* ErbSt nach Wegzug in die Schweiz, IStR 1998, 460; *Gebel,* Erbschaftsteuer bei deutsch-spanischen Nachlässen – Probleme der Steueranrechnung, IStR 2001, 71; *Geck,* Erbschaft- und schenkungsteuerliche Erwerbe mit Auslandsberührung – der Regelungsbereich des § 2 ErbStG, ZEV 1995, 249; *Grotherr/Herfort/Strunk,* Internationales Steuerrecht, 3. Aufl. 2010; *Hamdan,* Verfassungs- und europarechtliche Probleme der Anrechnungsmethode des § 21 ErbStG, ZEV 2007, 401; *Jülicher,* Die anrechenbare Steuer im Sinne des § 21 ErbStG, ZEV 1996, 295; *Jülicher,* Internationales Erbschaftsteuerrecht am Beispiel des ErbStG, ZErb 2003, 204; *Jülicher,* Erbschaft- und Schenkungsteuerrecht im internationalen Kurzüberblick, ZErb 2004, 14; *Kamps,* Erb- und Schenkungsfälle mit Auslandsberührung, ErbStB 2003, 29; *Kapp/Ebeling,* ErbStG-Kommentar, Loseblatt; *Klein,* Ausländische Zivilrechtsformen im deutschen Erbschaftsteuerrecht, 2000; *Könemann,* Ist die erweiterte beschränkte Einkommensteuerpflicht noch zu retten?, Verfassungsrechtliche Überlegungen zu § 2 AStG, IStR 2012, 560; *Kowallik,* Erbschaft- und Schenkungsteuerplanung für Auslandsimmobilien, DStR 1999, 1129; *Kreft,* Anrechnung von ausländischer Erbschaft- und Schenkungsteuer, ErbBStg. 2010, 53; *Meincke,* Erbschaftsteuer- und Schenkungsteuergesetz, Kommentar, 16. Aufl. 2012; *Moench/Weinmann,* Erbschaft- und Schenkungsteuer, Kommentar, Loseblatt; *Noll,* Aktuelles Beratungs-Know-how Erbschaftsteuerrecht, DStR 2005, 54; *von Oertzen,* Internationales Erbrecht, in: Scherer (Hrsg.), Münchener Anwaltshandbuch Erbrecht, 4. Aufl. 2014, § 34 (S. 1137 ff.); *von Oertzen,* Fiktiver Zugewinnausgleichsanspruch gem. § 5 Abs. 1 ErbStG bei grenzüberschreitenden Sachverhalten, ZEV 1994, 93; *von Oertzen/Stein,* Erbschaftsteuerplanung bei beschränkt Steuerpflichtigen, in: *Grotherr,* Handbuch der internationalen Steuerplanung, 3. Aufl. 2011, S. 2003 ff.; *Preißer/Rödl/Seltenreich* (Hrsg.), Erbschaft- und Schenkungsteuer, Kommentar, 2. Aufl. 2013; *Piltz,* Schuldenabzug bei internationalen Erbfällen, ZEV 1998, 461; *M. Reich,* Die Entnahmefiktion des § 4 Abs. 1 Satz 3 EStG und ihre Auswirkungen auf die Vermögensnachfolgeplanung, IStR 2011, 913; *Schaumburg,* Internationales Steuerrecht, 3. Aufl. 2011, S. 605 ff.; *Schindhelm,* Grundfragen des Internationalen Erbschaftsteuerrechts, ZEV 1997, 8; *Thonemann,* Grenzüberschreitende Nachfolgeplanung, Teil I (Zivilrecht), ErbStB 2011, 139; *Thonemann,* Grenzüberschreitende Nachfolgeplanung, Teil II (Steuerrecht), ErbStB 2011, 175; *Tiedtke,* ErbStG, Kommentar, 2009; *Troll/Gebel/Jülicher,* Erbschaftsteuer- und Schenkungsteuergesetz, Kommentar, Loseblatt; *Trompeter,* Die Wahl unterschiedlicher Kapitalanlageformen als Instrument der internationalen Erbschaftsteuerplanung, in: *Grotherr,* Handbuch der internationalen Besteuerung, 3. Aufl. 2011, S. 1901 ff.; *Viskorf/Knobel/Schuck/Wälzholz,* Erbschaftsteuer- und Schenkungsteuergesetz, Bewertungsgesetz, Kommentar, 4. Aufl. 2012; *Vogel/Lehner,* Doppelbesteuerungsabkommen, 5. Aufl. 2008; *Watrin/Kappenberg,* Internationale Besteuerung von Vermögensnachfolgen, ZEV 2011, 105; *Werz,* Gestaltungsmöglichkeiten bei beschränkter Erbschaftsteuerpflicht, in: FS Spiegelberger, 2009, S. 584 ff.; *Wingert,* Anrechnung ausländischer Erbschaftsteuer, in: Flick/Wassermeyer/Baumhoff/Schönfeld, Außensteuerrecht, Kommentar, Loseblatt.

A. Einleitung

I. Erbschaftsteuer im internationalen Recht

1. Völkerrecht

1   Das internationale Steuerrecht ist gekennzeichnet durch unterschiedliche Zielvorstellungen der nationalen Gesetzgeber. Die einzelnen Länder erheben regelmäßig in unterschiedlichem Umfang Steuern zur Erzielung von Einnahmen. Das Recht, Steuern zu erheben, ist Ausfluss der staatlichen Souveränität, die allerdings im Völker- und Europarecht ihre Grenzen findet. **Völkerrechtlich** besteht der Grundsatz, dass für die Inanspruchnahme eines Besteuerungsrechts ein *„genuine link"* zum die Steuer erhebenden Staat vorliegen muss.[1] Besteht ein *genuine link* z.B. wegen Wohnsitz oder Staatsangehörigkeit des Steuerpflichtigen, kann

---

1   Vgl. *Frotscher,* Internationales Steuerrecht, Rn 28 f.

dieser Staat nach seinem gesetzgeberischen Ermessen das Besteuerungsrecht auch für solche Sachverhalte ausüben, die auf dem Territorium eines anderen Staates verwirklicht worden sind. Nach Art. 25 GG sind die allgemeinen Regeln des Völkerrechts in der Bundesrepublik unmittelbar anwendbar und gehen den nationalen deutschen Gesetzen vor. Es wäre beispielsweise völkerrechtswidrig, wenn ein Staat einen Erbfall besteuern wollte, bei dem weder der Erblasser noch der Erwerber des Vermögens (z.B. durch Wohnsitz, gewöhnlichen Aufenthalt, Staatsangehörigkeit) noch das Vermögen selbst (z.B. durch Lageort) einen Bezug zum steuererhebenden Staat aufweist.

Nach Ansicht des BVerfG sind die Staatsangehörigkeit, die Niederlassung, die Wohnung oder der Aufenthalt, die Verwirklichung eines Abgabentatbestands im Inland, die Herbeiführung eines abgabenrechtlichen Erfolgs im Inland, die Belegenheit von Wirtschaftsgütern im Inland oder Zahlungen, deren Quelle sich im Inland befindet, **zulässige Anknüpfungsmerkmale** für eine Besteuerung.[2] Eine Besteuerung ohne jedes sachbezogene Anknüpfungsmerkmal wäre demgegenüber völkerrechts- und damit auch verfassungswidrig.

Ist eine Besteuerung zwar völkerrechtlich und auch nach nationalem Verfassungsrecht möglich, stellt sich für den nationalen Gesetzgeber die Frage, ob ein bestehendes Besteuerungsrecht durch Schaffung eines entsprechenden Steuertatbestands ausgeübt werden sollte. Würde beispielsweise in Deutschland ein **Erbschaftsteuertatbestand geschaffen**, demgemäß ein Girokontoguthaben, das bei einer in Deutschland belegenen Bankfiliale unterhalten wird, in Deutschland der Erbschaftsteuer unterworfen wird, obwohl weder Erblasser noch Erwerber einen persönlichen Inlandsbezug haben, ist anzunehmen, dass dies kaum zu Steuermehreinnahmen führen würde, da eine Besteuerung in Deutschland durch Verlagerung der kontoführenden Filiale in das Ausland vermieden werden könnte. Der Nachteil des Kapitalabflusses dürfte daher überwiegen, da Steuereinnahmen nur von denjenigen zu erwarten wären, die sich um die Rechtslage nicht kümmern und das Guthaben nicht in ein anderes Land verlagern würden. Nachteile für den Kontoinhaber dürften sich nämlich in Zeiten des Internet-Banking aus einer Verlagerung nicht ergeben. Mag die Schaffung eines Besteuerungstatbestands somit zwar völker- und europarechtlich zulässig sein, wäre dies im Einzelfall trotzdem wenig sinnvoll. Dessen ungeachtet werden Bankguthaben bei in Spanien ansässigen Kreditinstituten im Rahmen der beschränkten Erbschaftsteuerpflicht in Spanien besteuert.[3] Unterliegt der Erwerb in Deutschland der unbeschränkten Erbschaftsteuerpflicht, kommt es sogar zu einer Doppelbesteuerung, da Deutschland die in Spanien zu zahlende Erbschaftsteuer – die regelmäßig wesentlich höher als die deutsche ist – nicht, auch nicht teilweise, anrechnet. Die Nichtanrechnung der spanischen Erbschaftsteuer in

---

2 BVerfG v. 22.3.1983 – 2 BvR 475/78, BVerfGE 63, 369.
3 Ebenfalls sehr weit ist der Begriff des steuerpflichtigen Inlandsvermögens in Frankreich. In Frankreich gehören zum steuerpflichtigen Inlandsvermögen Beteiligungen an französischen Personen- und Kapitalgesellschaften (unabhängig von der Beteiligungshöhe) sowie Wertpapiere, die von einer Gesellschaft mit Sitz in Frankreich emittiert werden, und Forderungen, wenn der Schuldner seinen Wohnsitz in Frankreich hat (vgl. *von Oertzen/Schinke*, Die Besteuerung deutsch-französischer Erbfälle nach Inkrafttreten des ErbSt-DBA zwischen Deutschland und Frankreich, ZEV 2007, 406).

Deutschland und die dadurch eintretende Doppelbesteuerung ist auch nicht EU-rechtswidrig.[4] Insbesondere liegt kein Verstoß gegen die Kapitalverkehrsfreiheit vor.

2. Gegenstand des internationalen Steuerrechts und Einfluss der EuGH-Rechtsprechung

4 Das internationale Steuerrecht befasst sich mit den sich daraus ergebenden Konflikten, dass verschiedene Staaten den gleichen Lebenssachverhalt besteuern wollen. Es gibt kein kodifiziertes internationales Steuerrecht, vielmehr ist für jeden beteiligten Staat zu untersuchen, welche nationalen Steuernormen er für Besteuerungsfälle mit Auslandsbezug vorsieht. Fälle einer völkerrechtswidrigen Besteuerung kommen kaum vor, da immer ein Anknüpfungsmerkmal (siehe Rn 2 ff.) vorhanden sein dürfte. Europarechtlich wird das weite Anknüpfungsmerkmal *„genuine link"* (siehe Rn 1) allerdings insoweit eingeschränkt, als es innerhalb der Europäischen Union nicht zu Ungleichbehandlungen kommen darf. Fälle der **europarechtswidrigen Diskriminierung** wurden vom EuGH bereits häufiger festgestellt, was in der Praxis dazu führt, dass Regelungen des nationalen Steuerrechts zunehmend auf europarechtliche Vereinbarkeit geprüft werden und entsprechende nationale Rechtsvorschriften angepasst werden müssen. Ausfluss der EuGH-Rechtsprechung ist beispielsweise die erst 2011 eingeführte Option zur unbeschränkten Erbschaft- oder Schenkungsteuerpflicht in § 2 Abs. 3 ErbStG.[5] Erwirbt jemand Vermögen, ohne dass der Erwerb der unbeschränkten Steuerpflicht unterliegt, beträgt der Freibetrag grundsätzlich nur 2.000 EUR. Bei unbeschränkter Steuerpflicht haben demgegenüber beispielsweise Ehegatten einen Freibetrag von 500.000 EUR. Aufgrund der EuGH-Entscheidung kann für beschränkt steuerpflichtige Erwerbe unter den dort genannten Voraussetzungen zur unbeschränkten Steuerpflicht optiert werden, so dass die „hohen" Freibeträge zur Anwendung kommen. Die **Optionsmöglichkeit** besteht allerdings nur, wenn einer der Beteiligten seinen Wohnsitz in einem Mitgliedstaat der Europäischen Union oder in einem Staat hat, auf den das Abkommen für den europäischen Wirtschaftsraum anwendbar ist. Während man bisher davon ausgehen konnte, dass Einwohner von **Drittstaaten** „diskriminiert" werden können, lehnt der EuGH dies mittlerweile ebenfalls ab. Der EuGH entschied nämlich, dass die **wohnsitzabhängige Differenzierung des Freibetrages**, nämlich wenn Erblasser und Erwerber zum Zeitpunkt des Erbfalls ihren Wohnsitz in einem Drittland wie der Schweiz hatten, einen Verstoß gegen die Kapitalverkehrsfreiheit darstellt.[6] Zur Frage, ob die in § 2 Abs. 3 ErbStG eingeführte Optionsmöglichkeit, die gegenwärtig nur für Beteiligte mit einem Wohnsitz in einem Mitgliedstaat der EU besteht, mit dem EU-Recht vereinbar ist, hat der EuGH noch nicht entschieden. Die Entscheidung, die die Differenzierung zur Höhe des Freibetrages „verurteilte", erging ausdrücklich zur Rechtslage vor Einführung der Option.[7] Ebenso wie die deutschen Regelungen verstoßen die in Spanien geltenden Regelungen, nach denen Gebietsansässige in den autonomen Gebietskörperschaften keine oder nur einen Bruchteil

---

4 Deutschland ist nicht verpflichtet, eine in Spanien gezahlt Erbschaftsteuer auf in Spanien unterhaltene Kontoguthaben auf die in Deutschland zu zahlende Erbschaftsteuer anzurechnen und damit eine Doppelbesteuerung zu vermeiden (EuGH v. 12.2.2009 – C-67/08, Slg. 2009, I-883 = NJW 2009, 977). Ob Spanien möglicherweise den Erwerb nicht hätte besteuern dürfen, wurde nicht entschieden. Möglicherweise wäre, wenn gegen die spanische Erbschaftsteuerfestsetzung geklagt worden wäre, das spanische Besteuerungsrecht eingeschränkt worden, da Spanien bei Fällen der „unbeschränkten" Erbschaftsteuerpflicht häufig nur geringere Steuern erhebt, was erst im Jahr 2014 vom EuGH als rechtswidrig beanstandet wurde (EuGH v. 3.9.2014 – C-127/12, BeckRS 2014, 81713).
5 EuGH v. 22.4.2010 – C-510/08 („Mattner"), Slg. 2010, I-3553 = EuZW 2010, 461 = DStR 2010, 861.
6 EuGH v. 17.10.2013 – C-181/12, NJW 2014, 842 = EuZW 2014, 27.
7 EuGH v. 4.9.2014 – C-211/13, DStR 2014, 1818 = DB 2014, 2146.

der sonst fälligen Erbschaftsteuer zahlen müssen, gegen EU-Recht.[8] Die EuGH-Rechtsprechung nimmt damit in immer stärkerem Maße Einfluss auf die nationale Gesetzgebung, während völkerrechtliche Fragen nur eine geringe Rolle spielen.

3. Zielrichtung des internationalen Steuerrechts und Abgrenzung zum IPR

Die Zielrichtung des internationalen Steuerrechts ist grundverschieden von der des internationalen Privatrechts. Während es bei der Frage des internationalen Steuerrechts um die Frage geht, ob und in welchem Umfang in einzelnen (beteiligten) Staaten eine Besteuerung erfolgen kann bzw. darf, geht es bei den Fragen des internationalen Privatrechts darum, nach welchen zivilrechtlichen Vorschriften sich die Rechtsnachfolge regelt. Während die zivilrechtliche, erbrechtliche und ggf. dingliche Rechtsnachfolge sich entweder nach den Vorschriften des einen oder des anderen Landes richten soll – selbst, wenn mehrere Länder zur Ansicht kommen, dass unterschiedliche zivilrechtliche Vorschriften zur Anwendung kommen –, können mehrere Staaten unabhängig voneinander und jeder für sich Steuern anlässlich eines Erbfalls erheben. Hierdurch kann es zur mehrfachen Besteuerung des gleichen Lebenssachverhalts kommen (sog. Doppelbesteuerung).

Bei der Nachfolgeplanung stellt sich damit das Problem, dass der räumliche Anwendungsbereich des deutschen Erbschaftsteuergesetzes weiter als der des deutschen Zivilrechts ist. Während das deutsche Erbschaftsteuergesetz an den Wohnsitz, den gewöhnlichen Aufenthalt oder den Lageort der einzelnen Nachlassvermögensgegenstände anknüpft – unabhängig davon, nach welchem Recht sich die Nachfolge richtet –, stellt das deutsche IPR, das die Frage beantwortet, nach welcher Rechtsordnung der Erbfall zivilrechtlich abzuwickeln ist, bis zum 17.8.2015 (noch)[9] auf die Staatsangehörigkeit und danach auf den gewöhnlichen Aufenthalt ab, wobei zu beachten ist, dass der Begriff des gewöhnlichen Aufenthalts i.S.d. EU-Erbrechtsverordnung nicht identisch mit dem nach nationalem deutschen Steuerrecht (§ 9 AO) ist.

Für das Erbschaftsteuerrecht ist das Zivilrecht lediglich Vorfrage, da mit einer Nachlass- bzw. Erbschaftsteuer (zu den Begriffen siehe Rn 9 ff., 35) eine zivilrechtlich eingetretene neue Vermögenszuordnung besteuert wird. Für die Besteuerung ist es allerdings irrelevant, nach welcher Rechtsordnung diese eintritt. Besteuert wird nämlich z.B. in Deutschland die Bereicherung.

Das deutsche Erbschaftsteuergesetz stellt zwar in seiner Definition[10] des Begriffs „Erwerb von Todes wegen" auf Tatbestände des BGB ab, so dass man annehmen könnte, dass eine Besteuerung nur dann erfolgen könnte, wenn der Erwerb nach den Vorschriften des deutschen Zivilrechts erfolgt. Durch Bezugnahme auf das BGB sollte der Steuertatbestand aber ersichtlich nicht eingeschränkt – wozu keinerlei Veranlassung bestand –, sondern lediglich der wirtschaftliche Gehalt der einzelnen Tatbestandsmerkmale erläutert werden. Dies gilt

---

8 EuGH v. 3.9.2014 – C 127/12, BeckRS 2014, 81713.
9 Nach der EU-ErbVO soll einheitlich an den gewöhnlichen Aufenthaltsort angeknüpft werden, falls keine andere Rechtswahl getroffen wird (Verordnung (EU) Nr. 650/2012 des Europäischen Parlaments und des Rates vom 4. Juli 2012 über die Zuständigkeit, das anzuwendende Recht, die Anerkennung und Vollstreckung von Entscheidungen und die Annahme und Vollstreckung öffentlicher Urkunden in Erbsachen sowie zur Einführung eines Europäischen Nachlasszeugnisses, ABl. EU L 201/107 vom 27.7.2012). Zur Bedeutung des gewöhnlichen Aufenthalts im internationalen Erbrecht nach der EU-ErbVO siehe ausführlich § 2 Rn 1 ff.
10 § 3 Abs. 1 Nr. 1 ErbStG lautet: „Als Erwerb von Todes wegen gilt der Erwerb durch Erbanfall (§ 1922 des Bürgerlichen Gesetzbuchs), durch Vermächtnis (§§ 2147 ff. des Bürgerlichen Gesetzbuchs) oder auf Grund eines geltend gemachten Pflichtteilsanspruchs (§§ 2303 ff. des Bürgerlichen Gesetzbuchs)."

umso mehr, als die Klammerzusätze mit der Bezugnahme auf das deutsche BGB erst im Jahre 1974 in das Gesetz Eingang fanden. Bis dahin war der Anwendungsbereich der Norm nicht durch Bezugnahme auf nationale Rechtsvorschriften definiert. Als der Gesetzgeber die Vorschriften des deutschen Zivilrechts in das ErbStG aufnahm, wollte er nur Begriffe, beispielsweise „Erwerb durch Erbanfall", den das deutsche Zivilrecht nicht verwendet, erläutern. Unabhängig davon wäre es auch systemwidrig, wirtschaftlich gleichgelagerte Vorgänge nicht zu besteuern, nur weil sich diese nach ausländischem Erbrecht richten. Die Steuerpflicht hinge vom Zufall ab, ob deutsches oder ausländisches Zivilrecht aufgrund einer Rechtswahl oder der IPR-Vorschriften (zukünftig der EU-Erbrechtsverordnung) zur Anwendung kommt. Gegen dieses methodische Vorgehen werden in der Literatur zwar teilweise mit der Begründung Bedenken erhoben, dass die Gleichstellung wirtschaftlich ähnlicher Sachverhalte dem Prinzip der Tatbestandsmäßigkeit der Besteuerung widerspricht.[11] Die Diskussion hat allerdings nur dann Bedeutung, wenn davon ausgegangen werden kann, dass der Gesetzgeber durch Bezugnahme auf die Vorschriften des BGB den Tatbestand tatsächlich einengen wollte und eine abschließende Aufzählung (mit Sperrfunktion) gewünscht war. Dies war aber auch nach Ansicht des BFH nicht der Fall. So entspricht es ständiger Rechtsprechung des BFH, dass ein steuerpflichtiger Erwerb auch dann vorliegt, wenn er sich nach ausländischem Recht vollzieht.[12] In der Praxis stellt sich daher nur das Problem, ob ein ausländischer Vermögenstransfer unter die Erwerbstatbestände des ErbStG subsumierbar ist. Mag dies bei einem Erbfall noch recht einfach sein, können sich bei dem deutschen Recht unbekannten Rechtsinstituten im Einzelfall erhebliche Probleme stellen; so war beispielsweise die Besteuerung angloamerikanischer Trusts bis zur Einführung des § 3 Abs. 2 Nr. 1 S. 2 ErbStG umstritten.[13]

II. Ausgestaltung der Erbschaftsteuer als Erbanfallsteuer oder Nachlasssteuer

9   In Deutschland, wie in den meisten anderen kontinental-europäischen Ländern, ist die Erbschaftsteuer als **Erbanfallsteuer** ausgestaltet. Jeder Erbe, Vermächtnisnehmer oder in anderer Weise von Todes wegen Begünstigte muss den ihm nach zivilrechtlichen Vorschriften im Todeszeitpunkt zufließenden Erwerb versteuern. Bei der Höhe der Besteuerung wird an die Person des einzelnen Erwerbers angeknüpft, so dass es bei unterschiedlichen Verwandtschaftsverhältnissen trotz gleicher Erwerbswerte zu einer unterschiedlichen Steuerbelastung kommen kann.

10 In anderen Ländern, z.B. den USA und Großbritannien, wird demgegenüber eine **Nachlasssteuer** erhoben, bei der der gesamte Nachlass selbst als Vermögensmasse besteuert wird. Während bei der Festsetzung der Erbanfallsteuer für den einzelnen Begünstigten auf den Wert des zugewandten Vermögens und den Verwandtschaftsgrad Rücksicht genommen werden kann, wird eine Nachlasssteuer häufig unabhängig von der Anzahl der Begünstigten und dem Verwandtschaftsverhältnis erhoben. Beträgt der Nachlasswert beispielsweise 800.000 EUR und wird dieser von einem Kind des Erblassers und dessen Lebensgefährtin zu gleichen Teilen geerbt, wird in Deutschland nach gegenwärtiger Rechtslage vom Kind keine Erbschaftsteuer erhoben, wenn der allgemeine Freibetrag von 400.000 EUR noch

---

11 *Crezelius*, Steuerliche Rechtsanwendung und allgemeine Rechtsordnung, 1983, S. 64, 125.
12 BFH v. 7.5.1986 – II R 179/79, BStBl 1986 II S. 615 zur Frage der Besteuerung des Vermögensübergangs auf einen US-amerikanischen Trust; BFH v. 2.2.1977 – II R 150/71, BStBl 1977 II S. 425 zur Frage der Entstehung der Erbschaftsteuer bei Erwerb nach US-amerikanischem Recht unter Einschaltung eines *administrators*. Vgl. auch *Meincke*, ErbStG, § 3 Rn 30.
13 Vgl zur früheren Rechtslage *Bredow/Reich*, Ausländische Trusts deutscher Steuerpflichtiger – Gestaltungsprobleme bei Vermögensnachfolge, Anlagemanagement und Steuerplanung, WIB 1995, 775–782.

nicht durch andere Zuwendungen verbraucht ist (§§ 14, 16 ErbStG). Die Lebensgefährtin hat demgegenüber allenfalls einen Freibetrag von 20.000 EUR und müsste auf die verbleibenden 380.000 EUR eine Erbschaftsteuer von 30 %, also 114.000 EUR, bezahlen. Würde eine Nachlasssteuer erhoben, würde der Nachlass von 800.000 EUR selbst besteuert und somit der Wert des Nachlasses insgesamt gemindert, häufig ohne auf individuelle Verhältnisse (der Begünstigten) Rücksicht zu nehmen.

Mit einer Nachlasssteuer ist in Deutschland am ehesten die als „Ersatzerbschaftsteuer"[14] oder als „Erbersatzsteuer"[15] bezeichnete, alle 30 Jahre eintretende Belastung von Familienstiftungen vergleichbar (§ 1 Abs. 1 Nr. 4 ErbStG). Hier trifft die Steuer allerdings den Vermögensträger (die Stiftung) selbst,[16] während bei einer echten Nachlasssteuer ein Vermögensträger fehlt. Während die Erbersatzsteuer eine periodische Steuer ist, die keinen Vermögensübergang verlangt, wird eine Nachlasssteuer nur bei Wegfall des bisherigen Vermögensträgers (durch Tod) erhoben.

III. Doppelbesteuerung

Ebenso wie sich international-privatrechtliche Probleme stellen können, wenn der Wohnsitzstaat oder die Staatsangehörigkeit der Beteiligten oder der Belegenheitsort des Nachlassvermögens auseinanderfallen und sich daraus in einzelnen Staaten unterschiedliche Erbrechtsfolgen ergeben können, weil die nationalen Verweisungsvorschriften häufig nicht harmonieren, kann es dazu kommen, dass mehrere Staaten unabhängig voneinander einen bestimmten Vermögensübergang jeder für sich – und damit doppelt – besteuern wollen.

Doppelbesteuerungsfälle können in zwei Kategorien eingeteilt werden: die **rechtliche** und die **wirtschaftliche** Doppelbesteuerung.[17] Eine **rechtliche Doppelbesteuerung** tritt ein, wenn von demselben Steuerpflichtigen für denselben Steuergegenstand und denselben Zeitraum vergleichbare Steuern in zwei oder mehr Staaten erhoben werden. Unter **wirtschaftlicher Doppelbesteuerung** versteht man eine Doppelbesteuerung, bei der das gleiche wirtschaftliche Ergebnis von mehr als einem Staat steuerlich erfasst wird, es im Unterschied zur rechtlichen Doppelbesteuerung aber an der Identität des Steuersubjektes fehlt.[18]

Eine rechtliche Doppelbesteuerung liegt beispielsweise vor, wenn zwei Länder eine Erbschaftsteuer vom Erben erheben, eine wirtschaftliche Doppelbesteuerung, wenn ein Land eine Erbschaftsteuer und ein anderes eine Nachlasssteuer erhebt. Unabhängig von der Einordnung als rechtliche oder wirtschaftliche Doppelbesteuerung wird das Vermögen durch Steueransprüche verschiedener Staaten gemindert, falls es keine Vorschriften zur Vermeidung der Doppelbesteuerung gibt.

Eine Doppelbesteuerung droht auch dann, wenn ein Land das in einem anderen Land belegene Vermögen von der Besteuerung freistellt und deshalb mit diesem zusammenhängende Schulden nicht berücksichtigt werden, diese Schulden im Belegenheitsland aber ebenfalls nicht oder nur teilweise abgezogen werden können. Früher versagten beispielsweise die Niederlande den Schuldenabzug für Vermögen, das dort nur der beschränkten Steuerpflicht unterlag. Das Verbot des Schuldenabzugs nur im Falle der beschränkten Steuerpflicht, nicht

---

14 *Zeitel*, BT-Prot. 7/4117.
15 BFH v. 8.4.1981 – II R 47/79, BFHE 133, 308 = BStBl 1981 II S. 581.
16 *Meincke*, ErbStG, § 1 Rn 14 bezeichnet die Steuer auf die Innehabung von Vermögen daher auch als Systembruch innerhalb des geltenden Rechts.
17 Vgl. *Vogel*, in: Vogel/Lehner, DBA, Einleitung Rn 2 ff.
18 Vgl. *Vogel*, in: Vogel/Lehner, DBA, Einleitung Rn 4.

aber bei unbeschränkter Steuerpflicht wurde vom EuGH allerdings für europarechtswidrig erklärt.[19]

16 Soweit sich eine Doppelbesteuerung ergibt, ist zu prüfen, ob und ggf. wie diese vermieden wird. Vorschriften zur **Vermeidung der Doppelbesteuerung** können sich aus unilateralen und bilateralen Regelungen ergeben. **Unilaterale Regelungen** sind nationale Rechtsvorschriften, in denen der Gesetzgeber sein Besteuerungsrecht bei internationalen Sachverhalten beschränkt hat, ohne hierzu international verpflichtet zu sein. Als unilaterale Regelungen kommt z.B. die Anrechnung einer ausländischen Steuer in Betracht.

17 Durch **bilaterale Regelungen** wird das Besteuerungsrecht zwar ebenfalls eingeschränkt. In diesem Fall geschieht dies allerdings aufgrund eines völkerrechtlichen Vertrages, der in nationales Recht umgesetzt werden muss, z.B. ein **Doppelbesteuerungsabkommen (DBA)**. Die Doppelbesteuerung wird häufig durch Anrechnung der Steuer eines Landes auf die Steuer in einem anderen Land (**Anrechnungsmethode**) oder durch Freistellung des bereits in einem Land besteuerten Vermögens in einem anderen erreicht (**Freistellungsmethode**). Daneben gibt es die **Abzugsmethode**. Diese gestattet es, eine im Ausland gezahlte Steuer von der Steuer-Bemessungsgrundlage im Inland abzuziehen. Bei der Abzugsmethode wird die durch die Doppelbesteuerung eintretende Doppelbelastung allerdings regelmäßig nur gemindert und nicht beseitigt.

18 In **Deutschland** wird die Doppelbesteuerung auf dem Gebiet der Erbschaft- und Schenkungsteuer im Einzelfall bilateral (durch ein Doppelbesteuerungsabkommen), im Übrigen unilateral gemildert oder sogar vermieden.

19 In Deutschland ist als unilaterale Regelung eine Vorschrift zur Vermeidung der Doppelbesteuerung in § 21 ErbStG vorgesehen. Unter den dort genannten Voraussetzungen kann eine im Ausland gezahlte Steuer auf die in Deutschland zu zahlende Erbschaftsteuer angerechnet werden.

20 Voraussetzung für eine **Anrechnung** ist immer, dass es sich bei der im Ausland gezahlten Steuer um eine der deutschen Steuer vergleichbare Steuer i.S.d. § 21 ErbStG handelt. Wird im Ausland anlässlich des Erbfalls eine Steuer erhoben, ist somit deren **Vergleichbarkeit zur ausländischen Steuer** zu prüfen. In Kanada wird der Erbfall beispielsweise so behandelt, als habe der Erblasser seinen gesamten Nachlass am Todestag veräußert. Dadurch werden vorhandene, aber tatsächlich nicht realisierte Wertsteigerungen der Einkommensteuer unterworfen.[20] Diese in Kanada vorgesehene „**capital gains tax**" ist daher keine der Erbschaftsteuer vergleichbare Steuer. Eine Anrechnung auf die in Deutschland zu zahlende Erbschaftsteuer kommt nicht in Betracht. Die kanadische Steuer kann daher nur noch als Nachlassverbindlichkeit berücksichtigt werden.[21]

21 Liegen in Deutschland nur die Voraussetzungen der beschränkten (§ 2 Abs. 1 Nr. 3 ErbStG) und der erweiterten beschränkten Steuerpflicht (§ 4 AStG) vor, besteht keine Möglichkeit zur Anrechnung ausländischer Steuern. Hintergrund der Versagung der Anrechnung ist, dass Deutschland nur die Vermögensgegenstände besteuert, die einen besonders engen Bezug zu Deutschland aufweisen (§ 121 BewG), und daher Deutschland für sich ein vorrangiges Besteuerungsrecht in Anspruch nimmt. Soweit ein anderes Land auf dieses Vermögen eine Steuer erhebt, hat aus deutscher Sicht dies andere Land die Doppelbesteuerung durch

---

19 EuGH v. 11.12.2003 – C-364/01 („Barbier"), Slg. 2003, I-15013 = DStRE 2004, 93.
20 Vgl. BFH v. 26.4.1995 – II R 13/92, BFHE 177, 492 = BStBl 1995 II S. 540; *Müssener*, Das Steuerrecht Kanadas im Überblick, IWB (2001) Fach 8, Gruppe 2, S. 191 ff.; *Helmer*, DStR 1989, 488.
21 Vgl. BFH v. 26.4.1995 – II R 13/92, BFHE 177, 492 = BStBl 1995 II S. 540.

A. Einleitung

entsprechende Vorschriften zu vermeiden und mit seinen aus deutscher Sicht nachrangigem Besteuerungsrecht hinter das deutsche Besteuerungsrecht zurückzutreten.

Um eine **Doppelbesteuerung** zu **vermeiden**, sollte bei der Nachfolgeplanung und Strukturierung von im Ausland belegenen Vermögen vorrangig geprüft werden, ob und wie **Anknüpfungsmerkmale** für die Besteuerung vermeidbar sind. Ergibt sich ein Anknüpfungsmerkmal für die Besteuerung beispielsweise nur aus dem Lageort des Vermögens (so regelmäßig bei der „beschränkten Steuerpflicht"), nicht aber aus der Person des Erblassers oder der Begünstigten (so regelmäßig bei der „unbeschränkten Steuerpflicht"), kommt möglicherweise eine **Umstrukturierung des Vermögens** in Betracht.

Ergibt sich nur aus dem Lageort des Vermögens eine beschränkte Steuerpflicht und kann daher nicht der gesamte Weltnachlass besteuert werden, ist eine „**Umqualifizierung**" des Vermögens zu prüfen. Nach § 121 Nr. 2 BewG ist z.B. ein in Deutschland belegenes Grundstück immer steuerpflichtig. Eine Besteuerung nur aufgrund der Belegenheit ließe sich aber grundsätzlich dadurch vermeiden, dass das Grundstück in eine Kapitalgesellschaft mit Sitz und Geschäftsleitung im Ausland eingebracht wird. Im Erbfall würde dann kein Grundstück mehr, sondern nur noch der Anteil an einer ausländischen Kapitalgesellschaft übergehen.[22] Dann gäbe es kein Anknüpfungsmerkmal mehr für eine Besteuerung in Deutschland.

Würde demgegenüber im Ausland belegenes Vermögen in eine deutsche GmbH eingebracht, scheint ein Anknüpfungsmerkmal im Ausland vermieden zu sein, da nur Anteile an einer GmbH mit Sitz in Deutschland vererbt werden. Aus deutscher Sicht liegt bei **ausländischen Kapitalgesellschaften**, die Vermögen in Deutschland halten, **kein Anknüpfungspunkt** für eine Besteuerung in Deutschland vor (§ 121 Nr. 4 BewG). Eine Besteuerung könnte in Deutschland nur noch dann erfolgen, wenn in der Person des Erblassers oder des Begünstigten Anknüpfungsmerkmale bestehen, z.B. Wohnsitz des Erblassers in Deutschland. In anderen Ländern gibt es allerdings teilweise Regelungen, die Kapitalgesellschaften als transparent behandeln, wenn diese bestimmtes Vermögen halten. So ist beispielsweise im französischen Recht eine Regelung vorgesehen, dass eine ausländische Gesellschaft je nach Umfang des französischen Grundbesitzes als unbewegliches und damit in Frankreich steuerpflichtiges Vermögen behandelt wird.[23]

IV. Auslandsbezug des Erbfalls

Der Auslandsbezug eines Erbfalls kann sich aus unterschiedlichsten Gründen ergeben. Anknüpfend an die **Person des Erblassers** kann diese ihren Wohnsitz oder gewöhnlichen Aufenthalt im Ausland haben. Eine Steuerpflicht kann sich aber auch aus der **Staatsangehörigkeit des Erblassers** ergeben. Die gleichen Anknüpfungspunkte ergeben sich für die durch den Tod Begünstigten (z.B. **Erben** oder **Vermächtnisnehmer**). Auch der **Lageort** des Vermögens kann Anknüpfungspunkt sein, wobei bei einer Gesellschaft möglicherweise auf das von ihr gehaltene Vermögen durchgegriffen wird (vgl. Frankreich, siehe Rn 24 und Länderteil).

Für die Untersuchung der erbschaftsteuerlichen Folgen sollte immer mit der **Prüfung** begonnen werden, wie sich die Nachfolge (aufgrund der unterschiedlichen materiellen

---

[22] Die Einbringung in eine Kapitalgesellschaft mit Sitz oder Geschäftsleitung in Deutschland käme demgegenüber nicht als Lösung in Betracht, da diese nach § 121 Nr. 4 BewG selbst wieder als Inlandsvermögen gelten würde und auch im Rahmen der beschränkten Steuerpflicht besteuert werden könnte.

[23] Vgl. die Regelung „unbewegliches Vermögen" in Art. 5 Abs. 3 ErbSt-DBA Deutschland/Frankeich; *Jülicher*, in: Troll/Gebel/Jülicher, ErbStG, § 21 Rn 100.

und kollisionsrechtlichen Vorschriften) zivilrechtlich darstellt, da die erbschaftsteuerliche Behandlung in Deutschland dem Zivilrecht folgt. Die steuerliche Situation ist davon abhängig, ob eine bestimmte letztwillige Verfügung wirksam ist. Während Teilungsanordnungen grundsätzlich keine erbschaftsteuerlichen Wirkungen haben, sind Vermächtnisse zu beachten.[24] Daran anschließend sollte die erbschaftsteuerliche Situation untersucht werden.

27 Für die Frage der Steuerpflicht ist es, soweit eine andere Rechtsordnung zur Anwendung kommt, weiterhin bedeutsam, ob es sich für den Erben um einen **Vonselbsterwerb**, wie in Deutschland, oder um einen **Antrittserwerb** handelt oder sogar eine **behördliche Einweisung** erforderlich ist. Verstreicht zwischen dem Tod des Vermögenseigentümers und Antritt bzw. Einweisung ein längerer Zeitraum, in dem sich der Wert des Vermögens erheblich verändert, stellt sich nämlich die Frage, mit welchem Wert das Vermögen zu berücksichtigen ist.

28 Auch der **ordre public** kann auf die Erbschaftsteuer Einfluss haben. Dürfen nach ausländischem Recht bestimmte Personen (z.B. weibliche Abkömmlinge) nicht erben, wird diese Rechtsfolge vom nationalen deutschen Recht möglicherweise nicht akzeptiert. Je nachdem, wie der Nachlass schließlich verteilt wird, ergeben sich unterschiedliche deutsche Erbschaftsteuerfolgen. Für die Besteuerung ist zu beachten, dass unwirksame Regelungen und Verfügungen berücksichtigt werden können, wenn die Parteien diese gelten lassen wollen.[25]

B. Internationales Erbschaftsteuerrecht

I. Nationales Steuerrecht als Rechtsgrundlage

29 Unter dem **Begriff** des Internationalen Steuerrechts ist das nationale Steuerrecht zu verstehen, das sich mit der Besteuerung grenzüberschreitender Sachverhalte befasst. Der Teil des deutschen Erbschaftsteuerrechts, der sich mit **Erbfällen mit Auslandsberührung** beschäftigt, ist daher das deutsche internationale Erbschaftsteuerrecht. Zwischenstaatliches Recht gibt es neben den kollidierenden nationalen Rechtsordnungen nur, soweit zwischen den beteiligten Staaten **Doppelbesteuerungsabkommen (DBA)** abgeschlossen worden sind. Das EU-Recht selbst normiert keine steuerrechtlichen Vorschriften, die allgemeinen in den EU-Verträgen vereinbarten Regelungen und Grundsätze (wie z.B. Freizügigkeit oder Kapitalverkehrsfreiheit) können allerdings dazu führen, dass einzelne nationale Regelungen als EU-rechtswidrig beurteilt und nicht mehr angewandt werden dürfen.

30 Doppelbesteuerungsabkommen sind völkerrechtliche Verträge, die allerdings erst durch das nach Art. 59 Abs. 2 S. 1 GG notwendige Zustimmungsgesetz Rechte und Pflichten für die Steuerpflichtigen entfalten; der Rang des Doppelbesteuerungsabkommens entspricht daher dem Rang des Zustimmungsgesetzes. Ein Doppelbesteuerungsabkommen ist daher keine völkerrechtliche Regelung, die dem Bundesrecht nach Art. 25 GG vorgeht. Ein Vorrang des DBA ergibt sich auch nicht aus § 2 AO. Nach dieser Vorschrift sollen zwar völkerrechtliche Verträge, die durch Zustimmungsgesetz in das nationale Recht umgesetzt worden, Vorrang haben. Die Abgabenordnung kann aber als einfaches Bundesrecht nicht eine Rangfolge für andere Bundesgesetze vorsehen. Steht ein DBA in Widerspruch zu anderen steuergesetzlichen Vorschriften, ist der Konflikt somit nach allgemeinen Vorschriften zu lösen. Das DBA als spezielleres Gesetz dürfte regelmäßig Vorrang haben. Wird nachträglich ein den Regelungen des DBA widersprechendes Gesetz erlassen, verdrängt das spätere Gesetz das

---

24 Vgl. Länderbericht Deutschland (Rn 165 ff.).
25 BFH v. 22.11.1995 – II R 89/93, BStBl 1996 II S. 242; vgl. auch Länderbericht Deutschland (Rn 168).

früher abgeschlossene DBA. Dieser Vorgang, der als *„treaty overriding"* bezeichnet wird, stellt zwar einen Vertragsbruch dar, der Steuerpflichtige kann aus dem DBA selbst aber keine Ansprüche geltend machen, da dieses nur zwischenstaatliche Wirkungen hat, selbst aber keinen Vertrag zugunsten Dritter darstellt.[26]

Während Deutschland auf dem Gebiet des Ertragsteuerrechts mit sämtlichen „wichtigen" Ländern Abkommen zur Vermeidung der Doppelbesteuerung auf dem Gebiet der Steuern vom Einkommen und Vermögen abgeschlossen hat, bestehen auf dem Gebiet der Erbschaft- und Schenkungsteuer nur sieben Abkommen[27] – nämlich mit **Dänemark, Frankreich, Griechenland, Schweden, Schweiz** und den **USA**. Das Abkommen mit **Frankreich** ist erst am 19.9.2007 in Kraft getreten. Das früher mit **Österreich** bestehende Abkommen wurde von deutscher Seite gekündigt, nachdem die Erbschaftsteuer in Österreich für verfassungswidrig erklärt wurde, keine Neuregelung zustande kam und seitdem keine Doppelbesteuerung mehr droht.

31

Unter Erbschaftsteuer im internationalen Rechtssinne sind alle Steuern zu verstehen, die – unabhängig von der **Ausgestaltung als Nachlass- oder Erbanfallsteuer** – anlässlich eines Todesfalles auf das Vermögen des Erblassers erhoben werden. Die unterschiedliche Ausgestaltung der Steuer kann dazu führen, dass es mangels zwischenstaatlicher Abstimmung zu einer **Doppel- oder sogar noch stärkeren Mehrfachbelastung** kommen kann.

32

Von der **Höhe der Steuer** her bestehen in den einzelnen Ländern gegenwärtig erhebliche Unterschiede: Einige Länder, z.B. Malta, Österreich, Portugal, Norwegen, Schweden, die Tschechische Republik, Zypern oder Lettland, erheben **keinerlei Erbschaftsteuer**, andere, z.B. Kroatien, Slowenien oder Litauen, erheben bei Ehegatten und Kindern keine Erbschaftsteuer, wieder andere, z.B. Italien, haben die Erbschaftsteuer nach Abschaffung wieder eingeführt und wiederum andere, z.B. Deutschland und Spanien, stehen vor der Frage, wie das jeweilige nationale ErbStG verfassungs- und EU-rechtsgemäß auszugestalten ist. In Deutschland hat das BVerfG im Dezember 2014 (wieder einmal) entschieden, dass die bestehenden erbschaftsteuerlichen Begünstigungen für Betriebsvermögen mit dem Grundgesetz nicht vereinbar sind und den Gesetzgeber verpflichtet, bis zum 30.6.2014 eine Neuregelung zu treffen.[28] Im Übrigen ist das Erbschaftsteuergesetz aufgrund der EuGH-Rechtsprechung zumindest insoweit zu ändern, als die Differenzierung hinsichtlich des Freibetrages (bei Drittstaatlern, die keine Möglichkeit der Option nach § 2 Abs. 3 ErbStG haben; siehe Rn 4) EU-rechtswidrig ist.[29]

33

Gegenwärtig wird in Deutschland abhängig von der Steuerklasse und dem Wert des Gesamterwerbs eine Steuer von bis zu 50 % erhoben. Im Rahmen der Nachfolgeplanung sollte daher nach Möglichkeiten gesucht werden, eine Steuerbelastung insgesamt oder zumindest eine Doppelbesteuerung zu vermeiden.

34

II. Erbschaftsteuer als Erbanfallsteuer bzw. Nachlasssteuer

Wird eine Erbschaftsteuer erhoben, ist es unter Gestaltungsgesichtspunkten regelmäßig vorzugswürdig, einer Erbanfallsteuer statt einer Nachlasssteuer ausgesetzt zu sein. Während bei der **Nachlasssteuer** nämlich der Wert des Gesamtnachlasses der Besteuerung unterworfen wird und der Nachlass selbst steuerpflichtig ist (**estate tax**), wird bei der **Erbanfallsteuer**

35

---

26 *Vogel*, in: Vogel/Lehner, DBA, Einleitung Rn 199 ff.
27 BMF v. 22.1.2014 – IV B 2 – S 1301/07/10017–05, BStBl 2014 I S. 171.
28 BVerfG, Urteil v. 17.12.2014 – 1 BvL 21/12, BStBl. 2015 II S. 15 ff.
29 EuGH v. 17.10.2013 – C-181/12, NJW 2014, 842 = EuZW 2014, 27.

jeweils nur der Teil des Vermögenserwerbes besteuert, der dem einzelnen Erwerber (Erben oder Vermächtnisnehmer) zugutekommt. Der Vorteil der Erbanfallsteuer besteht weiter darin, dass meist **abhängig vom Verwandtschaftsverhältnis** die Steuersätze und Freibeträge differenziert werden (§§ 15, 16, 19 ErbStG).

III. Anknüpfungsmerkmale für die Steuerpflicht

1. Anknüpfungsmerkmale

36 Die einzelnen Staaten bestimmen die Anknüpfungsmerkmale für die Besteuerung von Erbfällen unterschiedlich. Zu differenzieren ist zwischen
– **persönlichen (subjektiven)** Anknüpfungsmerkmalen, die in der **Person der Beteiligten** liegen, wie z.B. Wohnsitz, gewöhnlicher Aufenthalt oder Staatsangehörigkeit, und
– **sachlichen (objektiven)** Anknüpfungsmerkmalen, die an den Belegenheitsort des Vermögens anknüpfen.

37 Besteht ein persönliches Anknüpfungsmerkmal in der Person des Erblassers, wird regelmäßig das gesamte Nachlassvermögen, unabhängig vom Belegenheitsort oder dem Wohnsitz des Begünstigten (z.B. Erben), besteuert. Wird an die Person des Begünstigten (z.B. den Erben) angeknüpft, wird hingegen nur der Nachlassteil, den dieser durch den Erbfall aufgrund der Zivilrechtslage erlangt (unabhängig vom Belegenheitsort), der Besteuerung unterworfen. Diese auf persönliche Anknüpfungsmerkmale gestützte Besteuerung wird häufig analog dem Ertragsteuerrecht als **unbeschränkte Steuerpflicht** bezeichnet. Steuerpflichtig ist dann das **Weltvermögen** bzw. der **Weltvermögensteil**.

38 Können mangels Anknüpfungsmerkmale in der Person des Erben oder Erblassers nur bestimmte Vermögenswerte aufgrund ihres Belegenheitsortes besteuert werden, spricht man demgegenüber von einer **beschränkten Steuerpflicht**. In Deutschland wird dann nur das sog. **Inlandsvermögen** i.S.d § 121 BewG besteuert.

2. Persönliche Anknüpfungsmerkmale (unbeschränkte Erbschaftsteuerpflicht)

a) Allgemeines

39 Persönliche Anknüpfungsmerkmale stellen auf Merkmale der am Erbfall Beteiligten ab. Persönliche Anknüpfungsmerkmale sind beispielsweise der **Wohnsitz**, der **gewöhnliche Aufenthalt** oder die **Staatsangehörigkeit**. Ist die persönliche, auch unbeschränkte, Steuerpflicht gegeben, ist das **Weltvermögen** (unabhängig davon, wo dies räumlich belegen ist, also das Inlands- und Auslandsvermögen) steuerpflichtig. Bei der Frage nach dem Umfang der Erbschaftsteuerpflicht in den einzelnen beteiligten Ländern ist zu untersuchen, welche Anknüpfungsmerkmale vom nationalen Gesetzgeber gewählt wurden und auf welchen Beteiligten diese abstellen.

40 Einige Staaten machen die Besteuerung nur von den persönlichen **Verhältnissen des Erblassers** abhängig. Es kommt für die Besteuerung dann häufig nur darauf an, wo der Erblasser seinen Wohnsitz oder gewöhnlichen Aufenthalt hatte; die Verhältnisse des Begünstigten (z.B. Erben oder Vermächtnisnehmer) sind demgegenüber irrelevant. In anderen Staaten wird möglicherweise nur an die persönlichen **Verhältnisse des Erben** angeknüpft, ohne dass es auf die persönlichen Verhältnisse des Erblassers ankommt.

41 In Deutschland ist eine unbeschränkte Erbschaftsteuerpflicht gegeben, wenn der **Erblasser** oder Schenker am Stichtag **Inländer** ist. Steuerpflichtig ist dann das gesamte in- und auslän-

dische Vermögen des Erblassers (**Weltvermögen**) unabhängig davon, ob dies von Inländern oder Nichtinländern („**Steuerausländern**") i.S.d. Steuerrechts erworben wird.

Beispiel: Erblasser E hat seinen Alterswohnsitz in Deutschland genommen. Seine Kinder und Erben wohnen im Ausland, wo sich auch der Großteil des Vermögens von E befindet. Der gesamte Nachlass unterliegt in Deutschland der unbeschränkten Erbschaftsteuerpflicht, da der Erblasser im Zeitpunkt seines Todes Inländer war.

Ist der Erblasser nicht Inländer, besteht in Deutschland insoweit eine unbeschränkte Erbschaftsteuerpflicht, als der **Erwerber Inländer** ist. Unbeschränkt steuerpflichtig ist dann allerdings nur der Anteil des Weltvermögens, der aufgrund der maßgeblichen zivilrechtlichen Vorschriften auf den inländischen Erwerber übergeht. Das Vermögen, das auf Nichtinländer übergeht, kann nur im Rahmen der beschränkten Steuerpflicht besteuert werden. 42

b) Begriff des Wohnsitzes in Deutschland

Jedes Land definiert seine Anknüpfungsmerkmale selbst. Deutschland knüpft die Besteuerung an die **Inländereigenschaft** an (§ 2 Abs. 1 Nr. 1 ErbStG). Diese wird vom Wohnsitz oder gewöhnlichen Aufenthalt und unter bestimmten Voraussetzungen aus der Staatsangehörigkeit abgeleitet. Befindet sich der Wohnsitz oder der Ort des gewöhnlichen Aufenthalts in Deutschland, hat die Staatsangehörigkeit keine Bedeutung mehr. 43

Der **deutsche Begriff** des **Wohnsitzes** ist in § 8 AO definiert: 44

> *§ 8 AO Wohnsitz*
> *Einen Wohnsitz hat jemand dort, wo er eine Wohnung unter Umständen innehat, die darauf schließen lassen, dass er die Wohnung beibehalten und benutzen wird.*

Voraussetzung für die Annahme eines **Wohnsitzes** in Deutschland ist daher nicht, dass sich der Steuerpflichtige eine bestimmte Mindestanzahl von Tagen tatsächlich in der Wohnung aufhält.[30] Eine Person kann daher zugleich in unterschiedlichen Ländern mehrere Wohnsitze haben. Für Zwecke der Besteuerung ist es nach deutschem Recht irrelevant, ob der Steuerpflichtige nach dem Meldegesetz gemeldet ist oder ein Wille zur Begründung eines Wohnsitzes vorliegt, wie ihn §§ 7, 8 BGB fordern. In Deutschland kann daher auch eine möblierte, leerstehende Wohnung einen Wohnsitz begründen. Der BFH hat in einem Fall einen inländischen Wohnsitz angenommen, in dem ein Steuerpflichtiger Eigentümer einer Doppelhaushälfte war, die er regelmäßig nur zweimal im Jahr, dann allerdings mehrere Wochen am Stück zur Jagd nutzte.[31] Eine Wohnsitz kann im Einzelfall sogar dann angenommen werden, wenn der Wohnungsinhaber das gesamte Jahr nicht in Deutschland war, aber objektiv erkennbare Umstände vorliegen, die für eine Beibehaltung und die Absicht der tatsächlichen Nutzung sprechen.[32] Dessen ungeachtet hat das FG Baden-Württemberg im Jahr 1996 in einem Urteil angenommen, dass „trotz" regelmäßiger, bis zu sechswöchiger Nutzung einer Eigentumswohnung zu Ferien- und Urlaubszwecken kein Wohnsitz gegeben sei.[33] Von Ausnahmefällen abgesehen, in denen die Beteiligten eine unbeschränkte Steuerpflicht erwünschen, um die hohen Freibeträge (§ 16 Abs. 1 ErbStG) zu erhalten, ist zumindest in Fällen, in denen sich auch im Ausland hohe Vermögenswerte befinden, eine auf Vermögen i.S.d. § 121 BewG beschränkte Steuerpflicht wünschenswert. 45

---

30 Vgl. Anwendungserlass (AEAO) zu § 8, BStBl 2002 I S. 64 f.
31 BFH v. 13.11.1988 – II R 139/87, BStBl 1989 II S. 182.
32 Zu den Begriffen vgl. BFH v. 19.3.1997 – I R 69/96, BStBl 1997 II S. 447.
33 FG Baden-Württemberg v. 1.3.1996 – 9 K 276/93, Haufe-Index 509925.

46 Besteht ein Wohnsitz in Deutschland, ist es für die Besteuerung irrelevant, ob ein Steuerpflichtiger seinen Haupt- oder einen völlig untergeordneten Nebenwohnsitz in Deutschland hat.[34] Bei intakter Ehe wird eine unbeschränkte Steuerpflicht beider Ehegatten sogar dann angenommen, wenn nur einer von ihnen einen Wohnsitz in Deutschland hat.[35] Hat ein am Erbfall Beteiligter in Deutschland einen Wohnsitz, ist insoweit eine unbeschränkte Erbschaftsteuerpflicht gegeben. Handelt es sich um den Erblasser, kann der Weltnachlass, handelt es sich nur um einen Erben, kann der auf diesen quotal entfallende Teil des Weltnachlasses besteuert werden. Einschränkungen für ein deutsches Besteuerungsrecht können sich dann nur noch aus einem DBA ergeben.

47 Während der Begriff des Wohnsitzes in Deutschland sehr weit gefasst ist, könnte dieser in anderen Ländern wesentlich enger definiert sein, z.B. als der Ort, in dem sich der Lebensmittelpunkt befindet, oder davon abhängig gemacht werden, ob bei Verlagerung des Lebensmittelpunktes eine Rückkehrabsicht besteht. Im Einzelfall ist daher die nationale Definition zu prüfen.

c) Begriff des gewöhnlichen Aufenthalts in Deutschland

48 Neben dem Wohnsitz knüpft Deutschland die unbeschränkte Erbschaftsteuerpflicht auch an den **gewöhnlichen Aufenthalt**; dieser ist nur dann von Bedeutung, wenn in Deutschland keine Wohnung vorhanden ist. Der Begriff ist in § 9 AO wie folgt definiert:

§ 9 AO Gewöhnlicher Aufenthalt
Den gewöhnlichen Aufenthalt hat jemand dort, wo er sich unter Umständen aufhält, die erkennen lassen, dass er an diesem Ort oder in diesem Gebiet nicht nur vorübergehend verweilt. Als gewöhnlicher Aufenthalt im Geltungsbereich dieses Gesetzes ist stets und von Beginn an ein zeitlich zusammenhängender Aufenthalt von mehr als sechs Monaten Dauer anzusehen; kurzfristige Unterbrechungen bleiben unberücksichtigt. Satz 2 gilt nicht, wenn der Aufenthalt ausschließlich zu Besuchs-, Erholungs-, Kur- oder ähnlichen privaten Zwecken genommen wird und nicht länger als ein Jahr dauert.

49 Im Gegensatz zum Wohnsitz kann ein gewöhnlicher Aufenthalt nicht an mehreren Orten gleichzeitig bestehen.[36] Der gewöhnliche Aufenthalt knüpft ebenso wie der Wohnsitz an äußere Merkmale an, so dass weder das Bewusstsein noch der Wille erforderlich ist, durch ein nicht nur vorübergehendes Verweilen einen gewöhnlichen Aufenthalt zu begründen.[37] Aufgrund der in den einzelnen Ländern gewählten unterschiedlichen Anknüpfungsmerkmale kann es aufgrund von Merkmalen in der Person des Erblassers allein zur Doppelbesteuerung im Rahmen der unbeschränkten Erbschaftsteuerpflicht) kommen.

Beispiel: Der Erblasser hat in der Bundesrepublik einen (Neben-)Wohnsitz und in einem anderen Land seinen Hauptwohnsitz und gewöhnlichen Aufenthalt. Das Vermögen besteht sowohl aus deutschem Inlandsvermögen als auch aus Auslandsvermögen.

Der Erblasser ist in Deutschland unbeschränkt erbschaftsteuerpflichtig, da ein Wohnsitz die unbeschränkte Erbschaftsteuerpflicht begründet. Besteuert wird in Deutschland das Inlands- und das Auslandsvermögen. Das Land des „Hauptwohnsitzes", in dem der Erblasser seinen gewöhnlichen Aufenthalt hat, dürfte ebenfalls eine unbeschränkte Erbschaftsteuerpflicht annehmen und ebenfalls das Inlands- und Auslandsvermögen besteuern.

---

34 BFH v. 24.1.2001 – I R 100/99 (NV), BFH/NV 2001, S. 1402.
35 BFH v. 17.5.1995 – I R 8/94, BFHE 178, 294 = NJW 1996, 680 = BStBl 1996 II S. 2.
36 BFH v. 9.2.1966 – I 244/63, BFHE 85, 540 = BStBl 1966 III S. 522.
37 Vgl. *König*, in: König, AO, 3. Aufl. 2014, § 9 Rn 6.

d) Kollision von Anknüpfungsmerkmalen

Aus den in den einzelnen Ländern gewählten unterschiedlichen Anknüpfungsmerkmalen für die unbeschränkte Steuerpflicht kann es zu einer **Doppelbesteuerung**, aber auch zur **Steuerfreiheit** kommen. Zu einer Doppelbeteuerung kann es allerdings auch dann kommen, wenn auf die persönlichen Verhältnisse unterschiedlicher Personen abgestellt wird.

Stellt beispielsweise ein Land nur auf den Wohnsitz des Erblassers und ein anderes Land nur auf den Wohnsitz des Begünstigten (z.B. Erben) ab, kann es, je nachdem, in welchem der beteiligten Länder Erblasser und Erbe wohnen, ein Besteuerungsrecht für jedes Land geben, so dass sich ein Problem der Doppelbesteuerung ergibt, oder überhaupt kein Besteuerungsrecht.

Beispiel: In Frankreich[38] besteht eine unbeschränkte Steuerpflicht bei Wohnsitz des Erben immer, bei Wohnsitz des Erwerbers nur, wenn der Erwerber innerhalb der letzten zehn Jahre mindestens sechs Jahre seinen steuerlichen Hauptwohnsitz in Frankreich hatte. Demgegenüber knüpft in Spanien die Steuerpflicht an den Wohnsitz des Erwerbers an.[39] Angenommen, der Erblasser mit Wohnsitz in Spanien hinterlässt seinem Sohn ein Wertpapierdepot[40] bei einer deutschen Bank und sein Sohn lebt in Frankreich, ohne dass der Sohn die Voraussetzungen für eine unbeschränkte Erbschaftsteuerpflicht in Frankreich erfüllt, ist weder in Spanien noch in Frankreich eine (unbeschränkte) Erbschaftsteuerpflicht gegeben. Spanien stellt nämlich auf die persönlichen Verhältnisse des Erben ab, der in Frankreich wohnt und daher nicht in Spanien steuerpflichtig ist. Frankreich stellt demgegenüber weitgehend nur auf die persönlichen Verhältnisse des Erblassers ab. Dieser wohnt aber in Spanien. Das Wertpapierdepot wird auch in Deutschland nicht besteuert, da es sich nicht um Inlandsvermögen i.S.d. § 121 BewG handelt.

Bei umgekehrten Wohnsitzen kommt es zu einer Doppelbelastung.

Beispiel: Der Erblasser mit Wohnsitz in Frankreich hinterlässt seinem in Spanien lebenden Sohn ein Wertpapierdepot bei einer deutschen Bank. Der Vermögenserwerb ist in Frankreich steuerpflichtig, weil Frankreich an die persönlichen Verhältnisse des Erblassers anknüpft. Der Vermögenserwerb ist aber auch in Spanien steuerpflichtig, da Spanien an die persönlichen Verhältnisse des Erben anknüpft.

e) Nachfolgeplanung

Vorfrage für die Nachfolgeplanung ist, welche Anknüpfungsmerkmale für die Besteuerung bestehen. Deutschland nutzt alle denkbaren Anknüpfungsmerkmale und knüpft an die **persönlichen Verhältnisse sowohl des Erblassers als auch an die des Erwerbers** an. Der Weltnachlass wird daher, soweit sich keine Einschränkungen aus einem DBA ergeben, in Deutschland immer dann vollständig besteuert, wenn der Erblasser unbeschränkt erbschaftsteuerpflichtig ist. Begründen die persönlichen Verhältnisse des Erblassers keine unbeschränkte Erbschaftsteuerpflicht, ist zumindest der Nachlassteil unbeschränkt erbschaftsteuerpflichtig, der auf Erwerber entfällt, die aufgrund ihrer persönlichen Verhältnisse unbeschränkt erbschaftsteuerpflichtig sind.

Die unbeschränkte Steuerpflicht, die an persönliche Merkmale anknüpft, lässt sich in einzelnen Ländern möglicherweise durch **Wegzug** vermeiden. Es ist allerdings zu beachten,

---

38 Vgl. Länderbericht Frankreich (Rn 197 f.).
39 Im spanischen Recht knüpft der Wohnsitz an den gewöhnlichen Aufenthalt an, vgl. Länderbericht Spanien.
40 Es wird unterstellt, dass die Voraussetzungen des § 121 Nr. 4 BewG nicht vorliegen.

dass ein Deutscher bei Wegzug in das Ausland für die Dauer von fünf Jahren weiterhin unbeschränkt erbschaftsteuerpflichtig bleibt (§ 2 Abs. 1 Nr. 1 S. 2 Buchst. b) ErbStG). Eine unbeschränkte Erbschaftsteuerpflicht nach Aufgabe des Wohnsitzes im Inland ließe sich daher nur durch Aufgabe der deutschen Staatsangehörigkeit vermeiden. Außerdem ist zu beachten, dass bei einem Wegzug unter den in § 6 AStG genannten Voraussetzungen Wertsteigerungen von Beteiligungen an Kapitalgesellschaften, an denen der Wegziehende mit mindestens 1 % beteiligt ist (§ 17 EStG), obwohl der Wegzug keine Veräußerung darstellt, besteuert werden. Die Steuer wird allerdings insoweit gestundet, als der Wegzug in ein anderes Land innerhalb der EU oder des EWR erfolgt und die in § 6 Abs. 5 AStG genannten Anzeigepflichten beachtet werden.

55 Auch ohne inländischen Wohnsitz oder inländischen gewöhnlichen Aufenthalt ist im Einzelfall zu untersuchen, ob es möglicherweise eine **nachlaufende unbeschränkte Steuerpflicht** gibt. In Deutschland werden Erblasser oder Erwerber mit deutscher Staatsangehörigkeit als **Inländer** behandelt, wenn sie sich **nicht länger als fünf Jahre vor dem Besteuerungsstichtag dauernd im Ausland aufgehalten** haben, ohne im Inland einen Wohnsitz gehabt zu haben (§ 2 Abs. 1 Nr. 1 S. 2 Buchst. b) ErbStG). Eine unbeschränkte Erbschaftsteuerpflicht besteht daher für deutsche Staatsangehörige nach Aufgabe eines deutschen Wohnsitzes für die Dauer von fünf Jahren fort,[41] soweit sich aus einem Doppelbesteuerungsabkommen keine Sonderregelungen ergeben, die das deutsche Besteuerungsrecht einschränken.

Beispiel: Der deutsche Staatsangehörige E erfährt, dass er schwer krank ist und nur noch wenige Monate zu leben hat. Selbst wenn er sofort aus Deutschland wegzieht, bleibt er grundsätzlich noch für die Dauer von fünf Jahren unbeschränkt erbschaftsteuerpflichtig.

56 Eine Ausnahme bestand früher bei Wegzug nach **Österreich**. Aufgrund des früher mit Österreich bestehenden DBA stand nämlich Österreich auch bei einer Wohnsitzverlegung nach Österreich das Besteuerungsrecht vorrangig zu.[42]

3. Sachliche Steuerpflicht (beschränkte Erbschaftsteuerpflicht)

57 Gibt es keine persönlichen Anknüpfungsmerkmale für eine unbeschränkte Steuerpflicht, ist zu prüfen, ob sich aufgrund von sachlichen Anknüpfungsmerkmalen zumindest eine auf bestimmte Vermögensgegenstände beschränkte Steuerpflicht ergibt. Ist aufgrund der persönlichen Verhältnisse des Erblassers oder der Begünstigten keine Besteuerung möglich, versuchen viele Staaten, zumindest das im eigenen Hoheitsgebiet belegene Vermögen zu besteuern (**Territorialitätsprinzip**). Für jedes einzelne Land ist dann zu untersuchen, wie der Begriff des „im Inland belegenen Vermögens" definiert ist.

58 Einige Länder besteuern fast das gesamte Vermögen, das einen **Inlandsbezug** aufweist, wobei die physische Belegenheit ausreichend ist,[43] andere Länder, wie z.B. Luxemburg, besteuern nur den im eigenen Land belegen Grundbesitz.[44] **Deutschland** geht einen Mittelweg und besteuert deutlich mehr als den im Inland belegenen Grundbesitz, versucht

---

[41] Die Regelung ist nicht anzuwenden, wenn der Deutsche nur seinen gewöhnlichen Aufenthalt in Deutschland hatte (vgl. *Troll/Gebel/Jülicher*, ErbStG, § 2 Rn 21). Irrelevant für die Erbschaftsteuerpflicht ist es daher auch, wenn der Erblasser, Erbe oder Vermächtnisnehmer innerhalb der Fünf-Jahres-Frist zwischenzeitlich in Deutschland den gewöhnlichen Aufenthalt hatte.
[42] Art. 5 Erbschaftsteuer DBA Deutschland/Österreich.
[43] So z.B. die USA, vgl. *Wassermeyer, W.*, Das US-amerikanische Erbschaft- und Schenkungsteuerrecht, 1996, Rn 25.
[44] *Troll/Gebel/Jülicher*, ErbStG, § 21 Rn 115; vgl. Länderbericht Luxemburg (Rn 200).

aber zu berücksichtigen, ob das Vermögen leicht in ein anderes Land verlagert werden kann. So stellen **Bankguthaben** beispielsweise kein Inlandsvermögen dar, da eine entsprechende Besteuerungsvorschrift nur dazu führen würde, dass „nur" beschränkt Steuerpflichtige keine Kontoguthaben mehr in Deutschland unterhalten, sondern diese in das Ausland verlagern würden. Während eine Besteuerung von Bankguthaben im Rahmen der beschränkten Steuerpflicht nur zur Anlage des Kapitals im Ausland führen würde („Kapitalflucht"), stellen Forderungen, die durch Grundpfandrechte gesichert sind, aus deutscher Sicht Inlandsvermögen dar, das im Rahmen der beschränkten Steuerpflicht besteuert wird.

> *§ 121 BewG Inlandsvermögen*
> *Zum Inlandsvermögen gehören:*
> 1. *das inländische land- und forstwirtschaftliche Vermögen;*
> 2. *das inländische Grundvermögen;*
> 3. *das inländische Betriebsvermögen. Als solches gilt das Vermögen, das einem im Inland betriebenen Gewerbe dient, wenn hierfür im Inland eine Betriebsstätte unterhalten wird oder ein ständiger Vertreter bestellt ist;*
> 4. *Anteile an einer Kapitalgesellschaft, wenn die Gesellschaft Sitz oder Geschäftsleitung im Inland hat und der Gesellschafter entweder allein oder zusammen mit anderen ihm nahestehenden Personen im Sinne des § 1 Abs. 2 des Außensteuergesetzes in der jeweils geltenden Fassung am Grund- oder Stammkapital der Gesellschaft mindestens zu einem Zehntel unmittelbar oder mittelbar beteiligt ist;*
> 5. *nicht unter Nummer 3 fallende Erfindungen, Gebrauchsmuster und Topographien, die in ein inländisches Buch oder Register eingetragen sind;*
> 6. *Wirtschaftsgüter, die nicht unter die Nummern 1, 2 und 5 fallen und einem inländischen Gewerbebetrieb überlassen, insbesondere an diesen vermietet oder verpachtet sind;*
> 7. *Hypotheken, Grundschulden, Rentenschulden und andere Forderungen oder Rechte, wenn sie durch inländischen Grundbesitz, durch inländische grundstücksgleiche Rechte oder durch Schiffe, die in ein inländisches Schiffsregister eingetragen sind, unmittelbar oder mittelbar gesichert sind. Ausgenommen sind Anleihen und Forderungen, über die Teilschuldverschreibungen ausgegeben sind;*
> 8. *Forderungen aus der Beteiligung an einem Handelsgewerbe als stiller Gesellschafter und aus partiarischen Darlehen, wenn der Schuldner Wohnsitz oder gewöhnlichen Aufenthalt, Sitz oder Geschäftsleitung im Inland hat;*
> 9. *Nutzungsrechte an einem der in den Nummern 1 bis 8 genannten Vermögensgegenstände.*

Liegen die Voraussetzungen einer unbeschränkten Erbschaftsteuerpflicht nicht vor, können in Deutschland nur die vorstehend genau bezeichneten Vermögensgegenstände besteuert werden. Der Steuerpflichtige hat daher im Rahmen der beschränkten Steuerpflicht zahlreiche Möglichkeiten, eine Besteuerung in Deutschland zu vermeiden.

Wird beispielsweise ein in Deutschland belegenes Grundstück vererbt, ist dieses unabhängig vom Wohnsitz oder gewöhnlichen Aufenthalt des Erblassers oder Erben in Deutschland immer erbschaftsteuerpflichtig. Wird das Grundstück in eine Kapitalgesellschaft eingebracht, handelt es sich zumindest nicht mehr um **Inlandsvermögen i.S.d. § 121 Nr. 2 BewG**; vererbt werden nämlich nicht das Grundstück, sondern Kapitalgesellschaftsanteile. Auch hier ist allerdings das jeweilige nationale Recht zu beachten, da es denkbar wäre, dass andere Länder Kapitalgesellschaften als transparent behandeln, wenn diese über einen bestimmten Umfang hinaus bestimmtes Inlandsvermögen (z.B. Grundstücke) halten.[45]

---

45 Wie z.B. Frankreich (vgl. Länderbericht Frankreich Rn 194).

62 Wird das Grundstück in eine „deutsche" Kapitalgesellschaft eingebracht, an der der Erblasser allein oder zusammen mit anderen ihm nahestehenden Personen i.S.d. § 1 Abs. 2 AStG[46] zu mindestens 10 % beteiligt ist,[47] handelt es sich ebenfalls um einen beschränkt steuerpflichtigen Erwerb (§ 121 Nr. 4 BewG). Zur Vermeidung der beschränkten Steuerpflicht ist es daher erforderlich, dass das Inlandsvermögen in eine Kapitalgesellschaft, die weder Sitz noch Geschäftsleitung in Deutschland hat, eingebracht wird.

63 Würde in Deutschland belegener Grundbesitz statt in eine Kapitalgesellschaft in eine Personengesellschaft eingebracht, würde zwar zivilrechtlich ebenfalls kein Grundbesitz mehr vererbt, da eine Nachfolge in einen Personengesellschaftsanteil eintritt. Steuerlich werden Personengesellschaften allerdings als transparent betrachtet, so dass der Übergang eines Personengesellschaftsanteils wie eine anteilige Übertragung des Gesamthandsvermögens behandelt wird (§ 39 Abs. 2 Nr. 2 AO).[48]

64 **Nicht** zum **Inlandsvermögen** gehören damit spiegelbildlich im Ausland belegene Grundstücke, die von einer Personengesellschaft gehalten werden, auch wenn diese Sitz oder Geschäftsleitung im Inland hat. Der Personengesellschaftsanteil selbst unterliegt nämlich nicht der Besteuerung.

65 Werden Anteile an deutschen Kapitalgesellschaften, die die Voraussetzungen des **§ 121 Nr. 4 BewG** erfüllen, mittelbar über eine andere Kapitalgesellschaft gehalten, die die Voraussetzungen des § 121 Nr. 4 BewG nicht erfüllt, können diese im Rahmen der beschränkten Steuerpflicht in Deutschland nicht besteuert werden. Etwas anderes könnte nur dann angenommen werden, wenn die ausländische Gesellschaft als Treuhänderin für die Anteile an der inländischen Kapitalgesellschaft angesehen werden könnte (§ 39 Abs. 2 Nr. 1 S. 2 AO) oder ein **Missbrauch von Gestaltungsmöglichkeiten** vorliegt (§ 42 AO).[49] Ein Missbrauch könnte angenommen werden, wenn für die Einschaltung der ausländischen Gesellschaft wirtschaftliche oder sonst beachtliche Gründe fehlen und sie keine eigene Wirtschaftstätigkeit entfaltet.[50] Beachtliche Gründe könnten darin bestehen, dass es sich bei der im Ausland gelegenen Gesellschaft um eine Holding für unterschiedliche Beteiligungen handelt.

66 Unter **inländisches Betriebsvermögen** (§ 121 Nr. 3 BewG) fällt das Vermögen, das einem im Inland betriebenen Gewerbebetrieb dient, wenn hierfür im Inland eine Betriebsstätte (§ 12 AO) unterhalten wird oder ein ständiger Vertreter (§ 13 AO) bestellt ist. Eine **Betriebsstätte** ist jede feste Geschäftseinrichtung oder Anlage, die der Tätigkeit eines Unternehmens dient. Als Betriebsstätte ist die Stätte der Geschäftsleitung, eine Zweigniederlassung, eine

---

46 § 1 Abs. 2 AStG lautet: „Dem Steuerpflichtigen ist eine Person nahestehend, wenn
1. die Person an dem Steuerpflichtigen mindestens zu einem Viertel unmittelbar oder mittelbar beteiligt (wesentlich beteiligt) ist oder auf den Steuerpflichtigen unmittelbar oder mittelbar einen beherrschenden Einfluß ausüben kann oder umgekehrt der Steuerpflichtige an der Person wesentlich beteiligt ist oder auf diese Person unmittelbar oder mittelbar einen beherrschenden Einfluß ausüben kann oder
2. eine dritte Person sowohl an der Person als auch an dem Steuerpflichtigen wesentlich beteiligt ist oder auf beide unmittelbar oder mittelbar einen beherrschenden Einfluß ausüben kann oder
3. die Person oder der Steuerpflichtige imstande ist, bei der Vereinbarung der Bedingungen einer Geschäftsbeziehung auf den Steuerpflichtigen oder die Person einen außerhalb dieser Geschäftsbeziehung begründeten Einfluß auszuüben oder wenn einer von ihnen ein eigenes Interesse an der Erzielung der Einkünfte des anderen hat.
47 Regelmäßig wird der Erblasser wohl zu 100 % beteiligt sein.
48 Vgl. *Troll/Gebel/Jülicher*, ErbStG, § 2 Rn 50 und 55.
49 Vgl. Länderbericht Deutschland (Rn 198).
50 Vgl. Finanzministerium Sachsen v. 18.9.1997 – 34 – S 3288 – 4/17–54855.

Geschäftsstelle, eine Fabrikations- oder Werkstatt oder ein Warenlager anzusehen. Auch eine Bauausführung oder Montage, die ohne Unterbrechung länger als sechs Monate dauert, ist eine Betriebsstätte. Das einem freien Beruf dienende Vermögen wird einer Betriebsstätte gleichgestellt (§ 96 Abs. 1 BewG).

Die Betriebsstätte hat eine gewisse Sogwirkung. Das gesamte einer Betriebsstätte zuordenbare Vermögen (also insbesondere bewegliche Wirtschaftsgüter) sind in Deutschland im Rahmen der beschränkten Erbschaftsteuerpflicht steuerpflichtig Dies gilt gerade dann, wenn es, isoliert betrachtet, nicht der beschränkten Steuerpflicht unterläge. Für die Besteuerung ist es irrelevant, wie lange die Überlassung dauert. Es kommt nur darauf an, dass im Zeitpunkt der Entstehung der Erbschaftsteuer das Überlassungsverhältnis gegeben war.[51]

67

Beispiel: Bauunternehmer B mit Wohnsitz in den Niederlanden hat in Deutschland eine Niederlassung. Für eine besonders komplizierte Fundamenterrichtung hat er der Niederlassung in Deutschland ein besonders wertvolles Tiefbohrgerät (Wert 5 Mio. EUR) überlassen, das er sonst nur in seinem Unternehmen in den Niederlanden verwendet. Nachdem das Gerät in Deutschland eingetroffen ist, fährt B persönlich nach Deutschland, um die Mitarbeiter einzuweisen. Auf der Fahrt verunglückt er tödlich. Die Maschine unterliegt (wohl) der Erbschaftsbesteuerung in Deutschland.

Kapitalvermögen, das in Deutschland angelegt ist, stellt regelmäßig kein inländisches Vermögen dar, da es an einem besonderen Inlandsbezug fehlt. Ein Inlandsbezug ist aber beispielsweise dann gegeben, wenn eine Kapitalforderung durch inländischen Grundbesitz gesichert wird; dann handelt es sich um Inlandsvermögen, das im Inland der Besteuerung unterliegt.[52]

68

Beispiel: Erblasser E, der in Deutschland nur beschränkt erbschaftsteuerpflichtig ist, hat seinem Jugendfreund J ein Darlehen in Höhe von 100.000 EUR gewährt, das durch eine Grundschuld an einem in Deutschland belegenen Grundstück gesichert ist. Das Darlehen stellt bei Tod des E Inlandsvermögen dar, selbst wenn der Erwerber der Forderung in Deutschland auch nur beschränkt erbschaftsteuerpflichtig ist. Die Forderung gilt nämlich durch die grundpfandrechtliche Sicherung am inländischen Grundbesitz als Inlandsvermögen. Der Erwerb unterliegt daher der beschränkten Steuerpflicht.

Nicht in § 121 BewG genannt sind **sonstige Forderungen oder Wertpapiere**; diese unterliegen nicht der beschränkten Steuerpflicht. Dies bedeutet, dass z.B. **Pflichtteilsforderungen** eines im Ausland lebenden Pflichtteilsberechtigten nach dem Tod eines ausländischen Erblassers in Deutschland nie steuerpflichtig sind, also auch dann nicht, wenn sich der Anspruch gegen einen inländischen (unbeschränkt steuerpflichtigen) Erben richtet und der Nachlass nur aus Inlandsvermögen i.S.d. § 121 BewG besteht.[53] Entscheidend ist allein, dass der Pflichtteilsanspruch zivilrechtlich ein Geldanspruch ist.[54] Da dies auch für ein Vermächtnis gilt, kann durch entsprechende Gestaltung eine Erbschaftsteuerbelastung im Inland vermieden werden.

69

Beispiel: Erblasser E wohnt in Frankreich, sein Sohn S soll Alleinerbe werden. Da zum Nachlass auch eine wertvolle GmbH-Beteiligung (die größer als 10 % ist) gehört, an der S kein Interesse hat, wird diese dem Mitgesellschafter M als Vermächtnis ausgesetzt, mit dem

---

51 BFH, BStBl 1959 III S. 476.
52 Vgl. § 121 Nr. 7 BewG, R 4 ErbStR. Einkünfte aus derartigen Kapitalvermögen sind dann im Übrigen in Deutschland auch einkommensteuerpflichtig (§ 49 Abs. 1 Nr. 5 Buchst. c) aa) EStG).
53 *Meincke*, ErbStG, § 2 Rn 11.
54 *Troll/Gebel/Jülicher*, ErbStG, § 2 Rn 67.

Untervermächtnis belastet, an S eine Zahlung in Höhe von 95 % des Verkehrswertes zu leisten.

Wenn M das Vermächtnis annimmt, erhält S lediglich einen Geldanspruch aus dem Untervermächtnis. Der Geldanspruch unterliegt in Deutschland nicht der Besteuerung. M muss zwar den Erwerb der Beteiligung versteuern, kann aber das Untervermächtnis als Verbindlichkeit abziehen, so dass im Ergebnis in Deutschland keine oder nur geringe Erbschaftsteuern entstehen.

4. Erweiterte beschränkte Erbschaftsteuerpflicht

70 In § 2 Außensteuergesetz (AStG) ist bei Wegzug einer natürlichen Person, die in den letzten zehn Jahren vor ihrem Wegzug als Deutsche mindestens fünf Jahre unbeschränkt einkommensteuerpflichtig war, für weitere zehn Jahre eine sog. **erweiterte beschränkte Einkommensteuerpflicht** vorgesehen. Im Rahmen dieser Besteuerung sind alle Einkünfte, die bei einem unbeschränkt Einkommensteuerpflichtigen nicht ausländische Einkünfte i.S.d. § 34d EStG wären, weiterhin in Deutschland steuerpflichtig. Nach § 4 Abs. 1 AStG unterliegen alle Vermögensgegenstände, der der Erzielung von Einkünften dienen, die im Rahmen der erweiterten beschränkten Einkommensteuerpflicht in Deutschland steuerpflichtig sind, der Erbschaftsteuer. Etwas anderes gilt nur dann, wenn die im Ausland zu entrichtende „Erbschaftsteuer"[55] mindestens 30 % der in Deutschland für den Erwerb zu zahlenden Steuer beträgt. Hierdurch soll die Attraktivität des Wegzugs in **Niedrigsteuerländer** eingeschränkt werden.

71 Diese Besteuerung geht wesentlich über die der beschränkten Erbschaftsteuerpflicht hinaus, da jetzt auch
- Kapitalforderungen gegen Schuldner im Inland,
- Spareinlagen und Bankguthaben bei Geldinstituten im Inland,
- Aktien und Anteile an inländischen Gesellschaften,
- Ansprüche auf Renten und wiederkehrende Leistungen gegen inländische Schuldner sowie Nießbrauchs- und Nutzungsrechte an Vermögensgegenständen im Inland,
- Erfindungen und Urheberrechte, die im Inland verwertet werden,
- Versicherungsansprüche gegen Versicherungsunternehmen im Inland,
- alle im Inland belegenen beweglichen Wirtschaftsgüter,
- Vermögen, deren Erträge nach § 5 AStG der erweitert beschränkten Steuerpflicht unterliegen,
- Vermögen, das nach § 15 AStG dem erweitert beschränkt Steuerpflichtigen zuzurechnen ist,

in Deutschland erbschaftsteuerpflichtig sind.[56]

72 Von der erweitert beschränkten Steuerpflicht wird beispielsweise außerhalb Deutschlands belegenes Betriebsvermögen nicht erfasst, da dieses zu ausländischen Einkünften führen würde. Liegt bei am Erbfall Beteiligten in den letzten Jahren ein Wohnsitzwechsel vor, ist im Einzelfall zu prüfen, ob es im Ausland vergleichbare Regelungen gibt.

---

[55] Es geht darum, dass die im Ausland zu zahlende Steuer anlässlich des Erbfalls der deutschen Nachlasssteuer entspricht. Wenn keine Vergleichbarkeit der Steuer gegeben ist, z.B. bei einer *capital gains tax*, kommt es immer zu einer Besteuerung im Rahmen der erweiterten beschränkten Erbschaftsteuerpflicht in Deutschland.

[56] BMF, BStBl 2004 I S. 3, Tz. 4.0–4.2.

IV. Teilungsanordnungen und Vermächtnisse

Soweit nicht der Nachlass selbst besteuert wird und die Steuer den Wert des Nachlasses selbst mindert, sondern – wie in Deutschland – jeder Erwerber die auf seinen Erwerb entfallende Steuer selbst schuldet (**Erbanfallsteuer**), stellt sich die Frage, wie der Erwerb des einzelnen Beteiligten zu bestimmen und zu bewerten ist.

1. Erbeinsetzung

Werden eine oder mehrere Personen Erben, ohne dass weitere Regelungen getroffen sind (z.B. bei der gesetzlichen Erbfolge), muss jeder Erwerber den Nachlass entsprechend seiner Erbquote versteuern. Hierbei ist es irrelevant, ob sich die Rechtsnachfolge im Nachlass nach einer letztwilligen Verfügung oder nach der gesetzlichen Erbfolge richtet. Weiterhin hat es keinen Einfluss auf die Erbschaftsbesteuerung, ob sich die Rechtsnachfolge nach deutschem oder ausländischem Erbstatut richtet.

2. Teilungsanordnung

Häufig finden sich in letztwilligen Verfügungen Regelungen, wie der Nachlass zwischen mehreren Miterben aufzuteilen ist. Für die Erbschaftsteuer in Deutschland sind Teilungsanordnungen irrelevant. Es kommt nur darauf an, was der Erbe von Todes wegen unmittelbar durch den Erbfall erlangt hat. Unmittelbar durch den Erbfall hat der Erbe aber nur einen seiner Erbquote entsprechenden Anteil am Weltvermögen des Erblassers erlangt. Ein Vermächtnisnehmer hat demgegenüber tatsächlich nur einen Anspruch auf Übereignung eines bestimmten Vermächtnisgegenstandes erworben. Da es für die Besteuerung in Deutschland auf die durch den Todesfall eintretende Vermögenszuordnung ankommt, ist die nachfolgende Erbauseinandersetzung unabhängig davon, ob die Vermögensverteilung unter Beachtung von Teilungsanordnungen oder durch freiwillige Einigung erfolgt, erbschaftsteuerlich irrelevant. Dies kann im Bereich des internationalen Steuerrechts sehr nachteilig sein, wenn eine unbeschränkte Erbschaftsteuerpflicht in Deutschland nur wegen der persönlichen Verhältnisse einzelner Miterben, nicht aber wegen der Person des Erblassers besteht und auch im Ausland belegenes Vermögen vorhanden ist, das nur beschränkt steuerpflichtige Erben erhalten sollen.

Beispiel: Erblasser E ist verstorben und hat seinen Sohn S und seine Tochter T zu gleichen Teilen als Erben eingesetzt. Die Voraussetzungen für eine unbeschränkte Steuerpflicht in Deutschland liegen nur für S vor. Das Vermögen von E, das ausschließlich aus Grundbesitz besteht, befindet sich jeweils zur Hälfte in Deutschland, zur Hälfte im Ausland. E verfügt durch Teilungsanordnung, dass sein in Deutschland belegenes Vermögen Sohn S und die Auslandsgrundstücke Tochter T bekommen soll.

Da für die Besteuerung ausschließlich die Erbquote am Gesamtnachlass maßgeblich ist, ist es irrelevant, wer aufgrund einer Teilungsanordnung oder einer freiwilligen Erbauseinandersetzung welches Vermögen bekommt. Sohn S muss im Rahmen der unbeschränkten Erbschaftsteuerpflicht entsprechend seiner Erbquote die Hälfte des in Deutschland und die Hälfte des im Ausland belegenen Vermögens versteuern. Tochter T versteuert im Rahmen der beschränkten Steuerpflicht entsprechend ihrer Erbquote das deutsche „Inlandsvermögen" i.S.d. § 121 BewG, also ihre Hälfte des in Deutschland belegenen Vermögens. Im Ergebnis sind somit ¾ des Nachlasses in Deutschland steuerpflichtig.

Für die Erbschaftsbesteuerung in Deutschland ist die durch den Erbfall eintretende Vermögenszuordnung maßgeblich. Angenommen, es käme in einem Sachverhalt ein ausländisches

Erbstatut zur Anwendung, in dem eine Teilungsanordnung eine unmittelbare rechtliche Zuordnung hat (sog. **Vindikationslegat**[57]), stellt sich die Frage, ob dies Auswirkungen auf die Besteuerung in Deutschland hätte. Möglicherweise könnte dann argumentiert werden, dass durch die dinglich wirkende Teilungsanordnung das Vermögen bereits im Erbfall anderweitig zugeordnet gewesen sei, so dass nicht mehr der Weltnachlass quotal besteuert werden dürfe, sondern die im Erbfall mit dinglicher Wirkung eingetretene Vermögensverteilung beachtet werden müsse. Zum einen ist hier aber zu beachten, dass einer Teilungsanordnung, auch wenn sie nach dem Erbstatut dingliche Wirkung hat, in Deutschland immer nur schuldrechtlich wirkt.[58] Es würde sich daher auch dann, wenn eine Teilungsanordnung nach ausländischem Recht dingliche Wirkung hätte, nichts daran ändern, dass im vorstehenden Beispiel (Rn 75) Tochter T den deutschen Grundbesitz zur Hälfte mitgeerbt hätte und dieser von ihr versteuert werden müsste. Hat die Teilungsanordnung im Ausland dingliche Wirkung, hätte Sohn S allerdings den Grundbesitz im Ausland nicht geerbt, so dass sich die Frage stellt, ob er diesen trotzdem versteuern muss.

77 Die Frage, wie eine im Ausland dinglich wirkende Teilungsanordnung erbschaftsteuerlich behandelt wird, ist – soweit ersichtlich – noch nicht entschieden. Das **Institut der dinglich wirkenden Teilungsanordnung** findet in Deutschland am ehesten in der qualifizierten Nachfolgeklausel in Gesellschaftsverträgen[59] oder der Hoferbenbestimmung nach Höferecht[60] eine Entsprechung, die zu einer sog. Sondererbfolge führt. Trotz des unmittelbaren Übergangs des Gesellschaftsanteils[61] auf den Gesellschafternachfolger bzw. des Hofes auf den Hoferben[62] sind diese steuerlich unbeachtlich. Der Gesellschaftsanteil bzw. Hof werden mit ihrem Steuerwert dem Gesamtsteuerwert des Nachlasses zugerechnet, der jedem Miterben entsprechend seiner Erbquote zugerechnet wird. Ob sich hierdurch etwas ändert, weil zumindest Betriebsvermögensbegünstigungen nur noch dem zugutekommen, der den Betrieb fortführt (§ 13a Abs. 3 ErbStG; für vermietete Immobilien findet sich eine vergleichbare Regelung in § 13c Abs. 2 ErbStG), war bisher nicht zu entscheiden.

78 Das im vorstehenden Beispiel geschilderte Problem der Besteuerung von Auslandsvermögen im Inland, obwohl dies aufgrund Teilungsanordnung ein beschränkt Steuerpflichtiger erhält, hätte sich wohl durch Aussetzung eines Vermächtnisses verhindern lassen.

3. Vermächtnisse

79 Das Vermächtnis ist ein schuldrechtlicher Anspruch, der im Falle des Sachvermächtnisses auf Übertragung eines bestimmten Nachlassgegenstandes gerichtet ist (§ 2174 BGB). Der Vermächtnisnehmer muss nur den Vermächtnisgegenstand der Besteuerung unterwerfen. Der Erbe bzw. die Erbengemeinschaft kann das Vermächtnis als Nachlassverbindlichkeit abziehen. Während Teilungsanordnungen für die Besteuerung irrelevant sind (siehe Rn 75 ff.), kann durch die Einschaltung von Vermächtnissen in internationalen Erbfällen eine Besteuerung möglicherweise teilweise vermieden werden.

Beispiel: Der künftige Erblasser E plant seine Nachfolge. Er möchte seinen Sohn S und seine Tochter T in gleicher Weise begünstigen. Die Voraussetzungen für eine unbeschränkte Steuerpflicht in Deutschland liegen nur für S vor. E und T sind in Deutschland nur be-

---

57 Vgl. § 3 Rn 106.
58 Vgl. § 3 Rn 107.
59 Vgl. Länderbericht Deutschland (Rn 155 ff.).
60 Vgl. Länderbericht Deutschland (Rn 161).
61 BFH v. 10.11.1982 – II R 85/78, II R 86/78, NJW 1983, 2288 (Ls.) = BStBl 1983 II S. 329.
62 BFH v. 1.4.1992 – II R 21/89, BB 1992, 1417 = FamRZ 1993, 1319 = BStBl 1992 II S. 669.

schränkt steuerpflichtig. Das Vermögen von E, das ausschließlich aus Grundbesitz besteht, befindet sich jeweils zur Hälfte in Deutschland, zur Hälfte im Ausland. S soll später den in Deutschland belegenen Grundbesitz, T den im Ausland belegenen Grundbesitz erhalten. Da eine Teilungsanordnung dazu führt, dass S als unbeschränkt Steuerpflichtiger entsprechend seiner Erbquote das Weltvermögen und T entsprechend ihrer Erbquote im Rahmen der beschränkten Steuerpflicht zumindest den im Deutschland belegenen Grundbesitz versteuern muss (vgl. vorstehendes Beispiel, Rn 75), soll keine Miterbeneinsetzung erfolgen, sondern ein Kind als Alleinerbe und das andere Kind als Vermächtnis den ihm zugedachten Grundbesitz erhalten.

Lösung: Um eine hälftige Besteuerung des im Ausland belegenen Vermögens zu vermeiden, wird S Alleinerbe. T erhält das im Ausland belegene Vermögen als Vermächtnis ausgesetzt. S muss zwar als Alleinerbe den gesamten Weltnachlass versteuern, kann allerdings den der T als Vermächtnis ausgesetzten, im Ausland belegenen Grundbesitz als Nachlassverbindlichkeit abziehen, so dass er im Ergebnis nur den in Deutschland belegenen Grundbesitz versteuern muss. T muss das Vermächtnis in Deutschland nicht versteuern, da sie nur beschränkt steuerpflichtig ist und der im Ausland belegene Grundbesitz kein Inlandsvermögen darstellt, das die Voraussetzungen des § 121 BewG erfüllt.

Würde in Abwandlung zur vorstehenden Lösung nicht der unbeschränkt steuerpflichtige Sohn S, sondern die nur beschränkt steuerpflichtige Tochter T Alleinerbin und müsste den in Deutschland belegenen Grundbesitz herausgeben, ergibt sich m.E. keine Änderung. T würde das Weltvermögen erben, müsste allerdings im Rahmen der beschränkten Steuerpflicht „nur" den in Deutschland belegenen Grundbesitz als Inlandsvermögen versteuern. Diesen Grundbesitz muss sie allerdings als Vermächtnis an den unbeschränkt steuerpflichtigen S herausgeben, der diesen versteuern müsste. Bei dieser Konstellation könnte sich die Frage stellen, ob T den Wert des als Vermächtnis herauszugebenden Grundbesitzes als Nachlassverbindlichkeit von dem beschränkt steuerpflichtigen Erwerb abziehen könnte. Hiergegen könnte die Regelung des § 10 Abs. 6 S. 2 ErbStG sprechen, wonach beschränkt Steuerpflichtigen nur ein beschränkter Schuldenabzug zusteht. Abgezogen werden dürfen nämlich nur die mit dem Inlandsvermögen in wirtschaftlichem Zusammenhang stehenden Schulden und Lasten. Es stellt sich daher die Frage, ob die Vermächtnisverbindlichkeit in wirtschaftlichem Zusammenhang mit dem beschränkt steuerpflichtigen Erwerb steht. Ein Urteil ist – soweit ersichtlich – zu dieser Problematik noch nicht ergangen. Nach der Rechtsprechung des BFH ist es zwar nicht ausreichend, dass zwischen einer Schuld und dem steuerpflichtigen Erwerb nur ein rechtlicher Zusammenhang besteht;[63] ein Abzug ist allerdings dann möglich, wenn die Schuld das Inlandsvermögen belastet.[64] Im vorliegenden Fall ist offensichtlich das Inlandsvermögen belastet, da dies vollständig an den Vermächtnisnehmer herausgegeben werden muss. Dies Ergebnis stimmt auch mit dem Sinn und Zweck des Gesetzes überein. Während das Schuldenabzugsverbot dazu dient, eine Besteuerung zumindest des beschränkt steuerpflichtigen Vermögens zu erreichen, bleibt das Besteuerungsrecht im vorliegend Fall erhalten, weil der Vermächtnisnehmer sogar dann, wenn er nur beschränkt steuerpflichtig wäre, selbst den gesamten Vermächtniserwerb versteuern müsste. Ein anderes Ergebnis wäre im Übrigen mit dem Sinn und Zweck der Vorschrift zum Schuldenabzugsverbot nicht vereinbar. Würde der Schuldenabzug nämlich versagt, würde der inländische Grundbesitz im Ergebnis in Deutschland zweimal besteuert.

---

63 BFH v. 19.2.1982 – III R 108/80, BFHE 135, 338 = BStBl 1982 II S. 449.
64 BFH v. 19.5.1967 – III 319/63, BFHE 89, 244 = BStBl 1967 III S. 596.

81 Statt einer Vermächtniseinsetzung könnte allerdings auch geprüft werden, ob eine **Nachlassspaltung (durch Rechtswahl)** erreicht werden kann. Dann könnte jeder Erbe als Alleinerbe eines Nachlassteils eingesetzt werden. Erbschaftsteuerlich wäre dies anzuerkennen. Nach Inkrafttreten der EU-ErbVO sollen zwar Nachlassspaltungen im größtmöglichen Umfang verhindert werden. Würde ein Deutscher aber beispielsweise für in Deutschland belegenen Grundbesitz bis zur Anwendung der Verordnung am 17.8.2015 für in Deutschland belegenen Grundbesitz eine Rechtswahl treffen – obwohl diese aus heutiger Sicht völlig unsinnig wäre, weil ein Deutscher ohnehin nach deutschem Rech beerbt würde –, bliebe die Rechtswahl für den deutschen Grundbesitz wohl auch nach Anwendbarkeit der EU-ErbVO wirksam mit der Folge, dass für das sonstige Vermögen nach dem nach dem gewöhnlichen Aufenthalt maßgeblichen Recht abweichend testiert werden könnte. Der sicherere Weg dürfte aber sicherlich der der Erbeinsetzung des in Deutschland unbeschränkt steuerpflichtigen Erben mit Vermächtnisaussetzung sein.

V. Auslandsvorfälle im deutschen Erbschaftsteuerrecht

82 Bei der Frage der Besteuerung von Sachverhalten mit Auslandsbezug ist zu untersuchen, inwieweit im Ausland gegebene Tatbestandsmerkmale im deutschen Steuerrecht steuerschärfend oder steuermindernd berücksichtigt werden können und dürfen.

1. Erwerb von Todes wegen, § 3 ErbStG

83 In § 3 Abs. 1 Nr. 1 ErbStG wird als **Erwerb von Todes wegen** „der Erwerb durch Erbanfall (§ 1922 des Bürgerlichen Gesetzbuchs), durch Vermächtnis (§§ 2147 ff. des Bürgerlichen Gesetzbuchs) oder auf Grund eines geltend gemachten Pflichtteilsanspruchs (§§ 2303 ff. des Bürgerlichen Gesetzbuchs)" genannt. Da das deutsche Erbschaftsteuergesetz auf die Begriffe des deutschen Zivilrechts abstellt, könnte die Ansicht vertreten werden, dass Erbschaftsteuer nur dann erhoben werden darf, wenn überhaupt ein Erwerb nach den Vorschriften des deutschen Zivilrechts erfolgt. Das Problem besteht also darin, dass der **räumliche Anwendungsbereich** des deutschen Erbschaftsteuergesetzes teilweise weiter ist als der des deutschen Zivilrechts. Während das deutsche Erbschaftsteuergesetz an den Wohnsitz oder gewöhnlichen Aufenthalt der Beteiligten bzw. an die Belegenheit der Nachlassgüter anknüpft, stellt das deutsche Erbrecht auf die Regelungen des deutschen Erbstatuts ab.

84 Nach der Rechtsprechung des RFH und des BFH liegt ein steuerpflichtiger Erwerb auch dann vor, wenn er sich nach ausländischem Recht vollzieht.[65] Hierbei werden zwei Wege beschritten. Sofern sich zu ausländischen Rechtsfiguren eine Parallele zu einem deutschen Rechtsinstitut finden lässt, wird der Rechtsvorgang **entsprechend dem deutschen Rechtsinstitut besteuert**. Falls es in Deutschland aber nichts Vergleichbares gibt (so bestand früher für den angloamerikanischen Trust eine Besteuerungslücke, die erst durch die Regelung des § 3 Abs. 2 Nr. 1 S. 2 ErbStG gefüllt wurde), erfolgt eine Bewertung anhand des wirtschaftlichen Gehalts des ausländischen Rechtsinstituts. Ergibt sich dabei eine **Übereinstimmung mit dem wirtschaftlichen Gehalt** eines Steuertatbestands nach deutschem Recht, wird der Vorgang entsprechend besteuert. So wurde früher die Einschaltung eines US-amerikanischen Trusts als aufschiebend bedingter Erwerb durch die bei Auflösung des Trusts Begünstigten angesehen.[66]

---

65 BFH v. 7.5.1986 – II R 137/79, BStBl 1986 II S. 615; BFH v. 2.2.1977 – II R 150/71, BFHE 121, 500 = BStBl 1977 II S. 425 – jeweils m.w.N.; *Meincke*, ErbStG, § 3 Rn 30.
66 BFH v. 7.5.1986 – II R 137/79, BStBl 1986 II S. 615.

Gegen dieses methodische Vorgehen werden in der Literatur teilweise mit der Begründung Bedenken erhoben, dass die Gleichstellung wirtschaftlich ähnlicher Sachverhalte dem Prinzip der Tatbestandsmäßigkeit der Besteuerung widerspricht.[67] Die Diskussion hat allerdings nur dann Bedeutung, wenn davon ausgegangen werden kann, dass der Gesetzgeber durch Bezugnahme auf die Vorschriften des BGB den Tatbestand tatsächlich einengen wollte und eine abschließende Aufzählung mit Sperrfunktion gewünscht war. Gegen diese Annahme spricht allerdings, dass die Klammerzusätze mit der Bezugnahme auf das deutsche BGB erst im Jahr 1974 erfolgten. Bis dahin war die Vorschrift in keiner Weise durch Bezugnahme auf deutsche Zivilrechtsvorschriften eingeschränkt. Als der Gesetzgeber die Vorschriften des deutschen Zivilrechts in das ErbStG aufnahm, wollte er daher keinesfalls den Tatbestand eingrenzen – wozu keinerlei Veranlassung bestand –, sondern nur den Begriff „Erwerb durch Erbanfall" den das deutsche Zivilrecht nicht verwendet, erläutern. Unabhängig davon wäre es auch systemwidrig, wirtschaftlich gleich gelagerte Vorgänge nach ausländischem Recht nicht zu besteuern. Die Steuerpflicht kann nicht von dem Zufall abhängen, ob deutsches oder ausländisches Zivilrecht aufgrund einer Rechtswahl oder einer ausländischen Staatsangehörigkeit zur Anwendung kommt. Eine derartige Auslegung würde daher wohl auch zur Verfassungswidrigkeit des ErbStG führen, da ein Verstoß gegen den Grundsatz der Gleichmäßigkeit der Besteuerung vorläge; Belastungsgleichheit bestünde dann nicht mehr.

85

2. Ehegattenfreibetrag, § 5 ErbStG

Nach § 5 Abs. 1 ErbStG bleibt bei Eheleuten, die im **Güterstand der Zugewinngemeinschaft** (§ 1363 BGB) gelebt haben, bei Beendigung des Güterstandes durch Tod ein Betrag in Höhe des fiktiv bestehenden Zugewinnausgleichsanspruchs steuerfrei, nämlich in Höhe des Betrages, der als Zugewinnausgleich geltend gemacht werden könnte, wenn der Zugewinnausgleichsanspruch ausgelöst und geltend gemacht worden wäre. Die Regelung des § 5 ErbStG wirkt wie ein Freibetrag und führt zu einer erheblichen Steuerentlastung, wenn der zuerst verstorbene Ehegatte einen hohen Zugewinn erzielt hatte und der überlebende Ehegatte (Mit-)Erbe wird.

86

Beispiel: Die Eheleute E und F leben im Güterstand der Zugewinngemeinschaft. Beide hatten kein Anfangsvermögen. Als E überraschend stirbt, hat E ein Endvermögen von 10 Mio. EUR, F hat nichts. F ist als Alleinerbin eingesetzt. Die Hälfte des Erwerbs in Höhe von 5 Mio. EUR bleibt als fiktiver Zugewinnausgleichsanspruch erbschaftsteuerfrei. Erbschaftsteuerpflichtig sind nach Abzug der allgemeinen und besonderen Freibeträge nur der von den anderen 5 Mio. EUR verbleibende Betrag.

Vor dem Hintergrund der vorstehenden Regelung, die auf das nationale deutsche Güterrecht abstellt, ist bei Erbfällen mit Auslandsbezug zu untersuchen, ob die Entlastung auch in Anspruch genommen werden kann, wenn ein **ausländisches Erb- oder Ehegüterstatut** zur Anwendung kommt. Aus dem Umstand, dass im Gesetzeswortlaut des § 5 ErbStG auf die nationalen Regeln des deutschen BGB Bezug genommen wird, kann sich ebenso wenig wie bei der Frage der Steuerpflicht nach § 3 ErbStG eine Einschränkung ergeben. Können alle Erwerbe von Todes wegen, also auch die nach ausländischem Recht, der inländischen Erbschaftsteuer unterliegen, muss auch die Begünstigungsvorschrift dem Grunde nach zur Anwendung kommen.

87

Eine Begünstigung nach § 5 ErbStG besteht auch bei **vergleichbaren Güterständen in anderen Rechtsordnungen.** Vom BFH wurde bereits im Jahr 1975 entschieden, dass der

88

---

67 *Crezelius*, Steuerliche Rechtsanwendung und allgemeine Rechtsordnung, 1983, S. 64, 125.

nach DDR-Recht geltende Güterstand der Gütertrennung mit Ausgleichsanspruch dem Güterstand der Zugewinngemeinschaft in der Bundesrepublik gleichgestellt sei und daher die im ErbStG 1959 dem aktuellen § 5 Abs. 1 ErbStG vergleichbare Vorschrift anwendbar sei.[68]

89 Die **Befreiungsvorschrift** des § 5 ErbStG kommt daher nach Ansicht des BFH im Ergebnis immer dann zur Anwendung, wenn der Güterstand ausländischen Rechts der deutschen Zugewinngemeinschaft vergleichbare Elemente aufweist, wie z.B. die Trennung der Ehegattenvermögen während der Ehe und der Ausgleich bei Beendigung. Nach *von Oertzen* finden sich **vergleichbare Güterstände** beispielsweise im **finnischen, griechischen, israelischen, norwegischen, österreichischen, schweizerischen und schwedischen Recht**,[69] so dass in derartigen Fällen die Befreiung nach § 5 ErbStG zur Anwendung komme. Soweit das ausländische Recht keinen Güterstand mit dem der Zugewinngemeinschaft vergleichbaren Elementen kennt, könnte im Einzelfall über eine Rechtswahl für das Ehegüterstatut allgemein, zumindest aber für einzelne in Deutschland belegene Vermögensgegenstände nachgedacht werden (Art. 15 EGBGB).

90 Der steuerfreie Zugewinnausgleichsbetrag ist als Geldanspruch nach den Verkehrswerten zu ermitteln. Der so ermittelte Anspruch ist allerdings (bei abweichenden Steuerwerten) im Verhältnis des Steuerwerts vom Verkehrswert des Nachlassvermögens zu kürzen. Hierbei stellt sich die Frage, wie zu verfahren ist, wenn dem Zugewinnausgleich Vermögensgegenstände unterliegen, die in Deutschland (z.B. wegen eines DBA) steuerfrei bleiben. Bei der Ermittlung des Kürzungsbetrages nach § 5 ErbStG hat der BFH Gegenstände des Endvermögens, die von der Erbschaftsteuer befreit waren, in die Berechnung einbezogen; im Entscheidungsfall blieb ein Grundstück in Österreich aufgrund des Erbschaftsteuer-DBA in Deutschland steuerfrei.[70] Wenn der BFH Grundstücke, die aufgrund eines DBA steuerfrei bleiben, im Rahmen des ermittelten Freibetrages berücksichtigt, muss dies wohl auch bei der Nachlass- oder Güterrechtsspaltung gelten.

91 Auch bei beschränkt steuerpflichtigen Erwerben ist die Ausgleichsforderung wie im Regelfall zu ermitteln. Der ermittelte Wert ist allerdings im Verhältnis des Wertes des Gesamtnachlasses zu dem im Rahmen der beschränkten Steuerpflicht steuerpflichtigen Vermögen zu kürzen.[71]

VI. Bewertung für erbschaftsteuerliche Zwecke

1. Bewertungsmaßstab

92 Für die Berechnung der Erbschaftsteuer kommt es auf den Wert des erworbenen Vermögens an. Für die Besteuerung in Deutschland gelten grundsätzlich die Bewertungsvorschriften in §§ 1–16 BewG (§ 12 Abs. 1 ErbStG). Danach werden Wirtschaftsgüter im Zweifel mit dem **gemeinen Wert** bewertet. Unter „gemeinem Wert" ist umgangssprachlich der „Ver-

---

68 BFH v. 5.3.1975 – II R 125/68, BStBl 1975 II S. 447.
69 *von Oertzen*, ZEV 1994, 93 ff. Dem wäre noch der gesetzliche Güterstand im dänischen und im neuen türkischen Eherecht gleichzustellen. Der Hinweis auf das österreichische Recht ist ungenau, da dort der Vermögensausgleich ausschließlich im Fall der Scheidung der Ehe vorgesehen ist, im Fall des Todes aber nicht möglich ist.
70 BFH v. 10.3.1993 – II R 87/91, BFHE 171, 321 = NJW 1994, 150 = BStBl 1993 II S. 510.
71 *Meincke*, ErbStG, § 5 Rn 37; *Kapp/Ebeling*, ErbStG, § 5 Rn 92; *Jülicher*, ZErb 2002, 245 ff.; *von Oertzen*, ZEV 1994, 93 ff.; *Gebel*, in: Troll/Gebel/Jülicher, ErbStG, § 5 Rn 54.

"kehrswert" zu verstehen; hierbei handelt es sich um den Preis, der bei einem Verkauf im gewöhnlichen Geschäftsverkehr zu erzielen wäre. Sondervorschriften finden sich für
- Anteile an Kapitalgesellschaften (§ 12 Abs. 2 ErbStG);
- Grundbesitz im Inland (§ 12 Abs. 3 ErbStG);
- Betriebsvermögen im Inland (§ 12 Abs. 5 ErbStG).

2. Allgemeines zur Bewertung

In der Vergangenheit ergaben sich für die nach Sondervorschriften zu bewertenden Vermögensteile (z.B. Betriebsvermögen oder Grundstücke) häufig erheblich vom Verkehrswert nach unten abweichende Werte (viel zu niedrige Werte). Dies war vom Gesetzgeber gewollt und bewusst in Kauf genommen worden, um auf diese Weise beispielsweise Betriebsvermögen von einer Erbschaftsteuer oder Schenkungsteuer zu entlasten. Diese Handhabung wurde allerdings vom BVerfG für verfassungswidrig erklärt.[72] Mit Wirkung vom 1.1.2009 wurden das Erbschaftsteuergesetz und das Bewertungsgesetz umfassend reformiert. Seitdem gibt es zwar immer noch besondere Bewertungsverfahren, diese führen jetzt allerdings – entsprechend der Rechtsprechung des BVerfG – zu verkehrswertnahen Werten. An diese Werte anknüpfend gibt es dann für Betriebsvermögen (§§ 13a ff., 19 ErbStG) und vermietete Wohnimmobilien (§ 13c ErbStG) Entlastungsvorschriften. Die für Betriebsvermögen neu geschaffenen Entlastungen (§§ 13a ff., 19a ErbStG) wurden allerdings vom BVerfG mittlerweile wiederum (als zu weitgehend) für verfassungswidrig erklärt und dürfen vorbehaltlich einer Neuregelung maximal bis zum 30.6.2016 angewendet werden.[73]

93

3. Abzug von Schulden

Bei der Berechnung der Bereicherung nach § 10 ErbStG sind von dem Bruttoerwerb die Nachlassverbindlichkeiten abzuziehen. Im Rahmen der **beschränkten Erbschaftsteuerpflicht** können nach § 10 Abs. 6 S. 3 ErbStG allerdings nur die Schulden abgezogen werden, die mit dem der beschränkten Erbschaftsteuerpflicht unterliegenden Vermögen im **wirtschaftlichen Zusammenhang** stehen. Vorrangig ist hier wohl an Schulden zu denken, die mit dem Erwerb der Einkunftsquelle im Zusammenhang stehen. Erbfallschulden können in derartigen Fällen nie abgezogen werden.

94

Das Abzugsverbot muss im Einzelfall in die Planung einbezogen werden. Es kann nämlich in Fällen, in denen der Nachlass sogar überschuldet ist, trotzdem zu einer Steuerbelastung führen, wenn dem im Rahmen der beschränkten Erbschaftsteuerpflicht steuerpflichtigen Vermögen wirtschaftlich keine Schulden zugeordnet werden können. In der Literatur wird daher die Ansicht vertreten, dass in derartigen Fällen zumindest eine Option zur unbeschränkten Steuerpflicht zugestanden werden müsse.[74]

95

Soweit im Ausland dem deutschen Recht vergleichbare Abzugsverbote gelten, sollte darauf geachtet werden, dass im Ausland belegenes Vermögen, das nur der beschränkten Erbschaftsteuerpflicht unterliegt, regelmäßig **fremdfinanziert** ist, um den positiven Wert mit Schulden verrechnen und damit am Belegenheitsort jegliche Steuer vermeiden zu können.

96

Beispiel: Erblasser E hat im Ausland ein Ferienhaus mit einem gemeinen Wert von 300.000 EUR und im Übrigen in Deutschland Vermögen mit einem Wert von 1,2 Mio. EUR. Weiterhin hat er in Deutschland Schulden in Höhe von 1 Mio. EUR.

---

72 BVerfG v. 7.11.2006 – 1 BvL 10/02, BStBl 2007 II S. 192.
73 BVerfG, Urteil v. 17.12.2014 – 1 BvL 21/12, BStBl. 2015 II S. 15 ff.
74 *Meincke*, ZEV 2004, 353 ff.

Im Ergebnis erwirbt die als Alleinerbin eingesetzte Ehefrau F nur einen Wert von 500.000 EUR. Dieser Wert entspricht dem allgemeinen Ehegattenfreibetrag von 500.000 EUR. Dem im Ausland belegenen Ferienhaus können aber keine Schulden zugeordnet werden, so dass im Ausland 300.000 EUR in voller Höhe der Besteuerung unterworfen werden.

97 Es ist zu beachten, dass in einigen Ländern bei beschränkt Steuerpflichtigen jeglicher Schuldenabzug verweigert wird und damit eine Bruttobesteuerung erfolgt. Hier könnte über die Begründung der unbeschränkten Erbschaftsteuerpflicht oder die **Einbringung des Vermögens und der Schulden in eine Gesellschaft** nachgedacht werden – soweit im Ausland eine Saldierung des Gesellschaftsvermögens erfolgt; zumindest bei einer Kapitalgesellschaft dürfte dies wohl immer der Fall sein. Andernfalls könnte auch über die Einbringung des Vermögens in eine deutsche Kapitalgesellschaft nachgedacht werden, um möglicherweise überhaupt einen Anknüpfungspunkt für eine Besteuerung im Ausland zu vermeiden. Im Einzelfall könnte auch überlegt werden, im Ausland belegenes, dort nur der beschränkten Steuerpflicht unterliegendes Vermögen vor dem Erbfall an den potentiellen Erben zu verkaufen. Ist nach dem Erbfall der Kaufpreis noch im Nachlass vorhanden, steht der Erbe wirtschaftlich so, als habe er die Immobilie geerbt, ohne dass im Ausland eine Erbschaftsteuer erhoben werden könnte.

98 Bei einigen Ländern wird zumindest ein **quotaler Abzug** von Schulden im Verhältnis zum steuerpflichtigen Vermögen am Gesamtvermögen zugelassen. Bei diesen Ländern bedarf es keiner Gestaltungsmaßnahmen, wenn der allgemeine Freibetrag so hoch ist wie in Deutschland und es deshalb auch im Ausland zu keiner Steuerbelastung kommt.

99 Quotaler Schuldenabzug würde in vorstehendem Beispiel (siehe Rn 96) bedeuten, dass $1/5$ der Schulden vom Wert des Ferienhauses abgezogen werden könnten, da das Ferienhaus $1/5$ des Wertes des Gesamtvermögens ausmacht. Steuerpflichtig wären dann im Ausland nur noch 100.000 EUR statt 300.000 EUR.

VII. Steuertarif in Deutschland

100 Die Höhe der Erbschaftsteuer ist erheblich vom Umfang der Steuerpflicht abhängig. Es kommt zwar immer die gleiche Steuerprogressionstabelle und auch abhängig vom Verwandtschafts- bzw. Schwägerschaftsverhältnis die gleiche Steuerklasse zur Anwendung, die Freibeträge sind aber unterschiedlich hoch.

1. Allgemeiner Freibetrag und Versorgungsfreibetrag nur für unbeschränkt Steuerpflichtige

101 Es wurde bereits auf die Problematik eingegangen, inwieweit eine Befreiung aufgrund eines möglicherweise bestehenden Zugewinnausgleichsanspruchs in Betracht kommt (siehe Rn 86 ff.). Während die Gewährung eines Zugewinn-Freibetrages bei ausländischen Güterständen möglich ist, können nach dem eindeutigen Wortlaut der §§ 16 Abs. 1 Nr. 1, 17 Abs. 1 ErbStG nur beschränkt erbschaftsteuerpflichtige Ehegatten weder den allgemeinen Freibetrag von 500.000 EUR noch den Versorgungsfreibetrag von 256.000 EUR in Anspruch nehmen. Der Versorgungsfreibetrag von bis zu 256.000 EUR wird nämlich nur dann gewährt, wenn der allgemeine Ehegattenfreibetrag von 500.000 EUR zur Anwendung kommt. Im Einzelfall sollte daher genau geprüft werden, ob aus steuerlichen Gründen nicht eine unbeschränkte Erbschaftsteuerpflicht begründet werden sollte. Besteht keine unbeschränkte Erbschaftsteuerpflicht, kommt nur ein allgemeiner Freibetrag von 2.000 EUR zur Anwendung (§ 16 Abs. 2 ErbStG).

Der für beschränkt Steuerpflichtige zur Verfügung stehende geringe Freibetrag ist nach Ansicht des EuGH europarechtswidrig.[75] Als Ergebnis dieser Entscheidung wurde in § 2 Abs. 3 ErbStG die Möglichkeit der **Option zur unbeschränkten Steuerpflicht in Deutschland** geschaffen. Mittlerweile wurde aber vom EuGH die Differenzierung des Freibetrages auch im Verhältnis zu **Drittstaatlern** als EU-rechtswidrig eingestuft.[76] Wie der deutsche Gesetzgeber hierauf reagieren wird, ist noch nicht absehbar. Denkbar wäre es, die Optionsmöglichkeit des § 2 Abs. 3 ErbStG zukünftig jedem und nicht nur Bewohnern eines EU- oder EWR-Mitgliedstaates zu gewähren. Unabhängig davon erscheint es allerdings fraglich, ob die Optionsregelung Bestand haben wird, da die EU-Kommission diese nicht als ausreichend ansieht.[77] Der EuGH konnte aber über die neu eingeführte Optionsregelung noch nicht entscheiden. Für den Fall des Erwerbs eines in Deutschland belegenen Grundstücks durch einen in der Schweiz ansässigen Erben hat das FG Düsseldorf in „gemeinschaftsrechtskonformer" Auslegung des § 16 Abs. 1 Nr. 1 ErbStG den Freibetrag für unbeschränkt Steuerpflichtige angewandt, und damit entgegen dem Gesetzeswortlaut entschieden.[78]

102

Sollte die Finanzverwaltung nur den Freibetrag für beschränkt Steuerpflichtige gewähren, scheint eine Klage daher aussichtsreich. Dies gilt auch dann, wenn für EU-Einwohner sogar die Option zur unbeschränkten Steuerpflicht nach § 2 Abs. 3 ErbStG genutzt werden könnte. Diese ist nämlich möglicherweise nachteilig, da sie nach ihrer Ausgestaltung für zehn weitere Jahre in die Zukunft und Vergangenheit zu einer unbeschränkten Steuerpflicht (des Weltvermögens) führt; damit können plötzlich Erwerbe der Vergangenheit oder Schenkungen in der Zukunft steuerpflichtig werden, die bei beschränkter Steuerpflicht im Inland nicht steuerpflichtg waren. Vor diesem Hintergrund sollte daher immer die Gewährung der „hohen" Freibeträge nach § 16 Abs. 1 ErbStG beantragt und der Rechtsweg ausgeschöpft werden bevor die Option erklärt wird. Da im Erbfall bei Erklärung der Option das Weltvermögen besteuert wird, ist diese nämlich nur dann unschädlich, wenn außerhalb Deutschlands kein oder nur geringes Vermögen vorhanden ist.

103

2. Ausnutzung des Betriebsvermögensfreibetrages, § 13a ErbStG

Die Betriebsvermögensbegünstigungen nach §§ 13a f., 19a ErbStG knüpfen nicht an den Umfang der persönlichen Steuerpflicht, sondern an den Belegenheitsort des Betriebsvermögens an. Begünstigt ist nach § 13a Abs. 4 ErbStG allerdings nur im Inland und EU-Ausland belegenes Betriebsvermögen. Die Begünstigung kommt daher **auch beschränkt Steuerpflichtigen** zugute, bei denen u.a. das in § 121 BewG genannte inländische Betriebsvermögen steuerpflichtig ist.

104

Am 17.12.2014 hat das BVerfG die gegenwärtig bestehenden Betriebsvermögensbegünstigungen für verfassungswidrig erklärt.[79] Die Begünstigungsregelungen für Betriebsvermögen müssen daher neu geregelt werden. Möglicherweise wird auch das gesamte ErbStG neu gefasst. Die bisherigen Regelungen dürfen maximal bis zum 30.6.2014 angewendet werden.

105

---

75 EuGH v. 22.4.2010 – C-510/08 („Mattner"), Slg. 2010, I-3553 = EuZW 2010, 461 = DStR 2010, 861.
76 EuGH v. 17.10.2013 – C-181/12, NJW 2014, 842 = DStR 2013, 1400.
77 EuGH v. 4.9.2014 – C-211/13, DStR 2014, 1818.
78 FG Düsseldorf v. 27.11.2013 – 4 K 689/12 Erb, BB 2014, 21.
79 BVerfG, Urteil v. 17.12.2014 – 1 BvL 21/12, BStBl 2015 II, S. 15 ff.

3. Tarifbegünstigung, § 19a ErbStG

106 Neben der Begünstigung nach § 13a ErbStG wird **inländisches und im EU-Ausland belegenes Betriebsvermögen** auch in der Weise privilegiert, dass derartiges Vermögen bei Erwerben durch Angehörige der Steuerklasse II oder III mit der Steuer nach Steuerklasse I erhoben wird. Im Einzelnen ist dies in § 19a Abs. 4 ErbStG geregelt.

VIII. Problem der Doppelbesteuerung

107 Erheben mehrere Staaten aufgrund unterschiedlicher Anknüpfungsmerkmale eine Erbschaft- oder Schenkungsteuer, kann dies dazu führen, dass in mehreren Staaten ein Steuertatbestand erfüllt wird. Durch Abkommen wird die Doppelbesteuerung auf Grund ihrer geringen Zahl nur selten verhindert. Die einseitigen (nationalen) Regelungen der Steueranrechnung führen demgegenüber häufig zu keiner Vermeidung der Doppelbesteuerung.

1. Doppelbesteuerung wegen unterschiedlicher Anknüpfungsmerkmale

108 Zu einer Doppelbesteuerung kommt es z.B. dann, wenn ein Land wegen des Wohnsitzes eine persönliche Steuerpflicht und ein anderes Land wegen des Belegenheitsortes des Nachlassvermögens eine sachliche Steuerpflicht annimmt. Vor diesem Hintergrund stellen sich zahlreiche Fragen, die das ausländische nationale Recht betreffen.

109 So wird beispielsweise die **Beteiligung an einer Personengesellschaft** im deutschen Steuerrecht als Beteiligung an den der Personengesellschaft gehörenden Wirtschaftsgütern gesehen (§ 39 Abs. 2 Nr. 2 AO), während es denkbar wäre, dass andere Länder eine derartige Beteiligung als immateriellen Vermögenswert behandeln. Fraglich könnte auch sein, wie ein Treuhandanspruch auf Herausgabe des **Treugutes** behandelt wird, um ein weiteres Beispiel zu nennen. Hier käme sowohl die **Annahme eines immateriellen Wirtschaftsgutes** in Betracht als auch die **wirtschaftliche Betrachtungsweise**, dass auf das Treugut selbst abgestellt wird. So könnte beispielsweise eine Besteuerung im Rahmen der beschränkten Steuerpflicht dadurch vermieden werden, dass ein **Treuhänder eingeschaltet** wird, der ein Grundstück für den Erblasser hält. Vererbt wird dann nicht das Grundstück selbst, sondern ein Treuhandanspruch, also ein Anspruch auf Übereignung des Grundstücks. Ein Anspruch auf Übereignung eines inländischen Grundstücks gehört aber nicht zum Inlandsvermögen, da er in § 121 BewG nicht genannt ist.[80] Eine Ausnahme würde freilich dann gelten, wenn der Anspruch durch eine Auflassungsvormerkung gesichert wäre, da es sich dann um eine durch Inlandsvermögen gesicherte Forderung handelt (§ 121 Nr. 7 BewG).

110 Steuerplanung bedeutet zu untersuchen, wie derartige Fälle im Ausland behandelt werden. Eine Doppelbesteuerung droht beispielsweise auch dann, wenn der eine Staat auf den Wohnsitz des Erblassers und der andere Staat auf den Wohnsitz des Erben abstellt.

2. Vermeidung der Doppelbesteuerung nach nationalem Recht

111 Um eine Doppelbesteuerung zu vermeiden, gibt es zwei Methoden: zum einen die Freistellungsmethode, zum anderen die Anrechnungsmethode.

---

80 *Jülicher*, in: Troll/Gebel/Jülicher, § 21 Rn 78.

a) Freistellungsmethode (unter Progressionsvorbehalt), § 19 Abs. 2 ErbStG

Sieht ein Doppelbesteuerungsabkommen die Freistellungsmethode vor, verzichtet ein beteiligter Staat auf die Besteuerung bestimmter Vermögensgegenstände, obwohl nach nationalem Recht ein Besteuerungsrecht besteht. Die Besteuerung erfolgt dann allerdings regelmäßig **unter Progressionsvorbehalt** (§ 19 Abs. 2 ErbStG). Die Freistellungsmethode unter Progressionsvorbehalt war im Doppelbesteuerungsabkommen mit Österreich (Art. 7 DBA) und ist im Doppelbesteuerungsabkommen mit der **Schweiz** (Art. 10 Abs. 1 DBA) und mit Griechenland (Art. 2 DBA) vorgesehen. Soweit in einem Doppelbesteuerungsabkommen nur das Anrechnungsverfahren vorgesehen ist, ist der Progressionsvorbehalt ohne Bedeutung. Mit der Regelung des § 19 Abs. 2 ErbStG soll erreicht werden, dass es durch die Anwendung eines Doppelbesteuerungsabkommens zu keinem zusätzlichen Progressionsvorteil des Erwerbers kommt. Die Vorschrift ist vergleichbar dem einkommensteuerlichen Progressionsvorbehalt (§ 32b EStG). Voraussetzung ist allerdings, dass ein Fall der unbeschränkten Erbschaftsteuerpflicht vorliegt (§ 2 Abs. 1 Nr. 1 ErbStG).

112

Für die **Berechnung** des Steuersatzes nach § 19 Abs. 2 ErbStG gilt: Die Schenkung- bzw. Erbschaftsteuer ist nach dem Steuersatz zu erheben, der für den gesamten Erwerb (d.h. einschließlich des freigestellten ausländischen Vermögens) gelten würde.

113

Beispiel: Erblasser E mit Wohnsitz in Deutschland hat seine Nichte N, die ebenfalls in Deutschland lebt, zur Alleinerbin eingesetzt. E verstirbt. Der Nachlass von Erblasser E besteht zum einen aus deutschem Vermögen (220.000 EUR) sowie aufgrund eines durch DBA-freigestellten Vermögens in Höhe von 150.000 EUR.

Nichte N ist in Deutschland unbeschränkt erbschaftsteuerpflichtig (§ 2 Abs. 1 Nr. 1 Buchst. a ErbStG); nach deutschen Vorschriften ist daher das Weltvermögen steuerpflichtig. Das DBA entzieht aber einen Teil des Vermögens dem deutschen Besteuerungsrecht. Von dem in Deutschland steuerpflichtigen Vermögensanfall von 220.000 EUR bleibt nach Abzug des persönlichen Freibetrags von 20.000 EUR (ohne Berücksichtigung sonstiger Pauschalen) ein steuerpflichtiger Erwerb von 200.000 EUR (§ 10 Abs. 1 ErbStG).

Bei einem steuerpflichtigen Erwerb in Höhe von 200.000 EUR käme nach § 19 Abs. 1 ErbStG ein Steuersatz von 20 % zur Anwendung. Aufgrund des Progressionsvorbehalts des § 19 Abs. 2 ErbStG ist aber der Steuersatz anzuwenden, der sich bei einem Erwerb einschließlich des ausländischen Vermögens ergeben würde, vorliegend also 350.000 EUR (200.000 EUR zuzüglich des durch DBA steuerfrei gestellten Vermögens in Höhe von 150.000 EUR).

Bei einem Gesamterwerb in Höhe von 350.000 EUR beträgt der Steuersatz 25 % (§ 19 Abs. 1 ErbStG). Dieser Steuersatz ist nun zur Berechnung der Erbschaftsteuer auf den steuerpflichtigen Erwerb von 200.000 EUR heranzuziehen. Die Erbschaftsteuer beträgt daher 50.000 EUR.

b) Anrechnungsmethode, § 21 ErbStG

Ist ein Fall der unbeschränkten Erbschaftsteuerpflicht gegeben, kommt es regelmäßig auch im Ausland zu einer Erbschaftsteuerbelastung, so dass es – soweit kein DBA mit einer Freistellung gegeben ist – zu einer Doppelbesteuerung kommt. Mit der Anrechnungsvorschrift des § 21 ErbStG soll die doppelte Belastung vermieden werden. Dies geschieht in der Weise, dass der Erbe die gezahlte ausländische Steuer bei der deutschen Erbschaftsteuer in Anrechnung bringen kann. Für die **Anrechnung der ausländischen Steuer** müssen allerdings bestimmte Voraussetzungen kumulativ erfüllt sein:

114

aa) Antragstellung

115 Die Anrechnung erfolgt nur auf Antrag, der noch bis zur Bestandskraft der Steuerfestsetzung gestellt werden kann bzw., falls es sich um nachträglich bekanntgewordene Tatsachen (§ 173 Abs. 1 Nr. 2 AO) handelt, innerhalb der Festsetzungsfrist. Die Anrechnung der ausländischen Steuer ist somit nicht Teil des Erhebungsverfahrens, sondern Teil des Steuerfestsetzungsverfahrens. Den Antrag kann jeder Steuerschuldner, aber auch der Testamentsvollstrecker, der Nachlassverwalter oder der Nachlasspfleger stellen. Einer bestimmten Form bedarf der Antrag nicht.

bb) Unbeschränkte Erbschaftsteuerpflicht

116 Eine Anrechnung kommt nur bei unbeschränkter Erbschaftsteuerpflicht (§ 2 Abs. 1 Nr. 1 S. 2 Buchst. a ErbStG) oder erweiterter unbeschränkter Erbschaftsteuerpflicht (§ 2 Abs. 1 Nr. 1 S. 2 Buchst. b oder c) ErbStG) in Betracht. Sie gilt nicht bei beschränkter oder erweitert beschränkter Erbschaftsteuerpflicht (§ 4 Abs. 1 AStG). § 21 Abs. 1 S. 1 ErbStG verweist nämlich nur auf § 2 Abs. 1 Nr. 1 ErbStG, wo die unbeschränkte bzw. die erweiterte unbeschränkte Erbschaftsteuerpflicht geregelt ist. Irrelevant ist, ob die unbeschränkte Erbschaftsteuerpflicht nur wegen der Option nach § 21 Abs. 3 ErbStG zur Anwendung kommt.

cc) Belastung mit vergleichbarer Steuer

117 Anrechenbar ist nur eine der deutschen Erbschaftsteuer **entsprechende ausländische Steuer**. Es genügt, dass die ausländische Steuer mit der deutschen Steuer **vergleichbar** ist, die Bezeichnung der ausländischen Steuer ist irrelevant. Nach der Rechtsprechung des BFH entsprechen sowohl ausländische Erbanfallsteuern als auch ausländische Nachlasssteuern der deutschen Erbschaftsteuer und können daher angerechnet werden.[81] Eine Entsprechung ist demgegenüber **nicht** gegeben, wenn das Ausland anlässlich des Todes eine Einkommensteuer erhebt. Dies ist z.B. bei der kanadischen *„capital gains tax"* der Fall; diese ist nur eine abziehbare Nachlassverbindlichkeit.[82] Wesentlicher Unterschied ist der, dass bei der kanadischen Steuer auf die Höhe der nicht realisierten Gewinne, nicht aber auf den Wert des Gesamtvermögens abgestellt wird, was bei einer Erbschaft- oder Nachlasssteuer typischerweise der Fall ist. Entsprechen sich die erhobenen Steuern nicht, kommt es somit ohne weitere Gestaltungsmaßnahmen immer zu einer Mehrfachbelastung mit Steuern. Ist die im Ausland anlässlich des Erbfalls erhobene Steuer der deutschen Erbschaftsteuer nicht vergleichbar, kann die ausländische Steuer allenfalls als **Nachlassverbindlichkeit** nach § 10 Abs. 5 Nr. 1 ErbStG den steuerpflichtigen Erwerb mindern.

118 Des Weiteren muss die auf den Erwerber entfallende ausländische Steuer festgesetzt und auch gezahlt worden sein, sie darf auch keinem Ermäßigungsanspruch mehr unterliegen (§ 21 Abs. 1 S. 1 ErbStG). Ist eine **Ermäßigung** vorzunehmen, dann vermindert sich naturgemäß das Anrechnungspotenzial und demzufolge erhöht sich die deutsche Erbschaftsteuer. Ermäßigungsansprüche sind im Ausland sämtlich in Anspruch zu nehmen, da es der Steuerpflichtige nicht in der Hand haben soll, Minderungsansprüche (zu Lasten des deutschen Steueraufkommens) nicht durchzusetzen.

---

[81] BFH v. 6.3.1990 – II R 32/86, BFHE 160, 272 = BB 1990, 1195 = BStBl 1990 II S. 786.
[82] BFH v. 26.4.1995 – II R 13/92, BStBl 1995 II, S. 540.

dd) Fünfjahreszeitraum

Weitere Voraussetzung für eine Anrechnung der ausländischen Steuer ist, dass die deutsche Erbschaftsteuer für das Auslandsvermögen **nicht später als fünf Jahre** nach dem Zeitpunkt der Entstehung der ausländischen Erbschaftsteuer entstanden ist (§ 21 Abs. 1 S. 4 ErbStG). Wird der Fünfjahreszeitraum überschritten, ist nach dem Gesetz davon auszugehen, dass es sich nicht mehr um dasselbe Vermögen handelt, welches mit der ausländischen und inländischen Steuer belastet ist.[83]

ee) Berechnung der anzurechnenden Steuer

Bei der Berechnung der anzurechnenden Steuer ist danach zu differenzieren, ob der Erwerb nur aus Auslandsvermögen oder nur teilweise aus Auslandsvermögen besteht oder das Auslandsvermögen in verschiedenen Staaten liegt. Der Begriff „Auslandsvermögen" ist nach deutschem Recht auszulegen. Nicht jeder Vermögensgegenstand, der sich räumlich im Ausland befindet, ist aus deutscher Sicht Auslandsvermögen (vgl. Rn 126 ff.). Eine Steueranrechnung ist daher nicht immer möglich. So kann beispielsweise die von Spanien auf ein bei einer spanischen Bank unterhaltene Spareinlage erhobene Erbschaftsteuer nicht auf die deutsche Erbschaftsteuer angerechnet werden, weil es sich aus deutscher Sicht nicht um Auslandsvermögen handelt.

(a) Hat der Erwerber **nur Auslandsvermögen** erhalten, so wird die gesamte ausländische Steuer auf die deutsche Steuer angerechnet.

Beispiel: Erblasser E mit Wohnsitz in Deutschland wird von seiner Tochter T allein beerbt. Der Nachlass von E besteht ausschließlich aus Auslandsvermögen mit einem Wert von 450.000 EUR. T musste im Ausland eine vergleichbare Steuer von 15.000 EUR entrichten. Ein Doppelbesteuerungsabkommen ist nicht anwendbar. T stellt einen Antrag auf Anrechnung der ausländischen Steuer und erbringt entsprechende Nachweise über die Höhe, Festsetzung und Zahlung der ausländischen Steuer. T ist in Deutschland unbeschränkt erbschaftsteuerpflichtig. Da E in Deutschland seinen Wohnsitz hatte (§ 2 Abs. 1 Nr. 1 ErbStG), ist die gezahlte ausländische Erbschaftsteuer anzurechnen. Das Vermögen des E besteht nur aus ausländischem Vermögen, daher wird die Steuer voll angerechnet (§ 21 Abs. 1 ErbStG).

Sofern die anzurechnende ausländische Steuer höher als die deutsche Steuer ist, wird der Steuerüberhang selbstverständlich nicht erstattet.

(b) Setzt sich der Erwerb **nur teilweise aus Auslandsvermögen** zusammen, so ist nach § 21 Abs. 1 S. 2 ErbStG eine Aufteilung vorzunehmen. Die ausländische Steuer kann nur insoweit auf die deutsche Steuer angerechnet werden, wie das Auslandsvermögen der deutschen Erbschaftsteuer unterliegt. Ansonsten würde eine besonders hohe ausländische Steuer auch noch die auf das Inlandsvermögen entfallende Steuer mindern. Der auf das Auslandsvermögen entfallende Teilbetrag der deutschen Erbschaftsteuer ist in der Weise zu ermitteln, dass die für das steuerpflichtige Gesamtvermögen einschließlich des steuerpflichtigen Auslandsvermögens sich ergebende Erbschaftsteuer im Verhältnis des steuerpflichtigen Auslandsvermögens zum steuerpflichtigen Gesamtvermögen aufgeteilt wird.

Zur **Berechnung** sind damit folgende Schritte erforderlich:
1. Berechnung des steuerpflichtigen Gesamtvermögens. Dieses umfasst das Inlandsvermögen und Auslandsvermögen. Die persönlichen Freibeträge nach § 16 ErbStG und der besondere Versorgungsfreibetrag nach § 17 ErbStG sind aber nicht abzuziehen.

---

[83] *Jülicher*, in: Troll/Gebel/Jülicher, ErbStG, 48. Auflage Oktober 2014, § 21 Rn 55.

2. Feststellung des steuerpflichtigen Auslandsvermögens. Schulden und Nachlassverbindlichkeiten sind nur soweit abziehbar, wie sie in unmittelbarem wirtschaftlichem Zusammenhang mit dem Auslandsvermögen stehen.
3. Ermittlung der Verhältniszahl durch Gegenüberstellung des steuerpflichtigen Auslandsvermögens und des steuerpflichtigen Gesamtvermögens.
4. Anwendung der Verhältniszahl auf die deutsche Erbschaftsteuer. Hierdurch ergibt sich dann die deutsche Erbschaftsteuer, die auf das Auslandsvermögen entfällt.

124 Eine Anrechnung der ausländischen Steuer kann dann höchstens auf den Betrag der deutschen Steuer erfolgen, der auf das ausländische Vermögen entfällt. Zur Berechnung des Höchstbetrages kann die folgende Formel herangezogen werden:

$$\frac{\text{deutsche Erbschaftsteuer} \times \text{steuerpflichtiges Auslandsvermögen}}{\text{steuerpflichtiges Gesamtvermögen}}$$

Beispiel: Vater V mit Wohnsitz in Deutschland hat seine Tochter T zur Alleinerbin eingesetzt. Der Nachlass setzt sich aus Auslandsvermögen in Höhe von 180.000 EUR und aus Inlandsvermögen in Höhe von 290.000 EUR zusammen. Auf das Auslandsvermögen hat T eine ausländische Erbschaftsteuer in Höhe von 12.000 EUR entrichtet. Die vorläufige Erbschaftsteuer für T berechnet sich wie folgt:

Der Vermögensanfall (470.000 EUR) abzüglich Erbfallkostenpauschale (10.300 EUR; § 10 Abs. 5 Nr. 3 ErbStG) und persönlichem Freibetrag (400.000 EUR; § 16 Abs. 1 Nr. 2 ErbStG) führt zu einem steuerpflichtigen Erwerb von 59.700 EUR. Die Erbschaftsteuer beträgt nach § 19 Abs. 1 ErbStG 7 %. Die vorläufige Steuer beträgt daher 4.179 EUR.

Der Höchstbetrag der ausländischen Steuer ermittelt sich folgendermaßen:

$$\frac{\text{deutsche Erbschaftsteuer} \times \text{steuerpflichtiges Auslandsvermögen}}{\text{steuerpflichtiges Gesamtvermögen}}$$

$$\frac{4.179 \text{ EUR} \times 180.000 \text{ EUR}}{470.000 \text{ EUR}} = 1.600 \text{ EUR}$$

Die gezahlte ausländische Erbschaftsteuer in Höhe von 12.000 EUR kann daher nur bis zum Höchstbetrag von 1.600 EUR angerechnet werden. Die endgültige in Deutschland festzusetzende Erbschaftsteuer für T beträgt somit 2.579 EUR (4.179 EUR – 1.600 EUR).

Eine ähnlich komplizierte Regelung zur Steueranrechnung fand sich in der Vergangenheit im Einkommensteuerrecht. So wie die Erbfallkostenpauschale bei Berechnung der anrechenbaren Steuer aus dem Ausland nicht berücksichtigt wird, wurden im Einkommensteuerrecht Sonderausgaben und außergewöhnliche Belastungen nicht berücksichtigt. Die Regelung im Einkommensteuerrecht wurde daher vom EuGH für EU-rechtswidrig erklärt.[84] Mit dem Zollkodexanpassungsgesetz wurde nunmehr geregelt, dass eine Anrechnung der im Ausland gezahlten Steuer bis zur Höhe des Betrages, der sich bei Anwendung der sich in Deutschland ergebenden durchschnittlichen Steuerbelastung auf die Auslandseinkünfte bezogen, ergibt.[85] Möglicherweise könnte mit den gleichen Argumenten im ErbStG verlangt werden, dass auch im ErbSt-Recht eine höhere Anrechnung der im Ausland gezahlten Erbschaftsteuer möglich sein müsse. Eine entsprechende Klage zum EuGH wurde aber bisher nicht erhoben.

---

84 EuGH v. 28.2.2013 – C-165/11 „Beker und Beker", DStR 2013, 518.
85 Gesetz vom 22.12.2014, BGBl 2014 I, S. 2417.

Der **Höchstbetrag** der anrechenbaren ausländischen Steuer ist **für jeden Staat gesondert** zu ermitteln (*per-country-limitation*, § 21 Abs. 1 S. 3 ErbStG). Auf diese Weise wird vermieden, dass eine besonders hohe Belastung eines ausländischen Staates aufgrund einer besonders niedrigen Belastung in einem anderen Staat zu einer Anrechnung führt. Durch diese Regelung soll erreicht werden, dass das Auslandsvermögen mindestens der deutschen Steuerbelastung unterliegt. Falls die Steuer im Belegenheitsstaat höher ist, verbleibt es demgegenüber bei der höheren Steuerbelastung.

Beispiel: Die in Deutschland lebende Erblasserin M hat ihre Tochter T zur Alleinerbin bestimmt. Der Nachlass setzt sich aus Inlandsvermögen von 600.000 EUR, X-Auslandsvermögen von 150.000 EUR und Y-Auslandsvermögen von 80.000 EUR zusammen.

T hat in X-Land eine Erbschaftsteuer in Höhe von 23.500 EUR und in Y-Land eine Erbschaftsteuer in Höhe von 4.200 EUR entrichtet. Die Erbschaftsteuer ist daher nach § 21 Abs. 1 S. 3 ErbStG aufzuteilen. Die vorläufige deutsche Erbschaftsteuer beträgt 62.955 EUR (Vermögensanfall 830.000 EUR abzüglich Erbfallkostenpauschale und persönlichem Freibetrag 400.000 EUR, § 16 Abs. 1 Nr. 2 ErbStG, also 419.700 EUR), ergibt einen Steuersatz von 15 %.

Die in X-Land gezahlte Erbschaftsteuer ist wie folgt anzurechnen:

$$\frac{62.955 \text{ EUR} \times 150.000 \text{ EUR}}{830.000 \text{ EUR}} = 11.377 \text{ EUR}$$

Die in Y-Land gezahlte Erbschaftsteuer ist wie folgt anzurechnen:

$$\frac{62.955 \text{ EUR} \times 80.000 \text{ EUR}}{830.000 \text{ EUR}} = 6.068 \text{ EUR}$$

Die auf das Auslandsvermögen entfallende deutsche Erbschaftsteuer beträgt demnach 17.442 EUR. Angerechnet werden kann die in X-Land gezahlte Steuer auf die deutsche Steuer in Höhe von 11.377 EUR, die in Y-Land gezahlte Steuer in Höhe von 4.200 EUR, insgesamt somit 15.577 EUR. Die endgültige festzusetzende Erbschaftsteuer für T in Deutschland beträgt somit 47.378 EUR (62.955 EUR – 15.577 EUR).

Nur die auf „Auslandsvermögen" gezahlte Steuer ist in Deutschland anrechenbar. In Deutschland wird nicht jede im Ausland gezahlte Erbschaftsteuer angerechnet, sondern danach differenziert, wann ein vorrangiges Besteuerungsrecht des Auslands anerkannt wird. Soweit Deutschland meint, selbst ein vorrangiges Besteuerungsrecht zu haben, rechnet es eine im Ausland erhobene Steuer nicht an. Aus deutscher Sicht handelt es sich dann nämlich nicht um Auslandsvermögen. Dann ist es aber aus deutscher Sicht Aufgabe des Auslands eine Doppelbesteuerung zu vermeiden. Der Begriff des **Auslandsvermögens** ist in § 21 Abs. 1 ErbStG definiert. Hierbei werden zwei Fälle unterschieden:

(a) **Erblasser war im Todeszeitpunkt Inländer (§ 21 Abs. 2 Nr. 1 ErbStG).** Alle Vermögensgegenstände der in § 121 BewG genannten Art, die auf einen ausländischen Staat entfallen, gelten als Auslandsvermögen, des Weiteren alle Nutzungsrechte an den vorgenannten Vermögensgegenständen. Als Auslandsvermögen gelten:
1. das ausländische land- und forstwirtschaftliche Vermögen;
2. das ausländische Grundvermögen;
3. das ausländische Betriebsvermögen. Als solches gilt das Vermögen, das einem im Ausland betriebenen Gewerbe dient, wenn hierfür im Ausland eine Betriebsstätte unterhalten wird oder ein selbstständiger Vertreter bestellt ist;

4. Anteile an einer Kapitalgesellschaft, wenn die Gesellschaft Sitz oder Geschäftsleitung im Ausland hat und der Gesellschafter (gegebenenfalls zusammen mit ihm nahe stehenden Personen im Sinne des § 1 Abs. 2 AStG) am Grund- oder Stammkapital der Gesellschaft mindestens zu einem Zehntel unmittelbar oder mittelbar beteiligt ist;
5. nicht unter Nr. 3 fallende Erfindungen, Gebrauchsmuster und Topographen, die in ein ausländisches Buch oder Register eingetragen sind;
6. Wirtschaftsgüter, die nicht unter Nr. 1, 2 und 5 fallen und einem ausländischen gewerblichen Betrieb überlassen, insbesondere an diesen vermietet oder verpachtet sind;
7. Hypotheken, Grundschulden, Rentenschulden und andere Forderungen oder Rechte, wenn sie durch ausländischen Grundbesitz, durch ausländische grundstücksgleiche Rechte oder durch Schiffe, die in ein ausländisches Schiffsregister eingetragen sind, unmittelbar oder mittelbar gesichert sind. Ausgenommen sind Anleihen und Forderungen, über die Teilschuldverschreibungen ausgegeben sind;
8. Forderungen aus der Beteiligung an einem Handelsgewerbe als stiller Gesellschafter und aus partiarischen Darlehen, wenn der Schuldner Wohnsitz oder gewöhnlichen Aufenthalt, Sitz oder Geschäftsleitung im Ausland hat;
9. Nutzungsrechte an einem der in den Nr. 1 bis 8 genannten Vermögensgegenstände.

128 Deutschland rechnet somit, falls der Erblasser Inländer war, nur insoweit eine ausländische Steuer an, als es im umgekehrten Fall, dass der Erwerb im Ausland unbeschränkt steuerpflichtig gewesen wäre, für sich selbst im Rahmen der beschränkten Steuerpflicht eine Steuer erheben würde.

Beispiel: Erblasser E mit Wohnsitz in Deutschland hinterlässt unter anderem ein Bankguthaben bei einer spanischen Bank. Spanien erhebt eine Erbschaftsteuer (die die anteilige deutsche Erbschaftsteuer weit übersteigt). Eine Anrechnung der in Spanien gezahlten Erbschaftsteuer ist in Deutschland nicht möglich, weil Deutschland im Fall einer nur beschränkten Steuerpflicht in Deutschland ein Bankguthaben nicht besteuern würde.

Der EuGH hat die Nichtanrechenbarkeit der spanischen Erbschaftsteuer im vorstehenden Beispiel bestätigt und keinen Verstoß gegen EU-Recht gesehen.[86] Die Erhebung der Erbschaftsteuer in Spanien hätte in einfachster Weise dadurch verhindert werden können, dass das Bankguthaben, das aus deutscher Sicht kein Auslandsvermögen darstellte, so dass keine Anrechnung erfolgen konnte, nach Deutschland überwiesen worden wäre.

129 **(b) Erblasser war im Todeszeitpunkt kein Inländer (§ 21 Abs. 2 Nr. 1 ErbStG).** War der Erblasser kein Inländer, gelten alle Vermögensgegenstände mit Ausnahme des Inlandsvermögens i.S.d. § 121 BewG, das nur der beschränkten Steuerpflicht unterläge, wenn auch der Erbe kein Inländer wäre. Deutschland nimmt nämlich ein vorrangiges Besteuerungsrecht nur insoweit für sich in Anspruch, als es mindestens die Steuer verlangt, die es im Falle der beschränkten Steuerpflicht erhielte.

130 Der Erwerber ist verpflichtet, einen Nachweis über die Höhe des Auslandsvermögens zu führen. Dies gilt aber nicht für steuerfreies Auslandsvermögen.[87] Des Weiteren hat der Erwerber auch die Festsetzung und die Zahlung der ausländischen Steuer nachzuweisen (§ 21 Abs. 3 S. 1 ErbStG). Dies kann z.B. durch Vorlage ausländischer Steuerbescheide, Zahlungsbelege oder ähnlicher Bestätigungen geschehen.

---

86 EuGH v. 12.2.2009 – C-67/08 („Block"), Slg. 2009, I-883 = NJW 2009, 977.
87 *Meincke*, ErbStG, § 21 Rn 33.

Bei in fremder Sprache abgefassten Urkunden kann der Fiskus eine **beglaubigte Übersetzung** verlangen (§ 21 Abs. 3 S. 2 ErbStG). Die dabei entstehenden Kosten sind als Nachlassverbindlichkeit anzusehen.[88]

131

Die **Umrechnung** der ausländischen Erbschaftsteuer in Euro ist nach dem amtlichen Devisenkurs (Briefkurs) für den Tag der Entstehung der deutschen Erbschaftsteuer vorzunehmen. Das Gleiche gilt für den Wert des steuerpflichtigen Erwerbs.

132

Ist eine Anrechnung nach einem DBA vorzunehmen, richtet sich die Anrechnung nach den vorstehen Vorschriften.

133

3. Abzug der ausländischen Steuer

Statt der Anrechnung nach § 21 ErbStG kommt auch ein Abzug der ausländischen Steuer von der inländischen Bemessungsgrundlage in Betracht. Dies ist sinnvoll, wenn die ausländische Steuer wesentlich höher als die inländische Steuer ist und daher nur teilweise anrechenbar wäre. Bei dem Abzug der ausländischen Steuer wird aber nur die Bemessungsgrundlage der deutschen Steuer gemindert.

134

4. Doppelbesteuerungsabkommen

Neben den nationalen Maßnahmen zur Vermeidung der Doppelbesteuerung werden häufig auch bilaterale Verträge geschlossen (DBA). In diesen Verträgen wird meist durch Anrechnung oder Freistellung (unter Progressionsvorbehalt) die Doppelbelastung mit Steuern vermieden. In den DBA wird häufig vereinbart, was von wem besteuert werden darf. So besteht eines der Probleme bei der Anrechnung ausländischer Steuern darin, dass eine ausländische Steuer in Deutschland nur dann berücksichtigt wird, wenn diese – falls der Erblasser Inländer war – auf Vermögen der in § 121 BewG genannten Art entfällt. In einem DBA werden demgegenüber die **Besteuerungsrechte eindeutig zugewiesen** und auf diese Weise Probleme aus unterschiedlichen Anknüpfungsmerkmalen der Besteuerung vermieden. So wird beispielsweise auch bei mehreren Wohnsitzen geregelt, welcher Wohnsitz maßgeblich ist.

135

Wie bereits dargestellt (Rn 31), gibt es gegenwärtig nur **sieben Doppelbesteuerungsabkommen** auf dem Gebiet der Erbschaftsteuer. Bei der Anwendung von Doppelbesteuerungsabkommen ist allerdings genau zu prüfen, ob dies für **Erbschaften** oder auch für **Schenkungen** gilt. Während die Erbschaftsteuer häufig als synonym auch für Schenkungsteuer genutzt wird, da beide im ErbStG einheitlich geregelt sind, gelten Doppelbesteuerungsabkommen teilweise nur für Erbfälle (z.B. Griechenland). Das DBA mit der Schweiz wird aufgrund einer Verständigungsregelung auch für Schenkungen angewandt.

136

Von der Entlastungswirkung her gibt es völlig unterschiedliche Arten von Doppelbesteuerungsabkommen. Die OECD hatte bereits im Jahr 1966 ein Musterabkommen zur Vermeidung der Doppelbesteuerung auf dem Gebiet der Nachlass-, Erbschaft- und Schenkungsteuern erarbeitet, das 1982 umfassend überarbeitet wurde. Die Abkommen mit Frankreich, Dänemark, Schweden und den USA haben sich an diesem Musterabkommen orientiert.

137

Im **OECD-Musterabkommen** ist zur Vermeidung der Doppelbesteuerung in Art. 9 die **Anrechnungs- bzw. die Freistellungsmethode** vorgesehen; auch eine Kombination der beiden Verfahren ist möglich. Bei Anwendung der Freistellungsmethode bleibt das Auslandsvermögen von der Erbschaftsteuer in Deutschland befreit. Bei der Anrechnungsme-

138

---

[88] *Jülicher*, in: Troll/Gebel/Jülicher, ErbStG, 48. Auflage Oktober 2014, § 21 Rn 82.

thode wird das Auslandsvermögen demgegenüber in die Bemessungsgrundlage für die deutsche Steuer mit einbezogen, die im Ausland gezahlte Steuer allerdings angerechnet. Probleme mit der **Nichtanrechnung einer ausländischen Steuer** – wie bei dem Kontoguthaben mit Spanien erläutert (siehe Rn 128) – gibt es bei Doppelbesteuerungsabkommen nicht. Ist ein Land berechtigt, etwas zu besteuern, muss das andere Land die Doppelbesteuerung vermeiden. Das Besteuerungsrecht in einem DBA steht grundsätzlich dem Wohnsitzstaat des Erblassers zu (Art. 7 OECD-Musterabkommen), wobei der Wohnsitzbegriff im jeweiligen Abkommen definiert ist. Ein Besteuerungsrecht besteht regelmäßig bei unbeweglichem Vermögen und Betriebsvermögen sowie Inventar, Zubehör und Nutzungsrechten an Grundbesitz für den Belegenheitsstaat (Art. 5 OECD-Musterabkommen). Soweit eine Betriebsstätte in einem anderen Staat unterhalten wird, hat der Staat, in dem sich die Betriebsstätte befindet, das Besteuerungsrecht (Art 6 OECD-Musterabkommen). Für Kapitalgesellschaftsanteile gilt demgegenüber das Wohnsitzprinzip (Art. 7 OECD-Musterabkommen). **Bankguthaben** können regelmäßig nur im Wohnsitzstaat besteuert werden.

139 **Schulden**, die mit unbeweglichem Vermögen und Betriebsvermögen im wirtschaftlichen Zusammenhang stehen, sind von diesem Vermögen abzuziehen. Sonstige Schulden sind vom Vermögen, das nach dem Wohnsitzprinzip besteuert wird, abzuziehen (Art. 8 OECD-Musterabkommen).

140 Während das früher mit Österreich bestehende Abkommen aus Sicht deutscher Steuerpflichtiger besonders günstig war, sehen andere Doppelbesteuerungsabkommen (z.B. das mit der Schweiz) eine sog. **überdachende Besteuerung** vor, die im Ergebnis dazu führt, dass ein niedriges ausländisches Steuerniveau immer vom deutschen Besteuerungsrecht überlagert wird, so dass es im Ergebnis immer zu einer „Hochschleusung" auf das deutsche Steuerniveau kommt. Insofern ist in den Länderteilen das jeweilige Doppelbesteuerungsabkommen zu beachten.

5. Nachfolgeplanung

141 Bei der Nachfolgeplanung sollten – falls dies mit den Plänen des Erblassers vereinbar ist – die **unterschiedlichen Anknüpfungsmerkmale** der Besteuerung berücksichtigt werden. So mag es im Einzelfall beispielsweise sinnvoll sein, den deutschen Wohnsitz aufzugeben und in ein Land zu ziehen, wo es keine Erbschaftsteuer gibt. In diesem Fall ist allerdings zu prüfen, ob es möglicherweise zu einer Wegzugsbesteuerung nach § 6 AStG kommt, soweit der Wegziehende zu mindestens 1 % an einer inländischen Kapitalgesellschaft beteiligt ist. Eine derartige Gestaltung kommt im Übrigen nur dann in Betracht, wenn der Erblasser und der Erbe dazu bereit sind, Deutschland endgültig zu verlassen. Sinnvoll ist eine Gestaltung im Übrigen nur dann, wenn das Vermögen nicht im Wesentlichen Inlandsvermögen i.S.d. § 121 BewG darstellt, welches immer in Deutschland steuerpflichtig bleibt.

142 Die vorstehenden Überlegungen zeigen, dass es bei der Nachfolgeplanung unbedingt erforderlich ist, alle Anknüpfungsmerkmale für die Besteuerung, die Bewertung und die Freibeträge zu beachten. Eine isolierte Betrachtung der nationalen Erbrechts- und Erbschaftsteuerrechtsvorschriften ist für eine Nachfolgeplanung nie ausreichend. Es müssen alle Rahmenbedingungen in den beteiligten Ländern untersucht werden. Hierbei sollte wie folgt vorgegangen werden:

143 **Prüfungsreihenfolge: Nachfolgeplanung**
1. Feststellung der persönlichen Anknüpfungsmerkmale (unbeschränkte Steuerpflicht) für die Besteuerung, bezogen auf
   a) Erblasser
   b) Erben/Vermächtnisnehmer/Begünstigte

Reich

2. Feststellung der sachlichen Anknüpfungsmerkmale (beschränkte Steuerpflicht) für im Ausland belegene Vermögensgegenstände, die neben der unbeschränkten Steuerpflicht im Wohnsitzstaat der Besteuerung im Belegenheitsland unterliegen.
   a) Qualifikation des jeweiligen Vermögensgegenstandes (Kapitalgesellschaften mit überwiegend in einem Land belegenem Grundbesitz könnten beispielsweise als transparent behandelt werden, so dass nicht auf die Gesellschaftsbeteiligung, sondern auf den Grundbesitz abzustellen ist (so z.B. Frankreich).
   b) Prüfung, ob es sich um steuerpflichtiges Inlandsvermögen im „Belegenheitsland" handelt
3. Bewertung des Vermögens in den einzelnen beteiligten Ländern
4. Feststellung der Freibeträge und Steuersätze in den einzelnen beteiligten Ländern
5. Feststellung der Steuerbelastung in den einzelnen beteiligten Ländern (ohne Berücksichtigung von Möglichkeiten zur Vermeidung der Doppelbesteuerung)
6. Prüfung, welche Möglichkeiten der Vermeidung der Doppelbesteuerung es gibt:
   a) Doppelbesteuerungsabkommen mit Anrechnung oder Freistellung
   b) Anrechnungsmöglichkeit der in einem anderen Land gezahlten Steuer; „Auslandsvermögensbegriff" i.S.d. § 21 ErbStG in Deutschland beachten;
7. Gestaltungsüberlegungen
   a) Bei unbeschränkter Steuerpflicht in mehreren Ländern: Prüfung, in welchem Umfang in einem anderen Land gezahlte Steuern angerechnet werden können; möglicherweise kommt es zu einer Doppelbesteuerung, weil bei Besteuerungskonkurrenz mehrerer Länder im Rahmen der unbeschränkten Erbschaftsteuerpflicht ein Vorrang für ein Besteuerungsrecht nur über ein DBA anerkannt wird. Es sollte daher nach Möglichkeiten gesucht werden, ob und inwieweit sich eine unbeschränkte Steuerpflicht in mehreren Ländern vermeiden lässt, falls es zur Doppelbesteuerung kommt.
   b) Bei beschränkter Steuerpflicht in einem Land und unbeschränkter Steuerpflicht in einem anderen Land: Prüfung, ob es sinnvoll ist, eine Steuerpflicht im Belegenheitsland zu vermeiden. Eine Besteuerung im Belegenheitsland sollte zumindest dann vermieden werden, wenn die dort erhobene Steuer höher als die im Land der unbeschränkten Steuerpflicht ist. Nur wenn die im Belegenheitsland gezahlte Steuer in voller Höhe auf die im Rahmen der unbeschränkten Steuerpflicht zu zahlende Steuer angerechnet werden kann, müssen keine weiteren Maßnahmen ergriffen werden. Ist eine Anrechnung nicht möglich, ist zu prüfen, inwieweit Anknüpfungsmerkmale im Belegenheitsland (z.B. durch Einbringung von Vermögen in eine Auslandskapitalgesellschaft) vermieden werden können. Häufig könnte auch ein Verkauf des beschränkt steuerpflichtigen Vermögens an den potenziellen Erben sinnvoll sein. Erbt dieser nämlich den gezahlten Kaufpreis, dürfte eine Besteuerung des Bankguthabens regelmäßig nicht der beschränkten Steuerpflicht unterliegen (zumindest dann nicht, wenn das Bankkonto im Wohnsitzstaat unterhalten wird).

Albanien

Dr. Rembert Süß, Rechtsanwalt, Würzburg

Inhalt

A. Internationales Erbrecht 1
B. Gesetzliche Erbfolge 2
C. Testamentarische Erbfolge 5
D. Erbschaftsteuer 8

Literatur

Stoppel, Albaniens neues Internationales Privatrecht, ROW 2012, 357; *Stoppel*, Albanien (Stand: 1.9.2011), in: Ferid/Firsching/Dörner/Hausmann, Internationales Erbrecht.

A. Internationales Erbrecht

Das Internationale Erbrecht ist in Albanien durch das Gesetz vom 2.6.2011 über das Internationale Privatrecht (IPRG) neu geregelt worden.[1] Das Erbstatut wird nun nicht mehr an die Staatsantehörigkeit des Erblassers angeknüpft, sondern an seinen gewöhnlichen Aufenthalt (Art. 33 Abs. 1 IPRG). Die Vererbung unbeweglicher Sachen jedoch unterliegt dem Recht des jeweiligen Belegenheitsstaates, Art. 33 Abs. 2 IPRG. Es tritt daher ggf. eine Nachlassspaltung ein. Der Erblasser kann auch hinsichtlich des gesamten Nachlasses eine Rechtswahl treffen, die die Form einer testamentarischen Verfügung einhalten muss. Wählen kann er das Recht des Staates, dessen Angehöriger er war oder in dem er seinen gewöhnlichen Aufenthalt hatte, zum Zeitpunkt der Bestimmung oder zum Zeitpunkt seines Todes, Art. 33 Abs. 3, 4 IPRG. Die Rechtswahl darf aber nicht dazu führen, dass einem der Erben sein Pflichtteil entzogen wird.

Albanien hat das Haager Testamentsformübereinkommen nicht ratifiziert. Art. 35 IPRG enthält hinsichtlich der Formwirksamkeit eines Testaments aber eine Regelung, die weitgehend die in Art. 1 Abs. 1 und Art. 2 Testamentsformübereinkommen enthaltenen Kollisionsnormen übernimmt.

B. Gesetzliche Erbfolge

Das materielle Erbrecht ist im albanischen Zivilgesetzbuch vom 29.7.1994 geregelt.[2] Gesetzliche Erben der **ersten Ordnung** sind die Kinder und der Ehegatte. Sie erben grundsätzlich zu gleichen Teilen. Ist eines der Kinder vor dem Erblasser gestorben oder erbunwürdig geworden, hat es die Erbschaft ausgeschlagen oder ist es enterbt worden, treten an seine Stelle seine Kinder, und, wenn diese aus den vorgenannten Gründen ebenfalls nicht Erbe sein können, deren Nachkommen in unbegrenzter Reihenfolge.

---

[1] Deutsche Übersetzung von *Stoppel*, Albanien, Texte A I, in: Ferid/Firsching/Dörner/Hausmann, Internationales Erbrecht.
[2] Deutsche Übersetzung von *Stoppel*, Albanien, Texte B II, in: Ferid/Firsching/Dörner/Hausmann, Internationales Erbrecht.

3 In **zweiter Ordnung** erben die Eltern des Erblassers und die arbeitsunfähigen Personen, die weniger als ein Jahr vor dem Tode des Erblassers mit diesem wie Familienmitglieder zusammengelebt haben und von ihm unterhalten worden sind. Gemäß Art. 361 Abs. 5 ZGB erhält der überlebende Ehegatte in diesem Fall mindestens die Hälfte der Erbschaft.

4 In **dritter Ordnung** wird der überlebende Ehegatte Alleinerbe.

C. Testamentarische Erbfolge

5 Ein Testament kann in holographer und in notariell beurkundeter Form errichtet werden. Der Testator kann Erben einsetzen, Vermächtnisse aussetzen, die Vor- und Nacherbfolge anordnen, Erben mit einer Auflage beschweren und Testamentsvollstrecker einsetzen.

6 **Erbverträge** sind ausdrücklich unzulässig. Das gemeinschaftliche Testament ist nicht bekannt.

7 Die **Ausschlagung** der Erbschaft muss innerhalb von drei Monaten nach Eintritt des Erbfalls gegenüber dem Nachlassgericht erfolgen. Hält sich der Erbe im Ausland auf, beträgt die Frist sechs Monate.

D. Erbschaftsteuer

8 Eine Erbschaftsteuer wird in Albanien nicht erhoben. Der erbrechtliche Erwerb unterlag bislang der Einkommensteuer. Es galt insoweit ein linearer Steuersatz von 10 %.[3] Das neuere Einkommensteuerrecht erwähnt die Erbschaften aber nicht mehr. Auch kann die Erbschaft nicht unter die „sonstigen Einkünfte" gefasst werden. Dies hat das Finanzministerium durch Weisung vom 10.2.2004 klargestellt.[4]

Weitere Informationen und Materialien, wie z.B. Muster, Formulare, amtliche Texte und Internetadressen, befinden sich auf der beiliegenden CD-ROM.

---

[3] *Troll/Gebel/Jülicher*, § 23 ErbStG Rn 91.
[4] Vgl. *Stoppel*, Albanien, Grdz. Rn 83, in: Ferid/Firsching/Dörner/Hausmann, Internationales Erbrecht.

Belgien

Dr. Volker Hustedt, Notar, Neuss (Abschnitte A und B)
Gido Schür, Notar, Sankt Vith (Abschnitte C und D)

Inhalt

A. Rechtsanwendung im Erbrecht 1
   I. Das Erbstatut nach belgischem Recht für Erbfälle ab dem 17.8.2015 1
   II. Das Erbstatut nach belgischem Recht für Erbfälle bis zum 16.8.2015 2
      1. Überblick 2
         a) Einführung 2
         b) Hauptniederlassung bzw. gewöhnlicher Wohnsitz 8
         c) Auswirkung der Rückverweisung 10
         d) Vorbehalt des belgischen ordre public 13
      2. Besonderheiten bei testamentarischer Erbfolge 14
      3. Möglichkeiten einer Rechtswahl 22
   III. Rechtsfolgen einer Nachlassspaltung 26
      1. Einführung 26
      2. Auswirkung auf die Erbenhaftung ... 27
      3. Vorwegnahmerecht 29
B. Materielles Erbrecht 30
   I. Allgemeines 30
   II. Gesetzliche Erbfolge 37
      1. Das gesetzliche Erbrecht der Verwandten 37
         a) Einführung 37
         b) Grundsätze zum Verwandtenerbrecht 39
         c) Ordnung innerhalb der Erbklassen 40
      2. Das gesetzliche Ehegattenerbrecht ... 41
         a) Umfang des Ehegattenerbrechts .. 41
         b) Ausgestaltung des Ehegattennießbrauchs 46
      3. Ehe unter gleichgeschlechtlichen Partnern, Lebenspartnerschaft (Zusammenwohnende) und faktisches Zusammenleben 47
   III. Gewillkürte Erbfolge 50
      1. Testamentsformen 50
      2. Allgemeine Wirksamkeitsvoraussetzungen eines Testaments 51
      3. Erbeinsetzung und Vermächtnisse ... 54
         a) Erb- oder Universalvermächtnis .. 54
         b) Erbteilsvermächtnis 57
         c) Erbstückvermächtnis 58
         d) Nießbrauchsrecht 59
      4. Beschränkende und beschwerende Anordnungen des Erblassers 61
         a) Teilungsanordnung 61
         b) Testamentsvollstreckung 62
         c) Vor- und Nacherbschaft 63
      5. Das Noterbrecht 65
      6. Der Widerruf testamentarischer Verfügungen 71
   IV. Ausschluss von der Erbfolge 72
      1. Erbunwürdigkeit 72
      2. Entziehung des Erb- oder Noterbrechts 73
      3. Erbverzicht und Ausschlagung 77
   V. Wege der Nachlassregelung außerhalb des Erbrechts 79
      1. Ehevertragliche Nachlassregelungen 79
      2. Tontine 84
      3. Schenkungen 85
         a) Allgemeines 85
         b) Die „institution contractuelle" ... 86
      4. Vollmacht über den Tod hinaus 88
C. Erbverfahrensrecht 89
   I. Allgemeines 89
   II. Notwendigkeit eines Nachlassverfahrens in Belgien 91
      1. Erblasser mit letztem gewöhnlichem Wohnsitz im Ausland 92
         a) Bewegliches Vermögen des Erblassers 92
         b) Unbewegliches Vermögen des Erblassers 93
      2. Erblasser mit letztem gewöhnlichem Wohnsitz in Belgien 94
      3. Notwendige oder nützliche Verfahrensschritte 95
   III. Abwicklung von im Inland belegenem Nachlass deutscher Staatsangehöriger ... 97
   IV. Erbfolgebescheinigungen – Anerkennung deutscher Erbscheine 101
   V. Zivilverfahren 108
      1. Verschollenheit (Art. 112 ff. ZGB) ... 109
         a) Verschollenheitsvermutung 109
         b) Verschollenheitserklärung 110
      2. Gerichtliche Todeserklärung (Art. 126 ff. ZGB) 111
      3. Besitzerwerb (saisine – Art. 724 ZGB) und Erbrechte des Staates (Art. 768 ff. ZGB) 112
      4. Annahme des Nachlasses (Art. 774 ff. ZGB) 113
      5. Ausschlagung (Art. 784 ff. ZGB und Art. 1185 GGB) 114
      6. Annahme unter dem Vorbehalt der Inventarerrichtung (Art. 793 ff. ZGB) 115
      7. Herrenlose Erbschaften (Art. 811 ff. ZGB und Art. 1228 ff. GGB) 117
      8. Teilung, Auseinandersetzung (Art. 815 ff. ZGB und Art. 1205 ff. GGB) und Zurückführung (Art. 843 ff. ZGB) 118
      9. Testamentseröffnung (Art. 976 ZGB) 124
      10. Besitzeinweisung (Art. 1008 ZGB) .. 125
      11. Vermächtnisaushändigung (Art. 1004, 1011 und 1014 ZGB) 126

12. Versiegelung (Art. 819 ff. ZGB und Art. 1148 ff. GGB)	127
13. Inventar (Art. 1175 ff. GGB)	131
14. Gewisse Immobilienverkäufe (Art. 1186 ff. GGB) und Mobilienverkäufe (Art. 1194 ff. GGB)	133
VI. Besonderheiten im deutschen Nachlassverfahren bei Beerbung eines belgischen Erblassers	135
D. Erbschaftsteuer	**136**
I. Allgemeines	136
II. Beschränkte und unbeschränkte Steuerpflicht	138
1. Abgrenzung	138
2. Beschränkte Steuerpflicht	141
3. Unbeschränkte Steuerpflicht	142
III. Steuererklärung	143
1. Verpflichtung zur Abgabe einer Erklärung	143
2. Form und Inhalt	146
3. Abgabefrist und Abgabeort	148
4. Steuerobjekt	151
a) Objekt der Übertragungsteuer	151
b) Objekt der Erbschaftsteuer	152
5. Verjährungsfristen	160
IV. Steuertarif in der Region Wallonien	164
1. Allgemeines	164
2. Tarif für Erwerber in gerader Linie, Ehegatten und gesetzlich Zusammenwohnende	165
3. Tarif für Geschwister	167
4. Tarif für Erbschaften unter Onkel/Tanten und Neffen/Nichten	168
5. Tarif für alle anderen Personen	169
6. Freibeträge, Steuerabzüge und Steuerermäßigungen	170
7. Besteuerung bei Unternehmensübertragungen	174
8. Besteuerung des Familienwohnsitzes	180
V. Steuertarif in der Region Flandern	184
1. Tarif für Erwerber in gerader Linie, Ehegatten, Zusammenwohnende	184
2. Tarif für Geschwister und alle anderen Personen	190
3. Freibeträge, Steuerabzüge und Steuerermäßigungen	191
VI. Steuertarif in der Region Brüssel-Hauptstadt	197
1. Allgemeines	197
2. Tarif für Erwerber in gerader Linie, Ehegatten, Zusammenwohnende	199
3. Tarif für Geschwister	204
4. Tarif für Erbschaften unter Onkel/Tanten und Neffen/Nichten	205
5. Tarif für alle anderen Personen	206
6. Freibeträge, Steuerabzüge und Steuerermäßigungen	207
7. Besteuerung des Familienwohnsitzes	209
a) Steuerbefreiung für Ehegatten und gesetzlich zusammenwohnenden Partner	209
b) Steuerermäßigung für Erben und Vermächtnisnehmer in gerader Linie und für gesetzlich Zusammenwohnende, die von der Steuerbefreiung ausgeschlossen sind	210
8. Begünstigung von kleinen und mittelgroßen Unternehmen	212
VII. Sondertarife, die in den drei Regionen anwendbar sind	218
VIII. Besondere Aspekte bei der Besteuerung	219
1. Steuerpflichtige Schenkungen	219
2. „Tontine" (Zuwachsvereinbarung)	220
IX. Steuerzahlung	221
X. Doppelbesteuerung und Maßnahmen zu deren Milderung	225

Literatur

Deutsche Literatur

Bartsch, Das belgische Erbrecht und seine Fallstricke für Deutsche und andere Ausländer, Brüssel 2000; *Becker*, Das Gesetz über die gesetzliche Lebensgemeinschaft in Belgien, MittRhNotK 2000, 155 ff.; *Bouckaert*, in: Deutsches Notarinstitut (Hrsg.), Internationales Erbrecht in der EU, 2004; *Erauw*, Das neue „privilegium Belgicum" – eine Überraschung im belgischen internationalen Erbrecht, IPRax 1982, 260 f.; *Fetsch*, Auslandsvermögen im Internationalen Erbrecht – Testamente und Erbverträge, Erbschein und Ausschlagung bei Auslandsvermögen, Teil 1, RNotZ 2006, 1 ff.; Teil 2, RNotZ 2006, 77 ff.; *Flick/Piltz*, Der Internationale Erbfall, 2. Aufl. 2008; *Francq*, Das belgische IPR-Gesetzbuch, RabelsZ 2006, 235 ff.; *Grote*, Die Besteuerung deutsch-belgischer Erb- und Schenkungsfälle, 1999; *Hecker*, Fragen des belgischen Erbrechts in der deutschen Notarpraxis, MittRhNotK 1956, 17; *Heinig*, Erhöhung des Ehegattenerbteils nach § 1371 BGB bei Anwendbarkeit ausländischen Erbrechts, DNotZ 2014, 251 ff.; *Hustedt*, in: Ferid/Firsching/Dörner/Hausmann, Internationales Erbrecht (Stand 2007), Länderbericht Belgien; *Hustedt*, Grundzüge des belgischen Ehegüter- und Erbrechts, MittRhNotK 1996, 337; *Jülicher*, Der deutsch-belgische Erbfall, PIStB 2005, 286 ff.; *Lüderitz*, Internationales Privatrecht/Belgisches Erbrecht – Erbvertragliche Verfügungen von Todes wegen eines belgischen Staatsangehörigen, Rechtsgutachten des Instituts für internationales und ausländisches Privatrecht der Universität zu Köln vom 28. September 1976, MittRhNotK 1976, 550; *Müller-Lukoschek*, Die neue EU-Erbrechtsverordnung, 2013; *Pertegas*, IPRax 2006, 55 ff.; *Pintens*, Neueste Entwicklungen im belgischen Erbrecht, MittRhNotK 1984, 56; *Pintens*, Das Spannungsverhältnis zwischen Familienerbrecht und Testierfreiheit im belgischen Recht, in: Henrich/Schwab (Hrsg.), Familienerbrecht und Testierfreiheit im europäischen Vergleich, S. 15; *Pintens*, Binationales Ehegüterrecht aus belgischer Sicht. Gestaltungsmöglichkeiten und Gefahren, Jahresheft 1992/93 der Internationalen Juristenvereinigung Osnabrück (IJVO), S. 1; *Pintens*, Entwicklung im belgischen Familien- und Erbrecht, FamRZ 2004, 1420 f.; *Pintens*, Rechtsregeln für nichteheliches Zusammenleben in: Gottwald/Henrich/Schwab, Beiträge zum europäischen Familienrecht, 2009, 281 ff.; *Pintens*, in: Bergmann/Ferid/Henrich, Int. Ehe- und Kindschaftsrecht, Länderbericht Belgien, Stand 15.3.2011; *Süß/Ring*, Eherecht in Europa, 2. Auflage 2012; *Schotten/Schmellenkamp*, Das Internationale Privatrecht in der notariellen Praxis, 2. Aufl. 2007; *Sturm*, Das Straßburger Marckx-Urteil zum Recht des nichtehelichen Kindes und seine Folgen, FamRZ 1982, 1150; *Süß*, in: Mayer/Süß/Tanck/Bittler/Wälzholz, Handbuch Pflichtteilsrecht, 3. Aufl. 2013, § 19 Länderübersicht Belgien, S. 1017; *Süß*, Das Verbot gemeinschaftlicher Testamente im internationalen Erbrecht, IPRax 2002, 22 ff.; *Süß*, Neues internationales Erbrecht in Belgien – Einführung und Gesetzestext, ZErb 2006, 289 ff.; *Voss*, Belgien: Kindschaft praeter und contra legem, IPRax 1986, 120 ff.; *Wilfurth*, Die Institution Contractuelle nach belgischem Recht – Qualifikation und Handeln unter falschem Recht in deutsch-belgischen Erbfällen, 1982.

Belgische Literatur

Barnich, Présentation du nouveau Code Belge de Droit International Privé, Revue du Notariat Belge (131), 2005, S. 6 ff.; *Carlier*, Le code belge de droit international privé, Revue critique de droit international privé, 2005, 11 ff.; *Casier/de Merxem/Schuermans/Verdickt*, Le pacte sur succession future prohibé n'est plus contraire à l'ordre public, Revue de Notariat Belge 2011, 385 ff.; *Culot*, Manuel des Droits de Succession, 6. Aufl., Larcier 2013; *Delnoy*, Les libéralités et les successions, 4. Aufl., Larcier 2013; *Delnoy*, Chroniques notariales, Bd. 58, S. 108 ff.; *De Page*, Traité élémentaire de droit civil belge, Bd. IX, 2. Aufl., Brüssel 1974; *de Wilde d'Estmael/Prüm*, La taxtaion en droits de succession de la résidence principale: réelle avancée ou «arnaque», Revue de Planification Patrimoniale belge et internationale, Larcier, 2014, S. 435 ff.; *Fallon/Erauw*, La nouvelle loi sur le Droit International Privé, Brüssel 2004; *Leleu/Renchon*, Assurances vie et réserve héréditaire: égalité et solidarité? L'arrêt de la cour constitutionnelle de 26. juin 2008, Chroniques notariales Bd. 48, S. 405 ff.; *Raucent*, Les droits successoraux du conjoint survivant, Brüssel 1981; *Rigaux/Fallon*, Droit International Privé, Band II, Brüssel 1993; *Rosoux*, Répertoire Notarial, Band XVIII, Droit International Privé, Buch III, Les successions internationales, conflits de lois, conflits de juridictions, 2012; *Rosoux*, Arrêt sur le régime transitoire du Règlement successions, Revue de Planification Patrimoniale belge et internationale, Larcier, 2014, S. 157 ff.; *Sace/van Gysel/Gallus/Lalière/Wyart*, Répertoire Notarial, Bd. III, Buch VIII, Les testaments, Dritter Teil, Brüssel 2010; *Verwilghen*, J'hérite à l'étranger, Journées Notariales, Hasselt 1984; *Verwilghen/de Valkeneer*, Relations familiales internationales, Brüssel 1993; *Wéry*, Répertoire Notarial, Band IX, Buch VII, Le mandat, 2000.

A. Rechtsanwendung im Erbrecht

I. Das Erbstatut nach belgischem Recht für Erbfälle ab dem 17.8.2015

Am 16.8.2012 ist auch in Belgien die Europäische Erbrechtsverordnung (EU-ErbVO) in Kraft getreten, die auf Erbfälle ab dem 17.8.2015 Anwendung findet.[1] Die Erbrechtsverordnung beansprucht universelle Geltung, d.h. sie gilt nicht nur im Verhältnis zu Mitgliedstaaten, sondern auch zu Drittländern. Völkerrechtliche Verträge, die das Erbstatut regeln, sind gemäß Art. 75 EU-ErbVO und EG Nr. 73 ff. vorrangig zu berücksichtigen.[2]

1

---

1 Vgl. hierzu die Ausführungen in § 1.
2 Zu den völkerrechtlichen Verträgen im Bereich des Erbrechts, die Belgien abgeschlossen hat, siehe Rn 7.

II. Das Erbstatut nach belgischem Recht für Erbfälle bis zum 16.8.2015

1. Überblick

a) Einführung

2 Das belgische IPR war **bis zur Einführung des IPR-Gesetzes vom 16.7.2004**, in Kraft getreten am 1.10.2004, im Bereich des Erbrechts gesetzlich nicht geregelt. Lediglich Art. 3 Abs. 2 ZGB[3] konnte bis dahin entnommen werden, dass in Belgien belegene Immobilien dem belgischen Recht unterworfen sind, und zwar unabhängig von der Nationalität des Eigentümers. Hieraus folgte nach der Rechtsprechung[4] und der überwiegenden Literaturmeinung,[5] der auch die belgische Finanzverwaltung folgte,[6] dass bei Erbfällen mit Auslandsberührung aus Sicht des belgischen Internationalen Privatrechts zur Bestimmung des anwendbaren Rechts nach den Bestandteilen des Nachlasses wie folgt zu unterscheiden war:
- Für **unbewegliches Vermögen**[7] galt das Recht am Belegenheitsort der Sache.
- Für **bewegliches Vermögen**[8] galt das Recht am Wohnsitz (*„domicile"* i.S.d. Art. 102 ZGB[9] = die Hauptniederlassung) des Erblassers.[10]

3 Auf dem Gebiet des Erbrechts hat das **IPR-Gesetz (IPRG)**[11] für Erbfälle ab dem 1.10.2004 diese Kollisionsregeln grundsätzlich beibehalten, darüber hinaus aber einige wesentliche Änderungen eingeführt, wie die Beschränkung des *renvoi* auf Ausnahmetatbestände (vgl. dazu Rn 11) oder die Zulässigkeit einer Rechtswahl (vgl. hierzu Rn 22 ff.).

Gestützt auf Art. 78 IPRG unterliegt nunmehr die **Erbfolge in unbewegliches Vermögen** dem Recht am Belegenheitsort und die **Erbfolge in bewegliches Vermögen** dem Recht am letzten gewöhnlichen Wohnsitz des Erblassers.

4 Hierzu kennt das IPRG folgende **Ausnahmetatbestände:**
- Kann der Inhalt des ausländischen Rechts, auf das verwiesen wird, durch das Gericht offensichtlich nicht innerhalb einer angemessenen Frist festgestellt werden, so kommt es gem. Art. 15 § 2 IPRG nicht zur Anwendung, sondern belgisches Recht.

---

3 Aufgehoben durch Gesetz vom 16.7.2004, in Kraft getreten mit dem neuen IPR-Gesetz am 1.10.2004.
4 Belg. Kassationshof, Pasicrisie 1969, Bd. 1, 227 ff. Vgl. auch BGHZ 45, 351 (353); OLG Köln IPRax 1994, 376 = NJW-RR 1992, 1481; BayObLG BayObLGZ 1995, 369 = Rpfleger 1996, 199 f.
5 *Rigaux/Fallon*, S. 655 f.; *Rosoux*, S. 85 Nr. 48 Fn 4 sowie Nr. 49 Fn 5.
6 *Grote*, Rn 524 m.w.N.
7 Vgl. Art. 517 ff. ZGB.
8 Vgl. Art. 527 ff. ZGB.
9 Belgisches Zivilgesetzbuch in der Fassung des Änderungsgesetzes vom 22.5.2014, Belgisches Staatsblatt vom 13.6.2014, 44873.
10 Nach einer für die Praxis jedoch nicht bedeutenden Mindermeinung in der Literatur sollte das Heimatrecht des Erblassers gelten, vgl. *Deckers*, in: De Page, Bd. IX, Nr. 2 m.w.N.
11 Belgisches Staatsblatt vom 27.7.2004, S. 57344 ff. Eine offizielle Übersetzung des Gesetzestextes in deutscher Sprache ist abgedr. im Belgischen Staatsblatt vom 10.11.2005, S. 48274 ff., abrufbar unter www.just.fgov.be, aktuelle Fassungen sind abrufbar unter www.scta.be. Eine Sammlung belgischer Gesetze in deutscher Sprache, die u.a. das Zivilgesetzbuch enthält, gibt die Rechtsanwaltskammer in Eupen heraus, www.anwaltskammer-eupen.be.

– Ergeben die Gesamtumstände, dass die Verbindung des Falles offensichtlich zu dem Staat, auf dessen Recht verwiesen wird, sehr schwach ist und gleichzeitig zu einem anderen Staat sehr stark, so ist dessen Recht gem. Art. 19 § 1 Abs. 2 IPRG anwendbar.[12] Aufgrund ihres Ausnahmecharakters ist diese Bestimmung jedoch restriktiv auszulegen.[13]

Das **Erbstatut** galt schon bis zum Inkrafttreten des IPRG und nunmehr gem. Art. 80 ff. IPRG nicht nur für die Erbfolge und für Pflichtteils- bzw. Noterbrechte, sondern allgemein für alle Rechtsfragen, die im Zusammenhang mit dem Erbfall zu klären sind,[14] insbesondere Gründe der Erbunwürdigkeit und Enterbung, die Eröffnung sowie der Erwerb der Erbschaft, deren Inbesitznahme, die Erbauseinandersetzung und Teilung. Soweit es um Noterbrechte, Herabsetzung und Anrechnung geht, unterliegen auch Schenkungen unter Lebenden gem. Art. 80 § 1 Ziff. 10 IPRG dem Erbstatut.

Im Hinblick auf das durchzuführende **Verfahren** unterliegen die Annahme und Ausschlagung der Erbschaft sowie die Art und Weise, wie sich die Anteile zusammensetzen und wie sie zugeteilt werden, dem Recht des Staates, in dem sich der Nachlass befindet, vgl. Art. 80 § 2, 81 IPRG, vgl. auch Art. 82 IPRG.

Folgende **Staatsverträge** sind auf dem Gebiet des Erbrechts für Belgien verbindlich und daher gem. Art. 2 IPRG vorrangig zu beachten:
– Haager Übereinkommen vom 5.10.1961 über das auf die Form letztwilliger Verfügungen anzuwendende Recht;[15]
– Europäisches Übereinkommen über die Errichtung einer Organisation zur Registrierung von Testamenten;
– Washingtoner Übereinkommen über ein einheitliches Recht der Form eines Internationalen Testaments,[16] umgesetzt in innerstaatliches belgisches Recht durch Gesetz vom 2.2.1983.[17]

b) Hauptniederlassung bzw. gewöhnlicher Wohnsitz

Die für die Bestimmung des auf bewegliches Vermögen anwendbaren Erbrechts vor Einführung des IPRG gewohnheitsrechtlich maßgebende **Hauptniederlassung** (*domicile*) ist nicht gleichbedeutend mit der Wohnung des Erblassers, sondern es ist der Ort, an dem sich der Schwerpunkt seiner persönlichen und vermögensrechtlichen Interessen befindet (*principal établissement* i.S.d. Art. 102 ZGB).[18]

Der in diesem Zusammenhang gem. Art. 78 Abs. 1 IPRG maßgebende letzte **gewöhnliche Wohnsitz** des Erblassers ist gem. Art. 4 § 2 IPRG der Ort, an dem sich der Erblasser unabhängig von einer melderechtlichen Registrierung oder Aufenthaltserlaubnis unter Berücksichtigung seiner persönlichen und beruflichen Umstände hauptsächlich niedergelassen hat.[19]

---

12 Vgl. hierzu *Pintens*, FamRZ 2004, 1421.
13 *Pertegas*, IPRax 2006, 55.
14 *Hustedt*, Belgien Grdz. Rn 28 ff., in: Ferid/Firsching.
15 Text auf der beiliegenden CD-ROM unter der Rubrik „Haager Konventionen".
16 Text auf der beiliegenden CD-ROM unter der Rubrik „Washingtoner Konvention".
17 Belg. Gesetzblatt vom 11.10.1983, S. 12614 ff.
18 Hierzu und zu den Voraussetzungen der Verlegung des Domizils vgl. BayObLG MittRhNotK 1996, 366, 367.
19 *Carlier*, Revue critique de droit international privé 2005, S. 24.

c) Auswirkung der Rückverweisung

10 Soweit nach den Regeln des belgischen IPR zum Erbrecht auf ausländisches Recht verwiesen wird, handelte es sich **bis zum Inkrafttreten des IPRG** um eine **Gesamtverweisung** auf das ausländische Kollisions- und Sachrecht. Verwies das berufene ausländische Kollisionsrecht auf das belgische Recht zurück, wurde diese Verweisung vom belgischen Recht angenommen.[20]

11 Hier hat Art. 16 IPRG eine grundlegende Änderung gebracht, indem **für Erbfälle ab dem 1.10.2004 vorbehaltlich abweichender Regelungen** ein renvoi ausgeschlossen ist, da die Bestimmungen des IPRG grundsätzlich nicht auf das ausländische Kollisionsrecht, sondern nur auf das Sachrecht verweisen. Ausnahmsweise lässt Art. 78 § 2 S. 1 IPRG für die Erbfolge in unbewegliches Vermögen eine Rück- bzw. Weiterverweisung zu, wenn das ausländische Recht auf das Recht am letzten gewöhnlichen Wohnsitz des Erblassers verweist. Eine solche Verweisung muss sich dabei nicht ausdrücklich auf den letzten gewöhnlichen Wohnsitz beziehen (str., so die enge Auslegung[21]); es reicht aus, wenn es dadurch im Ergebnis zu einer solchen Verweisung kommt, dass auf das Heimatrecht des Erblassers verwiesen wird und er in diesem Staat auch seinen letzten gewöhnlichen Wohnsitz hatte (so die weite Auslegung[22]). Für die weitere Auslegung spricht, dass sie dem Zweck des Art. 78 § 2 S. 2 IPRG am nächsten kommt, nämlich eine Nachlassspaltung zu vermeiden.[23]

12 **Unter Berücksichtigung des neuen IPRG**[24] führt dies in deutsch-belgischen Erbfällen zu folgenden Ergebnissen, soweit nicht wirksam eine abweichende Rechtswahl getroffen wurde:

Fall 1: Der mit letztem gewöhnlichen Wohnsitz in Deutschland verstorbene Belgier hat Grundbesitz in Belgien.

Hier kommt aus Sicht des belgischen Rechts gem. Art. 78 § 1 und § 2 S. 1 IPRG hinsichtlich des in Belgien belegenen Grundbesitzes belgisches Recht und hinsichtlich des beweglichen Vermögens deutsches Recht[25] zur Anwendung.

Gemäß Art. 25 Abs. 1 EGBGB richtet sich aus der Sicht des deutschen Rechts die Erbfolge hinsichtlich des in Belgien belegenen Grundbesitzes nach belgischem Recht. Hinsichtlich des beweglichen Vermögens wird die in Art. 78 § 1 IPRG angeordnete Rückverweisung zum Recht am „**letzten gewöhnlichen Wohnsitz**" des Erblassers angenommen, Art. 4 Abs. 1 S. 2 EGBGB, so dass insoweit deutsches Erbrecht gilt.

Fall 2: Der mit letztem gewöhnlichen Wohnsitz in Belgien verstorbene Belgier hat Grundbesitz in Deutschland.

Hier kommt gem. Art. 78 IPRG aus der Sicht des belgischen Rechts ausschließlich belgisches Recht zur Anwendung, und zwar hinsichtlich des beweglichen Vermögens unmittelbar und hinsichtlich des unbeweglichen Vermögens aufgrund der Rückverweisung in Art. 25 Abs. 1

---

20 Vgl. *Hustedt*, Belgien Grdz. Rn 37, in: Ferid/Firsching sowie *Grote*, Rn 529 m.w.N.
21 So etwa *Bouckaert*, Internationales Erbrecht in der EU, S. 429.
22 Vgl. hierzu *Süß*, ZErb 2006, 290 m.w.N. sowie *Barnich*, Revue du Notariat Belge (131), S. 54 f.
23 *Süß*, ZErb 2006, 290; *Francq*, RabelsZ 2006, 264; vgl. auch „Fall 2" in nachfolgender Rn 12.
24 Soweit die Rechtslage bei Erbfällen bis zum Inkrafttreten des IPRG am 1.10.2004 im Ergebnis hiervon abweicht, wird dies im Folgenden in Fußnoten vermerkt.
25 Für Erbfälle bis zum 1.10.2004 wird die Rückverweisung in Art. 25 Abs. 1 EGBGB angenommen (vgl. oben Rn 10), so dass für diese Erbfälle auch auf bewegliches Vermögen belgisches Erbrecht zur Anwendung gelangt.

EGBGB, die nach der „weiten Auslegung"²⁶ des Art. 78 § 2 S. 2 IPRG vom belgischen Recht ausnahmsweise angenommen wird.

Aus der Sicht des deutschen Rechts richtet sich nur die Erbfolge hinsichtlich des beweglichen Vermögens nach belgischem Recht, die Erbfolge hinsichtlich des unbeweglichen Vermögens richtet sich hingegen nach deutschem Recht, da die Rückverweisung gem. Art. 78 § 2 S. 1 IPRG vom deutschen Recht angenommen wird, Art. 4 Abs. 1 S. 2 EGBGB.

Fall 3: Der mit letztem gewöhnlichen Wohnsitz in Deutschland verstorbene Deutsche hat Grundbesitz in Belgien.

Sowohl aus der Sicht des belgischen, Art. 78 § 1 und § 2 S. 1 IPRG, als auch aus der Sicht des deutschen Rechts richtet sich die Erbfolge in das bewegliche Vermögen des Erblassers nach deutschem Recht und die in das unbewegliche Vermögen nach belgischem Recht, vgl. zum deutschen Recht hier Art. 3 Abs. 3 EGBGB.²⁷

Fall 4: Der mit letztem gewöhnlichen Wohnsitz in Belgien verstorbene Deutsche hat Grundbesitz in Deutschland.

Hier kommt aus der Sicht des belgischen Rechts gem. Art. 78 § 1 IPRG unmittelbar belgisches Recht zur Anwendung, soweit es um die Erbfolge für das bewegliche Vermögen geht. Die Erbfolge hinsichtlich des Grundbesitzes richtet sich gem. Art. 78 § 2 S. 1 IPRG nach deutschem Recht.

Aus der Sicht des deutschen Rechts kommt unmittelbar und ausschließlich deutsches Recht zur Anwendung.

d) Vorbehalt des belgischen ordre public

Wenn und soweit das belgische IPR auf ausländisches Erbrecht verweist, so erfolgt dies unter dem Vorbehalt des belgischen *ordre public*. Schon vor Inkrafttreten des IPRG war hiernach die Anwendung ausländischen Rechts, das gegen „ein tragendes Prinzip der moralischen, politischen und wirtschaftlichen Ordnung Belgiens" verstößt, untersagt.²⁸ Eine entsprechende gesetzliche Bestimmung findet sich nunmehr in Art. 21 IPRG. Ausgeschlossen ist danach die Anwendung ausländischen Rechts, „wenn diese Anwendung eine Wirkung hätte, die mit der öffentlichen Ordnung offensichtlich unvereinbar wäre".²⁹ Hierzu ist es jedoch nicht schon ausreichend, dass die Anwendung ausländischen Rechts gegen eine gesetzliche Bestimmung in Belgien verstößt. Erforderlich für den belgischen internationalen ordre public ist vielmehr, dass in anstößiger Weise gegen die Prinzipien des belgischen Rechts verstoßen wird.³⁰

2. Besonderheiten bei testamentarischer Erbfolge

Vom Erbstatut sind nach Art. 80 ff. IPRG grundsätzlich alle mit dem Erbfall verbundenen Rechtsfragen erfasst, und damit auch solche, die **Verfügungen von Todes wegen** behandeln.³¹ Dies gilt insbesondere auch für die Prüfung ihrer **materiellen Wirksamkeit**, da

---

26 Str., vgl. hierzu die Ausführungen in Rn 11.
27 Str., vgl. *Fetsch*, RNotZ 2006, 9 f.; wie hier: *Jülicher*, PIStB 2005, 287; *Schotten/Schmellenkamp*, Das Internationale Privatrecht in der notariellen Praxis, S. 47; DNotI-Gutachten Nr. 14265, S. 4 f.
28 *Pintens*, Jahresheft S. 14. Vgl. hierzu auch *Watté*, S. 113 ff. sowie die folgenden Ausführungen in Rn 18 f.
29 Vgl. hierzu auch *Francq*, RabelsZ 2006, 264.
30 *Rosoux*, S. 116 Nr. 70.
31 So schon zur Rechtslage vor Inkrafttreten des IPRG: *Rigaux/Fallon*, S. 657 f., 672. Vgl. nunmehr Art. 80 § 1 Ziff. 5 IPRG.

dem belgischen internationalen Erbrecht die Anknüpfung eines Errichtungsstatus für die materielle Wirksamkeit der Verfügungen von Todes wegen nicht bekannt ist. Nach Errichtung eingetretene Änderungen, wie die Verlegung des Wohnsitzes oder der Erwerb von Immobilien, können sich daher auf die materielle Wirksamkeit der Verfügung auswirken, weshalb in der Praxis bei der Errichtung einer testamentarischen Verfügung die Möglichkeit einer Rechtswahl geprüft werden sollte.[32]

15 Die **Auslegung** letztwilliger Verfügungen richtet sich hingegen in Ermangelung einer Rechtswahl nach dem Recht des Staates, zu dem die Verfügung die engste Verbindung aufweist, was vorbehaltlich des Gegenbeweises der Staat ist, in dem der Erblasser zum Zeitpunkt der Errichtung der Verfügung seinen gewöhnlichen Wohnsitz hat, vgl. Art. 84 IPRG.

16 Hinsichtlich der Beurteilung ihrer **Testierfähigkeit** unterlagen belgische Staatsangehörige bis zum Inkrafttreten des IPRG gem. Art. 3 Abs. 3 ZGB unabhängig davon, ob sie ihren Wohnsitz in Belgien oder in einem anderen Staat hatten, stets belgischem Recht (siehe Rn 51). Nunmehr regelt Art. 34 § 1 IPRG, dass sich grundsätzlich – also vorbehaltlich abweichender Bestimmungen – die Fähigkeit einer natürlichen Person, **über Rechte verfügen** oder solche erwerben zu können, nach dem Recht des Staates richtet, dem sie angehört. Diesen Grundsatz schränkt Art. 34 § 2 IPRG insoweit ein, als sich die Handlungsfähigkeit in Bezug auf ein bestimmtes Rechtsverhältnis nach dem auf dieses Rechtsverhältnis anwendbaren Recht richtet. Hieraus folgt, dass die Testierfähigkeit sich nach dem Erbstatut richtet, also bei beweglichem Vermögen nach dem Recht des Staates, in dem der Erblasser zum Zeitpunkt seines Todes seinen gewöhnlichen Aufenthalt hatte.[33] Dem Erbstatut unterliegen gem. Art. 80 § 1 Ziff. 9 IPRG darüber hinaus auch solche speziellen erbrechtlichen Bestimmungen, die Regelungen darüber treffen, nicht von Todes wegen verfügen oder erwerben zu können.[34]

17 Für die **Form** letztwilliger Verfügungen von Todes wegen ist nach belgischem Recht (vgl. nunmehr auch Art. 83 IPRG) gem. Art. 1 lit. a des Haager Übereinkommens über das auf die Form letztwilliger Verfügungen anzuwendende Recht vom 5.10.1961 das Recht am Ort der Errichtung maßgebend. Daneben bestimmte Art. 999 ZGB (aufgehoben mit Wirkung zum 1.10.2004), dass ein Belgier, der sich im Ausland befindet, ein Testament in der dort zulässigen Form errichten kann. Hier ist allerdings jeweils nur die Frage der Formgültigkeit von – auch gemeinschaftlichen – Testamenten geregelt. **Erbverträge und gemeinschaftliche Testamente** sind jedoch gem. Art. 943, 1130 Abs. 2 ZGB bzw. Art. 968 ZGB i.V.m. Art. 895, 1001, 1097 ZGB **verboten**, und bei diesen Vorschriften handelt es sich aus belgischer Sicht nicht um reine Formvorschriften, sondern um solche des materiellen Rechts, so dass nach belgischem Erbrecht gemeinschaftliche Testamente und Erbverträge unwirksam sind.[35]

18 Wäre im konkreten Fall deutsches Erbrecht aufgrund der Rückverweisung durch das belgische IPR berufen, ist fraglich, ob der Erblasser insoweit eine Verfügung von Todes wegen in einem gemeinschaftlichen Testament oder Erbvertrag vornehmen kann. Die Rückverweisung durch das belgische Recht steht unter dem Vorbehalt des belgischen internationalen **ordre public** (siehe Rn 13), und wäre damit ausgeschlossen (so dass es bei der Anwendung des belgischen Erbrechts verbliebe), wenn das Verbot gemeinschaftlicher Testamente und

---

[32] Vgl. *Süß*, ZErb 2006, 291. Vgl. zum belgischen Recht nunmehr Art. 79 IPRG und die Ausführungen hierzu in Rn 22.
[33] *Brüssel*, Entscheidung vom 21.6.2012, Revue du Notariat Belge, 2014, S. 209 ff.
[34] *Fallon/Erauw*, S. 159.
[35] Vgl. *Rosoux*, Nr. 75; *Flick/Piltz*, S. 144, Rn 435; vgl. aber – aus deutscher Sicht – *Süß*, IPRax 2002, 22, 25.

Erbverträge durch das belgische Recht Bestandteil des belgischen internationalen *ordre public* wäre.[36]

Vielfach wurde vor Einführung des IPRG in der belgischen Literatur das Verbot gemeinschaftlicher Testamente dem internationalen *ordre public* zugeordnet.[37] Dieser Auffassung war jedoch schon damals nicht zu folgen, da das belgische Recht im Rahmen von Eheverträgen selbst vertraglich bindende Verfügungen zulässt, die testamentarischen Anordnungen entsprechen (*institution contractuelle*; siehe dazu Rn 86 f.). Erbverträge und gemeinschaftliche Testamente verstießen daher jedenfalls dann nicht gegen den belgischen internationalen *ordre public*, wenn sie im Hinblick auf die Beteiligten und den Inhalt mit einer solchen *institution contractuelle* vergleichbar waren.[38] In diesem Zusammenhang ist auch die Reform des Erbrechts durch Gesetz vom 22.4.2003 von Bedeutung, mit der der belgische Gesetzgeber in Art. 1388 Abs. 2 ZGB Ehegatten die Möglichkeit eröffnet hat, vertragliche Regelungen über den Nachlass mit dem Ehepartner zu treffen. Mit gleichem Gesetz wurden den Verbotsnormen für Erbverträge im belgischen Zivilgesetzbuch (Art. 791 und 1130) der Zusatz beigefügt, dass dieses Verbot nur vorbehaltlich entgegenstehender Gesetze gilt.

19

Mit der Einführung des IPRG hat der belgische Gesetzgeber in Art. 80 § 1 Ziff. 5 IPRG die **materiell-rechtliche Gültigkeit** letztwilliger Verfügungen vorbehaltlos – also auch für gemeinschaftliche Testamente und Erbverträge[39] – ausdrücklich dem Erbstatut unterstellt, woraus gefolgert werden kann, dass gemeinschaftliche Testamente nicht gegen den belgischen internationalen *ordre public* (Art. 21 IPRG) verstoßen. Weiter erstreckt Art. 83 Abs. 2 IPRG die Anwendbarkeit des Haager Übereinkommens über das auf die Form letztwilliger Verfügungen anwendbare Recht über testamentarische Verfügungen hinaus ausdrücklich auch auf andere letztwilligen Verfügungen, womit nur gemeinschaftliche Verfügungen gemeint sein können.[40] Auch Rechtsprechung[41] und Teile der Literatur[42] gehen hiernach nunmehr nicht länger davon aus, dass Erbverträge grundsätzlich gegen den belgischen internationalen *ordre public* verstoßen.

20

Es muss daher nunmehr nicht unbedingt weiter empfohlen werden, sicherheitshalber bei Berührung mit dem belgischen Recht die Beurkundung von Einzeltestamenten vorzunehmen, wenn deutsches Erbrecht durch Rechtswahl oder Rückverweisung aufgrund des belgischen IPR zur Anwendung kommt.[43]

21

---

36 So die in Deutschland h.M., vgl. Staudinger/*Dörner*, Art. 25 EGBGB Rn 689 m.w.N.; a.A. *Lorenz*, FS Geimer, S. 564.
37 Vgl. die Hinweise bei *Verwilghen*, S. 100, Fn 111.
38 Ausführlich *Hustedt*, MittRhNotK 1996, 352 f. m.w.N. Nach *Verwilghen*, S. 100, verstoßen Erbverträge und gemeinschaftliche Testamente nicht grundsätzlich gegen den belgischen internationalen *ordre public*. Diese Prüfung habe im Einzelfall anhand des konkreten Inhalts der Verfügung von Todes wegen zu erfolgen. Zustimmend *Barnich*, in: Verwilghen/de Valkeneer, S. 326. Vgl. auch *Lüderitz*, MittRhNotK 1976, 552 f. sowie *Haas*, in: Bengel/Reimann, Handbuch der Testamentsvollstreckung, 3. Aufl., S. 475, Rn 135 m.w.N.
39 *Fallon/Erauw*, S. 161; a.A. wohl noch *Jülicher*, PIStB 2005, 286.
40 *Süß*, ZErb 2006, 291 f.
41 Belg. Kassationshof, Urt. v. 31.10.2008, Revue du Notariat Belge 2011, 415 = Rev. trim. dr. fam. 2009, 588 e contrario, so jedenfalls nach der Interpretation dieses Urteils durch die h.M. in der Literatur, vgl. *Casier u.a.*, Revue du Notariat Belge 2011, S. 393 m.w.N.
42 *Casier u.a.*, Revue du Notariat Belge, 2011, S. 393 m.w.N.; a.A. *Pintens/Declerck/Du Mongh/Vanwinckelen*, Familiaal vermogensrecht, 965, n° 1879 – so zitiert bei *Casier u.a.*, Revue du Notariat Belge 2011, S. 396.
43 So noch *Fetsch*, RNotZ 2006, 93.

3. Möglichkeiten einer Rechtswahl

22 Das belgische Recht ließ bis zur Einführung des IPRG eine **unmittelbare Wahl** des anwendbaren Erbrechts nicht zu.[44] Ein vom Erblasser unter Verkennung dieses Grundsatzes gewähltes Recht war lediglich bei der – auch ergänzenden – Auslegung seiner Verfügung von Todes wegen zu berücksichtigen.[45] **Art. 79 IPRG gestattet** nunmehr die **Wahl des Erbrechts** unter der Voraussetzung, dass
– sie in Form einer letztwilligen Verfügung erfolgt, Art. 79 Abs. 2 IPRG;
– den **gesamten** Nachlass erfasst, Art. 79 Abs. 1 S. 1 IPRG; und
– der Erblasser das Recht des Staats wählt, dem er zum Zeitpunkt der Rechtswahl oder seines Todes angehört[46] oder in dem er zum Zeitpunkt der Rechtswahl oder seines Todes seinen gewöhnlichen Wohnsitz hat.

23 Eine vor Inkrafttreten des IPRG vorgenommene Rechtswahl, die die genannten Voraussetzungen erfüllt, ist bei Erbfällen, die nach Inkrafttreten des IPRG am 1.10.2004 eingetreten sind, zu beachten, vgl. Art. 127 IPRG.[47]

Die Rechtswahl entzieht den **noterb- bzw. pflichtteilsberechtigten** Erben gem. Art. 79 Abs. 1 S. 3 IPRG jedoch nicht die Rechte, die ihnen aus dem abgewählten Recht zustehen. Da diese Rechte weiter bestehen bleiben, kann es durch die Rechtswahl zu einer u.U. nicht gewünschten Kumulierung von Noterb- und Pflichtteilsrechten aus dem abgewählten und dem gewählten Recht kommen.[48]

24 Die Rechtswahl kann nach belgischem Recht jederzeit durch letztwillige Verfügung einseitig **widerrufen** werden, was es zu beachten gilt, wenn auf der Grundlage einer solchen Wahl in einem gemeinschaftlichen Testament oder Erbvertrag wechselseitig bindende Verfügungen von Todes wegen getroffen werden sollen.[49]

25 Es besteht grundsätzlich weiter die Möglichkeit der **indirekten** Einflussnahme auf das Erbstatut. So kann der Erblasser zunächst durch Verlegung seines gewöhnlichen Wohnsitzes (vgl. Rn 9) das Erbrecht hinsichtlich des beweglichen Vermögens bestimmen. Wünscht der mit Grundbesitz in Belgien aber außerhalb lebende Erblasser, dass der Immobilienbesitz nicht dem belgischen Erbrecht unterliegen soll, so kann er diesen Grundbesitz in eine rechtsfähige Gesellschaft einbringen.[50] Unbewegliches Vermögen wäre in Belgien dann nicht mehr vorhanden, da die Gesellschaftsanteile gem. Art. 529 ZGB bewegliches Vermögen darstellen und damit nach dem Erbrecht am **letzten gewöhnlichen Wohnsitz** des Erblassers vererbt werden.[51] Nach Einführung des IPRG führen solche Maßnahmen jedoch nur noch unter dem Vorbehalt des Art. 18 IPRG zu dem gewünschten Ergebnis. Hiernach sind Handlungen und Tatsachen **als Gesetzesumgehung nicht zu berücksichtigen**, die mit dem

---

44 *Rigaux/Fallon*, S. 672.
45 *Rigaux/Fallon*, S. 672 f.; BayObLG, Beschl. v. 26.10.1995, MittRhNotK 1996, 366, 368 m.w.N.
46 Mehrstaater können dabei wohl das Recht eines jeden Staates wählen, dem sie angehören, und nicht nur das Recht des Staates, dem sie effektiv i.S.d. Art. 3 § 2 Ziff. 1 und 2 IPRG angehören, vgl. *Süß*, ZErb 2006, 291.
47 Vgl. auch *Fallon/Erauw*, S. 194 sowie *Barnich*, Revue du Notariat Belge (131), S. 10.
48 Vgl. *Barnich*, Revue du Notariat Belge (131), S. 55 sowie *Bouckaert*, in: Internationales Erbrecht in der EU, S. 429.
49 Vgl. *Süß*, ZErb 2006, 291.
50 *Barnich*, in: Verwilghen/de Valkeneer, S. 324 m.w.N.
51 Hierzu und zu den steuerrechtlichen Folgen vgl. *Grote*, Rn 691 m.w.N.

einzigen Ziel vorgenommen oder herbeigeführt werden, zur Anwendbarkeit eines anderen als vom Gesetz vorgesehenen Rechts zu gelangen.[52]

III. Rechtsfolgen einer Nachlassspaltung

1. Einführung

In den Fällen der Nachlassspaltung richtet sich die Rechtsnachfolge bezüglich jedes Nachlassteils grundsätzlich umfassend und getrennt nach dem jeweils berufenen Erbrecht.[53] So ist das jeweilige Erbstatut berufen, wenn es um die Gültigkeit und Auslegung einer letztwilligen Verfügung geht, die Festlegung der Erbquoten oder die Regelungen zu Erbausschlagung, Pflichtteils- bzw. Noterbrechten und zur Testamentsvollstreckung. Über jeden Nachlassteil kann der Erblasser getrennt von Todes wegen verfügen.[54]

26

2. Auswirkung auf die Erbenhaftung

Die in der deutschen Literatur in den Fällen der Nachlassspaltung im Hinblick auf die Erbenhaftung vorgenommene Differenzierung nach fixierten und nicht fixierten Nachlassverbindlichkeiten[55] findet sich auch in der belgischen Literatur.[56] Der gesamte Nachlass des Erblassers haftet jedoch nach ganz h.M. für alle Nachlassverbindlichkeiten, und zwar unabhängig davon, in welchem Land sich diese befinden.[57]

27

Wird der dem belgischen Erbrecht unterfallende Erbteil durch einen Nachlassgläubiger in Anspruch genommen, so haften die Erben im Innenverhältnis und grundsätzlich auch im Außenverhältnis gem. Art. 870, 873 ZGB entsprechend ihrer Erbquote (*pro rata hereditatis*). Soweit ein Erbe den Nachlassgläubiger befriedigt, führt die vorstehende Regelung im Rahmen der Prüfung ihm gegen die Miterben zustehender Ausgleichsansprüche in den Fällen der Nachlassspaltung nur dann zu einer sachgerechten Lösung, wenn die Erbquoten im Hinblick auf den gesamten Nachlass ermittelt werden. Nur so ist dann aufgrund der für jeden Nachlassteil vorhandenen Erben und Erbquoten sichergestellt, dass im Ergebnis nach Durchführung des Ausgleichs im Innenverhältnis jeder Erbe die Nachlassverbindlichkeit in dem Umfange trägt, die seiner Beteiligung am Gesamtnachlass tatsächlich entspricht.[58]

28

3. Vorwegentnahmerecht

Art. 912 ZGB modifizierte **für Erbfälle bis zum 1.10.2004** die dargestellten Grundsätze zur Nachlassspaltung in nicht unerheblicher Weise: Befanden sich Teile des Nachlasses sowohl in Belgien als auch im Ausland, konnten die Erben nach belgischem Recht die Vorwegentnahme (*droit de prélèvement*) des Teils des in Belgien belegenen Vermögens beanspruchen, der ihnen nach ihrem Erbteil am gesamten Nachlass zustand, wenn und soweit sie nach

29

---

52 Vgl. hierzu *Fallon/Erauw*, S. 94, 160; *Barnich*, Revue du Notariat Belge (131), S. 24 sowie *Francq*, RabelsZ 2006, 262.
53 Einschränkungen ergeben sich für Erbfälle bis zum 1.10.2004 aus dem dem belgischen Erbrecht eigentümlichen „*droit de prélèvement*" (vgl. hierzu Rn 29).
54 *Haas*, ZNotP 2002, 211 m.w.N.
55 *Haas*, ZNotP 2002, 211 m.w.N.
56 Vgl. die Hinweise bei *Rosoux*, Répertoire Notarial S. 259.
57 *Rigaux/Fallon*, S. 677; *Verwilghen/de Valkeneer/Barnich*, S. 331; *Rosoux*, Répertoire Notarial, S. 257 f.
58 Vgl. *Verwilghen/Valkeneer/Barnich*, S. 332 sowie zum deutschen Recht auch Staudinger/*Dörner*, Art. 25 EGBGB Rn 759 m.w.N.

dem ausländischen Erbrecht bezüglich des dort belegenen Nachlassteils ausgeschlossen waren.[59] Diese Bestimmung galt seit der Reform der Vorschrift durch Gesetz vom 15.12.1980 auch zugunsten von Ausländern, sofern sie nicht dem Staat angehören, dessen Recht für den ausländischen Nachlassteil Erbstatut ist.[60] Mit Wirkung **zum 1.10.2004** wurde **Art. 912 ZGB ersatzlos aufgehoben** und ist daher für Erbfälle ab diesem Datum nicht mehr zu beachten.[61]

B. Materielles Erbrecht

I. Allgemeines

30 Regelungen zum belgischen Erbrecht finden sich in den Art. 718 ff. ZGB.[62]

Die zum Zeitpunkt des Erbfalls lebende natürliche Person sowie die anschließend lebensfähig geborene Leibesfrucht sind **erbfähig**, Art. 725 ZGB und Art. 906 Abs. 2 ZGB. Juristische Personen sind hingegen nur dann erbfähig, wenn dies von ihrer Zweckbestimmung umfasst ist,[63] vgl. auch Art. 910 ZGB.

31 Mit dem Erbfall übernimmt der Erbe im Wege der **Gesamtrechtsnachfolge** das gesamte Vermögen des Erblassers einschließlich seiner Verbindlichkeiten, Art. 711, 724 und 870 ff. ZGB. Voraussetzung hierfür ist jedoch die Annahme der Erbschaft gem. Art. 774 ff. ZGB, die auf den Zeitpunkt des Todes des Erblassers zurückwirkt, Art. 777 ZGB i.V.m. Art. 718 ZGB.

32 Die **Annahme der Erbschaft** kann ausdrücklich oder auch stillschweigend erfolgen, Art. 778 ZGB. Von einer stillschweigenden Annahme der Erbschaft ist auszugehen, wenn der Erbe durch Erklärungen oder sonstige Handlungen seine Erbenstellung zum Ausdruck bringt. Lediglich solche Maßnahmen begründen noch keine stillschweigende Annahme, die zur Erhaltung des Nachlasses und zur provisorischen Verwaltung dringend erforderlich sind.[64] Auch aus der Abgabe der Erbschaftsteuererklärung wird noch nicht die stillschweigende Annahme der Erbschaft abgeleitet (siehe Rn 113, 145).

33 Nach erfolgter Annahme der Erbschaft kann diese nur noch ausgeschlagen werden, nachdem die Erbschaftsannahme wirksam angefochten wurde (siehe Rn 35). Eine **Fiktion** der Annahme durch Verstreichenlassen einer **Frist** gibt es hier – anders als im deutschen Recht – nicht. Die Befugnis zur Annahme der Erbschaft verjährt nach 30 Jahren, Art. 789 ZGB i.V.m Art. 2262 ZGB. Eine Verpflichtung zur Annahme einer Erbschaft besteht nicht. Innerhalb der Frist des Art. 795 ZGB[65] ist der Erbe nicht verpflichtet, sich über die Annahme oder Ausschlagung der Erbschaft zu erklären. Anschließend kann er auf Abgabe einer entsprechenden Erklärung verklagt werden.[66]

---

59 Kritisch hierzu *Erauw*, IPRax 1982, 260 m.w.N. sowie Staudinger/*Dörner*, Anh. Art. 25 f. EGBGB Rn 75.
60 *Hustedt*, Belgien Grdz. Rn 21 f., in: Ferid/Firsching.
61 Vgl. *Fallon/Erauw*, S. 158.
62 Abgedruckt bei *Hustedt*, Belgien Texte B, in: Ferid/Firsching.
63 *Sace u.a./Wyart*, Répertoire Notarial Bd. III Buch VIII, Dritter Teil, S. 114 ff., Abschnitt 75 ff.
64 Vgl. § 779 ZGB sowie *Bartsch*, S. 21.
65 Vierzig Tage nach Ablauf der Drei-Monats-Frist zur Errichtung des Inventars, diese gerechnet vom Tage des Todes des Erblassers bzw. vierzig Tage, gerechnet vom Tage der tatsächlichen Errichtung des Inventars, wenn die Errichtung des Inventars vor Ablauf der Drei-Monats-Frist erfolge.
66 *Bartsch*, S. 21.

Zur **Vermeidung einer Haftung** des Erben mit seinem persönlichen Vermögen für Nachlassverbindlichkeiten kann er die Annahme der Erbschaft unter dem **Vorbehalt der Aufnahme eines Inventars** erklären (siehe Rn 115 f.). 34

Die **Anfechtung** der Erbschaftsannahme kann nur nach Maßgabe des Art. 783 ZGB erfolgen, also im Fall der arglistigen Täuschung oder wenn nachträglich eine Verfügung von Todes wegen bekannt wird, durch die die Erbschaft um mehr als die Hälfte vermindert wird. 35

Die **Ausschlagung** der Erbschaft hat ausdrücklich zu Protokoll der Geschäftsstelle des erstinstanzlichen Gerichts am letzten Wohnsitz des Erblassers zu erfolgen, Art. 784, 110 ZGB i.V.m. Art. 1185 GGB.[67] Dies gilt auch, wenn der Erblasser außerhalb von Belgien verstorben ist. 36

II. Gesetzliche Erbfolge

1. Das gesetzliche Erbrecht der Verwandten

a) Einführung

Im belgischen Erbrecht kann man Verwandte des Erblassers als gesetzliche Erben in **vier Klassen** einteilen,[68] Art. 731–755 ZGB: Gesetzliche Erben der **ersten** Klasse sind die Abkömmlinge des Erblassers, die **zweite** Klasse wird von den Eltern und Geschwistern des Erblassers gebildet (privilegierte Aszendenten und Seitenverwandte), gefolgt von der **dritten** Klasse, den Verwandten in aufsteigender Linie (nicht privilegierte Aszendenten) und der **vierten** Klasse, den Verwandten in der Seitenlinie bis zum vierten Grad (nicht privilegierte Seitenverwandte). 37

Der **Verwandtschaftsgrad** ergibt sich aus der Zahl der die Beteiligten vermittelnden Geburten, Art. 735, 737, 738 ZGB. Personen, die in gerader auf- oder absteigender Linie miteinander verwandt sind, bilden eine **Linie**. Im Übrigen sind Personen, die einen gemeinsamen Vorfahren haben, in der Seitenlinie miteinander verwandt, Art. 736 ZGB. 38

b) Grundsätze zum Verwandtenerbrecht

Das gesetzliche Erbrecht der Verwandten wird im belgischen Recht nach Maßgabe der folgenden Grundsätze ermittelt: 39
- Verwandte nachfolgender Klassen sind durch solche einer vorhergehenden Klasse von der Erbfolge ausgeschlossen, Art. 745 ff. ZGB.
- Soweit nicht ausdrücklich etwas anderes bestimmt ist, sind gradmäßig entferntere Verwandte durch gradmäßig nähere Verwandte ausgeschlossen (*règle de la proximité*), Art. 734 f. ZGB. Sind Verwandte gleichen Grades zur Erbfolge berufen, so erben sie untereinander zu gleichen Teilen.
- Erben Personen aus mehreren Verwandtschaftslinien, so kommt es für die Aufteilung des Nachlasses auf die verschiedenen Linien nicht auf den Grad der Verwandtschaft an; jede Linie erbt zu gleichen Teilen, Art. 733 f. ZGB.
- Abkömmlinge eines weggefallenen Erben treten bei gesetzlicher, nicht aber bei gewillkürter Erbfolge (vgl. Rn 53) an seine Stelle (die sogenannte Erbvertretung oder *Substitution*), Art. 739 ff. ZGB, selbst wenn sie nach der vorstehend dargestellten „*règle de la*

---

[67] Gerichtsgesetzbuch, Gesetz vom 10.10.1967, i.d.F. des Änderungsgesetzes vom 13.12.2005, Belgisches Gesetzblatt vom 21.12.2005.
[68] Vgl. *Bartsch*, S. 24 ff.; *Grote*, S. 21.

proximité" nicht zur Erbfolge berufen wären. Voraussetzung hierfür war nach dem bis zum 20.1.2013 geltenden belgischen Erbrecht jedoch, dass der Wegfall des ursprünglichen Erben nicht auf einer Ausschlagung beruhte, Art. 787 ZGB,[69] und sowohl der weggefallene Erbe als auch die an seine Stelle tretenden Abkömmlinge erbwürdig und erbfähig[70] waren. Art. 787 ZGB wurde durch Gesetz vom 10.12.2012[71] aufgehoben und Art. 786 bestimmt nunmehr ausdrücklich, dass die Erbvertretung auch im Falle einer Erbausschlagung stattfindet. Auch im Falle der Erbenwürdigkeit des zunächst berufenen Erben ist nach Art. 739 in der seit dem 21.1.2013 geltenden Fassung nunmehr die Erbvertretung möglich. Dieser Grundsatz der **Erbvertretung** gilt **uneingeschränkt nur bei Abkömmlingen**, Art. 740 ZGB, nicht jedoch bei Verwandten in der aufsteigenden Linie, Art. 741 ZGB, und in der Seitenlinie nur bei Abkömmlingen von Geschwistern, Onkeln und Tanten des Erblassers, Art. 742 ZGB. Ebenso findet Erbvertretung nicht statt zugunsten von Abkömmlingen des Ehepartners.

c) Ordnung innerhalb der Erbklassen

40 Unter Beachtung der vorstehenden Grundsätze gilt für das Erbrecht der Verwandten des Erblassers innerhalb einer Erbklasse Folgendes:

Erste Klasse: Abkömmlinge

Abkömmlinge ersten Grades erben zu gleichen Teilen und nach Köpfen, Art. 745 ZGB. Dies gilt für eheliche und – infolge der Reform des belgischen Erbrechts vom 31.3.1987 bzw. 6.6.1987 – auch für nichteheliche[72] Kinder und für Adoptivkinder uneingeschränkt bei der Volladoption gem. Art. 370 ZGB. In den Fällen der Einfachadoption hat das angenommene Kind gem. Art. 365 ZGB nur nach dem Annehmenden ein gesetzliches Erbrecht vorstehenden Inhalts, wobei es sein gesetzliches Erbrecht zu seinen Blutsverwandten in vollem Umfange behält.

Zweite Klasse: Privilegierte Aszendenten und Seitenverwandte

Ein ohne Abkömmlinge verstorbener Erblasser wird von beiden Elternteilen zur einen Hälfte und zur anderen Hälfte von seinen Geschwistern beerbt, Letztere erben untereinander jeweils zu gleichen Teilen. Leben zum Zeitpunkt des Todes des Erblassers beide Eltern, hinterlässt er jedoch weder Kinder noch Geschwister oder Abkömmlinge von diesen, so erben beide Elternteile zu gleichen Teilen, soweit diese vorverstorben sind, erben die gradnächsten Aszendenten, 746 ZGB. Gelangt nur ein Elternteil zur Erbfolge, so erbt dieser zu ¼ und die Geschwister zu ¾ Anteil, untereinander wiederum zu gleichen Teilen. Leben

---

69 Art. 787 ZGB in der bis zum 20.1.2013 geltenden Fassung. War der Ausschlagende jedoch gesetzlicher Alleinerbe, so waren infolge der Ausschlagung die gesetzlichen Erben der folgenden Erbklasse berufen, Art. 786 Hs. 2 ZGB.
70 Einschränkend Art. 744 Abs. 3 ZGB.
71 Belg. Gesetzblatt vom 11.1.2013, S. 997, 999.
72 Das vor der Reform geltende eingeschränkte Erbrecht für nichteheliche Kinder – hierzu *Hecker*, MittRhNotK 1956, 16 f. – wurde vom Europäischen Gerichtshof für Menschenrechte, NJW 1979, 2449 f. durch Urt. v. 13.6.1979 für nicht vereinbar mit Art. 8 und 14 MRK erklärt. Für Erbfälle vor dem Datum der Urteilsverkündung verbleibt es bei der alten Rechtslage, Belg. Kassationshof, Recueil annuel de Jurisprudence belge 1994, 1412, Nrn. 12 und 13, 1995, 1165, Nr. 5 sowie Europäischer Gerichtshof für Menschenrechte, Urt. v. 29.11.1991, EuGRZ 1992, 12 ff. Zur Rechtslage zwischen Verkündung der Entscheidung des Europäischen Gerichtshofs und dem Inkrafttreten der Reform des Erbrechts vgl. *Pintens*, MittRhNotK 1984, 59; *Sturm*, FamRZ 1982, 1150 ff.; *Voss*, IPRax 1986, 120 ff.; Europäischer Gerichtshof für Menschenrechte, EuGRZ 1992, 12 ff.

beide Elternteile zum Zeitpunkt des Erbfalls nicht mehr, so erben die Geschwister zu gleichen Teilen, vgl. Art. 748 ff. ZGB.

Dritte Klasse: Nicht privilegierte Aszendenten

Verstirbt der Erblasser ohne Hinterlassung von Abkömmlingen, Geschwistern oder Abkömmlingen von diesen, so wird der Nachlass gem. Art. 746 ZGB auf die Aszendenten der mütterlichen und der väterlichen Linie zu je 1/2 Anteil aufgeteilt. Zwischen diesen beiden Linien kommt es für die Feststellung des Erbrechts nicht auf den Verwandtschaftsgrad an. Innerhalb der väterlichen und der mütterlichen Linie erben jeweils die gradnächsten Aszendenten, Aszendenten gleichen Grades innerhalb einer Linie untereinander zu gleichen Teilen. Sind aufsteigende Verwandte nur in einer Linie vorhanden, so erben diese nach Maßgabe des Gradsystems zu 1/2 Anteil. Die andere Hälfte erben die Seitenverwandten der anderen Linie unter Beachtung des Gradsystems und dann untereinander zu gleichen Teilen, Art. 753 ZGB. Hinsichtlich dieses Erbteils der Seitenverwandten steht dem überlebenden Elternteil zu 1/3 Anteil ein Nießbrauchsrecht zu, Art. 754 ZGB.

Vierte Klasse: Nicht privilegierte Seitenverwandte

Die vierte Klasse wird durch die Seitenverwandten des Erblassers gebildet, die nach Maßgabe des Gradsystems und zu gleichen Teilen erben, sofern Erben der vorgehenden Erbklassen nicht vorhanden sind. Hierbei ist zu beachten, dass nur Seitenverwandte des Erblassers bis zum 4. Grad zur Erbfolge berufen sind, es sei denn, es greifen die Regelungen der Substitution (vgl. Rn 39 a.E.), Art. 755 Abs. 1 ZGB.

2. Das gesetzliche Ehegattenerbrecht

a) Umfang des Ehegattenerbrechts

Das Erbrecht des überlebenden Ehegatten wurde durch Gesetz vom 14.5.1981[73] grundlegend in der Weise reformiert, dass er neben Verwandten des Erblassers ein weit reicherendes eigenes gesetzliches Erbrecht erhält.[74] Der Umfang seines gesetzlichen Erbrechts wird durch den Güterstand,[75] in dem er mit seinem vorverstorbenen Ehepartner gelebt hat, und durch das Vorhandensein erbberechtigter Verwandter bestimmt.

41

Neben Abkömmlingen des Erblassers (Erben erster Klasse) – gleich, ob es sich um eheliche oder nichteheliche Kinder, Kinder aus früheren Ehen oder Adoptivkinder bzw. deren Abkömmlinge handelt – erbt der überlebende Ehegatte gem. Art. 745 zweitens § 1 Abs. 1 ZGB ein Nießbrauchsrecht am gesamten Nachlass, also an dem Eigengut des Verstorbenen, und, sofern die Eheleute im gesetzlichen Güterstand der Errungenschaftsgemeinschaft belgischen Rechts oder im vertraglichen Güterstand der allgemeinen Gütergemeinschaft gelebt haben, auch an seinem Anteil am Gesamtgut.

42

Neben Verwandten in der aufsteigenden Linie oder in der Seitenlinie (Erben zweiter bis vierter Klasse) erbt der überlebende Ehegatte bei entsprechendem Güterstand (gesetzlicher Güterstand der Errungenschaftsgemeinschaft bzw. vertraglicher Güterstand der allgemeinen Gütergemeinschaft) den Anteil des Verstorbenen am Gesamtgut zu Eigentum und an seinem Eigengut ein Nießbrauchsrecht, Art. 745 zweitens § 1 Abs. 2 ZGB.

43

---

73 Abgedruckt im Belgischen Staatsblatt vom 27.5.1981, S. 6908 ff.
74 Vgl. zur Rechtslage vor der Reform etwa *Hecker*, MittRhNotK 1956, 17 f.
75 Zum belgischen Ehegüterrecht vgl. *Pintens*, in: Bergmann/Ferid/Henrich, Int. Ehe- und Kindschaftsrecht, Länderteil Belgien, S. 47 ff. sowie *Hustedt*, in: Süß/Ring, Eherecht in Europa, Länderteil Belgien, S. 297 ff.

44 Hinterlässt der Erblasser **keine Erben aus den vier Erbklassen** des belgischen Rechts, so ist der überlebende Ehegatte sein Alleinerbe.

Gemäß Art. 724 ZGB nimmt der überlebende Ehegatte den Nachlass, auch soweit ihm nur ein Nießbrauchsrecht zusteht, in Besitz (**saisine**), ohne dass es einer Besitzeinweisung durch etwaige Miterben bedarf. Als Gesamtrechtsnachfolger tritt er damit unmittelbar in alle Rechte und Pflichten des Erblassers ein.[76]

45 Lebten die Eheleute im Güterstand der **Gütertrennung**, so gelten hinsichtlich des Nachlasses des Verstorbenen die vorstehenden Ausführungen zum Erbrecht am Eigengut sinngemäß. Danach erbt der Überlebende neben gesetzlichen Erben der ersten bis vierten Klasse ein Nießbrauchsrecht am gesamten Nachlass, in Ermangelung weiterer gesetzlicher Erben das volle Eigentum hieran. Dies gilt auch, wenn zwischen den Eheleuten eine **Zugewinngemeinschaft nach deutschem Recht** bestand. Die Erbquote des Überlebenden nach belgischem Recht erhöht sich nicht gem. § 1371 Abs. 1 BGB um 1/4 Anteil, da diese Bestimmung nach wohl überwiegender Ansicht in der belgischen Literatur erbrechtlich und nicht güterrechtlich qualifiziert wird,[77] und danach nicht zur Anwendung gelangt, soweit belgisches Erbrecht berufen ist, die Erbfolge zu regeln.

b) Ausgestaltung des Ehegattennießbrauchs

46 Für das **Verhältnis** zwischen dem **nießbrauchsberechtigten Ehegatten** und den **erbberechtigten Verwandten** des Erblassers als den bloßen Eigentümern gilt Folgendes:
– Auf Verlangen der Eigentümer hat der nießbrauchsberechtigte Ehegatte gem. Art. 745 drittens ZGB ein **Verzeichnis** der beweglichen Sachen, auf die sich sein Nießbrauchsrecht erstreckt, anzufertigen, Geld anzulegen und Inhaberpapiere auf einem gemeinsamen Depot zu hinterlegen oder in Namenspapiere umzuwandeln. Der Erblasser kann diese Verpflichtung durch testamentarische Bestimmung nicht ausschließen.[78]
– Vergleichbar dem deutschen Recht trägt der Nießbraucher gem. Art. 605 ff. ZGB die auf das vom Nießbrauchsrecht erfassten Vermögen entfallenden öffentlichen und privaten **Lasten** und **Unterhaltungskosten**, mit Ausnahme großer Reparaturen i.S.d. Art. 606 ZGB, und im Gegenzug gebühren ihm sämtliche Nutzungen und Erträge.
– Sowohl der Nießbrauchsberechtigte als auch die Erben erster Klasse,[79] also die Abkömmlinge[80] des Erblassers als bloße Eigentümer, können einseitig gem. Art. 745 viertens ZGB die endgültige **Auseinandersetzung** über den Nachlass in der Weise verlangen, dass das Nießbrauchsrecht gegen Zahlung einer einmaligen Abfindungssumme oder einer Rente aufgehoben oder umgekehrt in volles Eigentum umgewandelt wird. Dieses **Umsetzungsrecht** kann der Erblasser durch testamentarische Verfügung beschränken oder ausschließen, jedoch nur im Hinblick auf die verfügbare Quote (vgl. hierzu Rn 65 ff.), so dass etwaige Noterbrechte unberührt bleiben.[81]

---

76 *Pintens*, MittRhNotK 1984, 56; *Pintens*, in: Henrich/Schwab, Familienerbrecht, S. 16 f.; *Raucent*, S. 151 f.
77 Gutachten DNotI Nr. 14265, Stand 6.12.2006 m.w.H.; *Rosoux*, S. 226 unter Hinweis auf *Watté*; *Pintens*, IJVO 1992/93, S. 17 mit Hinweisen auf die abweichende Literatur im belgischen Recht, die § 1371 Abs. 1 BGB ehegüterrechtlich qualifizieren will; (offen gelassen jetzt in seiner Buchbesprechung zur Vorauflage, FamRZ 2005, 1648). So auch die überwiegende Ansicht zum insoweit verwandten französischen Recht, vgl. *Heinig*, DNotZ 2014, 255.
78 *Pintens*, in: Henrich/Schwab, Familienerbrecht, S. 17.
79 Verwandte anderer Erbklassen können die Umwandlung nicht verlangen.
80 Sofern es sich nicht um Ehebruchkinder handelt, vgl. Art. 745 viertens § 1 Abs. 2 ZGB.
81 *Pintens*, in: Henrich/Schwab, Familienerbrecht, S. 19.

3. Ehe unter gleichgeschlechtlichen Partnern, Lebenspartnerschaft (Zusammenwohnende) und faktisches Zusammenleben

Infolge der Neufassung des Art. 143 ZGB durch Gesetz vom 13.2.2003[82] ist in Belgien die **Eheschließung zwischen Gleichgeschlechtlichen** zulässig, die mit den gleichen Erbrechten verbunden ist wie die Eheschließung zwischen getrenntgeschlechtlichen Ehepartnern (siehe Rn 41 ff.).

47

Der belgische Gesetzgeber hat neben der Eheschließung gleich-, aber auch getrenntgeschlechtlichen Lebensgemeinschaften bereits durch Gesetz vom 23.11.1998[83] die Möglichkeit gegeben, die Institution eines **„gesetzlichen Zusammenwohnens"** zu wählen,[84] vgl. Art. 1475 ff. ZGB. Hierzu bedarf es einer entsprechenden schriftlichen Erklärung beider Partner, die dem Standesbeamten am gemeinsamen Wohnsitz zu übergeben ist, Art. 1476 § 1 ZGB. Ein gesetzliches Erbrecht war hiermit für Erbfälle bis zum 18.5.2007 nicht verbunden.[85] Für Erbfälle ab dem 18.5.2007 erhält der „gesetzlich Zusammenwohnende" durch den neu eingeführten Art. 745 octies ZGB[86] nunmehr ein eingeschränktes gesetzliches Erbrecht in Form eines Nießbrauchs- bzw. Mietrechts an der mit dem Verstorbenen zuletzt gemeinsam bewohnten Immobilie sowie ein Nießbrauchsrecht an dem Hausrat, sofern es sich bei ihm nicht gleichzeitig um einen Abkömmling des Verstorbenen handelt.

48

Die gesetzliche Vermutung in Art. 1478 Abs. 2 ZGB dahingehend, dass beide Lebenspartner Gesamthandseigentümer aller Güter sind, die nicht nachweislich einem von ihnen ausschließlich alleine gehören, kann darüber hinaus den Nachlass zum Nachteil der Erben reduzieren.[87] Hierbei ist jedoch zu beachten, dass dieses ungeteilte Gesamthandsvermögen dann gegenüber pflichtteilsberechtigten Erben als Schenkung gilt, wenn der überlebende „gesetzlich Zusammenwohnende" gesetzlicher Erbe[88] des Verstorbenen geworden ist und das Gegenteil nicht bewiesen werden kann, Art. 1478 Abs. 3 ZGB. Liegen diese Voraussetzungen vor, müssen diese Vermögenswerte dem Nachlass bei der Berechnung des verfügbaren Teils hinzugerechnet werden (zu den Rechtsfolgen vgl. Rn 85).

49

Rein tatsächliches Zusammenleben begründet keinerlei gesetzlichen Erbrechte.[89]

---

82 Veröffentlicht im Belgischen Staatsblatt vom 28.2.2003, in Kraft getreten am 1.6.2003.
83 Veröffentlicht im Belgischen Staatsblatt vom 12.1.1999, in Kraft getreten am 1.1.2000.
84 Vgl. hierzu *Pintens*, in: Henrich/Schwab, Familienerbrecht, S. 22 f.; *Becker*, MittRhNotK 2000, 155 ff. sowie *Schür*, in: Ring/Süß, Eherecht in Europa, Länderbericht Belgien, Rn 151 ff.
85 Zu den erbschaftsteuerrechtlichen Sonderregelungen vgl. Rn 165, 187 f., 200 f.
86 Veröffentlicht im Belgischen Staatsblatt vom 8.5.2007, S. 24928.
87 Vgl. *Becker*, MittRhNotK 2000, 158.
88 So die wohl h.M., kritisch hierzu *Pintens*, in: Gottwald/Henrich/Schwab, S. 301. Der „gesetzlich Zusammenwohnende" ist etwa dann auch gesetzlicher Erbe, wenn diese Rechtsform des „gesetzlichen Zusammenwohnens" zwischen einem Elternteil und seinem Kind gewählt wird.
89 *Pintens*, in: Gottwald/Henrich/Schwab, S. 302.

III. Gewillkürte Erbfolge

1. Testamentsformen

50 Als ordentliche **Testamentsformen**[90] kennt das belgische Recht das eigenhändige Testament, das in notarieller Urkunde[91] errichtete Testament und das Internationale Testament nach dem Washingtoner Übereinkommen vom 26.10.1973.[92]

Im Unterschied zum deutschen Recht muss ein **eigenhändiges** Testament nicht nur eigenhändig geschrieben und unterschrieben, sondern auch datiert sein, um Wirksamkeit zu erlangen, Art. 970 ZGB. **Gemeinschaftliche Testamente** und **Erbverträge** sind verboten und unwirksam,[93] vgl. Art. 943, 1130 Abs. 2 ZGB bzw. Art. 968 ZGB i.V.m. Art. 895, 1001, 1097 ZGB.

2. Allgemeine Wirksamkeitsvoraussetzungen eines Testaments

51 **Testierfähigkeit** nach belgischem Recht erfordert volle Geschäftsfähigkeit; Minderjährige, also Personen, die das 18. Lebensjahr noch nicht vollendet haben,[94] sind in ihrer Testierfähigkeit beschränkt, vgl. Art. 901 ff. ZGB. So können Minderjährige, die das 16. Lebensjahr noch nicht vollendet haben, kein Testament errichten. Ab dem 16. Lebensjahr können sie über die Hälfte der verfügbaren Quote ihres Vermögens verfügen, Art. 904 ZGB i.V.m. Art. 913 ff. ZGB.

52 Die testamentarische Verfügung muss inhaltlich hinreichend bestimmt sein. Ein Verstoß gegen Gesetze oder die guten Sitten führt zu ihrer Unwirksamkeit, Art. 900 ZGB. Beschränkungen im Hinblick auf die **Fähigkeit, durch testamentarische Erbfolge zu erwerben**, bestehen im Hinblick auf den Vormund des Erblassers, seine Ärzte, Apotheker, kirchliche Amtsträger sowie Alten- und Pflegeheimpersonal, vgl. Art. 907, 909 sowie 911 ZGB.

53 Verstirbt der Bedachte vor dem Erbfall, so ist die Verfügung von Todes wegen insoweit unwirksam. **Substitution bzw. Erbvertretung** (vgl. Rn 39) findet kraft Gesetzes bei gewillkürter Erbfolge nicht statt.

3. Erbeinsetzung und Vermächtnisse

a) Erb- oder Universalvermächtnis

54 Das belgische Recht kennt das **Erb- oder Universalvermächtnis** (*legs universel*), mit dem der Erblasser – vergleichbar der Erbeinsetzung nach deutschem Recht – über sein gesamtes Vermögen zugunsten einer oder mehrerer Personen gemeinschaftlich verfügt, Art. 1002–1009 ZGB. Im Erbfall geht das gesamte Vermögen des Erblassers im Wege der **Gesamt-**

---

[90] Zu den Nottestamenten vgl. Art. 981 ff. ZGB.
[91] Beurkundete Testamente werden dem Zentralregister für Testamente und letztwillige Verfügungen in Brüssel (CREDOC ASBL, Rue de la Montagne 30–32, 1000 Brüssel) mitgeteilt. Anfragen an dieses Zentralregister kann jedermann ohne Nachweis eines besonderen Interesses gegen Vorlage der Sterbeurkunde richten. Auch ausländische Notare, die eine letztwillige Verfügung eines Belgiers beurkunden, können diese bei dem Zentralregister registrieren lassen.
[92] Abgedruckt in Staudinger/*Dörner*, Vorbem. zu Art. 25 f. EGBGB Rn 147.
[93] Vgl. auch *Süß*, IPRax 2002, 22, 25.
[94] Vgl. Art. 388 und 488 ZGB, geändert durch Gesetz vom 19.1.1990, durch das die Erlangung der Volljährigkeit von 21 auf 18 Jahre herabgesetzt wurde.

rechtsnachfolge automatisch auf den oder die Bedachten über, einschließlich vorhandener Verbindlichkeiten, Art. 1009 ZGB.

Es bedarf jedoch in zwei Fällen noch einer Aushändigung des Nachlasses bzw. Besitzeinweisung („**saisine**"), damit dieser Rechtsübergang auch nach außen geltend gemacht werden kann:[95]

Erstens: Sind noterbberechtigte Personen vorhanden, muss der Universalvermächtnisnehmer gem. Art. 1004 ZGB diesen gegenüber die Herausgabe bzw. Freigabe des Nachlasses verlangen, die ausdrücklich, aber auch konkludent erfolgen kann.[96] Mit Geltendmachung dieses Herausgabe- bzw. Freigabeverlangens steht dem Universalvermächtnisnehmer auch die Nutznießung am Nachlass zu, und zwar rückwirkend auf den Todestag des Erblassers, wenn der Vermächtnisnehmer die Aushändigung des Vermächtnisses binnen Jahresfrist verlangt hat, anderenfalls ab dem Tage der Aushändigung bzw. Klageerhebung, Art. 1005 ZGB.

55

Zweitens: Sind keine noterbberechtigten Erben vorhanden, hat eine gerichtliche Besitzeinweisung (vgl. Rn 125) immer dann zu erfolgen, wenn der Universalvermächtnisnehmer in einem eigenhändigen oder Internationalen Testament (vgl. Rn 50) bedacht worden ist, Art. 1008 ZGB. Örtlich zuständig ist das erstinstanzliche Gericht am letzten Wohnsitz des Verstorbenen, Art. 110 ZGB i.V.m. Art. 1185 GGB.

56

b) Erbteilsvermächtnis

Weiter kann der Erblasser durch ein **Erbteilsvermächtnis** i.S.d. Art. 1002, 1010 ff. ZGB (*legs à titre universel*) dem Begünstigten eine bestimmte Quote des Nachlasses vermachen, die dann im Erbfall unmittelbar auf ihn übergeht. Er muss jedoch sein Recht gegenüber Noterben, sind solche nicht vorhanden, gegenüber Universalvermächtnisnehmern und ansonsten gegenüber den gesetzlichen Erben geltend machen und die Herausgabe bzw. Freigabe des vermachten Anteils verlangen, Art. 1011 ZGB. Der Erbteilsvermächtnisnehmer haftet anteilsmäßig entsprechend seiner Quote für Nachlassverbindlichkeiten, Art. 871, 1012 ZGB.

57

c) Erbstückvermächtnis

Schließlich kennt das belgische Recht das **Erbstückvermächtnis** (*legs particulier*), das sich vergleichbar dem Vermächtnis nach deutschem Recht auf einzelne Nachlassgegenstände bezieht. Für Nachlassverbindlichkeiten haftet der Erbstückvermächtnisnehmer nicht, er muss jedoch – soweit ihm vermachter Grundbesitz mit einer Hypothek belastet ist – die hieraus folgenden Rechte des Gläubigers gegen sich gelten lassen, Art. 871, 1024 ZGB.

58

d) Nießbrauchsrecht

Eine häufig anzutreffende Form des Vermächtnisses beinhaltet ein **Nießbrauchsrecht** entweder am gesamten Nachlass (Universalnießbrauch), an einem Anteil (Teiluniversal- bzw. Quotennießbrauch) oder an einem einzelnen Gegenstand des Nachlasses.

59

Ganz allgemein gilt für Vermächtnisse – gleich welcher Art – dass **Ersatzvermächtnisnehmer** bestimmt werden können, Art. 898 ZGB. Wurde ein Vermächtnis zugunsten mehrerer Vermächtnisnehmer ausgesetzt und fällt eine der bedachten Personen etwa durch Vorver-

60

---

[95] *Sace*, Répertoire Notarial, Bd. III Buch VIII, Dritter Teil, S. 229.
[96] *Sace*, Répertoire Notarial, Bd. III Buch VIII, Dritter Teil, S. 232.

sterben ohne Bestimmung von Ersatzvermächtnisnehmern weg, so wächst sein Anteil den verbleibenden Vermächtnisnehmern an, Art. 1044 ZGB.

4. Beschränkende und beschwerende Anordnungen des Erblassers

a) Teilungsanordnung

61 Der Erblasser kann eine **Teilungsanordnung** (eine sogenannte Aszendententeilung, *partage d'ascendants*) treffen, jedoch nur, soweit sie sämtliche seiner Kinder als Erben bzw. Vermächtnisnehmer erfasst, Art. 1075, 1078 ZGB.

b) Testamentsvollstreckung

62 Auch die Anordnung der **Testamentsvollstreckung** ist zulässig (*exécuteur testamentaire*), und zwar entweder zur Überwachung testamentarischer Anordnungen oder zu deren Ausführung. Soweit hierzu erforderlich, kann dem Testamentsvollstrecker zu diesem Zwecke testamentarisch auch das Verfügungsrecht über den Nachlass eingeräumt werden (Testamentsvollstrecker mit „*saisine*"), allerdings nur in Bezug auf bewegliche Nachlassgegenstände und zeitlich beschränkt auf ein Jahr und einen Tag, gerechnet vom Todestag an, Art. 1026 ZGB. Durch die Anordnung der Testamentsvollstreckung mit „*saisine*" ist jedoch die Verfügungsmacht des Erben bzw. Vermächtnisnehmers nicht berührt.[97] Soweit dem Testamentsvollstrecker ein Verfügungsrecht über die beweglichen Nachlassgegenstände nicht eingeräumt wurde, ist seine Funktion begrenzt auf die Überwachung der Nachlassabwicklung und die Vornahme bestimmter Sicherungsmaßnahmen, wie etwa die Versiegelung des Nachlasses oder Veranlassung der Aufnahme eines Nachlassinventars, vgl. Art. 1031 ZGB.

c) Vor- und Nacherbschaft

63 Die Anordnung einer **Vor- und Nacherbschaft** ist wie die des **Vor- und Nachvermächtnisses** grundsätzlich verboten, Art. 896 ZGB, wenn damit die Verpflichtung zur Erhaltung der Erbmasse für den Nacherben bzw. Nachvermächtnisnehmer verbunden ist. Die Einsetzung eines Nacherben bzw. Nachvermächtnisnehmers ist hiernach möglich, soweit sich die Bindung des Begünstigten darauf beschränkt, dass er über den vermachten Nachlass **nicht unentgeltlich unter Lebenden oder von Todes wegen** anderweitig verfügen darf – Residualvermächtnis/*legs de residuo*.[98] Ein Residualvermächtnis könnte wie folgt lauten:[99]

Formulierungsbeispiel: „Meine Ehegattin bezeichne ich – für den Fall, dass sie mich überleben sollte – als meine Alleinerbin: sie soll infolgedessen meinen gesamten Nachlass erben.

Sollte meine Ehegattin vor mir verstorben sein, so vermache ich hiermit meinen gesamten Nachlass den folgenden Personen zu gleichen Teilen, und zwar:

(...)

Wenn meine Ehegattin die Überlebende ist und meinen gesamten Nachlass erhält, sollen bei ihrem Ableben die Güter, die sie von mir geerbt hat und noch in ihrem Besitz sind, an die vorgenannten Personen zu gleichen Teilen übergehen.

---

97 *Sace*, Répertoire Notarial, Bd. III Buch VIII, Dritter Teil, S. 255 f., Abschnitt 277.
98 Vgl. *Bartsch*, S. 85 f.
99 Formulierungsvorschlag des Notars Gido Schür.

Durch dieses Residualvermächtnis soll meine Ehefrau keinesfalls daran gehindert sein, die betroffenen Güter zu Lebzeiten entgeltlich oder unentgeltlich zu veräußern oder zu belasten."

Im Rahmen der verfügbaren Quote (siehe Rn 65 ff.) können darüber hinaus Eltern ihre Kinder bzw. kinderlose Erblasser ihre Geschwister mit der Verpflichtung zur Erhaltung des Nachlasses und der Maßgabe einsetzen, dass Nacherben bzw. Nachvermächtnisnehmer deren Kinder sind, und zwar alle und zu gleichen Teilen, Art. 897 ZGB i.V.m. Art. 1048 ff. ZGB. Eine solche Verfügung zugunsten des Kindes des Erblassers könnte wie folgt lauten:[100]

Formulierungsbeispiel: „Meinen gesamten Nachlass vermache ich meinem Sohn mit der Auflage, den verfügbaren Anteil meiner Nachlassgüter zu bewahren und seinen Kindern, die bereits geboren sind und noch in Zukunft geboren werden, zu gleichen Teilen zu überlassen. Dies gilt jedoch nur zugunsten der Abkömmlinge im ersten Grad."

Darüber hinaus lassen sich die Wirkungen der Vor- und Nacherbfolge bzw. eines entsprechenden Vermächtnisses zumeist auch durch die Zuwendung eines Nießbrauchsvermächtnisses erreichen.

64

5. Das Noterbrecht

Das belgische Recht begrenzt die Befugnis, Verfügungen von Todes wegen zu errichten (und lebzeitige unentgeltliche Verfügungen vorzunehmen; siehe dazu Rn 85), durch das Noterbrecht der Vorbehalts- bzw. Pflichtteilserben.[101] Zu diesem Personenkreis zählen die Abkömmlinge, Aszendenten und der Ehegatte des Erblassers, Art. 913 ff. ZGB. Nur wenn solche Personen nicht vorhanden sind, kann der Erblasser frei über sein gesamtes Vermögen verfügen, Art. 916 ZGB, ansonsten nur über den Teil des Nachlasses, der nicht mit Noterbrechten belegt ist. Eine Überschreitung dieser Quote in einer Verfügung von Todes[102] wegen führt nicht zu ihrer Unwirksamkeit. Die Noterben sind vielmehr berechtigt, die Herabsetzung der Zuwendung (*réduction*) insoweit zu verlangen, dass ihr Noterbrecht gewahrt bleibt, Art. 920 ff. ZGB. Auf dieses Herabsetzungsrecht können die Noterben verzichten, jedoch grundsätzlich[103] nicht vor, sondern erst nach dem Tode des Erblassers.[104]

65

Die Höhe des Noterbrechts der **Abkömmlinge** am Nachlass hängt von ihrer Anzahl ab:

66

Es erfasst den halben Nachlass bei einem Kind, $2/3$ bei zwei Kindern und $3/4$ bei drei und mehr Kindern, so dass die frei verfügbare Quote des Erblassers in diesen Fällen $1/2$, $1/3$ bzw. $1/4$ beträgt.[105]

Hinterlässt der Erblasser neben Abkömmlingen einen Ehegatten, so kann er diesem die unter Berücksichtigung der Anzahl der Kinder vorhandene freie Quote des Nachlasses zu vollem Eigentum vermachen und darüber hinaus ein Nießbrauchsrecht an der Quote des Nachlasses, die dem Noterbrecht der Kinder unterliegt, vgl. Art. 1094 Abs. 1 ZGB.

67

Umgekehrt hat der **Ehegatte** ein Noterbrecht in Form eines Nießbrauchsrechts am halben Nachlass des Verstorbenen, das sich verhältnismäßig verteilt auf die freie Quote am Nachlass

68

---

100 Formulierungsvorschlag des Notars a. D. *Bernard Sproten*.
101 Zu der möglichen Reduzierung von Noterbrechten durch ehevertragliche Regelungen vgl. Rn 82.
102 Zur Überschreitung der verfügbaren Quote durch Schenkungen vgl. Rn 85.
103 Zur begrenzten Möglichkeit des Verzichts in Eheverträgen vgl. Rn 73, 77.
104 *Bartsch*, S. 81.
105 Vgl. auch *Süß*, in: Mayer/Süß u.a., Handbuch Pflichtteilsrecht, S. 1020.

und den Teil, der dem Noterbrecht der Abkömmlinge vorbehalten ist, Art. 915 zweitens § 4 ZGB.

Beispiel: Hinterlässt der Erblasser neben dem Ehegatten zwei Kinder, so betragen deren Noterbrechte $2/3$ Anteil am Nachlass, so dass sich das Nießbrauchsrecht des Ehegatten anteilig, d.h. zu $1/3$ auf den dem Noterbrecht unterliegenden Teil und zu $1/6$ auf die freie Quote des Erblassers bezieht. Das Noterbrecht des überlebenden Ehegatten reduziert damit nicht die freie Quote des Erblassers, es ändert diese inhaltlich nur in der Weise, dass die freie Quote teilweise mit einem Nießbrauchsrecht belegt wird. In unserem Beispielsfall besteht die freie Quote des Erblassers zu $1/6$ aus unbelastetem und zu $1/6$ aus mit Nießbrauch belastetem Eigentum.[106]

69 Statt des Nießbrauchsrechts am halben Nachlass kann der Ehegatte den Nießbrauch an der ehelichen Wohnung und an dem Hausrat (Präferenzgüter) verlangen, und zwar unter Anrechnung auf die abstrakte Nießbrauchsquote, ohne aber hierdurch begrenzt zu werden. Hieraus folgt, dass durch diesen Anspruch das Vermögen, welches dem Nießbrauchsrecht unterliegt, die Quote von 1/2 Anteil am Nachlass übersteigen kann.[107]

70 Die **Aszendenten** des Erblassers haben nur dann ein Noterbrecht, wenn er keine Kinder oder andere Abkömmlinge hinterlässt und sie durch testamentarische Verfügung von ihrem gesetzlichen Erbrecht ausgeschlossen wurden. Ist dies der Fall, so ist die Quote des Noterbrechts abhängig von der Anzahl der Aszendenten. Sind Aszendenten in der väterlichen und der mütterlichen Linie vorhanden, so beträgt die Quote der Noterbrechte insgesamt $1/2$ Anteil am Nachlass; sind nur in der einen oder anderen Linie Aszendenten vorhanden, beträgt die Quote $1/4$ Anteil, Art. 915 Abs. 1 ZGB. Dabei ist zu beachten, dass dieses Noterbrecht der Aszendenten nicht gegenüber dem überlebenden Ehegatten und nicht gegenüber „gesetzlich Zusammenwohnenden", sondern nur gegenüber Dritten besteht. Zu Gunsten des überlebenden Ehegatten bzw. „gesetzlich Zusammenwohnenden" kann also unbeschränkt verfügt werden, Art. 915 Abs. 2 ZGB, Art. 1094 Abs. 2 ZGB. Bei Bedürftigkeit der Aszendenten kann darüber hinaus ein Unterhaltsanspruch gem. Art. 205 zweitens § 2–5 ZGB gegeben sein.

6. Der Widerruf testamentarischer Verfügungen

71 Eine Verfügung von Todes wegen kann sowohl durch neues Testament und durch Widerruf in notarieller Urkunde als auch durch lebzeitige Verfügung über den vermachten Gegenstand (im Falle des Erbstückvermächtnisses, *legs particulier*) widerrufen werden, Art. 1035–1038 ZGB.

IV. Ausschluss von der Erbfolge

1. Erbunwürdigkeit

72 Die Verurteilung wegen vollendeter oder versuchter Tötung des Erblassers sowie sonstige schwere Verfehlungen ihm gegenüber zogen gem. Art. 727 ff. ZGB a.F. in den bis zum 20.1.2013 eröffneten Erbfällen automatisch die Erbunwürdigkeit des Täters nach sich, selbst wenn der Erblasser diese Rechtsfolge nicht wünschte. Ein abweichender Wille des Erblassers

---

106 Weitere Beispiele bei *Süß*, in: Mayer/Süß u.a., Handbuch Pflichtteilsrecht, S. 1020 f. sowie *Raucent*, S. 61.
107 *Hustedt*, Belgien Grdz. Rn 169, in: Ferid/Firsching; *Delnoy*, Les libéralités et les succession, S. 282; *Wilfurth*, S. 71.

hob die Erbunwürdigkeit generell nicht auf. In diesem Zusammenhang wurde diskutiert, ob hiernach nur erbunwürdig ist, wer durch ein Strafgericht wegen des Tötungsdeliktes verurteilt wurde oder auch derjenige, der die Tat im Zustand der Schuldunfähigkeit begangen hat und aus diesem Grunde nicht strafrechtlich zur Verantwortung gezogen werden konnte, aber aufgrund der Tat durch richterlichen Beschluss in eine geschlossene Anstalt eingewiesen wurde.[108] Art. 727 § 1 Nr. 1 und 3 setzen in der aktuellen Fassung nun eine strafrechtliche Verurteilung voraus wegen eines der dort genannten schweren Delikte gegen den Verstorbenen bzw. gem. Nr. 2 ein Tötungsdelikt gegen den Verstorbenen, für das der Täter nur deshalb nicht verurteilt werden konnte, weil er zwischenzeitlich seinerseits verstorben ist. Nach Art. 728 in der seit dem 21.1.2013 geltenden Fassung lässt eine in der Form eines Testaments abgefasste Vergebung des Erblassers die Erbwürdigkeit des Täters wegen einer der in Art. 727 § 1 Nr. 3 begangenen Tat entfallen.[109] Testamentarische Verfügungen können wegen Straftaten gegen den Erblasser oder Unterhaltsverletzungen gem. Art. 1046 f. i.V.m. Art. 955 ZGB angefochten werden.[110]

2. Entziehung des Erb- oder Noterbrechts

Im Rahmen einer einvernehmlichen Scheidung bzw. Trennung von Tisch und Bett haben die **Eheleute** gem. Art. 1287 Abs. 2 GGB vertragliche Regelungen u.a. auch über ihre wechselseitigen Erb- und Noterbrechte zu treffen, etwa in Form einer Entziehung dieser Rechte.[111]

73

Einen einseitigen Ausschluss der Noterbrechte seines Ehepartners kann der Erblasser testamentarisch gem. Art. 915 zweitens § 3 ZGB nur verfügen, wenn die Eheleute länger als sechs Monate getrennt leben, der Erblasser einen von dem Ehepartner getrennten Aufenthaltsort gerichtlich beantragt hat und beide anschließend nicht wieder zusammengelebt haben. Bei Bedürftigkeit kann jedoch ein Unterhaltsanspruch gem. Art. 205 zweitens § 1 ZGB gegen den Nachlass gegeben sein.

74

Das Noterbrecht des überlebenden Ehegatten in Form des Nießbrauchsrechts an der ehelichen Wohnung und dem Hausrat kann ihm durch die Abkömmlinge des Erblassers entzogen werden, wenn die Eheleute faktisch getrennt gelebt haben, der Überlebende freiwillig aus der ehelichen Wohnung ausgezogen ist und die Beibehaltung dieses konkreten Noterbrechts nicht dem Billigkeitsgrundsatz entspricht, Art. 915 zweitens § 2 Abs. 2 ZGB.[112]

75

Darüber hinaus kann auf Antrag der Abkömmlinge gem. Art. 745 siebtens ZGB der Überlebende von seinem Erbrecht nach dem verstorbenen Ehegatten ganz oder teilweise **gerichtlich** ausgeschlossen werden,[113] wenn er die elterliche Sorge über gemeinsame Kinder ganz oder teilweise verloren hat.[114]

76

---

108 Vgl. *Delnoy*, Chroniques notariales, S. 108 f. m.w.N.
109 *Delnoy*, Les libéralités et les succession, S. 151 f.
110 Vgl. *Delnoy*, Les libéralités et les successions, S. 153.
111 Vgl. *Pintens*, MittRhNotK 1984, 59; *Süß*, in: Mayer/Süß u.a., Handbuch Pflichtteilsrecht, S. 1020.
112 Vgl. auch *Pintens*, MittRhNotK 1984, 58.
113 Vgl. hierzu *Pintens*, in: Henrich/Schwab, Familienerbrecht, S. 28 f.
114 Vgl. Art. 32, 33 Jugendschutzgesetz vom 8.4.1965 i.d.F. des Änderungsgesetzes vom 6.1.2003, Belgisches Staatsblatt vom 20.2.2003, S. 8409.

3. Erbverzicht und Ausschlagung

77 Ein **Verzicht** auf die Erbschaft nach einer noch lebenden Person durch Rechtsgeschäft ist nach belgischem Recht nicht zulässig, Art. 791, 1130 Abs. 2 ZGB. Dies gilt grundsätzlich[115] auch für den Verzicht auf das Noterbrecht. Hierzu gibt es seit der Änderung des belgischen Zivilgesetzbuches vom 22.4.2003 folgende **Ausnahme:** Sofern Stiefkinder vorhanden sind, können die Ehegatten ehevertragliche Regelungen über ihre künftigen gesetzlichen Rechte am Nachlass des anderen treffen, bis hin zum Verzicht, der jedoch nicht den Nießbrauch an der Immobilie erfassen darf, in dem die Familie ihren Hauptwohnsitz hat, Art. 1388 Abs. 2 ZGB.

78 Nach dem Erbfall steht dem Erben ein Wahlrecht im Hinblick auf die Entscheidung darüber zu, ob er die Erbschaft bzw. das Vermächtnis annehmen (siehe Rn 32) oder ausschlagen will.

Durch die **Ausschlagung** können bei Erbfällen seit dem 21.1.2013 bei gesetzlicher Erbfolge die Abkömmlinge des Ausschlagenden in seine Erbenstellung einrücken (zu den Einzelheiten vgl. Rn 39). Erbvertretung bzw. Substitution findet insoweit nach heute geltendem belgischen Erbrecht statt, vgl. Art. 786 ZGB.

V. Wege der Nachlassregelung außerhalb des Erbrechts

1. Ehevertragliche Nachlassregelungen

79 Häufig enthalten in Belgien Eheverträge auch nachlassregelnde Vereinbarungen (vgl. hierzu Rn 81 ff. sowie die Hinweise zu nachlassregelnden Vereinbarungen i.S.d. Art. 1388 ZGB in Rn 77). **Eheverträge** bedürfen nach belgischem Recht stets der notariellen Beurkundung und – damit die getroffenen Vereinbarungen Dritten entgegengehalten werden können – auch einer Eintragung auf der Heiratsurkunde und, sofern Kaufleute beteiligt sind, darüber hinaus auch der Hinterlegung bei der Kanzlei des zuständigen Handelsgerichts. Weitere formelle Verfahrensvorschriften für Eheverträge sieht das belgische Recht für solche vor, die erst **nach Eheschließung** vereinbart werden:[116] Hier ist zwar – auch sofern der Ehevertrag eine Abwicklung des bisherigen Güterstands erfordert oder eine sofortige Veränderung der Zusammensetzung der bisherigen Vermögensmassen nach sich zieht – eine gerichtliche Genehmigung der **Güterstandsänderung** seit der Rechtsänderung durch Gesetz vom 18.7.2008[117] nicht mehr erforderlich. Die Güterstandsänderung ist jedoch zusätzlich im Staatsblatt zu veröffentlichen und seit dem 1.9.2011 im Zentralen Register für Eheverträge (C.R.H.)[118] einzutragen und bei erbrechtlicher Auswirkung auch im Zentralen Register der Testamente (C.R.T.).[119]

80 Den **gesetzlichen Güterstand** in Belgien kann man als Errungenschaftsgemeinschaft mit Gesamthandsvermutung beschreiben. Er sieht drei Vermögensmassen vor: das Eigengut des Ehemannes, das Eigengut der Ehefrau und als gemeinschaftliches Vermögen beider das Gesamtgut.[120] Ehevertraglicher Spielraum zur Nachlassgestaltung ergibt sich hier insoweit,

---

115 Eine Einschränkung ergibt sich hier auch aus Art. 918 S. 2 ZGB. Vgl. hierzu Rn 85 a.E. sowie *Süß*, in: Mayer/Süß u.a., Handbuch Pflichtteilsrecht, S. 1021.
116 Zum Verfahren vgl. i.E. *Hustedt*, in: Süß/Ring, Eherecht in Europa, Länderbericht Belgien, Rn 54 ff.
117 Belg. Staatsblatt vom 14.8.2008, S. 43560.
118 Fédération Royale du Notariat Belge asbl, Rue de la Montagne 30–32, 1000 Brüssel, crh@fednot.be.
119 Fédération Royale du Notariat Belge asbl, Rue de la Montagne 30–32, 1000 Brüssel, crt@fednot.be.
120 Ausführlich hierzu *Hustedt*, in: Süß/Ring, Eherecht in Europa, Länderbericht Belgien, Rn 50 ff.

als für den Fall des Todes eines Ehegatten dem Überlebenden das Recht zur **Übernahme des gesamten Gemeinschaftsvermögens** oder zumindest eines über die Hälfte hinausgehenden Anteils hieran oder bestimmter Vermögensgüter aus dem Gemeinschaftsvermögen (*préciput*) eingeräumt werden kann.

Die ehevertragliche Vereinbarung zur vollständigen Übernahme des Gesamtguts könnte folgendermaßen lauten:[121] 81

Formulierungsbeispiel: „(1) Für den Fall der Auflösung des Güterstandes durch den Tod eines der Ehepartner, und nur für diesen Fall, legen die Ehepartner fest, dass das Gemeinschaftsvermögen dem überlebenden Ehepartner rückwirkend zum Todestag gehört und zugeteilt wird, wobei es diesem Ehepartner überlassen bleibt, sich zu entscheiden[122]
- entweder für das volle Eigentumsrecht an der Gesamtheit des Gemeinschaftsvermögens
- oder für eine Hälfte Eigentumsrecht und das Nutznießungsrecht in Bezug auf die andere Hälfte.

Der überlebende Ehepartner kann auch entscheiden, dass er seine Ansprüche auf die Gesamtheit in vollem Eigentumsrecht nur auf bestimmte Güter geltend macht und dass er für andere Güter nur die Hälfte des vollen Eigentumsrechts und die Hälfte des Nutznießungsrechts erhalten möchte.

Der überlebende Ehepartner wird verpflichtet, innerhalb von vier Monaten nach dem Todestage des Vorverstorbenen seine Wahl in einer notariellen Urkunde zu äußern. Wenn er sich nicht innerhalb dieser Frist entschieden hat, wird er keine Wahl mehr treffen können und das gesamte gemeinschaftliche Vermögen wird ihm von Rechts wegen zur Hälfte in vollem Eigentum und zur Hälfte in Nutznießung zugeteilt.[123] Der überlebende Ehepartner wird in den Genuss obiger Verfügung, die in Ausführung des Art. 1461 ZG getroffen wird, kommen, unabhängig vom Vorhandensein oder Nichtvorhandensein von Nachkommen in direkter Linie.

(2) Obige Verfügungen gelten nur unter der Voraussetzung, dass
- die Ehegatten am Todestage des Erstversterbenden nicht von Tisch und Bett oder faktisch getrennt sind;
- die Ehegatten nicht gleichzeitig oder infolge des gleichen Ereignisses versterben;
- der überlebende Ehegatte die Eigenschaften eines Erbberechtigten in Bezug auf den Nachlass des Erstverstorbenen geltend machen kann."

Eine solche Vereinbarung ist auch im Verhältnis zu den Abkömmlingen des Erblassers grundsätzlich nicht als Schenkung anzusehen, sondern als reine ehevertragliche Bestimmung. Noterbrechte sind insoweit nicht betroffen. Die Abkömmlinge können daher keine Herabsetzung verlangen (vgl. Rn 65), es sei denn, es handelt sich um solche Abkömmlinge, die ausschließlich vom Erblasser und nicht auch von seinem Ehepartner abstammen. Ihnen gegenüber wäre eine solche ehevertragliche Vereinbarung unwirksam, soweit sie über die verfügbare Quote des Erblassers hinausgeht und nicht die hälftige Teilung der ehelichen Ersparnisse darstellt, Art. 1465 ZGB. 82

Die Wirkungen der im vorhergehenden Absatz dargestellten ungleichen Verteilung des gemeinschaftlichen Vermögens beim Versterben eines Ehegatten können durch ehevertragliche Vereinbarung der **allgemeinen Gütergemeinschaft** noch verstärkt werden. Hierdurch 83

---

121 Formulierungsvorschlag des Notars Gido Schür.
122 Dieses Wahlrecht gibt dem überlebenden Ehegatten die Möglichkeit, die für ihn im Hinblick auf das belgische Erbschaftsteuerrecht günstigste Gestaltung zu wählen.
123 Gemäß den gesetzlichen Bestimmungen.

werden mit Ausnahme des ganz persönlichen Vermögens[124] alle gegenwärtigen und künftigen Güter und Verbindlichkeiten beider Ehegatten gemeinschaftliches Vermögen. Im Falle des Tode eines Ehegatten führt die ehevertragliche Vereinbarung der vollständigen Übernahme des Gesamtgutes durch den Überlebenden dann praktisch zur weitgehenden Ausschaltung der Noterbrechte. Nur im Hinblick auf eine ungleiche Teilung von Vermögensgegenständen, die im gesetzlichen Güterstand zum Eigengut eines Ehegatten gehören würden, oder gegenüber Abkömmlingen, die vom Erblasser aber nicht vom überlebenden Ehepartner abstammen, bleibt es bei den Beschränkungen durch Noterbrechte.

2. Tontine

84   Im Rahmen der Vereinbarung einer „*tontine*" erwerben zwei oder mehr Personen einen Vermögensgegenstand, i.d.R. eine Immobilie, aber z.B. auch einen Gesellschaftsanteil, gemeinschaftlich, mit der Maßgabe, dass der Anteil des Zuerstversterbenden dem oder den übrigen Beteiligten mit seinem Tode zufällt.[125] Hierbei handelt es sich grundsätzlich nicht um ein unentgeltliches, sondern um ein aleatorisches Rechtsgeschäft. Das Entgelt besteht hier zwar nicht in Form eines Kaufpreises, wohl aber in der wechselseitigen Gewährung eines Erwerbsrechts für den Fall des Überlebens. Noterbrechte können hiernach nur betroffen sein, wenn die wechselseitigen Erwerbschancen nicht gleich hoch sind, etwa durch unterschiedliches Alter der Beteiligten, und dieser Unterschied beim Erwerb des gemeinsamen Vermögensgegenstandes nicht durch eine entsprechende Vereinbarung, z.B. eine unterschiedliche Verteilung der Verpflichtung zur Zahlung des Kaufpreises, ausgeglichen ist.[126]

3. Schenkungen

a) Allgemeines

85   Lebzeitige Schenkungen des Erblassers, die die verfügbare Quote übersteigen, sind nicht automatisch unwirksam. Die Noterben haben jedoch das Recht, die Herabsetzung und ggf. Herausgabe insoweit zu verlangen, dass ihr Noterbrecht gewahrt bleibt. Von dieser Herabsetzung sind die getätigten Schenkungen in zeitlicher Reihenfolge, beginnend mit der jüngsten Verfügung, in dem Maße betroffen, bis die verfügbare Quote wieder erreicht ist, vgl. Art. 923 ZGB. Dabei sind die lebzeitigen Schenkungen dem Nachlass zur Berechnung der Noterbquote **ohne zeitliche Beschränkung** hinzuzurechnen. Die Rechte der Noterben sind beschränkt, soweit sie einer Schenkung an eine in gerader Linie zur Erbschaft berufenen Person zugestimmt haben, vgl. Art. 918 S. 2 ZGB. Vorstehendes gilt entsprechend für Lebensversicherungen, wenn und soweit sie nach dem Vertragsinhalt nicht einen Risikoschutz, sondern eine Form der Vermögensbildung zugunsten des Begünstigten darstellen.[127]

b) Die „institution contractuelle"

86   Die gebräuchlichste Form einer Schenkung auf den Todesfall stellt in Belgien zwischen Eheleuten die „*institution contractuelle*" oder „*contractuelle erfstelling*" (vertragliche Erb-

---

124 Eine Aufzählung des ganz persönlichen Vermögens enthält Art. 1401 ZGB.
125 Hierzu und zu den erb- und registersteuerlichen Folgen vgl. Rn 220 sowie *Grote*, S. 33 f. und *Bartsch*, S. 31 f.
126 *Pintens*, in: Henrich/Schwab, Familienerbrecht, S. 24; *ders.*, in: Gottwald/Henrich/Schwab, Beiträge zum europäischen Familienrecht, S. 292.
127 Vgl. Cour Constitutionnelle, Entscheidung vom 26.6.2008 rev. not. belge 2008, S. 544 sowie *Leleu/Renchon*, Chroniques notariales, Bd. 48, S. 406 ff.

einsetzung) dar. Praktisch kommt eine solche Regelung einer Alleinerbeinsetzung gleich, wenn sie das gesamte Vermögen des Erblassers zum Zeitpunkt seines Todes erfasst. Der entscheidende Unterschied zur testamentarischen Erbeinsetzung liegt darin begründet, dass die *institution contractuelle* als vertragliche Vereinbarung nicht frei widerruflich ist. Gleichwohl gilt das Verbot vertraglicher Erbeinsetzung in diesem Fall gem. Art. 1082, 1093 ZGB nicht.

Eine solche *institution contractuelle* zugunsten der Ehefrau könnte beispielsweise wie folgt lauten:[128]

Formulierungsbeispiel: „Der erschienene Ehemann erklärte:
1. alle etwaigen früheren Verfügungen von Todes wegen zu widerrufen;
2. das volle Eigentumsrecht an der Gesamtheit der beweglichen und unbeweglichen Güter, die zu seinem Nachlass gehören werden, seiner Ehefrau ohne Ausnahme und ohne Vorbehalt unter Lebenden für den Fall zu schenken, dass sie ihn überlebt und die Lebensgemeinschaft zum Zeitpunkt seines Todes nicht durch eine faktische oder rechtliche Trennung aufgelöst ist.

Falls Kinder oder Abkömmlinge zum Zeitpunkt seines Todes vorhanden sind und eine Minderung dieser Schenkung verlangen, schenkt der Erschienene seiner Ehefrau nach ihrer freien Wahl:
– entweder das volle Eigentumsrecht an dem größten verfügbaren Teil seines Nachlasses, zuzüglich zu dem gesetzlichen Nießbrauchsrecht in Bezug auf den restlichen Teil;
– oder das Nießbrauchsrecht an der Gesamtheit seines Nachlasses.

Die Nutznießerin wird von der Verpflichtung befreit, eine Sicherheit zu leisten und Vermögenswerte anzulegen.

Die Beschenkte wird außerdem allein berechtigt sein, die Umwandlung des Nießbrauchsrechts zu beantragen, so dass das Nutznießungsrecht in Bezug auf den Nachlass fortbesteht, wenn dies ihr ausdrücklicher Wille ist."

4. Vollmacht über den Tod hinaus

Grundsätzlich erlischt im belgischen Recht gem. Art. 2003 ZGB eine Vollmacht mit dem Tod des Vollmachtgebers. Etwas anderes gilt nur, wenn die Vollmacht ausdrücklich über den Tod hinaus erteilt wird.[129] Nach wohl h.M. zum belgischen Recht ist es hingegen unzulässig, eine Vollmacht dahingehend zu erteilen, dass sie erst mit dem Tode des Vollmachtgebers Wirkung entfaltet.[130]

C. Erbverfahrensrecht

I. Allgemeines

In Belgien stellt die Nachlassabwicklung seit jeher einen Kernbereich notarieller Tätigkeit dar. Die Aufgaben, die belgische Notare im Bereich des Erbrechts wahrnehmen, sind sehr umfangreich: Von der Erteilung von Erbfolgebescheinigungen über das Erstellen der Erbschaftsteuererklärung bis hin zur Vermittlung der Auseinandersetzung von Erbengemein-

---

[128] Formulierungsvorschlag des Notars Gido Schür.
[129] *Wéry*, Rn 273.
[130] *Wéry*, Rn 274 m.w.N.; a.A. *Flick/Piltz*, S. 149 Rn 454.

schaften und Versteigerung von Nachlassgegenständen im Rahmen der gerichtlich angeordneten Erbauseinandersetzung u.a. gewährleisten die belgischen Notare im Bereich der Nachlassabwicklungen ein quasi unbeschränktes Dienstleistungsangebot. Diese Dienstleistungen werden – anders als in der Bundesrepublik Deutschland – nicht von Nachlassgerichten und dort tätigen Rechtspflegern angeboten. Nur in besonderen, gesetzlich geregelten Fällen sind im Rahmen der Abwicklung gerichtliche Verfahren und Entscheidungen erforderlich.

90 Die Adressen aller belgischen Notare sind unter der Rubrik *„annuaire"* auf der Internetseite des Königlichen Verbands des belgischen Notariats zu finden: www.notaire.be.

II. Notwendigkeit eines Nachlassverfahrens in Belgien

91 Ab dem 17.8.2015 wird wie oben erwähnt auch in Belgien die Europäische Erbrechts-Verordnung (EU-ErbVO) Anwendung finden, so dass die belgischen Erbrechtssachnormen i.d.R., d.h. außer einer davon abweichenden gültigen Rechtswahl des Erblassers, dann zum Tragen kommen, wenn der Erblasser seinen letzten gewöhnlichen Aufenthalt in Belgien hatte. Das belgische Recht gilt in diesem Fall ohne Rücksicht auf die Art – bewegliches oder unbewegliches Vermögen – und ohne Rücksicht auf den Belegenheitsort der Nachlassgüter.

Bis zu diesem Datum hat nach den Regeln des belgischen IPRG i.d.R.[131] der letzte gewöhnliche Wohnsitz des Erblassers einen wesentlichen Einfluss auf das anwendbare Erbrecht und folglich auch auf Art und Umfang der Abwicklung von in Belgien belegenem Nachlass. Hier ist zwischen der Abwicklung von in Belgien belegenem Nachlass eines Erblassers mit letztem gewöhnlichem Wohnsitz in Belgien und der Abwicklung von in Belgien belegenem Nachlass eines Erblassers mit letztem gewöhnlichem Wohnsitz im Ausland (d.h. nicht in Belgien) zu unterscheiden.

1. Erblasser mit letztem gewöhnlichem Wohnsitz im Ausland

a) Bewegliches Vermögen des Erblassers

92 Die Abwicklung in Bezug auf das zum Nachlass gehörende bewegliche Vermögen, das sich zum Zeitpunkt des Todes in Belgien befindet, richtet sich i.d.R. nach dem Recht des letzten Wohnsitzes des Erblassers.[132]

Umfasst der Nachlass ausschließlich bewegliches Vermögen (in den meisten Fällen handelt es sich um Bankguthaben) in Belgien, sind in Belgien meist keine Verfahrensschritte erforderlich. Die Erbfolge ist lediglich mittels eines Erbnachweises (z.B. ein Erbschein) zu belegen.

b) Unbewegliches Vermögen des Erblassers

93 Die Abwicklung in Bezug auf das zum Nachlass gehörende, in Belgien belegene unbewegliche Vermögen richtet sich nach belgischem Erbrecht. Geht inländischer Grundbesitz, der einem im Ausland wohnhaften Erblasser gehörte, von Todes wegen über, so ist gem. Art. 38 des belgischen Erbschaftsteuergesetzbuchs bei der zuständigen Registrierungsverwaltung eine **Übertragungserklärung** durch die Person einzureichen, welche den in Belgien belegenen unbeweglichen Vermögenswert von Todes wegen erhält (siehe Rn 37 ff.). Diese Erklä-

---

131 D.h. sofern der Erblasser keine andere Rechtswahl gem. Art. 79 IPRG getroffen hat.
132 Bzgl. der Ausnahmetatbestände gem. Art. 15 § 2 und Art. 19 § 1 Abs. 2 IPRG siehe hierzu auch Rn 4.

rung dient nicht nur zu fiskalischen Zwecken, d.h. als Berechnungsgrundlage für die Erbschaftsteuer, sondern auch zur Dokumentation der neuen Eigentumsverhältnisse, die sich aus der Übertragung von Todes wegen ergeben. Andere Verfahrensschritte zur Grundstücksabwicklung sind in Belgien i.d.R. nicht zwingend notwendig.

2. Erblasser mit letztem gewöhnlichem Wohnsitz in Belgien

Gemäß Art. 78 IPRG richtet sich die Abwicklung in Bezug auf das bewegliche und das in Belgien belegene unbewegliche Vermögen i.d.R. ausschließlich nach belgischem Erbrecht. Das im Ausland belegene unbewegliche Vermögen wird nach dem Recht des Belegenheitsort geregelt (die sogenannte Nachlassspaltung). 94

3. Notwendige oder nützliche Verfahrensschritte

Je nach Fall sind folgende Verfahrensschritte geboten: 95
– Mitteilung des Todes an das örtlich zuständige Standesamt;
– Versiegelung;
– Hinterlegung des eigenhändigen Testaments bei einem Notar. Notarielles Hinterlegungsprotokoll und Übermittlung dieses Protokolls an die Kanzlei des am letzten Wohnsitz des Erblassers zuständigen Gerichts erster Instanz;
– Annahme (unter dem Vorbehalt der Inventarerrichtung) oder Ausschlagung des Nachlasses;
– Erteilung einer Erbfolgeurkunde (*acte d'hérédité*) oder einer Erbfolgebescheinigung (*certificat d'hérédité*);
– Besitzeinweisung durch den Präsidenten des Gerichts erster Instanz;
– Vermächtnisaushändigung durch Noterben;
– Inventarerrichtung und Öffnung von Bankschließfächern;
– Erbschaftsteuererklärung, die nicht nur zu fiskalischen Zwecken, sondern auch zur Umschreibung des Grundbesitzes in den Eigentumsregistern der Registrierungsverwaltung dient;
– Freiwillige oder gerichtliche Liquidation und Teilung.

Weitere Verfahrensschritte können je nach Einzelfall nützlich oder notwendig sein.

Die Verfahrensschritte sind nur teilweise ausführlich im belgischen Recht geregelt. Gesetzlich geregelt sind folgende Erbverfahrensbereiche: 96
– Verschollenheit (Art. 112 ff. ZGB);
– Gerichtliche Todeserklärung (Art. 126 ff. ZGB);
– Besitzerwerb (*saisine* – Art. 724 ZGB);
– Erbrecht des Staates (Art. 768 ff. ZGB);
– Annahme des Erbschaft (Art. 774 ff. ZGB);
– Ausschlagung (Art. 784 ff. ZGB und Art. 1185 GGB);
– Annahme unter dem Vorbehalt der Inventarerrichtung (Art. 793 ff. ZGB);
– herrenlose Erbschaften (Art. 811 ff. ZGB und Art. 1228 ff. GGB);
– Umwandlung des Nießbrauchs des überlebenden Ehegatten (Art. 745quater ZGB);
– Teilung und Auseinandersetzung der Nachlässe (Art. 815 ff. ZGB und Art. 1205 ff. GGB);
– Testamentseröffnung (Art. 976 ZGB);
– Besitzeinweisung (Art. 1008 ZGB);
– Vermächtnisaushändigung (Art. 1004, 1011 und 1014 ZGB);
– Versiegelung (Art. 1148 ff. GGB);

- Inventar (Art. 1175 ff. GGB);
- gewisse Immobilienverkäufe (Art. 1186 ff. GGB); und
- Mobilienverkäufe (Art. 1194 ff. GGB).

III. Abwicklung von im Inland belegenem Nachlass deutscher Staatsangehöriger

97 Bei einem Erbfall eines deutschen Staatsangehörigen, der in Belgien bewegliches und/oder unbewegliches Vermögen hinterlässt, empfiehlt es sich, die Dienstleistungen eines belgischen Notariats in Anspruch zu nehmen, insbesondere dann, wenn der Erblasser seinen letzten gewöhnlichen Aufenthalt in Belgien hatte, was ab dem 17.8.2015 nach den Regeln der EU-ErbVO die Anwendung des belgischen Erbrechts auf den gesamten Nachlass nach sich zieht. Wenn der Erblasser seinen letzten gewöhnlichen Aufenthalt im Ausland hatte und in Belgien lediglich Bankguthaben oder Mobilien besaß, ist es meist nicht nötig, einen belgischen Notar einzuschalten.

98 Zur Abwicklung des Nachlasses müssen dem Notar i.d.R. eine Reihe von Dokumenten und Informationen beigebracht werden. Je nach Art und Umfang des Nachlasses sind dies:

a) Für alle Erbschaften:
- Nationale oder internationale Sterbeurkunde;
- Stamm- oder Familienbuch des Erblassers;
- Heiratsurkunde und ggf. Ehevertrag eines verheirateten Erblassers;
- Scheidungsurteil eines geschiedenen Erblassers;
- Geburtsurkunden und Zivilstandsbescheinigungen der Erben und Vermächtnisnehmer;
- Heiratsurkunden und ggf. Eheverträge verheirateter Erben und Vermächtnisnehmer sowie Scheidungsurteile der geschiedenen Berechtigten;
- beglaubigte Ausfertigung von letztwilligen Verfügungen des Erblassers;
- ggf. eigenhändige Testamente (Original);
- ggf. ein (mit der Apostille versehener) ausländischer Erbschein oder, ab dem 17.8.2015, ein europäisches Nachlasszeugnis;
- Eigentumstitel in Bezug auf in Belgien belegenen Grundbesitz des Erblassers.

99 b) Für die Erbschaft eines Erblassers, dessen letzter gewöhnlicher Aufenthalt sich in Belgien befand, sind darüber hinaus umfassende Angaben zu allen Aktiva und Passiva des Weltvermögens beizubringen:
- Informationen zu im Ausland belegenem Grundbesitz des Erblassers;
- Informationen zu Bankguthaben, Bankschließfächern, Wertpapierdepots bei Banken und sonstigen Kapitalanlagen;
- Informationen zu Lebensversicherungen;
- Informationen zu Versicherungsverträgen in Bezug auf bewegliche Güter;
- Angaben zu Kraftfahrzeugen;
- Bargeldbetrag, der am Todestage vorhanden war;
- Liste der Forderungen, die der Erblasser gegen Dritte hatte;
- Liste der börsennotierten Wertpapiere;
- Angaben zu Beteiligungen des Erblassers an Gesellschaften;
- Angaben zu Betriebsvermögen, das zum Nachlass gehört, und zu beruflichen Investitionsgütern;
- Liste von Vermögenswerten, die der Erblasser während der drei Jahre, die dem Tod unmittelbar vorausgingen, entgeltlich oder unentgeltlich veräußert hat;
- Informationen zu allen unentgeltlichen Zuwendungen des Erblassers zu Lebzeiten;
- Angaben zu allen sonstigen Aktiva (Urheberrechte, Patente, gewerbliche Schutzrechte, Mietkautionen usw.);

- Liste der Verbindlichkeiten (Kredite, Darlehen, Bürgschaften, Rechnungen für Lieferungen und Leistungen, die zum Zeitpunkt des Todes nicht beglichen waren) und diesbezügliche Belege;
- Unterlagen bezüglich der Beisetzungskosten;
- fiskalische und soziale Verbindlichkeiten des Erblassers.

Gemäß Berufsrecht muss der belgische Notar seine Amtstätigkeit unabhängig und unparteilich wahrnehmen. In Belgien steht allen an einem Vorgang beteiligten Parteien die freie Wahl des Notars zu, d.h. dass eine Nachlassabwicklung gegebenenfalls von mehreren Notaren gemeinsam vorgenommen wird, wenn die Parteien sich nicht auf die Bezeichnung eines einzigen Notars einigen können oder wenn eine Partei an der Neutralität des beauftragten Notars zweifelt. Die Notariatsgebühren erhöhen sich i.d.R. nicht infolge der Beauftragung mehrerer Notare, da die Honorare entsprechend einem durch die Gebührenordnung festgelegten Verteilungsschlüssel unter den beteiligten Notaren aufzuteilen sind. 100

IV. Erbfolgebescheinigungen – Anerkennung deutscher Erbscheine

Das belgische Recht kennt kein gesetzlich geregeltes Erbscheinsverfahren. Die Praxis hat zwei Arten von Bescheinigungen über die Erbfolge entwickelt, welche unterdessen durch das Gesetz vom 6.5.2009 in den Bestimmungen der Art. 1240bis ff. ZGB gesetzlich anerkannt wurden, nämlich: 101
- die **Erbfolgeurkunde** (*acte d'hérédité*), eine von einem Notar errichtete Urkunde;
- die **Erbfolgebescheinigung** (*certificat d'hérédité*), eine von dem Notar ausgestellte Bescheinigung in Briefform.

Die Erbfolgebescheinigung kann außerdem – sofern die gesetzliche Erbfolge anwendbar ist, der Verstorbene keinen Ehevertrag abgeschlossen hatte und/oder keine handlungsunfähigen Erben beteiligt sind – gemäß Art. 1240bis ZGB von dem Einnehmer des Erbschaftsteueramtes am letzten Wohnsitz des Erblassers ausgestellt werden. 102

Erbfolgeurkunde und Erbfolgebescheinigungen haben den gleichen Inhalt: Identität des Erblassers und Todesdatum und -ort, ggf. ehelicher Güterstand und letztwillige Verfügungen des Erblassers, Identität der Erben und Vermächtnisnehmer sowie etwaiger Pflichtteils- oder Noterben (Name, Vornamen, Geburtsort und -datum, Adresse, eventuell Sterbedatum sowie Nationalregisternummer oder Nummer des Bis-Registers für nicht im Inland wohnhafte Personen). Der Notar muss im Vorfeld zur Erstellung der Erbfolgeurkunde oder der Erbfolgebescheinigung den tatsächlichen und rechtlichen Sachverhalt vollständig aufklären. In diesem Zusammenhang befragt er insbesondere die elektronisch geführte zentrale Testamentsdatei, das sog. Zentralregister für letztwillige Verfügungen (C.R.T.), deren Führung dem belgischen Notariatsverband (*Fédération Royale du Notariat belge* – Königlicher Verband des belgischen Notariats) übertragen ist. 103

Seit dem 1.7.2012 ist der Aussteller der Erbfolgeurkunde oder -bescheinigung zudem verpflichtet, auf der Ausfertigung der Urkunde oder der Bescheinigung zu bestätigen, dass weder der Verstorbene noch die in der Urkunde oder Bescheinigung erwähnten Erbberechtigten Steuer- oder Sozialversicherungsschulden besaßen bzw. dass diese Zahlungsrückstände beglichen wurden. Hierzu informiert der Aussteller die zuständigen Dienste auf elektronischem Wege über seine Beauftragung zur Erstellung der Urkunde oder der Bescheinigung, welche ihm innerhalb von zwölf Werktagen gegebenenfalls vorliegende Zahlungsrückstände der erwähnten Personen mitteilen.

Sowohl die Erbfolgeurkunde als auch die Erbfolgebescheinigung haben für das bescheinigte Recht weder konstitutive noch deklarative Bedeutung. Sofern sie von einem Notar ausge- 104 stellt sind, werden ihnen jedoch in der Praxis eine große Zuverlässigkeit und die Vermutung der Richtigkeit zuerkannt; sie entfalten guten Glauben. Erbfolgebescheinigungen werden i.d.R. nur als Nachweis für die Erbeneigenschaft im Hinblick auf die Auflösung von Bank- und Sparguthaben (bis zu 50.000 EUR) und die Auszahlung von Versicherungssummen und Steuerrückzahlungen von geringfügiger Bedeutung verwendet. In allen gerichtlichen und wichtigen außergerichtlichen Angelegenheiten ist generell eine Erbfolgeurkunde erforderlich.

105 Hinterlässt der mit letztem Wohnsitz in Deutschland verstorbene Erblasser bewegliche Güter (z.B. Bankguthaben) in Belgien, wird eine beglaubigte **Ausfertigung eines deutschen Erbscheins** zur Legitimation der Erbansprüche in Bezug auf diese beweglichen Güter (etwa bei Banken) **anerkannt**.

106 Hinterlässt der mit letztem Wohnsitz in Deutschland verstorbene Erblasser unbewegliche Güter in Belgien, kommt bis zum 17.8.2015, d.h. bis zur Anwendung der EU-ErbVO, eine Anerkennung eines deutschen Erbscheins als Ausweis für die Erbansprüche in Bezug auf den belgischen Grundbesitz nicht in Frage, da aus der Sicht des belgischen IPRG nicht das deutsche, sondern das belgische Erbrecht für das in Belgien belegene Immobilienvermögen gilt und belgische Gerichte gem. Art. 77 IPRG für in Belgien belegenen Grundbesitz zuständig sind. Der deutsche Erbschein dient in diesem Fall nur im Rahmen der Umschreibung des in Belgien belegenen Grundbesitzes zur Aufklärung und Prüfung des tatsächlichen Sachverhalts.

107 Das europäische Nachlasszeugnis erhebt nicht den Anspruch an die Stelle der nationalen Erbnachweise zu treten, so dass diese weiterhin fortbestehen werden und in Bezug auf die Freigabe von Bank- und Sparguthaben in Belgien angesichts der oben angesprochenen Regelungen von Steuer- und Sozialversicherungsschulden unseres Erachtens fortbestehen müssen, da ein Schuldner solcher Guthaben diese nur unter der Voraussetzung der Zahlung dieser Rückstände, die in einer Erbfolgeurkunde oder -bescheinigung bestätigt wird, freigeben darf.[133] Dieser Konflikt spielt auch eine Rolle für die Anerkennung ausländischer nationaler Erbnachweise und ist bisher nicht durch das Gesetz geregelt.

V. Zivilverfahren

108 Das Zivilgesetzbuch (ZGB) und das Gerichtsgesetzbuch (GGB) regeln folgende erbverfahrensrechtliche Bereiche:

1. Verschollenheit (Art. 112 ff. ZGB[134])

a) Verschollenheitsvermutung

109 Ist eine Person seit mehr als drei Monaten nicht mehr an ihrem Wohnsitz oder Wohnort erschienen, ohne dass man während mindestens drei Monaten eine Nachricht von ihr erhalten hätte, und besteht dadurch eine gewisse Unsicherheit darüber, ob sie lebt oder verstorben ist, kann der Friedensrichter auf Ersuchen jedes Interessehabenden oder der Staatsanwaltschaft die Verschollenheitsvermutung feststellen und einen gerichtlichen Verwalter bestellen. Der gerichtliche Verwalter erstellt spätestens einen Monat nach Annahme seiner Bestellung einen Bericht über die Vermögenslage des vermutlich Verschollenen und

---

[133] Siehe u.a. die Bestimmungen von Art. 160 des Gesetzes vom 29.3.2012 (II) in Bezug auf die Steuerschulden (die Sozialgesetzgebung weist eine analoge Bestimmung auf).
[134] Eingeführt durch das Gesetz vom 9.5.2007 (II).

übermittelt diesen dem Friedensrichter. Er legt dem Friedensrichter jedes Jahr Rechenschaft über die Verwaltung des Vermögens des vermutlich Verschollenen ab, indem er einen schriftlichen Bericht vorlegt[135]

b) Verschollenheitserklärung

Wenn seit dem Urteil, mit dem die Verschollenheitsvermutung festgestellt wurde, fünf Jahre oder seit Erhalt der letzten Nachrichten des Verschollenen sieben Jahre verstrichen sind, kann die Verschollenheitserklärung auf Ersuchen jedes Interessehabenden oder der Staatsanwaltschaft vom Familiengericht ausgesprochen werden. Dieses Ersuchen wird im Belgischen Staatsblatt, in zwei regionalen Tageszeitungen sowie in einer landesweit vertriebenen Tageszeitung veröffentlicht und das Gericht darf das Urteil über die Verschollenheitserklärung erst ein Jahr nach der letzten dieser Veröffentlichungen erlassen. Der Tenor dieses Urteils wird in das Personenstandsregister des letzten Wohnsitzes des Verschollenen oder, in Ermangelung eines solchen Wohnsitzes, in Brüssel übertragen. Die rechtskräftige Entscheidung zieht ab dem Datum der Übertragung alle Wirkungen des Todes nach sich.

110

2. Gerichtliche Todeserklärung (Art. 126 ff. ZGB[136])

In Ermangelung einer Sterbeurkunde kann das Familiengericht auf Ersuchen jedes Interessehabenden oder der Staatsanwaltschaft jede unter lebensbedrohenden Umständen verschwundene Person für tot erklären, wenn ihr Körper nicht wiedergefunden oder nicht identifiziert werden konnte und ihr Tod unter Berücksichtigung der Umstände als sicher angesehen werden kann.

111

3. Besitzerwerb (saisine – Art. 724 ZGB) und Erbrechte des Staates (Art. 768 ff. ZGB)

Auf die Erben geht der Besitz der Güter, Rechte und Klagen des Verstorbenen von Rechts wegen über. Ihnen obliegt die Begleichung aller Nachlasslasten. Der Staat muss sich hingegen gerichtlich in den Besitz einweisen lassen. Der Nachlass steht dem belgischen Staat zu, wenn keine erbberechtigten Personen vorhanden sind.

112

4. Annahme des Nachlasses (Art. 774 ff. ZGB)

Anders als dies in anderen europäischen Rechtssystemen der Fall ist, erfordert das belgische Recht nicht die Beurkundung der Erbschaftsannahmeerklärung (z.B. zur Eintragung der neuen Eigentumsverhältnisse in die Eigentumsregister). Die Annahme des Nachlasses kann ausdrücklich oder stillschweigend erfolgen (siehe auch Rn 32). Sie ist ausdrücklich, wenn der Erbe in einer authentischen oder privatschriftlichen Urkunde den Titel oder die Eigenschaft eines Erben annimmt. Sie ist stillschweigend, wenn der Erbe eine Handlung vornimmt, die seine Absicht, die Erbschaft anzunehmen, voraussetzt (Inbesitznahme). Der Erbe, der den Nachlass angenommen hat, kann ihn grundsätzlich nicht mehr im Nachhinein ausschlagen.

113

---

135 Der Inhalt des Berichts wird in Art. 114 § 1 ZGB näher beschrieben.
136 Eingeführt durch das Gesetz vom 9.5.2007 (II).

5. Ausschlagung (Art. 784 ff. ZGB und Art. 1185 GGB)

114 Die Ausschlagung eines Nachlasses muss ausdrücklich erfolgen (siehe auch Rn 33). Die Ausschlagungserklärung muss bei der Kanzlei des Gerichts erster Instanz in dem Bezirk erfolgen, in welchem der Erbfall eingetreten ist, d.h. dort wo der Erblasser seinen letzten Wohnsitz hatte. Gläubiger eines Erben, der zum Nachteil ihrer Rechte verzichtet, können sich gerichtlich ermächtigen lassen, den Nachlass im Namen ihres Schuldners anzunehmen (Art. 788 ZGB). In diesem Fall wird die Ausschlagung nur zugunsten der Gläubiger und lediglich in Höhe des Betrags ihrer Schuldforderungen für nichtig erklärt. Gemäß Art. 789 ZGB erlischt das Recht, eine Erbschaft anzunehmen oder auszuschlagen, nach Ablauf von dreißig Jahren. Auf die Erbschaft einer noch lebenden Person kann grundsätzlich nicht verzichtet werden (Art. 791 ZGB). Ein ausschlagender Erbe wird so behandelt, als sei er niemals Erbe geworden. Der Erbteil des ausschlagenden Erbes kommt seinen Nachkommen zugute, wenn Erbvertretung (siehe Rn 39) stattfindet; ist dies nicht der Fall, lässt sein Anteil den der anderen Erbberechtigten desselben Grads anwachsen; ist der Ausschlagende der Einzige in seinem Grad, fällt sein Anteil je nach Fall dem folgenden Grad oder der folgenden Ordnung zu (Art. 786 ZGB).

6. Annahme unter dem Vorbehalt der Inventarerrichtung (Art. 793 ff. ZGB)

115 Die Annahme einer Erbschaft unter dem Vorbehalt der Inventarerrichtung (siehe auch Rn 34) hat zur Folge, dass das persönliche Vermögen des Erben nicht mit dem Nachlassvermögen vermischt wird: Der Erbe **haftet** für die Schulden und Lasten des Nachlasses nur bis in Höhe des Wertes der Güter, die er erbt. Diese Annahme unter Vorbehalt muss **ausdrücklich** durch eine Erklärung erfolgen, die bei der Kanzlei des Gerichts erster Instanz beurkundet wird. Zuständig ist das Gericht des Bezirks, in dem der Nachlass eröffnet wurde. Die Erklärung wird im Belgischen Staatsblatt veröffentlicht, und in dieser Veröffentlichung werden Gläubiger und Vermächtnisnehmer aufgefordert, innerhalb von **drei Monaten** ihre Rechte geltend zu machen. Grundsätzlich muss der Erbe, der unter Vorbehalt angenommen hat, innerhalb von drei Monaten nach der Eröffnung des Nachlasses ein Inventarverzeichnis notariell beurkunden lassen (Art. 795 ZGB). Die Frist kann jedoch eventuell durch das zuständige Gericht verlängert werden (Art. 798 ZGB). Der Erbe kann das Inventarverzeichnis auch noch nach Ablauf der im Art. 795 ZGB festgelegten Frist und der ggf. gem. Art. 798 ZGB verlängerten Frist beurkunden lassen und als Vorbehaltserbe auftreten, sofern er keine nur einem Erben zustehende Handlungen unternommen hat und kein rechtskräftiges Urteil gegen ihn vorliegt, das ihn in der Eigenschaft eines annehmenden Erben verurteilt hat.

116 Der Vorbehaltserbe muss das Nachlassvermögen verwalten und liquidieren. Auf Antrag des Vorbehaltserben oder Dritter, die nachweisen, dass den Gläubigern oder Vermächtnisnehmern durch Nachlässigkeit oder die Vermögensverhältnisse des Vorbehaltserben geschadet werden könnte, kann gerichtlich ein Verwalter bestellt werden, der die Nachlassverwaltung und -liquidation anstelle des Vorbehaltserben wahrnimmt. Bewegliche und unbewegliche Güter dürfen nur unter Beachtung der Vorschriften der Art. 1186 ff. und 1194 ff. GGB verkauft werden.

7. Herrenlose Erbschaften (Art. 811 ff. ZGB und Art. 1228 ff. GGB)

117 Ein Nachlass gilt als herrenlos, wenn in einer Frist von drei Monaten und vierzig Tagen nach Eintritt des Erbfalls niemand den Nachlass in Anspruch nimmt, kein bekannter Erbe vorhanden ist oder die bekannten Erben den Nachlass ausgeschlagen haben. In diesem

Fall wird durch das Familiengericht ein Nachlassverwalter bezeichnet, der die gleichen Vorschriften wie der Vorbehaltserbe im Rahmen der Nachlassverwaltung und -abwicklung beachten muss.

8. Teilung, Auseinandersetzung (Art. 815 ff. ZGB und Art. 1205 ff. GGB) und Zurückführung (Art. 843 ff. ZGB)

Gemäß Art. 815 ZGB kann niemand gezwungen werden, in ungeteilter Rechtsgemeinschaft zu bleiben, und die Teilung kann jederzeit gefordert werden, ungeachtet jeglicher anderslautender Verbote und Verträge. Man kann jedoch vereinbaren, dass die Teilung während einer begrenzten Frist ausgesetzt bleiben soll; diese Übereinkunft kann nicht über fünf Jahre verbindlich sein; sie kann aber erneuert werden. 118

Sind alle Erben anwesend und geschäftsfähig, kann die Teilung in jeder beliebigen Form erfolgen. Jeder Erbe kann seinen Anteil an den Mobilien und Immobilien in Sachwerten (*en nature*) verlangen, außer wenn: 119
- der Ehegatte des Erblassers (Art. 745quater § 2 ZGB) oder der Erbe/Vermächtnisnehmer, der mit dem Erblasser i.S.d. Art. 1476 ZGB gesetzlich zusammenwohnte (Art. 745octies § 3 ZGB), die Umwandlung seines Nießbrauchs oder die Zuteilung des vollen Eigentumsrechts verlangt;
- das Vorzugsrecht gem. Art. 4 des Gesetzes vom 16.5.1900 über das Erbschaftssystem der kleinen Nachlässe geltend gemacht wird. Aufgrund dieses Gesetzes können der Ehegatte des Erblassers und die Erben in gerader Linie die vorrangige Übernahme der Wohnung, die der Erblasser, sein Ehegatte oder ein Nachkomme zum Zeitpunkt des Todes bewohnte, sowie der Wohnungseinrichtung verlangen, sofern das Katastereinkommen der gesamten zum Nachlass gehörenden Immobilien unter 1.565 EUR liegt. Der Erblasser kann in einer testamentarischen Verfügung den Erben bezeichnen, dem dieser Übernahmeanspruch zusteht;
- das Übernahmerecht, das in dem Gesetz vom 29.8.1988 über das Erbschaftssystem der landwirtschaftlichen Betriebe im Hinblick auf die Förderung ihrer Kontinuität festgelegt ist, beansprucht wird. Aufgrund dieses Gesetzes können Erben der absteigenden geraden Linie die vorrangige Zuteilung des landwirtschaftlichen Betriebs (Mobilien und Immobilien) verlangen, sofern sie regelmäßig und dauerhaft das landwirtschaftliche Unternehmen des Erblassers ganz oder teilweise zum Zeitpunkt des Todes betrieben haben oder im Betrieb regelmäßig und dauerhaft geholfen haben und/oder der Erblasser ihnen dieses Übernahmerecht in einer testamentarischen Verfügung gewährt hat.

Im Rahmen der Teilung hat jeder Erbe den anderen Miterben alles zu **erstatten**, was er von dem Erblasser durch Schenkung unter Lebenden unmittelbar oder auf indirekte Weise erhalten hat (die sogenannte Zurückführung). Er kann weder die Schenkungen behalten noch die Vermächtnisse beanspruchen, die der Erblasser ihm gemacht hat, wenn die Schenkungen und Vermächtnisse ihm nicht ausdrücklich als Vorausanteil und außer Erbteil oder mit der Befreiung von der Erstattungspflicht gemacht wurden. Auch wenn die Schenkung oder das Vermächtnis als Vorausanteil oder mit der Befreiung von der Erstattungspflicht erfolgt ist, kann der Erbe diese Zuwendungen nur bis zum Betrag des Teils behalten, über den der Erblasser frei verfügen konnte; der Überschuss ist der Zurückführung unterworfen. Der Erbe, der den Nachlass ausschlägt, kann bis zum Betrag des Teils, über den der Erblasser frei verfügen konnte, die Schenkung behalten oder das ihm zugedachte Vermächtnis beanspruchen. Zur Zurückführung ist ein Erbe nur den anderen Miterben gegenüber verpflichtet. Sie kann nicht von den Vermächtnisnehmern oder Gläubigern des Nachlasses verlangt werden. 120

121 Die Zurückführung erfolgt entweder in **Sachwerten** („in Natur") oder dadurch, dass der Erbe bei der Teilung entsprechend weniger erhält. Letzteres gilt für Mobilien und Geldbeträge. Für Immobilien hat hingegen i.d.R. die Zurückführung in Natur zu erfolgen, außer wenn der Betrag des Teils, über den der Erblasser frei verfügen konnte, den halben Wert der geschenkten Immobilie übersteigt; in diesem Fall sind die Miterben in Geld oder auf andere Weise zu entschädigen.

122 Grundsätzlich müssen alle Maßnahmen in Bezug auf das Erbschaftsvermögen **einstimmig** beschlossen werden. Wenn kein Einvernehmen besteht, kann jeder Beteiligte die gerichtliche Liquidation und Teilung beantragen.[137] Zuständig für das entsprechende Verfahren ist das Familiengericht. Das Gericht ordnet die Liquidation und Teilung und ggf. die Versteigerung der Immobilien, die nicht leicht aufteilbar sind, an. Das Gericht verweist die Parteien an einen Notar, der den Auftrag hat, die Teilung und Liquidation sowie ggf. die Versteigerung durchzuführen. Auch kann das Gericht auf Antrag eines Beteiligten eine Person beauftragen, um Verwaltungsmaßnahmen bezüglich des Nachlassvermögens durchzuführen und die Erbengemeinschaft im Rahmen von Gerichtsverfahren und bei Verkäufen zu vertreten.

123 Der mit der Durchführung des gerichtlichen Liquidations- und Teilungsverfahren beauftragte Notar muss im Rahmen des kontradiktorischen Verfahrens insbesondere ein **Inventar** der Nachlassmasse errichten, in dem insbesondere die Beträge, welche die Parteien sich gegenseitig schulden könnten, und eine Zusammenstellung der Rückführungen und Vorwegnahmen aufgenommen werden. Anschließend legt er die Zusammensetzung der Lose und desjenigen, was jedem Miterben auszuliefern ist, fest. Gegebenenfalls ordnet das Gericht ein Wertgutachten bezüglich der Immobilien und/oder Mobilien an. Der Notar verfasst abschließend eine diesbezügliche **Liquidationsaufstellung mit Teilungsvorschlag**, zu der die Parteien Stellung nehmen können. Werden keine Einwendungen gegen diese Liquidationsaufstellung und den Teilungsvorschlag geltend gemacht, so wird das gerichtliche Teilungsverfahren auf dieser Grundlage abgeschlossen. Werden hingegen Einwände geltend gemacht, verfasst der amtierende Notar ein Protokoll über diese Einwendungen und die aufgetretenen Schwierigkeiten und unterbreitet die Sache alsdann dem Familiengericht zur Entscheidung.

9. Testamentseröffnung (Art. 976 ZGB)

124 Hat der Erblasser ein eigenhändiges oder ein internationales Testament errichtet, ist vor der Ausführung der letztwilligen Verfügungen eine notarielle Urkunde über die Eröffnung und den Zustand des Testaments zu erstellen. Das Testament und die Niederschrift über die Eröffnung und den Zustand werden von dem amtierenden Notar aufbewahrt. Eine beglaubigte Ausfertigung der Urkunde und des Testaments übermittelt der Notar dem Gericht erster Instanz des Bezirks, in dem der Erbfall eingetreten ist. Wenn der Erbfall im Ausland eingetreten ist, ist die Ausfertigung an das Gericht des Bezirks, in dem der Notar seinen Amtssitz hat, zu senden.

10. Besitzeinweisung (Art. 1008 ZGB)

125 Falls ein Erblasser, der keine Noterben hinterlässt, durch ein eigenhändiges oder internationales Testament ein Universalvermächtnis festgelegt hat, muss der Vermächtnisnehmer durch einen Beschluss des Familiengerichts des Bezirks, in dem der Erbfall eingetreten ist,

---

[137] Das diesbezügliche Verfahren wurde durch ein Gesetz vom 13.8.2011, SB 14.9.2011, das am 1.4.2012 in Kraft getreten ist, grundlegend neu geregelt (Art. 1207 ff. GGB).

in den Besitz eingewiesen werden. Das entsprechende Gesuch ist durch einen Rechtsanwalt bei Gericht zu hinterlegen. Die Besitzeinweisung ist nicht erforderlich, wenn der Erblasser den Universalvermächtnisnehmer in einem notariellen Testament bezeichnet hat.

11. Vermächtnisaushändigung (Art. 1004, 1011 und 1014 ZGB)

Hinterlässt der Erblasser pflichtteilsberechtigte Erben[138] und hat er testamentarisch einen Universalvermächtnisnehmer bezeichnet, so geht der Besitz des gesamten Nachlassvermögens kraft Gesetzes auf die pflichtteilsberechtigten Erben über (*saisine*), und der Universalvermächtnisnehmer muss bei diesen die Aushändigung des Vermächtnisses beantragen. Bei Bruchteils- und Einzelvermächtnissen müssen diese Vermächtnisnehmer die Aushändigung des Vermächtnisses bei den pflichtteilsberechtigten Erben beantragen, in Ermangelung solcher Erben bei den Universalvermächtnisnehmern und in Ermangelung von Universalvermächtnisnehmern bei den anderen erbberechtigten Personen.

126

12. Versiegelung (Art. 819 ff. ZGB und Art. 1148 ff. GGB)

Folgende Personen können die Versiegelung der zum Nachlass gehörenden Gegenstände fordern, sofern sie ein ernsthaftes Interesse geltend machen können:
- Anspruchsberechtigte und deren Gläubiger;
- Gläubiger des Erblassers;
- Personen, die mit dem Erblasser zusammenwohnten oder ihm Dienste in seinem Haus leisteten, wenn der Ehegatte, die Erben oder eine dieser Personen nicht zugegen sind;
- Testamentsvollstrecker.

127

Das Gesuch zur Versiegelung muss der Antragsteller, dessen Rechtsanwalt oder Notar oder ein anderer Bevollmächtigter schriftlich oder mündlich dem zuständigen Friedensrichter unterbreiten. Die Versiegelung kann auch von Amts wegen oder auf Antrag der Staatsanwaltschaft, des Bürgermeisters oder eines Schöffen erfolgen, wenn
- ein rechtsunfähiger Berechtigter keinen gesetzlichen Vertreter hat und die Versiegelung nicht von einem Verwandten des Berechtigten beantragt wird;
- der Ehegatte oder ein Erbe verschollen oder nicht anwesend ist;
- der Erblasser öffentlicher Gewahrsamsinhaber war. In diesem Fall erfolgt eine auf das Depot beschränkte Versiegelung.

128

Der Friedensrichter des Kantons, in dem sich die zu versiegelnden Gegenstände befinden, nimmt die Versiegelung vor. Im Dringlichkeitsfall erfolgt diese sogar an Wochenenden oder Feiertagen. Eine Versiegelung darf i.d.R. nicht mehr erfolgen, sobald das Inventar der versiegelten Gegenstände aufgenommen worden ist.

129

Anspruchsberechtigte sowie diejenigen, welche die Versiegelung beantragt haben, und unter gewissen Voraussetzungen auch Nachlassgläubiger sind berechtigt, die **Entsiegelung** zu beantragen. Die Entsiegelung darf frühestens drei Tage nach der Versiegelung stattfinden. Sofern die Gründe, die zur Versiegelung führten, nicht mehr bestehen und niemand sich der Entsiegelung widersetzt, erfolgt die Aufhebung der Versiegelung einfach und bedingungslos. Sind diese Voraussetzungen nicht erfüllt, muss bei der Entsiegelung ein Inventarverzeichnis gem. Art. 1175 GGB von einem Notar aufgenommen werden.

130

---

[138] Welche nach deutschen Rechtsverständnis als Noterben gelten.

13. Inventar (Art. 1175 ff. GGB)

131 Erben und Vermächtnisnehmer sowie Gläubiger, die einen vollstreckbaren Titel haben oder über einen Titel verfügen, dessen Rechtmäßigkeit (vorbehaltlich der Entscheidung zur Hauptsache) von dem Friedensrichter anerkannt wurde, sind berechtigt, die **Inventarerrichtung** zu verlangen. Die Genehmigung zur Inventarerrichtung – sofern diese nicht im Rahmen einer Entsiegelung erfolgen soll – ist i.d.R. bei dem örtlich zuständigen Friedensrichter zu beantragen. Erben, Universal- und Bruchteilsvermächtnisnehmer, Ehegatten und Testamentsvollstrecker benötigen jedoch keine richterliche Genehmigung: Sie können die Inventarisierung veranlassen, indem sie sich unmittelbar an einen Notar wenden. **Zuständig** für die Inventaraufnahme sind ausschließlich die Notare.

132 Das Inventar wird grundsätzlich in den Räumen aufgenommen, in welchen sich die zu verzeichnenden Sachen befinden. Es umfasst hauptsächlich eine Beschreibung und Bewertung der beweglichen Sachen, eine Analyse der Urkunden und Schriftstücke sowie die von den beteiligten Parteien abgegebenen Erklärungen zu den Aktiva und Passiva.

14. Gewisse Immobilienverkäufe (Art. 1186 ff. GGB) und Mobilienverkäufe (Art. 1194 ff. GGB)

133 Die Art. 1186 ff. GGB regeln das Verkaufsverfahren in Bezug auf **Immobilien**, die zu herrenlosen Nachlässen, unter Vorbehalt der Inventarerrichtung angenommenen Nachlässen, zu Nachlässen, an denen minderjährige oder andere geschäftsunfähige Erben oder zu Nachlässen von vermutlich verschollenen Personen gehören. Diese Immobilienverkäufe bedürfen einer besonderen gerichtlichen Genehmigung. Je nach Fall ist die Genehmigung durch das Familiengericht oder den Friedensrichter zu erteilen. Der Verkauf muss i.d.R. durch öffentliche Versteigerung, die von einem gerichtlich beauftragten Notar durchgeführt wird, erfolgen. Ausnahmsweise kann auch ein Verkauf aus freier Hand genehmigt werden, wenn diese Verkaufsform offensichtlich zum Vorteil der geschützten Personen ist.

134 Die Art. 1194 ff. GGB regeln das Verkaufsverfahren in Bezug auf **bewegliche Sachen** u.a. im Falle von herrenlosen Nachlässen, unter Vorbehalt der Inventaraufnahme angenommenen Nachlässen oder Nachlässen, an denen unter Vormundschaft stehende Minderjährige beteiligt sind. Grundsätzlich muss eine Auktion der beweglichen Sachen von einem Notar oder Gerichtsvollzieher durchgeführt werden. In bestimmten Fällen ist vorab eine besondere gerichtliche Genehmigung einzuholen. Je nach Fall ist das Familiengericht oder der Friedensrichter zuständig, um Maßnahmen anzuordnen, die zur Verbesserung des Verkaufsergebnisses beitragen können. Ausnahmsweise kann das Familiengericht oder der Friedensrichter auch die Genehmigung zur Durchführung eines Verkaufs aus freier Hand erteilen, wenn diese Verkaufsform offensichtlich zum Vorteil der geschützten Personen ist.

VI. Besonderheiten im deutschen Nachlassverfahren bei Beerbung eines belgischen Erblassers

135 Wegen der verfahrensrechtlichen Besonderheiten bei der Anwendung belgischen Erbrechts wird wegen der weitgehenden Verwandtschaft der Rechtsordnungen auf die Länderberichte Frankreich (von *Döbereiner*) und Luxemburg (von *Frank*) verwiesen.

D. Erbschaftsteuer

I. Allgemeines

Die in Belgien erhobenen Abgaben von Todes wegen sind als **Erbanfallsteuer** ausgestaltet, die das Verwandtschaftsverhältnis der Nachlassbegünstigten zum Erblasser und den Umfang des Erbanfalls berücksichtigt. Das belgische Erbschaftsteuerrecht macht die Besteuerung des Nachlasses ausschließlich von einer subjektiven **Bindung des Erblassers zum Inland (Einwohnerstellung)** abhängig. Innerhalb Belgiens sind vergleichbare steuerbegründende Anknüpfungskriterien interregional anwendbar. Unabhängig von der persönlichen Bindung des Erblassers zum Inland, besteht jedoch auch eine objektive Anknüpfung, die zur Besteuerung aller im Inland belegenen unbeweglichen Gegenstände führt, selbst wenn die subjektiven Anknüpfungsmerkmale nicht erfüllt sind.

136

Seit dem Sondergesetz vom 16.1.1989 bezüglich der Finanzierung der Gemeinschaften und Regionen haben die drei Regionen des Föderalstaats Belgien (Flandern, Wallonien und Brüssel-Hauptstadt) von der Befugnis Gebrauch gemacht, eigene Vorschriften in das Erbschaftsteuergesetzbuch einzufügen, so dass eine **Zersplitterung** des belgischen Erbschaftsteuerrechts entstanden ist, die sich hauptsächlich bei den regional unterschiedlichen Bemessungsgrundlagen und Steuertarifen bemerkbar macht. Im Nachfolgenden werden wir die regionalen Unterschiede bei den Gesetzesverweisen auf das Erbschaftsteuergesetzbuch (ErbStGB) mit dem Zusatz F (Flandern), W (Wallonien) und BH (Brüssel-Hauptstadt) kennzeichnen.[139]

137

II. Beschränkte und unbeschränkte Steuerpflicht

1. Abgrenzung

Das belgische Erbschaftsteuerrecht (Art. 1 ErbStGB) unterscheidet zwischen
– der Erbschaftsteuer, die auf das gesamte Nettovermögen zu erheben ist, das aus dem Nachlass eines Erblassers erworben wird, der zum Todeszeitpunkt Einwohner des Königreichs war, und
– der Steuer auf Übertragungen von Todes wegen (*droit de mutation par décès/recht van overgang bij overlijden*), die auf das in Belgien belegene unbewegliche Vermögen von Nichteinwohnern erhoben wird.

138

Die Vorschriften des ErbStGB gelten grundsätzlich für beide Steuerarten, soweit keine abweichenden Sondervorschriften bestehen.

Abgrenzungskriterium zwischen Übertragungsteuer und Erbschaftsteuer ist die **Einwohnerstellung des Erblassers**. Ist der Erblasser zum Zeitpunkt seines Todes Einwohner des Königreichs (*habitant du royaume/rijksinwoner*), ist der Nachlass unbeschränkt in Belgien

139

---

139 Diesbezüglich verweisen die Autoren darauf, dass das Parlament der Flämischen Region am 17.12.2014 ein Dekret verabschiedet hat, durch welches die flämische Fassung des Erbschaftsteuergesetzbuches in das allgemeine Flämische Steuergesetzbuch (Vlaamse Codex Fiscaliteit) vom 13.12.2013 eingegliedert wird. Da der diesbezügliche Text bei Abschluss des gegenwärtigen Beitrags jedoch noch nicht im Belgischen Staatsblatt veröffentlicht wurde, verwenden die Autoren im fortfolgenden Text die bis zum 31.12.2014 gültigen Gesetzesverweise auf das Erbschaftsteuergesetzbuch und verweisen den Leser auf die dem vorerwähnten Gesetzbuch beiliegenden Konkordanzlisten. Die inhaltlichen Neuerungen, die mit dieser Eingliederung in das Flämische Steuergesetzbuch verbunden sind, beschränken sich auf einige kleinere Neuerungen, die im Nachfolgenden angeführt werde.

steuerpflichtig. Ist der Erblasser hingegen nicht Einwohner Belgiens, ist der Nachlass in Belgien beschränkt steuerpflichtig, in dem Sinne, dass nur auf die im Inland belegenen Immobilien Erbschaftsteuern fällig werden. Die persönliche Beziehung des Erben oder Vermächtnisnehmers zu Belgien (Wohnort und Nationalität) ist – anders als etwa im deutschen Erbschaftsteuerrecht – vollkommen ohne Belang. In Belgien werden keinerlei Steuern fällig, wenn ein Belgier oder ein in Belgien wohnhafter Ausländer von Todes wegen Vermögensbestandteile aus dem Nachlass eines Nichteinwohners des Königreichs, der keine in Belgien belegenen, unbeweglichen Gegenstände hinterlässt, erwirbt.

140 Artikel 1 ErbStGB **definiert** den Begriff „Einwohner": „Als Einwohner des Königreichs gilt derjenige, der dort zum Zeitpunkt seines Todes seinen Wohnsitz oder den Sitz seines Vermögens hat." Im Sinne dieser Definition der Einwohnerstellung kommt es nicht auf den gesetzlichen Wohnsitz des Erblassers, sondern auf seinen tatsächlichen Wohnsitz (Aufenthaltsort) oder den Sitz seines Vermögens (Ort der Vermögensverwaltung) an. Die Einwohnereigenschaft richtet sich nach objektiven Anhaltspunkten, die im Laufe der Zeit durch Rechtsprechung und Literatur festgelegt wurden (dauerhaftes Unterhalten einer Wohnung im Inland, Aufenthaltsort der Familie, Zentrum der privaten und geschäftlichen Tätigkeiten usw.). Ausschlaggebend ist einzig die Stellung des Erblassers als Einwohner Belgiens zum Zeitpunkt des Todes. Die Beweislast liegt bei der Steuerverwaltung. Vorschriften gegen die Steuervermeidung durch einen Wohnsitzwechsel ins Ausland bestehen in der belgischen Erbschaftsteuergesetzgebung nicht. Sobald der Erblasser nicht mehr Einwohner des Königreichs ist, wird eine Besteuerung des zum Nachlass gehörenden Weltvermögens nicht mehr in Belgien erfolgen. Anders als bei einem internationalen Wohnsitzwechsel, bewirkt eine Verlegung des Wohnsitzes von einer der drei belgischen Regionen in eine andere Region hingegen nicht die sofortige Anwendbarkeit der Erbschaftsteuergesetzgebung der neuen Wohnsitzregion. Nach dem Verlassen einer Wohnsitzregion wird der Verbleib einer steuerbegründenden Verbindung mit dieser Region unter gewissen Voraussetzungen fingiert, um so das Steueraufkommen dieser Region zu sichern.[140]

2. Beschränkte Steuerpflicht

141 Ist der Erblasser zum Zeitpunkt seines Todes nicht Einwohner des Königreichs, werden in Belgien nur auf das im Inland belegene Immobilienvermögen des Erblassers Erbschaftsteuern (in diesem Fall **Übertragungsteuern** (*droits de mutation/recht van overgang bij overlijden*) genannt) erhoben.

3. Unbeschränkte Steuerpflicht

142 Ist der Erblasser zum Zeitpunkt seines Todes Einwohner des Königreichs, findet in Belgien eine Besteuerung des Weltnachlasses statt. Die Steuer bezieht sich auf den gesamten Nettowert des Nachlasses, wobei im Ausland belegene Nachlassgegenstände ebenfalls Bestandteil der Bemessungsgrundlage sind.[141]

---

140 Die Nichtanwendbarkeit dieser Fiktion im internationalen Kontext wurde zuletzt insbesondere bestätigt durch einen Entscheid des Appellationshofes in Antwerpen vom 27.2.2007 (Rec. gén. enr. not., 2008, n°25.886, p. 60).
141 Zur Anrechnung ausländischer Steuern zu Vermeidung der Doppelbesteuerung in diesem Fall siehe Rn 227.

III. Steuererklärung

1. Verpflichtung zur Abgabe einer Erklärung

War der Erblasser nicht Einwohner des Königreichs, müssen die Personen, die kraft Erbfolge in Belgien belegene Immobilien erhalten (die gesetzlichen Erben und Vermächtnisnehmer), eine Übertragungserklärung abgeben. 143

War der Erblasser Einwohner des Königreichs, sind die Erben und Universalvermächtnisnehmer zur Abgabe der Erklärung verpflichtet. Die Annahme des Nachlasses unter dem Vorbehalt der Inventaraufnahme (siehe Rn 115) entbindet die Erben und Universalvermächtnisnehmer nicht von dieser Verpflichtung. Die Ausschlagung der Erbschaft sehr wohl. 144

Die Erbschaftsteuererklärung erfolgt zu rein fiskalischen Zwecken. Sie hat grundsätzlich keine zivilrechtlichen Folgen. So kann man beispielsweise aus der Erklärung keine Annahme oder Ausschlagung der Erbschaft ableiten. 145

2. Form und Inhalt

Erbschaftsteuererklärungen und Übertragungserklärungen sind auf einem besonderen Formular abzugeben. Diese Formulare finden Sie unter folgenden Internetadressen: 146

https://eservices.minfin.fgov.be/portal/de/public/citizen/datasanddocs/forms (Wallonische Region und Region Brüssel-Hauptstadt[142]) oder

http://belastingen.vlaanderen.be/nlapps/docs/default.asp?fid=88 (Flandern).

Die Erklärung muss folgende Angaben enthalten: 147
– Identität des Erklärenden und des Erblassers;
– Bezeichnung eines Wahldomizils (Zustellungsanschrift) in Belgien;
– Erbfolge und Identität aller Erben, Vermächtnisnehmer und Beschenkten (und gegebenenfalls deren Ehepartner); Verwandtschaftsgrad dieser Personen mit dem Erblasser;
– gegebenenfalls Angabe der aufgrund der testamentarischen oder vertraglichen Verfügungen ausgeschlossenen Erben;
– Auskunft über Nießbrauchrechte, die der Erblasser besaß, und über Güter, die mit einem *„fidei commis"* (einer Nacherbschaft) verbunden waren;
– Name der Versicherungsgesellschaft, bei welcher der Erblasser bewegliche Sachen versichert hatte, Datum und Nummer der Versicherungspolice, Art der versicherten Gegenstände und versicherter Wert;
– Auskunft zu steuerpflichtigen Schenkungen, die der Erblasser in den letzten drei Jahren vor seinem Tode an Erben, Vermächtnisnehmer und Beschenkte gemacht hat;
– genaue Auflistung und Einzelbewertung der Aktiva der Nachlassmasse;
– genaue Auflistung der Passiva.

3. Abgabefrist und Abgabeort

Die Abgabefrist ist je nach Ort, an dem der Tod des Erblassers eingetreten ist, unterschiedlich: 148
– Ist der Erblasser in Belgien verstorben, beträgt die Frist vier Monate ab dem Todesdatum.

---

142 Mit den Kennzeichen 187 (Nachlasserklärung) oder 187–2 (Übertragungserklärung).

— Ist der Erblasser in einem anderen Land Europas verstorben, beträgt die Frist fünf Monate. „Europa" ist im Sinne des geografischen Begriffs zu verstehen, so dass diese Frist auch für Erbfälle in anderen Ländern als den EU-Mitgliedstaaten gilt.
— Ist der Erblasser außerhalb Europas verstorben, beträgt die Frist sechs Monate.

149 Die Übertragungserklärung bezüglich der in Belgien belegenen Immobilien eines Erblassers, der zum Zeitpunkt seines Todes nicht Einwohner des Königreichs war, ist bei dem örtlichen Erbschaftsteueramt (Abteilung des Föderalen Öffentlichen Dienstes Finanzen) zu hinterlegen. Zuständig ist die Dienststelle am Belegenheitsort der Immobilie. Wenn der Erblasser mehrere Immobilien an unterschiedlichen Orten besaß, ist das Erbschaftsteueramt des Ortes zuständig, an dem die Immobilie(n) mit dem höchsten föderalen Katastereinkommen belegen ist.

150 Die Erbschaftsteuererklärung eines Erblassers, der zum Zeitpunkt seines Todes Einwohner des Königreichs war, ist bei dem am letzten fiskalischen Domizil des Erblassers zuständigen Erbschaftsteueramt zu hinterlegen. Hat der Erblasser sein fiskalisches Domizil während der fünf Jahre, die dem Tode vorausgehen, einmal oder mehrmals gewechselt, so ist die Erklärung dort abzugeben, wo sein fiskalisches Domizil sich am längsten während dieser fünfjährigen Periode befand.

Die zu entrichtende Erbschaftsteuer steht der Region zu, in der sich das zuständige Erbschaftsteueramt befindet.

4. Steuerobjekt

a) Objekt der Übertragungsteuer

151 Objekt der Übertragungsteuer sind nur die in Belgien belegenen unbeweglichen Güter eines Nichteinwohners, wobei die Einstufung eines Gegenstands sich ausschließlich nach den Art. 516 ff. ZGB richtet. Besteuerungsgrundlage ist der objektive Verkaufswert[143] dieser unbeweglichen Gegenstände. In den Regionen Brüssel-Hauptstadt und Flandern sind etwaige Verbindlichkeiten, die erwiesenermaßen zur Anschaffung oder zum Unterhalt des inländischen Immobilienvermögens eingegangen wurden (beispielsweise auf diesen Gütern lastende hypothekarische Forderungen), abzugsfähig, wenn der Verstorbene seinen Wohnsitz oder den Sitz seines Vermögens im Europäischen Wirtschaftsraum hatte (Art. 27 Abs. 2 ErbStGB F/BH). In der Region Wallonien sind die Verbindlichkeiten, die sich eigens auf das inländische Immobilienvermögen beziehen, abzugsfähig, unabhängig vom Wohnsitz des Verstorbenen (Art. 27bis ErbStGB W). In der Region Wallonien kommen die bei der Berechnung der Erbschaftsteuer geltenden Freibeträge nicht bei der Berechnung der Übertragungsteuer zur Anwendung (Art. 54 ErbStGB W), wohl aber gewisse Steuernachlässe (Art. 56–60bis ErbStGB W). In den Regionen Brüssel-Hauptstadt und Flandern gelten die Freibeträge (Art. 54 ErbStGB BH) bzw. die Steuernachlässe (Art. 54–60/7 ErbStGB F und Art. 56–60bis ErbStGB BH) sowohl für die Erbschaftsteuer als auch für die Übertragungsteuer.

b) Objekt der Erbschaftsteuer

152 Objekt der Erbschaftsteuer ist das Weltvermögen des Erblassers, der an seinem Todestage Einwohner Belgiens war. Alles, was aus dem Nachlass von Todes wegen erworben wird, unterliegt der Erbschaftsteuer, d.h. insbesondere:

---

143 Siehe auch Rn 153.

(1) **Immobilien**, die grundsätzlich mit dem objektiven Verkaufswert (*valeur vénale*) am Todestage zu bewerten sind. Bei ausländischem Immobilienvermögen muss der Wert angegeben werden, der aus Urkunden oder anderen Dokumenten hervorgeht oder, in Ermangelung solcher Urkunden und Dokumente, der Wert, der pauschal gemäß Art. 21 Abs. 1 Ziffer I ErbStGB berechnet wird. Jedoch darf der angegebene Wert in keinem Fall unter dem Wert liegen, der im Ausland als Besteuerungsgrundlage berücksichtigt wurde.

153

Die Bewertung der zum Nachlass gehörenden Immobilien obliegt grundsätzlich dem Erklärenden. Das zuständige Erbschaftsteueramt prüft diese Bewertung innerhalb der zwei Jahre, die der Abgabe der Erklärung folgen. Ist die Verwaltung der Ansicht, dass der Wert zu niedrig deklariert ist, wird dem Steuerpflichtigen die von der Verwaltung festgelegte Bewertung zunächst formlos mitgeteilt. Wenn daraufhin keine Einigung über den Verkaufswert zwischen der Verwaltung und dem Steuerpflichtigen zustande kommt, kann das Erbschaftsteueramt ein Begutachtungsverfahren in die Wege leiten. Der objektive Verkaufswert wird im Rahmen dieses Verfahrens von einem oder drei Sachverständigen ermittelt. Das Ergebnis dieser Schätzung ist definitiv und für beide Verfahrensparteien verbindlich. Wenn sich herausstellt, dass der Steuerpflichtige den Wert in der Erbschaftsteuererklärung zu niedrig deklariert hat, muss er nicht nur auf die Wertdifferenz zusätzliche Erbschaftsteuern, sondern auch eine Geldbuße entrichten, deren Höhe sich nach dem Verhältnis des angegebenen Werts zum Ergebnis des Wertgutachtens richtet. Wenn der Steuerpflichtige das Risiko einer Unterbewertung und etwaige daraus resultierende Geldbußen vermeiden möchte, kann er vor Abgabe der Erbschaftsteuererklärung und innerhalb der Abgabefrist ein neutrales Begutachtungsverfahren fordern (Art. 20 ErbStGB). Im Rahmen dieses Begutachtungsverfahrens, dessen Kosten zu Lasten des Steuerpflichtigen sind, wird durch Sachverständige ein definitiver Wert festgelegt, der sowohl für den Steuerpflichtigen als auch für die Verwaltung bindend ist.

(2) **Mobilien**. Möbel, Hausrat und ähnliche Gegenstände sind ebenfalls mit ihrem objektiven Verkaufswert anzusetzen. Dieser Wert liegt i.d.R. weit unter dem Wiederbeschaffungswert, der aus der Feuerversicherungspolice, die in der Erklärung zu erwähnen ist, hervorgeht.

154

(3) **Aktien**, Wertpapiere und Schuldverschreibungen, die an der Brüsseler Börse notiert werden, sind in der Region Brüssel-Hauptstadt detailliert zu den Kursen anzugeben, die einmal monatlich im Belgischen Staatsblatt veröffentlicht werden. Der Steuerpflichtige ist berechtigt, nach eigenem Ermessen einen der Kurse anzugeben, die in den drei dem Tode folgenden Monaten veröffentlicht werden. Der Erklärende muss seine Wahl ausdrücklich in der Erklärung erwähnen, und alle zum Nachlass gehörenden Werte sind mit dem Kurs desselben Monats zu deklarieren (Art. 21 Abs. 1 Ziffer III ErbStGB BH). Für die an anderen Börsen notierten Wertpapiere ist in der Region Brüssel-Hauptstadt der mittlere Kurs im Monat des Todes oder in den zwei dem Tode folgenden Monaten anzugeben, wobei dieser Mittelkurs aufgrund der Kurswerte ermittelt wird, die in der spezialisierten Presse und/oder Onlinemedien veröffentlicht werden[144] (Art. 21 Abs. 1 Ziffer IIIbis ErbStGB BH).

155

In der Region Wallonien werden alle börsennotierten Finanzpapiere mit ihrem Verkaufswert am Todestag oder an den gleichen Tagen der zwei dem Tode folgenden Monate angegeben. Auch hier dienen als Grundlage die Veröffentlichungen in der spezialisierten Presse und/oder Onlinemedien. In der Region Flandern gilt der Börsenwert am Todestage oder am gleichen Tag der beiden folgenden Monate als Referenzwert (Art. 21 Abs. 1 Ziffer III ErbStGB W/F).

---

144 Diesbezüglich kann die Steuerverwaltung von dem Steuerpflichtigen verlangen, diese Angaben mittels einer weiteren unabhängigen Quelle zu belegen.

Alle nicht notierten Aktien oder Wertpapiere sind in den drei Regionen mit ihrem Wert am Todestage anzugeben.

156 **(4) Bank- und Spargerhaben** sowie Forderungen (Zinsen, die auf die Zeit vor dem Tode entfallen, inbegriffen).

157 **(5) Lebensversicherungen.** Name und Anschrift der Versicherungsgesellschaft, die Nummer der Versicherungspolice, die Identität des Begünstigten und das Versicherungskapital sind zu deklarieren.

158 **(6)** Der Inhalt von **Bankschließfächern**. Die belgischen Banken sind verpflichtet, zum Nachlass gehörende Schließfächer zu versiegeln, sobald sie von dem Tod des Schließfachinhabers erfahren. Außerdem muss die Bank die Existenz des Schließfachs der Registrierungsverwaltung melden. Dem zuständigen Registrierungsamt wird mitgeteilt, wann die Öffnung des Schließfachs erfolgt. Bei Öffnung wird ein Inventarverzeichnis in Gegenwart der Erben und gegebenenfalls eines Beamten der Registrierungsverwaltung erstellt. Eine Kopie dieses Verzeichnisses wird dem zuständigen Registrierungsamt zur Information übermittelt.

159 Alle zum Zeitpunkt des Todes bestehenden **Schulden** des Erblassers und die Begräbniskosten können abgezogen werden.[145] Verbindlichkeiten, deren Existenz bestritten ist, und Steuerschulden, die sich auf Einkünfte des Erblassers beziehen und nach dem Tode festgesetzt werden, werden erst berücksichtigt, sobald sie definitiv bestehen. Kosten für den späteren Unterhalt der Grabstätte können nicht in Abzug gebracht werden. Verbindlichkeiten gegenüber Erben und Vermächtnisnehmern sowie den in den Art. 911 und 1100 ZGB bezeichneten Zwischenpersonen können nur abgezogen werden, sofern die Echtheit der Schuld eindeutig bewiesen wird oder wenn die Schuld ihre unmittelbare und direkte Ursache im Erwerb, der Verbesserung, dem Erhalt oder der Rückerlangung von Gütern hat, die am Todestage des Erblassers zu seinem Vermögen gehörten.

5. Verjährungsfristen

160 Für die aufgrund einer Erklärung geschuldete Erbschaftsteuer, Geldbußen und Zinsen verjährt der Anspruch **zwei Jahre** nach Abgabe der Erklärung.

161 Das Recht der Registrierungsverwaltung, eine Kontrollschätzung der in der Erklärung angegebenen unbeweglichen Gegenstände vorzunehmen, verjährt zwei Jahre nach Abgabe der Erklärung.

162 Wenn keine Erbschaftsteuererklärung abgegeben wurde, wenn einzelne Vermögenswerte nicht deklariert wurden oder wenn Vermögenswerte, für die nicht das gesetzliche Kontrollschätzungsverfahren durchgeführt werden kann, unter dem tatsächlichen Wert deklariert wurden, verjährt die Steuerschuld zehn Jahre nach Ablauf der Abgabefrist beziehungsweise nach Abgabe der Erklärung. Wenn die Unterlassung eine in Belgien gelegene Immobilie oder Rentenzahlungen und eingetragene Forderungen, die in den Hypothekenregistern vermerkt wurde, betrifft, beträgt die Verjährungsfrist fünf Jahre. Wenn der Erblasser im Ausland verstorben ist, beginnt die Verjährungsfrist mit Eintragung der Sterbeurkunde in

---

145 Artikel 2.7.3.3.2. des Flämischen Steuergesetzbuchs führt diesbezüglich zum 1.1.2015 eine Neuerung ein, wonach die Schulden des Erblassers, mit Ausnahme der Schulden, die zum Erwerb oder Erhalt einer Immobilie eingegangenen wurden, pauschal mit 1.500 EUR beziffert werden. Die Beisetzungskosten werden pauschal mit 6.000 EUR beziffert. Die Steuerpflichtigen können jedoch für beide Positionen in der Steuererklärung auch für die Angabe der tatsächlichen (belegbaren) Schulden beziehungsweise Beisetzungskosten optieren.

die belgischen Standesamtsregister oder an dem Tag, an dem die Registrierungsverwaltung mittels in Belgien registrierter Urkunden von dem Tod erfahren hat.

Für alle anderen aus der Erklärung hervorgehenden Angaben tritt die Verjährung der Steuerschuld fünf Jahre nach Abgabe der Erklärung ein.

IV. Steuertarif in der Region Wallonien

1. Allgemeines

Die Erbschaftsteuer und die Übertragungsteuer werden nach dem zum Zeitpunkt des Todes geltenden Tarif erhoben (Art. 61 ErbStGB). Die in den drei belgischen Regionen unterschiedlichen progressiven Tarife sind grundsätzlich von dem Wert des Anfalls beim einzelnen Erben/Vermächtnisnehmer und von dessen Verwandtschaftsverhältnis[146] zum Erblasser abhängig. Eine Ausnahmeregelung besteht jedoch in den Regionen Flandern und Brüssel-Hauptstadt für die Besteuerung von Erbschaften zwischen anderen Personen als Verwandten in gerader Linie, Ehegatten, Geschwistern und Zusammenwohnenden. In diesem Fall wird der entsprechende Tarif nicht auf den Wert, den jeder einzelne Erbe oder Vermächtnisnehmer erwirbt, sondern auf den Gesamtwert, den alle Erbberechtigten aus der jeweiligen Kategorie erhalten, angewendet.

Der Progressionseffekt der im Folgenden skizzierten Tarifstrukturen wirkt sich jeweils nur auf den über die vorherige Tarifstufe hinausgehenden Teil des Erbanfalls aus.

2. Tarif für Erwerber in gerader Linie, Ehegatten und gesetzlich Zusammenwohnende[147]

0 bis 12.500 EUR	3 %
12.500 bis 25.000 EUR	4 %
25.000 bis 50.000 EUR	5 %
50.000 bis 100.000 EUR	7 %
100.000 bis 150.000 EUR	10 %
150.000 bis 200.000 EUR	14 %
200.000 bis 250.000 EUR	18 %
250.000 bis 500.000 EUR	24 %
Über 500.000 EUR	30 %

Der obige Tarif gilt nicht zwischen geschiedenen Ehegatten, von Tisch und Bett getrennten Ehegatten und Personen, die das gesetzliche Zusammenwohnen gemäß den Bestimmungen des Zivilgesetzbuchs beendet haben, außer wenn das geschiedene oder getrennte Paar gemeinsame Abkömmlinge hat.

Gemäß Art. 52/3 ErbStGB W gilt obiger Tarif auch für Stiefkinder und für die Kinder der Person, mit welcher der Erblasser gesetzlich zusammenwohnte. Unter gewissen Vorausset-

---

146 Wobei nur die Blutsverwandtschaft zählt.
147 Für eine Definition der Rechtsbegriffe „Ehegatte" und „gesetzlich Zusammenwohnende", siehe Art. 3 ErbStGB W. Im Sinne des ErbStGb W gilt der Ehegattentarif für gesetzlich Zusammenwohnende jedoch nur, wenn diese zum Zeitpunkt der Nachlasseröffnung an derselben Adresse domiziliert waren, d.h. im Bevölkerungsregister an derselben Adresse gemeldet waren.

zungen können auch Pflegekinder in den Genuss des gleichen Tarifes kommen (Art. 52/3 Ziffer 2 ErbStGB W).

3. Tarif für Geschwister

167

0 bis 12.500 EUR	20 %
12.500 bis 25.000 EUR	25 %
25.000 bis 75.000 EUR	35 %
75.000 bis 175.000 EUR	50 %
Über 175.000 EUR	65 %

4. Tarif für Erbschaften unter Onkel/Tanten und Neffen/Nichten

168

0 bis 12.500 EUR	25 %
12.500 bis 25.000 EUR	30 %
25.000 bis 75.000 EUR	40 %
75.000 bis 175.000 EUR	55 %
Über 175.000 EUR	70 %

5. Tarif für alle anderen Personen

169

0 bis 12.500 EUR	30 %
12.500 bis 25.000 EUR	35 %
25.000 bis 75.000 EUR	60 %
Ab 75.000 EUR	80 %

6. Freibeträge, Steuerabzüge und Steuerermäßigungen

170   Für den Erwerb durch Ehegatten, Verwandte in gerader Linie und gesetzlich Zusammenwohnenden ist die erste Tarifstufe steuerfrei. Der Freibetrag entspricht also 12.500 EUR. Wenn der Nettowert, den einer dieser Erben erwirbt, den Betrag von 125.000 EUR nicht überschreitet, beläuft sich der Basisfreibetrag auf 25.000 EUR für den jeweiligen Erben. Bei Kindern des Erblassers, die noch nicht 21 Jahre alt sind, wird der Freibetrag um 2.500 EUR für jedes volle Jahr bis zum Erreichen des 21. Lebensjahres erhöht. Der Freibetrag des Ehegatten des Erblassers erhöht sich außerdem um die Hälfte des zusätzlichen Freibetrags, der den gemeinsamen Kindern zusteht. Diese Freibeträge gelten nur für die Erbschaftsteuer, nicht aber für die Übertragungsteuer.

Alle anderen Erben und Vermächtnisnehmer zahlen keine Erbschaftsteuern, wenn der Nettowert des Nachlasses den Betrag von 620 EUR nicht überschreitet. Überschreitet der Nachlass diesen Betrag, so ist der volle Erwerb steuerpflichtig.

171   Für den Erwerb durch Erben in seitlicher Linie bis zum zweiten Verwandtschaftsgrad (Geschwister), die von einem Minderjährigen erben, entspricht der Freibetrag 12.500 EUR

beziehungsweise 25.000 EUR, wenn der Nettowert des auf ihn entfallenden Erbes 125.000 EUR nicht überschreitet.[148]

Andere Steuerbefreiungen betreffen:
- den Wert von Immobilien, die in der Region Wallonien in einem Natura 2000-Gebiet oder im Umkreis eines für die Einstufung als Natura 2000-Gebiet in Frage kommenden Gebietes liegen (Art. 55bis ErbStGB W);
- den Wert des Waldbestandes (nicht des Waldbodens) eines in der Region Wallonien gelegenen Waldes oder der Aktien oder Anteile einer Forstbetriebsgemeinschaft im Sinne des wallonischen Forstgesetzbuchs in dem Maße, wo der Wert dieser Aktien oder Anteile durch den Waldbestand hervorgebracht wird (Art. 55ter ErbStGB W);
- den Erwerb durch einen Erben in gerader Linie oder in seitlicher Linie bis zum zweiten Verwandtschaftsgrad (Geschwister) sowie durch deren Abkömmlinge ersten Grades (Nichten und Neffen), insofern sie als gesetzliche Erben den Nachlass erhalten, bis zu einem Betrag von 250.000 EUR, wenn der Erblasser Opfer eines außergewöhnlichen Gewaltaktes gewesen ist (Art. 55quater ErbStGB W).[149]

Die Erbschaftsteuern werden um einen besonderen Abzug verringert, wenn der Erbe oder Vermächtnisnehmer am Todestage des Erblassers wenigstens drei Kinder hat, die jünger als 21 Jahre sind. Dieser Abzug beträgt 2 % je Kind, höchstens aber 62 EUR je Kind. Für den überlebenden Ehegatten und den Zusammenwohnenden wird dieser Abzug auf 4 % je Kind erhöht, höchstens aber 124 EUR je Kind.

7. Besteuerung bei Unternehmensübertragungen

Für alle nach dem 1.1.2006[150] eröffnete Erbschaften gilt gem. Art. 60bis ErbStGB W in der Region Wallonien ein Erbschaft- und Übertragungsteuersatz von 0 %, wenn ein Unternehmensanteil von Todes wegen auf einen Erben oder Vermächtnisnehmer übergeht, sofern der Nachlass
- ein dingliches Recht an Gütern umfasst, die ein **Gesamtvermögen** (*universalité de biens*) bilden, eines **Betriebszweigs** oder eines **Handelsgeschäfts** sind, mittels welcher der Erblasser alleine oder mit anderen Personen gemeinsam zum Zeitpunkt des Todes eine industrielle, kaufmännische, handwerkliche, landwirtschaftliche, forstwirtschaftliche oder freiberufliche Tätigkeit oder Aufgaben und Ämter ausgeübt hat. Die Steuerbefreiung ist auf den Nettowert der beruflich investierten Güter anwendbar. Die Steuerbefreiung gilt jedoch nicht für Wohnimmobilien; im Falle einer Übertragung von Todes wegen von **landwirtschaftlichem Gelände**, entweder an den Betreiber oder Mitbetreiber des auf diesem Gelände ausgeübten landwirtschaftlichen Betriebes oder an Erben in gerader Linie, zwischen Eheleuten und gesetzlich Zusammenwohnenden, unabhängig von der Übertragung des dort ausgeübten landwirtschaftlichen Betriebes selbst, wird dieses Gelände ebenso als ein Gesamtvermögen, Betriebszweig oder Handelsgeschäft betrachtet und die Steuerbefreiung Anwendung finden können, unter der Bedingung, dass dieses

---

148 Art. 54 Ziffer 3 ErbStGB W (anwendbar seit dem 4.8.2013).
149 Voraussetzung für die Anwendung dieser Steuerbefreiung ist eine der Steuererklärung beizufügende, diesbezügliche Bescheinigung der Operationellen Generaldirektion Steuerwesen des öffentlichen Dienstes Walloniens. Diese Steuerbefreiung wurde mit rückwirkender Kraft zum 1.12.2011 in Folge des Attentates in Lüttich vom 13.12.2011 in das Steuergesetzbuch aufgenommen. Die Anwendung der Steuerbefreiung wird insbesondere aufgrund der gesetzlichen Definition des „außergewöhnlichen Gewaltaktes" wohl eher Ausnahmecharakter behalten.
150 Dekret vom 15.12.2005, Belgisches Staatsblatt vom 23.12.2005.

Gelände am Todestage Gegenstand eines Pachtvertrages gemäß den Bestimmungen des Zivilgesetzbuches ist.
- ein dingliches Recht in Bezug auf **Aktien, Anteile, Zeichnungsrechte oder Zertifikate** einer Gesellschaft umfasst, die hauptsächlich eine industrielle, kaufmännische, handwerkliche, landwirtschaftliche, forstwirtschaftliche oder freiberufliche Tätigkeit ausübt oder Aufgaben und Ämter wahrnimmt, und zwar sowohl während des zum Zeitpunkt des Todes laufenden Geschäftsjahres als auch während der beiden vorhergehenden Geschäftsjahre. Der Sitz der tatsächlichen Leitung der Gesellschaft muss sich in einem Mitgliedstaat des Europäischen Wirtschaftsraums befinden. Die Steuerbefreiung gilt auch für Forderungen, die der Erblasser gegen eine solche Gesellschaft zum Zeitpunkt des Todes hatte.

175 Für die Anwendbarkeit der Steuerbefreiung sind keinerlei Bedingungen zu erfüllen hinsichtlich
- der Mindestdauer, während welcher der Erblasser die Güter des Unternehmens oder die Aktien/Gesellschaftsanteile vor seinem Tode besessen haben muss;
- des Bestehens eines Verwandtschaftsverhältnisses zwischen dem Erblasser und den Erben oder Vermächtnisnehmern (mit Ausnahme der Übertragung von landwirtschaftlichem Gelände, wenn der Erbe oder Vermächtnisnehmer nicht gleichzeitig Betreiber des landwirtschaftlichen Betriebs ist);
- der Fortsetzung des Unternehmens oder der Gesellschaft durch die Erben oder Vermächtnisnehmer selbst. Eine Veräußerung der betroffenen Güter und Aktien durch die Erben oder Vermächtnisnehmer ist zulässig.

176 Die Inanspruchnahme des ermäßigten Steuersatzes setzt voraus, dass
- das Unternehmen im Europäischen Wirtschaftsraum zum Zeitpunkt des Todes Personal unter Arbeitsvertrag beschäftigt, oder
- der oder die Betreiber des Unternehmens und ihr Ehepartner, ihr gesetzlich zusammenwohnender Partner, ihre Verwandten bis zum ersten Grad und verschwägerte Personen die einzigen Arbeitskräfte sind, welche im Europäischen Wirtschaftsraum für das Unternehmen tätig sind, und dass diese Personen zum Zeitpunkt des Todes einer Sozialversicherungskasse für Selbstständige angeschlossen sind.

177 Wenn es sich um Beteiligungen an einer Gesellschaft, die den in Rn 174 erwähnten Kriterien entspricht, oder um eine Forderung gegen eine solche Gesellschaft handelt, müssen außerdem folgende Bedingungen erfüllt sein:
- Mit der Gesamtheit der übertragenen Anteile/Aktien müssen wenigstens 10 % der Stimmrechte bei den Gesellschafterversammlungen verbunden sein.
- Wenn weniger als 50 % der Stimmrechte auf diese Aktien oder Anteile entfallen, muss ein Abkommen zwischen Aktionären oder Teilhabern, die wenigstens 50 % der Stimmrechte besitzen, für eine Dauer von wenigstens fünf Jahren geschlossen werden, durch welches die Einhaltung der Voraussetzungen für die Inanspruchnahme der Steuerbefreiung vereinbart wird.[151]

---

[151] Diese Bedingung ist nicht anwendbar, wenn die Gesamtheit der Stimmrechte des Verstorbenen, seines Ehepartners oder gesetzlich zusammenwohnenden Partners, der Vorfahren oder Abkömmlinge des Verstorbenen und seines Ehepartners oder gesetzlich zusammenwohnenden Partners, sowie deren Ehegatten oder gesetzlich zusammenwohnende Partner, der Geschwister des Verstorbenen und seines Ehepartners und gesetzlich zusammenwohnenden Partners, sowie deren Ehegatten und gesetzlich zusammenwohnende Partner, und der Abkömmlinge der Geschwister des Verstorbenen und seines Ehepartners oder gesetzlich zusammenwohnenden Partners, sowie deren Ehegatten und gesetzlich zusammenwohnende Partner, mindestens 50 Prozent aller Stimmrechte umfasst.

Die Steuerbefreiung wird nur aufrechterhalten, wenn folgende **Auflagen** eingehalten werden: 178
- Das Unternehmen oder die Gesellschaft muss während der fünf Jahre, die dem Tode des Erblassers folgen, die Tätigkeiten fortsetzen. Dies muss nicht unbedingt die gleiche Tätigkeit wie vor dem Tode sein.
- Die Gesamtzahl der Arbeitnehmer und Selbstständigen, die in dem Unternehmen oder der Gesellschaft zum Zeitpunkt des Todes beschäftigt waren, muss während der fünf Jahre, die dem Tode des Erblassers folgen, im Durchschnitt von Jahr zu Jahr wenigstens zu 75 % aufrechterhalten bleiben.
- In den fünf Jahren nach dem Tode des Erblassers dürfen die investierten Güter oder das Kapital nicht mittels Entnahmen oder Ausschüttungen vermindert werden.
- Am Ende der fünf Jahre nach dem Tode muss eine durch die Erben unterschriebene Erklärung bescheinigen, dass die vorgenannten Auflagen eingehalten wurden. Darüber hinaus besteht die Verpflichtung, die Erfüllung dieser Auflagen innerhalb der fünf Jahre jederzeit der Verwaltung auf erste Anfrage hin zu belegen.

Die Güter oder Aktien, für welche die Steuerbefreiung beantragt wird, müssen in einer Sonderrubrik der Erbschaftsteuererklärung oder einer Zusatzerklärung deklariert werden und der Erklärung ist eine von der wallonischen Regionalregierung ausgestellte Bescheinigung beizufügen, in der bestätigt wird, dass die Voraussetzungen für die Inanspruchnahme der Steuerbefreiung erfüllt sind. Wurde die Erbschaftsteuer vor der Erklärung der betroffenen Güter und der Hinterlegung der Bescheinigung der wallonischen Region beglichen, ist ein Rückerstattungsantrag gemäß Art. 135 Ziffer 8 ErbStGB W möglich. 179

8. Besteuerung des Familienwohnsitzes

Falls der Nachlass wenigstens einen Eigentumsanteil an der Immobilie umfasst, in welcher der Erblasser während wenigstens fünf Jahren vor seinem Tode seinen Hauptwohnsitz hatte,[152] werden für den Erwerb dieser Rechte in gerader Linie gem. Art. 60terErbStGB W die folgenden Erbschaftsteuertarife auf den Nettowert des Eigentumsanteils, welcher dem Erblasser gehörte, angewandt: 180

0,01 bis 25.000 EUR	1 %
25.000,01 bis 50.000 EUR	2 %
50.000,01 bis 175.000 EUR	5 %
175.000,01 bis 250.000 EUR	12 %
250.000,01 bis 500.000 EUR	24 %
Über 500.000 EUR	30 %

---

[152] Außer in Fällen höherer Gewalt oder wenn der Erblasser aus familiären, medizinischen, beruflichen oder sozialen Gründen seinen Hauptwohnsitz nicht mehr in der Immobilie aufrechterhalten konnte Art. 60ter § 2 Abs. 2 und 3 ErbStGb W.

181 Für den Erwerb dieser Rechte durch den Ehepartner oder gesetzlich zusammenwohnenden Partner des Erblassers sind seit dem 1.6.2014[153] folgende Tarife anwendbar:

0,01 bis 25.000 EUR	0 %
25.000,01 bis 50.000 EUR	0 %
50.000,01 bis 160.000 EUR	0 %
160.000,01 bis 175.000 EUR	5 %
175.000,01 bis 250.000 EUR	12 %
250.000,01 bis 500.000 EUR	24 %
Über 500.000 EUR	30 %

182 Diese Sondertarife sind anwendbar, wenn folgende Voraussetzungen erfüllt sind:
– die Immobilie muss ganz oder teilweise zu Wohnzwecken bestimmt sein;
– die Immobilie muss in der Wallonischen Region belegen sein;
– es muss sich um eine Erbschaft zugunsten eines Erben oder Vermächtnisnehmers in gerader Linie oder zugunsten des Ehepartners oder des gesetzlich zusammenwohnenden Partners handeln.

183 Die Berechnung des bevorzugten Erbschaftsteuersatzes für den Familienwohnsitz erfolgt auf den jeweiligen Nettoerwerb der einzelnen Erben, d.h. die Nachlassverbindlichkeiten und Beisetzungskosten werden vorrangig von diesem Wert abgezogen.[154] Gemäß Art. 66ter ErbStGB W gilt bei Anwendung des Sondertarifs gem. Art. 60ter ErbStGB W ein **Progressionsvorbehalt**: Der niedrig besteuerte Teil der Erbschaft wird zu dem Teil hinzugefügt, den der Begünstigte der Steuerermäßigung erbt, um die Tarifstufe(n) zu bestimmen, die auf den normal besteuerten Teil der Erbschaft anwendbar ist.[155]

V. Steuertarif in der Region Flandern

1. Tarif für Erwerber in gerader Linie, Ehegatten, Zusammenwohnende

184 Bei Erben und Vermächtnisnehmern, die mit dem Erblasser in gerader Linie verwandt waren, unter Ehegatten und Zusammenwohnenden wird das Nachlassvermögen in unbewegliche Güter einerseits, bewegliche Güter andererseits aufgespalten. Seit dem 1.1.2007[156] wird der Wert der Immobilie, welche durch den Erblasser und seinen Ehepartner oder den Partner, mit dem er zusammenwohnte, zum Zeitpunkt des Todes als Familienwohnsitz benutzt wurde, nicht mehr bei der Festlegung der Erbschaftsteuer, die durch den Ehepartner oder zusammenwohnenden Partner zu zahlen ist, berücksichtigt.[157] Bei einfach, d.h. faktisch

---

153 Dekret des wallonischen Parlaments vom 11.4.2014, B.S. vom 9.5.2014.
154 Vorbehaltlich der Anwendung von Art. 60bis ErbStGb W für die Besteuerung von Unternehmensübertragungen. In diesem Fall werden die Nachlassverbindlichkeiten, außer spezifische Verbindlichkeiten, und Beisetzungskosten vorrangig von diesem Wert abgezogen. Faktisch hat dies zur Folge, dass in Höhe des übertragenen Unternehmenswertes diese Verbindlichkeiten nicht mehr in Abzug gebracht werden können.
155 Es ist hingegen kein Progressionsvorbehalt vorgesehen bei Anwendung des Art. 60bis (Besteuerung bei Unternehmensübertragungen, siehe Rn 174).
156 Dekret vom 7.7.2006, Belgisches Staatsblatt vom 20.9.2006.
157 Dies gilt jedoch nicht, wenn der zusammenwohnende Partner in gerader Linie mit dem Erblasser verwandt ist.

Zusammenwohnenden gilt diese Steuerbefreiung des Familienwohnsitzes nur, wenn diese am Tage der Eröffnung des Nachlasses bereits seit mindestens drei Jahren einen gemeinsamen Haushalt bilden (siehe auch Rn 187).

Die Berechnung der Erbschaftsteuer erfolgt auf den jeweiligen Nettoerwerb der einzelnen Erben. Die Nachlassverbindlichkeiten und Beerdigungskosten werden vorrangig von den beweglichen Gütern und den in Art. 60/1 ErbStGB F bezeichneten Aktiva abgezogen, außer wenn Verbindlichkeiten nachweislich speziell für den Erwerb oder die Erhaltung von den unbeweglichen Gütern des Nachlasses entstanden sind.

185

Auf die beiden Vermögenskategorien (bewegliche und unbewegliche Güter) werden voneinander unabhängig folgende Steuersätze angewendet:

186

Steuerstufe nach Nettoerwerb	Gerade Linie, Ehegatten, Zusammenwohnende	
	Prozentsatz	Gesamtsteuer auf die vorhergehenden Tranchen
0.01 bis 50.000 EUR	3 %	–
50.000 bis 250.000 EUR	9 %	1.500 EUR
Über 250.000,00 EUR	27 %	19.500 EUR

Seit dem 1.7.2000 (Dekret vom 30.6.2000) gelten folgende Personen im Sinne des ErbStGB in Flandern als **zusammenwohnend**:
- Personen, die zum Todeszeitpunkt mit dem Erblasser i.S.v. Art. 1475 ZGB (Gesetz vom 23.11.1998) zusammenwohnten, d.h. die Personen, die vor dem Standesbeamten der Gemeinde, in der sie ihren gemeinsamen Wohnsitz haben, eine Erklärung des gesetzlichen Zusammenwohnens unterschrieben haben. Diese Erklärung kann nur von Paaren (zwei Personen) abgegeben werden. Es kann sich um Personen unterschiedlichen oder gleichen Geschlechts, Geschwister und gleich welche anderen zusammenwohnende Personen handeln. Der Erbe oder Vermächtnisnehmer muss lediglich nachweisen, dass er mit dem Erblasser die Erklärung des gesetzlichen Zusammenwohnens unterschrieben hat. Es muss nicht nachgewiesen werden, dass der Erblasser und der Erwerber tatsächlich zusammenwohnten;
- Personen, die zum Todeszeitpunkt seit mindestens einem Jahr mit dem Erblasser zusammenwohnten und mit ihm einen Haushalt bildeten. Das Geschlecht, der Verwandtschaftsgrad und der Zivilstand der Zusammenwohnenden sind irrelevant. Die Personenzahl, die im Sinne dieser Bestimmung als einfach (faktisch) zusammenwohnend angesehen wird, ist unbegrenzt. Ein Auszug aus den Bevölkerungsregistern gilt als widerlegbare Vermutung für das (nicht gesetzliche, sondern faktische) Zusammenwohnen und die Existenz eines gemeinsamen Haushalts als ausreichend. Der Erbe oder Vermächtnisnehmer kann das Zusammenwohnen und das Bestehen eines gemeinsamen Haushalts aber auch mit anderen Rechtsmitteln beweisen.

187

Die obigen Tarifstufen (siehe Rn 186) gelten nicht zwischen geschiedenen Ehegatten, von Tisch und Bett getrennten Ehegatten und Personen, die vormals im Sinne der Bestimmungen des ErbStGB F Zusammenwohnende waren, außer wenn das geschiedene oder getrennte Paar gemeinsame Abkömmlinge hat.

188

Diese Tarifstufen gelten hingegen auch für
- Stiefkinder des Erblassers;
- für die Kinder der Person, mit welcher der Erblasser zusammenwohnte;

189

Schür

– für Erbschaften zwischen Pflegeeltern und Pflegekindern (*zorgouder/zorgkind*, Art. 50 Abs. 3 ErbStGB F) unter der Voraussetzung, dass das Kind vor dem Erreichen des 21. Lebensjahres während einer nicht unterbrochenen Dauer von wenigstens drei Jahren bei einer anderen Person gewohnt hat und von dieser Person oder von ihr und ihrem Lebenspartner gemeinsam die Unterstützung und Versorgung erhalten hat, die Kinder üblicherweise von ihren Eltern erhalten;
– für Personen, mit denen der Vater oder die Mutter des Erblassers zusammenwohnte.

2. Tarif für Geschwister und alle anderen Personen

190 Die folgenden Tarife sind bei Erbschaften unter Geschwistern und unter allen anderen als den vorgenannten Personen, d.h. bei weiterem Verwandtschaftsgrad und bei nicht verwandten Personen anwendbar. Die Bemessungsgrundlage wird in diesen Fällen nicht in unbewegliche und bewegliche Güter aufgespalten. Bei Erbschaften unter Geschwistern wird der Nettowert des Erwerbs der einzelnen Erben jeweils getrennt besteuert. Bei Erbschaften unter den anderen Personen wird die anwendbare Tarifstufe durch den Gesamterwerb der Personen, die zur gleichen Kategorie gehören, bestimmt.

Steuerstufe nach Nettoerwerb	Anwendbarer Tarif			
	Geschwister		andere Personen	
	Prozentsatz	Gesamtsteuer auf die vorhergehenden Tranchen	Prozentsatz	Gesamtsteuer auf die vorhergehenden Tranchen
0.01 bis 75.000 EUR	30 %	–	45 %	–
75.000 bis 125.000 EUR	55 %	22.500 EUR	55 %	33.750 EUR
Über 125.000,00 EUR	65 %	50.000 EUR	65 %	61.250 EUR

3. Freibeträge, Steuerabzüge und Steuerermäßigungen

191 Art. 54 ErbStGB F sieht einen Steuerfreibetrag für behinderte Erben und Vermächtnisnehmer vor.

Unbebauter, in Naturschutzgebieten belegener Grundbesitz ist unter den in Art. 55ter ErbStGB F festgelegten Bedingungen von der Erbschaftsteuer befreit. Für Wald ist in Art. 55quater ErbStGB F eine Steuerbefreiung vorgesehen. Für Erbschaften, die nach dem 23.1.2014 eröffnet wurden, bewirkt Art. 55quinquies ErbStGB F eine Steuerbefreiung für die Werte, die ein Verwandter in aufsteigender Linie aus dem Nachlass seines Abkömmlings erhält, wenn:
– er diese Güter dem Abkömmling im Wege der Schenkung unter Lebenden übertragen hat;
– sich diese Güter noch im Nachlass befinden oder, falls diese veräußert wurden, zum Nachlass noch eine diesbezügliche Forderung gehört;
– der Erblasser ohne Nachkommen verstorben ist;
– und die Erben die Anwendung des Artikels ausdrücklich beantragen.

192 Art. 56 ErbStGB F sieht eine Ermäßigung der Erbschaftsteuer und der Übertragungsteuer für Erben und Vermächtnisnehmer in gerader Linie, Ehegatten und Zusammenwohnende

vor. Soweit der Nettowert des jeweiligen Erbanfalls niedriger ist als 50.000 EUR, wird der Steuerbetrag um eine Summe verringert, die nach der folgenden Formel berechnet wird:

$$500\,\text{EUR} \times [1 - (\text{erworbener Nettowert}/50.000)]$$

Die Steuerermäßigung ist nicht anwendbar, wenn der Nettowert des Anfalls die Summe von 50.000 EUR überschreitet.

Die Steuern, die durch ein Kind des Erblassers geschuldet sind, werden zusätzlich um 75 EUR je Jahr verringert, das bis zum Erreichen des Alters von 21 Jahren des Kindes verstreichen muss. In diesem Fall werden die durch den Ehegatten oder Zusammenwohnenden geschuldeten Steuern um die Hälfte des Betrages verringert, um den die Steuern der gemeinsamen Kinder verringert werden.

Art. 56 Abs. 3 und 4 ErbStGB F sieht Ermäßigungen der Erbschaftsteuer und der Übertragungsteuer für andere Erben und Vermächtnisnehmer als Verwandte in gerader Linie, Ehegatten und Zusammenwohnende vor. Soweit der Nettowert des jeweiligen Erbanfalls niedriger ist als 75.000 EUR, wird der Steuerbetrag um eine Summe verringert, die nach den folgenden Formeln berechnet wird:

a) Bei Erwerb durch Geschwister des Erblassers wird die Steuerermäßigung der einzelnen Erben oder Vermächtnisnehmer wie folgt berechnet:
– wenn der Nettowert des Erbanteils 18.750 EUR nicht übersteigt:
$2.000\,\text{EUR} \times [1 - (\text{erworbener Nettowert}/20.000)]$
– wenn der Nettowert des Erbanteils zwischen 18.750 EUR und 75.000 EUR beträgt:
$2.500\,\text{EUR} \times [1 - (\text{erworbener Nettowert}/75.000)]$

b) Bei Erwerb durch andere Personen wird die Steuerermäßigung auf den Gesamtwert, den die Erben und Vermächtnisnehmer dieser Kategorie erwerben, berechnet und unter diesen Begünstigten im Verhältnis ihrer jeweiligen Erbanteile aufgeteilt:
– wenn der Nettowert des Erbanteils 12.500 EUR nicht übersteigt:
$2.000\,\text{EUR} \times [1 - (\text{erworbener Nettowert}/12.500)]$
– wenn der Nettowert des Erbanteils zwischen 12.500 EUR und 75.000 EUR beträgt:
$2.400\,\text{EUR} \times [1 - (\text{erworbener Nettowert}/75.000)]$

Begünstigung von Familienunternehmen: Für alle nach dem 1.1.2012 eröffneten Erbschaften gilt in der Region Flandern ein Steuertarif von 3 % in gerader Linie, zwischen Eheleuten und Zusammenwohnenden,[158] und von 7 % für alle anderen Personen gem. Art. 60/1 ErbStGB F für:

a) Art. 60/1 § 1 Ziffer 1: Vermögen, das der Erblasser oder sein Ehegatte beruflich in ein Familienunternehmen investiert hat. Familienunternehmen sind Industrie-, Handels-, Handwerks- oder landwirtschaftliche Betriebe sowie freiberufliche Tätigkeiten, die vom Erblasser und/oder seinem Ehegatten oder zusammenwohnenden Partner persönlich, ggf. gemeinsam mit anderen Personen, geleitet bzw. ausgeübt worden sind. Die Steuerbefreiung ist auf den Nettowert der beruflich investierten Güter anwendbar, mit Ausnahme der Immobilien, die zu Wohnzwecken genutzt werden oder dazu bestimmt sind. Sämtliche Nachlasspassiva und Begräbniskosten werden von dem Wert der investierten Güter abgezogen, außer den Schulden, die sich nachweislich und speziell auf den Erwerb oder die Erhaltung anderer Güter beziehen.

---

158 Sowohl gesetzlich zusammenwohnende Partner als auch faktisch zusammenwohnende Partner, unter der Voraussetzung, dass Letztere seit mindestens drei Jahren einen gemeinsamen Haushalt bildeten.

b) Art. 60/1 § 1 Ziffer 2: Aktien einer Familiengesellschaft. Der Sitz der tatsächlichen Leitung der Gesellschaft muss sich in einem Mitgliedstaat des Europäischen Wirtschaftsraums befinden. Es ist nicht erforderlich, dass die Gesellschaft vom Erblasser und/oder seinem Ehegatten persönlich geleitet worden ist. Die Steuerermäßigung bezieht sich auch auf Holdinggesellschaften unter der Voraussetzung, dass diese mindestens 30 % der Aktien einer Tochtergesellschaft hält, die als Familiengesellschaft im Sinne dieser Gesetzgebung gilt, und beschränkt sich auf den Wert dieser Beteiligung an der Familiengesellschaft mit industrieller, kommerzieller, handwerklicher, landwirtschaftlicher oder freiberuflicher Tätigkeit.

Die Steuerbefreiung ist auf Gesellschaftsbeteiligungen mit Stimmrechten gleich welcher Art anwendbar, unter der Voraussetzung, dass diese eine Beteiligung am Gesellschaftskapital darstellen (auch Zertifikate von juristischen Personen).

195 Gesellschaften ohne tatsächliche wirtschaftliche Tätigkeit sind von diesem ermäßigten Steuersatz gem. Art. 60/1 § 2 ausgeschlossen.

Folgende Bedingungen sind für die Anwendbarkeit der oben unter Buchst. b) (siehe Rn 194) erwähnten Steuerbefreiung zu erfüllen:
- Wenigstens 50 % der Aktien müssen dem Erblasser und/oder seiner Familie am Todestage gehören. Unter Familie des Erblassers versteht man i.S.d. Art. 60/1 § 2 Ziffer 5 ErbStGb F seinen Ehepartner oder zusammenwohnenden Partner, seine Verwandten in gerader Linie und deren Ehegatten und zusammenwohnende Partner, seine seitliche Verwandtschaft bis zum zweiten Verwandtschaftsgrad und deren Ehegatten und zusammenwohnende Partner sowie die Kinder von vorverstorbenen Geschwistern des Erblassers.

   In Abweichung dazu können auch 30 % der Aktien in vollem Eigentum genügen, um von diesem bevorzugten Steuersatz zu profitieren, wenn der Verstorbene und seine Familie zusammen mit einem weiteren Aktionär und dessen Familie mindestens 70 % der Aktien der Gesellschaft gehalten hat, oder, wenn man mit zwei weiteren Aktionären und deren Familien mindestens 90 % der Aktien der Gesellschaft gehalten hat.
- Die Anwendung des Art. 60/1 ErbStGB F muss in der Erklärung ausdrücklich beantragt werden und die Erben müssen bestätigen, dass die Bedingungen von Art. 60/1 ErbStGb F eingehalten wurden. Der Erklärung muss eine vom zuständigen Finanzamt ausgestellte Bescheinigung beigefügt werden, in der bestätigt wird, dass die Voraussetzungen von Art. 60/1 erfüllt sind.

196 Die Steuerermäßigung wird nur beibehalten, wenn:
- die Tätigkeit während einer Dauer von mindestens drei Jahren nach dem Tode des Erblassers fortgeführt wird und
- bei Anwendung von Art. 60/1 § 1 Ziffer 1: insofern die übertragenen Immobilien während mindestens drei Jahren nicht ganz oder teilweise als Wohnung genutzt werden oder dazu bestimmt sind;
- bei Anwendung von Art. 60/1 § 1 Ziffer 2: die Gesellschaft während drei Jahren Jahresrechnungen oder konsolidierte Jahresrechnungen gemäß den geltenden Bestimmungen des Mitgliedstaates, in welchem sie ihren Sitz hat, erstellt und ggf. veröffentlicht;
- bei Anwendung von Art. 60/1 § 1 Ziffer 2: das Kapital der Gesellschaft nicht durch Auszahlung herabgesetzt wird und der Sitz der tatsächlichen Leitung der Gesellschaft während drei Jahren in einen Staat außerhalb des europäischen Wirtschaftsraum verlegt wird.

Nach drei Jahren wird die Einhaltung dieser Bedingungen durch den dazu durch die flämische Regionalregierung beauftragten Beamten geprüft. Falls die Bedingungen nicht erfüllt sind, werden die Steuern zum Normaltarif nacherhoben.

VI. Steuertarif in der Region Brüssel-Hauptstadt

1. Allgemeines

Bei Erwerb durch Verwandte in gerader Linie, Ehegatten, Zusammenwohnende und Geschwister wird der Nettowert des Erbanfalls der einzelnen Erben jeweils getrennt nach den folgenden Tarifen besteuert. Bei Erwerb durch andere als die vorgenannten Personen wird die anwendbare Tarifstufe durch den Gesamterwerb der Personen, die zur gleichen Kategorie gehören, bestimmt. Gemäß Art. 60quater ErbStGB BH sind die zulässigen Passiva in folgender Reihenfolge von den Nachlasspassiva abzuziehen:
– zunächst von den in Art. 60bis ErbStGB BH bezeichneten Aktiva (Familienunternehmen und -gesellschaften);
– anschließend von den in Art. 60ter ErbStGB BH bezeichneten Aktiva (Hauptwohnsitz des Erblassers);
– und letztlich von allen anderen Nachlassaktiva.

Beweist der Erbe oder Vermächtnisnehmer jedoch, dass der Erblasser speziell für den Erwerb, die Verbesserung oder die Erhaltung gewisser Güter Schulden eingegangen ist, sind diese Verbindlichkeiten von den betroffenen Nachlassbestandteilen abzuziehen.

2. Tarif für Erwerber in gerader Linie, Ehegatten, Zusammenwohnende

Steuerstufen je nach Nettoerwerb	Prozentsatz je nach Tranche	Gesamtbetrag der Steuern auf die vorhergehenden Tranchen
0,01 bis 50.000 EUR	3 %	
50.000 bis 100.000 EUR	8 %	1.500 EUR
100.000 bis 175.000 EUR	9 %	5.500 EUR
175.000 bis 250.000 EUR	18 %	12.250 EUR
250.000 bis 500.000 EUR	24 %	25.750 EUR
Über 500.000 EUR	30 %	85.750 EUR

Seit dem 1.1.2003 (Dekret vom 16.5.2002) gilt in der Region Brüssel-Hauptstadt für Personen, die eine Erklärung des gesetzlichen Zusammenwohnens gem. Art. 1475 und 1476 ZGB abgegeben haben, der gleiche Steuertarif wie für Ehegatten. Anders als in der wallonischen Region ist es nicht erforderlich, dass der Erbe oder Vermächtnisnehmer zum Todeszeitpunkt mit dem Erblasser einen gemeinsamen Wohnsitz hatte.

Der für Erbschaften in gerader Linie anwendbare Tarif gilt auch für
– die Kinder des Ehegatten des Erblassers und die Kinder der Person, mit welcher der Erblasser gesetzlich zusammenwohnte und generell für jedes Kind, das mit dem Verstorbenen zusammenwohnte. Voraussetzung für die Anwendung dieses Tarifs ist jedoch, dass das Kind vor Erreichen des 21. Lebensjahres während wenigstens sechs Jahren ohne Unterbrechung mit dem Erblasser zusammenwohnte und vom Erblasser und seinem Ehegatten oder zusammenwohnenden Partner gemeinsam die Unterstützung und Versorgung erhalten hat, die Kinder normalerweise von ihren Eltern erhalten (Gleichstellung mit den Kindern des Verstorbenen);
– die Personen, die dem Erblasser unter den im vorherigen Spiegelstrich erwähnten Bedingungen die Unterstützung und Versorgung zukommen ließen, die Eltern normalerweise

ihren Kindern zuteilwerden lassen (Gleichstellung mit Vater oder Mutter des Verstorbenen).

202 Die Eintragung im Bevölkerungsregister an derselben Adresse gilt bis zum Beweis des Gegenteils als Beweis für das Zusammenwohnen der betroffenen Personen.

203 Der obige Tarif (siehe Rn 199) gilt nicht zwischen geschiedenen Ehegatten, von Tisch und Bett getrennten Ehegatten und Personen, die das gesetzliche Zusammenwohnen gemäß den Bestimmungen des Zivilgesetzbuchs beendet haben, außer wenn das geschiedene oder getrennte Paar gemeinsame Abkömmlinge hat.

3. Tarif für Geschwister

204

Steuerstufen je nach Nettoerwerb	Prozentsatz je nach Tranche	Gesamtbetrag der Steuern auf die vorhergehenden Tranchen
0,01 bis 12.500 EUR	20 %	
12.500 bis 25.000 EUR	25 %	2.500 EUR
25.000 bis 50.000 EUR	30 %	5.625 EUR
50.000 bis 100.000 EUR	40 %	13.125 EUR
100.000 bis 175.000 EUR	55 %	33.125 EUR
175.000 bis 250.000 EUR	60 %	74.375 EUR
Über 250.000 EUR	65 %	119.375 EUR

4. Tarif für Erbschaften unter Onkel/Tanten und Neffen/Nichten

205

Steuerstufen je nach Nettoerwerb	Prozentsatz je nach Tranche	Gesamtbetrag der Steuern auf die vorhergehenden Tranchen
0,01 bis 50.000 EUR	35 %	
50.000 bis 100.000 EUR	50 %	17.500 EUR
100.000 bis 175.000 EUR	60 %	42.500 EUR
Über 175.000 EUR	70 %	87.500 EUR

5. Tarif für alle anderen Personen

206

Steuerstufen je nach Nettoerwerb	Prozentsatz je nach Tranche	Gesamtbetrag der Steuern auf die vorhergehenden Tranchen
0,01 bis 50.000 EUR	40 %	
50.000 bis 75.000 EUR	55 %	20.000 EUR
75.000 bis 175.000 EUR	65 %	33.750 EUR
Über 175.000 EUR	80 %	98.750 EUR

6. Freibeträge, Steuerabzüge und Steuerermäßigungen

Für den Erwerb durch Ehegatten, gesetzlich zusammenwohnende Partner und Verwandte in gerader Linie besteht – insofern sie in ihrer Eigenschaft als gesetzliche Erben den Nachlass erhalten – ein Steuerfreibetrag von 15.000 EUR. Bei Kindern des Erblassers, die noch nicht 21 Jahre alt sind, wird dieser Freibetrag um 2.500 EUR für jedes volle Jahr bis zum Erreichen des 21. Lebensjahres erhöht. Der Freibetrag des Ehegatten des Erblassers und der Person, die mit dem Erblasser gesetzlich zusammenlebte, erhöht sich außerdem um die Hälfte des zusätzlichen Freibetrags, der den gemeinsamen Kindern zusteht. Diese Freibeträge gelten nur für die Erbschaftsteuer, nicht aber für die Übertragungsteuer.

Alle anderen Erben und Vermächtnisnehmer zahlen keine Erbschaftsteuern, wenn der Nettowert des Nachlasses den Betrag von 1.250 EUR nicht überschreitet. Überschreitet der Nachlass diesen Betrag, so ist der volle Erwerb steuerpflichtig.

Die Erbschaftsteuern werden um einen besonderen Abzug verringert, wenn der Erbe oder Vermächtnisnehmer am Todestage des Erblassers wenigstens drei Kinder hat, die jünger als 21 Jahre sind. Dieser Abzug beträgt 2 % für jedes Kind, jedoch höchstens 62 EUR je Kind. Für den überlebenden Ehegatten und den Zusammenwohnenden wird dieser Abzug auf 4 % für jedes Kind erhöht, jedoch beträgt er höchstens 124 EUR je Kind.

7. Besteuerung des Familienwohnsitzes

a) Steuerbefreiung für Ehegatten und gesetzlich zusammenwohnenden Partner

Der Nettoeigentumsanteil, den der Ehegatte oder gesetzlich zusammenwohnende Partner am gemeinsamen Wohnsitz des Erblassers und seines Ehegatten oder gesetzlich zusammenwohnenden Partners erhält, ist von der Erbschaftsteuer befreit.[159] Die Verbindlichkeiten, die speziell für den Erwerb oder den Erhalt der Immobilie eingegangen wurden, werden vorrangig vom Wert der Immobilie in Abzug gebracht. Unter Androhung von Geldstrafe sind diese Verbindlichkeiten in der Erklärung ausdrücklich als solche anzugeben.

Diese Befreiung ist jedoch nicht anwendbar für den gesetzlich zusammenwohnenden Partner, der ein Verwandter in gerader Linie (oder gleichgestellt) des Erblassers, ein Bruder oder eine Schwester, ein Neffe oder eine Nichte oder ein Onkel oder eine Tante des Erblassers ist. Für diese Kategorie der gesetzlichen Zusammenwohnenden kommt allerdings der hiernach unter Rn 210 erwähnte ermäßigte Steuersatz zur Anwendung. Aus diesem Grund ist es zwingend erforderlich, den Verwandtschaftsgrad des gesetzlich zusammenwohnenden Partners mit dem Erblasser in der Erklärung anzugeben.

b) Steuerermäßigung für Erben und Vermächtnisnehmer in gerader Linie und für gesetzlich Zusammenwohnende, die von der Steuerbefreiung ausgeschlossen sind

Gehört zu den Nachlassgütern wenigstens ein Eigentumsanteil der Immobilie, in welcher der Erblasser seinen Hauptwohnsitz während der letzten fünf Jahre vor seinem Tode hatte,[160] und erwirbt ein Verwandter oder Vermächtnisnehmer in gerader Linie oder ein gesetzlich zusammenwohnender Partner, der von der unter Rn 209 erwähnten Steuerbefreiung ausgeschlossen war, diesen Eigentumsanteil, sind die folgenden ermäßigten Steuersätze gem. Art. 63ter ErbStGB BH anwendbar:

---

159 Diese Steuerbefreiung wurde eingeführt durch die Verordnung der Region Brüssel-Hauptstadt vom 30.1.2014, B.S. 6.3.2014, und gilt für alle Sterbefälle nach dem 1.4.2014.
160 Außer in Fällen höherer Gewalt.

Steuerstufen je nach Netto-erwerb	Prozentsatz je nach Tranche	Gesamtbetrag der Steuern auf die vorhergehenden Tranchen
0,01 bis 50.000 EUR	2 %	
50.000 bis 100.000 EUR	5,3 %	1.000 EUR
100.000 bis 175.000 EUR	6 %	3.650 EUR
175.000 bis 250.000 EUR	12 %	8.150 EUR
Ab 250.000 EUR	Normaltarif (siehe Rn 199)	

211 Der ermäßigte Steuertarif wird auf den Netto-Wert des Eigentumsanteils angewandt. Einen Progressionsvorbehalt, wie unter Rn 183 erwähnt, gilt nur bei Anwendung des ermäßigten Steuersatzes, nicht aber bei der Steuerbefreiung unter Rn 209.

8. Begünstigung von kleinen und mittelgroßen Unternehmen

212 In der Region Brüssel-Hauptstadt ist eine Tarifermäßigung für Betriebsvermögen, die zum Nachlass gehören, vorgesehen (Art. 48² ErbStGB BH). Diese Tarifermäßigung gilt zugunsten des überlebenden Ehegatten, der Erben in gerader Linie und der Person, die mit dem Erblasser gesetzlich zusammenwohnte, unter der Voraussetzung, dass
– der Wert des Anteils, den der betreffende Erbe/Vermächtnisnehmer aus dem Nachlass erhält, die Summe von 250.000 EUR überschreitet;
– dieser Anteil sich ganz oder teilweise aus Vermögenswerten zusammensetzt, die zu beruflichen Zwecken in ein Industrie-, Handels-, Handwerks- oder landwirtschaftliches Unternehmen in gleich welcher Rechtsform investiert sind;
– das Unternehmen von diesen Personen selbst oder gemeinsam von diesen Personen und einem oder mehreren ihrer Abkömmlinge betrieben wurde;
– das Unternehmen von den Erben des Erblassers oder einem Teil der Erben tatsächlich weiter betrieben wird.

Diese Tarifermäßigung gilt insbesondere nicht für freiberufliche Tätigkeiten und Holdinggesellschaften.

213 Sofern der Wert des Erbanfalls die Summe von 250.000 EUR überschreitet, wird auf die betroffenen Vermögenswerte zwischen 250.000 EUR und 500.000 EUR ein Steuersatz von 22 % und über 500.000 EUR ein Steuersatz von 25 % angewandt.

Diese Ermäßigung gilt nur, wenn die Anwendung von Art. 60bis ErbStGB BH nicht beantragt wird oder keine Anwendung finden.

214 Gem. Art. 60bis ErbStGB BH gilt in der Region Brüssel-Hauptstadt ein Steuersatz von 3 % für:
– Güter, die Bestandteil einer Gesamtsache (*universalité*), eines Betriebszweigs oder eines Handelsgeschäfts sind, in denen der Erblasser oder sein Ehegatte zum Zeitpunkt des Todes eine industrielle, kaufmännische, handwerkliche, landwirtschaftliche oder freiberufliche Tätigkeit, ein Amt oder einen Posten persönlich und tatsächlich ausgeübt hat. Es ist nicht erforderlich, dass der Erblasser (alleine oder gemeinsam mit seinem Ehegatten) zum Todeszeitpunkt der Eigentümer dieser Güter war. Der Erblasser und/oder sein Ehegatte müssen jedoch berechtigt gewesen sein, die betroffenen Güter zu nutzen und darüber zu verfügen.
– Eigentumsrechte (volles Eigentum) in Bezug auf Aktien oder Anteile einer Gesellschaft, die eine industrielle, kaufmännische, handwerkliche, landwirtschaftliche oder freiberufli-

che Tätigkeit hat. Der Sitz der tatsächlichen Leitung der Gesellschaft muss sich in einem Mitgliedstaat des Europäischen Wirtschaftsraums befinden. Der Erblasser und/oder sein Ehegatte muss nicht an der Geschäftsführung der Gesellschaft beteiligt gewesen sein. Auf die Gesamtheit der von Todes wegen übertragenen Aktien oder Anteile müssen wenigstens 25 % der Stimmrechte bei der Generalversammlung entfallen. Wenn weniger als 50 % der Stimmrechte auf diese Aktien oder Anteile entfallen, muss ein Abkommen zwischen Aktionären oder Teilhabern, die wenigstens 50 % der Stimmrechte besitzen, geschlossen werden, durch welches die Einhaltung der Voraussetzungen für die Inanspruchnahme des günstigen Steuertarifs vereinbart wird. Holdinggesellschaften sowie Vermögens- und Immobiliengesellschaften, die sich nicht in einem der vorgenannten Bereiche betätigen, sind nicht durch den günstigen Steuertarif betroffen.

215 Die Steuerermäßigung ist auf den Nettowert der Güter anwendbar. Die Passiva werden vorrangig von dem Wert der Güter, auf die sich Art. 60bis ErbStGB BH bezieht, abgezogen, außer den Schulden, die sich nachweislich und speziell auf den Erwerb, die Verbesserung oder die Erhaltung anderer Güter beziehen.

216 Für die Anwendbarkeit des reduzierten Steuersatzes sind keinerlei Bedingungen zu erfüllen hinsichtlich:
– der Mindestdauer, während welcher der Erblasser die Güter des Unternehmens oder die Aktien/Gesellschaftsanteile vor seinem Tode besessen haben muss. Wenn eine Vermögens- oder Kapitalanlage jedoch innerhalb der drei dem Tode vorausgehenden Jahre erfolgt ist, wird auf diese Anlage nicht der ermäßigte Steuersatz angewandt, außer wenn nachgewiesen wird, dass die Investition legitimen wirtschaftlichen oder finanziellen Erfordernissen entspricht (Art. 60bis § 5 Ziffer 3 Abs. 2 und 3);
– des Bestehens oder Nichtbestehens eines Verwandtschaftsverhältnisses zwischen dem Erblasser und den Erben oder Vermächtnisnehmern. Der reduzierte Steuersatz ist auch zugunsten nicht mit dem Erblasser verwandter Personen anwendbar;
– der Fortsetzung des Unternehmens oder der Gesellschaft durch die Erben oder Vermächtnisnehmer. Eine Veräußerung der betroffenen Güter und Aktien durch die Erben oder Vermächtnisnehmer ist zulässig.

217 Die Inanspruchnahme des ermäßigten Steuersatzes setzt voraus, dass
– der Betrieb oder die Gesellschaft zu den „kleinen und mittleren Unternehmen" zählt, d.h. weniger als 250 Arbeitnehmer hat, einen jährlichen Umsatz von 40 Millionen EUR nicht überschreitet oder die Gesamtsumme der Jahresbilanz nicht mehr als 27 Millionen-EUR beträgt, und nicht mehr als 25 % des Unternehmenskapitals einem so genannten „großen Unternehmen" gehören;
– das Unternehmen oder die Gesellschaft während der ersten fünf Jahre nach dem Tode die gleiche Tätigkeit fortsetzt;
– die Arbeitnehmerzahl nicht in den ersten fünf Jahren nach dem Tode auf weniger als 75 % der Arbeitnehmer, die das Unternehmen oder die Gesellschaft zum Todeszeitpunkt hatte, verringert wird. Diese Verpflichtung gilt selbstverständlich nur für Unternehmen oder Gesellschaften, die zum Todeszeitpunkt Arbeitnehmer hatten;
– in den ersten fünf Jahren nach dem Tode die investierten Güter oder das Kapital nicht mittels Entnahmen oder Ausschüttungen vermindert wird;
– der Erbschaftsteuererklärung oder einer Zusatzerklärung eine von der Regionalregierung Brüssel-Hauptstadt ausgestellte Bescheinigung beigefügt ist, in der bestätigt wird, dass die Voraussetzungen für die Inanspruchnahme des ermäßigten Steuersatzes erfüllt sind. Die Erbschaftsteuer darf nicht vor der Erklärung der betroffenen Güter und der Hinterlegung der Bescheinigung der Region beglichen worden sein, da eine Steuerrückerstattung nicht möglich ist.

Schür

- in den ersten fünf Jahren, die dem Tode folgen, jährlich eine neue, von der Regionalregierung ausgestellte Bescheinigung über die Einhaltung der Bedingungen für die Inanspruchnahme des ermäßigten Steuersatzes eingereicht wird.

VII. Sondertarife, die in den drei Regionen anwendbar sind

218 In den drei Regionen sind Steuerermäßigungen vorgesehen für den Fall des mehrfachen Übergangs innerhalb eines Jahres nach Erbfall, für Vermächtnisse an den belgischen Staat, Provinzen, Gemeinden, öffentlich-rechtliche Einrichtungen, Vereinigungen ohne Gewinnerzielungsabsicht usw.

VIII. Besondere Aspekte bei der Besteuerung

1. Steuerpflichtige Schenkungen

219 Steuerpflichtige Schenkungen, d.h. notariell beurkundete Schenkungen, Schenkungen von Immobilien und andere registrierungspflichtige Schenkungen, die der Erblasser innerhalb der letzten drei Jahre vor dem Tode an Erben oder Vermächtnisnehmer gemacht hat, werden für die Ermittlung des anwendbaren Steuersatzes berücksichtigt.[161] Die anwendbare Progressionsstufe der Erbschaftsteuer wird festgelegt, indem zu der Bemessungsgrundlage der Schenkungsteuer die Bemessungsgrundlage der Erbschaftsteuer hinzugefügt wird.

2. „Tontine" (Zuwachsvereinbarung)

220 Bei Übertragung des Eigentums- oder Nießbrauchrechts in Ausführung einer *Tontine* oder einer Zuwachsvereinbarung, die im Rahmen eines Erwerbs durch eine oder mehrere Personen vereinbart wurden (siehe Rn 84), fällt keine Erbschaftsteuer an, sondern die Registrierungsgebühr, die sich je nach Region i.d.R. auf 10 oder 12,50 % des Wertes des von Todes wegen übertragenen Grundstücksanteils beläuft. Erbschaftsteuer (und nicht die Registrierungsgebühr) wird jedoch fällig, wenn die wechselseitigen Erwerbschancen ungleich groß sind und dieser Unterschied nicht beim Erwerb entsprechend ausgeglichen wurde.

IX. Steuerzahlung

221 Die Erben und Universalvermächtnisnehmer sind gesamtschuldnerisch verpflichtet, die Erbschaftsteuern, die auf ihren Anteil am Nachlass entfallen, zu zahlen. Sie haften gemäß Art. 70 Abs. 2 ErbStGB auch für die Steuern, die zu Lasten der Erbteilvermächtnisnehmer und Einzelvermächtnisnehmer sind, mit Ausnahme der Steuern, die aufgrund der Anwen-

---

161 Nicht unwesentliche Ausnahmen dieser Regelung sind Schenkungen zu Lebzeiten des Erblassers von beweglichen Gütern (in allen drei Regionen) und Unternehmen (nicht in der Region Brüssel-Hauptstadt), welche unabhängig vom Zeitpunkt der Schenkung bei der Berechnung der Erbschaftsteuer unberücksichtigt bleiben, unter der Voraussetzung, dass diese gemäß den für diese Schenkungen anwendbaren Regelungen besteuert wurden.

dung von den Steuerfiktionen von Art. 4 Ziffer 3 ErbStGB (Brüssel und Flandern) und Art. 5, 7 und 9 bis 11 ErbStGB fällig werden.[162]

Zur Begleichung der Übertragungsteuer ist hingegen nur der Empfänger der betroffenen Immobilie verpflichtet. 222

Die Steuer ist 223
– innerhalb von 6 Monaten nach dem Erbfall zu zahlen, wenn der Erblasser in Belgien verstorben ist;
– innerhalb von 7 Monaten nach dem Erbfall zu zahlen, wenn der Erblasser in einem anderen Land Europas verstorben ist. „Europa" ist im Sinne des geographischen Begriffs zu verstehen, so dass diese Frist auch für Erbfälle in anderen Ländern als den EU-Mitgliedstaaten gilt;
– innerhalb von 8 Monaten nach dem Erbfall zu zahlen, wenn der Erblasse außerhalb Europas verstorben ist.

Soweit bestimmte Voraussetzungen erfüllt sind, kann eine ratenweise Begleichung der Steuerschuld innerhalb von höchstens fünf Jahren mit der Registrierungsverwaltung vereinbart werden. Außerdem ist eine Stundung der Erbschaftsteuer möglich, die durch den Erwerber von bloßen Eigentumsrechten (mit Nießbrauch belastetes Eigentum) zu zahlen ist. Die geschuldete Erbschaftsteuer ist in diesem Fall erst bei Erlöschen des Nießbrauchs zu zahlen. Bei Zahlungsverzug sind Verzugszinsen auf den geschuldeten Steuerbetrag zu entrichten. Diese Zinsen werden zurzeit zum Satz von 7 % p.a. berechnet. 224

X. Doppelbesteuerung und Maßnahmen zu deren Milderung

Belgien hat lediglich mit Frankreich und Schweden Doppelbesteuerungsabkommen bezüglich der Erbschaftsteuer unterzeichnet. Abkommen mit Deutschland, Österreich und der Schweiz bestehen nicht. 225

Die Konflikte, die meist zwischen der Besteuerung aufgrund des Wohnsitzes des Erblassers (oder des Erben) einerseits und der Besteuerung aufgrund der Belegenheit des Vermögens andererseits entstehen, führen in internationalen Erbfällen, auf welche die beiden Doppelbesteuerungsabkommen nicht anwendbar sind, zur doppelten oder sogar mehrfachen Besteuerung. Das belgische ErbStGB sieht **keine Milderung der Doppelbesteuerung beweglicher Nachlassgüter** vor. Die Doppelbesteuerung von im Ausland belegenen unbeweglichen Gegenständen, die einem in Belgien wohnhaften Erblasser gehörten, wird hingegen gem. Art. 17 ErbStGB durch Anrechnung der im Ausland gezahlten Erbschaftsteuer gemildert. Die ausländische Steuerbelastung in Bezug auf dort belegenes Immobilienvermögen wird in dem Sinne berücksichtigt, dass die belgische Erbschaftsteuer, sofern sie sich auf diese Gegenstände bezieht, um die im Belegenheitsland beglichene Steuer verringert wird. Diese Ermäßigung ist durch den anteiligen belgischen Steuerbetrag begrenzt. 226

---

162 Entscheid des Verfassungsgerichtshof vom 20.10.2011, Rec.gén.enr.not., 2012, n°26343, S. 15 und 2012, n°26.352, S. 39 (Kommentar), welcher die Anwendung von Art. 70 Abs. 2 ErbStGB für Steuern, die aufgrund von Art. 8 ErbStGB anfallen, als verfassungswidrig erklärte. Die mehrheitliche Meinung in der Rechtslehre geht davon aus, dass daraus analog auch auf die Verfassungswidrigkeit der Anwendung desselben Artikels bezüglich der übrigen Steuerfiktionen geschlossen werden kann.

227 Die Anrechnung der ausländischen Erbschaftsteuer erfolgt nur unter der Voraussetzung, dass die Erben folgende Belege bei dem belgischen Registrierungsamt einreichen:
- den Zahlungsbeleg über die ausländische Steuer;
- eine von dem ausländischen Finanzamt beglaubigte Kopie der dort abgegebenen Steuererklärung und des Steuerbescheids.

228 Die Anrechnung der ausländischen Erbschaftsteuer erfolgt sofort, wenn diese Unterlagen vor dem Zahlungstermin für die belgische Steuer eingereicht werden. Wird diese Frist nicht beachtet, ist die belgische Erbschaftsteuer ohne Abzug der ausländischen Steuer zu zahlen, doch kann eine Steuerrückzahlung innerhalb von zwei Jahren nach der Steuerzahlung gegen Vorlage der Unterlagen beantragt werden.

Weitere Informationen und Materialien, wie z.B. Muster, Formulare, amtliche Texte und Internetadressen, befinden sich auf der beiliegenden CD-ROM.

Bosnien und Herzegowina

Dr. Meliha Povlakić, Professorin, Juristische Fakultät der Universität Sarajevo
Dr. Darja Softić Kadenić, Wissenschaftliche Assistentin, Juristische Fakultät der Universität Sarajevo

Inhalt

A. Internationales Erbrecht 1
B. Materielles Erbrecht 12
  I. Gesetzliche Erbfolge 12
    1. Allgemeines 12
    2. Gesetzliche Erbordnungen 21
      a) Allgemeines 21
      b) Erben erster Ordnung 23
      c) Erben zweiter Ordnung 29
      d) Erben dritter Ordnung 30
      e) Weitere Erbordnungen 31
    3. Erbquote 34
  II. Gewillkürte Erbfolge 36
    1. Allgemeines 36
    2. Testamentarische Erbfolge 37
      a) Allgemeines 37
      b) Testamentsformen 39
      c) Inhalt des Testaments 48
      d) Testamentsvollstreckung 52
      e) Stiftung 53
      f) Widerruf des Testaments 54
    3. Vertragliche Gestaltungen auf den Todesfall 56
      a) Einführung 56
      b) Erbvertrag 57
      c) Vertrag über den Verzicht auf den zukünftigen Nachlass 61
      d) Vertrag über den Unterhalt zu Lebzeiten (Leibrentenvertrag) 63
      e) Vertrag über die Abtretung und Aufteilung des Nachlasses zu Lebzeiten des Erblassers (Übergabevertrag) ... 67
  III. Pflichtteilsrecht 70
    1. Rechtsnatur 70
    2. Pflichtteilsberechtigung und Pflichtordnung 71
    3. Umfang des Pflichtteils 74
    4. Schutz des Pflichtteils 75
    5. Ausschluss des Pflichtteilsberechtigten 79
    6. Pflichtteilsentziehung 82
C. Nachlassabwicklung und Nachlassverfahren 83
  I. Erbschaftserklärung 83
  II. Erbengemeinschaft 86
  III. Erbenhaftung 87
  IV. Zuständigkeiten 88
  V. Einleitung des Nachlassverfahrens 92
  VI. Testamentseröffnung und Verkündung ... 96
  VII. Sicherungsmaßnahmen 99
D. Erbschaftsteuer 102

Literatur

Deutschsprachige Literatur

Povlakić, Grundzüge des Erbrechts in Bosnien und Herzegowina, in: Welser (Hrsg.), Erbrechtsentwicklung in Zentral- und Osteuropa, Veröffentlichungen der Forschungsstelle für Europäische Rechtsentwicklung und Privatrechtsreform an der Rechtswissenschaftlichen Fakultät der Universität Wien, Band II (2009) Wien; *Povlakić*, Grenzüberschreitende eigentumsrechtliche Verhältnisse in den Nachfolgestaaten des ehemaligen Jugoslawiens, in: Borić, Lurger, Schwarzenegger, Terlitza (Hrsg.) Festschrift zum 65. Geburtstag von o.Univ.-Prof. Dr. Willibald Posch, Öffnung und Wandel – Die internationale Dimension des Rechts II (Graz 2011); *Povlakić*, Der mehr als einhundertjährige Einfluss des ABGB in Bosnien und Herzegowina in: Fischer-Czermak/Hopf/Kathrein/Schauer (Hrsg.), Festschrift 200 Jahre ABGB (Wien 2011);

Literatur in englischer Sprache

Deskovski/Dokovski, „Latest Developments of Macedonian Private International Law", Collection of Papers from IXth Private International Law Conference-Recent Trends in European Private International Law, Skoplje 2011; *Meškić/Radončić*, Brussels I Recast and South-East Europe, Revija za evropsko pravo, god. XV, 1/2013; *Janevski/Povlakić*, The Notary service in charge of unburdening the courts, Comparative report in: SEELS Civil Law Forum for South East Europe, Collection of studies and analyses, Third Regional Conference, Tirana 2013; *Povlakić/Softić Kadenić*, Country report: Notary service in B&H, in: SEELS Civil Law Forum for South East Europe, Collection of studies and analyses, Third Regional Conference, Tirana 2013.

Literatur in bosnischer/kroatischer/serbischer Sprache

Antić, Nasledno pravo, Beograd, 2010; *Antić*, Isključenje prava na nužni deo, Pravni život 5/84; *Babić*, Nasledno pravo, Beograd – Novi sad 2011; *Babić, Medić, Hašić, Povlakić, Velić*, Komentar Zakona o stvarnim pravima Federacije Bosne i Hercegovine, Sarajevo, 2014; *Babić, Medić, Hašić, Povlakić, Velić*, Komentar Zakona o stvarnim pravima Republike Srpske, Sarajevo, 2011; *Bago/Traljić/Petrović/Povlakić*, Osnovi nasljednog prava, Sarajevo, 1991; *Bikić, Povlakić, Suljević, Plavšić*, Notarsko pravo, Sarajevo, 2013; *Belaj/Čulo*, Nasljedno pravo izvanbračnog druga, Pravni vjesnik 23(1–2) 2007; *Bevanda/Čolaković*, Ugovor o doživotnom izdržavanju i ugovor o dosmrtnom izdržavanju u sudskoj praksi, Zbornik radova Aktualnosti građanskog i trgovačkog zakonodavstva i pravne prakse, Mostar, 10/2012; *Blagojević*, Nasledno pravo u Jugoslaviji, četvrto izdanje, Beograd 1979; *Blagojević*, Nužni deo in: Enciklopedija imovinskog prava i prava udruženog rada, Beograd, 1978; *Demirović*, Novi pravci u pravnom regulisanju vanbračne zajednice u bosanskohercegovačkom pravu, Zbornik radova, Naučni skup Razvoj porodičnog prava – od nacionalnog do evropskog, Mostar, 21.12.2012.godine, Pravni fakultet Univerziteta „Džemal Bijedić" u Mostaru, Mostar, 2013; *Denišlić*, Pravo svojine stranaca u SFRJ, Zbornik radova sa jugoslovenskog savjetovanja Promjene u pravu svojine, Transformacija društvene svojine, Sarajevo, 1990; *Dutta*, Novo međunarodno nasljedno pravo EU – prvo čitanje Uredbe o nasljednom pravu, Nova pravna revija 2/2013; *Đurđević*, Aktuelna reforma nasljednog prava u Crnoj Gori, Anali pravnog fakulteta u Beogradu, 1/2009; *Gavella*, Nasljedno pravo, Zagreb, 1990; *Gavella/Belaj*, Nasljedno pravo, III. bitno izmijenjeno i dopunjeno izdanje, Zagreb, 2008; *Josipović*, Nasljeđivanje na temelju zakona, u: Dika (red.), Novo nasljednopravno uređenje, Zagreb, 2003; *Kačer*, Zakonski nasljednici u hrvatskom pravu, u: Liber amicorum in honorem Jadranko Crnić, Zagreb, 2009; *Kreč/Pavić*, Komentar Zakona o nasljeđivanju, Zagreb, 1964; *Marković*, Ko može tražiti smanjenje raspolaganja testamentom i vraćanje poklona kojima je povrijeđen nužni dio, Zbornik Pravnog fakulteta u Nišu IX/70; *Meškić*, Integracija Evropskog kolizionog prava u nacionalne kodifikacije Međunarodnog privatnog prava u regionu – nalozi primarnog prava EU, Collection of Papers from IXth Private International Law Conference-Recent Trends in European Private International Law, Skoplje 2011; *Meškić/Samardžić*, Pravo Evropske Unije I, Sarajvo, 2012; *Meyer*, Uvođenje Zajedničkog evropskog prava prodaje i prigovor zbog povrede principa subsidijarnosti, Nova pravna revija, 1/2013; *Marković*, Nasledno pravo u Jugoslaviji, Beograd, 1978; *Muminović*, Međunarodno privatno pravo, Sarajevo, 2006; *Mutapčić*, Ugovor o doživotnom izdržavanju u praksi prvih notara u Bosni i Hercegovini, Zbornik radova Aktualnosti građanskog i trgovačkog zakonodavstva i pravne prakse, Mostar 6/2008; *Povlakić, Schalast, Softić*, Komentar zakona o notarima u Bosni i Hercegovini, Sarajevo, supported by GTZ and Federal Ministry for Economic Cooperation and Development of the Federal Republic Germany, Sarajevo, 2009; *Povlakić*, Nadležnost notara u BiH, Zbornik radova Pravnog fakulteta Sveučilišta u Zagrebu, vol. 63, 2013, str. 245 – 310; *Povlakić*, Učešće notara u ostavinskom postupku u pravu entiteta u BIH *de lege lata i de lege ferenda* in: Udruženje sudija Republike Srpske (Hrsg.), VIII Savjetovanje iz oblasti građanskog prava, Aktuelna pitanja građanskog zakonodavstva u Bosni i Hercegovini, Jahorina 16. – 19.10. 2013; *Povlakić*, Reforma zakonskog nasljedjivanja u BiH i regionu in: Udruženje sudija Republike Srpske (Hrsg.), VII Savjetovanje iz oblasti građanskog prava, Aktuelna pitanja građanskog zakonodavstva u Bosni i Hercegovini, Jahorina 17. – 20.10. 2012; *Povlakić*, Stranci i stjecanje vlasništva na nekretninama u B&H Banja Luka, Pravna riječ 6/2008; *Povlakić*, Transformacija stvarnog prava u BiH, Sarajevo 2009; *Povlakić/Softić Kadenić*, Da li je potrebno u nasljedno pravo u Bosni i Hercegovini uvesti nove forme raspolaganja *mortis causa*? Aktualnosti građanskog i trgovačkog zakonodavstva i pravne prakse, Mostar, 10 (2012); *Softić V.*, Ugovor o doživotnom izdržavanju – problem dvostruke forme, NPR 1–2 2010; *Softić Kadenić*, Novo nasljedno pravo u entitetima Bosne i Hercegovine *de lege lata i de lege ferenda*, NPR 2/2011; *Softić Kadenić*, Instrumenti dugoročnog vezivanja imovine za slučaj smrti – pokušaj pozicioniranja Bosne i Hercegovine u odnosu na odabrane zemlje EU, Aktualnosti građanskog i trgovačkog zakonodavstva i pravne prakse, Mostar, 12 (2014).

A. Internationales Erbrecht

Die **Quellen des internationalen Erbrecht** bzw. des Erbrechtes im Allgemeinen sind im Bosnien und Herzegowinischen Recht spezifisch aufgrund der spezifischen verfassungsrechtlichen Ordnung Bosnien und Herzegowinas. Als selbstständiger Staat existiert Bosnien und Herzegowina seit 1993, nach der Abspaltung Bosnien und Herzegowinas von dem ehemaligen Jugoslawien.[1] Die Unabhängigkeitserklärung löste eine Aggression und Krieg in Bosnien und Herzegowina aus, die durch das Daytoner Friedensabkommen beendet wurden.[2] Der Annex 4 zu diesem Abkommen stellt die aktuelle Verfassung Bosnien und Herzegowinas dar. Nach dieser Verfassung besteht Bosnien und Herzegowina aus zwei Entitäten – der Föderation Bosnien und Herzegowina (nachfolgend auch: FBuH) und der Republik Srpska (nachfolgend auch: RS). Das Gebiet um die Stadt Brčko wurde durch die Entscheidung der internationalen Arbitrage zum Brčko Distrikt Bosnien und Herzegowinas erklärt (nachfolgend auch: BD BuH), der mit vollständigen gesetzgeberischen Zuständigkeiten ausgestattet ist. Die drei Teile Bosnien und Herzegowinas haben diese Kompetenzen im Bereich des Erbrechtes auch benutzt. In der Föderation BuH gilt seit dem 2014 ein neues Erbgesetz, das sowohl das materielle Recht als auch das Verfahrensrecht und Kollisionsnormen enthält. – das Erbgesetz der Föderation BuH (nachfolgend: ErbG FBuH).[3] In der Republik Srpska wurden zwei Gesetze verabschiedet: das Erbgesetz der Republik Srpska (nachfolgend: ErbG RS)[4] und das Außerstreitverfahrensgesetz (nachfolgend: AußstVG RS).[5] In dem Brčko Distrikts BuH wurde das Gesetz über Außerstreitverfahren (2001) verbschiedet (nachfolgend auch: AußstVG BD BuH)[6] und das materielle Erbrecht wird durch das Erbgesetz der Sozialistischen Republik Bosnien und Herzegowina vom 19.7.1973, das vorerst in ganz BuH galt, geregelt. Da dieses Gesetz weiterhin nur noch im Brčko Distrikt BuH gilt, wird nachfolgend als ErbG BD BuH bezeichnet.

Das internationale Privatrecht bzw. **internationale Erbrecht** ist in Bosnien und Herzegowina primär durch das Gesetz zur Lösung von Gesetzeskollisionen mit den Vorschriften anderer Staaten bezüglich bestimmter Verhältnisse (IPRG) geregelt.[7] Es handelt sich um ein Gesetz des ehemaligen Jugoslawien, das in Bosnien und Herzegowina nach der Unabhängigkeitserklärung übernommen worden ist und bis heute angewendet wird.[8] Obwohl dieses Gesetz im gesamten Bosnien und Herzegowina angewendet wird, ist die Grundlage hierfür unterschiedlich und spiegelt den komplexen Staatsaufbau Bosnien und Herzegowinas, der mit dem Daytoner Friedensabkommen festgelegt wurde, wieder. In der Föderation BuH ist es zur Übernahme einzelner Gesetze des ehemaligen Jugoslawien gekommen, darunter

---

1 Die Unabhängigkeit wurde am 1.3.1992 erklärt.
2 Am 21.11.1995 wurde in Dayton das Friedensabkommen paraphiert und am 14.12.1995 in Paris unterzeichnet.
3 Amtsblatt der Föderation BuH [*Službene novine FBiH*] 80/2014.
4 Amtsblatt der Republik Srpska [*Službeni glasnik RS*] 1/2009.
5 Amtsblatt der Republik Srpska [*Službeni glasnik RS*] 36/09.
6 Amtsblatt des Brčko Distrikts BuH [*Službeni glasnik BD BiH* 5/2001.
7 Amtsblatt der Föderativen Sozialistischen Republik Jugoslawien [*Službeni list SFRJ*], 43/82, 72/82.
8 Die gleiche Situation gab es in anderen Nachfolgestaaten nach der Abspaltung von dem ehemaligen Jugoslawien. Inzwischen wurden in Slowenien, Mazedonien, Kroatien und Montenegro neue IPR-Gesetze verabschiedet.

auch des IPRG.⁹ Dagegen bestimmt in der Republik Srpska Art. 12 des Verfassungsgesetzes zur Durchführung der Verfassung der Republik Srpska aus dem Jahr 1992, dass alle Gesetze des ehemaligen Jugoslawien weiterhin in der Republik Srpska angewendet werden, somit auch das IPRG.¹⁰ Das Statut des Brčko Distrikts Bosnien und Herzegowinas sieht vor, dass alle bisher geltenden Gesetze gemäß der Entscheidung des Supervisors für Brčko Distrikt Bosnien und Herzegowinas vom 4.8.2006 weiter als Gesetze des Distrikts gelten.¹¹ Auf die beschriebene Weise gilt das IPRG des ehemaligen Jugoslawien noch immer in BuH; eine Reform des IPRG ist noch nicht geplant, obwohl dies zweifellos in mancher Hinsicht notwendig wäre.¹²

3   Art. 30 Abs. 1 IPRG unterstellt die Erbfolge des gesamten Nachlasses dem **Heimatrecht** des Erblassers. Somit kennt das bosnisch-herzegowinische internationale Privatrecht bezüglich des **anwendbaren Rechts** in Nachlasssachen nur einen Anknüpfungspunkt, und zwar die Staatsangehörigkeit des Erblassers zum Zeitpunkt des Todes. Eine Rechtswahl ist nicht vorgesehen.

4   Bezüglich zweier wichtiger Fragen, und zwar der des anwendbaren Rechts und der der Rechtswahlmöglichkeit, unterscheidet sich das Recht in Bosnien und Herzegowina von den Ansätzen der in der **Europäischen Erbrechtsverordnung 650/12** (nachfolgend: EU-ErbVO) vorgesehenen Lösungen. Die EU-ErbVO geht nämlich von dem gewöhnlichen Aufenthalt als dem allgemeinen Anknüpfungspunkt aus, Art. 22 Abs. 1 EU-ErbVO.¹³ Bezüglich der Rechtswahlmöglichkeit vgl. Art. 22 EU-ErbVO. Dagegen hält BuH noch immer an der Staatangehörigkeit als dem einzigen Anknüpfungspunkt fest, Art. 30 Abs. 1 IPRG. Da Bosnien und Herzegowina noch kein EU-Mitgliedstaat ist, gilt die Europäische Erbrechtsverordnung 650/12 EU-ErbVO in Bosnien und Herzegowina nicht. Im Jahre 2008 wurde das Stabilisierungs- und Assoziierungsabkommen (SAA) zwischen der EU und BuH abgeschlossen, wonach BuH verpflichtet ist, den europäischen Besitzstand zu übernehmen, Art. 70 Abs. 3 SAA. In der ersten Phase betrifft diese Verpflichtung nur die Teile

---

9   Das IPRG wurde durch die Verordnung mit Gesetzeskraft in die Rechtsordnung Bosnien und Herzegowinas (damals Republik Bosnien und Herzegowina) übernommen (Amtsblatt der Republik BuH [*Službeni list RBiH*] 2/92), die später durch das Gesetz über die Bestätigung der Verordnungen mit Gesetzeskraft (Amtsblatt der Republik BuH [*Službeni list RBiH*] 13/94) als Gesetz bestätigt wurde.
10 Amtsblatt der Republik Srpska [*Službeni glasnik RS*] 21/92.
11 Art. 76 Statut Brčko Distrikt BuH.
12 Das Hindernis hierfür ist an erster Stelle politischer Natur – eine ausdrückliche Kompetenz des Gesamtstaates Bosnien und Herzegowina für die Regelung des internationalen Privatrechts ist in der Verfassung nicht vorgesehen. Die Möglichkeit, dass die Entitäten damit den Dachstaat beauftragen, ist politisch nicht durchsetzbar, obwohl verfassungsrechtlich gegeben (Art. III.5. der Verfassung Bosnien und Herzegowinas). Trotzdem ist eine Verabschiedung von drei Gesetzen, welche das internationale Privatrecht regeln würden, keine vernünftige Alternative.
13 Mehr über die Lösungen der EU-ErbVO über das anwendbare Recht, *Dutta*, S. 14 ff.

des *acquis* mit Binnenmarktrelevanz. Die Frage, ob eine Verpflichtung zur Übernahme von Verordnungen besteht, ist in der Region heftig diskutiert.¹⁴

Das Haager Testamentsformübereinkommen ist in Bosnien-Herzegowina seit dem 6.3.1992 in Kraft, und zwar aufgrund der Staatsnachfolge. Das ehemalige Jugoslawien hat diese Konvention bereits im Jahre 1962 ratifiziert.¹⁵ Bezüglich der **Testamentsgültigkeitsvoraussetzungen** hat das IPRG die alternative Kollisionsnorm aus diesem Übereinkommen übernommen. Somit ist ein Testament gültig, wenn es die Voraussetzungen einer dieser Rechtsordnungen erfüllt: des Staates in dem das Testament aufgesetzt worden ist, des Staates dessen Staatsangehörigkeit der Testator im Moment der Willenserklärung besaß, des Staates in dem der Testator im Moment der Willenserklärung seinen Wohnsitz bzw. Aufenthalt hatte, bezüglich der Immobilien des Staates in dem sich die Immobilie befindet. Zusätzlich kennt das bosnisch-herzegowinische Recht noch eine Möglichkeit – ein Testament ist gültig, wenn die Voraussetzungen der *lex fori* erfüllt sind, Art. 31 Abs. 1 Nr. 5 IPRG.¹⁶ Das bosnisch-herzegowinische internationale Privatrecht geht daher von dem *in favorem testamenti* Prinzip aus.¹⁷ Zusätzlich gilt in BuH das Washingtoner Abkommen über ein einheitliches Recht der **Form eines Internationalen Testaments** vom 26.10.1973.¹⁸ Die Bestimmungen sind in dem jeweiligen Erbgesetz der Entitäten bzw. Brčko Distrikt BuH inkorporiert, Art. 82–98 ErbG FBuH, Art. 82–99 ErbG RS, Art. 201–216 ErbG BD BuH.

Die **Testierfähigkeit** eines Erblassers richtet sich nach dem Recht des Staates, dessen Staatsangehöriger der Erblasser im Zeitpunkt der Errichtung oder des Widerrufs des Testaments war, Art. 30 Abs. 2 IPRG.

Obwohl das ehemalige sozialistische Jugoslawien eine sehr restriktive Haltung gegenüber dem Grundstückserwerb durch Ausländer einnahm und gewisse Beschränkungen auch in BuH bis vor Kurzem beibehalten worden waren,¹⁹ war das Recht eines **Ausländer** eine Erbschaft in Bosnien und Herzegowina anzutreten weder früher, als BuH einen Teil des ehemaligen Jugoslawien darstellte, noch heute beschränkt, und zwar unabhängig davon, ob unbewegliche oder bewegliche Sachen Bestandteil der Erbschaft sind. Diese Frage wird in

---

14 Da die Verordnungen in den Mitgliedstaaten unmittelbar gelten, stellt sich für die Länder im Rahmen eines Stabilisierung- und Assoziierungsprozesses die Frage, ob die Verordnungen vor dem Beitritt gelten bzw. übernommen werden sollen oder nicht. Wenn die Auffassung vertreten würde, nach welcher Verordnungen die Rechtsordnungen der zukünftigen Mitgliedstaaten unberührt lassen, würde dies zu einer unlogischen Lösung führen. Die stärkere Maßnahme (Verordnung) würde dann eine schwächere Wirkung als eine mildere Maßnahme (Richtlinie) entfalten, *Meyer*, S. 19. Manche Auffassungen vertreten, dass lediglich eine Pflicht zur Umsetzung von Richtlinien in einem gewissen Zeitraum besteht, während Verordnungen von dieser Pflicht nicht erfasst sind. Danach besteht die Pflicht. das nationale Recht so zu gestalten, dass im Moment des Beitritts dieses Recht der Anwendung der Verordnungen nicht im Wege steht. Mehr darüber *Deskovski/Dokovski*, S. 2; *Meškić*, S. 112, 121; *Meškić/Radončić*, S. 56. Ausdrücklich für die Übernahme einer Verordnung durch das nationale Gesetz, das dann bis zu dem EU-Beitritt gelten sollte *Meškić/Samardžić*, S. 125. Ein solches Gesetz, das die Übernahme einer Verordnung bedeutet, wurde bisher in BuH nicht verabschiedet.
15 Amtsblatt der Föderativen Volksrepublik Jugoslawien [*Službeni list FNRJ*], Međunarodni ugovor, 10/1962.
16 Mehr darüber *Muminović*, S. 192 ff.
17 *Muminović*, S. 190.
18 Amtsblatt der Föderativen Sozialistischen Republik Jugoslawien [*Službeni list SFRJ*], Međunarodni ugovori 3/78.
19 Mehr über die geschichtliche Entwicklung des Ausländererwerbs im sozialistischen Jugoslawien und postsozialistischen BuH *Povlakić*, Stranci i stjecanje vlasništva na nekretninama, S. 253–257; *Povlakić*, Grenzüberschreitende eigentumsrechtliche Verhältnisse in den Nachfolgestaaten des ehemaligen Jugoslawiens, S. 589–592.

BuH traditionell im Sachenrecht geregelt. Während das alte Sachenrecht für den Auslandserwerb durch Erbfolge die Gegenseitigkeit verlangte (Art. 82 Gesetz über Grundlegende Eigentümerverhältnisse,[20] Art. 87 Gesetz über Eigentümerverhältnisse[21]), sieht das neue Sachenrecht in Bosnien und Herzegowina im Erbfall von der Reziprozität ab,[22] Art. 15 Abs. 2 des Sachenrechtsgesetzes der Föderation BuH,[23] Art. 15 Abs. 2 des Sachenrechtsgesetzes der Republik Srpska,[24] Art. 200 Abs. 2 des Gesetzes über das Eigentum und andere dingliche Rechte des Brčko Distrikts Bosniens und Herzegowinas.[25] Darüber hinaus sieht das neue Erbgesetz der Föderation BuH ausdrücklich vor, dass Ausländer in Erbsachen den bosnisch-herzegowinischen Bürgern gleichgestellt sind, Art. 3 Abs. 2 ErbG FBuH.

8   Die **ausschließliche internationale Zuständigkeit** der bosnisch-herzegowinischen Gerichte in Erbsachen bestand nach dem IPRG für in BuH gelegene Grundstücke, unabhängig von der Staatsangehörigkeit des Erblassers, und zwar für bosnisch-herzegowinische Angehörige Art. 71 Abs. 1, für Ausländer Art. 72 Abs. 1 und für staatslose Ausländer Art. 73 Abs. 1 IPRG. Die Bestimmung über die Gerichtszuständigkeit sollte im Lichte der neuen Ordnung des Nachlassverfahrens betrachtet werden. In BuH wurde in allen drei Teilen das Notariat des lateinischen Typus eingeführt,[26] mit dem Ziel im Bereich der freiwilligen Gerichtsbarkeit die Gerichte zu entlasten.[27] In der Föderation BuH wurde diese Absicht auch im Erbrecht bzw. im Nachlassverfahren am konsequentesten durchgeführt. In der Föderation BuH werden alle Nachlassverfahren von den Nachlassgerichten an die Notare übertragen, solange es sich um unstrittige Verfahren handelt, Art. 200 Abs. 3 ErbG FBuH; in der Republik Srpska ist diese Übertragung fakultativ, Art. 94 Abs. 3 ErbG RS (näher dazu siehe Rn 90–91). Trotzdem wird hier über die Gerichtszuständigkeit gesprochen, da sich die Zuständigkeit der Notare nach der Gerichtszuständigkeit richtet: die Nachlassgerichte übergeben die Nachlasssachen an die Notare, deren Amtssitz sich in dem Zuständigkeitskreis des jeweiligen Gerichtes befindet, Art. 261 ErbG FBuH.[28] In dem Brčko Distrikt BuH ist diese Übertragung nicht vorgesehen.

9   Für alle anderen Nachlassfälle besteht nach dem IPRG **keine ausschließliche Zuständigkeit** der bosnisch-herzegowinische Gerichte. Für das Nachlassverfahren über Grundstücke, die sich im Ausland befinden und deren Eigentümer ein BuH-Bürger ist, kann ein Gericht in BuH nur dann zuständig sein, wenn nach dem Recht dieses Staates keine Zuständigkeit seiner Gerichte besteht, Art. 71 Abs. 2 IPRG. Wenn der Nachlass aus beweglichen Sachen besteht, besteht die Zuständigkeit der bosnisch-herzegowinischen Gerichte, wenn sich diese Sachen in BuH befinden und der Erblasser bosnisch-herzegowinischer Staatsangehöriger ist, Art. 71 Abs. 3 IPRG. Handelt es sich um einen Ausländer, ist das bosnisch-herzegowinische

---

[20] Amtsblatt der Föderativen Sozialistischen Republik Jugoslawien [*Službeni list SFRJ*], 6/80, 36/90. Das Gesetz wurde bis 2001 im Brčko Distrikt BuH und bis 2010 in der Republik Srpska angewendet.
[21] Amtsblatt der Föderation BuH [*Službene novine Federacije BiH*] 6/98. Das Gesetz wurde in der Föderation BuH bis 2014 angewendet.
[22] *Povlakić*, in: Babić/Hasić/Medić/Povlakić/Velić, Komentar Zakona o stvarnim pravima Federacije BiH, S. 181–186; *Povlakić*, in: Babić/Medić/Hasić/Povlakić/Velić, Komentar Zakona o stvarnim pravima Republike Srpske, S. 162–169.
[23] Amtsblatt der Föderation BuH [*Službene novine Federacije BiH*] 66/13, 100/13.
[24] Amtsblatt der Republik Srpska [*Službeni glasnik Republike Srpske*] 58/09, 124/08, 95/11.
[25] Amtsblatt des Brčko Distrikt BuH [*Službeni glasnik Brčko Distrikta BiH*] 11/01, 1/03, 14/04, 19/07.
[26] Mehr darüber *Povlakić/Softić Kadenić*, Country report: Notary service in B&H, S. 523; *Povlakić*, Nadležnost notara u Bosni i Hercegovini S. 247.
[27] Mehr darüber *Povlakić/Softić Kadenić*, Country report: Notary service in B&H, S. 527 ff.
[28] Über die Rolle des Notars im Nachlassverfahren detaillierter *Povlakić*, in: Bikić/Povlakić/Suljević/Plavšić, Notarsko pravo, S. 496 – 507.

Gericht nur dann zuständig, wenn in einer parallelen Situation (bewegliche Sachen des bosnisch-herzegowinischen Staatsangehörigen befinden sich im anderen Land) die Zuständigkeit des ausländischen Gerichts für die Nachlassabwicklung des bosnisch-herzegowinischen Bürgers bestünde, Art. 72 Abs. 2 IPRG. Die bosnisch-herzegowinischen Gerichte sind auch dann zuständig, wenn sich die beweglichen Sachen nicht in BuH befinden, aber der Erblasser BuH-Staatsbürger ist und die Organe des Staates des Lageortes nach dem Recht dieses Staates nicht dafür zuständig sind, oder sich weigern das Verfahren zu führen, Art. 71 Abs. 3 IPRG. Ergibt sich nach den vorstehenden Bestimmungen keine Zuständigkeit des bosnisch-herzegowinischen Gerichts für das Nachlassverfahren eines Ausländers, kann das Gericht Maßnahmen zur Sicherung des Nachlasses sowie der Nachlassansprüche anordnen, Art. 72 Abs. 4 IPRG.

Die Gesetze über das Außerstreitverfahren der Republik Srpska und des Brčko Distrikt BuH enthalten eigene Bestimmungen über die Gerichtszuständigkeit und regeln dabei teilweise die internationale Zuständigkeit der Gerichte. Das ErbG der Föderation enthält keine Bestimmungen darüber. Problematisch dabei ist, dass bei der Regelung der internationalen Zuständigkeit diese Gesetze von dem IPRG auf unterschiedliche Art und Weise abweichen. Als leges posteriores derrogieren sie die Bestimmungen des IPRG, allerdings unterschiedlich für den jeweiligen Teil Bosnien und Herzegowinas. Insgesamt dehnen sie die Fälle der ausschließlichen Zuständigkeit aus. Im Brčko Distrikt BuH sind die Gerichte des Distrikts zuständig für das unbewegliche Vermögen des bosnisch-herzegowinischen Staatsangehörigen mit dem Wohnsitz im Brčko Distrikt BuH, welches sich in BuH, und nicht nur auf dem Territorium des Distrikts, befindet, und für das ganze bewegliche Vermögen unabhängig davon wo es sich befindet, Art. 93 ErbG BD BuH. Die Regelung der Republik Srpska ist sehr änlich, mit einem wesentlichen Unterschied: die ausschließliche Zuständigkeit ist nur auf die Grundstücke begrenzt, die sich in der Republik Srpska befinden. Das Erbgesetz der Föderation BuH regelt die örtliche Zuständigkeit, ohne dabei die Bestimmungen über internationale Zuständigkeitdes IPRG zu derrogieren. Für das Nachlassverfahren ist das Gericht des letzten Wohnsitzes des Erblassers, in Ermangelung dessen des letzten Aufenthaltsortes zuständig. Wenn der Erblasser weder seinen Wohnsitz noch Aufenthalt auf dem Territorium der Föderation BuH hatte, ist das Gericht des Belegenheitsortes zuständig, Art. 200 ErbG FBuH. Diese Norm regelt in der FBuH überhaupt keine internationale Zuständigkeit, sondern eventuell eine interlokale Zuständigkeit. Diese greift nur dann ein, wenn das IPRG eine ausschließliche Zuständigkeit für einen Nachlass mit Auslandsbezug nicht vorgesehn hat.

Es wäre besser, wenn die Gesetze der Republik Srpska und des Brčko Distrikt BuH nur die örtliche Zuständigkeit regeln würden, und alle Erbfälle mit Auslandsbezug weiterhin nur dem IPRG unterstellt wären, oder wenn sie sich konsequent dafür entschieden hätten, den ganzen Komplex der internationalen Zuständigkeit zu regeln. Die unterschiedliche Derrogation des IPRG in zwei Teilen BuHs ohne interlokale Kollisionsnormen kann im Rechtsverkehr in BuH erhebliche Probleme verursachen. Bei einer Abgleichung der gesetzlichen Regelung im Brčko Distrikt BuH und der Republik Srpska könnte die Frage gestellt werden, welches Gericht für den Nachlass, bestehend aus Grundstücken, die sich z.B. auf dem Gebiet der Republik Srpska befinden, und dessen Eigentümer ein Staatsangehöriger BuHs ist, ohne Wohnsitz in der Republik Srpska, zuständig ist. Oder welches Gericht in der Situation, in der sich die Grundstücke außerhalb der Republik Srpska befinden und der Erblasser BuH-Staatsangehöriger mit Wohnsitz in der RS war, zuständig ist. Wenn sich diese Grundstücke auf dem Territorium des Brčko Distrikt BuH befinden, ergeben die zwei verglichenen Gesetze keine Lösung. Das Problem ist dadurch verursacht, dass drei Kriterien kombiniert wurden – zwei subjektive (Staatsangehörigkeit, Wohnsitz) mit einem objektiven – dem Belegenheitsort.

B. Materielles Erbrecht

I. Gesetzliche Erbfolge

1. Allgemeines

12 Auf Grund des verfassungsrechtlichen Staatsaufbaus besteht in Bosnien und Herzegowina weder ein einheitliches materielles Erbrecht noch ein einheitliches Nachlassverfahrensrecht. Die drei Erbgesetze, die in BuH angewendet werden (siehe Rn 1) sind miteinander nicht harmonisiert, sodass in Bosnien und Herzegowina über **drei materiell rechtliche Erbordnungen** gesprochen werden kann. Dieser Umstand kann interlokale Rechtskollisionen verursachen.

13 In der Republik Srpska und Brčko Distrikt BuH sind zwei **Erbberufungsgründe** vorgesehen: Gesetz und Testament, wobei das Testament gegenüber der gesetzlichen Erbfolge Vorrang genießt. Die Föderation BuH hat als einziger ehemaliger jugoslawischer Nachfolgestaat auch den Erbvertrag als Berufungsgrund vorgesehen, Art. 106 ErbG FBuH. Der Erbvertrag hat gegenüber der testamentarischen und gesetzlichen Erbfolge den Vorrang. Es ist möglich, dass gleichzeitig gesetzlich und testamentarisch bzw. vertraglich berufene Erben nebeneinander erben (z.B. in dem Fall, dass durch das Testament oder durch den Erbvertrag nur über einen Teil des Vermögens verfügt wurde, oder dass ein testamentarisch berufener Erbe die Erbschaft ausschlägt usw.). Das römische Prinzip *nemo pro parte testatus pro parte intestatus decedere potest* gilt daher im bosnisch-herzegowinischen Recht nicht.

14 Das **Prinzip der universellen unmittelbaren Sukzession** *mortis causa* beherrscht das Erbrecht in Bosnien und Herzegowina. Es gelten die gleichen Regeln unabängig davon, wer der Erbe ist oder welche Vermögenswerte geerbt werden sollen. Neben der Ausnahmen die im internationalen Privatrecht vorgesehen worden sind, besteht eine einzige weitere Ausnahme lediglich bezüglich der Urheberrechte in der Republik Srpska und Brčko Distrikt BuH (siehe Rn 33). Die Erbschaft geht auf den Erben unmittelbar mit dem Tod des Erblassers über – es gibt kein *hereditas iacens* im bosnisch-herzegowinischen Recht. Als Erbe kann jede natürliche und juristische Person, auch Ausländer (siehe Rn 7), berufen werden.

15 Die Voraussetzung für die Erbfolge ist, dass der Erbe das **Ableben des Erblassers** erlebt hat bzw. in diesem Moment gezeugt war und danach binnen 300 Tage lebendig geboren wurde, Art. 157 Abs. 1 und 2 ErbG FBuH, Art. 147 Abs. 1 und 2 ErbG RS, Art. 128 Abs. 1 und 2 ErbG BD BuH. Das Institut des *Nasciturus* nimmt in BuH keine Rücksicht darauf, dass medizinisch eine Befruchtung nach dem Tode des Erblassers möglich ist. In einem solchen Fall, in dem das Kind nicht im Moment des Todes des Erblassers gezeugt bzw. nicht binnen 300 Tage nach seinem Tod geboren wurde, kann nach dem geltenden Recht das ungeborene Kind nur testamentarisch bedacht werden.

16 Im Fall, dass mehrere Personen unter Umständen ums Leben gekommen sind, unter denen die Reihenfolge ihres Todes ungewiss ist, geht das Erbrecht in BuH von der Vermutung eines gleichzeitigen Ablebens aus. In diesem Fall hat keine der verstorbenen Personen Anspruch auf den Nachlass der anderen. Das Institut der **Kommorienten** ist das erste Mal ausdrücklich geregelt, und zwar nur in der Föderation BuH, Art. 157 Abs. 4 ErbG FBuH. Die gleiche Lösung wurde früher in der Doktrin und der Praxis akzeptiert.

Eine weitere Voraussetzung für die Erbfolge ist die **Erbwürdigkeit**. Die drei Erbgesetze in BuH benennen enummerativ die Gründe für die Erbunwürdigkeit, allerdings mit einigen redaktionellen Unterschieden, Art. 158 ErbG FBuH, Art. 149 ErbG RS, Art. 129 ErbG BD BuH. Als erbunwürdig werden Erben betrachtet, die gegen das Wohlergehen des Erblassers gehandelt haben – vorsätzlicher Mord/Totschlag oder versuchter Mord/Totschlag des Erblassers, Unterlassen von notwendiger Hilfeleistung an den Erblasser und Verstoß gegen eine gesetzlich Unterhaltspflicht gegenüber dem Erblasser. Erbunwürdig sind außerdem Erben die gegen die Testierfreiheit des Erblassers verstoßen haben – den Erblasser gegen seinen Willen dazu veranlasst haben ein Testament zu errichten, zu ändern oder zu widerrufen, das Testament zerstört, versteckt oder falsifiziert haben, um die Erfüllung des letzten Willens des Erblassers zu verhindern, oder den Erblasser vorsätzlich und dauerhaft in die Lage der Testierunfähigkeit gebracht haben. In der Föderation BuH sollte dieser Erbunwürdigkeitsgrund analog auf den Erbvertrag angewendet werden. Den letzten Unwürdigkeitsgrund (wenn ein Erbe den Erblasser vorsätzlich und dauerhaft in die Lage der Testierunfähigkeit gebracht hat) sieht das ErbG BD BuH nicht vor. Dafür enthalten das ErbG BD BuH und RS im Gegensatz zum ErbG FBuH noch einen Erbunwürdigkeitsgrund, der nicht gegen den Erblasser gerichtet sein muss, sondern anhand objektiver Kriterien beurteilt wird. Danach ist ein Erbe erbunwürdig, wenn er das Land verlassen hat, um einer Verurteilung wegen einer schwerwiegenden Straftat zu umgehen. Die Erbunwürdigkeit tritt *ex lege* ein und das Gericht achtet von Amts wegen darauf. Der Wille des Erblassers spielt dabei keine Rolle, es sei denn, er verzeiht im Testament einem Erben die Erbunwürdigkeit. Ein unwürdiger Erbe wird als vorverstorben betrachtet und kann sich weder aufgrund des Gesetzes noch des Testamentes oder Erbvertrages am Nachlass beteiligen; die Erbunwürdigkeit löst die Anwendung des Repräsentationsprinzips aus, Art. 159 ErbG FBuH, Art. 149 RS, Art. 130 ErbG BD BuH.

17

In der Republik Srpska und Brčko Distrikt BuH gehören zum **Kreis der gesetzlichen Erben** nur Blutsverwandte, Adoptivkinder und -eltern und, soweit vorhanden, der Ehegatte des Erblassers. Andere Verbindungen zwischen dem Erblasser und bestimmten Personen, wie z.B. zwischen unehelichen Partnern, Pflegeeltern oder -kindern, Stiefeltern und -kindern oder zwischen unehelichen Partnern, reichen nicht aus, um diese Personen in den Kreis der gesetzlichen Erben einzureihen. Die gleiche rechtliche Situation bestand auch in der Föderation BuH bzw. besteht weiterhin für alle Erbschaften, welche bis zum 9.1.2015, dem Tag des Anwendungsbeginns des neuen Erbgesetzes, eröffnet wurden; alle Erbfälle, die bis zu diesem Datum aufgetreten sind, werden nach dem alten Erbgesetz der Sozialistischen Republik BuH verhandelt.

18

Die Tatsache, dass die **uneheliche Gemeinschaft** nicht als eine erblich relevante Verbindung zum Erblasser vorgesehen wurde, wurde in der Doktrin der Länder des ehemaligen Jugoslawien weder kritisiert noch besonderes beachtet oder als mangelhaft empfunden.[29] Dabei stellten bezüglich der vermögensrechtlichen Beziehungen (Güterstand, Unterhalt) bereits das Familiengesetz der Sozialistischen Republik Bosnien und Herzegowina aus dem Jahre

19

---

29 Im Rahmen des ehemaligen Jugoslawien wurde die uneheliche Gemeinschaft als Grundlage der gesetzlichen Erbfolge in Kosovo und Slowenien (im Jahre 1974) vorgesehen. Die Doktrin konstatierte dies eher kommentarlos (*Blagojević*, S. 91–92) oder betrachtete noch im Jahre 1990 diese Regelung als „mutige Neuigkeit" (*Gavella*, 122), oder schwieg sich darüber aus (z.B. *Antić*, Nasledno pravo, herausgegen im Jahre 2010, *Babić*, Nasledno pravo, herausgegeben im Jahre 2011). Bei einer früheren Anerkennung der nichtehelichen Gemeinschaft im Familienrecht wundert diese unkritische Haltung der Doktrin. Zur Rechtsstellung des nichtehelichen Partners im Erbrecht der Entitäten nach der Erbrechtsreform siehe: *Softić Kadenić*, Novo nasljedno pravo u entitetima Bosne i Hercegovine *de lege lata i de lege ferenda*, S. 39 ff.

1979[30] sowie Familiengesetze anderer Teilrepubliken eine uneheliche Gemeinschaft einer ehelichen Gemeinschaft gleich, Art. 14 FamG SR BuH. Diese prinzipielle Haltung gegenüber einer unehelichen Gemeinschaft wurde allerdings im Erbrecht nicht umgesetzt und der uneheliche Partner war kein gesetzlicher Erbe. Das ErbG FBuH bringt bezüglich der Erbstellung eines **unehelichen Partners** hier eine wesentliche Änderung mit sich und ordnet ihn in den Kreis der gesetzlichen Erben ein (näher siehe Rn 28). In der Republik Srpska und dem Brčko Distrikt BuH ist ein unehelicher Partner kein gesetzlicher Erbe. Allerdings betrifft diese Änderung in der FBuH nur die Verbindung zwischen einem Mann und einer Frau. In BuH gibt es keine besonderen Vorschriften über eine **gleichgeschlechtliche Partnerschaft**. Folglich berücksichtigt das Erbrecht eine solche Gemeinschaft nicht.

20 Das bisherige Erbrecht in BuH kannte seit 1973 bis zu den Änderungen 2009 (Republik Srpska) bzw. 2015 (Föderation BuH) einen ziemlich begrenzten Umfang der Verwandten, welche als gesetzliche Erben antreten konnten (**Prinzip des geschlossenen Kreises der gesetzlichen Erben**). Dies entsprach der durch die sozialistische Doktrin vertretenen Ansicht, dass der Staat, welcher wichtige Aufgaben im Bereich der Sozialpolitik und des Familienschutzes zu erfüllen hat, den Vorrang gegenüber entfernten Verwandten, zu welchen der Erblasser vielleicht keinerlei enge Verbindungen pflegte, genießen sollte.[31] Die Begrenzung des Erbenkreises wurde durch die Begrenzung der Erbordnungen (drei) und durch die Beschränkung des Repräsentationsprinzips durchgeführt (dieses Prinzip war in der dritten Erbordnung stark begrenzt). So ist es noch immer im Brčko Distrikt BuH, Art. 9 ErbG BD BuH. Dieses Prinzip gilt auch weiterhin in der Republik Srpska und Föderation BuH, allerdings wurde dort der Kreis der gesetzlichen Erben ausgedehnt. Im neuen Erbrecht der Entitäten wurden die beiden vorher bestehenden Beschränkungen aufgehoben (es sind auch weitere Erbordnungen zugelassen, das Repräsentationsprinzip gilt auch in dritter Erbordnung unbeschränkt). Die Ausdehnung des Kreises der gesetzlichen Erben könnte auch als eine Emanation der verfassungsrechtlich festgelegten Eigentumsgarantie betrachtet werden; der Staat wird zu einem *ultima ratio* Erben, die Familie des Erblassers genießt den Vorrang. Während im Brčko Distrikt BuH alle Nachfahren des Erblassers, sein Ehegatte, seine Eltern, Geschwister und ihre Nachfahren, seine Großeltern und deren Kinder als gesetzliche Erben vorgesehen werden, können in der Republik Srpska und der Föderation BuH zusätzlich noch neben den Großeltern alle ihre Nachkommen,[32] Urgroßeltern und alle weiteren Vorfahren in gerader Linie erben, Art. 8 Abs. 1 ErbG FBuH, Art. 7 Abs. 1 ErbG RS. Trotz dieser Ausdehnung des Kreises der gesetzlichen Erben kennt das bosnisch-herzegowinische Recht noch immer keinen so genannten „lächelnden Nachlass".

2. Gesetzliche Erbordnungen

a) Allgemeines

21 Die gesetzlichen Erben sind grundsätzlich in drei Gruppen (**drei gesetzliche Erbordnungen**) gemäß dem Parentelensystem aufgeteilt. In der Föderation BuH und der Republik Srpska gibt es auch weitere Erbordnungen, welche ermöglichen, dass weitere Vorfahren zu

---

30 Amtsblatt der Sozialistischen Republik Bosnien und Herzegowina [*Službeni list SR BiH*] 21/79, 44/89.
31 Mehr darüber *Blagojević*, S. 83 ff.
32 Für die Republik Srpska nicht zur Gänze klar: zwar wurden bei einer Gesamtaufzählung aller Erben die Großeltern und ihre Nachkommen mitgezählt, aber bei der Regelung der dritten Erbordnung werden nur Kinder der Großeltern erwähnt, Art. 15 ErbG RS. Mehr darüber unter Rn 26.

Erben berufen werden. In der vierten Erbordnung sind das die Urgroßeltern, in der fünften die Ururgroßeltern usw. Dies stellt eher eine rein theoretische Möglichkeit dar. Zwischen den einzelnen Ordnungen herrscht eine strikte Trennung: so lange es Erben einer näheren Gruppe gibt, können die Erben einer entfernteren Gruppe nicht erben (**Ausschlussprinzip**), Art. 8 Abs. 3 ErbG FBuG, Art. 7 Abs. 3 ErbG RS, Art. 9 Abs. 3 ErbG BD BuH.

In jeder Gruppe gibt es eine Unterteilung in die so genannten **Linien/Stämme**. Auch zwischen einzelnen Linien/Stämmen innerhalb einer Gruppe gibt es eine strikte Trennung – so lange es Erben einer Linie gibt, wird das **Repräsentationsprinzip** angewendet, so dass der dieser Linie gehörende Erbteil nicht der anderen Linie zuwachsen kann. Erst nachdem keine Erben einer Linie vorhanden sind, kann dieser Teil anderen Linien zuwachsen – das Repräsentationsprinzip geht in drei ersten Erbordnungen dem Zuwachsprinzip vor. Eine Ausnahme stellt das Erbrecht des Brčko Distrikts BuH dar, da dort das Repräsentationsprinzip in der dritten Ordnung beschränkt ist, Art. 17 ErbG BD BuH. In den vierten und weiteren Erbordnungen in den Entitäten spielt das Repräsentationsprinzip keine Rolle (siehe Rn 33)

b) Erben erster Ordnung

Zu der ersten Erbordnung zählen die Abkömmlinge des Erblassers und sein Ehegatte; in der Föderation BuH auch sein nichtehelicher Partner. Innerhalb der ersten Erbordnung erben Kinder des Erblassers und dessen Ehegatte zu gleichen Teilen, Art. 10 ErbG FBuH, Art. 8 ErbG RS, Art. 10 ErbG BD BuH. Bezüglich der Abkömmlinge tritt Repräsentation nach Stämmen ein. An die Stelle eines Kindes, das nicht erben kann (vor dem Erblasser oder gleichzeitig mit ihm verstorben, erbunwürdig usw.) oder nicht erben will, erben ersatzweise dessen Kinder (Enkelkinder des Erblassers) zu gleichen Teilen, Art. 11 ErbG FBuH, Art. 9 ErbG RS, Art. 11 ErbG. Das Repräsentationsprinzip ist innerhalb der ersten Erbordnung nicht begrenzt. Falls auch eines dieser Enkelkinder nicht erbt, erben dessen Abkömmlinge seinen Teil untereinander zu gleichen Teilen, so lange es diese Abkömmlinge gibt. Hat der Erblasser nur einen einzigen Nachfahren, erbt dieser das ganze Vermögen. Verstirbt aber der Erblasser ohne Nachfahren und hinterlässt er nur den Ehegatten, kann dieser nicht allein erben, sondern es wird zu der zweiten gesetzlichen Erbordnung übergegangen. Dies ist die einzige Ausnahme von dem Ausschlussprinzip, da der Ehegatte mit den Erben der ersten und zweiten Erbordnungen erben kann.

Grundsätzlich wurde seit der Verabschiedung des Erbgesetzes im Jahre 1973 im bosnisch-herzegowinischen Recht jeglicher Unterschied zwischen ehelichen und **unehelichen Kindern** abgeschafft. Die unehelichen Kinder haben die gleiche Stellung gegenüber den eigenen Eltern und Verwandten beider Elternteile. Das Gesetz enthält nur eine allgemeine Grundsatznorm über die Gleichstellung ehelicher und nicht ehelicher (Bluts)Verwandter und keine weiteren Bestimmungen darüber, Art. 4 Abs. 1 ErbG FBuH, Art. 3 Abs. 1 ErbG RS, Art. 5 ErbGBD BuH.[33]

Die erbrechtliche Stellung der **Adoptivkinder und -eltern** hängt von der Art der Adoption ab. Das Familienrecht in Bosnien und Herzegowina unterscheidet zwischen einer **Volladoption** und einer nicht vollständigen Adoption, Art. 91 FamG FBuH, Art. 144 FamG RS,

---

[33] Das erste im Jahre 1955 verabschiedete Erbgesetz des ehemaligen Jugoslawiens hatte den Unterschied zwischen ehelichen und unehelichen Kindern bezüglich der Möglichkeit, die Verwandten väterlicherseits zu beerben, noch nicht völlig abgeschafft; diese Möglichkeit war an die Erfüllung bestimmter Voraussetzungen geknüpft, was auch Gegenstand der Kritik war. Mehr darüber *Blagojević*, Nasledno pravo u Jugoslaviji, S. 37, 132 ff.

Art. 76 FamG BD BuH.³⁴ Handelt es sich um eine Volladoption (Regelfall), sind die adoptierten Kinder den natürlichen, eigenen Kindern gleichgestellt; sie erben unter den gleichen Voraussetzungen und können den Erblasser sowie alle seine Verwandten beerben und umgekehrt. Sie unterbrechen zur Gänze die Verbindung mit der eigenen, biologischen Familie, Art. 113 FamG FBuH, Art. 156 FamG RS, Art. 96 FamG BD BuH, und können ihre biologischen Eltern und Verwandte nicht beerben, es sei denn es handelt sich um eine Adoption durch Stiefvater oder -mutter, Art. 114 FamG FBuH, Art. 97 FamG BD BuH.

26 In der Praxis spielt die **nicht vollständige Adoption** eine sehr geringe Rolle. Diese Kinder unterbrechen nicht völlig die Verbindung mit der eigenen Familie (Art. 117 Abs. 2 FamG F BuH, Art. 150 FamG RS, Art. 100 FamG BD BuH) und theoretisch können eigene Eltern und andere Verwandte parallel mit den Adoptiveltern erben. Für diese Situation hat das Gesetz zwar keine besonderen Bestimmungen bereitgestellt, es könnte allerdings die Lösung befürwortet werden, wonach beide Teile je zur Hälfte erben. Das Problem ist aber ohne praktische Relevanz, da die nicht vollständige Adoption sehr selten ist. Im Adoptionsakt sollten die Verhältnisse zwischen den Adoptiveltern und -kindern geregelt werden, darunter auch das Recht sich gegenseitig zu beerben. Das Familienrecht sieht vor, dass dieses Recht unter den im Erbrecht vorgesehenen Vorrausetzungen auch ausgeschlossen werden kann, Art. 119 FamG F BiH, Art. 102 ErbG BD BuH; im Erbrecht wurden allerdings diesbezüglich keine besonderen Voraussetzungen vorgesehen. Eine entsprechende Bestimmung über den Ausschluss der Erbrechte bei einer unvollständigen Adoption ist im FamG RS nicht vorhanden. Für den Fall, dass die unvollständig adoptierten Kinder als Erben berufen sein könnten, haben sie die gleiche Stellung wie die leiblichen Kinder des Erblassers, Art. 22 ErbG FBuH, Art. 20 ErbG RS, Art. 19 ErbG BD BuH; ein Unterschied besteht bezüglich des Pflichtteilsrechts (siehe Rn 71–73).

27 Der **Ehegatte** als Erbe hat eine besondere Stellung und ist in dem Fall, dass er mit den Kindern des Erblassers erbt, diesen Kindern gleichgestellt. Die gültige, im Zeitpunkt des Erbfalls bestehende Ehe ist Voraussetzung für das Erbrecht des Ehegatten. Aber auch wenn der Erblasser und sein Ehegatte im Moment des Todes des Erblassers sich in einer gültigen Ehe befanden, kann es vorkommen, dass der überlebende Ehegatte das Erbe doch nicht antreten kann. Dies kann in den folgenden Situationen geschehen, wenn: a) zur Lebzeit des Erblassers, dieser die Scheidungsklage eingereicht hat, die sich nach seinem Tod als begründet erweist, b) die Ehe nicht gültig war, worüber der überlebende Ehegatte im Moment der Eheschließung Kenntnis hatte (spätere Kenntnisnahme schadet nicht) und c) die Lebensgemeinschaft einvernehmlich oder durch das Verschulden des überlebenden Ehegatten unterbrochen wurde, Art. 25 ErbG FBuH, Art. 23 ErbG RS, Art. 22 ErbG BD BuH.

28 In der Föderation BuH kann auch der **uneheliche Partner** das gesetzliche Erbe antreten (siehe Rn 19). Eine Verbindung muss die im Familienrecht vorgeschriebenen Bedingungen erfüllen, damit sie als eine nicht eheliche Gemeinschaft betrachtet werden kann. Diese Gemeinschaft muss mindestens drei Jahre bestehen oder kürzer, wenn aus dieser Verbindung Kinder hervorgegangen sind. Es sollte sich weiter um eine Lebensgemeinschaft zwischen einer ledigen Frau und einem ledigen Mann handeln, Art. 3 FamG FBuH. Es dürfen keine Ehehindernisse vorhanden sein.³⁵ Wenn eine Ehe mindestens formell besteht, jedoch eine Lebensgemeinschaft nicht mehr existiert (z.B. weil sie einvernehmlich aufgelöst wurde), kann ein eventueller anderer Partner nicht als der anerkannte uneheliche Partner betrachtet werden und damit nicht als gesetzlicher Erbe. In dieser Situation kann weder der Ehegatte noch der uneheliche Partner erben. Solche Lebenssituationen sind durchaus möglich und

---

34 Amtsblatt des Brčko Distrikts BuH [*Službeni glasnik BD BiH*] 23/07.
35 Art. 3 des Familiengesetzes der Föderation BiH.

sie verlangen nach subtileren gesetzlichen Lösungen.[36] Der uneheliche Partner muss beweisen, dass eine nichteheliche Gemeinschaft existierte. Wenn andere Erben das Bestehen einer nichtehelichen Gemeinschaft bestreiten, kann das Beweisverfahren weder vor dem Notar noch vor einem Nachlassgericht durchgeführt werden, sondern das Nachlassverfahren sollte unterbrochen werden und der überlebende uneheliche Partner wird angewiesen den Klageweg zu bestreiten.[37] Dieses Verfahren ist nicht einfach[38] und es sollte über die Formulierung mancher gesetzlicher Präsumtionen nachgedacht werden. Dadurch sollte die Beweislast erleichtert und die Stellung der unehelichen Partner gegen einen möglichen Missbrauch anderer Erben gesichert werden.[39] Wenn aber keiner der Miterben das Bestehen der nicht ehelichen Gemeinschaft bestreitet und kein Anzeichen für ein Gesetzesumgehung existiert, sollte das Nachlassgericht bzw. der Notar den unehelichen Partner ohne besonderes Beweisverfahren als gesetzlichen Erben anerkennen.[40]

c) Erben zweiter Ordnung

In der **zweiten Erbordnung** erben die Eltern jeweils zur Hälfte bzw. bei Vorversterben eines Elternteils oder beider von ihnen, deren Abkömmlinge – also die Geschwister des Erblassers und deren Abkömmlinge. Auch hier ist das Repräsentationsprinzip nicht begrenzt. Erbt ein Elternteil nicht, wird sein Teil gleichmäßig auf seine Nachfahren verteilt, soweit es diese Nachfahren gibt. Dabei kommen nur die Abkömmlinge dieses Elternteils in Frage (z.B. der Erbteil der Mutter kann nicht dem Bruder väterlicherseits zufallen). In dem Fall, dass der Ehegatte mit den Erben der zweiten Ordnung erbt, ist für ihn eine Hälfte der Erbschaft reserviert, und für jeden Elternteil ein Viertel, Art. 12 Abs. 2 ErbG FBuH, Art. 10 Abs. 2 ErbG RS, Art. 12 Abs. 2 ErbG BD BuH.

d) Erben dritter Ordnung

Die **dritte Erbordnung** besteht aus zwei Großelternpaaren des Erblassers und allen deren Abkömmlingen (Föderation BuH, Republik Srpska) bzw. deren Kindern (Brčko Distrikt BuH), Art. 15 ErbG FBuH, Art. 14 ErbG RS, Art. 16 BD BuH. Jedes Großelternpaar erbt eine Hälfte, und jeder Großelternteil ein Viertel. Erbt ein Elternteil nicht, fällt sein Viertel seinen Kindern zu. Hinterlässt er keine Kinder, wächst sein Teil im Brčko Distrikt BuH dem mit ihm verbundenen Großelternteil zu; das Repräsentationsprinzip wirkt im Unterschied zu den zwei ersten Erbordnungen begrenzt – anstelle eines Großelternteiles können nur dessen Kinder, aber keine weiteren Nachfahren treten. In der Föderation BuH und der Republik Srpska sollte das Repräsentationsprinzip unbegrenzt angewendet werden. Allerdings gibt es im ErbG RS eine Unstimmigkeit. Bei der Aufzählung aller gesetzlichen Erben sind die Großeltern und ihre Abkömmlinge erwähnt. Die gesetzliche Bestimmung, welche die dritte Erbordnung regelt, spricht aber nur über Großeltern und ihre Kinder. Hier kann die historische und systematische Auslegung behilflich sein. Die zwei widersprüchlichen gesetzlichen Bestimmungen können nicht dem Willen des Gesetzgebers entsprechen, eher sollten sie als eine Einheit betrachtet werden. Wenn man die Bestimmungen des alten Erbgesetzes der Sozialistischen Republik BuH zum Vergleich heranzieht, kann man feststellen, dass dort in beiden Bestimmungen die Kinder der Großeltern Erwähnung

---

36 In diesem Sinne *Kačer*, S. 799.
37 *Josipović*, Nasljeđivanje na temelju zakona, S. 46–47.
38 Über Schwierigkeiten, das Bestehen einer unehelichen Gemeinschaft zu beweisen, siehe mehr bei *Demirović*, S. 130.
39 Für eine solche Lösung im kroatischen Recht *Kačer*, S. 797.
40 In diesem Sinne *Belaj/Čulo*, S. 129.

finden. Die Tatsache, dass im ErbG RS gerade die allgemeine Norm über den Kreis der gesetzlichen Erben eine Änderung zu den früheren Lösungen herbeigeführt hat, spricht dafür, dass der Gesetzgeber von einer Änderung ausgegangen ist, allerdings versäumt hat, sie an der anderen entsprechenden Stelle zu wiederholen. Zusätzlich besagt die Bestimmung über die dritte Erbordnung, dass auch in dieser Ordnung alle Regeln, die sonst für den Fall, dass der Erblasser von den Eltern und Geschwistern beerbt wird, gelten. Gerade bei diesem Erbfall wird das unbegrenzte Repräsentationsprinzip angewendet. Zwischen den zwei Großelternpaaren herrscht auch das Ausschlussprinzip. Das andere Großelternpaar kann die andere Hälfte nur dann erben, wenn weder ein anderes Großelternpaar noch ihre Abkömmlinge bzw. Kinder im Brčko Distrikt BuH erben wollen oder können, Art. 17 ErbG FBuH, Art. 16 ErbG RS Art. 17 ErBG BD BuH.

e) Weitere Erbordnungen

31 In den Entitäten (Föderation BuH und Republik Srpska) bedeutete Erbrechtsreform auch eine Ausdehnung des Kreises der gesetzlichen Erben (siehe Nr. 17). Auch weitere Erbordnungen wurden eingeführt, nicht nur drei wie in dem bisherigen Recht. Theoretisch ist diese Zahl nicht begrenzt, so kann über die vierte und weitere Erbordnungen gesprochen werden. In der vierten Erbordnung würden nur Urgroßeltern erben, in der fünften Ururgroßeltern usw. In der vierten und weiteren Erbordnungen ist das Repräsentationsprinzip begrenzt, da nur die Vorfahren der geraden Linie erben können und nicht ihre weiteren Nachkömmlinge, Art. 19 ErbG FBuH, Art. 17 ErbG RS.

32 Das bosnisch-herzegowinische Recht kannte seit dem Jahre 1973 keine weiteren Erbordnungen und hatte auch im Rahmen des ehemaligen Jugoslawiens den restriktivsten Umfang der gesetzlichen Erben, was mit der Erbrechtsreform in beiden Entitäten korrigiert wurde, allerdings nich in Brčko Distrikt BuH. Sofern keine gesetzlichen Erben vorhanden sind und kein Testament oder Erbvertrag verfasst worden sind, wird der **Staat als Erbe** antreten.[41] Die Erbenstellung des Staates unterscheidet sich insoweit von der Stellung anderer Erben, als der Staat die Erbschaft nicht ausschlagen kann.[42] Auch für den Fall, dass die Erben unbekannt sind, wird die Erbschaft nach der Durchführung eines vorgeschriebenen Verfahrens, in dem versucht wird die Erben ausfindig zu machen, der zuständigen Gemeinde übergeben. Sollten sich im Zeitraum von zehn Jahren ab der Übergabe des Nachlasses an die Gemeinde die Erben melden, behalten sie das Recht die Übergabe der Erbschaft zurückzuverlangen.

33 Zusätzlich zur allgemeinen Begrenzung des Kreises der gesetzlichen Erbfolge besteht im Brčko Distrikt BuH sowohl auch in der Republik Srpska auch eine spezielle Begrenzung für den Fall, dass **Urhebervermögensrechte** Bestandteil der Erbschaft sind. In diesem Fall kommen als Erben nur die Kinder und der Ehegatte sowie die Eltern des Erblassers in Frage, Art. 26–28 ErbG RS und Art. 25–27 ErbG BD BuH. Wenn diese Personen nicht als Erben zur Verfügung stehen, werden die Urheberrechte von der Republik Srpska bzw. Brčko Distrikt BuH beerbt. Diese Bestimmung, die eigentlich der verfassungsrechtlichen Eigentumsgarantie widerspricht, wurde im neuen Erbrecht der Föderation BuH abgeschafft.

---

41 In der Föderation BuH geht der erbenlose Nachlass auf die Gemeinde über (Art. 7 ErbG FBuH), in der Republik Srpska gehört der Nachlass der Republik Srpska (Art. 6 ErbG RS) und im Brčko Distrikt BuH dem Distrikt (Art. 133 AußstVG BH BuD).

42 In dem Sinne *Gavella/Belaj*, S. 243, *Blagojević*, S. 300.

3. Erbquote

Das Gesetz geht nicht nur von dem Grundsatz der formellen Gleichstellung der Erben aus, wonach die Erben gleicher Stellung zum Erblasser zu gleichen Teilen erben sollten,[43] sondern trägt der tatsächlichen Gleichstellung Rechnung. Die vorgeschriebene Quote kann vergrößert oder verkleinert werden, abhängig von den Lebensverhältnissen gewisser Erben. Es kann dabei von einem Grundsatz der **Berücksichtigung spezifischer Umstände und Bedürfnisse gewisser Erben** gesprochen werden. Das Gericht kann einem Ehegatten, einem Kind oder einem Elternteil, wenn diese nicht die zum Leben notwendigen Mittel aufbringen und Erwerbsunfähig sind, auf Antrag zu Lasten der anderen gesetzlichen Erben eine höhere Quote, notfalls den gesamten Nachlass zuweisen, Art. 24, 26–27 ErbG FBuH, Art. 22, 24–25 ErbG RS, Art. 21, 23–24 ErbG BD BuH.

Die Gleichstellung wird auch dadurch erzielt, dass jedem Erben auf seinen Erbteil die zur Lebzeiten des Erblassers angenommenen Schenkungen (*colatio bonorum*) sowie Vermächtnisse angerechnet werden, Art. 49–61 ErbG FBuH, Art. 50–62 ErbG RS, Art. 49–61 ErbG BD BuH. Die **Anrechnung der Schenkungen** wird so durchgeführt, dass als erstes andere Erben einen entsprechenden Wert aus dem Nachlass erhalten und dann der Nachlassrest unter den Erben aufgeteilt wird. Wenn der Wert des Vermögens zum Zeitpunkt des Todes nicht ausreicht, um andere Erben gleichzustellen, kommt es nicht zu einer Schenkungsrückabwicklung, es sei denn, der Pflichtteil wurde dadurch verletzt. Der Erblasser kann anordnen, dass keine Schenkungsanrechnung durchgeführt werden sollte, aber diese Anordnung gilt nicht im Falle der Pflichtteilsverletzung.

II. Gewillkürte Erbfolge

1. Allgemeines

Das bosnisch-herzegowinische Erbrecht wird in der Praxis hauptsächlich durch die Anwendung der gesetzlichen Erbfolgeregelung geprägt. Das Testament und andere Mittel gewillkürter Erbfolge bzw. der Nachlassplanung im weiteren Sinne, spielen nur eine untergeordnete Rolle.[44] Die vor kurzem erst abgeschlossene Erbrechtsreform in den Entitäten hat in diesem Bereich insbesondere in der Republika Srpska nur wenige, nicht gravierende Änderungen gebracht. Etwas mehr ist auf diesem Feld in der Föderation BuH passiert, wobei die neuen Lösungen sich wegen der kurzen Anwendungszeit des neuen ErbG FBuH bislang noch nicht in der Praxis bewähren konnten.

2. Testamentarische Erbfolge

a) Allgemeines

Das Testament ist ein einseitiges, streng formelles, stets widerrufliches und höchstpersönliches Rechtsgeschäft bei dem keine Vertretung möglich ist. Die **Testierfähigkeit** tritt in der

---

43 *Gavella/Belaj*, S. 28.
44 Die Einsicht in die Liste der hinterlegten Testamente und Verträge beim Amtsgericht Sarajevo, dem größten Gericht in Bosnien und Herzegowina, dem ca. 13 % der gesamten Landesbevölkerung gravitiert (laut der vorläufigen Ergebnisse der Volkszählung 2013 hat Bosnien und Herzegowina etwas über 3,7 Millionen Einwohner. http://www.bhas.ba/obavjestenja/Preliminarni_rezultati_bos.pdf, März 2015) hat ergeben, dass mit dem 11.3.2015. insgesamt nur 2474 Testamente und vertragliche Nachlassverfügungen beim Gericht hinterlegt wurden, wobei die Daten der Hinterlegung teilweise bis in die 1960er Jahre, also mehr als 50 Jahre zurückgehen.

Föderation BuH und in der Republik Srpska mit dem vollendeten 15. Lebensjahr (Art. 62 Abs. 1. ErbG FBuH, Art. 64. Abs. 1. ErbG RS), im Brčko Distrikt BuH mit dem vollendeten 16. Lebensjahr (Art. 62 ErbG BD BuH) ein, immer jeweils unter Voraussetzung des Urteilsvermögens.

38 Mit dem Inkrafttreten des neuen ErbG FBuH hat das Testament im Erbrecht diesen Teils Bosnien und Herzegowinas seine Vorrangstellung als stärkster Berufungsgrund an den neu eingeführten Erbvertrag (siehe Rn 57–60), der dem Testament als Berufungsgrund vorgeht, abgeben müssen. In den übrigen Teilen des Landes ist das Testament weiterhin der stärkste Berufungsgrund vor dem Gesetz.

b) Testamentsformen

39 Bezüglich der Form unterscheidet das bosnisch-herzegowinische Recht zwischen ordentlichen und außerordentlichen Testamenten sowie zwischen privaten und öffentlichen Testamenten. Das eigenhändige Testament (**holographe Testament**) ist nur unter der Voraussetzung, dass es vollständig durch eigene Hand des Erblassers geschrieben und unterschrieben worden ist, gültig. In der Republika Srpska ist neben der eigenhändigen Unterschrift auch die Angabe des Datums der Testamentserrichtung Gültigkeitsvoraussetzung, während dies in der Föderation BuH und im BD BuH nicht der Fall ist und die Angabe des Datums nur als wünschenswert erachtet wird, Art. 66 Abs. 2 ErbG FBuH, Art. 68 Abs. 2 ErbG RS, Art. 66 ErbG BD BuH. Dieses Testament muss nicht mit vollem Namen unterschrieben werden, es genügt auch ein bekanntes Pseudonym oder eine unmissverständliche Bezeichnung des Erblassers (z.B. „Euer Vater").[45] Die Gültigkeit des Testaments hängt nicht davon ab, an welcher Unterlage und mit welchem Mittel das Testament geschrieben wurde (z.B. mit einer Kreide auf der Wand), solange andere Voraussetzungen erfüllt worden sind.

40 Eine weitere Form des ordentlichen privaten Testaments ist das fremdhändige Testament unter Zuziehung zweier Zeugen (**allographe Testament**), bei dem ein Dritter (z.B. ein Anwalt) den Willen des Testators niederschreibt. Der Text kann in diesem Fall auch auf einem PC bzw. einer Schreibmaschine geschrieben werden. Für die Gültigkeit dieses Testaments ist es jedoch erforderlich, dass zwei geschäftsfähige Zeugen erklären, dass der Testator in ihrer Gegenwart das Schreiben unterschrieben und als sein Testament anerkannt hat, ohne dabei den Inhalt des Testaments kennen zu müssen, Art. 67 ErbG FBuH, Art. 69 ErbG RS, Art. 67 ErbG BD BuH.

41 Als sog. **öffentliche Testamente** werden Testamente bezeichnet, die durch einen Richter oder einen Notar beurkundet worden sind. Das notarielle Testament als öffentliche Testamentsform besteht nur in der Föderation BuH und der Republik Srpska seit dem Inkrafttreten der jeweiligen neuen Erbgesetze. Bis dahin konnte der Notar nur im Rahmen der Erstellung eines allographen Testaments als einer privaten Testamentsform mitwirken. Dies ist im Brčko Distrikt BuH heute noch der Fall. Das ErbG FBuH sieht für das notarielle Testament die Form der notariellen Beurkundung vor, Art. 70 ErbG FBuH, während das ErbG RS vorschreibt, dass der Notar nach den Regeln für die Erstellung eines gerichtlichen Testaments verfährt, was zu der Anwendung anderer Regeln als im Beurkundungsverfahren nach dem NotG RS führen könnte.[46] Während in den Entitäten mit den neuen Erbgesetzen das Dilemma über die Art der Mitwirkung des Notars bei der Testamentserrichtung (nur

---

45 Siehe *Bago/Traljić/Petrović/Povlakić*, S. 77.
46 Kritisch hinsichtlich dieser Lösung: *Povlakić*, Učešće notara u ostavinskom postupku u pravu entiteta u BIH *de lege lata i de lege ferenda*, S. 30.

allographes Testament oder notariell beurkundetes Testament)[47] nun geklärt ist, bleibt dieses hinsichtlich des Brčko Distrikts immer noch bestehen. Grundsätzlich sollte es weder die Gültigkeit noch die Form des Testaments als Privattestament gefährden, wenn ein allographes Testament notariell beurkundet wurde, sonst aber die Regeln des ErbG über das allographe Testament beachtet wurden.[48] In der Föderation BuH schafft Art. 270 ErbG FBuH Abhilfe, indem er ausdrücklich vorsieht, dass die allographen Testamente, die vor dem Inkrafttreten des ErbG FBuH in Form einer notariellen Beurkundung errichtet wurden, rechtsgültig sind.

Ein ordentliches öffentliches Testament kann vor einer diplomatischen Vertretung im Ausland erstellt werden. Unter bestimmten Voraussetzungen und in bestimmten Situationen kann dieses Testament auch durch den Kapitän eines Schiffes oder einen militärischen Befehlshaber beurkundet werden, Art. 75–76 ErbG FBuH, Art. 77–78 ErbG RS, Art. 74–75 ErbG BD BuH. 42

Das **Internationale Testament** richtet sich nach den Vorschriften des Washingtoner Abkommens, dessen Bestimmungen in die ErbG der Entitäten und BD BuH aufgenommen wurden (siehe Rn 5). 43

In der Situation, in der es dem Testator aufgrund außergewöhnlicher Umstände (z.B. einer lebensbedrohlichen Lage) nicht möglich ist, ein Testament in einer der ordentlichen Testamentsformen zu errichten, kann ein **Nottestament** errichtet werden. Das Nottestament wird durch eine mündliche Erklärung des Erblassers in Anwesenheit zweier geschäftsfähiger Zeugen errichtet. Umstritten ist, ob beide Zeugen gleichzeitig anwesend sein müssen, oder ob die sukzessive Anwesenheit innerhalb kurzer Zeit ausreicht. In der Doktrin wird dies als zulässig erachtet, unter der Voraussetzung, dass die abgegebenen Erklärungen inhaltlich gleich sind.[49] Die Zeugen des mündlichen Testaments sollten ohne Verzögerung die Erklärungen des Testators vor einem Gericht zur Niederschrift abgeben oder in schriftlicher Form einreichen. Das Zeugenversäumnis bei der Ausübung dieser Pflicht führt aber nicht zur Nichtigkeit des Testamentes, Art. 79 ErbG FBuH, Art. 81 ErbG RS, Art. 78 ErbG BD BuH. Das Nottestament hat eine zeitlich begrenzte Wirkung auf 30 Tage, nachdem die Notsituation, welche der Testator überlebt hat, nicht mehr gegeben ist. 44

Besondere Formen von **Ehegattentestamenten** kennt das bosnisch-herzegowinische Recht nicht. Ein gemeinschaftliches Testament ist nicht zulässig, lediglich sollte das Verfassen zweier individueller Testamente in ein und derselben Urkunde (*testamentum mere simultaneum*) ohne jegliche wechselbezüglichen Anordnungen als zulässig betrachtet werden.[50] Das Fehlen des gemeinschaftlichen Testamentes wird in der Föderation Bosnien und Herzegowinas jedoch durch den neu eingeführten Erbvertrag ausgeglichen (siehe Rn 57–60). 45

Wenn die **Formerfordernisse an das Testament nicht erfüllt sind**, ist zwar laut Gesetz das Testament nichtig, aber damit sind nicht die üblichen Folgen der Nichtigkeit eines Rechtsgeschäfts verbunden. Das Testament ist nicht *ex lege* nichtig, sondern muss vielmehr durch die Person, die ein entsprechendes rechtliches Interesse aufweist, innerhalb bestimmter Fristen – ein Jahr ab Kenntnis über den Anfechtungsgrund und spätestens 10 Jahre ab der Testamentsverkündung – gegenüber einem redlichen und 20 Jahre gegenüber einem 46

---

47 Siehe *Povlakić*, in: Povlakić/Schalast/Softić, Art. 108, Rn 4.
48 Eine ausführliche Argumentation gibt *Povlakić*, Učešće notara u ostavinskom postupku u pravu entiteta u BIH *de lege lata i de lege ferenda*, S. 30.
49 In dem Sinne *Blagojević*, S. 277. Dagegen *Gavella/Belaj*, S. 147.
50 Näher *Softić Kadenić* in: Povlakić/Softić Kadenić, Da li je potrebno uvesti nove forme raspolaganja mortis causa u nasljedno pravo BiH, S. 197.

unredlichen Erben angefochten werden, Art. 65 ErbG FBuH, Art. 66 ErbG RS, Art. 64 ErbG BD BuH.

47 Die Vielfalt der möglichen Testamentsformen erschwert es dem Nachlassgericht bzw. dem als Gerichtskommisär tätigen Notar (siehe Rn 90–91) zuverlässig zu erfahren, ob der Erblasser ein Testament hinterlassen hat. Eine Neuheit in beiden Entitäten stellt die Regelung der Einführung von **Registern von Testamenten und anderen erbrechtlichen Rechtsgeschäften** dar, welche künftig seitens der Notarkammern FBuH und RS geführt werden sollen, Art. 124 ErbGFBuH, Art. 207 AußstVG RS, der in der RS jedoch nur die Einführung eines Registers von notariell errichteten Testamenten vorsieht. Diese Register sollen im Nachlassverfahren helfen, schnell und zuverlässig zu erfahren, ob der Verstorbene ein Testament hinterlassen hat. Die entsprechenden Register sind wegen des Ausbleibens entsprechender Durchführungsvorschriften bislang jedoch noch nicht in Funktion. Das ErbG BD BuH sieht kein Testamentsregister vor.

c) Inhalt des Testaments

48 **Inhalt eines Testamentes** können materiellrechtliche (Erbeinsetzung, Enterbung, Verzeihung der Erbunwürdigkeit usw.), verfahrensrechtliche (Bestimmung des Testamentvollstreckers) oder persönliche Bestimmungen (Anerkennung eines unehelichen Kindes, Anordnungen bezüglich der Bestattung) sein. Als wesentliche materiellrechtliche Bestimmung wird die Einsetzung der Erben gesehen, obwohl der Mangel einer solchen Bestimmung das Testament nicht ungültig macht. In dem Fall gehört der Nachlass den gesetzlichen Erben. Als testamentarischer Erbe wird derjenige betrachtet, dem der Erblasser sein ganzes Vermögen oder einen Teil davon zugewendet hat, aber auch derjenige, dem ein bestimmter Nachlassgegenstand gewidmet wurde, wenn dies dem Willen des Erblassers entspricht.

49 Anordnungen mit dem Ziel, den **Nachlass längerfristig zu binden** oder die Zersplitterung des Nachlasses zu verhindern und diesen als einheitliches Ganzes zu verwalten, sind in der Praxis äußerst selten.[51] Sie sind zwar grundsätzlich möglich, jedoch sind die Instrumente, die das bosnisch-herzegowinische Recht diesbezüglich vorsieht eher spärlich und nur rudimentär entwickelt. Die erst kürzlich abgeschlossene Reform der Gesetze in beiden Entitäten wurde nicht genutzt, um in diesem Bereich mehr zeitgemäße Lösungen vorzusehen. Ebenso mangelt es an Bewusstsein hinsichtlich der Wichtigkeit einer entsprechenden professionellen Beratung in Bezug auf die Vermögensplanung auf den Todesfall. In diesem Zusammenhang führt das insbesondere bei der Unternehmensnachfolge zu Lösungen, die nicht zufriedenstellend sind.

50 Grundsätzlich ist es möglich, einen Erben mit bestimmten Modalitäten einzusetzen. Da bei der testamentarischen Erbfolge die Repräsentation nicht eintritt, kann der Erblasser einen **Ersatzerben** einsetzen für den Fall, dass der ersteingesetzte Erbe die Erbschaft nicht antreten kann oder will. Das bosnisch-herzegowinische Gesetz lässt ausdrücklich nur diese einfache Substitution (*supstitutio vulgaris*) zu, Art. 100 ErbG FBuH, Art. 102 ErbG RS, Art. 83 ErbG BD BuH. Dagegen ist die Anordnung einer Vor- und Nacherbschaft (fideikommissarische Substitution) nicht zulässig, zumindest nicht wenn der Antritt der Nacherbschaft an den Tod des Vorerben geknüpft ist, da es ausdrücklich verboten ist, die Erben seiner Erben zu bestimmen. Wenn ein anderer Umstand den Fall der Nacherbschaft auslösen soll, könnte eine solche Bestimmung, solange sie nicht dazu bestimmt ist, das gesetzliche Verbot der fideikommissarischen Substitution zu umgehen, als zulässig angesehen werden, da die Anordnung von Bedingungen – sowohl von aufschiebenden als auch auflösenden –

---

51 Zu den möglichen Gründen siehe: *Softić Kadenić*, Instrumenti dugoročnog vezivanja imovine, S. 459 ff.

unter gewissen Voraussetzungen möglich ist, Art. 103 Abs. 2 ErbG FBuH, Art. 105 Abs. 2 ErbG RS, Art. 86 ErbG BD BuH. Manche Autoren halten daher die fideikommisarische Substitution im weiteren Sinne für zulässig.[52] Allerding enthalten die Gesetze keinerlei Bestimmungen hinsichtlich der Rechte und Pflichten und des gegenseitigen Verhältnisses zwischen dem Vor- und dem Nacherben, während die allgemeinen obligationsrechtlichen Regeln über bedingte Rechtsgeschäfte hier nur bedingt weiterhelfen können, wodurch in der Praxis von diesen Möglichkeiten kaum Gebrauch gemacht wird.

Einem testamentarischen Erben können gewisse Pflichten in Form einer **Auflage** oder eines **Vermächtnisses** auferlegt werden. Der Vermächtnisnehmer ist kein Erbe im Sinne eines Gesamtrechtsnachfolgers, vielmehr ist er Einzelrechtsnachfolger und erwirbt durch den Tod des Erblassers einen schuldrechtlichen Anspruch auf die Übertragung eines Rechtes bzw. Erfüllung des Vermächtnisses. Dieser Anspruch verjährt in der Föderation BuH innerhalb eines Jahres ab Kenntnis vom Vermächtnis und spätestens 5 Jahre nach seiner Fälligkeit, Art. 115 ErbG FBuH, und in der Republik Srpska und im Brčko Distrikt BuH innerhalb eines Jahres ab Kenntnis und ab der Fälligkeit des Vermächtnisses, Art. 117 ErbG RS, Art. 98 ErbG BD BuH. Auch ein Vermächtnisnehmer kann wiederum durch ein Vermächtnis belastet werden, genauso wie ein Vermächtnis zugunsten eines ernannten Erben angeordnet werden kann. In der Regel haftet der Vermächtnisnehmer nicht für die Verbindlichkeiten des Erblassers, es sei denn der Erblasser bestimmt etwas anderes, Art. 113 ErbG FBuH, 115 ErbG RS, Art. 96 ErbG BD BuH. 51

d) Testamentsvollstreckung

Der Erblasser kann einen **Testamentsvollstrecker** ernennen, allerdings enthalten die Gesetze keine Bestimmungen über das Verhältnis zwischen dem Testamentsvollstrecker und den Erben. Außerdem sind die Rechte und Pflichten des Testamentsvollstreckers äußerst spärlich geregelt. Der Testamentsvollstreckung widmen die Gesetze jeweils nur vier Artikel, Art. 116–119 ErbG FBuH, Art. 118–121 ErbG RS, Art. 99–102 ErbG BD BuH. Eine so knappe Regelung macht eine Dauertestamentsvollstreckung schwierig, obwohl diese grundsätzlich als zulässig erachtet werden sollte. Das Gesetz scheint als den Regelfall jedoch lediglich eine Abwicklungs- und keine längerfristige Verwaltungsvollstreckung im Sinn zu haben. 52

e) Stiftung

Es ist möglich mit einem Testament die Gründung einer **Stiftung** anzuordnen, Art. 102 ErbG FBuH, Art. 104 ErbG RS, Art. 85 ErbG BD BuH. Der gesetzliche Regelfall ist die Stiftung für wohltätige bzw. allgemein-nützliche Zwecke, für welche das Gesetz über Vereine und Stiftungen Bosnien und Herzegowinas[53] sowie das Gesetz über Vereine und Stiftungen der Föderation BuH,[54] das Gesetz über Vereine und Stiftungen der Föderation BuH, das Gesetz über Vereine und Stiftungen der Republik Srpska[55] und das Gesetz über Vereine und Stiftungen des Brčko Distrikts BuH[56] maßgeblich sind. Eine Privatstiftung kennt das bosnisch-herzegowinische Recht nicht, obwohl alle Erbgesetze gewissen Raum für die Auslegung lassen, dass die Gründung einer Art Treuhandstiftung ohne Rechtspersönlichkeit für erlaubte Zwecke möglich wäre, Art. 102 Abs. 1 ErbG FBuH, Art. 104 Abs. 1 53

---

52 So z.B. *Gavella/Belaj*, S. 166.
53 Amtsblatt BuH, [*Službeni list BiH*] 32/01, 42/03, 63/08, 76/11.
54 Amtsblatt der Föderation BuH, [*Službene novine FBiH*] 45/02.
55 Amtsblatt der Republik Srpska, [*Službeni glasnik RS*] 52/01, 42/05.
56 Amtsblatt des Brčko Distrikt BuH, [*Službeni glasnik BD BiH*] 12/02.

ErbG RS, Art. 85 Abs. 1. ErbG BD BuH. Diese Möglichkeit besteht gemäß der Gesetze über Vereine und Stiftungen jedoch nicht und sie wurde auch von der Doktrin und der Rechtsprechung bislang nicht erwogen und ist auch wegen einer fehlenden Treuhanddoktrin mit zu vielen Unsicherheiten verbunden. Eventuell kann auch eine Privatstiftung für die Familienmitglieder des Erblassers, welche als wohltätig bzw. allgemein nützlich betrachtet werden kann, als zulässig erachtet werden – z.B. wenn sich gewisse Familienmitglieder in finanzieller Notlage befinden, oder wenn die Ausbildung von Familienangehörigen aus den Mitteln der Stiftung finanziert werden soll, gewisse Talente in der Familie gefördert werden sollen, o.Ä.[57] Bislang spielt die Stiftung bei der Vermögensplanung von Todes wegen in der Praxis kaum eine Rolle.

f) Widerruf des Testaments

54 Der Testator hat jederzeit das Recht auf **Widerruf des Testaments**; auf dieses Recht kann er nicht verzichten. Eine Bestimmung über den Widerrufsverzicht bindet den Testator nicht und ist unwirksam. Das Testament kann ausdrücklich und stillschweigend widerrufen werden. Ausdrücklich wird das Testament durch die Erklärung eines weiteren Testaments mit der Bestimmung, dass das frühere Testament widerrufen wird, oder durch die Vernichtung des Testaments in Widerrufsabsicht des Testators, widerrufen. Stillschweigend wird das Testament durch spätere Verfügungen durch Rechtsgeschäfte unter Lebenden mit den Sachen und Rechten, die Gegenstand des Testaments bilden, oder durch Errichtung eines neuen Testaments in dem etwas anderes bestimmt wird, widerrufen. In der Föderation BuH gelten testamentarische Verfügungen zugunsten des Ehegatten mit Rechtskraft der Gerichtsentscheidung, mit der die Ehe aufgelöst wurde, als widerrufen, außer der Testator hat ausdrücklich etwas anderes angeordnet.

55 Ein Testator kann aufgrund mehrerer, einander nicht widersprechender Testamente beerbt werden. Ein Widerruf kann das Testament im Ganzen oder dessen einzelne Bestimmungen aufheben. Die Aufhebung eines Testaments hat das Wiederinkrafttreten des alten Testaments bzw. Eintritt der gesetzlichen Erbfolge zur Folge, Art. 120–123 ErbG FBuH, Art. 122–124 ErbG RS, Art. 103–105 ErbG BD BuH.

3. Vertragliche Gestaltungen auf den Todesfall

a) Einführung

56 Alle drei Erbgesetze widmen einen gesonderten Abschnitt den sog. erbrechtlichen Verträgen. Darunter fallen Erbverträge in engeren Sinne, Art. 125–132 ErbG FBuH, Art. 125 ErbG RS, Art. 106 ErbG BD BuH, Verträge mit denen über einen zukünftigen Nachlass bzw. Vermächtnis verfügt wird, Art. 133 ErbG FBuH, Art. 126 ErbG RS, Art. 107 ErbG BD BuH, Verträge über den Inhalt eines Testaments, Art. 134 ErbG FBuH, Art. 127 ErbG RS, Art. 108 ErbG BD BuH, sowie Leibrentenverträge, Art. 146–154 ErbG FBuH, Art. 139–145 ErbG RS, Art. 120–125 ErbG BD BuH und Verträge über die Aufteilung des Nachlasses zu Lebzeiten des Erblassers (im weiteren Text: Übergabevertrag), Art. 135–145 ErbG FBuH, Art. 128–138 ErbG RS, Art. 109–119 ErbG BD BuH, gezählt werden. In der Republika Srpska und im Brčko Distrikt BuH sind nur die letzten zwei Verträge zugelassen. Nach h.M. handelt es sich bei diesen beiden Verträgen aber nicht um erbrechtliche Verträge sondern um **schuldrechtliche Verträge mit erbrechtlichen Folgen**.[58] In der Föderation

---

57 *Softić Kadenić*, Instrumenti dugoročnog vezivanja imovine za slučaj smrti, S. 459.
58 *Blagojević*, S. 303, *Gavella/Belaj*, S. 425 ff.

B. Materielles Erbrecht

BuH kann zusätzlich dazu zwischen bestimmten Vertragsparteien auch ein Erbvertrag geschlossen werden, der als echter erbrechtlicher Vertrag betrachtet werden sollte.

b) Erbvertrag

Mit dem neuen ErbG FBuH wurde in das Rechtssystem diesen Teils Bosnien und Herzegowinas der Erbvertrag als neuer Berufungsgrund neben und insbesondere vor dem Testament und dem Gesetz eingeführt. Es handelt sich um eine große Neuheit, da das bosnisch-herzegowinische Recht traditionell eine restriktive Haltung gegenüber vertraglichen Verfügungen über einen noch nicht geöffneten Nachlass einnahm und somit der Erbvertrag in der Republika Srpska und in Brčko Distrikt BuH weiterhin nicht zugelassen ist.[59] In der Praxis besteht schon seit längerer Zeit insbesondere im Zusammenhang mit der vertraglichen Regelung der ehelichen Vermögensverhältnisse das Bedürfnis, diese auch über den Tod eines Ehegatten hinaus zu regeln. Ohne diese Möglichkeit konnte auch der Ehevertrag nicht in seiner vollen Kapazität ausgenutzt werden. Diesem praktischen Bedürfnis wurde bislang leider nur in der Föderation BuH entsprochen.

57

Der Erbvertrag ist ein höchstpersönliches und streng formales Rechtsgeschäft, das der Form einer notariellen Beurkundung bedarf. Er ist reserviert für Ehepartner, zukünftige Ehepartner, wobei in diesem Fall der Vertrag erst mit Eheschließung seine Gültigkeit entfaltet, sowie für Partner einer nichtehelichen Lebensgemeinschaft, Art. 126 ErbG FBuH. Die Vertragsparteien können sich mit dem Erbvertrag entweder gegenseitig oder nur eine Vertragspartei die andere einseitig unwiderruflich als Erben einsetzen. Allerdings kann die verfügende Vertragspartei zu Lebzeiten jeweils frei mit dem Gegenstand des Erbvertrages weiter verfügen, was mit einem stillschweigenden Widerruf des Vertrages gleichzusetzen ist. Diese Verfügungsfreiheit kann im Vertrag selbst ausgeschlossen bzw. begrenzt werden, was auch im Grundbuch vermerkt werden kann.[60]

58

Der **Gegenstand des Erbvertrages** unterscheidet sich von dem Gegenstand anderer Verträge mit erbrechtlichen Folgen (siehe Rn 53–68). Im Gegensatz zum Leibrentenvertrag und zum Vertrag über die Aufteilung des Nachlasses zu Lebzeiten des Erblassers kann durch Erbvertrag auch über zukünftiges, im Moment des Vertragsschlusses noch nicht vorhandenes Vermögen verfügt werden. Die Rechte der Noterben bleiben grundsätzlich vom Erbvertrag unberührt, Art. 129 Abs. 2 ErbGFBuH.

59

Die grundsätzliche **einseitige Unwiderruflichkeit des Erbvertrages** greift nicht bei Vorliegen von Willensmängeln sowie bei nachträglicher Enterbung eines Vertragspartners seitens des anderen, die durch testamentarische Verfügung aus einem der gesetzlich vorgeschriebenen Enterbungsgründen (siehe Rn 17) vorgenommen wird, ungeachtet dessen, dass das Testament einen schwächeren Erbberufungsgrund als der Erbvertrag darstellt, Art. 131 Abs. 2 ErbG FBuH. Dies gründet auf der Überlegung, dass wenn das Verhalten einer Partei diese als Erben disqualifiziert, dies einen einseitigen Widerruf des Erbvertrages rechtfertigt. Der Nichtbestand der Ehe bzw. der nichtehelichen Lebensgemeinschaft stellen weitere Gründe für die Auflösung der Erbvertrages dar.

60

---

59 Für einen Überblick der Standpunkte der Doktrin sowie für eine Gegenüberstellung der Argumente für und gegen einen Erbvertrag siehe: *Povlakić*, in: Bikić/Povlakić/Suljević/Plavšić, Notarsko pravo, S. 482 ff.
60 *Povlakić*, in: Povlakić/Softić Kadenić, Da li je potrebno uvesti nove forme raspolaganja mortis causa z nasljedno pravu BiH?, S. 189.

c) Vertrag über den Verzicht auf den zukünftigen Nachlass

61 Verfügungen über einen noch nicht geöffneten Nachlass sind weiterhin prinzipiell unwirksam; sie sind auch nicht aufschiebend bedingt wirksam. Eine Hoffnung auf einen Erbanteil wird nicht als ein Anwartschaftsrecht gesehen. Von diesem Prinzip gibt es nur eine Ausnahme – ein Kind oder ein anderer Abkömmling kann mit seinem Vorfahren einen **Verzicht über den zukünftigen Nachlass** vereinbaren, Art. 167 ErbG FBuH, Art. 158 ErbG RS, Art. 138 ErbG BD BuH. Nur in der Föderation BuH kann dieser Verzicht auch zwischen Ehepartnern bzw. Partnern aus einer nichtehelichen Lebensgemeinschaft vereinbart werden. Der Nachkomme muss voll geschäftsfähig sein und der Vertrag muss notariell beurkundet werden, Art. 167 Abs. 3 ErbG FBuH. Die ErbG RS und ErbG BD BuH schreiben hier keine notarielle Beurkundung, sondern die gerichtliche Form unter Belehrung des Richters über die Rechtsfolgen des Vertrages vor, Art. 158 Abs. 3 ErbG RS, Art. 138 Abs. 3 ErbG BD BuH. Die notarielle Beurkundung genügt auch in der Republik Srpska und Brčko Distrikt BuH diesen strengen Formerfordernissen. Mangels einer anderen ausdrücklichen Bestimmung werden durch diesen Verzicht auch die Kinder und weitere Abkömmlinge des Verzichtenden einbezogen.

62 Der Verzicht zu Lebzeiten kann sowohl entgeltlich, als auch unentgeltlich, jedoch nicht bedingt oder befristet erfolgen. Der Vertrag ist einseitig unwiderruflich, kann jedoch aus den allgemeinen Gründen angefochten werden. In der Literatur wurde dieser Vertrag nicht mit dem Erbvertrag in Verbindung gebracht, obwohl es sich hierbei eigentlich um einen negativen Erbvertrag handelt, der nicht nur den Ehepartnern, sondern auch den Nachkommen des Erblassers zur Verfügung steht.[61]

d) Vertrag über den Unterhalt zu Lebzeiten (Leibrentenvertrag)

63 Der Leibrentenvertrag ist zwar im Erbgesetz in dem Abschnitt Erbverträge geregelt, stellt aber keinen Erbvertrag, sondern einen **schuldrechtlichen Vertrag mit gewissen erbrechtlichen Folgen** dar. In der Praxis ist er ein gängiger Vertrag. Er ist gegenseitig verpflichtend und entgeltlich. Durch diesen Vertrag verpflichtet sich eine Partei die andere Vertragspartei bis zu ihrem Ableben zu unterstützen, unterhalten, pflegen usw. und im Gegenzug verpflichtet sich die andere Partei das Eigentum an bestimmten Gegenständen, in der Regel an Immobilien, an die andere Partei zu übertragen.

64 **Die Übertragung des Eigentums durch Leibrentenvertrag** kann entweder zum Zeitpunkt des Ablebens, was den Regelfall darstellt, oder bereits nach Vertragsschließung, was seltener vorkommt, stattfinden. Im ersten Fall sollte diese Vereinbarung zum Schutz der unterhaltsgebenden Partei im Grundbuch vermerkt werden. Im zweiten Fall sollte das Recht auf Leibrente zum Schutz der eigentumsübertragenden Partei eingetragen werden. Die unterhaltgebende Partei ist kein Erbe und muss daher keine Erbvoraussetzungen erfüllen. Die unterhaltgebende Partei kann jedoch auch ein Erbe sein bzw. eine Person, die gesetzlich zum Unterhalt verpflichtet ist. In diesem Fall bleibt die Erbenstellung vom Bestehen des Vertrages unberührt. Der Gegenstand des Leibrentenvertrages bildet keinen Nachlassbestandteil und wird der unterhaltsgebenden Partei ggf. nicht auf ihr Erbteil zugerechnet, Art. 146 ErbG FBuH, Art. 139 ErbG RS, Art. 120 ErbG BD BuH.

65 Der Leibrentenvertrag muss in **Form eines notariell beurkundeten Rechtsgeschäfts** abgeschlossen werden, Art. 147 Abs. 1 ErbG FBuH, Art. 139 Abs. 2 ErbG RS. Mit diesen aus-

---

61 *Povlakić*, in: Povlakić/Softić Kadenić, Da li je potrebno uvesti nove forme raspolaganja mortis causa u nasljedno pravo BiH?, S. 187–188.

drücklichen Bestimmungen der ErbG der Entitäten ist eine lange Debatte hinsichtlich der Form des Leibrentenvertrages endgültig gelöst worden. In der Praxis mancher Gerichte wurde für die Gültigkeit des Leibrentenvertrages die Einhaltung doppelter Formvorschriften verlangt: sowohl nach dem alten Erbgesetz – Schriftform und Belehrung seitens des Richters – als auch die Form der notariellen Beurkundung, solange Immobilien vertraglich umfasst waren, was in der Regel der Fall war. Diese Auslegung wurde auch von einem Teil der Doktrin unterstützt, von anderen jedoch vehement abgelehnt.[62] Besonders tückische Folgen hatte diese ohnehin problematische Auslegung,[63] wenn nach der Vertragsschließung beim Notar und vor dem Gerichtstermin für die Vertragsschließung vor Gericht die eigentumsübertragende Partei verstorben war. Die Streitigkeiten, die aus der Zeit vor dem neuen ErbG FBuH entstanden und noch vor den Gerichten anhängig sind, sollten mit der Entscheidung des Obersten Gerichtshofes der Föderation BuH ein vorhersehbares Ende finden.[64] Dieses Dilemma sollte spätestens seit dem Beginn der Anwendung des ErbG FBuH abgelegt werden. Die Übergangsvorschrift dieses Gesetzes hat nämlich alle Leibrenten- und Übergabeverträge, welche vor seinem Inkrafttreten notariell beurkundet waren (allerdings ohne zusätzliche Mitwirkung des Gerichts) als rechtsgültig erklärt, Art. 270 ErbG. In Brčko Distrikt BuH sind die Gesetzesvorschriften des ErbG BD BuH und des NotG BD BuH immernoch widersprüchlich, jedoch sollte die Rechtsprechung der Obersten Gerichtshof der Föderation BuH mit ihrer Autorität auch hier zugunsten der Zuständigkeit der Notare sprechen.

66 Der Leibrentenvertrag ist unter den vertraglichen Verfügungen *mortis causa* in der Praxis wohl der am häufigsten vorkommende und wirkungsstärkste Vertrag, da mittels dieses Vertrags maßgeblich, stärker als durch den Erbvertrag und andere vertragliche Verfügungen, die Erbfolge beeinflusst werden kann. Insbesondere kann durch den Leibrentenvertrag die Anwendung des Pflichtteilsrechts umgangen werden.[65]

e) Vertrag über die Abtretung und Aufteilung des Nachlasses zu Lebzeiten des Erblassers (Übergabevertrag)

67 Die nächste zugelassene Vertragsform stellt der sog. **Übergabevertrag** dar, der durch alle drei Erbgesetze weitestgehend gleich geregelt ist. Dabei handelt es sich im weiteren Sinne um eine vorweggenommene Erbfolge, die – um wirksam zu sein – der Erfüllung einiger strikter Voraussetzungen bedarf. Dieser Vertrag wird zwischen dem zukünftigen Erblasser und allen seinen Abkömmlingen geschlossen. Damit die gewünschten Folgen eintreten können ist erforderlich, dass durch diesen Vertrag alle Abkömmlinge, die als Erben in Frage kämen, einbezogen werden (nicht etwa ein erbunwürdiger Erbe), Art. 136 ErbG FBuH, Art. 129 ErbG RS, Art. 110 ErbG BD BuH.

68 Mit dem Vertrag kann, muss jedoch nicht, auch der Ehegatte einbezogen werden; ist er nicht einbezogen, darf sein Pflichtteil durch den Vertrag nicht verletzt werden, Art. 141 ErbG FBuH, Art. 134 ErbG RS, Art. 115 ErbG BD BuH. Die Vertragsparteien verzichten mit diesem Vertrag auf jede möglichen erbrechtlichen Ansprüche hinsichtlich des Vermö-

---

62 Vgl. *Mutapčić*, S. 612; *Bevanda/Čolaković*, S. 285. ff.; *Softić*, S. 29–32; Mehr darüber *Povlakić*, Učešće notara u ostavinskom postupku u pravu entiteta u BIH *de lege lata i de lege ferenda*, S. 31 *Softić*, S. 29–32; *Povlakić*, Transformacija stvarnog prava, S. 83.
63 Siehe: *Povlakić*, in: Povlakić/Schalast/Softić, Art. 108, Rn 5; *Softić*, S. 28–32.
64 Das Oberste Gericht der Föderation hat in der Entscheidung 39 0 P 009228 11 Rev. vom 12.2. 2013 entschieden, dass das Notargesetz FBuH als *lex posterior* Vorrang vor dem Erbgesetz genießt.
65 Näher: *Povlakić*, in: Povlakić/Softić Kadenić, Da li je potrebno uvesti nove forme raspolaganja *mortis causa* u nasljedno pravo BiH?, S. 187.

gens, das Gegenstand des Vertrags ist. Das bedeutet, dass das Vermögen, das Gegenstand des Vertrages ist, keinen Nachlassbestandteil bildet. Der Vertrag kann nur das im Zeitpunkt der Vertragsschließung bereits bestehende Vermögen umfassen. Wenn nicht alle Abkömmlinge dem Vertrag zugestimmt haben oder der Erblasser nach der Vertragsschließung weitere Abkömmlinge bekommen hat, totgeglaubte Abkömmlinge sich gemeldet haben o.Ä., wird der Vertrag nicht nichtig; vielmehr bleiben die Verfügungen geltend, werden aber als Schenkungen zu Lebzeiten behandelt. Das bedeutet, dass sie auf den Erbteil angerechnet werden, und gegebenenfalls bei einer Pflichtteilverletzung auch zurückgegeben werden müssen.

69 Die **Formgültigkeit dieses Vertrages bedarf in den Entitäten der notariellen Beurkundung.** Die Formfrage, die hinsichtlich des Leibrentenvertrags bereits ausführlich erläutert wurde (siehe Rn 64), stellte sich grundsätzlich auch für den Übergabevertrag. Da diese Verträge nur selten in der Praxis vorkommen, hatte diese Frage hier keine praktische Relevanz.

III. Pflichtteilsrecht

1. Rechtsnatur

70 Der **Pflichtteil** gewährt eine dingliche Beteiligung am Nachlass, in dem den Pflichtteilsberechtigten ein entsprechender Anteil der Erbschaft zusteht, Art. 30 Abs. 1 ErbG FBuH, Art. 31 ErbG RS, Art. 30 Abs. 1 ErbG BD BuH, und nicht lediglich ein Geldanspruch gegen den Erben. Diese gesetzliche Bestimmung ist aber nicht zwingend, so dass der Erblasser bestimmen kann, dass der Pflichtteilsberechtigte seinen Anteil in bestimmten Sachen, Rechten oder in Geld erhalten kann. Deckt sich der Wert des dem Pflichterben zugewendeten bestimmten Gegenstandes mit der Höhe seines Pflichtteils, hat er keinen Anspruch, sich auf irgendwelche Art und Weise an der Erbmasse zu beteiligen. In der Föderation BuH wurde eine neue Bestimmung zugefügt. Auf dem Antrag einer Partei im Nachlassverfahren kann das Gericht bzw. der Notar die gleiche Anordnung treffen, wenn das Gericht bzw. der Notar dies für angemessen hält, Art. 30 Abs. 2 ErbG FBuH.

2. Pflichtteilsberechtigung und Pflichtordnung

71 **Pflichtteilsberechtigte Personen** sind grundsätzlich diejenigen Personen, die im konkreten Fall die gesetzlichen Erben wären, wenn es kein Testament gäbe, Art. 28 Abs. 3 ErbG FBuH, Art. 29 Abs. 3 ErbG RS, Art. 28 Abs. 3 ErbG BD BuH. Bei der Ermittlung der Pflichtteilsberechtigten im konkreten Fall sollten als erstes die vermeintlichen gesetzlichen Erben festgestellt werden. Dieser Schritt ist auch notwendig, weil sich auch die Höhe des Pflichtteils aufgrund der Höhe des vermeintlichen gesetzlichen Teils errechnet. Die Pflichtteilsberechtigten sind in zwei Pflichtordnungen aufgeteilt, die sich stark an den zwei ersten gesetzlichen Erbordnungen anlehnen, aber sich auch von diesen unterscheiden.

72 Die **erste Pflichtordnung** ist mit der ersten gesetzlichen Ordnung identisch, so dass Pflichtteilsberechtigte im Rahmen dieser Gruppe, der überlebende Ehegatte, leibliche Kinder des Erblassers und alle ihre Abkömmlinge, volladoptierte Kinder und alle ihre Abkömmlinge, Kinder aus nicht vollständiger Adoption und alle ihre Abkömmlinge, sind. So gesehen deckt sich der Kreis der gesetzlichen und der Pflichtteilserben. Eine bedeutende Einschränkung gibt es aber insofern, als nicht alle Angehörigen dieser Gruppe unter gleichen Bedingungen das Recht auf den Pflichtteil haben. Dem Ehegatten, leiblichen Kindern und volladoptierten Kindern steht der Pflichtteil ohne Erfüllung zusätzlicher Bedingungen (absolute Pflichtteilsberechtigten) zu. Allen anderen steht der Pflichtteil nur zu, wenn sie dauerhaft

erwerbsunfähig und bedürftig sind – relative Pflichtteilsberechtigten, Art. 28 Abs. 2 ErbG FBuH, Art. 29 Abs. 2 ErbG RS Art. 28 Abs. 2 ErbG BD BuH.⁶⁶

Die **zweite Pflichtordnung** ist enger als die zweite gesetzliche Erbordnung. Dazu gehören nur der Ehegatte, falls er der alleinige Erbe innerhalb der ersten Ordnung geblieben ist, die Eltern des Erblassers und deren Kinder bzw. Geschwister des Erblassers. Der Ehegatte ist auch hier absoluter Pflichtteilsberechtigter; dagegen steht der Pflichtteil den Eltern und den Brüdern und Schwestern des Erblassers nur zu, wenn sie dauerhaft erwerbsunfähig und bedürftig sind, Art. 28 Abs. 2 ErbG FBuH, Art. 29 Abs. 2 ErbG RS, Art. 28 Abs. 2 ErbG BD BuH. Die Kinder oder weitere Abkömmlinge der Geschwister des Erblassers sind unter keiner Bedingung Pflichtteilsberechtigte.

3. Umfang des Pflichtteils

Die **Höhe des Pflichtteiles** errechnet sich nach dem gesetzlichen Erbteil. Den absoluten Pflichtteilsberechtigten (Ehegatte, leibliche Kinder und volladoptierte Kinder) ist die Hälfte des gesetzlichen Erbteils als Pflichtteil vorbehalten. Der Pflichtteil anderer Pflichtteilsberechtigten (die relative Pflichtteilberechtigten) beläuft sich auf ein Drittel ihres gesetzlichen Erbteils, Art. 29 Abs. 2 ErbG FBuH, Art. 30 Abs. 2 ErbG RS Art. 29 Abs. 2 ErbG BD BuH.

4. Schutz des Pflichtteils

Den Pflichtteilsberechtigten sollte nicht nur ein bestimmter Anteil an der Erbschaft, sondern auch ein bestimmter Wert dieses Anteils garantiert werden. Zu diesem Zweck wird ein **Erbschaftsrechnungswert** errechnet. Dieser wird in der Weise berechnet, dass auf den reinen Nachlass (Nachlass abzüglich aller Kosten wie z.B. Verfahrenkosten, Nachlasssicherungskosten, Beerdigungskosten, Testamentvollstreckungskosten und aller Pflichten) der Wert bestimmter Schenkungen, welche der Erblasser zu Lebzeiten getätigt hat, angerechnet wird. In Frage kommen die Schenkungen des Erblassers an gesetzliche Erben unabhängig von der Zeit der Schenkung, auch wenn diese ihren Anteil ausgeschlagen haben, sowie Schenkungen an Dritte Personen innerhalb des letzten Lebensjahres des Erblassers, Art. 31. Abs. 1 Nr. 3 ErbG FBuH, Art. 32 Abs. 1 ErbG RS, Art. 31 Abs. 1 ErbG BD BuH. Die Feststellung des Erbschaftsrechnungswertes ist vorerst eine rein mathematische Operation, um den Wert des jeweiligen Pflichtteils zu errechnen. Sollte der im Moment des Todes bestehende Nachlass ausreichen, um den auf diese Art und Weise ausgerechneten Pflichtteil zu befriedigen, bleibt es bei dieser mathematischen Operation. Im umgekehrten Fall bzw. im Fall übermäßiger Verfügungen des Erblassers kann es zur Rückabwicklung der Schenkungen kommen.

Da ein Pflichtteil durch die übermäßigen unentgeltlichen Verfügungen zu Lebzeiten sowie durch die testamentarischen und vertraglichen Verfügungen über den verfügbaren Teil hinaus verletzt werden kann, richten sich die **Ansprüche des Pflichtteilsberechtigten** zuerst auf die Minderung der testamentarischen Verfügungen und, wenn dies nicht zur Befriedigung des Pflichtteilsberechtigten ausreicht, auf die Rückabwicklung gewisser Schenkungen. Die testamentarischen Verfügungen werden verhältnismäßig gemindert; die testamentari-

---

66 In der Republik Srpska und Brčko Distrikt BuH ist die gesetzliche Bestimmung über die Aufzählung der Pflichterben unglücklich konstruiert, aber die Lehre war einstimmig, dass diese Bestimmung trotz fehlerhafter Redaktion auf die oben erwähnte Art und Weise auszulegen ist. Siehe *Blagojević*, S. 215, *Bago, Traljić, Petrović, Povlakić*, S. 60. In der Föderation BuH wurde dieser redaktionelle Fehler korrigiert.

schen Erben, deren Erbteil gemindert worden ist, können auch eine entsprechende Minderung der ihnen auferlegten Pflichten oder Legaten verlangen, es sei denn, das Testament bestimmt etwas anderes Art. 40 ErbG FBuH, Art. 41 ErbG RS Art. 40 ErbG BD BuH. In der Föderation BuH werden zuerst die testamentarischen Verfügungen begrenzt, dann die vertraglichen und wenn auch dies nicht ausreichen sollte, um den Pflichtteil herzustellen, kann es zur Rückabwicklungen der Schenkungen kommen, Art. 38 ErbG FBuH; in der Republik Srpska und Brčko Distrikt BuH kann, wenn die Reduzierung der testamentarsichen Verfügungen nicht genügt, nur zur Schenkungsrückabwicklung kommen.

77 Zur Rückabwicklung kämen nur diejenigen Schenkungen in Frage, die bei der Feststellung des zur Berechnung des Pflichtteiles dienenden Nachlasswertes berücksichtigt worden sind. Die Schenkungsrückabwicklung wird in umgekehrter Reihenfolge getätigt – die zeitlich späteren Schenkungen werden zuerst zurückgefordert, Art. 41 ErbG FBuH, Art. 40 ErbG RS, Art. 41 ErbG BD BuH. Die Rückabwicklung wird nur in dem für die Befriedigung des Pflichtteils notwendigen Maß getätigt. Wurden mehrere Schenkungen zur gleichen Zeit gemacht, werden sie verhältnismäßig zurückgefordert. Die gesetzlichen Bestimmungen bezüglich der Rückabwicklung der Schenkung sind sehr bescheiden, letztendlich wird vorgesehen, dass der Beschenkte bis zu dem Zeitpunkt der Kenntnisnahme über den Anspruch des Pflichterben als gutgläubig betrachtet werden soll. Diese Regel weist dann auf das Sachenrecht hin (Stellung des Verklagten im Eigentumsprozess, Art. 129 des SachRG FBuH, Art. 129 des SachRG RS, Art. 42 des Gesetzes über Eigentum und andere dingliche Rechte BD BuH.

78 Obwohl der Pflichtteil als Erbrecht und nicht nur als eine Geldforderung gegenüber den Erben gesehen wird, steht den Pflichtteilsberechtigten nicht die Erbrechtklage (*hereditas petitio*), die sonst gegen Scheinerben gerichtet wird, zu, sondern eine **Pflichtteilsklage**, deren Voraussetzungen und Fristen anders geregelt sind als diejenigen bei der Erbklage. Diese Klage verjährt innerhalb von drei Jahren ab Testamentseröffnung (wenn die Minderung der testamentarischen Verfügungen verlangt wird) oder ab dem Tod des Erblassers (wenn die Schenkungsrückabwicklung oder Minderung der vertraglichen Verfügungen verlangt wird), Art. 44 ErbG FBuH, Art. 45 ErbG RS Art. 44 ErbG BD BuH. Passiv legitimiert sind die testamentarischen Erben oder die Beschenkten bzw. deren Erben. Die Aktivlegitimation war im ehemaligen jugoslawischen Recht umstritten und diese Unklarheit ist auch im bosnisch-herzegowinischen Recht teilweise geblieben. In der Republik Srpska und dem Brčko Distrikt BuH ist ausdrücklich vorgesehen worden, dass nur die Pflichterben ihren Antrag anfordern können, Art. 44 ErbG RS, Art. 43 ErbG BD BuH. Die Diskussion ging darüber, ob die Erben der Pflichterben den Pflichtteil beanspruchen könnten. Nach einer Auffassung ist nur der Pflichtteilsberechtigte selbst aktiv legitimiert und nicht seine Erben, so dass der Pflichtteil als ein streng persönliches Recht gesehen wird.[67] Nach anderer Auffassung können auch die Erben der Pflichtteilsberechtigten Pflichtteilsklage innerhalb der gesetzlich vorgeschriebenen Frist erheben, so dass auch hier eine erbrechtliche Transmission möglich sei.[68] Diese zweite Auffassung steht mehr im Einklang mit der erbrechtlichen Natur des Pflichtteils. Das neue Erbrecht der Föderation BuH hat hier eine Kompromisslösung: nur der Pflichtteilsberechtigte persönlich kann den Anspruch auf seinen Pflichtteil geltend machen. Wenn er diesen Anspruch bereits gestellt hat und danach verstorben ist, werden seine Rechte beerbt, Art. 43 Abs. 2 ErbG FBuH.

---

[67] *Blagojević*, Nužni deo, N° 200; Rechtsprechung bei *Marković*, Ko može tražiti smanjenje raspolaganja testamentom i vraćanje poklona kojima je povrijeđen nužni dio, S. 264.
[68] *Gavella*, S. 285.

5. Ausschluss des Pflichtteilsberechtigten

Obwohl der Pflichtteil eine imperative Nachfolge darstellt, kann der Erblasser aus den gesetzlich vorgeschriebenen Gründen einen Pflichtteilsberechtigten enterben und von der Erbschaft ausschließen. Die **Enterbung** stellt eine zivilrechtliche Strafe dar. Im Unterschied zu der Erbunwürdigkeit achtet das Gericht nicht von Amts wegen auf die Enterbungsgründe und die Enterbung tritt nicht *ex lege* sondern nur wenn eine entsprechende testamentarische Bestimmung vorliegt. Die Enterbungsgründe sind in drei Teilen Bosnien und Herzegowinas teilweise unterschiedlich; sie wurden im neuen Erbrecht neu aufbereitet, im Unterschied zu dem Recht der ehemaligen Sozialistischen Republik Bosnien und Herzegowina, das in Brčko Distrikt BuH noch angewendet wird. So kann im Brčko Distrikt BuH ein Pflichtteilserbe enterbt werden, wenn er eine gesetzliche oder moralische Pflicht gegenüber dem Erblasser schwerwiegend verletzt hat oder wenn er vorsätzlich eine schwerwiegende Straftat gegenüber dem Erblasser (ausgeschlossen ist aber der Mord an dem Erblasser, da ein Erbunwürdigkeitsgrund), seinen Ehegatten oder seinen Kindern oder Eltern begangen hat, wenn er ein unwürdiges Leben führt und wenn er eine Straftat gegenüber der „Volksherrschaft, Unabhängigkeit des Landes, seine Verteidigung oder der sozialistischen Aufbaus" begangen hat, Art. 45 ErbG BD BuH.

79

Dieser letzte Enterbungsgrund ist seit dem Ende der Neunziger Jahre nicht mehr aktuell, deswegen wurde er im neuen Erbrecht weggelassen (Republik Srpska) bzw. umformuliert (Föderation BuH). So kann ein Pflichterbe enterbt werden, wenn er eine Straftat gegenüber der Integrität Bosnien und Herzegowinas, gegen die Menschlichkeit oder die durch das internationalen Recht geschützte Werte begangen hat, Art. 45 Abs. 1 Nr. 3 ErbG FBuH. Auch andere Enterbungsgründen werden im neuen Erbrecht der Entitäten umformuliert. In der Föderation BuH, kann der Pflichtteilserbe enterbt werden, wenn er eine gesetzliche oder moralische Pflicht, welche auf dem familienrechtlichen Verhältnis zu dem Erblasser beruht, schwerwiegend verletzt hat, oder wenn er vorsätzlich eine schwerwiegende Straftat gegenüber dem Erblasser (ausgeschlossen ist aber der Mord an dem Erblasser, da ein Erbunwürdigkeitsgrund), seinen Ehegatten oder seinen Kindern oder Eltern begangen hat, wenn er ein unwürdiges Leben führt, Art. 45 Abs. 1 Nr. 1), 2) und 4) ErbG FBuH. In der Republik Srpska wurden alle zugelassenen Enterbungsgründen als ein einheitlicher rechtlicher Standard formuliert: das grobe Handeln gegenüber dem Erblasser durch die Verletzung einer gesetzlichen oder moralischen Pflichten, Art. 46 ErbG RS.

80

Die Enterbung wirkt nur persönlich gegenüber dem jeweiligen Pflichtteilsberechtigten; bei der Aufteilung der Erbschaft wird angenommen, dass er vor dem Erblasser verstorben wäre, Art. 47 ErbG FBuH, 48 Art. ErbG RS, Art. 47 ErbG BD BuH. Der Pflichtteilsberechtigter kann zur Gänze oder nur teilweise enterbt werden. Nach dem alten Erbrecht in dem Brčko Distrikt BuH und der Republik Srpska, ist es nicht nötig, dass die Gründe ausdrücklich benannt werden, aber empfehlenswert, da die Beweislast auf denjenigen, die sich auf die Enterbung berufen (z.B. die testamentarischen Erben) lastet, Art. 46 Abs. 1 ErbG BD BuH, Art. 47 ErbG RS. In der Föderation BuH ist es eine ausdrückliche Enterbung mit der Benennung der Enterbungsgründen zwingend, Art. 46 ErbG FBuH.

81

6. Pflichtteilsentziehung

Neben dem Institut der Enterbung, das als zivilrechtliche Strafe für ein fehlerhaftes Verhalten jeden potenziellen Pflichtteilsberechtigten treffen kann, gibt es auch das Institut der **Pflichtteilsentziehung zugunsten der Nachkommen eines Pflichtteilsberechtigten**. Dieses zweite Institut zielt viel mehr auf den Schutz minderjähriger oder erwerbsunfähiger Nachkommen eines Pflichtteilberechtigten und hat nur als Nebeneffekt die Bestrafung

82

eines verschuldeten und verschwendungssüchtigen Pflichtteilsberechtigten. Ein weiterer Unterschied zur Enterbung ist der, dass die Pflichtteilsentziehung nicht jeden Pflichtteilsberechtigten, sondern nur die Nachkommen des Erblassers treffen kann; einem Nachkommen wird sein Pflichtteil zugunsten seiner Nachkommen entzogen. Darüber muss im Testament ausdrücklich bestimmt werden sowie auch darüber, wie der entzogene Pflichtteil zwischen den Nachkommen des Pflichtteilsberechtigten geteilt werden soll. Damit ein Pflichtteilsentzug gültig wäre, sollten die Umstände, die einen Entzug rechtfertigen, im sowohl Moment der Erklärung des letzten Willens (Testament; in der Föderation Erbvertrag) als auch im Moment des Todes bestehen, Art. 48 ErbG FBuH, Art. 49 ErbG RS, Art. 48 ErbG BD BuH.

C. Nachlassabwicklung und Nachlassverfahren

I. Erbschaftserklärung

83 Der Nachlass geht mit dem Erbfall *ipso iure* auf die Erben über, vorbehaltlich der **Ausschlagung**. Hinsichtlich der Form der Ausschlagung oder Annahme bzw. hinsichtlich der Frage, wer zuständig ist, diese Erklärung des Erben entgegenzunehmen, gehen die Lösungen in den verschiedenen Landesteilen auseinander. Die eindeutigste Vorschrift ist die des Art. 237 ErbG FBuH, welche eine parallele Zuständigkeit des Gerichts und der Notare, sowie der konsularischen und diplomatischen Vertreter BuHs im Ausland vorsieht. Die Ausschlagung kann bis zum Abschluss des Nachlassverfahrens durch Erklärung gegenüber dem Nachlassgericht bzw. in Form einer notariell beurkundeten Erklärung erfolgen, Art. 163 ErbG FBuH. In der Republik Srpska und im Brčko Distrikt BuH besteht eine solche parallele Zuständigkeit nicht und grundsätzlich erfolgt der Erbantritt bzw. die -ausschlagung vor Gericht, Art. 154 Abs. 1 ErbG RS, Art. 134 Abs. 1 ErbG BD BuH. Das AußstVG RS sieht ausdrücklich auch die Möglichkeit vor, die Erklärung vor einem Notar abzugeben, es ist allerdings nicht dem Erben überlassen zu wählen, ob er die Erklärung vor Gericht oder vor einem Notar abgeben möchte, sondern liegt es am Gericht den Notar anzusuchen und die Erklärung des Erben entgegenzunehmen, Art. 126 AußstVG RS. Eine solche Lösung ist unnötig kompliziert.[69] Die geltenden Vorschriften in Brčko Distrikt BuH sehen in diesem Fall keine Notarzuständigkeit vor, in der Praxis wird jedoch eine Erklärung des Erben über die Annahme oder Ausschlagung des Erbes in Form einer notariellen Urkunde akzeptiert. Dafür spricht die Tatsache, dass auch vor der Einführung des Notariats auch eine außerhalb des Gerichts abgegebene beglaubigte Erklärung des Erben anerkannt wurde.[70] Obwohl die geltenden Gesetzesvorschriften die Notarzuständigkeit in diesem Bereich nicht eindeutig vorsehen, sollte eine entsprechende Auslegung angestrebt werden. Ob die Erklärung mangels eindeutiger Vorschrift nur beglaubigt oder beurkundet werden soll, ist ebenfalls strittig.[71] Zumindest hinsichtlich der Ausschlagung sollte wegen der Notwendigkeit der Belehrung über die Rechtsfolgen dieser Erklärung die Form der notariellen Beurkundung gelten. Eine weniger strenge Form für die Annahmeerklärung wäre vertretbar, jedoch sollte eine einheitliche Lösung angestrebt werden.

---

69 Kritisch: *Povlakić*, Učešće notara u ostavinskom postupku u pravu entiteta u BIH *de lege lata i de lege ferenda*, S. 29.
70 *Blagojević*, S. 373.
71 Ausführlich: *Povlakić*, Učešće notara u ostavinskom postupku u pravu entiteta u BIH *de lege lata i de lege ferenda*, S. 33.

Handelt es sich bei der Erklärung um einen Erbantritt, sollten die Formvoraussetzungen nicht allzu streng ausgelegt werden, da ja auch ohne ausdrückliche Antrittserklärung der Nachlass auf den Erben übergehen würde. Sollte bis zum Ende des Nachlassverfahrens keine Erklärung abgegeben werden, wird dies als Annahme bewertet. Die Ausschlagung des Erbteils zugunsten eines anderen Erben gilt ausdrücklich nicht als Ausschlagung, sondern als Annahme mit Abtretung, Art. 166 Abs. 2 ErbG FBuH, Art. 157 Abs. 2 ErbG RS, Art. 137 Abs. 2 ErbG BD BuH. 84

Die **Erbschaftserklärung ist unwiderruflich**, kann aber wegen Willensmangel angefochten werden, Art. 168 ErbG FBuH, Art. 159 ErbG RS, Art. 139 ErbG BD BuH. Diese Erklärung kann mit begrenzter oder unbegrenzter Wirkung abgegeben werden. Im ersten Fall gilt sie nur für denjenigen, der die Erklärung abgegeben hat, im zweiten auch für dessen Abkömmlinge. Sollte die Ausschlagung ohne zusätzliche Erklärung abgegeben werden, gilt diese als unbegrenzt, also auch für die Abkömmlinge, Art. 163 Abs. 2 ErbG FBuH, Art. 154 Abs. 2 ErbG RS, Art. 134 Abs. 2 ErbG BD BuH. Hinsichtlich des Erben, der die Erbschaft ausgeschlagen hat, gilt die Vermutung, er hätte den Erbfall nicht erlebt; es kommt zur Anwendung des Repräsentationsprinzips und subsidiär des Zuwachsprinzips. 85

II. Erbengemeinschaft

Mehrere Erben bilden eine **Erbgemeinschaft**, Art. 175 ErbG FBuH, Art. 166 ErbG RS, Art. 146 ErbG BD BuH. Die Doktrin sieht in dieser Erbgemeinschaft einen Fall des Gesamthandseigentums.[72] Dafür spricht die Tatsache, dass die Erben im Unterschied zu Miteigentümern den Nachlass ausschließlich gemeinschaftlich verwalten und darüber verfügen können. Erst nach Erlass des Erbschaftsbeschlusses stehen die Bruchteile der einzelnen Erben am Nachlass fest, wodurch es zu einer *ex lege* Transformation des Gesamthandseigentums in Miteigentum kommt. Der einzelne Erbe kann während der Dauer der Erbgemeinschaft seinen Erbteil nur an andere Miterben übertragen. In der Föderation BuH muss diese Verfügung in Form einer notariellen Beurkundung erfolgen, in der Republik Srpska und im Brčko Distrikt BuH bedarf es einer gerichtlichen Beglaubigung, wobei auch hier in der Praxis eine notarielle Urkunde akzeptiert wird. Verfügt ein Miterbe vor diesem Zeitpunkt über seinem Erbteil, verpflichtet er sich unter aufschiebender Bedingung, Art. 176 ErbG FBuH, Art. 167 ErbG RS, Art. 147 ErbG BD BuH. 86

III. Erbenhaftung

Die **Haftung der Erben** ist auch bei der Annahme der Erbschaft gem. Art. 172 ErbG FBuH, Art. 163 ErbG RS, Atr. 14 ErbG BD BuH lediglich auf die Höhe des Wertes des geerbten Vermögens beschränkt. Unabhängig davon, ob bereits eine Nachlassauseinandersetzung vorgenommen wurde, haften die Erben solidarisch jedoch nur bis zu der Höhe ihres jeweiligen Anteils, es sei denn, der Erblasser hat anderweitig bestimmt. Durch diese etwas widersprüchliche Bestimmung, die in allen drei Erbgesetzen gleichlautend enthalten ist, ist unklar, ob die Erben im Außenverhältnis tatsächlich solidarisch haften, so dass von jedem Erben die Forderung in Gesamthöhe verlangt werden könnte und die Haftung nur im Innenverhältnis den Erbquoten anteilmäßig ist, oder die Gläubiger von jedem Erben 87

---

[72] *Gavella/Belaj*, Nasljedno pravo, S. 324,

nur anteilmäßig die Auszahlung fordern können.⁷³ Die Nachlassgläubiger können innerhalb von drei Monaten nach dem Erbfall eine Trennung des Nachlasses vom Eigenvermögen der Erben beantragen, Art. 173 ErbG FBuH, Art. 164 ErbG RS, Art. 144 ErbG BD BuH.

IV. Zuständigkeiten

88 Das **Nachlassverfahren** ist in der Föderation BiH durch das neue ErbG FBuH geregelt, während sich die Bestimmungen zum Nachlassverfahren in der Repubulika Srpska und im Brčko Distrikt BuH in den Gesetzen, die das Außerstreitverfahren regeln, befinden (siehe Rn 1) Die jeweiligen Gesetze unterscheiden sich inzwischen maßgeblich im Bereich der Zuständigkeit für das Nachlassverfahren. Der Hauptunterschied zwischen der Regelung des Nachlassverfahrens in der Republika Srpska und Brčko Distrikt BuH einerseits und der Föderation BuH andererseits beläuft sich darauf, dass in der Föderation BuH Notare als Gerichtskommissäre⁷⁴ maßgeblich am Verfahren beteiligt sind, während im Rest des Landes immer noch die Gerichte erster Instanz als Nachlassgerichte für das Verfahren zuständig sind, wenn auch hier Möglichkeiten der Involvierung der Notare in das Nachlassverfahren gesetzlich vorgesehen sind, praktisch jedoch bislang nicht wahrgenommen wurden.

89 Das AußstVG BD BuH stammt noch aus der Zeit vor der Einführung des Notariats und enthält daher keine Bestimmungen, die eine Involvierung der Notare im Nachlassverfahren ermöglichen. Lediglich das geltende Notargesetz sieht die Möglichkeit der kommissarischen Übertragung gewisser Prozesshandlungen (z.B. Inventar und Versiegelung des Nachlasses) an die Notare vor (Art. 46 NotG BD BuH), diese Möglichkeit wurde in der Praxis bislang nicht ausgenutzt.⁷⁵

90 In der Republika Srpska wurde mit dem neuen Gesetz über das Außerstreitverfahren eine nicht gelungene Lösung gewählt, die in der Praxis nicht zu dem gewünschten Ziel, die Gerichte durch die Notare zu entlasten, geführt hat. Das AußstVG RS enthält die Vorschrift, nach welcher das zuständige Gericht das Nachlassverfahren einem Notar anvertrauen **kann,**⁷⁶ unter der Voraussetzung, dass dies von einer der beteiligten Parteien gefordert wird und sich alle Erben sowie der Notar damit einverstanden erklärt haben.⁷⁷ Diese Voraussetzungen zusammen mit anderen nicht klar formulierten Vorschriften machen die Übertragung des Nachlassverfahrens an die Notare kompliziert und aufwendig,⁷⁸ weswegen diese Möglichkeit von den Gerichten in der Republika Srpska bislang auch nicht wahrgenommen wurde.

91 Das neue ErbG FBuH wählt eine andere Formulierung, nach welcher das Gericht nicht die Möglichkeit hat nach freiem Ermessen zu entscheiden, ob es das Verfahren einem Notar anvertraut oder nicht, denn laut Art. 200 ErbG FBuH vertraut das Gericht die Durchfüh-

---

73 Für die erste Antwort *Blagojević*, S. 398. Diese Lösung könnte einen Erben sehr hart treffen und widerspricht dem Grundsatz, dass die Erben durch den Nachlass nicht schlechter gestellt werden können als vor dem Tod des Erblassers. Daher sollte diese Haftung als geteilte Haftung gesehen werden.
74 Wenn sie als Kommissäre handeln, unternehmen die Notare Handlungen, die nicht in ihre originäre Zuständigkeit fallen, sondern die ihnen von einem anderen Organ anvertraut wurden. *Povlakić*, in: Povlakić/Schalast/Softić, Art. 72, Rn 1.
75 Siehe *Povlakić*, in: Bikić/Suljević/Povlakić/Plavšić, S. 501.
76 Art. 94 Abs. 3 AußstVG RS.
77 Art. 145 AußstG RS.
78 *Povlakić*, in: Bikić/Suljević/Povlakić/Plavšić, S. 500 ff.

rung des Nachlassverfahrens dem Notar zwingend an und leitet die Gerichtsakten unverzüglich an den Notar weiter. Der Notar handelt als **Gerichtskommissär** und hat alle Zuständigkeiten, wie sie auch dem Richter zustehen. Somit bestehen keine Unterschiede im Verfahren an sich, egal ob dieses seitens des Notars (FBuH) oder seitens des Gerichts (RS, BD BuH) durchgeführt wird. Das Gericht behält auch in der Föderation FBuH volle Kontrolle über das Verfahren.

V. Einleitung des Nachlassverfahrens

Generell wird in allen Teilen Bosnien und Herzegowinas das **Nachlassverfahren von Amts wegen** eingeleitet, sobald das zuständige Gericht Kenntnis über den Tod einer Person erlangt. In der Regel geschieht dies durch die Benachrichtigung des den Todesfall aufnehmenden Standesbeamten. Wenn der Verstorbene kein Vermögen hinterlassen hat oder wenn der Nachlass nur aus beweglichen Sachen besteht und keiner der Erben einen Antrag auf Durchführung des Verfahrens stellt, kann das Gericht einen Beschluss erlassen, wonach kein Nachlassverfahren durchgeführt wird, Art. 232 ErbG FBuH, Art. 121 AußstVG RS, Art. 118 AußsVG BD BuH.

92

Das zuständige Standesamt ist verpflichtet, dem zuständigen Gericht[79] innerhalb einer fünfzehntägigen Frist, Art. 99 Abs. 1 AußstVG BD BuH, bzw. einer dreißigtägigen Frist, Art. 227 ErbG FBuH, Art. 99 Abs. 1 AußstVG RS, eine Sterbeurkunde (die sog. *smrtovnica*), die alle im Gesetz vorgeschriebenen Angaben enthält, zu übermitteln. *Smrtovnica* beinhaltet Daten über den Verstorbenen, sein Vermögen, potenzielle Erben, über das Bestehen eines Testaments oder eines Leibrentenvertrages. Diese Daten bekommt das Standesamt von nahestehenden Personen des Verstorbenen mit dem Ziel, das gerichtliche Verfahren zu erleichtern. In der Praxis kommt es auch vor, dass das zuständige Gericht durch interessierte Personen über den Tod einer Person benachrichtigt wird; auch in diesem Fall sollte das Gericht von Amts wegen das Verfahren eröffnen. Erst wenn das Gericht das Verfahren eröffnet hat und eine Gerichtsakte geformt hat, wird in der Föderation BuH das weitere Verfahren durch einen Beschluss an einen Notar weitergeleitet, dessen Amtssitz sich auf dem Gebiet des zuständigen Gerichts befindet.

93

Das eröffnete Nachlassverfahren sollte zügig und ohne Unterbrechungen durchgeführt werden. Eine Ausnahme besteht im Falle eines Streites zwischen den Verfahrensteilnehmern über Tatsachen, welche die Erbberechtigung einer Person, die den Nachlass bildenden Vermögenswerte, die Gültigkeit eines Testaments usw. betreffen. Wird das Verfahren von einem Notar durchgeführt, wird bei einer Streitigkeit über die angeführten Tatsachen das Verfahren an das Gericht zurückgestellt. Im Falle, dass das Gericht das Nachlassverfahren führt, weist der Richter diejenige Person, deren Anspruch ihm weniger begründet erscheint, an, ein **Erkenntnisverfahren einzuleiten**. Dafür räumt das Gericht eine Frist ein; sollte innerhalb dieser Frist nicht bewiesen werden, dass eine Klage erhoben worden ist, wird das Nachlassverfahren fortgesetzt. Im umgekehrten Fall wird das Nachlassverfahren unterbrochen, bis der Rechtsstreit rechtskräftig entschieden worden ist, Art. 239–242 ErbG FBuH, Art. 127–130 AußstVG RS, Art. 124–127 AußstVG BD BuH.

94

Das Gericht kann auf Antrag der Erben, Vermächtnisberechtigten oder der Gläubiger des Erblassers aber auch auf eigene Initiative noch im Vorverfahren **das Inventar und die Bewertung** des Vermögens des Erblassers anordnen. Es kann dies aber auch im Laufe des Nachlassverfahrens tun, Art. 218–222 ErbG FBuH, Art. 103–106 AußstVG RS, Art. 99–105

95

---

[79] Hinsichtlich der örtlichen Zuständigkeit siehe Rn 8–11.

AußstVG BD BuH. Die Anordnung kann auch dann durch das Gericht kommen, wenn die Erben oder deren Wohnsitz unbekannt sind, die Erben minderjährig oder sonst unfähig sind, über ihr eigenes Interesse Sorge zu tragen, wenn der Nachlass dem Staat (bzw. der zuständigen Gemeinde) oder einer anderen juristischen Person zu übergeben ist sowie in anderen ähnlichen Fällen nach seinem freien Ermessen.

VI. Testamentseröffnung und Verkündung

96 Eine wichtige Handlung bei der Nachlassabwicklung ist die **Testamentseröffnung und Verkündung**. Sollte es möglich sein, stellt das zuständige Standesamt das eventuell bestehende Testament samt der *smrtovnica* dem zuständigen Gericht zu. Das Testament kann aber auch von den geladenen Personen übergeben werden. Das Testament wird vom Gericht verkündet ungeachtet dessen, ob es gültig ist und wie viele Testamente der Erblasser hinterlassen hat. Es ist auch möglich, dass das Testament in Verwahrung bei einem anderen Gericht abgegeben worden ist. In diesem Fall wird das verwahrende Gericht, auch wenn es nicht für die Führung des Nachlassverfahrens zuständig ist, das Testament eröffnen und verkünden sowie das Protokoll über die Eröffnung und Verkündung dem zuständigen Nachlassgericht übergeben, Art. 193 ErbG FBuH, Art. 113 AußstVG RS, Art. 110 AußstVG BD. In der Föderation wird das Testament von dem Notar eröffnet und verkündet.

97 Es werden drei **Arten der Testamentsverkündung** unterschieden abhängig davon, ob es sich um die Verkündung eines schriftlichen, mündlichen oder eines vernichteten oder abhanden gekommenen Testaments handelt. Das schriftliche Testament, welches die Regel ist, wird in Anwesenheit zweier volljähriger Zeugen, die auch im konkreten Fall Erben sein können, geöffnet, gelesen und verkündet. Darüber wird ein Protokoll geführt. Handelt es sich um ein mündliches Testament, wird die schriftliche Aussage der Zeugen wie ein schriftliches Testament erklärt. Auch das gegen den Willen des Erblassers vernichtete oder abhanden gekommene Testament kann verkündet werden, wenn alle eventuellen Erben über das Bestehen, den Inhalt und die Art und Weise der Vernichtung des Testaments einig sind, Art. 194–196 ErbG FBuH, Art. 114–116 AußstVG RS, Art. 111–113 AußstVG BD BuH.

98 Die **Verkündung mehrerer Testamente** wird nach den gleichen Regeln vorgenommen. Wenn dem Nachlassgericht bzw. dem Notar mehrere Testamente vorgelegt werden, soll jedes Schriftstück geöffnet und verkündet werden, ohne Rücksicht darauf, welches Testament ein jüngeres oder älteres Datum trägt oder ob sie miteinander in Widerspruch stehen. Sollten die Erben danach die Gültigkeit eines Testamentes bestreiten, wird darüber nicht im Nachlass-, sondern im Erkenntnisverfahren entschieden.[80]

VII. Sicherungsmaßnahmen

99 Im Nachlassverfahren hat das Gericht bzw. der als Gerichtskommissär handelnde Notar die Zuständigkeit **Sicherungsmaßnahmen** anzuordnen, um das Interesse unfähiger und abwesender Erben sowie nicht geborener Kinder zu schützen, Art. 223–225, 229–231 ErbG FBuH, Art. 109–111, 120 AußstVG RS, Art. 106–108, 117 AußstVG BD BuH.

100 Das Endziel des Nachlassverfahrens ist die Feststellung der Erben, des zum Nachlass gehörenden Vermögens, sowie aller den Erben und Vermächtnisnehmern zustehenden Rechte, was durch einen **Erbschaftsbeschluss** festgestellt wird.

---

80 Mehr darüber *Blagojević*, S. 354.

In Abhängigkeit davon ob der Erbschaftsbeschluss von einem Notar (FBuH) oder aber von einem Gericht (FBuH in gesetzlich vorgeschriebenen Fällen, RS, BD BuH) erlassen wurde, unterscheiden sich die **Rechtsmittel** und die jeweiligen Fristen gegen den Beschluss. Gegen den Erbschaftsbeschluss, den der Notar erlassen hat, kann innerhalb von 8 Tagen Einspruch beim Nachlassgericht eingelegt werden, über welchen ein Einzelrichter entscheidet, Art. 209–211 ErbG FBuH. Gegen einen Gerichtsbeschluss kann Beschwerde innerhalb von 15 Tagen erhoben werden, über die ein Gericht zweiter Instanz entscheidet, Art. 212, 213 ErbG FBuH. Diese Unterschiede stellen die Gleichstellung der Parteien vor Gericht in Frage und sollten *de lege ferenda* ausgeglichen werden.[81]

In der Republik Srpska und im Brčko Distrikt BuH kann gegen den gerichtlichen Erbschaftsbeschluss eine Beschwerde innerhalb von 8 Tagen ab Zustellung erhoben werden, Art. 17–19 AußstVG RS, Art. 16–18 AußstVG BD BuH.

Für den Fall, dass **nach der Rechtskräftigkeit des Erbschaftsbeschlusses erbrechtliche Ansprüche** gestellt werden (Auffinden neuen Vermögens, eines neuen Testaments, Anmeldung eines neuen Erben), wird kein neues Verfahren eröffnet und die interessierten Personen werden angewiesen, ihre Rechte im Erkenntnisverfahren geltend zu machen. Eine Ausnahme stellt das Auffinden neuen Vermögens dar, in welchem Fall auch kein neues Verfahren eröffnet wird. Das Gericht soll einen Ergänzungsbeschluss erlassen und das neu gefundene Vermögen gemäß dem ursprünglichen Beschluss aufteilen, Art. 251–253 ErbG FBuH, Art. 139–141 AußstVG RS, Art. 135–138 AußstVG BD BuH.

101

D. Erbschaftsteuer

Auf Grund des komplexen Staatsaufbaus Bosniens und Herzegowinas ist die **Zuständigkeit für die Regelung des Erbschaft- und Schenkungsteuer** den verschiedenen Trägern der öffentlichen Gewalt zugeteilt. Der Staat Bosnien und Herzegowina hat hier keinerlei Befugnisse, sondern die Republik Srpska und Brčko Distrikt BiH; in der Föderation BiH sind zehn Kantone für die Regelung dieser Frage zuständig. Alle zehn Kantone haben bereits eigene Steuergesetze verabschiedet, die unter anderem auch die Erbschaft- und Schenkungsteuer vorgesehen haben.[82] Dagegen haben die Republik Srpska und der Brčko Distrikt BiH keine neue Gesetze verabschiedet – das Gesetz über Steuer der Bürger, verabschiedet in der Sozialistischen Republik BiH im Jahr 1991, wird weiterhin angewendet.[83] Im Endergebnis könnte mit den zwölf verschiedenen Besteuerungssysteme gerechnet werden, was

102

---

81 Gegen die derzeitige Regelung und für die gleichen Rechtsmittel gegen einen Notarbeschluss und einen Gerichtsbeschluss und für eine gleiche Frist: Povlakić, Učešće notara u ostavinskom postupku u pravu entiteta u BIH *de lege lata i de lege ferenda*, S. 39.

82 Zakon o porezima Unsko-sanskog kantona, Amtsblatt von Unsko-sanski Kanton [*Službene novine*] 9/99; Zakon o porezima Zeničkodobojskog kantona, Amtsblatt von Zeničko-dobojski Kanton [*Službene novine*] 24/99; Zakon o kantonalnim porezima Kantona Tuzla, Amtsblatt des Kantons Tuzla [*Službene novine*] 5/98, 13/03, 6/06, 13/06; Zakon o porezima Posavskog kantona, Amtsblatt von Posavski Kanton [*Narodne novine*] 5/03; Zakon o porezima Kantona Goražde, Amtsblatt des Kantons Goražde [Službene novine] 17/04; Zakon o porezima Zapadnohercegovačkog kantona, Amtsblatt von Zapadnohercegovački Kanton [*Narodne novine*] 17/99, 7/03, 2/06; Zakon o porezima Hercegovačko-neretvanskog kantona, Amtsblatt von Hercegovačko-Neretvanksi Kanton [*Narodne novine*] 6/98, 5/04, 5/05; Zakon o porezima Srednjebosanskog kantona, Amtsblatt von Srednjebosanski Kanton [*Službene novine*] 4/99, 1/00, 10/01, 11/03, 10/04, 1/05, 7/06; Zakon o porezima Kantona Sarajevo, Amtsblatt des Kantons Sarajevo [*Službene novine*] 8/02, 1/03, 8/03, 25/06.

83 Amtsblatt des Sozialistischen Republik Bosnien und Herzegowina [Službeni list SR BiH] 18/91.

eigentlich nicht der Fall ist, da das ehemalige Gesetz über Steuer der Bürger auch dort, wo er nicht mehr angewendet wird, gesetzliche Lösungen in großem Maße beeinflusst hat.

103 Die gesetzlichen Lösungen der Republika Srpska, Brčko Distrikt BiH und einiger Kantone, welche als Beispiel für die kantonale Regelung genommen worden sind, haben Folgendes gemeinsam: Der Steuer unterliegen die Erbschaften und Schenkungen, die eine Person auf dem Gebiet der jeweiligen Träger öffentlicher Gewalt (Republika Srpska, Brčko Distrikt BiH, Kanton) angenommen hat. Ausschlaggebend ist die **Belegenheit des Vermögens** und nicht die Staatsangehörigkeit des Steuerpflichtigen.

104 Dabei sieht das Gesetz über Steuern der Bürger (in Anwendung in der Republika Srpska und in dem Brčko Distrikt BiH) natürliche sowie juristische Personen als **steuerpflichtige Personen** vor, Art. 85 Abs. 1. Einige kantonale Gesetze bestimmen nur die natürliche Person, die geerbt hat, als steuerpflichtig, Art. 41 Abs. 1 SteuerG Kanton Sarajevo, Art. 42 SteuerG Tuzla. Im Falle, dass der Erbe oder der Beschenkte der Staat Bosnien und Herzegowina, die Föderation BiH, ein Kanton, eine Gemeinde oder religiöse Gemeinschaften ist, fallen in Kanton Sarajevo keine Steuern an, Art. 49 Abs. 1 Punkt 3 SteuerG Kanton Sarajevo.[84] Aus der systematischen Auslegung dieser zwei Vorschriften könnte geschlossen werden, dass alle anderen juristischen Personen, außer den hier ausdrücklich erwähnten, doch steuerpflichtig sind. Dagegen sind in Kanton Tuzla die juristischen Personen als steuerpflichtige Personen überhaupt nicht vorgesehen.

105 **Besteuert wird die Beerbung oder Schenkung unbeweglicher sowie beweglicher Sachen**; die Letzteren nur, wenn ihr Wert einen bestimmten Betrag überschreitet.[85] Es kann vorkommen, dass ein Erbe sowohl Erbschaft- als auch Grunderwerbsteuer für das Beerben eines Grundstücks zahlt. Derjenige, der von der Erbschaftsteuer befreit ist, ist in einigen Kantonen auch von der Zahlung der Grunderwerbsteuer befreit, Art. 17 Abs. 1 Punkt 11 SteuerG Kanton Sarajevo.[86] Alle hier erwähnten Steuergesetze sehen die Erbschaft- und Schenkungsteuer nur dann vor, wenn es sich um die Erbschaft oder Schenkung von Sachen, sei es beweglichen oder unbeweglichen, sowie um unentgeltlichen Erwerb der Nutzungsrechte an Immobilien handelt; der Erwerb anderer Rechte oder Geldsummen ist nicht ausdrücklich durch die Steuerpflicht erfasst. Die Praxis hat dies noch nicht als Problem erkannt.

106 Der **Satz der Erbschaftsteuer** ist unterschiedlich geregelt und beträgt z.B. in dem Kanton Sarajevo 6 %, wenn die Immobilien, und 10 %, wenn beweglichen Sachen Gegenstand der Rechtsnachfolge sind, Art. 47 SteuerG Kanton Sarajevo, oder 5 % in dem Posavski Kanton, Art. 47 des Steuergesetzes. In Kanton Tuzla beträgt der Satz 2 %. Das Gesetz über Steuer der Bürger bestimmt, dass dieser Satz progressiv ist, aber überlässt seine Festlegung jedoch den Gemeinden, Art. 91 Abs. 1.

107 Die **Steuerbefreiungen** sind auch unterschiedlich geregelt. Das Gesetz über Steuer der Bürger des ehemaligen sozialistischen BuH sieht eine kleinere Anzahl der Befreiungen vor.

---

[84] Sinngemäß auch Art. 93 Abs. 1 des Gesetzes über Steuer der Bürger, das für Republik Srpska und Distrikt gilt. Die Terminologie dieser Bestimmung ist veraltet und eine sozialistischen Provenienz. Die Bestimmung, wonach ehemalige sozialistische Unternehmen nicht erbschaftsteuerpflichtig sind, entspricht den neuen Verhältnissen nicht mehr. Eine Ausnahme für Stiftungen oder andere juristische Personen, die eine wohltätige oder zum allgemeinen Wohl gerichtete Tätigkeit ausüben, wäre eher zeitgemäß.

[85] In dem Kanton Sarajevo und Posavski Kanton ist dieser Wert auf 2000 KM festgelegt, Art. 42 Abs. 2 des Steuergesetzes des Kantons Sarajevo, Art. 42 des Steuergesetzes von Posavski Kanton. Das Gesetz über Steuer der Bürger legt diesen Betrag nicht fest und überlässt seine Bestimmung den Gemeinden.

[86] Amtsblatt des Kantons Sarajevo [*Službene novine Kantona Sarajevo*] 23/2005.

D. Erbschaftsteuer

Von der Erbschaftsteuer sind befreit: die Erben der ersten Erbordnung, die Erben der zweiten Erbordnung nur dann, wenn es sich um eine Wohnung handelt, in der der Erblasser und der Erbe gemeinsam gelebt haben, oder der Landwirte, welche eine landwirtschaftliche Fläche erben, Art. 92. Im Brčko Distrikt BuH sieht das Einnahmesteuergesetz[87] zusätzlich zu dieser Grundregel eine indirekte Steuerbefreiung vor. Die Schenkungen sowie Erbschaften zwischen Personen der ersten und zweiten Erbordnung werden nicht als Einnahme eingestuft (Art. 6 lit. f des Einnahmesteuergesetzes), und werden daher nicht mit Einnahmesteuern besteuert. Bei der Anwendung von *argumentum a contrario* wird beschlossen, dass alle anderen Erben die Einnahmesteuer, deren Satz 10% beträgt, zahlen sollten.

Im Kanton Sarajevo und Posavski Kanton sind die Erben der ersten Erbordnung, der Ehegatte, auch wenn er mit den Erben der zweiten Erbordnung erbt, Eltern, die ihre Kinder beerben, und minderjährige Kinder ohne Eltern von der Erbschaftsteuerzahlung befreit. Die Erben der zweiten Erbordnung sind nur dann befreit, wenn sie eine Wohnung, in der sie mit dem Erblasser gelebt haben, erben, die Geschwister unter der Voraussetzung, dass sie die Erbschaft binnen drei Jahre nicht veräußern. Für den Landwirt gilt dieselbe Lösung wie vorher erwähnt, Art. 48 des SteuerG des Kantons Sarajevo, Art. 48 des SteuerG von Posavski Kanton.

Im Kanton Tuzla gibt es die Befreiung für die Erben der ersten Erbordnung, die Ehegatten, die Eltern die ihre Kinder beerben. Die Erben der zweiten Erbordnung sind nur dann befreit, wenn sie eine Wohnung, in der sie mit dem Erblasser gelebt haben, erben und der Landwirt im Falle, dass er die landwirtschaftliche Fläche erbt und die Landwirtschaft als ausschließlichen Beruf betreibt, Art. 49 SteurG Kanton Tuzla.

---

87 Amtsblatt des Brčko Distrikts BuH (Službeni glasnik BD BiH) 60/10.

Bulgarien

Stela Ivanova, LL.M., Advokat, Nürnberg

Inhalt

A. Internationales Erbrecht 1
  I. Objektive Anknüpfung des Erbstatuts 1
  II. Möglichkeiten der Rechtswahl 4
  III. Erbstatut im deutsch-bulgarischen Verhältnis 6
    1. Erbstatut nach einem deutschen Erblasser 6
    2. Erbstatut nach einem bulgarischen Erblasser 7
      a) Aus der Sicht des bulgarischen Rechts 7
      b) Aus der Sicht des deutschen Rechts 8
  IV. Testamentsform 9
  V. Zulässigkeit einer Schiedsklausel 10
B. Gesetzliche Erbfolge 11
  I. Erbfähigkeit, Erbunwürdigkeit 12
  II. Erbrecht der Verwandten 15
    1. Erste Erbordnung 16
    2. Zweite Erbordnung 19
    3. Dritte Erbordnung 20
    4. Vierte Erbordnung 23
    5. Modifikationen der obigen Regeln 24
    6. Der Staat und die Kommunen als Erben 27
  III. Erbrecht des Ehegatten 28
    1. Einfluss des Güterrechts 28
    2. Erbrechtliche Stellung des hinterbliebenen Ehegatten 30
C. Testamentarische Erbfolge 34
  I. Testamentsformen 34
    1. Allgemeines 34
    2. Das eigenhändige Testament 35
    3. Das notarielle Testament 40
    4. Testierfähigkeit 41
    5. Widerruf des Testaments 43
    6. Nichtigkeit des Testaments 45
    7. Anfechtbarkeit des Testaments 46
  II. Gemeinschaftliches Testament, Erbvertrag 48
  III. Erbeinsetzung und Vermächtnisse 49
    1. Allgemeines 49
    2. Ersatzeinsetzung 50
    3. Vermächtnisgegenstand gehört zum Zeitpunkt des Todes nicht dem Erblasser 51
    4. Bedingung, Befristung, Auflage 52
  IV. Testamentsvollstreckung 54
  V. Pflichtteilsrecht 58
    1. Pflichtteilsberechtigte 58
    2. Pflichtteile 59
    3. Pflichtteilsverzicht 61
    4. Durchführung der Pflichtteilsergänzung 62
  VI. Möglichkeiten zur Nachlassgestaltung außerhalb des Erbrechts 69
D. Nachlassabwicklung 74
  I. Anfall des Nachlasses 74
    1. Annahme des Erbes 75
    2. Ausschlagung des Erbes 78
    3. Kurator des Erbes 79
    4. Haftung der Erben, die das Erbe angenommen haben 80
    5. Gläubigerstellung 84
  II. Nachlassverfahren 88
    1. Erbschein 88
    2. Teilung der Vermögenswerte 89
  III. Nachlassverfahren bei der Vererbung in Bulgarien belegenen Nachlasses eines deutschen Erblassers 95
E. Erbschaftsteuer 96

Literatur

Cankova, Zavestanieto v bālgarskoto nasledstveno pravo, Feneya Sofia 1995; *Cankova*, Praven režim na nasledyavaneto, Sofia 1988; *Cankova*, Promenite v nasledstvenoto pravo, „Sv. Kliment Okridski", Sofia 1994; *Cankova*, Nasledyavane na avtorski prava, Bālgarski zakonnik 1994, Nr. 2; *Nenova*, nasledstvenopravni vāprosi, svarzani s osinovyavaneto, SP 1965, No. 5; *Rozanis*, Nasledyavane, zaveštanie, delba, Sofia 1996; *Staneva*, Nasledyavane na ednoločen tārgovec, SP 1993, Nr. 2; *Tassev*, Bālgarsko nasledstveno pravo, Ciela, Sofia 2006; *Todorov*, Meždunarodni semeyni i nasledstveno otnošeniya, Sofia 1994; *Velinov*, Isk za nasledstvo, SP 1961, No. 5; *Venedikov*, Zapazenata čast v nasledstvoto, Sofia 1994; *Venedikov*, Izmenenijata v zakona za nasledstvoto ot 1992, Bālgarski zakonnik 1994, Nr. 1.

Quellen

Gesetzbuch des internationalen Privatrechts, DV Nr. 42/2005 (IPRG); Familiengesetzbuch, DV Nr. 47/2009 (FamGB); Zivilprozessordnung, DV Nr. 59/2007 (ZPO); Erbgesetz, DV Nr. 22/1949 (ErbG); Gesetz über die Verbindlichkeiten und die Verträge, DV Nr. 2/1950 (Schuldrechtsgesetz); Gesetz über die Kommunalsteuern und -gebühren, DV Nr. 117/1997. Abkürzung: DV = Dăržaven Vestnik (bulgarischer Staatsanzeiger). Die Angaben beziehen sich auf die erste Bekanntgabe des jeweiligen Rechtsakts. Seitdem sind in jedem einzelnen Fall zahlreiche Änderungs- und Vervollständigungsgesetze ergangen. Alle Gesetzestexte sind im Laufe der Zeit zahlreichen Änderungen unterzogen worden. In täglich aktualisierter Fassung sind sie unter www.lex.bg zu lesen. Die Fassungen sind nur in bulgarischer Sprache zugänglich.

A. Internationales Erbrecht

I. Objektive Anknüpfung des Erbstatuts

1   Seit dem 1.1.2007 ist Bulgarien Mitglied der Europäischen Union. Für internationale Erbfälle, bei denen der Erblasser Mitglied der Europäischen Union war und die sich am 17.8.2015 oder später ereignen, gelten daher anstatt der nationalen IPR-Vorschriften die Vorschriften der Verordnung (EU) Nr. 650/2012 (Erbrechtsverordnung, EU-ErbVO).

Im Übrigen (d.h. für Altfälle) ist das Gesetzbuch des internationalen Privatrechts, das in 2005 in Kraft getreten ist, einschlägig (IPRG). Artikel 14 IPRG begründet die internationale Zuständigkeit der bulgarischen Gerichte und Staatsorgane für Verfahren in erbrechtlichen Angelegenheiten, soweit der Erblasser bulgarischer Staatsangehöriger war, sich zum Zeitpunkt des Todes gewöhnlich in Bulgarien aufgehalten hat oder sich ein Teil seines Vermögens in Bulgarien befindet.

2   Das Erbstatut wurde gem. Art. 89 IPRG in **Bulgarien gespalten angeknüpft**. Bulgarisches materielles Erbrecht fand Anwendung in Bezug auf die beweglichen Sachen eines Erblassers, dessen gewöhnlicher Aufenthaltsort zum Zeitpunkt des Todes in Bulgarien war. In Bezug auf unbewegliche Sachen wurde das bulgarische materielle Erbracht angewendet, wenn sich die Immobilien in Bulgarien befanden.

3   Nach dem **Spiegelbildprinzip** galt, dass Bulgarien die Geltung ausländischen materiellen Erbrechts sowie die internationale Zuständigkeit ausländischer Gerichte und Behörden anerkennen würde, wenn eines der obigen Anknüpfungsmerkmale den Bezug des Falles zum jeweiligen Land begründete.

II. Möglichkeiten der Rechtswahl

4   Dem Erblasser stand es zu, in seinem Testament das materielle Recht des Staates als einschlägiges materielles Recht zu bestimmen, dessen **Staatsangehörigkeit** er zum Zeitpunkt der Testamentserrichtung besaß. Unzulässig war es jedoch, dass durch diese Rechtswahl die Pflichtteilsansprüche beeinträchtigt wurden, die sich aufgrund der Geltung des bulgarischen Rechts ergeben hätten, soweit dieses Recht ohne erfolgte Rechtswahl einschlägig gewesen wäre.

5   Die **Geltung des gewählten Erbrechts** wurde in folgenden Bereichen anerkannt:
   – Zeitpunkt, zu dem das Erbverhältnis entstand;
   – Kreis und Rangfolge der Erben;
   – Höhe der Erbteile;

Ivanova

- Erbfähigkeit;
- Übergang von Pflichten des Erblassers;
- Annahme und Ausschlagung des Erbes;
- Fristen für die Annahme des Erbes;
- Pflichtteile;
- Voraussetzungen für die Wirksamkeit des Testaments.

III. Erbstatut im deutsch-bulgarischen Verhältnis

1. Erbstatut nach einem deutschen Erblasser

Ein **Erblasser deutscher Staatsangehörigkeit**, der in Bulgarien Vermögen besaß, vor Ort ein Testament errichtete oder sich zum Zeitpunkt des Todes in Bulgarien dauerhaft aufgehalten hat, konnte in seinem Testament das deutsche Recht als anwendbares materielles Recht wählen. Sollte er dies unterlassen, galt das bulgarische Erbrecht jedenfalls in Bezug auf die unbeweglichen Sachen, die zur Erbmasse gehörten und sich in Bulgarien befanden. Hinsichtlich der restlichen Vermögenswerte galt das bulgarische Recht lediglich dann, wenn der deutsche Erblasser sich zum Zeitpunkt seines Todes in Bulgarien dauerhaft aufgehalten hatte.

6

2. Erbstatut nach einem bulgarischen Erblasser

a) Aus der Sicht des bulgarischen Rechts

Ein **Erblasser bulgarischer Staatsangehörigkeit**, der in Deutschland Vermögen besaß, vor Ort ein Testament errichtete oder sich zum Zeitpunkt des Todes in Deutschland auf Dauer aufgehalten hat, konnte aus Sicht des bulgarischen Rechts in seinem Testament das bulgarische Recht als anwendbares materielles Recht wählen. Sollte er dies unterlassen, galt das bulgarische Erbrecht nur in Bezug auf die unbeweglichen Sachen, die zur Erbmasse gehörten und sich in Bulgarien befanden.

7

b) Aus der Sicht des deutschen Rechts

Aufgrund der bulgarischen Staatsangehörigkeit des Erblassers kam gem. Art. 25 Abs. 1 EGBGB grundsätzlich das bulgarische Heimatrecht des Erblassers zur Anwendung. Eine Rückverweisung war jedoch gem. Art. 4 Abs. 1 S. 2 EGBGB zu beachten. Eine solche Rückverweisung ergab sich aus deutscher Sicht für das in Deutschland belegene unbewegliche Vermögen. Für das bewegliche Vermögen kam eine Rückverweisung in Betracht, wenn der Erblasser sich zuletzt dauerhaft in Deutschland aufgehalten hatte. Die Rückverweisung auf das deutsche Recht war allein dann gehemmt, wenn der Erblasser durch testamentarische Verfügung das bulgarische Heimatrecht zum Erbstatut gewählt hatte.

8

IV. Testamentsform

Die **Testierfähigkeit** sowie die **Formanforderungen** an die Errichtung und den Widerruf eines Testaments richteten sich gem. Art. 90 IPRG alternativ nach dem Recht des Landes,
- in dem das Testament errichtet wurde;
- dessen Staatsangehöriger der Erblasser im Augenblick der Testamentserrichtung oder seines Todes war;
- in dem sich der Testierende im Augenblick der Testamentserrichtung oder seines Todes gewöhnlich aufgehalten hatte; oder
- in dem sich die unbewegliche Sache befand, die Gegenstand des Testaments war.

9

V. Zulässigkeit einer Schiedsklausel

10 Es bestand kein generelles Verbot für die Abgabe von erbrechtlichen Streitigkeiten zur Entscheidung durch ein Schiedsgericht. Allerdings waren zahlreiche Einschränkungen zu beachten:
- Streitigkeiten, die das Eigentumsrecht oder den Besitz an einer Immobilie betrafen, waren nach bulgarischem Recht nicht schiedsfähig.
- Teilungsverfahren, auch wenn sie keine Immobilie betrafen und somit schiedsfähig waren, konnten nur dann in ein wirksames Urteil münden, wenn am Verfahren alle Erben Teil genommen hatten. Das fehlende Einverständnis eines Erben mit der Schiedsklausel hat daher das Schiedsverfahren sinnlos gemacht.

B. Gesetzliche Erbfolge

11 Es gibt drei **Anknüpfungspunkte**, die nach bulgarischem Recht die gesetzliche Erbfolge begründen:
- die Blutverwandtschaft;
- die Adoption;
- die Ehe.

I. Erbfähigkeit, Erbunwürdigkeit

12 **Erbfähig** ist gem. Art. 2 Abs. 1 ErbG schon der Gezeugte, vorausgesetzt, er wird lebend und überlebensfähig geboren. Beim Erbfall während der Schwangerschaft wird daher das noch nicht geborene Kind mitberücksichtigt.

13 Die Erbfähigkeit wird zu Lebzeiten durch die sog. Erbunwürdigkeit ausgeschlossen. **Erbunwürdig** ist gem. Art. 3 ErbG,
- wer den Erblasser, seinen Ehegatten oder das Kind des Erblassers vorsätzlich getötet hat oder versucht hat, diese Personen zu töten;
- wer den Erblasser der Begehung einer Straftat, die mit Freiheitsstrafe bedroht ist, zu Unrecht beschuldigt hat;
- wer den Erblasser, sei es durch Gewalt oder durch Täuschung, daran gehindert hat, den eigenen Testierwillen frei auszuüben, oder ihn verleitet hat, entgegen den eigenen Testierwillen zu testieren; oder
- wer das Testament des Erblassers verheimlicht, vernichtet oder gefälscht hat oder wissentlich ein gefälschtes Testament benutzt hat.

14 Der Erbunwürdige kann nur dann Erbe werden, wenn der Erblasser ihm in einer notariell beglaubigten Urkunde oder in seinem Testament die Erbfähigkeit wieder zuspricht. Ist dies nicht erfolgt, der Erbunwürdige aber dennoch im Testament des Erblassers bedacht worden, darf er das im Testament Bezeichnete als Vermächtnisgläubiger erhalten.

II. Erbrecht der Verwandten

15 Nach bulgarischem Recht bestehen **vier gesetzliche Erbordnungen**. Es genügt ein Erbe einer vorrangigen Erbordnung, um alle Erben aus den darauf folgenden Erbordnungen auszuschließen.

1. Erste Erbordnung

Die erste Erbordnung besteht aus den **Kindern** des Erblassers. Diese erben zu gleichen Teilen. Sollte ein Kind des Erblassers vor dem Erbfall gestorben oder erbunwürdig geworden sein, greift das **Repräsentationsprinzip** ein: Es erben die hinterbliebenen Abkömmlinge dieses Kindes anteilig anstatt seiner.

Beispiel: A hat drei eigene Kinder (B, C und D) und ein Adoptivkind (E). Jedes Kind hat jeweils zwei lebende Kinder (B1 und B2, C1 und C2 etc). B ist vor dem Erbfall gestorben, C ist vor dem Erbfall durch einen Mordversuch an A erbunwürdig geworden. Erben des A sind D zu $1/4$, E zu $1/4$, B1, B2, C1 und C2 zu je $1/8$.

Unerheblich ist, ob die Kinder ehelicher oder **nichtehelicher Abstammung** sind, da für nichteheliche Kinder weder erbrechtliche Nachteile noch Privilegien bestehen. Einzige Voraussetzung ist, dass die **Abstammung** festgestellt wird. Hierzu gelten nach bulgarischem Familienrecht folgende Regeln:
– Die Abstammung mütterlicherseits wird durch die Geburt bestimmt und in der **Geburtsurkunde** festgelegt. Die genetische Herkunft (z.B. fremde Eizelle) ist unerheblich.
– Die Abstammung väterlicherseits wird grundsätzlich auch in der Geburtsurkunde festgelegt. Die rechtliche Vaterschaft wird durch die biologische Vaterschaft bestimmt, es sei denn, der rechtliche Vater hat sein schriftliches Einverständnis zur künstlichen Befruchtung der Mutter mit fremdem genetischen Material abgegeben. Die Vaterschaft des Ehegatten wird vermutet, wenn das Kind während der Ehe oder innerhalb von 300 Tagen nach ihrer Beendigung geboren ist. Wenn innerhalb der 300 Tage eine neue Ehe geschlossen wird, greift die Vaterschaftsvermutung für die Ehe ein, die zum Zeitpunkt der Geburt besteht. Die **Vaterschaftsvermutung** ist widerlegbar. Zum Schutz des Kindes greifen hinsichtlich der Widerlegung kurze Fristen ein. So kann z.B. der rechtliche Vater innerhalb von einem Jahr ab Kenntnis der Geburt die Vaterschaftsvermutung durch Klage anfechten. Nach Ablauf des Jahres ist die Widerlegung der Vermutung ausgeschlossen, auch wenn zu einem späteren Zeitpunkt definitiv (z.B. durch DNA-Analyse) festgestellt werden kann, dass sie den faktischen Verhältnissen nicht entspricht. Das Kind kann eine falsch festgestellte Vaterschaft nicht unmittelbar anfechten. Dies kann es nur bewirken durch eine erfolgreiche Anfechtung der Mutterschaft. Die Klage hierzu ist ohne Fristbeschränkungen zulässig.
– Wenn die Mutterschaft und/oder Vaterschaft nicht in der Geburtsurkunde festgelegt wurde oder aufgehoben worden ist, kann die Feststellung der Abstammung durch **Anerkennung** durch den Elternteil erfolgen. Die Anerkennung ist durch keine Fristen eingeschränkt. Erforderlich hierzu ist eine notariell beglaubigte Erklärung gegenüber dem Standesamt.
– Wenn die Abstammung nicht festgestellt ist, stehen dem Kind **Feststellungs**klagen gegen die Mutter (ohne zeitliche Beschränkung hinsichtlich der Zulässigkeit) oder den Vater (zulässig bis zum Ablauf von drei Jahren ab Volljährigkeit) zu.

Den leiblichen Kindern des Erblassers sind seine **Adoptivkinder** gleichgestellt. Nach bulgarischem Recht können nur Kinder adoptiert werden, die das 18. Lebensjahr noch nicht vollendet haben. Die Volljährigenadoption ist also nicht zulässig. Vorausgesetzt wird ein Altersabstand zum Adoptivelternteil von mindestens 15 Jahren. Ein Paar kann ein Kind nur dann adoptieren, wenn das Paar verheiratet ist. Es bestehen zwei Formen der Adoption. Zwischen ihnen wird im Adoptionsverfahren frei durch die Beteiligten und das Adoptionsgericht entschieden:
– Durch die **volle Adoption** werden die rechtlichen Beziehungen des Kindes zu den natürlichen Eltern und Verwandten abgebrochen und durch gleichwertige rechtliche

Beziehungen zu den Adoptiveltern und deren Verwandten ersetzt. Dies bedeutet, dass nach der Adoption eine Vererbung kraft gesetzlicher Erbfolge im Rahmen des Familienkreises der natürlichen Abstammung ausgeschlossen ist. Die gesetzliche Erbfolge kann dann lediglich nur noch hinsichtlich der Adoptivverwandten gelten. Dabei kann das Kind von allen Adoptivverwandten erben und sie auch von ihm.
- Bei der **Teiladoption** gelten andere Regeln. Dort entsteht im Rahmen der Adoptivfamilie eine rechtliche Beziehung lediglich zwischen dem Adoptivelternteil und dem Adoptivkind, so dass sie voneinander gegenseitig erben können. Im Übrigen bleiben die rechtlichen Beziehungen zu den Blutverwandten bestehen.

2. Zweite Erbordnung

19 Die zweite Erbordnung schließt die **Eltern** des Erblassers ein. Die lebenden Elternteile erben zu gleichen Teilen, jedoch nur, wenn der Erblasser keine Abkömmlinge hinterlassen hat.

Beispiel: A hat keine Abkömmlinge hinterlassen, dafür Mutter, Großmutter, Großvater und drei Geschwister. Alleinerbin ist die Mutter.

3. Dritte Erbordnung

20 Die dritte Erbordnung schließt **zwei Gruppen von Erben** ein:
- Geschwister des Erblassers und ihre Abkömmlinge;
- Verwandte des Erblassers in gerader aufsteigender Linie (Großeltern, Urgroßeltern etc.).

21 Innerhalb der ersten Gruppe gilt, dass Geschwister, die dieselben Elternteile wie der Erblasser haben (vollbürtige Geschwister), einen doppelt so hohen Anteil erben wie Geschwister, die lediglich einen Elternteil mit dem Erblasser gemeinsam haben (Halbgeschwister). Innerhalb der zweiten Gruppe gilt, dass nähere Verwandte Verwandte entfernteren Grades vom Erbe ausschließen. Wenn Erben der beiden Gruppen gleichzeitig vorhanden sind, stehen der ersten Gruppe (Geschwister und ihre Abkömmlinge) $^2/_3$ des Erbes und der zweiten Gruppe (Groß- bzw. Urgroßeltern) $^1/_3$ des Erbes zu.

Beispiel: A hat keine Abkömmlinge und keine Eltern hinterlassen, dafür zwei Großmütter, einen Großvater, einen Urgroßvater, einen Onkel, einen Großonkel und vier Geschwister, von denen der eine Bruder erbunwürdig ist, aber drei Kinder hat. Erben sind: die Großeltern zu je $^1/_9$, die drei erbwürdigen Geschwister zu je $^1/_6$ und die drei Kinder des erbunwürdigen Bruders zu je $^1/_{18}$. Der Urgroßvater, der Onkel und der Großonkel erben nicht.

22 Zu beachten ist eine Unstimmigkeit zwischen dem Wortlaut des Erbgesetzes und der höchstrichterlichen Rechtsprechung. Artikel 10 Abs. 2 ErbG besagt, dass im Rahmen der dritten Erbordnung das **Repräsentationsprinzip** nur in Bezug auf die Kinder und Enkelkinder der Geschwister einschlägig ist. Im Urteil 1–98-OSGK hat jedoch das bulgarische Oberste Kassationsgericht entschieden, dass die Beschränkung auf Kinder und Enkelkinder in diesem Falle vom Geist der Gesetzgebung überholt und nicht mehr anzuwenden sei. Somit können hier auch Urenkel erben.

4. Vierte Erbordnung

23 Die vierte Erbordnung schließt alle **Verwandten in nicht gerader Linie bis zum sechsten Grade** ein, Art. 8 Abs. 4 ErbG. Das Repräsentationsprinzip ist ausgeschlossen. Der nähere Verwandtschaftsgrad schließt den ferneren vom Erbe aus. Dabei gilt es, eine Modifikation zu beachten, die im Wortlaut des Gesetzes nicht ausdrücklich verwurzelt ist, in der Lehre

und in der Praxis jedoch die herrschende Meinung darstellt: Bei Konkurrenz zwischen zwei Erben gleichen Grades, jedoch unterschiedlicher Seitenlinie, erbt derjenige, der zur näheren Seitenlinie zählt.

Beispiel: A hinterlässt einen Cousin der zweiten Seitenlinie (Blutverwandter vierten Grades) und einen Großonkel (Blutverwandter vierten Grades der dritten Seitenlinie). Alleinerbe ist der Cousin.

5. Modifikationen der obigen Regeln

Mönche des orthodoxen Ritus werden als Erben gleichbehandelt. Als Erblasser sind sie jedoch nach den Bestimmungen der orthodoxen Kirche grundsätzlich verpflichtet, das eigene Kloster als Alleinerbe einzusetzen. 24

Erben, die gemeinsam mit dem Erblasser gelebt und sich um ihn gekümmert haben, sind berechtigt, zusätzlich zu ihrem Erbteil den Hausrat zu erhalten. Einrichtungsgegenstände besonderer Beschaffenheit oder besonderen Wertes zählen jedoch nicht dazu. 25

Erben, die zu Lebzeiten des Erblassers zum **Zuwachs des Erbes** beigetragen haben, steht es zu, dass bei der Ermittlung ihres Erbteiles dies zu ihren Gunsten berücksichtigt wird. 26

6. Der Staat und die Kommunen als Erben

Wenn keine erbfähigen Verwandten bis zum sechsten Verwandtschaftsgrades vorhanden sind oder alle Erben das Erbe ausschlagen, erbt der **Staat**. Gewisse Vermögensgegenstände fallen jedoch der **Gemeinde** zu, in der sie sich im Zeitpunkt des Erbfalls befinden, nämlich die beweglichen Sachen, Wohnungen, Ateliers und Garagen sowie Grundstücke, die zur Wohnbebauung bestimmt sind. 27

III. Erbrecht des Ehegatten

1. Einfluss des Güterrechts

Nach bulgarischem Familienrecht ist die **eheliche Errungenschaftsgemeinschaft** zwingender gesetzlicher Güterstand. Dies bedeutet, dass dingliche Rechte und Kontoguthaben, die im Laufe der Ehe durch gemeinsamen Beitrag der Ehegatten erworben bzw. angespart worden sind, beiden Ehepartnern zu gemeinsamem Eigentum zustehen. Der gemeinsame Beitrag wird widerlegbar vermutet, so dass die Regeln der ehelichen **Errungenschaftsgemeinschaft** nicht eingreifen, wenn der eine Ehegatte einen Vermögenswert durch Schenkung erwirbt oder einen vorher im Alleineigentum stehenden Vermögenswert veräußert, um während der Ehe einen anderen Vermögenswert zu erwerben. Hingegen ist die Erwerbstätigkeit der Ehepartner belanglos. Der gemeinsame Beitrag wird auch dann angenommen, wenn einer der Ehegatten keinen Beruf ausübt, sondern den Haushalt führt. Auch wird widerlegbar vermutet, dass die Anteile der Ehegatten am gemeinsamen Vermögen gleich groß sind. 28

Die Anteile an dem gemeinsamen Vemögen sind kraft Gesetzes einer besonderen Form der Inhaberschaft zugeordnet, so dass die Auseinandersetzung bei bestehender Ehe unmöglich ist und Verfügungsgeschäfte nur gemeinsam durch beide Ehegatten wirksam vorgenommen werden können. Beim Tode eines Ehegatten wird die eheliche **Zugewinngemeinschaft** durch den rechtlichen Zustand des **Bruchteileigentums** ersetzt. Dem Erbe wird dann nur der Bruchteil der bisher gemeinsamen Vermögenswerte zugeordnet, der dem verstorbenen 29

Ivanova

Ehegatten zustand. Der hinterbliebene Ehegatte wird an diesem Bruchteil in seiner Eigenschaft als Erbe beteiligt. Der andere Bruchteil wird sein persönliches Eigentum.

2. Erbrechtliche Stellung des hinterbliebenen Ehegatten

30 Erbrechtlich ist nur die Ehe relevant, die zum Zeitpunkt des Todes des Erblassers bestanden hat. Der Ehegatte erhält eine besondere **erbrechtliche Stellung**: Er erbt neben den Erben der ersten, zweiten und dritten Erbordnung und schließt erst die Erben der vierten Ordnung vom Erbe aus.

31 Wenn der **Ehegatte neben Erben der ersten Ordnung** erbt, ist er mit den Kindern des Erblassers auf einen gleichen Teil berechtigt.

Beispiel: A hinterlässt die Kinder B (verstorben, zwei Kinder B1 und B2), C, D und Ehefrau E. Erben sind B1 und B2 zu je $1/8$, C, D und E zu je $1/4$.

32 Wenn der **Ehegatte neben Erben der zweiten Ordnung** erbt, ist er auf die Hälfte des Erbes berechtigt, wenn die Ehe kürzer als zehn Jahre bestanden hat. Wenn die Ehe länger als zehn Jahre bestanden hat, erhöht sich sein Erbteil auf $2/3$.

33 Dasselbe gilt, wenn der **Ehegatte neben Erben der dritten Ordnung** erbt und diese entweder der ersten oder der zweiten Gruppe zuzuordnen sind. Sollte es Erben der zwei Gruppen zugleich geben, reduziert sich der Teil des Ehegatten wie folgt:
– bei einer Ehe, die weniger als 10 Jahre bestanden hat: $1/3$;
– bei einer Ehe von mehr als 10 Jahren: die Hälfte des Erbes.

Beispiel: Erblasser A und Ehefrau E haben im Laufe einer 20jährigen Ehe ein Haus im Wert von 200 erworben und ein Sparguthaben im Wert von 100 angespart. Die Ehe ist kinderlos. Die Hinterbliebenen sind die Mutter des Erblassers, seine Ehefrau und seine zwei Schwestern. Die Hälfte des Vermögens wird durch den Tod von A persönliches Bruchteilseigentum von E. Die andere Hälfte verteilt sich wie folgt: E erbt $2/3$, die Mutter erbt $1/3$, die Schwestern sind vom Erbe ausgeschlossen. Vom ursprünglichen Familienvermögen (300) stehen der Ehefrau 250 zu: 150 als Eigenbruchteil an der Zugewinngemeinschaft und 100 als $2/3$ des Erbes. Die Mutter erbt 50.

C. Testamentarische Erbfolge

I. Testamentsformen

1. Allgemeines

34 Wie im deutschen Erbrecht kennt das bulgarische Recht das eigenhändige und das öffentliche (notarielle) Testament. Beide Formen entfalten identische Rechtsfolgen. Hat der Erblasser zu Lebzeiten mehrere Testamente errichtet, gilt das zeitlich späteste Testament unabhängig von der Form, die der Erblasser dafür gewählt hat. Im Unterschied zum deutschen Recht kennt das bulgarische Recht keine Sonderformen der testamentarischen Verfügung, die in Anbetracht einer bei besonderen Umständen unmittelbar drohenden Todesgefahr erleichterte Wirksamkeitsanforderungen beinhalten (Nottestamente).

2. Das eigenhändige Testament

Das eigenhändige Testament wird vom Erblasser gem. Art. 25 ErbG selber verfasst. Es ist erforderlich, dass der Erblasser und die im Testament Bedachten klar identifiziert werden können. Zur Wirksamkeit des Testaments ist es unerlässlich, dass der Erblasser den gesamten Text selber **handschriftlich** verfasst und unterschreibt. Ein vom Erblasser eigenhändig unterschriebener maschinell oder elektronisch verfasster Textausdruck genügt dem Formererfordernis nicht und ist nichtig. Weitere zwingende Wirksamkeitsvoraussetzung ist die Bezeichnung des Datums und des Orts der Testamentserrichtung. Verfügungen, die nach oder unter der Unterschrift platziert sind, gelten als ungeschrieben.

Ein eigenhändiges Testament kann einem Notar zur **Aufbewahrung** anvertraut werden. Die Abgabe erfolgt in einem geschlossenen undurchsichtigen Umschlag, auf dem der Notar ein Übergabeprotokoll verfasst, und wird in ein Sonderregister des Notars eingetragen.

Dem Erblasser steht es jederzeit zu, vom Notar die **Rückgabe** eines solchen Testaments zu verlangen. Hierfür wird ein zweites Übergabeprotokoll angefertigt und im Testamentsregister des Notars vermerkt. Bei der Rückgabe ist die Mitwirkung von zwei Zeugen erforderlich, die den Rückgabevermerk im Sonderregister des Notars mitunterzeichnen müssen.

Auch bedeuten die Vorschriften über die Aufbewahrung eines eigenhändigen Testaments bei einem Notar nicht, dass es verboten ist, Privaten, z.B. den eingesetzten Erben, Testamente zur Aufbewahrung anzuvertrauen. Solchen Personen erlegt das Erbgesetz auf, unverzüglich nach Kenntnisnahme vom Tod des Erblassers einen Notar um die sog. **Eröffnung des Testaments** zu ersuchen. Die Eröffnung des Testaments erfolgt, indem der Notar ein Protokoll erstellt, in dem er den Zustand der Testamentsurkunde und die Verlesung festhält. Dieses Protokoll wird von der Person, die das Testament vorgelegt hat, und vom Notar unterschrieben. Das Testament wird Bestandteil dieses Protokolls, indem es an dieses befestigt und von der vorlegenden Person sowie vom Notar auf jeder Seite paraphiert wird.

Inhaber eines rechtlichen Interesses stattet das Gesetz mit einem **Anspruch auf Fristsetzung zur Vorlage eines Testaments** aus. Dieser Anspruch richtet sich gegen die Privatperson, in deren Besitz die testamentarische Urkunde vermutet wird. Die örtliche Zuständigkeit liegt beim Amtsgericht am letzten Wohnsitz des Erblassers.

3. Das notarielle Testament

Das notarielle Testament wird vom Notar gem. Art. 24 ErbG in Anwesenheit von **zwei Zeugen** angefertigt, die namentlich in der Urkunde erwähnt werden. Der Notar beurkundet den mündlich vorzutragenden Testierwillen des Erblassers. Nach Bezeichnung des Errichtungsdatums und des Errichtungsorts wird die Urkunde vom Notar laut vorgelesen und mit den Unterschriften aller Beteiligten versehen. Sollte der Erblasser außer Stande sein, die Urkunde zu unterschreiben, hat er den Grund hierzu dem Notar zur Aufnahme in die Urkunde mitzuteilen.

4. Testierfähigkeit

Die Testierfähigkeit tritt nach bulgarischem Recht gem. Art. 13 ErbG mit der Volljährigkeit, also mit Vollendung der **18. Lebensjahres**, ein. Voraussetzung ist, dass die verfügende Person nicht unter volle Vormundschaft gestellt ist und in der Lage ist, vernünftig zu handeln.

Durch Testament kann der Erblasser über sein **ganzes Vermögen** verfügen. Jedoch kann er den gesetzlichen Pflichtteil hierdurch nicht wirksam beeinträchtigen.

5. Widerruf des Testaments

43 Der Erblasser kann den **Widerruf** eines Testaments entweder durch eine notariell beurkundete Willenserklärung oder durch ein neues Testament bewirken. Erforderlich ist eine ausdrückliche Äußerung des Aufhebungswillens. Sollte sie ausbleiben, wird angenommen, dass ein späteres Testament das ältere nur im Hinblick auf diejenigen Verfügungen abändert, die mit den Verfügungen im neuen Testament nicht vereinbar sind. Ein durch ein neues Testament widerrufenes älteres Testament kann durch faktische Umstände, z.B. durch den zwischenzeitlichen Tod des eingesetzten neuen Erben oder durch Ausschlagen des Erbes, nicht wieder wirksam werden. Vermächtnisse, die sich auf Sachen beziehen, über die der Erblasser nach Errichtung des Testaments durch einen rechtlichen oder faktischen Akt verfügt hat, inkl. der faktischen Verfügung durch wesentliche Verarbeitung der fraglichen Sache, gelten als widerrufen.

44 Die komplizierten Regeln zur Rückgabe eines **bei einem Notar deponierten Testaments** bedeuten keinesfalls, dass sein Widerruf erschwert ist. Hierzu reicht es aus, dass der Erblasser ein späteres, etwa ein eigenhändiges Testament errichtet, in dem er das vom Notar aufbewahrte Testament ausdrücklich außer Kraft setzt.

6. Nichtigkeit des Testaments

45 Nichtig ist ein Testament, wenn
- es zugunsten einer Person errichtet ist, die die Erbfähigkeit nicht besitzt;
- die Formvoraussetzungen nicht eingehalten sind;
- die testamentarische Verfügung selber oder der im Testament geäußerte einzige Beweggrund für diese Verfügung gesetzeswidrig sind, weil sie gegen die guten Sitten oder die öffentliche Ordnung verstoßen;
- die Bedingung oder die Auflage unmöglich ist.

Der Anspruch auf Feststellung der Nichtigkeit verjährt nie.

7. Anfechtbarkeit des Testaments

46 **Anfechtungsgründe** liegen vor, wenn
- dem Erblasser zum Zeitpunkt der Testamentserrichtung die Testierfähigkeit gefehlt hat;
- das Testament auf einem Irrtum, Gewaltakt oder Betrug beruht. Ein Irrtum hinsichtlich des Beweggrunds kann als Anfechtungsgrund nur dann dienen, wenn der Motivirrtum aus dem Testament selber hervorgeht und keine weiteren Beweggründe ersichtlich sind.

47 Der Anfechtungsanspruch **verjährt** innerhalb von drei Jahren ab den Zeitpunkt, in dem der Kläger vom Anfechtungsgrund Kenntnis erlangt hat, jedoch spätestens zehn Jahre nach dem Tod des Erblassers. Die Anfechtungseinrede ist allerdings unbeachtlich jeder Verjährungsfrist immer statthaft.

II. Gemeinschaftliches Testament, Erbvertrag

48 Der bulgarische Gesetzgeber legt Wert darauf, die Aufrichtigkeit der testamentarischen Willenserklärung sicherzustellen. In der Beteiligung eines Dritten, der kein Notar oder Zeuge bei einem notariellen Testament ist, bei der Errichtung des Testaments sieht der Gesetzgeber eine Gefahr dahingehend, dass der Erblasser einem direkten oder mittelbaren Druck ausgesetzt werden kann, seinen eigentlichen Verfügungswillen in eine von diesem Dritten erwünschte Richtung zu modifizieren. Deswegen ist das **gemeinschaftliche Testa-**

ment nach bulgarischem Erbrecht **nicht zulässig**. Gemeinschaftlich errichtete Testamente sind nichtig. Auch Ehegatten, selbst wenn sie möglicherweise dieselben Personen als testamentarische Erben einsetzen wollen, sollen dies unabhängig voneinander, d.h. in separaten testamentarischen Willenserklärungen, tun. Gesetzlich verboten und daher nichtig sind ferner Verträge, deren Vertragsgegenstand ein noch nicht angefallenes Erbe ist.

III. Erbeinsetzung und Vermächtnisse

1. Allgemeines

Wie auch in anderen Rechtsordnungen üblich, unterscheidet das bulgarische Erbrecht zwischen einer testamentarischen Erbeinsetzung und einem Vermächtnis. In beiden Fällen handelt es sich um testamentarische Verfügungen, die jedoch unterschiedliche Folgen haben. Die **Erbeinsetzung** bewirkt die universale Rechtsnachfolge hinsichtlich des ganzen Vermögens des Erblassers oder eines Bruchteils davon. Das **Vermächtnis** führt nur zu einem Herausgabeanspruch des Vermächtnisnehmers gegenüber den Erben bezüglich eines konkreten Vermögensgegenstands.

49

2. Ersatzeinsetzung

Sollte die Person, zu deren Gunsten eine Erbeinsetzung oder ein Vermächtnis ergeht, erbunwürdig werden oder vor dem Erblasser sterben, wird auch die diese Person begünstigende testamentarische Verfügung nichtig. Zulässig ist es daher, dass der Testierende eine oder mehrere **Ersatzpersonen**, gegebenenfalls in der von ihm bevorzugten Reihenfolge, als Erben oder Vermächtnisnehmer einsetzt. Der Erblasser kann einen Erben aber nicht wirksam verpflichten, das Erbe bis zum eigenen Tod aufzubewahren und es einem durch den Erblasser bestimmten Nacherben weiterzuvererben. An solche Beschränkungen ist der eingesetzte Erbe nicht gebunden.

50

3. Vermächtnisgegenstand gehört zum Zeitpunkt des Todes nicht dem Erblasser

In einem solchen Fall ist zu unterscheiden:
- Ist der Vermächtnisgegenstand eine **individuelle Sache**, ist das Vermächtnis nichtig.
- Handelt es sich um **Gattungssachen**, behält das Vermächtnis seine Wirksamkeit.

51

4. Bedingung, Befristung, Auflage

Letztwillige Verfügungen unter einer **Bedingung** sind zulässig. Beschränkungen bestehen aber hinsichtlich der **Befristungen**: Eine befristete Erbeinsetzung gilt als Vermächtnis des *usus fructus*. Eine Einsetzung des Erben ab einem bestimmten Zeitpunkt in der Zukunft hingegen wird als unbeachtlich behandelt. In einem solchen Fall wird die zum späteren Zeitpunkt eingesetzte Person mit Eintritt des Todes des Erblassers sofort Erbe.

52

Auch das Rechtsinstitut der **Auflage** ist bekannt. Es handelt sich um eine testamentarische Verfügung, die den eingesetzten Erben gewisse Pflichten ohne konkreten Gläubiger auferlegt, so dass jeder den Anspruch auf die Erfüllung erheben kann, eine Nichterfüllung aber nicht zur Aufhebung des Testaments führen kann.

53

IV. Testamentsvollstreckung

54 Der Testierende kann eine oder mehrere geschäftsfähige Personen mit der Testamentsvollstreckung beauftragen und dabei ihre Rechte und ihre Pflichten definieren sowie deren Zusammenarbeit festlegen. Da dies im Testament erfolgt, wo die **Annahme** des Vollstreckungsauftrags *per definitionem* fehlt, kann jeder, der ein rechtliches Interesse an der Testamentsvollstreckung hat, das Amtsgericht am letzten Wohnsitz des Erblassers um eine Fristsetzung zur Annahme des Auftrags ersuchen. Bei ergebnislosem Ablauf dieser Frist gilt der Auftrag als ausgeschlagen.

55 Es obliegt dem Testamentsvollstrecker, ein detailliertes **Verzeichnis** der vom Erbe umfassten Vermögenswerte und Verbindlichkeiten anzufertigen. Bei der Anfertigung dieses Verzeichnisses haben die Erben und Vermächtnisgläubiger das Recht anwesend zu sein. Hierzu muss sie der Testamentsvollstrecker einladen.

56 Der Testamentsvollstrecker übt **vorläufig** den Besitz über das Erbe aus und verwaltet es, sofern dies für die Erfüllung des testamentarisch geäußerten Willens erforderlich ist. Dem Testamentsvollstrecker ist es grundsätzlich untersagt, Vermögensgegenstände aus der Erbmasse zu veräußern. Dies kann nur bei Bedarf erfolgen. Erforderlich hierzu ist die Genehmigung des Amtsgerichts, das die Erben anhören muss.

57 Sollte der Testamentsvollstrecker fahrlässig handeln, sich als unfähig erweisen oder tätigt er Handlungen, die mit dem nötigen Vertrauen nicht vereinbar sind, kann durch das Amtsgericht seine **Entlassung** erfolgen.

V. Pflichtteilsrecht

1. Pflichtteilsberechtigte

58 Gewisse Personen, die zum engsten Verwandtenkreis des Erblassers gehören, genießen das erbrechtliche Privileg eines Pflichtteilsanspruchs. Pflichtteilsberechtigte sind die **Abkömmlinge**, die **Eltern** und der **Ehegatte** des Erblassers. Wie in Deutschland entzieht dieses Privileg dem Erblasser die Möglichkeit, über einen bestimmten Anteil seines Vermögens wirksam zugunsten Dritter zu verfügen. Das Pflichtteilsprivileg besteht nur für diejenigen aus dem Berechtigtenkreis, die nach der gesetzlichen Erbfolge Erben sind.

2. Pflichtteile

59 Im Unterschied zum deutschen BGB, das den Pflichtteilsberechtigten im Allgemeinen die Hälfte vom Wert des gesetzlichen Erbteils vorbehält, sieht das bulgarische Erbgesetz **variable Höhen des Pflichtteils** vor. Diese sind:
– Der Hinterbliebenenkreis umfasst ein einziges Kind bzw. seine Abkömmlinge: die Hälfte vom Wert des Erbes;
– der Hinterbliebenenkreis umfasst ein Kind bzw. seine Abkömmlinge und den Ehegatten: $^1/_3$ vom Wert des Erbes für das Kind oder seine Abkömmlinge, $^1/_3$ vom Wert des Erbes für den Ehegatten;
– der Hinterbliebenenkreis umfasst zwei oder mehrere Kinder bzw. deren Abkömmlinge: $^2/_3$ vom Wert des Erbes;
– der Hinterbliebenenkreis umfasst zwei Kinder bzw. deren Abkömmlinge und den Ehegatten: $^1/_4$ vom Wert des Erbes für jedes Kind oder (stellvertretend) für seine Abkömmlinge und $^1/_4$ vom Wert des Erbes für den Ehegatten;

- der Hinterbliebenenkreis umfasst mehr als zwei Kinder bzw. deren Abkömmlinge und den Ehegatten: $5/6$ vom Wert des Erbes insgesamt, wobei jedes Kind und der Ehegatte auf den gleichen Bruchteil von diesem Betrag berechtigt sind;
- der Hinterbliebenenkreis umfasst lediglich den Ehegatten: die Hälfte vom Wert des Erbes;
- der Hinterbliebenenkreis umfasst einen Elternteil oder beide Eltern: $1/3$ vom Wert des Erbes für jeden Hinterbliebenen;
- der Hinterbliebenenkreis umfasst einen Elternteil oder beide Eltern und den Ehegatten: $1/3$ vom Wert des Erbes für die Eltern und $1/3$ des Erbewertes für den Ehegatten.

Der Erbwert über diese Grenzen hinaus wird als **verfügungsfreier Teil des Erbes** bezeichnet, weil diesbezüglich keine Kürzungen von Verfügungen des Erblassers wegen Pflichtteilsergänzung erfolgen (siehe näher Rn 62–67).

3. Pflichtteilsverzicht

Der Verzicht auf den Pflichtteil ist gesetzlich nicht geregelt. Da aber die Ausschlagung des Erbes für jeden Erben eröffnet ist, ist auch der Verzicht auf den Pflichtteil **zulässig**. Er kann stillschweigend, etwa durch Erfüllung des Testierwillens, oder ausdrücklich erfolgen. Im letzten Fall müsste die Eintragung ins Buch der Erberklärungen erfolgen.

Insofern der Pflichtteilsverzicht die Frage betrifft, ob auf den Pflichtteil auch schon **vor dem Eintritt des Erbfalls**, etwa durch Vertrag mit dem Erblasser, verzichtet werden kann, so wäre ein solcher Verzicht nach bulgarischem Recht nicht wirksam.

4. Durchführung der Pflichtteilsergänzung

Jeder pflichtteilsberechtigte Erbe, der seinen Pflichtteil nicht in voller Höhe erhalten kann, weil er durch Vermächtnisse oder gar Schenkungen zu Lebzeiten des Erblassers beeinträchtigt worden ist, kann eine Kürzung der Vermächtnisse und Schenkungen verlangen, die genügen würde, um den Pflichtteil zu ergänzen. Dabei hat sich der Erbe die Vermächtnisse und Schenkungen, die ihm vom Erblasser gemacht wurden, anrechnen zu lassen, mit Ausnahme der gewohnheitsrechtlich bedingten Schenkungen. Zur Erhebung des **Kürzungsanspruchs** gegenüber Personen, die keine gesetzlichen Erben sind, ist es zwingend erforderlich, dass der Kläger das Erbe nach Verzeichnis angenommen hat.

Die **Berechnung** des zu ergänzenden Pflichtteils erfolgt nach folgenden Regeln: Es werden alle Vermögensgegenstände aufgelistet, die dem Erblasser zum Zeitpunkt des Todes gehört haben. Von ihrem Gesamtwert werden die Nachlassverbindlichkeiten abgezogen. Abgezogen wird ferner der Zuwachs des Erbes, der auf einen der Erben zurückzuführen ist. Anschließend werden alle Schenkungen, die der Erblasser zu Lebzeiten getätigt hat, aufgelistet und ihr Wert addiert. Bei Immobilien ist der Wert zum Zeitpunkt des Erbfalls maßgeblich. Im Übrigen ist der maßgebliche Wert der Wert zum Zeitpunkt der Schenkungsannahme. Der Saldo ergibt die **Gesamtmasse des Erbes**, als deren Bruchteil der Wert des zu ergänzenden Pflichtteils ermittelt wird.

An erster Stelle werden die Vermächtnisse gekürzt. Dies geschieht grundsätzlich anteilig, es sei denn, dass der Erblasser ausdrücklich Abweichendes verfügt hat. Wenn die **Kürzung der Vermächtnisse** nicht ausreicht, können sie gänzlich aufgehoben werden.

Kürzungen oder Aufhebungen von Schenkungsverträgen dürften erst dann vorgenommen werden, wenn alle Vermächtnisse erschöpft sind und das Defizit beim zu ergänzenden Pflichtteil immer noch nicht ausgeglichen ist. Zuerst wird die zeitlich zuletzt erfolgte Schenkung gekürzt bzw. aufgehoben. Wenn auch dies nicht ausreicht, werden die restlichen Schenkungen in umgekehrter chronologischer Reihenfolge revidiert. Sollte eine Person Gläubigerin von mehreren Schenkungen oder Vermächtnissen sein, steht ihr das Recht zu, innerhalb einer vom Gericht hierzu einzuräumenden Frist unter den verschiedenen geschenkten Gegenständen diejenigen zu wählen, die sie behalten will.

66 Es bestehen Mechanismen zur **Vermeidung der Kürzungsvereitelung**. Damit sich Schenkungs- und Vermächtnisgläubiger der Kürzungsregelung durch Veräußerung der betroffenen Vermögensgegenstände nicht entziehen können, gilt, dass Veräußerungen von Immobilien, Kraftfahrzeugen und landwirtschaftlichen Maschinen, die innerhalb eines Jahres nach dem Tod des Erblassers oder nach Eintragung des Kürzungsanspruchs ins Grundbuch erfolgen, auf Klage des betroffenen Erben hin aufgehoben werden können.

67 Eine **Besonderheit** gilt, wenn der Gegenstand der Schenkung oder des Vermächtnisses eine **Immobilie** ist und sich die Ergänzung des Pflichtteils durch Teilung der Immobilie nicht bequem bewerkstelligen lässt. In einem solchen Fall ist entscheidend, inwieweit der Wert der Immobilie den Wert des verfügungsfreien Teils übersteigt. Sollte die Differenz mehr als 25 % betragen, verbleibt die Immobilie im Erbe. Der Ausgleich der Schenkungs- oder Vermächtnisgläubiger durch die Erben erfolgt in Geld.

68 Eine andere **Spezialnorm** greift ein, wenn der Erblasser das Nutzungsrecht, das *usus fructus*, oder eine **Unterhaltszahlung** auf Lebenszeit vermacht hat und die auszuzahlenden Summen das Einkommen vom verfügungsfreien Teil des Erbes übersteigen. Dann haben die Erben die Wahl zwischen zwei Optionen: Entweder sie erfüllen die Verfügung des Erblassers oder sie überlassen dem Vermächtnisnehmer das anteilige Eigentumsrecht an Vermögensgegenständen des Erbes, deren Wert dem verfügungsfreien Teil des Erbes entspricht. Die Wahl, die Verfügung des Erblassers zu erfüllen, kann nur gemeinsam durch alle Erben getroffen werden.

VI. Möglichkeiten zur Nachlassgestaltung außerhalb des Erbrechts

69 Nach bulgarischem Recht sind die Gestaltungsmöglichkeiten im Bereich des Erbrechts beschränkt. Es sind weder Ehe- noch **Erbverträge** zulässig. Ausdrückliche Vorschriften im Ehegesetzbuch und im Gesetz über die Verbindlichkeiten und Verträge sorgen für die Nichtigkeit solcher Vereinbarungen. **Schenkungen von Todes wegen** sind auch nichtig. Eine **postmortale Vollmacht** ist nicht möglich, da die Vertretungsmacht mit dem Tod des Vertretenen erlischt. Der Erblasser kann den Anspruch eines Erben auf Auseinandersetzung der Erbengemeinschaft durch keine testamentarische Verfügung wirksam unterbinden. **Personengesellschaften** scheiden als Gestaltungsmöglichkeit aus, da sie beim Tode eines Gesellschafters aufgelöst werden. Bei Kapitalgesellschaften erfolgt eine Erbfolge hinsichtlich der Kapitalbeteiligung.

70 Der bulgarischen Rechtstradition sind **Trusts** nicht bekannt. Der Abschluss von **Vermögensverwaltungsverträgen** ist gemäß dem Grundsatz der Vertrags- und Gestaltungsfreiheit möglich. Dabei wird es sich bei den Verträgen um Dauerschuldverhältnisse handeln. Solche Verträge sind nach bulgarischem Recht mit Wirkung für die Zukunft jederzeit kündbar. Außerdem sorgen die rechtliche Natur dieser Verträge und das besondere Vertrauensverhältnis, auf dem sie beruhen, grundsätzlich dafür, dass sie durch den Tod des Auftraggebers aufgelöst werden.

71 Möglich ist es, Verträge (außer Schenkungen) abzuschließen, in denen der eigene Tod als Frist zur Auflösung des Vertrags vorgesehen ist. Eine weitere Möglichkeit ist die Einbringung des verfügungsfreien Teils des Erbes in eine **Stiftung** privater Zweckbestimmung, die

das Einkommen der Erben nachhaltig sichern soll. Noch bis zum Jahr 2000 waren private Stiftungen in Bulgarien der Verfügungsmacht des jeweiligen Ressortministers unterstellt, der bei Störungen in ihrer Arbeit weitgehende Einmischungsrechte genoss. Dies ist inzwischen entfallen, so dass derzeit lediglich die An- und Aberkennung der Gemeinnützigkeit von der Diskretion des Justizministers abhängig ist.

Will der Erblasser langwierige gerichtliche Streitigkeiten zwischen den eigenen Erben vermeiden, kann er vom im Erbgesetz geregelten Verfahren der **Erbteilung zu Lebzeiten Gebrauch** machen. Dabei verteilt er durch notariell beglaubigten Schenkungsvertrag sein Vermögen vorab. Erforderlich ist, dass alle Erben mit Pflichtteilsberechtigung Vertragsparteien werden, ansonsten ist die Teilung nichtig. In der Praxis ist es üblich, dass der Erblasser in einem solchen Fall das Nutzungsrecht für gewisse Gegenstände inkl. der Wohnung behält und sich von den Erben ein vertragliches Unterhalts- und Pflegerecht auf Lebzeiten einräumen lässt. 72

Die **Teilungsanordnung** ist auch möglich. 73

D. Nachlassabwicklung

I. Anfall des Nachlasses

Der Erbfall entsteht mit dem Tode des Erblassers. Nachlassgericht ist das Amtsgericht, in dessen Bezirk der Verstorbene seinen **letzten Wohnsitz** gehabt hat. 74

1. Annahme des Erbes

Die Annahme des Erbes entfaltet eine rückwirkende Wirkung auf den Zeitpunkt des Todes. Die **Annahmeerklärung** kann ausdrücklich erfolgen. Bei den Amtsgerichten wird ein Buch der Erberklärungen geführt, in dem der Richter sie einträgt. Die Annahmeerklärung darf keine Bedingung oder Befristung beinhalten. Auch kann die Annahme nicht wirksam auf einen Teil des Erbes beschränkt werden. Die Anfechtung einer abgegebenen Annahmeerklärung wegen Irrtums ist ausgeschlossen. 75

Die Annahme kann aber auch **konkludent** erfolgen, etwa indem der Erbe Handlungen vornimmt, die zweifelsfrei auf seinen Annahmewillen schließen lassen, oder indem er Vermögensgegenstände aus dem Erbe vor den anderen Erben oder vor dem Fiskus zu verheimlichen versucht. Im letzten Falle verliert der Erbe seinen Anteil am verheimlichten Vermögen. Die bloße Verwaltung der Vermögensgegenstände sowie die Geltendmachung von Besitzansprüchen gelten nicht als Annahme. 76

Es besteht **keine Frist zur Annahme** des Erbes. Auf Verlangen eines Inhabers eins berechtigten Interesses wird jedoch der Amtsrichter den Erben anhören und ihm eine Notfrist zur Abgabe der Annahmeerklärung einräumen. Bei Untätigkeit binnen dieser Frist verliert der Erbe sein Annahmerecht. 77

2. Ausschlagung des Erbes

In das Buch der Erberklärungen wird auch die **Erklärung über die Ausschlagung** des Erbes eingetragen. Der Erbteil des Erben, der sein Erbe ausgeschlagen hat, erhöht die restlichen Erbteile. Die Gläubiger des Erben, der das Erbe ausgeschlagen hat, können innerhalb eines Jahres ab Kenntnisnahme, spätestens jedoch drei Jahre nach Abgabe der Ausschlagungserklärung, diese anfechten. 78

3. Kurator des Erbes

79 Ist der Wohnsitz oder der Aufenthaltsort des Erben unbekannt oder hat dieser die Verwaltung des Erbes über längere Zeit nicht aufgenommen, kann das Amtsgericht einen Verwalter (Kurator) für das Erbe einsetzen. Dieser muss ein Verzeichnis der Nachlassverbindlichkeiten und der im Nachlass befindlichen Vermögensgegenstände anfertigen, sie verwahren, pflegen und verwalten. Zur Veräußerung von Gegenständen bedarf der Kurator der Genehmigung des Amtsgerichts.

4. Haftung der Erben, die das Erbe angenommen haben

80 Die Erben, die das Erbe angenommen haben, haften für die Nachlassverbindlichkeiten. Es handelt sich um eine **Haftung pro rata**, deren Höhe sich nach dem jeweiligen Anteil des Erben am Nachlass richtet.

81 Der Erbe kann seine Haftung beschränken, indem er das Erbe nach Verzeichnis annimmt. Die **verzeichnisgebundene Erklärung** des Erben wird in das Buch der Erberklärungen beim Gericht eingetragen. Dies kann innerhalb von drei Monaten ab Kenntnis vom Erbfall durch den Erben erfolgen. Die Vorschrift dient indirekt der finanziellen Disziplin bei der Entrichtung der Erbschaftsteuer. Wenn es die Einzelumstände rechtfertigen, steht es dem Amtsgericht zu, die Annahmefrist um weitere drei Monate zu verlängern. Eine zwingende Schutzregel beinhaltet die Fiktion, dass Geschäftsunfähige und der Staat das Erbe immer nach Verzeichnis annehmen, auch wenn dies nicht erfolgt ist.

82 Zu beachten ist, dass die Annahme des Erbes nach Verzeichnis, die durch einen der Erben erfolgt ist, eine **Haftungsbeschränkung für alle Erben** bewirkt.

83 Das Verzeichnis selber wird nach den Regeln der bulgarischen ZPO erstellt, d.h. auf Gesuch des Erben durch einen staatlichen oder privaten **Gerichtsvollzieher**. Um von der beschränkten Haftung zu profitieren, muss der Erbe alle ihm bekannten Vermögensgegenstände des Nachlasses angeben. Dies ist eine Vorschrift, die zur Sicherung der erbschaftsteuerlichen Einnahmen beiträgt.

5. Gläubigerstellung

84 Zum Schutz der **Gläubiger des Erblassers** bestimmt das Erbgesetz, dass ein Erbe, der die Annahme nach Verzeichnis vorgenommen hat, den Nachlass mit der Sorgfalt verwalten muss, die in eigener Sache üblich ist. Ferner ist der Erbe den Gläubigern zur Rechenschaft verpflichtet und kann innerhalb von fünf Jahren nach Annahme des Nachlasses keine Immobilien aus dem Nachlass veräußern. Hinsichtlich der beweglichen Sachen gilt eine dreijährige Sperrfrist. Eine Veräußerung ist nur nach vorheriger Genehmigung des Amtsgerichts zulässig. Bei Zuwiderhandlung entfällt die Haftungsbeschränkung.

85 Jeder Nachlassgläubiger kann vom Amtsgericht verlangen, dass den Erben ein Erfüllungsplan auferlegt wird. Die **Vermächtnisnehmer** genießen hier einen abgeschwächten Schutz: Reicht der Nachlass zur Befriedigung der restlichen Gläubiger nicht aus, müssen die inzwischen befriedigten Vermächtnisnehmer mit Regressansprüchen rechnen. Solche Ansprüche sind innerhalb von drei Jahren nach Einstellung der Leistungen durch den/die Erben statthaft. Überhaupt gilt, dass Vermächtnisse zu kürzen oder aufzuheben sind, wenn der Rest des Nachlasses nicht ausreicht, um die Nachlassverbindlichkeiten zu finanzieren.

86 Wurde das Erbe nicht nach Verzeichnis angenommen, haben die **Gläubiger des Erben** eine dreimonatige Frist, um das Amtsgericht um Maßnahmen zur Abgrenzung des Nachlasses

vom Vermögen des Erben zu ersuchen. Die Abgrenzung erfolgt hinsichtlich Immobilien durch einen Vermerk im Grundbuch. Hinsichtlich anderer Vermögenswerte erfolgt eine Eintragung ins Buch der Erbschaftserklärungen. Bei der Befriedigung genießen die Gläubiger, die dieses Gesuch gestellt haben, Vorrang vor den restlichen nicht besicherten Gläubiger.

Um den Erben die Verfügungsmacht über das Erbe zu entziehen, können zudem die Gläubiger des Erblassers, die einen Vollstreckungstitel gegen ihn haben, die Versiegelung des Erbes verlangen. Sie wird auf Anordnung des Amtsgerichts durch einen Gerichtsvollzieher vorgenommen, der die Gegenstände des Erbes verzeichnet, sie durch einen Sachverständigen bewerten lässt und sie einem Kurator zur Aufbewahrung und Verwaltung abgibt. 87

II. Nachlassverfahren

1. Erbschein

Der **Erbschein** wird von der Gemeinde erstellt, in der der letzte Wohnsitz des Erblassers lag. Er ergeht anhand eines Fragebogens über die Familienverhältnisse des Verstorbenen, den der antragstellende Erbe unter eidesstattlicher Versicherung der Richtigkeit der Angaben abgibt. 88

2. Teilung der Vermögenswerte

Die Erben sind Miteigentümer zu Bruchteilen der beweglichen und unbeweglichen Sachen, gemeinsame Inhaber zu Bruchteilen der restlichen Vermögensrechte des Nachlasses und anteilige nichtsolidarische Schuldner (Teilschuldner) für die Verbindlichkeiten der Erbschaft. Eine **Teilung** der Vermögenswerte ist **nicht zwingend**. Ob sie eingeleitet wird und wie sie verläuft, hängt sehr stark von der Einigungsbereitschaft der Erben ab. Zu beachten ist jedenfalls, dass jeder Verzicht auf das Recht, die Teilung des Nachlasses von den Miterben zu verlangen, nichtig ist. 89

Auch muss die Teilung nicht gerichtlich erfolgen. Sollten die Erben eine **Einigung** erzielen und sie wirksam in der erforderlichen Form vereinbaren, erübrigt sich die Einschaltung des Gerichts. In diesem Zusammenhang werden kurz die Formvorschriften des bulgarischen Rechts dargelegt: 90
– Verträge zur Belastung oder Veräußerung von Immobilien: notarielle Beurkundung. Die Eintragung ins Grundbuch erfolgt am gleichen Tag auf Betreiben des Notars;
– Verträge zur Belastung oder Veräußerung von Gebrauchtfahrzeugen, großen landwirtschaftlichen Tieren, Immobilien umfassender Nachlässen, Unternehmen und Beteiligungen an Gesellschaften mit beschränkter Haftung: notarielle Beglaubigung der Unterschrift;
– Vorverträge hinsichtlich der oben genannten Rechtsgeschäfte sowie Bürgschaften: einfache schriftliche Form.

Bei fehlender Einigung zwischen den Miterben kann jeder von ihnen beim Amtsgericht die **Teilungsklage** einreichen. Umfasst der Nachlass Immobilien, wird diese Klage vorerst im Grundbuch vermerkt, wodurch der gutgläubige Erwerb der Immobilie bis zum Abschluss des Verfahrens ausgeschlossen wird. 91

Es folgt ein langwieriges Verfahren, da es unter Beteiligung mehrerer Parteien in **zwei Phasen** verläuft. Im Rahmen der ersten Phase, bei der sowohl die Berufung als auch die Revision statthaft sind, werden die zum Nachlass gehörenden Vermögensgegenstände, die Erben und die Erbteile festgelegt. In der zweiten Phase wird zunächst ein Einigungsversuch zwischen den Erben bezüglich der Zuteilung der einzelnen Vermögensgegenstände ange- 92

Ivanova

strebt. Bei Fehlschlagen dieses Versuchs nimmt das Gericht selbst die Zuordnung der einzelnen Nachlassgegenstände zu den einzelnen Miterben vor. Den Erben steht es grundsätzlich zu, die Nachlassgegenstände und nicht nur ihren Gegenwert in Geld zu erhalten. Nur der Ausgleich von unvermeidlichen Wertdifferenzen ist in Geld zu leisten. Im Laufe der Zuordnung werden daher teilbare Vermögenswerte, inkl. Immobilien, geteilt. Dabei ist das Gericht um eine gleichwertige Zuordnung der Nachlassgegenstände zu den einzelnen Miterben bemüht. Bei Bedarf wird dies sogar per Los entschieden.

93 **Unteilbare** Vermögensgegenstände, die sich nicht ausgleichbar zuteilen lassen, werden grundsätzlich zwangsversteigert, so dass der Erlös unter den Erben verteilt werden kann. Eine Ausnahme gilt in Bezug auf die **unteilbare Erblasserwohnung**, wenn einer der Erben und seine Familie eigenen Wohnbedarf vorweisen. Auf Verlangen dieses Miterben kann ihm die Wohnung zugeteilt werden. Dabei wird bestimmt, welche Ausgleichszahlungen dieser Erbe den Miterben gegenüber vornehmen muss. Zur Absicherung ihrer Ausgleichsforderungen haben die Miterben einen gesetzlichen Anspruch auf Eintragung einer Hypothek.

94 Einzelne Regeln, die die Auseinandersetzung der Miterbengemeinschaft betreffen, sind:
– Ein Erbe, der **Landwirt** ist und in oder in der Nähe der Ortschaft lebt, in der sich die landwirtschaftlichen Grundstücke des Nachlasses befinden, hat in Bezug auf diese Grundstücke ein gesetzliches Abkaufsrecht gegenüber den anderen Erben, soweit dies erforderlich ist, damit sein landwirtschaftlicher Betrieb die übliche Durchschnittsgröße erreicht.
– Bei der Teilung landwirtschaftlich genutzter Grundstücke sind die zwingend vorgeschriebenen **Grundstücksmindestmaße** zu beachten: Acker: 0,3 ha; Wiesen: 0,2 ha; Weinberge und Obstgärten: 0,1 ha.
– Die **Anfechtung der Teilung wegen Irrtums** ist nur dann statthaft, wenn einer der Miterben um mehr als $^1\!/_4$ des Wertes seines Erbteils benachteiligt wurde. Für die Geltendmachung des Anspruchs läuft ab Beendigung der Aufteilung eine einjährige Ausschlussfrist. Die Klage wird abgewiesen, wenn die anderen Miterben vor dem Erlass des Urteils dem betroffenen Erben in Geld oder in Erbgegenständen Ausgleich leisten.

III. Nachlassverfahren bei der Vererbung in Bulgarien belegenen Nachlasses eines deutschen Erblassers

95 Zur **Anerkennung eines deutschen Erbscheins** ist lediglich erforderlich, dass dieser mit einer Apostille versehen und durch einen bei der konsularischen Abteilung des bulgarischen Außenministeriums zugelassenen Übersetzer übersetzt ist. Im Übrigen hat ein deutscher Erbe oder Nachlassgläubiger dieselben verfahrensrechtlichen Rechte und Pflichten wie ein Bulgare.

E. Erbschaftsteuer

96 Die Erbschaftsteuer ist eine **Kommunalsteuer**. Dies bedeutet, dass das Steueraufkommen den Kommunen zufließt und die Steuerschuld von der Kommunalverwaltung eingetrieben wird. Einschlägig ist das Gesetz über die Kommunalsteuern und -gebühren aus dem Jahre 1998.

97 **Steuerpflichtige Objekte** sind durch bulgarische Staatsangehörige gesetzlich oder testamentarisch geerbte Vermögensgegenstände im Lande und im Ausland sowie von Ausländern geerbte Vermögensgegenstände, die sich in Bulgarien befinden. Bei staatlosen Erben gilt,

dass sie wie bulgarische Staatsangehörige besteuert werden, wenn ihr ständiger Aufenthaltsort in Bulgarien liegt.

Steuerfreie Objekte sind: 98
- Die Vermögenswerte, die ein Verstorbener bei der Verteidigung Bulgariens, bei der Erfüllung seiner Arbeits- und Dienstpflichten, bei Industriehavarien oder Naturkatastrophen hinterlassen hat;
- die Vermögenswerte, die dem Staat, den Kommunen, dem bulgarischen Roten Kreuz, den rechtmäßig eingetragenen Glaubensbekenntnisorganisationen oder gemeinnützigen Nichtregierungsorganisationen vererbt werden;
- der übliche Hausrat (wenn die Erben die Geschwister sind);
- kleinere landwirtschaftliche Geräte (wenn die Erben die Geschwister sind);
- Buchsammlungen und Musikinstrumente (wenn die Erben die Geschwister sind);
- Kunstgegenstände, deren Autor der Erblasser, einer seiner Verwandten in gerader Linie oder ein Verwandter bis zum vierten Grade in nichtgerader Linie ist;
- die mit Verzug ausgezahlten Rentenbezüge des Erblassers;
- die Vermögensgegenstände bulgarischer Staatsangehöriger, die sich im Ausland befinden und vor Ort mit der jeweils einschlägigen Erbschaftssteuer belegt werden.

Steuerpflichtige Subjekte sind die gesetzlichen Erben, die testamentarischen Erben und die Vermächtnisnehmer. Seit dem 1.1.2005 sind der hinterbliebene Ehegatte und die Abkömmlinge des Erblassers von der Steuer freigestellt. Dennoch sind sie verpflichtet, eine Erbschaftsteuererklärung abzugeben. 99

Die Steuererklärung ist innerhalb von sechs Monaten ab dem Todestag des Erblassers bei der Gemeinde einzureichen, in der der Erblasser seinen letzten Wohnsitz gehabt hat. War der Wohnsitz des Erblassers im Ausland, liegt die Zuständigkeit bei der Gemeinde, in der das inländische Vermögen des Erblassers zum größten Teil belegen ist. Die sechsmonatige Frist läuft für Erben, die nicht zum unmittelbaren Familienkreis des Erblassers gehören, ab Kenntnis vom Tod des Erblassers. Wurde der Erklärungspflichtige noch nicht geboren, läuft die Frist ab seiner Geburt. Die Abgabe der Steuererklärung durch einen der Erben befreit die anderen Erben von der Erklärungspflicht. Nachträglich festgestellte Vermögenswerte, die in der Steuererklärung nicht berücksichtigt werden konnten, sind innerhalb einer Monatsfrist ab Kenntnis ihrer Existenz anzumelden. 100

Die Steuergrundlage errechnet sich anhand aller steuerpflichtigen Nachlassgegenstände und Verbindlichkeiten des Erblassers zum Zeitpunkt seines Todes. Ihre Festlegung erfolgt aufgrund einer Sonderbewertung der angemeldeten Vermögensgegenstände. Maßgeblich sind folgende Richtwerte: 101
- Immobilien werden nach den Prinzipien zur Ermittlung der Grundlage für die Grund- und Grunderwerbsteuer bewertet. Die Bewertungszahlen der Finanzämter blieben über längere Zeiträume in der Vergangenheit unter dem Immobilienmarktwert. Inzwischen sind sie mit den Marktwerten weitestgehend identisch.
- Fremdwährungen und Edelmetalle werden nach dem Umtauschkurs der Bulgarischen Zentralbank bewertet. In Bezug auf den EUR und den bulgarischen Lew (BGN) gilt der feste Umtauschkurs EUR – ehemalige Deutsche Mark.
- Wertpapiere: Marktwert (z.B. Börsenwert) oder, bei Bewertungsschwierigkeiten, Nominalwert.
- Kraftfahrzeuge: Versicherungswert.
- restliche Vermögensgegenstände: Marktwert.
- Unternehmen und Kapitalbeteiligungen: Marktwert, bei Ermittlungsschwierigkeiten Buchwert.

Ivanova

102 Vom Gesamtbetrag der Erbschaftsaktiva wird die Summe der feststehenden Verbindlichkeiten des Erblassers abgezogen. Wenn Verbindlichkeiten der Höhe nach noch nicht feststehen, werden sie geschätzt. Der **Schätzwert** ist in der Steuererklärung anzugeben. Abzuziehen ist schließlich ein Pauschalfreibetrag für Bestattungskosten i.H.v. 1.000 BGN (ca. 500 EUR). Der auf diese Weise ermittelte Wert des Nachlasses wird den Erbteilen entsprechend aufgeteilt. Die einzelnen Erbteile werden um den Wert der Vermächtnisse erhöht bzw. gemindert.

103 Eine **Minderung der Steuergrundlage** hinsichtlich einzelner Immobilien findet statt, wenn der Erblasser diese kurzfristig vor seinem Tod geerbt hat. Hat sich dieser Erwerb innerhalb eines Jahres vor dem Tod des Erblassers ereignet, ist für die Steuergrundlage nur 40 % des aufgrund der Finanzbewertung errechneten Wertes der Immobilie maßgeblich; bei einem Erwerb innerhalb der zwei Jahre vor dem Tod des Erblassers beträgt der Satz 50 % und bei drei Jahren 60 %.

104 Die **Steuersätze** werden von der jeweiligen Kommune festgesetzt. Dabei hat der Gemeinderat einen vom Gesetzgeber vorgegebenen Zulässigkeitsrahmen zu beachten:
– für Geschwister und ihre Kinder: zwischen 0,4 und 0,8 % von dem Betrag, der den allgemeinen Freibetrag von 250.000 BGN übersteigt;
– für andere Steuerpflichtige: zwischen 3,3 und 6,6 % von dem Betrag, der den allgemeinen Freibetrag von 250.000 BGN übersteigt.

105 Zu beachten ist, dass dieselben Prozentsätze auch bei der Schenkungsteuer gelten.

106 Die **Festsetzung der Steuer** erfolgt durch einen zustellungspflichtigen Steuerbescheid. Die Anfechtung hat keine vollstreckungsaufschiebende Wirkung. Beim gleichzeitigen Tode mehrerer Personen, die in Bezug aufeinander Erben geworden wären, fällt die Erbschaftsteuer nur einmal an.

107 Die **Fälligkeit der Steuer** tritt mit Ablauf von zwei Monaten ab Zugang des Steuerbescheids ein. Macht das Unternehmen eines Einzelkaufmannes, die Beteiligung an einer offenen Handelsgesellschaft oder an einer Kommanditgesellschaft bzw. eine Kapitalbeteiligung mehr als 50 % des Nachlasswertes aus, so wird eine einjährige Gnadenfrist für die Zahlung der Erbschaftsteuer gewährt, bevor die Vollstreckung eingeleitet wird. Der fällige Steuerbetrag wird jedoch bereits nach Ablauf der regulären zweimonatigen Zahlungsfrist verzinst.

108 Folgende **gesetzliche Pflichten für Dritte** bestehen in Zusammenhang mit der Besteuerung:
– Kreditinstitute und Lebensversicherungsgesellschaften sind verpflichtet, anlässlich der Auszahlung von Konto- und Policeguthaben des Verstorbenen an seine Erben Nachweise darüber zu verlangen, dass die Erbschaftsteuer entrichtet worden ist. Ansonsten haben sie das Guthaben bis zur Höhe der noch offenen Steuerverbindlichkeiten an die Kommune zu überweisen. Erst danach kann das Restguthaben an die Erben ausgezahlt werden.
– Banken, Versicherungsgesellschaften, Handelsgesellschaften und alle anderen Personen, die Geld oder Wertpapiere eines fremden Nachlasses bei sich aufbewahren, sind verpflichtet, ein Verzeichnis der bei ihnen befindlichen Vermögenswerte unverzüglich nach Kenntnis des Todesfalles anzufertigen und der für die Besteuerung zuständigen Kommune zuzusenden. Davor ist ihnen jede Zahlung, Übergabe oder Übertragung der Vermögenswerte untersagt.

Dänemark

Prof. Dr. Gerhard Ring und Prof. Dr. Line Olsen-Ring, LL.M., Freiberg, Sachsen

Inhalt

A. Rechtsgrundlagen 1
   I. Rechtsgrundlagen 1
   II. Zur Rechtslage: Erbrechtsreform 4
B. Staatsverträge 8
C. Erbstatut 12
   I. Bestimmung des Erbstatuts 12
   II. Testamentsformstatut 14
D. Grundstrukturen der gesetzlichen Erbfolge 15
   I. Gesetzliche Erben 16
   II. Der Ehegatte 20
   III. Die fortgesetzte Gütergemeinschaft 25
   IV. Erbschuldenaufschub für den überlebenden Ehegatten 41
   V. Exkurs: Übernahme von Nachlassgegenständen nach Werteinschätzung 43
E. Gewillkürte Erbfolge 48
   I. Grundlagen 48
   II. Arten letztwilliger Verfügungen 51
      1. Testamente 51
      2. Erbverträge und Erbvorschuss 53
   III. Form letztwilliger Verfügungen von Todes wegen 60
      1. Ordentliches Testament 61
      2. Außerordentliches Testament 66
      3. Gemeinschaftliches Testament 67
      4. Erweitertes Testament von Zusammenlebenden 73
      5. Formverstoß 76
      6. Verteilung von Hausrat und persönlichen Gegenständen durch Testament 77
   IV. Testierfähigkeit 78
   V. Weitere Unwirksamkeitsgründe letztwilliger Verfügungen 80
   VI. Auslegung letztwilliger Verfügungen 90
   VII. Möglicher Inhalt letztwilliger Verfügungen 91
   VIII. Widerruf des Testaments 95
   IX. Testamentsregister 96
   X. Ausländische Testamente 97
F. Das Erbrecht des Staates 98
G. Pflichtteilsrechte 101
   I. Der Pflichtteil 101
   II. „Einfrieren" des Pflichtteils 107
   III. Das Vorausrecht 110
H. Der Erbverzicht 111
I. Wegfall und Ausschluss des Erbrechts ... 112
J. Nachlassverfahren und Nachlassabwicklung 114
   I. Nachlassverfahren 114
   II. Nachlassabwicklung 115
      1. Abwicklung eines Nachlasses, ohne dass ein eigentliches Auseinandersetzungsverfahren stattfindet 116
         a) Auszahlung des Nachlasses ohne Auseinandersetzungsverfahren ... 116
         b) Auszahlung an den überlebenden Ehegatten 117
         c) Fortgesetzte Gütergemeinschaft ... 119
      2. Abwicklung eines Nachlasses aufgrund eines eigentlichen Auseinandersetzungsverfahrens 120
         a) Auseinandersetzung unter den Erben selbst 120
         b) Nachlassverwaltung 122
      3. Aufgebot mit Ausschlusswirkung 125
      4. Erwerb von Besitz und Eigentum 130
      5. Grundbuchumschreibung aufgrund der Erbfolge 135
K. Steuern im Erbfall 137
   I. Erbschaft- und Schenkungsteuer 138
      1. Doppelbesteuerungsabkommen 138
      2. Steuerrechtliche Regelungen 143
         a) Internationaler Anwendungsbereich 143
         b) Steuertatbestände 144
         c) Bemessungsgrundlage 147
         d) Steuertarif 148
         e) Persönliche und sachliche Freibeträge 149
         f) Steuerverfahren 150
         g) Anzeigepflichten der Beteiligten, von Notaren, Konsulaten 151
   II. Wertzuwachssteuern 152

Literatur

Deutschsprachige Literatur

Die angegebenen Quellen beziehen sich teils auf das bis zum 31.12.2007 geltende Erbgesetz, teils auf das neue, am 1.1.2008 in Kraft getretene Erbgesetz.

Dörner, Fremdrechtszeugnis gemäß § 1507 und Erbschein, DNotZ 1980, 662; *Dübeck*, Einführung in das dänische Recht, 1996; *Dübeck*, Gütertrennungsreform in Dänemark und skandinavisches Güterstandsrecht, ZEuP 1995, 827; *Looft*, Die gesetzliche und gewillkürte Erbfolge im dänischen Recht, ZEV 2002, 264; *Marcus*, Das neue dänische Erbgesetz, RabelsZ 29 (1965) 377; *Ring/Olsen-Ring*,

Einführung in das skandinavische Recht, 2. Auflage 2014; *Ring/Olsen-Ring*, Länderbericht Skandinavien (Erbrecht in Schweden mit Bezügen zu den Erbrechten Dänemarks, Finnlands, Norwegens und Islands), in: Dauner-Lieb/Heidel/Ring, Nomos-Kommentar BGB, Bd. 5, Erbrecht, 4. Auflage 2014, S. 1997 ff.; *Thorbeck/Steiniger*, Länderbericht Dänemark (Stand 2012), in: Ferid/Firsching/Dörner/Hausmann, Internationales Erbrecht.

Literatur in dänischer Sprache

Godsk Pedersen/Godsk Pedersen, Familie- og arveret, 8. udgave 2013; *Nielsen/Feldthusen*, Arveretten, 4. udgave 2014; *Reimers-Lund*, Den nye arvelov – hvad betyder den for dig?, 2008; *Nørgaard*, Arveret, 6. udgave 2013; *Werlauff*, Arv & skifte – med skiftereformen 2011, 8. udgave 2011.

Siehe zum neuen, am 1.1.2008 in Kraft getretenen Erbgesetz auch die Erläuterungen zum Gesetzentwurf unter www.folketinget.dk/Samling/20061/lovforslag/L100/som_fremsat.htm, sowie den Kommissionsbericht Nr. 1473/2006 über die Revision der erbrechtlichen Gesetzgebung des Ausschusses, abrufbar auf der Homepage des dänischen Justizministeriums unter www.jm.dk/wimpdoc.asp?page:document&objno_75042.

Literatur zum Steuerrecht

Alsted, Neuerungen bei der Besteuerung von Erbschaften und Schenkungen in Dänemark, IWB Fach 5 Gruppe 2, S. 127 (1995); *Botschaft der Bundesrepublik Deutschland in Kopenhagen*, Merkblatt Deutsch-dänisches Doppelbesteuerungsabkommen vom 22. November 1995, Stand Juli 2014, abrufbar unter www.kopenhagen.diplo.de; *Krabbe*, Das deutsch-dänische Steuerabkommen vom 22.11.1995, IStR 1997, 161; *Krabbe*, Regelung zur Vermeidung der Doppelbesteuerung bei den Erbschaft- und Schenkungsteuern im Verhältnis zu Dänemark, ZEV 1997, 146; *Troll/Gebel/Jülicher*, Erbschaftsteuer- und Schenkungsteuergesetz, 7. Auflage 2009, § 21 ErbStG Rn 97 (Dänemark), Stand 2010.

A. Rechtsgrundlagen

I. Rechtsgrundlagen

1   Zum 1.1.2008 trat in Dänemark ein neues Erbgesetz – arveloven Nr. 515 vom 6.6.2007 – in Kraft.[1] Die Reform führte u.a. zu einer Stärkung der Testierfreiheit des Erblassers sowie der erbrechtlichen Stellung des überlebenden Ehegatten. Des Weiteren wurde nichtehelich Zusammenlebenden unter bestimmten Voraussetzungen die Möglichkeit eröffnet, durch Testament einander zu bedenken. Dies führte zu einer teilweisen erbrechtlichen Gleichstellung nichtehelich Zusammenlebender mit Ehegatten. Das Erbgesetz (im Folgenden: ARL bzw. ARL 2008 im Hinblick auf die Übergangsbestimmungen) gliedert sich in 21 Kapitel:
- 1. Kapitel (§§ 1 bis 8) – Verwandtenerbrecht (*slægtninges arveret*)
- 2. Kapitel (§§ 9 bis 14) – Ehegattenerbrecht (*ægtefællens arveret*)
- 3. Kapitel (§§ 15 bis 16) – Erbschaft der Verschwägerten nach einem überlebenden Ehegatten (*svogerskabsarv efter en længstlevende ægtefælle*)
- 4. Kapitel (§§ 17 bis 34) – fortgesetzte Gütergemeinschaft (*uskiftet bo*)
- 5. Kapitel (§§ 35 bis 39) – Erbschuldenaufschub für den überlebenden Ehegatten (*arvehenstand for længstlevende ægtefælle*)
- 6. Kapitel (§ 40) – Möglichkeit der Testamentserben zur Übernahme von Nachlassaktiva nach Werteinschätzung (*testamentsarvingers adgang til overtagelse efter vurdering*)
- 7. Kapitel (§§ 41 bis 47) – Erbverträge und Erbvorschuss (*aftale om arv samt arveforskud*)

---

1   Vgl. zum alten Erbgesetz Nr. 215 vom 31.5.1963, das im Jahre 1964 in Kraft getreten war, noch die Vorauflage dieses Werkes, S. 413.

- 8. Kapitel (§§ 48 bis 49) – Ausschluss und Wegfall des Erbrechts (*udelukkelse og bortfald af arveret*)
- 9. Kapitel (§§ 50 bis 58) – testamentarische Bestimmungen über das Pflichtteilsrecht (*testamentarisk bestemmelse over tvangsarv*)
- 10. Kapitel (§§ 59 bis 61) – testamentarische Bestimmungen über das freie Erbe (*testamentarisk bestemmelse over friarv*)
- 11. Kapitel (§§ 62 bis 68) – Testamentserrichtung und Widerruf des Testaments (*oprettelse og genkaldelse af testamente*)
- 12. Kapitel (§§ 69 bis 79) – Ungültigkeit und Anfechtbarkeit des Testaments (*testamentes ugyldighed og anfægtelse*)
- 13. Kapitel (§§ 80 bis 89) – gemeinschaftliches Testament (*fælles testamente*)
- 14. Kapitel (§§ 90 und 91) – testamentarische Bestimmung eines Ehegatten zur Übernahme von Nachlassaktiva nach Werteinschätzung (*ægtefælles testamentariske bestemmelse om overtagelse efter vurdering*)
- 15. Kapitel (§ 92) – Aufhebung einer testamentarischen Verfügungsbeschränkung (*permutation*)
- 16. Kapitel (§ 93) – Schenkungen von Todes wegen u.a. (*dødsgaver mv.*)
- 17. Kapitel (§ 94) – (Erb-)Voraussetzung, dass jemand den Erblasser überlebt (*overlevelseskravet*)
- 18. Kapitel (§§ 95 und 96) – Nachlass, der dem Staat zufällt (*arv, som tilfalder staten*)
- 19. Kapitel (§ 97) – Wertanpassungsbestimmungen (*reguleringsbestemmelser*)
- 20. Kapitel (§ 98) – Verhältnis gegenüber ausländischer Gesetzgebung (*forholdet til fremmed lovgivning*)
- 21. Kapitel (§§ 99 bis 105) – Inkrafttreten und Übergangsbestimmungen (*ikrafttræden og overgangsregler*).

Das Nachlassverfahren selbst ist im **Gesetz über das Nachlassverfahren** (*lov om skifte af dødsboer*) Nr. 383 vom 22.5.1996 (mit späteren Änderungen) geregelt. Es umfasst 32 Kapitel mit folgenden Regelungsmaterien:
- 1. Kapitel (§ 1) – Anwendungsbereich (*lovens anvendelsesområde*)
- 2. Kapitel (§§ 2 bis 3) – Zuständigkeitsregeln (*kompetenceregler*)
- 3. Kapitel (§ 4) – Anmeldung des Todesfalls beim Nachlassgericht (*anmeldelse af dødsfald til skifteretten*)
- 4. Kapitel (§§ 5 und 6) – Beschlüsse über die Todeserklärung (*kendelse om dødsfald*)
- 5. Kapitel (§ 7) – Einladung zum Besprechungstermin beim Nachlassgericht (*indkaldelse til møde i skifteretten*)
- 6. Kapitel (§ 8) – Sicherung der Nachlassvermögenswerte (*sikring af boets aktiver*)
- 7. Kapitel (§§ 9 und 10) – Gerichtsverfahren und Rechtsdurchsetzung (*søgsmål og retsforfølgning*)
- 8. Kapitel (§ 11) – Bestellung und Ausübung der Tätigkeit als Nachlassverwalter (*autorisation og virksomhed som bobestyrer*)
- 9. Kapitel (§ 12) – Übergangsmaßnahmen (*midlertidige foranstaltninger*)
- 10. Kapitel (§§ 13 und 14) – Vermächtnisnehmer (*legatarer*)
- 11. Kapitel (§§ 15 bis 17) – Nachlasspflegschaft (*skifteværger*)
- 12. Kapitel (§§ 18 bis 21) – Auszahlung des Nachlasses ohne Auseinandersetzungsverfahren (*boudlæg uden skiftebehandling*)
- 13. Kapitel (§§ 22 und 23) – Auszahlung an den überlebenden Ehegatten (*udlæg til en efterlevende ægtefælle*)
- 14. Kapitel (§ 24) – fortgesetzte Gütergemeinschaft (*uskiftet bo*)
- 15. Kapitel (§§ 25 bis 35) – private Erbauseinandersetzung (*privat skifte*)

- 16. Kapitel (§§ 36 bis 73) – Nachlassverwaltung (*behandling ved bobestyrer*)
- 17. Kapitel (§§ 74 bis 77) – Teilung der Aktiva und Passiva eines überlebenden Ehegatten (*skifte af en efterlevende ægtefælles aktiver og passiver*)
- 18. Kapitel (§ 78) – Teilung der fortgesetzten Gütergemeinschaft, während der überlebende Ehegatte noch lebt (*skifte af uskiftet bo, medens den efterlevende ægtefælle er i live*)
- 19. Kapitel (§§ 79 und 80) – Abschluss des Nachlassverfahrens (*boets afslutning*)
- 20. Kapitel (§§ 81 bis 83) – Gläubigeraufgebotsverfahren (*proklama*)
- 21. Kapitel (§§ 84 bis 86) – nicht-ausgeschlossene Rechte (*uprækluderede rettigheder*)
- 22. Kapitel (§§ 87 und 88) – Kündigung von Schulden und Bezahlung von Verzugszinsen (*opsigelse af gæld og betaling af morarenter*)
- 23. Kapitel (§§ 89 bis 90) – Zuständigkeit des Nachlassgerichts (*skifterettens kompetence*)
- 24. Kapitel (§ 91) – Beratungspflicht des Nachlassgerichts (*skifterettens vejledningspligt*)
- 25. Kapitel (§ 92) – Informationspflichten gegenüber dem Nachlassgericht (*oplysningspligt over for skifteretten*)
- 26. Kapitel (§§ 93 bis 95) – Werteinschätzung durch Sachverständige (*sagkyndig vurdering*)
- 27. Kapitel (§§ 96 bis 97) – Beschwerde über einen Nachlassverwalter (*klage over bobestyrere*)
- 28. Kapitel (§§ 98 bis 102) – Behandlung von Streitigkeiten durch das Nachlassgericht (*skifterettens behandling af tvister*)
- 29. Kapitel (§§ 103 bis 105) – Rechtsmittel gegen getroffene Entscheidungen (*retsmidler mod trufne afgørelser*)
- 30. Kapitel (§§ 106 bis 111) – Verfahren bei den ordentlichen Gerichten (*retssager ved de almindelige domstole*)
- 31. Kapitel (§§ 112 bis 115) – diverse Bestimmungen (*forskellige bestemmelser*)
- 32. Kapitel (§ 116) – Inkrafttreten und Übergangsbestimmungen (*ikrafttrædelses- og overgangsbestemmelser*).

3   Die Bestellung, Betätigung und Kontrolle der **Nachlassverwalter** ist weiterhin in der Verordnung Nr. 808 vom 29.6.2011 (*bekendtgørelse om bobestyrere*) geregelt.

II. Zur Rechtslage: Erbrechtsreform

4   Das **neue Erbgesetz 2008** findet nach seinem § 99 Abs. 2 Anwendung, wenn der Erblasser nach Inkrafttreten des Gesetzes verstorben ist, es sei denn, aus den §§ 100 bis 102 ARL folgt etwas anderes. Ist der Erblasser vor Inkrafttreten des Gesetzes verstorben, gelangen die früheren Bestimmungen des Erbgesetzes aus dem Jahre 1964 zur Anwendung – es sei denn, aus § 103 ARL folgt etwas anderes.

5   Das Erbrecht nach dem Vater (oder dessen Verwandten) eines vor dem 1.1.1938 geborenen nichtehelichen Kindes sowie das Erbrecht des Vaters (oder dessen Verwandten) nach diesem nichtehelichen Kind richtet sich gem. § 100 ARL 2008 nach dem vor diesem Datum geltenden Recht. Hat der überlebende Ehegatte Nachlass nach dem zuerst Verstorbenen gem. § 7b Abs. 2 ARL 1964 (Aussonderungsrecht, siehe Rn 21) übernommen, finden die Bestimmungen in § 7b Abs. 2 S. 2 i.V.m. § 7 Abs. 2 und 3 ARL 1964 beim Tod des überlebenden Ehegatten auch dann Anwendung, wenn der Tod nach dem Inkrafttreten des ARL 2008 eintritt (§ 101 ARL 2008). Testamente und sonstige erbrechtliche Verfügungen sowie entsprechende Widerrufe, die die nach dem 1.1.2008 geltenden gesetzlichen Erfordernisse in Bezug auf Testierfähigkeit und Form nicht erfüllen, sind nach § 102 Abs. 1 ARL 2008 gleichwohl gültig, wenn diese vor Inkrafttreten des neuen Gesetzes errichtet wurden und

den damals geltenden Bestimmungen entsprachen.² § 15 ARL (siehe Rn 22) findet auch Anwendung, wenn der überlebende Ehegatte nach dem zuerst Verstorbenen gem. § 7 Abs. 1 ARL 1964³ geerbt hat (§ 103 Abs. 1 ARL 2008). Die §§ 24 bis 34 (siehe Rn 25) finden nach § 103 Abs. 2 ARL 2008 auch auf ungeteilte Erbschaften Anwendung, wenn der Erblasser vor Inkrafttreten des neuen Gesetzes, aber nicht vor dem 1.4.1964 gestorben ist. § 31 Abs. 2 ARL (siehe Rn 38) findet aber nur Anwendung, wenn die Verfügung, die zu einer Nichtigerklärung führen kann, vor dem Inkrafttreten des ARL 2008 getroffen wurde. Eine Freigabe von „eingefrorenem Erbe" nach § 56 Nr. 3 ARL (siehe Rn 109) kann auch erfolgen, wenn der Erblasser vor dem Inkrafttreten des ARL 2008 verstorben ist (§ 103 Abs. 3 ARL 2008). § 83 ARL (Rn 69) findet – unabhängig davon, ob der zuerst Verstorbene vor Inkrafttreten des ARL 2008 verstorben ist – nach § 103 Abs. 4 ARL 2008 auf Verfügungen Anwendung, die nach Inkrafttreten des neuen Erbgesetzes vorgenommen werden. § 92 ARL (siehe Rn 49) findet auch Anwendung, wenn der Erblasser vor Inkrafttreten des ARL 2008 verstorben ist (§ 103 Abs. 5 ARL 2008).

Mit Inkrafttreten des ARL 2008 wurden gem. § 104 ARL 2008 folgende Vorschriften aufgehoben:

- Das bislang geltende Erbgesetz (in der Bekanntmachung Nr. 727 vom 14.8.2001 mit späteren Änderungen – ARL 1964);
- § 5 S. 1 der Verordnung vom 13.5.1769 über Freibauern und die diesen gegönnten Vorteile;
- §§ 1 bis 10 und § 12 der Verordnung vom 22.11.1837 über die Testierfreiheit der Freibauern;
- der Anschlag (*plakat*) vom 17.3.1847; sowie
- §§ 26 und 27 S. 2 der Verordnung vom 21.5.1845 bezüglich verschiedener Änderungen in der Erbgesetzgebung.

Nach § 105 ARL 2008 findet das Gesetz keine Anwendung auf Grönland und den Faröern. Es kann jedoch durch königliche Anordnung mit den Abweichungen, die Besonderheiten auf Grönland und den Faröern berücksichtigen, auch auf diese Landesteile erstreckt werden.⁴

B. Staatsverträge

Der **Haager Konvention** vom 5.10.1961 (Übereinkommen über das auf die Form letztwilliger Verfügungen anzuwendende Recht) ist Dänemark mit Wirkung vom 19.9.1976 beigetreten (vgl. *Lovtidende* C Nr. 62 vom 6.9.1976). Dazu besteht eine Erläuterung des Justizministeriums Nr. 37 vom 2.3.1978.

Dänemark hat 1934 zusammen mit Norwegen, Schweden, Finnland und Island die **Nordische Nachlasskonvention** über gesetzliches Erbrecht, Testamente und Erbauseinandersetzung (*Nordisk Dødsbokonvention*) unterzeichnet. Diese trifft einige Spezialvorschriften über die gegenseitige Anerkennung von Erbvorschriften bei der Nachlassregelung, wenn der Nachlass von einem Angehörigen eines Mitgliedstaates stammt, der in einem anderen

---

2 Bestimmungen über eine Erbverkürzung (*arveafkortning*) nach Maßgabe von §§ 10 bis 13 der Erbverordnung vom 21.5.1845 bleiben nach § 102 Abs. 2 ARL 2008 wirksam, auch wenn der Erblasser nach dem Inkrafttreten des ARL 2008 verstorben ist. Dies gilt gleichermaßen für Testamente, die vor dem 1.4.1964 nach dieser Erbverordnung bestätigt wurden (§ 102 Abs. 3 ARL 2008).
3 Dazu näher Vorauflage, Rn 28.
4 So gilt auf Grönland ein eigenständiges Erbgesetz – Gesetz Nr. 154 vom 27.5.1964.

Mitgliedstaat gestorben ist. Nach Art. 1 dieser Konvention bestimmt sich das gesetzliche Erbrecht des Erblassers nach dem Domizilprinzip (siehe Rn 12 f.).

Am 1.6.2012 haben die nordischen Staaten im Zuge genereller Modernisierungsbedürfnisse sowie mit Blick auf die EU-Erbrechtsverordnung Nr. 650/2012, von der Schweden und Finnland erfasst sein werden, ein Übereinkommen über eine Änderung der Nordischen Nachlasskonvention unterzeichnet. Danach werden vor allem die Bestimmungen über die Rechtswahl an jene der EU-Erbrechtsverordnung angepasst. Die EU-Erbrechtsverordnung erlaubt nach Maßgabe ihres Art. 75 Abs. 3 die Anwendung der modernisierten Nordischen Nachlasskonvention in Bezug auf die verfahrensrechtlichen Aspekte der Nachlassverwaltung sowie auf die vereinfachten und beschleunigten Verfahren für die Anerkennung und Vollstreckung von Entscheidungen in Erbsachen. Die Neufassung der Nordischen Nachlasskonvention soll am 1.8.2016 in Kraft treten.

10 Infolge des dänischen Vorbehalts im Rahmen der Europäischen Zusammenarbeit, wonach Dänemark nicht an der supranationalen Zusammenarbeit der EU in den Bereichen Inneres und Justiz teilnimmt, wird die EU-Erbrechtsverordnung in Dänemark nicht bindend sein und folglich dort auch nicht zur Anwendung gelangen. Art. 20 der EU-Erbrechtsverordnung erklärt allerdings die Verordnung zu *loi uniforme*.

11 Das ARL sieht nach seinem § 98 Abs. 1 vor, dass die Regierung Übereinkommen mit anderen Staaten über das Verhältnis zwischen den Regelungen des dänischen und des ausländischen Erbrechts eingehen kann. Diese Übereinkommen gelten in Dänemark nach ihrer Bekanntmachung in Übereinstimmung mit dem geltenden Recht. Weiterhin kann das Justizministerium Regelungen über das Verhältnis zwischen den Erbvorschriften des dänischen Rechts und jenen anderer nordischer Staaten erlassen (§ 98 Abs. 2 ARL).

C. Erbstatut

I. Bestimmung des Erbstatuts

12 Nach dem geltenden **Domizilprinzip** ist das dänische Erbgesetz auf alle in Dänemark mit festem und dauerhaftem Wohnsitz lebenden Personen ohne Rücksicht auf ihre Nationalität anwendbar – grundsätzlich hingegen nicht auf dänische Staatsangehörige mit Wohnsitz im Ausland. „Domizil" ist der Ort, an dem der Erblasser seinen letzten festen und dauerhaften Wohnsitz hatte. Ein Domizil wird dadurch erworben, dass man sich in einem Staat mit der Absicht freiwillig niederlässt, dort ständigen, d.h. auf Dauer angelegten Wohnsitz zu nehmen (Wohnsitz nicht als bloße Zwischenlösung).

13 Maßgeblich für die Erbfolge in ihrem gesamten Umfang hinsichtlich Mobilien wie Immobilien ist das Recht am letzten Domizil des Erblassers. Eine Ausnahme gilt dann, wenn im Staat, in dem das zu vererbende Grundstück belegen ist, für bestimmte Grundstücksarten eine besondere Regelung getroffen wird: Dann gilt – beschränkt auf die Immobilie – die *lex rei sitae*.

II. Testamentsformstatut

14 Die Formgültigkeit eines Testaments und die Testierfähigkeit beurteilen sich entweder nach den Vorschriften des Staates, in dem es errichtet worden ist (*locus regit actum*), oder nach denen des Landes, in dem der Testator im Zeitpunkt der Testamentserrichtung bzw. seines Todes gewohnt hat (Domizilprinzip). Nach der **Haager Konvention** vom 5.10.1961 (siehe

Rn 8) kann zudem auf das Recht des Staates, dessen Staatsangehörigkeit der Testator im Zeitpunkt der Testamentserrichtung oder seines Todes hatte, bzw. – bei Immobilien – auf die *lex rei sitae* abgestellt werden.

D. Grundstrukturen der gesetzlichen Erbfolge

Wie das deutsche Recht bauen auch die dänischen Regeln auf dem Parentel-System, dem Stammes- und dem Liniensystem sowie dem Prinzip der Repräsentation auf.

I. Gesetzliche Erben

Die engsten verwandtschaftlichen Erben eines Erblassers (Erben **erster Ordnung**) sind nach § 1 Abs. 1 ARL dessen Kinder (wobei § 4 ARL ausdrücklich klarstellt, dass ein Adoptivkind und dessen Abkömmlinge die gleiche erbrechtliche Stellung wie die leiblichen Abkömmlinge des Adoptierenden haben, soweit sich aus den Vorschriften der Adoptionsgesetzgebung nichts anderes ergibt) und deren Abkömmlinge (im Falle des Todes eines Kindes). Erben der **zweiten Ordnung** (d.h., wenn der Erblasser keine Kinder oder andere Abkömmlinge hinterlassen hat) sind nach § 2 Abs. 1 ARL die Eltern des Erblassers zu gleichen Teilen (und – sofern ein Elternteil verstorben ist – ggf. deren Abkömmlinge, § 2 Abs. 2 ARL). Erben der **dritten Ordnung** sind nach § 3 Abs. 1 ARL die Großeltern des Erblassers, Brüder und Schwestern des Vaters sowie Brüder und Schwestern der Mutter. Die eine Hälfte der Erbschaft fällt den Großeltern auf Seiten des einen Elternteils, die andere Hälfte den Großeltern auf Seiten des anderen Elternteils zu. Weitere Abkömmlinge dieser Personen sind hingegen nicht Erben (§ 3 Abs. 2 ARL). Cousins und Cousinen des Erblassers sind somit keine gesetzlichen Erben. Im Verhältnis der Erben der Eltern untereinander wird das Erbe, wie in § 2 ARL bestimmt, geteilt. Gibt es hingegen nur Erben auf Seiten eines der Elternteile, erben diese allein (§ 3 Abs. 3 ARL).

Erbberechtigt ist nach § 94 Abs. 1 ARL – vorbehaltlich einer anderweitigen testamentarischen Regelung – nur derjenige, der im Zeitpunkt des Todes des Erblassers noch lebt oder bereits gezeugt und später lebend geboren wird (*nasciturus*). § 94 Abs. 2 ARL stellt die Vermutungsregel auf, dass, wenn zwei Personen, die nacheinander erbberechtigt waren, verstorben sind, ohne dass feststeht, wer von ihnen zuerst gestorben ist, keiner den anderen überlebt hat.

Die **Rangordnung** bedeutet, dass ein Verwandter solange nicht zur Erbfolge berufen ist, als ein Verwandter von einer vorhergehenden Ordnung noch lebt und erbberechtigt ist.

Innerhalb der ersten Ordnung (*arveklasse*) wird das Erbe in gleich großen Anteilen auf die Kinder des Erblassers (seine nächsten Verwandtenerben) verteilt (§ 1 Abs. 1 ARL). Solange ein Kind lebt, sind dessen Abkömmlinge nicht erbberechtigt. Ist ein Kind des Erblassers hingegen vor dem Erblasser verstorben, treten dessen Kinder zu gleichen Teilen in seinen Erbteil ein (**Repräsentationsprinzip** – § 1 Abs. 2 S. 1 ARL). Auf entsprechende Weise erben nach § 1 Abs. 2 S. 2 ARL entferntere Abkömmlinge. Das Repräsentationsprinzip gilt gleichermaßen für die zweite und dritte Ordnung.

II. Der Ehegatte

Literatur zum Eherecht

Deutschsprachige Literatur

Drewello, Eheschließung in Dänemark, StAZ 1989, 291; *Carstensen/Schulze*, Unterhaltsberechnung über Grenzen. Problemstellungen am Beispiel Dänemark, SchlHA 2009, 9; *Dübeck*, Gütertrennungsreform in Dänemark und skandinavisches Güterstandsrecht, ZEuP 1995, 827; *Giesen*, Dänemark in: Bergmann/Ferid/Hendrich, Internationales Ehe- und Kindschaftsrecht mit Staatsangehörigkeitsrecht (Stand: 2012); *Jayme/Krause*, Zur Eheschließung von Ausländern in Dänemark, IPRax 1983, 307; *Krause*, Die zeitliche Begrenzung des Unterhalts nach der Scheidung. Dänische Erfahrungen und deutsche Reform, 1990; *Ring/Olsen-Ring*, Eherecht in Dänemark, in: Süß/Ring (Hrsg.), Eherecht in Europa, 2. Auflage 2012, S. 377 ff.; *dies.*, Einführung der geschlechtsneutralen Ehe im dänischen Recht, StAZ 2012, 264.

Literatur in dänischer Sprache

Godsk Pedersen/Godsk Pedersen, Familie- og Arveret, 8. udgave 2013; *Lund-Andersen/Nørgaard*, Familieret, 2. udgave 2012; *Nielsen*, Familieretten, 6. udgave 2013; *Rasmussen*, Lærebog i familieret, 4. udgave 2012; *Svenné Schmidt*, International Person-, Familie- og Arveret, 1990.

Literatur in englischer Sprache

Nielsen, Danish Family Law – matrimonial property and cohabitant's property, in: Henrich/Schwab, Eheliche Gemeinschaft, Partnerschaft und Vermögen im europäischen Vergleich, Band 6, S. 35 ff.

20 Der Ehegatte des Erblassers erbt neben Abkömmlingen des Erblassers nach § 9 Abs. 1 die Hälfte des Nachlasses. Hinterlässt der Erblasser keine Abkömmlinge, ist der Ehegatte Alleinerbe (§ 9 Abs. 2 ARL).

21 Der überlebende Ehegatte hat nach § 11 Abs. 1 ARL das Recht, im **Voraus** Gegenstände aus dem Nachlass auszusondern (*ægtefællens forlodsret*), die ausschließlich seinem persönlichen Gebrauch dienen, soweit deren Wert nicht in einem Missverhältnis zu den Vermögensverhältnissen der Ehegatten steht, bzw. Gegenstände, die für einen Gebrauch der minderjährigen Kinder erworben worden sind. Der überlebende Ehegatte hat gem. § 11 Abs. 2 ARL immer das Recht, so viel auszusondern, dass der Wert des ausgesonderten Vermögens zusammen mit dem Wert seines Anteils am Gesamtgut und am Erbe sowie seines vollständigen Vorbehaltsguts (*fuldstændigt særeje*) maximal 600.000 dkr ausmacht (Anspruch des überlebenden Ehegatten auf Minimalaussonderung). Diese Wertgrenze wird nach Maßgabe von § 97 ARL jährlich angepasst (zur Anpassung vgl. auch § 5 Abs. 2 ARL, siehe Rn 101). In die vorbeschriebene Berechnung fließen nach § 11 Abs. 3 ARL Ersatzansprüche wegen des Verlusts des Unterhaltsverpflichteten sowie Lebensversicherungen einschließlich Pensions- und vergleichbarer Leistungen mit ein, die im Zusammenhang mit dem Todesfall an den überlebenden Ehegatten zur Auszahlung gelangen. Sonstige Ansprüche des Überlebenden, die nicht übertragbar sind oder einen sonstigen persönlichen Charakter haben, werden nur in dem Maße berücksichtigt, wie sie – für den Fall, dass sie Gemeinschaftsgut (*fælleseje*) waren – in der Gleichteilung im Rahmen einer Gütertrennung zu Lebzeiten des überlebenden Ehegatten Berücksichtigung gefunden hätten. Ein **Sonderabkömmling** des Verstorbenen (*særlivsarving*, d.h. ein nicht gemeinsamer Abkömmling, der Erbe ist) kann unabhängig vom Aussonderungsrecht des überlebenden Ehegatten nach § 11 Abs. 2 ARL einen Gegenstand (der einen besonderen Erinnerungswert – Affektionsinteresse – für ihn hat) übernehmen, wenn er den Werteinschätzungspreis bar dem Nachlass zuführt (§ 11 Abs. 4 ARL). Etwas anderes gilt für den Fall, dass der Gegenstand von § 11 Abs. 1 ARL erfasst wird oder als Miteigentumsgegenstand i.S.v. § 91 Abs. 1 ARL zu qualifizieren ist.

Das 3. Kapitel (§§ 15 bis 16) ARL regelt umfassend die Erbschaft der Verschwägerten nach einem überlebenden Ehegatten (*svogerskabsarv efter en længstlevende ægtefælle*). Hat der Ehegatte des Erblassers das gesamte Vermögen geerbt, weil es keine Erben der ersten Ordnung gab (§ 9 Abs. 1 ARL), wird das Vermögen des überlebenden Ehegatten nach dessen Tod, sofern

– er keine neue Ehe eingegangen war,
– er nicht als nichtehelich Zusammenlebender nach Maßgabe eines Testaments i.S.v. § 87 ARL (siehe Rn 73) geerbt hat,
– er nicht einen nichtehelich Zusammenlebenden hinterlässt, dem ein Erbrecht nach Maßgabe eines Testaments i.S.v. § 87 ARL (siehe Rn 73) zusteht, bzw.
– er keine Abkömmlinge hinterlassen hat,

nach § 15 Abs. 1 ARL hälftig auf die Erben jeweils des erst- und letztverstorbenen Ehegatten verteilt (sog. **Secundosuccession**). Leben beim Tod des überlebenden Ehegatten nur noch Familienerben eines der Ehegatten, so erben diese das gesamte Vermögen (§ 15 Abs. 2 ARL). Hat einer der Ehegatten eine testamentarische Bestimmung getroffen, wird der Teil des Nachlasses, über den keine testamentarische Verfügung getroffen wurde, nach § 15 Abs. 3 ARL in Übereinstimmung mit § 15 Abs. 1 und 2 ARL geteilt (es sei denn, aus der testamentarischen Verfügung folgt etwas anderes). Die Regelungen des § 15 Abs. 1 bis 3 ARL hindern den überlebenden Ehegatten nicht daran, durch Testament über den gesamten Nachlass zu verfügen (§ 15 Abs. 4 ARL).

Stirbt der überlebende Ehegatte, nachdem er von seinem Aussonderungsrecht gem. § 11 Abs. 2 ARL Gebrauch gemacht hat, wird der Nachlass nach § 16 Abs. 1 ARL geteilt, sofern der überlebende Ehegatte

– keine neue Ehe eingegangen war,
– nicht als nichtehelich Zusammenlebender nach Maßgabe eines Testaments i.S.v. § 87 ARL (siehe Rn 73) geerbt hat oder
– nicht einen nichtehelich Zusammenlebenden hinterlässt, dem ein Erbrecht nach Maßgabe eines Testaments i.S.v. § 87 ARL (siehe Rn 73) zusteht.

Sind Abkömmlinge nach beiden Ehegatten vorhanden, wird der Nachlass hälftig hinsichtlich der Abkömmlinge eines jeden der Ehegatten geteilt (§ 16 Abs. 2 ARL). Sind nur Abkömmlinge nach dem zuerst verstorbenen Ehegatten vorhanden, wird der Nachlass gem. § 16 Abs. 3 ARL hälftig hinsichtlich jeweils der Abkömmlinge des erstverstorbenen und der Familienerben des zuletzt verstorbenen Ehegatten geteilt. Sind keine Familienerben des zuletzt verstorbenen Ehegatten vorhanden, erben die Abkömmlinge des zuerst Verstorbenen allein. Gibt es keine Abkömmlinge nach einem der Ehegatten, erben nach § 16 Abs. 4 ARL die Familienerben jedes Ehegatten hälftig. Gibt es nur Familienerben nach einem der Ehegatten, erben diese allein. Hat einer der Ehegatten eine testamentarische Verfügung getroffen, wird gem. § 16 Abs. 5 ARL der Teil des Nachlasses, über den testamentarisch nicht verfügt worden ist, nach Maßgabe von § 16 Abs. 2 bis 4 ARL geteilt (es sei denn, etwas anderes folgt aus dem Testament). Das Erbe eines Erben erster Ordnung (i.S.v. § 1 ARL), der als Sonderabkömmling beim Tod des zuerst verstorbenen Ehegatten geerbt hat, wird von dem Erbe abgezogen, das der Sonderabkömmling (zum Begriff siehe Rn 21) nach § 16 Abs. 2 und 3 ARL vom zuletzt verstorbenen Ehegatten erlangt (§ 16 Abs. 6 ARL). Die Regelungen des § 16 Abs. 2 bis 6 ARL hindern den überlebenden Ehegatten nicht daran, durch Testament über den gesamten Nachlass zu verfügen (§ 16 Abs. 7 ARL).

III. Die fortgesetzte Gütergemeinschaft

25 Das 4. Kapitel ARL eröffnet in den §§ 17 bis 34 bei ehelicher Gütergemeinschaft auch die Möglichkeit, diese (mit Abkömmlingen) ungeteilt fortzusetzen (*uskiftet bo*). Die **fortgesetzte Gütergemeinschaft** hat zur Folge, dass die Nachlassteilung bis zum Tod des überlebenden Ehegatten hinausgeschoben wird. Bei nur gemeinsamen Abkömmlingen ist eine fortgesetzte Gütergemeinschaft grundsätzlich (vgl. jedoch die Ausnahmen in § 23 Abs. 2 bis 6 ARL in Bezug auf Rechte persönlicher Natur, siehe Rn 30) uneingeschränkt zulässig (§ 17 ARL). Bei nicht gemeinsamen Abkömmlingen ist allerdings gem. § 18 Abs. 1 ARL deren ausdrückliche Einwilligung zur Fortführung (und, wenn diese minderjährig sind, die bis zur Volljährigkeit gültige Einwilligung des Vormunds sowie des Nachlassgerichts, § 18 Abs. 2 ARL) erforderlich. Wird eine fortgesetzte Gütergemeinschaft mit einem minderjährigen Sonderabkömmling (zum Begriff siehe Rn 21) des Verstorbenen gestattet, übernimmt der überlebende Ehegatte die Unterhaltspflicht (§ 18 Abs. 3 ARL).

26 Die Fortsetzung der Gütergemeinschaft ist nach § 19 Abs. 1 ARL **ausgeschlossen**, wenn dem überlebenden Ehegatten unter Zugrundelegung seines Anteils am Nachlass und seines völligen Vorbehaltsguts keine ausreichenden Mittel zur Verfügung stehen, um seine Verbindlichkeiten zu begleichen. Das Nachlassgericht (*skifteretten*) kann gem. § 19 Abs. 2 ARL jedoch die fortgesetzte Gütergemeinschaft ausnahmsweise dann gestatten, wenn eine Insolvenz nach Abs. 1 unter Berücksichtigung der konkreten Umstände des Nachlasses nur „unbedeutend" ist (bspw. wenn der gesamte Nachlass zum Nachlassanteil des zuerst Verstorbenen gehört, die Ehegatten in geordneten wirtschaftlichen Verhältnissen gelebt hatten, der Überlebende aber kleinere Ausbildungsschulden hat).[5] Unabhängig von § 19 Abs. 1 ARL kann eine Gütergemeinschaft nach Abs. 3 fortgesetzt werden, wenn die Abkömmlinge des zuerst verstorbenen Ehegatten – nachdem sie über die Insolvenz des Überlebenden unterrichtet worden sind – in die Fortsetzung einwilligen. Eine fortgesetzte Gütergemeinschaft ist gem. § 19 Abs. 4 ARL ausgeschlossen, wenn der überlebende Ehegatte nicht über ausreichende Mittel zur Begleichung der eigenen Verbindlichkeiten des zuerst Verstorbenen verfügt.

27 Der **Antrag** auf Fortsetzung der Gütergemeinschaft ist nach § 20 Abs. 1 ARL vom überlebenden Ehegatten bzw. dessen Vormund oder Nachlassvormund zu stellen. Ist der Ehegatte minderjährig oder steht er unter Vormundschaft, ist eine fortgesetzte Gütergemeinschaft nur statthaft, wenn das Nachlassgericht dies als die für den Ehegatten beste Lösung erachtet (§ 20 Abs. 2 ARL). Das Nachlassgericht muss nach § 21 ARL die Abkömmlinge des zuerst verstorbenen Ehegatten über die Gestattung der fortgesetzten Gütergemeinschaft unterrichten.

28 § 22 Abs. 1 ARL verpflichtet den überlebenden Ehegatten, innerhalb von sechs Monaten nach dem Todesfall beim Nachlassgericht ein **Vermögensverzeichnis** einzureichen. Dieses muss Angaben zu folgenden Punkten enthalten:
– der Anteil des zuerst verstorbenen Ehegatten am Gemeinschaftsgut,
– der Anteil des überlebenden Ehegatten am Gemeinschaftsgut,
– die in § 23 Abs. 2 bis 6 ARL bestimmten Mittel sowie
– das völlige Vorbehaltsgut des überlebenden sowie des zuerst verstorbenen Ehegatten.

29 In dem Verzeichnis ist gesondert anzugeben, wer das völlige Vorbehaltsgut des zuerst verstorbenen Ehegatten erbt (§ 22 Abs. 2 ARL). Das Nachlassgericht kann nach § 22 Abs. 3 ARL die Einreichungsfrist verlängern. Wird das Vermögensverzeichnis nicht fristgerecht

---

5 So *bemærkninger til lovforslag* § 19 ARL.

eingereicht, kann das Nachlassgericht gem. § 22 Abs. 4 ARL die Ausarbeitung des Verzeichnisses durch einen autorisierten Nachlassverwalter auf Kosten des überlebenden Ehegatten (der dem Nachlassverwalter gegenüber auskunftspflichtig ist) anordnen. Das Nachlassgericht muss auf entsprechenden Antrag hin ein Exemplar des Vermögensverzeichnisses an die Abkömmlinge weiterleiten. § 22 Abs. 6 ARL ermächtigt das Justizministerium zum Erlass näherer Bestimmungen über die Ausgestaltung des Vermögensverzeichnisses.

Die fortgesetzte Gütergemeinschaft besteht aus den Aktiva der früheren Gütergemeinschaft (arg. § 17 ARL; vgl. Rn 25) sowie nach § 23 Abs. 1 ARL aus dem, was der überlebende Ehegatte nach der Fortsetzung der Gütergemeinschaft erwirbt (unabhängig vom Erwerbsgrund, sofern der Erwerb nicht zu völligem Vorbehaltsgut, vgl. Rn 21, erklärt worden ist). Lebensversicherungen, Pensions- und ähnliche Leistungen, die dem überlebenden Ehegatten aufgrund des Todesfalls zufallen und von denen anzunehmen ist, dass sie nicht bereits aufgebraucht wurden, gehen gem. § 23 Abs. 2 ARL nicht in die fortgesetzte Gütergemeinschaft mit ein, wenn zu Lebzeiten des überlebenden Ehegatten die fortgesetzte Gütergemeinschaft geteilt wird. Eigene Lebensversicherungen, Pensions- und ähnliche Rechte des überlebenden Ehegatten gehen gleichermaßen nicht in die fortgesetzte Gütergemeinschaft mit ein, wenn zu Lebzeiten des überlebenden Ehegatten die fortgesetzte Gütergemeinschaft geteilt wird (§ 23 Abs. 3 ARL). Beträge, die aus eigenen Lebensversicherungen, Pensions- und ähnlichen Rechten des überlebenden Ehegatten ausbezahlt worden sind, fallen hingegen nach § 23 Abs. 4 ARL in die fortgesetzte Gütergemeinschaft. Dies gilt jedoch nicht für Zahlungen aus Kapitalpensions- und vergleichbaren Rechten sowie ergänzenden Einmalleistungen, bei denen anzunehmen ist, dass sie nicht verbraucht worden sind. Etwas anderes gilt für den Fall, dass der Betrag durch die Auszahlung seinen Charakter als Altersvorsorge (*pensionsopsparing*) verloren hat. Die Vorgaben nach § 23 Abs. 2 bis 4 ARL finden entsprechende Anwendung auf Einnahmen aus und Ersatz (Surrogate) entsprechender Beträge (§ 23 Abs. 5 ARL). Auf sonstige, nicht übertragbare oder persönliche Rechte finden die Bestimmungen über die fortgesetzte Gütergemeinschaft gem. § 23 Abs. 6 ARL nur in dem Umfang Anwendung, in dem dies mit den besonderen, für diese Rechte geltenden Regeln vereinbar ist. Erbschaften, Geschenke, Lebensversicherungen, Renten- oder vergleichbare Leistungen, die dem überlebenden Ehegatten von dritter Seite zufallen, gehen in die fortgesetzte Gütergemeinschaft nicht ein, wenn der Ehegatte innerhalb von drei Monaten nach Empfang einer entsprechenden Leistung um eine Güterteilung nachsucht (§ 23 Abs. 7 ARL).

Dem **überlebenden Ehegatten** steht zu Lebzeiten über das Vermögen aus der fortgesetzten Gütergemeinschaft gem. § 24 Abs. 1 ARL die Verfügungsmacht eines Eigentümers zu. In Missbrauchsfällen wird den Erben jedoch nach Maßgabe der §§ 29 bis 31 ARL (z.B. bei wesentlicher Beeinträchtigung des Nachlasswertes bzw. einer entsprechenden nahe liegenden Gefährdung) ein Recht auf Nachlassteilung eingeräumt. Der überlebende Ehegatte kann nach § 23 Abs. 2 ARL durch Testament auch nur über den Teil des Vermögens verfügen, der im Zeitpunkt seines Todes als sein Nachlass gilt. In diesem Rahmen kann er außerdem über einzelne Gegenstände des Gesamtguts verfügen – es sei denn, er verstößt dadurch gegen eine testamentarische Anordnung des verstorbenen Ehegatten nach § 91 ARL (siehe Rn 40).

Der überlebende Ehegatte **haftet** nach § 25 Abs. 1 ARL bei fortgesetzter Gütergemeinschaft persönlich für die Verpflichtungen des Verstorbenen. § 25 Abs. 2 ARL verschafft ihm allerdings die Möglichkeit, sich von seiner Haftung für die Schulden des zuerst Verstorbenen zu befreien: Steht zu vermuten, dass der Nachlass des Verstorbenen überschuldet war, kann der überlebende Ehegatte oder ein Gläubiger des zuerst Verstorbenen beim Nachlassgericht Nachlassverwaltung beantragen. Wird einem entsprechenden Antrag entsprochen und kommt der überlebende Ehegatte seinen Verpflichtungen nach § 104 des Gesetzes über das Nachlassverfahren (*lov om skifte af dødsboer*) Nr. 383 vom 22.5.1996 (zum Gesetz über

Nachlassverfahren siehe Rn 114 ff.) nach (d.h. auf Rückgabe von empfangenen Gegenständen bzw. Wertausgleich von Bereicherungen), entfällt seine Haftungsverpflichtung.

33 Der überlebende Ehegatte kann gem. § 26 Abs. 1 ARL (auch noch im Nachgang) jederzeit eine **Nachlassteilung** mit einem oder mehreren der Abkömmlinge verlangen. Eine Teilung hat nach § 26 Abs. 2 ARL zwingend dann stattzufinden, wenn der überlebende Ehegatte erneut heiratet (es sei denn, alle Leibeserben verzichten auf die Nachlassteilung). Die Abkömmlinge können nicht auf Teilung der fortgesetzten Gütergemeinschaft verzichten und zugleich ihr Erbrecht behalten.

34 Ein überlebender Ehegatte, der nach § 18 Abs. 2 ARL in ungeteilter Gütergemeinschaft mit minderjährigen Sonderabkömmlingen (zum Begriff siehe Rn 21) lebt, muss gem. § 27 Abs. 1 ARL auf entsprechenden Antrag hin bei Eintritt der Volljährigkeit mit diesen teilen. Dies gilt auch, wenn ein Nachlassvormund eines Abkömmlings aus eigener Entscheidung heraus der fortgesetzten Gütergemeinschaft (zunächst) zugestimmt hat, wenn der Abkömmling (später) Güterteilung begehrt. Stirbt ein minderjähriger Sonderabkömmling (bzw. ein Sonderabkömmling, für den der Nachlassvormund der fortgesetzten Gütergemeinschaft zugestimmt hat), muss der überlebende Ehegatte mit den Abkömmlingen des verstorbenen Sonderabkömmlings teilen, wenn diese nicht auf eine Güterteilung verzichten (§ 27 Abs. 2 ARL).

35 Bei fortgesetzter Gütergemeinschaft wird gem. § 28 Abs. 1 ARL das Erbe nach dem zuerst verstorbenen Ehegatten erst dann **fällig**, wenn der Nachlass geteilt wird. Ein Leibeserbe des zuerst Verstorbenen beerbt diesen nur, wenn er den überlebenden Ehegatten selbst überlebt bzw. zu dem Zeitpunkt noch lebt, zu dem die Auseinandersetzung beantragt wird. Findet eine Nachlassteilung nach dem Tode des überlebenden Ehegatten statt, erfolgt keine Berechnung des Erbteils des überlebenden Ehegatten nach dem zuerst Verstorbenen (§ 28 Abs. 2 ARL). Die Teilung der Erbschaft vollzieht sich nach § 28 Abs. 3 ARL unter den Erben des zuerst Verstorbenen entsprechend den Erbverhältnissen im Zeitpunkt des Todes des überlebenden Ehegatten bzw. jenen, die zu dem Zeitpunkt gelten, in dem der Antrag auf Nachlassteilung beim Nachlassgericht eingeht. Leben zum Todeszeitpunkt des überlebenden Ehegatten keine Erben nach ihm mehr, geht der gesamte Nachlass an die Abkömmlinge des zuerst Verstorbenen.

36 Wenn ein Abkömmling des zuerst verstorbenen Ehegatten nachweist, dass der überlebende Ehegatte durch **Missbrauch** seines Verfügungsrechts über das Vermögen der fortgesetzten Gütergemeinschaft dieses wesentlich verringert bzw. eine nahe liegende Gefährdung verursacht hat, muss der überlebende Ehegatte nach § 29 Abs. 1 ARL mit dem oder den Abkömmlingen, die eine Teilung verlangen, eine Güterteilung vollziehen. Als Missbrauch gelten gem. § 29 Abs. 2 ARL insbesondere unverantwortliche Spekulationsgeschäfte, unbilliger Verbrauch, Zeichnung einer unverhältnismäßig hohen Pension oder Versicherung bzw. Leistung von Geschenken oder Vergünstigungen (die in einem Missverhältnis zum Vermögen der fortgesetzten Gütergemeinschaft stehen). Hat der überlebende Ehegatte seine Unterhaltspflicht gegenüber einem Sonderabkömmling (zum Begriff siehe Rn 21) verletzt, muss er auf Antrag hin nach § 29 Abs. 4 ARL mit diesem teilen.

37 Hat der überlebende Ehegatte durch Missbrauch seines Verfügungsrechts eine Vermögensverringerung herbeigeführt, kann nach § 30 Abs. 1 ARL jeder Abkömmling im Rahmen der Teilung aus dem verbleibenden Vermögen Erstattung verlangen. Soweit erforderlich, kann ein Abkömmling außerdem die Hälfte des fehlenden Betrags aus dem vollen Vorbehaltsgut des Ehegatten verlangen. Ein Abkömmling kann nach Maßgabe von § 30 Abs. 1 ARL Erstattung verlangen, wenn der überlebende Ehegatte Mittel aus der fortgesetzten Gütergemeinschaft zum Erwerb oder zur Verbesserung seines völligen Vorbehaltsguts bzw. seiner

Rechte nach § 15 Abs. 2 des Gesetzes über die Rechtswirkungen der Ehe[6] (*lov om ægteskabets retsvirkninger*), die nicht in die Teilung bei einer Güterteilung eingehen (in gewissem Umfang unübertragbare Rechte und sonstige Rechte persönlicher Art), verwendet hat (§ 30 Abs. 2 ARL). Dies gilt jedoch nicht für Mittel, die zum Erwerb oder zur Verbesserung von Rechten nach § 16a des Gesetzes über die Rechtswirkungen der Ehe (es handelt sich dabei um eine Vielzahl von Rentenrechten u.Ä.) Verwendung fanden. Der überlebende Ehegatte oder ein Abkömmling kann im Falle der Güterteilung nach § 30 Abs. 3 ARL Erstattung aus der überschießenden Vermögensmasse verlangen, sofern der Ehegatte Mittel aus seinem völligen Vorbehaltsgut verwendet hat, um die Vermögenslage der fortgesetzten Gütergemeinschaft zu verbessern.

Hat der überlebende Ehegatte aus dem Vermögen der fortgesetzten Gütergemeinschaft Geschenke oder Erbvorschüsse geleistet, deren Wert im Missverhältnis zum Vermögen steht, kann ein Abkömmling nach § 31 Abs. 1 ARL die Rechtshandlung anfechten, wenn der Empfänger oder Begünstigte wusste oder es hätte wissen müssen, dass der Ehegatte in fortgesetzter Gütergemeinschaft lebt und die Rechtshandlung unverhältnismäßig war. Dies gilt gleichermaßen bei Auszahlung an eine Lebensversicherung o.Ä., die mit den Mitteln der Gütergemeinschaft bewirkt wird und im Missverhältnis zu deren Vermögen steht (§ 31 Abs. 2 ARL). Nach dem Tod des überlebenden Ehegatten finden die vorgenannten Regelungen gem. § 31 Abs. 3 ARL keine Anwendung, wenn der betroffene Abkömmling Deckung für sein Erbrecht durch eine Erstattung aus dem verbleibenden Vermögen nach Maßgabe von § 30 Abs. 1 und 2 ARL erlangen kann.

38

Formvorschriften im Hinblick auf eine Anfechtung nach § 31 ARL finden sich in § 32 ARL.

39

Bei Teilung einer fortgesetzten Gütergemeinschaft gilt gem. § 33 ARL die **Vermutung**, dass das gesamte Eigentum des überlebenden Ehegatten in die fortgesetzte Gütergemeinschaft fällt.

Sterben alle Leibeserben des Erstverstorbenen, übernimmt der überlebende Ehegatte das Vermögen der fortgesetzten Gütergemeinschaft zur freien Verfügung, ohne dass dabei eine Nachlassteilung stattfindet (§ 34 ARL). § 16 ARL (siehe Rn 23) findet entsprechende Anwendung.

Nach § 90 ARL kann ein Ehegatte testamentarisch über Einzelgegenstände innerhalb seines völligen Vorbehaltsguts verfügen. Ein Ehegatte, der Aktiva hinterlässt, die zum Gemeingut des Nachlasses zählen, kann gem. § 91 ARL testamentarisch über Gegenstände, die ihm gehören und die sich innerhalb eines Teils des Gemeinschaftsguts befinden, der im Zeitpunkt seines Todes nach ihm als Erbe anfällt, verfügen. Er kann jedoch nur mit Zustimmung des anderen Ehegatten testamentarische Bestimmungen treffen über:

40

- Grundstückseigentum oder eine Genossenschaftswohnung, das/die als Wohnraum der Familie dient oder womit der Geschäftsbetrieb des Testierenden oder des anderen Ehegatten verknüpft ist;
- Hausrat der gemeinsamen Wohnung;
- Arbeitswerkzeug des anderen Ehegatten; oder
- ein motorgetriebenes Fahrzeug, das vom anderen Ehegatten verwendet worden ist.

---

6 Dazu näher *Ring/Olsen-Ring*, Eherecht in Dänemark, in: Süß/Ring, Eherecht in Europa, 2. Auflage 2012, Rn 16.

IV. Erbschuldenaufschub für den überlebenden Ehegatten

41 Das 4. Kapitel (§§ 35 bis 39 ARL) regelt jetzt umfassend den Erbschuldenaufschub für den überlebenden Ehegatten (*arvehenstand for længstlevende ægtefælle*). Das Nachlassgericht kann nach § 35 Abs. 1 ARL einem Ehegatten ganz oder teilweise gegenüber einem Abkömmling nach dem zuerst verstorbenen Ehegatten Erbschuldenaufschub gewähren, wenn dieser die Erbschulden (gegenüber dem Abkömmling) nicht begleichen kann, ohne dabei Immobilien, bewegliches Gut oder andere Aktiva, die zur Aufrechterhaltung seines Haushalts oder des beruflichen Erwerbs notwendig sind, zu veräußern. Ein entsprechender Aufschub wird grundsätzlich für die Dauer von fünf Jahren (gerechnet ab dem Zeitpunkt des Todesfalls des zuerst verstorbenen Ehegatten) gewährt (§ 36 Abs. 1 ARL). Auf Antrag kann der Aufschub (bei fortdauerndem Vorliegen der Voraussetzungen) nach § 36 Abs. 2 ARL um weitere fünf Jahre verlängert werden. Die Begleichung der Erbschuld – d.h. die Ausbezahlung des Erbes an den Abkömmling – muss bei gemeinsamen Abkömmlingen gem. § 36 Abs. 3 ARL erst nach deren Volljährigkeit erfolgen. Dies gilt auch, wenn der überlebende Ehegatte im Zusammenhang mit der Erteilung des Aufschubs dem Nachlassgericht gegenüber erklärt, dass er die Unterhaltspflicht für einen Sonderabkömmling (zum Begriff siehe Rn 21) des zuerst verstorbenen Ehegatten übernimmt. Das Erbe muss nach Abschluss der Aufschubperiode in bar ausbezahlt werden (§ 36 Abs. 4 ARL).

42 Im Falle eines Erbschuldenaufschubs ist durch den überlebenden Ehegatten nach § 37 Abs. 1 ARL eine durch das Nachlassgericht zu bestimmende vollständige Sicherheit zu stellen. Die Entscheidungen des Nachlassgerichts gem. §§ 35 und 37 ARL erfolgen durch Beschluss, der durch Rechtsmittel in Übereinstimmung mit Kapitel 37 des Prozessgesetzes (*retsplejeloven*) angefochten werden kann (§ 38 ARL). Das Justizministerium kann gem. § 39 ARL u.a. Bestimmungen über die Verzinsung des aufgeschobenen Erbes (nach § 35 Abs. 1 ARL) sowie die Sicherheitsstellung (§ 37 Abs. 1 ARL) erlassen.

V. Exkurs: Übernahme von Nachlassgegenständen nach Werteinschätzung

43 Die §§ 6 und 7 ARL gestatten den Erben, einzelne Nachlassgegenstände auf der Grundlage einer Werteinschätzung zu übernehmen. Die Erben können nach § 6 ARL für ihren Erbteil die Nachlassaktiva zum geschätzten Wert übernehmen. Wünschen mehrere Erben denselben Gegenstand, entscheidet das Los. Etwas anderes gilt dann, wenn der Gegenstand für einen der Erben einen besonderen Erinnerungswert (Affektionsinteresse) hat, was ihm ein **Vorzugsrecht** einräumt. In jedem Fall müssen jedoch das Vorzugsrecht des Ehegatten nach § 11 Abs. 1 ARL (siehe Rn 21) und die §§ 12 bis 14 ARL (siehe Rn 45 ff.) respektiert werden. Ist ein Erbe zusammen mit dem Nachlass Miteigentümer eines Gegenstands, steht ihm grundsätzlich gem. § 7 Abs. 1 ARL ein Vorzugsrecht am Gegenstand zu, selbst wenn der Wert des Gegenstands seinen Erbanteil übersteigt und er den überschießenden Wert bar an den Nachlass zahlt. Etwas anderes gilt dann, wenn dieses Vorzugsrecht mit jenem des Ehegatten (nach § 7 Abs. 2, § 11 Abs. 1, § 96 Abs. 1 i.V.m. § 12 ARL) kollidiert. Machen mehrere Erben, die zusammen mit dem Nachlass Miteigentümer sind, ein Vorzugsrecht geltend, entscheidet das Los (§ 7 Abs. 3 ARL).

44 Die §§ 6 und 7 ARL finden gem. § 8 ARL keine Anwendung auf Gegenstände, über die der Erblasser testamentarisch verfügt hat. § 7 ARL gelangt insoweit nicht zur Anwendung, als in einer Miteigentumsvereinbarung (*samejeoverenskomst*) etwas anderes bestimmt ist.

45 Der überlebende Ehegatte kann nach § 12 Abs. 1 ARL für seinen Anteil am Gesamtgut und seinen Erbanteil (*bos- og arvelod*) nach Werteinschätzung Gegenstände übernehmen, die dem Gesamtgut zugehörig sind. Möchten sowohl der überlebende Ehegatte als auch ein

Erbe denselben Gegenstand übernehmen, hat der Ehegatte gem. § 12 Abs. 2 ARL grundsätzlich das Vorrecht. Übersteigt der Wert des Gegenstands seinen Anteil am Gesamtgut und am Erbe, muss der Ehegatte den überschießenden Betrag dem Nachlass bar zuführen (§ 12 Abs. 3 ARL).

Aus dem Sondergut, das dem Verstorbenen allein zusteht (*fuldstændigt særeje*), kann der überlebende Ehegatte nach § 13 Abs. 1 ARL innerhalb seines Erbteils am Sondergut zum geschätzten Wert Gegenstände übernehmen. Möchten sowohl der überlebende Ehegatte als auch ein Erbe denselben Gegenstand übernehmen, hat der Ehegatte gem. § 13 Abs. 2 ARL grundsätzlich das Vorrecht. Übersteigt der Wert des Gegenstands seinen Anteil am Gesamtgut und am Erbe, muss der Ehegatte den überschießenden Betrag dem Nachlass bar zuführen (§ 13 Abs. 3 ARL).

Die §§ 12 und 13 ARL finden gem. § 14 ARL keine Anwendung auf Gegenstände, über die der Erblasser testamentarisch verfügt hat (vgl. §§ 90 und 91 ARL, siehe Rn 40), bzw. wenn in einer Miteigentumsvereinbarung (*samejeoverenskomst*) o.Ä. über einen Gegenstand, der im Miteigentum des Ehegatten und des Nachlasses steht, etwas anderes bestimmt ist.

E. Gewillkürte Erbfolge

I. Grundlagen

Ein Erblasser kann sich nach § 68 ARL dazu verpflichten, kein Testament zu errichten oder zu widerrufen. Die Erklärung muss in Übereinstimmung mit den Regeln über die Testamentserrichtung erfolgen. Ist der Erblasser nicht voll geschäftsfähig (*umyndig*), müssen der Vormund und die Staatsverwaltung dazu ihre Einwilligung erteilen.

Das 15. Kapitel (§ 92 ARL) regelt die **Permutation**. Hat der Erblasser einem Erben eine bestimmte Verwendung der Erbschaft oder Einschränkungen in der Verfügungsmacht über dieselbe auferlegt, kann nach § 92 Abs. 1 ARL das Justizministerium oder eine von diesem ermächtigte Stelle beim Vorliegen besonderer Gründe Abweichungen vom Testament zulassen. Bei der Entscheidung sind vor allem der Zweck und der Charakter der testamentarischen Verfügung, geänderte Verhältnisse seit Errichtung des Testaments, die Durchführbarkeit und Zweckmäßigkeit der Verfügung sowie die Rücksicht auf Belange des Erbens maßgeblich (§ 92 Abs. 2 ARL). Hat der Testator einen Testamentsvollstrecker eingesetzt, bedarf eine Änderung gem. § 92 Abs. 3 ARL grundsätzlich der Zustimmung des Testamentsvollstreckers.

Nach dem 16. Kapitel (§ 93 ARL) – **Schenkungen von Todes wegen u.A.** (*dødsgaver mv*) – finden die Regelungen über Testamente entsprechende Anwendung auf
– Schenkungsversprechen, die zu Lebzeiten des Schenkers gemacht, aber erst nach dessen Tod erfüllt werden sollen, und auf
– Schenkungen, die kurz vor dem Tod des Schenkers zu einem Zeitpunkt erfolgen, zu dem der Tod als kurz bevorstehend vermutet werden muss und der Schenker darum wusste. Letzteres gilt nicht für gewöhnliche Geschenke.

II. Arten letztwilliger Verfügungen

1. Testamente

Es ist zwischen **ordentlichen** (siehe Rn 61 ff.) und **außerordentlichen Testamenten** (siehe Rn 66) zu unterscheiden.

Gemeinschaftliche Testamente (siehe Rn 67 ff.) sind möglich. Oft werden sog. **gegenseitige Testamente** errichtet, wonach die Testatoren sich gegenseitig als Erben einsetzen.

52 Das 6. Kapitel (§ 40 ARL) ordnet die entsprechende Anwendbarkeit der §§ 6 bis 8 ARL (Übernahme von Nachlassgegenständen gegen Werteinschätzung, siehe Rn 43 ff.) an, wenn ein Testamentserbe einen bestimmten Anteil an einem Nachlass erben soll, oder wenn einem Erben ein testamentarisches Vermächtnis zugedacht werden soll bzw. wenn er aufgrund einer Entscheidung des Nachlassgerichts Vermächtnisnehmer (nach Maßgabe von § 13 Abs. 3 des Auseinandersetzungsgesetzes – *dødsboskifteloven*) geworden ist.

2. Erbverträge und Erbvorschuss

53 Das 7. Kapitel (§§ 41 bis 47 ARL) regelt Erbverträge sowie den Erbvorschuss: Einem Erben ist es nach § 41 Abs. 1 ARL nicht gestattet, eine erwartete Erbschaft zu verkaufen, zu verpfänden oder auf andere Weise zu übertragen (**Verbot eines dispositiven Erbvertrages**). Während der Lebenszeit des Erblassers kann ein Erbe auch nicht ohne Zustimmung des Erblassers eine Vereinbarung mit Miterben hinsichtlich einer Übernahme von Nachlassaktiva treffen. Die Gläubiger eines Erben können gem. § 41 Abs. 2 ARL aus der erwarteten Erbschaft auch keine Befriedigung verlangen.

54 Ein Erbe kann gem. § 42 Abs. 1 ARL gegen oder ohne Vergütung auf eine erwartete oder bereits angefallene Erbschaft verzichten (**Zulässigkeit eines renunziativen Erbvertrages**). Der Verzicht ist nach § 42 Abs. 2 ARL gegenüber dem Erblasser bzw. bei fortgesetzter Gütergemeinschaft gegenüber dem überlebenden Ehegatten zu erklären. Ein Verzicht zeitigt auch Wirkungen für die Abkömmlinge des Verzichtenden, wenn deren Erbrecht nicht vorbehalten wurde (§ 42 Abs. 3 ARL).

55 Ein **Erbvorschuss** liegt nach § 43 ARL vor, wenn ein Erbe vom Erblasser eine Leistung, die einen wirtschaftlichen Wert hat, empfangen hat und anzunehmen ist, dass dieser Wert später vom Erbteil des Erben abzuziehen ist.

56 Der Erbvorschuss, den ein gemeinsamer Abkömmling erhalten hat, wird – vorbehaltlich einer anderweitigen Vereinbarung – gem. § 44 Abs. 1 ARL so weit wie möglich vom Erbe nach dem zuerst verstorbenen Ehegatten abgezogen, wenn der Erbvorschuss aus Gemeinschaftsgut, Scheidungsvorbehaltsgut bzw. anderem Vorbehaltsgut (das beim Tod des Ehegatten Gemeinschaftsgut wird) besteht, und zu Lebzeiten des überlebenden Ehegatten die Auseinandersetzung erfolgt. Ein vom zuerst verstorbenen Ehegatten errichtetes Testament muss in dem Umfang weichen, in dem die Vornahme eines entsprechenden Abzugs dies notwendig macht (§ 44 Abs. 2 ARL). Der Teil des Erbvorschusses, der nicht im Erbe des zuerst verstorbenen Ehegatten zum Abzug gelangt ist, muss vom Erbe nach dem überlebenden Ehegatten gem. § 44 Abs. 3 ARL abgezogen werden. Bei Teilung einer fortgesetzten Gütergemeinschaft nach dem Tod des überlebenden Ehegatten werden Vorschüsse an gemeinsame Kinder im Verhältnis zum Erbe des jeweils Verstorbenen abgezogen (§ 44 Abs. 4 ARL). Die vorgenannten Regelungen gelten nach § 44 Abs. 5 ARL entsprechend für Erbvorschüsse, die von einem Ehegatten in fortgesetzter Gütergemeinschaft geleistet werden.

57 Ein Erbvorschuss, den ein Ehegatte aus Gemeinschaftsgut, Scheidungsvorbehaltsgut bzw. anderem Vorbehaltsgut (das beim Tod des Ehegatten Gemeinschaftsgut wird) einem Stiefkind oder dessen Abkömmlingen zugewendet hat, wird von dem Erbe nach dem anderen Ehegatten zum Abzug gebracht, sofern vereinbart wurde, dass die Leistung ein Vorschuss auf das Erbe nach diesem sein soll (§ 45 ARL).

58 Nach § 46 Abs. 1 ARL wird beim Abzug im Hinblick auf den Wert des Erbvorschusses grundsätzlich jener zum Zeitpunkt des Empfangs zugrunde gelegt. Übersteigt der Vorschuss

den Erbanteil, muss der Erbe den überschießenden Betrag nur dann an den Nachlass auszahlen, wenn er sich dazu gesondert verpflichtet hat (§ 46 Abs. 2 ARL). Stirbt der Empfänger eines Erbvorschusses vor dem Erblasser, wird der Vorschuss gem. § 46 Abs. 3 ARL vom Erbe der Abkömmlinge abgezogen.

Der Erbvorschuss wird nach § 47 Abs. 1 ARL bei der Berechnung von Erb- und Pflichtteilen dem Nachlass hinzugerechnet. Kann der Erbvorschuss nicht vollständig vom Erbe des Vorschussempfängers abgezogen werden, wird nur ein dem Erbteil des Empfängers entsprechender Betrag hinzugerechnet. Wenn Gemeinschaftsgut zu Lebzeiten des überlebenden Ehegatten geteilt wird, wird der (erfolgte) Vorschuss bei der Berechnung der Vermögensteile auch hinzugerechnet (§ 47 Abs. 2 ARL). Übersteigt der Vorschuss das Erbe des Vorschussempfängers nach dem zuerst verstorbenen Ehegatten und einen Betrag, der dem Erbe nach dem überlebenden Ehegatten entspricht, wird nur der Wert dieser Erbteile hinzugerechnet. 59

III. Form letztwilliger Verfügungen von Todes wegen

Das 11. Kapitel (§§ 62 bis 68 ARL) regelt die Testamentserrichtung und den Widerruf des Testaments (*oprettelse og genkaldelse af testamente*). 60

1. Ordentliches Testament

Das **ordentliche Testament** ist schriftlich zu errichten und entweder vor einem Notar[7] (**Notartestament**) oder vor zwei Zeugen (**Zeugentestament**) zu unterschreiben oder anzuerkennen. Das ordentliche Regeltestament ist aus Beweisgründen das Notartestament und – trotz der ausführlichen gesetzlichen Regelung – nicht das Zeugentestament. 61

Das **Notartestament** muss nach § 63 Abs. 1 ARL schriftlich errichtet und entweder vor einem Notar unterschrieben oder anerkannt werden. In seinem Testat auf dem Testament muss der Notar gem. § 63 Abs. 2 ARL eine Erklärung über folgende Umstände abgeben: 62
– die Identität des Testators;
– darüber, ob der Testator imstande ist, vernunftsmäßig ein Testament zu errichten;

---

[7] Wegen der nicht erfolgten Rezeption des Römischen Rechts in Dänemark ist kein dem deutschen Recht vergleichbarer Notarberuf als selbstständige, unabhängige und ausschließliche Tätigkeit entstanden. Der Beruf des Notars besteht in Dänemark in seiner spezifischen Form nicht. Es gibt keine Rechtsgeschäfte, die zur Wirksamkeit der notariellen Form bedürfen (Literatur: *Cornelius*, Das dänische Notarwesen, DNotZ 1996, 352; *Raudszus*, Urkundswesen, Grundbuch, Handelsregister und Notariat in Dänemark, DNotZ 1977, 516). Nur in wenigen Fällen sind notarielle Tätigkeiten möglich: beispielsweise im Erbrecht bei der Testamentserrichtung (vgl. § 63 ARL); bei Bestätigungen, dass eine Kopie eines Dokuments mit dem Original identisch ist; bei der Unterschrift besonderer Dokumente, bei denen ausländische Behörden die Anwesenheit eines Notars verlangen, etwa der Beglaubigung der Unterschrift einer Vollmacht, die im Ausland Verwendung finden soll, sowie beim Wechsel- (§ 88 Wechselgesetz) und Scheckprotest (§ 66 Scheckgesetz). Die notariellen Beurkundungen erfolgen dann durch den Richter im Rahmen der freiwilligen Gerichtsbarkeit. Das nicht existente Amt des Notars wird in diesen Fällen durch einen Richter des Stadtgerichts wahrgenommen (§ 11 Abs. 2 Nr. 4 Rechtspflegegesetz), der die eigentliche Aufgabenstellung auf einen Gerichtsassessor (*dommerfuldmægtig*) delegieren kann (§ 19 Rechtspflegegesetz). Im Rahmen der Ausübung notarieller Aufgaben wird der Gerichtsassessor dann aber nicht als Richter, sondern als *notar* oder *notarius publicus* tätig. § 11 Abs. 3 Rechtspflegegesetz ermächtigt den Justizminister zur Regelung der Einzelheiten der Notartätigkeit durch Rechtsverordnung. Dies ist gegenwärtig mit der Verordnung Nr. 1555 vom 18.12.2007 erfolgt. Nach § 1 der Verordnung hat der Notar die Aufgabe, Handlungen, die eine rechtliche Bedeutung haben, beizuwohnen oder selbst vorzunehmen, um durch seine Bestätigung eine Dokumentation zu sichern, der nach dem Gesetz oder in der Praxis eine besondere Beweiskraft beigemessen wird.

- welche Personen während des Notariatsgeschäfts anwesend sind; und
- andere Umstände, die für die Gültigkeit des Testaments Bedeutung haben können.

63 Das Justizministerium erlässt nähere Bestimmungen über die Tätigkeit des Notars, die Aufbewahrung einer Kopie des Testaments, die Anmeldung des Testaments beim sog. **Auto- und Personenbuch** (*bil- og personbogen*, das nunmehr in zwei getrennte, digitale Register aufgeteilt worden ist) und über die Möglichkeit, Informationen über errichtete Testamente zu erlangen (§ 63 Abs. 3 ARL).

64 Das **Zeugentestament** muss gem. § 64 Abs. 1 ARL schriftlich errichtet und bei gleichzeitiger Anwesenheit von zwei Zeugen unterschrieben bzw. vor diesen anerkannt werden. Die Zeugen müssen in unmittelbarem Anschluss an die Unterschriftsleistung oder Anerkennung des Testaments durch den Testator ihre Namen auf das Testament schreiben. Die Testamentszeugen müssen auf Wunsch des Testators herangezogen worden sein und ihre Funktion in Kenntnis der Abgabe einer letztwilligen Verfügung ausgeübt haben. Die Zeugen müssen nach § 64 Abs. 2 ARL volljährig sein. Zudem darf ihnen nicht wegen in § 74 ARL genannter Umstände (siehe dazu unter Rn 84) das Verständnis für die Bedeutung ihrer Testamentsbestätigung als Zeuge fehlen. Als Testamentszeugen scheiden gem. § 64 Abs. 3 ARL aus
- Personen, die im Zeugentestament selbst (bzw. deren Ehegatte, Lebenspartner, Verwandte oder Verschwägerte in auf- oder absteigender Linie oder deren Geschwister bzw. andere nahestehende Personen) bedacht werden;
- Personen oder Institutionen, zu denen der Zeuge im Zeitpunkt der Testamentserrichtung eine solche Beziehung hatte, dass er ein besonderes Interesse an deren Begünstigung hatte; oder
- Personen, bei denen sonstige Umstände vorliegen, die geeignet sind, Zweifel an der Neutralität der Person als Zeuge zu erwecken.

65 Die Funktion des **Nachlassverwalters** schließt nach § 64 Abs. 4 ARL hingegen die Möglichkeit, Testamentszeuge zu sein, nicht aus. Die Zeugen sollen gem. § 64 Abs. 5 ARL in ihrem Testat auf dem Testament eine Erklärung über folgende Umstände abgeben:
- ihren Beruf und ihre Wohnanschrift;
- Zeit und Ort ihrer Unterschriftsleistung;
- dass sie bei der Unterschriftsleistung bzw. der Anerkennung des Testaments als Testamentszeugen auf Wunsch des Testators gleichzeitig anwesend waren;
- dass der Testator vernunftsmäßig in der Lage war, ein Testament zu errichten; und
- andere Umstände, die für die Gültigkeit des Testaments Bedeutung haben können.

2. Außerordentliches Testament

66 Ist der Testator krank oder befindet er sich in einer anderen Notlage, wodurch er daran gehindert ist, selbst ein Testament zu errichten, kann er nach § 65 Abs. 1 ARL ein außerordentliches Testament (**Nottestament** – *nødtestamente*) in einer jedweden Art errichten. Ein Nottestament verliert seine Gültigkeit, wenn drei Monate lang kein Hindernis bestand, ein ordentliches Testament zu errichten (§ 65 Abs. 2 ARL).

3. Gemeinschaftliches Testament

67 Ein **einseitiger Widerruf** einer gemeinsamen testamentarischen Verfügung ist nach § 80 ARL – um Gültigkeit zu erlangen – der anderen Partei mitzuteilen. Etwas anderes gilt nur für den Fall, dass dies aus besonderen Gründen ausgeschlossen ist.

Ring/Olsen-Ring

Haben Ehegatten durch eine gemeinschaftliche testamentarische Verfügung festgelegt, wie das Erbe beim Tod des überlebenden Ehegatten zu verteilen ist, kann Letzterer nach § 81 Abs. 1 ARL durch Testament über das frei verfügbare Erbe in seinem Nachlass disponieren. Er kann jedoch nicht testamentarisch über frei verfügbares Erbe disponieren, das nach dem gemeinschaftlichen Testament Sonderabkömmlingen (zum Begriff siehe Rn 21) des zuerst Verstorbenen zufällt (§ 81 Abs. 2 ARL). Seine Dispositionsbefugnis ist gleichermaßen im Hinblick auf die Hälfte vom frei verfügbaren Erbe ausgeschlossen, das nach dem gemeinschaftlichen Testament gemeinsamen Abkömmlingen zufällt. Die vorgenannten Bestimmungen gelangen nach § 81 Abs. 3 ARL nicht zur Anwendung, wenn die gemeinschaftliche testamentarische Verfügung anderweitige Bestimmungen über das Verfügungsrecht des überlebenden Ehegatten beinhaltet. § 81 ARL findet entsprechende Anwendung auf den Fall, dass ein gemeinschaftliches Testament durch andere als Ehegatten errichtet worden ist (§ 82 ARL). 68

Haben **Ehegatten** durch ein gemeinschaftliches Testament Bestimmungen über die Verteilung des Erbes nach dem Tod des überlebenden Ehegatten getroffen, die der überlebende Ehegatte nicht widerrufen darf, kann Letzterer die Bestimmungen nach § 83 Abs. 1 ARL nicht dadurch außer Kraft setzen, dass er 69
– Geschenke oder Erbvorschüsse gewährt, deren Wert im Missverhältnis zum Vermögen steht (Nr. 1), bzw.
– einen Begünstigten in eine Lebensversicherung oder etwas Vergleichbares einsetzt, die für einen Betrag abgeschlossen worden ist, der in einem Missverhältnis zum Vermögen steht (Nr. 2).

Hat der überlebende Ehegatte eine Verfügung im Widerspruch zu § 83 Abs. 1 Nr. 1 ARL getroffen, kann ein Erbe nach dem zuerst Verstorbenen die Aufhebung der Verfügung verlangen, wenn der Leistungsempfänger die Umstände kannte oder hätte kennen müssen (§ 83 Abs. 2 ARL). Dies gilt nach § 83 Abs. 3 ARL entsprechend, wenn eine Lebensversicherung oder etwas Vergleichbares nach § 83 Abs. 1 Nr. 2 ARL an einen Begünstigten ausbezahlt wird. Nach dem Tod des überlebenden Ehegatten finden § 83 Abs. 2 und 3 ARL in dem Umfang, in dem der betroffene Erbe Deckung für sein Erbrecht durch eine Erstattung aus dem verbleibenden Nachlass erlangen kann, keine Anwendung. Die Regelungen nach § 83 Abs. 2 bis 4 ARL gelangen allerdings nicht zur Anwendung, wenn dies testamentarisch ausgeschlossen worden ist (so § 83 Abs. 5 ARL). Das Aufhebungsverfahren nach § 83 ARL ist in § 84 ARL näher geregelt. 70

Hat der überlebende Ehegatte durch Verfügungen i.S.v. § 83 ARL sein Vermögen durch Begünstigung eines Erben wesentlich vermindert, kann ein anderer Erbe im Rahmen der Erbauseinandersetzung nach § 85 ARL Erstattung aus dem verbleibenden Nachlass verlangen. Dies gilt nicht, wenn eine solche Erstattung testamentarisch ausgeschlossen ist. 71

Die Regelungen der §§ 83 bis 85 ARL finden gem. § 86 ARL entsprechende Anwendung, wenn ein gemeinschaftliches Testament von anderen als Ehegatten errichtet worden ist. 72

4. Erweitertes Testament von Zusammenlebenden

Nach § 87 Abs. 1 ARL können zwei (nicht verheiratete) Personen durch Testament (sog. erweitertes Testament von Zusammenlebenden, *udvidet samlevertestamente*) bestimmen, dass sie ganz oder teilweise einander in der Weise beerben und vererben wollen, als seien sie Ehegatten. In einem entsprechenden Testament kann jedoch nicht bestimmt werden, dass die gesetzlichen Regeln über das Erbe von Gemeinschaftsgut – darunter die Regelungen über die fortgesetzte Gütergemeinschaft – Anwendung finden sollen (§ 87 Abs. 2 ARL). 73

Ein entsprechendes Testament führt gem. § 87 Abs. 3 ARL auch nicht zur Anwendung von § 10 ARL (wonach ein Viertel des Erbteils der Ehegatten Pflichtteilserbe ist; siehe Rn 101).

74 Ein Testament nach § 87 ARL ist gem. § 88 ARL **ungültig**, wenn
 – die Partner bei der Errichtung des Testaments die Bedingungen des Ehegesetzes (*lov om ægteskabs indgåelse og opløsning* – ÆL) zur Eingehung einer Ehe nicht erfüllen (mithin die §§ 6, 9 oder 10 ÆL),[8]
 – bei der Errichtung bereits ein Testament nach § 87 ARL vorlag, wonach ein anderer, in eheähnlicher Gemeinschaft Zusammenlebender erbberechtigt ist,
 – die Partner zum Zeitpunkt des Todes des zuerst Verstorbenen nicht an einem gemeinsamen Wohnsitz wohnhaft waren und
  – ein gemeinsames Kind erwarteten, hatten oder gehabt hatten bzw.
  – die letzten zwei Jahre am gemeinsamen Wohnsitz in einer eheähnlichen Gemeinschaft zusammenlebten.

Ein gemeinsamer Wohnsitz gilt gem. § 88 Abs. 2 ARL bei einem nur vorübergehenden Aufenthalt in einer anderen Wohnung bzw. bei einem Aufenthalt in einer Institution nicht als aufgelöst.

75 Testamentarische Verfügungen nach § 87 ARL entfallen gem. § 89 ARL, wenn die Parteien miteinander oder mit einem Dritten die Ehe eingehen.

5. Formverstoß

76 Ein Testament ist nach § 69 ARL ungültig, wenn der Testator bei der Errichtung die Voraussetzungen gem. § 62 ARL (Altersvoraussetzungen; siehe Rn 78) nicht eingehalten hat oder das Testament den Formerfordernissen nach den §§ 63 Abs. 1, 64 Abs. 1 bis 3 bzw. § 66 ARL nicht genügt.

6. Verteilung von Hausrat und persönlichen Gegenständen durch Testament

77 Nach § 66 ARL kann der Testator durch eine datierte und unterschriebene Erklärung testamentarisch darüber verfügen, wer gewöhnlichen Hausrat und persönliche Gegenstände erben soll. Für denjenigen, der von vornherein Erbe ist, wird eine entsprechende Begünstigung – vorbehaltlich einer anderweitigen testamentarischen Bestimmung – als ein Vorzugsrecht betrachtet, wonach er innerhalb seines Erbteils die entsprechenden Gegenstände zum Wertschätzungsbetrag übernehmen kann.

IV. Testierfähigkeit

78 Wer das 18. Lebensjahr vollendet hat oder eine Ehe eingegangen ist, kann durch Testament über sein Eigentum verfügen (§ 62 Abs. 1 ARL), vgl. jedoch §§ 5, 10 und 11 ARL. Ein Verstoß gegen § 62 ARL hat nach § 69 ARL die **Ungültigkeit** der letztwilligen Verfügung zur Folge. Wer das 15. Lebensjahr vollendet hat, kann gem. § 62 Abs. 2 ARL testamentarisch über das Eigentum verfügen, über das er nach Maßgabe von § 42 des Vormundschaftsgesetzes (*værgemålsloven* – d.h. Vermögen, das der Minderjährige durch eigene Arbeit erwirtschaftet hat, solches, das er zur freien Verfügung in Form von Geschenken oder als freies

---

[8] Von dieser Regelung werden beispielsweise Geschwister und andere in auf- und absteigender Linie Verwandte, Verheiratete und Partner einer registrierten Partnerschaft erfasst. Die Regelung erfasst zudem Ehegatten, die in fortgesetzter Gütergemeinschaft nach einem zuvor verstorbenen Ehegatten leben.

Erbe durch Testament erhalten hat, bzw. Mittel, die der Vormund ihm zu seinem Unterhalt zur Verfügung gestellt hat) verfügen kann.

Ein Testament ist nach § 74 ARL auch dann ungültig, wenn der Erblasser bei der Errichtung aufgrund einer Geisteskrankheit, Geistesschwäche, vorübergehenden Geistesstörung oder eines ähnlichen Zustandes nicht in der Lage war, die Bedeutung der von ihm abgegebenen Willenserklärung einzusehen und nach dieser Einsicht über sein Vermögen zu verfügen. 79

V. Weitere Unwirksamkeitsgründe letztwilliger Verfügungen

Das Testat des Notars auf einem **Notartestament** gilt gem. § 70 ARL als Beweis für Umstände, die vom Testat erfasst sind. Etwas anderes gilt nur dann, wenn besondere Umstände dazu Anlass geben, die Richtigkeit des Testats in Zweifel zu ziehen. 80

§ 71 Abs. 1 ARL enthält **beim Zeugentestament** eine **Umkehr der Beweislast:** Wird ein Einwand gegen die Gültigkeit eines Zeugentestaments geltend gemacht, muss derjenige, der sich auf die Gültigkeit des Testaments berufen will, beweisen, dass das Testament gültig errichtet worden ist. Haben die Zeugen in ihrem Testat auf dem Testament bestätigt, dass die Voraussetzungen nach § 64 Abs. 1 ARL erfüllt waren (siehe Rn 64), gilt dies nach § 71 Abs. 2 ARL als bewiesen. Etwas anderes gilt nur dann, wenn besondere Umstände dazu Anlass geben, die Richtigkeit des Testats in Zweifel zu ziehen. 81

Ein **Nottestament** ist nach § 72 ARL ungültig, wenn es nicht als sicher angesehen werden kann, dass es Ausdruck der Entscheidung des Testators ist und von diesem errichtet wurde bzw. wenn angenommen werden kann, dass der Testator außerstande war, vernunftgemäß ein Testament zu errichten. 82

Gemäß § 73 ARL ist eine testamentarische Verfügung nach § 66 ARL (Verteilung von gewöhnlichem Haushalt und persönlichen Gegenständen; siehe Rn 77) gültig, sofern nicht anzunehmen ist, dass die Verfügung nicht vom Testator herrührt bzw. dieser außerstande war, vernunftgemäß die entsprechenden Gegenstände zu verteilen. 83

Ein Testament ist nach § 74 ARL ungültig, wenn der Erblasser bei der Errichtung aufgrund einer **Geisteskrankheit** (z.B. schwere Demenz), einer gehemmten psychischen Entwicklung, einer vorübergehenden Geistesstörung oder eines ähnlichen Zustandes nicht imstande war, vernunftgemäß über seine Vermögensgegenstände zu verfügen. 84

Eine testamentarische Verfügung ist gem. § 75 ARL weiterhin dann unwirksam, wenn anzunehmen ist, dass sie durch Zwang, Arglist oder eine andere **unerlaubte Beeinflussung** (darunter Missbrauch der fehlenden Urteilskraft des Testators, eines Schwächezustands oder einer Abhängigkeit) zustande gekommen ist. 85

Nach § 76 ARL ist eine testamentarische Verfügung, die wegen eines Schreibfehlers oder eines anderes **Fehlers** einen Inhalt erlangt, der vom beabsichtigten Inhalt abweicht, so weit wie möglich in Übereinstimmung mit dem gewollten Inhalt abzuwickeln. Ist der gewollte Inhalt nicht feststellbar, ist die Verfügung unwirksam. 86

§ 77 ARL regelt den Fall des **Motivirrtums** und des **Wegfalls der Errichtungsvoraussetzungen**. Eine testamentarische Verfügung ist nach § 77 Abs. 2 ARL danach unwirksam, wenn 87
– der Testator sich bei deren Errichtung im Irrtum hinsichtlich solcher Umstände befand, die für die Verfügung entscheidend waren, oder
– Umstände, die für die Verfügung entscheidend waren, sich nach der Errichtung in einer solchen Weise verändert haben, dass der Testator bei entsprechender Kenntnis die Verfügung widerrufen hätte.

Unabhängig davon ist die Verfügung in Übereinstimmung mit dem gewollten Inhalt abzuwickeln, sofern dieser feststellbar ist.

88 Eine testamentarische Verfügung, wonach Vermögensgegenstände in einer Weise verwendet oder vernichtet werden sollen, die **offensichtlich jeder vernünftigen Grundlage entbehrt**, ist nach § 78 ARL ungültig.

89 Die **Einrede der Unwirksamkeit** einer letztwilligen Verfügung kann nach § 79 ARL von jedem geltend gemacht werden, der erben würde, wenn das Testament für ungültig erklärt werden würde.

VI. Auslegung letztwilliger Verfügungen

90 Ist eine letztwillige Verfügung auslegungsbedürftig, findet grundsätzlich eine **subjektive Auslegung** orientiert am Willen des Erblassers (Willensprinzip) statt. Bei Mehrdeutigkeit einer Testamentsbestimmung ist i.d.R. eine „erklärende Auslegung" vorzunehmen. Bei einer sprachlich eigentlich eindeutigen Verfügung, die gleichwohl Anlass dafür bietet, anzunehmen, dass der Testator etwas anderes testieren wollte, kann eine „korrigierende Auslegung" in Betracht kommen. Fehlen jegliche Auslegungshinweise, ist auf das zurückzugreifen, was am besten mit dem Interesse eines gewöhnlichen Testators vereinbar ist. Dies ist durch eine „objektivierte Auslegung" (die auf der Rechtspraxis beruhen kann) vorzunehmen.

VII. Möglicher Inhalt letztwilliger Verfügungen

91 Der Erblasser kann grundsätzlich durch Testament frei über sein Vermögen verfügen (freies Verfügungsrecht – Testierfreiheit), z.B. **Erbeinsetzungen** vornehmen und **Vermächtnisse** oder die Einbringung seines Vermögens in eine Stiftung anordnen.

92 Über den Pflichtteil kann der Erblasser gem. § 50 Abs. 1 ARL testamentarisch nicht verfügen, es sei denn, besondere Rechtsvorschriften gestatten eine Ausnahme (zum Pflichtteilsrecht siehe Rn 101 ff.).

93 Das 10. Kapitel ARL (§§ 59 bis 61) trifft Regelungen hinsichtlich testamentarischer Verfügungen über das **frei verfügbare Erbe** (*friarv* – als Gegenbegriff zum Pflichtteil). Die Regelungen des § 50 Abs. 2 und 3 ARL (siehe Rn 102) finden gem. § 59 ARL entsprechende Anwendung auf das frei verfügbare Erbe. Im Hinblick auf das frei verfügbare Erbe kann nach § 60 Abs. 1 ARL testamentarisch eine „Sukzessionsreihenfolge" festgelegt werden, wonach das Erbe einem Erben oder Vermächtnisnehmer an erster Stelle und danach einem oder mehreren anderen Erben oder Vermächtnisnehmern an zweiter oder nachrangiger Stelle zustehen soll. Durch Testament kann ein Erbe oder Vermächtnis nicht mehreren Personen (wohl aber einer Person), die im Zeitpunkt des Todesfalls des Testators noch nicht geboren sind, hintereinander zugewendet werden (§ 60 Abs. 2 ARL).

94 Das frei verfügbare Erbe kann nach § 61 ARL testamentarisch „**eingefroren**" werden, wenn dies nach Ansicht des Erblassers dem Wohl des Erben dienlich ist. § 53 Abs. 2 und §§ 54 bis 58 ARL (siehe Rn 107) finden dabei entsprechende Anwendung. Von den Vorgaben der §§ 54, 55 Abs. 1 S. 2 und Abs. 2 sowie § 58 ARL kann testamentarisch abgewichen werden.

VIII. Widerruf des Testaments

95 Nach § 67 Abs. 1 ARL muss ein Widerruf oder eine Änderung des Testaments in Übereinstimmung mit den Regeln über die Testamentserrichtung erfolgen. In den in § 49 ARL genannten Fällen (d.h. bei Trennung und Scheidung, siehe Rn 113) gilt ein Testament, das

der eine Ehegatte zugunsten des anderen Ehegatten errichtet hat, als widerrufen. Etwas anderes gilt nur dann, wenn besondere Umstände dagegen sprechen (§ 67 Abs. 2 ARL). Wird ein eheähnliches Zusammenleben (*ægteskabslignende samliv*) wegen Unstimmigkeiten beendet, gilt gem. § 67 Abs. 3 ARL ein erweitertes Testament nach § 87 ARL (Rn 73), das der eine Zusammenlebende zugunsten des anderen errichtet hat, als widerrufen. Etwas anderes gilt nur dann, wenn besondere Umstände dagegen sprechen.

IX. Testamentsregister

Im Zentralregister für Testamente (*centralregistret for testamenter*) werden alle vor dem Notar in Dänemark errichteten Testamente registriert. Das Register ist EDV-gestützt. Die Registrierung ist als solche nicht kostenpflichtig. Es wird vielmehr im Rahmen der Errichtung eines Testaments vor dem Notar als Notariatsgeschäft eine Gerichtsgebühr fällig, die zurzeit 300 dkr beträgt (§ 42 des Gesetzes über Gerichtsgebühren – *lov om retsafgifter*). Einsicht kann nur in eigene Testamente genommen werden. Ein Einsichtsrecht Dritter besteht nicht.

96

X. Ausländische Testamente

Im Hinblick auf die **Anerkennung ausländischer Testamente** gilt, dass das Testament automatisch in Dänemark Anerkennung findet, wenn die zuständige ausländische Behörde bestätigt, dass das Testament in Übereinstimmung mit den Bestimmungen des betreffenden Staates errichtet worden ist. Ausländische Testamente können allerdings nicht in das Zentralregister für Testamente (siehe Rn 96) eingetragen werden.

97

F. Das Erbrecht des Staates

Fehlen gesetzliche oder testamentarische Erben, fällt der Nachlass gem. § 95 Abs. 1 ARL an den Staat. Wenn die Erbschaft an den Staat fällt, kann das Justizministerium bzw. eine von diesem ermächtigte Stelle auf entsprechenden Antrag hin bestimmen, dass das Erbe in Übereinstimmung mit den Regelungen in einem anfechtbaren Testament erteilt werden soll, falls das Testament als Ausdruck des letzten Willens des Verstorbenen anzusehen ist (§ 95 Abs. 2 ARL). Sofern die Umstände dafür sprechen, kann das Justizministerium bzw. eine von diesem ermächtigte Stelle gem. § 95 Abs. 3 ARL auf entsprechenden Antrag hin auch auf die Erbschaft ganz oder teilweise verzichten zugunsten:

98

– des mit dem Verstorbenen früher in eheähnlicher Gemeinschaft Zusammenlebenden;
– Personen, die beim Verstorbenen als dessen Stief- oder Pflegekinder bzw. Stief- oder Pflegegeschwister aufgewachsen sind;
– Verwandter des Verstorbenen, falls das Vermögen ganz oder teilweise von einem gemeinsamen Verwandten herrührt; oder
– anderer Personen oder Institutionen, die dem Verwandten nahe standen.

Das Justizministerium erlässt nach § 95 Abs. 4 ARL nähere Bestimmungen über die Verwaltung von Nachlässen, bei denen der Staat Erbe ist.

99

Entscheidungen nach § 95 Abs. 2 und 3 ARL können innerhalb von drei Monaten gem. § 96 ARL vor dem Nachlassgericht, das durch Urteil entscheidet, angefochten werden, bei dem die Nachlassteilung nach Maßgabe von § 2 des Erbauseinandersetzungsgesetzes (*lov om skifte af dødsboer*) stattfindet. Dabei findet § 226 des Rechtspflegegesetzes über die

100

Möglichkeit, ein Verfahren ggf. vor dem Gericht zweiter Instanz (*landsretten*) stattfinden zu lassen, entsprechende Anwendung.

G. Pflichtteilsrechte

I. Der Pflichtteil

101 Der Pflichtteil eines **Abkömmlings** beträgt nach § 5 Abs. 1 ARL (nur noch) ein Viertel des Erbteils. § 5 Abs. 2 ARL verschafft dem Erblasser zudem das Recht, durch Testament den Erbteil seiner Kinder auf einen Wert von 1 Mio. dkr. (ca. 137.000 EUR) zu begrenzen. Ist ein Kind verstorben, wird der Erbteil der Abkömmlinge dieses Kindes – vorbehaltlich einer anderweitigen testamentarischen Bestimmung – auf den Anteil beschränkt, der dem Anteil nach dem Repräsentationsprinzip entspricht (vgl. § 1 Abs. 2 ARL). Dasselbe gilt im Verhältnis zu entfernteren Abkömmlingen. Die Wertgrenze kann nach Maßgabe von § 97 ARL angepasst werden. Danach wird die Wertgrenze jährlich zum 1. Januar mit 2,0 % unter Hinzufügung oder Abzug des Anpassungsquotienten für das entsprechende Finanzjahr nach Maßgabe des *„lov om en satsreguleringsprocent"* bestimmt. Das Justizministerium gibt jährlich die erfolgten Anpassungen bekannt. Auch der Pflichtteil des **Ehegatten** beträgt nach § 10 ARL ein Viertel seines gesetzlichen Erbteils.

102 Der Erblasser kann – vorbehaltlich einer anderweitigen gesetzlichen Regelung – gemäß § 50 Abs. 1 ARL nicht testamentarisch über den Pflichtteil verfügen. Er kann allerdings durch Testament gem. § 50 Abs. 2 ARL bestimmen, dass ein Abkömmling
- seinen Pflichtteil bar ausgezahlt erhält,
- seinen Pflichtteil in Form bestimmter Vermögensgegenstände erhält bzw.
- Vermögensgegenstände auch erlangen kann, die den Wert des Erbteils übersteigen, wenn der Abkömmling den überschießenden Betrag bar an den Nachlass bezahlt.

103 Dabei ist jedoch das Recht des Ehegatten, im Voraus Gegenstände aus der Erbschaft auszusondern (vgl. § 11 Abs. 1 ARL) bzw. Vermögenswerte aus der Erbschaft nach einer Wertschätzung zu übernehmen (vgl. § 91 Abs. 2 ARL), zu respektieren. Ein Erblasser, der sowohl Gemeinschaftsgut als auch völliges Vorbehaltsgut hinterlässt, kann unter Beachtung der Rechte des Ehegatten (nach § 11 Abs. 1 bzw. § 91 Abs. 2 ARL) testamentarisch bestimmen, ob das Recht eines Abkömmlings auf einen Pflichtteil aus dem Gemeinschaftsgut oder dem völligen Vorbehaltsgut bedient werden soll.

104 Ein Erblasser kann nach § 51 ARL bestimmen, wem der Pflichtteil, der auf einen Abkömmling entfällt, zustehen soll, wenn der Abkömmling vor Vollendung des 18. Lebensjahres verstirbt, ohne eine Ehe eingegangen zu sein oder Kinder hinterlassen zu haben (Nacherbfolge).

105 § 52 ARL regelt die Verteilung des Pflichtteils für den Fall, dass der Pflichtteilsberechtigte außerstande ist, vernunftgemäß zu handeln: Das Justizministerium bzw. eine von diesem ermächtigte Stelle kann gem. § 52 Abs. 1 ARL gestatten, dass ein Erblasser testamentarisch bestimmt, wie ein Pflichtteil im Falle des Todes des Pflichtteilsberechtigten nach ihm verteilt wird, wenn
- der Pflichtteilsberechtigte außerstande ist, ein Testament vernunftgemäß zu errichten (Nr. 1; vgl. § 74 ARL, Ungültigkeit des Testaments);
- dieser Zustand erwartungsgemäß nicht nur vorübergehend ist (Nr. 2);
- der Pflichtteilsberechtigte selbst keine Pflichtteilsberechtigten hinterlässt (Nr. 3);
- der Pflichtteilsberechtigte kein wirksames Testament errichtet hat (Nr. 4); bzw.

– die testamentarische Verfügung von einem für den Pflichtteilsberechtigten bestellten Vormund genehmigt wird (Nr. 5).

Entsprechende testamentarische Verfügungen entfalten nach § 52 Abs. 2 ARL nur Wirkung, wenn die Voraussetzungen in Nr. 3 und 4 im Zeitpunkt des Todes des Pflichtteilsberechtigten noch vorlagen. Das Justizministerium kann Regeln hinsichtlich der Testamentserlaubnis (Abs. 1) nach § 52 Abs. 3 ARL erlassen.

II. „Einfrieren" des Pflichtteils

Außerdem kann der Erblasser durch Testament bestimmen, dass der Pflichtteil eines seiner Abkömmlinge ganz oder teilweise „eingefroren" (festgelegt) werden soll (*båndlæggelse ved testamente*, §§ 53 bis 58 ARL). Voraussetzung dafür ist nach § 53 Abs. 1 ARL, dass dies nach Ansicht des Erblassers **dem Wohl des Erben dienlich** ist. Das Einfrieren kann nur bis zur Vollendung des 25. Lebensjahres erfolgen. Ist das Erbe von geringem Wert, kann das Justizministerium bzw. eine von ihm ermächtigte Stelle von der Erfüllung der Vorgaben über das Einfrieren des Pflichtteils dispensieren (§ 53 Abs. 2 ARL). Nähere Regelungen über die Anlage des „eingefrorenen Pflichtteils" trifft § 54 ARL. Ist der Pflichtteil „eingefroren", kann der **Erbe** nach § 55 Abs. 1 ARL **nicht unter Lebenden** (wohl aber von Todes wegen) **über den Pflichtteil verfügen**. Unter Lebenden ist nur eine Verfügung über den Kapitalertrag möglich. Auch eine Zwangsvollstreckung seiner Gläubiger in das festgelegte Kapital scheidet aus (so § 55 Abs. 2 ARL). Dasselbe gilt hinsichtlich nicht abgehobener Zinsen und Einnahmen bis zu sechs Monaten nach dem Verfallsdatum. Muss der Erbe Schadensersatz oder Erstattung wegen eines Schadens leisten, den er vorsätzlich oder fahrlässig gegenüber einer Person oder Sache verursacht hat, kann durch Urteil bestimmt werden, dass die „Einfrierung" keine Auszahlung aus den „eingefrorenen" Mitteln hindert.

§ 56 ARL gibt dem Justizministerium (oder einer von diesem beauftragten Stelle) das Recht, eine festgelegte Erbschaft freizugeben, wenn
– dies den Wohlfahrtsinteressen des Erben entspricht;
– die Erbschaft von geringem Wert ist; oder
– das „Einfrieren" offensichtlich nicht mehr einem billigen Zweck dient.

Beinhaltet eine testamentarische Bestimmung eine Ausbezahlung zu einem bestimmten Zeitpunkt oder für den Fall des Eintritts bestimmter Umstände, erfolgt nach § 57 ARL die Auszahlung durch eine vom Justizministerium bestimmte Verwaltungsabteilung. Beruht die Auszahlung hingegen auf einer Ermessensentscheidung im Hinblick auf die Erfüllung einer testamentarischen Bedingung, erfolgt die Auszahlung durch das Justizministerium (oder eine von diesem ermächtigte Stelle).

III. Das Vorausrecht

Im neuen Erbgesetz ist das bis dahin den Kindern des Erblassers als bedarfsorientierte Pflichtteilsregel gewährte Vorausrecht (*forlodsret*), dem in der Praxis allerdings eine nur geringe Bedeutung zukam, abgeschafft worden.

H. Der Erbverzicht

Ein Erbe kann nach § 42 Abs. 1 ARL (ohne Beachtung von Formerfordernissen) gegenüber dem Erblasser gegen oder ohne ein Entgelt auf ein noch nicht bzw. ein bereits angefallenes

Erbe verzichten (**Erbverzicht**). Der Verzicht auf ein noch nicht angefallenes Erbe ist dem Erblasser gegenüber zu erklären. Ein Verzicht kann ebenso gegenüber dem überlebenden Ehegatten des Erblassers erklärt werden, wenn dieser in fortgeführter Gütergemeinschaft lebt (§ 42 Abs. 2 ARL). Der Verzicht entfaltet auch gegenüber den Abkömmlingen des Verzichtenden Wirksamkeit, es sei denn, dass im Hinblick auf deren Erbrecht ein Vorbehalt erklärt worden ist (§ 42 Abs. 3 ARL).

I. Wegfall und Ausschluss des Erbrechts

112 Das 8. Kapitel (§§ 48 und 49 ARL) regelt den Wegfall und den Ausschluss des Erbrechts. Wenn eine Person eine vorsätzliche Verletzung des Strafgesetzes begangen hat, die den Tod eines anderen bewirkt hat, können ihr durch Urteil (in einem Straf- oder eigenständigen Verfahren, § 48 Abs. 3 ARL) sowohl ihr Erbrecht als auch andere Leistungen, die vom Tod des Erblassers abhängig sind (z.B. Versicherungssummen oder Rentenansprüche), aberkannt werden (§ 48 Abs. 1 ARL) – ebenso kann festgelegt werden, dass das Erbrecht bzw. entsprechende Leistungen (als Folge des vorsätzlichen Gesetzesverstoßes) nicht erhöht werden. Wer versucht hat, einen Familienerben zu töten, oder gegen diesen Gewalt ausgeübt hat bzw. ihn schwer gekränkt oder in strafbarer Weise bedroht hat, kann auf Antrag des Verletzten seines Erbrechts (bzw. seines Rechts auf andere Leistungen, die vom Tod des Erblassers abhängig sind) verlustig gehen (§ 48 Abs. 2 ARL). Nach § 48 Abs. 4 ARL kann das aberkannte Erbrecht dem Verurteilten durch Testament aber ganz oder teilweise auch wieder gewährt werden. Das Recht auf andere Leistungen, die vom Tod des Erblassers abhängig sind, kann ganz oder teilweise dadurch wieder eingeräumt werden, dass der Verurteilte erneut als Erbe eingesetzt wird.

113 Das gegenseitige Erbrecht der Ehegatten entfällt nach § 49 Abs. 1 ARL bei der Trennung (*separation*) und der Scheidung (*skilsmisse*). Der Wegfall des Erbrechts für den Fall, dass einer der Partner in einer Ehe, die für ungültig erklärt werden kann, stirbt, ist in § 49 Abs. 2 ARL geregelt.

J. Nachlassverfahren und Nachlassabwicklung

I. Nachlassverfahren

114 Das Nachlassverfahren ist im **Gesetz über das Nachlassverfahren** (*lov om skifte af dødsboer*) Nr. 383 vom 22.5.1996 geregelt (siehe Rn 2). Das Auseinandersetzungsverfahren, das terminologisch dem deutschen Nachlassverfahren entspricht, gestaltet sich wie folgt: Grundsätzlich werden nach § 7 des Gesetzes der/die nahen Verwandten des Verstorbenen kurz nach der Anmeldung eines Todesfalls von Amts wegen zu einer mündlichen Besprechung in die Nachlassabteilung des Stadtgerichts (*skifteretten* – nachstehend **Nachlassgericht**) geladen. In der Praxis erfolgt die Besprechung allerdings oftmals telefonisch. Im Rahmen dieser Besprechung wird versucht, die Familien- und Vermögensverhältnisse des Verstorbenen abzuklären und auf dieser Grundlage die Form des Nachlassverfahrens zu bestimmen (§ 7). Das Nachlassgericht kann aber auch von der Terminierung einer mündlichen Besprechung absehen, beispielsweise dann, wenn ausreichende schriftliche Informationen vorliegen oder die Erben weit entfernt wohnen bzw. wenn diese sofort einen Anwalt eingeschaltet haben. Zuständig ist das Gericht am allgemeinen Gerichtsstand des Verstorbenen. Hatte dieser keinen Gerichtsstand in Dänemark, können die dänischen Nachlassgerichte dennoch entscheiden, dass die Auseinandersetzung bezüglich des ganzen Nachlasses

oder Teile davon vor einem dänischen Nachlassgericht erfolgen soll. Nach der Kompetenzregel des § 2 Abs. 2 alt konnte bis zur Änderung des Nachlassverfahrensgesetzes zum 1.7.2014,[9] wenn ein Verstorbener keinen Gerichtsstand in Dänemark hatte, das Justizministerium den Nachlass oder einen Teil davon doch einem dänischen Nachlassgericht zuweisen, wenn der Verstorbene dänischer Staatsangehöriger war oder eine andere besondere Verbindung zu Dänemark hatte und Aktiva hinterließ, die in eine Nachlassauseinandersetzung im Ausland nicht einbezogen werden können. Dasselbe gilt, wenn der Verstorbene in Dänemark Aktiva hinterlässt, die in eine Nachlassauseinandersetzung im Ausland nicht mit einbezogen werden können. Seit der Novelle 2014 können die Nachlassgerichte diese Entscheidung bei Vorliegen der genannten Voraussetzungen selbst treffen. Nach § 2 Abs. 3 muss der Antrag auf eine Nachlassauseinandersetzung beim Nachlassgericht des Ortes gestellt werden, in dessen Bezirk Grundeigentum belegen ist bzw. in dem sich sonstige Nachlassaktiva befinden. Befinden sich keine Aktiva (Grundeigentum oder sonstige Nachlassaktiva) in Dänemark, muss der Antrag beim Nachlassgericht des Gerichtsbezirks, in dem die Erben ihren Wohnsitz haben, gestellt werden. In sonstigen Fällen ist der Antrag an das Stadtgericht Kopenhagen (Københavns Byret) zu richten. Dem Antrag ist grundsätzlich eine Einverständniserklärung aller Erben beizufügen (§ 2 Abs. 4).

II. Nachlassabwicklung

Grob skizziert kommen nach dem Gesetz über das Nachlassverfahren folgende Möglichkeiten einer Nachlassabwicklung in Betracht:
– Abwicklung eines Nachlasses, ohne dass ein eigentliches Auseinandersetzungsverfahren stattfindet, bzw.
– Abwicklung des Nachlasses aufgrund eines (eigentlichen) Auseinandersetzungsverfahrens.

1. Abwicklung eines Nachlasses, ohne dass ein eigentliches Auseinandersetzungsverfahren stattfindet

a) Auszahlung des Nachlasses ohne Auseinandersetzungsverfahren

Die Nachlassteilung ohne Auseinandersetzungsverfahren (*boudlæg uden skiftebehandling*) ist im 12. Kapitel des Gesetzes über das Nachlassverfahren geregelt: Wenn das Vermögen des Verstorbenen nach Abzug der Bestattungskosten, eventueller Ausgaben im Zusammenhang mit einer Sicherung von Nachlassaktiva, Ausgaben für vorübergehende Maßnahmen (die etwa bei Aushändigung des Nachlasses an einen vorübergehenden Nachlassverwalter entstanden sind), Kosten für die Werteinschätzung von Nachlassaktiva, Gebühren im Zusammenhang mit der Nachlassabwicklung sowie durch Pfandrechte oder in entsprechender Weise gesicherter Schulden nicht mehr als einen (jährlich vom Justizminister angepassten) **geringen Betrag** – der im Jahre 2014 die Summe von 41.000 dkr. ausmacht – übersteigt. Der positive Saldo wird wegen des damit verbundenen Verwaltungsaufwands nicht an die Gläubiger verteilt, sondern – unter Berücksichtigung sozialer Billigkeitsgesichtspunkte – grundsätzlich an den oder diejenigen, die dem Verstorbenen am nächsten standen, ausgekehrt. Dafür müssen der oder die genannte(n) Person(en) die Bestattungskosten tragen und ggf. die Wohnung des Verstorbenen räumen. Eine Pflicht, Schulden des Verstorbenen zu bezahlen, besteht hingegen nicht (näher § 19).

---

9 Dazu *Ring/Olsen-Ring*, Dänemark: Änderungen im Nachlassauseinandersetzungsgesetz, ZEV 2014, 486.

b) Auszahlung an den überlebenden Ehegatten

117 Im 13. Kapitel des Gesetzes über das Nachlassverfahren ist die Auszahlung an den überlebenden Ehegatten (*ægtefælleudlæg*) geregelt: Das Vermögen kann an den überlebenden Ehegatten ausbezahlt werden, wenn er dieses beantragt und es aus den Bestimmungen des ARL sowie des Gesetzes über die Rechtswirkungen der Ehe (siehe Rn 37) – die u.a. dem Ehegatten einen Mindestbetrag vor der Zuteilung an andere Erben zusichern – folgt, dass nichts an weitere Erben zu verteilen ist und der überlebende Ehegatte die Haftung für die Schulden des Verstorbenen übernimmt. Einem Lebenspartner, zu dessen Gunsten ein erweitertes Testament nach § 87 ARL errichtet worden ist (siehe Rn 73), steht zwar das Recht auf einen Voraus nach Maßgabe von § 11 ARL zu (siehe Rn 21). Er hat aber nach der Rechtsprechung kein Recht auf Nachlassauseinandersetzung nach den Bestimmungen über *ægtefælleudlæg*.

118 Wenn das Nachlassvermögen bedeutend ist und die Interessen der Nachlassgläubiger dafür sprechen, kann das Nachlassgericht allerdings auch entscheiden, dass kein *ægtefælleudlæg* stattfinden soll. Bei einer Annahme, der Verstorbene sei insolvent gewesen, kann der überlebende Ehegatte bzw. ein Gläubiger beim Nachlassgericht zudem eine Nachlassverwaltung beantragen (*bobestyrerbo*). Der überlebende Ehegatte haftet dann grundsätzlich nicht für die Schulden des Verstorbenen (näher §§ 22 und 23).

c) Fortgesetzte Gütergemeinschaft

119 Im 14. Kapitel des Gesetzes über das Nachlassverfahren ist die fortgesetzte Gütergemeinschaft (*uskiftet bo*) geregelt: Auf Antrag gegenüber dem Nachlassgericht kann der überlebende Ehegatte nach Maßgabe des 4. Kapitels ARL die Gütergemeinschaft fortführen (fortgesetzte Gütergemeinschaft, siehe Rn 25 ff.).

2. Abwicklung eines Nachlasses aufgrund eines eigentlichen Auseinandersetzungsverfahrens

a) Auseinandersetzung unter den Erben selbst

120 Die Auseinandersetzung unter den Erben selbst (*privat skifte*) ist im 15. Kapitel des Gesetzes über das Nachlassverfahren geregelt. Die Erben können gemäß § 25 den Nachlass gemeinsam verwalten, wenn
 – sämtliche Erben dies beantragen;
 – zu vermuten steht, dass die Vermögenswerte des Nachlasses sowie eine etwaige Sicherheitsleistung ausreichen, um die Schulden der Erbschaft abzudecken und wenn kein konkretes Risiko dafür besteht, dass der Nachlass während der Auseinandersetzung in Insolvenz gerät;
 – mindestens einer der Erben selbstständig – ohne Vormund – auftreten kann und solvent ist;
 – der Verstorbene eine Auseinandersetzung unter den Erben selbst nicht durch eine testamentarische Verfügung ausgeschlossen hat; und
 – keine entscheidenden Interessen, etwa fehlende Zahlungsfähigkeit der Erben, gegen eine solche Form der Auseinandersetzung sprechen.

121 Die Erben müssen spätestens sechs Monate nach Übergabe des Nachlasses beim Nachlassgericht eine Übersicht über alle Aktiva und Passiva der Erbschaft, bezogen auf den Zeitpunkt des Todestages, einreichen. Spätestens ein Jahr nach dem Todestag des Erblassers müssen die Erben eine **Nachlassbilanz** (*boopgørelse*) aufstellen und diese an das Nachlassgericht weiterleiten, das seinerseits die Steuerbehörden informiert (näher §§ 31 und 32). Wenn die Voraussetzungen für einer *privat skifte* erfüllt sind, kann bei Vorliegen zusätzlicher

Voraussetzungen, etwa wenn der Nachlass keine Erbschaftsteuern auslöst, ein vereinfachtes Verfahren stattfinden – sog. *forenklet privat skifte* (näher §§ 33 ff.).

b) Nachlassverwaltung

Die Nachlassverwaltung (*bobestyrerbo*) ist im 16. Kapitel des Gesetzes über das Nachlassverfahren geregelt. Das Nachlassgericht beauftragt einen Nachlassverwalter, der – mangels testamentarischer Festlegung einer bestimmten Person als Nachlassverwalter – grundsätzlich ein autorisierter (und ausreichend haftpflichtversicherter) **Rechtsanwalt** ist (näher §§ 37 ff. i.V.m. § 11), u.a. wenn
– ein Erbe dies beantragt,
– der Nachlass vermutlich insolvent ist oder
– der Erblasser testamentarisch die Nachlassverwaltung angeordnet hat.

122

Weiterhin kann eine bereits laufende Auseinandersetzung unter den Erben selbst u.a. auf Antrag eines Erben bzw. unter gewissen Umständen auch auf Begehren eines Vermächtnisnehmers oder eines Gläubigers in eine Nachlassverwaltung übergehen (näher § 30). Das Nachlassgericht stellt gemäß § 42 bei der Übergabe des Nachlasses an den Nachlassverwalter sofort ein gerichtliches Testat (*skifteretsattest*) aus. Dieses Testat (**Testamentsvollstreckerzeugnis**) legitimiert den Nachlassverwalter, den Nachlass vertraglich und prozessrechtlich zu vertreten. Etwaige Beschränkungen des Zeichnungsrechts des Nachlassverwalters müssen aus dem Testat hervorgehen. Wesentliche Fragen im Hinblick auf den Nachlass muss der Nachlassverwalter den Erben vorlegen, bevor er darüber entscheiden darf (näher vor allem die §§ 53 bis 55). Im Rahmen seiner zahlreichen – im Gesetz näher beschriebenen – Aufgaben ist der Nachlassverwalter für den Fall, dass der Nachlass eine oder mehrere Immobilie(n) umfasst, verpflichtet, zur Sicherung gegen unberechtigte Verfügungen die Mitteilung über die stattfindende Nachlassverwaltung ins Grundbuch eintragen zu lassen (§ 44 des Gesetzes über das Nachlassverfahren i.V.m § 13 Abs. 1 S. 3 des Grundbuchgesetzes – *tinglysningslov*).

123

Nach Ablauf des Aufgebotsverfahrens erarbeitet der Nachlassverwalter eine sog. **Eröffnungsbilanz** (*åbningsstatus*), die an die Erben, das Nachlassgericht sowie die Steuerbehörden weitergereicht wird und eine Aufzeichnung sämtlicher Aktiva und Passiva, bezogen auf den Todestag, enthält. Die Eröffnungsbilanz muss auch die erwarteten Einnahmen und Ausgaben angeben und eine Solvenzeinschätzung des Nachlasses durch den Nachlassverwalter beinhalten (§ 52). Beim Abschluss des Nachlassverfahrens, der so bald wie möglich und grundsätzlich spätestens zwei Jahre nach dem Todesfall erfolgen muss, stellt der Nachlassverwalter eine **Nachlassbilanz** auf, aus der u.a. Aktiva und Passiva, Ausgaben und Einnahmen, die Verteilung des Nachlasses unter den Vermächtnisnehmern und den Erben sowie deren jeweiliger Anteil an den Erbschaftsteuern hervorgehen. Die Schlussbilanz ist den Erben zur Genehmigung vorzulegen und danach an das Nachlassgericht sowie an die Steuerbehörden weiterzuleiten (näher §§ 66 bis 68).

124

3. Aufgebot mit Ausschlusswirkung

Bei allen Nachlassverfahren kann fakultativ ein Aufgebot mit Ausschlusswirkung (*præklusivt proklama*) erfolgen. Dem hingegen ist das Aufgebotsverfahren sogar Pflicht, wenn eine Nachlassauseinandersetzung stattfindet – auch im Falle einer vereinfachten Auseinandersetzung unter den Erben selbst (siehe Rn 121 f.), bzw. wenn eine Auszahlung an den überlebenden Ehegatten (siehe Rn 117 f.) erfolgt.

125

126 Das Aufgebot erfolgt durch eine Mitteilung im Staatsanzeiger (*statstidende*). Sämtliche Gläubiger des Nachlasses des Verstorbenen werden aufgefordert, ihre Forderungen innerhalb von acht Wochen anzumelden. An bekannte Gläubiger, die ihren Wohnsitz außerhalb Dänemarks haben, muss eine gesonderte Mitteilung über das Aufgebot und dessen Rechtswirkungen erfolgen. Gewisse Forderungen können allerdings nicht im Wege eines Aufgebotsverfahrens präkludiert werden – beispielsweise grundsätzlich Forderungen, die durch ein Pfandrecht oder in entsprechender Weise gesichert sind. Ein rechtswirksam begründetes hypothekarisches Recht, bei dem ein eventuell geforderter Sicherungsakt – etwa die Grundbucheintragung einer Immobilienhypothek – eingehalten wird, bleibt somit auch ohne Anmeldung der Forderung gegenüber dem Nachlass bestehen (nähere Bestimmungen zum Aufgebotsverfahren finden sich in Kapitel 20 des Gesetzes über das Nachlassverfahren).

127 Die Steuerbehörden in der Gemeinde des Verstorbenen können eine **Neueinschätzung der Werte des Nachlasses** vornehmen, wenn die Angaben in der Nachlassbilanz (siehe Rn 121) nicht auf einer Beurteilung eines Sachverständigen beruhen (näher zur Sachverständigenbeurteilung: Kapitel 26 des Gesetzes über das Nachlassverfahren) und nach ihrer Auffassung nicht dem Handelswert entsprechen. Die Steuerbehörden entscheiden dann über die Bemessungsgrundlage der Erbschaftsteuer (§ 80 des Gesetzes über das Nachlassverfahren sowie näher Kapitel 3 des Erbschaftsteuergesetzes – *boafgiftsloven*, siehe Rn 137).

128 Im Anschluss daran erhebt das Nachlassgericht die eventuelle Erbschaftsteuer (zur Steuerentrichtung siehe Rn 144 ff.).

129 Nach der Anmeldung des Todesfalls wendet sich das Nachlassgericht bzw. der Nachlassverwalter an das Zentralregister für Testamente, das ihm eine Kopie eines dort ggf. deponierten Testaments weiterreicht. Die nächsten Angehörigen werden daraufhin zur **Testamentseröffnung** geladen. Die Testamentseröffnung folgt keinen formellen Regeln. Halten die Erben ein Zeugentestament (d.h. kein vor dem Notar errichtetes und im Zentralregister deponiertes Testament) in Händen, sind sie verpflichtet, dieses dem Nachlassgericht vorzulegen.

4. Erwerb von Besitz und Eigentum

130 Bei einer Auseinandersetzung unter den Erben selbst verfügen diese nach der Übergabe des Nachlasses an sie gemeinsam über die Nachlasswerte (siehe Rn 120). Sie können bereits zu diesem Zeitpunkt die Vermögenswerte verteilen. Entscheidend ist, wann die Erben gemeinsam einem einzelnen Erben die Legitimation erteilen, über bestimmte Vermögenswerte zu verfügen. Bei Aktiva, mit denen – wie bei Immobilien – eine Registrierung des Eigentümers verbunden ist, erfolgt der Eigentumserwerb grundsätzlich erst dann, wenn als Eigentümer nicht mehr der Nachlass, sondern der einzelne Erbe im Grundbuch eingetragen ist. Die allgemeinen Beweislastregelungen und Bestimmungen über die Verdrängung von Rechten der Gläubiger finden Anwendung.

131 Bei Vermögenswerten, mit denen keine Eigentümerregistrierung verbunden ist, ist es grundsätzlich entscheidend, wann die Erben dem einzelnen Erben die **tatsächliche Verfügungsmöglichkeit** verschaffen. Jeder Erbe kann jedoch verlangen, dass die Aktiva des Nachlasses (abgesehen von persönlichen Gegenständen und dem normalen Hausrat) erst dann geteilt werden dürfen, wenn die Schulden des Nachlasses bezahlt worden sind bzw. nachdem eine ausreichende Sicherheit gestellt worden ist (§ 26).

132 Hat eine vorausgehende Teilung stattgefunden, **haften die Erben grundsätzlich persönlich und solidarisch** für die Schulden des Nachlasses (§ 27). Stellt sich erst nach Übergabe des Nachlasses zur Auseinandersetzung unter den Erben heraus, dass der Nachlass überschuldet (insolvent) ist, haftet ein Erbe jedoch nicht, wenn der Nachlass auf das Nachlassverwalter-

verfahren umgestellt wird und er seinen Verpflichtungen, das Empfangene zurückzuerstatten (dazu näher § 29 i.V.m. § 104), nachgekommen ist.

Bei der Nachlassverwaltung (*bobestyrerbo*) findet die Verteilung der Nachlassmasse grundsätzlich nach der endgültigen Berechnung der Erbschaftsteuern statt (§ 80 Abs. 5). Eine frühere Verteilung setzt voraus, dass ausreichende Mittel zur Deckung der Erbschaftsteuern zurückbehalten werden. Weiterhin können Akontoverteilungen (*acontoudlodning*, § 64) mit der Einwilligung des Nachlassverwalters während des Nachlassverfahrens stattfinden, wenn die Nachlassverhältnisse dies problemlos erlauben.

Es wird davon ausgegangen, dass der **Hausrat** und anderes bewegliches Eigentum, das keine Einnahmen mit sich bringt, verteilt werden kann, sobald entschieden ist, wer die Gegenstände empfangen soll und eine Aushändigung praktisch möglich ist. Eine Akontoverteilung kann ansonsten auch davon abhängig gemacht werden, dass der Empfänger für einen sich daraus ergebenden etwaigen Verlust des Nachlasses aufkommt. Eine solche Verlustfreistellung kann etwa bei Akontoverteilungen von Immobilien sowie im Falle von Geld und Wertpapieren, die bis zur Verteilung dem Nachlass Einnahmen einbringen, in Frage kommen.

5. Grundbuchumschreibung aufgrund der Erbfolge

Die Umschreibung des Grundbuchs aufgrund der Erbfolge vollzieht sich wie folgt: Nach § 12 Abs. 1 des Grundbuchgesetzes (*tinglysningslov*[10]) wird bei einer Auseinandersetzung unter den Erben selbst (*privat skifte* – siehe Rn 120 f.) und bei fortgeführter Gütergemeinschaft (*uskiftet bo* – siehe Rn 25 ff.) eine **Erklärung des Nachlassgerichts**, dass die Erben den Nachlass zur Auseinandersetzung übernommen haben bzw. dass der Nachlass dem überlebenden Ehegatten zur fortgesetzten Gütergemeinschaft überlassen worden ist, in das Grundbuch eingetragen. Die Eintragung kann von jedem (insbesondere auch von Gläubigern der Erben) verlangt werden. Eine solche Erklärung des Nachlassgerichts ist ausreichende Grundlage für die Betroffenen, um Dokumente bezüglich des Eigentums ins Grundbuch eintragen lassen zu können. Die eingetragene Erklärung des Nachlassgerichts ist als Zwischenglied zwischen dem Verstorbenen und demjenigen, der später das Eigentum erwirbt, notwendig. Es reicht nicht aus, die Erklärung des Nachlassgerichts dem Kaufbrief später lediglich beizufügen.

Es wird angenommen, dass die eingetragene Teilungsabschrift auch als Grundlage für die Bestellung von Hypothekenrechten und anderen beschränkt dinglichen Rechten ausreicht.

K. Steuern im Erbfall

Das Steuerrecht ist im Gesetz über Steuern bei Nachlass und Schenkung (**Erbschaftsteuergesetz** – *lov om afgift af dødsboer og gaver* – *boafgiftsloven*) i.d.F. der Bekanntmachung Nr. 327 vom 2.4.2012 und im Gesetz über die Besteuerung im Todesfall (**Nachlasssteuergesetz** – *lov om beskatning ved dødsfald* – *dødsboskatteloven*) i.d.F. der Bekanntmachung Nr. 333 vom 2.4.2012 jeweils mit späteren Änderungen geregelt.

---

10 Nr. 111 aus dem Jahre 1926 i.d.F. der Bekanntmachung Nr. 158 vom 9.3.2006 (mit späteren Änderungen).

I. Erbschaft- und Schenkungsteuer

1. Doppelbesteuerungsabkommen

138 Es gilt das **Deutsch-Dänische Doppelbesteuerungsabkommen (DBA)** vom 22.11.1995 – in Dänemark am 25.12.1996 in Kraft getreten (*Lovtidende* C Nr. 158 vom 6.12.1996).

139 Die Besteuerung von Nachlässen, Erbschaften und Schenkungen ist im Einzelnen im Abschnitt III des DBA geregelt:
- Art. 25 DBA normiert **Besteuerungsregeln** (mithin die Frage, welcher Staat zur Besteuerung eines Nachlasses, einer Erbschaft oder einer Schenkung berechtigt ist).
- Art. 26 DBA regelt die Vermeidung einer Doppelbesteuerung, wobei
  - Abs. 1 in Deutschland ansässige Erblasser, Schenker oder Erwerber und
  - Abs. 2 in Dänemark ansässige Erblasser, Schenker oder Erwerber erfasst.
  - Nach der in Art. 26 Abs. 3 DBA normierten **Anrechnungsmethode** ist grundsätzlich die in dem anderen Staat gezahlte Steuer anzurechnen, wobei der anzurechnende Betrag aber den Teil der im Staat des Erblassers/Schenkers ermittelten Steuern (der auf das Vermögen entfällt, für das die Anrechnung zu gewähren ist) nicht übersteigen darf.
- Art. 27 DBA trifft die sog. **Fünf-Jahres-Regel** (mithin eine Ausnahme zu Art. 4 DBA über die Ansässigkeit) zugunsten
  - des Erblassers und des Schenkers in Abs. 1,
  - der Erben oder Beschenkten in Abs. 2 und
- Art. 28 DBA die **Anrechnung von Schulden** (d.h. die Frage, wie Schulden im Zusammenhang mit Vermögen, das von der Erbschaft- oder Schenkungsteuer erfasst wird, bei der Ermittlung der Besteuerungsgrundlage abgezogen werden können).

140 Nachlässe, Erbschaften und Schenkungen werden nach Art. 25 Abs. 3 DBA grundsätzlich dort besteuert, wo der **Verstorbene/Schenker zum Zeitpunkt seines Todes/der Schenkung ansässig** war (Ort der **Ansässigkeit**) – unabhängig davon, wo das Vermögen belegen ist. Die Frage der Ansässigkeit – in Deutschland oder Dänemark? – regeln Art. 4 DBA (**Wohnsitzregelung** – Ansässige Personen) und Art. 27 DBA (**Fünf-Jahres-Regel** – Wohnsitzfiktion bei einem zeitlich kurz zuvor erfolgtem Umzug: Erfolgt innerhalb von fünf Jahren ein Wohnsitzwechsel in den jeweils anderen Staat, wird der Umziehende trotz Wohnsitzwechsels in den anderen Staat so behandelt, als wenn er nicht dort, sondern in seinem Heimatstaat ansässig war).

141 Allerdings gestatten Art. 25 Abs. 1 und 2 DBA auch eine Besteuerung von Vermögensgegenständen in dem Nicht-Wohnsitzstaat des Verstorbenen/Schenkers. Der Wohnsitzstaat kann aber zunächst den gesamten Nachlass besteuern (mithin auch das im anderen Staat belegene unbewegliche Vermögen, das nach Art. 25 Abs. 1 DBA dort zu versteuern ist).

142 Eine **Steuerbefreiung** in Dänemark ist somit aufgrund des DBA möglich. Eine allgemeine Anrechnung (im Ausland gezahlter Erbschaftsteuer) auf einer Land-zu-Land-Basis erfolgt hingegen nicht, wenn das Vermögen nicht der dänischen Besteuerung unterliegt (bspw. im Falle eines Übergangs auf den Ehegatten oder bei einer Besteuerungsausnahme auf der Grundlage eines DBA).

2. Steuerrechtliche Regelungen

a) Internationaler Anwendungsbereich

143 Der dänischen Erbschaftsteuerpflicht unterliegt ein im Zeitpunkt seines Todes in Dänemark ansässiger Erblasser mit seinem weltweiten Nettovermögen (**unbeschränkte Steuerpflicht**).

War der Erblasser im Zeitpunkt seines Todes nicht in Dänemark ansässig, unterliegt nur sein in Dänemark belegenes Grundvermögen (einschließlich Inventar und ständiger Einrichtungen) der Erbschaftsteuer (**beschränkte Steuerpflicht**).

Beachte: Ein voller oder teilweiser Zugriff des dänischen Steuerrechts kann gleichwohl in Fällen eines Erblassers mit nicht dänischer Staatsangehörigkeit oder besonderen Beziehungen zu Dänemark dann erfolgen, wenn der Nachlass im Ausland keiner Verwaltung oder Verteilung unterliegt.

b) Steuertatbestände

Nach dem Erbschaftsteuergesetz wird der Nettowert des Vermögens des Erblassers mit einer Erbschaftsteuer (*boafgift*) belegt. Der Erbanfall beim **Ehegatten des Erblassers** (sowie bei gewissen gemeinnützigen Organisationen) ist von dieser Steuer **freigestellt** (d.h. Ehegatten zahlen keine Erbschaftsteuer). Alle anderen Erben müssen eine *boafgift* entrichten.

144

Außer der gerade genannten *boafgift* müssen alle Erben – sofern sie nicht zu einem dem Erblasser besonders nahe stehenden Personenkreis zählen – eine **zusätzliche Erbschaftsteuer** (*tillægsboafgift*) zahlen. Von der zusätzlichen Erbschaftsteuer ausgenommen und nur der *boafgift* unterworfen sind folgende, dem Erblasser besonders nahe stehende Personen (näher § 1 Abs. 1 i.V.m. Abs. 2 des Erbschaftsteuergesetzes):
– Kinder und Stiefkinder des Erblassers sowie ihre Abkömmlinge;
– die Eltern des Erblassers;
– der Ehegatte des Kindes bzw. Stiefkindes des Erblassers;
– Personen, mit denen der Erblasser in den letzten zwei Jahren vor dem Todesfall zusammengelebt hat bzw. früher mindestens zwei Jahre zusammengelebt hatte, wenn der gemeinsame Wohnsitz nur wegen eines Aufenthalts in einer Institution unterbrochen worden ist, sowie eine Person, die im Zeitpunkt des Todes mit dem Erblasser zusammenlebte und mit diesem gemeinsam ein Kind hat bzw. gehabt hatte oder erwartete (auch wenn der gemeinsame Wohnsitz im Zeitpunkt des Todes wegen eines Aufenthalts in einer Institution unterbrochen war);
– der geschiedene bzw. in Erwartung einer Scheidung getrennt lebende Ehegatte des Erblassers sowie
– (beim Vorliegen bestimmter Voraussetzungen) auch Pflegekinder des Erblassers.

145

Von der Erbschaftsteuer ist gemäß § 2 des Erbschaftsteuergesetzes ein Nachlass dann befreit, wenn die Nachlassteilung – weil die Nachlasswerte gering sind – ohne Auseinandersetzungsverfahren stattfindet (siehe Rn 116). Weitere erbschaftsteuerbefreite Werte sieht § 3 des Erbschaftsteuergesetzes vor. Es handelt sich dabei u.a. um eine Reihe unterschiedlicher Versicherungsleistungen.

Nach dem **Nachlasssteuergesetz** erfolgt eine Einkommensbesteuerung im Zusammenhang mit dem Todesfalls (*dødsboskat*), wenn der Nachlass einen bestimmten – periodisch angepassten – Grundbetrag übersteigt. Für das Jahr 2014 beläuft sich der Grundbetrag für das Nettovermögen des Nachlasses bzw. die Aktiva des Nachlasses auf 2.641.900 dkr. Die Nachlasssteuer – nach Abzug von Freibeträgen nach Maßgabe der Regelungen in § 30 des Nachlasssteuergesetzes – beträgt grundsätzlich 50 %. Ist das Nachlasseinkommen negativ, so wird ein Betrag, der 30 % des restlichen Betrags entspricht – aber die Summe der für eine gewisse Periode vor dem Todesfall entrichteten Steuern nicht übersteigen darf –, an den Nachlass ausbezahlt (näher dazu § 31 des Nachlasssteuergesetzes).

146

c) Bemessungsgrundlage

147 Der Erbschaftsteuerpflicht unterliegt, wie bereits ausgeführt (siehe Rn 143), ein im Zeitpunkt seines Todes in Dänemark ansässiger Erblasser mit seinem weltweiten Nettovermögen (d.h. nach Abzug der Verbindlichkeiten) zum Marktwert. Ein Erblasser ist – ohne Rücksicht auf seine Staatsangehörigkeit – dann in Dänemark ansässig, wenn seine Beziehung zu Dänemark aufgrund seines Wohnsitzes oder seines gewöhnlichen Aufenthalts in Dänemark stärker oder mindestens so stark ist wie zu einem anderen Staat (womit i.d.R. das Domizilrecht steuerrechtlich mit der Ansässigkeit identisch ist).

d) Steuertarif

148 Der Nettowert des Nachlasses wird bei den o.g. Abkömmlingen, Eltern und anderen dem Erblasser nahe stehenden Personen (siehe Rn 145) mit einem Erbschaftsteuersatz von **15 %** besteuert (§ 1 Abs. 1 des Erbschaftsteuergesetzes). Der Steuersatz der *tillægsboafgift* (zu Lasten nicht naher Nachlassnehmer) beträgt 25 % (§ 1 Abs. 2 des Erbschaftsteuergesetzes), womit die maximale Steuerbelastung **36,25 %** beträgt (weil der Erbschaftsteuersatz vor Berechnung der abgezogenen *tillægsboafgift* festgesetzt wird).

e) Persönliche und sachliche Freibeträge

149 Der überlebende Ehegatte ist hinsichtlich des auf ihn von Todes wegen übergegangenen Vermögens sowohl von der Erbschaftsteuer als auch der *tillægsboafgift* **freigestellt**. Vor Erhebung der 15 % Erbschaftsteuer zu Lasten anderer Nachlassnehmer wird zunächst das auf den überlebenden Ehegatten übergegangene Vermögen vorab abgezogen. Zudem wird auf den dergestalt reduzierten Nettowert des Nachlasses ein **einmaliger Freibetrag** für 2014 in Höhe von 268.900 dkr gewährt.

f) Steuerverfahren

150 Ein Testamentsvollstrecker kann seitens der Steuerbehörden für nicht geleistete Steuerzahlungen in Anspruch genommen werden. Bei Übernahme der Abwicklung durch die Nachlassnehmer haften diese für die Erbschaftsteuer gesamtschuldnerisch (§ 20 des Gesetzes über das Nachlassverfahren).

g) Anzeigepflichten der Beteiligten, von Notaren, Konsulaten

151 Grundsätzlich besteht seitens der Beteiligten keine Anzeigepflicht gegenüber den Steuerbehörden. Letztere werden durch das Nachlassgericht informiert.

II. Wertzuwachssteuern

152 Aus dem Nachlass ist grundsätzlich für die gesamten Einnahmen des Verstorbenen und des Nachlasses Nachlasssteuer zu entrichten. Zu dem zu versteuernden Einkommen zählt alles, was der Verstorbene selber empfangen hat, darunter auch Zinseinnahmen sowie Gewinne aus Wertpapieren und Immobilien. Allerdings werden beispielsweise nach § 27 Abs. 2 des Nachlasssteuergesetzes Gewinne und Verluste beim Immobilienverkauf durch den Nachlass bei der Berechnung des Nachlasssteuereinkommens nicht mitgerechnet, wenn eine Immobilie gem. § 8 des Gesetzes über die Besteuerung von Gewinnen beim Verkauf von Grund-

stückseigentum (*ejendomsavancebeskatningsloven*) i.d.F. der Bekanntmachung Nr. 1200 vom 30.9.2013 (d.h. ein Ein- oder Zweifamilienhaus bzw. eine Eigentumswohnung oder ein Ferienhaus) vor dem Todesfall steuerfrei hätte verkauft werden können.

Weitere Informationen und Materialien, wie z.B. Muster, Formulare, amtliche Texte und Internetadressen, befinden sich auf der beiliegenden CD-ROM.

Deutschland

Dr. Jens Tersteegen, Notar, Köln (Abschnitte A bis G)
Prof. Thomas Reich, Notar, Ludwigstadt/Bayern (Abschnitt H)

Inhalt

A. **Internationales Erbrecht** 1	
I. Anknüpfung des Erbstatuts unter Geltung der EU-ErbVO 1	
1. Grundsatz 1	
2. Verhältnis zu bilateralen Abkommen .. 2	
3. Anwendung von § 1371 BGB bei güterrechtlicher Qualifikation der Norm 3	
II. Anknüpfung des Erbstatuts nach bisherigem autonomen deutschen Kollisionsrecht 4	
B. **Gesetzliche Erbfolge** 5	
I. Grundsatz der Universalsukzession (Gesamtrechtsnachfolge) 5	
II. Grundsatz des Vonselbsterwerbs 8	
III. Das gesetzliche Erbrecht der Verwandten 9	
1. Erbfolge nach Ordnungen 9	
2. Eheliche und nichteheliche Kinder 15	
3. Adoption 18	
IV. Erbrecht des Ehegatten 20	
1. Voraussetzungen des gesetzlichen Ehegattenerbrechts 20	
2. Gesetzliches Erbrecht des Ehegatten .. 21	
3. Voraus des Ehegatten 27	
4. Dreißigster 28	
V. Gesetzliches Erbrecht des eingetragenen Lebenspartners 29	
C. **Gewillkürte Erbfolge** 32	
I. Allgemeine Voraussetzungen für die Errichtung einer Verfügung von Todes wegen 32	
1. Grundsatz: Testierfreiheit 32	
2. Testierfähigkeit 33	
3. Höchstpersönlichkeit 34	
4. Verbotsgesetze als Beschränkung der Testierfreiheit 35	
II. Formen der Verfügung von Todes wegen 36	
1. Testament 37	
2. Gemeinschaftliches Testament 40	
3. Erbvertrag 44	
4. Verwahrung der Verfügung von Todes wegen 47	
5. Kosten 49	
6. Widerruf von Testamenten bzw. Aufhebung von Erbverträgen 50	
7. Auslegung von Verfügungen von Todes wegen 53	
8. Anfechtung 55	
III. Inhalt einer Verfügung von Todes wegen 59	
1. Erbeinsetzung 59	
2. Enterbung 60	
3. Vor- und Nacherbschaft 61	
4. Vermächtnis (Legat) 66	
5. Auflage 71	
6. Testamentsvollstreckung 73	
7. Teilungsanordnung 77	
8. Sonstige Regelungen 78	
IV. Typische Ehegattentestamente – Berliner Testament 79	
D. **Pflichtteilsrecht** 84	
I. Allgemeines 84	
II. Voraussetzungen des Pflichtteilsanspruchs 86	
III. Höhe des Pflichtteilsanspruchs 88	
1. Grundsätze 88	
2. Ausgleichung und Anrechnung 90	
IV. Pflichtteilsentziehung 92	
V. Pflichtteilsergänzung 93	
VI. Beschränkungen und Beschwerungen eines Pflichtteilsberechtigten 96	
VII. Erb- und Pflichtteilsverzicht 97	
1. Grundsätze 97	
2. Erbverzicht 98	
3. Pflichtteilsverzicht 99	
4. Zuwendungsverzicht 101	
E. **Miterbengemeinschaft** 102	
I. Grundsätze 102	
II. Verwaltungs- und Verfügungsbefugnis ... 104	
III. Auseinandersetzung 107	
1. Gesetzlich vorgesehene Auseinandersetzung 107	
2. Auseinandersetzungsvereinbarung 109	
IV. Haftung für Nachlassverbindlichkeiten ... 110	
V. Erbteilsübertragung 113	
1. Grundsätze 113	
2. Rechtsstellung von Veräußerer und Erwerber 114	
3. Miterbenvorkaufsrecht 115	
VI. Erbschaftskauf 116	
F. **Nachlassabwicklung** 118	
I. Annahme und Ausschlagung 118	
1. Annahme 118	
2. Ausschlagung 119	
II. Erbschein 122	
1. Funktion und Inhalt 122	
2. Verfahren 125	
3. Testamentsvollstreckerzeugnis 127	
4. Eröffnetes öffentliches Testament 128	
III. Nachlassverfahren 129	
1. Allgemeines 129	
2. Eröffnung einer Verfügung von Todes wegen 130	
3. Sicherung des Nachlasses 131	
4. Postmortale oder transmortale Vollmacht zur Sicherung des Nachlasses ... 137	
IV. Haftung des Erben für Nachlassverbindlichkeiten 138	
1. Grundsätze 138	
2. Beschränkung der Erbenhaftung 141	
G. **Besondere Fallgestaltungen** 147	

- I. Besonderheiten im Hinblick auf Grundstücke ... 147
- II. Nachlassregelung außerhalb des Erbrechts ... 149
    1. Vorweggenommene Erbfolge ... 149
    2. Schenkung auf den Todesfall ... 150
    3. Vertrag zugunsten Dritter auf den Todesfall ... 152
    4. Nachfolge- und Abfindungsklauseln bei Personengesellschaften ... 155
    5. Güterrechtliche Regelungen mit erbrechtlicher Fernwirkung ... 158
- III. Sondererbfolge im Landwirtschaftsrecht ... 161
- IV. Schiedsklauseln in Verfügungen von Todes wegen ... 162
- H. Erbschaftsteuer/Schenkungsteuer ... 163
    - I. Vorbemerkung ... 163
    - II. Steuertatbestände ... 164
        1. Vermögenserwerb von Todes wegen ... 164
        2. Schenkung unter Lebenden ... 176
    - III. Entstehung der Erbschaftsteuer/Schenkungsteuer (§ 9 ErbStG) ... 183
    - IV. Umfang der Steuerpflicht ... 187
        1. Unbeschränkte Steuerpflicht (§ 2 Abs. 1 Nr. 1 ErbStG) ... 189
        2. Beschränkte Steuerpflicht (§ 2 Abs. 1 Nr. 3 ErbStG) ... 195
        3. Erweiterte beschränkte Erbschaftsteuerpflicht (§ 4 AStG) ... 199
    - V. Bemessungsgrundlage ... 200
        1. Ermittlung des steuerpflichtigen Erwerbs ... 200
        2. Bewertung des Vermögens ... 206
            a) Vermögensarten ... 207
            b) Bewertung von Grundbesitz ... 208
            c) Bewertung von Einzelunternehmen und Mitunternehmeranteilen/Betriebsvermögen ... 210
            d) Bewertung von Vermächtnissen ... 212
            e) Bewertung von Pflichtteilsansprüchen ... 219
        3. Steuerbefreiungen ... 221
            a) Allgemeiner Freibetrag ... 221
            b) Versorgungsfreibetrag ... 225
            c) Steuerfreier Zugewinnausgleich ... 230
            d) Übergang eines Familienwohnheimes ... 236
            e) Rückerwerb von Todes wegen ... 239
        4. Steuerliche Entlastung von Betriebsvermögen (§ 13a ErbStG) ... 240
        5. Steuertarif ... 244
        6. Tarifbegrenzung für Vermögen i.S.d. § 13a ErbStG (§ 19 ErbStG) ... 246

Literatur

Kommentare

NomosKommentar BGB, Band 5, Erbrecht, 4. Aufl. 2014; *Bamberger/Roth*, Kommentar zum Bürgerlichen Gesetzbuch, 3. Aufl. 2012; *Damrau/Tanck*, Praxiskommentar Erbrecht, 3. Aufl. 2014; *MüKo*, Bürgerliches Gesetzbuch, Band 9, Erbrecht, 6. Aufl. 2013; *Palandt*, Bürgerliches Gesetzbuch, 73. Aufl. 2014; *Staudinger*, Kommentar zum Bürgerlichen Gesetzbuch mit Einführungsgesetz und Nebengesetzen, Erbrecht, §§ 1922–1966 Neubearb. 2000; §§ 1967–2086 Neubearb. 1996; §§ 1967–2063 Neubearb. 2002; §§ 2064–2196 Neubearb. 2003; §§ 2087–2196 Neubearb. 1996; §§ 2197–2264 Neubearb. 2003; §§ 2265–2338a Neubearb. 1998; §§ 2265–2368 Neubearb. 2006; §§ 2339–2385 Neubearb. 2004.

Formularbücher

Brambring/Mutter (Hrsg.), Beck'sches Formularbuch Erbrecht, 3. Aufl. 2014; *Eckert/Kroiß*, Formularbibliothek Vertragsgestaltung, Erbrecht, 2007; *Kersten/Bühling* (Hrsg.), Formularbuch und Praxis der Freiwilligen Gerichtsbarkeit, 24. Aufl. 2014; *Kornexl*, Nachlassplanung bei Problemkindern, 2006; *Krauß*, Vermögensnachfolge in der Praxis, 3. Aufl. 2012; *Langenfeld*, Testamentsgestaltung, 4. Aufl. 2010; *Langenfeld* (Hrsg.), Münchener Vertragshandbuch, Band 6, Bürgerliches Recht II, 6. Aufl. 2008; *Tanck/Krug/Daragan*, Testamente in der anwaltlichen und notariellen Praxis, 3. Aufl. 2006.

Praktikerhandbücher

Bengel/Reimann, Handbuch der Testamentsvollstreckung, 5. Aufl. 2013; *Bonefeld/Wachter*, Der Fachanwalt für Erbrecht, 3. Aufl. 2014; *Bonefeld/Kroiß/Tanck*, Erbprozess, 4. Aufl. 2012; *Brambring/Jerschke* (Hrsg.), Beck'sches Notar-Handbuch, 5. Aufl. 2009; *Frieser/Sarres/Stückemann/Tschichoflos*, Handbuch des Fachanwalts Erbrecht, 5. Aufl. 2013; *Krug/Zwißler*, Familienrecht und Erbrecht, Schnittstellen in der anwaltlichen und notariellen Praxis, 2002; *Limmer/Hertel/Frenz/Mayer* (Hrsg.), Würzburger Notarhandbuch, 3. Aufl. 2012; *Mayer/Bonefeld*, Testamentsvollstreckung, 4. Aufl. 2015; *Müller/Sieghörtner/Emmerling de Oliveira*, Adoptionsrecht in der Praxis – einschließlich Auslandsbezug, 2007; *Nieder/Kössinger*, Testamentsgestaltung, 4. Aufl. 2011; *Reimann/Bengel/J. Mayer*, Testament und Erbvertrag, 5. Aufl. 2006; *Reul/Heckschen/Wienberg*, Insolvenzrecht in der Gestaltungspraxis, 2012; *Scherer* (Hrsg.), Münchener Anwaltshandbuch Erbrecht, 4. Aufl. 2014.

A. Internationales Erbrecht

I. Anknüpfung des Erbstatuts unter Geltung der EU-ErbVO

1. Grundsatz

Für Deutschland als Mitglied der Europäischen Union gilt in Zukunft für die Frage der Bestimmung des Erbstatuts ausschließlich die Europäische Erbrechtsverordnung (EU-ErbVO). Diese ist sodann für alle Erbfälle maßgeblich, die nach dem 17.8.2015 eintreten (Art. 83 Abs. 1 EU-ErbVO). Das Erbstatut wird sodann grundsätzlich nach dem **gewöhnlichen Aufenthalt des Erblassers im Zeitpunkt seines Todes bestimmt (Art. 21 EU-ErbVO)**. Es besteht allerdings die Möglichkeit zur **Wahl des anwendbaren Rechts nach Art. 22 EU-ErbVO**. Damit kann der Erblasser insbesondere auch das Recht des Staates wählen, dem er angehört. Diese Möglichkeit zur Rechtswahl dürfte in Zukunft für Deutschland eine nicht unbedeutende Rolle spielen, da die Anknüpfung an den gewöhnlichen Aufenthalt aus der Sicht deutscher Juristen (und wohl auch des überwiegenden Teils der Bevölkerung) wohl als nicht interessengerecht angesehen werden dürfte.[1]

2. Verhältnis zu bilateralen Abkommen

Deutschland hat in der Vergangenheit eine Reihe bilateraler Abkommen abgeschlossen, die u.a. auch die Anknüpfung des Erbstatuts regeln. Derartige staatsvertragliche Regelungen gingen bisher gemäß gem. Art. 3 Abs. 2 EGBGB der objektiven Anknüpfung nach Art. 25 Abs. 1 EGBGB vor. Zu nennen sind insbesondere das Deutsch-Iranische Niederlassungsabkommen vom 17.2.1929,[2] der Deutsch-Türkische Konsularvertrag vom 28.5.1929[3] und im Verhältnis zu Russland und den meisten Nachfolgestaaten der Sowjetunion der Deutsch-Sowjetische Konsularvertrag vom 25.4.1958.[4] Deutschland ist jedoch kein Vertragsstaat des Haager Übereinkommens über das auf die Rechtsnachfolge von Todes wegen anwendbare Recht vom 1.8.1989.[5] Der derzeit vorliegende Referentenentwurf für ein deutsches Umset-

---

1 Ausführlich zur EU-ErbVO vgl.§ 1. Zum geplanten Umsetzungsgesetz: *Lehmann*, ZEV 2014, 232.
2 Deutsch-Persisches Niederlassungsabkommen vom 17.2.1929, RGBl 1930 II, S. 1012; Wiederanwendungserklärung vom 4.11.1954, BGBl 1954 II, S. 829 – nach dem Abkommen bleiben die Angehörigen jedes der vertragsschließenden Staaten in Bezug auf das Erbrecht ihren heimischen Gesetzen unterworfen. Dies schließt insbesondere eine Rechtswahl nach Art. 25 Abs. 2 EGBGB aus, dazu: *Schotten/ Wittkowski*, FamRZ 1995, 264, 269; a.A.: LG Hamburg IPRspr. 1991 Nr. 142, 264, 273; Staudinger/ *Dörner*, Vorbem. zu Art. 25 f. EGBGB Rn 149.
3 Konsularvertrag zwischen dem Deutschen Reich und der Türkischen Republik vom 28.5.1929, RGBl 1930 II, S. 748 – Text auf der beiliegenden CD-ROM unter der Rubrik „Türkei", Datei „Nachlassabkommen", ferner abgedr. bei: NK-BGB/*Kroiß*, Art. 25 EGBGB Rn 4 ff.; das Abkommen stellt hinsichtlich des beweglichen Nachlasses auf die Staatsangehörigkeit und hinsichtlich des unbeweglichen Nachlasses auf die Belegenheit (*lex rei sitae*) ab – dazu: NK-BGB/*Kroiß*, Art. 25 EGBGB Rn 5.
4 Deutsch-Sowjetischer Konsularvertrag vom 25.4.1958, BGBl 1959 II, S. 233; Anwendung in Bezug auf Russland: Bekanntmachung vom 14.8.1992, BGBl 1992 II, S. 1016; Anwendung im Hinblick auf Kirgisistan: BGBl 1992 II, S. 1015; Anwendung im Hinblick auf Kasachstan: BGBl 1992 II, S. 1120; Anwendung im Hinblick auf Georgien: BGBl 1992 II, S. 1128; Anwendung im Hinblick auf Armenien: BGBl 1993 II, S. 169; Anwendung im Hinblick auf die Ukraine: BGBl 1993 II, S. 1189; Anwendung im Hinblick auf Usbekistan: BGBl 1993 II, S. 2038; Anwendung im Hinblick auf Weißrussland: BGBl 1994 II, S. 2533; Anwendung im Hinblick auf Tadschikistan: BGBl 1995 II, S. 255 – hinsichtlich unbeweglicher Nachlassgegenstände findet die *lex rei sitae* Anwendung.
5 Text auf der beiliegenden CD-ROM unter der Rubrik „Haager Abkommen"; englische, französische und deutsche Fassung abgedr. in: MittRhNotK 1997, 271.

zungsgesetz zur EU-ErbVO enthält keinerlei Regelungen dazu, wie mit diesen bestehenden bilateralen Abkommen umzugehen ist. Nach Art. 75 Abs. 1 EU-ErbVO bleiben internationale Übereinkommen unberührt, soweit ein Mitgliedstaat vor Inkrafttreten der EU-ErbVO Vertragsstaat dieses Abkommens war. In zeitlicher Hinsicht erfüllen alle vorgenannten Abkommen die Anforderungen des Art. 75 Abs. 1 EU-ErbVO. Allerdings stellt sich die Frage, ob es sich um internationale Übereinkommen handelt oder ob dieser Begriff voraussetzt, dass mindestens drei Vertragsstaaten beteiligt sind.[6] Aus meiner Sicht spricht allerdings viel dafür, dass Art. 75 Abs. 1 EU-ErbVO auch bilaterale Verträge erfassen sollte, da damit gemeinschaftsrechtlich ein Vorrang des Völkerrechts statuiert wird, sodass die Mitgliedstaaten ihren schon bestehenden völkerrechtlichen Verpflichtungen nachkommen können. Dies ist letztlich auch eine Ausprägung des Grundsatzes *pacta sunt servanda*.[7]

3. Anwendung von § 1371 BGB bei güterrechtlicher Qualifikation der Norm

3   Eine weitere Frage, die sich im Zusammenhang mit der Umsetzung der EU-ErbVO stellt, ist die nach der Anwendung der Vorschrift des § 1371 BGB. Eine Besonderheit des deutschen Rechts stellt es dar, dass auch der Güterstand, in dem Eheleute leben, Einfluss auf die Erbquote des Ehegatten hat (siehe Rn 21 ff.). So sehen die §§ 1931 Abs. 3, 1371 Abs. 1 BGB für den Fall, dass Eheleute im gesetzlichen Güterstand der Zugewinngemeinschaft leben, im Rahmen eines sog. pauschalierten Zugewinnausgleichs die Erhöhung der Erbquote des überlebenden Ehegatten von ¼ (gesetzliche Erbquote nach § 1931 Abs. 1 BGB neben Verwandten der ersten Ordnung) auf ½ vor. Dies gilt unabhängig davon, ob die Eheleute einen Zugewinn erzielt haben. Ausländische Rechtsordnungen kennen einen derartigen pauschalierten Zugewinnausgleich regelmäßig nicht. Dies ist dann problematisch, wenn Erbstatut ausländisches Recht ist, aber deutsches Recht für das Güterrecht maßgeblich war. In derartigen Fällen stellt sich die Frage, ob die nach ausländischem Recht ermittelte gesetzliche Erbquote des Ehegatten um den deutschen pauschalierten Zugewinnausgleich zu erhöhen ist.[8] Die h.M. geht bisher davon aus, dass eine Erhöhung um den pauschalierten Zugewinnausgleich nach § 1371 Abs. 1 BGB bei Geltung deutschen Güterrechts auch dann stattfindet, wenn ausländisches Recht Erbstatut ist.[9] Die Vorschrift des § 1371 Abs. 1 BGB wird also güterrechtlich qualifiziert. Folgt man dem auch in Zukunft unter der Geltung der EU-ErbVO, so wäre unabhängig vom anwendbaren Erbrecht die Erhöhung weiterhin durchzuführen, wenn deutsches Recht für das Güterrecht maßgeblich ist.[10] Diese Erhöhung sollte sodann im Europäischen Nachlasszeugnis nach Art. 68 lit. h EU-ErbVO informatorisch ausgewiesen werden, wobei dieser Hinweis sodann nicht an der Vermutungswirkung des Art. 69 Abs. 2 EU-ErbVO teilnimmt.[11]

---

6 Dazu: *Mankowski*, ZEV 2013, 529, 529 ff.
7 So auch: *Mankowski*, ZEV 2013, 529, 533.
8 Zu dieser Problematik: OLG Stuttgart NJW-RR 2005, 740 = DNotZ 2005, 632, 634; *Süß*, ZEV 2005, 208; *Ludwig*, DNotZ 2005, 586; *Tersteegen*, NotBZ 2005, 351.
9 Staudinger/*Mankowski*, Art. 15 EGBGB Rn 346; Staudinger/*Dörner*, Art. 25 EGBGB Rn 32; Palandt/*Heldrich*, Art. 15 EGBGB Rn 26; Erman/*Hohloch*, Art. 15 EGBGB Rn 37; OLG Hamm IPRax 1994, 49, 51; LG Bonn MittRhNotK 1985, 106; LG Wuppertal MittRhNotK 1988, 46; LG Mosbach ZEV 1998, 490; *Tersteegen*, NotBZ 2005, 351, 353; a.A.: OLG Stuttgart NJW-RR 2005, 740, 741.
10 Dazu: *Dörner*, ZEV 2012, 505, 507 f; *Döbereiner*, MittBayNot 2013, 358.
11 *Dörner*, ZEV 2012, 505, 508.

II. Anknüpfung des Erbstatuts nach bisherigem autonomen deutschen Kollisionsrecht

Bisher wurde das Erbstatut gemäß Art. 25 Abs. 1 EGBGB nach der Staatsangehörigkeit des Erblassers im Zeitpunkt seines Todes bestimmt. Die **Staatsangehörigkeit** des Erblassers war nach Art. 5 EGBGB zu bestimmen. Bei Personen, die mehreren Staaten angehören, war das Recht des Staates anzuwenden, mit dem die Person am engsten verbunden ist, insbesondere durch ihren gewöhnlichen Aufenthalt oder durch den Verlauf ihres Lebens. Nach Art. 5 Abs. 1 S. 2 EGBGB war aber die deutsche Staatsangehörigkeit vorrangig. Bei der von Art. 25 Abs. 1 EGBGB ausgesprochenen Verweisung handelte es sich gem. Art. 4 Abs. 1 S. 1 EGBGB um eine **Gesamtverweisung**, d.h., es wurde auch auf das Internationale Privatrecht desjenigen Staates verwiesen. Rück- und Weiterverweisungen waren zu beachten. 4

Deutsches Recht ermöglichte eine Rechtswahl im Hinblick auf das Erbstatut bisher nur sehr eingeschränkt. Art. 25 Abs. 2 EGBGB ermöglichte lediglich, dass der Erblasser für **im Inland belegenes unbewegliches Vermögen** deutsches Recht durch Verfügung von Todes wegen wählt.

B. Gesetzliche Erbfolge

I. Grundsatz der Universalsukzession (Gesamtrechtsnachfolge)

Das deutsche Erbrecht wird beherrscht vom **Grundsatz der Universalsukzession** (Gesamtrechtsnachfolge). Gemäß § 1922 BGB geht mit dem Erbfall das Vermögen als Ganzes mit unmittelbarer dinglicher Wirkung auf den oder die Erben über. Die Gesamtrechtsnachfolge erfasst dabei grundsätzlich alle vererblichen Rechte und Verbindlichkeiten. Diese gehen insgesamt und ungeteilt auf den oder die Erben über.[12] 5

Als wichtiger Ausnahmefall, in dem eine Sonderrechtsnachfolge zugelassen wird, ist die Rechtsnachfolge im Hinblick auf Beteiligungen an **Personengesellschaften** zu nennen.[13] Mangels abweichender Regelung wird eine BGB-Gesellschaft durch den Tod eines Gesellschafters aufgelöst (§ 727 BGB). Bei der OHG und KG scheidet der persönlich haftende Gesellschafter mit seinem Ableben aus (§§ 131 Abs. 2, 161 Abs. 2 HGB). Nur beim Versterben eines Kommanditisten wird die Gesellschaft regelmäßig mit dessen Erben fortgeführt (§ 177 HGB). Sieht das Gesetz oder der Gesellschaftsvertrag die Fortsetzung der Gesellschaft mit den Erben vor, so erfolgt der Erwerb des Gesellschaftsanteils auf erbrechtlicher Grundlage, allerdings in der Form einer **Sonderrechtsnachfolge**. Insbesondere wird bei mehreren Erben die Gesellschaft nicht mit der Erbengemeinschaft fortgesetzt. Vielmehr vollzieht sich die Nachfolge in der Weise, dass die Miterben den Anteil entsprechend ihrer erbrechtlichen Beteiligung am Nachlass unmittelbar geteilt erwerben (**Vorrang des Gesellschaftsrechts**).[14] Im Gesellschaftsvertrag sollte geregelt werden, ob die Gesellschaft 6

---

[12] Statt aller: Bamberger/Roth/*Müller-Christmann*, BGB, 2003, § 1922 BGB Rn 17.
[13] Überblick zu diesem viel diskutierten Problemkreis: Bamberger/Roth/*Müller-Christmann*, § 1922 BGB Rn 62 ff.; Palandt/*Weidlich*, § 1922 BGB Rn 8; Palandt/*Sprau*, § 727 BGB Rn 1 ff.; NK-BGB/*Kroiß*, § 1922 BGB Rn 18; Staudinger/*Marotzke*, § 1922 BGB Rn 168.
[14] BGHZ 22, 186 = NJW 1957, 180; BGHZ 68, 224 = NJW 1967, 1339; BGH NJW 1983, 2376; OLG Hamm ZEV 1999, 318, 319; Bamberger/Roth/*Lohmann*, § 2032 BGB Rn 14; MüKo/*Gergen*, § 2032 BGB Rn 55; Damrau/Tanck/*Rißmann*, § 2032 BGB Rn 11; Bamberger/Roth/*Müller-Christmann*, § 1922 BGB Rn 70.

mit den Erben fortgesetzt wird und ob alle oder nur bestimmte Erben zur Nachfolge berechtigt sind (sog. Nachfolge- und Eintrittsklauseln, siehe Rn 155 ff.).[15]

7 Eine Sonderrechtsnachfolge kann sich auch bei der **Vererbung landwirtschaftlicher Besitzungen** ergeben, soweit in einzelnen Bundesländern besondere höferechtliche Vorschriften anwendbar sind (vgl. Rn 161).[16] So bestimmen Sonderregelungen für landwirtschaftliche Betriebe (z.B. § 4 HöfeO), dass ein Hof mit dem Erbfall im Wege einer Sondererbfolge unmittelbar einem der Miterben als Hoferben zufällt.

II. Grundsatz des Vonselbsterwerbs

8 Für das deutsche Recht gilt der **Grundsatz des Vonselbsterwerbs**. Der Übergang des Vermögens des Erblassers auf den oder die Erben vollzieht sich *ipso iure*, ohne dass es hierfür noch eines besonderen Rechtsakts bedürfte. Insofern kommt es nie zu einem ruhenden oder herrenlosen Nachlass. Der Nachlass steht vielmehr immer einem oder mehreren Erben zu. Im Hinblick auf diesen Vonselbsterwerb haben die Erben das Recht zur Ausschlagung gem. § 1942 BGB. Auch der deutsche Erbschein begründet nicht das Erbrecht, sondern stellt es lediglich fest.

III. Das gesetzliche Erbrecht der Verwandten

1. Erbfolge nach Ordnungen

9 Das deutsche Recht geht für das Verwandtenerbrecht zunächst vom sog. **Parentelsystem** aus und teilt die Verwandten entsprechend in Ordnungen ein.[17] Verwandte der näheren Ordnung schließen die Verwandten der entfernteren Ordnungen von der Erbfolge aus (§ 1930 BGB). Erben der zweiten Ordnung kommen also nur dann zum Zuge, wenn keine Erben der ersten Ordnung vorhanden sind.

10 Gesetzliche Erben der **ersten Ordnung** sind gem. § 1924 BGB die Abkömmlinge (Kinder, Enkel, Urenkel etc.) des Erblassers. Sie erben **nach Stämmen** (§ 1924 Abs. 3 BGB). Jedem Stamm steht ein gleicher Anteil zu (§ 1924 Abs. 4 BGB). Innerhalb eines Stammes gilt das sog. **Repräsentationsprinzip**: Lebende Stammeltern schließen ihre Abkömmlinge von der Erbfolge aus (§ 1924 Abs. 3 BGB). Folglich gelangen die Enkel des Erblassers nicht zur Erbfolge, solange der Abkömmling des Erblassers, von dem sie abstammen, noch lebt. Daneben gilt innerhalb des Stammes aber auch das sog. **Eintrittsrecht** (§ 1924 Abs. 3 BGB): An die Stelle eines im Zeitpunkt des Erbfalls nicht mehr lebenden Abkömmlings treten dessen Kinder. Lebt also ein Kind des Erblassers nicht mehr, so gelangen die von diesem Kind abstammenden Enkelkinder des Erblassers zur Erbfolge. Sie teilen sich dann die auf den Stamm entfallende Erbquote.

11 Erben der **zweiten Ordnung** sind gem. § 1925 Abs. 1 BGB die Eltern des Erblassers bzw. deren Abkömmlinge. Leben beide Eltern, so erben sie gem. § 1925 Abs. 2 BGB je zur Hälfte. In der zweiten Ordnung spricht man insofern von der **Erbfolge nach Linien**. Jede Linie (die väterliche und die mütterliche) erhält denselben Erbteil. Lebt ein Elternteil nicht mehr, so treten an dessen Stelle seine Abkömmlinge (Geschwister des Erblassers und dessen

---

[15] Überblick dazu bei: Bamberger/Roth/*Müller-Christmann*, § 1922 BGB Rn 70 ff.; NK-BGB/*Kroiß*, § 1922 BGB Rn 23 ff.; Staudinger/*Marotzke*, § 1922 BGB Rn 179 ff.
[16] Bamberger/Roth/*Müller-Christmann*, § 1922 BGB Rn 82; Palandt/*Weidlich*, § 1922 BGB Rn 9.
[17] Beispielsfälle zur gesetzlichen Erbfolge finden sich auf der beiliegenden CD-ROM unter der Rubrik „Deutschland".

Abkömmlinge – Neffen, Nichten etc.) nach den Regeln der ersten Ordnung (§ 1925 Abs. 3 S. 1 BGB). Sind Abkömmlinge nicht vorhanden, so erbt der überlebende Elternteil allein.

Erben der **dritten Ordnung** sind die Großeltern und deren Abkömmlinge (§ 1926 Abs. 1 BGB). Leben zur Zeit des Erbfalls alle Großeltern, so erben sie allein und zu gleichen Teilen (§ 1926 Abs. 2 BGB). An die Stelle eines verstorbenen Großelternteils treten dessen Abkömmlinge (§ 1926 Abs. 3 S. 1 BGB). Soweit Abkömmlinge nicht vorhanden sind, fällt der Anteil des verstorbenen Großelternteils an den anderen Großelternteil in derselben Linie (§ 1926 Abs. 3 S. 2 BGB). Nur wenn beide Großelternteile einer Linie verstorben sind, ohne Abkömmlinge zu hinterlassen, fällt ihr Anteil an die anderen Großeltern (§ 1926 Abs. 4 BGB).

Ab der **vierten Erbordnung** wird vom Parentelsystem auf das **Gradualsystem** gewechselt. Erben der vierten Ordnung sind grundsätzlich die Urgroßeltern. Überlebende Urgroßeltern erben allein und nach Kopfteilen, ohne Unterschied, ob sie derselben Linie oder verschiedenen Linien angehören (§ 1928 Abs. 2 BGB). Lediglich wenn keine Urgroßeltern mehr leben, so erbt von ihren Abkömmlingen derjenige, welcher mit dem Erblasser dem Grade nach am nächsten verwandt ist (§ 1928 Abs. 3 BGB, Gradualsystem). Gesetzliche Erben der ferneren Ordnungen sind dann die entfernteren Voreltern des Erblassers und deren Abkömmlinge, wobei hier das Gradualsystem vollständig gilt (§ 1929 BGB).

Übersicht: Erbfolge nach Ordnungen

Ordnung	Erben	System
1. Ordnung, § 1924 BGB	Abkömmlinge (Kinder, Enkel, Urenkel etc.)	– **Nach Stämmen** – zu gleichen Anteilen – **Repräsentationsprinzip**: Lebende Stammeltern schließen Abkömmlinge aus. – **Eintrittsrecht**: An die Stelle nicht mehr lebender Abkömmlinge treten deren Abkömmlinge.
2. Ordnung, § 1925 BGB	Eltern des Erblassers und deren Abkömmlinge (Geschwister, Nichten, Neffen des Erblassers etc.)	– **Erbfolge nach Linien**: Väterliche und mütterliche Linie erhalten denselben Anteil. – An die Stelle verstorbener Eltern treten die Abkömmlinge. – Sind Abkömmlinge nicht vorhanden, erbt der überlebende Elternteil allein.
3. Ordnung, § 1926 BGB	Großeltern und deren Abkömmlinge	– Großeltern erben zu gleichen Teilen. – Abkömmlinge treten an die Stelle verstorbener Großeltern. – Sind Abkömmlinge nicht vorhanden, so fällt der Anteil des verstorbenen Großelternteils an das andere Großelternteil derselben Linie. – Sind beide Großeltern einer Linie ohne Abkömmlinge verstorben, fällt der Teil an die andere Linie.
4. Ordnung und fernere Ordnungen, § 1928 BGB	Urgroßeltern und weitere Voreltern	– Gradualsystem – Überlebende Urgroßeltern erben allein. – Leben keine Urgroßeltern mehr, so erbt der Abkömmling, der mit dem Erblasser am nächsten verwandt ist.
Nähere Ordnungen schließen entferntere Ordnungen von der Erbfolge aus.		

2. Eheliche und nichteheliche Kinder

15 Das deutsche Recht unterscheidet nicht mehr zwischen **ehelichen** und **nichtehelichen Kindern**.[18] Nichteheliche Kinder sind bei Erbfällen, die nach dem 1.4.1998 eingetreten sind, den ehelichen Kindern vollständig gleichgestellt und haben ein volles Erbrecht.

16 Bis zum 30.6.1970 stand den nichtehelichen Kindern dagegen kein Erbrecht nach ihrem Vater und den väterlichen Verwandten zu. Diese Regelung wurde durch das Nichtehelichengesetz am 1.7.1970 ersetzt. Den nichtehelichen Kindern wurde gegen den Vater ein **Erbersatzanspruch** in Höhe des Wertes des gesetzlichen Erbteils eingeräumt. Mit dem Erbrechtsgleichstellungsgesetz vom 16.12.1997 wurde auch diese Benachteiligung beseitigt. Allerdings sind auch nach Inkrafttreten des Erbrechtsgleichstellungsgesetzes **nichteheliche Kinder, die vor dem 1.7.1949 geboren worden sind**, von jeglichen Erb- und Pflichtteilsrechten nach dem Vater und den väterlichen Verwandten ausgeschlossen, weil das NEhelG es für diese bei seinem Inkrafttreten bereits volljährigen Kinder beim früheren Recht belassen hat (Art. 12 § 10 Abs. 2 NEhelG). Allerdings regelt Art. 12 § 10a NEhelG, dass der Vater und das nichteheliche Kind für künftige Erbfälle eine Nichtanwendung von § 10 Abs. 2 NEhelG in notarieller Form vereinbaren können.

17 Zu berücksichtigen ist noch, dass bis zum Inkrafttreten des Erbrechtsgleichstellungsgesetzes der Vater und das nichteheliche Kind eine Vereinbarung über einen vorzeitigen Erbausgleich gem. § 1934e BGB a.F. treffen konnten. Eine derartige Vereinbarung oder ein rechtskräftiges Urteil über den vorzeitigen Erbausgleich hat das Erb- und Pflichtteilsrecht des nichtehelichen Kindes gegenüber dem Vater und den väterlichen Verwandten nach altem Recht entfallen lassen. Soweit derartige Vereinbarungen bzw. rechtskräftige Entscheidungen im Zeitpunkt des Inkrafttretens des Erbrechtsgleichstellungsgesetzes bestanden haben, sind sie gem. Art. 227 Abs. 1 Nr. 2 EGBGB auch nach Inkrafttreten des Erbrechtsgleichstellungsgesetzes zu berücksichtigen. Derartige Kinder sind also auch heute nach Inkrafttreten des Erbrechtsgleichstellungsgesetzes nicht erbberechtigt.

3. Adoption

18 Im Hinblick auf die erbrechtlichen Wirkungen einer **Annahme als Kind** (Adoption) ist zwischen der Annahme eines Minderjährigen und der Annahme eines Volljährigen zu unterscheiden. Volljährigkeit tritt mit dem 18. Lebensjahr ein. Durch die **Annahme eines Minderjährigen** als Kind erlangt dieses in vollem Umfang die Rechtsstellung eines Kindes des Annehmenden (§ 1754 Abs. 2 BGB). Der angenommene Minderjährige wird mit dem Annehmenden und seinen Verwandten verwandt, während das Verwandtschaftsverhältnis zu den leiblichen Eltern und deren Verwandten nach § 1755 Abs. 1 S. 1 BGB erlischt (**Volladoption**). Der angenommene Minderjährige hat also grundsätzlich ein volles Erbrecht nach dem Annehmenden und seinen Verwandten.[19]

19 Die **Adoption eines Volljährigen** begründet regelmäßig nur die Verwandtschaft zwischen dem Angenommenen sowie dessen Abkömmlingen und dem Annehmenden. Eine Verwandtschaft zwischen dem Angenommenen und den Verwandten des Annehmenden wird dagegen gem. § 1770 Abs. 1 BGB nicht begründet. Der angenommene Volljährige und seine Abkömmlinge sind also lediglich gesetzliche Erben der ersten Ordnung nach dem Annehmenden. Ein gesetzliches Erbrecht gegenüber weiteren Verwandten des Annehmen-

---

18 Erbrechtsgleichstellungsgesetz vom 16.12.1997, BGBl I, S. 2968.
19 Zu den Wirkungen einer Minderjährigenadoption: Bamberger/Roth/*Müller-Christmann*, § 1924 BGB Rn 16; Palandt/*Weidlich*, § 1924 BGB Rn 11 ff.; NK-BGB/*Kroiß*, § 1924 BGB Rn 13 ff.

den besteht nicht.²⁰ Allerdings kann in besonderen Fällen das Gericht gem. § 1772 BGB aussprechen, dass die Annahme des Volljährigen mit den Wirkungen der Minderjährigenadoption, d.h. als Volladoption erfolgt.

IV. Erbrecht des Ehegatten

1. Voraussetzungen des gesetzlichen Ehegattenerbrechts

Voraussetzung des Ehegattenerbrechts ist in erster Linie das Bestehen einer wirksamen Ehe mit dem Erblasser im Todeszeitpunkt. Hieran fehlt es, wenn die Ehe rechtskräftig aufgehoben wurde (§ 1313 BGB) bzw. als Hauptfall dann, wenn die Ehe rechtskräftig geschieden wurde (§ 1564 BGB). Nach § 1933 BGB ist das Ehegattenerbrecht auch ausgeschlossen, wenn zum Zeitpunkt des Todes des Erblassers die Voraussetzungen für die Scheidung der Ehe gegeben waren und der Erblasser die Scheidung beantragt²¹ oder ihr zugestimmt hatte. In diesen Fällen hat der Ehegatte kein Erbrecht, sondern ist nach § 1933 S. 3 BGB i.V.m. §§ 1569 bis 1586b BGB unterhaltsberechtigt.

2. Gesetzliches Erbrecht des Ehegatten

In welcher Höhe der Ehegatte Erbe wird, ergibt sich zunächst aus § 1931 BGB. Daneben ist aber zu berücksichtigen, in welchem Güterstand die Eheleute im Zeitpunkt des Todes des Ehegatten gelebt haben. Lediglich wenn weder Verwandte der ersten Ordnung (d.h. Abkömmlinge des Erblassers) oder der zweiten Ordnung (Eltern des Erblassers und deren Abkömmlinge) noch Großeltern vorhanden sind, spielt der Güterstand keine Rolle, da der überlebende Ehegatte in diesem Fall stets die ganze Erbschaft erhält (§ 1931 Abs. 2 BGB). In allen anderen Fällen ist der Güterstand zu berücksichtigen:

Lebten die Ehegatten im Güterstand der **Zugewinngemeinschaft**,²² so ist der Ehegatte des Erblassers neben Verwandten der ersten Ordnung (d.h. neben den Abkömmlingen) zu ½ und neben Verwandten der zweiten Ordnung (d.h. den Eltern des Erblassers und deren Abkömmlinge) oder neben Großeltern zu ¾ als gesetzlicher Erbe berufen. Diese Erbquote ergibt sich aus der Kombination der in § 1931 BGB angegebenen Erbquote mit dem **pauschalierten Zugewinnausgleich** nach §§ 1931 Abs. 3, 1371 Abs. 1 BGB. § 1931 Abs. 1 BGB regelt, dass der Ehegatte neben Verwandten der ersten Ordnung zu ¼ und neben Verwandten der zweiten Ordnung oder neben Großeltern zu ½ als gesetzlicher Erbe berufen ist. Diese Quote wird gem. §§ 1931 Abs. 3, 1371 Abs. 1 BGB jeweils um ¼ erhöht, so dass sich die oben angegebenen Quoten ergeben. Durch die Regelung des § 1371 Abs. 1 BGB soll der während der Ehe erzielte Zugewinn (pauschaliert) ausgeglichen werden. Dabei kommt es nicht darauf an, ob dem überlebenden Ehegatten rechnerisch tatsächlich ein Zugewinnausgleich zustand. Es find vielmehr eine Pauschalierung ungeachtet der tatsächlichen Verhältnisse statt. Der Zugewinnausgleich erfolgt nicht durch die konkrete Berechnung des Zugewinns, sondern vielmehr pauschaliert (sog. **erbrechtliche Lösung**). Stattdessen hat der

---

20 Zu den Wirkungen der Volljährigenadoption: Bamberger/Roth/*Müller-Christmann*, § 1924 BGB Rn 13; NK-BGB/*Kroiß*, § 1924 BGB Rn 15; Palandt/*Weidlich*, § 1924 BGB Rn 14.
21 Beantragung der Scheidung setzt nach h.M. Rechtshängigkeit, d.h. Zustellung des Scheidungsantrags, voraus: BGHZ 111, 329; BayObLGZ 90, 20; Palandt/*Weidlich*, § 1933 BGB Rn 2; Bamberger/Roth/*Müller-Christmann*, § 1933 BGB Rn 4.
22 Die Zugewinngemeinschaft nach deutschem Recht ist geregelt in den §§ 1363 ff. BGB. Es handelt sich eigentlich um eine Gütertrennung mit Ausgleich des Zugewinns bei Beendigung der Ehe, sei es durch Scheidung oder sei es durch Tod.

überlebende Ehegatte auch die Möglichkeit, seinen gesetzlichen Erbteil auszuschlagen und gem. § 1371 Abs. 2 und 3 BGB den dann konkret berechneten Zugewinn zu verlangen. Neben dem konkret berechneten Zugewinn erhält der überlebende Ehegatte dann den sog. kleinen Pflichtteil, der sich gem. § 1371 Abs. 2 Hs. 2 BGB nach dem nicht erhöhten gesetzlichen Erbteil (Erbteil nach § 1931 Abs. 1 BGB) bestimmt. Diese **güterrechtliche Lösung** wird der überlebende Ehegatte jedoch nur dann wählen, wenn während der Ehe ein außerordentlich hoher Zugewinn entstanden ist.[23]

23 Lebten die Ehegatten im Wahlgüterstand der **Gütertrennung** (§ 1414 BGB), so wird die Regelung des § 1931 Abs. 1 BGB durch die Regelung des § 1931 Abs. 4 BGB ergänzt. Hinterlässt der Erblasser neben seinem Ehegatten ein oder zwei Kinder,[24] so erben der überlebende Ehegatte und jedes Kind zu gleichen Teilen gem. § 1931 Abs. 4 BGB. Hinterlässt der verstorbene Ehegatte drei oder mehr Kinder, so erbt der überlebende Ehegatte nach § 1931 Abs. 1 BGB ¼. Neben Verwandten der zweiten Ordnung oder neben Großeltern erbt der überlebende Ehegatte gem. § 1931 Abs. 1 S. 1 BGB ½.

24 Haben die Eheleute gem. §§ 1415 ff. BGB vertraglich den Güterstand der **Gütergemeinschaft** vereinbart, so verbleibt es für das gesetzliche Erbrecht des überlebenden Ehegatten ausschließlich bei der Vorschrift des § 1931 BGB. Der überlebende Ehegatte erbt neben Verwandten der ersten Ordnung ¼. Dabei ist zu berücksichtigen, dass der überlebende Ehegatte am Gesamtgut ohnehin mit ½ beteiligt ist. Bei bestehender Gütergemeinschaft fällt die Beteiligung des verstorbenen Ehegatten am Gesamtgut gem. § 1482 S. 1 BGB in den Nachlass. Soweit der überlebende Ehegatte alleiniger Vollerbe des verstorbenen Ehegatten ist, führt dies dazu, dass die Gütergemeinschaft ohne weitere Auseinandersetzung erlischt. Ist der überlebende Ehegatte lediglich Miterbe (regelmäßig neben den Kindern), so geht der Anteil des verstorbenen Ehegatten an der Gesamthandsgemeinschaft auf die Miterbengemeinschaft über. Die Gütergemeinschaft ist sodann gem. § 1471 BGB auseinanderzusetzen. Eine Besonderheit stellt die **fortgesetzte Gütergemeinschaft** gem. §§ 1483 ff. BGB dar. Bei der fortgesetzten Gütergemeinschaft fällt der Anteil des verstorbenen Ehegatten an der Gesamthandsgemeinschaft nicht in den Nachlass. Der Anteil des verstorbenen Ehegatten geht also nicht auf die Erbengemeinschaft über. Vielmehr treten die Abkömmlinge des Erblassers neben dem Ehegatten in die Gesamthandsgemeinschaft ein. Zur fortgesetzten Gütergemeinschaft kommt es nur dann, wenn die Eheleute durch Ehevertrag dies ausdrücklich vereinbart haben (§ 1483 BGB).

25 Als wiedervereinigungsbedingte Besonderheit gibt es in Einzelfällen auch noch den Güterstand der **Eigentums- und Vermögensgemeinschaft** nach früherem DDR-Recht (§ 13 DDR-FGB von 1965). Mit der Wiedervereinigung ist grundsätzlich an die Stelle der Eigentums- und Vermögensgemeinschaft der gesetzliche Güterstand der Zugewinngemeinschaft getreten. Die Eigentums- und Vermögensgemeinschaft blieb nur bestehen, wenn die Eheleute für den Fortbestand dieses Güterstands optiert haben (Art. 234 § 4 EGBGB). Besteht der Güterstand ausnahmsweise fort, so ist für die Erbfolge des überlebenden Ehegatten ausschließlich § 1931 Abs. 1 und 2 BGB maßgebend. Im Übrigen ist der überlebende Ehegatte dann auf güterrechtliche Ansprüche nach dem FGB verwiesen.[25]

---

23 Zur erbrechtlichen und güterrechtlichen Lösung vgl.: Palandt/*Brudermüller*, § 1371 BGB Rn 2 ff. und 12 ff.; Bamberger/Roth/*J. Mayer*, § 1371 BGB Rn 4 ff. und 16 ff.; NK-BGB/*Löhnig*, § 1371 BGB Rn 7 ff. und 25 ff.; Staudinger/*Thiele*, § 1371 BGB Rn 4 ff. und 40 ff.; MüKo/*Koch*, § 1371 BGB Rn 1 ff. und 32 ff.

24 An die Stelle eines zur Zeit des Erbfalls nicht mehr lebenden Kindes treten die durch das Kind mit dem Erblasser verwandten Abkömmlinge gem. § 1931 Abs. 4 S. 3 BGB i.V.m. § 1924 Abs. 3 BGB.

25 Staudinger/*Werner*, § 1931 BGB Rn 52.

Übersicht: Erbrecht des Ehegatten neben Verwandten der ersten Ordnung

Güterstand	Erbquote des Ehegatten		Pflichtteilsquote des Ehegatten
Zugewinngemeinschaft	Erbrechtliche Lösung	1/2	1/4
	Güterrechtliche Lösung	Ehegatte wird nicht Erbe	1/8 und vorweg zu berechnender Zugewinn
Gütertrennung	1 Kind	1/2	1/4
	2 Kinder	1/3	1/6
	> 2 Kinder	1/4	1/8
Gütergemeinschaft	1/4[26]		1/8

3. Voraus des Ehegatten

Gemäß § 1932 BGB erhält der überlebende Ehegatte als gesetzlicher Erbe zusätzlich die zum ehelichen Haushalt gehörenden Gegenstände, soweit sie nicht Zubehör eines Grundstücks sind, und die Hochzeitsgeschenke als sog. **Voraus**. Der Voraus soll dazu beitragen, dass der überlebende Ehegatte seinen bisherigen häuslichen Lebensstandard aufrechterhalten kann. Zum Voraus gehören die Haushaltsgegenstände, also die Sachen und Rechte, die dem Erblasser gehört und dem gemeinsamen Haushalt gedient haben, ohne Rücksicht auf ihren Wert und ihren tatsächlichen Gebrauch (Möbel, Teppiche, Geschirr, Haushaltsgeräte, Fernseher etc.).[27]

4. Dreißigster

Den Familienangehörigen, die zur Zeit des Todes des Erblassers zu dessen Hausstand gehörten und von ihm Unterhalt bezogen haben, steht gem. § 1969 BGB schließlich noch das Recht zu, von den Erben in den ersten 30 Tagen nach dem Eintritt des Erbfalls in demselben Umfang Unterhalt zu verlangen, wie der Erblasser Unterhalt geleistet hat (**Dreißigster**). Dieses Recht steht auch dem Ehegatten zu.

V. Gesetzliches Erbrecht des eingetragenen Lebenspartners

Das Erbrecht des eingetragenen Lebenspartners[28] ist dem Erbrecht des Ehegatten nachgebildet. Gleichwohl verweist das **LPartG** nicht auf die Regelung in § 1931 BGB, sondern enthält mit § 10 LPartG eine eigenständige Regelung. Nach dieser ist der überlebende Lebenspartner des Erblassers neben Verwandten der ersten Ordnung (d.h. neben den Abkömmlingen) zu 1/4 und neben Verwandten der zweiten Ordnung (den Eltern und deren

---

26 Allerdings ist zu berücksichtigen, dass der überlebende Ehegatte noch mit einem 1/2 Anteil am Gesamtgut beteiligt ist.
27 Zum Umfang des Voraus: Palandt/*Weidlich*, § 1932 BGB Rn 5; Staudinger/*Werner*, § 1932 BGB Rn 13 ff.; MüKo/*Leipold*, § 1932 BGB Rn 9 ff.; Bamberger/Roth/*Müller-Christmann*, § 1932 BGB Rn 6 ff.
28 Die eingetragene Lebenspartnerschaft ist im Gesetz vom 16.2.2001 (BGBl I, S. 266) nebst LPartÜG von 2004 (BGBl I, S. 3396) geregelt. Als Lebenspartner bezeichnet man zwei Personen gleichen Geschlechts, die miteinander eine eingetragene Lebenspartnerschaft begründet haben.

Abkömmlingen) oder neben Großeltern zur Hälfte der Erbschaft als gesetzlicher Erbe berufen. Sind weder Verwandte der ersten noch der zweiten Ordnung noch Großeltern vorhanden, so wird der Lebenspartner gem. § 10 Abs. 2 S. 1 LPartG Alleinerbe.

30 Auch bei der Lebenspartnerschaft spielen die **Güterstände** eine Rolle. Leben die Lebenspartner – was im Hinblick auf § 6 S. 1 LPartG der Regelfall sein dürfte – im Güterstand der **Zugewinngemeinschaft**,[29] so findet gem. § 6 S. 2 LPartG die Vorschrift des § 1371 BGB entsprechende Anwendung. Auch hier findet also eine Erbteilserhöhung gem. § 1371 Abs. 1 BGB um ¼ statt. Der Lebenspartner erbt also neben Verwandten der ersten Ordnung (d.h. neben den Abkömmlingen) zu ½. Neben Verwandten der zweiten Ordnung erbt er zu ¾. Ebenso wie bei Ehegatten besteht auch hier die Möglichkeit, dass der Lebenspartner den gesetzlichen Erbteil ausschlägt und gem. § 1371 Abs. 2 und 3 BGB den (kleinen) Pflichtteil und den güterrechtlichen Zugewinnausgleich geltend macht. Für den Fall, dass die Lebenspartner durch Lebenspartnerschaftsvertrag die **Gütertrennung** vereinbart haben, sieht § 10 Abs. 2 S. 2 LPartG hinsichtlich der Erbfolge dieselbe Regelung wie § 1931 Abs. 4 BGB vor. Insofern kann auf die obigen Ausführungen verwiesen werden (siehe Rn 23). Lebten die Lebenspartner in **Gütergemeinschaft**, so fällt der Anteil des verstorbenen Lebenspartners am gemeinsamen Vermögen in den Nachlass. Im Übrigen gilt die Vorschrift des § 1931 BGB.

31 **Übersicht: Erbrecht des eingetragenen Lebenspartners neben Verwandten der ersten Ordnung**

Güterstand	Erbquote des Lebenspartners		Pflichtteilsquote des Lebenspartners
Zugewinngemeinschaft	Erbrechtliche Lösung	½	¼
	Güterrechtliche Lösung	Lebenspartner wird nicht Erbe	⅛ und vorweg zu berechnender Zugewinn
Gütertrennung	1 Kind	½	¼
	2 Kinder	⅓	⅙
	> 2 Kinder	¼	⅛
Gütergemeinschaft	¼[30]		⅛

C. Gewillkürte Erbfolge

I. Allgemeine Voraussetzungen für die Errichtung einer Verfügung von Todes wegen

1. Grundsatz: Testierfreiheit

32 Dem Erblasser steht es grundsätzlich frei, durch Verfügung von Todes wegen (Testament, gemeinschaftliches Testament, Erbvertrag) von der gesetzlichen Erbfolge ganz oder teilweise abzuweichen und seinen Nachlass autonom zu regeln. Der Erblasser kann also auch seine

---

[29] Die ursprünglich vom LPartG eingeführte Ausgleichsgemeinschaft wurde durch das Gesetz zur Überarbeitung des Lebenspartnerschaftsrechts vom 15.12.2004 (BGBl I, S. 3396) wieder abgeschafft. Gesetzlicher Güterstand ist jetzt nach § 6 Abs. 1 S. 1 LPartG der Güterstand der Zugewinngemeinschaft.
[30] Der überlebende Lebenspartner ist allerdings weiterhin mit 1/2 am Gesamtgut beteiligt.

nächsten Angehörigen vollständig von der Erbfolge ausschließen. Diese haben aber möglicherweise Pflichtteilsansprüche in Form von Geldansprüchen gegen den bzw. die Erben (zum Pflichtteilsrecht siehe Rn 84 ff.).

2. Testierfähigkeit

Die Errichtung, Abänderung oder Aufhebung einer Verfügung von Todes wegen setzt voraus, dass der Erblasser im Zeitpunkt der Errichtung, Abänderung oder Aufhebung **testierfähig** (§ 2229 BGB) ist. Ein **Minderjähriger**[31] kann gem. § 2229 Abs. 1 BGB ein Testament errichten, wenn er das 16. Lebensjahr vollendet hat und bedarf hierfür nicht der Zustimmung seines gesetzlichen Vertreters (§ 2229 Abs. 2 BGB). **Krankhafte Störungen der Geistestätigkeit** schließen die Testierfähigkeit gem. § 2229 Abs. 4 BGB aus. Nicht testierfähig ist, wer nicht in der Lage ist, sich ein klares Urteil über die Tragweite seiner Anordnungen zu bilden, insbesondere über ihre Auswirkungen auf die persönlichen und wirtschaftlichen Verhältnisse des Betroffenen sowie über die Gründe, die für und gegen ihre Berechtigung sprechen.[32] Allein die Anordnung einer **Betreuung** nach §§ 1896 ff. BGB führt nicht zur Testierunfähigkeit. Der Betreute ist nur dann testierunfähig, wenn die Voraussetzungen des § 2229 Abs. 4 BGB vorliegen.[33]

33

3. Höchstpersönlichkeit

Die Errichtung einer Verfügung von Todes wegen stellt ein **höchstpersönliches Rechtsgeschäft** dar. Der Erblasser kann ein Testament nur persönlich errichten und sich insbesondere nicht durch einen Stellvertreter vertreten lassen[34] (§ 2064 BGB). Der Erblasser muss das Testament aber nicht nur persönlich errichten (formelle Höchstpersönlichkeit), sondern er muss auch dessen wesentlichen Inhalt selbst bestimmen (materielle Höchstpersönlichkeit, § 2065 BGB). Nach § 2065 Abs. 1 BGB darf weder die Wirksamkeit des gesamten Testaments noch einzelner darin enthaltener Verfügungen vom Willen eines Dritten abhängig sein. Ebenso kann der Erblasser dem Dritten gem. § 2065 Abs. 2 BGB nicht überlassen, den Empfänger oder den Gegenstand der Zuwendung auszuwählen. Zulässig sind aber, wie sich aus §§ 2074, 2075 BGB ergibt, aufschiebende oder auflösende Bedingungen.[35] Es ist auch zulässig, als Bedingung ein Ereignis zu wählen, dessen Eintritt allein vom Willen des Bedachten oder eines Dritten abhängig ist (Potestativbedingungen). Dies gilt allerdings nur dann, soweit derartige Bedingungen nicht auf eine Vertretung im Willen hinauslaufen.[36]

34

---

31 Volljährigkeit tritt gem. § 2 BGB mit der Vollendung des 18. Lebensjahres ein.
32 BGH NJW 1959, 1822; BayObLG NJW-RR 1998, 870; OLG Köln FamRZ 1991, 1356; Palandt/*Weidlich*, § 2229 BGB Rn 1; die Testierfähigkeit wird vermutet – die Beweislast für die Testierunfähigkeit trägt also derjenige, der sich auf die Testierunfähigkeit beruft: BGH FamRZ 1958, 127; BayObLG FamRZ 1996, 1438; Palandt/*Weidlich*, § 2229 BGB Rn 11; Bamberger/Roth/*Litzenburger*, § 2229 BGB Rn 13.
33 Auch bei Betreuten besteht grundsätzlich die Vermutung der Testierfähigkeit: Palandt/*Weidlich*, § 2229 BGB Rn 5; OLG Frankfurt am Main FamRZ 1996, 635; OLG Celle ZErb 2003, 321; OLG Hamm FamRZ 2004, 659; MüKo/*Hagena*, § 2229 BGB Rn 11.
34 BGH NJW 1955, 100; Bamberger/Roth/*Litzenburger*, § 2064 BGB Rn 2; Palandt/*Weidlich*, § 2064 BGB Rn 1; für den Erbvertrag: § 2274 BGB; für den Erbverzicht: § 2347 Abs. 2 BGB.
35 Zu den Bedingungen: Palandt/*Weidlich*, § 2065 BGB Rn 5; Bamberger/Roth/*Litzenburger*, § 2065 BGB Rn 3; MüKo/*Leipold*, § 2065 BGB Rn 10.
36 BGHZ 15, 199, 202; OLG Hamm OLGZ 1968, 80, 84; BayObLG FamRZ 1986, 606, 607; MüKo/*Leipold*, § 2065 BGB Rn 10; Palandt/*Weidlich*, § 2065 BGB Rn 5; Bamberger/Roth/*Litzenburger*, § 2065 BGB Rn 3.

4. Verbotsgesetze als Beschränkung der Testierfreiheit

35 Die Testierfreiheit des Erblassers findet dort ihre Grenze, wo ein **Verstoß gegen ein gesetzliches Verbot** (§ 134 BGB) oder gegen die guten Sitten (§ 138 BGB) vorliegt.[37] Als in der heutigen Zeit an Bedeutung gewinnendes Verbotsgesetz i.S.v. § 134 BGB ist **§ 14 HeimG** zu nennen. § 14 HeimG verbietet bestimmte Zuwendungen eines Heimbewohners zugunsten des Trägers von Alten- und Pflegeheimen bzw. deren Mitarbeitern.

II. Formen der Verfügung von Todes wegen

36 Hinsichtlich der Verfügungen von Todes wegen unterscheidet man das Testament (§§ 2231 ff. BGB), das gemeinschaftliche Testament (§§ 2265 ff. BGB), das nur von Eheleuten bzw. eingetragenen Lebenspartnern i.S.d. LPartG errichtet werden kann, und den Erbvertrag (§§ 2274 ff. BGB).

1. Testament

37 Ein Testament kann als ordentliches Testament entweder zur Niederschrift eines Notars (öffentliches Testament, § 2232 BGB) oder eigenhändig (§ 2247 BGB) errichtet werden. Daneben gibt es außerordentliche Testamente, die in der Praxis keine große Bedeutung haben.[38]

38 Das **eigenhändige Testament** muss gem. § 2247 Abs. 1 BGB vom Erblasser vollständig eigenhändig geschrieben und unterschrieben sein. Das Testament darf also nicht von einem Dritten oder mit der Maschine geschrieben sein. Das Erfordernis der Eigenhändigkeit kann dabei auch nicht durch die Anwesenheit von Zeugen oder anderen Beweismitteln ersetzt werden.

39 Ein **öffentliches Testament** kann grundsätzlich nur vor einem Notar errichtet werden. Erforderlich ist hierfür, dass der Erblasser dem Notar seinen letzten Willen erklärt oder ihm eine Schrift mit der Erklärung übergibt, dass die Schrift seinen letzten Willen enthält (§ 2232 BGB). Der Notar errichtet hierüber eine Niederschrift nach den Regeln des Beurkundungsgesetzes. Das öffentliche Testament kann insbesondere auch maschinenschriftlich verfasst sein. Es wird vom Notar verlesen und sodann vom Erblasser und dem Notar unterschrieben.

2. Gemeinschaftliches Testament

40 Das gemeinschaftliche Testament (§§ 2265 ff. BGB) kann entweder als öffentliches Testament durch Beurkundung vor einem Notar oder als eigenhändiges Testament errichtet werden. Für das **eigenhändige Testament** reicht es gem. § 2267 BGB aus, dass das Testament von einem der Ehegatten eigenhändig verfasst wird und dass beide Ehegatten das Testament unterzeichnen. Für die notarielle Beurkundung des **öffentlichen Testaments** gilt dasselbe wie für ein einseitiges Testament. Der Notar errichtet über das gemeinschaftliche Testament eine Niederschrift nach den Vorgaben der Beteiligten.

41 Das gemeinschaftliche Testament kann nur von **Ehegatten** (§ 2265 BGB) oder von eingetragenen **Lebenspartnern** (§ 10 Abs. 4 LPartG) errichtet werden. Die Auflösung der Ehe insbesondere durch Scheidung führt gem. § 2268 BGB im Zweifel dazu, dass das gemein-

---

[37] Bamberger/Roth/*Litzenburger*, § 2074 BGB Rn 7; Palandt/*Weidlich*, § 2074 BGB Rn 5.
[38] Bürgermeistertestament, § 2249 BGB; Dreizeugentestament, § 2250 BGB; Seetestament, § 2251 BGB.

schaftliche Testament grundsätzlich seinem ganzen Inhalt nach unwirksam wird. Dies gilt nur dann nicht, wenn ein abweichender Wille der Erblasser festgestellt werden kann.

Ein gemeinschaftliches Testament kann die gleichen Verfügungen enthalten wie ein Einzeltestament. Eine Besonderheit des gemeinschaftlichen Testaments liegt allerdings in der Möglichkeit sog. **wechselbezüglicher Verfügungen**. Als wechselbezüglich sind Verfügungen anzusehen, die nach dem Willen der Erblasser so eng miteinander verbunden sind, dass die eine Verfügung nicht ohne die andere Verfügung getroffen worden wäre (§ 2270 Abs. 1 BGB).[39] Wechselbezüglich können gem. § 2270 Abs. 3 BGB nur die Erbeinsetzung, die Anordnung eines Vermächtnisses oder einer Auflage sein. Beispielsweise handelt es sich typischerweise um wechselbezügliche Verfügungen, wenn Ehegatten sich gegenseitig zu Erben einsetzen oder wenn ein Ehegatte den anderen einsetzt und dieser für den Fall, das er der Letztversterbende ist, die gemeinsamen Kinder als sog. Schlusserben einsetzt. Die Wechselbezüglichkeit kann dabei entweder ausdrücklich angeordnet sein oder sich durch Auslegung ergeben (vgl. § 2270 Abs. 2 BGB).

42

Soweit Verfügungen im Verhältnis der **Wechselbezüglichkeit** zueinander stehen, ist die wichtigste **Rechtsfolge** gem. § 2270 Abs. 1 S. 1 BGB, dass die Nichtigkeit oder der Widerruf der einen Verfügung die Unwirksamkeit der anderen Verfügung zur Folge hat. Der Widerruf wechselbezüglicher Verfügungen ist darüber hinaus zu Lebzeiten der Ehegatten gem. §§ 2271, 2296 BGB nur durch notariell beurkundete Erklärung, die dem anderen Ehegatten zugehen muss, möglich. Verstirbt einer der beiden Ehegatten, so erlischt das Recht zum Widerruf der Verfügung gem. § 2271 Abs. 2 S. 1 BGB. Der überlebende Ehegatte ist dann in seiner Testierfreiheit beschränkt. Er kann seine eigene Verfügung grundsätzlich nur aufheben, wenn er das ihm Zugewendete ausschlägt.[40] Soweit es sich um wechselbezügliche Verfügungen handelt, sind später errichtete Verfügungen von Todes wegen gem. § 2289 Abs. 1 S. 2 BGB analog unwirksam, wenn und soweit sie das Recht des Begünstigten aus der wechselbezüglichen Verfügung beeinträchtigen würden.[41] Die Wirkungen wechselbezüglicher Verfügungen beschränken sich allerdings allein auf die Testierfreiheit. Die Befugnis, Rechtsgeschäfte unter Lebenden vorzunehmen, bleibt unberührt.[42] Allerdings kann der wechselbezüglich Bedachte vom Beschenkten gem. § 2287 BGB analog die Herausgabe des Geschenks fordern, wenn der Erblasser eine Schenkung in der Absicht gemacht hat, den wechselbezüglich Bedachten zu beeinträchtigen.[43] Die Anordnung wechselbezüglicher Verfügungen führt also zu einer Einschränkung hinsichtlich der Testierfreiheit. Dem kann durch die Aufnahme eines sog. Änderungsvorbehalts in das Testament vorgebeugt werden.[44]

43

---

39 MüKo/*Musielak*, § 2270 BGB Rn 2; Bamberger/Roth/*Litzenburger*, § 2270 BGB Rn 5; NK-BGB/*Müßig*, § 2270 BGB Rn 4.
40 Zur Wiedererlangung der Testierfreiheit kommt hier ferner in Betracht, dass mit dem bindend Bedachten ein Zuwendungsverzichtsvertrag gem. § 2352 BGB abgeschlossen wird; dazu: NK-BGB/*Müßig*, § 2271 BGB Rn 76.
41 OLG Frankfurt NJW-RR 1995, 265; Bamberger/Roth/*Litzenburger*, § 2271 BGB Rn 17; Palandt/*Weidlich*, § 2271 BGB Rn 14; MüKo/*Musielak*, § 2271 BGB Rn 15 ff.
42 Vgl. § 2286 BGB; Bamberger/Roth/*Litzenburger*, § 2271 BGB Rn 18; Palandt/*Weidlich*, § 2271 BGB Rn 10; BGH DNotZ 1951, 344; NK-BGB/*Müßig*, § 2271 BGB Rn 126.
43 BGH NJW 1982, 43; Bamberger/Roth/*Litzenburger*, § 2271 BGB Rn 18; Palandt/*Weidlich*, § 2271 BGB Rn 10; NK-BGB/*Müßig*, § 2271 BGB Rn 132.
44 BGHZ 2, 37; BGHZ 30, 265; BGH DNotZ 1987, 430, 432; BayObLG FamRZ 1987, 638, 639; BayObLG FamRZ 2002, 42, 43; BayObLG NJW-RR 1989, 587, 588; MüKo/*Musielak*, § 2271 BGB Rn 31; Staudinger/*Kanzleiter*, § 2271 BGB Rn 56.

3. Erbvertrag

44 Soweit eine **vertragsmäßige Bindung** herbeigeführt werden soll, bietet sich der Abschluss eines Erbvertrages (§§ 2274 ff. BGB) an.[45] Ein derartiger Erbvertrag kann neben vertragsmäßigen Verfügungen auch einseitige Verfügungen enthalten.[46] Voraussetzung für einen Erbvertrag ist, dass dieser zumindest eine vertragsmäßige Verfügung enthält, die auch vertragsmäßig bindend vereinbart worden ist. Vertragsmäßig können nur Erbeinsetzungen, Vermächtnisse und Auflagen sein (§ 2278 Abs. 2 BGB).

45 **Voraussetzung** für die Errichtung eines Erbvertrages ist, dass die Beteiligten **unbeschränkt geschäftsfähig** sind (§ 2275 BGB). Der Erbvertrag kann gem. § 2276 BGB nur zur Niederschrift eines Notars bei gleichzeitiger Anwesenheit beider Teile geschlossen werden. Der Erbvertrag kann von beliebigen Beteiligten geschlossen werden. Anders als beim gemeinschaftlichen Testament müssen die Vertragsbeteiligten nicht Eheleute oder eingetragene Lebenspartner i.S.d. LPartG sein. Es kommt insofern auch in Betracht, dass nichteheliche Lebensgefährten oder z.B. Geschwister einen Erbvertrag schließen. Erbverträge können auch mit anderen Rechtsgeschäften verbunden werden (z.B. Ehevertrag oder Pflichtteilsverzicht).

46 Soweit im Erbvertrag vertragsmäßige Verfügungen enthalten sind, **binden** diese die Vertragsbeteiligten. Der Erbvertrag kann gem. § 2290 Abs. 1 BGB nur durch Vertrag zwischen den Vertragsbeteiligten wieder aufgehoben werden. Nach dem Tode eines Vertragsbeteiligten scheidet eine Aufhebung des Erbvertrages aus (§ 2290 Abs. 1 S. 2 BGB). Ein **Rücktritt** vom Erbvertrag ist grundsätzlich gem. § 2293 BGB nur möglich, wenn sich der Erblasser den Rücktritt im Erbvertrag vorbehalten hat. In diesem Fall erfolgt der Rücktritt durch Erklärung gegenüber dem anderen Vertragsschließenden. Anerkannt ist allerdings, dass sich die Vertragsbeteiligten auch vorbehalten können, vertragsmäßige Verfügungen nachträglich einseitig abzuändern. Es muss allerdings zumindest eine unabänderbare vertragsmäßige Verfügung vorliegen.[47] Soweit ein **Änderungsvorbehalt** dies nicht ausdrücklich zulässt, sind spätere Verfügungen von Todes wegen insoweit unwirksam, als durch sie das Recht des vertragsmäßig Bedachten beeinträchtigt würde (§ 2289 Abs. 1 BGB). Darüber hinaus hat der vertragsmäßig Bedachte gegen einen Beschenkten einen Anspruch auf Herausgabe des Geschenks, wenn der Erblasser die Schenkung in der Absicht vorgenommen hat, den Vertragserben zu beeinträchtigen (§ 2287 BGB).

4. Verwahrung der Verfügung von Todes wegen

47 **Eigenhändige Testamente** werden häufig von dem Testierenden persönlich verwahrt. § 2248 BGB regelt, dass privatschriftliche Testamente auf Verlangen des Erblassers in die sog. besondere amtliche Verwahrung nach den §§ 2285a, 2285b BGB genommen werden

---

45 Beispiel eines Erbvertrages auf der beiliegenden CD-ROM unter der Rubrik „Deutschland", Ordner „Formulare".
46 Palandt/*Weidlich*, § 2278 BGB Rn 5; NK-BGB/*Kornexl*, Vorbem. zu §§ 2274–2302 BGB Rn 1.
47 So die h.M.: BGHZ 26, 204, 208; BGH DNotZ 1970, 356; BGH NJW 1982, 441; OLG Düsseldorf OLGZ 1966, 68, 69; OLG Stuttgart NJW-RR 1986, 165 = DNotZ 1986, 551, 552; Staudinger/*Kanzleiter*, § 2278 BGB Rn 12; eine im Vordringen befindliche Auffassung lässt einen Änderungsvorbehalt bereits dann zu, wenn seine Ausübung nur unter bestimmten, genau festgelegten Voraussetzungen möglich ist – Lehre vom spezifizierten Änderungsvorbehalt: Bamberger/Roth/*Litzenburger*, § 2278 BGB Rn 7; *Basty*, MittBayNot 2000, 73, 77; *Bengel*, DNotZ 1989, 156 ff.; *Buchholz*, FamRZ 1987, 440, 445; *Herlitz*, MittRhNotK 1996, 153, 157; *J. Mayer*, DNotZ 1990, 755, 774; Palandt/*Weidlich*, § 2289 BGB Rn 3.

können. **Öffentliche**, vor einem Notar errichtete **Testamente** werden stets in die besondere amtliche Verwahrung gegeben. Der Notar ist verpflichtet, dies zu veranlassen (§ 34 Abs. 1 S. 4 BeurkG). Auch vor einem Notar errichtete **Erbverträge** werden grundsätzlich in die besondere amtliche Verwahrung gebracht. Allerdings kann hier nach § 34 Abs. 2 BeurkG die besondere amtliche Verwahrung ausgeschlossen werden. In diesem Fall verbleibt der Erbvertrag in der Verwahrung des Notars. Der Notar unterrichtet in diesem Fall die Geburtsstandesämter über die Errichtung und Aufbewahrung des Erbvertrages.

Zuständig für die Verwahrung von Testamenten und Erbverträgen ist das Amtsgericht (§ 2258a BGB). Die Verwahrung des Testaments bei den Amtsgerichten löst einmalig Gebühren aus.

48

Seit dem 1.1.2012 existiert für Deutschland ein elektronisch geführtes **Zentrales Testamentsregister**. Diese wird von der Bundesnotarkammer geführt. Das Register enthält die Verwahrangaben zu sämtlichen erbfolgerelevanten Urkunden, die vom Notar errichtet werden oder in gerichtliche Verwahrung gelangen. Im Sterbefall wird das Register von Amts wegen abgefragt, um eine Eröffnung der Verfügungen bzw. Berücksichtigung sonstiger erbfolgerelevanter Urkunden sicherzustellen. Soweit ein Notar bei der Erstellung erbfolgerelevanter Urkunden mitwirkt, besteht für diesen eine Registrierungspflicht nach § 78 Abs. 2 BNotO. Registrierungspflichtig sind insbesondere:
- Testamente einschließlich Änderungen zu diesen
- Erbverträge einschließlich Änderungen zu diesen
- Aufhebungsverträge zu Erbverträgen
- Rücktritts- und Anfechtungserklärungen zu Erbverträgen
- Erb- und Zuwendungsverzichtsverträge
- Verträge mit güterrechtlichen Auswirkungen, insbesondere Ehe- und Lebenspartnerschaftsverträge, sofern sie eine Änderung des Güterstands enthalten.

Ein reiner Pflichtteilsverzichtsvertrag ist nicht registrierungspflichtig, weil er nicht unmittelbar eine Änderung der Erbfolge herbeiführt.

5. Kosten

Für die Errichtung, Verwahrung und Eröffnung einer Verfügung von Todes wegen können Kosten entstehen. Betrachtet man zunächst nur die Errichtung der Verfügung von Todes wegen, so hat das eigenhändige Testament gegenüber dem öffentlichen notariellen Testament den Vorteil, dass hierfür keine Kosten entstehen. Die Kosten, die beim Notar entstehen, sind im Gerichts- und Notarkostengesetz (GNotKG) geregelt.[48] Das Bild, dass die notarielle Verfügung von Todes wegen höhere Kosten verursacht als das eigenhändige Testament, ändert sich, wenn man neben den Kosten der Errichtung auch die Folgekosten (Verwahrung, Eröffnung, Erbschein) einbezieht. Die eröffnete notarielle Verfügung von Todes wegen ersetzt häufig den Erbschein (Beispiel für das Grundbuchverfahren: § 35 Abs. 1 S. 2 GBO). Aus diesem Grund kann sich im Ergebnis bei einem notariellen Testament eine Kostenersparnis ergeben.

49

---

[48] Für die Beurkundung eines Testaments entsteht eine 1,0 Gebühr aus §§ 97, 102 Abs. 1 GNotKG Nr. 21200 KV GNotKG. Die Beurkundung eines Erbvertrages oder eines gemeinschaftlichen Testaments löst eine 2,0 Gebühr gem. §§ 97, 102 Abs. 1 GNotKG Nr. 21100 GNotKG aus. Für die Errichtung eines gemeinschaftlichen Testaments bei einem Reinwert des Nachlasses von 500.000 EUR fallen beispielsweise derzeit für die Beurkundung etwa 1.870 EUR nebst Schreibauslagen und zzgl. Mehrwertsteuer an. In diesen Kosten sind die Kosten einer Beratung durch den Notar enthalten.

6. Widerruf von Testamenten bzw. Aufhebung von Erbverträgen

50 Der Erblasser kann ein Testament und jede einzelne in einem **Testament** enthaltene Verfügung gem. § 2253 BGB jederzeit widerrufen. Der Widerruf erfolgt gem. § 2254 BGB grundsätzlich durch Testament. Dabei bedarf es aber nicht einer bestimmten Wortwahl. Es genügt, wenn sich aus dem Testament eindeutig der Wille ergibt, dass das früher errichtete Testament widerrufen werden soll.[49] Insbesondere wird auch durch die Errichtung eines späteren Testaments das frühere Testament insoweit aufgehoben, als das spätere Testament mit dem früheren in Widerspruch steht (§ 2258 BGB). Ferner kann ein Testament durch Vernichtung oder Veränderung gem. § 2255 BGB oder durch Rücknahme des Testaments aus der besonderen amtlichen Verwahrung (§ 2256 BGB) widerrufen werden.

51 Das **gemeinschaftliche Testament** kann durch ein neues gemeinschaftliches Testament entweder ausdrücklich (§ 2254 BGB) oder konkludent (§ 2258 Abs. 1 BGB) widerrufen werden. Auch die Rücknahme aus der amtlichen Verwahrung, die allerdings nur durch beide Eheleute gemeinschaftlich erfolgen kann, gilt als Widerruf gem. §§ 2272, 2256 BGB. Nicht wechselbezügliche Verfügungen in einem gemeinschaftlichen Testament kann jeder Ehegatte sowohl zu Lebzeiten als auch nach dem Tod des anderen einseitig frei widerrufen (§§ 2254, 2255 S. 1, 2258 Abs. 1 BGB). Bei wechselbezüglichen Verfügungen kommt dagegen nur ein gemeinsamer Widerruf oder ein einseitiger Widerruf nach den dargestellten Grundsätzen in Betracht.

52 **Erbverträge** werden gem. § 2290 BGB grundsätzlich durch Vertrag aufgehoben. Es ist aber auch die Aufhebung durch einseitiges Testament mit Zustimmung des anderen Vertragsschließenden (§ 2291 BGB) oder durch gemeinschaftliches Testament (§ 2292 BGB) möglich. Außerdem kann der Rücktritt vorbehalten sein (§ 2293 BGB). Soweit in einem Erbvertrag einseitige Verfügungen enthalten sind, können diese jederzeit einseitig durch abweichende Verfügung aufgehoben werden.[50]

7. Auslegung von Verfügungen von Todes wegen

53 Bei der Auslegung von **Testamenten** hat man sich, anders als bei der Vertragsauslegung, nicht am Empfängerhorizont, sondern ausschließlich am wirklichen Willen des Erblassers zu orientieren.[51] Die Auslegung hat dabei nach den allgemeinen Auslegungsregeln zu erfolgen und beschränkt sich nicht auf eine Analyse des Wortlauts, so dass auch außerhalb der Urkunde liegende Umstände herangezogen werden können.[52] Allerdings muss der durch Auslegung ermittelte Erblasserwille stets im Testament zumindest eine Andeutung erfahren haben, anderenfalls fehlt es an einer formgerechten Erklärung des Erblasserwillens.[53] Beim **gemeinschaftlichen Testament** kommt es in erster Linie auf den übereinstimmenden Willen

---

49 OLG Hamm DNotZ 1972, 101, 104; BayObLG NJW-RR 2003, 659; MüKo/*Hagena*, § 2254 BGB Rn 4; Bamberger/Roth/*Litzenburger*, § 2254 BGB Rn 3.
50 MüKo/*Musielak*, § 2299 BGB Rn 5; NK-BGB/*Seiler*, § 2299 BGB Rn 7; Bamberger/Roth/*Litzenburger*, § 2299 BGB Rn 3.
51 MüKo/*Leipold*, § 2084 BGB Rn 6; BGH NJW 1983, 256; Bamberger/Roth/*Litzenburger*, § 2084 BGB Rn 1; Palandt/*Weidlich*, § 2084 BGB Rn 1.
52 BGH FamRZ 1987, 475, 476; BayObLG FamRZ 1999, 59, 60; Bamberger/Roth/*Litzenburger*, § 2084 BGB Rn 6; Palandt/*Weidlich*, § 2084 BGB Rn 2.
53 Sog. Andeutungstheorie; BGHZ 86, 41, 47; Palandt/*Weidlich*, § 2084 BGB Rn 4; Bamberger/Roth/ *Litzenburger*, § 2084 BGB Rn 8; MüKo/*Leipold*, § 2084 BGB Rn 14.

beider Ehegatten an,⁵⁴ da die Verfügungen beider Ehegatten regelmäßig aufeinander abgestimmt sind. Bei der Auslegung eines **Erbvertrages** ist für vertragsmäßige Verfügungen der erklärte übereinstimmende Wille beider Vertragsparteien zum Zeitpunkt der Vertragserrichtung maßgeblich.⁵⁵ Die Auslegung hat nach dem Empfängerhorizont zu erfolgen, so dass die Vorstellungen des Vertragspartners des Erblassers i.d.R. von Bedeutung sind.⁵⁶ Sowohl für Erbverträge als auch für gemeinschaftliche Testamente gilt allerdings, dass, soweit diese einseitige Verfügungen enthalten, die für die Testamentsauslegung maßgeblichen Grundsätze heranzuziehen sind.

Für den Fall, dass die Auslegung zu keinem eindeutigen Ergebnis führt, hält das Gesetz eine Reihe von **Auslegungsregeln** bereit. Zunächst sind in den §§ 2066 bis 2072 BGB Auslegungsregelungen für den Fall enthalten, dass der Erblasser die bedachte Person nur allgemein bezeichnet hat. Hat der Erblasser beispielsweise seine Abkömmlinge bedacht und fällt einer von diesen nach Errichtung des Testaments weg, so ist gem. § 2069 BGB im Zweifel anzunehmen, dass die Abkömmlinge des wegfallenden Abkömmlings als Ersatzerben bedacht sind. Auslegungsregeln bei Unklarheiten bzgl. der Erbeinsetzung sind in den §§ 2087 bis 2089, 2091 und 2094 BGB enthalten. Hat der Erblasser Vor- und Nacherbfolge angeordnet, aber unvollständige Angaben über die Person des Vor- oder Nacherben oder über den Zeitpunkt des Nacherbfalls gemacht, so enthält das Gesetz hierfür Auslegungsregeln in den §§ 2101 bis 2107 BGB. Beim gemeinschaftlichen Testament enthalten die §§ 2269 und 2270 Abs. 2 BGB wichtige Auslegungsregeln.⁵⁷ Die Auslegungsregeln gelten über § 2279 BGB auch für Erbverträge.

54

8. Anfechtung

Soweit eine Diskrepanz zwischen dem wahren Willen des Erblassers und dem in der Verfügung von Todes wegen zum Ausdruck gekommenen Willen durch Auslegung nicht beseitigt werden kann,⁵⁸ kann die Wirksamkeit der letztwilligen Verfügung möglicherweise durch Anfechtung beseitigt werden. Anfechtbar ist dabei nicht das gesamte Testament, sondern nur die einzelne letztwillige Verfügung. Die Anfechtung beseitigt Verfügungen, die nicht dem wahren Willen des Erblassers entsprechen oder auf einem Motivirrtum beruhen.

55

Zur Anfechtung **berechtigt** ist gem. § 2080 Abs. 1 BGB jeder, welchem die Aufhebung der letztwilligen Verfügung unmittelbar zugutekommt, d.h. derjenige, der durch die Aufhebung der angefochtenen Verfügung einen rechtlichen Vorteil erlangt. Bei wechselbezüglichen oder vertraglichen Verfügungen, die den Erblasser schon zu Lebzeiten binden, ermöglicht § 2281 Abs. 1 BGB, der auf das gemeinschaftliche Testament analog angewendet wird, die ansonsten nicht vorgesehene Anfechtung auch durch den Erblasser.

56

Anfechtungsgründe sind der Inhaltsirrtum (unzutreffende Vorstellung über die Bedeutung der Erklärung) und der Erklärungsirrtum (Fehler in der Erklärungshandlung, z.B. Verschreiben). Nach § 2078 Abs. 2 Fall 1 BGB berechtigt auch jeder Motivirrtum zur Anfechtung. Die Anfechtung ist bei solchen Umständen begründet, die den Erblasser bei Kenntnis

57

---

54 BGH NJW 1951, 959, 960; BGH NJW 1993, 296; BGH ZEV 2002, 20; Bamberger/Roth/*Litzenburger*, § 2269 BGB Rn 8.
55 BGH FamRZ 1983, 380;.
56 BGH NJW 1989, 2885; BayObLGZ 1994, 313; BayObLG NJW-RR 1997, 7.
57 Zur Auslegungsregel des § 2269 BGB beim Berliner Testament siehe Rn 82; zur Auslegungsregel des § 2270 Abs. 2 BGB vgl. Rn 42.
58 Vorrang der Auslegung: BGH NJW 1978, 264, 266; MüKo/*Leipold*, § 2078 BGB Rn 9; Bamberger/Roth/*Litzenburger*, § 2078 BGB Rn 1.

mit Sicherheit dazu veranlasst hätten, anders zu testieren.⁵⁹ Zur Anfechtung berechtigt es auch, wenn der Erblasser durch widerrechtliche Drohung zu der Verfügung bewegt wurde (§ 2078 Abs. 2 Fall 2 BGB). Ein besonderer Fall des Motivirrtums ist schließlich in § 2079 BGB geregelt. Danach kann eine letztwillige Verfügung angefochten werden, wenn der Erblasser einen zur Zeit des Erbfalls vorhandenen Pflichtteilsberechtigten übergangen hat, dessen Vorhandensein ihm bei der Errichtung der Verfügung nicht bekannt war oder der erst nach der Errichtung geboren oder pflichtteilsberechtigt geworden ist.

58 Soweit eine Erbeinsetzung, eine Enterbung oder die Ernennung eines Testamentsvollstreckers sowie eine Auflage angefochten werden soll, ist die Anfechtungserklärung gegenüber dem Nachlassgericht abzugeben (§ 2081 BGB). Hinsichtlich Vermächtnissen und Teilungsanordnungen enthält das Gesetz keine Regelung. Hier muss die Verfügung gemäß der allgemeinen Bestimmung des § 143 Abs. 4 S. 1 BGB durch formlose Erklärung gegenüber demjenigen angefochten werden, der durch die angefochtene Verfügung unmittelbar einen rechtlichen Vorteil erlangt.⁶⁰ Die Anfechtung kann nur innerhalb eines Jahres vom Zeitpunkt der Kenntniserlangung vom Anfechtungsgrund erfolgen (§ 2082 BGB).

III. Inhalt einer Verfügung von Todes wegen

1. Erbeinsetzung

59 Die **Erbeinsetzung** ist regelmäßig das zentrale Element einer letztwilligen Verfügung. Nach der Auslegungsregel des § 2087 Abs. 1 BGB handelt es sich dann um eine Erbeinsetzung, wenn der Erblasser sein Vermögen oder einen Bruchteil seines Vermögens dem Bedachten zuwendet, auch wenn er dafür nicht das Wort Erbeinsetzung verwendet. Setzt der Erblasser mehrere Personen zu Erben ein, so bilden diese eine Erbengemeinschaft nach den §§ 2032 ff. BGB (zur Erbengemeinschaft siehe Rn 117 ff.).

2. Enterbung

60 Gegenstück zur Erbeinsetzung ist die **Enterbung**. Diese kann entweder in einem sog. negativen Testament dadurch erfolgen, dass der Erblasser einen, mehrere oder alle gesetzlichen Erben von der Erbfolge ausschließt, ohne andere Erben einzusetzen (§ 1938 BGB). Eine Enterbung der gesetzlichen Erben liegt allerdings auch dann vor, wenn der Erblasser den Nachlass vollständig auf von ihm benannte gewillkürte Erben verteilt. Stellt sich allerdings die Einsetzung der gewillkürten Erben als unwirksam dar, so ist regelmäßig nicht davon auszugehen, dass auch für diesen Fall die gesetzlichen Erben enterbt sein sollen.⁶¹ Trotz Enterbung können Pflichtteilsansprüche bestehen (zum Pflichtteilsrecht siehe Rn 84 ff.).

3. Vor- und Nacherbschaft

61 Eine Erbeinsetzung kann auch in der Weise erfolgen, dass bis zu einem bestimmten Zeitpunkt zunächst der eine Erbe (sog. **Vorerbe**) und ab einem bestimmten Zeitpunkt ein

---

59 BGH NJW-RR 1987, 1412; BayObLG NJW-RR 2002, 367 = FamRZ 2002, 911; NK-BGB/*Fleindl*, § 2078 BGB Rn 19; Bamberger/Roth/*Litzenburger*, § 2078 BGB Rn 4 ff.; Palandt/*Weidlich*, § 2078 BGB Rn 3 ff.
60 Bamberger/Roth/*Litzenburger*, § 2081 BGB Rn 6; Palandt/*Weidlich*, § 2081 BGB Rn 5; NK-BGB/ *Fleindl*, § 2081 BGB Rn 8; MüKo/*Leipold*, § 2081 BGB Rn 13.
61 OLG Stuttgart BWNotZ 1981, 141; OLG Darmstadt OLGE 14, 314; KG OLGE 40, 114, 116.

anderer Erbe (sog. **Nacherbe**) ist (§§ 2100 ff. BGB). Die Besonderheit liegt darin, dass sowohl Vorerbe als auch Nacherbe beide Erben desselben Erblassers und derselben Erbschaft nur zeitlich nacheinander sind. Der Nachlass bildet in der Hand des Vorerben ein von seinem sonstigen Vermögen getrenntes Sondervermögen, das daher auch nicht gesetzlichen Erb- oder Pflichtteilsansprüchen der Verwandten des Vorerben unterliegt. Mit dem Eintritt des Nacherbfalls geht das Vermögen zwar faktisch vom Vorerben auf den Nacherben, erbrechtlich betrachtet aber vom ursprünglichen Erblasser direkt auf den Nacherben über. Die Vor- und Nacherbfolge ermöglicht die Erhaltung des Familienvermögens über den Wechsel der Generationen hinweg, die Ausschaltung von Erben und Pflichtteilsberechtigten des Vorerben, den Schutz des Nachlasses beim Vorerben vor seinen Gläubigern und auch die Beeinflussung des Verhaltens des Vorerben, indem etwa für den Fall der Wiederverheiratung die Nacherbfolge angeordnet wird.

Um dem oder den Nacherben den Nachlass zu erhalten, regelt das Gesetz in § 2111 BGB die sog. **dingliche Surrogation**. Danach unterliegt all das, was der Vorerbe aufgrund eines zur Erbschaft gehörenden Rechts oder als Ersatz für die Zerstörung, Beschädigung oder Entziehung eines Erbschaftsgegenstandes oder durch Rechtsgeschäft mit Mitteln der Erbschaft erwirbt, wiederum der Vor- und Nacherbfolge. Veräußert also beispielsweise der Vorerbe wirksam eine zum Nachlass gehörende Sache, so fällt der dafür erhaltene Veräußerungserlös wiederum in die Vorerbschaft.

62

Gemäß § 2112 BGB kann der Vorerbe über die zur Erbschaft gehörenden Gegenstände verfügen. Die §§ 2113 ff. BGB enthalten hierfür aber Einschränkungen. So ist die **entgeltliche Verfügung des Vorerben** über ein zur Vorerbschaft gehörendes Grundstück im Zeitpunkt des Eintritts der Nacherbfolge insoweit unwirksam, als dadurch das Recht des Nacherben vereitelt oder beeinträchtigt wird (§ 2113 Abs. 1 BGB). Ebenso ist eine **unentgeltliche Verfügung** im Zeitpunkt des Eintritts der Nacherbfolge unwirksam, soweit sie das Recht des Nacherben beeinträchtigt (§ 2113 Abs. 2 BGB). Derartige Verfügungen sind nicht absolut, sondern nur relativ unwirksam. Ihre Unwirksamkeit tritt erst im Zeitpunkt des Nacherbfalls ein und besteht nur, wenn durch die Verfügung das Recht des Nacherben beeinträchtigt wurde. Dies ist freilich beispielsweise bei Schenkungen regelmäßig der Fall. Das vom Vorerben gehaltene Sondervermögen wird ferner durch § 2115 BGB sowie die ergänzenden Verfahrensvorschriften der § 773 ZPO, § 83 InsO vor **Vollstreckungsmaßnahmen** der Eigengläubiger des Vorerben und in der **Insolvenz** des Vorerben geschützt. Außerdem enthalten die §§ 2114 ff. BGB diverse Mitverwaltungs-, Kontroll- und Sicherungsrechte des Nacherben. Von vielen der Beschränkungen kann gem. § 2136 BGB Befreiung erteilt werden. Man spricht sodann vom „**befreiten Vorerben**". Befreit werden kann von den Beschränkungen des § 2113 Abs. 1 BGB (Verfügungen über Grundstücke), nicht aber von § 2113 Abs. 2 BGB (unentgeltliche Verfügungen) oder von § 2111 BGB (dingliche Surrogation). Auch § 2115 BGB ist zwingend.

63

Der **Nacherbfall** tritt zu dem von dem Erblasser bestimmten Zeitpunkt oder Ereignis ein (§ 2103 BGB). Fehlt eine entsprechende Anordnung so tritt der Nacherbfall grundsätzlich mit dem Tod des Vorerben ein (§ 2106 BGB). Die Nacherbfolge kann auch mehrfach hintereinander geschaltet werden, indem der zuerst berufene Nacherbe wiederum Vorerbe eines folgenden Nacherben wird.[62]

64

Vor- und Nacherbfolge i.S. einer sog. **konstruktiven Nacherbfolge** kann auch dann vorliegen, wenn der Erblasser nicht ausdrücklich einen Nacherben bestimmt hat. Insofern ist es schon ausreichend, dass der Erblasser angeordnet hat, dass der eingesetzte Erbe nur bis zu

65

---

62 Statt aller: Palant/*Weidlich*, § 2100 BGB Rn 1.

einem bestimmten Zeitpunkt Erbe sein soll. In diesem Fall sind nach der Auslegungsregel des § 2104 BGB die gesetzlichen Erben des Erblassers Nacherben. Insofern kann ein eingesetzter Erbe durchaus auch den Beschränkungen der Vor- und Nacherbfolge unterliegen, obwohl der Erblasser dies nicht ausdrücklich angeordnet. Typisches Beispiel ist, dass der Erblasser anordnet, dass seine Ehefrau Erbin sein soll, solange diese nicht wieder heiratet (auflösend bedingte Erbeinsetzung).

4. Vermächtnis (Legat)

66   Gemäß § 1939 BGB kann der Erblasser einem anderen einen Vermögensvorteil zuwenden, ohne ihn als Erben einzusetzen (Vermächtnis[63]). Im Unterschied zur Erbeinsetzung wird der Vermächtnisnehmer nicht dinglich am Nachlass beteiligt, das Vermächtnis begründet lediglich einen **schuldrechtlichen Anspruch** des Bedachten (§ 2174 BGB).[64]

Inhalt eines Vermächtnisses kann alles sein, was Gegenstand eines Schuldverhältnisses sein kann, sofern es sich um einen Vermögensvorteil handelt.

67   Mit einem Vermächtnis kann entweder ein Alleinerbe, einer von mehreren Miterben (auch der Nacherbe) oder die Erbengemeinschaft als solche **beschwert** werden. Auch der Vermächtnisnehmer selbst kann wiederum mit einem Vermächtnis beschwert werden (Untervermächtnis).[65]

68   **Vermächtnisnehmer** kann jede natürliche und juristische Person sowie rechtsfähige Personenvereinigung sein. Wird einem von mehreren Miterben ein Vermächtnis zugewendet, so spricht man von einem **Vorausvermächtnis** (§ 2150 BGB). Durch ein Vorausvermächtnis kann einem der Miterben ein über seine Erbquote hinausgehender Vermögensvorteil verschafft werden (anders als bei der Teilungsanordnung, siehe Rn 77[66]), da das Vermächtnis grundsätzlich vor der Erbauseinandersetzung zu erfüllen ist und bei der Erbauseinandersetzung nicht abgezogen wird.[67]

69   Während bei der Erbeinsetzung uneingeschränkt der Grundsatz des § 2065 BGB gilt und der Erblasser daher die Bestimmung des Erben oder die Bestimmung der Erbquote nicht einem Dritten überlassen kann, kann der Erblasser beim Vermächtnis die Auswahl des Berechtigten (§§ 2151, 2152 BGB) und die Auswahl der Zuwendung (§§ 2153 bis 2156 BGB) in wesentlich weitergehendem Umfang einem Dritten überlassen (**Wahlvermächtnis, Zweckvermächtnis etc.**). So kann der Erblasser beispielsweise ein Vermächtnis zugunsten mehrerer Personen anordnen und es einem Dritten überlassen, auszuwählen, welche der Personen das Vermächtnis erhalten soll (§ 2151 BGB). Im Hinblick auf den Zuwendungsgegenstand geht die Freiheit so weit, dass der Erblasser sich darauf beschränken kann, den Zweck des Vermächtnisses anzuordnen und im Übrigen die **Bestimmung der Leistung** dem billigen Ermessen eines Dritten zu überlassen. So ist es beispielsweise möglich, dass der

---

[63] Der Begriff „Legat", der häufig im ausländischen Recht anstatt des Begriffs „Vermächtnis" verwendet wird, ist im deutschen Recht nicht gebräuchlich.

[64] Das Vermächtnis ist in Deutschland insofern als sog. Damnationslegat im Unterschied zum dinglich wirkenden Vindikationslegat ausgestaltet.

[65] NK-BGB/*J. Mayer*, § 2147 BGB Rn 6; MüKo/*Rudy*, § 2147 BGB Rn 4; Palandt/*Weidlich*, § 2147 BGB Rn 3.

[66] Zur Abgrenzung von Vermächtnis und Teilungsanordnung vgl. insbesondere NK-BGB/*J. Mayer*, § 2150 BGB Rn 10.

[67] MüKo/*Rudy*, § 2150 BGB Rn 5; NK-BGB/*J. Mayer*, § 2150 BGB Rn 10; Palandt/*Weidlich*, § 2150 BGB Rn 2.

Erblasser anordnet, dass der Testamentsvollstrecker einem Kind des Erblassers monatlich dasjenige aus dem Nachlass zuwendet, was zum Unterhalt des Kindes erforderlich ist.

Das Vermächtnis kann getrennt **ausgeschlagen** werden. Hierfür bedarf es nur einer formlosen Erklärung gegenüber dem Beschwerten (§ 2180 BGB). Eine Frist für die Ausschlagung ist nicht vorgesehen.[68]

70

5. Auflage

Mittels einer **Auflage** kann der Erblasser einen Erben oder Vermächtnisnehmer zu einer Leistung oder einem Unterlassen verpflichten, ohne einem anderen ein Recht auf diese Leistung bzw. das Unterlassen zuzuwenden (§ 1940 BGB). Im Gegensatz zum Vermächtnis braucht die Leistung, die als Auflage zu erbringen ist, keinen Vermögenswert zu besitzen.[69] Typische Auflagen sind z.B. die Auflage, für die Bestattung in einer bestimmten Weise zu sorgen, die Grabpflege vorzunehmen, eine Statue aufzustellen, ein Unternehmen des Erblassers fortzuführen, ein Tier zu pflegen etc.

71

Die Auflage setzt auch keinen **Auflagenbegünstigten** voraus.[70] Eine Auflage ist sogar in der Weise denkbar, dass sie im Wesentlichen den Vorteil des Beschwerten bezweckt (z.B. Anweisung zur Geldanlage oder Unternehmensführung). Auch wenn der Begünstigte keinen Anspruch auf die Leistung oder das Unterlassen hat, sind dennoch bestimmte Personen **vollziehungsberechtigt.** So kann gem. § 2194 BGB jeder Erbe oder Miterbe die Vollziehung der Auflage verlangen. Ferner kann zur Sicherung der Vollziehung der Auflage auch Testamentsvollstreckung angeordnet werden.

72

6. Testamentsvollstreckung

Um die Durchsetzung seiner Anordnungen sicherzustellen, kann der Erblasser **Testamentsvollstreckung** anordnen. Dabei ernennt er gem. § 2197 BGB in der Verfügung von Todes wegen einen oder mehrere Testamentsvollstrecker. Der Erblasser kann auch das Nachlassgericht um die Ernennung eines Testamentsvollstreckers ersuchen (§ 2200 BGB). Das Amt des Testamentsvollstreckers **beginnt** gem. § 2202 BGB mit dem Zeitpunkt, in welchem der Ernannte das Amt annimmt. Die Annahme oder Ablehnung des Amtes erfolgt durch Erklärung gegenüber dem Nachlassgericht. Seine Rechtsstellung weist der Testamentsvollstrecker durch ein sog. **Testamentsvollstreckerzeugnis** nach, das gem. § 2368 BGB vom Nachlassgericht erteilt wird (siehe Rn 127).

73

Das Amt des Testamentsvollstreckers **endet** mit dem Tod des Testamentsvollstreckers oder seiner Amtsunfähigkeit (§§ 2201, 2225 BGB); ferner mit der Kündigung durch den Testamentsvollstrecker (§ 2226 BGB), mit seiner Entlassung durch das Nachlassgericht aus wichtigem Grund auf Antrag eines Beteiligten (§ 2227 BGB) oder automatisch mit der Beendigung der ihm obliegenden Aufgabe.[71]

74

Die Aufgaben des Testamentsvollstreckers können vielfältig sein. Um eine sog. **Abwicklungsvollstreckung** (§§ 2203, 2204 BGB) handelt es sich, wenn der Testamentsvollstrecker die letztwilligen Verfügungen des Erblassers zur Ausführung zu bringen und die Auseinandersetzung unter den Miterben vorzunehmen hat. Von einer **Dauertestamentsvollstre-**

75

---

68 Palandt/*Weidlich*, § 2180 BGB Rn 1.
69 MüKo/*Leipold*, § 1940 BGB Rn 4; Palandt/*Weidlich*, § 2192 BGB Rn 3.
70 MüKo/*Schlichting*, § 2192 BGB Rn 10; Palandt/*Weidlich*, § 2192 BGB Rn 1.
71 *Nieder/Kösinger*, Handbuch der Testamentsgestaltung, 4. Aufl. 2011, § 15 Rn 164; BGH NJW 1964, 1316 = BGHZ 41, 23, 25.

ckung (§ 2209 BGB) spricht man, wenn dem Testamentsvollstrecker dauerhaft die Aufgabe zugewiesen ist, den Nachlass zu verwalten. Die Anordnung der Dauertestamentsvollstreckung führt u.a. dazu, dass Gläubiger des Erben dauerhaft nicht auf die der Testamentsvollstreckung unterliegenden Nachlassgegenstände zugreifen können (§ 2214 BGB). Innerhalb der genannten Typen der Testamentsvollstreckung und ergänzend zu diesen können die Aufgaben des Testamentsvollstreckers vom Erblasser im Einzelnen genau ausgestaltet werden. Möglich ist auch, anzuordnen, dass beispielsweise nur der Vorerbe der Testamentsvollstreckung unterliegt oder dass der Testamentsvollstrecker während der Vorerbschaft die Rechte des Nacherben wahrnimmt (sog. Nacherbentestamentsvollstreckung).[72]

76 Soweit sein Amt reicht, hat der Testamentsvollstrecker gem. § 2205 BGB den Nachlass zu **verwalten**. Er ist insbesondere berechtigt, die Nachlassgegenstände in Besitz zu nehmen und über die Nachlassgegenstände zu verfügen. Allerdings sind unentgeltliche Verfügungen dem Testamentsvollstrecker gem. § 2205 S. 3 BGB grundsätzlich nicht gestattet. Die **Erben sind von der Verfügung über die Nachlassgegenstände ausgeschlossen** (§ 2211 BGB). Sie können auch grundsätzlich die Stellung des Testamentsvollstreckers nicht selbstständig beseitigen. Nur aus wichtigem Grund kann das Nachlassgericht gem. § 2227 BGB auf Antrag eines Beteiligten (insbesondere eines Erben) den Testamentsvollstrecker entlassen.

7. Teilungsanordnung

77 Mehrere Erben bilden gem. § 2032 BGB eine Erbengemeinschaft (siehe Rn 102 ff.). Jeder Miterbe kann gem. § 2042 BGB jederzeit die **Auseinandersetzung** verlangen. Der Erblasser kann allerdings die Auseinandersetzung hinsichtlich des gesamten Nachlasses oder einzelner Nachlassgegenstände ausschließen oder von einer Kündigung abhängig machen (§ 2044 BGB). Ferner kann der Erblasser durch Teilungsanordnung gem. § 2048 BGB den Miterben einzelne Gegenstände zuweisen oder auch den Nachlass vollständig auf alle Miterben verteilen.[73] Die Teilungsanordnung wirkt dabei nur schuldrechtlich im Verhältnis der Miterben zueinander und begründet keine dingliche Zuordnung der einzelnen Nachlassgegenstände.[74] Sie bedarf eines dinglichen Vollzugsakts. Außerdem besteht die Möglichkeit, dass sich sämtliche Miterben einverständlich über die vom Erblasser angeordnete Teilung hinwegsetzen.[75]

8. Sonstige Regelungen

78 Der Erblasser kann sämtliche Anordnungen mit aufschiebenden oder auflösenden **Bedingungen** (§§ 2074 ff. BGB) verknüpfen. Er kann das Recht auf den Voraus (§ 1932 BGB) und den Dreißigsten (§ 1969 BGB) entziehen oder modifizieren. Außerdem besteht die Möglichkeit, dass er für im Inland belegene Grundstücke die Anwendung deutschen Rechts verfügt (Art. 25 Abs. 2 EGBGB) und die Gleichstellung eines nach ausländischem Recht adoptierten Kindes anordnet (Art. 22 Abs. 3 EGBGB). Er kann nach § 1638 BGB bestimmen, dass die Eltern des Erben von der **Verwaltung** des durch den Erbfall erlangten Vermögens ausgeschlossen sind. Hierzu kann er den nach § 1909 Abs. 1 S. 2 BGB erforderli-

---

72 Zu den verschiedenen Möglichkeiten der Ausgestaltung der Testamentsvollstreckung vgl.: *Nieder/Kössinger*, Handbuch der Testamentsgestaltung, § 10 Rn 96 ff.
73 NK-BGB/*Eberl-Borges*, § 2048 BGB Rn 2.
74 BGH DNotZ 2003, 56, 57; MüKo/*Ann*, § 2048 BGB Rn 9; NK-BGB/*Eberl-Borges*, § 2048 BGB Rn 5; Palandt/*Weidlich*, § 2048 BGB Rn 4.
75 Palandt/*Weidlich*, § 2048 BGB Rn 4; MüKo/*Ann*, § 2048 BGB Rn 9; Bamberger/Roth/*Lohmann*, § 2048 BGB Rn 1.

chen Pfleger gem. § 1917 BGB benennen. § 1777 Abs. 3 BGB gestattet es den Eltern, durch letztwillige Verfügung einen **Vormund** für den Fall, dass sie beide versterben sollten, zu benennen. Schließlich besteht für den Erblasser auch die Möglichkeit, durch Verfügung von Todes wegen eine **Stiftung** zu errichten (§ 83 BGB).

IV. Typische Ehegattentestamente – Berliner Testament

Typisch für die Gestaltung von Ehegattentestamenten ist, dass Ehegatten sich gegenseitig zu Erben einsetzen und der Nachlass erst nach dem Tod des Letztversterbenden auf einen oder mehrere Dritte (regelmäßig die gemeinsamen Kinder) übergehen soll. Für derartige Gestaltungen ist der Begriff „Berliner Testament" gebräuchlich. Hier bestehen zwei Gestaltungsmöglichkeiten: 79

Bei der sog. **Trennungslösung**[76] setzen sich Ehegatten gegenseitig zu Vorerben ein und berufen den Dritten (regelmäßig die gemeinsamen Kinder) zum jeweiligen Nacherben. Außerdem wird der Dritte zum Erben des überlebenden Ehegatten eingesetzt. In diesem Fall erhält der Dritte den Nachlass beider Ehegatten aus zwei verschiedenen Berufungsgründen, nämlich den Nachlass des erstversterbenden Ehegatten als dessen Nacherbe und den Nachlass des überlebenden Ehegatten als dessen unmittelbarer Erbe. Diese Gestaltung führt dazu, dass die beiden Nachlässe rechtlich getrennt sind. Nachteil dieser Lösung ist, dass der überlebende Ehegatte nur Vorerbe des erstverstorbenen Ehegatten ist. Selbst wenn er als befreiter Vorerbe berufen wird, unterliegt er den Beschränkungen durch die Vor- und Nacherbfolge und kann insbesondere über den Nachlass nicht unentgeltlich verfügen. Daraus folgt eine nicht unerhebliche Einschränkung des überlebenden Ehegatten. Die Trennungslösung bietet auch keinen erbschaftsteuerlichen Vorteil, da der der Nacherbfolge unterliegende Nachlass sowohl beim Vorerben als auch beim Nacherben versteuert werden muss (§ 6 ErbStG). 80

Anders als bei der Trennungslösung wird bei der sog. **Einheitslösung**[77] keine Trennung der beiden Nachlässe erreicht. Bei der Einheitslösung setzen sich die Ehegatten gegenseitig zu unbeschränkten Erben (Vollerben) ein und berufen den Dritten (regelmäßig die Kinder) zum Erben des überlebenden Ehegatten. Dies führt dazu, dass sich nach dem Tod des ersten Ehegatten dessen Vermögen mit dem Vermögen des überlebenden Ehegatten vereinigt, so dass der Dritte den beiderseitigen Nachlass nur aus einem einzigen Berufungsgrund, nämlich als unmittelbarer Erbe (Schlusserbe) des letztversterbenden Ehegatten, erhält. Im Gegensatz zur Trennungslösung schränkt diese Lösung den überlebenden Ehegatten in seiner Verfügungsbefugnis nicht ein. Allerdings bringt diese Lösung erbschaftsteuerliche Nachteile, da die Freibeträge der Kinder nach dem erstversterbenden Ehegatten nicht ausgenutzt werden. Außerdem sieht sich der überlebende Ehegatte möglicherweise Pflichtteilsansprüchen der Kinder ausgesetzt, da diese nach dem erstversterbenden Ehegatten nicht Erben werden. In derartigen letztwilligen Verfügungen der Ehegatten finden sich daher regelmäßig auch Pflichtteilsstrafklauseln, in denen vorgesehen ist, dass ein Kind nicht Schlusserbe wird, falls es nach dem Tod des Erstversterbenden gegen den Willen des überlebenden Ehegatten seinen Pflichtteilsanspruch geltend macht. Andererseits kann die Geltendmachung von Pflichtteilsansprüchen nach dem erstversterbenden Ehegatten auch im allseitigen Interesse liegen, da durch diese Geltendmachung die Steuerfreibeträge der Kinder nach dem erstversterbenden Ehegatten ausgenutzt werden können. 81

---

76 Vgl. Mustertestament auf der beiliegenden CD-ROM unter der Rubrik „Deutschland".
77 Vgl. Mustertestament auf der beiliegenden CD-ROM unter der Rubrik „Deutschland".

82 Regelmäßig entspricht nicht die Trennungslösung, sondern die Einheitslösung dem Willen der Ehegatten, da bei dieser Gestaltung der überlebende Ehegatte über den kompletten Nachlass frei verfügen kann. Dieser **Interessenlage** trägt auch die **Auslegungsregel des § 2269 BGB** Rechnung. Danach ist im Zweifel davon auszugehen, dass die Eheleute die Einheitslösung gewählt haben.

83 Sinnvollerweise wird in gemeinschaftlichen Testamenten ausdrücklich geregelt, welche der Verfügungen **wechselbezüglich** sein sollen (vgl. Rn 42 ff.). In der Praxis erfolgt die gegenseitige Erbeinsetzung regelmäßig wechselbezüglich. Hinsichtlich der Berufung der Kinder zu Schlusserben finden sich verschiedene Gestaltungsvarianten: Zum einen kann auch die Berufung der Kinder zu Schlusserben entsprechend der gesetzlichen Auslegungsregel des § 2270 Abs. 2 BGB wechselbezüglich ausgestaltet werden. Möglich ist es aber auch, dass dem überlebenden Ehegatten das Recht vorbehalten wird, die Schlusserben abweichend zu bestimmen. Ein Ehegattentestament sollte darüber hinaus auch Regelungen für den Fall der Ehescheidung enthalten.

D. Pflichtteilsrecht

I. Allgemeines

84 Für bestimmte nahe Verwandte ist zwingend eine vermögensmäßige Beteiligung am Nachlass vorgesehen. Dabei ist das Pflichtteilsrecht nicht als echtes Noterbrecht ausgestaltet. Die Pflichtteilsberechtigten erhalten keine quotenmäßige Beteiligung am Nachlass und werden auch nicht Erben. Sie haben vielmehr nur einen **Geldanspruch** gegen den Erben bzw. die Erbengemeinschaft. Der Pflichtteilsberechtigte ist also nicht an der Erbengemeinschaft beteiligt. Er hat keinen Einfluss auf die Verwaltung des Nachlasses, kann nicht über Nachlassgegenstände verfügen und ist auch nicht berechtigt, bei der Erbauseinandersetzung mitzuwirken.

85 Zum 1.1.2010 ist die Erbrechtsreform in Kraft getreten, die insgesamt nur wenige Änderungen gebracht hat. Die Änderungen im Pflichtteilsrecht sind dabei aber praktisch nicht unbedeutend. Geändert wurde unter anderem die Vorschrift des § 2306 BGB, die regelt, wie sich bestimmte Beschwerungen und Beschränkungen pflichtteilsrechtlich auswirken (zu den Änderungen vgl. Rn 96). In § 2325 BGB, der die Pflichtteilsergänzungsansprüche regelt, wurde eine pro-rata-Regelung eingeführt, die dazu führt, dass potentielle Pflichtteilsergänzungsansprüche, die durch eine Zuwendung an eine andere Person ausgelöst werden, mit dem Verstreichen der Zeit seit der Zuwendung immer weiter abschmelzen (vgl. dazu Rn 95). Ferner wurden die Pflichtteilsentziehungsgründe vereinheitlicht und modernisiert (vgl. Rn 92). Gerichtliche Stundungsmöglichkeiten (§ 2331a BGB) wurden erweitert.

II. Voraussetzungen des Pflichtteilsanspruchs

86 Der **Kreis der abstrakt Pflichtteilsberechtigten** ist in § 2303 BGB geregelt. Zu den Pflichtteilsberechtigten gehören zunächst die Abkömmlinge des Erblassers und gem. § 2303 Abs. 2 BGB auch dessen Eltern und der Ehegatte sowie gem. § 10 Abs. 6 S. 1 LPartG der eingetragene Lebenspartner. Die früher bestehende Unterscheidung zwischen ehelichen und nichtehelichen Kindern ist mit Inkrafttreten des Erbrechtsgleichstellungsgesetzes am 1.4.1998 entfallen.[78] Auch angenommene Kinder und deren Abkömmlinge sind pflichtteilsberechtigt.

---

[78] Erbrechtsgleichstellungsgesetz, BGBl 1998 I, S. 2968; NK-BGB/*Bock*, § 2303 BGB Rn 7; Bamberger/Roth/*J. Mayer*, § 2303 BGB Rn 11.

Bei der Volladoption eines Minderjährigen wird dieser vollständig rechtlich in die Adoptivfamilie eingegliedert und scheidet vollständig aus der Ursprungsfamilie aus (§§ 1754, 1755 BGB). Damit ist das angenommene Kind vollständig erb- und pflichtteilsberechtigt nach seinen Adoptiveltern.[79] Bei einer Volljährigenadoption bleiben die Beziehungen zu den leiblichen Eltern bestehen. Der Angenommene ist sowohl nach den leiblichen Eltern als auch nach den Adoptiveltern pflichtteilsberechtigt (§§ 1767 Abs. 2, 1754, 1170 BGB – ebenso umgekehrt).[80]

Konkret pflichtteilsberechtigt sind die genannten Personen aber nur, wenn die jeweilige Person bei Geltung der gesetzlichen Erbfolge zur Erbfolge gelangt wäre. So ist ein Enkelkind nicht pflichtteilsberechtigt, wenn es durch seine noch lebenden Eltern von der gesetzlichen Erbfolge ausgeschlossen wird. Ist der Berechtigte nicht vollständig von der Erbfolge ausgeschlossen, sind die Voraussetzungen des § 2303 BGB grundsätzlich nicht gegeben. Allerdings kann in diesen Fällen ein Anspruch auf den **Pflichtteilsrest** aus § 2305 BGB bestehen (sog. **Zusatzpflichtteil**). Ist dem Pflichtteilsberechtigten nur ein Vermächtnis hinterlassen, so kann er gem. § 2307 BGB den Pflichtteil verlangen, wenn er das Vermächtnis ausschlägt.

87

III. Höhe des Pflichtteilsanspruchs

1. Grundsätze

Der Pflichtteil beträgt die **Hälfte des gesetzlichen Erbteils**. Die Pflichtteilsquote eines Ehegatten bestimmt sich dabei in Abhängigkeit von dessen Güterstand (siehe Rn 21 ff.). Lebten die Ehegatten im Güterstand der **Zugewinngemeinschaft**, so hängt die Höhe des Pflichtteils davon ab, ob es zur erb- oder güterrechtlichen Lösung kommt. Wird der Ehegatte nicht Erbe oder Vermächtnisnehmer (güterrechtliche Lösung), so kann er den **kleinen Pflichtteil**, d.h. die Hälfte des nicht erhöhten Ehegattenerbteils, verlangen, neben Erben der ersten Ordnung also 1/8. Daneben erhält er den nach den güterrechtlichen Vorschriften berechneten Zugewinnausgleich. Wird der Ehegatte dagegen Erbe oder Vermächtnisnehmer (erbrechtliche Lösung), so steht ihm der nach § 1371 Abs. 1 BGB um 1/4 erhöhte Erbteil zu, so dass seine Pflichtteilsquote neben Abkömmlingen 1/4 beträgt (**großer Pflichtteil**). Der große Pflichtteil hat für den Ehegatten nur Bedeutung für Ansprüche aus §§ 2305, 2306, 2307 BGB (Pflichtteilsrest) oder § 2325 BGB (Pflichtteilsergänzung). Sofern **Gütertrennung** bestand, ist die Höhe der Pflichtteilsquote abhängig von der Zahl der Kinder. Bei einem Kind beträgt die Pflichtteilsquote 1/4, bei zwei Kindern 1/6 und bei drei und mehr Kindern jeweils 1/8. Lebten die Ehegatten im Güterstand der **Gütergemeinschaft**, so beträgt die Pflichtteilsquote 1/8 (siehe auch Übersicht Rn 26; zu Lebenspartnern i.S.d. LPartG siehe Übersicht Rn 31).[81]

88

Für die **Berechnung des Pflichtteils** wird grundsätzlich der Wert des Nachlasses zum Zeitpunkt des Erbfalls zugrunde gelegt (§ 2311 BGB). Maßgeblich ist insofern der sog. gemeine Wert, also der Verkaufswert (nicht dagegen der Buchwert oder der steuerliche Einheitswert).[82]

89

---

[79] NK-BGB/*Bock*, § 2303 BGB Rn 8; Palandt/*Weidlich*, § 2303 BGB Rn 9.
[80] Palandt/*Weidlich*, § 2303 BGB Rn 5; NK-BGB/*Bock*, § 2303 BGB Rn 9.
[81] Hilfreiche Übersicht zur Pflichtteilsquote bei: Bamberger/Roth/*J. Mayer*, § 2303 BGB Rn 25 – dort auch jeweils zur Pflichtteilsquote der hinterlassenen Kinder neben den Ehegatten im jeweiligen Güterstand.
[82] BGHZ 14, 368, 376 = NJW 1954, 1764, 1765; BGH NJW-RR 1991, 900; MüKo/*Lange*, § 2311 BGB Rn 25; *J. Mayer*, ZEV 1994, 51; Bamberger/Roth/*J. Mayer*, § 2311 BGB Rn 13.

2. Ausgleichung und Anrechnung

90 Bei der Bewertung des Nachlasses sind auch **Ausgleichungs- und Anrechnungspflichten** zu berücksichtigen.

Der Pflichtteilsberechtigte hat sich zunächst auf den Pflichtteil gem. § 2315 Abs. 1 BGB dasjenige **anrechnen** zu lassen, was ihm von dem Erblasser durch Rechtsgeschäft unter Lebenden mit der Bestimmung zugewendet worden ist, dass es auf den Pflichtteil angerechnet werden soll. § 2315 BGB ermöglicht es dem späteren Erblasser, den mit seinem Tod entstehenden Anspruch des Pflichtteilsberechtigten zu mindern, um so eine Doppelbeteiligung des Pflichtteilsberechtigten am Vermögen des Erblassers auszuschließen. Eine Anrechnung auf den Pflichtteil nach § 2315 BGB findet allerdings nur statt, wenn der Erblasser vor oder spätestens bei der Zuwendung die Anordnung über die Anrechnung getroffen hat. Eine nachträgliche Anrechnungsbestimmung ist unwirksam.[83] Die Berechnung des aufgrund der Anrechnungsbestimmung verminderten Pflichtteils erfolgt nach § 2315 Abs. 2 BGB.[84]

91 Die sog. **Ausgleichung** hat zunächst unmittelbar Bedeutung für die Erbauseinandersetzung unter mehreren Miterben. Eine pflichtteilsrechtliche Bedeutung erhält die Ausgleichung über § 2316 BGB. Nach den §§ 2050 ff. BGB ist dasjenige, was ein Abkömmling von dem Erblasser bei dessen Lebzeiten als Ausstattung erhalten hat, bei der Auseinandersetzung zur Ausgleichung zu bringen, soweit der Erblasser nicht etwas anderes angeordnet hat. Eine Ausgleichungspflicht besteht allerdings nur dann, wenn die Abkömmlinge als gesetzliche Erben zur Erbfolge gelangen (§ 2050 Abs. 1 BGB), wenn der Erblasser die Abkömmlinge auf dasjenige als Erben eingesetzt hat, was sie als gesetzliche Erben erhalten würden (§ 2052 Fall 1 BGB) oder wenn er ihre Erbteile so bestimmt hat, dass sie zueinander in demselben Verhältnis stehen wie die gesetzlichen Erbteile (§ 2052 Fall 2 BGB). Eine Ausgleichungspflicht besteht in erster Linie, wenn es sich um eine Ausstattung handelt. Ausstattung ist dasjenige, was einem Kind mit Rücksicht auf seine Verheiratung oder die Erlangung einer selbstständigen Lebensstellung zur Begründung oder zur Erhaltung der Wirtschafts- oder Lebensstellung von dem Vater oder der Mutter zugewendet worden ist.[85] Ebenso besteht aber dann eine Ausgleichungspflicht, wenn der Erblasser dies bei einer Zuwendung, die nicht Ausstattung ist, angeordnet hat (§ 2050 Abs. 3 BGB). Schließlich sind bestimmte Zuschüsse nach § 2050 Abs. 2 BGB auszugleichen. Bei der Erbauseinandersetzung führt die Ausgleichung nach den §§ 2050 ff. BGB unter Umständen zu einer erheblichen wertmäßigen Verschiebung der sich aus §§ 1924 ff. BGB an sich ergebenden Erbquoten. Dies hat auch Auswirkungen auf den Pflichtteilsanspruch.[86] Bei der Berechnung des Pflichtteils ist daher eine hypothetische Ausgleichung durchzuführen.[87]

IV. Pflichtteilsentziehung

92 Das Pflichtteilsrecht kann den Berechtigten nur unter den in § 2333 BGB geregelten, **engen Voraussetzungen** entzogen werden (sog. Pflichtteilsentziehung). Erforderlich ist beispiels-

---

[83] Bamberger/Roth/*J. Mayer*, § 2315 BGB Rn 6; NK-BGB/*Bock*, § 2315 BGB Rn 7; MüKo/*Lange*, § 2315 BGB Rn 14.

[84] Zur Berechnung: NK-BGB/*Bock*, § 2315 BGB Rn 13; Bamberger/Roth/*J. Mayer*, § 2315 BGB Rn 10 ff. (mit Beispielen); MüKo/*Lange*, § 2315 BGB Rn 11 ff. (mit Beispielen).

[85] Bamberger/Roth/*Lohmann*, § 2050 BGB Rn 7; MüKo/*Ann*, § 2050 BGB Rn 15; Palandt/*Weidlich*, § 2050 BGB Rn 7.

[86] Bamberger/Roth/*J. Mayer*, § 2316 BGB Rn 1.

[87] Zur Berechnung im Einzelnen: Bamberger/Roth/*J. Mayer*, § 2316 BGB Rn 6 ff. (mit Beispielen); NK-BGB/*Bock*, § 2316 BGB Rn 14 ff.; MüKo/*Lange*, § 2316 BGB Rn 13 ff. (mit Beispielen).

weise, dass der Pflichtteilsberechtigte dem Erblasser oder ihm nahestehenden Personen nach dem Leben trachtet. Weitere Gründe sind Verbrechen oder schwere vorsätzliche Vergehen gegen den Erblasser oder ihm nahestehende Personen, die böswillige Verletzung der dem Erblasser gegenüber obliegenden Unterhaltspflicht und die Verurteilung wegen einer vorsätzlichen Straftat zu einer Freiheitsstrafe von mindestens einem Jahr ohne Bewährung (oder vergleichbare Unterbringung), soweit in diesem Fall die Teilhabe am Nachlass für den Erblasser unzumutbar ist. Die Entziehung erfolgt gem. § 2336 BGB durch letztwillige Verfügung, wobei der Grund der Entziehung zur Zeit der Errichtung bestehen und in der Verfügung angegeben werden muss. Das Recht zur Entziehung des Pflichtteils erlischt durch Verzeihung gem. § 2337 BGB.

V. Pflichtteilsergänzung

Um zu verhindern, dass die wirtschaftliche Beteiligung der pflichtteilsberechtigten Personen am Nachlass dadurch ausgehöhlt wird, dass der Erblasser zu Lebzeiten Schenkungen an Dritte vornimmt, regeln die §§ 2325 ff. BGB die sog. Pflichtteilsergänzung. Soweit der Erblasser zu Lebzeiten einem Dritten eine Schenkung gemacht hat, kann der Pflichtteilsberechtigte gem. § 2325 Abs. 1 BGB von den Erben als Ergänzung des Pflichtteils den Betrag verlangen, um den sich sein Pflichtteil erhöht, wenn der verschenkte Gegenstand dem Nachlass hinzugerechnet wird. Der Pflichtteilsergänzungsanspruch ist ein **selbstständiger Anspruch**, der neben den Pflichtteilsanspruch tritt.[88] Für die **Bewertung** des verschenkten Gegenstandes ist gem. § 2325 Abs. 2 BGB grundsätzlich der Verkehrswert anzusetzen. Alle verbrauchbaren Sachen, insbesondere Geld und Wertpapiere, werden stets mit ihrem Wert zum Zeitpunkt der Schenkung berücksichtigt (§ 2325 Abs. 2 S. 1 BGB). Nicht verbrauchbare Sachen kommen dagegen mit dem Wert in Ansatz, den sie im Zeitpunkt des Erbfalls hatten, es sei denn, die Sache hatte im Zeitpunkt der Schenkung einen geringeren Wert (sog. **Niederstwertprinzip**, § 2325 Abs. 2 S. 2 BGB).[89]

93

Der Pflichtteilsergänzungsanspruch richtet sich zunächst **gegen den Erben**. Dieser kann aber die Ergänzung des Pflichtteils verweigern, soweit er selbst unter Berücksichtigung der Schenkung nur den Pflichtteil erhält. In diesem Fall kann der Pflichtteilsberechtigte vom **Beschenkten** wegen des Betrages, der als Pflichtteilsergänzung zu zahlen wäre, die Herausgabe des Geschenks insoweit verlangen (§ 2329 Abs. 1 BGB). Die Herausgabe kann der Beschenkte dadurch abwenden, dass er den Pflichtteilsergänzungsanspruch in Geld erfüllt (§ 2329 Abs. 2 BGB).

94

Der Pflichtteilsergänzungsanspruch besteht im ersten Jahr nach der Schenkung in voller Höhe. Tritt der Erbfall erst später ein, so wird für jedes verstrichene Jahr die Schenkung jeweils ein Zehntel weniger berücksichtigt. Sind zehn Jahre seit der Leistung verstrichen, wird die Schenkung nicht mehr berücksichtigt (§ 2325 Abs. 3 BGB). Diese pro-rata-Regelung ist durch die Erbrechtsreform vom 1.1.2010 neu eingefügt worden. Bis dahin war es so, dass die Schenkung bis zum Ablauf von zehn Jahren voll und erst danach gar nicht mehr berücksichtigt wurde (Alles-oder-Nichts-Prinzip). Für den **Fristbeginn** wird auf den

95

---

88 Bamberger/Roth/*J. Mayer*, § 2325 BGB Rn 2; NK-BGB/*Bock*, § 2325 BGB Rn 4; MüKo/*Lange*, § 2325 BGB Rn 5; BGH NJW 1973, 995.
89 Zur Berücksichtigung von Zuwendungen bei vorbehaltenen Nutzungsrechten (Nießbrauch, Wohnungsrecht): BGHZ 125, 395, 397 = NJW 1994, 1791; BGHZ 118, 49, 51 = BGH NJW 1992, 2887; BGH NJW 1992, 2888; BGH NJW-RR 1996, 705; OLG Düsseldorf FamRZ 1995, 1236, 1238; Bamberger/Roth/*J. Mayer*, § 2325 BGB Rn 23 ff.; N-BGB/*Bock*, § 2325 BGB Rn 29 ff.; MüKo/*Lange*, § 2325 BGB Rn 23 ff.; Palandt/*Weidlich*, § 2325 BGB Rn 20 ff.

Zeitpunkt des rechtlichen Leistungserfolgs, nicht aber auf die Vornahme der Leistungshandlung abgestellt.[90] Es kommt darauf an, wann der Leistungsgegenstand endgültig wirtschaftlich aus dem Vermögen des Erblassers ausgegliedert worden ist (Genussverzicht). Der Fristbeginn nach § 2325 Abs. 3 BGB wird gehindert, wenn der Erblasser den verschenkten Gegenstand, sei es aufgrund vorbehaltener dinglicher Rechte, sei es durch Vereinbarung schuldrechtlicher Ansprüche, im Wesentlichen weiter nutzt. Dies gilt insbesondere, wenn sich der Erblasser an einem übertragenen Grundstück den Nießbrauch oder ein umfassendes Wohnungsrecht vorbehält, so dass dem Beschenken keinerlei eigenständige Nutzungsmöglichkeit belassen wird.[91] Bei einer Schenkung an den Ehegatten beginnt die Frist des § 2325 Abs. 3 BGB nicht vor Auflösung der Ehe.

VI. Beschränkungen und Beschwerungen eines Pflichtteilsberechtigten

96 Zum Schutz des Pflichtteilsberechtigten bestimmt § 2306 Abs. 1 BGB, dass der Pflichtteilsberechtigte ausschlagen und seinen Pflichtteil fordern kann, wenn er zwar zum Erben berufen wurde, seine Erbenstellung aber durch die Einsetzung eines Nacherben, die Ernennung eines Testamentsvollstreckers, die Anordnung einer Teilungsanordnung oder durch ein Vermächtnis oder durch eine Auflage beschränkt ist. Der Pflichtteilsberechtigte kann sich in diesen Fällen entscheiden, entweder das mit Beschränkungen versehene Erbe zu akzeptieren oder auszuschlagen und unbelastet den Pflichtteil zu verlangen. Bis zur am 1.1.2010 in Kraft getretenen Erbrechtsreform war die Vorschrift des § 2306 Abs. 1 BGB praktisch sehr viel schwieriger zu handhaben, weil zusätzlich zu der Ausschlagungsmöglichkeit angeordnet war, dass die genannten Beschränkungen unwirksam sind, wenn dem Pflichtteilsberechtigten weniger als sein Pflichtteil hinterlassen war. Dies führte insbesondere für die Testamentsgestaltung dazu, dass besonders darauf geachtet werden musste, dass es nicht dadurch zur Unwirksamkeit einzelner Regelungen kam, dass dem Pflichtteilsberechtigten weniger als sein Pflichtteil hinterlassen wurde. Mit der Erbrechtsreform ist diese Regelung aber gestrichen worden und es wurde nur die genannte Ausschlagungsmöglichkeit beibehalten. Durch § 2306 BGB wird erreicht, dass dem Pflichtteilsberechtigten sein Pflichtteil wirtschaftlich ungeschmälert und frei von sämtlichen Beschränkungen und Beschwerungen erhalten bleibt. Auch soweit ein Pflichtteilsberechtigter mit einem Vermächtnis bedacht wurde, kann er seinen Pflichtteil verlangen, wenn er das Vermächtnis ausschlägt (§ 2307 BGB).

VII. Erb- und Pflichtteilsverzicht

1. Grundsätze

97 Gemäß § 2346 Abs. 1 BGB können Verwandte sowie der Ehegatte durch Vertrag mit dem Erblasser auf ihr gesetzliches Erbrecht verzichten. Gemäß § 2346 Abs. 2 BGB kann der Verzicht auch auf das Pflichtteilsrecht beschränkt werden. Der Verzichtsvertrag bedarf der **persönlichen Mitwirkung des Erblassers** (§ 2347 BGB). Während sich der Verzichtende (auch vollmachtlos) vertreten lassen kann, muss der Erblasser persönlich mitwirken. Der Vertrag muss **notariell beurkundet** werden (§ 2348 BGB). Die **Aufhebung** eines Erbverzichtsvertrages erfolgt gem. § 2351 BGB durch Aufhebungsvertrag, für den hinsichtlich

---

90 Bamberger/Roth/*J. Mayer*, § 2325 BGB Rn 28; NK-BGB/*Bock*, § 2325 BGB Rn 41.
91 Bamberger/Roth/*J. Mayer*, § 2325 BGB Rn 28; BGHZ 98, 226, 233 = NJW 1987, 122; zum Nießbrauch: BGHZ 125, 395, 398 = NJW 1994, 1791; zum Wohnungsrecht: *N. Mayer*, ZEV 1994, 325, 328.

D. Pflichtteilsrecht

Form und Vertretungsverbot des Erblassers dieselben Vorschriften gelten wie für den Erbverzichtsvertrag.

2. Erbverzicht

Der Abschluss des Erbverzichtsvertrages führt dazu, dass der Verzichtende gem. § 2346 Abs. 1 S. 2 BGB so behandelt wird, als ob er zur Zeit des Erbfalls nicht gelebt hätte. Damit entfällt auch sein Pflichtteilsrecht. Der Erbverzicht **ändert die gesetzliche Erbfolge** und führt u.a. dazu, dass sich die Pflichtteilsquoten der anderen Pflichtteilsberechtigten entsprechend erhöhen. Diese regelmäßig vom Erblasser nicht gewünschte Nebenfolge des Erbverzichts bedingt es, dass der Erbverzicht gegenüber dem Pflichtteilsverzicht kaum Bedeutung hat. In der Praxis wird vielmehr so vorgegangen, dass nur ein Pflichtteilsverzicht abgegeben wird und gleichzeitig der Erblasser in einem Testament eine Enterbung des Verzichtenden vornimmt. Dies führt dann nicht zu einer Änderung der gesetzlichen Erbfolge und damit auch nicht zu einer Erhöhung der Erbquote der übrigen Erben.

98

3. Pflichtteilsverzicht

Gemäß § 2346 Abs. 2 BGB kann der Verzicht auch auf den Pflichtteil beschränkt werden. Der **vollständige Pflichtteilsverzicht**[92] führt dazu, dass dem Verzichtenden beim Erbfall keine Pflichtteilsansprüche zustehen. Dies bezieht sich sowohl auf den Pflichtteilsanspruch nach § 2303 BGB, den Pflichtteilsrestanspruch nach §§ 2305, 2307 BGB, den Pflichtteilsergänzungsanspruch nach §§ 2325 ff. BGB sowie auf die sich aus den §§ 2306, 2318 Abs. 2, 2319 und 2328 BGB ergebenden Rechte. Das gesetzliche Erbrecht des Pflichtteilsberechtigten bleibt jedoch unberührt. Soll auch dieses beseitigt werden, so bedarf es eines Erbverzichts (mit den oben genannten Nachteilen) oder einer ausdrücklichen Enterbung durch den Erblasser.

99

Es besteht auch die Möglichkeit, den **Pflichtteilsverzicht gegenständlich** zu beschränken.[93] Dies hat insbesondere für Übergabeverträge i.R.d. vorweggenommenen Erbfolge Bedeutung. Hier können Pflichtteilsberechtigte nach dem Übergeber (insbesondere die sog. weichenden Geschwister), z.B. hinsichtlich des übergebenen Betriebsvermögens oder Grundbesitzes, einen auf das Übergabeobjekt beschränkten Pflichtteilsverzicht mit dem Übergeber abschließen. Dadurch wird erreicht, dass die weichenden Pflichtteilsberechtigten (i.d.R. die weichenden Geschwister) hinsichtlich des Übergabeobjekts keine Pflichtteilsansprüche geltend machen können. Das Übergabeobjekt bleibt also bei der Pflichtteilsberechnung unberücksichtigt. Möglich ist es auch, einen teilweisen Verzicht auf einzelne sich aus dem Pflichtteilsrecht ergebende Ansprüche (z.B. Pflichtteilsergänzungsansprüche, Pflichtteilsrestansprüche) abzugeben.

100

4. Zuwendungsverzicht

Ein Sonderfall des Erbverzichts ist der in § 2352 BGB geregelte **Zuwendungsverzicht**. Derjenige, der durch Testament als Erbe eingesetzt oder mit einem Vermächtnis bedacht ist, kann durch Vertrag mit dem Erblasser auf die Zuwendung verzichten. Das Gleiche gilt für eine Zuwendung, die in einem Erbvertrag einem Dritten gemacht wird. Besondere Bedeutung erlangt die Vorschrift des § 2352 BGB insbesondere dann, wenn den Erblasser

101

---

92 Muster für gegenständlich beschränkten Pflichtteilsverzicht auf der beiliegenden CD-ROM unter der Rubrik „Deutschland".
93 Muster für Pflichtteilsverzicht auf der beiliegenden CD-ROM unter der Rubrik „Deutschland".

bindende Verfügungen von Todes wegen vorliegen (wechselbezüglich nach § 2270 BGB, siehe Rn 42; oder vertragsmäßig, siehe Rn 46). Will der Erblasser hier seine Testierfreiheit wiedererlangen, so kann er dies dadurch erreichen, dass er mit dem Schlusserben einen Zuwendungsverzichtsvertrag schließt. Der Zuwendungsverzicht bewirkt nicht die Aufhebung der betroffenen Verfügung, sondern verhindert lediglich den Anfall der Zuwendung beim Verzichtenden in gleicher Weise wie die Vorversterbensfiktion des § 2346 Abs. 1 S. 2 BGB beim Erbverzicht. Nach der Erbrechtsreform erstreckt sich die Wirkung des Zuwendungsverzichts auch auf die Abkömmlinge des Verzichtenden, soweit es sich bei dem Verzichtenden um einen Abkömmling oder Seitenverwandten des Erblassers handelte (§§ 2352 S. 3, 2349 BGB).

E. Miterbengemeinschaft

I. Grundsätze

102 Mehrere Erben bilden gem. § 2032 BGB eine Erbengemeinschaft. Mit dem Erbfall wird der Nachlass gemeinschaftliches Vermögen der Miterben. Dabei steht dem einzelnen Miterben aber keine Berechtigung nach Bruchteilen (Bruchteilsgemeinschaft) am Nachlass zu, sondern die Miterben bilden vielmehr eine **Gesamthandsgemeinschaft**, in der der Nachlass den Miterben nur in ihrer gesamthänderischen Verbundenheit zusteht.[94] Die gesamthänderische Bindung zeigt sich insbesondere darin, dass der einzelne Miterbe nicht über seinen Anteil an einzelnen Nachlassgegenständen verfügen kann (§ 2033 Abs. 2 BGB). Der Miterbe kann vielmehr nur über seine Beteiligung an dem Nachlass insgesamt verfügen (§ 2033 Abs. 1 S. 1 BGB).

103 Grundsätzlich geht mit dem Erbfall der gesamte Nachlass im Wege der Universalsukzession auf die Miterbengemeinschaft über. Allerdings gibt es einzelne Fälle, in denen es daneben zu einer **Sonderrechtsnachfolge** kommt. Dies gilt insbesondere für die Beteiligung an einer Personengesellschaft, soweit diese aufgrund einer erbrechtlichen Nachfolgeklausel vererblich gestellt wurde. Dann geht die Beteiligung nicht auf die Erbengemeinschaft, sondern im Wege der Sondererbfolge (Singularsukzession) unmittelbar und geteilt auf die einzelnen Nachfolger über (zur Vererbung von Anteilen an einer Personengesellschaft vgl. Rn 6, Rn 155 ff.).

II. Verwaltungs- und Verfügungsbefugnis

104 Gemäß § 2038 BGB verwalten die Miterben den Nachlass gemeinschaftlich. Zur **Verwaltung** gehören alle Maßnahmen, die zur Verwahrung, Sicherung und Vermehrung sowie zur Gewinnung von Nutzungen und Bestreitung der laufenden Verbindlichkeiten erforderlich und geeignet sind.[95] Die Verwaltung des Nachlasses umfasst allerdings nicht nur Erhaltungsmaßnahmen, sondern auch Verpflichtungsgeschäfte und Verfügungen über Nachlassgegenstände.[96]

---

[94] Zur Miterbengemeinschaft als Gesamthandsgemeinschaft: Bamberger/Roth/*Lohmann*, § 2032 BGB Rn 2; NK-BGB/*Ann*, § 2032 BGB Rn 1; Damrau/Tanck/*Rißmann*, § 2032 BGB Rn 1.
[95] BGH FamRZ 1965, 267, 268; Bamberger/Roth/*Lohmann*, § 2038 BGB Rn 1; NK-BGB/*Ann*, § 2038 BGB Rn 6; Damrau/Tanck/*Rißmann*, § 2038 BGB Rn 5.
[96] BGH FamRZ 1965, 267, 269; MüKo/*Gergen*, § 2038 BGB Rn 14; Bamberger/Roth/*Lohmann*, § 2038 BGB Rn 1.

Eine Maßnahme der **ordnungsgemäßen Verwaltung** liegt vor, wenn sie der Beschaffenheit des Nachlasses als Ganzes und dem Interesse aller Miterben nach billigem Ermessen entspricht.[97] Die Miterben entscheiden über Maßnahmen der ordnungsgemäßen Verwaltung nach §§ 2038 Abs. 2, 745 Abs. 1 BGB durch Mehrheitsbeschluss. Die Stimmanteile der einzelnen Erben richten sich nach ihrer Erbquote (§ 745 Abs. 1 S. 2 BGB). Der Beschluss gewährt Vertretungsmacht zur Vertretung auch der überstimmten Erben bei der Durchführung der Maßnahme.[98] Soweit allerdings zur Umsetzung des Mehrheitsbeschlusses eine Verfügung über einen Nachlassgegenstand erforderlich ist, können diese Verfügung gem. § 2040 BGB nur alle Miterben gemeinschaftlich vornehmen. Insofern ergibt sich aus § 2038 Abs. 1 S. 2 1. HS BGB die Verpflichtung jedes einzelnen Miterben, an Maßnahmen der ordnungsgemäßen Verwaltung mitzuwirken. Handelt es sich nicht um Maßnahmen der ordnungsgemäßen Verwaltung (**außerordentliche Verwaltung**), so ist ein gemeinschaftliches Handeln aller Miterben erforderlich. **Notwendige Erhaltungsmaßnahmen** kann jeder Miterbe auch ohne Mitwirkung der anderen treffen.[99] Zu solchen notwendigen Erhaltungsmaßnahmen gehören beispielsweise unaufschiebbare Reparaturmaßnahmen oder die Ausübung fristgebundener Gestaltungsrechte.

105

Auch die zum Nachlass gehörenden **Ansprüche** stehen der Erbengemeinschaft als Gesamthandsgemeinschaft (§ 2032 Abs. 1 BGB) zu. Ergänzend regelt § 2039 Abs. 1 S. 1 BGB, dass derartige Ansprüche nur durch Leistung an alle Miterben gemeinsam erfüllt werden können. Jeder Miterbe kann nur Leistung an alle Miterben verlangen. Der einzelne Miterbe ist aber **gesetzlicher Prozessstandschafter** der übrigen Miterben.[100]

106

III. Auseinandersetzung

1. Gesetzlich vorgesehene Auseinandersetzung

Die Miterbengemeinschaft ist von Anfang an **auf Auseinandersetzung gerichtet**. Gemäß § 2042 BGB kann jeder Miterbe jederzeit die Auseinandersetzung verlangen, soweit nicht einer der Ausnahmefälle der §§ 2043 bis 2045 BGB vorliegt.

107

Für die **Durchführung der Auseinandersetzung** verweist § 2042 Abs. 2 BGB auf die §§ 752, 753 BGB. Sofern es sich um teilbare Nachlassgegenstände handelt (z.B. Geld, Wertpapiere), erfolgt gem. § 752 BGB die Teilung in Natur. Der Nachlassgegenstand wird dazu entsprechend der Erbquoten der Miterben in Teile zerlegt. Soweit eine Teilung in Natur ausgeschlossen ist, erfolgt die Auseinandersetzung durch Verkauf der Nachlassgegenstände und Verteilung des Erlöses gem. § 753 BGB. Bewegliche Sachen und Rechte sind nach den Vorschriften über den Pfandverkauf (§§ 1233 ff., 1277, 1279 ff. BGB) zu veräußern, Grundstücke im Wege der Zwangsversteigerung (§§ 180 ff. ZVG). Die Teilung nach den gesetzlichen Teilungsvorschriften führt, insbesondere soweit es Grundstücke betrifft, dazu, dass regelmäßig nicht der volle Wert erreicht wird. Die Auseinandersetzung nach dem

---

[97] Bamberger/Roth/*Lohmann*, § 2038 BGB Rn 4; NK-BGB/*Ann*, § 2038 BGB Rn 18; MüKo/*Gergen*, § 2038 BGB Rn 30.
[98] BGHZ 56, 47, 51 = NJW 1971, 1265; MüKo/*Gergen*, § 2038 BGB Rn 51; Bamberger/Roth/*Lohmann*, § 2038 BGB Rn 7.
[99] BGHZ 6, 76, 82 f. = NJW 1952, 1252; Bamberger/Roth/*Lohmann*, § 2038 BGB Rn 10; NK-BGB/*Ann*, § 2038 BGB Rn 27 ff.; Damrau/Tanck/*Rißmann*, § 2038 BGB Rn 23 ff.; MüKo/*Heldrich*, § 2038 BGB Rn 54 ff.
[100] NK-BGB/*Ann*, § 2039 BGB Rn 18; Bamberger/Roth/*Lohmann*, § 2039 BGB Rn 6; Palandt/*Weidlich*, § 2039 BGB Rn 6; BGH NJW 1966, 773; BGH NJW 2006, 1969.

Gesetz sollte daher nur dann gewählt werden, wenn keine Einigkeit zwischen den Miterben zu erreichen ist.

108 Hat der Erblasser **Testamentsvollstreckung** angeordnet, so erfolgt gem. § 2204 Abs. 2 BGB die Auseinandersetzung der Erbengemeinschaft grundsätzlich aufgrund eines durch den Testamentsvollstrecker aufzustellenden **Auseinandersetzungsplans**. Der Auseinandersetzungsplan hat nur schuldrechtliche Wirkung und bedarf daher eines dinglichen Vollzugs. Hierzu hat der Testamentsvollstrecker noch die dinglichen Einzelübertragungen, zu denen er gem. § 2205 S. 2 BGB berechtigt ist, auf den jeweiligen Miterben vorzunehmen.

2. Auseinandersetzungsvereinbarung

109 Die Miterben können die Auseinandersetzung auch einvernehmlich durch einen (grundsätzlich formfreien)[101] **Auseinandersetzungsvertrag** regeln.[102] Am Auseinandersetzungsvertrag sind alle Miterben und eventuell der Testamentsvollstrecker zu beteiligen. In einer derartigen Vereinbarung kann, obwohl das Gesetz dies nicht vorsieht, auch eine **teilweise Auseinandersetzung** (gegenständliche oder persönliche Teilerbauseinandersetzung) vereinbart werden.[103] Die persönliche Teilerbauseinandersetzung erfolgt durch Erbteilsübertragung oder durch die von der Rechtsprechung entwickelte Abschichtung, bei der ein Miterbe ebenso wie ein Gesellschafter einer BGB-Gesellschaft aus der Erbengemeinschaft ausscheidet und sein Anteil den übrigen Miterben anwächst.[104]

IV. Haftung für Nachlassverbindlichkeiten

110 Die Erben haften gem. § 2058 BGB für Nachlassverbindlichkeiten **grundsätzlich als Gesamtschuldner** (§ 421 BGB). Jeder Miterbe haftet also für die gesamte Forderung und nicht nur für denjenigen Teil, der seiner Erbquote entspricht. Auch nach der Teilung des Nachlasses bleibt es grundsätzlich bei der gesamtschuldnerischen Haftung der Miterben.[105]

111 Im Übrigen unterscheidet sich die Haftung der Miterben danach, ob bereits eine Teilung des Nachlasses erfolgt ist: **Vor der Teilung** kann der Gläubiger die Erbengemeinschaft (sog. Gesamthandsklage) oder aber den einzelnen Miterben (sog. Gesamtschuldklage) in Anspruch nehmen. Im letzteren Fall kann der Miterbe aber die Befriedigung aus seinem Eigenvermögen, d.h. aus dem Vermögen, das er außer seinem Anteil am Nachlass besitzt, verweigern (§ 2059 Abs. 1 S. 1 BGB). **Nach der Teilung** richtet sich die Haftung der Miterben nach § 2060 BGB. Dabei ist zu berücksichtigen, dass bei der Teilung des Nachlasses gem. § 2046 Abs. 1 S. 1 BGB zunächst die Nachlassverbindlichkeiten zu berichtigen sind. Ist die Nachlassverbindlichkeit nicht bereits vor der Teilung des Nachlasses berichtigt worden, so kann der Gläubiger einen Miterben auch nach der Teilung noch auf Erfüllung der gesamten Forderung als Gesamtschuldner in Anspruch nehmen (Ausnahmen: §§ 2060,

---

101 Eine Formbedürftigkeit des Auseinandersetzungsvertrages ergibt sich, wenn er Rechtsgeschäfte enthält, die besonderer Form bedürfen. So bedarf es zur Übertragung von Grundstücken der notariellen Beurkundung.
102 BGHZ 21, 229, 232 = NJW 1956, 433; BGH WM 1968, 1172, 1173; BayObLGZ 1974, 42, 47; Bamberger/Roth/*Lohmann*, § 2042 BGB Rn 10 ff.; Damrau/Tanck/*Rißmann*, § 2042 BGB Rn 8.
103 BGH NJW 1985, 51, 52; Palandt/*Weidlich*, § 2042 BGB Rn 17; MüKo/*Ann*, § 2042 BGB Rn 17; Bamberger/Roth/*Lohmann*, § 2042 BGB Rn 15; Damrau/Tanck/*Rißmann*, § 2042 BGB Rn 5.
104 BGH DNotZ 1999, 60 = ZEV 1998, 141 = NJW 1998, 1557; BGH ZNotP 2005, 67 ff.; NK-BGB/*Eberl-Borges*, Vor §§ 2042–2057a BGB Rn 9; Bamberger/Roth/*Lohmann*, § 2042 BGB Rn 10; MüKo/*Ann*, § 2042 BGB Rn 14; Damrau/Tanck/*Rißmann*, § 2042 BGB Rn 9.
105 BGH NJW 1998, 682; Bamberger/Roth/*Lohmann*, § 2058 BGB Rn 1.

2061 BGB).¹⁰⁶ Im Innenverhältnis kann jeder Miterbe von den übrigen Miterben gem. § 426 BGB anteiligen Ausgleich verlangen.

Auch in der Erbengemeinschaft besteht grundsätzlich die Möglichkeit, eine **Beschränkung der Haftung** auf den Nachlass herbeizuführen (zur Haftungsbeschränkung vgl. Rn 141 ff.). Allerdings sind als Besonderheiten zu berücksichtigen: Die Nachlassverwaltung kann gem. § 2062 BGB nur gemeinschaftlich beantragt werden und ist ausgeschlossen, wenn der Nachlass bereits geteilt ist. Das Nachlassinsolvenzverfahren kann dagegen gem. § 316 Abs. 2 InsO auch noch nach Teilung des Nachlasses beantragt werden. Ausreichend ist auch der Antrag eines einzelnen Miterben (§ 317 Abs. 1 InsO). 112

V. Erbteilsübertragung

1. Grundsätze

Ein Miterbe kann nicht über einzelne Nachlassgegenstände verfügen. § 2033 BGB ermöglicht es aber, dass ein Miterbe über seinen Anteil an dem Nachlass insgesamt verfügt. Wichtigster Fall der Verfügung über den Erbteil ist die Erbteilsübertragung. Hierbei geht die gesamthänderische Mitberechtigung des Veräußerers am Nachlass im Wege der **Gesamtrechtsnachfolge** auf den Erwerber über. Es bedarf also nicht einer Einzelübertragung der Rechte bzgl. der einzelnen Nachlassgegenstände.¹⁰⁷ Die Erbteilsübertragung bedarf gem. § 2033 Abs. 1 S. 2 BGB der **notariellen Beurkundung**. 113

2. Rechtsstellung von Veräußerer und Erwerber

Durch die Übertragung des Erbteils verliert der Veräußerer nicht seine Rechtsstellung als Erbe und der Erwerber tritt nicht in die Rechtsstellung als Erbe ein. Vielmehr geht **nur die vermögensrechtliche Rechtsposition**, d.h. die gesamthänderische Beteiligung am Nachlass, vom Veräußerer auf den Erwerber über.¹⁰⁸ Der Veräußerer ist weiterhin Erbe und als solcher auch weiterhin im Erbschein aufzuführen. Der Erwerber erscheint folglich nicht im Erbschein.¹⁰⁹ Allerdings wird dem Erbschaftserwerber das Recht zugebilligt, einen Erbschein zu beantragen, der den Veräußerer als Erben ausweist.¹¹⁰ Der Erwerber tritt in die Gesamthandsgemeinschaft ein und erhält alle Verwaltungs-, Benutzungs- und Fruchtziehungsrechte,¹¹¹ insbesondere das Recht, die Auseinandersetzung zu verlangen. 114

3. Miterbenvorkaufsrecht

Soweit einer der Miterben seinen Anteil an einen Dritten verkauft, sind die übrigen Miterben gem. § 2034 BGB zum Vorkauf berechtigt. Die **Frist** für die Ausübung des Vorkaufsrechts beträgt zwei Monate und beginnt mit Zugang der **Mitteilung über den abgeschlossenen** 115

---

106 Bamberger/Roth/*Lohmann*, § 2060 BGB Rn 1; NKK-BGB/*Kick*, § 2060 BGB Rn 8; Damrau/Tanck/*Syrbe*, § 2060 BGB Rn 4 ff.; Palandt/*Weidlich*, § 2060 BGB Rn 2 ff.; MüKo/*Ann*, § 2060 BGB Rn 3 ff.
107 MüKo/*Gergen*, § 2033 BGB Rn 26; Bamberger/Roth/*Lohmann*, § 2033 BGB Rn 7; Damrau/Tanck/*Rißmann*, § 2033 BGB Rn 11.
108 Bamberger/Roth/*Lohmann*, § 2033 BGB Rn 8 ff.; NK-BGB/*Ann*, § 2033 BGB Rn 19; Damrau/Tanck/*Rißmann*, § 2033 BGB Rn 10 ff.; MüKo/*Gergen*, § 2033 BGB Rn 26 ff.
109 RGZ 64, 173, 175; MüKo/*Gergen*, § 2033 BGB Rn 27; Palandt/*Weidlich*, § 2033 BGB Rn 7.
110 KG OLGE 44, 106; MüKo/*Gergen*, § 2033 BGB Rn 27.
111 Bamberger/Roth/*Lohmann*, § 2033 BGB Rn 9.

Vertrag (§ 469 BGB) bei jedem der übrigen Miterben.[112] Die Mitteilung muss den Inhalt des Vertrages richtig wiedergeben, denn der Vorkaufsberechtigte muss für seine Überlegungen die Bedingungen kennen, zu denen er in den Vertrag eintreten kann.[113] Auf das Vorkaufsrecht sind im Übrigen die Regelungen der §§ 463 ff. BGB über den Vorkauf anzuwenden. Übt einer der zum Vorkauf berechtigten Miterben sein Vorkaufsrecht aus, so kommt der Kauf zwischen dem Vorkaufsberechtigten (dem ausübenden Miterben) und dem Verkäufer zu denjenigen Bedingungen zustande, die der Verkäufer mit dem Käufer vereinbart hat (§ 464 Abs. 2 BGB). Üben mehrere vorkaufsberechtigte Miterben das Vorkaufsrecht aus, so erwerben sie den Anteil im Verhältnis ihrer Erbteile.[114] Wird das Vorkaufsrecht nicht innerhalb der Frist ausgeübt, so erlischt es.

VI. Erbschaftskauf

116 Beim Erbschaftskauf (§ 2371 BGB) verpflichtet sich der Erbe, die ihm angefallene Erbschaft gegen Zahlung eines Entgelts auf einen anderen (den Käufer) zu übertragen. Der Erbschaftskauf bedarf gem. § 2371 BGB der **notariellen Beurkundung**. Der Erbschaftskaufvertrag ist nur das Verpflichtungsgeschäft, durch das der Erbe zur Übertragung des Nachlasses an den Erbschaftserwerber verpflichtet wird. Es bedarf insofern noch eines **Erfüllungsgeschäfts**. Wie der Erbschaftskauf erfüllt wird, hängt davon ab, ob der Erbe Allein- oder Miterbe ist. Beim Verkauf eines Erbteils durch einen **Miterben** erfolgt die Erfüllung durch Erbteilsübertragung nach § 2033 Abs. 1 BGB, d.h. im Wege der Gesamtrechtsnachfolge (siehe Rn 113). Dies gilt allerdings nur dann, sofern noch keine Auseinandersetzung unter den Miterben durchgeführt wurde. Ist die Auseinandersetzung bereits durchgeführt, hat der Miterbe seine Herausgabepflicht durch Übertragung eines jeden ihm bei der Auseinandersetzung zugeteilten Gegenstandes nach den für diesen Gegenstand geltenden Vorschriften zu erfüllen (Einzelrechtsübertragung).[115] Verkauft der **Alleinerbe** die gesamte Erbschaft, dann werden die Erbschaftsgegenstände einzeln nach den für den jeweiligen Gegenstand geltenden Vorschriften übertragen (Einzelrechtsübertragung). Für Grundstücke bedarf es also der Auflassung und Eintragung gem. §§ 873, 925 ff. BGB.[116]

117 Der Verkäufer **haftet** beim Erbschaftskaufvertrag gem. § 2376 Abs. 2 BGB nicht für Sachmängel. Der Käufer trägt von dem Abschluss des Kaufs an die Gefahr des zufälligen Untergangs und einer zufälligen Verschlechterung der Erbschaftsgegenstände (§ 2380 BGB). Von diesem Zeitpunkt an stehen ihm auch die Nutzungen zu und trägt er die Lasten (§ 2380 S. 2 BGB). Die Haftung des Verkäufers beschränkt sich darauf, dass ihm das Erbrecht zusteht und dass es nicht durch das Recht eines Nacherben oder durch die Ernennung eines Testamentsvollstreckers beschränkt ist, dass nicht Vermächtnisse, Auflagen, Pflichtteilslasten, Ausgleichungspflichten oder Teilungsanordnungen bestehen und dass nicht unbeschränkte Haftung gegenüber den Nachlassgläubigern oder einzelnen von ihnen eingetreten ist. In der Praxis wird regelmäßig eine eigenständige Regelung für die Sach- und Rechtsmängelhaftung getroffen.[117] Den Nachlassgläubigern gegenüber haften Käufer und Verkäufer gem. § 2382 BGB als Gesamtschuldner. Mit dem Erbschaftskauf endet also nicht die Haftung des Verkäufers für die Nachlassverbindlichkeiten.

---

112 BGH WM 1979, 1066; Palandt/*Weidlich*, § 2034 BGB Rn 6.
113 Staudinger/*Werner*, § 2034 BGB Rn 16; MüKo/*Gergen*, § 2034 BGB Rn 29.
114 BGH NJW 1983, 2142, 2143; BayObLGZ 1980, 328, 330; MüKo/*Gergen*, § 2036 BGB Rn 36; Bamberger/Roth/*Lohmann*, § 2034 BGB Rn 10; Damrau/Tanck/*Rißmann*, § 2034 BGB Rn 16.
115 MüKo/*Musielak*, § 2374 BGB Rn 6.
116 MüKo/*Musielak*, § 2374 BGB Rn 5; Schöner/Stöber, Grundbuchrecht, 15. Aufl. 2004, Rn 962.
117 Muster bei: *G. Müller/Braun*, in: Beck'sches Formularbuch Erbrecht, 3. Aufl. 2014, J VI 3., S. 1075.

F. Nachlassabwicklung

I. Annahme und Ausschlagung

1. Annahme

Die Erbschaft fällt mit dem Tod des Erblassers *ipso iure* dem berufenen Erben an (§ 1942 Abs. 1 BGB). Einer ausdrücklichen **Annahme** der Erbschaft bedarf es **nicht**. Der Erbe wird automatisch Träger sämtlicher Rechte und Pflichten. Der Annahme kommt daher nur geringe Bedeutung zu. Gemäß § 1943 BGB kann der Erbe die Erbschaft lediglich nicht mehr ausschlagen, wenn er sie angenommen hat. Die Annahme kann entweder ausdrücklich erfolgen oder auch konkludent, indem der Erbe gegenüber Dritten objektiv eindeutig zum Ausdruck bringt, Erbe sein zu wollen.[118]

118

2. Ausschlagung

Das Ausschlagungsrecht gibt dem vorläufigen Erben die Möglichkeit, den Erbschaftsanfall durch einseitige Willenserklärung rückwirkend (§ 1953 Abs. 1 BGB) zu beseitigen. Die **Ausschlagung** der Erbschaft erfolgt durch Erklärung gegenüber dem Nachlassgericht entweder zu dessen Niederschrift oder in öffentlich beglaubigter Form (§ 1945 Abs. 1 BGB).

119

Zuständig als Nachlassgerichte sind die Amtsgerichte. Die örtliche Zuständigkeit bestimmt sich dabei nach § 343 FamFG. Grundsätzlich örtlich zuständig ist daher das Amtsgericht am Wohnsitz des Erblassers. Hat der Erblasser keinen inländischen Wohnsitz, so ist das Gericht zuständig, in dessen Bezirk der Erblasser zur Zeit des Erbfalls seinen Aufenthalt hatte (§ 343 Abs. 1 FamFG). Ist der Erblasser Deutscher, hatte er aber weder Wohnsitz noch Aufenthalt in Deutschland, so ist nach § 343 Abs. 2 S. 1 FamFG das Amtsgericht Schöneberg in Berlin-Schöneberg zuständig. Für einen Ausländer, der im Inland weder Wohnsitz noch Aufenthalt hatte, ist gem. § 343 Abs. 3 FamFG jedes Gericht zuständig, in dessen Bezirk sich Nachlassgegenstände befinden.

120

Die Ausschlagung kann grundsätzlich gem. § 1944 Abs. 1 BGB nur binnen sechs Wochen erfolgen. Die **Frist** beginnt gem. § 1944 Abs. 2 BGB in dem Zeitpunkt, in dem der Erbe von dem Anfall der Erbschaft und dem Grund seiner Berufung Kenntnis erlangt. Die Frist beginnt bei gewillkürter Erbfolge allerdings erst ab Verkündung der Verfügung.[119] Statt der Sechs-Wochen-Frist des § 1944 Abs. 1 BGB beträgt die Frist sechs Monate, wenn der Erblasser seinen letzten Wohnsitz nur im Ausland hatte oder wenn der Erbe sich bei Beginn der Frist im Ausland aufgehalten hat (§ 1944 Abs. 3 BGB). Soweit die Ausschlagungsfrist versäumt wurde, kommt eine Anfechtung der Fristversäumnis in Betracht (§ 1956 BGB). Auch die Annahme der Erbschaft kann angefochten werden. Anfechtungsgründe sind insofern Inhalts- und Erklärungsirrtum und der Eigenschaftsirrtum i.S.v. § 119 Abs. 2 BGB.[120]

121

---

118 BayObLGZ 1983, 153; BayObLG FamRZ 1999, 1172; Palandt/*Weidlich*, § 1943 BGB Rn 2; Bamberger/Roth/*Siegmann/Höger*, § 1943 BGB Rn 5; NK-BGB/*Ivo*, § 1943 BGB Rn 9 ff.
119 NK-BGB/*Ivo*, § 1944 BGB Rn 8; MüKo/*Leipold*, § 1944 BGB Rn 10; Palandt/*Weidlich*, § 1944 BGB Rn 4 f.; Bamberger/Roth/*Siegmann/Höger*, § 1944 BGB Rn 7.
120 Zur Anfechtung ausführlich: NK-BGB/*Ivo*, § 1954 BGB; Bamberger/Roth/*Siegmann/Höger*, § 1954 BGB; MüKo/*Leipold*, § 1954 BGB; Palandt/*Weidlich*, § 1954 BGB.

II. Erbschein

1. Funktion und Inhalt

122 In vielerlei Situationen benötigt der Erbe einen Nachweis seines Erbrechts (gegenüber dem Grundbuchamt, dem Handelsregister, Banken, Lebensversicherungen etc.). Deshalb stellt das Nachlassgericht gem. § 2353 BGB auf Antrag dem Erben ein **Zeugnis über sein Erbrecht** aus. Aus diesem ergeben sich die Person des Erben sowie die Größe des jeweiligen Erbteils (§ 2353 BGB) sowie Verfügungsbeschränkungen des Erben durch Nacherbfolge (§ 2363 BGB) und Testamentsvollstreckung (§ 2364 BGB). Der Erbschein enthält dagegen keine Angabe darüber, ob der oder die Erben mit Vermächtnissen, Auflagen oder beispielsweise Pflichtteilsansprüchen belastet sind.

123 Man unterscheidet verschiedene Arten von Erbscheinen: Grundfall des Erbscheins ist der **Alleinerbschein**, der das alleinige Erbrecht des Alleinerben bezeugt (§ 2353 1. Alt. BGB). Einem von mehreren Miterben kann gem. § 2353 2. Alt. BGB auch ein sog. **Teilerbschein** erteilt werden. In diesem werden die übrigen Miterben nicht aufgeführt. Demgegenüber nennt der **gemeinschaftliche Erbschein** gem. § 2357 BGB sämtliche Miterben. In der Praxis kommt dem gemeinschaftlichen Erbschein deutlich größere Bedeutung zu als dem Teilerbschein, da die Miterben nur gemeinschaftlich über den Nachlass verfügen können (§ 2033 Abs. 2 BGB) und somit die Erbenstellung aller Miterben nachgewiesen werden muss.

124 Für den Nachweis der Erbenstellung, beispielsweise gegenüber dem Grundbuchamt oder gegenüber dem Handelsregister, werden **nur inländische Erbzeugnisse** akzeptiert.[121] Bislang wurde nach dem sog. Gleichlaufgrundsatz davon ausgegangen, dass keine internationale Zuständigkeit deutscher Nachlassgerichte besteht, wenn ausländisches Erbrecht anzuwenden ist. Als Ausnahme hiervon ermöglichte § 2369 BGB a.F. die Erteilung eines deutschen **Fremdrechtserbscheins**, wenn ausländisches Erbrecht zur Anwendung gelangte und im Inland belegene Nachlassgegenstände betroffen waren. Durch das am 1.9.2009 in Kraft getretene Gesetz über das Verfahren in Familiensachen und in den Angelegenheiten der freiwilligen Gerichtsbarkeit (FamFG) ist dies nunmehr umfassend geändert worden. Nunmehr begründet die örtliche Zuständigkeit deutscher Nachlassgerichte auch zugleich die internationale Zuständigkeit nach § 105 FamFG, und zwar unabhängig davon, ob deutsches Erbrecht anwendbar ist oder nicht. Örtlich und damit dann auch international zuständig sind deutsche Nachlassgerichte nach § 343 FamFG, wenn der Erblasser Wohnsitz oder Aufenthalt im Inland hatte (§ 343 Abs. 1 FamFG), wenn er deutscher Staatsangehöriger war (§ 343 Abs. 2 FamFG) oder wenn sich Nachlassgegenstände im Inland befinden (§ 343 Abs. 3 FamFG). In diesen Fällen kann nunmehr stets ein unbeschränkter Erbschein nach § 2353 BGB beantragt werden, der dann auch ausländisches Erbrecht berücksichtigt und somit sozusagen auch Fremdrechtserbschein ist. Allerdings ist es gemäß § 2369 BGB möglich, den Erbscheinsantrag auf die im Inland befindlichen Nachlassgegenstände zu beschränken. Dies ist insbesondere dann sinnvoll, wenn durch ausländisches Recht auf das Recht des (deutschen) Lageortes verwiesen wird. Durch eine Beschränkung des Antrags nach § 2369 BGB kann dann erreicht werden, dass ein beschränkter Erbschein nach deutschem Recht erteilt wird. Dies beschleunigt das Erbscheinsverfahren.

---

121 Dazu, dass ein ausländischer Erbschein für das Grundbuchverfahren nicht ausreichend ist: NK-BGB/*Kroiß*, § 2369 BGB Rn 48; KG NJW-RR 1997, 1094.

2. Verfahren

Sachlich zuständig zur Erteilung des Erbscheins ist das Amtsgericht als Nachlassgericht (§ 2353 BGB,). Die örtliche Zuständigkeit richtet sich nach § 343 FamFG (siehe Rn 120 und 124). Voraussetzung für die Erteilung eines Erbscheins ist die Stellung eines entsprechenden **Antrags**. Dieser muss enthalten: die Person des Erblassers und den Todeszeitpunkt; das Verhältnis, aus dem sich das Erbrecht ergibt; welche Personen vorhanden sind oder vorhanden waren, durch die der Antragsteller von der Erbfolge ausgeschlossen oder sein Erbteil gemindert werden würde; welche Verfügungen des Erblassers von Todes wegen vorhanden sind; ob ein Streit über das Erbrecht anhängig ist. Der Antragsteller muss seine Angaben grundsätzlich durch öffentliche Urkunden nachweisen (insbesondere Geburts- und Sterbeurkunden). Ferner hat der Antragsteller gem. § 2356 BGB an Eides statt entweder vor Gericht oder vor einem Notar zu versichern, dass ihm nichts bekannt ist, was der Richtigkeit seiner Angaben entgegensteht. Soweit das Gericht die Angaben des Antragstellers für nachgewiesen hält, erteilt es antragsgemäß den Erbschein. Gegen die Nichterteilung des Erbscheins besteht die Möglichkeit der **Beschwerde**.

125

Für die Erteilung des Erbscheins, einschließlich des vorausgegangenen Verfahrens, wird eine volle **Gebühr nach dem GNotKG** erhoben (§ 40 GNotKG, Nr. 12210 KV GNotKG). Für die Beurkundung der eidesstattlichen Versicherung fällt eine volle Gebühr nach §§ 97, 40 GNOtKG, Nr. 23300 KV GNotKG an.

126

3. Testamentsvollstreckerzeugnis

Zum Nachweis der Verfügungsbefugnis des Testamentsvollstreckers benötigt dieser ein Zeugnis. § 2368 BGB sieht insofern die Erteilung eines **Testamentsvollstreckerzeugnisses** vor. Das Testamentsvollstreckerzeugnis gibt zum einen die Stellung als Testamentsvollstrecker an und bezeugt zum anderen, ob über die gesetzlichen Regelungen hinaus weitere Beschränkungen für den Testamentsvollstrecker bestehen.[122] Für den Antrag auf Erteilung des Testamentsvollstreckerzeugnisses gelten die Vorschriften über die Erteilung eines Erbscheins entsprechend.

127

4. Eröffnetes öffentliches Testament

Ein eröffnetes öffentliches Testament bzw. ein eröffneter Erbvertrag **ersetzen** in bestimmten Fällen den **Erbschein**. So bestimmt für das Grundbuchverfahren § 35 GBO, dass der Nachweis der Erbfolge durch Vorlage eines eröffneten öffentlichen Testaments bzw. Erbvertrages geführt werden kann. Auch im Handelsregisterverfahren reicht es aus, wenn eine öffentlich beurkundete Verfügung von Todes wegen nebst Eröffnungsprotokoll vorhanden ist.[123] An dieser Stelle erhält das notariell beurkundete Testament bzw. der notariell beurkundete Erbvertrag eine besondere praktische Bedeutung (zur damit verbundenen Kostenersparnis vgl. Rn 49).

128

---

[122] Zur Funktion des Testamentsvollstreckerzeugnisses: MüKo/*J. Mayer*, § 2368 BGB Rn 1; Bamberger/Roth/*Siegmann/Höger*, § 2368 BGB Rn 1; NK-BGB/*Kroiß*, § 2368 BGB Rn 1.
[123] OLG Hamburg NJW 1966, 986; Baumbach/*Hopt*, 36. Aufl. 2014, § 12 HGB Rn 5.

III. Nachlassverfahren

1. Allgemeines

129 Zur **Abwicklung des Nachlasses** ist in Deutschland die **Beteiligung der Nachlassgerichte nicht zwingend**. Dies folgt schon aus dem Grundsatz der Universalsukzession und des Vonselbsterwerbs. Der Nachlass geht als Ganzes auf den oder die Erben über. Insofern besteht auch keine zwingende Verpflichtung, einen Erbschein zu beantragen, um das Erbrecht nachzuweisen, obwohl dies aus praktischen Gründen (Nachweis gegenüber Behörden, Banken etc.) oft erforderlich sein wird.

2. Eröffnung einer Verfügung von Todes wegen

130 Die Nachlassgerichte sind auch für die Eröffnung der Verfügungen von Todes wegen zuständig (§ 2260 BGB). § 2259 BGB statuiert eine **Ablieferungspflicht** an das Nachlassgericht für jeden, der ein Testament eines Verstorbenen im Besitz hat. Mit der Eröffnung des Testaments findet keine rechtliche Wertung statt. Vielmehr wird das Testament nur in einem formalisierten Verfahren eröffnet und verkündet. Das Gericht teilt den Inhalt des Testaments den Beteiligten, soweit er sie betrifft, gem. § 2262 BGB mit (Übersendung einer Abschrift).

3. Sicherung des Nachlasses

131 Da der Nachlass mit dem Tod des Erblassers ohne weiteres auf den Erben übergeht (§ 1922 BGB), gibt es **keinen erbenlosen Nachlass**. Dies bedeutet nicht, dass es nicht Fälle gibt, in denen der Nachlass **ohne tatsächliche Verwaltung** ist, sei es, weil die Rechtslage unklar ist oder weil der Erbe die Erbschaft noch nicht angenommen hat oder weil der Erbe schlicht unbekannt bzw. sein Aufenthalt nicht ermittelbar ist.

132 Deswegen regelt § 1960 BGB, dass bis zur Annahme der Erbschaft bzw. wenn der Erbe unbekannt ist oder ungewiss ist, ob er die Erbschaft angenommen hat, das Nachlassgericht für die **Sicherung des Nachlasses** zu sorgen hat, soweit ein **Fürsorgebedürfnis** besteht. Zuständig ist das Amtsgericht am letzten Wohnsitz des Erblassers als Nachlassgericht (§ 343 FamFG). Daneben zuständig ist jedes Amtsgericht, in dessen Bezirk ein Fürsorgebedürfnis auftritt (§ 344 Abs. 4 FamFG). Für die Frage, ob ein Fürsorgebedürfnis besteht, kommt es auf das Interesse des endgültigen Erben an der Sicherung und Erhaltung des Nachlasses an.[124] Zur Sicherung des Nachlasses kann das Nachlassgericht grundsätzlich **alle Maßnahmen** treffen, die es für erforderlich hält. § 1960 Abs. 2 BGB nennt (nicht abschließend) als Sicherungsmaßnahmen insbesondere: die Anlegung von Siegeln an Räumen und Behältnissen, die Hinterlegung von Geld, Wertpapieren und Kostbarkeiten sowie die Aufnahme eines Nachlassverzeichnisses und die Anordnung einer Nachlasspflegschaft.

133 Ein wichtiges Mittel zur Sicherung des Nachlasses ist die Anordnung der **Nachlasspflegschaft**. Die Nachlasspflegschaft ist ein Unterfall der Pflegschaft i.S.d. §§ 1909 ff. BGB, auf die nach § 1915 Abs. 1 BGB die Vorschriften über die Vormundschaft (§§ 1773 ff. BGB) entsprechend anzuwenden sind. Allerdings ist bei der Nachlasspflegschaft statt des Vormundschaftsgerichts stets das Nachlassgericht zuständig. **Zweck** der Nachlasspflegschaft ist die Ermittlung des unbekannten Erben und die Sicherung und Erhaltung des Nachlasses,

---

[124] MüKo/*Leipold*, § 1960 BGB Rn 18; Bamberger/Roth/*Siegmann/Höger*, § 1960 BGB Rn 3; NK-BGB/*Krug*, § 1960 BGB Rn 13; Damrau/Tanck/*Boecken*, § 1960 BGB Rn 12.

aber grundsätzlich nicht die Befriedigung der Nachlassgläubiger oder die Ausführung des letzten Willens des Erblassers.¹²⁵ Der Nachlasspfleger ist **Vertreter des unbekannten Erben** bzgl. aller Nachlassangelegenheiten, wenn das Nachlassgericht den Wirkungskreis nicht entsprechend abweichend definiert. Die Vertretungsmacht des Nachlasspflegers ist nach außen grundsätzlich unbeschränkt und nicht von der Zweckmäßigkeit der Handlungen abhängig. Allerdings bedarf der Nachlasspfleger für bestimmte Rechtsgeschäfte der Genehmigung des Nachlassgerichts (§§ 1915, 1962, 1828 bis 1831 BGB). So kann er insbesondere über Grundstücke bzw. Rechte an Grundstücken nur mit Zustimmung des Nachlassgerichts verfügen. Außerdem gilt für den Nachlasspfleger das Verbot des In-sich-Geschäfts (§§ 1915, 1795, 181 BGB) und das Schenkungsverbot (§ 1804 BGB). Nicht zu den Aufgaben des Nachlasspflegers gehört es ferner, die Auseinandersetzung zu betreiben, die Erbschaft anzunehmen oder auszuschlagen, Nachlassverwaltung zu beantragen, einen Erbschein zu beantragen oder einen Erbteil zu veräußern.

Die Bestellung eines Nachlasspflegers kann nicht nur zur Sicherung des Nachlasses, sondern auch deswegen erforderlich sein, um es Gläubigern zu ermöglichen, Forderungen gegen den Nachlass durchzusetzen. Insofern kann ein Nachlasspfleger auf **Antrag eines Gläubigers** bestellt werden, wenn ein Anspruch, der sich gegen den Nachlass richtet, gerichtlich durchgesetzt werden soll (§§ 1961, 1962 BGB). Im Vollstreckungsrecht kommt ferner die Bestellung eines **Vollstreckungsvertreters** nach § 779 Abs. 2 ZPO in Betracht.

134

Von der Bestellung eines Nachlasspflegers für die unbekannten Erben zu unterscheiden ist die Bestellung eines **Abwesenheitspflegers** für den Fall, dass der Erbe zwar bekannt, aber sein Aufenthaltsort unbekannt ist (§ 1911 BGB). Zuständig ist das Vormundschaftsgericht. Auch die Abwesenheitspflegschaft setzt ein Fürsorgebedürfnis voraus und darf nicht im alleinigen Interesse eines Dritten angeordnet werden. Im Umfang seines Wirkungskreises ist auch der Abwesenheitspfleger gesetzlicher Vertreter des Abwesenden.

135

Soweit **im Inland befindlicher Nachlass eines Ausländers** betroffen ist, besteht eine internationale Zuständigkeit der deutschen Nachlassgerichte für Sicherungsmaßnahmen.¹²⁶ Die deutschen Nachlassgerichte können daher Maßnahmen i.S.d. § 1960 BGB treffen und insbesondere auch einen Nachlasspfleger bestellen. Dies gilt selbst dann, wenn ausländisches Recht die Rechtsfigur des Nachlasspflegers nicht kennt, da sich die zu ergreifenden Sicherungsmaßnahmen nach deutschem Recht richten (Art. 24 EGBGB).

136

4. Postmortale oder transmortale Vollmacht zur Sicherung des Nachlasses

Um zu verhindern, dass das Nachlassgericht Sicherungsmaßnahmen nach § 1960 BGB ergreifen und evtl. auch einen Nachlasspfleger bestellen muss, kann der Erblasser Vorsorge treffen, indem er einer Vertrauensperson eine post- bzw. transmortale Vollmacht erteilt. Eine **postmortale Vollmacht** erlangt Wirksamkeit erst nach dem Tod des Erblassers, während die **transmortale Vollmacht** schon zu Lebzeiten des Erblassers zur Vertretung berechtigt und durch den Tod nicht erlischt. Vorsorgevollmachten sind regelmäßig als transmortale Vollmachten ausgestaltet. Aufgrund derartiger Vollmachten wird allerdings nicht mehr der Erblasser vertreten, denn der Erblasser ist mit seinem Tod als Rechtssubjekt aus dem Rechtsverkehr ausgeschieden. Sowohl die postmortale als auch die transmortale Vollmacht

137

---

125 MüKo/*Leipold*, § 1960 BGB Rn 28; Damrau/Tanck/*Boecken*, § 1960 BGB Rn 32.
126 Staudinger/*Dörner*, Art. 25 EGBGB Rn 803 ff.; Staudinger/*Marotzke*, § 1960 BGB Rn 17; NK-BGB/*Krug*, § 1960 BGB Rn 23; MüKo/*Leipold*, § 1960 BGB Rn 5; BayObLGZ 1963, 52, 54; BayObLGZ 1982, 284, 289; OLG Hamburg NJW 1960, 1207.

wirkt vielmehr für und gegen die Erben.¹²⁷ Der Bevollmächtigte kann im Rahmen der ihm eingeräumten Vertretungsmacht **mit Wirkung für und gegen die Erben alle Rechtsgeschäfte vornehmen.** Die Wirkung der Vollmacht für und gegen die Erben bezieht sich dabei stets nur auf den Nachlass und nicht etwa auf die sonstigen Angelegenheiten des Erben. Die Erben können eine vom Erblasser erteilte post- bzw. transmortale Vollmacht **jederzeit widerrufen.** Zumindest für die Übergangszeit bis zur Annahme der Erbschaft bietet die transmortale Vollmacht aber eine gute Möglichkeit, um das Fürsorgebedürfnis für den Nachlass abzusichern. Insbesondere auch Banken sind zur Anerkennung von Vollmachten (insbesondere wenn sie notariell beglaubigt oder beurkundet sind) verpflichtet.¹²⁸ Soweit der Erblasser absehen kann, dass unmittelbar im Zeitpunkt des Todes ein Sicherungsbedürfnis für den Nachlass besteht, kommt auch in Betracht, dass der Erblasser einen Testamentsvollstrecker ernennt.

IV. Haftung des Erben für Nachlassverbindlichkeiten

1. Grundsätze

138 Man unterscheidet verschiedene Arten der Nachlassverbindlichkeiten: Von **Erblasserschulden** spricht man im Hinblick auf alle noch vom Erblasser begründeten (vertraglichen oder gesetzlichen) Verbindlichkeiten, die aufgrund der Universalsukzession auf den oder die Erben übergehen (§ 1967 Abs. 1, Abs. 2 Fall 1 BGB). Erblasserschulden sind auch die in der Person des Erben entstehenden Verbindlichkeiten, die als solche schon dem Erblasser entstanden wären, wenn er nicht vor Eintritt der zu ihrer Entstehung nötigen weiteren Voraussetzungen verstorben wäre (beispielsweise ein bedingter Rückforderungsanspruch).¹²⁹ Der Übergang der Verbindlichkeiten auf den Erben setzt allerdings voraus, dass diese nicht mit dem Tod erlöschen. So gehen beispielsweise Unterhaltspflichten gegenüber Verwandten, dem Ehepartner oder dem Lebenspartner nicht auf die Erben über.¹³⁰

139 Ebenfalls zu den Nachlassverbindlichkeiten gehören die sog. **Erbfallschulden** (§ 1967 Abs. 2 Fall 2 BGB). Dies sind die den Erben als solchen treffenden Verbindlichkeiten, d.h. solche Verbindlichkeiten, die ihren Rechtsgrund entweder in dem Willen des Erblassers oder unmittelbar im Gesetz haben. Hierzu gehören insbesondere die Verbindlichkeiten, die aus dem Pflichtteilsrecht oder aus Vermächtnissen und Auflagen herrühren. Ebenso die Erbfallverwaltungskosten, d.h. z.B. die Kosten für die Eröffnung der Verfügung von Todes wegen, die Sicherung des Nachlasses, die Errichtung des Nachlassinventars, einer Nachlasspflegschaft, der Nachlassverwaltung oder einer Testamentsvollstreckung.¹³¹ Ebenfalls eine Erbfallschuld stellt die Zugewinnausgleichsforderung des überlebenden Ehegatten dar.¹³² Auch die Erbschaftsteuer ist Erbfallschuld.¹³³

140 Schließlich gehören zu den Nachlassverbindlichkeiten noch die sog. **Nachlasserbenschulden.** Diese entstehen aus Rechtshandlungen des Erben im Rahmen einer ordnungsgemäßen

---

127 MüKo/*Schramm*, § 168 BGB Rn 30; Staudinger/*Schilken*, § 168 BGB Rn 31.
128 *Tersteegen*, NJW 2007, 1717.
129 Bamberger/Roth/*Lohmann*, § 1967 BGB Rn 14; NK-BGB/*Krug*, § 1967 BGB Rn 16; Damrau/Tanck/ *Gottwald*, § 1967 BGB Rn 6.
130 Damrau/Tanck/*Gottwald*, § 1967 BGB Rn 7; Palandt/*Weidlich*, § 1967 BGB Rn 2; weitere Einzelfälle auch bei: Bamberger/Roth/*Lohmann*, § 1967 BGB Rn 15.
131 Bamberger/Roth/*Lohmann*, § 1967 BGB Rn 18; Damrau/Tanck/*Gottwald*, § 1967 BGB Rn 25; NK-BGB/*Krug*, § 1967 BGB Rn 546.
132 NK-BGB/*Krug*, § 1967 BGB Rn 47.
133 BFH NJW 1993, 350; Palandt/*Weidlich*, § 1967 BGB Rn 7.

Nachlassverwaltung, sofern das Rechtsgeschäft zur Abwicklung des Nachlasses gehört.[134] Grundsätzlich sind solche Nachlasserbenschulden Eigenschulden des Erben, für die er mit seinem Privatvermögen haftet. Handelt es sich aber um eine Verbindlichkeit, die zur ordnungsgemäßen Verwaltung des Nachlasses eingegangen wurde, so haftet auch der Nachlass.[135] Für den Erben besteht aber auch die Möglichkeit, mit dem Gläubiger zu vereinbaren, dass entweder nur der Erbe mit seinem Eigenvermögen oder (so der häufigere Fall) nur der Nachlass haftet.

2. Beschränkung der Erbenhaftung

Grundsätzlich haften die Erben unbeschränkt für sämtliche Nachlassverbindlichkeiten, d.h., die Erben haften mit dem Nachlass, aber auch mit ihrem sonstigen Vermögen. Die Erben können also ein erhebliches Interesse an der Herbeiführung einer Haftungsbegrenzung haben. 141

Gemäß § 1970 BGB können die Nachlassgläubiger im Wege des **Aufgebotsverfahrens** zur Anmeldung ihrer Forderungen aufgefordert werden. Das Aufgebotsverfahren selbst richtet sich dabei nach den §§ 989 bis 1000 und §§ 946 bis 959 ZPO. Melden Gläubiger sich nicht innerhalb einer vom Nachlassgericht gesetzten Frist, kann der Erbe die Befriedigung dieser Gläubiger gem. § 1973 BGB verweigern, soweit der Nachlass durch die Befriedigung der nicht ausgeschlossenen Gläubiger erschöpft wird. Hinsichtlich der ausgeschlossenen Gläubiger beschränkt sich die Haftung also auf den Nachlass. Hinsichtlich der Gläubiger, die sich im Aufgebotsverfahren gemeldet haben, kommt es dagegen nicht zu einer Haftungsbeschränkung. 142

Die Haftung des Erben beschränkt sich allerdings dann gem. § 1975 BGB auf den Nachlass, wenn die **Nachlassverwaltung** angeordnet bzw. das **Nachlassinsolvenzverfahren** eröffnet wird. Die **Nachlassverwaltung** ist ein besonderer Fall der Nachlasspflegschaft (§ 1975 BGB). Auf Antrag des Erben, eines Testamentsvollstreckers oder eines Gläubigers wird die Nachlasspflegschaft zum Zwecke der Befriedigung der Nachlassgläubiger vom Nachlassgericht angeordnet. Der Erbe verliert die Befugnis, über den Nachlass zu verfügen. Die Verwaltungs- und Verfügungsbefugnis geht auf den Nachlassverwalter über (§ 1981 BGB). Die Anordnung der Nachlassverwaltung führt dazu, dass für Nachlassverbindlichkeiten nur noch der Nachlass und nicht mehr das Eigenvermögen des Erben haftet. Der Erbe kann Gläubiger an den Nachlassverwalter verweisen. Die Haftungsbeschränkung bleibt auch nach Aufhebung der Nachlassverwaltung bestehen.[136] 143

Reicht der Nachlass nicht zur Deckung aller Verbindlichkeiten aus, so wird auf Antrag das **Nachlassinsolvenzverfahren eröffnet** (geregelt in § 11 Abs. 2 Ziff. 2, §§ 313 bis 334 InsO[137]). Antragsberechtigt sind gem. § 317 Abs. 1 InsO jeder Erbe sowie jeder Nachlassgläubiger, aber auch der Nachlassverwalter, der Nachlasspfleger und der Verwaltungstestamentsvollstrecker. Mit der Eröffnung des Nachlassinsolvenzverfahrens geht das Recht des 144

---

134 BGHZ 32, 60, 65; NK-BGB/*Krug*, § 1967 BGB Rn 56; Bamberger/Roth/*Lohmann*, § 1967 BGB Rn 13; Damrau/Tanck/*Gottwald*, § 1967 BGB Rn 26; Palandt/*Weidlich*, § 1967 BGB Rn 8.
135 Bamberger/Roth/*Lohmann*, § 1967 BGB Rn 18; Damrau/Tanck/*Gottwald*, § 1967 BGB Rn 26; Palandt/*Weidlich*, § 1967 BGB Rn 9.
136 BGH NJW 1954, 635, 636; BGHZ 41, 30, 32; Palandt/*Weidlich*, § 1975 BGB Rn 2; Bamberger/Roth/*Lohmann*, § 1975 BGB Rn 6.
137 Umfassend zum Nachlassinsolvenzverfahren: *Reul/Heckschen/Wienberg*, Insolvenzrecht in der Gestaltungspraxis, 2012, S. 699 ff.; Bamberger/Roth/*Lohmann*, § 1975 BGB Rn 7 ff.; NK-BGB/*Krug*, § 1975 BGB Rn 55f; Damrau/Tanck/*Gottwald*, § 1975 BGB Rn 5 ff.; Palandt/*Weidlich*, § 1975 BGB Rn 3.

Erben, den Nachlass zu verwalten und über ihn zu verfügen, auf den Insolvenzverwalter über (§§ 80 Abs. 1, 27 Abs. 2 Nr. 3, Abs. 3 InsO). Die Haftung beschränkt sich auf den Nachlass. **Zuständig** für die Eröffnung des Nachlassinsolvenzverfahrens ist ausschließlich das Amtsgericht als Insolvenzgericht am letzten Erblasserwohnsitz, es sei denn, dass der Erblasser den Mittelpunkt seiner selbstständigen wirtschaftlichen Tätigkeit an einem anderen Ort hatte (§ 315 InsO). **Voraussetzung** für die Eröffnung des Nachlassinsolvenzverfahrens ist allerdings neben dem Vorliegen eines Eröffnungsgrundes stets, dass eine die Kosten des Verfahrens deckende Masse vorhanden ist (§ 26 InsO). Ist dies nicht der Fall, wird das Insolvenzverfahren nicht eröffnet.

145 Scheidet die Eröffnung eines Nachlassinsolvenzverfahrens mangels einer die Verfahrenskosten deckenden Masse aus, so verbleibt dem Erben noch die Möglichkeit, die **Dürftigkeitseinrede** nach § 1990 BGB zu erheben. Der Erbe kann dann die Befriedigung eines Nachlassgläubigers verweigern, wenn er den vorhandenen Nachlass zum Zwecke der Befriedigung des Gläubigers herausgibt.

146 Gemäß § 1958 BGB kann bis zur Annahme der Erbschaft bzw. bis zum Ende der Ausschlagungsfrist (§ 1943 BGB) ein Anspruch, der sich gegen den Nachlass richtet, nicht gegen den Erben gerichtlich geltend gemacht werden. Außerdem kann der Erbe gem. § 2014 BGB innerhalb der ersten drei Monate nach Annahme der Erbschaft die Berichtigung der Nachlassverbindlichkeiten verweigern (sog. **Dreimonatseinrede**).

G. Besondere Fallgestaltungen

I. Besonderheiten im Hinblick auf Grundstücke

147 **Materiell-rechtliche Besonderheiten**, die die Vererbung von Grundstücken betreffen, **existieren nicht**. Insofern verbleibt es bei den allgemeinen erbrechtlichen Regelungen. Es gibt in Deutschland auch keine Regelungen, die den Erwerb von Grundstücken durch Ausländer beschränken.

148 Allerdings sind **verfahrensrechtliche Besonderheiten** zu berücksichtigen: Da der Erbe Gesamtrechtsnachfolger (§ 1922 BGB) des Erblassers wird, wechselt das Eigentum an Grundstücken, ohne dass es hierfür einer besonderen Erklärungen bedarf. Das Grundbuch wird unrichtig und kann gem. § 22 GBO auf formlosen Antrag jedes einzelnen Erben berichtigt werden. Diese **Grundbuchberichtigung** ist, wenn der Antrag[138] innerhalb von zwei Jahren seit dem Erbfall gestellt wird, gem. Nr. 14110 KV GNotKG gerichtsgebührenfrei. Allerdings müssen die Erben ihre Erbenstellung nachweisen. Dies erfolgt gem. § 35 GBO entweder durch Vorlage eines Erbscheins (vgl. Rn 122 ff.) oder einer beglaubigten Abschrift einer notariell beurkundeten Verfügung von Todes wegen nebst einer beglaubigten Abschrift des Eröffnungsprotokolls (vgl. Rn 128). Die Vorlage ausländischer Erbnachweise ist nicht ausreichend (vgl. Rn 124). Haben die Erben die Erbengemeinschaft noch nicht auseinandergesetzt, so werden sie in **ungeteilter Erbengemeinschaft** in das Grundbuch eingetragen (§ 47 GBO). Gleichzeitig mit der Berichtigung des Grundbuchs auf den Erben wird ein **Testamentsvollstreckervermerk** (§ 52 GBO) oder ein **Nacherbenvermerk** (§ 51 GBO) eingetragen, soweit der Erblasser Testamentsvollstreckung oder Vor- und Nacherbschaft angeordnet hat.

---

138 Muster für den Antrag auf der beiliegenden CD-ROM unter der Rubrik „Deutschland".

II. Nachlassregelung außerhalb des Erbrechts

1. Vorweggenommene Erbfolge

Auch außerhalb des Erbrechts kommen Nachlassregelungen in Betracht. Zu nennen ist hier insbesondere die **vorweggenommene Erbfolge**. Die Rechtsprechung versteht darunter die Übertragung des Vermögens (oder eines wesentlichen Teils davon) durch den (künftigen) Erblasser auf einen oder mehrere als Erben in Aussicht genommene Empfänger, wobei derartige Verträge regelmäßig auch zugunsten der weichenden Erben Abfindungsregelungen und Regelungen zur Versorgung und Absicherung des künftigen Erblassers enthalten.[139]

149

2. Schenkung auf den Todesfall

Daneben kommt aber auch in Betracht, dass der Erblasser beispielsweise durch aufschiebend bedingte Schenkungen den Übergang von Einzelgegenständen nach dem Tod des Erblassers auf einen Dritten regelt. In diesem Zusammenhang ist die **Schenkung auf den Todesfall** zu nennen. Eine solche liegt vor, wenn der Erblasser einem Dritten einen Gegenstand aufschiebend bedingt durch seinen Tod schenkt. Steht in einem solchen Fall das Schenkungsversprechen unter der Bedingung, dass der Beschenkte den Schenker überlebt, finden auf ein derartiges Schenkungsversprechen gem. § 2301 BGB die Vorschriften über die Verfügung von Todes wegen Anwendung. Soll die Schenkung unabhängig davon, ob der Beschenkte den Erblasser überlebt, mit dem Tode des Erblassers anfallen, so handelt es sich um eine Schenkung unter Lebenden, auf die nur die Vorschriften des Schenkungsrechts anwendbar sind. In diesem Fall stünde der Anspruch aus dem Schenkungsvertrag auch den Erben des Beschenkten zu, wenn der Beschenkte vor dem Erblasser verstirbt.[140]

150

Wird ein Schenkungsversprechen unter der in § 2301 BGB genannten Überlebensbedingung abgegeben, so finden gem. § 2301 BGB die Vorschriften über die Verfügung von Todes wegen Anwendung. Durch eine derartige **Schenkung von Todes** wegen sollen nicht die erbrechtlichen Formvorschriften umgangen werden können. Dies bedeutet **formell-rechtlich**, dass die Formvorschriften für Verfügungen von Todes wegen beachtet werden müssen. Auch in **materiell-rechtlicher** Hinsicht ist das Schenkungsversprechen von Todes wegen in seiner Wirkung der Verfügung von Todes wegen gleichgestellt. Es handelt sich also letztlich nicht um eine lebzeitige Zuwendung, so dass für den Erwerber beispielsweise kein Anwartschaftsrecht, sondern lediglich eine ungesicherte Erwartung besteht. Allerdings finden gem. **§ 2301 Abs. 2 BGB** die Vorschriften über die Schenkungen unter Lebenden Anwendung, wenn der Schenker die Schenkung durch Vollzug des zugewandten Gegenstandes vollzogen hat. Vollzug liegt dabei immer dann vor, wenn der Schenker alles getan hat, was von seiner Seite aus zum Erwerb des Schenkungsgegenstandes durch den Beschenkten erforderlich ist.[141]

151

---

139 BGH DNotZ 1996, 640; BGH DNotZ 1992, 32; OLG Zweibrücken MittRhNotK 2000, 118; BFH BStBl 1992 II S. 609.
140 Zur Abgrenzung der Schenkung unter der Überlebensbedingung: NK-BGB/*Müßig*, § 2301 BGB Rn 17; Bamberger/Roth/*Litzenburger*, § 2301 BGB Rn 4 ff.; Damrau/Tanck/*Krüger*, § 2301 BGB Rn 4; Palandt/Weidlich, § 2301 BGB Rn 3; MüKo/*Musielak*, § 2301 BGB Rn 9.
141 BGH NJW 1970, 1638; Bamberger/Roth/*Litzenburger*, § 2301 BGB Rn 11; NK-BGB/*Müßig*, § 2301 BGB Rn 34; Damrau/Tanck/*Krüger*, § 2301 BGB Rn 6; MüKo/*Musielak*, § 2301 BGB Rn 18.

3. Vertrag zugunsten Dritter auf den Todesfall

152 Insbesondere bei Lebensversicherungsverträgen, aber auch im Zusammenhang mit Sparguthaben wird häufig zwischen Erblasser und Versicherung bzw. Bank vereinbart, dass im Fall des Todes die Versicherungsleistung bzw. das Spargutbaben an einen begünstigten Dritten ausgezahlt werden soll. In derartigen Fällen vollzieht sich der Erwerb häufig nicht erbrechtlich, sondern am Nachlass vorbei.

153 Im Verhältnis zwischen Bank/Lebensversicherung und dem Kunden (Erblasser) (sog. **Deckungsverhältnis**) liegt ein **Vertrag zugunsten Dritter auf den Todesfall** (§§ 328, 331 BGB) vor. Aufgrund dieses Vertrages zugunsten Dritter erwirbt der Dritte mit dem Tod des Erblassers gegen die Bank/Lebensversicherung das Recht, die Leistung zu fordern. Dabei vollzieht sich der Rechtserwerb des Dritten nicht erbrechtlich, sondern auf der rein schuldrechtlichen Ebene.[142] Der Vertrag nach § 331 BGB ist, obwohl er den Erwerb vom Tod des Versprechensempfängers abhängig macht, keine Verfügung von Todes wegen, sondern ein Rechtsgeschäft unter Lebenden.[143]

154 Neben dem Verhältnis zwischen dem Erblasser und der Bank besteht noch ein Rechtsverhältnis zwischen dem Erblasser und dem Empfänger der Zuwendung (dem Dritten) (sog. **Valutaverhältnis**). In diesem Verhältnis liegt regelmäßig ein Schenkungsvertrag vor. Nach h.M. ist auf einen derartigen Schenkungsvertrag, bezogen auf Vertragsansprüche zugunsten Dritter, nicht § 2301 Abs. 1 S. 1 BGB anwendbar.[144] Häufig wird der Schenkungsvertrag dabei in der Weise abgeschlossen, dass die Bank/Lebensversicherung dem Dritten, der bisher von der Zuwendung keine Kenntnis hatte, nach dem Tod des Erblassers das Schenkungsangebot überbringt. Mit Annahme der Zuwendung nimmt der Dritte konkludent auch das Schenkungsangebot an, womit der für das Valutaverhältnis notwendige Rechtsgrund zustandekommt. Die Überbringung des postmortalen Angebots durch die Bank/Lebensversicherung geht auf einen vom Erblasser erteilten Auftrag zurück. Diesen Auftrag können die Erben, sofern er von der Bank bzw. Lebensversicherung noch nicht ausgeführt wurde, widerrufen. Sofern ein solcher Widerruf wirksam erfolgt, erlangt der Dritte kein Recht zum Behaltendürfen und muss die Leistung an die Erben wieder herausgeben. Es kommt insofern zum „Wettlauf zwischen Erben und Begünstigtem".

4. Nachfolge- und Abfindungsklauseln bei Personengesellschaften

155 Soweit zum Nachlass Beteiligungen an Gesellschaften gehören, bedarf es stets einer genauen Abstimmung der gesellschaftsrechtlichen Regelung und der Regelung im Testament bzw. Erbvertrag. Dies gilt in besonderer Weise für die Beteiligung an Personengesellschaften, da diese regelmäßig nicht frei vererbbar sind (siehe Rn 6).

156 Sofern Personengesellschaften nicht mit dem Tod eines der Gesellschafter aufgelöst werden sollen bzw. die Gesellschaft mit den Erben fortgesetzt werden soll, bedarf es dafür spezieller Regelungen im Gesellschaftsvertrag. So kann durch eine sog. **Fortsetzungsklausel** geregelt werden, dass im Falle des Todes eines Gesellschafters die Gesellschaft mit den verbleibenden Gesellschaftern fortgesetzt wird. Der verstorbene Gesellschafter scheidet mit dem Tod aus der Gesellschaft aus. Sein Gesellschaftsanteil geht nicht auf die Erben über, sondern wächst

---

142 BGHZ 41, 95; BGHZ 66, 8; BGH NJW 2004, 767; Palandt/*Grüneberg*, § 331 BGB Rn 1; Staudinger/*Kanzleiter*, § 2301 BGB Rn 42.
143 Staudinger/*Kanzleiter*, § 2301 BGB Rn 42.
144 BGHZ 41, 95; BGHZ 66, 68 = DNotZ 1976, 55; BGH WM 1976, 1130; OLG Köln FamRZ 1996, 380; a.A.: *Walter*, NJW 1971, 2311; *Medicus*, Bürgerliches Recht, 19. Aufl. 2002, Rn 394, 396 ff.

den anderen Gesellschaftern an (§ 105 Abs. 3 HGB i.V.m. § 738 Abs. 1 S. 1 BGB). Die Erben erhalten lediglich einen **Abfindungsanspruch**. Für die Abfindung ist grundsätzlich der tatsächliche Wert des Gesellschaftsanteils maßgeblich (unter Berücksichtigung etwaiger stiller Reserven und des Geschäftswerts). Abweichend davon können aber Art, Höhe und Fälligkeit des Abfindungsanspruchs im Gesellschaftsvertrag festgelegt werden. So ist es auch möglich, die Abfindung für den Tod eines Gesellschafters völlig auszuschließen.[145]

Um den Gesellschaftsanteil vererblich zu stellen, können sog. **Nachfolgeklauseln** in den Gesellschaftsvertrag aufgenommen werden. Im Rahmen einer einfachen Nachfolgeklausel wird geregelt, dass die Gesellschaft mit den Erben fortgesetzt wird. Bei der qualifizierten Nachfolgeklausel dagegen kann die Gesellschaft nur mit solchen Erben fortgesetzt werden, die bestimmte Voraussetzungen erfüllen. Der Kreis der nachfolgeberechtigten Personen kann in beliebiger Weise eingeschränkt werden. Bei einer qualifizierten Nachfolgeklausel geht der Gesellschaftsanteil im Wege der Sonderrechtsnachfolge unmittelbar im Ganzen auf den qualifizierten Erben über. Die **Eintrittsklauseln** bewirken, anders als die Nachfolgeklauseln, keinen automatischen Übergang des Gesellschaftsanteils. Vielmehr wird einzelnen Erben lediglich das Recht eingeräumt, bei Tod des Gesellschafters in die Gesellschaft einzutreten.[146]

5. Güterrechtliche Regelungen mit erbrechtlicher Fernwirkung

Schließlich darf nicht unberücksichtigt bleiben, dass sich der von den Eheleuten gewählte Güterstand (Zugewinngemeinschaft, Gütertrennung, Gütergemeinschaft) auch auf die gesetzliche Erbfolge und damit auf das Pflichtteilsrecht auswirkt (siehe bereits Rn 21 ff.; für Lebenspartner i.S.d. LPartG siehe Rn 30). Insofern kann die Wahl des richtigen Güterstands auch ein Mittel der Erbrechtsgestaltung sein.

Daneben besteht auch die Möglichkeit, durch güterrechtliche Vereinbarungen Vermögen von einem Ehegatten auf den anderen zu verlagern. So hat die Rechtsprechung die Figur der sog. **ehebedingten Zuwendung** entwickelt. Bei dieser handelt es sich nicht um eine Schenkung, sondern um ein familienrechtliches Rechtsgeschäft eigener Art. Voraussetzung der ehebedingten Zuwendung ist, dass der Zuwendende der Zuwendung die Erwartung zugrunde legt, dass die eheliche Lebensgemeinschaft Bestand haben wird und er damit auch nach der Zuwendung innerhalb dieser ehelichen Lebensgemeinschaft am Vermögenswert und dessen Früchten weiter teilhaben wird.[147] Unbenannte Zuwendungen werden im Erbrecht grundsätzlich wie Schenkungen behandelt.[148] Folglich sind insbesondere die §§ 2113, 2205, 2287, 2288 und 2325 BGB auch auf die ehebedingte Zuwendung anwendbar. Allerdings kann im Einzelfall eine objektive Entgeltlichkeit der Zuwendung vorliegen, so dass die Zuwendung keine Pflichtteilsergänzungsansprüche i.S.v. § 2325 BGB auslöst. Dies ist insbesondere dann der Fall, wenn die Zuwendung unterhaltsrechtlich geschuldet ist, nach den konkreten Verhältnissen der Ehegatten einer angemessenen Alterssicherung des Empfängers dient oder eine nachträgliche Vergütung langjähriger Dienste darstellt.[149]

---

145 BGH WM 1971, 1338; Baumbach/*Hopt*, § 131 HGB Rn 58 ff.; MüKo/*K. Schmidt*, § 131 HGB Rn 148 ff.; Palandt/*Sprau*, § 738 BGB Rn 7 f.
146 Zu den gesellschaftsrechtlichen Nachfolge- und Eintrittsklauseln vgl. umfassend: *Wachter*, in: Bonefeld/Wachter, Der Fachanwalt für Erbrecht, § 24 Rn 170 ff.; *Limmer*, in: Würzburger Notarhandbuch, 3. Auflage 2012, Teil 4 Rn 456.
147 BGHZ 127, 48, 51 = NJW 1994, 2545; BGHZ 116, 178 = NJW 1992, 558 f.
148 BGHZ 116, 167 = NJW 1992, 564.
149 BGHZ 116, 167, 173.

160 Innerhalb der Zugewinngemeinschaft besteht die Möglichkeit, für den Fall, dass ein Ehegatte einen hohen Zugewinn erwirtschaftet hat, Vermögen auf den anderen Ehegatten zu übertragen, indem die Ehegatten zunächst die Gütertrennung vereinbaren, in diesem Zusammenhang den Zugewinn ausgleichen und sodann wieder in den Güterstand der Zugewinngemeinschaft wechseln (sog. **Güterstandsschaukel**). Die Vermögensübertragung in Erfüllung einer bestehenden Zugewinnausgleichsforderung ist nach h.M. nicht unentgeltlich und löst daher z.B. auch keinen Pflichtteilsergänzungsanspruch aus.[150] Die Konstruktion (Güterstandsschaukel) ist auch steuerrechtlich anerkannt. Der Vorgang löst keine Schenkungsteuer aus.[151]

III. Sondererbfolge im Landwirtschaftsrecht

161 In Deutschland bestehen verschiedene Sonderregelungen für die Rechtsnachfolge in landwirtschaftliche Betriebe. Das wichtigste Regelwerk ist die **Höfeordnung (HöfeO)**.[152] Die HöfeO gilt in den Ländern der ehemaligen britischen Besatzungszone (Hamburg, Niedersachsen, Nordrhein-Westfalen und Schleswig-Holstein). Daneben bestehen in anderen Bundesländern ebenfalls Regelungen über landwirtschaftliche Sondererbfolgen.[153] Das Höferecht ist fakultativ, denn die HöfeO findet dann keine Anwendung mehr, wenn der Hofeigentümer eine negative Hoferklärung gem. § 1 Abs. 4 HöfeO abgibt. Zentral ist, dass der Hof immer nur auf einen **Hoferben** übergehen kann (§§ 4 S. 1, 16 Abs. 1 S. 1 HöfeO). Die §§ 5, 6 HöfeO regeln eine besondere gesetzliche Hoferbfolge. Hoferben der ersten Ordnung sind die Kinder des Erblassers und deren Abkömmlinge. In der zweiten Hoferbordnung ist der Ehegatte des Erblassers Hoferbe und in der dritten die Eltern des Erblassers. In der vierten Ordnung sind schließlich die Geschwister des Erblassers und deren Abkömmlinge Hoferben. Der Hofeigentümer hat auch die Möglichkeit, die Hoferbfolge durch Verfügung von Todes wegen zu regeln (§ 7 HöfeO).

IV. Schiedsklauseln in Verfügungen von Todes wegen

162 § 1066 ZPO regelt, dass für Schiedsgerichte, die durch letztwillige Verfügung angeordnet werden, die Vorschriften der ZPO über Schiedsgerichte maßgeblich sind (§§ 1025 ff. ZPO). Obwohl **§ 1066 ZPO** nicht unmittelbar eine Aussage zur Zulässigkeit von Schiedsklauseln in letztwilligen Verfügungen von Todes wegen trifft, dürfte doch wohl aus der Existenz der Norm folgen, dass es grundsätzlich als zulässig anzusehen ist, Schiedsklauseln in Verfügungen von Todes wegen vorzusehen.[154] Allerdings ist festzustellen, dass es korrespondierende materiell-rechtliche Vorschriften im deutschen Erbrecht nicht gibt. So ist dann auch schon umstritten, wie eine Schiedsklausel materiell-rechtlich einzuordnen ist.[155] Insgesamt ist die Rechtslage als mit vielen Problemen behaftet anzusehen. In der Praxis kommt Schiedsklau-

---

150 *Wegmann*, ZEV 1996, 201, 205; *Nieder/Kössinger*, Handbuch der Testamentsgestaltung, § 21 Rn 137; *Staudinger/Olshausen*, § 2325 BGB Rn 24; skeptisch auch: *Bergschneider*, Verträge in Familiensachen, Rn 605.
151 BFH, Urt. v. 12.7.2005 – II R 29/02, ZEV 2005, 490.
152 Bekanntmachung der Neufassung vom 26.7.1976, BGBl 1976 I, S. 1933.
153 Umfassend: *Tropf*, in: Lambert-Lang/Tropf/Frenz, Handbuch der Grundstückspraxis, 2. Aufl. 2005, S. 1042; zur Höfeordnung auch: *Müller*, in: Würzburger Notarhandbuch, Teil 4 Rn 427.
154 So auch: OLG Karlsruhe v. 26.11.2007 – 10 Sch 6/07; *Haas*, ZEV 2007, 49 ff.; *Musielak*, § 1066 ZPO Rn 2.
155 Muster einer Schiedsklausel: *Nieder/Kössinger*, § 15 Rn 334.

seln derzeit nur eine sehr geringe Bedeutung zu. Pflichtteilsansprüche können nicht dem Spruch des Schiedsrichters unterworfen werden.[156]

H. Erbschaftsteuer/Schenkungsteuer

Literatur

Brüggemann/Stirnberg, Erbschaftsteuer, Schenkungsteuer, 9. Aufl. 2012; *Meincke*, Erbschaft- und Schenkungsteuergesetz, Kommentar, 16. Aufl. 2012; *Moench/Weinmann*, Haufe ErbStG Online-Kommentar 2012; *NomosKommentar BGB*, Band 5, Erbrecht, 4. Aufl. 2014; *Tiedtke*, Erbschaftsteuer- und Schenkungsteuergesetzkommentar, 2009; *Troll/Gebel/Jülicher*, Erbschaft- und Schenkungsteuergesetz, Kommentar (Loseblatt) 47. Aufl. 2014; *Viskorf/Knobel/Schuck/Wälzholz*, Erbschaftsteuer- und Schenkungsteuergesetz, Bewertungsgesetz (Auszug), 4. Aufl. 2012; *Weirich*, Erben und Vererben 6. Aufl. 2010.

I. Vorbemerkung

Vor Erscheinen der letzten Auflage dieses Handbuchs war das ErbStG mit Beschluss des Bundesverfassungsgerichts vom 7.11.2006 für verfassungswidrig erklärt worden, weil einheitliche Steuersätze auf völlig unterschiedlich bewertetes Vermögen angewandt wurden.[157] Hierdurch kam es zu einer gleichheitswidrigen, willkürlichen Besteuerung. Der Gesetzgeber hatte damals in der ihm gesetzten Frist bis zum 31.12.2008 das ErbStG und das BewG reformiert. Seit 1.1.2009 wird jegliches Vermögen mit dem gemeinen Wert, umgangssprachlich mit dem „Verkehrswert" oder zumindest nach neu eingeführten Bewertungsverfahren bewertet, die dem Verkehrswert nahe kommen. Wegen der eingetretenen Höherbewertung wurden damals die allgemeinen Freibeträge erhöht. Im Übrigen wurden die Betriebsvermögensbegünstigungen in den §§ 13a f., 19a ErbStG neu gefasst. Unter bestimmten Voraussetzungen muss nach aktueller Rechtslage bei Übergang von Betriebsvermögen in Deutschland keinerlei Erbschaft- oder Schenkungsteuer gezahlt werden. Derartige Begünstigungen können zwar aus Gründen des Gemeinwohls gerechtfertigt sein, in der ursprünglichen 2009 in Kraft getretenen Fassung waren aber zahlreiche Gestaltungen denkbar, die einen steuerfreien Vermögensübergang ermöglichten, ohne dass entsprechende Gründe vorlagen. Der BFH hatte daher das Bundesministerium der Finanzen zum Beitritt zu einem Verfahren aufgefordert, dass die Frage zum Gegenstand hatte, ob das neue reformierte Erbschaftsteuergesetz wiederum verfassungswidrig ist.[158] In seinem Vorlagebeschluss an das Bundesverfassungsgericht hat der BFH einzelne Gestaltungsmöglichkeiten aufgezeigt.[159] Einige Gestaltungen werden zwar durch mittlerweile vorgenommene Gesetzesänderungen (z.B. § 13b Abs. 2 Nr. 4a ErbStG) verhindert, unabhängig davon bestehen aber immer noch zahlreiche problematische Regelungen. Das BVerfG hat am 17.12.2014 (wieder einmal, nämlich zum dritten Mal) entschieden, dass das Erbschaftsteuergesetz in der derzeitigen Fassung verfassungswidrig ist und dem Gesetzgeber bis zum 30.6.2016 eine Übergangsfrist gesetzt, innerhalb der das Gesetz den grundgesetzlichen Anforderungen entsprechend anzupassen ist.[160] Die gegenwärtig noch bestehenden Betriebsvermögensbegünstigungen sind aus Sicht der

163

---

156 *Nieder/Kössinger*, § 15 Rn 330.
157 Vgl. BVerfG, Beschl. v. 7.11.2006 – 1 BvL 10/02, DStR 2007, 235 ff.
158 BFH, Urt. v. 5.10.2011 – II R 9/11, BStBl II 2012, S. 29 ff.
159 BFH, Urt. v. 27.9.2012 – II R 9/11, BStBl II 2012, S. 899 ff.
160 BVerfG, Beschluss v. 17.12.2014 – 1 BvL 21/12, BStBl II 2015, S. 50 ff.

Verfassungsrichter zu weitgehend. Zukünftig werden Betriebsvermögensbegünstigungen stärker an den individuellen Verhältnissen der Erben ausgerichtet werden müssen und im Einzelfall wohl eine Bedürftigkeitsprüfung eingeführt werden, ob die auf das Betriebsvermögen grundsätzlich zu zahlende Steuer nicht möglicherweise aus vorhandenem Privatvermögen gezahlt werden kann. Ein Verlust von Arbeitsplätzen würde dann nämlich nicht drohen. Auch wäre im Einzelfall zu prüfen, ob wirklich der Verlust von Arbeitsplätzen droht. Dies wäre möglicherweise dann nicht der Fall, wenn es sich bei dem als Betriebsvermögen begünstigten Nachlassvermögen um börsennotierte Aktien handelt, die laufend gehandelt werden.

II. Steuertatbestände

1. Vermögenserwerb von Todes wegen

164   Die der Erbschaftsteuer/Schenkungsteuer unterliegenden Vorgänge sind in § 1 Abs. 1 ErbStG abschließend aufgezählt. Der Erbschaftsteuer unterliegen demnach:
- Erwerbe von Todes wegen (§ 3 ErbStG);
- Schenkungen unter Lebenden (§ 7 ErbStG);
- Zweckzuwendungen (§ 8 ErbStG); und
- alle 30 Jahre das Vermögen von Familienstiftungen (Erbersatzsteuer).

Der Erbanfall als Grundfall des Erwerbs von Todes wegen ist nach § 3 Abs. 1 Nr. 1 ErbStG steuerpflichtig. Für die Erbschaftsteuerpflicht ist es **irrelevant**, ob ein Erwerb aufgrund **gesetzlicher** oder **gewillkürter Erbfolge** oder aufgrund **Erb- oder Vermächtniseinsetzung** erfolgt.[161]

165   Soweit mehrere Personen durch Testament oder Erbvertrag oder kraft Gesetzes gemeinschaftlich Erben geworden sind, entsteht zwischen den Miterben eine **Erbengemeinschaft** (§ 2033 Abs. 1 BGB). Steuerlich wird jeder einzelne Miterbe so behandelt, als habe er an jedem einzelnen Nachlassgegenstand (Vermögen und Schulden) einen **Bruchteil entsprechend seiner Erbquote** erworben (§ 39 Abs. 2 Nr. 2 AO); für die Erbschaftsteuer ist es daher grundsätzlich **irrelevant**, wie sich die Miterben später auseinandersetzen oder ob sogar eine **Teilungsanordnung** nach § 2048 BGB vom Erblasser getroffen worden ist.[162] Für die Besteuerung wird jedem einzelnen Erben der seiner Erbquote entsprechende, nach den erbschaft- und bewertungsrechtlichen Vorschriften ermittelte Reinwert des Nachlasses zugerechnet. Die Erbauseinandersetzung ist somit vom Erbfall gelöst zu betrachten und völlig selbständig auf Steuerfolgen hin zu untersuchen. Soweit erbschaftsteuerliche Begünstigungen für Betriebsvermögen (§§ 13a f., 19a ErbStG) oder vermietete Wohnimmobilien (§ 13c ErbStG) bestehen, werden diese allerdings nur demjenigen gewährt, der in eigener Person die Voraussetzungen für die Begünstigungen erfüllt und das Vermögen übernimmt.[163]

166   Einer **Teilungsanordnung** kommt lediglich dann Bedeutung zu, wenn mit dieser eine **Wertverschiebung** verbunden ist[164] – dann handelt es sich allerdings i.d.R. um ein **Vorausvermächtnis**. Selbst wenn die Teilungsanordnung **dingliche Wirkung** hat, wie dies z.B. bei

---

161 Unter diese Vorschrift fällt sogar auch der Erwerb durch geltend gemachten Pflichtteil.
162 R E 3.1 ErbStR 2011.
163 R E 3.1 Abs. 1 S. 5 ErbStR 2011.
164 Vgl. BFH, Urt. v. 10.11.1982 – II R 85–86/78, BStBl II 1983, S. 329; BFH, Urt. v. 1.4.1992 – II R 21/89, BStBl II 1992, S. 669 ff.; BFH, Urt. v. 1.7.1992 – II R 20/90, BStBl II 1992, S. 912 ff., R E 3.1 Abs. 4 ErbStR 2011.

der im Gesellschaftsvertrag einer Personengesellschaft vorgesehenen Sondererbfolge oder der Bestimmung eines Hoferben nach der Höfeordnung der Fall ist, kommt dieser erbschaftsteuerlich grundsätzlich keinerlei Bedeutung zu.[165]

Die Erbfolge und Erbquote entnimmt die Finanzverwaltung regelmäßig dem **Erbschein**. Das Finanzamt ist allerdings berechtigt und verpflichtet, das Erbrecht und die Erbteile selbst zu ermitteln, wenn gewichtige Gründe in tatsächlicher und rechtlicher Hinsicht gegen die Richtigkeit des Erbscheins sprechen.[166]

167

Steuerlich wird sogar ein **bürgerlich-rechtlich ungültiges Testament** anerkannt, wenn sich die Beteiligten von Anfang an danach richten und es tatsächlich vollziehen.[167] Dies kann z.B. der Fall sein, wenn ein formnichtiges, z.B. mit der Schreibmaschine geschriebenes Testament,[168] von den Beteiligten als wirksam behandelt wird. Ebenso wird ein (außer-)gerichtlicher Erbvergleich als steuerlich wirksam behandelt, wenn dieser ernst gemeint ist und tatsächlich vollzogen wird.[169]

168

Einen Erwerb von Todes wegen stellt auch ein **Vermächtnis** dar (§ 3 Abs. 1 Nr. 1 ErbStG). Vermächtnisse und Vorausvermächtnisse sind mit ihrem steuerlichen Wert zu berücksichtigen. Anders als bei Miterben, denen entsprechend ihrer Erbquote der steuerliche Gesamtwert des Nachlasses zugerechnet wird, wird beim Vermächtnisempfänger nur der **steuerliche Wert des Vermächtnisgegenstandes** berücksichtigt. Der steuerliche Wert des Vermächtnisgegenstandes wird beim Erben als Verbindlichkeit vom steuerlichen Wert des Nachlasses abgezogen (§ 10 Abs. 5 ErbStG). Früher konnte ein Vermächtnis dazu genutzt werden, Bewertungsvorteile für bestimmte Vermögensgegenstände individuell zuweisen zu können,[170] mittlerweile gibt es aber keine derartigen Vorteile mehr, da sämtliche Vermögensgegenstände realitätsnah bewertet werden.

169

Ebenso wie eine zivilrechtlich unwirksame Erbeinsetzung oder ein Vergleich über die Erbfolge steuerlich anerkannt wird, wird eine **zivilrechtlich unwirksame Vermächtniseinsetzung** (letztwillige Verfügung) steuerlich anerkannt, wenn sie glaubhaft gemacht werden kann und von den Beteiligen tatsächlich vollzogen wird.[171]

170

Als Erwerb von Todes wegen gilt auch, was aufgrund eines geltend gemachten **Pflichtteilsanspruchs** nach §§ 2303 ff. BGB erlangt (§ 3 Abs. 1 Nr. 1 ErbStG) oder zur Abfindung eines nicht geltend gemachten Pflichtteils gewährt wird (§ 3 Abs. 2 Nr. 4 ErbStG).

171

Auf ein **Schenkungsversprechen**, welches unter der Bedingung erteilt wird, dass der Beschenkte den Schenker überlebt, finden die Vorschriften über Verfügungen von Todes wegen Anwendung. Derartige Zuwendungen sind nach **§ 3 Abs. 1 Nr. 2 ErbStG** als Erwerbe von Todes wegen **steuerpflichtig**. Besondere Bedeutung in der Praxis haben Regelungen in Gesellschaftsverträgen von Personen- oder Kapitalgesellschaften, die beim Tod eines Gesellschafters bei den anderen Gesellschaftern zu einer Bereicherung führen.

172

---

165 R E 3.1 Abs. 3 ErbStR 2011.
166 BFH, Urt. v. 22.11.1995 – II R 89/93, BStBl II 1996 S. 242 ff.
167 BFH, Urt. v. 7.10.1981 – II R 16/80, BStBl II 1982 S. 28 ff.
168 Es ist zu beachten, dass nicht jedes mit Schreibemaschine geschriebene Testament formnichtig sein muss. In Deutschland ist dies zwar keine anerkannte Testamentsform. Falls das Testament im Ausland errichtet wurde und die dortige Ortsform wahrt, ist es nach dem Haager Übereinkommen zur Anerkennung von Testamenten als wirksam zu behandeln.
169 BFH, Urt. v. 24.7.1972 – II R 35/70, BStBl II 1972 S. 886 ff.
170 Im BFH-Urt. v. 2.7.2004 – II R 9/02, BStBl 2004 II S. 1039 ff. äußert der II. Senat allerdings Zweifel an dieser Handhabung.
171 BFH, Urt. v. 12.12.1973 – II R 130/71, BStBl II 1974 S. 340 ff.

173 Nach § 3 Abs. 1 Nr. 4 ErbStG ist die Auszahlung der Versicherungssumme aus einer **Lebensversicherung** oder einer Leibrente aus einer Versicherung steuerpflichtig, wenn sie nicht an den Versicherungsnehmer selbst, sondern an einen Dritten fällt.[172]

174 **Hinterbliebenenbezüge**, die aufgrund einzel- oder tarifvertraglicher Regelung dem überlebenden Ehegatten oder den Kindern des Erblassers zu zahlen sind, bleiben regelmäßig **erbschaftsteuerfrei**. Das Gleiche gilt für kraft Gesetzes entstehende Renten- und Pensionsansprüche, z.B. aufgrund Sozialversicherungs- oder Beamtenrechts oder einer berufsständischen Pflichtversicherung.[173] Es ist allerdings zu beachten, dass in den Fällen, in denen eine erbschaftsteuerfreie Versorgung erworben wird, sich der Versorgungsfreibetrag nach § 17 ErbStG mindert.

175 Neben den oben genannten Erwerbstatbeständen gibt es als weitere Tatbestände:
– den Übergang von Vermögen auf eine vom Erblasser angeordnete **Stiftung**[174] oder eines vergleichbaren ausländischen Rechtsgebildes (z.B. **Nachlasstrust**) (§ 3 Abs. 2 Nr. 1 ErbStG);
– den Erwerb in Folge der Vollziehung einer **Auflage** des Erblassers oder in Folge der Erfüllung einer vom Erblasser gesetzten **Bedingung** (§ 3 Abs. 2 Nr. 2 ErbStG);
– was als **Abfindung für die Ausschlagung** einer Erbschaft oder eines Vermächtnisses oder für den **Verzicht auf den entstandenen – aber noch nicht geltend gemachten – Pflichtteil**[175] gewährt wird (§ 3 Abs. 2 Nr. 4 ErbStG);
– was als **Abfindung für ein aufschiebend bedingtes, betagtes oder befristetes Vermächtnis**, für das die Ausschlagungsfrist abgelaufen ist, vor dem Zeitpunkt des Eintritts der Bedingung oder des Ereignisses gewährt wird (§ 3 Abs. 2 Nr. 5 ErbStG);
– was als Entgelt für die **Übertragung der Anwartschaft eines Nacherben** gewährt wird (§ 3 Abs. 2 Nr. 6 ErbStG);
– was ein **Vertragserbe** aufgrund beeinträchtigender Schenkungen des Erblassers nach § 2287 BGB von dem Beschenkten nach den Vorschriften über die ungerechtfertigte Bereicherung erlangt (§ 3 Abs. 2 Nr. 7 ErbStG).

2. Schenkung unter Lebenden

176 Als **Schenkung** gilt jede freigebige Zuwendung unter Lebenden, soweit der Bedachte durch sie auf Kosten des Zuwendenden bereichert wird (§ 7 Abs. 1 Nr. 1 ErbStG). Objektiv setzt die Schenkung eine Bereicherung des Beschenkten aus dem Vermögen des Schenkers und subjektiv den (einseitigen) Willen des Schenkers zur Unentgeltlichkeit voraus.[176]

177 Eine **Bereicherung** ist **objektiv** gegeben, wenn eine Zuwendung des Schenkers ohne jegliche Gegenleistung erfolgt (Schenkung) oder der Verkehrswert der Zuwendung die etwaige(n) Gegenleistung(en) des Beschenkten übersteigt (gemischte Schenkung). Ein **Wille zur Unentgeltlichkeit** ist gegeben, wenn der Schenker in dem Bewusstsein handelt, zu der Leistung nicht verpflichtet zu sein und im Zusammenhang mit der Leistung keine gleichwertige

---

172 R E 3.6 Abs. 1 ErbStR 2011.
173 R E 3.5 ErbStR 2011.
174 Die Besteuerung bei der Errichtung von Stiftungen erfolgt grundsätzlich nach Steuerklasse III, bei einer Familienstiftung bestimmt allerdings der entfernteste begünstigte Verwandte die Steuerklasse (§ 15 Abs. 2 S. 1 ErbStG). Soweit die Stiftung steuerbegünstigt ist, bleibt die Ausstattung hingegen erbschaftsteuerfrei (§ 13 Abs. 1 Nr. 17 ErbStG).
175 Der Erwerb aufgrund eines geltend gemachten Pflichtteils wird nach § 3 Abs. 1 Nr. 1 ErbStG besteuert.
176 R E 7.1 Abs. 1 S. 2 f. ErbStR 2011.

Gegenleistung erwartet. Ein auf Bereicherung des Empfängers gerichteter Wille des Schenkers i.S.d. § 516 Abs. 1 BGB ist nicht erforderlich.[177]

Die Steuerpflicht einer Schenkung wird nicht dadurch ausgeschlossen, dass sie zur Belohnung oder unter einer Auflage gemacht oder in die Form eines lästigen Vertrages gekleidet wird (§ 7 Abs. 4 ErbStG). 178

Als Schenkung gilt jede freigebige Zuwendung, die die Voraussetzungen einer Schenkung erfüllt. Der Schenkungsteuer unterliegen daher auch sog. „ehebedingte Zuwendungen" oder „unbenannte Zuwendungen unter Ehegatten" – im Folgenden einheitlich als „unbenannte Zuwendungen" bezeichnet. 179

Als **unbenannte Zuwendungen** werden zivilrechtlich regelmäßig Vermögensübertragungen zwischen Eheleuten bezeichnet, die der ehelichen Lebensgemeinschaft dienen und denen die Vorstellung oder Erwartung zugrunde liegt, dass die eheliche Lebensgemeinschaft Bestand haben werde oder die um der Ehe willen und als Beitrag zur Verwirklichung oder Ausgestaltung, Erhaltung oder Sicherung der ehelichen Lebensgemeinschaft erbracht werden und darin ihre Geschäftsgrundlage haben.[178] Derartige Zuwendungen lassen den Güterstand unberührt, stellen aber einen familienrechtlichen Vertrag eigener Art dar, der ggf. den vorzunehmenden Zugewinnausgleich bei Beendigung des Güterstandes (teilweise) vorwegnimmt und daher nach § 1380 BGB auf den Zugewinnausgleichsanspruch anzurechnen ist. Die Zuwendung ist daher Ausgleich für geleistete Mitarbeit oder dient dazu, den Ehegatten in angemessener Weise an den Früchten der ehelichen Gemeinschaft zu beteiligen, die ihren Rechtsgrund in der Anerkennung eines gleichwertigen Beitrags beider Ehegatten zur Lebensgemeinschaft findet. Dementsprechend treten zivilrechtlich nicht die Rechtsfolgen des § 516 BGB ein. 180

Früher wurden derartige Zuwendungen, die zivilrechtlich nicht als Schenkung angesehen werden, auch als schenkungsteuerfrei angesehen.[179] Der BFH änderte aber später seine Rechtsprechung.[180] Seitdem werden grundsätzlich alle Vermögensverschiebungen als steuerpflichtig behandelt, wenn nicht eine ausdrückliche Befreiung vorgesehen ist.[181] Diese Behandlung ist unabhängig davon, dass zivilrechtlich keine Schenkung vorliegt. Der zivilrechtliche Begriff der Schenkung ist nämlich mit dem steuerlichen Begriff der freigebigen Zuwendung nicht identisch. Steuerlich liegt eine freigebige Zuwendung immer dann vor, wenn der Leistungsempfänger objektiv auf Kosten des Zuwendenden bereichert ist, keine Gegenleistung gegeben ist und der Zuwendende die Leistung ohne Verpflichtung und ohne rechtlichen Zusammenhang mit einer Gegenleistung erbringt.[182] Der BFH hat es in dem vorstehend zitierten Urteil ausdrücklich abgelehnt, in der Führung eines gemeinsamen Haushalts, in der Betreuung der Kinder oder in der Unterstützung des anderen Ehegatten bei dessen beruflichen Aktivitäten eine Gegenleistung für die Vergangenheit oder Zukunft zu sehen, weil der die Zuwendung empfangende Ehegatte hierzu ohnehin nach § 1360 BGB verpflich- 181

---

177 BFH, Urt. v. 2.3.1994 – II R 59/92, BStBl II 1994, S. 366; BFH, Urt. v. 29.10.1997 – II R 60/94, BStBl II 1994, S. 832.
178 Vgl. BGH, Urt. v. 27.11.1991 – IV R 164/90, BGHZ 116, 167 ff.
179 BFH, Urt. v. 28.11.1984 – II R 133/83, BStBl II 1985, S. 159 ff.
180 BFH, Urt. v. 2.3.1994 – II R 59/92, BStBl II 1994, S. 366.
181 Seitdem alle Zuwendungen als steuerpflichtig behandelt werden, wurde § 13 Abs. 1 Nr. 4a ErbStG in das Gesetz eingefügt, der Vermögensverschiebungen im Zusammenhang mit einem Familienwohnheim von der Steuer befreit.
182 BFH, Urt. v. 2.3.1994 – II R 59/92, BStBl II 1994, S. 366 ff.; BFH, Urt. v. 1.7.1992 – II R 12/90, BStBl II 1992, S. 925 ff.

tet sei. Zudem hat auch der BGH in einer derartigen Zuwendung eine Belohnung und keine Entlohnung gesehen.[183]

182 Als **Schenkungen** gelten u.a. auch:
- was in Folge Vollziehung einer von dem Schenker angeordneten **Auflage** oder in Folge Erfüllung einer einem Rechtsgeschäft unter Lebenden beigefügten **Bedingung** ohne entsprechende Gegenleistung erlangt wird (§ 7 Abs. 1 Nr. 2 ErbStG);
- die **Vereinbarung der Gütergemeinschaft**, soweit bei unterschiedlichem Vermögen einer der Ehegatten bereichert wird (§ 7 Abs. 1 Nr. 4 ErbStG; R E 7.6 ErbStR 2011);
- was als **Abfindung für einen Erbverzicht** gewährt wird (§ 7 Abs. 1 Nr. 5 ErbStG);
- die Zuwendung einer **überhöhten Gewinnbeteiligung** an einer Personengesellschaft (§ 7 Abs. 6 ErbStG; R E 7.8 ErbStR 2011);
- der **gesellschaftsrechtliche Anteilsübergang** beim lebzeitigen Ausscheiden eines Gesellschafters einer Personen- oder Kapitalgesellschaft, wenn dieser nur eine **Abfindung** erhält, die **unter dem Wert** seines Anteils liegt (§ 7 Abs. 7 ErbStG). Ein Wille zur Unentgeltlichkeit, d.h. subjektives Bewusstsein der Unentgeltlichkeit, ist in diesen Fällen nicht erforderlich.[184]

III. Entstehung der Erbschaftsteuer/Schenkungsteuer (§ 9 ErbStG)

183 Für den Umfang der Steuerpflicht (§ 2 ErbStG), die Wertermittlung (§ 11 ErbStG), die Zusammenrechnung mehrerer Erwerbe innerhalb von zehn Jahren (§ 14 ErbStG), die Steuerklasse des Erwerbers (§ 15 ErbStG) und die Übergangsregelungen beim Wechsel der gesetzlichen Bestimmungen (§ 37 ErbStG), wie sie nach der Entscheidung des BVerfG wohl wieder notwendig werden könnten (vgl. Rn 163), sind die **Verhältnisse am Stichtag** der Steuerentstehung maßgeblich. Die gegenwärtige Regelung ist grundsätzlich maßgeblich, wenn vor dem Stichtag einer der genannten Steuertatbestände erfüllt wird. Es ist bei zukünftigen Gestaltungen bis zum Inkrafttreten eines neuen ErbStG zu beachten, dass das BVerfG ausdrücklich die Möglichkeit geschaffen hat, als Ersatz für die verfassungswidrigen Regelungen auch rückwirkend auf den Tag der Urteilsverkündung neue Regelungen in Kraft zu setzen.

184 Dem Zivilrecht folgend entsteht die Steuer bei Erwerben von Todes wegen grundsätzlich mit dem **Tod des Erblassers** (§ 9 Abs. 1 Nr. 1 ErbStG). Der Todeszeitpunkt ist daher sowohl beim Erwerb durch Erbfall, durch Vermächtnis, durch Schenkung auf den Todesfall und beim Erwerb aufgrund Vertrages zugunsten Dritter maßgeblich. Dies gilt sowohl zum Vorteil als auch zum Nachteil des Erben. Nach dem Stichtag eintretende Wertminderungen führen nicht zu einer niedriger festzusetzenden Erbschaftsteuer, da auch Wertsteigerungen nicht zu einer Erhöhung der Erbschaftsteuer führen. Dies gilt auch für die Frage der abweichenden Festsetzung der Steuer im Billigkeitswege nach § 163 AO oder des teilweisen Erlasses der Steuer nach § 227 AO. Diese Handhabung ist grundsätzlich **unabhängig davon, wann der Erwerber des Vermögens über dieses tatsächlich verfügen** kann.

Beispiel: Neffe N ist Erbe des Onkel O geworden, der im Sommer 2012 gestorben ist. N hat dies allerdings erst zwei Jahre später erfahren. Der Nachlass bestand im Wesentlichen aus einem Wertpapierdepot, das im Todeszeitpunkt einen Wert von 500.000 EUR hatte. Als N von seiner Erbschaft erfährt, hat der Nachlass nur noch einen Wert von 50.000 EUR. In

---

183 BGH, Urt. v. 27.11.1991 – IV R 164/90, BGHZ 116, 167 ff.
184 BFH, Urt. v. 1.7.1992 – II R 70/88, BStBl II 1992, S. 921; BFH, Urt. v. 1.7.1992 – II R 12/90, BStBl II 1992, S. 925.

dem Zeitpunkt, in dem N von seiner Erbschaft erfährt, ist der Wert des Nachlasses geringer als die zu zahlende Erbschaftsteuer!

Mit Urt. v. 23.10.1997 hat das FG Köln[185] zwar entschieden, dass auf der Grundlage der Vermögensteuerentscheidung des BVerfG[186] vom 22.6.1995 von den Finanzbehörden – in Fällen, in denen der Erbe den Kursverfall seines ererbten Vermögens mangels fehlender tatsächlicher Verfügungsmacht weder durch Verkauf noch durch andere Maßnahmen verhindern konnte – im Rahmen der von ihnen zu treffenden Ermessensentscheidung im konkreten Fall zu prüfen sei, ob wegen Verletzung des Übermaßverbotes und der verfassungsrechtlichen Erbrechtsgarantie Billigkeitsmaßnahmen erforderlich sind, an eine Billigkeitsmaßnahme, z.B. Erlass nach § 227 AO, werden aber hohe Anforderungen gestellt. Wird kein Erlass gewährt, hätte N daher besser unmittelbar nach Kenntniserlangung ausgeschlagen, zumal die Erbschaftsteuer eine persönliche Schuld ist, so dass eine Beschränkung auf die Höhe des Nachlasses ohne Zustimmung der Finanzverwaltung möglich ist.

In den in den § 9 Abs. 1 Nr. 1a) bis j) ErbStG geregelten Fällen tritt die **Bereicherung** des Erwerbers rechtlich erst zu einem **späteren Zeitpunkt** ein. So wird beispielsweise bei dem Erwerb unter einer aufschiebenden Bedingung, unter einer Betagung oder Befristung auf den Zeitpunkt des Eintritts der Bedingung oder des Ereignisses abgestellt. Entsprechendes gilt, wenn eine unwirksame Verfügung des Erblassers erfüllt wird oder ein Erbvergleich geschlossen wird.[187]

IV. Umfang der Steuerpflicht

Hinsichtlich des Umfangs der Schenkung- und Erbschaftsteuerpflicht wird, wie auch bei der Einkommensteuer, zwischen der **beschränkten**, der **unbeschränkten** und der **erweiterten beschränkten Steuerpflicht** unterschieden. Die nachfolgenden Ausführungen zur Erbschaftsteuer gelten für Schenkungen unter Lebenden entsprechend. Von besonderer Bedeutung ist die Frage der beschränkten oder unbeschränkten Steuerpflicht für die Höhe der vom Gesetz gewährten Freibeträge. Im Rahmen der beschränkten Steuerpflicht sieht das Gesetz nämlich unabhängig vom Verwandtschaftsverhältnis für alle Erwerber nur einen Freibetrag von 2.000 EUR vor (§ 16 Abs. 2 ErbStG).[188]

Bei der **unbeschränkten Erbschaftsteuerpflicht** ist grundsätzlich der **gesamte Nachlass**, unabhängig davon, wo dieser auf der Welt belegen ist, steuerpflichtig. Ausnahmen können sich allerdings aus **Doppelbesteuerungsabkommen** (DBA) ergeben. Anders als im Einkommensteuerrecht, wo die Bundesrepublik über eines der dichtesten DBA-Netze weltweit verfügt, bestehen auf dem Gebiet des Erbschaftsteuerrechts nur mit den Ländern Dänemark, Frankreich, Griechenland, Schweden, Schweiz und den USA Abkommen.[189]

---

185 FG Köln, Urt. v. 23.10.1997 – 9 K 3954/89, DStRE 1998, S. 974 f.
186 BVerfG, Beschluss v. 22.6.1995 – 2 BvR 552/91, BStBl II 1995, S. 671 ff.
187 *Troll/Gebel/Jülicher*, ErbStG, § 9 Rn 22 ff.; BFH v. 28.3.2007 – II R 25/05, BStBl II 2007, S. 461 ff.
188 Diese Differenzierung der Freibetragshöhe ist möglicherweise EU-rechtswidrig, weshalb das FG Düsseldorf in europarechtskonformer Auslegung auch im Falle der beschränkten Steuerpflicht einem Ehegatten den „hohen" Freibetrag von 500.000 EUR gewährt hat, obwohl die Voraussetzungen für eine unbeschränkte Steuerpflicht nicht vorgelegen haben (FG Düsseldorf, Urt. v. 27.11.2013 – 4 K 689/12 Erb, ZEV 2014, 166 f.).
189 Vgl. H E 2.1 ErbStR mit Angaben der Fundstellen für die einzelnen Abkommen.

1. Unbeschränkte Steuerpflicht (§ 2 Abs. 1 Nr. 1 ErbStG)

189 Unbeschränkte Erbschaftsteuerpflicht ist gegeben, wenn der **Erblasser/Schenker** am Stichtag **Inländer** ist. Steuerpflichtig ist dann das gesamte in- und ausländische Vermögen des Erblassers (**Weltvermögen**), unabhängig davon, ob dies von Inländern oder Ausländern i.S.d. Steuerrechts erworben wird.

Beispiel: Erblasser E hat sich seinen Alterswohnsitz in Deutschland genommen. Seine Kinder und Erben wohnen im Ausland, wo sich auch der Großteil des Vermögens von E befindet. Der gesamte Nachlass unterliegt in Deutschland der unbeschränkten Erbschaftsteuerpflicht, da der Erblasser im Zeitpunkt des Todes Inländer war.

190 Ist der **Erblasser nicht Inländer**, besteht **insoweit eine unbeschränkte Erbschaftsteuerpflicht**, als der **Erwerber Inländer** ist. Unbeschränkt steuerpflichtig ist dann allerdings nur der Anteil des Weltvermögens, der auf den inländischen Erwerber übergeht. Das Vermögen, das auf Nichtinländer übergeht, unterliegt nur der beschränkten Steuerpflicht (§ 2 Abs. 1 Nr. 3 ErbStG). **Teilungsanordnungen** oder **Erbauseinandersetzungsvereinbarungen** sind für die Frage der Steuerpflicht **irrelevant**, ein Miterbe ist daher stets mit seinem quotalen Anteil am Weltvermögen steuerpflichtig.

191 **Inländer** sind grundsätzlich wie bei der Einkommensteuer – unabhängig von der Staatsangehörigkeit – natürliche Personen, die *einen* **Wohnsitz** (§ 8 AO) oder ihren **gewöhnlichen Aufenthalt** (§ 9 AO) in Deutschland haben.

Darüber hinaus werden Erblasser mit **deutscher Staatsangehörigkeit**, die keinen Wohnsitz oder gewöhnlichen Aufenthalt im Inland haben, trotzdem als Inländer behandelt, wenn sie sich **nicht länger als fünf Jahre vor ihrem Tod (oder der Ausführung der Schenkung) dauernd im Ausland** aufgehalten haben, ohne im Inland einen Wohnsitz gehabt zu haben (**sog. erweiterte unbeschränkte Erbschaftsteuerpflicht**).

192 Unbeschränkt erbschaftsteuerpflichtig sind auch deutsche Staatsangehörige, die **zu einer inländischen juristischen Person des öffentlichen Rechts in einem Dienstverhältnis** stehen und dafür Arbeitslohn aus einer inländischen öffentlichen Kasse beziehen, sowie ihre Familienangehörigen mit deutscher Staatsangehörigkeit.[190] Voraussetzung ist ein aktives Dienstverhältnis; Pensionszahlungen erfüllen diese Voraussetzungen nicht. Eine öffentliche Kasse ist gegeben, wenn sie der Dienstaufsicht und Prüfung durch die öffentliche Hand unterliegt.[191] Die Vorschrift gilt nach ihrem Wortlaut weder für von deutschen Unternehmen in das Ausland entsandte Mitarbeiter noch für Angestellte von deutschen Kapitalgesellschaften, mag ihr Alleingesellschafter auch eine Körperschaft des öffentlichen Rechts sein. Weitere Voraussetzung ist, dass im Wohnsitzstaat bzw. im Staat des gewöhnlichen Aufenthaltes der Nachlass bzw. Erwerb lediglich in einem der beschränkten Steuerpflicht ähnlichen Umfang zur Erbschaftsteuer herangezogen wird.

193 Um eine Besteuerung nach Wegzug oder wegen eines Dienstverhältnisses zu einer deutschen juristischen Person des öffentlichen Rechts zu vermeiden, kann im Einzelfall untersucht werden, ob es möglich ist, auf die **deutsche Staatsangehörigkeit** zu **verzichten**, weil ein Fall der Doppelstaatsangehörigkeit vorliegt bzw. eine andere Staatsangehörigkeit erworben

---

190 Dies gilt allerdings nur dann, wenn diese Personen im Wohnsitzstaat nur einer der beschränkten Erbschaftsteuerpflicht ähnlichen Besteuerung unterworfen werden; vgl. § 2 Abs. 1c) S. 2 ErbStG.
191 BFH, Urt. v. 15.3.1968 – VI R 288/66, BStBl II 1968, S. 437.

werden kann.¹⁹² Der Verzicht auf die Staatsangehörigkeit dürfte aber bei Anstellungsverhältnissen zu einer deutschen juristischen Person des öffentlichen Rechts nicht in Betracht kommen, da z.B. bei Beamten der Besitz der deutschen Staatsangehörigkeit Voraussetzung für das Bestehen des Beamtenverhältnisses ist.

Als Inländer gelten im Übrigen alle Körperschaften, Personenvereinigungen und Vermögensmassen, die ihre Geschäftsleitung (§ 10 AO) oder ihren Sitz (§ 11 AO) im Inland haben, die also in Deutschland unbeschränkt körperschaftsteuerpflichtig sind (§ 1 Abs. 1 KStG).

2. Beschränkte Steuerpflicht (§ 2 Abs. 1 Nr. 3 ErbStG)

Beschränkte Erbschaftsteuerpflicht ist gegeben, wenn **keiner** der Beteiligten, also weder der Erblasser noch der Erwerber, **Inländer** ist. Die beschränkte Steuerpflicht erstreckt sich dann nur auf das sog. **Inlandsvermögen** i.S.d. § 121 BewG.

Inlandsvermögen sind die Vermögensgegenstände, die einen besonderen Inlandsbezug haben, z.B. Vermögen einer im Inland betriebenen Land- und Forstwirtschaft, eines im Inland belegenen Gewerbebetriebes oder jeglicher im Inland belegener Grundbesitz. Als inländisches Vermögen gelten allerdings auch Beteiligungen an im Inland unbeschränkt steuerpflichtigen Kapitalgesellschaften, wenn der Erblasser allein oder gemeinsam mit ihm nahe stehenden Personen i.S.d. § 1 Abs. 2 Außensteuergesetz¹⁹³ (AStG) zu mindestens 10 % unmittelbar oder mittelbar am Grundkapital oder Stammkapital beteiligt ist. Kapitalvermögen, das im Inland angelegt ist, stellt regelmäßig kein inländisches Vermögen dar, da es an einem besonderen Inlandsbezug fehlt. Inlandsbezug ist aber beispielsweise dann gegeben, wenn eine Kapitalforderung durch inländischen Grundbesitz gesichert wird; dann handelt es sich um Inlandsvermögen, das im Inland der Besteuerung unterliegt.¹⁹⁴

Der auf eine Beteiligung an einer inländischen Kommanditgesellschaft gerichtete Herausgabeanspruch des Erwerbers gegen den Treuhänder gem. § 667 BGB gehört nach Ansicht der Finanzverwaltung stets zum inländischen Vermögen unabhängig davon, ob das Vermögen der KG (z.B. ein Grundstück) sich im Inland oder Ausland befindet.¹⁹⁵ Durch Einschaltung

---

192 Das Staatsangehörigkeitsrecht, das sich bis zum 1.1.2000 nach dem RuStAG (RGBl 1913 S. 583 ff.) gerichtet hat, wurde mit Gesetz vom 15.7.1999 erheblich reformiert (BGBl 1999 I S. 1618 ff.). Die Staatsangehörigkeit geht nach § 17 Staatsangehörigkeitsgesetz (StAG) durch Entlassung verloren. Ein Deutscher wird auf seinen Antrag aus der Staatsangehörigkeit entlassen, wenn er den Erwerb einer ausländischen Staatsangehörigkeit beantragt und ihm die zuständige Stelle die Verleihung zugesichert hat (§ 18 StAG) oder durch Verzicht (§ 26 StAG) sowie durch Annahme als Kind durch einen Ausländer (§ 27 StAG). Es ist zu beachten, dass sich durch die Aufgabe der deutschen Staatsangehörigkeit – vorbehaltlich einer Rückverweisung – bis zum Inkrafttreten der EU-ErbVO das Erbstatut nach Art. 25 EGBGB ändert.

193 § 1 Abs. 2 AStG lautet: „(2) Dem Steuerpflichtigen ist eine Person nahestehend, wenn 1. die Person an dem Steuerpflichtigen mindestens zu einem Viertel unmittelbar oder mittelbar beteiligt (wesentlich beteiligt) ist oder auf den Steuerpflichtigen unmittelbar oder mittelbar einen beherrschenden Einfluß ausüben kann oder umgekehrt der Steuerpflichtige an der Person wesentlich beteiligt ist oder auf diese Person unmittelbar oder mittelbar einen beherrschenden Einfluß ausüben kann oder
2. eine dritte Person sowohl an der Person als auch an dem Steuerpflichtigen wesentlich beteiligt ist oder auf beide unmittelbar oder mittelbar einen beherrschenden Einfluß ausüben kann oder
3. die Person oder der Steuerpflichtige imstande ist, bei der Vereinbarung der Bedingungen einer Geschäftsbeziehung auf den Steuerpflichtigen oder die Person einen außerhalb dieser Geschäftsbeziehung begründeten Einfluß auszuüben oder wenn einer von ihnen ein eigenes Interesse an der Erzielung der Einkünfte des anderen hat."

194 Vgl. § 121 Nr. 7 BewG, R E 2.2 ErStR 2011; H E 2.2 ErbStR „Sicherungshypothek".

195 Finanzministerium Baden-Württemberg v. 16.2.2007 – 3 – S 3806/51, Haufe-Index: 1716881.

einer ausländischen Personengesellschaft müsste sich dann wohl unter entsprechender Anwendung eine Besteuerung (von z.B. Grundstücken) im Inland vermeiden lassen.

198 Ebenso lässt sich nach Ansicht eines Erlasses des Finanzministeriums Baden-Württemberg aus dem Jahr 1997 die beschränkte Erbschaftsteuerpflicht für inländische Kapitalgesellschaftsbeteiligungen dadurch vermeiden, dass diese mittelbar über eine ausländische Gesellschaft gehalten werden. Ausnahmen sollen nur bestehen, soweit die ausländische Gesellschaft als Treuhänder für Anteile des Erblassers oder Schenkers an einer inländischen Kapitalgesellschaft anzusehen ist (§ 39 Abs. 2 Nr. 1 S. 2 AO), also steuerlich gesehen eine unmittelbare Beteiligung vorliegt, oder soweit es sich bei der Zwischenschaltung der ausländischen Gesellschaft um einen Missbrauch von Gestaltungsmöglichkeiten des Rechts handelt (§ 42 AO).[196] Sitzt der Treuhänder für inländisches Vermögen im Ausland, dürfte demnach wohl keine Besteuerung in Deutschland möglich sein, da dem schuldrechtlichen Anspruch der Inlandsbezug fehlt.

3. Erweiterte beschränkte Erbschaftsteuerpflicht (§ 4 AStG)

199 Im Außensteuergesetz (AStG) ist bei Wegzug einer natürlichen Person, die in den **letzten zehn Jahren** vor ihrem Wegzug **mindestens fünf Jahre** unbeschränkt einkommensteuerpflichtig war, für weitere zehn Jahre eine so genannte erweiterte beschränkte Einkommensteuerpflicht vorgesehen. Die Regelung hat allerdings regelmäßig erst dann Bedeutung, wenn der Fünfjahreszeitraum der erweiterten unbeschränkten Steuerpflicht verstrichen ist (§ 2 Abs. 1 Nr. 1 S. 2 b ErbStG). Im Rahmen dieser Besteuerung sind alle Einkünfte, die bei einem unbeschränkt Einkommensteuerpflichtigen nicht ausländische Einkünfte i.S.d. § 34d EStG wären, weiterhin in Deutschland steuerpflichtig. Nach § 4 Abs. 1 AStG unterliegen alle Vermögensgegenstände, die der Erzielung von Einkünften dienen, die im Rahmen der erweiterten beschränkten Einkommensteuerpflicht in Deutschland steuerpflichtig sind, der Erbschaftsteuer. Etwas anderes gilt nur dann, wenn die im Ausland zu entrichtende „Erbschaftsteuer"[197] mindestens 30 % der in Deutschland für den Erwerb zu zahlenden Steuer beträgt. Hierdurch soll die Attraktivität des Wegzugs in Niedrigsteuerländer eingeschränkt werden.

V. Bemessungsgrundlage

1. Ermittlung des steuerpflichtigen Erwerbs

200 Die Erbschaftsteuer wird nach dem Wert des steuerpflichtigen Erwerbs bemessen. Dies ist der **Wert der Bereicherung** des Erwerbers, soweit sie nicht ausdrücklich steuerfrei gestellt ist (§ 10 Abs. 1 ErbStG). Von diesem Wert werden dann die Freibeträge abgezogen und der Steuersatz angewandt, so dass sich die festzusetzende Erbschaftsteuer ergibt. Die einzelnen Schritte der Ermittlung der Erbschaftsteuer sind in R E 10.1 ErbStR 2011 schematisch dargestellt. Vereinfacht sieht das Schema wie folgt aus:

---

[196] Finanzministerium Baden-Württemberg v. 24.7.1997 – S 3288/4 – Haufe-Index: 50577.
[197] Es geht darum, dass die im Ausland zu zahlende Steuer anlässlich des Erbfalls der deutschen Erbschaftsteuer entspricht. Wenn keine Vergleichbarkeit der Steuer gegeben ist (wie bei der kanadischen „capital gains tax"), kommt es immer zu einer Besteuerung im Rahmen der erweiterten beschränkten Erbschaftsteuerpflicht in Deutschland.

Vermögensanfall nach Steuerwerten
./. abzugsfähige Nachlassverbindlichkeiten (§ 10 Abs. 3–9 ErbStG)
./. Steuerbefreiungen nach § 13 ErbStG

= **Bereicherung der Erwerbers**
./. steuerfreier Zugewinnausgleich (§ 5 Abs. 1 ErbStG)
+ Vorerwerbe nach § 14 ErbStG
./. Persönlicher Freibetrag nach § 16 ErbStG
./. besonderer Versorgungsfreibetrag (§ 17 ErbStG)

= **steuerpflichtiger Erwerb (abgerundet auf volle 100 EUR)**

Vermögensanfall ist – unabhängig vom Rechtsgrund – alles, was von Todes wegen auf einen Erwerber übergeht. Dieser Erwerb ist nach den Vorschriften des ErbStG und des BewG zu bewerten.

Die in den § 10 Abs. 3–9 ErbStG genannten Schulden und Belastungen sind als Nachlassverbindlichkeiten abzuziehen, soweit sie eine wirtschaftliche Belastung darstellen und nicht bereits im Steuergegenstand eines anderen Vermögensgegenstands berücksichtigt sind, wie z.B. Schulden eines Gewerbebetriebs. Da ein Gewerbebetrieb als Ganzes bewertet wird, sind in diesem vorhandene betriebliche Schulden bereits in der Bewertung berücksichtigt.

Der **Schuldenabzug** ist dann **ausgeschlossen oder eingeschränkt**, wenn die Schulden mit Vermögensgegenständen im wirtschaftlichen Zusammenhang stehen, deren Erwerb in Deutschland nicht oder nur zum Teil der Besteuerung unterliegen (§ 10 Abs. 6 ErbStG). Dies ist z.B. der Fall, wenn ein Nachlassgegenstand im Ausland belegen ist und sein Erwerb aufgrund eines DBA im Inland nicht der Besteuerung unterliegt oder nach § 13 ErbStG ganz oder teilweise von der Steuer befreit ist.

Vermögensgegenstände, für die der Erwerber lediglich im Rahmen der Wertermittlung nach § 13 Abs. 1 Nr. 1 ErbStG (dies ist z.B. Hausrat) einen pauschalen Freibetrag erhält, unterliegen selbst uneingeschränkt der Besteuerung. Der Schuldenabzug wird daher nicht eingeschränkt. Schulden, die mit einem nach § 13a ErbStG begünstigten Betriebsvermögen oder mit einer nach § 13c ErbStG begünstigten Wohnimmobilie im Zusammenhang stehen, können demgegenüber nur in dem Verhältnis abgezogen werden, in dem es zu einer Besteuerung kommt (§ 10 Abs. 6 S. 4 ErbStG).

Schulden und Lasten werden grundsätzlich mit ihrem Nominalwert abgezogen. Wenn allerdings besondere Umstände wie eine besonders niedrige oder besonders hohe Verzinsung hinzukommen, kann dies einen höheren oder niedrigeren erbschaftsteuerlichen Wert begründen.[198]

2. Bewertung des Vermögens

Mit seinem Beschl. v. 7.11.2006 hat das BVerfG die früheren Regelungen im Erbschaftsteuer- und Bewertungsgesetz, mit denen Grundstücke und Betriebsvermögen häufig nur mit einem Bruchteil ihres tatsächlichen Wertes bewertet wurden, für verfassungswidrig erklärt.[199] Jegliches Vermögen soll seitdem mit marktüblichen Werten („Verkehrswert") bewertet werden.

---

198 § 12 Abs. 1–3 BewG; R B 12.1 ErbStR 2011; H B 12.1 ErbStR.
199 BVerfG, Beschluss v. 7.11.2006 – BvL 10/02, BStBl II 2007, S. 192 ff.

In das Gesetz wurden neue Bewertungsverfahren geregelt, die zumindest verkehrswertnahe Werte ergeben sollen.

a) Vermögensarten

207 In § 18 BewG sind Vermögensarten genannt, für die eine gesonderte Bewertung erfolgt:
– Land- und forstwirtschaftliches Vermögen (§§ 33 bis 67 BewG)
– Grundvermögen (§§ 68 bis 94 BewG)
– Betriebsvermögen (§§ 95 bis 109 BewG).

Die Bewertungsvorschriften für Grundbesitz, von nicht notierten Anteilen an Kapitalgesellschaften und von Betriebsvermögen für erbschaftsteuerliche Zwecke ab 1.1.2009 sind in den §§ 157 bis 203 BewG geregelt.

b) Bewertung von Grundbesitz

208 Nach § 179 BewG werden unbebaute Grundstücke nach Ihrer Fläche multipliziert mit den von den Gutachterausschüssen ermittelten Bodenrichtwerten nach § 196 BauGB bewertet. Der Wert bebauter Grundstücke ist abhängig von ihrer Nutzungsart nach dem Vergleichswertverfahren, dem Ertragswertverfahren oder dem Sachwertverfahren zu ermitteln (§ 182 BewG).

Beim **Vergleichswertverfahren** wird der Marktwert eines Grundstücks aus tatsächlich für nach Lage, Nutzung, Bodenbeschaffenheit, Zuschnitt und sonstigen Kriterien vergleichbare Grundstücke realisierten Kaufpreisen abgeleitet. Dieses Verfahren soll für Wohnungseigentum, Teileigentum und Ein- und Zweifamilienhäuser zur Anwendung kommen (§ 182 Abs. 2 BewG).

Das **Ertragswertverfahren** wird für „Renditeobjekte" angewandt, bei denen die nachhaltig erzielbare Miete im Vordergrund steht. Dies sollen Mietwohngrundstücke, Geschäftsgrundstücke und gemischt genutzte Grundstücke, für die sich auf dem örtlichen Grundstücksmarkt eine übliche Miete ermitteln lässt sein (§ 182 Abs. 3 BewG).

Das **Sachwertverfahren** bleibt demgegenüber Objekten vorbehalten, bei denen regelmäßig nicht der (mögliche) Ertrag, sondern andere Kriterien im Vordergrund stehen (z.B. selbstgenutztes Einfamilienhaus mit hochwertiger Ausstattung) (§ 182 Abs. 4 BewG).

209 Vorschriften für die Bewertung von „Sonderfällen" wie z.B. Erbbaurechten oder erbbaurechtsbelasteten Grundstücken sind in den §§ 192 bis 197 BewG geregelt.

Bei allen Bewertungsverfahren ist es dem Steuerpflichtigen unbenommen, einen niedrigeren gemeinen Wert nachzuweisen (§ 198 BewG).

c) Bewertung von Einzelunternehmen und Mitunternehmeranteilen/Betriebsvermögen

210 Nichtnotierte Anteile an Kapitalgesellschaften, Einzelunternehmen und Mitunternehmeranteile werden nach dem vereinfachte Ertragswertverfahren bewertet (§ 199 ff. BewG). Grundlage der Wertermittlung ist der nachhaltig zu erzielende Jahresertrag, der aus den Ergebnissen der Vergangenheit abgeleitet werden kann (§ 201 BewG). Zur Ermittlung des Jahresertrages ist das Betriebsergebnis um die die in § 202 BewG genannten Hinzurechnungen und Kürzungen zu korrigieren. Der so ermittelte Jahresertrag ist mit dem nach § 203 BewG ermittelten Kapitalisierungsfaktor zu multiplizieren.

211 Der Kapitalisierungsfaktor ist der Kehrwert des Kapitalisierungszinssatzes. Der Kapitalisierungszinssatz ist die Summe aus dem Basiszinssatz, der jeweils auf den ersten Börsentag

Reich

des Jahres ermittelt wird und 4,5 %. Der Basiszinssatz wird jährlich vom Bundesfinanzministerium veröffentlicht und wurde im Januar 2014 auf 2,59 % festgesetzt; hieraus ergab sich für das Jahr 2014 ein Kapitalisierungsfaktor von 14,1. Ein Unternehmen wurde daher nach dem vereinfachten Ertragswertverfahren mit dem 14,1-fachen des korrigierten Jahresergebnisses besteuert. Ein Wert der nur selten durchsetzbar sein dürfte. Für das Jahr 2015 wurde dieser sogar nur noch mit 0,99 % festgesetzt;[200] hieraus ergibt sich für das Jahr 2015 ein Kapitalisierungsfaktor von 18,2. Je weiter die langfristig erzielbaren Renditen der öffentlichen Anleihen durch die Geldpolitik der europäischen Zentralbank gesenkt werden, desto höher steigen die Werte der Unternehmen. Im Zweifel sollte daher ein individuelles Gutachten erstellt werden.

d) Bewertung von Vermächtnissen

Vermächtnisse werden mit dem **Steuerwert** des jeweils vermachten Gegenstandes bewertet. Wird ein Geldvermächtnis ausgesetzt, muss der Vermächtnisnehmer den Nennwert versteuern; wird ein Grundstück als Vermächtnis ausgesetzt wird, ist das Grundstück nach allgemeinen Vorschriften zu bewerten.[201]

Korrespondierend kann der Erbe bzw. die Erbengemeinschaft den Steuerwert des Vermächtnisses als Nachlassverbindlichkeit abziehen, die den erbschaftsteuerlichen Erwerb mindert. Der II. Senat des BFH hatte gegen diese Handhabung der Bewertung mit dem „Steuerwert" zwar Bedenken geäußert und ausdrücklich darauf hingewiesen, dass die Bewertung eines Vermächtnisanspruches mit dem Steuerwert des vermachten Gegenstandes unter der Geltung der §§ 138 ff. BewG einer Überprüfung bedarf,[202] die damals insbesondere für Grundbesitz bestehenden krassen Bewertungsunterschiede gibt es aber nicht mehr.

Bei einem **Geldvermächtnis** ist immer der **Nennbetrag der Geldforderung** maßgeblich, dies gilt auch dann, wenn der Vermächtnisnehmer sich an **Erfüllung statt** bereit erklärt, ein Grundstück aus dem Nachlass zu übernehmen.[203] Dann handelt es sich nämlich nicht um einen Erwerb „durch Vermächtnis", sondern um einen Erwerb „aufgrund eines Vermächtnisses". Die Erfüllungswirkung des § 389 BGB unterscheidet sich nicht von der des § 362 Abs. 1 BGB; der Vermächtnisnehmer hat eine Geldforderung erworben. Das Gleiche gilt erst recht, wenn der Vermächtnisnehmer vom Erben ein zum Nachlass gehörendes Grundstück käuflich erwirbt und einen Teilbetrag der Kaufpreisforderung durch Aufrechnung mit seiner Vermächtnisforderung tilgt.[204]

Bei einem **Kaufrechtsvermächtnis** wird dem Vermächtnisnehmer das Recht eingeräumt, einen Nachlassgegenstand zu einem bestimmten (meist vergünstigten) Preis zu erwerben. Gegenstand des Vermächtnisses ist das durch den Erbfall begründete Gestaltungsrecht, den Vermächtnisgegenstand zu erwerben. Die Steuer für diesen Erwerb entsteht – anders als bei Sachvermächtnissen – erst, wenn der Bedachte das Recht geltend macht.

Beispiel: Erblasser E wendet seinem Freund F ein Kaufrechtsvermächtnis zu, die Jagdhütte, in der sie immer gemeinsam gezecht haben, für 50.000 EUR zu erwerben. Die Jagdhütte hat einen nach Bewertungsgesetz ermittelten Wert von 120.000 EUR. Übt E das Recht aus, beträgt der erbschaftsteuerpflichtige Erwerb 70.000 EUR. Darüber hinaus hat F – abhängig

---

200 BMF-Schreiben v. 2.1.2015 – IV D 4 – S 3102/07/10001.
201 R B 9.1 Abs. 2 ErbStR 2011.
202 BFH, Urt. v. 2.7.2004 – II R 9/02, BStBl II 2004, S. 1039 ff.
203 BFH, Urt. v. 25.10.1995 – II R 5/92, BStBl II 1996 S. 97 ff.
204 BFH, Urt. v. 21.6.1995 – II R 62/93, BStBl II 1995 S. 783 ff.

vom Bundesland der Belegenheit der Immobilie – auf den Kaufpreis von 50.000 EUR eine Grunderwerbsteuer von 3,5 bis 6,5 % entrichten.[205]

216 Der Verpflichtete (Erbe oder Erbengemeinschaft), der den Vermächtnisgegenstand als Erwerb versteuern muss, darf als **Vermächtnisverbindlichkeit nur den Differenzbetrag zwischen Kaufpreis** und Wert des Vermächtnisgegenstandes abziehen. Anders als früher, als Grundstücke häufig nur mit einem Bruchteil ihres wahren Wertes bewertet wurden, können sich keine negativen Werte mehr ergeben. Damals blieb das Kaufrechtsvermächtnis bei der Nachlassbewertung häufig unberücksichtigt, da der Verpflichtete aus steuerlicher Sicht nicht messbar belastet war.[206] Mittlerweile wird der Wert des Grundstücks mindestens mit dem Wert des Kaufpreises angenommen.

217 Bei einem **Wahlvermächtnis** steht dem Bedachten das Recht zu, aus bestimmten näher genannten Nachlassgegenständen einen Vermächtnisgegenstand auszuwählen. Bei einem Wahlvermächtnis richtet sich der Anspruch bereits vom Erbfall an ausschließlich auf den Gegenstand, für den sich **der Bedachte entscheidet**. Allein dieser Gegenstand ist nach den Wertverhältnissen im Zeitpunkt des Erbfalls gemäß § 12 ErbStG zu bewerten.[207]

218 Bei einem **Verschaffungsvermächtnis** wendet der Erblasser einen Anspruch auf Verschaffung eines Gegenstandes zu (§ 2170 BGB), der sich nicht im Nachlass befindet, sondern vom Erben erst noch beschafft werden muss. Das Verschaffungsvermächtnis wird mit dem Wert des aufzuwendenden Geldbetrags bewertet.[208]

Da es keine wesentlichen Bewertungsunterschiede mehr gibt, hat das Vermächtnis – soweit es darum ging Bewertungsvorteile weiterzureichen – seine Bedeutung verloren. Das Vermächtnis kann dann allerdings noch Bedeutung haben, wenn Vermögen von einem nur beschränkt steuerpflichtigen Erblasser teilweise beschränkt, teilweise unbeschränkt steuerpflichtigen Erben hinterlassen wird. Dann kann eine Steuerpflicht des Auslandsvermögens durch Vermächtnisregelungen teilweise vermieden werden.[209]

e) Bewertung von Pflichtteilsansprüchen

219 Der Pflichtteilsanspruch ist eine **Kapitalforderung**, die mit ihrem **Nominalwert** beim Berechtigten als Erwerb zu besteuern und beim Verpflichteten mit diesem Wert als Nachlassverbindlichkeit abzuziehen ist. Für erbschaftsteuerliche Zwecke ist es irrelevant, wenn statt der Auszahlung des Pflichtteils in Geld ein Grundstück aus dem Nachlass übertragen wird, maßgeblich ist nämlich, worauf sich der Pflichtteilsanspruch richtet.[210] Wird der auf eine Geldzahlung gerichtete Pflichtteilsanspruch durch Lieferung eines Grundstücks aus dem Privatvermögen des Erblassers erfüllt, ist dies ein entgeltliches Geschäft, das ggf. der Grunderwerbsteuer unterliegt und ein privates Veräußerungsgeschäft i.S.d. § 23 EStG darstellen kann.

Beispiel: Der übergangene Sohn S macht nach dem Tod des Vaters seinen Pflichtteil in Höhe von (unstrittig) 500.000 EUR geltend, nachdem die Lebensgefährtin seines Vaters Alleinerbin geworden ist. Der Anspruch wird durch Übereignung eines wertgleichen Nach-

---

205 Eine Lösung könnte es möglicherweise sein, dem F die Jagdhütte zu vermachen und ihn mit einem Untervermächtnis zu belasten, einen Betrag in Höhe von 50.000 EUR an den Erben zu zahlen; dann würde keine Grunderwerbsteuer entstehen.
206 *Troll/Gebel/Jülicher*, ErbStG, § 3 Rn 181.
207 BFH, Urt. v. 6.6.2001 – II R 14/00, BStBl II 2001, S. 725 ff.
208 BFH, Urt. v. 28.3.2007 – II R 25/05, BStBl II 2007, S. 461 ff.
209 Siehe hierzu auch § 6.
210 BFH, Urt. v. 7.10.1998 – II R 52/96, BStBl II 1999, S. 23 ff.

lassgrundstücks erfüllt, das der Erblasser innerhalb der letzten zehn Jahre für 400.000 EUR (inkl. NK) erworben hatte. Maßgeblich für die Besteuerung ist der Wert der Geldforderung. S muss daher einen Erwerb von 500.000 EUR versteuern. Es kommt zu einer Erbschaftsteuererbelastung, da sein persönlicher Freibetrag überschritten wird; steuerpflichtig sind 100.000 EUR (unterstellt, dass der persönliche Freibetrag des Sohnes noch in voller Höhe zur Verfügung steht). Außerdem entsteht Grunderwerbsteuer in Höhe von mindestens 17.500 EUR.[211] Der mit der Pflichtteilszahlung belastete Erbe kann 500.000 EUR als Nachlassverbindlichkeit abziehen. Außerdem verwirklicht er ein privates Veräußerungsgeschäft und erzielt einen einkommensteuerpflichtigen Gewinn von (mindestens) 100.000 EUR (§ 23 EStG).

Die Besteuerung mit dem Nominalwert, die Grunderwerbsteuerbelastung und auch ein privates Veräußerungsgeschäft kann allerdings verhindert werden, indem das **Eingreifen des Erwerbstatbestandes** nach § 3 Abs. 1 Nr. 1 ErbStG (Erwerb aufgrund eines geltend gemachten Pflichtteilsanspruches) **vermieden** und der Erwerb nach § 3 Abs. 2 Nr. 4 ErbStG (Abfindung für den Verzicht auf den entstandenen Pflichtteilsanspruch) besteuert wird. Unterschiede ergeben sich daraus, dass der geltend gemachte Pflichtteil als Kapitalforderung mit dem Nominalwert zu bewerten ist, bei der **Abfindung für den Verzicht auf die Geltendmachung** dagegen der als Abfindung geleistete Vermögensgegenstand mit seinem **Steuerwert** maßgeblich ist.[212] Lassen sich mangels wesentlichen Bewertungsunterschieden keine bewertungsrechtlichen Vorteile mehr erreichen, kann zumindest die Entstehung von Grunderwerbsteuer und auch ein privates Veräußerungsgeschäft vermieden werden.

Abwandlung: Bevor S seinen Pflichtteil geltend macht, überlegt sich die Erbin, dass sie im Falle der Geltendmachung des Pflichtteils ein Nachlassgrundstück verkaufen müsste und hierbei ein einkommensteuerpflichtiger Gewinn aus privatem Veräußerungsgeschäft von mindestens 100.000 EUR entsteht. Sie bietet S daher zur Abfindung des (nicht geltend gemachten) Pflichtteils die Übereignung des Grundstücks an. Es entsteht weder Grunderwerbsteuer noch liegt ein privates Veräußerungsgeschäft vor.

3. Steuerbefreiungen

a) Allgemeiner Freibetrag

Abhängig von der Steuerklasse und dem Umfang der Erbschaftsteuerpflicht gibt es unterschiedliche Freibeträge. Bei unbeschränkter Erbschaftsteuerpflicht stehen folgende Freibeträge zur Verfügung (§ 16 Abs. 1 ErbStG).

---

211 Grunderwerbsteuer entsteht abhängig davon, in welchem Bundesland der Grundbesitz belegen ist, mit 3,5 bis 6,5 %, soweit keine der in § 3 GrEStG genannten Befreiungen vorliegt. Vorlieg erwirbt der Sohn von der Nicht-Verwandten/-Verschwägerten Lebensgefährtin des Vaters, so dass GrErwSt erhoben wird.
212 BFH, Urt. v. 17.2.1982 – II R 160/80, BStBl II 1982, S. 350 ff.; BFH, Urt. v. 7.10.1998 – II R 52/96, BStBl II 1999, S. 23 ff.; *Troll/Gebel/Jülicher*, EStG, § 3 Rn 332.

Steuerklasse I	Steuerklasse II	Steuerklasse III
Ehegatten/eingetragene Lebenspartner: 500.000 EUR	20.000 EUR	20.000 EUR
Kinder und Kinder verstorbener Kinder: 400.000 EUR		
Enkelkinder lebender Kinder: 200.000 EUR		
Übrige Personen: 100.000 EUR		

Falls die Beteiligten **nur beschränkt erbschaftsteuerpflichtig** sind und daher nur das Inlandsvermögen i.S.d. § 2 Abs. 1 Nr. 3 ErbStG der Besteuerung unterliegt, beträgt der **Freibetrag** nach gegenwärtiger Rechtslage lediglich **2.000 EUR**.

222 Wegen des nur geringen Freibetrags stellt die beschränkte Erbschaftsteuerpflicht immer dann einen Nachteil dar, wenn in anderen Ländern kein substantielles Vermögen vorhanden ist. Dies hat dazu geführt, dass der EuGH bereits mehrfach zur Rechtmäßigkeit der Vorschrift urteilen musste. Im ersten Fall übertrug eine beschränkt steuerpflichtige Mutter ihrer beschränkt steuerpflichtigen Tochter unentgeltlich eine in Deutschland belegene Immobilie. Da die Immobilie Inlandsvermögen (§ 121 BewG) darstellte, war der Erwerb im Rahmen der beschränkten Steuerpflicht steuerpflichtig. Das Finanzamt gewährte – entsprechend dem Wortlaut des § 16 Abs. 2 ErbStG – der Tochter nur einen Freibetrag von 2.000 EUR. Der EuGH entschied, dass die Differenzierung des Freibetrages gegen EU-Recht verstößt.[213] Der Fall erging zu einer Schenkung. Die Argumentation, dass im Rahmen der beschränkten Steuerpflicht nur ein Teil und nie das gesamte Weltvermögen besteuert würde und daher ein geringerer Freibetrag gerechtfertigt sei, wurde abgelehnt, da bei Schenkungen immer nur das gerade geschenkte Vermögen betroffen sei, so dass weiteres vorhandenes Vermögen irrelevant sei.

Als Folge der EuGH-Entscheidung wurde § 2 Abs. 3 ErbStG geschaffen, der unter bestimmten Voraussetzungen eine Option zur unbeschränkten Erbschaft- oder Schenkungsteuerpflicht ermöglicht, so dass dann die „hohen" Freibeträge zur Verfügung stehen. Die Optionsmöglichkeit besteht allerdings nur, wenn einer der Beteiligten seinen Wohnsitz in einem Mitgliedstaat der Europäischen Union oder in einem Staat hat, auf den das Abkommen für den europäischen Wirtschaftsraum anwendbar ist. Während man bisher davon ausgehen konnte, dass Einwohner von Drittstaaten „diskriminiert" werden können, lehnt der EuGH dies mittlerweile ebenfalls ab. Der EuGH entschied, dass die wohnsitzabhängige Differenzierung des Freibetrages, nämlich wenn Erblasser und Erwerber zum Zeitpunkt des Erbfalls ihren Wohnsitz in einem Drittland wie der Schweiz hatten, einen Verstoß gegen die Kapitalverkehrsfreiheit darstellt.[214] Entgegen dem Gesetzeswortlaut ist daher nach der EuGH-Rechtsprechung der hohe Freibetrag immer zu gewähren. Bevor daher bei EU-Einwohnern eine Option nach § 2 Abs. 3 ErbStG erklärt wird, die dazu führt, dass für eine Dauer von zehn Jahren noch eine unbeschränkte Steuerpflicht angenommen werden kann, obwohl nach Wegzug die (erweiterte) unbeschränkte Steuerpflicht nach fünf Jahren endet, sollte sich jeder auf die EuGH-Rechtsprechung berufen, die eine Option überflüssig macht, und die Option immer nur hilfsweise erklären.

223 Wie der deutsche Gesetzgeber auf das EuGH-Urteil reagiert, das jetzt sogar Einwohnern der Schweiz die „hohen" Freibeträge im Rahmen der beschränkten Steuerpflicht gewährt,

---

213 EuGH v. 22.4.2010 – C-520/88 „Mattner", DStR 2010, 861 ff.
214 EuGH-Urt. v. 17.10.2013 – C-181/12, NJW 2014, 842 ff.

bleibt abzuwarten. Es wäre denkbar, dass die Möglichkeit der Option nach § 2 Abs. 3 ErbStG auf jeden beschränkt Steuerpflichtigen ausgedehnt wird. Die Frage, ob die Optionsmöglichkeit den Anforderungen des EU-Rechts gerecht wird, ist noch nicht entschieden. Der EuGH hat zwar allgemein zur Frage entschieden, dass die Differenzierung des Freibetrages abhängig vom Wohnsitz der Beteiligten – soweit dieser nur innerhalb der EU ist – EU-rechtswidrig ist. Entschieden wurde aber ausdrücklich zur Rechtslage vor Einführung der Option.[215]

In Fällen, in denen die Auswanderung geplant wird, sollte gegenwärtig überlegt werden, ob noch zu Lebzeiten Vermögensübertragungen im Rahmen der unbeschränkten Erbschaftsteuerpflicht ausgeführt werden oder ob ein **Wohnsitz in Deutschland beibehalten** wird, um die beschränkte Erbschaftsteuerpflicht zu vermeiden. Ertragsteuerliche Nachteile werden meist durch ein Doppelbesteuerungsabkommen vermieden, so dass der Erblasser zwar auch unbeschränkt einkommensteuerpflichtig ist, aber das deutsche Besteuerungsrecht auf die inländischen Einkünfte beschränkt ist.   **224**

b) Versorgungsfreibetrag

Nach § 17 ErbStG erhält der Ehegatte im Erbfall einen besonderen Versorgungsfreibetrag von **256.000** EUR und Kinder einen Versorgungsfreibetrag – gestaffelt vom Alter abhängig – zwischen **52.000 EUR und 10.300 EUR**. Der Freibetrag soll dem Umstand Rechnung tragen, dass sie zur Versorgung auf das durch Erbfall erworbene Vermögen zurückgreifen müssen. Hierbei wird unterstellt, dass sie zu Lebzeiten des Erblassers von diesem versorgt worden wären.   **225**

Bei der Gewährung des Versorgungsfreibetrages ist allerdings zwischen auf Gesetz bzw. Arbeits- oder Dienstverträgen beruhenden Versorgungsbezügen einerseits, die nicht steuerbar sind, und den übrigen, auf einem privaten Vertrag begründeten Versorgungsbezügen, die nach § 3 Abs. 1 Nr. 4 ErbStG erworben werden, zu differenzieren.   **226**

Soweit der Berechtigte aufgrund des Erbfalls (eigene) **Versorgungsbezüge** erhält, deren Erwerb **nicht der Erbschaftsteuer** unterliegt (beispielsweise eine BfA-Rente, die an den überlebenden Ehegatten weitergezahlt wird, obwohl dieser selbst nie in die BfA eingezahlt hat), **kürzt** sich der Versorgungsfreibetrag **um den Barwert der Versorgungsbezüge**.[216]   **227**

Werden keine nicht steuerbaren Versorgungsbezüge erworben, wirkt sich der besondere Versorgungsfreibetrag **wie ein allgemeiner Freibetrag** aus, da dieser unabhängig davon gewährt wird, ob der überlebende Ehegatte tatsächlich versorgungsbedürftig ist.   **228**

Beispiel: Unternehmer U ist gestorben. U hatte weder Renten- noch Pensionsansprüche. Er lebte vielmehr aus den Erträgen seines Vermögens, das einen Steuerwert von 1 Mio. EUR hatte. Seine Ehefrau F hat als Ruhestandsbeamtin erhebliche Versorgungsbezüge, von denen sie leben kann. Ungeachtet dessen erhält sie beim Tod des U einen allgemeinen Freibetrag von 500.000 EUR nach § 16 ErbStG und den besonderen Versorgungsfreibetrag von 256.000 EUR nach § 17 ErbStG, so dass im Ergebnis nur ein Betrag von 244.000 EUR versteuert werden muss.

Soweit der Barwert der Versorgungsbezüge geringer als der Freibetrag ist, ergeben sich keine Unterschiede. Etwas anderes gilt aber dann, wenn der Barwert wesentlich höher ist. Die Pensionsansprüche, die der Ehepartner erwirbt, bleiben immer steuerfrei. Übersteigt   **229**

---

215 EuGH-Urt. v. 4.9.2014 – C-211/13, DStR 2014, 1818 ff.
216 § 17 Abs. 1 S. 2 und Abs. 2 S. 2 ErbStG, R E 17 ErbStR 2011, H E 17 ErbStR 2011.

der Barwert der Rente den Versorgungsfreibetrag, wird nur der Versorgungsfreibetrag aufgezehrt.

c) Steuerfreier Zugewinnausgleich

230 Bei Eheleuten, die im gesetzlichen Güterstand der Zugewinngemeinschaft nach § 1371 BGB leben, erhält der überlebende Ehegatte im Todesfall einen **zusätzlichen Freibetrag** in Höhe seines tatsächlich bestehenden **Zugewinnausgleichsanspruchs** (§ 5 ErbStG). Dies gilt unabhängig davon, ob der Nachlass erbrechtlich über eine pauschale Erhöhung des Ehegattenerbteils um ein Viertel (§ 1371 Abs. 1 BGB) oder güterrechtlich abgewickelt wird (§ 1371 Abs. 2 BGB).

231 Der Freibetrag ist immer der Betrag, den der überlebende Ehegatte am Todestag im Fall des güterrechtlichen Zugewinnausgleichs geltend machen könnte.[217] Hierbei ist zu beachten, dass in Folge des Kaufkraftschwundes **nur nominale Wertsteigerungen** des Anfangsvermögens eines Ehegatten während der Ehe **keinen Zugewinn** darstellen.[218] Das Anfangsvermögen ist mit dem Lebenshaltungskostenindex zur Zeit der Beendigung des Güterstandes zu multiplizieren und durch den Lebenshaltungskostenindex zum Zeitpunkt des Beginns der Zugewinngemeinschaft zu dividieren. Hinsichtlich der Wertsteigerungen infolge des Kaufkraftschwundes veröffentlicht das BMF regelmäßig Übersichten[219] folgenden Inhalts.

232

Verbraucherpreisindex für Deutschland
2010 = 100
Jahre 1958 bis 1990

1958	1959	1960	1961	1962	1963	1964	1965	1966	1967
24,9	25,0	25,3	26,1	26,3	27,2	27,8	28,7	29,6	30,2
1968	1969	1970	1971	1972	1973	1974	1975	1976	1977
30,6	31,2	32,3	34,0	35,9	38,4	41,0	43,5	45,3	47,0
1978	1979	1980	1981	1982	1983	1984	1985	1986	1987
48,3	50,3	53,0	56,3	59,3	61,2	62,8	64,0	64,0	64,0
1988	1989	1990							
65,0	66,7	68,5							

Jahre ab 1991

1991	1992	1993	1994	1995	1996	1997	1998	1999	2000
70,2	73,8	77,1	79,1	80,5	81,6	83,2	84,0	84,5	85,7
2001	2002	2003	2004	2005	2006	2007	2008	2009	2010
87,4	88,6	89,6	91,0	92,5	93,9	96,1	98,6	98,9	100,0
2011	2012	2013	2014						
102,1	104,1	105,7	106,6						

---

217 § 5 Abs. 1 ErbStG; R E 5.1 ErbStR 2011; H E 5.1 ErbStR 2011.
218 R E 5.1 Abs. 3 S. 3, H E 5.1 (2) ErbStR.
219 BMF v. 19.2.2015 – IV D 4 – S 3804/08/10001, BeckVerw 295017

Beispiel: Die Eheleute haben im Jahr 1979 geheiratet. Die Ehefrau F hatte zum damaligen Zeitpunkt ein Vermögen mit einem Wert von (in EUR umgerechnet) 500.000 EUR. Der Ehemann E hatte kein Vermögen. Als F im Jahr 2010 stirbt, hat F ein Vermögen von 1 Mio. EUR; E hat immer noch nichts. Bei der Berechnung des tatsächlichen Zugewinnausgleichsanspruchs ist der Wert des Anfangsvermögens um den Kaufkraftschwund zu korrigieren. Der Preisindex betrug 1975 „50,3" und im Todesjahr „100". Das Anfangsvermögen ist somit mit (500.000 EUR x 100,0)/50,3 zu bewerten. Dies sind 994.036 EUR. Der Freibetrag für den fiktiven Zugewinnausgleich beträgt somit, obwohl sich der Wert des Vermögens nominal verdoppelt hat, gerade einmal 5.964 EUR. Selbst unter Berücksichtigung des allgemeinen (500.000 EUR) und des Versorgungsfreibetrages (256.000 EUR) wird es somit zu einer Erbschaftsteuerbelastung kommen.

Weiterhin ist der tatsächlich bestehende Zugewinnausgleichsanspruch für erbschaftsteuerliche Zwecke in dem Verhältnis zu **korrigieren**, in dem der Verkehrswert des Nachlasses zum Steuerwert steht.[220]

233

Zivilrechtliche Gestaltungen, die dazu dienen, für den Todesfall einen höheren Zugewinnausgleichsanspruch zu gewähren, als nach den bürgerlich-rechtlichen Vorschriften besteht, kommt erbschaftsteuerlich keine Bedeutung zu. Das Gleiche gilt, wenn zivilrechtlich **rückwirkend** auf einen früheren Zeitpunkt als den des Vertragsabschlusses die **Zugewinngemeinschaft vereinbart** wird, z.B. weil man bis dahin im Güterstand der Gütertrennung gelebt hat.[221]

234

Beispiel: Unternehmer U hatte zeitlebens mit seiner Frau F im Güterstand der Gütertrennung gelebt. Beide hatten zu Beginn der Ehe kein Vermögen. U ist es aber durch Geschick gelungen, ein Unternehmen aufzubauen, so dass er nun ein Vermögen von 10 Mio. EUR hat. Als der Tod naht, vereinbart er mit F (zivilrechtlich wirksam) rückwirkend auf den Beginn der Ehe den Güterstand der Zugewinngemeinschaft. Zivilrechtlich hat F zwar damit tatsächlich einen Zugewinnausgleichsanspruch erworben, für den Fall, dass die Ehe durch Tod beendet wird, gibt es aber nach § 5 Abs. 1 S. 4 ErbStG keinen Freibetrag in Höhe des fiktiven Zugewinnausgleichsanspruchs.

In Fällen wie im vorstehenden Beispiel könnte allerdings überlegt werden, rückwirkend die Zugewinngemeinschaft zu vereinbaren und diese dann zu Lebzeiten wieder zu beenden oder erbrechtlich, Pflichtteil und Zugewinn geltend zu machen. § 5 Abs. 1 S. 4 ErbStG gilt nämlich nur für Erwerbe von Todes wegen, wenn der Güterstand pauschal ausgeglichen wird (§ 1371 Abs. 1 BGB).[222] Die Regelung des § 5 Abs. 1 S. 4 gilt von seiner Stellung im Gesetz nicht, soweit die Zugewinngemeinschaft in anderer Weise als durch Tod (nämlich z.B. durch ehevertragliche Vereinbarung) beendet wird. Nach R E 5.2 Abs. 2 S. 2 ErbStR soll zwar in der Vereinbarung einer für den Fall der Beendigung der Zugewinngemeinschaft erhöhten güterrechtlichen Ausgleichsforderung eine Schenkung auf den Todesfall (§ 3 Abs. 1 Nr. 2 S. 1 ErbStG) bzw. eine Schenkung unter Lebenden (§ 7 Abs. 1 Nr. 1 ErbStG) zu sehen sein, wenn mit der Vereinbarung in erster Linie nicht güterrechtliche, sondern erbrechtliche Wirkungen herbeigeführt werden sollen, es stellt sich dann allerdings die Frage, warum der Gesetzgeber die Regelung des § 5 Abs. 1 S. 4 ErbStG nicht auch in Abs. 2 aufgenommen oder auf diese verwiesen hat.[223] Aus der rückwirkenden Vereinbarung einer Zugewinnge-

235

---

220 § 5 Abs. 1 S. 5 ErbStG; R E 5.1 Abs. 5 ErbStR 2011.
221 § 5 Abs. 1 S. 4 ErbStG.
222 FG Düsseldorf v. 14.6.2006 – 4 K 7107/02 Erb, EFG 2006, 1447 (rk); Erlass Finanzministerium Baden-Württemberg – 3 – S 3804/7, DB 2006, 2784.
223 *Götz* hält daher die ehevertragliche Rückbeziehung des Güterstands der Zugewinngemeinschaft immer für beachtlich (in *Fischer/Jüptner/Pahlke/Wachter*, ErbStG, § 5 Rn 77).

meinschaft ergibt sich nach Ansicht der Finanzverwaltung allein noch keine erhöhte güterrechtliche Ausgleichsforderung.²²⁴ Unabhängig davon wäre im Einzelfall zu untersuchen, weshalb die Gütertrennung vereinbart wurde. Häufig bestand die irrige Annahme, dass in der Zugewinngemeinschaft ein Ehegatte für die Schulden des anderen Ehegatten (der meist als Unternehmer tätig war) haftet und dies nur durch Vereinbarung der Gütertrennung vermieden werden konnte. Bestand der Irrtum nur bei einem der Ehegatten, käme möglicherweise eine Anfechtung des Ehevertrages, bei einem beiderseitigen Irrtum ein Fall des Wegfalls der Geschäftsgrundlage in Betracht. Der Ehevertrag wäre dann wohl insoweit anzupassen, dass die Ehegatten seit Beginn der Ehe im Güterstand der Zugewinngemeinschaft leben.

d) Übergang eines Familienwohnheimes

236   Nach § 13 Abs. 1 Nr. 4a ErbStG bleibt zu Lebzeiten die Übertragung des Eigentums oder auch nur des Miteigentums an einem **im Inland oder einem anderen Mitgliedstaat der Europäischen Union oder des Europäischen Wirtschaftsraums belegenen, selbstgenutzten Einfamilienhaus** oder einer zu eigenen Wohnzwecken genutzten Eigentumswohnung (Familienwohnheim) steuerfrei. Das Gleiche gilt, wenn ein Ehegatte den anderen von eingegangenen Verpflichtungen im Zusammenhang mit der Anschaffung oder Herstellung eines Familienwohnheimes *freistellt*. Bei der Begünstigung handelt es sich um eine sachliche Befreiung, die wertunabhängig grundsätzlich beliebig oft in Anspruch genommen werden kann. Anders als bei Erwerb von Todes wegen gibt es für den zuwendungsempfangenen Ehegatten keine Mindestweiternutzungsverpflichtung.

237   Ein Familienwohnheim liegt nach Ansicht der Finanzverwaltung nur vor, wenn sich in diesem der Mittelpunkt des familiären Lebens abspielt; eine Ferien- oder Wochenendwohnung ist daher nicht begünstigt.²²⁵ Ebenso soll nach Ansicht der Finanzverwaltung die Zweitwohnung eines Berufspendlers nicht begünstigt sein. Nach Ansicht des FG Berlin soll es aber ausreichen, wenn die Wohnung nur durch einen Ehegatten mit einem gemeinsamen Kind genutzt wird.²²⁶ Im streitgegenständlichen Fall lebten die Eheleute getrennt. Der Ehemann übertrug das von der Ehefrau und dem gemeinsamen Sohn genutzte Haus. Wird ein Haus nur teilweise zu eigenen Wohnzwecken genutzt, ist nur dieser Teil oder der nahen Angehörigen überlassene Teil (wenn mit diesen ein gemeinsamer Hausstand geführt wird) begünstigt.²²⁷

238   In gleicher Weise wie zu Lebzeiten ein Familienwohnheim steuerfrei übertragen werden kann, bleibt dies beim Übergang von Todes wegen unter den in § 13 Abs. 1 Nr. 4b (Übergang an Ehegatten) und Nr. 4c (Übergang an Abkömmlinge) ErbStG genannten Voraussetzungen steuerfrei. Bei Abkömmlingen ist die Begünstigung aber auf eine Wohnfläche von 200 qm beschränkt. Der Nachteil beider Regelungen besteht allerdings darin, dass die sachliche Steuerbefreiung nur dann gewährt wird, wenn das Objekt vom Erwerber mindestens zehn Jahre als Familienwohnheim für eigene Wohnzwecke weiter genutzt wird. Vorzugswürdig ist es daher, zwischen Eheleuten das Familienwohnheim zu Lebzeiten zu übertragen, da dann keine Weiternutzungsverpflichtung besteht, sondern das Objekt auch zeitnah weiterveräußert werden könnte, z.B. wenn sich dies für den überlebenden Ehegatten zum Alleinbewohnen als zu groß herausstellt.

---

224 R E 5.2 Abs. 2 S. 4 ErbStR 2011.
225 R E 13.3 Abs. 2 S. 1 ErbStR 2011.
226 FG Berlin, Urt. v. 28.1.2003 – 5 K 5267/01, DStRE 2004, 217 f. (rk).
227 BFH, Urt. v. 26.2.2009 – II R 69/06, ZErb 2009, 159 f.

e) Rückerwerb von Todes wegen

Nach § 13 Abs. 1 Nr. 10 ErbStG ist der Erwerb von Vermögen, das Eltern oder Voreltern **an ihre Abkömmlinge** durch **Schenkung oder Übergabevertrag unter Lebenden** zugewandt haben, steuerfrei, wenn dies von Todes wegen zurückfällt. Überträgt ein Ehegatte Vermögen und fällt das Vermögen aufgrund gesetzlicher Erbfolge an den Übergeber und seinen Ehegatten zurück, ist der Erwerb des Ehegatten somit nicht begünstigt, so dass es beim Ehegatten möglicherweise zu einer Erbschaftsteuerbelastung kommt. Für Übertragungen zwischen Eheleuten gibt es im Übrigen keine gesetzliche Rückerwerbsregelung. Bei Vermögensübertragungen zu Lebzeiten sollten daher unbedingt zivilrechtliche Rückforderungsrechte z.B. für den Fall des Vorversterbens vereinbart werden.

4. Steuerliche Entlastung von Betriebsvermögen (§ 13a ErbStG)

Unter den in §§ 13a, 13b ErbStG genannten Voraussetzungen wird der Erwerb von Betriebsvermögen, land- und forstwirtschaftlichem Vermögen oder Anteilen an Kapitalgesellschaften begünstigt. Begünstigt ist allerdings nicht jedes, sondern nur das in § 13b ErbStG genannte Betriebsvermögen. Soweit der Erwerb dem Grunde nach begünstigt ist, wird vom Wert des Betriebsvermögens ein Verschonungsabschlag von 85 % und darüber hinaus ein sich – abhängig von der Höhe des Erwerbs – vermindernder Freibetrag von 150.000 EUR gewährt (Verschonungsweg I).

Voraussetzung für die Gewährung der Begünstigung ist, dass der Betrieb mindestens fünf Jahre fortgeführt wird und während der fünfjährigen Fortführungsfrist mindestens das Vierfache der durchschnittlichen Lohnsumme der letzten fünf Jahre vor Erwerb erreicht wird. Die Lohnsummenregelung greift allerdings nur dann, wenn mehr als 20 Beschäftigte vorhanden sind.

Statt des „nur" 85 %igen Bewertungsabschlags gibt es die Möglichkeit der Optionsverschonung. Eine Entlastung von 100 % kann auf Antrag in Anspruch genommen werden, wenn der Betrieb nicht nur fünf, sondern sieben Jahre fortgeführt wird und die Lohnsumme im Fortführungszeitraum das Siebenfache der durchschnittlichen Lohnsumme in den fünf Jahren vor Übertragung besteht. Voraussetzung ist dann allerdings, dass das Verwaltungsvermögen maximal 10 % beträgt.[228]

Die Begünstigung ist unabhängig davon, ob der Erwerb zu Lebzeiten oder von Todes wegen erfolgt. Diese bestehenden Betriebsvermögensbegünstigungen wurden vom BVerfG Ende 2014 für verfassungswidrig erklärt.[229] Der BFH hatte in seinem Vorlagebeschluss verschiedene Gestaltungsmöglichkeiten aufgezeigt, die dazu führen, dass Vermögen keiner Besteuerung unterliegt, obwohl dies nicht durch Gründe des Gemeinwohls gerechtfertigt ist.[230] Die dort aufgezeigten Möglichkeiten sind zwar teilweise nicht mehr möglich, da beispielsweise ein neuer § 13b Abs. 2 Nr. 4a ErbStG bestimmte Zahlungsmittel und Geschäftsguthaben aus der Begünstigung herausnimmt. Ohne jegliche weitere Gestaltungen sind aber beispielsweise auch Aktienpakete von mehr als 25 % an börsennotierten Gesellschaften begünstigt. Auch für diese dürfte wohl regelmäßig die Optionsverschonung mit 100 % Entlastung in Anspruch genommen werden können, obwohl nicht recht erkennbar ist, welche negativen Auswirkungen dies für die Beschäftigungsverhältnisse der Gesellschaft hätte, deren Anteile verkauft werden. Das BVerfG hat eine Übergangsfrist bis zum 30.6.2016

---

228 Zum Begriff des begünstigungsfähigen Vermögens vgl. R E 13b.5 ErbStR 2011.
229 BVerfG, Beschluss v. 17.12.2014 – 1 BvL 21/12, BStBl II 2015, S. 50 ff.
230 BFH, Beschluss v. 27.9.2012 – II R 9/11, BFH/NV 2012, 1881 ff.

statuiert. Bis dahin hat der Gesetzgeber das ErbStG zu reformieren. So muss beispielsweise die Mitarbeiterzahl, ab derer eine Lohnsummenkontrolle durchzuführen ist, herabgesetzt werden – falls das Kriterium auch zukünftig Bedeutung haben soll. Bisher kommt diese nur zur Anwendung, wenn mehr als 20 Mitarbeiter vorhanden sind, damit fallen aber weit über 90 % aller Unternehmen in Deutschland aus der Kontrolle. Im Übrigen kann durch Betriebsaufspaltungen erreicht werden, dass diese im werthaltigen Besitzunternehmen keine Rolle spielt. Auch die Verwaltungsvermögensgrenze von 50 % ist nach Ansicht des BVerfG nicht haltbar; zukünftig wird wohl das Verwaltungsvermögen in jedem Einzelfall ermittelt und aus der Befreiung herausgenommen werden müssen. Außerdem ist eine individuelle Prüfung notwendig, ob der Erwerber überhaupt bedürftig ist. Falls dieser die Erbschaftsteuer aus sonstigem vorhandenen Vermögen zahlen kann, besteht im Übrigen auch keine verfassungsrechtliche Rechtfertigung, den Erwerb von Betriebsvermögen zu entlasten. Der Gesetzgeber hat bei der Ausgestaltung der Erbschaftsteuer einen weiten Ermessensspielraum. Es bleibt abzuwarten, wie der Gesetzgeber diesen bis spätestens Mitte 2016 ausfüllt.

5. Steuertarif

244 Soweit der steuerliche Wert eines Erwerbes den Freibetrag übersteigt, ist auf den Mehrbetrag Erbschaftsteuer zu zahlen. Der Erbschaftsteuersatz ist wiederum **abhängig von der Steuerklasse** und ergibt sich aus der folgenden Tabelle:

Wert des steuerpflichtigen Erwerbs (§ 10 ErbStG) Bis einschließlich ...	Vomhundertsatz in der Steuerklasse		
	I	II	III
75.000 EUR	7	15	30
300.000 EUR	11	20	30
600.000 EUR	15	25	30
6.000.000 EUR	19	30	30
13.000.000 EUR	23	35	50
26.000.000 EUR	27	40	50
über 26.000.000 EUR	30	43	50

245 Bereits bei geringfügigem Überschreiten einer Stufe kommt der Steuersatz für den Gesamterwerb zur Anwendung. Nach § 19 Abs. 3 ErbStG gibt es allerdings eine Härtefallregelung.

6. Tarifbegrenzung für Vermögen i.S.d. § 13a ErbStG (§ 19 ErbStG)

Soweit nach § 13a ErbStG begünstigtes Vermögen von Angehörigen der Steuerklasse II oder III erworben wird, wird – soweit dies steuerpflichtig ist – das Vermögen nur mit dem für Angehörige der Steuerklasse I maßgeblichen Steuersätzen besteuert. Dies geschieht durch Gewährung eines Entlastungsbetrages nach § 19a Abs. 4 ErbStG. Auch hier bleibt abzuwarten, wie der Gesetzgeber zukünftig die Besteuerung von Betriebsvermögen ausgestaltet.

246

Weitere Informationen und Materialien, wie z.B. Muster, Formulare, amtliche Texte und Internetadressen, befinden sich auf der beiliegenden CD-ROM.

Estland

Aet Bergmann, Rechtsanwältin, Tallinn
Anne Saaber, Notarin, Tallinn

Inhalt

A. Rechtsanwendung im Erbrecht 1	4. Verjährung 31
I. Estnisches internationales Erbrecht 1	5. Außerordentlicher Ausschluss vom Pflichtteil (Enterbung) 32
II. EU-Erbrechtsverordnung (EU-Verordnung 650/2012) 2	IV. Testamentsvollstreckung und Nachlassverwaltung 33
III. Haager Übereinkommen 3	1. Testamentsvollstreckung 33
IV. Bilaterale Abkommen 4	2. Nachlassverwaltung 36
B. Materielles Erbrecht 5	V. Vertragliche Erbfolge 39
I. Gesetzliche Erbfolge 6	1. Gegenseitiges Testament von Ehegatten 39
1. Die Verwandten als gesetzliche Erben 9	2. Erbvertrag 41
a) Erste Ordnung 10	VI. Wege der Nachlassregelung außerhalb des Erbrechts 43
b) Zweite Ordnung 11	1. Gesellschaftsrecht 43
c) Dritte Ordnung 12	2. Schenkung von Todes wegen 44
2. Der Ehegatte als gesetzlicher Erbe .. 13	3. Postmortale Vollmacht 45
3. Die Gemeinde und der Staat als gesetzliche Erben 15	VII. Nachlassabwicklung 46
II. Testamentarische Erbfolge 16	1. Annahme und Ausschlagung der Erbfolge 46
1. Allgemeines 16	2. Ablauf des Nachlassverfahrens beim Notar 49
2. Arten testamentarischer Verfügungen .. 17	3. Rechte und Pflichten der Erben 53
a) Der Erbe, Nach- und Vorerben, Ersatzerben 17	4. Inventur 55
b) Das Vermächtnis 20	5. Erbengemeinschaft und Aufteilung der Erbschaft 57
c) Die Auflage und die Zweckbestimmung 21	6. Probleme bei der Vererbung bestimmter Rechte, u.A. von und an Ausländer 61
d) Die vorweggenommene Erbfolge ... 23	7. Anerkennung ausländischer Erbscheine 62
3. Testamentsformen 24	C. Besteuerung der Erbfolge 63
a) Häusliches Testament 24	I. Erbschaftsteuer 63
b) Notarielles Testament 25	II. Einkommensteuer 64
4. Das Erbregister 26	
III. Pflichtteilsrecht 28	
1. Kreis der Pflichtteilberechtigten 28	
2. Umfang des Pflichtteils 29	
3. Durchsetzung des Pflichtteilrechts 30	

Literatur

Estnischsprachige Literatur

Eve Põtter, Maarja Torga: Uus Euroopa pärimismäärus ning selle koht Eesti rahvusvahelises eraõiguses ja rahvusvahelises tsiviil(kohtu)menetluses. Juridica 2013/VII.

A. Rechtsanwendung im Erbrecht

I. Estnisches internationales Erbrecht

Das estnische internationale Erbrecht ist im 5. Teil (§§ 24–29) des estnischen Gesetzes zum Internationalen Privatrecht[1] geregelt. Demnach wird für den gesamten Nachlass das Recht

---

1 *Rahvusvahelise eraõiguse seadus*, RT I 2002, 35, 217; in Kraft getreten am 1.7.2002; zuletzt geändert am 1.1.2010.

des letzten Wohnsitzstaates des Erblassers, unabhängig vom Ort des Vermögens, angewandt. Der Erblasser kann aber auch eine Rechtswahl treffen und testamentarisch oder im Erbvertrag festlegen, dass die Erbfolge dem Recht des Staates folgen soll, dessen Staatsangehörigkeit er besitzt.

Das anzuwendende Recht bestimmt bei der Erbfolge:
– die Formen und Wirkung von Verfügungen von Todes wegen;
– die Erbfähigkeit bzw. Erbunfähigkeit;
– den Umfang der Erbschaft;
– den Kreis der Erben und deren Anteile an der Erbschaft;
– die Verantwortung für die Schulden des Erblassers.

II. EU-Erbrechtsverordnung (EU-Verordnung 650/2012)

2   Gemäß der am 17.8.2015 in Kraft tretenden EU-Verordnung Nr. 650/2012[2] (im Weiteren: EU-ErbVO) unterliegt die gesamte Rechtsnachfolge von Todes wegen dem Recht des Staates, in dem der Erblasser zum Zeitpunkt seines Todes seinen gewöhnlichen Aufenthalt hatte.[3] Ergibt sich ausnahmsweise aus der Gesamtheit der Umstände, dass der Erblasser zum Zeitpunkt seines Todes eine offensichtlich engere Bindung zu einem anderen als dem Staat hatte, dessen Recht grundsätzlich anzuwenden wäre, so ist auf die Rechtsnachfolge von Todes wegen das Recht dieses anderen Staates anzuwenden.[4] Bezüglich der Rechtsnachfolge von Todes wegen ist auch eine Rechtswahl möglich – eine Person kann das Recht des Staates wählen, dem sie zum Zeitpunkt der Rechtswahl angehört oder zum Zeitpunkt ihres Todes angehören wird.[5] Die Rechtswahl muss ausdrücklich in einer Erklärung in Form einer Verfügung von Todes wegen erfolgen oder sich aus den Bestimmungen einer solchen Verfügung ergeben. Diesem Recht unterliegt die gesamte Rechtsnachfolge von Todes wegen (die Erbfähigkeit, Enterbung, Haftung für die Nachlassverbindlichkeiten usw.).[6]

Da das internationale Erbrecht durch die EU-ErbVO vereinheitlicht wird, entfallen in diesem Artikel die landesspezifischen Ausführungen zum internationalen Erbrecht.

III. Haager Übereinkommen

3   Auf die Form des Testaments und des Erbvertrages wird das Haager Übereinkommen[7] angewandt.

IV. Bilaterale Abkommen

4   Erbrechtliche bilaterale Abkommen zwischen der Bundesrepublik Deutschland und der Republik Estland existieren nicht.

---

2   Verordnung (EU) Nr. 650/2012 des Europäischen Parlaments und des Rates vom 4. Juli 2012 über die Zuständigkeit, das anzuwendende Recht, die Anerkennung und Vollstreckung von Entscheidungen und die Annahme und Vollstreckung öffentlicher Urkunden in Erbsachen sowie zur Einführung eines Europäischen Nachlasszeugnisses, ABl L 201 vom 27.7.2012.
3   Art. 21 Abs. 1 EU-ErbVO.
4   Art. 21 Abs. 2 EU-ErbVO.
5   Art. 22 EU-ErbVO.
6   Art. 23 EU-ErbVO.
7   Übereinkommen über das auf die Form letztwilliger Verfügungen anzuwendende Recht, abgeschlossen in Den Haag am 5. Oktober 1961, in Estland ratifiziert am 25.3.1998.

B. Materielles Erbrecht

Das materielle Erbrecht und das Nachlassverfahren sind hauptsächlich im Erbgesetz[8] (im Weiteren: ErbG) geregelt.

I. Gesetzliche Erbfolge

Die gesetzliche Erbfolge[9] tritt ein, wenn:
- kein Testament oder Erbvertrag vorhanden ist oder das Testament oder der Erbvertrag nicht das ganze Vermögen des Erblassers umfasst;
- das Testament für ungültig erklärt wurde;
- die testamentarischen Erben oder die Erben nach dem Erbvertrag auf ihren Erbteil verzichtet haben oder gestorben sind und weitere Erben nicht eingesetzt sind, und sich aus dem Testament, dem Erbvertrag oder dem Gesetz auch weiter nicht ergibt, dass andere Personen an ihrer Stelle nach dem Testament oder dem Erbvertrag erben.

Die gesetzliche Erbfolge ist auch für die Ermittlung der Erben des Pflichtteils wesentlich.

Gesetzliche Erben sind der Ehegatte des Erblassers, die im ErbG genannten Verwandten, die Gemeinden und der Staat. Adoptivkinder und Adoptiveltern haben laut Familiengesetz[10] (im Weiteren: FamG) nach § 161 Abs. 2 den gleichen rechtlichen Status wie leibliche Kinder[11] und leibliche Eltern.

Erbfähig ist jede rechtsfähige Person. Erbe kann sein:
- eine natürliche Person, die zum Zeitpunkt des Erbfalles lebte;
- eine natürliche Person, die zum Zeitpunkt des Erbfalles gezeugt war und danach lebend geboren wurde;
- eine juristische Person, die zum Zeitpunkt des Erbfalles existierte;
- eine Stiftung, die aufgrund einer Verfügung im Testament oder Erbvertrag gegründet wird.

Erbunfähig ist eine natürliche Person, die:
- vorsätzlich und widerrechtlich den Tod des Erblasser verursachte oder dies versuchte;
- vorsätzlich und widerrechtlich den Erblasser in eine Lage versetzte, in der er bis zu seinem Tod unfähig war, seinen letzten Willen auszudrücken oder zu ändern;
- den Erblasser durch Gewalt oder Täuschung daran hinderte, seinen letzten Willen auszudrücken oder zu ändern oder ihn auf gleiche Weise zwang, seinen letzten Willen auszudrücken oder für nichtig zu erklären, wenn der Erblasser seinen eigentlichen letzten Willen dabei nicht ausdrücken konnte;
- vorsätzlich und widerrechtlich das Testament oder den Erbvertrag beseitigt oder vernichtet hat, wenn der Erblasser diesen nicht mehr erneuern konnte;
- das Testament oder den Erbvertrag oder Teile davon gefälscht hat.

Erbunfähig gegenüber dem eigenen Kind ist außerdem ein Elternteil, dem das Gericht dessen elterlichen Rechte in vollem Umfang aberkannt hat.

---

8 *Pärimisseadus*, RT I 2008, 7, 52; in Kraft getreten am 1.1.2009; zuletzt geändert am 9.7.2014.
9 Die gesetzliche Erbfolge ist im 2. Kapitel (§§ 10–18) des ErbG geregelt.
10 *Perekonnaseadus*, RT I 2009, 60, 395; in Kraft getreten am 1.7.2010; zuletzt geändert am 9.7.2014.
11 Im estnischen Recht wird zwischen ehelich und unehelich geborenen Kindern kein Unterschied gemacht. Maßgeblich ist, dass die Abstammung rechtlich korrekt festgestellt ist.

Die Erbunfähigkeit eines möglichen Erbes wird erbrechtlich seinem Tod gleichgesetzt: an seiner Stelle erben diejenigen, die geerbt hätten, falls der erbunfähige Erbe vor dem Erbfall selbst gestorben wäre.

1. Die Verwandten als gesetzliche Erben

9 Die gesetzliche Erbfolge der Verwandten ist in drei Ordnungen unterteilt. Erbt ein Erbe einer vorrangigen Ordnung, sind alle Erben der darauf folgenden Ordnungen vom Erbe ausgeschlossen.

a) Erste Ordnung

10 Die erste Ordnung besteht aus den Kindern des Erblassers. Diese erben zu gleichen Teilen. Wenn ein Kind des Erblassers vor dem Erbfall gestorben ist, erben seine hinterbliebenen Abkömmlinge seinen Anteil jeweils zu gleichen Teilen.

b) Zweite Ordnung

11 Die zweite Ordnung besteht aus den Eltern des Erblassers. Diese erben zu gleichen Teilen. Wenn ein Elternteil vor dem Erbfall gestorben ist, erben seine hinterbliebenen Abkömmlinge seinen Teil zu gleichen Teilen; falls keine solchen Abkömmlinge vorhanden sind, erbt der andere Elternteil allein. Wenn beide Eltern des Erblassers vor dem Erbfall gestorben sind, erben alle ihre hinterbliebenen Abkömmlinge den Anteil der Eltern jeweils zu gleichen Teilen.

c) Dritte Ordnung

12 Die dritte Ordnung besteht aus den Großeltern des Erblassers. Diese erben zu gleichen Teilen. Wenn einige oder alle Großeltern des Erblassers vor dem Erbfall gestorben sind, erben ihre hinterbliebenen Abkömmlinge den Anteil ihrer Eltern jeweils zu gleichen Teilen.

2. Der Ehegatte als gesetzlicher Erbe

13 Der Ehegatte erbt zusammen mit den Verwandten des Erblassers:
– neben Erben der ersten Ordnung so viel wie ein Kind des Erblassers, aber nicht weniger als ¼ des Erbes;
– neben Erben der zweiten Ordnung die Hälfte des Erbes.

Gibt es keine Erben der ersten oder zweiten Ordnung, ist der Ehegatte Alleinerbe.

14 Zusätzlich zu seinem Erbteil hat der Ehegatte das Recht, im Grundbuch der Immobilie, die bis zum Tod des Erblassers der gemeinsame Wohnort der Ehegatten war, die Eintragung einer bedingten persönlichen Dienstbarkeit nach § 227 Sachenrechtgesetz zu fordern, falls sich der Lebensstandard des überlebenden Ehegatten andernfalls verschlechtern würde. Dies gilt nicht, wenn bereits vor dem Tod des Erblassers die Scheidung eingereicht war.

Zusätzlich zu seinem Erbteil erhält der Ehegatte außerdem die gewöhnlichen Einrichtungsgegenstände des gemeinsamen Heimes der Ehegatten, die rechtlich als Vermächtnis behandelt werden.

3. Die Gemeinde und der Staat als gesetzliche Erben

Hinterließ der Erblasser keine Verwandten und keinen Ehegatten, ist die Gemeinde gesetzlicher Erbe, in welcher sich sein letzter Wohnsitz befand. Wenn der letzte Wohnsitz des Erblassers sich nicht in Estland befand, ist die Republik Estland der Erbe. Dies gilt auch, wenn alle anderen Erben die Erbschaft ausgeschlagen haben: die zuständige Gemeinde bzw. der Staat können die Erbschaft nicht ausschlagen.

II. Testamentarische Erbfolge

1. Allgemeines

Laut § 32 Abs. 4 des Grundgesetzes der Republik Estland[12] ist das Erbrecht unantastbar – das umfasst das Recht jeder Person, seinen Erbenkreis zu bestimmen, und das Recht der so bestimmten Erben, Eigentümer des auf diese Weise Ererbten zu werden. Allerdings ist dieses Recht beschränkt durch die gesetzlichen Vorgaben z.B. des Pflichtteils, aber auch bezüglich der Form von Testamenten und der allgemeinen Gültigkeit von Verfügungen von Todes wegen.

2. Arten testamentarischer Verfügungen

a) Der Erbe, Nach- und Vorerben, Ersatzerben[13]

Im Testament werden der Erbe oder die Erben durch einseitige Verfügung bestimmt. Betrifft das Testament nur einen Teil des Nachlasses, gilt für den Rest die gesetzliche Erbfolge. Werden mehrere Erben eingesetzt, deren Anteile nicht bestimmt sind, erben sie zu gleichen Teilen. Werden als Erben allgemein „die Verwandten" eingesetzt, ohne ihre Personen oder Anteile näher zu bestimmen, gilt die gesetzliche Erbfolge.

Der Erblasser kann im Testament verfügen, dass gewisse Erben erst nach einer aufschiebenden Bedingung (z.B. ihrer Geburt[14] oder dem Erreichen eines gewissen Alters) als Nacherben eingesetzt werden und bis dahin die testamentarisch genannten Vorerben (oder, falls keine genannt sind, die gesetzlichen Erben) über den Nachlass verfügen können. Ist keine aufschiebende Bedingung genannt, so erbt der Nacherbe beim Tod des Vorerben. Die Vorerben können den Nachlass nutzen und verwalten, jedoch sind bei beweglichen Gegenständen unentgeltliche Geschäfte und bei Immobilien und Immobilienrechten alle Verfügungen nichtig, wenn im Ergebnis das Eigentumsrecht des Nacherben ausgeschlossen oder eingeschränkt wird. Stirbt der Nacherbe vor dem Eintreten der aufschiebenden Bedingung, aber nach dem Erbfall, geht sein Erbrecht auf dessen Erben über, wenn das Testament nichts anderes bestimmt. Der Vorerbe hat beim Eintreten der aufschiebenden Bedingung den Nachlass in einem Zustand zu übergeben, wie er bei einer ordnungsgemäßen Verwaltung herrschen sollte. Vor dem Eintreten der aufschiebenden Bedingung angefallene Früchte gehören dem Vorerben. Der Vorerbe trägt die gewöhnlichen Erhaltungskosten der Erbschaft, der Nacherbe aber alle darüber hinausgehenden Kosten. Ist die aufschiebende Bedin-

---

12 *Eesti Vabariigi Põhiseadus*, RT 1992, 26, 349; in Kraft getreten am 3.7.1992; zuletzt geändert am 22.7.2011.
13 Die Bestimmungen zum testamentarischen Erben sowie zum Nach-, Vor- und Ersatzerben sind im 3. Kapitel 2. Abschnitt, 2., 3. und 4. Unterabschnitt (§§ 39–55) des ErbG geregelt.
14 Eine natürliche Person, die zum Zeitpunkt des Erbfalls noch nicht gezeugt war, kann nur als Nacherbe erben.

gung in 20 Jahren nach dem Erbfall nicht eingetreten, erlöschen die Rechte des Nacherben am Nachlass.

19 Sowohl beim Nachlass oder seinen Teilen als auch bei Vermächtnissen kann der Erblasser einen oder mehrere Ersatzerben für den Fall bestimmen, dass der ursprüngliche Erbe beim Eintreten des Erbfalls nicht mehr lebt, erbunfähig geworden ist oder das Erbe ausschlägt.

b) Das Vermächtnis

20 Der Erblasser kann im Testament einem bestimmten Erben oder einer anderen Person außer seinem Vermögen oder Teilen davon auch ein Vermächtnis[15] hinterlassen. Das kann ein bestimmter Vermögensgegenstand aus dem Nachlass des Erblassers sein, aber auch eine Geldsumme, ein Recht, die Befreiung von einer Verpflichtung, das Recht auf Unterhalt oder ein anderes übertragbares Gut. Die Verpflichtung zur Herausgabe des Vermächtnisses hat der Erbe, in dessen Erbteil sich das Vermächtnis befindet.

c) Die Auflage und die Zweckbestimmung

21 Die Auflage (Zweckbeauftragung)[16] ist eine Verfügung des Erblassers, mit der er dem Erben oder dem Vermächtnisempfänger (hier weiter: Ausführer der Auflage) eine Verpflichtung auferlegt. Sie unterscheidet sich vom Vermächtnis dadurch, dass der von der Auflage Begünstigte selbst keine diesbezügliche Forderung hat. Mittels einer Auflage kann der Erblasser also einen Erben oder Vermächtnisempfänger zu einer Leistung oder Unterlassung verpflichten, ohne einem anderen ein Recht auf diese Leistung bzw. Unterlassung zuzuwenden. Folgende Personen können die Erfüllung der Auflage fordern:
– Erben;
– jede Person, die beim Tod des Ausführers der Auflage vor dem Erbfall als Erbe oder Vermächtnisempfänger an dessen Stelle getreten wäre;
– der Testamentsvollstrecker;
– die Gemeinde, falls die Auflage im öffentlichen Interesse ist.

22 Wird die Auflage schuldhaft nicht erfüllt und kann sie dadurch endgültig nicht mehr erfüllt werden, muss der Adressat der Auflage den Miterben den für die Auflage bestimmten Teil des Erbes übergeben. Sind keine Miterben vorhanden, so geht dieser Teil an diejenigen Personen, die beim Tod des Adressaten der Auflage vor dem Erbfall als Erben oder Vermächtnisempfänger an dessen Stelle getreten wären.

Die Zweckbestimmung ist eine Verfügung des Testators, mit der er im Testament für die Erbschaft oder einen Teil derselben einen Zweck bestimmt und einen Erben, Vermächtnisempfänger oder eine dritte Person ernennt, die dieses Vermögen diesem Zweck entsprechend verwalten soll. Wird die Zweckbestimmung nicht ausgeführt, kann das Gericht für die Ausführung eine Person ernennen, die dann in Bezug auf die Zweckbestimmung alle Rechte und Pflichten eines Testamentsvollstreckers hat.

d) Die vorweggenommene Erbfolge

23 Eine vorweggenommene Erbfolge[17] liegt vor, wenn der Erblasser seinem Abkömmling, der im Erbfall sein gesetzlicher Erbe wäre, eine Schenkung macht, und der Erblasser in der

---

15 Das Vermächtnis ist im 3. Kapitel 2. Abschnitt 5. Unterabschnitt (§§ 56–72) des ErbG geregelt.
16 Die Auflage und die Zweckbestimmung sind im 3. Kapitel 2. Abschnitt 6. und 7. Unterabschnitt (§§ 73–77) des ErbG geregelt.
17 Die vorweggenommene Erbfolge ist im 6. Kapitel 5. Abschnitt 3. Unterabschnitt (§§ 162–164) ErbG geregelt.

Schenkungsurkunde bestimmt, dass es sich dabei um eine vorweggenommene Erbschaft handelt. Der Wert der vorweggenommenen Erbschaft wird bei der Errechnung der Anteile der Erben berücksichtigt und der Empfänger der vorweggenommenen Erbfolge so gestellt, als habe er den der vorweggenommenen Erbschaft entsprechenden Anteil an der Erbschaft bereits erhalten. Dies gilt nur im Fall der gesetzlichen Erbfolge.

3. Testamentsformen

a) Häusliches Testament

Es gibt zwei Formen des häuslichen Testaments:[18]

24

Das vollständig eigenhändig geschriebene, datierte (Tag, Monat, Jahr) und unterschriebene Testament, das ohne Zutun Dritter gültig ist (das sog. *„Kaminsimstestament"*).

Das nicht eigenhändig geschriebene, aber im Beisein von mindestens zwei Zeugen eigenhändig unterschriebene und datierte (Tag, Monat, Jahr) Testament. Weder die Zeugen noch ihre näheren Verwandten, Ehegatten oder die näheren Verwandten der Ehegatten dürfen als Erben eingesetzt sein. Die Zeugen müssen bestätigen, dass der Testator das Testament eigenhändig unterschrieben hat und dass er nach ihrer Auffassung handlungs- und urteilsfähig war.

Das häusliche Testament wird 6 Monate nach seiner Errichtung unwirksam, wenn der Erblasser dann noch lebt.

b) Notarielles Testament

Es gibt zwei Formen des notariellen Testaments:[19]

25

Das notariell beurkundete Testament erstellt der Notar nach den Vorgaben des Erblassers oder er beurkundet das Testament, das der Erblasser ihm zu diesem Zweck übergibt. Der Erblasser unterschreibt das Testament in Gegenwart des Notars.

Das beim Notar zu hinterlegende Testament übergibt der Erblasser dem Notar in einem verschlossenen Umschlag mit der Versicherung, dass es sich dabei um sein Testament handelt. Der Notar erstellt über den Empfang eine Urkunde, die vom Erblasser und vom Notar unterschrieben wird.

Das notarielle Testament ist zeitlich unbeschränkt gültig. Es kann durch die Errichtung eines neuen häuslichen oder notariellen Testaments jederzeit geändert werden; ausschlaggebend ist das Datum des Testaments.[20]

---

18 Das häusliche und das notarielle Testament sind im 3. Kapitel, 1. Abschnitt (§§ 19–27) des ErbG geregelt.
19 Ibid.
20 Zu beachten ist jedoch die beschränkte Gültigkeit des häuslichen Testaments: Wenn der Erblasser, der ein notarielles Testament errichtet hatte, dieses durch ein häusliches Testament ändert und dann 6 Monate nach der Errichtung des häuslichen Testaments noch lebt, wird automatisch wieder das eingangs geänderte, notarielle Testament gültig.

4. Das Erbregister

26 Der Notar macht über den Empfang eines notariellen Testaments und eines gegenseitigen Testaments von Ehegatten eine Eintragung im Erbregister.[21] Das Erbregister ist ein staatliches elektronisches Register im Verwaltungsbereich des Justizministeriums, das von der estnischen Notarkammer verwaltet wird und in dem u.A. die folgenden vorgelegten Dokumente und Ereignisse registriert werden:
- notarielle Testamente (Name des Erblassers, Datum des Testaments, Notar, Aufbewahrungsort des Testaments);
- Erbverträge (Person des Erblassers, Datum des Vertrages, Notar, Aufbewahrungsort des Vertrages);
- gegenseitige Testamente von Ehegatten (Personen der Erblasser, Datum des Testaments, Notar, Aufbewahrungsort des Testaments);
- Aufhebung und Rücktritt von Testamenten (Person des Erblassers, Datum, Notar);
- häusliche Testamente (sofern sie dem Register bekanntgegeben werden: (Person des Testators, Datum des Testaments, Aufbewahrungsort des Testaments);
- Eröffnung eines Nachlassverfahrens (Person des Erblassers, Datum der Eröffnung des Verfahrens, Notar);
- ausgehändigte Erbscheine (Person des Erblassers, Todesdatum des Erblassers, Person(en) des oder der Erben, Notar).

27 Die Einträge des Registers werden bis zum Erbfall vertraulich behandelt. Nach dem Erbfall sind die Angaben über die im Erbregister eingetragenen Fakten und Personen (die Person des Erblassers und seine Erben) für Personen mit einer estnischen ID-Karte öffentlich zugänglich, nicht jedoch der weitere Inhalt der Dokumente. Personen, die keine estnische ID-Karte besitzen, können über jeden estnischen Notar Einsicht erhalten.

III. Pflichtteilsrecht

1. Kreis der Pflichtteilberechtigten

28 Wenn der Erblasser mit dem Testament oder einem Erbvertrag verfügt hat, dass seine Nachkommen, seine Eltern oder sein Ehegatte, denen gegenüber er zu Lebzeiten aufgrund des FamG zum Unterhalt verpflichtet war und die seine gesetzlichen Erben gewesen wären, nicht nach ihm erben oder weniger erben als gesetzlich vorgesehen, haben diese das Recht, einzeln ihren jeweiligen Pflichtteil[22] von der Erbschaft geltend zu machen. Im Fall von mehreren möglichen Pflichtteilberechtigten wird die gesetzliche Erbfolge angewandt: wenn ein Erbe einer niedrigeren Ordnung seinen Pflichtteil fordern kann oder das Erbe annimmt, sind mögliche Pflichtteilberechtigte höherer Ordnungen vom Pflichtteil ausgeschlossen.

2. Umfang des Pflichtteils

29 Der Pflichtteil beträgt die Hälfte des gesetzlichen Erbteils, der angefallen wäre, wenn alle Erbberechtigten ihr Erbe angenommen hätten. Erben, die auf ihren Erbteil im Vorfeld

---

[21] Das Erbregister ist im 7. Kapitel des ErbG (§§ 176–179) geregelt. Zusätzlich gilt die Verfügung Nr. 38 des Justizministers „Die Ordnung zum Erstellen des Erbregisters, zu Einträgen ins Erbregister und zur Herausgabe von Informationen aus dem Erbregister" vom 3.12.2013 (*Pärimisregistri pidamise, pärimisregistrisse kannete tegemise ja pärimisregistrist teabe väljastamise kord*, RT I 6.12.2013, 4; in Kraft getreten am 9.12.2013).

[22] Das Pflichtteilsrecht ist im 5. Kapitel (§§ 104–109) des ErbG geregelt.

vertraglich verzichtet haben, werden nicht berücksichtigt. Der Wert der Erbschaft wird zum Tag des Erbfalles berechnet; abgezogen werden Schulden und bestehende Verpflichtungen der Erbschaft. Verpflichtungen, die von einer aufschiebenden Bedingung abhängen, werden nicht berücksichtigt. Verpflichtungen, deren Ende von einer auflösenden Bedingung abhängt, werden in vollem Maße berücksichtigt.

Für die Berechnung des Pflichtteils werden auch außerordentliche Vermächtnisse (z.B. die gewöhnlichen Einrichtungsgegenstände des gemeinsamen Heimes der Ehegatten, die an den überlebenden Ehegatten fallen) gezählt, außerdem Geschenke des Erblassers zu Lebzeiten (aber nicht früher als 10 Jahre vor dem Erbfall), die mit der Absicht gemacht wurden, den Pflichtteil zu mindern oder einem Pflichtteilberechtigten Schaden zuzufügen.

3. Durchsetzung des Pflichtteilrechts

Dem Pflichtteilberechtigten steht gegenüber den Erben ein Pflichtteilergänzungsanspruch zu, wenn die testamentarischen Verfügungen des Erblassers seinen Pflichtteilanspruch verletzen. Erbt der Pflichtteilsberechtigte testamentarisch weniger als seinen Pflichtteil, kann er die Differenz zum vollen Pflichtteil von den anderen Erben fordern. 30

4. Verjährung

Der Pflichtteilanspruch verjährt innerhalb von 3 Jahren ab der Kenntnis des Pflichtteilberechtigten vom Erbfall und von der Verletzung seiner Rechte, aber nicht später als 10 Jahre ab dem Erbfall. Hat der Erblasser zu Lebzeiten Geschenke an Dritte mit der Absicht gemacht, den Pflichtteil zu mindern oder einem Pflichtteilberechtigten Schaden zuzufügen, ist der Pflichtteilberechtigte innerhalb eines Jahres ab dem Erbfall berechtigt, von den Erben die Aufstockung seines Pflichtteils um die Summe zu verlangen, um die sein Pflichtteil größer gewesen wäre, wenn das Geschenk im Nachlass verblieben wäre. 31

5. Außerordentlicher Ausschluss vom Pflichtteil (Enterbung)

Der Erblasser kann testamentarisch oder im Erbvertrag verfügen, dass der Erbe seinen Pflichtteil nicht bekommt, wenn Letzterer gegen den Erblasser, seinen nahen Verwandten, seinen Ehegatten oder gegen eine andere besonders nahestehende Person des Erblassers eine Straftat verübt hat oder wenn er seiner gesetzlichen Unterhaltspflicht dem Erblasser gegenüber vorsätzlich und in einem wesentlichen Ausmaß nicht nachgekommen ist. Diese Begründung muss im Testament oder Erbvertrag ausgeführt sein. 32

IV. Testamentsvollstreckung und Nachlassverwaltung

1. Testamentsvollstreckung

Die Testamentsvollstreckung[23] erfolgt durch einen oder mehrere Erben oder, wenn sich aus dem Testament oder den gegebenen Umständen ergibt, dass dafür ein Testamentsvollstrecker nötig ist (wenn z.B. Gegenstände der Erbschaft verkauft oder verteilt oder die Erbschaft verwaltet und später ausbezahlt werden soll), durch einen oder mehrere vom Erblasser ernannte oder vom Notar bestellte Testamentsvollstrecker. Der Notar bestellt einen 33

---

23 Die Testamentvollstreckung ist im 3. Kapitel 2. Abschnitt 8. Unterabschnitt (§§ 78–87) des ErbG geregelt.

Testamentsvollstrecker nur dann, wenn alle im Testament genannten Testamentsvollstrecker bereits verstorben sind oder die Aufgabe nicht annehmen wollen.

Niemand kann gegen seinen Willen zum Testamentsvollstrecker ernannt werden; hat der Erblasser jedoch testamentarisch einen Erben oder einen Vermächtnisempfänger zum Testamentsvollstrecker ernannt und hat jener das Erbe angenommen, kann er die Testamentsvollstreckung nicht ausschlagen, wenn im Testament nichts anderes bestimmt ist. Ernennt der Notar einen Rechtsanwalt zum Testamentsvollstrecker, kann dieser die Testamentsvollstreckung nicht ohne einen wesentlichen Grund ausschlagen.

34 Der Testamentsvollstrecker erfüllt alle Aufgaben, die sich aus dem Gesetz für die Erfüllung des letzten Willens des Erblassers ergeben, wenn das Testament nichts anderes vorschreibt. Bis zur Annahme der Erbschaft durch die Erben erfüllt er auch die Aufgaben der Nachlassverwaltung, alternativ kann er Maßnahmen zur Nachlassverwaltung beantragen.

35 Der Testamentsvollstrecker nimmt den Nachlass in Empfang und erfüllt die sich aus dem Testament ergebenden Aufgaben: übergibt Vermächtnisse, erfüllt Verpflichtungen und verwaltet die Erbschaft mit ordentlicher Sorgfalt bis zur Verteilung der gesamten Erbschaft. Für die Erfüllung seiner Aufgaben steht ihm eine angemessene Vergütung zu, wenn sich aus dem Testament nichts anderes ergibt; der Wert des ihm zustehenden etwaigen Vermächtnisses oder Erbes muss dabei berücksichtigt werden. Direkte Kosten des Testamentsvollstreckers werden ihm aus dem Nachlass ersetzt. Wenn der Testamentsvollstrecker und die Erben sich über die Höhe der angemessenen Vergütung nicht einig werden, wird diese gerichtlich festgelegt.

Der Testamentsvollstrecker legt über seine Tätigkeiten den Erben gegenüber einen Bericht vor.

2. Nachlassverwaltung

36 Das Gericht beschließt im Erbfall eine Nachlassverwaltung,[24] wenn:
- keine Erben bekannt sind,
- der Erbe sich nicht am Ort der Erbschaft befindet,
- nicht bekannt ist, ob die Erbschaft angenommen ist,
- der Erbe geschäftsunfähig ist, aber kein gesetzlicher Vertreter bestimmt ist oder
- andere gesetzliche Gründe vorliegen.

Das Gericht bestimmt auf eigene Initiative oder auf Antrag eines Interessenten (z.B. eines möglichen Erben) einen Nachlassverwalter, der den Nachlass bis zur Annahme der Erbschaft verwaltet.

37 Der Nachlassverwalter ist verpflichtet:
- den Nachlass mit ordentlicher Sorgfalt zu verwalten und zu erhalten;
- unterhaltsberechtigten Personen aus dem Nachlass Unterhalt zu gewähren;
- Verpflichtungen, die sich aus dem Nachlass ergeben, auf Kosten des Nachlasses zu erfüllen;
- über die Verwaltung gegenüber dem Gericht und den Erben Rechenschaft abzulegen;
- bei Bedarf, insbesondere wenn dies für den Erhalt des Nachlasses erforderlich ist, den Nachlass aus dem Besitz von Erben oder Dritten zu übernehmen oder auf andere Weise die Trennung der Erbschaft vom Eigentum des Erben zu besorgen;

---

24 Die Nachlassverwaltung ist im 6. Kapitel 1. Abschnitt (§§ 110–115) des ErbG geregelt.

– bei Bedarf den Antrag auf Eröffnung des Nachlassverfahrens beim Notar zu stellen oder, wenn estnische Notare dafür nicht zuständig sind, andere Maßnahmen zu ergreifen, um die Erben zu ermitteln.

Der Nachlassverwalter darf den Nachlass nur für seine Aufgaben und für die Deckung der Kosten der Nachlassverwaltung benutzen. Ohne gerichtliche Genehmigung darf der Nachlassverwalter aus der Erbschaft keine Immobilien veräußern. Dem Nachlassverwalter steht eine Vergütung auf Kosten des Nachlasses zu, dessen Höhe gerichtlich bestimmt wird.

Wenn innerhalb von 6 Monaten nach Beginn der Nachlassverwaltung kein Erbe festgestellt worden ist, kann der Nachlassverwalter nach der Durchführung einer Inventur den gesamten Nachlass (inkl. Immobilien) verkaufen und den Kauferlös hinterlegen.

Wenn die Voraussetzungen für eine Nachlassverwaltung nicht mehr gegeben sind oder wenn der Nachlass die Kosten der Verwaltung nicht deckt und derjenige, der die Nachlassverwaltung beantragt hat oder in dessen Interesse sie erfolgt ist, keine Sicherheit für die Deckung der Kosten leistet, veranlasst das Gericht die Beendigung der Nachlassverwaltung.

V. Vertragliche Erbfolge

1. Gegenseitiges Testament von Ehegatten

Ein gegenseitiges Testament von Ehegatten[25] ist ein Testament, das die Ehegatten gemeinsam errichten und in dem sie entweder sich gegenseitig zu ihren Erben bestimmen oder andere Verfügungen von Todes wegen über ihr Vermögen machen. Das gegenseitige Testament von Ehegatten muss notariell beurkundet sein.

Falls die Ehegatten sich gegenseitig zu Alleinerben bestimmt haben und gleichzeitig die Erben des gemeinsamen Vermögens nach dem Tod des zweiten Gatten festgesetzt haben, kann der überlebende Ehegatte diese Bestimmung nach dem Tod des ersten Ehegatten nicht mehr ändern.[26] Zu Lebzeiten beider Ehegatten kann jeder Ehegatte eine solche Festsetzung mit einem einseitigen notariell beurkundeten Testament aufheben – dieses wird mit Zustellung an den anderen Ehegatten gültig.

Ein gegenseitiges Testament von Ehegatten wird nichtig, wenn vor dem Erbfall die Ehe geschieden oder beendet wurde oder eine Scheidung eingereicht worden ist, außer wenn vorausgesetzt werden kann, dass dies nicht dem Willen des Erblassers entsprochen hätte.

2. Erbvertrag

Ein Erbvertrag[27] wird in notariell beurkundeter Form zwischen dem Erblasser und dem Vertragspartner geschlossen und kann folgende Vereinbarungen beinhalten:
– Erbeinsetzung des Vertragspartners oder einer dritten Person;
– Vermächtnisse, Auflagen und andere Vereinbarungen zu Gunsten oder zu Lasten des Vertragspartners;
– Verzicht auf das gesetzliche Erbrecht.

Der Erbvertrag kann keine Einschränkungen für den Erblasser beinhalten, zu Lebzeiten sein Vermögen zu besitzen, zu nutzen und darüber zu verfügen. Der Vertragspartner erhält

---

25 Das gegenseitige Testament von Ehegatten ist im 3. Kapitel 2. Abschnitt 10. Unterabschnitt (§§ 89–94) des ErbG geregelt.
26 Ein solcher Erbe kann jedoch bei Erbunfähigkeit vom Erbe ausgeschlossen werden.
27 Der Erbvertrag ist im 4. Kapitel (§§ 95–103) des ErbG geregelt.

zu Lebzeiten des Erblassers keine Rechte auf das Vermögen, das beim Tod des Erblassers die Erbschaft darstellen würde. In der Praxis werden meistens verschiedene Vereinbarungen für den Zeitraum der Lebensspanne des Erblassers über Unterhalt, Fürsorge, Wohnung etc. getroffen, die für den Vertragspartner einerseits Verpflichtungen beinhalten und andererseits (bei Erfüllen der Verpflichtungen) das Erbe sichern sollen.

Verzichtet ein gesetzlicher Erbe im Erbvertrag auf seinen Erbteil, so gilt das auch für den Pflichtteil, der ihm zugestanden hätte. Falls er vor dem Erbfall selbst bereits verstorben ist, erben auch seine Erben nicht nach dem ursprünglichen Erblasser.

42 Die Parteien können den Erbvertrag in notariell beurkundeter Form jederzeit einvernehmlich aufheben oder ändern. Einseitig kann der Erblasser vom Erbvertrag zurücktreten, wenn dies im Vertrag so vorgesehen ist, wenn der Vertragspartner gegen den Erblasser eine Straftat verübt hat oder seinen gesetzlichen Unterhaltspflichten dem Erblasser gegenüber vorsätzlich nicht nachkommt, oder wenn der Erbvertrag im Wesentlichen darauf abzielte, dass der Vertragspartner dem Erblasser zu dessen Lebzeiten gegenüber bestimmten ständigen Pflichten (insbesondere der Unterhaltspflicht) nachkommen sollte, welche er dann jedoch vorsätzlich und in einem wesentlichen Maß verletzt hat.

Auf einen Erbvertrag zwischen Ehegatten, der im Wesentlichen den Inhalt eines gegenseitigen Testaments von Ehegatten hat, werden die gesetzlichen Bestimmungen des Letztgenannten angewandt.

VI. Wege der Nachlassregelung außerhalb des Erbrechts

1. Gesellschaftsrecht

43 Anteile und Aktien von Gesellschaften unterliegen in der Regel dem gewöhnlichen Erbrecht. Das Gesellschaftsgesetzbuch,[28] regelt in wenigen Fällen mögliche Ausnahmen.

So kann z.B. in der Satzung einer *osaühing* (Gesellschaft mit beschränkter Haftung nach estnischem Recht) festgelegt sein, dass mögliche Erben eines Gesellschafters seinen Anteil an der GmbH nicht erben können, sondern die anderen Gesellschafter ihnen den Wert des Anteils vergüten müssen.

Anteile an einer *täisühing* (offene Handelsgesellschaft nach estnischem Recht) können nur dann vererbt werden, wenn dies die Satzung der Gesellschaft vorsieht oder wenn alle anderen Gesellschafter dem ihre Zustimmung geben.

Wenn Anteile oder Aktien mit gewissen persönlichen Eigenschaften verbunden sind und diese Voraussetzungen nach dem Erbfall nicht mehr gegeben sind, sind die Erben verpflichtet, diese nach Maßgabe des Gesetzes innerhalb einer bestimmten Frist zu verkaufen und Dritte sind berechtigt, sie innerhalb dieser Frist zu kaufen. So muss z.B. nach dem Anwaltschaftsgesetz[29] ein Erbe von Anteilen oder Aktien an einer Rechtsanwaltskanzlei,[30] der selbst kein vereidigter Anwalt ist, diese innerhalb von 3 Monaten nach dem Erhalt des Erbscheins an einen vereidigten Rechtsanwalt (in der Regel an einen anderen Partner der gleichen Kanzlei) verkaufen. Andernfalls muss die Rechtsanwaltskammer eintreten und die Zwangsliquidierung der Gesellschaft beantragen.

---

28 *Äriseadustik*, RT I 1995, 26, 355; in Kraft getreten am 1.9.1995; zuletzt geändert am 1.7.2014.
29 *Advokatuuriseadus*, RT 2001, 36, 2001; in Kraft getreten am 21.3.2001; zuletzt geändert am 1.7.2014.
30 Nach estnischem Recht können Anwaltskanzleien auch als Kapitalgesellschaften geführt werden.

2. Schenkung von Todes wegen

Eine Schenkung von Todes wegen wird nach Maßgabe des Schuldrechtgesetzes[31] wie ein Vermächtnis oder ein testamentarisches Erbe nach dem ErbG behandelt. Wird die Verpflichtung, die sich aus dieser Schenkung ergibt, zu Lebzeiten des Schenkenden erfüllt, finden die gesetzlichen Regeln zum Schenkungsvertrag Anwendung.

3. Postmortale Vollmacht

Das estnische Recht kennt keine postmortale Vollmacht. In der Praxis können entsprechende Vereinbarungen mit Bestattungsinstituten geschlossen werden, aber nach dem Todesfall hängt die Erfüllung einer solchen Vereinbarung davon ab, dass sich eine dritte Person an das Bestattungsinstitut wendet. Solche Vereinbarungen sind kündbar, geben keine juristische Sicherheit und werden daher selten verwendet.

VII. Nachlassabwicklung

1. Annahme und Ausschlagung der Erbfolge

Ein Erbe kann die Erbschaft entweder annehmen oder ausschlagen.[32] Nach der Annahme kann er sie nicht mehr ausschlagen, wenn im Gesetz nicht anders vorgesehen. Nach der Ausschlagung kann er sie nicht mehr annehmen. Ein bedingtes Annehmen oder Ausschlagen ist nicht möglich. Die Ausschlagung erfolgt durch eine notariell zu beurkundende Erklärung.

Vor der Annahme oder Ausschlagung der Erbfolge ist der mögliche Erbe berechtigt, Informationen über den Umfang der Erbschaft sowie über das Testament oder den Erbvertrag zu bekommen. Auskunftspflichtig sind die Personen, in deren Besitz sich der Nachlass bzw. diese Dokumente befinden. Die Anfrage verlängert nicht die Frist für die Ausschlagung.

Wenn ein Erbe das testamentarische oder vertragliche Erbe ausgeschlagen hat, kann er bis auf seinen Pflichtteil nicht mehr gesetzlich erben. Wenn ein Erbe sowohl testamentarisch als auch vertraglich erben kann, kann er nach eigener Wahl entweder das testamentarische oder das vertragliche Erbe annehmen, oder beide, wenn sie nicht im Widerspruch zueinander stehen.

Die Frist für die Ausschlagung der Erbschaft beträgt drei Monate ab Kenntnis des Erbfalls und des Erbenstatus. Diese Frist kann der Notar auf begründeten Antrag des Erben verlängern, wenn letzterer die Frist aus einem wesentlichen Grund verstreichen ließ. Hat der Erbe die Erbfolge nicht fristgerecht ausgeschlagen, gilt die Erbschaft als angenommen.[33]

Die Ausschlagung eines möglichen Erbes wird erbrechtlich seinem Tod gleichgesetzt: an seiner Stelle erben diejenigen, die geerbt hätten, falls der ausschlagende Erbe vor dem Erbfall

---

[31] *Võlaõigusseadus*, RT I 2001, 81, 487; in Kraft getreten am 1.7.2002; zuletzt geändert am 13.6.2014.
[32] Annahme und Ausschlagung der Erbfolge sind im 6. Kapitel 2. Abschnitt (§§ 116–126) ErbG geregelt.
[33] Diese Regelung gilt in Estland erst seit Inkrafttreten des neuen ErbG am 1.1.2009, bis dahin galt das Umgekehrte: ein Erbe musste die Erbschaft aktiv annehmen, sonst galt sie als ausgeschlagen. Die Umstellung des Systems hat anfangs zu Verwirrung und Irrtümern geführt, da sich gerade im Bereich des Erbrechts, mit dem der Bürger im normalen Leben nur wenige Male in Berührung kommt, überlieferte Bräuche und vermeintliches Wissen lange und hartnäckig halten. Mittlerweile ist der Wissensstand dank der Aufklärungsarbeit von Notaren und den Medien etwas besser geworden, man kann aber immer noch nicht davon ausgehen, dass der Normalverbraucher bei einem Todesfall weiß, was er rechtlich zu tun hat, um die Erbschaft entweder anzunehmen oder auszuschlagen.

selbst gestorben wäre. Auch diese Erben müssen innerhalb der gleichen Frist, 3 Monate ab Kenntnis ihrer möglichen Erbfolge, die Ausschlagung der Erbschaft erklären. Ist der Nachlass also möglicherweise problembeladen oder droht dem Nachlass die Insolvenz, ist eine bloße Ausschlagung ineffektiv, da das Problem mit großer Wahrscheinlichkeit nur an die eigenen Kinder oder an andere Verwandte weitergegeben wird. In dem Fall wird eine Inventur und bei Bedarf eine Insolvenzanmeldung des Nachlasses empfohlen.

Haben alle möglichen Erben die Erbfolge ausgeschlagen, erben zuletzt die Gemeinde, in der der Erblasser seinen letzten Wohnsitz hatte, oder, falls dieser Wohnsitz nicht in Estland lag und dennoch estnisches Recht Anwendung findet, der estnische Staat. Diese können die Erbschaft nicht ausschlagen.

Ein Gläubiger eines ausschlagenden Erbes hat das Recht, die Erfüllung seiner Forderungen, die nicht aus dem Vermögen des ausschlagenden Erbes erfüllt werden können, aus der ihm zustehenden Erbschaft zu verlangen.

2. Ablauf des Nachlassverfahrens beim Notar

49 Das Erbverfahren wird von einem estnischen Notar durchgeführt, wenn der letzte Wohnsitz des Erblassers in Estland war. Wenn der letzte Wohnsitz des Erblassers im Ausland war, führt der estnische Notar das Erbverfahren nur in Bezug auf den sich in Estland befindenden Nachlass durch, falls das Erbverfahren im Ausland nicht durchführbar ist oder nicht den Nachlass in Estland umfasst oder wenn ein dort ausgestellter Erbschein in Estland nicht anerkannt wird.

Den Antrag auf Eröffnung des Nachlassverfahrens stellt der Erbe, ein Gläubiger des Erblassers, ein Vermächtnisempfänger oder eine andere Person, die Rechte auf die Erbschaft hat, in notariell beurkundeter Form. Der Notar macht dazu eine Eintragung im Erbregister.

50 Der Notar kontrolliert Einträge im Erbregister zu vorhandenen Testamenten und Erbverträgen und holt diese zu sich. Er fragt in einschlägigen estnischen Registern[34] und Banken die vorhandenen Informationen ab und veröffentlicht eine Anzeige über die Eröffnung des Nachlassverfahrens.[35] Danach informiert er alle ihm bekannten Erben und Vermächtnisempfänger über die Eröffnung des Nachlassverfahrens, ebenso alle anderen Personen, die laut Testament oder Erbvertrag Rechte oder Pflichten haben und, falls ein Testament oder Erbvertrag vorhanden ist, auch die gesetzlichen Erben. Falls der Wohnort dieser Personen unbekannt ist, werden sie über ein Aufrufverfahren kontaktiert.

51 Wenn alle Erben ermittelt sind und die Erbfolge festgestellt ist, aber frühestens einen Monat nach der Veröffentlichung der Anzeige über die Eröffnung des Nachlassverfahrens, stellt der Notar den Erbschein aus. Der Erbschein beinhaltet folgende Angaben:
– den oder die Erben und bei mehreren Erben ihre Anteile an der Erbschaft;
– die Angaben des Testamentsvollstreckers, falls ein solcher bestellt ist;
– Angaben des überlebenden Ehegatten oder, falls der Ehegatte vor dem Erbfall gestorben und das gemeinschaftliche Eigentum der Ehegatten noch ungeteilt ist, auch die Angaben des verstorbenen Ehegatten und die Eigentumsverhältnisse.

52 Ein Vermächtnisempfänger bekommt nur auf Antrag einen separaten Erbschein über das Vermächtnis, in dem seine Person und der Gegenstand des Vermächtnisses vermerkt sind.

---

34 Dies sind das Ehegüterregister, das Verkehrsregister, das Wertpapierregister, das Grundbuch, das Einwohnerregister, die Rentenzentrale und das zentrale Register der Gerichte.
35 Amtliche Anzeigen werden nur auf Estnisch im elektronischen Blatt „Ametlikud Teadaanded" (www.ametlikudteadaanded.ee) veröffentlicht.

Ein Pflichtteilberechtigter bekommt ebenfalls auf Antrag einen separaten Erbschein über den Umfang des ihm zustehenden Pflichtteils vom Gesamtnachlass.

Auf Grundlage des Erbscheins lässt der Notar den oder die Erben als Eigentümer von in Estland gelegenen Immobilien im Grundbuch eintragen.

Bankkonten werden bei Vorlage des Erbscheins gelöscht und das Vermögen auf dem Bankkonto nach Anweisung des oder der Erben übertragen. Bankschließfächer werden bei Vorlage des Erbscheins geöffnet und der Inhalt an den oder die Erben übergeben. Das Eigentum an anderem Vermögen geht automatisch an den oder die Erben über; in entsprechenden Registern werden die anfallenden Änderungen auf Antrag des oder der Erben vorgenommen.

3. Rechte und Pflichten der Erben

Mit der Annahme der Erbschaft gehen alle Rechte und Pflichten des Erblassers auf den Erben über, mit Ausnahme solcher Rechte und Pflichten, die untrennbar mit der Person des Erblassers verbunden sind und dem Gesetz nach nicht auf andere Personen übergehen können.

Der Erbe ist verpflichtet, alle Verbindlichkeiten des Erblassers zu erfüllen. Reicht dazu die Erbschaft nicht aus, ist er zur Erfüllung aus seinem eigenen Vermögen verpflichtet, sofern er keine Inventur beantragt hat oder wenn nicht die Insolvenz der Erbschaft verkündet ist.

Der Erbe trägt die Kosten der Beerdigung des Erblassers, wobei den lokalen Bräuchen und dem Umfang der Erbschaft Rechnung getragen wird. Reicht die Erbschaft dazu nicht aus, ist der Erbe verpflichtet, diese Kosten selbst zu tragen.

Familienmitglieder des Erblassers, die mit ihm zusammenlebten und bis zu seinem Tode von ihm Unterhalt bekommen haben, sind berechtigt, für einen weiteren Monat nach dem Tod des Erblassers den gemeinsamen Haushalt weiter zu benutzen und aus dem Nachlass Unterhalt zu beziehen.

Wenn kein Testamentsvollstrecker bestellt ist, muss der Erbe alle im Testament oder im Erbvertrag vorgesehenen Tätigkeiten ausführen, Vermächtnisse verteilen, Pflichtteile auszahlen und alle anderen gesetzlich vorgeschriebenen Besorgungen unternehmen.

4. Inventur

Nach einer Inventur ist die Verantwortung des Erben für Pflichten, die sich aus der Erbschaft ergeben, auf den Wert der Erbschaft beschränkt. Eine Inventur der Erbschaft ist gesetzlich vorgeschrieben, wenn es sich bei mindestens einem Erben um eine beschränkt geschäftsfähige Person, eine Gemeinde oder den Staat handelt. In allen anderen Fällen ist die Inventur freiwillig.

Den Antrag auf eine Inventur stellt der Erbe oder sein gesetzlicher Vertreter beim Notar, der einen Gerichtsvollzieher damit beauftragt und ihm dazu eine Frist zwischen zwei und drei Monaten gibt.

Der Gerichtsvollzieher veröffentlicht einen Aufruf, ihm binnen einer Frist alle Forderungen gegen den Nachlass bekanntzugeben. Er ist außerdem berechtigt, Informationen von Banken und von allen Personen zu bekommen, die den Nachlass oder Informationen dazu besitzen. Auf Grund dieser und anderer ihm bekanntgegebener Angaben erstellt er die Liste des Nachlasses, die das gesamte ihm bis dahin bekannte Vermögen, Rechte und Pflichten des Nachlasses enthält. Damit ist die Inventur abgeschlossen.

Die Kosten der Inventur werden aus dem Nachlass getragen.

56 Nach einer Inventur werden die Verpflichtungen aus dem Nachlass in folgender Reihenfolge erfüllt:
- als Erstes werden die Beerdigungskosten, Unterhaltsverpflichtungen gegenüber Familienmitgliedern des Erblassers, Kosten der Verwaltung des Nachlasses und Kosten der Inventur getragen;
- als Zweites werden Forderungen von Gläubigern erfüllt, die solche Forderungen während der Inventur angemeldet haben oder die während der Inventur sonst bekannt wurden;
- als Drittes werden Vermächtnisse, Auflagen und Zweckbestimmungen übergeben bzw. erfüllt.

Reicht der Wert der Erbschaft nicht aus, um alle Verpflichtungen aus dem Nachlass zu erfüllen und wollen die Erben diese Verpflichtungen nicht aus eigenen Mitteln erfüllen, müssen sie oder der Nachlassverwalter unverzüglich die Insolvenz der Erbschaft anmelden.

5. Erbengemeinschaft und Aufteilung der Erbschaft

57 Wenn mehrere Erben[36] die Erbschaft angenommen haben, gehört sie ihnen gesamthänderisch. Auf das Gesamthandseigentum finden Regelungen zum Miteigentum[37] Anwendung, sofern das Gesetz nichts anderes vorsieht. Die Verpflichtungen aus der Erbschaft und die Kosten für die Beerdigung, für den Unterhalt von Familienmitgliedern des Erblassers, für die Inventur und die Verwaltung des Nachlasses und andere notwendige Kosten werden unter den Erben proportional nach der Größe ihrer Anteile an der Erbschaft aufgeteilt. Für die Erfüllung dieser Verpflichtungen sind die Erben Dritten gegenüber gemeinschaftlich verantwortlich.

58 Ein Erbe kann über seinen ideellen Teil der Erbschaft verfügen. Er kann nicht selbstständig über Gegenstände aus der Erbschaft oder ideelle Anteile an solchen Gegenständen verfügen. An den Erwerber eines ideellen Teils der Erbschaft gehen die Rechte und Pflichten des Erben über, vor allem das Recht des Erben auf den Teil der Erbschaft, der ihm bei der Aufteilung der Erbschaft zugestanden hätte. Der Erbe und der Erwerber sind gemeinschaftlich für die Erfüllung der Verpflichtungen aus der Erbschaft verantwortlich.

59 Verkauft ein Erbe seinen Teil der Erbschaft an einen Dritten, so haben die Miterben ein Vorkaufsrecht, welches sie innerhalb von 2 Monaten nach Bekanntgabe des Verkaufs ausüben können. Wenn sie das Vorkaufsrecht ausüben, befreit dies den ursprünglichen Erwerber von der Mitverantwortung für die Erfüllung der Verpflichtungen aus der Erbschaft.

60 Eine Aufteilung der Erbschaft kann erst vorgenommen werden, wenn alle Erben feststehen. Bei der Aufteilung bestimmen die Erben, welcher Erbe welche Gegenstände oder Teile von ihnen, Rechte und Verpflichtungen erhält. Im Streitfall wird dies vom Gericht bestimmt.

Die Aufteilung erfolgt anteilig nach der Proportion am Nachlass und nach dem Verkehrswert der zu verteilenden Gegenstände, Rechte und Verpflichtungen. Die Erben können vereinbaren, dass gewisse Gegenstände nach einem besonderen Interesse eines oder aller Erben bewertet werden.

---

36 Die Erbengemeinschaft und die Aufteilung der Erbschaft sind im 6. Kapitel 5. Abschnitt 1. und 2. Unterabschnitt (§§ 147–161) des ErbG geregelt.
37 Fragen des Eigentums, des Gesamthandeigentums sowie des Miteigentums, sind im 3. Teil des estnischen Sachenrechtsgesetzes geregelt (*Asjaõigusseadus*, RT I 1993, 39, 590; in Kraft getreten am 1.12.1993; zuletzt geändert am 1.8.2014).

Bei der Verteilung von Gegenständen aus dem Nachlass berücksichtigen die Erben die besonderen Ansprüche und Interessen jedes Erben, den Wunsch der Mehrheit der Erben und den letzten Willen des Erblassers. Dabei werden unteilbare Gegenstände einem Erben zugesprochen und Sammlungen von Gegenständen werden nicht voneinander getrennt, wenn mindestens ein Erbe dagegen ist und wenn sich aus dem Testament oder Erbvertrag nichts anderes ergibt. Im Streitfall über die Aufteilung eines oder mehrerer Gegenstände werden diese verkauft und der Erlös unter den Erben aufgeteilt.

Gegenstände von besonderem Erinnerungswert werden nicht verkauft, wenn mindestens ein Erbe dagegen ist. In dem Fall werden diese unter den Erben meistbietend versteigert.

6. Probleme bei der Vererbung bestimmter Rechte, u.A. von und an Ausländer

Die Vererbung von Rechten an Ausländer und von Ausländern ist in der Regel problemlos. Eine Ausnahme bilden Internet-Domains mit der Endung .ee:

Nach estnischem Recht können Domains mit der Endung .ee im Eigentum von Ausländern sein, wenn als Verwaltungskontaktperson eine natürliche Person angegeben wird, die eine in Estland ausgegebene ID-Nummer besitzt. Voraussetzung für die Zuteilung der ID-Nummer ist die estnische Staatsbürgerschaft, eine Aufenthaltsgenehmigung oder (bei EU-Bürgern) ein Wohnsitz in Estland.[38] Ändert sich beim Erben einer .ee-Domain auch der Verwaltungskontakt, muss diese Vorgabe beachtet werden.

7. Anerkennung ausländischer Erbscheine

Im Ausland ausgestellte Erbscheine werden in Estland anerkannt, wenn das Verfahren zu ihrer Ausgabe und ihre rechtliche Bedeutung vergleichbar sind mit dem Verfahren und der Bedeutung von Erbscheinen in Estland.[39] Auf die Anerkenntnis finden die Bestimmungen des estnischen Zivilverfahrensgesetzes[40] zur Anerkenntnis ausländischer Gerichtsurteile Anwendung.

Die Bestimmungen der EU-ErbVO gelten für die Anerkennung deutscher Erbscheine und die Anerkennung und Ausstellung des Europäischen Nachlasszeugnisses. Die für die Anerkennung ausländischer Erbscheine zuständige Behörde ist das Landgericht Harju.[41]

C. Besteuerung der Erbfolge

I. Erbschaftsteuer

Die Erbschaft wird in Estland nicht besteuert.

---

38 Reguliert im Gesetz zum Bevölkerungsregister („*Rahvastikuregistri seadus*", RT I 2000, 50, 317, in Kraft getreten am 1.8.2000; zuletzt geändert am 1.7.2014) und in der Verordnung des Regionalministers „Die Ordnung der Form, der Austeilung und der Vergabe von ID-Nummern" („*Isikukoodide moodustamise, väljajagamise ja andmise kord*", RTL 2005, 13, 115, in Kraft getreten am 28.1.2005; zuletzt geändert am 9.3.2012).
39 § 165 Abs. 4 ErbG.
40 „*Tsiviilkohtumenetluse seadustik*", RT I 2005, 26, 197; in Kraft getreten am 1.1.2006; zuletzt geändert am 1.7.2014.
41 *Harju Maakohus.*

II. Einkommensteuer

64 Die Erbschaft unterliegt nach dem Einkommensteuergesetz[42] keiner direkten Einkommensteuer.[43] Werden Gegenstände aus dem Nachlass verkauft, die nicht im persönlichen Gebrauch[44] des Erben waren, so fällt darauf Einkommensteuer an.[45] Wird eine geerbte Immobilie verkauft, die zum Zeitpunkt des Verkaufes nicht Wohnsitz des Verkäufers war, fällt auch darauf Einkommensteuer an.

Besteuerbar ist nur der Gewinn des Verkäufers aus einem solchen Verkauf. Laut Urteil des obersten Gerichtshofes vom 12.2.2014[46] konnte bis zu einer Gesetzesänderung, die am 1.1.2015 in Kraft trat,[47] ein Erbe sowohl eigene Aufwendungen als auch Aufwendungen des Erblassers für die Anschaffung und für wesentliche Bau- und Instandsetzungskosten beim Verkauf einer Immobilie anrechnen und vom Verkaufserlös vor der Besteuerung abziehen. Nach diesem Urteil, das die bisherige Praxis änderte, bezog das Finanzamt Stellung und befand, dass alle Rechte auf Steuerbefreiung, die ein Erblasser in Bezug auf bestimmtes Eigentum hatte, auch auf den Erben dieses Eigentums übergehen. Ausdrücklich galt die Steuerbefreiung auch für Erben bei Immobilien, die im Rahmen der Eigentumsreform an den rechtmäßigen Eigentümer zurückerstattet wurden. Rückwirkend nimmt das Finanzamt Korrekturanträge von bereits deklariertem Gewinn aus solchen Verkäufen bis zu 3 Jahre nach Ablauf der Frist für die ordentliche Deklaration an – so können Gewinne, die 2011 erzielt wurden und spätestens am 31.3.2012 deklariert werden mussten, bis zum 31.3.2015 korrigiert werden.

Seit dem 1.1.2015 gelten wieder nur die Aufwendungen des Erben und nicht die des Erblassers als Aufwendungen, die vor der Besteuerung vom Verkaufserlös abgezogen werden können. Nach Ansicht der Erbrechtspraktiker wird damit verdeckt eine Erbschaftsteuer eingeführt und der Erbe als Rechtsnachfolger des Erblassers somit doppelt besteuert. Die Praxis wird zeigen, ob diese neue Regelung grundgesetzkonform ist.

---

42 *Tulumaksuseadus*, RT I 1999, 101, 903; in Kraft getreten am 1.1.2000; zuletzt geändert am 1.8.2014.
43 § 15 Abs. 4 P. 1 EinkSG.
44 § 15 Abs. 4 P. 4 EinkSG.
45 Die einheitliche Einkommensteuer beträgt bis zum 31.12.2014 21 %, ab dem 1.1.2015 20 % – § 4 Abs. 1 EinkSG.
46 *Riigikohus*, Urt. v. 12.2.2014 Nr. 3-3-1-97-03.
47 *Tulumaksuseaduse, sotsiaalmaksuseaduse ja Eesti Kultuurkapitali seaduse muutmise seadus*, RT I, 11.07.2014, 5; in Kraft getreten am 1.1.2015.

Finnland

Karl-Friedrich v. Knorre, Rechtsanwalt, Offenbach am Main
Prof. Dr. Wolfgang Mincke, Rechtsanwalt, Hannover

Inhalt

A. Rechtsanwendung im Erbrecht 1	1. Arten testamentarischer Verfügungen 51
I. Bestimmung des Erbstatuts aus finnischer Sicht 3	a) Quotenvermächtnis und Stückvermächtnis 52
1. Erbstatut: Objektive Bestimmung des Erbstatuts 3	b) Vermächtnis zu unbeschränktem Recht 55
2. Der Anwendungsbereich der lex hereditatis 7	c) Vermächtnis zu beschränktem Recht 56
3. Die Behandlung des renvoi im finnischen Recht 9	d) Nutzungsvermächtnis 57
4. Vorschriften, die ungeachtet des Rechts eines fremden Staates anzuwenden sind (Exklusivvorschriften) 10	e) Auflage und Bedingung 62
	2. Form des Testaments sowie Testamentstypen 63
a) Nutzungsrecht des überlebenden Ehegatten an der gemeinsamen Wohnung 11	III. Pflichtteilsrecht 68
	IV. Nachlassverwaltung 73
	1. Nachlassinventar 73
b) Recht auf finanzielle Unterstützung für Kinder, den überlebenden Ehegatten und den Partner in nichtehelicher Lebensgemeinschaft 12	2. Verwaltung des Nachlasses 79
	a) Nachlassverwalter 81
	b) Testamentsvollstrecker 82
	V. Vertragliche Erbfolge 85
c) Auseinanderfallen des ehegüterrechtlichen und des erbrechtlichen Statuts 13	VI. Wege der Nachlassregelung außerhalb des Erbrechts 86
	VII. Nachlassabwicklung 89
5. Abgrenzung des Erbstatuts 14	1. Bekanntgabe des Testaments 89
a) Ehewirkungsstatut 14	2. Annahme und Ausschlagung eines Vermächtnisses 90
b) Güterstatut 15	3. Erbhaftung 95
c) Adoptionsstatut 17	VIII. Erbauseinandersetzung 97
d) Internationales Abstammungsrecht 18	**C. Erbverfahrensrecht** 102
6. Besonderheiten bei testamentarischer Erbfolge, Erbvertrag 20	I. Notwendigkeit eines Nachlassverfahrens im Inland 102
7. Auf die Nachlassabwicklung anwendbares Recht 21	II. Abwicklung von in Finnland belegenem Nachlass deutscher Staatsangehöriger ... 103
a) Nachlassbereinigung 22	III. Anwaltskosten in Finnland 106
b) Nachlassteilung 27	**D. Besteuerung des Nachlasses** 107
II. Rechtswahl des Erblassers 29	I. Gesetzesänderungen 107
B. Materielles Erbrecht 31	II. System der Erbschaftsteuer 108
I. Gesetzliche Erbfolge 31	III. Bestehen einer Steuerpflicht in deutsch-finnischen Konstellationen 109
1. Erben der ersten Parentel 32	1. Erblasser und Erben wohnen in Deutschland, Nachlass ganz oder teilweise in Finnland 109
a) Eheliche Kinder 33	
b) Außereheliche Kinder 35	
c) Verlobungskinder 37	2. Erblasser wohnt in Deutschland, Erbe/Begünstigter in Finnland oder umgekehrt 110
d) Adoptivkinder 38	
2. Die Stellung des Ehegatten und des Partners 39	
	IV. Anrechnung der im Ausland gezahlten Erbschaftsteuer 111
3. Erben der zweiten Parentel 45	V. Steuerklassen und Steuersätze 112
4. Erben der dritten Parentel 47	VI. Freibeträge sowie Befreiung von der Erbschaftsteuer 116
5. Erben des vorverstorbenen Ehepartners als Erben 48	
6. Der Staat als Erbe 49	VII. Bewertung des Nachlasses 121
II. Testamentsrecht 51	

Literatur

Deutschsprachige Literatur

Reich, Neue Kollisionsnormen im finnischen Erbgesetzbuch, IPRax 2002, 548.

Literatur in finnischer Sprache

Aarnio/Kangas, Suomen Jäämistöoikeus I, Lakimääräinen perintöoikeus (Finnisches Erbrecht I, Gesetzliches Erbrecht), 5. Aufl. 2009, Helsinki 2009; *Aarnio/Kangas*, Suomen Jäämistöoikeus II, Testamenttioikeus (Finnisches Erbrecht II, Testamentsrecht), 4. Aufl., Helsinki 2008; *Aarnio/Kangas*, Avioliitto, perintö & testamentti (Ehe, Erbe & Testament), Helsinki 1994; *Aarnio/Kangas/Puronen*, Suomen Perunkirjoitusopas (Leitfaden zur Errichtung des Nachlassinventars), Helsinki 2000; *Heikinsalmi*, EU:n perintöasetus yhtenäistää tuomioistuimen toimivaltaa ja lainvalintaa koskevat säännökset jäsenvaltioissa (Vereinheitlichung der gerichtlichen Zuständigkeit und der Rechtswahlregeln in den Mitgliedsstaaten durch die EU-Erbrechtsverordnung), Defensor Legis, Nr. 6/2012, S. 827–844; *Helin*, Suomen kansainvälinen perhe- ja perintöoikeus (Das finnische internationale Familien- und Erbrecht, Helsinki 2013; *Mikkola*, Kansainvälinen avioliitto – ja jäämistöoikeus (Internationales Ehe- und Nachlassrecht), Helsinki 2004; *Mikkola*, in: Defensor legis 3/2013, S. 312–325, Perittävän tekemät lahjoitukst ja niihin liittyvät määräykset: Määrämisvallan rajoista ja mahdollisuuksista, Die Schenkungen des Erblassers und die damit zusammenhängenden Verfügungen: Die Möglichkeiten und Grenzen der Verfügungsbefugnis); *Norri*, Perintö ja Testamentti Käytännön käsikirja (Erbschaft und Testament, Handbuch der Praxis), 5. Aufl., Helsinki 2007.

A. Rechtsanwendung im Erbrecht

1   Das erbrechtliche Kollisionsrecht in Finnland (außer im Verhältnis zu den nordischen Staaten) entbehrte bis zum Jahr 2002 einer gesetzlichen Grundlage. Eine Kodifikation des allgemeinen Kollisionsrechts gab es nicht. Zum 1.3.2002 ist ein Gesetz zur Reform von internationalprivatrechtlichen Vorschriften des Ehe- und Erbrechts in Kraft getreten und fügt nunmehr ein 26. Kapitel in das allgemeine Erbrechtsgesetz (**perintökaari** – im Folgenden: **PK**) ein und behandelt dort ausführlich das erbrechtliche Kollisionsrecht. Die Bestimmungen lehnen sich an die Nordische Nachlasskonvention von 1934 und das Haager Erbrechtsübereinkommen von 1989 an. Literatur sowie Rechtsprechung zu diesem erstmals kodifizierten Kollisionsrecht sind in finnischer Sprache nur spärlich vorhanden.

2   Ab dem 17.8.2015 findet die EU-Erbrechtsverordnung[1] Anwendung und verdrängt insoweit im Verhältnis zu den Mitgliedsstaaten (außer Dänemark, dem Vereinigten Königreich und Irland)[2] die meisten im 26. Kapitel getroffenen Regelungen. Im Verhältnis zu den Staaten der Nordischen Nachlasskonvention gilt für verfahrensrechtliche Aspekte der Nachlassverwaltung und die beschleunigte Anerkennung und Vollstreckung von Entscheidungen in Erbsachen weiterhin diese Konvention.[3] Die aktuelle finnische Literatur beschäftigt sich bisher nur spärlich mit diesem Thema, während es an einführenden Erläuterungen nicht mangelt.[4] Uneingeschränkt gilt die folgende Darstellung damit nur im Verhältnis Finnlands zu EU-Drittstaaten.

Im Verhältnis zu EU-Staaten mit Ausnahme von Dänemark, Großbritannien und Irland findet die EU-Erbrechtsverordnung Anwendung.

---

1 Verordnung (EU) Nr. 650/2012.
2 Vgl. EU-ErbVO Erwägungsgrund Nr. 82 f.
3 EU-ErbVO Art. 75 Abs. 3.
4 Z.B. *Heikinsalmi*, S. 827 ff.

A. Rechtsanwendung im Erbrecht

I. Bestimmung des Erbstatuts aus finnischer Sicht

1. Erbstatut: Objektive Bestimmung des Erbstatuts

Vor dem Inkrafttreten der Kodifizierung des finnischen internationalen Erbrechts im Jahr 2002 wurde das Erbstatut nach dem **Staatsangehörigkeitsprinzip** bestimmt. Dieser Grundsatz findet gem. § 20 des Gesetzes zur Reform der internationalprivatrechtlichen Vorschriften weiter Anwendung, sofern der Erbfall vor dem 1.3.2002 eingetreten ist.

Die Anknüpfung an die Staatsangehörigkeit des Erblassers wurde im Rahmen der Reform als primärer Anknüpfungspunkt aufgegeben. Primärer Anknüpfungspunkt ist nunmehr der letzte **Wohnsitz** des Erblassers (PK 26:5 Abs. 1). Der Wohnsitz setzt in Abgrenzung zum Ort des gewöhnlichen Aufenthalts voraus, dass der Erblasser den Willen hat, dort zu bleiben. Wenn z.B. ein Arbeitnehmer nur für eine bestimmte Zeit ins Ausland versetzt wird, führt dies also nicht zu der Begründung eines neuen Wohnsitzes im Sinne dieser Regelung.

Dieser Grundsatz ist jedoch nicht der einzige Anknüpfungspunkt. Sofern der Erblasser zu einem früheren Zeitpunkt seinen Wohnsitz in einem anderen Staat hatte, findet das Recht am letzten Wohnsitz nur Anwendung, sofern der Erblasser
– entweder bei seinem Tode die Staatsangehörigkeit des Wohnsitzstaates besaß oder
– unmittelbar vor seinem Tode wenigstens über einen Zeitraum von fünf Jahren in diesem Staat gewohnt hat (PK 26:5 Abs. 2).

Sind diese Voraussetzungen nicht erfüllt, findet das Heimatrecht des Erblassers Anwendung.

Hiervon besteht jedoch noch eine Ausnahme: Hatte der Erblasser unter Berücksichtigung aller Umstände eine wesentlich nähere Beziehung zu einem anderen Staat als zu dem, dessen Angehöriger er bei seinem Tode war, wird das Recht des ersteren Staates angewandt (PK 26:5 Abs. 2). Aufgrund dieser Regelung besteht durchaus die Möglichkeit, argumentierend auf die Frage des anzuwendenden Rechts Einfluss zu nehmen (zur **Rechtswahl** siehe Rn 29 f.).

2. Der Anwendungsbereich der lex hereditatis

Das Gesetz gibt in PK 26:7 eine Aufstellung der Tatbestände, für die das auf die Erbschaft anzuwendende Recht maßgebend ist:
– Das gesetzliche Erbrecht und die Fähigkeit, Erbe oder Vermächtnisnehmer zu sein;
– die Erbfolge und der Erbteil;
– der Pflichtteil und ein vergleichbarer geschützter Anteil am Nachlass;
– die Berücksichtigung eines Vorempfangs und einer Schenkung bei der Nachlassteilung sowie die Verpflichtung, einen Vorempfang und eine Schenkung zurückzugeben;
– der Verlust des Erbrechts und die Enterbung sowie Erlöschen des Erbrechts aufgrund Verjährung, Erbverzicht oder vergleichbaren Grundes;
– Zulässigkeit, inhaltliche Wirksamkeit und Rechtswirkungen für alle Fragen des Testamentsrechts, nicht aber die Form des Testamentes;
– das Recht der Verwaltung des ungeteilten Nachlasses, dessen Bereinigung sowie Auseinandersetzung;
– das Recht Unterhalt bzw. Unterstützung aus dem Nachlass zu erhalten.

Von der Verweisung nicht erfasst ist zum einen die Frage der Form des Testaments. Diese Frage richtet sich nach PK 26:9, welcher wiederum auf das **Haager Testamentsabkommen** verweist. Dieses wurde 1976 in Finnland ratifiziert und trat am 23.8.1976 in Kraft. Von der

Verweisung ebenfalls nicht erfasst sind die Nachlassbereinigung und die Nachlassteilung. Soweit diese in Finnland durchgeführt werden, wird nach PK 26:15 finnisches Recht angewendet.

3. Die Behandlung des renvoi im finnischen Recht

9 Das neue finnische Kollisionsrecht nimmt eine Rückverweisung nur an, wenn dies ausdrücklich geregelt ist. Die Regel ist, dass die Verweisung auf das fremde Recht sich lediglich auf das materielle, nicht aber das Kollisionsrecht bezieht (PK 26:19 Abs. 1). Ein *renvoi* wird also grundsätzlich nicht beachtet.

4. Vorschriften, die ungeachtet des Rechts eines fremden Staates anzuwenden sind (Exklusivvorschriften)

10 Die PK 26:12–26:14 regeln Tatbestände, in denen ungeachtet der Frage des Erbstatuts finnisches Recht anzuwenden ist. Dies betrifft folgende Sachverhalte:

a) Nutzungsrecht des überlebenden Ehegatten an der gemeinsamen Wohnung

11 Der überlebende Ehegatte hat nach PK 3:1a Abs. 2 das Recht, eine in Finnland gemeinsam bewohnte eheliche Wohnung weiterhin zu nutzen. Dieses Recht besteht nach PK 26:12 auch, wenn im Übrigen finnisches Recht nicht anzuwenden ist. Voraussetzung für das Nutzungsrecht ist allerdings, dass die Wohnung den Lebensverhältnissen des überlebenden Ehegatten entspricht. Auch wird berücksichtigt, welche Zuwendungen der überlebende Ehegatte güterrechtlich oder aufgrund testamentarischer Verfügungen erhalten hat. Da der Ehegatte in Finnland neben Abkömmlingen nicht den Status eines gesetzlichen Erben hat und ihm gesetzlich nur ein Anspruch auf güterrechtlichen Ausgleich zusteht, ist dieses zusätzliche Recht eine wichtige Absicherung für ihn.

b) Recht auf finanzielle Unterstützung für Kinder, den überlebenden Ehegatten und den Partner in nichtehelicher Lebensgemeinschaft

12 Sind für die Erziehung und Ausbildung eines Kindes des Erblassers Mittel über das hinaus erforderlich, was dem Kind als Erbe zufällt, so ist ihm gem. PK 8:1 eine einmalige Unterstützung zu gewähren. Auch dem überlebenden Ehegatten, dem/der Verlobten und dem Partner in nichtehelicher Lebensgemeinschaft der selbst nicht für sein Auskommen sorgen kann, ist gem. PK 8:2 eine einmalige Unterstützung aus dem von Verbindlichkeiten bereinigten Nachlass zu gewähren. Dieser Anspruch hat eine hohe Priorität und kann im Ergebnis dazu führen, dass sich der Anspruch eines Pflichtteilsberechtigten entsprechend verringert. Auch diese Vorschriften finden nach finnischem Recht zwingend Anwendung, ungeachtet des im Einzelfall geltenden Erbstatuts.

c) Auseinanderfallen des ehegüterrechtlichen und des erbrechtlichen Statuts

13 Wenn Erbstatut und Güterstatut auseinanderfallen, kann dies zu Benachteiligungen für die Erben oder den überlebenden Ehegatten führen. Unabhängig von der Frage des auf den Erbfall anzuwendenden Rechts, sieht das finnische Recht in PK 26:13 eine Anpassungsmöglichkeit vor. Sowohl die Erben als auch der Überlebende haben das Recht, eine Anpassung zu fordern. Ausgangspunkt der angepassten Anknüpfung soll hierbei das Recht des Staates sein, dessen Recht die ehegüterrechtlichen Beziehungen bestimmt.

5. Abgrenzung des Erbstatuts

a) Ehewirkungsstatut

Seit dem 1.3.2002 ist Ehewirkungsstatut gem. § 128 FinEhegesetz das **Recht des Landes, in dem die Ehegatten ihren Wohnsitz haben**. Sofern die Ehegatten in verschiedenen Ländern wohnen, findet das Recht des Staates Anwendung, in dem die Ehegatten während der Ehe zuletzt einen gemeinsamen Wohnsitz hatten, sofern einer der Ehegatten jetzt noch dort wohnt. Ist dies nicht der Fall, findet das Recht des Staates Anwendung, zu dem die Ehegatten die nähere Verbindung haben.

14

b) Güterstatut

Für **Ehen, die nach dem 1.3.2002 durch den Tod eines der Ehegatten aufgelöst** werden, gilt die neue gesetzliche Regelung. Im Ehegesetz (*avioliitto-laki*) ist in § 129 festgeschrieben, dass für das Ehegüterrecht das **Recht des ersten gemeinsamen Wohnsitzes** nach der Eheschließung gilt. Dabei ist es nicht zwingend Voraussetzung, dass es sich um einen gemeinsamen Wohnsitz handelt. Es genügt, wenn die Ehepartner im gleichen Staat wohnen. Dieses Statut ist jedoch **wandelbar**. Sofern die Ehegatten in ein anderes Land ziehen und dort fünf Jahre lang gewohnt haben, unterliegen die güterrechtlichen Beziehungen dem dortigen Recht. Hiervon gibt es jedoch zwei Ausnahmen, die zu einem sofortigen Wandel des Güterstatuts führen: Nach einem Umzug in einen anderen Staat, in dem die Ehepartner während ihrer Ehe bereits einmal ihren Wohnsitz hatten, und nach einem Umzug in den Staat, dessen Staatsangehörigkeit sie beide besitzen, gilt für sie das Ehegüterrecht dieses Staates. Diese Ausnahmen sollen insbesondere für Finnen gelten, die nach langjährigem Aufenthalt wieder nach Finnland zurückkehren. In ihrem Fall soll mit der Wohnsitzverlegung nach Finnland sofort wieder finnisches Recht auf die vermögensrechtlichen Fragen der Ehe Anwendung finden.

15

Schließlich sieht das finnische Ehegesetz nunmehr auch die Möglichkeit für die Ehepartner vor, durch schriftlichen Vertrag das Güterstatut festzulegen (**Rechtswahl**).[5] Nach § 130 Ehegesetz kann als anwendbares Recht das Recht des Wohnsitzstaats eines oder beider Ehepartner bei Vertragsabschluss vereinbart werden. Ferner ist die Wahl des Heimatrechts eines oder beider Ehepartner bei Vertragsabschluss zulässig. Sofern während der Ehe ein Ehepartner oder beide den Wohnsitz in ein anderes Land verlegen, können sie die Geltung des Ehegüterrechts am vorherigen Wohnsitz durch schriftlichen Ehevertrag wirksam vereinbaren.

16

c) Adoptionsstatut

Finnland hat das Haager Übereinkommen zum Schutz von Kindern und die Zusammenarbeit auf dem Gebiet der internationalen Adoption vom 29.5.1993 im Jahre 1997 ratifiziert. Die sachlichen Voraussetzungen der Annahme an Kindes statt sind, ebenso wie die formellen Wirksamkeitserfordernisse, nach § 66 des finnischen Gesetzes über die Adoption (22/2012) nach finnischem Recht zu beurteilen, wenn die Adoption in Finnland erfolgt. Sie kann in Finnland gem. § 65 erfolgen, wenn die Adoptiveltern oder das Adoptivkind seinen Wohnsitz in Finnland haben. Es liegt der Regelung daher nicht das *lex fori*-Prinzip zugrunde, sondern das Wohnsitzprinzip.

17

---

5 *Mikkola*, S. 94.

d) Internationales Abstammungsrecht

18 Das Rechtsverhältnis zwischen Eltern und ihrem Kind war bis 2011 im Gesetz vom 5.12.1929 betreffend gewisse familienrechtliche Verhältnisse internationaler Natur geregelt. Insoweit wird auf die Vorauflage verwiesen. Dieses Gesetz wurde mit dem Gesetz 10.12.2010/1081aufgehoben und mit dem Gesetz 1016/2009 in das Vaterschaftsgesetz (*Isyyslaki*) eingefügt, derzeitige Fassung 11/2015. Es war vorgesehen, das Abstammungsrecht und auch das IPR bzgl. Mutter und Kind im sog. Mutterschaftsgesetz (Äitiyslaki) zu regeln.[6] Aufgrund politischen Widerstandes ist das Gesetz jedoch nicht zustande gekommen (Stand Mai 2015). Damit ist die Abstammung Kind-Mutter derzeit in Finnland nicht gesetzlich geregelt.

19 Das finnische Vaterschaftsgesetz knüpft maßgeblich an den Wohnsitz der Kindesmutter bei der Bestimmung des auf die Vaterschaft anzuwendenden Rechtes an.

So ist nach Kapitel 8 § 48 Abs. 1 des finnnischen Vaterschaftsgesetzes die Vaterschaft unmittelbar nach finnischem Recht zu beurteilen, wenn die Kindesmutter zum Zeitpunkt der Geburt ihren Wohnsitz in Finnland hatte oder sich bei der Geburt in Finnland aufhielt ohne einen Wohnsitz in irgendeinem Staat zu besitzen oder sich als Asylantragstellerin in Finnland aufhält.

Sofern die in § 48 Abs. 1 genannten Alternativen nicht einschlägig sind, richtet sich nach § 48 Abs. 2 die Vaterschaft nach dem Recht am Wohnsitz der Kindesmutter zum Zeitpunkt der Geburt. Alternativ findet das Recht des Ortes Anwendung, an dem sich die Kindesmutter zum Zeitpunkt der Geburt des Kindes aufhält oder das Recht der Ortes, an dem sie einen Asylantrag gestellt hat, vorausgesetzt dass sie über keinen Wohnsitz verfügt.

Sofern eine nähere Beziehung des Kindes zu einem anderen Staat als den in § 48 Abs. 1 und 2 besteht, ist gem. § 48 Abs. 3 das Recht dieses Landes anzuwenden.

Verfestigt sich die Vaterschaftsbeziehung in einem Staat abweichend von den Alternativen der § 48 Abs. 1–3, so findet gem. § 48 Abs. 4 auf die Frage der Vaterschaft das Recht eben jenes Staates, in dem die Verfestigung stattgefunden hat, Anwendung.

6. Besonderheiten bei testamentarischer Erbfolge, Erbvertrag

20 Finnland ist Vertragsstaat des Haager Übereinkommens über das auf die Form letztwilliger Verfügungen anzuwendende Recht vom 5.10.1961.

Dem finnischen materiellen Recht ist der Erbvertrag als Institut unbekannt. Für **Erbverträge** nicht-finnischen Rechts gilt gem. PK 26:1 unwandelbar das Recht am Wohnsitz des Erblassers zum Zeitpunkt des Abschlusses des Erbvertrags. Es wird bewusst auf eine Anknüpfung an das Erbstatut verzichtet, um zu verhindern, dass der Erbvertrag aufgrund eines Wechsels des Erbstatuts unwirksam wird.

7. Auf die Nachlassabwicklung anwendbares Recht

21 Der finnische Gesetzgeber hat in PK 26:15–26:18 ausführlich geregelt, in welchen Fällen bei der Nachlassabwicklung finnisches Recht zur Anwendung kommt.

Dem *lex fori*-Prinzip folgend bestimmt PK 26:15, dass auf die Nachlassbereinigung und die Nachlassteilung, die in Finnland durchgeführt wird, finnisches Recht angewandt wird.

---

[6] Bericht der Arbeitsgruppe zum Mutterschaftsgesetz vom 13.11.2014, veröffentlicht vom Finnischen Justizministerium unter http://urn.fi/URN:ISBN:978-952-259-411-2, Stand 30.4.2015

a) Nachlassbereinigung

Die Nachlassbereinigung ist nach PK 26:16 Abs. 1 in Finnland durchzuführen, wenn der Erblasser bei seinem Tode seinen Wohnsitz oder gewöhnlichen Aufenthaltsort in Finnland hatte. Die Nachlassbereinigung erfasst dabei alle Aktiva und Schulden.

Sofern der Erblasser seinen letzten Wohnsitz nicht in Finnland hatte, besteht die Möglichkeit, dass unter den Voraussetzungen des PK 26:1 ein Verwalter (*pesänselvittäjä*) von einem finnischen Gericht eingesetzt wird. Die Nachlassbereinigung erfasst dann ausschließlich das in Finnland belegene Vermögen. Hiervon gibt es jedoch zwei Ausnahmen:

War der Erblasser finnischer Staatsangehöriger, erfasst die Nachlassbereinigung gem. PK 26:16 Abs. 2 S. 2 auch das in einem fremden Staat belegene Vermögen, wenn
- der Erblasser bestimmt hat, dass auf seinen Nachlass finnisches Recht zur Anwendung kommt, oder
- das in dem fremden Staat belegene Vermögen des Erblassers in dem Staat, in welchem der Erblasser zum Zeitpunkt seines Todes seinen Wohnsitz/gewöhnlichen Aufenthalt hatte, nicht Gegenstand der Nachlassbereinigung ist.

Sofern die Nachlassbereinigung in Finnland durchgeführt wird, trifft den Verwalter keine Pflicht, im Ausland nach möglichen Verbindlichkeiten des Nachlasses zu forschen. Er hat nach PK 26:16 Abs. 3 lediglich die Schulden zu berücksichtigen, für die der Erblasser einem Gläubiger haftete, dessen Wohnsitz in Finnland ist, sowie jene Schulden, für die in Finnland belegenes Vermögen des Erblassers als Sicherheit dient oder die ein Gläubiger aus dem Ausland dem Nachlassverwalter besonders angezeigt hat.

Für den Fall, dass in Finnland eine gesonderte Nachlassbereinigung stattfindet, regelt PK 26:16 Abs. 4 die Frage der **Rechenschaftslegung**. Danach ist Rechenschaft der Person gegenüber abzulegen, die nach dem Recht am letzten Heimat- oder Wohnsitzstaat befugt ist, den Nachlass zu vertreten.

b) Nachlassteilung

Hatte der Erblasser bei seinem Tode seinen Wohnsitz oder gewöhnlichen Aufenthalt in Finnland, so erfasst nach PK 26:17 Abs. 1 die Nachlassteilung das gesamte Vermögen des Erblassers unabhängig von seiner Belegenheit. Diese Regelung korrespondiert mit der entsprechenden Regelung für die Nachlassbereinigung. Die Nachlassbeteiligten haben jedoch die Möglichkeit, einvernehmlich die Verteilung abweichend zu regeln.

Im Übrigen entsprechen die kollisionsrechtlichen Regelungen der Nachlassteilung weitgehend denen der Nachlassbereinigung, wobei Besonderheiten gelten, falls zum Nachlass ein in Finnland belegener Hof gehört.

Das finnische Recht will sicherstellen, dass eine Nachlassteilung nicht an Formvorschriften scheitert. Daher ist gem. PK 26:18 die Nachlassteilung formal gültig, wenn sie
- dem Recht des Staates entspricht, in dem die Nachlassverteilung vorgenommen wurde;
- dem Recht des Staates entspricht, in dem der Erblasser seinen letzten Wohnsitz oder gewöhnlichen Aufenthalt hatte oder dessen Angehöriger er damals war; oder
- dem Recht des Staates entspricht, dessen Recht nach PK 26:5 und PK 26:6 auf den Nachlass anzuwenden war.

II. Rechtswahl des Erblassers

29 Der Erblasser hat in den Schranken des PK 26:6 die Möglichkeit, eine eingeschränkte erbrechtliche Rechtswahl zu treffen.[7] So kann er wählen, dass sich das Erbstatut nach der Staatsangehörigkeit oder nach seinem Wohnsitz zum Zeitpunkt der Testamentserrichtung oder des Eintritts des Erbfalls bestimmt.

30 Sofern der Erblasser beim Verfassen des Testaments verheiratet ist, kann auch die Rechtswahl getroffen werden, dass sich das Erbstatut nach dem Güterstatut richtet. Auf diese Weise kann testamentarisch ein Auseinanderfallen von Güterstatut und Erbstatut verhindert werden. Dieses gerade vor der Gesetzesreform in deutsch-finnischen Konstellationen häufig anzutreffende Problem kann jetzt durch eine Rechtswahl gelöst werden.

Auch die Frage, welches Recht die Nachlassabwicklung beherrschen soll, kann der Erblasser, wie bereits dargestellt, testamentarisch regeln.

B. Materielles Erbrecht

I. Gesetzliche Erbfolge

31 Das finnische materielle Erbrecht ist im Erbrechtsgesetz (*perintökaari*, PK) geregelt. Die Erbfolge fußt dabei auf dem Parentelenprinzip. Es gibt drei erbberechtigte Parentelen, wobei Erben der näheren Parentel Erben aus entfernteren Parentelen ausschließen. Anstelle eines vorverstorbenen Erben treten dessen Abkömmlinge als Erben ein. Dieses Eintrittsrecht endet jedoch in der zweiten Parentel. So erben noch Onkel und Tante, soweit die Großeltern vorverstorben sind; Cousins und Cousinen erben nicht mehr. Der Ehegatte ist nicht gesetzlicher Erbe; zu seinem Schutz gibt es jedoch besondere Vorschriften.

1. Erben der ersten Parentel

32 Erben der ersten Parentel sind die sog. Leibeserben des Erblassers, die Abkömmlinge.

a) Eheliche Kinder

33 Die Mutter wird von ihrem Kind beerbt, unabhängig davon, ob es sich um ein eheliches oder außereheliches Kind handelt.

Bei der Beerbung des Vaters ist zu differenzieren: Sofern das Kind während der Ehe geboren wird, wird die Vaterschaft kraft Gesetz vermutet. Für den Fall, dass die Ehe bereits vor der Geburt des Kindes geschieden wird, gilt Folgendes:

Für ein Kind, welches vor dem 1.7.1980 zu einem Zeitpunkt geboren wurde, der eine Zeugung während der Ehe vermuten lässt, wird die Vaterschaft vermutet.[8] Falls das Kind jedoch am 1.7.1980 oder später geboren wurde, findet diese Regel keine Anwendung. Sofern die Mutter zum Zeitpunkt der Geburt dieses Kindes nicht bereits erneut verheiratet ist, handelt es sich um ein außereheliches Kind.[9]

---

7 Hierzu ausführlich *Mikkola*, S. 176 f.
8 *Aarnio/Kangas*, I, S. 79.
9 *Aarnio/Kangas*, I, S. 79.

Sofern die Ehe aufgrund des Todes des Vaters beendet wird, gilt die Vaterschaftsvermutung, falls die Zeitspanne zwischen dem Tod des Vaters und der Geburt des Kindes eine Vaterschaft nicht ausschließt. Ansonsten handelt es sich um ein außereheliches Kind.

b) Außereheliche Kinder

Die Stellung außerehelicher Kinder unterscheidet sich signifikant von der ehelicher Kinder in den Fällen, in denen das Kind vor dem 1.10.1976 geboren wurde. Zu diesem Zeitpunkt trat das neue finnische Kindschaftsrecht in Kraft. Der **Regelung vor dem 1.10.1976** zufolge führte eine Heirat der Eltern dazu, dass das außerehelich geborene Kind nunmehr als eheliches Kind angesehen wurde. Kommt es zu keiner Heirat, so bestimmen sich die Rechte des Kindes nach der gesetzlichen Regelung für außereheliche Kinder. Das Kind beerbt in diesem Fall seine Mutter. Nur wenn die Vaterschaft vom Vater anerkannt wurde, wird auch der Vater von seinem Kind beerbt.

Die **Regelung nach dem 1.10.1976** sieht vor, dass auch ein außereheliches Kind sowohl Mutter als auch Vater beerbt, unabhängig davon, ob die Vaterschaft anerkannt oder gerichtlich festgestellt wurde.

c) Verlobungskinder

Eine Besonderheit des finnischen Rechts ist das sog. **Verlobungskind**. Als Verlobungskinder wurden in der früheren Gesetzgebung Kinder bezeichnet, die von bereits Verlobten gezeugt wurden oder deren Eltern sich später verlobt hatten. Das Verlobungskind hat die Stellung eines außerehelichen Kindes mit anerkannter Vaterschaft. Diese Regelung gilt für Kinder, die zwischen dem 1.1.1930 und dem 1.10.1976 geboren sind. Diese Kinder gelten, auch wenn ihr Status als Verlobungskind bestritten wird, bis zur gerichtlichen Feststellung ihres Status als Nachlassbeteiligte. Der Status ist dann in einem gerichtlichen Verfahren festzustellen, wobei das seit dem 1.10.1976 geltende Vaterschaftsgesetz eine Klage zur Feststellung des Status als Verlobungskind nicht kennt, sondern allein die Klage zur Feststellung der Vaterschaft. Gleichwohl hat die Rechtsprechung solche Klagen auf Feststellung des Status als Verlobungskind als zulässig erachtet.

d) Adoptivkinder

Für die Stellung des Adoptivkindes sind zwei Daten von Bedeutung: Am 1.1.1966 trat das neue Erbrechtsgesetz in Kraft, am 1.1.1980 ein neues Adoptionsgesetz, welches, ohne Änderungen für das Erbrecht zu bringen, durch ein neues Adoptionsgesetz (22/2012) ersetzt worden ist.

Sofern die Adoption nach dem 1.1.1966 und vor dem 1.1.1980 stattfand, liegt eine sog. **schwache Adoption** vor. Dies bedeutet, dass das adoptierte Kind erbrechtlich nicht die Verbindung zu seinen ursprünglichen Eltern verliert. So erbt das in diesem Zeitraum adoptierte Kind sowohl nach seinen biologischen Eltern als auch nach seinen Adoptiveltern.

Für Adoptionen, die nach dem 1.1.1980 stattfinden, gilt die sog. **starke Adoption**. Dies bedeutet, dass die erbrechtliche Verbindung zu den biologischen Eltern vollständig abgebrochen wird. Das Adoptivkind ist dann mit einem eigenen Kind der Adoptiveltern gleichgestellt.

2. Die Stellung des Ehegatten und des Partners

39 Der Ehegatte wird nach finnischem Recht **nicht Erbe, sofern Leibeserben vorhanden sind**. Dies bedeutet jedoch nicht, dass er ohne Rechte wäre. So steht ihm grundsätzlich das Recht zu, den ungeteilten Nachlass bis zu seinem Tode zu behalten. Die Erben und testamentarisch Bedachten sollen nach Vorstellung des Gesetzgebers ihr Recht erst nach dem Tod des überlebenden Ehegatten realisieren. Hiervon gibt es jedoch zahlreiche Ausnahmen.

40 Im Erbfall werden nach finnischem Recht das Erbrecht und das Ehegüterrecht miteinander verknüpft. Erst wenn eine ehegüterrechtliche Auseinandersetzung durchgeführt ist, steht fest, was zum Nachlass des Erblassers gehört.

41 Die ehegüterrechtlichen Vorschriften unterscheiden sich wesentlich von denen des deutschen Rechts. Nach dem im finnischen Ehegesetz (*avioliittolaki*, AL) festgeschriebenem gesetzlichen Ehegüterstand sind nach § 35 Abs. 1 AL die Ehegatten grundsätzlich am gesamten Vermögen des anderen Ehegatten beteiligt. Dieses Recht ist das Ehegattenanteilsrecht (*avio-osuus*). Ein Anfangsvermögen, welches nicht unter den güterrechtlichen Ausgleich fällt, ist gesetzlich nicht vorgesehen. Eine Ausnahme bildet lediglich das Vorbehaltsgut, welches aufgrund eines besonderen Erwerbstatbestandes nicht dem Eheanteilsrecht unterfällt. So ist es üblich, in finnischen Testamenten festzulegen, dass der Ehegatte des Erben kein Ehegattenanteilsrecht an der Erbschaft erwerben soll.

42 Im güterrechtlichen Ausgleichsverfahren wird zunächst geklärt, wie das Vermögen den beiden Ehegatten zuzuordnen ist. Nach Ausgleich der Verbindlichkeiten werden die Vermögen, an denen ein Ehegattenanteilsrecht besteht, zusammengezählt. Jedem der Ehegatten steht die Hälfte dieses Betrages zu. Dem Ehegatten mit dem geringeren Vermögen erwächst hieraus ein **Ausgleichsanspruch** (*tasinko*). Sofern der überlebende Ehegatte einen solchen Anspruch hat, wird dieser gegenüber den Erben geltend gemacht. Falls jedoch das Vermögen des überlebenden Ehegatten größer ist, so ist zu differenzieren:
– Grundsätzlich ist der überlebende Ehegatte privilegiert, d.h. nicht verpflichtet, diesen Ausgleich zu leisten (*tasinkoprivilegi*). Der Ausgleich wird erst nach dem Tod des überlebenden Ehegatten vorgenommen.
– Jedoch haben Abkömmlinge und Vermächtnisnehmer das Recht, schon vorher die Auseinandersetzung zu verlangen. Um den überlebenden Ehegatten dann nicht gänzlich schutzlos zu lassen, steht ihm das Recht zu, die **eheliche Wohnung nebst Mobiliar weiterzubenutzen**. Ist eine solche Wohnung nicht vorhanden, so steht dem überlebenden Ehegatten ein Anspruch auf Unterstützung zu, PK 3: 1a Abs. 4 i.V.m. PK 8:2.

43 Eine Erbenstellung erhält der überlebende Ehegatte nur in den Fällen, in denen der Erblasser **keine Leibeserben** hatte. Dann ist der überlebende Ehegatte **Alleinerbe** (PK 3:1 Abs. 1). Die Verwandten des Erblassers werden in diesem Fall sog. **Sekundärerben** und erben neben den Erben des überlebenden Ehegatten erst nach dessen Tod.

44 Gleichgeschlechtliche Partner haben in Finnland seit dem 1.3.2003 aufgrund des Gesetzes 950/2001 die Möglichkeit, ihre Partnerschaft registrieren zu lassen. Erbrechtlich ist diese Partnerschaft der Ehe gleichgestellt.

3. Erben der zweiten Parentel

45 Erben der zweiten Parentel sind die Eltern des Erblassers und deren Abkömmlinge. Sofern keine Leibeserben, also Erben der ersten Parentel vorhanden sind und der Erblasser auch nicht verheiratet war, erben die **Eltern** des Erblassers zu gleichen Teilen. Ist einer der Eltern

vorverstorben, fällt der Erbteil an dessen Abkömmlinge, jeweils wieder zu gleichen Teilen. Es herrscht ein unbeschränktes Eintrittsrecht.

Halbbrüder oder Halbschwestern beerben gleichberechtigt Ihre Eltern. Sofern es keine Vollgeschwister des Erblassers gibt und beide Elternteile vorverstorben sind, sind die Halbgeschwister die alleinigen gesetzlichen Erben, an deren Stelle auch ihre Abkömmlinge erbberechtigt sind. 46

4. Erben der dritten Parentel

Erben der dritten Parentel sind die Großeltern des Erblassers. Sie erben, sofern es keine Erben der ersten und zweiten Parentel gibt. In der dritten Parentel endet jedoch das unbeschränkte Eintrittsrecht: Sofern die Großeltern verstorben sind, erben deren Kinder, also Onkel und Tanten des Erblassers. Vettern und Cousinen jedoch erben nicht mehr. 47

5. Erben des vorverstorbenen Ehepartners als Erben

Ein weiterer, grundlegender Unterschied im Vergleich mit dem deutschen Erbrecht stellt das Erbrecht des Erben des Vorverstorbenen Ehepartners. Wie oben unter Rn 47 dargestellt sind nach finnischem Erbrecht schon Vettern und Cousinen als gesetzliche Erben ausgeschlossen. Jedoch erben in diesem Fall die gesetzlichen Erben des vorverstorbenen Ehepartners, vorausgesetzt sie waren dessen gesetzliche Erben.[10] 48

6. Der Staat als Erbe

Sind Erben der drei Parentelen nicht vorhanden, fällt die Erbschaft gem. PK 5:1 an den Staat. Der Staat wird jedoch nicht Nachlassbeteiligter und haftet daher auch nicht für die Schulden. Liegt eine letztwillige Verfügung vor, so fällt die Erbschaft zunächst an den Staat, der für die Verwirklichung der letztwilligen Verfügung zu sorgen hat. 49

Falls keine letztwillige Verfügung vorhanden ist, steht es nach PK 5:2 im Ermessen des Staates, Vermögen aus dem Nachlass auch an Angehörige des Erblassers abzugeben. Einzelheiten hierzu sind in der Verordnung 13.12.2007/1257 geregelt. 50

II. Testamentsrecht

1. Arten testamentarischer Verfügungen

Die gewillkürte Erbeinsetzung ist dem finnischen Recht fremd. Nur die gesetzlichen Erben können Erben sein. Gleichwohl gibt es die Möglichkeit für den Erblasser, vollständig über seinen Nachlass zu verfügen. 51

a) Quotenvermächtnis und Stückvermächtnis

Der Erblasser kann über seinen Nachlass in der Form von Vermächtnissen verfügen. Dabei sind Quotenvermächtnisse (*yleistestamentti*) und Stückvermächtnisse (*erityisjälkisäädös/legaatti*) zu unterscheiden. Diese Unterscheidung ist von Bedeutung für die Art der Beteiligung am Nachlass. 52

---

10 *Aarnio/Kangas* I, S. 193.

53 Der mit einem Quotenvermächtnis Bedachte ist neben den Erben und dem überlebenden Ehegatten Nachlassbeteiligter. Der mit einem Stückvermächtnis Bedachte hat diesen Status nicht.

Das Quotenvermächtnis setzt voraus, dass dem Bedachten das gesamte Eigentum, ein Bruchteil oder das Verbleibende nach Erfüllung aller sonstigen testamentarischen Verfügungen zugewandt wird.

54 Das Stückvermächtnis hingegen setzt voraus, dass dem Bedachten ein bestimmter Gegenstand ohne Beschränkung, ein bestimmter Geldbetrag oder ein Gegenstand zu beschränktem Recht zugewandt wird.

b) Vermächtnis zu unbeschränktem Recht

55 Das Vermächtnis zu unbeschränktem Recht (*omistusoikeustestamentti*) gibt dem Vermächtnisnehmer das Recht, unbeschränkt über das testamentarisch Verfügte zu verfügen.

c) Vermächtnis zu beschränktem Recht

56 Das Vermächtnis zu beschränktem Recht (*rajoitettu omistusoikeustestamentti*) ähnelt der deutschen Vor- und Nacherbenregelung. Eheleute verwenden oft das Vermächtnis zu beschränktem Recht, um sich gegenseitig als Vermächtnisnehmer einzusetzen. Dabei wird der überlebende Ehegatte mit einem Vermächtnis zu beschränktem Recht bedacht, gleichzeitig aber eine weitere Person als Vermächtnisnehmer aufschiebend für den Fall des Versterbens des überlebenden Ehegatten bestimmt. Die Beschränkung liegt darin, dass es dem Erstbegünstigten, üblicherweise also dem überlebenden Ehegatten, untersagt ist, testamentarisch über das von seinem vorverstorbenen Ehegatten Erhaltene zu verfügen.

d) Nutzungsvermächtnis

57 Das Nutzungsvermächtnis (*käyttö-oikeustestamentti/hallintatestamentti*) ist im 12. Kapitel des Erbrechtsgesetzes geregelt. Mit ihm wird dem Bedachten lediglich der Nießbrauch vermacht. Das Nutzungsvermächtnis wird in den Fällen verwandt, in denen einerseits die Position des Erstbegünstigten gesichert werden soll, andererseits auch sichergestellt sein soll, dass der Gegenstand des Vermächtnisses bestimmungsgemäß erhalten bleibt. Auch kann ein Nutzungsvermächtnis **aus steuerlichen Gründen** sinnvoll sein. Der mit einem Nutzungsvermächtnis Bedachte ist nicht erbschaftsteuerpflichtig. Die Erbschaftsteuer ist von demjenigen zu entrichten, der das Eigentumsrecht erhält. Dieser kann jedoch die Wertminderung aufgrund des Nutzungsrechtes in Abzug bringen.

58 Das Nutzungsvermächtnis kann sich auf den gesamten Nachlass, einen Bruchteil oder auf einen bestimmten Gegenstand beziehen. Sofern sich das Nutzungsvermächtnis nicht auf einen bestimmbaren Gegenstand bezieht, ist bei der Nachlassabwicklung der Gegenstand zu bezeichnen. Die Nachlassabwicklung sieht eine Nachlassverwaltung und eine Nachlassteilung vor. Nur so kann bestimmt werden, worauf sich das Nutzungsvermächtnis tatsächlich bezieht.

59 Das Nutzungsvermächtnis wird in der Klassifizierung als Stückvermächtnis angesehen, unabhängig davon, ob sich das Nutzungsrecht testamentarisch formuliert auf einen Bruchteil des Nachlasses oder auf einen konkreten Gegenstand bezieht. Dies hat zur Folge, dass der mit einem Nutzungsvermächtnis bedachte nicht Nachlassbeteiligter ist, sofern dies testamentarisch nicht ausdrücklich verfügt worden ist.

Das Nutzungsvermächtnis gibt dem Bedachten das Recht, den Gegenstand zu nutzen und Zinsen und andere Früchte für sich zu verwenden. Dabei gelten für ihn folgende Einschränkungen (Ausnahmen möglich):
– Der Gegenstand muss bewahrt werden.[11]
– Sofern es sich um Geld handelt, darf dieses nicht spekulativ angelegt werden, sondern muss sicher und gewinnbringend angelegt werden (vgl. PK 12:5).
– Es besteht ein Vermengungsverbot mit fremdem oder eigenem Vermögen.

Der Pflichtteilsanspruch wird in keinem Fall durch das Nutzungsvermächtnis eingeschränkt.

e) Auflage und Bedingung

Testamentarische Auflagen und Bedingungen sind im finnischen Erbrecht nicht explizit geregelt, sie sind jedoch zulässig.[12]

Sofern eine Auflage oder Bedingung den Bedachten verpflichtet, gegen die guten Sitten zu verstoßen, damit er den ihm zubedachten Anteil erhält, ist zu differenzieren: Handelt es sich um eine auflösende Bedingung/Auflage, hat dies nicht die Unwirksamkeit des Vermächtnisses zur Folge. Vielmehr ist lediglich die entsprechende Bedingung/Auflage unwirksam. Sollte jedoch die als verboten eingestufte Auflage/Bedingung aufschiebender Natur sein, so hat dies die Unwirksamkeit des gesamten Vermächtnisses zur Folge, da die Entstehung eines Rechts nicht rechtlich bindend von einem Vorgang, welcher gegen die guten Sitten verstößt, abhängig gemacht werden kann.[13]

2. Form des Testaments sowie Testamentstypen

Es gibt in Finnland kein notarielles Testament; eine Institution, die mit dem deutschen Notariat vergleichbar wäre, gibt es in Finnland nicht. Die Hinterlegung des Testaments bei Gericht ist möglich, entfaltet aber keine besondere Rechtswirkung.

Die Formvorschriften für die Testamentserrichtung sind im Erbrechtsgesetz im 10. Kapitel festgeschrieben. Verglichen mit den deutschen Vorschriften, sind die Formvorschriften weiter gefasst.

Das Testament muss gem. PK 10:1 schriftlich verfasst und **in Anwesenheit zweier Zeugen unterschrieben** werden. Die Zeugen bestätigen gem. PK 10:2 schriftlich auf dem gleichen Dokument, dass der Testator das Testament eigenhändig unterschrieben hat und dass ihnen bekannt ist, dass es sich dabei um ein Testament handelt. Der Ehegatte sowie Verwandte und im Testament bedachte Personen scheiden als Zeugen aus.

---

11 Vgl. *Aarnio/Kangas*, II, S. 620.
12 Vgl. *Aarnio/Kangas*, II, S. 525 ff.
13 Vgl. *Aarnio/Kangas*, II, S. 566.

Formulierungsbeispiel:

Testament

Ich, Juha Virtanen, (Sozialversicherungsnummer), erkläre hiermit als meinen letzten Willen, dass meine Ehefrau, Heidi Virtanen, nach meinem Tode mein gesamtes Eigentum frei von jeglichen Beschränkungen erhalten soll.

Ort, Datum

Juha Virtanen

(Beruf)

(Anschrift)

Wir bezeugen als gleichzeitig anwesende unbefangene Zeugen Folgendes:

Juha Virtanen, der uns persönlich bekannt ist, hat in unserer Anwesenheit das obige Testament unterzeichnet und uns erklärt, dass dies sein Testament ist. Wir haben uns des Weiteren davon überzeugt, dass er sein Testament aus freiem Willen heraus nach reiflicher Überlegung verfasst hat, so dass es inhaltlich vollständig seinem tatsächlichen Willen entspricht.

Ort und Datum

(Unterschrift)	(Unterschrift)
Zeuge 1	Zeuge 2
Beruf	Beruf
Anschrift	Anschrift

Lediglich die Unterschrift unter dem Testament muss eigenhändig geschehen, ein ansonsten **maschinenschriftlich** verfasstes Testament genügt den Formerfordernissen.

66 Als Nottestamente sind das unbezeugte Testament (PK 10:3) sowie mit weiteren Formerfordernissen das mündliche Testament zulässig. Diese werden jedoch binnen drei Monaten nach Ende der Notlage, welche dazu führte, dass die normale Form nicht eingehalten wurde, ungültig. Es muss in diesen Fällen dann ein der Normalform entsprechendes Testament verfasst werden.

67 Auch wenn das finnische Recht den Erbvertrag nicht kennt, sieht es mehrere Formen des **gemeinsamen Testaments** vor. Dieses ist nicht auf Eheleute beschränkt. Auch in der Anzahl der Personen besteht keine Beschränkung.
- Mit dem **einfachen gemeinsamen Testament** (*yhteinen testamentti/testamentum simultaneum*) verfügen die Testatoren unabhängig voneinander auf demselben Dokument unter Bestätigung durch die Zeugen.[14]
- Mit dem **beiderseitigen Testament** (*molemminpuolinen testamentti/testamentum reciprocum*) bedenken sich beide gegenseitig, wobei die Verfügungen einzelne getrennte Verfügungen darstellen.
- Bei dem **Testament auf Gegenseitigkeit** (*keskinäinen testamentti/testamentum correspectivum*) bedenken sich die Testatoren gegenseitig, wobei die Verfügungen voneinander abhängig sind. Eine erbrechtliche Bindung an das Testament besteht jedoch auch hier nicht. Das Testament kann vor oder nach dem Tod des anderen Testators widerrufen werden. Jedoch kann in bestimmten Konstellationen die widerrufende Partei ihre Rechte aus dem gegenseitigen Testament verlieren.

---

14 Vgl. *Aarnio/Kangas*, II, S. 201.

III. Pflichtteilsrecht

Das Pflichtteilsrecht ist im 7. Kapitel des Erbrechtsgesetzes geregelt. Pflichtteilsberechtigt sind gem. PK 7:1 Abs. 1 die **Abkömmlinge** sowie Adoptivkinder des Erblassers sowie deren Nachkommen. Der Pflichtteil beträgt nach PK 7:1 Abs. 2 die **Hälfte des gesetzlichen Erbteils**. Dieser Anspruch besteht gegenüber dem Nachlass als ganzem, theoretisch an jedem einzelnen zum Nachlass gehörenden Gegenstand. Jedoch kann der Erblasser verfügen, dass der Pflichtteil in Geld ausgezahlt werden soll. Auch steht dem Bedachten grundsätzlich das Recht zu, den Pflichtteil in Geld auszuzahlen. 68

Bei der Berechnung des Pflichtteils sind auch die Enterbten sowie jene zu berücksichtigen, die das Erbe ausgeschlagen haben. Dabei wird wertmäßig von dem sog. realen Nachlass ausgegangen, d.h., als Berechnungsgrundlage wird der Nachlass nach Bereinigung der Schulden genommen. 69

Des Weiteren müssen gegebenenfalls noch folgende Positionen dem Nachlass hinzugerechnet werden:[15] 70
– Erbschaftsvorempfang, sofern testamentarisch nicht ausgeschlossen;
– Geschenke, die der Erblasser kurz vor seinem Tode gemacht hat;
– unangemessen hohe Lebensversicherungszahlungen.

Dem Pflichtteilsberechtigten steht gem. PK 7:10 ein **Pflichtteilsergänzungsanspruch** zu, sofern die testamentarischen Verfügungen des Erblassers seinen Pflichtteilsanspruch verletzen. Der Ergänzungsanspruch ist binnen eines Jahres ab Kenntnis des Zeitpunkts des Todes und der Rechtsverletzung klageweise geltend zu machen, spätestens binnen zehn Jahren. 71

Sofern der Erblasser verheiratet war, ist zunächst die güterrechtliche Auseinandersetzung der „Gütergemeinschaft" (*ositus*) vorzunehmen (siehe Rn 39 ff.). Die an den überlebenden Ehegatten gegebenenfalls zu leistende Ausgleichzahlung (*tasinko*) ist auch bei der Berechnung des Pflichtteils zu berücksichtigen. Sofern der überlebende Ehegatte ausgleichspflichtig ist und trotz seiner Privilegierung den Ausgleich leistet, kommt diese Leistung dem Nachlass und damit auch dem Pflichtteilsberechtigten zugute. 72

IV. Nachlassverwaltung

1. Nachlassinventar

Nach dem Tod einer in Finnland wohnhaft gewesenen Person ist binnen einer Frist von drei Monaten das Nachlassinventar zu errichten. **Inhalt** des Nachlassinventars ist zum einen die Auflistung der Nachlassbeteiligten, zum anderen eine Auflistung des Nachlassvermögens inkl. aller Forderungen und Verbindlichkeiten. Auf diese Weise dient das Nachlassinventar sowohl der Nachlassbereinigung als auch der später durchzuführenden Nachlassaufteilung. Schließlich dient das Nachlassinventar auch als Grundlage für die Besteuerung der Erbschaft. 73

Das Nachlassinventar ist grundsätzlich von dem Nachlassbeteiligten zu errichten, der den Nachlass in seiner Obhut, d.h. tatsächlich in Besitz hat. Sofern das Gericht einen Nachlassverwalter bestellt, hat dieser das Nachlassinventar zu errichten. Auch kann der Erblasser testamentarisch einen oder mehrere Testamentsvollstrecker bestimmen, die die Inventarisierung durchführen sollen (*testamentin toimeenpanija*). 74

---

15 *Mikkola* in Defensor legis 3/2013. S. 312 ff.

75 Die für die Errichtung des Nachlassinventars zuständige Person hat gem. PK 20:2 Ort und Zeitpunkt für die Errichtung des Nachlassinventars zu bestimmen, zwei Vertrauensmänner für die Durchführung der Inventarisierung zu bestellen sowie die Nachlassbeteiligten nachweisbar zu laden.

76 Nachlassbeteiligte sind gem. PK 18:1 die Erben, die mit einem Quotenvermächtnis Bedachten sowie der überlebende Ehegatte. Der Ehegatte ist nicht Nachlassbeteiligter, wenn eine ehegüterrechtliche Teilung stattgefunden hat oder er kein Ehegattenanteilsrecht am Vermögen des Erblassers hatte.

77 Sofern der Erblasser verheiratet war, ist in das Nachlassinventar das Eigentum sowohl des erstverstorbenen Ehegatten als auch des überlebenden Ehegatten aufzunehmen, unabhängig davon, ob ein Ehegattenanteilsrecht am gegenseitigen Eigentum bestand. Wenn ein Ehegattenanteilsrecht besteht, ist der Ausgleichsbetrag festzustellen und im Nachlassinventar festzuhalten. Sofern der überlebende Ehegatte seine Ausgleichsprivilegierung geltend macht (siehe hierzu Rn 39 ff.), ist dies ebenfalls im Nachlassinventar zu vermerken.

78 Das Nachlassinventar ist spätestens einen Monat nach Durchführung der Inventarisierung dem Finanzamt am Wohnort des Erblassers zu übersenden. Sofern die Erbauseinandersetzung schon stattgefunden hat, sind die entsprechenden Unterlagen ebenfalls zu übersenden.

2. Verwaltung des Nachlasses

79 Die Verwaltung des Nachlasses ist im 18. Kapitel des Erbrechtsgesetzes geregelt. Eine vorläufige Verwaltung des Nachlasses obliegt der Person, die beim Tod des Erblassers mit ihm zusammengewohnt hat. Diese Person hat den Nachlass so lange zu verwalten, bis die Nachlassbeteiligten, der gerichtlich bestellte Nachlassverwalter oder der Testamentsvollstrecker den Nachlass in ihre Obhut genommen haben, PK 18:3.

Unberührt hiervon bleibt das Recht des überlebenden Ehegatten, den Nachlass ungeteilt in seinem Besitz zu behalten.

80 Nimmt keine der in PK 18:3 genannten Personen den Nachlass in seine Obhut, so ist ein Nachlassbeteiligter herbeizurufen oder der Todesfall bei Gericht aktenkundig zu machen, PK 18:4. Den Nachlassbeteiligten steht es frei, die Verwaltung vertraglich zu regeln. Grundsätzlich verwalten sie den Nachlass gemeinschaftlich.

a) Nachlassverwalter

81 Das Gericht hat auf Antrag eines Nachlassbeteiligten gem. PK 19:1 das Nachlassvermögen unter die Verwaltung eines Nachlassverwalters zu stellen. Eine solche Anordnung kann auch ein mit einem Stückvermächtnis Bedachter oder derjenige, der berechtigt ist, die Erfüllung einer Auflage einzuklagen, beantragen, wenn dies zum Vollzug eines Vermächtnisses oder einer Auflage erforderlich erscheint, PK 19:1.

Aufgabe des Nachlassverwalters ist es, den Nachlass für die Auseinandersetzung vorzubereiten. Der Nachlassverwalter hat die alleinige Verfügungsgewalt über den Nachlass, bei Veräußerungen bestehen jedoch Beschränkungen.

b) Testamentsvollstrecker

82 Auch das finnische Recht sieht die Möglichkeit vor, dass der Erblasser testamentarisch einen Testamentsvollstrecker (*testamentin toimeenpanija*) bestimmt. Der Testamentsvollstrecker nimmt den gesamten Nachlass in Empfang und übernimmt die Aufgaben der Nachlassbeteiligten bei der gemeinsamen Verwaltung oder die Aufgaben des Nachlassverwalters bei

gerichtlich bestellter Verwaltung. Zu diesen gehört neben der Bereinigung des Nachlasses auch die Erfüllung der Vermächtnisse. Die Tätigkeit des Testamentsvollstreckers endet, wenn der Nachlass in den Zustand gebracht worden ist, dass er aufgeteilt werden kann (*jakokunto*).[16]

Der Erblasser kann testamentarisch die Befugnisse des Testamentsvollstreckers näher bestimmen. Dabei sind gesetzlich jedoch in PK 19:21 zwei Grenzen vorgegeben. So ist der Testamentsvollstrecker im Gegensatz zum gerichtlich bestellten Nachlassverwalter nicht berechtigt, Nachlasskonkurs anzumelden. Des Weiteren ist er in keinem Fall berechtigt, den überlebenden Ehegatten von der Nachlassabwicklung auszuschließen. 83

Die Befugnisse des Testamentsvollstreckers beginnen in dem Zeitpunkt, in dem das Testament rechtskräftig geworden ist. Er ist aber auch an die Frist für die Inventarerrichtung gebunden, welche spätestens drei Monate nach dem Tode des Erblassers stattgefunden haben muss, vgl. PK 20:1, 20:2. Gegebenenfalls muss daher der Testamentsvollstrecker tätig werden, bevor das Testament Rechtskraft erlangt hat. 84

V. Vertragliche Erbfolge

Ein Vertrag über den Nachlass einer lebenden Person ist gem. PK 17:1 unwirksam. Dadurch sind **Erbverträge** in Finnland ausgeschlossen. Gemeinschaftliche Testamente werden jedoch nach heutiger Rechtsauffassung nicht als Verträge i.S.d. PK 17:1 angesehen und sind zulässig (siehe Rn 67).[17] 85

VI. Wege der Nachlassregelung außerhalb des Erbrechts

Wie nach PK 17:1 ein Vertrag über den Nachlass einer lebenden Person unwirksam ist, ist auch die **Schenkung von Todes wegen** nichtig. Das Testament ist die einzige Möglichkeit, rechtswirksam Verfügungen für den Todesfall zu treffen. 86

Sofern dem Testator bewusst ist, dass es sich bei seiner Schenkung von Todes wegen um ein testamentarisches Vermächtnis handelt, wird die Schenkung in ein Vermächtnis **umgedeutet**, muss dann aber den formell- und materiell-rechtlichen Anforderungen an ein Testaments genügen, PK 17:2. Dies setzt auch das Bewusstsein des Schenkers voraus, dass es sich um ein Rechtsgeschäft handelt, welches er jederzeit widerrufen kann. 87

Die Regelung des PK 17:2 ist am 1.1.1966 in das Erbrechtsgesetz eingefügt worden. Vor diesem Zeitpunkt vorgenommene Schenkungen von Todes wegen sind nach höchstrichterlicher Rechtsprechung rechtswirksam (KKO 1990:85). 88

Eine Ausnahme bildet in diesem Zusammenhang die Einsetzung eines Dritten als Begünstigten einer **Lebensversicherung**,[18] welche von jeher wirksam ist.

VII. Nachlassabwicklung

1. Bekanntgabe des Testaments

Eine Bekanntgabe des Testaments gegenüber dem Gericht ist seit dem 1.1.1990 nicht mehr vorgesehen. Stattdessen geben die testamentarisch Bedachten gem. PK 14:1 den Erben das 89

---

16 Vgl. *Aarnio/Kangas*, I, S. 608.
17 *Aarnio/Kangas*, II, S. 456.
18 *Kangas*, Suomen Henkivakuutusoikeus, 1995, S. 152 ff.

Testament in einer beglaubigten Abschrift bekannt. Dies geschieht üblicherweise durch Zustellung über einen Gerichtsvollzieher.

2. Annahme und Ausschlagung eines Vermächtnisses

90 Die **Annahme** eines Testaments kommt zunächst für Erben als aus dem Testament Verpflichteten in Frage. Sie bedeutet den Verzicht darauf, das Testament anzufechten. Die Annahme (*hyväksyminen*) kann sowohl zu Lebzeiten des Erblassers als auch nach Eintritt des Erbfalls erfolgen. Geschieht die Annahme zu Lebzeiten des Erblassers, so hat dies dem Erblasser gegenüber schriftlich zu erfolgen. Erfolgt die Annahme seitens eines Pflichtteilsberechtigten, ohne dass er hierfür eine angemessene Entschädigung erhält, so hat er im Erbfall gleichwohl einen Anspruch auf seinen Pflichtteil. Dieser Anspruch ist dann binnen einer sechsmonatigen Frist dem Bedachten gegenüber geltend zu machen. Ansprüche, die über den Pflichtteilsanspruch hinausgehen, sind in dieser Konstellation ausgeschlossen.[19]

91 Die sechsmonatige Frist zur **Anfechtung** des Testamentes beginnt mit der Bekanntgabe, also der Zustellung des Testamentes an den Erben, zu laufen (PK 15:5).

92 Die Annahme des Testaments seitens eines Pflichtteilsberechtigten nach Eintritt des Erbfalls bedeutet im Zweifel, sofern der Pflichtteilsberechtigte auch testamentarisch nicht bedacht ist, einen **Verzicht** nicht nur auf die Anfechtung, sondern auch **auf den Pflichtteil**. Der Pflichtteilsberechtigte ist daher gut beraten, sich diesbezüglich in der Annahmeerklärung deutlich auszudrücken. Der Pflichtteilsanspruch muss binnen sechs Monaten gem. PK 7:5 Abs. 3 bei einem testamentarisch Bedachten angemeldet werden.

93 Auch der testamentarisch Bedachte hat die Möglichkeit, schriftlich das Vermächtnis **auszuschlagen**. Dies kann wirksam gegenüber den Nachlassbeteiligten, dem Testamentsvollstrecker, dem Nachlassverwalter, dem Auseinandersetzungsbeauftragten im Nachlassabwicklungsverfahren oder dem gegenüber erfolgen, der mangels anderer zuständiger Personen den Nachlass verwaltet.[20]

94 Eine Ausschlagung ist jedoch in keinem Fall mehr möglich, wenn die Erbschaft bereits angenommen worden ist. Eine Annahme der Erbschaft wird im Allgemeinen unterstellt, wenn der Erbe an der Errichtung des Nachlassinventars mitgewirkt hat, dort als Erbe bezeichnet wird und das Inventar dem zuständigen Finanzamt übersandt wurde.

3. Erbenhaftung

95 Die Erben haften für Nachlassverbindlichkeiten grundsätzlich **nur mit dem Nachlassvermögen**. Die Haftung der Erben kann aufgrund fahrlässigen oder vorsätzlichen Fehlverhaltens jedoch ausgeweitet wird. So haften die Erben auch mit ihrem eigenen Vermögen, wenn der Nachlass nicht innerhalb der gesetzlichen Frist inventarisiert wird (PK 21:2).

96 Sofern im Rahmen der Nachlassabwicklung Nachlassvermögen schon verteilt wird, bevor alle Nachlassverbindlichkeiten bereinigt sind, besteht gem. PK 21:6 die Pflicht, soviel von dem Vermögen an den Nachlassverwalter zurückzugeben, wie dieser als notwendig für die Verwaltung des Nachlasses und die Befriedigung der Gläubiger erachtet.

---

[19] *Aarnio/Kangas*, A, P&T, S. 248.
[20] *Aarnio/Kangas*, A, P&T, S. 141.

VIII. Erbauseinandersetzung

Die Erbauseinandersetzung, d.h. die tatsächliche Aufteilung des Nachlasses unter den Erben/Bedachten, ist im 23. Kapitel des Erbrechtsgesetzes geregelt. Sie stellt im finnischen Recht einen eigenen Abschnitt dar, der deutlich von der Phase der Nachlassverwaltung getrennt wird. 97

Die Nachlassbeteiligten können sich untereinander vertraglich über die Realteilung des Nachlasses einigen (PK 23:3). Auf Antrag eines der Nachlassbeteiligten bestellt das Gericht einen **Teilungsbeauftragten** (PK 23:4). Dies wird regelmäßig veranlasst, wenn sich die Nachlassbeteiligten über die Aufteilung des Nachlasses nicht einigen können. Zuständig für die Bestellung ist das Gericht (*käräjäoikeus*) am letzten Wohnsitz des Erblassers. 98

Die Tätigkeit des Teilungsbeauftragten ist streng von der des Nachlassverwalters zu trennen. So ist der Teilungsbeauftragte nicht befugt, ohne die Genehmigung der Nachlassbeteiligten Legate zu erfüllen. Auch ist er nicht befugt, Nachlassverbindlichkeiten gegen den Willen der Nachlassbeteiligten zu begleichen. Dies sind Aufgaben, die unter die Nachlassverwaltung fallen, für die der Teilungsbeauftragte nicht zuständig ist. 99

Der Antrag bei Gericht auf Bestellung eines Teilungsbeauftragten ist entbehrlich, wenn die Nachlassbeteiligten gem. PK 23:4 Abs. 3 den Nachlassverwalter oder den Testamentsvollstrecker auffordern, die Auseinandersetzung vorzunehmen. 100

Der Teilungsbeauftragte bestimmt, vergleichbar mit dem Verfahrensgang der Inventarerrichtung, Ort und Termin der Versammlung, mit der die Auseinandersetzung begonnen wird, und lädt hierzu die Nachlassbeteiligten. Er bewertet die einzelnen Nachlassgegenstände selbstständig und prüft die Berechtigung der Nachlassbeteiligten am Nachlass. Weiterhin versucht er, Streitigkeiten zwischen den Beteiligten zu schlichten. Sofern eine Einigung zwischen den Beteiligten nicht erzielt werden kann, bestimmt der Teilungsbeauftragte die Realteilung. Dabei wird die Auseinandersetzung schriftlich festgehalten. Für landwirtschaftliche Betriebe als Gegenstand der Auseinandersetzung gelten dabei Besonderheiten. Diese sind im 25. Kapitel des Erbrechtsgesetzes geregelt. 101

C. Erbverfahrensrecht

I. Notwendigkeit eines Nachlassverfahrens im Inland

Die Errichtung des Nachlassinventars muss nur dann durchgeführt werden, wenn der Erblasser seinen Wohnsitz in Finnland hatte. Ein vorübergehender Aufenthalt führt jedoch nicht zu einer Verlegung des Wohnsitzes im Sinne der finnischen Gesetze. Zu beachten ist auch, dass finnische Diplomaten als in Finnland wohnansässig gelten.[21] Eine Person, die für längere Zeit als ein Jahr ins Ausland zieht, gilt nicht mehr als in Finnland wohnansässig. Diese Regelung ist jedoch nicht zwingend. Im Zweifel kommt es darauf an, zu welchem Land der Erblasser eine engere Verbindung hatte. 102

Sofern der Nachlass in Finnland zu versteuern ist, wird die Errichtung des Nachlassinventars durch eine in Finnland vorzunehmende Erbschaftsteuererklärung ersetzt.

---

21 *Kangas/Puronen*, Perunkirjoitusopas, S. 70.

II. Abwicklung von in Finnland belegenem Nachlass deutscher Staatsangehöriger

103 Das **Nachlassinventar** (siehe Rn 79 ff.) ist nur in den Fällen zu errichten, in denen der Erblasser seinen letzten Wohnsitz in Finnland hatte.[22] Auf der Basis des Nachlassinventars wird die Erbschaftsteuer erhoben. Das Nachlassinventar ersetzt die Erbschaftsteuererklärung.

104 Hatte der Erblasser seinen letzten Wohnsitz außerhalb Finnlands, wird statt der Errichtung des Nachlassinventars eine **Erbschaftsteuererklärung** abgegeben.[23] In der Steuererklärung sind umfangreiche Angaben zu den in Finnland sowie im Ausland befindlichen Nachlassgegenständen zu machen, die dann als Grundlage für die Steuerbemessung genommen werden.[24]

105 Die Erbschaftsteuererklärung ist binnen drei Monaten nach dem Tode des Erblassers bei dem Finanzamt einzureichen, in dessen Bezirk sich das Vermögen des Erblassers in Finnland befindet. Sofern der Erblasser kein Vermögen in Finnland hinterlässt, ist die Steuererklärung bei dem Finanzamt des Erben/Begünstigten einzureichen.

III. Anwaltskosten in Finnland

106 Eine dem Rechtsanwaltsvergütungsgesetz (RVG) entsprechende Gebührenordnung gibt es in Finnland nicht. Üblicherweise rechnen finnische Anwälte ihre Honorare auf **Stundenbasis** ab, wobei von einem Stundensatz von etwa 180–260 EUR zzgl. 24 % MwSt. ausgegangen werden kann. Erbrechtliche Mandate werden oft auch nach zu vereinbarenden Pauschalen abgerechnet. Anwälte in der Hauptstadtregion sind tendenziell teurer als Anwälte in der Provinz. Die Errichtung eines Nachlassinventars (*perukirja*) wird in Finnland auch von Banken zu Festpreisen angeboten, so dass nicht zwingend auf Rechtsanwälte in Finnland zurückgegriffen werden muss.

D. Besteuerung des Nachlasses

I. Gesetzesänderungen

107 Das finnische Erbschaftsteuerrecht wurde und wird seit jeher für hohe Steuersätze sowie einen im europäischen Vergleich zu geringen Freibetrag kritisiert. Die zum 1.1.2008 in Kraft getretene Erbschaftsteuerreform – in der Vorauflage noch angekündigt – ist schon wieder überholt. Aus den bisher 3 Steuerklassen wurden zwei Steuerklassen, wie nachfolgend dargestellt wird (siehe Rn 112). Auch die seit dem 1.1.2015 geltenden Steuersätze sind aufgeführt (siehe Rn 113 f.).

II. System der Erbschaftsteuer

108 Das finnische Erbschaftsteuerrecht ist in dem Gesetz für Erb- und Schenkungsteuer geregelt. Besteuert wird nicht der Nachlass als solcher, sondern der Anteil des jeweils Begünstigten (**Erbanfallsteuer**).[25] Von der Grundidee her wird die Erbschaftsteuer daher erst nach der

---

22 *Aarnio/Kangas/Puronen*, S. 70.
23 Vgl. *Aarnio/Kangas*, Perunkirjoitusopas, Muster 32.
24 *Aarnio/Kangas*, I, S. 147.
25 *Norri*, S. 139.

Auseinandersetzung des Nachlasses erhoben. Da diese aber üblicherweise eine gewisse Zeit in Anspruch nimmt, wird der Nachlass vom Finanzamt bereits rechnerisch aufgeteilt und die Steuer anhand dieser rechnerischen Auseinandersetzung festgesetzt.[26]

III. Bestehen einer Steuerpflicht in deutsch-finnischen Konstellationen

1. Erblasser und Erben wohnen in Deutschland, Nachlass ganz oder teilweise in Finnland

Hatte der Erblasser seinen letzten Wohnsitz in Deutschland und wohnt auch der Erbe/Begünstigte in Deutschland, so wird hinsichtlich der Steuerpflicht in Finnland zwischen verschiedenen Vermögensgruppen differenziert:
– Nach § 4 Ziff. 2 FinErbStG ist Erbschaftsteuer für Immobiliarvermögen zu zahlen sowie für Aktienanteile und Unternehmensbeteiligungen an Unternehmen, deren Vermögen zu mehr als 50 % aus in Finnland belegenem Immobiliarbesitz besteht.
– Bankguthaben ebenso wie anderes bewegliche Vermögen müssen nicht in Finnland versteuert werden.

109

2. Erblasser wohnt in Deutschland, Erbe/Begünstigter in Finnland oder umgekehrt

Wohnen entweder Erblasser oder Erbe/Begünstigter in Finnland, so ist das gesamte Erbe/Vermächtnis in Finnland gem. § 4 FinErbStG zu versteuern.

110

IV. Anrechnung der im Ausland gezahlten Erbschaftsteuer

Ein **Doppelbesteuerungsabkommen** auf dem Gebiet des Erbschaftsteuerrechts gibt es zwischen Finnland und Deutschland nicht. § 4 FinErbStG sieht aber eine Anrechnung der im Ausland gezahlten Steuern vor, sofern der Erbe/Begünstigte in Finnland wohnt.

111

V. Steuerklassen und Steuersätze

Die Erbschaftsteuerpflichtigen sind gem. § 11 FinErbStG in **zwei Steuerklassen** eingeteilt:

112

Steuerklasse I	Überlebender Ehegatte, Kinder, Kinder des Ehegatten, Adoptivkinder, Vater, Mutter, Adoptiveltern, Abkömmlinge von Kindern und Adoptivkindern; Verlobte, die i.S.d. 8:2 PK Unterstützung erhalten, als Ehegatte im Sinne dieser Vorschrift gilt auch der in Lebenspartnerschaft lebende Partner des Erblassers, der früher mit dem Erblasser verheiratet war oder der einen gemeinsamen Abkömmling mit dem Erblasser hatte oder hat. Adoptiveltern sowie der nichteheliche Partner, sofern Erblasser und nichtehelicher Partner im Jahre des Todes einkommensteuerrechtlich wie Ehegatten veranlagt wurden
Steuerklasse II	Entferntere Verwandte und Dritte

---

26 *Aarnio/Kangas/Puronen*, Perunkirjoitusopas, S. 167.

113 Die Höhe der Steuer bestimmt sich gem. § 14 FinErbStG für die **Steuerklasse I** wie folgt:

Wert des zu versteuernden Nachlassanteils in EUR	Mindestbetrag in EUR	Prozentuale Steuer für darüberliegenden Betrag
20.000–40.000	100	8
40.000–60.000	1.700	11
60.000–200.000	3.900	14
200.000–1.000.000	23.500	17
1.000.000	159.500	20

114 Für die **Steuerklasse II** gelten folgende Steuersätze:

Wert des zu versteuernden Nachlassanteils in EUR	Mindestbetrag in EUR	Prozentuale Steuer für darüberliegenden Betrag
20.000–40.000	100	21
40.000–60.000	4.300	27
60.000–1.000.000	9.700	33
1.000.000	319.900	36

115 Sofern das Nachlassinventar oder die Erbschaftsteuererklärung ohne Entschuldigung der Verspätung nicht rechtzeitig bei den zuständigen Behörden eingereicht wird, kann nach § 36 FinErbStG eine Strafsteuer erhoben werden, die auf zusätzliche 20 % begrenzt ist. Eine Fristverlängerung kann schriftlich beantragt werden.

VI. Freibeträge sowie Befreiung von der Erbschaftsteuer

116 Die hohen Steuersätze werden nicht durch entsprechend hohe Erbschaftsteuerfreibeträge abgemildert. Es gelten folgende **Freibeträge:**

- allgemeiner grundsätzlicher Freibetrag: 20.000 EUR
- überlebender Ehegatte zusätzlich: 60.000 EUR
- minderjähriges Kind (unter 18 Jahre) zusätzlich: 40.000 EUR

117 Von der Erbschaftsteuer gänzlich befreit sind gem. § 2 FinErbStG u.a. der finnische Staat, kommunale Einrichtungen, die Gemeinden sowie gemeinnützige Einrichtungen.

118 Keine Erbschaftsteuer fällt an für einen lebenslangen **Nießbrauch**, für Rentenzahlungen und für Vorteile, die für eine bestimmte Zeit gewährt werden. Leistungen aus Lebensversicherungen sind, sofern sie nicht der Einkommensteuer unterliegen, gem. § 7a FinErbStG bis zu einem Betrag von 35.000 EUR steuerfrei. Falls der überlebende Ehegatte Begünstigter der Lebensversicherung ist, beträgt der Freibetrag wenigstens die Hälfte der zu zahlenden Steuer, mindestens jedoch 35.000 EUR.

119 Steuerfrei ist ebenfalls der Hausrat des Erblassers bis zu einem Freibetrag von 3.400 EUR. Ferner wird das Recht des überlebenden Ehegatten, den Nachlass ungeteilt zu erhalten, nicht besteuert. Diplomaten und Gleichgestellte, die im Dienste eines fremden Staates stehen, sind von der Erbschaftsteuer befreit, soweit es sich nicht um Vermögen i.S.d. § 4 Ziff. 2 FinErbStG handelt (siehe Rn 116).

Aufgrund der erheblichen Steuerlast besteht die Möglichkeit, dass der Steuerpflichtige finanziell nicht in der Lage ist, die Steuer zeitnah oder überhaupt zu begleichen. § 53 FinErbStG sieht daher vor, dass unter bestimmten Voraussetzungen auf Antrag des Steuerpflichtigen auf Ermessensbasis eine teilweise oder auch vollständige **Befreiung** von der Steuerpflicht gewährt werden kann. Auch ist die Gewährung von **Stundungen** in Sonderfällen möglich.

VII. Bewertung des Nachlasses

Für den Wert des Nachlasses wird auf den Todeszeitpunkt abgestellt, § 5 FinErbStG. Maßgeblich ist dabei der sog. *käypä arvo*, der wahrscheinlich erzielbare Marktpreis. Da sich der tatsächliche Preis erst dann feststellen lässt, wenn das Objekt verkauft wird, wird üblicherweise nicht der tatsächliche Verkehrswert angesetzt, sondern lediglich 80 % des Verkehrswertes, welcher aufgrund von vergleichbaren Verkäufen in den letzten Jahren zu ermitteln ist.

Hausrat wird generell, sofern es sich nicht um Kunst und Antiquitäten handelt, mit sehr geringem Wert angesetzt, ohne dass dies (im Normalfall) vom Finanzamt beanstandet würde.

Weitere Informationen und Materialien, wie z.B. Muster, Formulare, amtliche Texte und Internetadressen, befinden sich auf der beiliegenden CD-ROM.

Frankreich

Dr. Christoph Döbereiner, Notar, München

Inhalt

- A. Rechtsanwendung im Erbrecht 1
  - I. Hinweis auf das bisherige Internationale Erbrecht 1
  - II. Französische Besonderheiten bei Anwendung der EU-ErbVO 2
    1. Vorrangige Staatsverträge 2
    2. Anwendungsbereich der EU-ErbVO, Abgrenzung des Erbstatuts zu anderen Statuten 3
       - a) Das Güterrechtsstatut 3
         - aa) Allgemeines 3
         - bb) Das Güterrechtsstatut bei Heirat vor dem 1.9.1992 4
         - cc) Das Güterrechtsstatut bei Eheschließung nach dem 1.9.1992 7
         - dd) Qualifikation von § 1371 BGB 14
         - ee) Besonderheiten bei avantages matrimoniaux 15
       - b) Das Ehewirkungsstatut 20
       - c) Das Scheidungsstatut 21
       - d) Das Schenkungsstatut 22
       - e) Internationales Abstammungsrecht 23
       - f) Adoptionsstatut 24
       - g) Die Abgrenzung Sachenrecht – Erbrecht 25
         - aa) Einleitung 25
         - bb) Französisches legs particulier an deutschem Grundbesitz ... 26
         - cc) Deutsches Vermächtnis an französischem Grundbesitz ... 27
         - dd) Der Ehegattennießbrauch 30
         - ee) Die Erbauseinandersetzung ... 31
    3. Ordre public 32
    4. Erbverträge 34
    5. Gemeinschaftliche Testamente 40
    6. Ausgewählte Besonderheiten des Europäischen Nachlasszeugnisses aus französischer Sicht 42
       - a) Ausstellungsbehörde 42
       - b) Einordnung der legataires 43
       - c) Die Berücksichtigung von Noterbrechten 44
- B. Materielles Erbrecht 45
  - I. Allgemeines 45
  - II. Gesetzliches Erbrecht 46
    1. Der Grundsatz der Universalsukzession 46
       - a) Allgemeines 46
       - b) Exkurs: Das französische Güterrecht 48
         - aa) Die verschiedenen Güterstände 49
         - bb) Der Abschluss des Ehevertrages 52
       - cc) Der Unwandelbarkeitsgrundsatz und seine Ausnahmen ... 53
       - c) Die Abgrenzung Güterrecht – Erbrecht 57
    2. Erbfähigkeit 58
    3. Erbwürdigkeit 59
    4. Die vier Erbordnungen 60
       - a) Die Abkömmlinge 61
       - b) Die privilegierten Aszendenten und Seitenverwandten 63
       - c) Die gewöhnlichen Aszendenten ... 67
       - d) Die gewöhnlichen Seitenverwandten 68
    5. Das gesetzliche Erbrecht des überlebenden Ehegatten 69
       - a) Allgemeines 69
       - b) Die Höhe des Ehegattenerbrechts 70
       - c) Der Ehegattennießbrauch 75
       - d) Weitere Rechte des überlebenden Ehegatten 76
         - aa) Der Unterhaltsanspruch des bedürftigen Ehegatten gegen den Nachlass 77
         - bb) Das Wohnrecht an der Ehewohnung 78
         - cc) Die Entschädigung für kostenlose Mitarbeit im Betrieb des Erblassers 80
    6. Die Stellung gesetzlicher Erben 81
  - III. Die testamentarische Erbfolge nach französischem Recht 82
    1. Das einseitige Testament 83
       - a) Die Wirksamkeitserfordernisse 83
       - b) Der Inhalt testamentarischer Anordnungen 90
         - aa) Die Verteilung des Nachlasses durch Vermächtnisse 91
         - bb) Das Universal- bzw. Erbvermächtnis 92
         - cc) Das Erbteilvermächtnis 94
         - dd) Das Erbstückvermächtnis 95
         - ee) Vor- und Nacherbschaft 97
       - c) Die Hinfälligkeit testamentarischer Bestimmungen 100
       - d) Der Widerruf eines Testaments durch den Erblasser 101
       - e) Der gerichtliche Widerruf eines Testaments 102
    2. Das Verbot des gemeinschaftlichen Testaments 103
  - IV. Das Noterbrecht der nächsten Angehörigen 105
    1. Allgemeines 105
    2. Der Kreis der Noterben und die Höhe ihrer Beteiligung 106
       - a) Der überlebende Ehegatte 106
       - b) Abkömmlinge 107

  c) Aszendenten 108
  d) Die Besonderheiten bei Vorhandensein eines überlebenden Ehegatten 110
 3. Die Feststellung der Überschreitung der disponiblen Quote 112
 4. Die Folgen der Überschreitung der disponiblen Quote 113
 5. Verzicht auf die Herabsetzungsklage und das Noterbrecht 115
V. Die Testamentsvollstreckung 116
VI. Die vertragliche Erbfolge 118
 1. Das Verbot der pactes sur succession future 118
 2. Die institution contractuelle als Ausnahme 120
  a) Allgemeines 120
  b) Die institution contractuelle durch Dritte zugunsten künftiger Ehegatten 121
  c) Die institution contractuelle zwischen künftigen Ehegatten im Ehevertrag 132
  d) Die institution contractuelle zwischen Ehegatten während der Ehe 137
  e) Die Sonderformen der institution contractuelle 145
   aa) Die donation cumulative de biens présents et à venir 146
   bb) Die promesse d'égalité 147
VII. Die Erbengemeinschaft und die Erbauseinandersetzung 148
 1. Die Erbengemeinschaft 148
 2. Die Erbauseinandersetzung 149
 3. Vorausteilung und Teilungsanordnungen (libéralités-partages) 153
  a) Die donation-partage 154
  b) Das testament-partage 155
VIII. Annahme und Ausschlagung der Erbschaft 156
 1. Allgemeines 156
 2. Die vorbehaltlose Annahme 157
 3. Die Annahme mit Haftungsbeschränkung auf den Aktivnachlass 158
 4. Die Ausschlagung 159
IX. Wege der Nachlassregelung außerhalb des Erbrechts 160
 1. Schenkungen auf den Todesfall 160
 2. Begünstigung des überlebenden Ehegatten durch avantages matrimoniaux 161

  a) Die clause de prélèvement moyennant indemnité 162
  b) Die clause de préciput 166
  c) Die stipulation de parts inégales und die clause d'attribution de la totalité de la communauté 171
  d) Die Besonderheiten bei Änderungen des Ehevertrages 177
  e) Die Rechtsnatur der betreffenden Vereinbarungen 178
  f) Avantages matrimoniaux bei der participation aux acquêts 182
  g) Steuerrechtliche Aspekte 183
 3. Die clause d'acquisition ou d'attribution de biens propres 184
 4. Die clause tontine oder clause d'accroissement 185
 5. Die Vollmacht über den Tod hinaus .. 186
C. Nachlassabwicklung und Nachlassverfahren 187
 I. Die Testamentseröffnung 187
 II. Vorläufige gerichtliche Sicherungsmaßnahmen 188
 III. Der Nachweis der Erbeneigenschaft 189
  1. Unstreitige Sachverhalte 189
  2. Streitige Sachverhalte 191
D. Die Besteuerung der Erbfolge 192
 I. Das deutsch-französische Doppelbesteuerungsabkommen 192
 II. Beschränkte und unbeschränkte Steuerpflicht 196
  1. Unbeschränkte Steuerpflicht 197
  2. Beschränkte Steuerpflicht 198
 III. System der Erbschaftsteuer 199
 IV. Die Steuerklassen, Steuersätze und Freibeträge 201
  1. Der Ehegatte und Partner eines PACS 202
  2. Abkömmlinge und Verwandte in gerader Linie 203
  3. Geschwister 204
  4. Sonstige Verwandte bis zum vierten Grad 205
  5. Sonstige Erwerber 206
  6. Behinderte Personen 207
  7. Weitere Bestimmungen und Besonderheiten 208
 V. Die Abwicklung der Erbschaftsteuer 211

Literatur

Deutschsprachige Literatur

Baumann, Gesetzliche Erbfolge und Möglichkeiten testamentarischer Erbeinsetzung im französischen Code Civil, 1996; *Chaussade-Klein*, Die Ermittlung des Güterrechtsstatuts nach französischem IPR, IPRax, 1992, 406; *De Meo*, Das französische IPR-System im Vergleich mit der Neuregelung des deutschen Internationalen Privatrechts (unter Berücksichtigung französischer Kodifikations-Entwürfe), ZfRV 28 (1987), 12, 107; *Döbereiner*, Ehe- und Erbverträge im deutsch-französischen Rechtsverkehr, 2001; *Döbereiner*, Das neue französische Scheidungsrecht, ZEuP 2007, 521; *Döbereiner*, Die gesetzliche Erbfolge und die Nachlassabwicklung nach dem neuen französischen Erbrecht, ZEuP

2010, 368; *Döbereiner*, Die gewillkürte Erbfolge und das Pflichtteilsrecht nach dem neuen französischen Erbrecht, ZEuP 2010, 588; *Döbereiner*, Eherecht in Frankreich, in: Süß/Ring, Eherecht in Europa, 2. Aufl. 2012, S. 473; *Döbereiner*, Länderbericht Frankreich, in: NomosKommentar BGB, Band 3: Sachenrecht, 4. Aufl. 2013; *Döbereiner*, Die Europäische Erbrechtsverordnung aus französischer Sicht, in: Löhnig/Schwab/Henrich/Gottwald/Grziwotz/Reimann/Dutta, Erbfälle unter Geltung der Europäischen Erbrechtsverordnung, 2014, S. 139; *Döbereiner*, Länderbericht Frankreich, in: Fischer/Kühne/Warlich, Anwaltformulare Bankvermögen im Erbfall, Länderbericht Frankreich, 2015, S. 507; *Dostal*, Die Vererbung von Gesellschaftsanteilen im französischen Recht, ZEV 1997, 96; *Exner*, Die Auseinandersetzung der Erbengemeinschaft im deutschen und im französischen Recht, Ein Rechtsvergleich, 1994; *Ferid/Sonnenberger*, Das Französische Zivilrecht, Band 1/1: Erster Teil: Allgemeine Lehren des Französischen Zivilrechts: Einführung und Allgemeiner Teil des Zivilrechts, 2. Aufl. 1994; Band 2: Schuldrecht: Die einzelnen Schuldverhältnisse, Sachenrecht, 2. Aufl. 1986; Band 3: Familienrecht, Erbrecht, 2. Aufl. 1987; *Ferid*, Frankreich, in: Ferid/Firsching/Dörner/Hausmann, Internationales Erbrecht (Stand 1.12.1987); *Ferrand*, Familienerbrecht und Testierfreiheit: Das französische Recht, in: Henrich/Schwab, Familienerbrecht und Testierfreiheit im europäischen Vergleich, 2001, S. 87; *Fischer*, Das französische Rechtsinstitut der saisine, Entwicklung und Bedeutung dieses Rechtsinstituts, Auswirkungen des Instituts auf die Nachlaßabwicklung in Frankreich, 1972; *Frank*, Grundlagen zum Immobilienerwerb in Frankreich, MittBayNot 2001, 39; *Frank*, Die Reform des Erbrechts in Frankreich, RNotZ 2002, 270; *Frank*, Länderbericht Frankreich, in: Frank/Wachter, Handbuch Immobilienrecht in Europa, 2. Aufl. 2015, S. 281; *Frank*, Länderbericht Frankreich, in: NomosKommentar BGB, Band 5: Erbrecht, 4. Aufl. 2014; *Gottschalk*, Erbschaftsteuerfreie Zuwendungen auf den Todesfall durch französischen Erbvertrag, ZEV 2006, 99; *Gotthardt*, Anerkennung und Rechtsscheinswirkungen von Erbfolgezeugnissen französischen Rechts in Deutschland, ZfRV 32 (1991), 2; *Gresser*, Gesetzliche und gewillkürte Erbfolge im französischen Erbrecht, ZEV 1997, 492; *Gresser*, Grundzüge des geänderten französischen Erbrechts, ZErb 2006, 407; *Haas/Sieghörtner*, in: Bengel/Reimann, Handbuch der Testamentsvollstreckung, 5. Aufl. 2013, Kap. 9 Rn 138; *Hechler*, Die Besteuerung deutsch-französischer Erbfälle, 1998; *Hök*, Neues französisches Erbrecht mit praktischen Hinweisen, ZFE 2007, 333 (Teil 1) und 371 (Teil 2); *Jülicher*, Das neue DBA Frankreich-Deutschland zur Erbschaft- und Schenkungsteuer, IStR 2007, 85; *Jülicher*, Deutsch-französischer Erbfall – Erwerb und Internationales Erbrecht ab Geltung der EU-ErbVO (Teil 1), PIStB 2014, 228; *Klingelhöffer*, Erbverträge im deutsch-französischen Verhältnis, 1971; *Klingelhöffer*, Ein lohnender Blick über die Grenze: Änderung des französischen Ehegattenerbrechts, ZEV 2003, 148; *Klima*, Reform des Erbrechts und der Vermögensübertragungen in Frankreich, ZEV 2006, 440; *Lagarde*, Die verfahrensmäßige Behandlung von Nachlässen, Länderbericht Frankreich, in: Schlosser, Die Informationsbeschaffung für den Zivilprozeß, 1996, S. 207; *Lauck*, Länderbericht Frankreich, in: Burandt/Rojahn, Erbrecht, 2. Aufl. 2014; *Moench/Morsch*, Das „Erbschaftsteuer-DBA" zwischen Saarland und Frankreich – Ein Dokument zeitvergessener Vertragsverhandlungen, ZEV 2003, 273; *Prévault*, Die Interpretation von Testamenten nach französischem Recht, ZVglRW 84 (1985), 97; *Pütz-Kücking*, Die Grundzüge des französischen Erbrechts, MittRhNotK 1981, 273; *Riering*, Das gemeinschaftliche Testament deutsch-französischer Ehegatten, ZEV 1994, 225; *Rombach*, Reform des französischen Erbrechts, ZEV 2002, 271; *Schömmer/Steinhauer/Haydu*, Internationales Erbrecht, Frankreich, 2005; *Sipp-Mercier*, Die Abwicklung deutsch-französischer Erbfälle in der Bundesrepublik Deutschland und in Frankreich, 1985; *Sonnenberger/Autexier*, Einführung in das französische Recht, 3. Aufl. 2000; *Süß*, Reform des Erbrechts in Frankreich, ZErb 2002, 62; *Süß*, Länderbericht Frankreich, in: Mayer/Süß/Tanck/Wälzholz, Handbuch Pflichtteilsrecht, 3. Aufl. 2013, § 19 Rn 43 ff.; *Trockels*, Die „Erbengemeinschaft" im französischen Recht, L'indivision héréditaire et la réparation des dettes et des créances, 1987; *Veelken*, Französische substitution und deutsche Vor- und Nacherbschaft – Probleme des internationalen Erbrechts, RabelsZ 49 (1985) 1; *von Oertzen/Schienke*, Die Besteuerung deutsch-französischer Erbfälle nach Inkrafttreten des ErbSt-DBA zwischen Deutschland und Frankreich, ZEV 2007, 406; *Wachter*, Änderungen der französischen Erbschaft- und Schenkungsteuer, ZErb 2003, 332; *Wachter*, Loi de Finances 2005: Änderungen der französischen Erbschaft- und Schenkungsteuer, ZErb 2005, 66; *Wehrens/Gresser*, Der Kauf von Grundeigentum in Frankreich, in: FS Schippel 1996, S. 961; *Wehrens/Gresser*, Nachfolgeplanung für Immobilien in Frankreich, in: FS Rheinisches Notariat 1998, S. 479.

Literatur in französischer Sprache

Cornu, Les régimes matrimoniaux, 9. Aufl., Paris 1997; *Delfosse/Peniguel*, La réforme des successions et des libéralités, Paris 2006; Dossiers pratiques Francis Lefebvre, Les successions et les libéralités après la réforme, Loi du 23 juin 2006, Paris 2006; *Loussouarn/Bourel/de Vareilles-Sommières*, Droit international privé, 10. Aufl., Paris 2013; *Malaurie/Aynès*, Les successions, les libéralités, 5. Aufl., Paris 2012; *Mayer/Heuzé*, Droit international privé, 11. Aufl., Paris 2014; *Revillard*, Droit international privé et européen: pratique notariale, 8. Aufl., Paris 2014; *Terré/Lequette/Gaudemet*, Droit civil, Les successions, les libéralités, 4. Aufl., Paris 2013; *Terré/Simler*, Droit civil, Les régimes matrimoniaux, 6. Aufl., Paris 2011; *Voirin/Goubeaux*, Droit civil, Band 2: Droit privé notarial: Régimes matrimoniaux, successions, libéralités, 27. Aufl., Paris 2012.

Französische Literatur zur EU-ErbVO

Boiché, Le règlement sur les successions, Reconnaissance et exécution des décisions de justice, JCP éd N, 2013, Nr. 15, p. 50; *Boulanger*, Le renouvellement du traitement de l'anticipation successorale au travers du règlement (UE) du 4 juillet 2012, JCP éd N, 2013, Nr. 27, p. 39; *Boulanger*, Révolution juridique ou compromis en tromp l'œil, JCP éd G 2012, doctr. 1120; *Callé*, L'acceptation et l'exécution des actes authentiques, JCP éd N, 2013, Nr. 15, p. 52; *Chassaing*, Le nouveau règlement européen sur les successions, JCP éd N, 2012, Nr. 25, p. 54; *Chassaing*, Successions internationales: brèves réflexions notariales sur le règlement européen du 7 juillet 2012, Revue Lamy Droit Civil, 2012, Nr. 95, p. 47; *Fongaro*, Vers un droit patrimonial européen de la famille?, JCP éd N, 2013, Nr. 15, p. 27; *Galliez*, Successions internationales: entre unité civile et morcellement fiscal, JCP éd N, 2013, Nr. 47, p. 54; *Godechet-Patris*, Successions internationales: l'unité civile, JCP éd N, 2013, Nr. 47, p. 58; *Godechet-Patris*, Le nouveau droit international privé des successions: entre satisfactions et craintes, D. 2012, p. 2462; *Goré*, La professio juris, Defrénois 2012, art. 40568; *Goré*, Les silences du règlement européen sur les successions internationales, Dr. et patrimoine 2013, No. 224; *Grimaldi*, Brèves réflexions sur l'ordre public et la réserve héréditaire, Defrénois 2012, art. 40563; *Jacoby*, Acte de notoriété ou certificat successoral européen, JCP éd N, 2012, Nr. 25, p. 65; *Khairallah/Revillard* (Hg.), Droit européen des successions. Règlement du 4 juillet 2012, Paris 2013; *Laborde*, Le champ d'application du règlement (UE) du 4 juillet 2012 n 650/2012 du Parlement Européen et du Conseil du 4 juillet 2012 en matière de successions internationales, JCP éd N, 2013, Nr. 15, p. 31; *Lagarde*, Les principes de base du nouveau règlement européen sur les successions, Rev.crit. DIP 2012, 691; *Nadaud*, Le domaine de la loi successorale, JCP éd N, 2013, Nr. 15, p. 46; *Revillard*, Successions internationales: le règlement du Parlement européen et du Conseil du 4 juillet 2012 en matière des successions, Defrénois 2012, art. 40564; *Reynis*, Le certificat successoral européen, un acte authentique européen, Defrénois 2012, art. 40558; *Sagaut*, Le certificat successoral européen: un acte en quête de notoriété, JCP éd N, 2013, Nr. 15, p. 56; *Sagot-Duvaurouy*, Les règles européennes de compétence directe en matière de successions internationales, JCP éd N, 2013, Nr. 15, p. 35; *Sana-Chaillé de Néré*, Vers un droit patrimonial européen de la famille? La loi applicable à la succession dans le règlement du 7 juillet 2012, JCP éd N, 2013, Nr. 15, p. 39.

A. Rechtsanwendung im Erbrecht

I. Hinweis auf das bisherige Internationale Erbrecht

1   Ab 17.8.2015 wird für Frankreich die EU-ErbVO gelten. Im französischen IPR existieren nur wenige kollisionsrechtliche Gesetzesvorschriften.[1] Von Bedeutung ist neben vorrangigen Staatsverträgen vor allem Art. 3 C.C. Dieser bestimmt in seinem Absatz 2, dass Immobilien, selbst wenn sie im Eigentum von Ausländern stehen, dem französischen Recht unterliegen, und in Absatz 3, dass auf *l'état et la capacité* von Franzosen, auch wenn sie im Ausland leben, das französische Recht anwendbar ist. Rechtsprechung und Lehre haben vor allem

---

[1] Ausdrücklich geregelt sind in Art. 310 C.C. das Internationale Scheidungsrecht, in Art. 311–14 ff. C.C. das Internationale Kindschaftsrecht und in Art. 370–3 ff. C.C. das Internationale Adoptionsrecht.

aus diesen beiden Regelungen das heute geltende kollisionsrechtliche System entwickelt. Im französischen Internationalen Erbrecht gilt bisher der Grundsatz der kollisionsrechtlichen **Nachlassspaltung**. Aus Art. 3 Abs. 2 C.C. wird abgeleitet, dass Immobilien nach der *lex rei sitae* vererbt werden. Für die Rechtsnachfolge in Mobiliarvermögen dagegen gilt das am letzten Wohnsitz des Verstorbenen geltende Recht.

II. Französische Besonderheiten bei Anwendung der EU-ErbVO

1. Vorrangige Staatsverträge

Seit 19.11.1967 ist in Frankreich das Haager Übereinkommen über das auf die Form letztwilliger Verfügungen anzuwendende Recht vom 5.10.1961 in Kraft. Weiterhin ist Frankreich seit 20.3.1976 Vertragsstaat des Baseler Übereinkommens über die Errichtung einer Organisation zur Registrierung von Testamenten vom 16.5.1972 und seit 1.12.1994 des Washingtoner UN-Übereinkommens über ein einheitliches Recht der Form eines internationalen Testaments vom 26.10.1973. Im Bereich des Internationalen Erbrechts existieren in Frankreich im Übrigen (wohl) keine bilateralen Staatsverträge mehr, die wegen Art. 75 EU-ErbVO auch der EU-ErbVO vorgehen würden.[2]

2. Anwendungsbereich der EU-ErbVO, Abgrenzung des Erbstatuts zu anderen Statuten

a) Das Güterrechtsstatut

aa) Allgemeines

Nach Art. 1 Abs. 2 lit. d) EU-ErbVO sind güterrechtliche Fragen vom Anwendungsbereich der EU-ErbVO ausgeschlossen. Andererseits bestimmt Art. 23 Abs. 2 lit. b) EU-ErbVO, dass dem Erbstatut die Nachlassansprüche des überlebenden Ehegatten oder Lebenspartners unterliegen. Auch im französischen Internationalen Privatrecht galt bisher bereits der Grundsatz, dass die güterrechtliche Abwicklung der Erbrechtlichen im Todesfall vorgeht. Das Güterstatut bestimmt den Umfang des Nachlasses.[3] Bei der Ermittlung des Güterrechtsstatuts ist im französischen Internationalen Privatrecht zwischen zwei Zeiträumen zu unterscheiden, da für Frankreich am 1.9.1992 das Haager Übereinkommen über das auf Ehegüterstände anwendbare Recht vom 14.3.1978 in Kraft getreten ist.

bb) Das Güterrechtsstatut bei Heirat vor dem 1.9.1992

Haben die Ehegatten vor dem 1.9.1992 geheiratet, so werden die güterrechtlichen Verhältnisse traditionell dem Vertragsrecht zugeordnet, so dass in diesem Bereich **Parteiautonomie** herrscht. Vorrangig ist deshalb auf eine – grundsätzlich nur vor der Eheschließung zulässige – ausdrückliche oder konkludente Rechtswahl der Ehegatten abzustellen. Es besteht eine Vermutung dafür, dass die Ehegatten ihre güterrechtlichen Verhältnisse dem Recht am Abschlussort des Ehevertrages unterstellen wollten. Haben die Ehegatten keine Rechtswahl getroffen, so ist zu ermitteln, welchem Recht die Ehegatten ihre güterrechtlichen Verhältnisse im Zeitpunkt der Eheschließung mutmaßlich unterstellen wollten. Eine überragende

---

2 Zu bilateralen Staatsverträgen, deren Fortgeltung offensichtlich teilweise unklar ist, mit Tunesien, Algerien, verschiedenen afrikanischen Staaten und Laos siehe *Mayer/Heuzé*, Droit international privé, Rn 534; *Revillard*, Droit international privé et européen, Rn 857 ff.
3 *Mayer/Heuzé*, Droit international privé, Rn 871; *Revillard*, Droit international privé et européen, Rn 981.

Bedeutung kommt dabei dem Recht am ersten gemeinsamen ehelichen Wohnsitz zu. Nach der Rechtsprechung besteht die zwar widerlegbare, in der Praxis aber fast nie zu widerlegende Vermutung, dass die Ehegatten das Recht am ersten gemeinsamen Wohnsitz zum Mittelpunkt ihrer vermögensrechtlichen Beziehungen machen wollten.[4] Diese Kollisionsregeln stellen Sachnormverweisungen dar.[5]

5 Das Ehegüterstatut ist **unteilbar**[6] und grundsätzlich unwandelbar. Zulässig soll allerdings die Abänderung der kollisionsrechtlichen Rechtswahl sein, wenn das ursprünglich anwendbare Güterrechtsstatut dies zulässt.[7] Die hiervon zu unterscheidende Frage, ob die Ehegatten ihren Güterstand nach Eheschließung ändern können und welche Voraussetzungen sie dabei zu beachten haben, wird vom Güterrechtsstatut beantwortet.[8] Haben die Partner einen **Ehevertrag** geschlossen, so beurteilen sich dessen Zustandekommen und Auslegung nach dem Güterrechtsstatut. Die Form des Ehevertrages unterliegt jedoch nach der Regel *locus regit actum* in erster Linie den Vorschriften am Abschlussort. Ausreichend ist auch die Wahrung der vom Heimatrecht der Ehegatten oder der *lex causae* geforderten Form. Die für den Ehevertrag bestehenden Publizitätserfordernisse, wie z.B. der Vermerk auf der Heiratsurkunde nach Art. 75 C.C., unterliegen nicht dem Formstatut; es handelt sich vielmehr um Verfahrensvorschriften, für welche die Publizitätserfordernisse am Ort der Eheschließung gelten.[9] Die Fähigkeit, einen Ehevertrag abzuschließen, richtet sich nicht nach dem Güterrechtsstatut, sondern dem Personalstatut, also dem Heimatrecht. Kommt es aufgrund eines Ehevertrages zu einem Eigentumsübergang, so sind im Hinblick auf Immobilien die Publizitätsvorschriften der *lex rei sitae* einzuhalten.[10] Sind in Frankreich gelegene Grundstücke betroffen, ist dabei zu beachten, dass nach dem mit Gesetz vom 28.3.2011 neu eingeführten Art. 710-1 C.C. nur vor einem französischen Notar beurkundete Verträge im französischen *bureau des hypothèques* registriert werden können.

6 Bei **Fehlen eines Ehevertrages** entscheidet das Güterrechtsstatut über den gesetzlichen Güterstand der Ehegatten. Nach dem Güterrechtsstatut richten sich die Zusammensetzung der Gütermassen, die Schuldenhaftung, die Verwaltungsbefugnisse der Ehegatten und die Auflösung und Auseinandersetzung des Güterstandes. In letzterem Bereich ist jedoch der Einfluss der *lex rei sitae* zu beachten. Die *indivision postcommunautaire* wird als besondere Form des Eigentums angesehen. Ihre Zusammensetzung, Verwaltung und Dauer unterliegen daher der *lex rei sitae*, ebenso die Frage, wie sich bei der Auseinandersetzung ein ggf. erforderlicher Eigentumsübergang vollzieht.

cc) Das Güterrechtsstatut bei Eheschließung nach dem 1.9.1992

7 Seit 1.9.1992 gilt in Frankreich das **Haager Übereinkommen über das auf Ehegüterstände anwendbare Recht** vom 14.3.1978 (HGA). Gemäß Art. 2 HGA handelt es sich dabei um *loi uniforme*. Die Bestimmungen gelten also aus französischer Sicht auch im Verhältnis zu

---

4 Vgl. auch *Chaussade-Klein*, IPRax 1992, 406.
5 *Mayer/Heuzé*, Droit international privé, Rn 827; *Revillard*, Droit international privé et européen, Rn 401.
6 *Mayer/Heuzé*, Droit international privé, Rn 815; *Revillard*, Droit international privé et européen, Rn 400.
7 *Mayer/Heuzé*, Droit international privé, Rn 837.
8 *Mayer/Heuzé*, Droit international privé, Rn 833; *Revillard*, Droit international privé et européen, Rn 409.
9 *Loussouarn/Bourel/de Vareilles-Sommières*, Droit international privé, Rn 619; *Mayer/Heuzé*, Droit international privé, Rn 823; *Revillard*, Droit international privé et européen, Rn 514 f.
10 *Revillard*, Droit international privé et européen, Rn 421.

Deutschland, obgleich Deutschland das Übereinkommen nicht ratifiziert hat. Für vor dem 1.9.1992 geschlossene Ehen bleibt es grundsätzlich bei den bisher geltenden Regeln, gem. Art. 21 HGA können die Ehegatten ihre güterrechtlichen Verhältnisse jedoch dem Abkommen unterstellen.

Gemäß Art. 3 Abs. 1 HGA ist in erster Linie das von den Ehegatten ausdrücklich oder konkludent nach Art. 11 und 13 HGA **gewählte Sachrecht** maßgeblich. Die Formwirksamkeit eines Ehevertrages richtet sich gem. Art. 12 HGA nach dem Recht am Abschlussort oder der *lex causae*. Die Ehegatten können ihre güterrechtlichen Verhältnisse gem. Art. 3 Abs. HGA entweder dem Recht eines Staates, dem ein Ehegatte angehört (Nr. 1), dem Recht eines Staates, in dem ein Ehegatte seinen gewöhnlichen Aufenthalt hat (Nr. 2), oder dem Recht eines Staates, in dem ein Ehegatte nach der Eheschließung seinen Wohnsitz begründen wird (Nr. 3), unterstellen. Das Güterrechtsstatut ist gem. Art. 3 Abs. 3 HGA grundsätzlich **unteilbar**. Für – auch künftig erst zu erwerbende – Grundstücke ist gem. Art. 3 Abs. 4 HGA jedoch die Wahl der *lex rei sitae* zulässig.

8

Treffen die Ehegatten keine Rechtswahl, so ist gem. Art. 4 Abs. 1 HGA primär das Recht am ersten gemeinsamen **gewöhnlichen Aufenthalt** (*résidence habituelle*) der Ehegatten anwendbar. Haben die Ehegatten keinen gemeinsamen gewöhnlichen Aufenthalt, so ist gem. Art. 4 Abs. 2 Nr. 3 HGA das gemeinsame Heimatrecht berufen. Liegt weder ein gemeinsamer gewöhnlicher Aufenthalt, noch eine gemeinsame Staatsangehörigkeit vor, so ist gem. Art. 4 Abs. 3 HGA auf das Recht des Staates abzustellen, zu dem die Ehegatten die engsten Verbindungen haben.

9

Das Güterrechtsstatut ist **wandelbar**. Eine Rechtswahl bzw. eine Änderung einer getroffenen Rechtswahl ist gem. Art. 6 Abs. 1 HGA auch noch während der Ehe möglich. Wählbar ist gem. Art. 6 Abs. 2 HGA das Heimatrecht eines Ehegatten (Nr. 1) oder das am gewöhnlichen Aufenthaltsort eines Ehegatten geltende Recht (Nr. 2). Die Änderung des Güterrechtsstatuts hat Rückwirkung und bezieht sich gem. Art. 6 Abs. 3 HGA auf alle Güter der Ehegatten. Für Grundbesitz kann gem. Art. 6 Abs. 4 HGA wiederum das Recht am Belegenheitsort gewählt werden. Eine gerichtliche Genehmigung der Änderung des Güterrechtsstatuts, wie sie im französischen materiellen Recht für einen Güterstandswechsel ggf. vorgeschrieben ist, ist dabei nicht erforderlich. Dies gilt auch, wenn sich mit dem Wechsel des anwendbaren Rechts automatisch der Güterstand verändert. Allerdings müssen gem. Art. 1397-3 Abs. 2 C.C. und den Art. 1303-1 ff. C.P.C. bestimmte Publizitätsvorschriften, wie Vermerke auf der Heiratsurkunde bzw. die Einschreibung der Rechtswahl im *répertoire civil annexe*, einem vom Außenministerium geführten Personenstandsregister, beachtet werden.

10

Wollen Ehegatten nicht das Güterrechtsstatut, sondern lediglich ihren **Güterstand abändern**, so entscheidet über die Frage, ob und unter welchen Voraussetzungen dies zulässig ist, auch unter der Geltung des HGA das Güterrechtsstatut. Bei Anwendbarkeit des französischen Rechts sind folglich die Voraussetzungen des Art. 1397 C.C. zu beachten. Wird der Güterstand unter Anwendung einer fremden Rechtsordnung geändert, so sind wiederum gem. Art. 1397-5 C.C. i.V.m. Art. 1303-3 Abs. 1 C.P.C. bzw. Art. 1303-3 Abs. 2 C.P.C. bestimmte Publizitätserfordernisse zu beachten. Gemäß Art. 1303-6 C.P.C. gelten diese Regelungen auch, wenn der Güterstandswechsel unter Anwendung französischen Rechts im Ausland vereinbart wurde. Art. 1397-3 Abs. 3 C.C. bestimmt im Übrigen, dass die Ehegatten im Rahmen einer Rechtswahl nach Eheschließung auch festlegen können, welcher Güterstand für sie maßgeblich sein soll. Diese Vorschrift wird dahingehend ausgelegt, dass nunmehr ein Güterstandswechsel ohne weitere Voraussetzungen zulässig ist. Insbesondere

11

wird ohne Rücksicht darauf, ob das französische Recht ursprüngliches oder neues Güterrechtsstatut ist, keine gerichtliche Genehmigung nach Art. 1397 C.C. mehr verlangt.[11]

12 Haben Ehegatten keine Rechtswahl getroffen, so kann sich das Güterrechtsstatut während der Ehe auch **automatisch ändern**. Gemäß Art. 7 Abs. 2 HGA wird statt des vorher aufgrund der bei Eheschließung bestehenden Umstände anwendbaren Rechts das Recht am gemeinsamen gewöhnlichen Aufenthaltsort anwendbar, wenn die Ehegatten nach Eheschließung ihren gewöhnlichen Aufenthalt in ihren gemeinsamen Heimatstaat verlegen (Nr. 1), wenn sie nach Eheschließung zehn Jahre gemeinsam in einem Land gelebt haben (Nr. 2) oder wenn sie im Fall des Art. 4 Abs. 2 Nr. 3 HGA einen gemeinsamen Aufenthaltsort erstmals begründen. Der Wandel des Güterrechtsstatuts wirkt vorbehaltlich einer anderen Erklärung durch die Ehegatten (Art. 8 Abs. 2 HGA) gem. Art. 8 Abs. 1 HGA nur *ex nunc*. Die Ehegatten können die automatische Wandelung des Güterrechtsstatuts durch eine gemeinsame Erklärung verhindern.

13 Das HGA bestimmt nicht ausdrücklich den **Anwendungsbereich** des Güterrechtsstatuts. In Art. 1 HGA ist nur negativ geregelt, dass Unterhaltsansprüche, das Erbrecht des überlebenden Ehegatten und die Geschäftsfähigkeit der Ehegatten nicht erfasst sind. Für die Geschäftsfähigkeit gilt also wie nach bisherigem französischen Internationalen Privatrecht das Personalstatut. Auch im Übrigen ist der Anwendungsbereich des Güterrechtsstatuts nach den vor Inkrafttreten des HGA geltenden Regelungen zu ermitteln.

dd) Qualifikation von § 1371 BGB

14 Interessant ist in diesem Zusammenhang die französische Sicht zu § 1371 Abs. 1 BGB. Die wohl überwiegende französische Auffassung will § 1371 Abs. 1 BGB erbrechtlich qualifizieren, so dass die Vorschrift bei Geltung französischen Erbrechts nicht anwendbar ist. Es soll aber ggf. in jedem Fall nach dem anwendbaren deutschen Güterrecht ein rechnerischer Zugewinnausgleich durchzuführen sein, ohne dass eine Erbausschlagung des längerlebenden Ehegatten erforderlich ist.[12] Auch das französische Recht kennt als Güterstand die Teilhabe am Zugewinn (*participation aux aquêts*), allerdings keine § 1371 Abs. 1 BGB vergleichbare Vorschrift; der Zugewinnausgleich wird im Todesfall nach den allgemeinen Regeln abgewickelt.

ee) Besonderheiten bei avantages matrimoniaux

15 Die Wirksamkeit der Vereinbarung von *avantages matrimoniaux* (siehe hierzu Rn 161 ff.) richtet sich nach bisher h.M. in Frankreich nach dem Güterrechtsstatut und nicht nach dem Erbstatut.[13] Dies korrespondiert mit der in Art. 1527 Abs. 1 C.C. für das materielle Recht getroffenen Einordnung, dass *avantages matrimoniaux* keine *donations*, sondern Regelungen über die Auseinandersetzung des ehelichen Gesamtgutes darstellen. Nach französischem Internationalen Privatrecht gelten damit für die Ermittlung der Wirksamkeit der Vereinbarung von *avantages matrimoniaux* die allgemein für Eheverträge geltenden Regeln. Eine Sonderanknüpfung gilt aber für die Frage, nach welchem Recht zu ermitteln ist, ob Noterben bzw. Pflichtteilsberechtigte eine Verletzung ihrer Rechte bei der Vereinbarung von *avantages matrimoniaux* geltend machen können. Art. 1527 Abs. 2 C.C. ist erbrechtlich

---

11 *Loussouarn/Bourel/de Vareilles-Sommières*, Droit international privé, Rn 621; *Revillard*, Droit international privé et européen, Rn 486 m.w.N.
12 *Revillard*, Droit international privé et européen, Rn 984 m.w.N.
13 *Revillard*, Droit international privé et européen, Rn 982; weitere Nachweise bei *Döbereiner*, Ehe- und Erbverträge im deutsch-französischen Rechtsverkehr, S. 273 f.

zu qualifizieren und immer dann anzuwenden, wenn als Erbstatut französisches Recht zur Anwendung kommt. Es ist zu erwarten, dass die französische Rechtslehre auch unter der EU-ErbVO und der dann vorzunehmenden autonomen Qualifikation an der güterrechtlichen Einordnung von *avantages matrimoniaux* festhalten wird.[14]

Die in Deutschland vorherrschende Auffassung[15] geht dagegen aus deutscher Sicht bei einer Qualifikation nach der *lex fori* bisher von einer erbrechtlichen Qualifikation von *avantages matrimoniaux* aus, sofern sie – anders als die *clause de prélèvement moyennant indemnité* – eine Abweichung vom Grundsatz der wertmäßig hälftigen Teilung des Gesamtgutes darstellen. In diesem Fall werden mit den betreffenden Vereinbarungen erbrechtliche Regelungsziele verfolgt. Nach deutschem materiellem Recht ist bei Güterständen mit Gesamtgut eine Zuwendung aus dem Gesamtgut an den längerlebenden Ehegatten nur auf erbrechtlichem Weg möglich.

Richtigerweise ist m.E. unter der EU-ErbVO zur Abgrenzung zwischen Güterrechtsstatut und Erbstatut bei güterrechtlichen Anwachsungsklauseln danach zu unterscheiden, ob die in Frage stehende Abweichung von der Halbteilung in der betreffenden Rechtsordnung gesetzlich angeordnet ist oder den Ehegatten als Gestaltungsinstrument zur Verfügung gestellt wird. Ist Ersteres der Fall, so ist eine güterrechtliche Qualifikation vorzunehmen, da es die freie Entscheidung des jeweiligen Gesetzgebers ist, wie er den Schutz eines überlebenden Ehegatten gesetzlich sicherstellen will. Bedarf es dagegen wie z.B. bei einer *stipulation de parts inégales* bzw. einer *clause d'attribution de la totalité de la communauté* des französischen Rechts zusätzlich zur Verwirklichung der Abweichung von der Halbteilung noch einer ausdrücklichen Vereinbarung durch die Ehegatten, so ist dies in der Regel erbrechtlich zu qualifizieren und Art. 25 EU-ErbVO anzuwenden.

Für *avantages matrimoniaux* gilt damit m.E. Folgendes: Eine *clause de prélèvement moyennant indemnité* stellt keine Verfügung von Todes wegen, sondern eine güterrechtlich zu qualifizierende Vereinbarung dar, da durch sie nicht vom Halbteilungsgrundsatz abgewichen wird.[16] Eine *clause de préciput*, eine *stipulation de parts inégals* und eine *clause d'attribution de la totalité de la communauté* dagegen sind anders als nach bisherigem französischem IPR nicht güterrechtlich, sondern erbrechtlich und zwar als Erbverträge zu qualifizieren.

Sollte es bis zu einer gerichtlichen Klärung der Frage unter Geltung der EU-ErbVO dabei bleiben, dass die französischen Rechtsanwender eine güterrechtliche Qualifikation vornehmen wollen, während aus deutscher Sicht eine erbrechtliche Qualifikation angenommen wird, stellt sich das Folgeproblem, dass in einem Europäischen Nachlasszeugnis ggf. unterschiedliche Erbquoten ausgewiesen werden, je nachdem, in welchem Land es zur Ausstellung des Zeugnisses aufgrund der Zuständigkeitsvorschriften der EU-ErbVO kommt. Hier zeigt sich eine der potentiellen Schwächen des Europäischen Nachlasszeugnisses.[17]

---

14 So auch *Boulanger*, JCP éd. N JCP éd N, 2013, Nr. 27, p. 39, 41; *Jacoby*, JCP éd N, 2012, Nr. 25, p. 65, 69; siehe aber auch *Chassaing*, Revue Lamy Droit Civil 2012, Nr. 95, p. 47, 50, der *avantages matrimoniaux* als einem deutschen Erbvertrag ähnlich bezeichnet.
15 Siehe im Einzelnen *Döbereiner*, Ehe- und Erbverträge im deutsch-französischen Rechtsverkehr, S. 275 ff. m.w.N.
16 So auch bereits RG IPRspr. 1935/1944 Rn 222, S. 452, 454; *Soergel/Schurig*, Band 10, 12. Aufl. 1996, Art. 15 EGBGB Rn 38; Staudinger/*von Bar/Mankowski*, 13. Aufl. 1996, Art. 15 EGBGB Rn 336.
17 Siehe auch *Jacoby*, JCP éd N, 2012, Nr. 25, p. 65, 69.

b) Das Ehewirkungsstatut

20 Die allgemeinen Ehewirkungen (*effets du mariage*) unterliegen in erster Linie dem gemeinsamen **Heimatrecht** der Ehegatten. Bei gemischtnationalen Ehen gilt das Recht des Landes, in dem beide Ehegatten ihren **Wohnsitz** gem. Art. 102 ff. C.C. (*domicile*) haben. Haben Ehegatten unterschiedlicher Staatsangehörigkeit ihren Wohnsitz in verschiedenen Staaten, so unterliegen die allgemeinen Ehewirkungen der *lex fori*. **Rückverweisungen** sind bei der Ermittlung des Ehewirkungsstatuts zu beachten. Diese Anknüpfungsregeln gelten für die persönlichen Beziehungen zwischen den Ehegatten und in vermögensrechtlicher Hinsicht vor allem für die Fragen, die das sog. *régime matrimonial primaire*, also die persönlichen Beziehungen zwischen den Ehegatten, betreffen.[18] In diesen Bereichen ist das Ehewirkungsstatut wandelbar. Auch Verträge zwischen Ehegatten werden dem Ehewirkungsstatut unterworfen, wenn nach materiellem Recht für die betreffende Vertragsart für den Fall des Vertragsschlusses zwischen Ehegatten besondere Vorschriften bestehen wie z.B. das bis 1985 im französischen Recht geltende Verbot von Kaufverträgen zwischen Ehegatten. Der Grundsatz der Wandelbarkeit des Ehewirkungsstatutes gilt jedoch in diesem Bereich nicht. Abzustellen ist immer auf den Zeitpunkt des Vertragsschlusses.

c) Das Scheidungsstatut

21 Zum Internationalen Scheidungsrecht enthält das französische Internationale Privatrecht seit 11.7.1975 in Art. 309 C.C. eine einseitige Kollisionsnorm. Die Vorschrift bestimmt, dass französisches Scheidungsrecht anwendbar ist, wenn beide Ehegatten die französische Staatsangehörigkeit besitzen, wenn beide ihren Wohnsitz in Frankreich haben oder wenn kein ausländisches Recht sich für anwendbar erklärt und die französischen Gerichte international zuständig sind.[19] Art. 309 C.C. gilt auch für die Trennung von Tisch und Bett.

d) Das Schenkungsstatut

22 Unentgeltliche Zuwendungen sind nach Art. 1 Abs. 2 lit. g) EU-ErbVO vom Anwendungsbereich der EU-ErbVO ausgenommen. Für sie gilt auch für Frankreich die Rom I-Verordnung[20] mit ihren Rechtswahlmöglichkeiten. Art. 23 Abs. 2 lit. i) EU-ErbVO stellt hierzu allerdings klar, dass die Ausgleichung und Anrechnung unentgeltlicher Zuwendungen im Erbfall vom Erbstatut geregelt werden. Das Gleiche gilt für den verfügbaren Teil des Nachlasses und die Pflichtteile nach Art. 23 Abs. 2 lit. h) EU-ErbVO. Besonderheiten gelten nach französischem IPR für Schenkungen unter Lebenden zwischen Ehegatten. Diese werden unabhängig davon, ob sie sich auf bewegliches oder unbewegliches Vermögen beziehen, hinsichtlich Wirksamkeit und Widerruflichkeit dem Ehewirkungsstatut unterstellt.[21] Abzustellen ist auf das Ehewirkungsstatut im Zeitpunkt des Vertragsschlusses.

---

18 *Mayer/Heuzé*, Droit international privé, Rn 824.
19 Vgl. im Einzelnen *de Meo*, ZfRV 28 (1987), 107 (127 f.); *Döbereiner*, in: Süß/Ring, Eherecht in Europa, Länderbericht Frankreich, Rn 228 ff.
20 Verordnung (EG) Nr. 593/2008 des Europäischen Parlaments und des Rates vom 17. Juni 2008 über das auf vertragliche Schuldverhältnisse anzuwendende Recht (ABl. L 177 vom 4.7.2008, S. 6).
21 *Loussouarn/Bourel/de Vareilles-Sommières*, Droit international privé, Rn 485; *Revillard*, Droit international privé et européen, Rn 910.

e) Internationales Abstammungsrecht

Die Art. 311–14 ff. C.C. regeln das Internationale Kindschaftsrecht. Die Abstammung richtet sich gem. Art. 311–14 ff. C.C. nach dem Personalstatut der Mutter im Zeitpunkt der Geburt, ist die Mutter unbekannt, nach dem Personalstatut des Kindes. Eine einseitige Kollisionsnorm enthält Art. 311–15 C.C. Die Vaterschaftsanerkennung ist in Art. 311–17 C.C. geregelt.

f) Adoptionsstatut

Frankreich ist Vertragsstaat der *Convention de la Haye du 29 mai 1993 sur la protection des enfants et la coopération en matière d'adoption internationale,* die allerdings nicht das anwendbare Recht regelt. Nach Art. 370–3 Abs. 1 C.C. unterliegt eine Adoption in erster Linie dem Heimatrecht des Adoptierenden, wobei jedoch in jedem Fall nach Art. 370–3 Abs. 3 C.C. ein gesetzlicher Vertreter des Kindes zustimmen muss. Bei einer gemeinsamen Adoption durch Ehegatten ist das Ehewirkungsstatut anwendbar, also das gemeinsame Heimatrecht, hilfsweise das Recht am gemeinsamen Wohnsitz der Ehegatten. Eine Adoption kann nach Art. 370–3 Abs. 1 S. 2 C.C. nicht ausgesprochen werden, wenn das Heimatrecht jedes Ehegatten dies verbietet. Die Adoption eines minderjährigen ausländischen Kindes kann nach Art. 370–3 Abs. 2 C.C. nicht ausgesprochen werden, wenn dessen Heimatrecht eine Adoption verbietet, es sei denn, das Kind wurde in Frankreich geboren und hat seinen gewöhnlichen Aufenthalt in Frankreich. Die Wirkungen einer in Frankreich ausgesprochenen Adoption richten sich nach Art. 370–4 C.C. Über die erbrechtlichen Auswirkungen einer Adoption entscheidet das Erbstatut.[22]

g) Die Abgrenzung Sachenrecht – Erbrecht

aa) Einleitung

Auch in Frankreich war die Sorge groß, dass es durch die EU-ErbVO zu einer Aushöhlung des ausdifferenzierten Systems öffentlicher Register, insbesondere des Grundbuchsystems, kommen könnte.[23] Die im endgültigen Verordnungstext enthaltenen Ergänzungen in diesem Bereich erfolgten nicht zuletzt auch auf Betreiben Frankreichs. Sehr begrüßt wird daher insbesondere die Einfügung von Art. 1 Abs. 2 lit. l) EU-ErbVO, der im Entwurf vom 14.10.2009 noch nicht enthalten war und der jede Eintragung von Rechten an beweglichen oder unbeweglichen Vermögensgegenständen in einem Register, einschließlich der gesetzlichen Voraussetzungen für eine solche Eintragung, sowie die Wirkungen der Eintragung oder der fehlenden Eintragung solcher Rechte in einem Register, vom Anwendungsbereich der Verordnung ausnimmt. Siehe allgemein zur Abgrenzung zwischen Sach- und Erbstatut § 3 Rn 106. Im deutsch französischen Rechtsverkehr sind in diesem Zusammenhang folgende Bereiche interessant:

bb) Französisches legs particulier an deutschem Grundbesitz

Bei Geltung französischen Erbrechts stellt sich die Frage, wie ein **Grundstücksvermächtnis** an Immobilien in Deutschland im Grundbuch vollzogen werden soll. Vollzieht sich der Eigentumsübergang entgegen der deutschen *lex rei sitae* (Vorrang des Erbrechts) oder ist für in Deutschland belegenen Grundbesitz auch künftig eine Vermächtniserfüllung, insbe-

---

22 *Revillard*, Droit international privé et européen, Rn 639.
23 Vgl. *Chassaing*, in: Khairallah/Revillard, Droit européen des successions. Règlement du 4 juillet 2012, Rn 97.

sondere eine **Auflassung** erforderlich (Vorrang der *lex rei sitae* bzw. der Erfordernisse des Registerrechts)? Das französische Recht verlangt beim **Erbstückvermächtnis** (*legs particulier*; siehe Rn 95) – schon weil ihm das Abstraktionsprinzip fremd ist – keine weiteren Übereignungsakte vom Erben auf den Vermächtnisnehmer, dafür aber – teilweise abhängig von der jeweiligen Konstellation – zur Ausübung der Rechte aus dem Vermächtnisgegenstand eine Besitzeinweisung oder Übergabe des Gegenstandes (sog. *délivrance* nach Art. 1014 Abs. 2 C.C.). Dies gilt selbst dann, wenn sich der Vermächtnisnehmer bereits im Besitz der Sache befindet. Unklar ist daher, ob es sich beim französischen *legs particulier* um ein „echtes" Vindikationslegat handelt, so dass die Auffassung, die stets dem Erbstatut den Vorrang einräumen will, bereits aus diesem Grund hier an ihre Grenzen stößt. Kann und muss der Rechtspfleger beim deutschen Grundbuchamt etwa zum Vollzug eines französischen *legs particulier* einen Nachweis der *délivrance* verlangen? Wenn ja, in welcher Form? Bei einem nach französischem Recht zulässigen Verschaffungsvermächtnis, bei dem der Vermächtnisgegenstand vom Beschwerten erst angeschafft werden muss, ist im Übrigen ein Eigentumsübergang ohne weitere Rechtsakte von vornherein nicht möglich. Entsprechend ist die Situation beim Gattungsvermächtnis. Auch *Lagarde*, einer der Väter der EU-ErbVO, geht übrigens wie selbstverständlich davon aus, dass ein französisches *legs particulier* wegen Art. 31 EU-ErbVO für ein in Deutschland belegenes Grundstück in ein **Damnationslegat** umzudeuten ist.[24]

cc) Deutsches Vermächtnis an französischem Grundbesitz

27   Aus französischer Perspektive stellt sich außerdem eine interessante Folgefrage, wenn man tatsächlich für die Frage des Eigentumsübergangs vom Vorrang des Erbstatuts ausgehen wollte. Besitzt etwa ein deutscher Staatsangehöriger mit gewöhnlichem Aufenthalt in Deutschland eine Immobilie in Frankreich und hat er in seinem Testament diesbezüglich ein Vermächtnis zugunsten seiner Lebensgefährtin angeordnet, so ist fraglich, wie diese nach seinem Ableben im *bureau des hypothèques* als neue Eigentümerin registriert werden kann. Das formelle Grundbuchrecht[25] ist in Frankreich im Wesentlichen in zwei Dekreten aus dem Jahr 1955 geregelt, nämlich Dekret Nr. 55–22 vom 4.1.1955 und Dekret Nr. 55–1350 vom 14.10.1955. Ergänzend bestimmt der mit Gesetz vom 28.3.2011 neu eingeführte Art. 710–1 C.C., dass nur von einem französischen Notar errichtete Urkunden im *bureau des hypothèques* registriert werden können. Jeder Vorgang, der die Übertragung von Rechten an Immobilien zum Gegenstand hat, muss **registriert** werden, echte Grundbucheintragungen erfolgen dagegen nicht. Eine Nichtregistrierung hat zwar nicht die Unwirksamkeit des betreffenden Rechtsgeschäfts zur Folge, die Eintragung ist also nicht konstitutiv. Drittwirkung (*opposabilité aux tiers*) erlangen die betreffenden Vorgänge jedoch erst, sobald sie im Register veröffentlicht werden. Ein gutgläubiger Erwerb ist nicht möglich. Eine registrierte Urkunde gilt als Eigentumsnachweis. Die Feststellung des aktuellen Eigentümers erfolgt durch Ermittlung einer Kette von Vorpublikationen, die wegen Art. 2227 C.C. für einen Zeitraum von 30 Jahren nicht unterbrochen sein darf. Eine Registrierung aufgrund Erbfolge kann gem. Art. 29, 28 Nr. 3 des Dekrets Nr. 55–22 vom 4.1.1955, Art. 69 des Dekrets Nr. 55–1350 vom 14.10.1955 nur aufgrund einer sog. *attestation notariée* erfolgen. Diese stellt eine notarielle Bestätigung über die Erbfolge dar, die bestimmte inhaltliche Anforderungen erfüllen muss, welche über die Angaben in einem Europäischen Nachlass-

---

24 *Lagarde*, Rev.crit. DIP 2012, 691, 716.
25 Vgl. im Einzelnen *Frank*, in: Frank/Wachter, Handbuch Immobilienrecht in Europa, Länderbericht Frankreich, Rn 100 ff.; NK-BGB/*Döbereiner*, Band 3 Sachenrecht, Länderbericht Frankreich, Rn 41 ff.

zeugnis hinausgehen, und wegen Art. 710–1 C.C. nur von einem französischen Notar ausgestellt werden kann.

Bei Anwendbarkeit deutschen Erbrechts und der Annahme, dass sich wegen Art. 23 Abs. 2 lit. e) EU-ErbVO der Eigentumsübergang allein nach dem Erbstatut vollzieht, würde dies konsequenterweise bedeuten, dass – da es sich um ein deutsches Damnationslegat handelt – zur Erfüllung eines Vermächtnisses an dem betreffenden Grundstück in Frankreich eine **Auflassung** erforderlich wäre. Diese Auffassung wird in Frankreich nicht vertreten und würde wohl auch von vornherein als abwegig angesehen werden. Eine Eintragung im eigentlichen Sinn im *bureau des hypothèques* kann von vornherein keine Voraussetzung für den Eigentumsübergang sein, da eine solche Eintragung in Frankreich gar nicht möglich ist.

Der Vorrang in Art. 1 Abs. 2 lit. l) EU-ErbVO wird in der französischen Literatur so verstanden, dass die Verordnung **sämtliche Fragen des französischen Grundbuchverkehrs ausklammert**. Auch nach Inkrafttreten der EU-ErbVO sei ein Europäisches Nachlasszeugnis für den französischen Grundbuchverkehr schon deshalb nicht tauglich, da es nicht die gleichen Informationen enthält wie eine *attestation notariée*.[26] Ferner wird ein ausländisches Europäisches Nachlasszeugnis wegen Art. 710–1 C.C. auch deshalb von vornherein als für den französischen Grundbuchverkehr ungeeignet angesehen, weil es sich nicht um eine von einem französischen Notar errichtete Urkunde handelt.[27] Es müsse – und dies sei aufgrund Art. 1 Abs. 2 lit. l) EU-ErbVO ausdrücklich so vorgesehen – in jedem Fall noch von einem französischen Notar eine *attestation notariée* ausgestellt werden. Insgesamt wird in Frankreich damit davon ausgegangen, dass die Verordnung auf das französische Grundbuchsystem keine Auswirkung hat. Auf den ersten Blick wäre das Europäische Nachlasszeugnis in diesem Zusammenhang damit wertlos. Zwar werden in dieses nach Art. 68 lit. l) EU-ErbVO (alle) Vermächtnisse aufgenommen werden, es stellt allerdings nach Art. 63 Abs. 1 EU-ErbVO nur für Vermächtnisnehmer mit unmittelbarer Berechtigung am Nachlass ein taugliches Beweismittel dar, was bei einem deutschen Damnationslegat gerade nicht der Fall ist. Das Europäische Nachlasszeugnis ist nach französischer Auffassung aber in diesen Fällen dennoch nicht sinnlos, da es dem Begünstigten immerhin den Nachweis seiner Stellung als Vermächtnisnehmer an sich erlaube.[28] Mehr aber auch nicht.

dd) Der Ehegattennießbrauch

Ähnlich gelagert ist der Fall bei einem aufgrund Erbfall nach französischem Erbrecht kraft Gesetzes entstehenden Nießbrauchsrecht, insbesondere des überlebenden Ehegatten (siehe Rn 75. Auch hier geht *Lagarde* davon aus, dass ein französisches Nießbrauchsrecht für in Deutschland belegene Nachlassgegenstände wegen §§ 1085, 1089 BGB wie bisher[29] in einen Anspruch auf Bestellung an den einzelnen Nachlassgegenständen umzudeuten ist.[30]

---

26 *Jacoby*, JCP éd N, 2012, Nr. 25, p. 65, 70; siehe auch *Crône*, in: *Khairallah/Revillard*, Droit européen des successions. Règlement du 4 juillet 2012, Rn 422.
27 *Chassaing*, in: Khairallah/Revillard, Droit européen des successions. Règlement du 4 juillet 2012, Rn 98; *Sagaut*, JCP éd N, 2013, Nr. 15, p. 56; 57; krit. zu Art. 710–1 C.C. *Lagarde*, Rev.crit. DIP 2012, 691, 731.
28 In diesem Sinn *Sagaut*, JCP éd N, 2013, Nr. 15, p. 56, 57.
29 Vgl. BayObLGZ 1995, 366, 376.
30 *Lagarde*, Rev.crit. DIP 2012, 691, 716.

ee) Die Erbauseinandersetzung

Interessant ist in diesem Zusammenhang schließlich auch die Einordnung einer Erbauseinandersetzung des französischen Rechts. Nach der Erbauseinandersetzung wird gem. Art. 883 C.C. jeder Miterbe so angesehen, als habe er die ihm zugeteilten Gegenstände bereits im Zeitpunkt des Erbfalles unmittelbar vom Erblasser erhalten. Die Teilung ist also nur deklaratorisch (*effet déclaratif*) und hat Rückwirkung (*effet rétroactif*) (siehe ausf. Rn 151). Sie ist im Hinblick auf Immobilien gem. Art. 28 Rn 3, 29 des Dekrets Rn 55–22 vom 4.1.1955 im *bureau des hypothèkes* zu veröffentlichen. Im französischen IPR ist bisher die Auffassung herrschend, dass im Bereich der Verwaltung und Auseinandersetzung der Erbschaft grundsätzlich das Erbstatut anwendbar ist; die innere Organisation, Verwaltung und Dauer der Erbengemeinschaft und der Eigentumsübergang bei der Auseinandersetzung unterliegen jedoch der *lex rei sitae*. Unter Geltung der EU-ErbVO ist auch in diesem Zusammenhang hinsichtlich des im Nachlass vorhandenen Grundbesitzes die Abgrenzung zwischen Sachenrecht und Erbrecht problematisch. Sofern man eine Erbauseinandersetzung nicht ohnehin als schuldrechtliches Rechtsgeschäft unter Lebenden einordnet, das von vornherein nicht unter den Geltungsbereich der Verordnung fällt, ergeben sich hier vergleichbare Probleme wie beim Vindikationslegat zur Abgrenzung zwischen Art. 23 EU-ErbVO, hier lit. j) und Art. 1 Abs. 2 lit. l) EU-ErbVO.[31]

3. Ordre public

32 Im französischen Recht ist bisher zwischen dem sog. *ordre public interne* und dem sog. *ordre public international* zu unterscheiden. Unter Ersteren fallen gem. Art. 6 C.C. die zwingenden Vorschriften des französischen Sachrechts, von denen nicht durch Parteivereinbarung abgewichen werden kann. Letzterer entspricht dem Begriff des *ordre public* in Art. 6 EGBGB bzw. Art. 35 EU-ErbVO. Nicht selten wurde in der Vergangenheit in Frankreich die *ordre public*-Schranke herangezogen, um unliebsame Ergebnisse zu korrigieren mit der Begründung, dass es sich um einen Verstoß gegen das französische Pflichtteilsrecht handelt. Aktuell ist wohl der Stand, dass ein *ordre public*-Verstoß nur dann vorliegt, wenn eine ausländische Rechtsordnung gar kein Noterb- oder Pflichtteilsrecht kennt.

33 Unter Geltung der EU-ErbVO wird in Frankreich nun wohl überwiegend davon ausgegangen, dass es nicht generell einen Verstoß gegen den *ordre public* darstellt, wenn eine ausländische Rechtsordnung gar kein Pflichtteilsrecht kennt. Es sei vielmehr eine Gesamtschau des jeweiligen Einzelfalls erforderlich und nur, wenn es bei Anwendung einer ausländischen Rechtsordnung zu einem völlig untragbaren Ergebnis kommen würde, sei Art. 35 EU-ErbVO einschlägig, etwa wenn minderjährige Kinder völlig ohne Versorgung zurückbleiben würden.[32] Zur künftigen Behandlung von Erbverträgen unter dem Aspekt des *ordre public* siehe Rn 35 f.

---

31 Zum Vorrang der *lex rei sitae* aus französischer Sicht in diesem Bereich vgl. *Nadaud*, JCP éd N, 2013, Nr. 15, p. 46, 49.
32 *Khairallah*, in: Khairallah/Revillard, Droit européen des successions. Règlement du 4 juillet 2012, Rn 128 ff.; *Lagarde*, Rev.crit. DIP 2012, 691, 710; *Sana-Chaillé de Néré*, JCP éd N, 2013, Nr. 15, p. 39, 44; siehe auch *Fongaro*, JCP éd N, 2013, Nr. 15, p. 27, 29.

4. Erbverträge

Erbverträge sind in Frankreich wegen des Misstrauens gegenüber Vereinbarungen auf den eigenen Tod verboten oder nur eingeschränkt zulässig (siehe näher Rn 118 f.). Das Verbot der *pactes sur succession future* im französischen Recht ist richtigerweise als **materielles Verbot** und nicht nur als formelles Verbot einzustufen, da durch die restriktive Haltung nicht nur die Authentizität bzw. Beweisbarkeit des Erblasserwillens gesichert, sondern vielmehr auch eine Beeinflussung verhindert und die Testierfreiheit des Erblassers zu Lebzeiten aufrechterhalten werden soll.[33]

34

Der *ordre public interne* im vorstehend genannten Sinn (Rn 32) kann dabei z.B. eine Rolle spielen, wenn als Erbstatut französisches Recht zur Anwendung kommt und sich die Frage stellt, ob ein nach ausländischem Recht zwischen Ehegatten[34] geschlossener **Erbeinsetzungsvertrag** bei Geltung französischen Rechts wirksam ist. Ein zwischen deutschen Ehegatten abgeschlossener Erbvertrag des deutschen Rechts, der ein Grundstück in Frankreich betraf und daher dem französischen Recht unterlag, wurde von einem Instanzgericht[35] als unwirksam angesehen, da er dem französischen Recht fremd sei und die französischen Vorschriften über Noterbrechte verletzt seien. Richtiger wäre es gewesen, den Erbvertrag als *institution contractuelle* zwischen Ehegatten zu qualifizieren und die für diese geltenden Sachregelungen des französischen Rechts anzuwenden. Dies dürfte auch dem heutigen Stand der französischen Rechtslehre entsprechen.[36]

35

Der *ordre public international* ist dagegen von Bedeutung, wenn eine ausländische Rechtsordnung als Erbstatut berufen und sich die Frage stellt, ob ein nach dem grundsätzlich anwendbaren ausländischen Recht wirksamer Erbeinsetzungsvertrag in Frankreich anzuerkennen ist. In einigen früheren Entscheidungen von Instanzgerichten wurden ausländische *pactes sur succession future* unter Berufung auf den *ordre public international* in Frankreich als wirkungslos angesehen. Dabei ging es jedoch nicht um Erbeinsetzungsverträge zwischen Ehegatten, sondern um Erbverzichtsverträge bzw. um einen Vertrag, der nach deutschem Recht unter § 311b Abs. 4 BGB fallen würde. Erbeinsetzungsverträge zwischen Ehegatten dagegen konnten schon bisher deshalb nicht dem *ordre public international* unterfallen, da das französische Recht selbst in Form der *institution contractuelle* (siehe hierzu Rn 120 ff.) ein vergleichbares Rechtsinstitut kennt.[37] Auch ein Pflichtteilsverzicht kann bereits deshalb nicht mehr gegen den französischen *ordre public international* verstoßen, da der *Code Civil* nunmehr seit der letzten Erbrechtsreform nach Art. 929 ff. C.C. einen Verzicht auf die Herabsetzungsklage bei Verletzung des Noterbrechts zulässt (siehe Rn 115). Anders mag dies ggf. bei einem Erbverzicht sein. Die teilweise noch aus dem vorletzten Jahrhundert stammende ältere Rechtsprechung will in einem Erbverzicht zugleich einen

36

---

33 *Döbereiner*, Ehe- und Erbverträge im deutsch-französischen Rechtsverkehr, S. 213 m.w.N.
34 Klargestellt sei an dieser Stelle, dass die folgenden Ausführungen nur Erbeinsetzungsverträge zwischen Ehegatten betreffen. Erbeinsetzungsverträge zwischen anderen Personen werden, jedenfalls wenn sie nicht zugunsten von Ehegatten und nicht in Zusammenhang mit deren Ehevertrag erfolgen, immer gegen den französischen *ordre public interne* verstoßen.
35 Colmar, 19.2.1949, Rev.crit.d.i.p. 1950, 52 (53).
36 *Revillard*, Droit international privé et européen, Rn 919.
37 *Revillard*, Rev.crit.d.i.p. 1978, 251 (272); siehe auch *Sipp-Mercier*, Die Abwicklung deutsch-französischer Erbfälle in der Bundesrepublik Deutschland und in Frankreich, S. 107.

Verstoß gegen den *ordre public international* sehen. In der Literatur wird diese Auffassung für zu weitgehend gehalten.[38]

37 Durch die Regelungen der EU-ErbVO, insbesondere Art. 3 Abs. 1 lit. b) und Art. 25 EU-ErbVO, wird nunmehr von den Mitgliedstaaten der Erb- und Erbverzichtsvertrag als ein mögliches Instrument der Erbregelung ausdrücklich anerkannt. Ein Verstoß gegen den *ordre public* eines der Mitgliedstaaten dürfte damit von vornherein ausscheiden,[39] auch wenn dies in Frankreich teilweise wohl als nicht so eindeutig angesehen wird.[40] In Frankreich wird das Inkrafttreten der EU-ErbVO umgekehrt zum Anlass genommen, die Diskussion, ob nicht im materiellen französischen Recht die eingeschränkten Möglichkeiten zum Abschluss von Erbverträgen erweitert werden sollen, wieder anzustoßen.[41]

38 Eine *institution contractuelle* erfüllt grundsätzlich alle Merkmale eines Erbvertrages nach der EU-ErbVO und ist deshalb nach Art. 25 EU-ErbVO anzuknüpfen.[42] Dies gilt jedoch nicht für eine während der Ehe geschlossene *institution contractuelle*, da diese uneingeschränkt frei widerruflich ist. Sie unterfällt damit Art. 24 EU-ErbVO und ist wie zwei getrennte Einzeltestamente der Ehegatten zu behandeln.

39 Auch ein nach Art. 929 ff. C.C. zulässiger Verzicht eines Noterben auf eine spätere Herabsetzungsklage zu Lebzeiten des Erblassers (*renonciation anticipée à l'action en réduction*) ist unter Geltung der EU-ErbVO als Erbvertrag nach Art. 25 EU-ErbVO zu behandeln.[43]

5. Gemeinschaftliche Testamente

40 Das im französischen Recht geltende Verbot des gemeinschaftlichen Testaments (siehe Rn 103 f.) wird in Frankreich als **formelles Verbot** angesehen.[44] Dies wurde von der *Cour de Cassation* jüngst in einem Urteil vom 21.11.2012 nochmals bestätigt.[45] Zwar soll Art. 968 C.C., in dem das Verbot des gemeinschaftlichen Testaments materiellrechtlich verankert ist, vor allem die Testierfreiheit und die freie Widerruflichkeit des Testaments schützen. Dies spricht eher für eine Qualifikation als materielles Verbot. Dennoch gehen französische Rechtsprechung und Lehre nahezu einhellig von einem formellen Verbot aus. Nach dem Formstatut zulässig errichtete gemeinschaftliche Testamente werden deshalb in Frankreich auch dann anerkannt, wenn französisches Recht Erbstatut ist. Ihnen kommt jedoch keinerlei Bindungswirkung zu. Auch in Deutschland wird Art. 968 C.C. nach nahezu einhelliger Auffassung als formelles Verbot angesehen.[46]

---

38 *Revillard*, Droit international privé et européen, Rn 919.
39 Vgl. *Fongaro*, JCP éd N, 2013, Nr. 15, p. 27, 29; siehe auch *Sana-Chaillé de Néré*, JCP éd N, 2013, Nr. 15, p. 39, 44.
40 *Chassaing*, Revue Lamy Droit Civil 2012, Nr. 95, p. 47, 50.
41 *Chassaing*, Revue Lamy Droit Civil 2012, Nr. 95, p. 47, 50; *Chassaing*, in: Khairallah/Revillard, Droit européen des successions. Règlement du 4 juillet 2012, Rn 102.
42 *Boulanger*, JCP éd N, 2013, Nr. 27, p. 39, 41; *Khairallah*, in: Khairallah/Revillard, Droit européen des successions. Règlement du 4 juillet 2012, Rn 138.
43 *Boulanger*, JCP éd N, 2013, Nr. 27, p. 39, 42; *Khairallah*, in: Khairallah/Revillard, Droit européen des successions. Règlement du 4 juillet 2012, Rn 138.
44 Vgl. z.B. T.G.I. Paris, Rev.crit.d.i.p. 1982, 684 (685); *Mayer/Heuzé*, Droit international privé, Rn 850.
45 Cass. Civ 1re, 21 novembre 2012, D 2013, 880; hierzu *Döbereiner*, ZEV 2014, 486.
46 Vgl. nur Palandt/*Thorn*, Art. 25 EGBGB Rn 14; Staudinger/*Dörner*, Art. 25 EGBGB Rn 312; krit. MüKo/*Birk*, Art. 26 EGBGB Rn 100; ausf. zur kollisionsrechtlichen Behandlung gemeinschaftlicher Testamente nach der EuErbVO siehe § 4 Rn 46.

In den bisherigen französischen Stellungnahmen wird allgemein davon ausgegangen, dass 41
bindende gemeinschaftliche Testamente etwa nach deutschem Recht oder *mutual wills* des
englischen Rechts den weiten Erbvertragsbegriff des Art. 3 Abs. 1 lit. b) EU-ErbVO erfüllen
und daher nach Art. 25 EU-ErbVO zu beurteilen sind.[47] Es wird jedoch auch vertreten,
dass ein in einer Rechtsordnung enthaltenes Verbot der gemeinschaftlichen Testamente
unter Geltung der EU-ErbVO stets als Frage der Formwirksamkeit des Testaments zu
behandeln ist.[48]

6. Ausgewählte Besonderheiten des Europäischen Nachlasszeugnisses aus französischer Sicht

a) Ausstellungsbehörde

Auch wenn die französischen Notare bei der Ausstellung von französischen Erbnachweisen 42
wohl nicht als Gerichte im Sinne von Art. 3 Abs. 2 EU-ErbVO einzustufen sind, da sie
dabei keine in Rechtskraft erwachsenden Entscheidungen treffen, ist zu erwarten, dass
nach Art. 64 lit b) EU-ErbVO die Zuständigkeit für die Ausstellung eines Europäischen
Nachlasszeugnisses in Frankreich bei den Notaren liegen wird.[49]

b) Einordnung der legataires

Fraglich ist, wie die französische Systematik der Legate in einem Europäischen Nachlass- 43
zeugnis berücksichtigt werden kann. Universal- und Erbteilsvermächtnisse stellen Erbteile
i.S.v. Art. 68 lit. l) EU-ErbVO dar und sind als solche in einem Europäischen Nachlasszeugnis zu bezeichnen. Unerheblich ist dabei, ob dem Vermächtnisnehmer die sog. *saisine*
zusteht oder ob er sich den Besitz durch eine *demande en délivrance* übertragen lassen
oder sich gerichtlich in den Besitz einweisen lassen muss (siehe Rn 93). Die *saisine* ist
nach französischem Recht für den Erwerb der Erbenstellung nicht konstitutiv.[50] Ein *legs
particulier* ist in einem Europäischen Nachlasszeugnis als Vermächtnis nach Art. 68 lit. m)
EU-ErbVO aufzuführen.

c) Die Berücksichtigung von Noterbrechten

Interessante Fragen wirft die Berücksichtigung von nach französischem Recht ggf. bestehen- 44
den materiellen Noterbrechten in einem Europäischen Nachlasszeugnis auf. Bis zum Inkrafttreten der letzten französischen Erbrechtsreform am 1.1.2007 stellten Noterbrechte
nach französischem Recht zutreffenderweise dann in einem deutschen Erbschein zu vermer-
kende echte Erbrechte dar, wenn eine Herabsetzungsklage erfolgreich erhoben wurde oder
wenn die Noterbrechte vom testamentarischen Erben anerkannt wurden.[51] War zur Zeit

---

47 *Boulanger*, JCP éd N, 2013, Nr. 27, p. 39, 41; *Khairallah*, in: Khairallah/Revillard, Droit européen des successions. Règlement du 4 juillet 2012, Rn 138.
48 *Revillard*, in: Khairallah/Revillard, Droit européen des successions. Règlement du 4 juillet 2012, Rn 180.
49 *Chassaing*, Revue Lamy Droit Civil, 2012, Nr. 95, p. 47, 49; *Chassaing*, in: Khairallah/Revillard, Droit européen des successions. Règlement du 4 juillet 2012, Rn 91; *Lagarde*, Rev.crit. DIP 2012, 691, 728.
50 Hierin liegt der Unterschied zur Einantwortung nach österreichischem Recht, vgl. hierzu BayObLG IPRax 1981, 100, 101.
51 Umstritten, vgl. *Schotten/Schmellenkamp*, Das IPR in der notariellen Praxis, Rn 346; Staudinger/*Dörner*, Art. 25 EGBGB Rn 845; *Süß*, in: Mayer/Süß/Tanck/Bittler/Wälzholz, Handbuch Pflichtteilsrecht, § 18 Rn 406 ff.

der Erbscheinserteilung die Erhebung einer Herabsetzungsklage noch nicht erfolgt, aber noch möglich, so war es zweckmäßig, dies im Erbschein zu vermerken.[52] Keine Erwähnung im Erbschein fanden Noterbrechte dagegen dann, wenn die Erhebung einer Herabsetzungsklage z.B. wegen Verjährung oder wegen eines Verzichts nicht mehr möglich ist.[53] Nachdem seit 1.1.2007 die Abwicklung des französischen Noterbrechts in erster Linie durch Ausgleichszahlungen erfolgt, dürfte m.E. eine Berücksichtigung als Erbteile in einem Europäischen Nachlasszeugnis ausscheiden. Französische Noterbrechte sind damit nicht als Erbteile nach Art. 68 lit. l) EU-ErbVO, sondern als Beschränkung des Erben nach Art. 68 lit. n) EU-ErbVO aufzuführen.

B. Materielles Erbrecht

I. Allgemeines

45 Das französische Erbrecht war im Laufe der Zeit zahlreichen Reformen unterworfen. Die Gesetzesänderungen sollten vor allem die traditionell schwache Stellung des überlebenden Ehegatten stärken, der ursprünglich überhaupt nicht erbberechtigt war, da nach der Konzeption des *Code Napoléon* das Vermögen innerhalb der Familie bewahrt werden sollte. Weitere wichtige Änderungen, z.B. durch das Gesetz Nr. 72–3 vom 3.1.1972, dienten der Herstellung der Gleichberechtigung nichtehelicher Kinder. Zu erwähnen ist ferner die erstmalige gesetzliche Regelung der Erbengemeinschaft durch das Gesetz Nr. 76–1286 vom 31.12.1976. Etwas überraschend ist durch das Gesetz Nr. 2001–1135 vom 3.12.2001 in Teilen die lange diskutierte **„große" Erbrechtsreform** zum 1.7.2002 in Kraft getreten, die vor allem der Stärkung der Rechte des überlebenden Ehegatten und der Beseitigung der Ungleichbehandlung von Ehebruchskindern diente.[54] Der zweite Teil der großen Erbrechtsreform erfolgte mit Gesetz Nr. 2006–728 vom 23.6.2006, das am 1.1.2007 in Kraft getreten ist.[55] Mit diesem Gesetz dürfte die Entwicklung des französischen Erbrechts für einige Zeit weitgehend abgeschlossen sein. Die letzten Änderungen brachten vor allem grundlegende materielle Neuerungen im **Pflichtteilsrecht** und im Recht der **Vor- und Nacherbschaft**, sowie zahlreiche detaillierte Änderungen im Recht der Erbschaftsannahme und -ausschlagung und der Erbauseinandersetzung.

---

52 *Schotten/Schmellenkamp*, Das IPR in der notariellen Praxis, Rn 346; Staudinger/*Dörner*, Art. 25 EGBGB Rn 846.
53 So auch Staudinger/*Dörner*, Art. 25 EGBGB Rn 846.
54 Einführend zu dieser Erbrechtsreform: *Frank*, RNotZ 2002, 270; *Rombach*, ZEV 2002, 271; *Süß*, ZErb 2002, 62.
55 Einführend zu dieser Erbrechtsreform: *Klima*, ZEV 2006, 440; *Gresser*, ZErb 2006, 407.

II. Gesetzliches Erbrecht

1. Der Grundsatz der Universalsukzession

a) Allgemeines

Nach dem in Art. 724 Abs. 1 C.C. zum Ausdruck kommenden Grundsatz der **Universalsukzession** umfasst der Nachlass im Prinzip[56] das gesamte Vermögen und alle Ansprüche und Rechte des Verstorbenen ohne Rücksicht auf Art oder Herkunft der Gegenstände. Umgekehrt haben gesetzliche Erben, Universal- und Erbteilsvermächtnisnehmer alle Schulden und Lasten der Erbschaft zu tragen.

Vererblich sind grundsätzlich alle vermögenswerten Positionen. Besonderheiten gelten für Familienerinnerungsstücke. Diese werden nach dem Tod nach gerichtlichem Ermessen dem geeignetsten Angehörigen des Verstorbenen zugewiesen.[57] **Unvererblich** sind einige mit der Persönlichkeit des Verstorbenen eng verbundenen Rechte, die sog. *droits patrimoniaux à caractère personnel* wie z.B.[58] Leibrenten (Art. 1980 C.C.), Unterhaltsansprüche, Ruhe- und Invaliditätsrenten, der Nießbrauch (Art. 617 C.C.) oder dingliche Wohn- und Nutzungsrechte (Art. 625, 617 C.C.). Ebenso erlöschen Verpflichtungen des Erblassers höchstpersönlicher Art wie z.B. aus Auftrag (Art. 2003 C.C.) und grundsätzlich Unterhaltspflichten. Besonderheiten bestehen bezüglich der Rechte des Mieters aus einer Wohnraummiete, die entgegen der Vorschrift des Art. 1742 C.C. nicht den Erben, sondern gem. Art. 1751 C.C. und Art. 14 des Gesetzes Nr. 89–462 vom 6.7.1989 Personen, die einen gemeinsamen Hausstand mit dem Verstorbenen hatten, insbesondere dem Ehegatten, ggf. aber auch einem nichtehelichen Lebensgefährten, zugewiesen werden.[59] Nichtvermögensrechte (*droits extrapatrimoniaux*) gehören nicht zum Nachlass. Sie können jedoch in einigen Fällen noch nach dem Tod des Erblassers ausgeübt werden. Hierzu zählen vor allem bestimmte Statusklagen wie die Ehenichtigkeitsklage (Art. 187 C.C.) oder die Vaterschaftsanfechtung (Art. 322 C.C.).

46

47

---

56 In Spezialfällen findet nach französischem Recht eine Sondererbfolge statt, die allerdings nicht als Singularsukzession, sondern als Gesamtrechtsnachfolge in bestimmte Nachlassgegenstände ausgestaltet ist. Zum Rückfallrecht der Eltern nach Art. 738 Abs. 2 C.C. vgl. Rn 109. Im *Code Civil* ist weiter z.B. das gesetzliche Rückfallrecht gem. Art. 368–1 C.C. geregelt: Wird ein einfach Adoptierter ohne Hinterlassung von Abkömmlingen oder eines Ehegatten vom Adoptierenden oder dessen Abkömmlingen überlebt, so fallen die dem Adoptierten vom Adoptierenden geschenkten oder von diesem ererbten Gegenstände an Letzteren bzw. dessen Abkömmlinge zurück, sofern die Gegenstände noch in Natur vorhanden sind. Das Gleiche gilt zugunsten der leiblichen Eltern des Adoptierten und deren Abkömmlingen bezüglich der von diesen zugewendeten Gegenstände. Der verbleibende Nachlass wird dann zwischen der Familie des Adoptierenden und der leiblichen Familie des Verstorbenen je zur Hälfte aufgeteilt. Ein weiterer Fall findet sich in Art. 757–3 C.C.: Hinterlässt der Verstorbene neben seinem Ehegatten keine Abkömmlinge und keine Eltern, so ist nach Art. 757–2 C.C. grundsätzlich der Ehegatte Alleinerbe, nach Art. 757–3 C.C. fällt jedoch die Hälfte der Gegenstände, die der Verstorbene von seinen Vorfahren unentgeltlich erworben hat, an seine Geschwister oder deren Abkömmlinge, sofern sie vom gleichen Elternteil abstammen. Eingehend hierzu und zu weiteren, in Sondergesetzen normierten Fällen der Sondererbfolge *Baumann*, Gesetzliche Erbfolge und Möglichkeiten testamentarischer Erbeinsetzung im französischen Code Civil, S. 90 ff.; *Ferid/Sonnenberger*, Bd. 3 Rn 5 B 105.

57 *Dossiers pratiques Francis Lefebvre*, Successions, Libéralités, Rn 431 m.w.N.

58 Vgl. im Einzelnen *Ferid/Sonnenberger*, Bd. 3 Rn 5 A 53 ff.

59 Näher *Ferrand*, in: Henrich/Schwab, Der Schutz der Familienwohnung in Europäischen Rechtsordnungen, S. 45 (63). Zur Zahlung der Miete aus dem Nachlass vgl. Rn 78.

b) Exkurs: Das französische Güterrecht

48 Auch im französischen Recht ist zwischen erb- und güterrechtlichem Erwerb streng zu trennen. Eine Abwicklung des Nachlasses kann erst erfolgen, wenn der Güterstand auseinandergesetzt ist.

aa) Die verschiedenen Güterstände

49 Gesetzlicher Güterstand ist in Frankreich gem. Art. 1400–1491 C.C. die sog. *communauté réduite aux acquêts*, also eine **Errungenschaftsgemeinschaft**. Zu unterscheiden sind bei der *communauté réduite aux acquêts* das Gesamtgut (*la communauté*) und das Eigengut (*les propres*) jeweils des Mannes und der Frau. Das **Gesamtgut** setzt sich gem. Art. 1401 C.C. aus dem von den Ehegatten gemeinsam oder allein während der Ehe erworbenen und aus ihrer beruflichen Tätigkeit oder aus den Ersparnissen der Früchte und der Einkünfte ihres Eigenguts stammenden Vermögen zusammen. In das **Eigengut** fallen mit der Person besonders eng verbundene Vermögensgegenstände wie die persönlichen Gebrauchsgegenstände der Ehegatten, Schadensersatzansprüche wegen Persönlichkeits- oder Körperverletzungen und nicht abtretbare Forderungen und Versorgungsbezüge wie z.B. Invaliditäts- oder Ruhestandsrenten. Zum jeweiligen Eigengut gehört ferner das voreheliche Vermögen der Ehegatten und vorbehaltlich einer anderen Bestimmung durch den Zuwendenden (Art. 1405 Abs. 2 S. 1 C.C.) das während der Ehe durch gesetzliche Erbfolge, Verfügung von Todes wegen oder Schenkung unter Lebenden erworbene Vermögen.

50 Das Gesetz[60] sieht – nicht abschließend – eine Reihe von Möglichkeiten der Abänderung des gesetzlichen Güterstandes vor. Die *communauté de meubles et acquêts*, also die **Fahrnis- und Errungenschaftsgemeinschaft**, ist in Art. 1498–1501 C.C. geregelt. Das Gesamtgut dieses Güterstandes umfasst gem. Art. 1498 Abs. 1 C.C. neben dem Gesamtgut des gesetzlichen Güterstandes auch das gesamte bewegliche voreheliche Vermögen und vorbehaltlich einer anderen Bestimmung durch den Zuwendenden auch die während der Ehe aufgrund Erbfolge oder Schenkung erworbenen beweglichen Gegenstände.

51 Die Art. 1497 Abs. 2 Nr. 6, 1526 C.C. behandeln die **allgemeine Gütergemeinschaft** (*communauté universelle*), bei der alle Vermögensgegenstände der Ehegatten Gesamtgut werden. Auch hier ist die Bildung von Eigengut nicht ausgeschlossen. Art. 1526 Abs. 1 S. 2 C.C. erklärt unter dem Vorbehalt einer anderen Vereinbarung Art. 1404 C.C., der das Eigengut kraft Eigenart regelt, für anwendbar. Zudem können Dritte bei unentgeltlichen Zuwendungen an einen Ehegatten bestimmen, dass die betreffenden Gegenstände Eigengut werden.[61] Wollen die Ehegatten keinen Güterstand mit Gesamtgut vereinbaren, so steht ihnen gem. Art. 1536–1543 C.C. die **Gütertrennung** (*séparation de biens*) zur Verfügung. Bei dieser behält jeder Partner Eigentum, Verfügungsbefugnis, Verwaltung und Nutznießung seines Vermögens. Die sog. **participation aux aquêts**, die dem deutschen gesetzlichen Güterstand der Zugewinngemeinschaft ähnlich ist, ist in den Art. 1569–1581 C.C. gesetzlich normiert. Bis heute spielt dieser Güterstand in Frankreich nur eine untergeordnete Rolle.

bb) Der Abschluss des Ehevertrages

52 Gemäß Art. 1394 Abs. 1 C.C. muss der Ehevertrag bei gleichzeitiger Anwesenheit der Parteien oder ihrer Vertreter **notariell beurkundet** werden. Eine rechtsgeschäftliche Vertre-

---

60 Zum deutsch-französischen Wahlgüterstand, der in der französischen Praxis eher kritisch gesehen wird, siehe z.B. *Süß*, ZErb 2010, 284.
61 *Voirin/Goubeaux*, Bd. 2 Rn 218.

tung ist dabei möglich, es muss jedoch eine Spezialvollmacht in öffentlicher Urkunde zugrunde liegen.[62] Der Notar stellt gem. Art. 1394 Abs. 2 S. 1 C.C. über die Parteien und das Datum des Vertrages eine Bescheinigung aus, die dem Standesbeamten auszuhändigen ist. Der Standesbeamte vermerkt gem. Art. 76 Nr. 8 C.C. das Bestehen des Ehevertrages auf der Heiratsurkunde. Dritte können sich über die güterrechtlichen Verhältnisse Klarheit verschaffen, indem sie sich eine Heiratsurkunde und, falls aus dieser das Bestehen eines Ehevertrages hervorgeht, sich zusätzlich diesen vorlegen lassen. Führt der Ehevertrag zu einem Eigentumsübergang, z.B. weil Gegenstände aus dem persönlichen Vermögen in das Gesamtgut überführt werden, so ist bei **Immobilien** gem. Art. 28 Nr. 1 des Dekrets Nr. 55–22 vom 4.1.1955 eine Publikation im *bureau des hypothèkes* erforderlich.[63] Folge einer Nichtveröffentlichung im Hypothekenamt ist jedoch nicht die Unwirksamkeit des Ehevertrages, sondern gem. Art. 30 Nr. 1 des genannten Dekrets die Möglichkeit eines gutgläubigen Erwerbs durch Dritte.

cc) Der Unwandelbarkeitsgrundsatz und seine Ausnahmen

Nach Art. 1395, 1396 Abs. 2 C.C. sind eheverträgliche Vereinbarungen und ihre Abänderung grundsätzlich **nur vor der Ehe** zulässig. Abänderungen des Ehevertrages vor Eheschließung müssen gem. Art. 1396 Abs. 1 C.C. unter gleichzeitiger Anwesenheit und Zustimmung aller am ursprünglichen Vertrag beteiligten Personen notariell beurkundet werden. Sie sind gem. Art. 1396 Abs. 2 C.C. Dritten gegenüber nur wirksam, wenn sie dem Original des ursprünglichen Ehevertrages beigeschrieben worden sind.

53

Nach der Eheschließung ist gem. Art. 1396 Abs. 3, 1397 C.C. eine Änderung des Güterstandes nunmehr[64] unter folgenden Voraussetzungen zulässig: Art. 1397 Abs. 1 S. 1 C.C. verlangt zunächst, dass der bisherige Güterstand mindestens zwei Jahre bestanden hat und dass die Änderungen im Familieninteresse liegen. Der notariell zu beurkundende neue Ehevertrag muss nach Art. 1397 Abs. 1 S. 2 C.C. ferner zwingend die Abwicklung des bisherigen Güterstandes regeln. Nach Art. 1397 Abs. 2 S. 1 C.C. werden alle Personen, die am ursprünglichen Ehevertrag beteiligt waren, und alle volljährigen Kinder persönlich über die Änderungen informiert. Diese Personen müssen den Änderungen nicht zustimmen, sie können ihnen jedoch nach Art. 1397 Abs. 2 S. 2 C.C. innerhalb von drei Monaten widersprechen. Gläubiger der Ehegatten werden gem. Art. 1397 Abs. 3 S. 1 C.C. durch eine Veröffentlichung in einer Zeitung informiert. Sie können sich nach Art. 1397 Abs. 3 S. 2 C.C. innerhalb von drei Monaten nach der Veröffentlichung den Änderungen widersetzen. Der Widerspruch erfolgt gem. Art. 1300–1 C.P.C. gegenüber dem Notar, der die Ehegatten hierüber informiert. Diese können dann nach Art. 1397 Abs. 4 S. 1 C.C. eine gerichtliche Genehmigung beantragen. Wird dem neuen Ehevertrag von keiner Seite widersprochen und sind keine minderjährigen Kinder vorhanden, so ist eine gerichtliche Genehmigung nicht mehr erforderlich. Sind minderjährige Kinder vorhanden, so bedarf der neue Ehevertrag nach Art. 1397 Abs. 5 C.C. immer der gerichtlichen Genehmigung. Gemäß Art. 1300–4 ff. Abs. 1 C.P.C. ist für die Genehmigung das *tribunal de grande instance*[65] am Familienwohnort in einem Verfahren der freiwilligen Gerichtsbarkeit zuständig (*homologation*). Die Ge-

54

---

62 *Cornu*, Régimes matrimoniaux, S. 182; *Voirin/Goubeaux*, Bd. 2 Rn 65.
63 *Wehrens/Gresser*, FS Schippel, S. 961 (962).
64 Bis zur großen Güterrechtsreform im Jahre 1965 waren Änderungen des Güterstandes nach der Eheschließung generell ausgeschlossen. Nach 1965 war stets eine gerichtliche Genehmigung erforderlich; die neue Rechtslage mit eingeschränkter Genehmigungsbedürftigkeit gilt erst seit 1.1.2007; siehe zur alten Rechtslage *Döbereiner*, in: Süß/Ring, Eherecht in Europa, Länderbericht Frankreich, Rn 94 ff.
65 Zum Aufbau der französischen Gerichtsbarkeit vgl. *Ferid/Sonnenberger*, Bd. 1/1 Rn 1 A 40 ff.

nehmigung wird erteilt, wenn die neuen Vereinbarungen nach umfassender Würdigung des Einzelfalles im Interesse der Familie liegen, wobei in der Praxis die Handhabung der Gerichte bisher sehr uneinheitlich war. Der Antrag und die Genehmigung selbst werden nach Art. 1397 Abs. 4 S. 2 C.C. veröffentlicht. Dies geschieht gem. Art. 1059 C.P.C. durch Niederlegung im *répertoire civil*, einem Personenstandsregister,[66] am Geburtsort der Ehegatten und durch Eintragung in die Geburtsurkunden.

55 Weiterhin müssen die Änderungen gem. Art. 1397 Abs. 6 S. 1 C.C. auf den Heiratsurkunden der Ehegatten und ggf. gem. Art. 1397 Abs. 7 C.C. auf dem Original des ursprünglichen Ehevertrages vermerkt werden. Kaufleute müssen den neuen Güterstand im Handelsregister veröffentlichen. Führt der neue Ehevertrag zu einem Übergang von Eigentum an Immobilien, so ist wie beim ursprünglichen Ehevertrag gem. Art. 28 Nr. 1 des Dekrets Nr. 55–22 vom 4.1.1955 eine Publikation im *bureau des hypothèkes* erforderlich, um einen gutgläubigen Erwerb Dritter gem. Art. 30 Nr. 1 des Dekrets zu verhindern. Gemäß Art. 1397 Abs. 6 S. 1 C.C. wirkt die Änderung zwischen den Ehegatten sofort, gegenüber Dritten wird sie drei Monate nach der Eintragung in die Heiratsurkunden wirksam. Gläubiger, die den Änderungen nicht widersprochen haben, nicht aber andere Personen, auch nicht Abkömmlinge der Ehegatten, können die Änderungen nach Art. 1397 Abs. 8 C.C. unter den Voraussetzungen des Art. 1167 C.C. angreifen, wenn ihre Rechte in betrügerischer Weise verletzt wurden.

56 Ohne die Einschränkungen des Art. 1397 C.C. ist eine Änderung des Ehevertrages gem. Art. 1397–1 C.C. während des Ehescheidungsverfahrens möglich. Eine notarielle Beurkundung ist gem. Art. 265–2 C.C. nicht erforderlich, wenn die Ehegatten den Scheidungsantrag gemeinsam gestellt haben und keine Immobilien betroffen sind. Die Wirksamkeit der Vereinbarung tritt jedoch gem. Art. 1451 C.C. erst mit Rechtskraft des Scheidungsurteils ein.

c) Die Abgrenzung Güterrecht – Erbrecht

57 Bei den Güterständen mit Gesamtgut fällt zunächst das jeweilige Eigengut der Ehegatten in den Nachlass. Weiterhin gehört der jeweilige Anteil der Ehegatten am Gesamtgut zum Nachlass. Keine Besonderheiten ergeben sich beim Güterstand der Gütertrennung. Das jeweilige Vermögen des Verstorbenen geht auf seine Erben über. Beim Güterstand der Teilhabe am Zugewinn besteht nach französischem Recht für den Fall der Eheauflösung durch Tod keine dem § 1371 BGB vergleichbare Sonderregelung, so dass ein zugunsten des verstorbenen Ehegatten bestehender Zugewinnausgleichsanspruch nach allgemeinen Regeln vererbt wird bzw. ein zu Lasten des Verstorbenen sich ergebender Zugewinnausgleichsanspruch gegen die Erben geltend gemacht werden kann.

2. Erbfähigkeit

58 Gesetzliche Erben müssen, um erbfähig zu sein, gem. Art. 725 Abs. 1 C.C. den Erblasser überleben. Gemäß Art. 725 C.C. ist es ausreichend, wenn sie zur Zeit des Erbfalles gezeugt sind, sofern sie später lebensfähig geboren werden. Versterben mehrere Personen während desselben Ereignisses, sind nach Art. 725–1 Abs. 1 C.C. zum Beweis der Reihenfolge des Todes alle Beweismittel zugelassen. Lässt sich die Reihenfolge nicht nachweisen, so werden nach Art. 725–1 Abs. 2 C.C. die während desselben Ereignisses verstorbenen Personen bei der Erbfolge nach der jeweils anderen Person nicht berücksichtigt.

---

66 Siehe hierzu Art. 1057 ff. C.P.C. und *Ferid/Sonnenberger*, Bd. 3 Rn 4 A 207.

3. Erbwürdigkeit

Erbunwürdig gem. Art. 726 C.C. und damit automatisch von der gesetzlichen[67] Erbfolge ausgeschlossen sind Personen, die wegen versuchter oder vollendeter Tötung des Erblassers oder wegen Körperverletzung oder sonstiger Gewalt mit Todesfolge verurteilt sind. Nach Art. 727, 727-1 C.C. können Erben auch gerichtlich durch das *Tribunal de grande instance* nach dem Erbfall auf Betreiben eines Erben oder des Staates innerhalb von sechs Monaten für erbunwürdig erklärt werden, wenn sie in den Fällen des Art. 726 C.C. zu *peine correctionnelle* (Strafe wegen eines Vergehens) verurteilt worden sind oder wenn sie sich einer falschen Zeugenaussage gegen den Erblasser in einem Strafverfahren, einer unterlassenen Hilfeleistung, die zum Tod des Erblassers geführt hat, oder einer falschen Verdächtigung gegenüber dem Erblasser schuldig gemacht haben. Eine Verzeihung durch den Erblasser ist nach Art. 728 C.C. möglich.

4. Die vier Erbordnungen

Ausgangspunkt des französischen gesetzlichen Erbrechts ist das **Verwandtenerbrecht**. Es gibt nach Art. 734 C.C. vier Erbordnungen, der jeweils höheren Ordnung kommt der Vorrang zu.

a) Die Abkömmlinge

Zur **ersten Ordnung** gehören gem. Art. 734 Nr. 1 C.C. die **Abkömmlinge** (*descendants*) des Erblassers, also Kinder, Enkel, Urenkel usw. Alle Ungleichbehandlungen von nichtehelichen Abkömmlingen oder Ehebruchskindern sind im französischen Recht nach Art. 733, 735 C.C. beseitigt. Für **Adoptivkinder** gilt Folgendes: Das französische Recht kennt die einfache Adoption (*adopton simple*) nach Art. 360 ff. C.C. und die Volladoption (*adoption plénière*) nach Art. 343 ff. C.C.[68] Bei der einfachen Adoption bleibt der Adoptierte nach Art. 364 Abs. 1 C.C. mit seiner bisherigen Familie verwandt, er behält auch sein Erbrecht. Bei der Volladoption dagegen wird nach Art. 356 Abs. 1, 358 C.C. die Verwandtschaft zur bisherigen Familie aufgehoben. Nur bei der Stiefkindadoption bleiben nach Art. 356 Abs. 2 C.C. die bisherigen Verwandtschaftsverhältnisse zum Ehegatten und dessen Verwandten bestehen.

Mehrere Abkömmlinge erben gem. Art. 744 Abs. 2 C.C. zu gleichen Teilen. Gradnähere Abkömmlinge schließen nach Art. 744 Abs. 1 C.C. die gradferneren von der Erbfolge aus. Die Gradnähe wird dabei nach der Zahl der die Verwandtschaft vermittelnden Geburten bestimmt, Art. 741 C.C. Allerdings findet gem. Art. 752 C.C. bei Vorversterben eine **Repräsentation** statt, d.h., bei Vorversterben eines Abkömmlings geht der Erbteil auf seine Kinder bzw. weiteren Nachkommen über. Gemäß Art. 753 C.C. kommt es dann zu einer Erbfolge nach **Stämmen**. Eine Repräsentation tritt gem. Art. 754 Abs. 1 C.C. auch ein, wenn ein Abkömmling wegen Ausschlagung von der gesetzlichen Erbfolge ausgeschlossen ist. Nach Art. 729-1, 755 C.C. findet sie selbst bei Erbunwürdigkeit Anwendung.

b) Die privilegierten Aszendenten und Seitenverwandten

Die **zweite Ordnung** wird nach Art. 734 Nr. 2 C.C. von **Eltern, Geschwistern** und **Geschwisterkindern**, den sog. *ascendents privilégiés et collatéraux privilégiés*, gebildet. In dieser Ordnung findet gem. Art. 752-1, 752-2 C.C. eine Repräsentation der Geschwister,

---

67 Für die testamentarische Erbfolge gelten nicht die Art. 726 ff. C.C., sondern Art. 1046, 1047 C.C.
68 Näher hierzu *Döbereiner*, in: Süß/Ring, Eherecht in Europa, Länderbericht Frankreich, Rn 266 ff.

nicht aber der Eltern statt. Eine Repräsentation der Geschwister erfolgt nach Art. 754 Abs. 1 C.C. in diesem Fall aber auch bei Erbunwürdigkeit und Ausschlagung.

64 Hinterlässt der Erblasser seinen Vater und/oder seine Mutter, aber keine privilegierten Seitenverwandten, so gilt Folgendes: Überleben beide Elternteile, so erben sie gem. Art. 736 C.C. je die Hälfte des Vermögens. Überlebt nur ein Elternteil, so kommt es darauf an, ob in der anderen Linie gewöhnliche Aszendenten vorhanden sind. Ist dies nicht der Fall, so erhält der Elternteil die gesamte Erbschaft. Trifft er dagegen mit gewöhnlichen Aszendenten in der anderen Linie zusammen, so kommt es gem. Art. 738–1 C.C. zur sog. **fente**, d.h. zur **Linearteilung** in eine väterliche und eine mütterliche Linie. Der überlebende Elternteil erhält die Hälfte, die andere Hälfte geht an die gradnächsten Aszendenten der anderen Linie. Das Rechtsinstitut der *fente* stellt eine Durchbrechung des Grundsatzes, dass eine nähere eine fernere Erbordnung ausschließt, dar.

65 Sind die Eltern des Erblassers vorverstorben, wird er jedoch von privilegierten Seitenverwandten überlebt, erben Letztere gem. Art. 737 C.C. zu gleichen Teilen, unabhängig davon, ob es sich um halb- oder vollbürtige Geschwister handelt.

66 Möglich ist schließlich, dass privilegierte Aszendenten mit privilegierten Seitenverwandten zusammentreffen. Leben beide Elternteile noch, so erhalten sie gem. Art. 738 Abs. 1 C.C. zusammen die Hälfte des Nachlasses, also je ein Viertel. Die andere Hälfte teilen sich die Geschwister. Überlebt nur ein Elternteil, so steht diesem gem. Art. 738 Abs. 2 C.C. ein Viertel, den Geschwistern stehen drei Viertel zu.

c) Die gewöhnlichen Aszendenten

67 Die **dritte Erbordnung** bilden gem. Art. 734 Nr. 3 C.C. die sog. *ascendants ordinaires*, d.h. alle mit dem Erblasser in gerader Linie verwandten Aszendenten mit Ausnahme der Eltern, also **Großeltern, Urgroßeltern** usw. Der Nachlass wird gem. Art. 747 C.C. in eine väterliche und eine mütterliche Linie gespalten. Innerhalb jeder Linie entscheidet gem. Art. 748 Abs. 1 C.C. die Gradnähe, bei gleicher Gradnähe wird gem. Art. 748 Abs. 2 C.C. der angefallene Anteil nach Köpfen verteilt.

d) Die gewöhnlichen Seitenverwandten

68 Zur **vierten Ordnung** schließlich gehören gem. Art. 734 Nr. 4 C.C. die gewöhnlichen Seitenverwandten (*collatéraux ordinaires*), also **Onkel, Tanten, Cousins, Cousinen** usw. Gemäß Art. 745 C.C. werden in der vierten Ordnung nur Verwandte bis zum sechsten Grad berücksichtigt. Auch in dieser Ordnung wird der Nachlass gem. Art. 749 C.C. in eine väterliche und eine mütterliche Linie geteilt und innerhalb der Linien gem. Art. 750 Abs. 1 C.C. jeweils an den/die Gradnächsten verteilt.

5. Das gesetzliche Erbrecht des überlebenden Ehegatten

a) Allgemeines

Das gesetzliche Erbrecht des überlebenden Ehegatten ist in Art. 756 ff. C.C. geregelt. **Erbberechtigt** ist nach Art. 732 C.C. der nicht rechtskräftig geschiedene[69] Ehegatte. Mit Gesetz Nr. 2013–404 vom 17.5.2013, das am 18.5.2013 in Kraft getreten ist, wurde in Frankreich die (echte) **gleichgeschlechtliche** Ehe eingeführt, gleichgeschlechtlichen Ehepaaren werden dabei alle Rechte eingeräumt, die das französisches Eherecht vorsieht. Die bloße Rechtshängigkeit eines Scheidungsverfahrens hat keine Auswirkung auf das Ehegattenerbrecht, ebenso wenig die Trennung von Tisch und Bett, vgl. Art. 301 C.C. Nicht erbberechtigt sind nichteheliche Lebensgefährten oder gleichgeschlechtliche Lebenspartner, auch wenn sie mit dem Verstorbenen in einer registrierten Partnerschaft (PACS) gelebt haben.[70]

69

b) Die Höhe des Ehegattenerbrechts

Der überlebende Ehegatte erhält gem. Art. 757-2 C.C. den **gesamten Nachlass** zu Eigentum, wenn der Erblasser keine Abkömmlinge oder Eltern hinterlässt. Dies gilt grundsätzlich selbst dann, wenn der Erblasser Geschwister oder Geschwisterkinder hinterlässt. Allerdings bestimmt Art. 757-3 C.C., dass im Falle des Vorversterbens der Eltern von Vorfahren – nicht nur von den Eltern selbst – ererbtes oder geschenktes Vermögen, sofern es in Natur im Nachlass vorhanden ist, zur Hälfte auf die Geschwister und Geschwisterkinder übergeht, sofern diese zugleich Abkömmlinge der vorverstorbenen Eltern sind.

70

Hinterlässt der Erblasser Vater und Mutter, so erbt der überlebende Ehegatte nach Art. 757–1 Abs. 1 C.C. die **Hälfte des Nachlasses** zum Eigentum. Ist nur ein Elternteil vorhanden, so erbt er nach Art. 757–1 Abs. 2 C.C. **drei Viertel** des Nachlasses zum Eigentum.

71

Am schlechtesten ist die Stellung des überlebenden Ehegatten, wenn er mit Abkömmlingen des Erblassers zusammentrifft. Dann erhält er gem. Art. 757 C.C. nach seiner Wahl den **Nießbrauch am gesamten Nachlass** oder ein **Viertel des Nachlasses** zu Eigentum. Das Wahlrecht des Ehegatten besteht nicht, wenn Kinder aus verschiedenen Verbindungen des Erblassers vorhanden sind. In diesem Fall erhält der überlebende Ehegatte immer ein Viertel des Nachlasses zu Eigentum. Die anderen Erben können den Ehegatten schriftlich auffordern, innerhalb von drei Monaten eine Wahl zu treffen. Kommt Letzterer diesem Verlangen nicht nach, so wird nach Art. 758-3 S. 2 C.C. eine Wahl des Nießbrauchs angenommen. Das Gleiche gilt nach Art. 758-4 C.C., wenn der Ehegatte vor Ablauf der Frist stirbt. Eine bestimmte Form für die Ausübung des Wahlrechts ist nicht vorgesehen. Das Wahlrecht ist im Übrigen höchstpersönlich.

72

---

69 Seit 1.1.2005 ist in Frankreich ein reformiertes Scheidungsrecht in Kraft, das durch Gesetz Nr. 2004–439 vom 26.5.2004 eingeführt wurde. Das französische Recht kennt gem. Art. 229 C.C. seither vier Scheidungsgründe: die einvernehmliche Scheidung (*divorce par consentement mutuel*), die durch einen Ehegatten beantragte und vom anderen akzeptierte Scheidung (*divorce accepté*), die Scheidung wegen Scheiterns der Ehe (*divorce pour altération définitive*) sowie die Verschuldensscheidung (*divorce pour faute*). Ausführlich zur Scheidung nach französischem Recht *Döbereiner*, in: Süß/Ring, Eherecht in Europa, Länderbericht Frankreich, Rn 146 ff.; *ders.*, ZEuP 2007, 521.

70 Der überlebende Partner eines PACS hat lediglich nach Art. 515–6 Abs. 3, 763 Abs. 1 und 2 C.C. ein durch den Erblasser ausschließbares Wohnrecht an der gemeinsam genutzten Wohnung (vgl. hierzu Rn 78) und, falls er Miterbe wird bei der Auseinandersetzung, ein Recht auf vorzugsweise Zuteilung bestimmter Gegenstände wie z.B. Unternehmen, vgl. hierzu Art. 515–6 Abs. 1 C.C., 831 ff. C.C. und unten Rn 151.

73 Zur Feststellung des genauen **wertmäßigen Umfanges** des Nachlasses und der Beteiligung des Ehegatten ist zunächst eine reine Berechnungsmasse, die sog. *masse de calcul*, zu ermitteln. Diese umfasst gem. Art. 758–5 Abs. 1 C.C. den gesamten vorhandenen Nachlass des Erblassers zuzüglich Schenkungen und testamentarischer Zuwendungen an gesetzliche Erben, wenn der Erblasser eine Ausgleichungspflicht angeordnet hat. Auch die vom Verstorbenen dem Ehegatten unter Lebenden oder von Todes wegen zugewendeten Gegenstände sind der Berechnungsmasse zuzuschlagen. Auf die so festgestellte Berechnungsmasse ist die dem Ehegatten zustehende Quote anzuwenden. Das Ergebnis stellt das wertmäßige Maximum des Erbes dar. Eine weitere Obergrenze stellt die sog. *masse d'exercice* dar, durch die der Umfang der Gegenstände, auf die sich die Erbschaft des Ehegatten tatsächlich maximal erstrecken kann, bestimmt wird. Diese Ausübungsmasse umfasst gem. Art. 758–5 Abs. 2 C.C. lediglich die beim Tod vorhandenen Güter abzüglich an Dritte vermachte Gegenstände und abzüglich bestehender Noterbrechte. Zu Lasten des Ehegatten ist schließlich gem. Art. 758–6 C.C. anzurechnen, was ihm durch Vermächtnis oder unter Lebenden vom Erblasser zugewendet worden ist. Maximal darf der Ehegatte im Rahmen der verfügbaren Quote nach Art. 1094–1 C.C. begünstigt werden.

74 Erbt der überlebende Ehegatte nach den vorstehend erläuterten Bestimmungen den gesamten Nachlass oder drei Viertel des Nachlasses, so haben bedürftige Vorfahren des Erblassers, mit Ausnahme seiner Eltern, nach Art. 758 C.C. einen Unterhaltsanspruch gegen den Nachlass. Dieser Unterhaltsanspruch muss gem. Art. 758 Abs. 2 C.C. innerhalb eines Jahres bzw. bis zur Beendigung der Teilung der Erbschaft geltend gemacht werden. Der erforderliche Betrag wird gem. Art. 758 Abs. 3 C.C. der Erbschaft vorweg entnommen und von den Erben, bei unzureichendem Nachlass auch von den Vermächtnisnehmern getragen.

c) Der Ehegattennießbrauch

75 Der Nießbrauch des überlebenden Ehegatten entsteht **kraft Gesetzes** ohne weitere Bestellungsakte. Die Stellung des Ehegatten als Nießbraucher richtet sich nach Art. 578 ff. C.C. Der Nießbrauch ist gem. Art. 595 C.C. übertragbar, erlischt gem. Art. 617 C.C. jedoch in jedem Fall mit dem Tod des Berechtigten. Der Nießbrauch bezieht sich nach Art. 757 C.C. immer auf sämtliche im Todeszeitpunkt vorhandenen Güter, soweit diese nicht vermächtnisweise anderen Personen zugewendet sind. Gemäß Art. 759 C.C. können die Erben und der überlebende Ehegatte selbst bis zur Teilung des Nachlasses verlangen, dass der Nießbrauch des überlebenden Ehegatten in eine Leibrente umgewandelt wird (**Umsetzungsrecht**). Hiervon ausgenommen ist nach Art. 760 Abs. 3 C.C. der Hauptwohnsitz des überlebenden Ehegatten und das zugehörige Mobiliar, sofern dieser nicht einverstanden ist. Um sicherzustellen, dass die Rente dem Wert des Nießbrauchs entspricht, ist gesetzlich gem. Art. 760 Abs. 2 C.C. eine Indexierung vorgesehen. Der Ehegatte kann außerdem von den Erben Sicherheiten verlangen. Erben und Ehegatte können nach Art. 761 C.C. einverständlich den Nießbrauch durch eine Ablösungszahlung ersetzen.

d) Weitere Rechte des überlebenden Ehegatten

76 Neben dem gesetzlichen Erbrecht stehen dem überlebenden Ehegatten noch andere Vermögensvorteile beim Tod des Erstversterbenden zu.

aa) Der Unterhaltsanspruch des bedürftigen Ehegatten gegen den Nachlass

77 Zu nennen ist z.B. der Unterhaltsanspruch des bedürftigen Ehegatten gegen den Nachlass gem. Art. 767 C.C. Diese Unterhaltsrente muss gem. Art. 767 Abs. 1 C.C. innerhalb eines Jahres bzw. bis zur Beendigung der Teilung der Erbschaft geltend gemacht werden. Sie wird

gem. Art. 767 Abs. 2 C.C. der Erbschaft vorweg entnommen und von den Erben, bei unzureichendem Nachlass auch von den Vermächtnisnehmern getragen.

bb) Das Wohnrecht an der Ehewohnung

Nach Art. 763 Abs. 1 C.C. hat der überlebende Ehegatte für ein Jahr automatisch das **unentgeltliche Nutzungsrecht** an der Ehewohnung und dem zugehörigen Mobiliar, sofern die Ehewohnung im Eigentum der Ehegatten stand. Handelt es sich um eine Mietwohnung[71] oder war der Verstorbene lediglich Miteigentümer der Wohnung, so werden dem überlebenden Ehegatten für ein Jahr nach Art. 763 Abs. 2 C.C. die Mieten bzw. zur Nutzung zu zahlenden Beträge aus dem Nachlass bezahlt. Dabei handelt es sich nicht um erbrechtliche, sondern zwingende güterrechtliche Ansprüche nach Art. 763 Abs. 3 und 4 C.C., die durch den Erblasser nicht ausgeschlossen werden können.

78

Nach Art. 764 C.C. hat der überlebende Ehegatte ferner auf Lebenszeit ein **Wohnungs- und Nutzungsrecht** an der ehelichen Wohnung samt Mobiliar, das er gem. Art. 765–1 C.C. innerhalb eines Jahres ab dem Todesfall geltend machen muss. Der Erblasser kann dieses Recht in einem notariellen Testament ausschließen. Dieses Wohnungs- und Benutzungsrecht ist nach Art. 765 C.C. auf die Erbschaft des überlebenden Ehegatten anzurechnen; übersteigt es den Erbteil, findet eine Rückerstattung gem. Art. 765 Abs. 3 C.C. nicht statt. Eine Umwandlung des Nutzungsrechts in eine Rente oder eine Ablösung durch Geldzahlung ist nach Art. 766 Abs. 1 C.C. möglich. Entspricht die Wohnung nicht mehr den Bedürfnissen des überlebenden Ehegatten, so kann er die Wohnung vermieten und mit dem Mietzins ein passendes Ersatzobjekt anmieten. Bei einer Mietwohnung besteht das Nutzungsrecht nach Art. 765–2 C.C. am Mobiliar, der überlebende Ehegatte wird alleiniger Mieter der Wohnung nach Art. 1751 C.C.

79

cc) Die Entschädigung für kostenlose Mitarbeit im Betrieb des Erblassers

Erwähnt sei noch die Regelung in Art. 14 des Gesetzes Nr. 89–1008 vom 31.12.1989, die dem überlebenden Ehegatten gegen den Nachlass einen Anspruch in Höhe von drei gewerblichen Jahresmindestlöhnen zugesteht, wenn er zehn Jahre in einem dem verstorbenen Partner allein gehörenden Betrieb unentgeltlich mitgearbeitet hat. Dieser Betrag wird auf das bei den Auseinandersetzungen des Gesamtgutes und des Nachlasses dem Ehegatten zufallende Guthaben angerechnet. Übersteigt jedoch die Entschädigung dieses Guthaben, so behält der Ehegatte auch den überschießenden Teil, so dass durchaus ein geldwerter Vorteil entstehen kann.

80

6. Die Stellung gesetzlicher Erben

Das französische Recht unterscheidet allgemein ordentliche gesetzliche Erben (*successeurs réguliers*) und außerordentliche gesetzliche Erben (*successeurs irréguliers*). Ersteren steht die sog. *saisine*[72] zu, d.h., der Besitz geht kraft Gesetzes im Augenblick des Erbfalls auf den Erben über, während Letztere, zu denen heute gem. Art. 724 Abs. 3, 811 C.C. nur noch der Staat gehört, der gerichtlichen Besitzeinweisung (*envoi en possession*) bedürfen. Der überlebende Ehegatte zählt zu den *successeurs réguliers*, auch wenn er im Einzelfall nur einen Nießbrauch an einem Teil des Nachlasses erhält.

81

---

71 Zur Zuweisung der Mietwohnung selbst an den überlebenden Ehegatten vgl. Rn 47.
72 Ausführlich hierzu *Fischer*, Das französische Rechtsinstitut der „Saisine", S. 36 ff.

jedoch Synovitis, Bursitis und Tendovaginitis, besonders der Achillessehne und des Kalkaneus. Fersenschmerz ist ein charakteristisches Frühzeichen! Bis zum Befall des Achsenskeletts vergehen etwa 4–10 Jahre. Die Spondylarthritis der Extremitätengelenke hat eine geringe Deformierungstendenz, ist stets Rheumafaktor-negativ. Iridozyklitis kommt häufig vor! Eine familiäre, bösartig verlaufende Form kann durch Karditis kompliziert sein und hat eine hohe Letalität im 2.–3. Jahrzehnt. Die *Frühdiagnose* kann schwierig sein und nur bei typischer röntgenologischer Veränderung der Ileosakralgelenke (zentrierte Aufnahme beider Gelenke, evtl. Schichtaufnahmen) sicherzustellen. Es zeigt sich wolkige Struktur entlang dem Ileosakralspalt, Zähnelung der Konturen sowie Randsklerose.
Die Erblichkeit ist auffällig hoch. Das den Histokompatibilitätsantigenen nahestehende Leukozytenantigen HLA-B 27 kommt auch bei der juvenilen ankylosierenden Spondylitis häufig vor und kann zur Diagnose herangezogen werden.
Therapie: Physikalische und medikamentöse Therapie ähneln der bei chronischer Polyarthritis. Eine Langzeit-Kortikosteroidtherapie muß vermieden werden.

Kollagenkrankheiten (Kollagenosen)

Aufgrund gemeinsamen Vorkommens von fibrinoider Degeneration auf immunologischer Basis im Bindegewebe bei *Lupus erythematodes,* diffuser *Sklerodermie, Dermatomyositis* und *Periarteriitis nodosa* hat KLEMPERER 1941 rein deskriptiv diese Erkrankungen unter der Gesamtbezeichnung *Kollagenosen* zusammengefaßt. Der Begriff wurde später auf weitere Erkrankungen ausgedehnt, darunter auch die rheumatischen, bei denen ja bereits KLINGE 1929 auf die Bedeutung der fibrinoiden Nekrose hingewiesen hatte. Heute werden die Kollagenkrankheiten als Autoimmunkrankheiten den Organkrankheiten gegenübergestellt. Organsysteme, die viel Bindegewebe enthalten und damit reich an kollagenen Fasern sind, werden am häufigsten in Mitleidenschaft gezogen. Dies sind Haut und seröse Häute, Muskulatur, Gelenke und das kardiovaskuläre System. Kollagenosen im engeren Sinne, bei denen generalisiert das Bindegewebe in wechselndem Ausmaß betroffen wird sind folgende:

Lupus Erythematodes Disseminatus

Das serologische Charakteristikum der Krankheit ist der im Gammaglobulinbereich nachgewiesene LE-Faktor, der eine gegen die Desoxyribonukleinsäure der eigenen Zellkerne gerichtete Aggressivität zeigt und als Autoantikörper aufgefaßt wird. Sein Nachweis geschieht mittels des LE-Zelltests: Die Leukozytensuspension eines Gesunden wird mit Patientenserum gemischt und bei 37 Grad inkubiert: im positiven Falle entwickeln sich Zellen, die amorphe Kernmassen zerstörter Zellen phagozytiert haben, wodurch ihr eigener Kern ganz an den Rand gedrückt wird, sog. LE-Zellen oder Hargraves-Zellen. Zuverlässiger ist der Nachweis des LE-Faktors mittels Immunfluoreszenz. Grundlage der Erkrankung ist eine mit Fibrinoidablagerungen einhergehende, von einer perivaskulären Entzündung begleitete Vaskulitis der kleinen Arterien und Arteriolen, die sich an vielen Organen (Gelenke, Herz, Gehirn, Niere) manifestieren kann.
Der generalisierte Lupus erythematodes befällt bevorzugt junge Frauen, jedoch erkranken auch Kinder keineswegs selten. Es ist unklar, ob die zunehmende Häufigkeit der Erkrankung mit ihrer besseren Diagnostizierbarkeit, mit einer Änderung der Disposition oder exogenen Schäden zusammenhängt.
Die Erkrankung beginnt mit Fieber, Schwäche, Senkungsbeschleunigung, Hypergammaglobulinämie, Leukopenie, Anämie und Thrombopenie. Gelenkschmerzen, aber ohne Deformierungsneigung sowie ohne die typische Morgensteifigkeit der rheumatoiden Arthritis kommen häufig vor. Besonders typisch, aber keineswegs immer vorhanden, sind schmetterlingsförmige entzündliche, leicht schuppende Hautveränderungen am Nasenrücken und an den Wangen (Abb. 20.8, Bildtafel 3) seltener am Rumpf und Extremitäten, die sich bei Besonnung verstärken. Rezidivierende Pleuritiden stellen ein Frühsymptom dar. Albuminurie und Hämaturie mit oder ohne Blutdrucksteigerung zeigen die sog. Lupusnephritis an, eine Glomerulitis, die mit Verdickung der Basalmembran und Ablagerung von Fibrinoid einhergeht. Es folgt Degeneration der Tubuli und schließlich chronische Glomerulonephritis mit Urämie. Ein kleinerer Teil der Kinder entwickelt eine atypische verruköse, abakterielle Endokarditis mit besonderer Beteiligung der rechten Kammer (Libman-Sacks-Syndrom). Neurologische Erscheinungen, wie Hemiplegien, Krämpfe oder choreatische Symptome sind als Folge zerebraler Gefäßveränderungen zu verstehen. Auch Stauungspapille kann vorkommen. Milz, Leber und Lymphknoten können vergrößert sein. Überempfindlichkeitsreaktionen auf Medikamente, z. B. Sulfonamide mit Auslösung von Fieberschüben und alarmierender Granuzytopenie, werden beobachtet. Lupus erythematodes wird häufig mit rheumatoider Arthritis oder Still-Syndrom verwechselt.
Therapeutisch lassen sich viele Symptome des Lupus erythematodes oft schlagartig durch Nebennierenrindenhormongaben bessern; anschließend an die initiale Stoßbehandlung wird eine prolongierte Behandlung mit einer Erhaltungsdosis von N. N.-Rindenhormon-Präparaten empfohlen. Die Wirkung des Antimalariapräparates Resochin auf die

III. Die testamentarische Erbfolge nach französischem Recht

dem Tod des Erblassers. Minderjährige unter 16 Jahren sind gem. Art. 903 C.C. testierunfähig. Minderjährige über 16 Jahren können gem. Art. 904 Abs. 1 C.C. nur über die Hälfte dessen verfügen, über das ein Erwachsener ohne Verletzung von Noterbrechten testieren könnte. Unter Erwachsenenvormundschaft stehende Personen (*majeurs en tutelle*) sind gem. Art. 504 Abs. 1 S. 1 C.C. grundsätzlich testierunfähig, sie können jedoch vom Familienrat (*conseil de famille* nach Art. 407 C.C.) ermächtigt werden, mit Hilfe des Vormunds ein Testament zu errichten. Der Widerruf eines Testaments kann durch den unter Erwachsenenvormundschaft Stehenden nach Art. 504 Abs. 1 S. 2 C.C. stets selbst erfolgen. Ein unter Erwachsenenpflegschaft Stehender (*majeur en curatelle*) ist dagegen gem. Art. 513 Abs. 1

83 Das französische Recht kennt gem. Art. 969 C.C. drei Formen ordentlicher Testamente. Formverstöße führen gem. Art. 1001 C.C. zur **absoluten Nichtigkeit** des Testaments, das

Der *Code Civil* enthielt bis zur letzten Erbrechtsreform keine Sonderregeln für **Willensmängel** des Erblassers bei Testamentserrichtung, so dass auf die Vorschriften des Vertragsrechts zurückzugreifen war.

wenn es aufgrund Irrtum, Täuschung, Drohung oder Zwang zustande gekommen ist. Abund schließlich alle unterschreiben. Die Zeugen müssen nach Art. 980 S. 1 C.C. französisch sprechen und volljährig sein, die französische Staatsangehörigkeit ist nicht mehr erforderlich.

ments, die durch gesetzliche Erben und Universalvermächtnisnehmer gem. Art. 1304 C.C.

werden in Frankreich beim **fichier central des dispositions de dernières volontés** in Aix en Provence (Adresse: Les Lauriers, F-13107 Venelles-Cedex) gegen von den französischen Notaren eingereichten Urkunden dieser Stelle, gegen Zahlung einer relativ geringen Gebühr registriert, um ein Auffinden nach dem Tod des Erblassers zu erleichtern. Auskünfte aus dem Register erhält jeder Notar gegen Vorlage einer Sterbeurkunde. Im internationalen Rechtsverkehr ist zusätzlich das „Baseler Europäische Übereinkommen über die Errichtung

absoluten Nichtigkeit des Testaments führt, liegt jedoch nicht mehr automatisch vor, wenn in Frankreich, anders als die Deutschen, in Kraft getreten. Danach ist die Registrierung in oben genanntem Register unabhängig von der Nationalität oder dem Aufenthaltsort des Testierenden, so dass auch ein ausländisches Notar errichtete letztwillige Verfügung registriert werden kann. Nach dem Tod einer Person kann jeder gegen Vorlage einer Sterbeurkunde Auskunft erhalten, ob und wenn ja welche letztwilligen Verfügungen des Verstorbenen bei oben genannten Testamentsregister hinterlegt sind.

---

76 Zur Unterscheidung zwischen relativer und absoluter Nichtigkeit vgl. *Ferid/Sonnenberger*, Bd. 1/1

79 Ausführlich *Ferid/Sonnenberger*, Bd. 3 Rn 5 C 27 ff.; *Glaus*, Irrtumsanfechtung und Auslegung beim Testament, S. 155 ff.

82 *Terré/Lequette/Gaudemet*, Successions, Libéralités, Rn 342; *Voirin/Goubeaux*, Bd. 2 Rn 728.

zu beanstanden, wenn sie nicht nur der Belohnung sexueller Dienste dient, sondern z.B. zum Zwecke der Absicherung des außerehelichen Partners angeordnet wird, siehe auch *Klima*, ZEV 2005, 155.

b) Der Inhalt testamentarischer Anordnungen

90 Inhaltlich enthält ein Testament vor allem[84] Anordnungen zur Verteilung des Vermögens des Erblassers nach seinem Tod.

aa) Die Verteilung des Nachlasses durch Vermächtnisse

91 Nach französischem Recht können durch letztwillige Verfügung grundsätzlich **keine Erben** geschaffen werden. Der Nachlass kann vielmehr nur im Wege von **Vermächtnissen** verteilt werden. Der Vermächtnisnehmer muss vom Erblasser hinreichend bestimmt und fähig sein, aufgrund einer Verfügung von Todes wegen zu erwerben. Für Letzteres ist es gem. Art. 906 Abs. 2, 3 C.C. ausreichend, wenn die bedachte Person im Zeitpunkt des Todes gezeugt war, sofern sie später lebensfähig geboren wird. Besonderheiten gelten gem. Art. 909 C.C. für Angehörige bestimmter Berufsgruppen wie Ärzte oder Geistliche. Gemäß Art. 1002 C.C. ist zwischen Vermächtnissen, die den gesamten Nachlass, solchen, die nur einen Teil des Vermögens, und solchen, die nur einen einzelnen Gegenstand umfassen, zu unterscheiden.

bb) Das Universal- bzw. Erbvermächtnis

92 Gemäß Art. 1003 C.C. ist ein Universal- bzw. Erbvermächtnis (*legs universel*) eine testamentarische Verfügung, durch die der Erblasser einer oder mehreren Personen das **gesamte im Zeitpunkt seines Todes existierende Vermögen** zuwendet. Es ist jedoch nur bedingt mit einer Alleinerbeinsetzung des deutschen Rechts vergleichbar. Wie sich aus dem Gesetzeswortlaut ergibt, ist ein Universalvermächtnisnehmer nicht notwendig Alleinberechtigter. Mehrere Personen können nebeneinander als *légataires universels* eingesetzt sein. Auch kann das Universalvermächtnis durch Pflichterbrechte oder durch die Anordnung von Einzelvermächtnissen wertmäßig weit hinter dem gesamten Nachlass zurückbleiben. Das wesentliche Charakteristikum des *legs universel* ist, dass dem Begünstigten nach dem Willen[85] des Erblassers eventuell der Gesamtnachlass zufällt.[86] Hierzu kann es kommen, wenn andere Mitvermächtnisnehmer (*colégataires*) oder Noterben durch Tod oder Ausschlagung wegfallen.

93 Die Rechtsstellung des Universalvermächtnisnehmers ist weitgehend der Erbenstellung angeglichen. Er erwirbt das Eigentum an den ihm zugewendeten Gegenständen automatisch mit dem Erbfall. Die *saisine* steht ihm gem. Art. 1006 C.C. nur zu, wenn keine Pflichterben vorhanden sind. Andernfalls muss er sich gem. Art. 1004 C.C. von den Vorbehaltserben durch die sog. *demande en délivrance* den Besitz übertragen lassen. Selbst wenn nach Art. 1006 C.C. eine Mitwirkung der Pflichterben nicht erforderlich ist, muss sich der *légataire universel* nach Art. 1008 C.C. gerichtlich in seinen Besitz einweisen lassen (sog. *envoi en possession*), wenn sich seine Stellung aus einem holographischen oder mystischen Testament ergibt. Der Universallegatar haftet gem. Art. 785, 1009 C.C. im Verhältnis seines Anteils am Nachlass unbegrenzt für die Nachlassverbindlichkeiten.

---

84 Zu anderen denkbaren, z.B. familienrechtlichen Anordnungen vgl. *Baumann*, Gesetzliche Erbfolge und Möglichkeiten testamentarischer Erbeinsetzung im französischen Code Civil, S. 109.

85 Zur Testamentsauslegung im französischem Recht *Prévault*, ZVglRWiss 84 (1985), 97.

86 Beispiele bei *Baumann*, Gesetzliche Erbfolge und Möglichkeiten testamentarischer Erbeinsetzung im französischen Code Civil, S. 113 ff.

cc) Das Erbteilvermächtnis

Gemäß Art. 1010 Abs. 1 C.C. ist ein Erbteilvermächtnis (*legs à titre universel*) eine letztwillige Anordnung, die auf die Zuwendung eines **Vermögensbruchteiles** oder auf die Zuwendung aller Mobilien oder Immobilien oder auf die Zuwendung eines Bruchteils der Mobilien oder Immobilien gerichtet ist. Auch die Zuwendung eines Nießbrauchs kann ein *legs à titre universel* sein, wenn sich der Nießbrauch auf den gesamten Nachlass oder einen Bruchteil davon bezieht. Im Unterschied zum Universalvermächtnisnehmer hat der durch ein Erbteilvermächtnis Bedachte nie die Aussicht auf Erwerb des gesamten Nachlasses. Auch der Erbteilsvermächtnisnehmer erwirbt das Eigentum an den zugewendeten Gegenständen automatisch mit dem Erbfall. Die *saisine* steht ihm nie zu, er muss sich gem. Art. 1011 C.C. den Besitz von den gesetzlichen Erben oder ggf. von einem mit der *saisine* versehenen Universalvermächtnisnehmer übertragen lassen. Wie der Universalvermächtnisnehmer haftet er gem. Art. 785, 1012 C.C. entsprechend seiner Quote am Nachlass *ultra vires* für die Nachlassverbindlichkeiten.

94

dd) Das Erbstückvermächtnis

Gemäß Art. 1010 Abs. 2 C.C. ist jedes Vermächtnis, das weder Erb- noch Erbteilvermächtnis ist, ein Erbstückvermächtnis. Es handelt sich beim *legs particulier* um die Zuwendung **eines oder mehrerer Einzelgegenstände**. Unerheblich ist dabei, ob der betreffende Gegenstand wertmäßig einen Bruchteil oder sogar den gesamten Nachlass ausmacht. Der vermachte Gegenstand muss gem. Art. 1021 C.C. im Eigentum des Erblassers stehen, Ausnahmen hiervon gelten für das z.B. eine Geldsumme umfassende Gattungsvermächtnis. Zulässig ist auch ein **Verschaffungsvermächtnis**. Abgesehen vom Gattungs- und Verschaffungsvermächtnis, geht auch beim *legs particulier* das Eigentum an dem zugewendeten Gegenstand gem. Art. 1014 Abs. 1 C.C. bereits mit dem Tod auf den Vermächtnisnehmer über. Das *legs particulier* ist auf den ersten Blick damit ein sog. **Vindikationslegat**. Zur Ausübung seiner Rechte bedarf der Begünstigte jedoch gem. Art. 1014 Abs. 2 C.C. der *délivrance* durch den Beschwerten, auch wenn er sich bereits im Besitz des betreffenden Gegenstandes befindet. Er braucht also einen Ausübungstitel, ohne den er bei Immobilien – zur richtigen Einordnung des *legs particulier* ist dies sehr wichtig – auch nicht im *bureau des hypothèques* als neuer Eigentümer registriert werden kann. Es ist somit alles andere als eindeutig, ob ein französisches *legs particulier* tatsächlich ein „echtes" Vindikationslegat darstellt.

95

Der Vermächtnisnehmer haftet gem. Art. 1024 C.C. nicht für Nachlassverbindlichkeiten. Es kann jedoch zu einer verhältnismäßigen Herabsetzung kommen, da vor Erfüllung der Vermächtnisse zunächst alle Nachlassverbindlichkeiten berichtigt sein müssen. Zudem kann gem. Art. 767 Abs. 2 C.C. eine anteilige Haftung für den Unterhaltsanspruch des bedürftigen Ehegatten bestehen.

96

ee) Vor- und Nacherbschaft

Die Anordnung von Vor- und Nacherbfolge (*substitution fidéicommissaire*) war bis 1.1.2007 gem. Art. 896 Abs. 1 C.C. a.F. **verboten** und führte gem. Art. 896 Abs. 2 C.C. zur Nichtigkeit auch der Vorerbeinsetzung. Dieses Verbot konnte allenfalls gem. Art. 899 C.C. durch Zuwendung des lebenslangen Nießbrauchs an einen Erstbedachten und Zuwendung des bloßen Eigentums an eine andere Person umgangen werden. Zulässig war auch das sog. *legs de residuo*, bei dem der Erstbedachte zwar verpflichtet ist, den zugewendeten Gegenstand an einen Dritten weiterzugeben, allerdings nur, wenn und soweit dieser noch vorhanden ist,

97

so dass keine Erhaltungspflicht zugunsten des Zweitbedachten besteht.[87] Von der Rechtsprechung gebilligt wurde auch die Anordnung eines bedingten Doppelvermächtnisses, also die Einsetzung eines Bedachten unter einer auflösenden Bedingung, bei deren Eintritt der Nachlass einer anderen Person zufällt. Ferner gab es zwei ausdrücklich geregelte Ausnahmen vom Verbot der *substitution fidéicommissaire*, nämlich gem. Art. 1048 C.C. die Einsetzung der Kinder zu Vor- und der Enkel zu Nacherben und gem. Art. 1049 C.C. bei kinderlosen Erblassern die Einsetzung von Geschwistern zu Vor- und von Geschwisterkindern zu Nacherben.

98 Seit der Erbrechtsreform ist in Art. 896 C.C. n.F. immer noch der **Grundsatz des Verbots der Vor- und Nacherbschaft** enthalten. Der *Code Civil* enthält jedoch nun in Art. 1048–1061 C.C. unter dem Begriff der *libéralités graduelles et résiduelles* bedeutende **Ausnahmen** von diesem Verbot. Bei einer *libéralité graduelle* handelt es sich nach Art. 1048 C.C. um eine Zuwendung, die mit der Auflage verbunden ist, dass der Begünstigte das Zugewendete bewahren und bei seinem Tod an einen bestimmten Dritten weitergeben muss. Nach der allgemeinen Systematik der *libéralités* kann es sich bei einer solchen Zuwendung sowohl um eine Schenkung als auch um ein Testament handeln. Nach Art. 1049 Abs. 1 C.C. kann sich eine solche Bestimmung nur auf Gegenstände beziehen, die im Zeitpunkt der Anordnung bestimmt oder bestimmbar sind und im Zeitpunkt des Todes noch in Natur vorhanden sind. Bei Wertpapieren bezieht sich die Zuwendung nach Art. 1049 Abs. 2 C.C. auch auf Surrogate. Bei Immobilien ist – um der Vereinbarung Drittwirkung zu verschaffen – nach Art. 1049 Abs. 3 C.C. eine Veröffentlichung *im bureau des hypothèques* erforderlich. Eine weitere gesetzliche Absicherung des Zweitbedachten ist nicht vorgesehen, vielmehr obliegt und steht es nach Art. 1052 C.C. dem Verfügenden frei, Sicherheiten zugunsten des Zweitbedachten anzuordnen, um den Übergang des Zugewendeten an diesen sicherzustellen. Die Begünstigung entsteht für den Zweitbegünstigten nach Art. 1050 Abs. 1 C.C. im Zeitpunkt des Todes des Beschwerten, Letzterer kann jedoch nach Art. 1050 Abs. 2 C.C. bereits vorher die Nutznießung aufgeben und auf den Zweitbegünstigten übertragen, sofern dadurch Gläubiger nach Art. 1050 Abs. 3 C.C. nicht beeinträchtigt werden. Nach Art. 1051 C.C. gilt die Zuwendung als vom Erblasser an den Zweitbegünstigten erfolgt. Wenn der Beschwerte zugleich Noterbe ist, kann sich nach Art. 1054 Abs. 1 C.C. die Auflage nur auf die frei verfügbare Quote beziehen, andernfalls kann der Beschwerte bei einem Testament nach Art. 1054 Abs. 3 C.C. innerhalb eines Jahres nach Kenntnis vom Testament verlangen, dass seine Noterbschaft von der Auflage befreit wird. Nach Art. 1054 Abs. 2 und 4 C.C. kann bei einer Schenkung im Einvernehmen mit dem Beschwerten in der Schenkung selbst oder durch eine eigene Verzichtsurkunde entsprechend Art. 930 C.C. vor dem Ableben des Erblassers vereinbart werden, dass dieser bei Beeinträchtigung seines Noterbrechts auf die Befreiung von der Beschwerung verzichtet; in diesem Fall sind Zweitbegünstigte automatisch alle seine Kinder. Bei Vorversterben des Zweitbegünstigten oder bei dessen Verzicht fallen nach Art. 1056 C.C. die Gegenstände in den Nachlass des Beschwerten, es können jedoch auch Ersatznacherben bestimmt werden.

99 Bei einer *libéralité résiduelle* nach Art. 1057 ff. C.C. trifft den Beschwerten keine Verpflichtung zur Erhaltung des Gegenstandes, der Zweitbegünstigte erhält vielmehr beim Ableben des Beschwerten nur dasjenige, was von dem betreffenden Gegenstand noch übrig ist, nicht jedoch Surrogate. Der Beschwerte kann allerdings nach Art. 1059 Abs. 1 C.C. nicht letztwillig über den Gegenstand verfügen, unentgeltliche Verfügungen unter Lebenden können ihm nach Art. 1059 Abs. 2 C.C. untersagt werden. Er behält nach Art. 1059 Abs. 3 C.C. in jedem Fall die Freiheit, letztwillig oder unter Lebenden unentgeltlich über das

---

87 *Terré/Lequette/Gaudemet*, Successions, Libéralités, Rn 620; *Vorin/Goubeaux*, Bd. 2 Rn 889.

Zugewendete zu disponieren, wenn er Noterbe ist und er die Gegenstände als Voraus auf sein Noterbe erhalten hat. Im Übrigen gelten die Vorschriften der Art. 1049, 1051, 1052 und 1056 C.C. entsprechend.

c) Die Hinfälligkeit testamentarischer Bestimmungen

Testamente werden gegenstandslos (*caduc*), wenn der Bedachte vorbehaltlich einer Ersatzerbenbestimmung durch den Erblasser vor dem Erblasser (Art. 1039 C.C.) oder vor Eintritt einer aufschiebenden Bedingung (Art. 1040 C.C.) stirbt, der zugewendete Gegenstand vor dem Erbfall untergeht (Art. 1042 Abs. 1 C.C.), der Bedachte ausschlägt oder erbunfähig wird (Art. 1043 C.C.). Sind mehrere als Vermächtnisnehmer eingesetzt, so führt gem. Art. 1044, 1045 C.C. das Hinfälligwerden zur Anwachsung an die anderen *légataires*.

d) Der Widerruf eines Testaments durch den Erblasser

Der Widerruf (*révocation*) eines Testaments durch den Erblasser ist jederzeit ausdrücklich oder durch konkludentes Handeln möglich. Der **ausdrückliche** Widerruf erfolgt gem. Art. 1035 C.C. entweder durch ein späteres Testament, das nicht in der gleichen Testamentsform wie das ursprüngliche Testament errichtet werden muss, oder durch eine notariell beurkundete Erklärung unter Zuziehung eines zweiten Notars oder zweier Zeugen. Ein **konkludenter** Widerruf ist gem. Art. 1036 C.C. in der Errichtung eines dem früheren widersprechenden späteren Testaments, gem. Art. 1038 C.C. in der Veräußerung der vermachten Sache und in der – gesetzlich nicht geregelten – Vernichtung des Testaments zu sehen.[88] Nach Art. 265 Abs. 2 C.C. verlieren letztwillige Verfügungen im **Scheidungsfall** automatisch ihre Wirkung, es sei denn, es lag ein anderer Wille des Verfügenden vor. Dieser entgegenstehende Wille wird ggf. vom Richter im Scheidungsurteil festgestellt und macht die Verfügung unwiderruflich. Ein Testament wird in diesem Fall dann ausnahmsweise bindend.

e) Der gerichtliche Widerruf eines Testaments

Nach dem Tod des Erblassers können testamentarische Verfügungen auf Verlangen gesetzlicher Erben gerichtlich widerrufen[89] werden, wenn ein Vermächtnisnehmer **Auflagen**[90] (*charges*) nicht erfüllt (Art. 1046, 954 C.C.). Die Klage muss innerhalb von 5 Jahren ab dem Zeitpunkt, ab dem die Nichterfüllung feststeht, erhoben werden.[91] Klagebefugt sind gesetzliche Erben und Universalvermächtnisnehmer. Ein gerichtlicher Widerruf ist auch möglich, wenn der Bedachte einen Anschlag auf das Leben des Erblasser verübt hat (Art. 1046, 955 Nr. 1 C.C.) oder sich einer **schweren Verfehlung** gegenüber dem Erblasser (Art. 1046, 955 Nr. 2 C.C.) oder gegenüber dessen Andenken (Art. 1047 C.C.) schuldig

---

88 *Malaurie/Aynès*, Successions, Libéralités, Rn 471; *Voirin/Goubeaux*, Bd. 2 Rn 795.

89 Zur Veröffentlichung des Widerrufs im *bureau des hypothèkes* vgl. Art. 28 Rn 4 lit. c), Art. 30 Rn 5 des Dekrets Rn 55–22 vom 4.1.1955.

90 Art. 953 ff. C.C. sprechen zwar von *conditions*, gemeint sind jedoch *charges*, vgl. *Terré/Lequette/Gaudemet*, Successions, Libéralités, Rn 590. Der *Code Civil* trennt nicht genau zwischen auflösenden Bedingungen (*conditions résolutoires*), deren Nichteintritt bzw. Nichterfüllung gem. Art. 1183 C.C. die Verfügung automatisch unwirksam werden lässt, und Auflagen (*charges*), deren Nichterfüllung zur Möglichkeit eines gerichtlichen Widerrufs führt. Sowohl *charges* als auch *conditions* sind in den Art. 900 ff. C.C. geregelt. Zur Abgrenzung im Einzelnen siehe *Terré/Lequette/Gaudemet*, Successions, Libéralités, Rn 352.

91 *Terré/Lequette/Gaudemet*, Successions, Libéralités, Rn 489, S. 526 Fn 5, dort auch zur Feststellung der Nichterfüllung.

gemacht hat. Klagebefugt sind gesetzliche Erben und Universalvermächtnisnehmer. Bei einem Widerruf, der auf eine Verfehlung gegenüber dem Andenken des Erblassers gestützt ist, beträgt die Klagefrist ein Jahr ab Begehung der Verfehlung. In den übrigen Fällen kann ein Widerruf gem. Art. 957 Abs. 1 C.C. nur innerhalb eines Jahres ab Kenntnis von dem Vergehen bzw. einer Möglichkeit der Kenntnisnahme erfolgen und gem. Art. 957 Abs. 2 C.C. nur, wenn der Erblasser innerhalb eines Jahres nach der Verfehlung verstorben ist. Hatte bereits der Erblasser, für den wegen der für ihn bestehenden freien Widerrufsmöglichkeit des Testaments Art. 1046 C.C. keine Bedeutung hat, zu seinen Lebzeiten die erforderliche Kenntnis oder die Möglichkeit der Kenntnisnahme, so geht ein Fristablauf bzw. die bis zum Tod bereits verstrichene Frist auch zu Lasten der nach seinem Tod zum Widerruf Berechtigten.[92]

2. Das Verbot des gemeinschaftlichen Testaments

103 Gemäß Art. 968 C.C. kann ein Testament nicht in einer Urkunde von zwei oder mehreren Personen errichtet werden. Gemeinschaftliche Testamente sind also grundsätzlich verboten. Diese Regelung soll zunächst die Testierfreiheit schützen, eine Beeinflussung des Testierenden durch eine andere Person soll verhindert werden. Darüber hinaus soll die Vorschrift des Art. 968 C.C. die freie Widerruflichkeit eines Testaments sichern, die gem. Art. 895 C.C. wesentliches Charakteristikum eines Testaments ist. Der Testierende soll nicht der Fehlvorstellung unterliegen, er sei an seine Verfügungen gebunden, weil er sie zusammen mit einer anderen Person errichtet hat. Die Vorschrift des Art. 968 C.C. wird in der französischen Rechtsprechung und Lehre restriktiv interpretiert. Zur kollisionsrechtlichen Behandlung siehe Rn 40 f.

104 Verboten ist nur, dass ein Partner allein ein Testament errichtet und der andere lediglich mitunterschreibt. Die äußerliche Verbindung zweier Testamente, die zwar auf einem Blatt niedergeschrieben, aber durch einen Strich räumlich getrennt, in sich abgeschlossen oder auf der Vorder- und Rückseite des Blattes niedergelegt sind, fällt nicht unter die Vorschrift des Art. 968 C.C.[93] Zulässig sind auch am gleichen Tag errichtete wechselbezügliche, also psychologisch voneinander abhängige Verfügungen, solange sie auf getrennten Blättern niedergelegt sind. Die Wechselbezüglichkeit kann jedoch nichts an der freien Widerruflichkeit der Testamente ändern. Ein Verstoß gegen das Verbot gemeinschaftlicher Testamente führt zur absoluten Nichtigkeit der Verfügungen.

IV. Das Noterbrecht der nächsten Angehörigen

1. Allgemeines

105 Die einschlägigen Regelungen zum Pflichtteils- bzw. Noterbrecht finden sich in Art. 912–930 C.C. In Frankreich ist das **Pflichtteilsrecht** – wohl immer noch – als materielles **Noterbrecht** ausgestaltet. Demzufolge kann der Erblasser nur über einen bestimmten Teil seines Vermögens, die sog. *quotité disponible* gem. Art. 912 Abs. 2 C.C., von Todes wegen verfügen. Auch Schenkungen unter Lebenden unterliegen diesen Einschränkungen. Der Rest des Nachlasses, die *réserve* gem. Art. 912 Abs. 1 C.C., bleibt den Noterben, den *héritiers réservataires*, vorbehalten. Die Höhe der *réserve* ist nicht starr festgelegt, sie hängt von Zahl und Art der Noterben ab. Verfügungen des Erblassers, welche die Noterben nicht

---

[92] *Terré/Lequette/Gaudemet*, Successions, Libéralités, Rn 490.
[93] *Malaurie/Aynès*, Successions, Libéralités, Rn 472; *Terré/Lequette/Gaudemet*, Successions, Libéralités, Rn 412.

(ausreichend) berücksichtigen, sind auf Klage der nicht (ausreichend) Berücksichtigten vom Gericht durch Urteil herabzusetzen. Seit 1.1.2007 hat der Noterbe nach Art. 924 C.C. in erster Linie einen in Geld zu erfüllenden Ausgleichsanspruch, nur ausnahmsweise ist noch eine Erfüllung in Natur in Art. 924–1 C.C. vorgesehen. Unter diesen Gesichtspunkten ist dogmatisch zweifelhaft, ob es in Frankreich tatsächlich noch ein „echtes" Noterbrecht gibt oder ob nicht vielmehr ein Systemwechsel zu einem schuldrechtlich ausgestalteten Pflichtteilsrecht stattgefunden hat.

2. Der Kreis der Noterben und die Höhe ihrer Beteiligung

a) Der überlebende Ehegatte

Der überlebende Ehegatte hat nach Art. 914–1 C.C. ein Noterbrecht in Höhe von einem Viertel des Nachlasses, **wenn keine Abkömmlinge** vorhanden sind. Pflichtteilsberechtigt ist ferner nur der nicht rechtskräftig geschiedene Ehegatte. Eine Trennung von Tisch und Bett oder die bloße Rechtshängigkeit eines Scheidungsverfahrens beseitigen das Noterbrecht des Ehegatten noch nicht. Nicht pflichtteilsberechtigt sind nichteheliche Lebensgefährten oder gleichgeschlechtliche Lebenspartner, auch wenn sie mit dem Verstorbenen in einer registrierten Partnerschaft (PACS) gelebt haben.

106

b) Abkömmlinge

Vorbehaltserben sind gem. Art. 913 C.C. im Übrigen die Abkömmlinge des Erblassers. Dabei ist ohne Bedeutung, ob es sich um eheliche oder nichteheliche Abkömmlinge handelt. Gemäß Art. 913–1 C.C. gelten innerhalb der Gruppe der Deszendenten die allgemeinen Prinzipien des gesetzlichen Erbrechts, insbesondere der Grundsatz der Repräsentation nach Stämmen bei Vorversterben eines Kindes des Erblassers. Die Höhe der *réserve* richtet sich nach der Zahl der Kinder: Bei Vorhandensein eines Kindes kann der Erblasser über die Hälfte, bei zwei Kindern über ein Drittel und bei drei und mehr Kindern über ein Viertel seines Nachlasses frei verfügen. Nach Art. 913 Abs. 2 C.C. wird ein ausschlagendes Kind bei der Zahl der Abkömmlinge nur mitgezählt, wenn eine Repräsentation stattfindet, also bei Vorhandensein von Abkömmlingen des Ausschlagenden (Art. 754 C.C.), oder wenn der ausschlagende Abkömmling nach Art. 845 C.C. ausgleichspflichtige Vorausempfänge erhalten hat.

107

c) Aszendenten

Aszendenten waren nach Art. 914 Abs. 1 C.C. a.F. bis zur letzten Erbrechtsreform noterbberechtigt, wenn der Erblasser keine Abkömmlinge hinterließ und sie bei gesetzlicher Erbfolge zur Erbschaft berufen gewesen wären.[94] Mit der am 1.1.2007 in Kraft getretenen Erbrechtsreform wurde die Noterbberechtigung der Vorfahren aufgehoben.

108

Neu eingeführt wurde stattdessen zugunsten der Eltern ein **Rückfallrecht** (*droit de retour légal*)[95] nach Art. 738–2 C.C.: Sind keine Nachkommen des Verstorbenen vorhanden, so können die Eltern (bei Vorversterben eines Elternteils der Längerlebende, nicht aber andere Vorfahren) dem Verstorbenen gemachte Geschenke von den Erben in Natur zurückfordern.

109

---

94 Näheres siehe *Döbereiner*, in: Süß/Haas, Erbrecht in Europa, Länderbericht Frankreich, 1. Aufl. 2004, Rn 101.

95 In der Praxis werden Rückfallklauseln häufig bereits vertraglich in Schenkungsverträgen vereinbart, so dass es auf das gesetzliche Rückforderungsrecht nicht mehr ankommt, vgl. *Delfosse/Peniguel*, La réforme des successions et des libéralités, Rn 326.

Ist eine Rückgabe in Natur z.B. wegen Veräußerung nicht möglich, so kann eine Geldentschädigung verlangt werden, Obergrenze ist jedoch der Aktivnachlass. Das Rückforderungsrecht ist maximal auf die gesetzliche Erbquote nach Art. 738 C.C. beschränkt und wird auf diese angerechnet. Umstritten ist, ob ein Verzicht auf dieses Rückfallrecht vor dem Ableben des Beschenkten möglich ist.[96]

d) Die Besonderheiten bei Vorhandensein eines überlebenden Ehegatten

110 Besonderheiten ergeben sich gem. Art. 1094 ff. C.C. bezüglich der Höhe der *quotité disponible*, wenn der überlebende Ehegatte mit anderen Noterben, also Abkömmlingen,[97] zusammentrifft. Diese besonderen Quoten gelten nur für Verfügungen zugunsten des Ehegatten, nicht aber für Verfügungen zugunsten Dritter. Es ist auch nicht möglich, dass der Erblasser zum einen zugunsten eines Dritten die allgemeine Quote der Art. 913 ff. C.C. und zum anderen zusätzlich zugunsten des Ehegatten den besonderen Freiteil nach Art. 1094 ff. C.C. ausschöpft.[98]

111 Bei Vorhandensein eines oder mehrerer Kinder des Erblassers kann der Erblasser gem. Art. 1094-1 C.C. zugunsten des überlebenden Ehegatten wahlweise entweder über den **allgemeinen Freiteil** gem. Art. 913 C.C. oder über **ein Viertel zu Eigentum** und **drei Viertel zu Nießbrauch** oder über den **Gesamtnachlass zu Nießbrauch** verfügen. Zulässig und in der Praxis häufig ist es, das Wahlrecht dem überlebenden Ehegatten selbst zu überlassen.[99]

3. Die Feststellung der Überschreitung der disponiblen Quote

112 Zur Ermittlung, ob der Erblasser im konkreten Fall wertmäßig die *quotité disponible* überschritten hat, sind die ermittelten Quoten gem. Art. 922 Abs. 2 C.C. auf das nicht durch Schenkungen oder Verfügungen von Todes wegen verminderte Vermögen des Erblassers anzuwenden. Hierzu wird gem. Art. 922 Abs. 1 C.C. zunächst der **Wert des Nachlasses im Zeitpunkt des Todes** des Erblassers festgestellt. Die Gegenstände, über die der Erblasser testamentarisch verfügt hat, sind mitzuzählen. In einem zweiten Schritt sind dann von der so ermittelten Aktivmasse gem. Art. 922 Abs. 2 C.C. die **Schulden** des Erblassers abzuziehen. Schließlich sind gem. Art. 922 Abs. 2 C.C. fiktiv die vom Erblasser zu Lebzeiten getätigten **Schenkungen** hinzuzuzählen. Dabei wird der Zustand der weggegebenen Gegenstände im Zeitpunkt der Schenkung, aber ihr Wert zur Zeit des Erbfalles zugrundegelegt. Bei Veräußerung gilt der Wert im Zeitpunkt der Veräußerung. Bei Anschaffung von Ersatzgegenständen zählt der Wert der neuen Gegenstände im Zeitpunkt des Erbfalls, jedoch ihr Zustand im Zeitpunkt des Erwerbes. Erleidet der Ersatzgegenstand aufgrund seiner Natur, z.B. weil es sich wie etwa bei einem Auto um einen abnutzbaren Gegenstand handelt, dagegen eine Wertminderung bis zum Tod, so bleibt der Ersatzgegenstand außer Betracht. Nach Art. 918 C.C. wird auch der Wert der Gegenstände hinzugezählt, die der Verstorbene an Nachfahren in gerader Linie gegen Rentenzahlung oder unter Nießbrauchsvorbehalt verkauft hat, dies kann jedoch nur von den anderen Abkömmlingen geltend gemacht werden, die der Veräuße-

---

96 *Delfosse/Peniguel*, La réforme des successions et des libéralités, Rn 330 m.w.N.
97 Bei Erbfällen vor dem 1.1.2007, als die Aszendenten noch Noterben waren, galt ferner: Hinterließ der Erblasser nur Aszendenten, so konnte er gem. Art. 1094 C.C. a.F. dem Ehegatten den gewöhnlichen Freiteil gem. Art. 914 C.C. und zusätzlich noch das bloße Eigentum an der nach Art. 914 C.C. den Aszendenten verbliebenen *réserve* zuwenden, so dass diese auf den Nießbrauch beschränkt waren.
98 Vgl. *Malaurie/Aynès*, Successions, Libéralités, Rn 700; siehe auch *Baumann*, Gesetzliche Erbfolge und Möglichkeiten testamentarischer Erbeinsetzung im französischen Code Civil, S. 72 f.
99 *Malaurie/Aynès*, Successions, Libéralités, Rn 696.

rung nicht zugestimmt haben. Eine Anrechnung von Schenkungen an Noterben selbst auf dessen Noterbrecht ist nach Art. 919–1 C.C. vorzunehmen, wenn es sich um eine Schenkung *en avancement de part successorale* handelt, die Zuwendung kann nach Art. 919 C.C. aber auch ausdrücklich *hors part successorale*, also außerhalb des Erbteils gewesen sein.

4. Die Folgen der Überschreitung der disponiblen Quote

Hat der Erblasser den ihm durch die Noterbrechte gesetzten Rahmen überschritten, hat dies nicht die automatische Unwirksamkeit der betreffenden Verfügungen zur Folge. Vielmehr hat es der Noterbe selbst in der Hand, seine Rechte geltend zu machen. Hierfür steht ihm gem. Art. 921 Abs. 2 C.C. innerhalb von fünf Jahren nach dem Erbfall die **Herabsetzungsklage**, die sog. *action en réduction*, zur Verfügung. Überschreitet eine Zuwendung die frei verfügbare Quote, so ist der Berechtigte nach Art. 924 C.C. in Höhe des überschießenden Teils grundsätzlich in Geld zu entschädigen. Ein Ausgleich in Natur findet nach Wahl des Anspruchsberechtigten nur statt, wenn der Gegenstand noch in Natur und unbelastet vorhanden ist (Art. 924–1 C.C.).

113

Bei mehreren Verfügungen ist zunächst gem. Art. 923 Hs. 1 C.C. auf testamentarische Zuwendungen zurückzugreifen. Mehrere testamentarische Zuwendungen sind vorbehaltlich einer Rangfolgebestimmung durch den Erblasser (Art. 927 C.C.) ohne Rücksicht auf den Errichtungszeitpunkt und ohne Unterscheidung zwischen Universal- und Einzelvermächtnissen (Art. 926 C.C.) anteilig zu kürzen. Reicht auch eine völlige Streichung aller Verfügungen von Todes wegen nicht aus, so sind auch Schenkungen unter Lebenden herabzusetzen, und zwar gem. Art. 923 Hs. 2 C.C. anders als Verfügungen von Todes wegen in zeitlicher Reihenfolge. Spätere Schenkungen werden also vor früheren herabgesetzt.

114

5. Verzicht auf die Herabsetzungsklage und das Noterbrecht

Nach Art. 929 ff. C.C. ist es seit 1.1.2007 zulässig, dass ein Noterbe bereits zu Lebzeiten des Erblassers auf eine spätere Herabsetzungsklage verzichtet. Ein solcher Verzicht bezieht sich nur auf das Noterbrecht, lässt jedoch das gesetzliche Erbrecht des Verzichtenden unberührt. Nach Art. 929 Abs. 1 S. 2 C.C. kann der Verzicht auf die Herabsetzungsklage nur zugunsten einer bestimmten Person erfolgen. Der Verzicht muss nach Art. 929 Abs. 1 S. 2 C.C. vom Erblasser ausdrücklich angenommen werden. Der Verzicht kann sich nach Art. 929 Abs. 2 C.C. auch nur auf einen Teil der *réserve* oder auf einzelne Gegenstände beziehen. Die Verzichtserklärung ist nach Art. 930 C.C. notariell zu beurkunden, wobei zwei Notare beteiligt sein müssen. Mehrere Verzichte können in einer Urkunde zusammengefasst werden. Bei der Unterschriftsleistung selbst darf außer den Notaren niemand anwesend sein, in der Urkunde müssen die Folgen des Verzichts ausdrücklich und individuell für jeden Verzichtenden aufgeführt sein. Verstöße gegen diese Regeln führen zur Nichtigkeit des Verzichts, ebenso Irrtum, Täuschung, Drohung und Zwang. Nach Art. 930–1 C.C. muss der Verzichtende die Fähigkeit besitzen, unentgeltlich unter Lebenden über sein Vermögen zu verfügen, der Verzicht selbst stellt jedoch keine Schenkung dar. Der Verzicht ist nach Art. 930–3 C.C. widerruflich, wenn der Verzichtende gegenüber dem Erblasser unterhaltsberechtigt ist und dieser seiner Unterhaltspflicht nicht nachkommt, wenn der Verzichtende im Zeitpunkt des Erbfalls bedürftig ist und diese Bedürftigkeit bei Wegfall des Verzichts ebenfalls wegfällt oder wenn sich der durch den Verzicht Begünstigte eines Verbrechens oder Vergehens gegen den Verzichtenden strafbar gemacht hat. Der Widerruf muss innerhalb eines Jahres nach Eintritt der vorgenannten Umstände erfolgen. Der Verzicht wirkt nach Art. 930–5 C.C. auch zu Lasten der Repräsentanten des Verzichtenden.

115

V. Die Testamentsvollstreckung

116 Gemäß Art. 1025 C.C. kann der Erblasser eine oder mehrere natürliche Personen als Testamentsvollstrecker ernennen. Der Testamentsvollstrecker hat nach Annahme des Amtes nach Art. 1029 C.C. grundsätzlich nur die Aufgabe, Sicherungsmaßnahmen zu ergreifen, um die Ausführung des Testaments zu ermöglichen, ein Inventar zu errichten und bewegliche Gegenstände zu verkaufen, um dringende Schulden zu begleichen. Der Erblasser kann dem Testamentsvollstrecker gem. Art. 1030 C.C. auch die *saisine* bezüglich des beweglichen Vermögens zubilligen. Ist dies der Fall, so hat der Testamentsvollstrecker das Recht, für die Dauer von zwei Jahren (Art. 1030 C.C.), gerichtlich verlängerbar auf die Dauer von drei Jahren, den beweglichen Nachlass in Besitz zu nehmen und bewegliche Gegenstände zu veräußern, soweit dies zur Erfüllung von Vermächtnissen erforderlich und ohne Verletzung von Noterbrechten möglich ist. Zur Veräußerung von Immobilien (nach vorheriger Information der Erben), Vermögensanlage, uneingeschränkten Schuldenzahlung sowie zur Erbauseinandersetzung kann er jedoch nach Art. 1030–1 C.C. nur ermächtigt werden, wenn keine Noterben vorhanden sind. Der Testamentsvollstrecker kann nach Art. 1026 C.C. aus wichtigem Grund gerichtlich entlassen werden. Andernfalls endet die Testamentsvollstreckung, sofern sie nicht gerichtlich verlängert wird, nach Art. 1032 C.C. spätestens nach zwei Jahren. Innerhalb von sechs Monaten nach Beendigung hat der Testamentsvollstrecker nach Art. 1033 C.C. Rechnung zu legen. Vorbehaltlich einer anderweitigen Anordnung durch den Erblasser erhält er nach Art. 1033–1 C.C. keine Vergütung, sondern lediglich Ersatz seiner Auslagen nach Art. 1034 C.C.

117 Ein **Testamentsvollstreckerzeugnis** existiert im französischen Recht nicht. Als Nachweis der Testamentsvollstreckerstellung dient vielmehr der Testamentsinhalt in Verbindung mit einem von einem Notar ausgestellten *acte de notoriété*.

VI. Die vertragliche Erbfolge

1. Das Verbot der pactes sur succession future

118 Im Hinblick auf Erb- und Erbverzichtsverträge nimmt das französische Recht eine restriktive Haltung ein. Verträge über künftige Erbschaften sind **verboten**. Dies ergibt sich aus der systematisch zum allgemeinen Vertragsrecht zählenden Vorschrift des Art. 1130 Abs. 2 C.C., wonach über eine noch nicht eröffnete Erbschaft keine Vereinbarung getroffen werden und auf eine solche auch nicht verzichtet werden kann. Art. 722 C.C. bestimmt, dass Vereinbarungen, deren Inhalt die Gewährung von Rechten an einer noch nicht eröffneten Erbschaft oder der Verzicht auf eine noch nicht eröffnete Erbschaft sind, nur in den im Gesetz ausdrücklich geregelten Fällen zulässig sind. Im Rahmen der Festlegung der Grenzen der Ehevertragsfreiheit regelt Art. 1389 C.C., dass Ehegatten keine vertragliche Regelung treffen können, durch welche die gesetzliche Erbfolge abgeändert wird. Aus diesen Vorschriften ergibt sich das umfassende Verbot der sog. *pactes sur succession future*. Dieser Begriff erfasst nicht nur **Erbverträge** und **Erb- bzw. Pflichtteilsverzichtsverträge** im Sinne des deutschen Rechts, sondern ohne Rücksicht auf die Parteien der Absprache alle Vereinbarungen, deren Gegenstand eine noch nicht eröffnete Erbschaft ist.

119 Grund für dieses umfassende Verbot ist, dass nach romanischem Rechtsempfinden Verträge, die einer Person beim Tod einer anderen Vorteile bringen, unmoralisch sind. Weiterhin wird es als gefährlich angesehen, eine solche Vereinbarung zu treffen, da die begünstigte Partei möglicherweise dazu veranlasst werden könnte, den Tod des Erblassers herbeizusehnen und ihm nach dem Leben zu trachten (*votum mortis*). Schließlich ist der in Art. 895 C.C.

zum Schutz der Testierfreiheit zum Ausdruck kommende Grundsatz der freien Widerruflichkeit einer letztwilligen Verfügung mit einer vertraglichen Bindung an einen Erbvertrag unvereinbar. Vereinbarungen, die gegen das Verbot der *pactes sur succession future* verstoßen, sind absolut nichtig, eine Umdeutung in Einzeltestamente ist nicht möglich.[100] Ein Beispiel für einen zulässigen *pacte sur succession future* ist insbesondere der nun mögliche Verzicht auf das Noterbrecht (siehe Rn 115).

2. Die institution contractuelle als Ausnahme

a) Allgemeines

Das Verbot der Erbverträge wird weiter vor allem durch die Möglichkeit der sog. *institution contractuelle* eingeschränkt, geregelt in den Art. 1082 ff. C.C. Eine weitere Ausnahme vom Verbot des Art. 1130 Abs. 2 C.C. stellt die sog. *donation-partage* dar, die ihre Wirkung vor allem bei der Erbauseinandersetzung entfaltet und deshalb dort behandelt wird. Bei der *institution contractuelle* oder *donation de biens à venir* handelt es sich um einen Vertrag, durch den eine Person, der sog. *instituant* oder *donateur*, einem anderen, dem sog. *institué* oder *donataire*, verspricht, ihm im Todesfall sein gesamte Vermögen, einen Teil seines Vermögens oder einen bestimmten Gegenstand unentgeltlich zu hinterlassen. Es gibt **drei Formen** der *institution contractuelle*:

- die *institution contractuelle* durch Dritte zugunsten von künftigen Ehegatten in deren Ehevertrag,
- die *institution contractuelle* zwischen künftigen Ehegatten in ihrem Ehevertrag und
- die *institution contractuelle* zwischen Ehegatten nach Eheschließung außerhalb eines Ehevertrages.

In der Praxis ist vor allem die *institution contractuelle* zwischen (künftigen) Ehegatten von Bedeutung.

b) Die institution contractuelle durch Dritte zugunsten künftiger Ehegatten

Art. 1082 Abs. 1 C.C. bestimmt, dass Dritte im Ehevertrag über das gesamte Vermögen, das sie im Tod hinterlassen, oder einen Teil davon, zugunsten der Ehegatten oder für den Fall, dass der *donateur* diese überlebt, zugunsten der aus der Ehe hervorgehenden Kinder, verfügen können. Eine *institution contractuelle* durch Dritte zugunsten künftiger Ehegatten muss in deren Ehevertrag erfolgen, so dass gem. Art. 1394 Abs. 1 C.C. eine notarielle Beurkundung unter Beteiligung des *instituant* erforderlich ist. Beim *institué* reicht die in Art. 1398 Abs. 1 C.C. geregelte Fähigkeit, einen Ehevertrag abzuschließen, aus, dagegen muss der *instituant* im Zeitpunkt des Abschlusses der *institution contractuelle* die Fähigkeit besitzen, Schenkungen unter Lebenden zu tätigen (*capacité de donner entre vifs*).[101] Testierfähigkeit (*capacité de tester*) ist nicht ausreichend.

Die Anfechtbarkeit einer *institution contractuelle* wegen **Willensmängeln** richtet sich nach den allgemein für Verträge geltenden Regeln der Art. 1109–1117 C.C. Wie bei einem Testament ist auch bei einer *donation* anders als bei sonstigen Verträgen eine Täuschung durch einen Dritten erheblich. Für die Anfechtung gilt die Fünf-Jahres-Frist des Art. 1304 C.C., die bei einem Irrtum und bei einer Täuschung mit Entdeckung, bei Drohung und Zwang mit Ende der Zwangslage zu laufen beginnt. Eine Anfechtung durch Gesamtrechtsnachfol-

---

[100] *Malaurie/Aynès*, Successions, Libéralités, Rn 574; *Klingelhöffer*, Erbverträge im deutsch-französischen Verhältnis, S. 30.
[101] *Malaurie/Aynès*, Successions, Libéralités, Rn 754.

ger kommt nur in Betracht, wenn die Frist für den Erblasser noch nicht abgelaufen ist. Die für den Erblasser ggf. bereits verstrichene Frist ist zu Lasten der Gesamtrechtsnachfolger anzurechnen.

123 Der Kreis der möglichen **Begünstigten** einer *institution contractuelle* ist in Art. 1082 Abs. 1 C.C. abschließend aufgezählt. Die Einsetzung anderer Personen ist nichtig. Die Vorschrift nennt zunächst die künftigen Ehegatten. Der *instituant* kann zugunsten beider oder nur zugunsten eines von ihnen verfügen. Für den Fall des Vorversterbens des bzw. der eingesetzten Ehegatten kann eine *institution contractuelle* auch zugunsten der aus der Ehe hervorgehenden Kinder vereinbart werden. Über den Wortlaut hinaus bezieht sich die Vorschrift nicht nur auf Kinder, sondern auf alle Abkömmlinge. Gemäß Art. 1082 Abs. 2 C.C. wird eine solche Ersatzeinsetzung vermutet. Diese Regelung gilt auch, wenn der/die erstberufenen Ehegatten ausschlagen oder erbunwürdig sind. Sie ist auf durch die Eheschließung legitimierte und auf von beiden Partnern während der Ehe gemeinsam adoptierte, nicht aber auf uneheliche oder aus einer früheren Ehe stammende Kinder anwendbar. Die Begünstigung muss allen Kindern zugestanden werden. Nach überwiegender Meinung kann eine *institution contractuelle* auch allein zugunsten der Kinder, also unter Übergehung der Ehegatten, abgeschlossen werden.[102]

124 **Gegenständlich** kann sich die *institution contractuelle* auf das gesamte Vermögen (*institution universelle*), auf einen Teil des Vermögens (*institution à titre universelle*) oder auch nur auf einen einzelnen Gegenstand (*institution à titre particulier*) beziehen. Es gilt die allgemeine Systematik der Legate des Art. 1002 C.C.

125 Die *institution contractuelle* führt zu Lebzeiten des Verfügenden zu keinem Rechtsübergang. Aus Art. 1083 C.C. ergibt sich, dass der *instituant* seine uneingeschränkte **Verfügungsberechtigung** über sein Vermögen behält. Auch Gläubiger haben uneingeschränkt Zugriff auf die von der *institution contractuelle* erfassten Gegenstände. Die freie Verfügungsmacht des *instituant* findet ihre Grenze zunächst im allgemeinen Verbot des Rechtsmissbrauches. Rechtsgeschäfte sind, selbst wenn sie entgeltlich erfolgen, unwirksam, wenn sie in böswilliger Absicht zur Aushöhlung der *institution contractuelle* vorgenommen werden. Darüber hinaus kann der *instituant* gem. Art. 1083 C.C., abgesehen von geringen Summen, Anstandsschenkungen und Zuwendungen an den *institué* selbst, ab dem Abschluss des Ehevertrages über die von der *institution contractuelle* erfassten Gegenstände nicht unentgeltlich durch Schenkung oder Testament verfügen. Eine Einschränkung des Art. 1083 C.C. enthält wiederum Art. 1086 C.C. Nach dieser Vorschrift, die auch auf die *donation de biens venir* anwendbar ist, kann sich der Zuwendende vorbehalten, über einzelne Gegenstände oder eine festgelegte Summe anderweitig unentgeltlich zu verfügen.

126 Die **Rechtsstellung des Bedachten** zu Lebzeiten des Verfügenden ist mit der eines Noterben oder der eines Nacherben vergleichbar. Er erlangt kein dingliches Recht an den betreffenden Gegenständen, sondern lediglich ein sog. *droit éventuel*, das man nach deutscher Terminologie als Mittelstufe zwischen Aussicht und Anwartschaftsrecht einordnen könnte. Das *droit eventuel* ist wegen des Verbots der *pactes sur succession future* nicht übertragbar. Der *institué* kann jedoch bereits zu Lebzeiten des *instituant* Maßnahmen zur Sicherung seiner Position ergreifen. In Betracht kommt z.B. eine Sicherheitsleistung durch eine entgegen Art. 1083 C.C. vom *instituant* beschenkte Person, um einen ggf. nach dem Tod des Verfügenden entstehenden Rückerstattungsanspruch zu sichern. Die betreffenden Maßnahmen müssen gerichtlich angeordnet werden und können sich nicht gegen den *instituant* selbst richten. Letzterer hat es wegen der Nichtabdingbarkeit von Art. 1083 C.C. auch nicht in der Hand,

---

[102] *Terré/Lequette/Gaudemet*, Successions, Libéralités, Rn 643.

dem *institué* freiwillig eine weitergehende Absicherung z.B. durch eine Hypothek zu gewähren.

Das wesentliche Charakteristikum einer im Ehevertrag vereinbarten *institution contractuelle* ist ihre **Unwiderruflichkeit**. Dieser Grundsatz kann auch nicht durch die Aufnahme eines einseitigen Widerrufsvorbehalts zugunsten des *instituant* umgangen werden.[103] Umgekehrt ist zu Lebzeiten des Verfügenden ein einseitiger Verzicht des *institué* unzulässig.[104] Eine *institution contractuelle* kann jedoch mit Auflagen verbunden und bei Nichterfüllung nach dem Tod des *instituant* auf Betreiben der Gesamtrechtsnachfolger gem. Art. 953, 954, 956 C.C. gerichtlich widerrufen werden.[105] Die Widerrufsklage unterliegt der 5-jährigen Verjährungsfrist analog Art. 1304 C.C. (siehe Rn 102). Weiter gilt Art. 960 C.C., der den Fall regelt, dass der *instituant* im Zeitpunkt der *institution contractuelle* keine Nachkommen hatte, solche jedoch später geboren werden. In diesem Fall kann sich der Verfügende vorbehalten, die Verfügung zu widerrufen. Diese Regelung gilt jedoch nicht für eine *institution contractuelle*, die von Vorfahren der Ehegatten angeordnet wurde, da diese in Person der Begünstigten bereits Nachkommen haben. Ein Widerruf wegen Undanks ist durch die Vorschrift des Art. 959 C.C. ausgeschlossen.[106]

127

Eine **Scheidung** der Ehegatten hat keine Auswirkung auf die *institution contractuelle* durch Dritte. Art. 265–1 C.C. bestimmt, dass eine Scheidung die von einem oder beiden mit Dritten geschlossenen Verträge nicht beeinflusst.

128

Die Wirkungen der *institution contractuelle* **nach dem Tod** des Verfügenden richten sich überwiegend nach den für Testamente geltenden Vorschriften. Bei Immobilien muss sich der *institué* gem. Art. 28 Nr. 3, 29 des Dekrets Nr. 55–22 vom 4.1.1955 von einem Notar eine *attestation notariée* ausstellen und diese im *bureau des hypothèkes* veröffentlichen lassen. Die Nichtpublikation ermöglicht in diesem Fall zwar keinen gutgläubigen Erwerb, erleidet jedoch ein Dritter wegen der Nichtveröffentlichung einen Schaden, so ist ihm dieser gem. Art. 30 Nr. 4 des Dekrets zu ersetzen. Die Regelungen über Annahme und Ausschlagung einer Erbschaft finden Anwendung. Je nach dem Umfang seiner Begünstigung wird der *institué* wie ein *légataire universel*, *légataire à titre universel* oder *légataire à titre particulier* behandelt. Dies ist vor allem für die *saisine* und die Schuldenhaftung von Bedeutung. Auch bezüglich der Erbauseinandersetzung bestehen keine Besonderheiten. Bei der Frage, ob die aus einer *institution contractuelle* stammende Zuwendung ggf. einen anrechenbaren Vorausempfang darstellt, gilt Art. 843 Abs. 2 C.C., so dass vorbehaltlich einer anderen Bestimmung durch den Erblasser eine Anrechnung nicht erfolgt.

129

Gegen unentgeltliche Verfügungen, die der Erblasser entgegen Art. 1083 C.C. vorgenommen hat, kann der *institué* nach dem Tod des *instituant* mit einer **Herabsetzungs- bzw. Herausgabeklage** vorgehen, die den gleichen Grundsätzen folgt wie die *action en réduction* des Noterben. Die *institution contractuelle* ihrerseits darf nicht die Noterbrechte der nächsten Angehörigen verletzen und unterliegt daher ggf. der *réduction*. In diesem Fall wird sie nicht wie eine testamentarische Verfügung, sondern wie eine Schenkung unter Lebenden behandelt, so dass eine Herabsetzung gem. Art. 923 Hs. 2 C.C. erst nach testamentarischen Verfügungen und nach zeitlich späteren Schenkungen erfolgt.[107]

130

---

103 Unberührt bleibt die Zulässigkeit eines Vorbehalts anderweitiger unentgeltlicher Verfügung gem. Art. 1086 C.C.
104 *Malaurie/Aynès*, Successions, Libéralités, Rn 756.
105 *Terré/Lequette/Gaudemet*, Successions, Libéralités, Rn 646.
106 *Terré/Lequette/Gaudemet*, Successions, Libéralités, Rn 646.
107 *Malaurie/Aynès*, Successions, Libéralités, Rn 754; *Terré/Lequette/Gaudemet*, Successions, Libéralités, Rn 1197.

131 Probleme stellen sich im Hinblick auf die *institution contractuelle* durch Dritte im Zusammenhang mit **Änderungen des Ehevertrages**. Wollen die Ehegatten vor Eheschließung einen bereits geschlossenen Ehevertrag, in dem eine *institution contractuelle* enthalten ist, abändern, müssen gem. Art. 1396 Abs. 1 S. 2 C.C. alle am ursprünglichen Ehevertrag beteiligten Personen, und damit auch der *instituant*, mitwirken und mit der Abänderung einverstanden sein. Fehlt die erforderliche Mitwirkung oder das Einverständnis einer Person, so haben die Ehegatten die Wahl, entweder den ursprünglichen Ehevertrag beizubehalten oder einen völlig neuen Ehevertrag zu schließen. In letzterem Fall müssen sie allerdings auf die Begünstigung durch die *institution contractuelle* verzichten. Zulässig ist es auch, vor Eheschließung den Ehevertrag um eine *institution contractuelle* zu ergänzen. Wollen die Ehegatten den Ehevertrag nach Eheschließung abändern, so wird gem. Art. 1397 Abs. 2 C.C. der *instituant* im gerichtlichen Änderungsverfahren zugezogen und angehört und kann den Änderungen widersprechen mit der Folge, dass der neue Ehevertrag gerichtlich zu genehmigen ist. Eine einverständliche Aufhebung der *institution contractuelle* durch die Parteien dürfte nicht möglich sein, da der *instituant* im Abänderungsverfahren keine eigenen rechtsgeschäftlichen Erklärungen abgeben kann.[108] Nach wohl überwiegender Ansicht ist es jedoch zulässig, eine *institution contractuelle* mit der „Auflage" zu versehen, dass die Ehegatten in bestimmten güterrechtlichen Verhältnissen leben.[109] Folge einer Nichtbeachtung einer solchen Bestimmung ist die Widerruflichkeit der *institution contractuelle* gem. Art. 953, 954, 956 C.C., die auch vom *instituant* betrieben werden kann. Die Möglichkeit, eine *institution contractuelle* durch Dritte erst in einem Änderungsehevertrag nach Eheschließung zu vereinbaren, dürfte nicht gegeben sein. Hiergegen spricht erneut, dass im Abänderungsverfahren Dritte keine eigenen Erklärungen abgeben können.[110]

c) Die institution contractuelle zwischen künftigen Ehegatten im Ehevertrag

132 Gemäß Art. 1091 C.C. kann eine *donation de biens à venir* im Ehevertrag auch zwischen Ehegatten selbst vereinbart werden. Hierfür gelten gem. Art. 1093 C.C. grundsätzlich die gleichen Regelungen wie bei einer *institution contractuelle* durch Dritte. Wie sich aus Art. 1095, 1398 C.C. ergibt, sind für den *instituant* – anders als bei der ersten Form der *institution contractuelle* (siehe Rn 121) – nicht die Regelungen der Schenkungsfähigkeit, sondern die Vorschriften über die Fähigkeit, einen Ehevertrag abzuschließen, einschlägig.[111] Eine *institution contractuelle* unter Ehegatten kann einseitig oder wechselseitig sein. Gemäß Art. 1093 S. 2 C.C. wirkt bei Vorversterben des Bedachten die *institution contractuelle* entgegen Art. 1082 C.C. nicht zugunsten der aus der Ehe hervorgegangenen Kinder, da diese ohnehin gesetzliche Erben bzw. Noterben sind. Gegenständlich umfasst die *institution contractuelle* zwischen künftigen Ehegatten in der Praxis häufig die **größtmögliche Quote** (*le plus fort disponible*), die einem Ehegatten von seinem Partner ohne Verletzung von Noterbrechten zugewendet werden kann. Das Wahlrecht zwischen den zugunsten des Ehegatten z.B. bei Zusammentreffen mit Abkömmlingen verschiedenen disponiblen Quoten steht dann dem Überlebenden zu.

133 Der wichtigste Gesichtspunkt auch der *institution contractuelle* zwischen künftigen Ehegatten ist ihre grundsätzliche **Unwiderruflichkeit**. Wie bei einer *institution contractuelle* durch Dritte können Auflagen angeordnet werden, bei deren Nichterfüllung gem. Art. 953, 954, 956 C.C. ein Widerruf statthaft ist. Im Gegensatz zur *institution contractuelle* durch Dritte

---

108 *Cornu*, Régimes matrimoniaux, S. 201; a.A. wohl *Terré/Simler*, Régimes matrimoniaux, Rn 247.
109 *Cornu*, Régimes matrimoniaux, S. 201; *Terré/Simler*, Régimes matrimoniaux, Rn 261.
110 *Cornu*, Régimes matrimoniaux, S. 201.
111 *Terré/Lequette/Gaudemet*, Successions, Libéralités, Rn 648, 631.

ist bei der *institution contractuelle* zwischen künftigen Ehegatten gem. Art. 953, 955, 956 C.C. ein Widerruf wegen Undanks möglich, da Art. 959 C.C. nur für Verfügungen durch Dritte zugunsten der Ehegatten gilt.[112] Undank ist gem. Art. 955[113] anzunehmen, wenn der Begünstigte einen Anschlag auf das Leben des *instituant* verübt (Nr. 1), sich einer sonstigen schweren Verfehlung gegenüber dem *instituant* schuldig gemacht (Nr. 2) oder dem *instituant* den erforderlichen Unterhalt verweigert hat (Nr. 3). Der Widerruf muss gem. Art. 956 C.C. gerichtlich ausgesprochen werden. Die Klageerhebung durch den *instituant* muss gem. Art. 957 Abs. 1 C.C. innerhalb eines Jahres nach Begehung der betreffenden Handlung bzw. innerhalb eines Jahres ab Möglichkeit der Kenntnisnahme hiervon erfolgen. Gemäß Art. 957 Abs. 2 C.C. kann der Undank auch von den Gesamtrechtsnachfolgern des Verfügenden geltend gemacht werden, wenn Letzterer die Klage vor seinem Tod noch selbst erhoben hat oder wenn er vor Ablauf der genannten Jahresfrist verstorben ist. Hatte der *instituant* vor seinem Tod die erforderliche Kenntnis oder Kenntnisnahmemöglichkeit, so ist die bereits verstrichene Zeit zu Lasten der Erben anzurechnen, ansonsten beginnt die Frist mit Kenntnis der Erben. Andererseits kann die nachträgliche Geburt von Kindern bei der *institution contractuelle* zwischen künftigen Ehegatten nicht als Widerrufsgrund vereinbart werden. Art. 960 C.C. sieht eine Ausnahme für Zuwendungen unter Ehegatten vor, die über den Wortlaut hinaus auch für zukünftige Ehegatten gilt.[114]

Bei **Scheidung** greift Art. 265 Abs. 2 C.C. ein. Alle letztwilligen Zuwendungen zugunsten des anderen Ehegatten sind mit der Scheidung automatisch widerrufen. Dies gilt allerdings erst mit Rechtskraft der Scheidung. Die Verfügungen bleiben ausnahmsweise aufrechterhalten, wenn dies dem Willen des Verfügenden entspricht. Dies muss im Scheidungsurteil festgestellt werden und macht die Verfügung endgültig unwiderruflich. 134

Eine *institution contractuelle* zwischen Ehegatten kann auch mit einer – in der Praxis jedoch selten verwendeten – **Wiederverheiratungsklausel** verbunden werden, wenn diese nicht aus verwerflichen oder unmoralischen Motiven angeordnet wird.[115] Letzteres ist z.B. der Fall, wenn der *instituant* aus Eifersucht eine Wiederverehelichung seines Partners nach seinem Tod verhindern will. Dagegen ist eine Wiederverheiratungsklausel wirksam, wenn der Verfügende z.B. die Zukunft seiner Kinder sichern oder sein Vermögen der Familie erhalten will. Die Wiederheirat des überlebenden Ehegatten stellt eine auflösende Bedingung i.S.d. Art. 1183 Abs. 1 C.C. dar, die automatisch, d.h. ohne dass es einer Erklärung bedarf, und rückwirkend zum Verlust der Begünstigung führt, mit der Folge des Eintritts der gesetzlichen Erbfolge.[116] Der Überlebende ist nicht verpflichtet, die von ihm gezogenen Nutzungen zu erstatten, da diese als gutgläubig erworben gelten. 135

Auch bei der *institution contractuelle* zwischen zukünftigen Ehegatten stellen sich besondere Probleme im Hinblick auf **Abänderungen des Ehevertrages**. Eine zwischen zukünftigen Ehegatten im zunächst abgeschlossenen Ehevertrag vereinbarte *institution contractuelle* kann vor der Eheschließung abgeändert oder aufgehoben werden bzw. vor der Eheschließung kann der Ehevertrag um eine zunächst nicht vereinbarte *institution contractuelle* ergänzt werden. Bisher nicht abschließend geklärt ist, ob die Ehegatten anlässlich eines Güterstandswechsels auch eine *institution contractuelle* abändern oder aufheben können. 136

---

112 *Malaurie/Aynès*, Successions, Libéralités, Rn 706.
113 Hierzu im Einzelnen *Ferid/Sonnenberger*, Bd. 2 Rn 2 H 318.
114 *Malaurie/Aynès*, Successions, Libéralités, Rn 707.
115 *Malaurie/Aynès*, Successions, Libéralités, Rn 371; *Terré/Lequette/Gaudemet*, Successions, Libéralités, Rn 355 m. Nachw. aus der Rspr.
116 Es handelt sich hier um eine zulässige Gestaltung zur Umgehung des grundsätzlichen Verbots der Vor- und Nacherbfolge.

Die wohl überwiegende Auffassung ging bereits vor der seit 1.1.2007 eingeführten Lockerung des Unwandelbarkeitsgrundsatzes davon aus, dass sich Art. 1397 C.C. auf den Ehevertrag insgesamt beziehe, so dass eine Modifikation unter den dort geregelten Voraussetzungen zulässig sei.[117] Zweifelhaft ist, ob eine *institution contractuelle* unter Ehegatten auch erst in einem Abänderungsehevertrag erfolgen kann. Ein wichtiger Gesichtspunkt ist dabei, dass eine *institution contractuelle* zwischen Ehegatten zwar während der Ehe noch zulässig, gem. Art. 1096 C.C. jedoch frei widerruflich ist (siehe Rn 142). Eine *institution contractuelle* in einem Abänderungsehevertrag ist daher zwar zulässig, um eine Umgehung des Art. 1096 C.C. zu verhindern, jedoch frei widerruflich.

d) Die institution contractuelle zwischen Ehegatten während der Ehe

137 Eine *institution contractuelle* zwischen Ehegatten kann auch nach Eheschließung und außerhalb eines Ehevertrages vereinbart werden. Diese Form ist zwar gesetzlich nicht ausdrücklich geregelt, ihre Zulässigkeit ergibt sich jedoch aus einer Zusammenschau der Art. 1096, 943, 947 C.C. Art. 1096 C.C. spricht ausdrücklich von Schenkungen unter Ehegatten während der Ehe (*donation entre époux*), Art. 947 C.C. erklärt das in Art. 943 C.C. normierte grundsätzliche Verbot der Schenkung zukünftigen Vermögens für die Art. 1081 ff. und 1091 ff. C.C., also auch für Art. 1096 C.C., für nicht anwendbar.

138 Die *institution contractuelle* durch Ehegatten während der Ehe muss wie eine Schenkung unter Lebenden gem. Art. 931 C.C. **notariell beurkundet** werden, gem. Art. 932 C.C. ist eine ausdrückliche Annahme durch den *institué* erforderlich. Eine Veröffentlichung im *bureau des hypothèkes* dagegen ist nicht nötig, ebenso wenig die Beifügung eines *état estimatif*.[118] Auf Seiten des *instituant* wird nicht Schenkungs-, sondern Testierfähigkeit vorausgesetzt.[119]

139 Keine Besonderheiten bestehen bezüglich des möglichen Inhalts einer *institution contractuelle* während der Ehe. Insbesondere kann auch diese Form durch Auflagen und Bedingungen, wie z.B. eine Wiederverheiratungsklausel, ergänzt werden.

140 Eine während der Ehe abgeschlossene *institution contractuelle* führt zu keiner Beschränkung der **Verfügungsbefugnis** des *instituant*. Dieser kann frei, auch unentgeltlich, über sein Vermögen verfügen. Der *institué* erwirbt lediglich eine Aussicht.

141 Eine *institution contractuelle* unter Ehegatten wird durch das **Vorversterben** des Bedachten hinfällig. Aus der Ehe hervorgehende Kinder profitieren nicht von der Verfügung.

142 Eine zwischen Ehegatten nach der Heirat abgeschlossene *institution contractuelle* ist gem. Art. 1096 Abs. 1 C.C. im Gegensatz zu einer im Ehevertrag vereinbarten *institution contractuelle* **frei widerruflich**. Die rechtspolitisch in Frankreich umstrittene Regelung des Art. 1096 Abs. 1 C.C. ist zwingend, eine Bindung kann nicht vereinbart werden. Der *instituant* bedarf zum Widerruf keines besonderen Grundes. Das Widerrufsrecht gem. Art. 1096 Abs. 1 C.C. ist höchstpersönlich, somit also unvererblich und nicht übertragbar. Neben Art. 1096 Abs. 1 C.C. bleibt das Widerrufsrecht wegen Undanks gem. Art. 955 C.C. bestehen. Dies ist zwar für den *instituant* wegen Art. 1096 Abs. 1 C.C. ohne Bedeutung, der Widerruf wegen Undanks kann jedoch gem. Art. 957 Abs. 2 C.C. auch von den Erben

---

117 *Cornu*, Régimes matrimoniaux, S. 214; *Terré/Lequette/Gaudemet*, Successions, Libéralités, Rn 648; *Terré/Simler*, Régimes matrimoniaux, Rn 261.
118 *Terré/Lequette/Gaudemet*, Successions, Libéralités, Rn 650.
119 *Malaurie/Aynès*, Successions, Libéralités, Rn 754; *Terré/Lequette/Gaudemet*, Successions, Libéralités, Rn 650.

noch ausgeübt werden. Zu unterscheiden ist zwischen einem ausdrücklichen und einem konkludenten Widerruf der *institution contractuelle*. Ein ausdrücklicher Widerruf ist nur durch Testament oder in notarieller Form möglich. Ein stillschweigender Widerruf dagegen ist in jedem Akt zu sehen, der mit der *institution contractuelle* unvereinbar ist, z.B. in einem Vermächtnis über den Gegenstand oder einem Verkauf. Die freie Widerruflichkeit gilt grundsätzlich auch bei einer wechselseitigen *institution contractuelle* zwischen Ehegatten. Bisher ungeklärt ist, ob der Widerruf durch einen Ehegatten auch die Unwirksamkeit der Verfügung des anderen zur Folge hat.

Neben Art. 1096 Abs. 1 C.C. bleibt auch der für den Fall der **Scheidung** geltende Art. 265 C.C. (siehe Rn 101) anwendbar. Art. 1096 C.C. spielt daher im Falle der Scheidung keine Rolle, da der andere Ehegatte die Begünstigung grundsätzlich automatisch verliert. Art. 1096 Abs. 1 C.C. wird jedoch ausgeschlossen, wenn aufgrund richterlicher Feststellung im Scheidungsurteil die Verfügung unwiderruflich wird.

143

Im Todesfall hat eine während der Ehe abgeschlossene *institution contractuelle* die gleichen **Wirkungen** wie eine in einem Ehevertrag enthaltene *institution contractuelle*. Hinsichtlich der Frage der Reihenfolge einer ggf. vorzunehmenden *réduction* ist höchstrichterlich entschieden, dass eine *institution contractuelle* insoweit einem Testament gleichzustellen ist, so dass sie vor Schenkungen unter Lebenden herabzusetzen ist.[120]

144

e) Die Sonderformen der institution contractuelle

Es gibt zwei Sonderformen der *institution contractuelle*.

145

aa) Die donation cumulative de biens présents et à venir

Die heute ungebräuchliche *donation cumulative de biens présents et à venir* ist in Art. 1084, 1085 C.C. geregelt. Bei dieser Sonderform hat der Bedachte ein **Wahlrecht**, ob er beim Todesfall des *instituant* das im Zeitpunkt des Vertragsschlusses oder das im Zeitpunkt des Erbfalles vorhandene Vermögen des Verfügenden übernehmen will. Es handelt sich um eine *institution contractuelle*, die sich in eine *donation de biens présents*, d.h. eine Schenkung unter Lebenden, umwandeln kann. Eine *donation cumulative de biens présents et à venir* kann wie eine gewöhnliche *institution contractuelle* nur in einem Ehevertrag erfolgen. Diesem muss gem. Art. 948 C.C. ein Vermögensverzeichnis unter Angabe des Schätzwertes der Gegenstände und gem. Art. 1085 C.C. ein Verzeichnis der Schulden des *instituant* beigefügt werden. Betrifft die Vereinbarung Immobilien, so ist gem. Art. 28 Nr. 2 des Dekrets Nr. 55–22 vom 4.1.1955 eine Veröffentlichung im Hypothekenamt erforderlich.[121] Zu Lebzeiten des Verfügenden entfaltet eine *donation cumulative de biens présents et à venir* die gleichen Wirkungen wie jede andere *institution contractuelle*. Keinerlei Besonderheiten ergeben sich ferner, wenn der Begünstigte nach dem Tod des Verfügenden das im Todesfall vorhandene Vermögen wählt. Insbesondere steht ihm zusätzlich das erbrechtliche Optionsrecht zu. Entscheidet er sich dagegen für die im Zeitpunkt der Zuwendung vorhandenen Güter, so wandelt sich die *institution contractuelle* rückwirkend in eine Schenkung unter Lebenden um. Der Begünstigte wird so gestellt, als ob er bereits mit Abschluss des Vertrages Eigentümer der Gegenstände geworden wäre. Hat der *instituant* Gegenstände an Dritte veräußert, so hat der *institué* gegen diese Herausgabeansprüche und kann die Beseitigung von Belastungen verlangen. Er haftet nur für die im Zeitpunkt der Vereinbarung bestehenden Schulden des Erblassers.

146

---

120 Cass.civ. 1re, 10.2.1998, Bull.civ. 1998, I Rn 52.
121 *Voirin/Goubeaux*, Bd. 2 Rn 847.

bb) Die promesse d'égalité

147 Die zweite Sonderform ist die sog. *promesse d'égalité*. Durch diese versprechen Vater und/oder Mutter einem ihrer Kinder, es nicht von Todes wegen gegenüber seinen Geschwistern zu benachteiligen. Die Wirksamkeit dieser Form richtet sich nach den für eine *institution contractuelle* durch Dritte geltenden Regeln. Der Versprechende wird zu Lebzeiten in seiner Freiheit, über sein Vermögen – auch unentgeltlich – zu verfügen, nicht beeinträchtigt. Er sichert lediglich zu, das betreffende Kind gegenüber den Geschwistern nicht schlechter zu stellen, nicht jedoch, dass der Begünstigte bei seinem Tod tatsächlich etwas erhält.

VII. Die Erbengemeinschaft und die Erbauseinandersetzung

1. Die Erbengemeinschaft

148 Die Erbengemeinschaft (*indivision*) wurde im Jahre 1976 erstmals gesetzlich geregelt. Es handelt sich dabei weder um eine Gesamthandsgemeinschaft, noch ist sie mit der Bruchteilsgemeinschaft des deutschen Rechts vergleichbar. Deshalb wird in der deutschen Literatur zutreffend auch von einer **Gemeinschaft eigener Art** gesprochen.[122] Es gibt zwei Arten von ungeteilten Erbengemeinschaften, nämlich die **gesetzliche** (*régime légal ou primaire*) gem. Art. 815 ff. C.C., die nur subsidiär bei Fehlen abweichender Vereinbarungen gilt, und die **vertragliche** (*régime conventionnel ou secondaire*) Erbengemeinschaft gem. Art. 815–1, 1873–1 ff. C.C. Von Bedeutung ist diese Unterscheidung zunächst für die Zusammensetzung der Erbengemeinschaft. Bei Vorhandensein von Nießbrauchsberechtigten, vor allem dem überlebenden Ehegatten, kommt es nach der gesetzlichen Regelung zu mehreren Erbengemeinschaften. Die eine, die *indivision en usufruit* gem. Art. 815–18 Abs. 1 C.C., wird von den Nießbrauchsberechtigten, die andere, die sog. *indivision en nue-propriété*, von den Erben ohne Nutzungsrechte gebildet. Erben, deren Erbteile nicht mit einem Nießbrauch belastet sind, gehören beiden Gemeinschaften an. Diese Verschränkung mehrerer *indivisions* führt in der Praxis zwangsläufig zu erheblichen, nun in Art. 817–819 C.C. teilweise geregelten Schwierigkeiten vor allem im Hinblick auf die Auseinandersetzung.[123] Vertraglich können deshalb gem. Art. 1873–16 C.C. alle Erben in einer *indivision* zusammengefasst werden. Weiterhin spielt die Unterscheidung zwischen gesetzlicher und vertraglicher *indivision* eine Rolle für die Verwaltung der *indivision*. Während beim *régime légal* grundsätzlich gem. Art. 815–3 Nr. 1–4 C.C. für bestimmte Verwaltungs- und Verfügungsgeschäfte (Verwaltung des Nachlasses, Erteilung von Verwaltungsvollmachten an Mitglieder oder Dritte nach Art. 813 C.C., Verkauf von beweglichen Gütern zur Schuldentilgung, Vermietung von nichtgewerblichen Immobilien) eine Mehrheit von zwei Drittel verlangt wird, kann hiervon beim *régime conventionnel* durch Vereinbarung unter den Miterben abgewichen und z.B. ein Geschäftsführer gem. Art. 1873–5 ff. C.C. mit umfassenden Befugnissen bestellt werden. Beim *régime légal* kann ein Miterbe alleine nach Art. 815–2 C.C. nur notwendige Erhaltungsmaßnahmen vornehmen, für Maßnahmen, die über die in Art. 815–3 Nr. 1–4 C.C. aufgezählten Angelegenheiten hinausgehen, ist nach Art. 815–3 Abs. 3 C.C. Einstimmigkeit erforderlich. Bei Erbenmehrheit trifft die Miterben – anders als im deutschen Recht – keine gesamtschuldnerische, sondern gem. Art. 870 C.C. nur eine ihrer Erbquote entsprechende teilschuldnerische Haftung für die **Nachlassverbindlichkeiten**. Allerdings haben die Gläu-

---

[122] *Exner*, Die Auseinandersetzung der Erbengemeinschaft im deutschen und im französischen Recht, S. 5; *Ferid/Sonnenberger*, Bd. 3 Rn 5 D 140.

[123] *Voirin/Goubeaux*, Bd. 2 Rn 496; siehe auch *Sipp-Mercier*, Die Abwicklung deutsch-französischer Erbfälle in der Bundesrepublik Deutschland und in Frankreich, S. 32.

biger gem. Art. 815–17 Abs. 1 C.C. vor der Auseinandersetzung ohne Einschränkung Zugriff auf die ungeteilte Erbmasse.

2. Die Erbauseinandersetzung

Grundsätzlich kann jeder Miterbe gem. Art. 815 Abs. 1 C.C. jederzeit die Teilung verlangen. Vertraglich kann ein **Teilungsausschluss** gem. Art. 1873–2 ff. C.C. bis zu einer Dauer von fünf Jahren vereinbart werden. Gerichtlich kann auf Antrag gem. Art. 821 ff. C.C. ein Teilungsausschluss auf die Dauer von höchstens fünf Jahren (Art. 823 C.C.), bei Minderjährigkeit von Miterben auch bis zur Volljährigkeit des Jüngsten, bei Vorhandensein eines überlebenden Ehegatten auch bis zu dessen Tod, angeordnet werden, wenn im Nachlass ein Unternehmen vorhanden ist und der Erblasser einen Ehegatten oder minderjährige Kinder hinterlässt. Das Gleiche gilt für die Ehewohnung samt Inventar. Ein Teilungsaufschub von bis zu zwei Jahren kann nach Art. 820 C.C. angeordnet werden, wenn die Zerschlagung des Nachlasses unwirtschaftlich wäre oder die Fortführung eines Unternehmens gefährden würde.

149

Die Teilung der Nachlassmasse kann entweder gütlich oder gerichtlich erfolgen. Die **gütliche Teilung** (*partage amiable*) erfordert gem. Art. 835 Abs. 1 C.C., dass alle Gemeinschaftsmitglieder geschäftsfähig und sich über ein gemeinsames Vorgehen einig sind. Sie bedarf keiner besonderen Form, nur bei Zugehörigkeit von Grundstücken zum Nachlass ist nach Art. 835 Abs. 2 C.C. notarielle Beurkundung erforderlich.

150

Für die **gerichtliche Teilung** (*partage judiciaire*) gem. Art. 840 C.C. ist gem. Art. 45 C.P.C., Art. 841 C.C. das *Tribunal de grande instance* am Ort des Erbfalles zuständig. Ein Übergang von der gerichtlichen zur einvernehmlichen Teilung ist nach Art. 842 C.C. jederzeit möglich. Das Gericht ordnet ggf. nach einer Versiegelung des Nachlasses die Teilung an, schätzt den Nachlass, lässt einzelne Nachlassgegenstände verkaufen und beauftragt einen Notar mit der Ausführung der Teilung. Letzterer stellt zunächst die Teilungsmasse fest. Dabei hat er gem. Art. 825 Abs. 2 C.C. **ausgleichspflichtige Vorausempfänge** zu berücksichtigen (*rapport des libéralités*). Im Grundsatz geht das französische Recht jeweils vorbehaltlich einer anderen Bestimmung durch den Erblasser davon aus, dass alles, was ein Erbe vom Erblasser zu Lebzeiten unentgeltlich erhalten hat, auf seinen Erbteil anzurechnen ist (Art. 843 Abs. 1 C.C.), während umgekehrt bei Vermächtnissen vermutet wird, dass sie eine besondere Begünstigung des Betreffenden darstellen sollen und damit nicht der Ausgleichspflicht unterliegen (Art. 843 Abs. 2 C.C.). Anschließend erfolgt nach Art. 825 ff. C.C. die Bildung von **Losen** durch den Notar, die gerichtlich zu genehmigen ist. Die unwirtschaftliche Zerschlagung von Vermögensgegenständen soll dabei nach Art. 830 C.C. möglichst vermieden werden. Den Abschluss des Verfahrens bilden die Verlosung selbst und die Aushändigung der Lose an die Erben. Jeder Miterbe erhält nach Art. 826 C.C. Werte, die seinem Anteil am Gesamtnachlass entsprechen. Möglich ist in bestimmten Fällen gem. Art. 831 ff. C.C. eine vorzugsweise Zuteilung an bestimmte Miterben (*attribution préférentielle*), insbesondere der Ehewohnung an den überlebenden Ehegatten und von Betrieben, Unternehmen und Gesellschaftsbeteiligungen in den Bereichen Industrie, Handel, Handwerk, Landwirtschaft und freie Berufe.[124]

151

---

124 Hierzu *Exner*, Die Auseinandersetzung der Erbengemeinschaft im deutschen und im französischen Recht, S. 81 ff. (auf dem Stand vor der am 1.1.2007 in Kraft getretenen Erbrechtsreform).

152 Gemäß Art. 883 C.C. wird jeder Miterbe so angesehen, als habe er die ihm zugeteilten Gegenstände bereits im Zeitpunkt des Erbfalles unmittelbar vom Erblasser erhalten. Die Teilung ist also nur deklaratorisch (*effet déclaratif*) und hat Rückwirkung (*effet rétroactif*).[125]

3. Vorausteilung und Teilungsanordnungen (libéralités-partages)

153 Das komplizierte Auseinandersetzungsverfahren ist (teilweise) überflüssig im Fall der Vorausteilung gem. Art. 1075 ff. C.C. Diese Form ist seit 1.1.2007 nicht mehr auf die Eltern beschränkt (frühere sog. *partage d'ascendents*), vielmehr kann jede Person nunmehr durch eine sog. *libéralité-partage* die Verteilung der Güter unter den in Aussicht genommenen Erben regeln. Die Vorausteilung kommt in zwei Formen vor:

a) Die donation-partage

154 Die erste Form stellt die sog. *donation-partage* gem. Art. 1076 ff. C.C. dar. Hierunter versteht man das Recht, vertraglich bereits zu Lebzeiten das gegenwärtige Vermögen oder Teile desselben unter seinen voraussichtlichen Erben zu verteilen. Gemäß Art. 1075 Abs. 2 S. 2, 931 C.C. ist eine notarielle Beurkundung der Vereinbarung erforderlich. Voraussichtliche Erben sind diejenigen, die im Zeitpunkt der Verfügung die Erben wären. Sie werden bereits vor dem Erbfall unwiderruflich Eigentümer der betreffenden Gegenstände. Bei Eintritt des Erbfalls stellen die geschenkten Güter ihren Erbteil dar. Die *donation-partage* hat einen Doppelcharakter als Schenkung und Erbteilung und ist als Ausnahme vom Verbot der *pactes sur succession future* anzusehen. Zulässig ist ferner nach Art. 1075-1, 1078-4 C.C. eine *donation-partage* zugunsten von gradferneren Abkömmlingen unter Zustimmung der gradnäheren Abkömmlinge, also z.B. zugunsten von Enkeln unter Übergehung der eigenen Kinder als Zwischengeneration, auch wenn in diesem Fall die Enkel nicht die voraussichtlichen Erben sind, da sie bei gesetzlicher Erbfolge nicht zum Zug kommen würden. Diese Möglichkeit besteht nach Art. 1078-5 C.C. auch dann, wenn nur ein Kind vorhanden ist. Außenstehende Dritte können nach Art. 1075-2 C.C. neben den voraussichtlichen Erben beteiligt sein, wenn der Schenker Inhaber eines Betriebes oder beherrschender Gesellschafter einer Gesellschaft in den Bereichen Industrie, Handel, Handwerk, Landwirtschaft und freie Berufe ist und dem Dritten der Betrieb bzw. die Gesellschaftsanteile zugewendet werden sollen.

b) Das testament-partage

155 Eine Erbauseinandersetzung kann weiterhin bei Vorliegen eines Teilungstestaments gem. Art. 1079, 1080 C.C. überflüssig sein. Dieses ist wie ein gewöhnliches Testament frei widerruflich und darf ebenfalls nur die Teilung unter Abkömmlingen betreffen. Folge eines *testament partage* ist nicht, dass die Eingesetzten testamentarisch bedacht sind. Vielmehr bleiben sie gesetzliche Erben, die jeweiligen Zuwendungen stellen ihren gesetzlichen Erbteil dar.

---

125 Die Teilung ist im Hinblick auf Immobilien gem. Art. 28 Rn 3, 29 des Dekrets Rn 55–22 vom 4.1.1955 im „*bureau des hypothèkes*" zu veröffentlichen. Erleidet ein Dritter durch die Nichtpublikation einen Schaden, so ist ihm dieser gem. Art. 30 Rn 4 des Dekrets zu ersetzen.

VIII. Annahme und Ausschlagung der Erbschaft

1. Allgemeines

Annahme und Ausschlagung der Erbschaft sind normiert in Art. 768 ff. C.C. Der Erbe kann nach Art. 768 Abs. 1 S. 2 C.C. die Erbschaft vorbehaltlos annehmen oder ausschlagen. Er kann die Erbschaft auch unter Beschränkung seiner Haftung auf den Aktivnachlass annehmen. Diese Regelungen gelten nach Art. 768 Abs. 1 S. 2 C.C. für gesetzliche Erben und über Art. 724–1 C.C. auch für *légataires universels* und *légataires à titre universel*. Ein *légataire particulier* dagegen kann nur annehmen oder ausschlagen. Die Optionen haben nach Art. 776 C.C. Rückwirkung auf den Todestag und sind bedingungs- und befristungsfeindlich (Art. 768 Abs. 2 C.C.). Sie können nach Art. 777 C.C. wegen Irrtums, Täuschung, Drohung oder Zwang innerhalb von fünf Jahren ab Kenntnis des Irrtums oder der Täuschung bzw. dem Ende der Zwangslage angefochten werden. Der Erbe hat gem. Art. 771 Abs. 1 C.C. nach dem Erbfall immer mindestens vier Monate Zeit, um eine Entscheidung zu treffen. Nach Ablauf dieser Frist kann er nach Art. 771 Abs. 2 C.C. von Gläubigern, Miterben, potentiellen Ersatzerben oder durch den Staat aufgefordert werden, sich innerhalb von zwei weiteren Monaten zu entscheiden. Die Zwei-Monats-Frist kann nach Art. 772 C.C. aus wichtigem Grund gerichtlich verlängert werden. Äußert sich der Erbe innerhalb dieser Frist nicht, so gilt die Erbschaft nach Art. 772 Abs. 2 C.C. als angenommen. Erfolgt keine Aufforderung nach Art. 771 C.C., so behält der Erbe nach Art. 773 C.C. seine Optionsmöglichkeiten; er verliert sie spätestens nach zehn Jahren ab dem Erbfall (Art. 780 C.C.), die Erbschaft gilt dann als ausgeschlagen.

2. Die vorbehaltlose Annahme

Die vorbehaltlose Annahme (*acceptation pure et simple*) durch den Erben kann gem. Art. 782 S. 1 C.C. entweder ausdrücklich, z.B. dadurch, dass auf seinen Antrag ein *acte de notoriété* ausgestellt wird, oder stillschweigend, z.B. durch Veräußerung von Nachlassgegenständen, erfolgen, wobei jedoch Maßnahmen zur reinen Nachlasssicherung, wie etwa der Verkauf verderblicher Waren, oder laufende Geschäfte zur kurzfristigen Unternehmensfortführung nach Art. 784 C.C. keine Annahme darstellen. Will der potentielle Erbe andere Rechtsgeschäfte durchführen und eine dadurch automatisch eintretende Annahme vermeiden, so muss er sich hierzu gerichtlich ermächtigen lassen. Die Annahme kann grundsätzlich nur einheitlich erfolgen. Nach Art. 1002–1 C.C. kann ein Vermächtnisnehmer ausnahmsweise ein Vermächtnis auch nur teilweise annehmen, wenn mindestens ein gesetzlicher Erbe die Erbschaft angenommen hat und der Erblasser nichts anderes angeordnet hat. Dies stellt keine Schenkung des Vermächtnisnehmers an den Erben dar. Die Annahme führt nach Art. 785 C.C. bei dem Bedachten – mit Ausnahme beim *légataire particulier* – zu einer **unbeschränkten Haftung**.

3. Die Annahme mit Haftungsbeschränkung auf den Aktivnachlass

Gemäß Art. 787 ff. C.C. kann der Erbe die Erbschaft unter Beschränkung seiner Haftung auf den Aktivnachlass annehmen (*acceptation à concurrence de l'actif net*; bis 1.1.2007: Annahme unter Vorbehalt der Inventarerrichtung, *acceptation sous bénéfice d'inventaire*). Diese gibt dem Erben gem. Art. 791 Nr. 3 C.C. die Möglichkeit der **Haftungsbeschränkung** auf das ererbte Vermögen. Dies wird gem. Art. 791 Nr. 1 C.C. technisch durch eine Trennung von Erblasser- und Erbenvermögen bewirkt. Die Vorbehaltsannahme muss gem. Art. 788 Abs. 1 C.C. durch formelle Erklärung vor der Geschäftsstelle des *Tribunal de grande instance* am letzten Wohnsitz des Erblassers erfolgen. Sie wird landesweit veröffentlicht. Weitere Voraussetzung ist, dass gem. Art. 789 C.C. innerhalb von zwei Monaten (Art. 790 C.C.) nach der Erklärung zu notarieller Urkunde, vor einem Gerichtsvollzieher oder einem *commissaire-priseur* (Vereidigter Sachverständiger und Auktionator) ein Inventar mit Angabe des jeweiligen Wertes der Nachlassgegenstände errichtet wird, das wie die Option des Erben veröffentlicht wird. Die Zwei-Monats-Frist kann aus wichtigen Gründen gerichtlich verlängert werden. Eine Fristversäumung führt nach Art. 790 Abs. 4 C.C. zur Annahme der Erbschaft. Die Gläubiger können nach Art. 792 C.C. nach Inventarerrichtung innerhalb von 15 Monaten ihre Forderungen anmelden, andernfalls erlöschen Forderungen, für die keine Sicherheit besteht. Innerhalb der 15 Monate besteht nach Art. 792–1 C.C. eine Vollstreckungssperre. Der Erbe behält die Befugnis, den Nachlass zu verwalten, er kann Nachlassgegenstände nach Art. 793 Abs. 2 C.C. verkaufen, der Erlös fällt in den Nachlass. Der Erbe kann nach Art. 793 Abs. 1 C.C. auch selbst bestimmte Gegenstände behalten, muss hierfür allerdings den im Inventar festgesetzten Wert zahlen. Die angemeldeten Forderungen werden nach Ablauf der Frist von 15 Monaten gem. Art. 796 C.C. befriedigt. Sofern sie mit Sicherheiten unterlegt sind, erfolgt die Befriedigung nach dem Rang der Sicherheit, andernfalls nach der Reihenfolge der Forderungsanmeldung.

4. Die Ausschlagung

159 Der zum Erben Berufene kann die Erbschaft schließlich gem. Art. 804 ff. C.C. ausschlagen. Die *renonciation* muss gem. Art. 804 Abs. 2 C.C. wie die Annahme mit Haftungsbeschränkung vor dem *Tribunal de grande instance* erfolgen. Ein *légataire particulier* kann auch formlos ausschlagen, eine bestimmte Frist hierfür gibt es nicht. Eine Ausschlagung führt gem. Art. 805 Abs. 1 C.C. dazu, dass der Anfall der Erbschaft als nicht erfolgt gilt. Eine Repräsentation des Ausschlagenden durch seine Erben findet gem. Art. 805 Abs. 2, 754 C.C. statt. Hilfsweise wächst der freigewordene Erbteil den Miterben an, wiederum hilfsweise fällt er dem Nächstberufenen zu.

IX. Wege der Nachlassregelung außerhalb des Erbrechts

1. Schenkungen auf den Todesfall

160 Schwierigkeiten bereitet im französischen Recht die Einordnung von Schenkungen auf den Todesfall (*donations à cause de mort*). Gemäß Art. 893 C.C. sind unentgeltliche Rechtsgeschäfte nur in Form der Schenkung unter Lebenden oder des Testaments möglich, Mischformen sind grundsätzlich nicht zulässig. Ein eigenständiges Rechtsinstitut der Schenkung auf den Todesfall ist dem französischen Recht daher unbekannt. Zulässig sind jedoch gewisse Verknüpfungen einer Schenkung mit dem Tod der Parteien.[126] So kann sich der Schenker gem. Art. 951 Abs. 1 C.C. ein Rückfallrecht für den Fall des Vorversterbens des Beschenkten vorbehalten. Auch kann bei einer Schenkung in Todesgefahr vereinbart werden, dass das Geschenk im Überlebensfalle zurückzugeben ist. Zulässig ist es weiterhin, die Erfüllung einer Schenkung auf den Todesfall hinauszuschieben.[127] Materiellrechtlich handelt es sich bei derartigen Vereinbarungen um Schenkungen unter Lebenden.

---

126 Ausführlich *Ferid/Sonnenberger*, Bd. 3 Rn 5 C 1, Fn 1.
127 Sog. *donation post mortem*, vgl. *Terré/Lequette/Gaudemet*, Successions, Libéralités, Rn 508, 513.

2. Begünstigung des überlebenden Ehegatten durch avantages matrimoniaux

Neben den allgemeinen und testamentarischen Mitteln der Vermögensverteilung stellt das französische Recht für Ehegatten einige besondere Rechtsinstitute zur Verbesserung der Stellung des Überlebenden zur Verfügung. Die erste dieser Möglichkeiten ist die Abänderung der für die einzelnen Güterstände im Gesetz vorgesehenen Auseinandersetzungs- und Abwicklungsvorschriften.

a) Die clause de prélèvement moyennant indemnité

In Art. 1511–1514 C.C. ist zunächst die sog. *clause de prélèvement moyennant indemnité* geregelt. Durch diese erhält ein Ehegatte das Recht, nach Eheauflösung dem Gesamtgut vor der Teilung bestimmte Gegenstände zu entnehmen. Der Begünstigte schuldet jedoch einen Ausgleichsbetrag an das Gesamtgut. Eine *clause de prélèvement moyennant indemnité* kann sich gem. Art. 1511 C.C. auf **jeden Gegenstand des Gesamtgutes** beziehen, nicht aber auf Gegenstände des Eigenguts.[128] Ausgenommen sind Anteile an einer Personengesellschaft, wenn der Gesellschaftsvertrag die Auflösung durch den Tod eines Gesellschafters, die Fortsetzung nur unter den überlebenden Gesellschaftern oder die Fortsetzung nur mit bestimmten Erben vorsieht. In der Praxis bezieht sich das Vorwegnahmerecht oftmals auf ein Unternehmen oder ein Handelsgeschäft, um dem Begünstigten dessen Fortführung zu ermöglichen (sog. *clause commerciale*).

Vor Beendigung des Güterstandes hat die *clause de prélèvement moyennant indemnité* keinerlei Wirkungen und **keine Verfügungsbeschränkung** zur Folge. Bei Beendigung des Güterstandes hat der Begünstigte das Recht, das *droit de prélèvement* gegenüber den Erben seines verstorbenen Partners auszuüben. Das Vorwegnahmerecht ist ein höchstpersönliches Recht. Die Erklärung ist nicht an eine bestimmte Form gebunden, eine Frist besteht ebenfalls nicht. Allerdings bestimmt Art. 1513 C.C. i.V.m. Art. 771, 772, 790 C.C., dass die Erben des verstorbenen Ehegatten 8 Monate nach dem Erbfall den Berechtigten formlos auffordern können, sich innerhalb eines Monats darüber zu erklären, ob er das Entnahmerecht wahrnehmen will. Nach Ablauf der Frist ist die *clause de prélèvement* hinfällig.

Die Ausübung des Vorwegnahmerechts bewirkt eine **Teilauseinandersetzung** des Gesamtgutes hinsichtlich des betreffenden Gegenstandes mit der Folge, dass der Berechtigte rückwirkend seit dem Zeitpunkt der Auflösung des Güterstandes Eigentümer wird.

Grundsätzlich können die Ehegatten gem. Art. 1512 S. 1 C.C. den **Wert** des dem Entnahmerecht unterliegenden Gegenstandes frei bestimmen, also z.B. den Tag der Eheschließung oder der Ausübung für die Wertermittlung zugrunde legen. Mangels einer solchen Bestimmung ist gem. Art. 1511 C.C. der Tag der Auseinandersetzung maßgeblich. Der geschuldete Ausgleichsbetrag wird gem. Art. 1514 Abs. 1 C.C. auf den Anteil des überlebenden Ehegatten am Gesamtgut angerechnet, einen überschießenden Betrag hat der Berechtigte an das Gesamtgut zu zahlen. Gemäß Art. 1514 Abs. 2 C.C. kann vereinbart werden, dass der Ausgleichsbetrag subsidiär auf den Erbteil des Überlebenden nach dem Erstversterbenden angerechnet wird. Können sich die Parteien über die Höhe der Ausgleichspflicht oder die Zahlungsmodalitäten nicht einigen, so entscheidet gem. Art. 1512 S. 2 C.C. das *Tribunal de grande instance*.

---

128 Die Vereinbarung diesbezüglicher Entnahmerechte ist geregelt in Art. 1390 ff. C.C. (siehe hierzu Rn 184).

Döbereiner

b) Die clause de préciput

166 Bei der in den Art. 1515–1519 C.C. geregelten *clause de préciput* handelt es sich wie beim *droit de prélèvement moyennant indemnité* um ein das Gesamtgut betreffendes, ehevertraglich vereinbartes Vorwegentnahmerecht. Allerdings schuldet der begünstigte Ehegatte **keinen Ausgleich** an das Gesamtgut.

167 Nach der Regelung in Art. 1515 C.C. kann Gegenstand der *clause de préciput* zunächst eine Geldsumme sein. Eine genaue Bezifferung ist nicht erforderlich, Bestimmbarkeit ist ausreichend. Das Vorwegentnahmerecht kann sich auch auf einen oder mehrere bestimmte Gegenstände des Gesamtgutes beziehen. Obige Ausführungen zur *clause de prélèvement moyennant indemnité* gelten insoweit entsprechend. Möglich ist schließlich, dass das Vorwegentnahmerecht eine bestimmte Menge einer bestimmten Art von Gütern umfasst, wie z.B. das Mobiliar der ehelichen Wohnung. Das *droit de préciput* kann sich auch nur auf einen Nießbrauch an den betreffenden Gegenständen beziehen. Zulässig soll es auch sein, den Erben eines Ehegatten ein *droit de préciput* einzuräumen.[129] Die Erben können durch eine *clause de préciput* auch indirekt begünstigt sein, wenn der Ausübungsfall zugunsten des von ihnen beerbten Ehegatten bei dessen Tod bereits eingetreten war. In diesem Fall kann das Recht auch von den Erben ausgeübt werden. Wie die *clause de prélèvement moyennant indemnité* hat die *clause de préciput* vor ihrer Ausübung keine Verfügungsbeschränkung zur Folge.

168 Der begünstigte Ehegatte kann sein Recht bis zur endgültigen Teilung des Gesamtgutes ausüben. Bestimmte Fristen bestehen hierfür nicht. Anders als bei Art. 1513 C.C. können die Erben den Berechtigten nicht auffordern, eine Entscheidung zu treffen.

169 Der Berechtigte hat nur auf die **Nettomasse** Zugriff, er muss also zunächst die Schuldenberichtigung abwarten. Art. 1519 C.C. räumt dem Berechtigten der *clause de préciput* die Möglichkeit ein, auf den Rest des Gesamtgutes zurückzugreifen, falls der betreffende Gegenstand in Natur nicht mehr im Gesamtgut vorhanden ist.

170 Mit der Ausübung wird der Berechtigte rückwirkend auf den Zeitpunkt der Eheauflösung Eigentümer des betreffenden Gegenstandes. Er haftet grundsätzlich nicht für die auf dem entnommenen Gegenstand lastenden **Schulden**. Eine andere Vereinbarung ist jedoch zulässig und in der Praxis gebräuchlich, wenn das *droit de préciput* ein Handelsgeschäft betrifft.[130]

c) Die stipulation de parts inégales und die clause d'attribution de la totalité de la communauté

171 In Art. 1520–1525 C.C. schließlich findet sich die gesetzliche Regelung der *stipulation de parts inégales* und der *clause d'attribution de la totalité de la communauté*. Dabei handelt es sich um Vereinbarungen dahingehend, dass das Gesamtgut bei Beendigung des Güterstandes nicht hälftig geteilt wird, sondern dass einem der Ehegatten ohne Verpflichtung zur Ausgleichszahlung ein **höherer Anteil** als dem anderen Partner (*parts inégales*) bzw. sogar das gesamte gemeinschaftliche Vermögen (*totalité de la communauté*) zufallen soll.

172 Bei der *clause d'attribution de la totalité de la communauté* gem. Art. 1524 Abs. 1 C.C. erhält der Begünstigte das gesamte gemeinschaftliche Vermögen. Bei der *stipulation de parts inégales* lässt das Gesetz den Ehegatten gem. Art. 1520, 1521 C.C. freie Hand, die jeweiligen Anteile festzulegen. Nach Art. 1524 Abs. 2 S. 1 C.C. kann dem Begünstigten neben seinem Halbanteil am Gesamtgut der **Nießbrauch** am Halbanteil des anderen Ehegatten zugewendet werden. Dies kann einen sinnvollen Kompromiss zwischen den Interessen der Beteilig-

---

[129] *Cornu*, Régimes matrimoniaux, S. 581; *Terré/Simler*, Régimes matrimoniaux, Rn 753.
[130] *Cornu*, Régimes matrimoniaux, S. 582.

ten darstellen, da der überlebende Ehegatte das Vermögen uneingeschränkt nutzen kann, das Eigentum jedoch innerhalb der Familie erhalten bleibt.

Aus Art. 1521 Abs. 1 C.C. ergibt sich, dass bei einer entsprechenden ehevertraglichen Regelung eine ungleiche Teilung auch **zugunsten der Erben** eines der Ehegatten stattfinden kann. Dies ist gem. Art. 1524 Abs. 1 S. 1 C.C. bei einer *clause d'attribution de la totalité de la communauté* nicht zulässig. Die Erben können bei beiden Gestaltungen indirekt begünstigt sein, wenn der von ihnen Beerbte nach Eintritt des Ausübungsfalles verstorben ist. In diesem Fall können sie die ungleiche Teilung anstelle des Verstorbenen geltend machen. Auch Gläubiger des Begünstigten können die Abweichung von der Halbteilung über Art. 1166 C.C. durchsetzen, da eine *clause d'attribution de la totalité de la communauté* und eine *stipulation de parts inégales* keine höchstpersönlichen Rechte begründen. 173

Beiden Vereinbarungen ist gemeinsam, dass der begünstigte Ehegatte nach dem Tod seines Partners anders als bei einem erbrechtlichen Erwerb keines *acte de notoriété* bedarf. Allerdings muss er sich, falls ihm Immobilien zufallen, gem. Art. 69 Nr. 6 Alt. 3 des Dekrets Nr. 55–1350 vom 14.10.1955 i.V.m. Art. 29, 28 Nr. 3 des Dekrets Nr. 55–22 vom 4.1.1955 durch einen Notar eine *attestation notariée* ausstellen und diese im Hypothekenamt veröffentlichen lassen. 174

Art. 1524 Abs. 1 S. 1 C.C. bestimmt für die *clause d'attribution de la totalité de la communauté*, dass der Begünstigte alle **Verbindlichkeiten** zu begleichen hat. Bei der *stipulation de parts inégales* richtet sich die Schuldenhaftung gem. Art. 1521 Abs. 1 C.C. entsprechend den Anteilen am Gesamtgut. Bezieht sich die *clause d'attribution de la totalité de la communauté* gem. Art. 1524 Abs. 2 S. 1 C.C. auf den Nießbrauch an der Gesamtguthälfte des verstorbenen Ehegatten, so gilt gem. Art. 1524 Abs. 2 S. 2 C.C. die Vorschrift des Art. 612 C.C. 175

Von großer Bedeutung ist die Vorschrift des Art. 1525 Abs. 2 C.C. Danach haben die Erben des vorverstorbenen Ehegatten trotz einer *stipulation de parts inégales* oder einer *clause d'attribution de la totalité de la communauté* das Recht, die vom Vorverstorbenen in die Gemeinschaft eingebrachten Güter zurückzunehmen (**reprise des apports**). Eine entsprechende Regelung trifft Art. 1525 Abs. 2 C.C. auch bezüglich der Güter, die ein Ehegatte während der Ehe unentgeltlich erworben hat (*reprise des capitaux*). Als Berechtigte nennt Art. 1525 Abs. 2 C.C. die Erben des Verstorbenen, hierzu gehört nach h.M. auch der überlebende Ehegatte selbst.[131] Allerdings sind im Ehevertrag von Art. 1525 Abs. 2 C.C. abweichende Vereinbarungen zulässig und den Ehegatten auch anzuraten, wenn die Begünstigung des Überlebenden möglichst hoch ausfallen soll. 176

d) Die Besonderheiten bei Änderungen des Ehevertrages

Die eben erläuterten Abänderungen (siehe Rn 161 ff.) der Auseinandersetzungsvorschriften können grundsätzlich auch erst in einem **Abänderungsehevertrag** vereinbart werden. Sind keine gemeinsamen Kinder der Ehegatten vorhanden, so entspricht eine solche Abänderung regelmäßig den Familieninteressen und wurde daher vor dem 1.1.2007, als eine Genehmigung in jedem Fall erforderlich war, von den Gerichten in der Regel genehmigt. Soweit nach Auflockerung des Unwandelbarkeitsgrundsatzes insbesondere bei Vorhandensein minderjähriger Kinder noch eine gerichtliche Kontrolle stattfindet, müssen bei der Abwägung aller Umstände des Einzelfalles auch die Interessen der Abkömmlinge berücksichtigt werden. Problematisch ist dabei, dass durch eine *communauté universelle* verbunden mit der Zuteilung des Gesamtgutes an den Überlebenden und einem Ausschluss der in Art. 1525 177

---

131 *Cornu*, Régimes matrimoniaux, S. 595; *Voirin/Goubeaux*, Bd. 2 Rn 236.

Abs. 2 C.C. vorgesehenen Rücknahmerechte der Nachlass des Erstversterbenden völlig ausgehöhlt wird und das gesetzliche Erbrecht der Kinder damit letztlich nur eine leere Hülle darstellt. Dies wird dadurch verstärkt, dass güterrechtliche Abweichungen von der Halbteilung gem. Art. 1527 Abs. 2 C.C. nicht der Herabsetzung wegen Verletzung von Noterbrechten gemeinsamer Kinder unterliegen (siehe näher Rn 178 ff.). Nach der Rechtsprechung ist allein die Beeinträchtigung der Interessen gemeinsamer Kinder kein Grund, eine Ablehnung der Genehmigung zu rechtfertigen. Vielmehr wird diese in der Regel erteilt, wenn die Ehegatten mittels der Güterstandsänderung den Lebensstandard des Längerlebenden aufrechterhalten und diesem die Unannehmlichkeiten einer Auseinandersetzung ersparen wollen, da die Abkömmlinge ohnehin als gesetzliche Erben bzw. Noterben nach dem Letztversterbenden berufen sind. Sind **nicht gemeinsame Kinder** eines Ehegatten vorhanden, so wird die Genehmigung in der Praxis oft verweigert, da diese den anderen Ehegatten, falls dieser der Letztversterbende ist, gesetzlich nicht beerben, auch wenn nicht gemeinsame Kinder gem. Art. 1527 Abs. 2 C.C. bei Verletzung ihrer Noterbrechte eine *réduction* verlangen können.

e) Die Rechtsnatur der betreffenden Vereinbarungen

178 Mit der Frage des Schutzes der nächsten Angehörigen hängt eng die Frage nach der materiellrechtlichen Einordnung der eben erläuterten Vereinbarungen zusammen. Noterbrechte können nur durch unentgeltliche, nicht aber durch entgeltliche Rechtsgeschäfte verletzt werden. Dies wird unter dem Stichwort der **avantages matrimoniaux** diskutiert. Allgemein werden hierunter alle in Geld messbaren Begünstigungen, die ein Ehegatte durch die bloße Vereinbarung eines bestimmten Güterstandes auf Kosten des anderen Ehegatten erlangt, verstanden. Grundsätzlich handelt es sich bei *avantages matrimoniaux* **nicht** um **unentgeltliche** Vereinbarungen. Art. 1527 Abs. 1 C.C. bestimmt für Güterstände mit Gesamtgut ausdrücklich, dass die Vorteile, die ein Ehegatte aus Vereinbarungen der vertraglichen Gütergemeinschaft zieht, nicht als Schenkungen zu qualifizieren sind. Daraus ergibt sich, dass durch *avantages matrimoniaux* grundsätzlich die disponible Quote nicht überschritten und damit das Noterbrecht der Angehörigen nicht verletzt sein kann.

179 In **Ausnahmefällen** werden *avantages matrimoniaux* vom *Code Civil* jedoch wie unentgeltliche Rechtsgeschäfte behandelt. Aus der Anwendbarkeit von Art. 265 C.C. ergibt sich, dass *avantages matrimoniaux* für den Fall einer Scheidung den *donations* gleichgestellt sind. Zudem bestimmt Art. 1527 Abs. 2 C.C., dass bei Vorhandensein von nicht gemeinschaftlichen Kindern, egal ob ehelich oder nichtehelich, die Vorschrift des Art. 1094–1 C.C., der die disponible Quote unter Ehegatten betrifft, zu beachten ist. Daraus ergibt sich, dass in diesem Fall, wie bei Schenkungen, eine Herabsetzung der *avantages matrimoniaux* möglich ist.

180 Die in Art. 1527 Abs. 2 C.C. genannten Abkömmlinge können nach dem Tod ihres Elternteils die Herabsetzung der *avantages matrimoniaux* verlangen, wenn sie die Erbschaft als Noterben angenommen haben und erbwürdig sind. Von der Erhöhung der Nachlassmasse aufgrund einer *réduction* auf Initiative dieser Personen profitieren auch – soweit vorhanden – gemeinsame Kinder.[132] Letztere sind deshalb selbst berechtigt, die *action en réduction* zu erheben, wenn die einseitigen Abkömmlinge des Verstorbenen untätig bleiben. Seit 1.1.2007 können die geschützten einseitigen Abkömmlinge nach Art. 1527 Abs. 3 C.C. auf die Möglichkeit, Herabsetzung der *avantages matrimoniaux* zu verlangen, vor dem Tod

---

132 *Cornu*, Régimes matrimoniaux, S. 543, 548; krit. *Terré/Simler*, Régimes matrimoniaux, Rn 767 a.E.

des längerlebenden Ehegatten verzichten. Hierfür gelten die Vorschriften der Art. 929 ff. C.C. zum Verzicht auf das Noterbrecht entsprechend (siehe Rn 115).

Zur Feststellung, ob die disponible Quote überschritten ist, ist zunächst zu ermitteln, wie viel den Noterben bei einer Abwicklung des Nachlasses bei Berücksichtigung der güterrechtlichen Vereinbarungen zustehen würde. Anschließend ist festzustellen, wie hoch der Erbteil des Betreffenden bei Nichtbeachtung der *avantages matrimoniaux*, also bei einer Auseinandersetzung im gesetzlichen Güterstand, wäre. Liegt dieser zweite Betrag über dem zuerst Ermittelten, so ist darin der Vorteil des Überlebenden zu sehen, der bei Überschreitung der disponiblen Quote herabsetzbar ist. Die *réduction* der *avantages matrimoniaux* erfolgt wie bei Schenkungen erst nach Vermächtnissen.

f) Avantages matrimoniaux bei der participation aux acquêts

Auch beim französischen Güterstand der Zugewinngemeinschaft (*participation aux acquêts*) kann der überlebende Ehegatte gem. Art. 1581 Abs. 2 C.C. durch Abänderung der Abwicklungsvorschriften auf den Todesfall begünstigt werden. Möglich ist die Vereinbarung einer *clause de participation inégale*, die bewirkt, dass abweichend von Art. 1575 Abs. 2 C.C. der Unterschiedsbetrag zwischen den im Übrigen nach den allgemeinen Regeln zu ermittelnden Zugewinnen der Ehegatten bei Beendigung des Güterstandes nicht hälftig geteilt wird, sondern dass z.B. der überlebende Ehegatte drei Viertel, die Erben des Erstversterbenden jedoch nur ein Viertel erhalten. Die *clause d'attribution de la totalité des acquêts* hat zur Folge, dass der überlebende Ehegatte zum einen den gesamten Zugewinn des Partners erhält und zum anderen seinen eigenen Zugewinn behält.

g) Steuerrechtliche Aspekte

Bis zur Abschaffung der Erbschaftsteuerpflicht des überlebenden Ehegatten im August 2007 war die Vereinbarung von *avantages matrimoniaux* auch unter steuerrechtlichen Gesichtspunkten für Ehegatten äußerst interessant, da die Vorschrift des Art. 1527 Abs. 1 C.C. auch im Steuerrecht angewandt wurde, so dass keine Erbschaftsteuer anfiel. Somit konnte durch die Vereinbarung einer *communauté universelle*, verbunden mit einer *clause d'attribution de la totalité de la communauté*, dem überlebenden Ehegatten das gesamte Vermögen des Verstorbenen erbschaftsteuerfrei zugewendet werden. Seit Abschaffung der Erbschaftsteuerpflicht des überlebenden Ehegatten ist dieser Gesichtspunkt unerheblich geworden.[133]

3. Die clause d'acquisition ou d'attribution de biens propres

Als weitere Möglichkeit, den überlebenden Ehegatten in Zusammenhang mit dem Abschluss eines Ehevertrages zu begünstigen, sehen die Art. 1390–1392 C.C. die Vereinbarung einer sog. *clause d'acquisition ou d'attribution de biens propres* vor. Dabei handelt es sich um ein den Nachlass betreffendes **Vorwegentnahmerecht mit Ausgleichsverpflichtung** des Begünstigten. Das Objekt einer *clause d'acquisition ou d'attribution de biens propres* ist anders als bei der *clause de prélèvement moyennant indemnité* kein Gegenstand des Gesamtguts, sondern ein zum Nachlass des verstorbenen Partners gehörendes Gut. Sie ist gegenüber der nach Art. 831 ff. C.C. bei der Erbauseinandersetzung bestehenden Möglichkeit der *attribution préférentielle* vorrangig. In der Praxis erfasst das Entnahmerecht häufig ein Handelsgeschäft oder ein Unternehmen, so dass auch hier der Begriff der *clause commercial*

---

[133] Für die deutsche Besteuerung hat der BFH (ZEV 2012, 621) jedoch entschieden, dass eine Besteuerung nach § 3 Abs. 1 Nr. 1 ErbStG vorzunehmen ist.

verwendet wird. Dagegen kann sich das Entnahmerecht nicht abstrakt auf den gesamten Nachlass oder einen Bruchteil desselben beziehen, da nach Art. 1390 C.C. nur *certains biens* erfasst sein können. Zu Lebzeiten der Ehegatten hat eine *clause d'acquisition ou d'attribution de biens propres* **keine Verfügungsbeschränkung** zur Folge. Beim Tod seines Ehegatten kann der Überlebende das Vorwegnahmerecht gegenüber den Erben ausüben. Besondere Form- oder Fristvorschriften bestehen nicht. Die Erben können jedoch gem. Art. 1392 Abs. 1 i.V.m. Art. 792 C.C. den Begünstigten 15 Monate nach dem Tod seines Partners auffordern, innerhalb eines Monats zu erklären, ob er von seinem Recht Gebrauch machen will. Nach Ablauf der Frist ist die Vereinbarung gem. Art. 1392 Abs. 1 S. 1 C.C. hinfällig. Die **Höhe** des geschuldeten Wertausgleichs bemisst sich gem. Art. 1390 C.C. nach dem Tag der Ausübung des Entnahmerechts.

4. Die clause tontine oder clause d'accroissement

185 Eine lange Zeit interessante und beliebte Gestaltung war im französischen Recht die sog. *clause tontine* oder *clause d'accroissement*. Bei dieser bestimmen zwei Personen, oftmals nichteheliche Lebensgefährten, beim Kauf einer Immobilie, dass im Todesfall der Gegenstand fiktiv als nur von einem von ihnen angeschafft gelten soll. Dieser Vorgang war früher von der Erbschaftsteuerpflicht befreit. Die *clause tontine* hat jedoch viel von ihrer Attraktivität verloren, nachdem gem. Art. 754 A C.G.I. die Steuerbefreiung nur noch gilt, wenn der Wert der Immobilie 76.000 EUR nicht übersteigt und es sich um das gemeinsam genutzte Familienheim handelt.

5. Die Vollmacht über den Tod hinaus

186 Vollmachten enden nach französischem Recht gem. Art. 2003 C.C. grundsätzlich mit dem Tod des Vollmachtgebers. Seit 1.1.2007 gibt es nunmehr nach Art. 812 ff. C.C. auch in Frankreich die eingeschränkte Möglichkeit, einen Auftrag samt Vollmacht über den Tod hinaus (*mandat à effet posthume*) zu erteilen. Jedermann kann nach Art. 812 Abs. 1 C.C. einem Dritten einen Auftrag samt Vollmacht über den Tod hinaus erteilen, vorbehaltlich der Rechte eines Testamentsvollstreckers, die Erbschaft ganz oder teilweise für den oder einzelne, vom Erblasser bestimmte Erben zu verwalten. Zu Verfügungen über den Nachlass ist der Bevollmächtigte grundsätzlich nicht befugt. Nach Art. 812 Abs. 2 C.C. kann der Bevollmächtigte auch ein Erbe sein. Einschränkend bestimmt Art. 812-1-1 Abs. 1 C.C., dass für die Erteilung der Vollmacht über den Tod hinaus ein **besonderes Interesse** im Hinblick auf die Person des Erben oder das zu verwaltende Vermögen bestehen muss.

Die **Laufzeit** der Vollmacht ist nach Art. 812-1-1 Abs. 2 C.C. auf zwei Jahre beschränkt, in Ausnahmefällen kann die Vollmacht für bis zu fünf Jahre erteilt werden, insbesondere wenn minderjährige oder zur Erbschaftsverwaltung ungeeignete Erben vorhanden sind. Eine weitere gerichtliche Verlängerung ist möglich. Der Auftrag und die Vollmacht sind nach Art. 812-1-1 Abs. 3 C.C. notariell zu beurkunden, der Auftrag muss vom Bevollmächtigten vor dem Tod angenommen werden. Die Vollmacht kann vor dem Tod nach Art. 812-1-1 Abs. 5 C.C. gegenüber dem Bevollmächtigten **widerrufen** werden. Der Bevollmächtigte kann seine Bereitschaft zur Ausübung der Vollmacht zurückziehen, nach dem Tod des Erblassers nach Art. 812-6 C.C. durch Erklärung gegenüber dem/den betroffenen Erben. Der Bevollmächtigte erhält nach Art. 812-2 C.C. nur bei gesonderter Anordnung eine Vergütung, er kann nach Art. 812-4 Abs. 1 Nr. 3 C.C. aus wichtigen Gründen gerichtlich abberufen werden.

C. Nachlassabwicklung und Nachlassverfahren

I. Die Testamentseröffnung

Die Nachlassabwicklung liegt in Frankreich weitgehend in den Händen des **Notars**. Dies gilt auch, wenn es sich um den Nachlass von **Ausländern** handelt. Ein förmliches Verfahren zur Testamentseröffnung gibt es in Frankreich nicht. Notarielle Testamente muss der Notar innerhalb eines Monats bei der Urkundsteuerstelle in Kopie einreichen und registrieren lassen. Privatschriftliche Testamente sind gem. Art. 1007 C.C. einem Notar abzuliefern. Dieser öffnet das Testament, falls es verschlossen ist. Über die Öffnung des Testaments und die getroffenen Feststellungen zum Zustand des Testaments errichtet der Notar eine Niederschrift. Die Originale werden beim Notar verwahrt, innerhalb eines Monats hat der Notar nach Art. 1007 Abs. 2 C.C. eine Ausfertigung des Eröffnungsprotokolls und eine Abschrift des Testaments beim *Tribunal de grand instance* am letzten Wohnort des Verstorbenen abzuliefern, ferner hat er das Testament bei der Urkundsteuerstelle registrieren zu lassen. Im Ausland errichtete Testamente können zur Sicherstellung der französischen Erbschaftsteuer nach Art. 1000 C.C. bezüglich des in Frankreich belegenen Vermögens nur ausgeführt werden, wenn sie bei der zuständigen Urkundsteuerstelle am letzten Wohnsitz des Erblassers und am Belegenheitsort von Immobilien registriert worden sind.

187

II. Vorläufige gerichtliche Sicherungsmaßnahmen

Ist kein Erbe vorhanden, schlagen alle Erben aus oder hat nach sechs Monaten noch kein Erbe die Erbschaft angenommen, liegt eine sog. *succession vacante* nach Art. 809 ff. C.C. vor. In diesem Fall kann gerichtlich die staatliche Domänenverwaltung als **Nachlasspfleger** (*curateur*) bestellt werden. Dieser hat gem. Art. 810 ff. C.C. zunächst die Aufgabe, vorläufige Sicherungsmaßmaßnahmen zu treffen und dringliche Geschäfte abzuwickeln, erst nach sechs Monaten hat er – wenn auch eingeschränkt – echte Verwaltungs- und Abwicklungsbefugnisse nach Art. 810–2 f. C.C. Liegt zwar keine *succession vacante* vor, weil Erben tatsächlich vorhanden sind, sind diese aber untätig oder untereinander uneinig, so kann gerichtlich auf Antrag nach Art. 813–1 C.C. ein Beauftragter eingesetzt werden. Dessen Aufgaben werden im Rahmen von Art. 813–2 C.C. vom Gericht bestimmt.

188

III. Der Nachweis der Erbeneigenschaft

1. Unstreitige Sachverhalte

Ein dem deutschen Recht vergleichbares, förmliches Erbscheinsverfahren ist dem französischen Recht fremd.[134] Nach Art. 730 C.C. kann die Erbenstellung durch alle Beweismittel nachgewiesen werden. In der Praxis werden bei unstreitigen Sachverhalten notarielle Urkunden zum Nachweis der Erbeneigenschaft verwendet. Die geläufigste[135] und nunmehr in den Art. 730–1 ff. C.C. einzige gesetzlich geregelte Form ist der sog. **acte de notoriété**, der

189

---

134 Besonderheiten gelten in Elsaß-Lothringen, wo sich unter dem Begriff „*certificat d'héritier*" der Erbschein trotz Wiedereinführung des französischen Zivilrechts im Jahre 1924 erhalten hat, vgl. *Sipp-Mercier*, Die Abwicklung deutsch-französischer Erbfälle in der Bundesrepublik Deutschland und in Frankreich, S. 53; *Gotthardt*, ZfRV 32 (1991), 2 (3).
135 Zu den anderen Formen vgl. *Lagarde*, in: Schlosser, Die Informationsbeschaffung für den Zivilprozeß, S. 207 (213); *Sipp-Mercier*, Die Abwicklung deutsch-französischer Erbfälle in der Bundesrepublik Deutschland und in Frankreich, S. 52.

von einem Notar auf Antrag eines oder mehrerer Erben errichtet wird. Dem Notar sind dabei Verfügungen von Todes wegen, Eheverträge und amtliche Dokumente wie Sterbeurkunden oder Auszüge aus dem Familienbuch und dem Heiratsregister vorzulegen.[136] Im *acte de notoriété* sind nach Art. 730–1 Abs. 3 C.C. die Grundlagen, auf denen die Feststellungen des Notars zum Erbrecht beruhen, anzugeben. Ferner enthält der *acte de notoriété* die unterschriebene Versicherung der Antragsteller, dass sie nach ihrer Kenntnis zur Erbschaft berufen sind. Der Notar kann nach Art. 730–1 Abs. 5 C.C. alle Personen, deren Aussage ihm nützlich erscheint, bei der Errichtung zuziehen. Liegt kein Ehevertrag und keine letztwillige Verfügung vor, kann der *acte de notoriété* nach Art. 730–1 Abs. 2 C.C. auch vom leitenden Urkundsbeamten des *Tribunal d'instance* am letzten Wohnsitz des Verstorbenen erteilt werden. Ein *acte de notoriété* erbringt im Rechtsverkehr nach Art. 730–3 C.C. bis zum Beweis des Gegenteils den Beweis der Erbenstellung. Er entfaltet nach Art. 730–4 C.C. Gutglaubensschutz zugunsten von Dritten, die mit einem Scheinerben Geschäfte abschließen. Stellt sich die Unrichtigkeit der Urkunde heraus, so kommt es nicht zu einem amtlichen Einziehungsverfahren, es wird vielmehr ein neuer, inhaltlich richtiger *acte de notoriété* errichtet.

190 Bei Immobilien ist gem. Art. 29, 28 Nr. 3 des Dekrets Nr. 55–22 vom 4.1.1955 und Art. 69 des Dekrets Nr. 55–1350 vom 14.10.1955 im *bureau des hypothèques* eine von einem Notar ausgestellte **attestation notariée** über die Erbfolge zu veröffentlichen. Erleidet ein Dritter durch die Nichtpublikation einen Schaden, so ist ihm dieser gem. Art. 30 Nr. 4 des Dekrets Nr. 55–22 vom 4.1.1955 zu ersetzen.

2. Streitige Sachverhalte

191 Streiten mehrere Personen um die Rechtsnachfolge, so kann die Rechtslage mittels einer **Erbschaftsklage** gerichtlich geklärt werden. Auch dieses Verfahren ist gesetzlich nicht geregelt, in der Praxis aber allgemein anerkannt.[137] Zuständig ist das *Tribunal de grande instance* am letzten Wohnsitz des Erblassers. Die Klage muss innerhalb von (wohl) 30 Jahren nach dem erstmaligen Bestreiten des Erbrechts durch den Beklagten erhoben werden.[138] Der Kläger muss dabei sein Erbrecht beweisen, bei testamentarischer Erbfolge vor allem durch Vorlage der letztwilligen Verfügung, bei gesetzlicher Erbfolge vor allem durch Vorlage von Geburts und Heiratsurkunden. Einem *acte de notoriété* kommt dabei kein Beweiswert zu, so dass sein Vorliegen insoweit bedeutungslos ist. Ist die Klage erfolgreich, so wird die Erbenstellung des Klägers festgestellt, er kann dann vom Beklagten die Herausgabe der Nachlassgegenstände verlangen.[139]

---

136 Vgl. im Einzelnen *Ferid/Sonnenberger*, Bd. 3 Rn 5 D 403 ff.
137 *Terré/Lequette/Gaudemet*, Successions, Libéralités, Rn 802; *Voirin/Goubeaux*, Bd. 2 Rn 405.
138 Str., nach a.A. innerhalb von 5 Jahren, vgl. im Einzelnen *Terré/Lequette/Gaudemet*, Successions, Libéralités, Rn 805.
139 Die Haftung wegen Veräußerung von Nachlassgegenständen bzw. die Herausgabe von gezogenen Früchten hängen von der Gut- oder Bösgläubigkeit des Unterliegenden ab, vgl. *Lagarde*, in: Schlosser, Die Informationsbeschaffung für den Zivilprozeß, S. 207 (215).

D. Die Besteuerung der Erbfolge

I. Das deutsch-französische Doppelbesteuerungsabkommen

Am 12.10.2006 wurde zwischen Frankreich und Deutschland ein Erbschaftsteuer-Doppelbesteuerungsabkommen[140] geschlossen. Der Deutsche Bundestag hat am 14.6.2007 dem deutschen Umsetzungsgesetz zugestimmt, von französischer Seite erfolgte die Zustimmung mit Zustimmungsgesetz vom 26.2.2009. Das Abkommen ist am Tag nach dem am 2.4.2009 erfolgten Austausch der Ratifikationsurkunden, also am 3.4.2009, in Kraft getreten. Es gilt auf deutscher Seite nach Art. 1 Abs. 3 DBA für die Erbschaft- und Schenkungsteuer, nach Art. 1 Abs. 4 DBA jedoch nicht für die Erbersatzsteuer. Auf französischer Seite gilt das DBA für die *droits de mutation à titre gratuit* gem. Art. 750 ter C.G.I.

Nach Art. 9 DBA erfolgt die Besteuerung grundsätzlich durch den Staat, in dem der Wohnsitz des Erblassers bzw. Schenkers liegt. Der **Wohnsitz** einer natürlichen Person liegt nach Art. 4 Abs. 2 DBA in erster Linie in dem Staat, in dem er über eine ständige Wohnstätte verfügt. Trifft dies für beide Staaten zu, so ist entscheidend der Mittelpunkt der Lebensinteressen, hilfsweise der gewöhnliche Aufenthalt, wiederum hilfsweise die Staatsangehörigkeit, bei doppelter Staatsangehörigkeit erfolgt eine einvernehmliche Regelung zwischen den Behörden.

Abweichend hiervon kann unbewegliches Vermögen nach Art. 5 Abs. 1 DBA auch am Belegenheitsort besteuert werden. Der Begriff des **unbeweglichen Vermögens** richtet sich – nach Art. 5 Abs. 5 DBA auch für unbewegliches Betriebsvermögen – nach den Bestimmungen am Belegenheitsort; nach Art. 5 Abs. 3 DBA gehören hierzu jedoch auch Gesellschaftsanteile, wenn das Vermögen zu mehr als der Hälfte aus Immobilien in einem Vertragsstaat besteht, wobei selbstgenutzte Betriebsgrundstücke außer Betracht bleiben. Zum Immobiliarvermögen gehört nach Art. 5 Abs. 4 DBA eine Immobilie auch dann, wenn sie Gesellschaften oder juristischen Personen gehört, an denen der Erblasser wiederum allein oder zusammen mit seinem Ehegatten, Verwandten in gerader Linie oder Geschwistern unmittelbar oder mittelbar über Zwischenorganisationen mehr als die Hälfte der Anteile hält. Bewegliches Betriebsvermögen, das sich im Nachlass einer Person mit Wohnsitz in einem Vertragsstaat befindet, aber Betriebsvermögen einer Betriebsstätte im anderen Vertragsstaat ist, kann nach Art. 6 DBA von Letzterem besteuert werden.

Der Schuldenabzug ist geregelt in Art. 10 DBA. Nach Art. 11 DBA wird eine Doppelbesteuerung grundsätzlich wie folgt vermieden: Hatte der Erblasser seinen Wohnsitz in einem Vertragsstaat, so besteuert dieser das gesamte Vermögen des Erblassers, rechnet auf die Steuer jedoch den Betrag an, der nach den vorstehenden Regelungen im anderen Vertragsstaat besteuert werden kann, wobei sich jedoch ein ggf. höheres Steuerniveau im anderen Vertragsstaat nicht steuermindernd auswirken darf. Die Anrechnung erfolgt nach den jeweiligen nationalen Vorschriften, also nach Art. 784 A C.G.I. bzw. § 21 ErbStG.

II. Beschränkte und unbeschränkte Steuerpflicht

Das nationale französische Erbschaft- und Schenkungsteuerrecht ist in den Art. 750ter ff. C.G.I. geregelt.

---

140 Ausführlich *Jülicher*, IStR 2007, 85; *von Oertzen/Schienke*, ZEV 2007, 406. Das bisher immer noch bestehende „Erbschaftsteuer-DBA" zwischen dem Saarland und Frankreich hat praktisch keinen Anwendungsbereich, vgl. *Moench/Morsch*, ZEV 2003, 273.

1. Unbeschränkte Steuerpflicht

197 Unbeschränkte Erbschaftsteuerpflicht liegt nach Art. 750ter C.G.I. vor, wenn der Erblasser seinen **steuerlichen Wohnsitz** (*domicile fiscal*) i.S.d. Art. 4 B C.G.I. im Todeszeitpunkt in Frankreich hat.[141] Der steuerliche Wohnsitz liegt in Frankreich, wenn der Betreffende eine Wohnung in Frankreich unterhält und sich mehr als sechs Monate im Jahr dort aufhält. Die unbeschränkte Erbschaftsteuerpflicht führt zur Besteuerung des gesamten Nachlasses, unabhängig, ob sich dieser in Frankreich oder im Ausland befindet. Unbeschränkte Steuerpflicht liegt auch vor, wenn der Erbe seinen steuerlichen Wohnsitz in Frankreich hat und dieser steuerliche Wohnsitz mindestens sechs Jahre innerhalb der letzten 10 Jahre vor dem Erbfall bestanden hat.

2. Beschränkte Steuerpflicht

198 Ist der Erblasser mangels steuerlichen Wohnsitzes in Frankreich nicht unbeschränkt steuerpflichtig, so unterliegen nach Art. 750ter C.G.I. die **in Frankreich belegenen Nachlassgegenstände** der Erbschaftsteuerpflicht. In Frankreich belegenes Immobiliarvermögen (mit Ausnahme von eigenbetrieblich genutzten Grundstücken) unterliegt auch dann der französischen Erbschaftsteuer, wenn der Erblasser an diesem über eine oder mehrerer Zwischengesellschaften beteiligt ist, an denen er wiederum allein oder gemeinsam mit Ehegatten, Vorfahren, Abkömmlingen oder Geschwistern mehr als die Hälfte der Anteile hält. In Frankreich belegen sind auch Beteiligungen an Gesellschaften, die ihren Sitz im Ausland haben und nicht an einer Börse notiert sind, wenn das Gesellschaftsvermögen zu mehr als 50 % aus in Frankreich belegenen unbeweglichen Gegenständen besteht, wobei Betriebsgrundstücke wiederum nicht zu berücksichtigen sind.

III. System der Erbschaftsteuer

199 Besteuert wird der **Reinnachlass**, bei der Ermittlung des Nachlasses sind daher – wie seit 1.1.2005 im Rahmen und unter den Voraussetzungen von Art. 776bis C.G.I. auch bei lebzeitigen Schenkungen – Verbindlichkeiten im Rahmen der Art. 767 ff. C.G.I. abzuziehen, bei beschränkter Steuerpflicht allerdings nur die auf den in Frankreich belegenen Gegenständen ruhenden Verbindlichkeiten. Die übertragenen Gegenstände werden grundsätzlich mit dem Verkehrswert (*valeur vénale*, vgl. Art. 761, 764 C.G.I.) angesetzt. Bei einer Immobilie, die dem Erblasser gemeinsam mit seinem Ehegatten, seinem in einer registrierten Partnerschaft lebenden Partner oder seinen minderjährigen Kindern als **Erstwohnsitz** diente, erfolgt ein Bewertungsabschlag in Höhe von 20 % nach Art. 764bis C.G.I. Die Bewertung eines **Nießbrauchs** richtet sich nach Art. 669 C.G.I. Er entspricht einem festen Prozentsatz des Wertes des Gegenstandes, gestaffelt nach dem Alter des Nießbrauchsberechtigten.

200 Für die Vererbung und lebzeitige Übertragung von **Betriebsvermögen** (Gesellschaftsanteile und Einzelunternehmen in den Bereichen Industrie, Handel, Handwerk, Landwirtschaft und freie Berufe) bestehen unter bestimmten Voraussetzungen Abschläge von 75 % nach Art. 787 B C.G.I. und 787 C C.G.I.[142] Die Begünstigung setzt voraus, dass es sich bei Gesellschaftsbeteiligungen um mindestens 34 % der Anteile (bei börsennotierten Unternehmen 20 % der Anteile handelt), dass zwischen den Gesellschaftern eine bei der Finanzbehörde registrierte Vereinbarung besteht, wonach kein Gesellschafter seine Anteile innerhalb

---

141 Ausführlich hierzu *von Oertzen/Schienke*, ZEV 2007, 406, 407.
142 Vgl. im Einzelnen *Gottschalk*, ZEV 2006, 444; *Klima*, ZEV 2006, 114; *Wachter*, ZErb 2005, 386.

von zwei Jahren veräußern kann, und dass der Verfügende für den Begünstigten eine weitere sechsjährige Behaltenszeit verbindlich festgelegt hat. Für den Fall des Todes des Begünstigten wiederum müssen dessen Erben zur Einhaltung der Behaltensfrist verpflichtet werden. Der Erbe bzw. Rechtsnachfolger muss weiter bei der Gesellschaft die folgenden fünf Jahre hauptberuflich tätig sein bzw. die Leitung ausüben. Bei einer Schenkung unter Nießbrauchsvorbehalt darf das Stimmrecht des Nießbrauchers nur die Gewinnverteilung betreffen. Weitere Vergünstigungen bestehen z.B. für land- und forstwirtschaftliches Vermögen nach Art. 793 ff. C.G.I.

IV. Die Steuerklassen, Steuersätze und Freibeträge

Das französische Erbschaftsteuerrecht kennt aktuell nach Art. 777 ff. C.G.I. folgende Steuerklassen und Freibeträge: 201

1. Der Ehegatte und Partner eines PACS

Ehegatten (auch gleichgeschlechtliche) und Partner eines PACS sind nach Art. 796–0bis C.G.I. von der **Erbschaftsteuer befreit**. Bei der Schenkungsteuer beträgt bei Ehegatten und Partnern eines PACS der Steuersatz zwischen **5 % und 45 %**, der Höchststeuersatz wird bei einem steuerpflichtigen Erwerb von 1.805.677 EUR erreicht. Der Ehegatte bzw. Partner eines PACS hat nach Art. 790 E bzw. 790 F 1 C.G.I. einen Freibetrag in Höhe von **80.724 EUR**. Bei Partnern eines PACS gilt dies jedoch nur, wenn die Partnerschaft nicht im Jahr der Schenkung oder im darauffolgenden Jahr anders als durch Heirat oder Tod aufgelöst wird. 202

2. Abkömmlinge und Verwandte in gerader Linie

Bei Abkömmlingen und Verwandten in gerader Linie beträgt der Steuersatz ebenfalls zwischen **5 % und 45 %**, der Höchststeuersatz wird wieder erreicht bei einem steuerpflichtigen Erwerb von 1.805.677 EUR. **Kinder und Eltern** haben nach Art. 779 Abs. 1 C.G.I. einen Freibetrag in Höhe von jeweils **100.000 EUR**. Kommt es erbrechtlich zu einer Repräsentation von Kindern, so teilt sich der Freibetrag auf die Enkel auf. Andernfalls haben **Enkel** lediglich bei **Schenkungen** einen Freibetrag in Höhe von jeweils **31.865 EUR** nach Art. 790 B C.G.I., Urenkel von **5.310 EUR** nach Art. 790 D C.G.I. Weiter besteht ein Freibetrag in Höhe von 31.865 EUR nach Art. 790 G C.G.I. für Geldschenkungen an volljährige Kinder, Enkel und Urenkel (bei Fehlen solcher auch zugunsten Neffen und Nichten), wenn der Schenker mindestens 80 Jahre alt ist. 203

3. Geschwister

Geschwister sind nach Art. 796–0ter C.G.I von der Erbschaftsteuer befreit, sofern sie alleinstehend, über 50 Jahre alt oder arbeitsunfähig sind und mit dem Erblasser in den letzten fünf Jahren vor dem Tod zusammengelebt haben. Im Übrigen beträgt bei Geschwistern der Steuersatz **35 %** bis zu einem Erwerb von 24.430 EUR, darüber **45 %**. Der Freibetrag beträgt **15.932 EUR**. 204

4. Sonstige Verwandte bis zum vierten Grad

Bei sonstigen Verwandten bis zum vierten Grad beträgt der Steuersatz **55 %**. Der Freibetrag beträgt für **Neffen** und **Nichten 7.967 EUR**. Für sonstige Verwandte besteht nach Art. 788 205

Abs. 4 C.G.I. für Erbschaften ein Freibetrag von **1.594 EUR**, dies gilt jedoch nicht für Schenkungen.

5. Sonstige Erwerber

206 Bei allen sonstigen Erben beträgt der Steuersatz **60 %**. Der Freibetrag beträgt nach Art. 788 Abs. 4 C.G.I. für Erbschaften **1.594 EUR**, dies gilt jedoch nicht für Schenkungen.

6. Behinderte Personen

207 Zusätzlich besteht ein Freibetrag nach Art. 779 Abs. 2 C.G.I. für behinderte Erben in Höhe von 159.325 EUR.

7. Weitere Bestimmungen und Besonderheiten

208 Mehrere Erwerbe innerhalb von 15 Jahren werden gem. Art. 784 C.G.I. **zusammengezählt**. Alle **Freibeträge** gelten im Übrigen auch bei beschränkter Steuerpflicht.

209 Um frühzeitige Übertragungen von Betriebsvermögen zu fördern, wird gem. Art. 790 C.G.I. bei Schenkungen von Betriebsvermögen, wenn der Schenker jünger als 70 Jahre alt ist, ein **Abschlag** auf die Schenkungsteuer in Höhe von 50 % gewährt.

210 Nach Art. 784 A C.G.I. ist eine **ausländische Erbschaftsteuer** anzurechnen, sofern diese im Ausland tatsächlich gezahlt wurde. Die Anrechnung ist ferner auf den Teilbetrag der französischen Steuer beschränkt, der auf die im Ausland belegenen Vermögensgegenstände entfällt. Für das Anrechnungsverfahren ist ein besonderes Formular zu verwenden.

V. Die Abwicklung der Erbschaftsteuer

211 In der Praxis erfolgt die Abwicklung in der Regel über den **Notar**, der für die Erben die Erbschaftsteuererklärung abgibt. Dem Notar sind hierzu Informationen über die Nachlassgegenstände und eine Aufstellung der Aktiva und Passiva zur Abwicklung der Erbschaftsteuer zur Verfügung zu stellen. Die **Frist** zur Abgabe der Erbschaftsteuererklärung beträgt sechs Monate, hatte der Erblasser seinen Wohnsitz im Ausland, ein Jahr. In letzterem Fall ist zuständig der *Service des Impôts des non-résidents* (RNR, Adresse: 10, rue du Centre, F-93160 Noisy Le Grand).

Weitere Informationen und Materialien, wie z.B. Muster, Formulare, amtliche Texte und Internetadressen, befinden sich auf der beiliegenden CD-ROM.

Griechenland

Dr. jur. Dimitrios Stamatiades, Rechtsanwalt, Athen; Assistenzprofessur für Internationales Privatrecht an der Dimokritus Universität Thrakien, Komotini

Dr. jur. Spyros Tsantinis, M.L.E. (Hannover), Rechtsanwalt, Athen; Assistenzprofessor für Zivilprozessrecht an der Dimokritus Universität Thrakien, Komotini

Inhalt

A. Griechisches Internationales Erbrecht ... 1	
I. Erbstatut; objektive Bestimmung des Erbstatuts ... 1	
II. Nachlasseinheit ... 3	
III. Der Anwendungsbereich der lex hereditatis ... 5	
1. Allgemeines ... 5	
2. Erbrecht – Ehegüterrecht ... 14	
3. Erbrecht – Adoptionsrecht ... 18	
4. Erbrecht – Gesellschaftsrecht ... 21	
IV. Vorfragen ... 23	
V. Internationaler ordre public ... 26	
B. Materielles Erbrecht ... 27	
I. Gesetzliche Erbfolge ... 27	
II. Testamentarische Erbfolge ... 31	
1. Arten testamentarischer Verfügungen ... 31	
2. Ordentliche Testamentsformen ... 37	
a) Öffentliches Testament ... 37	
b) Eigenhändiges Testament ... 38	
c) Geheimes Testament ... 39	
3. Außerordentliche Testamentsformen .. 40	
III. Pflichtteilsrecht ... 41	
IV. Testamentsvollstreckung ... 46	
V. Vertragliche Erbfolge ... 48	
VI. Wege der Nachlassregelung außerhalb des Erbrechts ... 51	
VII. Nachlassabwicklung ... 54	
1. Annahme und Ausschlagung der Erbfolge ... 54	
2. Mehrheit von Erben – Miterbengemeinschaft ... 56	
3. Die Erbenhaftung ... 57	
VIII. Insbesondere: Gesellschaftsanteile einer GmbH ... 58	
C. Erbverfahrensrecht ... 59	
I. Notwendigkeit eines Nachlassverfahrens im Inland ... 59	
II. Die Testamentseröffnung ... 60	
III. Abwicklung von im Inland belegenem Nachlass deutscher Staatsangehöriger ... 62	
1. Abwicklung mit einem griechischen Erbschein ... 63	
2. Anerkennung deutscher Erbscheine .. 68	
3. Insbesondere: Grundstücksabwicklung und Auszahlung von Bankguthaben ... 70	
IV. Besonderheiten im deutschen Nachlassverfahren bei Beerbung eines griechischen Erblassers ... 74	
D. Besteuerung der Erbfolge ... 77	
I. Rechtsgrundlagen ... 78	
II. Grundsätze ... 79	
III. Steuerpflichtige Vermögensanfälle ... 82	
IV. Beschränkte und unbeschränkte Steuerpflicht ... 83	
V. Anrechnung der ausländischen Erbschaftsteuer ... 87	
VI. Vermeidung der doppelten Besteuerung der Erbrechte an beweglichen Sachen ... 88	
VII. Fälligkeit der Steuer ... 89	
1. Grundsatz ... 89	
2. Änderung der Fälligkeit durch Bescheid des Finanzamtes ... 90	
VIII. Bestimmung des Erbschaftswertes ... 91	
1. Grundsatz ... 91	
2. Bestimmung je nach Objekt ... 92	
3. Abzug von Schulden und Lasten ... 95	
IX. Befreiungen ... 96	
X. Berechnung der Steuer ... 97	
1. Steuerklasse A: Ehepartner, Abkömmlinge und Vorfahren ersten Grades ... 98	
2. Steuerklasse B: Insb. Abkömmlinge und Vorfahren zweiten und ferneren Grades und Geschwister ... 102	
3. Steuerklasse C: Alle anderen Erben ... 104	
XI. Erklärungspflichtige ... 105	
XII. Erklärungsfristen ... 106	
XIII. Festsetzungsverfahren ... 107	
XIV. Verjährung ... 108	
XV. Sanktionen ... 109

Literatur

Literatur zum Erbrecht

Andrnnoulidakis-Dimitriadis, Ehegattenerbrecht und Testierfreiheit im griechischen Recht, in: Henrich/Schwab, Familienerbrecht, S. 115; *Demetriou/Gottwald*, Zur Intestaterbfolge nach griechischen Muslimen, IPRax 1995, 193; *Georgiades*, Zum Erbverzicht nach griechischem Recht – Sonderregelung für Auslandsgriechen, DNotZ 1975, 354; *Georgiades/Papadimitropoulos*, Griechenland, in: Ferid/

Firsching/Dörner/Hausmann, Internationales Erbrecht, Band III; *Gogos*, Das Zivilgesetzbuch von Griechenland, Berlin 1951; *Kerameus/Kozyris*, Introduction to Greek Law, 2. Aufl., Deventer 1993; *Koutsouradis*, Zur Rechtsstellung der nichtehelichen Kinder in Griechenland nach dem Reformgesetz Nr. 1329 vom 18.2.1983, in: Fenge/Papantoniou, Griechisches Recht im Wandel, 1991, S. 42 f.; *Markianos*, Griechische Rechtsprechung zum Familien- und Erbrecht des ZGB, RabelsZ 25 (1960) 69; *Mouratidou*, Länderbericht Griechenland, Notarius International 6 (2001) 94; *Papantoniou*, Die Auswirkungen des Zugewinnausgleichs auf das Erbrecht, FamRZ 1988, 683; *Stefanopulos*, Voraussetzungen der Erbfolge nach griechischem Recht, ZfRVgl 1967, 94; *Süß*, Einige praktische Hinweise für deutsch-griechische Erbfälle, ZErb 2002, 341; *Süß*, in: Mayer/Süß/Tanck/Bittler/Wälzholz, Handbuch Pflichtteilsrecht, 3. Auflage 2013, § 19 Rn 121 ff.; *Vlassopoulou*, Deutsch-griechisches Familien- und Erbrecht in rechtsvergleichender Perspektive, FF 2002, 123.

Literatur zum Erbschaftsteuerrecht

Jülicher, in: Troll/Gebel/Jülicher, Erbschaftsteuer- und Schenkungsteuergesetz, § 21 Rn 101; *Papathoma-Baetge*, Neue „objektive Werte" für Grundstücke, IStR 1996, Beih. 2 S. 2; *Schuck*, in: Debatin/Wassermeyer, Doppelbesteuerung, Band II, Griechenland (E).

A. Griechisches Internationales Erbrecht

I. Erbstatut; objektive Bestimmung des Erbstatuts

1   Art. 21 Abs. 1 der EU-ErbVO[1] sieht eine autonome „Allgemeine Kollisionsnorm" vor, nach der die gesamte Rechtsnachfolge[2] von Todes wegen dem Recht des Staates unterliegt, in dem der Erblasser im Zeitpunkt seines Todes seinen gewöhnlichen Aufenthalt hatte. Somit wird der primäre Anknüpfungspunkt auf den Aufenthalt des Erblassers verschoben. Ausnahmsweise ist (nach Art. 21 Abs. 2 EU-ErbVO) das Recht eines anderen Staates dann anzuwenden, wenn der Erblasser im Zeitpunkt seines Todes eine offensichtlich engere Verbindung zu diesem Staat hatte. Vorbehaltlich der Bestimmungen der EU-ErbVO ist für das griechische Recht Folgendes zu bemerken:[3] Außer dem Recht der natürlichen Personen und dem Familienrecht ist das Erbrecht der dritte Bereich des griechischen Internationalen Privatrechts, der vom **Staatsangehörigkeitsprinzip** beherrscht wird. Art. 28 ZGB sieht vor: „Die erbrechtlichen Verhältnisse unterliegen dem Recht des Staates, dem der Erblasser im Zeitpunkt seines Todes angehörte." Diese Kollisionsnorm wird sowohl für die Beerbung von Griechen im Ausland als auch von Ausländern in Griechenland angewandt. Die erwähnte Vorschrift verweist auf das Heimatrecht des Erblassers. Maßgeblich ist hierfür die Staatsangehörigkeit des Erblassers zum Todeszeitpunkt, d.h., das Erbstatut ist unwandelbar.[4] Hatte der Erblasser bei seinem Tode mehrere Staatsangehörigkeiten, ist gem. Art. 31 Abs. 1 ZGB vorrangig das griechische Recht maßgebend.[5] Wenn es sich ausschließlich um ausländische Staatsangehörigkeiten handelt, unterliegen die erbrechtlichen Beziehungen dem Recht des Staates, mit dem der Erblasser am engsten verbunden war (Art. 31 Abs. 2 ZGB).

---

1   VO Nr. 650/2012.
2   Was hierzu im Einzelnen gehört, wird in Art. 23 EU-ErbVO genauer umrissen.
3   Wenn nicht anders angegeben, beschränken sich folgende Ausführungen stets auf das griechische Recht vorbehaltlich der EU-ErbVO.
4   *Vrellis*, Internationales Privatrecht, 2. Aufl., Athen-Komotini 2001, S. 345 (in griechischer Sprache); *Grammatikaki-Alexiou/Papasiopi-Pasia/Vasilakakis*, Internationales Privatrecht, Athen-Thessaloniki 1997, S. 319 (in griechischer Sprache).
5   Areopag 825/1989 EEN 1990, 244; Areopag 1262/1989 EllDik 1991, 801; OLG Athen 6599/1990 EllDik 1991, 825; OLG Thessaloniki 1289/1993 Arm. 1993, 1135.

Für die Feststellung der *lex hereditatis* ist der **Todeszeitpunkt** bedeutsam. Der Todeseintritt wird gem. Art. 5 ZGB beurteilt, wonach die Rechtsfähigkeit einer natürlichen Person dem Recht des Staates unterliegt, dem die Person angehört. In den Anwendungsbereich dieser Vorschrift fallen u.a. der Beginn und das Ende einer Person, d.h. ihre Geburt und ihr Tod. Dies zeigt, dass im griechischen Internationalen Privatrecht auf die erbrechtlichen Verhältnisse sowie auf die Rechtsfähigkeit der Anknüpfungspunkt der Staatsangehörigkeit angewandt wird. Allerdings wird Art. 5 ZGB für die Feststellung des Todes und des Todeszeitpunkts bei mehreren Toten verschiedener Staatsangehörigkeiten ausgeschlossen. Für diese Fälle gilt die **Kommorientenvermutung**[6] (Vermutung des gleichzeitigen Todes), da die Einmischung mehrerer *lex patriae* (wegen der unterschiedlichen Staatsangehörigkeiten der Betroffenen) die Wirkung des Art. 5 ZGB aufhebt.[7]

Bei Anwendung der EU-ErbVO ist allerdings Art. 32 maßgeblich, der eine autonome Regelung für den Kommorienten-Fall vorsieht, nach der keine der verstorbenen Personen Anspruch auf den Nachlass des oder der anderen hat.

II. Nachlasseinheit

Art. 28 ZGB sieht für alle erbrechtlichen Verhältnisse die Anwendung des Heimatrechts des Erblassers im Todeszeitpunkt vor. Die Anknüpfung an das Heimatrecht des Erblassers gewährleistet eine einheitliche Beurteilung aller Nachlassgegenstände (Mobilien und Immobilien)[8] nach einer einzigen Rechtsordnung (**Grundsatz der Nachlasseinheit**). Es wird nicht zwischen verschiedenen Arten von Nachlassgegenständen unterschieden, was zur Nachlassspaltung, also zur Maßgeblichkeit verschiedener Rechtsordnungen, führt.[9] Darüber hinaus spricht in der Praxis für die einheitliche Beurteilung des gesamten Nachlasses einer Person die Regelung des Art. 32 ZGB, nach dessen Wortlaut die Bestimmungen des Internationalen Privatrechts des fremden Staates nicht in dem anzuwendenden ausländischen Recht enthalten sind.[10] Eine Rück- und Weiterverweisung durch das IPR des Heimatstaates bei der Bestimmung des Erbstatuts ist also nicht zu beachten. Demzufolge wird eine potentielle Nachlassspaltung durch die Anwendung der ausländischen Kollisionsnormen ausgeschlossen.

Eine Ausnahme vom Grundsatz der Nachlasseinheit wird hinsichtlich der Besteuerung des Nachlasses vorgesehen. Für die steuerrechtlichen Gesetze, wie im Allgemeinen für die Normen des öffentlichen Rechts, gilt das **Territorialitätsprinzip**.[11] Danach wird dem ausländischen Recht nur für das betreffende Land unmittelbare Wirkung, für das Inland eventuell eine mittelbare Wirkung zuerkannt. Hinsichtlich des Nachlasses, dessen Gegenstände sich in mehreren Staaten befinden, stellt sich die Frage, ob sie als eine Einheit betrachtet

---

6 Vgl. auch Art. 32 EU-ErbVO.
7 *Vasilakakis*, Die Gewillkürte Erbfolge im Internationalen Privatrecht, Thessaloniki 1994, S. 11 (in griechischer Sprache); *Evrigenis*, Internationales Privatrecht, Thessaloniki 1973, S. 179 (in griechischer Sprache); *Fragistas*, in: FS Laun, 1953, S. 703, 704. Es wird auch die Anwendung der *lex causae* sowie der *lex fori* vertreten, siehe *Vrellis*, a.a.O., S. 131 ff.
8 OLG Thessaloniki 1308/1987 Arm. 1988, 889.
9 *Vasilakakis*, a.a.O., S. 102 ff.; *Maridakis*, Internationales Privatrecht Bd. 2, Athen 1968, S. 239 ff. (in griechischer Sprache). So hat das OLG Athen für die Berechnung des Pflichtteils auch die im Ausland liegenden Immobilien berücksichtigt, siehe OLG Athen 1870/1981 Arm. 1981, 950.
10 Kritische Würdigung dieser Vorschrift, siehe *Krispis*, Internationales Privatrecht – Allgemeiner Teil, Athen 1979, S. 147–149 (in griechischer Sprache).
11 *Bendermacher-Gerousis*, Die gewillkürte Erbfolge im internationalen Erbrecht, Athen 1954, S. 115, 116 (in griechischer Sprache).

Stamatiades

werden und demzufolge dem Erbstatut unterworfen werden oder ob für diese Gegenstände die steuerlichen Vorschriften des Belegenheitsstaates angewandt werden. Im griechischen Recht befindet sich die Regelung der Besteuerung des **internationalen Nachlasses** in Art. 3 des Gesetzes Nr. 2961/2001 (siehe Rn 86). Gemäß Art. 3 Abs. 1 G. 2961/2001 werden die steuerlichen Vorschriften des griechischen Rechts, unabhängig von der Staatsangehörigkeit des Erblassers, für alle in Griechenland bestehende Gegenstände des Nachlasses angewandt. Gemäß Art. 3 Abs. 1b G. 2961/2001 sind die steuerlichen Vorschriften des griechischen Rechts auch für das im Ausland bestehende bewegliche Vermögen maßgeblich, wenn der Erblasser die griechische Staatsangehörigkeit besitzt. Im Fall also eines verstorbenen deutschen Angehörigen werden, aus der Sicht des griechischen Rechts, die inländischen steuerlichen Vorschriften nur für die in Griechenland bestehenden Gegenstände des Nachlasses berücksichtigt. Hingegen kommen für die Gegenstände des Nachlasses, die sich im Ausland befinden, die steuerlichen Normen des Belegenheitsstaates in Betracht.

III. Der Anwendungsbereich der lex hereditatis

1. Allgemeines

5   Vorbehaltlich der Regelungen der EU-ErbVO fallen grundsätzlich alle Fragen, die mit der Rechtsnachfolge von Todes wegen (gesetzliche Erbfolge, Verfügung von Todes wegen) zusammenhängen, in den Geltungsbereich des Art. 28 ZGB.[12] Darüber hinaus wird auch das Pflichtteilsrecht von Art. 28 ZGB umfasst.[13] Hinsichtlich des Pflichtteilsrechts der im Ausland lebenden Griechen sieht das Gesetz Nr. 1738/1987 mit **Art. 21** eine Sonderregelung vor:

> *„Griechische Staatsangehörige, die während fünfundzwanzig aufeinander folgender Jahre vor ihrem Tod ihren Wohnsitz im Ausland hatten, unterliegen nicht den Beschränkungen der Vorschriften über den Pflichtteil bezüglich der Verfügung von Todes wegen über ihr im Ausland belegenes Vermögen. Unter dieser Voraussetzung wird die Wirksamkeit der Testamente oder anderer letztwilliger Verfügungen bezüglich des sich im Ausland befindenden Vermögens nicht aus dem Grund beeinflusst, dass diese vom griechischen Pflichtteilsrecht abweichen."*[14]

6   Der Eintritt des Erbfalls hängt vom Tod des Erblassers ab. Ob Leben oder Tod vermutet wird, ob bürgerlicher Tod eingetreten ist, das sind Vorfragen, die gem. Art. 5 ZGB anzuknüpfen sind. Die Erbfähigkeit (auch die Erbfähigkeit des *nasciturus*) sowie die Erbunwürdigkeit werden nach Art. 28 ZGB bestimmt. Auch die Berufung zur Erbschaft (insbesondere der Kreis der gesetzlichen Erben und ihre Erbquoten, Auseinandersetzungen bei einer Miterbengemeinschaft sowie die Pflichtteilsrechte) unterliegt der oben erwähnten Vorschrift. Das letzte Heimatrecht des Erblassers entscheidet ferner darüber, ob und in welcher Weise die Erbfolge mehrerer Personen nacheinander festgelegt werden kann (z.B. Vor- und Nacherbfolge) sowie über den Erbschaftsanspruch, die Rechtsstellung des Nachlassverwalters und Testamentsvollstreckers sowie über die Haftung für Nachlassschulden.

---

12 Siehe *Georgiades/Papadimitropoulos*, Griechenland, S. 11 ff., in: Ferid/Firsching/Dörner/Hausmann, Internationales Erbrecht, Bd. III, 2003.
13 *Vrellis*, a.a.O., S. 348; *Maridakis*, a.a.O., S. 250 ff.
14 Über die Verfassungsmäßigkeit dieser Vorschrift siehe *Gasis/Krispis/Kasimatis/Vrellis*, Die Beschränkungen des Pflichtteils und die Verfassung – Das Problem der Verfassungsmäßigkeit des Art. 21 des Gesetzes 1738/1987 (Gutachten), Koinodikion (2000), S. 15 ff. (in griechischer Sprache). In dem Gutachten wurde die Verfassungsmäßigkeit der Vorschrift angenommen.

In den Anwendungsbereich des Art. 28 ZGB fällt auch die Fähigkeit zur Vornahme (Errichtung, Aufhebung, Änderung) einer **Verfügung von Todes wegen**. Die Testierfähigkeit unterliegt jedoch dem Heimatrecht des Erblassers zum Zeitpunkt der Errichtung des Testaments und nicht zum Todeszeitpunkt. In diesem Fall wird für die Gültigkeit des Testaments vorausgesetzt, dass der Erblasser nach seinem Heimatrecht zum Todeszeitpunkt rechtsfähig war (Art. 7, 28 ZGB).[15] Ebenso die Wirkungen einer Verfügung von Todes wegen (die Gültigkeitsvoraussetzungen, die Zulässigkeit einer Stellvertretung, die Testierfähigkeit und die Willensmängel). Die Formgültigkeit von Testamenten richtet sich nach dem **Haager Testamentsformübereinkommen** von 1961 (Gesetz 1325/1983).

Dieses Übereinkommen gilt ebenfalls für die Form von **gemeinschaftlichen Testamenten** (Art. 4). Im griechischen materiellen Recht werden solche Testamente nicht zugelassen (Art. 1717 ZGB). Auf dem Gebiet des Kollisionsrechts wird nach h.M. die Zulässigkeit von gemeinschaftlichen Testamenten als eine Frage des Testamentsinhalts betrachtet. Demzufolge sei die Zulässigkeit nach Art. 28 ZGB anzuknüpfen.[16] Ist danach ausländisches Recht anzuwenden, welches die gemeinschaftliche Errichtung zulässt, verstoße das gemeinschaftliche Testament gegen den griechischen *ordre public*. Die Gegenmeinung vertritt, dass die Zulässigkeit von gemeinschaftlichen Testamenten der Form zuzurechnen sei. Dementsprechend ergebe sich das anzuwendende Recht aus Art. 11 ZGB (Form von Rechtsgeschäften) oder, wenn es sich um ein gemeinschaftliches Testament handelt, das nach dem 2.8.1983 errichtet worden ist, aus Art. 1 Gesetz 1325/1983 (Haager Testamentsformübereinkommen). Nach dieser Auffassung gibt es keinen Verstoß gegen den griechischen *ordre public*.[17]

Wenn das nach Art. 28 ZGB anzuwendende Recht die Errichtung von gemeinschaftlichen Testamenten zulässt (z.B. der Erblasser die deutsche Staatsangehörigkeit zum Todeszeitpunkt besitzt), stellt sich die Frage, ob beachtet werden muss, dass das ausländische Recht bzw. die entsprechende Vorschrift der deutschen Rechtsordnung ohne Weiteres gegen den griechischen *ordre public* verstößt. Sowohl in der Rechtsprechung als auch in der Literatur wird mittlerweile die Tendenz spürbar, nicht alle Fälle, bei denen das ausländische Recht die gemeinschaftlichen Testamente erlaubt, als einen Verstoß gegen den griechischen *ordre public* anzusehen.

Ferner werden die **Annahme** und die **Ausschlagung** der Erbschaft nach der *lex hereditatis* beurteilt. Allerdings führt der Besitz der Erbschaft nach dem anwendbaren Recht nicht ohnehin auch zum Besitz einzelner Nachlassgegenstände. Er unterliegt dem Recht des Belegenheitsstaates (*lex rei sitae*).

Beispiel: Ein amerikanischer Erblasser mit Wohnsitz in Griechenland hinterlässt unter anderem ein in Griechenland belegendes Grundstück. Nach Art. 28 ZGB geht die Erbschaft auf den berufenen Erben gem. § 1942 BGB über. Jedoch muss für den Eigentumserwerb an dem in Griechenland belegenen Grundstück das Formerfordernis des Art. 1193 ZGB eingehalten werden, d.h. die Transkription im Grundbuch auf der Basis einer entsprechenden Urkunde erfolgen (siehe Rn 70 ff.).

Im Geltungsbereich der EU-ErbVO sind Art. 25 und 26 anzuwenden, die autonome Regelungen sowohl für die Erbverträge als auch für Verfügungen von Todes wegen vorsehen. Im Übrigen gilt Folgendes:

---

15 *Vrellis*, a.a.O., S. 350.
16 Areopag 666/1983 NoB 1984, 78; Areopag 121/1967 NoB 1967, 803; *Grammatikaki-Alexiou/Papasiopi-Pasia/Vasilakakis*, a.a.O., S. 326.
17 LG Athen 15812/1978 NoB 1980, 866.

Schenkungen von Todes wegen unterliegen nach h.M. dem Art. 25 ZGB (Vertragliche Schuldverhältnisse), also dem von den Parteien gewählten Recht und mangels einer Rechtswahl dem Recht, das aus allen Sonderumständen zum Vertrag am besten passt. Die *lex hereditatis* entscheidet jedoch über die Auswirkungen der Minderung des Nachlasses wegen des Eigentumsübergangs.[18]

12 **Erbverträge** werden auch der *lex hereditatis* unterworfen, da sie unmittelbare erbrechtliche Wirkungen haben. Ihre Zulässigkeit wird von der griechischen Rechtsordnung abgelehnt. Demzufolge wird das ausländische Recht, das solche Verträge kennt, vom griechischen Richter wegen Verstoßes gegen den inländischen *ordre public* nicht angewandt.

13 Der **Erbschein** (Art. 1956 ff. ZGB) wird als eine Einrichtung sowohl des materiellen als auch des prozessualen Rechts betrachtet. Im ersten Fall unterliegt er Art. 28 ZGB,[19] sonst der *lex fori*.[20] Er wird auch für ausländische Erblasser erteilt, wenn die griechischen Gerichte international zuständig sind (Art. 810 grZPO).[21]

Im Geltungsbereich der EU-ErbVO gelten die Bestimmungen der Art. 62 ff. über das Europäische Nachlasszeugnis.

2. Erbrecht – Ehegüterrecht

14 Die Anknüpfung im internationalen Erbrecht und Ehegüterrecht ist bei gemischtnationalen Ehen oft nicht identisch. Wie schon erwähnt, unterliegt die Rechtsnachfolge von Todes wegen der *lex patriae* des Erblassers zum Zeitpunkt seines Todes, während die güterrechtlichen Verhältnisse der Ehegatten sich nach dem Recht richten, das ihre persönlichen Rechtsverhältnisse unmittelbar nach der Eheschließung regelt. Die persönlichen Rechtsverhältnisse der Ehegatten richten sich in folgender Reihenfolge nach:
1. Dem Recht der letzten gemeinsamen Staatsangehörigkeit während der Dauer der Ehe, soweit einer der Ehegatten diese noch beibehält;
2. dem Recht des letzten gemeinsamen gewöhnlichen Aufenthaltsortes während der Ehezeit;
3. dem Recht, dem die Ehegatten am engsten verbunden sind (Art. 14 ZGB).

Bis auf die kurze zeitliche Verschiebung des Anknüpfungszeitpunkts und das Fehlen der Möglichkeit einer Rechtswahl entspricht die Bestimmung des Güterstatuts damit weitgehend der deutschen Regelung in Art. 15 EGBGB.

15 Die unterschiedliche Anknüpfung spielt eine gesonderte Rolle für die **Vermögensauseinandersetzungen**, wenn die Ehe durch den Tod eines Ehegatten endet. In diesem Bereich könnten auch Qualifikationsfragen auftreten. Das ist gerade ein Punkt, in dem zwischen dem griechischen und dem deutschen Recht ein bedeutender Unterschied vorkommt. In der griechischen Rechtsordnung besteht der Ausgleichsanspruch des überlebenden Ehegatten

---

18 *Grammatikaki-Alexiou/Papasiopi-Pasia/Vasilakakis*, a.a.O., S. 325; *Maridakis*, a.a.O., S. 270 ff.
19 LG Thessaloniki 1063/1975 Arm. 1976, 482.
20 LG Athen 2726/1980 NoB 1980, 1595; LG Athen 7751/1979 NoB 1981, 140; LG Kavala 74/1975 Arm. 1976, 605 ff.
21 Art. 810 grZPO lautet: „Gericht des Nachlasses ist das Landgericht (Einzelrichtergericht), in dessen Bezirk der Erblasser zum Todeszeitpunkt seinen Wohnsitz hatte, und wenn er keinen Wohnsitz hatte, seinen Aufenthalt, und wenn er keinen Aufenthalt hatte, das Landgericht der Hauptstadt des Landes." Nach der Entscheidung des LG Athen 2726/1980 sind die griechischen Gerichte international zuständig, wenn der Erblasser Nachlassvermögen auch in Griechenland hinterlassen hat, LG Athen 2726/1980 NoB 1980, 1595 ff.; siehe auch *Beys*, Der ausländische Erbschein, in: Beys, Prozessuales Denken aus Attika, Athen 2000, S. 691 ff.; vgl. dazu auch Rn 64.

gegenüber den Erben des Verstorbenen. Daher werden die allgemeinen Vorschriften der Art. 1400 und 1402 ZGB entsprechend angewandt.[22] Das deutsche Recht sieht in diesem Fall eine erbrechtliche Lösung durch die Erhöhung um ein Viertel der Erbschaft des überlebenden Ehegatten vor (§ 1371 Abs. 1 BGB), unabhängig davon, ob ihm überhaupt ein Ausgleichsanspruch zusteht.

Ein kollisionsrechtliches Problem besteht hinsichtlich der Qualifikation des **§ 1371 BGB** aus griechischer Sicht. Soll der griechische Richter die Erhöhung des Erbteils nach § 1371 BGB als eine erb- oder güterrechtliche Einrichtung betrachten?

Beispiel: Die Ehegatten, von denen einer die griechische Staatsangehörigkeit besitzt, während der andere die kanadische hat, halten sich gewöhnlich in Griechenland auf. Der kanadische Ehegatte geht aus beruflichen Gründen nach Kanada zurück, wo er später verstirbt. Nach griechischem Kollisionsrecht ist für die gesetzliche Erbfolge gem. Art. 28 ZGB kanadisches materielles Recht maßgebend; andererseits richtet sich der Zugewinnausgleich gem. Art. 15, 14 Nr. 2 ZGB nach griechischem Güterrecht. Für die Beurteilung von erb- und güterrechtlichen Fragen derselben Person kommen also zwei verschiedene Rechtsordnungen in Betracht. Aufgabe des griechischen Richters ist es daher, das griechische Güterrecht und das kanadische Erbrecht richtig zu kombinieren. Dies kann jedoch in der Praxis aus verschiedenen Gründen relativ kompliziert sein.[23]

Einige Vorschriften des griechischen Familienrechts beinhalten erbrechtliche Regelungen, z.B. Art. 1444 § 2 ZGB und Art. 1500 ZGB. Nach Art. 1444 § 2 ZGB erlischt bei der Ehescheidung der Anspruch auf Unterhalt mit dem Tod des Verpflichteten nicht. In diesem Fall ist die Unterhaltsverpflichtung vererblich. Hingegen erlischt der Unterhaltsanspruch zwischen Verwandten in gerader Linie mit dem Tod des Verpflichteten; die Verpflichtung ist also in diesem Fall nicht vererblich (Art. 1500 ZGB).

3. Erbrecht – Adoptionsrecht

Nach Art. 23 ZGB unterliegen die materiellen Voraussetzungen für die Adoption dem Recht des Staates, dem der Annehmende und das angenommene Kind angehören (beide *leges patriae* werden trennend berücksichtigt).

Die Rechtsverhältnisse zwischen dem annehmenden Elternteil oder den annehmenden Eltern und dem angenommenen Kind unterliegen
– dem Recht des Staates, dem beide während der Adoption zuletzt angehörten;
– dem Recht des Staates, in dem beide ihren gewöhnlichen Aufenthalt während der Annahme zuletzt hatten;

---

22 Artikel 1400 ZGB lautet: „Wenn die Ehe aufgelöst wird oder nichtig ist und sich das Vermögen der beiden Ehegatten seit der Eheschließung vermehrt hat, so kann der andere Ehegatte, wenn er zu dieser Zunahme des Vermögens auf irgendeine Weise beigetragen hat, die Herausgabe des Teils der Zunahme, der von seiner Mitwirkung herrührt, verlangen. Es wird vermutet, dass der Beitrag sich auf 1/3 der Zunahme beläuft, außer es wird nachgewiesen, dass ein größerer, ein kleinerer oder gar kein Beitrag geleistet wurde. Der vorige Absatz wird analog angewandt, falls die Ehegatten mehr als drei Jahre getrennt leben. Dem Zugewinn des Vermögens der Ehegatten wird nicht zugerechnet, was die Ehegatten durch Geschenke, durch Erbschaft, durch Zuwendung von Todes wegen erwerben, oder das mit den Erträgen dieser Zuwendungen erlangte Vermögen."
23 Stamatiadis, Die Ehescheidung im deutsch-griechischen Rechtsverkehr, Diss., Frankfurt a.M. u.a. 1994, S. 189.

– dem Recht des Staates, dem der annehmende Elternteil bei der Annahme angehörte und bei einer Adoption von Ehegatten, dem Recht, das für die allgemeinen Wirkungen der Ehe maßgebend ist.[24]

Diese Rechtsverhältnisse betreffen den Namen, die elterliche Sorge sowie den Unterhalt des angenommenen Kindes. Die erbrechtlichen Rechtsverhältnisse werden jedoch der *lex hereditatis* unterworfen.[25]

Beispiel: Ein griechischer Staatsangehöriger heiratete 1997 in Athen eine Norwegerin. Sie hatten ihren gewöhnlichen Aufenthalt in Griechenland. Im Jahre 2001 adoptierte der Grieche den 6-jährigen Sohn seiner Ehefrau. 2002 verstarb er. Der Adoptivsohn fragt, ob ihm am Nachlass seines Adoptivvaters ein Erbrecht zustehe.

20 In diesem Fall wird die Wirksamkeit der Annahme für den Adoptivvater nach griechischem Recht (Art. 23, 1568 ff. ZGB), für das angenommene Kind jedoch nach norwegischem Recht beurteilt. Ob das Adoptivkind erbberechtigt ist, bestimmt sich allerdings allein nach griechischem Recht (*lex patriae* des Erblassers im Todeszeitpunkt, Art. 28 ZGB).[26] Wenn im o.g. Beispiel die Frau deutsch wäre, sollte man nur darauf abstellen, wo der Verstorbene im Zeitpunkt seines Todes seinen gewöhnlichen Aufenthalt hatte (Art. 21 EU-ErbVO).

4. Erbrecht – Gesellschaftsrecht

21 Die Erbfähigkeit einer juristischen Person *in abstracto* unterliegt der *lex societatis* (Art. 10 ZGB), also dem Recht des Staates, in dem die juristische Person den tatsächlichen Sitz ihrer Hauptverwaltung hat.[27] Ob dagegen die juristische Person Erbe des *in concreto* Erblassers werden kann, ist eine Frage der *lex hereditatis*. Bei der Rechtsnachfolge von Todes wegen in einen Gesellschaftsanteil können Abgrenzungsfragen auftreten, wenn es sich um einen **Anteil an einer Personengesellschaft** handelt. Wegen des personalistischen Charakters der Gesellschaft stellt sich die Frage, ob mit dem Tod eines Gesellschafters die Gesellschaft fortbesteht oder aufgelöst wird. Hierzu gehören auch die Fragen, ob der Gesellschaftsanteil vererblich ist und wer im Wege der Erbfolge Gesellschafter werden kann. All diese Fragen werden von der *lex societatis* entschieden. Die *lex hereditatis* bestimmt dagegen, wer Erbe des Gesellschaftsanteils geworden ist und über mögliche Ausgleichsansprüche des Erben gegen die Gesellschaft.

22 Im Fall der **Kapitalgesellschaften** hat der Tod eines Gesellschafters keine Wirkung auf ihren Bestand. Daher entscheidet über die Bestimmung der Erben die *lex hereditatis*, während ihre Rechtsstellung in der Gesellschaft der *lex societatis* unterworfen ist.[28]

---

24 Das ist die neueste Fassung der bestimmten Vorschrift nach ihrer Novellierung durch Gesetz Nr. 2447/1996; siehe dazu auch *Vassilakakis*, Die neue Regelung der Adoptionen mit Auslandsberührung im griechischen Recht, IPRax 1998, 224–228.
25 *Vrellis*, a.a.O., S. 340.
26 Art. 1579 ZGB verschafft dem Adoptivkind im Allgemeinen ein Erbrecht. Die Vorschrift begründet das Erbrecht des Angenommenen und schließt es seitens des Annehmenden aus.
27 Areopag 461/1978 NoB 1979, 211; Areopag 178/1991 NoB 1992, 1018; Areopag 515/1996 EEN 1997, 647.
28 *Pamboukis*, Juristische Personen und insbesondere Gesellschaften im Kollisionsrecht, Athen-Komotini 2002, S. 136 (in griechischer Sprache).

IV. Vorfragen

Die Vorfragen sind auch auf dem Gebiet des Internationalen Erbrechts gesondert anzuknüpfen. Die Vorschriften des Erbrechts bestimmen nur, ob und in welcher Weise Ehegatten und Verwandte erbberechtigt sind und nicht, ob zwischen diesen Personen und dem Erblasser eine familienrechtliche Beziehung besteht. Zur Anknüpfung der Vorfrage werden im griechischen Recht im Wesentlichen folgende Theorien vertreten:

a) Wenn die Vorfrage vom Sachrecht des Forums aufgeworfen wird, ist immer selbstständig anzuknüpfen.

b) Wenn das präjudizielle Rechtsverhältnis vom ausländischen materiellen Recht aufgeworfen wird, das vom griechischen Kollisionsrecht zur Anwendung berufen wird, ist im Wege einer Interessenabwägung zwischen selbstständiger (nach der *lex fori*) und unselbstständiger Anknüpfung (nach der *lex causae* bzw. nach den Kollisionsregeln der *lex causae*) zu entscheiden.[29] Die Rechtsprechung hat noch keine bestimmte Orientierung gestaltet. Der Richter kann, nachdem er alle Umstände des Einzelfalls berücksichtigt hat, zwischen den beiden Anknüpfungen auswählen, um eine flexible und gerechte Entscheidung zu treffen.

Beispiel: Ein Norweger (N) hat einen nichtehelichen Sohn (S) mit einer Griechin (G). N verstirbt. Für das Bestehen eines Erbrechts des Sohnes (S) auf das Nachlassvermögen muss vorher die Vaterschaft festgestellt werden. Nach der *lex fori*-Theorie wendet der griechische Richter gem. Art. 20 ZGB[30] das norwegische Heimatrecht des Erblassers an (sofern N und S keine gemeinsame Staatsangehörigkeit oder keinen gemeinsamen Aufenthaltsort hatten).

Nach der *lex causae*-Theorie hingegen ist Art. 28 ZGB (Regelung der Hauptfrage nach der *lex patriae* des Erblassers) auch für die obige Vorfrage maßgebend. Folglich ist deutsches Kollisionsrecht anzuwenden, also Art. 19 EGBGB, der auf das Recht des Staates verweist, in dem das Kind seinen gewöhnlichen Aufenthalt hat. In diesem Fall käme also griechisches Recht in Betracht.

V. Internationaler ordre public

Art. 33 ZGB (*ordre public*) gilt auch auf dem Gebiet des Internationalen Erbrechts. Diese Regelung verhindert die Anwendung ausländischen Rechts, wenn dieses die Grundlagen der in Griechenland herrschenden politischen und sozialen Ordnung erschüttert. Vorbehaltlich der Anwendung der EU-ErbVO, werden Erbverträge (auch der Erbverzichtsvertrag) als Berufungsgrund als unvereinbar mit der griechischen Rechtsordnung angesehen.[31] Ausländische Vorschriften über das gemeinschaftliche Testament dagegen verstoßen nicht unbedingt gegen den griechischen *ordre public*. Bezüglich des gemeinschaftlichen Testaments wird auch die Auffassung vertreten, dass es trotz des Verbots des Art. 1717 ZGB nicht gegen die griechische Rechtsordnung verstößt.[32]

---

29 *Krispis*, IPR – Allgemeiner Teil, Athen 1979, S. 183 ff. (in griechischer Sprache); *Grammatikaki-Alexiou/Papasiopi-Pasia/Vasilakakis*, a.a.O., S. 96.

30 Art. 20 ZGB lautet: „Das Rechtsverhältnis zwischen dem Vater und dem nichtehelichen Kind unterliegt: 1) dem Recht des Staates, dem beide zuletzt angehörten, 2) dem Recht des Staates, in dem beide ihren gewöhnlichen Aufenthalt zuletzt hatten, 3) dem Recht des Staates, dem der Vater angehört."

31 *Maridakis*, Internationales Privatrecht Bd. 2, Athen 1968, S. 242.

32 *Georgiades/Papadimitropoulos*, Griechenland, S. 14, in: Ferid/Firsching/Dörner/Hausmann, Internationales Erbrecht, Bd. III.

Die Parallelvorschrift der EU-ErbVO (Art. 35) erfasst die Fälle, die in den Anwendungsbereich der Verordnung fallen.

B. Materielles Erbrecht

I. Gesetzliche Erbfolge

27 Die gesetzliche Erbfolge (Art. 1813 ff. ZGB) beruht auf dem Gesetz.[33] Sie kommt in Betracht, sofern
– keine Verfügung (Art. 1710 § 2 ZGB) oder keine gültige Verfügung von Todes wegen vorhanden ist;
– die gültige Verfügung von Todes wegen keine Erbeinsetzung enthält;
– mit dem Testament über das Nachlassvermögen nicht erschöpfend verfügt wird.[34]

Gemäß Art. 1710 § 2 ZGB genießt die gewillkürte Erbfolge Vorrang gegenüber der gesetzlichen Erbfolge, da auch im griechischen Erbrecht der **Grundsatz der Testierfreiheit** herrscht.[35]

28 Im Rahmen der gesetzlichen Erbfolge werden zum Erben die Verwandten des Erblassers, der Ehegatte des Verstorbenen, der Lebenspartner, wenn eine nichteheliche Lebenspartnerschaft existiert[36] und der Staat berufen. Die Erbfolge der Verwandten wird durch vier Ordnungen nach dem **Parentelensystem** geregelt. Jede frühere Parentel (die entsprechende „Ordnung" des deutschen Rechts) schließt die spätere aus (Art. 1819 ZGB). In den Parentelen werden die nächstberufenen Erben durch das System der Erbfolge nach Stämmen und Linien ausgewählt.

29 Die Ordnungen bestimmen sich wie folgt:

1. Ordnung: Abkömmlinge des Erblassers (Kinder, Kindeskinder, Art. 1813 ZGB). Die Kinder erben zu gleichen Teilen. Adoptivkinder haben erbrechtlich die Stellung eines leiblichen Kindes. Falls die Adoption aufgelöst wird, lebt die vor der Annahme bestehende rechtliche und auch erbrechtliche Stellung wieder auf, allerdings nur für die Zukunft, d.h. dass die Beziehung des Kindes zu seinen leiblichen Eltern wieder hergestellt wird (Art. 1575 ZGB).

2. Ordnung: Eltern des Erblassers, Geschwister und deren Kinder und Kindeskinder (Art. 1814 ZGB). Die **Eltern** und die Geschwister erben zu gleichen Teilen nach Köpfen.

3. Ordnung: Großeltern des Erblassers und deren Abkömmlinge (Art. 1816 ZGB). Wenn die Großeltern zur Zeit des Erbfalls leben, so erben sie allein und zu gleichen Teilen.

4. Ordnung: Nur Urgroßeltern des Erblassers ohne ihre Abkömmlinge, die immer zu gleichen Teilen erben (Art. 1817 ZGB).

30 Das **gesetzliche Erbrecht des überlebenden Ehegatten und des überlebenden Lebenspartners** (Art. 11 Gesetz 3719/2008) bestimmt sich grundsätzlich danach, zu welcher Ordnung

---

33 Näheres dazu *Georgiades/Papadimitropoulos*, Griechenland, S. 25 ff., in: Ferid/Firsching/Dörner/Hausmann, Internationales Erbrecht, Bd. III, 2003.
34 OLG Athen 2194/1983 NoB 1983, 1201.
35 Areopag 88/1991 NoB 1992, S. 545.
36 G. 3719/2008 hat den Partnerschaftspakt eingeführt (noch für nicht gleichgeschlechtlichen Lebenspartner, was aber demnächst auf gleichgeschlechtliche Lebenspartner erweitert werden soll). Der Lebenspartnerschaftsvertrag wird (nur) notariell geschlossen und beim Standesamt eingereicht.

die erbenden Verwandten des Erblassers gehören. Neben Verwandten der ersten Ordnung ist der Ehegatte zu einem Viertel und der Lebenspartner zu einem Sechstel gesetzlicher Erbe. Neben Verwandten der anderen Ordnungen erbt der Gatte die Hälfte und der Lebenspartner ein Drittel des Nachlasses (Art. 1820 ZGB). Sollte es keine anderen Verwandten geben, erben Gatten und Lebenspartner das Ganze. Außerdem steht dem Gatten (wenn er als gesetzlicher Erbe erbt) das Recht zu, vom Nachlassvermögen verschiedene Haushaltsgegenstände, Möbel oder Kleider zu erhalten, die während der Ehe von beiden oder nur vom überlebenden Ehegatten benutzt wurden, und zwar unabhängig von der Ordnung, in der er mitberufen wird (Art. 1820 ZGB). In diesem Fall werden jedoch auch die Bedürfnisse der Kinder des Erblassers aus Nachsichtsgründen berücksichtigt. Darüber hinaus ist erbrechtlich von Bedeutung, in welchem Güterstand der Erblasser und sein Ehegatte lebten. Im Fall der Gütergemeinschaft gehört der Anteil am Gesamtgut, das grundsätzlich das gesamte Vermögen beider Ehegatten umfasst, zum Nachlass des Verstorbenen, der nach den allgemeinen Vorschriften beerbt wird. Im gesetzlichen Güterstand der Gütertrennung mit Zugewinnausgleich (Art. 1400–1402 ZGB) kann der überlebende Ehegatte, sofern er zu der Zunahme des Vermögens auf irgendeine Weise beigetragen hat, die Herausgabe des Teils der Zunahme, der von seiner Mitwirkung herrührt, verlangen. Dabei wird vermutet, dass der Beitrag sich auf ein Drittel der Zunahme beläuft, außer es wird nachgewiesen, dass ein größerer, ein kleinerer oder gar kein Beitrag geleistet wurde (Art. 1400 Abs. 1 ZGB).[37] Der Anspruch der vorigen Vorschrift kommt im Falle des Todes für den Erben des verstorbenen Ehegatten nicht zur Entstehung (Art. 1401 ZGB).[38]

II. Testamentarische Erbfolge

1. Arten testamentarischer Verfügungen

Die EU-ErbVO hat besondere autonome Regelungen eingeführt, die verschiedene Aspekte der testamentarischen Erbfolge, bzw. der Verfügungen von Todes wegen regeln (Art. 26 materielle Wirksamkeit, Art. 27 Formgültigkeit usw.). Im Übrigen gilt Folgendes: 31

Der Erblasser kann durch einseitige Verfügung von Todes wegen (Testament, letztwillige Verfügung) den Erben bestimmen (Art. 1712 ZGB). Es handelt sich um ein einseitiges (damit frei widerrufliches, Art. 1763 ff. ZGB) und formbedürftiges (Art. 1716, 1721 ff. ZGB) Rechtsgeschäft. Das Testament wird vom Erblasser persönlich errichtet (Art. 1716 ZGB). Eine Vertretung ist daher ausgeschlossen. Es wird nach dem Tod des Erblassers vom Nachlassgericht oder vom Konsulat eröffnet (Art. 1769 ff. ZGB).

In einer Verfügung von Todes wegen sind verschiedenartige Anordnungen zu treffen, die in zwei große Kategorien eingestuft werden: a) Zuwendungsanordnungen und b) Nicht-Zuwendungsanordnungen. Die ersten sind vermögensrechtlicher Art und werden als die wichtigsten Anordnungen des Testaments angenommen. Im Einzelnen kommen in Betracht: 32

Erbeinsetzung (Art. 1712, 1800 ff. ZGB). Unter diesem Begriff ist die Bestimmung einer Person oder mehrerer Personen zum Gesamtrechtsnachfolger des Erblassers zu verstehen. Dem Bedachten kann auch nur ein Bruchteil des Nachlassvermögens zugewendet werden. Hat der Erblasser positiv eine Erbeinsetzung angeordnet, enthalten Art. 1800, 1809 ZGB Regeln über die Auslegung sowie über die Einsetzung von **Ersatzerben**. 33

---

37 Ausführlich zum griechischen Güterrecht: *Stamatiadis*, Die Ehescheidung im deutsch-griechischen Rechtsverkehr, 1994, S. 113 ff.; *Vlassopoulou*, Deutsch-griechisches Familien- und Erbrecht in rechtsvergleichender Perspektive, FF 2002, 123.
38 LG Thessaloniki 11545/1993 Arm. 1994, 166; OLG Larissa 1168/89 Arm. 1992, 1018.

34 **Nacherbfolge** (Art. 1923 ZGB). Der Erblasser kann den Erben („Vorerbe") verpflichten, das Vermögen oder einen Bruchteil desselben nach einem bestimmten Zeitpunkt oder Ereignis einem anderen (dem „Nacherben") herauszugeben. Vor- und Nacherbe sind Erben des Erblassers, aber zeitlich nacheinander. Ob und in welcher Weise eine Nacherbschaft vom Erblasser gewollt ist, muss durch Auslegung des Testaments ermittelt werden. Falls die Auslegung zu keinem Ergebnis führt, ist auf die Auslegungsregeln der Art. 1924–1928, 1930 ZGB zurückzugreifen. Die Erbschaft fällt dem Nacherben mit dem Tod des Vorerben an, außer wenn der Erblasser den Zeitpunkt oder das Ereignis für den Eintritt der Nacherbfolge bestimmt hat (Art. 1935 ZGB).

35 **Vermächtnisse** (Art. 1714, 1967 ff. ZGB). Mit dem Vermächtnis kann der Erblasser (oder das Gesetz) einem anderen, ohne ihn als Erben einzusetzen, einen Vermögensvorteil zuwenden (Art. 1714 ZGB). Der Bedachte erhält einen schuldrechtlichen Anspruch gegen den mit dem Vermächtnis Beschwerten. In einigen Ausnahmefällen kann er den Vermächtnisgegenstand unmittelbar und von Amts wegen erhalten. Das Vermächtnis fällt regelmäßig mit dem Erbfall an (Art. 1997 ZGB). Es kann allerdings unter einer aufschiebenden Bedingung oder unter Bestimmung eines Anfangstermins angeordnet werden (Art. 1998 ZGB). Der Bedachte kann das Vermächtnis durch eine formlose Willenserklärung gegenüber dem Beschwerten ausschlagen (Art. 2001 ZGB).

36 Die **Auflage** ist keine Zuwendungsanordnung (Art. 2011, 1789 ZGB).

Keine Zuwendungsanordnungen sind außerdem: Bestimmungen über die vollständige oder teilweise Aufhebung einer Verfügung von Todes wegen, Ernennung eines Testamentsvollstreckers (siehe Rn 46 f.), der Ausschluss einer Person von der Vormundschaft etc.

Im griechischen Recht[39] werden die Testamente nach Art und Weise der Errichtung unterschieden:

2. Ordentliche Testamentsformen

a) Öffentliches Testament

37 Dieses Testament kann vor einem Notar unter Mitwirkung von drei Zeugen oder mit einem zweiten Notar unter Mitwirkung eines Zeugen durch mündliche Erklärung errichtet werden (Art. 1724 ff. ZGB). Ausnahmsweise kann es für die im Ausland lebenden Griechen vor einem Berufskonsul errichtet werden. Es wird als öffentliche Urkunde angenommen. Die entsprechenden Normen (Art. 1725–1737 ZGB) sind zwingendes Recht (*jus cogens*). Der Notar nimmt die Erklärung in eine Niederschrift auf, die in Gegenwart des Notars dem Erblasser vorgelesen, von ihm genehmigt und eigenhändig unterschrieben wird. Die Niederschrift muss auch von den Zeugen unterschrieben werden (Art. 1732, 1733 ZGB). Das Testament wird vom Notar in amtliche Verwahrung genommen.

Eine sehr wichtige Neuregelung ist zu unterstreichen: Nach Art. 77 **G. 4182/2013** erben **Außenstehende** nur durch **öffentliches Testament**. Das gilt freilich für Erbfolgen, die nach der Geltung des Gesetzes (November 2013) stattfinden, das heißt, wenn der Erblasser noch die Gelegenheit hatte, nach diesem Gesetz ein öffentliches Testament zu verfassen. Sollte durch handschriftliches Testament des Erblassers, der an dem Zeitpunkt der Einführung des o.g. Gesetzes nicht mehr am Leben ist, ein Außenstehender als Erbe eingesetzt worden

---

[39] Siehe hierzu *Georgiades/Papadimitropoulos*, Griechenland, S. 35 ff., in: Ferid/Firsching/Dörner/Hausmann, Internationales Erbrecht, Bd. III.

sein, ist ein **gerichtliches graphologisches Gutachten** obligatorisch. Der Fiskus muss in diesem Fall 30 Tage vor der Gerichtsverhandlung beigeladen werden.

b) Eigenhändiges Testament

Das eigenhändige (oder handschriftliche) Testament muss vom Erblasser eigenhändig geschrieben und unterschrieben werden. Zeit und Ort sind notwendige Tatbestände (Art. 1721 ZGB). Auch dieses Testament kann zum Notar in amtliche Verwahrung gegeben werden (Art. 1722 ZGB). Der Erblasser kann jederzeit die Rückgabe verlangen. Nach der Geltung des **G. 4182/2013** (Nov. 2013) kann kein Außenstehender als Erbe durch ein eigenhändiges Testament eingesetzt werden. Das ist nur durch öffentliches Testament möglich. Eine Übergangsregelung gilt für die Fälle, in denen der Erblasser vor November 2013 gestorben ist und durch eigenhändiges Testament Außenstehende als Erben eingesetzt hatte. In diesem Fall muss im Rahmen der gerichtlichen Erklärung des Testaments als „Hauptzestament" (siehe unten Rn 60 f.) ein gerichtliches graphologisches Gutachten angeordnet werden, welches die Echtheit des Testaments bestätigt. Dazu muss der Fiskus zur Verhandlung beigeladen werden.

c) Geheimes Testament

Es wird vom Erblasser eigenhändig unterschrieben, allerdings nicht unbedingt eigenhändig geschrieben (Art. 1738 ff.). Das Schreiben wird dem Notar vom Erblasser in Gegenwart von drei Zeugen verschlossen übergeben. Der Notar errichtet darüber eine Niederschrift.

3. Außerordentliche Testamentsformen

Dies sind die Seetestamente (Art. 1749 ZGB), Nottestamente bei Absperrung (Art. 1757 ZGB) und die Militärtestamente (Art. 1753 ZGB).

Gemeinschaftliche Testamente in jeder Form werden vom griechischen Recht als nicht wirksam erklärt (Art. 1717 ZGB).

Der Notar, der ein Testament verwahrt, hat unverzüglich, sobald er von dem Tode des Erblassers Kenntnis erlangt, bei einem öffentlichen Testament eine Abschrift desselben dem zuständigen Beamten der Geschäftsstelle des zuständigen Gerichts (Landgericht erster Instanz) zu übermitteln und bei einem geheimen oder außerordentlichen Testament das Original dem Gericht in öffentlicher Sitzung persönlich zu übergeben. Zuständig ist das erstinstanzliche Gericht, in dessen Bezirk der Notar seinen Sitz hat (Art. 1769 § 1 S. 1 ZGB).

III. Pflichtteilsrecht

Das Pflichtteilsrecht garantiert durch Einschränkung der Testierfreiheit des Erblassers den übergangenen nächsten Angehörigen selbst gegen den Willen des Erblassers eine Beteiligung am Nachlass. Anders als im deutschen Recht ist der Pflichtteilsberechtigte hinsichtlich der Pflichtteilsquote kein Nachlassgläubiger einer Geldforderung, sondern ein **echter Erbe** (Art. 1825 § 2 ZGB).[40] Daher ist sein Pflichtteilsrecht vererblich,[41] er hat das Recht auf Annahme oder Ausschlagung der Erbschaft (Art. 1847 ff. ZGB), einen Erbteil und nimmt an der Erbengemeinschaft teil (Art. 1884 ZGB),[42] er haftet für die Nachlassverbindlichkeiten

---

[40] Areopag 1329/1980 NoB (29), 687; OLG Nafplion 199/1985 EllDik (27), 1410.
[41] OLG Thessaloniki 220/1973 Arm. 1973, 607 ff.; OLG Athen 2092/1968 Arm. 1969, 129.
[42] Areopag 617/1986 EEN 1987, 111 ff.

(Art. 1885, 1901 ff. ZGB) etc. Neben der Zuwendung eines Erbteils kann der Pflichtteil auch durch Zuwendung eines Vermächtnisses (Art. 1828 ZGB), durch Schenkung von Todes wegen (Art. 2032 ZGB) oder durch freigebige Zuwendungen des Erblassers unter Lebenden erfüllt werden.

42 **Pflichtteilsberechtigt** sind nur die Abkömmlinge, der Ehegatte oder Lebenspartner (Art. 11 Abs. 2 G. 3719/2008) und die Eltern des Erblassers (Art. 1825 § 1 ZGB), die durch Verfügung von Todes wegen von der Erbfolge ausgeschlossen sind. Für die Pflichtteilserbfolge bestehen einige weitere Voraussetzungen, wie dass der Berechtigte im konkreten Fall aufgrund gesetzlicher Erbfolge zum Erben berufen sein würde (Art. 1825 § 1 S. 1 ZGB). Darüber hinaus ist in Art. 1826 ZGB (Erbfolge im Pflichtteilsrecht oder Anwachsung des Pflichtteils) noch eine Voraussetzung zu finden.

43 Nach Art. 1825 § 1 S. 2 ZGB (und für die Lebenspartner nach Art. 11 Abs. 2 G. 3719/2008) bezieht sich das Pflichtteilsrecht auf die Hälfte des gesetzlichen Erbteils (**Pflichtteilsquote**). Zuerst muss also festgestellt werden, zu welcher Quote der Pflichtteilsberechtigte Erbe wäre, wenn die gesetzliche Erbfolge gelten würde. Diese Frage wird nach Art. 1813 ff. ZGB beantwortet. Bei dieser Feststellung sind auch alle Personen mitzurechnen, welche durch letztwillige Verfügung von der Erbfolge ausgeschlossen sind oder die Erbschaft ausgeschlagen haben oder für erbunwürdig erklärt werden (Art. 1830 ZGB). Diese Vorschrift ist im Falle der Erbfolge im Pflichtteil nach Art. 1826 ZGB nicht anzuwenden. Allerdings bewirkt der Ausfall eines Pflichtteilsberechtigten aus diesen Gründen keine Anwachsung zugunsten anderer Pflichtteilsberechtigter.[43]

44 Das griechische Gesetz enthält auch Vorschriften, die eine ungerechtfertigte Beeinträchtigung des Pflichtteilsanspruchs möglichst verhindern sollen. Solche Regelungen betreffen:
– Die Anrechnung von freigebigen Zuwendungen des Erblassers unter Lebenden (Art. 1833 ZGB). Sie erfolgt, indem man vom Wert eines bestimmten Pflichtteils (Art. 1831, 1832 ZGB) die anzurechnende Zuwendung abzieht;
– die Ausgleichung der Zuwendungen des Erblassers (Art. 1834, 1895 ZGB). Dabei kommen auch in diesem Fall die Art. 1826, 1830, 1831 ZGB in Betracht;
– die testamentarischen Beschränkungen des Pflichtteils (Art. 1829 ZGB);
– die Ergänzung des Pflichtteils (Art. 1827 ZGB);
– die pflichtteilswidrigen Schenkungen des Erblassers unter Lebenden (*quaerela inofficiosae donationis*, Art. 1835–1838 ZGB).

45 Das Pflichtteilsrecht **entfällt**, wenn das Erbrecht durch Gründe, die in der Person des gesetzlichen Erben liegen, ausgeschlossen ist. Solche Gründe sind die Enterbung und die Erbunwürdigkeit. Außerdem sieht das Gesetz unmittelbar ein Recht auf Verzicht auf den Pflichtteil (nach Eintritt des Erbfalls) vor (Art. 1826 ZGB).[44] Der Pflichtteilsverzicht ist nicht nur unter den Formbedingungen der Ausschlagung der Erbschaft zulässig (viermonatige Frist und Erklärung beim zuständigen Beamten der Geschäftsstelle des Gerichts, Art. 1847 ff. ZGB), sondern auch als ein formloser und unbefristeter Verzicht.[45]

---

43 Areopag 694/1973 NoB 1974, 185.
44 Ein „echter" Erbverzicht vor Eintritt des Erbfalls stellt einen unzulässigen Erbvertrag dar und ist nur unter den Voraussetzungen des *„lex Onassis"* wirksam, siehe unten Rn 48.
45 *Stathopoulos*, in: Georgiades/Stahopoulos, ZGB Kommentar, Bd. IX, Erbrecht (Art. 1710–1870), Athen 1996, S. 457 (in griechischer Sprache).

IV. Testamentsvollstreckung

Testamentsvollstrecker ist die (natürliche oder juristische) Person, die ausschließlich vom Erblasser durch Verfügung von Todes wegen ernannt wird, um die Bestimmungen des Testaments auszuführen (Art. 2017, 2020 ZGB).[46] Der Testamentsvollstrecker ist Träger eines privaten Amtes, der dem Erben gegenüber nach den Vorschriften über den Auftrag haftet (Art. 2023 ZGB). Das Gesetz kennt zwei Arten von Testamentsvollstrecker:
- den **Willensvollstrecker**. Seine Aufgabe besteht nur in der Beaufsichtigung des Erben bei der Ausführung der letztwilligen Verfügungen des Erblassers;
- den **Verwaltungsvollstrecker**. Er hat weitgehende Befugnisse, die dem Erben die Verfügungsmacht über Nachlassgegenstände entziehen.

46

Der Erblasser kann auch den Testamentsvollstrecker ermächtigen, einen oder mehrere Mitvollstrecker oder Nachfolger zu ernennen (Art. 2017 ZGB). Mehrere Testamentsvollstrecker handeln gemeinschaftlich, außer wenn es sich um Eilfälle handelt (Art. 2024 ZGB). Das Amt des Testamentsvollstreckers **beginnt** mit einer unbedingten, unbefristeten und nur nach dem Erbfall möglichen Annahmeerklärung gegenüber dem Nachlassgericht. Darüber ist vom zuständigen Beamten der Geschäftsstelle des Gerichts ein Protokoll aufzunehmen (Art. 2017 ZGB). Die Testamentsvollstreckung **endet** mit Erledigung der Aufgabe oder mit Eintritt der auflösenden Bedingung oder Befristung. Das Amt des Testamentsvollstreckers endet durch Tod oder vollen Verlust der Geschäftsfähigkeit (Art. 2029 ZGB), fristlosen Verzicht (Art. 2030 ZGB), gerichtliche Entlassung aus wichtigem Grunde (Art. 2031 ZGB) oder auf Antrag des Erben beim Nachlassgericht, wenn dieser genügende Sicherheit bietet, dass er die letztwilligen Verfügungen des Erblassers ausführen wird (Art. 2028 ZGB).

47

V. Vertragliche Erbfolge

Nach den Bestimmungen der EU-ErbVO (insb. Art. 25), unterliegen die Zulässigkeit, die materielle Wirksamkeit und die Bindungswirkungen eines Erbvertrags, der den Nachlass einer einzigen Person betrifft, einschließlich der Voraussetzungen für seine Auflösung, dem Recht, das nach der VO anwendbar wäre, wenn diese Person zu dem Zeitpunkt verstorben wäre, in dem der Erbvertrag geschlossen wurde (nach Art. 21 EU-ErbVO: grundsätzlich das Recht des Staates des letzten gewöhnlichen Aufenthaltes). Sollte – ob aufgrund der EU-ErbVO oder sonst – dieses Recht das griechische sein, gilt Folgendes:

48

Im griechischen Recht ist das Testament die alleinige Verfügung von Todes wegen. **Erbverträge** werden **nicht zugelassen** (Art. 368 ZGB, nach dem jeder Vertrag nichtig ist, durch welchen die Freiheit, ein Testament zu errichten, zu widerrufen oder abzuändern, eingeschränkt wird). Dieser Grundsatz wurde durch die gesetzliche Verordnung 472/1974 in einem einzigen Fall durchbrochen. Nach der Regelung dieser Verordnung können ein griechischer und ein ausländischer Ehegatte, die beide ihren Wohnsitz im Ausland haben, einen Erbvertrag im Ausland abschließen. Gegenstand dieses gültigen Erbvertrages kann allerdings nur der **Erbverzicht** des Ausländers auf die ganze Erbschaft seines griechischen Ehegatten oder einen Teil von dieser oder den Pflichtteil sein (bekannt als „*lex Onassis*").[47]

Wie schon erwähnt (siehe Rn 40), erklärt das Gesetz auch das gemeinschaftliche Testament als nicht wirksam (Art. 1717 ZGB).

---

[46] Siehe *Georgiades/Papadimitropoulos*, Griechenland, S. 67 ff., in: Ferid/Firsching/Dörner/Hausmann, Internationales Erbrecht, Bd. III.
[47] Siehe *Apostolos Georgiades*, DNotZ 1975, 354 ff.

49 Das Gesetz kennt zwei Kategorien von unzulässigen Erbverträgen:
– die **echten Erbverträge** (Erbverzichtsverträge; Verträge, durch welche ein Erbe, Vorerbe oder Vermächtnisnehmer eingesetzt wird sowie Verzichtsverträge des künftigen Vermächtnisnehmers);
– die **unechten Erbverträge**, die den Nachlass eines noch Lebenden zum Gegenstand haben (Art. 368 ZGB), wie der Erbschaftskauf vor dem Erbfall.

50 Allerdings sind Verträge gültig, durch welche jemand vor dem Erbfall einzelne Gegenstände veräußert oder zu veräußern verspricht sowie die mit dem Erbvertrag verwandte Einrichtung der Schenkung von Todes wegen (Art. 2032 ZGB).[48]

VI. Wege der Nachlassregelung außerhalb des Erbrechts

51 Hierbei handelt es sich um lebzeitige Zuwendungen auf den Todesfall (Schenkung auf den Todesfall, transmortale Vollmacht und transmortaler Auftrag, Verträge zugunsten Dritter auf den Todesfall), die denselben Zweck wie eine Verfügung von Todes wegen verfolgen. Der Zuwendende ordnet hiermit seine Rechtsverhältnisse für die Zeit nach seinem Tod. Die praktischen Bedürfnisse werden allerdings unmittelbar durch die Schenkung von Todes wegen (Art. 2032 ff. ZGB) befriedigt. Daher haben die obigen lebzeitigen Zuwendungen in der griechischen Rechtsordnung eine sehr geringe Bedeutung.[49]

52 Die **Schenkung von Todes wegen** ist ein verbreitetes Rechtsinstitut, das, aus wirtschaftlichem Blick, die vom griechischen Recht unzulässigen Erbverträge ersetzt. Sie ist zeitlich auf den Erbfall befristet und wird rechtlich unter der aufschiebenden Bedingung abgeschlossen, dass der Schenker vor dem Beschenkten stirbt oder dass beide Vertragsschließenden gleichzeitig sterben, ohne dass der Beschenkte inzwischen im Genuss des Geschenkten ist. In diesem Fall finden die Vorschriften über Schenkungen Anwendung, sofern das Gesetz nicht etwas anderes bestimmt (Art. 2032 ZGB). Ist die Schenkung nicht im genannten Sinn befristet und bedingt, so handelt es sich um eine Schenkung unter Lebenden.

53 Die Schenkung von Todes wegen ist also ein schuldrechtliches Rechtsgeschäft mit aufschiebender Bedingung. Sie kann jederzeit vom Schenker durch Widerrufserklärung, die notariell zu beurkunden ist, widerrufen werden. Die Widerrufserklärung ist dem Beschenkten bekannt zu machen. Die Schenkung von Todes wegen kann jedoch als unwiderruflich vereinbart werden, so dass der Widerruf nur in den Fällen und in der Weise erfolgt, in der jeder anderen Schenkung widerrufen werden kann (Art. 2033, 2034 ZGB). Auf Schenkungen von Todes wegen, die das Vermögen des Schuldners zu Lasten der Gläubiger mindern oder das Pflichtteilsrecht der Pflichtteilsberechtigten verletzen, finden die Vorschriften über Vermächtnisse Anwendung (Art. 2035 ZGB).

VII. Nachlassabwicklung

1. Annahme und Ausschlagung der Erbfolge

54 Der Erbe erwirbt die Erbschaft mit dem Anfall kraft Gesetzes ohne irgendeine Mitwirkung seinerseits (Art. 1846, 1711 ZGB). Jeder Erbe (mit Ausnahme des Staates, wenn er als gesetzlicher Erbe berufen wird, Art. 1847 ZGB) kann jedoch den Erbanfall durch Ausschla-

---

[48] *Filios*, Erbrecht (Allgemeiner Teil), Athen-Komotini 1998, S. 193 (in griechischer Sprache).

[49] *Filios*, Erbrecht (Besonderer Teil), Athen-Komotini 1998, S. 335 (in griechischer Sprache); zu beachten ist hier auch, dass nach griechischem Recht (Art. 368 ZGB) Erbverträge nichtig sind; insbesondere zur Problematik der transmortalen Vollmacht siehe auch unten Rn 69.

gung mit Rückwirkung auf den Erbfall wieder beseitigen (Art. 1847 ZGB). Wenn die **Ausschlagung** innerhalb der konkreten Frist nicht erfolgt, so gilt die Erbschaft als definitiv angenommen (Art. 1850 ZGB). Die Annahme ist eine einseitige, formlose (ausnahmsweise kann sie formbedürftig sein), nicht empfangsbedürftige Willenserklärung.[50] Darüber hinaus ist sie unwiderruflich (Art. 1857 § 1 ZGB) und sie kann nicht mit einer Bedingung, Zeitbestimmung oder Teilung verknüpft werden (Art. 1851 S. 2 ZGB).

Die Ausschlagung erfolgt durch einseitige Erklärung beim zuständigen Beamten der Geschäftsstelle des Nachlassgerichts zur Niederschrift (Art. 1848 § 1 ZGB). Sie muss innerhalb einer bestimmten Frist erfolgen, die i.d.R. **vier Monate** und ausnahmsweise ein Jahr beträgt, wenn der Erblasser seinen letzten Wohnsitz im Ausland gehabt hat, als er von dem Anfall und dem Grunde des Anfalls Kenntnis erlangt hat. Bei testamentarischer Berufung beginnt die Frist frühestens mit der Eröffnung des Testaments (Art. 1847 ZGB). Die Ausschlagung ist formbedürftig, amtsempfangsbedürftig, vererblich (Art. 1854 ZGB), unwiderruflich, aber nicht übertragbar und nicht pfändbar. Sonstige Gültigkeitsvoraussetzungen sind in Art. 1851, 1852, 1853 ZGB enthalten.

2. Mehrheit von Erben – Miterbengemeinschaft

Wenn mehrere Erben zur Erbfolge berufen werden, so entsteht eine Miterbengemeinschaft (Art. 1884 ZGB). Es handelt sich um eine **Bruchteilsgemeinschaft**, auf die die allgemeinen Vorschriften über die Gemeinschaft Anwendung finden (Art. 785–805 ZGB i.V.m. Art. 1113–1117 ZGB), sofern das Gesetz nichts anderes bestimmt. Die Bruchteile erstrecken sich jedoch nicht auf das ganze Nachlassvermögen, sondern auf einzelne Gegenstände, da alle Nachlassgegenstände, nicht der Nachlass als Gesamtheit Gegenstand der Erbengemeinschaft sind.[51] Nach Art. 1886 ZGB kann jeder der Miterben über seinen Anteil an dem Nachlass oder an den einzelnen Nachlassgegenständen verfügen. Darüber hinaus ist jeder Miterbe berechtigt, jederzeit die Teilung des Nachlasses zu verlangen (Art. 1887 ZGB). Die Teilung kann auch durch Vereinbarung der Erben oder – längstens auf zehn Jahre – durch den Erblasser ausgeschlossen werden (Art. 1887 S. 2 ZGB).

3. Die Erbenhaftung

Für die Erben gilt der Grundsatz der unbeschränkten Haftung. Der Erbe haftet für Nachlassverbindlichkeiten grundsätzlich unbeschränkt, also mit dem Nachlass und dem Eigenvermögen (Art. 1901 ZGB), es sei denn, er nimmt die Erbschaft mit der Rechtswohltat des Inventars an (Art. 1904 ZGB). Die Haftungsbeschränkung durch die Annahme mit der Rechtswohltat des Inventars setzt voraus, dass der Erbe berechtigt ist, die Erbschaft auszuschlagen. Sie ist formbedürftig, denn sie muss beim zuständigen Beamten der Geschäftsstelle des Nachlassgerichts erklärt werden (Art. 1902 § 1 S. 2 ZGB). Geschäftsunfähige oder beschränkt geschäftsfähige Erben haften immer beschränkt. Bei einer Miterbengemeinschaft hat jeder Miterbe die Möglichkeit zur Haftungsbeschränkung unabhängig von den anderen. Dies gilt auch bezüglich mehrerer Erbteile, die einem Erben zukommen.

---

50 OLG Thessaloniki 117/1993 Arm. 1993, 221; OLG Athen 10607/1980 NoB 1981, 905.
51 *Filios*, Erbrecht (Allgemeiner Teil), a.a.O., S. 90.

VIII. Insbesondere: Gesellschaftsanteile einer GmbH

58 Das Gesetz 3190/1955 „über die Gesellschaften mit beschränkter Haftung" beinhaltet eine Regelung, die die Übertragung des Geschäftsanteils durch Erbfolge betrifft. **Art. 29** lautet:

„1. Im Gesellschaftsvertrag kann nicht bestimmt werden, dass der Geschäftsanteil nicht vererblich ist ... Es kann jedoch bestimmt werden, dass der Geschäftsanteil in diesen Fällen von einer Person gekauft wird, welche von der Gesellschaft empfohlen wird, und zwar zu seinem tatsächlichen, vom Präsidenten des erstinstanzlichen Zivilgerichts im Verfahren von Art. 634 grZPO festzustellenden Wert.
2. Die Gesellschaft kann die vorgenannte Person binnen einen Monats nach der Eintragung des Erwerbs von Todes wegen oder ... in das Gesellschafterbuch nach Art. 25 durch eine Erklärung an den Erben, Vermächtnisnehmer oder Dotierten benennen. Die Erklärung wird binnen einen Monats auch den Gesellschaftern bekannt gegeben, die ein Vorzugsrecht in Bezug auf den käuflichen Erwerb des Geschäftsanteils haben, falls sie dessen Ausübung schriftlich der Gesellschaft erklären. Wird das Vorzugsrecht von mehreren Gesellschaftern ausgeübt, so üben sie dies im Verhältnis ihrer Anteile aus.
3. Im Falle des Übergangs des Geschäftsanteils von Todes wegen erfolgt die nach Art. 25 in das Gesellschafterbuch vorzunehmende Eintragung, nachdem der Erbe oder Vermächtnisnehmer die Urkunden, die ihn als Berechtigten legitimieren, der Gesellschaft vorgelegt hat."

C. Erbverfahrensrecht

I. Notwendigkeit eines Nachlassverfahrens im Inland

59 Ein gerichtliches Nachlassverfahren ist im Falle der Erbfolge durch Testament notwendig. Es handelt sich um das Verfahren der Testamentseröffnung (siehe sogleich Rn 60 f.). Im Fall der gesetzlichen Erbfolge ist ein gerichtliches Nachlassverfahren nicht zwingend durchzuführen. Dennoch ist die Ausstellung eines Erbscheins anzuraten.

Ferner ist ein Nachlassverfahren in bestimmten Fällen notwendig, beispielsweise dann, wenn ein Nachlasspfleger bestellt oder die gerichtliche Liquidation der Erbschaft angeordnet werden soll.[52]

II. Die Testamentseröffnung

60 Zuständig für die Eröffnung ist im Fall des notariellen („öffentlichen"), des geheimen und des außerordentlichen Testaments das Einzelrichtergericht bzw. das Friedensgericht, in dessen Bezirk der Notar seinen Sitz hat, bei dem das Testament eingereicht wurde. Die Testamentseröffnung ist eine Sache der freiwilligen Gerichtsbarkeit. Bei Testamenten, die bei Konsularbehörden eingereicht wurden, sind Letztere für die Eröffnung zuständig. Für die Eröffnung von eigenhändigen Testamenten ist jedes Einzelrichtergericht und jede Konsularbehörde zuständig (Art. 807 grZPO).

61 Die Eröffnung des Testaments geschieht durch Eintragung seines ganzen Inhaltes in das Gerichtsprotokoll. Ein eigenhändiges Testament wird durch Entscheidung desselben Ge-

---

[52] *Georgiades/Papadimitropoulos*, Griechenland, S. 111 ff., in: Ferid/Firsching/Dörner/Hausmann, Internationales Erbrecht, Bd. III.

richts als „Haupttestament" erklärt, was nach Art. 1777 grZGB für seine Echtheitsvermutung von Bedeutung ist.⁵³

III. Abwicklung von im Inland belegenem Nachlass deutscher Staatsangehöriger

Obwohl die Ausstellung eines Erbscheins nicht gesetzlich zwingend ist, wird die Abwicklung von im Inland belegenem Nachlass deutscher Staatsangehöriger durch einen (griechischen oder deutschen) Erbschein oder nunmehr durch ein Europäisches Nachlasszeugnis (Art. 62 ff. EU-ErbVO) wesentlich erleichtert (siehe Rn 63 ff., 68 ff.). Die Grundstücksabwicklung und die Abwicklung von Bankguthaben werden besonders behandelt (siehe Rn 70 ff.).

Über das Verfahren des Europäischen Nachlasszeugnisses, sollte ein griechisches Gericht zuständig sein, wird auf die Ausführungen von *Süß*⁵⁴ verwiesen. Im Übrigen gilt Folgendes:

1. Abwicklung mit einem griechischen Erbschein

Die materiellrechtlichen Regelungen des griechischen Rechts über den Erbschein entsprechen grundsätzlich den Regelungen des deutschen BGB, aus dem sie übernommen wurden. Der wichtigste Unterschied liegt jedoch darin, dass der griechische Erbschein nicht vom Gericht selbst, sondern vom zuständigen Beamten der Geschäftsstelle aufgrund eines entsprechenden Gerichtsurteils (welches im Verfahren der freiwilligen Gerichtsbarkeit ergeht) erteilt wird.

Da das deutsche Erbrecht den Erbschein kennt, ist der Erlass eines griechischen Erbscheins für den in Griechenland belegenen Nachlass eines deutschen Erblassers erlaubt,⁵⁵ wenngleich sich allerdings die internationale Zuständigkeit der griechischen Gerichte nach griechischem Recht richtet.⁵⁶

Zuständiges Gericht (Nachlassgericht für die Sachen der freiwilligen Gerichtsbarkeit⁵⁷) ist das Einzelrichtergericht des Wohnsitzes bzw. des letzten Aufenthaltes des Erblassers zur Zeit seines Todes. Hat der Erblasser zur o.g. Zeit keinen Aufenthalt im Inland gehabt, so ist das Einzelrichtergericht der Hauptstadt Athen zuständig.

Die benötigten Unterlagen für einen griechischen Erbschein sind:
- Totenschein;
- Bestätigung des zuständigen deutschen Standesamts oder des zuständigen griechischen Konsulats, aus dem die näheren Verwandten des Verstorbenen hervorgehen;

---

53 Zur Absetzung der Testamentseröffnungskosten von der Erbschaftsteuer siehe Rn 95.
54 Siehe *Süß*, § 6 dieses Buches.
55 Es ist in der griechischen Rechtsprechung und in der Lehre streitig, ob der Erlass eines Erbscheins für einen ausländischen Erblasser möglich ist, wenn das ausländische Recht den Erbschein nicht kennt (siehe dazu *Klamaris*, in: Georgiades/Stathopoulos, ZGB Kommentar Bd. X, Erbrecht, S. 442 ff., in griechischer Sprache).
56 Siehe umfassend dazu: *Klamaris*, in: Georgiades/Stathopoulos, ZGB Kommentar Bd. X, Erbrecht, S. 442 ff. Strittig ist, ob die griechischen Gerichte international zuständig sein können, wenn der Erblasser keinen Wohnsitz oder gar Aufenthalt in Griechenland hatte. Nach richtiger und wohl herrschender Meinung (*Klamaris*, a.a.O.; *Mitsopoulos*, Zivilprozessrecht A, Athen 1972, S. 162, in griechischer Sprache) soll die internationale Zuständigkeit der griechischen Gerichte dann bejaht werden, wenn der Erblasser Vermögen in Griechenland hinterlassen hat.
57 Für erbrechtliche Streitigkeiten gilt gem. Art. 30 grZPO der ausschließliche besondere Gerichtsstand der Erbschaft. Die Regelung entspricht in etwa der Regelung des § 27 dtZPO.

- Bestätigung über die Eröffnung bzw. Nichteröffnung eines Testaments;
- Bestätigung darüber, dass das Erbrecht des Antragsstellers nicht angefochten ist;
- Bestätigung über die Annahme bzw. die Ausschlagung der Erbschaft.

67 Vor den griechischen Gerichten besteht grundsätzlich **Anwaltspflicht**. Dies gilt auch für sämtliche Verfahren vor dem Nachlassgericht. Die **Kosten** für die Erteilung des Erbscheins sind nicht einheitlich. Sie dürfen jedoch gemäß griechischer Rechtsanwaltsordnung nicht unter 1.000 EUR betragen. Ein Erbschein wird je nach Gerichtsbelastung nach etwa zwei bis fünf Monaten erteilt.

2. Anerkennung deutscher Erbscheine

68 Die Anerkennung deutscher Erbscheine ist im griechischen internationalen Prozessrecht geregelt (gem. Art. 1 GVO ist dieselbe, wie auch früher das GVÜ, auf das Gebiet des Erbrechts einschließlich des Testamentsrechts nicht anzuwenden). Maßgebend sind die Bestimmungen des Art. 780 grZPO und die entsprechenden Vorschriften des deutsch-griechischen Abkommens vom 4.11.1961 über die beiderseitige Anerkennung und Vollstreckung von gerichtlichen Entscheidungen, Vergleichen und öffentlichen Urkunden in Zivil- und Handelssachen (ratifiziert durch das G. 4305/1963 Regierungsblatt A 78). Nach diesen Vorschriften wird eine deutsche gerichtliche Entscheidung auch der freiwilligen Gerichtsbarkeit grundsätzlich „automatisch" (d.h. ohne weiteres gerichtliches bzw. sonstiges Verfahren) anerkannt, soweit sie nicht gegen den griechischen *ordre public* verstößt und soweit sie keine Sache betrifft, für die ein inländisches Gericht ausschließlich zuständig war. Dies gilt auch für den deutschen Erbschein.[58]

69 Fraglich ist, ob und inwieweit das Erbverfahren durch **transmortale Vollmacht** umgangen werden kann. Außer den eventuellen steuerrechtlichen Komplikationen ist hier auch Folgendes zu berücksichtigen: Wie schon erwähnt (siehe Rn 48), sind im griechischen Recht Erbverträge nichtig (Art. 368 ZGB). Eine transmortale Vollmacht, die z.B. auf Zuwendungen nach dem Tod des Vollmachtgebers zielt, könnte als Umgehungsversuch dieses Verbots nichtig sein.[59]

3. Insbesondere: Grundstücksabwicklung und Auszahlung von Bankguthaben

70 **Grundstücks- bzw. Immobilienabwicklung:** Nach griechischem Recht muss für den Erwerb einer Immobilie die Eintragung („Transkription") eines entsprechenden „Titels" ins Grundbuch vorgenommen werden. Dies gilt auch für den Erwerb von Todes wegen. In diesem Fall kann der „Titel" entweder eine notarielle Erbschaftsannahme oder ein Erbschein sein (Art. 1193 i.V.m. Art. 1195 grZGB). In beiden Fällen ist die vorherige Bezahlung der Erbschaftsteuer (siehe Rn 89 f.) notwendig. Jeder Erbe kann seinen Anteil notariell annehmen und die Annahme transkribieren lassen. Das Gleiche gilt für den Erbschein: Jeder Erbe kann einen Teilerbschein beantragen und ihn ins Grundbuch eintragen lassen.

---

[58] Umfassend in deutscher Sprache: *Beys*, Der ausländische Erbschein, in: Beys, Prozessuales Denken aus Attika, Athen 2000, S. 691 f.; siehe auch *Athanassopoulos*, Notarrecht, Bd. 1, Athen-Komotini 1996, S. 598 (in griechischer Sprache).

[59] Siehe *Doris*, in: Georgiades/Stahopoulos, ZGB Kommentar, Bd. I, Allgemeiner Teil, S. 389 (in griechischer Sprache).

Die Unterlagen, die für die notarielle Erbschaftsannahme benötigt werden, sind: 71
- Totenschein;
- Bestätigung des Standesamts oder des zuständigen griechischen Konsulats, aus dem die näheren Verwandten des Verstorbenen hervorgehen;
- Bestätigung über die Eröffnung bzw. Nichteröffnung eines Testaments (und ggf. das Testament und die entsprechenden Gerichtsprotokolle der Testamentseröffnung);
- Bestätigung des Finanzamtes darüber, dass die Immobilie bei den Steuererklärungen des Erblassers angegeben worden ist und dass sie dem Erblasser in den letzten zwei Jahren kein Einkommen eingebracht hat („Bestätigung des Art. 31 G. 2238/1994"[60]);
- Auszug aus dem Grundbuch (notwendig nur, wenn die Immobilie in einer vom neuen Katastersystem erfassten Region liegt);
- Nachweis über die Bezahlung der Erbschaftsteuer (der Notar wird die entsprechenden Unterlagen zur Berechnung der Steuer und die Steuererklärung vorbereiten). Die Notarkosten sind proportional und hängen vom Wert des angenommenen Vermögens ab.

Erbschein oder notarielle Erbschaftsannahme? Da der Erbschein von gesetzlichen Vermutungen und dem öffentlichen Glauben begleitet wird,[61] hat er der notariellen Erbschaftsannahme gegenüber einen entscheidenden Vorteil. Immobilien, deren Eigentümer sich durch einen Erbschein ausweisen können, lassen sich der Erfahrung nach viel leichter verkaufen. Oftmals wird sogar seitens der potentiellen Käufer ein Erbschein vom Erben verlangt. Die notarielle Erbschaftsannahme ist auf der anderen Seite schneller und hilft in Fällen, in denen die Erteilung eines Erbscheins aus prozessrechtlichen Gründen schwierig oder langwierig wird. 72

Für die **Auszahlung von Bankguthaben an die Erben** – wie für die Eintragung der Erben als Aktieninhaber – ist der Erbschein meistens praktisch notwendig. Im Fall des Bankguthabens muss die Bank vor Auszahlung die geschuldete Erbschaftsteuer von der Kontosumme abziehen und direkt an den Fiskus zahlen. Dazu ist eine vorherige entsprechende Bestätigung des zuständigen Finanzamtes erforderlich, aus der hervorgeht, wie hoch die Steuer zu berechnen ist (wichtige Ausnahme: das gemeinsame Konto, siehe Rn 96). 73

IV. Besonderheiten im deutschen Nachlassverfahren bei Beerbung eines griechischen Erblassers

Bei der Berechnung der gesetzlichen **Ehegattenerbquote** für einen im gesetzlichen Güterstand der Zugewinngemeinschaft deutschen Rechts verheirateten griechischen Erblasser wirft die Anwendung von § 1371 Abs. 1 BGB m.E. keine echten Probleme auf, da die gesetzliche Ehegattenerbquote nach griechischem Recht in diesen Fällen regelmäßig genauso hoch ist wie nach § 1931 BGB, so dass sich kein Angleichungsbedarf ergibt und auch die meisten Vertreter der Theorie von der Doppelqualifikation hier ihre Bedenken gegen die Vermischung beider Rechtsordnungen zurückstellen. 74

---

60 Es ist also zur Vermeidung von Bußgeldern und zur Erleichterung der Verwaltung des Erbvermögens sehr wichtig, dass der Erblasser die Immobilie gemäß den steuerrechtlichen Vorschriften angegeben hat.

61 Gemäß Art. 1962 ZGB und Art. 821 grZPO wird vermutet, dass demjenigen, welcher im Erbschein als Erbe anerkannt wird, das dort angeführte Erbrecht zusteht. Gemäß Art. 1963 ZGB und Art. 822 grZPO ist jedes Rechtsgeschäft desjenigen, der im Erbschein als Erbe anerkannt wurde, mit einem Dritten gültig zugunsten des Dritten, soweit die o.g. Vermutung gilt; siehe auch *Georgiades/Papadimitropoulos*, Griechenland, S. 106 ff., in: Ferid/Firsching/Dörner/Hausmann, Internationales Erbrecht, Bd. III.

75 Bei der **Erteilung eines Erbscheins** nach einem griechischen Erblasser im Rahmen der testamentarischen Erbfolge ist zu beachten, dass die **Pflichtteile** der Angehörigen „automatisch" wirken, also z.B. bei Alleinerbeinsetzung der Ehefrau die Kinder in Höhe ihrer Noterbquote als Miterben zu vermerken sind, es sei denn, sie hätten nach dem Erbfall auf ihren Pflichtteil verzichtet (siehe Rn 45) oder aber der Erblasser hat die letzten 25 Jahre vor seinem Tode nicht in Griechenland seinen Wohnsitz gehabt (Gesetz 1738/1987, siehe Rn 5). In letzterem Fall würden sich die Pflichtteile allenfalls auf das in Griechenland belegene Vermögen erstrecken, auf welches sich der gem. § 2369 BGB gegenständlich beschränkte Erbschein aber nicht erstrecken würde.

76 Ein **Testamentsvollstreckungsvermerk** bzw. die Ausstellung eines Testamentsvollstreckerzeugnisses ist nur dann möglich, wenn kein reiner „Willensvollstrecker" ernannt worden ist, sondern ein „Verwaltungsvollstrecker", der Erblasser ihn also testamentarisch ausdrücklich zur Veräußerung von Grundstücken und zur Eingehung von Veräußerungs- und sonstigen Geschäften ohne Wertgrenze (Art. 2022 grZGB) ermächtigt hat.

D. Besteuerung der Erbfolge

77 Die Wichtigkeit der Bestimmungen über die Besteuerung der Erbfolge (ob im Gewand der „verteilenden Gerechtigkeit" oder, nüchterner betrachtet, als Beteiligung des Staates an den Erbschaften – jedenfalls verfassungsrechtlich als grundsätzlich unbedenklich angesehen) braucht nicht besonders hervorgehoben zu werden.

I. Rechtsgrundlagen

78 Gesetzliche Grundlage für die Besteuerung der Erbfolge ist das **Gesetz Nr. 2961/2001** (Regierungsblatt Nr. 266 A' vom 22.11.2001[62]), wie es durch das Gesetz Nr. 3091/2002 (Regierungsblatt Nr. 330 A') geändert worden ist. Das Gesetz Nr. 2961/2001 hat die bisher geltenden Gesetzestexte[63] in einen einheitlichen Text kodifiziert. Die Besteuerung der Erbschaft wird allerdings auch von weiteren speziellen Gesetzen beeinflusst, die besondere Fälle regeln (zu nennen ist hier vor allem das Gesetz Nr. 1738/1987, Art. 21, welches das Pflichtteilsrecht für die im Ausland lebenden Griechen abweichend von den allgemein im ZGB statuierten Vorschriften regelt, siehe dazu Rn 5 ff.). Zahlreiche **Präsidial- bzw. Ministerialverordnungen** ergänzen die Regelungen der o.g. Gesetze. Das steuerrechtliche Regelwerk bleibt stets nur schwer durchschaubar und unterliegt häufigen Änderungen. Die nachfolgenden Erläuterungen[64] sollen die allgemeine Struktur des Systems der Besteuerung der Erbfolge aufzeigen.

II. Grundsätze

79 Im Prinzip wird jedes Vermögen, welches von Todes wegen oder aus Anlass des Todes (einer natürlichen Person) von einer natürlichen oder juristischen Person (also von einer GmbH, AG, Genossenschaft, Stiftung, von einem e.V., aber auch von einer OHG oder KG[65]) erworben wird, von der Steuerpflicht erfasst und gemäß den Vorschriften des grErbStG versteuert (Art. 1 Abs. 1 und 2 grErbStG) siehe aber auch Rn 88 f.).

---

62 Im Folgenden abgekürzt: „grErbStG".
63 Vor allem das Dekret Nr. 118/1973, welches die wichtigste frühere gesetzliche Grundlage war.
64 Stand: Mai 2007.
65 Die OHG und die KG sind nach griechischem Recht juristische Personen.

Steuerpflichtig ist der Erwerbsberechtigte bzw. im Fall mehrerer Berechtigten jeder Erwerbsberechtigte seinem Anteil entsprechend (Art. 5 grErbStG). 80

Das System der Erbschaftsbesteuerung wird durch die progressive Versteuerung nach **Steuerklassen**[66] und nach Erbschaftswert charakterisiert. Die Steuerklasse ergibt sich aus dem persönlichen (Verwandtschafts-)Verhältnis des Steuerpflichtigen zum Erblasser. Der **Erbschaftswert** ist die durch den Erbfall jedem Erben anfallende Bereicherung, die in Geld errechnet wird. Das heißt, dass die Erbschaftsteuer sich (a) je nach Verwandtschaftsentfernung zwischen Erblasser und Erben, aber auch (b) je nach ansteigendem Erbschaftswert erhöht. Bei gleichgroßer Erbschaft also ist die Steuer umso höher, je näher verwandt die Erben mit dem Erblasser sind. Gleichzeitig ist die Steuer umso höher, je höher der Wert der Erbschaft bzw. des Erbteils ist. Die entsprechenden Tabellen sind in Rn 97 ff. dargestellt. 81

III. Steuerpflichtige Vermögensanfälle

Ein Vermögen gilt als von Todes wegen erworben, wenn es folgendermaßen erworben wird: durch Erbanfall, aufgrund von Vermächtnis oder Auflage, durch elterliche Teilung (Teilung des Vermögens unter Lebenden)[67] oder durch Wiedervereinigung von Nießbrauch mit dem Eigentum nach dem Tod des Nießbrauchsberechtigten. Erfasst werden zudem auch Versicherungssummen bzw. Abfindungen aus Lebensversicherungsverträgen (wenn die Begünstigten im Versicherungsvertrag nicht benannt werden) oder durch freiwillige Sozialselbstversicherung (Art. 2 Abs. 1 grErbStG). Der Erwerb aufgrund von Schenkung von Todes wegen[68] wird grundsätzlich als Schenkung besteuert, es sei denn, das verschenkte Vermögen ist zur Zeit des Todes des Schenkers zugleich dessen ganzes Vermögen. Im letzteren Fall sind die Vorschriften über die Besteuerung der Erbfolge anzuwenden (Art. 37 grErbStG). 82

Die Besteuerung der Erbfolge wird nicht durch die Ausschlagungs- oder die Inventarfrist beeinflusst (Art. 2 Abs. 3 grErbStG).

IV. Beschränkte und unbeschränkte Steuerpflicht

Im griechischen Recht gilt grundsätzlich eine unbeschränkte Steuerpflicht für Griechen sowie für Ausländer als Erblasser oder Schenker, wenn sie in Griechenland wohnhaft sind. Nach Art. 3 Abs. 1 Satz (a) grErbStG unterliegt jegliches in Griechenland belegene bewegliche und unbewegliche Vermögen, das einem Griechen oder einem Ausländer gehört, der Steuerpflicht (**beschränkte Steuerpflicht**). 83

Gemäß Art. 3 Abs. 1 Satz (b) grErbStG unterliegt auch jegliches im Ausland belegene bewegliche Vermögen (materieller oder immaterieller Natur) der Steuerpflicht, wenn es einem Griechen oder einem in Griechenland wohnhaften Ausländer als Erblasser oder 84

---

[66] Im Griechischen: „Kategorien". Die Steuerklassen fallen nicht mit den erbrechtlichen „Ordnungen" zusammen, die die gesetzliche (im Gegensatz zur testamentarischen) Erbfolge bestimmen. Wenn es also heißt, dass z.B. die Schwiegereltern des Erblassers zur Steuerklasse B' gehören, bedeutet dies freilich nicht, dass die Schwiegereltern den verstorbenen Schwiegersohn bzw. die verstorbene Schwiegertochter nach der gesetzlichen Erbfolge beerben. Dies kann nur durch Testament geschehen, und eben dann fallen die Erben unter die steuerrechtliche Steuerklasse B'.

[67] Es handelt sich um eine Art vorweggenommene Erbfolge etwa nach dem Modell der *„divisio parentum inter liberos"* des Römischen Rechts, wie sie (wenn auch unvollständig) im französischen Recht (als „donation – partage", Art. 1075 und 1076 ff. Code Civil) geregelt ist.

[68] Art. 2032 ff. ZGB.

Schenker gehörte. Ausgenommen wird nur das bewegliche Vermögen eines griechischen Staatsangehörigen, der seit mindestens zehn Jahren im Ausland wohnt.[69]

85 Zu dem sich in Griechenland befindenden beweglichen Vermögen können insbesondere mitgezählt werden: in griechischen Schiffs- bzw. Flugzeugregistern registrierte Schiffe bzw. Flugzeuge, in Griechenland registrierte gewerbliche Rechte (z.B. Patente oder Warenzeichen) oder solche, die in Griechenland ausgeübt werden können, Urheberrechte, Aktien griechischer Unternehmen, Forderungen, die durch Hypothek an einer Immobilie in Griechenland gesichert werden usw. (Art. 3 Abs. 2 grErbStG). Die gesetzliche Aufzählung ist nicht abschließend und deutet auf den Willen des Gesetzgebers hin, alle denkbaren Vermögenswerte von der Steuerpflicht zu erfassen.

86 Eine wichtige Ausnahme bildet die Entschädigung (nicht die Versicherungssumme aus einer Lebensversicherung[70]) wegen Todes des verunglückten Opfers, die den Berechtigten geschuldet oder gezahlt wird, denn sie wird nicht versteuert (Art. 3 Abs. 4 grErbStG). Das betrifft vor allem die Autounfälle deutscher Staatsangehöriger in Griechenland. Sollte also nach einem tödlichen Unfall eine Entschädigung (seitens der Versicherungsgesellschaft oder des schuldigen Fahrers bzw. Fahrzeughalters) gezahlt werden, kann diese (ohne versteuert zu werden) direkt nach Deutschland überwiesen werden.

V. Anrechnung der ausländischen Erbschaftsteuer

87 Zur Vermeidung der doppelten Besteuerung in verschiedenen Staaten wird die im Ausland geschuldete oder gezahlte Erbschaftsteuer von der in Griechenland geschuldeten Steuer abgezogen, soweit beide Steuern sich auf dasselbe Vermögen beziehen.

VI. Vermeidung der doppelten Besteuerung der Erbrechte an beweglichen Sachen

88 Zwischen Deutschland und Griechenland gilt seit 1912 die Konvention über die Besteuerung der Erbrechte an beweglichen Sachen, die der Vermeidung der doppelten Besteuerung der Erbschaften dient. Die Konvention ist im Jahr 1953 wieder in Kraft getreten.[71]

Art. 1 der Konvention bestimmt: „Das in Griechenland befindliche bewegliche Vermögen eines Deutschen, der zur Zeit seines Todes weder seinen Wohnsitz noch seinen gewöhnlichen Aufenthalt in Griechenland hatte, unterliegt der Erbschaftsteuer des Königreichs Griechenland nur dann, wenn der Erbe zur Zeit des Erbfalls seinen Wohnsitz oder seinen gewöhnlichen Aufenthalt in Griechenland hatte. Die sich in Deutschland befindenden beweglichen Sachen eines griechischen Staatsangehörigen, der zur Zeit seines Todes weder seinen Wohnsitz noch seinen gewöhnlichen Aufenthalt in Deutschland hatte, unterliegen den in Deutschland geltenden Erbschaftsteuern nur, wenn der Erbe zur Zeit des Todes seinen Wohnsitz oder gewöhnlichen Aufenthalt in Deutschland hatte."

---

69 Ausgenommen ist aber wieder Vermögen von Beamten, die sich im Ausland aufgrund ihrer beruflichen Tätigkeit niedergelassen haben (Art. 25 Abs. 2e grErbStG).
70 Bezüglich der Versicherungssumme siehe Art. 2 Abs. 1 Satz c) grErbStG.
71 „*Convention sur les droits de successions mobilières*" vom 18.11./1.12.1910 (Regierungsblatt A' 43 vom 4.2.1912; RGBl 1912, S. 173) in Verbindung mit der „Verkündung über das Wiederinkrafttreten der griechisch-deutschen Konvention" (Regierungsblatt A' 251 vom 16.9.1953; BGBl 1953 I, S. 377). Kommentierung z.B. von *Schuck*, in: Debatin/Wassermeyer, Doppelbesteuerung, Griechenland (E).

VII. Fälligkeit der Steuer

1. Grundsatz

Die Steuer wird grundsätzlich bereits mit dem Tod des Erblassers fällig (Art. 6 grErbStG).[72] Die Ausnahmen, die im Gesetz vorgesehen werden, betreffen vor allem Fälle, in denen der Erwerb der Rechte des Erben von einer aufschiebenden Bedingung abhängt oder dieselben rechtshängig sind und der Erbe nicht im Besitz der Sache ist (Art. 7 grErbStG).[73] Die entsprechende Regelung (Art. 7 grErbStG) ist sehr detailliert und sieht verschiedene Zeitpunkte vor, in denen die Steuerpflicht fällig wird. Als allgemeine Faustregel könnte man sagen, dass die Steuerpflicht grundsätzlich dann **fällig** ist, wenn der jeweilige wirtschaftliche Wert in das Vermögen des Erben hineinkommt oder gesichert wird. Es empfiehlt sich trotzdem in jedem Fall, kundigen Rat zu ersuchen.

89

2. Änderung der Fälligkeit durch Bescheid des Finanzamtes

Eine für den ausländischen Erben eventuell sehr interessante Ausnahme ist in Art. 8 Abs. 1 grErbStG vorgesehen. Danach kann der Vorgesetzte des zuständigen Finanzamtes in den dort aufgezählten Fällen durch Bescheid die Fälligkeit der Erbschaftsteuer verlängern. Im hier interessierenden Kontext sind die Fälle der Sätze unter b) und c) von besonderer Bedeutung. Nach diesen Vorschriften kann die Fälligkeit verlängert werden: erstens (Art. 8 Abs. 1 Satz b), wenn sich die Erbschaftsgegenstände im Ausland befinden und wenn zugleich der Steuerpflichtige sie nicht kannte bzw. sie nach Fristablauf in seinen Besitz genommen hat und zweitens (Art. 8 Abs. 1 Satz c), wenn der Steuerpflichtige zur Zeit des Todes des Erblassers im Ausland wohnhaft war, ungeachtet dessen, wo sich die Erbschaftsgegenstände befinden.

90

VIII. Bestimmung des Erbschaftswertes

1. Grundsatz

Als Wert der erworbenen Gegenstände gilt deren Kaufwert zur Zeit des Vermögensanfalls (Art. 9 Abs. 1 grErbStG). Spezielle Regelungen gelten je nach erworbenem Objekt (Immobilien, Forderungen, Aktien, bewegliche Sachen, Nießbrauch usw.).

91

2. Bestimmung je nach Objekt

Der Wert der Immobilien wird nach dem geltenden „objektiven" Wert berechnet, soweit es einen solchen für die entsprechende Region gibt. Für Regionen, in denen es keine solchen Werte gibt, wird der Wert von Immobilien grundsätzlich nach dem Wert von ähnlichen benachbarten Immobilien berechnet, wie er aus anderen Übereignungen hervorgeht. Sollte der Steuerpflichtige glauben, dass der so errechnete Wert der Immobilie den tatsächlichen Kaufwert übersteigt, kann er die Bestimmung des Wertes vom zuständigen Verwaltungsgericht verlangen (Art. 10 B Abs. 4 grErbStG).

92

Die Berechnung des Wertes des erworbenen Nießbrauchs unterliegt einer detaillierten gesetzlichen Regelung (Art. 15 grErbStG). Im praktisch wichtigsten Fall, in dem der Nieß-

93

---

72 Das gilt entsprechend auch für den Fall der Verschollenheit.
73 Sollte jedoch der Erbe den Besitz der streitbefangenen Sache ergreifen, wird seine Steuerpflicht auch vor Ende der Rechtshängigkeit fällig.

brauch entweder für das Leben des Erwerbers oder auf unbestimmte Zeit gilt, berechnet sich sein Wert anhand des Alters des Nießbrauchers. Auf dieselbe Regelung wird für die Berechnung des Erbschaftswertes im Fall der Nacherbfolge verwiesen (Art. 17 grErbStG).

94 Der Wert von Forderungen wird inklusive der zur Zeit des Erbanfalls geschuldeten Zinsen berechnet. Spezielle und detaillierte Regelungen gelten für Aktien und andere börsenfähige Papiere (Art. 12 grErbStG, wie er durch Art. 12 G. 3091/2002 ergänzt worden ist). Zur Berechnung des Wertes übriger beweglicher Sachen kann jedes Beweismittel dienen.

3. Abzug von Schulden und Lasten

95 Der Erbschaftswert soll nach dem Willen des Gesetzgebers möglichst als Nettowert berechnet werden. Zu diesem Zweck werden die (insb. durch öffentliche Urkunde, Gerichtsurteil, Handelsbücher) nachgewiesenen Erblasserschulden vom Erbschaftswert abgezogen (Art. 21 grErbStG). Ebenso werden die Schulden abgezogen, die durch den Erbfall entstehen, insb. die Bestattungskosten und die Kosten für die Testamentseröffnung (Art. 22 grErbStG). Eine wichtige Ausnahme: Schulden zu Lasten von Immobilien, die im Ausland liegen, werden vom steuerpflichtigen Vermögen, das sich in Griechenland befindet, nicht abgezogen.

IX. Befreiungen

96 Von den im Gesetz (Art. 25 grErbStG) vorgesehenen Befreiungen von der Erbschaftsteuer sind insbesondere folgende hervorzuheben:
– der Erwerb von Schiffen oder Aktien an Gesellschaften, denen Schiffe gehören, die unter griechischer Flagge fahren, wenn deren BRT über 1.500 liegt;
– die Forderungen aus einem gemeinsamen Bankkonto (*joint account*, *compte joint* G. 5638/1932), wenn die entsprechende Klausel in den Kontobedingungen enthalten ist;
– Vermögen, welches der Erblasser aufgrund von Schenkungen von seinen Eltern erworben hatte, wenn Letztere ihn beerben.

X. Berechnung der Steuer

97 Wie oben angeführt, wird die Steuer je nach Steuerklasse[74] und je nach Erbschaftsgröße[75] berechnet. Seit dem 1.1.2003 gibt es drei Steuerklassen,[76] für die verschiedene Steuersätze gelten.

---

74 Es sei noch mal unterstrichen, dass diese steuerrechtlichen Steuerklassen nicht mit den erbrechtlichen „Ordnungen" zusammenfallen, die die gesetzliche Erbfolge regeln.
75 Für die Besteuerung ist nicht relevant, ob es sich um Erbteil oder um Vermächtnis handelt.
76 Bis 31.12.2002 gab es vier Steuerklassen. Die hier angeführten Steuern gelten für Fälle, in denen die Steuerschuld nach dem 1.1.2006 entstanden ist.

1. Steuerklasse A: Ehepartner, Abkömmlinge und Vorfahren ersten Grades

Zu dieser Steuerklasse gehören:
(a) Der Ehepartner des Erblassers
(b) Die Person, mit der der Erblasser in eingetragener Lebenspartnerschaft (gem. G. 3719/2008) lebte, wenn Letztere durch den Tod des Erblassers und eine Mindestdauer von zwei Jahren hatte
(c) Abkömmlinge ersten Grades. Als Abkömmlinge ersten Grades sind zu verstehen: (a) eheliche Kinder, (b) uneheliche Kinder (gegenüber der Mutter), (c) gerichtlich oder freiwillig anerkannte Kinder (gegenüber dem Vater), (d) Kinder die durch nachträgliche Ehe der Eltern (oder durch gerichtliche Entscheidung) als ehelich gegenüber beiden Elternteilen gelten
(d) Blutsverwandte Abkömmlinge zweiten Grades
(e) Blutsverwandte Vorfahren ersten Grades.

Im Fall einer Adoption, wird der/die Adoptierte zur entsprechenden Verwandschaftsklasse nach dem ZGB eingestuft (als ob sie blutsverwandt wären). Ausnahmsweise darf das Finanzamt bei der Berechnung der Steuer diesen Verwandtschaftsgrad nicht berücksichtigen, wenn festgestellt wird, dass die Adoption nur zur Umgehung der Erbschaftsversteurung stattgefunden hat.

Tabelle Steuerklasse A[77]

Steuerstufen (in EUR)	Stufensatz (%)	Stufensteuer (in EUR)	Wert des steuerpflichtigen Erwerbs (in EUR)	Anfallende Steuer (in EUR)
150.000	0	0	150.000	0
150.000	1	1.500	300.000	1.500
300.000	5	15.000	600.000	16.500
Höher	10			

1. Beispiel zur Erklärung der Tabelle: (Das Beispiel gilt entsprechend für die weiteren unten angeführten Tabellen.) Es wird angenommen, dass der deutsche Erblasser Eigentümer einer auf Mykonos/Griechenland liegenden Immobilie war, deren Wert 700.000 EUR ist, und dass seine Ehefrau Alleinerbin ist (also wird die Besteuerung nach der Steuerklasse A berechnet; da es nur einen Erben gibt, ist der Wert seines Erbteils gleich mit dem Erbschaftswert der sich in Griechenland befindenden Erbschaft). Die Erbschaftsteuer wird gemäß der obigen Tabelle folgendermaßen berechnet:

---

[77] Stand: Dezember 2014.

Steuerstufen (in EUR)	Stufensteuer	Wert des steuerpflichtigen Erwerbs	Anfallende Steuer
Für die ersten 150.000 EUR fällt keine Steuer an (**Freibetrag**).	0		0
Es bleiben (700.000 – 150.000 =) 550.000 EUR. Davon ist der Stufensatz für die nächsten 150.000 EUR: 1 %	Anfallende Steuer für diesen Teil (Stufe) der Erbschaft: **1.500 EUR**		
			1.500 EUR
Es bleiben (550.000 – 150.000 =) 400.000. Davon ist der Stufensatz für die nächsten 300.000 EUR: 5 %	Anfallende Steuer für diesen Teil (Stufe) der Erbschaft: 15.000		(1.500 + 15.000 =)
			16.500 EUR
Es bleiben 400.000 – 300.000 = 100.000. Für diese letzten 30.000 EUR ist der Stufensatz 10 %	Anfallende Steuer für diesen Teil (Stufe) der Erbschaft: 10.000		(1.500 + 15.000 + 10.000 =) **26.500 EUR**
		700.000	

Also muss die Alleinerbin insgesamt **26.500** EUR Erbschaftsteuer zahlen.

101 **2. Beispiel zur Erklärung der Tabelle**: Es wird angenommen, dass derselbe deutsche Erblasser Eigentümer der besagten auf Mykonos/Griechenland liegenden Immobilie, deren Wert 700.000 EUR ist, nun von seinen zwei Kindern zu je ½ beerbt wird, so dass die Besteuerung ebenfalls nach der Steuerklasse A erfolgt, diesmal aber mit zwei Miterben deren Erbteilwert jeweils die Hälfte des gesamten Werts der Erbschaft beträgt. Für jeden Erben ist der Wert seines Erbteils (700.000/2 =) 350.000 EUR. Die Erbschaftsteuer wird gemäß der obigen Tabelle **für jeden Erben** bzw. **für jeden Erbteil** folgendermaßen berechnet:

Steuerstufen (in EUR)	Stufensteuer	Wert des steuerpflichtigen Erwerbs	Anfallende Steuer
Für die ersten **150.000** EUR fällt keine Steuer an (**Freibetrag**).			
	0		0
Es bleiben (350.000 – 150.000 =) 200.000 EUR. Davon ist der Stufensatz für die nächsten 150.000 EUR: 1 %	Anfallende Steuer für diesen Teil (Stufe) der Erbschaft: **2.000 EUR**		
			2.000 EUR
Es bleiben (200.000 – 150.000 =) 50.000. Für sie ist der Stufensatz 5 %. Damit sind auch die Steuerstufen ausgeschöpft.	Anfallende Steuer für diesen Teil (Stufe) der Erbschaft: 2.500		(2.000 + 2.500 =)
		350.000	**4.500 EUR**

Also muss jeder der beiden Erben insgesamt **4.500** EUR als Erbschaftsteuer zahlen.

Tsantinis

2. Steuerklasse B: Insb. Abkömmlinge und Vorfahren zweiten und ferneren Grades und Geschwister

Zu dieser Steuerklasse gehören:
(a) Abkömmlinge dritten und ferneren Grades
(b) Vorfahren zweiten und ferneren Grades
(c) Freiwillig oder gerichtlich anerkannte Kinder gegenüber der Vorfahren des Vaters, der sie anerkannt hat
(d) Abkömmlinge des anerkannten Kindes, gegenüber dem Vater, der es anerkannt hat und dessen Vorfahren
(e) Geschwister und Halbgeschwister
(f) Blutsverwandte dritten Grades in ungerader Linie
(g) Stiefväter und Stiefmütter
(h) Kinder des Ehepartners aus früheren Ehen
(i) Schwiegersöhne und Schwiegertöchter
(j) Schwiegereltern.

Tabelle Steuerklasse B[78]

Steuerstufen (in EUR)	Stufensatz (%)	Stufensteuer (in EUR)	Wert des steuerpflichtigen Erwerbs (in EUR)	Anfallende Steuer (in EUR)
30.000	–	–	30.000	
70.000	5	3.500	100.000	1.500
200.000	10	20.000	300.000	23.500
Höher	20			

3. Steuerklasse C: Alle anderen Erben

Zu dieser Steuerklasse gehören: alle anderen Erben, ob mit dem Erblasser verwandt oder nicht.

Tabelle Steuerklasse C[79]

Steuerstufen (in EUR)	Stufensatz (%)	Stufensteuer (in EUR)	Wert des steuerpflichtigen Erwerbs (in EUR)	Anfallende Steuer (in EUR)
6.000	–	–	6.000	–
66.000	20	13.200	72.000	13.200
195.000	30	58.500	267.000	71.700
Höher	40			

---

78 Stand: Dezember 2014.
79 Stand: Dezember 2014.

XI. Erklärungspflichtige

105 Der Steuerpflichtige (also der Erwerbsberechtigte, siehe Rn 80) ist verpflichtet, eine **Steuererklärung** für das erworbene Vermögen beim zuständigen Finanzamt einzureichen (Art. 61 i.V.m. Art. 68 grErbStG). Die im Ausland wohnenden Erklärungspflichtigen dürfen die Steuererklärung auch beim zuständigen griechischen Konsulat einreichen (Art. 68 Abs. 6 grErbStG). Wenn der Erklärungspflichtige Zweifel darüber hat, ob ein steuerpflichtiger Vermögensanfall vorliegt bzw. ob der Vermögensanfall unter eine bestimmte Steuerklasse fällt usw., darf er seinen substantiierten und begründeten Vorbehalt in der Erklärung geltend machen. Das zuständige Finanzamt ist in diesem Fall verpflichtet, binnen drei Monaten auf den Vorbehalt zu antworten. Weitere Streitigkeiten werden im Wege der Verwaltungsgerichtsbarkeit gelöst.

XII. Erklärungsfristen

106 Die **Frist** für die Steuererklärung beträgt sechs Monate, wenn der Erblasser im Inland gestorben ist, und ein Jahr, wenn der Erblasser im Ausland gestorben ist oder wenn der Erbe oder Vermächtnisnehmer zur Zeit des Erbanfalls im Ausland gewohnt hat. Hat aber der Erbe oder der Vermächtnisnehmer den Besitz des Nachlasses in den ersten sechs Monaten der o.g. Frist ergriffen, wird die Frist auf sechs Monate nach Inbesitznahme gekürzt. Die Fristen dürfen aus wichtigen Gründen auf Antrag bis auf drei Monate verlängert werden. Der Anfangstag der Frist ist nicht einheitlich. In den praktisch wichtigsten Fällen beginnt die Frist: a) im Fall der gesetzlichen Erbfolge mit dem Tod des Erblassers; b) für die Erben aus Testamenten bzw. für die Vermächtnisnehmer mit der Testamentseröffnung.

XIII. Festsetzungsverfahren

107 Das grErbStG sieht ein kompliziertes Kontrollverfahren vor, welches auf die Bestimmung des genauen Wertes der Erbschaft zielt. Dabei entstehende Streitigkeiten können sowohl außergerichtlich als auch gerichtlich (im Wege der Verwaltungsgerichtsbarkeit) beseitigt werden. Selbstverständlich gilt auch hier die Empfehlung, stets kundigen Rat zu ersuchen.

XIV. Verjährung

108 Die Steuerforderung des Staates verjährt im Fall einer ungenauen Steuererklärung zehn Jahre nach dem Ende des Jahres, in dem die Steuererklärung eingereicht worden ist. Wenn überhaupt keine Erbschaftsteuererklärung eingereicht worden ist bzw. wenn Teile des steuerpflichtigen Vermögensanfalls verschwiegen worden sind, verjährt die Steuerforderung fünfzehn Jahre nach dem Ende des Jahres, in dem die Frist für die Steuererklärung abgelaufen ist.

XV. Sanktionen

109 Für das gesetzeswidrige Verhalten bezüglich der Erklärung und der Bezahlung der Erbschaftsteuer sind verwaltungsrechtliche (Bußgeld), aber auch strafrechtliche Sanktionen vorgesehen. Die Bezahlung der Erbschaftsteuer wird aber auch durch wichtige mittelbare Sanktionen erzwungen (Art. 105 ff. grErbStG). So dürfen z.B. Kreditinstitute, Versicherungsgesellschaften wie auch natürliche Personen keine Geldzahlungen an den Erben tätigen

ohne vorherigen Nachweis der Bezahlung der Erbschaftsteuer.[80] Ebenso dürfen keine Immobilien, die dem steuerpflichtigen Vermögen angehören, ohne den besagten Nachweis übereignet werden.

---

80 Insbesondere zur Abwicklung von Bankguthaben siehe Rn 73.

Großbritannien: England und Wales

Dr. Felix Odersky, Notar, Dachau

Inhalt

A. Rechtsanwendungen im Erbrecht 1
  I. Drittstaat im Sinne der EU-ErbVO 1
  II. Mehrrechtsstaat Großbritannien 2
  III. Internationales Erbrecht aus Sicht Englands 3
    1. Erbstatut 3
      a) Nachlassspaltung 3
      b) Domizilbegriff 5
      c) Rückverweisung 9
      d) Erbfolge bei deutsch-englischen Erbfällen 10
    2. Besonderheiten bei testamentarischer Erbfolge 11
  IV. Nachlassabwicklung (administration) 14
    1. Gesonderte Nachlassabwicklung in England 14
    2. Administration in Deutschland 18
  V. Besonderheiten des Trust 24
B. Materielles Erbrecht 28
  I. Prägende Merkmale des englischen Erbrechts 28
  II. Gesetzliche Erbfolge 31
    1. Rechte des Ehegatten und eingetragenen Lebenspartners 31
    2. Erbrecht der Abkömmlinge und Verwandten 37
    3. Teilweise gesetzliche Erbfolge, Ausgleichung 42
  III. Testamentarische Erbfolge 44
    1. Typische testamentarische Verfügungen 44
    2. Wirksamkeitsvoraussetzungen 47
    3. Widerruf eines Testaments 50
  IV. Zwingende Familienvorsorge 51
    1. Voraussetzungen 52
    2. Begründetheit der Klage 54
    3. Schutz vor Umgehungen 58
  V. Nachlassabwicklung 62
    1. Beginn und Ende des Amtes 62
    2. Auswahl des Nachlassabwicklers 65
      a) Auswahl des executor 65
      b) Bestimmung des administrator 67
    3. Aufgaben des Nachlassabwicklers 74
    4. Verteilung an die Begünstigten 80
  VI. Gemeinschaftliche Testamente und vertragliche Erbfolge 83
  VII. Gestaltungsmöglichkeiten außerhalb des Erbrechts 87
    1. joint tenancy 88
    2. Sonstige Zuwendungsformen 89
C. Nachlassverfahren 91
  I. Notwendigkeit eines Nachlassverfahrens 91
  II. Nichtstreitiges Verfahren 93
  III. Verfahrensbesonderheiten bei Domizil im Ausland 96
    1. Executor 97
    2. Administrator 100
    3. Erteilung einer Vollmacht zur Nachlassabwicklung 103
  IV. Streitiges Verfahren 105
  V. Besonderheiten im deutschen Erbscheinsverfahren 110
    1. Angleichung an deutsche Erbscheinsbegriffe 110
      a) Testamentarische Erbfolge 111
      b) Gesetzliche Erbfolge 114
    2. Umdeutung bei Anwendung deutschen Erbrechts 116
D. Besteuerung der Erbfolge 117
  I. Schenkung- und Erbschaftsteuer 117
    1. Allgemeine Merkmale 117
    2. Schenkungsteuer 119
    3. Erbschaftsteuer 123
    4. Steuervergünstigungen 126
    5. Nachlassplanung 127
    6. Auslandsbezug 129
  II. Sonstige Steuern 131

Literatur

Barlow, King & King, Wills, Administration and Taxation Law and Practice, 10. Aufl. 2011; *Berenbrok*, Internationale Nachlassabwicklung, 1989; *Böhmer*, Der Erb- und Pflichtteilsverzicht im anglo-amerikanischen Rechtskreis, ZEV 1998, 251; *Christmann*, Englisches und schottisches Erbrecht im Vergleich, 1997; *Claudi*, Die Erbfolge nach englischem materiellem und internationalem Privatrecht, MittRhNotK 1981, 79 ff. und 115 ff.; *Collins*, Dicey, Morris and Collins on the Conflict of Laws, 14. Aufl. 2006; *Fawcett/Carruthers*, Chesire, North & Fawcett, Private International Law, 14. Aufl. 2008; *Haas*, in: Bengel/Reimann (Hrsg.), Handbuch der Testamentsvollstreckung, 4. Aufl. 2010, Kap. 9 Rn 167–191; *Henrich*, Der Domizilbegriff im englischen Internationalen Privatrecht, RabelsZ 25 (1960), 456 ff.; *Kanda Rovati*, Succession: The Law of Wills and Estates, 2. Aufl. 2000; *Macdonald*, Succession, 3. Aufl. 2001; *Margrave-Jones*, Mellows: The Law of Succession, 5. Aufl. 1993; *Margrave-Jones/Clive V.* u.a., Butterworths Wills, Probate and Administration Service, 1994; *Mayer/Süß/Tanck/*

Bittler/Wälzholz, Handbuch Pflichtteilsrecht, 3. Aufl. 2013, § 19 Länderübersicht Großbritannien; *Parry and Kerridge*, The Law of Sucsession, 12. Aufl. 2009; *Nöcker*, Nachlassverwaltung, materielles Erbrecht und Erbschaftsteuerrecht in England, ZErb 2004, 122 ff. und 342 ff., ZErb 2005, 17 ff.; *Odersky*, Die Abwicklung deutsch-englischer Erbfälle, 2001; *Odersky*, Gestaltungsempfehlungen für Erbfälle mit anglo-amerikanischem Bezug, ZEV 2000, 492; *Richters*, Anwendungsprobleme der Eu-ErbVO im deutsch-britischen Rechtsverkehr, ZEV 2012, 576; *Schack*, Behandlung von Nachlässen im anglo-amerikanischen und internationalen Zivilrecht, in: Schlosser (Hrsg.), Die Informationsbeschaffung für den Zivilprozess, 1997; *Wilsch*, Grundbuchrechtliche Probleme in Großbritannien bei der Nachfolge in britische Immobilien, ZEV 2011, 458.

A. Rechtsanwendungen im Erbrecht

I. Drittstaat im Sinne der EU-ErbVO

1   Großbritannien hat sich nicht zu dem erforderlichen „Opt-In" zur EU-ErbVO entschlossen.[1] Aus Sicht Deutschlands und der anderen an der EU-ErbVO teilnehmenden Mitgliedstaaten handelt es sich damit bei Großbritannien um einen sog. **„Drittstaat"**, was insbesondere für die Rückverweisungsmöglichkeit des Art. 34 Bedeutung hat. In England wird dagegen zum Teil vertreten, dass die Verordnung zwar für Großbritannien nicht anwendbar ist, aber das Land als EU-Mitglied dennoch „Mitgliedstaat" im Sinne der Verordnung sei.[2] Begründet wird dies mit dem Wortlaut von Erwägungsgrund 82, in dem Großbritannien indirekt als „Mitgliedstaat" bezeichnet wird, und einem Umkehrschluss zu Art. 1 Abs. 3 Brüssel-I-VO, Art. 1 Abs. 4 Rom-I-VO und Art. 1 Abs. 4 Rom-II-VO, die jeweils den Begriff des Drittstaats in Abgrenzung zu den tatsächlich teilnehmenden Mitgliedstaaten definieren. Auch im ersten Entwurf der EU-ErbVO war eine vergleichbare Definition vorgesehen, die aber in der endgültigen Fassung entfallen ist. Soweit ersichtlich, schließt sich dieser Auffassung aber niemand außerhalb Großbritanniens an, da es keine einseitige Bindung der an der VO teilnehmenden Mitgliedstaaten gegenüber einem Land, das die wechselseitig konzipierten Zuständigkeits-, Anerkennungs- und Vollstreckungsregeln sowie das Europäische Nachlasszeugnis für sich selbst ablehnt, geben kann.[3]

II. Mehrrechtsstaat Großbritannien

2   Großbritannien ist ein Mehrrechtsstaat, der sich in die Rechtsordnungen von **England und Wales** einerseits und **Schottland** andererseits gliedert. Da es im Vereinigten Königreich[4] kein gesamtstaatliches internationales oder interlokales Privatrecht im Sinne des Art. 36 Abs. 1 EU-ErbVO gibt, muss die Unteranknüpfung aus Sicht Deutschlands nach den Kriterien der Art. 36 Abs. 2 und 3 EU-ErbVO erfolgen. Dabei ist jedoch zu beachten, dass die nachfolgend dargestellten Kollisionsregeln, die in beiden Rechtsordnungen nahezu identisch gelten, auch im interlokalen Verhältnis angewendet werden. Insbesondere wenn die An-

---

1   Vgl. EU-ErbVO Erwägungsgrund 82, zu den Gründen vgl. *Lechner*, Die Entwicklung der Erbrechtsverordnung, Rn 16, sowie *Lein*, Die Erbrechtsverordnung aus Sicht der Drittstaaten, Rn 10 ff., jeweils in: Dutta/Herrler: Die Europäische Erbrechtsverordnung, 2014.
2   Vgl. *Frimston*, in: Bergquist/Damascelli/Frimston/Lagarde/Odersky/Reinhartz, Die Europäische Erbrechtsverordnung, Art. 3 Rn 40 ff.
3   Vgl. *Richters*, ZEV 2012, 576, 577; *Lein*, a.a.O. Rn 8 f.; ebenso § 1 Abs. 2 des Regierungsentwurfs zum IntErbRVG.
4   Dieses umfasst auch noch Nordirland, dessen selbstständige Rechtsordnung allerdings mit der von England und Wales sehr ähnlich ist. Gesetzestexte und Verordnungen vom gesamten Vereinigten Königreich sind im Internet z.B. abrufbar unter www. legislation.gov.uk.

knüpfung nach Art. 21 Abs. 1 EU-ErbVO erfolgt, kann es damit gemäß Art. 34 Abs. 1b) EU-ErbVO innerhalb Großbritanniens zu Weiterverweisungen aufgrund der Belegenheit von Immobilien oder des letzten Domizils des Erblassers kommen.

III. Internationales Erbrecht aus Sicht Englands

1. Erbstatut

a) Nachlassspaltung

Das englische IPR, das gesetzlich nicht normiert ist, folgt im Erbrecht dem in fast allen *Common-Law*-Staaten verbreiteten Prinzip der territorialen Nachlassspaltung: Während für die Erbfolge in den **unbeweglichen Nachlass** (*succession to immovables*) das jeweilige Belegenheitsrecht (*lex rei sitae*) Anwendung findet, gilt für die Erbfolge in den **beweglichen Nachlass** (*succession to movables*), unabhängig davon, wo dieser belegen ist, das Recht des letzten Domizils des Erblassers.[5] Davon zu unterscheiden ist ferner die **Nachlassabwicklung** (*administration*), die sich nach dem lokalen gerichtseigenen Recht richtet (vgl. dazu Rn 15 ff.).

Die Einordnung eines Vermögensgegenstandes als beweglich oder unbeweglich überlässt England dem jeweiligen Belegenheitsrecht (sog. **Qualifikationsverweisung**).[6] Für den in Deutschland belegenen Nachlass können daher die früheren Kriterien des Art. 25 Abs. 2 EGBGB herangezogen werden.[7] England selbst löst sich bei der Qualifikation von der Einteilung des eigenen Sachenrechts und passt sich an ein eher natürliches und international verbreitetes Begriffsverständnis an, so dass man im Ergebnis zu den Immobilien alle Rechte an Grundstücken einschließlich der eingebauten Gegenstände und dem Zubehör rechnet. Sonstiges Vermögen wird dagegen als beweglich behandelt. Ungewöhnlich aus deutscher Sicht ist lediglich, dass die Kaufpreisforderung aus einem Grundstücksverkauf noch zum unbeweglichen Vermögen gezählt wird.[8]

Praxishinweis: Auch aus englischer Sicht sind Anteile an Gesellschaften, deren Vermögen ausschließlich aus Immobilien besteht, als beweglich zu qualifizieren,[9] so dass ggf. durch die Einbringung von Grundbesitz in ein Gesellschaftsvermögen bzw. die Entnahme aus diesem Vermögen Einfluss auf das Erbstatut genommen werden kann.

b) Domizilbegriff

Maßgebliche Bedeutung bei der Bestimmung des anwendbaren Erbrechts hat damit das Domizil (*domicile*) des Erblassers. Mit diesem Begriff, für den es keine feste Definition gibt, soll die **Zugehörigkeit** einer Person **zu einer bestimmten Rechtsordnung**, also nicht nur zu einem bestimmten Ort, bestimmt werden. Aufgrund der Intention zur langfristigen

---

5 Vgl. *Dicey, Morris and Collins*, Rules 140, 141 und 145, 146; *Cheshire, North & Fawcett*, S. 1263 ff.
6 Vgl. *Dicey, Morris and Collins*, Rule 119, Rn 22R-001 ff.; *Cheshire, North & Fawcett*, S. 1194. Die Frage, wo ein Gegenstand belegen ist, ist allerdings einheitlich nach englischem Recht zu beantworten; vgl. dazu näher *Dicey, Morris and Collins*, Rule 120; *Bengel/Reimann/Haas*, Kap. 9 Rn 176.
7 Zur Qualifikation eines erbengemeinschaftlichen Anteils als bewegliches Vermögen, auch wenn der Nachlass nur aus Immobilien besteht, vgl. KG, Beschluss v. 3.4.2012, ZEV 2012, 593 ff.; *Oertzen/Stein/Reich*, Anglo-Amerikanische Nachlasstrusts und inländische Grundstücke bzw. grundstücksbesitzende Erbengemeinschaften, ZEV 2013, 109 ff.
8 Vgl. *Dicey, Morris and Collins*, Rn 22–013.
9 Vgl. *Henrich*, Großbritannien, Rn 17, in: Ferid/Firsching/Dörner/Hausmann, Internationales Erbrecht; unbestimmt dagegen *Dicey, Morris and Collins*, a.a.O.

Bindung, die mit diesem Begriff verbunden ist, unterscheidet er sich vom „gewöhnlichen Aufenthalt" im Sinne der EU-ErbVO.

6 Um die Verbundenheit zu einem Rechtsgebiet festlegen zu können, gilt der Grundsatz, dass keine Person ohne Domizil sein kann und niemand mehr als ein Domizil zur gleichen Zeit haben kann. Dabei unterscheidet das englische Recht **drei Domizilarten**:[10]
- Das *domicile of origin* erwirbt jeder Mensch unabänderlich mit seiner **Geburt**. Beim ehelich geborenen Kind ist dies das Domizil des Vaters zum Zeitpunkt der Geburt, so dass es weder mit dem Geburtsort noch mit dem Wohnort der Familie identisch sein muss. Ist der Vater verstorben, sind die Eltern geschieden oder ist das Kind nichtehelich geboren, ist das Domizil der Mutter maßgebend. Adoptierte Kinder erhalten das entsprechende Geburtsdomizil des Adoptivvaters bzw. der Adoptivmutter.
- Ein *domicile of choice* kann jede mündige Person selbst erwerben. Für die Begründung eines solchen Wahldomizils müssen zwingend zwei Merkmale zusammentreffen: Objektiv muss in einem Land der tatsächliche **Aufenthalt** (*residence*) begründet werden. Subjektiv muss dies in der **Absicht** erfolgen, in diesem Land (aber nicht zwingend immer am gleichen Ort) für immer oder zumindest für unbestimmte Zeit zu bleiben und nicht in das ursprüngliche Domizilland zurückzukehren (sog. *animus manendi et non revertendi*). Diese Absicht ist dann zu verneinen, wenn man nur für eine bestimmte Zeit oder bis zu einem bestimmten Ereignis, z.B. bis zum Eintritt des Rentenalters, in dem Land wohnen will, oder zwar nicht weiß, wie lange man bleiben will, aber den ernsthaften Willen hat, irgendwann zurückzukehren oder in ein anderes Land weiterzuziehen. Für den Verlust eines *domicile of choice* muss die tatsächliche Aufgabe der *residence* mit der Aufgabe des Willens, in dem Land auf unbestimmte Zeit zu wohnen, zusammentreffen. Wenn nicht bereits ein neues *domicile of choice* begründet wurde, folgt aus der Aufgabe des alten das Wiederaufleben des *domicile of origin*.[11]
- Das *domicile of dependency* regelt schließlich den Domizilwechsel von unmündigen Personen, die nicht selbst ein *domicile of choice* erwerben können. Bei Minderjährigen richtet sich der Wechsel immer nach dem aktuellen *domicile* des Vaters bzw. – entsprechend der obigen Regel bei der Geburt – der Mutter.

7 Das **Fortbestehen** eines Domizils wird so lange **vermutet**, bis der Beweis für den Erwerb eines neuen von dem, der sich auf den Wechsel beruft, erbracht ist. Dabei werden sehr strenge Maßstäbe angelegt, wenn es sich um die Abwahl eines *domicile of origin* handelt, leichtere, wenn die Aufgabe eines Wahldomizils in Frage steht.

8 In der Praxis zu beachten ist, dass zum **Nachweis** der subjektiven Elemente immer alle Lebensumstände berücksichtigt werden müssen, da es kein Anzeichen gibt, das für sich allein den *„animus manendi"* belegt. Insbesondere ist das *domicile* nicht vom Erblasser bestimm- oder wählbar, so dass auch einer Rechtswahl im Sinne des Art. 22 EU-ErbVO aus Sicht Großbritanniens keine entscheidende Bedeutung zukommt. Selbst der Wechsel der Staatsangehörigkeit dürfte nicht als eindeutiger Beleg für einen Domizilwechsel herangezogen werden. In Zweifelsfällen darf man sich daher nicht allein auf einfache Erklärungen der Beteiligten stützen, da im Einzelfall auch objektive Kriterien, wie z.B. das Beibehalten

---

10 Vgl. eingehend zum Domizilbegriff *Henrich*, RabelsZ 25 (1960), S. 458 ff.; Staudinger/*Dörner*, Anh. zu Art. 25 f. EGBGB Rn 282; *Dicey, Morris and Collins*, Rules 4–16, Rn 6R-001 ff.; *Cheshire, North & Fawcett*, S. 154 ff.

11 Das englische Recht unterscheidet sich hier von den US-amerikanischen Grundsätzen, nach denen das letzte Wahldomizil solange fortbesteht, bis ein neues begründet wurde. Bei Personen, die international häufiger umziehen, kommt damit der Feststellung des *domicile of origin* eine wesentlich größere Bedeutung zu; vgl. Bengel/Reimann/*Haas*, Kap. 9 Rn 173.

von Vermögensanlagen oder das Vorhalten einer Grabstelle am Heimatort, maßgebliche Bedeutung haben können.

Praxishinweis: Bei der Gestaltung letztwilliger Verfügungen sollte daher eine pauschale Festlegung des Domizils vermieden werden. Sehr hilfreich können aber detaillierte Auskünfte der Testatoren zu ihren Lebensumständen und -planungen sein.

c) Rückverweisung

Im Bereich der Erbfolge (*succession*) versteht England seine Kollisionsregeln als Gesamtverweisung auf das ausländische IPR, so dass Rück- oder Weiterverweisungen grundsätzlich zu beachten sind. England folgt dabei aber der Theorie des *double renvoi*, nach der eine Rückverweisung nicht in jedem Fall beim eigenen materiellen Recht abgebrochen wird, sondern das berufene IPR in der Weise angewendet werden muss, in der das ausländische Gericht es anwenden würde (deswegen auch *foreign court theory* genannt). Nimmt das ausländische Recht – wie in Art. 34 Abs. 1a) EU-ErbVO – aufgrund der englischen Kollisionsregeln eine Rückverweisung an und bricht sie im eigenen Land ab (sog. *single renvoi*), folgt England daher dieser Entscheidung.[12]

d) Erbfolge bei deutsch-englischen Erbfällen

Im **Ergebnis** kommt man daher bezüglich des **Erbfolgerechts** bei deutsch-englischen Erbfällen, bei denen nicht ohnehin alle Anknüpfungsregeln unmittelbar zu einem einheitlichen Recht führen, zur Anwendung folgender Rechtsordnungen:

- Liegt der gewöhnliche Aufenthaltsort des Erblassers in England, dessen Domizil aber in Deutschland, gilt für den **beweglichen Nachlass** einheitlich deutsches Erbrecht, da Art. 34 Abs. 1a) EU-ErbVO die Rückverweisung des englischen Rechts annimmt und England dieser Auffassung aufgrund der *foreign court theory* folgt. Ein deutscher Staatsangehöriger könnte dies auch durch eine Rechtswahl nach Art. 22 EU-ErbVO vorsorglich bestätigen. Handelt es sich um einen britischen Staatsangehörigen, könnte dieser dagegen nach Art. 22, 36 Abs. 2b) EU-ErbVO englisches Recht wählen, was England wohl wiederum nach seinem *Renvoi*-System annehmen würde.
- Liegt dagegen der gewöhnliche Aufenthaltsort des Erblassers in Deutschland, dessen Domizil aber in England, kommt es bezüglich des **beweglichen Nachlasses** zum internationalen Entscheidungsdissens, da sowohl Art. 21 EU-ErbVO als auch das englische IPR die Anwendung des eigenen Rechts beanspruchen. Sofern es sich um einen britischen Staatsangehörigen handelt, könnte dieser aber durch eine Rechtswahl nach Art. 22 EU-ErbVO eine einheitliche Rechtsanwendung erreichen. Eine entsprechende Wahl eines deutschen Staatsangehörigen zum deutschen Recht hätte dagegen aus englischer Sicht keinen Einfluss auf den Dissens, da England keine Rechtswahl im IPR kennt.
- Eine **in Deutschland belegene Immobilie** wird grundsätzlich nach deutschem Recht vererbt, auch wenn der Erblasser seinen gewöhnlichen Aufenthalt und sein Domizil in England hat, da England bezüglich dieser Immobilie auf die *lex rei sitae* verweist, was durch Art. 34 Abs. 1a) EU-ErbVO angenommen wird. Entgegen der Intention zur Nachlasseinheit in Art. 34 EU-ErbVO, kann es damit bezüglich der nicht in England gelegenen Immobilien weiterhin zur Nachlass-Spaltung kommen. Ein britischer Staatsangehöriger hätte jedoch die Möglichkeit auch für diese Immobilien einheitlich das englische Recht nach Art. 22, 36 Abs. 2b) EU-ErbVO zu wählen.[13]

---

12 Vgl. dazu *Dicey, Morris and Collins*, Rn 4R-001 ff.; *Cheshire, North & Fawcett*, S. 61 ff; *Kupfernagel*, Der Renvoi im englischen Internationalen Privatrecht, 2006, S. 45 ff., 133; *Lein*, a.a.O, Rn. 19, 33, 49 f.
13 Vgl. *Lein*, a.a.O, Rn 55 f.; *Parkinson/Lehmann*, ZEV 2014, 154.

– Eine **in England belegene Immobilie** wird dagegen aus englischer Sicht ausschließlich nach englischem Recht vererbt. Da die EU-ErbVO keine dem Art. 3 Abs. 3 EGBGB vergleichbare Vorrangnorm enthält, kann sich damit ein weiterer internationaler Entscheidungsdissens ergeben: Auch wenn aus deutscher Sicht diese Immobilie aufgrund des gewöhnlichen Aufenthalts des Erblassers in Deutschland oder einer Rechtswahl zum deutschen Recht gemäß Art. 22 EU-ErbVO dem deutschen Erbrecht unterliegt,[14] wird der in England bestellte *administrator* diese Immobilie ausschließlich nach den englischen *succession*-Regeln abzuwickeln haben.[15]

Zu beachten ist jedoch, dass diese Grundsätze nur für die Erbfolgeregeln (*succession*) gelten, die Nachlassabwicklung in England (*administration*) dagegen immer nach englischem Recht erfolgt (vgl. Rn 15 ff.).

2. Besonderheiten bei testamentarischer Erbfolge

11 Die **Formgültigkeit** eines Testaments richtet sich nach dem **Wills Act 1963**, mit dem das **Haager Testamentsformabkommen** in Großbritannien umgesetzt wurde. Danach ist ein Testament formgültig errichtet, wenn es den Formerfordernissen des Rechts des Errichtungsortes, des Domizil- oder gewöhnlichen Aufenthaltsortes oder dem Staatsangehörigkeitsrecht (jeweils entweder zum Zeitpunkt der Testamentserrichtung oder des Todes des Testators) oder bezüglich Immobilien dem Recht des Lageortes entspricht. Die Anerkennung von formgültigen deutschen Testamenten in Großbritannien bereitet daher keine Schwierigkeiten.

12 Alle Fragen der **materiellen Wirksamkeit** einer letztwilligen Verfügung richten sich grundsätzlich nach dem jeweiligen Erbstatut, also der *lex rei sitae* bzw. der *lex domicilii*. Bei der **Testierfähigkeit** ist nach herrschender Ansicht in der englischen Literatur aber allein das Domizilrecht zum Zeitpunkt der Testamentserrichtung maßgebend.[16] Die **Auslegung** eines Testaments erfolgt im Sinne der Rechtsordnung, die der Erblasser ausdrücklich oder sonst eindeutig seiner Verfügung zugrunde gelegt hat; andernfalls gilt die Vermutung, dass das Testament einheitlich entsprechend dem Domizilrecht zum Zeitpunkt der Testamentserrichtung auszulegen ist.[17] Ob in Zweifelsfällen die materielle oder die formelle Wirksamkeit der Verfügung betroffen ist, regelt zum Teil s. 3 *Wills Act 1963*: Danach sind gesetzliche Anforderungen, die nur an einen besonderen Kreis von Testatoren und an Testamentszeugen gestellt werden, immer eine Frage der formellen Wirksamkeit. Ansonsten ist die Abgrenzung durch allgemeine Auslegungsregeln zu ermitteln.[18]

13 Bei **gemeinschaftlichen Testamenten** ist nach englischem Verständnis wohl zu unterscheiden zwischen der formellen Zulässigkeit, mehrere Verfügungen in einer Urkunde zusammenzufassen, und der Frage der Bindungswirkung, die sich nach dem jeweiligen Erbstatut richtet. Gemeinschaftliche Testamente werden damit im Hinblick auf den *Wills Act 1963*

---

14 Durch den Wegfall des Art. 3 Abs. 3 EGBGB kann die in England belegene Immobilie damit nicht mehr zur Minderung der Pflichtteilsrechte dienen, wenn einheitlich deutsches Recht zur Anwendung kommt; vgl. *Everts*, Neue Perspektiven zur Pflichtteilsdämpfung aufgrund der EuErbVO?, ZEV 2013, 124 ff.

15 Zur Möglichkeit einer Verfahrensbeschränkung im deutschen Verfahren für einen solchen Fall vgl. Art. 12 EU-ErbvO.

16 Vgl. *Dicey, Morris and Collins*, Rules 142–147, Rn 27R-021 ff.; *Cheshire, North & Fawcett*, S. 1265 f.

17 Vgl. s. 4 Wills Act 1963; *Dicey, Morris and Collins*, Rule 147, Rn 27R-055; *Cheshire, North & Fawcett*, S. 1273 f., 1280 ff.

18 Vgl. im Einzelnen *Cheshire, North & Fawcett*, a.a.O.

und der grundsätzlichen Zulässigkeit von *joint wills* im englischen Erbrecht – unter weitgehendem Wegfall der Bindungswirkung bei Anwendung englischen Erbfolgerechts – i.d.R. formell unproblematisch als wirksam angesehen.

Praxishinweis: Das Gleiche gilt wohl auch für deutsche Erbverträge. Da diese aber eigentlich keine letztwilligen Verfügungen (*wills*) enthalten und damit das Haager Testamentsformabkommen nicht einschlägig ist, empfiehlt es sich bei deutsch-englischen Erbfällen vorsorglich, diese nicht ohne zusätzliche Absicherung durch einseitige, wiederholende Testamente (die auch in der Urkunde des Erbvertrages aufgenommen sein können) zu verwenden, zumal ihnen bei Anwendbarkeit englischen Erbrechts ohnehin keine Bindungswirkung zukommt.[19]

IV. Nachlassabwicklung (administration)

1. Gesonderte Nachlassabwicklung in England

England folgt im materiellen Erbrecht dem im *Common-Law*-Rechtskreis verbreiteten **Prinzip der gesonderten Nachlassabwicklung**. Dabei geht der Nachlass zunächst auf einen *personal representative* über, der als **executor** bezeichnet wird, wenn er im Testament ernannt ist, und als **administrator**, wenn er vom Gericht bestellt wird. Dieser **Nachlassabwickler** verwaltet nicht wie der deutsche Testamentsvollstrecker die den Erben gehörenden Nachlassgegenstände, sondern wird selbst Inhaber des Nachlasses. Seine wesentlichen Aufgaben bestehen darin, die Nachlassgegenstände zu sammeln, für eine gewisse Zeit zu verwalten, die Nachlassverbindlichkeiten zu begleichen und schließlich den Reinnachlass an die testamentarisch oder gesetzlich Begünstigten (*beneficiaries*) zu verteilen oder in einen längerfristigen *trust* zu überführen.

14

Dieses Prinzip findet im englischen IPR seine Fortsetzung, indem sich die Nachlassabwicklung (*administration*) abweichend vom Erbstatut immer nach der *lex fori* richtet. Dabei handelt es sich um das Recht des Landes, von dessen Gerichten der *administrator* seine Ernennung bzw. Bestätigung erhält („*the law from which the personal representative derives his authority*").[20] Auf die Nachlassabwicklung durch die von englischen Gerichten bestellten *personal representatives* findet somit **immer englisches Recht** Anwendung.[21]

15

England folgt dabei dem Grundsatz, dass der im **eigenen Land** belegene Nachlass nicht ohne die Berechtigung durch einen englischen *grant* abgewickelt werden darf.[22] Ein ausländischer Erbe kann daher die in England belegenen Nachlassgegenstände erst dann in Besitz nehmen oder von Nachlassgläubigern verklagt werden, wenn er zuvor auch in England zum *personal representative* bestellt wurde.

16

Aus Sicht der EU-ErbVO ist zwar nicht die Sonderregelung des Art. 29 EU-ErbVO, die eine Verknüpfung des Prinzips der Nachlasseinheit mit der lokalen Nachlassabwicklung erreichen sollte, anwendbar, da sich diese Regelung nur auf Mitgliedstaaten bezieht. Im praktischen Ergebnis wird sich aber immer **die englische Haltung durchsetzen**. Hat also ein deutscher Erblasser auch Vermögen in England, muss sich der Erbe oder Testamentsvoll-

---

19 Vgl. *Henrich*, Großbritannien, Rn 30 f., in: Ferid/Firsching/Dörner/Hausmann, Internationales Erbrecht; zur Bindungswirkung wechselseitiger Verfügungen und der Empfehlung paralleler Testamente vgl. Rn 83 ff.
20 *Wolff*, Priv. Int. Law, S. 604; *Dicey, Morris and Collins*, Rule 134, Rn 26R-030 ff.
21 Re Kloebe (1884) 28 Ch.D. 175; Re Lorillard [1922] 2 Ch. 638; *Cheshire, North & Fawcett*, S. 1258 ff.
22 Vgl. *Dicey, Morris and Collins*, Rules 135 f., Rn 26R-036 ff.; *Cheshire, North & Fawcett*, a.a.O.; Bengel/Reimann/*Haas*, Kap. 9 Rn 185.

strecker in England erst zum *administrator* bestellen bzw. als *executor* bestätigen lassen, um sodann den Nachlass nach englischem Recht abzuwickeln, auch wenn für die Erbfolge deutsches Recht zur Anwendung kommt!

17 Vom **Anwendungsbereich** der *lex fori* werden alle Handlungen und Befugnisse des *administrators*, die der Vorbereitung der Verteilung des Reinnachlasses an die Begünstigten dienen, umfasst.[23] Dazu zählen auch die Regeln zur Begleichung der Nachlassverbindlichkeiten, insbesondere zu deren Verjährung und Zulässigkeit in der Nachlassverwaltung, und zu deren Rangfolge bei insolventen Nachlässen. Daneben bestimmt die *lex fori* die sog. *mechanics of the distribution*, also die Art und Weise der Verteilung an die Begünstigten, den Rechtsübergang und das Verhältnis mehrerer Nachlassabwickler zueinander. Das **Erbstatut** erfasst dagegen nur die Verteilung des Nachlasses (*distribution*), d.h. alle Fragen, wer nach der Abwicklung etwas als testamentarisch oder gesetzlich Begünstigter aus dem Nachlass erhält, und ob etwaige Pflichtteilsrechte oder ähnliche gesetzliche Ansprüche bestehen. Dazu zählen auch die Ansprüche auf *family provisions* (vgl. dazu Rn 51 ff.),[24] wobei zu beachten ist, dass diese nach der materiell-gesetzlichen Regelung in England nur gewährt werden, wenn der Erblasser sein Domizil im Inland hatte.[25]

2. Administration in Deutschland

18 Im Anwendungsbereich des EGBGB wurde die „umgekehrte" Frage, ob die *administration* englischen Rechts auch Nachlass in Deutschland erfasst, höchst unsicher behandelt. Diese Frage kann dann Bedeutung haben, wenn der Erblasser seinen **gewöhnlichen Aufenthalt und sein letztes *domicile* in England** hatte, aber beweglichen Nachlass in Deutschland hinterlässt.[26] Denn in diesem Fall kommt zwar für die Erbfolge englisches Recht zur Anwendung, Deutschland hätte aber aus englischer Sicht in gleicher Weise, wie das England für sich selbst in Anspruch nimmt, das Recht, einen eigenen *personal representative* (sog. *ancillary administrator*) zu bestellen, also seine Nachlassabwicklung durchzusetzen. Bezüglich der Folgerungen, die aus dieser Haltung Englands zu ziehen sind, wurden in Deutschland seit langem **zwei Meinungen** vertreten, ohne dass sich eine in Rechtsprechung oder Literatur als herrschend durchsetzen konnte:

19 Nach der von *Firsching* (v.a. im Verhältnis zu dem vergleichbaren Kollisionsrecht in den USA) begründeten Ansicht konnte ein ausländischer *personal representative* in Deutschland nicht tätig werden, da das englische Recht für die Abwicklung in Deutschland auf deutsches

---

23 Vgl. *Dicey, Morris and Collins*, Rn 26–032 ff.
24 Die englischen *family provisions* fallen auch gemäß Art. 23 Abs. 2h) in den Anwendungsbereich der EU-ErbVO. Auch wenn sie unterhaltsähnlichen Charakter haben, greift der Ausschluss des Art. 1 Abs. 2e) EU-ErbVO nicht ein, da sie erst mit dem Tod des Erblassers entstehen.
25 Zu den daraus entstehenden Fällen der Normenhäufung und des Normenmangels vgl. *Süß*, Länderübersicht Großbritannien, in: Mayer/Süß u.a., Handbuch Pflichtteilsrecht, § 19 Rn 152 f.
26 Unproblematisch sind dagegen die Fälle, in denen deutsches Erbrecht zur Anwendung kommt, d.h. wenn der Erblasser zwar seinen gewöhnlichen Aufenthalt in England, sein letztes Domizil aber in Deutschland hatte oder hier unbewegliches Vermögen hinterlässt. Denn mit der Erbfolge-Verweisung (vgl. oben Rn 10) immanent verbunden ist in diesen Fällen auch die Regelung, dass die Nachlassabwicklung nach deutschem Recht, also durch die Erben selbst, erfolgen soll; vgl. *Odersky*, Abwicklung, S. 124 ff.; *Hausmann*, Zur Anerkennung der Befugnisse eines englischen administrator in Verfahren vor deutschen Gerichten, in: FS Heldrich, S. 649, 661 f.

Recht (versteckt) zurückverweise.²⁷ Das Nachlassverfahren wird dabei wie andere Rechtsbereiche (z.B. Scheidungs-, Adoptions- und Sorgerechtsverfahren) gesehen, bei denen man aus dem im *Common Law* verbreiteten Prinzip, Zuständigkeitsverweisungen aufzustellen und das Gericht dann das gerichtseigene Recht (*lex fori*) anwenden zu lassen, eine **versteckte Rückverweisung** ableitet. Folge dieser Theorie wäre, dass in Deutschland nicht die *personal representatives*, sondern die – nach englischem Erbfolgerecht (als *lex domicilii*) zu bestimmenden – *beneficiaries* als Erben gemäß den Bestimmungen des deutschen Rechts abwicklungsberechtigt wären, allerdings auch für die Nachlassschulden unmittelbar haften. Den englischen Nachlassabwicklern käme nur dann eine Aufgabe zu, wenn ihre Stellung in eine dem deutschen Recht funktionsvergleichbare umgedeutet werden könnte: Der gerichtlich eingesetzte *administrator* würde damit ganz wegfallen; dem *executor* könnte die Rechtstellung eines Testamentsvollstreckers im Sinne des deutschen Rechts eingeräumt werden. Dies sollte allerdings – nach herrschender Meinung der Vertreter dieser Theorie – nur erfolgen, wenn die Aufgaben des *executor* über die bloße Nachlassabwicklung hinausgehen, da man unterstellte, dass der Testator ihn sonst nur benannt hat, um die gerichtliche Bestellung eines *administrators* zu vermeiden.

Nach anderer – zumindest im Verhältnis zu Großbritannien wohl überwiegend vertretener – Auffassung war die **Handlungsbefugnis** des in England als Domizilland des Erblassers bestellten *personal representative* **anzuerkennen**, da Deutschland keine gesonderte Nachlassabwicklung nach *Common-Law*-Vorbild kennt und daher von dem Recht, einen eigenen Nachlassabwickler zu ernennen, keinen Gebrauch macht.²⁸

Dies wurde v.a. damit begründet, dass die Annahme, eine versteckten Rückverweisung aus der Zuständigkeitsverteilung der Gerichte abzuleiten, nicht zum englischen Verständnis der aufeinander abgestimmten Nachlassabwicklungsverfahren passt, da aus englischer Sicht die im Ausland stattfindende lokale Nachlassabwicklung keineswegs frei von inhaltlichen Einflüssen der englischen *administration* ist. Bspw. hat nach englischem Verständnis der vom Domizilland bestellte Verwalter (*domiciliary administrator*) einen Anspruch darauf, im Ausland auch zum Nachlassabwickler bestellt zu werden, oder er kann von lokalen Nachlassabwicklern verlangen, den von diesen erzielten Reinerlös überwiesen zu bekommen.²⁹ Gelangen Nachlassgegenstände vom Ausland nach England, erstreckt sich ferner der Titel und die Verantwortung des dortigen *administrators* auf diese, was im Widerspruch zum unmittelbaren Eigentumsübergang auf die deutschen Erben stehen würde.³⁰ Wenn England somit dem Ausland die letzte Entscheidung über die Rechte der englischen *personal representatives* überlässt, so ist dies nicht Ausdruck für eine gewollte Zuständigkeitsübertragung, sondern

20

---

27 Vgl. insbesondere *Ferid/Firsching*, USA Anm. 60d, zum US-amerikanischen Recht; *Ferid*, Int. Privatrecht, Rn 9–21, 9–81 ff.; Staudinger/*Dörner*, Anh. zu Art. 25 EGBGB Rn 286 und Art. 25 EGBGB Rn 683, 893 ff. und 911 f.; die Frage offen gelassen hat z.B. Bengel/Reimann/*Haas*, Kap. 9 Rn 187 m.w.N. Diese Auffassung wurde häufig als „Spaltungstheorie" bezeichnet, da es zu territorial gespaltenen Nachlassabwicklungen, die sich auch vom Domizilrecht als einheitlichem Erbstatut unterscheiden, kommt.
28 Vgl. insbesondere *Henrich*, Großbritannien, Rn 80 ff., in: Ferid/Firsching/Dörner/Hausmann, Internationales Erbrecht; *Kegel/Schurig*, Internationales Privatrecht, S. 859 und 875 f.; *Raape*, Internationales Privatrecht, 5. Aufl. 1961, S. 453; *Odersky*, Abwicklung, S. 75 ff.; *Hausmann*, in: FS Heldrich, S. 656 ff.; zum ähnlichen US-amerikanischen Recht z.B. auch *v. Oertzen*, ZEV 1996, 210, 213 f.; *Schack*, S. 259, 261. Diese Meinung wurde häufig auch als „Anerkennungstheorie" bezeichnet, um zum Ausdruck zu bringen, dass das Ergebnis des Art. 25 Abs. 1 EGBGB, ausländisches Recht einschließlich der verfahrensbezogenen Abwicklungsvorschriften anzuwenden, zu akzeptieren ist.
29 Vgl. *Dicey, Morris and Collins*, Rules 132 f., Rn 26R-021 ff.
30 Vgl. deutlich *Cheshire, North & Fawcett*, S. 1257 f.

lediglich für eine Selbstbeschränkung gegenüber der aufgrund der Belegenheit der Nachlassgegenstände ohnehin „stärkeren" Rechtsordnung, sofern diese selbst Geltung beansprucht. Eine solche Rücksichtnahme bzw. „bedingte Verweisung"[31] könne aber nicht mit einer versteckten Rückverweisung gleichgesetzt werden, da diese voraussetzt, dass der ausländische Staat grundsätzlich darauf verzichtet, dass sein Recht im Ausland zur Anwendung kommt.

21 Im **Anwendungsbereich der EU-ErbVO** wird man nur letztere Auffassung vertreten können. Zwar mag auch bei Art. 34 EU-ErbVO eine versteckte Rückverweisung, abgeleitet aus Zuständigkeitsvorschriften des angerufenen Drittstaats, grundsätzlich vorstellbar sein. Im Zweifel wird man die Rückverweisungsregel der EU-ErbVO aber eher einschränkend zugunsten der von der Verordnung angestrebten Nachlasseinheit (vgl. Art. 20, 22 Abs. 1 und Erwägungsgrund 42 EU-ErbVO) auszulegen haben. Insbesondere in Art. 22 Abs. 2f) EU-ErbVO ist dabei klargestellt, dass zum anwendbaren Erbrecht auch die Befugnisse eines *personal representative* als „anderer Nachlassverwalter" gehören.[32] Zwar mag im Einzelfall der Grundsatz der Nachlasseinheit durch eine partielle Rückverweisung durchbrochen werden (wie dies z.B. im oben dargestellten Erbfolgerecht für Immobilien aufgrund der lex-situs-Regel geschieht). Doch sollte ein *renvoi* nach der Intention der Verordnung nur zum Zwecke des internationalen Entscheidungseinklangs erfolgen,[33] also nur dann, wenn das ausländische Recht selbst nicht angewendet werden will, weil es auf das Recht eines anderen Staates verweist. Die im *common law* verankerte Tradition, dass jedes Land aufgrund seiner Hoheitsbefugnisse eine untergeordnete lokale *ancillary administration* anordnen kann, enthält aber, wie oben dargestellt, keinen solchen verdrängenden Anwendungsbefehl.

22 Bei Aufrechterhaltung der Spaltungstheorie käme es auch zu einer nicht mehr schlüssig erklärbaren Diskrepanz: Ist aus Sicht der EU-ErbVO englisches Recht nicht nur aufgrund des gewöhnlichen Aufenthalts und Domizils des Erblassers in England anwendbar, sondern aufgrund einer Rechtswahl eines britischen Staatsangehörigen nach Art. 22 EU-ErbVO, wäre die Annahme einer versteckten Rückverweisung für die Nachlassabwicklung nach Art. 34 Abs. 2 EU-ErbVO von vornherein ausgeschlossen. Zumindest in diesem Fall, wäre der im Testament benannte *executor* oder ein hilfsweise bestellter *administrator* immer nach Art. 23 Abs. 2 f) EU-ErbVO aufgrund des englischen Rechts handlungsbefugt.

23 Im **Ergebnis** bedeutet dies, dass bei Anwendbarkeit englischen (Erbfolge-)Rechts ein in England bestellter *personal representative* in Deutschland uneingeschränkt tätig werden kann, wobei natürlich die dem *trust* ähnliche sachenrechtliche Stellung gegenüber den *beneficiaries* gemäß Art. 31 EU-ErbVO an das deutsche Recht anzupassen ist.[34] Nur wenn England auf die Bestellung eines *administrators* verzichtet, z.B. wenn zwar das letzte Domizil des Erblassers in England war, dort aber kein Nachlass belegen ist, können die als Erben zu qualifizierenden Begünstigten in Deutschland selbst den Nachlass abwickeln.[35] Bei einem *executor* ist das Testament daraufhin auszulegen, ob dieser auch in Deutschland tätig werden

---

31 *Kegel/Schurig*, Internationales Privatrecht, S. 366 f.
32 Deutlicher noch die englische Fassung der Verordnung: „the executors of the wills and other administrators of the estate".
33 Vgl. Erwägungsgrund 57 der EU-ErbVO.
34 Zur *trust* und dessen sachenrechtlicher Anpassung vgl. Rn 24 und § 3 Rn 110 ff.
35 Vgl. *Henrich*, Großbritannien Rn 84, in: Ferid/Firsching/Dörner/Hausmann, Internationales Erbrecht; zum Nachweis im deutschen Erbscheinsverfahren, insb. durch eidesstattliche Versicherung, dass keine *administration* angeordnet wird, weil kein Vermögen in England belegen ist, vgl. *Odersky*, Abwicklung, S. 118 ff.

soll. Sofern sich seine Aufgaben auf den in Deutschland belegenen Nachlass erstrecken (z.B. weil der gesamten Nachlass nach einheitlichen Grundsätzen abgewickelt werden soll oder für die Regulierung von Nachlassverbindlichkeiten benötigt wird), kann er hier in Anwendung englischen Rechts tätig werden. Ergibt sich dagegen aus dem Testament, dass der Nachlass in Deutschland von der Testamentsvollstreckung ausgenommen sein soll (z.B. weil der Erblasser über den deutschen Nachlass getrennt verfügt hat oder dieser als gesonderter Vermögensgegenstand an eigens genannte Begünstigte fällt), können die Erben den Nachlass selbst abwickeln, da das englischen Recht den Grundsatz, dass kein Nachlass ohne *personal representative* abgewickelt werden darf, nur im eigenen Land zwingend durchsetzt.

V. Besonderheiten des Trust

Besonderen Regeln unterliegt der *trust*, der sowohl unter Lebenden (*inter vivos trust*) als auch von Todes wegen im Testament (*testamentary trust*) begründet werden kann.[36] Letzteres hat in England große Bedeutung, da bestimmte längerfristige Gestaltungen nur auf diese Weise erreichbar sind (dazu vgl. Rn 46). Aus deutscher Sicht handelt es sich dabei funktionell um Verfügungen von Todes wegen, so dass der *testamentary trust* grundsätzlich erbrechtlich zu qualifizieren ist.[37] Dem scheint auf den ersten Blick Art. 1 Abs. 2j) EU-ErbVO entgegenzustehen. Wie sich aus Erwägungsgrund 13 ergibt, soll der Ausschluss vom Anwendungsbereich aber nur die Elemente umfassen, die nicht als erbrechtlich zu qualifizieren sind, d.h. die Funktionsweise des *trust* betreffen, die ggf. gemäß Art. 31 EU-ErbVO an das Sachenrecht des Belegenheitsstaats anzupassen sind; der Übergang der Vermögenswerte und die Bestimmunen der Berechtigten unterliegen dagegen dem anwendbare Erbrecht.[38]

Aus englischer Sicht ist für die kollisionsrechtliche Anknüpfung aller *trusts* seit 1987 allein der *Recognition of Trust Act 1987* maßgebend, mit dem das Haager Übereinkommen über das auf Trusts anzuwendende Recht vom 1.7.1985 umgesetzt wurde. Da das Gesetz allgemein verbindliche Kollisionsnormen aufstellt, ergibt sich das anwendbare Recht – unabhängig von einer Umsetzung des Abkommens in anderen Ländern – gem. Art. 6 des Übereinkommens in erster Linie aus der Rechtswahl des Begründers (*settlor*). Ist eine solche nicht erfolgt oder wurde ein Recht gewählt, das *trusts* nicht kennt, wie z.B. das deutsche, erfolgt die Anknüpfung an das Recht, mit dem der *trust* die engste Verbindung aufweist. Art. 7 des Übereinkommens enthält dazu verschiedene Beispiele, insbesondere den Ort der Verwaltung des *trust* oder den gewöhnlichen Aufenthaltsort des *trustee*. Das so ermittelte Recht regelt gem. Art. 9 des Übereinkommens grundsätzlich alle Fragen zur Gültigkeit der *trust*-Errichtung, seiner Wirkungen und seiner Verwaltung.[39]

Mit der Begründung eines *trust* kann damit zum einen auf die Vermögenszuordnung **unter Umgehung des Erbstatuts** Einfluss genommen werden. Ein Beispiel dafür wäre die Errichtung eines *inter vivos trust* mit Wahl des englischen Rechts bzw. Verwaltung in England durch einen Erblasser, der sein letztes Domizil in Deutschland hat, so dass Erbstatut für das bewegliche Vermögen ansonsten deutsches Recht wäre.

---

36 Zum Begriff des *trust* und dessen sachenrechtlichen Wirkungen im deutschen Recht vgl. § 3 Rn 110 ff.
37 Vgl. Staudinger/*Dörner*, Art. 25 EGBGB Rn 427.
38 Sofern man hier den Anwendungsbereich der EU-ErbVO enger sieht, müsste die Lücke durch den Wegfall des bisherigen Art. 25 EGBGB ggf. durch eine entsprechende Anwendung der VO geschlossen werden; vgl. *Richters*, ZEV 2012, 576 f; entsprechend die Neufassung des Art. 25 im Regierungsentwurf zum IntErbRVG.
39 Vgl. im Einzelnen *Cheshire, North & Fawcett*, S. 1031 ff.; *Dicey, Morris and Collins*, Rule 159, Rn 29 R-001 ff.

27 Zum anderen wird für in England belegenes Vermögen, das zu Lebzeiten in einen *trust* eingebracht wird, die zwingende Nachlassabwicklung durch den *personal representative* des Begründers entbehrlich. Zu beachten ist aber, dass immer dann, wenn eine natürliche Person alleiniger *trustee* ist, das Vermögen bei deren Tod zunächst an deren *personal representative* fällt, der dann einen neuen *trustee* bestellen muss. Sofern eine Nachlassabwicklung dauerhaft vermieden werden soll, empfiehlt es sich daher, mehrere *trustees* – sei es nebeneinander oder jeweils ersatzweise – oder eine *trust-corporation*[40] zu bestellen. Ferner hat jeder *trustee* das Recht, weitere *co-trustees* zu bestellen, die dann auch das Amt im Falle seines Todes weiterführen könnten.[41]

B. Materielles Erbrecht

I. Prägende Merkmale des englischen Erbrechts

28 Das englische Erbrecht wird, wie bereits erwähnt (siehe Rn 14), geprägt von der **gesonderten Nachlassabwicklung** durch einen *administrator* oder *executor*. Da dieser zunächst Inhaber des gesamten Nachlasses wird, ist England die Unterscheidung der „*Civil-Law*"-Länder zwischen Erben und Vermächtnisnehmern fremd. Alle *beneficiaries* haben nur **Herausgabeansprüche** gegenüber dem *personal representative*, unabhängig davon, ob sich diese auf einzelne Nachlassgegenstände oder auf den gesamten nach Abwicklung verbleibenden Reinnachlass (sog. *residuary estate* oder kurz *residue*) beziehen. Sofern in dieser Darstellung der Begriff „Erbe" verwendet wird, darf dies daher nur als die im Deutschen geläufigere Bezeichnung für die erbrechtlich Begünstigten verstanden werden, nicht als Vermögensnachfolger im Sinne der Universalsukzession.

29 Weitere Folge der Nachlassabwicklung ist, dass die *beneficiaries* automatisch von jeder persönlichen Haftung für Nachlassverbindlichkeiten befreit sind, also weder das Erbe ausschlagen noch andere Handlungen zur Haftungsbeschränkung vornehmen müssen. Da es automatisch zu einer *seperatio bonorum* kommt, haften auch die *personal representatives* nicht mit ihrem Privatvermögen, solange sie nicht ihre Pflichten im Rahmen der Nachlassabwicklung verletzen.

30 Neben dem Prinzip der gesonderten Nachlassabwicklung prägt der Grundsatz der **Testierfreiheit** das englische Erbrecht. Zwar kann das Gericht im Einzelfall nahen Angehörigen Versorgungsleistungen aus dem Nachlass (*family provisions*) einräumen (vgl. dazu Rn 51 ff.), doch feste Pflichtteilsansprüche oder Noterbrechte kennt das englische Recht nicht.[42] Diese weitreichende Testierfreiheit, die zahlreichen Gestaltungsmöglichkeiten, die das englische Erb- und Sachenrecht – insbesondere über die Möglichkeiten des *trust* – eröffnet, sowie die Tatsache, dass nur über testamentarische Anordnungen die Person und die Aufgaben des *executor* festgelegt und die gerichtlich anzuordnende *administration* vermieden werden können, haben wohl dazu geführt, dass in England die gewillkürte Erbfolge (*testate succession*) wesentlich häufiger ist als in Deutschland. Nur in etwa der Hälfte der Erbfälle kommt es zur gesetzlichen Erbfolge (*intestate succession*).[43]

---

40 Dies sind meist spezialisierte Abteilungen oder Tochterunternehmen der Banken, Versicherungen oder Anwaltskanzleien.
41 Vgl. dazu im Einzelnen *Mellows*, S. 321 ff.
42 Zur geschichtlichen Entwicklung vgl. *Mellows*, S. 203 f.
43 Vgl. *Butterworths*, B [1–5] auf Grundlage der Schätzung der *Law Commission* Nr. 187 (1989).

II. Gesetzliche Erbfolge

1. Rechte des Ehegatten und eingetragenen Lebenspartners

Die gesetzliche Erbfolge ist traditionell von einer sehr starken Stellung des länger lebenden Ehegatten geprägt, wobei dieser in England ausschließlich erbrechtlich abgefunden wird, durch das Güterrecht aber keinen zusätzlichen Ausgleich erhält.[44] Voraussetzung für das Entstehen der Rechte des Ehegatten ist, dass er den Erblasser um mindestens 28 Tage überlebt.[45] Das Ehegatten-Erbrecht entfällt im Übrigen erst mit rechtskräftiger Scheidung oder der gerichtlichen Anordnung des Getrenntlebens.[46]

31

Hinterlässt der Erblasser **Abkömmlinge**, hat der Ehegatte Anspruch auf folgende Nachlassteile:

32

- Alle *personal chattels* des Erblassers; diese umfassen gem. s. 55 (1) *Administration of Estates Act (A.E.A) 1925* in der Fassung von s. 3 *Inheritance and Trustees Powers Act 2014* nicht nur wie beim deutschen Voraus die Haushaltsgegenstände, sondern das gesamte bewegliche Vermögen des Erblassers mit Ausnahme von Geldvermögen, Gegenständen, die hauptsächlich beruflichen Zwecken dienen, und Wertgegenständen, die ausschließlich als *investment* gehalten wurden. Bestimmte Wertobergrenzen (z.B. für wertvolle Sammlungen) gibt es nicht, so dass der Wert dieser Gegenstände im Verhältnis zum Gesamtnachlass beträchtlich sein kann.[47] Die *personal chattels* dürfen vom *administrator* gem. s. 33 A.E.A. 1925 nur nachrangig zur Begleichung von Nachlassverbindlichkeiten veräußert werden.
- Einen **festen Geldbetrag** (*statutory legacy*) in Höhe von derzeit £ 250.000, der vom Zeitpunkt des Todes des Erblassers an bis zur Auszahlung mit dem Leitzinssatz der *Bank of England* zu verzinsen ist.[48]
- Die **Hälfte des** danach verbleibenden **Reinnachlasses** (*residuary estate*).
- Der überlebende Ehegatte hat dazu gemäß s. 47A *A.E.A. 1925* das Wahlrecht, dass ihm der *personal representative* ein zum Nachlass gehörendes Familienwohnheim (*dwelling house*) gegen Verrechnung des Verkehrswertes mit seinen erbrechtlichen Ansprüchen überträgt.

Verstarb der Erblasser **vor dem 1.10.2014**, ist s. 46 *A.E.A 1925* noch in seiner bis dahin geltenden Fassung anwendbar: Der längerlebende Ehegatte erhielt dann – neben dem festen Geldbetrag – nicht die Hälfte des *residuary estate* zur freien Verfügung (*absolute interest*), sondern nur einen *life interest*, also ein lebenslanges **Nutzungsrecht** an dieser Hälfte.

33

---

44 Die gesetzliche Erbfolge ist umfassend gesetzlich geregelt im 4. Teil des *Administration of Estates Act (A.E.A) 1925* in der Fassung des *Intestates Estates Act 1952* sowie dem *Inheritance and TrusteesPower Act 2014*, der die Stellung des Ehegatten nochmals deutlich stärkte. Zur gesetzlichen Gütertrennung und zur Vermögenszuordnung bei Ehegatten vgl. *Odersky*, in: Süß/Ring, Eherecht in Europa, England und Wales, 2. Aufl. 2012, Rn 16 ff.

45 Vgl. S. 46 (2A) A.E.A. 1925, ergänzt durch s. 1(1) *Law Reform (Succession) Act (LR(S)A) 1995*.

46 Vgl. S. 18 (2) Matrimonial Causes Act 1973; *Henrich*, Großbritannien, Rn 141, in: Ferid/Firsching/Dörner/Hausmann, Internationales Erbrecht; *Barlow, King & King*, Rn 3.08.

47 Sofern Testamente aus der Zeit vor dem 1.10.2014 den Begriff der *personal chattels* verwenden, ist dabei gemäß s. 3 (2) *Inheritance and TrusteesPower Act 2014* im Zweifel die ältere, etwas eingeschränktere Bedeutung des s. 55 (1) A.E.A 1925 zu verwenden; vgl. dazu Beispiele bei *Kanda Rovati*, S. 166 f.; *Parry and Clark*, Rn 2–13.

48 Vgl. S. 46 (1) A.E.A. 1925 in der Fassung von s. 1 *Inheritance and Trustees Power Act 2014*; dieser feste Geldbetrag wird vom Lord Chancellor durch Verordnung festgelegt, wobei künftig eine Anpassung immer dann zu erfolgen hat, wenn sich die Verbraucherpreise in England im Vergleich zum Stand 2014 um 15 % erhöht haben; vgl. Schedule 1A *Inheritance and Trustees Power Act 2014*.

Der entsprechende Anteil am Reinnachlass, der vom *administrator* in einem gesetzlich angeordneten *trust* verwaltet wird, fällt nach dem Tod des längerlebenden Ehegatten an die Abkömmlinge.[49]

34 Berücksichtigt man, dass in England die meisten Ehepaare ihr Familienheim in einer *joint tenancy* halten, so dass dieses beim Tod eines von ihnen außerhalb des Erbrechts auf den länger Lebenden übergeht (vgl. Rn 88), führen diese gesetzlichen Rechte selbst bei mittleren Vermögensverhältnissen noch zu einer tatsächlichen Alleinerbschaft oder zumindest einer ganz überwiegenden Berechtigung des länger lebenden Ehegatten. Ferner hat dieser i.d.R. das Recht, selbst zum *administrator* bestellt zu werden, so dass er auch die Verwaltung des Nachlasses in Händen hat (vgl. Rn 68).

Zu beachten ist jedoch, dass die Regelungen zur zwingenden Familienvorsorge (vgl. Rn 51 ff.) auch bei gesetzlicher Erbfolge eingreifen können, so dass sich darüber ein Versorgungsanspruch von Kindern und anderer Angehöriger ergeben kann, auch wenn diese sonst am Nachlass keine Rechte haben.

35 Hinterlässt der Erblasser **keine Abkömmlinge** erhält der Ehegatte gemäß s 46 *A.E.A. 1925* in der Fassung von s. 1 *Inheritance and Trustees' Powers Act* den gesamten Nachlass, unabhängig davon, welche weiteren Verwandten vorhanden sind.

Verstarb der Erblasser vor dem 1.10.2014 und sind Eltern, Geschwister oder deren Abkömmlinge vorhanden, sind die Rechte des Ehegatten aber noch beschränkt auf die *personal chattels*, eine *statutory legacy* in Höhe von £ 450.000 und die Hälfte des Restnachlasses als *absolute interest*.

36 Durch den *Civil Partnership Act (CPA) 2004* wurde gleichgeschlechtlichen Paaren das Recht eingeräumt, eine **eingetragene Lebenspartnerschaft**, die sog. *Civil Partnership*, registrieren zu lassen.[50] Mit dem Gesetz wurden ferner sämtliche Rechtsfolgen der Partnerschaft denen der Ehe angepasst. Soweit in diesem Länderbericht die Rechte eines längerlebenden Ehegatten beschrieben sind, gilt dies damit entsprechend für die registrierten Partner.

2. Erbrecht der Abkömmlinge und Verwandten

37 Sind **Abkömmlinge** des Erblassers vorhanden, schließen diese alle weiteren Verwandten von der Erbfolge aus. Hinterlässt der Erblasser keinen Ehegatten, so fällt damit der gesamte Nachlass den Abkömmlingen zur freien Verfügung an. Neben dem längerlebenden Ehegatten erhalten die Abkömmlinge nur die Hälfte des *residuary estate*.

Verstarb der Erblasser vor dem 1.10.2014, steht den Abkömmlingen noch das **Anwartschaftsrecht** (*remainder*) an der anderen Hälfte des Restnachlasses, die mit dem *life interest* des Ehegatten belastet ist, zu. Dieser *remainder* ist vererblich, fällt also an die Erben des Abkömmlings, wenn er vor dem überlebenden Ehegatten verstirbt.

---

49 Der überlebende Ehegatte hat dazu das weitere Wahlrecht, an Stelle der als *life interest* zu zahlenden Erträge deren kapitalisierten Wert als Einmalbetrag zu verlangen, wobei dann die Abkömmlinge den Restbetrag sofort zur freien Verfügung erhalten. Da aber das Wahlrecht nur innerhalb von zwölf Monaten, gerechnet ab der Bestellung des *administrators*, ausgeübt werden kann, wird dieses Recht nach 2015 keine Rolle mehr spielen; vgl.dazu *Parry and Kerridge*, Rn 2–15 und 2–21 ff.; *Barlow, King & King*, Rn 3.12 ff.

50 Vgl. dazu näher *Odersky*, in: Süß/Ring, Eherecht in Europa, England und Wales, 2. Aufl. 2012, Rn 104 f.; durch s. 210 CPA 2004 mit Anhang 20 ist ferner die eingetragene Lebenspartnerschaft nach deutschem Recht der *Civil Partnership* gleichgestellt.

Mehrere Kinder erben zu gleichen Teilen. Ist ein Kind vorverstorben oder fällt es als Erbe **38** weg, treten dessen Abkömmlinge an seine Stelle (**Erbfolge nach Stämmen**). Erbberechtigt sind sowohl leibliche (eheliche und nichteheliche) sowie adoptierte Kinder; Kinder infolge einer Samenspendertherapie gelten als Kinder der Mutter und ihres Ehemannes.[51]

Die **Verwandten** erben in folgender Rangfolge, so dass alle nachrangigen Personengruppen **39** ausgeschlossen sind, wenn in einer vorrangigen zumindest noch ein Erbe vorhanden ist:[52]
- die Eltern;
- die vollbürtigen Geschwister bzw. deren Abkömmlinge;
- die halbbürtigen Geschwister bzw. deren Abkömmlinge;
- die Großeltern;
- die vollbürtigen Geschwister der Eltern bzw. deren Abkömmlinge;
- die halbbürtigen Geschwister der Eltern bzw. deren Abkömmlinge.

Mehrere Personen in einer Personengruppe erben zu gleichen Teilen, wobei die Abkömm- **40** linge eines vorverstorbenen Geschwister gemäß dem Prinzip der Erbfolge nach Stämmen an dessen Stelle treten. Sind solche Verwandten nicht vorhanden, ist der Nachlass ohne gesetzlichen Erben (*bona vacantia*) und fällt an die Krone.[53]

Erbfähig ist nur, wer zur Zeit des Erbfalls lebt, oder bereits gezeugt war.[54] Bei **minderjähri- 41 gen Erben** ist jedoch zu beachten, dass ihr Erbteil bis zur Vollendung des 18. Lebensjahres oder einer früheren Heirat vom *administrator* in einem *statutory trust* verwaltet wird. Stirbt ein Erbe, bevor er volljährig wurde, fällt sein Nachlassteil nicht an seine Erben, sondern die ursprüngliche Erbfolge ist in der Weise neu zu bestimmen, als ob er bereits vor dem Erblasser verstorben wäre.[55]

3. Teilweise gesetzliche Erbfolge, Ausgleichung

Hat der Erblasser nur über einen Teil seines Nachlasses testamentarisch verfügt (sog. *partial* **42** *intestacy*) finden auf den nach Tilgung der Nachlassverbindlichkeiten und Erfüllung der letztwilligen Verfügungen verbleibenden Restnachlass die gesetzlichen Erbfolgeregeln unverändert Anwendung. Gesetzliche **Ausgleichungsregeln**, mit denen die testamentarischen Zuwendungen auf die gesetzlichen Rechte angerechnet wurden, sind durch den *Law Reform (Succession) Act 1995* zum 1.1.1996 **abgeschafft** worden, so dass insbesondere der Ehegatte die vollen gesetzlichen Rechte neben etwaigen Zuwendungen aus dem Testament erhält. Das Gleiche gilt im Fall der **kollisionsrechtlichen Nachlassspaltung**, so dass die gesetzliche Erbfolge nach englischem Recht nicht durch die Verteilung anderer Nachlassteile beeinflusst wird.[56]

---

51 S. 39 (1) *Adoption Act 1976*; s. 1 (1), 18, 27 *Family Law Reform Act 1987*.
52 S. 46 (1)-(5) A.E.A 1925. Bei nichtehelich geborenen Erblassern wird jedoch vermutet, dass der Vater und dessen Verwandte vorverstorben sind, so dass der *personal representative* bei Verteilung des Nachlasses nur ihm tatsächlich bekannte Angehörige aus der väterlichen Linie berücksichtigen muss, vgl. s. 18 (2) Family Law Reform Act 1987; *Barlow, King & King*, Rn 3.25.
53 S. 46 (1) (vi) A.E.A 1925; hierbei handelt es sich um ein gesetzliches Erbrecht und nicht nur um ein Aneignungsrecht im Sinne des Art. 33 EU-ErbVO.
54 S. 55 (2) A.E.A. 1925; kann der Todeszeitpunkt von mehreren in einer gemeinsamen Lebensgefahr verstorbenen Personen nicht festgestellt werden, wird vermutet, dass die jüngere die ältere überlebt hat.
55 S. 47 A.E.A. 1925; vgl. *Mellows*, S. 181 ff.; *Parry and Kerridge*, Rn 2–29.
56 Vgl. Re Collens [1986] 1 All ER 611; *Kanda Rovati*, S. 168 f., 182 f.

43 Mit dem gleichen Gesetz wurden alle früheren Anrechnungs- und Ausgleichungsbestimmungen (sog. *hotchpot*-Regeln) abgeschafft, so dass **lebzeitige Zuwendungen** an Ehegatten oder Abkömmlinge keine Auswirkungen auf das gesetzliche Erbrecht haben und innerhalb mehrerer Erben nicht mehr ausgeglichen werden müssen.

III. Testamentarische Erbfolge

1. Typische testamentarische Verfügungen

44 Bei den testamentarischen Zuwendungen ist zu unterscheiden zwischen den Vermächtnissen, die dem Begünstigten endgültig zur freien Verfügung verbleiben sollen (*absolute interest*) und vom *personal representative* zu erfüllen sind, und zahlreichen weiteren Zuwendungsformen, die über die Anordnung eines *testamentary trust* erreichbar sind. Der *testamentary trust* ist dabei keine verlängerte Form der Nachlassabwicklung, sondern eine spezielle Form der Erbfolge, die sich zeitlich an die Nachlassabwicklung anschließt. Auch wenn sich die Struktur der Ämter des *personal representative* und des *trustee* ähneln und in Testamenten meistens dieselbe Person als „*executor and trustee*" bestellt wird, kann die Unterscheidung, in welcher Funktion das Vermögen verwaltet wird, bei einzelnen Fragen von Bedeutung sein. Beispielsweise können mehrere *personal representatives* jeweils einzeln handeln (außer bei der Übertragung von Grundbesitz), wohingegen mehrere *co-trustees* nur gemeinsam agieren dürfen.

45 Für die direkten **Vermächtnisse** werden je nach der Art des vermachten Vermögens die Begriffe *devise*, mit der *real property* zugewandt wird, und *legacy* oder *bequest*, die sich auf *personal property* beziehen, verwendet.[57] Ferner werden folgende **Zuwendungsarten** nach dem Umfang des vermachten Vermögens unterschieden:[58]

– Mit den *specific legacies* bzw. *specific devises* werden bestimmte **einzelne Gegenstände**, einschließlich aller Erträge, die ab dem Tod des Erblassers darauf anfallen, vermacht. Gehört der vermachte Gegenstand beim Tod des Erblassers nicht mehr zum Nachlass, so entfällt das Vermächtnis ersatzlos (sog. *ademption*). Der Begünstigte hat i.d.R. die Kosten für Unterhalt und Übertragung der Vermächtnisgegenstände durch den *personal representative* zu tragen. Bei der Begleichung von Nachlassverbindlichkeiten sind diese Vermächtnisgegenstände nur nachrangig nach allen anderen Nachlassgegenständen heranzuziehen.

– Mit den *general legacies* werden der **Gattung** nach bestimmbare Gegenstände vermacht, die der *personal representative* ggf. beschaffen muss. Ist dies nicht möglich, muss dem Begünstigten der entsprechenden Wert in Geld ersetzt werden. Zu den Gattungsvermächtnissen werden auch die **Geldvermächtnisse** (*pecuniary legacies*) gezählt. Diese Vermächtnisse sind auf Kosten des Nachlasses zu erfüllen, sind aber umgekehrt auch erst ab Fälligkeit, also meist nach Ablauf des Verwaltungsjahres (*executor's year*) zu verzinsen.

– Eine Mischform dieser beiden Vermächtnistypen stellt die sog. *demonstrative legacy* dar, bei der in Form eines **beschränkten Gattungsvermächtnisses** ein Gegenstand oder ein bestimmter Geldbetrag aus einem genau festgelegten Nachlassteil vermacht wird (z.B.:

---

57 Die noch aus den alten Klageformen resultierende Unterscheidung zwischen *real* und *personal property* kann allerdings nicht mit der gewöhnlichen Abgrenzung von unbeweglichem und beweglichem Vermögen gleich gesetzt werden; vgl. zu diesen Begriffen *Henrich*, Großbritannien Rn 198 ff., in: Ferid/Firsching/Dörner/Hausmann, Internationales Erbrecht; *Claudi*, S. 85 ff.

58 Vgl. im Einzelnen *Mellows*, S. 459 f.; *Parry and Kerridge*, Rn 9-06 ff.; *Henrich*, Großbritannien Rn 115 ff., in: Ferid/Firsching/Dörner/Hausmann, Internationales Erbrecht.

„A erhält von meinen Depot 10 Aktien der Firma ..."). Ist dieser Nachlassteil beim Tod des Erblassers nicht mehr vorhanden, muss der *personal representative* die vermachten Gegenstände beschaffen oder ersetzen. Ist der Nachlassteil aber noch vorhanden, entsprechen die Folgen dieses Vermächtnisses denen der *specific legacy*.

- Als *residuary legacy* bzw. *residuary devise* werden schließlich die Zuwendungen bezeichnet, mit denen der nach Begleichung aller Kosten, Nachlassverbindlichkeiten und sonstigen Zuwendungen verbleibende **Restnachlass** (*residuary estate*) vermacht wird.

Zahlreiche **flexiblere Zuwendungsformen** ermöglicht im Übrigen die Anordnung von *testamentary trusts*, bei denen insbesondere die Rechte der Begünstigten beschränkt werden können oder die Person des Begünstigten noch nicht festgelegt zu werden braucht.[59] Mit dem *trust* kann der Testator festlegen, dass Vermögensteile über längere Zeit für einen oder mehrere Begünstigte verwaltet werden, z.B. für Kinder bis zu einem bestimmten Alter oder für geschäftsunerfahrene oder konkursgefährdete Personen. Er kann dabei auch die Verwaltung des *trust* näher regeln, z.B. dergestalt, dass zunächst nur Unterhaltszahlungen zu leisten sind (*maintenance trust*) oder dass der *trustee* das Vermögen zwischen mehreren Begünstigten nach seinem Ermessen verteilen darf (*discretionary trust*).[60] Die *trust*-Anordnung ermöglicht es ferner, das Vermögen zunächst für eine Person auf Lebenszeit verwalten zu lassen (*life interest*), um es sodann einer anderen Person zuzuwenden oder sogar bis zu bestimmten Zeitgrenzen (*rules against perpetuities*) die Vermögensnachfolge über mehrere Generationen festzulegen. Schließlich kann der Weg des *trusts* notwendig werden, um bestimmte Zuwendungsformen zu erreichen, die in England sachenrechtlich nicht unmittelbar zulässig sind, wie z.B. die Zuwendung von Grundbesitz an Minderjährige[61] oder an eine Vielzahl von Personen. Neben den meist zahlreichen und sehr genau beschriebenen Zuwendungen enthält ein typisches englisches Testament regelmäßig personelle Anordnungen, wie die Benennung eines oder mehrerer *executors* bzw. *trustees*, sowie die nähere Ausgestaltung von deren Aufgaben und Befugnissen.

2. Wirksamkeitsvoraussetzungen

Zur Errichtung eines wirksamen Testaments (*will*) muss der Erblasser volljährig (d.h. 18 Jahre bei Testamentserrichtung nach dem 1.1.1970; zuvor 21 Jahre)[62] und testierfähig[63] sein. Er muss ferner in der Absicht handeln, ein Testament aufzustellen, dessen Inhalt kennen und das Testament mit freiem Willen errichtet haben. Kam es unter Ausschluss der freien Willensbildung zustande (sog. *undue influence or fraud*), ist es unwirksam. Eine spätere Heilung unwirksamer Testamente ohne erneute Errichtung kennt das englische Recht nicht.

---

59 Vgl. dazu eingehend *Henrich*, Großbritannien Rn 217 ff., in: Ferid/Firsching/Dörner/Hausmann, Internationales Erbrecht; *Butterworths*, A [931–1027]; *Claudi*, S. 95 ff.; zu den sog. *secret trusts*, bei denen der Begünstigte des *trusts* im Testament nicht genannt ist, vgl. *Parry and Kerridge*, Rn 6–15 ff.
60 Eine weitere Möglichkeit, die Bestimmung der Begünstigten einem Dritten zu übertragen, ist die sog. *power of appointment*. Dem Dritten kann dabei das Recht eingeräumt werden, durch Erklärung zu Lebzeiten oder durch sein Testament zu bestimmen, wer aus einem Kreis von Begünstigten das gebundene Vermögen erhalten soll (sog. *special power of appointment*), oder sogar das Vermögen völlig frei zu verteilen (sog. *general power of appointment*); vgl. dazu näher *Henrich*, Großbritannien Rn 60 ff. und 96, in: Ferid/Firsching/Dörner/Hausmann, Internationales Erbrecht; *Butterworths*, A [1066–1101].
61 Vgl. *Butterworths*, A [467–500].
62 S. 7 *Wills Act* 1837, geändert durch s. 3 (1) (a) *Family Law Reform Act 1969*.
63 Vgl. dazu eingehend *Christmann*, S. 114 ff.

48 Für die Wirksamkeit müssen ferner folgende **formelle Voraussetzungen** erfüllt sein:[64]
- Das Testament muss **schriftlich** abgefasst sein, wobei es weder auf Handschriftlichkeit noch auf die Urheberschaft des Erblassers ankommt, so dass auch maschinenschriftliche oder gedruckte Texte genügen und diese sogar von einem Begünstigten oder Zeugen verfasst sein können. Das Testament kann auf Dokumente, die diesem nicht beigefügt zu werden brauchen, wirksam verweisen, sofern die in Bezug genommenen Texte zum Zeitpunkt der Testamentserrichtung bereits existieren.
- Der Text muss durch den Erblasser selbst oder durch eine andere Person auf Weisung und in Anwesenheit des Erblassers **unterzeichnet** sein. Räumlich muss die Unterzeichnung zwar den Text abschließen oder ersatzweise auf einem Testamentsumschlag erfolgen, strenge Anforderungen an die Zusammengehörigkeit des Textes und die Position der Unterschrift werden jedoch nicht mehr gestellt. Eine Unterschrift ist nicht erforderlich, sofern die Urheberschaft auch in anderer Weise (z.B. Paraphen, Faksimilestempel, Verwandtschaftsbezeichnungen) erkenntlich ist; die dritte Person kann im eigenen oder im Namen des Testators unterschreiben.
- Schließlich muss die Unterzeichnung selbst oder deren Anerkennung durch den Erblasser bei gleichzeitiger Anwesenheit von mindestens **zwei Zeugen** erfolgen, die dies durch ihre Unterschrift auf dem Testament bestätigen müssen. Die Zeugen müssen die maßgebliche Unterzeichnung sehen, nicht jedoch den Text des Testaments kennen bzw. wissen, dass es sich um ein Testament handelt. Eine bestimmte Form der Bestätigung durch die Zeugen ist nicht vorgeschrieben, sofern erkenntlich ist, dass diese mit ihren Unterschriften die Unterzeichnung des Erblassers bestätigen.

49 Ist ein Zeuge oder dessen Ehegatte begünstigt (durch Zuwendungen oder durch die Einsetzung als *executor* mit Vergütungsanspruch; nicht jedoch durch die Einsetzung als *trustee*, da dieses Amt fremdnützig ist), wird zwar nicht das Testament als solches ungültig, jedoch ist die Verfügung zugunsten des bedachten Zeugen und dessen Ehegatten nichtig. Dies gilt jedoch nicht, wenn neben dem bedachten Zeugen zwei weitere, nicht bedachte Zeugen mitgewirkt haben.[65]

3. Widerruf eines Testaments

50 Der **Widerruf** eines Testaments erfolgt durch Vernichtung der Testamentsurkunde in Widerrufsabsicht oder durch ein nachfolgendes Testament. Enthält das spätere Testament keine ausdrückliche Widerrufsklausel, gilt das frühere nur insoweit als stillschweigend widerrufen, wie es im Widerspruch zum neueren steht. Zu beachten ist, dass ein Testament kraft Gesetzes als widerrufen gilt, wenn der Testator nach der Errichtung des Testaments **heiratet** oder *civil partnership* eingeht. Dies gilt selbst dann, wenn darin der zukünftige Ehegatte oder eigene Kinder bedacht sind. Ausgenommen von diesem Grundsatz sind nur solche Testamente, in denen auf die geplante Eheschließung hingewiesen wurde.[66]

---

64 Vgl. s. 9 *Wills Act 1837*; vgl. dazu *Henrich*, Großbritannien Rn 164 ff., in: Ferid/Firsching/Dörner/Hausmann, Internationales Erbrecht; *Parry and Kerridge*, Rn 4–01 ff.
65 S. 15 *Wills Act 1837*, s. 1 *Wills Act 1968*.
66 S. 18 (1) *Wills Act 1837* i.d.F. des *Administration of Justice Act 1982*; vgl. dazu *Parry and Kerridge*, Rn 7–02 ff.

IV. Zwingende Familienvorsorge

Eine indirekte Einschränkung der Testierfreiheit, die in England weder durch Noterb- noch durch Pflichtteilsrechte beschränkt ist, ergibt sich aus dem *Inheritance (Provision for Family and Dependants) Act 1975*, aufgrund dessen die Gerichte im Einzelfall eine Versorgung naher Angehöriger aus dem Nachlass (sog. *family provisions*) anordnen können. Eine Besonderheit dieser Regelung ist, dass eine Anordnung nicht nur bei testamentarischer, sondern auch bei gesetzlicher Erbfolge getroffen werden kann, was insbesondere für Personen, die antragsberechtigt sind, aber nicht zu den gesetzlichen Erben gehören, und für Kinder im Hinblick auf die starke Stellung des Ehegatten im gesetzlichen Erbrecht von Bedeutung sein kann.

51

1. Voraussetzungen

Für die Anordnung von *family provisions* müssen folgende Voraussetzungen erfüllt sein:[67]

52

- Der Erblasser muss sein letztes **Domizil in England** oder Wales gehabt haben; das Domizil des Antragstellers ist dagegen unerheblich. Eine Anordnung des Gerichtes kann daher nie erfolgen, wenn dessen letztes *domicile* in Deutschland war und englisches Recht nur für die Erbfolge in das in England belegene unbewegliche Vermögen zur Anwendung kommt. Das Gleiche gilt zumindest nach dem Wortlaut des Gesetzes, wenn ein britischer Staatsangehöriger mit Domizil in Deutschland das englische Recht gemäß Art. 22 EU-ErbVO wählt.[68]
- Ist diese Voraussetzung aber gegeben, kann das englische Gericht auch Immobilien, die in Deutschland belegen sind, in die Berechnung einbeziehen. Der Grundsatz, dass sich bei einer kollisionsrechtlichen Nachlassspaltung sämtliche Rechte nur aus dem vom jeweils maßgeblichen Erbstatut betroffenen Nachlassteil beziehen, wird hier also durchbrochen.[69]
- Die Anordnung muss binnen **sechs Monaten** nach Bestellung des *personal representative* beim Gericht beantragt werden. Diese **kurze Antragsfrist** erklärt sich aus der gesetzlichen Intention, den Nachlassabwicklern zügig einen Überblick über die Nachlassverbindlichkeiten zu verschaffen. Das Gericht kann spätere Klagen zulassen, z.B. wenn die Klage rechtzeitig angekündigt war oder die Beteiligten verhandelt haben, ohne den Fristablauf zu rügen. Waren Beteiligte anwaltlich beraten, wird dies jedoch i.d.R. nicht gewährt.
- **Antragsberechtigt** sind der Ehegatte des Erblasser (bzw. entsprechend der *civil partner*), ein früherer Ehegatte, der nicht wiederverheiratet ist, die Kinder und diejenigen Personen, die der Erblasser wie Kinder behandelt hat (z.B. Stiefkinder) oder die unmittelbar

---

67 Vgl. ss. 1 (1), 4 *Inheritance Act 1975*, geringfügig erweitert durch Schedule 2 des *Inheritance and Trustees' Power Act 2014*; eingehend dazu *Mellows*, S. 205 ff.; *Barlow, King & King*, Rn 20–001 ff.; *Süß*, Länderübersicht Großbritannien, in: Mayer/Süß u.a., Handbuch Pflichtteilsrecht, § 19 Rn 135 ff., 162 ff.

68 Ob in diesem Fall englische Gerichte eine analoge Anwendung in Betracht ziehen können, ist noch ungeklärt. Im Hinblick auf den verfassungsrechtlichen Schutz des Pflichtteils zumindest von Kindern dürfte aber zumindest in Deutschland der *ordre public*-Vorbehalt des Art. 35 EU-ErbVO gegen die Anwendung des gewählten englischen Rechts in Betracht kommen, wenn aufgrund des vorbeschriebenen Normenmangels nach keinem Recht eine angemessene Mindestbeteiligung der Familienangehörigen gegeben ist; vgl. dazu allg. *Lorenz*, Int. Pflichtteilsschutz, Rn 24 ff., in: Dutta/Herrler, Die Europäische Erbrechtsverordnung.

69 Zu den sich daraus bei deutsch-englischen Erbfällen ergebenden Fällen der Normenhäufung bzw. des Normenmangels (allerdings noch unter Anwendung des EGBGB) vgl. *Süß*, Länderübersicht Großbritannien, in: Mayer/Süß u.a., Handbuch Pflichtteilsrecht, § 19 Rn 152 f.

vor dem Tod vom Erblasser unterhalten worden sind (z.B. der nichteheliche Partner). Der Anspruch auf *family provisions* ist ein höchstpersönliches Recht, das nicht übertragbar oder vererbbar ist; verstirbt der Antragsteller vor Erlass der Anordnung, erlischt der Anspruch.

53 Die Klage kann bei einem beliebigen *County Court* oder der *Family Division* oder der *Chancery Division* des *High Court* erhoben werden. Die Beweislast für das Vorliegen der Voraussetzungen wie auch für die Begründetheit der Klage obliegt dem Antragsteller, so dass Zweifel (z.B. über das Domizil des Erblassers) zu seinen Lasten gehen.[70]

2. Begründetheit der Klage

54 Eine Klage auf *family provisions* ist begründet, wenn das Testament oder die gesetzliche Erbfolge zu **keiner angemessenen finanziellen Versorgung** des Antragstellers (*reasonable financial provision*) führt. Bei der Prüfung dieser Voraussetzung hat das Gericht alle Umstände des Einzelfalles einzubeziehen, wie z.B. die derzeitige und künftige finanzielle Situation des Klägers, anderer Antragsteller und der Erben, der Umfang des Reinnachlasses, die persönlichen Verhältnisse des Klägers und das Verhalten der Beteiligten vor und nach dem Tod.[71]

55 Im Übrigen wird bei der Begründetheit und der Art und Höhe der anzuordnenden *family provisions* zwischen den Ehegatten (bzw. eingetragenen Lebenspartnern) und sonstigen Antragstellern unterschieden:[72]
- Im Regelfall kommt es bei allen Antragstellern auf deren unter Berücksichtigung aller Umstände angemessenen **Unterhaltsbedarf** an, wobei dieser nicht durch das Existenzminimum bestimmt wird, sondern ein der sozialen Stellung und den Lebensumständen des Antragstellers entsprechend bescheidenes Leben weder im Überfluss noch in Armut ermöglichen soll.[73] Berechtigt sind danach insbesondere minderjährige, kranke oder in Ausbildung befindliche **Kinder**. Die Übergehung volljähriger, erwerbsfähiger Kinder nach der Ausbildung und von Stiefkindern wird dagegen nur in Ausnahmefällen (z.B. wenn die gesamte Vermögensverteilung unter Einbeziehung früherer Erbschaften vorverstorbener Elternteile als unbillig anzusehen ist) vom Gericht korrigiert, da hier meistens die weiteren Umstände des Einzelfalls keine Veranlassung geben, vom Erblasser eine finanzielle Versorgung zu erwarten. Bei **nichtehelichen Partnern** und Personen, die vom Erblasser Unterhalt erhalten haben, kommt es vor allem auf die persönlichen Umstände vor dem Tod des Erblassers (z.B. die Dauer des Zusammenlebens, wechselseitige Leistungen und Beiträge zur Partnerschaft, Art und Höhe der bisherigen Unterhaltsleistungen) an.[74]
- Beim **überlebenden Ehegatten** ist neben dem Unterhaltsbedarf und dem Alter des Ehegatten auch die im Hinblick auf die Dauer der Ehe und die wechselseitigen Leistungen angemessene Beteiligung am gemeinsamen Vermögen entscheidungserheblich.[75]

---

70 Vgl. *Mellows*, S. 206.
71 Vgl. ss. 1, 3 *Inheritance Act 1975*.
72 Vgl. ss. 1 (2), 3 *Inheritance Act 1975*; zur Begründetheit eingehend und mit praktischen Empfehlungen *Süß*, Länderübersicht Großbritannien, in: Mayer/Süß u.a., Handbuch Pflichtteilsrecht, § 19 Rn 167 ff.; *Parry and Kerridge*, Rn 8–24 ff.; *Kanda Rovati*, S. 192 ff.
73 Vgl. ss. 1 (2)(b), 3 (3) *Inheritance Act 1975;* Re Coventry [1979] 2 All E.R. 408 (Ch D); Re Leach [1985] 2 All E.R. 754; *Süß*, Länderübersicht Großbritannien, in: Mayer/Süß u.a., Handbuch Pflichtteilsrecht, § 19 Rn 165.
74 Vgl. zu den zahlreichen zu beachtenden Kriterien *Mellows*, S. 214 ff. und 223 ff.
75 Vgl. ss. 1 (2)(a), 3 (2) *Inheritance Act 1975*.

Odersky

Family provisions können damit auch gewährt werden, wenn der länger lebende Ehegatte zwar nicht unterhaltsbedürftig ist, aber nicht ausreichend am Vermögen des verstorbenen Ehegatten beteiligt wird. Maßstab dafür ist, dass ein Ehegatte nicht schlechter stehen soll, als wenn die Ehe durch Scheidung aufgelöst worden wäre (sog. *imaginary divorce guideline*). Unter Berücksichtigung der im *Matrimonial Causes Act 1973* den Gerichten im Fall der Scheidung eingeräumten weiten Ermessensspielräume geht die Tendenz wohl dahin, dem überlebenden Ehegatten in jedem Fall eine Beteiligung am ehelichen Vermögen einzuräumen, die durchaus bis zur Hälfte des Vermögens des Verstorbenen reichen kann.[76]

- Beim **geschiedenen Ehegatten** wird im Regelfall eine Beteiligung am Nachlass nur in Betracht kommen, wenn sich die bei Scheidung zugrunde gelegten Verhältnisse außerordentlich geändert haben oder wenn innerhalb eines Jahres nach gerichtlich angeordneter Trennung oder Scheidung noch kein Vermögensausgleich im Rahmen des *Matrimonial Causes Act 1973* erfolgt ist.[77]

Das Gericht hat bei seiner Entscheidung einen großen **Ermessensspielraum**, insbesondere bezüglich der Art und Weise der anzuordnenden Versorgung. Meist werden periodische Zahlungen aus dem Reinnachlass verfügt, die bei Abkömmlingen i.d.R. bis zur Erlangung der Selbstständigkeit, bei älteren Ehegatten auf Lebenszeit laufen. Es können aber auch die Zahlung eines sofort fälligen oder in Raten zu zahlenden Ausgleichsbetrages, die Übertragung eines Nachlassgegenstandes und der Kauf bestimmter Gegenstände angeordnet, sowie Nutznießungsrechte oder *trusts* an Nachlassteilen begründet werden. Das Gericht kann ferner einstweilige Anordnungen erlassen und seine Regelungen zu einem späteren Zeitpunkt wieder ändern.[78]

56

Im Ergebnis lässt sich feststellen, dass aufgrund der sehr weiten Ermessensspielräume des Gerichtes und den umfangreichen Tatsachen aus der Zeit vor und nach dem Tod, die in die Entscheidung einbezogen werden müssen, verlässliche Planungen kaum möglich sind. Die Übergehung des Ehegatten oder minderjähriger Kinder wird zwar regelmäßig zur Entstehung von Ansprüchen führen, aber auch in diesen Fällen lässt sich Art und Höhe der *family provisions* kaum vorherbestimmen.

57

3. Schutz vor Umgehungen

Zum Schutz der Antragsteller vor Umgehungen eröffnet der *Inheritance Act 1975* dem Gericht Möglichkeiten, Vermögen, das nicht zum Nachlass zählt, in seine Anordnungen einzubeziehen. Dem Reinnachlass **hinzuzurechnen** sind insbesondere Vermögensteile, die durch eine Schenkung auf den Todesfall oder durch (Zahlungs-)Anweisung an Dritte mit dem Tod des Erblassers an besondere Begünstigte fallen. Auch den Wert des Anteils des Verstorbenen an einer *joint tenancy* kann das Gericht in seine Berechnung einbeziehen.[79]

58

Ist das Gericht überzeugt, dass der Erblasser innerhalb von sechs Jahren vor dem Erbfall in der Absicht, einen Antrag auf *family provisions* zu vereiteln, **Vermögensteile unentgeltlich oder teilentgeltlich veräußert hat**, und reicht der Restnachlass für eine angemessene finanzielle Beteiligung des Antragstellers nicht aus, kann das Gericht auch anordnen, dass

59

---

76 Vgl. *Süß*, Länderübersicht Großbritannien, in: Mayer/Süß u.a., Handbuch Pflichtteilsrecht, § 19 Rn 167 ff.; *Mellows*, S. 212 f.; *Barlow, King & King*, Rn 20–23 f.; zum Vermögensausgleich im Scheidungsfall vgl. *Odersky*, in: Süß/Ring, Eherecht in Europa, England und Wales, 2. Aufl. 2012, Rn 50 ff.
77 Vgl. s. 14 *Inheritance Act 1975*; *Kanda Rovati*, S. 210 f.
78 Vgl. ss. 2, 5–7 *Inheritance Act 1975*.
79 Vgl. ss. 8, 9 *Inheritance Act 1975*.

der Beschenkte den veräußerten Vermögensteil oder einen entsprechenden Geldbetrag (nach Abzug etwaiger von ihm gezahlter Steuern und ohne Hinzurechnung von gezogenen Nutzungen und Erträgen) für die *family provisions* zur Verfügung stellt. Für die Annahme der entsprechenden Absicht genügt es, wenn nach Ansicht des Gerichtes eine überwiegende Wahrscheinlichkeit dafür spricht, dass Vereitelungszwecke – gegebenenfalls neben anderen Motiven – verfolgt wurden. Entsprechende Regelungen gelten, wenn sich der Erblasser durch Vertrag zu bestimmten letztwilligen Verfügungen verpflichtet hat, und bei Einbringung des Vermögens in einen *trust*.[80]

60 Letzteres darf jedoch nicht verwechselt werden mit den Fällen, in denen das *trust*-Vermögen zwar vom Erblasser zu Lebzeiten verwaltet und ggf. von ihm selbst verwendet wurde, aber von dritter Seite zur Verfügung gestellt war. Mit der Begründung eines *trust* kann damit Vermögen Personen zugewendet werden, ohne dass dieses nach deren Tod für die *family provisions* von deren Angehörigen herangezogen wird.[81]

61 Ein **Verzicht** auf *family provisions* ist zu Lebzeiten des Erblassers nicht möglich. Das Gericht kann selbst mittelbare Auswirkungen eines vor oder nach der Heirat geschlossenen Ehevertrages, der den zur Verfügung stehenden Nachlass oder die Anordnungen des Gerichts einschränken würde, korrigieren.[82]

V. Nachlassabwicklung

1. Beginn und Ende des Amtes

62 Bei der in England zwingend erforderlichen Nachlassabwicklung unterscheidet man, wie erwähnt (siehe Rn 14), zwischen dem Amt des *executor*, der im Testament ernannt wird, und dem des *administrator*, der vom Gericht bestellt wird. Beide Ämter, die auf historisch unterschiedlichen Wurzeln beruhen, haben sich mittlerweile in ihrer Funktion weitgehend aneinander angeglichen, so dass sich heute – außer bei einigen Abweichungen im nachlassgerichtlichen Verfahren (siehe dazu Rn 65 ff.) – Unterschiede nur noch bei Beginn und bei Beendigung des Amtes ergeben:[83]

63 Der *executor* wird bereits kraft seiner **Ernennung im Testament** Rechtsträger des gesamten Nachlasses. Das ihm erteilte gerichtliche Zeugnis (*grant of probate*) hat daher – einem deutschen Erbschein bzw. Testamentsvollstreckerzeugnis vergleichbar – nur deklaratorische Bedeutung und wird lediglich zum Nachweis seiner Rechtstellung benötigt. Schon vor dessen Erteilung ist der *executor* befugt, für den Nachlass tätig zu werden. Von ihm vorgenommene Rechtshandlungen bleiben wirksam, selbst wenn er stirbt, bevor das Zeugnis erteilt werden konnte. Die **Bestellung** des *administrator* **durch das Gericht** ist dagegen konstitutiv. Auch wenn bestimmte Personen grundsätzlich Anspruch darauf haben, für dieses Amt bestellt zu werden, wird der *administrator* erst mit der Aushändigung der gerichtlichen Ernennungsurkunde (sog. *letters of administration*) Inhaber des Nachlasses

---

80 Vgl. ss. 10–13 *Inheritance Act* 1975; dazu *Süß*, Länderübersicht Großbritannien, in: Mayer/Süß u.a., Handbuch Pflichtteilsrecht, § 19 Rn 180 ff.
81 Vgl. *Süß*, Länderübersicht Großbritannien, in: Mayer/Süß u.a., Handbuch Pflichtteilsrecht, § 19 Rn 190 f.
82 Vgl. s. 2 (1)(f) *Inheritance Act* 1975.
83 Vgl. dazu insgesamt *Mellows*, S. 249 ff.; *Barlow, King & King*, Rn 8.01 ff.; *Odersky*, Abwicklung, S. 6 ff.

und berechtigt, für den Nachlass wirksam zu handeln.[84] Betätigt sich eine Person vor der Bestätigung oder Ernennung durch das Gericht als Nachlassabwickler, haftet sie für ihre Handlungen und den Nachlass, den sie an sich genommen hat, persönlich (sog. *executor de son tort*).[85]

Das Amt eines *personal representative* endet nicht mit der vollständigen Abwicklung des Nachlasses, sondern besteht darüber hinaus **auf Lebenszeit** fort, so dass er seine Tätigkeit jederzeit wieder aufnehmen kann. Waren mehrere *personal representatives* bestellt und fällt einer von ihnen weg, wird das Amt von dem oder den verbleibenden fortgesetzt. Werden nach dem Tod des einzigen oder letzten *personal representative* noch Abwicklungshandlungen erforderlich, muss grundsätzlich ein neuer *administrator* bestellt werden.[86] Eine Ausnahme gilt jedoch, wenn der letzte *executor* seinerseits wieder einen *executor* ernannt hat: dieser wird aufgrund der sog. *chain of representation* automatisch auch *personal representative* für den Nachlass des ersten Erblassers.[87]

2. Auswahl des Nachlassabwicklers

a) Auswahl des executor

Die Auswahl der Person des *executor* obliegt dem **Testator**, wobei die Bestellung ausdrücklich erfolgen, sich aber auch stillschweigend aus dem Gesamtzusammenhang der übertragenen Aufgaben im Testament ergeben kann (sog. *executor according to the tenor*). Der Testator kann die Bestellung des *executor* in zeitlicher Hinsicht oder auf einzelne Nachlassteile beschränken oder unter Bedingungen stellen.[88] Ferner darf er die Auswahl auch Einzelnen im Testament benannten *beneficiaries* oder Dritten überlassen.[89]

Als *executor* bestätigt werden kann vom Gericht jede volljährige, geschäftsfähige Person, einschließlich der *beneficiaries*, oder eine *trust corporation*.[90] Bei der Entscheidung, wie viele *personal representatives* bestellt werden, ist der Testator frei. Ausreichend ist grundsätzlich ein einziger Nachlassabwickler. Enthält das Testament aber die Anordnung von längerfristigen *trusts*, werden in der Praxis meist zwei oder mehr *executors and trustees* bestellt, da nur zwei *trustees* gemeinschaftlich (oder eine *trust corporation*) Grundbesitz verkaufen können. Eine feste Obergrenze für die Zahl der Nachlassabwickler besteht nicht, wobei in der Praxis nie mehr als vier gleichzeitig amtlich bestätigt werden.[91]

---

84 Vgl. *Mellows*, S. 365 f.; *Barlow, King & King*, Rn 8.14, 8.17 und 11.05. Bis zu diesem Zeitpunkt ruht der Nachlass formal beim *Public Trustee*, wobei diese Behörde i.d.R. keine Abwicklungsmaßnahmen vornimmt (s. 14 *Law of Property (Miscellaneous Provisions) Act 1994*). Für bestimmte beschränkte Zwecke, insbesondere bei Handlungen, die objektiv dem Nachlass zu Gute kamen, wirkt die Ernennung aber gemäß der *doctrine of relation back* auf den Zeitpunkt des Todes des Erblassers zurück.
85 Vgl. *Kanda Rovati*, S. 240 ff.; *Parry and Kerridge*, Rn 25–50 ff.
86 Mit dem so genannten *grant de bonis non administratis* oder kurz *de bonis non*, vgl. *Parry and Kerridge*, Rn 18–55 ff.
87 Vgl. s. 7 A.E.A. 1925; diese Abwicklungskette kann auch über mehrere *executors* reichen, wird jedoch unterbrochen, wenn ein *administrator* bestellt wird oder wenn ein *executor* versäumt, sich einen *grant* erteilen zu lassen; vgl. *Kanda Rovati*, S. 232 f.
88 Vgl. *Kanda Rovati*, S. 230 f.
89 Vgl. *Mellows*, S. 252 f.
90 Vgl. s. 118 *Supreme Court Act 1981*.
91 Vgl. s. 114 (1) *Supreme Court Act* 1981.

b) Bestimmung des administrator

67 Die Bestimmung des *administrator* durch das **Gericht** erfolgt im Rahmen der sog. *Non-Contentious-Probate-Rules (N.C.P.R.) 1987*, die eine Rangfolge der Personen aufstellen, die Anspruch auf Ernennung haben. Dabei wird zwischen der normalen *administration* bei der *intestate succession* und dem Fall, dass zwar ein Testament vorhanden ist, dieses aber keine *executor*-Bestellung enthält, unterschieden:

68 Bei der **gesetzlichen Erbfolge** haben die Angehörigen – vorausgesetzt, sie gehören auch zu den gesetzlichen Erben – in folgender Reihenfolge Anspruch auf Ernennung:[92]
- der Ehegatte;
- die Kinder des Erblassers und Abkömmlinge vorverstorbener Kinder;
- die Eltern;
- die vollbürtigen Geschwister bzw. Abkömmlinge vorverstorbener Geschwister;
- die halbbürtigen Geschwister bzw. deren Abkömmlinge;
- die Großeltern;
- Onkel und Tanten bzw. deren Abkömmlinge;
- halbbürtige Onkel und Tanten bzw. deren Abkömmlinge.

69 Übernimmt keiner der Berechtigten das Amt, kann jeder Gläubiger des Erblassers beantragen, selbst zum *administrator* ernannt zu werden. Ist einer der berechtigten Verwandten nach dem Erbfall verstorben, hat dessen *personal representative* an gleicher Rangstelle wie der Verstorbene Anspruch auf Ernennung.

70 Hat der Erblasser ein Testament hinterlassen, aber keinen *executor* ernannt, erfolgt die Ernennung zum sog. **administrator with the will annexed** in folgender Reihenfolge:[93]
- *residuary legatees*, die den Nachlass nur treuhänderisch (in *trust*) für andere halten;
- sonstige *residuary legatees*, wobei die Begünstigten, die den Nachlass zunächst nur auf Lebenszeit erhalten (*life interest*), denen vorgehen, denen der Nachlass danach letztlich verbleiben soll;
- der *personal representative* eines *residuary legatee*, dem der Nachlass letztlich verbleiben sollte;
- sonstige Begünstigte, denen einzelne Nachlassgegenstände zugewandt wurden, und jeder Gläubiger des Erblassers bzw. deren *personal representatives*.

71 Sind mehrere volljährige, geschäftsfähige Personen auf gleicher Rangstufe vorhanden, kann das Gericht nach seinem Ermessen bis zu vier ernennen, wobei es unter mehreren Antragstellern aufgrund ihrer persönlichen Eignung oder des Umfangs ihrer Berechtigung am Nachlass auswählen kann.[94] Gleichrangig Berechtigte, die (noch) keinen Antrag gestellt haben, müssen nicht benachrichtigt oder angehört werden.

72 Die **Annahme des Amtes** eines *personal representative* erfolgt erst (konkludent) mit der Beantragung des gerichtlichen Zeugnisses, oder im Fall der Bestellung eines *executors*, sobald dieser beginnt, für den Nachlass zu handeln. Bis dahin kann man durch einfache schriftliche Mitteilung gegenüber dem Gericht auf die Bestellung verzichten (*renunciation*). Dieser **Verzicht** ist grundsätzlich endgültig und kann nur in besonderen Fällen mit Genehmigung des Gerichts zurückgenommen werden.[95] Gesetzliche Fristen für die Beantragung

---

[92] R. 22 N.C.P.R. 1987; vgl. dazu *Barlow, King & King*, Rn 8.16.
[93] R. 20 N.C.P.R. 1987; vgl. dazu *Barlow, King & King*, Rn 8.12.
[94] S. 114 (1) *Supreme Court Act 1981*; nach s. 114 (2) müssen zumindest zwei *administrators* oder eine *trust corporation* ernannt werden, wenn ein Minderjähriger Begünstigter ist oder ein *life interest* besteht.
[95] Ss. 5, 6 A.E.A. 1925.

eines *grant* oder den Verzicht gibt es nicht. Jedoch kann jeder *beneficiary* und jeder nach den vorstehend beschriebenen Rangfolgen nachrangig Berechtigte einen potentiellen *personal representative* durch das Gericht auffordern lassen, den *grant* binnen einer bestimmten Frist zu beantragen (sog. *citation*). Kommt dieser der Aufforderung nicht nach, verliert er den Anspruch auf Bestellung.[96]

Zu beachten ist schließlich, dass die Gerichte in begründeten Einzelfällen von den vorstehenden Regeln und Rangfolgen abweichen dürfen (sog. *Passing-Over*), insbesondere wenn der Erblasser sein **Domizil im Ausland** hatte oder wenn Berechtigte im Ausland wohnen.[97]

3. Aufgaben der Nachlassabwickler

Der *personal representative* hat nach s. 25 (a) A.E.A. 1925 die grundsätzliche Pflicht, *„to collect and get in the real and personal estate of the deceased and administer it according to law"*, wobei Letzteres v.a. die Begleichung der Nachlassverbindlichkeiten und die Verteilung des Restnachlasses an die Begünstigten umfasst. Die *personal representatives* haben – sofern das Testament dem *executor* nicht abweichende Aufgaben zuweist – ihr Amt damit nach folgenden Grundsätzen auszuführen:[98]

Zunächst sind das bewegliche und unbewegliche Nachlassvermögen samt der Verbindlichkeiten festzustellen, die Nachlassgegenstände in **Besitz zu nehmen** und offene Forderungen einzuziehen.[99] Sofern keine Sicherheiten bestehen, hat dies unverzüglich zu erfolgen, da bei einem Verlust dem *personal representative* sonst eine persönliche Haftung droht. Auf Anordnung des Gerichts muss ein Inventar errichtet und gegebenenfalls über die Nachlassabwicklung Rechnung gelegt werden.[100]

Wichtigste Aufgabe jedes *personal representative* während der Verwaltungszeit ist die Feststellung und **Begleichung aller Nachlassverbindlichkeiten**. Dazu zählen insbesondere die Kosten einer angemessenen Beerdigung, der Nachlassverwaltung, alle Schulden und sonstigen Verbindlichkeiten des Verstorbenen und die Erbschaftsteuer. Die Begleichung muss erfolgen, bevor der Nachlass verteilt wird, da der *personal representative* sich sonst den Gläubigern gegenüber persönlich haftbar macht. Zur Vermeidung dieser persönlichen Haftung bei unbekannten oder bedingten Forderungen hat er die Möglichkeit, eine öffentliche Gläubigeraufforderung (*advertisement*) vorzunehmen oder die Genehmigung des Gerichts zur Auszahlung einzuholen.[101]

Reicht der Nachlass zwar zur Erfüllung aller Forderungen aus, sind aber mehrere Gruppen von *beneficiaries* vorhanden, muss der *personal representative* die Nachlassbestandteile in bestimmter **Reihenfolge** heranziehen: In der Regel sind dabei Verbindlichkeiten zunächst aus dem *residuary estate*, sodann aus dem mit *pecuniary* bzw. *general legacies* vermachten Nachlass und zuletzt aus dem mit *specific legacies* zugewandten Vermögen zu befriedigen. Mehrere gleichrangige Zuwendungen, die nicht gesamt zur Nachlasstilgung benötigt werden, sind vom *personal representative* anteilig zu kürzen (sog. *abatement*).[102]

---

96 Vgl. *Mellows*, S. 260 ff.; *Parry and Kerridge*, Rn 17–25/29.
97 S. 116 Supreme Court Act 1981; vgl. zu den in diesen Fällen angewendeten Grundsätzen Rn 96 ff.
98 Die einzelnen Rechte und Pflichten ergeben sich im Übrigen aus ss. 25–44 A.E.A. 1925 und ss. 12–25 *Trustee Act 1925*; vgl. ferner *Mellows*, S. 347 ff.; *Barlow, King & King*, Rn 11.01 ff.
99 Zu den von der Nachlassabwicklung ausgenommenen Gegenständen vgl. Rn 87 ff.
100 Vgl. s. 25 (2) A.E.A. 1925.
101 Vgl. s. 27 *Trustee Act 1925*; *Mellows*, S. 379 ff.; *Parry and Kerridge* Rn 21–15 ff.
102 Vgl. näher s. 34 (3) A.E.A. 1925 i.V.m. dessen Part II der First Schedule; *Mellows*, S. 374 und S. 483 ff.; zu den verschiedenen Zuwendungsarten vgl. Rn 45.

78 Ist der Nachlass überschuldet, kommt es in England nicht zwingend zu einem Nachlassinsolvenzverfahren. Der *personal representative* hat vielmehr ein Wahlrecht, ob er den **überschuldeten Nachlass** selbst nach den Regeln des s. 34 (1) A.E.A. 1925 und des *Insolvency Act 1986* verteilt (was der Regelfall ist) oder ob er eine Anweisung des *bancruptcy court* zur Überführung auf einen Insolvenzverwalter beantragt.[103] Zur Vermeidung seiner Haftung bei eigener Abwicklung, kann er Anweisungen des High Court zur Verteilung (sog. *administration order*) beantragen.[104]

79 Zur Durchführung seiner Aufgaben sind dem *personal representative* umfangreiche **Verwaltungs- und Verfügungsbefugnisse** verliehen, insbesondere das Recht, den Nachlass zu versilbern.[105] Einem Selbstkontrahierungsverbot unterliegt der *personal representative* dabei grundsätzlich nicht.[106] Er kann zur Abwicklung Vollmachten erteilen. Sind mehrere *personal representatives* bestellt, kann grundsätzlich jeder von ihnen allein wirksam für den Nachlass handeln, sofern nicht Verfügungen über englischen Grundbesitz betroffen sind. Die von einem Nachlassabwickler allein geschlossenen Verträge binden auch die übrigen *personal representatives*.[107]

4. Verteilung an die Begünstigten

80 Nach Erledigung sämtlicher Aufgaben hat der *personal representative* den **Reinnachlass** unter den *beneficiaries* entsprechend der gesetzlichen oder testamentarischen Erbfolge **zu verteilen** bzw. die betroffenen Nachlassteile in etwa angeordnete *trusts* zu überführen. Dies sollte nach Ablauf eines Jahres seit dem Tod des Erblassers (dem sog. *executor's year*) geschehen, wobei der *personal representative* bereits früher beginnen, aber auch länger brauchen darf, soweit dies zur ordnungsgemäßen Abwicklung erforderlich ist.[108] Die Übertragung der einzelnen Nachlassgegenstände, die zu unterschiedlichen Zeitpunkten stattfinden kann, erfolgt entweder in der sachenrechtlich vorgeschriebenen Form oder dem sog. *assent*, einer formfreien Freigabe aus der Nachlassabwicklung.[109] Um die persönliche Haftung für Fehler bei der Verteilung auszuschließen, kann der *personal representative* eine Anweisung des Gerichts zur Verteilung des Nachlasses (sog. *Benjamin Order*) beantragen.[110]

81 Durch die Struktur der englischen Nachlassabwicklung, bei der die Begünstigten erst nach Begleichung aller Nachlassverbindlichkeiten Herausgabeansprüche bezüglich ihrer individuellen Zuwendungen gegenüber dem *personal representative* haben, kennt das englische Recht Probleme der Erbengemeinschaft nicht.

82 Da die Erben keine persönliche Haftung für Nachlassverbindlichkeiten treffen kann, sind auch für die Ausschlagung einer Zuwendung in England keine besonderen Formen und Fristen vorgesehen. Die **Ausschlagung** eines *beneficiary* (sog. *disclaimer*) erfolgt nicht im gerichtlichen Nachlassverfahren, sondern form- und fristlos durch Verweigerung der vom

---

103 Vgl. im Einzelnen *Mellows*, S. 375 ff.; *Parry and Kerridge*, Rn 21–82 ff.
104 Vgl. *Rules of Supreme Court*, Ord. 85.
105 Vgl. s. 33 A.E.A. 1925; im Einzelnen *Mellows*, S. 347 ff.; *Barlow, King & King*, Rn 11.006 ff.
106 Vgl. *Rowley, Holmes & Co. v. Barber* [1977] 1 W.L.R. 371; *Mellows*, S. 350; *Parry and Kerridge*, Rn 20–54.
107 Vgl. *Mellows*, S. 348 f.; *Parry and Kerridge*, Rn 20–55 ff.
108 S. 44 A.E.A. 1925; gem. s. 43 (2) A.E.A. 1925 kann das Gericht nach Ablauf des *executor's year* auf Antrag der Begünstigten Anweisungen zur Verteilung erlassen.
109 S. 36 A.E.A. 1925; vgl. dazu *Butterworths*, E [390–402]; *Parry and Kerridge*, Rn 24–36 ff.
110 Zur Haftung des *personal representative* gegenüber den Begünstigten und deren sonstige Rechte vgl. im Übrigen *Odersky*, Abwicklung, S. 26 ff.; zu weiteren Haftungsbegrenzungsmöglichkeiten vgl. *Barlow, King & King*, Rn 14.01 ff.

personal representative angebotenen Leistung. Erst wenn ein *beneficiary* den Nachlassgegenstand vom *personal representative* annimmt, ist er an seine Entscheidung endgültig gebunden.[111]

VI. Gemeinschaftliche Testamente und vertragliche Erbfolge

Das englische Recht kennt nur das Testament (*will*), nicht aber einen Erbvertrag. Formal zulässig ist die **Zusammenfassung mehrerer Testamente in einem Dokument** (sog. *joint will*). Dabei können beliebige Personen gemeinsam ihr Testament verfassen, wobei aber alle Beteiligten sämtliche Formvorschriften einzuhalten haben, insbesondere sämtliche Unterschriften vor Zeugen bestätigt sein müssen. Einschränkungen der jederzeitigen, auch heimlichen Widerrufbarkeit der enthaltenen Verfügungen bewirkt die *joint will* jedoch nicht.[112]

83

Der Begriff der *mutual will* wird im englischen Recht verwendet, wenn sich Personen gegenseitig bedenken, und nach dem Tod des Längerlebenden von ihnen der Nachlass an bestimmte Dritte fallen soll. Auch diese Form des Testaments ist nicht auf bestimmte Personenkreise beschränkt, auch wenn sie meist von Ehegatten verwendet wird. Die Verfügungen können in einem gemeinsamen Testament aufgenommen werden (sog. *joint and mutual will*), müssen dies aber nicht zwingend. Allein die Wechselbezüglichkeit der Verfügungen in einer *mutual will* macht die Testamente nicht unwiderruflich.

84

Bindungen können sich jedoch ergeben, wenn die Beteiligten eine ausdrückliche oder sonst zweifelfrei auslegbare Vereinbarung getroffen haben, die wechselseitigen Testamente nicht zu widerrufen.[113] Dieses *agreement* muss nicht in der *mutual will* selbst enthalten sein, sondern kann auch außerhalb der Testamente zu einem beliebigen Zeitpunkt getroffen werden. Bezüglich der Folgen einer solchen Vereinbarung muss zwischen dem Widerruf zu Lebzeiten beider Beteiligter und dem Widerruf nach dem Tod eines von ihnen unterschieden werden: Solange beide Testatoren leben, bleiben die gegenseitigen Testamente frei widerruflich, wobei durch den Widerruf des einen Beteiligten auch der andere von den Bindungen frei wird.[114] Hat jedoch der Erstversterbende das Testament unverändert belassen, wird der länger Lebende *in equity* an seine Verfügung gebunden, so dass auch bei einem späteren, abweichenden Testament der *personal representative* gezwungen werden kann, das Vermögen im Wege eines *constructive trust* für die Begünstigten aus dem früheren Testament zu verwalten.[115]

85

Auch außerhalb der wechselbezüglichen Verfügungen erlaubt das englische Recht Verträge, bestimmte letztwillige Verfügungen zu treffen bzw. ein bestimmtes Testament nicht zu widerrufen (sog. *contract to make a will*). Für solche Verträge gelten nicht die Formvorschriften des Testaments, sondern die allgemeinen Vertragsformen. Dies beinhaltet, dass eine Gegenleistung (*consideration*) gewährt oder das Versprechen in Form einer *deed* erteilt werden muss, wenn sich im Vertrag nur eine Person zu bestimmten letztwilligen Verfügun-

86

---

111 Vgl. *Parry and Kerridge*, Rn 14–70 f.
112 Vgl. *Parry and Kerridge*, Rn 3–07.
113 Vgl. Goodchild v Goodchild [1997] 3 All E.R. 63, worin ein bloßes „*common understanding*" nicht als ausreichender Beweis einer klaren Vereinbarung gewertet wird; ausführlich dazu *Parry and Kerridge*, Rn 6–32 ff.
114 Für diesen Fall können jedoch Schadensersatzpflichten vereinbart werden, vgl. Rn 86.
115 Vgl. *Henrich*, Großbritannien Rn 190, in: Ferid/Firsching/Dörner/Hausmann, Internationales Erbrecht. Unsicher werden dagegen die Folgen von lebzeitigen Verfügungen behandelt, wobei wohl der länger Lebende zu solchen berechtigt bleibt, sofern keine abweichende Vereinbarung getroffen wird; vgl. *Kanda Rovati*, S. 12 ff.

Odersky

gen verpflichtet. Der Bruch einer solchen Bindungsabrede macht zwar den Widerruf des Testaments nicht unwirksam, kann aber vereinbarungsgemäß zu Schadensersatzansprüchen, die nach dem Tod des Verpflichteten gegenüber dem *personal representative* geltend zu machen sind, führen.[116]

VII. Gestaltungsmöglichkeiten außerhalb des Erbrechts

87 Das englische Recht ermöglicht – neben der Begründung von *inter vivos trusts* (vgl. bereits Rn 24 ff.) – einige lebzeitige Zuwendungen und Gestaltungen, bei denen das betroffene Vermögen nicht in den vom *personal representative* verwalteten Nachlass fällt. Dies kann insbesondere Ausländern, die nur einzelne Vermögenswerte in England besitzen, ermöglichen, die zwingende Nachlassverwaltung ganz zu vermeiden.

1. joint tenancy

88 Ausgenommen von der Nachlassabwicklung sind insbesondere Vermögensgegenstände, an denen eine *joint tenancy* besteht. In der Praxis ist diese Form beim Erwerb von Immobilien durch Ehegatten üblich, kann aber auch an beweglichen Gegenständen begründet werden. Im Gegensatz zur *tenancy in common*, die dem deutschen Bruchteilseigentum entspricht, handelt es sich dabei um eine Mitberechtigung von zwei oder mehreren Eigentümern, die mit einer Gesamthandgemeinschaft des deutschen Rechts vergleichbar ist. Durch das *right of survivorship* – eine Art **Anwachsungsrecht** – gehen beim Tod eines Miteigentümers die Vermögensgegenstände auf den oder die überlebenden *co-tenants* über. Zu beachten ist jedoch, dass im englischen Recht alle Mitberechtigten zu gleichen Teilen beteiligt sein und aufgrund des gleichen Rechtsgrundes zur gleichen Zeit das Eigentum erworben haben müssen.[117]

Praxishinweis: Für in Deutschland belegene bewegliche Gegenstände lassen sich bei Anwendung englischen Erbrechts vergleichbare Lösungen erreichen, wenn der in England domizilierte Erblasser nicht Allein- oder Bruchteilseigentum, sondern unter Beteiligung potentieller Erben als Gesellschafter einer Personengesellschaft Eigentum erwirbt.[118] Da das Gesellschaftsstatut dem Erbstatut vorrangig ist (vgl. Art. 1 Abs. 2 h) EU-ErbVO), kann durch geeignete Nachfolgeklauseln im Gesellschaftsvertrag oder durch lebzeitige – evtl. auch aufschiebend bedingte – Abtretungen der Übergang auf bestimmte Nachfolger erreicht werden, ohne dass das Vermögen in den allgemeinen Nachlass fällt.[119] Es ist jedoch darauf zu achten, dass dabei keine Abfindungsansprüche weichender Erben begründet werden, da diese wiederum in den vom *personal representative* abzuwickelnden Nachlass fallen würden.

---

116 Vgl. *Mellows*, S. 14 ff.; *Kanda Rovati*, S. 16 f. Nach neuer Rechtsprechung des *Court of Appeal* finden daneben die *in equity* entwickelten Grundsätze des *proprietary estoppel* auch im Erbrecht Anwendung. Danach kann ein Begünstigter im Einzelfall eine ihm in Aussicht gestellte testamentarische Zuwendung verlangen, wenn er im Vertrauen auf eine entsprechende Ankündigung des Verstorbenen selbst zu seinem Nachteil gehandelt hat, z.B. unentgeltlich gearbeitet oder Pflegeleistungen erbracht hat; vgl. *Parry and Kerridge*, Rn 6–07 ff.

117 Vgl. eingehend *Henrich*, Die Behandlung von joint tenancies bei der Abwicklung von Nachlässen in Deutschland, in: FS Riesenfeld 1983, S. 103 ff.; *Jülicher*, ZEV 2001, 469, NK-BGB/*Odersky*, Band 3, Sachenrecht, 3. Aufl. 2013, Länderbericht Großbritannien Rn 53 ff.

118 Umgekehrt sollte nur mit Vorsicht eine Personengesellschaft an inländischen Immobilien begründet werden, wenn der Erblasser sein Domizil in England hat, da die Anteile kollisionsrechtlich als „bewegliches Vermögen" qualifiziert werden (vgl. Rn 4), so dass das Erbstatut vom deutschen zum englischen Erbrecht wechseln kann.

119 Vgl. *v. Oertzen*, IPRax 1994, 73 ff.

2. Sonstige Zuwendungsformen

Als spezielle Form der Zuwendung außerhalb des Erbrechts kann ferner die **Schenkung auf den Todesfall** (sog. *donatio mortis causa*) gewählt werden. Dabei handelt es sich nach englischem Verständnis um eine Zuwendung, bei der das Schenkungsversprechen unter der aufschiebenden Bedingung des Todes des Schenkers steht, so dass sie bis zu diesem Zeitpunkt jederzeit zurückgefordert werden kann. Voraussetzung ist allerdings nach englischem Recht, dass der Schenkungsgegenstand bereits dem Beschenkten übergeben wird. Ob dies auch bei unbeweglichem Vermögen möglich ist, z.B. durch die Übergabe der *title deeds* oder des *land certificate*, wird noch uneinheitlich behandelt.[120] In der Praxis wird sich dieser Weg daher nur selten anbieten.

89

Schließlich können **Versicherungsverträge** auf den Todesfall zugunsten des Ehegatten oder der Kinder abgeschlossen werden, und englische Lebensversicherungen sind berechtigt, die Versicherungssumme direkt an die Erben auszuzahlen, wenn der Verstorbene seinen letzten Wohnsitz nicht in England hatte.

90

C. Nachlassverfahren

I. Notwendigkeit eines Nachlassverfahrens

Wie bereits dargestellt (siehe Rn 15 ff.), folgt England dem kollisionsrechtlichen Prinzip, dass auch bei ausländischem Erbstatut der inländische Nachlass nur durch einen *personal reprentative* nach englischem Recht (als *lex fori*) abgewickelt werden darf, so dass eine Anerkennung ausländischer Erbschaftszeugnisse generell ausscheidet.[121] Da diese Nachlassabwickler aufgrund materiellem englischen Erbrechts nur nach gerichtlicher Bestätigung bzw. Ernennung tätig werden dürfen, ist das englische Nachlassverfahren grundsätzlich unumgänglich.

91

Ausgenommen von der *administration* sind nur die Vermögensteile, die nicht zum Nachlass gerechnet werden (vgl. Rn 87 ff.). Ferner sind einige bestimmte Nachlassschuldner, insbesondere staatliche Arbeitgeber, öffentliche Einrichtungen, Versicherungen und Bausparkassen aufgrund gesetzlicher Sondervorschriften in Verbindung mit dem *Administration of Estates (Small Payments) Act 1965* berechtigt, Zahlungen direkt an die Erben vorzunehmen, soweit diese die gesetzlich festgelegte Höchstsumme von zumeist £ 5.000 nicht übersteigen. Eine generelle Freigrenze wie in zahlreichen US-amerikanischen Staaten bei schuldenfreien Nachlässen, kennt das englische Recht aber nicht. Jedoch sind in der Praxis manchmal Kreditinstitute bei sehr geringfügigen Anlagen bereit, diese ohne gerichtliches Zeugnis auszuzahlen.

92

II. Nichtstreitiges Verfahren

Die Erteilung des Zeugnisses an den *personal representative*, das in der Form des *grant of probate* an einen *executor* zugleich als Bestätigung der Gültigkeit des Testaments wirkt, erfolgt in der überwiegenden Zahl der Fälle in einem nichtstreitigen Verfahren (sog. *grant in common form*). Der in diesem Verfahren erteilte *grant* entfaltet keine Rechtskraft und kann auf Antrag des Nachlassabwicklers, auf Klage eines Beteiligten oder durch das Gericht

93

---

120 Vgl. Sen v Headly [1991] Ch 425; ferner *Mellows*, S. 521 ff.; *Parry and Kerridge*, Rn 6–54.
121 Eine Ausnahme gilt gem. s. 2, 3 *Administration of Estates Act* 1971 nur für schottische Zeugnisse, die in England ohne weiteres Verfahren anerkannt werden.

selbst jederzeit wieder aufgehoben werden.¹²² Zuständig ist die *Family Division* des *High Court*, wobei das Zeugnis – ohne bindende örtliche Zuständigkeitsverteilung – sowohl bei der *Principal Registry* in London als auch bei einer der elf sonstigen *District Registries* in England und Wales beantragt werden kann.¹²³

94 Dem **Antrag** auf Erteilung eines *grant of probate* oder der *letters of administration*, für den es keine gesetzlichen Fristen gibt, sind i.d.R. folgende **Unterlagen** beizufügen:¹²⁴
- die Sterbeurkunde sowie das letzte **Testament** im Original, soweit ein solches errichtet wurde; das Testament muss von dem Antragsteller und der Person, die den nachfolgend beschriebenen Eid abnimmt, zur Bezugnahme unterzeichnet werden;
- der sog. *Oath*, d.h. eine **beeidete** oder in Form eines *affidavit* bekräftigte **Erklärung des Antragstellers**, in der zum einen sämtliche relevanten Umstände des Erbfalls, aus denen sich die Berechtigung des Antragstellers zur Bestellung als *executor* oder *administrator* ergibt, dargestellt sind, und zum anderen die Versicherung, den Nachlass ordnungsgemäß abzuwickeln, abgegeben wird;
- der *Inland Revenue Account*, d.h. die **Steuererklärung** für die Erbschaftsteuer, die i.d.R. auch eine Eigenberechnung der Steuer enthält. Das englische Nachlassverfahren kennt dabei ein vereinfachtes Verfahren, wenn offensichtlich keine Steuer zu erwarten ist, und das reguläre Steuerverfahren, bei dem der *grant* erst erteilt wird, wenn die Steuerbehörden eine Art Unbedenklichkeitsbescheinigung erteilt haben. Letzteres setzt voraus, dass die gegebenenfalls anfallende Steuer bereits ganz oder, soweit zulässig, in Höhe der ersten Rate gezahlt wurde.¹²⁵ Zu beachten ist, dass immer dann, wenn der Erblasser sein Domizil im Ausland hatte oder Auslandsvermögen vorhanden ist, das vereinfachte Verfahren nicht angewendet werden kann.
- Weitere *affidavits* von Zeugen oder sonstige **Beweise**, falls diese vom Gericht zur Prüfung des Erbfalls verlangt werden, sowie Nachweis über die Bezahlung der **Kosten** der *Registry*.¹²⁶

95 Im Einzelnen richtet sich das Verfahren vor den *Registries*, insbesondere auch für besondere Formen des *grant*, nach den *Non-Contentious Probate Rules (N.C.P.R.) 1987*.¹²⁷

---

122 Vgl. r. 41 N.C.P.R. 1987 und ss. 25 (1)(b), 121 *Senior Courts Act 1981*; Dritte, die gutgläubig aufgrund des *grant* an den *personal representative* geleistet oder von diesem erworben haben, sind gem. ss. 27, 37 A.E.A. 1925 geschützt. Zum rechtskräftigen *grant in solemn form* vgl. Rn 105 ff.; zu den unterschiedlichen Merkmalen beider Verfahren vgl. *Butterworths*, G [4–10]; *Parry and Kerridge*, Rn 18–16 ff.

123 Ss. 105, 106 *Senior Courts Act 1981*; bei Auslandsbezug wird man aufgrund der größeren Spezialisierung i.d.R. die *Principal Registry* wählen; Anschrift: Probate Department, Principal Registry of the Family Division, First Avenue House, 42–49 High Holburn, London WC 1V 6NP.

124 Der Antrag selbst sowie Hinweise zum weiteren Verfahren sind auch im Internet unter www.gov.uk/wills-probate-inheritance erhältlich, so dass hier nur einige grundsätzliche Erläuterungen gegeben werden; zu den Details der einzelnen Papiere vgl. auch *Butterworths*, D [455–520]; *Barlow, King & King*, Rn 10.02 ff.

125 Zur Verknüpfung von Nachlassverfahren und Steuerverfahren vgl. die in vorstehender Fn angegebene Internetadresse, von der auch Links zu den entsprechenden Formularen der Steuerbehörden führen; direkt erreichbar auch unter www.hrmc.gov.uk.

126 Diese betragen derzeit ab einem Nachlasswert von £ 5.000 einheitlich £ 215 zuzüglich Auslagen.

127 Zu Sonderformen vgl. *Mellows*, S. 290 ff.; *Parry and Kerridge*, Rn 18–53 ff.

Odersky

III. Verfahrensbesonderheiten bei Domizil im Ausland

Hatte der Erblasser sein Domizil außerhalb Englands, kommt es zwar inhaltlich zu keinen Besonderheiten beim *probate* bzw. der *letters of administration*, da diese auf englischem Recht als *lex fori* basieren. Sowohl bei der Auswahl der Person des *personal representative*, für die r. 30 N.C.P.R. 1987 eigene Kriterien aufstellt, als auch beim Nachlassverfahren sind jedoch Abweichungen von den in Rn 62 ff. und dem vorgehenden Absatz beschriebenen allgemeinen Regeln zu beachten.

1. Executor

Auch bei ausländischem Domizil ist vom Gericht vorrangig die testamentarische Ernennung eines *executor* zu berücksichtigen, zumal England fördert, dass der ganze Nachlass möglichst durch die gleiche Person abgewickelt wird. Der *executor* kann für den gesamten Nachlass bestellt werden, kann aber auch – z.B. im Wege getrennter Testamente für die verschiedenen Teilnachlässe – nur für den in England belegenen Nachlass berufen sein. Da das englische Gericht selbstständig über die Erteilung des *grant of probate* entscheidet, wird kein Nachweis über die Anerkennung oder die Annahme des Amtes im Domizilland verlangt.

Nach r. 30 (3) (a) N.C.P.R. 1987 darf ein *probate* jedoch nur erteilt werden, wenn die Benennung des *executor* in einem **englisch- oder walisischsprachigen Testament** enthalten ist, oder wenn die Aufgaben des Testamentsvollstreckers im Testament zumindest so beschrieben sind, dass man unmittelbar daraus die Bestellung als *executor according to the tenor* ableiten kann. Ist dies nicht der Fall (z.B. wenn in einem deutschsprachigen Testament nur Testamentsvollstreckung nach den gesetzlichen Bestimmungen angeordnet wurde), müsste ein *administrator with the will annexed* bestellt werden.

Beim **Verfahren der** *Probate Registry* werden sich i.d.R. folgende Abweichungen bzw. ergänzende Anforderungen ergeben:
- Kann das Original des Testaments nicht eingereicht werden, weil es sich in Verwahrung eines deutschen Gerichts befindet, genügt die Vorlage einer vom Gericht beglaubigten Kopie.[128]
- Wurde das Testament nicht in englischer Sprache errichtet, ist es zusammen mit einer **Übersetzung** vorzulegen, deren Richtigkeit von einem englischen Notar oder Konsularbeamten bestätigt sein muss.[129] Das Nachlassgericht kann auch Übersetzungen anderer Personen zulassen, wird dann aber regelmäßig ein *affidavit* des Übersetzers verlangen, in dem dieser seine Qualifikation darlegt.[130]
- Schließlich wird i.d.R. ein Nachweis zur rechtlichen Wirksamkeit des Testaments und dessen Wirkungen nach dem maßgeblichen Domizilrecht (*evidence of foreign law*) verlangt, der auf zwei Arten erbracht werden kann: entweder durch ein *affidavit of law* einer rechtskundigen Person, vorausgesetzt, dass das Gericht aufgrund näherer Angaben über diese Person, die in dem *affidavit* selbst enthalten sein müssen, überzeugt ist, dass damit ein sachverständiger Beweis geführt ist, oder durch die Bestätigung eines Notars

---

128 R. 54 (2) N.C.P.R. 1987; in dem zu erbringenden Nachweis über das maßgebliche Recht ist die Tatsache der Verwahrung zu bestätigen; außerdem soll angegeben werden, ob das Testament bereits vom heimischen Gericht bestätigt oder zugelassen wurde.
129 Spezialisiert auf beglaubigte Übersetzungen sind insbesondere die sog. *scrivener notaries* in London; Kontaktadressen unter www.scriveners.org.uk.
130 Vgl. *Butterworths*, D [608].

bzw. eine notarielle Urkunde (*a certificate by or an act before a notary*), wenn der Notar in dem Land, dessen Recht betroffen ist, tätig ist.[131]

Praxishinweis: Im Hinblick auf die erhöhten Anforderungen bei Anerkennung des *executor* und die formalen Voraussetzungen dieses *probate*-Verfahrens, wird es sich bei der Nachlassplanung eines in Deutschland domizilierten Testators mit Vermögen in England ggf. empfehlen, für das in England belegene Vermögen ein eigenes Testament zu errichten. Dieses sollte in englischer Sprache gefasst sein, die ausdrückliche Bestellung eines *executor* beinhalten, und – zur Vermeidung von Widersprüchen mit der deutschen Universalsukzession – nur Vermächtnisse vorsehen.[132] Sofern aber ein einheitliches deutsches Testament errichtet werden soll, empfiehlt sich die ausführliche Beschreibung der Befugnisse des Testamentsvollstreckers.

Formulierungsbeispiel: „Ich ordne Testamentsvollstreckung bezüglich des Teils meines Nachlasses an, der sich bei meinem Tod in Großbritannien befindet. Der Testamentsvollstrecker (executor) hat das dort gelegene Vermögen in Besitz zu nehmen, den Nachlass vollständig entsprechend dem Gesetz abzuwickeln, alle Nachlassverbindlichkeiten zu erfüllen und schließlich den Reinnachlass an den/die Begünstigten auszuhändigen. Er kann über alle Nachlassgegenstände uneingeschränkt verfügen. Er hat alle Befugnisse, sofern diese einem executor nach dem jeweiligen Ortsrecht übertragen werden können und ist von allen etwaigen gesetzlichen Beschränkungen des deutschen Rechts und des jeweiligen Ortsrechts befreit, sofern gesetzlich eine Befreiung erteilt werden kann."

2. Administrator

Wurde kein *executor* ernannt oder kann der Testamentsvollstrecker nicht als solcher anerkannt werden, muss in jedem Fall ein *administrator* bestellt werden. Dabei löst sich das englische Recht von den in Rn 67 dargestellten Prinzipien und erteilt die *letters of administration* vorrangig dem vom Gericht **im Domizilland ernannten Nachlassabwickler** („*to the person entrusted with the administration of the estate by the court having jurisdiction at the place where the deceased died domiciled*") und, sofern ein solcher nicht vorhanden ist, den nach dem Erbstatut begünstigten Personen („*person beneficially entitled to the estate*").[133] Im Verhältnis zu Deutschland zählen zur ersten Kategorie der Testamentsvollstrecker, sofern seine Rechte nicht nach §§ 2303–2306 BGB zu sehr eingeschränkt wurden, und der Nachlassverwalter, nicht jedoch der **Erbe**, selbst wenn er als unbeschränkter Alleinerbe im Erbschein bestätigt ist. Der Erbe kann immer nur als Berechtigter der zweiten Kategorie (*„beneficially entitled"*) bestellt werden, was zu den nachfolgend dargestellten Unterschieden im nachlassgerichtlichen Verfahren führt.[134] Ein fester Anspruch auf Bestellung bzw. eine bestimmte Rangfolge bei mehreren Berechtigten sieht das englische Recht aber bei auswärtigem Domizil des Erblassers nicht vor. Das Gericht, das mögliche übergangene Berechtigte auch nicht zu informieren braucht, kann nach seinem **Ermessen** auch andere Antragsteller zulassen. Insbesondere soll es nach den allgemeinen Grundsätzen vorgehen, wenn der in England belegenen Nachlass ganz überwiegend aus Immobilien besteht.[135]

---

131 R. 19 N.C.P.R. 1987.
132 Vgl. dazu *Odersky*, ZEV 2000, 494; zu möglichen Bedenken, wenn getrennte Testamente mit einer Rechtswahl gemäß Art. 22 EU-ErbVO erfolgen sollen, vgl. *Parkinson/Lehmann*, ZEV 2014, 154.
133 Vgl. r. 30 (1) N.C.P.R. 1987.
134 Vgl. *Odersky*, Abwicklung, S. 134 ff.
135 Vgl. r. 30 (1), (4) N.C.P.R. 1987; *Dicey, Morris and Collins*, Rule 130, Rn 26–014.

Die Erteilung des *grant* an den *administrator* setzt – im Gegensatz zur Erteilung des *probate* – die spezielle Anweisung (*order*) des *district judge* bzw. *registrar* einer der *District Registries* voraus. Das englische Verfahren beinhaltet damit zwei Stufen: Mit der *order* bestimmt der *registrar* aufgrund des ihm eingeräumten Ermessens, ob ein Antragsteller als *administrator* ernannt werden kann. Die Ernennung selbst erfolgt dagegen erst durch die Erteilung der *letters of administration*, wenn sämtliche Unterlagen vorliegen. Zwar kann beides auch zeitlich zusammen erfolgen, doch meistens werden aus Kosten- und Haftungsgründen der *Oath* und das Erbschaftsteuerverfahren erst nach der Entscheidung des Gerichts erledigt.

101

Im Übrigen hängen die besonderen **verfahrensrechtlichen Voraussetzungen** von der Art der Berechtigung des Antragstellers ab:[136]
- Der Antrag einer „*person entrusted*" setzt nur voraus, dass ein Zeugnis oder Beschluss, mit dem der Nachlassabwickler vom Gericht des Domizillandes bestätigt oder ernannt wurde (bei Domizil in Deutschland also insbesondere das **Testamentsvollstreckerzeugnis**), im Original oder in gerichtlich bzw. notariell beglaubigter Kopie und mit einer den oben genannten Regeln entsprechenden Übersetzung vorgelegt wird. Ein Nachweis über das zugrunde liegende materielle Recht ist i.d.R. nicht zu erbringen.[137]
- Wer als „*person beneficially entitled*" einen *grant* beantragt, muss dagegen den **evidence of foreign law** erbringen, in dem die Umstände des Erbfalls angegeben und eindeutige Aussagen zum Erbrecht, insbesondere zur Wirksamkeit eines Testaments oder zum Inhalt der gesetzlichen Erbfolge, getroffen werden. In Ausnahmefällen, bei denen sich die Erbfolge zweifellos aus einem Erbschein ergibt, kann der *registrar* nach seinem Ermessen auf den Rechtsnachweis verzichten.

102

3. Erteilung einer Vollmacht zur Nachlassabwicklung

Aus deutscher Sicht wird man angesichts der inhaltlich ungewohnten Voraussetzungen, deren nähere Ausgestaltung zum Teil im Ermessen des Gerichts liegt, und vor allem wegen der Verknüpfung des nachlassgerichtlichen Verfahrens mit dem Erbschaftsteuerverfahren regelmäßig eine mit dem englischen Recht vertraute Person, insbesondere einen in England tätigen Praktiker beauftragen, die Verfahren durchzuführen. Der entsprechenden **Vollmacht** können dabei **unterschiedliche Wirkungen** beigemessen werden:
- Zum einen kann sie sich darauf beschränken, dass der Bevollmächtigte im Namen des Vollmachtgebers das Verfahren zur Erteilung des *grant* betreibt (wobei aber der *Oath* immer persönlich zu leisten ist), und danach ggf. einzelne Abwicklungsaufgaben erledigt.[138]
- Zum anderen kann die Vollmacht aber auch das Recht beinhalten, dass der Bevollmächtigte selbst – mit dem gleichen Rang, auf den der Vollmachtgeber Anspruch hätte – zum *administrator* bestellt wird, und das Amt dann im eigenen Namen und auf eigene

103

---

136 Vgl. im Einzelnen *Butterworths*, D [634].
137 Wenn ein deutsches Testamentsvollstreckerzeugnis vorhanden ist, das ohne weiteren Rechtsnachweis vom *district judge* anerkannt wird, kann es sich daher im Einzelfall sogar empfehlen, dass sich der Testamentsvollstrecker nicht als *executor* bestätigen, sondern als *administrator with the will annexed* bestellen lässt.
138 Alle Handlungen, die der Bevollmächtigte im Rahmen der Abwicklung für den *personal representative* vornimmt, hat der Vollmachtgeber selbst zu verantworten; vgl. s. 23 (1) *Trustee Act 1925*.

Verantwortung führt.[139] Insbesondere der deutsche Erbe kann damit zwar sein Recht auf Bestellung zum *administrator* wahren, muss jedoch nicht selbst die Verantwortung für eine ordnungsgemäße Abwicklung z.B. gegenüber den Steuerbehörden übernehmen.

104 Die Erteilung einer **postmortalen Vollmacht** durch den Erblasser an einen Begünstigten oder den potentiellen *personal representative* ist dagegen **nicht geeignet**, das Nachlassverfahren zu umgehen. Zwar bestehen im englischen Internationalen Privatrecht Unsicherheiten darüber, nach welchem Recht eine solche Vollmacht zu behandeln ist, doch meist wird das Recht für anwendbar gehalten, das den mit der Vollmacht geschlossenen „Hauptvertrag" beherrscht; bei der Abwicklung eines englischen Nachlasses wird dies englisches Recht sein. Danach erlischt die Vollmacht mit dem Tod des Vollmachtgebers, da zu dessen Lebzeiten weder einem Begünstigten noch einem *personal representative* unentziehbare Rechte zustehen können, zu deren Vollzug die Vollmacht erforderlich wäre.[140] Testamentarische Auflagen an die Erben bzw. Begünstigten, neue Vollmachten zugunsten der Nachlassabwickler zu erteilen, sind ebenfalls nicht möglich, da den Begünstigten die Verfügungsbefugnis über den Nachlass in England fehlt.

IV. Streitiges Verfahren

105 Neben dem nichtstreitigen Verfahren können nachlassgerichtliche Fragen auch in einem – meist streitig geführten – **förmlichen Gerichtsverfahren** geklärt werden. Der darin erteilte *grant in solemn form* entfaltet Rechtskraft und zwar nicht nur gegenüber den am Prozess unmittelbar Beteiligten, sondern gegenüber jedem, der vom Prozess Kenntnis hatte, sich aber nicht beteiligte. Ein Widerrufsantrag kann dann nur noch darauf gestützt werden, dass der *grant* betrügerisch erschlichen wurde oder dass ein im Prozess noch nicht bekanntes Testament aufgetaucht ist.[141]

106 Beim gerichtlichen Verfahren werden üblicherweise **drei Klagearten** unterschieden, wobei diese im Einzelfall auch zusammenfallen können:[142]
– Klagen auf Erteilung eines *probate in solemn form*, d.h. zur Feststellung der Gültigkeit eines Testaments;
– Klagen zur Entscheidung eines Streits um die Person des *personal representative*, insbesondere darüber, wem die *letters of administration* zu erteilen sind (sog. *interest actions*);
– Klagen mit dem Ziel, einen bereits erteilten *grant in common form* **widerrufen** zu lassen, so dass das förmliche Verfahren zugleich das Rechtsmittel im nicht-streitigen Verfahren darstellt.

107 Berechtigt, zu klagen oder dem Verfahren als *defendent* beizutreten, ist dabei jeder, der als möglicher *personal representative* oder *beneficiary* ein Interesse an einer entsprechenden Entscheidung des Gerichts haben kann. Dabei muss sich das Verfahren nicht zwingend gegen einen bestimmten Beklagten richten. Insbesondere die Bestätigung des Testaments

---

139 Vgl. r. 31 N.C.P.R. 1987; der *grant* wird in diesem Fall *for the use and benefit of the donor of the power* erteilt und ist damit in der Weise beschränkt, dass er endet, sobald der Vollmachtgeber für sich selbst den *grant* beantragt oder stirbt.
140 Vgl. *Halsbury's*, Laws of England, Agency, Nr. 182, 187 und 197; *v. Oertzen*, ZEV 1995, 170, empfiehlt daher allenfalls transmortale Vollmachten, mit denen der Berechtigte den Nachlass im Ausland auflösen kann, bevor dort der Tod des Erblassers bekannt wird. Zu beachten ist jedoch, dass sich der Handelnde dabei als *executor de son tort* schadensersatzpflichtig machen kann.
141 Vgl. *Mellows*, S. 304 f.; *Parry and Kerridge*, Rn 18–20 f.
142 Vgl. dazu insbesondere *Mellows*, S. 302 ff.

kann vom *executor* auch vorsorglich beantragt werden. Tritt kein *defendent* einem solchen Verfahren bei, ergeht die gerichtliche Entscheidung in einem verkürzten Prüfverfahren.[143]

Zuständig sind die *Chancery Division* des *High Court* und die *County Courts*, wobei diese Gerichte die Verfahren wechselseitig abgeben können. Auch wenn es keine Fristen für die Klageerhebung gibt, kann das Gericht nach seinem Ermessen Klagen als verspätet zurückweisen, insbesondere wenn der Nachlass schon gesamt abgewickelt wurde.

108

Hatte der Erblasser sein letztes Domizil im Ausland, wird das Verfahren *in solemn form* nur selten betrieben werden, da – im Gegensatz zu reinen Inlandsfällen – keiner der Abwicklungsberechtigten einen festen Anspruch auf Erteilung des *grant* hat.

109

V. Besonderheiten im deutschen Erbscheinsverfahren

1. Angleichung an deutsche Erbscheinsbegriffe

Kommt englisches Erbfolgerecht zur Anwendung, ist aber Vermögen in Deutschland belegen (vgl. zu den Fallgruppen oben Rn 16), kann bei dem nach Art. 10, 64 EU-ErbVO zuständigen deutschen Gericht sowohl ein Europäisches Nachlasszeugnis als auch ein deutscher Erbschein beantragt werden. Im Gegensatz zum Europäischen Nachlasszeugnis, in dem gemäß Art. 68 EU-ErbVO die Stellung der *beneficiaries* und die Rechte *der personal respresentatives* nach dem anwendbaren englischen Recht zu bezeichnen und darzustellen sind, müssen die englischen Rechtsbegriffe an die deutschen, die im Erbschein zu verwenden sind, **angeglichen** werden. Aufgrund der Verschiedenheit beider Rechtssysteme und der vielfältigen Gestaltungsmöglichkeiten des englischen Rechts können sich dabei zahlreiche Detailprobleme ergeben, in erster Linie wird jedoch immer die Frage, wer überhaupt als „Erbe" im deutschen Erbschein bezeichnet werden kann, und welchen Verfügungsbeschränkungen diese Person unterliegt, zu klären sein.[144]

110

a) Testamentarische Erbfolge

Da der Nachlass wirtschaftlich allein den *beneficiaries* zusteht und der *executor* diesen nur treuhänderisch zu sammeln, abzuwickeln und zu verwalten hat, werden nach allgemeiner Meinung nicht der *executor* bzw. *trustee*, sondern nur die Begünstigten als „Erben" im Sinne des deutschen Erbscheinsrechts angesehen.[145] Dem steht nicht entgegen, dass der nach englischem Recht handlungsberechtigte *executor* (oder *trustee*) in Deutschland sachenrechtlich als (treuhänderisch gebundener) Alleineigentümer angesehen wird, denn die Angleichungen im Sachen- und im Erbscheinsrecht können zu formal unterschiedlichen Lösungen führen.[146]

111

---

143 Vgl. *Butterworths*, G [37–56].
144 Vgl. zu einzelnen Detailfragen insbesondere *Henrich*, Großbritannien Rn 91 ff., in: Ferid/Firsching/Dörner/Hausmann, Internationales Erbrecht; für Muster von entsprechenden Erbscheinen und Testamentsvollstreckerzeugnissen vgl. *Odersky*, Abwicklung, S. 166 ff.
145 Vgl. z.B. MüKo/*Birk*, Art. 25 EGBGB Rn 336 f.; MüKo/*J. Mayer*, § 2369 BGB Rn 35 f.; *Johnen*, MittRhNotK 1986, 57 ff.; *Berenbrok*, S. 182 f. Bei einem *discretionary trust*, dem es an von vornherein festgelegten *beneficiaries* fehlt und die Verteilung des Nachlasses weitgehend in das Ermessen des *trustee* gestellt ist, wird man aber ausnahmsweise diesen im Erbschein als Erben bezeichnen können, da er am ehesten mit einem deutschen Erben, der mit (im Erbschein nicht zu vermerkenden) Wahlvermächtnissen bzw. Auflagen beschwert ist, verglichen werden kann.
146 Vgl. dazu *Odersky*, Abwicklung, S. 113 ff.

112 Beinhaltet ein Testament unterschiedliche Formen von Zuwendungen (d.h. *specific* und *residuary legacies*), ist i.d.R. nur der *residuary legatee* als **Erbe** zu bezeichnen, da er einerseits den gesamten Restnachlass erhält, andererseits auch die Schuldentilgung vorrangig zu seinen Lasten geht. Mehrere *residuary beneficiaries* werden zu Miterben, soweit nicht weitere Anordnungen des Erblassers, wie z.B. die Begründung eines *life interest* (der regelmäßig als Vorerbschaft anzusehen ist), eine Angleichung an andere Rechtsinstitute nahe legt.[147]

113 Der *executor* wird, wenn man die *beneficiaries* als Erben bezeichnet, seiner Funktion nach als Testamentsvollstrecker angesehen. Dementsprechend ist im Erbschein immer ein **Testamentsvollstreckungsvermerk** gem. § 2364 BGB aufzunehmen, wenn ein *executor* oder *trustee* bestellt wurde.[148] Um Missverständnisse zu vermeiden, ist dieser Vermerk aber entbehrlich, wenn der einzige „Erbe" zugleich alleiniger *executor* wird.[149] In Entsprechung zum Testamentsvollstreckervermerk im Erbschein ist dem *executor* bzw. *trustee* ein **Testamentsvollstreckerzeugnis** zu erteilen. Abweichungen der Verfügungsmacht vom deutschen Regelbild sind dabei genau zu beschreiben, wobei der *trustee* wohl meist, wenn er personengleich mit dem *executor* ist, als Dauertestamentsvollstrecker bzw., wenn verschiedene Personen in die zeitlich aufeinander folgenden Ämter berufen sind, als Verwaltungstestamentsvollstrecker bezeichnet werden kann.[150]

b) Gesetzliche Erbfolge

114 Aufgrund der vergleichbaren Struktur von gewillkürter und gesetzlicher Erbfolge werden auch bei Letzterer nicht der *administrator*, sondern nur die *beneficiaries* als Erben bezeichnet. Dazu zählen zum einen die **Begünstigten**, denen das Gesetz ein *absolute interest* am *residuary estate* eingeräumt hat, also die volljährigen Abkömmlinge des Verstorbenen bzw., wenn solche nicht vorhanden sind, der überlebende Ehegatte und die weiteren Verwandten.[151] Daneben sind aber nach h.M. auch die Rechte des überlebenden **Ehegatten** anzugeben:
– Bezüglich des fest zugewiesenen **Vorabbetrags** (£ 250.000 bzw. £ 450.000) liegt zwar der Vergleich mit einem deutschen Geldvermächtnis nahe, doch würde man dabei übersehen, dass das englische Recht dem Ehegatten damit eine in vielen Fällen wirtschaftliche „Alleinberechtigung" am Nachlass einräumt. Daher wird es allgemein für sinnvoll angesehen, wenn der Anspruch des Ehegatten im Erbschein ausgewiesen wird, und zwar nicht quotal im Verhältnis zum Gesamtnachlass, sondern als fester Vorabbetrag.[152] Ist der Reinwert des gesamten Nachlasses zur Überzeugung des Gerichts geringer als der

---

147 Vgl. *Henrich*, Großbritannien Rn 91, in: Ferid/Firsching/Dörner/Hausmann, Internationales Erbrecht.
148 Allg.M.; vgl. z.B. *Kegel/Schurig*, Internationales Privatrecht, S. 875; MüKo/*J. Mayer*, § 2369 BGB Rn 44 f.; MüKo/*Birk*, Art. 25 EGBGB Rn 338, 344; NK-BGB/*Kroiß*, § 2369 Rn 45; *Schack*, S. 261 f.
149 Vgl. *Henrich*, Großbritannien Rn 84, in: Ferid/Firsching/Dörner/Hausmann, Internationales Erbrecht; *Berenbrok*, S. 183; Soergel/*Schurig*, Art. 25 EGBGB Rn 72 empfiehlt dagegen die Aufnahme, da beide Funktionen wieder auseinander fallen können.
150 Vgl. *Henrich*, Großbritannien Rn 95, in: Ferid/Firsching/Dörner/Hausmann, Internationales Erbrecht; *Schack*, S. 262; *Odersky*, Abwicklung, S. 156 f., 160.
151 Zur gesetzlichen Erbfolge vgl. Rn 31 ff. Sind Minderjährige begünstigt, muss aufgrund deren im englischen Recht bis zum 18. Geburtstag schwebenden Erbeinsetzung eine zeitlich befristete Vor- und Nacherbschaft im Erbschein vermerkt werden, vgl. *Odersky*, Abwicklung, S. 163, 167.
152 Allg.M.; vgl. *Henrich*, Großbritannien Rn 92, in: Ferid/Firsching/Dörner/Hausmann, Internationales Erbrecht; *Kegel/Schurig*, Internationales Privatrecht, S. 876 mit Formulierungsvorschlag; MüKo/*J. Mayer*, § 2369 BGB Rn 32.

gesetzlich vermachte Vorabbetrag kann der Ehegatte auch als Alleinerbe ausgewiesen werden.[153]
- Das *life interest* an der Hälfte des *residuary estate* ist nicht nur als gesetzlicher (Quoten-)Nießbrauch, sondern als Vorerbschaft des Ehegatten anzusehen, da die Kinder während der Zeit der Verwaltung noch nicht Rechtsinhaber werden, sondern nur ein Anwartschaftsrecht (*remainder*) auf Auszahlung des Kapitals durch den *administrator* nach dem Tod des längerlebenden Ehegatten haben.[154]

Sofern man davon ausgeht, dass ein in England bestellter *administrator* auch in Deutschland tätig werden kann,[155] muss ferner ein entsprechender Vermerk im Erbschein aufgenommen werden, da darin grundsätzlich alle den §§ 2363, 2364 BGB vergleichbare **Verfügungsbeschränkungen** anzugeben sind. Dem steht auch nicht entgegen, dass der *administrator* selbst erst vom Gericht ernannt werden muss (vergleichbar dem deutschen Nachlassverwalter, der nicht im Erbschein angegeben wird), da die *beneficiaries* bereits von Anfang an den Verfügungsbeschränkungen der *administration* unterliegen.[156] Da der *administrator* die gleichen Aufgaben wie der testamentarisch bestellte *executor* erfüllt und sich in Deutschland ausweisen muss, sollte ihm auch in entsprechender Anwendung von § 2369 BGB ein „Erbschaftsverwalterzeugnis" erteilt werden.[157] In diesem sind das anwendbare englische Erbrecht anzugeben und seine Befugnisse, insbesondere in Bezug auf die Verwaltung des *life interest* des Ehegatten und eines *statutory trust* minderjähriger Kinder näher zu beschreiben.

115

Praxishinweis: Zu beachten ist, dass die vorstehenden Ergebnisse in der Literatur sehr unsicher und widersprüchlich behandelt werden. Es empfiehlt sich daher vor Stellung eines entsprechenden Erbscheinsantrags eine Abstimmung mit dem zuständigen Nachlassgericht.

2. Umdeutung bei Anwendung deutschen Erbrechts

Zu inhaltlich entsprechenden Ergebnissen wie bei der Angleichung wird man kommen, wenn deutsches Erbrecht anwendbar ist (z.B. für die im Inland belegenen Immobilien), der Testator aber in englischen Rechtsbegriffen testiert hat (sog. **Handeln unter falschem Recht**). Bei der dann notwendigen **Umdeutung** des „englischen" Willens in deutsche Erbrechtsbegriffe werden von der Angleichung abweichende Ergebnisse praktisch nur bei zwei Problemen diskutiert:
- Während der mit einer *specific legacy* bedachte *beneficiary* bei der Angleichung nur mit einem Vermächtnisnehmer verglichen wird, kann eine andere Beurteilung bei der Umdeutung gerechtfertigt sein, wenn aufgrund der territorialen Nachlassspaltung deutsches Recht nur für einen Teil des Nachlasses (z.B. für den in Deutschland belegenen

116

---

153 Vgl. *Henrich*, Großbritannien Rn 94, in: Ferid/Firsching/Dörner/Hausmann, Internationales Erbrecht; MüKo/*J. Mayer*, a.a.O.; *Wengler*, JR 1955, 42.
154 Vgl. *Henrich*, Großbritannien Rn 93, in: Ferid/Firsching/Dörner/Hausmann, Internationales Erbrecht; Staudinger/*Dörner*, Art. 25 EGBGB Rn 851.
155 Vgl. dazu Rn 23 ff.; nach der bisherigen Spaltungstheorie stellt sich dagegen folgendes Problem nicht, da der *administrator* nie in Deutschland tätig werden darf.
156 So heute wohl ganz h.M., vgl. *Henrich*, Großbritannien Rn 82, in: Ferid/Firsching/Dörner/Hausmann, Internationales Erbrecht; MüKo/*J. Mayer*, § 2369 BGB Rn 46; MüKo/*Birk*, Art. 25 EGBGB Rn 338; Soergel/*Schurig*, Art. 25 EGBGB Rn 68, 72; Erman/*Hohloch*, Art. 25 EGBGB Rn 53; *Schack*, S. 261 f.; *Berenbrok*, S. 183; *Hausmann*, in: FS Heldrich, S. 663 ff.; dafür wird meist der Begriff der „Erbschaftsverwaltung (*administration*) nach englischem Recht" gebraucht.
157 Sehr streitig; wie hier *Henrich*, Großbritannien Rn 90, in: Ferid/Firsching/Dörner/Hausmann, Internationales Erbrecht; *Berenbrok, Schack, Kegel, Schurig, Hausmann*, je a.a.O.; Bamberger/Roth/*Lorenz*, Art. 25 EGBGB Rn 34; a.A. insb. MüKo/*Birk*, Art. 25 EGBGB Rn 357; *Schwenn*, NJW 1952, 1116.

Grundbesitz) zur Anwendung kommt, und dieser Teil einem oder mehreren *beneficiaries* speziell vermacht wurde. Die Rechtsprechung hat in diesen Fällen, beruhend auf dem Grundsatz, dass jeder Teilnachlass rechtlich selbstständig zu beurteilen ist, die *specific legacy* nicht nur als Vermächtnisanordnung, sondern als Erbeinsetzung behandelt.[158]

- Auch wenn das Amt des *executor* grundsätzlich mit dem eines Testamentsvollstreckers vergleichbar ist, deutet ihn die h.M. nur dann in einen solchen um, wenn die ihm vom Erblasser zugewiesenen Aufgaben über die Befugnisse, die ohnehin jedem *personal representative* kraft Gesetz eingeräumt sind, hinausgehen (insbesondere wenn er auch als *trustee* bestellt ist). Begründet wird dies mit der hypothetischen Annahme, dass der englische Erblasser den *executor* sonst nur eingesetzt hat, um der in England zwingenden Bestellung eines *administrator* vorzubeugen, dies aber unterlassen hätte, wenn er gewusst hätte, dass deutsches Erbrecht zur Anwendung kommt.[159] Meines Erachtens kann diese Auffassung jedoch nicht überzeugen, da zwar bei der Umdeutung der Wille des Testators in deutsches Erbrecht umgesetzt werden muss, bei einem klar geäußerten Willen aber kein Raum für hypothetische Annahmen, dass der Testator die in Deutschland üblichen Gestaltungen gewählt hätte, verbleibt.[160] Der *executor* ist damit grundsätzlich in einen Testamentsvollstrecker umzudeuten, wobei die konkreten Aufgaben von der einfachen Abwicklungsvollstreckung bis zur Dauervollstreckung reichen können. Eine Ausnahme ist nur dann zu machen, wenn ein Begünstigter sowohl als Alleinerbe anzusehen ist als auch als alleiniger *executor* berufen wurde, da im deutschen Recht der Alleinerbe nicht zugleich einziger Testamentsvollstrecker sein kann.[161]

D. Besteuerung der Erbfolge

I. Schenkung- und Erbschaftsteuer

1. Allgemeine Merkmale

117 Die *Inheritance Tax* (**IHT**), die einheitlich für das gesamte Vereinigte Königreich gilt, ist in erster Linie als **Steuer auf den gesamten Nachlass** konzipiert und unterscheidet sich damit von der deutschen Regelung, den Zufluss beim jeweils Begünstigten zu erfassen (**Nachlasssteuer**).[162] Allerdings kennt auch England neben Steuerermäßigungen für einzelne Vermögensteile personenbezogene Ausnahmen, insbesondere für Ehegatten, so dass die Frage, wer lebzeitig oder testamentarisch bedacht werden soll, bei der Nachlassplanung nicht gänzlich außer Betracht bleiben darf. Auch **lebzeitige Zuwendungen** unterfallen grundsätzlich der IHT, sind aber größtenteils von der Besteuerung ausgenommen, wenn sie mehr als sieben Jahre vor dem Tod des Schenkers erfolgten.

---

158 Vgl. z.B. BayObLG IPRax 1982, 111, 113; OLG Zweibrücken IPRax 1997, 512; kritisch dazu Staudinger/*Dörner*, Art. 25 EGBGB Rn 776; *Hohloch*, ZEV 1997, 469, 473.
159 Vgl. BayObLG IPRax 1982, 111, 113; Ferid/*Firsching*, USA Rn 62b, S. 40/198; *Firsching*, IPRax 1982, 99; *Ferid*, Rn 9–82/83; Staudinger/*Dörner*, Art. 25 EGBGB Rn 270, 899.
160 Vgl. *Odersky*, Abwicklung, S. 129 f.; so auch *Berenbrok*, S. 219.
161 Vgl. OLG München WM 1967, 812, 815; *Henrich*, Großbritannien Rn 84, in: Ferid/Firsching/Dörner/Hausmann, Internationales Erbrecht.
162 Die IHT, die bis 1986 zutreffender als *Capital Transfer Tax* bezeichnet wurde, ist geregelt im *Inheritance Tax Act* (IHTA) *1984*. Zu beachten ist, dass die nachfolgende Darstellung nur eine allgemeine Einführung in das Erbschaftsteuersystem geben kann, das Gesetz aber für viele Einzelfälle, z.B. bei der Besteuerung verschiedener *trust*-Arten oder im Unternehmensbereich, spezielle Regelungen vorsehen kann.

Dem Konzept der Nachlasssteuer folgend, wird das Vermögen nach Überschreitung des **118** allgemeinen Freibetrags von £ 325.000[163] einheitlich mit einem festen Steuersatz von 40 % besteuert, unabhängig vom Verwandtschaftsverhältnis der Begünstigten zum Erblasser. Bei lebzeitigen Zuwendungen beträgt der Steuersatz 20 %, kann aber nachträglich im Fall des Todes auf bis zu 40 % angehoben werden.

2. Schenkungsteuer

Der IHT unterliegt grundsätzlich **jede lebzeitige Vermögensübertragung** (*transfer of va-* **119** *lue*), als deren Ergebnis das Vermögen des Schenkers (*transferor*) niedriger als vor der Übertragung ist.[164] Der Anwendungsbereich der IHT ist damit nicht nur bei Schenkungen, sondern bei jeder Form des teilentgeltlichen Erwerbs sowie einem Verzicht auf Forderungen eröffnet. Ausgenommen sind lediglich Geschäfte, die von den Beteiligten nicht als freigebig gewollt waren, und zwischen Fremden im normalen Geschäftsverkehr geschlossen wurden bzw. objektiv einem Fremdvergleich standhalten.[165]

Die gesetzliche Definition, die auf den Vermögensvergleich beim Übertragenden abstellt, **120** beinhaltet ferner, dass es für die Bewertung der Zuwendung nicht auf den wirtschaftlichen Vorteil beim Begünstigten, sondern auf den **Vermögensverlust beim Übertragenden** ankommt.[166] Die Bewertung erfolgt dabei grundsätzlich nach dem **Verkehrswert** zum Zeitpunkt der Übertragung, wobei Schulden, die mit dem übertragenen Vermögen übernommen werden, abgezogen werden.[167]

Für die konkrete Besteuerung lebzeitiger Vermögensübertragungen unterscheidet man **zwei** **121** **Arten von Zuwendungen:**
– Die sog. *potentially exempt transfers* (**PETs**), die alle Zuwendungen einer Privatperson an eine andere sowie die Einbringung von Vermögen in spezielle Formen des *trust* (insbesondere einen *maintenance trust* oder einen *interest in possession trust*, bei dem eine bestimmte Privatperson die Erträge des eingebrachten Vermögens erhält) umfassen. Aufgrund der weiten Definition gehört zu dieser Kategorie die ganz überwiegende Zahl der lebzeitigen Zuwendungen. Die PETs sind zunächst von der **Besteuerung befreit** und werden dieser nur dann nachträglich unterworfen, wenn der Schenker (*transferor*) innerhalb von sieben Jahren nach der Übertragung verstirbt.[168] Zu beachten ist jedoch, dass die Zuwendung noch nicht als erfolgt gilt, und damit die Sieben-Jahres-Frist noch nicht anläuft, wenn der Schenker den Gebrauch oder Nutzen der übertragenen Sache zurückbehält (sog. *gifts with reservation*). Dieser Rückbehalt muss nicht vertraglich geregelt sein, sondern kann sich auch aus den tatsächlichen Verhältnissen nach der

---

163 Zuletzt erhöht am 6.4.2009; vgl. s. 155 *Finance Act* 2006.
164 Vgl. ss. 1–3 IHTA 1984.
165 Vgl. s. 10 IHTA; *Macdonald*, Succession, 3. Aufl., Edinburgh 2001, Rn 12.07–09.
166 Ein Beispiel für den Unterschied beider Bemessungsarten ist die Übertragung eines Einzelstücks aus einer wertvollen Sammlung. Für die IHT ist nicht der Wert des Einzelstücks für den Begünstigten, sondern der Wertverlust der verbleibenden Sammlung beim Schenker maßgeblich, vgl. *Mellows*, S. 541. Die Aufteilung in mehrere Übertragungen wird allerdings durch s. 268 IHTA zusammengerechnet, wenn diese zu einer Steuerminderung führen würde.
167 Vgl. dazu im Einzelnen *Barlow, King & King*, Rn 4.23 ff. Dabei kann Vermögen on Ehegatten, das als Gesamtheit wertvoller wäre als die jeweiligen Einzelrechte (sog. *related property*; z.B. zwei Miteigentumsanteile am Haus; Anteile an einer Gesellschaft, die zusammengerechnet eine beherrschende Stellung geben), bei der Verkehrswertberechnung zusammengezählt und dann anteilig auf die Einzelrechte umgelegt werden; s. 161 (2) IHTA.
168 Vgl. s. 3(A) IHTA; *Barlow, King & King*, Rn 4.02.

Überlassung (z.B. dem Wohnen im übertragenen Haus, sofern dafür nicht eine verkehrsübliche Miete gezahlt wird) ergeben.[169]
- Alle übrigen lebzeitigen Vermögensübertragungen, insbesondere die Übertragung an Gesellschaften oder in einen sog. *discretionary trust*, bei der die Person des Begünstigten im Ermessen des *trustee* liegt, werden als *lifetime chargeable transfers* bezeichnet und ab Erreichen des Freibetrags von £ 325.000 zunächst mit einem Steuersatz von 20 % besteuert. Auch diese Zuwendungen werden im Falle des Todes innerhalb von sieben Jahren nochmals in die Besteuerung einbezogen und auf bis zu 40 % hochgesetzt.

122 **Generell ausgenommen** von der IHT – und somit auch im Todesfall nicht wieder einbeziehbar – sind Schenkungen von jährlich insgesamt £ 3.000 an einen oder mehrere Begünstigte (vortragbar um max. ein Jahr) sowie jährlich bis zu £ 250 je sonstiger beschenkter Person, normale Lebensaufwendungen aus dem Einkommen, sowie gewisse Unterhaltszahlungen und Hochzeitsgeschenke.[170]

3. Erbschaftsteuer

123 Im Fall des Todes wird IHT auf das gesamte Vermögen des Erblassers in der Weise erhoben, wie wenn er dieses unmittelbar vor seinem Tode übertragen hätte.[171] Zum steuerbaren **Nachlass** gezählt werden auch Anteile einer *joint tenancy* (z.B. am Haus, gemeinsamen Bankkonto), die im Wege des *right of survivorship* übergehen, lebzeitig übertragene Vermögensgegenstände, an denen der Schenker noch den Nutzen hatte (*gifts with reservation*), Schenkungen auf den Todesfall, sowie Trustvermögen, dessen Erträge dem Erblasser zustehen (*interests in possession*).[172]

124 Die Bewertung des Vermögens erfolgt wie bei lebzeitigen Zuwendungen mit dem **Verkehrswert** der Einzelgegenstände unter Abzug aller Verbindlichkeiten. Dabei stellt s. 171 (1) IHTA klar, dass etwaige Wertveränderungen, die sich aus Anlass des Todes des Erblassers ergeben (z.B. eine erhöhte Ausschüttungssumme der Lebensversicherung oder der Wertverlust eines Betriebes beim Tod des geschäftsführenden Inhabers), zu berücksichtigen sind. Ferner können nachträglich Wertberichtigungen beantragt werden, wenn Immobilien innerhalb von vier Jahren bzw. börsennotierte Aktien innerhalb von einen Jahr ab dem Todestag zu einem niedrigeren Wert, als dem vom Finanzamt zunächst angenommenen veräußert werden.[173]

125 Im Falle des Todes werden auch die **lebzeitigen Vermögensübertragungen** (insbesondere die PETs), die innerhalb der letzten **sieben Jahre** vor dem Tod des Erblassers erfolgt sind, besteuert. Diese werden jedoch nicht dem Nachlass hinzugerechnet, sondern sind weiterhin als eigene steuerbare Vorgänge mit dem Wert zum Zeitpunkt der Übertragung zu behandeln.[174] Dies hat zur Folge, dass sich die Freibeträge für spätere Zuwendungen nachträglich ändern können und dass die auf die Zuwendung anfallende Steuer der Beschenkte zu zahlen hat, wohingegen die Nachlasssteuer vom *personal representative* i.d.R. aus dem *residuary*

---

169 Vgl. s. 102 Finance Act 1986; *Barlow, King & King*, Rn 4.19; *Macdonald*, Rn 12.19–21.
170 Vgl. ss. 19–22 IHTA; *Kanda Rovati*, S. 356 f.
171 Vgl. s. 4 (1) IHTA.
172 Vgl. *Mellows*, S. 545 f., 551 f.
173 Vgl. *Barlow, King & King*, Rn 4.23 ff.; *Macdonald*, Rn 12.29 ff.
174 Vgl. s. 3A (4) IHTA; *Mellows*, S. 544 f.

estate zu begleichen ist.[175] Der Steuersatz für die einbezogenen Vermögensübertragungen beträgt – wie für den Nachlass – grundsätzlich 40 %; erfolgte die Zuwendung jedoch schon mehr als drei Jahre vor dem Tod des Erblassers, wird die zu zahlende Steuer um folgende Prozentsätze gemindert (sog. *tapering relief*):
- bei 3 bis 4 Jahren vor dem Tod um 20 %,
- bei 4 bis 5 Jahren um 40 %,
- bei 5 bis 6 Jahren um 60 % und
- bei 6 bis 7 Jahren um 80 %.[176]

Berechnungsbeispiel:[177] A hat zu Lebzeiten folgende Zuwendungen gemacht: im Jahr 2001 eine PET i.H.v. £ 200.000; im Jahr 2004 eine PET i.H.v. £ 150.000; im Jahr 2006 eine steuerbare Zuwendung i.H.v. £ 400.000. Im Jahr 2009 verstirbt er und hinterlässt ein Vermögen i.H.v. £ 500.000. Bislang wurde nur die Zuwendung im Jahr 2006 mit £ 15.000 versteuert (£ 400.000 ./. Freibetrag £ 325.000; darauf 20 % Steuer), da die PETs steuerfrei waren. Mit dem Tod von A erfolgt folgende Neuberechnung:
- Die PET aus dem Jahr 01 wird nicht steuerbar, da sie außerhalb der Sieben-Jahres-Frist vor dem Tod des Erblassers erfolgte.
- Die PET aus dem Jahr 2004 ist nun zu bewerten; in den Freibetrag von £ 325.000 wird aber auch die PET 2001 eingerechnet, da diese innerhalb von sieben Jahren vor der Zuwendung 2004 erfolgte. Damit wird die Freigrenze um £ 25.000 überschritten, die Steuer (40 %) darauf beträgt rechnerisch £ 10.000, jedoch abzüglich tapering relief (für 5–6 Jahre: 60 %) nur £ 4.000.
- Die Zuwendung aus dem Jahr 2006 ist nachzubewerten. Da der Freibetrag nun innerhalb der letzten sieben Jahre durch die Zuwendungen 2001 und 2004 verbraucht ist, beträgt die Steuer (40 %) für den Zuwendungsbetrag von £ 400.000 eigentlich £ 160.000, jedoch abzüglich tapering relief (für 3–4 Jahre: 20 %) nur £ 128.000. Darauf wird die bereits bezahlte Steuer von £ 10.000 angerechnet.
- Der Nachlass ist in voller Höhe mit 40 % zu versteuern, da der Freibetrag durch die Zuwendungen aus den Jahren 2004 und 2006 verbraucht ist.

4. Steuervergünstigungen

Sowohl bei der Schenkungsteuer, als auch bei der Nachlassbesteuerung gelten jedoch folgende **allgemeine Steuervergünstigungen:**[178]
- Von der Steuer insgesamt **befreit** ist der **Ehegatte** (bzw. eingetragene Lebenspartner) des Schenkers bzw. Erblassers, so dass zwar die Steuer grundsätzlich auf den Nachlass erhoben wird, alle Nachlassteile, die an den Ehegatten fallen, aber davon ausgenommen

---

175 Zu den Fragen, wer die IHT zu tragen, die Steueranmeldungen vorzunehmen hat und gegenüber den Finanzbehörden für die Steuer haftbar ist, vgl. im Einzelnen *Barlow, King & King*, Rn 4.61 f.; *Kanda Rovati*, S. 362 ff.; *Macdonald*, Rn 12.56 ff.
176 Vgl. *Barlow, King & King*, Rn 4.08 ff.; *Kanda Rovati*, S. 355 f.
177 Nach *Macdonald*, Rn 12.55; dabei werden Veränderungen bei den Werten bzw. der Höhe des Steuerfreibetrags zur Vereinfachung nicht berücksichtigt.
178 Ausgenommen sind ferner in weitem Umfang Zuwendungen an gemeinnützige Institutionen und politische Parteien, ss. 23–26 IHTA. Ferner kann es Vergünstigungen geben, wenn durch einen zweiten Todesfall innerhalb von fünf Jahren IHT doppelt erhoben würde, vgl. s. 114 IHTA.

werden.[179] Sofern der begünstigte Ehegatte sein Domizil nicht in Großbritannien hat, ist diese Befreiung jedoch auf £ 55.000 beschränkt.[180]
- Ferner werden **Betriebsvermögen** und **landwirtschaftliche Vermögen** in großem Umfang freigestellt. Beispielsweise sind Einzelunternehmen, eine Partnerschaft in nichtregistrierten Unternehmen sowie die Beteiligung von über 25 % an nichtbörsennotierten Kapitalgesellschaften vollständig von der Steuer ausgenommen; Anlagevermögen (wie z.B. Immobilien und Maschinen), das dem Betriebsinhaber oder leitenden Direktor persönlich gehört, aber vom Betrieb genutzt wird, wird zu 50 % befreit.[181]

5. Nachlassplanung

127 Für eine Nachlassplanung unter steuerlichen Gesichtspunkten können folgende Merkmale des englischen Steuerrechts hervorgehoben werden:
- Der allgemeine **Freibetrag** von derzeit £ 325.000 kann unabhängig von verwandtschaftlichen Verhältnissen, z.B. auch für nichteheliche Partner verwendet werden.
- Bei **Ehepaaren** steht der Freibetrag von £ 325.000 jedem Ehegatten zu. Sofern der allgemeine Freibetrag beim Tod des ersten Ehegatten nicht oder nicht vollständig ausgenutzt wurde, kann der (Rest-)Betrag auf Antrag des *personal representative*, der innerhalb von zwei Jahren nach dem Tod des zweiten Ehegatten gestellt werden muss, auf den länger lebenden Ehegatten übertragen werden. Im Ergebnis kann damit nach dem Tod des länger lebenden Ehegatten ein Freibetrag von bis zu £ 650.000 zur Verfügung stehen.[182]
- **Lebzeitige Zuwendungen** können zusätzlich zu einer beträchtlichen Minderung der Steuerlast führen. Jedoch ist auf die zeitliche Reihenfolge zu achten, da frühere Zuwendungen im Todesfall die Freibeträge verbrauchen und zu einer beträchtlichen Steuerlast für die Beschenkten nachfolgender Zuwendungen führen können.

128 Ein großer Vorteil des IHT-Systems im Vergleich zur deutschen Erbschaftsteuer ist, dass sie im Todesfall *Post-Death-Variations* zulässt. Sofern sich die Begünstigten (und der *personal representative*, sofern dadurch eine höhere Steuer entsteht) einig sind und ohne weitere Gegenleistungen eine von der Erbfolge **abweichende schriftliche Vereinbarung** über die Verteilung des Nachlasses innerhalb von zwei Jahren nach dem Tod des Erblassers als verbindlich bei den Steuerbehörden einreichen, wird das Ergebnis dieser Vereinbarung der Besteuerung zugrunde gelegt.[183]

6. Auslandsbezug

129 Bei Fällen mit Auslandsbezug stellt der IHTA allein auf die Person des Schenkers bzw. Erblassers ab:
- Hatte dieser sein **Domizil im Vereinigten Königreich** (ohne die Channel Islands und die Isle of Man), wird das gesamte übertragene **Weltvermögen** einbezogen. Die Erb-

---

[179] Vgl. s. 18 IHTA; bei lebzeitigen Schenkungen muss jedoch der tatsächliche Nutzen auf den Ehegatten übergehen, und die Schenkung darf nicht länger als 12 Monate unter Bedingungen stehen, vgl. *Mellows*, S. 546.
[180] Vgl. s. 18 (3) IHTA.
[181] Vgl. ss. 104–114, 117 ff. IHTA; *Kanda Rovati*, S. 357 ff.; *Barlow, King & King*, Rn 4.45 ff.
[182] Vgl. ss. 8A-8C IHTA, wirksam für alle Todesfälle des zweiten Ehegatten ab 9.10.2007; zu welchem Zeitpunkt der erste Ehegatte verstorben ist, spielt dabei keine Rolle; vgl. dazu *Barlow, King & King*, Rn 4.11 ff.
[183] Vgl. s. 142 IHTA; zu beachten ist, dass seit 2002 die Vereinbarung ausdrücklich auf diesen Absatz des IHTA Bezug nehmen muss; *Barlow, King & King*, Rn 19.11 ff.

schaftsteuer, die im Ausland für dort belegenes Vermögen erhoben wird, kann i.d.R. auf die für diese Vermögensteile erhobene IHT angerechnet werden.[184] Um kurzfristige Umgehungen durch einen Domizilwechsel zu vermeiden, fingiert s. 267 IHTA ein inländisches Domizil noch drei Jahre nach dessen endgültigen Verlegung von Großbritannien ins Ausland oder bei 17-jähriger Ansässigkeit in Großbritannien (d.h. *residence* im Sinne des englischen Einkommensteuerrechts) innerhalb eines Zeitraums von 20 Jahren vor dem Tod bzw. der Schenkung.[185]

– Lag das **Domizil** dagegen **im Ausland**, unterliegt nur das im Inland belegene Vermögen der IHT, wobei bezüglich der Freigrenze von £ 325.000, den Steuersätzen und sonstiger inhaltlicher Regelungen keine Abweichungen von den allgemeinen Regeln gemacht werden.[186] Eine Anrechnung von ausländischen Steuern erfolgt in diesem Fall nicht. Zum **Inlandsvermögen** gehören neben den in Großbritannien belegenen Immobilien und beweglichen Gegenständen Beteiligungen an einer dort tätigen Personengesellschaft, Anteile an dort eingetragenen Kapitalgesellschaften, Forderungen gegenüber inländischen Schuldnern und Guthaben bei englischen Niederlassungen von Kreditinstituten. Inlandsvermögen, das von einer ausländischen Kapitalgesellschaft gehalten wird, an der der Erblasser beteiligt ist, ist dagegen von der beschränkten Steuerpflicht nicht umfasst (Abschirmwirkung).

Der Wohnsitz des Erben bzw. **Zuwendungsempfängers** bleibt dagegen ohne Einfluss auf die IHT, so dass z.B. in England wohnende Erben, die von einem in Deutschland domizilierten Erblasser Auslandsvermögen erhalten, steuerfrei bleiben. Umgekehrt sind *beneficiaries*, die im Ausland leben, aber englisches Vermögen erben, nicht von der IHT befreit. **130**

II. Sonstige Steuern

Neben der IHT kann die auf **Wertsteigerungen** erhobene Steuer (*Capital Gains Tax* – CGT), die in Großbritannien grundsätzlich auf alle Vermögenswerte – mit Ausnahme von englischem Geld, Kraftfahrzeugen, Haushaltsgegenständen von geringem Wert und dem als *residence* genutzten Wohnheim – **ohne zeitliche Beschränkung** durch bestimmte Spekulationsfristen erhoben wird, eine Rolle spielen.[187] Der CGT unterliegen jedoch nur Personen, die im einkommensteuerrechtlichen Sinn ihren Wohnsitz (*residence*) im Vereinigten Königreich haben. **131**

Eine Besonderheit der CGT aus deutscher Sicht ist, dass auch **unentgeltliche Vermögensübertragungen** als Veräußerung gelten und ggf. mit ihrem geschätzten Verkehrswert die Steuer auslösen. Eine Doppelbesteuerung mit der Schenkungsteuer wird dabei nur zum Teil vermieden: Zahlt der *transferor* die CGT, so hat er zwar einen weiteren Verlust in seinem Vermögen, dieser wird jedoch nicht erneut der IHT unterworfen, so dass der Begünstigte die Schenkungsteuer nur auf die tatsächliche Zuwendung zu zahlen hat. Zahlt der Beschenkte die CGT, kann er diese vom Wert der Zuwendung, aus der die IHT zu berechnen ist, abziehen.[188] **132**

Der **Erbfall** wird dagegen nicht als steuerpflichtige Veräußerung angesehen, so dass es für den Nachlass zu keiner Doppelbesteuerung von IHT und CGT kommt. Der *personal representative* und die Erben setzen dabei auch nicht die beim Erblasser angefallenen Wert- **133**

---

184 Vgl. s. 159 IHTA; dazu *McCutcheon/Whitehouse*, Inheritance Tax, Rn 21.09–15.
185 Zum Domizilbegriff vgl. im Übrigen Rn 6.
186 Vgl. s. 6 (1) IHTA; generell befreit werden in diesen Fällen bestimmte Staatsanleihen, s. 6 (3) IHTA.
187 Vgl. dazu *Barlow, King & King*, Rn 5.01 ff.
188 Vgl. s. 5 (4) IHTA; s. 282 *Taxation of Chargeable Gains Act 1992*; *Macdonald*, Rn 12.70 ff.

steigerungen fort, sondern es beginnt auf Basis der Verkehrswerte beim Tod des Erblassers ein neuer Bemessungszeitraum. Sofern *personal representatives* im Zuge der Abwicklung Nachlassgegenstände veräußern, kann damit CGT nur anfallen, wenn der Verkaufspreis über dem Verkehrswert beim Erbfall liegt.[189]

134 Neben der CGT für die bei der Nachlassabwicklung realisierten Wertsteigerungen muss der *personal representative* auch **Einkommensteuer** auf alle bis zu Verteilung des Nachlasses an die *beneficiaries* erzielten Einnahmen des Nachlasses (z.B. Zinsen, Mieten) zahlen. Beide Steuern werden unabhängig von der Höhe der erzielten Einkünfte fest mit der jeweiligen *basic rate* des Einkommensteuergesetzes erhoben. Persönliche Ausnahmen und Freibeträge werden dem *personal representative* nicht gewährt.[190]

Weitere Informationen und Materialien, wie z.B. Muster, Formulare, amtliche Texte und Internetadressen, befinden sich auf der beiliegenden CD-ROM.

---

189 Vgl. s. 62 (1) *Taxation of Chargeable Gains Act 1992; Barlow, King & King,* Rn 5.21 ff.
190 Vgl. dazu *Barlow, King & King,* Rn 6.01 ff.; *Kanda Rovati,* S. 366 ff.

Großbritannien: Schottland

Dr. Felix Odersky, Notar, Dachau

Inhalt

A. Grundsätze des schottischen Rechts 1
B. Materielles Erbrecht 5
   I. Gesetzliche Erbfolge 5
     1. Prior Rights 6
     2. Legal Rights 9
     3. Verteilung des verbleibenden Nachlasses 13
     4. Teilweise gesetzliche Erbfolge 14
   II. Testamentarische Erbfolge 18
     1. Wirksamkeitsvoraussetzungen 19
     2. Widerruf eines Testaments 23
   III. Pflichtteil 25
     1. Pflichtteil des Ehegatten und der Abkömmlinge 25
     2. Versorgung nichtehelicher Lebenspartner 29
   IV. Nachlassabwicklung 33
     1. Beginn und Ende des Amtes 34
     2. Auswahl des Executor 36
   V. Gestaltungsmöglichkeiten außerhalb des Erbrechts 39
C. Nachlassverfahren 41
   I. Nachlassverfahren in Schottland 41
   II. Nichtstreitiges Verfahren 43
   III. Verfahrensbesonderheiten bei Domizil im Ausland 48
   IV. Deutsches Erbscheinsverfahren 52

Literatur

Anton/Beaumont/McEleavy, Private International Law, 3. Aufl., Edinburgh 2011; *Christmann,* Englisches und schottisches Erbrecht im Vergleich, 1997; *Gibb/Gordon,* Succession, 3. Aufl. 2012; *Hiram,* The Scots Law of Succession, 2. Aufl. 2007; *Macdonald,* Succession, 3. Aufl. 2001; *Macdonald,* in: Hayton, European Succession Laws, London 1998, Teil Schottland, S. 85 ff.; *Mayer/Süß/Tanck/Bittler/Wälzholz,* Handbuch Pflichtteilsrecht, § 19 Länderübersicht Großbritannien, Teil Schottland Rn 188 ff., 3. Aufl. 2013; *Meston,* Familienbeziehungen und Testierfreiheit in Schottland und England, in: Henrich/Schwab (Hrsg.), Familienerbrecht, S. 73 ff.

A. Grundsätze des schottischen Rechts

Im Mehrrechtsstaat Großbritannien[1] gilt für **Schottland** eine **eigene Rechtsordnung**, die sich insbesondere bei der gesetzlichen Erbfolge, den formellen Wirksamkeitsvoraussetzungen eines Testaments und den Pflichtteilsrechten des Ehegatten und der Abkömmlinge des Erblassers deutlich von der Englands und Wales unterscheidet. In folgenden Bereichen besteht jedoch eine weitgehende Übereinstimmung zwischen beiden Rechtsordnungen, so dass bezüglich deren Einzelheiten auf die Ausführungen im Länderbericht England und Wales verwiesen werden kann: 1

Kollisionsrechtlich unterscheidet Schottland wie England die Erbfolge in **unbewegliches Vermögen** (nach schottischer Schreibweise *immoveables*), für die das jeweilige Belegenheitsrecht (*lex rei sitae*) gilt, und die in **bewegliches Vermögen** (*moveables*), die sich nach   2

---

[1] Vgl. zur Anknüpfung innerhalb Großbritanniens aus deutscher Sicht: Länderbericht Großbritannien: England und Wales Rn 2.

dem Recht des letzten Domizils des Erblassers richtet.² Lediglich bei der Frage nach der Beachtung eines *renvoi*, die in Schottland sehr unsicher behandelt wird, könnte es zu Abweichungen von der englischen Auffassung kommen. Im Verhältnis zu Deutschland hat dies jedoch keine praktischen Auswirkungen, da die Befolgung einer Rückverweisung entweder ganz abgelehnt wird oder aber im Sinne eines *double renvoi* (bei der die Sichtweise eines deutschen Gerichts, das seinerseits eine Rückverweisung auf deutsches Recht annimmt, eingenommen wird) verstanden wird.³ Zur Frage der **Formgültigkeit eines Testaments** hat der *Wills Act 1963* das Haager Testamentsformabkommen einheitlich für das ganze Vereinigte Königreich umgesetzt.

3   Ferner folgt Schottland dem Prinzip der **gesonderten Nachlassabwicklung** (sog. *executry administration*), wobei die abwicklungsberechtigten Personen – anstelle der englischen Begriffe *executor* und *administrator* – als *executor-nominate* bzw. *executor-dative* bezeichnet werden. Die Aufgaben des *executor* bestehen wie in England darin, den gesamten Nachlass zu erfassen, zu verwalten und nach Begleichung der Nachlassverbindlichkeiten an die Begünstigten zu verteilen bzw. in einen *testamentary trust* zu überführen.⁴ **Kollisionsrechtlich** richtet sich die Nachlassabwicklung immer nach der *lex fori*, so dass der in Schottland belegene Nachlass, der nicht ohne die Bestätigung (*confirmation*) eines schottischen *sheriff court* in Besitz genommen werden darf, immer nach schottischem Recht abzuwickeln ist.⁵ Auch die Frage, ob der schottische *executor* in Deutschland tätig werden kann, wenn der Erblasser sein letztes Domizil in Schottland hatte, wird man wohl wie für England bejahen können. Zwar gibt es diesbezüglich keine einschlägigen Gerichtsentscheidungen, doch in der schottischen Literatur wurde z.T. sogar eine Pflicht, im Ausland tätig zu werden, bejaht.⁶

4   Schließlich ist die **Nachlassbesteuerung** durch den *Inheritance Tax Act 1984* einheitlich für das gesamte Vereinigte Königreich geregelt worden, wobei kollisionsrechtlich gespaltene Nachlässe innerhalb Großbritanniens (z.B. wenn Immobilien in England und Schottland belegen sind) zusammengerechnet werden.

B. Materielles Erbrecht

I. Gesetzliche Erbfolge

5   Das schottische Erbrecht, das mit dem *Succession (Scotland) Act 1964* grundlegend neugefasst wurde,⁷ baut die gesetzliche Erbfolge abweichend vom englischen Recht in der Weise auf, dass der nach Erfüllung der Nachlassverbindlichkeiten verbleibende Reinnachlass in drei Schritten zu verteilen ist:

---

2   Vgl. *Macdonald*, Rn 14.21 ff.; *Anton/Beaumont/McEleavy*, Rn 24.02, 24.33 ff. Die *Scottish Law Commission* hat zwar – neben zahlreichen Änderungen im materiellen Erbrecht – die einheitliche Anwendung der *lex domicilii* für den gesamten Nachlass vorgeschlagen (Memorandum Nr. 71 und Report Nr. 124), die gesetzliche Umsetzung dieser Vorschläge ist in naher Zukunft jedoch nicht zu erwarten.

3   Vgl. *Anton/Beaumont/McEleavy*, Rn 4.40 ff.; *Hayton*, Rn 4.163; zur sog. *foreign court theory* vgl. Länderbericht Großbritannien: England und Wales Rn 9.

4   Vgl. im Einzelnen *Hayton*, Rn 4.117 ff.; *Macdonald*, Rn 13.85 ff.

5   Vgl. *Macdonald*, Rn 14.57; *Anton/Beaumont/McEleavy*, Rn 23.47 ff.

6   Vgl. *Anton*, 2. Auflage S. 661; weniger eindeutig *Anton/Beaumont/McEleavy*, Rn 23.47; zu dieser streitigen Frage vgl. im Übrigen Länderbericht Großbritannien: England und Wales Rn 18 ff.

7   Zuvor wurde insbesondere noch zwischen der Erbfolge in Immobilien (*heritable property*), die nur an Kinder fielen und von der Nachlassabwicklung ausgenommen waren, und dem beweglichen Vermögen unterschieden; vgl. zum früheren Recht *Christmann*, S. 215 ff.

1. Prior Rights

Zunächst erhält der **überlebende Ehegatte** (bzw. der längerlebende *Civil Partner*)[8] als sog. *prior rights* folgende Nachlassgegenstände:[9]

- Die Rechte des Verstorbenen am **Familienheim** (*dwelling-house*), das der überlebende Ehegatte – aber nicht unbedingt der Erblasser selbst – zum Zeitpunkt des Erbfalls als gewöhnlichen Wohnsitz nutzt. Bewohnt der Ehegatte zwei Häuser oder Wohnungen (z.B. eine Stadtwohnung und ein Landhaus), muss er sich binnen sechs Monaten nach dem Tod für eines entscheiden. Übersteigt der Anteil des Verstorbenen an der Immobilie einen Reinwert (nach Abzug etwaiger Hypothekenbelastungen usw.) von £ 473.000, erhält der überlebende Ehegatte statt des Hauses diesen Betrag in bar. Im Streitfall ist der Wert von einem durch den zuständigen *sheriff* benannten Sachverständigen zu schätzen. Lediglich den Wert des Hauses in Geld erhält der Ehegatte ferner, wenn dieses zu einem Betriebs- oder landwirtschaftlichen Vermögen gehört.
- **Möbel und Inventar** (*furniture and plenishing*) aus einem Haus, in dem der überlebende Ehegatte wohnt, bis zu einem Höchstwert von £ 29.000. Dieses Vermächtnis entspricht weitgehend dem der englischen *personal chattels*, wobei beruflich genutzte Gegenstände, Geldvermögen sowie Erbstücke (sog. *heirlooms*), die an die Familie des Verstorbenen auszuhändigen sind, ausgenommen sind.
- Einen **festen Geldbetrag** von £ 50.000, wenn der Erblasser auch Abkömmlinge hinterließ, bzw. £ 89.000 im Verhältnis zu sonstigen Verwandten. Dieser Geldanspruch ist vom Zeitpunkt des Todes des Erblassers bis zur Auszahlung mit derzeit 7 % jährlich zu verzinsen.

Insgesamt kann damit dem überlebenden Ehegatten ein Vermögen von bis zu £ 552.000 vorrangig vor Abkömmlingen des Verstorbenen (bzw. £ 591.000 vor sonstigen Verwandten) zustehen (immer nur bezogen auf den Anteil des verstorbenen Ehegatten bei gemeinsamen Vermögensanlagen), vorausgesetzt, dass alle drei Kategorien der *prior rights* voll ausgeschöpft werden. In vielen Erbfällen wird dem Ehegatten damit eine Art Alleinerbenstellung zukommen. Zu beachten ist aber, dass die verschiedenen Rechte nicht voneinander abhängig sind, so dass z.B. der feste Geldbetrag unverändert bleibt, auch wenn der Erblasser keine Rechte an Wohnimmobilien besaß.

Ist der Nachlass **kollisionsrechtlich gespalten**, fallen die *prior rights* grundsätzlich unverändert aus dem vom schottischen Recht als Erbstatut erfassten Teilnachlass an. Der Anspruch auf das Familienheim kann jedoch nur geltend gemacht werden, wenn die **Immobilie in Schottland** belegen ist, weil es sich dabei um ein Recht an unbeweglichem Vermögen handelt. Dies gilt auch dann, wenn sich der Anspruch wegen Überschreitung der Wertgrenze in eine Geldforderung wandelt. Das Hausratsvermächtnis würde sich zwar eindeutig auf *moveable property* beziehen, so dass auch im Ausland belegene Gegenstände erfasst wären, wenn das letzte Domizil des Erblassers in Schottland war. Allerdings wird in der Literatur vertreten, dass sich s. 8 *Succession (Scotland) Act 1964* materiell-rechtlich **nur auf Hausrat**

---

8 Da die *Civil Partnership* einheitlich im ganzen Vereinigten Königreich eingeführt wurde, sind auch in Schottland sämtliche Rechtsfolgen der eingetragenen Partnerschaft denen der Ehe angepasst worden; vgl. dazu auch Länderbericht Großbritannien: England und Wales Rn 36.

9 Vgl. ss. 8, 9 *Succession (Scotland) Act 1964*; die jeweils maßgeblichen Geldbeträge werden dabei regelmäßig durch Verordnung angehoben. Zuletzt geschah dies durch die *Prior Rights of Surviving Spouse and Civil Partner [Scotland] Order* 2011, wobei insb. beim Wert des Familienheims zuletzt außergewöhnlich hohe Steigerungen von £ 135.000 auf £ 300.000 im Jahr 2005 und nun auf £ 473.000 vorgenommen wurden. Vgl. dazu näher *Macdonald*, Rn 4.19 ff.; *Gibb/Gordon*, S. 13 ff.; *Hiram*, S. 146 ff.

in einem in **Schottland belegenen Haus** bezieht.[10] Der feste Geldanspruch ist schließlich nach schottischem Erbrecht sowohl zu Lasten des beweglichen als auch des unbeweglichen Vermögens zu erfüllen. Daraus wird gefolgert, dass das Geldvermächtnis bei einer kollisionsrechtlichen Nachlassspaltung jeweils in voller Höhe zu erfüllen ist, unabhängig davon, ob schottisches Recht als Domizilrecht oder nur als Belegenheitsrecht von Immobilien zur Anwendung kommt.[11]

2. Legal Rights

9   Aus dem nach Erfüllung der *prior rights* verbleibenden Restnachlass sind in einem zweiten Schritt vom *executor* die sog. *legal rights* des Ehegatten und der Abkömmlinge des Verstorbenen zu erfüllen:[12] Der **überlebende Ehegatte** hat danach Anspruch auf ein Drittel des beweglichen Nachlasses, wenn auch Abkömmlinge des Erblassers vorhanden sind, und auf die Hälfte, wenn nur sonstige Verwandte Erbe werden (sog. *Relict's part*).[13] Die **Kinder** des Verstorbenen (bzw. ersatzweise deren Abkömmlinge)[14] haben ebenfalls ein Recht auf ein Drittel des beweglichen Nachlasses neben dem Ehegatten des Verstorbenen und auf die Hälfte, wenn der Erblasser keinen Ehegatten hinterließ (sog. *legitim*).

10 **Erbfähig** ist jede Person, die den Erblasser überlebt. Anders als das englische Recht kennt Schottland dabei weder Mindest-Überlebensfristen für den Ehegatten noch Sonderregelungen für minderjährige Kinder. Adoptierte und nichteheliche Kinder stehen seit dem *Law Reform (Parent and Child) (Scotland) Act 1986* den ehelichen in allen Rechten gleich.

11 Da die *legal rights* nur aus dem verbleibenden **beweglichen Nachlass** berechnet werden, muss der *executor* sowohl bei der Erfüllung der Nachlassverbindlichkeiten, die nicht mit bestimmten Nachlassgegenständen verbunden sind, als auch bei der Erfüllung des als *prior right* festgesetzten Geldvermächtnisses bewegliches und unbewegliches Vermögen unterscheiden: im Regelfall sind beide Nachlassmassen im Verhältnis ihrer Werte zueinander zur Erfüllung dieser vorrangigen Forderungen heranzuziehen.[15]

12 Wenn ein Kind sein *legal right* geltend macht, muss er grundsätzlich lebzeitige Zuwendungen des Erblassers zur **Ausgleichung** bringen (sog. *collatio inter liberos*). Dabei wird die Zuwendung rechnerisch dem zu verteilenden beweglichen Nachlass hinzugerechnet und sodann von dem daraus errechneten Anteil des Beschenkten abgezogen. Der Erblasser kann jedoch die Ausgleichungspflicht zu Lebzeiten oder testamentarisch ausschließen. Ferner ist zu beachten, dass nur Zuwendungen von beweglichem Vermögen ausgleichungspflichtig

---

10 Vgl. *Macdonald*, Rn 14.29.
11 Vgl. *Macdonald*, Rn 14.30.
12 Vgl. s. 10 (2) *Succession (Scotland) Act 1964*; dazu *Gibb/Gordon*, S. 16 ff.; *Macdonald*, Rn 4.34.
13 Die entsprechenden Rechte des längerlebenden *Civil Partner* werden üblicherweise als „rights under s. 131 Civil Partnership Act 2004" beschrieben.
14 S. 11 (1) und (2) *Succession (Scotland) Act 1964* folgt dabei einem komplizierten gemischten System zwischen der Erbfolge nach Stämmen und nach Köpfen. Maßgeblich für die Verteilung ist der nächste noch lebende Verwandtschaftsgrad: Lebt z.B. noch ein Kind des Erblassers und ist ein anderes bereits vorverstorben, wird der *legitim* zu je ein Halb auf das noch lebende Kind und auf den Stamm des vorverstorbenen Kindes verteilt; leben dagegen beide Kinder nicht mehr, steht der *legitim* allen Enkeln (bzw. wiederum deren Stämmen) nach Köpfen zu, unabhängig davon, wie viele Enkel aus jeder Familie stammen; vgl. *Meston*, S. 78 ff.; *Hiram*, S. 109 f.
15 Vgl. dazu und zur Unterscheidung von *moveable* und *heritable property*, die nicht genau mit der kollisionsrechtlichen Differenzierung des beweglichen und unbeweglichen Vermögens übereinstimmt, *Macdonald*, Rn 4.38 ff.; Berechnungsbeispiel bei *Gibb/Gordon*, S. 18 f.

sind, nicht jedoch die lebzeitige Überlassung von Immobilien. Zuwendungen an Ehegatten unterliegen dagegen nicht der Ausgleichung.[16]

3. Verteilung des verbleibenden Nachlasses

Der nach Erfüllung der Nachlassverbindlichkeiten, der *prior rights* und der *legal rights* verbleibende Nachlass (sog. *free estate* oder *dead's part*) ist an folgende Begünstigte gemäß nachstehender Rangfolge zu verteilen:[17]   13
- die Kinder des Erblassers;
- die Eltern des Erblassers und dessen Geschwister; sind beide Gruppen vorhanden, erben diese je zu $1/2$; innerhalb der Geschwister gehen die vollbürtigen den halbbürtigen vor;
- den überlebenden Ehegatten;
- die Onkel und Tanten des Erblassers;
- die Großeltern;
- die Geschwister der Großeltern usw.

Anders als in England setzt sich dieses **Parentelsystem** also fort, so dass die Krone nur erbt, wenn keine Verwandten ermittelbar sind. Mehrere Personen in einer Gruppe erben zu gleichen Teilen, wobei grundsätzlich die Abkömmlinge (auch adoptierte und uneheliche) eines vorverstorbenen Erben an dessen Stelle treten.[18] Ausgenommen davon sind jedoch die sonstigen Abkömmlinge des überlebenden Ehegatten (also die Stiefkinder des Verstorbenen), der Eltern (d.h. die Stiefgeschwister), Großeltern usw.

4. Teilweise gesetzliche Erbfolge

Hat der Erblasser – bewusst oder ungewollt – nur über einen Teil des Nachlasses verfügt (*partial intestacy*), sind die vorstehenden Rechte mit den testamentarischen Verfügungen in einem komplizierten Berechnungsverfahren zu verknüpfen:[19]   14

Zunächst sind die *prior rights* des Ehegatten zu erfüllen, wobei das selbstbewohnte Familienheim bzw. der Hausrat nur dann zu übertragen sind, wenn das Testament über diese Gegenstände keine Verfügungen trifft (z.B. weil es nur allgemeine Geldvermächtnisse enthält). Auf den festen Geldanspruch des Ehegatten sind ferner testamentarische Zuwendungen anzurechnen.[20]   15

Sodann sind die *legal rights* zu erfüllen, da sich diese wie ein Pflichtteil auch gegenüber testamentarischen Verfügungen durchsetzen (vgl. Rn 25). Steht einer Person sowohl ein *legal right* als auch ein testamentarisches Vermächtnis zu, muss sie jedoch wählen, welches Recht sie ausüben will (*election*).[21]   16

Der nach Erfüllung der Nachlassverbindlichkeiten, der *prior rights* und der *legal rights* verbleibende Nachlass ist gemäß den Bestimmungen des Testaments und, sofern diese den Restnachlass nicht ausschöpfen, nach den gesetzlichen Regeln für den *free estate* zu verteilen.   17

---

16 Vgl. *Gibb/Gordon*, S. 20 f.; *Macdonald*, Rn 4.59 ff.; *Hilram*, S. 112 ff.
17 Vgl. s. 2 *Succession (Scotland) Act 1964*; *Macdonald*, Rn 4.70 ff.; *Gordon*, S. 16 f.; *Hilram*, S. 168 ff.
18 Zum gemischten System der Erbfolge nach Stämmen und Köpfen vgl. Rn 9.
19 Vgl. *Christmann*, S. 244 ff.
20 Vgl. *Macdonald*, Rn 4.11a.
21 Vgl. *Hayton*, Rn 4.154; *Hiram*, S. 116 ff.

II. Testamentarische Erbfolge

18 Inhaltlich sind schottische Testamente meist den englischen sehr ähnlich, so dass die typischen Gestaltungsmittel der gewillkürten Erbfolge, wie z.B. die Ausgestaltung der Nachlassabwicklung durch den *executor*, die Bestimmung von Vermächtnissen (*legacies*) und die Anordnung von *testamentary trusts* in beiden Landesteilen weitgehend inhaltsgleich verwendet werden.[22]

1. Wirksamkeitsvoraussetzungen

19 Deutliche Unterschiede zwischen den Rechtsordnungen bestehen jedoch – neben dem Testierfähigkeitsalter, das in Schottland schon ab 12 Jahren gegeben ist[23] – bei den formellen **Wirksamkeitsvoraussetzungen** eines Testaments. Dabei ist zwischen Testamenten, die vor dem 1.8.1995 errichtet wurden, und späteren Testamenten, für die der *Requirements of Writing (Scotland) Act 1995* gilt, zu unterscheiden.

20 Nach **früherem Recht**, das für alle vor dem genannten Stichtag errichteten Testamente anwendbar bleibt, mussten diese einer der folgenden zwei Formen entsprechen:[24]
– Eine sog. *attested will*, der im Nachlassverfahren eine Gültigkeitsvermutung zukommt, muss vom Erblasser selbst auf jedem Blatt unterzeichnet und am Schluss unterschrieben sein.[25] Ferner müssen **zwei Zeugen** über 16 Jahren mit genauer Angabe des Namens und der Anschrift auf dem Testament unterschreiben bestätigen, dass dieser das Testament vor ihnen unterzeichnet oder zumindest seine Unterschrift ihnen gegenüber anerkannt hat.[26]
– Formwirksam ist ferner das eigenhändige Testament (*holograph will*), das ebenfalls vom Erblasser persönlich unterschrieben sein muss. Eigenhändigkeit wird dabei bereits angenommen, wenn zumindest alle wesentlichen Bestimmungen (z.B. in einem vorgedruckten Lückentext) in eigener Handschrift verfasst wurden, oder wenn ein gedruckter Text mit dem handschriftlichen Zusatz „*adopted as holograph*" oder vergleichbaren Bestätigungen versehen wurde. Ein solches Testament hat jedoch den Nachteil, dass im Nachlassverfahren zwei Zeugen durch ein *affidavit* bestätigen müssen, dass es sich um die Handschrift und die Unterschrift des Testators handelt.

21 Der *Requirements of Writing (Scotland) Act 1995*, der für die **ab 1.8.1995** errichteten Testamente gilt, unterscheidet dagegen deutlicher zwischen der formellen Wirksamkeit eines Testaments und der Bestätigung im Nachlassverfahren. **Formgültig** ist danach grundsätzlich jedes vom Testator unterschriebene Schriftstück, wobei natürlich im Zweifel der Testierwille nachgewiesen werden muss. Eine **Gültigkeitsvermutung** im Nachlassverfahren (*self proving will*) haben dagegen nur solche Testamente, die datiert sind, bei denen der Erblasser jedes Blatt abgezeichnet hat und bei denen **ein Zeuge** (mit Angabe des Namens und der Adresse) die Unterschrift des Testators auf dem Testament bestätigt hat. Sind diese Voraus-

---

22 Vgl. dazu Länderbericht Großbritannien: England und Wales Rn 24 ff.; *Hayton*, Rn 4.161; *Macdonald*, Rn 10.70 ff.; *Hiram*, S. 259 ff.
23 S. 2 (2) *Age of Legal Capacity (Scotland) Act 1991*; zu den sonstigen Wirksamkeitsvoraussetzungen, die weitgehend dem englischen Recht entsprechen, vgl. *Macdonald*, Rn 8.01 ff.
24 Vgl. dazu *Macdonald*, Rn 6.09 ff.; *Hiram*, S. 192 ff.
25 Blinde oder schreibunfähige Testatoren können ihr Testament von einem *notary public* ausfertigen lassen; vgl. dazu näher *Macdonald*, Rn 6.45 ff.
26 Bei kleineren formalen Fehlern kann der *Court of Session* gem. s. 39 *Conveyancing (Scotland) Act 1874* ein Testament für gültig erklären, wenn es vom Erblasser unterschrieben ist und zumindest von zwei Zeugen bestätigt zu sein scheint.

setzungen nicht erfüllt, muss im Nachlassverfahren – üblicherweise durch ein *affidavit* einer Person – der Beweis erbracht werden, dass die Unterschrift vom Erblasser stammt.[27]

Die Beteiligung als Zeuge oder die Berufung als *executor* schränkt das Recht, testamentarische Zuwendungen zu erhalten, nicht ein, sofern bei Errichtung des Testaments nicht der Fall einer *undue influence* auf den Testierwillen des Testators vorlag.

2. Widerruf eines Testaments

Wie im englischen Recht ist jedes Testament frei widerruflich. Dies gilt grundsätzlich auch bei **gemeinschaftlichen Testamenten** (*mutual wills*), es sei denn, die Beteiligten haben vertraglich vereinbart, dass die Verfügungen bindend sein sollen. An eine solche Vereinbarung ist der Überlebende nach dem Tod des erstversterbenden Testators gebunden (**Testiervertrag**).[28] Ob eine solche Vereinbarung auch ohne ausdrücklichen Vertrag allein im Wege der Auslegung des Testaments angenommen werden kann, wird in Schottland sehr unsicher behandelt. Bei wechselbezüglichen Verfügungen von Ehegatten wird dies aber wohl – anders als nach englischer Auffassung – eher bejaht.[29]

Unterschiede beider Rechtsordnungen bestehen ferner bei den **gesetzlich fingierten Widerrufsgründen**. Einerseits kennt Schottland nicht die allgemeinen Grundsätze, dass testamentarische Verfügungen zugunsten eines Ehegatten bei Scheidung unwirksam werden, und dass ein früheres Testament als widerrufen gilt, wenn der Testator heiratet. Bei Lösung dieser Fälle kommt es daher maßgeblich auf die Auslegung des Testaments selbst an.[30] Andererseits gilt in Schottland die Vermutung, dass das Testament im Falle der späteren Geburt eines Kindes als widerrufen gilt. Diese Vermutung ist jedoch mit dem Beweis, dass der Testator die Ausschließung des Kindes beabsichtigt hat, widerleglich. Voraussetzung für die Unwirksamkeit des Testaments ist ferner, dass sich das ausgeschlossene Kind selbst darauf beruft, so dass die schottische Regelung der deutschen Anfechtbarkeit sehr ähnlich ist.[31]

III. Pflichtteil

1. Pflichtteil des Ehegatten und der Abkömmlinge

Die im Rahmen der gesetzlichen Erbfolge näher beschriebenen *legal rights* des überlebenden Ehegatten und der Abkömmlinge des Erblassers sind auch bei testamentarischer Erbfolge vom *executor* vorrangig zu erfüllen, haben also zugleich den Charakter von **Pflichtteilsrechten**.[32] Hat bspw. ein Erblasser Frau und Kinder hinterlassen, diese jedoch testamentarisch enterbt, muss ihnen jeweils ein Drittel des beweglichen Vermögens ausgezahlt werden; lediglich der verbleibende Teil kann frei vererbt werden.[33]

Praxishinweis: Hat der Erblasser seinen Ehegatten testamentarisch zum Alleinerben eingesetzt, würde dies bei kleinen Nachlässen zu dem Ergebnis führen, dass dieser schlechter

---

27 Vgl. ss. 2, 3 *Requirements of Writing (Scotland) Act 1995*; *Macdonald*, Rn 6.58 ff.
28 Vgl. dazu und zur möglichen Schadensersatzpflicht des Erstversterbenden Länderbericht Großbritannien: England und Wales Rn 86; *Hiram*, S. 203 f.
29 Vgl. *Macdonald*, Rn 7.07; *Gibb/Gordon*, S. 68.
30 Vgl. *Hayton*, Rn 4.159 f.
31 Vgl. *Macdonald*, Rn 7.32 ff.; *Hiram*, S. 207 f.
32 Zu den *legal rights* vgl. Rn 9 ff.
33 Vgl. dazu *Gibb/Gordon*, S. 17 ff.; *Süß*, Länderübersicht Großbritannien, in: Mayer/Süß u.a., Handbuch Pflichtteilsrecht, § 19 Rn 202 ff.

steht als bei Eintritt der gesetzlichen Erbfolge. Denn nur bei dieser gehen die *prior rights* des Ehegatten, also insb. der Vorabbetrag von £ 50.000 und der Anspruch auf Möbel und Inventar, dem Anspruch der Kinder auf ein Drittel des beweglichen Nachlasses im Rang vor. Allerdings kann sich der Ehegatten die *prior rights* sichern, wenn er die testamentarischen Zuwendungen ausschlägt und es damit zur (teilweisen) gesetzlichen Erbfolge kommt.[34]

26 Die Rechte des Ehegatten und der Kinder sind im schottischen Recht jedoch sehr schwach ausgestaltet, da der Erblasser diese zu Lebzeiten leicht **umgehen** kann.[35] Zum einen kann er sein Vermögen in **Immobilien umschichten,** so dass diese von den *legal rights*, die sich nur auf bewegliches Vermögen beziehen, nicht erfasst werden. Zum anderen muss nur derjenige, der selbst ein *legal right* geltend machen will, lebzeitige Zuwendungen zur Ausgleichung bringen. Einen **Pflichtteilsergänzungsanspruch** o.Ä. gegenüber Zuwendungsempfängern, die beim Todesfall selbst keine Rechte mehr geltend machen oder die zu Lebzeiten nur unbewegliches Vermögen geschenkt bekommen haben, kennt dagegen das schottische Recht nicht. Durch Schenkungen können damit die *legal rights* vollständig ausgehöhlt werden, auch wenn diese unter einem Rückforderungsvorbehalt stehen oder nur von Todes wegen erfolgen. Im Unterschied zum englischen Recht können ferner Vermögensanlagen, die nicht zum Nachlass gerechnet werden (z.B. *inter vivos trusts*),[36] nicht in die Pflichtteilsrechte einbezogen werden.

27 Auf die *legal rights* kann schon zu Lebzeiten des Erblassers durch den Berechtigten **verzichtet** werden (sog. *discharge*), wobei besondere Formvorschriften nicht zu beachten sind.[37] In diesem Falle werden die Ansprüche möglicher anderer Berechtigter so berechnet, wie wenn der Verzichtende ohne Hinterlassung von Abkömmlingen vorverstorben wäre. Verzichtet der Berechtigte dagegen erst nach dem Tod des Erblassers gegenüber dem *executor* auf Erfüllung seiner Ansprüche (*renunciation*), fällt der entsprechende Nachlassteil in den *free estate*, ohne dass sich die Pflichtteile anderer Berechtigter erhöhen.[38]

28 Ob Ehegatten bereits zu Lebzeiten – z.B. im Rahmen eines Ehevertrages mit **allgemeinem Erbverzicht** – auch auf ihre *prior rights* verzichten können, ist bislang, soweit ersichtlich, in Schottland nicht entschieden. Zu beachten ist jedoch, dass die *prior rights* auch im Fall der Ausschlagung testamentarischer Zuwendungen nur anfallen, wenn es zur gesetzlichen Erbfolge kommt, da sie selbst keinen Pflichtteilscharakter haben.

Praxishinweis: Anstelle eines umfassenden Erbverzichts unter Ehegatten sollte daher darauf geachtet werden, durch die Gestaltung letztwilliger Verfügungen zu vermeiden, dass es zur ganzen oder teilweisen gesetzlichen Erbfolge kommt (z.B. durch die Bestimmung von Ersatzerben im Fall der Ausschlagung von Vermächtnissen). Gleiches gilt anstelle von Erbverzichten sonstiger Verwandter, die zwar keine *legal rights* haben, aber gesetzliche Erben des *free estate* würden.

---

34 Vgl. *Meston*, S. 75; *Süß*, Länderübersicht Großbritannien, in: Mayer/Süß u.a., Handbuch Pflichtteilsrecht, § 19 Rn 203.
35 Vgl. *Meston*, S. 83; *Macdonald*, Rn 9.03 ff.; *Hiram*, S. 128 ff.
36 Vgl. dazu Rn 39 f.
37 Vgl. *Macdonald*, Rn 4.64 f.; die Möglichkeit, die Kinder durch Ehevertrag der Eltern auszuschließen, wurde dagegen im *Succession (Scotland) Act 1964* abgeschafft.
38 Vgl. *Gordon*, S. 11.

2. Versorgung nichtehelicher Lebenspartner

Ansprüche auf *family provisions*, wie diese in England der *Inheritance (Provision for Family and Dependants) Act 1975* gewährt, kennt man dagegen in Schottland nicht. Weitergehende zwingende Ansprüche als die *legal rights* des Ehegatten und der leiblichen bzw. adoptierten Kinder können damit grundsätzlich nicht geltend gemacht werden.

Mit dem *Family Law (Scotland) Act 2006* wurden jedoch verschiedene gesetzliche Ansprüche für **nichteheliche Lebenspartner** (*cohabitants*) eingeführt. Dies umfasst auch die Möglichkeit, dass der Längerlebende im Fall des Todes eines Partners bei Gericht einen Antrag auf Versorgung stellt.[39] Von einer nichtehelichen Lebensgemeinschaft geht das Gesetz dabei aus, wenn die Partner bis zum Tod eines von ihnen wie Ehegatten (bzw. bei gleichgeschlechtlichen Partner wie *Civil Partner*) zusammengelebt haben, was das Gericht mit Blick auf die Dauer des Zusammenlebens, die Art der Beziehung und etwaige finanzielle Abreden der Beteiligten (wie z.B. regelmäßige Unerhaltszahlungen) bestimmen muss.[40]

Zu beachten ist jedoch, dass der Ausgleichsanspruch voraussetzt, dass der Verstorbene sein **Domizil in Schottland** hatte. Ferner kann er nur geltend gemacht werden, wenn **gesetzliche Erbfolge** eintritt. Hat dagegen der erstversterbende Partner ein Testament hinterlassen, kann der Längerlebende weder einen Ausgleich über die Regelung im Todesfall noch wie bei einer lebzeitigen Trennung der Partner verlangen. Die gesetzliche Regelung hat damit keinen echten Pflichtteilscharakter, sondern ergänzt lediglich die gesetzliche Erbfolge in der Weise, dass das Gericht eine Art „vergessene Versorgung" nachholt.[41]

Sind diese Voraussetzungen gegeben, kann das Gericht nach seinem Ermessen aus dem Reinnachlass, der nach Erfüllung der Nachlassverbindlichkeiten, der *legal rights* und ggf. auch der *prior rights* (wenn der Verstorbene neben der Partnerschaft noch verheiratet war) verbleibt, einmalige oder laufende Zahlungen oder die Übertragung von Nachlassgegenständen anordnen. Der Antrag dazu muss vom Berechtigten innerhalb von sechs Monaten nach dem Tod des Partners gestellt werden.

IV. Nachlassabwicklung

Wie bereits erwähnt, entsprechen die Aufgaben und Befugnisse eines schottischen *executors* weitgehend denen eines englischen Nachlassabwicklers.[42] Deutliche Unterschiede zwischen beiden Rechtsordnungen ergeben sich jedoch in folgenden Bereichen und im Nachlassverfahren:

1. Beginn und Ende des Amtes

Unabhängig davon, ob der *executor* bereits im Testament ernannt ist (sog. *executor-nominate*) oder vom Gericht bestellt wird (sog. *executor-dative*, was dem englischen *administrator* entspricht), **beginnt** das Amt in Schottland erst **mit der Bestätigung** (*confirmation*) durch den zuständigen *sheriff court*. Eine Verwaltung ohne förmliche Bestätigung (*vitious*

---

39 Vgl. ss. 25–30 *Family Law (Scotland) Act* 2006; *Hiram*, S. 177; zu Ausgleichsansprüchen bei Trennung einer nichtehelichen Lebensgemeinschaft vgl. *Odersky*, in: Süß/Ring, Eherecht in Europa, Länderbericht Schottland Rn 21 ff.
40 Vgl. s. 25 *Family Law (Scotland) Act* 2006.
41 Vgl. s. 29 (1) *Family Law (Scotland) Act* 2006; die *Scottish Law Commission* hat zwar 2009 eine entsprechende Ausweitung auf Fälle testamentarischer Erbfolge empfohlen, die konkrete Umsetzung dieser Empfehlung ist aber noch nicht absehbar; vgl. *Gibb/Gordon*, S. 27 f.
42 Vgl. dazu eingehend *Macdonald*, Rn 13.83 ff.

intromission) führt dazu, dass die handelnde Person persönlich für alle Verbindlichkeiten des Verstorbenen haftbar wird.[43]

35 Schottland kennt ferner nicht die *chain of representation* des englischen Rechts, so dass beim Tod des einzigen *executor* das Gericht einen neuen Nachlassabwickler für den noch nicht abgewickelten Nachlass des ursprünglichen Erblassers bestellen muss (*confirmation ad non executa*).[44] Waren dagegen mehrere Personen testamentarisch zum *executor* bestellt worden und fällt einer von ihnen weg, geht das Amt auf den oder die Verbliebenen über. Der *executor-nominate* kann auch, da sein Amt in Schottland genau dem eines *trustee* entspricht, weitere Abwickler kooptieren.[45]

2. Auswahl des Executor

36 *Executor-nominate* ist die Person, die der Testator ausdrücklich als solche benannt hat oder deren Abwicklungsaufgaben sich aus dem Gesamtzusammenhang des Testaments ergeben. Die Auswahl kann auch den testamentarisch Begünstigten oder Dritten überlassen werden.[46] Eine Sonderregelung beinhaltet s. 3 *Executors (Scotland) Act 1900*, wenn der Testator zwar im Testament eine Nachlassabwicklung vorgesehen, aber keine konkrete Person benannt hat, oder wenn der ernannte *executor* vor oder nach Annahme des Amtes wegfällt. In diesem Fall sind etwaige *trustees* und, falls diese auch nicht vorhanden sind, sämtliche *general disponees, universal legatees* oder *residuary legatees* automatisch als *executor-nominate* vorgesehen.[47] Fallen mehrere Personen unter diese Begriffe, ist jedoch Voraussetzung, dass alle gemeinsam das Amt annehmen.

37 Anspruch auf Ernennung zum *executor-dative* durch das Gericht haben folgende Personen in nachstehender **Rangfolge:**[48]
- *general disponees, universal legatees* oder *residuary legatees*, sofern diese nicht schon als *executor-nominate* behandelt werden können, z.B. weil nicht alle Berechtigten das Amt gemeinsam annehmen;
- der überlebende Ehegatte allein, wenn er nachweist, dass seine *prior rights* den Reinnachlass ausschöpfen; übersteigt der Nachlass diese Rechte, ist er nur gemeinsam mit der folgenden Kategorie berechtigt;
- die Verwandten, die gesetzliche Erben des *free estate* werden, wobei die Personen, die ursprünglich zu dieser Kategorie zählen, denen vorgehen, die nur als Ersatzerben anstelle eines vorverstorbenen Verwandten eintreten (so dass z.B. ein lebendes Kind die Enkel, die von einem anderen vorverstorben Kind abstammen, ausschließt);
- die Gläubiger des Erblassers;
- die Vermächtnisnehmer von *specific legacies*;
- der für den Erblasser vor dem Tod gerichtlich bestellte Pfleger (*judicial factor* bzw. *guardian*), wenn dieser minderjährig oder geschäftsunfähig war.

---

43 Vgl. *Macdonald*, Rn 13.01.
44 Zur Auswahl vgl. im Einzelnen *Macdonald*, Rn 13.119 ff.
45 Vgl. s. 2 *Executors (Scotland) Act 1900*.
46 Vgl. *Macdonald*, Rn 13.09.
47 *General disponees* sind die Personen, denen der gesamte Nachlass zufällt; *universal legatees* erhalten dagegen nur das bewegliche Nachlassvermögen, *residuary legatees* – wie im englischen Recht – den Restnachlass nach Begleichung etwaiger anderer Vermächtnisse.
48 Vgl. *Macdonald*, Rn 13.11 ff.; *Hayton*, Rn 4.89.

Zum *executor* kann jede volljährige, d.h. in Schottland über 16 Jahre alte,[49] geschäftsfähige Person bestellt werden. Alle Personen auf gleicher Rangstufe können ohne Beschränkung auf eine bestimmte Zahl gemeinsam bestellt werden.[50]

V. Gestaltungsmöglichkeiten außerhalb des Erbrechts

Um die zwingende Nachlassabwicklung insbesondere in Fällen, bei denen nur ein Teil des Nachlasses in Großbritannien belegen ist, ganz zu vermeiden, kann es sich empfehlen, die Vermögensanlagen zu Lebzeiten so zu treffen, dass diese nicht in den vom *executor* verwalteten Nachlass fallen. Dafür kommen wie im englischen Recht die Begründung eines *inter vivos trust*, die **Schenkung auf den Todesfall** (*donatio mortis causa*, die jedoch auch im schottischen Recht voraussetzt, dass der geschenkte Gegenstand übergeben wird), **Versicherungsverträge** auf den Todesfall sowie bestimmte Fondsanlagen oder Anleihen mit Bezugsberechtigung (sog. *nominations*, die jedoch meistens aufgrund des *Administrations of Estates (Small Payments) Act 1965* nur bis £ 5.000 befreit sind) in Betracht.[51]

Die *joint tenancy* des englischen Rechts kennt dagegen Schottland nicht. Mehrere Personen werden sachenrechtlich Miteigentümer von *common property*, bei dem jeder Anteil grundsätzlich rechtlich selbstständig ist. Eine dem *right of survivorship* der *joint tenancy* ähnliche Regelung hat sich allerdings in Schottland historisch entwickelt, wenn in die **Eigentumsdokumente** (*title deeds*) **von Immobilien** ausdrücklich eine sog. *special destination* aufgenommen wird. Inhalt einer solchen Verfügung kann sein, dass das gemeinsame Eigentum im Todesfall auf den überlebenden Eigentümer oder sogar auf einen Dritten übergeht. Tritt der Todesfall dann ein, fällt das Eigentum direkt an die benannte Person und nicht in den vom *executor* verwalteten Nachlass. Zu Lebzeiten kann allerdings grundsätzlich jeder Miteigentümer über seinen Anteil frei verfügen und die *special destination* – mit Ausnahmen bei entgeltlichen, bindenden Verträgen – widerrufen.[52]

Praxishinweis: Für **bewegliches Vermögen in Schottland** steht die *special destination* nur zur Verfügung, wenn das Eigentumsrecht in einer *title deed* verkörpert ist, wie z.B. bei Aktien. Bei anderen Vermögensanlagen, insbesondere bei Bankkonten auf gemeinsame Namen, kann sie dagegen – im Unterschied zur englischen *joint tenancy* – nicht verwendet werden. Bei **beweglichem Vermögen im Ausland** erkennt Schottland aber aufgrund des Vorrangs des jeweiligen Sachstatuts vor dem Erbstatut Anwachsungsrechte (wie z.B. bei der *joint tenancy* in England oder der Gesellschaft bürgerlichen Rechts in Deutschland) an. Diese Gegenstände sind dann weder vom *executor* zu verwalten, noch werden sie in die Pflichtteilsrechte (*legal rights*) einbezogen.

C. Nachlassverfahren

I. Nachlassverfahren in Schottland

Wie bereits erwähnt, folgt auch Schottland dem Grundsatz, dass unabhängig vom Erbstatut der inländische Nachlass nur durch einen *executor* nach schottischem Recht (als *lex fori*) abgewickelt werden darf. Damit wird ein Nachlassverfahren in Schottland zur Bestellung

---

49 Vgl. s. 1 (1) *Age of Legal Capacity (Scotland) Act 1991*.
50 Vgl. *Macdonald*, Rn 13.15 ff.
51 Vgl. *Hayton*, Rn 4.93 ff.; zum *trust* im schottischen Recht einführend *Gordon*, S. 96 ff.
52 Vgl. dazu eingehend *Macdonald*, Rn 5.02 ff.; *Gibb/Gordon*, S. 69 ff.

als *executor* in der Regel unumgänglich. Eine Ausnahme von diesem Grundsatz gilt gemäß s. 2, 3 *Administration of Estates Act 1971* für englische, walisische oder nordirische Zeugnisse, die in Schottland ohne weiteres Verfahren anerkannt werden, wenn der Erblasser in diesen Landesteilen sein letztes Domizil hatte. War dagegen das Domizil in Deutschland und ist Nachlass sowohl in England als auch in Schottland belegen, muss für jede Rechtsordnung ein eigenes Verfahren durchgeführt werden.[53]

42 Wie in England unterscheidet man zwischen streitigen Verfahren, die im Wege der **Klage** beim schottischen *Court of Session* geführt werden, und den **nichtstreitigen Nachlassverfahren**, die den Regelfall bilden. Für Letztere ist der *sheriff court* zuständig, in dessen Bezirk der Erblasser sein letztes Domizil hatte; war dieses im Ausland oder lässt sich dieses innerhalb Schottlands nicht lokal bestimmen, ist der *Edinburgh sheriff court* zentral zuständig.[54] Einheitliche Verfahrensvorschriften wie in England liegen nicht vor, so dass sich der Verfahrensablauf zum Teil aus Spezialvorschriften, überwiegend aber aus der allgemeinen Verfahrenspraxis ergibt.

II. Nichtstreitiges Verfahren

43 Während der *executor-nominate* unmittelbar seine Bestätigung (*confirmation*) beim zuständigen *sheriff court* veranlassen kann, muss der potentielle *executor-dative* in einem **zweistufigen Verfahren** zunächst beim Gericht beantragen, als Nachlassabwickler zugelassen zu werden. In dem Antrag sind die Umstände des Todes sowie die Gründe für die Berechtigung zur Bestellung als *executor-dative* anzugeben und durch entsprechende Zeugnisse (Personenstandsurkunden usw.) zu belegen. Insbesondere muss der Antragsteller nachweisen, dass etwaige *executor-nominates* sowie alle Berechtigten aus vorrangigen Rangordnungen das Amt nicht annehmen.[55] Gleichrangig Berechtigte, die noch keinen Antrag gestellt haben, müssen weder vom Antragsteller noch vom Gericht benachrichtigt oder angehört werden, sofern sie bei Gericht keinen Vorbehalt (sog. *caveat*, der monatlich erneuert werden muss) angemeldet haben.[56]

44 Ebenfalls nur den *executor-dative* betrifft die Pflicht, eine **Bürgschaft** (*bond of caution*) in Höhe des Gesamtnachlasses zu hinterlegen, die sichern soll, dass das Amt ordnungsgemäß ausgeführt wird. Wegen der strengen Anforderungen an den Bürgen kommen dafür in der Praxis nur schottische Versicherungsgesellschaften in Betracht, die in der Regel feste Beiträge abhängig vom Wert des Nachlasses verlangen.

Praxishinweis: Bei der Gestaltung letztwilliger Verfügungen in Deutschland, die auch Nachlass in Schottland umfassen, sollte darauf geachtet werden, ausdrücklich einen *executor-nominate* zu bestellen, um diese zusätzlichen und kostentreibenden Anforderungen zu vermeiden. Insbesondere die Stellung der Bürgschaft kann Schwierigkeiten bereiten, wenn ein Antragsteller im Ausland lebt.

45 Das Verfahren der *confirmation* ist sodann für beide *executor*-Arten gleich. Dem Antrag sind i.d.R. folgende **Unterlagen** beizufügen:[57]
– Ein detailliertes **Inventar**, in das der gesamte bewegliche und unbewegliche Nachlass mit Wertangaben aufzunehmen ist. Sofern das letzte Domizil des Erblassers in Schottland

---

53 Vgl. *Hayton*, Rn 4.112 ff.; *Macdonald*, Rn 14.55 f.
54 Die jeweiligen Bezirke der *sheriff courts* und Anschriften sind mit einigen zusätzlichen Hinweisen im Internet (www.scotcourts.gov.uk) dargestellt.
55 Zum Anspruch auf Bestellung als *executor* vgl. Rn 37.
56 Vgl. dazu im Einzelnen *Macdonald*, Rn 13.18 ff.
57 Vgl. *Macdonald*, Rn 13.29 ff.; *Hayton*, Rn 4.104 ff.

lag, muss dieses das gesamte Vermögen im Vereinigten Königreich umfassen, ansonsten genügt die Auflistung des schottischen Vermögens. Dieses Inventar muss auf einem Formblatt der Steuerbehörden erfolgen, das in einem zweiten Teil auch die Eigenberechnung der Nachlasssteuer (*Inland Revenue Account*) enthält.

- Das letzte **Testament** im Original, soweit ein solches errichtet wurde. Sofern diesem nicht die Gültigkeitsvermutung eines ordnungsgemäßen Zeugentestaments zukommt, müssen ferner die *affidavits* zweier unabhängiger Zeugen (bzw. bei nach dem 1.8.1995 errichteten Testamenten nur eines Zeugen) beigebracht werden, in denen die formellen Voraussetzungen, insbesondere die Eigenhändigkeit der Unterschrift des Erblassers, bestätigt werden.
- Die **beeidete Erklärung** des *executor* (sog. *Oath*), in der er sämtliche relevanten Umstände des Erbfalls darstellt und die Richtigkeit des Inventars versichert. Sollen mehrere Personen bestellt werden, genügt der Eid von einem von ihnen.

Bei **kleinen Nachlässen** im Bruttowert von bis zu £ 36.000 kann der *executor* ein **vereinfachtes Verfahren** wählen, bei dem er sämtliche erforderlichen Erklärungen unter Mitwirkung des *sheriff courts* erstellen kann.[58] Dies schließt auch die Bestellung als *executor-dative* ein, macht aber die Stellung des *bond of caution* nicht entbehrlich. Ob das Verfahren auch bei einem ausländischen Domizil des Erblassers zur Verfügung steht, ist zwar nicht grundsätzlich ausgeschlossen, erscheint jedoch sehr unsicher, da die Verfahrensgestaltung im Ermessen des Gerichts steht. In jedem Fall würde es aber die persönliche Anwesenheit des Antragstellers sowie ordnungsgemäße Nachweise des ausländischen Rechts voraussetzen.

46

Die *confirmation* selbst ist nicht nur wie in England eine Bestätigung des Testaments, sondern enthält auch eine beglaubigte Kopie des Inventars samt Eid. Für den Rechtsverkehr werden vom Gericht auch Auszüge erstellt, die nur einzelne Nachlassgegenstände ausweisen. Ferner können zur Verwendung im Ausland spezielle Bestätigungen ausgefertigt werden. Um den Verlust der Originalunterlagen zu vermeiden, ist es üblich, diese in den *Books of Council and Session* (Register in Edinburgh) registrieren zu lassen. Eine Verwahrung letztwilliger Verfügungen vor dem Erbfall ist dagegen in Schottland noch nicht möglich.

47

III. Verfahrensbesonderheiten bei Domizil im Ausland

Hatte der Erblasser sein Domizil außerhalb Schottlands, wird als *executor* für den in Schottland belegenen Nachlass derjenige bestellt, der im Domizilland zur Abwicklung des Nachlasses berufen ist. Als **Nachweis für die Berechtigung** wird entweder die Vorlage der ausländischen Bestallungsurkunde (*grant of representation*) oder ein *expert affidavit* einer rechtskundigen Person im Domizilland, in dem die näheren Umstände des Erbfalls und die Berechtigung des Antragstellers zur Abwicklung darzulegen sind, verlangt.[59]

48

Im **Verhältnis zu Deutschland**, das keine *personal representatives* kennt, werden damit in erster Linie der vom Erblasser bestellte Testamentsvollstrecker, ersatzweise die Erben als *executor* bestätigt. Jedoch werden in der Regel weder das Testamentsvollstreckerzeugnis noch der Erbschein als *grant of representation* angesehen, so dass man zum Nachweis der Rechtsstellung ein *expert affidavit* benötigt. Zu beachten ist ferner, dass das schottische Recht auch bei Anwendung ausländischen Erbrechts die Art der *confirmation* nach eigenem Recht bestimmt: Als *executor nominate* dürfte dabei nur ein Testamentsvollstrecker in Betracht kommen, dessen Aufgaben nach dem Inhalt des Testaments denen eines *executors*

49

---

58 Vgl. *Confirmation of Small Estates (Scotland) Act 1979*; der Betrag wurde zuletzt 2012 erhöht.
59 Vgl. *Hayton*, Rn 4.114.

entsprechen. Der **Erbe** (gleich ob gesetzlicher Erbe oder testamentarischer) wird dagegen – da ihn die Sonderregel des s. 3 *Executors (Scotland) Act 1900* nicht erfasst – nur als *executor dative* behandelt, muss demgemäß immer die *bond of caution* stellen.

50 Kann das Originaltestament nicht vorgelegt werden, weil es sich in amtlicher Verwahrung befindet, genügt eine vom Gericht oder Notar beglaubigte Kopie. Dabei muss das *expert affidavit* die Gültigkeit des Testaments und die Tatsache der Verwahrung bestätigen. Ist das Testament nicht auf Englisch errichtet, muss ferner eine beglaubigte Übersetzung beigefügt werden.

Praxishinweis: Bei der Nachlassplanung eines in Deutschland domizilierten Testators sollte in jedem Fall für das in Schottland belegene Vermögen ein Testamentsvollstrecker eingesetzt und dessen Aufgaben im Testament umfassend beschrieben werden, um die einfachere Bestellung als *executor-nominate* zu erreichen.[60]

51 Ein im Ausland lebender *executor* kann einem in Schottland ansässigen Anwalt oder einer sonstigen Person **Vollmacht** erteilen, das Verfahren der *confirmation* zu betreiben und den Nachlass abzuwickeln. Diese Vollmacht kann auch zur Abgabe des *Oath* ermächtigen, muss dann aber gemäß den schottischen Formerfordernissen, d.h. unter Mitwirkung eines Zeugen errichtet sein oder von einem *expert affidavit* bestätigt werden, dass die Vollmacht nach dem maßgeblichen Ortsrecht wirksam ist. Die *confirmation* wird in jedem Fall dem Vollmachtgeber und nicht – wie im englischen Recht möglich – dem Bevollmächtigten erteilt.[61]

IV. Deutsches Erbscheinsverfahren

52 Bei der **Angleichung** des schottischen Erbrechts an deutsche Erbscheinsbegriffe zum Zwecke der Erteilung eines (Fremdrechts-)Erbscheins oder Testamentsvollstreckerzeugnisses kann man grundsätzlich wie beim englischen Erbrecht vorgehen, da sich inhaltlich beide Rechtsordnungen weitgehend entsprechen. In der Regel werden damit nur die Begünstigten als Erben und der *executor* als Testamentsvollstrecker bezeichnet.[62]

53 Muss die gesetzliche Erbfolge nach schottischem Recht im deutschen Fremdrechtserbschein dargestellt werden, wird man auch das als *prior right* gewährte feste Geldvermächtnis des Ehegatten aufnehmen.[63] Im Übrigen ergeben sich die Erbquoten unproblematisch aus den *legal rights* und den weiteren Rangordnungen des *free estate*, da sich kollisionsrechtlich das schottische Erbstatut ohnehin nur auf beweglichen Nachlass in Deutschland beziehen kann.

Weitere Informationen und Materialien, wie z.B. Muster, Formulare, amtliche Texte und Internetadressen, befinden sich auf der beiliegenden CD-ROM.

---

60 Vgl. dazu auch Länderbericht Großbritannien: England und Wales Rn 99.
61 Vgl. *Hayton*, Rn 4.92 und 4.115; *Macdonald*, Rn 14.55.
62 Vgl. näher Länderbericht Großbritannien: England und Wales Rn 110 ff.
63 Vgl. dazu Länderbericht Großbritannien: England und Wales Rn 114.

Irland

Elke Worthmann, zz. Staatsanwältin, Nürnberg

Inhalt

A. **Internationales Erbrecht** 1
  I. Bestimmung des Erbstatuts aus irischer Sicht 1
    1. Bestimmung des Erbstatuts 1
    2. Begriff des domicile 4
    3. Testamentsauslegung 7
    4. Testamentsform 8
    5. Nachlassabwicklung 9
  II. Bestimmung des Erbstatuts aus deutscher Sicht 10
    1. Regelanknüpfung 11
    2. Rechtslage vor Inkrafttreten der Europäischen Erbrechtsverordnung 15
    3. Formwirksamkeit von Testamenten .. 17
    4. Zulässigkeit und materielle Wirksamkeit letztwilliger Verfügungen 18
  III. Möglichkeiten und Grenzen der Rechtswahl 21
B. **Materielles Erbrecht** 24
  I. Allgemeines 24
  II. Gesetzliche Erbfolge 25
    1. Allgemeines 25
    2. Erbrecht der Verwandten 26
      a) Erbberechtigte Personen 26
      b) Ausgleichung 32
    3. Erbrecht des Ehegatten 34
    4. Erbrecht des eingetragenen Lebenspartners 40
    5. Erbrecht des Staates 41
    6. Erbfähigkeit 42
  III. Testamentarische Erbfolge 47
    1. Arten letztwilliger Verfügungen 47
    2. Testamentsform 53
    3. Allgemeine Wirksamkeitserfordernisse 62
    4. Möglicher Inhalt letztwilliger Verfügungen 66
    5. Power of appointment (Bestimmungsrecht) 80
    6. Testamentsauslegung 82
    7. Testamentsvollstreckung 84
    8. Widerruf des Testaments 85
    9. Testamentsregister 91
    10. Beschränkungen der Testierfreiheit ... 92
      a) Allgemeines 92
      b) Legal right des Ehegatten oder eingetragenen Lebenspartners 94
      c) Ansprüche des nichtehelichen und nichtverpartnerten Lebenspartners nach dem Civil Partnership and Certain Rights and Obligations of Cohabitants Act 2010 103
      d) Ansprüche der Kinder nach Sec. 117 ISA 104
      e) Schutz vor lebzeitigen Schenkungen 109
  IV. Ausschluss von der Erbfolge 113
    1. Erbunwürdigkeit 113
    2. Enterbung bzw. Entziehung des Pflichtteilsrechts 117
    3. Erbverzicht 118
  V. Wege der Nachlassregelung außerhalb des Erbrechts 120
    1. Schenkung von Todes wegen 121
    2. Trust 123
    3. Joint tenancy 125
    4. Life interest 126
    5. Lebensversicherung 127
    6. Vorsorgevollmacht 128
C. **Nachlassabwicklung** 129
  I. Anfall des Nachlasses 129
    1. Personal representative 129
    2. Executor 131
    3. Administrator 137
  II. Annahme und Ausschlagung 142
  III. Abwicklung und Verteilung 146
  IV. Internationale Zuständigkeit der irischen Gerichte 150
  V. Internationale Zuständigkeit der deutschen Gerichte 151
    1. Nachlassverfahren bei der Vererbung von in Irland belegenem Nachlassvermögen bei einem zuletzt in Deutschland lebenden Erblasser 152
    2. Nachlassverfahren in Deutschland bei einem in Irland lebenden Erblasser ... 157
    3. Frühere Rechtslage 161
    4. Erbscheinsantrag 162
    5. Europäisches Nachlasszeugnis 165
  VI. Besonderheiten im deutschen Nachlassverfahren bei irischem Erbstatut 166
  VII. Rechtsbegriffe des irischen Sachrechts im deutschen Nachlassverfahren bei deutschem Erbstatut 169
D. **Erbschaftsteuer** 171

Literatur

Deutschsprachige Literatur

Coester-Waltjen/Jakob, Irland, in: Ferid/Firsching/Dörner/Hausmann (Stand: 2000), Internationales Erbrecht, Bd. III; *Grehan*, Irland, in: Frank/Wachter, Handbuch Immobilienrecht in Europa, 2. Aufl. 2015, S. 497 ff.; *Rauscher*, Neues irisches Nichtehelichenrecht – Status of Children Act 1987, IPRax 1990, 65; Staudinger/*Dörner*, BGB, Neubearb. 2007, Anh. zu Art. 25 f. EGBGB Rn 331; *Stein*, Die Besteuerung deutsch-irischer Erbfälle, 1998; *Waltjen*, Die Stellung des überlebenden Ehegatten im irischen Erbrecht, Dissertation, Kiel 1972.

Literatur in englischer Sprache

Binchy, Irish Conflicts of Law, 1. Aufl. 1988 (2. Aufl. angekündigt für Juni 2015); *Brady*, Succession Law in Ireland, 2. Aufl. 1995; *Hickey*, Irish Private International Law, RabelsZ 1978, 268; *Keating*, Probate Law and Practice, 1999; *Keating*, The Construction of Wills, 2001; *Law Society of Ireland*, Wills, Probate & Estates, 2014; *Mee*, in: Hayton, European Succession Laws, 2. Aufl. 2002, S. 305 ff.; *Spierin*, The Succession Act 1965 and related legislation: A Commentary, 4. Aufl. 2011; *Ward*, Family Law in Ireland, 1. Aufl. 2010.

A. Internationales Erbrecht

I. Bestimmung des Erbstatuts aus irischer Sicht

1. Bestimmung des Erbstatuts

1 Bilaterale Staatsverträge, die das auf die Rechtsnachfolge von Todes wegen anwendbare Recht regeln, existieren in Irland nicht.

Irland nimmt nicht an der Europäischen Erbrechtsverordnung (EU-ErbVO) teil. Somit gilt auch ab dem 17.8.2015 aus irischer Sicht weiterhin das autonome irische Kollisionsrecht.

2 Das Internationale Erbrecht ist in Irland nicht kodifiziert und entspricht weitgehend dem englischen *Common Law*. Dieses folgt dem System der **Nachlassspaltung**.[1] Während die Erbfolge des beweglichen Nachlasses (*movable property*) dem Recht am letzten **domicile** des Erblassers unterliegt,[2] wird die Erbfolge des unbeweglichen Vermögens (*immovable property*) dem **Belegenheitsrecht** (*lex situs*) unterstellt.[3]

3 Der *renvoi* ist im irischen Recht zwar grundsätzlich bekannt, wird aber von den Gerichten nicht einheitlich angewandt, so dass man die Behandlung des *renvoi* als noch nicht abschließend geklärt bezeichnen kann.[4] Das irische Recht spricht wohl keine Sachnormverweisungen, sondern sog. **Kollisionsnormverweisungen** aus. Soweit ersichtlich, folgen die irischen Gerichte dabei der sog. *foreign court theory* des englischen IPR, nach der im Fall der Rückverweisung durch das erstberufene Recht das anwendbare Recht so bestimmt wird,

---

1 Staudinger/*Dörner*, Anh. zu Art. 25 f. EGBGB Rn 247.
2 Zur Bestimmung des *domicile* i.S.d. englischen *Common Law* vgl. Länderbericht Großbritannien: England und Wales (Rn 5 ff.).
3 *Binchy*, Irish Conflicts of Law, S. 429 f.; *Keating*, The Construction of Wills, Rn 5–01; *Coester-Waltjen/Jakob*, Irland Grdz. Rn 4, in: Ferid/Firsching/Dörner/Hausmann, Internationales Erbrecht. Nach *Hillers*, in: Schotten/Schmellenkamp, Das internationale Privatrecht in der notariellen Praxis, 2. Aufl. 2007, Anhang II, Irland, Rn 401 werden Rück- und Weiterverweisungen im irischen Recht nicht beachtet, z.T. wird aber der *foreign court theory* gefolgt; *Spierin*, Rn 65.
4 Vgl. *Binchy*, S. 35 ff., 44.

wie das Gericht des Staates entscheiden würde, auf dessen Rechtsordnung das Internationale Privatrecht des Ausgangsstaates verwiesen hat.⁵

2. Begriff des domicile

Das *domicile* wird in Irland grundsätzlich in sehr ähnlicher Weise bestimmt wie im englischen Recht.⁶ Ein *domicile* bezeichnet die Verbindung zu einem bestimmten Rechtsgebiet.⁷ Diese wird i.d.R. durch Geburt begründet und ist bei Minderjährigen das *domicile* der Eltern.⁸ Eine Person kann ihr *domicile* verlegen. Für die Verlegung des *domicile* muss der gewöhnliche Aufenthalt (*factum*) in einem anderen Rechtsgebiet begründet werden und die Absicht bestehen, dort auf Dauer zu bleiben (*animus manendi*).⁹ Dies ist i.d.R. der Fall, wenn der neue Aufenthalt allgemein und unbefristet begründet wird.¹⁰ Die irischen Gerichte sind mit der Annahme eines Domizilswechsels äußerst zurückhaltend und gehen im Zweifel vom Fortbestehen des *domicile of origin* aus. Bei einem weiteren dauerhaften Umzug ist zu untersuchen, ab welchem Zeitpunkt das ursprüngliche *domicile of choice* aufgegeben ist und wann ein neues *domicile of choice* begründet wird. Unter Umständen kommt es zwischenzeitlich oder dauerhaft zum Aufleben des *domicile of birth*.¹¹

Das abhängige *domicile* (*dependent domicile*) der Ehefrau, d.h. die Annahme, dass die Ehefrau das *domicile* ihres Ehemannes teilt, wurde in Irland durch den **Domicile and Recognition of Foreign Divorces Act 1986** abgeschafft (Sec. 1). Nunmehr haben lediglich Minderjährige ein abhängiges *domicile*.¹²

Um Unsicherheiten bei der Bestimmung des *domicile* entgegenzuwirken, empfiehlt es sich, die für die Bestimmung des *domicile* maßgeblichen Umstände, wie etwa die Dauer des gewöhnlichen Aufenthalts, die Beziehungen in das Land des ursprünglichen und des Wahldomizils und künftige Absichten, bei Errichtung einer letztwilligen Verfügung aufzuführen.

3. Testamentsauslegung

Die Auslegung eines Testaments (*construction*) unterliegt dem Recht des *domicile* zum Zeitpunkt seiner Errichtung. Ein späterer Wechsel des *domicile* hat daher keinen Einfluss auf die Auslegung.¹³ Da Sec. 107 (1) ISA zwingend ist, kann hiervon wohl auch bei einem ausdrücklichen anderweitigen Willen nicht abgewichen werden.¹⁴

---

5 Vgl. dazu *Kegel/Schurig*, Internationales Privatrecht, 9. Aufl. 2004, § 10 III (S. 399).
6 *Hickey*, RabelsZ 42 (1978), 268, 275; *Binchy*, S. 45.
7 *Ward*, Rn 101.
8 Leben die Eltern nicht zusammen, hängt das abhängige *domicile* des Minderjährigen von dem der Mutter ab, wenn der Minderjährige bei ihr lebt und nicht beim Vater. Ist die Mutter verstorben, bleibt das bisherige (abhängige) *domicile* erhalten, sofern der Minderjährige nicht zum Vater gezogen ist, Sec. 4 (1) und (2) *Domicile and Recognition of Foreign Divorces Act, 1986.*
9 *Spierin*, Rn 673.
10 *Morris*, The Conflict of Laws, 12. Aufl., London 1993, S. 18.
11 *Hickey*, RabelsZ 42 (1978), 268, 276.
12 Sec. (4) *Domicile and Recognition of Foreign Divorces Act, 1986.*
13 Sec. 107 (1) ISA.
14 *Keating*, The Construction of Wills, Rn 5–01 f. Dagegen war es nach der vor Inkrafttreten des ISA gefällten Entscheidung *In re Silar; Hurley v. Wimbush* [1956] I.R. 344 at 361 möglich, dem Willen des Testators den Vorrang einzuräumen.

4. Testamentsform

8 Das **Haager Testamentsformübereinkommen** ist für Irland seit dem 2.10.1967 in Kraft.[15] Die Regeln des Haager Testamentsformübereinkommens sind in Art. 101 ff. ISA übernommen worden. Spezialvorschriften bestehen in Sec. 103 f. ISA für die Errichtung eines Testaments auf einem Schiff oder in einem Flugzeug sowie für die Ausübung einer sog. *power of appointment* durch Testament (siehe Rn 80).

5. Nachlassabwicklung

9 Im irischen Kollisionsrecht kommt es zu einer **funktionalen Aufteilung des Erbstatuts**.[16] Es unterscheidet bei der Anknüpfung des auf die Erbfolge anwendbaren Rechts zwischen der Verteilung des Nachlasses (*succession*) und der Nachlassabwicklung (*administration*). Während zur *succession* u.a. die Fragen gehören, wer etwas aus dem Nachlass erhält und in welcher Höhe, wird im Rahmen der *administration* geregelt, wie die Überleitung des Nachlasses auf die Begünstigten erfolgt sowie die Modalitäten der Nachlassverteilung. Die *administration* unterliegt nach irischem Kollisionsrecht der *lex fori*,[17] also dem Recht des Staates, in dem sie durchgeführt wird.[18] Dies bedeutet, dass aus irischer Sicht die Nachlassabwicklung soweit dem irischen Recht unterliegt, wie die Gerichtsbarkeit der irischen Gerichte reicht. Erfasst wird also das gesamte in Irland vorhandene Vermögen des Erblassers und zwar unabhängig davon, welcher Rechtsordnung die *succession* unterliegt.

II. Bestimmung des Erbstatuts aus deutscher Sicht

10 Aus deutscher Sicht bestimmt sich das auf die Rechtsnachfolge von Todes wegen anwendbare Recht ab dem 17.8.2015 nach der EU-ErbVO.[19] Irland ist dieser Verordnung nicht beigetreten. Deswegen ist es nach h.M., obwohl es Mitglied der Europäischen Union ist, als Drittstaat im Sinne der Verordnung und nicht als Mitgliedsstaat zu behandeln.[20] Die EU-ErbVO ist jedoch gemäß ihrem Art. 20 so ausgestaltet, dass sie als sog. *loi uniforme* auch dann anzuwenden ist, wenn das Recht eines Drittstaates in Rede steht.

1. Regelanknüpfung

11 Gemäß der **Regelanknüpfung des Art. 21 Abs. 1 EU-ErbVO** ist für die Rechtsnachfolge von Todes wegen insgesamt das Recht des Staates des letzten gewöhnlichen Aufenthaltes des Erblassers anzuwenden. Eine Ausnahme zur Anknüpfung an den gewöhnlichen Aufenthalt sieht Art. 21 Abs. 2 EU-ErbVO vor. Danach gilt ausnahmsweise nicht das Recht am letzten gewöhnlichen Aufenthalt, sondern das Recht, zu dem der Erblasser nach der Gesamtheit der Umstände eine offensichtlich engere Verbindung hatte. Die praktische Rele-

---

15 BGBl 1967 II S. 2362.
16 Vgl. dazu Staudinger/*Dörner*, Art. 25 f. EGBGB Rn 632.
17 *Keating*, The Construction of Wills, Rn 5–01.
18 *Coester-Waltjen/Jakob*, a.a.O., Irland Grdz. Rn 5; Staudinger/*Dörner*, Anh. zu Art. 25 f. EGBGB Rn 333.
19 Verordnung (EU) Nr. 650/2012 des Europäischen Parlaments und des Rates vom 4.7.2012 über die Zuständigkeit, das anzuwendende Recht, die Anerkennung und Vollstreckung von Entscheidungen und die Annahme und Vollstreckung öffentlicher Urkunden in Erbsachen sowie zur Einführung eines Europäischen Nachlasszeugnisses.
20 Vgl. hierzu *Lein*, in: Dutta/Herrler, Die Europäische Erbrechtsverordnung Rn 6–9 m.w.N.; *Richters*, ZEV 2012, 576.

vanz dieser Vorschrift ist fraglich.²¹ Als Beispiel wird etwa die Verlegung des gewöhnlichen Aufenthalts erst kurz vor dem Tod des Erblassers unter Beibehaltung von engen Verbindungen zum bisherigen Aufenthaltsstaat genannt.²² Bei Verweisungen in der EU-ErbVO auf das Recht eines Drittstaates wie Irland handelt es sich um **Kollisionsnormverweisungen**, soweit diese wiederum auf das Recht eines Mitgliedstaates verweisen oder aber auf das Recht eines Drittstaates, der sein eigenes Recht anwenden würde (Art. 34 Abs. 1 EU-ErbVO).

Bei **letztem gewöhnlichem Aufenthalt des Erblassers in Deutschland** oder in einem anderen Mitgliedstaat der Verordnung ist also aus deutscher Sicht auf **den gesamten Nachlass** deutsches Recht anzuwenden bzw. das Sachrecht des anderen Mitgliedsstaates. Dies gilt aus deutscher Sicht auch für das in Irland belegene Immobiliarvermögen.

12

Befand sich der **letzte gewöhnliche Aufenthalt des Erblassers** dagegen **in Irland**, verweist Art. 21 Abs. 1 EU-ErbVO auf irisches Recht. Hierbei handelt es sich grundsätzlich um eine IPR-Verweisung auf das irische Kollisionsrecht. Bei letztem *domicile* des Erblassers in Irland, nimmt das irische internationale Privatrecht die Verweisung an und irisches Erbrecht ist anzuwenden. Eine Rück- oder Weiterverweisung kommt dagegen dann in Betracht, wenn der letzte gewöhnliche Aufenthalt und das *domicile* auseinanderfallen. Während beim Begriff des gewöhnlichen Aufenthalts allein die tatsächlichen Umstände entscheiden, spielt beim *domicile* auch der *animus manendi* eine Rolle (vgl. oben Rn 4).²³ Wollte der Erblasser nicht dauerhaft in Irland bleiben, kommt es zu einer Rück- oder Weiterverweisung durch das irische Kollisionsrecht auf das Recht des *domicile*-Staates. Sofern dieses das Recht eines Mitgliedsstaates der EU-ErbVO wäre, wäre das Sachrecht des entsprechenden Mitgliedstaates berufen. So wäre zum Beispiel deutsches Erbrecht berufen bei einem bisher in Deutschland lebenden Erblasser, der zum Zeitpunkt seines Todes nur vorübergehend für einige Jahre in Irland gearbeitet hat und anschließend wieder nach Deutschland zurückkehren wollte.

13

Ferner kommt es zu einer partiellen **Rückverweisung für in Deutschland belegenes Grundvermögen**, da das irische Recht insoweit einen *renvoi* ausspricht. Dies hat eine Nachlassspaltung zur Folge.

Die **Anknüpfung an das Belegenheitsrecht aus irischer Sicht** stellt – anders als der vor Inkrafttreten der Verordnung geltende Art. 3a Abs. 2 EGBGB nach h.M. – keine Eingriffsnorm im Sinne von Art. 30 EU-ErbVO dar,²⁴ so dass die Regelanknüpfung aus deutscher Sicht auch für das in Irland belegene Immobiliarvermögen gilt. Ist aus deutscher Sicht auf die Rechtsnachfolge von Todes wegen das Recht eines anderen Staates als Irland anzuwenden, so gilt dieses Recht aus deutscher Sicht auch für das irische Immobiliarvermögen. Faktisch wird sich spätestens bei der Nachlassabwicklung für diese Vermögensmasse jedoch die hiervon abweichende irische Sichtweise durchsetzen (vgl. dazu oben Rn 1, 9 ff.).

14

2. Rechtslage vor Inkrafttreten der Europäischen Erbrechtsverordnung

Nach **bisheriger Rechtslage** unterlag die Rechtsnachfolge von Todes wegen aus deutscher Sicht gem. Art. 25 Abs. 1 EGBGB – vorbehaltlich einer Rechtswahl nach Art. 25 Abs. 2 EGBGB bzw. eines vorrangigen Einzelstatuts gem. Art. 3a Abs. 2 EGBGB – dem Heimat-

15

---

21 Vgl. *Döbereiner*, MittBayNot 2013, 358, 364.
22 Nr. 25 der Erläuterungen zur EU-ErbVO.
23 *Richters*, ZEV 2012, 576.
24 Vgl. *Döbereiner*, MittBayNot 2013, 358, 364.

recht des Erblassers im Todeszeitpunkt. Da auch eine Anknüpfung des Erbstatuts für Immobilien an den Lageort, wie sie das irische internationale Privatrecht vorsieht, als ein solches vorrangiges Einzelstatut anzusehen war, galt für **deutsche Staatsangehörige mit Immobilien in Irland** das deutsche Erbrecht mit Ausnahme für das in Irland belegene Immobiliarvermögen, für das irisches Erbrecht anzuwenden war.

16 Bei **irischen Staatsangehörigen** verwies das deutsche Kollisionsrecht dagegen nach Art. 25 Abs. 1 EGBGB auf das irische Heimatrecht im Wege einer sog. IPR-Verweisung. Während es für in Deutschland belegenes Immobiliarvermögen zu einer Rückverweisung auf das deutsche Recht kam, die nach Art. 4 Abs. 1 S. 2 EGBGB von diesem angenommen wurde, nahm das irische Recht die Verweisung für unbewegliches Vermögen in Irland an. Für das bewegliche Vermögen wird je nach Ort des *domicile* die Verweisung angenommen, zurück- oder weiterverwiesen. So kam es bei Iren mit *domicile* in Deutschland zu einer Rückverweisung auf das deutsche IPR, die nach Art. 4 Abs. 1 S. 2 EGBGB von diesem angenommen wurde, so dass deutsches Erbrecht galt, während bei *domicile* in Irland für das bewegliche Vermögen die Verweisung angenommen wurde und irisches Recht anzuwenden war.

3. Formwirksamkeit von Testamenten

17 Für die **Formwirksamkeit** eine Testaments ist vorrangig vor der EU-ErbVO das Haager Testamentsformabkommen vom 5.10.1961 anzuwenden (Art. 75 Abs. 1 EU-ErbVO). Auch Irland ist diesem Abkommen beigetreten. Dieses Übereinkommen gilt auch für die Form eines gemeinschaftlichen Testament (im Sinne des deutschen Rechts), nicht aber für Erbverträge.[25]

Die die Regelungen des Haager Testamentsformübereinkommens inhaltlich übernehmende Regelung des Art. 27 Abs. 1 EU-ErbVO gilt jedoch nach Art. 3 Abs. 1d) der VO auch für Erbverträge.

4. Zulässigkeit und materielle Wirksamkeit letztwilliger Verfügungen

18 Für die Frage der Zulässigkeit und materiellen Wirksamkeit einer Verfügung von Todes wegen ist nach Art. 24 EU-ErbVO das sog. **Errichtungsstatut** anzuwenden. Diese Vorschrift gilt jedoch nicht für Erbverträge im Sinne der Verordnung, denn für diese enthält Art. 25 EU-ErbVO eine Sonderregelung. Errichtungsstatut ist das hypothetische Erbstatut im Sinne von Art. 21 EU-ErbVO zum Zeitpunkt der Errichtung der letztwilligen Verfügung.

19 Der Begriff des Erbvertrages im Sinne der EU-ErbVO ist autonom auszulegen. Nach Art. 3 Abs. 1b) EU-ErbVO sind **Erbverträge im Sinne der Verordnung** auch sog. gegenseitige Testamente mit Bindungswirkung. Hiervon umfasst sind somit auch gemeinschaftliche Testamente im Sinne des deutschen Rechts mit Bindungswirkung, nicht aber lediglich in einer Urkunde zusammengefasste letztwillige Verfügungen.[26] Während sog. *joint wills* nach irischen Recht nicht als Erbverträge im Sinne der Verordnung anzusehen sein dürften, sind dagegen sog. *mutual wills* mit einer *agreement not to revoke or to modify a will* (vgl. dazu unten Rn 48 ff.) Erbverträge im Sinne der EU-ErbVO.[27]

---

25 Art. 4 HTÜ; vgl. auch *Döbereiner*, MittBayNot 2013, 437, 439.Art. 4 HTÜ; MüKo/*Birk*, Art. 26 EGBGB Rn 101.
26 Vgl. auch *Döbereiner*, MittBayNot 2013, 437, 437.
27 *Bonomi/Öztürk*, in: Dutta/Herrler, Die Europäische Erbrechtsverordnung, Rn 60.

Die Zulässigkeit, materielle Wirksamkeit und die Bindungswirkungen eines **Erbvertrages** **20**
im Sinne der Verordnung und somit auch eines wechselbezüglichen gemeinschaftlichen
Testaments im Sinne des deutschen Rechts sind in Art. 25 EU-ErbVO gesondert geregelt.
Betrifft „der Erbvertrag im Sinne der Verordnung" den Nachlass einer einzigen Person
(sog. einseitiger Erbvertrag) ist das hypothetische Erbstatut dieses Erblassers berufen
(Abs. 1). Betrifft „der Erbvertrag im Sinne der EU-ErbVO" jedoch mehrere Personen
(mehrseitiger Erbvertrag), kann er nur dann Wirksamkeit erlangen, wenn er nach dem
hypothetischen Erbstatut beider Erblasser zulässig wäre. Trifft dies zu, ist in der Folge auf
den mehrseitigen „Erbvertrag im Sinne der Verordnung" dasjenige hypothetische Erbstatut
anzuwenden, zu dem er die engste Verbindung hat (Abs. 2).

III. Möglichkeiten und Grenzen der Rechtswahl

Das irische Erbrecht sieht keine Rechtswahlmöglichkeiten vor. **21**

Nach deutschem Recht ist **ab dem 17.8.2015** die Möglichkeit einer Rechtswahl gegeben
(Art. 22 EU-ErbVO). Gewählt werden können nach Art. 22 Abs. 1 EU-ErbVO das Heimat-
recht des Erblassers zum Zeitpunkt der Rechtswahl oder zum Zeitpunkt des Todes. Ein
Doppelstaater kann sich für das Recht jeder seiner Staatsangehörigkeiten entscheiden. Die
Rechtswahl muss nach Art. 22 Abs. 2 EU-ErbVO in Form einer letztwilligen Verfügung
erfolgen, wobei sie entweder ausdrücklich oder konkludent, etwa durch Nennung von
Rechtsvorschriften einer bestimmten Rechtsordnung, erfolgen kann. Möglich ist nur eine
den gesamten Nachlass **umfassende Rechtswahl**, nicht jedoch eine auf eine bestimmte
Vermögensmasse beschränkte, wie sie etwa bisher nach Art. 25 Abs. 2 EGBGB möglich
war. Bei einer Rechtswahl sind Rück- und Weiterverweisungen durch das gewählte Recht
nicht zu beachten (Art. 34 Abs. 2 EU-ErbVO).

Aufgrund von Art. 22 EU-ErbVO kann also ein irischer Staatsangehöriger mit *domicile* in **22**
Deutschland sein irisches Heimatrecht wählen und ebenso ein in Irland lebender Deutscher
sein deutsches Heimatrecht. Die gewählte Rechtsordnung würde aus deutscher Sicht für
den gesamten Nachlass gelten. Aus irischer Sicht würde sie dagegen nicht anerkannt werden.
Eine vor dem Stichtag der Anwendbarkeit der Verordnung 17.8.2015[28] vorgenommene
Rechtswahl nach Art. 22 EU-ErbVO wird dann wirksam, wenn der Erbfall nach dem
Stichtag eintritt.[29]

Bisher war im deutschen Erbrecht nach Art. 25 Abs. 2 EGBGB die **gegenständlich be-** **23**
schränkte Wahl des deutschen Belegenheitsrechts für inländisches Immobiliarvermögen
möglich.

Eine bis zum **Stichtag 17.8.2015** nach bisherigem deutschen IPR erfolgte gegenständlich
beschränkte Rechtswahl behält nach der **Übergangsbestimmung** des Art. 83 Abs. 2 EU-
ErbVO dann ihre Wirksamkeit, wenn sie zum Zeitpunkt der Rechtswahl nach dem Aufent-
halts- oder nach dem Heimatrecht des Wählenden zulässig war. Wurde die Rechtswahl
nach Art. 25 Abs. 2 EGBGB also durch einen ausländischen Erblasser ohne gewöhnlichen
Aufenthalt in Deutschland vorgenommen, wird diese Rechtswahl mit dem Stichtag unwirksam.[30] Im deutsch-irischen Rechtsverkehr spielt dies freilich kaum eine Rolle, da für diese
Vermögensmasse aus irischer Sicht ohnehin deutsches Recht anzuwenden ist.

---

28 Art. 83 Abs. 1 EU-ErbVO.
29 Art. 83 Abs. 2 EU-ErbVO; vgl. auch Palandt/*Thorn* 73. Aufl. 2014, Art. 25 EGBGB Rn 8a.
30 Palandt/*Thorn*, 73. Aufl. 2014, Art. 25 EGBGB Rn 8a.

B. Materielles Erbrecht

I. Allgemeines

24 Das materielle Erbrecht Irlands ist im **Succession Act, 1965**[31] enthalten. Daneben gelten die Grundsätze von *Common Law* und *Equity*.[32]

II. Gesetzliche Erbfolge

1. Allgemeines

25 Gesetzliche Erbfolge tritt ein, wenn der Erblasser kein bzw. kein gültiges Testament errichtet hat. Ferner kommt es auch dann zur gesetzlichen Erbfolge, wenn sich ein Testament nur auf Teile des Nachlasses bezieht.[33] Da in Irland kein Vonselbsterwerb erfolgt, geht der Nachlass nicht automatisch auf die gesetzlichen Erben über. Sie haben vielmehr einen Anspruch gegen den *personal representative* (siehe Rn 129 ff.) auf Auskehrung ihres sich nach Abzug der Nachlassverbindlichkeiten ergebenden Erbteils. Der Anspruch ist grundsätzlich auf wertmäßige Beteiligung gerichtet.[34]

2. Erbrecht der Verwandten

a) Erbberechtigte Personen

26 Das Verwandtenerbrecht basiert im irischen Recht auf dem Parentelsystem, bei entfernteren Verwandten auf dem Gradualsystem.[35]

27 In **erster Linie** erben im irischen Erbrecht die Abkömmlinge des Erblassers. Ist kein überlebender Ehegatte (vgl. Rn 34 ff.) oder eingetragener Lebenspartner vorhanden (vgl. Rn 40) vorhanden, erhalten die Kinder den gesamten Nachlass. Sie schließen alle anderen Verwandten aus. Die Teilung unter Abkömmlingen gleichen Verwandtschaftsgrades, wie z.B. den Kindern, erfolgt nach Köpfen (*per capita*). Andernfalls erfolgt sie *per stirpes*.[36] Dies bedeutet, dass vorverstorbene Kinder bzw. Abkömmlinge jeweils durch ihre Kinder/Abkömmlinge repräsentiert werden. Die Erbfolge erfolgt im Wesentlichen nach Stämmen. Stehen jedoch alle Abkömmlinge im gleichen Verwandtschaftsverhältnis zum Erblasser, erfolgt die Verteilung nach Köpfen.

28 Der Begriff der Abkömmlinge (*issue*) wird in Sec. 3 ISA definiert. Bei Todesfällen ab dem 14.6.1988 werden eheliche und **nichteheliche Kinder** grundsätzlich gleichbehandelt.[37] Allerdings sieht Sec. 4A (2) ISA beim Tod nichtehelicher Kinder weiterhin vor, dass diese bis zum Beweis des Gegenteils so beerbt werden, als sei ihr Vater vorverstorben. **Adoptierte**

---

[31] Teilweise deutsche Übersetzung bzw. Zusammenfassung von *Coester-Waltjen/Jakob*, a.a.O., Irland Texte 1; englische Fassung kostenfrei im Internet unter http://www.irishstatutebook.ie/1965/en/act/pub/0027/index.html sowie der geänderten Fassung im Stand vom 16. April 2014 unter http://www.lawreform.ie/_fileupload/RevisedActs/WithAnnotations/EN_ACT_1965_0027.PDF (Zugriff am 2.8.2014) und auf der beiliegenden CD-ROM unter der Rubrik „Irland".
[32] Staudinger/*Dörner*, Anh. zu Art. 25 f. EGBGB Rn 248; *Coester-Waltjen//Jakob*, a.a.O., Irland Grdz. Rn 2.
[33] Vgl. Sec. 66 ISA.
[34] Sec. 46 (6) ISA; vgl. auch *Coester-Waltjen/Jakob*, a.a.O., Irland Grdz. E Rn 41.
[35] *Coester-Waltjen/Jakob*, a.a.O., Irland Grdz. E Rn 42.
[36] Sec. 67B (2) ISA i.V.m. Sec. 3 (3) ISA.
[37] Sec. 3 (1) Children Act 1987.

Kinder gelten als Kinder der Adoptiveltern, nicht dagegen als Kinder ihrer leiblichen Eltern.[38] Adoptierte Personen sind solche, die in Irland auf der Grundlage des *Adoption Acts 1952–2010* adoptiert worden sind oder deren Adoption in Irland anerkannt worden ist. Stiefkinder und Kinder, die der Erblasser wie seine Kinder behandelt hat (*in loco parentis*), sind keine Abkömmlinge i.S.d. ISA und daher nicht erbberechtigt.

In **zweiter Linie** – wenn keine Abkömmlinge (und kein überlebender Ehegatte oder eingetragener Lebenspartner) vorhanden sind – sind die Eltern begünstigt. Sie erben je zur Hälfte (Sec. 68 ISA). Ist nur ein Elternteil vorhanden, erhält dieser den ganzen Nachlass. Bei nichtehelichen und außerehelichen Kindern ist der Vater zwar erbberechtigt, wird aber nach Sec. 4A (2) ISA bis zum Beweis des Gegenteils so behandelt, als sei er vorverstorben. Bei Adoptivkindern erben die Adoptiveltern als seien sie die leiblichen Eltern des Kindes. Dagegen haben die leiblichen Eltern ab Wirksamkeit des Adoptionsbeschlusses kein Erbrecht mehr.

Hinterlässt der Erblasser weder Abkömmlinge noch Eltern, erben die **Geschwister** des Erblassers zu gleichen Teilen (Sec. 69 (1) ISA). Halbbürtige Geschwister sind dabei nach Sec. 72 ISA den vollbürtigen Geschwistern gleichgestellt. Ist ein Geschwisterteil vorverstorben, wird es von seinen Kindern repräsentiert. Eine Repräsentation durch die Großnichten und -neffen erfolgt dagegen nicht.[39] Sind alle Geschwister des Erblassers vorverstorben, erben die Nichten und Neffen zu gleichen Teilen (Sec. 69 (2) ISA) und nicht nach Stämmen. Weitere Abkömmlinge der Geschwister sind dagegen nur im Rahmen der Erbfolge der nächsten Verwandten erbberechtigt.

Sind **weder Eltern noch Geschwister und Kinder von Letzteren** vorhanden, erben die nächsten Verwandten (*next of kin*) zu gleichen Teilen.[40] Eine Repräsentation findet nicht statt. Ausschlaggebend ist allein der Grad der Verwandtschaft (Sec. 71 ISA). Der Verwandtschaftsgrad zu Vorfahren wird durch die Zahl der dazwischenliegenden Geburten ermittelt. In Bezug auf andere Verwandte wird zunächst der Verwandtschaftsgrad des Erblassers zum nächsten gemeinsamen Vorfahren bestimmt und anschließend vom gemeinsamen Vorfahren zum Verwandten die Zahl der Geburten zurückgezählt. Bei gleichem Verwandtschaftsgrad hat der Verwandte der Seitenlinie Vorrang vor dem Vorfahren.[41] Vollbürtige und halbbürtige Verwandte werden bei der Bestimmung des Verwandtschaftsgrades gleichbehandelt (Sec. 72 ISA). Gemäß Sec. 4 (a) *Status of Children Act, 1987* spielt es keine Rolle, ob der Verwandte aus einer Ehe hervorgegangen ist.

b) Ausgleichung

Gemäß Sec. 63 (1) ISA findet eine Ausgleichung bestimmter lebzeitiger Zuwendungen (*advancements*) an Kinder statt, sofern der Erblasser keinen anderweitigen Willen geäußert hat oder sich ein solcher aus den Umständen ergibt. Zu den sog. *advancements* zählen Schenkungen, die der dauerhaften Versorgung des Kindes dienen, eine lebzeitige Übergabe und ferner Zuwendungen für die Berufsausbildung, die über das den anderen Kindern Gewährte hinausgehen, Zuwendungen zur Gründung eines Unternehmens oder die Aussteuer.[42]

---

38 Sec. 3 (2) Children Act 1987.
39 *Spierin*, Rn 475.
40 Sec. 70 (1) ISA.
41 Zum Ganzen vgl. Sec. 71 (2) ISA.
42 Siehe Sec. 63 (6) ISA.

33 Die Ausgleichung wird so berechnet, als wäre die ausgleichspflichtige Zuwendung noch im Nachlass vorhanden. Dabei ist sie mit dem Wert in Ansatz zu bringen, den sie zum Zeitpunkt der Zuwendung hatte (Sec. 63 (2) ISA). Entspricht der Wert des *advancement* der Erbquote oder übersteigt er sie, geht das Kind leer aus.[43] Ist er geringer, erhält das Kind nur den Betrag, der ihm nach Abzug des *advancement* zusteht. Eine Herausgabe der Zuwendung oder ein Wertersatz kann von dem begünstigten Kind nicht verlangt werden.[44] Somit ist eine Berücksichtigung des *advancement* nur bis zur Höhe der Erbquote möglich. Dies gilt auch bei Verteilung des Restvermögens (*residue*) im Rahmen der testamentarischen Erbfolge, nicht aber bei *specific legacies*, die dem Kind ungeachtet der Zuwendung zustehen.[45] Sofern der Erblasser die Ausgleichung nicht schriftlich angeordnet hat, liegt die Beweislast bei demjenigen, der sich hierauf beruft.[46]

3. Erbrecht des Ehegatten

34 Im irischen Recht erhält der überlebende Ehegatte – anders als in vielen anderen *Common-Law*-Rechtsordnungen – eine **feste Erbquote**. Die Höhe seiner Beteiligung hängt davon ab, ob er mit Nachkommen oder sonstigen Verwandten zusammentrifft. Neben Abkömmlingen erhält der überlebende Ehegatte eine Erbquote von zwei Dritteln. Das verbliebene Drittel erhalten die Kinder zu gleichen Teilen (Sec. 67 (2), 67B (2) ISA). Den kinderlosen Erblasser beerbt der Ehegatte allein (Sec. 67 (1) ISA).

35 Überlebender Ehegatte ist jeder Ehegatte, der mit dem Erblasser in gültiger Ehe verheiratet und nicht von ihm geschieden war.[47] Das Erbrecht hat somit grundsätzlich auch der vom Erblasser getrennt lebende Ehegatte. Allerdings kann die Trennung, wenn sie durch einseitiges Verlassen herbeigeführt worden ist oder gerichtlich angeordnet wurde, zur Erbunwürdigkeit führen (vgl. Rn 113).

36 Anders als etwa im deutschen Erbrecht in § 1371 Abs. 1 BGB vorgesehen, erhält der überlebende Ehegatte im irischen Recht nur die vorstehend genannte erbrechtliche Zuwendung. **Güterrechtliche Ansprüche** stehen ihm im Todesfall – bei Anwendbarkeit des irischen gesetzlichen Güterstandes – grundsätzlich nicht zu. Denn im irischen Güterrecht gilt der Güterstand der **Gütertrennung**.[48] Bei Zusammentreffen eines ausländischen Güterstandes mit irischem Erbrecht müsste gegebenenfalls eine Anpassung erfolgen, damit der überlebende Ehegatte nicht mehr erhält, als ihm bei einheitlicher Anwendung einer Rechtsordnung güter- und erbrechtlich zustünde.[49] Denn bei Zusammentreffen von Zugewinngemeinschaft und irischem Erbrecht erhielte der Ehegatte rechnerisch – auch bei Vorhandensein von Abkömmlingen – nahezu den ganzen Nachlass (zwei Drittel kraft irischen Erbrechts, erhöht um ein Viertel nach § 1371 Abs. 1 BGB), was im Ergebnis (elf Zwölftel) mehr wäre als in jeder der Rechtsordnungen bei deren einheitlicher Geltung für Erb- und Güterstatut (zwei Drittel im irischen Recht und ein halb im deutschen Recht).

37 Der **überlebende Ehegatte** hat im Rahmen der Erbteilung eine Sonderstellung. Zwar richtet sich sein Erbanspruch – wie bei den anderen Begünstigten – grundsätzlich nur auf wertmä-

---

43 Sec. 63 (3) ISA.
44 Sec. 63 (8) ISA.
45 *Law Society of Ireland*, S. 106.
46 Sec. 63 (5) ISA.
47 *Spierin*, Rn 445.
48 *Blaser*, in: Rieck, Ausländisches Familienrecht, Irland, Stand: November 2006, Rn 14.
49 Vgl. dazu Palandt/*Thorn*, 73. Auflage 2014, Art. 15 EGBGB Rn 26 m.w.N; MüKo-BGB/*Siehr*, Art. 15 EGBGB Rn 117.

ßige Beteiligung am Nachlass. Er kann aber verlangen, dass sein Erbanspruch durch die Übertragung der **Ehewohnung** (*dwelling*) und der **Hausratsgegenstände** (*household chattels*) erfüllt wird (Sec. 56 (1) und (2) ISA, sog. *right of appropiation*). Voraussetzung hierfür ist, dass der überlebende Ehegatte in der Wohnung im Todeszeitpunkt seinen gewöhnlichen Aufenthalt hatte. Wenn das Gebäude, in dem sich die Ehewohnung befindet, nicht ausschließlich zu Wohnzwecken genutzt wurde, kommt eine vollständige Übertragung nur auf Antrag des überlebenden Ehegatten nach gerichtlicher Genehmigung in Betracht.[50]

Der überlebende Ehegatte muss bei Übertragung grundsätzlich den seinen Erbteil übersteigenden Wert **ausgleichen**. Das Gericht kann jedoch anordnen, dass kein Ausgleich gezahlt werden muss oder nur in einer Höhe, die das Gericht für angemessen hält, wenn es der Überzeugung ist, dass der überlebende Ehegatte andernfalls in Not geraten würde.[51] Reicht die eigene Erbquote des überlebenden Ehegatten nicht aus, um die Übertragung zu ermöglichen, kann er das Übertragungsrecht auch in Erfüllung der erbrechtlichen Ansprüche eines minderjährigen Kindes geltend machen, dessen Vermögen der überlebende Ehegatte insoweit als *trustee* verwaltet.[52] Der Anspruch des überlebenden Ehegatten nach Sec. 56 ISA hat sogar Vorrang vor Vermächtnissen bezüglich der betroffenen Gegenstände.[53] Der Anspruch besteht nicht nur im Rahmen der gesetzlichen Erbfolge, sondern auch bei testamentarischer Erbfolge und auch im Rahmen des Pflichtteilsrechts des überlebenden Ehegatten (vgl. dazu Rn 94 ff.).

38

Der *personal representative* (vgl. Rn 129 ff.) ist verpflichtet, den überlebenden Ehegatten schriftlich auf sein *right of appropriation* hinzuweisen.[54] Dieser muss den Anspruch innerhalb von sechs Monaten ab Zugang der Mitteilung, spätestens jedoch ein Jahr nach Beginn der *representation* geltend machen. Bis zu diesem Zeitpunkt darf der *personal representative*, sofern der Ehegatte nicht selbst dieses Amt ausübt, nicht ohne dessen schriftliche Zustimmung über die dem Übertragungsanspruch unterliegenden Gegenstände verfügen.[55] Bei entgeltlicher Veräußerung kann ein gutgläubiger Erwerber allerdings trotz des Veräußerungsverbots wirksam die Ehewohnung bzw. Hausratsgegenstände erwerben.[56]

39

4. Erbrecht des eingetragenen Lebenspartners

Durch den Civil Partnership and Certain Rights and Obligations of Cohabitants Act 2010 wurde im irischen Recht eine gleichgeschlechtliche eingetragene Lebenspartnerschaft eingeführt. Erbrechtlich wurde der **(gleichgeschlechtliche) eingetragene Lebenspartner** dem Ehegatten weitgehend gleichgestellt. So erhält er neben Kindern eine Erbquote von zwei Dritteln, wobei das verbliebene Drittel unter den Kindern zu gleichen Teilen aufgeteilt wird (Sec. 67A (2), 67B (2) ISA). Verstirbt der Erblasser kinderlos, ist der eingetragene Lebenspartner alleiniger Erbe (Sec. 67A (1) ISA). Beim Zusammentreffen des überlebenden Lebenspartners mit Kindern des Erblassers hat jedes Kind jedoch die Möglichkeit, bei Gericht die Anordnung von Zuwendungen aus dem Nachlass zu beantragen. Das Gericht ordnet diese an, wenn die Nichtanordnung angesichts der Gesamtheit der Umstände ungerecht wäre, wobei zu den Umständen insbesondere lebzeitige Zuwendungen des Erblassers an das Kind, dessen Alter und die berechtigten finanziellen Bedürfnisse, die finanzielle

40

---

50 Vgl. Sec. 56 (5) (b) und (6) ISA.
51 Vgl. im Einzelnen Sec. 56 (9) und (10).
52 Sec. 56 (3) ISA.
53 Sec. 55 (2) ISA.
54 Sec. 56 (4) ISA.
55 Sec. 56 (8) (a) und (b) ISA.
56 Sec. 56 (8) (c) ISA; siehe auch *Spierin*, Rn 360.

Worthmann

Situation des Erblassers sowie dessen Verpflichtungen gegenüber seinem Lebenspartner zählen (Sec. 67A (3) ISA).

Auch der eingetragene Lebenspartner hat nach Sec. 56 (1) und (2) ISA einen Anspruch auf Übertragung der gemeinsamen Wohnung und der Hausratsgegenstände. Insoweit gilt das Gleiche wie für die Ansprüche des überlebenden Ehegatten (vgl. oben Rn 37 ff.).

5. Erbrecht des Staates

41 Sind keine Erben vorhanden, wird nach Sec. 73 (1) ISA der Staat gesetzlicher Erbe. Der Finanzminister kann jedoch ganz oder teilweise auf sein Erbrecht zugunsten einer Person verzichten, die er nach den Umständen für geeignet hält, und dabei ggf. auch Bedingungen wie z.B. die Zahlung einer Geldbetrages als Gegenleistung für den Verzicht festlegen.[57] Hierbei kann insbesondere die Versorgung von Personen, zu denen der Verstorbene eine Beziehung *in loco parentis* hatte, sichergestellt werden. In der Vergangenheit fand ein solcher Verzicht aber auch zugunsten des Begünstigten eines nur formell unwirksamen Testaments oder einer karitativen Einrichtung statt.[58]

6. Erbfähigkeit

42 Zum Zeitpunkt des Erbfalls gezeugte, aber noch nicht geborene Abkömmlinge oder Verwandte (*en ventre sa mere*) werden, wenn sie in der Folge lebend geboren werden, so behandelt, als seien sie zu Lebzeiten des Erblassers geboren und hätten ihn überlebt (Sec. 3 (2) ISA).

43 Schwierigkeiten entstehen, wenn Erben noch **minderjährig** sind. Diese können das ihnen zustehende Vermögen nicht wirksam entgegennehmen, da sie dem *personal representative* den Empfang des Vermögens nicht wirksam bestätigen können.[59] Um dies zu verhindern, sollte im Testament ausdrücklich bestimmt werden, dass die Entgegennahme durch die Eltern oder den Vormund ausreicht bzw. es sollte ein *trust* zugunsten des Minderjährigen errichtet werden.

44 Für den Fall, dass der Erblasser insoweit keine Vorsorge getroffen hat, kann der *personal representative* gemäß Sec. 57 ISA eine Treuhandgesellschaft (*trust corporation*) oder zwei Personen als *trustees* für den Minderjährigen benennen, auf die er das diesem zustehende Vermögen schuldbefreiend übertragen kann. Erfolgt keine solche Benennung, gilt der *personal representative* kraft gesetzlicher Anordnung als *trustee*. Sec. 58 ISA enthält weitere Bestimmungen für die Verwaltung des Vermögens durch den oder die Treuhänder bis zur Volljährigkeit des begünstigten Minderjährigen.

45 Auch juristische Personen sind erbfähig.[60]

46 Es können nur Personen erben, die den Erblasser überlebt haben. Probleme ergeben sich in Fällen des sog. gleichzeitigen Versterbens. Hierfür besteht nach Sec. 5 (1) ISA eine **Kommorientenvermutung:** Wenn zwei oder mehr Personen in Umständen ums Leben

---

57 Sec. 73 (2) ISA.
58 *Spierin*, Rn 504.
59 *Spierin*, Rn 366. Nur in *Mc Creight v. Mc Creight* (1849) 13 Ir Eq Rep 314 wurde entschieden, dass ein testamentarisch bestellter Vormund das Vermächtnis wirksam entgegennehmen konnte. Andernfalls musste der *personal representative* bis zur Volljährigkeit des Minderjährigen dem Gericht den diesem zustehenden Anteil übertragen.
60 *Coester-Waltjen/Jakob*, a.a.O., Irland Grdz. Rn 30.

kommen, aufgrund derer es unklar ist, wer von ihnen den anderen überlebt hat, wird vermutet, dass sie gleichzeitig verstorben sind. Sec. 5 (2) ISA enthält eine Sonderbestimmung bei gemeinsamen Versterbens sog. *joint tenants* (vgl. dazu unten Rn 72).

III. Testamentarische Erbfolge

1. Arten letztwilliger Verfügungen

Das irische Recht unterscheidet zwischen Testament (*will*) und Kodizill (*codicil*). Als *codicil* wird eine testamentarische Verfügung ohne Erbeinsetzung bezeichnet. 47

Das irische Recht kennt das **gemeinschaftliche Testament** (*joint will*), nicht jedoch den **Erbvertrag**. Der *joint will* ist nicht auf Ehegatten beschränkt, sondern bezeichnet allgemein die Abfassung eines Testaments durch mehrere Personen in einer Urkunde. Eine Bindungswirkung ist damit nicht verbunden. *Joint wills* sind in Irland jedoch unüblich.[61] 48

Daneben gibt es im irischen Recht aber auch sog. **mutual wills** (wörtlich: **gegenseitiges Testament**). Diese können ebenfalls auch durch Personen, die nicht miteinander verheiratet sind, errichtet werden. *Mutual wills* setzen neben der Tatsache, dass sich die Testierenden gegenseitig bedenken müssen, zwei vertragliche Elemente voraus: Einerseits müssen die Beteiligten übereingekommen sein, *mutual wills* zu errichten (sog. *agreement*).[62] Hierzu genügt es nicht, dass sie gegenseitige Testamente gleichzeitig errichten, sondern dieses muss auch den Willen umfassen, Verfügungen nach dem Tod des Erstversterbenden nicht zu widerrufen. Die Absicht, einen *mutual will* zu errichten, muss im Testament selber oder in einem Dokument, das mit diesem verwahrt wird, unzweideutig in Form einer sog. *agreement* zum Ausdruck gekommen sein. Ein *mutual will* zeitigt beim Tod des Erstversterbenden Bindungswirkung, sofern der Erstversterbende sein Testament tatsächlich nicht widerrufen hat.[63] Denn eine vertragliche Bindung setzt im *Common Law* neben der Einigung das Vorhandensein einer Gegenleistung (*consideration*) voraus. Die *consideration* wird im Falle des *mutual will* darin gesehen, dass einer der Testierenden stirbt, ohne sein Testament widerrufen zu haben.[64] Freilich führt die vertragliche Bindung nicht zu einer erblichen Bindung i.S.d. deutschen Erbvertrages, sondern nur zur Schadensersatzpflicht des Nachlasses, wenn der Überlebende abweichend testiert. Insoweit als der Überlebende etwas aus dem Nachlass des Erstverstorbenen erhalten hat, ist er in *Equity* an die Vereinbarung gebunden und *trustee* für die Personen, an die der Nachlass letztlich fallen soll (sog. *constructive trust*).[65] 49

Daraus ergibt sich auch, dass ein *mutual will* zu Lebzeiten beider Testierenden keine Bindungswirkung zeitigt. Hier genügt die bloße Mitteilung eines der Testierenden, dass er sich nicht länger gebunden fühlt. Die Bindungswirkung besteht auch dann fort, wenn aufgrund gesetzlicher Fiktion infolge späterer Eheschließung eigentlich ein Widerruf fingiert worden wäre.[66] 50

---

61 *Spierin*, Rn 681.
62 *Law Society of Irland*, S. 46.
63 *Henrich*, Großbritannien Rn 190, in: Ferid/Firsching/Dörner/Hausmann, Internationales Erbrecht.
64 *Re Noit Dale* (1993) 4 All ER 129.
65 *Henrich*, a.a.O.
66 *Law Society of Ireland*, S. 39.

51 Bei Errichtung eines *mutual will* ist nach dem Muster der *Law Society of Ireland* folgende *agreement* Klausel üblich:[67]

> „Hiermit widerrufe ich alle bisherigen Testamente und testamentarischen Verfügungen, die ich bis heute gemacht habe, und ich erkläre, dass dies mein letzter Wille ist und dass ich mit … (Name) vereinbart habe, dass ich mein Testament nach dem Tode von … (Name) nicht ergänzen (oder widerrufen)[68] werde, wenn es dann noch in dieser Form, also ohne Ergänzungen und ohne dass ein Widerruf erfolgt ist, besteht."

52 Vertragsmäßige Verfügungen, wie im Rahmen eines Erbvertrages üblich, kennt das irische Recht dagegen nicht.

2. Testamentsform

53 Einzige ordentliche Testamentsform des irischen Rechts ist das schriftliche **Zwei-Zeugen-Testament**. Diese Testamentsform ist in Sec. 78 ISA geregelt.

54 Bei dem Testament muss es sich um ein **„eigenes"** Schriftstück des Testators handelt. Eine Stellvertretung bei der Errichtung selber ist daher nicht möglich; es handelt sich um ein höchstpersönliches Rechtsgeschäft.[69] Dies erfordert aber keine eigene Unterschrift, sondern lediglich, dass das Testament dem Testator zugerechnet werden kann.[70] Das Testament muss daher vom Testierenden oder von einer anderen Person in seiner Gegenwart und auf seine Anweisung unterschrieben werden. Die Unterschrift soll sich grundsätzlich am Ende des Testaments befinden.[71] Hierfür genügt es aber, wenn die Unterschrift so platziert ist, dass deutlich wird, dass sie sich auf das Geschriebene bezieht und diesem Wirkung verleihen soll. Besteht das Testament aus mehreren Blättern, so empfiehlt es sich, dass der Testierende und die Zeugen auf jeder Seite ihre Initialen anbringen.[72]

55 Das Testament muss nicht eigenhändig errichtet werden. Es kann daher auch von einer anderen Person, beispielsweise von einem Anwalt, aufgesetzt werden. Es gibt in Irland zahlreiche Anbieter, die Formulare (zum Herunterladen und Ausdrucken) im Internet anbieten. Die Errichtung online kommt aber nicht in Betracht, denn dann fehlt es bereits an einem **Schriftstück**. Hiervon ist auch abzuraten, da online-Testamente inhaltlich häufig nicht auf die konkrete Situation zugeschnitten sind und zudem rechtliche Fehler enthalten können.[73] Im Übrigen ist das Material für die schriftliche Verfügung nicht vorgeschrieben. So wurde im Fall *Hodson v. Barnes*[74] ein auf einer Eierschale geschriebenes Testament als wirksam angesehen.

56 Die Unterschrift muss bei gleichzeitiger Anwesenheit von **zwei Zeugen** erfolgen oder sie muss bei deren gleichzeitiger Anwesenheit anerkannt werden. Die Zeugen müssen jeweils bestätigen, dass der Testator in ihrer Anwesenheit das Testament unterschrieben bzw. anerkannt hat. Diese Bestätigung erfolgt bereits dadurch, dass sie das Testament unterschreiben. Mit ihrer Unterschrift müssen die Zeugen jedoch weder die Anwesenheit des jeweils anderen Zeugen bezeugen noch müssen die Zeugen in gleichzeitiger Anwesenheit unterschrei-

---

67 Übersetzung der Verfasserin des Beitrags.
68 Von der Verfasserin des Beitrags ergänzt.
69 *Coester-Waltjen/Jakob*, a.a.O., Irland Grdz. Rn 56.
70 *Spierin*, Rn 547; *Grehan*, Irland Rn 183, in: Frank/Wachter, Handbuch Immobilienrecht in Europa.
71 Sec. 78 Rule 1 ISA.
72 *Spierin*, Rn 549.
73 *Spierin*, Rn 543.
74 (1926) 43 TLR 71.

ben.⁷⁵ Zwar genügen die bloßen Unterschriften der Zeugen für die Einhaltung der Formvorschriften; i.d.R. wird diesen aber eine sog. *attestation clause* vorangestellt. Diese kann etwa wie folgt lauten:

> *„ Vom Testierenden bei gleichzeitiger Anwesenheit von uns beiden unterschrieben und dann von uns in Gegenwart des Testierenden unterschrieben."*⁷⁶

Fehlt eine solche *attestation clause* (Bestätigung), ist im Nachlassverfahren ein *affidavit* einer bei Bezeugung anwesenden Person vorzulegen, die die Einhaltung der Bestimmungen der Sec. 78 ISA bestätigt. Andere Beweismittel sind zwar zugelassen, die Möglichkeit des erfolgreichen Nachweises ist jedoch fraglich.⁷⁷

57

In Sec. 81 ff. ISA finden sich besondere Vorschriften für die **Zeugen**. So ist nach Sec. 82 ISA eine Zuwendung an einen Zeugen oder seine Ehefrau nichtig, das Zeugnis aber gleichwohl wirksam. Der im Testament benannte *executor* kann Zeuge sein.⁷⁸ Ist ein *executor* benannt, der in Ausübung seiner beruflichen Tätigkeit handelt, etwa ein Anwalt, und ist im Testament bestimmt, dass seine Tätigkeit vergütet wird, handelt es sich aber bereits um eine Zuwendung i.S.v. Sec. 82 ISA.

58

Auch Personen, die nicht in der Lage sind, ein Testament zu unterschreiben, können ein solches wirksam errichten. In diesem Fall kann durch ein *affidavit* bezeugt werden, dass dem Testierenden das Testament vorgelesen wurde oder er es selbst gelesen hat und dass er zu diesem Zeitpunkt bei geistiger Gesundheit war und es inhaltlich verstanden hat (zur Testierfähigkeit vgl. Rn 62 ff.).⁷⁹

59

Bei Änderungen oder Einfügungen, die zeitlich nach der Unterschrift erfolgen, müssen die Formvorschriften erneut beachtet werden.⁸⁰

60

Die Bestimmungen über die Testamentsform gelten auch für die Ausübung einer *power of appointment* (vgl. Rn 80) durch Verfügung von Todes wegen.⁸¹ **Öffentliche Testamente**, d.h. zur Niederschrift eines Notars errichtete, sind im irischen Recht nicht bekannt.

61

3. Allgemeine Wirksamkeitserfordernisse

Die Wirksamkeit einer letztwilligen Verfügung setzt die **Testierfähigkeit** des Erblassers voraus.

62

Voraussetzung für die Wirksamkeit eines Testaments ist, dass der Testierende mindestens **18 Jahre** alt oder verheiratet ist (Sec. 77 (1) (a) ISA) und bei **geistiger Gesundheit** (*of sound disposing mind*) ist (Sec. 77 (1) (b) ISA). Zur Feststellung der geistigen Gesundheit bedient man sich in Irland eines dreifachen Tests, nach dem der Testierende (1) verstehen muss, dass er eine Verfügung von Todes wegen errichtet, (2) Art und Umfang seines Vermögens übersehen muss und (3) es ihm möglich sein muss, die Personen zu nennen, die voraussichtlich im Todesfall sein Vermögen erhalten würden, und zu entscheiden, ob er dies wünscht.⁸² Geistige Gesundheit des Testators bei der Testamentserrichtung wird grundsätzlich vermu-

63

---

75 Sec. 78 Rule 2 ISA. Dass ein Zeuge mehr als zwei Monate später unterzeichnet hat als der andere war im Fall *Re Mc Laverty* unerheblich (*Spierin*, Rn 558).
76 Formel zitiert nach *Spierin*, Rn 559.
77 Vgl. hierzu *Spierin*, Rn 559.
78 Sec. 84 ISA.
79 *Spierin*, Rn 534.
80 Sec. 78 Rule 5 ISA; vgl. auch *Spierin*, Rn 554.
81 Sec. 79 (1) ISA.
82 *Spierin*, Rn 524.

tet, wenn das Testament nachvollziehbar ist.[83] Befand sich der Testierende jedoch in einer psychiatrischen Einrichtung oder litt er an Alzheimer oder Altersdemenz, wird vermutet, dass es dem Testator an der entsprechenden geistigen Gesundheit mangelte.[84] In diesem Fall muss im Nachlassverfahren das *affidavit* eines Arztes vorgelegt werden, bei dem er zur Zeitpunkt der Testamentserrichtung in Behandlung war, demzufolge der Testator testierfähig war. Andere Nachweismöglichkeiten sind jedoch grundsätzlich auch zugelassen.[85]

64 Eine Besonderheit besteht nach der irischen Rechtsprechung bei durch Anwälte nach den Anweisungen des Testators errichteten Testamenten. Hier genügt die Testierfähigkeit zu dem Zeitpunkt der Erteilung der Anweisungen an den Anwalt, wenn dieser das Testament entsprechend den Anweisungen aufgesetzt hat und sich der Testator bei Unterzeichnung bewusst war, ein nach seinen früheren Anweisungen von seinem Anwalt erstelltes Testament zu unterzeichnen.[86]

65 Ferner darf das Testament nicht unter unzulässiger Einflussnahme (*undue influence*) errichtet oder durch Täuschung (*fraud*) veranlasst worden sein.[87] Bezieht sich der Unwirksamkeitsgrund nur auf eine einzelne Verfügung, ist nur diese unwirksam.

4. Möglicher Inhalt letztwilliger Verfügungen

66 Durch **Testament** kann der Erblasser Vermächtnisse anordnen, einen *trust* errichten (siehe Rn 123 f.) und einen *executor* als Testamentsvollstrecker bestimmen.

67 Das irische Recht sieht lediglich Vermächtnisse und keine Erbeinsetzungen vor. Grund hierfür ist, dass ein unmittelbarer Übergang des Vermögens auf bestimmte Personen (Erben) im irischen Recht wegen der Zwischenschaltung des *personal* representative nicht vorgesehen ist (vgl. dazu Rn 129 ff.). Sprachlich wird zwischen **legacy**, d.h. der vermächtnisweisen Zuwendung von beweglichem Vermögen, und **devise**, das sich auf unbewegliches Vermögen bezieht, unterschieden.[88] Der Vermächtnisnehmer wird als **legatee** oder **devisee** bezeichnet. Die unterschiedliche Terminologie ist historisch zu erklären, denn früher wurden bewegliches und unbewegliches Vermögen unterschiedlich behandelt.

68 Es werden verschiedene Arten von *legacies* (bzw. *devises*)[89] unterschieden.[90] Mit einer **general legacy** (generelles Vermächtnis) wendet der Testator dem Begünstigen eine bestimmte Geldsumme zu, z.B. 5.000 EUR. Die Zuwendung von Geld, sog. **pecuniary legacy**, ist die häufigste Form einer *general legacy*. Sie bezieht sich stets auf einen Geldbetrag. Ein **specific legacy** bezieht sich auf einen bestimmten Gegenstand, der aber erst im Todeszeitpunkt konkretisiert sein muss, z.B. „das Auto, das ich bei meinem Tod besitze". Der Unterschied zwischen *general* und *specific legacy* besteht darin, dass eine *specific legacy* ins Leere gehen kann, wenn der bestimmte Gegenstand im Todeszeitpunkt nicht mehr im Vermögen des Testators vorhanden ist (sog. **ademption**), während dies bei einer *general legacy* nicht

---

83 *Spierin*, Rn 524.
84 *Spierin*, Rn 526; *Grehan*, Irland Rn 191, in: Frank/Wachter, Handbuch Immobilienrecht in Europa.
85 *Spierin*, Rn 485.
86 *Parker v. Felgate* (1883) 8 PD 171; bestätigt in Perrins v. Holland and other (2010) EWCA Civ 840, wo zwischen der Erteilung der Anweisungen und der Testamentserrichtung mehr als ein Jahr lag. Vgl. zum Ganzen *Spierin*, Rn 527–529.
87 *Coester-Waltjen/Jakob*, a.a.O., Irland Grdz. Rn 64.
88 *Law Society of Ireland*, S. 18.
89 Die nachfolgenden Ausführungen beziehen sich sowohl auf *legacies* als auch auf *devises*, sofern nicht etwas anderes angegeben wird.
90 Vgl. zum Ganzen *Law Society of Ireland*, S. 18 ff.

möglich ist. Dagegen unterliegt eine *general legacy* dem **abatement** (Herabsetzung), der eintritt, wenn das nach Erfüllung der *specific legacies* verbleibende Vermögen nicht ausreicht, um die Verbindlichkeiten zu bezahlen und außerdem die Vermächtnisse vollständig zu erfüllen. In diesem Fall ist die genaue **Reihenfolge** für die Erfüllung gesetzlich in Sec. 46 ISA i.V.m. Teil I der Ersten Tabelle zum ISA festgelegt. Bei Gleichrangigkeit erfolgt eine verhältnismäßige Kürzung des Betrages. Eine Mischung aus *general* und *specific legacy* ist die sog. **demonstrative legacy**, die sich zunächst auf eine bestimmte Menge bezieht, bei Nichtausreichen (z.B. eines bestimmten Kontos für die Zuwendung einer festgelegten Summe) aber aus dem allgemeinen Vermögen zu beschaffen ist. Ferner gibt es auch ein Universalvermächtnis (**universal legacy**), das sich auf das gesamte Vermögen bezieht. Auch die Zuwendung einer Nachlassquote ist möglich.[91]

Ein Vermächtnis kann auch unter einer **Bedingung** angeordnet werden (sog. *conditional legacy*). Dabei ist neben der aufschiebenden Bedingung (*condition precedent*) auch eine auflösende Bedingung (*condition subsequent*) denkbar, die sich somit auf das Behaltendürfen des Vermächtnisgegenstandes bezieht.[92] Der spätere Begünstigte hat dann einen sog. **remainder** (künftiges Recht). Dies entspricht in etwa dem Nachvermächtnis des deutschen Rechts. Voraussetzung für die Wirksamkeit einer Bedingung ist, dass sie hinreichend bestimmt ist und nicht gegen die öffentliche Ordnung (*public policy*) verstößt.[93]

69

Um sicherzustellen, dass das gesamte Vermögen des Erblassers von der testamentarischen Regelung umfasst ist, empfiehlt es sich, eine **residue** bzw. eine **residuary legacy** oder **residuary devise** anzuordnen.[94] Hierbei handelt es sich auf ein Vermächtnis auf den Überrest, das sich auf alles bezieht, was nicht ausdrücklich verteilt worden ist. Andernfalls wird das nicht von den Vermächtnissen umfasste Vermögen nach den Regeln der gesetzlichen Erbfolge verteilt.

70

Ist der **Begünstigte vorverstorben**, geht das Vermächtnis ins Leere (*doctrine of lapse*).[95] Der betreffende Vermögensgegenstand fällt in das Restvermögen (*residuary estate*), sofern für diesen Fall keine andere Rechtsfolge bestimmt worden ist. Eine gesetzliche Auslegungsregel sieht Sec. 98 ISA vor, die bestimmt, dass ein Vermächtnis zugunsten eines Abkömmlings, der zu Lebzeiten des Testierenden verstirbt, so auf dessen Abkömmlinge übergeht, als sei die Person unmittelbar nach dem Testator verstorben, sofern sich kein anderweitiger Wille des Erblassers aus dem Testament ergibt. Eine weitere Ausnahme besteht bei Vermächtnissen zur Erfüllung von Verbindlichkeiten des Erblassers.

71

Bei Zuwendungen an mehrere Personen sollte immer angegeben werden, in welchem **Erwerbsverhältnis** diese den Gegenstand erwerben sollen, also ob sie Miteigentümer zu gleichen Teilen (*tenants in common*) oder gemeinschaftliche Eigentümer (*joint tenants*) werden sollen. Ist keine nähere Angabe enthalten, wird eine *joint tenancy* begründet[96] (siehe Rn 125). Dies gilt auch für *residuary clauses* (siehe Rn 70).[97] Der Hauptunterschied ist, dass bei Versterben eines *joint tenant* Anwachsung bei den übrigen *joint tenants* erfolgt, während im Falle einer *tenancy in common* der Miteigentumsanteil in den Nachlass des verstorbenen *tenant in common* fällt. Es sollte daher im Testament eine ausdrückliche Anordnung getroffen werden.

72

---

91 *Coester-Waltjen/Jakob*, a.a.O., Irland Grdz. Rn 61.
92 *Law Society of Ireland*, S. 19.
93 *Law Society of Ireland*, S. 20.
94 *Spierin*, Rn 626; *Law Society of Ireland*, S. 30.
95 *Spierin* Rn 646.
96 *Law Society of Ireland*, S. 22.
97 *Law Society of Ireland*, S. 22.

73 Wird **unbewegliches Vermögen** zugewandt, ohne dass die Art der zuzuwendenden Berechtigung näher gekennzeichnet ist (*words of limitation*), ist das Testament in der Regel so auszulegen, dass die gesamte dem Erblasser zustehende Berechtigung (bestenfalls der *fee simple*) auf den Zuwendungsempfänger übergeht und nicht lediglich ein Ausschnitt seiner Berechtigung, etwa ein *life estate* (Berechtigung auf Lebensdauer des Berechtigten).[98] Bestimmt der Erblasser jedoch, dass X eine Zuwendung erhalten soll, diese bei seinem Tod aber auf Y übergeht, ist dies so auszulegen, dass X lediglich einen *life estate* erhält.[99]

74 Zu beachten ist, dass bei Zuwendungen eines belasteten Gegenstands der Erwerber auch für die Verbindlichkeiten haftet (Sec. 47 ISA). Sollte dies nicht gewünscht sein, muss eine anderweitige Regelung zur Haftungsübernahme bzw. zur Tilgung der Verbindlichkeiten aus dem Überrest testamentarisch angeordnet werden.[100] Dies ist in der Praxis vor allem dann problematisch, wenn Kosten für ein Altenpflegeheim in Rede stehen. Denn hinsichtlich dieser wird bei Vorhandensein von Immobiliarvermögen meist ein Zahlungsaufschub (*deferral*) gewährt, so dass der Kostenbeitrag erst bei Tod des Erblassers fällig wird.[101]

75 Ferner können in das Testament noch Bestimmungen über die Ausgleichung (siehe Rn 32 f.), Aneignungsrechte, die Abrechnung (*apportionment*) etc. aufgenommen werden.

76 Nach Sec. 55 ISA ist der *personal representative* (siehe Rn 129 ff.) berechtigt, eine Übertragung von Nachlassvermögen zur Erfüllung der erbrechtlichen Ansprüche durchzuführen (sog. *power of appropriation*). Soweit nicht das *right of appropriation* des überlebenden Ehegatten nach Sec. 56 ISA betroffen ist (siehe Rn 37), dürfen die Übertragungen nicht die Erfüllung von Spezialvermächtnissen beeinträchtigen.

77 Zu beachten ist, dass dem irischen Recht die Anordnung einer sog. **Schlusserbfolge** unbekannt ist. Daher sollte hiervon abgesehen und ausdrücklich angeordnet werden, in welchem Fall der überlebende Ehegatte erbt und wann die Kinder. Auch das Institut der **Vor- und Nacherbfolge** ist im irischen Erbrecht nicht bekannt. Allerdings können Vermächtnisse unter eine aufschiebende oder unter eine auflösende Bedingung gestellt werden (siehe Rn 69). Dagegen ist die Einsetzung von Ersatzvermächtnisnehmern möglich. Im Bereich des *Common Law* wird die generationenübergreifende Vermögensnachfolge zumeist durch die Errichtung eines *trust*, sei es zu Lebzeiten oder durch Testament, bewirkt.[102]

78 Soll ein **Nießbrauch** angeordnet werden, so ist zu beachten, dass für die Möglichkeit der Begründung dinglicher Rechte das Recht am Lageort (*lex rei sitae*) maßgeblich ist. Somit richtet sich die Möglichkeit der Bestellung eines Nießbrauchs an einem Grundstück in Irland nach irischem Recht. Aus irischer Sicht wird für diese Vermögensmasse das irische Recht auch Erbstatut (siehe Rn 2), so dass Erb- und Sachstatut übereinstimmen. Da aus deutscher Sicht auch für irisches Immobiliarvermögen das Recht am letzten Wohnsitz des Erblassers anzuwenden ist, kann es bei einem nicht in Irland liegenden letzten Wohnsitz zum Auseinanderfallen von Erb- und Sachstatut kommen. Zu beachten ist, dass das irische Immobiliarsachenrecht grundlegend anders ausgestaltet ist als das deutsche. So ist zwischen *freehold* und *leasehold* Berechtigungen zu unterscheiden. Während die *freehold ownership* das Recht zum dauerhaften ausschließlichen Besitz beinhaltet, handelt es sich bei der *leasehold ownership* um eine von einem übergeordneten Berechtigten abgeleitete, schwächer ausgestaltete Grundstücksberechtigung, die den Inhaber zum ausschließlichen Besitz ent-

---

[98] Sec. 94 ISA.
[99] Beispiel nach *Spierin* Sec. 94 ISA Rn 637.
[100] Sec. 47 ISA; vgl. auch *Law Society of Ireland*, S. 24f.
[101] Vgl. zum Ganzen *Law Society of Ireland*, S. 24f.
[102] Siehe Länderbericht Großbritannien: England und Wales (Rn 24 ff.).

sprechend den mit dem Verpächter vereinbarten Bedingungen berechtigt. Einen Nießbrauch i.S.d. deutschen Rechts gibt es nicht. Es können jedoch Unterberechtigungen in Form eines *life estate*, d.h. eine lebenslange Unterberechtigung, übertragen werden. Ein *life estate* entspricht am ehesten dem Nießbrauch des deutschen Rechts. Gem. Sec. 14 Land and Conveyancing Law Reform Act 2009 *wurden leaseholds for life* abgeschafft, so dass ein *life estate* nur mehr bei einer *freehold*-Berechtigung zugewendet werden kann.

In einem Testament können auch ein oder mehrere **Vormünder** für ein Kind bestimmt werden.[103] Nach irischem Recht kann jeder Elternteil einen Vormund für den Fall seines Todes bestimmen. Dieser handelt grundsätzlich gemeinschaftlich mit dem überlebenden Elternteil, sofern dieser dagegen keine Einwände erhebt und auch der Vormund den überlebenden Elternteil nicht für ungeeignet hält.[104] Zu beachten ist, dass die Vormundbestellung selber dem auf die Vormundschaft anwendbaren Recht und nicht dem Erbstatut unterliegt.

5. Power of appointment (Bestimmungsrecht)

Nach irischem Recht kann eine Person (*donor*) durch Verfügung von Todes wegen oder Vereinbarung unter Lebenden einer anderen Person (*appointer*) eine sog. **power of appointment** verleihen. Hierbei handelt es sich um das Recht zu bestimmen, welche Person bzw. Personen (*donees of the power*) das Vermögen oder bestimmte Vermögensbestandteile des *donors* erhalten. Die Benennung des Begünstigten erfolgt zu Lebzeiten des *appointers* oder durch letztwillige Verfügung. Zu unterscheiden ist zwischen einer *special power*, bei der der *appointer* sich nur für Personen einer bestimmten Gruppe entscheiden darf, oder eine *general power*, bei der der *appointer* die Person(en) völlig frei wählen darf und somit sogar sich selbst zum Begünstigen machen kann.[105] Kollisionsrechtliche Probleme ergeben sich hier, wenn *donor* und *appointer* unterschiedlichen Erbstatuten unterliegen. Einerseits kann man sich auf den Standpunkt stellen, dass hier das Erbstatut des *appointers* maßgeblich ist, wenn die *power* durch ihn durch Verfügung von Todes wegen ausgeübt wird. Andererseits bezieht sich die *power* nicht auf sein Vermögen, so dass man auch das Recht, auf dessen Grundlage die *power* begründet worden ist, und damit das Erbstatut des *donor* für maßgeblich halten könnte.[106]

In in Irland errichteten Testamenten finden sich häufig Anordnungen in Bezug auf Vermögen, bezüglich dessen dem Verfügenden lediglich eine *power of appointment* zusteht. Diesbezüglich regelt Sec. 79 ISA, dass für die formgültige Ausübung der *power of appointment* durch testamentarische Verfügung lediglich die Formerfordernisse des ISA beachtet werden müssen. Inhaltlich müssen allerdings die Erfordernisse der die *power of appointment* begründenden Verfügung, wie zum Beispiel eines Testaments, erfüllt werden.[107]

Auch wenn sich dies empfiehlt, muss nicht ausdrücklich bestimmt werden, dass die testamentarische Verfügung in Ausübung der *power of appointment* erfolgt. So ist ein Vermächtnis über unbewegliches Vermögen in der Regel so auszulegen, dass es auch das Vermögen umfasst, hinsichtlich dessen dem Verfügenden lediglich eine *power of appointment* zusteht (Sec. 93 ISA).

---

103 Sec. 7 (1), (2) *Guardianship of Infants Act, 1964.*
104 Sec. 7 (3) und (4) *Guardianship of Infants Act, 1964.*
105 *Binchy*, 1988, S. 449.
106 *Binchy*, 1988, S. 449.
107 *Spierin*, Rn 563.

6. Testamentsauslegung

82 Die **Auslegung von Testamenten** orientiert sich vorrangig am wirklichen Willen des Erblassers. Dieser ist zunächst – anhand des Wortlauts der Verfügung – zu ermitteln. Kommen mehrere mögliche Inhalte in Frage, soll derjenige, der zur Wirksamkeit der Verfügung führt, vorgezogen werden.[108] Nach Sec. 90 ISA können außerhalb des Testaments liegende Umstände (*extrinsic evidence*) bei der Auslegung herangezogen werden, um den Willen des Testators herauszufinden oder einen Widerspruch aufzulösen. Dies gilt freilich nur dann, wenn der Wortlaut des Testaments nicht klar ist.[109]

83 Darüber hinaus sieht der ISA noch weitere spezielle **Auslegungsregeln** vor, von denen hier nur zwei erwähnt werden sollen:[110] So soll nach Sec. 89 ISA ein Testament bezüglich bestimmter Vermögensgegenstände im Zweifel so ausgelegt werden, als sei es unmittelbar vor dem Tod des Erblassers errichtet worden. Gemeint ist hiermit beispielsweise, dass von dem Begriff „Wald" nicht die Waldgrundstücke zum Zeitpunkt der Errichtung, sondern die im Todeszeitpunkt vorhandenen umfasst sein sollen.[111] Ein *general devise* soll sich nach Sec. 92 ISA sowohl auf *freehold*- als auch auf *leasehold*-Berechtigungen an Grundstücken beziehen.

7. Testamentsvollstreckung

84 Durch Verfügung von Todes wegen kann der Erblasser einen Testamentsvollstrecker (**executor**) bestimmen (siehe Rn 131 ff.). Soll ein berufsmäßiger *executor* ernannt werden, empfiehlt sich eine sog. *charging clause*, der zufolge er für seine Arbeit aus dem Nachlass bezahlt wird.

8. Widerruf des Testaments

85 Der Testierende kann ein Testament bis zu seinem Tod jederzeit ändern.[112] Dies gilt auch dann, wenn in einem früheren Testament steht, dass es unwiderruflich sein soll.[113]

86 Ein Testament wird widerrufen durch Verbrennen, Zerreißen oder sonstige **Zerstörung** in Widerrufsabsicht durch den Testierenden selbst oder durch eine andere Person in seiner Gegenwart und auf seine Weisung (Sec. 85 (2) Var. 2 ISA). Im irischen Recht besteht eine Vermutung, dass der Testierende ein Testament, das er selbst verwahrt hat und das bei seinem Tod nicht mehr auffindbar ist, *animo revocandi* vernichtet hat.[114] Diese Vermutung gilt allerdings als widerlegt, wenn bewiesen wird, dass ein wirksam errichtetes Testament zum Todeszeitpunkt noch vorhanden war oder die Zerstörung durch Umstände ohne Widerrufsabsicht dargelegt wird und zudem eine authentische Kopie vorgelegt wird.[115] Um das Eingreifen dieser Vermutung zu verhindern, werden Testamente in Irland häufig von Anwälten (*solicitors*) verwahrt.

---

108 Sec. 99 ISA.
109 *Spierin*, Rn 619, vgl. hierzu *Coester-Waltjen/Jakob*, a.a.O., Irland Grdz. F Rn 72.
110 Vgl. zu weiteren Auslegungsregeln *Coester-Waltjen/Jakob*, a.a.O., Irland Grdz. F Rn 72.
111 Vgl. auch *Spierin* Rn 612.
112 *Brady*, Rn 4.01.
113 *Vynior's Case* (1609) 8 Co Rep 816.
114 *Welch v. Phillips* (1836) 1 Moore's PC 299, zitiert nach *Spierin* Rn 591; *Law Society of Ireland*, S. 10 unter Hinweis auf *Re Coster (unreportetd)*, Supreme Court vom 19.1.1979.
115 *Sugden v. Lord St. Leonards* (1876) I PD 154, zitiert nach *Spierin* Rn 591.

Ein Widerruf kann auch durch formwirksames Widerrufstestament oder durch **Widerrufserklärung** in der für Verfügungen von Todes wegen vorgeschriebenen Form erfolgen (Sec. 85 (2) Var. 1 ISA). Wird dagegen lediglich ein neues Testament errichtet, ohne dass dieses einen Widerruf anordnet, so sind grundsätzlich beide Testamente wirksam. Soweit aber das neuere Testament dem früheren inhaltlich widerspricht, werden frühere Verfügungen widerrufen (sog. *implied revocation*).[116] Ein neues Testament, das lediglich Wiederholungen und Ergänzungen zu einem früheren Testament enthält, wird *codicil* genannt (siehe Rn 47).

87

Um Schwierigkeiten bei der Feststellung des Widerrufswillens entgegenzuwirken, empfiehlt es sich, das Testament mit einer **allgemeinen Widerrufsklausel** (*general revocation clause*) zu beginnen.[117]

88

Sec. 85 (1) ISA statuiert eine **Widerrufsfiktion** für den Fall der Eheschließung oder der Begründung einer eingetragenen Lebenspartnerschaft nach Errichtung eines Testaments. Danach wird der Widerruf des Testaments durch die Eheschließung bzw. die Partnerschaftsbegründung fingiert. Dies gilt jedoch nicht, wenn das Testament in Hinblick auf eine konkrete, nachfolgende Eheschließung oder Begründung einer eingetragenen Lebenspartnerschaft errichtet wurde. Eine allgemeine Formulierung, derzufolge die spätere Eheschließung oder die Begründung einer eingetragenen Lebenspartnerschaft die Wirksamkeit der Verfügung unberührt lassen soll, geht dagegen ins Leere.[118] Für den Scheidungsfall oder die Eheauflösung besteht eine solche Widerrufsfiktion nicht; gleiches gilt für die eingetragene Lebenspartnerschaft. Somit sind in diesen Fällen bestehende Verfügungen zu überprüfen und ggf. zu widerrufen bzw. anzupassen.[119]

89

Nach Sec. 87 ISA kann ein widerrufenes Testament nur durch erneute (formgültige) Errichtung wieder Geltung erhalten oder aber durch einen *codicil*, in dem der Errichtende zum Ausdruck bringt, dass er das frühere Testament wiederaufleben lassen möchte (*revival*, Sec. 87 ISA). Die letztere Vorgehensweise ist dagegen nicht mehr möglich, wenn das frühere Testament vernichtet worden ist.[120] Der bloße Widerruf des Widerrufstestaments genügt dagegen nicht, um ein früheres Testament wiederaufleben zu lassen.[121] Bezieht sich die Anordnung des Wiederauflebens auf ein Testament, das zunächst nur teilweise und dann vollständig widerrufen worden ist, lebt dieses im Zweifel in der Form wieder auf, die es zuletzt hatte.[122]

90

9. Testamentsregister

Irland ist kein Vertragsstaat des Basler Europäischen Übereinkommens über die Einrichtung einer Organisation zur Registrierung von Testamenten vom 16.5.1972. Eine Registrierung von letztwilligen Verfügungen ist in Irland nicht vorgesehen.

91

---

116 *Brady*, Rn 4.19.
117 *Brady*, Rn 4.13.
118 *Spierin*, Rn 587.
119 *Spierin*, Rn 587; im Auflösungsfall geht jedoch zumindest die englische Rechtsprechung von einem *lapse* der entsprechenden Verfügung zugunsten des früheren Ehegatten aus.
120 *Brady*, Rn 4.56, *In b Reade* (1902), 75.
121 *Spierin*, Rn 604.
122 Sec. 87 2. Hs. ISA.

10. Beschränkungen der Testierfreiheit

a) Allgemeines

92 Die Testierfreiheit gilt im irischen Recht grundsätzlich unbeschränkt, denn nach Sec. 76 ISA kann eine Person durch Testament über ihr gesamtes Vermögen verfügen. Allerdings sehen Sec. 109 ff. ISA bestimmte Ansprüche zugunsten des überlebenden Ehegatten oder des eingetragenen Lebenspartners und der Kinder vor, die *de facto* zu einer erheblichen Einschränkung der Verfügungsmöglichkeiten führen können. Die Ansprüche bestehen, wenn der Erblasser ganz oder teilweise testamentarisch verfügt und die genannten Personen nicht oder nicht hinreichend berücksichtigt hat.

93 Ein Pflichtteilsrecht im engeren Sinne haben im irischen Recht nur der überlebende Ehegatte und der eingetragene Lebenspartner (*legal right*). Die Kinder werden in gewissem Umfang durch im Ermessen des Gerichts stehende Zuwendungsbefugnisse geschützt.

b) Legal right des Ehegatten oder eingetragenen Lebenspartners

94 Der überlebende Ehegatte hat einen nicht ausschließbaren Anspruch auf Beteiligung am Nachlass, das sog. **legal right** (Sec. 111 ISA). Einen ebensolche Anspruch hat der überlebende eingetragene Lebenspartner gemäß Sec. 111A ISA. Der Anspruch beträgt jeweils ein Drittel des Nachlasswertes, wenn der Erblasser Kinder hinterlässt; andernfalls steht ihm ein Anspruch in Höhe der Hälfte des Nachlasswertes zu. Der Wert bezieht sich auf das nach Abzug der Nachlassverbindlichkeiten verbleibende Aktivvermögen des Erblassers (Sec. 109 (2) ISA). Etwaige Vermächtnisse zugunsten des überlebenden Ehegatten bzw. eingetragenen Lebenspartners sind anzurechnen, sofern der Erblasser nicht angeordnet hat, dass sie diesem zusätzlich zu dessen *legal right* zustehen sollen.[123]

95 Das *legal right* ist als schuldrechtlicher Anspruch ausgestaltet, denn ein unmittelbar dinglich wirkender Vermögensübergang ist im irischen Erbrecht nicht bekannt. Der Anspruch entsteht mit dem Tod des erstversterbenden Ehegatten bzw. eingetragenen Lebenspartners. So hat der irische *Supreme Court* in *Re Cummins: O'Dwyer v. Keegan*[124] entschieden, dass die schwerkranke, komatöse Ehefrau, die ihren Ehemann um nur 12 Stunden überlebt hatte, den Anspruch erworben hatte.

96 Der Anspruch richtet sich grundsätzlich auf eine entsprechende Summe in Geld. Der überlebende Ehegatte bzw. eingetragene Lebenspartner hat aber auch im Rahmen seines *legal right* Anspruch auf Übertragung der gemeinsamen Wohnung und des Hausrats (*right of appropriation*, siehe Rn 37). Das *legal right* hat im Rahmen der Nachlassabwicklung Vorrang vor allen anderen testamentarischen Zuwendungen oder Ansprüchen aufgrund gesetzlicher Erbfolge (Sec. 112 ISA).

97 Wenn der Erblasser über sein **gesamtes Vermögen** letztwillig verfügt hat und auch eine testamentarische Zuwendung zugunsten des überlebenden Ehegatten oder des eingetragenen Lebenspartners erfolgt ist, hat dieser gem. Sec. 115 (1) ISA ein **Wahlrecht**. Er kann wählen zwischen dem, was ihm testamentarisch zugewandt worden ist, und dem *legal right*. Entscheidet er sich gegen die Zuwendung, wird diese gegenstandslos. Falls es diesbezüglich – etwa mangels Anordnung einer *residuary legacy* – zur gesetzlichen Erbfolge kommt, darf der Ehegatte bzw. eingetragene Lebenspartner in diesem Rahmen nach wohl h.M. wiederum keine Ansprüche geltend machen.[125] Ist dagegen von vornherein **teilweise gesetz-**

---

[123] Sec. 114 ISA.
[124] (1997) 2 ILRM 401.
[125] Vgl. *Coester-Watjen/Jakob*, a.a.O., Irland Grdz. Rn 76.

liche Erbfolge eingetreten, da ein Testament nur in Bezug auf einen Teil des Nachlasses errichtet worden ist, hat der überlebende Ehegatte die Wahl zwischen dem *legal right* und dem, was ihm insoweit im Rahmen der gesetzlichen Erbfolge in Verbindung mit etwaigen testamentarischen Zuwendungen zu seinen Gunsten. Übt der überlebende Ehegatte oder der eingetragene Lebenspartner sein Wahlrecht nicht aus, so wird die Wahl der testamentarischen Zuwendung bzw. der Rechte nach der gesetzlichen Erbfolge und nicht die des *legal right* unterstellt.[126] Entscheidet sich der überlebende Ehegatte oder eingetragene Lebenspartner für das *legal right*, so kann er darüber hinaus geltend machen, dass er ein etwaiges Vermächtnis erhält, das ihm zur teilweisen Befriedigung seines *legal-right*-Anspruchs zugewandt worden ist.[127] Außerdem ist zu beachten, dass der überlebende Ehegatte oder eingetragene Lebenspartner, wenn ihm der Erblasser ein Vermächtnis ausdrücklich zusätzlich zu seinem *legal right* zugewandt hat (Sec. 114 (1) ISA), die Wahl zwischen dem Vermächtnis mit *legal right* oder dem bloßen *legal right* hat.[128]

Der *personal representative* ist verpflichtet, den überlebenden Ehegatten oder eingetragenen Lebenspartner schriftlich auf sein Wahlrecht hinzuweisen.[129] Mit dieser Mitteilung beginnt eine sechsmonatige Entscheidungsfrist zu laufen, die jedoch ggf. erst ein Jahr nach Bestellung des *personal representative* endet, wenn dies der spätere Zeitpunkt sein sollte. Ist der überlebende Ehegatte oder eingetragene Lebenspartner geisteskrank, kann das Wahlrecht durch seinen Vormund ausgeübt werden, wobei dieser eine gerichtliche Genehmigung benötigt. Ist kein Vormund vorhanden, wird die Wahl durch den *High Court* oder den *Circuit Court* getroffen.[130] **98**

Lebzeitige Zuwendungen des Erblassers an den überlebenden Ehegatten oder eingetragenen Lebenspartner muss sich dieser auf sein *legal right* anrechnen lassen (Sec. 116 ISA). Unterhaltsansprüche gelten nicht als Zuwendungen. Der anzurechnende Wert bemisst sich nach dem Wert zum Zeitpunkt der Zuwendung.[131] Erreicht die Zuwendung dem Werte nach die Höhe des *legal right*, entfällt dieses. Anders als bei Zuwendungen an Kinder, werden die Zuwendungen an den Ehegatten oder eingetragenen Lebenspartner nicht dem Nachlass hinzugerechnet.[132] **99**

Die Ansprüche nach Sec. 111 und 111A ISA erlöschen **sechs Jahre** nach dem Tod des Erblassers oder der Ausübung des Wahlrechts, wo ein solches bestand (Sec. 126 ISA).

Darüber hinaus sind der überlebende Ehegatte und der eigetragene Lebenspartner durch die Widerrufsfiktion der Sec. 85 (1) ISA geschützt, die grundsätzliche alle vor der Eheschließung bzw. der Errichtung der Lebenspartnerschaft errichteten letztwilligen Verfügungen umfasst (vgl. Rn 89). **100**

Nach Sec. 18 *Family Law Divorce Act, 1996* kann der geschiedene Ehegatte bei Versterben des **geschiedenen**, nicht wiederverheirateten **Ehegatten** einen Antrag auf gerichtliche Anordnung von Zuwendungen stellen. Das Gericht kann dem Antragsteller Zuwendungen aus dem Vermögen des Verstorbenen zubilligen, die es für angemessen (*appropriate*) hält, wobei es die Interessen der anderen berechtigten Personen berücksichtigen muss. Eine Anordnung ist ausgeschlossen, wenn der verstorbene Ehegatte zu Lebzeiten ausreichende **101**

---

126 Sec. 115 (1) (b), (2) (b).
127 Sec, 115 (3) ISA.
128 Sec. 115 (6). vgl. *Spierin,* Rn 736.
129 Sec. 115 (4) ISA.
130 Vgl. Sec. 115 (5) ISA.
131 Sec. 116 (2) ISA.
132 *Coester-Waltjen/Jakob,* a.a.O., Irland Grdz. Rn 78.

Vorkehrungen zugunsten des Ehegatten getroffen hat. Hierbei sind insbesondere etwaige Ausgleichsleistungen und Vermächtnisse zugunsten des geschiedenen Ehegatten zu berücksichtigen.

102 Die Zuwendungen dürfen nicht die Erbquote des Ehegatten bei fiktivem Fortbestehen der Ehe überschreiten, die ihm bei gesetzlicher Erbfolge zugestanden hätte. Bei Scheidung einer Ehe kann das Gericht jedoch auf Antrag eines oder beider Ehegatten bestimmen, dass einer oder beide Ehegatten nicht zu einem Antrag nach Sec. 18 (10) *Family Law Divorce Act, 1996* berechtigt sind.

Die gleichen Rechte stehen dem überlebenden eingetragenen Lebenspartner nach Auflösung der eingetragenen Lebenspartnerschaft gemäß Sec. 127 Civil Partnership and Certain Rights and Obligations of Cohabitants Act 2010 zu, sofern der verstorbene Ex-Partner keine neue Lebenspartnerschaft begründet hat und nicht geheiratet hat.

c) Ansprüche des nichtehelichen und nichtverpartnerten Lebenspartners nach dem Civil Partnership and Certain Rights and Obligations of Cohabitants Act 2010

103 Auch **Lebenspartner,** die mit dem Erblasser nicht verheiratet waren und auch nicht in einer eingetragenen Lebenspartnerschaft mit ihm gelebt haben, haben durch den Civil Partnership and Certain Rights and Obligations of Cohabitants Act 2010 die Möglichkeit bekommen, nach dem Tod des Lebenspartners Ansprüche auf Übertragung von Vermögensgegenständen und auf Versorgung aus dem Nachlass zu erwirken. Gemäß Sec. 173, 174 Civil Partnership and Certain Rights and Obligations of Cohabitants Act 2010 kann das Gericht die Übertragung von Eigentum auf den anderen Partner anordnen. Außerdem kann es gemäß Sec. 194 ISA dem überlebenden Partner **Zuwendungen aus dem Nachlass** in dem Umfang zuweisen, wie es sie angesichts der Gesamtheit der Umstände für angemessen hält. Die Anordnung darf jedoch das *legal right* eines etwaigen überlebenden Ehegatten nicht beeinträchtigen.[133] Die Lebenspartner können sowohl verschieden- als auch gleichgeschlechtlich sein und sind in Sec. 172 (1) Civil Partnership and Certain Rights and Obligations of Cohabitants Act 2010 definiert. Voraussetzung für den Anspruch nach Sec. 127 ist, dass es sich um sogenannte „**qualified cohabitants**" im Sinne von Sec. 172 (4) handelt. Dafür müssen die Partner bis zum Zeitpunkt der Beendigung der Lebensgemeinschaft, z.B. durch den Tod eines Lebenspartners, für die Dauer von zwei Jahren als Paar zusammengelebt haben, wenn sie gemeinsame Kinder haben, und andernfalls für die Dauer von fünf Jahren.

Ansprüche nach Sec. 173 ff. und Sec. 194 Civil Partnership and Certain Rights and Obligations of Cohabitants Act 2010 können durch einen Partnerschaftsvertrag im Sinne von Sec. 202 Civil Partnership and Certain Rights and Obligations of Cohabitants Act 2010 ausgeschlossen werden.

d) Ansprüche der Kinder nach Sec. 117 ISA

104 Bei teilweisem oder vollständigem Ausschluss von der Erbfolge können **Kinder** über das ggf. testamentarisch Zugewandte hinaus Zuwendungen aus dem Nachlass bei Gericht **beantragen** (Sec. 117 ISA). Sie haben also keinen Anspruch auf eine feste Quote am Nachlass. Das Gericht soll die Zuwendung an das oder die Kinder nur anordnen, wenn es der Ansicht ist, dass der Erblasser seine moralische Pflicht verletzt hat, seinem Kind angemessene und dem Gericht gerecht erscheinende Zuwendungen zu machen. Die Festsetzung ist in das Ermessen des Gerichts gestellt, wobei es vom Standpunkt eines umsichtigen und gerechten

---

133 Sec. 194 (10) Civil Partnership and Certain Rights and Obligations of Cohabitants Act 2010.

Elternteils entscheiden und die Position jedes Kindes sowie sonstige Umstände des Einzelfalls berücksichtigen soll.[134] Es kommt wohl auch darauf an, ob das Kind einer Zuwendung bedarf.[135] Zu berücksichtigen sind z.B. das Verhalten des Kindes gegenüber dem Erblasser, sein Alter, seine Lebensstellung, seinen Gesundheitszustand, seine derzeitigen und zu erwartenden künftigen Bedürfnisse und die zu Lebzeiten des Erblassers erfolgten Zuwendungen in Form der Übertragung von Vermögen, aber auch in Form von Aufwendungen für die Ausbildung des Kindes sowie die Verpflichtungen des Erblassers gegenüber anderen Personen.[136] Bei Würdigung der Umstände bezieht das Gericht auch etwaiges im Ausland belegenes Vermögen des Erblassers mit ein.[137] Stellen mehrere oder alle Kinder einen Antrag, ist die Entscheidung für jedes Kind gesondert zu treffen.[138] So kann beispielsweise ein behindertes Kind besondere, über die der anderen Kinder hinausgehende Versorgungsbedürfnisse haben.[139]

105 Die gerichtlichen Anordnungen dürfen das *legal right* des überlebenden Ehegatten nicht beeinträchtigen und, wenn es sich um ein gemeinsames Kind handelt, auch nicht sonstige testamentarische Zuwendungen an den überlebenden Ehegatten oder seine Rechte im Rahmen der gesetzlichen Erbfolge beeinträchtigen.[140] Daraus folgt, dass eine Enterbung der Kinder zugunsten des überlebenden Ehegatten dann möglich ist, ohne dass diese eine Anordnung nach Sec. 117 ISA beantragen können, wenn der Erblasser ausschließlich gemeinsame Kinder hinterlässt und sein Vermögen dem anderen Elternteil überlässt.

Auch das *legal right* eines überlebenden eingetragenen Lebenspartners soll grundsätzlich nicht durch die Anordnung beeinträchtigt werden.[141] Von diesem Grundsatz kann das Gericht jedoch abweichen, wenn es unter Berücksichtigung aller Umstände einschließlich der finanziellen Verhältnisse des Erblassers und seiner Verpflichtungen gegenüber seinem Partner ungerecht wäre, keine Zuwendung nach Sec. 117 ISA anzuordnen.

106 Ein Antrag kommt nur in Betracht, wenn zumindest teilweise testamentarische Erbfolge eingetreten ist, nicht dagegen bei gesetzlicher Erbfolge.[142] Hier besteht aber ein Sec. 117 ISA ähnliches Antragsrecht für das Zusammentreffen von überlebendem eingetragenem Lebenspartner und Kindern des Erblassers nach Sec. 67A (3) ISA (vgl. oben Rn 40).

107 Ist das Gericht der Überzeugung, dass der Erblasser seine moralische Pflicht verletzt hat, kann es wiederum nach seinem Ermessen dem Kind bzw. den Kindern eine einmalige Zuwendung oder eine Unterhaltsrente zusprechen.[143] Gerichte haben aber in der Vergangenheit auch ein Vermächtnis erhöht oder dem bedürftigen Kind einen anderen prozentualen Anteil am Vermögen des Erblassers zugesprochen. Die Zuwendung muss – anders als im Rahmen der Abwägung hinsichtlich des „Ob" des Anspruchs – nur aus dem Vermögen gemacht werden, das irischem Recht unterliegt, so dass eine Zahlung aus dem im Ausland

---

134 Sec. 117 (2) ISA.
135 So *Spierin*, Rn 778 unter Verweis auf EB v. SS (1998) 4 IR 527; a.A. *Coester-Waltjen/Jakob*, a.a.O., Irland Grdz. Rn 82.
136 *Coester-Waltjen/Jakob*, a.a.O., Irland Grdz. F Rn 82 m.w.N.
137 *Coester-Waltjen/Jakob*, a.a.O., Irland Grdz. F Rn 82.
138 *Spierin*, Rn 804..
139 EB v. SS (1998) 4 IR 527, 559, zitiert nach *Spierin*, Rn 781.
140 Sec. 117 (3) ISA.
141 Sec. 117 (3A) ISA.
142 Vgl. Sec. 109 (1) ISA.
143 *Spierin*, Rn 824.

belegenen Grundvermögen nicht in Betracht kommt.¹⁴⁴ Die Zuwendung begründet einen Anspruch gegen den Nachlass, der wie eine Nachlassverbindlichkeit zu behandeln ist.¹⁴⁵

108 Der Antrag kann entweder direkt von den Kindern oder aber in ihrem Namen gestellt werden. Anders als in Bezug auf das *legal right* sieht das Gesetz keine Hinweispflicht des *personal representative* gegenüber den Kindern vor. Der Antrag muss binnen sechs Monaten nach Gewährung des *grant of representation* gestellt werden.¹⁴⁶ Eine Verlängerung der Frist ist, auch bei Minderjährigkeit oder Geisteskrankheit des Kindes, nicht vorgesehen.¹⁴⁷

e) Schutz vor lebzeitigen Schenkungen

109 Damit der Nachlass nicht zu Lasten des überlebenden Ehegatten und der Kinder ausgehöhlt wird, gelten für **lebzeitige Schenkungen**, die innerhalb von **drei Jahren vor dem Tod des Erblassers, mit dem Tod oder danach vollzogen** werden, besondere Bedingungen (Sec. 121 (1) ISA). Wenn das Gericht zu der Überzeugung gelangt, dass diese in der Absicht erfolgt ist, das gesetzliche Erbrecht des Ehegatten oder des eingetragenen Lebenspartners und der Kinder oder die *legal right share* des Ehegatten oder des eingetragenen Lebenspartners bzw. die angemessene Versorgung der Kinder zu vereiteln oder zu verringern, kann es anordnen, dass die Schenkung ganz oder teilweise wie eine Zuwendung durch letztwillige Verfügung, also wie ein Vermächtnis behandelt wird (Sec. 121 (2) ISA). Wenn und soweit das Gericht der Auffassung ist, dass die Schenkung wie eine letztwillige Verfügung zu behandeln ist, fällt der betreffende Gegenstand fiktiv in den Nachlass und die unentgeltliche Zuwendung ist als solche unwirksam. Der Schenknehmer und seine Rechtsnachfolger sind in Höhe des vom Gericht festgesetzten Betrages Nachlassschuldner.¹⁴⁸ Wenn der Beschenkte das Schenkgut entgeltlich weiterveräußert hat, setzt sich der Anspruch an der Gegenleistung fort.¹⁴⁹ Da aufgrund der gerichtlichen Umdeutung fingiert wird, dass der Erblasser durch letztwillige Verfügung über den betreffenden Gegenstand verfügt hat, handelt es sich insoweit um testamentarische Erbfolge. Eine – auch nur partielle – testamentarische Erbfolge führt dazu, dass der überlebende Ehegatte oder eingetragene Lebenspartner und die Kinder ihre Rechte gem. Sec. 111, 111A und 117 ISA geltend machen können.

110 Dies gilt dagegen nicht für entgeltliche Rechtsgeschäfte des Erblassers, d.h. wenn der Erwerber eine dem Wert der Sache entsprechende Gegenleistung erbracht hat (*valuable consideration*) und in Hinblick auf die Zulässigkeit der Verfügung in gutem Glauben (*good faith*) war.¹⁵⁰ Eine Umgehung der Vorschrift durch Übertragung durch Schenkung von Todes wegen oder durch Begründung einer *joint tenancy* ist nicht möglich, da diese Rechtsgeschäfte ebenfalls von Sec. 121 ISA umfasst sind.¹⁵¹

111 Der Antrag auf Umdeutung der Schenkung im Interesse des überlebenden Ehegatten oder des eingetragenen Lebenspartners kann binnen eines Jahres nach Beginn der Benennung des *personal representative* vom überlebenden Ehegatten bzw. eingetragenen Lebenspartner oder dem *personal representative* erfolgen. Ein Kind kann den Antrag dagegen im Rahmen seines Antrags nach Sec. 117 ISA stellen (siehe Rn 104 f.).¹⁵²

---

144 *Spierin*, Rn 825.
145 *Coester-Waltjen/Jakob*, a.a.O., Irland Grdz. F Rn 83.
146 Sec. 117 (6) ISA.
147 *Spierin*, Rn. 773; a.A. *Coester-Waltjen/Jakob*, a.a.O., Irland Grdz. F Rn 81.
148 Sec. 121 (3) ISA.
149 Sec. 121 (8) ISA.
150 Sec. 121 (1) ISA, (8) i.V.m. Sec. 3 „*purchaser*" ISA.
151 Sec. 121 (9), (10) ISA.
152 Sec. 121 (5) ISA.

Wenn es sich um eine Schenkung an den Ehegatten handelt, können gemeinschaftliche Kinder der Ehegatten nicht dagegen vorgehen.[153] Eine Schenkung an ein Kind kann nicht umgedeutet werden, wenn der Ehegatte oder eingetragene Lebenspartner des Erblassers verstorben war, er von der Erbfolge ausgeschlossen war oder der Verfügung zugestimmt hat.[154]

IV. Ausschluss von der Erbfolge

1. Erbunwürdigkeit

In Sec. 120 ISA sind verschiedene Tatbestände der **Erbunwürdigkeit** (*unworthiness to succeed*) mit gestuften Sanktionen geregelt.

Eine Person, die des vollendeten oder versuchten Mordes oder des Totschlags an dem Erblasser schuldig ist, verliert sowohl die Rechte im Rahmen der gesetzlichen Erbfolge, die *legal share* und die Antragsberechtigung nach Sec. 117 ISA als auch die Rechte aus testamentarischen Begünstigungen (Sec. 120 (1) ISA). Es gilt der Grundsatz des *Common Law*, dass niemand von einem Mord profitieren soll.[155] Für die Erbunwürdigkeit ist eine entsprechende Verurteilung im Strafprozess erforderlich.[156] Die Verzeihung durch nachträgliche testamentarische Begünstigung ist jedoch möglich. War der Täter geisteskrank, kommt es nicht zum Ausschluss.[157]

Eine Person, die wegen einer Straftat gegen den Erblasser, seinen Ehegatten bzw. eingetragenen Lebenspartner oder eines seiner Kinder[158] verurteilt worden ist, die mit einer Freiheitsstrafe von maximal zwei Jahren oder einer höheren Strafe bewehrt ist, verliert gem. Sec. 120 (4) ISA das *legal right* bzw. die Antragsberechtigung nach Sec. 117 ISA. Testamentarische Zuwendungen und die Rechte im Rahmen der gesetzlichen Erbfolge werden in diesem Fall nicht berührt. Will der Erblasser verhindern, dass die betreffende Person zum Zuge kommt, muss er also eine diesen von der Erbfolge ausschließende letztwillige Verfügung treffen.

Sec. 120 (2) ISA ordnet den Ausschluss des überlebenden Ehegatten von der gesetzlichen Erbfolge und der *legal right share* an, wenn dieser den Erblasser für die Dauer von zwei Jahren oder länger vor dem Tod des Erblassers verlassen hatte. Diese Sanktion greift auch, wenn sich der Ehegatte eines Verhaltens schuldig gemacht hat, das den Erblasser zu einer Trennung berechtigt hätte (Sec. 120 (3) ISA). Das Gleiche gilt für den überlebenden eingetragenen Lebenspartner.[159] Um Rechtsstreitigkeiten in diesem Bereich vorzubeugen, empfiehlt sich eine Trennungsvereinbarung mit gegenseitigem Verzicht auf die *legal right share* und die Rechte im Rahmen der gesetzlichen Erbfolge (siehe Rn 118 ff.).

Bei Erbunwürdigkeit wird der Nachlass so verteilt, als sei der von der Erbfolge Ausgeschlossene vorverstorben.[160]

---

153 Sec. 121 (6) ISA.
154 Sec. 121 (7) ISA.
155 *Spierin*, Rn 853.
156 *Spierin* Rn 837.
157 *Spierin*, Rn 854.
158 Hierzu zählen auch Kinder *in loco parentis* zum Zeitpunkt der Tat.
159 Sec. 120 (2A) und (3A) ISA.
160 Sec. 120 (5) ISA.

2. Enterbung bzw. Entziehung des Pflichtteilsrechts

117 Eine **Enterbung** ist jederzeit möglich. Dem überlebenden Ehegatten, dem eingetragenen Lebenspartner und den Kindern können jedoch nicht ihre Rechte nach Sec. 111, 111A bzw. 117 ISA entzogen werden (siehe Rn 93 ff.). Ein Entzug ist nur durch faktische Verminderung des Vermögens zu Lebzeiten möglich. Hier ist jedoch die Schutzvorschrift der Sec. 121 ISA zu beachten, die eine gerichtliche Umdeutung von Schenkungen, die in einem Zeitraum von bis zu drei Jahren vor dem Tod des Erblassers erfolgt sind, in Vermächtnisse vorsieht (siehe Rn 109).

3. Erbverzicht

118 Ein **Verzicht** (*renunciation*) auf das *legal right* ist zu Lebzeiten des Erblassers schriftlich durch den Ehegatten (Sec. 113 ISA) oder durch den eingetragenen Lebenspartner (Sec. 113A ISA) möglich. Der Verzicht kann in einem vor oder während der Ehe geschlossenen Ehevertrag (*ante-nuptial* oder *post-nuptial contract*) bzw. Partnerschaftsvertrag (*ante-* oder *post-civil partnership-registration contract*) sowie in einem Übergabevertrag oder auch einem Auseinandersetzungsvertrag bei Trennung oder sonst schriftlich erfolgen.[161] Ein Zeuge muss nicht zugegen sein; die Bezeugung empfiehlt sich jedoch zu Beweiszwecken. Ein Muster für einen solchen Verzicht findet sich bei *Spierin*.[162] Voraussetzung für die Wirksamkeit ist, dass dem Verzichtenden die vermögensmäßigen Auswirkungen des Verzichts bekannt waren und er ihn aus freien Stücken erklärt hat.[163] Dies ist insbesondere dann der Fall, wenn der Verzichtende unabhängig rechtlich beraten worden ist.[164] Ob ein nichtvertraglicher Verzicht widerrufen werden kann ist rechtlich umstritten. Einerseits sehen Sec. 113, 113A ISA die Möglichkeit eines Widerrufs nicht vor, andererseits hat der nicht vertraglich Verzichtende auch keine *consideration* (Gegenleistung) erhalten, was allgemein im *common law* Voraussetzung für eine Bindungswirkung ist.[165] Um hier eine größtmögliche Sicherheit zu erlangen, ist der vertragliche Verzicht – nach unabhängiger anwaltlicher Beratung des Verzichtenden – zu empfehlen.

119 Dagegen ist ein allgemeiner Erbverzicht, d.h. eine Verzichtserklärung, die auch das gesetzliche Erbrecht umfasst, im irischen Recht nicht vorgesehen. Der Erbe hat aber die Möglichkeit, die Erbschaft auszuschlagen (siehe Rn 143).

V. Wege der Nachlassregelung außerhalb des Erbrechts

120 In einem *trust* gebundenes Vermögen, Vermögen eines *life estate* und solches Vermögen, an dem eine *joint tenancy* besteht, unterliegen nicht der Verfügungsmacht des Erblassers. Darüber hinaus kennt das irische Recht auch Schenkungen von Todes wegen, Lebensversicherungen und Vorsorgevollmachten. Der frühere *estate tail* ist durch den Land And Conveyancing Law Reform Act 2009 abgeschafft worden.

---

161 Sec. 113, 113A ISA; *Spierin*, Appendix F, Fn 1.
162 *Spierin*, Appendix F.
163 *Coester-Waltjen/Jakob*, a.a.O., Irland Grdz. Rn 79.
164 *Spierin*, Rn 723.
165 *Spierin*, Rn 724.

1. Schenkung von Todes wegen

Nach irischem Recht müssen für eine wirksame **Schenkung von Todes wegen** (*donatio mortis causa*) drei Voraussetzungen erfüllt sein:[166]
(1) Die Schenkung muss vom Schenker in Anbetracht seines Todes gemacht werden, ohne dass dieser aber konkret zu erwarten sein muss.
(2) Der Gegenstand der Schenkung muss dem Beschenkten tatsächlich oder mittelbar übergeben werden.
(3) Das Geschenk muss unter der Bedingung des (Vor-)Versterbens[167] des Schenkers erfolgen, wobei sich dies auch aus den Umständen ergeben kann.

Ob auch Grundbesitz oder nur bewegliches Vermögen Gegenstand einer Schenkung von Todes wegen sein kann, ist im irischen Recht zweifelhaft.[168] Der Eigentumsübergang findet hierbei noch zu Lebzeiten des Erblassers statt; die Schenkung steht jedoch unter der Bedingung seines Todes.[169]

Auch das Vermögen, über das der Erblasser durch Schenkung von Todes wegen verfügt hat, haftet für Nachlassschulden, allerdings nachrangig zum Nachlass.

2. Trust

Der *trust* ist ein Instrument der Nachlassregelung, das insbesondere herangezogen wird, wenn Minderjährige oder behinderte Verwandte begünstigt werden sollen. Der *trust* bewirkt eine Dauerverwaltung des Nachlasses. Besonderheit ist die Aufspaltung des Eigentums nach irischem Sachenrecht in *law* und *equity*. Während der *trustee*, der den *trust* verwaltet, *legal owner* wird, ist der Begünstigte *equitable owner*. Ein *trust* kann bereits zu Lebzeiten des Treugebers (*settlor*), aber auch testamentarisch errichtet werden. Er kann sich nur auf einen bestimmten Vermögensgegenstand oder eine bestimmte Geldsumme beziehen oder aber auch auf den Überrest (*residue of the estate*) oder den gesamten Nachlass.

Probleme tauchen bei dieser Konstruktion aber auf, wenn der *trust* nicht auf das in Irland belegene Vermögen beschränkt ist, sondern sich beispielsweise auch auf in Deutschland belegene Vermögen erstreckt. Der *trust* ist von seiner Konzeption nicht territorial begrenzt,[170] so dass er sich grundsätzlich auch auf das im Ausland belegene Vermögen beziehen könnte. Das deutsche Sachenrecht kennt eine Aufspaltung des Eigentums in rechtliches und treuhänderisches nicht. Der Konstruktion am Nächsten kommt die **Dauertestamentsvollstreckung**. Während einige vertreten, der *trust* müsse wegen seiner Fremdheit zum deutschen Recht in Leere laufen, soll er nach anderer Ansicht grundsätzlich zugelassen werden, wobei jedoch notwendige Korrekturen vorzunehmen seien.[171] Hinzu kommt, dass sich jedenfalls bei Minderjährigen bei Anwendung deutschen Rechts nicht dieselben Probleme stellen wie im irischen, denn Minderjährige können Erben werden. Maßgeblich dürften die vom Testator im Einzelfall mit dem *trust* verfolgten Ziele sein. In der Regel dürften die *equitable owner* Rechtsinhaber und damit Erben nach deutschem Verständnis werden, da ihnen der wirtschaftliche Wert zukommen soll. Der *legal owner* ist seiner Funktion nach

---

166 Vgl. *Spierin*, Rn 244.
167 *Brady*, Rn 1.23.
168 Dagegen die Entscheidung *Duffield v. Elwes* (1827) 1 Bli (MG) 47, ER 959; dafür aber die neuere, englische Entscheidung *Sen v. Hedley* (1991) Ch 425.
169 *Spierin*, Rn 244.
170 *Schurig*, IPRax 2001, 446, 447. Vgl. auch § 4 Rn 152 ff.
171 Vgl. zum Ganzen *Schurig*, IPRax 2001, 446, 447 m.w.N.

in der Regel Verwalter, so dass eine Umdeutung in eine Dauertestamentsvollstreckung in Betracht kommt, sofern man sich hier nicht der Auffassung anschließt, dass die Treuhandstellung wegzufallen habe.

3. Joint tenancy

125 Eine besondere Form des Vermögensübergangs hat der gemeinschaftliche Vermögenserwerb im Wege einer *joint tenancy* zur Folge. Bei Vorliegen einer solchen fällt die Vermögensbeteiligung des verstorbenen *joint tenant* nicht in die Erbmasse, wenn ein oder mehrere *joint tenants* den Erblasser überleben,[172] sondern er wächst den anderen *joint tenants* an (sog. *survivorship*, eine Art Anwachsung).[173] Davon ist das Miteigentum in der Form der **tenancy in common** (Bruchteilsgemeinschaft) zu unterscheiden,[174] bei der der Miteigentumsanteil in die Erbmasse fällt. Ehegatten erwerben Grundbesitz in Irland häufig als *joint tenants*.

Ist deutsches Recht *lex rei sitae*, kann eine *joint tenancy* nicht wirksam begründet werden.[175] Erbrechtlich ist die *joint tenancy* nur dann wirksam, wenn irisches Recht Erbstatut wird. Wird eine *joint tenancy* in einem Testament angeordnet, ist durch Auslegung die der *joint tenancy* am nächsten kommende Lösung zu wählen.[176]

Will man hier Angleichungsprobleme bereits in der Nachlassplanung vermeiden, kann diese Vermögensmasse vorsorglich in eine Personengesellschaft eingebracht werden.

4. Life interest

126 Hatte der Erblasser an einem unbeweglichen Gegenstand nur ein *life interest*, fällt die Berechtigung am Grundbesitz nicht in den Nachlass, kann aber auch nicht weitervererbt werden.

5. Lebensversicherung

127 Unklar ist, ob der aus einer **Lebensversicherung** bei Tod des Versicherten zu zahlende Betrag im irischen Recht in den Nachlass fällt oder nicht.[177] Es empfiehlt sich daher, dass auch die Begünstigten ihren Anspruch gegenüber der Lebensversicherung geltend machen.

6. Vorsorgevollmacht

128 Seit Inkrafttreten des *Powers of Attorney Act 1996*[178] können in Irland auch Vollmachten, die im Fall des Verlustes der Geschäftsfähigkeit fortgelten (sog. *enduring powers*), erteilt werden.[179] Es kommt auch eine **enduring power** in Form einer Generalvollmacht in Betracht.[180] Dazu sollte das im Gesetz enthaltene Formular[181] verwendet und die besonderen

---

172 Siehe auch Sec. 4 (c) ISA.
173 MüKo/*Birk*, Art. 25 EGBGB Rn 171.
174 Die Abgrenzung erfolgt anhand der sog. *four unions*, die für die *joint tenancy* erforderlich sind (vgl. dazu *Worthmann*, in: AnwK-BGB, Band 3, Sachenrecht, 2. Aufl. 2007, Irland Rn 30).
175 MüKo/*Birk*, Art. 25 EGBGB Rn 171.
176 MüKo/*Birk*, Art. 25 EGBGB Rn 171.
177 Dies ist nach *Coester-Waltjen/Jakob*, a.a.O., Irland Grdz. Rn 28 nicht der Fall; anders aber *Grehan*, Irland Rn 204, in: Frank/Wachter, Handbuch Immobilienrecht in Europa.
178 Gesetzestext im Internet unter http://www.irishstatutebook.ie/1996/en/act/pub/0012/ index.html.
179 Diese sind in Sec. 5 (1) *Powers of Attorney Act 1996* definiert.
180 Sec. 6 (1) *Powers of Attorney Act 1996*.
181 http://www.irishstatutebook.ie/1996/en/si/0196.html.

gesetzlich bestimmten Errichtungsvoraussetzungen beachtet werden. *Enduring Powers* sind in Irland beim *Registrar of Wards of Court* zu registrieren.[182]

C. Nachlassabwicklung

I. Anfall des Nachlasses

1. Personal representative

Mit dem Erbfall geht der Nachlass nicht – wie im deutschen Recht (vgl. § 1922 BGB) – unmittelbar auf die begünstigten Personen über, sondern auf einen Zwischenberechtigten, den sog. **personal representative** (wörtlich: persönlicher Vertreter, siehe Sec. 10 (1) ISA). Dieser wird treuhänderischer[183] Rechtsnachfolger des Erblassers. Der *personal representative* sammelt den Nachlass, nimmt ihn in Besitz, begleicht die Nachlassverbindlichkeiten und kehrt das verbliebene Vermögen an die Begünstigten aus.[184] Somit kennt das irische Recht keine unmittelbar Begünstigten (Erben), sondern lediglich Personen, die einen Anspruch gegen den *personal representative* auf Auskehrung von Nachlassvermögen und ggf. auf Übertragung bestimmter Nachlassgegenstände (zur sog. *distribution* vgl. Rn 148) haben.

129

Der *personal representative* kann einerseits ein vom Erblasser durch letztwillige Verfügung benannter sog. *executor* oder ein vom Nachlassgericht bestellter *administrator* sein. Ist kein *executor* bestimmt, geht der Nachlass jedoch zunächst auf den Präsidenten des *High Court* über, bis ein *administrator* vom Gericht eingesetzt worden ist.[185] Auf diese Weise wird verhindert, dass der Nachlass herrenlos wird. Denn anders als ein *executor*, erhält der *administrator* seine Berechtigung erst mit Erteilung des *grant of representation*.[186]

130

2. Executor

Der Erblasser hat die Möglichkeit, Einfluss auf die Person des *personal representative* zu nehmen, indem er im Testament einen sog. **executor** bestimmt. Es können auch mehrere Personen benannt werden.[187] Dabei kommen sowohl natürliche als auch juristische Personen in Betracht. Die Ernennung kann auch unter einer Bedingung erfolgen; sie kann ferner befristet und auf einen Teil des Nachlasses beschränkt sein.[188]

131

Für die Zwecke des in Irland durchzuführenden Nachlassverfahrens empfiehlt es sich, im Testament einen *executor* zu benennen.

Der *executor* wird zwar bereits mit dem Erbfall Inhaber des Nachlassvermögens, er kann aber nicht unmittelbar als solcher handeln. Dies kann er erst, wenn seine Befugnisse gerichtlich in einem sog. *probate decree* festgestellt worden sind.

132

Auch eine sog. *trust corporation* kann als *executor* handeln. Ist der benannte *executor* **minderjährig**, wird er zwar vom Gericht durch Erteilung eines *probate decree* ernannt,

133

---

182 Sec. 10 (1) *Powers of Attorney Act 1996*.
183 Vgl. Sec. 10 (3) ISA.
184 *Coester-Waltjen/Jakob*, a.a.O., Irland Grdz. Rn 27.
185 Sec. 13 ISA.
186 Übersetzt in etwa „Verleihung der Vertretungsbefugnis".
187 Von der *Law Society of Ireland* wird empfohlen, mindestens zwei *executors* zu bestimmen (a.a.O., S. 12).
188 *Coester-Waltjen/Jakob*, a.a.O., Irland Grdz. Rn 62.

kann aber bis zur Vollendung des 18. Lebensjahres nicht als solcher handeln.[189] Auch das Eigentum am Nachlass geht nicht auf ihn über.[190] Wenn ausschließlich Minderjährige *executors* sind, wird vom Gericht ein sog. *administrator* bestellt, der für sie handelt.[191]

134 Der *executor* muss ein sog. **grant of probate** beantragen, sofern Nachlassvermögen vorhanden ist und das Vermögen nicht lediglich aus einem relativ geringen Geldbetrag besteht. Der Antrag kann entweder persönlich oder durch einen Anwalt (*solicitor*) gestellt werden. Das *probate* wird entweder vom *Probate Office* in Dublin,[192] das für den *High Court* handelt, oder dem *District Probate Registry* des Bezirks, in dem der Verstorbene zum Zeitpunkt seines Todes seinen Wohnsitz (bzw. Aufenthalt) hatte, erteilt.[193] Hierzu muss der *district registrar* bestätigen, dass der Verstorbene einen festen Aufenthalt in seinem Bezirk hatte. Wenn der Verstorbene im Ausland lebte, kommt nur ein Antrag beim *probate office* in Betracht.[194] Dem Antrag auf Gewährung eines *probate* müssen das Antragsformular sowie das Testament und etwaige *codicils* im Original und in Kopie beigelegt werden.

Der *executor* muss eine beeidigte Erklärung abgeben, derzufolge es sich bei dem Testament um den letzten Willen des Testators handelt, dass es wirksam ist und dass der Testator verstorben ist.[195] Zum Nachweis ist eine Sterbeurkunde (*death certificate*) beizufügen. Kann diese nicht vorgelegt werden, ist dies hinreichend zu erklären. Ferner ist das sog. *Inland Revenue Affidavit* vorzulegen, das nähere Angaben über das Vermögen des Erblassers sowie etwaige Schulden enthält. Dieses muss vom *executor* beeidigt und vorab bei der Steuerbehörde (*Revenue Commisioner*) eingereicht und von ihr genehmigt werden (siehe Rn 177).[196] Verlangt das Nachlassgericht weitere Dokumente, sind diese zu besorgen und einzureichen.

Sofern es sich um ein im Ausland errichtetes Testament des Erblassers handelt (sog. ***foreign will***), ist eine gesiegelte und beglaubigte Kopie des ausländischen *grant of probate* oder des Erbscheins vorzulegen. Ist ein solches nicht vorhanden, muss ein *affidavit* eines ausländischen Rechtsanwalts vorgelegt werden.

135 In der Regel wird das *probate* in einem nichtstreitigen Verfahren erteilt. Dann wird ein *probate* ohne besondere Form (*common form*) erteilt. Dagegen wird nach Abschluss eines streitigen Verfahrens ein probate in *solemn form* ausgestellt.

136 Durch das *probate* wird nicht nur die Rechtsstellung des *executors*, sondern auch die Wirksamkeit der letztwilligen Verfügung(en) bezeugt.[197] Die Begünstigten werden aber – anders als im deutschen Erbschein – nicht erwähnt.[198]

---

189 *Spierin*, Rn 191.
190 Sec. 32 (2) ISA.
191 Sec. 32 (1) ISA
192 Kontaktdaten und Öffnungszeiten unter http://www.courts.ie/offices.nsf/fd1b5d60ef39f31380256e 43003d0107/be735bced234bbbc80256e45005861c7?OpenDocument (Zugriff am 19.8.2014).
193 Sec. 35 (1) ISA, der auf den „place of abode" abstellt.
194 *Spierin* Rn 205.
195 Vgl. das Formular Nr. 3 „Oath of executor" unter http://www.courts.ie/rules.nsf/lookuppagelink/ 32EE12DCFBF03B7C80256F23006476E8?opendocument&l=en (Zugriff am 19.8.2014).
196 *Grehan*, Irland Rn 242, in: Frank/Wachter, Handbuch Immobilienrecht in Europa.
197 *Coester-Waltjen/Jakob*, a.a.O., Irland Grdz. Rn 91.
198 *Coester-Waltjen/Jakob*, a.a.O., Irland Grdz. Rn 91.

3. Administrator

Wurde kein *executor* ernannt oder ist die vom Testator bestimmte Person vorverstorben, hat auf ihr Amt verzichtet oder ist aus einem anderen Grund nicht ernannt worden, werden vom Gericht ein oder mehrere **administrators** bestellt. Die Befugnisse des *administrators* werden durch Aushändigung der sog. **letters of administration** festgestellt. Zuständig für die Ausstellung des entsprechenden Zeugnisses ist entweder das *Probate Office* in Dublin oder das *district probate office* des örtlich zuständigen *High Court*.[199] Der Antrag auf Ausstellung der *letters of administration* kann entweder durch den Antragsteller persönlich oder durch einen *solicitor* gestellt werden.[200] Die Ernennung des *administrators* erfolgt grundsätzlich auf Anordnung eines *probate officer* bzw. in streitigen Fällen durch gerichtliche Entscheidung. Auch hier muss der Antragsteller eine beeidigte Erklärung abgeben, die sich danach unterscheidet, ob eine letztwillige Verfügung vorliegt oder nicht.[201]

137

Das Gesetz ermächtigt den *High Court*, Regeln zu bestimmen, aus denen sich die als *administrator* in Frage kommenden Personen und die bei der Ernennung zu beachtende Reihenfolge dieser Personen (*order of priority*) ergeben.[202] Angehörige einer nachrangig zu beachtenden Kategorie werden grundsätzlich nur dann ernannt, wenn keine Personen einer vorrangigen Kategorie als *administrator* tätig sein wollen. Die Reihenfolge der Personen orientiert sich bei Nichtvorhandensein eines Testamentes an den Regeln der gesetzlichen Erbfolge, wobei ein etwa vorhandener überlebender Ehegatte oder eingetragener Lebenspartner stets Vorrang hat.[203] Kann oder möchte kein Verwandter ernannt werden, können eine vom Staat benannte Person und in letzter Instanz die Gläubiger zum *administrator* bestimmt werden. Wenn das Gericht es für erforderlich hält, kann es jedoch von diesen Regeln abweichen und die aus seiner Sicht geeignetste Person bestimmen.[204]

138

Ist ein Testament vorhanden, ist aber kein *executor* benannt worden oder ist dieser vorverstorben oder kommt aus einem anderen Grund nicht in Frage, wird ein sog. **administrator cum testamento annexo** eingesetzt. In diesem Fall gilt eine andere Reihenfolge, die sich an den im Testament enthaltenen Anordnungen orientiert.[205]

139

Der *administrator* muss eine **Sicherheit in Form eines *administration bond*** an den Präsidenten des *High Court* leisten.[206] Die Höhe der zu leistenden Sicherheit bemisst sich in der Regel nach dem zweifachen Nachlasswert.[207] Versicherungen, die mit einer der beim *High Court* akkreditierten Versicherungsgesellschaften abgeschlossen sind, werden stets akzeptiert.[208] Darüber hinaus können vom Gericht weitere Sicherheiten verlangt werden.

140

Wenn der Erblasser mit **letztem domicile im Ausland** verstorben ist, kann das *Probate Office* in Bezug auf das bewegliche Vermögen des Verstorbenen diejenige Person zum *administrator* bestellen, die am *domicile* zum *administrator* bestellt wurde oder wird. In

141

---

199 Sec. 35 (1) ISA.
200 Sec. 35 (2) ISA.
201 Vgl. die Formulare Nr. 4 und 5 „Oath of administrator with the will" und „Oath of administrator" unter http://www.courts.ie/rules.nsf/lookuppagelink/32EE12DCFBF03B7C80256F23006476E8?opendocument&l=en (Zugriff am 19.8.2014).
202 Sec. 27 (3) ISA.
203 *Spierin*, Rn 168.
204 Sec. 27 (4) ISA.
205 *Spierin*, Rn 167.
206 Vgl. zum Ganzen Sec. 34 ISA.
207 Sec. 34 (2) (a) ISA.
208 Sec. 34 (7) ISA.

Bezug auf das in Irland belegene unbewegliche Vermögen wird ein *grant of administration* auf der Grundlage des irischen Rechts erteilt. Hierfür gelten dieselben Regeln, die für Erblasser mit letztem Wohnsitz in Irland gelten.[209]

II. Annahme und Ausschlagung

142 Da der Vorteil den Begünstigten stets vom *personal representative* zugewandt wird, ist ein automatischer Übergang ohne **Annahme** der Erbschaft von vornherein ausgeschlossen. Der Begünstigte kann nicht gezwungen werden, die Zuwendung anzunehmen und kann diese ablehnen oder auf sie verzichten.[210] Die übliche Art der Übertragung von Vermögen vom *personal representative* auf den Begünstigten ist der sog. *assent* (Zustimmung bzw. Genehmigung der Vollziehung). Damit drückt der Begünstigte seinen Willen zur Entgegennahme der Zuwendung aus. Der *assent* ist in Bezug auf bewegliches Vermögen formfrei möglich.[211] In der Praxis wird regelmäßig ein **Empfangsbekenntnis** verlangt.[212] Für die Übertragung von unbeweglichem Vermögen bestimmt der Land and Conveyancing Law Reform Act 2009 für Übertragungen durch den *personal representative* durch *assent* eine Ausnahme vom Erfordernis einer *deed* (förmliche Übertragungsurkunde).[213] Allerdings muss der *assent* nach *Grehan* in einem förmlichen Dokument enthalten sein.[214] Handelt es sich um nicht registrierten Grundbesitz, sind die Bestimmungen von Sec. 53 ISA zu beachten, derzufolge insbesondere Schriftform mit Unterschrift des *personal representative*, erforderlich ist; die Registrierung ist lediglich optional.[215] Bei registriertem Grundbesitz geht das Eigentum dagegen erst mit der Eintragung gemäß dem Registration of Title Act 1964 über (Sec. 54 ISA), die den *assent* voraussetzt.[216] Diese Formvorschriften sind auch dann zu beachten, wenn der *personal representative* sich das Vermögen selbst überträgt.[217]

143 Auch die **Ausschlagung** (*disclaimer*) ist im irischen Recht bekannt. Sie ist möglich, solange der Ausschlagende die Begünstigung nicht angenommen hat und muss zu gesiegelter Urkunde vor einem Zeugen erklärt werden. Der Ausschlagende sollte rechtlich beraten sein und zwar von einer unabhängigen Person. Hierzu zählen insbesondere nicht der *personal representative* oder ein durch die Ausschlagung Begünstigter. Der *disclaimer* ist nur wirksam, wenn der Ausschlagende Kenntnis vom Umfang und der Zusammensetzung des Nachlassvermögens hat, seine Erbquote bzw. die Zuwendung kannte sowie auf dem Nachlass lastende Steuerschulden und er sich auch der Wirkungen der Ausschlagung bewusst war.[218] In der Erklärung sollten diesbezügliche Angaben enthalten sein.[219]

Die Rechtsfolgen der Ausschlagung sind gesetzlich bestimmt bzw. ergeben sich aus dem *common law*, so dass der Ausschlagende nicht zugunsten einer bestimmten anderen Person

---

209 *Brady*, a.a.O., S. 273 unter Bezugnahme auf Ord. 79 r. 5 (8)(b) der irischen *1986 Rules of the Superior Courts*.
210 *Brady*, Succession Law in Ireland, Rn 6.02.
211 *Spierin*, Rn 304.
212 *Grehan*, Irland Rn 208, in: Frank/Wachter, Handbuch Immobilienrecht in Europa.
213 Sec. 63 (a) Land and Conveyancing Law Reform Act 2009. Somit richtet sich die Übertragung nach Sec. 52 ff. ISA.
214 *Grehan*, Irland Rn 208, 217, in: Frank/Wachter, Handbuch Immobilienrecht in Europa.
215 *Spierin*, Rn 317 f.
216 Sec. 61 (3) Registration of Title Act 1965, vgl. auch *Spierin*, Rn 325.
217 *Grehan*, Irland Rn 208, in: Frank/Wachter, Handbuch Immobilienrecht in Europa.
218 *Spierin*, Rn 499.
219 Ein Muster für eine Ausschlagungserklärung bei gesetzlicher Erbfolge findet sich bei *Spierin*, Appendix M, S. 535.

ausschlagen kann.²²⁰ Eine Ausschlagung kann auch **entgeltlich**, also gegen *consideration* (Gegenleistung), erfolgen (zu den steuerlichen Folgen vgl. Rn 175).

Die **Wirkungen der Ausschlagung bei gesetzlicher Erbfolge** sind in Sec. 72A ISA geregelt.²²¹ Es wird fingiert, dass der Ausschlagende unmittelbar vor dem Erblasser verstorben ist **und** dass er, sofern es sich beim Ausschlagenden nicht um den Ehegatten oder einen Aszendenten des Erblassers handelt, ohne Hinterlassung von Abkömmlingen verstorben ist. Somit geht also der Erbteil eines aufgrund gesetzlicher Erbfolge zum Erben berufenen Bruders nicht auf seine Kinder über, sondern verteilt sich zu gleichen Teilen auf die übrigen Geschwister bzw. ihre Abkömmlinge (siehe Rn 30).²²²

144

Auch die **Ausschlagung einer testamentarischen Zuwendung** ist möglich. Wird ein Vermächtnis ausgeschlagen, wird dieses als unwirksam behandelt und der Vermögensgegenstand fällt in den *residue*.²²³ Wird dagegen auf den *residue* verzichtet, tritt insoweit gesetzliche Erbfolge ein und die Ersatzberechtigten bestimmen sich nach den Regeln über die gesetzlichen Erbfolge.²²⁴

145

III. Abwicklung und Verteilung

Die **administration**, d.h. die auf Abwicklung gerichtete Nachlassverwaltung, ist in Teil V des ISA geregelt. Bewegliches und unbewegliches Vermögen werden – anders als vor Inkrafttreten des ISA – gleich behandelt und daher zur Zahlung der Nachlassverbindlichkeiten und Befriedigung des *legal right* herangezogen.²²⁵

146

Für die Abwicklung des Nachlasses wird danach unterschieden, ob der Nachlass insolvent ist oder nicht. Bei Insolvenz richtet sich die *administration* nach Sec. 46 (1) ISA in Verbindung mit Teil I des First Schedule des ISA, bei Zahlungsfähigkeit ist dagegen Sec. 46 (3) ISA in Verbindung mit Teil I des First Schedule des ISA zu beachten. Eine **Nachlassinsolvenz** ist gegeben, wenn der Nachlass zur Zahlung der Nachlassverbindlichkeiten nicht ausreicht, wobei das hierfür vorgeschriebene Verfahren bereits dann einzuhalten ist, wenn das Vorliegen der Voraussetzungen zweifelhaft ist. Bei Nachlassinsolvenz muss der *personal representative* die Vermögenswerte in folgender Weise verwenden: Zunächst sind die Kosten der Beerdigung zu bezahlen sowie des Testaments und der Nachlassvollstreckung. Anschließend gelten die Regeln für das Insolvenzverfahren entsprechend, wobei erst gesicherte Schuldner zu befriedigen sind, dann Steuern und Abgaben zu bezahlen sind, dann vorrangige Schuldner (fällige Schulden, Arbeitslöhne, nationale Versicherungsbeträge) zu befriedigen und anschließend andere Schulden zu tilgen sind.²²⁶

147

Die Verteilung (**distribution**) erfolgt ebenfalls durch den *personal representative*. Er ist berechtigt, den gesamten Nachlass oder einzelne Nachlassgegenstände zu veräußern. Die Veräußerung kann nicht nur zum Zwecke der Erfüllung der Nachlassverbindlichkeiten, sondern auch in Hinblick auf die Verteilung des Nachlasses erfolgen.²²⁷ Er hat hierbei die Begünstigten allgemein oder den in Bezug auf den betreffenden Gegenstand Begünstigten anzuhören und soll sich möglichst nach deren Wünschen bzw. den Wünschen der Mehrheit

148

---

220 *Spierin*, Rn 497.
221 Sec. 72A ISA wurde durch Sec. 6 *Family Provisions (Miscellaneous Provisions) Act 1997* eingefügt.
222 Beispiel nach *Spierin*, Rn 497.
223 *Spierin*, Rn 498 unter Bezugnahme auf Sec. 91 ISA.
224 *Spierin*, Rn 498 unter Verweis auf *Re Hodge* (1943) Ch 300.
225 *Spierin*, Rn 237.
226 Vgl. *Spierin*, Rn 253.
227 Sec. 50 (1) ISA.

richten. Dies ändert aber nichts an der Wirksamkeit seiner kraft Gesetzes bestehenden Verkaufsvollmacht (sog. *power of sale*).

149 Der *personal representative* kann zur Befriedigung der Begünstigten auch Nachlassgegenstände auf diese übertragen (sog. *appropiation*).[228] Die Übertragung von Nachlassgegenständen auf die Begünstigten erfolgt durch *assent* (Zubilligung und Annahme, siehe bereits Rn 142). Ein *assent* ist auch dann erforderlich, wenn sich der *personal representative* das Vermögen des Erblassers auf sich selbst überträgt.[229] Die Erben haben, sofern ihnen nicht eine *specific legacy* zugewandt worden ist, grundsätzlich keinen Anspruch auf Übertragung bestimmter Nachlassgegenstände.[230] Sie haben vielmehr lediglich einen Geldanspruch im Werte der Beteiligung am Nachlass.[231] Ausnahmsweise kann ihnen jedoch auch ein Anspruch auf Übertragung bestimmter Gegenstände, ein sog. *right of appropiation*, zustehen. Ein solches Recht räumt Sec. 56 ISA dem überlebenden Ehegatten oder dem eingetragenen Lebenspartner ein (vgl. dazu Rn 37, 40).

IV. Internationale Zuständigkeit der irischen Gerichte

150 Wie bereits nach früherem irischem Recht besteht die Zuständigkeit der irischen Gerichte, sobald Vermögen in Irland vorhanden ist.[232] Die internationale Zuständigkeit irischer Gerichte ist gem. Sec. 29 ISA aber selbst dann gegeben, wenn keine Vermögensgegenstände in Irland hinterlassen werden.[233] Ferner können irische Gerichte einen *de bonis non grant* oder einen anderen *grant* bezüglich Vermögens, das keiner Nachlassverwaltung unterliegt, ausstellen, und zwar unabhängig davon, ob sich solches in Irland befindet (Sec. 29 ISA).

V. Internationale Zuständigkeit der deutschen Gerichte

151 Die internationale Zuständigkeit der deutschen Gerichte bestimmt sich nach Art. 4 ff. EU-ErbVO. Neben der allgemeinen Zuständigkeit des Gerichts des letzten gewöhnlichen Aufenthaltes (Art. 4 EU-ErbVO), sieht diese in Art. 7 EU-ErbVO die Zuständigkeit eines vereinbarten Gerichts im Falle einer Rechtswahl nach Art. 22 EU-ErbVO vor sowie subsidiäre Zuständigkeiten nach Art. 10 EU-ErbVO und eine Notzuständigkeit nach Art. 11 EU-ErbVO.

1. Nachlassverfahren bei der Vererbung von in Irland belegenem Nachlassvermögen bei einem zuletzt in Deutschland lebenden Erblasser

152 Nach **Art. 4 EU-ErbVO** sind die deutschen Gerichte für Nachlassverfahren zuständig, wenn der Erblasser seinen letzten gewöhnlichen Aufenthalt in Deutschland hatte. Die Zuständigkeit erstreckt sich nach der Europäischen Erbrechtsverordnung auf den gesamten Nachlass (**allgemeine Zuständigkeit**). Hatte der Erblasser seinen letzten gewöhnlichen Aufenthalt in Deutschland, ist die internationale Zuständigkeit der deutschen Gerichte somit gegeben.

153 Ist der Erblasser jedoch unter Hinterlassung von Nachlassvermögen in Irland verstorben, ist zwingend (auch) dort ein Nachlassverfahren durchzuführen. Denn deutsche Erbscheine

---

228 Sec. 55 (1) ISA.
229 *Grehan*, Irland Rn 208, 217, in: Frank/Wachter, Handbuch Immobilienrecht in Europa.
230 *Coester-Waltjen/Jakob*, a.a.O., Irland Grdz. Rn 99.
231 Vgl. Sec. 46 (6) ISA.
232 *Re Welland* (1940) Ir Jur Rep 36; *Spierin*, Rn 180.
233 Anders die frühere Rechtsprechung *In the Goods of Tucker* (1864) 3 Sw & Tr 585.

werden in Irland nicht anerkannt oder für vollstreckbar erklärt und sind daher zur Abwicklung dieser Vermögensmasse unbrauchbar. Aufgrund der gesonderten Anknüpfung für die *administration* gilt zudem aus irischer Sicht für in Irland belegenes Vermögen stets irisches Recht (siehe Rn 9). Dies gilt selbst insoweit für die *succession* aus irischer Sicht deutsches Recht anzuwenden wäre (z.B. für das in Irland befindliche bewegliche Vermögen bei letztem *domicile* in Deutschland).

Sind Vermögenswerte des Erblassers in einem Drittstaat i.S.d. EU-ErbVO – wie hier in Irland – belegen, der die Entscheidung des mitgliedschaftlichen Gerichts nicht anerkennen würde, sieht die EU-ErbVO in Art. 12 Abs. 1 die Möglichkeit vor, dass das nach der Verordnung zuständige Gericht auf Antrag einer der Parteien nicht über diese Vermögensgegenstände befindet. Somit kann das **angerufene deutsche Gericht davon absehen, über die dem irischen Nachlassverfahren unterliegenden Gegenstände zu entscheiden**.[234] Für das irische Nachlassvermögen ist in Irland ein *grant of probate* bzw. ein *letter of administration* zu beantragen (vgl. dazu oben Rn 134, 137). 154

Um die Durchführung des Nachlassverfahrens in Irland zu erleichtern, empfiehlt sich die **Benennung eines *executors*** zumindest für das in Irland belegene Vermögen, sofern nicht ohnehin ein Testamentsvollstrecker benannt worden ist. Hier ist deutlich zu machen, ob der *executor* nur für die Zwecke des irischen Nachlassverfahrens bestellt werden soll oder ob der Person weitere Befugnisse zustehen sollen.[235] Der im irischen *grant of probate* ernannte *personal representative* ist aufgrund der irischen Entscheidung nur zur Verwaltung des dort belegenen Vermögens befugt. 155

Die Möglichkeit einer **Gerichtsstandsvereinbarung zugunsten eines anderen Mitgliedstaates** (Art. 5 EU-ErbVO) im Falle einer Rechtswahl nach Art. 22 EU-ErbVO spielt im deutsch-irischen Rechtsverkehr keine Rolle. Denn Irland ist kein Mitgliedstaat im Sinne der EU-ErbVO und die einheitliche Zuständigkeit seiner Gerichte für den gesamten Nachlass kann somit nicht erreicht werden. 156

Es sind stets zwei Nachlassverfahren durchzuführen, sofern sich Nachlassvermögen in beiden Staaten befindet.

2. Nachlassverfahren in Deutschland bei einem in Irland lebenden Erblasser

Verstirbt der Erblasser mit letztem gewöhnlichem Aufenthalt in Irland, besteht **keine allgemeine Zuständigkeit** der deutschen Gerichte nach Art. 4 EU-ErbVO. Dies gilt grundsätzlich auch dann nicht, wenn der Erblasser deutscher Staatsangehöriger war. In diesem Fall wäre bei einer Rechtswahl des Erblassers nach Art. 22 (1) EU-ErbVO zwar eine Gerichtsstandsvereinbarung zugunsten des deutschen Rechts denkbar. Da Irland jedoch kein Mitgliedstaat der Verordnung ist, können sich dessen Gerichte nicht nach Art. 6 EU-ErbVO für unzuständig erklären, so dass die Prorogationsmöglichkeit ins Leere läuft. 157

Allerdings kann eine **subsidiäre Zuständigkeit der deutschen Gerichte nach Art. 10 (1) EU-ErbVO** bestehen. Art. 10 greift ein, wenn der Erblasser seinen letzten gewöhnlichen Aufenthalt in einem Drittstaat wie Irland hatte. Dann besteht nach Art. 10 (1) (a) EU-ErbVO eine Zuständigkeit der Gerichte des Heimatstaates oder hilfsweise nach Art. 10 (1) (b) EU-ErbVO der Gerichte des Staates des vorhergehenden gewöhnlichen Aufenthaltes, sofern dieser nicht länger als 5 Jahre zurück liegt. Diese subsidiäre Zuständigkeit bezieht sich auf den gesamten Nachlass. War der zuletzt in Irland lebende Erblasser also deutscher 158

---

234 Vgl. dazu *Hess*, in: Dutta/Herrler, Die Europäische Erbrechtsverordnung, Rn 6.
235 Vgl. zu dieser Problematik Staudinger/*Dörner*, Art. 25 EGBGB Rn 893 m.w.N.

Staatsangehöriger oder hat in den letzten fünf Jahren vor seinem Tod in Deutschland gelebt, wären deutsche Gerichte international zuständig. Diese könnten jedoch wiederum nach Art. 12 EU-ErbVO davon absehen, über das in Irland belegene Vermögen zu entscheiden.

159 Für Fälle, in denen die Voraussetzungen des Art. 10 Abs. 1 EU-ErbVO nicht vorliegen, sieht **Art. 10 Abs. 2 EU-ErbVO** eine **gegenständlich beschränkte subsidiäre Zuständigkeit für Nachlassvermögen in einem Mitgliedstaat** vor. War der Erblasser also irischer Staatsangehöriger mit letztem Wohnsitz in Irland und hat er auch nicht früher in Deutschland gelebt, so sind die deutschen Gerichte nach Art. 10 Abs. 2 EU-ErbVO dennoch für das in Deutschland belegene Nachlassvermögen zuständig.

160 Auch bei einem mit letztem gewöhnlichem Aufenthalt in Irland versterbenden Erblasser mit Nachlassvermögen (auch) in Deutschland sind somit zwei Nachlassverfahren durchzuführen. Denn aus irischer Sicht können die deutschen Gerichte nicht über den dort befindlichen Nachlass entscheiden (vgl. oben Rn 153). Die Zuständigkeit der deutschen Gerichte ergibt sich hier – je nach Staatsangehörigkeit bzw. früherem gewöhnlichem Aufenthalt – aus Art. 10 Abs. 1 oder 2 EU-ErbVO.

3. Frühere Rechtslage

161 Bis zum Inkrafttreten der EU-ErbVO galt in Nachlasssachen der Grundsatz der Doppelfunktionalität. Die internationale Zuständigkeit der deutschen Nachlassgerichte folgte aus der örtlichen Zuständigkeit (§ 105 FamFG).

4. Erbscheinsantrag

162 Das Gericht kann einerseits einen **allgemeinen und unbeschränkten Erbschein** nach § 2353 BGB erteilen. Dieser kann sowohl ein sog. Eigenrechtserbschein sein bei Anwendung deutschen Rechts als auch ein sog. Fremdrechtserbschein bei Anwendung ausländischen Rechts. Kommt deutsches Recht zur Anwendung, ist dies im Erbschein anzugeben, ebenso ist im Falle eines Fremdrechtserbscheins das anwendbare ausländische Recht zu bezeichnen.[236] In den Erbschein ist ggf. ein **einschränkender Geltungsvermerk** aufzunehmen oder ein sog. Geltungsausschlussvermerk.[237] Ferner ist im Erbschein auch eine etwa angeordnete Testamentsvollstreckung anzugeben.[238]

163 Kommt es zu einer **Nachlassspaltung**, ist der jeweilige Teilnachlass als selbstständiger Nachlass zu behandeln und ggf. für jeden Nachlass ein eigener Erbschein zu erteilen.[239] Im deutsch-irischen Rechtsverkehr kommt es auch nach neuer Rechtslage z.B. dann zu einer Nachlassspaltung, wenn der Erblasser seinen letzten gewöhnlichen Aufenthalt und sein *domicile* in Irland hatte, er jedoch über Grundbesitz in Deutschland verfügte, da dann zunächst die EU-ErbVO auf irisches Recht verweist, dieses jedoch partiell auf das deutsche Recht zurückverweist (vgl. dazu oben Rn 13).

164 Nach § 2369 BGB kann ein sog. **gegenständlich beschränkter Erbschein** beantragt werden, wenn Inlandsvermögen vorhanden ist. Dieser ist nicht mehr auf die Geltung ausländischen Rechts beschränkt, sondern kann auch bei Geltung deutschen Rechts beantragt werden.[240] Er ist territorial begrenzt auf den in Deutschland befindlichen Nachlass, kann aber nur

---

236 *Wittkowski*, RNotZ 2010, 102, 109.
237 *Wittkowski*, RNotZ 2010, 102, 111.
238 Palandt/*Weidlich*, § 2352 Rn 14.
239 Zur Nachlassspaltung vgl. *Wittkowski*, RNotZ 2010, 102, 110.
240 MüKo/*J. Mayer*, § 2369 Rn 1a.

beantragt werden, wenn sich auch im Ausland Nachlassgegenstände befinden.[241] Ein solcher Erbschein wird im deutsch-irischen Rechtsverkehr in der Praxis schon aus Kostengründen sinnvoll sein, wenn auch in Irland ein Nachlassverfahren durchgeführt werden muss und der Erbschein – aufgrund der Nichtanerkennung des deutschen Erbscheins in Irland – nur für das Inlandsvermögen benötigt wird.[242] Nach § 40 Abs. 3 GNotKG bleiben nämlich diejenigen Nachlassgegenstände bei der Berechnung des Geschäftswertes unberücksichtigt, auf die sich der Erbschein nach seiner Wirkung nicht erstreckt. Kommt es jedoch zu einer **Nachlassspaltung**, ist kein gegenständlich beschränkter Erbschein erforderlich, da sich schon der allgemeine Erbschein nur auf den jeweiligen Teilnachlass, z.B. deutsches Immobiliarvermögen, bezieht, der als selbstständiger Nachlass anzusehen ist.[243]

5. Europäisches Nachlasszeugnis

Im deutsch-irischen Rechtsverkehr spielt das **europäische Nachlasszeugnis** keine Rolle. Dieser von der EU-ErbVO eingeführte Erbnachweis, der neben die weiter geltenden nationalen Erbnachweise tritt,[244] ist nur zur Verwendung in einem anderen Mitgliedstaat vorgesehen (Art. 62 (1) EU-ErbVO). Da Irland jedoch als Drittstaat anzusehen ist, kann ein europäisches Nachlasszeugnis nicht zur Verwendung in Irland beantragt werden noch in Irland zur Verwendung in Deutschland.

165

VI. Besonderheiten im deutschen Nachlassverfahren bei irischem Erbstatut

Ist im Erbscheinsverfahren irisches Recht anzuwenden, bedürfen einige Begriffe des irischen Rechts der **Angleichung**.

166

Insbesondere ist fraglich, wer als Erblasser auszuweisen ist, denn im irischen Recht wird der *personal representative* Inhaber des Nachlasses, nicht aber die durch Testament oder gesetzliche Erbfolge Begünstigten. Allerdings ist die Rechtsstellung des *personal representative* auf die Verwaltung und Abwicklung des Nachlasses beschränkt; letztlich wird er nicht durch den Nachlass begünstigt und ist nur Zwischenperson. Deswegen ist er im Erbschein nach deutschem Recht **nicht als Erbe zu bezeichnen**.[245] Dagegen spricht zwar, dass bei dieser Vorgehensweise entgegen dem irischen Recht die Einschaltung der Zwischenperson negiert wird.[246] Dennoch ist sie im deutschen Erbscheinsverfahren aus Praktikabilitätserwägungen vorzugswürdig, zumal eine echte Testamentsvollstreckung ebenfalls auszuweisen ist (siehe dazu Rn 162).

Dann stellt sich jedoch die Folgefrage, welche Begünstigten des irischen Rechts im Erbschein als Erben auszuweisen sind. Streng genommen gibt es im irischen Recht aber keine Erben, da sämtliche Begünstigte nur einen Auskehrungsanspruch gegen den *personal representative* haben, wobei ihnen ggf. besondere Rechte im Rahmen der *distribution* zustehen (siehe Rn 148). Ihre Stellung entspricht also formal eher der von Vermächtnisnehmern nach deutschem Recht. Vermächtnisnehmer werden jedoch nicht Inhaber des Nachlasses, und sie werden deshalb im deutschen Erbschein nicht aufgeführt. Bei dieser Betrachtung könnte niemand im Erbschein als Erbe bezeichnet werden (sog. Normenmangel), was im Ergebnis

167

---

241 *Wittkowski*, RNotZ 2010, 102, 111.
242 Vgl. dazu Palandt/*Weidlich*, § 2369 Rn 1.
243 Vgl. hierzu Palandt/*Weidlich*, § 2353 Rn 19.
244 Art. 62 Art. 3 S. 1 EU-ErbVO; vgl. dazu *Lange*, in: Dutta/Herrler, Die Europäische Erbrechtsverordnung, Rn 46.
245 MüKo/*Birk*, Art. 25 EGBGB Rn 239 m.w.N.
246 So MüKo/*Birk*, Art. 25 EGBGB Rn 240 zum anglo-amerikanischen Recht allgemein.

nicht gewollt und somit zu korrigieren ist. Es sind daher diejenigen „Vermächtnisnehmer" als Erben zu bezeichnen, deren Rechtsstellung der von Erben im deutschen Recht am nächsten kommt. Dies sind insbesondere nicht die durch Spezialvermächtnisse Begünstigten, da sie nicht quotal am Nachlassvermögen beteiligt werden. Als Erben i.S.d. deutschen Rechts können wohl nur diejenigen Personen gelten, die aufgrund testamentarischer Erbfolge entweder Universalvermächtnisnehmer geworden sind und damit den gesamten Nachlass erhalten, oder denen der nach Auskehrung der Vermächtnisse verbleibende Restnachlass oder ein Bruchteil davon zusteht.[247] Dies sind nach irischem Recht die *residuary legatees* bzw. *devisees* im Falle testamentarischer Erbfolge und die gesetzlichen Erben bei gesetzlicher Erbfolge.

168 Fraglich ist weiter, ob der sich auf sein *legal right* berufende überlebende Ehegatte als Erbe zu bezeichnen ist oder wie ein Pflichtteilsberechtigter des deutschen Rechts im Erbschein keine Erwähnung findet. Gegen die Erbenstellung spricht, dass das *legal right* dem überlebenden Ehegatten lediglich einen schuldrechtlichen Anspruch vermittelt und es sich nicht um ein Noterbrecht handelt. Dies kann aber schon deswegen nicht ausschlaggebend sein, da eine unmittelbare dingliche Beteiligung des Begünstigten dem irischen Recht überhaupt fremd ist. Da der Anspruch des Ehegatten oder eingetragenen Lebenspartners zu einer quotalen Berechtigung am Nachlass führt, ist dieser im Erbschein als Miterbe auszuweisen. Zudem hat der überlebende Ehegatte oder eingetragene Lebenspartner i.d.R. ein *right of appropiation* an der gemeinsamen Wohnung und am Hausrat (siehe Rn 37, 40 a.E.), was ihm als einzigem quotal Berechtigten einen Anspruch auf bestimmte Nachlassgegenstände verschafft und damit einer dinglichen Stellung zumindest am nächsten kommt. Daher erscheint die Ausweisung als Erbe sachgerecht.[248]

VII. Rechtsbegriffe des irischen Sachrechts im deutschen Nachlassverfahren bei deutschem Erbstatut

169 Hat der Erblasser sein Testament in der Annahme der Geltung eines anderen Rechts errichtet, liegt ein Fall des sog. **Handelns unter falschem Recht** vor. Solche Fälle sind aufgrund des Wechselns der kollisionsrechtlichen Anknüpfung von Staatsangehörigkeit zum gewöhnlichen Aufenthalt im deutschen IPR in den nächsten Jahren zu erwarten. Werden in einem Testament, auf das deutsches Erbrecht anzuwenden ist, Rechtsbegriffe des irischen Erbrechts verwendet, so sind sie in der Weise auszulegen bzw. umzudeuten, die dem Willen des Erblassers am nächsten kommt.

170 In der Praxis stellt sich häufig die Frage, ob auch ein Testamentsvollstrecker im Sinne des deutschen Rechts eingesetzt werden sollte, wenn das Testament die **Benennung eines** *executor* enthält, oder ob diese Anordnung sich nur auf das irische Nachlassverfahren bezog. Die Benennung eines Testamentsvollstreckers wäre im Erbschein zu vermerken. Hier ist die vom Erblasser gewünschte Funktion durch Auslegung zu ermitteln.[249] Von der Anordnung einer Testamentsvollstreckung ist insbesondere dann auszugehen, wenn der Person besondere Aufgaben zugewiesen werden, die über diejenigen hinausgehen, die von einem *executor* im irischen Nachlassverfahren üblicherweise zu erfüllen sind, oder wenn eine Dauervollstreckung angeordnet wurde.

---

247 Vgl. dazu *Henrich*, Großbritannien (Stand: 1983) Rn 91, in: Ferid/Firsching/Dörner/Hausmann, Internationales Erbrecht; MüKo/*Birk*, Art. 25 EGBGB Rn 239.
248 So auch *Coester-Waltjen/Jakob*, a.a.O., Irland Grdz. Rn 21.
249 Staudinger/*Dörner*, Art. 25 EGBGB Rn 893 (siehe bereits oben Rn 155).

D. Erbschaftsteuer

Eine Besteuerung kommt in Irland nach dem *Capital Acquisiton Tax* oder dem *Capital Gains Tax* in Betracht. Daneben ist auch Einkommensteuer (*income tax*) zu entrichten. Der sog. **Probate Tax** (Erbscheinssteuer), der aufgrund des *Finance Act 1993* vor Erteilung eines *grant of probate* zu zahlen war, ist durch den *Finance Act 2001* zum 6.12.2000 abgeschafft worden. Er bezieht sich nur mehr auf Todesfälle zwischen dem 18.6.1993 und dem 5.12.2000.

171

Der **Capital Acquisitions Tax** (CAT – Kapitalerwerbsteuer) wird derzeit durch den **Capital Acquisitions Tax Consolidation Act 2003** (CATCA 2003) geregelt, der durch den Finance Act 2010 geändert wurde. In diesem sind die Erbschaftsteuer (*inheritance tax*)[250] und die Schenkungsteuer (*gift tax*)[251] geregelt. Da die Steuer an den Vermögenserwerb anknüpft, handelt es sich um eine sog. **Erbanfallsteuer**.[252] Als Erwerb von Todes wegen gilt nicht nur jegliche Begünstigung, die einer Person beim Tode einer anderen zufällt, sondern hierzu zählen auch Anwachsungen im Rahmen einer *joint tenancy* (siehe Rn 125).[253]

172

Vom CAT ausgenommen sind Schenkungen und Erbschaften unter Ehegatten[254] und auch solche zwischen eingetragenen Lebenspartnern.[255] Für sonstige Erwerber sind Freibeträge vorgesehen, wobei die Höhe des Freibetrages nach der Zugehörigkeit des Begünstigten zu einer der nachfolgend näher bezeichneten drei Gruppen variiert. Seit Inkrafttreten von Sec. 109 Finance Act 2012 wird die Höhe der Freibeträge nicht mehrjährlich zum 1. Januar an die Veränderung des Verbraucherpreisindexes angepasst.[256] Danach betragen die Freibeträge (*group thresholds*) für die Gruppe A, bestehend aus den Kindern des Erblassers, zu denen auch Adoptiv- und Stiefkinder gerechnet werden, seit dem 6.12.2012 225.000 EUR, für die Gruppe B, bestehend aus den Eltern, Geschwistern, Nichten und Neffen und Enkelkindern des Erblassers, 30.150 EUR und für die Gruppe C, bestehend aus allen anderen Personen, 15.075 EUR.[257] Der Steuersatz beträgt seit dem 6.12.2012 33 %.[258]

173

Die **Berechnung** der Erbschaftsteuer knüpft grundsätzlich an den Verkehrswert (*market value*) an.[259] Für landwirtschaftliches Vermögen gibt es Ermäßigungen aufgrund besonderer Bewertungsvorschriften,[260] und auch für Betriebsvermögen gibt es besondere Bestimmungen. Gemeinnützige Zuwendungen (*charities*) sind von der Besteuerung ausgenommen.[261]

174

Sec. 12 *Capital Acquisitions Tax Consolidation Act, 2003* enthält eine Regelung für die Auswirkungen einer **Ausschlagung** auf Besteuerung. Danach fällt keine Steuer an, sofern

175

---

250 Sec. 9 CATCA 2003.
251 Sec. 4 CATCA 2003.
252 *Coester-Waltjen/Jacob*, a.a.O., Irland Grdz. Rn 105.
253 Sec. 13 CATCA 2003.
254 Sec. 70, 71 CATCA 2003.
255 Ziff. 7, Revenue Irish Tax and Customs, Taxation and Civil Partnerships, Frequently Asked Questions, May 2014 (online als PDF verfügbar, Zugriff am 16.2.2015).
256 Eine Liste der Freibeträge für die jeweiligen Gruppen findet sich im Internet unter http://www.revenue.ie/en/tax/cat/thresholds.html (Zugriff am 16.2.2015).
257 Aufstellung auf der beiliegenden CD-ROM unter der Rubrik „Irland" unter http://www.revenue.ie/index.htm?/revguide/cat_thresholds.htm (Zugriff am 15.7.2007).
258 http://www.revenue.ie/en/tax/cat/rates.html (Zugriff am 20.7.2014).
259 Sec. 26 (2) CATCA 2003.
260 Sec. 89 CATCA 2003.
261 Sec. 76 CATCA 2003.

nicht für die Ausschlagung eine Gegenleistung (*consideratio*n) vereinbart worden ist. Diese wird fiktiv wie die ursprüngliche Zuwendung besteuert.[262]

176 Der CATCA 2003 findet Anwendung, wenn der Wohnsitz oder gewöhnliche Aufenthalt des Erblassers oder des Begünstigten in Irland liegt. Allerdings unterliegt in Irland belegenes Vermögen unabhängig vom Wohnsitz bzw. gewöhnlichem Aufenthalt der Besteuerung durch den CATCA 2003. Nach Sec. 11 (5) CATCA 2003 in der mit Wirkung ab dem 2.2.2006 geänderten Fassung kann diese Besteuerung bei Personen mit irischem *domicile* ohne Wohnsitz in Irland auch nicht durch Einbringung des Vermögens in eine Familiengesellschaft verhindert werden.[263]

177 Die Besteuerung wird dadurch sichergestellt, dass Voraussetzung für den Antrag auf Gewährung eines *grant of probate* ist, dass ein sog. **Inland Revenue Affidavit** eingereicht wird.[264] Aus diesem müssen sich sämtliche Vermögensgegenstände und Verbindlichkeiten des Erblassers ergeben. Aufgrund einer Gesetzesänderung wird im *grant* jedoch nicht mehr die Bezahlung der Steuern zertifiziert, sondern es wird lediglich der Nachlasswert ausgewiesen. Nach Ausstellung des grant of representation, wird das *Inland Revenue Affidavit* durch das *Probate Office* bzw. das *District Probate Registry* an die Steuerbehörden (*Revenue Commissioners*) weitergeleitet, die dann die Steuern festsetzen und eintreiben.[265]

178 Neben dem CAT kann im Erbfall auch der *Capital Gains Tax* eine Rolle spielen. Die Wertsteigerung von Vermögen wird mit dem **Capital Gains Tax** (Wertzuwachssteuer) besteuert. Während Schenkungen dem CGT unterliegen, werden im Erbfall die Begünstigten bzw. der *personal representative* in der Regel so behandelt, als hätten sie die Vermögenswerte zum Todeszeitpunkt zum Marktpreis erworben. Somit löst der Erbfall selbst keinen CGT aus.[266] Jede nachfolgende Verfügung kann dann aber CGT auslösen. Der Standardsatz für Verfügungen ab dem 6.12.2012 33 % beträgt.[267] Fallen sowohl CGT als auch CAT an, ist der CGT bei der Berechnung des CAT anzurechnen.[268]

179 Außerdem kann im Erbfall die **stamp duty**, die irische Form der Grunderwerbssteuer, eine Rolle spielen. Besteuert wird grundsätzlich nur der entgeltliche Grunderwerb. Im Erbfall ist Grunderwerbsteuer u.a. zu bezahlen, wenn Immobiliarvermögen entgegen den im Testament enthaltenen Bestimmungen verteilt wird oder wenn beim Erwerb von Immobiliarvermögen zunächst die auf diesem lastenden Schulden abbezahlt werden müssen.[269]

180 Zwischen Deutschland und Irland ist 30.3.2012 ein Doppelbesteuerungsabkommen[270] [271] geschlossen worden, das seit seinem Inkrafttreten am 1.1.2013[272] das am 17.10.1962 unter-

---

262 *Spierin*, Rn 500.
263 http://www.revenue.ie/pdf/sec112119_06.pdf.
264 Sec. 48 und 108 CATCA 2003 in der durch Sec. 147 (1) (k) Finance Act 2010 geänderten Fassung.
265 Das Verfahren wurde durch den Finance Act 2010 vereinfacht. Vgl. Zum Verfahren im Einzelnen die Leitlinien der Irischen Finanzverwaltung „*A Guide to Changes to Probate & Capital Acquisitions Tax*", verfügbar im Internet unter http://www.revenue.ie/en/tax/cat/finance2010-faqs.html.
266 Irische Finanzverwaltung http://www.revenue.ie/en/tax/cgt/faqs.html.
267 Irische Finanzverwaltung http://www.revenue.ie/en/tax/cgt/
268 Http://www.revenue.ie/en/tax/cat/guide/credit.html.
269 *Law Society of Ireland*, S. 451.
270 Text verfügbar unter http://www.bundesfinanzministerium.de/Content/DE/Standardartikel/Themen/Steuern/Internationales_Steuerrecht/Staatenbezogene_Informationen/Laender_A_Z/Irland/004_1.pdf?__blob=publicationFile&v=4.
271 BGBl II 2011, S. 2042.
272 BGBl II 2013, S. 332.

zeichnete Doppelbesteuerungsabkommen[273] in der Fassung des Änderungsprotokolls vom 25.5.2010[274] [275] ersetzt.[276] Dieses bezieht sich in Irland auf die Einkommensteuer (*income tax*), auf die Körperschaftsteuer (*corporation profits tax*) und auf alle Steuern gleicher oder ähnlicher Art, nicht aber auf den *Capital Acquisitions Tax*.[277]

Weitere Informationen und Materialien, wie z.B. Muster, Formulare, amtliche Texte und Internetadressen, befinden sich auf der beiliegenden CD-ROM.

---

[273] BStBl I 1964, S. 320; BGBl II, 1964, S. 266.
[274] Text verfügbar unter http://www.bundesfinanzministerium.de/Content/DE/Standardartikel/Themen/Steuern/Internationales_Steuerrecht/Staatenbezogene_Informationen/Laender_A_Z/Irland/003_1.pdf?__blob=publicationFile&v=4 (Zugriff am 22.7.2014).
[275] BGBl II 2011, S. 250, BGBl II 2011, S. 741.
[276] Vgl. im Einzelnen Art. 32 des Doppelbesteuerungsabkommens.
[277] Art. 3 des Abkommens.

Island

Dr. Beate Paintner, Rechtsanwältin, Landshut

Inhalt

A. Internationales Erbrecht	1	3. Gemeinschaftliche Testamente	22
B. Materielles Erbrecht	5	4. Änderung oder Widerruf von Testamenten	23
I. Gesetzliches Erbrecht	5	5. Auslegung von Testamenten	24
1. Verwandtenerbrecht	5	III. Pflichtteilsrecht	25
2. Erbrecht des Ehegatten	9	IV. Erbverträge	26
3. Recht zur Fortsetzung der Gütergemeinschaft (óskipt bú)	11	V. Schenkungen von Todes wegen	27
4. Erbunwürdigkeit	16	VI. Vorschenkungen	28
II. Testamentarische Erbfolge	17	C. Erbverfahrensrecht	29
1. Ordentliches Testament	17	D. Erbschaftsteuerrecht	32
2. Nottestament	21		

Literatur

Deutschsprachige Literatur

Schulze, Länderteil Island in: Ferid/Firsching/Dörner/Hausmann, Internationales Erbrecht, Band IV

Literatur in dänischer Sprache

Friðriksdóttir, Islandsk arverett: Utviklingstendenser in: Utviklingen i nordisk arverett – tegn i tiden, S. 45

A. Internationales Erbrecht

Das isländische internationale Privatrecht ist nicht kodifiziert; es entspricht im Wesentlichen dem dänischen IPR.[1] Das Erbstatut bestimmt sich gewohnheitsrechtlich nach dem Domizil, also dem letzten dauerhaften Wohnsitz des Erblassers. Wie im dänischen Recht auch, wird wohl aus isländischer Sicht das ausländische Kollisionsrecht nicht angewendet, so dass es nicht zu Rück- oder Weiterverweisungen kommt.[2] Ein mit letztem Wohnsitz in Deutschland verstorbener Isländer wird daher aus isländischer Sicht nach deutschem Recht beerbt. Aus deutscher Sicht ergibt sich sowohl nach alter als auch nach neuer Rechtslage die Anwendung deutschen Erbrechts. Ein Deutscher mit letztem Wohnsitz in Island wird aus isländischer Sicht nach isländischem Recht beerbt. Nach den Neuregelungen im deutschen IPR wird er auch aus deutscher Sicht nach isländischem Recht beerbt.

1

---

1 *Vilhjálmsson*, International Encyclopedia of Comparative Law, National Reports, Iceland, S. I-5. Das dänische Recht war häufig Vorbild für isländische Gesetze, weshalb das dänische Recht ein wichtiges Hilfsmittel bei der Anwendung isländischen Rechts ist, vgl.: *Sigurbjörnsson*, Island – im Nordlicht am Rande der modernen europäischen Rechtsentwicklung, in: Zeitschrift für Europäisches Privatrecht, 2000, S. 280.

2 So auch *Schulze* in: Ferid/Firsching/Dörner/Hausmann, Internationales Erbrecht, Band IV, Länderteil Island Rn 79.

2   Bezüglich unbeweglichen Vermögens erfolgt die Erbteilung grundsätzlich nach den Regeln desjenigen Landes, in dem die unbewegliche Sache belegen ist.³ Zu beachten ist, dass der Erwerb unbeweglicher Sachen in Island für Ausländer nur eingeschränkt möglich ist. Auch für den Eigentumserwerb durch Erbschaft benötigen Ausländer eine behördliche Genehmigung.⁴

3   Island ist nicht Vertragsstaat des Haager Testamentsformübereinkommens. Nach der im dänischen Recht geltenden Regel *locus regit actum* wird ein Testament jedoch auch dann als formgültig anerkannt, wenn es den Formerfordernissen des Staates entspricht, in dem es errichtet worden ist. Diese Regelung dürfte auch im isländischen Recht Anwendung finden.

4   Island ist jedoch Vertragsstaat der Nordischen Nachlasskonvention (*Nordisk Dødsbokonvention*) mit Dänemark, Schweden, Norwegen und Finnland. Unter den beteiligten Staaten werden bei grenzüberschreitenden Erbfällen die jeweiligen Vorschriften zur Nachlassregelung anerkannt.

B. Materielles Erbrecht

I. Gesetzliches Erbrecht

1. Verwandtenerbrecht

5   Das Erbrecht ist im Erbgesetzbuch vom 14. März 1962 (im Folgenden ErbG), zuletzt geändert durch Gesetz 126/2011, geregelt.⁵ Gesetzliche Erben erster Ordnung sind die Abkömmlinge des Erblassers. Kinder erben zu gleichen Teilen. Ist ein Kind vorverstorben, so treten dessen Abkömmlinge in die Erbfolge ein (Art. 2 ErbG). Nichteheliche Kinder und Adoptivkinder sind ehelichen bzw. leiblichen Kindern gleichgestellt. Wie im deutschen Recht auch hat eine Adoption den Abbruch der verwandtschaftlichen Beziehungen zu den leiblichen Eltern zur Folge (Art. 5 Abs. 2 ErbG). Ebenso sind bereits gezeugte und später lebend geborene Abkömmlinge erbberechtigt (Art. 21 ErbG).

6   Hinterlässt der Erblasser weder Abkömmlinge noch einen Ehepartner, sind die Eltern des Erblassers gesetzliche Erben zweiter Ordnung. Sie erben zu gleichen Teilen. Ist ein Elternteil vorverstorben, treten dessen Abkömmlinge entsprechend Art. 2 ErbG in die Erbfolge ein. Hat der vorverstorbene Elternteil keine Abkömmlinge, erhält der andere Elternteil dessen Anteil am Erbe (Art. 3 ErbG).

7   Erben dritter Ordnung sind die Großeltern väterlicher- und mütterlicherseits je zur Hälfte. Ist ein Großelternteil vorverstorben, treten dessen Abkömmlinge in die Erbfolge ein. Hat der vorverstorbene Großelternteil keine Abkömmlinge hinterlassen, erbt der andere Großelternteil dessen Anteil. Ist ein Großelternpaar vorverstorben und sind auch keine Ab-

---

3   *Schulze* in: Ferid/Firsching/Dörner/Hausmann, Internationales Erbrecht, Band IV, Länderteil Island Rn 70.

4   *Schulze* in: Ferid/Firsching/Dörner/Hausmann, Internationales Erbrecht, Band IV, Länderteil Island Rn 75.

5   Erfðalög 1962 nr. 8 14. mars, Eine deutsche Übersetzung einschließlich der späteren Änderungen bis zum Jahr 2011 (G 126/2011) findet sich bei *Ferid/Firsching/Dörner/Hausmann*, Internationales Erbrecht, Band IV, Länderteil Island; eine englische Übersetzung einschließlich der späteren Änderungen bis zum Jahr 2001 (G 174/2000) ist unter http://eng.innanrikisraduneyti.is/laws-and-regulations/nr/107 verfügbar.

kömmlinge mehr vorhanden, geht deren Erbteil in die andere Linie – also auf das andere Großelternpaar bzw. dessen Abkömmlinge – über (Art. 4 ErbG).

Hinterlässt der Erblasser keinerlei Erben im Sinne des Art. 1 ErbG, erbt der Staat (Art. 55 ErbG).

Sterben der Erblasser und sein Erbe, ohne dass festgestellt werden kann, wer zuerst verstorben ist, wird vermutet, dass beide gleichzeitig verstorben sind (Art. 22 ErbG).

2. Erbrecht des Ehegatten

Neben Abkömmlingen erbt der Ehegatte ein Drittel. Durch Änderung des Ehegesetzes wurde im Jahr 2010 die Ehe geschlechtsneutral ausgestaltet. Die Regelungen über die Ehe erstrecken sich seither auch auf alte registrierte Partnerschaften.[6] Hinterlässt der Erblasser keine Abkömmlinge, erhält der Ehegatte die gesamte Erbschaft (Art. 3 Abs. 1 ErbG).

Erbt der überlebende Ehegatte allein und stirbt ohne Abkömmlinge oder ohne einen späteren Ehepartner zu hinterlassen, so wird sein Nachlass unter seinen Erben und den Erben des vorverstorbenen Ehepartners hälftig geteilt, es sei denn er hat testamentarisch etwas anderes verfügt (Art. 6 Abs. 1 ErbG). Hat er selbst keine Erben, geht der Nachlass vollständig an die Erben des vorverstorbenen Ehegatten (Art. 6 Abs. 2 ErbG). Bei der Frage nach den Erben des vorverstorbenen Ehegatten ist auf den Zeitpunkt des Todes des überlebenden Ehegatten abzustellen. Das Erbrecht des Ehegatten erlischt durch Trennung, Scheidung oder gerichtliche Eheannullierung (Art. 26 ErbG).

3. Recht zur Fortsetzung der Gütergemeinschaft (óskipt bú)

Lebten die Ehegatten im gesetzlichen Güterstand der Gütergemeinschaft, hat der überlebende Ehegatte das Recht, nach dem Tod des Partners diese Gütergemeinschaft mit den gemeinsamen Kindern fortzusetzen (óskipt bú), es sei denn, der Erblasser hat dies testamentarisch ausgeschlossen (Art. 7 ErbG). Zum ungeteilten Gut gehören mit dem Tod des Ehegatten zum einen die Gegenstände, die schon während der Ehe zum Gesamtgut gehörten, zum anderen fällt – sofern dies durch Testament oder Ehevertrag angeordnet worden ist – auch vormaliges Sondergut des verstorbenen Ehegatten in das ungeteilte Gut.

Mit Stiefkindern kann die Gütergemeinschaft nur fortgesetzt werden, wenn diese (bzw. deren gesetzlicher Vertreter) zugestimmt haben oder der Erblasser die Möglichkeit der Fortsetzung der Gütergemeinschaft testamentarisch angeordnet hat (Art. 8 ErbG). Die Fortsetzung der Gütergemeinschaft muss nach Maßgabe des Art. 10 ErbG unverzüglich nach dem Tod des Ehegatten beim Nachlassgericht beantragt werden.

Die Fortsetzung der Gütergemeinschaft ist ausgeschlossen, wenn der überlebende Ehegatte insolvent ist oder sein Vermögen nicht ausreicht, um die Nachlassverbindlichkeiten zu decken (Art. 9 ErbG).

Setzt der überlebende Ehegatte die Gütergemeinschaft fort, erhält er die Stellung eines Eigentümers. Ähnlich wie bei befreiter Vorerbschaft nach deutschem Recht kann er grundsätzlich frei über das Vermögen verfügen. Bei Missbrauch der Verfügungsmacht können die Erben jedoch nach Art. 15 ErbG die Teilung verlangen.

Der überlebende Ehegatte kann jederzeit die Teilung verlangen (Art. 13 Abs. 1). Im Übrigen erfolgt die Teilung nach dem Tod des überlebenden Ehegatten oder dessen Wiederheirat

---

6 Hjúskaparlög 1993 nr. 31 14. apríl.

(Art. 13 Abs. 2, 16 ErbG). Wird die Gütergemeinschaft mit minderjährigen Stiefkindern fortgesetzt, können diese bei Eintritt der Volljährigkeit die Teilung verlangen (Art. 14). Wird die Gütergemeinschaft nach dem Tod des überlebenden Ehegatten auseinandergesetzt, erfolgt die Teilung nach Maßgabe des Art. 19 ErbG.

4. Erbunwürdigkeit

16　Erbunwürdigkeitsgründe sind schwere Straftaten gegenüber dem Erblasser, die Nötigung zu einer testamentarischen Verfügung bzw. Aufhebung einer solchen und die Zerstörung, Veränderung oder Unterschlagung einer testamentarischen Verfügung (Art. 23–25 ErbG).

II. Testamentarische Erbfolge

1. Ordentliches Testament

17　Testierfähig ist man ab dem Alter von 18 Jahren oder wenn man verheiratet ist, vorausgesetzt man ist geistig in der Lage, derartige Verfügungen vernünftig zu treffen (Art. 34 ErbG). Ein Ehegatte, der nach dem Tod des Partners die Gütergemeinschaft fortgesetzt hat, darf nur über seinen Anteil am Gesamtgut testamentarisch verfügen (Art. 20 ErbG).

18　Das Testament ist schriftlich zu errichten und von dem Testator sowie zwei Zeugen oder einem Notar zu unterschreiben (Art. 40 Abs. 1 ErbG). Die Zeugen müssen mindestens 18 Jahre alt, zuverlässig und geistig gesund sein. Nicht als Zeuge fungieren dürfen Ehegatten, Verwandte und Verschwägerte in absteigender Linie sowie Geschwister (Art. 41 Abs. 1 ErbG). Ebenso ist als Zeuge ausgeschlossen, wer selbst, dessen Verwandter, Ehegatte oder Arbeitgeber ein wesentliches Interesse an der testamentarischen Verfügungen hat (Art. 41 Abs. 2 ErbG).

19　Die Zeugen sollen auf dem Testament einen Vermerk darüber anbringen, dass sie als Zeugen fungiert haben, der Testator das Testament in ihrer Gegenwart unterzeichnet hat und dass ihnen bewusst war, dass es sich um ein Testament handelt. Das Testament soll außerdem einen Vermerk über die Testierfähigkeit des Testators enthalten, sowie gegebenenfalls weitere relevante Informationen. Das Testament muss von den Zeugen unterschrieben werden. Auch sollen sie Datum, Ort und Uhrzeit der Testamentserrichtung sowie ihre Adresse vermerken (Art. 42 ErbG).

In derselben Art und Weise kann ein Testament auch vor einem Notar errichtet werden (Art. 43 ErbG).

20　Entspricht die Testamentserrichtung nicht den Formvorschriften und will ein Erbe das Testament für nichtig erklären lassen, so müssen sich diejenigen Erben, die sich auf die testamentarischen Verfügungen berufen, die Gültigkeit des Testaments nachweisen (Art. 45 ErbG). Entspricht die Testamentserrichtung den Formvorschriften, so gilt das Testament gem. Art. 46 ErbG als gültig, es sei denn, es wird das Gegenteil bewiesen.

2. Nottestament

21　Bei plötzlicher schwerer Krankheit des Testators oder wenn sich der Testator in ernster Gefahr befindet, kann ein Testament auch mündlich vor zwei Zeugen oder einem Notar errichtet werden. Die Zeugen bzw. der Notar müssen so schnell wie möglich eine Niederschrift verfassen und unterschreiben. Soweit möglich sollen die Formvorschriften für ein ordentliches Testament beachtet werden. Ein Nottestament wird vier Wochen, nachdem der Testator wieder in der Lage ist ein ordentliches Testament zu errichten, ungültig.

Painter

3. Gemeinschaftliche Testamente

Das isländische Erbgesetzbuch enthält keine Sondervorschriften für die Errichtung von gemeinschaftlichen Testamenten. Aus Art. 48 Abs. 2 ErbG lässt sich jedoch herauslesen, dass sowohl gemeinschaftliche als auch gegenseitige Testamente zulässig sind. Die Vorschrift enthält eine Regelung zum Widerruf gemeinschaftlicher oder gegenseitiger Testamente. Da das isländische Erbrecht stark an das dänische Recht angelehnt ist, ist davon auszugehen, dass wie im dänischen Recht nicht nur Ehegatten, sondern auch andere Personen (wie etwa Geschwister) ein gemeinschaftliches Testament errichten können.[7] Für die Errichtung gelten dieselben Vorschriften wie für ein Einzeltestament.

4. Änderung oder Widerruf von Testamenten

Änderungen können nach den Formvorschriften für die Errichtung eines Testaments vorgenommen werden. Ein Widerruf muss von dem Testator unmissverständlich erklärt werden (Art. 48 ErbG). Der Widerruf eines gemeinschaftlichen Testaments muss dem anderen Testator zugehen, um wirksam zu sein (Art. 48 Abs. 2 ErbG).

5. Auslegung von Testamenten

Ein Testament ist ungültig, wenn der Testator zu der Verfügung gezwungen wurde oder die Verfügung auf Betrug oder Ausnutzung beruht. Ist ein Schreib- oder Tippfehler oder ein anderer Fehler ersichtlich, soll die betreffende Verfügung entsprechend dem tatsächlichen Willen des Testators ausgeführt werden (Art. 37 ErbG). Beruht die Verfügung auf einem Irrtum des Testators, ist die Verfügung nur dann unwirksam, wenn der Irrtum für die Verfügung entscheidend war (Art. 38 ErbG).

Setzt der Testator zwei oder mehr Erben ein, ohne deren Anteil am Nachlass festzulegen, erben alle zu gleichen Teilen (Art. 53 ErbG).

III. Pflichtteilsrecht

Hinterlässt der Erblasser einen Ehegatten oder Abkömmlinge, darf er nur über ein Drittel seines Vermögens testamentarisch verfügen. Zwei Drittel des Nachlasses sind pflichtteilsgebunden (Art. 35 ErbG). Der Erblasser kann testamentarisch verfügen, dass einem Pflichtteilsberechtigten bestimmte Vermögensgegenstände zukommen sollen, vorausgesetzt, deren Wert übersteigt den Pflichtteil des Berechtigten nicht (Art. 36 ErbG). Ist zu befürchten, dass ein Pflichtteilsberechtigter seinen Anteil vergeudet, kann der Erblasser ihm testamentarisch Beschränkungen auferlegen (Art. 50 ErbG). Das Pflichtteilsrecht ist als Noterbrecht ausgestaltet, es gewährt dem Pflichtteilsberechtigten also eine Erbenstellung.

IV. Erbverträge

Gemäß Art. 28 ErbG kann ein Erbe durch Vertrag mit dem Erblasser auf sein Erbrecht verzichten. Ein solcher Vertrag bindet auch die Abkömmlinge des Verzichtenden. Der Erblasser kann sich durch Erklärung gegenüber den Erben oder anderen Personen dazu verpflichten, kein Testament zu errichten, ein Testament zu widerrufen oder ein Testament

---

[7] Vgl. auch DNotI, Gutachten Nr. 111008, Island: Errichtung eines gemeinschaftlichen Testaments mit einem isländischen Ehemann.

zu ändern (Art. 49 ErbG). Erforderlich sind die Testierfähigkeit des Erblassers sowie die Einhaltung der Formvorschriften für Testamente.

V. Schenkungen von Todes wegen

27 Die Vorschriften für Testamente finden gem. Art. 54 ErbG auch Anwendung auf Schenkungen von Todes wegen. Im Übrigen sind die allgemeinen schuldrechtlichen Regelungen für Schenkungen anwendbar.[8]

VI. Vorschenkungen

28 Vorschenkungen sind gemäß Art. 29 bis 33 ErbG auf den Erbteil anzurechnen. Haben sich Ehegatten gegenseitig zu Alleinerben eingesetzt und den Kindern Vorschenkungen gewährt, so werden diese gemäß Art. 29 ErbG vorrangig auf das Erbe nach dem zuerst verstorbenen Ehegatten angerechnet.

C. Erbverfahrensrecht

29 Die Erbauseinandersetzung ist geregelt im Gesetz über die Teilung des Nachlasses (im Folgenden ErbTG).[9] Die Erbauseinandersetzung erfolgt grundsätzlich nach isländischem Recht, wenn der Erblasser seinen letzten Wohnsitz oder gewöhnlichen Aufenthalt in Island hatte (Art. 1 ErbTG). Auch wird die Teilung nach isländischem Recht durchgeführt, wenn der Nachlass eines isländischen Staatsangehörigen ohne Wohnsitz in Island nicht in einem anderen Staat geteilt wird. Darüber hinaus wird die internationale Zuständigkeit durch den tatsächlichen Aufenthalt oder Sterbeort in Island begründet.[10]

30 Der Regelfall ist das öffentliche Teilungsverfahren durch den Bezirksverwalter. Ein vom Bezirksverwalter bestellter Teilungsbeauftragter erstellt ein Nachlassverzeichnis, sorgt für die Begleichung der Nachlassverbindlichkeiten und kehrt den Nachlass entsprechend der Erbquoten an die Erben aus. Reicht der Nachlass zur Deckung der Verbindlichkeiten nicht aus, geht das Verfahren in ein Insolvenzverfahren über.[11]

31 Nach Art. 28 ErbTG können die Erben jedoch die private Teilung beantragen. Voraussetzung dafür ist, dass die private Teilung nicht durch Testament ausgeschlossen worden ist und das jeweilige Erbrecht nachgewiesen ist. Außerdem müssen die Erben die Haftung für die Nachlassverbindlichkeiten übernehmen.

D. Erbschaftsteuerrecht

32 Ein Doppelbesteuerungsabkommen zwischen Deutschland und Island hinsichtlich der Erbschaftsteuer besteht nicht. War der Erblasser in Island ansässig, besteht unbeschränkte

---

8 *Schulze* in: Ferid/Firsching/Dörner/Hausmann Internationales Erbrecht, Band IV, Länderteil Island Rn 156.
9 Lög um skipti á dánarbúum o.fl., 1991 nr. 20 23. mars.
10 *Schulze* in: Ferid/Firsching/Dörner/Hausmann, Internationales Erbrecht, Band IV, Länderteil Island Rn 89.
11 *Schulze* in: Ferid/Firsching/Dörner/Hausmann, Internationales Erbrecht, Band IV, Länderteil Island Rn 153.

Erbschaftsteuerpflicht. Erhoben wird Erbschaftsteuer auf den Erwerb jedes einzelnen Erben. Steuerbefreit sind Ehepartner, nichteheliche Lebenspartner und karitative Organisationen. Der Erwerb wird grundsätzlich nach dem Verkehrswert bewertet, Ausnahmen bestehen für Immobilien. Schulden können als Nachlassverbindlichkeiten abgezogen werden. Bis zu 1,5 Mio. ISK ist der Erwerb steuerfrei.[12]

Weitere Informationen und Materialien, wie z.B. Muster, Formulare, amtliche Texte und Internetadressen, befinden sich auf der beiliegenden CD-ROM.

---

12 *Schulze* in: Ferid/Firsching/Dörner/Hausmann, Internationales Erbrecht, Band IV, Länderteil Island Rn 157. *Jülicher* in: Troll/Gebel/Jülicher, § 21 ErbStG Rn 104 (Stand 2012).

Italien

Prof. Dr. Maria Giovanna Cubeddu Wiedemann, Universität Triest
Dr. Anton Wiedemann, Nabburg

Inhalt

A. Rechtsanwendung im Erbrecht	1
I. Die EU-Erbrechtsverordnung	1
1. Überblick	1
2. Anknüpfung an den gewöhnlichen Aufenthalt	4
3. Intertemporale Wirkung der EU-ErbVO	8
II. Bisheriges Kollisionsrecht (Erbfälle bis 16.8.2015)	14
III. Geltungsbereich	19
IV. Möglichkeiten der Rechtswahl	20
1. Rechtswahl nach der EU-ErbVO	20
2. Bisherige Rechtswahlmöglichkeiten (Erbfälle bis 16.8.2015)	22
a) Rechtswahl nach Art. 25 Abs. 2 EGBGB	23
b) Rechtswahl nach Art. 46 Abs. 2 it. IPRG	25
3. Schranken der Rechtswahl	31
4. Ordre public	33
a) Allgemeines	33
b) Ordre public und Pflichtteilsrecht	35
c) Ordre public und sonstige sachrechtliche Verbote	39
V. Anknüpfung von Vorfragen	44
1. Allgemeines	44
2. Abstammung	45
3. Güterrechtsstatut	48
VI. Besonderheiten bei testamentarischer Erbfolge	50
1. Testierfähigkeit	50
2. Testamentsform	51
3. Insbesondere: Qualifizierung von gemeinschaftlichem Testament und Erbvertrag	53
VII. Auf die Nachlassabwicklung anwendbares Recht	57
VIII. Erbschein/Europäisches Nachlasszeugnis	64
B. Materielles Erbrecht	65
I. Grundsätze des italienischen Erbrechts	65
II. Gesetzliche Erbfolge	66
1. Allgemeines	66
2. Gesetzliches Erbrecht des Ehegatten	67
3. Verwandtenerbfolge	71
a) Erbordnungen, Linearsystem, Repräsentationsprinzip	71
b) Abkömmlinge	73
c) Aszendenten und Geschwister	76
d) Weitere Verwandte bis zum sechsten Grad	81
e) Der Staat als Erbe	82
4. Einfluss des Güterrechts auf die Erbfolge	84
III. Testamentarische Erbfolge	85
1. Testamentsformen	85
2. Testamentsregister	91
3. Höchstpersönlichkeit und Widerruflichkeit des Testaments	92
4. Testamentswiderruf	95
5. Erbeinsetzung	96
6. Vermächtnis (legato)	99
7. Teilungsanordnungen und Vorausteilungen	104
8. Bedingungen, Fristen, Auflagen	105
9. Ersatzerbschaft	109
10. Vor- und Nacherbschaft	112
11. Testamentsvollstreckung	116
12. Sonstige Anordnungen	120
IV. Pflichtteilsrecht	121
1. Rechtsnatur und Pflichtteilsberechtigte	121
2. Pflichtteilsquote	122
3. Weitere Pflichtteilsrechte oder Noterbrechte	127
a) Sondererbfolgen	127
b) Andere Ansprüche (v.a. Rente)	130
aa) Allgemeines	130
bb) Ehegatte	131
cc) Kinder	133
4. Umfang des Pflichtteilsrechts	135
5. Durchsetzung des Pflichtteilsrechts	137
a) Allgemeines	137
b) Minderung der testamentarischen Zuwendungen	140
c) Minderung der lebzeitigen Schenkungen	141
d) Herausgabeklage gegen die Empfänger der Zuwendung	143
e) Herausgabeklage gegen Dritterwerber	145
6. Il legato in luogo di legittima – Il legato in conto di legittima	148
7. Die cautela sociniana	151
8. Erb- und Pflichtteilsverzicht	153
9. Pflichtteilsentziehung	154
10. Ausschluss von Erbfolge	155
V. Güterrecht	156
VI. Vertragliche Erbfolge (Möglichkeit bindender Verfügungen)	159
VII. Patto di famiglia	163
VIII. Wege der Nachlassregelung außerhalb des Erbrechts	175
1. Schenkung von Todes wegen	175
2. Postmortale Vollmacht	180
3. Bankverfügungen, gemeinschaftliche Bankdepots	183
4. Stiftungen, Società fiduciarie, Trust, Atti di destinazione	186
5. Gesellschaftsrechtliche Gestaltungen	194

      a) Gestaltungen bei Personengesellschaften 195
      b) Gestaltungen bei Kapitalgesellschaften 198
      c) Die EU-Erbrechtsverordnung ... 202
    6. Ergebnis 205
  IX. Nachlassabwicklung – Erbschaftserwerb 207
    1. Allgemeines 207
    2. Annahme der Erbschaft 211
      a) Allgemeines 211
      b) Annahme unter Vorbehalt der Inventarerrichtung 213
      c) Vorbehaltslose Annahme der Erbschaft 216
      d) Abgabe der Annahmeerklärung .. 218
    3. Ausschlagung der Erbschaft 222
    4. Haftung der Erben 227
    5. Die Vermögenssonderung 231
  X. Die Teilung 233
    1. Allgemeines 233
    2. Struktur der Erbengemeinschaft ... 234
    3. Durchführung der Teilung 239
    4. Grundzüge der Kollation 241
  XI. Probleme bei der Vererbung bestimmter Rechte von und an Ausländer 243

C. Erbverfahrensrecht 244
  I. Nachweis der Erbeneigenschaft 244
  II. Abwicklung von in Italien belegenem Nachlass 248
    1. Vorliegen eines Testaments 249
    2. Nachlass mit Immobilien 253
    3. Erbschaftsregister 259
    4. Erbschein/Europäisches Nachlasszeugnis 261
    5. Sonstiges 263
  III. Anerkennung deutscher Erbscheine; Europäisches Nachlasszeugnis 265
  IV. Zivilverfahren 268
  V. Besonderheiten im deutschen Nachlassverfahren bei einem italienischen Erblasser 271
D. Besteuerung der Erbfolge 275
  I. System der Erbschaftsteuer 275
  II. Umfang der Steuerpflicht 276
  III. Bewertung des Nachlasses 282
  IV. Steuerklassen, Steuertarif, Freibeträge ... 288
  V. Erbschaftsteuererklärung, Festsetzung, Erhebung 293
  VI. Doppelbesteuerungsabkommen 297
  VII. Weitere im Rahmen der Erbfolge anfallende Steuern 302

Literatur

Deutschsprachige Literatur

Castelli, Länderbericht Italien: Wiedereinführung der Erbschaft- und Schenkungsteuer, ZEV 2007, 218; *Castelli/Molinari*, Die familieneinvernehmliche Unternehmensübertragung an Abkömmlinge als Entziehung der Ansprüche der Pflichtteilsberechtigten: der patto di famiglia im italienischen Recht, ZErb 2007, 367; *Conci/Psaiser*, Die Wiedereinführung der Erbschaft- und Schenkungsteuer in Italien – Eine Übersicht, ZEV 2007, 420; *v. Daumiller*, Die Rechtswahl im italienischen internationalen Erbrecht, 2003; *Ebenroth/Kleiser*, Das Internationale Erbrecht in Italien und seine Reform, RIW 1993, 353–364; *Eccher/Schurr/Christandl*, Handbuch: Italienisches Zivilrecht, 2009; *Engbers*, Deutsch-italienische Erbfälle – Nachlassplanung, Nachlassabwicklung, 2002; *Frank*, Feriendomizil in Italien: Abschaffung der Erbschaftsteuer führt zu Steuervorteilen, PISTB 2002, 106; *Frank*, Zivilrechtliche und steuerrechtliche Fragen des Erwerbs, des Verkaufs und der Vererbung von Immobilien in Italien, IWB Fach 5 Gruppe 2 S. 503 (Teil I) und S. 517 (Teil II), 2003; *Frank*, Italien, in: Burandt/Rojahn (Hrsg.), Erbrecht, 2. Aufl. 2014; *Gabrielli*, Familienbeziehungen und Testierfreiheit in der Erbfolge nach italienischem Recht, in: Henrich/Schwab (Hrsg.), Familienerbrecht und Testierfreiheit im europäischen Vergleich, 2001, S. 125–146; *Gabrielli*, Die Schwächung der Rechte der Pflichtteilsberechtigten durch eine aktuelle Reform im italienischen Recht, FamRZ 2005, 1626; *Grundmann*, Zur Errichtung eines gemeinschaftlichen Testaments durch italienische Ehegatten in Deutschland, IPRax 1986, 94–96; *Grundmann/Zaccaria* (Hrsg.), Einführung in das italienische Recht, 2007; *Haas*, in: Bengel/Reimann, Handbuch der Testamentsvollstreckung, 5. Aufl. 2013, Kap. 9 Rn 192–215; *Hausmann*, Rechtliche Probleme bei der Errichtung letztwilliger Verfügungen durch italienische Staatsangehörige vor deutschen Notaren, JbItalR 15/16 (2002) 173–205; *Hausmann/Trabucchi*, Italien (Stand: 1.2.2014), in: Ferid/Firsching/Dörner/Hausmann, Internationales Erbrecht; *Henrich*, Italien (Stand 10.11.2014), in: Bergmann/Ferid/Henrich, Internationales Familienrecht; *Jayme*, Die Beteiligung des Pflichterben am Nachlass: Herabsetzungs- und Auskunftsklage sowie Inventarerrichtung nach italienischem Erbrecht vor deutschen Gerichten, JbItalR 12 (1999) 177–184; *Kindler*, Internationale Zuständigkeit und anwendbares Recht im italienischen IPR-Gesetz von 1995, RabelsZ 61 (1997), 227–284; *Kindler*, Einführung in das italienische Recht, 2. Aufl. 2008; *Kratzer*, Die vorweggenommene Erbfolge in Deutschland und Italien unter besonderer Berücksichtigung des Familienvertrages (patto di famiglia), 2009; *v. Lutterotti*, Die Miteigentumsgemeinschaft und deren Teilung im italienischen Rechtssystem aus der Sicht der notariellenPraxis, in: FS Schippel 1996, S. 933; *Mansel/Stürner*, Zur Auslegung eines Testaments nach italienischem Recht, JbItalR 20 (2007), 235; *Padovini,* Die gesetzliche Erbfolge und die Testierfreiheit im italienischen Recht, ZfRV 2002, 207; *Padovini,* Der Familienvertrag („patto di famiglia"), ZfRV 2008, 42; *Patti* (Hrsg.), Italienisches Zivilgesetzbuch, Codice civile, 2007; *Pocar,* Das neue italienische Internationale Privatrecht, IPRax 1997, 145; *Priemer,* Das italienische Internationale Privatrecht nach seiner Reform – Insbesondere zum Recht der Allgemeinen Ehewirkungen, Güterrecht, Erbrecht, MittRhNotK 2000, 45–61; *Rauscher,* Fristen der „accettazione dell'eredità", DNotZ 1985, 204–211; *Rauscher/Scheuer,* Entwicklungen im italienischen Erbrecht, JbItalR 8 (1995) 59–82; *Reiß,* Das Pflichtteilsrecht nach italienischem Recht, ZEW 2005, 148; *Reiß,* Internationales Erbrecht Italien – deutsch-italienische Erbfälle, 3. Aufl. 2014; *Salaris,* Grundzüge und Besonderheiten des italienischen Erbrechts, ZEV 1995, 240–244; *Schleifenbaum,* Die Auseinandersetzung der Erbengemeinschaft in Italien, 1999; *Schlesinger,* Grenzen und Reformperspektiven des italienischen Erbrechts, JbItalR 13 (2000), 55; *Schurr,* Erbfolge bei Personengesellschaften in der aktuellen italienischen Rechtsprechung – Interessenkollisionen und Gestaltungsmöglichkeiten, JbItalR 13 (2000), 233; *Sprengel,* Die Besteuerung deutsch-italienischer Erb- und Schenkungsfälle, 2001; *Süß,* Einige Besonderheiten bei der Beerbung von Italienern, ZErb 2000, 50–53.

Literatur in italienischer Sprache

AA. VV., Famiglia e successioni. Liber amicorum per Dieter Henrich, I, II, 2012; *AA. VV.* La trasmissione familiare della ricchezza, 1995; *Albanese,* Delle successioni legittime. Artt. 565–586 (Comm. Schlesinger), 2012; *Addis,* Il legato di rendita, Fam. Pers. Succ. 2012, 5; *Albanese,* L'amministrazione del coerede come gestione di affari altrui, Fam. Pers. Succ. 2006, 802 ff.; *Al Mureden,* Famiglie che si sovrappongono nel tempo e successione necessaria, Giur. it. 2012, 8; *Amadio,* Profili funzionali del patto di famiglia, Riv. dir. civ. 2007, 345; *Anceschi,* La famiglia nel diritto internazionale privato, 2010; *Azara,* Le disposizioni testamentarie sull'acquisto dell'eredità e del legato e sulla rinunzia all'eredità e al legato, Fam. Pers. Succ. 2012, 7; *Azzariti,* Successione dei legittimari e succesione dei legittimi, 2. Aufl., 1989; *Azzariti/Martinez/Azzariti,* Successioni per causa di morte e donazioni, 7. Aufl., 1979; *Balestra/Di Marzio* (a cura di), Successioni e donazioni[2], 2014; *Ballarino,* Diritto internazionale privato, 7. Aufl., 2011; *Barba,* Il legato di fideiussione, Fam. Pers. Succ. 2011, 6; *Barba,* Disposizioni testamentarie costitutive, modificative ed estintive di rapporto obbligatorio, Fam. Pers. Succ. 2012, 1; *Barba,* La successione mortis causa dei figli naturali dal 1942 al disegno di legge recante «Disposizioni in materia di riconoscimento dei figli naturali», Fam. Pers. Succ. 2012, 10; *Barel/Armellini,* Diritto internazionale privato, 2014, 195 ff.; *Bartoli/Muritano/Romano,* Trust e atto di destinazione nelle successioni e donazioni, 2014; *Benni De Sena,* Legato e successione del contratto di locazione, Nuova Giur. Civ. Comm., 2014, 3; *Bevivino,* Il patto di famiglia: fra negozio e procedimento, Giust. civ. 2010, 217; *C. M. Bianca,* Diritto civile, 2.1, La famiglia, 5. Aufl., 2014; *C. M. Bianca,* Diritto civile, 2.2, Le successioni, 5. Aufl., 2015; *M. Bianca,* L'atto di destinazione: problemi applicativi, Riv. not. 2006, 1175; *Bonilini,* La capacità di testare e di donare del beneficiario dell'amministrazione di sostegno, Fam. pers. succ. 2005, 9; *Bonolini/Confortini,* Codice commentato delle successioni e delle donazioni (I codici ipertestuali), 2011; *Capozzi,* Successioni e donazioni, 3. Aufl., 2009; *Cian/Trabucchi,* Commentario breve al codice civile, 11. Aufl., 2014; *Confortini/Bonilini/Mariconda* (a cura di), Codice delle successioni e donazioni, 2014; *Conetti/Tonolo/Vismara,* Manuale di diritto internazionale privato, 2013; *Cubeddu,* La casa familiare, 2005; *Cubeddu/Patti,* Diritto della famiglia, 2011; *Dal Ri,* Il (pre)legato in conto di quota ereditaria: analisi del rapporto giuridico unisoggettivo, Riv. notariato 2013, 309; *Damaschelli,* Diritto internazionale privato delle successioni a causa di morte, 2013; *Delle Monache,* Tutela dei legittimari e limiti nuovi all'opponibilità della riduzione nei confronti degli aventi causa dal donatario, Riv. not. 2006, 305; *Ferri,* Disposizioni generali sulle successioni (artt. 456–511), in: Scialoja/Branca (Hrsg.), Commentario al codice civile, 3. Aufl., 1997; *Ferri,* Dei legittimari, in: Scialoja/Branca (Hrsg.), Commentario al codice civile, 2. Aufl., 1981; *Franzina/Leandro,* Il diritto internazionale privato europeo delle successioni mortis causa, 2013; *Gabrielli,* Dei legittimari, in: Cian/Oppo/Trabucchi (Hrsg.), Commentario al diritto italiano della famiglia, V, 1992; *Gabrielli,* Tutela dei legittimari e tutela degli aventi causa dal beneficiario di donazione lesiva: una riforma attesa, ma timida, Studium juris 2005, 1129; *Gabrielli,* Vincoli di destinazione importanti separazione patrimoniale e pubblicità nei registri immobiliari, Riv. dir. civ. 2007, 320; *Genghini/Carbone,* Le successioni per causa di morte (Manuali notarili, vol. 4), 2012; *Lucchini Guastalla,* Gli strumenti negoziali di trasmissione della ricchezza familiare: dalla donazione si praemoriar al patto di famiglia, Riv. dir. civ. 2007, 303; *Malavasi,* L'amnistrazione di sostegno: le linee di fondo, Notariato 2004, 319; *Martino,* Acquisto a titolo originario e acquisto a titolo derivativo alla luce della disciplina dell'apparenza ereditaria, Riv. trim. dir. proc. civ. 2010, 1135; *Mengoni*, Successione per causa di morte. Successione necessaria, in: Cicu/Messineo (Hrsg.), Trattato di diritto civile e commerciale, 6. Aufl., 1999; *Moscati*, Rapporti di convivenza e diritto successorio, Rivista del Notariato 2014, 173; *Pacia*, Validità del testamento di contenuto meramente diseredativo, Riv. dir. civ. 2014, 2; *Padovini*, Il certificato successorio europeo, Europa e dir. priv. 2013, 729; *Palazzo*, Le successioni, in: Iudica/Zatti (Hrsg.), Trattato di diritto privato, I, II, 2. Aufl., 2000; *Patti*, Note sul pagamento dei debiti ereditari: la disciplina italiana a confronto con alcuni modelli europei, Famiglia, 2006, 1090 ss.; *Patti*, Il testamento olografo nell'era digitale, Riv. dir. civ. 2014, 5; *Perlingieri*, Heredis institutio ex certa re, acquisto di beni non contemplati nel testamento e l'art. 686 c.c., Riv. trim. dir. proc. civ. 2011, 459; *Petrelli*, La nuova disciplina del „patto di famiglia", in: Riv. not. 2006, 4001 ss.; *Petrelli*, La trascrizione degli atti di destinazione, Riv. dir. civ. 2006, I, 61 ff.; *Petrelli* (a cura di), Formulario notarile commentato vol. 7 – Successioni e donazioni. Le successioni per causa di morte, 2011; *Rescigno*, Le possibili riforme del diritto ereditario, Giur. it. 2012, 8–9; *Russo*, Patto di famiglia e azienda agricola, Riv. dir. civ. 2007, 323; *Scaglione*, I negozi successori anticipatori, Riv. notariato 2012, 347; *Sesta*, Il problema della retroattività della disciplina successoria, Giur. it. 2014, 5; *Spelta*, La parificazione dello status giuridico dei figli: una valutazione dei diritti successori alla luce delle esperienze europee. Le disposizioni transitorie, Nuova Giur. Civ. Comm. 2014, 10; *Tamponi*, Come cambia il diritto successorio, Giur. it. 2012, 10; *Tassinari*, Il patto di famiglia per l'impresa e la tutela dei legittimari, Giur. comm., 2006, I, 808; *Tonolo*, Principio di uguaglianza e operatività di norme di conflitto in tema successione, Riv. dir. internaz. 2012, 1056; *Torroni*, La reintegrazione della quota riservata ai legittimari nell'impianto del codice civile, Giur. it. 2012, 8–9; *Venosta*, Le successioni, II – La divisione (Tratt. Sacco), 2014; *Vitucci*, Tutela dei legittimari e circolazione dei beni acquistati a titolo gratuito, Riv. dir. civ. 2006, I, 555 ff.; *Zanobetti-Pagnetti/Davi'*, Il nuovo diritto internazionale privato europeo delle successioni, Giappichelli, 2014; *Zoppini*, Profili sistematici della successione „anticipata" (note sul patto di famiglia, Riv. dir. civ. 2007, 273 ss.

A. Rechtsanwendung im Erbrecht

I. Die EU-Erbrechtsverordnung

1. Überblick

1 Für die Rechtsnachfolge ist in Italien künftig die am 4.7.2012 verabschiedete EU-ErbVO einschlägig, die gem. Art. 84 Abs. 2 EU-ErbVO im Wesentlichen ab 17.8.2015 in Kraft tritt und ab diesem Zeitpunkt die bisherigen autonomen Kollisionsnormen in deutsch-italienischen Erbfällen (Art. 25, 26 EGBGB bzw. Art. 46 ff. des Gesetzes Nr. 218 vom 31.5.1995, in Kraft getreten am 1.9.1995 – it. IPRG) verdrängt. Sie gilt nach der Übergangsregelung des Art. 83 Abs. 1 EU-ErbVO nur für **Erbfälle ab 17.8.2015**, entfaltet aber gem. Art. 83 Abs. 2 und 3 EU-ErbVO auch davor bereits gewisse Wirkungen im Hinblick auf eine vor dem 17.8.2015 getroffene Rechtswahl und auf die Wirksamkeit einer vor dem 17.8.2015 errichteten Verfügung von Todes wegen.

2 Die Einführung der EU-ErbVO bringt für das italienische internationale Privatrecht einiges Neues. Insbesondere verschiebt sich das Regel-Ausnahme-Verhältnis. War bislang die Anknüpfung an die Staatsangehörigkeit die Regel und die Wahl des Wohnsitzes nur durch Rechtswahl möglich, knüpft die EU-ErbVO nun an den **gewöhnlichen Aufenthalt** an. Nach ersten Stimmen in der Literatur ersetzt die EU-ErbVO die bisherige Regelung der

Art. 46–50 it. IPRG komplett.¹ Jedenfalls ist, solange das IPRG nicht angepasst wird, von einer Priorität der EU-ErbVO auszugehen.²

Die EU-ErbVO betont den **Grundsatz der Nachlasseinheit**, den das italienische Recht bereits vertritt. Wichtig ist, dass der Erblasser in einer Verfügung von Todes wegen **keine Gerichtsstandvereinbarung** treffen kann. Der an sich gewünschte Gleichlauf von gerichtlicher Zuständigkeit und anwendbarem Recht lässt sich also bei Rechtswahl des Rechts der Staatsangehörigkeit nicht immer gewährleisten, soweit nicht Art. 5, 6 und 7 EU-ErbVO eingreifen.

2. Anknüpfung an den gewöhnlichen Aufenthalt

Da aus italienischer Sicht der Begriff der *residenza* ebenfalls auf den gewöhnlichen Aufenthaltsort Bezug nimmt, ergeben sich insoweit grundsätzlich keine Auslegungs- und Anpassungsprobleme, wenn auch der Begriff autonom auszulegen ist.

Definiert wird die *„residenza"* im *Codice civile* als „Ort, an dem die Person ihren gewöhnlichen Aufenthalt hat" (Art. 43 Abs. 2 c.c.). Zwar reicht nach italienischem Recht als Beweis für die *„residenza"* in Italien der förmliche Akt der Anmeldung aus.³ Allerdings stellt die Anmeldung in einem *Registro dell'Anagrafe* in Italien eine einfache Vermutung (sog. *presunzione semplice*) dar. Ein abweichender tatsächlicher gewöhnlicher Aufenthalt kann mit jedem Mittel bewiesen werden; entscheidend ist die umfassende Würdigung der Lebensumstände des Erblassers: Dauer und Regelmäßigkeit des Aufenthalts sowie die besonders enge und feste Bindung zum betreffenden Staat.⁴

Die autonome Auslegung des Begriffs „gewöhnlicher Aufenthalt" nach den Begründungen 23 und 24 EU-ErbVO wird sicher viele Jahre der Klärung in Anspruch nehmen. Die bereits viel diskutierten Fälle der Grenzpendler, Manager, Studenten, Diplomaten und Pflegefälle sind bekannt. Der Verweis von Art. 21 EU-ErbVO auf das Recht des Staates, mit dem der Erblasser die engsten Verbindungen hatte, lässt subjektive Elemente bei der Feststellung des gewöhnlichen Aufenthalts eher in den Hintergrund treten.⁵

Die Anknüpfung an den gewöhnlichen Aufenthalt hilft, Abgrenzungs- und Koordinationsprobleme zwischen Erbstatut und deutschem Güterrechts- bzw. Sachstatut sowie im Rahmen der Nachlassabwicklung zwischen dem italienischen Erbstatut und dem deutschen Verfahrensrecht zu vermeiden.

---

1 *Franzina*, in: Franzina/Leandro, NLCC 2013, 275. Siehe auch *Ferretti*, Regolamento (UE) n. 650/2012 in materia di successioni, Contratto e impr./Europa 2013, 450; *Bonomi*, Prime considerazioni sulla proposta di regolamento sulle successioni, Riv. int. dir. priv. proc. 2010, 875.
2 Von einer Priorität spricht *Tonolo*, in: Conetti/Tonolo/Vismara, 2013, S. 235.
3 *Priemer*, MittRhNotK 2000, 45, 47 m.w.N.
4 So Consiglio di Stato, 9 November 2011, n. 5918, juris data. Zuletzt Cass., 5811/15. Relevant wird in der Zukunft auch die neue Formulierung von Art. 316 Abs. 1 S. 1 c.c., wonach die Eltern den gewöhnlichen Aufenthalt der Kinder gemeinsam zu bestimmen haben. Das deutet darauf hin, dass nicht nur ein Konsens beider Eltern, sondern auch ein rechtsgeschäftlicher Wille notwendig ist, um den gewöhnlichen Aufenthalt eines Minderjährigen zu begründen.
5 *Damascelli*, in: Franzina/Leandro, Il diritto internazionale privato europeo delle successioni mortis causa, 2013, S. 87, 95.

3. Intertemporale Wirkung der EU-ErbVO

8 Von Bedeutung ist die intertemporale Wirkung der EU-ErbVO.[6] Zunächst gilt eine frühere Rechtswahl fort (Art. 83 EU-ErbVO). Dies gilt auch für eine gegenständlich beschränkte Rechtswahl nach Art. 25 Abs. 2 EGBGB.

9 **Beispiel:** Ein it. Staatsangehöriger mit Wohnsitz in Deutschland wählt im Jahr 2014 für sein in Deutschland belegenes unbewegliches Vermögen deutsches Recht nach Art. 25 Abs. 2 EGBGB. Bei einem Erbfall ab dem 17.8.2015 ist eine frühere Rechtswahl gem. Art. 25 Abs. 2 EGBGB auch in Italien anzuerkennen, wenn der italienische Staatsangehörige im Zeitpunkt der Rechtswahl seinen gewöhnlichen Aufenthalt in Deutschland hatte (Art. 83 Abs. 2 EU-ErbVO). Diese Rechtswahl bleibt nach dem 17.8.2015 auch dann wirksam, wenn er seinen gewöhnlichen Aufenthalt wieder nach Italien verlegt.[7]

10 Nicht wirksam wäre dagegen die Rechtswahl eines Italieners zugunsten des deutschen Rechts, wenn ein Italiener ab 17.8.2015 in einen anderen Staat umzieht,[8] da gem. Art. 46 Abs. 2 S. 2 it. IPRG die nach Art. 46 Abs. 2 S. 1 it. IPRG vorgenommene Rechtswahl als unwirksam zu betrachten ist, wenn der Erblasser sich im Todeszeitpunkt nicht mehr in dem Staat aufhält, dessen Recht er gewählt hat.[9] Nicht wirksam bleibt die Rechtswahl aber auch gem. Art. 25 Abs. 2 EGBGB, wenn ein italienischer Staatsangehöriger, der im Zeitpunkt der Rechtswahl seinen gewöhnlichen Aufenthalt nicht in Deutschland hatte, für in Deutschland unbewegliches Vermögen deutsches Recht gewählt hatte. Die Begründung: Art. 83 Abs. 2 EU-ErbVO ordnet die Fortgeltung von Rechtswahlen nur insoweit an, als sie zum Zeitpunkt der Rechtswahl nach dem jeweils anwendbaren nationalen Kollisionsrecht zulässig und wirksam sind. Dies dürfte auch für ältere Testamente aus der Zeit vor Inkrafttreten der EU-ErbVO gelten. Der Preis dieser Fortgeltungsregelung ist freilich, dass in diesen Altfällen auch weiterhin eine **hinkende Erbfolge** eintreten kann.[10]

11 Zu beachten ist auch die **Rechtswahlvermutung** des Art. 83 Abs. 4 EU-ErbVO: Stirbt der Erblasser nach dem 17.8.2015, wird, sofern seine Verfügungen von Todes wegen dem Recht entsprechen, welches der Erblasser nach der EU-ErbVO hätte wählen können, dieses Recht als das gewählte anwendbare Recht für den ganzen Nachlass betrachtet. Daraus folgt, dass alle vor dem 17.8.2015 verfassten Verfügungen von Todes wegen durch die EU-ErbVO als „geheilt" anzusehen sind in den Fällen, in denen die Rechtswahl nach derzeitigem Recht fraglich oder gar unzulässig wäre, sofern bei der letztwilligen Verfügung eine Rechtswahl-

---

6 Siehe *Schoppe*, Die Übergangsbestimmungen zur Rechtswahl im internationalen Erbrecht. Anwendungsprobleme und Gestaltungspotential, IPRax 2014, 27 ff.

7 NK-BGB/*Frank*, Länderbericht Italien, B. 5., 2012, Rn 13; *Rauscher*, IPRax 2014, 51, 52; Burandt/Rojahn/*Frank*, Italien, Rn 16.

8 *Hausmann/Trabucchi*, in: Ferid/Firsching/Dörner/Hausmann, Italien Grdz. Rn 64 Fn 109; *Heinig*, RNotZ 2014, 281, 292.

9 Vgl. *Priemer*, MittRhNotK 2000, 45, 58; *Hausmann*, Rechtliche Probleme der Errichtung letztwilliger Verfügungen durch italienische Staatsangehörige vor deutschen Notaren, JbItalR 15/16 (2002/2003), 173, 196 f.

10 Siehe *Schoppe*, IPRax 2014, 27, 33. Hier ist anzumerken, dass das deutsche Nachlassgericht hinsichtlich des in Deutschland belegenen Vermögens einen gegenständlich beschränkten Fremdrechtserbschein gem. § 2369 BGB oder aber einen Fremdrechtserbschein i.S.d. § 2353 BGB, der sich auf das gesamte Erbe in Anwendung italienischen Erbrechts bezieht, erteilt. Das Nachlassgericht ist auch für die Entgegennahme einer Erbschaftsannahmeerklärung zuständig.

vermutung zugunsten eines Rechts besteht.[11] Ein bestimmtes Rechtsanwendungsbewusstsein scheint nicht gefordert.[12]

Beispiel: Wird ein Testament durch einen italienischen Erblasser auf der Grundlage deutschen Rechts errichtet, begründet Art. 83 Abs. 4 EU-ErbVO eine Vermutung, dass deutsches Recht für die Rechtsnachfolge von Todes wegen gewählt ist, auch wenn später ein Wechsel des gewöhnlichen Aufenthalts erfolgt.

12

Damit zeichnet sich eine Lösung für einige häufige Fälle ab, die bisher in Bezug auf den italienisch/deutschen Rechtsverkehr zur Unwirksamkeit/Nichtigkeit der Rechtswahl bzw. der Verfügungen von Todes wegen geführt hätten: insbesondere ist das gemeinschaftliche Testament unter Beteiligung eines Italieners als gültig anzusehen; die Nachlassspaltung bei Immobilien in Deutschland wird vermieden (aber dann deutsches Recht für den ganzen Nachlass; gem. Art. 46 Abs. 2 it. IPRG umfasst die Rechtswahl zwingend den gesamten Nachlass, sog. unbeschränkte Rechtswahl).[13]

13

II. Bisheriges Kollisionsrecht (Erbfälle bis 16.8.2015)

Für Erbfälle **bis zum Ablauf des 16.8.2015** gilt unverändert das bisherige Kollisionsrecht. Dies knüpft gem. Art. 46 Abs. 1 it. IPRG für den gesamten Nachlass (**Grundsatz der Nachlasseinheit**)[14] daran an, **welchem Staat der Erblasser im Todeszeitpunkt** angehörte.[15] Objektiv wird das Erbstatut an das Heimatrecht des Erblassers zum Zeitpunkt seines Todes angeknüpft, ohne dass es insoweit auf die Belegenheit der Nachlassgegenstände im In- oder Ausland ankommt (Art. 46 Abs. 1 it. IPRG). Nur einige Fragen werden besonders angeknüpft: Testierfähigkeit und Gültigkeit der Errichtung, Änderung oder Widerruf (Art. 47 it. IPRG) sowie Form einer letztwilligen Verfügung (Art. 48 it. IPRG).

14

Besitzt eine Person mehrere Staatsangehörigkeiten, ist das Recht des Staates anzuwenden, mit dem die betreffende Person am engsten verbunden ist (Art. 19 Abs. 2 S. 1 it. IPRG). Hat eine Person auch die italienische **Staatsangehörigkeit**, geht diese nach Art. 19 Abs. 2 S. 2 it. IPRG immer vor.

15

Das bisher geltende IPRG lässt in Art. 13 Abs. 1 die **Rück- und Weiterverweisung** des Heimatrechts auf die *lex domicilii* teilweise zu (*rinvio*),[16] wenn der *renvoi* zur Anwendung italienischen Rechts führt oder der den *renvoi* aussprechende Staat selbst einen *renvoi* annimmt; ausgeschlossen ist der *renvoi* jedoch in den Fällen der Rechtswahl (Art. 13 Abs. 2 lit. a it. IPRG), bei der Verweisung auf ausländische Formvorschriften (Art. 13 Abs. 2 lit. b

16

---

11 So *Damascelli*, in: Franzina/Leandro, Il diritto internazionale privato europeo delle successioni mortis causa, S. 104.
12 Siehe *Damascelli*, in: Franzina/Leandro, Il diritto internazionale privato europeo delle successioni mortis causa, S. 103 f.
13 Dazu ausführlich Vorauflage (2. Aufl. 2008), Italien, Rn 5 ff.
14 Vgl. *Maglio/Thorn*, ZVglRWiss 96 (1997), 347, 365; *Ebenroth/Kleiser*, RIW 1993, 353, 354; *Reiß*„ Internationales Erbrecht Italien, Rn 77. Ausnahmen vom strengen Grundsatz der Nachlasseinheit ergeben sich neben dem Italienisch-Türkischen Konsularvertrag aus dem am 1.1.1992 in Kraft getretenen Haager Übereinkommen über das auf Trusts anzuwendende Recht und über ihre Anerkennung vom 1.6.1985 (siehe dazu Rn 188 f.).
15 Vgl. hierzu *Cubeddu*, Das neue italienische Staatsangehörigkeitsgesetz, IPRax 1993, 51 ff.
16 Vgl. *Ballarino*, Diritto internazionale privato, 3. Aufl. 1999, S. 516 ff.; *Maglio/Thorn*, ZVglRWiss 96 (1997), 347, 367; *Pocar*, Das neue italienische Internationale Privatrecht, IPRax 1997, 145, 150 m.w.N.; *v. Daumiller*, Die Rechtswahl im italienischen internationalen Erbrecht, S. 75; zum Problem, dass nur eine einzige Weiterverweisung zulässig ist: *Reiß*, Internationales Erbrecht Italien, Rn 86.

it. IPRG) oder wenn sich der *renvoi* aus einem internationalen Übereinkommen ergibt, auf welches das italienische Recht verweist.[17]

17 Die EU-ErbVO ist anwendbar in allen Mitgliedstaaten der EU mit Ausnahme Dänemarks, Irlands und des Vereinigten Königsreichs. Wird aufgrund des Kollisionsrechts eines Drittstaates im Rahmen einer Gesamtverweisung auf das Recht z.B. Italiens verwiesen, sind die Kollisionsnormen der EU-ErbVO im Rahmen dieses *renvoi* zu beachten.

18 Im Verhältnis der Mitgliedstaaten ist die Rück- und Weiterverweisung ausgeschlossen. Die Verweisung bleibt grundsätzlich auf die Sachnormen beschränkt. Für das Kollisionsrecht von Drittstaaten findet der *renvoi* jedoch Anwendung, soweit dessen Regeln auf das Recht eines Mitgliedstaates oder das Recht eines anderen Drittstaates, der sein eigenes Recht anwenden würde, weiter- oder rückverweisen (Art. 34 Abs. 1 EU-ErbVO).

III. Geltungsbereich

19 Das **Erbstatut** regelt die Frage des Eintritts des Erbfalls, der Erbfähigkeit, der Erbunwürdigkeit, des Erwerbs und Verlusts der Erbenstellung, des Nachlassumfangs, die gesetzliche Erbfolge, den Pflichtteil, die Erbenhaftung, die Frage nach der Zulässigkeit und Wirksamkeit letztwilliger Verfügungen sowie deren Änderung und Aufhebung, die Erbschaftsannahme bzw. -ausschlagung, die Erbenhaftung und das Verhältnis mehrerer Erben untereinander. Nach italienischem Recht werden die Schenkung auf den Todesfall und der Vertrag zugunsten Dritter auf den Todesfall erbrechtlich qualifiziert und unterliegen dem Erbstatut;[18] die im deutschen Recht vorherrschende Auffassung der Qualifikation der Schenkung von Todes wegen anhand der Bestimmung des § 2301 BGB[19] wird in Italien nicht anerkannt.

IV. Möglichkeiten der Rechtswahl

1. Rechtswahl nach der EU-ErbVO

20 Nach der EU-ErbVO besteht die Möglichkeit des Erblassers, für seine Erbfolge das Recht seiner **Staatsangehörigkeit** zu wählen. Im Rahmen dieser Rechtswahl beinhaltet die EU-ErbVO insoweit eine Erweiterung, als die Anknüpfung an die Staatsangehörigkeit des Erblassers nicht nur zum Zeitpunkt seines Todes, sondern auch an die zum Zeitpunkt der Rechtswahl möglich ist. Aufgrund der universellen Geltung der EU-ErbVO besteht der Vorrang der italienischen Staatsangehörigkeit nach Art. 19 it. IPRG nicht mehr. Auch auf die effektive Staatsangehörigkeit kommt es nicht an.[20] Bei mehreren Staatsangehörigkeiten kann jede beliebige von ihnen gewählt werden und zwar unabhängig davon, ob der Erblasser zu dem gewählten Staat die engste Verbindung hat oder nicht. Mehrere Erblasser mit unterschiedlicher Staatsangehörigkeit können keine gemeinsame Rechtswahl treffen; dies ergibt sich aus dem Umkehrschluss aus Art. 25 Abs. 3 EU-ErbVO.

21 Im Bereich der **Form** bringt die EU-ErbVO (in Bezug auf deutsch-italienische Erbfälle) zwei zu begrüßende Klarstellungen in bislang strittigen Fragen: Die EU-ErbVO stellt zum

---

17 *Hausmann/Trabucchi*, in: Ferid/Firsching/Dörner/Hausmann, Italien Grdz. Rn 43.
18 *Ballarino*, Diritto internazionale privato, S. 558 f.; *Mosconi*, Diritto internazionale privato e prozessuale, 1997, Bd. II, S. 129 f.; *Ebenroth/Kleiser*, RIW 1993, 358 f.; *Hausmann*, JbItR 15/16 (2002/2003) 173, 187–189; *v. Daumiller*, Die Rechtswahl im italienischen internationalen Erbrecht, S. 144 f. m.w.N.
19 Palandt/*Thorn*, Art. 25 EGBGB Rn 15; *Reiß*, Internationales Erbrecht Italien, Rn 47.
20 Kritisch dazu *Damascelli*, in: Franzina/Leandro, Il diritto internazionale privato europeo delle successioni mortis causa, S. 99.

einen klar, dass auch eine konkludente bzw. implizite Rechtswahl möglich ist und dass diese auch in einem Erbvertrag erfolgen kann. Zum anderen sind Rechtsfähigkeit und Geschäftsfähigkeit von der EU-ErbVO ausgenommen worden. Nach Art. 26 Abs. 1 EU-ErbVO erfasst das Erbstatut ausdrücklich aber die **Testierfähigkeit**. Die frühere Regelung des Art. 47 it. IPRG, die für die Testierfähigkeit gesondert an die Staatsangehörigkeit anknüpfte, ist hinfällig. Probleme infolge dieser gesonderten Anknüpfung der Testierfähigkeit und der Abweichung vom Erbstatut können nun aus italienischer Sicht nicht mehr auftreten.

2. Bisherige Rechtswahlmöglichkeiten (Erbfälle bis 16.8.2015)

Ein italienischer Staatsangehöriger konnte in Anwendung des bisherigen Rechts in zweierlei Weise deutsches Recht wählen: erstens durch eine gegenständlich beschränkte Rechtswahl nach Art. 25 Abs. 2 EGBGB und zweitens durch eine unbeschränkte Rechtswahl nach Art. 46 Abs. 2 it. IPRG.

a) Rechtswahl nach Art. 25 Abs. 2 EGBGB

Durch die auch konkludent[21] mögliche beschränkte Rechtswahl nach Art. 25 Abs. 2 EGBGB in der derzeitigen Fassung[22] konnte ein italienischer Staatsangehöriger für in Deutschland belegenes unbewegliches Vermögen – die Auslegung des Begriffs „unbewegliches Vermögen" ist streitig[23] – als maßgebliches Erbstatut deutsches Recht wählen, so dass aus deutscher Sicht z.B. Erbverträge und gemeinschaftliche Testamente insoweit zulässig sind; dadurch konnten z.B. die nach italienischem Erbstatut bzw. die nach Art. 46 Abs. 2 it. IPRG bei einer unbeschränkten Rechtswahl nach Art. 46 Abs. 2 S. 3 it. IPRG fortbestehenden Pflichtteilsrechte der in Italien wohnenden Angehörigen ausgeschlossen werden.

Infolge des Grundsatzes der Nachlasseinheit erkannte aber das italienische Recht die Rechtswahl eines italienischen Staatsangehörigen mit Wohnsitz in Deutschland für in Deutschland belegenes unbewegliches Vermögen nach Art. 25 Abs. 2 S. 3 EGBGB in der derzeitigen Fassung ungeachtet der Wirksamkeit in Deutschland nicht an; aus italienischer Sicht lag eine „**hinkende Erbfolge**" vor, woraus sich Probleme gerade im Hinblick auf das Pflichtteilsrecht und die Erbenhaftung ergaben. Bei einer Klage des Pflichtteilsberechtigten vor einem italienischen Gericht würde dieses nur italienisches Recht anwenden.[24] Aus deutscher Sicht ergibt sich aus der beschränkten Rechtswahl eine **Nachlassspaltung**.

b) Rechtswahl nach Art. 46 Abs. 2 it. IPRG

Daneben bestand die Rechtswahlmöglichkeit nach Art. 46 Abs. 2 it. IPRG, die den Vorteil hatte, die Nachlassspaltung zu vermeiden.

Nach Art. 46 Abs. 2 it. IPRG kann der Erblasser für die Rechtsnachfolge von Todes wegen das Recht des Staates – maßgebend ist dessen Inhalt zum Todeszeitpunkt – wählen, in dem

---

21 Vgl. nur Staudinger/*Dörner*, Art. 25 EGBGB Rn 501.
22 Art. 25 EGBGB soll reformiert werden; dabei wird Abs. 2 gestrichen. Künftig soll, auch wenn das auf die Rechtsnachfolge von Todes wegen anzuwendende Recht nicht in den Anwendungsbereich der EU-ErbVO fällt, zur Sicherung des Gleichlaufs der erbrechtlichen Kollisionsrechts die Vorschriften der Art. 20–38 EU-ErbVO entsprechend gelten; vgl. BT-Drucksache 18/4201.
23 Vgl. dazu *Reiß*, Internationales Erbrecht Italien, Rn 105.
24 Vgl. *Riering*, ZEV 1995, 404; *Engbers*, Deutsch-italienische Erbfälle, S. 105.

er seinen gewöhnlichen Aufenthalt (**residenza**, Art. 43 Abs. 2, 44 Abs. 1 c.c.)[25] hat, sofern er diesen auch noch bei seinem Tod dort innehat, gleichgültig, ob das gewählte Recht eine Rechtswahl erlaubt.[26] Die Rechtswahl umfasst dabei zwingend den gesamten Nachlass;[27] eine Rück- oder Weiterverweisung durch das gewählte Recht ist nach Art. 13 Abs. 2a it. IPRG ausgeschlossen. Die Rechtswahl ist für den in Italien ansässigen Ausländer genauso wie für den im Ausland lebenden italienischen Staatsangehörigen[28] eröffnet. Das deutsche Recht nimmt die Rechtswahl eines italienischen Staatsangehörigen als Rückverweisung nach Art. 4 Abs. 1 S. 2 EGBGB an, da Art. 25 Abs. 1 EGBGB eine Gesamtverweisung einschließlich des IPR ist.[29]

27 Vorteile der Rechtswahl eines italienischen Staatsangehörigen mit gewöhnlichem Aufenthalt in Deutschland war, dass das deutsche Recht einen größeren Spielraum für die Gestaltung von Verfügungen von Todes wegen gewährte und u.U. Abgrenzungs- und Koordinationsprobleme zwischen Erbstatut und deutschem Güterrechts- bzw. Sachstatut sowie (im Rahmen der Nachlassabwicklung bei einem in Deutschland verstorbenen Italiener) zwischen dem italienischen Erbstatut und dem deutschen Verfahrensrecht vermieden werden konnten. Ein Italiener konnte also durch eine gegenständlich beschränkte Rechtswahl nach Art. 25 Abs. 2 EGBGB in der derzeitigen Fassung oder durch eine unbeschränkte Rechtswahl nach Art. 46 Abs. 2 it. IPRG zugunsten des deutschen Rechts die vom italienischen Recht gezogenen Gestaltungsgrenzen überwinden. Bei der Rechtswahl nach bisherigem Recht ist aber zu bedenken, dass, wenn der Erblasser nach der Rechtswahl und vor seinem Tod seinen Wohnsitz (anderer Staat) wechselt, die Rechtswahl und die aufgrund dessen getroffener Verfügungen zumindest aus italienischer Sicht unwirksam sind.

28 Für die Fähigkeit zur Rechtswahl knüpfte das italienische Recht – anders als das deutsche Recht – nicht an das Erbstatut, sondern an Art. 47 bzw. 23 it. IPRG an.[30] Die Rechtswahl musste nach Art. 46 Abs. 2 it. IPRG in **testamentarischer Form** erfolgen. Da strittig ist, ob abweichend vom Wortlaut auf der Grundlage der Anwendung von Art. 48 it. IPRG eine Rechtswahl auch in einem Erbvertrag oder einem gemeinschaftlichen Testament erfolgen kann,[31] war zu empfehlen, zunächst ein oder zwei Einzeltestamente zu errichten, in denen vorab allein die Rechtswahl getroffen wird; erst dann erfolgen im Erbvertrag/gemeinschaftlichen Testament die materiellen Regelungen. Die Rechtswahl sollte **ausdrücklich** getroffen werden, da strittig ist, ob die Rechtswahl nach Art. 46 Abs. 2 it. IPRG auch konkludent

---

25 Vgl. *Galgano*, Diritto privato, 9. Aufl. 1996, S. 77 f.; *Bonomi*, SZIER 1996, 479, 494; *Clerici*, Comm. Art. 46, Riv.dir.int.priv.proc. 1995, 1138; vgl. auch *Engbers*, Deutsch-italienische Erbfälle, S. 88 f.; *v. Daumiller*, Die Rechtswahl im italienischen internationalen Erbrecht, S. 83 f.
26 *Ballarino*, Diritto internazionale privato, S. 519.
27 Eine Beschränkung ist unzulässig; vgl. *Bonomi*, SZIER 1996, 479, 495; *Clerici*, Comm. Art. 46, Riv.dir.int.priv.proc. 1995, S. 1137; *Kindler*, RabelsZ 61, 227, 270; *Engbers*, Deutsch-italienische Erbfälle, S. 89.
28 *Ballarino*, Diritto internazionale privato, S. 519; *Hausmann*, JbItR 15/16 (2002/2003) 173, 193. Probleme ergeben sich bei der aus italienischer Sicht nach Art. 46 Abs. 2 IPRG wirksamen Rechtswahl eines in Italien wohnhaften deutschen Staatsangehörigen zugunsten italienischen Rechts, da diese Rechtswahl aus deutscher Sicht nicht anerkannt wird.
29 Palandt/*Thorn*, Art. 25 EGBGB Rn 2; MüKo/*Birk*, Art. 25 EGBGB Rn 27.
30 Vgl. *Hausmann*, JbItR 15/16 (2002/2003) 173, 193 f.; *Priemer*, MittRhNotK 2000, 45, 56 m.w.N. in Fn 135 f.; *v. Daumiller*, Die Rechtswahl im italienischen internationalen Erbrecht, S. 120 f.
31 Entscheidend ist, ob sich die Wirksamkeit der Rechtswahl nach dem an sich bestehenden gesetzlichen Erbstatut oder nach dem gewählten Recht beurteilt; bejahend für Letzteres: *Hausmann*, JbItR 15/16 (2002/2003) 173, 194 f.; *Ballarino*, Diritto internazionale privato, S. 535 ff.; *v. Daumiller*, Die Rechtswahl im italienischen internationalen Erbrecht, S. 101–109, 134 f.; ablehnend: *Bonomi*, SZIER 1996, 479, 495 f.; *Ebenroth/Kleiser*, RIW 1993, 353, 357; *Priemer*, MittRhNotK 2000, 45, 58.

möglich ist.³² Die Rechtswahl kann jederzeit in der Form des Art. 46 Abs. 2 it. IPRG **widerrufen** werden. Sie ist selbstständig möglich, so dass ihre Wirkung nicht von der Wirksamkeit der sachenrechtlich getroffenen Verfügung von Todes wegen abhängt;³³ ist jene also unwirksam, verweist sie auf die gesetzliche Erbfolge nach dem gewählten Recht.

Nach Art. 46 Abs. 3 it. IPRG können die Miterben unabhängig vom zunächst geltenden Erbstatut für die Auseinandersetzung³⁴ das Recht des Ortes des Anfalls der Erbschaft oder das Recht des Belegenheitsortes mindestens eines Nachlassgegenstandes wählen. Wo die Erbschaft angefallen ist, richtet sich nach der *lex fori*; aus italienischer Sicht ist dies der letzte Wohnsitz des Erblassers (Art. 456 c.c.).³⁵ Die Rechtswahl hat durch alle Miterben mittels vertraglicher Vereinbarung zu erfolgen und umfasst den gesamten Nachlass.³⁶ Sie greift nur ein, wenn auch das gewählte Recht ebenso wie das italienische Erbrecht einen unmittelbaren Rechtserwerb der Erben vorsieht.

29

Eine gesonderte Rechtswahl für die Erbauseinandersetzung – wie sie in Art. 46 Abs. 3 it. IPRG geregelt ist – wird nunmehr im Geltungsbereich der EU-ErbVO zu verneinen sein, da diese gesonderte Rechtswahl gegen Art. 22 EU-ErbVO verstößt.³⁷

30

3. Schranken der Rechtswahl

Schranken für die Rechtswahl ergeben sich nach bisherigem (bis 16.8.2015 geltendem) Recht daraus, dass der Erblasser nur das Recht seines gewöhnlichen Aufenthalts (*residenza*, Art. 43 c.c.)³⁸ im Zeitpunkt der Rechtswahl wählen kann und die Rechtswahl nur wirksam ist, wenn er diesen gewöhnlichen Aufenthalt zum Zeitpunkt seines Todes noch innehat. Bei der Errichtung einer Verfügung von Todes wegen war die Unbeständigkeit der Rechtswahl, also der Umstand, dass eine Wohnsitzverlegung z.B. nach Italien die Rechtswahl automatisch unwirksam macht und zu einem Statutenwechsel führt (anders wohl nach deutschem Recht gem. Art. 26 Abs. 5 S. 1 EGBGB in der derzeitigen Fassung),³⁹ in Rechnung zu stellen und ggf. zu berücksichtigen. Die Rechtswahl konnte nur einheitlich für den gesamten Nachlass getroffen werden.⁴⁰ Bei einer wirksamen Rechtswahl gilt vorbehaltlich der Sonderregelung in Art. 46 Abs. 2 S. 3 it. IPRG das gesamte gewählte Erbstatut, soweit nicht die Sonderanknüpfungen der Art. 47 und 48 it. IPRG (**Testierfähigkeit** und **Form des Testaments**) greifen. Die Rechtswahl erstreckt sich auch auf das Recht der Nachlassabwicklung, insbesondere der Erbteilung, soweit diese nicht der *lex rei sitae* unterliegt.

31

---

32 Zu den Argumenten *Hausmann*, JbItR 15/16 (2002/2003) 173, 195 f. m.w.N.; gegen konkludente Anordnung: *Ebenroth/Kleiser*, RIW 1993, 353, 357; *Engbers*, Deutsch-italienische Erbfälle, S. 91; *Bonomi*, SZIER 1996, 495; dafür: *v. Daumiller*, Die Rechtswahl im italienischen internationalen Erbrecht, S. 110–113.
33 *Hausmann*, JbItR 15/16 (2002/2003) 173, 196 m.w.N.
34 Dies umfasst wohl auch Erbauseinandersetzungsverträge; vgl. *Priemer*, MittRhNotK 2000, 45, 60 m.w.N.; *v. Daumiller*, Die Rechtswahl im italienischen internationalen Erbrecht, S. 206 f.
35 Vgl. *Cian/Trabucchi/Vascellari*, Commentario breve al codice civile, Art. 456 Anm. 3. Dazu Cass. 99/7750; Cass. 96/2875; Cass. 87/8371.
36 *Hausmann*, JbItR 15/16 (2002/2003) 173, 200; *Priemer*, MittRhNotK 2000, 45, 60 m.w.N.
37 So auch *Tonolo*, S. 240.
38 *Bonomi*, SZIER 1996, 494.
39 So z.B. *Süß*, ZErb 2000, 52 m.w.N.; *v. Daumiller*, Die Rechtswahl im italienischen internationalen Erbrecht, S. 89 f.
40 Vgl. *v. Daumiller*, Die Rechtswahl im italienischen internationalen Erbrecht, S. 94–97. Strittig ist, ob Rechtswahl nach Art. 46 Abs. 2 IPRG bei Rückkehr nach Italien als Rechtswahl nach Art. 25 Abs. 2 EGBGB ausgelegt werden kann, vgl. *Hausmann*, JbItR 15/16 (2002/2003) 173, 197; *Engbers*, Deutsch-italienische Erbfälle, S. 106 f.

32 Bei der Rechtswahl eines Italieners zugunsten eines ausländischen Rechts ist – im Geltungsbereich der EU-ErbVO bislang – des Weiteren Art. 46 Abs. 2 S. 3 it. IPRG (als Spezialfall des *ordre public*) zu beachten, wonach **pflichtteilsberechtigten Personen** nach Art. 536–564 c.c. mit gewöhnlichem Aufenthalt (zum Zeitpunkt des Todes, nicht der Testamentserrichtung) in Italien ihr Pflichtteilsrecht nach italienischem Recht zusteht.[41] Ungeklärt ist, ob sich aus Art. 46 Abs. 2 S. 3 it. IPRG ein absoluter Vorrang des italienischen Noterbrechts ergibt, mit der Folge, dass die Rechtswahl insoweit unwirksam ist, oder ob die Noterbberechtigten das Wahlrecht im Sinne eines Günstigkeitsprinzips haben.[42] Fraglich ist also, ob Art. 46 Abs. 2 S. 3 it. IPRG auch eingreift, wenn das gewählte Recht den Pflichtteilsberechtigten besser stellt.[43]

4. Ordre public

a) Allgemeines

33 Die Anwendung einer Regelung eines ausländischen – und sei es auch durch die EU-ErbVO berufenen – Rechts darf in Ausnahmefällen versagt werden, wenn sie dem *ordre public* widerspricht. Ein Verstoß gegen den *ordre public* liegt zweifelsohne vor, wenn das Erbrecht eines Staates aufgrund von Geschlecht oder Religion diskriminiert, z.B. ein Sohn mehr erbt als eine Tochter.

34 Nach Art. 16 it. IPRG bzw. Art. 35 EU-ErbVO (in deren Geltungsbereich) ist ausländisches Recht nicht anzuwenden, wenn seine Wirkungen gegen den italienischen *ordre public* verstoßen. Ferner könnte auch Art. 17 it. IPRG einschlägig sein, wonach solche italienischen Rechtsnormen vorrangig sind, die in Anbetracht ihres Gegenstandes und ihres Zwecks trotz der Verweisung auf ausländisches Recht zwingend angewendet werden müssen. Die h.L. sieht bei einem **Verstoß gegen die fundamentalen Grundprinzipien** der italienischen Rechtsordnung den *ordre public* als verletzt an. Das italienische Recht selbst enthält keine Qualifizierung des *ordre public*. Die h.L. nimmt jedoch an, dass der sog. **internationale ordre public** gemeint ist, d.h. die Gesamtheit der fundamentalen Grundsätze und Werte, die der italienischen Rechtsordnung zugrunde liegen.[44]

b) Ordre public und Pflichtteilsrecht

35 Das **Pflichtteilsrecht** in der italienischen Ausgestaltung als **Noterbrecht** ist nach h.L.[45] nicht Bestandteil des *ordre public*; bei der Rechtswahl eines Italieners zugunsten eines ausländischen Rechts ist aber bislang **Art. 46 Abs. 2 S. 3 it. IPRG** als Spezialfall des *ordre public* zu beachten, wonach Angehörigen mit gewöhnlichem Aufenthalt in Italien ihr Pflichtteilsrecht nach italienischem Recht zusteht. Eine Korrektur dieser Vorschrift i.S.d. *ordre public* im Sinne von Mindesterbrechten aller Noterbberechtigten kommt wohl nicht in Betracht, da der Gesetzgeber ausdrücklich nur das Noterbrecht von in Italien wohnhaften

---

41 Kritisch wegen der Ungleichbehandlung von im Ausland wohnhaften Angehörigen die h.L., vgl. *Bonomi*, SZIER 1996, 479, 502; *Engbers*, Deutsch-italienische Erbfälle, S. 99 Fn 392; vgl. auch *v. Daumiller*, Die Rechtswahl im italienischen internationalen Erbrecht, S. 146 ff.

42 Vgl. *Priemer*, MittRhNotK 2000, 45, 59 (li. Sp.); gegen das Günstigkeitsprinzip: *v. Daumiller*, Die Rechtswahl im italienischen internationalen Erbrecht, S. 152–154.

43 Vgl. *Hausmann*, JbItR 15/16 (2002/2003) 173, 199; *Bonomi*, SZIER 1996, 479, 499 f.

44 So *Pocar*, IPRax 1997, 145, 152; vgl. auch *Engbers*, Deutsch-italienische Erbfälle, S. 94: Ablehnung des sog. internen *ordre public* und Orientierung am sog. internationalen *ordre public*.

45 *Ballarino*, Diritto internazionale privato, S. 521; *Engbers*, Deutsch-italienische Erbfälle, S. 99.

Angehörigen schützt.⁴⁶ Die Missachtung des italienischen Noterbrechts berührt die Gültigkeit der Rechtswahl im Übrigen nicht.

Fraglich ist, ob diese Schranke noch gilt, wenn sich das Erbstatut nach der **EU-ErbVO** bestimmt. Einige Autoren sehen die Vorschrift des Art. 46 it. IPRG als insgesamt aufgehoben.⁴⁷ Angesprochen ist damit auch das bereits bekannte Problem des *forum shoppings* im Pflichtteilsrecht.⁴⁸ Kann durch einen Umzug eines italienischen Staatsangehörigen in einen Staat, in dem es kein oder ein weniger strenges Pflichtteilsrecht gibt, das italienische Pflichtteilsrecht umgangen werden? In Bezug auf die alte Gesetzeslage hat der italienische Kassationshof dies in einer Entscheidung von 1996, die aber einen Erblasser, der neben der italienischen auch die kanadische Staatsangehörigkeit besaß, verneint.⁴⁹ Das Gericht hat dies mit der fehlenden familiären und privaten Bindung des Erblassers in Italien begründet.⁵⁰ Einige Stimmen nehmen über den Wortlaut des Art. 46 Abs. 2 it. IPRG sogar einen Schutz der Pflichtteilsberechtigten an, auch wenn diese den gewöhnlichen Wohnsitz im Ausland haben.⁵¹ Dagegen könnte sprechen, dass darin eine Gesetzesumgehung liegt und das italienische Pflichtteilsrecht – auch verfassungsrechtlich (Art. 42 Cost.) – stark ausgeprägt ist.⁵² Andererseits führt die Einführung der EU-ErbVO durch den italienischen Staat zwingend dazu, dass andere Rechtsordnungen eingreifen können. Das Pflichtteilsrecht gehört unzweifelhaft zum Erbstatut. Argumentieren lässt sich auch mit der europarechtlich geschützten Freizügigkeit und dem Vorrang europäischen Rechts.

Daraus folgt im **Ergebnis**, dass das gewählte Recht sich auch auf das Pflichtteilsrecht erstreckt und Art. 46 Abs. 2 it. IPRG bei Geltung der EU-ErbVO nicht mehr eingreift.⁵³ Nur ausnahmsweise könnte man unter Anwendung der *ordre-public*-Klausel (Art. 35 EU-ErbVO) zu einem anderen Ergebnis kommen, wenn der Erbfall noch einen deutlichen Bezug zu Italien hat, etwa weil große Teile des Vermögens sich in Italien befinden oder eine Umgehungsabsicht des Erblassers (z.B. Wegzug des schwerkranken Italieners kurz vor seinem Tod) vorliegt. Man wird hier die weitere Entwicklung abwarten müssen.

Nur dann, wenn die berufene Rechtsordnung den Pflichtteil gänzlich oder im wesentlichen Umfang für den überlebenden Ehegatten oder die Kinder ausschießt und auch keine anderen Schutzrechte (z.B. Unterhaltsrecht) zur Anwendung kommen, liegt wohl ein Verstoß gegen den *ordre public* vor.

c) Ordre public und sonstige sachrechtliche Verbote

Auch sonstige sachrechtlichen Verbote des italienischen Rechts (Verbot des Erbvertrages und des gemeinschaftlichen Testaments, Unzulässigkeit von Erb- und Pflichtteilsverzichtsverträgen sowie grundsätzliche Unzulässigkeit der Anordnung der Nacherbschaft) sind nicht als Teil des italienischen *ordre public* zu beachten. Die Frage stellt sich insbesondere bei einer vor Geltung der EU-ErbVO getroffenen Rechtswahl deutschen Rechts durch einen italienischen Staatsbürger. Die h.L. in Deutschland sieht die Rückverweisung nicht

---

46 Cian/Trabucchi/*Barel*, Art. 46 Anm. Abs. 2, 7; *Ballarino*, Diritto internazionale privato, S. 521, 532; vgl. auch Cass. 96/5832, Giust. Civ. 1997, I, 1668.
47 *Ferretti*, Contratto e impr./Europa 2013, 450; *Leandro*, NLCC 2013, 319.
48 Zusammenfassend zuletzt *Wachter*, ZNotP 2014, 2, 14 ff. m.w.N.
49 Cass. 96/5832, Giust. Civ. 1997, I, 1668; Cass. 84/2215, Riv. not. 1986, 149. Siehe auch Trib. Chiavari, 25.2.1974, Riv. dir. int. proc. Civ. 1977, 379; Trib. Termini Imerese, 15.7.1965, Giur. Sic. 1965, 784.
50 Ausführlich *Calò*, NGCC 1997, I, 164 ff.
51 *Anceschi*, La famiglia nel diritto internazionale privato, S. 337.
52 *Parrinello*, Tutele del legittimario ed evoluzione del sistema, 2012, S. 43 ff.
53 So *Heinig*, RNotZ 2014, 281, 292.

40 Bei dem **Verbot des Erbvertrages** und des **gemeinschaftlichen Testaments** nach Art. 458, 589 c.c. handelt es sich sowohl aus italienischer als auch aus deutscher Sicht um inhaltliche Verbote, nicht um bloße Formvorschriften.[55] Durch die Regelung in der EU-ErbVO werden sie nun – auch von Italien als Mitgliedstaat – als mögliche Regelungsinstrumente anerkannt, so dass ein Verstoß gegen den *ordre public* wohl ausscheidet.

neutral, sondern unter dem Vorbehalt des italienischen *ordre public*, d.h., die Rückverweisung greift nicht ein, soweit das deutsche Recht Rechtsinstitute/Regelungen enthält, die mit Grundwertungen des rückverweisenden italienischen Rechts unvereinbar sind.[54]

41 Die **EU-ErbVO** bringt für das italienische Recht eine wichtige Klärung. **Erbverträge** sind nach Maßgabe von Art. 25 EU-ErbVO zulässig.[56] Das gilt sowohl für den Fall, in dem der italienische Erblasser seinen gewöhnlichen Aufenthalt in Deutschland hat, als auch für den Fall, dass der Vertragspartner deutscher Staatsangehöriger ist. Dies ergibt sich aus Art. 25 Abs. 3 EU-ErbVO. Zu beachten ist allerdings, dass der Begriff „Erbvertrag" nach der EU-ErbVO nicht mit dem Begriff des it. *patto successorio* übereinstimmt, da gem. Art. 3 Abs. 1 Buchst. b) EU-ErbVO unter den europäisch-autonomen Begriff nur die sog. *patti istitutivi* (Verfügungsverträge) fallen, nicht hingegen die sog. *patti dispositivi* und *patti rinunciativi*.[57] Letztere bleiben daher nach italienischem Recht unzulässig.

42 Auch ein **gemeinschaftliches Testament** ist gem. Art. 24 EU-ErbVO zulässig.[58] Da für die Zulässigkeit und Wirksamkeit an die Verhältnisse zum Zeitpunkt der Errichtung des gemeinschaftlichen Testaments (Art. 24 Abs. 1 EU-ErbVO) bzw. des Abschlusses des Erbvertrages (Art. 25 Abs. 1 EU-ErbVO) angeknüpft wird, scheidet eine mögliche Unwirksamkeit der letztwilligen Verfügung im Todeszeitpunkt auch beim Statutenwechsel aus.

43 Die Anordnung der **Nacherbschaft** steht wie bisher schon nicht im Widerspruch zum italienischen *ordre public*, ist also auch bezüglich in Italien belegenen Nachlassvermögens anzuerkennen.[59]

V. Anknüpfung von Vorfragen

1. Allgemeines

44 Die Vorfrage, ob die für die Erbenstellung erforderliche Verwandtschaft oder Ehe besteht, wird selbstständig nach der *lex fori* angeknüpft.[60] Das internationale Kindschaftsrecht wurde mit der Kindschaftsrechtsreform von 2013 reformiert (Art. 33–36*bis* it. IPRG). Geändert

---

54 MüKo/*Sonnenberger*, Art. 6 EGBGB Rn 62 ff.; Palandt/*Thorn*, Art. 6 EGBGB Rn 8; a.A. wohl allein: *St. Lorenz*, in: FS Geimer, 2002, S. 555.
55 *Hausmann*, JbItR 15/16 (2002/2003) 173, 184 f.
56 Vgl. *Barel/Armellini*, S. 193 mit Verweis auf Trib. Bolzano, 8 März 1968, RepGI 1968, Successione, Nr. 64.
57 So *Barel*, in: Franzina/Leandro, S. 105, 109.
58 *Barel*, in: Franzina/Leandro, S. 113.
59 Cass. 84/2215, Giur. it. 1984 Abs. 1 1, 1368 m. Anm. = Riv. not. 1986, 149, 156; *Engbers*, Diritto internazionale privato, S. 98; *Hausmann*, JbItR 15/16 (2002/2003) 173, 201; *Kindler*, Die Schenkung einer in Italien belegenen Immobilie, ZEV 1997, 190, 193; *v. Daumiller*, Die Rechtswahl im italienischen internationalen Erbrecht, S. 180.
60 *Ballarino*, Diritto internazionale privato, S. 526 f.; vgl. *v. Daumiller*, Die Rechtswahl im italienischen internationalen Erbrecht, S. 147 m.w.N. zum Streitstand.

wurden die Kollisionsnormen der Abstammung sowie die Anknüpfungsregelungen des Kindschaftsverhältnisses.[61]

2. Abstammung

Die Abstammung wird an das Heimatrecht des Kindes oder, soweit dies für das Kind günstiger ist, an das Heimatrecht eines der Eltern zum Zeitpunkt der Geburt des Kindes angeknüpft (Art. 33 it. IPRG n.F.;[62] Prinzip des *favor filiationis*). Gleiches gilt für die Anerkennung eines außerhalb der Ehe geborenen Kindes (Art. 35 it. IPRG n.F.). Ergänzend gilt, wenn anders der Status als Kind nicht erreichbar ist, d.h. eine Feststellung der Abstammung oder eine Anerkennung nicht möglich ist, italienisches Recht (Art. 33 Abs. 2 it. IPRG a.F., Art. 35 it. IPRG n.F.).

Die Voraussetzungen und Wirkungen der Annahme zwischen Adoptierenden und Adoptierten werden in erster Linie dem Heimatrecht des Adoptierenden bzw. dem gemeinsamen Heimatrecht der mehreren Adoptierenden unterstellt, ersatzweise dem gemeinsamen gewöhnlichen Aufenthalt bzw. dem Lebensmittelpunkt. Es gilt allerdings eine wichtige Einschränkung zugunsten des italienischen Rechts, wenn das italienische Gericht über eine Minderjährigenadoption zu entscheiden hat, die dem Adoptierten den Status eines Kindes verleihen soll. Dann sind die Bestimmungen des Gesetzes Nr. 148 von 1983 zu beachten.[63]

Art. 13 Abs. 3 it. IPRG sieht vor, dass in den Fällen der Abstammung (Art. 33) und Anerkennung eines außerhalb der Ehe geborenen Kindes (Art. 35) der *rinvio* nur dann zu beachten ist, wenn man dadurch zu einem Recht gelangt, das die Feststellung der Vaterschaft gestattet.

3. Güterrechtsstatut

Aus italienischer Sicht bestimmt sich das selbstständig anzuknüpfende Güterrechtsstatut nach Art. 30 it. IPRG, also nach dem für die persönlichen Rechtsbeziehungen geltenden Recht gem. Art. 29 it. IPRG.[64] Anders als im deutschen Recht ist das Güterrechtsstatut nach italienischem Recht wandelbar ausgestaltet.[65] Maßgebend ist für die Ermittlung des Ehegattenerbrechts der Zeitpunkt des Todes des vorverstorbenen Ehegatten. Besitzen die Ehegatten nicht die gleiche Staatsangehörigkeit, ist nach Art. 30 Abs. 1 S. 1 i.V.m. Art. 29 Abs. 2 it. IPRG das Recht maßgebend, wo der „Schwerpunkt" der ehelichen Lebensgemeinschaft sich befand, d.h. wo das eheliche Leben überwiegend stattfand;[66] dies wird in aller Regel deren gemeinsamer gewöhnlicher Aufenthalt sein. Bei einem **Statutenwechsel** während der Ehezeit nimmt die überwiegende Meinung eine **Rückwirkung** auf den Zeitpunkt

---

61 *Cubeddu*, Diritto internazionale privato, in: Filiazione. Commento al Decreto attuativo (Bianca M. Hrsg.), Milano 2014, S. 294 ff.
62 Reformiert durch die Kindschaftsrechtsreform Nr. 154/2013. Neu eingeführt wurde die Anknüpfung an das Heimatrecht eines der Eltern zum Zeitpunkt der Geburt des Kindes (Art. 33 Abs. 1 S. 2 it. IPRG).
63 Vgl. Cass. 92/1128, Riv.dir.int.priv.proc. 1994, 147. Da Italien das Haager Übereinkommen über den Schutz von Kindern und die Zusammenarbeit auf dem Gebiet der internationalen Adoption mit Gesetz vom 31.12.1998, n. 476, ratifiziert hat, gilt primär dieses Abkommen; nach Art. 23 dieses Abkommens ist die in einem Vertragsstaat vorgenommene Adoption grundsätzlich kraft Gesetzes in den anderen Vertragsstaaten anzuerkennen.
64 Im Einzelnen *Ballarino*, Diritto internazionale privato, S. 425 f.; *Priemer*, MittRhNotK 2000, 45, 50.
65 *Ballarino*, Diritto internazionale privato, S. 426; *Clerici*, Commentario Art. 30, Riv.dir.int. priv.proc. 1995, 1062; *Kindler*, RabelsZ 61 (1997), 227, 263; *Engbers*, Deutsch-italienische Erbfälle, S. 35.
66 Im Einzelnen *Ballarino*, Diritto internazionale privato, S. 425 f.; *Priemer*, MittRhNotK 2000, 45, 50.

der Eheschließung an.[67] Nach Art. 30 Abs. 1 S. 2, Abs. 2 it. IPRG besteht die Möglichkeit, das Recht des Staates zu wählen,[68] dem mindestens ein Ehegatte angehört oder in dem er seinen gewöhnlichen Aufenthaltsort hat. Das Güterrechtstatut bestimmt auch über Zulässigkeit und Inhalt eines Ehevertrages.

49 **Praxishinweis:** Trifft deutsches Güterrechtsstatut mit dem italienischen Erbstatut zusammen, kann es zu Anpassungsproblemen kommen, wenn man – wie die h.L. – im deutschen Kollisionsrecht § 1371 Abs. 1 BGB güterrechtlich qualifiziert. Erhält in diesem Fall der überlebende Ehegatte neben der gesetzlichen Erbquote nach italienischem Recht noch das Viertel des § 1371 Abs. 1 BGB? Die h.L. im deutschen Kollisionsrecht bejaht dies, weil das italienische Erbrecht dem deutschen gleichwertig sei und keinen güterrechtlichen Ausgleich beinhalte.[69] Um Anpassungsprobleme im Hinblick auf güterrechtliche Ausgleichsansprüche und die Höhe der Erbberechtigung des überlebenden Ehegatten zu vermeiden, empfiehlt sich, wenn man es bei der gesetzlichen Erbfolge belassen will, ein Gleichlauf von Erb- und Güterrechtsstatut. Denn aufgrund der divergierenden Meinungen zur Qualifikation und zur Anpassung sind sichere Aussagen nicht möglich.

VI. Besonderheiten bei testamentarischer Erbfolge

1. Testierfähigkeit

50 Die Testierfähigkeit beurteilt sich gem. Art. 47 it. IPRG nach dem Heimatrecht des Erblassers im Zeitpunkt der Testamentserrichtung; spätere Änderungen der Nationalität sind unerheblich. Eine Art. 26 Abs. 5 S. 2 EGBGB in der derzeitigen Fassung vergleichbare Regelung fehlt. Das von Art. 47 it. IPRG bestimmte Recht gilt auch für Fragen des Vorhandenseins und die Rechtsfolgen von Willensmängeln (strittig ist, ob dies auch für das Rechtswahltestament gilt).[70]

2. Testamentsform

51 Für die **Testamentsform** gilt Art. 48 it. IPRG. Italien hat das **Haager Testamentsformübereinkommen** vom 5.10.1961 bislang nicht ratifiziert; Art. 48 it. IPRG stimmt aber im Wesentlichen mit dessen Art. 1 überein[71] und geht ebenfalls vom Gedanken des *favor testamenti* aus. Da Art. 48 it. IPRG unmittelbar auf die Sachnormen der berufenen Rechtsordnung verweist, scheidet ein *renvoi* aus (Art. 13 Abs. 2 lit. b it. IPRG). In Anknüpfung an das von Italien nicht ratifizierte Haager Testamentsformübereinkommen ist nach Art. 48 it. IPRG das Testament formwirksam, wenn es nach dem Ort der Testamentserrichtung, der Staatsan-

---

67 *Ballarino*, Diritto internazionale privato, S. 426 ff.; vgl. auch *Priemer*, MittRhNotK 2000, 45, 51 f.
68 Strittig ist, ob Rückwirkung auf einen Zeitpunkt vor der Rechtswahl möglich ist; vgl. *Priemer*, MittRhNotK 2000, 45, 52 f.
69 Zum Problem vgl. *Engbers*, Deutsch-italienische Erbfälle, S. 39 ff. m.w.N.; nach einer Auffassung ist § 1371 Abs. 1 BGB nur anzuwenden, wenn Erbstatut ebenfalls deutsches Recht ist (MüKo/*Birk*, Art. 25 EGBGB Rn 158); nach einer anderen Meinung gilt § 1371 Abs. 1 BGB nur dann auch für Ausländer, wenn ausländisches Recht dem Ehegatten genauso viel zuspricht wie das deutsches Erbrecht (MüKo/*Siehr*, Art. 15 EGBGB Rn 115); eine dritte Meinung wendet § 1371 Abs. 1 BGB immer an, es sei denn, dass die vom Erbstatut gewährte Erbbeteiligung bereits einen güterrechtlichen Ausgleich enthält (Palandt/*Thorn*, Art. 15 EGBGB Rn 26).
70 Vgl. *Priemer*, MittRhNotK 2000, 45, 59 (re. Sp.).
71 Vgl. *Ballarino*, Diritto internazionale privato, S. 535 ff.; *Mosconi*, Diritto internazionale privato e processuale, Bd. II, S. 111.

gehörigkeit, dem Wohnsitz oder dem gewöhnlichen Aufenthalt des Erblassers jeweils im Zeitpunkt der Testamentserrichtung oder seines Todes wirksam ist.

Durch die EU-ErbVO ändert sich in Bezug auf die Testamentsform im Wesentlichen nur, dass die *lex rei sitae* als zusätzliches Kriterium gem. Art. 27 Abs. 1 Buchst. e) EU-ErbVO für Immobilien neu eingeführt wird.[72]

3. Insbesondere: Qualifizierung von gemeinschaftlichem Testament und Erbvertrag

Die Qualifizierung eines **gemeinschaftlichen Testaments** nach der EU-ErbVO als formelle oder materielle Gestaltung wird noch definitiv zu klären sein.[73] Die eigenständige Regelung durch die EU-ErbVO deutet auf eine gesonderte Einordnung des gemeinschaftlichen Testaments aufgrund seiner sowohl inhaltlichen als auch formellen Besonderheiten hin. Durch die Möglichkeit der beschränkten Rechtswahl (Art. 24 Abs. 2 und Art. 25 Abs. 3 EU-ErbVO – nach den Kriterien des Art. 22 EU-ErbVO) wird nunmehr dem italienischen Erblasser die Möglichkeit eröffnet, gemeinschaftliche Testamente bzw. **Erbverträge** gültig abzuschließen.[74]

Nach materiellem italienischen Erbrecht sind **Erbverträge** und **gemeinschaftliche Testamente** nichtig (Verbote nach Art. 458, 589 c.c.). Deren Zulässigkeit wurde nach bisheriger Rechtslage aus italienischer und deutscher Sicht als materiellrechtliche Frage, nicht als Formproblem qualifiziert,[75] so dass nicht Art. 48 it. IPRG bzw. Art. 26 Abs. 3 EGBGB in der derzeitigen Fassung einschlägig sind. Egal ob man die Zulässigkeit für jeden Erblasser gesondert nach seinem Recht beurteilte[76] oder man die Zulässigkeit nur annahm, wenn die Errichtungsstatute beider sie kumulativ bejahen,[77] führte in aller Regel die einseitige Unzulässigkeit wegen der gegenseitigen Abhängigkeit/Bezogenheit der Verfügungen – anderes gilt also nur bei rein einseitigen Verfügungen des deutschen Erblassers – zur Unwirksamkeit auch der Verfügungen des anderen. Ist also nur einer der beteiligten Erblasser Italiener, stehen Erbvertrag und gemeinschaftliches Testament als Gestaltungsform grundsätzlich nicht zur Verfügung. Die Umdeutung eines Erbvertrages bzw. eines gemeinschaftlichen Testaments in Einzeltestamente kommt nicht in Betracht.[78] Italiener im Ausland können vor der zuständigen Auslandsvertretung ein **öffentliches Testament** errichten.[79]

Die EU-ErbVO bringt nun für das italienische Recht eine wichtige Klärung. **Erbverträge** sind nach Maßgabe von Art. 25 EU-ErbVO zulässig.[80] Das gilt sowohl für den Fall, in dem

---

72 Vgl. *Tonolo*, S. 242.
73 Zuletzt OLG Frankfurt a.M. 28.2.2013 – 20 W 437/11, FamRZ 2013, 1518: Italienische Staatsbürger, die in der Bundesrepublik Deutschland leben, können durch gemeinschaftliche notarielle Erklärung jedenfalls dann deutsches Recht für ihr unbewegliches Vermögen in der Bundesrepublik Deutschland wählen, wenn sie zuvor durch in Italien formgültige Einzeltestamente deutsches Recht für ihren Nachlass gewählt haben.
74 *Barel*, in: Franzina/Leandro, S. 111.
75 *Ballarino*, Diritto internazionale privato, S. 538 f.; *Hausmann*, JbItR 15/16 (2002/2003) 173, 183–186; *Ebenroth/Kleiser*, RIW 1993, 353, 359; *Reiß*, Internationales Erbrecht Italien, Rn 49; *Engbers*, Deutsch-italienische Erbfälle, S. 55 ff., 62 f.: gleiches Ergebnis, egal, ob man ungeschriebene Qualifikationsverweisung oder funktionelle Qualifikation ausländischer Rechtsinstitute annimmt.
76 So Palandt/*Thorn*, Art. 25 EGBGB Rn 13; *Engbers*, Deutsch-italienische Erbfälle, S. 57 f. m.w.N.
77 *Riering*, ZEV 1994, 225, 226.
78 Vgl. *Engbers*, Deutsch-italienische Erbfälle, S. 60 f. m.w.N., 64; *Grundmann*, IPRax 1986, 94, 97.
79 *Reiß*, Internationales Erbrecht Italien, Rn 153.
80 Vgl. *Barel/Armellini*, S. 193 mit Verweis auf Trib. Bolzano, 8 März 1968, RepGI 1968, Successione, Nr. 64.

der italienische Erblasser seinen gewöhnlichen Aufenthalt in Deutschland hat, als auch für den Fall, dass der Vertragspartner deutscher Staatsangehöriger ist. Dies ergibt sich aus Art. 25 Abs. 3 EU-ErbVO. Zu beachten ist allerdings, dass der Begriff „Erbvertrag" nach der EU-ErbVO nicht mit den Begriff des it. *patto successorio* übereinstimmt, da gem. Art. 3 Abs. 1 Buchst. b) EU-ErbVO unter den europäisch-autonomen Begriff nur die sog. *patti istitutivi* (Verfügungsverträge) fallen, nicht hingegen die sog. *patti dispositivi* und *patti rinunciativi*.[81] Letztere bleiben daher nach italienischem Recht unzulässig.

56 Auch ein **gemeinschaftliches Testament** ist gem. Art. 24 EU-ErbVO zulässig.[82] Da für die Zulässigkeit und Wirksamkeit an die Verhältnisse zum Zeitpunkt der Errichtung des gemeinschaftlichen Testaments (Art. 24 Abs. 1 EU-ErbVO) bzw. des Abschlusses des Erbvertrages (Art. 25 Abs. 1 EU-ErbVO) angeknüpft wird, scheidet eine mögliche Unwirksamkeit der letztwilligen Verfügung im Todeszeitpunkt auch beim Statutenwechsel aus.

VII. Auf die Nachlassabwicklung anwendbares Recht

57 Gemäß Art. 51 Abs. 2 it. IPRG gilt nach h.M. in Literatur und Rechtsprechung unabhängig vom Wortlaut nur für den Erwerb und Verlust von Rechten an beweglichen und unbeweglichen Nachlassgegenständen, den sog. **titulus**, der **Vorrang des Erbstatuts**, so dass dieses über die Person des Rechtsinhabers, die Quote seiner Berechtigung sowie über die zum Rechtserwerb erforderlichen erbspezifischen Voraussetzungen (Eintritt und Zeitpunkt des Todesfalles, Wirksamkeit einer Erbschaftsannahme oder -ausschlagung) entscheidet, während der dingliche Vollzug, der sog. **modus**, dem Sachenrechtsstatut (= *lex rei sitae*, Recht des Belegenheitsortes gem. Art. 51 Abs. 1 it. IPRG) unterliegt.[83] Die h.L. Lehre hat also unabhängig vom Wortlaut des Art. 51 Abs. 2 it. IPRG die alte Unterscheidung zwischen dem *titulus* und dem *modus* des Nachlasserwerbs beibehalten, legt also den Nachsatz in Art. 51 Abs. 2 it. IPRG eng aus.[84] Das **Erbstatut** entscheidet über die Voraussetzungen für den Erwerb der Erbenstellung (*titulus*), während für den dinglichen Vollzug (*modus*) das **Sachstatut**, also i.d.R. das Recht des Belegenheitsortes maßgebend ist.

58 Die **Abgrenzung** zwischen beiden Rechtsinstituten ist aber nach wie vor umstritten. Zum **titulus** zählt die Frage, ob und unter welcher Form die Erbschaft angenommen worden ist. Diese Frage soll aber nach h.L. ebenso wie die Frage, in welcher Art die Berechtigung an den einzelnen Nachlassgegenständen entsteht (d.h. für Frage der Ausgestaltung der Erbengemeinschaft als Bruchteils- oder Gesamthandsgemeinschaft[85]), auch zum **modus** gehören, so dass nach italienischem Recht sachenrechtlich zum Erwerb auch die Erbschaftsannahme erforderlich ist. Das Recht des Belegenheitsortes gilt insbesondere für die Frage, welche dinglichen Rechte an einem Nachlassgegenstand entstehen können.

59 Umstritten sind zwei Fragen:

60 **1.** Wird bei Geltung eines ausländischen Erbstatuts, das wie das deutsche Recht den Grundsatz des **Vonselbsterwerbs** kennt, das Eigentum an den Nachlassgegenständen automatisch erworben oder ist infolge Anwendung der *lex rei sitae* für in Italien belegenes Vermögen in

---

[81] So *Barel*, in: Franzina/Leandro, S. 105, 109.
[82] *Barel*, in: Franzina/Leandro, S. 113.
[83] Vgl. *Priemer*, MittRhNotK 2000, 45, 55 m.w.N. in Fn 115.
[84] *Ballarino*, Diritto internazionale privato, S. 566–569; *Luzzatto*, Riv.dir.int.priv.proc. 1995, 1155 f.; *Adam*, Corr. Giur. 1995, 1252; *Maglio/Thorn*, ZVglRWiss 96 (1997), 347, 369 f.
[85] Zur Abgrenzung zwischen Erb- und Sachenrechtsstatut bei der Erbteilung auch *Ballarino*, Diritto internazionale privato, S. 546 f.; *v. Daumiller*, Die Rechtswahl im italienischen internationalen Erbrecht, S. 204 f.

jedem Fall die Annahmeerklärung nach Art. 459 c.c. erforderlich?[86] Rechtsprechung und Lehre sind uneinheitlich, rechnen aber bei in Italien belegenem Vermögen eines Erblassers, für den deutsches Erbrecht gilt, die Erbschaftsannahme auch zu dem Sachenrechtsstatut unterliegenden *modus*, da der materielle Rechtsübergang auf den Bedachten der *lex rei sitae* unterliegt;[87] die Annahme der Erbschaft ist zunächst eine Voraussetzung für den Erwerb der Erbenstellung; nichtsdestotrotz wird sie auch dem dinglichen Vollzug zugerechnet. Daher muss der Erbe in folgenden Konstellationen die Erbschaft annehmen:

– Für den Erblasser gilt italienisches Recht, sei es aufgrund der Anwendung der EU-ErbVO oder nach bisherigem Recht (Erbschaftsannahme als Teil des *titulus*).
– Es befinden sich Nachlassgegenstände in Italien, das Erbstatut ist aber nicht italienisches Recht (Erbschaftsannahme als Teil des *modus*).

Geht es um den Erwerb einer in Italien belegenen Immobilie, reicht für den Eigentumsübergang bei Anfall durch Erbschaft diese Erbschaftsannahme; handelt es sich um ein Vermächtnis, bedarf es nur der Einigung; eines gesonderten dinglichen Rechtsgeschäfts bedarf es ebenso wenig wie einer Übergabe oder Registereintragung; dies gilt nicht für Gegenden, in denen das österreichische Grundbuchsystem beibehalten wurde.[88] Nach Art. 67, 68 it. IPRG sind grundsätzlich auch ausländische öffentliche Urkunden eintragungsfähig.

61

Gemäß Art. 68 Buchst. m) EU-ErbVO ist im Nachlasszeugnis das **Vindikationslegat** auszuweisen, anders als das nur schuldrechtliche Vermächtnis. Unter der Geltung der EU-ErbVO stellt sich nun die Frage der **Abgrenzung** zwischen **Erbstatut** einerseits und **Sachenrechtsstatut** andererseits. Führt ein unter Anwendung der EU-ErbVO wirksames Vindikationslegat in Deutschland zum automatischen Rechtsübergang? Maßgebend ist Art. 31 EU-ErbVO. Im Allgemeinen wird die Vorfrage über die Übertragbarkeit von Rechten dem nationalen Recht überlassen. Wie bisher schon wird dem Sachenrecht der Vorrang vor dem Erbstatut eingeräumt.[89] Das Erbstatut ist also nicht abschließend. Begründet wird dies mit dem Schutz des Rechtsverkehrs und der Bedeutung der Registereintragung. Dies bedeutet, dass ein unter Geltung der EU-ErbVO angeordnetes Vermächtnis eines in Deutschland gelegenen Grundstücks, für das italienisches Recht gilt, keine automatische dingliche Wirkung in Deutschland hat. Es bedarf wie bisher der Auflassung und Eintragung im Grundbuch. Umgekehrt bedarf es bei einem unter Geltung der EU-ErbVO angeordneten Vermächtnis eines in Italien gelegenen Grundstücks, für das deutsches Recht gilt, keines dinglichen Vollzugsgeschäfts mehr. Da aus deutscher Sicht das Vermächtnis nur schuldrechtlich gilt und deswegen im Europäischen Nachlasszeugnis nicht aufgeführt ist, muss wohl die Vorlage des maßgeblichen Testaments beim Immobilienregister genügen.

62

2. Wie sind ein nach italienischem Sachrecht zulässiges Vindikationslegat, die **Vorausteilung** sowie die dingliche Wirkungen des Art. 540 Abs. 2 c.c. (**Nutzungsrecht** des überlebenden Ehegatten an der Ehewohnung und am Hausrat) bei in Deutschland belegenem Vermögen zu beurteilen?

63

Beispiel: Ein italienischer Staatsangehöriger vermacht durch ein nach italienischem Recht (Art. 649 c.c.) zulässiges sog. **Vindikationslegat** eine Immobilie in Deutschland einer bestimmten Person. Nach herrschender deutscher Lehre erwirbt der Bedachte den in Deutschland belegenen Grundbesitz nicht *ipso iure*; nach deutschem Recht, dem ein dinglich wirken-

---

86 So *Ballarino*, Diritto internazionale privato, S. 542; a.A. *Ebenroth/Kleiser*, RIW 1993, 353, 358; vgl. Trib. Brescia 25.11.1999, Riv.int.priv. proc. 2000, 1041.
87 *Ballarino*, Diritto internazionale privato, S. 569.
88 Vgl. Dekret vom 28.3.1929; die Grundbucheintragung ist in diesen Gebieten konstitutiv.
89 Siehe *Lechner*, IPRax 2013, 497, 500.

des Vermächtnis unbekannt ist, als vorrangiger *lex rei sitae* sind noch Auflassung und Grundbucheintragung erforderlich. Das Vindikationslegat bzw. die Vorausteilung sind im Wege der Anpassung in eine schuldrechtliche Verpflichtung zur Übertragung/Rechtsbestellung etc. umzudeuten.[90]

VIII. Erbschein/Europäisches Nachlasszeugnis

64 Mit Art. 62 ff. EU-ErbVO wird nun auch in Italien allgemein der Erbschein eingeführt, dessen Erteilung bislang nur in einigen Gebieten möglich war (vgl. Rn 244); dort gilt das bisherige Recht gemäß Gesetz 30 ottobre 2014, n. 161, Art. 32 Abs. 3, – auch hinsichtlich der Zuständigkeit – unverändert fort.[91] Zuständig sind im übrigen Italien – mit Ausnahme vorstehender Gebiete[92] – gem. Art. 32 Abs. 1 dieses Gesetzes die Notare.

B. Materielles Erbrecht

I. Grundsätze des italienischen Erbrechts

65 Das italienische Erbrecht wird von folgenden Grundsätzen geprägt:
– Grundsatz der Universalsukzession;[93]
– gesetzliches Erbrecht als Verwandtenerbrecht, Berufung kraft Repräsentation;
– Ausgestaltung des Pflichtteils als echtes Noterbrecht; Erwerb der bis dahin ruhenden Erbschaft erst mit der Annahmeerklärung;
– Ausgestaltung des Vermächtnisses als sog. Vindikationslegat; und
– Verbot des Erbvertrages und des gemeinschaftlichen Testaments.

II. Gesetzliche Erbfolge

1. Allgemeines

66 Als gesetzliche Erben sind in Art. 565 c.c. der Ehegatte, die Abkömmlinge, die Aszendenten, die Geschwister, die übrigen Verwandten bis zum sechsten Grad und der Staat genannt. Grundsätzlich schließt der nähere den entfernteren Verwandtschaftsgrad aus.

---

90 H.L., BGH ZEV 1995, 298, 300 = DNotZ 1995, 704; *Birk*, ZEV 1995, 283; *Dörner*, IPRax 1996, 26 als Anm. zum BGH-Urteil; Palandt/*Thorn*, Art. 25 EGBGB Rn 11; MüKo/*Birk*, Art. 25 EGBGB Rn 170; *Engbers*, Deutsch-italienische Erbfälle, S. 37, 71, 73.
91 Disposizioni per l'adempimento degli obblighi derivanti dall'appartenenza dell'Italia all'Unione europea – Legge europea 2013-bis. (14G00174) (GU n. 261 del 10.11.2014 – Suppl. Ordinario n. 83). In Kraft getreten am 25.11.2014.
92 Dies sind die Provinzen Bozen, Trient, Triest und Görz sowie bestimmte Gebiete der Provinzen Udine (Cervignano und Pontebba), Belluno (Cortina d'Ampezzo, Buchenstein und Colle Lucia) und Brescia (Valvestino), Art. 1 des Kgl. Dekrets vom 28.3.1929, Nr. 91; vgl. dazu *Gabrielli/Tommaseo*, Kommentar zum Grundbuchsgesetz, 2. Aufl. 1999, S. 87 ff.; auch *Engbers*, Deutsch-italienische Erbfälle, S. 205.
93 Zu den einer Sondererbfolge unterliegenden Gegenständen *Gabrielli*, Familienbeziehungen und Testierfreiheit in der Erbfolge nach italienischem Recht, in: Henrich/Schwab, Familienerbrecht, S. 125, 133–136.

Durch die neue Kindschaftsrechtsreform[94] sind in Italien eheliche und nichteheliche Abkömmlinge vollkommen gleichgestellt (Art. 565 c.c. n.F.).[95]

In der Seitenlinie sind nun auch „nichteheliche" Geschwister des Verstorbenen (Art. 468 c.c. n.F.), die bislang erst in der vorletzten Ordnung vor dem Staat erbberechtigt waren, gleichgestellt. Nach dem außerhalb der Ehe geborenen Kind sind, soweit diese Ordnung zum Zug kommt, alle Verwandten in der Seitenlinie erbberechtigt.

Das italienische Recht kennt bis jetzt keine gleichgeschlechtliche Partnerschaft. Der nichteheliche Partner ist nicht gesetzlicher Erbe. Ihm werden lediglich einzelne Rechte zuerkannt (z.B. schuldrechtlicher Anspruch auf Weiternutzung der gemeinsamen Wohnung, Art. 6 G. Nr. 392/1978).[96]

2. Gesetzliches Erbrecht des Ehegatten

Das Erbrecht des Ehegatten ist in Art. 581 c.c. geregelt. Soweit neben dem Ehegatten Abkömmlinge, Eltern, Großeltern oder Geschwister des Erblassers vorhanden sind, erben diese mit. Sind solche nicht vorhanden, erbt der Ehegatte allein. Beim Zusammentreffen mit Kindern oder deren Repräsentanten erbt der überlebende Ehegatte die **Hälfte des Nachlasses**, wenn nur ein Kind vorhanden ist, ansonsten ein Drittel. Neben ehelichen Aszendenten (Eltern, Großeltern und Urgroßeltern) des Erblassers und/oder dessen Geschwistern (auch halbbürtigen) bzw. den Repräsentanten der Geschwister erbt der überlebende Ehegatte zwei Drittel des Nachlasses (Art. 582 S. 1 c.c.).

67

Darüber hinaus steht dem Ehegatten gem. Art. 540 Abs. 2 c.c. *ipso iure*[97] noch ein dingliches **Nutzungsrecht** an der **Ehewohnung** und am dazugehörigen[98] und im Eigentum des Erblassers stehenden Hausrat zu. Dieser Anspruch ist zwar als Noterbrecht ausgestaltet, besteht aber auch, wenn der überlebende Ehegatte gesetzlicher oder testamentarischer Erbe wird.[99] Diese Nutzungsrechte sind als gesetzliche Vorausvermächtnisse nicht auf die Erbquote des Ehegatten anzurechnen.[100] Basiert die Nutzung der Ehewohnung auf einem Mietvertrag, entsteht für den überlebenden Ehegatten ein schuldrechtlicher Anspruch auf Fortführung des Mietvertrages (Art. 6 G. Nr. 392/1978). Derselbe Anspruch wird dem nichtehelichen Partner zuerkannt.[101]

68

Voraussetzung für das Ehegattenerbrecht ist das Bestehen einer **gültigen Ehe**. Der getrennt lebende Ehegatte ist trotz gerichtlicher oder einvernehmlicher[102] Trennung (**Trennung von**

69

---

94 Dlg. 10.12.2012, n. 219 und dessen Dlg. vom 8.1.2014, in Kraft getreten am 7.2.2014.
95 Bei den Art. 47, 468, 538, 544, 565, 566, 573, 580, 581, 583, 595, 715, 737 c.c. handelt es sich nur um eine reine Terminologische Anpassung.
96 Art. 6 wurde vom Corte Cost. 88/404 insoweit für verfassungswidrig erklärt, als er den nichtehelichen Partner nicht als nachfolgeberechtigt aufführt.
97 *Cubeddu*, La casa familiare 2005, S. 232. Nicht aber dem nichtehelichen Partner: Corte di Appello Roma, 2.12.2014, Riv. not. 2014, II, 800.
98 Der Anspruch richtet sich gegen die Erben und nach h.L. – anders als beim *assegno di divorzio* des geschiedenen Ehegatten – auch gegen die zu Lebzeiten vom Erblasser Beschenkten, vgl. *Gabrielli*, Familienbeziehungen und Testierfreiheit in der Erbfolge nach italienischem Recht, in: Henrich/Schwab, Familienerbrecht, S. 130.
99 Cian/Trabucchi/*Vascellari*, Art. 581 Anm. II 1; *Engbers*, Deutsch-italienische Erbfälle, S. 36.
100 Cass. S.u., 13/4847, Foro it. 2013, I, 2229.
101 Corte Cost. 88/404.
102 Gemäß Dlg. vom 12.9.2014, Nr. 132 kann nun die Trennung bzw. Scheidung einvernehmlich unter Beteiligung von Anwälten oder vor dem Standesamt vereinbart werden: s. *Henrich*, in: Bergmann/Ferid, Italien, S. 39.

Tisch und Bett) erbberechtigt, es sei denn, mit rechtskräftigem Urteil ist festgestellt worden, dass ihn an der Trennung das Verschulden trifft (Art. 151 Abs. 2 c.c.). Da bei Tod während des gerichtlichen Trennungsverfahrens dieses nicht mehr fortgesetzt werden kann, bleibt das Erbrecht in diesem Fall bestehen. Werden beide Ehegatten an der Trennung für schuldig befunden, beerbt keiner den anderen. Der an der Trennung gerichtlich für schuldig befundene Ehegatte hat gem. Art. 585 Abs. 2, 548 Abs. 2 c.c. nur einen Anspruch auf eine *assegno vitalizio alimentare*, wenn ihm im Zeitpunkt des Todes an sich ein Mindestunterhalt zustünde, und auf die Ehewohnung nach Art. 155 Abs. 6 c.c., wenn sie ihm bereits durch Gerichtsentscheidung zugewiesen wurde. Soweit dem geschiedenen unterhaltsberechtigten Ehegatten nach Art. 9 *bis* des Scheidungsgesetzes ein *assegno di divorzio* zugesprochen wurde, stellt dies eine von den Erben zu erfüllende Nachlassverbindlichkeit dar.

70 Mit dem Tod eines Ehegatten endet der gesetzliche Güterstand (Art. 149 Abs. 1, 191 Abs. 1 c.c.). Die Errungenschaftsgemeinschaft ist auch im Fall des Todes eines Ehegatten auseinanderzusetzen (siehe auch Rn 156 f.);[103] das Gesamtgut ist zunächst zwischen dem überlebenden Ehegatten und den Erben gleichmäßig zu teilen; nur der Anteil des verstorbenen Ehegatten am Gesamtgut gehört zum Nachlass. Soweit Ehegatten durch Ehevertrag nach Art. 167 c.c. für unbewegliche und für in Registern eingetragene bewegliche Sachen sowie für Wertpapiere einen sog. *fondo patrimoniale* gebildet haben, besteht dieser nach Art. 171 c.c. auch nach dem Tod eines Ehegatten noch bis zur Volljährigkeit aller Kinder fort. Dadurch lassen sich Pflichtteilsansprüche aber nicht ausschließen.[104]

3. Verwandtenerbfolge

a) Erbordnungen, Linearsystem, Repräsentationsprinzip

71 Nach italienischem Erbrecht sind die Verwandten des Erblassers in **Ordnungen** zu unterscheiden (Art. 566–580 c.c.), von denen die vorrangige jeweils die nachfolgende verdrängt: Erben **erster** Ordnung sind die Abkömmlinge (Art. 566 Abs. 1 c.c.), Erben **zweiter** Ordnung sind die Aszendenten und Geschwister, Erben dritter Ordnung sind die anderen Verwandten bis zum sechsten Grad, wobei die gradnäheren die gradferneren ausschließen. (Art. 572 c.c.). Ein Verwandter ist nicht zur Erbfolge berufen, solange ein Verwandter einer vorhergehenden Ordnung/Grades vorhanden ist. Mehrere Verwandte gleichen Grades erben unter sich zu gleichen Teilen. Sind mehrere Verwandte der gleichen Ordnung vorhanden, gilt das sog. **Linearsystem**, wonach jeder zur Erbfolge gelangende Abkömmling als Repräsentant seiner Linie alle durch ihn mit dem Erblasser verwandten Abkömmlinge von der Erbfolge ausschließt.

72 Von Bedeutung ist der Grundsatz der **Repräsentation** (Art. 468 c.c.) bei zu Erben berufenen Kindern und Geschwistern:[105] Können oder wollen die zunächst berufenen Kinder oder Geschwister nicht Erbe werden, treten an deren Stelle[106] die Abkömmlinge (Grundsatz der Repräsentation – Beerbung nach Stämmen, Art. 469 Abs. 3 c.c.). Das Repräsentationsprinzip gilt nicht nur bei gesetzlicher Erbfolge, sondern auch bei testamentarischer Erbfolge. Es geht nach Art. 674 Abs. 4 c.c. der **Anwachsung** vor.

---

103 *Galgano*, Diritto privato, S. 783; *Engbers*, Deutsch-italienische Erbfälle, S. 36.
104 *Auletta*, Il fondo patrimoniale, S. 329; *Gatt*, La liberalità, I, Torino 2002, S. 320.
105 Die Aufzählung ist abschließend: Ist der überlebende Ehegatte des Erblassers, der Ehegatte von Kindern oder von Geschwistern (Cass. 12/5508) oder der Neffe oder die Nichte (Cass. 09/22840) zum Erben berufen, tritt, wenn diese als Erben wegfallen, keine Repräsentation ein.
106 Gemäß Kindschaftsrechtsreform 2013 sind nun eheliche und nichteheliche Kinder gleichgestellt.

b) Abkömmlinge

Sind Abkömmlinge vorhanden und hinterlässt der Erblasser keinen Ehegatten, so steht diesen kraft Gesetzes das gesamte Vermögen zu, mehreren zu unter sich gleichen Teilen. Kinder schließen Enkelkinder aus (sog. **Linearsystem**). Bei Vorversterben eines Abkömmlings treten an dessen Stelle seine Abkömmlinge.

73

In der Ehe geborene und außer der Ehe geborene Abkömmlinge[107] sowie adoptierte[108] Kinder sind **gleichgestellt** (Art. 567 c.c.).[109] Außer der Ehe geborene Kinder müssen in jedem Fall vom Erblasser (Vater- und Mutterschaft) anerkannt (Art. 573, 250–268 c.c.) oder die Abstammung muss gerichtlich festgestellt worden sein (Art. 573, 269–279 c.c.). Die Feststellung der Elternschaft kann auch noch nach dem Tod des Erblassers erfolgen.[110] Auch Inzestkinder können nun anerkannt werden. Gleichgestellt sind auch legitimierte[111] Kinder, soweit die Legitimation vor Inkrafttreten der Kindschaftsrechtsreform (7.2.2014) erfolgte; das Rechtsinstitut der Legitimation ist nunmehr abgeschafft.[112] Stiefkinder sind nur gegenüber ihrem leiblichen Elternteil erbberechtigt.

74

Die Anerkennung und die Feststellung wirken seit der neuen Kindschaftsrechtsreform auch in Bezug auf Verwandte des anerkennenden Elternteils. Das Kind ist somit gesetzlich voll erbberechtigt nach den Verwandten der Eltern in gerader Linie und in der Seitenlinie.

Insbesondere nach Art. 253 c.c.[113] nicht anerkennungsfähigen Kindern steht ein bloßer Geldanspruch entsprechend ihrer fiktiven Erbquote (Art. 580 c.c.) in Höhe der aus ihrem, im Fall unterstellter Anerkennung sich ergebenden Erbteil fließenden Rendite zu. Es steht also nicht nur den in der Ehe geborenen Kindern ein Abfindungsrecht zu; vielmehr kann umgekehrt auch das nicht anerkennungsfähige Kind seine Abfindung durch Kapitalisierung verlangen, die die Erben durch Übertragung von Nachlassgegenständen erfüllen können (Art. 580 Abs. 2 c.c.).

Neben dem Ehegatten erbt ein Kind die **Hälfte**. Erbt mehr als ein Kind, stehen ihnen $^2/_3$ des Nachlasses zu unter sich gleichen Teilen zu. Die frühere Regelung des Art. 537 Abs. 3 c.c., die Nachlassbeteiligung von nichtehelichen Kindern in eine Geldabfindung umzuwandeln oder ihnen bestimmte Nachlassgegenstände zuzuweisen, wurde aufgehoben.

75

---

107 Der Begriff „außer der Ehe geborenes Kind" (*figlio nato fuori dal matrimonio*) hat seit der Kindschaftsrechtsreform vom 10.12.2012, Nr. 219 den Begriff „natürliches Kind" (*figlio naturale*) ersetzt.

108 Zu unterscheiden ist zwischen der *adozione di persone maggiore di età* (Art. 291–314 c.c.) – mit vergleichbarer Wirkung auch die Adoption von Minderjährigen in besonderen Fällen nach Art. 44 G. 4.5.1983, n. 184 – und der *adozione dei minori*, G. 4.5.1983, n. 184. Bei Ersterer hat das Adoptivkind kein Erbrecht gegenüber den Verwandten des Adoptierenden (Art. 300 Abs. 2 c.c.) und behält sein Erbrecht gegenüber den natürlichen Verwandten (Art. 300 Abs. 1 c.c.). Bei der *adozione dei minori* wird gleich den leiblichen ehelichen Kindern ein Verwandtschaftsverhältnis auch gegenüber allen Verwandten des Adoptierenden begründet (Art. 27 G. 4.5.1983, n. 184).

109 Die vollständige Gleichstellung wurde durch das D.lgs. vom 28.12.2013, Nr. 154 (in Kraft getreten am 7.2.2014) erreicht.

110 Vgl. Cian/Trabucchi/*Vascellari*, Art. 573 Anm. I–II; *Gabrielli*, Familienbeziehungen und Testierfreiheit in der Erbfolge nach italienischem Recht, in: Henrich/Schwab, Familienerbrecht, S. 131. Bei gerichtlicher Feststellung der Kindschaft beginnt die Verjährungsfrist erst nach Rechtskraft des Feststellungsurteils (Art. 480 Abs. 1 S. 2 c.c. n.F.).

111 Zulässig war bis zur Kindschaftsrechtsreform 2013 die Legitimation durch Eheschließung der Eltern, Anerkennung oder gerichtliche Feststellung der Elternschaft.

112 Gesetz vom 10.12.2012, Nr. 219.

113 Ehebruchskinder sind unbeschränkt anerkennungsfähig; dies gilt aber nicht bei einem nicht mehr beseitigbaren anderweitigen ehelichen Status, so Cass. 92/711, Giur. it 1993, I, 138.

c) Aszendenten und Geschwister

76 Die Eltern erben nur, wenn der Erblasser keine Abkömmlinge hat. Anders als nach deutschem Recht erben neben den Eltern gleichzeitig auch etwaige Geschwister des Erblassers, weil sie Erben gleicher Ordnung sind.

77 War der Erblasser nicht verheiratet, erben die Eltern bzw. der überlebende Elternteil einerseits und die Geschwister, ersatzweise deren Repräsentanten, andererseits zu gleichen Teilen nach Köpfen Die Eltern erben aber mindestens die Hälfte des Nachlasses (Art. 571 Abs. 1 c.c.). Neben dem Ehegatten – dessen Quote in diesem Fall $2/3$ beträgt – erben die Eltern bzw. der überlebende Elternteil allein ein Drittel, wenn der Erblasser keine Geschwister hat. Neben den Ehegatten und Geschwistern erben die Eltern ein Viertel (Art. 582 i.V.m. Art. 571 Abs. 1 c.c.); die Geschwister bzw. das Geschwisterteil, ersatzweise deren Repräsentanten, erben ein $1/12$. Sind weder Kinder noch Geschwister oder deren Abkömmlinge vorhanden, erben die Eltern bzw. der Überlebende von ihnen (Art. 568 c.c.) allein; wollen oder können diese nicht erben, erben die Vorfahren nach Linie (Art. 569 c.c.). Sind keine Eltern vorhanden, erben die Geschwister neben dem Ehegatten ein Drittel (Art. 582 S. 1 c.c.).

78 Eltern von außerhalb der Ehe geborenen Kindern sind erbberechtigt, wenn die Kindschaft anerkannt oder gerichtlich festgestellt worden ist (Art. 578 Abs. 1, 2 und Art. 579 Abs. 2 c.c.). Eltern beerben ihre legitimierten Kinder, wenn die Legitimation vor dem 7.2.2014 erfolgte; hatte nur ein Elternteil das Kind legitimiert, war gem. Art. 284 c.c. a.F. der andere nicht legitimierende Elternteil von der gesetzlichen Erbfolge ausgeschlossen (Art. 578 Abs. 3 c.c.). Bei der *adozione dei maggiori di età* sind die Adoptiveltern beim Tod des Adoptivkindes nicht erbberechtigt (Art. 304 c.c.), anders bei der *adozione dei minori*. Seitenverwandte von außerhalb der Ehe geborenen Kindern sind durch die Reform des Abstammungsrechts von 2012/2013 völlig gleichgestellt.

79 Entferntere Aszendenten (Großeltern, Urgroßeltern) werden durch die Eltern ausgeschlossen (Art. 569 c.c.).

80 Mehrere Geschwister erben zu gleichen Teilen; beim Zusammentreffen von halbbürtigen mit vollbürtigen Geschwistern oder Eltern erhalten Erstere nur die Hälfte des Anteils, der einem vollbürtigen Geschwister oder einem Elternteil zusteht (Art. 570 Abs. 1, 2 c.c.). Weggefallene Geschwisterteile werden nach Art. 468 c.c. durch ihre Abkömmlinge repräsentiert.

d) Weitere Verwandte bis zum sechsten Grad

81 Hinterlässt der Erblasser weder Ehegatten noch Abkömmlinge noch Aszendenten oder Geschwister einschließlich etwaiger Repräsentanten, sind als Erben dritter Ordnung die entfernteren Verwandten bis zum sechsten Grad berufen (Art. 572 c.c.). Gradnähere gehen gradferneren Verwandten vor; Verwandte gleichen Grades erben nach Köpfen, nicht nach Stämmen.

e) Der Staat als Erbe

82 Ist weder ein Ehegatte noch ein Verwandter der ersten bis dritten Ordnung vorhanden, erbt der Staat (Art. 586 c.c.) das gesamte Vermögen, also auch etwa im Ausland belegenes Vermögen. Er kann sein gesetzliches Erbrecht nicht ausschlagen. Eine besondere Annahme seinerseits ist nicht erforderlich. Seine Haftung für Nachlassverbindlichkeiten ist auf das ererbte Vermögen beschränkt.

Aus der privatrechtlichen Qualifikation des Staatserbrechts folgt, dass der italienische Staat nur dann erbt, wenn Erbstatut italienisches Recht ist, d.h. bei italienischer Staatsangehörigkeit des Erblassers. Nach Art. 49 it. IPRG erbt der italienischen Staat darüber hinaus auch dann, wenn das anwendbare Recht kein Staatserbrecht kennt und der Nachlass aus Gütern besteht, die sich in Italien befinden;[114] ungelöst von Art. 49 it. IPRG ist der Fall, dass der Lagestaat kraft Aneignungsrecht als auch der italienische Staat kraft anwendbaren Erbrechts einen bestimmten Vermögenswert beanspruchen.[115]

4. Einfluss des Güterrechts auf die Erbfolge

Das Güterrecht hat keinen direkten Einfluss auf die Erbfolge. Die **Erbquote** des Ehegatten ist unabhängig vom Güterstand der Ehegatten. Zu beachten ist, dass mit dem Tod eines Ehegatten auch der gesetzliche Güterstand (*comunione legale*) endet (Art. 149 Abs. 1, 191 Abs. 1 c.c.). Das Gesamtgut ist daher gem. Art. 194 Abs. 1 c.c. vorab gleichmäßig zu teilen: Nur der Anteil des verstorbenen Ehegatten am Gesamtgut gehört zum Nachlass. Zur Erhöhung der Erbquote beim Zusammentreffen von italienischem gesetzlichen Erbrecht und der Zugewinngemeinschaft deutschen Rechts siehe Rn 48.

III. Testamentarische Erbfolge

1. Testamentsformen

Das Gesetz unterscheidet zwischen ordentlichen und außerordentlichen Testamenten. Ordentliche Testamentsformen sind das eigenhändige und das in notarieller Form errichtete Testament.

Das **eigenhändige Testament** (*testamento olografo*) ist vom Erblasser komplett eigenhändig zu schreiben und zu unterschreiben. Es muss auch datiert sein; fehlt das Datum, ist es aber nicht *ipso iure* nichtig, sondern lediglich anfechtbar (Art. 606 Abs. 2 c.c.). Einfügungen von fremder Hand machen das Testament unwirksam.[116] Ist es nicht mehr auffindbar, ist eine Rekonstruktion durch Nachweis von Inhalt und formwirksamer Errichtung möglich.[117]

Beim in **notarieller Form** errichteten Testament sind zwei Formen, das öffentliche und das geheime Testament, zu unterscheiden: Das öffentliche Testament (Art. 603 c.c.) wird vom Notar in Gegenwart von zwei Zeugen aufgenommen,[118] während beim geheimen Testament das eigenhändige Testament des Erblassers bei einem Notar in einem versiegelten Umschlag hinterlegt wird (Art. 604, 605 c.c.). Notarielle Testamente sind vom Notar an das **Testamentsregister** beim *Uffizio Centrale degli Archivi Notarili* zu übermitteln.

Außerordentliche Testamente, die nur eine begrenzte Geltungsdauer von drei Monaten ab Beendigung der Ausnahmesituation haben (Art. 610 Abs. 1, 616 Abs. 1, 618 Abs. 2 c.c.), sind das allgemeine Nottestament, das Militär-, das See- und das Luftfahrttestament (Art. 609, 611–618 c.c.).[119]

---

114 Vgl. *Maglio/Thorn*, ZVglRWiss 96 (1997), 347, 368.
115 Vgl. *Clerici*, Riv.dir.int.priv.proc. 1995, 1149; *Ballarino*, Diritto internazionale privato, S. 518.
116 *Reiß*, Internationales Erbrecht Italien, Rn 277.
117 *Hausmann/Trabucchi*, in: Ferid/Firsching/Dörner/Hausmann, Italien Grdz. Rn 259; *Reiß*, Internationales Erbrecht Italien, Rn 221.
118 Vgl. Art. 603 Abs. 4 c.c. i.V.m. Art. 56 und 57 Notariatsgesetz für Taube, Stumme und Leseunfähige; Art. 54 und 55 Notariatsgesetz für der italienischen Sprache Unkundige. Vgl. *Hausmann/Trabucchi*, in: Ferid/Firsching/Dörner/Hausmann, Italien Grdz. Rn 267.
119 Vgl. dazu *Hausmann/Trabucchi*, in: Ferid/Firsching/Dörner/Hausmann, Italien Grdz. Rn 273ff.

89 Der Erblasser muss **testierfähig** sein. Nach Art. 591 c.c. sind Minderjährige, Entmündigte und Handlungsunfähige nicht testierfähig.[120] Nach italienischem Recht gibt es also für Minderjährige noch keine Möglichkeit, ein Testament zu errichten. Nach dem neuen Betreuungsgesetz vom 2004, N. 6 hat nach einigen Stimmen in der Lehre das Gericht bei Anordnung der Betreuung die Möglichkeit, einem Betreuten auch die Testierfähigkeit zu entziehen.[121]

90 Zu **absoluter Nichtigkeit** von Testamenten führen insbesondere der Mangel der Eigenhändigkeit und die fehlende Unterschrift,[122] während folgende Verstöße (**relative Nichtigkeit**) das Testament nur mittels einer innerhalb von fünf Jahren zu erhebenden *azione di annullamento* vernichtbar machen:[123] z.B. fehlende Testierfähigkeit (Art. 591 c.c.),[124] andere Formfehler (Art. 606 Abs. 2 c.c.)[125] sowie Willensmängel wie Irrtum, Zwang oder arglistige Täuschung (Art. 624, 625 c.c.).[126] Die Nichtigkeit einer testamentarischen Verfügung – worauf auch immer sie beruht[127] – kann nicht derjenige geltend machen, der nach dem Tode des Erblassers die Verfügung bestätigt oder freiwillig ausgeführt hat, obgleich ihm die Nichtigkeit bekannt war (Art. 590 c.c.).

2. Testamentsregister

91 Italien hat das Basler Europäische Übereinkommen über die Errichtung einer Organisation zur Registrierung von Testamenten ratifiziert und ein Testamentsregister beim *Uffizio Centrale degli Archivi Notarili* im Justizministerium eingerichtet. Hier können auch im Ausland notariell beurkundete Testamente registriert werden und zwar unabhängig davon, ob der Staat, in dem das Testament errichtet wurde, dem Übereinkommen beigetreten ist oder nicht. Voraussetzung für die Registrierung ist allerdings, dass das Testament bzw. eine Kopie hiervon zuvor in Italien in einem Notararchiv hinterlegt worden ist.[128]

3. Höchstpersönlichkeit und Widerruflichkeit des Testaments

92 Testamente können nach italienischem Recht nur rein einseitig errichtet werden; sie sind frei widerruflich und höchstpersönlich. Das italienische Recht kennt das gemeinschaftliche Testament nicht.

---

120 Bloße alters- oder krankheitsbedingte Einschränkungen der geistige Fähigkeiten reichen nicht aus (Cass. 10/9081).
121 Vgl. *Malavasi*, L'amnistrazione di sostegno: le linee di fondo, Notariato 2004, S. 328; *Bonilini*, La capacità di testare e di donare del beneficiario dell'amministrazione di sostegno Fam. Pers. Succ. 2005, S. 9.
122 *Reiß*, Internationales Erbrecht Italien, Rn 217; weitere Fallgruppen bei *Hausmann/Trabucchi*, in: Ferid/Firsching/Dörner/Hausmann, Italien Grdz. Rn 298 sowie bei *Reiß*, Internationales Erbrecht Italien, Rn 267.
123 Die Fünfjahresfrist beginnt ab Ausführung der Verfügung (Art. 606 Abs. 2 S. 2 c.c.), d.h. Bestätigung, freiwillige Ausführung (Art. 590 c.c.) bzw. Veröffentlichung des Testaments (Art. 620 c.c.); gemäß Cass. 12/9466 kann es sich auch um eine teilweise oder einseitige Ausführung handeln.
124 Die Beweislast der Testierunfähigkeit obliegt dem Anfechtenden (Cass. 10/9081); bei Handlungsfähigkeit hat der Gegner den „lucudum intervallum" zu beweisen (Cass. 12/166, Fam. Dir. 2010, I, 3450).
125 Eventuell auch die fehlende Angabe der Uhrzeit bei einem in notarieller Form errichteten Testament: so Cass. 12/8366, Vita not. 2012, 1396.
126 Siehe im Einzelnen *Hausmann/Trabucchi*, in: Ferid/Firsching/Dörner/Hausmann, Italien Grdz. Rn 292–297.
127 Die Bestätigung und freiwillige Ausführung nichtiger testamentarischer Verfügungen gem. Art. 590 c.c. gilt nicht beim *sottoscrizione apocrifa* des Testaments: Cass. 12/11195.
128 Vgl. Ziff. 3 des Decreto del Presidente della Republica 18.12.1984, n. 956.

Der Erblasser muss im Testament seinen Willen hinreichend bestimmt und selbst kundtun. Eine Erbeinsetzung ist nicht notwendiger Testamentsinhalt. Im Gesetz sind einige Anordnungen – z.B. Anerkennung eines Kindes (Art. 254 c.c.), Anordnung der Vormundschaft (Art. 356 c.c.), Errichtung einer Stiftung (Art. 14 c.c.) und Zustimmung zur Organtransplantation (G. 2001/2001) – ausdrücklich vorgesehen.[129]

Bei **Erbeinsetzungen** müssen – anders als bei Vermächtnissen – der Zuwendungsempfänger[130] und der Zuwendungsgegenstand bestimmt sein (Art. 628, 632 c.c.). Die Bestimmung des Bedachten[131] und dessen Quote kann bei Erbeinsetzungen und Vermächtnissen nicht dem freien Belieben eines Dritten überlassen werden (Art. 631 Abs. 1 c.c.). Bei Vermächtnissen ist die Überlassung der Auswahl eines von mehreren vom Erblasser alternativ Bedachten an einen Dritten allenfalls nach Maßgabe von Art. 631 Abs. 2 c.c. wirksam. Wirksam ist trotz mangelnder Bestimmtheit auch eine Zuwendung, wenn deren Höhe und Gegenstand nicht vom freien Ermessen eines Dritten abhängig sein sollen, sondern auf der Grundlage der vom Erblasser vorgegebenen Kriterien dem *arbitrium boni viri* des Dritten unterliegen.[132] Gleiches gilt für Vermächtnisse, wenn die Zuwendung zum Zweck der Belohnung für geleistete Dienste erfolgt (Art. 632 Abs. 2 c.c.). Bei alternativen Vermächtnissen gilt Art. 665 c.c.

4. Testamentswiderruf

Der Widerruf eines Testaments erfolgt gem. Art. 680 c.c. ausdrücklich durch Testament[133] oder durch notarielle Erklärung vor zwei Zeugen oder stillschweigend durch ein neues Testament,[134] durch die Vernichtung eines eigenhändigen Testaments (Art. 684 c.c.),[135] durch Rücknahme des Testaments aus der amtlichen Verwahrung oder durch Veräußerung eines Vermächtnisgegenstandes (Art. 686 c.c.). Ein Widerruf kraft Gesetzes tritt nach Art. 687 c.c. ein, wenn der Erblasser zum Zeitpunkt der Testamentserrichtung vom Vorhandensein von Kindern nichts wusste.[136]

5. Erbeinsetzung

Nach italienischem Recht kann der Erblasser im Testament bezüglich seines ganzen oder nur eines Teils seines Vermögens eine oder mehrere Personen zu seinen Erben einsetzen. Eine Erbeinsetzung ist allerdings nicht zwingend. Gemäß Art. 588 Abs. 1 c.c. hängt die

---

129 Dazu Cian/Trabucchi/*Bullo/Todeschini Premuda*, Art. 587 Anm. I Rn 6.
130 Wirksam ist die Zuwendung, auch wenn der Bedachte nur mit Vor- und Nachname angegeben wurde, falls und sofern die genauere Identifizierung des Bedachten anderweitig möglich ist (Cass. 13/8899, Riv. not. 2014, 106).
131 Der Zuwendungsempfänger muss zumindest bis zum Zeitpunkt der Testamentseröffnung bestimmt werden können (Cass. 11/5131, Riv. not. 2012, 944).
132 *Capozzi*, Successioni e donazioni, S. 403; *Hausmann/Trabucchi*, in: Ferid/Firsching/Dörner/Hausmann, Italien Grdz. Rn 304.
133 Der Widerruf durch ein neues Testament erstreckt sich nur auf die Anordnungen, die mit dem früheren Testament nicht vereinbar sind (Cass. 12/4617, Riv. not. 2012, 1214).
134 Auch nur durch Eintragung eines neuen Datums und neuer Unterschrift (Cass. 12/19915).
135 Es handelt sich um eine widerlegbare Vermutung. Diese gilt, sofern nicht bewiesen ist, dass das Testament von einem Dritten vernichtet, zerrissen oder durchgestrichen worden ist, oder dass der Erblasser keine Widerrufsabsicht hatte (Art. 684 c.c.).
136 Vgl. *Hausmann/Trabucchi*, in: Ferid/Firsching/Dörner/Hausmann, Italien Grdz. Rn 327; *Reiß*, Internationales Erbrecht Italien, Rn 235; beachte auch Art. 687 Abs. 4 c.c., wonach der Widerruf hinfällig ist, wenn das übergangene Kind nicht zur Erbfolge gelangt.

Abgrenzung zwischen Erbeinsetzung und **Vermächtnis** davon ab, ob sich die Verfügung des Erblassers auf den Gesamtnachlass bzw. eine Nachlassquote bezieht oder nur auf einzelne Vermögensgegenstände. Auch die Bezeichnung einzelner Gegenstände schließt eine Erbeinsetzung nicht aus, wenn sich ihr, etwa weil es der wesentliche Nachlassgegenstand ist, aufgrund Auslegung der entsprechende Wille des Erblassers entnehmen lässt.[137]

97 **Erbfähig** ist nur eine zur Zeit des Erbfalls geborene oder gezeugte (Art. 462 Abs. 1 c.c.) Person.[138] Als Erbe kann auch ein noch nicht gezeugtes Kind eingesetzt werden, aber nur, wenn es Abkömmling einer im Testament bestimmten und zur Zeit des Erbfalls noch lebenden Person ist (Art. 462 Abs. 3 c.c.).[139] Auch juristische Personen (Vereine, Stiftungen, Gesellschaften usw.) sind erbfähig. Der Notar und die zur Testamentserrichtung zugezogenen Zeugen einschließlich deren *interposta persona* (Eltern, Abkömmlinge, Ehegatten etc.) sind erbunfähig (Art. 597, 599 c.c.).

98 Zulässig ist auch ein rein negatives Testament, in dem nur die **Enterbung** eines oder mehrerer gesetzlicher Erben enthalten ist.[140]

6. Vermächtnis (legato)

99 Anders als nach deutschem Recht können nach Art. 649 c.c. einzelne, konkret benannte Sachen oder Rechte – bei Gattungssachen entsteht im Zeitpunkt des Erbfalls ein Forderungsrecht des Vermächtnisnehmers – mit unmittelbarer dinglicher Wirkung vermacht werden (sog. **Vindikationslegat**). Das Eigentum an diesen Sachen oder anderen Rechten – nicht aber der Besitz, dessen gesonderte Einräumung der Bedachte vom Beschwerten noch verlangen muss (Art. 649 Abs. 3 c.c.) –, gehen **ipso iure** mit dem Erbfall (Eröffnung der Verfügung von Todes wegen) auf den Bedachten über, ohne dass es einer gesonderten Vermächtnisannahme bedarf. Bei minderjährigen oder unter Vormundschaft stehenden Bedachten bedarf es jedoch der Annahme und (wenn sie fehlt, nur mit der Folge der Anfechtbarkeit, nicht der Nichtigkeit) der Genehmigung durch das Vormundschaftsgericht (Art. 320 Abs. 3 c.c.).

100 Gegenstand eines Vermächtnisses kann auch ein **Nießbrauch** an einzelnen Nachlassgegenständen oder an Teilen des Nachlasses sein, nicht am gesamten Nachlass.[141] **Verschaffungsvermächtnisse** sind nach Maßgabe von Art. 651 Abs. 2, Art. 652 c.c. wirksam.

101 Der Erblasser muss den Vermächtnisnehmer und den Vermächtnisgegenstand selbst bestimmen; zumindest muss er ausreichend bestimmbar sein. Unter- und Vorausvermächtnisse sind ebenso wie ein alternatives Vermächtnis (Art. 665 c.c.) zulässig. Auch bei Vermächtnissen geht der Grundsatz der Repräsentation der Anwachsung vor (vgl. Art. 467 Abs. 2, 675, 676, 677 c.c.).[142]

102 Bezieht sich ein Vermächtnis auf einen in Deutschland belegenen Gegenstand, tritt nach wohl h.M. aufgrund des Vorrangs der *lex rei sitae* kein direkter Eigentumserwerb, der im

---

137 Cass. 10/24637.
138 Ist ein bereits empfangenes Kind berufen, so steht die Verwaltung dem Vater und der Mutter zu (Art. 643 Abs. 1 c.c. n.F.).
139 Es handelt sich um eine bedingte Erbeinsetzung. Die Verwaltung der Erbschaft erfolgt gem. Art. 643 Abs. 1 i.V.m. Art. 641, 642, 644 c.c.
140 Anders noch Cass. 68/1458, Foro it. 1968, 574.
141 Cass. 11/2172, NGCC 2011, I, 604 zur Abgrenzung des zulässigen Nießbrauchsvermächtnisses zur unzulässigen Einsetzung eines Nacherben.
142 Vgl. *Reiß*, Internationales Erbrecht Italien, Rn 293.

Widerspruch zu den deutschen sachenrechtlichen Vorschriften (*lex rei sitae*) steht, ein.[143] Gemäß Art. 68 Buchst. m) EU-ErbVO ist im Nachlasszeugnis das Vindikationslegat auszuweisen – anders als das nur schuldrechtliche Vermächtnis.

Der Vermächtnisnehmer kann das Vermächtnis jederzeit (abgesehen von der Zuwendung eines in Art. 1350 Nr. 1–4 c.c. genannten Grundstücksrechts[144]) formfrei und innerhalb der Zehn-Jahres-Frist – solange keine gerichtliche Erklärungsfrist nach Art. 650 c.c. gesetzt wird – durch einseitige unwiderrufliche, aber anfechtbare Willenserklärung ausschlagen.

7. Teilungsanordnungen und Vorausteilungen

Das italienische Recht unterscheidet zwischen Teilungsanordnungen nach Art. 733 c.c. und Vorausteilungen nach Art. 734 c.c. Erstere bewirken nicht die Teilung selbst, sondern lösen lediglich eine Bindung der Erben aus, die diese bei der quotenmäßigen Aufteilung des Nachlasses zu beachten haben.[145] Demgegenüber kann der Erblasser nach Art. 734 c.c. auch eine **dinglich wirkende Vorausteilung** vornehmen. Das Eigentum an den vom Erblasser bezeichneten Gegenständen geht unmittelbar mit der Annahme der Erbschaft auf den jeweiligen Erben über; eine Erbengemeinschaft entsteht insoweit erst gar nicht;[146] die Vorausteilung muss nicht alle Nachlassgegenstände umfassen. Sie ist nach Art. 735 c.c. nur wirksam, wenn alle Pflichtteilsberechtigten und testamentarisch eingesetzten Erben berücksichtigt sind. Eine etwaige Nichtigkeit der Vorausteilung berührt aber nicht die Wirksamkeit des Testaments im Übrigen; die Auseinandersetzung ist dann nach den allgemeinen Grundsätzen durchzuführen;[147] der Miterbe, dessen Pflichtteilsquote unterschritten/verletzt ist, kann gegen die übrigen Miterben die Auseinandersetzungsklage erheben (Art. 735 Abs. 2, 554 c.c.).

8. Bedingungen, Fristen, Auflagen

Testamentarische Verfügungen können unter einer aufschiebenden oder auflösenden **Bedingung** (Art. 633 c.c.) angeordnet werden. Eine unmögliche oder nicht erlaubte Bedingung (Beispiele: Zugehörigkeit zu bestimmter Religion bzw. Partei; lebenslanges Verfügungsverbot über Nachlassgegenstände) gilt als nicht angeordnet; die gesamte Zuwendung macht sie aber nur nichtig, wenn sie der einzige Beweggrund für die Errichtung war (Art. 634 Hs. 2 c.c.).

Ausdrücklich verboten sind die Bedingungen der gegenseitigen Erbeinsetzung (sog. **kaptatorische Bedingung**) und des Eheverbots (**Zölibatsklausel**),[148] Art. 635, 636 Abs. 1 c.c. Das Verbot der Zölibatsklausel in Art. 636 c.c. soll die Eheschließungsfreiheit sichern; ein Verstoß liegt aber gem. Art. 636 Abs. 2 c.c. nicht vor, wenn Wohnungsrechte, Renten oder andere wiederkehrende Leistungen durch die (Wieder-)Verheiratung auflösend bedingt sind. Sonstige **Wiederverheiratungsklauseln** zum Zweck der Nachlasssicherung für gemeinsame

---

143 BGH ZEV 1995, 298; *Reiß*, Internationales Erbrecht Italien, Rn 292; im Wege der Anpassung ist das italienische Vindikationslegat in einen schuldrechtlichen Anspruch nach § 2174 BGB umzudeuten.
144 Dazu Cass. 10/15124, Foro it. 2010, I, 3367; Cass. 11/7098, Foro it. 2011, I, 2360.
145 Cian/Trabucchi/*Amadio*, Art. 733 Anm. I. Siehe Cass. 06/16216; Trib. Verona 26.7.2001, Giur. Merito 2002, 973.
146 Cian/Trabucchi/*Amadio*, Art. 734 Abs. 1 Anm. I 1. Siehe Cass. 11/15501; App. Firenze 14.9.2011 und App. Rom 15.3.2011.
147 *Hausmann/Trabucchi*, in: Ferid/Firsching/Dörner/Hausmann, Italien Grdz. Rn 442.
148 Dies gilt ebenso für den umgekehrten Fall der von einer Verheiratung abhängigen Zuwendung (Cass. 09/8941, Foro it. 2009, I, 2674).

Abkömmlinge sind als unzulässige Umgehung des Verbots der Nacherbschaft – *sostituzione fedecommissaria* – nichtig.[149]

107 Die **Befristung** einer Erbeinsetzung ist nach Art. 673 c.c. nicht zulässig. Dies gilt aber nicht für Vermächtnisse.

108 Sowohl die Erbeinsetzung als auch das Vermächtnis können mit **Auflagen** versehen werden (Art. 647 Abs. 1 c.c.). Wie nach deutschem Recht begründet die Auflage nur eine Verpflichtung, aber keinen Anspruch. Gemäß Art. 648 Abs. 1 c.c. kann deren Vollziehung von jedem daran Interessierten verlangt werden. Eine unmögliche oder nicht erlaubte Auflage gilt als nicht angeordnet (Art. 647 Abs. 3, 1. Hs. c.c.); die gesamte Zuwendung macht sie aber nur nichtig, wenn sie der einzige Beweggrund für die Errichtung war (Art. 647 Abs. 3, 2. Hs. c.c.). Nachträgliche Unmöglichkeit führt nicht zur Nichtigkeit.[150]

9. Ersatzerbschaft

109 Gemäß Art. 688 Abs. 1 c.c. kann der Erblasser einen Erben einsetzen für den Fall, dass der vorrangig eingesetzte Erbe (oder der gesetzliche Erbe) die Erbschaft nicht annehmen kann oder will. Das Gleiche gilt nach Art. 691 c.c. für Vermächtnisse. Die Anordnung der Ersatzerbschaft kann eine einfache, eine mehrfache, eine aufeinander folgende oder eine wechselseitige sein (Art. 689 c.c.).

110 Wenn der Erblasser die Ersatzerbschaft nicht ausdrücklich auf einen oder mehrere Gründe beschränkt, gilt sie kraft gesetzlicher Vermutung für alle Fälle. Die Ersatzerbschaft geht der **Anwachsung** und der Repräsentation vor. Die **Repräsentation** wiederum geht der Anwachsung vor (Art. 674 Abs. 4 c.c.); die Voraussetzungen der kraft Gesetzes eintretenden und nicht der Annahmeerklärung bedürftigen Anwachsung ergeben sich aus Art. 674 Abs. 1–3 c.c.

111 Soweit sich kein anderer Wille des Erblassers ermitteln lässt, greift die Ersatzerbschaft aber nicht ein, wenn der vorrangig eingesetzte Erbe nach dem Tod des Erblassers, aber vor der Annahme der Erbschaft stirbt. In diesem Fall geht das Recht zur Annahme oder Ausschlagung auf die Erben des vorrangig Berufenen über (Art. 479 Abs. 1 c.c.). Es empfiehlt sich insoweit eine ausdrückliche Regelung.

10. Vor- und Nacherbschaft

112 Das italienische Recht kennt – abgesehen von dem Sonderfall der *sostituzione fedecommissaria* (Art. 692 c.c.) – die Möglichkeit der Nacherbeinsetzung nicht. Gemäß Art. 692 c.c. kann ein Entmündigter von seinen (Groß-)Eltern und seinem Ehegatten als Vorerbe und diejenige juristische oder natürliche Person, die ihn unter vormundschaftsgerichtlicher Aufsicht gepflegt hat, als Nacherbe (Art. 692 Abs. 2 c.c.)[151] eingesetzt werden. In allen anderen Fällen ist

---

149 Cass. 1985/150; *Hausmann*, JbItR 15/16 (2002/2003) 173, 182.
150 So z.B., wenn der Verpflichtung zur Betreuung und Pflege aufgrund Verzichts nicht nachgekommen wird (Cass. 13/11906, Riv. not. 2013, 995).
151 Nach Art. 697 c.c. ist auch die Gestaltung als Nachvermächtnis möglich. Siehe auch Cian/Trabucchi/Vascellari, Art. 692 Anm. IX 2.

die Anordnung der Nacherbschaft nichtig.¹⁵² Die Einsetzung des Vorerben bleibt allerdings unabhängig davon wirksam.¹⁵³

Auch mit grundsätzlich zulässigen Bedingungen (vgl. Rn 105) darf das Verbot der Anordnung der Nacherbschaft nicht umgangen werden. Unzulässig ist daher die durch den Tod des Erstberufenen bedingte Erbeinsetzung, ebenso die Erbeinsetzung unter der aufschiebenden Bedingung, dass ein anderer Erbe den ihm zugewandten Nachlass zu Lebzeiten nicht vollständig veräußert oder verbraucht hat.¹⁵⁴ Strittig ist, ob die Erbeinsetzung unter der Bedingung, dass der Erstbedachte kinderlos verstirbt, zulässig ist;¹⁵⁵ auch wenn diese Lösung überwiegend gebilligt wird, ist von einer solchen Verfügung eher abzuraten.¹⁵⁶ Auch Wiederverheiratungsklauseln sind nur sehr eingeschränkt zulässig (vgl. Rn 106).

113

Unzulässig ist auch jede testamentarische Anordnung, mit der der Erblasser dem Erben bzw. Vermächtnisnehmer verbietet, über Nachlassgegenstände unter Lebenden oder von Todes wegen zu verfügen,¹⁵⁷ sowie die Einsetzung eines Vermächtnisnehmers, bei dessen Ableben der Vermächtnisgegenstand einem Erben zufallen soll (umgekehrte Zuwendung ist jedoch zulässig¹⁵⁸).

114

Die sog. *disposizione fiduciaria* (**Treuhandverfügung**) eröffnet dem Erblasser die Möglichkeit, einen Erben oder Vermächtnisnehmer als *fiduciario* zu benennen und ihm mit einem gesonderten Rechtsgeschäft aufzuerlegen, den Nachlass einem Dritten ganz oder teilweise zu übertragen (Art. 627 c.c.). Daraus entsteht aber für den *fiduciario* keine zwingende Verpflichtung (wegen des Verbots der *patti successori* nach Art. 458 c.c.), sondern eine bloße *obbligazione naturale*. Wenn er dem Wunsch des Erblassers nachkommt, hat er keinen Anspruch auf eine Rückforderung.¹⁵⁹

115

11. Testamentsvollstreckung

Nach Art. 700 Abs. 1 c.c. kann der Erblasser selbst einen oder mehrere Testamentsvollstrecker (auch einen Erben oder Vermächtnisnehmer) ernennen. Die Bestimmung der Person des Testamentsvollstreckers kann er nicht einem Dritten, insbesondere nicht dem Nachlassgericht überlassen; er kann lediglich den Testamentsvollstrecker ermächtigen, andere Personen an seiner Stelle zu ernennen (Art. 700 Abs. 3 c.c.). Der Testamentsvollstrecker kann das Amt ablehnen oder annehmen; er kann es auch zu einem späteren Zeitpunkt jederzeit niederlegen.

116

Der Testamentsvollstrecker hat die **Aufgabe**, die Verfügungen von Todes wegen auszuführen und den Nachlass in Besitz zu nehmen und zu verwalten (Art. 703 Abs. 2 c.c.). Anders als nach deutschem Recht können ihm nur in sehr beschränktem Umfang Befugnisse einge-

117

---

152 Das Verbot ist nicht Bestandteil des *ordre public* (Cass. 2215/1984).
153 *Bianca*, Diritto civile, 2.2, Le successioni, S. 624; *Hausmann*, JbItR 15/16 (2002/2003) 173, 181; *Reiß*, Internationales Erbrecht Italien, Rn 301; *Hausmann/Trabucchi*, in: Ferid/Firsching/Dörner/Hausmann, Italien Grdz. Rn 417.
154 *Bianca*, Diritto civile, 2.2. Le successioni, S. 626 oder Bd. 2, 549; *Hausmann/Trabucchi*, in: Ferid/Firsching/Dörner/Hausmann, Italien Grdz. Rn 420; nach dt. Recht: Einsetzung auf den Überrest, vgl. § 2137 BGB.
155 Vgl. *Hausmann*, JbItR 15/16 (2002/2003) 173, 182 und Fn 598–560.
156 Vgl. *Hausmann/Trabucchi*, in: Ferid/Firsching/Dörner/Hausmann, Italien Grdz. Rn 421; *Reiß*, Internationales Erbrecht Italien, Rn 303.
157 Unzulässig ist auch die Verpflichtung, Nachlassgegenstände zu bewahren (Cass. 14/21394).
158 *Hausmann/Trabucchi*, in: Ferid/Firsching/Dörner/Hausmann, Italien Grdz. Rn 425.
159 *Capozzi*, Successioni e donazioni, S. 388–391 m.w.N.

räumt werden. Er kann nicht zum Dauervollstrecker bestellt werden. Artikel 703 Abs. 3 c.c. beschränkt die Dauer des Besitzes des Nachlasses für den Testamentsvollstrecker auf ein Jahr; diese Frist kann vom Gericht um maximal ein Jahr verlängert werden. Nach dieser Zeit kann sich die Testamentsvollstreckung lediglich auf eine **Überwachungsfunktion** beschränken.[160]

118 Der Testamentsvollstrecker hat ein **gesetzliches Vertretungsrecht** mit der Einschränkung, dass eine Verfügungsbefugnis (Veräußerungen) des Testamentsvollstreckers nur bei Zustimmung des Gerichts besteht (Art. 703 Abs. 4 c.c.). Alle die Erbschaft betreffenden Prozesse sind auch gegen den Testamentsvollstrecker zu führen (Art. 704 c.c.). Er hat nach Art. 705 c.c. ein Nachlassverzeichnis zu erstellen und nach Beendigung seines Amtes nach Art. 709 Abs. 2 c.c. Rechnung zu legen.

119 Die Amtsausübung erfolgt grundsätzlich **unentgeltlich**, soweit nicht der Erblasser eine Vergütung anordnet (Art. 711 c.c.); die Aufwendungen gehen zu Lasten des Nachlasses (Art. 712 c.c.). Die nur unbedingt und unbefristet mögliche Amtsannahme muss zur Niederschrift des Gerichts erfolgen und in das Erbschaftsregister eingetragen werden.

12. Sonstige Anordnungen

120 Im Testament können auch **familienrechtliche Anordnungen** getroffen werden (Art. 587 Abs. 2 c.c.),[161] etwa Anerkennung eines natürlichen Kindes, Benennung eines Vormunds (Art. 348 c.c.), Anordnungen für die Vermögensverwaltung (Art. 356 c.c.), Anordnungen für das Begräbnis sowie die Bezeichnung des Bezugsberechtigten bei einer Lebensversicherung (Art. 1920 Abs. 2 c.c.) und die Errichtung einer **Stiftung** (Art. 14 Abs. 2 c.c.).

IV. Pflichtteilsrecht

1. Rechtsnatur und Pflichtteilsberechtigte

121 Pflichtteilsberechtigte Personen (*legittimari*) sind nach Art. 536 c.c. der Ehegatte, die Kinder und, falls solche nicht vorhanden, auch die Vorfahren.[162] Darunter fallen nach der Kindschaftsrechtsreform nun auch die Vorfahren von außerhalb der Ehe geborenen Kindern (Art. 536, 538 n.F. und Art. 544 c.c.).[163]

Der Pflichtteil bildet die sog. *quota di riserva*. Es handelt sich nicht um einen bloßen Geldanspruch gegen den Erben, sondern um ein echtes, dinglich wirkendes **Noterbrecht**. Dies tritt aber nicht automatisch mit dem Tod des Erblassers ein, sondern nach h.M. erst mit erfolgreicher Herabsetzungsklage.[164] Die Verfügungsbefugnis des Erblassers beschränkt sich auf die sog. *quota disponibile*. Ein dieses Noterbrecht nicht beachtendes Testament ist deshalb nicht unwirksam.

---

160 Vgl. *Capozzi*, Successioni e donazioni, S. 604 f.
161 *Hausmann/Trabucchi*, in: Ferid/Firsching/Dörner/Hausmann, Italien Grdz. Rn 253.
162 Geändert durch die Kindschaftsrechtsreform, in Kraft getreten am 7.2.2014.
163 *Ferrando*, Corr. giur. 2013, 528; *Valletti*, NLCC 2013, 447 f.
164 *Capozzi*, Successioni e donazioni, S. 312; *Reiß*, Internationales Erbrecht Italien, Rn 320; *Hausmann/Trabucchi*, in: Ferid/Firsching/Dörner/Hausmann, Italien Grdz. Rn 445; *Reiß*, ZEV 2005, 148.

2. Pflichtteilsquote

Die Pflichtteilsquote des Ehegatten beträgt ½, wenn keine Abkömmlinge vorhanden sind (Art. 540 Abs. 1 c.c.). Hinterlässt der Erblasser neben dem Ehegatten lediglich ein Kind, beträgt der Pflichtteil für den Ehegatten und das Kind je ⅓ (Art. 542 Abs. 1 c.c.); sind es mehrere Kinder, beträgt der Pflichtteil für den Ehegatten ein Viertel und für die Kinder – zu unter sich gleichen Teilen – insgesamt die Hälfte (Art. 542 Abs. 2 c.c.). Bei gerichtlicher Trennung von Tisch und Bett verliert der Ehegatte seinen Pflichtteil nur, wenn ihm durch rechtskräftiges Urteil die Trennung angelastet wurde. Er hat dann nur Anspruch auf einen *assegno vitalizio alimentare*, wenn er im Zeitpunkt des Erbfalls *alimenti* bezog (Art. 548 Abs. 2 c.c.).

122

Hinterlässt der nicht verheiratete Erblasser lediglich ein Kind, beträgt dessen Pflichtteil bzw. der von dessen Repräsentanten die Hälfte des Nachlasses (Art. 537 Abs. 1 c.c.), bei mehreren Kindern zusammen ⅔ (Art. 537 Abs. 2 c.c.).

123

In der Ehe und außer der Ehe geborene Kinder[165] und Adoptivkinder sind gleichgestellt (Art. 536 Abs. 2 c.c.). Eine Ausnahme gilt nach wie vor gem. Art. 74 G. 219/2012 für die Volljährigenadoption (Art. 300 ss. c.c.) und die Adoption in Ausnahmefällen (Art. 55 G. Nr. 184/1983).

124

Entscheidend für die Ermittlung der jeweiligen Quote ist nur, ob die Berechtigten zum Zeitpunkt der Nachlasseröffnung vorhanden waren, gleichgültig ob diese später ausschlagen oder nicht.[166]

125

Sind keine Abkömmlinge vorhanden, haben die ehelichen und nichtehelichen Vorfahren (Eltern, (Ur-)Großeltern) ein Pflichtteilsrecht, das neben dem Ehegatten insgesamt ¼ (Art. 544 Abs. 1 c.c.) und ohne Ehegatten ⅓ beträgt (Art. 538 c.c.). Geschwister und Onkel/Tanten sind nicht pflichtteilsberechtigt.

126

3. Weitere Pflichtteilsrechte oder Noterbrechte

a) Sondererbfolgen

Weitere Pflichtteilsrechte oder Noterbrechte kennt das italienische System zunächst in Form von Sondererbfolgen, die den Grundsatz der Nachlasseinheit durchbrechen. Darunter zählen u.a. die **Wohnrechte** und **Nutzungsrechte** mit dinglicher Wirkung zugunsten des Ehegatten.

127

Weitere Sondererbfolgen – wie z.B. die Nachfolge naher Angehöriger in den **Mietvertrag** über die Familienwohnung (Art. 6 G. Nr. 392/1978: Ehegatte, Erben, Verwandte und Verschwägerte, falls mit dem Verstorbenen zusammenlebend; Partner einer nichtehelichen Lebensgemeinschaft), die **Pachtverträge** mit einem *„Coltivatore diretto"* (G. Nr. 203/1982), **Entschädigungen** (z.B. für versäumte Kündigungsfrist (Art. 2118 c.c.) und **Abfindungen** (Abfindungen zum Vertragsende aufgrund der geleisteten Dienstjahre (Art. 2122 c.c.; Ehegatte, Kinder und unterhaltsbegünstigte – *„a carico"* – Verwandte bis zum dritten Grad und Verschwägerte bis zum zweiten Grad) – unterliegen besonderen gesetzlichen Kriterien zur Ermittlung des Erbberechtigten (also anderen als die der allgemeinen Erbfolge) und können

128

---

165 Nicht anerkennungsfähige Kinder haben, wenn die besonderen Voraussetzungen des Art. 279 c.c. vorliegen, Unterhaltsansprüche nach Art. 594 c.c.

166 Cass. S.u. 06/13429, Foro it. 2006, I, 2727. Anders noch Cass. 87/2434 und Cass. 95/1529; *Capozzi*, Successioni e donazioni, S. 271. Erbunwürdige Pflichtteilsberechtigte zählen bei der Berechnung der den anderen Kindern zustehenden Quote nicht mit, so dass sich deren Quote erhöht.

daher nur bedingt als Rechte zugunsten von Pflichtteilsberechtigten oder als Begünstigungen einiger Erben angesehen werden.[167]

129 Dem überlebenden Ehegatten (auch wenn er Miterbe ist) stehen unabhängig vom Güterrecht und seiner Bedürftigkeit das **Wohnrecht** an der Ehewohnung und die Nutzung des **Hausrats** zu. Die Rechte richten sich sowohl gegen die Erben als auch gegen die zu Lebzeiten Beschenkten. Da dies in Art. 540 c.c. geregelt ist (*riserva del coniuge*), werden sie dem Pflichtteilsrecht zugeordnet.[168] Diese Rechte können dem Ehegatten nicht entzogen werden, auch nicht, wenn sein Anspruch durch andere Zuwendungen kompensiert wird; sie sind somit Gegenstand eines qualitativ unantastbaren Vorbehalts.[169] Sie bestehen nach ganz h.M. auch dann, wenn der überlebende Ehegatte gesetzlicher Erbe wird.[170] Nach dem Kassationshof handelt es sich um Vorausvermächtnisse,[171] die dem Nachlass vorab zu entnehmen sind und sich bei der Nachlassauseinandersetzung nicht auf die gesetzliche Erbquote des überlebenden Ehegatten auswirken.[172]

b) Andere Ansprüche (v.a. Rente)

aa) Allgemeines

130 Es bestehen des Weiteren andere Ansprüche nach dem Todesfall, die traditionell nicht als Sondererbfolge qualifiziert werden. Es sind insbesondere gesetzliche Vermächtnisse mit schuldrechtlicher Wirkung, wie z.B. jene zugunsten des überlebenden Ehegatten, dem gerichtlich die Schuld an der Trennung zugesprochen ist, zugunsten des geschiedenen Ehegatten oder zugunsten der Kinder, die nicht anerkannt werden können.

bb) Ehegatte

(a) Anspruch auf eine lebenslange Rente zugunsten des (auch) mit Schuldausspruch getrennt lebenden Ehegatten (gem. Art. 548 Abs. 2. c.c.)

131 Voraussetzung dafür ist das Bestehen des Trennungsunterhaltstitels.[173]

Fraglich ist, ob die Regelung dem Unterhalts- oder dem Erbstatut unterfällt. Nach Art. 1 Abs. 2 Buchst. e) EU-ErbVO sind Unterhaltsansprüche vom Regelungsbereich der EU-ErbVO ausgenommen. Dies gilt aber nicht für solche, die erst mit dem Tod entstehen.

Nach einigen Stimmen in der Literatur handelt es sich dabei um einen Anspruch, der wegen seiner Unabdingbarkeit zum Pflichterbrecht gehört.[174] Vermehrt wird allerdings die Auffassung vertreten, dass es sich um einen Unterhaltsanspruch handelt, der nicht zum Pflichtteil gehört, da er nur bei Bestehen des Mindesttrennungsunterhalts gewährt wird

---

167 *Padovini*, Fenomeno successorio e strumenti di programmazione patrimoniale alternativi al testamento, Riv. not. 2008, 1007, 1011.
168 *Hausmann/Trabucchi*, in: Ferid/Firsching/Dörner/Hausmann, Italien Grdz. Rn 226; siehe auch Vorauflage (2. Aufl. 2008), aaO, Rn 32 mit Fn 61.
169 *Padovini*, Riv. not. 2008, 1013.
170 *Hausmann/Trabucchi*, in: Ferid/Firsching/Dörner/Hausmann, Italien Grdz. Rn 226 m.w.N.
171 Mit Drittwirkung auch, wenn nicht im Immobilienregister eingetragen (Cass. 12/6625, Fam. Dir. 2012, 869 m. Anm. *Calvo*).
172 Cass. 13/4847, Foro it. 2013, I, 2229 m. Anm. *Leotta*. Siehe auch die Vorgabe durch Cass. 12/6774, NGCC 2012 I, 769 m. Anm. *Pertot*.
173 Dagegen *Bianca*, Diritto civile, 2.1, La famiglia, S. 233.
174 So auch *Hausmann/Trabucchi*, in: Ferid/Firsching/Dörner/Hausmann, Italien Grdz. Rn 236.

und diesen nicht übersteigen kann.[175] Hinzu kommt: Gemäß Art. 548 c.c. entsteht keine Pflichtteilsquote; der getrennt lebende Ehegatten wird nicht Erbe und hat nicht die Stellung eines Pflichtteilsberechtigten.[176]

Folgt man der Auffassung, dass der Anspruch erbrechtlich zu qualifizieren ist, stellt sich die weitere Frage, ob ein Verstoß gegen den *ordre public* wegen Verletzung des Art. 548 Abs. 2 c.c. vorliegt, wenn die für die Erbfolge maßgebende ausländische Rechtsordnung diesen Anspruch nicht anerkennt. Die italienische Lehre bejaht dies grundsätzlich nur, falls die ausländische Rechtsordnung die eigenständige Trennung nicht kennt und der Verlust der Stellung als Ehegatte durch ein diskriminierendes Verfahren erfolgt (*ripudio unilaterale*).[177] Folgende Umstände sind bei der Entscheidung relevant: Handelt es sich um lebzeitige Schenkungen oder um sonstige Zuwendungen an den Anspruchsberechtigten oder die tatsächliche Familiengemeinschaft, in der die Solidarität auch gelebt worden ist? Ist der Anspruchsberechtigte bereits durch eigenes Einkommen bzw. Vermögen ausreichend versorgt?

(b) Anspruch auf eine Rente zugunsten des geschiedenen Ehegatten (gem. Art. 9 *bis* lit. d G. 898/1070 (l. div.)

Zur selben Lösung kommt man in Bezug auf den Anspruch auf eine Rente zugunsten des geschiedenen Ehegatten (gem. Art. 9 *bis* lit. d G. 898/1970 (l. div.)). Hier ist allerdings festzuhalten, dass nach italienischem Recht dieser Anspruch des geschiedenen Ehegatten als Scheidungsfolge geregelt ist (also nicht im Erbrecht) und im Scheidungsgesetz nicht als *mantenimento* definiert wird.

132

cc) Kinder

Anspruch auf eine lebenslange **Rente** zugunsten des **nicht anerkennungsfähigen Kindes** (gem. Art. 580 Abs. 2 c.c.).[178] Dieser Anspruch steht den Berechtigten kraft eigenen Rechts zu. Es handelt sich um ein schuldrechtliches Vermächtnis *ex lege*.[179] Es gilt als Ersatz für Unterhalt, Erziehung und Förderung und wird als Erbrecht qualifiziert. Die Höhe gleicht der Rendite seiner hypothetischen Erbquote. Das Kind kann eine Kapitalisierung der Rente verlangen. Bedachte Kinder können die testamentarische Verfügung ausschlagen und die Rente in Anspruch nehmen.[180]

133

Kollisionsrechtlich ist diese Vorschrift als Eingriffsnormen zu qualifizieren (Art. 17 it. IPRG), so dass sie unabhängig vom Erbstatut zur Anwendung kommt. Dies basiert auf der neuen Norm des Art. 36 *bis* it. IPRG: „... unabhängig eines anderen anwendbaren Rechts sind die italienischen Normen anzuwenden, die die Pflicht beider Eltern zum Unterhalt des Kindes vorsehen."[181] Geht man allerdings von einem Vorrang des EU-ErbVO aus, wäre auch hier die Frage nach der *ordre-public*-Klausel des Art. 35 EU-ErbVO (i.V.m.

134

---

175 *Anceschi*, La famiglia nel diritto internazionale privato, S. 343.
176 *Gabrielli*, Familienbeziehungen und Testierfreiheit in der Erbfolge nach italienischem Recht, in: Henrich/Schwab, Familienerbrecht, S. 130.
177 *Anceschi*, La famiglia nel diritto internazionale privato, S. 344.
178 Z.B. bei Inzestkindern, wenn die erforderliche gerichtliche Zustimmung verweigert wurde (Art. 251, 278 c.c. n.F.), oder im Falle eines Verbots der Feststellung der Abstammung bei bestehendem Statuswiderspruch (Art. 253 c.c. n.F.).
179 *Padovini*, Riv. not. 2008, 1011.
180 Vgl. *Bonilini*, Commentario Gabrielli, S. 621.
181 Dazu *Cubeddu*, Diritto internazionale privato, S. 294 ff.

Art. 1 Abs. 2 Buchst. e) EU-ErbVO) unter Berücksichtigung der gesamten Umstände zu beantworten.

4. Umfang des Pflichtteilsrechts

135 Für die Berechnung der **Pflichtteilshöhe** ist zunächst das Reinvermögen des Erblassers (Gesamtvermögen des Erblassers abzüglich Erblasser- und Erbfallschulden[182]) zum Zeitpunkt der Eröffnung der Erbfolge zu ermitteln.[183] Eingerechnet werden auch unentgeltliche Zuwendungen (bei gemischten Schenkungen der unentgeltliche Anteil)[184] des Erblassers zu seinen Lebzeiten (sog. *riunione fittizia*, Art. 556 c.c.), gleichgültig, wann diese Zuwendung erfolgte.[185] Eine zeitliche Befristung für die Einbeziehung von Schenkungen existiert, anders als im deutschen Recht (vgl. § 2325 BGB), nicht. Ebenso muss zum Zeitpunkt der Schenkung die Pflichtteilsberechtigung noch nicht bestanden haben.[186] Aus diesem Gesamtwert wird anschließend der frei verfügbare Anteil des Erblassers prozentmäßig bestimmt. Die testamentarischen Verfügungen und die Schenkungen, die über den frei verfügbaren Anteil hinausgehen, unterliegen der Kürzung bis zu diesem Anteil.[187]

136 Ist der Pflichtteilsberechtigte selbst Erbe oder hat er Vermächtnisse oder Schenkungen zu Lebzeiten des Erblassers erhalten, hat er sich deren Wert auf seinen Pflichtteil anrechnen zu lassen, wenn der Erblasser nichts anderes bestimmt (Art. 564 c.c.). Durch die Anordnung der Nichtanrechnung durch den Erblasser kann der Pflichtteilsberechtigte die Ergänzung seines Pflichtteils zu Lasten der Vermächtnisnehmer bzw. zu Lasten von lebzeitigen Zuwendungsempfängern von diesen (nicht von den Erben) verlangen; er behält also das ihm Zugewandte und kann zusätzlich die Pflichtteilsergänzung verlangen, es sei denn, die anderen Bedachten sind ebenfalls pflichtteilsberechtigt. Die Anordnung der Nichtanrechnung wirkt allerdings nicht zu Lasten der früher Beschenkten (Art. 564 c.c.). Somit wird verhindert, dass mit der Anordnung der Nichtanrechnung späterer Schenkungen frühere Schenkungen nachträglich wirkungslos werden.[188]

5. Durchsetzung des Pflichtteilsrechts

a) Allgemeines

137 Die Pflichtteilberechtigten werden nicht *ipso jure* mit dem Erbfall zu Erben entsprechend ihrer Quote. Sie[189] müssen vielmehr eine sog. **Herabsetzungsklage** (*azione di riduzione*)

---

[182] Nicht abzugsfähige Schulden sind die Vermächtnisse und aufschiebend bedingte Schulden. Die Anrechnung der Schulden erfolgt nur auf die im Nachlass vorhandenen Aktiva, nicht auf Schenkungen zu Lebzeiten, d.h., fehlen Aktiva im Nachlass oder übersteigen die Schulden diese, bezieht sich der Pflichtteil ohne Schuldenabzug auf die zu Lebzeiten erfolgten Schenkungen; dazu Cass. 93/11873. Weiter *Capozzi*, Successioni e donazioni, S. 302 f.

[183] Zum maßgeblichen Zeitpunkt der Wertermittlung siehe Cass. 09/24711, Giur. it. 2010, 1292 und Cass. 10/2609; *Capozzi*, Successioni e donazioni, S. 301.

[184] Auch Zuwendungen i.S.v. Art. 809 c.c. (vgl. dazu nachfolgend Rn 142). Bei einer Schenkung unter Nießbrauchsvorbehalt ist der Nießbrauch nicht abzugsfähig (Cass. 08/20387, NGCC 2009, I, 303).

[185] Zur Beweislast bei nur zum Schein entgeltlichen Übertragungen siehe Cass. 10/15346, Vita not. 2010, 1497.

[186] Cass. 09/1373, Foro it. 2009, I, 1435: Pflichtteilsberechtigung der zweiten Ehefrau bei vorehelicher Schenkung an ersteheliches Kind.

[187] Vgl. *Salaris*, ZEV 1995, 240, 242.

[188] *Capozzi*, Successioni e donazioni, S. 314.

[189] Gemäß Art. 557 Abs. 1 c.c. auch deren Erben und Rechtsnachfolger sowie gem. Art. 2900 c.c. auch die Gläubiger des Pflichtteilsberechtigten; vgl. *Capozzi*, Successioni e donazioni, S. 309 f.

gegen Erben, Vermächtnisnehmer und Beschenkte vor Gericht[190] erheben, damit die testamentarischen Verfügungen bzw. Schenkungen bis zur Befriedigung der Pflichtteilsquote verhältnismäßig gekürzt werden. Die Durchsetzung des Pflichtteilsrechts erfolgt mittels **drei verschiedener Klagen:**

- *azione di riduzione in senso stretto* (um die Unwirksamkeit[191] der testamentarischen Zuwendungen und Schenkungen, die über die *quota disponibile* hinausgehen, zu erreichen);
- *azione di restituzione contro i beneficiari delle disposizioni testamentarie ridotte*; und
- *azione di restituzione contro i terzi acquirenti* (Art. 563 Abs. 1 c.c. zur Herausgabe der für unwirksam erklärten Zuwendungen gegen die testamentarisch Begünstigten bzw. gegen Dritterwerber).[192]

Ist der Pflichtteilsberechtigte zu einem unter seiner Pflichtteilsquote liegenden Anteil (testamentarisch oder kraft Gesetzes) Erbe geworden, ist Voraussetzung für die Erhebung der Herabsetzungsklage, dass er die **Erbschaft unter dem Vorbehalt der Inventarerrichtung angenommen** hat, es sei denn, der Erblasser hat nur Miterben mit Schenkungen oder Vermächtnissen bedacht (Art. 564 Abs. 1 c.c.).[193] Die Herabsetzungsklage bewirkt hier eine Anpassung seiner Erbquote (testamentarische Quote und Noterbrecht).[194] Der Vorbehalt der Inventarerrichtung bildet dagegen nach h.M. keine Voraussetzung für die Erhebung der Herabsetzungsklage für den noch nicht als Erbe berufenen Pflichtteilsberechtigten.[195] Die Herabsetzungsklage ist nicht notwendig, wenn die Erbquote dadurch beeinträchtigt ist, dass der Erblasser sie mit Auflagen und Bedingungen belastet hat. Gemäß Art. 549 c.c. sind solche Auflagen und Bedingungen unwirksam.

138

Das italienische Recht kennt kein Recht des Pflichtteilsberechtigten auf **Auskunftserteilung** wie das deutsche Recht. Das Recht auf Herabsetzung **verjährt** in zehn Jahren[196] ab Annahme der Erbschaft.[197]

139

---

190 Ab 17.8.2015 richtet sich die Zuständigkeit nach Art. 4 ff. EU-ErbVO. Im Sonderfall des Art. 553 c.c. ist strittig, ob es einer gerichtlichen Durchsetzung bedarf oder ob eine einfache Erklärung der Pflichtteilsberechtigten genügt, vgl. *Palazzo*, Le successioni, in: Iudica/Zatti (Hrsg.), Trattato di diritto privato, 2000, S. 570 f.; *Gabrielli*, Familienbeziehungen und Testierfreiheit in der Erbfolge nach italienischem Recht, in: Henrich/Schwab, Familienerbrecht, S. 137.

191 Es handelt sich um eine relative (Cass. 05/27414), ex nunc (Cass. 03/9424) wirkende Unwirksamkeit zugunsten desjenigen, der die Klage erhoben hat (Cass. 06/2858, Dir. giust. 2006, 16, 35).

192 Dazu *Moncalvo*, Sulla natura giuridica dell'azione di riduzione Familia 2004, S. 177.

193 *Reiß*, Internationales Erbrecht Italien, Rn 335; *Reiß*, ZEV 2005, 148, 150; keiner Annahme bedarf es bei völliger Enterbung (Cass. 11/28632, Fam. pers. succ. 2012, 448) oder wenn der Pflichtteilsberechtigte zwar Erbe ist, der Erblasser aber sein gesamtes Vermögen schon zu Lebzeiten verschenkt hat (Cass. 10/240, Riv. not. 2011, 179).

194 Arg. aus Art. 564 c.c.; *Bianca*, Diritto civile, 2.2., Le successioni, S. 462; *Hausmann/Trabucchi*, in: Ferid/Firsching/Dörner/Hausmann, Italien Grdz. Rn 491; *Jayme*, JbfItalR 177, 181.

195 *Capozzi*, Successioni e donazioni, S. 311.

196 Str., aber wohl h.M., vgl. *Capozzi*, Successioni e donazioni, S. 315; *Gabrielli*, Familienbeziehungen und Testierfreiheit in der Erbfolge nach italienischem Recht, in: Henrich/Schwab, Familienerbrecht, S. 137; Cass. 88/5731; Trib. Nocera Inf., 13/1178.

197 So Cass. S.u. 04/20644, Guida al diritto 2004, n. 44, 14, wenn die „Pflichtteilsverletzung" aus einem Testament hervorgeht; ab Eröffnung der Erbschaft bei „Pflichtteilsverletzung" infolge Schenkungen. Gegen Cass. 99/5920 (Fristlauf ab Testamentseröffnung); vgl. *Capozzi*, Successioni e donazioni, S. 315; weiter *Reiß*, Internationales Erbrecht Italien, Rn 339; *Hausmann/Trabucchi*, in: Ferid/Firsching/Dörner/Hausmann, Italien Grdz. Rn 488. Jedoch nicht vor Begründung der Pflichtteilsberechtigung; arg. ex Art. 2935 c.c.: bei Erklärung der nichtehelichen Kindschaft nach dem Tod des Erben. So *Capozzi*, Successioni e donazioni, S. 315.

b) Minderung der testamentarischen Zuwendungen

140 Zur Wahrung des Noterbrechts sind zunächst die testamentarischen Verfügungen, sei es Erbeinsetzungen oder Vermächtnisse, herabzusetzen (Art. 554, 558 Abs. 1 c.c.). Sie werden alle in gleicher Höhe prozentmäßig herabgesetzt, es sei denn, der Erblasser hat gewisse privilegierte Verfügungen getroffen, die erst am Schluss für die Anpassung in Betracht kommen (Art. 558 Abs. 1, 2 c.c.).

c) Minderung der lebzeitigen Schenkungen

141 Anschließend[198] werden, soweit der Pflichtteil nicht aus dem Nachlassvermögen befriedigt werden kann, auch die vom Erblasser zu Lebzeiten vorgenommenen Schenkungen herabgesetzt (Art. 555 c.c.).[199] Anders als bei testamentarischen Verfügungen werden aber nicht alle gleichermaßen reduziert, sondern in chronologischer Reihenfolge, von der letzten ausgehend (Art. 559 c.c.). Sind mehrere Schenkungen zum gleichen Zeitpunkt erfolgt, erfolgt deren prozentmäßige Herabsetzung.[200] Die Herabsetzung betrifft freilich nicht die dem Pflichtteilsberechtigten gewährten Schenkungen, die durch die sog. *collazione*, ausgenommen eine *dispensa*, zur Erbmasse hinzukommen.

142 Als Schenkung i.S.v. Art. 555 c.c. gelten direkte und indirekte Schenkungen gem. Art. 809 c.c. Entscheidend ist nicht die Bezeichnung, sondern die Freigiebigkeit der Zuwendung und die Bereicherung beim Bedachten. So können auch Prämienzahlungen bei Lebensversicherungen,[201] Zuwendungen an post mortem gegründete Stiftungen[202] sowie die Übertragung von Vermögen eines Ehegatten an den anderen mittels Ehevertrag[203] einschließlich der Begründung eines *fondo patrimoniale*[204] darunter fallen.

d) Herausgabeklage gegen die Empfänger der Zuwendung

143 Das Herabsetzungsurteil verpflichtet zur Rückübertragung der pflichtteilswidrig verschenkten Vermögenswerte durch Erben und Vermächtnisnehmer an die Nachlassmasse, soweit deren Wert die *quota disponibile* übersteigt; Belastungen von Grundbesitz und von in öffentlichen Registern eingetragenen Mobilien (Schiffe, Luft- und Kraftfahrzeuge) sind den Pflichtteilsberechtigten gegenüber unwirksam (Art. 561 Abs. 1 c.c.).[205]

---

198 Wenn Geschwister als nicht pflichtteilsberechtigte gesetzliche Erben neben dem Ehegatten und/oder Vorfahren Erben sind, erstreckt sich das Noterbrecht zunächst auf den Erbteil der nicht pflichtteilsberechtigten Erben, so dass sich der Erbteil der Geschwister verringert, bevor Schenkungen an Dritte herabgesetzt werden (Art. 553 c.c.); vgl. *Capozzi*, Successioni e donazioni, S. 306; *Palazzo*, Le successioni, in: Iudica/Zatti (Hrsg.), Trattato di diritto privato, S. 570 f.; *Gabrielli*, Familienbeziehungen und Testierfreiheit in der Erbfolge nach italienischem Recht, in: Henrich/Schwab, Familienerbrecht, S. 137.
199 Die Herabsetzung der Schenkungen wird aber sofort vorgenommen, wenn die testamentarischen Verfügungen nicht die „*quota disponibile*" übersteigen; dazu *Capozzi*, Successioni e donazioni, S. 308.
200 *Capozzi*, Successioni e donazioni, S. 309. Nur bei gleichzeitigen Schenkungen kann man durch eine sog. *clausola di preferenza* vertraglich Abweichendes vereinbaren.
201 *Merz*, La trasmissione familiare e fiduciaria della ricchezza, 2001, S. 421 f.; *Palazzo*, Attribuzioni patrimoniali tra vivi e assetti successori per la trasmissione patrimoniale della ricchezza, in: La trasmissione familiare della ricchezza, 1995, S. 17, 62.
202 *Palazzo*, in: La trasmissione familiare della ricchezza, 1995, S. 17, 67.
203 *Galletta*, I regolamenti patrimoniali tra coniugi, 1990, S. 48; *Gatt*, La liberalità, I, S. 320. Dagegen: *Doria*, Autonomia privata e causa familiare, 1996, S. 300 ff.
204 *Capozzi*, Successioni e donazioni, S. 836. Für die unterschiedlichen Fallkonstellationen siehe dazu *Palazzo*, Le donazioni, in: Schlesinger (Hrsg.), Il codice civile. Commentario, 1991, S. 570 ff.
205 In der Praxis werden daher geschenkte Immobilien von den Banken als nicht beleihungsfähig angesehen.

Das **Herabsetzungsurteil** hat aber **keine dingliche Wirkung**, so dass der Pflichtteilsberechtigte eine gesonderte **Restitutionsklage** gegenüber dem Bedachten zu erheben hat, wenn dieser den Gegenstand nicht freiwillig zurück erstattet; einer solchen Klage bedarf es nicht, wenn der Pflichtteilsberechtigte schon im Besitz der Sachen ist oder wenn er bereits zu einem, wenn auch unter seiner Pflichtteilsquote liegenden, Anteil Erbe ist, weil dann die Zuweisung im Rahmen der allgemeinen Erbteilung erfolgt.

e) Herausgabeklage gegen Dritterwerber

Wurde der schenkungsweise oder testamentarisch[206] zugewandte Gegenstand bereits veräußert oder verbraucht, muss der ursprüngliche Schenkungsempfänger dem Noterben den Wert ersetzen. Ist der zahlungsunfähig, kann der Noterbe die Restitutionsklage gegenüber dem Dritten geltend machen, der die Sache erworben hat (Art. 563 c.c.) bzw. zu dessen Gunsten ein dingliches Recht bestellt wurde. Ausgeschlossen ist dies bei Immobilien, wenn es sich um einen entgeltlichen, im Immobilienregister vor Klageerhebung eingetragenen Erwerb (Art. 2652 Nr. 8 c.c.) handelt und bei Klageerhebung bereits zehn Jahre seit Nachlasseröffnung vergangen sind. Bei beweglichen Gegenständen tritt der Ausschluss ein, wenn der Dritterwerber beim Erwerb gutgläubig war (Art. 1153 c.c.). Der Dritterwerber hat die **Einrede der Vorausvollstreckung** gegen den Ersterwerber (Art. 563 Abs. 2 c.c.) und kann sich gem. Art. 563 Abs. 3 c.c. von der Herausgabeverpflichtung durch Zahlung des Sachwertes befreien. Ist die Rückgabe der Sache nicht möglich, wird unter den Voraussetzungen des Art. 562 c.c. der Wert von der Erbmasse abgezogen. Der Beschenkte kann der Herabsetzung nicht die *usucapione ventennale* entgegensetzen.[207]

Unabhängig davon gibt es in Art. 561, 563 c.c. eine **Verfallfrist** von zwanzig Jahren, gerechnet ab Eintragung der Schenkung im Immobilienregister, nach deren Ablauf der Pflichtteilsberechtigte gegen den Drittbeschenkten nicht mehr vorgehen kann. Der pflichtteilsberechtigte Ehegatte oder Abkömmling kann jedoch den Ablauf der Verfallfrist durch die Erhebung eines Einspruchs gegen die Schenkung gegenüber dem Schenker und dessen Eintragung in das Immobilienregister zu Lebzeiten des Schenkers vermeiden.[208]

Nach Rückübertragung werden bewegliche Gegenstände und Immobilien, soweit dies möglich und nicht zu umständlich ist, *in natura* geteilt.[209] Übersteigt der Wert einer verschenkten Immobilie den Wert der *quota disponibile*, ist die Immobilie vom Beschenkten als ganze dem Nachlass zu übertragen und ihm deren Wert in Höhe der *quota disponibile* zu ersetzen. Bleibt der Wert der verschenkten Immobilie unter der *quota disponibile*, kann der Beschenkte die Immobilie behalten und hat lediglich Geldersatz zu leisten (Art. 560 Abs. 2 c.c.). Ist der Beschenkte selbst Noterbe, darf er die Immobilie für sich behalten, wenn ihr Wert seiner Noterbquote entspricht.

6. Il legato in luogo di legittima – Il legato in conto di legittima

Setzt der Erblasser zugunsten des Pflichtteilsberechtigten ein sog. *legato in conto di legittima* aus, kann dieser, ohne das Vermächtnis auszuschlagen, eine Ergänzung seines Pflichtteils verlangen und wie ein von vornherein nicht bedachter Pflichtteilsberechtigter Herabsetzungsklage erheben.

---

206 So die h.L.; vgl. *Capozzi*, Successioni e donazioni, S. 317 m.w.N.
207 Cian/Trabucchi/*Vascellari*, Art. 555 Rn 4; Cass. 93/10333.
208 Vgl. *Gabrielli*, FamRZ 2005, 1626 f.
209 Cass. 13/14449.

149 Setzt der Erblasser zugunsten des Pflichtteilsberechtigten ein sog. *legato in luogo* (*o sostituzione*) *di legittima* aus, kann dieser gem. Art. 551 c.c. es entweder unabhängig von dessen Höhe bzw. Wert akzeptieren, so dass die Herabsetzungsklage ausgeschlossen ist, oder das Vermächtnis ausschlagen[210] und Herabsetzungsklage erheben (Art. 649 c.c.). Im ersten Fall ist eine Pflichtteilsergänzung dergestalt, dass der Vermächtnisnehmer neben dem Vermächtnis eine Erhöhung geltend macht, ausgeschlossen, es sei denn, der Erblasser hat diese Möglichkeit eingeräumt (*legato con dispensa dall'imputazione*, Art. 551 Abs. 2 S. 1 c.c.). Das Wahlrecht soll aber unverjährbar sein.[211] Da aber die Ausschlagung Voraussetzung der Herabsetzungsklage ist[212] und diese innerhalb zehn Jahre verjährt, hat der Pflichtteilsberechtigte innerhalb der Zehn-Jahres-Frist auszuschlagen. Teilweise wird das *legato in luogo o sostituzione di legittima* als Möglichkeit angesehen, den Pflichtteilsberechtigten mit bestimmten Gegenständen abzufinden, obwohl diese wertmäßig nicht seinen Pflichtteil erreichen.[213]

150 Die **Abgrenzung** beider Formen ergibt sich aus dem Erblasserwillen: Will dieser den Bedachten mit dem *legato* vollständig abfinden, liegt ein *legato in luogo di legittima* vor.[214] Im Zweifel liegt nur ein *legato in conto di legittima* vor.[215]

7. Die cautela sociniana

151 Des Weiteren wird der Pflichtteilsberechtigte durch die in Art. 550 c.c. normierte sog. *cautela sociniana* (Art. 550 c.c.) geschützt, die folgende Fälle betrifft:
   – Der Erblasser bedenkt durch Schenkungen oder Testament den Pflichtteilsberechtigten mit einzelnen Gegenständen oder seinem ganzen Vermögen, räumt aber daran einem Dritten einen Nießbrauch ein oder gewährt dem Dritten eine Rente/wiederkehrende Leistung, die den Wert der *quota disponibile* übertrifft.
   – Der Erblasser bedenkt durch Schenkungen oder Testament den Pflichtteilsberechtigten mit einem Nießbrauchsrecht an einem Nachlassgegenstand oder seinem ganzen Vermögen, gewährt das Eigentum daran aber einem Dritten, wobei das Eigentum den Wert der *quota disponibile* übertrifft.

152 Der Pflichtteilsberechtigte kann in diesen Fällen entscheiden, ob er entweder die Verfügung bzw. Schenkung annimmt oder seine ganze Quote bekommt, indem er den Nießbrauch oder das Eigentum dem Dritten überlässt, aber beschränkt auf die Höhe der *quota disponibile*. Diese Option kann der Pflichtteilsberechtigte innerhalb von zehn Jahren ab dem Erbfall formlos ausüben. Sind mehrere betroffene Pflichtteilsberechtigte vorhanden, muss die Entscheidung einvernehmlich getroffen werden (Art. 550 Abs. 3 c.c.). Übt der Pflichtteilsberechtigte dieses Recht aus, ist ihm allerdings die Erhebung der Herabsetzungsklage verwehrt.

---

210 Die Ausschlagung bedarf der Schriftform nur bei Immobilien (Cass. S.u. 11/7098, Foro it. 2011, I, 2360; Cass. 04/13785, Giust. Civ. 2005, I, 2691), sonst kann sie formlos, auch konkludent, erfolgen (Cass. 06/5779, Riv. not. 2007, 198).
211 Vgl. *Rauscher*, JbfItalR, Bd. 8, 59, 73 m.w.N.
212 Von Amts wegen zu prüfen, Cass. S.u. 11/7098, Foro it. 2011, I, 2360.
213 Ausführlich dazu *Iudica*, Il legato in conto di legittima nel sistema dei legati in favore dei legittimari, Familia 2003, S. 287 ff.
214 So Cass. 90/459, Giur. it. 1990, I, 1, 1252. Dazu *Iudica*, Il legato in conto di legittima nel sistema dei legati in favore dei legittimari Familia 2003, S. 287 ff.; siehe auch *Schiavone*, Il legato in luogo di legittima: modalità di acquisto e ambito della funzione sostitutiva Famiglia 2006, 2, S. 215 ff.
215 Cass. 11/19583, Riv. not. 2012, 461.

8. Erb- und Pflichtteilsverzicht

Ein Erb- und Pflichtteilsverzicht zu Lebzeiten des Erblassers ist nicht zulässig, unabhängig davon, ob dafür eine Abfindung gewährt wurde. Dies wäre eine Umgehung des Verbots der *patti successori*; unzulässig ist gleichfalls die schuldrechtliche Verpflichtung, nach dem Eintritt des Erbfalls einen Erb- oder Pflichtteilsverzicht zu erklären. Auf das Recht zur Herabsetzungsklage können die Pflichtteilsberechtigten also zu Lebzeiten des Erblassers weder durch ausdrückliche Erklärung noch durch Zustimmung zur Schenkung verzichten (Art. 557 Abs. 2 c.c.); wohl ist aber nach dem Tod des Erblassers der formlose Verzicht auf die Herabsetzungsklage möglich.[216] Dieser Verzicht führt aber nicht zu einer Erhöhung der Pflichtteilsquote der anderen Berechtigten.[217]

153

9. Pflichtteilsentziehung

Das italienische Recht kennt die Pflichtteilsentziehung nicht. Der Pflichtteilsberechtigte verliert sein Pflichtteilsrecht nur in den Fällen der **Erbunwürdigkeit** durch Gerichtsurteil, geregelt in Art. 463 c.c. Nach Art. 463 c.c. sind u.a. erbunwürdig die Eltern eines Erblassers, denen nach Art. 330 c.c. das Sorgerecht entzogen und zum Zeitpunkt des Erbfalls auch nicht wieder zugesprochen wurde,[218] ebenso Personen, die den Erblasser mit Vorsatz oder Gewalt veranlasst oder gehindert haben, ein Testament zu errichten, zu widerrufen oder abzuändern, oder die ein Testament vernichtet, versteckt oder abgeändert haben.

154

10. Ausschluss von Erbfolge

Nach Art. 448bis c.c. ist, soweit nicht bereits nach Art. 463 c.c. Erbunwürdigkeit gegeben ist (siehe Rn 154), ein Elternteil, dem die elterliche Sorge entzogen wurde, nicht erb- und pflichtteilsberechtigt, wenn es vom Kind von der Erbfolge ausgeschlossen wurde.

155

Da in Art. 448-*bis* c.c. nicht von Pflichteilentziehung, sondern von *esclusione dalla successione* die Rede ist, ist mangels ausdrücklicher Differenzierung von einem weitgehenden Ausschlussrecht sowohl aus der *successione legale* als auch aus der *successione necessaria* auszugehen. Wird eine *esclusione* allgemein verfügt, sind somit die gesetzliche Erbfolge und die Pflichtteilsentziehung erfasst. Bei Verwendung von Begriffen wie *diseredazione* wird dagegen durch Auslegung zu ermitteln sein, ob nur der Ausschluss von der gesetzlichen Erbfolge oder auch die Pflichteilentziehung gewollt ist.

Obwohl die Norm einen geringen Anwendungsbereich hat, wird ihr eine wichtige Bedeutung zugesprochen, da sie erstmals die Enterbung zulässt.[219]

V. Güterrecht

Der gesetzliche Güterstand in Italien ist seit 21.9.1975 der Güterstand der **Errungenschaftsgemeinschaft** (Art. 177–197 c.c.): Das Vermögen, das beide Ehegatten während der Ehe erzielen, wird **Gesamtgut**. Jeder Ehegatte bleibt Eigentümer seines vorehelichen Vermögens und des ihm nach Eheschließung durch Schenkung oder Erbfolge zugewandten Vermögens

156

---

216 Cass. 08/20562, Giur. it. 2009, 859: unwiderruflich und auch von Gläubigern des Pflichtteilsberechtigten nicht anfechtbar.
217 Cass. S.u. 06/13429, Foro it. 2006, I, 2727. Anders noch Cass. 87/2434 und Cass. 95/1529.
218 Neu eingeführt mit G. 137/2005.
219 S. auch Cass., 22.05.2012, n. 8352.

(Art. 179 c.c.). Die Verwaltung des Gesamtguts steht beiden Ehegatten gemeinsam zu; sein **Eigengut** verwaltet jeder Eigentümer allein (Art. 185, 217 c.c.).

157 Die Ehegatten können jederzeit vor und nach Eheschließung durch **Ehevertrag**[220] den Güterstand der vertraglichen Gütergemeinschaft (Art. 210 f. c.c.) oder der Gütertrennung (Art. 215 c.c.) begründen. Möglich ist es nach Art. 210 c.c. auch, eheverträglich Eigenvermögen eines Ehegatten zum Gesamtgut zu erklären. Da dies gegen das Verbot des Art. 458 c.c. verstoßen könnte, wird Art. 210 c.c. dahingehend eng ausgelegt, dass die eheverträglich mögliche Einbeziehung sich auf das zum Zeitpunkt des Ehevertrages bereits vorhandene und zugewandte Vermögen beschränkt.[221] Für künftig durch Schenkung und Erbschaft zu erwerbendes Vermögen eines Ehegatten kann als Gesamtgut nicht vorsorglich begründet werden.

158 Das Güterrecht hat keinen direkten Einfluss auf die Erbfolge. Die Erbquote des Ehegatten ist unabhängig vom Güterstand der Ehegatten. Der Güterstand ist nur zur Feststellung des Umfangs des Nachlasses von Bedeutung. Lebten die Ehegatten im gesetzlichen italienischen Güterstand, fällt neben dem Eigengut des verstorbenen Ehegatten auch die Hälfte des Gesamtgutes in den Nachlass. Da hinsichtlich des Eigenguts des verstorbenen Ehegatten der überlebende Ehegatte gem. Art. 177 b), c) c.c. die Hälfte der Ersparnisse des Verstorbenen und gem. Art. 178 c.c. die Hälfte eines evtl. bestehenden und vom Erblasser allein geführten Unternehmens, wenn dieses während der Ehe errichtet, bzw. die Hälfte der Wertsteigerung, wenn es bereits vor Eheschließung begründet worden war, erhält („aufgeschobene Gütergemeinschaft"), wird die Nachlassmasse oftmals geschmälert. Durch eheverträgliche Vereinbarung können die Ehegatten den Umfang des Gesamtgutes und damit auch den Nachlassumfang bestimmen. Pflichtteilsrechte werden dadurch aber nicht berührt, soweit der Ehevertrag eine *donazione indiretta* i.S.v. Art. 555, 809 c.c. darstellt.[222]

VI. Vertragliche Erbfolge (Möglichkeit bindender Verfügungen)

159 Das italienische Gesetz **verbietet** zur Wahrung der jederzeitigen Testierfreiheit und zum Schutz des Erblassers vor Beeinflussung sowohl den **Erbvertrag** (Art. 458 c.c.)[223] als auch das **gemeinschaftliche Testament** (Art. 589 c.c.)[224] (siehe Rn 92). Verboten sind *patti istitutivi*[225] (über den eigenen Nachlass), *patti dispositivi* (über voraussichtlich zufallende Erbrechte oder Vermächtnisse)[226] und *patti rinunciativi* (Verzicht auf spätere Erbrechte[227]). Erbrechtliche Verfügungen sind höchstpersönlich und stets widerruflich. Ausgeschlossen ist auch eine

---

220 Die Wahl des Güterstands der Gütertrennung kann auch in der Eheschließungsurkunde erklärt werden (Art. 162 Abs. 2 c.c.).
221 Dazu *Capozzi*, Successioni e donazioni, S. 32; für Zulässigkeit: *Pene Vidari*, Riv. dir. civ. 2001, 245, 252.
222 *Galletta*, I regolamenti patrimoniali tra coniugi, S. 48; *Gatt*, La liberalità, I, S. 320; dagegen: *Doria*, Autonomia privata e causa familiare, S. 300 ff.
223 Cian/Trabucchi/*Vascellari*, Art. 458 I–III; *Ferri*, in: Scialoja/Branca, Comm. al Cod. civile, Art. 458 Anm. 1 ff.; Beispielsfälle bei *Reiß*, Internationales Erbrecht Italien, Rn 244 und Cian/Trabucchi/*Vascellari*, Art. 458 VII.
224 Cian/Trabucchi/*Amadio*, Art. 589 I–III.
225 Cian/Trabucchi/*Vascellari*, Art. 458 IV.
226 Cian/Trabucchi/*Vascellari*, Art. 458 V.
227 Cian/Trabucchi/*Vascellari*, Art. 458 VI. Unzulässig ist sowohl die *rinuncia tipica* (einseitige Erklärung vor einem Notar oder Cancelliere nach Maßgabe von Art. 519 c.c.) als auch die *rinuncia atipica o contrattuale*. Dazu *Capozzi*, Successioni e donazioni, S. 29.

Umdeutung des nichtigen Erbvertrages in gültige Einzeltestamente.[228] Das Verbot umfasst auch schuldrechtliche schriftliche (also nicht mündliche Versprechen, da es dann an einem verbindlichen *patto successorio* fehlt[229]) (Vor-)Verträge oder Testierverträge, in denen sich der Erblasser erst zu einer bestimmten Verfügung von Todes wegen verpflichtet, da sie den Schuldner zur Erfüllung verpflichten und dadurch ebenfalls die Testierfreiheit einschränken,[230] aber nur, wenn der Erblasser sich bei der Abfassung des Testaments noch an den irrig für wirksam gehaltenen Vertrag gebunden fühlte.[231] Art. 458 c.c. gilt selbst für formal getrennte Verfügungen, soweit sie nur inhaltlich aufeinander bezogen sind (vgl. Art. 635 c.c.).[232]

Das Verbot gilt unabhängig davon, ob im Erbvertrag bzw. im gemeinschaftlichen Testament wechselbezügliche Verfügungen der Erblasser enthalten sind oder nicht.[233]

Verboten sind nach Art. 458 c.c. auch **Verträge über den Nachlass eines noch lebenden Dritten**, auch wenn der künftige Erblasser zustimmte, der **Erbverzicht** einschließlich des Pflichtteilsverzichts sowie die **echte Schenkung von Todes wegen**.[234]

Zulässig[235] sind aber gleichzeitige Testamente mehrerer Personen auf einem Blatt, die aber selbstständig und in sich abgeschlossen sind (*testamento simultaneo*), sofern die Wechselbezüglichkeit der Verfügungen sich nicht aus anderen Umstanden ergibt (Art. 635 c.c.).[236]

VII. Patto di famiglia

Der in Art. 768 *bis* ff. c.c. (mit Gesetz Nr. 55 vom 14.2.2006 eingeführt) geregelte *patto di famiglia* als Vertrag unter Lebenden erleichtert nunmehr die lebzeitige Unternehmensnachfolge,[237] die wegen des strengen italienischen Pflichtteilsrechts (= Ausgleichungs- und Herabsetzungspflicht des Unternehmensnachfolgers im Fall des Todes des Erblassers) und des Verbots des Erb- und Pflichtteilsverzichts nach Art. 458, 557 Abs. 2 c.c. bislang nur eingeschränkt möglich war.

---

228 *Hausmann*, JbItR 15/16 (2002/2003) 173, 174; *Reiß*, Internationales Erbrecht Italien, Rn 245; *Grundmann*, IPRax 1986, 96, 97 unter Verweisung auf Entscheidung des *Corte di Cassazione* vom 14.7.1983; zum Streitstand *De Giorgi*, Patti sulle successioni future, 1976, S. 97.
229 Vgl. Cass. 72/1702, Giur. it. 1973, I, 1, 1594; Cass. 00/5870.
230 Cass. 76/2619; Cass. 83/4827; Cass. 91/2477; Cass. 81/63.
231 *Bianca*, Diritto civile, 2.2, Le successioni, S. 356 f.; Cass. 79/5693; *De Giorgi*, Patti sulle successioni future, S. 94 ff. Das heißt, den Erben steht der Gegenbeweis offen, dass das Testament unabhängig vom Verpflichtungsvertrag dem wirklichen Willen des Erblassers entsprach. Eine besondere Regelung gilt für den *atto di rinuncia all'eredità*, der aufgrund einer schuldrechtlichen Verpflichtung erfolgte. Nach Art. 526 c.c. kann er nur wegen Gewalt oder Fahrlässigkeit, aber nicht wegen Irrtum angefochten werden. Dazu *Capozzi*, Successioni e donazioni, S. 32.
232 Cass. 82/2623; *Hausmann*, JbItR 15/16 (2002/2003) 173, 175.
233 Cian/Trabucchi/*Vascellari*, Art. 458 Anm. IV; *Ferri*, in: Scialoja/Branca, Comm. al Cod. civile, Art. 458 Anm. 12.
234 *Capozzi*, Successioni e donazioni, S. 30 ff.
235 *Capozzi*, Successioni e donazioni, S. 399 f.; *Hausmann/Trabucchi*, in: Ferid/Firsching/Dörner/Hausmann, Italien Grdz. Rn 248.
236 Cass. 12/5508 (zwei autonome Testamente); Cass. 08/24813 (keine Gegenseitigkeit, nur jeweilige Gründung einer Stiftung); Cass. 02/1733.
237 Die Praxis hat sich bisher teilweise mit den sog. *conferimenti non proporzionali* beholfen. Dabei bringt der Unternehmer seinen Betrieb in eine neu gegründete Gesellschaft ein, an der auch der Unternehmensnachfolger beteiligt wird. Da dieser seine Einlage auch durch Arbeitsleistung erbringen kann und die Beteiligung disproportional zu den Einlagen festgelegt werden kann, wird zumindest die etwaige künftige Wertsteigerung des Betriebs pflichtteilsfest.

164 Durch den nach Art. 768 *ter* c.c. in öffentlicher Form[238] abzuschließenden (Notar und gleichgestellte Urkundsperson, Art. 2699 c.c.) *patto di famiglia* kann ein Unternehmer seinen Betrieb (*azienda*, Art. 2555 c.c.) oder Gesellschaftsanteile an Gesellschaften mit einer unternehmerischen Geschäftstätigkeit i.S.d. Art. 2082 c.c.[239] unabhängig von der Gesellschaftsform,[240] soweit der Inhaber Mitbestimmungsbefugnisse in der Gesellschaft hat,[241] zu Lebzeiten – ggf. unter Vorbehalt von Austragsleistungen – an Abkömmlinge[242] übertragen.[243]

165 **Vertragsteil** sind neben dem Ehegatten[244] alle weiteren Personen, die ein Anrecht auf den Pflichtteil hätten,[245] wenn zum Zeitpunkt des Vertragsabschlusses (Art. 768 *quater* Abs. 1 c.c.) der Erbfall eingetreten wäre.[246] Nach h.L. ist die Beteiligung aller hypothetischen Pflichtteilsberechtigten entgegen dem Wortlaut nicht Wirksamkeitsvoraussetzung.[247] Bei Vorliegen eines *patto di famiglia* ist der Nachfolger gegenüber den beteiligten Pflichtteilsberechtigten von der Ausgleichungspflicht und von dem Herabsetzungsanspruch befreit (Art. 768 *quater* Abs. 4 c.c.).

166 Den nicht bedachten weichenden Abkömmlingen steht eine im Vertrag selbst oder nachträglich in einem späteren Vertrag (*contratto successivo*) festzusetzende, vom Nachfolger oder vom Unternehmer[248] zu zahlende **Abfindung** (in Geld oder durch Übertragung sonstiger Vermögenswerte) zu, deren Höhe sich nach Art. 537 c.c., also nach der Höhe des Pflicht-

---

238 Nach *Petrelli*, Riv. not. 2006, 426, in Anwesenheit zweier Zeugen.

239 Die Frage, ob eine sog. *società di controllo o di gestione*, d.h. eine Gesellschaft, die nicht eine *attività d'impresa* ausübt, sondern nur vermögensverwaltend tätig ist, durch eine *patto di famiglia* übertragbar ist, wird von der h.L. verneint, siehe *Petrelli*, Riv. not. 2006, 421; *Zoppini*, Profili sistematici della succesione anticipate, Riv. dir. civ. 2007, 293.

240 Für die AG nach dem Gesetzeswortlaut str.; bejahend: *Tassinari*, Giur. Comm. 2006, I, S. 801, 814 f.; *Kindler*, FamRZ 2007, 954, 955. Es gelten aber die allgemeinen gesellschaftsvertraglichen Regelungen, d.h. Übertragungsbeschränkungen und -ausschlüsse nach Art. 2355 *bis* und Art. 2469 c.c. (so *Balestra*, NGCC 2006, 378 ff.) bzw. für die Personengesellschaft nach Art. 2252 c.c. sind vorrangig. Handelt es sich um eine *impresa familiare*, ist Art. 230 *bis* c.c. vorrangig; strittig ist, ob und inwieweit *beim patto di famiglia* das Vorkaufsrecht nach Art. 230 *bis* IV c.c. eingreift. Vgl. dazu *Kindler*, FamRZ 2007, 954, 956 m.w.N.

241 Dies setzt bei AG und GmbH wohl eine Mehrheitsbeteiligung voraus; bei Kommanditanteilen müssen dem Kommanditisten die Rechte nach Art. 2320 Abs. 2 c.c. zustehen.

242 Bei Minderjährigen bedarf es für die Wirksamkeit der Genehmigung durch das Gericht. Andere Personen, z.B. der Ehegatte, sind nicht begünstigt; für Neffen bzw. Nichten strittig; bejahend: *Inzitari*, Il patto di famiglia, S. 104.

243 Fällt der Betrieb in das Gesamtgut, gilt auch der Ehegatte als „Verfügender": *Petrelli*, Riv. not. 2006, 421.

244 Dies gilt nicht für den mit Schuldzuweisung getrennt lebenden Ehegatten, so *Zoppini*, L'emersione della categoria della successione anticipata, in: Patti di famiglia per l'impresa, S. 279.

245 So auch Abkömmlinge von Kindern des Unternehmers, wenn diese bereits gestorben sind. Aszendenten können nie beteiligt sein, da ihre Stellung als Noterben das Fehlen von Abkömmlingen voraussetzt, siehe *Gazzoni*, Giust. civ. 2006, 217, 220.

246 *Delle Monache*, Riv. not. 2006, 895.

247 *Oppo*, Riv. dir. civ. 2006, 439, 446; *Petrelli*, Riv. not. 2006, 401, 432 f.; *Kindler*, FamRZ 2007, 954, 957; *Castelli/Molinari*, ZErb 2007, 367, 369 m. Nachw. in Fn 18; a.A. *Tassinari*, Giur. Comm. 2006, I, 808, 822; *Gazzoni*, Giust. civ. 2006, 217, 219. Solange die Streitfrage nicht gerichtlich geklärt ist, ist, wenn nicht alle pflichtteilsberechtigten Personen beteiligt sind, der *patto di famiglia* mit Vorsicht zu verwenden. Der beurkundende Notar muss auch Art. 28 *legge notarile* beachten. Vgl. *Sicchiero*, La causa del patto di famiglia, Contratto e impresa 2006, S. 1269.

248 Str.; dafür: *Petrelli*, Riv. not. 2006, 401, 440.

teils[249] und dem Unternehmenswert zum Zeitpunkt der Vereinbarung,[250] errechnet. Ein ganzer oder teilweiser[251] Verzicht auf die Abfindung ist nach Art. 768 *quater* Abs. 2 c.c. zulässig. Die Rechtsfolgen der Nichterfüllung der Zahlungspflicht sind in Art. 768 *sexies* c.c. geregelt.[252]

Den zum Zeitpunkt des Vertragsabschlusses pflichtteilsberechtigten Personen, die am Vertrag nicht beteiligt sind, stehen sämtliche **Pflichtteilsrechte** (Herabsetzungsklage und Kollation) zu, also nicht nur der Anspruch nach Art. 768 *sexies* Abs. 1 c.c.[253] Die nach Abschluss des *patto di famiglia* neu hinzugekommenen Pflichtteilsberechtigten (z.B. nachgeborene Kinder oder ein neuer Ehegatte) können nach dem Tod des Verfügenden den Zahlungsanspruch nach Art. 768 *sexies* Abs. 1, Art. 768 *quater* Abs. 2 i.V.m. Art. 537 ff. c.c. als reinen Geldanspruch gegen den Nachfolger erheben. Strittig ist, ob ein zum Zeitpunkt des Vertragsabschlusses bereits lebender Abkömmling zweiter Ordnung (Enkelkind) einen Abfindungsanspruch hat, wenn der Abkömmling erster Ordnung auf seinen Abfindungsanspruch verzichtet, die Erbschaft ausschlägt oder vor dem Tod des Inhabers verstirbt.[254] Was umgekehrt der Verlust der Eigenschaft als Pflichtteilsberechtigter zur Folge hat, ist umstritten. Nach h.L. ist ein am Vertrag beteiligter Ehegatte nach der Scheidung (nicht dagegen der mit Schuldzuweisung getrenntlebende Ehegatte)[255] verpflichtet, die Abfindung zurückzuzahlen, wenn der Unternehmer nochmals heiratet und der neue Ehegatte seinen Anspruch gegenüber der Geschiedenen geltend macht.

167

Das übertragene Vermögen haftet nicht für Erblasserschulden. Diese können nur im Zuge einer Gläubigeranfechtung nach Art. 2901 ff. c.c. geltend gemacht werden.[256]

168

Der *patto di famiglia* kann nach den Regeln der Art. 1427 ff. c.c. binnen Jahresfrist (ab Vertragsschluss oder gem. Art. 1442 c.c.)[257] angefochten werden (Art. 768 *quinquies* c.c.).

169

Des Weiteren kann er einvernehmlich oder aufgrund eines vertraglich vorgesehenen Rücktrittsrechts aufgehoben oder abgeändert werden (Art. 768 *septies* Nr. 1 und Nr. 2 c.c.). Der Rücktritt bedarf der notariellen Beurkundung.

170

Der *patto di famiglia* ist seiner Wirkungen nach wohl erbrechtlich zu qualifizieren.[258]

171

Für einen in Deutschland lebenden Unternehmer mit italienischer Staatsangehörigkeit hat der Abschluss eines *patto di famiglia* – gem. Art. 11 EGBGB in notarieller Form – gegenüber der Alternative der Rechtswahl zugunsten deutschen Rechts nach Art. 46 Abs. 2 it. IPRG in Verbindung mit einem Erbvertrag den Vorteil, dass er auch wirksam bleibt, wenn der

172

---

249 Der gesetzliche Verweis auf Art. 536 c.c. wird als irreführend bezeichnet. Maßgebend ist die Quote der Noterben nach Art. 537 c.c. als Bruchteil des Vermögens des Erblassers nach Abzug der Schulden und unter Anrechnung von lebzeitigen Zuwendungen.
250 Vgl. *Petrelli*, Riv. not. 2006, 473; eine vertragliche Regelung über den Unternehmenswert ist wohl möglich, so *D'Imperio/Pezzetta/Sicilotti*, La valutazione dell'azienda e delle partecipazioni, in: Patti di famiglia per l'impresa, S. 215.
251 *Delle Monache*, Riv. not. 2006, 902.
252 Dazu *Zoppini*, Profili sistematici della succesione anticipate, Riv. dir. civ. 2007, 294.
253 So *Petrelli*, Riv. not. 2006, 401, 433; *Castelli/Molinari*, ZErb 2007, 367, 369; *Zoppini*, Profili sistematici della succesione anticipata, Riv. dir. civ. 2007, 293 f.; a.A. *Oppo*, Riv. dir. civ. 2006, 439, 441; *Kindler*, FamRZ 2007, 954, 958 (nur Geldanspruch nach Art. 768 *sexies* c.c.).
254 Bejahend: *Castelli/Molinari*, ZErb 2007, 367, 371. Verneinend: *Oberto*, Il patto di famiglia, S. 126; *Zoppini*, Profili sistematici della succesione anticipate, Riv. dir. civ. 2007, 290.
255 *Gazzoni*, Giust. civ. 2006, 217, 223.
256 *Zoppini*, Profili sistematici della succesione anticipate, Riv. dir. civ. 2007, 294.
257 *Vitucci*, Riv. dir. civ. 2006, I, 455.
258 Vgl. *Kindler*, FamRZ 2007, 954, 960; *Castelli/Molinari*, ZErb 2007, 367, 372 f.

Erblasser später seinen Wohnsitz in Deutschland aufgibt und dass auch die Ansprüche der in Italien ansässigen Pflichtteilsberechtigten mit deren Zustimmung ausgeschlossen werden können.

173 Ist ein *patto di famiglia* zunächst rechtswirksam abgeschlossen, kennt aber das auf die Erbfolge anwendbare Recht dieses Rechtsinstitut bzw. einen Erbvertrag nicht, ist wohl von der Unwirksamkeit auszugehen.[259]

174 Nach Art. 768 *octies* c.c. unterliegen die Streitangelegenheiten bezüglich des *patto di famiglia* primär der Zuständigkeit der in Art. 38, d. lg. 17 Januar 2003, n. 5 vorgesehenen Schlichtungsstellen. In der Lehre wird als Vertragsklausel eine sog. *clausola compromissoria*, jetzt „*convenzione di arbitrato*", empfohlen, mit der die Zuständigkeit von „*collegi arbitrali a composizione notarile*" vereinbart wird.

VIII. Wege der Nachlassregelung außerhalb des Erbrechts

1. Schenkung von Todes wegen

175 Das Verbot der *patti successori* erfasst auch Schenkungen von Todes wegen. Als solche unzulässigen Schenkungen von Todes wegen werden Schenkungen nach h.L. angesehen, wenn sie *mortis causa* erfolgen, also der Tod selbst den Grund der Zuwendung bildet,[260] während Schenkungen *post mortem* zulässig sind. Die Abgrenzung zwischen beiden Formen ist schwierig und umstritten.[261]

176 Eine **unzulässige Schenkung mortis causa** liegt vor, wenn sowohl der Umfang des zugewiesenen Vermögenswertes (nicht nur der Gegenstand selbst, sondern auch sein Wert) als auch die Person des Bedachten erst im Zeitpunkt des Todes bestimmt sind.[262] Umgekehrt formuliert: Schenkungen *si* oder *cum praemoriar* (= Bedingung auf den Tod bzw. Befristung auf den Tod) sind wirksam, sofern die Schenkung zu Lebzeiten des Schenkers unwiderruflich ist und nach den Umständen des Einzelfalls nicht nur die Person des Beschenkten, sondern auch der Gegenstand der Schenkung in rechtlicher und wirtschaftlicher Hinsicht definiert ist und die Bedingung bzw. Befristung des Todes lediglich die vollen Wirkungen des Schenkungsvertrages aktualisiert,[263] die Zuwendung aber bereits bei Vertragsabschluss voll wirksam ist, also der Schenker sich gegenwärtig des Vermögensgegenstandes begibt.[264]

So wurde bei Schenkung eines Gegenstandes unter Überlebensbedingung und Vorbehalt eines lebenslangen Wohnungsrechts[265] eine unzulässige *donatio mortis causa* angenommen.[266] Zulässig sind Schenkungen, wenn sie ausdrücklich nicht unter einer Überlebensbedingung erfolgen und der Schenker bereits zu Lebzeiten alles getan hat, was seinerseits zur Erfüllung erforderlich ist; der Schenker muss bereits über einen zu seinem aktuellen Vermö-

---

259 *Castelli/Molinari*, ZErb 2007, 367, 373.
260 Vgl. dazu Cass. 82/2623; Cass. 87/4053, cit.; Cass. 95/1683, Giust. civ. 1995, I, 1501.
261 *Palazzo*, voce Successioni (parte generale), in: Dig. Disc. Priv. – sez. civ., vol. XIX, Torino, 1999, S. 122.
262 *Hausmann*, JbItR 15/16 (2002/2003) 173, 177 f. Siehe Cass. 66/1547, Foro it., I, 1511.
263 Cian/Trabucchi/*Vascellari*, Art. 458 Anm. VII 2; Cass. 76/2619; a.A. wohl *Salaris*, ZEV 1995, 240, 241.
264 *Palazzo*, Le successioni (N. 116), S. 51.
265 Anders bei Vorbehalt eines nach Art. 796 c.c. ausdrücklich zulässigen Nießbrauchs.
266 Cass. 88/84053, Riv. not. 1987, II, 582; *Hausmann*, JbItR 15/16 (2002/2003) 173, 177 f.; *Rauscher/Scheuer*, JbItalR Bd. 8, S. 59, 77, 80 (Begründung: Wegen des unbestimmten Zeitraums bis zum Tod des Schenkers kann der Wert der Schenkung zum Zeitpunkt des Abschlusses des Schenkungsvertrages nicht bestimmt werden). Siehe auch *Engbers*, Deutsch-italienische Erbfälle, S. 77 Fn 294.

gen gehörenden Gegenstand und nicht erst über einen künftigen Nachlassgegenstand verfügen.

In Art. 796 c.c. enthält das italienische Recht eine ausdrücklich zulässige gesetzliche Gestaltungsmöglichkeit: Der Schenker darf sich den Nießbrauch an den geschenkten Gegenständen zu eigenem Nutzen und für die Zeit nach ihm zugunsten einer oder auch mehrerer Personen, die allerdings nicht aufeinander folgen dürfen, vorbehalten. Auch wenn der Nießbrauch grundsätzlich mit dem Tod des Berechtigten erlischt (Art. 979 Abs. 1 c.c.), sind folgende Sonderformen möglich, die die Nutzung über den Tod des vorrangig Bedachten hinaus gestatten: der sog. *usufrutto successivo* (**Nachfolgenießbrauch**) und der sog. *usufrutto congiuntivo* (**Gemeinschaftsnießbrauch**).[267] Zulässig ist des Weiteren die Übertragung des Vermögens an ein Kind gegen Zahlung einer Leibrente.[268] Unzulässig ist dagegen eine Schenkung als Abfindung an einen Pflichtteilsberechtigten für dessen Ausschluss von der gesetzlichen Erbfolge.[269]

177

Gesetzlich ausdrücklich zulässig sind auch die **Lebensversicherung** zugunsten Dritter auf den Todesfall gem. Art. 1920 c.c.[270] und die unentgeltliche Einräumung einer **lebenslangen Rente** für einen Dritten nach Art. 1872, 1875 c.c.; in letzterem Fall handelt es sich um einen Vertrag zugunsten Dritter (Art. 1411 c.c.). Der Widerruf des Rentenversprechens ist gem. Art. 1412 c.c. möglich. Da strittig ist, ob das Widerrufsrecht auf die Erben übergeht, empfiehlt es sich, die Übertragbarkeit des Widerrufsrechts auf die Erben vertraglich auszuschließen.[271] Die Einsetzung des Begünstigten bei der Lebensversicherung kann im Versicherungsvertrag durch nachträgliche Erklärung oder durch Testament erfolgen;[272] sie kann gem. Art. 1921 Abs. 2 c.c. auch unwiderruflich sein. Zulässig ist nach Art. 1773 c.c. auch eine Hinterlegung zugunsten Dritter, es sei denn, der Dritte erhält die Sache erst nach dem Tod des Schenkers.[273]

178

Kollisionsrechtlich gilt für Schenkungsverträge aus italienischer Sicht das Römische EWG-Übereinkommen über das auf vertragliche Schuldverhältnisse anzuwendende Recht vom 19.6.1980, das nach Art. 2 Abs. 1 it. IPRG der nationalen Kollisionsnorm des Art. 56 it. IPRG vorrangig ist.

179

Praxishinweis: Im Ergebnis lässt sich feststellen, dass angesichts der unklaren Rechtslage und der teilweise widersprüchlichen Entscheidungen, abgesehen von den gesetzlich ausdrücklich zugelassenen Ausnahmen, von auf den Tod des Schenkers aufschiebend bedingten Schenkungen abzuraten ist.[274]

---

267 *La Mendola*, Riv. not. 2006, 785; *Hausmann/Trabucchi*, in: Ferid/Firsching/Dörner/Hausmann, Italien Grdz. Rn 42333 Fn 69 m.w.N.
268 Cass. 52/2020; Cass. 88/6083; Cass. 96/4504 (sofortige oder auf den Tod bedingte Überlassung unter Vorbehalt einer Leibrente für sich oder z.B. nach Tod des Schenkers für einen Dritten). Cian/Trabucchi/*Cavalaglio*, Art. 1872 Anm. II 5 unter Verweisung auf Cass. 86/7679.
269 Trib. Cagliari 13.1.1998, Riv. giur. Sarda 1999, 463.
270 Dazu *Volpe Putzolu*, Il contratto di assicurazione quale strumento successorio, in: La trasmissione familiare della ricchezza, cit., 85.
271 *Rauscher*, JbfItalR Bd. 8, 59, 80.
272 *Pene Vidari*, Riv. dir. civ. 2001, 245, 257, hält die Benennung durch Testament für unzulässig.
273 *Pene Vidari*, Riv. dir. civ. 2001, 245, 258.
274 So auch *Pene Vidari*, Riv. dir. civ. 2001, 245, 254 f.

2. Postmortale Vollmacht

180 Nach italienischem Recht erlischt die Vollmacht grundsätzlich mit dem Tod des Vollmachtgebers (Art. 1396, 1722 Nr. 4 c.c.); durch Parteivereinbarung kann jedoch von dieser Regelung abgewichen werden, so dass privatautonom eine trans- oder postmortale Vollmacht möglich ist,[275] sofern sich die Vollmacht[276] einschließlich des zugrunde liegenden Auftrags[277] auf die Ausführung von Verpflichtungen bzw. Anordnungen des Erblassers (*mandatum post mortem exequendum*) bezieht.[278] Unzulässig ist aber die Vollmacht[279] zugunsten des Bedachten oder eines Dritten zur Verfügung über solche Nachlassgegenstände, über die der Erblasser als Vollmachtgeber nicht durch ein wirksames schuldrechtliches Verpflichtungsgeschäft zu Lebzeiten oder testamentarisch bereits zugunsten des Bedachten verfügt hat.[280] Eine Bankvollmacht auf den Todesfall ist somit nur zulässig, wenn ihr ein wirksames lebzeitiges schuldrechtliches Verpflichtungsgeschäft bzw. ein Testament zugrunde liegt, in Erfüllung dessen der Bevollmächtigte das Guthaben auf den Bedachten überträgt.

181 Die Zulässigkeit von Vollmachten richtet sich allerdings nicht nach dem Erbstatut, sondern nach dem gesondert anzuknüpfenden Vollmachtsstatut. Soll also eine Vollmacht in Italien Verwendung finden, gilt Art. 60 it. IPRG, der keine Rechtswahlmöglichkeit eröffnet.

182 Von dem *mandatum post mortem exequendum* ist das *negozio fiduciario post mortem exequendum* zu unterscheiden, wonach der Vermögensinhaber Vermögen auf einen Treuhänder mit der Auflage überträgt, es nach seinem Tod einer vom Vermögensinhaber bestimmten Person zu übertragen. Soweit kein Vertrag zugunsten Dritter vorliegt, erwächst aus diesem Akt keine Herausgabeverpflichtung des Treuhänders, sondern lediglich eine Schadensersatzverpflichtung; nachteilig ist auch die damit verbundene Doppelbelastung hinsichtlich Transaktionskosten und Steuern.[281]

3. Bankverfügungen, gemeinschaftliche Bankdepots

183 Bei der Einrichtung von Bankguthaben und -depots und deren Übertragung an Dritte auf den Todesfall ist, sofern das sog. Valutaverhältnis eine Schenkung ist, zu klären, ob eine Schenkung unter Lebenden (hier Vertragsstatut) oder eine Schenkung von Todes wegen (Erbstatut)[282] vorliegt. Richtet der Zuwendende ein Bankkonto oder Depot zugunsten eines Dritten im eigenen Namen oder auf den Namen des Begünstigten ein, behält er sich aber das Verfügungsrecht darüber ganz oder teilweise vor, liegt wohl eine unzulässige Schenkung

---

275 Cass. 62/2084; *Palazzo*, Le successioni (N. 116), S. 52 ff.; *Capozzi*, Successioni e donazioni, S. 40 f.; *Pene Vidari*, Riv. dir. civ. 2001, 245, 255 f.; *Hausmann*, JbItR 15/16 (2002/2003) 173, 179. Für eine Ausnahme siehe auch Trib. Palermo 16.3.2000, Contratti 2000, 1101 m. Anm. *Bonilini*.

276 In der italienischen Rechtsordnung wird das Problem eher unter dem Aspekt des *mandatum post mortem*, also des Auftragsverhältnisses, diskutiert, vgl. *Capozzi*, Successioni e donazioni, S. 40 f.

277 Nur vertraglich, nicht testamentarisch erteilbar: *Palazzo*, Le successioni (N. 116), S. 53.

278 *Merz*, La trasmissione familiare e fiduciaria della ricchezza 2001, S. 728 ff.; *Pene Vidari*, Riv. dir. civ. 2001, 245, 255 f.; *Gradassi*, Mandato post mortem, Contr. E impr. 1990, S. 827.

279 Dies gilt jedenfalls dann, wenn die Vollmacht unwiderruflich erteilt ist.

280 *Merz*, La trasmissione familiare e fiduciaria della ricchezza 2001, S. 729; *Bianca*, Diritto civile, 2.2, Le successioni, S. 359 f.; *Pene Vidari*, Riv. dir. civ. 2001, 245, 256.

281 *Palazzo*, Le successioni (N. 116), S. 54, 57.

282 Vgl. MüKo/*Birk*, Art. 26 EGBGB Rn 158; *Engbers*, Deutsch-italienische Erbfälle, S. 82 f.

mortis causa vor, weil der Wert im Todeszeitpunkt unbestimmt ist und der Bedachte nur das erhält, was übrig bleibt.[283]

Die Einrichtung eines gemeinsamen Kontos oder eines Oder-Kontos wird als nichtig betrachtet, wenn sie eine **indirekte Schenkung mortis causa** darstellt; dies ist der Fall, wenn die Schenkung aufschiebend bedingt auf den Tod des Zuwendenden ist und dieser endgültig auf den Widerruf der Kontoeinrichtung verzichtet. Wird ein gemeinsames Konto oder Oder-Konto aber mit sofortiger Wirkung eingerichtet, so dass der Bedachte sofort über das Guthaben verfügen und Geld abheben kann, liegt eine zulässige Schenkung unter Lebenden vor,[284] mag auch ein Teil des Bankguthabens erst mit dem Tod des Zuwendenden auf den anderen Konto(mit-)inhaber übergehen.[285] Unabhängig von der Frage, ob der Bedachte die Zuwendung behalten darf, kann die Bank beim sog. *conto congiunto solidale* mit befreiender Wirkung an den begünstigten Kontomitinhaber auszahlen.

184

Bei mehreren Begünstigten wird allerdings die s.g *solidarietà attiva* nicht vermutet. Sie muss gem. Art. 1854 c.c. Gegenstand einer ausdrücklichen Vertragsklausel sein. Besteht eine *solidarietà attiva*, kann jeder Begünstigte die Auszahlung des Bankguthabens an sich allein verlangen.[286]

185

4. Stiftungen, Società fiduciarie, Trust, Atti di destinazione

In der italienischen Kautelarpraxis versucht man, durch stiftungsrechtliche Lösungen und mithilfe des Instituts der Treuhand das Verbot des Art. 458 c.c. zu umgehen.[287]

186

Nach überwiegender Ansicht sind sowohl rechtsfähige **Stiftungen** als auch unselbstständige bzw. atypische Stiftungen zu rein privaten Zwecken („Familienstiftung") trotz der Erwähnung in Art. 28 c.c. nicht erlaubt.[288] Für zulässig werden jedoch die *fondazione d'impresa* und die *fondazione per uso fiduciario*, zumindest soweit Letztere nicht erst mit dem Tod des Gründers entstehen soll,[289] erachtet.[290] Als zulässige Gestaltung wird auch die *società fiduciaria* (Ges. 23.11.1939, N. 1966 – **Treuhandgesellschaft**), insbesondere die sog. SIM (*società di intermediazione mobiliare*, Ges. 2.1.1991), wenn in deren Statut vertraglich vorgesehen ist, dass das an die Gesellschaft treuhänderisch übertragene Vermögen nach dem Tod

187

---

283 Vgl. *Palazzo*, in: La trasmissione familiare della ricchezza 1995, S. 17, 58; *Merz*, La trasmissione familiare e fiduciaria della ricchezza 2001, S. 319, 324 f. unter Verweisung auf Cass. 90/8335; *Rauscher*, JbfItalR Bd. 8 S. 59, 79 f. m.w.N.
284 Die Schenkungsabsicht aufgrund Einrichtung eines gemeinsamen Kontos oder Oder-Kontos wird widerlegbar vermutet, so Cass. 14/809, NGCC 2014, I, 594.
285 Trib. Catania, 25.3.1993, Foro it. 1994, I, 694 s; vgl. *Merz*, La trasmissione familiare e fiduciaria della ricchezza 2001, S. 318, 327.
286 A.B.F. Roma 22.3.2013, n. 1579 (unter www.arbitrobancariofinanziario.it).
287 Vgl. *Palazzo*, Le successioni (N. 116), S. 97 ff.; *Hausmann*, JbItR 15/16 (2002/2003) 173, 202 m.w.N.
288 *Iudica*, Fondazioni, fedecommesserie, trusts e trasmissione della ricchezza familiare, in: La trasmissione familiare della ricchezza 1995, S. 97, 99 f.; *Pene Vidari*, Riv. dir. civ. 2001, 263: Verstoß gegen Art. 692, 698, 699 c.c.; a.A. *Merz*, La trasmissione familiare e fiduciaria della ricchezza 2001, S. 719.
289 Dies ist unzulässig, so *Iudica*, Fondazioni, fedecommesserie, trusts e trasmissione della ricchezza familiare, in: La trasmissione familiare della ricchezza 1995, S. 97, 104 unter Berufung auf Cass. 84/6478.
290 *Iudica*, Fondazioni, fedecommesserie, trusts e trasmissione della ricchezza familiare, in: La trasmissione familiare della ricchezza 1995, S. 97, 102, 107; *Pene Vidari*, Riv. dir. civ. 2001, 263; *Schlesinger*, Interessi dell'impresa e interessi familiari nella vicenda successoria, in: La trasmissione familiare della ricchezza 1995, S. 131, 136 (mit Gestaltungsvorschlag).

des Gründers an einen Dritten weiter zu übertragen ist, angesehen, vorausgesetzt, der darin liegende Vertrag zugunsten Dritter ist wirksam.²⁹¹

Praxishinweis: Freilich raten alle Autoren, die die Möglichkeit grundsätzlich bejahen, bei solchen Gestaltungen wegen eines möglichen Verstoßes gegen Art. 458 und 692 c.c. zur Vorsicht, insbesondere wenn und soweit die Einsetzung des Begünstigten vom Zuwendenden/Stifter nicht widerruflich bzw. abänderbar ist.

188 Der italienische Gesetzgeber hat das am 1.1.1992 in Kraft getretene Haager Übereinkommen über das auf **Trusts** anzuwendende Recht und über ihre Anerkennung vom 1.6.1985 (TrAbk) mit Gesetz vom 9.10.1989 ratifiziert.²⁹² Die Anerkennung und Regelung des Trusts wird an die vom Gründer ausdrücklich und schriftlich gewählte Rechtsordnung angeknüpft, nicht an die Staatsangehörigkeit des Gründers (Art. 6 TrAbk). Die gewählte Rechtsordnung muss das Rechtsinstitut des Trusts kennen. Der Trust besteht grundsätzlich aus zwei Elementen, dem Gründungsakt zwischen Gründer und *trustee* und der Rechtsbeziehung zwischen Gründer und Begünstigtem.

189 Nach einer im Vordringen befindlichen Auffassung sind sog. **interne Trusts** – das sind Trusts, die einen überwiegenden Bezug zu Italien haben²⁹³ – zulässig.²⁹⁴ Erforderlich ist nur, dass der italienische Staatsangehörige eine Rechtsordnung wählt, die das Rechtsinstitut des Trusts kennt. Soweit der Trust bereits zu Lebzeiten des Gründers voll wirksam ist, handelt es sich um ein Rechtsgeschäft *inter vivos*.²⁹⁵ Soll er aber seine Wirkungen erst nach dem Tod des Gründers voll entfalten (Beispiel: Gründung zu Lebzeiten des Gründers, Vermögensübertragung erfolgt teilweise zu Lebzeiten, teilweise erst nach dem Tod des Gründers), ist, zumindest wenn als Erbstatut des Gründers italienisches Recht gilt, infolge des Verbots

---

291 *Palazzo*, Le successioni (N. 116), S. 58 ff.; *ders.*, Attribuzioni patrimoniali (N. 127), S. 50.
292 Deutschland hat das Übereinkommen noch nicht ratifiziert.
293 Der überwiegende Bezug kann sich daraus ergeben, dass der Gründer Italiener ist und/oder das dem Trust übertragene Vermögen hauptsächlich in Italien liegt. Interne heimische Trusts sind folglich jene, in denen die objektiven Merkmale wie der Sitz der Verwaltung der Vermögensgegenstände, der Wohnsitz oder die Staatsbürgerschaft der beteiligten Personen, der Ort, an dem sich die Vermögensgegenstände befinden, eine Verbindung zum italienischen Recht aufweisen, und das einzige fremde Merkmal das auf den Trust anwendbare Recht ist. In diesen Fällen halten viele die Konvention von Den Haag für nicht anwendbar. Da es sich um eine Konvention im Bereich des Internationalen Privatrechts und nicht im vereinheitlichten Privatrecht handle, nimmt ein Teil der Lehre an, dass im Falle eines Innen-Trusts die Voraussetzungen für die Anwendbarkeit der Haager Konvention fehlten. Andere Stimmen in der Literatur nehmen jedoch an, dass die Haager Konvention nicht zwischen internationalen und heimischen Trusts unterscheidet. Es wird darauf verwiesen, dass gem. Art. 11 der Konvention ein Trust dann anerkannt werden muss, wenn er in Übereinstimmung mit dem Recht errichtet wurde, das der Errichtende gewählt hat, und dass Art. 6 der Wahlmöglichkeit des Errichters keine Grenzen setzt. Die jüngere Rechtsprechung scheint dieser zweiten Linie zu folgen und hat sie in einigen Fällen unmittelbar angewendet.
294 Zum Streitstand ausf. *Braun*, Trusts interni, Riv. dir. civ. 2000, 573, 577–590; *Pene Vidari*, Trust e divieto di patti successori, Riv. dir. civ. 2000, 851 ff.; *Thiene*, NGCC, 2003, S. 342 m.w.N. Die Meinung, die die Zulässigkeit bejaht, stützt sich auf die Ratifizierung des Trustabkommens und darauf, dass ansonsten Italiener in verfassungswidriger Weise gegenüber Ausländern in Italien, die nach ihrem Recht einen Trust gründen können, ungleich behandelt würden. Die ablehnende Haltung wird vor allem mit dem Numerus clausus der Sachenrechte – Art. 2643 c.c. erwähnt den Trust nicht (die Eintragungsfähigkeit des Trusts ist daher höchst umstritten, vgl. *Braun*, a.a.O., S. 590 m.w.N.) – und der Umgehung der allgemeinen Vermögenshaftung der Schuldner nach Art. 2740 c.c. begründet. Höchstrichterliche Rechtsprechung fehlt bislang; aus der bei *Braun*, a.a.O., zitierten Rechtsprechung wird v.a. auf Tribunale di Lucca, 23.9.1997, Foro it. 1998, I, 2007 verwiesen.
295 *Palazzo*, Le successioni (N. 116), S. 64.

des Art. 458 c.c., der nach Art. 4 TrAbk als zwingende italienische Norm zu beachten ist, Folgendes zu beachten: Die Errichtung des Trusts bzw. die Einsetzung der Begünstigten muss für den Gründer widerruflich sein.[296]

Auch die Errichtung eines Trusts ist also nur eingeschränkt möglich. Nach Art. 15 Abs. 1 TrAbk sind die unabdingbaren Vorschriften des italienischen Rechts zu beachten, so auch bei italienischen Staatsangehörigen das Pflichtteilsrecht, da in aller Regel eine Schenkung nach Art. 809, 555 c.c. vorliegt.[297] Wird der Trust anerkannt, tritt Nachlassspaltung zwischen dem *trust* und dem restlichen Nachlass ein.

Mit Art. 2645 *ter* c.c. (**atti di destinazione**) wurde gesetzlich ein Rechtsinstitut zur „Verwirklichung schützenswerter Interessen zugunsten von Behinderten, der öffentlichen Verwaltung oder anderen Körperschaften oder natürlichen Personen" geschaffen.[298] Die Bestimmung lautet:

> „*Öffentliche Urkunden, mit welchen Immobilien oder in öffentlichen Registern eingetragene bewegliche Gegenstände für einen Zeitraum von nicht mehr als neunzig Jahren oder für die Lebensdauer der begünstigten natürlichen Person zur Verwirklichung von schützenswerten Interessen von Behinderten, der öffentlichen Verwaltung oder anderen Körperschaften oder natürlichen Personen gemäß Art. 1322, Absatz 2, können (in das öffentliche Register) eingetragen werden, damit die vermögensrechtliche Bindung auch Dritten entgegen gehalten werden kann; die Verwirklichung dieses Interesses kann außer dem Übertragenden auch jeder andere Interessierte auch zu Lebzeiten des Übertragenden beantragen. Die betroffenen Gegenstände sowie ihre Früchte können nur zweckgebunden verwendet werden und sind der Zwangsvollstreckung nur für die zu diesem Zweck eingegangenen Verbindlichkeiten unterworfen, vorbehaltlich der Bestimmung in Art. 2915 Absatz 1.*"

Die Regelung ist unvollständig. Es findet keine Vermögensübertragung statt, sondern nur eine Zweckbindung. Es ist insbesondere nicht geregelt, welche Rechtsfolgen der *atto di destinazione* insbesondere gegenüber den Pflichtteilsberechtigten hat.[299] Der *atto di destinazione*, der durch Rechtsgeschäft unter Lebenden oder durch Testament errichtet werden kann, ist ein Rechtsinstitut *sui generis* und fordert gem. Art. 2645 *ter* c.c. schutzwürdige Interessen, normiert eine Höchstdauer und schränkt den Kreis der zweckgebundenen Güter bzw. der Begünstigten ein.[300] Die schützenswerten Interessen werden überwiegend im Sinne

---

296 Nach dem Gestaltungsvorschlag von *Pene Vidari*, Riv. dir. civ. 2000, 851, 884, soll der Trustee fünf Jahre nach dem Tod des Gründers das Vermögen an den Begünstigten übertragen müssen.
297 *Merz*, La trasmissione familiare e fiduciaria della ricchezza 2001, S. 718; *Braun*, Trusts interni, Riv. dir. civ. 2000, 573, 595; *Piccoli*, Vita not. 1996, 1591, 1599 f. Unklar ist, in welcher Weise und gegen wen die Pflichtteilsrechte geltend gemacht werden können und welche Auswirkungen das Noterbrecht auf die Wirksamkeit des Trusts hat. Siehe auch *M. Lupoi*, Trust e successioni „mortis causa", Jus 1997, 279 ff.; *E. Moscati*, Trust e vicende successorie, Europa dir. priv. 1998, 1075 ff.; *Hayton*, Il trust come strumento di gestione dell'azienda di famiglia nel passaggio generazionale, Contratto e impresa 2004, S. 253.
298 Durch Art. 39 des Gesetzesdekrets vom 30.12.2005, Nr. 273, konvertiert in das Gesetz vom 23.2.2006, Nr. 51. Hierzu u.a. *Gabrielli*, Riv. dir. civ. 2007, 321 ff.
299 *Petrelli*, Riv. dir. civ. 2006, 162.
300 Nach h.M. müssen der Errichtende und der Begünstigte unterschiedliche Personen sein, siehe *Gigliotti*, Atto di destinazione e interessi meritevoli di tutela, NGCC 2014, 374 ff.; die Selbstbegünstigung ist unwirksam, so Trib. SMCV 28.11.2013, NGCC 2014, I, 713.

öffentlich relevanter Interessen (z.B. Umweltschutz, Forschung, sozialer Schutz) eng ausgelegt.[301]

193 Entgegen einem Teil der Lehre,[302] die dem **Innentrust** zustimmend gegenübersteht, lässt sich daraus nicht ableiten, dass der italienische Gesetzgeber damit den Trust allgemein anerkannt hat.

5. Gesellschaftsrechtliche Gestaltungen

194 Das Verbot der Schenkungen von Todes wegen gilt nach italienischem Recht auch im Gesellschaftsrecht, so dass die Übertragung von Gesellschaftsanteilen im Gesellschaftsvertrag *mortis causa* unzulässig ist. Der Gesellschaftsvertrag kann somit nicht den eintrittsberechtigten Erben bestimmen.[303]

a) Gestaltungen bei Personengesellschaften

195 Bei Personengesellschaften[304] sieht Art. 2284 c.c.[305] bei Tod eines Gesellschafters die Fortsetzung der Gesellschaft mit den verbleibenden Gesellschaftern unter Anwachsung dessen Anteils an die verbleibenden Gesellschafter gegen Zahlung einer gem. Art. 2289 c.c. zu ermittelnden Abfindung an die Erben innerhalb von sechs Monaten vor,[306] es sei denn, sie beschließen, die Gesellschaft aufzulösen oder sie mit dem/den Erben fortzusetzen.[307] Die Erben haben also keinen Anspruch auf Eintritt/Nachfolge in die Gesellschaft, sondern nur eine Geldforderung in Höhe des Anteilswertes. Ist allerdings eine Abfindung der Erben des verstorbenen Gesellschafters ausgeschlossen, liegt ein nichtiger *patto successorio* vor.[308]

196 Da Art. 2284 c.c. dispositiv[309] ist, kommen folgende vertragliche Regelungen in Betracht:
– Übertragung des Wahlrechts gem. Art. 2284 c.c. zwischen Eintritt und Liquidation auf den Erben statt auf die verbliebenen Gesellschafter;

---

301 *Gabrielli*, Riv. dir. civ. 2007, 329 ff.; *Gigliotti*, Atto di destinazione e interessi meritevoli di tutela, NGCC 2014, 362 ff. In der Rechtsprechung: Trib. Vicenza, 31.3.2011, Fallimento 2001, 1461 (interessi società insolvente). Gemäß Trib. Lecco, 26.4.2012 ist die Bevorzugung einzelner Gläubiger zulässig trotz Widerspruchs zu Art. 2740 ff. c.c.
302 *Lupoi*, Gli „atti di destinazione" nel nuovo art. 2645-ter c.c. quale frammento di trust, Riv. not 2006, 467.
303 Vgl. Cass. 95/12906, Foro it. 1997 Abs. 1 558; Cass. 94/3609.
304 *Società semplice, società in nome collettivo, società in accomandita semplice* bzgl. des Komplementärs (*socio accomandatario*); der Anteil des *socio accomandante* (Kommanditist) ist nach Art. 2322 c.c. vererblich; da Art. 2322 c.c. dispositiv ist (Cian/Trabucchi/*Pitter*, Art. 2322 Anm. II), kann Abweichendes vereinbart werden.
305 Ähnliches gilt aufgrund Art. 2528 c.c. für Genossenschaften (*società cooperativa*) mit besonderen Kriterien nach Art. 2529 c.c. für die Berechnung der Quote. Dazu *Merz*, La trasmissione familiare e fiduciaria della ricchezza 2001, S. 613 f.
306 Cass. 51/685; Cass. 95/12906; *Hausmann*, JbItR 15/16 (2002/2003) 173, 179.
307 Bei der Zweipersonengesellschaft kann der verbleibende Gesellschafter nach Art. 2272 Abs. 4 c.c. die Gesellschaft liquidieren oder den Erben abfinden; vgl. Cian/Trabucchi/*Pitter*, Art. 2272 Anm. IV; auch *Merz*, La trasmissione familiare e fiduciaria della ricchezza 2001, S. 616 ff.
308 *Hausmann*, JbItR 15/16 (2002/2003) 173, 179 f.; Cass. 75/1434; für die Bruchteilsgemeinschaft siehe Cian/Trabucchi/*Vascellari*, Art. 458 Anm. VII 8; Cass. 86/5079; *Ferri*, in: Scialoja/Branca, Comm. al Cod. civile, Art. 458 Anm. 12.
309 *Campopasso*, Diritto Commerciale, Bd. 2 Diritto delle società, 5. Aufl. 2003, S. 119.

– Ausschluss einer der drei gesetzlichen Möglichkeiten (Liquidation, Fortsetzung mit Erben oder Abfindung des Erben) für die verbleibenden Gesellschafter, insbesondere die sog. *clausola di consolidazione*, die die Fortsetzung der Gesellschaft gegen Abfindung der Erben des ausscheidenden Gesellschafters unter Ausschluss der beiden anderen gesetzlichen Möglichkeiten vorsieht.

Die *clausola di continuazione*, die die Fortführung der Gesellschaft mit einzelnen oder allen Erben vorsieht, ist unstreitig zulässig, soweit sie den Erben lediglich das Eintrittsrecht ohne eine entsprechende Verpflichtung (*continuazione facoltativa*) gewährt.[310] Soweit sie als *continuazione obbligatoria* eine vom Erben noch zu erfüllende und ggf. einzuklagende Eintrittspflicht festsetzt oder als *clausola di successione* eine automatische Nachfolge in den Gesellschaftsanteil mit Erbschaftsannahme ohne weiteren sonstigen Akt vorsieht,[311] ist die rechtliche Zulässigkeit streitig,[312] so dass in der Praxis von solchen Regelungen abzuraten ist.

197

b) Gestaltungen bei Kapitalgesellschaften

Anteile an Kapitalgesellschaften sind nach Art. 2355 und 2355 *bis* c.c. für die s.p.a. und Art. 2469 Abs. 1 c.c. für die s.r.l.,[313] die mit D.lg. 16.1.2003, Nr. 6 (*Riforma organica della disciplina delle società di capitali e società cooperative in attuazione della legge* 3.10.2001, Nr. 366) neu gefasst wurden, vererblich. Bei der s.p.a. kann nach Art. 2355 *bis* Abs. 1, 2 c.c. die Vererblichkeit an besondere Bedingungen geknüpft, durch Zustimmungspflichten der Mitgesellschafter eingeschränkt und für einen Zeitraum von fünf Jahren ab Gründung oder Aufnahme der Unübertragbarkeitsregelung in die Satzung sogar ausgeschlossen werden, soweit nach Art. 2355 *bis* Abs. 2, 3 c.c. die Satzung eine Erwerbspflicht der Gesellschaft bzw. Mitgesellschafter oder ein Kündigungsrecht der Erben des verstorbenen Gesellschafters für den Fall der Zustimmungsverweigerung (gegen Abfindung) vorsieht.

198

Für die Höhe der Abfindung gilt Art. 2437 *ter*, 2355 *bis* Abs. 2 c.c. Bei der s.r.l. kann die Vererblichkeit ausgeschlossen oder an besondere Bedingungen geknüpft werden (Art. 2469 Abs. 2 c.c.). Dem danach nicht nachfolgeberechtigten Erben steht nach Art. 2473 c.c. ein Kündigungsrecht mit Abfindungsanspruch[314] zu. Anwachsungsklauseln, die bei Fehlen nachfolgeberechtigter Erben die Vererblichkeit einschränken oder gar ausschließen, sowie Vorkaufs- und Übernahmerechte der Mitgesellschafter oder Dritter sind somit in Über-

199

---

310 *Palazzo*, in: La trasmissione familiare della ricchezza 1995, S. 17, 73 f. Ungültig kan sie aus gesellschaftsrechtlichen Gründen sein, wenn der Erbe nicht bestimmt ist und gleichzeitig als *amministratore* (Geschäftsführer) eingesetzt wird; so Cass. 93/2632, Riv. dir. comm. 1993, II, 415 für Komplementär einer KG (*società in accomandita semplice*).
311 Vgl. *Merz*, La trasmissione familiare e fiduciaria della ricchezza 2001, S. 612 f.
312 Vgl. *Campobasso* (N. 188) 119; nach einer Meinung, auch Cass. 95/12906, Foro it. 1996, 558, ist sie zulässig, da der Erbe insgesamt ausschlagen oder die Haftung auf den Nachlass beschränken kann; es liegt kein Verstoß gegen das Verbot *der patti successori istitutivi* vor, weil es sich bei der *clausola di continuazione automatica* nicht um eine Wirkung *mortis causa* handelt, sondern um ein *negotio temporis mortis*, da der Status als *socio* den Regeln des Erbrechts folgen wird. Siehe auch *Bertino*, Patti successori nella giurisprudenza, NGCC, 2003, 191 (195). Nach der Gegenauffassung ist die Klausel unzulässig, da ein Verstoß gegen Art. 458 c.c. und gegen das Prinzip, dass eine unbeschränkte Haftung nur bei Einverständnis des Betroffenen möglich ist, vorliegt; so u.a. *Palazzo*, in: La trasmissione familiare della ricchezza 1995, S. 17, 72.
313 Siehe Art. 2470 c.c. zur Registrierung des Erwerbs bei Gesellschaft- und Unternehmensregister.
314 Die Abfindungshöhe wird nach den für die s.p.a. geltenden Regelungen ermittelt. Zur statuarischen Festlegung von Kriterien für die Abfindung vgl. *Palazzo*, in: La trasmissione familiare della ricchezza 1995, S. 17, 71; *Merz*, La trasmissione familiare e fiduciaria della ricchezza 2001, S. 623.

einstimmung mit der früheren Rechtslage zulässig,³¹⁵ soweit die Erben eine Abfindung erhalten.

200 Das auf den Todesfall eingeräumte Optionsrecht sowie das *diritto di riscatto* eines Vertragsteils, etwa die Regelung in einem Gesellschaftsvertrag, die den Mitgesellschaftern das Recht einräumt, die Anteile des verstorbenen Gesellschafters von dessen Erben zu vorher vertraglich festgelegten Konditionen zu erwerben, sind bei Personen- und Kapitalgesellschaften zulässig, soweit sie ein Entgelt für die Erben vorsehen.³¹⁶ Der Tod bildet hier nur den Zeitpunkt, zu dem die Option ausgeübt werden kann.³¹⁷

201 Bei der sog. *impresa familiare* sind nach Art. 230 *bis* c.c. die Anteile unübertragbar und nicht vererblich, es sei denn, sie fallen mit Zustimmung aller an andere Familienangehörigen; den nicht nachfolgeberechtigten Erben steht allerdings eine Abfindung zu.³¹⁸

c) Die EU-Erbrechtsverordnung

202 Nach Art. 1 Abs. 2 EU-ErbVO sind **gesellschaftsrechtliche Nachfolgeklauseln** nicht vom Anwendungsbereich der EU-ErbVO erfasst. Die EU-ErbVO regelt nur den Übergang des Gesellschaftsanteils von Todes wegen, nach Art. 1 Abs. 2 Buchst. h) EU-ErbVO nicht aber die Zulässigkeit gesellschaftsrechtlicher Nachfolge- und Eintrittsklauseln. Diese werden nach dem Gesellschaftsstatut angeknüpft. Das Gesellschaftsstatut legt fest, ob der Gesellschaftsanteil überhaupt in den Nachlass fällt. Aus dem Erbstatut ergibt sich, wem dieser in den Nachlass fallende Anteil in welchem Umfang zusteht.

203 **Beispiel:** Es existiert eine Kommanditgesellschaft in Deutschland, an der ein Italiener beteiligt ist. Für ihn gilt italienisches Erbrecht, sei es, weil er in Italien wohnt oder er italienisches Erbrecht gewählt hat. Wird die in Deutschland vorgesehene Sondererbfolge (bei qualifizierter Nachfolgeklausel) von Italien anerkannt und bedarf es einer förmlichen Annahme der Erbschaft auch bezüglich der Gesellschaftsanteile?

204 Auch wenn diese Fragen schwierig und größtenteils schon nach bisherigem Recht offen sind, sollte man bei Kollision zwischen Erb- und Gesellschaftsrecht von einem **Vorrang des Gesellschaftsrechts** ausgehen. Dafür sprechen der Grundsatz des Vorrangs des Einzelstatuts vor dem Gesamtstatut, das Interesse an der Handlungsfähigkeit von Gesellschaften mit Anteilsinhabern unterschiedlicher Nationalitäten bzw. Aufenthaltsorten, z.B. in Grenzregionen, sowie die Regelungen des Art. 1 Abs. 2 Buchst. h) EU-ErbVO und auch des Art. 30 EU-ErbVO.

Hinweis: In der Praxis sollte – wenn immer möglich – auf eine Abstimmung beider Statute geachtet werden, indem der Erblasser durch Verfügung von Todes wegen das Recht seiner Staatsangehörigkeit wählt, wenn dieses auch für die Gesellschaft gilt. Eine allgemeine

---

315 So zur früheren Rechtslage: *Rivolta*, Clausole societarie e predisposizione successoria, in: La trasmissione familiare della ricchezza 1995, S. 153, 168–170; *Merz*, La trasmissione familiare e fiduciaria della ricchezza 2001, S. 602 ff.; *Galgano*, Diritto privato, S. 410; *Bianca*, Diritto civile, 2.2. Le successioni, S. 423 s m.w.N.; App. Bologna, 23.10.1996, Società 1997, 414 ff.

316 *Merz*, La trasmissione familiare e fiduciaria della ricchezza 2001, S. 623 f.

317 *Hausmann*, JbItR 15/16 (2002/2003) 173, 179; Cass. 94/3609, Società 1994, 1985; *Palazzo*, in: La trasmissione familiare della ricchezza 1995, S. 17, 76; unzulässig ist es dagegen, die Erben im Gesellschaftsvertrag zum Verkauf der Anteile zu verpflichten, so *Ieva*, Il trasferimento dei beni produttivi in funzione successoria, Riv. not. 1997, 1371, 1374. Zur Gestaltung des sog. *Family buy-out* s. auch *Lucchini Guastalla*, Gli strumenti negoziali di trasmissione della ricchezza familiare: dalla donazione *si praemoriar* al patto di famiglia, Riv. dir. civ. 2007, 301, 313 f.

318 Vgl. *Palazzo*, in: La trasmissione familiare della ricchezza 1995, S. 17, 70.

Rechtswahlklausel im Gesellschaftsvertrag genügt nicht, da eine erbrechtliche Rechtswahl in einer Verfügung von Todes wegen zu treffen ist.

6. Ergebnis

Im Ergebnis lässt sich festhalten, dass alle Gestaltungen,[319] mit denen Vermögen erst mit dem Tod des Vermögensinhabers und am Nachlass vorbei übertragen werden soll, mit Vorsicht zu behandeln sind. Abgesehen von den gesetzlich normierten **patti di famiglia** und **atti di destinazione** sind sie immer darauf zu prüfen, ob es sich nicht um Rechtsgeschäfte *mortis causa* handelt[320] und damit nicht die Verbote der *patti successori* und der *sostituzione fedecommissaria* umgangen werden.

205

Gerade bei Unternehmen werden in der Praxis Lösungen (z.B. *conferimenti non proporzionali, strumenti finanziari partecipativi, patti parasociali*[321]) vorgeschlagen, die zwar den Pflichtteilsanspruch nicht ausschließen, aber doch sicherstellen, dass nur der geeignete Abkömmling die Unternehmensleitung innehat und die anderen pflichtteilsberechtigten Personen auf Geldabfindungen verwiesen sind, ohne über die Herabsetzungsklage am Unternehmen und dem Betriebsvermögen selbst beteiligt zu sein.

206

IX. Nachlassabwicklung – Erbschaftserwerb

1. Allgemeines

Der Anfall des Nachlasses erfolgt im italienischen Recht nicht *ipso jure*.[322] Der Nachlass bildet zunächst eine **selbstständige Masse ohne Rechtsträger**[323] (sog. *patrimonio ereditario*), die erst durch die Annahme der Erbschaft durch die zur Erbschaft berufenen Personen gem. Art. 470 ff. c.c. diesen Personen anfällt (Art. 459 c.c.). Die Annahme wirkt nach Art. 459 c.c. auf den Erbfall zurück.

207

Das gem. Art. 479 c.c. vererbliche Recht auf die Annahme setzt daher die *apertura della successione* (die nach Art. 456 c.c. mit dem Tod der Erblassers stattfindet) und die *delazione dell'eredità* (d.h. die Berufung zur Erbschaft, die nach Art. 457 c.c. durch Gesetz oder Testament erfolgt) voraus. Nach dem Erbanfall hat der Berufene drei Möglichkeiten:
– Die vorbehaltslose Annahme der Erbschaft;
– die Annahme unter dem Vorbehalt der Inventarerrichtung;
– die Ausschlagung der Erbschaft.

208

In der Zeit zwischen der *delazione* und der Annahme kann der zur Erbschaft Berufene die possessorischen Klagen (Art. 1168 f. c.c.) erheben, auch wenn er nicht den Besitz des Nachlasses erlangt hat (Art. 460 Abs. 1 c.c.). Er kann[324] erhaltende, sichernde und vorübergehend verwaltende Maßnahmen vornehmen (Art. 460 Abs. 2 c.c.), soweit kein Nachlass-

209

---

319 Zu den unterschiedlichen, vorstehend behandelten Gestaltungen ausf. *Palazzo*, Le successioni (N. 116), S. 46–143.
320 Zu den Abgrenzungskriterien zwischen Geschäften *inter vivos* und *mortis causa* siehe *Palazzo*, Le successioni (N. 116), S. 46 ff.; *Pene Vidari*, Riv. dir. civ. 2000, 851, 868.
321 *Lamandini*, La trasmissione della ricchezza familiare: i patti parasociali, Contr. e impr. 2004, S. 1.
322 Ausnahme bei Art. 527 c.c. und Art. 586 c.c.
323 Vgl. *Capozzi*, Successioni e donazioni, S. 62.
324 Nach h.M. muss er es auch, vgl. Cian/Trabucchi/*Vascellari*, Art. 460 Rn 13; *Engbers*, Deutsch-italienische Erbfälle, S. 142.

pfleger eingesetzt wurde (Art. 460 Abs. 3 c.c.). Die anfallenden Kosten gehen im Fall der Ausschlagung zu Lasten des Nachlasses (Art. 461 c.c.).

210 Das Gericht des Bezirks, in dem die Erbfolge eröffnet wurde, kann auf Antrag oder von Amts wegen einen *curatore* (Nachlasspfleger) benennen,[325] solange die Annahme nicht stattgefunden hat und der Berufene nicht im Besitz der Erbschaft ist (sog. *hereditas iacens*, Art. 528 c.c.[326]).[327] Nach der Rechtsprechung ist ein *curatore* auch zu benennen, wenn unsicher ist, ob überhaupt zu Erben Berufene vorhanden sind oder existieren.[328]

2. Annahme der Erbschaft

a) Allgemeines

211 Die italienische Rechtsordnung unterscheidet zwischen der einfachen Annahme (*accettazione pura e semplice*) und der Annahme unter dem Vorbehalt der Inventarerrichtung (*accettazione con beneficio di inventario*) als zwei grundlegend verschiedenen Rechtsgeschäften. Während Letztere unter der zusätzlichen Voraussetzung der rechtzeitigen Inventarerrichtung zu einer Trennung von eigenem und ererbtem Vermögen und zu einer auf das Nachlassvermögen beschränkten Haftung bei Vorzug der Nachlassgläubiger gegenüber Privatgläubigern des Erben (Art. 490 S. 2 Nr. 3 c.c.) führt,[329] hat die einfache Annahme die Verschmelzung des eigenen und des ererbten Vermögens und die unbeschränkte Haftung mit dem Gesamtvermögen für Erblasser- und Erbfallschulden einschließlich Vermächtnissen zur Folge. Ist der Annehmende pflichtteilsberechtigt, so verliert er nach Maßgabe von Art. 564 c.c. das Recht auf Herabsetzung gewisser pflichtteilsbeeinträchtigender Zuwendungen.

212 Beide Annahmen setzen grundsätzlich eine Willenserklärung voraus. Eine Ausnahme gilt gem. Art. 485 c.c. für die Fälle der gesetzlichen Fiktion der Annahme (siehe Rn 214 f.). Diese wird auch als „dritte" Form der Annahme angesehen.

b) Annahme unter Vorbehalt der Inventarerrichtung

213 Die Annahme unter Vorbehalt der Inventarerrichtung (*accettazione con beneficio di inventario*) bedarf einer Erklärung vor einem Notar oder dem *cancelliere del Tribunale*, dem Urkundsbeamten des Gerichts, in dessen Bezirk der Erbfall eingetreten ist (Art. 484 Abs. 1 c.c.).[330] Gemäß Art. 484 Abs. 1 c.c. ist sie in das beim Tribunale geführte Erbschaftsregister, und, soweit sich Immobilien oder Immobiliarrechte im Nachlass befinden, vom *cancelliere* auch von Amts wegen in das Immobilienregister[331] des gleichen Ortes einzutra-

---

325 Anfechtung nur durch Klage gegen *den curatore*, vgl. *Hausmann/Trabucchi*, in: Ferid/Firsching/Dörner/Hausmann, Italien Grdz. Rn 564.
326 Von der *hereditas iacens* unterscheidet man die *eredità vacante*, die die Feststellung voraussetzt, dass kein gesetzlich oder testamentarisch berufener Erbe vorhanden ist. Steht die *vacatio* fest, fällt der Nachlass dem Staat an.
327 Über die Folgen des Eintritts der *hereditas iacens* vgl. *Capozzi*, Successioni e donazioni, S. 95 ff.
328 Cass. 73/2069, Foro it. 1974, I, 1501.
329 Dies hat weiter zur Folge, dass die Nachlassgläubiger am Nachlass keine gerichtlichen Hypotheken eintragen lassen können, auch nicht aufgrund von vor dem Tod erlassenen Entscheidungen; *Capozzi*, Successioni e donazioni, S. 182.
330 Inventarerrichtung ist auch vor einem deutschen Nachlassgericht möglich, so Palandt/*Thorn*, Art. 25 EGBGB Rn 18; *Reiß*, Internationales Erbrecht Italien, Rn 405.
331 Vgl. *Capozzi*, Successioni e donazioni, S. 176; *Hausmann/Trabucchi*, in: Ferid/Firsching/Dörner/Hausmann, Italien Grdz. Rn 593.

gen (Art. 484 Abs. 2 c.c.). Damit die Wirkungen eintreten, muss das Inventar nach den Bestimmungen der Art. 769 ff. c.p.c. vor oder nach der Annahme errichtet werden (Art. 484 Abs. 3 c.c.). Die Annahme unter Vorbehalt durch einen Bedachten wirkt auch für die anderen (Art. 510 c.c.), es sei denn, diese erklären ausdrücklich die vorbehaltslose Annahme oder haben ihre Haftungsbeschränkung verwirkt.

Als **unbeschränkter Erbe** gilt kraft gesetzlicher Fiktion[332]
- nach Art. 485 c.c., wer als zum Erben Berufener im Besitz von nicht ganz bedeutungslosen[333] Nachlassgegenständen ist und nicht binnen drei Monaten nach Eröffnung der Erbschaft ein Inventar errichtet oder mit dessen Errichtung zumindest anfängt (hier kann eine einzige, im Regelfall höchstens dreimonatige Verlängerung gewährt werden);
- nach Art. 487 Abs. 2 c.c., wer als nichtbesitzender Erbe trotz Annahme unter Vorbehalt das Inventar nicht binnen drei Monaten errichtet;
- nach Art. 485 Abs. 3 und 487 Abs. 3 c.c., wer als besitzender und als nichtbesitzender zum Erbe Berufener nicht innerhalb von vierzig Tagen nach erfolgter Inventarerrichtung die Annahme unter Vorbehalt erklärt; und
- nach Art. 488 c.c., wer innerhalb einer ihm nach Art. 481 c.c. gesetzten Annahmefrist zwar die Annahme unter Vorbehalt erklärt, aber kein Inventar errichtet;
- nach Art. 527 c.c., wer als berufener Erbe Nachlassgegenstände unterschlägt oder versteckt. Dieser verwirkt das Recht zur Ausschlagung.[334]

Die h.L. schränkt den Anwendungsbereich von Art. 485 c.c. insoweit ein, als Voraussetzung für dessen Anwendbarkeit und vor allem für den Fristlauf ist, dass der Berufene weiß, dass er zum Erben berufen ist und dass er Kenntnis von der Nachlasszugehörigkeit der von ihm besessenen Gegenstände hat.[335] Diese Unkenntnis verhindert zwar den Eintritt der gesetzlichen Fiktion, nicht aber den Lauf der zehnjährigen Verjährungsfrist.[336] Der Vorbehalt bei der Annahme erlischt, wenn der Erbe in der gleichen Form wie bei der Annahme unter Vorbehalt darauf verzichtet und wenn bestimmte Verpflichtungen nicht eingehalten werden.[337]

c) Vorbehaltslose Annahme der Erbschaft

Die einfache Annahme kann nach Art. 474 c.c. ausdrücklich durch privatschriftliche oder notarielle Urkunde (Art. 475 c.c.) oder stillschweigend erfolgen. Eine stillschweigende Annahme liegt vor, wenn der zur Erbschaft Berufene eine Handlung vornimmt, die notwendigerweise seinen Annahmewillen voraussetzt und zu welcher er nur in seiner Eigenschaft als Erbe berechtigt wäre. Erforderlich ist neben der Vornahme einer entsprechenden objektiven Handlung auch der **Annahmewillen** als subjektives Element. Eine **stillschweigende Annahme** i.S.v. Art. 476 c.c. wurde in der Rspr. insbesondere dann angenommen, wenn der zur Erbfolge Berufene über Nachlassgegenstände verfügt,[338] insbesondere bei Zahlung von Nachlassverbindlichkeiten mit Nachlassmitteln.[339] Die italienische Lehre nimmt aufgrund

---

332 H.L., *Bianca*, Diritto civile, 2.2, Le successioni, S. 395; *Rauscher*, DNotZ 1985, 204, 206.
333 Cian/Trabucchi/*Vascellari*, Art. 485 Anm. II 3; *Rauscher*, DNotZ 1985, 204, 205 Fn 9.
334 Zuletzt Cass. 14/21348.
335 Cass. 64/2067; Cian/Trabucchi/*Vascellari*, Art. 485 Anm. II 3; *Rauscher*, DNotZ 1985, 204, 207.
336 Etwa wegen Anfechtung, Erbunwürdigkeit, nicht aber bei bloßer Unkenntnis des Berufenen von einem ihn zum Erben einsetzenden Testament, vgl. *Rauscher*, DNotZ 1985, 204, 208 Fn 18; Cian/Trabucchi/*Vascellari*, Art. 480 Anm. III 3; *Bianca*, Diritto civile, 2.2, Le successioni, S. 396.
337 Im Einzelnen *Capozzi*, Successioni e donazioni, S. 192.
338 Cass. 58/2226.
339 Cass. 14/1634, Dir. giust. 2014, 28; Cass. 12/14666.

des Grundsatzes *contra factum protestatio non valet* an, dass sich der zum Erben Berufene nach Vornahme einer entsprechenden Annahmehandlung auf den fehlenden Willen zur Annahme nicht mehr berufen kann.[340] Von Gesetzes wegen gilt eine Annahme als erfolgt, wenn der zum Erben Berufene über die ihm aus der Erbfolge zustehenden Rechte verfügt (Art. 477 c.c.) oder entgeltlich oder zugunsten bestimmter anderer Berufener die Erbschaft ausschlägt (Art. 478 c.c.).

217 Eine vorbehaltslose Annahme ist für **Minderjährige**, Geschäftsunfähige bzw. beschränkt Geschäftsfähige (Art. 471, 472 c.c.) und für juristische Personen (Vereine, Stiftungen[341]) mit Ausnahme von Gesellschaften (Art. 473 c.c.) nicht möglich. Eine unzulässige einfache Annahme kann nicht in eine Annahme unter Vorbehalt umgedeutet werden.[342] Wegen Art. 472 c.c. greift für sie aber auch nicht die gesetzliche Annahmefiktion der Art. 485 Abs. 2, 487 Abs. 2 c.c., wohl aber, da Art. 489 c.c. insoweit nicht eingreift (Art. 480 Abs. 1, 481 und 487 c.c.).[343]

d) Abgabe der Annahmeerklärung

218 Die Annahme ist **unwiderruflich**. Die bedingte bzw. befristete Annahme ist ebenso wenig wie die teilweise Annahme (Art. 475 Abs. 2, 3 c.c.) zulässig. Stellvertretung ist möglich.[344] Die Annahme setzt als einseitige Willenserklärung[345] die volle Geschäftsfähigkeit voraus; gesetzliche Vertreter bedürfen der Zustimmung des Vormundschaftsgerichts (Art. 320 Abs. 3, 374 Nr. 3, 394, 424 c.c.).[346]

219 Eine **Anfechtung** der Annahme der Erbfolge ist gem. Art. 482 Abs. 1 c.c. lediglich dann möglich, wenn sie aufgrund von Zwang oder arglistige Täuschung vorgenommen worden ist. Eine Anfechtungsklage der Erbschaftsannahme ist gem. Art. 482 Abs. 2 c.c. innerhalb von fünf Jahren möglich. Gemäß Art. 483 Abs. 1 c.c. berechtigt ein Irrtum nicht zur Anfechtung.

220 Das Recht auf die Annahme **verjährt** in zehn Jahren seit der Eröffnung des Nachlasses[347] bzw. im Fall einer aufschiebenden Bedingung seit Eintritt der Bedingung (Art. 480 c.c.).[348] Derjenige, der ein Interesse nachweisen kann, kann gerichtlich (auf eine Klage hin, nicht von Amts wegen) eine – nicht verlängerbare – Fristsetzung erzwingen (sog. *azione interrogatoria*).[349] Mit Ablauf der vom Gericht gesetzten Frist erlischt dann mit Wirkung für und

---

340 So *Hausmann/Trabucchi*, in: Ferid/Firsching/Dörner/Hausmann, Italien Grdz. Rn 576.
341 Dies gilt nicht, sofern die Stiftung durch Testament errichtet worden ist, Cass. 08/24813, Foro it. 2008, I, 3519.
342 *Rauscher*, DNotZ 1985, 204, 209.
343 *Rauscher*, DNotZ 1985, 204, 209 f.
344 Es bedarf allerdings nach Cass. 77/5227 einer speziell dafür erteilten Vollmacht.
345 Dazu *Capozzi*, Successioni e donazioni, S. 158.
346 Zuständig ist das Vormundschaftsgericht, wo der Nachlass eröffnet wurde: Cass. 12/13520, Arch loc. 2013, 187.
347 Ausnahme beim außerhalb der Ehe geborenen Kind (*figlio nato fuori dal matrimonio*): Fristbeginn erst mit Rechtskraft der Statusentscheidung, Art. 480 c.c. n.F.; die Anwendung des Art. 480 Abs. 2 c.c. auch bei zum Zeitpunkt der Nachlasseröffnung nicht bekannten Testamenten ist verfassungsgemäß: Cass. 13/264, Vita not. 2013, 1, 226. Die Verjährung wird bei einem Interessenkonflikt zwischen einem berufenen Minderjährigen und dessen gesetzlichem Vertreter gehemmt: so Cass. 12/12490, Riv. not. 2012, 1405.
348 Kein Fristablauf für weitere Berufene, wenn die vorrangig Berufenen die Erbschaft zunächst angenommen haben und später der Erwerb entfallen ist.
349 Sind bei gesetzlicher Erbfolge weitere Berufene vorhanden, ist eine Annahme dieser, auch stillschweigend, innerhalb der Frist für die Annahme der vorrangig Berufenen möglich: Cass. 14/2743.

gegen jeden³⁵⁰ das Recht auf die Annahme (Art. 481 c.c.). Dem Berufenen, der Art. 485 c.c. unterfällt, kann eine Frist nicht gesetzt werden, da die Rechtsfolgen des Art. 481 und des Art. 485 Abs. 2 c.c. nicht miteinander zu vereinbaren sind.³⁵¹

Die Annahme der Erbschaft sowie des Vermächtnisses, die den Erwerb von Immobilien und anderen Immobiliarrechten nach Art. 2643 Abs. 1 Nr. 1, 2 und 4 c.c. zur Folge haben, sind nach Art. 2648 c.c. unter Vorlage der Annahmeerklärung – öffentliche und öffentlich beglaubigte Erklärung oder Gerichtsurteil, dem die Annahme zu entnehmen ist – bzw. des eröffneten Testaments (beim Vermächtnis) in das Immobilienregister einzutragen (*trascrizione*).³⁵²

3. Ausschlagung der Erbschaft

Die Ausschlagung der Erbschaft, die grundsätzlich von der formlosen (anders nur bei Art. 1350 Nr. 1–4 c.c.) und jederzeit (Art. 649 Abs. 1 c.c.) möglichen Ausschlagung eines Vermächtnisses zu unterscheiden ist,³⁵³ muss durch eine von einem Notar oder vom Urkundsbeamten des Gerichts, in dem die Erbfolge eröffnet wurde, aufgenommene Erklärung, die in das Erbschaftsregister beim Tribunale eingetragen wird, erfolgen (Art. 519 c.c.).³⁵⁴ Eine vertragliche Ausschlagung (nur nach dem Erbanfall möglich) gilt als bloßes Versprechen.³⁵⁵ Die Ausschlagung wirkt nach Art. 521 c.c. auf den **Erbfall zurück**.

Die bedingte bzw. befristete und die nur bezüglich eines Teiles der Erbschaft erfolgte Ausschlagung ist gem. Art. 520 c.c. nichtig. Der die Erbschaft Ausschlagende kann jedoch die ihm schenkungs- bzw. vermächtnisweise zugewandten Gegenstände bis zur Höhe des frei verfügbaren Teils behalten (Art. 521 Abs. 2 c.c.). Streitig ist, ob die Ausschlagung ebenso wie die Annahme auf einen von mehreren Berufungsgründen beschränkt werden kann.³⁵⁶ Wer die Erbschaft ausschlägt, hat auch kein Pflichtteilsrecht mehr.³⁵⁷ Die Ausschlagung gegen Entgelt oder zugunsten einiger anderer Berufener gilt gem. Art. 478 c.c. als Annahme. Wer kraft Gesetzes als unbeschränkter Erbe gilt (Art. 485 c.c.; siehe Rn 214), hat kein Recht auf Ausschlagung mehr.³⁵⁸

Die Wirkungen der Ausschlagung können beseitigt werden:³⁵⁹
- Durch Zurücknahme der Ausschlagung und Annahme, solange das Recht zur Annahme noch nicht verjährt ist und die Erbschaft nicht bereits von anderen Berufenen erworben wurde (Art. 525 c.c.);

---

350 Anders als die erst geltend zu machende Einrede der Verjährung, vgl. *Rauscher*, DNotZ 1985, 204, 209; *Bianca*, Diritto civile, 2.2, Le successioni, S. 395.
351 *Rauscher*, DNotZ 1985, 204, 207 unter Hinweis auf Cian/Trabucchi/*Vascellari*, Art. 481 Anm. 4.
352 Zum Sonderfall eines deutschen Erblassers mit Grundbesitz in Italien: *Engbers*, Deutsch-italienische Erbfälle, S. 201 f.
353 Vgl. dazu *Reiß*, Internationales Erbrecht Italien, Rn 288; *Bianca*, Diritto civile, 2.2, Le successioni, S. 686.
354 Ein Verstoß gegen die Formerfordernisse des Art. 519 c.c. führt grundsätzlich zur Nichtigkeit der Ausschlagung; differenzierend zwischen Dritten und Miterben Cass. 75/3500; vgl. Cian/Trabucchi/*Vascellari*, Art. 519 Anm. III 6; *Hausmann/Trabucchi*, in: Ferid/Firsching/Dörner/Hausmann, Italien Grdz. Rn 609; *Reiß*, Internationales Erbrecht Italien, Rn 418 f.
355 *Capozzi*, Successioni e donazioni, S. 205.
356 Dagegen: Cian/Trabucchi/*Vascellari*, Art. 457 Anm. I 4; *Hausmann/Trabucchi*, in: Ferid/Firsching/Dörner/Hausmann, Italien Grdz. Rn 578 Fn 1114; für die Zulässigkeit aber Cass. 02/9513.
357 Vgl. *Hausmann/Trabucchi*, in: Ferid/Firsching/Dörner/Hausmann, Italien Grdz. Rn 216 Fn 368.
358 *Capozzi*, Successioni e donazioni, S. 203.
359 *Hausmann/Trabucchi*, in: Ferid/Firsching/Dörner/Hausmann, Italien Grdz. Rn 222.

- durch Anfechtung der Ausschlagung gem. Art. 526 c.c. innerhalb von fünf Jahren, wenn sie aufgrund von Zwang oder arglistiger Täuschung vorgenommen worden ist; und
- dadurch, dass nach Art. 524 c.c. aufgrund gerichtlicher Ermächtigung Gläubiger des Ausschlagenden, denen die Ausschlagung zum Nachteil gereicht, die Erbschaft in dessen Namen und an dessen Stelle annehmen, um sich aus dem Nachlass bis zur Höhe ihrer Forderung zu befriedigen.

225 Für die Ausschlagung gilt dieselbe **Verjährungsfrist** von zehn Jahren wie für die Annahme. Gemäß Art. 650 können interessierte Personen (z.B. Erben oder Nachlassgläubiger) im Wege der *actio interrogatoria* eine kürzere gerichtliche Frist zur Ausübung des Ausschlagungsrechts setzen lassen.

226 Die Ausschlagung setzt als einseitige, nicht empfangsbedürftige[360] Willenserklärung die volle Geschäftsfähigkeit voraus; gesetzliche Vertreter bedürfen der Zustimmung des Vormundschaftsgerichts (Art. 320 Abs. 3, 374 Nr. 3, 394 Abs. 2, 424 Abs. 1 c.c.).

4. Haftung der Erben

227 Der **Erbe** haftet für die Erblasserschulden und die erst mit dem Erbfall oder später zur Entstehung gelangenden Schulden (z.B. Vermächtnisse, Auflagen, Beerdigungskosten, Registersteuern, Unterhaltsansprüche nach Art. 594 c.c.). Mehrere Erben haften nach Art. 754 c.c. entsprechend ihrer Erbquote (**Teilschuldner**), soweit nicht das Gesetz wie bei unteilbaren Forderungen nach Art. 1316 c.c. oder bei hypothekarisch gesicherten Forderungen nach Art. 754 c.c. eine gesamtschuldnerische Haftung vorsieht. Im Innenverhältnis der Miterben gilt nach Art. 752 c.c. die quotenmäßige Teilung.

228 Die Frage, ob Art. 754 c.c. testamentarisch abdingbar ist, wird in der Lehre nur für das Innenverhältnis zwischen den Erben bejaht.[361]

229 Im Hinblick auf die Erbenhaftung ist gemäß vorstehenden Erläuterungen zwischen den zwei Arten der Erbschaftsannahme zu unterscheiden (Art. 470 Abs. 1 c.c.):
- Bei der *accettazione pura e semplice* tritt Konfusion der Vermögensmassen von Erblasser und Erbe ein; der Erbe haftet unbeschränkt für die Nachlassschulden.
- Bei der Erbschaftsannahme unter Vorbehalt der Inventarerrichtung (*accettazione con beneficio d'inventario*) hingegen bleiben die Vermögensmassen getrennt, woraus die Beschränkung der Erbenhaftung auf den Nachlass folgt (Art. 490 Nr. 2 c.c.). Der Erbe, der unter Vorbehalt angenommen hat, hat die Nachlassgläubiger erst nach Ablauf eines Monats ab Eintragung der Vorbehaltsannahme in das Erbschaftsregister zu befriedigen. Er kann grundsätzlich die sich meldenden Gläubiger in der Reihenfolge ihrer Anspruchsstellung, so dass sich später meldende Gläubiger leer ausgehen, soweit nicht Art. 495 Abs. 2 c.c. eingreift, oder gleichmäßig befriedigen. Bei Widerspruch von Gläubigerseite muss der Erbe die Gläubiger unter Einschaltung eines Notars gem. Art. 498–506 c.c. gleichmäßig unter Berücksichtigung eines erstellten Rangverzeichnisses befriedigen. Der Erbe kann die Erbschaft nach Art. 507 ff. c.c. auch einem zu bestellenden Pfleger übertragen; mit der Übergabe des Nachlasses ist er von allen Nachlassverbindlichkeiten befreit.

230 Der **Erbschaftskäufer** haftet neben dem weiterhaftenden Erben gesamtschuldnerisch für die Nachlassverbindlichkeiten, freilich beschränkt auf die gekaufte Erbschaft.

---

360 Vgl. *Capozzi*, Successioni e donazioni, S. 201.
361 Vgl. *Patti*, Note sul pagamento dei debiti ereditari: la disciplina italiana a confronto con alcuni modelli europei, Famiglia 2006, S. 1090 ss.

5. Die Vermögenssonderung

Der Nachlassgläubiger und – nachrangig – der Vermächtnisnehmer haben nach Art. 512 ff. c.c. das Recht auf Vermögenssonderung (*separazione dei beni ereditari*) bezüglich aller oder auch nur einzelner Vermögenswerte zum Zweck der vorzugsweisen Befriedigung gegenüber den persönlichen Gläubigern des Erben. Es ist innerhalb von drei Monaten seit dem Erbfall auszuüben. Das Verfahren ist für unbewegliches und bewegliches Nachlassvermögen unterschiedlich (nach Art. 517 c.c. ist bei beweglichen Sachen ein gerichtliches Verfahren nötig, während bei unbeweglichen Sachen nach Art. 518 c.c. eine Eintragung in das Hypothekenregister erfolgt). Die untätigen Nachlassgläubiger werden nach den Regeln in Art. 514 c.c. befriedigt.[362]

231

Die Vermögenssonderung ist auch bei einer Annahme des Erben unter Vorbehalt nötig (Art. 490 Abs. 2 Ziff. 3 c.c.), um das Recht auf vorzugsweise Befriedigung vor den Eigengläubigern des Erben sicherzustellen.

232

X. Die Teilung

1. Allgemeines

Nach Art. 713 Abs. 1 c.c. können die Miterben jederzeit die Teilung (*divisione ereditaria*) verlangen. Sie ist aber kein rechtsübertragender Akt, sondern vollzieht lediglich den im Zeitpunkt des Erbfalls bereits eingetretenen Erwerb der dem Erben durch die Teilung zugefallenen Nachlassgegenstände nach (**Rückwirkung auf den Erbfall**). Kein Miterbe hat je Eigentum an den jeweils anderen durch die Teilungsanordnung zugewiesenen Nachlassgegenstände.

233

2. Struktur der Erbengemeinschaft

Wird der Erblasser von mehr als einer Person beerbt, bilden diese eine Erbengemeinschaft. Es besteht zwischen den Miterben aber keine Gesamthand; es gelten vielmehr die allgemeinen sachenrechtlichen Regelungen der **Bruchteilsgemeinschaft** (Art. 1110–1116 c.c. bzw. Art. 713 ff. c.c.). Jeder Erbe kann über seinen Erbanteil oder einen Teil desselben allein verfügen (Art. 1103 c.c.), ihn also belasten oder veräußern, nicht aber über seinen Anteil an einzelnen Gegenständen.[363] Tritt ein Erbe seinen Anteil ab, wird der Erwerber aber nicht Erbe; für ihn gelten die Art. 1542–1547 c.c.

234

Die Nutzung und Verwaltung des Nachlasses, in den nicht die Vermächtnisgegenstände (Art. 649 c.c., ausgenommen Vermächtnisse von Gattungssachen), die grundsätzlich teilbaren Forderungen (Art. 1314, 1315 c.c.) und die Gegenstände fallen, über die der Erblasser im Wege der Vorausteilung verfügt hat (Art. 734 c.c.), steht den Miterben gemeinsam zu. Zur Veräußerung oder Belastung eines Nachlassgegenstandes ist die Zustimmung aller Miterben erforderlich (Art. 1108 Abs. 3 c.c.); für gewöhnliche Verwaltungsmaßnahmen ist die einfache (Art. 1105 Abs. 2 ff. c.c.), für einschneidende Maßnahmen eine $^2/_3$-Mehrheit (Art. 1108 Abs. 1 c.c.) erforderlich.

235

---

[362] Vgl. *Capozzi*, Successioni e donazioni, S. 226.
[363] *Capozzi*, Successioni e donazioni, S. 688 m.w.N.; zulässig (aufschiebend bedingt wirksam) ist aber die schuldrechtliche Verpflichtung eines Miterben zum Verkauf eines ihm später zuzuteilenden Nachlassgegenstandes bzw. Anteils daran, so Cass. 02/9543.

236 Sind mehrere Erben berufen, hat jeder Miterbe ein **Vorkaufsrecht**, wenn ein anderer Miterbe seinen Erbanteil ganz oder teilweise verkauft (Art. 732 c.c.). Die Ausübungsfrist beträgt zwei Monate ab Zustellung des Verkaufsangebots.

237 Die Miterben können jederzeit die **Auseinandersetzung** der Erbengemeinschaft verlangen (Art. 713 Abs. 1 c.c.). Ausgenommen sind folgende Fälle:
- Der Erblasser hat testamentarisch die Teilung gem. Art. 713 Abs. 2 c.c. (bei minderjährigen Erben, bis der Jüngste das 22. Lebensjahr vollendet hat) bzw. Art. 713 Abs. 3 c.c. (höchstens fünf Jahre ab Tod) ausgeschlossen; oder
- das Gericht hat die Teilung für längstens fünf Jahre ausgesetzt, weil die sofortige Teilung nachteilig für das Nachlassvermögen wäre (Art. 717 c.c.);
- es sind *nascituri*, noch nicht anerkannte Kinder oder juristische Personen zu Erben berufen;
- die Miterben haben die Teilung privatautonom für längstens zehn Jahre ausgeschlossen (Art. 1111 Abs. 2 c.c.).[364]

238 Die Auseinandersetzung erfolgt entweder durch vertragliche Vereinbarung aller Miterben[365] – Schriftform ist nur vorgeschrieben, wenn Grundbesitz zum Nachlass gehört –, durch einen Notar (auf Antrag der Miterben, Art. 730 Abs. 1 S. 1 c.c. oder kraft Auftrags durch das Gericht) oder durch gerichtliche Entscheidung aufgrund Auseinandersetzungsklage eines Miterben (Art. 784 ff. *codice di procedura civile*) gegen alle sich der Teilung widersetzenden Miterben als notwendige Streitgenossen. Das Urteil wirkt für und gegen alle Miterben. Ist das Recht zur Teilung nicht bestritten, entscheidet der Einzelrichter durch Beschluss.

3. Durchführung der Teilung

239 Die gerichtliche Teilung wird vom Grundsatz der Teilung in Natur beherrscht, so dass, soweit möglich, alle Nachlassgegenstände in Natur und nicht nach ihrem Wert zu teilen sind. Nachlassgegenstände sind nur dann durch Verkauf zu verwerten, wenn sich Miterben, denen gemeinsam mehr als die Hälfte des Nachlasses zusteht, über die Notwendigkeit des Verkaufs zur Begleichung von Nachlassverbindlichkeiten einig sind oder wenn es sich um Immobilien handelt, die sich nicht teilen lassen oder deren Teilung öffentlichen Belangen widerspricht. Sie werden dem Erbteil eines jener Miterben zugeschlagen, die auf die höchsten Quoten Anspruch haben; sind mehrere Erben mit gleich hoher Quote vorhanden und beanspruchen sie alle den Zuschlag, sind diese Grundstücke den Erbteilen der Miterben gemeinsam zuzuweisen (Art. 720 S. 1, 722 S. 1 c.c.); ist keiner der Miterben zur Übernahme bereit, wird der Grundbesitz versteigert (Art. 720 S. 2 c.c.). Der Verkauf erfolgt nach den Art. 787 ff. *codice di procedura civile*.

240 Die gerichtliche Teilung umfasst folgende Maßnahmen: Nach der Ermittlung der Teilungsmasse (= Feststellung der Aktiva und Passiva) unter Berücksichtigung von Ausgleichung, Anrechnung und Vorwegnahme (Art. 725 c.c.) ist diese zu schätzen (Art. 724 c.c.) und sind jedem Miterben entsprechend seiner Erbquote Anteile an den beweglichen und unbeweglichen Nachlassgegenständen einschließlich Forderungen – mit der sich aus Art. 727 Abs. 2 c.c. ergebenden Ausnahme – zuzuweisen. Eine sich ergebende Wertdifferenz ist in

---

[364] *Hausmann/Trabucchi*, in: Ferid/Firsching/Dörner/Hausmann, Italien Grdz. Rn 225.
[365] Eine Korrektur der Teilungsvereinbarung ist nach Art. 761 c.c. (Anfechtung), Art. 762 c.c. (Nachtrag bei zunächst nicht berücksichtigten Nachlasswerten) und Art. 763 c.c. (Aufhebbarkeit bei Verletzung der Quote um mehr als 25 %) möglich. Vgl. *Capozzi*, Successioni e donazioni, S. 705.

Geld auszugleichen (Art. 728 c.c.). Gleich hohe Quoten werden per Los zugewiesen (Art. 729 c.c.).[366]

4. Grundzüge der Kollation

Die Abkömmlinge und der Ehegatte, die die Erbschaft annehmen,[367] müssen alle zu Lebzeiten des Erblassers von diesem erhaltenen Schenkungen einschließlich des unentgeltlichen Anteils bei gemischten Schenkungen, Aufwendungen für Lebensversicherungen (Art. 741 c.c.) und Schuldentilgung – ausgenommen von der Ausgleichspflicht sind die in Art. 742 c.c. genannten Aufwendungen – nach Art. 737 c.c. zwingend nach schriftlicher, einseitiger und unwiderruflicher Erklärung[368] des Ausgleichspflichtigen dem Nachlass in Natur[369] (nur bei Grundbesitz[370]) oder wertmäßig – maßgebender Zeitpunkt für die Wertberechnung ist der Erbfall, nicht der Zeitpunkt der Zuwendung – zurückerstatten bzw. sich auf ihren Erbteil anrechnen lassen (Art. 746 c.c.), gleichgültig, ob gesetzliche oder gewillkürte Erbfolge eintritt. Dies gilt nicht, wenn der Erblasser den Beschenkten bei der jeweiligen Zuwendung oder nachträglich[371] von der Erstattungspflicht befreit. Diese Befreiungsmöglichkeit besteht aber nur im Rahmen der *quota disponibile* (Art. 737 Abs. 2 c.c.), d.h. nicht zu Lasten der Pflichtteilsberechtigten.[372]

Durch diese *collazione* wird der Nachlass tatsächlich, nicht nur fiktiv vergrößert. Auf sie können sich jedoch nur die Abkömmlinge und der Ehegatte, nicht aber andere Verwandte berufen. Die Quote dieser anderen Verwandten bezieht sich immer nur auf den tatsächlich vorhandenen Nachlass.[373]

XI. Probleme bei der Vererbung bestimmter Rechte von und an Ausländer

Ausländer sind ebenso erbfähig wie italienische Staatsangehörige. Beschränkungen der Vererblichkeit an Ausländer bestehen nicht.

---

366 Zum Ganzen auch *Capozzi*, Successioni e donazioni, S. 698 ff.; *Hausmann/Trabucchi*, in: Ferid/Firsching/Dörner/Hausmann, Italien Grdz. Rn 235 ff.; *Reiß*, Internationales Erbrecht Italien, Rn 441, 423.
367 Der Berufene kann sich durch Erbausschlagung der Ausgleichspflicht entziehen.
368 Das Wahlrecht steht also dem Ausgleichspflichtigen zu. Die Erklärung (*atto di conferimento*) hat dingliche Wirkung und das Geschenkte fällt rückwirkend in die Nachlassmasse; vgl. *Capozzi*, Successioni e donazioni, S. 716.
369 Cass. S.u. 92/9282.
370 Dies gilt nur, wenn der Grundbesitz nicht weiterveräußert oder durch Hypothek belastet worden ist.
371 Die einseitige Befreiung durch den Erblasser erfordert die Testamentsform. Bei nachträglicher Befreiung kraft Vertrages ist strittig, ob sie der für Schenkungen vorgeschriebenen Form bedarf. Vgl. *Hausmann/Trabucchi*, in: Ferid/Firsching/Dörner/Hausmann, Italien Grdz. Rn 226 Fn 381.
372 *Capozzi*, Successioni e donazioni, S. 731.
373 *Bianca*, Diritto civile, 2.2 Le successioni, S. 649.

C. Erbverfahrensrecht

I. Nachweis der Erbeneigenschaft

244 Das italienische Erbrecht kennt – abgesehen von dem sog. *certificato di eredità* in den nach dem 1. Weltkrieg neu erworbenen Gebieten[374] – bislang keinen Erbschein. Mit Art. 62 ff. EU-ErbVO ist nun in Italien die Erteilung eines **Europäischen Nachlasszeugnisses** möglich.

245 Zum Nachweis der Erbeneigenschaft ist neben dem Europäischen Nachlasszeugnis, das innerstaatliche Erbnachweise nicht verdrängt, sondern eine zusätzliche Option bildet, soweit es sich nicht um Immobilien und dingliche Rechte gem. Art. 2648, 2660–2662 c.c. handelt, die der Eintragung in das Immobilienregister unterliegen, die **Annahmeerklärung** vorzulegen.

246 Des Weiteren behilft sich die Praxis mit dem in einigen Spezialfällen[375] vorgesehenen *atto di notorietà*; dabei handelt es sich um eine **eidesstattliche Erklärung** über dem Erklärenden bekannte Tatsachen und Umstände (öffentliche Urkunde i.S.v. Art. 2699 c.c.). Sie dient, auch wenn sie nicht die Tatsachen selbst, sondern nur die Erklärung der Kenntnis bestimmter Tatsachen beweist, dem Schutz der Gutgläubigkeit Dritter, deren redlicher Erwerb von einem Scheinerben gem. Art. 534 Abs. 2 c.c. geschützt ist.[376] Banken zahlen somit, wenn keine *dichiarazione di successione* (siehe Rn 253 ff.) vorliegt, aufgrund eines solchen *atto di notorietà* an den, der sich darin als Bedachten bezeichnet, aus.

247 Wird das Erbrecht eines „Erben" bestritten, ist der „Erbe" zur Erhebung der **Erbschaftsklage** berechtigt (Art. 533 ff. c.c.). Er hat dann entweder das Testament vorzulegen oder seine erbbegründende Verwandtschaftsstellung sowie das Fehlen anderer Berechtigter nachzuweisen.

II. Abwicklung von in Italien belegenem Nachlass

248 Die vom Erben vorzunehmenden Verfahrensschritte hängen davon ab, ob ein Testament vorhanden ist und ob Immobilien zum Nachlass gehören oder nicht.

1. Vorliegen eines Testaments

249 Nach dem Tod des Erblassers muss jede Person, die ein eigenhändiges Testament findet oder besitzt, es einem Notar ihrer Wahl zur Veröffentlichung vorlegen (Art. 620 Abs. 1 c.c.). Beim notariellen Testament erfolgt die Eröffnung durch den Notar, der es beurkundet oder aufbewahrt hat. Ist dieser Notar verstorben, kann jeder, der ein nachweisbares Interesse hat, die Veröffentlichung durch das *Archivio notarile* des Bezirks, wo der Nachlass eröffnet

---

[374] Dies sind die Provinzen Bozen, Trient, Triest und Görz sowie bestimmte Gebiete der Provinzen Udine (Cervignano und Pontebba), Belluno (Cortina d'Ampezzo, Buchenstein und Colle Lucia) und Brescia (Valvestino), Art. 1 des Kgl. Dekrets vom 28.3.1929, Nr. 91; vgl. dazu *Gabrielli/Tommaseo*, Kommentar zum Grundbuchsgesetz, 2. Aufl. 1999, S. 87 ff.; auch *Engbers*, Deutsch-italienische Erbfälle, S. 205. In diesen Gebieten gilt das bisherige Recht gemäß G. 30 ottobre 2014, n. 161., Art. 32, Abs. 3, Disposizioni per l'adempimento degli obblighi derivanti dall'appartenenza dell'Italia all'Unione europea – Legge europea 2013-bis. (14G00174) (GU n. 261 del 10–11–2014 – Suppl. Ordinario n. 83), in Kraft ab 25.11.2014, unverändert fort, auch hinsichtlich der Zuständigkeit.

[375] Z.B. Übertragung gewisser Schulden der öffentlichen Hand auf die Erben und Auszahlung von bei der Post hinterlegten Geldsummen, vgl. *Engbers*, Deutsch-italienische Erbfälle, Fn 821.

[376] *Engbers*, Deutsch-italienische Erbfälle, S. 204 m.w.N.

wird, unter Vorlage der Sterbeurkunde, von Ausweispapieren und der italienischen Steuernummer (sog. *codice fiscale*) beantragen.

Der Notar beurkundet die **Testamentseröffnung** und sorgt innerhalb 30 Tagen ab Testamentseröffnung für deren Registrierung bei der *Agenzia delle entrate*. Der Notar muss des Weiteren einerseits nach Art. 622 c.c. in seinem Besitz befindliche Testamente sowie die Niederschrift über die Testamentseröffnung unverzüglich der zuständigen – maßgeblich ist der letzte Wohnsitz des Erblassers – *cancelleria del Tribunale* zur Aufbewahrung – keine Registrierung im Erbschaftsregister – sowie die Niederschrift über die Testamentseröffnung innerhalb von zehn Tagen dem *Ufficio Centrale degli Archivi Notarili*, angesiedelt beim Justizministerium, übersenden; Letzteres nimmt die Eintragung in das *registro generale dei testamenti* vor. Nach dem Tod des Erblassers kann jedermann unter Vorlage der Sterbeurkunde dieses Register einsehen. 250

Die Eröffnung des Testaments beim Notar löst eine Grundgebühr i.H.v. derzeit 74 EUR aus (Art. 7 des D.M. 27.11.2001, Gazz. uff. N. 292 vom 17.12.2001). Daneben entstehen jedoch noch erhebliche Nebengebühren (Art. 17 ff.) bis zu ca. 600 EUR. 251

Die Testamentseröffnung beim Notar und die von diesem in der Eröffnungsniederschrift etwa vorgenommene Testamentsauslegung sind ebenso wenig wie die (Nicht-)Vornahme der Registrierung rechtsmittelfähig. Es steht nur der allgemeine Zivilrechtsweg (Feststellungsklage) offen. 252

2. Nachlass mit Immobilien

Befinden sich im Nachlass Immobilien oder *diritti immobiliari*, sind neben der eventuellen Testamentseröffnung folgende Erklärungen abzugeben und Verfahren zu durchlaufen: 253
- *Dichiarazione di successione* (Anzeige) bei der *Agenzia delle Entrate* aufgrund Art. 15 Abs. 1 G. 383/2001;
- Eintragung in das Immobilienregister;
- Meldung (*voltura catastale*) beim zuständigen Katasteramt (*Agenzia del Territorio*) mittels Formblatt binnen 30 Tagen ab Abgabe der *Dichiarazione di successione*.

Die *dichiarazione di successione* ist vom Erben selbst oder mit Hilfe eines Bevollmächtigten (auch Notar oder Steuerberater) binnen **zwölf Monaten** bei der *Agenzia delle Entrate* vorzulegen. Ein rechtlicher Beistand ist nicht notwendig, aber zu empfehlen; in der Praxis werden oft sog. *agenzie di servizi* hinzugezogen. 254

Für die *dichiarazione di successione* bei der *Agenzia delle entrate* benötigt man: 255
- Sterbeurkunde;
- Urkunde über Familienstand des Verstorbenen zum Zeitpunkt seines Todes;
- Urkunden über den Familienstand sämtlicher Erben und Vermächtnisnehmer;
- italienische Steuernummer (sog. *codice fiscale*) des Erblassers und der Erben bzw. Vermächtnisnehmer; ist eine solche nicht vorhanden, kann sie bei der zuständigen *Agenzia delle Entrate* unter Vorlage von Ausweispapieren beantragt werden;
- alle Katasterauszüge für Immobilien, zu besorgen beim *Ufficio del Territorio* des Bezirks, in dem sich diese befinden;
- Antragsformular der *Agenzia delle Entrate* – von diesen zur Verfügung gestellt;[377]
- Kopie des eröffneten Testaments samt Eröffnungsniederschrift;

---

[377] Siehe www.agenziaentrate.it/ilwwcm/connet/Nsi/Strumenti/Modulistica/.

- Kopie von für die Erbfolge relevanten Verträgen (z.B. *patto di famiglia*) und Vorlage von Vermögensverzeichnissen (z.B. Bilanzen bei Gesellschaftsbeteiligungen), soweit kein sog. *atto di notorietà* vorgelegt wird.[378]

256 Die *Agenzia delle entrate* sorgt automatisch für die Eintragung der Erbfolge beim Immobilienregister, wenn dies nach Art. 2648 i.V.m. Art. 2643 c.c. notwendig ist. Der Erbe hat des Weiteren selbst die *voltura catastale* beim *Ufficio del territorio* unter Vorlage von Kopien vorgenannter Unterlagen zu beantragen.

257 Zuständig für die Ausstellung der *dichiarazione di successione* ist das *Ufficio locale dell'Agenzia delle entrate*, in dessen Amtsbereich der Verstorbene seinen letzten Wohnsitz i.S.v. Art. 43 c.c. hatte.[379] Hatte der Verstorbene keinen Wohnsitz in Italien, ist das *Ufficio locale* des Bezirks, in dem der Verstorbene seinen letzten Wohnsitz in Italien hatte, zuständig. Bei unbekanntem Wohnsitz oder bei letztem Aufenthalt im Ausland ist allgemein das *ufficio circoscrizionale Roma 6 dell'Agenzia delle Entrate* zuständig (Anschrift: 00144 Roma, Via Canton 20, Tel. 06/526061, Fax 06/526065223, E-Mail: ul.roma6@agenziaentrate.it).

258 Die Registrierung bei der *Agenzia delle entrate* kostet unabhängig vom Wert des Nachlassvermögens derzeit 41,32 EUR.

3. Erbschaftsregister

259 In das beim Gericht des Bezirks, wo der Nachlass eröffnet wurde, geführte Erbschaftsregister sind insbesondere einzutragen (Art. 52 des RD vom 30.3.1942, N. 318):
- die Erbschaftsannahme unter *beneficio d'inventario* samt Folgeeintragungen (z.B. Inventar);
- die Erbschaftsausschlagung;[380]
- die Eintragung der Annahme des Amts als Testamentsvollstrecker;
- der Name des *curatore* bei der *hereditas iacens*.

260 Dieses Register kann von jedermann eingesehen werden (Art. 53 Abs. 2 des RD vom 30.3.1942).

4. Erbschein/Europäisches Nachlasszeugnis

261 Mit Art. 62 ff. EU-ErbVO wird nun auch in Italien für Fälle mit grenzüberschreitendem Bezug, also insbesondere bei in Italien verstorbenen ausländischen Staatsangehörigen, der Erbschein eingeführt. Gemäß G. 30 ottobre 2014, n. 161., Art. 32 Abs. 1 sind die Notare zuständig. Für das Erbscheinsverfahren und dessen Inhalt gilt nach Art. 32 dieses Gesetzes die EU-ErbVO.

262 In den Gebieten, in denen bislang ein Erbschein erteilt werden konnte (siehe Rn 244), gilt gem. Art. 32 Abs. 3 dieses Gesetzes die alte Regelung (Art. 13 ff. des Kgl. Dekrets vom 28.3.1929) unverändert fort: Der Erbschein ist auf beglaubigten Antrag vom Einzelrichter beim *Tribunale* zu erteilen. In dem Erbschein sind die Erben, ihre Quoten, bei Zuwendung konkreter Sachen auch deren Benennung, Vermächtnisse und Auflagen (Art. 19) anzugeben. Umfasst der Nachlass Liegenschaften, ist der Antrag auf Erteilung eines Erbscheins Pflicht. Nach Art. 22 des Dekrets kann ein Vermächtnisnehmer einen sog. **Vermächtnisschein**, der

---

378 Art. 11, D.l. 21.11.2014, Nr. 175, der insoweit Art. 30 Abs. 3bis und Art. 33 Abs. 1 D.legs. 31.10.1990, n. 346, ergänzt hat.
379 Vgl. die Übersicht unter www.agenziaentrate.it/ilwwcm/connet/Nsi/Siti+Regionali/.
380 Die Eintragung hat keine konstitutive Wirkung: Cass. 14/3346.

nur das ihm zugewandte Vermächtnis ausweist, beantragen. Zuständig ist das Landgericht, in dessen Bezirk der Erbfall eingetreten ist oder wo sich der größte Teil der in den genannten Gebieten gelegenen Liegenschaften befindet. Es gelten die Grundsätze der Amtsermittlung und der freien Beweiswürdigung.

5. Sonstiges

Ist kein Testament vorhanden und gehört keine Immobilie zum Nachlass, sind – abgesehen von der Erbschaftsannahme – keine Erklärungen bzw. Anträge bei der *Agenzia delle entrate* oder bei anderen Behörden erforderlich. Zum Nachweis der Erbeneigenschaft begnügen sich z.B. die Banken in diesen Fällen mit dem sog. *atto di notorietà*. Unter der Geltung der EU-ErbVO kann auch das Europäische Nachlasszeugnis vorgelegt werden. 263

Fraglich ist, ob hinsichtlich der in Italien belegenen unbeweglichen Nachlassgegenstände eines deutschen Erblassers für den Eigentumserwerb die **Erbschaftsannahme** erforderlich ist. Dies hängt gemäß der Unterscheidung zwischen *titulus* und *modus* davon ab, ob die Erforderlichkeit der Erbschaftsannahme dem Erbstatut oder auch der *lex rei sitae* unterfällt. Nur in letzterem Fall wäre eine gesonderte Annahme zum Eigentumserwerb und zur Umschreibung im Immobilienregister erforderlich.[381] In der Praxis ergeben sich i.d.R. keine Probleme: Da die Annahme auch konkludent erfolgen kann, reicht dafür der Antrag auf Erteilung eines Erbscheins in Deutschland aus. 264

III. Anerkennung deutscher Erbscheine; Europäisches Nachlasszeugnis

Ein **deutscher Erbschein** konnte nach bisherigem Recht gem. Art. 66 it. IPRG in Italien anerkannt werden. Da der öffentliche Glaube, der in Deutschland dem Erbschein zukommt, eine materiellrechtliche Wirkung darstellt, wird dieser von der Anerkennung nicht erfasst. Der anerkannte Erbschein hat somit weder Feststellungs- noch Gestaltungswirkung. Bedeutung erlangt der deutsche Erbschein somit nur in den ehemals österreichischen Provinzen (siehe Rn 244). 265

Unter Geltung der EU-ErbVO kann nun ein **Europäisches Nachlasszeugnis** beantragt werden. Gemäß Art. 69 EU-ErbVO entfaltet es seine Wirkung ohne besonderes weiteres Anerkennungsverfahren. Es erwächst nicht in Rechtskraft, sondern hat eine widerlegliche Vermutungswirkung und eine Gutglaubenswirkung. Gemäß Art. 69 Abs. 5 EU-ErbVO bildet es die Grundlage für die Eintragung im Immobilienregister. 266

Auch unter Geltung der EU-ErbVO kann wie bisher ein nach deutschem Recht erstellter deutscher Erbschein als Erbnachweis vorgelegt werden; es fehlt nicht am Rechtsschutzbedürfnis. 267

IV. Zivilverfahren

Nach Art. 50 lit. a–c it. IPRG sind **italienische Gerichte** für **Nachlassverfahren** international zuständig, wenn 268
– der Erblasser im Zeitpunkt seines Todes italienischer Staatsangehöriger war,
– dort zum Zeitpunkt seines Todes sein Domizil bzw. seinen gewöhnlichen Aufenthalt hatte,

---

[381] So *Ballarino*, Diritto internazionale privato, S. 566 ff.; a.A. *Bandi*, Vita notarile 1998, S. 1198, 1205; *Corsi*, Riv. not. 1991, 91, 101; vgl. auch *Engbers*, Deutsch-italienische Erbfälle, S. 201 f.

- die Erbfolge in Italien eröffnet wurde,
- der wirtschaftlich überwiegende Teil des Nachlasses in Italien belegen ist.

269 Für **Klagen in Erbschaftssachen** richtet sich die italienische internationale Zuständigkeit nach Art. 50 lit. d und e it. IPRG: italienischer Wohnsitz/Wohnort des Beklagten, Unterwerfung des Beklagten unter die italienische Gerichtsbarkeit, Belegenheit von Nachlasswerten in Italien.

270 Im **Geltungsbereich der Eu-ErbVO** begründen die Art. 4 ff. Eu-ErbVO nunmehr eine vorrangige ausschließliche Zuständigkeit, die sowohl für das Nachlassverfahren als auch für streitige Zivilverfahren gilt.[382] Abzustellen ist in der Regel auf den letzten gewöhnlichen Aufenthalt des Erblassers. Dies führt häufig zu einem Gleichlauf von lex fori und *lex causae*.

V. Besonderheiten im deutschen Nachlassverfahren bei einem italienischen Erblasser

271 Bei der Beerbung eines italienischen Erblassers[383] vor Inkrafttreten der EU-ErbVO ist wegen der Anknüpfung der Erbfolge an die Staatsangehörigkeit auch durch das italienische Internationale Privatrecht regelmäßig ein **Renvoi** ausgeschlossen und italienisches Erbrecht anwendbar. Ausgenommen ist allein der Fall, dass der Erblasser eine testamentarische Rechtswahl gem. Art. 46 Abs. 2 it. IPRG bzw. Art. 25 Abs. 2 EGBGB vorgenommen hat (siehe ausführlich Rn 22 ff.).

272 Im Rahmen der gesetzlichen Erbfolge ist bei Geltung italienischen Rechts zu beachten, dass der überlebende Ehegatte zwar ein **Wohnrecht** an der Ehewohnung und ein **Nutzungsrecht** an dem dazugehörigen Hausrat erhält (siehe Rn 68), dieser Anspruch aber bezüglich des in Deutschland belegenen Vermögens keine dinglichen Wirkungen entfalten kann und daher auch nicht in den Erbschein eingetragen werden kann. Das Gleiche gilt für das sog. Vindikationslegat (Rn 99 ff.) und die testamentarische Vorausteilung (Rn 104), die nach italienischem Recht nur dann dingliche Wirkungen entfalten können, wenn italienisches Recht Sachenstatut ist.

273 **Noterbrechte** sind im Erbschein – als Erbquoten – aufzuführen, wenn die Noterben die *azione di riduzione* bereits erfolgreich geltend gemacht haben. Ist über die Klage noch nicht rechtsfähig entschieden worden, kann den Noterben keine Erbquote ausgewiesen werden. Möglicherweise wird das Nachlassgericht das Erbscheinsverfahren so lange aussetzen. Zulässig wird es sein, den testamentarischen Erben einen Teil- oder Mindesterbschein in Höhe der *quota disponibile* zu erteilen – wobei freilich zu bedenken wäre, dass diese im Fall der Hinzurechnung lebzeitiger Schenkungen einen erheblich geringeren Teil des Nachlasses als die gesetzliche Quote erfassen kann. Sind die Noterbrechte verjährt oder haben die Noterben auf die Rechte (nach Eintritt der Erbfolge) verzichtet, kann den testamentarischen Erben ein Erbschein über die vollen testamentarischen Erbquoten erteilt werden.

274 Hat ein Noterbe sein RechtIst das deutsche Gericht zur Ausstellung eines gegenständlich beschränkten Erbscheins international zuständig (§ 2369 BGB), ist dieses auch für die Entgegennahme einer Erbschaftsannahmeerklärung zuständig.[384] Richtigerweise gilt dies auch für die Ausschlagungserklärung, denn auch die **Entgegennahme der Ausschlagungserklärung** ist Voraussetzung dafür, dass das Gericht den Erbschein ausstellen kann und damit notwendig mit der Zuständigkeit für die Erbscheinserteilung verknüpft.[385] Das BayObLG hat in

---

[382] Barel/Armellini, Diritto internazionale privato 2014, 195.
[383] Dieser Abschnitt wurde von Rechtsanwalt Dr. *Rembert Süß*, Würzburg, bearbeitet.
[384] BayObLGZ 1965, 429; *Heldrich*, NJW 1967, 417.
[385] *St. Lorenz*, ZEV 1994, 147; als Notzuständigkeit: LG Hagen FamRZ 1997, 645.

einem Fall die Zuständigkeit über eine entsprechende Anwendung von § 7 FGG bejaht, wenn das Nachlassgericht die Ausschlagungserklärungen entgegengenommen hat, ohne seine internationale Unzuständigkeit anzuführen.[386]

D. Besteuerung der Erbfolge

I. System der Erbschaftsteuer

Die Erbschaft- und Schenkungsteuer, die die Regierung Berlusconi mit Gesetz Nr. 383 vom 18.10.2001, das am 25.10.2001 in Kraft trat, für alle Erbfälle, die nach dem 25.10.2001 eingetreten sind, abgeschafft hatte, wurde durch das Gesetzesdekret Nr. 262/06 bzw. durch Gesetz Nr. 286/06 rückwirkend zum **3.10.2006** (Erbschaften) bzw. zum **1.1.2007** (Schenkungen) wieder eingeführt.[387] Art. 2 Abs. 47 Ges. Nr. 286 vom 24.11.2006 bestimmt, dass beim Erwerb von Todes wegen, bei Schenkungen und sonstigen unentgeltlichen Übertragungen („*atti di donazione*", „*trasferimenti a titolo gratuito*", „*vincoli di destinazione*"[388]) Erbschaft- und Schenkungsteuer anfällt. Neben der unentgeltlichen Übertragung von Vermögensgegenständen fallen auch der Verzicht und die Bestellung von Realrechten, der Verzicht auf Forderungen sowie die Zuwendung von Pensions- und anderen periodischen Zahlungen unter die Erbschaft- und Schenkungsteuer. Bei der Wiedereinführung wurde weitgehend auf die Bestimmungen in den d.legs. 346/1990 und G. 342/2000 verwiesen. **D.legs. 31.10.1990, n. 346** wird oft als **t.u.** (*Testo unico*) *delle disposizioni concernenti l'imposta delle successioni e donazioni* abgekürzt. Die Steuersätze und persönlichen Steuerfreibeträge wurden neu geregelt.

275

II. Umfang der Steuerpflicht

Der **Erbschaftsteuer** unterliegen nach Art. 9 d.legs. 346/90 grundsätzlich sämtliche Vermögensgegenstände und Rechte, soweit nicht nach Art. 3 d.legs. 346/90 ein Befreiungstatbestand vorliegt. So ist neben der Übertragung zugunsten des Staates, bestimmter anerkannter gemeinnütziger Vereinigungen und Stiftungen nach Art. 3 Abs. 4 *ter* d.legs. 346/90 insbesondere die Übertragung von (Teil-)Betrieben sowie von Anteilen an Personen- und Kapitalgesellschaften **steuerfrei**, soweit der Erbe ein Abkömmling des Erblassers ist, er den Betrieb(steil) fortführt bzw. den Anteil an einer Personen- oder Kapitalgesellschaft weiterhält, und zwar für mindestens fünf Jahre ab dem Tod des Erblassers,[389] und er in der Erbschaftserklärung eine entsprechende Erklärung abgibt. Bei Anteilen an Kapitalgesellschaften muss der Abkömmling für die Steuerbefreiung eine Beteiligung erwerben oder vermehren, mit der er über die Mehrheit der Stimmrechte in der ordentlichen Gesellschafterversammlung verfügen kann (Art. 2359 Abs. 1 lit. 1 c.c.).

276

---

386 BayObLG NJW-RR 1998, 800; BayObLG ZEV 1994, 177.
387 Für alle eröffneten Erbfälle vom 25.10.2001 bis zum 2.10.2006 gilt unverändert die Regelung, dass keine Erbschaftsteuer anfällt. Insoweit wird lediglich die Hypotheken- und Katastersteuer von zusammen 4 % erhoben. Bei Schenkungen kann daneben die Registersteuer (Art. 13 II, G. 383/2001) anfallen, wenn Begünstigter weder der Ehegatte noch ein Verwandter in gerader Linie bzw. bis zum vierten Grad ist und der Freibetrag von 180.769,91 EUR bzw. bei Behinderten 1.000.000.000 Lire (Art. 69 Abs. 2 und 2 *bis* Gesetz 342/2000) überschritten ist. Vgl. insoweit die Übersicht bei *Reiß*, Internationales Erbrecht Italien, Rn 671 f..
388 Vgl. *Castelli*, ZEV 2007, 426. Die Errichtung eines Trusts unterliegt der Schenkungsteuer.
389 Wird dieser Zeitraum nicht eingehalten, sind die Steuer nebst Zinsen sowie eine Strafe i.H.v. 30 % der Steuer zu zahlen.

277 **Nicht** erbschaftsteuerpflichtig sind nach den Bestimmungen der Art. 12 und 13 d.legs. 346/90 u.a. gesetzliche Renten und Lebensversicherungen sowie Unfallrenten nach Art. 2122 c.c.

278 Gleiches gilt für in öffentlichen Registern eingetragene Güter und Rechte, Aktien und Anteile, die vor dem Todesfall übertragen wurden (wohl aber u.U. Schenkungsteuerpflicht!), Staatsanleihen und andere von der italienischen Republik emittierte, gleichgestellte (BOT, CCT, BTP, Weltbank usw.) oder garantierte Wertpapiere. Fahrzeuge, die im öffentlichen Fahrzeugregister eingetragen sind – für sie gibt es eine besondere Steuer –, sowie Gegenstände, die nach Ges. Nr. 1039 vom 1.6.1939 unter Denkmalschutz stehen; in diesem Fall haben die Erben ein Verzeichnis dieser Vermögensgegenstände zu erstellen, eine entsprechende Bestätigung des Kultur- und Umweltministeriums einzuholen und diese der Erbschaftsteuererklärung beizulegen. Die Befreiung wird hinfällig, wenn die unter Denkmalschutz stehenden Gegenstände z.B. innerhalb von fünf Jahren nach dem Erbfall veräußert werden oder der Versuch unternommen wird, sie ins Ausland zu exportieren.

279 Der **Schenkungsteuer** unterliegen grundsätzlich alle mittelbaren und unmittelbaren Schenkungen sowie nach Art. 2 Abs. 47 Ges. 286/06 auch Zweckzuwendungen (z.B. Zuwendungen von Vermögensgegenständen an einen Trust).

280 Nach Art. 1 Abs. 4 *bis* d.legs. 346/90 (i.d.F. von Ges. 342/2000) greift bei mittelbaren Schenkungen von Immobilien und Unternehmen die Schenkungsteuer nicht, wenn bei der Übertragung die proportionale Registersteuer oder die Umsatzsteuer zur Anwendung kommt.

281 Eine für die Schenkungsteuer spezifische sachliche Freistellung ist in Art. 1 Abs. 4 d.legs. 346/90 enthalten, wonach Geschenke und unentgeltliche Übertragungen mit geringem Wert i.S.v. Art. 742, 783 c.c. nicht der Schenkungsteuer unterliegen.

III. Bewertung des Nachlasses

282 Die Bewertung des steuerpflichtigen Erwerbs richtet sich nach den Art. 14–19 d.legs. 346/90.

283 Für **Immobilien** und **dingliche Rechte auf Immobilien** ist grundsätzlich deren **Verkehrswert** heranzuziehen. Bei in Italien belegenen Wohnimmobilien wird jedoch der in der Erbschaftsteuererklärung angegebene **Katasterwert** akzeptiert. Der Katasterwert ermittelt sich aus dem um 5 % aufgewerteten Katasterertrag (*„rendita catastale rivalutata"*, ein zuletzt 1997 festgelegter Schätzwert der durchschnittlichen Grundstücks- und Gebäudeerträge), der mit einem Koeffizienten multipliziert wird. Der Koeffizient beträgt bei sog. **Prima-casa-Wohnimmobilien** 110 und bei sonstigen Immobilien zwischen 120 (Immobilien der Katasterkategorien A, B, C, ausgenommen A/10 und C/1), 60 bei Immobilien der Kategorie A/10 (Büros) und 40,8 bei Immobilien der Kategorien C/1 (Geschäfte und Läden) und E. Der Katasterwert ist i.d.R. deutlich niedriger als der Verkehrswert der Immobilien.

284 Bei Grundstücken muss unterschieden werden, ob es sich um ein **Baugrundstück** oder um eine **land- oder forstwirtschaftliche Fläche** handelt. Bei Letzterer kann der um 25 % erhöhte Katasterwert (Mindestwert) herangezogen werden, der sich aus der Multiplikation des Besitzertrags (*reddito dominicale*) bzw. des Bodenertrags (*reddito agrario*) mit dem derzeitigen Koeffizienten 90 ergibt. Bei Baugrundstücken ist der Verkehrswert zum Zeitpunkt des Todes heranzuziehen.

285 Der Wertmaßstab für die Bewertung von **Einzelunternehmen** ist der Buchwert des Reinvermögens der letzten vor dem Todeszeitpunkt des Erblassers erstellten Handelsbilanz.

Stille Reserven bzw. ein Goodwill (Firmenwert) werden nicht mitberücksichtigt.[390] War der Einzelunternehmer nicht zur Erstellung einer Handelsbilanz verpflichtet, ist die Bemessungsgrundlage die Summe der Wirtschaftsgüter des Unternehmens abzüglich der dem Unternehmen zuzurechnenden Verbindlichkeiten. Dasselbe gilt für die Bewertung von Anteilen an Personengesellschaften (Art. 16 d.legs. 346/90). In bestimmten Fällen ist es nach Art. 25 Abs. 4 *bis* d.legs. 346/90 möglich, den Wertansatz für Einzelunternehmen und für Personengesellschaften um 40 % zu reduzieren.

Börsennotierte Anteile sind mit dem „Durchschnittsbörsenwert" des letzten Quartals vor dem Todeszeitpunkt des Erblassers zu bewerten (Art. 16 Abs. 1 lit. a d.legs. 346/90). 286

Nach Art. 20 d.legs. 346/90 sind sämtliche Verbindlichkeiten des Erblassers sowie die Kosten für die Beerdigung (höchstens 1.039,91 EUR) abzuziehen (zu den vorzulegenden Nachweisen vgl. Art. 21–26 d.legs. 346/90). 287

IV. Steuerklassen, Steuertarif, Freibeträge

Die Steuersätze und Freibeträge wurden durch Ges. Nr. 286 vom 24.11.2006 neu geregelt. Sowohl die Steuersätze als auch die Freibeträge sind für die Erbschaft- und Schenkungsteuer identisch. Die Höhe der Steuer richtet sich ebenso wie der persönliche Freibetrag nach dem Verwandtschaftsgrad zum Erblasser. 288

Bei Übertragungen (Erbschaft oder Schenkung) zugunsten des Ehegatten und der Verwandten in direkter Linie gilt ein Steuersatz von 4 %, wobei jedem Begünstigten ein Freibetrags i.H.v. 1.000.000 EUR zusteht. Bei Übertragungen an Geschwister gilt ein Steuersatz von 6 % mit einem Freibetrag von jeweils 100.000 EUR. Bei Übertragungen (von Todes wegen oder durch Schenkung) zugunsten anderer Verwandter bis zum vierten Grad, Verschwägerter in direkter Linie sowie in Nebenlinie bis zum dritten Grad gilt ein Steuersatz von 6 % ohne Gewährung eines Freibetrags. Alle anderen Begünstigten haben 8 % ohne Freibetrag zu zahlen. 289

Für Übertragungen an Personen mit einer Behinderung (definiert im Ges. 104/92) gilt unabhängig vom Verwandtschaftsgrad ein Freibetrag von 1.500.000 EUR. 290

Für Vermögensgegenstände, die Gegenstand mehrfacher Erbfolgen sind, mindert sich die Erbschaftsteuerbelastung nach Art. 25 d.legs. 346/90. Unterfallen Vermögensgegenstände innerhalb von fünf Jahren einem weiteren Erbfall, so ist der Betrag der Erbschaftsteuerschuld dieser Übertragung um 50 % zu vermindern, wenn der nachfolgende Erbfall innerhalb von einem Jahr nach der vorausgehenden Erbfolge eintritt, um 40 %, wenn der nachfolgende Erbfall nach dem ersten Jahr, aber innerhalb des zweiten Jahres eintritt. Für jedes weitere angebrochene Jahr bis zum fünften Jahr vermindert sich der Abschlag der Erbschaftsteuerschuld um jeweils weitere 10 %. 291

Der Freibetrag wird für Schenkungen zu Lebzeiten und für den Erwerb von Todes wegen insgesamt nur einmal voll gewährt.[391] 292

V. Erbschaftsteuererklärung, Festsetzung, Erhebung

Die Erben und die Vermächtnisnehmer sind verpflichtet, auf einem amtlichen Vordruck innerhalb von 12 Monaten nach dem Todesfall beim aufgrund des Wohnsitzes des Erblassers 293

---

[390] Cass. 07/6494.
[391] Nach *Conci/Psaier*, ZEV 2007, 420, 422, strittig.

zuständigen Finanzamt eine von mindestens einem Erben oder Vermächtnisnehmer zu unterzeichnende Erbschaftsteuererklärung abzugeben. Bis zum 13.12.2014 galt eine Ausnahme, wenn sich im Nachlass keine Immobilien befanden und der Nachlasswert 25.822,85 EUR nicht überstieg. Ab 13.12.2014 – auch für bereits eröffnete Nachlässe – bedarf es keiner Steuererklärung, wenn nur der Ehegatte und/oder Verwandte in gerade Linie Erben sind, sich im Nachlass keine Immobilien bzw. Immobilienrechte befinden und der Nachlasswert 100.000 EUR nicht übersteigt.[392]

294 Hatte der Erblasser keinen Wohnsitz in Italien, so ist das Steueramt in Rom zuständig.

295 Die Erbschaftsteuererklärung bzw. die negative Erklärung gem. Art. 28 d.legs. 346/90 gilt als Voraussetzung für die Übertragungspflichten von Vermögensmassen durch Gläubiger des Erblassers an die Erben (Art. 48 Abs. 4 d.legs. 346/90).[393]

296 Das Finanzamt setzt die Erbschaftsteuer innerhalb einer Frist von drei Jahren fest. Nach der Zustellung des Zahlungsbescheids haben die Erben 60 Tage Zeit, die Zahlung vorzunehmen. Nach Art. 36 Ges. 346/90 haften die Erben für die Zahlung sämtlicher Erbschaftsteuern solidarisch (auch für jene der Vermächtnisnehmer), während der Vermächtnisnehmer nur für den auf sein Vermächtnis entfallenden Steuerbetrag haftet.

VI. Doppelbesteuerungsabkommen

297 Im Bereich der Erbschaft- und Schenkungsteuer gibt es zwischen Deutschland und Italien kein Doppelbesteuerungsabkommen.[394] Gerade bei Wegzug des Erblassers oder Schenkers aus Deutschland nach Italien besteht wegen der Regelung in § 2 Abs. 1 Nr. 1 S. 2 b) ErbStG (persönliche Steuerpflicht für deutsche Staatsangehörige auch binnen fünf Jahren nach Wegzug) die Gefahr einer doppelten unbeschränkten Steuerpflicht.

298 Eine Doppelbesteuerung wird aufgrund der Vergleichbarkeit der Steuern nur durch das Verfahren der **Anrechnung** gemildert.[395] Für die italienische Erbschaftsteuer können ausländische Erbschaftsteuern, die auf im Ausland belegene Vermögensgegenstände erhoben wurden, angerechnet werden. Die Anrechnung ist jedoch nur bis zur Höhe der entsprechenden italienischen Erbschaftsteuer möglich. Gleiches gilt umgekehrt nach § 21 dt. ErbStG, da die italienische Erbschaftsteuer der deutschen vergleichbar ist; eine Anrechnung der Hypotheken- und Katastersteuer ist wegen deren Gebührencharakters jedoch nicht möglich. Probleme wirft auch die enge Auslegung des Begriffs „Auslandsvermögen" auf, da danach zwar die auf in Italien belegenem Grundbesitz gezahlte Erbschaftsteuer, nicht aber z.B. die auf bei italienischen Banken vorhandenen Kontoguthaben und Wertpapierdepots gezahlte Erbschaftsteuer angerechnet wird.[396]

299 Im Gegensatz zum deutschen Recht ist für die Begründung der Steuerpflicht in Italien einzig die **Person des Erblassers** maßgebend. Auf die Verhältnisse der Erben bzw. Vermächtnisnehmer kommt es nicht an. Eine **unbeschränkte Steuerpflicht**, die alle Vermö-

---

[392] So Art. 11, D.l. 21.11.2014, Nr. 175, mit dem Art. 28 Abs. 6, 7 D.legs. 31.10.1990, n. 346, reformiert wurde.
[393] So. A.B.F. Roma, 12.7.2013, Nr. 3771, in NGCC 2014 I, 368 bzgl. Bankdepots.
[394] Italien hat lediglich sieben Abkommen abgeschlossen und zwar mit: USA (30.3.1955), Schweden (20.12.1956), Griechenland (13.2.1964), Großbritannien (15.2.1966), Dänemark (10.3.1966), Israel (22.4.1968) und Frankreich (20.12.1990). Die Abkommen sind dem OECD-Musterabkommen zur Erbschaft- und Schenkungsteuer nachgebildet.
[395] Erlass des Finanzministeriums Baden-Württemberg vom 13.6.2007, ZEV 2007, 448.
[396] *Meincke*, ErbStG, § 21 Rn 30.

gensgegenstände erfasst – unabhängig davon, ob sich diese im Inland oder Ausland befinden –, besteht, wenn der Erblasser zuletzt in Italien ansässig war. Unter dem im ErbStG nicht definierten Begriff der Ansässigkeit ist nach h.L. entsprechend Art. 43 Abs. 2 c.c. der Wohnsitz als Ort des gewöhnlichen Aufenthalts zu verstehen (Mittelpunkt der familiären und gesellschaftlichen Beziehungen).[397]

Nach Art. 55 Abs. 1 *bis* Ges. 346/90 unterliegen nach h.L. auch im Ausland erfolgte Schenkungen an in Italien ansässige Begünstigte der italienischen Schenkungsteuer, auch wenn der Schenker nicht in Italien ansässig ist bzw. die Vermögensgegenstände sich nicht in Italien befinden.[398] 300

Fehlt es an einer unbeschränkten Steuerpflicht, weil der Erblasser nicht in Italien ansässig war, sind nur die im Zeitpunkt des Todes in Italien befindliche Vermögensgegenstände steuerpflichtig (**beschränkte Steuerpflicht**). In Art. 2 Abs. 3 Ges. 346/90 ist eine gesetzliche Vermutung enthalten, nach der z.B. folgende Vermögensgegenstände immer in Italien belegen sind: 301
– Güter, die in öffentlichen Registern eingetragen sind (Immobilien, Fahrzeuge, Schiffe und Flugzeuge), auch wenn ein dingliches Recht dafür besteht;
– Aktien und Anteile von Gesellschaften sowie Anteile an Körperschaften, die keine Gesellschaften sind, die in Italien entweder den Firmen- oder Verwaltungssitz haben bzw. ihre Haupttätigkeit ausüben;
– Schuldverschreibungen und andere Wertpapiere, die keine Aktien sind, wenn diese vom Staat oder bestimmten Gesellschaften und Körperschaften emittiert wurden;
– Guthaben, Wechsel, Schecks, falls der Schuldner oder Emittent in Italien ansässig ist.[399]

VII. Weitere im Rahmen der Erbfolge anfallende Steuern

Nach italienischem Recht fallen im Erbfall bei Immobilien im Privatbesitz oder im Eigentum von Einzelunternehmen zusätzlich **Registersteuern** (Hypothekensteuer i.H.v. 2 %, mindestens 168 EUR, falls *„prima casa"* nur 168 EUR; und Katastersteuer i.H.v. 1 % – *imposta ipotecaria* – mindestens 168 EUR, falls *„prima casa"* nur 168 EUR) i.H.v. zusammen 3 % des Immobilienwertes an. 302

Bei Immobilien fallen Gebühren von derzeit 35 EUR (*tassa ipotecaria*), 58,48 EUR (Bearbeitungsgebühr) für jedes Grundbuchblatt (*conservatoria*) sowie je nach Behörde weitere *„Tributi speciali"* an. 303

Bemessungsgrundlage für die Registersteuern ist der Verkehrswert der Immobilien ohne Abzug von Verbindlichkeiten. Bei land- und forstwirtschaftlichen Grundstücken dürfen die Registersteuern nicht höher als der *valore fiscale* sein. Handelt es sich bei der durch 304

---

397 Vgl. Cass. 86/1738.
398 Diese Bestimmung kann umgangen werden, wenn der Schenkende, der im Ausland ansässig ist, die Urkunde vor einem italienischen Notar verbrieft. In diesem Fall wird Schenkungsteuer nur dann geschuldet, wenn sich der Gegenstand der Schenkung in Italien befindet, Art. 2 Abs. 2 G. 346/90, vgl. *Conci/Psaier*, ZEV 2007, 420, 423.
399 Beispiele: Aktien einer italienischen AG und italienische Schuldscheine; Guthaben bei italienischen Banken oder Filialen ausländischer Banken; bei italienischen Banken hinterlegte Wertpapiere; Lebensversicherungspolicen italienischer Versicherer.

Erbfall erworbenen Immobilie um eine sog. *prima casa*[400] zumindest eines der Bedachten gem. Art. 69 Abs. 3 des Gesetzes 342/2000, betragen die Hypotheken- und die Katastersteuer jeweils fix 168 EUR.

Personen	Steuersatz/Freibetrag	Hypothekensteuer	Katastersteuer
Ehegatte Verwandte in gerader Linie (Eltern, Kinder, Enkel)	4 % bei einem Freibetrag von 1.000.000 EUR je Begünstigter	2 % (168 EUR, falls sog. *prima casa*) Mindestsatz 168 EUR	1 % (168 EUR, falls sog. *prima casa*) Mindestsatz 168 EUR
Geschwister	6 % bei einem Freibetrag von 100.000 EUR je Begünstigter	2 % (168 EUR, falls sog. *prima casa*) Mindestsatz 168 EUR	1 % (168 EUR, falls sog. *prima casa*) Mindestsatz 168 EUR
Verwandte bis zum 4. Grad Verschwägerte in gerader Linie Verschwägerte bis zum 3. Grad	6 % ohne Freibetrag	2 % (168 EUR, falls sog. *prima casa*) Mindestsatz 168 EUR	1 % (168 EUR, falls sog. *prima casa*) Mindestsatz 168 EUR
Andere Personen	8 % ohne Freibetrag	2 % (168 EUR, falls sog. *prima casa*) Mindestsatz 168 EUR	1 % (168 EUR, falls sog. *prima casa*) Mindestsatz 168 EUR

Ist der Begünstigter schwerbehindert i.S.v. G. 104/92, ist ein Freibetrag von 1.500.000 EUR vorgesehen.

Enthält der Nachlass Immobilien, fallen weitere Steuern an:
- Bearbeitungsgebühren (58,48 EUR je Grundbuchblatt)
- Hypothekengebühren (35,00 EUR je Grundbuchblatt)
- „*Tributi speciali*" (je nach Behörde)

Weitere Informationen und Materialien, wie z.B. Muster, Formulare, amtliche Texte und Internetadressen, befinden sich auf der beiliegenden CD-ROM.

---

400 Der Antragsteller muss in einem separaten Formular versichern, dass es sich um eine *prima casa* handelt. Als *prima casa* gilt – unabhängig davon, ob er es selbst nutzt – eine Wohnung/Haus in der Gemeinde, in der der Antragsteller seinen Hauptwohnsitz hat bzw. wo er binnen 18 Monaten nach dem Erbfall seinen Hauptwohnsitz hinverlegt oder seinen beruflichen Tätigkeitsschwerpunkt hat, sofern er nicht Eigentümer oder dinglich Nutzungsberechtigter einer anderen in der Gemeinde belegenen Immobilie ist. Falschangaben sind strafbewehrt. Vgl. *De Luca*, Diritto tributario, S. 597 f. Siehe auch Runderlass des Ministeriums für Wirtschaft und Finanzen Nr. 44/E vom 7.5.2001.

Katalonien

Prof. Dr. Albert Lamarca i Marquès, Universitat Pompeu Fabra, Barcelona

Inhalt

A. Rechtsgrundlage und Einführung 1
B. Internationales Privatrecht 2
   I. Das katalanische Zivilrecht in Spanien als Staat mit mehreren Gesetzgebungsorganen 2
   II. Die Anwendung des katalanischen Zivilrechts auf Ausländer 4
C. Materielles Erbrecht 10
   I. Allgemeines 10
   II. Gesetzliche Erbfolge 14
      1. Grundsätze 14
      2. Erbfähigkeit 16
      3. Erbunwürdigkeit 19
      4. Die Erbfolgeordnung nach Linien 22
      5. Das gesetzliche Erbrecht des Ehegatten 24
      6. Nichteheliche Lebensgemeinschaft ... 26
      7. Erbrecht nach Heranwachsenden 27
      8. Das Erbrecht der Regierung 28
   III. Die testamentarische Erbfolge 29
      1. Testierfähigkeit 29
      2. Testamentsformen 30
        a) Allgemeines 30
        b) Testamentsformen im Einzelnen ... 31
        c) Kodizille und Nachzetteln 34
        d) Ungültigkeit von Testamenten, Kodizillen und Nachzetteln 35
        e) Auslegung letztwilliger Verfügungen 37
      3. Die Erbeinsetzung 38
      4. Ersatzerbschaft 42
      5. Das Vermächtnis 45
      6. Die Nacherbschaft 49
   IV. Erbverträge und Schenkungen von Todes wegen 52
      1. Die vertragliche Erbfolge 52
      2. Schenkungen von Todes wegen 55
   V. Gesetzlich festgelegte erbrechtliche Zuwendungen 56
      1. Der Pflichtteil 57
      2. Das „Witwenviertel" (Viertel des Ehegatten) 67
   VI. Annahme und Ausschlagung der Erbschaft 71
      1. Rechtssystematik, Voraussetzungen und Wirkungen 71
      2. Die Haftung des Erben und die Annahme unter Vorbehalt der Inventarerrichtung 75
   VII. Die Testamentsvollstreckung 77
   VIII. Die Erbengemeinschaft und ihre Auseinandersetzung; Schiedsverfahren in erbrechtlichen Angelegenheiten 80
      1. Die Erbengemeinschaft 80
      2. Die Erbauseinandersetzung 82
      3. Schiedsverfahren in erbrechtlichen Angelegenheiten 85
D. Erbverfahrensrecht 86
E. Besteuerung der Erbfolge 90
   I. System der Erbschaft- und Schenkungsteuer 90
   II. Steuerpflicht 91
   III. Zuständigkeit 92
   IV. Steuersätze 94
   V. Steuervergünstigungen 99
      1. Steuervergünstigung wegen des Verwandtschaftsverhältnisses 100
      2. Steuervergünstigung für familiäre Liegenschaften 102
      3. Steuervergünstigung für Familienbetriebe 103
      4. Steuervergünstigung für Lebensversicherungen 104
   VI. Verjährung der Erbschaftsteuer 105
   VII. Bewertung des Nachlasses 106

Literatur

Deutsch- und englischsprachige Literatur

Arroyo Amayuelas, Die Entwicklung des Zivilrechts in Katalonien und das neue katalanische Zivilgesetzbuch, ZEuP 2014, 584; *Arroyo Amayuelas*, Pflichtteilsrecht in Spanien, in: Röthel (Hrsg.), Reformfragen des Pflichtteilsrechts 2007, S. 257; *Arroyo Amayuelas*, The Plurality of Codes in Spain: Spanish Decodification versus Catalan Codification, 2006; *Arroyo Amayuelas/Anderson*, Between Tradition and Modernisation. A General Overview of the Catalan Succession Law Reform, in: Anderson/Arroyo i Amayuelas (Hrsg.), The Law of Succession: Testamentary Freedom. European Perspectives, 2011, S. 41; *Arroyo Amayuelas/González Beilfuss*, Die katalanische Rechtsordnung und das Zivilrecht Kataloniens, ZEuP 1996, 564; *Cámara Lapuente*, Freedom of Testation, Legal Inheritance Rights and Public Order under Spanish Law, in: Anderson/Arroyo i Amayuelas (Hrsg.), The Law of Succession: Testamentary Freedom. European Perspectives, 2011, S. 269; *Cámara Lapuente*, New Developments in Spanish Succession Law, InDret 2007; *Ferrer Riba,* Marital Agreements and Private Autonomy in Spain, in: Scherpe (Hrsg.), Marital Agreements and Private Autonomy in Comparative Perspective, 2012, S. 350; *Ferrer Riba,* Das neue Personen- und Familienrecht im Bürgerlichen Gesetzbuch von Katalonien, FamRZ 2011, 1466; *Ferrer Riba,* Familienrechtliche Verträge in den spanischen Rechtsordnungen, in: Hofer/Schwab/Henrich (Hrsg.), From Status to Contract? Die Bedeutung des Vertrages im europäischen Familienrecht, 2005, S. 271; *González Campos/Borrás Rodríguez,* Spain, in: Hayton (Hrsg.), European Succession Laws, 2. Aufl. 2002, S. 431; *Lamarca Marquès,* The Unconstitutionality of Cohabitation Regulation. Two Decisions of the Spanish Constitutional Court, in: Ellger/Mankowski/Merkt/Remien/Witzleb (Hrsg.), Festschrift für Dieter Martiny zum 70. Geburtstag, 2014, S. 1141; *Lamarca Marquès,* We are not born alone and we do not die alone: Protecting intergenerational solidarity and refraining cain-ism through forced heirship, Oñati Socio-Legal Series 2014, 264; *Lamarca Marquès,* A New Law for an Evolving Family, Catalan International View 13/2012, 48; *Lamarca Marquès,* Das neue Familiengesetzbuch Kataloniens, ZEuP 2002, 557; *Martín Casals,* Die Kodifizierung des katalanischen Zivilrechts im europäischen Rahmen, ZEuP 2004, 677; *Martín Casals/Solé Feliu,* Testierfreiheit im innerspanischen Vergleich, in: Henrich/Schwab (Hrsg.), Familienerbrecht und Testierfreiheit im europäischen Vergleich, 2001, S. 295; *Martín Casals,* Grundzüge der vermögensrechtlichen Situation von Ehegatten und nichtehelichen Lebensgemeinschaften im spanischen und katalanischen Recht, in: Henrich/Schwab (Hrsg.), Eheliche Gemeinschaft, Partnerschaft und Vermögen im europäischen Vergleich, 1999, S. 283; *Vaquer Aloy,* Freedom of Testation, Compulsory Share and Disinheritance Based on Lack of Family Relationship, in: Anderson/Arroyo i Amayuelas (Hrsg.), The Law of Succession: Testamentary Freedom. European Perspectives, 2011, S. 89; *Vaquer Aloy,* Freedom of Testation in Spain and Catalonia, in: Zimmermann (Hrsg.), Freedom of Testation/Testierfreiheit. Ergebnisse der 33. Tagung der Gesellschaft für Rechtsvergleichung vom 15. bis 17. September 2011 in Trier, 2012, S. 85; *Vaquer Aloy,* Introduction, in: van Erp/Vaquer Aloy, Introduction to Spanish Patrimonial Law, 2006.

Katalanisch- und spanischsprachige Literatur

Abril Campoy, La protecció del consort supervivent en el dret català, Revista Catalana de Dret Privat, 2004, S. 93; *Anderson,* La capacitat per a testar de qui té habitualment disminuïda la capacitat natural: l'art. 116 del Codi de Successions, InDret 2009; *Àrea de dret civil – Universitat de Girona* (Hrsg.), El nou dret successori del Codi Civil de Catalunya (Materials de les Quinzenes Jornades de Dret Català a Tossa), 2009; *Badosa Coll* (Hrsg.), Manual de Dret Civil Català, 2. Aufl. 2003; *del Pozo Carrascosa/Vaquer Aloy/Bosch Capdevila,* Derecho Civil de Cataluña. Derecho de sucesiones, 2. Aufl. 2013; *Egea Fernández,* El nou règim jurídic de la successió contractual, Revista Jurídica de Catalunya 2009, 9; *Egea Fernández/Ferrer Riba,* Codi Civil de Catalunya i legislació complementària. Amb notes de concordança i jurisprudència, 14. Aufl., Barcelona 2011; *Egea Fernández/Ferrer Riba* (Hrsg.), Comentari al llibre quart del Codi civil de Catalunya, relatiu a les successions. II Bände, 2009; *Ferrer Riba,* La successió per causa de mort: llibertat de disposar i interessos familiars, in: Florensa i Tomàs/Fontanellas Morell (Hrsg.), La codificación del derecho civil de Cataluña. Estudios con ocasión del cincuentenario de la Compilación, 2011, S. 337; *Font i Segura,* La ley aplicable a los pactos sucesorios, InDret 2009; *Font i Segura,* La sucesión hereditaria en el Derecho interregional, Anuario de Derecho Civil 2000, S. 23; *Garriga Gorina,* La successió en el cas d'adopció en el Llibre IV del Codi civil de Catalunya, Revista Jurídica de Catalunya 2009, S. 983; *Jou i Mirabent* (Hrsg.), Comentarios al Código de Sucesiones por causa de muerte en el derecho civil de Catalunya. Ley 40/1991, de 30 de diciembre, II Bände, 1994; *Lamarca i Marquès,* Colación de donaciones y sucesión en derecho catalán, La Notaria 2011, 44; *Lamarca i Marquès,* Successió intestada a Catalunya. De la Compilació al Codi civil i els cinquanta anys entre dues lleis (1936–1987). Revista Jurídica de Catalunya, 2010, S. 1169; *Lamarca i Marquès,* Veïnatge civil, determinació del règim econòmic matrimonial i llei aplicable a la successió. Check-list i criteris d'actuació professional, Revista Jurídica de Catalunya 2006, S. 947, 2007, S. 33; *Navas Navarro,* El pacto sucesorio de atribución particular en el Código civil de Catalunya, InDret 2009; *Puig i Ferriol/Roca Trias,* Institucions del Dret civil de Catalunya III. Dret de Successions, 7a Aufl. 2009; *Ribot Igualada,* Separació de fet i drets viduals abintestat: una relectura. Comentari de la STSJC d'1 d'abril de 2004, Revista Catalana de Dret Privat 2005, 241; *Torres García* (Hrsg.), Tratado de legítimas, 2012; *Vaquer Aloy,* Reflexiones sobre una eventual reforma de la legítima, InDret, 2007.

Hinweis

Für die Übersetzung danke ich *Dr. Ariadna Aguilera Rull,* Universitat Pompeu Fabra.

A. Rechtsgrundlage und Einführung

Das katalanische Erbrecht konstituiert ein vollständiges und **unabhängiges Regelwerk**, ohne dass ein Spezialitäts- oder Unterordnungsverhältnis zum spanischen Zivilrecht besteht. Gleichwohl regelt das Zivilrecht nicht alle Aspekte der Erbfolge im weiteren Sinne. Die vorliegende Darstellung setzt die Existenz eines detaillierten Abschnitts über das Erbrecht in Spanien allgemein voraus; darauf wird – zur Vermeidung von Wiederholungen – zur Erläuterung derjenigen Aspekte Bezug genommen werden, die das katalanische Zivilrecht nicht regelt und für die deshalb spanisches Recht gilt. Der je nach Regelungsgegenstand unterschiedliche Ursprung der Gesetze in Spanien entspricht der gegenwärtigen Kompetenzverteilung zwischen dem Staat und den Autonomen Regionen. Für die hier zu behandelnde Materie sind von der Kompetenzaufteilung das Zivilrecht, das Internationale Privatrecht, das Prozessrecht und das Steuerrecht betroffen. In jedem Bereich kann das staatliche Recht ergänzend zu den Regelungen der Autonomen Regionen herangezogen werden.

B. Internationales Privatrecht

I. Das katalanische Zivilrecht in Spanien als Staat mit mehreren Gesetzgebungsorganen

In Spanien bestehen für das Zivilrecht mehrere Gesetzgebungskompetenzen. Die Spanische Verfassung (*Constitución Española* – CE) von 1978 anerkennt und gewährleistet diese Vielfalt der Gesetzgebung in Art. 149.1.8 insofern, als sie den Autonomen Regionen mit eigenem Zivilrecht die alleinige Kompetenz für dessen Erhaltung, Änderung und Weiterentwicklung mit Ausnahme einiger Gegenstände, die der staatlichen Gesetzgebung vorbehalten sind, verleiht. Ebenso erkennt sie den Autonomiestatuts von Katalonien von 2006 (*Estatut d´Autonomia de Catalunya* – EAC) in ihrem Art. 129 an. In Spanien diskutieren die Vertreter der Vereinheitlichung der Gesetzgebung und diejenigen, die die Verschiedenheit des Zivilrechts in den Gebieten auf Grundlage unterschiedlicher juristischer Traditionen verteidigen, heftig über die Anerkennung dieser Vielfalt.[1]

Das katalanische **Zivilrecht** wurde mit dem Gesetz 40/1960 vom 21. Juli, die sog. **Gesetzeskompilation des besonderen katalanischen Zivilrechts**, in moderner Form kodifiziert.[2] Diese wurde in einer Zeit verabschiedet, die für die gesetzgeberische Vielfalt nicht unbedingt förderlich war. Die Regelung war bis zum Jahr 1984 in Kraft, in dem diese nach der Wiedererlangung der politischen Autonomie vom katalanischen Gesetzgeber in Anpassung an die Verfassung reformiert wurde. Seit dieser Zeit hat das katalanische Zivilrecht eine wesentliche Weiterentwicklung mit dem Ziel erfahren, ein **katalanisches Bürgerliches Gesetzbuch** auszuarbeiten (*Codi civil de Catalunya* – CCCat). Dessen erstes Gesetz wurde im Jahr 2002 verabschiedet; es enthielt gesetzgeberische Struktur und Technik sowie Buch I. Dem gesetzgeberischen Programm folgend, sind die verschiedenen Bücher des katalanischen Bürgerlichen Gesetzbuches erlassen worden: Buch V zum Sachenrecht (2006), Buch III zur juristischen Person (2008), **Buch IV zum Erbrecht (2008)** und Buch II zur natürlich Person und zum Familienrecht (2010). Nun steht die Verabschiedung des VI. Buches zum Schuld-

---

1 Gegenwärtig existiert neben Katalonien ein eigenes Zivilrecht auch in Aragón, auf den Balearen, in der Region Valencia, in Galizien, Navarra und im Baskenland, so dass sich zusammen mit dem staatlichen Recht acht verschiedene Regelwerke mit unterschiedlichem Entwicklungsstand ergeben.
2 Davor, in Zeiten der II. Republik (1931–1939), sind im vorübergehenden autonomen Katalonien verschiedene zivilrechtliche Gesetze im Familien- und Erbrecht erlassen worden.

und Vertragsrecht bevor.³ In Katalonien besteht in der juristischen Fachwelt Einigkeit über die Notwendigkeit einer möglichst weitgehenden Entwicklung eines eigenen Zivilrechts. Diese weitgehende Entwicklung des katalanischen Zivilrechts ist das gemeinsame Werk von Generationen von Juristen, sowohl Akademiker als auch Praktiker. In der Praxis ist es in Katalonien nicht üblich, das katalanische Zivilrecht als *derecho foral* (regionales Recht) und das spanische Recht als *derecho común* (gemeinsames Recht) zu bezeichnen, da dies ein Abhängigkeits- oder Spezialitätsverhältnis vermuten lässt, auch wenn diese Bezeichnung in den restlichen Teilen Spaniens doch gebraucht wird.

II. Die Anwendung des katalanischen Zivilrechts auf Ausländer

4 Trotz der Vielzahl der Fälle in der Praxis der gesetzgeberischen Vielfalt hält das spanische Recht kein ausgereiftes und an die tatsächlichen Erfordernisse angepasstes System zur Lösung von **Gesetzeskollisionen zwischen den regionalen Regelungen** bereit. Nach 149.1.8 CE hat der autonome Gesetzgeber der jeweiligen Region die **Gesetzgebungskompetenz** auf dem Gebiet des Zivilrechts; jedoch fällt die Gesetzgebung für innerstaatliche oder internationale Kollisionsfälle in die ausschließliche Kompetenz des Staates. Dies bedeutet in der Praxis, dass die Kollisionsnormen einseitig vom Staat bestimmt werden, ohne dass ein multilaterales System eigener Vorschriften jeder Autonomen Region mit eigenem Zivilrecht errichtet werden könnte.⁴

5 Die Grundnormen des spanischen Internationalen Privatrechts sind in Art. 8–16 des Einleitenden Abschnitts des spanischen Bürgerlichen Gesetzbuches (*Código Civil* – CC) enthalten. Das System zur Lösung von Kollisionen zwischen den Regionen besteht auf der Grundlage der Anwendung der allgemeinen Vorschriften des Internationalen Privatrechts sowie einigen Anpassungsnormen. Konkret bestimmt Art. 16 CC lediglich, dass das auf eine Person anzuwendende Zivilrecht durch die *vecindad civil* („Gebietszugehörigkeit") bestimmt wird und dass alle Rechtssätze spanisches Recht oder *lex fori* sind, so dass keine Unklarheit über **Qualifikation, Renvoi** (gesetzlicher Verweis) und **ordre public** besteht; im Fall einer Heirat zwischen spanischen Staatsangehörigen wird der Güterstand etwa immer nach einer der spanischen Rechtsordnungen geregelt. In der Rechtspraxis wurden viele Vorschriften des spanischen Internationalen Privatrechts allmählich durch **internationale Übereinkommen** oder europäische Verordnungen ersetzt, diese bleiben aber für innerstaatliche Kollisionsfälle insoweit umfassend anwendbar, als der spanische Staat keine anderweitige Lösung einführt.

6 Einer der in der Praxis wichtigsten Punkte ist die Frage, ob die **regionalen Zivilrechtssysteme auf Ausländer anwendbar** sind. Dies muss dann klar bejaht werden, wenn die Kollisionsnorm das Recht einer Region mit eigenem Zivilrecht auf die Erbfolge für anwendbar erklärt. Zweifelsohne besitzen nur Spanier eine „Gebietszugehörigkeit", so dass regionales Recht nur auf Spanier als persönliches Recht anwendbar ist. Allerdings ist das auf den Erblasser anzuwendende Recht ein möglicher **Anknüpfungspunkt** bei der Behandlung von Kollisionsfällen. Wenn der Anknüpfungspunkt stattdessen etwa die Belegenheit des Vermögens oder die letzte tatsächliche Wohnung oder der amtliche Wohnsitz des Erblassers ist, ist das Recht dieses Ortes oder das Recht das dort Wirkung entfaltet, anzuwenden.

---

3 Das CCCat kann auf den Internetseiten der Universität von Girona (http://civil.udg.edu) oder der Justizabteilung der katalanischen Regierung (www.gencat.cat/justicia) eingesehen werden.

4 Das spanische Verfassungsgericht (*Tribunal Constitucional* – TC) hat dies in seiner Rechtsprechung bestätigt, siehe Urteil 72/1983 vom 29. Juli, Urteil 156/1993 vom 6. Mai, Urteil 226/1993 vom 8. Juli und Urteil 93/2013 vom 23. April.

Die **grundlegende spanische Kollisionsnorm** für die Erbfolge ist **Art. 9.8 CC**, ohne dass über Art. 16 CC hinaus eine Anpassungsregelung für innerstaatliche Rechtskollisionen bestehen würde. Nach dieser Vorschrift ist das katalanische Recht ungeachtet des Wohnortes auf alle Personen anzuwenden, die im Zeitpunkt ihres Todes katalanische „**Gebietszugehörigkeit**" besessen haben. **Spanier** erwerben diese Gebietszugehörigkeit mit ihrer Geburt; jedoch ändert sie sich, wenn für mindestens zehn Jahre ein Wohnsitz in einem Gebiet besteht, in dem ein anderes Zivilrecht gilt, sofern der Betroffene nicht eine gegenteilige Absicht äußert. Zudem kann gem. Art. 14.5 CC diese Wirkung auf ausdrücklichen Wunsch im Vorhinein bereits nach zwei Jahren erzielt werden.

Auf **ausländische Erblasser** ist eines der spanischen Zivilrechtssysteme anzuwenden, wenn der Anknüpfungspunkt der gewöhnliche Aufenthalt oder Wohnsitz des Erblassers oder die Belegenheit des Vermögens ist. Das setzt die EU-Verordnung fest. Denn wenn sich Art. 21 EU-ErbVO auf das Gesetz des Staates, in dem der Erblasser seinen gewöhnlichen Aufenthalt im Zeitpunkt des Todes hatte, bezieht, muss gem. Art. 36 EU-ErbVO dieses Gesetz entweder die katalanische oder eine andere örtlich anwendbare Regelung sein. Es muss bedacht werden, dass es in Spanien keine eigenständige spanische Norm gibt, die die innerstaatliche Kollision für den Fall regelt, dass eine ausländische Kollisionsnorm auf das spanische als örtlich geltendes Recht verweist. Wenn der Anknüpfungspunkt der des örtlich anwendbaren Rechts ist, ist zu berücksichtigen, dass in Spanien jedes Zivilrecht unabhängig von persönlichen Kriterien seinen Geltungsbereich besitzt: Die Vielfalt der Gesetzgeber in Spanien richtet sich nach Gebieten, nicht nach Personen.

Die in Art. 9.8 CC enthaltene Kollisionsnorm bezieht sich auf den Anknüpfungspunkt des Heimatrechts des Erblassers zur Regelung seiner Erbfolge. Diese Norm ist aber für internationale Kollisionsfälle duch die EU-ErbVO verdrängt worden. Anders als bei Ausländern mit gewöhnlichem Aufenthalt in Spanien, auf die die EU-ErbVO anzuwenden ist, gilt gem. Art. 38 EU-ErbVO für spanische Staatsangehörige immer noch das innerstaatliche System zur Lösung von regionalen Kollisionsfällen.

C. Materielles Erbrecht

I. Allgemeines

Das geltende katalanische Recht auf dem Gebiet der Erbfolge ist im **IV. Buch** des katalanischen Bürgerlichen Gesetzbuches (Gesetz 10/2008, vom 10. Juli) in 377 Artikeln enthalten.[5] Das Gesetz trat am 1.1.2009 in Kraft und ist auf nach diesem Datum verstorbene Personen anwendbar (erste Übergangsbestimmung des Gesetzes 10/2008). Das **CCCat** hat das vorhergehende Erbgesetzbuch (CS) von 1991 (Gesetz 40/1991 vom 30. Dezember)[6] ersetzt. Gemäß seiner Präambel enthält dieses **Erbgesetzbuch** eine „unabhängige, vollständige und umfassende Regelung des katalanischen Erbrechts". Vor der Einführung des CS war das katalanische Erbrecht – als unvollständige Regelung – in die Gesetzeskompilation des katalanischen Zivilrechts von 1984 integriert, die die ursprüngliche Gesetzeskompilation von 1960 modifizierte. Vom Inkrafttreten der Kompilation von 1984 bis zum CS von 1991 wurde das katalanische Erbrecht drei Mal abgeändert: durch das Gesetz 9/1987 vom 25. Mai **zur gesetzlichen Erbfolge**, durch das Gesetz 11/1987 vom 25. Mai **zur Reform des Gesetzesvorbehalts** und durch das Gesetz 8/1990 vom 9. April **zur Modifizierung des**

---

5 Diari Oficial de la Generalitat de Catalunya (DOGC) Nr. 5175 vom 17. Juli 2008.
6 DOGC Nr. 1544 vom 21. Januar 1992.

Pflichtteilsrechts.[7] Diese Folge von Gesetzen muss bei der Bestimmung des zeitlich anwendbaren Rechts, das bei Versterben des Erblassers in Kraft war, berücksichtigt werden.

11 In der Rechtstradition vor der Kompilation von 1960 verstand sich das katalanische Recht historisch stets als Modifizierung und Aktualisierung des Römischen Rechts als *ius commune*, das in Katalonien als geltendes Recht übernommen worden war. Im Bereich des Erbrechts war die Übernahme besonders weitreichend, und es ist allgemeine Meinung, dass das moderne katalanische Recht tiefgreifend vom Römischen Recht beeinflusst ist. Dies zeigt sich in verschiedenen geltenden Rechtsinstituten und vor allem in der Anerkennung einiger erbrechtlicher Prinzipien, die im katalanischen Erbrecht maßgebend sind. Es bestehen jedoch auch andere Rechtsinstitute – oft gegenläufig zum Römischen Recht –, die in der Rechtspraxis entwickelt wurden, also gewohnheitsrechtlichen Ursprung haben. Das neue, im CCCat enthaltene Recht, das die vorherige Regelung des Erbgesetzbuches (CS) im in 2002 begonnenen Prozess der Kodifikation aktualisiert hat, hat den Respekt für die Tradition und die nötige Erneuerung und Modernisierung des katalanischen Rechts in Einklang gebracht.

12 In der juristischen Tradition Kataloniens spielten die Testamentserrichtung ebenso wie Erbverträge unter Eheleuten in Eheverträgen eine wichtige Rolle. Die gesetzliche Erbfolge wurde in Katalonien historisch als mangelnde Vorausschau des Erblassers betrachtet. Das Bestehen eines verminderten Pflichtteils von einem Viertel der Erbschaft war ein Institut, das die testamentarische Erbfolge im Gegensatz zur gesetzlichen sehr begünstigte.[8] Im Hinblick auf die innere **Struktur des IV. Buches des CCCat**, die der sequentiellen Reihenfolge der Erbfolge entspricht, enthält Titel I die Allgemeinen Bestimmungen, Titel II beschäftigt sich mit der testamentarischen Erbfolge, Titel III mit Erbverträgen und Titel IV schließlich mit der gesetzlichen Erbfolge. Der Pflichtteil und andere zwingende Zuwendungen sind in Titel V des IV. Buches des CCCat geregelt. Titel VI regelt die Ausschlagung und Annahme der Erbschaft.

13 In der Präambel des CCCat bekräftigt der Gesetzgeber, dass das katalanische Recht auf einigen **erbrechtlichen Prinzipien** beruht, die Bedeutung für sämtliche Rechtsinstitute haben. Die Prinzipien sind die folgenden:
- das Erfordernis eines Erben in der Erbfolge;
- die Universalität der Erbenstellung;
- die Unvereinbarkeit von verschiedenen erbrechtlichen Titeln;
- der Vorrang des freiwilligen Titels;
- die Unkündbarkeit der Erbenstellung.

Trotz der Allgemeingültigkeit der Prinzipien gibt es einige Ausnahmen, die jedoch den strukturellen Charakter des Systems unterstreichen.

II. Gesetzliche Erbfolge

1. Grundsätze

14 Entsprechend der Reihenfolge des BGB und dem sich auf Spanien beziehenden Teil dieses Buches wird im Folgenden die gesetzliche Erbfolge behandelt, obwohl das CCCat dies erst

---

[7] DOGC Nr. 850 vom 10. Juni 1987, DOGC Nr. 851 vom 12. Juni 1987 bzw. DOGC Nr. 1280 vom 18. April 1990.
[8] Für eine Bevölkerung von 7,5 Mio. werden insgesamt in Katalonien pro Jahr mehr als 100.000 notarielle Testamente errichtet. So waren das im Jahr 2013 106.884 und im Jahr 2012 107.028 notariell errichtete Testamente.

in Titel IV sein IV. Buches (Art. 441–2 bis 444–1) regelt. Die katalanische Regelung der gesetzlichen Erbfolge hat nicht, wie in der Systematik des BGB, gleichzeitig die Funktion der Festlegung von Pflichtteilsquoten. Ebenso wie im spanischen Bürgerlichen Gesetzbuch beschränken sich die Vorschriften darauf, die gesetzlichen Erben zu bestimmen. Tatsächlich sind in Katalonien testamentarische und gesetzliche Erbfolge unvereinbar (Art. 411–3 CCCat: *nemo pro parte testatus et pro parte intestatus decedere potest*. – Niemand kann teils durch Testament, teils in gesetzlicher Folge vererben); Gleiches gilt für Erbverträge, so dass die Erbeinsetzung nie durch eine Verbindung beider Möglichkeiten geschehen kann.

Im Grunde gilt die gesetzliche Erbfolge dann, wenn die Angehörigen erben, weil der Verstorbene kein Testament oder keinen Erbvertrag hinterlassen hat, oder wenn der eingesetzte Erbe das Erbe nicht antreten kann. Sofern keine Angehörigen existieren, erbt die katalanische Regierung (*Generalitat de Catalunya*). Das katalanische Recht hat die Besonderheit, dass die gesetzliche Erbfolge mit freiwilligen Verfügungen über besondere Zuwendungen des Erblassers in einem Kodizill vereinbar ist.

2. Erbfähigkeit

Die Art. 412–1 bis 412–8 CCCat regeln die Erbfähigkeit und sind auf jede Art der Erbfolge – testamentarisch, gesetzlich und vertraglich – anwendbar. Die Erbfähigkeit wird grundsätzlich durch die Existenz des Rechtsnachfolgers im Zeitpunkt des Versterbens des Erblassers bestimmt. Das heißt, der Erbe muss vor dem Todeszeitpunkt geboren sein und den Tod des Erblassers überleben oder aber in diesem Zeitpunkt bereits gezeugt sein und später geboren werden. Das gleichzeitige Versterben schließt Erbrechte aus, und es ist ein 72-stündiges Überleben nötig, um dieses auszuschließen (Art. 211–2 CCCat). Die Annahme des Gezeugtseins schließt Geburten innerhalb von 300 Tagen nach dem Tod des Erblassers ein (Art. 235–4 CCCat). In Fällen, in denen der Erblasser seinen Willen zum Ausdruck gebracht hat, dass *post mortem* eine künstliche Befruchtung stattfinden soll, erfüllen die Kinder diese Voraussetzung, die innerhalb einer Frist von 270 Tagen nach dem Tod, um 90 Tage verlängerbar, gezeugt werden (Art. 235–8 und 235–13 CCCat).

In Bezug auf **juristische Personen** wendet das CCCat dieselbe Regelung an, d.h., die im Todeszeitpunkt bereits gegründeten Personen sind erbfähig. Gleichwohl ist ebenfalls vorgesehen, dass eine juristische Person, deren Gründung der Erblasser nach seinem Tod testamentarisch verfügt hat, Erbe sein kann und ab dem Zeitpunkt der Erlangung der Rechtspersönlichkeit mit Rückwirkung auf den Erbfall erbfähig ist.

Die Erbfähigkeit ist im CCCat als Voraussetzung für die Erbenstellung, nicht aber für sonstige erbrechtliche Zuwendungen festgeschrieben. Um ein Vermächtnis erhalten zu können, muss der Begünstigte nicht bereits im Todeszeitpunkt existiert haben. Artikel 427–2 CCCat bestimmt, dass das Vermächtnis wirksam ist, wenn der Betreffende geboren wird, d.h., es steht unter einer aufschiebenden Bedingung.

3. Erbunwürdigkeit

Die Erbunwürdigkeit ist gemeinsam mit der Erbfähigkeit geregelt; die Gründe finden sich in Art. 412–3 CCCat. Grundsätzlich ist ein Gerichtsurteil erforderlich, das den Grund der **Erbunwürdigkeit** feststellt. Die Voraussetzungen sind sehr streng. Sie nehmen auf verwerfliche Handlungen gegen die körperliche und geistige Integrität des Erblassers und seiner nahen Angehörigen sowie gegen seine Testierfreiheit Bezug. Die Erbunwürdigkeit muss von denjenigen geltend gemacht werden, die im Fall des Bestehens in der Erbfolge begünstigt wären. Die **Unwürdigkeitsklage** kann bis zum Ablauf von vier Jahren seit der

Inbesitznahme des Nachlasses durch den Erbunwürdigen als Erbe oder Vermächtnisnehmer erhoben werden.

20 Die Erbunwürdigkeit ist ausgeschlossen, wenn der Erblasser das Testament in Kenntnis des Grundes in der eingesetzten Person errichtet hat. Der Erblasser kann dem Erbunwürdigen zudem in einer öffentlichen Urkunde verzeihen oder sich mit ihm durch eindeutige Handlungen versöhnen; in diesem Fall hat die Erbunwürdigkeit keine Wirkung und kann nicht von Dritten geltend gemacht werden. In Bezug auf den Pflichtteil sind die Gründe für eine Enterbung besonders geregelt.

21 Nur für die testamentarische Erbfolge regelt Art. 412–5 CCCat die sog. **relative Erbunfähigkeit**. So ist vorgesehen, dass die Personen, die an der Testamentserrichtung beteiligt waren, darin nicht begünstigt werden können, auch nicht durch zwischengeschaltete Personen. Das Verbot erfasst Notare, Zeugen, Ärzte, Experten und Übersetzer ebenso wie den Pfarrer, der den Erblasser bei seiner letzten Krankheit Beistand geleistet hat. Ebenso wenig kann der Betreute bis zur Genehmigung der endgültigen Abrechnung der Betreuung zugunsten seines Betreuers verfügen, es sei denn, der Betreuer ist ein naher Angehöriger des Betreuten. Vorgesehen ist auch, um die Testierfreiheit des Erblassers zu sichern, dass dieser nur in einem offenen Testament oder Erbvertrag zugunsten derjenigen verfügen kann, die ihm gegenüber auf der Grundlage einer vertraglichen Beziehung ambulant oder im Seniorenheim Pflegeleistungen erbracht haben.

4. Die Erbfolgeordnung nach Linien

22 Das katalanische Recht folgt dem System der Erbfolge nach **Grad** und **Ordnung** (*successio gradum et ordinum*) aus dem Römischen Recht. In der Praxis bedeutet dies, dass nach Typen von Erben (Blutsverwandte, Ehegatte und Regierung) sowie nach Nähe der Verwandtschaft mit dem Erblasser unterschieden wird. Für die Bestimmung des Verwandtschaftsgrades folgt das katalanische Recht ebenfalls dem römischen System, das – anders als das germanische (Erbrecht nach Stämmen) – mit geraden und Seitenlinien arbeitet und in jeder Linie einen bestimmten Verwandtschaftsgrad sieht. In jedem Fall beschränkt sich die Berufung zum gesetzlichen Erben auf die Seitenlinie vierten Grades, wobei immer Blutsverwandtschaft bestehen muss; verschwägerte Angehörige haben kein gesetzliches Erbrecht.

23 Das katalanische Recht bestimmt die Abkömmlinge des Erblassers als Erben **erster Ordnung**. Zuerst erben die Kinder, dann nach dem Repräsentationsprinzip deren Kinder (die Enkel des Erblassers) im Fall des Vorversterbens oder der Erbunwürdigkeit. Das Gesetz unterscheidet nicht zwischen ehelichen, unehelichen und adoptierten Kindern: Alle haben dieselben Rechte. Allerdings sieht das Gesetz besondere Vorschriften für den Fall der Adoption des Kindes des Ehegatten oder Lebenspartners und für die Verwandtenadoption vor. Wenn keine Abkömmlinge des Erblassers existieren, beruft das Gesetz den **Ehegatten** zum Alleinerben.[9] Bei Fehlen von Abkömmlingen und Ehegatten beruft das Gesetz die Vorfahren des Erblassers zu Erben, ebenfalls nach Grad und ohne Repräsentationsrechte. Wenn auch solche Angehörige fehlen, werden die Angehörigen in der Seitenlinie nach Nähe der Verwandtschaft berufen. Zunächst erben die Geschwister und gegebenenfalls deren Kinder (die Neffen des Erblassers) nach dem Repräsentationsprinzip. Mangels solcher Angehöriger zweiten oder dritten Grades erben die sonstigen Angehörigen vierten Grades dergestalt, dass der nähere Angehörige entferntere Verwandte ausschließt.

---

9 In diesem Fall haben die Vorfahren des Erblassers keinerlei Recht auf einen Anteil am Nachlass, sondern sind pflichtteilsberechtigt in Höhe eines Viertels desselben.

5. Das gesetzliche Erbrecht des Ehegatten

In der gesetzlichen Erbfolge nach katalanischem Recht hat der Ehegatte – anders als im spanischen *Código civil* – eine **Vorzugsstellung**. Der Ehegatte hat den zweiten Rang in der Erbfolgeordnung nach den Kindern und Abkömmlingen des Erblassers, aber vor den Eltern und Vorfahren. Gleichwohl steht dem Ehegatten im Verhältnis zu den Kindern in der gesetzlichen Erbfolge der umfassende **Nießbrauch am Nachlass** zu, während das Eigentum auf die Kinder übergeht. Diese Regelung bezieht sich auf ein in letzter Zeit in Katalonien sehr gebräuchliches Testamentsmuster. Der überlebende Ehegatte hat in der gesetzlichen Erbfolge Rechte nur dann inne, wenn die Ehegatten nicht rechtlich oder tatsächlich getrennt waren. Der umfassende Nießbrauch des überlebenden Ehegatten am Nachlass ist lebenslang und besteht auch bei der neuen Ehe oder faktischen Lebensgemeinschaft des Überlebenden. Der überlebende Ehegatte muss keine Sicherheit leisten, aber ein Bestandsverzeichnis anfertigen.

24

Das IV. Buch des CCCat von 2009 hat das Recht des Ehegatten, zwischen dem **Nießbrauch** und einer Erbquote von einem **Viertel des Nachlasses** zu **wählen**, neu eingeführt. Die Alternative, sich für das Eigentum über einen Teil des Nachlasses zu entscheiden, soll dazu beitragen, die Beschränkungen des Nießbrauchs zu überwinden. Für die Entscheidung steht dem Ehegatten eine **Frist** von einem Jahr ab Eröffnung der Erbfolge zu. Abgesehen davon steht dem Ehegatten auch der Nießbrauch an der Ehewohnung zu. Der Ehegattenerbteil wird vom Erben bezahlt entweder durch Zuweisung von Gütern oder Geld.

25

6. Nichteheliche Lebensgemeinschaft

Das katalanische Erbrecht stellt Lebenspartnerschaft und Ehe gleich, was die Berufung nach der gesetzlichen Erbfolge und die zwingenden Rechte in der testamentarischen oder vertraglichen Erbfolge angeht. Keine Ungleichbehandlung zwischen Ehe und Lebenspartnerschaft ist vorhanden, solange die Voraussetzungen einer dauerhaften Lebenspartnerschaft nach katalanischem Recht erfüllt sind. Die Art. 234–1 bis 234–14 CCCat regeln die dauerhafte Lebenspartnerschaft und legen ihre Voraussetzungen fest, nämlich ein ununterbrochenes Zusammenleben von mindestens zwei Jahren, das Vorhandensein von gemeinsamen Kindern oder die Formalisierung der Beziehung in einer notariellen Urkunde.[10]

26

7. Erbrecht nach Heranwachsenden

Wenn es um die gesetzliche Erbfolge hinsichtlich des Nachlasses eines Heranwachsenden oder unter Vierzehnjährigen, also Testierunfähigen geht, sieht das Gesetz die Erbfolge nach Verwandtschaftskriterien vor. In diesen Fällen fallen die Gegenstände, die der Heranwachsende im Wege der Erbfolge oder durch Schenkung aus einer Verwandtschaftslinie erhalten hat, den allgemeinen gesetzlichen Erben in dieser Verwandtschaftslinie zu. Die Gegenstände beispielsweise, die der Heranwachsende von seinem Vater geerbt hat, erben bei Fehlen von Großeltern seine Tanten und Onkel väterlicherseits. Der andere Elternteil behält gleichwohl sein Pflichtteilsrecht bezüglich des gesamten Nachlasses des Heranwachsenden (Art. 444–1 CCCat).

27

---

10 Allerdings muss das Urteil des TC 93/2013 vom 23. April zum Gesetz von Navarra zur faktischen Lebensgemeinschaft beachtet werden, das die Verfassungsmäßigkeit dieser Regelung in Frage gestellt hat.

8. Das Erbrecht der Regierung

28 Soweit nach dem spanischen Bürgerlichen Gesetzbuch der Staat zum Erben eingesetzt wird, ist dies nach dem CCCat die Regierung von Katalonien. Hat der Erblasser weder Blutsverwandte bis zum vierten Grad noch einen Ehegatten, erbt die Regierung allein. Diese nimmt die Erbschaft unter dem Vorbehalt der Inventarerrichtung nach einem gerichtlichen Verfahren der Erbenerklärung immer an und muss sie sozialen Zwecken oder einer kulturellen Einrichtung zugute kommen lassen. Enthält die Erbschaft Stadtgrundstücke, so ist die Regierung Kataloniens dazu verpflichtet, diese vorraging der Erfüllung sozialer Wohnungspolitik zu widmen.

III. Die testamentarische Erbfolge

1. Testierfähigkeit

29 In Bezug auf die Testierfähigkeit bestehen keine wesentlichen Unterschiede zwischen katalanischem und dem spanischen Recht. Sie beginnt mit vierzehn Jahren, wenn auch auf notarielle Testamente beschränkt. Für eigenhändige Testamente beginnt sie mit achtzehn Jahren oder mit der Emanzipation für minderjährige Kinder. Das Gesetz geht vom Bestehen der Testierfähigkeit als dem gesetzlichen Regelfall aus (Art. 421–3 CCCat), der nur durch Alter und mangelnde natürliche Einsichtsfähigkeit im Zeitpunkt der Testamentserrichtung begrenzt wird. Daher kann der Notar Personen, die gerichtlich für testierunfähig erklärt wurden, die Errichtung eines Testaments bewilligen, wenn sie im Zeitpunkt der Errichtung einen lichten Moment oder ausreichende natürliche Einsichtsfähigkeit haben. Hierfür muss die Einsichtsfähigkeit von zwei Ärzten in einem dem Testament beizufügenden Bericht bestätigt werden (Art. 421–9 CCCat).[11]

2. Testamentsformen

a) Allgemeines

30 In Katalonien bestehen keine eigenen verschiedenen Testamentsformen insofern, als dies vom Recht der Notare als gesamtstaatlich geregelte Materie beeinflusst ist. Es gibt Unterschiede und Eigenheiten materieller oder inhaltlicher Art. Jedoch ist zu beachten, dass in Katalonien **Kodizille** und **Nachzettel**, auf die im Testament Bezug genommen wird, letztwillige Verfügungen enthalten können. Zusätzlich bestimmt das Gesetz, dass nur vor Zeugen errichtete Testamente nicht gültig sind, ebenso wenig wie gemeinschaftliche Testamente, da das Gesetz sich nur auf das Testament als einseitiges Geschäft bezieht. Bis 2008 war die Errichtung des Testaments vor einem Pfarrer erlaubt, diese Möglichkeit hat das CCCat nunmehr abgeschafft.

---

11 In der Praxis müssen die Gerichte über die Ungültigkeit des Testaments wegen Fehlens der Einsichtsfähigkeit des Testierenden im Zeitpunkt der Errichtung entscheiden, und die Parteien müssen im Prozess die grundsätzliche Annahme des Bestehens der Testierfähigkeit als Regelfall widerlegen, vgl. die Urteile des Obersten Gerichtshofs von Katalonien (*Tribunal Superior de Justícia de Catalunya* – TSJC) vom 21.6.1990 (RJ 1994/9031), 1.10.1991 (RJ 1992/3908), 1.7.1999 (RJ 2000/8030), 28.2.2000 (RJ 2001/8161), 4.2.2002 (RJ 2002/6966), 16.10.2003 (RJ 2003/8210), 27.9.2007 (RJ 208/383), 17.10.2011 (RJ 2012/2240) und 8.5.2014 (RJ 2014/3737).

b) Testamentsformen im Einzelnen

Es existieren zwei Formen von Testamenten: das notarielle und das eigenhändig errichtete. 31

Notarielle Testamente können öffentlich („**offenes Testament**") oder vom Testierenden 32
errichtet und in amtliche Verwahrung gegeben sein („**geschlossenes Testament**"). In beiden Fällen sind keine Zeugen erforderlich, es sei denn, der Testierende leidet unter sensorischen Einschränkungen oder kann nicht lesen oder unterschreiben; der Notar kann dann Zeugen fordern, soweit er es für zweckmäßig hält. Das „offene" notarielle Testament ist in Katalonien das am häufigsten vorkommende und blickt auf eine lange Tradition zurück. Das „geschlossene" Testament bewahrt der Notar in einem verschlossenen Umschlag, wie es ihm der Testierende ausgehändigt hat, auf und nimmt es in seine Urkundenrolle auf, so dass das Testament nicht ohne Beschädigung des Umschlags eröffnet werden kann. Im Unterschied zur Regelung im spanischen Recht ist das „geschlossene" Testament in Katalonien für den Notar einsehbar.

Das **eigenhändige Testament** kann nur von Erwachsenen von mindestens achtzehn Jahren 33
oder von emanzipierten Kindern errichtet werden. Es muss vollständig handschriftlich vom Testierenden geschrieben und am Ende unterschrieben sein. Wie bei allen Testamenten in Katalonien müssen auch hier Ort, Datum und Uhrzeit der Errichtung daraus ersichtlich sein. Nach dem Tod des Erblassers muss es zur Prüfung der Authentizität bei Gericht vorgelegt und anschließend innerhalb einer Frist von vier Jahren in eine notarielle Urkunde aufgenommen werden; andernfalls verliert das Testament seine Gültigkeit.

c) Kodizille und Nachzetteln

Das katalanische Testament unterscheidet sich von dem nach dem spanischen Bürgerlichen 34
Gesetzbuch inhaltlich dahingehend, dass in Katalonien die **Einsetzung eines Erben Gültigkeitsvoraussetzung** ist. Andernfalls handelt es sich nicht um ein Testament; ferner wird es unwirksam, wenn der eingesetzte Erbe letztlich nicht erbt. Aus diesem Grund lässt das katalanische Erbrecht **Kodizille** als letztwillige Verfügungen zu, die sich hinsichtlich der Form nicht von anderen Testamenten unterscheiden, sondern allenfalls inhaltlich: Sie brauchen keine Erbeinsetzung zu enthalten. Zusätzlich kann nach katalanischem Recht **auf Nachzetteln Bezug genommen** werden, die weniger strengen Formvorschriften unterliegen als die Kodizille; für sie gilt allerdings die quantitative Grenze der Regelung von höchstens 10 % des Nachlasses in Form von Vermächtnissen.

Praxishinweis: Art. 421–20 CCCat zählt die als Kodizillen möglichen Verfügungen auf. Darunter fallen im Grundsatz alle besonderen Verfügungen, die kein Erbrecht konstituieren. Das Kodizill erlaubt es in erster Linie, ein Testament hinsichtlich einiger konkreter Aspekte abzuändern, ohne dass es vollständig widerrufen und neu errichtet werden muss. Zudem kann hierdurch ein wegen fehlender Erbeinsetzung ungültiges Testament in ein wirksames Rechtsgeschäft, das Kodizill, gewandelt werden, und schließlich können den gesetzlichen Erben Verpflichtungen auferlegt werden. Der Unterschied zwischen Testament und Kodizill ist weder formaler noch quantitativer Natur, da beide dieselben Voraussetzungen haben und in beiden über einen wesentlichen Teil des Nachlasses verfügt werden kann; vielmehr ist er qualitativ, da das Kodizill keine Erbeinsetzung zu enthalten braucht. In der juristischen Praxis Kataloniens sind Kodizille für nicht dort lebende Ausländer hilfreich, da diese die Erbfolge hinsichtlich ihres in Katalonien befindlichen Vermögens durch ein notarielles Schriftstück regeln können. Dies ist auch für die Eintragung der Rechtsnachfolge nach Todesfall ins Grundbuch sehr nützlich.

Lamarca i Marquès

d) Ungültigkeit von Testamenten, Kodizillen und Nachzetteln

35 Bezüglich der Ungültigkeit von Testamenten, Kodizillen und Nachzetteln legen die Art. 422–1 bis 422–13 CCCat je nach Form und Inhalt des Rechtsgeschäfts sowie möglicher Willensmängel des Testierenden verschiedene Voraussetzungen fest. Das Erfordernis der **Erbeinsetzung** ist ebenso zu nennen wie die Verpflichtung zur gesetzmäßigen Errichtung: Das Testament ist ein formales Rechtsgeschäft. Willensmängel wie Irrtum, Täuschung, Gewalt oder schwere Drohung können die Nichtigkeit des Testaments oder die mit diesem Mangel getroffene Regelung zur Folge haben. Die **Nichtigkeit** kann nur von denjenigen geltend gemacht werden, denen sie in Bezug auf das Erbrecht zugute käme.

36 Der Testierende kann Testament, Kodizill oder Nachzettel durch **Widerruf** unwirksam machen. Der Widerruf kann ausdrücklich oder stillschweigend durch widerrufende Bezugnahme in einem späteren Testament erfolgen. Auch durch eine spätere Testamentserrichtung kann dieses widerrufen werden, jedoch kann der Testierende die Gültigkeit des früheren Testaments hinsichtlich einzelner Aspekte aufrechterhalten. Schließlich werden Verfügungen zugunsten des Ehegatten im Fall der Annullierung, Scheidung oder Trennung der Ehegatten als unwirksam angesehen, sofern nicht deutlich wird, dass der Testierende sie auch unter diesen Umständen aufrechterhalten wollte.

e) Auslegung letztwilliger Verfügungen

37 Hinsichtlich der Auslegung letztwilliger Verfügungen legt Art. 421–6 CCCat den sich aus der Verfügung ergebenden Willen des Testierenden als maßgebendes Kriterium fest. Daher bestimmt die Vorschrift, dass die Auslegung sich nach dem wahren Willen des Testierenden und nicht nach dem Wortlaut richten muss. Sie muss stets das gesamte Schriftstück berücksichtigen und zugunsten der Gültigerhaltung der getroffenen Verfügungen geschehen.[12]

3. Die Erbeinsetzung

38 Die im katalanischen Zivilrecht vorgesehene **Notwendigkeit eines Erben in jeder Erbfolge** ist ein Prinzip mit sehr weitreichenden Folgen in der Praxis. Zwar kennt diese Regel einige Ausnahmen; so kann etwa im Gebiet von Tortosa, südlich von Tarragona, der gesamte Nachlass durch Vermächtnisse übertragen werden. Auch die Benennung eines Testamentsvollstreckers im Testament hilft über das Fehlen einer Erbeinsetzung dergestalt hinweg, dass der Testamentsvollstrecker den gesamten Nachlass durch Vermächtnisse verteilen oder ihn auflösen und der vom Testierenden gewünschten Bestimmung zuführen kann.

39 Die Erbeinsetzung ist in Art. 423–1 bis 423–11 CCCat geregelt und enthält Auslegungsregeln für den Fall der ausdrücklichen Erbeinsetzung sowie für den des Gebrauchs von unklaren oder widersprüchlichen Worten. Art. 423–2 CCCat erinnert daran, dass die Erbeinsetzung die Zuwendung des gesamten Nachlasses an eine oder mehrere Personen bedeutet, soweit er nicht durch anderweitige Verfügungen verteilt ist. Bei der Einsetzung mehrerer Personen stehen diesen mangels gegenteiliger Regelung gleiche Anteile am Nachlass zu.

40 Ein weiteres in Katalonien wichtiges erbrechtliches Prinzip ist die **Unkündbarkeit** der Erbeinsetzung. Entsprechend der lateinischen Formel *semel heres semper heres* hat der **Erbe seine Stellung für immer**. Das heißt, die Erbeinsetzung kann nicht unter eine auflösende

---

12 Die Auslegung letztwilliger Verfügungen bereitet in der Rechtspraxis Schwierigkeiten, vgl. Urteile des TSJC vom 26.5.1997 (RJ 1998/7755), 9.6.1997 (RJ 1997/6257), 10.12.1998 (RJ 1999/630), 21.6.1999 (RJ 2000/8028), 27.5.2002 (RJ 2002/7817), 24.11.2003 (RJ 2003/8907), 20.12.2004 (RJ 2005/4256), 24.4.2006 (RJ 2006/3998), 25.5.2009 (RJ 2009/3278) und 30.6.2009 (RJ 2009/5667).

Bedingung oder unter eine Frist gestellt werden; eine aufschiebende Bedingung ist dagegen möglich. Gleichwohl kann dieser Grundsatz durch die Einsetzung eines Nacherben oder treuhändischen Erben überwunden werden insofern, als die Einsetzung unter einer auflösenden Bedingung oder in Form einer Treuhandfrist erfolgt; der Erbe ist in diesen Fällen verpflichtet, den Nachlass an einen späteren Erben weiterzugeben.

Schließlich sei erwähnt, dass das katalanische Recht zwei traditionelle Rechtsfiguren kennt, die zum Bereich der Anordnung der „**erbrechtlichen Treuhand**" gehören: die des Erben, der die **Funktion eines Testamentsvollstreckers** hat (sog. *hereu de confiança*), und die der Einsetzung eines **fiduziarischen Erben**. Durch letztere Rechtsfigur betraut der Testierende seinen Ehegatten oder zwei Angehörige, jeweils einen für jede Linie, mit der konkreten Auswahl des oder der Erben. Mit dem Erben, der die Funktion eines Testamentsvollstreckers hat, setzt der Testierende mittelbar eine Person ein, die verpflichtet ist, den Nachlass einem bestimmten Zweck oder einer Person zuzuführen. Sofern dieser Erbe die Anweisungen öffentlich macht, wird er zu einem gewöhnlichen Testamentsvollstrecker.

4. Ersatzerbschaft

In der testamentarischen Praxis ist es üblich, einen Ersatzerben für den Fall einzusetzen, dass der eigentliche Erbe das Erbe nicht antreten kann. Tatsächlich setzen sich beide Ehegatten in dem in Katalonien gebräuchlichsten Testament gegenseitig zu Erben und ihre Kinder zu Ersatzerben ein. Diese erben nach dem Tod des überlebenden Ehegatten also das gesamte Vermögen ihrer Eltern. Die Ersatzernennug ist für die Erbeinsetzung ebenso wie für die Zuwendung eines Vermächtnisses gestattet und kann verschiedene Formen annehmen: Ein Erbe kann gemeinschaftlich durch mehrere Personen ersetzt werden und umgekehrt, genauso kann die Ersatzerbschaft gegenseitig zwischen Miterben bestimmt sein.

Die Ersatzerbschaft ist im Speziellen dann von Nutzen, wenn verhindert werden soll, dass das Erbe den Regeln der gesetzlichen Erbfolge überlassen wird, was für den Erblasser unerwünschte Folgen herbeiführen kann. Die vollständige Umgehung der gesetzlichen Erbfolge ist unmöglich; allerdings kann der Erblasser unbegrenzt Ersatzerben ernennen. Im Fall von Vermächtnissen ist die Ersatzerbschaft für die Umgehung nicht zweckdienlich, da das unbestimmte Vermächtnis immer dem Erben zufallen wird. Die Ersatzerbschaft führt in den Fällen zum Ziel, in denen der eingesetzte Erbe oder Vermächtnisnehmer sein Erbe oder Vermächtnis nicht annehmen kann oder will. Bei Letzterem handelt es sich um Fälle der Erbausschlagung oder Ablehnung des Vermächtnisses, bei der Unmöglichkeit um Fälle des Vorversterbens, des nicht Geborenseins, der Erbunwürdigkeit oder des Fehlens oder Mangels der Erfüllung der Bedingung (Art. 425–1 CCCat). Grundsätzlich verträgt sich die Ersatzerbschaft mit allen möglichen Konstellationen eines fehlenden Erben oder Vermächtnisnehmers, sofern der Testierende nichts anderes geregelt hat.

Von der Ersatzerbschaft ist die **Nacherbeneinsetzung** für den Fall, dass der Erbe testierunfähig verstirbt, und die für den geschäftsunfähigen Erben zu unterscheiden, obwohl diese zusammen in Kapitel V des II. Titels (Art. 425–5 bis 425–14) des IV. Buches des CCCat behandelt werden. Beide sind Rechtsinstitute, die es ermöglichen zu verhindern, dass Minderjährige bis zum vollendeten 14. Lebensjahr und behinderte Menschen in der gesetzlichen Erbfolge beerbt werden. In beiden Fällen benennt der Vorfahre des Minderjährigen oder der behinderten Person in seinem Testament einen Erben für den Fall des Todes des Minderjährigen oder des Behinderten – natürlich nur, falls diese den Testierenden überleben.

5. Das Vermächtnis

45 Das CCCat präsentiert eine umfangreiche Regelung des Vermächtnisses als freiwillige erbrechtliche Verfügung durch besondere Zuwendung (Art. 427–1 bis 427–45 CCCat). Hervorzuheben ist, dass das CCCat zwischen **Vermächtnissen mit dinglicher und mit obligatorischer Wirkung** unterscheidet. In der Praxis bedeutet dies, dass das Objekt des Vermächtnisses ein Gut oder ein Recht aus dem Nachlass ist oder aber der betreffende Gegenstand nicht Teil der Erbschaft ist, aber der Erbe diesen dem Vermächtnisnehmer auf Grundlage des Erbschaftserwerbs beschaffen muss. Deshalb bestehen zwei Arten von Rechten des Vermächtnisnehmers, dingliche oder Forderungsrechte, die der klassischen Unterscheidung von Vermächtnis *per vindicationem* und *per damnationem* entsprechen.

46 Im System des CCCat erfordert das Vermächtnis eine Person, die wirtschaftlich mit demselben beschwert und verpflichtet ist, dieses zu erfüllen. Mangels einer besonderen Verfügung ist der **Erbe mit den Vermächtnissen beschwert**. Die Vermächtnisse sind in der Erbfolge **freiwillig:** Der Erblasser ist nicht verpflichtet, in Form von Vermächtnissen über sein Erbe zu verfügen. In dieser Form genießt der Erbe eine weite Gestaltungsfreiheit hinsichtlich des Inhalts des Vermächtnisses. Einige Prinzipien, die für die Erbeinsetzung gelten, haben keine Gültigkeit für Vermächtnisse. Jede Person kann durch ein Vermächtnis begünstigt werden; dessen Objekt muss keine besondere Beziehung mit dem Nachlass haben und materiell keinen Teil dessen darstellen. Bedingungen und Fristen können hier völlig frei geregelt werden, ebenso wie die verschiedenen Formen der Ersatzerbschaft und andere für die Erbeinsetzung geltende Rechtsinstitute wie der Betrauung eines Dritten mit der Wahl eines Vermächtnisnehmers oder die Einsetzung eines fiduziarischen Vermächtnisnehmers.

47 Als traditionelle Besonderheit des katalanischen Rechts im Bereich des Vermächtnisses ist die Anerkennung des Rechts auf einen Teil des Nachlasses – genannt „**quarta falcídia**" – zugunsten des allzu sehr mit Vermächtnissen beschwerten Erben zu erwähnen.[13] In Katalonien ist der Belastete nämlich nur innerhalb der Grenzen der erbrechtlichen Begünstigung, die er erhält, zur Erfüllung verpflichtet. Um einen Anreiz zur Annahme der Erbschaft durch den beschwerten Erben zu schaffen, hat der Beschwerte zusätzlich das Recht, die Vermächtnisse zu diesem Zweck zu reduzieren, wenn ihm durch die Vermächtnisse kein von diesen freies Viertel mehr verbleibt. Dennoch kann der Erblasser die Herabsetzung der *quarta falcídia* in der Form verbieten, dass der Erbe zwischen Ausschlagung und Annahme der Erbschaft, an der er nur gering beteiligt ist, wählen muss. Es kann in der Praxis vorkommen, dass der beschwerte Erbe vom Erblasser abstammt und daher ein Pflichtteilsrecht hat. In diesem Fall entspricht das Viertel, das ihm als Pflichtteilsberechtigtem zusteht, der *quarta falcídia*, deren Aussonderung unabhängig vom Pflichtteil ist.

48 Das CCCat regelt in den Art. 427–24 bis 427–36 detailliert die verschiedenen Vermächtnisse in Bezug auf ihre Objekte. Hervorzuheben sind die Regelung des Geldvermächtnisses oder des Vermächtnisses von Finanzanlagen, die die unterschiedlichen Arten der Verfügung genau bestimmt, sowie die Besonderheiten des Vermächtnisses von Gesellschaftsanteilen. Besondere Bedeutung in der jüngeren Vergangenheit und Gegenwart hat das **Vermächtnis des umfassenden Nießbrauchsrechts** über den ganzen Nachlass zugunsten des überlebenden Ehegatten (Art. 427–34 CCCat). Diese Art des Vermächtnisses ist der gesetzlichen Erbfolge nachgebildet. Man muss sich vor Augen führen, dass grundsätzlich alle Nachlass-

---

13 Die Zahl der Fälle, in denen die Rechtsprechung Gelegenheit zur Entscheidung über das Recht hatte, die *quarta falcídia* zu schmälern, ist gering, vgl. Urteile des TSJC vom 18.6.1998 (RJ 1998/10057), 21.6.1999 (RJ 2000/8028), 26.7.1999 (RJ 2000/8032), 11.6.2009 (RJ 2009/4298), 7.1.2010 (RJ 2010/4869) und 23.9.2010 (RJ 2011/4380).

gegenstände dem Fruchtgenuss unterliegen und deswegen nur im nackten Eigentum (Eigentum ohne Fruchtziehungsrecht) des Erben oder des Vermächtnisnehmers stehen. Sollte der Erblasser dies so nicht wünschen, muss er ausdrücklich Güter vom Nießbrauch ausschließen, wie z.B. Geld oder andere Güter, für die der Nießbrauch nicht geeignet ist. In diesen Fällen hat das Vermächtnis dingliche Wirkung, aber der Berechtigte darf die hiervon erfassten Güter nicht in Besitz nehmen, bevor er sie vom Erben herausverlangt – so lautet die Regel (Art. 427–22 CCCat), die der Erblasser trotzdem zugunsten des Vermächtnisnehmers ausschließen kann. Ausnahmsweise kann dieser Nießbrauch Verfügungsrechte enthalten, was zum komplexen Institut des Nießbrauchs mit Verfügungsbefugnis führt; in der Praxis bestehen hier Ähnlichkeiten zum Nacherbenrecht auf den Überrest.

6. Die Nacherbschaft

Die Nacherbschaft war in der Geschichte der juristischen Praxis in Katalonien lange Zeit sehr wichtig, und noch immer sind einige dieser Einsetzungen gültig und werden gegenwärtig noch immer verfügt. Die Einsetzung als Nacherben erfüllt die Funktion der **Bindung des Vermögens in der Familie**, so dass es im Allgemeinen entsprechend der bekannten Bedingung *„si sine liberis decesserit"* für den Fall zur Anwendung kommt, dass der eingesetzte Erbe ohne Kinder stirbt. Im Gegensatz zu anderen Rechtsordnungen, in denen die Nacherbeneinsetzung verboten oder nur in einem gewissen Rahmen zugelassen ist, besteht in Katalonien eine weitreichende, sie begünstigende gesetzliche Regelung (Art. 426–1 bis 426–59 CCCat), wobei diese im Vergleich zur früheren Regelung des CS eingeschränkt worden ist.

Als praxisrelevant ist hervorzuheben, dass **bis zu zwei Einsetzungen** bei einem familiären Nacherbenrecht zugelassen werden, d.h., es besteht die Möglichkeit, drei Personen in die Einsetzung einzuschließen, zwei als Vorerben und eine als Nacherben, aber nur eine Person in den anderen Fällen. Wenn die Personen beim Tod des Erblassers leben, ist die Einsetzung unbegrenzt möglich. Zudem bringt die dingliche Bindung der Treuhandgüter immer wieder Schwierigkeiten in der Praxis mit sich, da gelegentlich die Notwendigkeit oder Möglichkeit eines Verkaufs besteht und der Vorerbe dies nicht ohne Zustimmung des Nacherben durchführen kann; der Nacherbe aber ist oft, da die Treuhand in der Mehrzahl der Fälle bedingt ist, noch nicht bestimmt, und es steht nicht mit Sicherheit fest, wer es sein wird. Ebenso wie beim Vermächtnis hält das Gesetz dem Erben, um einen Anreiz zur Annahme der Erbschaft zu schaffen, eine Aussonderung eines Anteils am Nachlass frei von der Nacherbschaft bereit – genannt **„quarta trebel·liànica"**; auch dies kann der Testierende ausschließen.

Von besonderem Interesse für die Praxis ist das **Nacherbenrecht auf den Überrest** (*„fideïcomís de residu"*), bei dem der Testierende den Vorerben entgeltlich mit der Verpflichtung zur Erhaltung der Surrogate, gelegentlich auch unentgeltlich, zur Verfügung ermächtigt. In diesen Fällen wiegt die Belastung mit der Nacherbschaft weniger schwer, und nur der vom Erbe hinterlassene Rest wird vom Nacherbenrecht erfasst. Zusätzlich ist die vorsorgliche Nacherbeneinsetzung auf den Überrest geregelt, wobei der Erblasser einen letzten Erben nur für den Fall benennt, dass der zuerst eingesetzte ohne Hinterlassen eines Testaments verstirbt.

IV. Erbverträge und Schenkungen von Todes wegen

1. Die vertragliche Erbfolge

Das katalanische Recht hat in Aufhebung des romanischen Prinzips, das dies verboten hatte, historisch die vertragliche oder paktierte Erbfolge zugelassen. Die Erbverträge in

Katalonien tragen den Namen „*heretaments*" und sind im Titel III des IV. Buches des CCCat geregelt. Historisch gesehen hatten die Erbverträge einen hohen Stellenwert, wobei ihre traditionelle Regelung sie eher untauglich für die gegenwärtige gesellschaftliche und wirtschaftliche Realität machte, da sie auf die Einsetzung eines einzigen Erben beruhten. Das IV. Buch des CCCat hat eine wichtige Modernisierung des Instituts durchgeführt, die trotz der Annahme ihres außergewöhnlichen Charakters die Erbverträge in sehr nützliche Instrumente verwandeln kann.[14]

53 Die Vorschriften des CCCat regeln ausführlich das Institut der Erbverträge und unterscheiden dabei zwischen der **Erbeinsetzung** einerseits und den sog. **besonderen Zuwendungen** andererseits, die mit den Vermächtnissen gleichstellbar sind, aber vertraglichen Charakter haben. Die Erbverträge kennzeichnen sich durch ihre **Unwiderruflichkeit**. Allerdings dürfen die Parteien unter bestimmten Umständen einen Widerruf vorsehen. Das katalanische Recht legt fest, dass Erbverträge nur in einer notariellen Urkunde und von Volljährigen und unter Verwandten errichtet werden können, wobei auch Dritte, zu denen keine Verwandschaftsbeziehung besteht, begünstigt werden können.

54 Erbverträge verleihen den Begünstigten die Stellung eines vertraglichen Erben und können auch gegenwärtige Zuwendungen beinhalten. Vor der Eröffnung der Erbfolge kann der Vertragsschließende nur entgeltlich verfügen oder Güter zurücklegen, um über diese unentgeltlich und in Nachzetteln zu verfügen. Erbverträge sind aber mit der Errichtung eines Testaments unvereinbar.

2. Schenkungen von Todes wegen

55 Die Art. 431–1 bis 432–5 CCCat regeln die Schenkung von Todes wegen und legen fest, dass sie nur dann wirksam ist, wenn der **Beschenkte den Schenkenden überlebt**. Grundsätzlich ist die Bedingung des Todes im Verhältnis zur Schenkung als aufschiebende zu betrachten; der Beschenkte erhält die geschenkten Gegenstände nicht. Es ist jedoch nicht ausgeschlossen, diese Schenkungen unter einer auflösenden Bedingung zu vereinbaren und die geschenkten Güter dem Beschenkten dabei sofort auszuhändigen. In jedem Fall ist die Schenkung von Todes wegen stets widerruflich, entweder ausdrücklich in öffentlicher Urkunde, in einem Testament oder Kodizill oder durch lebzeitige Verfügung über diese Gegenstände zugunsten anderer Personen oder in Form eines Vermächtnisses.

V. Gesetzlich festgelegte erbrechtliche Zuwendungen

56 Titel V des IV. Buches des CCCat regelt die zwingenden Zuwendungen zugunsten bestimmter Personen in der Erbfolge des Erblassers, unter denen der Pflichtteil besondere Bedeutung hat, während das Witwenviertel in der Praxis eine eher untergeordnete Rolle spielt.

1. Der Pflichtteil

57 Der Pflichtteil ist wegen seiner Besonderheiten und der wirtschaftlichen und sozialen Auswirkungen, die er historisch hatte, ein erbrechtliches Institut von großer Bedeutung und Tradition in Katalonien. Die bestehende Regelung (Art. 451–1 bis 451–27 CCCat) findet ihren Ursprung in einer früheren katalanischen Bestimmung von 1585 und hat das Ziel,

---

14 Nach aktuellen Angaben sind in Katalonien im Jahre 2013 340 Erbverträge errichtet worden, was – verglichen mit den mehr als 100.000 notariellen Testamenten, die jährlich errichtet werden – eine ziemlich geringe Anzahl darstellt.

Häuser und Familienvermögen zu wahren. Dies geschah in der Form, dass der Pflichtteil sich auf ein Viertel des Nachlasses reduzierte; es war erlaubt, diesen in Geld auszubezahlen. Dies sind die **zwei Hauptmerkmale** des katalanischen Pflichtteilrechts: Es ist ein reduzierter Pflichtteil über den gesamten Nachlass und berührt in materieller Hinsicht nicht die Nachlassgegenstände, da der Erbe diesen außerhalb des Nachlasses in Geld begleichen kann. Das IV. Buch des CCCat hat einige Veränderungen gebracht, die zu einer weiteren Schwächung des Instituts des Pflichtteils führen.

In Katalonien sind allein die **Nachkommen** und die **Eltern des Erblassers pflichtteilsberechtigt**. Die Kinder des Erblassers sind aufgrund eines eigenen Rechts berechtigt. Für den Fall des Vorversterbens, der Unwürdigkeit oder Enterbung eines der Kinder sind wiederum dessen Kinder und andere Nachkommen als Enkel des Erblassers nach dem Repräsentationsprinzip innerhalb des Stammes pflichtteilsberechtigt. Der Pflichtteilsanspruch ist in der Form zusammenhängend, dass ein Viertel des Nachlasses zwischen den genannten Berechtigten, einschließlich derjenigen, die auf ihr Pflichtteilsrecht verzichtet haben, und der Unwürdigen aufzuteilen ist, so dass deren Anteile nicht die der anderen vermehren, sondern dem testamentarischen Erben verbleiben. Die Existenz von Nachkommen schließt das Recht der Eltern aus. Falls Mutter und Vater noch leben, steht jedem die Hälfte des Pflichtteils zu. Wenn nur noch ein Elternteil lebt, steht diesem der ganze Pflichtteil zu. Verstirbt der Erblasser ohne Nachkommen und Eltern, hat niemand das Recht auf den Pflichtteil.

58

Der Pflichtteilsanspruch gewährt einen **schuldrechtlichen Anspruch** der Berechtigten gegen den Erben auf Zahlung einer **Wertleistung** in Höhe von einem Viertel der Erbschaft. Trotzdem kann der Erblasser den Pflichtteilsanspruch durch Erbeinsetzung oder ein Vermächtnis den Berechtigten zuwenden, so dass sie sich das hierdurch Erhaltene auf den individuellen Pflichtteil anrechnen lassen müssen. Im Falle, dass der Wert des Erhaltenen nicht dem Wert des Pflichtteils entspricht, haben diese die Möglichkeit der Klage auf Nachzahlung des Restbetrags des Pflichtteils (Art. 451–10 CCCat).

59

Obwohl der Pflichtteil **einem Viertel des Wertes des Nachlasses** entspricht, ist diese Aussage nicht ganz zutreffend, da zur Bestimmung des Wertes des Nachlasses auch die Schenkungen des Erblassers hinzuzurechnen sind. Allerdings sind nur die Schenkungen, die in den letzten zehn Lebensjahren des Erblassers vorgenommen wurden, zu berechnen sowie solche, die die Pflichtteilsberechtigten begünstigt haben, Letztere ohne zeitliche Begrenzung. In der Praxis spricht man dabei vom Zusammenzählen von *relictum* und *donatum*. Sowohl die vererbten als auch die verschenkten Güter müssen im Zeitpunkt des Todes des Erblassers bewertet werden. Dies wird **Berechnung** (*computació*) genannt. (Art. 451–5 CCCat). Die Nachlassverbindlichkeiten und Kosten der letzten Krankheit und der Beerdigung müssen im Wert des Nachlasses verbleiben. Entsprechend der Berechnung spricht man im katalanischen Recht von **Anrechnung** (*imputació*), um auf zu Lebzeiten vom Erblasser empfangene Schenkungen Bezug zu nehmen und zu entscheiden, ob sie in den zukünftigen Pflichtteil einfließen. Die allgemeine Regel im katalanischen Recht besagt, dass nur solche Schenkungen anrechnungsfähig sind, die der Erblasser als Vorschuss auf den Pflichtteil vorgenommen und dies im Zeitpunkt der Schenkung ausdrücklich festgelegt hat. Man kann diese Anrechenbarkeit nicht im Nachhinein festlegen, aber man kann sie aufheben und die Schenkung als freie betrachten. Das CCCat führte die Sonderregelung ein, dass Schenkungen an Kinder, die zum Zwecke des Erwerbs der ersten Wohnung vorgenommen werden oder mit denen eine berufliche, gewerbliche oder betriebliche Tätigkeit zur Erlan-

60

gung persönlicher und wirtschaftlicher Selbstständigkeit unterstützt wird, prinzipiell anrechenbar sind (Art. 451-8 CCCat).[15]

61 Der Pflichtteil ist im katalanischen Recht als **schuldrechtlicher Anspruch** ausgestaltet, wobei der Erbe zur Zahlung verpflichtet ist, die entweder durch den Nachlass oder in Geld erfolgen kann. Zudem fallen ab dem Tode des Erblassers **Zinsen** auf den Pflichtteil an, es sei denn, der Erblasser hat etwas anderes angeordnet. Ein Spiegelbild seines Anspruchscharakters ist, dass der Pflichtteil die Nachlassgegenstände nicht dinglich betrifft, so dass diese ohne Pflichtteilsvermerk in das Grundbuch eingetragen werden können und dadurch auch lastenfrei verkauft werden können, wenn dies einmal durch den Erben akzeptiert wurde.

62 Der Pflichtteil ist eine **zwingende Zuwendung**, die das Gesetz zugunsten der Berechtigten vorsieht, weshalb der Erblasser diese weder beseitigen noch belasten kann. Trotzdem gilt im katalanischen Recht die sog. *cautela socini* des Pflichtteils, so dass der Erblasser dem Berechtigten zwar einen größeren Teil des Nachlasses als den Pflichtteil zuwenden kann, diesen allerdings mit Lasten. Der Pflichtteilsberechtigte muss dann zwischen dem größeren, allerdings belasteten, Teil oder der Geltendmachung seines eigentlichen Pflichtteils wählen.

63 Das Gesetz bestimmt einige **Enterbungsgründe**, die den Erblasser ermächtigen, den Pflichtteilsberechtigten, der verwerflich gehandelt hat, vom Pflichtteil auszuschließen (Art. 451-17 CCCat). Der Erblasser muss im Falle der tatsächlichen Enterbung des Pflichtteilsberechtigten den Grund der Enterbung anführen. Falls der Testierende keinen Grund angibt oder der Berechtigte die Enterbung anficht und der Erbe den Grund nicht beweisen kann, ist die Enterbung unrechtmäßig; das Pflichtteilsrecht besteht. Nicht frei Polemik ist folgender, vom CCCat neu eingeführte **Enterbungsgrund**: Der offenkundige und dauerhafte Mangel an familiärem Kontakt zwischen Erblasser und Pflichtteilsberechtigter, wenn nur der Pflichtteilsberechtigte diesen zu verantworten hat, soll eine Enterbung rechtfertigen können.

64 Wenn der Testierende in seinem Testament nicht zugunsten des Berechtigten verfügt, hat dies keine Auswirkungen auf seinen Pflichtteil; die Nichtbeachtung gilt als bewusst, und der Berechtigte hat auch hier weiterhin das Recht, seinen Pflichtteil zu fordern. Für den Fall allerdings, dass der Testierende seinen Nachkommen nichts bezüglich des Pflichtteils zuwendet, da das Testament vor deren Geburt errichtet wurde, kann dies die Nichtigkeit des Testaments auslösen und es kann aufgrund der genannten irrigen Nichtbeachtung der Berechtigten zur gesetzlichen Erbfolge kommen.

65 Der Pflichtteil **erlischt** durch klaren und deutlichen Verzicht des Berechtigten, durch Enterbung oder Erbunwürdigkeit und durch Verjährung zehn Jahre nach dem Tod des Testierenden. Ein vorzeitiger Verzicht auf den Pflichtteil zu Lebzeiten des Erblassers ist in Katalonien unwirksam mit der Ausnahme, dass der Berechtigte eine anrechnungsfähige Schenkung durch den Erblasser empfangen und auf den möglichen Zuschuss, der diesem in der Zukunft zustehen würde, verzichtet hat (Art. 451-26 CCCat).

66 In der Praxis ist der Pflichtteil aufgrund seines geringen Wertes nicht übermäßig konfliktträchtig, und wenn doch, so dann nur im Falle von Konflikten innerhalb der Familie. Soweit der Erblasser dem pflichtteilsberechtigten Kind eine Sache überlässt, sollte dies ausreichen, um das ihm als Pflichtteil Zustehende abzudecken. Falls zusätzlich im Testament eine

---

15 Im Bereich des spanischen CC besteht eine gegensätzliche Regelung für die Anrechnung von Schenkungen. Dies führt in der interregionalen Praxis zu Unsicherheiten. Zur katalanischen Regelung vgl. die Urteile des TSJC vom 4.4.2005 (RJ 2007/1812), 30.5.2007 (RJ 2007/4857), 20.6.2013 (JUR 2013/276280) und 2.1.2014 (RJ 2014/1182).

Erbeinsetzung zugunsten des Ehegatten existiert, fordern die Kinder meistens nicht ihren Pflichtteil vom Überlebenden ein, da letztlich ihnen der gesamte Nachlass der Eltern als Erben zustehen wird.

2. Das „Witwenviertel" (Viertel des Ehegatten)

Die Stellung des überlebenden Ehegatten in Katalonien ist einzigartig. In der gesetzlichen Erbfolge hat er mit dem umfassenden Nießbrauch am ganzen Nachlass im Verhältnis zu den Kindern des Erblassers und dem zweiten Rang in der Erbfolge unter Ausschluss der Vorfahren eine sehr starke Position inne. Diese Stellung wird zwar durch die fehlende Verfügungsbefugnis geschwächt, aber seit 2009 besteht die Möglichkeit, den Nießbrauch in ein Viertel des Nachlasses umzuwandeln. In der testamentarischen Erbfolge hingegen ist die Stellung des überlebenden Ehegatten hinsichtlich zwingender Rechte praktisch unerheblich. Der **überlebende Ehegatte** ist in Katalonien **nicht pflichtteilsberechtigt**. Zusätzlich ist das gesetzliche und nahezu unumstrittene güterrechtliche System in Katalonien das der **Gütertrennung**. Das Gesetz gewährt nur ein Recht auf das sog. **Witwenviertel**, das einen Anspruch gegen den Erben nur für den Fall der Bedürftigkeit des überlebenden Ehegatten zuspricht. In der Tat regelt Art. 452–1 CCCat, dass der überlebende Ehegatte, soweit er auch aus der Erbschaft und seinem eigenen Vermögen seinen Lebensunterhalt nicht bestreiten kann, vom Erben die Zahlung eines hierzu notwendigen Betrags bis zu einem Viertel des Nachlasses fordern kann.

67

In der Praxis hat das Witwenviertel kaum Bedeutung. Es ist merkwürdig, dass ein Ehegatte nicht zugunsten des anderen verfügen kann, nicht einmal dann, wenn dieser seinen Lebensunterhalt nicht bestreiten kann. Um das Witwenviertel einfordern zu können, ist der Klageweg zu beschreiten, wenn der Erbe die Forderung nicht erfüllt. Allerdings sind solche Fälle in der Rechtsprechung äußerst selten; diese treten meistens bei zweiten Ehen auf, wenn ein Testament zugunsten der Kinder der ersten Ehe besteht.[16] Das Witwenviertel verleiht ebenso wie der Anspruch auf den Pflichtteil kein Recht in Bezug auf die Nachlassgegenstände. Der Anspruch auf das Witwenviertel unterliegt der **Verjährungsfrist** von drei Jahren und **erlischt** im Falle des Todes des überlebenden Ehegatten.

68

Zusätzlich ist zu beachten, dass dem überlebenden Ehegatten nach **güterrechtlichen** Regelungen des katalanischen Zivilrechts **Witwenrechte** – sog. **familiäre Rechte** – zustehen. Diese sind in den Art. 231–30 und 231–31 CCCat geregelt. Der erstgenannte Artikel spricht ein Recht auf den Hausrat zu, so dass der überlebende Ehegatte das Recht auf Eigentum an der Ausstattung des ehelichen Hauses mit Ausnahme der besonders wertvollen Gegenstände hat. Weiterhin hat der überlebende Ehegatte das Recht, ein Jahr lang in der ehelichen Wohnung zu wohnen, sofern kein umfassendes Nießbrauchsrecht besteht, sowie auf Versorgung aus dem Nachlass. Dieses Recht wird als **Witwenjahr** bezeichnet.

69

Dieselben Rechte, die dem Witwer zustehen, werden auch dem Lebenspartner anerkannt.

70

---

16 In der Rechtsprechung des Obersten Gerichtshofes von Katalonien (TSJC) sind nur die Urteile vom 4.12.1989 (RJ 1992/2572), 26.1.1995 (RJ 1995/4461), 4.2.1999 (RJ 2000/4120) und vom 4.7.2011 (RJ 2011/6405), in denen über die Forderung des Witwenviertels entschieden wurde, verzeichnet.

VI. Annahme und Ausschlagung der Erbschaft

1. Rechtssystematik, Voraussetzungen und Wirkungen

71 Das katalanische System der Erbannahme ist anders als das deutsche, was gewöhnlich zu Problemen und Fehlern in der internationalen Praxis führt. In Katalonien muss der Erbe die **Erbschaft ausdrücklich oder stillschweigend annehmen oder ausschlagen**. Dafür ist eine Frist von 30 Jahren ab dem Tod des Testierenden angeordnet. Es existiert keine automatische Annahme der Erbschaft durch den Erben innerhalb kurzer Frist für den Fall, dass die Erbschaft nicht ausdrücklich ausgeschlagen wurde, wie es das BGB bestimmt. Mit diesem System arbeiten Rechtsanwälte, Notare und Grundbuchämter in Katalonien und Spanien.[17]

72 Die **Annahme wirkt zurück** auf den Zeitpunkt des Erbfalles auch dann, wenn die Annahme erst lange danach erfolgt ist. Gewöhnlich nimmt der Erbe die Erbschaft ausdrücklich vor einem Notar in öffentlicher Urkunde und innerhalb einer Frist von sechs Monaten ab dem Tode des Erblassers an. Die Frist von sechs Monaten ergibt sich daraus, dass in dieser die Einreichung der Selbstveranlagung der Zahlung der Erbschaftsteuer erfolgen muss. Dies geschieht deshalb in öffentlicher Urkunde, da dies die für die Eintragung unbeweglicher Sachen im Grundbuch erforderliche Form darstellt. In derselben Urkunde wird zu steuerlichen Zwecken ein Bestandsverzeichnis des Nachlasses erstellt. Jedoch ist es zulässig, dass der Erbe die Erbschaft viele Jahre später ohne öffentliche Urkunde annimmt. Zudem kann es vorkommen, dass der Erbe stirbt, ohne die Erbschaft angenommen zu haben. Ohne eine ausdrückliche oder stillschweigende Annahme wird die Erbschaft als ruhend, d.h. ohne bekannten Rechtsnachfolger, betrachtet.

73 Das Gesetz bestimmt, dass die Annahme entweder ausdrücklich oder stillschweigend erfolgen kann. Die ausdrückliche Annahme erfordert eine freiwillige Erklärung des genannten Erben, in der er bestätigt, dass er die Erbschaft annehmen will. Dies kann in einer öffentlichen, notariellen oder gerichtlichen Urkunde oder auch in einer privaten Urkunde erfolgen. Die stille Annahme ergibt sich aus Handlungen des genannten Erben, die unzweifelhaft darauf schließen lassen, dass dieser die Bedingungen der Erbschaft erfüllt und deswegen die Erbschaft annehmen will. Im Gegensatz dazu muss die **Ausschlagung** der Erbschaft, die möglich ist, soweit keine stille Annahme existiert, immer ausdrücklich und in Form einer öffentlichen Urkunde, notariell oder gerichtlich, erklärt werden.

74 Sowohl die Annahme als auch die Ausschlagung sind **unwiderruflich** und können nicht geteilt werden oder einer Bedingung oder Frist unterliegen. Allerdings kann der Genannte, soweit er zugleich Erbe und Vermächtnisnehmer ist, eine Einsetzung annehmen und die andere ausschlagen. Sofern der Benannte sich nicht äußert, können die an der Erbfolge Interessierten vom Richter verlangen, dass er dem Erben eine Frist setzt, damit dieser Annahme oder Ausschlagung erklärt (Art. 461–12 CCCat). Diese Frist darf 60 Tage nicht überschreiten. Falls der Betreffende die Erbschaft nicht ausdrücklich innerhalb dieser Frist annimmt, wird – im Unterschied zum spanischen *Código Civil* – vermutet, dass er das Erbe ausschlägt. Für den Fall, dass der Erbe ohne Annahme bzw. Ausschlagung stirbt, wird

---

[17] Deshalb fällt es in der katalanischen und spanischen Praxis schwer, die Funktion des deutschen Erbscheins zu verstehen, in dem der Erbe und seine ausdrückliche Annahme der Erbschaft angegeben sind. Es ist mühsam, Notare und Grundbuchämter zu überzeugen, dass diese Annahme unnötig ist, da diese bereits aus dem Gesetz hervorgeht, wenn keine ausdrückliche Ausschlagung in der gesetzlichen Frist erfolgt.

dieses Recht auf seine Erben (*ius transmissionis*) übertragen. Im Fall der Annahme müssen diese erklären, ob sie das zweite Erbe annehmen oder ausschlagen (Art. 461–13 CCCat).

2. Die Haftung des Erben und die Annahme unter Vorbehalt der Inventarerrichtung

Entsprechend dem System der ausdrücklichen Annahme der Erbschaft enthält das katalanische Recht die Regelung, dass die Annahme den Eintritt des Erben in die Position des Erblassers bewirkt (Art. 411-1 CCCat). Das heißt, dass dieser Universalerbe auch aller Schulden des Erblassers wird und für diese mit dem Nachlass, aber auch mit seinem eigenen Vermögen **unbegrenzt haftet**. Folge der Annahme ist daher die Vermischung des Nachlasses mit dem Vermögen des Erben.

Dies erfolgt dann, wenn der Erbe die Erbschaft annimmt, ohne irgendeinen **Vorbehalt** formuliert zu haben. Das katalanische Recht erlegt dem Erben jedoch nicht die umfassende Haftung oder *ultra vires hereditatis* auf, sondern ermöglicht, die Vermischung der Vermögensteile zu verhindern und die Haftung für die Schulden des Erblassers auf den Nachlass zu begrenzen. Dies ist dann möglich, wenn der Erbe die Annahme **mittels Aufstellung eines Inventars** erklärt. Voraussetzung dafür ist, dass der Erbe den hierauf gerichteten Willen gerichtlich oder vor einem Notar manifestiert und dass das Bestandsverzeichnis innerhalb eines Jahres ab dem Zeitpunkt der möglichen Erbannahme aufgestellt wird. Da in der Praxis Erben ein Inventar meistens im Zeitpunkt der Erbannahme aufstellen, hat das CCCat die Haftungsbeschränkung auf diese Fälle erweitert. So ist seit 2009 die Haftung des Erben für die Schulden des Erblassers auf den Nachlass auch dann begrenzt, wenn der Erbe nicht ausdrücklich die Erbschaft unter Vorbehalt der Inventarerrichtung angenommen hat, solange das Inventar innerhalb von sechs Monaten seit dem Erbanfall aufgestellt wird. Falls dies nicht im vorgeschriebenen Zeitraum geschieht, wird vermutet, dass das Erbe ohne Vorbehalt angenommen wurde.

VII. Die Testamentsvollstreckung

Die Testamentvollstreckung ist in Katalonien durch einige Besonderheiten gekennzeichnet. Wichtig ist die Regelung der **Entlohung:** Die Vergütung beläuft sich auf 5 % des Nachlasses, sofern der Testamentsvollstrecker umfassend beauftragt ist; bis 2009 betrug die Vergütung 10 %. Im Falle einer auf einzelne Bereiche beschränkten Beauftragung beträgt die Vergütung dagegen nur 2 %.[18] Zudem ersetzt die Ernennung zum umfassenden Testamentsvollstrecker eine fehlende Erbeinsetzung.

Der umfassende Testamentsvollstrecker hat in Katalonien recht weitreichende Befugnisse bis zu dem Punkt, dass der Testierende ihm die Liquidation des gesamten Nachlasses mit späterer Verteilung des Geldes zu einem bestimmten Zweck übertragen kann. Im Unterschied zum umfassenden Testamentsvollstrecker beschäftigt sich der nur für Teile eingesetzte Testamentsvollstrecker mit der Erfüllung bestimmter, durch den Testierenden angeordneter Aufgaben oder Aufträge, zu denen u.a. die Teilung des Nachlasses gehören kann; in diesem Fall heißt er *comptador-partidor*.

Testamentsvollstrecker kann jede Person mit der Fähigkeit sein, sich zu verpflichten. Der Testierende kann eine oder mehrere Personen als Testamentsvollstrecker einsetzen. Der

---

18 Handelt der Testamentsvollstrecker bei der Erfüllung seines Amtes fahrlässig, kann er das Recht auf Vergütung verlieren; in der Praxis treten Fälle auf, bei denen die Erben dieses Recht des Testamentsvollstreckers vor Gericht bestreiten; vgl. Urteile des TSJC vom 3.12.2001 (RJ 2002/6964), 20.9.2010 (RJ 2011/5674) und vom 14.3.2013 (RJ 2013/6379).

umfassende Testamentsvollstrecker muss innerhalb einer Frist von einem Jahr nach dem Tod des Testierenden ein Bestandsverzeichnis erstellen und mangels anderweitiger Fristen innerhalb dieser auch seine Aufgaben erfüllen. Den Erben oder durch den Erbfall Begünstigten gegenüber muss Rechenschaft abgelegt werden. Bei Fehlen eines Testamentvollstreckers ist der Erbe mit der Durchführung der Erbschaft betraut.

VIII. Die Erbengemeinschaft und ihre Auseinandersetzung; Schiedsverfahren in erbrechtlichen Angelegenheiten

1. Die Erbengemeinschaft

80 Die Erbengemeinschaft hatte in Katalonien in der Vergangenheit keine besondere Bedeutung, da das traditionelle Testament die Alleineinsetzung des erstgeborenen Kindes mit umfassendem Nießbrauchsrecht zugunsten des überlebenden Ehegatten und Vermächtnisse zur Auszahlung der Pflichtteile der übrigen Kinder des Testierenden beinhaltete. In Rechtsprechung und Lehre setzt sich die Ansicht durch, dass die Erbengemeinschaft sich wie die germanische Gemeinschaft einheitlich auf die Erbschaft als Ganzes bezieht – im Gegensatz zur römischen Gemeinschaft, die eine Gemeinschaft nach Quoten über jeden einzelnen Nachlassgegenstand vorsieht. In der Praxis heißt das, dass kein Erbe seinen Anteil an einem konkreten Gut an einen Dritten verkaufen kann, da ein individueller Anteil an dem betreffenden Gegenstand nicht besteht, sondern nur am Nachlass insgesamt. Deswegen bestimmt das Gesetz, dass zur Veräußerung eines Gutes die **Einstimmigkeit** der Erben erforderlich ist (Art. 463–5 CCCat). Sofern ein Miterbe zugunsten eines Dritten über seine Erbquote verfügen will, haben die übrigen diesbezüglich ein **Vorkaufsrecht**. Das katalanische Recht beschäftigt sich im Speziellen mit der Regelung des **Anwachsens des Nachlasses** angesichts der Tatsache, dass testamentarische und gesetzliche Erbfolge unvereinbar sind und freie Anteile immer den verbleibenden Erben zukommen (Art. 462–1 bis 462–4 CCCat).

81 Das katalanische Recht bestimmt, dass die Miterben als Teilschuldner **haften**, d.h., dass jeder Erbe für die Nachlassverbindlichkeiten ausschließlich nach seinem Anteil an der Erbschaft, nicht aber gesamtschuldnerisch haftet.

2. Die Erbauseinandersetzung

82 Für die Auseinandersetzung sieht das CCCat verschiedene Durchführungsmöglichkeiten vor: durch den Testierenden, durch einen Dritten als Testamentsvollstrecker oder „*comptador-partidor*", durch den Richter oder Schiedsrichter und durch die Miterben selbst.

83 Jeder Erbe kann die Auseinandersetzung des Nachlasses verlangen und diese kann jederzeit durchgeführt werden; sie unterliegt **keiner Verjährung** (Art. 464–1 CCCat). Allerdings kann der Testierende die Auseinandersetzung für einen Zeitraum von zehn Jahren verbieten; bis zu 15 Jahre sind in Bezug auf die gewöhnliche Wohnung eines Miterben möglich, der Ehegatte oder Kind des Testierenden ist. Die Miterben können einstimmig auch selbst die Nichtteilung für zehn Jahre vereinbaren. Falls der Testierende im Testament die Erben gemeinsam nach Anteilen einsetzt und ihnen konkrete Gegenstände in Erbauseinandersetzung zuweist, hat die durch den Testierenden durchgeführte Auseinandersetzung im Falle fehlender Übereinstimmung zwischen dem Wert der zugewiesenen Gegenstände und dem Wert des Anteils Vorrang.

Nach der Durchführung der Auseinandersetzung erwirbt jeder Erbe Alleineigentum an den ihm zugewiesenen Gegenständen. Die Haftung der Miterben nach dem Verhältnis ihrer Anteile bleibt bestehen.

3. Schiedsverfahren in erbrechtlichen Angelegenheiten

Laut Gesetz 6/2003 vom 23. Dezember, zum Schiedsverfahren, kann der Erblasser bestimmen, dass mögliche Konflikte, die zwischen Erben und Vermächtnisnehmer bei der Aufteilung und Verwaltung der Erbschaft auftreten, im Schiedsverfahren zu lösen sind. Dem Schiedsverfahren unterliegen nur dispositive Angelegenheiten, so dass der Pflichtteil und das Witwenviertel vom vom Erblasser vorgesehenen Schiedsverfahren ausgeschlossen sind. Im Gegensatz dazu können die von der Erbschaft Begünstigten alle Streitigkeiten unter sich, auch hinsichtlich des Pflichtteils, dem Schiedsgericht vorlegen. Das Schiedsverfahren ist zur Durchführung der Erbauseinandersetzung besonders geeignet.

D. Erbverfahrensrecht

Die spanische Verfassung bestimmt in Art. 149.1.6, dass das Prozessrecht in der ausschließlichen **Gesetzgebungskompetenz** des Staates liegt, d.h., dass die Autonomen Regionen diesbezüglich lediglich Kompetenzen haben für „die besonderen Erfordernisse, die sich aus der Verschiedenartigkeit des materiellen Rechts der Autonomen Regionen ergeben". In diesem Sinne nimmt Art. 130 EAC das Bestehen einer Kompetenz dahingehend an, dass es der katalanischen Regierung obliegt, die speziellen prozessualen Vorschriften zu erlassen, die sich aus den Besonderheiten des materiellen katalanischen Rechts ergeben. Gleichwohl besteht kein besonderes eigenständiges Prozessrecht in Katalonien, und jede Besonderheit ist direkte Folge des materiellen Rechts. Dies geschieht im Bereich der Prozessführungsbefugnis, der Beweislast und -würdigung, bei den Prozessarten oder Auslegungsregeln ebenso wie bei Vermutungen. Manchmal ersetzt, wie beim „geschlossenen" Testament, die notarielle Mitwirkung die gerichtliche, die nach dem spanischen Bürgerlichen Gesetzbuch erforderlich ist.

Zur Prozessordnung sei jedoch erwähnt, dass der Oberste Spanische Gerichtshof in erbrechtlichen Streitigkeiten in Katalonien nicht zur Entscheidung über die Revisionen zuständig ist. Das *Tribunal Superior de Justícia de Catalunya* (**TSJC**) ist die oberste zuständige Instanz im Bereich des katalanischen Zivilrechts (Art. 95 EAC). Deshalb müssen, um die Rechtsprechung zum katalanischen Zivilrecht zu kennen, die Entscheidungen des TSJC herangezogen werden. Zudem sind die Wartezeiten vor dem TSJC bis zur Entscheidung über Revisionen sehr kurz; meist überschreiten sie, anders als vor dem Obersten Spanischen Gerichtshof, ein Jahr ab der Einreichung nicht.

Die **Zuständigkeit** des **TSJC** für **Revisionen** ergibt sich aus der Einwendung, es sei gegen katalanisches Zivilrecht verstoßen oder es sei von den Gerichten in Katalonien fälschlicherweise angewandt worden. Jedoch hat diese materielle Zuständigkeit auch einen territorialen Aspekt: Der TSJC ist nur auf dem Gebiet Kataloniens zuständig, d.h., er kann nur über Revisionen gegen Urteile der Amtsgerichte in Katalonien befinden. Manchmal kann es vorkommen, dass trotz der Anwendbarkeit des katalanischen Rechts auf einen Erbfall ein spanisches Gericht außerhalb Kataloniens zuständig ist. In diesen Fällen ist der Spanische Oberste Gerichtshof, nicht der TSJC, letztinstanzlich zuständig.

Ebenfalls außerhalb des materiellen Rechts – wenn auch nicht eigentlich zum Prozessrecht gehörend – ist darauf hinzuweisen, dass über **Rechtsbehelfe** gegen Entscheidungen der katalanischen **Grundbuchämter** die Generaldirektion für Justiz und Juristische Personen der Justizabteilung der katalanischen Regierung (DGDEJ) anstelle der Generaldirektion für das Notariats- und Registerwesen (DGRN) zu befinden hat. Diese unterschiedliche Zuständigkeit nimmt auch auf Spezialitätskriterien auf der Grundlage der Anwendbarkeit des katalanischen Rechts auf den Fall Bezug und ist in Art. 147.2 EAC ausdrücklich anerkannt. Das Gesetz 5/2009, vom 28. April,[19] hat dieses Rechtsbehelfssystem eingeführt. Die Grundbuchämter können eine Eintragung eines dinglichen Rechts durch Erwerb *mortis causa* praktisch wegen Verstoßes gegen das geltende Recht verweigern. Der Rechtsbehelf gegen diese Entscheidung muss vor dem DGDEJ anstelle des DGRN eingelegt werden.

E. Besteuerung der Erbfolge

I. System der Erbschaft- und Schenkungsteuer

90   Die Erbschaft- und Schenkungsteuer ist in Spanien eine Steuer des Staates, wird aber an die Autonomen Regionen abgetreten. Das *Estatut d´ Autonomia de Catalunya* (EAC) erkennt in seiner ergänzenden Bestimmung Nr. 7a an, dass diese Steuer an die Landesregierung abgetreten wird, was zur Folge hat, dass sowohl Verwaltung als auch Eintreibung durch Abtretung in die Kompetenz der Autonomen Region fallen. Seit dem Gesetz 21/2001, vom 27. Dezember, das die **Steuer- und Verwaltungsmaßnahmen des neuen Finanzierungssystems der Autonomen Regionen**[20] regelt, besitzen die Autonomen Regionen zudem gesetzgeberische Kompetenzen im Bereich der Steuer. In der Praxis bedeutet das, dass das Gesetz, das die Steuer regelt, spanisches Recht ist, Gesetz 29/1987 vom 18. Dezember **über Erbschaft- und Schenkungsteuer** (LISD)[21] sowie die darin enthaltene Verordnung, Dekret 1629/1991 vom 8. November, das die **Verordnung der Erbschaft- und Schenkungsteuer beschließt** (RISD).[22] Es bedeutet auch, dass der Staat zwar Gesetz und Regelung über die Steuer modifizieren kann, die Steuer aber bei den Organen der Autonomen Regionen bezahlt werden muss und dass diese Organe Änderungsgesetze und konkrete Anleitungen für die Verwaltung über die Verwendung der Steuer erlassen können. Dies hat die katalanische Regierung mit dem Gesetz 19/2010 vom 7. Juni zur Regelung der **Erbschaft- und Schenkungsteuer** und mit dem Dekret 414/2011 vom 13. Dezember, das die Verordnung der Erbschaft- und Schenkungsteuer beschließt, verwirklicht.[23]

II. Steuerpflicht

91   Die Erbschaftsteuer belastet den Erwerb eines Nachlasses. Der Anknüpfungspunkt für das anwendbare Steuerrecht ergibt sich aus dem Wohnort des Erblassers in Spanien, unabhängig von dem des Erben. Falls der Erblasser Ausländer war, seinen gewöhnlichen Aufenthalt aber in Spanien hatte, wird sein ganzes Erbe entsprechend dem Prinzip der persönlichen Steuerpflicht mit der spanischen Erbschaftsteuer belastet. Falls der Erblasser seinen gewöhnlichen Aufenthalt nicht in Spanien hatte – egal, ob Spanier oder Ausländer –, werden nach dem Grundsatz der beschränkten Steuerpflicht nur die Gegenstände, die sich in Spanien

---

19   DOGC Nr. 5374 vom 7. Mai 2009.
20   Boletín Oficial del Estado (BOE) Nr. 313 vom 31. Dezember 2001.
21   BOE Nr. 303 vom 19. Dezember 1987.
22   BOE Nr. 275 vom 16. November 1991.
23   DOGC Nr. 6025 vom 15. Dezember 2011.

befinden, mit der spanischen Steuer belastet. Es ist unerheblich, ob der Erbe oder Vermächtnisnehmer in Spanien wohnt oder nicht.

III. Zuständigkeit

Die Kompetenzen der Autonomen Regionen im Bereich der Steuereintreibung bestimmen sich nach dem Ort des letzten gewöhnlichen Aufenthalts des Erblassers, unabhängig vom Ort der Nachlassgegenstände und dem auf die Erbfolge anwendbaren Recht.[24] War der Erblasser nicht in Spanien wohnhaft, so fallen die Verwaltung und Eintreibung der Steuer in die Kompetenz der staatlichen Steuerverwaltung. Diese Kompetenzverteilung hat in der Praxis dazu geführt, dass nicht in Spanien wohnhafte Erblasser oder Erbfolgen über Gegenstände, die sich nicht in Spanien befinden, von den **autonomischen Steuererleichterungen** nicht profitieren konnten. Der **EuGH** hat in seiner Entscheidung vom 3.9.2014 diese Regelung für diskriminierend gehalten. Diese Entscheidung war der Ausgangspunkt einer Reform, die die autonomischen Steuerbegünstigungen auch auf nicht in Spanien wohnhafte Ausländer für anwendbar erklärt, und zwar in folgenden zwei Fallkonstellationen: erstens in dem Fall, in dem der Erblasser Ausländer ist, aber der höchste Wert an Güter sich in der Autonomen Region befindet. Zweitens in Fällen, in denen der Erbe oder Begüngstigte Ausländer ist, aber der Erblasser seinen gewöhnlichen Aufenthalt in der Autonomen Region hatte. Diese neue Norm gilt aber nur für Ausländer, die in einem Staat der Europäischen Union oder des Europäischen Wirtschaftsraumes ansässig sind, nicht aber in Drittstaaten.[25]

Die gesetzgeberischen Befugnisse der Autonomen Regionen dienten anfänglich der Ermöglichung einer eigenen Steuerpolitik im Bereich der Modifizierung der Steuersätze und Steuertarife und zur Begründung von Herabsetzungen und anderen spezifischen steuerlichen Begünstigungen. Auf Grundlage der Ermächtigung des Gesetzes 21/2001 hat dies in der Realität bedeutet, dass einige Autonome Regionen praktisch die Abschaffung der Erbschaftsteuer für die nächsten Angehörigen des Erblassers, nämlich Ehegatten, Nachkommen und Vorfahren, festgelegt haben. Dies hat u.a. durch Prozentsätze des Steuerbetrags oder der Steuerschuld unter 1 % dazu geführt, dass die Erben weniger als 1 % dessen, was ihnen nach dem Erbschaftsteuergesetz obliegen würde, bezahlen müssen. Deswegen gibt es eine autonomische gesetzliche Vielfalt im Bereich der Erbschaftsteuer. Außerdem handelt es sich um Regelungen, die regelmäßig geändert werden.

IV. Steuersätze

Das katalanische Parlament hat im Gesetz 19/2010 die grundsätzlichen Fragen der Erbschaftsteuer betreffend die Steuersätze mit Abänderungen in Bezug auf die staatlichen Steuersätze und betreffend die Herabsetzung wegen des Verwandtschaftsverhältnisses, für familiäre Liegenschaften und für Familienbetriebe geregelt. Diese Fragen sind häufig im

---

24 Es kann vorkommen, dass ein Spanier ohne katalanische „Gebietszugehörigkeit" in Katalonien wohnt und die Mehrheit seines Vermögens außerhalb Kataloniens hat. In diesem Fall wird sein Erbe einem nicht katalanischen Zivilrecht unterworfen, aber die Erbschaftsteuer muss er in Katalonien und nach den steuerrechtlichen Vorschriften Kataloniens zahlen.

25 Diese Reform wurde durch das Gesetz 26/2014 vom 27. November, zur Veränderung von Gesetz 35/2006, vom 28. November über die Einkommensteuer, der novellierten Fassung des Gesetzes über die Einkommensteuer für Nichtansässige verabschiedet vom Dekret 5/2004, vom 5. März und weiteren Steuervorschriften, BOE Nr. 288 vom 28. Februar 2014.

letzten Jahrzehnt geändert worden.[26] Die **aktuellen Steuersätze**, die substantiell vereinfacht worden sind, sind die folgenden:

95 Tabelle: Steuersätze

Berechnungs-grundlage bis ... EUR	Betrag EUR	Restliche Berechnungs-grundlage bis ... EUR	Steuersatz %
0,00	0,00	50.000	7,00
50.000,00	3.500,00	150.000	11,00
150.000,00	14.500,00	400.000	17,00
400.000,00	57.000,00	800.000	24,00
800.000,00	153.000,00	nunmehr	32,00

96 Die Regelung unterscheidet zwischen **vier Gruppen von Begünstigten**, abhängig vom **Verwandtschaftsverhältnis** zum Erblasser, und wendet einen Multiplikator des Steuerbetrags an. **Gruppe I** wird durch Abkömmlinge unter 21 Jahren gebildet, **Gruppe II** durch Nachkommen über 21 Jahren, den Ehegatten, nichtehelichen Lebenspartner und die Vorfahren, **Gruppe III** durch Verwandte zweiten oder dritten Grades und verschwägerte Vorfahren und Abkömmlinge, während **Gruppe IV** aus den Personen besteht, die keiner der vorigen Gruppen angehören. Der Lebenspartner wird mit dem Ehegatten und die nicht gemeinsamen Kindern des Ehegatten oder Lebenspartners mit den eigenen Kindern gleichgestellt.

97 Tabelle: Verwandtschaftsverhältnisse und Steuertarife

Verwandtschaftsgruppen		
I und II	III	IV
1,0000	1,5882	2,0000

98 Nach den vorgenannten Steuersätzen und Multiplikatoren ist der in der Praxis höchste Steuersatz, dem eine Erbschaft in Katalonien unterworfen sein kann, auf 64 % begrenzt. Im Vergleich dazu ist der Minimalsteuersatz auf 7 % festgesetzt.

V. Steuervergünstigungen

99 Hinsichtlich der Steuerfreibeträge sind diejenigen wegen des Verwandtschaftsverhältnisses, familiärer Liegenschaften und Familienbetriebe die wichtigsten.

1. Steuervergünstigung wegen des Verwandtschaftsverhältnisses

100 Bei der Steuerbefreiung wegen des Verwandtschaftsverhältnisses besteht ein fester Betrag als Bindeglied zum Erblasser. Dermaßen kommt Ehegatten, nichtehelichen Lebensgemeinschaften, Vorfahren und Abkömmlingen über 21 Jahren eine Reduzierung des zu versteuernden Betrags um 100.000 EUR zugute. Das heißt, die ersten 100.000 EUR des Nachlasses sind in Katalonien steuerfrei, oder – was das Gleiche bedeutet – die Erbschaftsteuer ist in

---

26 Im Internet können unter www.e-tributs.cat Informationen über Steuersätze und Verwaltungskriterien sowie die Formulare zur Selbstveranlagung eingesehen werden.

Katalonien erst ab einem Erwerb von über 100.000 EUR von den näheren Angehörigen des Erblassers zu bezahlen. Abkömmlinge über 75 Jahren genießen eine zusätzliche Reduzierung von 275.000 EUR. Für die unter 21-Jährigen kommt bis zum Höchstbetrag von 196.000 EUR eine Erleichterung von 12.000 EUR für jedes Jahr dazu, das bis zum 21. Geburtstag fehlt. Für die Enkelkinder des Erblassers beträgt die Vergünstigung 50.000 EUR und für die Vorfahren 30.000 EUR. Die Angehörigen zweiten und dritten Grades erhalten ebenso wie Vorfahren und Abkömmlinge eine Vergünstigung von 9.000 EUR. Zusätzlich können Angehörige mit einer Behinderung Vergünstigungen von 275.000 EUR oder 650.000 EUR, je nach dem Grad ihrer Behinderung, erhalten.

Dem Ehegatten oder Lebenspartner kommt eine Vergünstigung von 99 % des Steuerbetrags zugute, so dass er praktisch nur ein 1 % des Geschuldeten zahlen muss. Was die Angehörigen der ersten und zweiten Gruppe angeht, so sieht das Gesetz eine Vergünstigung im Steuerbetrag vor, die anhand der Regeln der Steuer zu berechnen ist. Der Steuerbetrag wird gemäß einem Prozentsatz reduziert, ausgehend von der Berechnungsgrundlage, nach der vorliegenden Tabelle:

	Berechnungsgrundlage bis ... EUR	Vergünstigung %	Restliche Berechnungsgrundlage bis ... EUR	Marginale Vergünstigung %
1	0,00	0,00	100.000,00	99,00
2	100.000,00	99,00	100.000,00	97,00
3	200.000,00	98,00	100.000,00	95,00
4	300.000,00	97,00	200.000,00	90,00
5	500.000,00	94,20	250.000,00	80,00
6	750.000,00	89,47	250.000,00	70,00
7	1.000.000,00	84,60	500.000,00	60,00
8	1.500.000,00	76,40	500.000,00	50,00
9	2.000.000,00	69,80	500.000,00	40,00
10	2.500.000,00	63,84	500.000,00	25,00
11	3.000.000,00	57,37	nunmehr	20,00

Immerhin sieht die Regelung auch die Herabsetzung der Prozentsätze auf die Hälfte für Fälle vor, in denen Erwerber Steuerreduzierungen zugute gekommen sind, und zwar hauptsächlich für solche Fälle, die an der Veräußerung eines Familienbetriebes anknüpfen.

2. Steuervergünstigung für familiäre Liegenschaften

Die Vergünstigung für familiäre Liegenschaften ist einer der bedeutendsten Steuervorteile in Katalonien und sehr weit verbreitet. Das Gesetz sieht im Fall der Rechtsnachfolge bezüglich des Wohnhauses des Erblassers vor, dass die Nachfolger nur 5 % seines Wertes versteuern müssen und 95 % steuerfrei sind. Allerdings ist dieser Prozentsatz der Vergünstigung wegen der Erklärungspflicht auf einen Höchstbetrag von 500.000 EUR beschränkt, der unter den Begünstigten zu verteilen ist mit einem Mindestbetrag von 180.000 EUR pro Kopf.

Voraussetzung für die Vergünstigung für Wohnraum ist, dass die Immobilie im Eigentum des Erblassers stand und im Zeitpunkt seines Todes seine eigengenutzte Wohnung war. Nicht erforderlich ist, dass er Alleineigentümer war; in der Praxis haben Ehegatten gewöhnlich hälftiges Miteigentum. Zudem findet die Vergünstigung nur auf Ehegatten, Vorfahren und Abkömmlinge sowie auf die Angehörigen über 65 Jahren Anwendung, die mindestens die letzten zwei Jahre vor seinem Tod mit dem Erblasser zusammengelebt haben. Bezüglich Ersterer ist es nicht notwendig, dass die Wohnung auch eigengenutzte des Ehegatten bzw. der Vorfahren und Abkömmlinge war, auch wenn dies in Bezug auf den Ehegatten sehr wahrscheinlich ist. Dies ist für ausländische Erblasser oder Erben besonders wichtig, denn die Steuervergünstigung gilt auch für in Spanien lebende ausländische Erblasser, aber auch für nicht dort lebende Erben oder Vermächtnisnehmer. Als zusätzliche Voraussetzung darf, um in den Genuss der Steuererleichterung zu kommen, das Haus nicht vor Ablauf von fünf Jahren nach seinem Erwerb veräußert werden; andernfalls ist der volle Wert zu versteuern.

Steuervergünstigung für Familienbetriebe

Die zweite wichtige Steuervergünstigung existiert für Familienbetriebe. Für den Fall, dass ein solcher Betrieb durch Erbfall dem Ehegatten, Lebenspartner, Abkömmlingen, Vorfahren oder Angehörigen in der Seitenlinie bis zum dritten Grad weitergegeben wird, gilt eine Steuervergünstigung von 95 % seines Wertes – im Gegensatz zum Wohnhaus ohne einen Höchstbetrag. Die Definition eines **Familienbetriebes** ist eher wirtschaftlich als juristisch; für rein steuerliche Zwecke bestehen einige Kriterien für den Familienbetrieb im steuerrechtlichen Sinn, insbesondere für die Erbschaftsteuer. Entsprechend den Vorgaben für das Wohnhaus muss auch hier der Betrieb weitergeführt werden und darf nicht vor Ablauf von fünf Jahren nach dem Tod des Erblassers veräußert werden.

4. Steuervergünstigung für Lebensversicherungen

Die dritte wichtige Steuervergünstigung ist die hinsichtlich der Lebensversicherung des Erblassers, die für Ehegatten, den nichtehelichen Lebenspartner sowie Vorfahren und Abkömmlinge gilt, allerdings nur bis zu einem Betrag von 25.000 EUR pro Person.

VI. Verjährung der Erbschaftsteuer

Ebenso wie im Rest Spaniens beträgt die Verjährungsfrist für die Erbschaftsteuer **vier Jahre** ab dem Ablauf einer Frist von sechs Monaten nach dem Tod des Erblassers, in der die **Steuererklärung** abgegeben werden muss. In der Praxis bedeutet das, dass nach viereinhalb Jahren nach dem Tod des Erblassers keinerlei Steuerverpflichtung mehr besteht. Jedoch besteht weiterhin die formale Verpflichtung, die Steuererklärung mit der Bestätigung abzugeben, die Steuer sei verjährt. Ohne die Begleichung der Steuer kann das erworbene Eigentum nicht im Grundbuch eingetragen werden.

VII. Bewertung des Nachlasses

Schließlich hat die Frage des Wertes der im Wege der Erbfolge (*mortis causa*) übertragenen Gegenstände die größten Auswirkungen. Nach dem Erbschaft- und Schenkungsteuergesetz muss die Erklärung sich nach dem tatsächlichen Wert der geerbten Gegenstände richten. In der Praxis reicht die Mehrheit der Steuerzahler eine Selbstveranlagung ein, d.h., sie selbst geben einen Wert an, den sie eigentlich nicht kennen. Im Bereich der Immobilien muss für den Fall, dass die Steuerbehörde den Wert etwa wegen eines vor Kurzem durchgeführten Verkaufs kennt, mindestens dieser Wert zugrunde gelegt werden, ohne dass dieser eine Grenze nach oben setzen würde. In Katalonien gibt die Regierung jährlich eine **Anleitung mit Kriterien zur Bewertung** von Immobilien für steuerliche Zwecke heraus. Abgesehen davon geht das Gesetz auch vom Vorhandensein eines Hausrats aus, der dem Nachlass angerechnet werden muss und dessen Wert auf 3 % des Nachlasses festgelegt wird.

Praxishinweis: Bei der **Bewertung von Immobilien** muss besonders beachtet werden, dass diese Bewertung aufgrund der Erbschaftsteuer einen großen Stellenwert hat und maßgeblich für die Berechnung der Einkommensteuer ist in dem Falle, dass der Erbe oder Vermächtnisnehmer den Verkauf der Immobilie in Zukunft vornimmt. Da insofern die entsprechende Einkommensteuer durch einen durch den Verkauf einer Immobilie erhaltenen Gewinn abgeführt werden muss und steuerrechtlich dieser Gewinn sich für den Eigentümer aus der Differenz zwischen dem Preis oder Wert des Verkaufs und dem Preis oder Wert des Erwerbes ergibt, kann eine sehr niedrige Bewertung der Immobilie hinsichtlich der Erbschaftsteuer unvorteilhafte Konsequenzen in Form eines größeren, der Einkommensteuer unterliegenden Gewinns mit sich bringen. All dies muss im Speziellen beachtet werden, wenn man eine Immobilie nach ihrem Erwerb durch Erbschaft anschließend verkaufen möchte.

Die jährliche **Anleitung „über die Feststellung von Immobilienwerten"** der Regierung erinnert daran, dass der tatsächliche Wert der zu versteuernden Gegenstände zugrunde gelegt werden muss. Zudem betont sie, dass die Steuerbehörde jederzeit eine Überprüfung des angegebenen Wertes vornehmen kann. Allerdings erklärt die Behörde selbst, dass die Werte bei einer Bewertung, die sich an die Vorgaben der Regierung hält, als „nicht vorrangige" eingestuft werden.

Praxishinweis: Die derzeit geltenden Kriterien basieren auf der Multiplikation des Katasterwertes, den jede Immobilie zu einem bestimmten Prozentsatz hat, und gelten für Erbschaft-, Stempel- und Schenkungsteuer. Die angenommenen Immobilienwerte ergeben sich im konkreten Fall aus der Multiplikation des Katasterwertes im Zeitpunkt der Erklärung mit einem von der Regierung für jede Gemeinde festgelegten Prozentsatz und – speziell für die Erbschaftsteuer – aus einer weiteren Multiplikation mit 0,80 %. In der Praxis können sich daraus steuerrechtliche Werte ergeben, die noch unter den Markt- oder Verkaufswerten der Immobilien liegen.

Weitere Informationen und Materialien, wie z.B. Muster, Formulare, amtliche Texte und Internetadressen, befinden sich auf der beiliegenden CD-ROM.

Kroatien

Dr. Rembert Süß, Rechtsanwalt, Würzburg

Inhalt

A.	Internationales Erbrecht	1	III. Inhalt des Testaments	28
B.	Gesetzliche Erbfolge	4	IV. Vertragliche Gestaltungen auf den Todesfall	36
C.	Testamentarische Erbfolge	16	D. Pflichtteilsrecht	40
	I. Allgemeine Voraussetzungen für die Wirksamkeit eines Testaments	16	E. Nachlassabwicklung	50
	II. Formerfordernisse	20	F. Erbschaftsteuer	57

Literatur

Feketija/Pokrovac, Kroatien, in: Frank/Wachter, Handbuch Immobilienrecht in Europa, 2. Aufl. 2015, S. 669; *Firsching*, Das neue jugoslawische IPR-Gesetz, IPRax 1983, 1; *Josipović*, Das neue kroatische Erbrecht, WGO 2002, 91; *Josipović*, Erbrecht in der Republik Kroatien, in: Welser, Erbrechtsentwicklung in Zentral- und Osteuropa, Wien 2009; *Kristic*, Kroatien, in Schlitt/Müller, Handbuch Pflichtteilsrecht, 2010, S. 756; *Kristic*, Länderbericht Kroatien, in: NomosKommentar BGB, Band 5, Erbrecht, 4. Aufl. 2014, S. 1867; *Pintarić*, Kroatien (Stand: 1.6.2002), in: Ferid/Firsching/Dörner/Hausmann, Internationales Erbrecht; *Pintarić*, Reform des kroatischen Erbrechts, ZEV 2003, 498; *Plank*, Das Testamentsrecht der Föderativen Volksrepublik Jugoslawien, ZfRVgl 1965, 104; *Povh*, Zur Wirksamkeit des sogenannten Berliner Testaments nach jugoslawischem Recht, FamRZ 1992, 511; *Šarčević/Josipović/Gliha/Hlača/Kunda*, Croatia, in: Pintens, International Encyclopedia of Laws – Family and Succession Law (Stand: April 2013); *Wohlgemuth*, Der Ehemann als Noterbe seiner Ehefrau in Kroatien – IPR-Gutachten zum kroatischen Testat- und Pflichtteilsrecht, ROW 1995, 223.

A. Internationales Erbrecht

Für nach dem 16.8.2015 eingetretene Erbfälle gilt in Kroatien das nach den Regeln der EU-ErbVO bestimmte Recht. Zwar ist Kroatien erst nach der Verabschiedung der Erbrechtsverordnung der EU beigetreten (mit Wirkung zum 1.7.2013). Der Betritt führt aber zur Übernahme des gesamten bestehenden Rechtsrahmens der EU *(acquis communitaire)* im Beitrittsstaat. 1

Zuvor galt in Kroatien das Gesetz der ehemaligen Föderation Jugoslawien „zur Lösung von Gesetzeskollisionen mit den Vorschriften anderer Staaten für bestimmte Verhältnisse" (IPRG) vom 15.7.1982,[1] das durch Gesetz vom 8.10.1991 in das Recht der souveränen Republik Kroatien übernommen worden ist. Danach galt gem. Art. 30 Abs. 1 das Heimatrecht des Erblassers. Bei mehrfacher Staatsangehörigkeit des Erblassers war das Recht des Heimatstaates anzuwenden, in dem der Erblasser seinen Wohnsitz hatte. Bei mehrfacher Staatsangehörigkeit hatte aber die kroatische stets Vorrang vor allen anderen, Art. 11 IPRG. Eine **Rechtswahl** kannte das kroatische Internationale Erbrecht nicht. 2

---

[1] Übersetzung z.B. bei *Firsching*, IPRax 1983, 6.

3 Das **Haager Testamentsformübereinkommen** vom 5.10.1961[2] gilt kraft ausdrücklicher Erklärung der Republik Kroatien über die Staatensukzession gegenüber dem niederländischen Außenministerium vom 5.4.1993 für Kroatien auch nach Erlangung der Unabhängigkeit fort.[3] Seine kollisionsrechtlichen Vorschriften sind in Art. 31 IPRG inkorporiert. In gleicher Weise gilt auch das **Washingtoner Abkommen** über ein einheitliches Recht der Form eines Internationalen Testaments vom 26.10.1973[4] für Kroatien. Letzteres ist in die Art. 151 ff. ErbG inkorporiert worden.

B. Gesetzliche Erbfolge

4 Das materielle Erbrecht ist in dem am 3.4.2003 in Kraft getretenen Erbgesetz enthalten, welches das noch aus dem Jahr 1955 stammende alte jugoslawische Bundesgesetz über das Erbrecht[5] abgelöst hat.[6] Da die jugoslawische Teilrepublik Kroatien während der Dauer der Zugehörigkeit zur SFR Jugoslawien von ihrer Gesetzgebungskompetenz auf dem Gebiet des Erbrechts keinen Gebrauch gemacht hatte, hatte das einheitliche Bundesgesetz dort noch nach Erlangung der Souveränität bis zum Inkrafttreten des Gesetzes von 2003 fortgegolten. Das neue Gesetz ist erheblich moderner, ausführlicher und zieht den Übergang von der sozialistischen in eine moderne Gesellschaft nach.

5 Gesetzliche Erben **erster Ordnung** sind gem. Art. 9 Abs. 1 ErbG die Abkömmlinge des Erblassers. Kinder erben zu gleichen Teilen. Dabei stehen die ehelichen Kinder den nichtehelichen vollständig gleich, Art. 21 ErbG. Ist ein Kind vorverstorben, treten dessen Abkömmlinge in seinen Erbteil ein (**Eintrittsrecht**, Art. 10 ErbG). Hinterlässt es keine Abkömmlinge, so wächst sein Erbteil den anderen Erben an.

6 Der leiblichen Abstammung rechtlich gleichgestellt ist nun die Abstammung aufgrund von **Adoption**. Es gelten also das gleiche Erbrecht für adoptierte Kinder und das Erbrecht der Annehmenden bzw. dessen Verwandten nach dem Tod des Angenommenen. Das gegenseitige Erbrecht zwischen dem Angenommenen und seinen leiblichen Verwandten dagegen erlischt mit der Adoption. Grund hierfür ist, dass das kroatische Recht seit dem Familiengesetz 2003 ausschließlich die Adoption mit starken Wirkungen kennt. Abweichende Regeln gelten aber für die sog. schwache Adoption, die nach dem vor 2003 geltenden Recht möglich war.

7 Der **Ehegatte** erbt mit den Kindern zu gleichen Teilen. Die früher bestehenden – und teilweise noch in anderen jugoslawischen Nachfolgestaaten fortbestehenden[7] – Vorschriften über eine Erhöhung bzw. Minderung des Ehegattenerbrechts in bestimmten Konstellationen sind abgeschafft worden. Schlagen sämtliche Abkömmlinge des Erblassers die Erbschaft aus, so wird der Ehegatte des Erblassers gesetzlicher Alleinerbe, Art. 130 Abs. 5 ErbG. Das kroatische Familienrecht kennt jetzt auch die eingetragene Lebenspartnerschaft gleichge-

---

2 BGBl 1993 II, S. 1692; für die Zeit seit dem 5.1.1964: BGBl 1966 II, S. 11. Text des Abkommens auf der beiliegenden CD-ROM unter der Rubrik „Haager Konventionen". Zum Inhalt des Testamentsformübereinkommens vgl. § 1 Rn 33 und § 4 Rn 61 ff.
3 BGBl 1993 II, S. 1962.
4 Siehe hierzu auch § 4 Rn 66 f.; Text der Konvention auf der beiliegenden CD-ROM unter der Rubrik „Washingtoner Abkommen".
5 Übersetzung bei *Ferid/Firsching/Dörner/Hausmann*, Internationales Erbrecht, Jugoslawien Texte Nr. 5 – aussortiert.
6 Hierzu *Pintarić*, WiRO 2003, 222.
7 Vgl. z.B. Länderbericht Serbien (Rn 9).

schlechtlicher Partner. Es ist davon auszugehen, dass der eingetragene Partner auch in erbrechtlicher Hinsicht einem Ehegatten gleichgestellt ist.

Das gesetzliche Ehegattenerbrecht erlischt gem. Art. 25 Abs. 2 ErbG, sobald der Erblasser einen **Scheidungsantrag** bei Gericht gestellt hat und nach Eintritt des Erbfalls vom Gericht festgestellt wurde, dass dieser Antrag begründet war. Dem steht gleich, dass die Ehe nach dem Erbfall aus Gründen annulliert wurde, die dem überlebenden Ehegatten bekannt waren. Darüber hinaus erlischt das gesetzliche Ehegattenerbrecht bereits, wenn die eheliche Lebensgemeinschaft zum Zeitpunkt des Erbfalls faktisch dauerhaft beendet war, sei es aufgrund Verschuldens des überlebenden Ehegatten oder aber aufgrund gemeinschaftlichen Einvernehmens der Eheleute, Art. 25 Abs. 2 ErbG.

Der überlebende Ehegatte und die Abkömmlinge, die mit dem Erblasser im Zeitpunkt seines Todes in Hausgemeinschaft lebten, erhalten darüber hinaus die **Haushaltsgegenstände**, die dem Erblasser gehörten und zur Befriedigung der täglichen Bedürfnisse erforderlich sind (Möbel, Haushaltsgeräte, Bettwäsche etc.), soweit es sich hierbei nicht um Gegenstände von besonderem Wert handelt, Art. 76 Abs. 1 ErbG. Hierbei handelt es sich nicht um ein besonderes gesetzliches Vermächtnis oder um eine andere Weise erbrechtlichen Erwerbs. Vielmehr werden diese Gegenstände erst gar nicht Bestandteil des Nachlasses, sondern fallen unmittelbar dem Ehegatten und den entsprechenden Abkömmlingen des Erblassers als Miteigentümern zu gleichen Anteilen zu.[8]

Lebzeitige **Schenkungen** des Erblassers an seine gesetzlichen Erben (also nicht nur an Abkömmlinge) sind bei der Teilung des Nachlasses mit ihrem Wert auszugleichen, soweit es sich nicht um kleinere Gelegenheitsgeschenke handelt, einer der Miterben die Ausgleichung verlangt und der Erblasser nicht ausdrücklich bei der Schenkung oder im Testament die **Ausgleichung** ausgeschlossen hat bzw. sich ein entsprechender Wille des Erblassers aus anderen Umständen herleiten lässt, Art. 89 ErbG.

Dem Ehegatten erbrechtlich gleichgestellt ist nach dem neuen ErbG der überlebende Lebensgefährte aus einer **nichtehelichen Lebensgemeinschaft**, Art. 8 Abs. 8 ErbG. Voraussetzungen für das Vorliegen einer entsprechenden Lebensgemeinschaft sind:
– das Bestehen der Lebensgemeinschaft über einen längeren Zeitraum (mindestens drei Jahre) oder die Geburt eines gemeinsamen Kindes,
– die Lebensgemeinschaft wurde erst durch den Tod des Erblassers beendet, und
– es liegen sämtliche materiellen Voraussetzungen für das Eingehen einer Ehe vor.[9]

Für den Partner aus einer **gleichgeschlechtlichen Lebenspartnerschaft** i.S.d. Gesetzes über die gleichgeschlechtliche Lebensgemeinschaft von 2006 ist kein gesetzliches Erbrecht vorgesehen.[10] Dieser kann also nur dann erben, wenn er von seinem verstorbenen Partner testamentarisch bedacht wurde.

Die Erben **zweiter Ordnung** kommen erst zum Zuge, wenn keinerlei Erben erster Ordnung (abgesehen von dem Ehegatten bzw. dem nichtehelichen Lebensgefährten) vorhanden sind, Art. 8 Abs. 4 ErbG. Zu den Erben der zweiten Ordnung gehören die Eltern des Erblassers und der Ehegatte. Der überlebende Ehegatte erhält hier eine Erbquote von ein Halb. Die andere Hälfte des Nachlasses erhalten die Eltern. Lebt nur noch einer der Eltern, so wächst

---

8 *Josipovic*, in: Pintens, International Encyclopedia of Laws – Familiy and Succession Law, Croatia Rn 341.
9 Siehe *Mihaljevic-Schulze/Pürner*, in: Süß/Ring, Eherecht in Europa, Länderbericht Kroatien, Rn 94.
10 Siehe *Mihaljevic-Schulze/Pürner*, in: Süß/Ring, Eherecht in Europa, Länderbericht Kroatien Rn 87, die aber eine Gleichbehandlung mit heterosexuellen Lebensgefährten aus dem Diskriminierungsverbot in Art. 21 des Gesetzes ableiten möchten.

diesem das dem vorverstorbenen Elternteil zukommende Viertel zu, Art. 11 Abs. 5 ErbG. Der Ehegatte wird gesetzlicher Alleinerbe, wenn der Erblasser weder Abkömmlinge noch Eltern hinterlässt, Art. 11 Abs. 3 ErbG. Der Ehegatte schließt daher die Abkömmlinge der Eltern (also die Geschwister des Erblassers und ggf. deren Abkömmlinge) von der gesetzlichen Erbfolge aus. Diese gelangen vielmehr erst dann zur Erbfolge, wenn der Erblasser keinen Ehegatten hinterlässt, und treten in das Erbrecht der vorverstorbenen Eltern ein, Art. 12 Abs. 1 ErbG.

14 Die Großeltern und ggf. deren Abkömmlinge gehören der **dritten Ordnung** an, Art. 14 Abs. 1 ErbG. In diesem Fall fällt der mütterlichen und der väterlichen Linie jeweils eine Hälfte der Erbschaft zu. Es gelten dann in diesen Linien jeweils die vorerwähnten Grundsätze über die Repräsentation, Anwachsung und das Eintrittsrecht, Art. 15 Abs. 2 ErbG.

15 Zur **vierten Erbenordnung** gehören die Urgroßeltern. In dieser Ordnung findet kein Eintritt der Abkömmlinge statt, sondern nur die Anwachsung an ggf. überlebende Urgroßeltern, Art. 17, 18 ErbG. In weiteren Ordnungen gibt es ebenfalls ausschließlich das Erbrecht der Aszendenten, Art. 19 ErbG.

C. Testamentarische Erbfolge

I. Allgemeine Voraussetzungen für die Wirksamkeit eines Testaments

16 Die **Testierfähigkeit** tritt gem. Art. 26 Abs. 1 ErbG mit Vollendung des 16. Lebensjahres ein, vorausgesetzt, der Testator ist fähig, ein unabhängiges eigenes Urteil zu bilden. **Verfügungen von Todes wegen** sind ausschließlich als testamentarische und jederzeit widerrufliche Verfügungen möglich.

17 Die Wirksamkeit **gemeinschaftlicher Testamente** ist nicht gesetzlich geregelt.[11] Die Literatur geht davon aus, dass diese dann unwirksam sind, wenn sie Verfügungen enthalten, mit denen sich die Testierenden gegenseitig unter der Bedingung der Gegenseitigkeit bedenken.[12] Dann nämlich läge eine vertragsmäßige Verfügung vor, die keine testamentarische Verfügung darstellen kann (Nicht-Testament).[13] Hingegen können rechtlich voneinander unabhängige Verfügungen von Todes wegen auch nach kroatischem Recht – soweit dann jeder der Testierenden sämtliche Formerfordernisse einhält – in einer einzigen Urkunde zusammengefasst errichtet werden.[14] Damit handelt es sich bei der Zulässigkeit der gemeinschaftlichen Errichtung aus kroatischer Sicht m.E. um eine reine Formfrage.

18 **Mängel bei der Errichtung** des Testaments werden vom Nachlassgericht grundsätzlich nicht von Amts wegen beachtet. Berücksichtigt werden nur solche Rechtsverstöße, die

---

11 Zum gemeinschaftlichen Testament im kroatischen Recht z.B. OLG Zweibrücken ZEV 2003, 162 m. Anm. *Süß*.
12 Unklar bleibt hierbei, wie die gegenseitige Abhängigkeit festgestellt werden soll. Die in Deutschland verbreitete Ansicht, bei gegenseitigen Verfügungen sei sofort (wohl in entsprechender Anwendung von § 2270 Abs. 2 BGB) Wechselbezüglichkeit anzunehmen, ist schon deswegen zu verwerfen, weil hier mangels Geltung deutschen Erbrechts die sich aus dem deutschen Erbrecht ergebenden besonderen gesetzlichen Vermutungen und Auslegungsregeln nicht angewandt werden können.
13 *Povh*, FamRZ 1992, 511 f.
14 *Šarčević/Josipović/Gliha/Hlača/Kunda*, Croatia, in: Pintens, International Encyclopedia of Laws – Family and Succession Law, Croatia Rn 407, 408; *Kristic*, in: NK-BGB, Band 5, Länderbericht Kroatien Rn 100 unter Hinweis auf eine Entscheidung des Obersten Gerichtshofs der Republik Kroatien, der ein vor Zeugen gemeinschaftlich errichtetes Testament als wirksam anerkannt hatte; OLG Zweibrücken ZErb 2003, 162.

dazu führen, dass überhaupt keine Verfügung von Todes wegen vorliegt (z.B. fehlende Höchstpersönlichkeit bei der Errichtung, fehlender Testierwille oder fehlende Ausdrücklichkeit). Andere Verstöße (fehlende Testierfähigkeit, Formverstöße etc.) werden nur beachtet, wenn eine Person mit einem rechtlichen Interesse oder der Staatsanwalt diesen Fehler innerhalb einer Frist von einem Jahr ab Kenntnis der Umstände, frühestens nach Eröffnung des Testaments dem Nachlassgericht gegenüber moniert, Art. 28 ErbG. Die Anfechtung ist ausgeschlossen, wenn seit der Eröffnung des Testaments zehn Jahre verstrichen sind. Entsteht über die Wirksamkeit Streit zwischen den Beteiligten, so ist das Nachlassverfahren auszusetzen und der Streit vor dem Prozessgericht zu klären, Art. 222 ErbG.

Ein **Testament** kann gem. Art. 64 ErbG jederzeit **widerrufen** werden, sei es durch ausdrücklichen Widerruf in testamentarischer Form, durch Zerstörung des alten Testaments mit *animus revocandi*, durch Errichtung einer neuen widersprechenden Verfügung oder auch durch Zerstörung oder Veräußerung des Gegenstands, auf den sich die letztwillige Verfügung bezieht. Schließlich haben gem. Art. 67 ErbG ein rechtskräftiges Urteil über die Scheidung der Ehe und die dauerhafte Beendigung einer nichtehelichen Lebensgemeinschaft einen widerrufenden Effekt auf die Verfügung. 19

II. Formerfordernisse

Das kroatische Recht unterscheidet zwischen ordentlichen Testamentsformen und außerordentlichen Testamentsformen (Nottestamente). 20

Das **holographe Testament** muss vom Erblasser vollständig mit eigener Hand geschrieben und eigenhändig unterschrieben werden, Art. 30 ErbG. Die Unterschrift ist nicht zwingend am Ende des Testaments anzubringen, auch ist nicht jede Seite eines mehrseitigen Testaments am Ende zu zeichnen.[15] Dennoch ist – nicht zuletzt aus Beweisgründen – ein entsprechendes Verfahren praktisch anzuraten. Die Angabe des Datums und des Ortes der Errichtung des Testaments wird zu seiner Wirksamkeit nicht gesetzlich verlangt. Dennoch wird sich auch diese praktisch empfehlen. 21

Praktisch häufig vorkommende Testamentsform ist das schriftlich errichtete und eigenhändig unterschriebene (allographe) **Zwei-Zeugen-Testament**, Art. 31 ErbG. Dieses kann vom Erblasser selber in einer Form errichtet werden, die nicht die Anforderungen der eigenhändigen Errichtung erfüllt (Schreibmaschine, Computer). Möglich – und üblich – ist aber, dass ein Dritter den Text niederlegt. In der Praxis ist dies regelmäßig ein mit dem Entwurf des Testaments beauftragter Rechtsanwalt. Der Testator muss zum Lesen und Schreiben in der Lage sein und vor mindestens zwei geschäftsfähigen Zeugen, die zugleich anwesend sein müssen, erklären, dass es sich um sein Testament handelt, und dieses in ihrer Gegenwart unterschreiben. Es genügt nicht, dass er den Zeugen das schon fertig unterzeichnete Testament vorlegt. Schließlich müssen auch die Zeugen das Dokument als Zeugen unterzeichnen. Die Zeugen brauchen vom Inhalt des Testaments nichts zu erfahren – solange sie nur wissen, dass das Dokument den letzten Willen des Erblassers enthält. Daher genügt es z.B. auch, wenn sie das Testament nicht auf der letzten Seite, sondern erst auf der (unbeschriebenen) Rückseite unterzeichnen. 22

Das **öffentlich beurkundete Testament** (Art. 30 ff., 146 ff. ErbG) kann in Kroatien durch die Richter oder die Rechtspfleger des Gemeindegerichts und die Notare beurkundet werden. Im Ausland können kroatische Staatsangehörige die Beurkundung durch die konsularischen oder die einschlägigen diplomatischen Vertreter der Republik Kroatien in Anspruch 23

---

15 *Gliha*, in: Pintens, International Encyclopedia of Laws – Familiy and Succession Law, Croatia Rn 383.

nehmen.¹⁶ Diese Testamentsform ist die einzige zulässige Form der Testamentserrichtung, wenn der Erblasser nicht schreiben oder lesen kann oder an der eigenhändigen Unterzeichnung des Testaments gehindert ist. Die Urkundsperson muss die Identität des Testators feststellen und vermerken. Die Urkunde wird nach Abfassung von der Urkundsperson verlesen und erläutert. Abschließend wird regelmäßig sowohl der Text des Testaments als auch der abschließende Beurkundungsvermerk vom Testator unterschrieben. Kann er nicht unterschreiben, so sind Zeugen herbeizuziehen.

24 Die Urkundsperson ist anschließend gem. Art. 148 ErbG verpflichtet, das **kroatische Testamentsregister** von der Errichtung des Testaments zu benachrichtigen. Das Testamentsregister wird in Kroatien von der **Kroatischen Notariatskammer** geführt, Art. 68 ErbG. Dort werden nicht die Testamentsurkunden oder der Inhalt der Testamente verwahrt, sondern nur die Tatsache, dass ein Testament errichtet und vom Testator hinterlegt worden ist oder dass ein Testament widerrufen oder aus der amtlichen Verwahrung genommen worden ist.

25 Da die Republik Kroatien die Staatensukzession in Bezug auf die von der Sozialistischen Föderativen Republik Jugoslawien gezeichneten Abkommen insoweit anerkannt hat, kann schließlich ein Testament auch als **internationales Testament** nach den Vorschriften des Washingtoner Abkommens errichtet werden (vgl. Rn 3). Diese Regeln sind in das Erbgesetz eingefügt worden (Art. 152–166 ErbG). Zuständige Peson für die Errichtung des internationalen Testaments sind in Kroatien der Notar bzw. der Richter und im Ausland die konsularischen Beamten der Republik Kroatien.

26 Daneben gibt es die Möglichkeit des **mündlich errichteten Testaments** (Nottestament). Voraussetzung für die Errichtung ist, dass der Testator nicht in der Lage ist, ein Testament in einer der ordentlichen Testamentsformen zu errichten (z.B. aufgrund einer plötzlichen Krankheit des Erblassers), Art. 37 ErbG. Das Testament muss vor mindestens zwei geschäftsfähigen und gleichzeitig anwesenden Zeugen erklärt werden. Diese müssen anschließend den letzten Willen so bald wie möglich schriftlich niederlegen und bei einem Notar oder bei einem Gericht einreichen oder protokollieren lassen, Art. 39 ErbG. Das Testament verliert automatisch seine Wirksamkeit, wenn dreißig Tage ab dem Tag verstrichen sind, ab dem der Erblasser wieder in einer der ordentlichen Testamentsformen testieren kann (ohne dass der Erbfall zwischenzeitlich eingetreten ist).

27 **Verstöße** gegen die gesetzlichen Formerfordernisse sind nicht von Amts wegen zu beachten. Vielmehr wäre das Testament von den Personen mit einem entsprechenden Interesse innerhalb der gesetzlichen Jahresfrist (siehe Rn 18) durch entsprechende Erklärung vor dem Nachlassgericht „anzufechten". Erfolgt keine fristgerechte Anfechtung, wird das Testament unanfechtbar, ein entsprechender Formfehler wird also „geheilt".

III. Inhalt des Testaments

28 Der Erblasser kann durch Testament eine oder mehrere Personen zu **Erben einsetzen**, Art. 49 ErbG. Hat er mehrere Erben eingesetzt, so erben diese zu gleichen Teilen, wenn der Erblasser die Quoten nicht abweichend geregelt hat. Setzt er Erben zu bestimmten Quoten ein, ohne den Nachlass hierbei auszuschöpfen, so wird der verbleibende Rest von den gesetzlichen Erben geerbt. Die Zuwendung einer bestimmten Sache gilt regelmäßig

---

16 Selbstverständlich genügt bei Errichtung in Deutschland die Beurkundung durch einen deutschen Notar. Selbst wenn dieser die Verfahrensvorschriften des kroatischen Erbrechts nicht einhält, so ist das Testament schon deswegen formgültig, weil dieses die Ortsform (Art. 31 IPRG bzw. Art. 1 lit. a Haager Testamentsformübereinkommen) einhält.

Süß

als Vermächtnis; es ist aber auch möglich, einen Erben in Bezug auf einen bestimmten Nachlassgegenstand zu benennen.[17]

Der Erblasser kann **Ersatzerben** für den Fall einsetzen, dass der eingesetzte Erbe nicht die Erbfolge antritt, Art. 44 Abs. 1 ErbG. Erbeinsetzungen und Vermächtnisse können auch mit aufschiebenden oder auflösenden **Bedingungen** versehen oder befristet werden, Art. 47 Abs. 2 ErbG. Unzulässig ist dagegen die Anordnung der **Vor- und Nacherbschaft** (*fideikommissarische Substitution*), Art. 44 Abs. 2 ErbG. Man könnte zwar daran denken, das Verbot der Vor- und Nacherbfolge dadurch zu umgehen, dass man den Vorerben zum auflösend und den Nacherben zum aufschiebend bedingten Erben einsetzt. Das Verbot der Vor- und Nacherbfolge erstreckt sich aber gleichermaßen auf alle Gestaltungen, mit denen ein Erbe zu einem Erben des Erben bestimmt wird. Daher fällt auch die Einsetzung eines Erben unter einer aufschiebenden Bedingung unter dieses Verbot, wenn der Tod des auflösend bedingt eingesetzten Erben die Bedingung für die Erbenstellung des aufschiebend bedingt eingesetzten Erben ist.[18]

29

Erben können mit **Auflagen** belastet werden, Art. 47 Abs. 1 ErbG. Die schuldhafte Nichterfüllung einer Auflage hat zur Folge, dass der mit der Auflage belastete Erbe sein testamentarisches Erbrecht automatisch verliert (im Wege einer auflösenden Bedingung seiner Erbenstellung) und die ihm zugewandte Erbquote den testamentarischen Miterben zufällt, die nicht mit der Auflage belastet sind. Mangels entsprechender Miterben fällt sie den gesetzlichen Erben zu, Art. 48 ErbG.

30

Der Erblasser kann **Vermächtnisse** aussetzen, Art. 45 ErbG. Vermächtnisnehmer können Dritte, aber auch Erben sein. Im letzteren Fall liegt ein Vorausvermächtnis vor, das grundsätzlich auf den Erbteil nicht angerechnet wird. Der Vermächtnisnehmer erwirbt den Anspruch, von den Erben bzw. einer der mit dem Vermächtnis belasteten Personen die Erfüllung des Vermächtnisses zu verlangen (**Damnationslegat**). Der Vermächtnisanspruch verjährt innerhalb einer Frist von drei Jahren, beginnend mit Fälligkeit und Kenntnis vom Vermächtnis durch den Vermächtnisnehmer, spätestens aber fünf Jahre nach Fälligkeit, Art. 59 ErbG.

31

Der Erblasser kann durch Testament bestimmte gesetzliche Erben von der Erbfolge ausschließen (**Enterbung**). Eine **Pflichtteilsentziehung** ist gem. Art. 85 ErbG durch Testament möglich, wenn der Pflichtteilsberechtigte

32

– eine gesetzliche oder sittliche familiäre Verpflichtung gegen den Erblasser in schwerwiegender Weise verletzt hat (also z.B. sich um den Erblasser nicht gekümmert und für ihn nicht gesorgt hat);
– vorsätzlich eine schwerwiegende Straftat gegen den Erblasser, seinen Ehegatten, sein Kind oder einen Elternteil begangen hat;
– eine Straftat gegen die Republik Kroatien begangen hat; oder
– sich einem unehrenhaften Lebenswandel hingegeben hat.

Unter besonderen Umständen kann auch einem überschuldeten Abkömmling der Pflichtteil zugunsten eines minderjährigen Kindes oder Enkelkindes des Erblassers entzogen werden, Art. 88 ErbG.

Möglich ist die testamentarische Errichtung einer **Stiftung**, indem diese zum Erben oder Vermächtnisnehmer ernannt wird, Art. 46 ErbG.

33

---

17 *Gliha*, in: Pintens, International Encyclopedia of Laws – Familiy and Succession Law, Croatia Rn 423.
18 *Gliha*, in: Pintens, International Encyclopedia of Laws – Familiy and Succession Law, Croatia Rn 427.

Süß

34 Einen **Testamentsvollstrecker** kann der Erblasser nur persönlich bestellen. So kann er auch nicht das Nachlassgericht bzw. den als Gerichtskommissär tätigen Notar bevollmächtigen, an seiner Stelle eine Person als Testamentsvollstrecker auszuwählen. Die Klausel im Testament muss zumindest so weit konkretisiert sein, dass sich mit ihr eine Person bestimmen lässt.

35 Der Testamentsvollstrecker muss im Rahmen der ihm vom Erblasser zugewiesenen Aufgaben für und im Namen der Erben den Nachlass verwahren und alles unternehmen, was zur Erhaltung des Nachlasses erforderlich ist, Art. 61 Abs. 1 ErbG. Er muss die Nachlassverbindlichkeit begleichen, die Vermächtnisse erfüllen, den Nachlass verwalten und in jeder Hinsicht sicherstellen, dass das Testament den Anordnungen des Erblassers entsprechend umgesetzt wird. Der Testamentsvollstrecker ist dem Nachlassgericht gegenüber zur Rechnungslegung verpflichtet und haftet für von ihm verursachte Verluste. Er hat Anspruch auf ein Testamentsvollstreckerzeugnis und eine angemessene Vergütung aus dem Nachlass. Handelt der Testamentsvollstrecker oder einer von mehreren dem Gesetz oder den Anweisungen des Testaments zuwider, so hat das Gericht auf Antrag durch einen betroffenen Beteiligten bzw. von Amts wegen den Testamentsvollstrecker abzuberufen, Art. 63 ErbG. Hiergegen steht dem Testamentsvollstrecker kein Rechtsmittel zu.

IV. Vertragliche Gestaltungen auf den Todesfall

36 Auf die Erbfolge bezogene Verträge werden im kroatischen Recht wie auch in den anderen ehemals jugoslawischen Rechtsordnungen weitgehend untersagt. Nichtig sind
- Verträge, mit denen der Erblasser seinen Nachlass durch vertraglich bindende Verfügung einem anderen hinterlässt (**Erbvertrag** im engeren Sinne), Art. 102 ErbG;
- Verträge, in denen sich der Erblasser verpflichtet, eine bestimmte Verfügung in sein Testament aufzunehmen (**Testiervertrag**), Art. 104 ErbG;
- Verträge, mit denen jemand über eine von ihm erwartete künftige Erbschaft, ein künftiges Vermächtnis oder andere Vorteile aus dem Tod eines anderen verfügt (**Erbschaftsvertrag**), Art. 103 ErbG;
- das gilt auch für Verträge, mit denen eine Person auf eine künftige Erbschaft verzichtet oder diese bereits vor Eintritt des Erbfalls unwiderruflich ausschlägt (**Erbverzicht**) – ausgenommen allein ist der in Art. 134 ErbG geregelte Sonderfall.[19]

37 Allerdings kann der Erblasser durch einen **Übergabevertrag** mit seinen Abkömmlingen vereinbaren, dass bestimmte Teile seines Vermögens in der vereinbarten Weise auf die Abkömmlinge oder einen von ihnen übergehen. Dem Vertrag müssen alle Abkömmlinge zustimmen. Er ist durch das Gericht zu beglaubigen oder durch einen öffentlichen Notar zu beurkunden (Art. 106 Abs. 2 ErbG). Der Vertrag kann sich ausschließlich auf Gegenstände beziehen, die dem Erblasser beim Abschluss des Vertrages schon gehören, Art. 107 Abs. 1 ErbG. Er bezieht sich also nicht auf sein künftiges Vermögen. Auch werden allein Aktiva erfasst. Zur Erfüllung von Verbindlichkeiten des Erblassers ist der Übernehmer nur verpflichtet, wenn er die Erfüllung vertraglich übernommen hat. Eine Übertragung der Verbindlichkeiten findet durch den Übergabevertrag aber nicht statt. Die vom Übergabevertrag erfassten Gegenstände fallen beim Tod des Erblassers nicht in den Nachlass, sondern gehen mit dem Zeitpunkt des Todes unmittelbar auf den Übernehmer über, Art. 108 Abs. 1 ErbG. Diese Rechtsfolge macht deutlich, dass der Abkömmling, der Vertragspartner des Übergabevertrages ist, die entsprechenden Nachlassteile nicht im Wege erbrechtlicher Rechtsnachfolge, sondern im Wege eines schuld- und sachenrechtlichen Rechtsgeschäfts quasi außer-

---

19 Erbausschlagung durch einen Abkömmling oder den Ehegatten des Erblassers, siehe hierzu Rn 49.

halb der Erbfolge erwirbt. Gemäß Art. 108, 111 ErbG wird die Übergabe nur dann als Geschenk behandelt, wenn einer der Erben dem Vertrag nicht zugestimmt hat. Die Zuwendung kann daher weder bei der Bemessung der gesetzlichen Erbteile noch bei der Berechnung der Pflichtteile dem Nachlass zugerechnet werden. Vielmehr kommt der Zustimmung der Erben zu dem Übergabevertrag insoweit die Funktion eines gegenständlich beschränkten Verzichts auf Pflichtteilsergänzung zu.

Möglich ist auch eine Zuwendung von Nachlassvermögen auf den Todesfall gegen eine Verpflichtung des Vertragspartners, dem Erblasser oder einer anderen Person lebenslangen Unterhalt zu leisten, Art. 116 ErbG. Ein solcher **Leibrentenvertrag** bewirkt wie der Übergabevertrag keinen Übergang des Vermögens auf erbrechtlichem Wege und ist daher systematisch als schuldrechtliche Vereinbarung unter Lebenden zu qualifizieren. Der Vertrag muss gerichtlich beglaubigt oder notariell beurkundet werden, Art. 116 Abs. 4 ErbG.

Schließlich kennt das kroatische Recht die Möglichkeit einer **Schenkung von Todes wegen**. Eine derartige Vereinbarung ist wirksam, wenn die Form einer notariellen Urkunde eingehalten wurde, der Schenker in dem Vertrag auf sein Recht zum Widerruf der Schenkung verzichtet, der Schenker die Vertragsurkunde dem Beschenkten übergeben und die Schenkung angenommen hat.[20] In diesem Fall erwirbt der Beschenkte nach kroatischem Sachenrecht das Eigentum an dem geschenkten Gegenstand aufschiebend bedingt mit Eintritt des Todes des Schenkers, so dass dieser nicht Bestandteil des Nachlasses wird. Da auf diese Weise eine bindende und unentgeltliche Zuwendung von Vermögen auf den Todesfall möglich ist, stellt die Schenkung von Todes wegen einen gewissen Ersatz für die fehlende Möglichkeit vertragsmäßiger Verfügungen von Todes wegen dar.

D. Pflichtteilsrecht

Der Pflichtteil gewährt dem übergangenen Pflichtteilsberechtigten nach kroatischem Recht eine unmittelbare dingliche Beteiligung in Höhe der Noterbquote am Nachlass (Art. 70 ErbG). Zu den sog. **absoluten Pflichtteilsberechtigten** gehören die Personen, denen stets ein Pflichtteil zusteht. Dies sind die Kinder und die anderen leiblichen sowie die adoptierten Abkömmlinge des Erblassers, sein (vom Erblasser nicht faktisch getrennt lebender, siehe Rn 8) Ehegatte und schließlich auch der Partner aus einer gesetzlich anerkannten verschiedengeschlechtlichen faktischen Lebensgemeinschaft (siehe Rn 11). Der Pflichtteil dieser Personen erstreckt sich auf die Hälfte ihres gesetzlichen Erbteils. Der Gefährte einer gleichgeschlechtlichen Lebensgemeinschaft bleibt – wie beim gesetzlichen Erbrecht – auch beim Pflichtteilsrecht ausgeschlossen.

Die Eltern und die weiteren Vorfahren des Erblassers, einschließlich der Adoptiveltern, gehören nach dem neuen Erbgesetz nicht mehr allgemein zu den Pflichtteilsberechtigten. Selbst wenn sie zur gesetzlichen Erbfolge berufen wären, können sie Pflichtteilsrechte nur dann geltend machen, wenn sie arbeitsunfähig und bedürftig sind (**relative Noterben**). Der Pflichtteil der Aszendenten beträgt dann ein Drittel des gesetzlichen Erbteils.[21]

Scheidet ein Pflichtteilsberechtiger kraft Ausschlagung oder aus anderem Grunde aus, wächst sein Anteil den anderen Pflichtteilsberechtigen nicht zu.

---

20 *Josipovic*, in: Pintens, International Encyclopedia of Laws – Familiy and Succession Law, Croatia Rn 511 unter Bezugnahme auf § 956 des österreichischen ABGB.
21 *Kristic*, in: NK-BGB, Band 5, Länderbericht Kroatien, Rn 52.

43 Der Ehegatte sowie die mit dem Erblasser gemeinsam lebenden Abkömmlinge erhalten den zur Befriedigung der täglichen Bedürfnisse dienenden Hausrat – soweit dieser nicht erheblichen Wert hat – als gesetzlichen **Voraus**, ohne dass dieser bei der Berechnung des Pflichtteils einbezogen oder angerechnet wird, Art. 38 ErbG. Auch können Abkömmlinge, die mit dem Erblasser gemeinsam gewirtschaftet haben, vorab einen Ausgleich für den Wert verlangen, um den ihre (Mit-)Arbeit das Vermögen des Erblassers erhöht hat, Art. 37 ErbG.

44 Zur Berechnung des Pflichtteils werden dem Nachlass ohne zeitliche Befristung sämtliche **lebzeitigen Geschenke** des Erblassers an einen der gesetzlichen Erben zugerechnet, und zwar auch dann, wenn der Empfänger die Erbschaft ausgeschlagen hat. Geschenke an eine Person, die nicht zu den gesetzlichen Erben gehört, unterliegen der Pflichtteilsergänzung, wenn die Schenkung innerhalb eines Jahres vor dem Erbfall erfolgte.

45 Gehen die testamentarischen Verfügungen des Erblassers über den Teil des Nachlasses hinaus, der nicht von den Pflichtteilen der Noterben erfasst wird – überschreitet er also die sog. **verfügbare Quote** –, so können die Pflichtteilsberechtigten durch entsprechende Erklärung die testamentarischen Verfügungen anfechten, soweit diese ihren Pflichtteil verletzen, Art. 78 ErbG. Dabei kann der Erblasser die Möglichkeit zur Wiederherstellung der Erbenstellung nicht dadurch einschränken, dass er ihnen einzelne Gegenstände, Rechte oder Geld als Vermächtnis zuweist, Art. 70 Abs. 4 ErbG.

46 Hat der Erblasser bereits mit den Schenkungen unter Lebenden die pflichtteilsfreie verfügbare Quote überschritten, so genügt die vollständige Reduzierung der testamentarischen Verfügungen nicht, um die Pflichtteile der Noterben wiederherzustellen. In diesem Fall müssen diese dann also auch die lebzeitigen Schenkungen des Erblassers anfechten. Hierbei wird in umgekehrter zeitlicher Reihenfolge verfahren, so dass die vor dem Tode als zeitlich letzte erfolgte Schenkung als erste angegriffen wird, Art. 81 ErbG.

47 Eine **Entziehung des Pflichtteils** ist durch ausdrückliche testamentarische Anordnung möglich, wenn der Noterbe eine schwerwiegende rechtliche oder moralische Verfehlung wider den Erblasser begangen hat (vgl. Rn 32).

48 Die Geltendmachung des Pflichtteils erfolgt regelmäßig im Rahmen des Nachlassverfahrens. Das Pflichtteilsrecht **verjährt in drei Jahren** seit Eröffnung des Testaments. Bei beeinträchtigenden Schenkungen beginnt die Verjährung mit dem Tod des Erblassers (Art. 46 ErbG). Wenn der Testamentserbe das Noterbrecht nicht anerkennt, so ist die Erhebung einer **Herabsetzungsklage** und die Entscheidung über das Pflichtteilsrecht im streitigen Zivilverfahren erforderlich.[22]

49 Der vertragliche Verzicht auf den Pflichtteil zu Lebzeiten des Erblassers fällt unter das Verbot der Erbverträge. Allerdings ergibt sich aus Art. 134 ErbG die Ausnahme, dass ein Abkömmling des Erblassers mit diesem durch schriftlichen Vertrag die Erbfolge bereits zu Lebzeiten bindend ausschlägt. Ein entsprechender **Erbverzicht** ist auch zwischen Eheleuten möglich. Freilich ist diese Ausschlagung bedingungslos auf die gesamten Rechte aus der Erbschaft, gesetzliche wie testamentarische bezogen, kann also nicht auf einen Pflichtteil oder einen bestimmten Pflichtteilsergänzungsanspruch beschränkt werden.[23] Soweit nicht Abweichendes vereinbart wurde, wirkt der Verzicht auch für die Abkömmlinge des Ausschlagenden. Der Erbverzichtsvertrag muss schriftlich vereinbart und gerichtlich oder notariell beurkundet werden. Es genügt zur Formwirksamkeit auch, wenn dieser schriftlich

---

22 *Wohlgemuth*, ROW 1995, 228.
23 *Kristic*, in: NK-BGB, Band 5, Länderbericht Kroatien Rn 109.

errichtet und anschließend vom Notar in die Form eines Notariatsaktes gebracht worden ist.[24]

E. Nachlassabwicklung

Der Nachlass geht – vorbehaltlich der **Ausschlagung** – mit dem Tod des Erblassers *ex lege* und *ipso iure* auf die Erben über, Art. 4 Abs. 4 ErbG. Die Ausschlagung ist dem Nachlassgericht oder im Ausland einem Konsul gegenüber zu erklären. Die Ausschlagung muss bis zum Ende des erstinstanzlichen Nachlassverfahrens erklärt werden, Art. 130 Abs. 1 ErbG. Die Ausschlagung gilt dabei auch für die Abkömmlinge des Erblassers, soweit dieser nicht ausdrücklich erklärt hat, dass er ausschließlich im eigenen Namen die Erbschaft ausschlägt, Art. 130 Abs. 2 ErbG. Die Ausschlagung führt dazu, dass der Erbe seine Erbenstellung rückwirkend auf den Zeitpunkt des Eintritts der Erbfolge verliert. Sein Anteil wächst dann den Miterben aus derselben Erbenordnung an. Ein Widerruf der Ausschlagung ist unzulässig. Eine Annahmeerklärung ist nicht erforderlich.

Das **Nachlassverfahren** wird durch das kommunale Gericht oder aber durch einen Notar als „Gerichtskommissär" eingeleitet. Das Verfahren wird von Amts wegen eingeleitet, sobald das Gericht vom Tod des Erblassers erfährt. Es handelt sich um ein nichtstreitiges Verfahren. Nach Durchführung der Anhörung stellt das Gericht bzw. der Notar einen **Erbschein** aus, in dem die Erben, die Vermächtnisse und die Zusammensetzung des Nachlasses aufgeführt werden. Der Beschluss über den Erlass des Erbscheins kann jederzeit angefochten und aufgehoben werden.

Örtlich zuständig ist das Gericht bzw. der Notar an dem Ort, an dem der Erblasser seinen letzten Wohnsitz hatte. Mangels eines Wohnsitzes entscheidet der Aufenthalt des Erblassers über die Zuständigkeit. Lag der letzte Wohnsitz im Ausland, ist das Gericht des Ortes zuständig, an dem sich der überwiegende Teil des Nachlasses befindet, Art. 117 ErbG. Eine ausschließliche internationale Zuständigkeit besteht für in Kroatien belegene Immobilien, Art. 71 Abs. 1, 72 Abs. 1 IPRG.

Mehrere Erben bilden eine **Erbengemeinschaft**, Art. 141 ErbG. Es gelten die sachenrechtlichen Regeln über das Eigentum nach Bruchteilen. Sie verfügen über den Nachlass gemeinsam. Die Erben haften für die Nachlassverbindlichkeiten solidarisch. Dennoch haftet aber jeder beschränkt auf den Wert des jeweils auf ihn entfallenden Erbteils, Art. 139 Abs. 3 ErbG. Die **Nachlassgläubiger** können innerhalb von drei Monaten nach Eintritt der Erbfolge beantragen, dass der Nachlass vom Eigenvermögen der Erben getrennt wird (*separatio bonorum*, Art. 140 ErbG). Die Erben sind dann nicht mehr zur Verfügung über den Nachlass befugt. Andererseits sind dann auch die Nachlassgläubiger von der Vollstreckung in das Eigenvermögen der Erben ausgeschlossen.

Jeder Erbe kann jederzeit die **Erbauseinandersetzung** verlangen, sobald durch das Nachlassgericht die Quoten der einzelnen Erbteile festgestellt worden sind, Art. 142 ErbG. Ein Ausschluss der Teilung durch Vertrag der Erben oder Anordnung des Erblassers ist nicht wirksam, Art. 142 ErbG. Ein Erbe kann seinen Erbteil durch gerichtlich oder notariell beglaubigten bzw. notariell beurkundeten Vertrag nur auf Miterben übertragen. Ein **Erbschaftskauf** durch außenstehende Dritte ist also nicht möglich. Vielmehr erwirbt der Dritte

---

24 *Josipovic*, in: Pintens, International Encyclopedia of Laws – Familiy and Succession Law, Croatia Rn 438.

in diesem Fall nur Anspruch auf das, was der Erbe im Zuge der Erbauseinandersetzung tatsächlich zugeteilt bekommt, Art. 145 ErbG.

55 Besonderheiten bei der Teilung des Nachlasses ergeben sich für die Miterben, die mit dem Erblasser zusammengewohnt haben oder mit diesem zusammen gearbeitet haben. Soweit gerechtfertigte Bedürfnisse bestehen, kann das Nachlassgericht entscheiden, dass bei der Teilung bestimmte Gegenstände (bewegliche Gegenstände, aber auch unbewegliche Vermögensgegenstände) ihm allein zugeteilt werden. Er hat dann allerdings die Erbengemeinschaft hierfür in Geld zu entschädigen, Art. 143 Abs. 1 ErbG.

56 Befindet sich im Nachlass **landwirtschaftlich genutztes Land**, so kann ein Erbe, der selber Landwirt ist und mit dem Erblasser im selben Haushalt zusammengelebt hat, verlangen, dass dieses Land zusammen mit den für die Bewirtschaftung notwendigen Gegenständen ihm zugewiesen wird. Auch in diesem Fall muss er aber den Miterben hierfür eine Entschädigung in Geld zahlen, Art. 143 Abs. 2 ErbG.

F. Erbschaftsteuer

57 Die Erbschaftsteuer ist in Kroatien im Gesetz über die Gemeindesteuern geregelt. In internationaler Hinsicht greift die Besteuerung nach dem kroatischen Erbschaftsteuerrecht stets dann ein, wenn der Erwerb durch Erbfolge oder Schenkung in der Republik Kroatien erfolgt. Mithin kommt es ausschließlich auf die Belegenheit des Vermögens an. Die Staatsangehörigkeit der Beteiligten und ihre steuerliche Ansässigkeit ist dagegen ohne Bedeutung.[25]

58 Der Erbschaftsteuer unterliegt **ausschließlich der bewegliche Nachlass**, also das Vermögen, das nicht der Grunderwerbsteuer unterliegt (siehe Rn 60). Hierfür ergibt sich ein Grundfreibetrag von 50.000 Kuna. Bis zu diesem Betrag bleibt der Nachlass erbschaftsteuerfrei. Für den diesen Grundfreibetrag übersteigenden Teil des Nachlasses beträgt der Tarif der Erbschaftsteuer 5 % des Marktwertes des Nachlasses.

59 Von der Erbschaftsteuer vollständig **befreit** sind der Ehegatte, die Abkömmlinge und die Aszendenten des Erblassers. Geschwister, deren Abkömmlinge und Schwiegerkinder sind ebenfalls von der Steuer befreit, wenn sie zum Zeitpunkt des Erbfalls mit dem Erblasser in häuslicher Gemeinschaft zusammengelebt haben.

60 **Vererbte Immobilien** unterfallen nicht der Erbschaftsteuer, sondern der **Grunderwerbsteuer**. Die Grunderwerbsteuer geht also der Erbschaftsteuer vor.[26] Der Tarif der Grunderwerbsteuer beträgt ebenfalls 5 %. Allerdings gibt es hier weder einen Grundfreibetrag noch eine Steuerbefreiung für nahe Angehörige.

61 Ein **Doppelbesteuerungsabkommen** besteht auf dem Gebiet der Erbschaftsteuer zwischen Deutschland und Kroatien nicht. Während aus deutscher Sicht gem. § 21 ErbStG zur unilateralen Vermeidung der Doppelbesteuerung in bestimmten Fällen eine ausländische Erbschaftsteuer auf die deutsche Steuer angerechnet ist, kennt das kroatische Recht keine Anrechnungsmöglichkeit.

---

25 *Pokrovac/Feketija*, in: Frank/Wachter, Immobilienrecht in Europa, Kroatien Rn 259.
26 Siehe *Pintaric*, Kroatien Grdz. Rn 61, in: Ferid/Firsching/Dörner/Hausmann, Internationales Erbrecht.

Lettland

Theis Klauberg, LL.M., Rechtsanwalt, Zvērināts advokāts, Riga
Esmeralda Balode-Buraka, LL.M., Zvērināta advokāte, Riga

Inhalt

A. Internationales Erbrecht 1	V. Änderung, Ergänzung und Widerruf des Testaments 36
B. Gesetzliche Erbfolge 5	VI. Testamentsvollstreckung 39
I. Eintritt der gesetzlichen Erbfolge 5	VII. Vertragliche Erbfolge 43
II. Erbrecht des Ehegatten 7	D. Nachlassabwicklung 45
III. Erbrecht der Verwandten 9	I. Zuständigkeit des Notars 45
IV. Erbrecht des Staates 13	II. Annahme und Ausschlagung der Erbschaft 46
C. Testamentarische Erbfolge 14	III. Erbschein 55
I. Testamentserrichtung 14	IV. Besonderheiten der Erbschaft 57
II. Arten testamentarischer Verfügung 18	V. Bestreiten der Erbschaft 60
1. Öffentliches Testament 19	VI. Besteuerung des geerbten Vermögens 61
2. Privattestament 21	
III. Inhalt eines Testaments 22	
IV. Pflichtteilsrecht 33	

Literatur

Deutsch-Lettische Juristenvereinigung e.V. (Hrsg.), Zivilgesetzbuch der Republik Lettland (deutsche Übersetzung des lettischen Zivilgesetzbuches mit Einführung), 2006; *Gencs*, Mantošana, 2002; *Erdmann*, System des Privatrechts der Ostseeprovinzen Liv-, Est- und Curland, 1894; *Klot*, Lettlands Zivilgesetzbuch in Einzeldarstellungen, 1938; *Krause*, Notariat und Notarrecht in Lettland, 16 ff.; *Schulze*, Lettland, in: Ferid/Firsching/Dörner/Hausmann, Internationales Erbrecht; *Windscheid*, Lehrbuch des Pandektenrechts, Erster Band, 8. Aufl. 1900.

A. Internationales Erbrecht

Das lettische Internationale Erbrecht regelt Art. 16 des lettischen Zivilgesetzbuches vom 28.1.1937 (ZGB), welches nach Wiedererlangung der Souveränität Lettlands durch Gesetz vom 7.7.1992 wieder in Kraft gesetzt worden ist. Diese Vorschrift bestimmt für die Erbrechte an einem Nachlass, der sich in Lettland befindet, die Geltung des lettischen Rechts (*lex rei sitae*).[1] Diese Regelung gilt sowohl für unbewegliches als auch für bewegliches Vermögen. Aus lettischer historischer Sicht gilt also das lettische **Belegenheitsrecht**. 1

Die Vorschrift des Art. 16 ZGB könnte man in dem Sinne „allseitig" auslegen, dass das lettische Recht für die Erbfolge des im Ausland belegenen Nachlasses stets auf das Recht am jeweiligen ausländischen Belegenheitsort verweist. Jedoch ist diese Regelung auf von EU-Verordnung Nr. 650/2012 (ErbVO) erfasste Sachverhalte nicht mehr uneingeschränkt anzuwenden. Die EU-ErbVO findet gemäß ihres Art. 83 Abs. 1 auch im EU-Mitgliedsland Lettland mit Wirkung auf die Rechtsnachfolge von solchen Personen Anwendung, die am 17.8.2015 oder danach verstorben sind. Die Verordnung bestimmt die allgemeine Zuständigkeit für Entscheidungen in Erbsachen in Art. 4 sowie das anzuwendende Recht in Art. 21, wonach grundsätzlich der Ort, an dem der Erblasser im Zeitpunkt seines Todes seinen 2

---

1 *Ehlers*, in: Lettlands Zivilgesetzbuch in Einzeldarstellungen, § 13 3, S. 113, § 14, S. 116.

gewöhnlichen Aufenthalt hatte, massgeblich ist, sofern nicht zuvor für die Rechtsnachfolge von Todes wegen eine Rechtswahl gemäß Art. 22 EU-ErbVO getroffen wurde. Ohne eine solche werden die in Art. 23 EU-ErbVO beschriebenen erbrechtlichen Sachverhalte von dem nach der EU-ErbVO zu bestimmenden anzuwendenden Recht erfasst (die Erbfähigkeit, die Rechte der Erben, Testamentvollstrecker und anderer Nachlassverwalter, Nachlassteilung, und weitere).

3   Die EU-ErbVO berührt nicht die innerstaatliche Zuständigkeit der Behörden der Mitgliedstaaten in Erbsachen (Art. 2 EU-ErbVO). In Lettland sind grundsätzlich Notare für Erbsachen zuständig und nur in Ausnahmefällen die Gerichte. Welche Institution als Ausstellungsbehörde gem. Art. 64 EU-ErbVO die Zuständigkeit für die Erteilung des Europäischen Nachlasszeugnisses erhält, ist noch nicht entschieden.

4   Der zwischen der Bundesrepublik Deutschland und der früheren UdSSR geschlossene Deutsch-Sowjetische Konsularvertrag vom 24.4.1959 (hierzu siehe § 2 Rn 193) wird in Lettland nicht weiter angewandt, da Lettland nicht Rechtsnachfolger der UdSSR ist.

B. Gesetzliche Erbfolge

I. Eintritt der gesetzlichen Erbfolge

5   Die in Lettland in den Art. 390–417 ZGB normierte gesetzliche Erbfolge kommt in Betracht, sofern:
   – kein Testament vorhanden ist bzw. mit dem Testament nicht das ganze Vermögen des Erblassers an die Erben bestimmt wurde;
   – das Testament für ungültig erklärt wurde;
   – die testamentarischen Erben einen Verzicht hinsichtlich ihres vorgesehenen Erbteils erklärt oder die Erbschaft nicht angenommen haben;
   – ein testamentarischer Erbe vor Eintritt des Erbfalls gestorben ist und ein weiterer nicht eingesetzt worden ist.

6   **Gesetzliche Erben** sind nach Art. 391 ZGB:
   – der Ehegatte;
   – die Verwandten;
   – die Adoptierten.

II. Erbrecht des Ehegatten

7   Das Erbrecht des überlebenden Ehegatten ist gem. Art. 392 ZGB unabhängig von dem zwischen den Ehegatten zu Lebzeiten gewählten Güterstand. Der überlebende Ehegatte erbt mit Kindern bzw. weiteren Abkömmlingen einen Kindeserbteil, erhält aber zumindest ein Viertel (Art. 393 ZGB). Neben Erben der zweiten und dritten Ordnung erbt er die Hälfte des Nachlasses und erhält die Wohnungseinrichtung als „Voraus" (Art. 396 Abs. 1 ZGB). Neben Erben weiterer Ordnungen wird der Ehegatte gesetzlicher Alleinerbe (Art. 396 Abs. 2 ZGB).

8   Dem überlebenden Ehegatten wird zudem das Recht eingeräumt, einen aufgrund seiner Größe nicht teilbaren Nachlass ungeteilt zu verwalten und zu nutzen. Dieses in Art. 394 ZGB verankerte Recht besteht zumindest, bis erbberechtigte Kinder die Volljährigkeit erlangen, und kann nur unter bestimmten – dort genannten – Voraussetzungen erlöschen oder dem Ehegatten nach Art. 395 ZGB wegen unsachgemäßer Nutzung oder Verwaltung

III. Erbrecht der Verwandten

In Lettland gelten das **Repräsentationsprinzip**[2] und die Regeln über die Erbfolge nach **Stämmen**. So stellt Art. 405 ZGB klar, dass, solange ein Erbe einer früheren Ordnung am Leben ist, ein Erbe einer späteren Ordnung nicht zur Erbfolge gelangt.

Nach Art. 404 ZGB sind bei der Erbfolge **vier Ordnungen** von gesetzlichen Erben zu unterscheiden:
- In der **ersten** Ordnung erben, ohne Rücksicht auf die Nähe des Grades, alle diejenigen Nachkommen des Erblassers, zwischen denen einerseits und dem Erblasser andererseits keine anderen zur Erbfolge berechtigten Nachkommen vorhanden sind.
- In der **zweiten** Ordnung erben die dem Grade nach nächsten Vorfahren des Erblassers sowie die vollbürtigen Geschwister des Erblassers und die Kinder der vor ihm verstorbenen vollbürtigen Geschwister.
- In der **dritten** Ordnung erben die halbbürtigen Geschwister des Erblassers und die Kinder der vor ihm verstorbenen halbbürtigen Geschwister.
- In der **vierten** Ordnung erben die übrigen dem Grade nach nächsten Seitenverwandten, ohne Unterschied der vollen oder halben Geburt.

Nichteheliche Kinder – wenn deren Abstammung festgestellt worden ist, sie legitimiert worden sind oder Brautkinder sind – und adoptierte Kinder stehen den ehelichen Kindern gleich. In der zweiten Ordnung erben die Vorfahren und die Geschwister des Erblassers den Nachlass je zur Hälfte (Art. 414 ZGB).

Adoptivkinder erlangen nach Art. 173 ZGB im Verhältnis zu den Adoptierenden und deren Verwandten die rechtliche Stellung eines gemeinschaftlichen Kindes der Ehegatten in persönlichen sowie vermögensrechtlichen Beziehungen und stehen somit auch in erbrechtlicher Hinsicht leiblichen Abkömmlingen gleich.

IV. Erbrecht des Staates

Nach Art. 416 ZGB fällt ein Erbvermögen an den Staat, wenn der Erblasser nach seinem Tode keine Erben hinterlässt, sich Erben nicht innerhalb der gesetzlichen Frist zur Annahme der Erbschaft erklären oder ihr Anrecht auf die Erbschaft nicht bewiesen haben. Gleiches gilt für Vermögen, das von juristischen Personen, ausgenommen Erwerbsgesellschaften, nach ihrer Auflösung hinterlassen worden ist, sofern nicht ein Stiftungsakt oder die Satzung der Gesellschaft etwas anderes bestimmt. Für Schulden eines Erblassers oder einer juristischen Person **haftet** der Staat allerdings nur mit dem Vermögen, welches er durch den Anfall des Nachlassvermögens wirklich erwirbt. Damit wird eine Haftung des Staatsvermögens zugunsten von Gläubigern des Erblassers ausgeschlossen bzw. auf den realen Wert des Nachlasses beschränkt.

---

[2] *Zimmermann*, in: Lettlands Zivilgesetzbuch in Einzeldarstellungen, § 45 II 1, S. 287.

C. Testamentarische Erbfolge

I. Testamentserrichtung

14 Nach dem lettischen Zivilgesetzbuch hat jeder das Recht, durch Testament seine Erben frei zu bestimmen. Nur wenn kein Testament vorliegt, tritt die gesetzliche Erbfolge ein, so dass ein Testament stets Vorrang vor der gesetzlichen Erbfolge hat.

15 **Testierfähigkeit** besitzt nach Art. 420 ZGB jede geschäftsfähige Person. Auch Minderjährige, die bereits das 16. Lebensjahr vollendet haben, können durch Testament über ihr eigenes Vermögen frei verfügen.

16 Das Testament muss den **wirklichen Willen** des Erblassers wiedergeben und ohne Zwang, Irrtum oder Betrug errichtet worden sein (Art. 463 ZGB). Die Vorschrift des Art. 464 ZGB stellt dabei allerdings klar, dass bloßes Zureden nicht als Zwang anzusehen ist und die Wirksamkeit des Testaments nicht entkräftet.

17 Gemäß Art. 420 ff. ZGB können letztwillige Verfügungen als einseitiges Testament, als gemeinschaftliches Testament (welches nicht nur von Eheleuten errichtet werden kann) und als Erbvertrag errichtet werden. Schließlich werden letztwillige Verfügungen in ihrem formellen Charakter je nach Erscheinungsform noch weiter unterschieden.

II. Arten testamentarischer Verfügung

18 Der Erblasser kann durch einseitige Verfügung von Todes wegen den Erben bestimmen. Aufgrund der Art und Weise, wie das Testament eröffnet wird, unterscheidet man:
- öffentliche Testamente (*Publiski testamenti*);
- Privattestamente (*Privati testamenti*).

1. Öffentliches Testament

19 Als öffentliche Testamente werden solche bezeichnet, die bei einem Notar oder einem lettischen Gemeindegericht errichtet worden sind. Ein solches Testament wird in notarieller Urkunde (Art. 434 ZGB) errichtet und dann bei der Stelle, vor welcher das Testament errichtet worden ist, aufbewahrt. Der Testator erhält ebenfalls einen Auszug, welchem dieselbe Beweiskraft wie dem aufzubewahrenden Originaltestament beizumessen ist.

20 Ein öffentliches Testament verliert seinen Status als solches nur dadurch, dass das aufbewahrte Testament auf Verlangen dem Testator oder einem dazu besonders Bevollmächtigten zurückgegeben wird (Art. 441 ZGB). Allein dadurch verliert das Testament aber nicht seine Gültigkeit. Vielmehr stellt es sich nach seiner Herausgabe als gültiges Privattestament dar, sofern bei dessen Errichtung die für Privattestamente vorgeschriebenen Bestimmungen nicht verletzt worden sind (Art. 442, 444 ZGB).

2. Privattestament

21 Grundsatz der Bestimmungen im lettischen Zivilgesetzbuch über Privattestamente ist die Annahme einer Gültigkeit eines solchen Testaments nur dann, wenn die Überzeugung besteht, dass dieses vom Erblasser errichtet worden ist und wirklich dessen letzten Willen enthält (Art. 445 ZGB). Zur Errichtung eines Privattestaments sind gem. Art. 446, 451 ZGB mindestens zwei glaubwürdige Zeugen zuzuziehen, sofern nicht der Testator das ganze Testament selbst geschrieben und unterschrieben hat.

III. Inhalt eines Testaments

Der Testator kann gem. Art. 422 ZGB auf den Todesfall über sein Vermögen frei verfügen, mit der Einschränkung, dass den Pflichtteilsberechtigten deren Pflichtteile zu hinterlassen sind.

Gemäß Art. 386 ZGB können alle natürlichen Personen, die zur Zeit der Eröffnung der Erbschaft am Leben sind oder, wenn auch noch nicht geboren, so zumindest bereits gezeugt sind, Erbe sein. Des Weiteren sind noch der Staat (Art. 416, 417 ZGB) und andere juristische Personen (Art. 387 ZGB) **erbfähig**.

Die **Wirksamkeit** eines Testaments wird nicht dadurch erschüttert, dass der Testator sich in einer Benennung oder Beschreibung geirrt hat (solange über die Absicht des Erblassers keine Zweifel bestehen), eine angegebene Eigenschaft einer Person oder Sache weggefallen ist oder aber sich ein angegebener Beweggrund als nicht den Tatsachen entsprechend erweist. Letzteres lässt die Wirksamkeit aber lediglich dann unberührt, wenn der Fall ausgeschlossen werden kann, dass der Erblasser ohne diesen Beweggrund gar nicht testiert oder die betreffende Verfügung gar nicht getroffen hätte.

Nach den Art. 456 ff. ZGB führen auch Umstände wie **Korrekturen**, Ausstreichungen, Auslassungen und Fehlbenennungen grundsätzlich nicht zur Unwirksamkeit einer testamentarischen Verfügung, sofern im Wege der Auslegung (Art. 632 ff. ZGB) noch der mutmaßliche Wille des Testators zu ermitteln ist und die formellen Abweichungen offensichtlich diesem Willen eingegliedert oder untergeordnet werden können.

Dem Testator steht nach Art. 427 ZGB das Recht zu, in seiner letztwilligen Verfügung die laut Gesetz zur Erbfolge Berufenen **auszuschließen**. Den Pflichtteilsberechtigten (dazu zählen nach Art. 423 ZGB der Ehegatte und die Deszendenten bzw., sofern diese nicht vorhanden sind, die nächsten Aszendenten) kann ihr Pflichtteil nur aus gesetzlich vorgesehenen und in Art. 428 ZGB aufgezählten Gründen entzogen werden. Danach kann ein Erblasser einen Nachkommen **enterben**, wenn dieser
- eine strafbare Handlung gegen das Leben, die Gesundheit, die Freiheit oder die Ehre des Testators, dessen Ehegatten oder Aszendenten begangen hat;
- eine wissentlich falsche Anklage über eine strafbare Handlung der soeben erwähnten Personen erhoben hat;
- den Testator in hilflosem Zustande verlassen hat trotz der Möglichkeit, ihm zu helfen;
- verschwenderisch oder unsittlich gelebt hat;
- die ihm gesetzlich auferlegte Pflicht, den Testator oder seinen Ehegatten zu unterhalten, nicht erfüllt hat;
- versucht hat, den Testator an der Errichtung eines Testaments zu hindern;
- zu Lebzeiten des Erblassers, ohne dessen Wissen und Einwilligung, mit einem Dritten einen Vertrag über seine zukünftige Erbschaft geschlossen hat.

Seine Vorfahren kann der Erblasser nach Art. 429 ZGB auch dann enterben, wenn diese nicht für die Erziehung des Erblassers gesorgt haben.

In der lettischen Gerichtspraxis werden die dargestellten Gründe für eine Enterbung der Pflichtteilsberechtigten eher restriktiv gehandhabt. Dementsprechend werden hohe Anforderungen an den Nachweis des Vorliegens eines genannten Grundes gestellt. In Anbetracht der jüngeren lettischen Rechtsgeschichte bleibt abzuwarten, welche konkreten Anforderungen sich durch die Gerichtsbarkeit herausbilden werden. Gesetzliche Regelungen wie die des Art. 430 ZGB, wonach eine Enterbung dann wieder nicht in Betracht kommt, wenn sich der Erblasser vor Errichtung des Testaments mit seinen gesetzlichen Erben ausgesöhnt oder diese einen positiven Lebenswandel vollzogen haben, zeigen, dass die äußerst unbestimmten Formulierungen zur Schaffung von Rechtssicherheit dringend einer einheitlichen und verbindlichen Rechtsprechung bedürfen. Bei der momentanen Gesetzeslage und der stetig ansteigenden Gesamterbmasse in Lettland ist jedenfalls mit einer Häufung erbrechtlicher Streitigkeiten und damit zunehmender Ausgestaltung des lettischen Erbrechts zu rechnen.

29 Dem Erblasser steht das Recht zu, **Ersatzerben** einzusetzen sowie **Vor- und Nacherbfolge** anzuordnen (Art. 486 ff. ZGB). Ebenso kann der Erblasser nach Art. 494 ZGB sein ganzes Vermögen, einen Teil desselben oder aber einzelne Gegenstände zu gemeinnützigen und wohltätigen Zwecken **vermachen**. Dabei kann auch eine vom Erblasser vorgesehene, neu zu gründende juristische Person Erbe sein.

30 Das lettische Recht kennt auch **Vermächtnisse** (so z.B. das Nießbrauchsvermächtnis), welche im lettischen Zivilgesetzbuch als **Legate** (Art. 500 ff. ZGB) benannt sind.

31 Das lettische Testament ist des Weiteren **nicht bedingungsfeindlich**. So kann der Testator gem. Art. 584 ZGB die Erbschaft bzw. das Vermächtnis sowohl unter aufschiebenden als auch unter auflösenden Bedingungen anordnen. Diese dürfen jedoch nicht physisch oder rechtlich unmöglich sein oder gegen die guten Sitten verstoßen (Art. 587 ZGB).

32 Als Testament mit besonderem Inhalt ist das **gegenseitige Testament** anzusehen, das in Art. 604 ff. ZGB gesetzlich geregelt ist. Darin ernennen sich zwei oder mehr Personen in Form eines gemeinsamen Aktes gegenseitig zu Erben. Ein gegenseitiges Testament gilt, sofern dies nicht ausdrücklich aus dem Inhalt hervorgeht, nicht als **Erbvertrag** und kann von jedem der Testatoren einseitig widerrufen werden (Art. 606 ZGB).

IV. Pflichtteilsrecht

33 **Pflichtteilsberechtigt** sind der Ehegatte sowie die Abkömmlinge (Deszendenten) des Erblassers. Die Vorfahren (Aszendenten) sind pflichtteilsberechtigt, soweit keine Abkömmlinge vorhanden sind. Der Pflichtteilsberechtigte ist nach lettischem Recht ein sog. **Noterbe** und erwirbt einen ideellen Anteil am Nachlass, soweit er sein Recht innerhalb eines Jahres nach Beginn der in Art. 693 Abs. 3 ZGB definierten Frist geltend macht.

34 Der Pflichtteil umfasst gem. Art. 425 Abs. 1 ZGB die Hälfte des gesetzlichen Erbteils. Die Bestimmung des Pflichtteils erfolgt unter Berücksichtigung der Zahl der am Todestage des Erblassers hinterbliebenen Erben. Nicht eingerechnet werden dabei Erben, die ihren Verzicht erklärt haben, wobei der Verzicht gem. Art. 766 S. 2 ZGB schriftlich zu erklären ist.

35 Auf den Pflichtteil ist neben dem, was als Erbschaft oder Legat hinterlassen wurde, das zu Lebzeiten des Erblassers Erhaltene **anzurechnen**. Der Pflichtteil wird dann, nach Abzug aller Schulden, auf Grundlage des reinen Vermögens des Erblassers berechnet. Bedingungen oder Bestimmungen, durch welche der Pflichtteilsanspruch beschränkt oder anderweitig beschwert wird, sind unzulässig.

V. Änderung, Ergänzung und Widerruf des Testaments

36 Nach Art. 419 ZGB hat der Erblasser grundsätzlich das Recht, sein Testament zu jeder Zeit zu **ändern**, zu **ergänzen** oder zu **widerrufen**. Ein Testament kann nach Art. 793 ZGB durch Errichtung einer neuen letztwilligen Verfügung des Erblassers **geändert** werden. Dabei gilt auch im lettischen Recht der Grundsatz, dass ein neueres Testament ein vorheriges Testament bzw. einen Teil dessen, welcher dem neueren Testament widerspricht, ungültig macht.

In drei Fällen können aber gleichzeitig **mehrere Testamente** wirksam sein: 37
- zum Einen, wenn das neue Testament zweifellos lediglich eine Ergänzung oder Abänderung eines Teils des alten Testaments beinhaltet (Art. 796 ZGB);
- zum Zweiten, falls der Testator im neuen Testament bestimmt, dass auch das frühere gelten soll; und
- zum Dritten, falls zwei an demselben Tage errichtete, ihrem wesentlichen Inhalt nach aber verschiedene Testamente hinterlassen worden sind (Art. 797 ZGB). In diesem Fall sind beide Testamente insoweit gültig, als sie sich nicht widersprechen. Ist es nicht möglich festzustellen, welches Testament früher errichtet wurde, und widersprechen sich die Testamente einander, sind beide Testamente ungültig.

Nach Art. 799 ZGB kann der Erblasser auch ohne Errichtung eines neuen Testaments ausdrücklich oder konkludent sein Testament **widerrufen**, sofern nach Art. 800 ZGB der Widerruf durch eine notarielle oder eine in das Urkundenregisterbuch des Gemeindegerichts eingetragene Urkunde oder durch eine im Ausland durch eine konsularische Widerrufsurkunde oder eine schriftliche, von zwei Zeugen unterschriebene private Urkunde ausgedrückt wird. Der Erblasser kann das private Testament auf jede mögliche Art vernichten oder kenntlich machen, dass er an seine Verfügung nicht mehr gebunden sein will. 38

VI. Testamentsvollstreckung

Die Testamentsvollstreckung regelt das lettische ZGB in den Art. 616–631 ZGB. Sie erfolgt durch einen oder mehrere vom Erblasser ernannte Testamentsvollstrecker, durch einen Erben oder durch einen vom Waisengericht ernannten Nachlasskurator (Art. 616 ZGB). Zum Testamentsvollstrecker kann jede handlungsfähige Person **ernannt** werden, wobei niemand gegen seinen Willen zum Testamentsvollstrecker bestellt werden kann (Art. 618 ZGB). 39

Solange der vom Erblasser ernannte Erbe die Erbschaft noch nicht angenommen hat und auch keine Kuratel angeordnet worden ist, gehört es u.a. zu den **Aufgaben** des Testamentsvollstreckers, den Nachlass in Besitz zu nehmen, ein Verzeichnis desselben aufzustellen, Nachlassschulden zu zahlen, ausstehende Forderungen einzutreiben und Nachlassprozesse zu führen (Art. 622 ZGB). 40

Dem Testamentsvollstrecker sind die bei der Vollstreckung des Testaments aufgewandten Kosten aus dem Nachlass zu erstatten. Eine **Aufwandsentschädigung** erhält der Testamentsvollstrecker allerdings nur, wenn dies im Testament ausdrücklich bestimmt ist (Art. 628 ZGB). Nur in einem solchen Falle besteht eine **Haftung** des Testamentsvollstreckers gegenüber den Erben oder Dritten für Verluste. Ist also eine Aufwandsvergütung festgesetzt, so haftet der Testamentsvollstrecker gegenüber den Erben und sonstigen Erbschaftsinteressenten bereits für leichte Fahrlässigkeit (Art. 626 ZGB). 41

Nach **Beendigung** der Geschäftsführung hat der Testamentsvollstrecker den Erben und den weiteren Erbschaftsinteressenten für die Verwaltungszeit Rechnung abzulegen und die Geschäftsvorgänge innerhalb dieser Zeit zu erläutern (Art. 629 ZGB). In dem Falle, dass der im Testament ernannte Testamentsvollstrecker den Auftrag nicht übernimmt, auf Antrag der Interessenten entlassen wird (Art. 630 ZGB) oder stirbt, beschließt das zuständige Waisengericht die Ernennung eines Nachlasskurators (Art. 631 ZGB). 42

Klauberg/Balode-Buraka

VII. Vertragliche Erbfolge

43 Nach den Art. 639 ff. ZGB gibt das lettische Recht einem Erblasser auch die Möglichkeit, eine Erbfolge vertragsmäßig festzulegen. Dabei legt Art. 640 ZGB fest, dass der **Erbvertrag** nicht bloß eine persönliche Verbindlichkeit, sondern das Erbrecht selbst begründet. Der Erbvertrag bedarf der notariellen Vorlegungsbeglaubigung[3] und entfaltet nach Eintragung im Grundbuch bezüglich der betroffenen Grundstücke sogar Wirkung gegenüber Dritten (Art. 643 ZGB).

44 Solange der Erblasser noch lebt, bewirkt der Erbvertrag ein Anwartschaftsrecht auf den künftigen Nachlass. Es ist nicht möglich, eine vertragsmäßige Erbeinsetzung einseitig zu widerrufen. Artikel 648 ZGB gibt dem Vertragserben das Recht, Veräußerungen des Erblassers, die ihn benachteiligen sollen, anzufechten oder die Bestellung eines Kuratels über den Erblasser bei einem ausschweifenden bzw. verschwenderischen Lebenswandel zu verlangen.

D. Nachlassabwicklung

I. Zuständigkeit des Notars

45 Nach lettischem Recht ist für die rechtlich ordnungsgemäße Abwicklung von Erbschaftsangelegenheiten ausschließlich der **Notar zuständig**. Nach einer Kabinettsverordnung,[4] die auf Art. 64 des Notargesetzes beruht, führt der Notar sämtliche rechtlichen Abwicklungsvorgänge im Zusammenhang mit einer angefallenen Erbschaft durch. Dazu zählen neben der Erklärung über die Annahme der Erbschaft und die Testamentseröffnung auch das Auffinden bzw. die Information etwaiger Erben sowie die Ausstellung des Erbscheins nach erfolgreichem Beweisantritt der Erben von ihrem Erbrecht. Erst wenn es zu streitigen Auseinandersetzungen im Zusammenhang mit einer Erbschaft kommen sollte, z.B. über die Wirksamkeit einer letztwilligen Verfügung oder die Aufteilung des Nachlasses zwischen mehreren Erben, setzt der Notar die Erbschaftsabwicklung bis zu einer gerichtlichen Entscheidung über den streitigen Sachverhalt aus.

II. Annahme und Ausschlagung der Erbschaft

46 Mit dem Anfall der Erbschaft wird nach lettischem Recht lediglich die Möglichkeit begründet, Erbe zu werden. Zum Erbschaftserwerb bedarf es dann noch einer **Erklärung des Berufenen** gegenüber dem zuständigen Notar, dass er die angefallene Erbschaft antritt. Eine teilweise Annahme oder eine Annahme, die Bedingungen oder Ausnahmen unterliegt, ist nach Art. 699 ZGB nicht möglich. Das Erfordernis, dass ein Erbe einen ihm testamentarisch eigentlich zugedachten Erbteil oder gar eine ganze Erbschaft annimmt, zeigt die im internationalen Vergleich größte Besonderheit des lettischen Erbrechts auf. In Deutschland hingegen wird von einer Annahme der Erbschaft ausgegangen, sofern nicht ausdrücklich eine Ausschlagung erklärt wird.

47 Die Annahme der Erbschaft kann nach Art. 691 ZGB entweder **ausdrücklich, mündlich oder schriftlich** erklärt werden oder auch **konkludent** durch die faktische Übernahme der Verwaltung des Nachlasses erfolgen.

---

[3] *Krause*, NotBZ 2000, 21.
[4] Noteikumi par mantojuma registra un mantojuma lietu vesanu, *Latvijas Vestnesis* 22.8.2008, 130.

48 Es steht einem Berufenen frei, die angefallene Erbschaft anzutreten oder auszuschlagen. Lediglich ein Vertragserbe kann die Erbschaft nicht ausschlagen, wenn er sich dieses Recht nicht ausdrücklich vorbehalten hat (Art. 689 ZGB).

49 Durch Antritt der Erbschaft gehen alle Rechte und Verbindlichkeiten des Erblassers, soweit sie nicht als höchstpersönliche mit dessen Tode erlöschen, auf den Erben über (**Universalsukzession**).[5] Es gilt dabei eine **unbeschränkte Haftung**, d.h. der Erbe haftet für die Nachlassverbindlichkeiten mit dem Nachlass und seinem eigenen Vermögen. Es bestehen allerdings gesetzliche Ausnahmen zu der grundsätzlich unbeschränkten Erbenhaftung. So haftet der Erbe nach Art. 708 ZGB nicht mit seinem eigenen Vermögen, wenn er innerhalb von zwei Monaten über den gesamten Nachlass ein **Inventar** errichtet. Wird ein solches Inventar errichtet, so haftet der Erbe lediglich bis zum Betrage der Erbschaft, wobei er die Kosten für die Bestattung des Erblassers, die Errichtung des Inventars und die übrigen Gerichtskosten in Abzug bringen kann (Art. 711 ZGB).

50 Die Haftung **mehrerer Erben** für die Nachlassverbindlichkeit ist quotal und entspricht ihrem Erbteil (Teilschuldner, Art. 717 ZGB). Eine Möglichkeit der Haftungsbeschränkung bei gleichzeitiger Annahme durch Inventarerrichtung o.Ä. besteht in diesem Falle nicht (Art. 717 ZGB). Der **Staat** haftet für Verbindlichkeiten nur mit dem Vermögen, das durch den Erbfall erworben wurde (Art. 417 ZGB).

51 Die **Frist** zur Antretung der Erbschaft kann durch den Erblasser bestimmt werden (Art. 693 ZGB). Hat der Erblasser eine solche Frist nicht bestimmt, so ist die Fristdauer davon abhängig, ob ein Aufgebot, d.h. eine Aufforderung zur Anmeldung von Erbrechten, erlassen worden ist. Ist dies der Fall, kann eine Erbschaftsantretung nur innerhalb der Aufgebotsfrist erfolgen. Ist hingegen kein Aufgebot erlassen worden, so muss der Erbe nach Art. 693 ZGB seine Erklärung über den Erbschaftsantritt innerhalb eines Jahres, gerechnet vom Tage der Eröffnung der Erbschaft an, abgeben. Die Möglichkeit einer Verlängerung der Annahmefrist sieht das lettische Gesetz nicht vor.

52 Neben der Möglichkeit, das Erbe anzunehmen, besteht auch die Möglichkeit, dieses **auszuschlagen**. Dieses Recht steht auch demjenigen zu, der infolge eines gemeinschaftlichen Testaments zum Erben berufen ist (Art. 609 ZGB). Die Ausschlagung kann ebenfalls ausdrücklich oder konkludent geschehen. Bei Nichterklärung des Erben gilt die Erbschaft spätestens mit Ablauf der in Art. 693 ZGB genannten Antretungsfrist als ausgeschlagen. An die Stelle desjenigen, der die ihm angefallene Erbschaft ausgeschlagen hat, tritt derjenige, der nach dem Willen des Erblassers oder, sofern ein solcher nicht mitgeteilt wurde, nach dem Gesetz zur Erbfolge berufen ist (Art. 782 ZBG und Art. 406 ZBG).

53 Nach Art. 783 ZGB umfasst die Ausschlagung einer Erbschaft nicht zugleich auch einen Verzicht auf die Rechte und Forderungen, welche nicht durch den Erbfall begründet worden sind. Eine **teilweise** Ausschlagung oder eine Ausschlagung, die Bedingungen oder Ausnahmen unterliegt, ist nicht möglich (Art. 776 i.V.m. Art. 699 ZGB).

54 Nach der Annahme der Erbschaft kann diese nicht mehr ausgeschlagen werden. Ebenso kann eine ausgeschlagene Erbschaft von dem Berufenen in der Folge nicht wieder angetreten werden (Art. 781 ZGB).

---

[5] *Nihil est aliud hereditas, quam successio in universum jus, quod defunctus habuit*, vgl. Windscheid, III § 528; Erdmann, III § 194; Zimmermann, in: Lettlands Zivilgesetzbuch in Einzeldarstellungen, § 41, S. 279.

III. Erbschein

55 Der Erbschein ist eine öffentliche Urkunde, die das Recht auf die Erbschaft bestätigt. Der Erbschein wird auf schriftlichen **Antrag** vom **Notar** sowohl für die testamentarischen als auch für die gesetzlichen Erben erstellt. Ausstellungsvoraussetzung ist neben dem Antrag die Vorlage der Sterbeurkunde sowie die Bescheinigung über den letzten Wohnsitz des Erblassers und die Aufstellung der Erbschaftsgegenstände und deren Bewertung (Art. 281 Notariatsgesetz[6]). Darüber hinaus muss der Erbe seine Verwandtschaft im Falle der gesetzlichen Erbschaft beweisen. Falls Streit über die Erbschaft entsteht, darf der Notar den Erbschein nur aufgrund eines rechtskräftigen Gerichtsurteils ausstellen.

56 Die Eintragung der Eigentumsrechte des Erben einer vererbten **Immobilie** in die staatlichen Register setzt die Vorlage eines Erbscheins voraus. Anders verhält es sich bei beweglicher Erbmasse. Bei dieser wird der Erbe, der den Nachlass angenommen hat, unabhängig davon, ob er im Besitz eines Erbscheins ist, Eigentümer des Nachlassgegenstandes.

IV. Besonderheiten der Erbschaft

57 Für bestimmte vererbte Vermögensgegenstände bestehen **Sonderregelungen**.

Auf die Anteile an einem **Personalunternehmen** finden die Regelungen über unbewegliches Vermögen entsprechende Anwendung. Personalunternehmen können hingegen nicht gesetzlicher oder vertraglicher Erbe werden, dafür allerdings im Rahmen einer letztwilligen Verfügung bedacht werden.

58 Die Eigentumsrechte an den geerbten **Aktien** werden durch den Erbschein bestätigt. Nur aufgrund eines Erbscheins kann die Eintragung in das Wertpapierkonto (bei nicht zertifizierten Aktien) oder in das Aktienregister (bei zertifizierten Aktien) veranlasst werden. Deshalb kann der Erbe alle Rechte und Pflichten als Aktionär erst nach Erhalt des Erbscheins ausüben. Bis dahin sind diese beschränkt. Der Erbe kann bei dem zuständigen Gericht die Bestellung eines Nachlassverwalters beantragen. Ein gerichtlich bestellter Verwalter muss im Interesse des Aktionärs handeln, d.h. an der Hauptversammlung teilnehmen, abstimmen usw.

59 Bis zur Annahmeerklärung ist der „ruhende Nachlass" im lettischen Recht eine **juristische Person**, die nur von einem Nachlasspfleger vertreten werden kann (Art. 383 ZGB). Als juristische Person kann die Erbschaft selbst Rechte erwerben und Verbindlichkeiten übernehmen.

V. Bestreiten der Erbschaft

60 Ansprüche, die mit dem Eintritt eines Erbfalls in Zusammenhang stehen, können mit einer **Klage** vor den ordentlichen Gerichten Lettlands verfolgt werden. Ebenso kann die Rechtmäßigkeit der Annahme einer Erbschaft durch einen anderen sowie ein erteilter Erbschein angefochten werden. Die Erhebung der Klage beim Gericht gilt dabei nicht als Annahme der Erbschaft. Eine Erbeneigenschaft kann vielmehr in streitigen Fällen erst durch eine gerichtliche Entscheidung festgestellt werden.

---

[6] Notariāta likums, *Latvijas Vēstnesis*, 48, 9.7.1993.

VI. Besteuerung des geerbten Vermögens

Das Erbschaftsvermögen wird in Lettland nicht besteuert, mit Ausnahme von Autorenvergütungen, die an die Erben auszuzahlen sind.

Im Wege der Erbschaftsabwicklung fallen allerdings Notargebühren an, welche gesetzlich festgesetzt sind[7] und sich bei den Gebührensätzen u.a. an dem Wert der Erbschaftsmasse orientieren.

Weitere Informationen und Materialien, wie z.B. Muster, Formulare, amtliche Texte und Internetadressen, befinden sich auf der beiliegenden CD-ROM.

---

[7] Noteikumi par zverinatu notaru atlidzibas taksem un to noteikšanas kārtību, *Latvijas Vestnesis* 06.09.2013, 174.

Liechtenstein

Dr. Rembert Süß, Rechtsanwalt, Würzburg
Dr. Johannes Ritter v. Schönfeld, LL.M. Rechtsanwalt, München/Kaiser Partner, Vaduz, Liechtenstein

Inhalt

A. Internationales Erbrecht 1	III. Trustrecht 19
B. Materielles Erbrecht 9	C. Erbverfahrensrecht 22
I. Allgemeines 9	D. Erbschaftsteuer 25
II. Erbrecht und Stiftungen 16	E. Schiedsvereinbarungen 27

Literatur

Deiniger/Götzenberger, Internationale Vermögensnachfolgeplanung mit Auslandsstiftungen und Trusts, 2006; *Dörner*, Liechtenstein, in: Staudinger (2007), Anhang zu Art. 25 f. EGBGB Rn 478–484; *Heggen*, Liechtenstein, in: Schlitt/Müller, Handbuch Pflichtteilsrecht,1. Aufl. 2010, § 15 Rn 324; *Kohler*, Kodifikation und Reform des Internationalen Privatrechts in Liechtenstein, IPRax 1997, 309; *Marxer*, Das Internationale Erbrecht Liechtensteins, Vaduz 2002; *Hochschule Liechtenstein* (Hrsg.), Das neue liechtensteinische Stiftungsrecht, 2008; *Schurr* (Hrsg.), Das neue liechtensteinische Stiftungsrecht – Anwendung, Auslegung und Alternativen, 2012; *Gasser*, Liechtensteinisches Stiftungsrecht: Praxiskommentar, 2013, *Lennert*, Liechtenstein: Landtag beschließt Steuerreform, ZEV 2010, 514; *Hosp/Langer*, Steuerstandort Liechtenstein, 2011.

A. Internationales Erbrecht

Das Fürstentum ist seit dem 1.5.1995 Mitglied des Europäischen Wirtschaftraumes (EWR), nicht aber der Europäischen Union. Die EU-ErbVO gilt daher in Liechtenstein nicht. Vielmehr bestimmt sich das auf die Erbfolge anwendbare Recht aus Sicht der liechtensteinischen Gerichte weiterhin nach Art. 29 des liechtensteinischen Gesetzes vom 19.9.1996 über das internationale Privatrecht (IPRG).[1] Liechtensteinisches Erbrecht kann jedoch über Art. 20 f. EU-ErbVO zur Anwendung gelangen (vgl. Praxishinweis Rn 2).

Gem. Art. 29 IPRG ist die Rechtsnachfolge von Todes wegen nach dem Personalstatut des Erblassers im Zeitpunkt seines Todes zu beurteilen. Gemäß Art. 10 IPRG ist das **Heimatrecht** des Erblassers sein Personalstatut, mithin seine Staatsangehörigkeit; ist neben dem liechtensteinischen Landesbürgerrecht noch eine weitere **Staatsangehörigkeit** vorhanden, so ist gleichwohl das liechtensteinische Recht anzuwenden. Hat der Erblasser dagegen mehrere Staatsangehörigkeiten, jedoch nicht das liechtensteinische Landesbürgerrecht, so ist das Recht des Staates anzuwenden, zu welchem die stärkste Beziehung bestand.

Ist ausländisches Recht maßgebend, so sind dessen Sachnormen anzuwenden (Rechtsnormen mit Ausnahme der Verweisungsnormen). Dies gilt nicht, wenn die Verweisungsnormen des fremden Rechts das liechtensteinische Recht für maßgebend erklären; in diesem Fall

---

[1] Text des IPRG auf der beiliegenden CD-ROM unter der Rubrik „Liechtenstein"; Daneben sind alle liechtensteinischen Gesetze in aktueller Form kostenfrei unter www.gesetze.li abrufbar.

sind die Sachnormen des liechtensteinischen Rechts anzuwenden. Es wird also die **Rückverweisung** befolgt, nicht aber die Weiterverweisung auf das Recht eines dritten Staates.

Praxishinweis: Ein mit letztem Wohnsitz in Liechtenstein verstorbener deutscher Staatsangehöriger wird also – vorbehaltlich einer zugunsten seines Heimatrechts erfolgenden Rechtswahl gem. Art. 22 EU-ErbVO– kraft Rückverweisung auf das liechtensteinische Recht gem. Art. 21 EU-ErbVO aus liechtensteinischer Sicht nach liechtensteinischem Recht beerbt. Aus deutscher Perspektive hingegen würden Art. 29, 10 IPRG eine gem. Art. 34 EU-ErbVO beachtliche Rückverweisung auf das deutsche Heimatrecht aussprechen.

4   Eine bedeutende Ausnahme von der Verweisung auf das Heimatrecht des Erblassers ergibt sich jedoch für den Fall, dass eine **Verlassenschaftsabhandlung durch ein liechtensteinisches Gericht** durchgeführt wird. Das betrifft vor allem den Fall, dass der Nachlass in Liechtenstein belegenes Grundvermögen enthält, denn in diesem Fall sind die liechtensteinischen Verlassenschaftsgerichte für die Abhandlung gem. § 54 Abs. 1 Nr. 1 Jurisdiktionsnorm (JN)[2] ausschließlich zuständig. Für in Liechtenstein belegenes bewegliches Vermögen ist unter bestimmten Voraussetzungen ebenso eine Zuständigkeit nach § 54 Abs. 1 Nr. 2 gegeben. In diesen Fällen gilt nicht nur für die Einantwortung (Art. 177 ff. Ausserstreitgesetz, AussStrG),[3] sondern – vorbehaltlich einer abweichenden Rechtswahl des Erblassers (siehe Rn 5) – für sämtliche Fragen der Erbfolge das liechtensteinische Recht (*lex fori*). Gilt aufgrund der Rechtswahl ausländisches Recht als Erbstatut, so wird aber dennoch für den Erbschaftserwerb, also das Erfordernis der Einantwortung etc., wie auch in Österreich das liechtensteinische Recht weiterhin anwendbar bleiben.[4]

5   Das Gesetz lässt eine **Rechtswahl** zu. Der ausländische Erblasser kann gem. Art. 29 Abs. 3 IPRG durch letztwillige Verfügung oder Erbvertrag seine Rechtsnachfolge einem seiner Heimatrechte oder dem Recht des Staates seines letzten gewöhnlichen Aufenthalts unterstellen. Ein liechtensteinischer Erblasser mit Wohnsitz im Ausland kann durch letztwillige Verfügung oder Erbvertrag seine Rechtsnachfolge einem seiner Heimatrechte oder dem Recht des Staates seines letzten gewöhnlichen Aufenthalts unterstellen.[5]

Praxishinweis: Daher wird der im Fürstentum belegene Nachlass eines mit letztem gewöhnlichem Aufenthalt in Deutschland verstorbenen deutschen Staatsangehörigen aus liechtensteinischer Sicht nach deutschem Recht vererbt. Für den Fall, dass ein liechtensteinisches Verlassenschaftsgericht tätig werden sollte, sollte der deutsche Erblasser aber vorsorglich eine ausdrückliche Rechtswahl in sein Testament aufnehmen.

6   Hinzuweisen ist auf Art. 29 Abs. 5 IPRG, der bei länderübergreifender Geltendmachung von Ansprüchen aufgrund Pflichtteilsverkürzung eine **doppelte Anknüpfung** sowohl an das gem. IPR anzuwendende Recht als auch an das für den Erwerbsvorgang maßgebliche Recht normiert.

Praxishinweis: Pflichtteilsergänzungsansprüche nach einem Erblasser, dessen Rechtsnachfolge von Todes wegen sich nach deutschem Erbrecht bestimmt, sind demnach sowohl nach § 2325 BGB (10-jährige Ergänzungsfrist mit Abschmelzung) als auch nach § 785 ABGB

---

2 Text der Jurisdiktionsnorm auf der beiliegenden CD-ROM unter der Rubrik „Liechtenstein" sowie unter www.gesetze.li.
3 Text des Ausserstreitgesetzes auf der beiliegenden CD-ROM unter der Rubrik „Liechtenstein" sowie unter www.gesetze.li.
4 So auch *Marxer*, Das Internationale Erbrecht Liechtensteins, S. 90.
5 Zu beachten ist hier, dass diesenfalls auch das inländische bewegliche Vermögen des Erblassers gem. § 54 Abs. 1 Nr. 2 lit. a) JN der inländischen Gerichtsbarkeit unterliegt.

(unbefristet bei Zuwendung an eine pflichtteilsberechtigte Person; im Übrigen 2 Jahre) zu beurteilen, sofern auf den Erwerbsvorgang liechtensteinisches Recht Anwendung findet.[6]

Das **Haager Testamentsformübereinkommen** vom 5.10.1961 ist für Liechtenstein **nicht** in Kraft. Die – formelle wie auch materielle – Gültigkeit einer Verfügung von Todes wegen (letztwillige Verfügung, Erbvertrag oder Erbverzichtsvertrag) ist gem. Art. 30 IPRG gegeben, wenn die **Gültigkeitserfordernisse** eines der Heimatrechte des Erblassers im Zeitpunkt der Rechtshandlung oder im Zeitpunkt seines Todes, des Rechts des Staates, in dem der Erblasser im Zeitpunkt der Rechtshandlung oder im Zeitpunkt seines Todes seinen gewöhnlichen Aufenthalt hatte, oder aber die Anforderungen des liechtensteinischen Rechts erfüllt sind, sofern die Verlassenschaftsabhandlung vor einem liechtensteinischen Gericht durchgeführt wird. Für den Widerruf bzw. die Aufhebung dieser Rechtshandlungen gilt dies sinngemäß. Für die Formwirksamkeit eines Testament oder Erbvertrages genügt es darüber hinaus, wenn diese den Bestimmungen des Errichtungsortes entsprechend errichtet worden sind, Art. 8 IPRG.[7]

Das Fürstentum Liechtenstein hat das **Haager Abkommen** über die Anerkennung von **Trusts** vom 1.7.1985[8] ratifiziert, welches seit dem 1.4.2006 gilt. Testamentarische Vorfragen im Hinblick auf die Übertragung von Vermögen auf den Trust[9] sind allerdings vom Anwendungsbereich ausgeschlossen, sodass hier wiederum autonomes Kollisionsrecht zur Anwendung gelangt.[10]

B. Materielles Erbrecht

I. Allgemeines

Das materielle Erbrecht ist im Allgemeinen Bürgerlichen Gesetzbuch vom 1.6.1811 (**ABGB**)[11] enthalten, welches ursprünglich in Teilen aus Österreich rezipiert wurde; mit Fürstlicher Verordnung vom 18.2.1812 wurden Teile davon in Liechtenstein eingeführt. Die Übernahme der erbrechtlichen Normen erfolgte erst 1846. Mit der Erbrechtsreform[12] im Jahr 2012 hat der liechtensteinische Gesetzgeber jedoch partiell Neuland betreten und teilweise von der österreichischen Rezeptionsvorlage abweichende Regelungen normiert.[13]

Im Rahmen der gesetzlichen Erbfolge sind die Abkömmlinge Erben **erster Ordnung** (§ 732 ABGB); eheliche und nichteheliche Kinder erben zu gleichen Teilen. Die Eltern und ihre Abkömmlinge bilden die **zweite Ordnung** (§ 735 ABGB). Dabei gelten die Erbfolge nach Stämmen und das Repräsentationsprinzip. Zur **dritten Ordnung** gehören die Großeltern des Erblassers samt deren Nachkommen (§ 738 ABGB).

---

6 Vgl. hierzu *Lennert/Blum*, ZEV 2009, 171 (175).
7 *Marxer*, Das internationale Erbrecht, S. 95.
8 Text der Konvention auf der beiliegenden CD-ROM unter der Rubrik „Haager Konventionen".
9 Zum FL-Trustrecht vgl. *Schurr* (Hrsg), Trusts in the Principality of Liechtenstein and Similar Jurisdictions, 2014.
10 *Czernich*, LJZ 4/06, S. 110 ff.
11 Text des ABGB auf der beiliegenden CD-ROM unter der Rubrik „Liechtenstein" sowie unter www.gesetze.li.
12 Vgl. Bericht und Antrag Nr. 12/2012, S. 9, abrufbar über www.bua.llv.li.
13 Einen Überblick über Unterschiede zum österreichischen Recht bietet *Motal*, Die Reform des Erbrechts, LJZ 1/2014, S. 1.

11 Der **Ehegatte** wie auch der Partner aus einer eingetragenen Partnerschaft erhalten neben Erben der ersten Ordnung die Hälfte,[14] neben Erben der zweiten oder dritten Ordnung zwei Drittel des Nachlasses (§ 757 ABGB). Ein Sonderfall existiert, falls neben Großeltern Nachkommen verstorbener Großeltern vorhanden sind oder Erbteile, welche Nachkommen verstorbener Geschwister zufallen würden (§ 757 Abs. 1 S. 2 u. 3 ABGB).

12 Als **Testamentsformen** kennt das liechtensteinische Recht das holographe Testament (§ 578 ABGB), das gerichtliche Testament und das vor drei Testamentszeugen privatschriftlich allographe niedergelegte und eigenhändig unterschriebene Testament (§ 579 ABGB). Das mündliche Dreizeugentestament (§ 585 ABGB) ist (gleich wie in Österreich) durch Reformgesetz vom 20.6.2012[15] auch in Liechtenstein aufgehoben worden. Es besteht allein die Möglichkeit der Errichtung eines mündlichen (oder schriftlichen) Nottestaments (§ 597 ABGB) vor zwei Zeugen, welches 3 Monate nach Errichtung seine Gültigkeit verliert. Das gemeinschaftliche Testament von Ehegatten, Brautleuten und eingetragenen Partnern stellt keine besondere Form des Testaments dar, da es keine besondere Formerleichterungen gibt. § 583a ABGB bestimmt, dass dieses jederzeit widerruflich ist und der Bestand der einen Verfügung von dem der anderen nicht abhängig ist, außer es wurde dies eigens vereinbart.

13 Das **Pflichtteilsrecht** orientiert sich überwiegend an der österreichischen Rezeptionsvorlage; Kinder und Ehegatten/eingetragene Partner haben demnach Anspruch auf die Hälfte des gesetzlichen Erbteils, Vorfahren (nur sofern keine Kinder existent sind) auf ein Drittel. Die Pflichtteilsquote des Ehegatten kann sich verdoppeln, sofern dieser maßgeblich zum Aufbau des Vermögens des Erblassers beigetragen hat und dieser Vermögenszuwachs den Großteil der Erbschaft ausmacht, § 765 Abs. 2 ABGB. Der Pflichtteilsanspruch ist im System des Geldpflichtteils verankert,[16] mithin auf die Zahlung eines Geldbetrages gerichtet und kann unter den in § 783a ABGB niedergelegten Voraussetzungen gestundet werden.

14 Das Rechtsinstitut der **Testamentsvollstreckung** findet sich in § 816 ABGB lediglich „stiefmütterlich" geregelt. Der Aufgabenbereich des Testamentsvollstreckers kann lediglich die Überwachung des letzten Willens und/oder die Verwaltung des Nachlasses oder einzelner Nachlassgegenstände beinhalten. Dementsprechend kommt diesem Rechtsinstitut kaum praktische Bedeutung zu. Die Handlungen eines ausländischen Testamentsvollstreckers wirken gegenüber dem liechtensteinischen Handelsregister oder Gericht, sofern es sich um Registerbereinigungen oder um die Ausfolgung beweglichen Nachlasses handelt und die Grundsätze des **ordre public** hierbei nicht verletzt sind.[17]

15 Ein **Erbvertrag** kann seit dem 1.9.2012 auch von Personen abgeschlossen werden, die nicht Ehegatten sind. Der Abschluss kann vor einem Gericht in schriftlicher oder mündlicher Form erfolgen. Es genügt aber auch die für ein Testament verlangte außergerichtliche Form, § 602 Abs. 3 ABGB. Unter denselben Voraussetzungen ist auch ein **Vermächtnisvertrag** möglich.

Wegen der gemeinsamen historischen Wurzeln wird ergänzend auf den Länderbericht **Österreich** von *Haunschmidt* verwiesen.

---

14 Für Erbfälle vor dem 1.9.2012 erbt der Ehegatte ein Drittel, vgl. BuA Nr. 12/2012, S. 107.
15 Vgl. Bericht und Antrag Nr. 12/2012, S. 9, abrufbar über www.bua.llv.li.
16 Vgl. *von Schönfeld*, Die Anrechnung von Zuwendungen auf den Pflichtteil, ZErb 2013, 10.
17 Vgl. OGH vom 3.10.1979 – H 228/93–11 = LES 1981, 152.

II. Erbrecht und Stiftungen

In der Praxis stellt sich oftmals die Frage des Verhältnisses von Erbrecht und **Begünstigung einer Stiftung**.[18] Insbesondere fragt ein eingesetzter Testamentsvollstrecker bei angeordneter Testamentsvollstreckung nach dem korrekten Vorgehen, sofern der Erblasser Stifter und/oder Begünstigter einer Stiftung war. Die Antwort hierauf hängt erkennbar von der Frage ab, ob die Stiftung als verdecktes Treuhandverhältnis zu qualifizieren ist, wofür mehrere Kriterien, wie beispielsweise die Normierung eines Widerrufs- bzw. Änderungsrechts in den Stiftungs(zusatz[19])urkunden oder der mandatsvertragliche Vorbehalt von Weisungsrechten, ausschlaggebend sein können.[20] Sofern keine Widerrufs- oder Änderungsrechte bestehen oder solche mit dem Ableben des Stifters erloschen sind, wird die Struktur als intransparent zu beurteilen sein mit der Folge, dass sich aufgrund des in diesem Zeitpunkt entstehenden Entäußerungsvorgangs möglicherweise **Pflichtteilsergänzungsansprüche** für Pflichtteilsberechtigte gegen den/die Erben und subsidiär gegen die Stiftung ergeben.[21]

16

Erben, die zugleich Begünstigte der Stiftung sind, stehen gewisse **Auskunfts- und Informationsrechte** nur insoweit zu, als es Ihre Rechte betrifft (Art. 552 § 9 PGR).[22] Falls der Name der Stiftung bekannt ist, so kann über das Handelsregister (www.oera.li) der Repräsentant der Stiftung ermittelt werden, bei welchem die entsprechenden Informationen angefragt werden sollten. Empfohlen wird, gleichsam eine beglaubigte Legitimation des Begünstigten beizufügen. Etwaige Rechte sind im Außerstreitverfahren geltend zu machen.[23]

17

Für die **steuerlichen Folgen** einer Begünstigung ist jedoch nicht die zivilrechtliche Beurteilung, sondern die steuerliche Zurechnung, mithin eine wirtschaftliche Betrachtungsweise relevant. Aufgrund der Tatsache, dass die Stiftung aus deutscher steuerrechtlicher Sicht teilweise nicht als eigene Rechtsperson anerkannt, sondern als verdecktes Treuhandverhältnis betrachtet wird, kann die zivilrechtliche sowie die steuerrechtliche Rechtsfolge dergestalt divergieren, dass dem Erblasser vom deutschen Fiskus Kapitaleinkünfte wegen § 15 Abs. 1

18

---

18 Das liechtensteinische Stiftungsrecht ist in Art. 552 § 1 ff. des Personen- und Gesellschaftsrechts (PGR) geregelt und wurde 2009 einer Totalrevision unterzogen, vgl. *Hochschule Liechtenstein* (Hrsg.), Das neue liechtensteinische Stiftungsrecht, Schulthess 2008. Der Text des PGR (Stand: 9/2014) befindet sich auf der beiliegenden CD-ROM unter der Rubrik „Liechtenstein" und ist überdies unter www.gesetze.li abrufbar.
19 Nach früherer Terminologie wird die Stiftungszusatzurkunde auch oft als „Beistatut" bezeichnet. Das Beistatut muss nicht beim Handelsregister hinterlegt werden. Es gibt zumeist näher Aufschluss über und eine etwaige Reihenfolge der Begünstigten sowie weitere Vorgaben des Stifters in Bezug auf die Verwaltung der Stiftung.
20 Vgl. ausführlich *Werner*, ZErb 2010, 104 ff. (108 f.). Eine solche Konstruktion verstößt aber nicht gegen den Ordre-Public-Vorbehalt des Art. 6 EGBGB, vgl. BGH v. 23.3.1976 – V ZR 81/77. Selbst das OLG Stuttgart erkennt in seinem vielkritisierten und im Grundsatz wohl nicht zutreffenden Urteil v. 22.6.2009 – 5 U 40/09 die liechtensteinische Stiftung in ihrem Grundgedanken an.
21 Vgl. *Kuhn*, ZEV 2013, 548 unter Bezug auf OGH v. 5.7.2013 – 10 CG.2010.152.
22 Vgl. *Schurr*, Begünstigtenrechte im Wandel der Zeit – Auskunft, Zuwendung und Asset Protection, S. 99 ff., in: Schurr (Hrsg.), Wandel im materiellen Stiftungsrecht und grenzüberschreitende Rechtsdurchsetzung durch Schiedsgerichte, 2013.
23 Vgl. Art. 8 ff. AussStrG; das Gesetz über das gerichtliche Verfahren in Rechtsangelegenheiten ausser Streitsachen (AussStrG) wurde aus Österreich rezipiert und ist zum 1.1.2011 in Liechtenstein in Kraft getreten. Der Text des AussStrG befindet sich auf der beiliegenden CD-ROM unter der Rubrik „Liechtenstein".

und 6 AStG zuzurechnen sind[24] und diese Steuerschuld auf den/die Erbe(n) übergegangen ist, der/die Erbe(n) jedoch mangels Begünstigung zivilrechtlich keine Zugriffsmöglichkeit auf die Vermögenswerte hat/haben.[25] Soweit die Stiftung auch steuerlich anerkannt wird,[26] können sich aus dem Vermögensübergang auf die Stiftung schenkungsteuerliche Folgen ergeben.

III. Trustrecht

19 Eine weitere in der Praxis gebräuchliche Gestaltungsvariante ist die Errichtung eines **Trusts** nach liechtensteinischem Recht. Der liechtensteinische Gesetzgeber hat bereits 1926 im Rahmen eines *legal transplant* in Art. 897–932 PGR ein Trustrecht eingefügt.[27] Das Trustrecht folgt damit als Exot im PGR der *common-law-tradition* und findet mitunter Anwendung in der erbrechtlichen Gestaltung. Das Trustrecht ist insoweit strikt abzugrenzen von der fiduziarischen Treuhand, welche in Art. 932a §§ 1–170 PGR eine umfassende Regelung erfahren hat.

20 Bei einem Trust wird einem **Treuhänder** (*trustee*) durch einen **Treugeber** (*settlor*) bewegliches oder unbewegliches Vermögen oder ein Recht als Treugut mit der Verpflichtung zugewandt, dieses als Treugut im eigenen Namen als selbstständiger Rechtsträger zugunsten eines oder mehrerer **Begünstigter** (*beneficiaries*) mit Wirkung gegen jedermann zu verwalten oder zu verwenden (Art. 897 PGR). Maßgeblich für die Ausgestaltung des Rechtsverhältnisses ist der Inhalt der Treuhandurkunde (*Trust Deed*).

Praxishinweis: Sollten Anhaltspunkte dafür ersichtlich sein, dass der Erblasser oder der Erbe Begünstigter eines Trusts ist, so empfiehlt sich die Kontaktaufnahme mit dem Trustee. Dieser ist ggf. verpflichtet, das Treugut auszufolgen.

21 Aufgrund der Tatsache, dass Deutschland das Haager Abkommen über die Anerkennung von **Trusts** vom 1.7.1985 nicht ratifiziert hat und der Trust daher **in Deutschland nicht anerkannt** wird, kommt ihm im Zusammenhang mit der erbrechtlichen Ausgestaltung bei deutschen Staatsbürgern nur geringe Relevanz zu.[28]

C. Erbverfahrensrecht

22 Ebenso wie in Österreich ist auch in Liechtenstein ein Verlassenschaftsverfahren zur **Einantwortung** des Nachlasses erforderlich. Das Verfahren ist in Art. 143 ff. AussStrG geregelt. Die internationale Zuständigkeit der liechtensteinischen Verlassenschaftsgerichte ist in der

---

24 Zur steuerlichen Behandlung der liechtensteinischen Stiftung in Deutschland vgl. *Lennert/Blum*, ZEV 2009, 171, 176 f.
25 Vgl. OGH v. 7.12.2012 – 03 CG.2011.93; eine diesbezügliche Auseinandersetzung wäre vor einem liechtensteinischen Gericht zu führen, da diesbezüglich nicht das Erbstatut, sondern das Stiftungsstatut maßgeblich sein dürfte.
26 Diese Frage ist zumeist abhängig davon, ob sich der Stifter Einflussnahmerechte vorbehalten hat, oder ob er sich dieser vollumfänglich begeben hat.
27 Grundlegend zum liechtensteinischen Trustrecht vgl. *Schurr*, Der Liechtensteinische Trust als alternatives Gestaltungsinstrument zur Stiftung, S. 133 ff., in: Schurr (Hrsg.), Das neue liechtensteinische Stiftungsrecht – Anwendung, Auslegung und Alternativen, 2012 sowie allgemein *Schurr* (Hrsg.), Trusts in the Principality of Liechtenstein and Similar Jurisdictions, Dike 2014.
28 Allgemein zu Trusts in Deutschland vgl. *Wienbracke*, Trusts in Deutschland, Gabler 2012.

Jurisdiktionsnorm (JN) geregelt.[29] Insoweit gelten die Grundsätze des österreichischen Verlassenschaftsverfahrens mit vereinzelten liechtensteinischen Ausprägungen, sodass dem Grunde nach nochmals ergänzend auf den Länderbericht **Österreich** von *Haunschmidt* verwiesen wird.

Deutsche **Erbscheine** werden dem Grunde nach anerkannt zum Nachweis der Erbfolge. Eine beglaubigte Abschrift wird in der Regel akzeptiert. 23

Die Anerkennung und **Vollstreckung ausländischer Urkunden** erfolgt in Liechtenstein gem. Art. 52 EO (Exekutionsordnung) nur insoweit, als dies in Staatsverträgen vorgesehen oder die Gegenseitigkeit durch Staatsverträge oder durch Gegenrechtserklärung der Regierung verbürgt ist. Liechtenstein als Nicht-EU-Mitgliedsstaat[30] ist (im Gegensatz zur Schweiz) dem Lugano-Übereinkommen[31] nicht beigetreten. Bilaterale Vollstreckungsabkommen wurden lediglich mit der Schweiz und Österreich abgeschlossen. Damit ist hinsichtlich deutscher Urkunden und gerichtlicher Entscheidungen die **Gegenseitigkeit nicht verbürgt**. 24

D. Erbschaftsteuer

Todesfälle mit einem Rechtskraftdatum der gerichtlichen Einantwortungsurkunde ab dem 1.1.2011 unterliegen in Liechtenstein nicht mehr der Nachlass- und Erbanfallsteuer. Diese ist damit nunmehr aufgehoben und gilt allenfalls noch für vor diesem Stichtag eingeantwortete Nachlässe. Wurde die Einantwortung 2010 rechtskräftig, so ist die Nachlass- und Erbanfallsteuer geschuldet; erfolgt die Einantwortung im Jahr 2011, fällt hingegen **keine Nachlass- und Erbanfallsteuer** mehr an. 25

Gleichwohl existiert eine **Anzeigepflicht** für ausländische Erbschaften oder Vermächtnisse ab 10.000 CHF, Art. 96 Abs. 2 SteG. Zu beachten sind weiter etwaige schenkungssteuerliche Folgen der Stiftungserrichtung (siehe oben Rn 18) im Hinblick auf das Steuerdomizil des Stifters, hinsichtlich welcher die Verjährung möglicherweise erst mit dem Ableben des Stifters beginnt. Unabhängig vom anzuwendenden Erbstatut kann sich eine Anknüpfung an die deutsche Erbschafts- und Schenkungsteuer aus §§ 1 und 2 ErbStG ergeben. 26

E. Schiedsvereinbarungen

Liechtenstein ist mit Wirkung zum 5.10.2011 dem New Yorker Schiedsübereinkommen von 1958 beigetreten. Schiedssprüche, welche in Vertragsstaaten ergangen sind, werden 27

---

29 Text der Jurisdiktionsnorm auf der beiliegenden CD-ROM unter der Rubrik „Liechtenstein" sowie unter www.gesetze.li.
30 Die EuGVVO (Verordnung (EU) Nr. 1215/2012 des Europäischen Parlaments und des Rates vom 12. Dezember 2012 über die gerichtliche Zuständigkeit und die Anerkennung und Vollstreckung von Entscheidungen in Zivil- und Handelssachen) gilt damit in Liechtenstein nicht.
31 Übereinkommen über die gerichtliche Zuständigkeit und die Anerkennung und Vollstreckung von Entscheidungen in Zivil- und Handelssachen (LugÜ) vom 30.10.2007.

damit in Liechtenstein anerkannt und vollstreckt, soweit hinsichtlich der Anerkennung nicht ein Verweigerungsgrund greift.[32] Die Vorschriften zum Schiedsverfahren finden sich in §§ 599 ZPO.[33]

Weitere Informationen und Materialien, wie z.B. Muster, Formulare, amtliche Texte und Internetadressen, befinden sich auf der beiliegenden CD-ROM.

---

32 Vgl. *Czernich*, Jus & News 2012/1, S. 17.
33 Text der Zivilprozessordnung auf der beiliegenden CD-ROM unter der Rubrik „Liechtenstein".

Litauen

Frank Heemann, LL.M., Rechtsanwalt, Vilnius

Inhalt

- A. Internationales Erbrecht 1
- B. Gesetzliche Erbfolge 8
  - I. Umfang des Nachlasses 8
  - II. Gesetzliche Erbfolge 9
  - III. Erbrecht der Verwandten 11
  - IV. Erbrecht des Ehegatten 14
  - V. Erbrecht des Staates 16
- C. Testamentarische Erbfolge 17
  - I. Testamentserrichtung, Nichtigkeit des Testaments 17
  - II. Arten testamentarischer Verfügung 23
    1. Öffentliches Testament 25
    2. Eigenhändiges Testament 31
    3. Gemeinschaftliches Testament 34
  - III. Inhalt eines Testaments 37
  - IV. Pflichtteilsrecht 44
  - V. Änderung, Ergänzung und Widerruf des Testaments 47
  - VI. Testamentsvollstreckung 51
  - VII. Vertragliche Erbfolge 54
- D. Nachlassabwicklung 55
  - I. Annahme und Ausschlagung der Erbschaft 55
  - II. Erbschein 64
  - III. Besonderheiten der Erbschaft 69
  - IV. Bestreiten der Erbschaft 74
  - V. Besteuerung des geerbten Vermögens ... 77

Literatur

Deutschsprachige Literatur

Kuhn, Übersicht zum Erbrecht, Pflichtteilsrecht und Erbschaftsteuerrecht der EU (ohne BRD), Ergänzung, BWNotZ 2007, 27 f.; *Mizaras/Nekrošius*, Das neue Zivil- und Zivilprozessrecht in Litauen, ZEuP 2002, 466; *Notarkammer Koblenz*, Das „Fünfte Litauisch-Deutsche Kolloquium Vorsorgende Rechtspflege" vom 19. bis 21. Mai 2003 in Vilnius, Notar 2003, 127; *Ravluševičius*, Die Reform des Internationalen Privatrechts in Litauen, IPRax 2003, 272 – mit Übersetzung der Gesetzesvorschriften, S. 298; *Galginaitis/Himmelreich/Vrubliauskaitė*, Einführung in das litauische Recht, Berlin 2010, S. 148 ff.

Literatur in litauischer Sprache

Gaivenis/Valiulis, Turto paveldėjimas. Klausimai ir atsakymai, Vilnius 2002; *Mikelėnas*, Tartautinės privatinės teisės įvadas, Vilnius 2000; *Petrauskaitė*, Civilinė teisė Bendroji dalis II tomas, Vilnius 2005; *Usonienė*, Autorių teisių paveldėjimas, 2002; *Vileita*, Justitia, Nr. 3–4, Nr. 5, Nr. 6, 2003, Lietuvos Respublikos civilinio kodekso komentaras; *Vileita*, Paveldėjimo teisė, Vilnius 2011; *Štaraitė-Barsulienė*, Notaro kaip mediatoriaus vaidmuo paveldėjimo teisiniuose santykiuose, Socialinis darbas, 2012, Nr. 11 (2), p. 301–314.

Literatur in französischer Sprache

Michalauskas, Lituanie (Stand: 2002), in: Juris-Classeur de Droit Comparé.

A. Internationales Erbrecht

Durch die Vereinheitlichung des Internationalen Erbrechts mit der am 17.8.2015 inkrafttretenden Verordnung (EU) Nr. 650/2012 vom Juli 2012 über die Zuständigkeit, das anzuwendende Recht, die Anerkennung und die Vollstreckung von Entscheidungen und öffentlichen

Urkunden in Erbsachen sowie zur Einführung eines Europäischen Nachlasszeugnisses[1] (nachfolgend **EU-ErbVO**) entfallen u.a. die länderspezifischen Ausführungen zum Internationalen Erbrecht.[2]

2   Wie in einigen EU-Mitgliedstaaten ist die anzuwendende Rechtsordnung in Litauen bisher auf die Rechtsfolge von Todes wegen nicht für den gesamten Nachlass einheitlich, sondern differenziert. Grundsätzlich bestimmt sich danach die **gesetzliche Erbfolge** nach dem Recht des Staates, in dem der Erblasser seinen ständigen Aufenthaltsort bei seinem Tode hat (Art. 1.62.1 lit. BGB[3]). Der gewöhnliche Aufenthalt ist auch in der EU-ErbVO für die Zuständigkeit und das anzuwendende Recht maßgeblich. Der genannte Grundsatz wird in Litauen jedoch bisher durchbrochen, wenn Immobilien im Ausland vererbt werden, da für diese Immobilien das Recht des Staates anwendbar ist, in dem diese belegen sind (*lex situs*) (Art. 1.62.1 lit. BGB). In der EU-ErbVO wird im Gegensatz zum alten litauischen Erbkollisionsrecht der Grundsatz der Einheitlichkeit der Erbfolge zugrunde gelegt. Danach ist das auf die Erbfolge anwendbare Recht auf die gesamte Erbmasse anzuwenden, und zwar unabhängig von der Art des Vermögens (beweglich oder unbeweglich). Der sog. Spaltnachlass findet somit ein Ende.

3   Ferner knüpft das alte litauische Erbkollisionsrecht für Pflichtteilsansprüche auch an die Staatsangehörigkeit an, und zwar wie folgt: die in Litauen lebenden pflichtteilsberechtigten Erben eines litauischen Staatsbürgers erben ihren Pflichtteil nach litauischem Recht, ungeachtet des normalerweise anzuwendenden Rechts, es sei denn, Immobilien werden vererbt (Art. 1.62.2 lit. BGB).

4   Mit der EU-ErbVO wird auch der bisherige Anknüpfungspunkt an die Staatsangehörigkeit des Erblassers europaweit beseitigt. Gemäß EU-ErbVO kann eine Person nur eine Rechtswahl treffen, indem sie in einer Erklärung in Form einer Verfügung von Todes wegen das Recht des Staates wählt, dem sie im Zeitpunkt der Rechtswahl oder im Zeitpunkt ihres Todes angehört.

5   Bis zum 1.8.2014 wurden für Litauen weder Übergangsregeln getroffen noch gesetzliche Änderungen vorgenommen.[4] Die EU-ErbVO wird auf die Rechtsnachfolge von Personen, die am 17. August 2015 oder danach verstorben sind, unmittelbar anwendbar sein. Die fehlende Anpassung des litauischen Rechts wird jedoch in der Praxis Schwierigkeiten bereiten.

---

1   Verordnung (EU) Nr. 650/2012 des Europäischen Parlaments und des Rates vom 4.7.2012 über die Zuständigkeit, das anzuwendende Recht, die Anerkennung und Vollstreckung von Entscheidungen und die Annahme und Vollstreckung öffentlicher Urkunden in Erbsachen sowie zur Einführung eines Europäischen Nachlasszeugnisses, ABl L 201 vom 27.7.2012, S. 107–134.

2   Zum alten litauischen Erbkollisionsrecht siehe *Heemann*, Erbrecht in Litauen, in: Süß, (Hrsg.), Erbrecht in Europa, 2. Aufl. 2008.

3   Lietuvos Respublikos civilinio kodekso patvirtinimo, įsigaliojimo ir įgyvendinimo įstatymas, Valstybės žinios, 2000 Nr. 74–2262. Das BGB der Republik Litauen ist in einer offiziellen englischen Übersetzung auf der Homepage des Parlamentes der Republik Litauen abrufbar: http://www3.lrs.lt/pls/inter3/dokpaieska.showdoc_l?p_id=403201&p_tr2=2 (abgerufen am 23.7.2014). Siehe auch die beiliegende CD-ROM unter der Rubrik „Litauen". Der Stand der englischen Übersetzung entspricht nicht immer dem aktuellen Stand des lit. BGB.

4   Eine Ausnahme stellen Änderungen im Gesetz zur Umsetzung europäischer und internationaler Rechtsakte im Zivilverfahren der Republik Litauen dar, und zwar insofern, als dass das Europäische Nachlasszeugnis sowie der Erbschein vom Notar des Ortes ausgestellt werden, an dem die Erbschaft entstanden ist. Das vom litauischen Notar ausgestellte Europäische Nachlasszeugnis kann in anderen Mitgliedstaaten der EU (außer dem Vereinten Königreich, Irland und Dänemark) ohne ein weiteres offizielles Anerkennungsverfahren verwendet werden.

Die EU-ErbVO lässt die Anwendung internationaler Übereinkommen unberührt, denen ein oder mehrere Mitgliedstaaten zum Zeitpunkt der Annahme dieser Verordnung angehören und die Bereiche betreffen, die in dieser Verordnung geregelt sind. Litauen hat das **Haager Testamentsformübereinkommen** nicht ratifiziert, weshalb das 2004 von Litauen ratifizierte Basler Abkommen über die Errichtung eines einheitlichen Systems für die Eintragung von Testamenten Anwendung findet.[5]

Die EU-ErbVO hat Vorrang vor Übereinkünften, die ausschließlich zwischen zwei oder mehreren Mitgliedsstaaten geschlossen wurden, soweit Bereiche betroffen sind, die diese Verordnung regelt. **Bilaterale** Abkommen zum Erbkollisionsrecht hat Litauen mit Weißrussland, Armenien, Aserbaidschan, Kasachstan, Polen, Moldawien, der Ukraine, Russland und Usbekistan abgeschlossen. Ein erbkollisionsrechtliches **trilaterales** Abkommen existiert zwischen Litauen, Estland und Lettland.[6]

B. Gesetzliche Erbfolge

I. Umfang des Nachlasses

Art. 5.1.2 lit. BGB bestimmt den Umfang des Nachlasses. Grundsätzlich umfasst der Nachlass das gesamte Vermögen und alle Rechte und Pflichten des Verstorbenen. Nach Art. 5.1.2 lit. BGB können das bewegliche und unbewegliche Vermögen einschließlich Forderungen und Immaterialgüterrechte (Patente, Warenzeichen etc.) in den Nachlass fallen, ebenso wie Verbindlichkeiten. Art. 5.1.3 lit. BGB benennt Rechte und Pflichten, die als Ausnahme von diesem Grundsatz nicht vererbt werden können. Dies betrifft Rechte und Pflichten, die untrennbar mit der Person des Verstorbenen verbunden sind (Namensrechte, Urheberrechte etc). Weiter gehören hierzu Unterhaltsansprüche, Beihilfen oder Renten des Erblassers, es sei denn, das Gesetz bestimmt etwas anderes.

II. Gesetzliche Erbfolge

Die gesetzliche Erbfolge tritt ein, wenn:
- kein Testament vorhanden ist oder soweit mit dem Testament nicht das ganze Vermögen des Erblassers an die Erben übertragen wurde;
- das Testament für ungültig erklärt wurde;
- die testamentarischen Erben auf ihren Erbteil ausdrücklich verzichtet oder die Erbschaft nicht angenommen haben;
- ein testamentarischer Erbe vor Eintritt des Erbfalls gestorben und ein weiterer nicht eingesetzt ist.

Gesetzliche Erben sind:
- die Verwandten (Art. 5.5.1.1, 5.11 lit. BGB);
- der überlebende Ehegatte des Verstorbenen (Art. 5.5.1.1, 5.13 lit. BGB);
- der Staat (Art. 5.5.1.1 lit. BGB).

---

[5] Gesetz zur Ratifizierung der Konvention über Errichtung des Registrierungssystems für Testamente, Lietuvos Respublikos įstatymas dėl Konvencijos dėl testamentų registravimo sistemos sukūrimo ratifikavimo, Valstybės žinios, 2004 Nr. 77–2658.
[6] Bilaterale Abkommen über Rechtshilfe und Rechtsbeziehungen sind auf Homepage des litauischen Ministeriums für Justiz abrufbar: http://urm.lt/default/en/foreign-policy/treaties/bilateral; trilaterales Abkommen – http://urm.lt/default/en/foreign-policy/treaties/trilateral-agreements (abgerufen am 9.7.2014).

III. Erbrecht der Verwandten

11 Die gesetzliche Erbfolge unterteilt sich in sechs Ordnungen.

Gemäß Art. 5.11 lit. BGB erben die folgenden Personen zu gleichen Teilen:
- Verwandte **erster** Ordnung: Kinder (Adoptivkinder) des Erblassers sowie die Kinder, die nach seinem Tod geboren wurden;
- Verwandte **zweiter** Ordnung: Eltern (Adoptiveltern) und Enkelkinder des Erblassers;
- Verwandte **dritter** Ordnung: Großeltern mütterlicher- und väterlicherseits und Urenkel des Erblassers;
- Verwandte **vierter** Ordnung: Geschwister und Urgroßeltern mütterlicher- und väterlicherseits des Erblassers;
- Verwandte **fünfter** Ordnung: Kinder der Geschwister des Erblassers (Nichten und Neffen) sowie die Geschwister der Eltern (Onkel und Tanten);
- Verwandte **sechster** Ordnung: Kinder der Geschwister der Eltern des Erblassers (Cousinen und Cousins).

12 Angehörige vorhergehender Ordnungen schließen Angehörige nachfolgender Ordnungen aus:
- Verwandte der zweiten Ordnung erben nur, wenn Verwandte der ersten Ordnung nicht vorhanden sind, wenn diese die Erbschaft nicht annehmen oder auf diese ausdrücklich verzichten oder wenn ihnen das Recht zu erben entzogen wurde (Art. 5.11.2 lit. BGB);
- Verwandte der dritten Ordnung oder nachrangigen Ordnung erben nur, wenn kein Erbe höherer Ordnung vorhanden ist, ein solcher die Erbschaft ablehnt oder ihm das Recht zu erben entzogen wurde (Art. 5.11.2 lit. BGB).

13 Verstirbt eine nach der gesetzlichen Erbfolge zur Erbschaft berechtigte Person, so treten deren Abkömmlinge an ihre Stelle. Die Enkel und Urenkel des Erblassers erben in diesem Fall zusammen mit den Erben der ersten und zweiten Ordnung. Sie erben zu gleichen Teilen den Teil des Erbes, der dem Vorverstorbenen zugestanden hätte (Art. 5.12 lit. BGB).

IV. Erbrecht des Ehegatten

14 Gemäß Art. 5.13 lit. BGB ist der überlebende **Ehegatte** nach der gesetzlichen Erbfolge entweder Alleinerbe oder erbt gemeinsam mit den Erben der ersten Ordnung bzw. den Erben der zweiten Ordnung. Zusammen mit den Erben der ersten Ordnung erhält der Ehegatte eine Erbquote von einem Viertel, wenn es neben dem Ehegatten nicht mehr als drei Erben gibt. Andernfalls erben alle zu gleichen Teilen. Neben Erben der zweiten Ordnung erhält der Ehegatte die Hälfte des Erbes. Neben Angehörigen der weiteren Ordnungen ist er gesetzlicher Alleinerbe.

15 Der überlebende Ehegatte verwirkt sein Erbrecht gem. Art. 5.7 lit. BGB, wenn der Erblasser vor der Testamentseröffnung gerichtlich aus Gründen, die auf einem Verschulden des überlebenden Ehegatten beruhen, die Auflösung der Ehe beantragt und das Gericht einen Grund für die Auflösung der Ehe festgestellt hat. Eine **Verwirkung des Erbrechts** tritt auch ein, wenn ein Gericht die Ehe bereits vor der Testamentseröffnung geschieden hatte oder falls zu diesem Zeitpunkt Gründe vorlagen, die in einem gerichtlichen Verfahren zu einer Ungültigkeitserklärung der Ehe geführt hätten. Letzteres gilt nicht, wenn die Ungültigkeit nicht auf einem Fehler des überlebenden Ehegatten beruht.

V. Erbrecht des Staates

Der Staat ist in den Fällen gesetzmäßiger Erbe, in denen weder ein Testament noch ein gesetzlicher Erbe vorhanden ist, das Erbe von niemandem angenommen wurde oder auch, wenn der Verstorbene alle Erben enterbt hat (Art. 5.2.3, 5.5.1.1 lit. BGB).

C. Testamentarische Erbfolge

I. Testamentserrichtung, Nichtigkeit des Testaments

Jeder hat das Recht, durch Testament seine Erben frei zu bestimmen. Nur wenn kein Testament vorliegt, tritt die gesetzliche Erbfolge ein.

Die **wirksame Errichtung** eines Testaments setzt die höchstpersönliche Errichtung durch einen testierfähigen Erblasser voraus, der mit dem notwendigen Testierwillen handelt. Zudem dürfen keine Nichtigkeitsgründe vorliegen.

Nur der Erblasser persönlich kann ein Testament errichten (Art. 5.15.1 lit. BGB). Der Erblasser kann keine andere Person ermächtigen, nach seinem Tod das Testament zu ergänzen oder zu verändern (Art. 5.16.4 lit. BGB). Eine Ausnahmeregelung hierzu sieht Art. 5.29 lit. BGB vor, wonach bei einem öffentlichen Testament die Unterschrift durch eine andere Person möglich ist, wenn der Erblasser aufgrund körperlicher Unfähigkeit, krankheitsbedingt oder aus anderen Gründen nicht in der Lage ist, das Testament zu unterschreiben. Dies geschieht auf Antrag des Erblassers und im Beisein eines Notars oder einer anderen offiziell dazu ermächtigten Person unter gleichzeitiger Angabe der Gründe für die Unfähigkeit des Erblassers, das Dokument persönlich zu unterschreiben.

Testierfähigkeit besitzt eine rechtsfähige Person, die fähig ist, die Wichtigkeit und die Konsequenzen ihrer Handlung zu verstehen (Art. 5.15.2 lit. BGB). Die unbeschränkte Testierfähigkeit ist bei Geschäftsfähigkeit der Person zu bejahen, also mit Vollendung des 18. Lebensjahres (vgl. Art. 5.15.2 i.V.m. Art. 2.5 lit. BGB).

Der Wille des Erblassers muss frei, ohne Zwang und ohne Irrtum zustande gekommen sein. Die gewöhnliche Überzeugung durch einen Erben oder dessen Bitte, ein Testament zu seinen Gunsten zu errichten, schließen einen **Testierwillen** nicht *per se* aus (Art. 5.18 lit. BGB).

Folgende Umstände führen zur **Nichtigkeit** des Testaments:
- Der Verfasser ist nicht geschäftsfähig (Art. 5.16.1.1 lit. BGB) bzw. aufgrund von Alkoholmissbrauch oder Konsum narkotischer oder giftiger Substanzen nur beschränkt geschäftsfähig (Art. 5.16.1.2 lit. BGB).
- Der Inhalt des Testaments ist gesetzwidrig oder nicht verständlich (Art. 5.16.1.3 lit. BGB).
- Zur Nichtigkeit führt auch das Vorliegen anderer allgemeiner Nichtigkeitsvoraussetzungen für Verfügungen i.S.v. Art. 1.63 lit. BGB (vgl. Art. 1.78 ff. lit. BGB).
- Das Testament ist unstrittig unbeendet oder nicht unterschrieben (Art. 5.30.3 lit. BGB).
- Ein eigenhändiges Testament enthält weder Ausstellungsort noch Datum und es ist nicht möglich, diese Angaben anderweitig zu erschließen (Art. 5.30.1 lit. BGB).

Demgegenüber sind Fehler im Testamentstext, z.B. die falsche Benennung von Personen oder die Veränderung oder der Verlust einer Eigenschaft oder des Status einer Person oder einer Sache, unbeachtlich, solange der wahre Wille des Erblassers sich aus dem Zusammenhang eindeutig ergibt (Art. 5.18.2 lit. BGB).

II. Arten testamentarischer Verfügung

23 Der Erblasser kann durch einseitige Verfügung von Todes wegen den Erben bestimmen.

24 Nach der Art und Weise, wie das Testament errichtet wird, unterscheidet man öffentliche Testamente (*oficialieji testamentai*) und eigenhändige Testamente (*asmeniniai testamentai*), vgl. Art. 5.27 ff. lit. BGB.

1. Öffentliches Testament

25 Ein öffentliches Testament wird schriftlich in zwei Exemplaren errichtet und von einem Notar in Litauen oder einer Amtsperson eines Konsulats der Republik Litauen im Ausland beurkundet (Art. 5.28.1 lit. BGB). Vor der Beurkundung des Testaments muss der Notar die Personalien des Erblassers feststellen sowie seine Geschäftsfähigkeit überprüfen.[7]

26 Das Testament kann vom Erblasser oder vom Notar erstellt werden. Der Notar ist für die Form des Testaments verantwortlich. Der Erblasser bestimmt dessen Inhalt. Das Testament muss dem Erblasser und den Zeugen (ihre Teilnahme ist fakultativ) vorgelesen werden. Erst danach wird es vom Erblasser persönlich unterschrieben und in seiner Anwesenheit beurkundet. Der Erblasser kann verlangen, dass die von ihm im Testament bestimmten Erben an der Beurkundung des Testaments teilnehmen.[8]

27 Als öffentliche Testamente werden auch die **letztwilligen Verfügungen** der Erblasser in solchen Situationen anerkannt, in denen ein Notar nicht rechtzeitig vor dem Ableben des Erblassers erreicht werden kann. Diese Testamente ähneln den deutschen Nottestamenten. Dies gilt gem. Art. 5.28.6 lit. BGB für:
- von der Leitung der jeweiligen Einrichtung aufgenommene letztwillige Verfügungen der Erblasser, die sich in einem Krankenhaus, in einer Heilanstalt oder in einem Sanatorium befinden bzw. in einem Altersheim oder in einem Behindertenheim leben;
- durch den Schiffskapitän aufgenommene letztwillige Verfügungen der Erblasser, die sich auf Schiffen befinden, die unter litauischer Flagge fahren;
- durch den Expeditionsleiter aufgenommene letztwillige Verfügungen der Erblasser, die an einer wissenschaftlichen, sportlichen und sonstigen Expedition teilnehmen;
- durch den Kommandanten aufgenommene letztwillige Verfügungen von Soldaten;
- durch den Leiter von Haftanstalten aufgenommene letztwillige Verfügungen der Erblasser, die eine Haftstrafe verbüßen;
- durch den Bürgermeister des Wohnortes des Erblassers aufgenommene letztwillige Verfügungen des Erblassers.

28 Zu beachten ist, dass ein solches Testament dem Notar unverzüglich und gemäß der durch das Justizministerium bestimmten Ordnung zu übergeben ist (Art. 5.28.7 lit. BGB).[9]

29 Ein Exemplar jedes öffentlichen Testaments verbleibt beim Erblasser. Das zweite Exemplar wird vom Notar verwahrt. Der Notar muss nach 30 Jahren prüfen, ob der Erblasser noch lebt. Falls der Erblasser gestorben ist, muss das Testament gemäß den gesetzlichen Regelungen bekannt gemacht werden (Art. 5.34 lit. BGB).

---

[7] Art. 31, Art. 48 Notariatsgesetz, Lietuvos Respublikos notariato įstatymas, Valstybės žinios, 1992 Nr. 28–810 (nachfolgend: Notariatsgesetz).

[8] Art. 48 Abs. 2 Notariatsgesetz.

[9] Vorschriften für die Übergabe der letztwilligen Verfügungen an die Notare, Lietuvos Respublikos teisingumo ministro patvirtinta Oficialiems testamentams prilyginamų testamentų perdavimo saugoti notarams tvarka, Valstybės žinios, 2001 Nr. 55–1970.

Die Information über Errichtung, Änderung oder Widerruf des Testaments ist in das **Testamentsregister** einzutragen.[10] Dieses wird durch das zentrale Hypothekenregister verwaltet.[11]

2. Eigenhändiges Testament

Ein eigenhändiges Testament ist ein solches, das handschriftlich vom Erblasser angefertigt wird. Es muss den Vor- und Nachnamen des Ausstellers, das Datum (Tag, Monat, Jahr) und den Ausstellungsort enthalten. Weiter muss es den wahren Willen des Erblassers zum Ausdruck bringen und als ein einheitliches Dokument von ihm eigenhändig unterschrieben sein (Art. 5.30 lit. BGB). Falls das Testament mehrere Seiten umfasst, muss grundsätzlich jede Seite mit der Unterschrift des Erblassers versehen werden.[12] Wenn aber ein mehrseitiges Testament ein einheitliches Dokument bildet, genügt die Unterschrift nur auf der letzten Seite des Testaments.[13] Das eigenhändige Testament kann in einer anderen **Sprache** als litauisch verfasst werden.[14] Ein offensichtlich nicht vollendetes oder nicht unterschriebenes Testament ist unwirksam (Art. 5.30.3. lit. BGB).

Der Erblasser kann sein eigenhändiges Testament einem Notar (bzw. im Ausland einer Amtsperson eines Konsulats der Republik Litauen) in Verwahrung geben. Das eigenhändige Testament wird dann als ein öffentliches Testament betrachtet, wenn die Übergabe den Anforderungen des Art. 5.31.2 lit. BGB entspricht. Dies setzt insbesondere voraus, dass:
– der Erblasser persönlich sein eigenhändiges Testament mit der Erklärung übergeben hat, dass jenes seinen letzten Willen enthalte;
– der Erblasser sein Testament in einem verschlossenen Umschlag übermittelt hat, Schutzmaßnahmen gegen die Beschädigung des Umschlags getroffen wurden[15] und der Umschlag mit den Unterschriften des Erblassers und der Person versehen wurde, die das Testament entgegengenommen hat;
– ein Dokument verfasst wurde, das die Übernahme des Testaments bestätigt.

Ein eigenhändiges Testament, das dem Notar nicht zur Verwahrung übermittelt wurde, muss binnen eines Jahres nach dem Tod des Erblassers **gerichtlich bestätigt** werden (Art. 5.31.4 lit. BGB). Dabei wird das vereinfachte Gerichtsverfahren eingeleitet, das in den Art. 579–582 der litauischen ZPO geregelt ist. Wird die Frist versäumt, ist das Testament ungültig. Das Gesetz sieht keine Möglichkeit vor, die abgelaufene Frist zu erneuern.

3. Gemeinschaftliches Testament

Je nach Testamentsersteller unterscheidet man Testamente, die von nur einer Person errichtet werden, von solchen, die gemeinschaftlich errichtet werden. Erstere können sowohl öffentlich als auch eigenhändig, Letztere hingegen nur öffentlich errichtet werden.

Ein gemeinschaftliches Testament können nur Ehegatten errichten (Art. 5.43 ff. lit. BGB). Dieses Recht gilt damit nicht für Personen, die gesetzgemäß eine Lebenspartnerschaft

---

10 Vorschriften des Testamentsregisters, Lietuvos Respublikos Vyriausybes nutarimu patvirtinti Testamentų registro nuostatai, Valstybės žinios, 2001 Nr. 44–1547.
11 Zentrales Hypothekenregister, Centrinė hipotekos įstaiga. http://www.lhr.lt/
12 *Petrauskaite*, Civiline teise Bendroji dalis II tomas, 2005, S. 192.
13 *Vileita*, Justitia, Nr. 3–4, 2003, S. 39.
14 *Vileita*, Justitia, Nr. 3–4, 2003, S. 38.
15 Art. 5.31.2 lit. BGB, LR Civilinis kodeksas, Nr. XII-503, 2013-07-02, Žin., 2013, Nr. 75-3774 (2013-07-13).

eingetragen haben oder in nichtehelicher Gemeinschaft leben. Durch ihr gemeinsames Testament setzen die Ehegatten sich gegenseitig als Erben ein und bestimmen, dass nach dem Tode eines Ehegatten der überlebende Ehegatte das ganze Vermögen des Verstorbenen – ausschließlich des Pflichtteils Dritter – erbt. Das gemeinschaftliche Testament kann nur in Form eines öffentlichen Testaments errichtet werden. Es muss von den Ehegatten persönlich verfasst und in Gegenwart eines Notars oder einer anderen Person, die das Testament beurkundet, unterzeichnet werden (Art. 5.44 lit. BGB).

36   Das Testament bindet den überlebenden Ehegatten nach dem Tod des anderen Ehegatten, sofern der überlebende Ehegatte das Erbe nicht ausschlägt. Schlägt der überlebende Ehegatte das Erbe aus, so tritt die Erbfolge nach der gesetzlichen Regelung ein. Der überlebende Ehegatte hat dann das Recht, ein neues Testament zu errichten (Art. 5.49.1 lit. BGB). Das gemeinsame Testament gilt als unwirksam, wenn die Ehe vor der Testamentseröffnung von einem Gericht aufgelöst wurde, ein Antrag auf Auflösung eingereicht wurde oder bereits die Zustimmung beider Ehegatten zur Auflösung vorlag (Art. 5.46.3 lit. BGB). Weitere von einem der Ehegatten errichtete Testamente sind unwirksam, es sei denn, das gemeinschaftliche Testament wurde zuvor widerrufen. Hierauf sollte der Notar hinweisen, weil er keine Informationen über bereits errichtete Testamente vom Testamentsregister erhält (Art. 5.46.2 BGB).[16]

III. Inhalt eines Testaments

37   Eine natürliche Person kann gem. Art. 5.19.1 lit. BGB in einem Testament nach eigenem Ermessen ihr gesamtes Vermögen oder Teile davon an eine oder mehrere Personen vererben, unabhängig davon, ob diese ihre gesetzmäßigen Erben sind. Gemäß Art. 5.5.1 lit. BGB sind alle natürlichen Personen **erbfähig**, die zur Zeit des Todes des Erblassers am Leben sind; zudem mit der Geburt solche, die vor dem Tod des Erblassers gezeugt waren und danach geboren werden, sowie solche von dem Erblasser benannte Personen, die nach seinem Tod gezeugt werden. Erbfähig sind weiter der Staat, die Gemeinden und juristische Personen (Art. 5.5.2, 5.19.1 lit. BGB). Dies gilt auch für juristische Personen, die in Ausführung des Testaments erst noch gegründet werden müssen (Art. 5.19.2 lit. BGB). Der Testator kann zudem Personen enterben (Art. 5.19.3 lit. BGB).

38   Der Erblasser kann dem Erben durch das Testament Verpflichtungen auferlegen (**Vermächtnis**). Gemäß Art. 5.23 lit. BGB kann der Testator dem Erben aufgeben, das Vermächtnis zugunsten einer oder mehrerer Personen zu erfüllen. Der Vermächtnisnehmer muss das Vermächtnis innerhalb von drei Monaten nach Kenntnisnahme bzw. Möglichkeit der Kenntnisnahme annehmen (Art. 5.24.1 lit. BGB). Sollte der Erbe das Vermächtnis nicht erfüllen, so kann die Erfüllung vor Gericht eingeklagt werden.

39   Ein litauisches Testament ist des Weiteren **nicht bedingungsfeindlich**. Der Testator kann gem. Art. 5.36 lit. BGB dem Erben bzw. dem Vermächtnisnehmer eine oder mehrere Bedingungen auferlegen. Diese dürfen jedoch nicht rechtswidrig sein oder gegen die guten Sitten verstoßen (Art. 5.36.2 lit. BGB).

40   Nach Art. 5.26 lit. BGB kann der Erblasser außerdem Stiftungen errichten und nach Art. 5.37 lit. BGB einen **Testamentsvollstrecker** ernennen. Werden eine oder mehrere Bedingungen im Testament gestellt, ist es empfehlenswert, einen Testamentsvollstrecker zu einzusetzen.

---

16   Notariat, Notariatas, Nr. 16 / 2013.

In Deutschland können drei Wege zum Schiedsverfahren für Erbstreitigkeiten führen:
1. Schiedsklausel im Testament,
2. Schiedsklausel im Erbvertrag bzw.
3. Schiedsvereinbarungen zwischen den Beteiligten nachdem ein Streit entstanden ist (ad-hoc Vereinbarung).

Anders als in Deutschland gibt es in Litauen keine Schiedsgerichtsbarkeit für Erbstreitigkeiten. In Art. 3 Punkt 5 des lit. Gesetzes über Handelsschiedsgerichtsbarkeit[17] wird eine Schiedsvereinbarung definiert. Es ist eine Vereinbarung **zwischen zwei oder mehreren Parteien**, die Entscheidung aller oder bestimmter Streitigkeiten aus einem Vertragsverhältnis oder anderem Rechtsverhältnis, welches der Gegenstand eines Schiedsverfahrens sein darf, zu übertragen. Die Schiedsvereinbarung kann bereits bei Vertragsschluss oder auch erst für einen bereits entstandenen Konflikt in Form einer Schiedsklausel im Vertrag oder als separater Vertrag geschlossen werden (Art. Abs. 1 des lit. Gesetzes über Handelsgerichtsbarkeit).

Da das Testament ein einseitiges Rechtsgeschäft ist, ist somit eine Schiedsklausel im Testament nicht zulässig. Das litauische Recht sieht auch keine Möglichkeit vor, einen Erbvertrag zu schließen. Es wäre eventuell eine Schiedsvereinbarung zwischen den Beteiligten denkbar zur Entscheidung eines Streites nach Eintritt des Erbfalls (Art. 5.70.1 lit. BGB). Fraglich bleibt jedoch, ob Erbstreitigkeiten überhaupt Gegenstand eines Schiedsverfahrens sein können, welcher in den Anwendungsbereich des lit. Gesetzes über Handelsschiedsgerichsbarkeit fällt. Dieses Gesetz schließt zum Beispiel familienrechtliche Streitigkeiten ausdrücklich als nicht der Schiedsgerichtsbarkeit unterliegend aus (Art. 12 Abs. 2 des lit. Gesetzes über Handelsschiedsbarkeit).

Nach der Rechtsprechung des lit. Obersten Gerichtes können zudem auch andere Streite nicht im Wege der Schiedsgerichtsbarkeit entschieden werden, z.B. wenn öffentliches Interesse betroffen ist. Das ordentliche Gericht hat die Verpflichtung bzw. das Schiedsgericht ist berechtigt festzustellen, ob eine Forderung aus den Rechtsverhältnissen abgeleitet wird, auf welche die Schiedsvereinbarung anwendbar ist. Bei der Feststellung, dass die Parteien keine Schiedsvereinbarung für die Entscheidung von Streitigkeiten aus ihren Vertragsverhältnisse geschlossen haben, muss der Rechtsstreit vor dem staatlichen Gericht verhandelt werden. Wird jedoch festgestellt, dass auf so einen Rechtsstreit eine Schiedsvereinbarung Anwendung findet, muss das Gericht die Klage als unzulässig zurückweisen. D.h. bei der Frage, ob die Parteien eine Schiedsvereinbarung für bestimmte Rechtsstreitigkeit getroffen haben, ist der Umfang des Anwendungsbereiches der zwischen den Parteien getroffenen Schiedsvereinbarung der Gegenstand des Gerichtsverfahrens bzw. des Schiedsgerichtsverfahrens. Das ordentliche Gericht kann eine Schiedsvereinbarung *ex officio* als nichtig erklären, wenn sie offensichtlich gegen die guten Sitten bzw. zwingendes Recht verstößt.[18]

IV. Pflichtteilsrecht

Gemäß Art. 5.20 lit. BGB erben die (Adoptiv-)Kinder, der Ehegatte und die (Adoptiv-)Eltern ungeachtet des Inhalts des Testaments mindestens die Hälfte dessen, was ihnen aufgrund der gesetzlichen Erbfolge zustehen würde, vorausgesetzt, sie waren zum Zeitpunkt des Todes des Erblassers unterhaltsbedürftig (**Pflichtteil**). Anders als im deutschen Recht handelt es sich hierbei nicht um einen bloßen schuldrechtlichen Anspruch. Vielmehr regelt Art. 5.20 lit. BGB den Pflichtteilsanspruch als **echten Erbteil**.

---

17 Gesetz über Handelsschiedsgerichtsbarkeit der Republik Litauen, Lietuvos Respublikos komercinio arbitražo įstatymas, Nr. XI-2089, 2012–06–21, Žin., 2012, Nr. 76–3932 (2012–06–30).
18 Oberstes Gericht Litauens, Entscheidung v. 26.6.2012 in der Zivilsache Nr. 3K-3-353/2012.

45 Die **Pflichtteilsberechtigten** erben gemäß den Bestimmungen des Gesetzes. Sie haben die gleichen Rechte wie andere gesetzlichen Erben. Sie können die Annahme der Erbschaft erklären sowie die Erbschaft ausschlagen. Falls die Pflichtteilsberechtigten minderjährige Kinder sind, dürfen ihre gesetzlichen Vertreter den Pflichtteil nicht ohne die Zustimmung des zuständigen Gerichts annehmen oder ausschlagen (Art. 3.188.1.2 lit. BGB).

46 Ob die Person „**unterhaltsbedürftig**" ist, entscheidet zunächst ein Notar. Falls dieser die Unterhaltsbedürftigkeit verneint, besteht die Möglichkeit, die Unterhaltsbedürftigkeit gerichtlich feststellen zu lassen.[19] Dabei sind die im litauischen lit. BGB festgesetzten Annahmen (*prezumpcijos*) zu beachten. Gemäß Art. 3.194 lit. BGB gelten minderjährige Kinder als unterhaltsbedürftig. Der Ehegatte hat einen Unterhaltsanspruch, wenn sein Vermögen und Einkommen zu gering sind, um sich allein zu unterhalten. Dabei werden Arbeitslosigkeit, Ausbildung und ähnliche Umstände als Gründe für den Unterhaltsanspruch nicht immer anerkannt. Ausnahmen bestehen, wenn der Ehegatte altersbedingt arbeitsunfähig ist (z.B. als Rentner), wegen schlechten Gesundheitszustands oder einer Behinderung nicht arbeiten kann oder das gemeinsame minderjährige Kind allein erzieht (Art. 3.72.2 lit. BGB). Die Eltern des Erblassers haben ein Pflichtteilsrecht erst dann, wenn keine Erben der ersten Ordnung vorhanden sind.

V. Änderung, Ergänzung und Widerruf des Testaments

47 Der Erblasser hat grundsätzlich das Recht, sein Testament jeder Zeit zu **ändern**, zu **ergänzen** und zu **widerrufen**. Eine Ausnahme stellt das gemeinschaftliche Testament dar, welches ein Erblasser nur widerrufen kann. Änderungen und Ergänzungen sind dort nicht möglich.

48 Das Testament kann durch eine neue letztwillige Verfügung des Erblassers geändert bzw. ergänzt werden. Es gilt die allgemeine Regelung, dass das neuere Testament ein vorheriges ungültig macht bzw. den Teil, welcher dem neueren Testament widerspricht (Art. 5.35.2 lit. BGB). Dabei ist jedoch zu beachten, dass gleichzeitig **mehrere Testamente** wirksam sein können, soweit sie sich nicht widersprechen. Falls es nicht möglich ist festzustellen, welches Testament früher errichtet wurde, und die Testamente einander widersprechen, sind beide Testamente ungültig.[20]

49 Der Erblasser kann sein Testament jederzeit ohne Angabe von Gründen **widerrufen**. Das Gesetz sieht kein Verfahren vor, wie das eigenhändige Testament zu widerrufen ist. Der Erblasser kann es vernichten, den Text streichen oder die Eintragung über den Widerruf des Testaments beim Testamentsregister veranlassen.[21] Das öffentliche Testament ist gem. Art. 5.35.3 lit. BGB zu widerrufen.

50 Die Ehegatten dürfen das gemeinschaftliche Testament nicht ändern bzw. ergänzen. Jeder der Ehegatten kann aber seine Willenserklärung ohne Angabe von Gründen vor dem Notar **widerrufen**. Das Testament wird dann ungültig, da die Willenserklärung des anderen Ehegatten auch außer Kraft tritt (Art. 5.47.1 lit. BGB). Der Notar hat den anderen Ehegatten sowie das Testamentsregister darüber zu informieren.

---

19 Art. 41 Notariatsgesetz.
20 *Petrauskaite*, Zivilrecht, Civiline teise Bendroji dalis II tomas, 2005, S. 206.
21 *Vileita*, Justitia, Nr. 3–4, 2003, S. 43.

VI. Testamentsvollstreckung

Die Testamentsvollstreckung erfolgt gem. Art. 5.37.1 lit. BGB durch einen vom Erblasser ernannten **Testamentsvollstrecker**, durch einen Erben oder durch einen vom Gericht bestellten **Nachlassverwalter**. Es können dabei eine oder mehrere Personen (Art. 5.37.3 lit. BGB), jedoch niemand gegen seinen Willen zum Testamentsvollstrecker ernannt werden (Art. 5.37.2 lit. BGB). Das Gericht des Ortes der Testamentseröffnung bestellt nur in den Fällen einen oder mehrere Nachlassverwalter, in denen der Erblasser keinen Testamentsvollstrecker benannt hat, oder es diesem bzw. den Erben nicht möglich ist, die Testamentsvollstreckung durchzuführen (Art. 5.37.5 lit. BGB).

Gemäß Art. 5.38 lit. BGB führt der Testamentsvollstrecker alle Handlungen aus, die für die Testamentsvollstreckung nötig sind. Er hat sich dabei am Testament zu orientieren und sich mit den Erben abzusprechen. Streitigkeiten werden vom zuständigen Gericht entschieden. Alle Handlungen sind mit der Sorgfalt auszuführen, die auch in eigenen Angelegenheiten angewandt wird. Eine **Haftung** gegenüber den Erben oder Dritten für Verluste, die durch fahrlässiges Handeln des Testamentsvollstreckers entstanden sind, kommt jedoch nur in den Fällen in Betracht, in denen der Testamentsvollstrecker eine Vergütung erhält. Ist dazu jedoch nichts im Testament geregelt, muss die Aufgabe unentgeltlich ausgeführt werden. Alle durch die Vollstreckung entstehenden Kosten werden vom Erbvermögen gedeckt.

Bei **Beendigung** der Testamentsvollstreckung hat der Vollstrecker bzw. der Nachlassverwalter gem. Art. 5.41 lit. BGB einen Bericht für die Erben zu verfassen. Im Falle einer unsachgemäßen Ausführung der Testamentsvollstreckung oder bei Verletzung der Interessen der Erben, der durch das Testament nach Art. 5.23 lit. BGB Begünstigten, der Schuldner des Testators oder anderer Personen kann das zuständige Gericht auf Antrag der Genannten den Testamentsvollstrecker abberufen und einen Nachlassverwalter bestimmen.

VII. Vertragliche Erbfolge

Anders als z.B. das deutsche Recht sieht das litauische Recht keine Möglichkeit vor, einen **Erbvertrag** zu schließen. Eine gewisse Ähnlichkeit zum deutschen Ehevertrag weist das gemeinschaftliche Testament auf (siehe Rn 35 f.). Dieses ist jedoch nur zwischen Ehegatten möglich. Das Testament ist somit in Litauen die einzige Möglichkeit, von der gesetzlichen Erbfolge abzuweichen.

Da die Zulässigkeit und Annerkennung von Erbverträgen in den Mitgliedstaaten unterschiedlich sind, legt die EU-ErbVO fest, welches Recht die Zulässigkeit, ihre materielle Wirksamkeit und ihre Bindungswirkung, einschließlich der Voraussetzungen für ihre Auflösung regeln soll. Sie unterliegen dem Recht, das nach der EU-ErbVO auf die Rechtsnachfolge von Todes wegen anzuwenden wäre, wenn diese Person zu dem Zeitpunkt verstorben wäre, in dem der Erbvertrag geschlossen wurde. Im Fall der Anwendbarkeit des litauischen Rechts muss die litauische Rechtspraxis an diese neuen Umständen angepasst werden.

D. Nachlassabwicklung

I. Annahme und Ausschlagung der Erbschaft

Für den Eintritt der Erbfolge muss der Erbe gem. Art. 5.50 lit. BGB die Erbschaft **annehmen**. Eine teilweise Annahme oder eine Annahme, die Bedingungen oder Ausnahmen unterliegt, ist nach Art. 5.50.1 lit. BGB nicht möglich. Der Erbe ist berechtigt, zur Annahme bzw. Ausschlagung eine Person zu bevollmächtigen oder einen Vertretungsvertrag abzuschließen.

56 Die **Annahme** kann nach Art. 5.50.2 lit. BGB entweder ausdrücklich gegenüber dem zuständigen Notar oder stillschweigend durch die faktische Übernahme der Verwaltung des Nachlasses erfolgen. In beiden Fällen gilt grundsätzlich die **unbeschränkte Haftung**, d.h., der Erbe haftet für die Nachlassverbindlichkeiten mit dem Nachlass und seinem eigenen Vermögen. Falls mehrere Erben die Erbschaft angenommen haben, haften diese solidarisch und unbeschränkt (Art. 5.52 lit. BGB). In diesem Fall kann der Gläubiger die Leistung von allen solidarisch Haftenden zusammen oder von jedem Einzelnen getrennt fordern. Wurde die Leistung von einem der Schuldner bewirkt, so kann dieser von den anderen Erben deren jeweils ererbten Teil des Nachlasses entsprechend einfordern.

57 Allerdings bestehen **gesetzliche Ausnahmen** zu der grundsätzlich unbeschränkten Erbenhaftung. Der Erbe haftet auch ohne die Beantragung eines Nachlassverzeichnisses nur beschränkt, wenn z.B. Unterhaltspflichten für einen geschiedenen Ehegatten oder für Kinder bestehen; in diesen Fällen gehen die Pflichten auf die Erben nur unter Berücksichtigung des geerbten Vermögens über und Art. 5.52 lit. BGB findet in diesem Fall keine Anwendung (Art. 3.72.12, 3.194.5 lit. BGB). Falls der Verstorbene kein Vermögen hatte, endet die Zahlungspflicht (Art. 6.128.1 lit. BGB). Der **Staat** haftet stets nur mit dem geerbten Vermögen (Art. 5.62.3, 4.193.4 lit. BGB).

58 Es ist möglich, die **Haftung zu beschränken** und die Erbschaft auf Basis eines Nachlassverzeichnisses beim zuständigen Gericht anzunehmen (Art. 5.53 lit. BGB). In diesem Fall haftet der Erbe für die Nachlassverbindlichkeiten nur mit dem Erbvermögen.

59 Anders als im deutschen Recht sieht das litauische Recht eine **Frist für die Annahme** der Erbschaft vor. Der Erbe muss gem. Art. 5.50.3 lit. BGB die Erbschaft innerhalb von drei Monaten ab dem Tag der Entstehung des Erbschaftsrechts annehmen. Der Erbberechtigte kann die Erbschaft auch nach Fristablauf annehmen, falls die anderen Erben damit einverstanden sind, welche die Erbschaft bereits angenommene hatten. Dabei ist zu beachten, dass das Recht auf die Erbschaft in diesem Fall beschränkt ist (Art. 5.57.1 lit. BGB). Der Erbe kann gem. Art. 5.57.2 lit. BGB nach Überschreitung der Annahmefrist nur das erben, was zum Zeitpunkt seiner Erbschaft noch tatsächlich vorhanden ist. Sollte inzwischen von der Erbmasse nichts mehr existieren, hat er keinen Anspruch.[22] Falls die Frist zur Annahme der Erbschaft wegen eines wichtigen Grundes versäumt wurde, kann eine **Fristverlängerung** beim zuständigen Gericht beantragt werden (Art. 5.57.1 lit. BGB). Das zuständige Gericht stellt *erstens* fest, ob die vom Antragsteller angegebenen Umstände vorhanden waren und *zweitens*, ob diese einen wichtigen Grund für die Überschreitung der Annahmefrist darstellen. Außerdem klärt es auch die Position der anderen Erben, die den Nachlass bereits angenommen haben und informiert bei Bedarf weitere betroffene Personen über die Fristverlängerung.[23]

60 Neben der Möglichkeit, das Erbe anzunehmen, besteht auch die Möglichkeit, es durch Antrag bei dem zuständigen Notar **auszuschlagen**. Dies muss innerhalb von drei Monaten nach der Entstehung des Erbanspruchs geschehen (Art. 5.60.1 lit. BGB). Eine teilweise Ausschlagung oder eine Ausschlagung, die Bedingungen oder Ausnahmen unterliegt, ist nicht möglich.

---

22 *Vileita*, Justitia, Nr. 5, 2003, S. 35.
23 Oberstes Gericht Litauens, Beschluss v. 27.6.2011 in der Zivilsache Nr. 3K-3-295/2011.

Die Ausschlagung beschränkt sich grundsätzlich auf die Fälle, in denen die Annahme der Erbschaft durch **faktische Übernahme** der Verwaltung des Nachlasses geschehen ist. Gemäß Art. 5.60.4 lit. BGB ist es dem Erben verboten, die Erbschaft auszuschlagen, wenn er schon die Annahme der Erbschaft beim Notar erklärt bzw. die Ausstellung des Erbscheines bei diesem beantragt hat. Die Ausschlagung ist zudem ausgeschlossen, wenn der Erbe gerichtlich ein Nachlassverzeichnis beantragt hat. Die Ausschlagung ist **unwiderruflich**. Die Ausschlagung ist allerdings ein Rechtsgeschäft, das gemäß den allgemeinen Vorschriften des litauischen Zivilgesetzbuches für ungültig erklärt werden kann.[24]

61

Die Annahme und die Ausschlagung der Erbschaft können nur **geschäftsfähige Erben** erklären. Bei geschäftsunfähigen Erben setzen Annahme bzw. Ausschlagung eine entsprechende Entscheidung der gesetzlichen Vertreter sowie die Zustimmung des Gerichts voraus (Art. 3.244.3, Art. 3.188.1.2 lit. BGB). Bei beschränkt geschäftsfähigen Erben (Kindern von 14 bis 18 Jahren) müssen die Eltern die Zustimmung für die Annahme bzw. Ausschlagung der Erbschaft geben (Art. 5.56 lit. BGB). Bei sonstigen beschränkt geschäftsfähigen Erben (z.B. psychisch Kranken) ist die Zustimmung der Pfleger erforderlich (Art. 5.56 i.V.m. Art. 2.11.2.6 lit. BGB).

62

In der litauischen Rechtsprechung gab es keine einheitliche Meinung dazu, ob die Zustimmung des Gerichts bei beschränkt geschäftsfähigen Erben erforderlich ist.

63

Eine Ansicht ist: Zum Schutz von Minderjährigen und um rechtliche Nachteile beschränkt geschäftsfähiger Erben zu vermeiden, bildet die Genehmigung des Gerichts eine erforderliche Voraussetzung (*conditio sine qua non*) zur Annahme bzw. Ausschlagung der Erbschaft. Dies gilt unabhängig vom Alter des Minderjährigen.[25]

Es wurde auch die folgende Meinung vertreten: Schließen die Eltern ein Rechtsgeschäft ab, das mit dem Vermögen des Kindes verbunden ist, unabhängig von Art des Vermögens, ist die richterliche Genehmigung erforderlich. Eine Ausnahme von dieser Regel bildet Art. 3.188.5, 6 lit. BGB: beschränkt Geschäftsfähige im Alter zwischen 14 und 18 Jahren können Rechtsgeschäfte, die in Art. 2.8.2 und 3, 2.7.3 lit. BGB vorgesehen sind (z.B. Taschengeldgeschäfte) selbstständig abschließen und über ihr Einkommen und Vermögen verfügen. Für alle weiteren Rechtsgeschäfte ist die Zustimmung der gesetzlichen Vertreter erforderlich, nicht die Genehmigung des Gerichtes (Art. 2.8.1 lit. BGB).[26]

Die zurzeit herrschende Meinung ist jedoch, dass ein beschränkt Geschäftsfähiger die Erbschaft selbst annimmt. Dafür ist eine Zustimmung der Eltern erforderlich. Die Genehmigung für ihre Zustimmung müssen die Eltern vor Gericht einholen.[27]

II. Erbschein

Der Erbschein ist eine öffentliche Urkunde, die das Recht auf die Erbschaft bestätigt. Der Erbschein wird auf schriftlichen **Antrag** vom **Notar** sowohl für die testamentarischen als auch für die gesetzlichen Erben ausgestellt. Neben dem Antrag muss der Erbe die Sterbeurkunde sowie die Bescheinigung über den letzten Wohnsitz des Erblassers und das

64

---

24 Siehe Art. 1.78 ff. lit. BGB.
25 Beratung v. 23.9.2004, das Oberste Gerichtshof Litauen, Abteilung für Zivilsachen; veröffentlicht in der „Rechtsprechung" 2004, 22, abrufbar http://www.infolex.lt/tp/48663 (abgerufen am 6.2.2014).
26 Oberstes Gericht Litauen, Entscheidung v. 29.3.2006 in der Zivilsache Nr. 3K-3-241/2006 Beschluss Nr. 41 v. 20.6.2003, Senat des Obersten Gerichtshofes Litauen, veröffentlicht in der „Rechtsprechung" Nr. 19, 2003 m.; abrufbar http://www.infolex.lt/tp/35539 (abgerufen am 6.2.2014).
27 Notariat, Notariatas, Nr. 16/2013, S. 26.

Dokument über die Annahme des Nachlasses vorlegen. Dazu muss er seine Verwandtschaft im Falle der gesetzlichen Erbschaft beweisen.[28]

Nach der aktuellen Rechtsprechung schließen Personen in Litauen im Erbverfahren zunehmend Kaufverträge über ihre Erbrechte ab. Mit solchen Verträgen werden die Rechte auf ererbtes Vermögen und Schulden (Aktiva sowie Passiva) als Ganzes übertragen. Vertragsgegenstand bildet das Erbrecht, über das der Erbe ab dem Zeitpunkt der Annahme der Erbschaft bis zur Austellung des Erbscheins verfügt.

65 Gemäß Art. 5.67 lit. BGB ist der Erbschein drei Monate nach dem Tag der Entstehung des Erbschaftsrechts auszustellen. Eine **frühere Ausstellung** des Erbscheines an natürliche Personen ist nur dann möglich, wenn der Notar feststellt, dass keine anderen Erben existieren außer denen, die bereits einen Erbschein beantragt haben.

66 Falls Streit über die Erbschaft entsteht, darf der Notar den Erbschein nur aufgrund eines rechtskräftigen Gerichtsurteils ausstellen. Wenn kein Streit besteht, der Nachlass jedoch belastet ist, darf der Notar den Erbschein ausstellen, weil die Belastung mit dem Gegenstand übergeht.

67 Gemäß Art. 5.66.1 lit. BGB haben die Erben keine Pflicht, sondern nur das Recht, die Ausstellung des Erbscheines zu beantragen. Der Erbe, der den Nachlass angenommen hat, wird Eigentümer, unabhängig davon, ob er im Besitz eines Erbscheins ist. Allerdings setzt die Eintragung der Eigentumsrechte des Erben einer vererbten Immobilie in die staatlichen Register die Vorlage eines Erbscheins voraus.

68 Falls der Erbe die **Frist** zur notariellen Erbschaftsannahme sowie für die Ausstellung des Erbscheines **versäumt** hat, kann er seine faktische Annahme der Erbschaft gerichtlich feststellen lassen. Das Gericht muss dafür feststellen, dass der Erbe die Erbschaft innerhalb von drei Monaten nach dem Tode des Erblassers angenommen hat und das Erbe aktiv verwaltete.

III. Besonderheiten der Erbschaft

69 Für bestimmte vererbte Vermögensgegenstände bestehen **Sonderregelungen**.

Das **Personalunternehmen** ist eine von einer natürlichen Person gegründete juristische Person mit unbeschränkter Haftung.[29] Auf die Anteile an einem Personalunternehmen finden die Regeln über unbewegliches Vermögen entsprechende Anwendung. Falls mehrere Personen das Unternehmen erben, muss das Unternehmen reorganisiert bzw. umgewandelt oder liquidiert werden, da nur eine einzelne Person Inhaber des Personalunternehmens werden kann. Die Nachfolger können vereinbaren, dass nur ein Erbe das Unternehmen erbt. Dieser hat den anderen Erben dann eine Entschädigung zu zahlen. Das Vorrecht auf die Übernahme des Unternehmens hat der Erbe, der selbst den Wunsch geäußert hat, das Unternehmen weiter zu verwalten (Art. 5.72 lit. BGB). Bis der Nachfolger die Erbschaft annimmt, kann das Gericht einen Verwalter bestimmen, der alle Rechte und Pflichten des Eigentümers hat. Dabei gelten für ihn auch die allgemeinen Vorschriften über die Verwaltung fremden Eigentums (Art. 4.236 ff. lit. BGB).

70 Besonderheiten bestehen, wenn das **Grundstück** an **Ausländer** vererbt wird. Gegenwärtig dürfen nur bestimmte Personen, welche die Kriterien der europäischen und transatlanti-

---

28 *Vileita*, Justitia, Nr. 6, 2003, S. 32.
29 Gesetz über Einzelunternehmen, Lietuvos Respublikos Individualių įmonių įstatymas, Valstybės žinios, 2003 Nr. 112–4991.

schen Integration erfüllen, Gründstücke in Litauen erwerben.[30] Darüber hinaus galt eine **siebenjährige Übergangsfrist** nach dem EU-Beitritt am 1.4.2005. Innerhalb dieser sieben Jahre war für Ausländer kein Erwerb landwirtschaftlich genutzter Grundstücke erlaubt. Solche Grundstücke können von Ausländern nur geerbt werden, wenn diese seit mindestens drei Jahren in Litauen lebten und sich landwirtschaftlich betätigten.[31]

Da **Ausländer** kein Recht auf landwirtschaftliches Grundstückseigentum haben, erben sie gem. Art. 5.75 lit. BGB. Sie haben dann einen Geldanspruch in Höhe des Grundstückswertes. Zu dessen Realisierung kann entweder eine Ausschreibung organisiert werden oder die Erben können auf einen potenziellen Käufer verweisen. Das Verkaufverfahren folgt der von der Regierung bestimmten Ordnung.[32] Problematisch wird es jedoch, wenn ein Ausländer ein bebautes Gründstück vererbt. Das Grundstück muss in diesem Fall verkauft werden, obwohl keine Einschränkungen für Eigentumsrechte an Gebäuden bestehen.

Rechte und Pflichten aus **Franchiseverträgen** gehen nur auf die Nachfolger über, die das Geschäft zukünftig leiten. Gemäß Art. 6.766.3 lit. BGB dürfen nur Kaufleute Vertragsparteien eines Franchisevertrages sein. Falls der Nachfolger kein Kaufmann ist und binnen sechs Monaten seit dem Tag des Erbfalls kein Geschäft beginnt, endet der Franchisevertrag. Das Gericht kann einen Verwalter bestimmen, der die Rechte und Pflichten des Erblassers erfüllt, bis der Nachfolger die Erbschaft annimmt (Art. 6.777 lit. BGB).

Die Eigentumsrechte an den geerbten **Aktien** werden durch den Erbschein bestätigt. Nur aufgrund eines Erbscheines kann die Eintragung in das Wertpapierkonto (bei nicht zertifizierten Aktien) oder das Aktienregister (bei zertifizierten Aktien) veranlasst werden.[33] Deshalb kann der Erbe alle Rechte und Pflichten als Aktionär erst nach Erhalt des Erbscheins ausüben. Bis dahin sind diese beschränkt. Der Erbe kann gem. Art. 5.65 lit. BGB bei dem zuständigen Gericht die Bestellung eines Nachlassverwalters beantragen. Falls der Erbe die Bestellung eines Verwalters nicht beantragt und der Gesellschaft der Tod des Aktionärs bekannt ist, kann sie einen Antrag auf Bestellung eines Verwalters stellen. Ein gerichtlich bestellter Verwalter muss im Interesse des Aktionärs handeln, d.h. an der Hauptversammlung teilnehmen, abstimmen usw.[34]

IV. Bestreiten der Erbschaft

Jede Person, die ein Erbrecht geltend macht, kann mit einer **Klage** die Rechtmäßigkeit der Annahme der Erbschaft durch einen anderen sowie einen erteilten Erbschein anfechten (Art. 5.8 lit. BGB). Die **Klagefrist** beträgt ein Jahr ab dem Tag der Entstehung der Erbschaft

---

30 Verfassungsgesetz, Lietuvos Respublikos Konstitucijos 47 straipsnio antroje dalyje numatyto žemės sklypų įsigijimo nuosavybėn subjektų, tvarkos, sąlygų ir apribojimų konstitucinio įstatymo pakeitimo įstatymas, Valstybės žinios, 2003 Nr. 34–1418 (nachfolgend: Verfassungsgesetz).

31 Art. 17.2 Verfassungsgesetz.

32 Ordnung über Verkauf von Grundstücken, wenn diese nicht von Erben geerbt werden dürfen, Lietuvos Respublikos Vyriausybės nutarimas Dėl žemės sklypų, kuriuos paveldėjo įpėdiniai, pagal Lietuvos Respublikos įstatymus negalintys turėti nuosavybės teisių į žemę, pardavimo taisyklių patvirtinimo, Valstybės žinios, 1996 Nr. 36–914.

33 Art. 41 Aktiengesellschaftengesetz, Lietuvos Respublikos akcinių bendrovių įstatymas, Valstybės žinios, 2000 Nr. 64–1914; Art. 14.11, Art. 14.12 Vorschriften über die Eintragung der Aktien, Lietuvos Respublikos Vyriausybės nutarimas Dėl uždarųjų akcinių bendrovių akcininkų – nematerialių akcijų savininkų vertybinių popierių sąskaitų tvarkymo ir materialių akcijų savininkų registravimo uždarosiose akcinėse bendrovėse taisyklių patvirtinimo, Valstybės žinios, 2004 Nr. 132–4761.

34 Oberstes Gericht Litauens (LAT), Urt. v. 4.10.2001 Nr. 3k-7-653/2001.

oder ab dem Tag, an dem die Annahme der Erbschaft durch eine andere Person bekannt wurde (Art. 5.8 lit. BGB).

75 Stellt das Gericht fest, dass eine Person kein Erbe ist, wird diese Person so behandelt, als ob sie die Erbschaft nicht angenommen hat (Art. 5.9 lit. BGB). Sie muss folglich das erlangte Erbvermögen zurückerstatten (Art. 6.237–6.242 lit. BGB). Falls die Person auch den Grundsatz von Treu und Glauben verletzt und die Erbschaft unter Täuschung angenommen hat, muss sie darüber hinaus auch das mit dem geerbten Vermögen erzielte Einkommen übergeben und Verzugszinsen zahlen (Art. 6.237.3, 6.240.1 i.V.m. Art. 6.242.1 lit. BGB).

76 Die Erhebung der Klage beim Gericht gilt nicht als Annahme der Erbschaft. Erst nach **positiver Entscheidung des Gerichts** wird der Kläger als Erbe betrachtet (vgl. Art. 5.9.4 lit. BGB).

V. Besteuerung des geerbten Vermögens

77 Die Besteuerung des geerbten Vermögens bestimmt das Erbschaftsteuergesetz.[35] **Steuerschuldner** sind natürliche Personen. Für diejenigen, die ihren gewöhnlichen Aufenthalt in Litauen haben, ist der Gegenstand der Erbschaftsteuer deren gesamtes Erbvermögen. Für die, auf die dies nicht zutrifft, wird neben Immobilien dasjenige bewegliche Vermögen besteuert, welches in Litauen gesetzesgemäß registrtiert ist bzw. werden muss. Eine rechtliche Registrierung ist in Litauen u.a. für Kfz, Motorräder, Landwirtschaftsgeräte und -maschinen, Schusswaffen, potenziell gefährliche Geräte erforderlich. Die Steuerhöhe wird aufgrund des Besteuerungswertes der Erbschaft berechnet. Falls der Besteuerungswert des Vermögens (70 % des Gesamtwertes) nicht mehr als 150.000.000 EUR beträgt, wird das Erbe mit **5 %** besteuert. Falls der Besteuerungswert 150.000.000 EUR übersteigt, wird das Erbe mit **10 %** besteuert.

78 Der **Besteuerungswert** richtet sich nach der Berechnungsordnung der Regierung der Republik Litauen.[36] Die Steuerinspektion berechnet diesen Wert aufgrund des Antrags des Erben unter Berücksichtigung der durchschnittlichen Marktpreise des Vermögens, der Informationen der Wertpapierbörse sowie der Bescheinigungen über den Erbwert und sonstiger Unterlagen, die den Wert des Vermögens benennen. Der Besteuerungswert hat einen Einfluss auf die künftigen Rechtsgeschäfte: bei Veräußerung des geerbten Vermögens wird vom Wert des zu verkaufenden Vermögens der Wert des erworbenen Vermögens (d.h. der Wert, welcher im Erbschein angegeben wurde) abgezogen. Bei Nichtzustimmung mit der Feststellung des Vermögenswertes ist der Erbe berechtigt, die Auswertung des Vermögenswertes auszuführen sowie die Aufnahme des vom Vermögensgutachter festgestellten Vermögenswertes in den Erbschein zu fordern. Werden Erbrechte verkauft, ist der Vermögenswert der im Kaufvertrag vorgesehene Kaufpreis.

79 **Steuerfrei** ist das von den Ehegatten, den Kindern, den Eltern, den Pflegern und den Pflegebedürftigen, den Vormündern und Bevormundeten, den Großeltern, Großenkeln, den Brüdern und Schwestern geerbte Vermögen. Des Weiteren ist die Erbschaft steuerfrei, wenn ihr Wert weniger als 3.000.000 EUR beträgt. Der Gemeinderat kann die Erbschaftsteuer vermindern oder um ein Jahr stunden.

---

35 Erbschaftsteuergesetz, Lietuvos Respublikos Paveldimo turto mokesčio įstatymas, Valstybės žinios, 2002 Nr. 123–5531.

36 Berechnungsordnung des Besteuerungswertes, Paveldimo turto apmokestinamosios vertės apskaičiavimo taisyklės, Valstybės žinios, 2004 Nr. 109–4082.

Die Erbschaftsteuer ist vor Erstellung des Erbscheins zu zahlen. Ausnahmen bestehen für die Fälle, in denen die Zahlungsfrist aufgrund eines Antrags verschoben wird. Falls die **Erbschaftsteuer im Ausland** fällig ist, muss der Erbe die Steuerinspektion darüber informieren, indem er einen Steuerbericht vorlegt.

Weitere Informationen und Materialien, wie z.B. Muster, Formulare, amtliche Texte und Internetadressen, befinden sich auf der beiliegenden CD-ROM.

Luxemburg

Dr. Susanne Frank, lic. en droit (Paris), Notarin, München

Inhalt

- A. Rechtsanwendung im Erbrecht 1
  - I. Bestimmung des Erbstatuts aus luxemburgischer Sicht – Rechtslage vor Geltung der EU-ErbVO 1
    - 1. Erbstatut nach dem luxemburgischen Internationalen Privatrecht 1
    - 2. Vorrangige Staatsverträge 9
  - II. Bestimmung des Erbstatuts nach der EU-ErbVO 11
    - 1. Abgrenzung zu anderen Statuten 11
      - a) Geltung der EU-ErbVO ab 17.8.2015 11
      - b) Rechts-, Geschäfts-, Erb- und Testierfähigkeit 13
      - c) Schenkungen, unentgeltliche Zuwendungen 14
      - d) Güterrechtsstatut 16
      - e) Internationales Abstammungsrecht und Adoptionsstatut 21
      - f) Abgrenzung zum Sachenrecht 22
    - 2. Einzelne Fragestellungen und Besonderheiten in Bezug auf luxemburgisches Recht 27
      - a) Vorwegnahmerecht 27
      - b) Testamentarische Erbfolge: Formfragen 30
      - c) Gemeinschaftliche Testamente 32
      - d) Erbverträge, Erbverzichte 33
      - e) Auf die Nachlassabwicklung anwendbares Recht 35
- B. Materielles Erbrecht 40
  - I. Gesetzliche Erbfolge 40
    - 1. Erbfähigkeit 40
    - 2. Grundregeln 43
    - 3. Gesetzliches Erbrecht der Abkömmlinge 47
    - 4. Gesetzliches Erbrecht des überlebenden Ehegatten 50
      - a) Gesetzliche Erbfolge 50
      - b) Einfluss des Güterstandes 56
    - 5. Gesetzliches Erbrecht der sonstigen Verwandten 60
    - 6. Eingetragene Lebenspartnerschaft 64
    - 7. Erbrecht des Staates 65
  - II. Testamentarische Erbfolge 66
    - 1. Allgemeines 66
    - 2. Erbeinsetzung 67
    - 3. Vermächtnis 70
    - 4. Vor- und Nacherbfolge 75
    - 5. Ersatzerbe 78
    - 6. Auflagen und Bedingungen 79
    - 7. Teilungsanordnung 80
    - 8. Testamentsformen 84
    - 9. Materielle Wirksamkeit des Testaments 92
    - 10. Testamentsregister 96
  - III. Pflichtteil 99
    - 1. Noterbrecht und verfügbare Quote, Einbeziehung lebzeitiger Verfügungen 99
    - 2. Noterbberechtigte Personen 101
    - 3. Noterbquote 103
    - 4. Durchsetzung des Noterbrechts 107
    - 5. Verzicht zu Lebzeiten 109
  - IV. Testamentsvollstreckung 112
  - V. Vertragliche Erbfolge 117
  - VI. Wege der Nachlassregelung außerhalb des Erbrechts 120
    - 1. Institution contractuelle 120
    - 2. Schenkung auf den Todesfall 123
    - 3. Sonstige 124
  - VII. Nachlassabwicklung 125
    - 1. Erbengemeinschaft 125
    - 2. Annahme und Ausschlagung der Erbschaft 129
    - 3. Haftung und Möglichkeiten der Haftungsbeschränkung 137
  - VIII. Probleme bei der Vererbung bestimmter Rechte von und an Ausländer 140
- C. Erbverfahrensrecht 143
  - I. Notwendigkeit eines Nachlassverfahrens in Luxemburg 143
  - II. Abwicklung von in Luxemburg belegenem Nachlass deutscher Staatsangehöriger 146
    - 1. Zuständigkeit 146
    - 2. Verfahren 151
    - 3. Nachweis der Erbenstellung 156
  - III. Anerkennung deutscher Erbscheine 160
  - IV. Besonderheiten im deutschen Nachlassverfahren bei Beerbung eines Luxemburgers 162
    - 1. Zuständigkeit deutscher Gerichte 162
    - 2. Erbschein 164
    - 3. Europäisches Nachlasszeugnis 169
- D. Besteuerung der Erbfolge 170
  - I. System der Erbschaftsteuer 170
  - II. Erbschaft- und Schenkungsteuer 171
    - 1. Rechtsgrundlage und Steuertatbestand 171
    - 2. Steuertatbestände 174
    - 3. Bemessungsgrundlage 179
    - 4. Persönliche und sachliche Freibeträge 185
    - 5. Steuertarif 188
    - 6. Steuerverfahren 193
  - III. Beschränkte und unbeschränkte Steuerpflicht 197
    - 1. Unbeschränkte Steuerpflicht für Erbschaftsteuer 197
    - 2. Beschränkte Steuerpflicht für Nachlasssteuer 200
    - 3. Steuerpflicht für Schenkungsteuer 201

| IV. Weitere im Rahmen der Erbfolge anfallende Steuern .... 202 | V. Berechnungsbeispiel .... 204 |

Literatur

Deutschsprachige Literatur

Bernecker, Internationales Privat- und Prozessrecht im Großherzogtum Luxemburg, RabelsZ 1962, 263 ff.; *Flick/Piltz*, Der internationale Erbfall, 2. Aufl. 2008, Rn 721 ff.; *Frank*, Länderbericht Luxemburg, in: NomosKommentar BGB, Band 5, Erbrecht, 4. Aufl. 2014; *Frank*, in: Bergmann/Ferid/Henrich, Internationales Familien- und Kindschaftsrecht, Ordner XI: Luxemburg, Stand: 1.2.2003; *Watgen/Frank*, in: Frank/Wachter, Handbuch Immobilienrecht in Europa, Länderbericht Luxemburg, 2. Aufl. 2015; *Husted/Watgen/Genkin*, in: Ferid/Firsching/Dörner/Hausmann, Internationales Erbrecht, Luxemburg, Stand: 1.9.1988; Staudinger/*Dörner*, Anhang zu Art. 25 f. EGBGB Rn 389 ff.; *Süß*, in: Mayer/Süß/Tanck/Bittler/Wälzholz, Handbuch Pflichtteilsrecht, 3. Aufl. 2013, § 19 Länderübersicht Rn 265–267; *Watgen*, Erbschaft und Testament, Luxemburg 1995; *Watgen*, Eherecht in Luxemburg, in: Süß/Ring, Eherecht in Europa, 2. Aufl. 2012; *Watgen/Watgen*, Erbengemeinschaft und Teilung des Nachlasses, Luxemburg 1987.

Ausländische Literatur

Schockweiler, Les conflits de lois et les conflits de juridiction en droit international privé luxembourgeois, 2. Aufl., Luxembourg 1996; *de Valkeneer/Laethem/Doerner/Watgen/Wiwinius*, Länderbericht Luxemburg, in: Union Internationale du Notariat Latin – Commission des Affaires Européennes (Hrsg.), régimes matrimoniaux, successions et libéralités dans les relations internationales et internes, 3. Aufl., Brüssel 2003; *Watgen/Watgen*, Successions et Donations, 2. Aufl., Luxembourg 2002; *Weirich/Weirich*, Luxembourg, in: JurisClasseur de Droit comparé (JClDrComp), Fasc. 2, Stand: 2/2001; *Weitzel/Ravarani/Weitzel*, Luxembourg, in: Juris-Classeur de Droit comparé (JClDrComp), Fasc. 3, Stand: 2/2001.

Deutschsprachige Literatur zum Erbschaftsteuerrecht

Flick/Piltz, Der internationale Erbfall, 2. Aufl. 2008, Rn 1753 ff.; *Jülicher*, in: Gebel/Jülicher, Erbschaftsteuer- und Schenkungsteuergesetz, Stand: 2013, § 21 Rn 115; *Steichen*, Das Steuerrecht Luxemburgs, IWB Fach 5, Gruppe 2, 117 ff.; *Strunz*, Die Erbschaft- und Nachlassteuer im Großherzogtum Luxemburg, DVR 1986, 167 ff.; *Urbin*, Handbuch der Luxemburger Steuern, Luxemburg 2001; *Wanke*, Die Besteuerung deutsch-luxemburgischer Erb- und Schenkungsfälle, 2001.

Ausländische Literatur zum Erbschaftsteuerrecht

Lefebvre, Luxembourg – juridique, fiscal, social, comptable, Paris 2009; *Steichen*, Manuel de droit fiscal, Luxembourg, T. 1, 5. Aufl. 2010, T. 2, 2010; *Steichen*, mémento de droit fiscal, Luxembourg, 2010; *Warner*, Luxemburg in international tax planning, Amsterdam 1997; *Europe & Liberté*, magazine 2002, fiscalité des quinze, Länderbericht Luxemburg, S. 68 ff.

Abkürzungen

Abgekürzt zitierte luxemburgische Gesetze und Zeitschriften: **Cciv** = Code civil (Bürgerliches Gesetzbuch); **Cour** = Cour Supérieure de Justice (Oberstes Gericht); **L.** = Loi (Gesetz); **Mém.** = Mémorial (Luxemburgisches Offizielles Gesetzblatt); **NCPC** = Nouveau Code de procédure civil (Neue Zivilprozessordnung); **Pas lux** = Pasicrisie luxembourgeoise (Entscheidungssammlung der luxemburgischen Gerichte); **Trib. Ardt.** = Tribunal d'Arrondissement (Bezirksgericht).

A. Rechtsanwendung im Erbrecht

I. Bestimmung des Erbstatuts aus luxemburgischer Sicht – Rechtslage vor Geltung der EU-ErbVO

1. Erbstatut nach dem luxemburgischen Internationalen Privatrecht

Das Internationale Privatrecht (IPR) Luxemburgs ist nur marginal kodifiziert, ein Gesetz über das Internationale Privatrecht, vergleichbar dem deutschen EGBGB, gibt es nicht.

Neben der Grundregel des Art. 3 Abs. 2 Cciv wurden durch den luxemburgischen Gesetzgeber nach und nach Einzelregelungen vor allem im Internationalen Familienrecht in das luxemburgische Bürgerliche Gesetz, den *Code civil*,[1] integriert, zum Teil auch besonderen Gesetzen unterworfen. Besteht keine Regelung, basiert das Internationale Privatrecht, sofern keine Staatsverträge vorrangig einschlägig sind, auf Richterrecht.[2] Existiert keine eigene Rechtsprechung, wird regelmäßig der französischen Jurisprudenz gefolgt.[3]

Das Erbstatut selbst wird autonom bestimmt. Mangels gesetzlicher Regelung wird das Erbstatut durch die Grundsätze der Rechtsprechung bestimmt. Danach wird zwischen beweglichem und unbeweglichem Vermögen unterschieden:

Für **unbewegliches Vermögen** ist der Belegenheitsgrundsatz (*lex rei sitae*) maßgeblich, d.h., Grundvermögen wird nach dem Recht des Staates vererbt, in dem es belegen ist. Die Rechtsprechung verallgemeinert hier die Regelung des Art. 3 Abs. 2 Cciv, wonach Immobilien, auch wenn sie Ausländern gehören, den luxemburgischen Gesetzen unterliegen.[4] In der Praxis hat dies zur Folge, dass für den Erblasser die Erbrechte mehrerer Rechtsordnungen parallel zur Anwendung gelangen können, wenn er Immobilien in verschiedenen Ländern besitzt.

Bewegliches Vermögen wird nach dem Recht des letzten Wohnsitzes des Erblassers vererbt.[5] Der Begriff des Wohnsitzes ist hierbei nicht unbedingt identisch mit der Definition des Art. 102 Cciv (Hauptniederlassung einer Person). Im Internationalen Privatrecht wird vielmehr grundsätzlich auf den **gewöhnlichen Aufenthalt** einer Person abgestellt.[6] Der Wohnsitz i.S.d. *Code civil* kann aber, ebenso wie die behördliche Meldung einer Person gem. Art. 104 Cciv, hierfür als Indiz herangezogen werden. Ferner bilden der Ort der Haupteinnahmen des Erblassers sowie sein hauptsächliches Betätigungsfeld die einschlägigen Kriterien.[7]

Ob ein Objekt als beweglich oder unbeweglich qualifiziert wird, wird in Anlehnung an die französische Rechtsprechung nach der *lex fori* beurteilt. Unabhängig davon bleibt es dem Richter unbenommen, hierbei die rechtliche Qualifizierung des in Frage stehenden, im Ausland belegenen Objekts nach der ausländischen Rechtsordnung mitzuberücksichtigen, um seine Entscheidung über die Qualifikation als beweglich oder unbeweglich zu fällen.

---

1 Der vom luxemburgischen Justizministerium herausgegebene *Code Civil* in Printform kann im Internet unter www.legilux.lu eingesehen werden.
2 Zusammenstellung der Rechtsprechung zum Internationalen Privatrecht bei *Wiwinius*, Pas lux t. 29, 4 ff.
3 *Watgen/Watgen*, successions et donations, vor Rn 176.
4 Trib. Ardt. Luxembourg, 11.6.1913, Pas lux t. 9, 478; Trib. Ardt. Luxembourg, 20.11.1965, n. 1021/96.
5 Trib. Ardt. Luxembourg, 20.6.1931, Pas lux t. 13, 466.
6 *Watgen/Watgen*, successions et donations, S. 193.
7 Trib. Ardt. Luxembourg, 17.6.1992, n. 427/92; Trib. Ardt. Luxembourg, 30.4.1998, n. 486/98.

7 Die **Rechtswahl** im Erbrecht ist unzulässig. Die Rechtswahl gem. Art. 25 Abs. 2 EGBGB wird aber anerkannt.

8 Folge der unterschiedlichen Anknüpfung von beweglichem und unbeweglichem Vermögen ist die **kollisionsrechtliche Nachlassspaltung**. Das bedeutet, dass das Vermögen des Erblassers, je nachdem, wo er gewohnt hat und wo sich sein Vermögen befindet, nach verschiedenen, parallel anwendbaren Rechtsordnungen vererbt wird.

2. Vorrangige Staatsverträge

9 Folgende staatsvertragliche Regelungen im Bereich des Erbrechts gelten für Luxemburg:
– Haager Übereinkommen über das auf die Form letztwilliger Verfügungen anzuwendende Recht vom 5.10.1961, in Luxemburg in Kraft seit 5.2.1979;
– Baseler Europäisches Übereinkommen über die Einrichtung einer Organisation zur Registrierung von Testamenten vom 16.5.1972, in Luxemburg in Kraft seit 4.9.1982.

10 Das Haager Übereinkommen über die nationale Verwaltung von Nachlässen vom 2.10.1973 wurde von Luxemburg gezeichnet. Das Haager Übereinkommen über das auf die Rechtsnachfolge von Todes wegen anwendbare Recht vom 1.8.1989 wurde von Luxemburg nicht gezeichnet. Staatsvertragliche Sonderregeln im Bereich des anwendbaren Erbrechts bestehen darüber hinaus nicht.

II. Bestimmung des Erbstatuts nach der EU-ErbVO

1. Abgrenzung zu anderen Statuten

a) Geltung der EU-ErbVO ab 17.8.2015

11 Auch für Luxemburg gilt für Erbfälle ab dem **17.8.2015** die Verordnung (EU) Nr. 650/2012 des Europäischen Parlaments und des Rates vom 4. Juli 2012 über die Zuständigkeit, das anzuwendende Recht, die Anerkennung und Vollstreckung von Entscheidungen und die Annahme und Vollstreckung öffentlicher Urkunden in Erbsachen sowie zur Einführung eines Europäischen Nachlasszeugnisses (**EU-ErbVO**).

12 Zum Anwendungsbereich der EU-ErbVO, zu ihrem Inhalt und zum Umfang bzw zur Abgrenzung zu anderen Statuten wird grundsätzlich auf die Ausführungen in § 1 in diesem Buch verwiesen. Im Folgenden sollen nur die Besonderheiten im Zusammenhang mit dem luxemburgischen Recht dargestellt werden.

b) Rechts-, Geschäfts-, Erb- und Testierfähigkeit

13 Vom Anwendungsbereich der EU-ErbVO ausgenommen sind gem. Art. 1 Abs. 2 lit. b) EU-ErbVO die Fragen der Rechts-, Geschäfts- und Handlungsfähigkeit natürlicher Personen, die wie bisher dem Personalstatut unterliegen. Die **Erbfähigkeit** unterliegt dagegen gem. Art. 23 Abs. 1 lit. c) EU-ErbVO dem allgemeinen Erbstatut gem. Art. 21 f. EU-ErbVO, die **Testierfähigkeit** dem **Errichtungsstatut** des Art. 24 EU-ErbVO. Vom Errichtungsstatut gem. Art. 26 Abs. 1 lit. b) EU-ErbVO umfasst werden die besonderen Gründe, aufgrund derer die Person, die die Verfügung von Todes wegen errichtet, nicht zugunsten bestimmter Personen verfügen darf, z.B. die Frage, inwieweit der Erblasser über sein Vermögen durch letztwillige Verfügung frei disponieren darf und welchen Beschränkungen er unterliegt. Zu unterscheiden sind diese wiederum von den allgemeinen Beschränkungen der Verfügungsfreiheit, die sich beispielsweise aus dem Pflichtteils- und Noterbrecht ergeben: Jene unterliegen dem allgemeinen Erbstatut. Dagegen richten sich die Beschränkungen der Einsetzbar-

Frank

keit bestimmter Personengruppen oder Personen nach dem Errichtungsstatut. Dies betrifft in Luxemburg insbesondere die Vorschriften, die dem Testator die Einsetzung von bei der Testamentserrichtung mitwirkenden Ärzten, Apothekern und Beamten im Gesundheitswesen verbieten, ferner Verfügungen zugunsten des Vormunds und staatlicher Behörden, Art. 907, 909 und 910 CCiv.

c) Schenkungen, unentgeltliche Zuwendungen

Unentgeltliche Zuwendungen sind nach Art. 1 Abs. 2 lit. g) EU-ErbVO vom Anwendungsbereich der EU-ErbVO ausgenommen. Für sie gilt die Rom I-Verordnung[8] mit ihren Rechtswahlmöglichkeiten. Für unbenannte Zuwendungen von Ehegatten gilt – nach dem bisherigen Entwurfstand – die künftige Güterrechtsverordnung, bis zu deren Inkrafttreten das güterrechtliche Kollisionsrecht, Art. 15 EGBGB. Art. 23 Abs. 2 lit. i) EU-ErbVO stellt allerdings klar, dass die Ausgleichung und Anrechnung unentgeltlicher Zuwendungen bei der Bestimmung der Anteile der einzelnen Berechtigten im Erbfall vom Erbstatut geregelt werden. Das Gleiche gilt gem. Art. 23 Abs. 2 lit. h) EU-ErbVO für den verfügbaren Teil des Nachlasses und die Pflichtteile.

14

Problematisch ist die Zuordnung dann, wenn der Erblasser bereits lebzeitige Verfügungen von Todes wegen im Wege der **vorweggenommenen Erbfolge** an künftige Erben vorgenommen hatte und diese lebzeitige Zuwendung Auswirkungen im Todesfall hatte. Schon im bisherigen Recht wurden die Ausgleichung und Anrechnung, ferner die Frage, inwieweit Noterbrechte etc. greifen, dem Erbstatut zugeordnet.[9] Gleiches gilt auch nach Geltung der EU-ErbVO.

15

d) Güterrechtsstatut

Nach Art. 1 Abs. 2 lit. d) EU-ErbVO sind Fragen des ehelichen Güterrechts sowie des Güterrechts aufgrund von Verhältnissen, die nach dem auf diese Verhältnisse anzuwendenden Recht mit der Ehe vergleichbare Wirkungen entfalten, vom Anwendungsbereich der EU-ErbVO ausgeschlossen. Andererseits bestimmt Art. 23 Abs. 2 lit. b) EU-ErbVO, dass dem Erbstatut die Nachlassansprüche des überlebenden Ehegatten oder Lebenspartners unterliegen.

16

Auch nach dem bisherigen luxemburgischen internationalen Privatrecht wird das **Güterrechtsstatut** gesondert angeknüpft, und zwar auf der Basis des Haager Übereinkommens über das auf die Ehegüterstände anwendbare Recht vom 14.3.1978:[10] In erster Linie entscheidet das von den Ehegatten gewählte Recht; möglich zu wählen sind namentlich das Heimatrecht eines Ehegatten oder das Recht am gewöhnlichen Aufenthalt zum Zeitpunkt der Rechtswahl oder des Rechts des Staates des gewöhnlichen Aufenthalts eines Ehegatten nach der Eheschließung sowie das Belegenheitsrecht für Immobilien. Mangels Rechtswahl gilt das Recht des Staates, in dem die Ehegatten ihren ersten gemeinsamen gewöhnlichen Aufenthalt nach Eheschließung begründen.[11]

17

---

8 Verordnung (EG) Nr. 593/2008 des Europäischen Parlaments und des Rates vom 17. Juni 2008 über das auf vertragliche Schuldverhältnisse anzuwendende Recht (ABl. EU Nr. L 177 vom 4.7.2008, S. 6).
9 Trib. Ardt. Luxembourg, 20.6.1932, Pas lux t. 13, 466.
10 Hierzu insbesondere *von Bar*, RabelsZ 57 (1993) 63; *Schmellenkamp*, in: Schotten, Internationales Privatrecht, S. 302 f.
11 Ausnahmen zugunsten des Heimatrechts ergeben sich auf der Grundlage des Haager Übereinkommens über das auf Ehegüterstände anwendbare Recht v. 14.3.1978 i.V.m. dem Luxemburger Zustimmungsgesetz v. 1984; Einzelheiten bei *Bergmann/Ferid/Frank*, Internationales Ehe- und Kindschaftsrecht, Luxemburg, S. 61.

18 Gesetzlicher Güterstand ist die **Errungenschaftsgemeinschaft**. Bei dieser werden folgende Vermögensmassen unterschieden: Gemeinschaftliches Vermögen der Ehegatten (**Gesamtgut**) ist alles, was die Ehegatten seit Eheschließung zusammen oder getrennt erwerben, und zwar durch Arbeit oder Nutzung ihres Vermögens. Das übrige Vermögen, d.h. voreheliches Vermögen, Vermögen kraft unentgeltlichen Erwerbs durch Schenkung oder Erbschaft, höchstpersönliche Gegenstände, Surrogate und Erträge, verbleiben im Eigentum eines jedes Ehegatten (**Eigengut**). Es besteht eine gesetzliche Vermutung für gemeinschaftliches Eigentum. Über Eigengut darf alleine verfügt werden. Auch das Gesamtgut darf jeder Ehegatte grundsätzlich alleine verwalten und darüber verfügen. Eine Ausnahme gilt hier für unentgeltliche Verfügungen, ferner Verfügungen über Grundstücke und grundstücksgleiche Rechte, Handelsunternehmen und Gesellschaftsanteile. Verfügungen über Rechte, durch die die Familienwohnung gewährleistet ist, sowie Verfügungen über Einrichtungsgegenstände bedürfen der Zustimmung des Ehegatten.

19 Im Falle des Todes gilt: Zunächst ist güterrechtlich die Errungenschaftsgemeinschaft auseinanderzusetzen. Der überlebende Ehegatte erhält hiernach die Hälfte des Gesamtguts als güterrechtlichen Ausgleich. Erst dann steht fest, was in den Nachlass fällt und nach dem anwendbaren Erbrecht beerbt wird, nämlich die andere Hälfte des verstorbenen Ehegatten sowie dessen Eigengut.

20 Ob die *institution contractuelle* (siehe Rn 120 ff.) erbrechtlich zu qualifizieren ist oder dem Ehegüter- oder Schenkungsstatut unterliegt, ist strittig. Nach bisher wohl h.M. dürfte sie entsprechend der für die französische Rechtslage geführten Diskussion dem Erbstatut unterliegen. Es bleibt abzuwarten, welche Anknüpfung sich unter der EU-ErbVO durchsetzen wird.[12]

e) Internationales Abstammungsrecht und Adoptionsstatut

21 Die **Abstammung** einer Person beurteilt sich weitgehend nach dem Personalstatut, d.h. dem Heimatrecht des Betroffenen. Das **Adoptionsstatut** ist in Art. 370 Cciv gesetzlich geregelt. Die Voraussetzungen und Wirkungen der Adoption bestimmen sich danach grundsätzlich nach dem Heimatrecht der Annehmenden; bei Ehegatten verschiedener Staatsangehörigkeit oder Staatenlosigkeit entscheidet deren gemeinsamer gewöhnlicher Aufenthalt bei Antragstellung. Die Voraussetzungen, adoptiert zu werden, regelt prinzipiell das Heimatrecht des Anzunehmenden.

f) Abgrenzung zum Sachenrecht

22 Nach wohl h.M. bestimmt das Erbstatut, ob es aufgrund des Todes zu einer Änderung der dinglichen Rechtszuordnung kommt. Wie sich dieser Übergang mit dinglicher Wirkung vollzieht, ob also z.B. eine zusätzliche Eintragung im Grundstücksregister erforderlich ist, bestimmt dagegen die *lex rei sitae*. Dies gilt auch für das Vindikationslegat oder das gesetzlich aufgrund des Erbfalls entstehende Nießbrauchsrecht des überlebenden Ehegatten nach luxemburgischen Recht, ferner für dinglich wirkende Teilungsanordnungen und Erbauseinandersetzungen.

23 Konkret stellt sich die Frage, wie sich der **Vollzug** eines nach luxemburgischem Recht angeordneten Vermächtnisses an einem in Deutschland belegenen Grundbesitz vollzieht. Geschieht dieser von selbst oder bedarf es eines weiteren Vollzugsakts, insbesondere einer **Auflassung**?

---

12 Ausführlich zur französischen Rechtslage Länderbericht Frankreich (Rn 35 ff.).

Das **Universalvermächtnis** (*legs universel*) (siehe Rn 71) entspricht am ehesten der deutschen Erbeinsetzung und ist diejenige testamentarische Verfügung, durch die der Erblasser einer oder mehreren Personen sein gesamtes Vermögen hinterlässt. Der oder die eingesetzten Vermächtnisnehmer erhalten automatisch den Besitz (*saisine*), wenn es keine Noterbberechtigten gibt und die Einsetzung aus einem notariellen Testament hervorgeht, anderenfalls müssen sie von Letzteren die Auslieferung verlangen. Mittels des **Erbteilvermächtnisses** (*legs à titre universel*) verfügt der Erblasser über eine Quote des Nachlasses. Anders als der Universalvermächtnisnehmer muss der Erbteilvermächtnisnehmer immer die Aushändigung der ihm zugewandten Gegenstände verlangen, auch wenn das Eigentum *ipso iure* am Sterbetag des Erblassers übergeht. Mit dem **Erbstückvermächtnis** (*legs particulier*) vermacht der Erblasser schließlich einzelne Gegenstände. Das Recht an der vermachten Sache steht dem Vermächtnisnehmer mit dem Todestag des Erblassers zu (sog. Vindikationslegat), jedoch muss er die Aushändigung des Besitzes verlangen. Damit sind zumindest die beiden letzteren Fälle mit dem deutschen Damnationslegat insofern vergleichbar, als auch hier weitere Vollzugsakte erforderlich sind. Viel spricht daher dafür, auch mit der EU-ErbVO eine **Auflassung** zu verlangen.[13]

Vergleichbares dürfte auch künftig für den gesetzlichen **Nießbrauch** des überlebenden Ehegatten am Nachlass sein. Schon bisher wurde er nach Ansicht der Rechtsprechung und Teilen der Literatur nicht im Erbschein aufgeführt, sondern als Vermächtnis qualifiziert und bedürfen an den in Deutschland belegenen Nachlassgegenständen einer neuen Bestellung entsprechend der §§ 1085, 1089 BGB (siehe Rn 167).

Im umgekehrten Fall (**deutsches Vermächtnis an luxemburgischen Grundbesitz**) kann auch wie bisher wohl nicht eine „Auflassung" nach luxemburgischem Recht verlangt werden. In der Praxis üblich ist bislang neben dem *acte de notoriété*, der Offenkundigkeitserklärung vor dem Notar oder dem Gericht, zum Nachweis der Erbenstellung dem Grundstücks- und Hypothekenregister (*Bureau des Hypothèques*) gegenüber zusätzlich eine sog. *attestation notariée* (**notarielle Bescheinigung**) durch den Notar. Erstellt wird diese durch denjenigen (luxemburgischen) Notar, welcher mit der Berichtigung des Grundstücks- und Hypothekenregisters beauftragt ist. Künftig werden vermutlich die luxemburgischen Notare neben den Gerichten auch ausstellende Behörden i.S.d. Art. 64 lit. b) EU-ErbVO für das **Europäische Nachlasszeugnis** sein. Da das Europäische Nachlasszeugnis wohl keine schuldrechtlichen Vermächtnisse, wie beispielsweise nach deutschem Recht, enthalten wird, die sich auf luxemburgischen Grundbesitz beziehen, wird die Umschreibung auf den Vermächtnisnehmer auch künftig auf Basis der **Offenkundigkeitserklärung** und der *attestation notariée* erfolgen (siehe Rn 158).

2. Einzelne Fragestellungen und Besonderheiten in Bezug auf luxemburgisches Recht

a) Vorwegnahmerecht

Eine Besonderheit des luxemburgischen Rechts ist das **Vorwegnahmerecht** (*droit de prélèvement*) der luxemburgischen Erben.

Das Vorwegnahmerecht kommt zum Tragen, wenn
- an einem Erbfall sowohl luxemburgische als auch ausländische Staatsangehörige als Miterben beteiligt sind,
- sich Nachlassgegenstände sowohl in Luxemburg als auch im Ausland befinden und

---

13 Für die französische Rechtslage s. instruktiv Länderbericht Frankreich (Rn 27 ff. insb 30).

— aufgrund des Erbstatuts eine andere Rechtsordnung als das luxemburgische Recht zur Anwendung gelangt, welche dem luxemburgischen Miterben geringere Erbrechte, gleich welcher Art und aus welchem Grund, einräumt, als dies das luxemburgische Erbrecht, wäre es berufen, täte.

29 Sind diese Voraussetzungen gegeben, haben die luxemburgischen Miterben das Recht, im Rahmen der Erbschaftsteilung (siehe Rn 127) von dem in Luxemburg belegenen Nachlassvermögen einen Anteil in Höhe eines Unterschiedsbetrages zwischen dem tatsächlichen Erbteil aufgrund der berufenen Rechtsordnung und dem fiktiven luxemburgischen Erbteil vorwegzunehmen.[14]

b) Testamentarische Erbfolge: Formfragen

30 Für die **Form** letztwilliger Verfügungen gilt traditionell – wie für alle Fragen der Form – die Anknüpfung an die Ortsform (*locus regit actum*). Luxemburg hat jedoch das **Haager Testamentsformübereinkommen** ratifiziert. Es gilt in Luxemburg seit dem 5.2.1979,[15] in Deutschland ist es seit dem 1.1.1966 in Kraft.[16] Damit wird eine in Deutschland errichtete, nach deutschem Erbrecht formwirksame letztwillige Verfügung auch in Luxemburg anerkannt und umgekehrt. Luxemburg hat die Vorbehalte nach Art. 9 (Wohnsitzbestimmung nach der *lex fori*), Art. 10 (grundsätzlich keine Anerkennung mündlicher Testamente) und Art. 12 (Ausschluss von Anordnungen, die aus luxemburgischer Sicht nicht erbrechtlicher Art sind) des Übereinkommens erklärt.

31 Art. 75 Abs. 1 UAbs. 2 EU-ErbVO sieht auch weiterhin die Anwendung des Übereinkommens anstelle der Verordnung ausdrücklich vor, soweit deren Anwendungsbereich eröffnet ist. Für Testamente und gemeinschaftliche Testamente verbleibt es somit bei der Anwendung des Haager Testamentsformübereinkommens. Erbverträge waren dagegen auch bislang nicht vom Haager Übereinkommen umfasst und unterlagen den allgemeinen nationalen Kollisionsnormen. Erbverträge i.S.d. Art. 25 EU-ErbVO, also im unionsrechtlichem Sinne, unterfallen somit auch künftig nicht dem Haager Übereinkommen, sondern für sie bleibt es bei der Anwendung von Art. 27 EU-ErbVO. Da die Verordnung selbst bestimmt (s. Erwägungsgrund Nr. 52), dass Art. 27 der Verordnung der Sache nach den Bestimmungen des Haager Übereinkommens entspricht, ist auch eine einheitliche Auslegung geboten. Auf die Auslegungspraxis des Haager Übereinkommens kann daher auch für Art. 27 EU-ErbVO zurückgegriffen werden.

c) Gemeinschaftliche Testamente

32 Die Abfassung eines **gemeinschaftlichen Testaments**, welches in Luxemburg gem. Art. 968 Cciv verboten ist (siehe Rn 119), wird bislang in Luxemburg – entsprechend Art. 4 des Testamentsformübereinkommens – als Formvorschrift aufgefasst.[17] Errichtet ein Luxemburger also in Deutschland mit seinem Ehegatten ein gemeinschaftliches Testament i.S.d. §§ 2267 ff. BGB, wird dies nach derzeitiger Rechtsprechung in Luxemburg anerkannt. Die Frage der Bindungswirkung dürfte aber wohl materiell-rechtlich qualifiziert werden. Im

---

14 Art. 1 des Gesetzes v. 29.2.1872, abgedr. bei *Husted/Watgen/Genkin*, in: Ferid/Firsching, Luxemburg, Texte A. I.; Trib. Ardt. Diekirch, 22.2.1900, Pas lux t. 7, 41; Zweifel an der Vereinbarkeit dieser Regel innerhalb der Europäischen Union äußern zu Recht *Flick/Plitz*, Rn 737.
15 Gesetz v. 13.6.1978, Mém., S. 662; BGBl II, 303.
16 BGBl 1966 II, 11. Text z.B. bei Palandt/*Thorn*, Anh. Art. 26 EGBGB.
17 Trib. Ardt. Luxembourg, 13.1.1960, Pas lux t. 18, 144.

Frank

Zweifel wird sie – entsprechend französischem Vorbild[18] – aufgrund der gesetzlich ausnahmslos angeordneten freien Widerruflichkeit von Testamenten nicht anerkannt.[19] Voraussichtlich wird das gemeinschaftliche Testament künftig unter den weiten Erbvertragsbegriff des Art. 25 EU-ErbVO subsumiert werden.

d) Erbverträge, Erbverzichte

Erbverträge und **Erbverzichte** sind vom Haager Übereinkommen nicht umfasst. Entsprechend der französischen Auffassung wurden sie bisher aber materiell-rechtlich – und damit dem Erbstatut unterliegend – qualifiziert. 33

Art. 25 EU-ErbVO eröffnet bei Vorliegen dessen Voraussetzungen auch luxemburgischen Erblassern nunmehr die Möglichkeit der Abfassung von Erbverträgen. 34

e) Auf die Nachlassabwicklung anwendbares Recht

Kollisionsrechtliche Sonderregelungen für die Nachlassabwicklung gibt es grundsätzlich nicht. Das Erbstatut bestimmt auch die Modalitäten der Eröffnung der Erbfolge, Annahme und Ausschlagung sowie die Erbenhaftung. Die Inbesitznahme von Erbschaftsgegenständen richtet sich allerdings nach der *lex rei sitae* als Realstatut. Sieht jedoch ein aufgrund des Erbstatuts anwendbares ausländisches Recht eine besondere Form der Besitzeinweisung vor, wird dies auch hinsichtlich in Luxemburg belegener Gegenstände angewandt. 35

Das auf die Teilung der Erbschaft anwendbare Recht können die Erben in bestimmten Grenzen selbst bestimmen: Das aufgrund des Erbstatuts anwendbare Erbrecht regelt zwingend die Zusammensetzung des Nachlasses, die Erbquoten sowie die Art der Beteiligung der Erben am Nachlass (dinglich oder schuldrechtlich) und die Vorwegnahmerechte in Natur am ganzen Nachlass oder an einzelnen Gegenständen. Die Organisation der Erbengemeinschaft vor und im Zusammenhang mit der Teilung sowie ihre Dauer und Auflösungsmöglichkeiten unterliegen der *lex rei sitae*. 36

Zum Vorwegnahmerecht luxemburgischer Erben siehe Rn 28. 37

Gemäß Art. 23 Abs. 2 lit. e) EU-ErbVO richtet sich der „Übergang der zum Nachlass gehörenden Vermögenswerte ... einschließlich der Bedingungen für die Annahme oder die Ausschlagung der Erbschaft oder eines Vermächtnisses und deren Wirkungen" nach dem gem. Art. 21 oder 22 EU-ErbVO anzuwendenden Recht. Art. 28 EU-ErbVO beinhaltet eine Sonderanknüpfung hinsichtlich der Formgültigkeit von Annahme- und Ausschlagungserklärungen. 38

Wie früher bleibt aber auch mit Geltung der EU-ErbVO die Schwierigkeit der Differenzierung zwischen dem **Erb- und dem Sachstatut** auch im Rahmen der Nachlassabwicklung bestehen. Auch nach der EU-ErbVO bestimmt das Erbstatut über den Zuordnungsvorgang selbst, d.h. ob es aufgrund des Erbfalls zu einer direkten dinglichen Vermögenszuordnung für den Erben kommt oder ob es noch weiterer Akte bedarf oder der Erwerb sich zunächst mittelbar vollzieht. Das Erbstatut regelt hierbei auch die Frage, ob Teilungserklärungen eine direkte dinglich wirkende Zuweisung nach sich ziehen oder lediglich schuldrechtlich zwischen den Erben wirken. Ist nach dem Erbstatut noch ein Vollzugsakt erforderlich, um den Erwerb abzuwickeln, sind insbesondere einzelne Nachlassgegenstände zu übertragen, richtet sich dies nach dem jeweiligen Belegenheitsstatut des betreffenden Rechts. Die Ausei- 39

---

18 Ausführlich Länderbericht Frankreich (Rn 40).
19 Die Frage und Problematik der Bindungswirkung dürften wohl materiell-rechtlich und damit dem Erbstatut zugeordnet werden.

nandersetzung bedarf in Luxemburg eines Teilungsverfahrens, Art. 815 ff. CCiv. Ist dieses durchgeführt, wirkt die Teilung nach der Fiktion des § 883 CCov dann aber auf den Zeitpunkt des Erbfalls zurück und zwar im Verhältnis zu Dritten, als wäre der Nachlass bereits mit dem Erbfall *ipso iure* auf den betreffenden Empfänger übergegangen.

B. Materielles Erbrecht

I. Gesetzliche Erbfolge

1. Erbfähigkeit

40 Die Erbfolge wird mit dem Tod des Erblassers eröffnet, Art. 718 Cciv. Die Möglichkeit, Erbe zu werden, setzt also voraus, dass der Erblasser verstorben ist und der potenzielle Erbe oder Vermächtnisnehmer den Erblasser überlebt, Art. 718, 719 Cciv.[20] Nicht erbfähig sind daher der noch nicht Empfangene sowie das nicht lebensfähig geborene Kind, Art. 725 Cciv. Der bürgerliche Tod wurde durch Art. 18 luxemburgische Verfassung abgeschafft.[21]

41 Vermutungsregeln bei gleichzeitigem Versterben stellen die Art. 720 ff. Cciv auf: Kommen mehrere Personen, die sich gegenseitig beerben würden, aufgrund gleicher Ursache um, wird deren gleichzeitiges Versterben vermutet (**Kommoriententheorie**).

42 **Juristische Personen** sind grundsätzlich erbfähig, Einschränkungen ergeben sich jedoch für juristische Personen des öffentlichen Rechts aus Art. 910 Cciv: Sie bedürfen der großherzoglichen Genehmigung. Von der testamentarischen Erbfolge ausgeschlossen sind ferner den Erblasser behandelnde Ärzte, Apotheker und Gesundheitsbeamte nach Maßgabe von Art. 909 Cciv.

2. Grundregeln

43 Das luxemburgische Recht unterscheidet vier **Ordnungen** (*ordre*) von gesetzlichen Erben (*héritiers*), Art. 731 Cciv:
– Kinder und sonstige Abkömmlinge des Erblassers;
– der überlebende Ehegatte;
– Verwandte in aufsteigender Linie und
– Verwandte in der Seitenlinie.[22]

44 Grundsätzlich gilt der **Vorrang der näheren Ordnung**: Sind also Abkömmlinge (erste Ordnung) vorhanden, schließt dies eine Erbschaft der sonstigen Verwandten (dritte und vierte Ordnung) aus. Eine Ausnahme gilt für Abkömmlinge und dem überlebenden Ehegatten, die nebeneinander erben können. Innerhalb einer Erbordnung ist der nähere **Verwandtschaftsgrad** (*degrée*) entscheidend. Dieser wird durch die Zahl der Geburten bestimmt, Art. 735 Cciv; mehrere aufeinander folgende Grade bilden eine **Linie** (*ligne*). Personen in

---

20 Zu den Wirkungen der Verschollenheit siehe Art. 112 ff. Cciv: Erst bei endgültiger Verschollenheit kommt es zu den erbrechtlichen Wirkungen. Einzelheiten siehe bei *Watgen/Watgen*, successions et donations, Rn 8.
21 Der bürgerliche Tod lag vor, wenn beispielsweise bei bestimmten Straftaten die bürgerlichen Rechte abgesprochen wurden. Maßgeblich ist nunmehr nur noch der medizinische Tod (Herztod).
22 Teilweise wird auch zwischen fünf Ordnungen unterschieden, da das Gesetz bestimmten Aszendenten und Seitenverwandten eine vorrangige Erbenstellung einräumt, z.B. *Weirich/Weirich*, JCl, a.a.O., Rn 76; *Husted/Watgen/Genkin*, in: Ferid/Firsching, Luxemburg Grdz. Rn 32.

gerade Linie stammen voneinander ab, Seitenlinie ist die Gradfolge von Personen, die nicht voneinander, sondern von einer gemeinschaftlich dritten Person abstammen, Art. 736 Cciv.[23]

Ausnahmen von den vorgenannten Grundsätzen der Ausschließlichkeit der vorrangigen Erbordnung und Vorrang des Grades ergeben sich aus dem Prinzip der **Repräsentation**, die den Eintritt des entfernteren Erben erlauben, Art. 739 ff. Cciv. Zulässig ist sie bei Abkömmlingen (unbegrenzt) sowie in der Seitenlinie zugunsten von Kindern und Abkömmlingen der Geschwister des Erblassers.

Aus dem französischem Recht übernommen wurde die Institution der „*fente*": Gelangen Verwandte der aufsteigenden Linie oder Seitenverwandte zur Erbfolge,[24] wird der Nachlass in zwei Hälften geteilt: eine väterliche wie eine mütterliche Seite, innerhalb derer sich der Nachlass entsprechend der vorigen Grundsätze nach Graden vererbt. Eine Verteilung der einen Seite auf die andere, d.h. von der mütterlichen zur väterlichen, kommt nur in Betracht, wenn in einer Linie weder Aszendenten noch Seitenverwandte vorhanden sind, Art. 733, 734 Cciv.

3. Gesetzliches Erbrecht der Abkömmlinge

In der ersten Ordnung erben die Kinder des Erblassers zu gleichen Teilen, unabhängig davon, ob sie aus derselben Ehe des Erblassers stammen oder nicht. Die Aufteilung des Nachlasses erfolgt nach Köpfen. Wird jedoch ein Kind, z.B. aufgrund Vorversterbens, durch dessen Abkömmlinge repräsentiert, erben sie nach Stämmen, Art. 745 Cciv.

Ist der Erblasser nicht verheiratet, steht den Abkömmlingen der gesamte Nachlass zu; die Erben der dritten und vierten Ordnung sind ausgeschlossen. Hinterlässt der Erblasser einen Ehegatten, so erbt dieser neben den Abkömmlingen.

Kinder bzw. Abkömmlinge im Sinne der ersten Erbordnung sind:
- eheliche Kinder, wobei diese nicht aus derselben Ehe des Erblassers hervorgegangen sein müssen;[25]
- nichteheliche Kinder, soweit die Abstammung aufgrund Anerkennung oder Vater-/Mutterschaftsklage rechtlich festgestellt (Art. 334 Cciv) wurde, Art. 756 ff. Cciv;
- das zunächst nichteheliche und durch nachfolgende Eheschließung legitimierte Kind (Art. 330 ff. Cciv);
- beim **Adoptivkind** ist zu unterscheiden:
  - bei der Einfachadoption (*adoption simple*, Art. 343 ff. Cciv) bleibt der Adoptierte in seiner Familie und behält ihr gegenüber alle Rechte und Pflichten, namentlich auch die Erbrechte, Art. 358 Cciv. Daneben hat er gegenüber der Adoptivfamilie die gleichen Rechte wie ein eheliches Kind, mit Ausnahme der Noterbberechtigung gegenüber Vorfahren des Adoptierenden: Diese entfällt (Art. 363 Cciv);[26]
  - bei der Volladoption (*adoption plenière*, Art. 367 ff. Cciv) werden hingegen die Bande zur ursprünglichen Familie gekappt, der Adoptierte gilt nur noch mit der neuen Familie als verwandt und wird so gesetzlicher Erbe wie ein leibliches Kind, Art. 368 Cciv.

---

23 Weitere Definitionen finden sich in Art. 737, 738 Cciv.
24 In der ersten und zweiten Erbordnung ist die *fente* ausgeschlossen.
25 Das aus der ungültigen Ehe hervorgegangene Kind wird dem ehelichen Kind gleichgestellt, Art. 201 f. Cciv.
26 Erbfolge nach dem Einfachadoptierten: siehe Art. 364 Cciv.

4. Gesetzliches Erbrecht des überlebenden Ehegatten

a) Gesetzliche Erbfolge

50 Der überlebende Ehegatte (*conjoint survivant*) ist erbberechtigt, soweit die Ehe zwischen ihm und dem Erblasser nicht geschieden ist und **kein rechtskräftiges Urteil auf Trennung von Tisch und Bett** vorliegt, Art. 767 Cciv.

51 Der überlebende Ehegatte ist gesetzlicher Erbe zweiter Ordnung. Hinterlässt der Erblasser neben dem Ehegatten keine Kinder oder sonstigen Abkömmlinge (erste Ordnung), so erbt der Ehegatte den gesamten Nachlass, Art. 767–2 Cciv. Die Verwandten der dritten und vierten Ordnung sind ausgeschlossen.[27]

52 Hinterlässt der Erblasser neben dem Ehegatten Kinder oder Abkömmlinge, so erben diese entsprechend der nachfolgenden Grundsätze nebeneinander:

53 Der überlebende Ehegatte hat die **Wahl**, entweder das Eigentum an einem Anteil des am wenigsten erhaltenden Kindes am Nachlass zu erhalten, mindestens jedoch ein Viertel, oder den Nießbrauch am von den Ehegatten gemeinsam bewohnten und ihnen gemeinsam oder dem Erblasser allein gehörenden Grundstück sowie an den dazu gehörigen Einrichtungsgegenständen. Im ersteren Fall reduziert sich der Anteil der Kinder um den Erbanteil des Ehegatten, also maximal auf drei Viertel, in letzterem Fall erhalten die Kinder das „nackte" Eigentum (*nue propriété*) (Art. 767–1 Cciv). Im Fall der Wiederheirat können die Kinder innerhalb von sechs Monaten die Umwandlung des Nießbrauchs in eine Kapitalzahlung verlangen (**Umsetzungsrecht**).

54 Der Ehegatte hat sein Wahlrecht innerhalb von drei Monaten und vierzig Tagen nach Eröffnung der Erbfolge durch Erklärung zu Niederschrift gegenüber dem Bezirksgericht, bei welchem die Erbschaft eröffnet wurde, auszuüben. Im Zweifel gilt der Nießbrauch als gewählt, Art. 767–3 Cciv. Bei Wahl des Nießbrauchs ist innerhalb von 15 Tagen ein Inventarverzeichnis der Einrichtungsgegenstände nach Maßgabe des Art. 767–4 Cciv aufzustellen.

55 Unabhängig vom Güterstand gewährt das allgemeine Eherecht dem überlebenden Ehegatten bei Bedürftigkeit einen Unterhaltsanspruch gegenüber dem Nachlass, Art. 205 Cciv.

b) Einfluss des Güterstandes

56 Der Güterstand der Ehegatten ist insofern auch erbrechtlich zu berücksichtigen, als er darüber entscheidet, was in den Nachlass fällt.

57 Lebten die Ehegatten im gesetzlichen Güterstand der **Gütergemeinschaft** (Art. 1400 ff. Cciv), fallen der Anteil des überlebenden Ehegatten am Gesamtgut sowie dessen Eigengut nicht in den Nachlass. Der Gesamtgutsanteil des verstorbenen Ehegatten fällt dagegen in die Nachlassmasse.

58 Durch notariellen Ehevertrag kann der gesetzliche Güterstand mannigfach modifiziert werden, z.B. in eine Fahrnis- und Errungenschaftsgemeinschaft, eine allgemeine Gütergemeinschaft, diverse Änderungen über die Zusammensetzung der Gemeinschaft, ihre Verwaltung, Vorwegnahmerechte oder unproportionale Teilungen, Art. 1497 Nr. 1–6 Cciv. Daneben

---

[27] Insoweit besteht ein großer Unterschied zur erbrechtlichen Situation des Ehegatten nach französischem Recht des ansonsten in weiten Teilen ähnlichen Zivil- und auch Erbrechts, siehe Länderbericht Frankreich (Rn 60 ff.). Die erbrechtliche Stellung des Ehegatten wurde in Luxemburg bereits durch die Erbrechtsreform v. 12.5.1967 gestärkt.

kann auch ein vollständig anderer Güterstand gewählt werden. In der Praxis betrifft dies insbesondere den Güterstand der Gütertrennung, Art. 1536 ff. Cciv. Die dem deutschen gesetzlichen Güterstand ähnliche Teilhabe am Zugewinn (Art. 1569 ff. Cciv) ist dagegen nicht sehr geläufig.

Durch Vereinbarung einer allgemeinen Gütergemeinschaft (*communauté universelle*, Art. 1526 Cciv) wird das gesamte eheliche und voreheliche Vermögen der Ehegatten Gesamtgut. Vereinbaren die Ehegatten diesen Güterstand unter Einbeziehung der Zuteilungsklausel gem. Art. 1524 Cciv (*clause d'attribution de la communauté au survivant*), hat dies zur Folge, dass der Gesamtgutsanteil des erstversterbenden Ehegatten dem Überlebenden kraft Güterrecht anwächst, ohne dass Noterbrechte geltend gemacht werden können sowie ohne erbschaft- oder schenkungsteuerliche Auswirkungen. Einschränkungen bestehen nur beim Vorhandensein erstehelicher Kinder, deren Noterbrechte durch diese Vereinbarung u.U. endgültig ausgeschaltet werden würden, Art. 1527 Abs. 2 Cciv. Diese güterrechtliche Vereinbarung ist in Luxemburg daher relativ häufig anzutreffen.[28]

59

5. Gesetzliches Erbrecht der sonstigen Verwandten

Sind weder Abkömmlinge noch ein überlebender Ehegatte des Erblassers vorhanden, erben die sonstigen Verwandten des Erblassers nach Maßgabe der Art. 746 ff. Cciv. Bei den beiden erbfolgeberechtigten Ordnungen der Verwandten in aufsteigender Linie und Seitenverwandten wird wiederum zwischen bevorrechtigten und gewöhnlichen Verwandten unterschieden:

60

Bevorrechtigte Aszendenten sind die Eltern des Erblassers, seine Geschwister bzw. Neffen und Nichten sind bevorrechtigte Seitenverwandte. Sie erben den Nachlass wie folgt:
- Überleben beide Elternteile, fällt der Nachlass zur Hälfte ihnen, zur anderen Hälfte den Geschwistern bzw. deren Abkömmlingen[29] zu; überlebt nur ein Elternteil, geht der Nachlass zu einem Viertel auf ihn über, drei Viertel erben die Geschwister bzw. deren Abkömmlinge, Art. 751 Cciv.[30]
- Sind beide Eltern vorverstorben, erben die Geschwister bzw. deren Abkömmlinge den Nachlass vollständig, Art. 749, 750 Cciv.
- Existieren umgekehrt keine Geschwister oder Abkömmlinge von ihnen, so erben die überlebenden Eltern bzw. der Überlebende von ihnen alles, Art. 746, 753 Cciv.

61

Sind keine bevorrechtigten Aszendenten oder Seitenverwandte (**gewöhnliche Verwandte**) vorhanden, geht der Nachlass aufgrund der *fente* (Rn 46) je hälftig auf die väterliche und die mütterliche Linie der gradnächsten Vorfahren über, Art. 746 Cciv.[31] Fehlt eine Linie, erhält die andere den Nachlass ganz, Art. 753 Cciv.

62

Erst wenn auch keine gewöhnlichen Verwandten in aufsteigender Linie vorhanden sind, erben die gewöhnlichen Seitenverwandten den Nachlass, Art. 753, 755 Cciv, unter Berücksichtigung der *fente*.

63

---

28 *Watgen/Watgen*, successions et donations, S. 33 f.
29 Kraft Repräsentation (siehe Rn 45).
30 Die Aufteilung unter den Geschwistern erfolgt nach Maßgabe des Art. 752 Cciv, ggf. unter Berücksichtigung der *fente* (siehe Rn 46).
31 Art. 733, 734 Cciv, Erbfolge der gradnächsten Verwandten nach Köpfen.

Frank

6. Eingetragene Lebenspartnerschaft

64 Durch Gesetz vom 9.7.2004[32] wurde **gleich- und verschiedengeschlechtlichen Paaren** die Möglichkeit eröffnet, mit vermögens-, steuer- und sozialversicherungsrechtlichen Konsequenzen eine Lebenspartnerschaft eintragen zu lassen (*Partenariat*). In erb- und schenkungsrechtlicher Hinsicht wird der Partner allerdings nicht zum gesetzlichen oder Pflichterben erhoben. Artikel 10 des Gesetzes stellt den Erben frei, sich gegenseitig testamentarisch zu beerben oder sich mit lebzeitigen Schenkungen zu bedenken, jedoch unter dem Vorbehalt der bestehenden Noterbrechte.

7. Erbrecht des Staates

65 Mangels anderer Erben erwirbt die Erbschaft der Staat, Art. 768 Cciv. Er bedarf der Besitzeinweisung (*envoi en possession*), Art. 770 Cciv.

II. Testamentarische Erbfolge

1. Allgemeines

66 Wie in vielen Rechtsordnungen des romanischen Rechtskreises sind entsprechend des dem Erbrecht zugrunde liegenden Rechtsgedankens, den Nachlass der Familie möglichst ungeschmälert zukommen zu lassen, testamentarische Verfügungen weit weniger als nach deutschem Recht zulässig. Letztwillige Verfügungen dürfen insbesondere das Noterbrecht der Verwandten nicht außer Acht lassen (siehe Rn 99 ff.). Geläufige testamentarische Anordnungen und Gestaltungen entsprechen vielfach denen des französischen Rechts.[33]

2. Erbeinsetzung

67 Erbeinsetzungen im eigentlichen Sinne, wie diese dem deutschen Erbrecht bekannt sind, sind nach luxemburgischem Recht unbekannt und unzulässig. Als **Erben** (*héritiers*) versteht das luxemburgische Recht nur die gesetzlichen Erben. Dennoch kennt auch das luxemburgische Recht die **Testierfreiheit** und die Möglichkeit zu testieren, wenngleich nicht im gleichen Maße wie im deutschen Recht. Will der Erblasser eine Person begünstigen, muss er dieser ein **Vermächtnis** aussetzen; das gilt auch, wenn die Begünstigung den gesamten oder einen Großteil des Nachlasses ausmacht, Art. 1002 Cciv.

68 Zu berücksichtigen sind außerdem bestehende Noterbrechte. Anders als im deutschen Recht sind diese als echte erbrechtliche Beteiligung, nicht nur als bloße Geldforderung ausgestaltet, die der testatorischen Verfügungsmöglichkeit entzogen bleibt. Der Erblasser kann lediglich über die sog. **verfügbare Quote** (*quotité disponible*), d.h. denjenigen Teil des Nachlasses, der nicht durch Noterbrechte gebunden ist, verfügen (siehe Rn 99 ff.).

69 Der Wille des Erblassers muss sich aus dem Testament ergeben, die tatsächliche Bezeichnung durch den Erblassers ist dagegen unerheblich, sofern sein tatsächlicher Wille feststellbar ist, Art. 967 Cciv.

---

32 Loi du 9.7.2004 relative aux effets légaux de certains partenariats, Mém. n. 143 v. 6.8.2006, 2019; eingehend zu den Wirkungen und Rechtsfolgen des Gesetzes *Watgen*, Eherecht in Luxemburg, in: Süß/Ring, Eherecht in Europa, 2. Aufl. 2012, Rn 82 ff.
33 Siehe Länderbericht Frankreich.

3. Vermächtnis

Jede Zuwendung des Erblassers durch letztwillige Verfügung erfolgt durch Vermächtnis (*legs*). Unterschieden wird zwischen dem
- Universal- oder Erbvermächtnis,
- Erbteilvermächtnis und
- Erbstückvermächtnis.

70

Das **Universalvermächtnis** (*legs universel*) entspricht am ehesten der deutschen Erbeinsetzung und ist diejenige testamentarische Verfügung, durch die der Erblasser einer oder mehreren Personen sein gesamtes Vermögen hinterlässt, Art. 1003 ff. Cciv. Sind noterbberechtigte Personen vorhanden, steht das Vermächtnis unter dem Vorbehalt der Herabsetzung durch die Noterbberechtigten, soweit es nicht nur die verfügbare Quote umfasst, ansonsten bezieht es sich auf den gesamten Nachlass des Erblassers. Daneben können freilich noch andere letztwillige Verfügungen getroffen werden, bspw. Aussetzung von Erbstückvermächtnissen zugunsten Dritter. Der oder die eingesetzten Vermächtnisnehmer erhalten automatisch den Besitz (*saisine*), wenn es keine Noterbberechtigten gibt und die Einsetzung aus einem notariellen Testament hervorgeht, Art. 1006 Cciv; andernfalls müssen sie von Letzteren die Auslieferung verlangen, Art. 1004 Cciv (siehe aber auch Rn 130). Das Nutznießungsrecht des Vermächtnisnehmers besteht aber unabhängig von der Aushändigung, Art. 1005 Cciv.

71

Mittels des **Erbteilvermächtnisses** (*legs à titre universel*) verfügt der Erblasser über eine Quote des Nachlasses. Im Einzelnen sind möglich Verfügungen über
- eine Quote seines (verfügbaren) Vermögens, z.B. ein Drittel;
- das gesamte Grundvermögen;
- das gesamte Mobiliarvermögen;
- eine bestimmte Quote seines Immobiliarvermögens; oder
- eine bestimmte Quote seines Mobiliarvermögens.

72

Die Aufzählung des Art. 1010 Cciv ist abschließend. Die Rechtsprechung hat den Anwendungsbereich des Erbteilvermächtnisses aber noch auf die Verfügung über eine Quote des nackten Eigentums sowie des gesamten bzw. einer Quote des Erbnießbrauchs ausgedehnt.[34] Anders als der Universalvermächtnisnehmer muss der Erbteilsvermächtnisnehmer immer die Aushändigung der ihm zugewandten Gegenstände verlangen, auch wenn das Eigentum *ipso iure* am Sterbetag des Erblassers übergeht, Art. 1011 Cciv.[35] Die Schuldenhaftung übernimmt er nach Maßgabe von Art. 1012 Cciv.

73

Wie der Name bereits erahnen lässt, bezieht sich das **Erbstückvermächtnis** (*legs particulier*) nicht auf den Nachlass als solchen oder bestimmte Quoten hiervon, sondern einzelne Nachlassgegenstände und ist damit mit dem Vermächtnis nach deutschem Recht vergleichbar, Art. 1014 ff. Cciv. Das Recht an der vermachten Sache steht dem Vermächtnisnehmer mit dem Todestag des Erblassers zu (sog. **Vindikationslegat**), jedoch muss er die Aushändigung des Besitzes verlangen.

74

4. Vor- und Nacherbfolge

Die Einsetzung von Nacherben oder Nachvermächtnisnehmern (*substitution*) ist als Verstoß gegen den Grundsatz der Testierfreiheit des Erblassers verboten und macht das Testament

75

---

34 *Weirich/Weirich*, JCl, a.a.O., Rn 134.
35 Trib. Ardt. Diekirch, 17.11.1987, n. 6225.

nichtig.³⁶ **Nacherbfolge** in diesem Sinne ist jede Verfügung, durch die einem eingesetzten Erben oder Vermächtnisnehmer auferlegt wird, etwas für einen Dritten zu erhalten und an ihn herauszugeben, Art. 896 Cciv. Entsprechend der deutschen Rechtsfigur der Vor- und Nacherbfolge kommt es darauf an, den Nachlass erst einer Person und nach dieser Person einer weiteren zukommen zu lassen.

76 Von diesem grundsätzlichen Verbot macht das Gesetz zwei Ausnahmen, Art. 897 Cciv. Zulässigerweise darf der Erblasser zunächst seine Kinder und anschließend im Nacherbfolgegang seine (bereits geborenen oder noch zu erwartenden) Enkelkinder einsetzen, Art. 1048 Cciv, oder, sofern er selbst keine Kinder hat, seine Geschwister als Vor- und deren Kinder als Nacherben, Art. 1049 Cciv.

77 Die Möglichkeit eines „Behindertentestaments" durch Anordnung von Vor- und Nacherbfolge, um den Nachlass etwaigen Gläubigern wie dem Staat zu entziehen, ist daher nicht im gleichen Maße wie nach deutschem Recht möglich.

5. Ersatzerbe

78 Anders als der Nacherbe wird der Ersatzerbe bzw. Ersatzvermächtnisnehmer für den Fall berufen, dass der an erster Stelle Eingesetzte das Vermachte nicht erhält, sei es aufgrund Vorversterbens, Ausschlagung etc. Diese Ersatzberufung ist zulässig, Art. 898 Cciv.

6. Auflagen und Bedingungen

79 Die Auflage ist nicht ausdrücklich positiv erwähnt. Gemäß Art. 900 Cciv gelten allerdings unmögliche sowie gegen das Gesetz oder die guten Sitten verstoßende Bedingungen als nicht geschrieben; im Übrigen sind Bedingungen zulässig.³⁷

7. Teilungsanordnung

80 Teilungsanordnungen des Erblassers sind nur bei Kindern und sonstigen Abkömmlingen möglich, Art. 1075 ff. Cciv. Die Teilungsanordnung gibt dem Erblasser die Möglichkeit, zu bestimmen, wie sein Vermögen im Einzelnen aufgeteilt werden soll. Sie kann das gesamte oder Teile seines Vermögens umfassen oder einzelne Vermögensgegenstände; namentlich ermöglicht sie, den Kindern einzelne Objekte zuzuweisen.

81 Das Gesetz nennt als mögliche Teilungsanordnungen:

82 Die in der Praxis häufige **Schenkungsteilung** (*donation-partage*; Art. 1075, 1076 ff. Cciv.) erfolgt unter den Voraussetzungen, Formalia und Bedingungen der Schenkung unter Lebenden. Der Eigentumsübergang an den geschenkten Gegenständen erfolgt wie bei jedem Rechtsgeschäft unter Lebenden aufgrund entsprechender Einigung der Vertragsparteien (Konsensprinzip). Wird die Noterbquote eines Kindes bei der Schenkung nicht berücksichtigt, namentlich weil es bei der Schenkung überhaupt nicht beteiligt wurde oder eine unter seiner Noterbquote entsprechende Zuteilung von Vermögensgegenständen erfahren hat, kann es nach dem Tode des Erblassers – des schenkenden Elternteils – Herabsetzungsklage erheben, wenn zu diesem Zeitpunkt kein zur Ergänzung seines Noterbrechts ausreichendes Vermögen mehr vorhanden ist, Art. 1077–1 Cciv.

---

36 *Husted/Watgen/Genkin*, in: Ferid/Firsching, Luxemburg Grdz. Rn 82.
37 *Flick/Piltz*, Der internationale Erbfall, 2. Aufl., Rn 725.

Die **Testamentsteilung** (*testament-partage*; Art. 1075, 1079 f. Cciv.) folgt den Regeln der letztwilligen Verfügungen. Sie hat lediglich die Wirkung einer Teilung im Sinne einer regulären Nachlassteilung unter Erben, d.h. die Begünstigten haben und behalten die Stellung als Erben. Im Gegensatz zur regulären Teilung des Nachlasses, bei der sich die Miterben über die Zuordnung von Nachlassgegenständen gütlich einigen müssen, andernfalls gerichtlich herbeiführen, sind die betreffenden Gegenstände aufgrund der Teilungsanordnung bereits einzelnen Erben zugeordnet. Die Erbengemeinschaft ist dann unter Zuordnung dieser Vermögensgegenstände nach den allgemeinen Vorschriften aufzuheben. Die Noterbquote der Kinder ist in jedem Fall zu berücksichtigen, ansonsten kann der Übergangene oder Benachteiligte Herabsetzungsklage erheben, Art. 1077–1, 1080 Cciv.[38] In der Praxis erfolgt die Testamentsteilung nur selten. 83

8. Testamentsformen

Das luxemburgische Erbrecht kennt drei Formen von Testamenten: 84
- das handschriftliche Testament (*testament olograph*);
- das öffentliche Testament (*testament authentique/par acte public*);
- das geheime Testament (*testament mystique*).

Das **handschriftliche Testament** ist vom Erblasser gänzlich eigenhändig zu schreiben, zu datieren und zu unterschreiben. Andernfalls ist es nichtig, Art. 970 Cciv. Ist das Datum falsch, ist dies dem Fehlen des Datums gleichzustellen mit der Folge der Nichtigkeit der letztwilligen Verfügung.[39] Das Datum enthält Tag, Monat und Jahr der Errichtung, die Angabe des Errichtungsortes ist dagegen nicht notwendig.[40] Einfügungen mit fremder Hand oder maschinengeschrieben machen das Testament ebenfalls unwirksam. 85

Das **öffentliche Testament** wird entweder vor zwei Notaren oder vor einem Notar in Gegenwart von zwei Zeugen errichtet, Art. 971 Cciv. Der Erblasser diktiert seinen letzten Willen, der von dem/den Notar(en) niedergeschrieben wird. Das Testament ist sodann dem Erblasser vorzulesen und abschließend von allen Beteiligten, d.h. Erblasser, Notar und Zeugen bzw. beiden Notaren, zu unterzeichnen, Art. 972 ff. Cciv. In der Urkunde sind diese Förmlichkeiten festzuhalten, Art. 974 Cciv. 86

Die hinzugezogenen Zeugen dürfen nicht mit dem Erblasser oder dem Notar verwandt oder verschwägert bis zum dritten Grade sein, es darf sich nicht um deren Ehegatten, Angestellte oder Hauspersonal handeln, ferner dürfen auch nicht eingesetzte Vermächtnisnehmer oder deren Ehegatte, deren Verwandte und Verschwägerte bis zum vierten Grade hinzugezogen werden, Art. 975 Cciv. 87

Soll ein öffentliches Testament widerrufen werden, ist Art. 980 Cciv zu beachten: Wie das Testament selbst muss die Widerrufsurkunde von zwei Noten oder von einem Notar unter Mitwirkung von zwei Zeugen aufgenommen werden. 88

Das **geheime Testament** ist ein durch den Erblasser oder einen Dritten verfasstes Testament, das der Erblasser in Anwesenheit von zwei Zeugen dem Notar – oder in Anwesenheit von zwei Notaren – in einem verschlossenen, versiegelten und gestempelten Umschlag übergibt 89

---

38 Die Vermögenswerte, die die Kinder aufgrund der Schenkungsteilung vor dem Tod des Erblassers erhalten, gelten als Vorauszahlung auf die Erbschaft und sind auf den Pflichtteil anzurechnen, Art. 1077 Cciv. Zu Lebzeiten des Erblassers gelten die Kinder aber noch nicht als Erben, Cour Luxembourg, 7.6.1978, Pas lux t. 24, 162.
39 Cour Luxembourg, 25.5.1932, Pas lux t. 12, 557.
40 Cour Luxembourg, 25.5.1932, Pas lux t. 12, 557.

und versichert, dass des sich um sein Testament handele. Hat ein Dritter das Testament geschrieben, bedarf es zusätzlich der Versicherung, dass der Erblasser den Wortlaut überprüft hat. Ferner ist die Schreibweise des Testaments, handschriftlich oder maschinengeschrieben, bekannt zu geben, Art. 976 Cciv.

90 **Besondere Verfahrensarten** sind erleichternd vorgesehen (Art. 977 ff. Cciv.), wenn der Erblasser z.B. nicht zu schreiben, zu lesen oder zu sprechen vermag.

91 **Außerordentliche Formen** sind ferner das Seetestament und das Militärtestament, Art. 981 ff. Cciv. Sie spielen praktisch keine Rolle.

9. Materielle Wirksamkeit des Testaments

92 Die **Testierfähigkeit** des Erblassers beginnt mit dem vollendeten 16. Lebensjahr: Bis zu seinem „18. Geburtstag" kann der Erblasser über die Hälfte seines Vermögens verfügen, über das ein Volljähriger (mit Vollendung des 18. Lebensjahres) verfügen darf, Art. 903, 904 Cciv. Zugunsten seines Vormundes darf der 16-jährige Minderjährige gar nicht, nach Eintritt der Volljährigkeit nur nach Maßgabe des Art. 907 Cciv verfügen. Minderjährige unter 16 Jahren dürfen keine Testamente errichten, jedoch mittels Ehevertrag Schenkungen an ihren künftigen Ehegatten machen; die Schenkung bedarf der gleichen Zustimmung wie der Ehevertrag, Art. 1095, 1398 Cciv.[41]

93 Voraussetzung ist ferner **geistige Gesundheit**, Art. 901 Cciv. Davon zu unterscheiden sind körperliche Gebrechen. Ein Sehunfähiger kann ein notarielles Testament ohne weiteres errichten.[42] Zur allgemeinen und besonderen **Erbfähigkeit** siehe Rn 40 ff.

94 Das einmal errichtete Testament wird unwirksam, wenn es **widerrufen** wird, Art. 1035 ff. Cciv. Der Widerruf kann ganz oder teilweise durch späteres Testament oder durch notarielle Urkunde erfolgen. Er wird ausdrücklich oder stillschweigend erklärt. Im Zweifel bleibt derjenige Teil der vorhergehenden letztwilligen Verfügung gültig, der mit der späteren nicht unvereinbar oder widersprüchlich ist, Art. 1036 Cciv. Veräußert der Erblasser einen vermachten Gegenstand, gilt dies als Widerruf des Vermächtnisses, Art. 1038 Cciv.

95 Ein Testament bzw. die entsprechende testamentarische Anordnung ist hinfällig bei Versterben des Begünstigten vor dem Erblasser, (Nicht-)Eintritt gesetzter Bedingungen, Zerstörung des vermachten Gegenstandes sowie bei Ausschlagung durch den testamentarischen Erben bzw. den Vermächtnisnehmer, Art. 1039 ff. Cciv.

10. Testamentsregister

96 Nach den Bestimmungen des Gesetzes vom 9.8.1980 über die Registrierung von Testamenten[43] ist jeder Notar, der ein öffentliches Testament errichtet oder ein privatschriftliches oder geheimes Testament zur Hinterlegung erhält, verpfichtet, eine entsprechende Erklärung bei der Enregistrementverwaltung (*Administration de l'Enregistrement et des Domaines*)[44]

---

41 Bei Vormundschaft oder Pflegschaft siehe Art. 504, 513 Cciv.
42 Cour Luxembourg, 21.4.1969, Pas lux t. 21, 133.
43 Loi du 9 août 1980 relative à l'inscription des testaments, Mém. 1980 A, N. 60 v. 15.9.1980, S. 1423 mit (mehrfach geänderter) Ausführungsverordnung v. 30.12.1981, Mém. 1981 A, N. 102 v. 30.12.1981, S. 2672.
44 Die *Administration de l'Enregistrement et des Domaines* ist diejenige Stelle der Finanzverwaltung, die u.a. für die Register-, Stempel-, Hypotheken-, Erbschaftsteuer und die Mehrwertsteuer zuständig ist; siehe näher mit Adressenangaben auch Rn 195.

abzugeben. Daneben kann jeder Erblasser, der ein privatschriftliches Testament errichtet und selbst – oder bei einem Dritten – verwahrt, fakultativ sein Testament bei dieser Steuerstelle registrieren lassen. Ebenso können dort **ausländische Testamente registriert** werden. Beschränkungen für ausländische Erblasser oder Beschränkungen auf Erblasser mit Wohnsitz in Luxemburg gibt es nicht, Art. 4 L.9.8.1980.

Das Register wird bei der Finanzverwaltung, Abteilung Enregistrementverwaltung, geführt. Es wird jedes Testament, das dort mitgeteilt wird, gegen eine Registersteuer in Höhe von ca. 15 EUR eingetragen. Zu Lebzeiten des Erblassers werden über die Registrierung etwaiger Testamente keine Auskünfte erteilt. Erst beim Tode des Erblassers kann unter Vorlage einer Sterbeurkunde jeder, der ein berechtigtes Interesse dartut, gegen Zahlung einer geringen Gebühr in Höhe von ca. 15 EUR Auskunft über die Existenz der Registrierungen erhalten sowie Angaben zu Namen und Adresse des Notars oder der sonstigen Personen, bei denen die letztwillige Verfügung hinterlegt ist.[45]

Vorstehende Bestimmungen gelten auch für Hinterlegungen von *institutions contractuelles* unter Ehegatten sowie von ehevertragliche Regelungen mit Bezug zum Todesfall eines von ihnen.

III. Pflichtteil

1. Noterbrecht und verfügbare Quote, Einbeziehung lebzeitiger Verfügungen

Wie alle romanischen Rechtsordnungen kennt der luxemburgische *Code Civil* kein schuldrechtliches, als Geldforderung ausgestaltetes Pflichtteilsrecht bestimmter Erben, sondern gewährt den Berechtigten ein **echtes Noterbrecht** (*réserve*) in dem Sinne, dass dieses eine echte dingliche Nachlassbeteiligung gewährt, über die der Erblasser nicht verfügen darf. Letzteres ist ihm nur über denjenigen Teil des Vermögens erlaubt, der über das Noterbrecht hinausgeht, die sog. **verfügbare Quote** (*quotité disponible*), Art. 913 ff. Cciv.

Das Noterbrecht ist nicht nur bei letztwilligen Verfügungen, sondern bereits bei den eng damit zusammenhängigen Verfügungen zu Lebzeiten (*libéralités*) zu beachten, Art. 913 Cciv. Überschreiten lebzeitige Schenkungen den Freiteil, können die Noterbberechtigten nach dem Tode des Erblassers auch bezüglich der beeinträchtigenden Schenkungen in Höhe des übersteigenden Betrages Herabsetzungsklage erheben.

2. Noterbberechtigte Personen

Vorbehaltserben (*héritiers réservataires*) und noterbberechtigt sind nur die Abkömmlinge des Erblassers jeder Art, Art. 913, 914 Cciv. Zwischen ehelichen und nichtehelichen, Adoptiv-, Ehebruchs- und Inzestkindern wird kein Unterschied gemacht. Wie die gesetzliche Erbfolge beschränkt sich auch die Noterbberechtigung auf den gradnächsten, tatsächlich zur Erbfolge gelangenden Abkömmling, Art. 914 Cciv.

Der überlebende Ehegatte hat ebenso wenig ein Noterbrecht wie die Eltern oder die sonstigen Verwandten des Erblassers.[46] Selbiges gilt für den Partner der eingetragenen Lebenspartnerschaft (siehe dazu Rn 64). Hat der Erblasser keine Kinder oder sonstige Abkömmlinge, kann er sein Vermögen frei verschenken oder letztwillig darüber verfügen, Art. 916 Cciv.[47]

---

45 *Watgen/Watgen*, successions et donations, S. 321.
46 Das Aszendentennoterbrecht wurde durch die Erbrechtsreform v. 26.4.1979 abgeschafft.
47 Weitere Einzelheiten bei *Weirich/Weirich*, JCl, a.a.O., Rn 138 ff.; *Husted/Watgen/Genkin*, in: Ferid/Firsching, Luxemburg Grdz. Rn 109.

3. Noterbquote

103 Die Höhe des Noterbrechts hängt von der Zahl der Kinder bzw. Abkömmlinge des Erblassers ab.

104 Hinterlässt der Erblasser ein Kind, ist dieses noterbberechtigt in Höhe der Hälfte des Nachlasses; über die andere Hälfte („**verfügbare Quote**") kann der Erblasser verfügen. Hinterlässt er zwei Kinder, haben diese Noterbrechte von insgesamt zwei Drittel, d.h. über ein Drittel des Nachlasses darf verfügt werden; bei Hinterlassung von drei oder mehr Kindern gehört diesen insgesamt drei Viertel, d.h. über ein Viertel darf der Erblasser verfügen, Art. 913 Cciv.

105 Der Ehegatte ist zwar kein Vorbehaltserbe, jedoch seit der Erbrechtsreform vom 26.4.1979 auch nicht völlig rechtlos gestellt: Artikel 1094 Cciv erlaubt jedem Erblasser, der Kinder oder Abkömmlinge von ihnen[48] hinterlässt, zugunsten seines Ehepartners durch letztwillige Verfügung oder durch Ehevertrag wahlweise
- ihm das volle Eigentum in der Höhe einzuräumen, in der er zugunsten eines Fremden verfügen könnte, m.a.W. die verfügbare Quote;
- den Nießbrauch am Überschussbetrag, der dem Ehegatten nicht zu Eigentum anfällt; oder aber auch
- den Nießbrauch am ganzen Nachlass.

106 Das Noterbrecht der Kinder kann damit derart beschränkt werden, dass es sich auf das „nackte" Eigentum bezieht und die Kinder zu Lebzeiten des Ehepartners nicht darüber verfügen können. Der Erblasser hat ein uneingeschränktes Wahlrecht, wie er verfügen möchte. Ein Herabsetzungsanspruch der Kinder scheidet hier aus. Sie können nur im Falle der Wiederverheiratung des überlebenden Ehegatten innerhalb von sechs Monaten einstimmig die Kapitalisierung des zugewandten Nießbrauchs verlangen, Art. 1094–1 Cciv. Sie haben ferner Anspruch auf Inventarerstellung nach Maßgabe von Art. 1094–2 Cciv. Verfügt der Erblasser über die in Art. 1094 Cciv zulässige Quote hinaus, ist die gesamte Verfügung nichtig, Art. 1099, 1100 Cciv.

4. Durchsetzung des Noterbrechts

107 Verfügt der Erblasser allerdings über die freie Quote hinaus, ist die etwaige Noterbrechte betreffende Quote nicht *ipso iure* und *in toto* nichtig. Vielmehr steht den Noterbberechtigten ein **Herabsetzungsanspruch** bis auf den verfügbaren Vermögensteil zu (Art. 920 Cciv), bis zu deren Geltendmachung durch Klage die Verfügung des Erblassers insgesamt gültig ist. Die Klage ist innerhalb von fünf Jahren nach Ableben des Erblassers geltend zu machen, andernfalls verjährt sie, Art. 1077–2, 1080 Cciv.

108 Praktisch ist für die Ermittlung des Anspruchs zunächst die fiktive Erbmasse zu ermitteln, Schenkungen zu Lebzeiten sind hinzuzurechnen, Schulden abzuziehen, Art. 922 Cciv. Das Verfahren und die genaue Wertermittlung setzen die Art. 920 ff. Cciv fest. Vorrangig sind die letztwilligen Verfügungen herabzusetzen. Reicht die Herabsetzung der letztwilligen Verfügungen zur Wiederherstellung der auf den Ergänzungsnachlass bezogenen Noterbquote nicht aus, erfolgt dann die Herabsetzung in Natur durch Rückgabe verschenkter Gegenstände bzw. Rückzahlung empfangener Gelder durch Nichterbberechtigte. Im Übrigen schulden der Beschenkte oder betroffene Vermächtnisnehmer entsprechende Ausgleichszahlungen, Art. 924–2 ff. Cciv.

---

[48] Es ist unerheblich, ob die Kinder aus der gemeinsamen Ehe der Eheleute hervorgehen oder nicht.

5. Verzicht zu Lebzeiten

Ein Verzicht zu Lebzeiten auf das Noterbrecht oder das gesetzliche Erbrecht ist, wie in nahezu allen romanischen Rechtsordnungen, unzulässig und wird nicht anerkannt, Art. 791 Cciv.

Der Erbe kann erst nach Eintritt des Erbfalls die Erbschaft ausschlagen (*renonciation*; siehe Rn 135).

Ferner kann der Erbe **erbunwürdig** und damit von der Erbfolge ausgeschlossen sein. Erbunwürdig ist der wegen versuchter oder vollendeter Tötung Verurteilte, derjenige, der gegen den Erblasser wegen einer mit Todesstrafe bedrohten Straftat eine Anzeige erstattet hat, die durch Urteil für bewusst unwahr erklärt wurde, sowie der volljährige Erbe, der den am Erblasser begangenen Mord trotz Kenntnis nicht gerichtlich angezeigt hat, Art. 727 Cciv. Ausnahmen der Anzeigepflicht gelten für bestimmte nähere Verwandte nach Maßgabe des Art. 728 Cciv. Kinder eines Erbunwürdigen können aus eigenem Recht (nicht aufgrund Repräsentation) selbst Erben werden, Art. 730 Cciv.

IV. Testamentsvollstreckung

Testamentsvollstrecker (*exécuteur testamentaire*) kann grundsätzlich jede natürliche Person sein, die der Erblasser testamentarisch dazu bestimmt, auch mehrere Personen, Art. 1025 Cciv. Ausgeschlossen sind lediglich Personen, die keine Verbindlichkeiten eingehen dürfen, und Minderjährige, Art. 1028 Cciv.

Anders als der Testamentsvollstrecker nach deutschem Recht hat der Testamentsvollstrecker nach luxemburgischen Recht eine **reine Überwachungsfunktion** inne, Art. 1031 Cciv. Eine Dauervollstreckung gibt es nicht.

Das Besitzrecht erhält er nur bei ausdrücklicher Anordnung des Erblassers und maximal für die Dauer eines Jahres nach dem Tode des Erblassers, Art. 1026 Cciv. Es kann nur am Mobiliarvermögen übertragen werden.

Zum Aufgabenbereich des Testamentsvollstreckers gehören insbesondere die Aufnahme eines Nachlassinventars und die Erfüllung der testamentarischen Anordnungen des Erblassers. Sind Vermächtnisse zu erfüllen, darf der Testamentsvollstrecker ggf. auch Nachlassgegenstände verkaufen, wenn Bargeld im notwendigen Umfang zur Erfüllung nicht vorhanden ist. Nach Ablauf eines Jahres nach dem Ableben des Erblassers hat er den Erben gegenüber Rechenschaft über die Erfüllung seiner Aufgaben abzulegen.

Der Testamentsvollstrecker erhält in jedem Fall Ersatz seiner Auslagen, sofern der Erblasser nicht daneben auch eine Vergütung festlegt. Die Auslagen und entstehenden Kosten fallen der Erbschaft zur Last.

V. Vertragliche Erbfolge

Wie die meisten romanischen Rechtsordnungen kennt das luxemburgische Erbrecht nur das **Testament** als Art der letztwilligen Verfügung.

Der **Erbvertrag** ist als Ausfluss des Verbots von Rechtsgeschäften über eine noch nicht angefallene Erbschaft ebenso unzulässig wie der Erb- oder Pflichtteilsverzicht oder der Erbschaftsverkauf zu Lebzeiten, Art. 1130 Abs. 2 Cciv.

Nach der Prämisse des freien Widerrufs einer testamentarischen Verfügung sind auch **gemeinschaftliche Testamente** (*testament conjonctif*) verboten, Art. 968 Cciv. Zwei Verfügungen können jedoch in einer Urkunde[49] zusammengefasst werden, sofern sie nicht wechselseitig bedingt sind.

VI. Wege der Nachlassregelung außerhalb des Erbrechts

1. Institution contractuelle

120 Als Ausnahme vom Verbot des Erbvertrages ist die auch im französischen Recht sehr geläufige *institution contractuelle* unter Ehegatten zulässig. Rechtlich wird dieses Rechtsinstitut in den Typus der ehevertraglichen Vereinbarungen eingeordnet, inhaltlich handelt es sich um eine Zuwendung unter Ehegatten oder von Dritten an die Ehegatten oder Kinder zu Lebzeiten auf den Todesfall: Ehevertraglich verspricht eine Person, der anderen im Falle ihres Todes ihr ganzes oder Teile ihres Vermögens zu hinterlassen, Art. 1081 ff., 1091 ff. Cciv. Der Begünstigte kann die Schenkung bei Anfall ausschlagen. Sie wird dann hinfällig und wird nicht auf die freie Quote angerechnet.[50]

121 Erfolgt die ehevertragliche Schenkung durch Dritte, z.B. die Eltern eines Ehegatten, ist sie insofern unwiderruflich, als dass der Schenker zu Lebzeiten nicht mehr unentgeltlich über den verschenkten Gegenstand verfügen darf, Art. 1083 Cciv.[51] Dasselbe gilt, wenn die Ehegatten ihre ehevertraglichen Vereinbarungen vor Abschluss der Ehe abschließen, Art. 1091 f. Cciv. Vereinbaren die Ehegatten dagegen ihre *institution contractuelle* während bestehender Ehe, ist sie jederzeit frei widerruflich und damit als sicheres Gestaltungsmittel zur Absicherung und zum Schutz eines Ehegatten nur bedingt geeignet, Art. 1096 Cciv.

122 Sind Abkömmlinge vorhanden, kann jeder Ehegatte zugunsten des anderen nur innerhalb der verfügbaren Quote verfügen, m.a.W. die Noterbrechte der Kinder müssen unberührt bleiben, Art. 1094 Cciv. Der minderjährige Ehegatte kann eine *institution contractuelle* nach Maßgabe von Art. 1095 Cciv abschließen. Die *institution contractuelle* bedarf der notariellen Beurkundung, Art. 931 Cciv.

2. Schenkung auf den Todesfall

123 Zu den Schenkungen (Art. 913 ff. Cciv) und nicht zu den Verfügungen von Todes wegen gehört die **Schenkung auf den Todesfall** (*donation pour cause de mort*). Wie für alle Schenkungen ist Voraussetzung, dass sie notariell beurkundet wird und die bestehenden Noterbrechte von Abkömmlingen beachtet werden. Konstruktiv können sich die Ehegatten unter diesen Prämissen jeweils unter der Bedingung des Überlebens eines von ihnen gegenseitig auf den jeweiligen Tod des anderen beschenken.[52]

3. Sonstige

124 Vollmachten erlöschen grundsätzlich mit dem Tod des Vollmachtgebers, wenn die Parteien nichts anderes vereinbart haben. Im vertraglichen Bereich wird das Weiterbestehen der

---

49 *Husted/Watgen/Genkin*, in: Ferid/Firsching, Luxemburg Grdz. Rn 57.
50 Cour Luxembourg, 10.12.1958, Pas lux t. 17, 417; das Gleiche gilt, wenn die Ehe (bei Vereinbarung vor Eheschließung) nicht geschlossen wird sowie wenn der Begünstigte und dessen Abkömmlinge vor dem Erbfall versterben.
51 Verfügt er dennoch, kann der Begünstigte im Wege der Herabsetzungsklage vorgehen.
52 *Flick/Piltz*, Der internationale Erbfall, Rn 735 m.w.N.

lebzeitigen Vollmacht von der Rechtsprechung regelmäßig zugelassen.[53] Die Zulässigkeit von **transmortalen und postmortalen Vollmachten** erscheint dagegen fraglich.

VII. Nachlassabwicklung

1. Erbengemeinschaft

Hinterlässt der Erblasser mehrere Erben, entsteht mit dem Erbfall automatisch eine sog. **ungeteilte Erbengemeinschaft** (*indivision ordinaire*), die bis zur Teilung des Nachlasses bestehen bleibt. Die Verwaltung obliegt den Erben gemeinschaftlich, notwendig ist grundsätzlich die Zustimmung aller Miterben.[54] 125

Kein Miterbe kann über den Nachlass als solchen oder einzelne Gegenstände ohne Zustimmung aller anderen verfügen; freie Verfügbarkeit besteht für den einzelnen Miterben lediglich über seinen Erbanteil. 126

Jeder Erbe hat das Recht, sofortige Teilung des Nachlasses zu beantragen, niemand kann gezwungen werden, die Gemeinschaft aufrechtzuerhalten, Art. 815 Cciv. Sondervorschriften gelten seit der Gesetzesreform vom 8.4.1993 für landwirtschaftliche Betriebe, Art. 815-1 ff. Cciv. 127

Gläubiger einzelner Erben können erst mit Teilung Zugriff auf den Nachlass nehmen. Die Zwangsvollstreckung in den ungeteilten Nachlass ist nicht möglich. 128

2. Annahme und Ausschlagung der Erbschaft

Der Nachlass geht durch die Wirkung der Eröffnung der Erbschaft im Wege der **Universalsukzession** mit allen Aktiva und Passiva auf die Erben über, es wird nicht zwischen einzelnen Vermögenswerten oder Mobilien/Immobilien unterschieden, Art. 724 Cciv. 129

Eine **Besitzeinweisung** in den Erbschaftsbesitz (*saisine*) ist nur ausnahmsweise notwendig. Die gesetzlichen Erben erhalten mit dem automatischen Eigentumsübergang auch notwendig *ipso iure* den Erbschaftsbesitz, ohne dass es weiterer Förmlichkeiten bedarf (*le mort saisit le vif*), und können den tatsächlichen Besitz (*possession*) sofort übernehmen, Art. 724 Abs. 2 Cciv. Gleiches gilt bei gewillkürter Erbfolge, wenn Pflichterben vorhanden sind, für diese. Die Vermächtnisnehmer müssen sich dann in den Besitz einweisen lassen. Sind keine Pflichterben vorhanden, erhält der Universalvermächtnisnehmer den automatischen Erbschaftsbesitz nur dann, wenn seine Einsetzung aus einem notariellen Testament hervorgeht.[55] 130

Der Staat muss sich in den Besitz einweisen lassen, Art. 724 Abs. 4 Cciv. 131

Voraussetzung des Übergangs des Nachlasses ist die Annahme der Erbschaft durch den Erben. Der Erbe ist dazu nicht verpflichtet, Art. 775 Cciv. Vielmehr stehen ihm drei Möglichkeiten offen: 132
– die vorbehaltslose Annahme der Erbschaft, Art. 774 ff. Cciv;
– die Ausschlagung, Art. 784 ff. Cciv; oder
– die Annahme unter dem Vorbehalt der Inventarerrichtung, Art. 793 ff. Cciv.

---

[53] Z.B. Cour Luxembourg, 15.7.1895, Pas. lux. t. 3, 161.
[54] So muss die Klage auf Forderung eines Nachlassgegenstandes durch alle Miterben eingelegt werden, ansonsten ist sie unzulässig, Trib. Ardt. Luxembourg, 8.12.1983, n. 28448.
[55] Weitere Einzelheiten außerdem bei *Husted/Watgen/Genkin*, in: Ferid/Firsching, Luxemburg Grdz. Rn 95 ff.

133 Die **Annahme** der Erbschaft ohne Vorbehalt kann ausdrücklich oder stillschweigend sein. Ersteres ist der Fall, wenn in einer (öffentlichen oder privaten) Urkunde die Bezeichnung bzw. Eigenschaft eines Erben angenommen wurde, die stillschweigende Annahme erfolgt durch entsprechende Handlungen des Erben, die die Annahme der Erbschaft notwendig voraussetzen und nur den Erben zum Handeln berechtigen, Art. 778 Cciv. Hierzu gehört auch die Bezahlung von Nachlassverbindlichkeiten, außer es handelt sich um dringliche Schulden[56] sowie die Schenkung oder Veräußerung von Erbrechten, Art. 780 Cciv. Die Abgabe der Erbschaftsteuererklärung impliziert als gesetzliche Pflicht dagegen keine stillschweigende Annahme.[57] Das Gleiche gilt für ausschließlich auf Erhaltung gerichtete, der Aufsicht oder der vorläufigen Verwaltung dienende Handlungen, Art. 779 Cciv. Für Minderjährige gelten Sondervorschriften, Art. 776 Abs. 2 Cciv. Die Annahme wirkt auf den Tag der Eröffnung der Erbfolge (= Tod des Erblassers) zurück, Art. 777 Cciv.

134 Verstirbt ein Erbe nach Eintritt des Erbfalls, ohne vorher angenommen oder ausgeschlagen zu haben, steht dieses Recht seinen Erben zu, Art. 781 Cciv. Das Recht der Annahme oder Ausschlagung verjährt nach 30 Jahren, Art. 789 Cciv. Wurde bis zu diesem Zeitpunkt keine Entscheidung getroffen oder von allen Erben ausgeschlagen, gilt der Nachlass als erbenlos und fällt dem Staat zu, Art. 811 Cciv.

135 Die **Ausschlagung** wird vor dem Gericht, bei dem die Erbschaft eröffnet wurde, zur Eintragung in das dort geführte Register erklärt, Art. 784 Cciv. Frühestmöglicher Zeitpunkt ist der Tod des Erblassers. Der vorherige **Verzicht** zu Lebzeiten auf die Erbschaft ist unzulässig, Art. 791 Cciv. Der ausschlagende Erbe wird so angesehen, als wäre er nie Erbe gewesen. Sein Anteil wächst den Miterben zu, bei Alleinerbschaft fällt das Erbe dem nächstberufenen Grad zu, Art. 785 ff. Cciv. Der ausschlagende Erbe kann innerhalb der dreißigjährigen Verjährungsfrist die Erbschaft solange wieder annehmen, d.h. seine Ausschlagung widerrufen oder anfechten, als sie noch kein anderer Erbe angenommen hat, Art. 790 Cciv. Bei vorsätzlicher Nachlasshinterziehung gilt das Ausschlagungsrecht als verwirkt, Art. 792 Cciv.

136 Als dritte Möglichkeit bleibt dem Erben die **Annahme unter dem Vorbehalt der Inventarerrichtung**, Art. 774, 793 ff. Cciv. Der Annehmende wird Erbe, verhindert aber die Vermischung der Vermögensmassen des Nachlasses mit seinem eigenen, und somit, dass das Eigenvermögen für Verbindlichkeiten des Erblassers haftet. Für den **Minderjährigen** unter Vormundschaft ist diese Art der Erbschaftsannahme obligatorisch. Voraussetzung ist eine entsprechende Erklärung an das Gericht, bei dem die Erbschaft eröffnet wurde, sowie die Einreichung eines notariell errichteten Nachlassinventars innerhalb der gesetzlich vorgesehenen Frist, Art. 793 ff. Cciv. Regelmäßig sind dies drei Monate und 40 Tage ab Erbfall. Nach Ablauf dieser Frist kann er nur noch innerhalb der dreißigjährigen Verjährungsfrist zwischen der vorbehaltlosen Annahme und der Ausschlagung wählen.

3. Haftung und Möglichkeiten der Haftungsbeschränkung

137 Die **Passiva** des Nachlasses umfassen nicht nur Verbindlichkeiten des Erblassers (*dettes*),[58] sondern auch Erbfallschulden (*charges*), namentlich Erbfallkosten und Erfüllung von Vermächtnissen.

---

56 Cour Luxembourg, 17.10.1973, Pas lux t. 22, 510.
57 Cour Luxembourg, 4.6.1975, Pas lux t. 23, 175.
58 Art. 877 Cciv: Umschreibung von Vollstreckungstiteln gegen den Erblasser auf die Erben.

Zu deren Erfüllung sind sowohl die gesetzlichen Erben wie auch die eingesetzten Vermächtnisnehmer von Universal- und Erbteilvermächtnissen verpflichtet, die in ihrer Einsetzung Erben gleichkommen. Der Stückvermächtnisnehmer haftet dagegen normalerweise nicht, Art. 871 Cciv. Für belastete Immobilien gelten besondere Vorschriften, Art. 872 ff. Cciv. Insoweit kommt eine Haftung bis maximal der Höhe des Grundstückswertes in Betracht. 138

Die Haftung erfolgt grundsätzlich mit dem gesamten **persönlichen Vermögen**, sofern keine Erbschaftsannahme unter dem Vorbehalt der Inventarerrichtung erfolgt ist.[59] In letzterem Fall beschränkt sich die Haftung auf das Nachlassvermögen. Mehrere Verpflichtete haften sowohl untereinander als auch im Außenverhältnis den Gläubigern gegenüber im Verhältnis ihrer geerbten/vermachten Anteile, Art. 870, 873 Cciv (Teilschuldner).[60] Eine Gesamtschuldnerschaft entsprechend dem deutschen Recht gibt es nicht. 139

VIII. Probleme bei der Vererbung bestimmter Rechte von und an Ausländer

Erbrechtliche Beschränkungen für Ausländer gibt es nicht. 140

Zur Problematik der Nachlassspaltung bei Beerbung eines deutschen Staatsangehörigen mit Immobiliarvermögen in Luxemburg nach bisheriger Rechtslage siehe Rn 8. 141

Zum Vorwegnahmerecht luxemburgischer Staatsangehöriger siehe Rn 27. 142

C. Erbverfahrensrecht

I. Notwendigkeit eines Nachlassverfahrens in Luxemburg

Ein Nachlassverfahren wird in Luxemburg aus mehreren Gründen durchgeführt. Einerseits aus zivilrechtlicher Sicht, insbesondere wenn mehrere Erben vorhanden sind und eine Auseinandersetzung und Teilung des Nachlasses erfolgen muss, sowie ferner, wenn die Erbeneigenschaft nachzuweisen ist, z.B. wegen der Umschreibung von Immobilieneigentum oder bei Vorhandensein von Bankkonten. 143

Andererseits ist das Nachlassverfahren auch vor allem steuerrechtlich beeinflusst: Die Erben und Vermächtnisnehmer sind verpflichtet, eine **Erbschaftserklärung** abzugeben, die als Grundlage für die Erhebung der Erbschaftsteuer dient (siehe Rn 171). 144

Die Notwendigkeit eines Nachlassverfahrens für einen deutschen Staatsangehörigen stellt sich vor allem dann, wenn luxemburgisches Erbrecht berufen ist. Dies ist mit der EU-ErbVO dann der Fall, wenn der deutsche Erblasser seinen gewöhnlichen Aufenthalt zum Zeitpunkt seines Ablebens im Großherzogtum Luxemburg hat (siehe ausführlich Rn 11). 145

II. Abwicklung von in Luxemburg belegenem Nachlass deutscher Staatsangehöriger

1. Zuständigkeit

Mit Anwendbarkeit der EU-ErbVO bestimmen deren Art. 4 ff. die internationale Zuständigkeit der Luxemburger Gerichte. Grundsätzlich ist die Luxemburgische Gerichtsbarkeit 146

---

[59] Siehe aber Art. 878 Cciv.
[60] Ausnahmen gelten bei insbesondere hypothekarisch gesicherten Immobilien, Art. 873, 875 Cciv, und unteilbaren Schulden. Weitere Nachweise bei *Husted/Watgen/Genkin*, in: Ferid/Firsching, Luxemburg Grdz. Rn 115.

zuständig, wenn der Erblasser seinen letzten gewöhnlichen Aufenthalt in Luxemburg hatte, Art. 4 EU-ErbVO. Daneben beinhaltet die Verordnung eine Reihe weiterer besonderer Zuständigkeitszuweisungen.

147 **Örtlich zuständig** für die gesamte unstreitige wie streitige Nachlassabwicklung ist das Gericht am Ort der Eröffnung der Erbschaft, Art. 110 Cciv. Dazu gehören insbesondere auch Anträge und Streitigkeiten unter den Erben und von Gläubigern bis zur Teilung des Nachlasses sowie Anträge und Streitigkeiten hinsichtlich des Vollzugs von letztwilligen Verfügungen, Art. 31 NCPC. Der Ort der Eröffnung der Erbschaft bestimmt sich grundsätzlich nach dem letzten **Wohnsitz des Erblassers**, mangels dessen nach seinem letzten gewöhnlichen Aufenthalt, Art. 102 ff. Cciv.

148 Verfahren und Streitigkeiten betreffend **Grundvermögen** werden vor dem **Gericht der Belegenheit** der Immobilie ausgetragen, Art. 31 NCPC. Dieses dürfte auch für die Nachlassabwicklung des deutschen Staatsangehörigen mit Wohnsitz außerhalb von Luxemburg unter Hinterlassung von Immobilien im Großherzogtum zuständig sein.

149 Funktionell zuständig ist das erstinstanzliche Bezirksgericht – Zivilgericht (*tribunal d'arrondisement*), Art. 20 ff. NCPC.[61] Bezirksgerichte gibt es in Luxemburg (für die Kantone Luxemburg, Esch, Capellen, Grevenmacher, Remich und Mersch) und in Diekirch (für die Kantone Diekirch, Redingen, Clerf, Wiltz, Echternach und Vianden).

150 Berufungsgericht und Kassationsgericht gegen die Entscheidungen des Instanzgerichts sind in Luxemburg (*Cour supérieure de justice*).

2. Verfahren

151 Das Verfahren der Nachlassabwicklung setzt sich aus folgenden Schritten zusammen:[62]

152 Auf Antrag der Erben oder Verwandten des Erblassers ist bei Feststellung seines Todes durch den Standesbeamten eine **Sterbeurkunde** auszustellen, Art. 78 Cciv. Sie enthält Ort, Tag und Stunde des Ablebens, Vor- und Zunamen des Verstorbenen, seinen letzten Wohnort und Beruf. Überlebt ein Ehegatte, werden dessen Personalien vermerkt, Art. 79 Cciv.

153 Privatschriftliche Testamente sind dem Präsidenten des erstinstanzlichen Bezirksgerichts der Erbschaftseröffnung vorzulegen und zu eröffnen. Nach einer gerichtlichen Niederschrift wird das Testament bei einem Notar nach Wahl des Gerichts hinterlegt, Art. 1007 Cciv.[63] Die **Eröffnung des notariellen Testaments** bedarf keiner gerichtlichen Mitwirkung.[64] Erben und Vermächtnisnehmer haben eine **Erbschaftserklärung** (siehe Rn 193) abzugeben, die eine Übersicht über Höhe und Zusammensetzung des Nachlasses bildet und als Grundlage für die Erbschaftsteuer fungiert. Sie hat darüber hinaus zivilrechtliche Folgen. Zum zivilrechtlichen Nachweis der Erbenstellung kann eine **Offenkundigkeitserklärung** (*acte de notoriété*) vor dem Notar errichtet werden (siehe näher Rn 157).

154 Sofern das Erbbesitzrecht nicht automatisch übergeht, weist das Gericht den Betroffenen auf Gesuch in den Besitz ein, Art. 1008 Cciv. Zum Schutz des Nachlasses kann die Anlegung

---

61 Adressen und Telefonnummern etc. finden sich auf der Internetseite des luxemburgischen Staates unter www.etat.lu.
62 Im Einzelnen *Wanke*, Die Besteuerung deutsch-luxemburgischer Erb- und Schenkungsfälle, S. 51 ff.
63 Die Eröffnung eines geheimen Testaments erfordert grundsätzlich zusätzlich die Anwesenheit derjenigen Notare und Zeugen, die das Testament mitunterzeichnet haben, siehe im Einzelnen Art. 1007 Abs. 2 Cciv.
64 *Husted/Watgen/Genkin*, in: Ferid/Firsching, Luxemburg Grdz. Rn 116.

von Siegeln beantragt und verfügt werden; bei minderjährigen Erben ist dies obligatorisch, Art. 819 ff. Cciv.

Schließlich erfolgt die **Ausgleichung und Teilung** des Nachlasses, Art. 843 ff. und 815 ff. Cciv. Dabei ist zunächst die Teilungssumme zu ermitteln, wobei Schulden des Erblassers ebenso wie Schenkungen zu Lebzeiten zu berücksichtigen und vorrangig auszugleichen sind, Art. 843 ff. Cciv.[65] Hierfür fallen Bearbeitungsgebühren an.

3. Nachweis der Erbenstellung

Ein **Erbschein** entsprechend dem deutschen Recht ist unbekannt, ein gesetzlich vorgesehenes zivilrechtliches Erbfolgezeugnis existiert nicht.[66] Der Erbe ist vielmehr gehalten, den Beweis für seine Erbenstellung selbst zu erbringen.

In der Praxis üblich ist bislang die Errichtung eines *acte de notoriété*, der **Offenkundigkeitserklärung**, vor dem Notar oder dem Gericht. Inhaltlich handelt es sich dabei um die beurkundeten Erklärungen zweier Zeugen, die den Erblasser kannten und insbesondere seine Verwandtschaftsverhältnisse bestätigen, auf Grundlage derer das Erbrecht dann in der Urkunde festgestellt wird. Eine Gutglaubenswirkung wird dieser Offenkundigkeitserklärung nicht eingeräumt, doch trägt sie den Beweis des ersten Anscheins mit sich.[67] Sofern in Luxemburg belegenes Immobiliarvermögen auf die Erben umzuschreiben ist, ist zum Nachweis der Erbenstellung dem Grundstücks- und Hypothekenregister (*Bureau des Hypothèques*) gegenüber zusätzlich eine sog. *attestation notariée* (notarielle Bescheinigung) durch den Notar erforderlich. Erstellt wird diese durch denjenigen (luxemburgischen) Notar, welcher mit der Berichtigung des Grundstücks- und Hypothekenregisters beauftragt ist.

Mit Geltung der EU-ErbVO werden vermutlich die **Notare** neben den Gerichten auch ausstellende Behörden i.S.d. Art. 64 lit. b) EU-ErbVO für das **Europäische Nachlasszeugnis** sein. Die Offenkundigkeitserklärung hat daneben aber noch Bestand und wird vermutlich bei rein innerstaatlichen Sachverhalten auch weiter probates Beweismittel bleiben. Auch wird das Europäische Nachlasszeugnis keine schuldrechtlichen Vermächtnisse, wie beispielsweise nach deutschem Recht, enthalten, die sich auf luxemburgischen Grundbesitz beziehen. Hier wird die Umschreibung auf den Legatar auch künftig auf Basis der *attestation notariée* erfolgen.

Die Erben und Universalvermächtnisnehmer sind ferner verpflichtet, eine **steuerrechtliche Erbschaftserklärung** bei der Enregistrementverwaltung abzugeben,[68] die zugleich als Grundlage und Nachweisurkunde für die zivilrechtliche Erbenstellung dienen kann (*titre de propriété*).[69]

III. Anerkennung deutscher Erbscheine

Da das luxemburgische Recht die Institution des Erbscheins nicht kennt, ist die rechtliche Anerkennung eines deutschen Erbscheins zweifelhaft. Hierfür steht aber ab Geltung der

---

65 Einzelheiten bei *Wanke*, Die Besteuerung deutsch-luxemburgischer Erb- und Schenkungsfälle, S. 53 ff.
66 *Watgen/Watgen*, successions et donations, S. 74; *Wanke*, Die Besteuerung deutsch-luxemburgischer Erb- und Schenkungsfälle, S. 52 und 137.
67 *Watgen/Watgen*, successions et donations, S. 75.
68 Einzelheiten mit Adressen siehe Rn 195.
69 *Wanke*, Die Besteuerung deutsch-luxemburgischer Erb- und Schenkungsfälle, S. 53 und 137.

EU-ErbVO das **Europäische Nachlasszeugnis** gem. Art. 62 ff. EU-ErbVO zum Beweis der Erbfolge zur Verfügung.

161 In der **Bankpraxis** genügt bislang wohl zum Zugriff auf das luxemburgische Depot die Vorlage einer Sterbeurkunde des Erblassers sowie des deutschen Erbscheins.[70] Die Zulässigkeit von transmortalen Vollmachten erscheint fraglich.

IV. Besonderheiten im deutschen Nachlassverfahren bei Beerbung eines Luxemburgers

1. Zuständigkeit deutscher Gerichte

162 Verstirbt ein luxemburgischer Staatsangehöriger mit letztem gewöhnlichem Aufenthalt in Deutschland und/oder Hinterlassung von Vermögen in Deutschland, kann ein deutsches Nachlassverfahren notwendig sein.

163 Ein deutsches Nachlassgericht ist international zuständig, wenn deutsches materielles Erbrecht zur Anwendung gelangt, also bei letztem gewöhnlichem Aufenthalt des Erblassers in Deutschland. Es gelten die Art. 4 ff. EU-ErbVO.

2. Erbschein

164 Es ist zu unterscheiden: Hatte der luxemburgische Staatsangehörige seinen letzten Wohnsitz in Deutschland, findet deutsches Erbrecht Anwendung (siehe näher Rn 12). Es ist ein **Eigenrechtserbschein** gem. § 2353 BGB zu erteilen.

165 Hatte der Luxemburger seinen letzten Wohnsitz dagegen nicht in Deutschland, sondern z.B. in Luxemburg, hinterlässt aber ein Grundstück in Deutschland, ist ein gegenständlich beschränkter **Fremdrechtserbschein** – beschränkt auf den in Deutschland belegenen Grundbesitz – zu erteilen: Denn es gilt aus deutscher Sicht luxemburgisches Erbrecht für die gesamte Erbfolge.

166 Fraglich ist, wie der Fremdrechtserbschein in diesem Falle inhaltlich zu erteilen ist. Da es in dieser Konstellation zur Anwendung luxemburgischen Erbrechts kommt, fragt es sich, ob und inwieweit luxemburgische Verfügungsbeschränkungen des Erben entsprechend §§ 2363, 2364 BGB in den Erbschein aufzunehmen sind:

167 Der gesetzliche Nießbrauch des überlebenden Ehegatten wird nach Ansicht der Rechtsprechung und Teilen der Literatur nicht im Erbschein aufgeführt, sondern wird als Vermächtnis qualifiziert. Für die Aufnahme in den Erbschein spricht allerdings seine automatische Entstehung im Wege der Gesamtrechtsnachfolge.[71] Hat der Ehegatte sein Wahlrecht zwischen Nießbrauch und Volleigentum noch nicht geltend gemacht, sollte ein Erbschein nicht erteilt werden. Das Gericht dürfte gehalten sein, vor Ablauf der gesetzlichen Frist eine entsprechende Anfrage bei den Erben und dem Ehegatten zu stellen sowie die Antwort abzuwarten. Im Zweifel gilt sodann – mangels Antwort – der gesetzliche Nießbrauch als gewählt (siehe Rn 54).

168 Nicht abschließend geregelt ist auch die Problematik, wenn Noterben ihre Noterbrechte (noch) nicht durch Herabsetzungsklage geltend gemacht haben. Nach wohl h.M. wird die Noterbenstellung als Hinweis in den Erbschein aufgenommen mit der Folge, dass ein Gutglaubenserwerb Dritter nicht mehr möglich ist. Anderer Meinung zufolge kann die

---

70 *Gottwald/Stangl*, ZEV 1997, 217, 220.
71 Nachweise mit Streitstand bei *Firsching/Graf*, Nachlassrecht, 10. Aufl. 2014, Rn 2.103.

Aufnahme in den Erbschein unterbleiben, wenn die Erben ihre Rechte nicht in angemessener Frist geltend gemacht haben. M.E. steht den Noterben aber gerade eine gesetzliche Frist von fünf Jahren zur Geltendmachung zu; so lange muss auch ein entsprechender Hinweis im Erbschein erfolgen.

3. Europäisches Nachlasszeugnis

Neben der Erstellung des Erbscheins kann stattdessen ein Europäisches Nachlasszeugnis gem. Art. 62 ff. EU-ErbVO erteilt werden. Zu den vorstehenden Fragen (vgl. Rn 167 f.), inwieweit der Ehegattennießbrauch, Vermächtnisse oder Noterbrechte in diesem aufzuführen sind, siehe Rn 26.

169

D. Besteuerung der Erbfolge

I. System der Erbschaftsteuer

Ein **Doppelbesteuerungsabkommen** auf dem Gebiet der Erbschaft- und Schenkungsteuern zwischen Luxemburg und Deutschland besteht nicht.[72]

170

II. Erbschaft- und Schenkungsteuer

1. Rechtsgrundlage und Steuertatbestand

Die **Rechtsgrundlage** des luxemburgischen Erbschaftsteuerrechts bildet noch immer das Gesetz vom 27.12.1817[73] über die Erhebung einer Erbschaftsteuer. Das Gesetz wurde durch eine Fülle von Gesetzen geändert und ergänzt.[74] Die derzeit letzte wesentliche Änderung erfolgte durch Gesetz vom 13.6.1984.[75] Dieses wurde wiederum jüngst durch das Gesetz vom 9.7.2004 über die Eingetragene Partnerschaft bezüglich der steuerlichen Folgen für Eingetragene Partner im Sinne des vorgenannten Gesetzes modifiziert.[76]

171

Der luxemburgische Gesetzgeber beschränkt sich auf die **Besteuerung von Erbschaften**. Dabei handelt es sich grundsätzlich um eine **Erbanfallsteuer**.[77] **Schenkungen** sind dagegen nicht vom Anwendungsbereich des Gesetzes umfasst. Letztere unterliegen lediglich einer **Registersteuer**.

172

Terminologisch wird nachfolgend unterschieden zwischen **Erbschaftsteuer** bei unbeschränkter Steuerpflicht (*droits de succession*) und **Nachlasssteuer** bei beschränkter Steuerpflicht (*droits de mutation par décès*). Zur Unterscheidung siehe Rn 199 f.

173

---

72 Eine Liste der von Luxemburg geschlossenen Doppelbesteuerungsabkommen findet sich auf der Internetseite des luxemburgischen Außenministeriums unter www.mae.lu.
73 Loi du 27.12.1817 pour la perception du droit de successions, Journal Officiel (J.O.) du Royaume des Pays Bas, n. 37, S. 3.
74 Aufgrund der Vielzahl nebeneinander bestehender Gesetze ist die Rechtslage zunächst sehr unübersichtlich. Der luxemburgische Gesetzgeber veröffentlicht mit den Ministerien daher jährlich ein sog. „*Annuaire Officiel*", die zu den verschiedenen Rechtsgebieten und Gesetzen die jeweilige Rechtslage zusammenfasst und die einschlägigen Gesetze auflistet. Das *Annuaire Officiel* ist im Internet auf der Seite des Luxemburgischen Staates unter www.etat.lu abrufbar (dort Vol. 3).
75 Loi du 13.6.1984 portant révision de certaines dispositions législatives régissant la perception des droits d'enregistrement, de succession et de timbre, Mém. 1984 A, S. 908.
76 Fundstelle und weitere Nachweise siehe Rn 64.
77 Mit vereinzelten Merkmalen einer Nachlasssteuer.

2. Steuertatbestände

174 Für die **Erbschaftsbesteuerung** ist steuerbarer Rechtvorgang der unentgeltliche Übergang des Vermögens von Todes wegen.

175 Steuergegenstand der **Nachlasssteuer** sind nur die in Luxemburg belegenen Immobilien. Dazu gehören auch Grundstücke im Betriebsvermögen einer Personengesellschaft.[78] Bankkonten, Wertpapiere und Depots in Luxemburg eines nicht in Luxemburg Ansässigen sind damit nicht steuerpflichtig.

176 **Steuerschuldner** der Erbschaft- und Nachlasssteuer ist der jeweilige Erwerber, d.h. Erben und Vermächtnisnehmer.

177 Steuerbarer Tatbestand der **Registersteuer** sind formbedürftige, d.h. notariell zu beurkundende **Schenkungen** gem. Art. 931 Cciv. Für die Handschenkung (*don manuel*), d.h. die Übergabe einer beweglichen Sache, die nach der Rechtsprechung nicht der notariellen Beurkundung bedarf, fallen keine Registersteuern an. In der Praxis betrifft die Schenkung i.S.d. Art. 931 Cciv im Wesentlichen Immobilienübertragungen. Handschenkungen werden nur aus Beweisgründen gelegentlich beurkundet. Ist dies der Fall, fällt Registersteuer an, und zwar auch dann, wenn der Schenkungsgegenstand ausländisches bewegliches Vermögen betrifft.

178 Steuerschuldner sind der Schenker wie der Beschenkte. Der Notar haftet daneben gesamtschuldnerisch für die Steuer.

3. Bemessungsgrundlage

179 Für die Besteuerung des Übergangs von Vermögen von Todes wegen wird grundsätzlich der **gemeine Wert** (Verkehrswert) zum Zeitpunkt des Todestages als Bemessungsgrundlage angesetzt. Im Einzelnen besteht eine Vielzahl von Regelungen, siehe Art. 11 L.27.12.1817. Bei Gesellschaftsbeteiligungen ist zu unterscheiden: Anteile an Personengesellschaften werden als transparent betrachtet und die einzelnen Wirtschaftsgüter der Gesellschaft ihrem Inhaber entsprechend seines Anteils direkt zugerechnet. Bei Fortführung des Unternehmens sind dann die Buchwerte der Bilanz anzusetzen, bei Verkauf des Unternehmens an Dritte ist zusätzlich der entstandene Veräußerungsgewinn ggf. einkommensteuerrechtlich zu berücksichtigen. Entsprechendes gilt bei Liquidation des Unternehmens. Anteile an Kapitalgesellschaften werden mit dem Verkehrswert bzw. dem Börsenwert zum Todeszeitpunkt bewertet.

180 Grundsätzlich gilt: Vorangegangene Schenkungen werden nicht in die Berechnungsgrundlage einberechnet, außer sie sind in dem dem Sterbejahr des Erblassers vorangegangenen Jahr erfolgt und wurden nicht mit einer Registersteuer belegt.

181 Vom Aktivvermögen ist das Passivvermögen abzuziehen. Abzugsfähige Verbindlichkeiten sind die am Todestag nachweisbaren Schulden des Erblassers samt der darauf entfallenden Zinsen, die bis zum Todestag zu zahlende Einkommensteuer, gemeindlichen Abgaben und sonstigen Steuern, die bis zum Todestag angefallenen Kosten der Haushaltsführung sowie die Beerdigungskosten. Auch im Zusammenhang mit Immobilien stehende Verbindlichkeiten sind abzugsfähig, soweit sich die Immobilie nicht im Ausland befindet.

182 Grundstücke werden mit dem Verkaufswert zum Zeitpunkt des Todes des Erblassers bewertet, Art. 11 a L.27.12.1817. Ansonsten gelten keine Besonderheiten.

---

78 *Wanke*, Die Besteuerung deutsch-luxemburgischer Erb- und Schenkungsfälle, S. 131.

Im Unterschied zur Erbschaftsteuer können bei der **Nachlasssteuer** Verbindlichkeiten nicht in Abzug gebracht werden.

Bemessungsgrundlage bei der **Schenkungsteuer** ist ebenfalls der Verkehrswert des verschenkten Gegenstandes, ein Abzug von Verbindlichkeiten ist nicht erlaubt (Bruttowert). Die Beteiligten haben eine Erklärung über den geschätzten Wert des Objekts abzugeben, die die Verwaltung bei Zweifeln gutachterlich überprüfen lassen kann. Im Übrigen erfolgt die Bewertung wie bei der Erbschaftsteuer.[79]

4. Persönliche und sachliche Freibeträge

Das **Erbschaftsteuerrecht** gewährt eine Fülle von Steuerbefreiungen: Ehegatten mit gemeinsamen Kindern oder sonstigen Abkömmlingen des Erblassers sind gänzlich steuerbefreit. Verwandte in gerader Linie zahlen keine Steuer für ihren gesetzlichen Erbteil. Ehegatten ohne Kinder erhalten einen persönlichen Freibetrag von 38.000 EUR. Für alle übrigen Erwerber existiert eine Freigrenze von 1.250 EUR. Eingetragene Lebenspartner i.S.d. Gesetzes vom 9.7.2004 (siehe Rn 64) sind Ehegatten gleichgestellt, sofern die Lebenspartnerschaft seit mindestens drei Jahren besteht. Eine entsprechende Gleichstellung wird auch für Schenkungen unter Lebenden eingeräumt.

Besondere Befreiungen bestehen für Diplomaten und Europabeamte sowie deren Hinterbliebene, Kriegsopfer und für den großherzoglichen Nachlass. Ebenso bestehen Befreiungen für bestimmte wichtige gemeinnützige luxemburgische Einrichtungen, wie z.B. das Rote Kreuz, und den luxemburgischen Staat als Erben mit Ausnahmen von Gemeinden und diversen staatlichen Einrichtungen.[80] Keine Erbschaftsteuer fällt ferner auf wirtschaftlich genutzte Patente sowie auf bestimmte Stiftungen, sofern sie der Förderung der Ausbildung dienen.

Für die **Nachlasssteuer** bestehen keine Befreiungstatbestände. Auch bei **Schenkungen** werden keine Freibeträge gewährt.

5. Steuertarif

Der Steuertarif ist unterteilt in einen Grundtarif und einen Steigerungstarif.

Der **Grundtarif**[81] differenziert nach dem Verwandtschaftsverhältnis. Bei Abkömmlingen ist danach zu unterscheiden, ob diese ihren gesetzlichen Erbteil erhalten, den darüber hinausgehenden freien Teil (*quotité disponible*) oder entsprechend einer *donation partage*, die das Vermögen wertmäßig gleich unter den Abkömmlingen aufteilt.

Verwandtschaftsverhältnis	Registersteuer in %	Erbschaftsteuer in %	Nachlasssteuer in %
Abkömmlinge in direkter Linie bei gesetzlichem Erbteil oder bei „donation partage"	1,8	0,0	2,0
Abkömmlinge in direkter Linie über den gesetzlichen Erbteil hinaus	2,4	0,0	2,0

---

79 *Wanke*, Die Besteuerung deutsch-luxemburgischer Erb- und Schenkungsfälle, S. 198.
80 Aufzählung bei *Wanke*, Die Besteuerung deutsch-luxemburgischer Erb- und Schenkungsfälle, S. 107 ff.
81 Siehe Art. 10 L.13.6.1984.

Verwandtschaftsverhältnis	Registersteuer in %	Erbschaftsteuer in %	Nachlasssteuer in %
Ehegatten oder Eingetragene Lebenspartner[82] mit Abkömmlingen	4,8[83]	0,0	5,0
Ehegatten oder Eingetragene Lebenspartner[84] ohne Abkömmlinge	4,8[85]	5,0	5,0
Geschwister	6,0[86]	6,0	6,0
Onkel und Tanten, Neffen und Nichten	7,2	9,0	9,0
Schwiegereltern und Schwiegerkinder	8,4	15,0	15,0
Nichtverwandte	14,4	15,0	15,0

190   Soweit Gemeinden, öffentliche Einrichtungen und mildtätige Institutionen nicht steuerbefreit sind, gilt ein Grundtarif von 4 %, für gemeinnützige Einrichtungen und Kirchen 6 %.

191   Die oben genannten Steuersätze des Grundtarifs (Rn 189) erhöhen sich für Erwerbe ab 10.000 EUR progressiv um einen nach Zehnteln bemessenen Tarif (**Steigerungstarif**):

Steuerpflichtiger Erwerb in EUR	Steigerungstarif (Zuschlag)
10.000 bis 20.000	$1/10$
20.000 bis 30.000	$2/10$
30.000 bis 40.000	$3/10$
40.000 bis 50.000	$4/10$
50.000 bis 75.000	$5/10$
75.000 bis 100.000	$6/10$
100.000 bis 150.000	$7/10$
150.000 bis 200.000	$8/10$
200.000 bis 250.000	$9/10$
250.000 bis 380.000	$12/10$
380.000 bis 500.000	$13/10$
500.000 bis 620.000	$14/10$
620.000 bis 750.000	$15/10$
750.000 bis 870.000	$16/10$
870.000 bis 1.000.000	$17/10$

---

82 Vorausgesetzt, die eingetragene Lebenspartnerschaft besteht seit mindestens drei Jahren, Art. 26–28 des Gesetzes vom 9.7.2004.
83 Wurde die Schenkung bereits vor Eheschließung ehevertraglich vereinbart, beträgt der Steuersatz nur 2,4 %.
84 Vorausgesetzt, die eingetragene Lebenspartnerschaft besteht seit mindestens drei Jahren, Art. 26–28 des Gesetzes vom 9.7.2004.
85 Wurde die Schenkung bereits vor Eheschließung ehevertraglich vereinbart, beträgt der Steuersatz nur 2,4 %.
86 Bei Heirat des Schenkers beträgt der Steuersatz nur 3 %.

Frank

Steuerpflichtiger Erwerb in EUR	Steigerungstarif (Zuschlag)
1.000.000 bis 1.250.000	18/10
1.250.000 bis 1.500.000	19/10
1.500.000 bis 1.750.000	20/10
über 1.750.000	22/10

Für **Schenkungen** von Grundvermögen im Gebiet der Gemeinde Luxemburg wird ein Zuschlag von 50 % auf die Registrierungsgebühr erhoben. Allerdings gibt es auch hier Ermäßigungen für Einfamilienwohnhäuser.

6. Steuerverfahren

Jeder Erbe und Vermächtnisnehmer hat eine **Erbschaftserklärung**[87] (*déclaration de succession*) eines bestimmten, gesetzlich vorgeschriebenen Inhalts abzugeben, Art. 4 Abs. 1 L.27.12.1817, unabhängig davon, ob tatsächlich Steuer anfällt oder nicht, Art. 7 L.27.12.1817.[88] Die Frist für die Abgabe beträgt sechs Monate ab Erbfall, soweit der Erblasser in Luxemburg verstorben ist, bei Versterben im Ausland ist die Frist länger (bei Versterben in Europa: 8 Monate; Amerika: 12 Monate; sonst: 24 Monate). Verlängerung auf schriftlichen Antrag ist möglich. Die Erklärenden haben umfangreiche Unterlagen und Nachweise über letztwillige Verfügungen des Erblassers, ihr verwandtschaftliches Verhältnis zum Erblasser, den Bestand und Wert des Nachlasses etc. beizufügen, die von der Finanzverwaltung überprüft werden können. Die Erklärung kann innerhalb einer Frist von sechs Wochen berichtigt oder ergänzt werden.

Nach Ablauf dieser Frist übersendet die Verwaltung den Erklärenden entsprechende Zahlungsbescheide, die regelmäßig innerhalb von sechs Wochen ab Aufforderung zu begleichen sind. Bei Zuwiderhandlung können Ordnungsgelder auferlegt und Säumniszuschläge festgesetzt werden.

Zuständig ist die Enregistrementverwaltung des Bezirks des letzten bzw. des letzten bekannten Wohnsitzes des Erblassers. Die Oberverwaltung beim Finanzministerium kann postalisch erreicht werden unter:
Ministère des Finances
Administration de l'Enregistrement et de Domaines 1–3,
avenue Guillaume
B.P. 1004 L – 1010
Luxembourg
www.etat.lu/FI

Dort erhält man auch die Adressen der Bezirksverwaltungen (*Bureau de recette*) in Capellen, Clervaux, Diekirch, Echternach, Esch/Alzette, Grevenmacher, Luxembourg, Mersch, Redange, Remich und Wiltz.

---

87 Zu den zivilrechtlichen Wirkungen siehe Rn 153. Ein Muster einer Erbschaftserklärung findet sich bei *Wanke*, Die Besteuerung deutsch-luxemburgischer Erb- und Schenkungsfälle, S. 249 f.
88 Eingehend zum Steuerverfahren siehe *Wanke*, Die Besteuerung deutsch-luxemburgischer Erb- und Schenkungsfälle, S. 135 ff.

III. Beschränkte und unbeschränkte Steuerpflicht

1. Unbeschränkte Steuerpflicht für Erbschaftsteuer

197 Eine **unbeschränkte Steuerpflicht** aufgrund Besteuerung mittels der **Erbschaftsteuer** (*droits de successions*) besteht, wenn der **Erblasser** luxemburgischer Einwohner (*résident*) war, Art. 1 Abs. 1 L.27.12.1817. Auf den Wohnsitz der Erben kommt es nicht an.

198 Man gilt als luxemburgischer Einwohner, wenn sich der letzte **Wohnsitz** (*domicile*) des Erblassers oder der Mittelpunkt seiner wirtschaftlichen Interessen in Luxemburg befand (**Inländer**). Für den Wohnsitz kommt es nicht auf eine behördliche Meldung oder das Bestehen mehrerer Wohnsitze an; entscheidend ist das tatsächliche, kontinuierliche Wohnen und der Aufenthalt des Erblassers im Staatsgebiet.[89] Auf die Staatsangehörigkeit des Erblassers kommt es nicht an, ebenso wenig auf die der Erben.

199 Besteuert wird der Erwerb von Todes wegen bzw. des gesamten **Weltvermögens**; ausgenommen sind lediglich ausländisches Grundvermögen, Patentrechte und bestimmte Stiftungen. Bewegliche, sich im Ausland befindliche Gegenstände unterliegen dann keiner Erbschaftsbesteuerung, wenn sie in dem Staat, in dem sie sich befinden, aufgrund der Staatsangehörigkeit des Erblassers erbschaftsteuerlich erfasst werden.[90]

2. Beschränkte Steuerpflicht für Nachlasssteuer

200 Hat der Erblasser keinen Wohnsitz im vorgenannten Sinne in Luxemburg, unterliegt nur das in Luxemburg befindliche Grundvermögen mittels einer **Nachlasssteuer** der Besteuerung (**beschränkte Steuerpflicht** = *droits de mutation par décès*), Art. 18 Abs. 2 L.27.12.1817.

3. Steuerpflicht für Schenkungsteuer

201 Eine Unterscheidung zwischen Inländer und Ausländer gibt es bei der Schenkungsteuer nicht. Sie knüpft unabhängig davon an die Registrierung eines Rechtsvorgangs an.

IV. Weitere im Rahmen der Erbfolge anfallende Steuern

202 **Immobilienschenkungen** werden über die Registersteuer hinaus mit einer Eintragungsgebühr (*droits de transcription*) in Höhe von 1 % belegt.

203 Im Rahmen der Einkommensteuer kann ggf. u.a. insbesondere bei Veräußerungsgewinnen aus dem Verkauf einer wesentlichen Beteiligung an einer Kapitalgesellschaft der **Wertzuwachs** steuerpflichtig werden. Dies ist der Fall, wenn der Erwerber alleine oder zusammen mit seinem Ehegatten mehr als 10 %[91] des Gesellschaftskapitals besitzt oder innerhalb von fünf Jahren unentgeltlich erworben hat und beim Überlasser diese Voraussetzungen vorlagen.[92]

---

[89] Circulaire du Directeur de l'Administration de l'Enregistrement et des Domaines de Luxembourg v. 1.3.1948, n. 114.
[90] Art. 12 Abs. 1 L.13.6.1984.
[91] Bis 1.1.2002: 25 %: Für am 1.1.2002 bestehende Beteiligungen gilt bis zum Steuerjahr 2007 eine Wesentlichkeitsgrenze von 25 %; zu diesen Steueränderungen siehe *Höfer*, IStR 2003, 368, 371 und *Neffati/Gutknecht*, IWB Gruppe 2, 233, 234.
[92] *Urbin*, Handbuch der Luxemburger Steuern, 2001, S. 20.

V. Berechnungsbeispiel

Beispiel: Der unverheiratete, kinderlose Erblasser E hat seinen letzten Wohnsitz in Berlin. Er hinterlässt u.a. ein Wochenendhaus in Diekirch/Luxembourg im Wert von 110.000 EUR. Der übrige Nachlass im erbschaftsteuerlichen Wert von 200.000 EUR befindet sich in Deutschland. Seine in Deutschland lebende Schwester ist testamentarische Alleinerbin. 204

Lösung: Der Erblasser ist kein luxemburgischer Einwohner i.S.d. Art. 1 Abs. 1 L.27.12.1817. Unbeschränkte Erbschaftsteuerpflicht besteht damit nicht. Jedoch hat die Erbin das in Luxemburg belegene Grundvermögen, hier das Wochenendhaus, mittels einer Nachlasssteuer gem. Art. 18 L.27.12.1817 zu versteuern. Bemessungsgrundlage für den Steuertarif ist der gemeine Wert zum Zeitpunkt des Todestages des Erblassers, hier 110.000 EUR. 205

Der Grundtarif der Nachlasssteuer bei Geschwistern beträgt 6 %, dieser ist im vorliegenden Fall um den Steigerungstarif (6 % x $^7/_{10}$) zu erhöhen. Der Gesamtsteuertarif beträgt damit 10,2 %.

Somit fällt Steuer in Höhe von 110.000 EUR x 10,2 % = 11.220 EUR an.

Ein persönlicher Freibetrag besteht für die Erbin, die Schwester des Erblassers, nicht.

Aufgrund des Wohnsitzes des Erblassers bzw. der Erbin in Deutschland unterliegt der Erbanfall in Deutschland gem. § 2 Abs. 1 Nr. 1a ErbStG der unbeschränkten Steuerpflicht mit ihrem gesamten Weltvermögen. Die luxemburgische Nachlasssteuer ist unter den Voraussetzungen des § 21 Abs. 1 ErbStG auf die deutsche Steuer anrechenbar.

Weitere Informationen und Materialien, wie z.B. Muster, Formulare, amtliche Texte und Internetadressen, befinden sich auf der beiliegenden CD-ROM.

Frank

Malta

Dr. Rembert Süß, Rechtsanwalt, Würzburg

Inhalt

A. Internationales Erbrecht 1
B. Gesetzliche Erbfolge 2
C. Testamentarische Erbfolge 6
D. Pflichtteilsrecht 13
E. Nachlassabwicklung 15
F. Erbschaftsteuer 16

Literatur

Pisani, Malta (Stand: 1.4.2005), in: Ferid/Firsching/Dörner/Hausmann, Internationales Erbrecht; *Pisani*, Nachlassspaltung im maltesischen Erbrecht und deren Folgen für die Nachlassplanung in deutsch-maltesischen Erbfällen, IPRax 2007, 359; *Tortell*, Malta, in: Hayton, European Succession Laws, 2002, S. 361.

A. Internationales Erbrecht

Für nach dem 16.8.2015 eintretende Erbfälle gilt in Malta das nach den Regeln der EU-ErbVO bestimmte Recht. Das **Haager Testamentsformübereinkommen** von 1961 hat Malta nicht ratifiziert. Für die Formwirksamkeit von Testamenten gilt daher Art. 27 EU-ErbVO. Dagegen hat Malta das Haager Abkommen über die Anerkennung von **Trusts** vom 1.7.1985 ratifiziert.[1]

Das zuvor geltende maltesische Internationale Erbrecht entsprach – anders als das maltesische materielle Erbrecht, welches dem französischen *Code Napoléon* bzw. dem italienischen *Codice Civile* entlehnt ist – weitgehend dem englischen Kollisionsrecht. Daher unterlag die Erbfolge des unbeweglichen Vermögens dem Recht des Lageortes (*lex rei sitae*). Für die Erbfolge in das bewegliche Vermögen galt das am letzten *domicile* des Erblassers geltende Recht.[2] Dabei gelten auf Malta für die Begründung des *domicile of choice* die gleichen Regeln wie in England. Unklar ist, ob sich das *domicile* der Ehefrau noch nach dem *domicile* des Ehemannes richtet (*domicile of dependency*). Offenbar gilt dies zumindest dann immer noch, wenn die Eheleute zusammenleben.[3]

B. Gesetzliche Erbfolge

Die gesetzliche Erbfolge ist auf Malta durch **Gesetz aus dem Jahre 2004** mit Wirkung zum 1.3.2005 tief greifend reformiert worden. Das gilt vor allem für das Erbrecht des Ehegatten und das der nichtehelichen Kinder, die nun zumindest in der ersten Ordnung mit den ehelichen gleichzeitig zu gesetzlichen Erben berufen sind. Durch weitere Gesetzesänderung vom 24.7.2012 wurde auch die Kürzung des gesetzlichen Erbrechts nichtehelicher Kinder

---

1 Text der Konvention auf der beiliegenden CD-ROM unter der Rubrik „Haager Konventionen".
2 Siehe *Odersky*, Länderbericht Großbritannien: England und Wales Rn 2 ff.
3 Vgl. *Pisani*, Malta Grundzüge Rn 16, in: Ferid/Firsching/Dörner/Hausmann, Internationales Erbrecht.

in Art. 815 *Civil Code*[4] aufgehoben. Eheliche und nichteheliche Kinder erben daher nun zu gleichen Teilen.

3 Gesetzliche Erben **erster Ordnung** sind die Abkömmlinge des Erblassers und der Ehegatte, Art. 808 *Civil Code*. Dabei erben eheliche, legitimierte, adoptierte und nichteheliche Abkömmlinge gem. Art. 811 *Civil Code* grundsätzlich gleichberechtigt.

4 Erben **zweiter Ordnung** sind die Aszendenten des Erblassers und seine Geschwister. Lebt einer oder leben beide Eltern noch, schließen diese alle weiteren Aszendenten von der Erbfolge aus, Art. 812 lit. a *Civil Code*. Treffen Eltern oder andere Aszendenten mit Geschwistern des Erblassers zusammen, so erben die Eltern bzw. anderen Aszendenten eine Hälfte, die andere Hälfte erben die Geschwister, Art. 812 lit. b *Civil Code*. Für ein vorverstorbenes Geschwisterteil treten dessen Abkömmlinge in den Erbteil ein, Art. 804 *Civil Code*.

5 Der überlebende **Ehegatte** erhielt bis 2005 neben legitimen Abkömmlingen des Erblassers allein einen Nießbrauch an der Hälfte des Nachlasses. Nunmehr ist er echter Erbe erster Ordnung. Seine **Erbquote** beträgt grundsätzlich ein Halb (Art. 808 Abs. 1 *Civil Code*), konnte sich aber bei Nichtehelichkeit der Abkömmlinge gem. Art. 815 *Civil Code* erhöhen (siehe Rn 2). Neben seiner Erbquote erhält der Ehegatte gem. Art. 808 Abs. 2 i.V.m. Art. 633 *Civil Code* als gesetzliches Vermächtnis ein **Wohnrecht** an der Hauptwohnung des Erblassers und ein **Nutzungsrecht** an der Wohnungseinrichtung. Sind keine Abkömmlinge vorhanden, so wird der Ehegatte gesetzlicher Alleinerbe und schließt alle Verwandten – also auch die Eltern des Erblassers – von der Erbfolge aus, Art. 810 *Civil Code*.

C. Testamentarische Erbfolge

6 Der Erblasser kann durch Testament **Erben einsetzen** und **Vermächtnisse** auswerfen. Er kann die Vermächtnisse (in beschränktem Rahmen Erbeinsetzungen) auch mit auflösenden und aufschiebenden Bedingungen versehen, befristen und die begünstigten Personen mit Auflagen belasten. Eltern können durch testamentarische **Teilungsanordnung** den Nachlass unter den Erben verteilen, soweit es sich um Kinder oder andere Abkömmlinge handelt, Art. 653 *Civil Code*. Unzulässig ist jedoch eine Verfügung dann, wenn sie unter der Bedingung steht, dass der Begünstigte seinerseits den Erblasser bedenkt (kaptatorische Verfügung), Art. 715 *Civil Code*. Insoweit soll wie im italienischen Recht die Testierfreiheit des anderen gewahrt werden. Ebenfalls unzulässig ist die **Vor- und Nacherbfolge** (Art. 757 Abs. 2 *Civil Code*). Die Nacherbfolge kann auch nicht mit bedingten bzw. befristeten nachgeschalteten Erbeinsetzungen konstruiert werden, da der Eintritt einer aufschiebenden Bedingung auf den Erbfall zurückwirkt. Eine entsprechende Substitution erlaubt Art. 752 *Civil Code* allein für den Fall des minderjährigen Erben.

7 Gemäß Art. 762 *Civil Code* kann der Erblasser eine oder mehrere Personen zu **Testamentsvollstreckern** ernennen. Diese erwerben ihr Amt nicht vor gerichtlicher Bestätigung. Danach können sie aber auch über den Nachlass verfügen.

8 Ein Testament ist **formwirksam**, wenn es notariell beurkundet worden ist (*public will*) – was auf Malta praktisch die Regel ist – oder wenn es als verschlossenes und versiegeltes Testament beim Gericht für die freiwillige Gerichtsbarkeit hinterlegt worden ist (*secret will*),

---

4 Text des *Civil Code* auf der beiliegenden CD-ROM unter der Rubrik „Malta".

Art. 654 *Civil Code*. Andere Testamentsformen sind allenfalls als Nottestament bekannt. Insbesondere gibt es kein holographes Testament.

Vertragsmäßige Verfügungen oder Verträge über das Erbrecht kennt das maltesische Erbrecht nicht an, Art. 586 *Civil Code*. Allenfalls bei Eheschließungen können bestimmte bindende Schenkungen auf den Todesfall getroffen werden, Art. 1793 ff. *Civil Code*. Eheleute können ein Testament auch in derselben Urkunde errichten (*unica carta*), Art. 592 *Civil Code*. Die in dem **gemeinschaftlichen Testament** getroffenen Verfügungen bleiben stets widerruflich. Es wird nicht einmal vermutet, dass die Verfügungen wechselbezüglich sind, sondern im Gegenteil wird von der Selbstständigkeit der Verfügungen gesetzlich ausgegangen, Art. 592 Abs. 2 *Civil Code*. In dem Fall, dass sich die Eheleute gegenseitig das gesamte oder zumindest den größeren Teil ihres Vermögens zuwenden, können sie jedoch durch eine ausdrückliche Klausel anordnen, dass der Widerruf der Verfügungen durch den Überlebenden zur Folge hat, dass er seine Rechte aus dem Testament verwirkt. Seine Rechte beschränken sich dann auf einen Nießbrauch am Nachlass, Art. 593, 594 *Civil Code*.

Verbreitet ist die Gestaltung, dass sich die Eheleute im gemeinschaftlichen Testament gegenseitig den **Nießbrauch** am Gesamtnachlass zuwenden – bei ausländischen Eheleuten beschränkt auf die auf Malta belegene Immobilie – und die Substanz den Kindern.

Besondere Möglichkeiten gestattet auch in Malta die Errichtung eines **Trust**. Dieser kann sowohl unter Lebenden als auch von Todes wegen errichtet werden (Art. 958A *Civil Code*). Errichtet der Erblasser den *trust* bereits unter Lebenden (*inter vivos trust*), so kann er das Nachlassverfahren vermeiden. Das ist auch für einen deutschen Erblasser insbesondere dann attraktiv, wenn er auf Malta nicht seinen Lebensmittelpunkt, sondern lediglich Vermögen (Ferienimmobilie, Geschäftsvermögen, Geldanlagen) hat.

Angehörige eines katholischen **Ordens** oder einer Vereinigung von Ordensgeistlichen können weder testamentarisch erben noch ein Testament errichten, Art. 611 *Civil Code*. Hier findet noch das kanonische Kirchenrecht im maltesischen zivilen weltlichen Recht seinen unmittelbaren Niederschlag.

D. Pflichtteilsrecht

Der **Pflichtteil** ist als der Teil des Nachlasses definiert, über den der Erblasser nicht letztwillig verfügen kann (*reserved portion*), Art. 615 *Civil Code*. Dennoch handelt es sich nicht um eine dingliche Beteiligung am Nachlass, sondern um eine Geldforderung in Höhe des Wertes der Pflichtteilsquote am Nachlass (*credit of the value*), die ab dem Zeitpunkt des Erbfalls mit dem gesetzlichen Satz zu verzinsen ist, Art. 615 Abs. 2 *Civil Code*. Der den Abkömmlingen (ehelichen und nichtehelichen sowie angenommenen Kindern bzw. deren Abkömmlingen) zwingend vorbehaltene Teil umfasst ein Drittel des Nachlasses; er erhöht sich auf die Hälfte, wenn der Erblasser fünf oder mehr Kinder hinterlässt, Art. 616 Abs. 1 *Civil Code*.

Dem **Ehegatten** steht neben Abkömmlingen des Erblassers seit 2005 nun ein Viertel des Nachlasses als Pflichtteil zu, Art. 631 *Civil Code*. Fehlen Abkömmlinge, so erhält er zwingend ein Drittel des Nachlasses, Art. 632 *Civil Code*. In jedem Fall erhält er ebenfalls das Wohnrecht aus Art. 633 *Civil Code* (siehe Rn 5). Die Eltern des Erblassers haben seit der Reform des Erbrechts von 2004 keinen Pflichtteil mehr, Art. 614 Abs. 1 *Civil Code*.

E. Nachlassabwicklung

15 Anders als im englischen Recht geht der Nachlass nicht auf einen Testamentsvollstrecker oder einen anderen Zwischenberechtigten über, sondern **unmittelbar** auf die **Erben**. Der Übergang des Nachlasses auf die Erben erfolgt erst durch **Annahme** der Erbschaft, die ausdrücklich oder schlüssig erfolgen kann. Die Erben bilden eine **Erbengemeinschaft**, die als spezielle Form der Bruchteilsgemeinschaft ausgestaltet ist. Sie haften persönlich für die Nachlassverbindlichkeiten. Vorbehaltlich von Maßnahmen zur Haftungsbeschränkung ist die Haftung eines Miterben der Höhe nach unbeschränkt, aber quotal beschränkt auf die Erbquote (Teilschuldner), Art. 940 *Civil Code*. Zur Haftungsbeschränkung kann der Erbe die Erbschaft auch unter dem Vorbehalt des Inventars annehmen, Art. 877 *Civil Code*. Bei Minderjährigen und betreuten Personen ist die Annahme unter dem Vorbehalt des Inventars zwingend, Art. 848 *Civil Code*.

F. Erbschaftsteuer

16 Die **Erbschaftsteuer** ist auf Malta am 25.11.1992 **abgeschafft** worden.

17 Im Rahmen der Erbfolge wird daher allenfalls für bestimmte Gegenstände eine **Stempelsteuer** (*Duty on Documents and Transfer*)[5] erhoben. Dies betrifft insbesondere in Malta belegenen Grundbesitz sowie Geschäftsanteile an einer in Malta gegründeten *Limited Liability Company*. Der **Steuersatz** beträgt für Immobilien 5 % ihres Wertes. Das Gleiche gilt für Anteile an einer maltesischen *Limited Liability Company*, wenn deren Vermögen zu mehr als 75 % aus Immobilien besteht. Eine Steuerermäßigung ergibt sich gem. Art. 35 des Gesetzes für selbst genutzte Immobilien. Für die Vererbung von Anteilen an einer *Limited Liability Company* entsteht eine Stempelsteuer in Höhe von 2 % des Wertes, Art. 42 Abs. 1 des Gesetzes.

Weitere Informationen und Materialien, wie z.B. Muster, Formulare, amtliche Texte und Internetadressen, befinden sich auf der beiliegenden CD-ROM.

---

[5] Text des *Duty on Documents and Transfer Act* auf der beiliegenden CD-ROM unter der Rubrik „Malta".

Mazedonien

Dr. Rembert Süß, Rechtsanwalt, Würzburg

Inhalt

A. Internationales Erbrecht 1
B. Gesetzliche Erbfolge 3
C. Testamentarische Erbfolge 9
D. Nachlassabwicklung 14
E. Besteuerung der Erbfolge 15

Literatur

Firsching, Das neue jugoslawische IPR-Gesetz, IPRax 1983, 1; *Jessel-Holst*, Länderbericht Mazedonien (Stand: 1.6.2000), in: Ferid/Firsching/Dörner/Hausmann, Internationales Erbrecht; *Lipowschek*, Jugoslawien: Gesetz über die Regelung von Kollisionen der Gesetze mit den Vorschriften anderer Staaten bei bestimmten Verhältnissen vom 15.7.1982, RabelsZ 49 (1985) 544; *Plank*, Das Testamentsrecht der Föderativen Volksrepublik Jugoslawien, ZfRVgl 1965, 104; *Povh*, Zur Wirksamkeit des sogenannten Berliner Testaments nach jugoslawischem Recht, FamRZ 1992, 511; *Schweisfurth/Blöcker*, Zur Fortgeltung des Haager Übereinkommens über den Zivilprozess im Verhältnis zur Bundesrepublik Jugoslawien, IPRax 1996, 9; *Zupančič*, Umriss der rechtlichen Regelung der Erbfolge in Jugoslawien, ZfRV 1986, 18.

A. Internationales Erbrecht

Die Bestimmungen des am 1.1.1983 in Kraft getretenen Gesetzes der ehemaligen Föderation Jugoslawien zur Lösung von Gesetzeskollisionen mit den Vorschriften anderer Staaten für bestimmte Verhältnisse (IPRG) vom 15.7.1982[1] galten in der souveränen Republik Mazedonien nach Abspaltung aus der jugoslawischen Föderation zunächst fort.[2] Im Jahre 2007 wurde das Gesetz durch ein neues IPR-Gesetz ersetzt. Dieses enthält in seinen Art. 35 ff. auf dem Gebiet des internationalen Erbrechts allerdings kaum inhaltliche Änderungen zum vormals jugoslawischen Recht. Damit gilt für die Erbfolge das **Heimatrecht** des Erblassers.

Das Haager **Testamentsformübereinkommen** vom 5.10.1961 ist kraft ausdrücklicher Rechtsnachfolgeerklärung nach Erlangung der Unabhängigkeit der Republik Mazedonien für diese weiterhin verbindlich.[3] Darüber hinaus sind die einschlägigen Kollisionsnormen des Abkommens in Art. 37 mazedonisches IPRG inkorporiert. Auch das von der damaligen Sozialistischen Föderation Jugoslawien ratifizierte Washingtoner Abkommen über ein einheitliches Recht der Form eines Internationalen Testaments vom 26.10.1973 wird weiterhin angewandt.[4]

---

1 Deutsche Übersetzung z.B. bei *Firsching*, IPRax 1983, 6.
2 Vgl. *Geč-Korošec/Kraljič*, Mazedonien (Stand 1998), in: Bergmann/Ferid/Henrich, Internationales Ehe- und Kindschaftsrecht, S. 13.
3 BGBl 1994 II S. 326; für die Zeit seit dem 5.1.1964 siehe BGBl 1966 II S. 11.
4 Siehe hierzu auch § 4 Rn 19 und die beigefügte CD-ROM unter der Rubrik „Washingtoner Abkommen".

B. Gesetzliche Erbfolge

3 Das materielle Erbrecht ist in dem am 20.9.1996 in Kraft getretenen Erbgesetz (mazErbG) enthalten, welches das vormalige Erbgesetz aus dem Jahre 1973 abgelöst hat.[5] Gesetzliche Erben **erster Ordnung** sind gem. Art. 13 mazErbG die Kinder und der Ehegatte. Für Abkömmlinge der Kinder gelten die Regeln über die Repräsentation und die Erbfolge nach Stämmen. Nichteheliche, adoptierte und eheliche Abkömmlinge erben gleichberechtigt, Art. 4 mazErbG. Dabei bringt die starke Adoption das gegenseitige Erbrecht mit den leiblichen Verwandten zum Erlöschen, Art. 4 Abs. 2, 23 Abs. 2 mazErbG.

In **zweiter Ordnung** sind die Eltern und der Ehegatte berufen. Sie erben gem. Art. 16 Abs. 2 mazErbG jeweils die Hälfte. Ist ein Elternteil vorverstorben, so geht sein Anteil (also ein Viertel bzw. eine Hälfte, wenn der Erblasser keinen Ehegatten hinterlässt) auf seine Abkömmlinge (also die Brüder und Schwestern bzw. Nichten und Neffen des Erblassers) über. Überleben weder Eltern noch Abkömmlinge der Eltern den Erblasser, so wird sein Ehegatte gesetzlicher Alleinerbe, Art. 19 mazErbG.

4 Eine Spezialität des mazedonischen Rechts ist das gesetzliche Erbrecht von Pflegekindern, Pflegeeltern, Stiefkinder und Stiefeltern sowie Schwiegerkindern und Schwiegereltern. Diese beerben sich gem. Art. 29 Abs. 1 mazErbG gegenseitig, wenn sie mindestens fünf Jahre in dauernder Gemeinschaft gelebt haben und der Erblasser keinen Ehegatten, Erben der ersten Ordnung und keine Eltern und Geschwister hinterlassen hat. Hinterlässt der Erblasser auch einen Ehegatten, so erben der Ehegatte und die genannten Personen je ein Halb, Art. 29 Abs. 2 mazErbG.

5 Die Großeltern (und deren Abkömmlinge) gehören zu den Erben der **dritten Ordnung**, Art. 20 ff. mazErbG.

6 Der **Ehegatte** erbt in der ersten Ordnung mit den Kindern zu grundsätzlich gleichen Teilen. Das Ehegattenerbrecht erlischt nicht erst mit Scheidung, sondern auch schon mit Erhebung der Scheidungsklage, wenn sie entweder durch die Ehegatten gemeinschaftlich und einvernehmlich eingereicht worden ist oder der Erblasser Scheidungsklage erhoben hatte und das Gericht nach seinem Tode feststellt, dass die Scheidungsklage begründet war, Art. 26 Abs. 2 mazErbG. Der Ehegatte verliert in gleicher Weise seine Rechte, wenn die Lebensgemeinschaft mit dem Erblasser aufgrund seiner Schuld oder aufgrund Einvernehmens mit dem Erblasser beendet worden war.

7 In der zweiten Ordnung steht dem Ehegatten grundsätzlich der halbe Nachlass zu. Gemäß Art. 27 mazErbG kann das Gericht aber auf Antrag des Ehegatten hin seinen Erbteil erhöhen, wenn der Ehegatte nicht die für seinen Lebensunterhalt erforderlichen Mittel hat. Umgekehrt kann das Gericht auf ihren Antrag hin auch bestimmen, dass der Anteil der Eltern erhöht wird, sofern diese nicht über die für den Lebensunterhalt notwendigen Mittel verfügen, Art. 28 mazErbG. Der Ehegatte ist gesetzlicher Alleinerbe, wenn der Erblasser weder Abkömmlinge noch Eltern oder Abkömmlinge von Eltern hinterlässt.

8 Ein gesetzliches Erbrecht des nichtehelichen Lebensgefährten kennt das mazedonische Recht nicht. Die Eintragung einer gleichgeschlechtlichen Lebenspartnerschaft ist nicht anerkannt.

---

5 ROW 1996, 297.

C. Testamentarische Erbfolge

Verfügungen von Todes wegen sind ausschließlich als widerrufliche testamentarische Verfügungen möglich. Die **Testierfähigkeit** beginnt mit Abschluss des 15. Lebensjahres, Art. 62 Abs. 1 mazErbG.

Erbvertragliche Verfügungen und Testierverträge sind nichtig, Art. 7, 10 mazErbG. Das gemeinschaftliche Testament ist nicht geregelt. Artikel 75 mazErbG bestimmt aber ausdrücklich, dass die Bestimmungen über das Internationale Testament im mazErbG keine Anwendung auf die Formwirksamkeit von Verfügungen finden, die zwei oder mehr Personen in einem Schriftstück verfassen. Daraus ergibt sich, dass ein **gemeinschaftliches Testament** nach mazedonischem Recht formnichtig wäre.

Der Erblasser kann eine oder mehrere Personen zu Erben und Ersatzerben einsetzen (Art. 96, 97 mazErbG). Die Einsetzung des Erben eines Erben, also eines Nacherben, ist unzulässig (Art. 97 Abs. 3 mazErbG). Des Weiteren kann er Vermächtnisse aussetzen (Art. 97 Abs. 3 mazErbG), Erben und Vermächtnisnehmer mit Auflagen belasten (Art. 100 Abs. 1 mazErbG), die Verfügungen mit Fristen und Bedingungen versehen (Art. 100 Abs. 2 mazErbG), Testamentsvollstrecker ernennen (Art. 113 mazErbG) und die Errichtung einer Stiftung anordnen (Art. 99 mazErbG).

Ein Testament kann eigenhändig (Art. 66 mazErbG) oder in öffentlicher **Form** (Art. 67, 72 mazErbG) errichtet werden. Die für die öffentliche Form erforderliche Beurkundung erfolgt in Mazedonien durch gerichtliche oder konsularische Beurkundung. Daneben besteht die Form des Internationalen Testaments nach dem Washingtoner Übereinkommen.[6] Autorisierte Personen i.S.d. Abkommens sind die Richter am Amtsgericht und die Konsuln, Art. 78 Abs. 1 mazErbG. Verstöße gegen die Formerfordernisse haben zur Folge, dass das Testament zwar nichtig ist, es aber nur von Personen mit einem rechtlichen Interesse angefochten werden kann. Die Frist für die Anfechtungsklage beträgt ein Jahr, beginnend mit der Kenntnis vom Testament, frühestens aber mit seiner Eröffnung, Art. 94 mazErbG.

Den Kindern, einschließlich der angenommenen, und dem Ehegatten steht ein **Pflichtteil** in Höhe der halben gesetzlichen Erbquote zu, Art. 30 Abs. 1, 31 Abs. 2 mazErbG. Die Eltern und Geschwister sind nur dann pflichtteilsberechtigt, wenn sie arbeitsunfähig und bedürftig sind. In diesem Fall erhalten sie ein Drittel der ihnen kraft Gesetzes zustehenden Erbquote. Zur **Berechnung** des Pflichtteils werden dem Netto-Nachlass die Geschenke zugerechnet, die der Erblasser in den letzten 90 Tagen vor seinem Tode gemacht hat oder die er einem Erben mit der Bestimmung gemacht hat, dass sie nicht seinem Erbteil zuzurechnen seien, Art. 33 Abs. 1 mazErbG. Der Pflichtteil ist kein Geldanspruch, sondern eine dingliche Beteiligung am Nachlass, Art. 32 mazErbG. Er wird geltend macht, indem der Pflichtteilsberechtigte die Verringerung der testamentarischen Verfügungen verlangt, soweit sie seinen Pflichtteil beeinträchtigen, Art. 38 mazErbG.

D. Nachlassabwicklung

Mit dem Tod des Erblassers tritt – vorbehaltlich der Möglichkeiten der Ausschlagung – *ipso iure* **Universalsukzession** auf die Erben ein, Art. 120 mazErbG. Zwischen den Erben entsteht eine Gesamthandsgemeinschaft, die bis zum Beschluss des Nachlassgerichts über

---

6 Siehe hierzu auch § 4 Rn 19.

die Beerbung andauert. Nachlassteile, die noch nicht zwischen den Erben geteilt wurden, stehen ihnen ab diesem Zeitpunkt in sachenrechtlicher Bruchteilsgemeinschaft zu. Die **Ausschlagung** der Erbschaft kann bis zum Abschluss der Auseinandersetzung erklärt werden, Art. 128 mazErbG.

E. Besteuerung der Erbfolge

15 Die unbeschränkte Steuerpflicht für die Erbschaft- und Schenkungsteuer wird in Mazedonien an die Ansässigkeit des Erwerbers angeknüpft.[7] Für im Territorium der Republik Mazedonien belegenes bewegliches und unbewegliches Vermögen tritt die beschränkte Steuerpflicht ein.

16 Die Erben der ersten Ordnung (also die Abkömmlinge) und der Ehegatte sind von der Erbschaftsteuer befreit. Erben zweiter Ordnung zahlen keine Erbschaftsteuer für landwirtschaftliches Vermögen und die Wohnung des Erblassers, wenn sie mit dem Erblasser für eine bestimmte Zeit in häuslicher Gemeinschaft gelebt haben. Für einen Betrag von bis zu 200.000 Dinar zahlen Erben der zweiten Ordnung 3 % vom Netto-Nachlasswert, für den übersteigenden Wert 5 % Erbschaftsteuer. Erben dritter Ordnung zahlen 5 % Erbschaftsteuer auf den gesamten Netto-Wert des Nachlasses.[8]

---

7 *Troll/Gebel/Jülicher*, § 21 ErbStG Rn 115b (Stand 2012).
8 Ausführlich *Jessel-Holst*, Mazedonien Grundzüge N S. 16 f., in: Ferid/Firsching/Dörner/Hausmann, Internationales Erbrecht.

Moldawien

Dr. Rembert Süß, Rechtsanwalt, Würzburg

Inhalt

A. Internationales Erbrecht 1
B. Gesetzliche Erbfolge 5
C. Testamentarische Erbfolge 8
D. Nachlassabwicklung 12

Literatur

Weishaupt, Moldawien (Stand: 1.9.1995), in: Ferid/Firsching/Dörner/Hausmann, Internationales Erbrecht.

A. Internationales Erbrecht

Im Verhältnis zu Moldawien gilt der Deutsch-Sowjetische **Konsularvertrag** vom 25.4.1958 fort, da Deutschland mit der Republik Moldawien die Weitergeltung vereinbart hat.[1] Es gilt daher für die Vererbung im anderen Abkommenstaat belegener Immobilien des Angehörigen eines der beiden Abkommenstaaten das Recht des Belegenheitsstaates. Für das bewegliche Vermögen enthält das Abkommen keine Bestimmungen, so dass insoweit das autonome Kollisionsrecht gilt.

Gemäß Art. 1622 Abs. 1 des moldawischen Zivilgesetzbuches vom 6.6.2002 (ZGB)[2] unterliegen die erbrechtlichen Verhältnisse bezüglich des beweglichen Nachlasses dem **Heimatrecht** des Erblassers im Zeitpunkt seines Todes. Das unbewegliche Vermögen unterliegt dem jeweiligen **Belegenheitsrecht**. Dabei entscheidet das Belegenheitsrecht auch über die Qualifikation als beweglich oder unbeweglich (Art. 1601 Abs. 1 ZGB). Es besteht also die Möglichkeit einer **Nachlassspaltung**. Bei Mehrstaatern können sich Probleme daraus ergeben, dass gem. Art. 1587 Abs. 2 ZGB zwar grundsätzlich die Zugehörigkeit zu dem Staat entscheidet, mit dem die engeren Verbindungen bestehen. Bei **Mehrstaatern**, die auch die moldawische Staatsangehörigkeit besitzen, wird aber ausschließlich an die moldawische Staatsangehörigkeit angeknüpft; die ausländische bleibt unberücksichtigt. Rück- und Weiterverweisungen durch das ausländische Internationale Privatrecht werden nicht beachtet, Art. 1583 ZGB.

Art. 1623 Abs. 1 ZGB lässt eine erbrechtliche **Rechtswahl** durch den Erblasser zu. Diese Rechtswahl soll alle Aspekte der Erbfolge umfassen, Art. 1623 Abs. 1 S. 2 ZGB. Die Rechtswahl berührt jedoch nicht die „zwingenden Vorschriften" des gesetzlich bestimmten Erbstatuts. Der Umfang der „zwingenden Vorschriften" ist dabei unklar.[3] Praktische Bedeutung kommt der Rechtswahl damit nicht zu.

---

1 BGBl 1996 II S. 768.
2 Deutsche Übersetzung aus lexinfosys. Auf der beiliegenden CD-ROM unter der Rubrik „Moldawien", Datei „ZGB-Internationales Privatrecht".
3 Nach *Hausmann* (in: Staudinger, BGB, 2013, Anh. zu Art. 4 EGBGB) handelt es sich um keine kollisionsrechtliche, sondern um eine materiellrechtliche Wahlmöglichkeit. Diese lässt also die Geltung sämtlicher zwingender Vorschriften des objektiv bestimmten Erbstatuts unberührt.

4   Für die **Formwirksamkeit** des Testaments enthält Art. 1623 Abs. 2 ZGB eine dem Haager Testamentsformabkommen entsprechende alternative Anknüpfung. So genügt es beispielsweise für die Formwirksamkeit, wenn das Testament den Bestimmungen des Heimatrechts, des Wohnsitzrechts oder des Errichtungsortes entsprechend errichtet worden ist.

B. Gesetzliche Erbfolge

5   Die Erbfolge ist im Vierten Buch des Zivilgesetzbuches vom 6.6.2002 in den Artt. 1432 bis 1575[4] geregelt. Dort macht sich das moldawische Erbrecht weitgehend – wenn auch nicht vollständig – von den Einflüssen des sowjetischen Rechts frei. So ist z.B. das Erbrecht erheblich detaillierter geregelt als bisher. Die testamentarische Erbfolge wird vor der gesetzlichen Erbfolge geregelt, wodurch der Vorrang der Privatautonomie betont wird.

6   Gesetzliche Erben **erster Ordnung** sind die Abkömmlinge, der Ehegatte und die Eltern des Erblassers zu gleichen Teilen, Art. 1500 Abs. 1 lit. a ZGB. Eheliche, nichteheliche und angenommene Kinder erben zu gleichen Teilen. Es gelten die Grundsätze der Repräsentation und der Erbfolge nach Stämmen, Art. 1504 ZGB.

Der überlebende **Ehegatte** schließt dabei als echter Erbe erster Ordnung alle Verwandten weiterer Ordnungen von der Erbfolge aus. Zu seinem gesetzlichen Erbteil tritt die güterrechtliche Beteiligung am ehelichen Gesamtgut im gesetzlichen Güterstand der Errungenschaftsgemeinschaft. Das Ehegattenerbrecht entfällt nicht erst bei Scheidung der Ehe. Es entfällt ebenfalls, wenn das Gericht feststellt, dass die Ehe zum Zeitpunkt des Erbfalls bereits mindestens drei Jahre lang zerrüttet war und die Eheleute deshalb getrennt gelebt haben, Art. 1502 ZGB.

7   In **zweiter Ordnung** erben gem. Art. 1500 Abs. 1 lit. b ZGB die „privilegierten" Seitenverwandten, also die Geschwister des Erblassers sowie die Großeltern und weitere Verwandte der aufsteigenden Linie nebeneinander und zu gleichen Teilen. Dabei schließen die gradnäheren Aszendenten sämtliche gradferneren Aszendenten aus, und zwar unabhängig von der Linie, Art. 1500 Abs. 2 ZGB. Die Nichten und Neffen treten in die Position ihres vorverstorbenen Elternteils (des Bruders oder der Schwester des Erblassers) bis zum vierten Verwandtschaftsgrad ein. In **dritter Ordnung** erben die Onkel und Tanten bzw. bei Vorversterben eines von ihnen die entsprechenden Cousins und Cousinen. In darüber hinausgehenden Ordnungen findet keine gesetzliche Erbfolge mehr statt.

C. Testamentarische Erbfolge

8   Verfügungen von Todes wegen können ausschließlich in einseitigen Testamenten errichtet werden, Art. 1449 ZGB. Gemeinschaftliche Testamente und Erbverträge kennt das moldawische Recht nicht. Vielmehr kann der Erblasser ein Testament jederzeit ändern oder widerrufen, Art. 1465 ZGB.

9   Das Testament kann vollständig eigenhändig verfasst, datiert und unterschrieben (holograph, Art. 1458 lit. a ZGB), notariell beurkundet (Art. 1458 lit. b ZGB) oder als dem Notar überreichtes und von ihm beglaubigtes verschlossenes Testament (*testament mystique*,

---

4   Deutsche Übersetzung aus lexinfosys. Auf der beiliegenden CD-ROM unter der Rubrik „Moldawien", Datei „ZGB-Erbrecht".

Art. 1458 lit. c ZGB) errichtet werden, Art. 1458 ZGB. Der Erblasser kann im Testament die **Erbquoten** festlegen oder den Erben einzelne Vermögensteile konkret zuwenden, Art. 1450 Abs. 1 ZGB. Er kann gesetzliche Erben ohne Angabe von Gründen enterben, Vermächtnisse aussetzen (Art. 1486 ff. ZGB) und Testamentsvollstrecker ernennen (Art. 1475 ff. ZGB).

Der Erblasser kann durch Testament Erben einsetzen (Art. 1450 ZGB), er kann Vermächtnisse auswerfen (Art. 1486 ff. ZGB) und eine oder mehrere Personen als Testamentsvollstrecker einsetzen (Art. 1475 ZGB). 10

Die arbeitsunfähigen Angehörigen der ersten Erbordnung haben einen **Pflichtteil** in Höhe der Hälfte des gesetzlichen Erbteils, Art. 1505 ZGB. Ein Vermächtnis zugunsten des Pflichtteilsberechtigten wird dabei auf seinen Pflichtteil angerechnet, soweit er das Vermächtnis nicht ausschlägt, Art. 1509 ZGB. Nimmt er das Vermächtnis an, so steht ihm ein Pflichtteilsrestanspruch zu, Art. 1511 ZGB. Eine Pflichtteilsergänzung wegen lebzeitiger Schenkungen des Erblassers ist im Gesetz nicht vorgesehen. 11

D. Nachlassabwicklung

Der Anfall der Erbschaft erfolgt nicht *ipso iure*, sondern erst aufgrund **Annahme** durch den Erben, Art. 1516 Abs. 1 ZGB. Die Frist für die Annahme beträgt sechs Monate, Art. 1517 ZGB. Die Annahme kann ausdrücklich durch schriftliche Erklärung gegenüber dem am Wohnsitz des Erblassers amtierenden Notar oder schlüssig, z.B. durch Inbesitznahme des Nachlasses, erfolgen, Art. 1516 Abs. 3 ZGB. Auch bei Inbesitznahme des Nachlasses haben die Erben aber die Möglichkeit, noch innerhalb von drei Monaten vom Eintritt des Erbfalls an die Erbschaft auszuschlagen, Art. 1526 ZGB. Die ausdrücklich erklärte notarielle Annahme der Erbschaft ist dagegen ebenso unwiderruflich wie die einmal erklärte Ausschlagung der Erbschaft, Art. 1535, 1536 ZGB. 12

Die Erben erwerben den Nachlass zu **Bruchteilseigentum** (Art. 1565 ZGB) und haben ihn entsprechend den Quoten unter sich aufzuteilen. Besondere Regeln gelten für landwirtschaftlich genutzte Immobilien. Diese dürfen nur solchen Erben zugeteilt werden, die auch selbst eine Landwirtschaft betreiben oder betreiben wollen, Art. 1565 ZGB. 13

Die gesetzlichen und testamentarischen Erben und die Pflichtteilsberechtigten haften nach Annahme der Erbschaft für die **Nachlassverbindlichkeiten**. Sie haften jedoch nicht gesamtschuldnerisch und unbeschränkt, sondern gem. Art. 1540 ZGB entsprechend ihrer Erbquote *pro rata* und betragsmäßig auf den Wert ihres Erbteils beschränkt. 14

Zum Nachweis der Erbenstellung kann beim zuständigen Notar am Wohnsitz des Erblassers ein **Erbschein** beantragt werden, Art. 1556 ZGB. Dies geht regelmäßig erst nach Ablauf der sechsmonatigen Frist für die Annahme der Erbschaft, da erst dann die Erben endgültig feststehen. Haben allerdings alle zur Erbfolge berufenen Personen die Erbschaft ausdrücklich angenommen, so kann der Notar auch schon vorher den Erbschein ausstellen, Art. 1557 ZGB. 15

Weitere Informationen und Materialien, wie z.B. Muster, Formulare, amtliche Texte und Internetadressen, befinden sich auf der beiliegenden CD-ROM.

Süß

Monaco

Dr. Rembert Süß, Rechtsanwalt, Würzburg

Inhalt

A. Internationales Erbrecht 1
B. Gesetzliche Erbfolge 3
C. Testamentarische Erbfolge 6

Literatur

François, Introduction au droit monégasque, Baden-Baden 1998; *Damy/Marquet*, Monaco, Donations et testaments. Droit international privé, in: Juris-Classeur de Droit Comparé (Stand: 26. November 2007).

A. Internationales Erbrecht

Das aktuell geltende IPR von Monaco unterstellt die Erbfolge des beweglichen Vermögens dem **Heimatrecht** des Verstorbenen. Die Erbfolge des unbeweglichen Vermögens unterliegt gem. Art. 3 Abs. 2 *Code Civil* dem jeweiligen **Belegenheitsrecht** (*lex situs*). Insoweit kann also nach dem monegassischen IPR eine Nachlassspaltung eintreten. Das gilt insbesondere dann, wenn ein Erblasser ohne monegassische Staatsangehörigkeit ein Grundstück in Monaco hinterlässt (soweit es sich nicht um den Angehörigen eines Staates handelt, in dem die Erbrechtsverordnung gilt und der Erblasser mit gewöhnlichem Aufenthalt in Monaco verstirbt, so dass sein Heimatrecht eine Rückverweisung auf das monegassische Recht auch hinsichtlich des übrigen Vermögens ausspricht). Eine Nachlassspaltung tritt aber auch ein, wenn ein Monegasse mit letztem Wohnsitz in Monaco eine Immobilie in Deutschland hinterlässt, da dann das monegassische Recht ausschließlich hinsichtlich der Immobilie auf das deutsche Recht verweist und diese Verweisung gem. Art. 34 Abs. 1 lit. a EU-ErbVO anzunehmen ist.

Das Haager Testamentsformübereinkommen hat Monaco nicht ratifiziert. Nach monegassischem Recht genügt zur **Formwirksamkeit** eines **Testaments** aber die Einhaltung der Erfordernisse entweder am Ort der Errichtung (*locus regit actum*) oder des Heimatrechts des Erblassers.[1]

Da das Fürstentum Monaco nicht Mitgliedstaat der Europäischen Union ist, wird dort die Europäische Erbrechtsverordnung nicht in Kraft treten. Ein **Entwurf zu einem Gesetz zum Internationalen Privatrecht** vom Juni 2013[2] sieht in den Art. 52–63 eine kollisionsrechtliche Regelung vor, die sich sehr an das Kapitel III der Erbrechtsverordnung anlehnt. Die Erbfolge unterliegt gem. Art. 52 einheitlich dem am letzten Wohnsitz der Erblassers geltenden Recht. Der Erblasser kann das Recht eines Staates wählen, dem er zum Zeitpunkt der Rechtswahl angehört. Die Rechtswahl muss ausdrücklich in Form einer Verfügung von Todes wegen erfolgen, Art. 53 Abs. 2. Für die Formwirksamkeit eines Testaments wird

---

1 *Vialatte/Julien/Rey/Gastaud*, Monaco, in: Juris-Classeur de Droit Comparé, Anm. 236 f.
2 Projet de Loi Rélativ au Droit Internaitonal Privé D-2-13 vom 3.6.2013.

Art. 1 des Haager Testamentsformübereinkommens in Art. 54 übernommen. Art. 55 bis 57 enthalten zum Erbvertrag dem Art. 25 Abs. 1 bis 3 EU-ErbVO entsprechende Regeln.

B. Gesetzliche Erbfolge

3   Das materielle Erbrecht ist im monegassischen *Code Civil* geregelt.[3] Es entspricht weitgehend dem französischen Recht zum *status quo* vor den beiden Erbrechtsreformen 2002 und 2006.

4   Gesetzliche Erben **erster Ordnung** sind die Abkömmlinge. Sonderregeln existierten offenbar immer noch für außerehelich geborene Kinder.[4] Diese Vorschriften sind allerdings zumindest aufgrund Verstoßes gegen die EMRK mittlerweile obsolet.[5] Erben **zweiter Ordnung** sind die Eltern und die Geschwister des Erblassers, wobei jedem Elternteil ein Viertel des Nachlasses zusteht, Art. 637 *Code Civil*. Hinterlässt der Erblasser einen Elternteil oder beide Elternteile und Geschwister, erbt jeder Elternteil zu einem Viertel, der Rest geht auf die Geschwister über, Art. 634 *Code Civil*. In nächster Ordnung erben die weiteren Aszendenten, wobei sich der Nachlass jeweils zur Hälfte in die väterliche und die mütterliche Linie teilt (sog. *fente*). Innerhalb jeder Linie schließen die gradnäheren Aszendenten die gradferneren aus.

5   Der überlebende **Ehegatte** erbt mit Abkömmlingen zu gleichen Teilen, mindestens aber ein Viertel, Art. 641 *Code Civil*. Sind die Eltern oder einer von ihnen zur Erbfolge berufen, erben diese jeweils ein Viertel und der Ehegatte erhält den Rest. Hinterlässt der Erblasser weder Abkömmlinge noch Vorfahren noch Geschwister oder Abkömmlinge von diesen, ist der Ehegatte gesetzlicher Alleinerbe, Art. 649 *Code Civil*.

C. Testamentarische Erbfolge

6   Das einseitige widerrufliche **Testament** ist die einzige Art der Verfügung von Todes wegen. Es kann eigenhändig (*testament olographe*), in notariell beurkundeter Form als öffentliches Testament (*testament authentique*) oder durch Übergabe an einen Notar in einem verschlossenen Umschlag als sog. geheimes Testament (*testament mystique*) errichtet werden.

Der **Pflichtteil** umfasst die Hälfte des Nachlasses bei einem Kind, zwei Drittel bei zwei Kindern und bei mehr als zwei Kindern drei Viertel des Nachlasses, Art. 780 *Code Civil*. Sind keine Abkömmlinge vorhanden, so steht gem. Art. 781 *Code Civil* den Eltern bzw. – bei Fehlen von Eltern wie von Geschwistern – den weiteren Vorfahren ein Pflichtteil zu.

Weitere Informationen und Materialien, wie z.B. Muster, Formulare, amtliche Texte und Internetadressen, befinden sich auf der beiliegenden CD-ROM.

---

3   Im Internet einsehbar unter http://www.legimonaco.mc.
4   Art. 640. *Code Civil*.
5   Vgl. Europäischer Gerichtshof für Menschenrechte, Urt. v. 1.2.2000 (*Mazurek*), FamRZ 2000, 1077 m. Anm. *Vanwinckelen*.

Montenegro

Dr. Rembert Süß, Rechtsanwalt, Würzburg

Inhalt

A. Vorbemerkung 1
B. Internationales Erbrecht 3
C. Gesetzliche Erbfolge 4
D. Testamentarische Erbfolge 8
E. Nachlassabwicklung 17
F. Erbschaftsteuer 20

Literatur

Antic, Serbia and Montenegro (2006), in: Pintens, International Encyclopedia of Laws: Family and Succession Law; *Djordjevic*, Länderbericht Montenegro, in: Burandt/Rojahn, Erbrecht Kommentar, 2. Aufl. 2014, S. 1546; *Jessel-Holst*, Neukodifikation des internationalen Privatrechts in Montenegro, IPRax 2014, 553; *Povh*, Zur Wirksamkeit des sogenannten Berliner Testaments nach jugoslawischem Recht, FamRZ 1992, 511; *Pürner*, Republik Montenegro (Stand: 31.10.2010), in: Ferid/Firsching/Dörner/Hausmann, Internationales Erbrecht; *Schweisfurth/Blöcker*, Zur Fortgeltung des Haager Übereinkommens über den Zivilprozess im Verhältnis zur Bundesrepublik Jugoslawien, IPRax 1996, 9; *Zupančič*, Umriss der rechtlichen Regelung der Erbfolge in Jugoslawien, ZfRV 1986, 18.

A. Vorbemerkung

Die Republik Montenegro hat sich nach Referendum vom 21.5.2006 durch Unabhängigkeitserklärung vom 3.6.2006 aus dem Staatenbund Serbien-Montenegro gelöst. Damit war der Staatenbund aufgelöst und die Republik Montenegro – wie auch die Republik Serbien – hatten die völkerrechtliche Souveränität erlangt.

Als teilweiser Rechtsnachfolger der vormaligen Sozialistischen Föderativen Republik Jugoslawien und der hieraus hervorgegangenen Bundesrepublik Jugoslawien sowie des Staatenbundes Serbien-Montenegro ist die Republik Montenegro auch an die internationalen Verträge und Übereinkommen gebunden, die von diesen Staaten, aus denen sie hervorgegangen ist, abgeschlossen worden sind. Das gilt insbesondere für die beiden auf dem Gebiet des Internationalen Erbrechts geltenden zivilrechtlichen Übereinkommen (siehe Rn 3). Nachdem das Erbrecht in der damaligen Sozialistischen Föderativen Republik Jugoslawien in den siebziger Jahren aus der Bundeszuständigkeit in die Gesetzgebungszuständigkeit der Republiken überführt worden war, hatte die Republik Montenegro schon am 29.12.1975 ein eigenes Gesetz über die Beerbung erlassen. Dieses Gesetz ist durch das Erbschaftsgesetz vom 5.11.2008 ersetzt worden (montErbG).[1]

B. Internationales Erbrecht

Zunächst galt in Montenegro das jugoslawische „Bundesgesetz zur Lösung von Gesetzeskollisionen mit den Vorschriften anderer Staaten für bestimmte Verhältnisse" (IPRG) vom

---

[1] Deutsche Übersetzung von *Pürner*, Montenegro Texte Nr. 1, in: Ferid/Firsching/Dörner/Hausmann, Internationales Erbrecht.

15.6.1982,² fort. Das Internationale Privatrecht ist aber seit dem 17.7.2014 durch Gesetz vom 23.12.2013 (IPRG) neu geregelt worden.³ Dieses Gesetz lehnt sich auf dem Bereich des internationalen Erbrechts an den Vorschlag für die EU-ErbVO an. Art. 71 IPRG unterstellt daher die Erbfolge dem Recht des Staates, in dem der Erblasser zum Zeitpunkt seines Todes seinen gewöhnlichen Aufenthalt hatte. Die Rückverweisung eines ausländischen Aufenthaltsrechts auf das montenegrinische Recht wird gem. Art. 4 IPRG beachtet. Nach einer Rückverweisung auf das Recht von Montenegro ist unmittelbar das montenegrinische materielle Erbrecht anzuwenden.

Für die **Formwirksamkeit** von Testamenten gilt das **Haager Testamentsformübereinkommen** vom 5.10.1961.⁴ Dessen Regeln sind in Art. 73 IPRG inkorporiert worden. Des Weiteren gilt das **Washingtoner Abkommen** über ein einheitliches Recht der Form eines Internationalen Testaments vom 26.10.1973.⁵

C. Gesetzliche Erbfolge

4   Erben **erster Ordnung** sind die Abkömmlinge des Erblassers. Es gelten die Regeln über die Repräsentation und die Erbfolge nach Stämmen (Art. 11 montErbG). Eheliche, nichteheliche und adoptierte Abkömmlinge erben gleichberechtigt (Art. 10 montErbG). Erben **zweiter Ordnung** sind die Eltern des Erblassers; bei Vorversterben eines Elternteils treten dessen Abkömmlinge ein, ersatzweise der andere Elternteil bzw. dessen Abkömmlinge (Art. 13 f. montErbG). Erben **dritter Ordnung** sind die Großeltern beider Linien je zur Hälfte. Bei Vorversterben eines Teils von ihnen erben jeweils dessen Abkömmlinge (Art. 17 montErbG). Über die dritte Ordnung hinaus kennt das montenegrinische Recht keine weiteren Erbordnungen.

5   Der **überlebende Ehegatte** erbt mit Kindern des Erblassers zu gleichen Teilen nach Köpfen (Art. 11 Abs. 2 montErbG). Hinterlässt der Erblasser ein uneheliches Kind, ein Kind aus einer vorherigen Ehe oder ein einseitiges Adoptivkind und verbleibt dem überlebenden Ehegatten schon nach der güterrechtlichen Auseinandersetzung mehr Vermögen, als der Teil am Nachlass betragen würde, der ihm bei Teilung des Nachlasses in gleiche Teile zukommen würde, so erhält jedes der Kinder des Erblassers einen doppelt so hohen Anteil am Nachlass wie der Ehegatte (Art. 21 montErbG). Anders als z.B. im serbischen Recht tritt diese Minderung des gesetzlichen Ehegattenerbrechts im montenegrinischen Recht nicht aufgrund ermessensgebundener Entscheidung des Gerichts, sondern automatisch und zwingend ein. Hinterlässt der Erblasser also z.B. ein Kind aus erster Ehe und ein weiteres Kind aus der Ehe mit dem überlebenden Ehegatten, so erhielte der Ehegatte nach Teilung des ehelichen Gesamtguts also ein Fünftel, die beiden Kinder – auch das ehegemeinsame – bekämen je zwei Fünftel.

Der bedürftige Ehegatte, der seinen Lebensunterhalt nicht aus eigenen Mitteln bestreiten kann, kann gem. Art. 23 montErbG aber vor Gericht beantragen, dass dieses nach billigem Ermessen seine Erbquote erhöht. Im Fall eines geringwertigen Nachlasses kann das Gericht diesen sogar dem Ehegatten insgesamt zusprechen.

---

2   Deutsche Übersetzung bei *Firsching*, IPRax 1983, 6.
3   Deutsche Übersetzung von *Jessel-Holst*, IPRax 2014, 556 ff.
4   Seit dem 5.1.1964, BGBl 1966 II S. 11; siehe auch BGBl 2002 II S. 49 für die Zeit ab dem 27.4.1992. Text des Abkommens auf der beiliegenden CD-ROM unter der Rubrik „Haager Konventionen".
5   Text des Abkommens auf der beiliegenden CD-ROM unter der Rubrik „Washingtoner Abkommen"; vgl. auch § 4 Rn 19.

Das Ehegattenerbrecht erlischt nicht erst mit Scheidung, sondern auch schon mit Erhebung der Scheidungsklage durch den Erblasser, wenn das Gericht nach seinem Tode feststellt, dass die Klage begründet war, Art. 22 Abs. 2 Nr. 1 montErbG. Der Ehegatte verliert in gleicher Weise seine Rechte, wenn die Lebensgemeinschaft mit dem Erblasser aufgrund seiner Schuld oder aufgrund Einvernehmens mit dem Erblasser beendet worden war, Art. 22 Abs. 1 Nr. 3 montErbG.

Neben Erben der zweiten Ordnung erhält der Ehegatte die Hälfte des Nachlasses (Art. 12 Abs. 2 montErbG). Sind die Eltern des Erblassers bedürftig, so kann das Gericht ihnen aber auf deren Antrag zu Lasten des Ehegatten des Erblassers einen höheren Anteil am Nachlass zuweisen, Art. 24 montErbG. Neben Erben der dritten Ordnung wird der Ehegatte gem. Art. 15 montErbG gesetzlicher Alleinerbe.

D. Testamentarische Erbfolge

Die **Testierfähigkeit** tritt gem. Art. 59 montErbG bereits mit Vollendung des 15. Lebensjahres ein. Das **gemeinschaftliche Testament** ist gesetzlich nicht geregelt. Die Literatur geht davon aus, dass dieses dann unwirksam ist, wenn es wechselbezügliche Verfügungen enthält.[6]

Ordentliche **Testamentsformen** sind das – mangels eines Notariats – als „gerichtliches Testament" errichtete öffentlich beurkundete Testament (Art. 69 montErbG), das vollständig eigenhändig errichtete und unterschriebene (holographe) Testament (Art. 66 montErbG), das schriftlich errichtete und eigenhändig unterschriebene (allographe) Zwei-Zeugen-Testament (Art. 67 montErbG) sowie schließlich das nach den Vorschriften des Washingtoner Abkommens errichtete internationale Testament (vgl. Art. 74–87 montErbG). Zuständige Person für die Errichtung des internationalen Testaments sind in Montenegro der Richter und im Ausland die konsularischen Beamten der Republik Montenegro. Daneben gibt es verschiedene Formen des Nottestaments (Militärtestament, Seetestament etc.).

Der Erblasser kann durch Testament
– Erben und Ersatzerben einsetzen, Art. 93 montErbG;
– eine Stiftung errichten, Art. 96 montErbG;
– Vermächtnisse aussetzen, Art. 100 montErbG;
– Erbeinsetzungen und Vermächtnisse mit Bedingungen versehen, Art. 97 Abs. 2 montErbG;
– Erben oder Vermächtnisnehmer mit Auflagen belasten, Art. 97 Abs. 1 montErbG, und
– Testamentsvollstrecker bestellen, Art. 113 ff. montErbG.

Das Testament ist jederzeit widerruflich.

Verträge über eine noch nicht angefallene Erbschaft sind ebenso unzulässig (Art. 104 montErbG) wie Verträge, mit denen der Erblasser seinen Nachlass einem anderen hinterlässt (**Erbvertrag** im engeren Sinne, Art. 121 montErbG) oder mit dem er sich verpflichtet, in bestimmter Weise zu testieren (Testiervertrag, Art. 123 montErbG). Allerdings kann der Erblasser durch einen **Übergabevertrag** mit seinen Abkömmlingen vereinbaren, dass bestimmte Teile seines gegenwärtigen Vermögens in der vereinbarten Weise auf die Abkömmlinge oder einen von ihnen übergehen. Dem Vertrag müssen alle Abkömmlinge zustimmen. Er ist durch das Gericht zu beurkunden (Art. 1063 montenegrinisches Obligationengesetz).

---

6 *Povh*, FamRZ 1992, 511 f.

Die vom Vertrag erfassten Gegenstände fallen dann beim Tod des Erblassers nicht mehr in den Nachlass, sondern gehen unmittelbar mit Vertragsabschluss auf die Begünstigten über. Der Übergeber kann sich allerdings auch den Nießbrauch an den Gegenständen vorbehalten.

13 Möglich ist auch eine Zuwendung von Nachlassvermögen auf den Todesfall gegen eine Verpflichtung des Vertragspartners, dem Erblasser oder einer anderen Person lebenslangen Unterhalt zu leisten, Art. 1075 montenegrinisches Obligationengesetz. Auch ein solcher Vertrag muss notariell beurkundet werden.

14 Nach montenegrinischem Recht besteht der **Pflichtteil** in einer dinglichen Beteiligung des Pflichtteilsberechtigten in Höhe seiner Pflichtteilsquote an allen Nachlassgegenständen, Art. 29 montErbG, über den der Erblasser nicht testamentarisch verfügen kann, Art. 28 Abs. 1 montErbG. Der Pflichtteilsberechtigte hat also keinen Pflichtteilsanspruch, sondern ein echtes Noterbrecht. Gemäß Art. 27 Abs. 1 montErbG sind die Abkömmlinge, der Ehegatte, die Adoptiveltern und deren Abkömmlinge pflichtteilsberechtigt. Die Großeltern und die Geschwister des Erblassers haben einen Pflichtteil nur dann, wenn sie dauerhaft erwerbsunfähig sind und ihren Unterhalt nicht aus eigenen Mitteln bestreiten können, Art. 27 Abs. 2 montErbG.

15 Die **Pflichtteilsquote** beläuft sich für leibliche und adoptierte Abkömmlinge und den Ehegatten auf die Hälfte, für alle übrigen Berechtigten auf ein Drittel des gesetzlichen Erbteils. Die gesetzlichen Erhöhungen und Verminderungen des Ehegattenerbteils (siehe Rn 5 ff.) sind einzubeziehen, Art. 28 montErbG. Lebzeitige Schenkungen, die der Erblasser zugunsten einer Person aus dem Kreise der gesetzlich erbberechtigten Personen gemacht hat, sind dem Nachlass zur Berechnung der Pflichtteile zuzurechnen, Art. 30 Abs. 5 montErbG. Scheidet ein Pflichtteilsberechtigter kraft Ausschlagung oder aus anderem Grunde aus, wächst sein Anteil den anderen Pflichtteilsberechtigten nicht zu. Der Pflichtteil wird durch Verlangen der Herabsetzung der pflichtteilsverletzenden Verfügungen (vorrangig der letztwilligen, nachrangig aber auch der lebzeitigen) geltend gemacht. Der Anspruch auf Wiederherstellung des Pflichtteils verjährt nach Ablauf von drei Jahren seit Testamentseröffnung, Art. 43 montErbG.

16 Ein **Erb- oder Pflichtteilsverzicht** ist grundsätzlich nicht möglich. Allerdings kann ein Abkömmling durch gerichtlich beurkundeten Vertrag mit dem Erblasser die künftige Erbfolge unwiderruflich ausschlagen (Art. 135 Abs. 2 montErbG). Ein solcher Vertrag wirkt – soweit nicht anderes vereinbart wurde – auch zu Lasten der Abkömmlinge des Ausschlagenden. Er kann auch auf den Pflichtteil beschränkt werden. Desgleichen sind alle Erben von der Geltendmachung von Pflichtteilen wegen eines **lebzeitigen Übergabevertrages** ausgeschlossen, wenn sie an dem Vertrag beteiligt oder ihm zugestimmt haben (siehe Rn 12).

E. Nachlassabwicklung

17 Der Nachlass geht – vorbehaltlich der **Ausschlagung** – mit dem Tod des Erblassers *ipso iure* auf die Erben über. Die Ausschlagung ist dem Gericht oder im Ausland einem Konsul gegenüber zu erklären. Die Ausschlagung muss bis zum Ende des erstinstanzlichen Nachlassverfahrens erklärt werden, Art. 131 Abs. 1 montErbG. Eine ausdrückliche Annahmeerklärung ist nicht erforderlich.

18 Das **Nachlassverfahren** wird von Amts wegen durch das Gericht am letzten Wohnsitz des Erblassers eingeleitet. Befand sich dieser Wohnsitz im Ausland, ist das Gericht des Ortes zuständig, an dem sich der überwiegende Teil des Nachlasses befindet. Das Verfahren

Süß

wird mit einem Beschluss über die Beerbung abgeschlossen. Der Beschluss kann jederzeit angefochten und aufgehoben werden.

Mehrere Erben bilden eine **Erbengemeinschaft**, Art. 143 montErbG. Sie verfügen über den Nachlass gemeinsam. Die Erben haften für die Nachlassverbindlichkeiten solidarisch, jeder aber beschränkt auf den Wert des jeweils auf ihn entfallenden Erbteils, Art. 140 montErbG. Jeder Erbe kann jederzeitig die Erbauseinandersetzung verlangen, ein Ausschluss der Teilung durch Vertrag der Erben oder Anordnung des Erblassers ist nicht wirksam, Art. 142 montErbG. Ein Erbe kann seinen Erbteil durch öffentlich beglaubigten Vertrag nur auf Miterben übertragen. Ein Erbschaftskauf durch Dritte ist also nicht möglich. Vielmehr erwirbt der Dritte in diesem Fall nur Anspruch auf das, was der Erbe im Zuge der Erbauseinandersetzung erwirbt, Art. 144 montErbG.

F. Erbschaftsteuer

Die Erbfolge wird nach dem Gesetz über die Grunderwerbsteuer belastet. Die Grunderwerbsteuer beträgt im Erbfall 3 % des Wertes der im Nachlass enthaltenen Grundstücke. Die Abkömmlinge, die Eltern des Erblassers und sein Ehegatte sind von der Steuer befreit. Die Erben der zweiten Ordnung werden insoweit befreit, wie die Wohnung des Erblassers Gegenstand der Erbfolge ist und die Erben in dieser Wohnung mit dem Erblasser mindestens ein Jahr vor dem Tod des Erblassers gelebt haben. Vergleichbare Befreiungen gelten für die Vererbung von landwirtschaftlichem Grundbesitz.

Niederlande

Dr. Arlette R. van Maas de Bie, Rechtsanwältin, Eindhoven

Inhalt

A. Internationales Erbrecht 1
   I. Bestimmung des Erbstatuts nach niederländischem internationalen Privatrecht .. 1
   II. Die Europäische Erbrechtsverordnung und das niederländische Ausführungsgesetz Verordnung Erbrecht 5
     1. Allgemeines 5
     2. Vollstreckbarkeit 7
     3. Das Europäische Nachlasszeugnis 8
   III. Haager Erbrechtsübereinkommen 9
   IV. Bestimmung des Erbstatuts durch Rechtswahl 12
   V. Bestimmung des Erbstatuts anhand der objektiven Kollisionsleiter 16
   VI. Das Prinzip der Nachlasseinheit 19
   VII. Besonderheiten bei testamentarischer Erbfolge 23
   VIII. Die Nachlassabwicklung 25
   IX. Der ordre public 28
   X. Vorfrage nach dem Bestehen der Ehe 31
   XI. Vorfrage nach dem Güterstatut 37
     1. Rechtsquellen 37
     2. Eheschließung nach dem 1.9.1992 38
     3. Eheschließung vor dem 1.9.1992 41
   XII. Vorfrage nach der Abstammung 51
   XIII. Vorfrage: Das Adoptionsstatut 57

B. Materielles Erbrecht 60
   I. Allgemeines 60
   II. Gesetzliche Erbfolge 61
     1. Grundlagen der gesetzlichen Erbfolge 61
     2. Erbordnungen 64
     3. Erbrecht des Staates 67
     4. Umfang des Nachlasses 68
   III. Das gesetzliche Erbrecht des Ehegatten .. 71
   IV. Erbunwürdigkeit 82
   V. Testamentarische Erbfolge 84
     1. Testamentsform 84
     2. Inhalt des Testaments 88
   VI. Pflichtteilsrechte und andere gesetzliche Rechte 93
   VII. Testamentsvollstreckung 100
   VIII. Wege der Nachlassregelung außerhalb des Erbrechts 101
     1. Schenkung von Todes wegen/donatio mortis causa 102
     2. Güterrechtliche Vereinbarungen 103

C. Nachlassabwicklung 105
D. Besteuerung der Erbfolge 110
   I. Das niederländische internationale Steuerrecht 110
   II. Berechnung der Steuer 113

Literatur

Deutschsprachige Literatur

Boele-Woelki, Kodifikation des niederländischen Internationalen Privat- und Verfahrensrechts, IPRax 1995, 263; *Brandi*, Das Haager Abkommen über das auf die Erbfolge anwendbare Recht, 1996; *Breemhaar*, Familiäre Bindung und Testierfreiheit im neuen niederländischen Erbrecht, in: Henrich/Schwab, Familienerbrecht und Testierfreiheit im europäischen Vergleich, 2001, S. 147; *Charisius*, Das niederländische Internationale Privatrecht, 2001; *Ebke*, Die Anknüpfung der Rechtsnachfolge von Todes wegen nach niederländischem Kollisionsrecht, RabelsZ 48 (1984), 319; *Eule*, Probleme der gesetzlichen Verteilung im neuen niederländischen Partnerschaftserbrecht, RNotZ 2003, 434; *Hoog*, Das niederländische Erbschaft- und Schenkungsteuerrecht, 1996; *van Loon*, Die Haager Konferenz für IPR und ihre Bestrebungen zur Reform des Internationalen Erbrechts, MittRhNotK 1989, 9; *Luijten*, Die „elterliche Nachlassverteilung" in den Niederlanden, MittRhNotK 1986, 109; *Luijten*, Die Reform des Erbrechts in den Niederlanden, RNotZ 2003, 119; *van Mourik/Schols/Schmellenkamp/Tomlow/Weber*, in: DNotI, Deutsch-Niederländischer Rechtsverkehr in der Notariatspraxis, 1997; *Mincke*, Einführung in das niederländische Recht, 2002; *Riering/Marck*, Das gemeinschaftliche Testament deutsch-niederländischer Ehegatten, ZEV 1995, 90; *Schimansky*, Die Reform des niederländischen Erbrechts, ZEV 2003, 149; *Schmellenkamp*, Änderungen des Internationalen Erbrechts im Verhältnis zwischen Deutschland und den Niederlanden aufgrund des Haager Erbrechtsübereinkommens, MittRhNotK 1997, 245; *Süß*, Länderbericht Niederlande, in: NomosKommentar BGB, Band 5: Erbrecht, 4. Aufl. 2014; *Weber*, Niederlande, in: Ferid/Firsching/Dörner/Hausmann, Internationales Erbrecht; *Weber*, Internationales Erbrecht in den Niederlanden, IPRax 2000, 41.

Literatur in niederländischer Sprache

Ebben, Inleiding nieuw erfrecht, Boom Juridische uitgevers, Den Haag 2001; *Marck*, De afwikkeling an een nalatenschap met internationale aspecten: het Nederlandse IPR in vogelvlucht, WPNR juni 2006; Estate planning, Red. *Schols*, De erfrechtelijke IPR-cautio? Näherberechtigung en „retorsie" in het internationale erfrecht, WPNR 2007 (6703), p. 236–243; *Knot*, Afwikkeling van nalatenschappen in het Nederlandse internationaal privaatrecht. Enkele opmerkingen, mede naar aanleiding van de conclusie van Advocaat-Generaal mr. L. Strikwerda bij het arrest van de Hoge Raad van 22 februari 2008, NIPR 2008, p. 252–257; *Knot*, Internationale boedelafwikkeling volgens de regels van de Erfrechtverordening: vereffening, verdeling en Näherberechtigung vanaf 17/8/2015, WPNR 2014 nr. 7024; *Sonneveldt/Kleijn*, Koninklijke, Vermande 2002; *Strikwerda*, Inleiding tot het Nederlandse internationaal privaatrecht, 11. druk (11. Aufl.), Kluwer-Deventer 2015; *Ten Wolde*, IPR, Erfrecht, in: Groene Serie Erfrecht, (losbl.), Deventer; *Ten Wolde*, Internationaal en interregionaal erfrecht in het Koninkrijk der Nederlanden, Ars Notariatus LXXIV, Kluwer-Deventer 1996; *van Mourik*, Nieuw erfrecht, tweede druk (2. Aufl.), Tjeenk Willink-Deventer 2000; *van Mourik/Nuytinck*, Personen- en familierecht, huwelijksvermogensrecht en erfrecht, 6e druk (6. Aufl.), Deventer, Wolters Kluwer 2015; *Vonken*, Mr. C. Assers Handleiding tot de beoefening van het Nederlands Burgerlijk Recht. 10. Internationaal privaatrecht. Deel II. Het internationale personen-, familie- en erfrecht, Deventer Kluwer 2012, Hoofdstuk 11.

A. Internationales Erbrecht

I. Bestimmung des Erbstatuts nach niederländischem internationalen Privatrecht

1 Im internationalen niederländischen Erbrecht sind drei Fragen zu unterscheiden, und zwar:
– Welches Recht beherrscht die Erbfolge?
– Welches Recht beherrscht die letztwillige Verfügung?
– Welches Recht ist auf die Abwicklung des Nachlasses anzuwenden?

Diese drei Fragen werden nachfolgend getrennt beantwortet.

2 Das niederländische internationale Erbrecht kennt vier Quellen:
– Die Europäische Erbrechtsverordnung (EU) Nr. 650/2012 über die Zuständigkeit, das anzuwendende Recht, die Anerkennung und Vollstreckung von Entscheidungen und die Annahme und Vollstreckung öffentlicher Urkunden in Erbsachen sowie zur Einführung eines Europäischen Nachlasszeugnisses (im Folgenden: **EU-ErbVO**) (ab dem 17.8.2015);
– das Haager Erbrechtsübereinkommen bezüglich des anzuwendenden Rechts auf die Erbfolge vom 1.8.1989[1] (im Folgenden: **Haager ErbrechtÜbk.**) (bis zum 16.8.2015);
– das Einführungsgesetz *Wet Conflictenrecht Erfopvolging* vom 1.10.1996[2] (im Folgenden: **WCErf**), welches seit dem 1.1.2012 in das niederländische IPR-Gesetz (**Buch 10 BW**) übernommen worden ist; und
– das Haager Testamentsformübereinkommen vom 5.10.1961.[3]

3 Mit Wirkung vom 1.4.2015 ist für die Niederlande das Haager Erbrechtsübereinkommen bezüglich des anzuwendenden Rechts auf die Erbfolge vom 1.8.1989 außer Kraft getreten.[4] Der Grund dafür ist, dass ab dem 17.8.2015 für die Niederlande die Bestimmungen der

---

1 Trb. 1994 Nr. 49; Text auf der beiliegenden CD-ROM unter der Rubrik „Haager Konventionen".
2 Das WCErf ist am 1.10.1996 in Kraft getreten. Am 1.1.2012 ist das WCErf in das Buch 10 BW übernommen worden. Text auf der beiliegenden CD-ROM unter der Rubrik „Niederlande".
3 Text auf der beiliegenden CD-ROM unter der Rubrik „Haager Konventionen".
4 Wet tot goedkeuring van het voornemen tot opzegging van het op 1 augustus 1989 te 's-Gravenhage tot stand gekomen Verdrag inzake het recht dat van toepassing is op erfopvolging, Wet van 19–11–2014, Stb. 2014, 468.

Verordnung (EU) Nr. 650/2012 über die Zuständigkeit, das anzuwendende Recht, die Anerkennung und Vollstreckung von Entscheidungen und die Annahme und Vollstreckung öffentlicher Urkunden in Erbsachen sowie zur Einführung eines Europäischen Nachlasszeugnisses (PbEU 2012, L 201) einschlägig wird. Da die Bestimmungen der EU-ErbVO nicht im Einklang stehen mit den Bestimmungen des Haager Erbrechtsübereinkommens, ist zur Vorbeugung von Streitigkeiten das Haager Erbrechtsübereinkommen durch die Niederlande gekündigt worden.

Das niederländische autonome Internationale Privatrecht (Art. 10:5 BW) wie auch das Haager ErbrechtÜbk. geht – anders als das deutsche EGBGB, das von einer Gesamtverweisung ausgeht – in seinem Art. 17 von einer **Sachnormverweisung** aus und anerkennt **keine Rück- oder Weiterverweisung**. Allerdings ist in Art. 4 Haager ErbrechtÜbk. eine beschränkte Weiterverweisung kodifiziert, wonach in dem Fall, dass das Recht eines Nicht-Abkommenstaates einschlägig ist und die Kollisionsnormen dieses Staates im Hinblick auf den ganzen oder einen Teil des Nachlasses auf das Recht eines weiteren Nicht-Vertragsstaates verweisen, der wiederum sein eigenes Recht anwenden würde, das Recht dieses weiteren Staates anzuwenden ist.

II. Die Europäische Erbrechtsverordnung und das niederländische Ausführungsgesetz Verordnung Erbrecht

1. Allgemeines

Ab dem 17.8.2015 gelten die Bestimmungen der Europäischen Erbrechtsverordnung in den Niederlanden. Sie gilt nämlich für alle Mitgliedstaaten der EU,[5] und demzufolge auch für die Niederlande. Zur Vorbereitung der EU-ErbVO haben die Niederlande neulich ein Ausführungsgesetz angenommen, und zwar das „Wet van 5 november 2014 tot uitvoering van de Verordening (EU) nr. 650/2012 van het Europees Parlement en de Raad van 4 juli 2012 betreffende de bevoegdheid, het toepasselijk recht, de erkenning en de tenuitvoerlegging van beslissingen en de aanvaarding en de tenuitvoerlegging van authentieke akten op het gebied van erfopvolging, alsmede betreffende de instelling van een Europese erfrechtverklaring (PbEU 2012, L 201).[6] Vorgenanntem Gesetz wird zitiert als „Ausführungsgesetz Verordnung Erbrecht"(Uitvoeringswet Verordening erfrecht).

Das niederländische Ausführungsgesetz enthält folgende Bestimmungen: Annahme oder Ausschlagung der Erbschaft, eines Vermächtnisses oder eines Pflichtteils.

Aufgrund Art. 13 EU-ErbVO sind die Gerichte des Mitgliedstaats, in dem eine Person ihren gewöhnlichen Aufenthalt hat, die nach dem auf die Rechtsnachfolge von Todes wegen anzuwendenden Recht vor einem Gericht eine Erklärung über die Annahme oder Ausschlagung der Erbschaft, eines Vermächtnisses oder eines Pflichtteils oder eine Erklärung zur Begrenzung der Haftung der betreffenden Person für die Nachlassverbindlichkeiten abgeben kann, für die Entgegennahme solcher Erklärungen zuständig, wenn diese Erklärungen nach dem Recht dieses Mitgliedstaats vor einem Gericht abgegeben werden können. Art. 2 des niederländischen Ausführungsgesetzes Verordnung Erbrecht besagt, dass eine Erbe eine Erklärung wie gemeint in Art. 4:191 Abs. 1, 1. Satz BW bei der Gerichtskanzlei (*griffie*) seines Wohnsitzes abgeben kann.

---

5 Mit Ausnahme von Dänemark, Irland und dem Vereinigen Königreich.
6 Staatsblad 2014, 430.

van Maas de Bie

Ein gesetzlicher Vertreter eines Erben kann aufgrund Art. 4:193 Abs. 1 BW die in Art. 13 EU-ErbVO genannte Erklärung bei der Gerichtskanzlei seines Wohnsitzes abgeben (Art. 2 Abs. 2 des niederländischen Ausführungsgesetzes Verordnung Erbrecht).

Ein Vermächtnisnehmer kann eine Erklärung über die Annahme oder Ausschlagung des Vermächtnisses wie gemeint in Art. 13 EU-ErbVO bei der Gerichtskanzlei seines Wohnsitzes abgeben. Diese Erklärung wird im Inventarregister eingetragen (Art. 2 Abs. 3 des niederländischen Ausführungsgesetzes Verordnung Erbrecht).

2. Vollstreckbarkeit

7 Die Vollstreckbarerklärung von Art. 43 EU-ErbVO kann gemäß Art. 3 Abs. 1 des niederländischen Ausführungsgesetzes Verordnung Erbrecht beim niederländischen *Voorzieningenrechter* eingereicht werden. Die Art. 985–990 Rv werden außer Kraft gesetzt. Der Rechtsanwaltszwang gilt nicht (Art. 3 Abs. 2 niederländisches Ausführungsgesetz Verordnung Erbrecht). Die Antragschrift muss in niederländischer Sprache eingereicht werden.

Der Rechtsbehelf gegen die Entscheidung über den Antrag auf Vollstreckbarerklärung durch den *Voorzieningenrechter* kann beim Gericht des *Voorzieningenrechter* eingereicht werden (Art. 4 niederländischen Ausführungsgesetzes Verordnung Erbrecht). Der Rechtsbehelf gegen die Abweisung der Vollstreckbarerklärung, wenn es vom Antragsteller eingereicht ist, ist innerhalb von 30 Tagen einzulegen und beginnt mit dem Tag des Ausstellungsdatums der Abweisung der Vollstreckbarerklärung (Art. 4 Abs. 2 niederländisches Ausführungsgesetz Verordnung Erbrecht).

Gegen die über den Rechtsbehelf ergangene Entscheidung kann gemäß Art. 51 EU-ErbVO i.V.m. Art. 4 Abs. 3 niederländisches Ausführungsgesetzes Verordnung Erbrecht Kassation eingelegt werden.

Die Vollstreckbarerklärung von Art. 60 EU-ErbVO kann gemäß Art. 5 Abs. 1 niederländisches Ausführungsgesetz Verordnung Erbrecht ebenfalls beim niederländischen *Voorzieningenrechter* eingereicht werden. Art. 993 Rv ist nicht anzuwenden.

3. Das Europäische Nachlasszeugnis

8 Mit der EU-ErbVO wird ein Europäisches Nachlasszeugnis eingeführt, das zur Verwendung in einem anderen Mitgliedstaat ausgestellt wird. Ausstellungsbehörde in den Niederlande ist ein Notar mit Standort in den Niederlande (Art. 64 EU-ErbVO i.V.m. Art. 8 niederländisches Ausführungsgesetzes Verordnung Erbrecht).

Entscheidungen, die der Notar getroffen hat, können von einer Person, die berechtigt ist, ein Zeugnis zu beantragen, bzw. einer Person, die ein berechtigtes Interesse nachweist, angefochten werden. Der Rechtsbehelf ist beim *kantonrechter* des Standorts des Notars einzulegen (Art. 72 EU-ErbVO i.V.m. Art. 9 niederländisches Ausführungsgesetzes Verordnung Erbrecht.

III. Haager Erbrechtsübereinkommen

9 Das Haager Abkommen über das auf die Rechtsnachfolge von Todes wegen anzuwendende Recht vom 1.8.1989[7] ist durch die Niederlande ratifiziert worden.[8] Wie bereits erörtert ist

---

7 Trb. 1994 Nr. 49.
8 *Rijkswet tot goedkeuring* vom 4.9.1996, S. 456.

das Haager Abkommen mit Wirkung vom 1.4.2015 außer Kraft getreten. Es gilt jedoch noch für Erbschaften, die vor dem 17.8.2015 eingetreten sind. Dieses Übereinkommen ist einschlägig für die Frage, welches Recht auf die Erbfolge anzuwenden ist. Dies bezieht sich nach seinem Art. 1 Abs. 2 sowohl auf die gesetzliche Erbfolge als auch auf die testamentarische Erbfolge. Vom materiellen Anwendungsbereich ausgeschlossen sind jedoch die Form letztwilliger Verfügungen, die Befugnis, kraft letztwilliger Verfügung zu verfügen, das Ehevermögensrecht und die sog. *will substitutes*.

Das Haager ErbrechtÜbk. hat einen universellen räumlich-persönlichen Anwendungsbereich (*loi uniforme*, Art. 2). Auch bei fehlenden Anknüpfungspunkten des Erblassers oder Nachlasses mit einem Vertragsstaat ist demzufolge das Übereinkommen anzuwenden. Zwar ist das Haager ErbrechtÜbk. selbst noch nicht in Kraft getreten, da die dazu vorausgesetzten drei Ratifizierungen fehlen.[9] Artikel 1:145 Abs. 2 des niederländischen BW verweist jedoch auf die Kollisionsnormen dieses Übereinkommens. Daher werden die Kollisionsnormen des Haager ErbrechtÜbk. in den Niederlanden mittelbar angewandt. Weiter ergänzt das niederländische autonome Recht die Lücken des Haager ErbrechtÜbk., insbesondere enthalten die Art. 10:145–152 BW eine Regelung über die Näherberechtigung und die Abwicklung des Nachlasses (siehe hierzu Rn 22, 25 ff.).

Die Bestimmungen der Art. 10:147–150 BW sind einschlägig auf Nachlässe, die auf oder nach dem 1.10.1996 eröffnet worden sind (siehe Art. 10:152 Abs. 1 BW). Nach Art. 22 Haager ErbrechtÜbk. ist das Übereinkommen nur auf die Erbfolge von Personen anzuwenden, die nach seinem Inkrafttreten für den Mitgliedstaat gestorben sind. Für die **Rechtswahlmöglichkeit** des Erblassers ist jedoch in Art. 21 Abs. 2 Haager ErbrechtÜbk. eine Ausnahme gemacht worden. Im Fall einer Rechtswahl ist eine Rückwirkung möglich. Wenn der Erblasser vor Inkrafttreten des Übereinkommens eine Rechtswahl in Bezug auf die Erbfolge vorgenommen hat, wird diese Rechtswahl als wirksam erachtet, wenn sie wenigstens die Erfordernisse des Übereinkommens beachtet (Art. 10:152 Abs. 2 BW). Im Anschluss an Art. 22 Haager ErbrechtÜbk. bestimmt Art. 10:152 Abs. 1 BW, dass dieses Gesetz auf Personen anzuwenden ist, die nach dem Zeitpunkt des Inkrafttretens sterben. In Art. 152 Abs. 2 und 3 BW sind die Verweisungen auf die Erfordernisse der Art. 5 und 11 des Haager ErbrechtÜbk. wörtlich übernommen worden. Überdies bestimmt Art. 10:152 Abs. 4 BW, dass eine Rechtswahl, die vor dem 1.9.1996 (also vor Inkrafttreten des damaligen WCErf) getroffen worden ist, oder die Änderung einer solchen Rechtswahl nicht deshalb unwirksam ist, weil sie zu einem Zeitpunkt getroffen wurde, in dem es noch keine rechtliche Grundlage für eine solche Wahlmöglichkeit gab. Sie wird nachträglich geheilt. Es gibt im Gegensatz zu Art. 10:152 Abs. 2 und Art. 10:152 Abs. 3 BW jedoch keine Einschränkung auf bestimmte Erfordernisse, die diese Rechtswahl erfüllen soll.

IV. Bestimmung des Erbstatuts durch Rechtswahl

Ausgangspunkt des Haager ErbrechtÜbk. ist die Parteiautonomie des Erblassers. Gemäß Art. 5 Haager ErbrechtÜbk. kann der Erblasser eine Rechtswahl vornehmen. Nicht jedes beliebige Recht kann gewählt werden. Zur Wahl stehen nur:
- Das Heimatrecht und
- das gewöhnliche Aufenthaltsrecht des Erblassers, und zwar jeweils
- zur Zeit der Rechtswahl und
- zur Zeit des Todes.

---

9 Siehe Art. 28 Abs. 1 Haager ErbrechtÜbk.

13 Falls der Erblasser weder zur Zeit der Rechtswahl noch zur Zeit des Todes die Staatsangehörigkeit dieses Staates oder den gewöhnlichen Aufenthalt in diesem Staat hat, ist die Rechtswahl nicht wirksam.[10] Das Erbstatut bestimmt sich dann nach den objektiven Kollisionsnormen.

14 Grundsätzlich umfasst das gewählte Recht den ganzen Nachlass. Allerdings ist eine gesonderte **Wahl des Belegenheitsrechts** ebenfalls rechtsgültig, wenn auch mit eingeschränkter Wirkung (siehe Rn 19).

15 Eine Rechtswahl muss der **Form einer letztwilligen Verfügung** genügen. Das gewählte Recht bestimmt ebenfalls die materielle Wirksamkeit (Art. 5 Abs. 2 Haager ErbrechtÜbk.). Auch der Widerruf der Rechtswahl durch die Person, die sie vorgenommen hat, muss die Formvorschriften für den Widerruf letztwilliger Verfügungen erfüllen. Fehlt eine wirksame Rechtswahl gem. Art. 5 Haager ErbrechtÜbk., ist das Erbfolgestatut gemäß der objektiven Kollisionsleiter des Art. 3 dieses Übereinkommens zu bestimmen (siehe Rn 16).

V. Bestimmung des Erbstatuts anhand der objektiven Kollisionsleiter

16 Das Haager ErbrechtÜbk. stellt in seinem Art. 3 einen Kompromiss zwischen dem gewöhnlichen Aufenthalt und der Staatsangehörigkeit dar. Es gilt eine **dreistufige Anknüpfungsleiter**:
 – Gemäß Art. 3 Abs. 1 Haager ErbrechtÜbk. ist das Recht des Staates, in dem der Erblasser seinen **gewöhnlichen Aufenthalt** im Zeitpunkt des Todes hatte, einschlägig, wenn er in diesem Zeitpunkt **zugleich** die **Staatsangehörigkeit** dieses Staates hat.[11]
 – Das Recht des gewöhnlichen Aufenthalts ist gem. Art. 3 Abs. 2 Haager ErbrechtÜbk. gleichfalls einschlägig, wenn der Erblasser unmittelbar vor seinem Tode während eines Zeitraums von mindestens **fünf Jahren dort ununterbrochen seinen gewöhnlichen Aufenthalt** gehabt hatte. Ausgenommen ist der Fall, dass in außergewöhnlichen Umständen der Erblasser im Zeitpunkt des Todes offensichtlich eine engere Verbindung zu einem Heimatstaat hatte. Dann wird die Erbfolge durch das Heimatrecht beherrscht.
 Der **Begriff des gewöhnlichen Aufenthalts** ist vertragsautonom zu interpretieren. Im Allgemeinen wird angenommen, dass der gewöhnliche Aufenthalt zu dem Ort oder in dem Staat, in dem der Schwerpunkt der gesellschaftlichen und sozialen Bindungen der betreffenden Person liegt, als Daseinsmittelpunkt besteht. Der Begriff des gewöhnlichen Aufenthalts im Sinne des Übereinkommens ist vor allem ein faktischer Begriff. Aus dem Erläuterungsbericht ist zu entnehmen, dass es sich beim gewöhnlichen Aufenthalt insbesondere um die regelmäßige „körperliche Anwesenheit des Erblassers während einiger Zeit im Aufenthaltsstaat handelt und der Aufenthalt eine gewisse Dauerhaftigkeit des Aufenthalts erfordert". Bei einem Aufenthaltswechsel wird der neue Aufenthaltsort i.d.R. erst nach einigen Monaten als gewöhnlicher Aufenthalt angesehen. Doch die Aufenthaltsdauer alleine ist nicht ausschlaggebend. Die soziale und gesellschaftliche Bindung zu einem Staat ist ebenfalls zu berücksichtigen wie die Erwartungen und Pläne des Erblassers. Im Allgemeinen muss also die Rede sein von einer **gewissen Dauerhaftigkeit**, um dem faktischen Aufenthalt hinreichende Anknüpfungswerte zuerkennen zu können.

---

10 Siehe z.B. Gerechtshof Arnhem 3.12.2002, NIPR 2003, 2; Rechtbank Rotterdam 3.9.2008, NIPR 2009, 14; Rechtbank Haarlem 15.9.2010, NIPR 2001, 34.
11 Siehe z.B. Hoge Raad 8.7.2005, NIPR 2005, 209.

– Wenn auch die Anknüpfungstatbestände des Art. 3 Abs. 2 Haager ErbrechtÜbk. nicht erfüllt worden sind, ist nach Art. 3 Abs. 3 Haager ErbrechtÜbk. höchst hilfsweise das **Heimatrecht** im Zeitpunkt des Todes anzuwenden, es sei denn, der Erblasser hat in diesem Zeitpunkt des Todes eine engere Verbindung mit einem anderen Staat.

Bei der Auslegung des Begriffs „**engere Verbundenheit**" des Art. 3 Abs. 3 Haager Erbrecht-Übk. sind die gleichen Indizien wie bei der Festsetzung des gewöhnlichen Aufenthalts zu beachten. Dies wird vom Erläuterungsbericht bestätigt, in dem ausgeführt wird:

> „Once again the considerations are his nationality, the location of his immediate family, his personal ties, the nature and location of his employment or business, the permanence of his place of residence (his apparent home), the principal situs of his personal assets, and his journeying and the reasons for the same."

Bei Feststellung der ggf. engeren Verbundenheit sind sowohl die objektiven Indizien als auch die subjektiven Indizien (das Vorhaben) des Erblassers zu berücksichtigen.

VI. Das Prinzip der Nachlasseinheit

Im niederländischen internationalen Erbrecht gilt das Prinzip der **Nachlasseinheit**. Das Erbstatut sieht auf den ganzen Nachlass, ohne Rücksicht auf die Belegenheit des Nachlasses. Das Einheitsprinzip ist in Art. 7 Abs. 1 Haager ErbrechtÜbk. verankert. Es kann jedoch durchkreuzt werden, wenn der Erblasser gem. Art. 6 Haager ErbrechtÜbk. eine **Rechtswahl** zugunsten des Rechts mehrerer Staaten für die Vererbung bestimmter Güter des Nachlasses vorgenommen hat. Eine solche Rechtswahl darf jedoch nicht die zwingenden Vorschriften des sonst anzuwendenden Rechts durchkreuzen.

Eine weitere Ausnahme zum Prinzip der Nachlasseinheit findet sich in Art. 15 des Übereinkommens, wonach für den Fall, dass in Bezug auf bestimmte Immobilien, Unternehmungen oder andere besondere Kategorien Güter, die in dem Belegenheitsstaat kraft wirtschaftlicher oder gesellschaftlicher Zwecke oder im Interesse der Familie **besonderen Erbrechtvorschriften** unterworfen sind, letztere Regeln Vorrang haben (vgl. auch Art. 3 Abs. 3 EGBGB).

Schließlich kann die **Weiterverweisung** des Art. 4 Haager ErbrechtÜbk. das Einheitsprinzip durchkreuzen. Insoweit wird verwiesen auf Rn 4.

Dem Phänomen der **Näherberechtigung** trägt der niederländische Gesetzgeber Rechnung. Artikel 10:147 Abs. 1 BW bestimmt, dass dann, wenn einer der Berechtigten in einem abzuwickelnden Nachlass gegenüber einem anderen Berechtigten benachteiligt wird durch die Anwendung des Belegensheitsrechts kraft des IPR des Belegenheitsstaates in Bezug auf ein im Ausland belegenes Gut, die Güter, die auf die Weise gemäß diesem Recht durch den anderen Berechtigten oder durch Dritten erworben sind, als rechtsgültig erworben anerkannt werden. Der benachteiligte Berechtigte hat jedoch einen Anspruch darauf, dass bei der Abwicklung des Nachlasses zwischen ihm und dem bevorteilten Berechtigten eine Verrechnung stattfindet, begrenzt auf den erlittenen Nachteil. Die **Verrechnung** ist ausschließlich möglich in Bezug auf Güter des Nachlasses[12] bzw. durch Verminderung einer Last (Art. 10:147 Abs. 2 BW). Als Berechtigter wird derjenige angesehen, der aufgrund niederländischen materiellen Erbrechts als Erbe, Vermächtnisnehmer oder als Lastberech-

---

[12] Siehe z.B. Rechtbank Breda, sector kanton, 9.6.2009, NIPR 2009, 190; Rechtbank Haarlem 17.6.2009, NIPR 2010, 303; Gerechtshof Arnhem-Leeuwarden, locatie Arnhem, 21.3.2013, ECLI:NL:GHARL:2013:BZ8279, NIPR 2013, 198.

tigter angesehen ist. Trotz dieser Schutzregelung im niederländischen IPR kann es sich ergeben, dass der Erbe durch die Näherberechtigung benachteiligt bleibt.

Zu beachten ist, dass Art. 10:147 BW nur auf die Erbfolge einer Person anzuwenden ist, die nach dem 1.10.1996 verstorben ist. Auf die Erbfolge von Personen, die auf oder nach dem 17.8.2015 verstorben sind, ist Art. 10:147 BW nur anzuwenden, wenn das Gut in einem Staat belegen ist, der nicht an die EU ErbVO gebunden ist (Art. 10:147 Abs. 1 BW).

VII. Besonderheiten bei testamentarischer Erbfolge

23 Der Erblasser kann nach Maßgabe des Erbstatuts einen **Vertrag über die Erbfolge** schließen. Der Vertrag über die Erbfolge wird in Art. 8 Haager Erbrecht Übk. definiert als ein schriftlicher oder aus gegenseitigen testamentarischen Verfügungen hervorgehender Vertrag, der mit oder ohne Gegenleistung Rechte auf den zukünftigen Nachlass für eine oder mehrere Personen, die Partei bei einem solchen Vertrag sind, begründet, ändert oder aufhebt.

24 Die Parteien haben infolge Art. 11 Haager ErbrechtÜbk. die Möglichkeit, eine **ausdrückliche Rechtswahl** bezüglich der materiellen Wirksamkeit, der Folgen und der Umstände des Zunichtegehens vorzunehmen. Die Rechtswahl kann erfolgen zugunsten des Heimatrechts oder des Rechts am gewöhnlichen Aufenthalt zum Zeitpunkt des Vertragsschlusses der Person oder einer der Personen, deren Nachlass der Vertrag betrifft.

VIII. Die Nachlassabwicklung

25 Das Haager ErbrechtÜbk. enthält keine Kollisionsnorm für die Abwicklung des Nachlasses. Zur Ergänzung sind die im autonomen niederländischen IPR entwickelten Regeln zu beachten. In diesen wird die Abwicklung aus praktischen Gründen vom **letzten gewöhnlichen Aufenthaltsrecht** beherrscht. Sie sind in den Art. 10:149 und Art. 10:150 BW kodifiziert worden. Dabei handelt es sich um eine einseitige Kollisionsnorm. Artikel 10:149 BW bestimmt, dass niederländisches Recht für die Abwicklung des Nachlasses einschlägig ist, wenn der Erblasser seinen letzten gewöhnlichen Aufenthalt in den Niederlanden hatte.[13] Das niederländische IPR sagt nichts aus über den Fall, dass der Erblasser seinen letzten gewöhnlichen Aufenthalt im Ausland hatte. Dazu soll das ausländische IPR zum Tragen kommen.[14] Insbesondere sind die niederländischen Vorschriften bezüglich der Haftung der Erben für die Schulden des Erblassers und die Voraussetzungen, unter denen sie diese Verpflichtung ausschließen oder beschränken können, einschlägig. Im Schrifttum ist jedoch an dieser Vorschrift Kritik geäußert worden, insbesondere deshalb, weil der Übergang der Schulden eigentlich vom Erbstatut umfasst sein sollte. Ebenfalls soll die Verteilung des Nachlasses vom niederländischen Recht erfasst werden, es sei denn, dass die Teilhaber gemeinsam das Recht eines anderen Staates als anzuwendendes Recht vereinbaren (Art. 10:149 Abs. 2 BW). Dabei sind selbstverständlich die güterrechtlichen Regelungen des Belegenheitsrechts zu berücksichtigen.

26 Die Aufgaben und Befugnisse des **Liquidators** werden ebenfalls vom niederländischen Recht beherrscht, wenn der Erblasser seinen letzten gewöhnlichen Aufenthalt in den Niederlanden hatte (Art. 10:150 Abs. 1 BW). Artikel 10:150 Abs. 2 BW fügt hinzu, dass auf Antrag eines Interessenten der Richter eine Maßnahme in Bezug auf die in den Niederlanden

---

13 So auch Rechtbank Haarlem, Sector Kanton, Locatie Zaandam 2.6.2006, NIPR 2006, 191.
14 *Marck*, WPNR 2006, meint, dass dem *Verslag van een schriftelijk overleg-Kamerstukken* 23 857, nr. 7, S. 8 zu entnehmen ist, dass der niederländische Gesetzgeber es dem IPR des ausländischen Gesetzgebers überlasse.

belegenen Vermögensbestandteile des Nachlasses treffen kann, um sicherzustellen, dass das durch das Haager ErbrechtÜbk. angewiesene Erbrecht beachtet wird. Der Richter kann anordnen, dass Sicherheiten geleistet werden. Für den Begriff „gewöhnlicher Aufenthalt" wird auf die obigen Ausführungen (Rn 16) verwiesen.

Das niederländische IPR-Gesetz sagt nichts über den Fall aus, dass der Erblasser mittels einer **Rechtswahl** im **Testament** festgesetzt hat, welches Recht auf die Abwicklung seines Nachlasses anwendbar ist. Insbesondere in internationalen Fällen ist dies wichtig, da mehrere Rechte für die Anwendung in Betracht kommen und es demzufolge zur Kollision kommen kann. Meines Erachtens ist die Rechtswahl des Erblassers auch hier zu respektieren. Der niederländische *Hoge Raad* hat diesbezüglich ebenfalls die Rechtswahl zugunsten des niederländischen Rechts in Bezug auf die Abwicklung des Nachlasses in einem Testament genehmigt bei einem Erblasser mit niederländischer Staatsangehörigkeit und gewöhnlichem Aufenthalt in der Schweiz.[15]

Praxishinweis: In der Praxis kommt es hin und wieder vor, dass die Erben einen Feststellungsvertrag dahin gehend schließen, dass niederländisches Recht für die Abwicklung des Nachlasses einschlägig ist, insbesondere wenn der Erblasser im Ausland gestorben, das ausländische Recht schwer zu ermitteln und das Vermögen größtenteils in den Niederlanden belegen ist.

27

IX. Der ordre public

Wie die anderen Haager Übereinkommen enthält auch das Haager ErbrechtÜbk. in seinem Art. 18 eine *ordre-public*-Klausel. Sie besagt, dass die Anwendung des durch das Übereinkommen verwiesenen Rechts nur verweigert werden kann, wenn diese **offensichtlich** dem *ordre public* zuwiderlaufen würde. Dabei handelt es sich um den *ordre public* des Forumstaates. Die *ordre-public*-Klausel ist nur in Ausnahmefällen heranzuziehen. Dies ergibt sich auch aus dem Wortlaut, in dem die Rede ist von „offensichtlichen" Verstößen gegen die öffentliche Ordnung des Forumstaates. Die Anwendung ausländischen Rechts muss gegen fundamentale Rechtsauffassungen der niederländischen Rechtsordnung verstoßen. In der Literatur und Rechtsprechung ist bestätigt, dass die Berufung auf den niederländischen *ordre public* nur sinnvoll ist, wenn die niederländische Rechtssphäre auch hinreichend beteiligt ist (**Inlandsbezug**).

28

In der **Rechtsprechung** ist nur sehr selten eine Berufung auf die *ordre-public*-Klausel gemacht worden. Im Urteil vom 21.3.1947[16] entschied der *Hoge Raad*, dass es gegen die damalige niederländische öffentliche Ordnung verstoße, wenn ein Kind aus einer ehebrecherischen Beziehung, nur weil später durch lettisches Recht legitimiert, gemäß damaligem niederländischem Recht als gesetzliches Kind des Vaters erben könne. Die Erbschaft des Vaters wurde nach niederländischem Recht vererbt. Der *Hoge Raad* war der Meinung, dass durch die Verbundenheit des Vaters und des Kindes mit der niederländischen Rechtssphäre es den zwingenden niederländischen Vorschriften zuwider wäre, wenn das Kind aus ehebrecherischer Beziehung in einem niederländischen Erbfall als eheliches Kind erben könne.

29

Durch die Modernisierung des niederländischen Familienrechts ist diese Entscheidung des *Hoge Raad* mittlerweile als überholt anzusehen. Im Allgemeinen ist anzunehmen, dass ausländische Bestimmungen, die gegen die **Gleichberechtigung zwischen Mann und Frau**

30

---

15 Hoge Raad 6.9.2013, ECLI:NL:HR:2013:BY5241, NJ 2014, 58.
16 NJ 1947, 382, *Estlandse nalatenschap*.

verstoßen oder aufgrund der Religion oder Rasse diskriminieren, der niederländischen öffentlichen Ordnung zuwider sind.

X. Vorfrage nach dem Bestehen der Ehe

31 Ob der Ehegatte in den Niederlanden als gesetzlicher Erbe behandelt werden kann, ist von der Vorfrage abhängig, ob die Ehe wirksam geschlossen worden ist. Hin und wieder kommt es vor, dass die Ehe nicht wirksam geschlossen ist. Dies tritt insbesondere auf, wenn es sich um eine gemischt-nationale Ehe handelt, die Ehe im Ausland geschlossen worden ist und die Formvorschriften nicht beachtet worden sind oder die ausländische Ehe im Inland aus anderen Gründen nicht anerkannt werden kann.

32 Im internationalen Eherecht sind drei Fragen zu erörtern:
1. Waren die Ehegatten befugt, eine Ehe zu schließen?
2. Welchem Recht unterliegt die Form der Eheschließung?
3. Ist eine im Ausland geschlossene Ehe im Inland anzuerkennen?

33 Diese Fragen werden durch das Haager Eheübereinkommen vom 14.3.1978[17] und das dazugehörige Ausführungsgesetz *Wet Conflictenrecht Huwelijk*[18] (im Folgenden: **WCH**) beantwortet. Das WCH ist am 1.1.2012 in das niederländische IPR-Gesetz (**Buch 10 BW**) aufgenommen worden. Gemäß Art. 10:28 BW wird die Ehe vollzogen, wenn jeder der künftigen Ehegatten die Voraussetzungen des niederländischen Rechts erfüllt *und* einer der beiden die niederländische Staatsangehörigkeit innehat oder in den Niederlanden seinen gewöhnlichen Aufenthalt hat, *oder* wenn jeder der künftigen Ehegatten die Voraussetzungen des jeweiligen Heimatrechts für die Eheschließung erfüllt. Bei Doppelstaatern gilt die effektive Staatsangehörigkeit. Bei der Effektivitätsprüfung werden alle Umstände des Einzelfalls herangezogen.

34 Ungeachtet Art. 10:28 BW kann die Ehe im Inland nicht geschlossen werden, wenn dies der niederländischen öffentlichen Ordnung (*ordre public*) zuwider sein würde. Ein **Verstoß gegen die öffentliche Ordnung** liegt gem. Art. 10:29 BW jedenfalls dann vor, wenn einer der künftigen Ehegatten das Alter von 15 Jahren noch nicht erreicht hat, sie miteinander leiblich oder durch Adoption in gerade Linie verwandt sind oder leiblich Bruder und Schwester sind, die freie Zustimmung eines der beiden fehlt oder das Geistesvermögen eines von ihnen dermaßen gestört ist, dass er nicht imstande ist, seinen Willen zu bestimmen oder die Bedeutung seiner Erklärung zu verstehen. Überdies gilt das Prinzip der Monogamie: Eine Person kann zugleich nur mit einer anderen Person verheiratet sein. In der heutigen Zeit ist die gleichgeschlechtliche Ehe in den Niederlanden möglich. Das Prinzip der Monogamie wird jedoch aufrechterhalten.

35 In den Niederlanden kann die Ehe wirksam nur durch den **Standesbeamten** geschlossen werden (Art. 10:30 BW, *lex loci celebrationis*). Dies ist eine zwingende Formvorschrift. Ausgenommen sind allerdings Befugnisse der ausländischen diplomatischen Beamten und der Konsularbeamten, die in Übereinstimmung mit dem Recht des durch ihnen vertretenen Staates an der Eheschließung mitwirken können. Voraussetzung ist, dass keiner der künftigen Ehegatten die niederländische Staatsangehörigkeit innehat.

---

17 Haager Übereinkommen betreffs die Vollziehung und Anerkennung der Wirksamkeit der Ehen vom 14.3.1978, Trb.1978, Nr. 1–2; Trb. 1987, 137; Trb. 1991, 44.

18 *Wet van 7 september 1989, houdende regeling van het conflictenrecht inzake het huwelijk, in verband met de bekrachtiging van het Verdrag van 's-Gravenhage van 14 maart 1978 inzake de voltrekking en de erkenning van de geldigheid van huwelijken*, Trb. 1987, 137.

van Maas de Bie

Praxishinweis: So gibt es in der niederländischen Rechtsprechung mehrere Fälle, in denen die im Konsulat geschlossene Ehe für unwirksam gehalten wurde, weil einer der Ehegatten nebst der ausländischen Staatsangehörigkeit auch die niederländische Staatsangehörigkeit innehatte. Die Ehegatten waren sich gar nicht bewusst, dass die Ehe nicht wirksam zustande gekommen war. Dies stellte sich erst nach dem Tode eines der beiden Ehegatten heraus. Die Folgen der Unwirksamkeit der Ehe sind dramatisch und können nicht mehr geheilt werden. So wird der hinterbliebene Ehegatte nicht als gesetzlicher Erbe angesehen, die Kinder der Ehegatten sind nicht aus der Ehe geboren, der/die Witwe bekommt keine Witwenrente usw.

Eine im Ausland geschlossene Ehe wird gem. Art. 10:31 Abs. 1 BW in den Niederlanden anerkannt, wenn die Eheschließung wirksam war oder im Nachhinein wirksam geworden ist. Die Ehe wird als wirksam vermutet, wenn eine Eheerklärung vor einer dazu befugten Autorität abgegeben worden ist. Die im Ausland geschlossene Ehe wird jedoch nicht im Inland anerkannt, wenn diese gegen den niederländischen *ordre public* verstößt.

XI. Vorfrage nach dem Güterstatut

1. Rechtsquellen

Das internationale Güterrecht ist deswegen so wichtig, weil das Güterstatut bestimmt, welche Vermögensbestandteile im Todesfall zum Ehegatten gehören und welche zum Nachlass. Das internationale Güterrecht in den Niederlanden kennt vier **Quellen**, und zwar:
– Das Haager Übereinkommen über das auf Ehegüterstände anzuwendende Recht vom 14.3.1978 (im Folgenden: Haager EhegüterstandsÜbk. von 1978);[19]
– das zeitgleich in Kraft getretene und dieses Übereinkommen ergänzende Ausführungsgesetz *Wet Conflictenrecht Huwelijksvermogensregime* vom 21.11.1991 (im Folgenden: WCHv), welches seit dem 1.1.2012 in das niederländische IPR-Gesetz (**Buch 10 BW**) übernommen worden ist;
– das Haager Abkommen vom 17.7.1905 betreffend den Geltungsbereich der Gesetze in Ansehung der Wirkungen der Ehe auf die Rechte und Pflichten der Ehegatten in ihren persönlichen Beziehungen und auf das Vermögen der Ehegatten (im Folgenden: Haager EhewirkungsAbk. von 1905);
– für Nicht-Abkommensfälle die in der Chelouche/Van Leer-Entscheidung geschaffene **autonome Anknüpfungsleiter**.

2. Eheschließung nach dem 1.9.1992

Das **Haager EhegüterstandsÜbk. von 1978** ist das Nachfolgeabkommen des Haager EhewirkungsAbk. von 1905. Nach Art. 21 Abs. 1 des Haager EhegüterstandsÜbk. von 1978 ist das neue Übereinkommen jedoch nur auf Ehen anzuwenden, die nach seinem Inkrafttreten am 1.9.1992 geschlossen worden sind. Der Vorrang der alten Vorschriften folgt aus der im Ehegüterrecht hochgehaltenen Unwandelbarkeit und der angestrebten Rechtssicherheit. Nur im Fall einer Rechtswahl ist u.U. eine Rückwirkung anzunehmen. So können Ehegatten, die vor Inkrafttreten dieses Übereinkommens geheiratet haben, nach diesem Zeitpunkt nach dem neuen Recht eine Rechtswahl vornehmen (Art. 10:52 Abs. 3 BW). Auch eine Rechtswahl, die vor Inkrafttreten des Übereinkommens getroffen worden ist, oder die Änderung einer solchen Rechtswahl ist gem. Art. 10:53 S. 1 BW nicht deshalb unwirksam,

---

19 Text auf der beiliegenden CD-ROM unter der Rubrik „Haager Konventionen".

weil sie zu einem Zeitpunkt getroffen wurde, in dem es noch keine rechtliche Grundlage für eine solche Wahlmöglichkeit gab. Sie wird nachträglich geheilt. Nach Art. 10:53 S. 2 BW gibt es aber eine Einschränkung: Die Rechtswahl ist unwirksam, falls der Ehegüterstand dem Haager EhewirkungsAbk. von 1905 unterliegt und die Rechtswahl vor dem 23.8.1977 vorgenommen wurde.

39 Das Haager EhegüterstandsÜbk. von 1978 ermöglicht eine **Rechtswahl** vor oder während der Ehe zugunsten des Heimatrechts eines Ehegatten, des Rechts des gewöhnlichen Aufenthalts eines Ehegatten zur Zeit der Wahl oder des Rechts des Staates, in dem einer der Ehegatten nach der Eheschließung seinen neuen gewöhnlichen Aufenthalt begründet hat. Schließlich können die Ehegatten die Immobilien dem jeweiligen Belegenheitsrecht unterwerfen.

40 Bei fehlender oder unwirksamer Rechtswahl kommt die **objektive Anknüpfungsleiter** des Art. 4 Haager EhegüterstandsÜbk. von 1978 zur Anwendung. Danach ist abzustellen:
a) auf das Recht des Staates, in dem die Ehegatten ihren ersten gewöhnlichen Aufenthalt nach der Eheschließung gründen, sonst
b) in Ermangelung dessen auf das gemeinsame Heimatrecht der Ehegatten zur Zeit der Eheschließung, hilfsweise,
c) wenn die Ehegatten keinen gemeinsamen gewöhnlichen Aufenthalt und keine gemeinsame Staatsangehörigkeit haben, auf das Sachrecht des Staates, mit dem der Güterstand der Ehegatten unter Berücksichtigung aller Umstände am engsten verbunden ist.

Hinweis: Die Niederlanden haben die Erklärung gem. Art. 5 Abs. 1 i.V.m. Art. 4 Abs. 2 Ziff. 1 des Haager EhegüterstandsÜbk. von 1978 abgegeben. Die Vorbehaltsklausel des Art. 5 Übk. von 1978 bewirkt die **Umkehrung der objektiven Anknüpfungsstufen (a) des gewöhnlichen Aufenthalts und (b) der gemeinsamen Staatsangehörigkeit**. Der Vorbehalt entfaltet nur Wirkung, wenn niederländische Ehegatten vor der Eheschließung **noch nicht bereits fünf Jahre ihren gewöhnlichen Aufenthalt** in einem dem Domizilprinzip folgenden Staate gehabt haben und ihn nach der Eheschließung dort auch beibehalten. Darüber hinaus ist noch auf den automatischen Statutenwechsel des Art. 7 Abs. 2 des Übk. von 1978 hinzuweisen.

3. Eheschließung vor dem 1.9.1992

41 Auch wenn die Scheidung der Ehegatten und die güterrechtliche Auseinandersetzung nach dem 23.8.1977 – Tag des Außerkrafttretens dieses Abkommens in den Niederlanden[20] – stattfinden, ist für die güterrechtlichen Wirkungen der Ehe weiterhin auf das Haager Ehewirkungsabkommen von 1905 abzustellen, wenn die Ehe vor diesem Datum (23.8.1977) geschlossen worden ist.[21]

42 Das Haager EhewirkungsAbk. von 1905 knüpft an die **Staatsangehörigkeit des Mannes** zur Zeit der Eheschließung an (Art. 2 Abs. 1) und geht von der Unwandelbarkeit aus. Eine Änderung der Staatsangehörigkeit eines Ehegatten hat keinen Einfluss auf das anzuwendende Recht (Art. 2 Abs. 2). Das ganze Vermögen untersteht dem Heimatrecht des Mannes, ohne dass zwischen beweglichem und unbeweglichem Vermögen zu unterscheiden ist. Eine Rechtswahl ist nach dem Abk. von 1905 nicht zulässig. Nur eine materiellrechtliche Rechtswahl steht den Ehegatten offen (Art. 5).

---

20 Das Gesetz vom 10.2.1977 ist im Stb. 1977, 64 und im Trb. 1977, 59 zu finden.
21 HR, 27.3.1981, NedJur 1981, 335 (*Haagse Italianen*).

Gemäß seinem Art. 10 ist das Haager EhewirkungsAbk. von 1905 nicht einschlägig, wenn   43
das Recht eines Nichtmitgliedstaates anzuwenden ist. Da Art. 2 des Abk. von 1905 auf das
Heimatrecht des Mannes abstellt, muss der Mann, soll das Abkommen Anwendung finden,
daher zur Zeit der Eheschließung die Staatsangehörigkeit eines Mitgliedstaates haben. Eine
Realitätsprüfung wird nicht durchgeführt.[22] Hat er eine doppelte Staatsangehörigkeit, ist
auf die effektive Staatsangehörigkeit abzustellen. Eine Effektivitätsprüfung unterbleibt aber,
wenn der Mann die Staatsangehörigkeit eines Mitglied- und eines Nichtmitgliedstaates hat,
weil dann auf die Staatsangehörigkeit allein des Mitgliedstaates abzustellen ist.[23]

Da die Anknüpfung an die Staatsangehörigkeit des Ehemannes wegen der anzustrebenden   44
Gleichbehandlung von Mann und Frau heute als nicht mehr zeitgemäß gilt, hat die Rechtsprechung versucht, die Anwendung des Haager EhewirkungsAbk. von 1905 auf möglichst
wenig Fälle zu beschränken. So hat der HR[24] im **Rhodesië-Urteil** als zusätzliche Voraussetzung für den räumlich-persönlichen Anwendungsbereich des Abk. von 1905 verlangt, dass
die Ehe mit der Rechtssphäre eines **anderen** Mitgliedstaates verbunden sein muss, z.B.
durch die Staatsangehörigkeit der Frau vor oder nach der Eheschließung oder durch den
Heiratsort.

Beispiel: Deutsch-niederländische Ehen, die vor dem 23.8.1977 geschlossen wurden, fallen
unter den Anwendungsbereich des Haager EhewirkungsAbk. von 1905, da der Mann die
deutsche (oder niederländische) Staatsangehörigkeit hat (Deutschland hat das Abk. von
1905 erst mit Wirkung zum 23.8.1987 gekündigt) und es eine Verbindung mit der Rechtssphäre eines anderen Mitgliedstaates gibt, sei es aufgrund der niederländischen (bzw. deutschen) Staatsangehörigkeit der Frau oder aufgrund des Ortes der Eheschließung in den
Niederlanden oder in der Bundesrepublik. Es stellt sich die Frage, ob der niederländische
Richter zu berücksichtigen hat, dass das BVerfG[25] zu Art. 15 EGBGB a.F. entschieden hat,
dass die kollisionsrechtliche Bevorzugung des Mannes verfassungswidrig und rückwirkend
nichtig ist und daher für die Zeit nach dem 1.4.1953 nicht mehr angewandt werden darf.
Entsprechendes gilt für Art. 2 Haager EhewirkungsAbk. von 1905. In der niederländischen
Rechtsprechung wird diese deutsche höchstrichterliche Rechtsprechung bis heute verkannt
und auf den Zeitpunkt der Kündigung des Abkommens durch Deutschland abgestellt.
Angesichts der Tatsache, dass der Anwendungsbereich des Abk. von 1905 so eng wie
möglich gehalten werden soll,[26] erscheint es mir angebracht, die Bundesrepublik Deutschland mit Wirkung ab dem 1.4.1953 faktisch nicht mehr als Mitgliedstaat zu betrachten.
Demnach sind die deutsche Staatsangehörigkeit eines Mannes, einer Frau oder der Heiratsort in der Bundesrepublik nicht mehr als Kriterien für eine Verbindung zu einem Mitgliedstaat zu betrachten.

Die in der **Chelouche/Van Leer-Entscheidung** vom 10.12.1976[27] formulierte Anknüp-   45
fungsleiter kommt erst dann zur Anwendung, wenn das Haager EhewirkungsAbk. von
1905 und das Haager EhegüterstandsÜbk. von 1978 nicht einschlägig sind. Beim Aufbau

---

22 *NVvR*, Trema 1995, § 2.3.2.
23 *NVvR*, Trema 1995, § 2.3.2; für eine weitere Beschränkung des Anwendungsbereichs des Abk. 1905 ist
   es m.E. sinnvoll, auch im letzten Fall eine Effektivitätsprüfung durchzuführen.
24 HR, 19.3.1993, NedJur 1994, 187 = RvdW 1993, 78 (Rhodesië, heutiges Simbabwe).
25 BVerfGE (22.2.1983) 63, 181; BGH IPRax 1983, Nr. 63a; vgl. zu dieser Problematik *v. Bar*, RabelsZ
   (57) 1993, 63–123, dort insbesondere Fn 68.
26 Vgl. *De Boer*, AA 1994, 611, 614; *Strikwerda*, Conclusie zu HR, 19.3.1993, NedJur 1994, 187 (Rhodesië) m. Anm. *Schultsz* unter Nr. 16–22.
27 HR, 10.12.1976, NedJur 1977, 275 (Chelouche/Van Leer).

van Maas de Bie

der Anknüpfungsleiter folgt der HR[28] dem Unwandelbarkeitsprinzip. Um einen Statutenwechsel zu vermeiden, gilt daher der Tag der Eheschließung als maßgeblicher Anknüpfungszeitpunkt. Ausgangspunkt ist die Freiheit der Ehegatten, bei der Eheschließung zu bestimmen, welchem Recht ihr Ehegüterstand unterliegt. Da der HR von künftigen Ehegatten spricht, scheint es, als ob eine Rechtswahl nur vor und nicht während der Ehe getroffen werden kann. Die Art. 10:52 Abs. 3, 10:53 BW bestimmen jedoch ausdrücklich, dass die Ehegatten auch während der Ehe eine Rechtswahl treffen können.

46 Bei fehlender Rechtswahl kommt die objektive **Anknüpfungsleiter** zum Tragen. Es gilt in folgender Rangfolge:
1. das gemeinsame Heimatrecht,
2. das Recht des Staates, in dem die Ehegatten ihr erstes Ehedomizil begründet haben, und hilfsweise
3. das Recht, mit dem die Ehegatten auf andere Weise gemeinsam am engsten verbunden sind, es sei denn, dass eine der Härteklauseln eingreift.

47 Da von der Unwandelbarkeit ausgegangen wird, gilt die Eheschließung als maßgeblicher Anknüpfungszeitpunkt.

48 Mit der Schaffung von **drei Härteklauseln** im autonomen IPR, die es ermöglichen, vom Verweisungsergebnis der Chelouche/Van Leer-Anknüpfungsleiter abzuweichen, hat der *Hoge Raad* die Rechtslage unnötig kompliziert gestaffelt. Zum Ersten hat der *Hoge Raad* in dem Chelouche/Van Leer-Urteil die Anknüpfungsleiter mit einer sog. **Unannehmbarkeits-Härteklausel** (*onaanvaardbaarheids-exceptie*) versehen. Danach ist am Verweisungsergebnis nicht festzuhalten, wenn die Anknüpfungsleiter im Einzelfall wegen Vorliegens besonderer Umstände zu einem unbilligen Ergebnis führen würde. Das Kriterium ist, dass es in hohem Maße unwahrscheinlich ist, dass ein niederländischer Ehemann und seine niederländische Frau unter denselben Umständen im selben Güterstand (lese: im gesetzlichen Güterstand der Gütergemeinschaft) geheiratet hätten. Zusätzlich spielt eine Rolle, ob die Ehegatten die Anwendung des niederländischen Rechts hätten voraussehen können, weil etwa vor der Ehe bereits eine Verbindung zu den Niederlanden bestand.[29] Die Chelouche/Van Leer-Härteklausel ist bisher nur im genannten Einzelfall zum Tragen gekommen. Sie ist nur in seltenen Ausnahmefällen anzuwenden, ihr kommt daher keine allgemeine Bedeutung zu.

49 Zum Zweiten hat der *Hoge Raad* die **Sabah-Härteklausel** entwickelt. Da die Chelouche/Van Leer-Anknüpfungsleiter auch für Ehen gilt, die vor dem 10.12.1976 geschlossen worden sind,[30] und die kollisionsrechtliche Rückwirkung nicht uneingeschränkt gelten soll, hat der *Hoge Raad*[31] die Anknüpfungsleiter mit einer Härteklausel versehen, die eingreift, wenn die Ehegatten gutgläubig (z.B. aufgrund eines eingeholten Rechtsgutachtens) von anderen Kollisionsnormen bezüglich des Ehegüterrechts ausgegangen sind und infolgedessen redli-

---

28 HR, 10.12.1976, NedJur 1977, 275 (Chelouche/Van Leer).
29 Im Hongkong-Urteil, HR, 16.9.1994, NedJur 1995, 169 = RvdW 1994, 177, hat der HR die Berufung des Ehemannes auf die Unannehmbarkeits-Härteklausel zurückgewiesen mit der Begründung, dass die Ehegatten hätten erkennen können, dass für ihre Ehe die niederländische gesetzliche Gütergemeinschaft gilt. Der Mann war nämlich zur Zeit der Eheschließung niederländischer Staatsangehöriger und hatte bis zu seinem Aufenthalt in Hongkong seinen gewöhnlichen Aufenthalt in den Niederlanden. Zudem waren die Parteien kurz nach ihrer Eheschließung von Hongkong gemeinsam in die Niederlande übersiedelt.
30 HR, 7.4.1989, NedJur 1990, 347 (Sabah oder Tan/Bavinck), Conclusie A-G *Strikwerda*, m. Anm. *Schultsz*; s.a. *Strikwerda*, NJB 1991, 1292; bestätigt durch HR, 6.12.1991, NedJur 1992, 669 = RvdW 1992 Nr. 4 (Sinterklaas).
31 HR, 7.4.1989, NedJur 1990, 347 (Sabah) m. Anm. *Schultsz*.

cherweise annehmen durften, dass ihr Ehegüterstand durch ein anderes Recht beherrscht wird hierauf sie ihre vermögensrechtlichen Regelungen gegründet haben. Es würde der Redlichkeit und Billigkeit widersprechen, dass einer der Ehegatten sich nach langjähriger Ehe plötzlich auf eine andere Rechtsordnung beruft als diejenige, die die Ehegatten ihre güterrechtlichen Beziehungen zugrunde gelegt haben.[32] In jedem Einzelfall ist daher neu zu prüfen, ob derartige besondere vertrauensbegründende Umstände vorliegen. Ein allgemeines Vertrauen, dass das Heimatrecht des Mannes zur Zeit der Eheschließung, das nach damaligem autonomen IPR galt,[33] Rechtsgrundlage blieb, reicht hierzu nicht aus. Der sich auf besondere Umstände berufende Ehegatte muss glaubhaft darlegen, dass er redlicherweise von einer anderen Kollisionsnorm als der in der Chelouche/Van Leer-Entscheidung geschaffenen Anknüpfungsleiter ausgegangen ist.[34]

Zum Dritten hat der *Hoge Raad* im Rhodesië-Urteil[35] die **Grundsätze der Redlichkeit und Billigkeit nach internem Recht als Härteklausel auf IPR-Ebene übertragen**. Die Frau legte schriftliche Belege vor, aus denen sich ergab, dass die Ehegatten jahrelang von rhodesischem Ehegüterrecht ausgegangen waren, nach welchem Gütertrennung galt. Nach Meinung des *Hoge Raad* reichten die von der Frau beigebrachten Belege für die Annahme einer stillschweigenden Rechtswahl nicht aus. Demnach ist gemäß der objektiven Chelouche/Van Leer-Anknüpfungsleiter niederländisches Recht einschlägig, da beide Parteien zur Zeit der Eheschließung die niederländische Staatsangehörigkeit innehatten. Wegen Fehlens eines Ehevertrages gilt zwischen den Ehegatten der gesetzliche Güterstand der Gütergemeinschaft. Dennoch würdigte der *Hoge Raad* das jahrelange konsequente Verhalten der Parteien und sah es so an, als hätten sie in Gütertrennung geheiratet. Er stellte hierzu fest, dass es den Grundsätzen der Redlichkeit und Billigkeit widerspreche, dass der Mann jetzt die Vermögensauseinandersetzung aufgrund der für die Gütergemeinschaft geltenden niederländischen Vorschriften verlange. Statt im Einklang mit der Sabah-Härteklausel auf rhodesisches Recht abzustellen, hob der *Hoge Raad* die Entscheidung des Gerichts insoweit auf, als dieses festgestellt hatte, dass der Güterstand der Parteien durch rhodesisches Recht beherrscht wird. Dies ist im Hinblick auf die Tatsache, dass der *Hoge Raad* den Ausschluss der niederländischen Gütergemeinschaft ebenfalls auf Unsicherheiten nach damaligem autonomem IPR gestützt hat, nicht konsequent. Die Rhodesië-Härteklausel ist daher eine Kollisions-Härteklausel, die eine materiellrechtliche statt einer kollisionsrechtlichen Korrektur des Verweisungsergebnisses vornimmt.[36] Diese materiellrechtliche Härteklausel ist selbstverständlich auch anwendbar in Abkommensfällen. So hat der *Hoge Raad* in der Entscheidung vom 20.10.2006[37] geurteilt, dass es nach Maßstäben von Redlichkeit und Billigkeit unakzeptabel war, dass eine französische Frau, die mit einem senegalesischen Mann in den Niederlanden verheiratet war und die beide immer davon ausgegangen waren, dass französisches Recht ihr Ehegüterrecht beherrsche, der Mann sich auf einmal bei der Scheidung auf den Standpunkt stellte, dass aufgrund niederländischen Kollisionsrechts niederländisches Recht anwendbar sei und demzufolge die niederländische Gütergemeinschaft gelte.

---

32 Vgl. insoweit Art. 220 Abs. 3 S. 1 Ziff. 2 EGBGB zum entsprechenden Vertrauenstatbestand im deutschen Recht.
33 HR, 17.5.1929, NedJur 1929, 1279 (Clemens/Klein).
34 Dazu *Dubbink*, WPNR 1990 (5943), s. 2 ff.; *Hensen*, WPNR 1990 (5943), S. 5 ff., insbesondere zu von Parteien eingeholten Rechtsgutachten.
35 HR 19.3.1993, NedJur 1994, 187 = NIPR 1993 Nr. 230 = JBN 1993, Nr. 51 m. Anm. *Hensen* = WPNR 1993 (6102), S. 590 f. m. Anm. *Linssen/Vranken* = NTBR 1993, 129–130 m. Anm. *Van Roeyen*.
36 Siehe dazu auch *Joppe*, Huwelijksvermogensrecht, S. 17.
37 HR, 20.10.2006, RvdW 2006, 981.

XII. Vorfrage nach der Abstammung

51 Die gesetzliche Erbfolge im niederländischen Erbrecht richtet sich in erster Linie nach der Abstammung. Abstammungsrecht und Erbrecht sind eng miteinander verknüpft. Wichtig ist demzufolge, wer als Kind des Erblassers zu behandeln ist. Im internationalen Erbfall ist denn auch immer das internationale Abstammungsrecht zu klären. Am 11.5.2003 ist das **Wet Conflictenrecht Afstamming** (im Folgenden: **WCA**) in Kraft getreten.[38] Das Gesetz ist am 1.1.2012 in das niederländische **Buch 10 BW** übergegangen. Nach Art. 10:92 Abs. 1 BW unterliegt die Begründung der familienrechtlichen Beziehungen des Kindes zu der Frau, von der es geboren ist, und der mit ihr verheirateten Person (i) dem gemeinsamen Heimatrecht der Frau und der Person. Fehlt ein gemeinsames Heimatrecht, dann ist (ii) das Recht des gemeinsamen gewöhnlichen Aufenthaltsstaates einschlägig. Wenn auch dies fehlt, gilt (iii) das Recht des Staates, in dem das Kind seinen gewöhnlichen Aufenthalt hat. Maßgeblicher Zeitpunkt ist die Geburt oder, wenn die Ehe der Eltern vorher aufgelöst ist, der Zeitpunkt der Auflösung (Art. 10:92 Abs. 3 BW).

52 Die Abstammung kann nach dem durch Art. 10:92 Abs. 1 BW bestimmten Recht angefochten werden (Art. 10:93 BW). Wenn nach diesem Recht die Voraussetzungen der Anfechtung nicht oder nicht mehr vorliegen, kann der Richter, wenn es dem Interesse des Kindes entspricht, auf gemeinsamen Antrag des Kindes und der Eltern ein anderes in Art. 10:92 BW genanntes Recht oder das Recht des Staates, in dem das Kind zur Zeit der Anfechtung seinen gewöhnlichen Aufenthalt hat, oder niederländisches Recht anwenden (Art. 10:93 Abs. 2 BW).

53 Die Frage, ob zwischen der Mutter und einem außerhalb der Ehe oder registrierten Partnerschaft von ihr geborenen Kind durch die Geburt familienrechtliche Beziehungen entstehen, unterliegt dem Heimatrecht der Frau. Wenn die Frau mehrere Heimatrechte innehat, ist das Recht einschlägig, welches die familienrechtlichen Beziehungen entstehen lässt. In jedem Fall entstehen solche Beziehungen, wenn die Frau ihren gewöhnlichen Aufenthalt in den Niederlanden hat (Art. 10:94 BW).

54 Ob die Anerkennung durch den Mann zwischen ihm und dem Kind familienrechtliche Beziehungen begründet, wird in Bezug auf die Befugnis des Mannes und die Voraussetzung der Anerkennung durch das Heimatrecht des Mannes beherrscht. Falls infolge dieses Rechts die Anerkennung nicht oder nicht mehr möglich ist, gilt hilfsweise das Recht des Staates, in dem das Kind seinen gewöhnlichen Aufenthalt hat. Wenn die Anerkennung auch infolge dieses Rechts nicht möglich ist, ist das Heimatrecht des Kindes einschlägig oder, wenn sie auch dann nicht oder nicht mehr möglich ist, das Recht des Staates, in der Mann seinen gewöhnlichen Aufenthalt hat (*favor legitimationis*, Art. 10:95 Abs. 1 BW).

55 Mit Wirkung zum 1.4.2014 ist die Vorschrift weggefallen, wonach nach niederländischem Recht ein niederländischer verheirateter Mann nicht befugt ist, das Kind einer anderen Frau als seiner Ehefrau anzuerkennen (ehemals: Art. 4 Abs. 2 WCA).[39] Dieses Gesetz hat keine Rückwirkung. Seither ist es für einen niederländischen Mann also möglich, ein Kind einer anderen Frau als seiner Ehefrau anzuerkennen. Für die Zustimmung der Mutter bzw. des Kindes zur Anerkennung des Kindes durch den Mann ist das Heimatrecht der Mutter bzw. des Kindes einschlägig (Art. 10:95 Abs. 3 BW). Wenn die Mutter bzw. das Kind die

---

[38] *Wet van 14 maart 2002, houdende regeling van het conflictenrecht inzake de familierechtelijke betrekkingen uit hoofde van afstamming*, Stb. 2002, 153; 2003, 161.

[39] *Wet van 27 november 2013 tot wijziging van het Burgerlijk Wetboek en het Wetboek van Burgerlijke Rechtsvordering mede in verband met de evaluatie van de Wet Openstelling huwelijk en de Wet geregistreerd partnerschap*, Stb. 2013, 486.

niederländische Staatsangehörigkeit innehat, ist jedenfalls niederländisches Recht einschlägig. Gemäß Art. 1:204 Abs. 1 lit. c BW ist die schriftliche Zustimmung der Mutter zur Anerkennung durch den Vater erforderlich, allerdings nur solange, bis das Kind das 16. Lebensjahr erreicht hat. Wenn das anzuwendende Recht die Anerkennung nicht kennt, ist das Recht des Staates, in dem die Mutter bzw. das Kind ihren bzw. seinen gewöhnlichen Aufenthalt hat, einschlägig. Das auf die Zustimmung anzuwendende Recht bestimmt ebenfalls, ob bei fehlender Zustimmung diese durch eine richterliche Entscheidung ersetzt werden kann (Art. 10:95 Abs. 3 BW).

Neben der Anerkennung können die familienrechtlichen Beziehungen zwischen dem Mann (im Gesetzestext steht „Person", weil es geschlechtsneutral formuliert worden ist) und dem Kind auch durch die gerichtliche **Feststellung der Vaterschaft** entstehen. Ob und unter welchen Voraussetzungen die Vaterschaft des Mannes festgestellt werden kann, wird gem. Art. 10:97 Abs. 1 BW bestimmt durch das Recht des gemeinsamen Heimatstaates des Mannes und der Mutter oder, wenn diese fehlt, durch das Recht des Staates des gemeinsamen gewöhnlichen Aufenthalts oder, wenn auch dieser fehlt, durch das Recht des Staates des gewöhnlichen Aufenthalts des Kindes. Als maßgeblicher Zeitpunkt gilt das Einreichen des Antrags. Ist der Mann oder die Mutter in dem Zeitpunkt gestorben, ist bei fehlender gemeinsamer Staatsangehörigkeit zur Zeit des Versterbens das gemeinsame Aufenthaltsrecht des Mannes und der Mutter in diesem Zeitpunkt anzuwenden oder, wenn auch dieses fehlt, das Recht des gewöhnlichen Aufenthaltsortes des Kindes zur Zeit des Einreichens des Antrags (Art. 10:97 Abs. 2 BW). Haben der Mann und die Mutter mehr als eine gemeinsame Staatsangehörigkeit, dann wird für die Anwendung des Artikels 10:97 BW davon auszugehen sein, dass eine gemeinsame Staatsangehörigkeit fehlt (Art. 10:97 Abs. 2 BW).

XIII. Vorfrage: Das Adoptionsstatut

Die Niederlande kennen zwei Quellen für die internationale Adoption.
- Erstens gibt es das seit dem 1.10.1998 für die Niederlande in Kraft getretene **Haager Adoptionsübereinkommen** vom 29.5.1993.[40] Dieses Übereinkommen regelt die internationale Adoption zwischen Mitgliedstaaten.
- Am 1.1.2004 ist das innerstaatliche Gesetz **Wet conflictenrecht adoptie** (im Folgenden: WCAd) in Kraft getreten. Die Bestimmungen des WCAd sind in das **Buch 10 BW** übernommen worden. Seit dem 1.1.2012 gilt demzufolge Buch 10 BW. Artikel 10:105 Abs. 1 BW bestimmt, dass niederländisches Recht für Adoptionen in den Niederlanden gilt, mit Ausnahme des Erfordernisses der Genehmigung durch das Kind oder anderer Personen oder Einrichtungen. Auf diese Zustimmungen ist das Heimatrecht des Kindes anzuwenden (Art. 10:105 Abs. 2 BW). Bei Doppelstaatsangehörigkeit des Kindes ist die effektive Staatsangehörigkeit einschlägig. Für die Wirkungen der in den Niederlanden ausgesprochenen Adoption, insbesondere das Entstehen und Brechen der familienrechtlichen Beziehungen und dessen Rechtsfolgen ist niederländisches Recht einschlägig (Art. 10:106 BW).

Nach niederländischem Recht sind nur **starke Adoptionen** möglich. Dabei bekommen Adoptivkinder den gleichen Status wie leibliche Kinder und es werden die familienrechtlichen Beziehungen mit den ursprünglichen Eltern ganz abgeschnitten. Die Adoption volljähriger Kinder ist ausgeschlossen, da es nicht als eine Kinderschutzmaßnahme anerkannt wird. Das zu adoptierende Kind muss zur Zeit des Adoptionsantrags minderjährig sein.

---

40 Trb. 1996, 94.

59 In den Art. 10:107–110 BW wird die Anerkennung ausländischer Adoptionen aus Nichtmitgliedstaaten des Haager Adoptionsübereinkommens geregelt. War früher ein neues Adoptionsverfahren in den Niederlanden nötig, ist jetzt die **ausländische Adoption** von Gesetzes wegen anzuerkennen, wenn die Adoption durch eine dazu befugte Autorität des fremden Staates, in dem sowohl die Adoptiveltern als auch das Kind während des Verfahrens den gewöhnlichen Aufenthalt hatten, ausgesprochen worden ist oder wenn die dazu befugte Autorität eines fremden Staates, in dem entweder die Adoptiveltern oder das Kind während des Verfahrens den gewöhnlichen Aufenthalt hatten bzw. hatte und zusätzlich die Adoption in dem anderen Staat anerkannt worden ist.

B. Materielles Erbrecht

I. Allgemeines

60 Seit dem 1.1.2003 ist das neue niederländische Erbrecht in Kraft. Das neue Erbrecht hat seinen Platz in Buch 4 des niederländischen Bürgerlichen Gesetzbuches (im Folgenden: **BW**) gefunden. Über Jahrzehnte hat man an diesem Erbrecht gearbeitet. Die wichtigsten Neuerungen liegen in der weitgehenden Bevorzugung des überlebenden Ehegatten. Erhielt unter dem alten Erbrecht der überlebende Ehegatte ein Kindeserbteil, erhält er jetzt das alleinige Eigentum an der ganzen Erbschaft und den Kindern verbleibt nur ein Forderungsrecht dem überlebenden Ehegatten gegenüber (Art. 4:13 BW). Das Forderungsrecht der Kinder ist erst beim Tode des überlebenden Ehegatten einziehbar. Der Gesetzgeber hat diese Lösung zum Gesetz erhoben, da die meisten Eheleute bereits unter dem alten Recht mittels Testament diese Lösung wählten, um dem überlebenden Ehegatten die Möglichkeit zu gewähren, ungestört in den bisherigen Vermögensverhältnissen weiterzuleben. Der überlebende Ehegatte kann sich auch dazu entscheiden, während des Lebens die Forderungsrechte aller Kinder oder nur eines Kindes zu bezahlen. Die Kinder können durch die Ausübung der Willensrechte jedoch verhindern, dass der überlebende Ehegatte ein oder mehrere Kinder bevorzugt. Jedoch besteht für die Personen, die den Kindesteil nicht „leer" haben wollen, die Möglichkeit, mittels Testament von den gesetzlichen Bestimmungen abzuweichen.

II. Gesetzliche Erbfolge

1. Grundlagen der gesetzlichen Erbfolge

61 Das niederländische gesetzliche Erbrecht ist gegründet auf der Grundlage der durch das Gesetz anerkannten familienrechtlichen Beziehungen. Insbesondere die Ehe oder die registrierte Partnerschaft und die Blutverwandtschaft spielen dabei eine wichtige Rolle. Die von Tisch und Bett getrennten Ehegatten beerben sich nicht gegenseitig, obwohl das Eheband juristisch noch aufrechterhalten ist.

62 Erben kann nur, wer den Erbfall erlebt hat (Art. 4:9 BW). Wenn zwei Personen bei einer Katastrophe gleichzeitig ums Leben kommen, kann es wichtig sein zu wissen, wer als Erster verstorben ist. Wenn dies nicht zu beweisen ist, wird angenommen, dass die Personen gleichzeitig verstorben sind und sie voneinander nicht erben. Dies ist die sog. *Commoriëntenregelung*. Das ungeborene Kind, mit dem die Frau schwanger ist, wird erbrechtlich als geboren behandelt, wenn es lebend zur Welt kommt (Art. 1:2 BW). Kommt das Kind tot zur Welt, wird es so behandelt, als ob es nie gelebt hätte.

Der Blutverwandtschaft gleichgestellt sind das **anerkannte Kind** und das **Adoptivkind**. Nach niederländischem Recht braucht der Mann, der das Kind anerkennt, nicht auch der biologische Vater zu sein. Das niederländische Recht kennt nur die sog. starke Adoption. Sowohl die **Anerkennung** als auch die **Adoption** begründen familienrechtlichen Beziehungen und haben demzufolge erbrechtliche Konsequenzen. Seit dem 1.1.1998 kann die Vaterschaft eines Mannes gerichtlich festgestellt werden, wenn er der Erzeuger des Kindes ist oder wenn er als Lebenspartner der Mutter einer Handlung, die die Zeugung des Kindes zur Folge haben kann, zugestimmt hat. Die gerichtliche **Feststellung der Vaterschaft** kann auch nach dem Tode des leiblichen Vaters erfolgen. Die Feststellung führt zu familienrechtlichen Beziehungen, die auf den Zeitpunkt der Geburt zurückwirken. Pflegekinder, Stiefkinder und biologische Kinder, die nicht anerkannt sind und deren Vaterschaft nicht gerichtlich festgestellt ist, sind als Erben ausgeschlossen, da keine Blutverwandtschaft besteht.

2. Erbordnungen

Das niederländische Erbrecht kennt **vier Gruppen** von Erben, die nacheinander erben, wenn in der vorherigen Gruppe keine Erben (mehr) vorhanden sind (Art. 4:10 BW):
1. Der nicht von Tisch und Bett getrennte Ehegatte oder registrierte Partner des Erblassers, zusammen mit dessen Kindern;
2. die Eltern des Erblassers, zusammen mit dessen Geschwistern;
3. die Großeltern des Erblassers;
4. die Urgroßeltern des Erblassers.

Es handelt sich bei den Erben um Personen, die in einer familienrechtlichen Beziehung zum Erblasser stehen.

Die Erben, die selbst in der erblichen Ordnung in eigener Person erben, erben zu gleichen Teilen (Art. 4:11 Abs. 1 BW). In jeder der oben genannten Gruppen findet ein uneingeschränktes **Eintrittsrecht** statt. Das Eintrittsrecht findet *staaksgewijs* statt, d.h. dass die **Abkömmlinge des Erben** dessen Platz einnehmen, im Grunde genommen gemeinsam dessen Platz einnehmen. Das Eintrittsrecht greift nicht nur ein, wenn der Erbe verstorben ist, sondern auch, wenn der Erbe die Erbschaft ausschlägt, wenn er selbst unwürdig ist oder wenn er enterbt ist bzw. bei Verfall der Erbschaft (Art. 4:12 Abs. 1 BW). Es spricht für sich, dass das Eintrittsrecht in der ersten Gruppe nur in Bezug auf die Kinder eine Rolle spielt.

In der zweiten Gruppe findet das Eintrittsrecht bei den **Geschwistern** statt. Zu Geschwistern gehören auch Halbgeschwister, jedoch erben diese nur die Hälfte des Erbteils eines vollen Geschwisterteils. Falls in der ersten Gruppe keine Erben vorhanden sind und es in der zweiten Gruppe ein Elternteil und Geschwister gibt, beträgt der Erbteil des Elternteils mindestens ein Viertel.

In der dritten und vierten Gruppe wird der Platz durch eine oder beide Groß- oder Urgroßeltern eingenommen.

Das Gesetz kennt folgende **Grenzen der gesetzlichen Erbfolge:** Die Ururgroßeltern erben nicht und gem. Art. 4:12 Abs. 3 BW geht die Vererbung nur bis zum sechsten Grad. Diejenigen, die mit dem Erblasser weiter als mit dem sechsten Grad verwandt sind, erben nicht mehr als gesetzliche Erben. Die Erbschaft kommt in diesem Fall dem Staat zugute.

3. Erbrecht des Staates

Hinterlässt der Erblasser keine Erben, wird dasjenige, was nach der Abwicklung des Nachlasses übrig bleibt, dem Staat gegeben. Melden sich innerhalb von zwanzig Jahren nach

Eröffnung des Nachlasses keine Erben, fällt der Nachlass oder dasjenige, was an dessen Stelle getreten ist, dem Staat zu. Der Staat braucht jedoch nicht die Schulden des Nachlasses, die nach Abwicklung unbezahlt geblieben sind, zu tilgen.

4. Umfang des Nachlasses

68 Der Nachlass umfasst die Gesamtheit der Güter und Schulden (Verbindlichkeiten) des Erblassers. Gibt es mehrere Erben, dann ist der Nachlass zu qualifizieren als eine besondere Gemeinschaft i.S.v. Art. 3:189 Abs. 2 BW. Diese besondere Gemeinschaft hat ein abgesondertes Vermögen, worauf Gläubiger des Nachlasses exklusiv ihre Forderungen geltend machen können. Die Gläubiger des Nachlasses haben Vorrang vor anderen Gläubigern der Erben auf das Nachlassvermögen.

69 Zu den Schulden des Nachlasses gehören nicht nur die Verbindlichkeiten des Erblassers, sondern von Gesetzes wegen auch die Kosten, die nach dem Versterben des Erblassers entstehen, wie z.B. die Kosten der Bestattung, die Begleichung der Erbschaftsteuer, Schulden aus Vermächtnissen, Schulden des Pflichtteils und Schulden des Nachlasses (Art. 4:7 BW).

70 Die Rangfolge dieser Schulden ist wie folgt: Die Schulden des Pflichtteils sind nachrangig zu den Schulden, die durch die Anwendung der Bestimmungen der Abteilung „Andere gesetzliche Rechte" entstehen. Die Schulden aus einem Vermächtnis sind erst dann zu Lasten des Nachlasses zu erfüllen, wenn alle anderen Schulden aus dem Nachlass umfassend erfüllt werden können (Art. 4:7 Abs. 2 und Art. 4:120 Abs. 1 BW).[41]

III. Das gesetzliche Erbrecht des Ehegatten

71 Wenn ein verheirateter Erblasser stirbt, werden der überlebende Ehegatte und die Kinder Erben. Der überlebende Ehegatte wird vom Gesetz jedoch weitgehend bevorzugt, weil er das **alleinige Eigentum der Güter des Nachlasses erhält** und den Kindern nur ein Forderungsrecht verbleibt (Art. 4:13 Abs. 2 und 3 BW). Dies ist eine „gesetzliche Verteilung" des Nachlasses. Diese gesetzliche Verteilung gilt auch bei einem überlebenden Ehegatten in zweiter oder dritter Ehe.

72 Das **Forderungsrecht der Kinder** ist auf Zahlung eines Betrags gerichtet, der dem Wert ihres Erbteils entspricht. Der Betrag ist erst zur Zahlung fällig, wenn
– der überlebende Ehegatte stirbt;
– über sein Vermögen Insolvenz erklärt wird;
– das Gesetz über die Schuldsanierung natürliche Personen auf ihn anzuwenden ist; oder
– der Erblasser die Einziehbarkeit in letztwilliger Verfügung bestimmt hat.

73 Es findet von Rechts wegen eine nur geringfügige **Inflationskorrektur** statt, und zwar wird die Forderung der Kinder erhöht um die gesetzlichen Zinsen, wenn die gesetzlichen Zinsen mehr als 6 % p.a. betragen. Betragen die gesetzlichen Zinsen beispielsweise 7 %, beträgt die Erhöhung der Forderung der Kinder demzufolge nur 1 %. Der überlebende Ehegatte kann jedoch innerhalb von drei Monaten nach dem Tod des Erblassers durch Erklärung die gesetzliche Verteilung rückgängig machen. Dieser Rückgängigmachung kommt Rückwirkung zu. Sie muss durch notariellen Akt erfolgen. Damit gibt der überlebende Ehegatte den bevorzugten Platz auf und erhält eine erbrechtliche Stellung gleich den Kindern. Dies kann insbesondere auch aus steuerlichen Erwägungen zu bevorzugen sein.

---

41 So auch Rechtbank Gelderland 13.8.2014, ECLI:NL:RBGEL:2014:5298.

Praxishinweis: Der Erblasser kann die Forderung der Kinder verzinsen. Durch die Verzinsung wird die Forderung im Rahmen der Erbschaftsteuer höher bewertet. Demzufolge hat der überlebende Ehegatte eine höhere Erbschaftsteuer vorauszuzahlen.

Bei **Wiederverheiratung** des überlebenden Ehegatten oder Eingehen einer **registrierten Partnerschaft** in einer Gütergemeinschaft ergibt sich folgendes Problem: Durch die Eingehung des gesetzlichen Güterstandes der Gütergemeinschaft würden die Güter des verstorbenen Ehegatten auch dem neuen Ehegatten gehören. Die Güter würden nämlich in die Gütergemeinschaft fallen. Auch kann der Stiefelternteil seinerseits wieder durch Vererbung die Güter des Nachlasses erben, ohne dass die Kinder des Erblassers nach ihm ein Erbrecht hätten. Demzufolge hätten die Kinder keine Aussicht auf die Güter des Nachlasses. Die Kinder des verstorbenen Ehegatten, die gesetzlich nur ein Forderungsrecht gegen den nun neu heiratenden Ehegatten des Erblassers hätten, werden hier jedoch gesetzlich geschützt. Die Kinder können ihre „**Willensrechte**" bezüglich der Güter aus dem Nachlass oder der Gütergemeinschaft ihres verstorbenen Elternteils geltend machen, die mit dem Forderungsrecht verbunden sind. Wenn der überlebende Ehegatte beim Standesbeamten die in Aussicht genommene neue Ehe anzeigt, kann das Kind das sog. nackte Eigentum an Gütern in Höhe des Wertes seines Forderungsrechts zuzüglich der Zinsen fordern. Der überlebende Ehegatte kann sich dagegen den **Nießbrauch** an den Gütern, die er den Kindern zu Eigentum übertragen soll, vorbehalten. Wenn der Ehegatte des Erblassers verstirbt, kann das Kind daher die Güter vom Ehegatten des nachverstorbenen Ehegatten des Erblassers herausfordern.

74

Ein praktisches Problem ist, dass die Anzeige beim Standesbeamten nicht öffentlich ist. Auch kann der überlebende Ehegatte sich heimlich wiederverheiraten, ohne dass die Kinder davon erfahren.

75

Das Kind kann auch von der Ausübung des Willensrechts bei Wiederverheiratung des überlebenden Elternteils absehen. Dem Kind erwächst dann ein neues Willensrecht zu, wenn der überlebende Ehegatte verstirbt. Dann können die Kinder gegenüber dem Stiefelternteil das gegen den vorverstorbenen Elternteil bestehende Forderungsrecht einfordern (Art. 4:20 BW). Wenn der überlebende Ehegatte verstirbt, kann das Kind gegenüber dem neuen Ehegatten-Stiefelternteil sein Eigentum bezüglich der Güter, die zum Nachlass seines erstverstorbenen Elternteils gehörten, fordern in Höhe der Forderung, die das Kind aus dem Erbfall nach dem vorverstorbenen Elternteil (Erblasser) gegen den letztverstorbenen Elternteil hatte.

76

Jedoch können die Kinder auch vom Ehegatten-Stiefelternteil Güter fordern. Es fehlt eine klare gesetzliche Regelung. Das Gericht wird hier zu entscheiden haben, ob der Stiefelternteil den Kindern bestimmte Güter übertragen muss.

77

Bei Fehlen einer letztwilligen Verfügung des verstorbenen überlebenden Elternteils haben seine Kinder nur ein Forderungsrecht gegen den Stiefelternteil, das erst bei seinem Tode fällig wird. Dies betrifft nur die Güter des verstorbenen überlebenden Elternteils. Der Stiefelternteil bekommt von seinem verstorbenen Ehegatten das ganze alleinige Eigentum der ganzen Erbschaft. Er ist an diesen Gütern der Erbschaft ausschließlich berechtigt. Dies ist die Folge der gesetzlichen Verteilung (Art. 4:13 BW). Den Kindern verbleibt nur ein Forderungsrecht in Bezug auf die Erbschaft des zweitverstorbenen Elternteils, welches Forderungsrecht – wie gesagt – nicht fällig ist (Art. 4:13 Abs. 3 BW). Damit entsteht die Gefahr, dass die Güter des Nachlasses sich zur Stieffamilie vererben. Die Kinder haben demzufolge keine Aussicht auf die Güter des Nachlasses. Die Kinder können deshalb gem. Art. 4:21 BW eine Option (**Willensrecht**) auf das „nackte Eigentum", also auf das mit dem Nießbrauch des Ehegatten des Erblassers belastete reine Eigentum, ausüben. Das

78

Willensrecht gewährt dem Kind einen Anspruch auf bestimmte Güter (in nacktem Eigentum). Dies können Güter sein, zu denen das Kind eine besondere Verbindung hat. Mit der Ausübung des Willensrechts wird vermieden, dass das Forderungsrecht des Kindes sich später nicht mehr durchsetzen lässt, wenn es zu wenig Vermögensmasse gibt. Der Ehegatte-Stiefelternteil kann sich allerdings den Nießbrauch an diesen Gütern vorbehalten, er kann aber auch auf den Nießbrauch verzichten.

79 Der Stiefelternteil kann dem Kind eine angemessene **Frist** setzen, innerhalb derer die Befugnis zum Willensrecht ausgeübt wird (Art. 4:25 Abs. 3 BW). Wird das Willensrecht nicht fristgerecht ausgeübt, verfällt es. Bei Minderjährigen hat der gesetzliche Vertreter innerhalb von drei Monaten nach Entstehen des Willensrechts dem Richter (Kantonrechter) schriftlich eine Mitteilung vorzulegen, ob er das Willensrecht ausüben will. Der Kantonrichter kann das Vorhaben genehmigen oder abweisen. Dabei ist nicht nur das Interesse des Kindes ausschlaggebend (Art. 4:26 Abs. 1 BW). Auch die Interessen der anderen Kinder, die eine solche Befugnis haben, und die Interessen derjenigen, gegenüber denen die Befugnis besteht, werden in der Erwägung gezogen.

80 Hat das Kind gegenüber dem Ehegatten-Stiefelternteil auf die Ausübung seines Willensrechts (nacktes Eigentum der Güter) **verzichtet**, verbleibt ihm ein Geldforderungsrecht, das erst beim Versterben des Ehegatten-Stiefelternteils fällig wird. Die Erben des Stiefelternteils sind verpflichtet, auf Antrag des Kindes Güter im Wert von höchstens der Geldforderung, vermehrt um die gesetzlichen Zinsen, zu übertragen (Art. 4:13 Abs. 4 BW).

81 Als maßgeblicher **Zeitpunkt** für den Wert des Nachlasses gilt der Wert der Güter unmittelbar nach dem Tode des Erblassers.

IV. Erbunwürdigkeit

82 Es gibt fünf im Gesetz niedergelegte Tatbestände, die der Gesetzgeber für dermaßen verwerflich erachtet, dass der Erbe unwürdig ist und nicht mehr irgendeinen Vorteil aus dem Nachlass erhalten kann. Die Tatbestände der **Unwürdigkeit** sind abschließend in Art. 4:3 Abs. 1 BW aufgelistet:
- Derjenige, der rechtskräftig wegen Tötung des Erblassers verurteilt worden ist, einen Mordversuch begangen hat oder die Tat vorbereitet hat oder daran teilgenommen hat.
- Derjenige, der rechtskräftig für ein Verbrechen gegen den Erblasser verurteilt worden ist, auf das nach niederländischen gesetzlichen Maßstäben eine maximal vierjährige Freiheitsstrafe verhängt worden ist, oder einen Versuch dazu, eine Vorbereitung oder eine Teilhabe an einem derartigen Verbrechen begangen hat.
- Derjenige, von wem durch gerichtliches Urteil festgestellt worden ist, dass er gegen den Erblasser verleumderisch eine Anklage wegen eines Verbrechens eingereicht hat, auf das nach niederländischen Maßstäben höchstens eine vierjährige Freiheitsstrafe verhängt worden ist.
- Derjenige, der den Verstorbenen durch eine Tatsache oder durch Bedrohung mit einer Tatsache gezwungen oder verhindert hat, eine letztwillige Verfügung zu errichten.
- Wer die letztwillige Verfügung des Verstorbenen unterschlagen, vernichtet oder verfälscht hat.

83 Eine Unwürdigkeit wird jedoch aufgehoben, wenn der Erblasser die Unwürdigkeit in unzweideutiger Weise seine Verhalten verziehen hat (Art. 4:3 Abs. 3 BW).

V. Testamentarische Erbfolge

1. Testamentsform

Das Testament wird ausschließlich im Wege **notarieller Beurkundung** errichtet. Nach niederländischem Recht gibt es drei Formen von Testamenten:
- Das öffentliche Testament (*openbare testament*), welches beim Notar aufgenommen wird;
- das sog. Depottestament, für dessen Inhalt der zukünftige Erblasser gänzlich selbst verantwortlich ist und beim Notar in Depot gegeben wird; und
- das *Codicil* (siehe dazu Rn 86 f.).

84

Das Testament wird vom Notar im *Centraal Testamenten Register* (**Testamentsregister**)[42] in Den Haag eingetragen (siehe auch Rn 105). Neben Testamenten werden im *Centraal Testamenten Register* auch die Zusammenlebensverträge und sonstigen notariellen Akte, in denen eine Aufenthaltsklausel aufgenommen ist, eingetragen.

85

Eine informelle Form einer letztwilligen Verfügung ist das sog. **Codicil**. Dies ist ein durch den Erblasser eigenhändig geschriebenes, unterzeichnetes und datiertes Schriftstück. Im *Codicil* kann Folgendes festgelegt werden:
- die Bestattung;
- das Zurverfügungstellen der irdischen Reste für die Wissenschaft;
- Vermächtnisse für Kleider, Körpergegenstände, Schmuck, Hausrat und Bücher;
- Privatklausel, z.B. eine Klausel, dass die Güter außerhalb der Gütergemeinschaft des Vermächtnisnehmers fallen, oder wer Hüter der Persönlichkeitsrechte im Sinne des Urheberrechts (*auteurswet*) und des Gesetzes auf die Nachbarrechte (*Wet op de naburige rechten*) in Bezug auf diese Vermächtnisse werden soll.
- Es ist jedoch nicht möglich, einen Testamentsvollstrecker im *Codicil* zu ernennen.

86

Vorteil eines *Codicils* ist, dass es ohne Mitwirkung eines Notars abgeändert oder widerrufen werden kann. Nachteil ist, dass es nicht in einem offiziellen Register eingetragen zu werden braucht, was manchmal zu Beweisschwierigkeiten Anlass geben kann. Es ist empfehlenswert, das *Codicil* sicherheitshalber im Testamentsregister einzutragen zu lassen, damit es nicht vergessen werden oder verschwinden kann.

87

2. Inhalt des Testaments

Mittels eines Testaments kann der zukünftige Erblasser die Erbfolge regeln. Er kann eine vom Gesetz abweichende Erbfolge im Testament festlegen. Der Erblasser kann andere als die gesetzlichen Erben als **testamentarische Erben** einsetzen. So kann er das Stiefkind als eigenes Kind zum Erben ernennen. Die Erben brauchen nicht natürliche Personen zu sein, sondern können auch juristische Personen sein (insb. wohltätige Vereinigungen). Eine Vereinigung, deren Statuten nicht in einer notariellen Akte aufgenommen sind, kann aber keine im Register verbuchten Güter erwerben und auch kein Erbe sein (Art. 2:30 Abs. 1 BW).

88

Im Testament können vom Gesetz abweichende Erbteile festgelegt sein. So kann der Erblasser von der gesetzlichen Erbfolge abweichen und den überlebenden Ehegatten enterben.

89

---

[42] Testamente werden auch dann, wenn sie im Ausland errichtet worden sind, im niederländischen Testamentsregister registriert, soweit sie (bzw. eine entsprechende notarielle Ausfertigung) nur zur Registrierung dort eingereicht werden.

van Maas de Bie

Im Testament kann auch eine abweichende **Inflationskorrektur** für die Forderungsrechte der Kinder aufgenommen werden.

90 Im Testament kann ein **Vermächtnis** (*legaat*) aufgenommen werden. Ein Vermächtnis ist ein Forderungsrecht unter besonderem Titel. Es kann bestehen aus einer Geldsumme oder aus Gütern. Der Vermächtnisnehmer haftet nicht für die Schulden des Erblassers.

91 Weiter kann im Testament eine **Last** (**Auflage**) aufgenommen werden. Dies ist eine Verpflichtung für die Erben oder Vermächtnisnehmer, die jedoch kein Forderungsrecht gibt. Es kann nicht rechtlich durchgesetzt werden. Die Last kann aber als auflösende **Bedingung** für die Erbeinsetzung oder das Vermächtnis ausgestaltet werden. Bei Nichterfüllung der Last kann die Erbschaft entfallen.

92 Zum Schluss kann im Testament ein **Liquidator** (*Executeur Testamentair*) ernannt werden. Die Befugnisse des Liquidators sind im neuen Recht erheblich erweitert worden. Ihm kann sogar die Befugnis erteilt werden, die Verteilung der Erbschaft zu regeln.

VI. Pflichtteilsrechte und andere gesetzliche Rechte

93 Falls der Erblasser im Testament z.B. einen Dritten zum alleinigen Erbe ernannt hat, können die Nachkommen das Pflichtteilsrecht und sonstige gesetzlichen Rechte geltend machen.

94 Das Pflichtteilsrecht beläuft sich auf die **Hälfte des gesetzlichen Erbteils**. Gleich wie der gesetzliche Erbteil ist das Pflichtteil der Abkömmlinge ebenfalls nur ein **Forderungsrecht**. Nur die Nachkommen, die gesetzliche Erben sind, sind zum Pflichtteil berechtigt. Es besteht kein Recht mehr auf einen Anteil an den Nachlassgütern selbst, der Pflichtteilsberechtigte hat nur eine Geldforderung und wird Gläubiger des Nachlasses.

95 Zuwendungen des Erblassers während seines Lebens werden nur vom Pflichtteilsrecht abgezogen (**Anrechnung**), wenn sie innerhalb von fünf Jahren vor dem Tode des Erblassers gemacht worden sind. Den Pflichtteil mindert ebenfalls all das, was der Pflichtteilsberechtigte als Vermächtnisnehmer hätte erhalten können, auch wenn er das Legat ausgeschlagen hat.

96 Der verheiratete Erblasser kann im Testament anordnen, dass ein Pflichtteil, der zu Lasten des überlebenden Partners anfällt, zu Lebzeiten des überlebenden Ehegatten nicht einziehbar ist.

97 Der **überlebende Ehegatte** hat keinen Anspruch auf einen Pflichtteil. Er kann jedoch ein Recht auf einen **Nießbrauch** an der **Ehewohnung** und am **Hausrat** geltend machen. Nach Versterben des Erblassers kann der überlebende Ehegatte sechs Monate in der Ehewohnung wohnen bleiben mit Nutzung des Hausrats. Selbst wenn die Ehewohnung einem Kind vermacht worden ist, kann der überlebende Ehegatte trotz des Vermächtnisses die Wohnung weiterhin bewohnen (Art. 4:28 Abs. 1 BW). Vorausgesetzt ist allerdings, dass der überlebende Ehegatte zur Zeit des Versterbens des Erblassers alleine oder gemeinsam in der Wohnung wohnte (Art. 4:29 BW). Die Erben sind verpflichtet, an der Begründung des Nießbrauchs mitzuwirken, wenn der überlebende Ehegatte dies verlangt, es sei denn, das Versorgungsbedürfnis des überlebenden Ehegatten ist auf andere passende Weise gegeben. Gegebenenfalls kann er auch ein Recht auf den Nießbrauch an anderen Gütern geltend machen, soweit ein Versorgungsbedürfnis besteht. Der Anspruch auf die Begründung eines Nießbrauchs verfällt sechs Monate nach Versterben des Erblassers (Art. 4:31 Abs. 2 BW).

van Maas de Bie

Als „**sonstige gesetzlichen Rechte**" können des Weiteren folgende verschiedenen Forderungen geltend gemacht werden:
- **Minderjährige Kinder** können aufgrund des Art. 4:35 BW in dem Fall, dass z.B. ein Dritter zum Alleinerben ernannt worden ist, ein „anderes gesetzliches Recht" in Anspruch nehmen und vom alleinigen Erben eine einmalige **Abfindungssumme für die Versorgung** und Erziehung fordern. Dazu gehört auch ein biologisches Kind des Erblassers, dem er Unterhalt zahlte. Diese Forderung steht dem Kind allein dann zu, wenn der Ehegatte oder der Erbe des Erblassers nicht schon kraft Gesetzes oder durch Vertrag verpflichtet ist, diese Kosten zu erfüllen (Art. 4:35 Abs. 2 BW).
- Das volljährige Kind, das jünger als 21 Jahre ist, kann ebenfalls eine einmalige Abfindung für den **Lebensunterhalt während der Studien** fordern, soweit nicht der überlebende Ehegatte des Erblassers selber schon gesetzlich unterhaltspflichtig ist. Im Testament können jedoch nicht die Forderungsrechte der Kinder gegen den überlebenden Ehegatten ausgeschlossen werden.
- Ein Kind, Stiefkind, Pflegekind, Schwiegerkind oder Enkelkind kann als gerechte Vergütung für die ohne passende Belohnung während der Volljährigkeit in einem durch den Erblasser ausgeübten Betrieb oder freien Beruf **erbrachten Tätigkeiten** eine einmalige Abfindungssumme fordern. Das Kind oder Stiefkind kann einen Anspruch auf Übertragung der Güter, die dem durch den Erblasser ausgeübten Betrieb oder Beruf dienstbar waren, der durch das Kind, Stiefkind oder dessen Ehegatten fortgeführt wird, an das Kind, das Stiefkind oder dessen Ehegatten geltend machen.
- Wenn ein Kind, Stiefkind, Pflegekind, Schwiegerkind oder Enkelkind während der Volljährigkeit Arbeitstätigkeiten im Haushalt des Erblassers erbracht hat, ohne eine gerechte Vergütung erhalten zu haben, so hat es Anspruch auf eine einmalige Summe als gerechte Vergütung.

Die genannten einmaligen Abfindungssummen müssen **innerhalb von neun Monaten nach dem Tode** des Erblassers in Anspruch genommen werden. Sie umfassen insgesamt höchstens die Hälfte des Nachlasses. Wenn es mehrere einmalige Abfindungssummen gibt, müssen diese proportional gemindert werden. Bemerkenswert ist, dass diese einmaligen Abfindungssummen im Rang vor dem Pflichtteilsrecht stehen, da sie als Schuld des Nachlasses behandelt werden.

VII. Testamentsvollstreckung

Im Testament wird manchmal ein Testamentsvollstrecker (*Executeur-testamentair*) ernannt. Aufgabe der Testamentsvollstrecker ist es, die Vermögensbestandteile des Nachlasses zu verwalten und die Schulden zu bezahlen. Dazu gehört jedenfalls auch die Auszahlung oder die Abgabe der Vermächtnisse (*Legaten*). Der Testamentsvollstrecker ist verpflichtet, eine Übersicht der Zusammensetzung des Nachlasses zu erstellen. Er muss nach der Abwicklung des Nachlasses schriftlich Rechnung legen und Verantwortung für die von ihm geführte Verwaltung des Nachlasses tragen.

VIII. Wege der Nachlassregelung außerhalb des Erbrechts

Mittels *Estate Planning* lassen sich bereits zu Lebzeiten Vermögensbestandteile übertragen. Dies ist häufig insbesondere aus steuerlichen Gründen veranlasst. Da die Art und Weise des *Estate Planning* sehr vielfältig ist, geht es zu weit, dies innerhalb dieses Beitrags zu erörtern. Nur einige Bereiche werden hier dargestellt.

1. Schenkung von Todes wegen/donatio mortis causa

102 Im niederländischen Recht ist es möglich, eine Schenkung oder sonstige Spenden (*gift*) nach dem Tode zu machen. Tatbestand ist, dass die Schenkung oder die Spende tatsächlich erst nach dem Tode des Erblassers genossen wird. Auch kann die Umsetzung einer Naturalobligation in einen gesetzlich durchzusetzenden Anspruch, welche Umsetzung erst beim Tode des Erblassers eintritt, festgelegt werden. Diese Rechtshandlungen werden als Quasi-Vermächtnis qualifiziert und gehen zu Lasten der gemeinsamen Erben. Es sind also keine letztwilligen Verfügungen.

2. Güterrechtliche Vereinbarungen

103 Häufig kommt es vor, dass die Ehegatten Gütertrennung vereinbart haben, jedoch mit dem Zusatz, dass die Gütertrennung mit dem Rentenalter in eine Gütergemeinschaft umgewandelt wird. Damit bekommt der andere Ehegatte das Recht auf die Hälfte des Wertes der Gütermasse. Ebenfalls ist es möglich, bei einer Gütertrennung einen zwingenden Verrechnungsanspruch aufzunehmen, damit der überlebende Ehegatte beim Vorversterben des Ehegatten einen Anspruch auf die Gütermasse dieses Ehegatten bekommt. Es werden auf diese Weise erhebliche Steuerzahlungen gespart. Zu beachten ist jedoch, dass die Klausel im Ehevertrag gegenseitig sein muss, damit sie nicht dem Schenkungsrecht unterfällt.

104 Zu Lebzeiten kann der Erblasser steuerfrei den Kindern bestimmte Beträge schenken. Damit kann das Vermögen des Erblassers schon zu seinen Lebzeiten den Kindern übertragen werden.

C. Nachlassabwicklung

105 Nach dem Tode des Erblassers erstellt der Notar die sog. *verklaring van erfrecht* (**Erklärung der Erbfolge**). Darin wird festgelegt, wer die Erben des Erblassers sind. Dem Notar obliegt eine Untersuchungspflicht. Er wird die Familie des Erblassers befragen und Auszüge beim Standesamt beantragen. Ebenfalls wird geprüft, ob der Erblasser ein Testament erstellt hat. Dazu wird bei dem *Centraal Testamenten Register* in Den Haag angefragt, ob ein Testament vorhanden ist. Das *Centraal Testamenten Register* ist eine Unterabteilung des Justizministeriums. Die Postadresse des *Centraal Testamenten Register* lautet:

Centraal Testamenten Register
Postfach 19398
NL-2500 CJ Den Haag

Zu beachten ist ebenfalls, dass der Notar auf Antrag ein Europäisches Nachlasszeugnis abgeben kann (Art. 62 EU-ErbVO i.V.m. Art. 10 B niederländisches Ausführungsgesetz Verordnung Erbrecht).

106 Wenn es keine gesetzliche Verteilung gibt, haben die Erben gemeinsam im Grunde genommen die sog. *saisine*, d.h., sie treten in alle Rechte des Erblassers ein (Art. 4:182 BW). Die Erben werden demzufolge gemeinsam Eigentümer. Sie treten jedoch auch in die Schulden des Erblassers ein.

107 Falls die Schulden des Nachlasses die Aktiva übertreffen, können die Erben den Nachlass unter „*beneficiaire aanvaarding*" akzeptieren oder ausschlagen. Bei der *beneficiairen* Annahme der Erbschaft wird zuerst eine Inventaraufnahme gemacht. Die Erben sollen dazu eine diesbezügliche Erklärung bei der Kanzlei des Gerichts abgeben, in dessen Bezirk das

Sterbehaus des Erblassers liegt. Häufig wird der Notar in der Praxis das mittels Vollmacht machen. Die vorbehaltslose Annahme der Erbschaft kann sich auch aus dem eindeutigen Verhalten des Erben ergeben.

Folgende Schulden werden nach dem Gesetz als **Schulden des Nachlasses** anerkannt: 108
a) Schulden des Erblassers, die nicht mit seinem Tod erloschen sind, soweit nicht durch i) erfasst;
b) Kosten der Bestattung, soweit sie den Verhältnissen des Erblassers entspricht;
c) Kosten der Liquidation des Nachlassens, einschließlich des Gehalts des Liquidators;
d) Kosten der Testamentsvollstreckung (*executele*), einschließlich des Gehalts des Testamentsvollstreckers;
e) Steuerschulden bezüglich des eröffneten Nachlasses, soweit diese zu Lasten der Erben gehen;
f) Schulden, die durch die Anwendung des Titel 3, Abteilung 2 BW bezüglich der „sonstigen gesetzlichen Rechte" entstehen, wie z.B. die einmaligen Abfindungssummen (siehe Rn 98);
g) Schulden aus den Pflichtteilen;
h) Schulden aus Vermächtnissen, die zu Lasten eines oder mehrerer Erben gehen;
i) Schulden aus Schenkungen oder anderen Handlungen, die infolge Art. 4:126 BW als Vermächtnisse zu behandeln sind.

Die Erben **haften** gemeinsam für die Nachlassschulden. Gemäß Art. 4:13 Abs. 2 und Art. 14 109 Abs. 1 BW obliegt dem überlebenden Ehegatten die Pflicht, diese Schulden zu tilgen. Nach der gesetzlichen Verteilung verbleiben dem überlebenden Ehegatten die Güter des Nachlasses. Die Kinder haben nur ein Forderungsrecht.

Praxishinweis: Obwohl gesetzlich nicht verpflichtet, ist es empfehlenswert, kurz nach dem Tode des Erblassers eine Inventaraufnahme zu machen, damit die Höhe des Forderungsrechts der Kinder festgestellt werden kann. Wie ausgeführt (Rn 71), erhält der überlebende Ehegatte das Eigentum aller Güter. Werden diese Güter nicht sofort bewertet, ist es schwierig, dies Jahre später nachzuholen.

D. Besteuerung der Erbfolge

I. Das niederländische internationale Steuerrecht

Das niederländische internationale Steuerrecht hat drei Grundfesten für die Steuerabgabe, 110 und zwar den Wohnsitz, die Staatsangehörigkeit und die Belegenheit der Vermögensbestandteile.

Hatte der Erblasser einen niederländischen Wohnsitz, wird der Wert der gesamten Erbschaft 111 in den Niederlanden versteuert, auch wenn einige Vermögensbestandteile nicht in den Niederlanden belegen sind (**unbeschränkte Steuerpflicht**). Gleiches gilt, wenn der niederländische Erblasser, der in den Niederlanden gewohnt hatte, noch nicht seit bereits über zehn Jahren ausgewandert ist (**erweiterte unbeschränkte Steuerpflicht**). Wenn der niederländische Erblasser jedoch die niederländische Staatsangehörigkeit verloren hat, ist vorgenannte Zehnjahresregelung nicht mehr einschlägig.

Des Weiteren kann es trotz der Tatsache, dass ein niederländischer Staatsangehöriger bereits 112 über zehn Jahre ausgewandert ist oder ein Ausländer noch nicht über ein Jahr seinen Wohnsitz in den Niederlanden hat, zu Steuerzahlungen in den Niederlanden kommen, und zwar dann, wenn es Vermögensbestandteile gibt, die stark mit der niederländischen

Rechtssphäre verknüpft sind (**beschränkte Steuerpflicht**). Dies gilt insbesondere für in den Niederlanden belegenen Immobilien und Anteile an einer Kapitalgesellschaft, deren Aktivvermögen zu mehr als 70 % aus niederländischen Immobilien besteht. Versteuert werden die inländischen Vermögensbestandteile nach Abzug der inländischen Schulden.

II. Berechnung der Steuer

113 Die Erbschaftsteuer (*Successiewet*) ist als **Erbanfallsteuer** ausgestaltet. **Steuerschuldner** ist der Erbe. Bei der Bewertung wird grundsätzlich vom Verkehrswert ausgegangen.

114 Der Ehegatte, Kinder und Nachkömmlinge im zweiten oder weiteren Grad gehören zur Steuerklasse I. Die Geschwister und Blutverwandte in rechter aufsteigender Linie gehören der Steuerklasse II an. Andere Erwerber gehören zur Steuerklasse III. Der Hebesatz beläuft sich in der Klasse I von 10 % bis 20 % und von 18 % bis 36 % in der Steuerklasse II. In der Steuerklasse III geht er von 30 % bis 40 %.

115 **Freibeträge** können nur geltend gemacht werden, wenn der Erblasser in den Niederlanden ansässig war. Diese belaufen sich für
– den Ehegatten auf 633.014 EUR und darüber hinaus wird der belaste Erbteil wie folgt versteuert: bis 121.296 EUR 10 % und darüber hinaus 20 %;
– Kinder auf je 20.047 EUR und darüber hinaus wird versteuert 10 % über 121.296 EUR und darüber hinaus 20 %;
– Kleinkinder auf je 20.047 EUR und darüber hinaus wird versteuert 18 % über 121.296 EUR und darüber hinaus 36 %;
– Kranke und behinderte Kinder 60.138 EUR;
– Eltern auf je 47.477 EUR und darüber hinaus wird versteuert 30 % über 121.296 EUR und darüber hinaus 40 %;
– sonstige Erwerber auf je 2.111 EUR und darüber hinaus wird versteuert 30 % über 121.296 EUR und darüber hinaus 40 %.

116 Der Freibetrag für ein Kind erhöht sich, wenn dieses jünger als 23 Jahre alt ist, es mit dem Erblasser zusammen lebte, behindert ist o.Ä. Der Freibetrag von Kindern ab 23 Jahre entfällt, wenn der vererbte Betrag höher ist als 26.455 EUR; alsdann ist der ganze Betrag zu versteuern.

Weitere Informationen und Materialien, wie z.B. Muster, Formulare, amtliche Texte und Internetadressen, befinden sich auf der beiliegenden CD-ROM.

Norwegen

Ralf Sedlmayr, Rechtsanwalt und Advokat, Norwegen

Inhalt

A. Vorschlag für ein neues Erbgesetz 1
B. Internationales Erbrecht 3
   I. Nordisches Abkommen über Erbschafts- und Nachlassteilung 4
   II. Haager Testamentsformübereinkommen 8
   III. Gewohnheitsrecht 9
      1. Heimatrecht des Erblassers 10
      2. Vorschlag im neuen Erbgesetz 11
   IV. Ordre public 13
C. Materielles Erbrecht 14
   I. Gesetzliche Erbfolge 14
      1. Aufgrund von Verwandtschaft 15
      2. Erbrecht des Ehegatten 16
        a) Mindesterbe des Ehegatten 17
        b) Vorschlag im neuen Erbgesetz 18
        c) Recht auf das ungeteilte eheliche Gesamtgut 19
        d) Ausschluss des Rechts auf das ungeteilte eheliche Gesamtgut 24
        e) Verfügungsbeschränkungen nach der Übernahme des ungeteilten ehelichen Gesamtguts 25
      3. Erbrecht des nichtehelichen Lebensgefährten 26
        a) Voraussetzungen für ein begrenztes gesetzliches Erbrecht 27
        b) Vorschlag im neuen Erbgesetz 30
      4. Erbrecht des Staates 31
   II. Testamentarische Erbfolge 32
      1. Testierfähigkeit 33
      2. Nichtigkeit testamentarischer Verfügungen 34
      3. Form des Testaments 36
      4. Nottestament 41
        a) Nottestament mit Zeugen 42
        b) Nottestament ohne Zeugen 43
      5. Notartestament 44
      6. Vorschlag im neuen Erbgesetz 45
   III. Pflichtteil 46
      1. Pflichtteil der Abkömmlinge 47
      2. Einwirkungen des Erblassers auf den Pflichtteil 49
      3. Gesetzlich geregelte Einwirkungsmöglichkeiten 50
        a) Pflichtteil in bestimmten Vermögenswerten 50
        b) Pflichtteil unterliegt der Gütertrennung 51
        c) Verfügungsbeschränkung für den Pflichtteilsberechtigten 52
        d) Entziehung des Pflichtteils 53
      4. Schutzvorschriften für Kinder des Erblassers 55
      5. Vorschlag im neuen Erbgesetz 59
   IV. Erbvertrag 60
   V. Auslegung von Testamenten 63
   VI. Gegenseitige und gemeinsame Testamente 64
   VII. Widerruf und Änderung eines Testaments 67
   VIII. Aufbewahrung eines Testaments 69
   IX. Abhandengekommenes Testament 70
   X. Verjährung des Erbanspruchs 71
   XI. Verträge über zukünftiges Erbe 76
   XII. Anrechnung von Vorempfängen 78
   XIII. Entziehung des Erbrechts durch Urteil .. 81
D. Nachlassabwicklung 83
   I. Aufgebot (proklama) 84
   II. Private Teilung 87
   III. Öffentliche Teilung 90
   IV. Nachlassverwalter (bobestyrer) 96
   V. Sonderregel bei geringen Nachlässen ... 97
   VI. Streitigkeiten bei der der Nachlassteilung 98
   VII. Schiedsgerichtsbarkeit im Erbrecht 99
E. Erbschaftsteuer 100

Literatur

Norwegische Literatur

Helge J. Thue, Internasjonal privatrett 1. utgave 2002; *Borgar Høgetveit Berg*, Voldgiftsloven med kommentarer, 1.utgave 2006; *Peter E. Hambro*, Arveloven Kommentarutgave, 4. utgave 2007; *Peter Lødrup/John Asland*, Arverett 6. utgave 2012; *Rapport*, Utviklingen i nordisk arverett – tegn i tiden, Nordisk arverettskonferanse 24. oktober 2012; *Gyldendal Rettsdata*, Norsk Lovkommentar, L 3.3.1972 nr. 5 Lov om arv m.m ved John Asland; *Gyldendal Rettsdata*, Norsk Lovkommentar, L 21.2.1930 Lov om skifte ved Ernst Moe og Inge Unneberg; NOU: 1 Ny arvelov, Utredning fra et utvalg oppnevnt ved kongelig resolusjon 15. april 2011, avgitt til Justis – og beredskapsdepartementet 10. februar 2014.

Deutsche Literatur

Frantzen, Die Stellung des überlebenden Ehegatten im norwegischen Ehegüter- und Erbrecht: Auswirkungen auf deutsch-norwegische Sachverhalte, ZVglRWiss 101 (2002) 482; *Lødrup*, Pflichtteilsrecht in Norwegen und in den nordischen Staaten, in: Röthel, Reformfragen des Pflichtteilsrecht, 2007, S. 235.

A. Vorschlag für ein neues Erbgesetz

1   Die wesentliche aktuelle gesetzliche Grundlage des Erbrechts in Norwegen ist das norwegische Erbgesetz vom 3.3.1972 (*lov om arv*). Dieses Gesetz löste das norwegische Erbgesetz vom 31.7.1854 mit späteren Änderungen ab. Das Gesetz von 1972 baut mit gewissen Ausnahmen auf Grundzügen im älteren Recht auf. Damit können sowohl ältere Rechtsprechung und Literatur auch heutzutage noch von Bedeutung sein.

2   Seit dem Jahr 1972 hat die norwegische Gesellschaft jedoch eine Vielzahl von Änderungen erfahren. Die nichteheliche Lebensgemeinschaft ist eine übliche und vollends akzeptierte Form des Zusammenlebens. Das Lebensalter ist gestiegen und die Geburtenrate gesunken. Der Wohlstand im Lande ist gestiegen, der Wohlfahrtsstaat wurde weiter ausgebaut. Die Bevölkerung ist aufgrund von verstärkter Einwanderung weniger homogen als noch vor 40 Jahren. Alle diesen Entwicklungen haben entscheidend dazu beigetragen, dass im Jahre 2011 ein Gremium, bestehend aus Juristen verschiedener Fachrichtungen und Berufszweigen, damit beauftragt wurde, eine generelle und prinzipielle Begutachtung und Bewertung des jetzigen Erbgesetzes vorzunehmen. Im Februar 2014 übergab das Gremium dem Justizministerium (*Justis – og beredskapsdepartementet*) seine Stellungnahme sowie den Vorschlag für ein neues Erbgesetz. Dieser Gesetzesvorschlag, dessen Intention es ist, zeitgemäß zu sein und den internationalen Entwicklungen im Erbrecht Rechnung zu tragen, sieht einige, nicht unwesentliche Änderungen im Verhältnis zum jetzigen Gesetz vor. Inwieweit die Änderungen ganz oder teilweise im Rahmen eines neuen Gesetzes in Kraft treten werden, ist zum Zeitpunkt der Erstellung dieses Länderbeitrages noch unklar, ebenso wie der mögliche Zeitpunkt eines Inkrafttretens. Da aber nicht ausgeschlossen werden kann, dass es zu Änderungen kommen kann, werden wesentliche Änderungsvorschläge im Rahmen des Gesetzesentwurfs jeweils an den entsprechenden Stellen der Darstellung erwähnt.

B. Internationales Erbrecht

3   Das norwegische IPR ist nicht kodifiziert. Auch die Prinzipien einer Rechtswahl und die Rechtswahlregeln im internationalen norwegischen Erbrecht sind überwiegend von gewohnheitsrechtlicher Natur und werden auch so von der Rechtsprechung zugrunde gelegt.[1] In einigen Fällen ergeben sich international privatrechtliche Regeln im norwegischen Erbrecht aufgrund von internationalen Abkommen oder aufgrund gesetzlicher Vorschriften.

I. Nordisches Abkommen über Erbschafts- und Nachlassteilung

4   Im Verhältnis zu Schweden, Finnland, Island und Dänemark gilt das Nordische Abkommen über Erbschafts- und Nachlassteilung vom 19.11.1934. Dieses Abkommen zielt darauf ab, die wichtigsten der Fragen zu lösen, für den Fall, dass der Verstorbene eine Verbindung zu

---

1   *Thue*, S. 508

mehreren der genannten Länder hatte. Der Ausgangspunkt ist hier, dass es das Erbrecht des Landes ist, in dem der Verstorbene seinen letzten Wohnsitz (Domizil) hatte, welches zugrunde gelegt werden soll, unter der Voraussetzung, dass er Staatsangehöriger eines der nordischen Länder war.

Es gibt jedoch eine wichtige Ausnahme. Hatte der Erblasser in den letzten 5 Jahren nicht in diesem Land gelebt, soll das Recht des Landes, dessen Staatsbürger er ist, zur Anwendung kommen, wenn dies von einem Erben oder Vermächtnisnehmer, für den dies eine rechtliche Bedeutung hat, verlangt wird.

Das Nordische Abkommen von 1934 wurde einer Überarbeitung unterzogen und das entsprechende Änderungsabkommen wurde am 1.6.2012 in Kopenhagen unterzeichnet. Die Änderungen erfolgten als eine Anpassung und Angleichung an die EU-Erbrechtsverordnung (EU-ErbVO). Dies wurde als notwendig angesehen, damit Schweden und Finnland als Mitgliedstaaten der EU auch zukünftig weiterhin das Nordische Abkommen bei internordischen Sachverhalten anwenden können.[2] Für Norwegen als Nicht-EU-Mitglied findet die EU-ErbVO keine Anwendung. Das Änderungsabkommen ist zur Zeit der Erstellung dieses Länderbeitrages noch nicht in Kraft.

In dem Änderungsabkommen wird dem Erblasser nun die Möglichkeit der Wahl zwischen dem Erbrecht des Landes, dessen Staatsbürger er ist, und dem Erbrecht des Landes, in dem er seinen Wohnsitz (Domizil) hat, eingeräumt. Gemäß Art. 3 des Änderungsabkommens hat danach jede Person, die von dem Abkommen umfasst wird, das Recht, in Form eines Testaments selbst zu bestimmen, welches Recht welchen Landes für das Erbe nach seinem Tod gelten soll. Der Erblasser kann damit das Recht des nordischen Landes als maßgebliches Recht bestimmen, dessen Staatsbürger er entweder zum Zeitpunkt der Bestimmung oder zum Zeitpunkt seines Todes ist. Die Bestimmung hat in Testamentsform zu erfolgen. Wenn eine den Vorschriften entsprechende Rechtswahl erfolgt ist, kommt das gewählte Recht anstelle des Rechts des Landes, in dem der Erblasser seinen letzten Wohnsitz (Domizil) hatte, zur Anwendung.[3]

II. Haager Testamentsformübereinkommen

Das auf die Formwirksamkeit eines Testaments anwendbare Recht ergibt sich auch in Norwegen aus dem Haager Testamentsformübereinkommen. Dieses Übereinkommen vom 5.10.1961 trat in Norwegen am 1.1.1973 in Kraft.

Die in Art. 1 a–e niedergelegten Regeln des Übereinkommens entsprechen denen in § 54 des norwegischen Erbgesetzes. § 59 S. 2 Erbgesetz, der den Widerruf einer testamentarischen Verfügung regelt, führt Art. 2 des Übereinkommens durch.

Zu erwähnen ist in diesem Zusammenhang auch noch § 76 Erbgesetz, der das Erbgesetz für Übereinkommen öffnet, die mit anderen Staaten in erbrechtlichen Fragen eingegangen werden.

III. Gewohnheitsrecht

Das norwegische Recht behandelt den Nachlass in internationalen Erbangelegenheiten grundsätzlich als eine Einheit. Ein Erblasser, ein Nachlass, eine Teilung.

---

[2] Siehe hierzu NOU: 1 Ny arvelov 22.1.2. und 22.2.1.
[3] Siehe hierzu *Jäntera-Jareborg*, Utviklingen i nordisk arverett – tegn i tiden, S. 83 6.5.6.

1. Heimatrecht des Erblassers

10   Die Erbfolge wird in Norwegen gewohnheitsrechtlich dem „Heimatrecht" (*hjemlandslov*) des Erblassers unterstellt, welches aber nicht an die Staatsangehörigkeit, sondern an dem festen Wohnsitz (Domizil) des Erblassers anknüpft.[4] Der Wohnsitz befindet sich in dem Land, in dem der Erblasser sich niedergelassen und seinen Lebensmittelpunkt begründet hat. Dies ist regelmäßig dann der Fall, wenn er die Absicht hat, dort seinen dauernden Aufenthalt zu nehmen. Der Nachlass von Ausländern mit letztem Wohnsitz in Norwegen wird also nach norwegischem Recht behandelt. Auch wenn es in einigen Fällen sowohl das Interesse des Erblassers als auch das Interesse der Erben sein mag, das Recht des Landes anzuwenden, dessen Staatsbürger der Erblasser ist, kann nach norwegischem Recht nicht angenommen werden, dass der Erblasser eine solche Wahlmöglichkeit hat. Das Recht des letzten Wohnsitzes (Domizil) ist ein so starkes Gewohnheitsrecht, dass ein Abweichen davon gesetzliche Regeln verlangt. Auch wenn teilweise vertreten wird, dass man eine Wahl des Erbstatuts de lege lata akzeptieren sollte, steht dem entgegen, dass es in einem so formalrechtlichen Bereich wie dem Erbrecht klarer gesetzlicher Regeln bedarf, wann und zwischen welchen Alternativen man wählen kann.[5]

2. Vorschlag im neuen Erbgesetz

11   Das Gremium, welches beauftragt wurde, sein Stellungnahme zum geltenden Erbgesetz abzugeben, erhielt auch das Mandat, zweckmäßige international privatrechtliche Regeln auf dem Gebiet des Erbrechts vorzuschlagen. Das Ziel war hier auch eine stärkere internationale einheitliche Lösung in Bezug auf die Rechtswahlregeln.

Das Gremium schlägt im neuen Erbgesetz in Bezug auf die Rechtswahl neue Regeln vor, die sowohl den Rechtwahlregeln der EU-ErbVO sowie denen des Nordischen Abkommens entsprechen.

12   Diese lauten, wie folgt:
– Soweit der Erblasser nichts anderes bestimmt hat, soll das Erbrecht des Staates angewendet werden, in dem der Erblasser seinen gewöhnlichen Wohnsitz hat.
– Ein Erblasser kann bestimmen, dass das Erbrecht nach dem Recht des Staates entschieden werden soll, dessen Staatsbürger er zu dem Zeitpunkt seiner Bestimmung oder zum Zeitpunkt seines Todes war. Diese Rechtswahl muss ausdrücklich sein und in Testamentsform erfolgen.

„Ausdrücklich" bedeutet in diesem Zusammenhang, dass es nicht ausreichend ist, dass das Testament in einer bestimmten Sprache verfasst ist oder dass generelle Bezeichnungen benutzt werden.[6]

IV. Ordre public

13   Auch in Norwegen gilt der Rechtsgrundsatz, dass das Recht eines fremden States nicht anzuwenden ist, wenn dies zu einem Resultat führt, welches gegen grundlegende Rechts-

---

4 *Thune*, S. 510; *Frantzen*, ZVglRWiss 101, 492, der aber darauf hinweist, dass teilweise in der norwegischen Literatur ein kollisionsrechtliches Wahlrecht des Erblassers zugunsten des Rechts des Staates, dessen Staatsangehörigkeit er besitzt, vertreten wird.
5 Dazu *Thune*, S. 553–554.
6 NOU 1 ny arvelov 22.2.3.2.

prinzipien des norwegischen Rechts verstößt (ordre public). Dies gilt unabhängig davon, ob dieser Grundsatz in einem Gesetz niedergelegt ist oder nicht.

In dem Entwurf für ein neues Erbgesetz wird vorgeschlagen, den ordre public aus pädagogischen Gründen mit in den Gesetzeswortlaut aufzunehmen.

C. Materielles Erbrecht

I. Gesetzliche Erbfolge

Die gesetzlichen Erben sind in verschiedenen Ordnungen unterteilt, innerhalb der Ordnung wird nach Linien vererbt. Innerhalb einer Linie schließt jeder Erbe seine Abkömmlinge als Erben aus.

1. Aufgrund von Verwandtschaft

Gesetzliche Erben der ersten Ordnung sind die Kinder, § 1 Erbgesetz. Bei Vorversterben eines Kindes haben dessen Abkömmlinge ein Eintrittsrecht und erben nach Stämmen. Uneheliche Abkömmlinge erben zu gleichen Teilen, wie eheliche, wenn die Vaterschaft gesetzlich festgestellt worden ist.

In zweiter Ordnung erben die Eltern. Ist einer von ihnen vorverstorben, treten dessen Abkömmlinge, also Geschwister, Nichten und Neffen etc. des Erblassers an dessen Stelle, § 2 Erbgesetz

In dritter Ordnung erben die Großeltern bzw. deren Kinder und Enkel, § 3 Erbgesetz. Über die dritte Ordnung hinaus gibt es keine gesetzliche Erbfolge.

2. Erbrecht des Ehegatten

Die Rechtsstellung des überlebenden Ehegatten beruht auf den gesetzlichen Regelungen des Erbgesetzes über das gesetzliche Erbrecht, über das Mindesterbe des Ehegatten, über das Recht, den Nachlass ungeteilt zu übernehmen (*uskifte*) sowie über das testamentarische Erbrecht. Weiterhin hat der eheliche Güterstand Bedeutung für den Umfang des Rechts des überlebenden Ehegatten.

Das gesetzliche Erbrecht des überlebenden Ehegatten ist in Kapitel II des Erbgesetzes geregelt. § 6 Erbgesetz regelt den Umfang des gesetzlichen Erbrechts in Konkurrenz zu verschiedenen Kategorien anderer Erben. Danach hat der überlebende Ehegatte neben gesetzlichen Erben der ersten Ordnung Anspruch auf ein Viertel und neben gesetzlichen Erben der zweiten Ordnung Anspruch auf die Hälfte des Nachlasses. Neben gesetzlichen Erben der dritten Ordnung und in allen anderen Fällen wird der überlebende Ehegatte Alleinerbe.

a) Mindesterbe des Ehegatten

Ebenfalls nach § 6 Erbgesetz hat der überlebende Ehegatte einen Anspruch auf einen Pflichtteil (*minstearv*). Dieses Recht des Ehegatten ist erst 1990 eingeführt worden. Von diesem Pflichtteil kann auch testamentarisch nicht abgewichen werden. Der Mindestbetrag beläuft sich, wenn der Erblasser Abkömmlinge hinterlässt, auf den vierfachen Grundbetrag der Volksversicherung (G). Dieser Grundbetrag beträgt ab 1.5.2014 88.370 NOK. Er wird regelmäßig angepasst.⁷ Im Erbfall ist somit jeweils der aktuelle Satz zu ermitteln. Hinterlässt der Erblasser keine Abkömmlinge, erhöht sich der Mindesterbteil auf den sechsfachen Grundbetrag.

Das Mindesterbe des Ehegatten in Höhe des vierfachen oder sechsfachen Grundbetrages kann auch nicht durch ein Testament eingeschränkt werden, § 7 S. 3 Erbgesetz. Dieses Mindesterbe geht auch dem Pflichtteil von z.B. Erben erster Ordnung vor, mit der Konsequenz, dass bei einem Nachlass bis zur Höhe des vierfachen Grundbetrages die Erben erster Ordnung neben dem überlebenden Ehegatten leer ausgehen.

b) Vorschlag im neuen Erbgesetz

18 In dem Vorschlag für ein neues Erbgesetz wird das gesetzliche Erbrecht des überlebenden Ehegatten weiter gestärkt. So soll dieser die Hälfte des Nachlasses erhalten, soweit Erben erster Ordnung vorhanden sind, gleichwohl aber mindestens den sechsfachen Grundbetrag. Soweit keine Abkömmlinge vorhanden sind, soll der überlebende Ehegatte Alleinerbe werden.

c) Recht auf das ungeteilte eheliche Gesamtgut

19 Lebte der Erblasser im gesetzlichen Güterstand der Allgemeinen Gütergemeinschaft norwegischen Rechts, kann der überlebende Ehegatte durch Erklärung das ungeteilte eheliche Gesamtgut übernehmen (*uskifte*), § 9 Abs. 1 Erbgesetz. Eine solche Erklärung ist innerhalb von 60 Tagen nach dem Todesfall an das Nachlassgericht (*tingrett*) zu übersenden, § 14 Erbgesetz.

20 In der Praxis ist dieses Recht des überlebenden Ehegatten auf Übernahme des ungeteilten ehelichen Gesamtgutes für diesen weitaus wichtiger als das allgemeine Erbrecht und das Recht auf das Mindesterbe. So waren es in Norwegen im Jahre 2010 mehr als 12.000 Fälle, in denen das eheliche Gesamtgut ungeteilt übernommen wurde, gegenüber 450 Fällen, in denen der überlebende Ehegatte Alleinerbe aufgrund seines Mindesterbe wurde, oder gegenüber ca. 100 Fällen, in denen der Nachlass mit den Erben des Verstorbenen geteilt wurde.

21 Grundvoraussetzung ist zunächst, dass eine rechtsgültige Ehe eingegangen worden ist, die nicht durch eine Scheidung aufgelöst wurde. Das Recht auf eine ungeteilte Übernahme kann auch nicht geltend gemacht werden, wenn die Eheleute zum Zeitpunkt des Todes des Erblassers durch ein Urteil (*dom*) oder durch eine Bewilligung (*løyve*) offiziell getrennt sind. Der nur tatsächliche Bruch des Zusammenlebens ohne die vorgenannten formellen Bestätigungen hindert eine ungeteilte Übernahme nicht.

22 Gemäß § 9 Abs. 2 ist die Übernahme des ungeteilten ehelichen Gesamtgutes auch bei Gütertrennung möglich, soweit dies in einem Ehevertrag niedergelegt worden ist oder die Erben ihre Zustimmung dazu erteilen. Diese Zustimmung kann auch an Bedingungen geknüpft werden.⁸

23 Das Recht des Ehegatten, den Nachlass ungeteilt zu übernehmen, muss von den gesetzlichen Erben respektiert werden, mit einer Ausnahme. Die Abkömmlinge des Verstorbenen aus einer früheren Verbindung (*særkullsbarn*) oder deren Abkömmlinge haben das Recht, eine unmittelbare Teilung des Nachlasses und damit ihr Erbe zu verlangen. Eine Übernahmen

---

7 Eine Tabelle mit den Beträgen befindet sich auf der beiliegenden CD-ROM unter der Rubrik Norwegen.
8 Grundlegend dazu das Oberste Norwegische Gericht, RT 1992, S. 374.

Sedlmayr

durch den überlebenden Ehegatten ist damit in einem solchen Fall nur möglich, wenn diese Abkömmlinge aus einer früheren Verbindung dazu ihre Zustimmung erteilen, § 10 S. 1 Erbgesetz. Sind diese Abkömmlinge noch minderjährig, ist eine eventuelle Zustimmung durch die dafür auf lokaler Ebene bestehende Behörde zur Verwaltung der Mittel von Unmündigen und zur Kontrolle von Vormündern (*overformynderiet*) notwendig.

Ist die Zustimmung durch die Abkömmlinge aus einer früheren Beziehung erteilt worden, so kann diese später nicht wieder zurückgenommen werden. Eine Teilung kann damit später nur verlangt werden, wenn die gesetzlichen Voraussetzungen dazu gegeben sind, beispielsweise nach § 23 S. 1 Erbgesetz, wenn der überlebende Ehegatte wieder heiratet. Der überlebende Ehegatte selbst kann jedoch jederzeit die gesamte oder teilweise Teilung verlangen.

d) Ausschluss des Rechts auf das ungeteilte eheliche Gesamtgut

Gründe für den Ausschluss des Rechts auf ungeteilte Übernahme des Nachlasses finden sich in § 13 Erbgesetz. Dies sind Fälle, wo die Einschränkungen ihren Grund in der wirtschaftlichen Situation und einem früheren Verhalten des überlebenden Ehegatten haben. Nach § 13 Abs. 1 S. 2 Erbgesetz liegt ein solcher Fall vor, wenn dem Ehegatten vorgeworfen werden kann, dass dieser sich selbst oder einem anderen einen wesentlichen Vermögensverlust zugefügt hat oder sich oder einen anderen einem solchen wesentlichen Vermögensverlust ausgesetzt hat und das Gericht der Ansicht ist, dass nicht damit gerechnet werden kann, dass der Ehegatte den Nachlass in einer vernünftigen Weise verwalten wird. Bei dieser Beurteilung kann durchaus auch die kritikwürdige Behandlung anderer Vermögenswerte eine Rolle spielen.[9]

Auch hat ein entmündigter Ehegatte kein Recht auf die ungeteilte Übernahme des Nachlasses, § 13 Abs. 2 Erbgesetz. Das Gericht kann jedoch mit Zustimmung der vorgenannten örtlichen Behörde (*overformynderiet*) bestimmen, dass auch ein entmündigter Ehegatte den Nachlass ungeteilt übernehmen kann, wenn dies im Interesse des Betreffenden und seiner noch zu Hause wohnenden Kinder notwendig ist, um eine ordnungsgemäße Haushaltsführung aufrechtzuerhalten.

e) Verfügungsbeschränkungen nach der Übernahme des ungeteilten ehelichen Gesamtguts

Im Ausgangspunkt kann der überlebende Ehegatte wie ein Eigentümer über das ungeteilte Gesamtgut verfügen, jedoch mit den Einschränkungen, die besonders geregelt sind, § 18 Abs. 1 Erbgesetz. Damit sind gesetzliche, vertragliche oder auf anderer rechtlicher Grundlage bestehende Einschränkungen gemeint.

So ist der überlebende Ehegatte gemäß § 19 Abs. 1 Erbgesetz gehindert, ohne die Zustimmung der Erben des Verstorbenen Immobilien zu verschenken oder andere Geschenke aus dem Nachlass zu machen, deren Wert in einem Missverhältnis zum Wert des Nachlasses steht. Zu einem Verkauf zum Marktpreis einer Immobilie ist der überlebende Ehegatte aber berechtigt, selbst in einem Fall, wo die Immobilie dem Verstorbenen gehörte und sich lange im Eigentum seiner Familie befunden hat. Wann ein Missverhältnis bei andern Geschenken zu bejahen ist, ist durch einen Vergleich des Wertes des Geschenks mit dem Nettowert des Nachlasses zu ermitteln. In der Rechtsprechung wird in diesem Zusammenhang oft auf eine sogenannte 20 % Grenze hingewiesen.

---

9 *Asland*, § 13, Note 54.

3. Erbrecht des nichtehelichen Lebensgefährten

26 Lebensgefährten fielen lange aus dem durch das Erbrecht geschützten Personenkreis heraus. Notwendig war insoweit eine testamentarische Verfügung oder eine Lebensversicherung zugunsten des überlebenden Lebensgefährten. Durch eine Änderung des Erbgesetzes im Jahre 2008 erhielten dann Lebensgefährten unter bestimmten Voraussetzungen ein begrenztes gesetzliches Erbrecht sowie das Recht zur Übernahme von gewissen Vermögensgegenständen. Die Regeln, die am 1.7.2009 in Kraft traten, beinhalten jedoch keine erbrechtliche Gleichstellung mit einem überlebenden Ehegatten, aber die Lebensgefährten, die von den neuen Regeln umfasst sind, erhalten eine gewisse wirtschaftliche Sicherheit beim Tod des Partners.

a) Voraussetzungen für ein begrenztes gesetzliches Erbrecht

27 Die Rechte gelten jedoch zunächst nur für nichteheliche Lebensgefährten, die unter die Voraussetzungen des § 28a Erbgesetz fallen. Die gesetzlichen Anforderungen an eine solche nichteheliche Lebensgemeinschaft nach § 28a Abs. 1 Erbgesetz sind folgende:
- Es müssen zwei Personen über 18 Jahre sein.
- Diese dürfen jeweils nicht mit anderen verheiratet sein.
- Sie dürfen auch jeweils nicht mit anderen eine registrierte Partnerschaft (zwei Personen gleichen Geschlechts) eingegangen sein.
- Sie dürfen jeweils auch nicht als nichteheliche Lebensgefährten mit anderen zusammenleben.
- Sie müssen in einem eheähnlichen Verhältnis miteinander zusammenleben.

„Zusammenleben" bedeutet hiernach, dass die nichtehelichen Lebensgefährten zum Zeitpunkt des Todes des einen Partners permanent im gleichen Hausstand leben. Es ist in diesem Zusammenhang zwar keine formelle Voraussetzung, dass beide unter der gleichen Adresse im norwegischen Volksregister registriert sind. Ist dies jedoch nicht der Fall, bedarf es starker Anhaltspunkte anderer Art dafür, dass die Lebensgefährten zusammenleben.[10]

28 Neben den soeben genannten Voraussetzungen bedarf es weiterhin der Voraussetzungen des § 28b Abs. 1 S. 1 Erbgesetz:

Danach ist notwendig, dass der längstlebende nichteheliche Lebensgefährte entweder ein gemeinsames Kind mit dem Verstorbenen hat oder hatte oder ein Kind von ihm erwartet. Selbst eine langjährige nichteheliche Lebensgemeinschaft begründet damit allein kein Erbrecht des längstlebenden Lebensgefährten.

Soweit jedoch die Voraussetzungen der §§ 28a Abs. 1, 28b Abs. 1 S. 1 Erbgesetz gegeben sind, hat der längstlebende nichteheliche Lebensgefährte einen rechtlichen Anspruch auf ein Erbe in Höhe des vierfachen Grundbetrages (*grunnbeløp*) der norwegischen Sozialversicherung. Dieses gesetzliche Erbrecht geht, wie das gesetzliche Erbrecht des Ehegatten nach § 6 Erbgesetz, dem Pflichtteilsrecht von eventuellen Abkömmlingen vor.

29 Weiterhin hat der längst lebende nichteheliche Lebensgefährte bei Vorliegen der oben genannten Voraussetzungen gemäß § 28c Absatz 1 Erbgesetz, das Recht, das Gesamtgut an folgenden Vermögensgegenständen zu übernehmen:
- die gemeinsame Wohnung und das Inventar
- ein Kraftfahrzeug
- eine Freizeitimmobilie,

welche dem gemeinsamen Gebrauch der nichtehelichen Lebensgefährten gedient haben.

---

10 *Asland*, § 28a, Note 153

Andere Vermögensgegenstände können übernommen werden, soweit dies in einem Testament festgelegt worden ist oder soweit die anderen Erben ihr Einverständnis dazu erteilen.

b) Vorschlag im neuen Erbgesetz

In dem Vorschlag für ein neues Erbgesetz soll die rechtliche Stellung des längstlebenden nichtehelichen Lebensgefährten weiter gestärkt werden. Der überlebende nichteheliche Lebensgefährte soll danach die gleichen Rechte erhalten wie der überlebende Ehegatte.

Die Voraussetzungen des § 29a Abs. 1 Erbgesetz bleiben bestehen. Neben den Voraussetzungen des § 28b Abs. 1 S. 1 Erbgesetz soll dann auch ausreichend sein, dass die Lebensgemeinschaft mindesten 5 Jahre bestanden hat, um ein gesetzliches Erbrecht des längstlebenden nichtehelichen Lebensgefährten zu begründen. Weiterhin wird vorgeschlagen, dass der überlebende Lebensgefährte, genau wie ein Ehegatte, zukünftig ein Mindesterbe in Höhe von 6 G erhalten soll.

4. Erbrecht des Staates

Hat der Erblasser weder Verwandte noch einen Ehegatten, die ihn beerben, und hat er auch keine testamentarische Verfügung getroffen, so geht das Erbe gemäß § 46 Erbgesetz an den norwegischen Staat.

In den Fällen, in denen der norwegische Staat gesetzlicher Erbe wird, gibt § 47 Erbgesetz dem Staat jedoch die Möglichkeit, auf das Erbe zugunsten von anderen, die dem Erblasser nahe gestanden haben, zu verzichten. Notwendig ist in einem solchen Fall jedoch ein sehr enges Verhältnis zwischen dem Erblasser und dem Betreffenden. Als Beispielsfälle seien hier etwa regelmäßige Unterstützung durch den Betreffenden zu Lebzeiten des Erblassers oder ein gemeinsamer Haushalt genannt oder auch dann, wenn der Erblasser selbst in klarer, eindeutiger Form erklärt habe, der Betreffende solle erben. Soweit besondere Umstände dafür sprechen, kann der Verzicht des Staates auch zugunsten von Institutionen oder ideellen Organisationen erfolgen. In der Praxis ist es nicht ungewöhnlich, dass der Staat seinen Verzicht zugunsten anderer erklärt, in den vergangenen Jahren geschah dies in etwa 20 % der betreffenden Fälle.

II. Testamentarische Erbfolge

Im Kapitel VIII des norwegischen Erbgesetzes ist geregelt, wie ein Testament errichtet werden soll. Es gilt der Grundsatz der Testierfreiheit.

1. Testierfähigkeit

Nach § 48 Erbgesetz ist testierfähig, wer das 18. Lebensjahr vollendet hat. Jedoch können auch Personen unter 18 Jahren Einfluss auf ihren Erbgang ausüben. In einem solchen Fall ist ein Testament durch das norwegische Justizministerium zu bestätigen.

2. Nichtigkeit testamentarischer Verfügungen

Selbst jedoch, wenn der Testator das 18. Lebensjahr vollendet hat, kann eine testamentarische Verfügung nichtig sein. Dies ist gemäß § 62 Erbgesetz der Fall, wenn der Testator zur Zeit der Errichtung des Testaments unzurechnungsfähig war oder in hohem Grade in seiner geistigen Entwicklung gehemmt oder geistig geschwächt war, es sei denn, es ist unwahrscheinlich, dass der geistige Zustand Einwirkungen auf die Verfügung gehabt hat.

Sedlmayr

Ist dem Testator jedoch trotz seines geistigen Zustandes die Reichweite seiner Disposition bewusst, gibt es keinen Grund, diese in jedem Fall als nichtig anzusehen.

35 Eine testamentarische Verfügung ist ebenfalls nichtig, wenn diese etwa durch Zwang oder durch Hinterlist hervorgerufen oder beeinflusst worden ist. Nichtigkeit ist auch gegeben, wenn der Leichtsinn, die Schwäche oder die abhängige Stellung des Testators missbraucht worden ist (§ 63 Erbgesetz)

Nach § 64 Erbgesetz ist eine testamentarische Verfügung auch nichtig, wenn sie auf einen Gebrauch oder eine Zerstörung hinausläuft, welche ganz offenbar keinen vernünftigen Zweck erfüllt.

3. Form des Testaments

36 Der Erblasser muss das Testament persönlich errichten und nicht etwa über eine Vollmacht. Gemäß § 49 Erbgesetz ist ein Testament grundsätzlich schriftlich zu errichten, soweit nicht die gesetzlich geregelten Ausnahmen vorliegen.

Das Testament selbst muss nicht handgeschrieben sein, ein maschinengeschriebenes Testament erfüllt ebenso die Voraussetzungen. Auch spielt es keine Rolle, worauf es geschrieben wurde. Die Notwendigkeit eines schriftlichen Testaments schließt jedoch den Gebrauch etwa von Tonträgern oder Video aus.[11]

37 Die Errichtung hat in Anwesenheit von zwei Zeugen zu erfolgen, die der Testator akzeptiert hat, die gemeinsam anwesend sind und die wissen, dass es sich bei dem Dokument um ein Testament handelt. Der Testator hat das Testament in Anwesenheit der Zeugen zu unterschreiben. Nicht notwendig hingegen ist, dass der Testator das Testament selbst schreibt.

Die Zeugen sollten durch einen Vermerk auf dem Testament darüber informieren, dass der Testator das Testament aus freiem Willen aufsetzt und dass er im Vollbesitz seiner geistigen Kräfte ist. Der Vermerk auf dem Testament sollte den Beruf und die Adresse der Zeugen enthalten und das Testament sollte datiert werden.

38 Die Zeugen eines Testaments müssen mindestens 18 Jahre alt sein und dürfen weder unzurechnungsfähig oder in ihrer geistigen Entwicklung hochgradig gehemmt oder hochgradig geschwächt sein. Weiterhin müssen die Zeugen bestimmte Voraussetzungen in Bezug auf ihre Eignung erfüllen.

39 Gemäß § 61 Abs. 1 Erbgesetz ist eine Verfügung zum Vorteil eines Zeugen des Testaments nichtig. Das Gleiche gilt für Verfügungen zum Vorteil des Ehegatten des Zeugen, zum Vorteil eines Verwandten des Zeugen in direkt auf- oder absteigender Linie oder zum Vorteil von Geschwistern. Nichtigkeit der Verfügung liegt ebenfalls vor, wenn die Verfügung zum Vorteil des Ehepartners eines nahen Verwandten oder zum Vorteil eines nahen Verwandten des Ehepartners eines Zeugen vorgenommen wurde.

Die Nichtigkeit betrifft die jeweilige einzelne Verfügung/Begünstigung, damit nicht notwendigerweise das ganze Testament.[12] Auch muss es sich um direkte Begünstigungen handeln und nicht um mehr indirekte.[13]

40 Von wichtiger praktischer Bedeutung ist weiterhin die Regelung in § 61 Abs. 2 Erbgesetz, wonach eine Verfügung zugunsten eines Zeugen eines Testaments nichtig ist, wenn dieser

---

[11] *Hambro*, S. 346.
[12] *Asland*, § 61, Note 327.
[13] Dazu *Hambro*, S. 441–442.

im Zeitraum der Verfügung in Diensten des Testators stand. Dies setzt im Regelfall ein Anstellungsverhältnis voraus. Als ein solches wird nach § 61 Abs. 2 S. 2 Erbgesetz etwa auch die Tätigkeit als Mitglied eines Vorstandes/Verwaltungsrates (*styremedlem*) oder eine vergleichbare Funktion, etwa in einem Unternehmen des Testators angesehen. Hingegen kann ein selbstständiger Auftragnehmer, z.B. ein Rechtsanwalt, Zeuge eines Testaments sein, bei dem ein Klient oder Auftraggeber des Rechtsanwalts als Erbe eingesetzt wird.[14]

In Bezug auf die Regeln hinsichtlich der Eignung des Zeugen gemäß § 61 Abs. 1 S. 1 und 2 Erbgesetz enthält dessen S. 3 ein Sicherheitsventil. Danach ist die Verfügung dann gleichwohl wirksam, wenn die Verbindung fernliegend ist und mit Sicherheit nichts für den Inhalt der Verfügung zu sagen hat.

4. Nottestament

Das norwegische Recht kennt zwei Typen von Nottestamenten, das mündliche Nottestament mit Zeugen und das schriftliche Nottestament ohne Zeugen.

41

a) Nottestament mit Zeugen

Ist der Testator durch eine plötzliche und gefährliche Krankheit oder eine andere Notsituation daran gehindert, ein schriftliches Testament zu erstellen, so kann er die testamentarische Verfügung in gemeinsamer Anwesenheit von zwei Zeugen, die der Testator akzeptiert hat, mündlich erklären. Die Zeugen haben dann das Testament schriftlich aufzusetzen und auf dem Testament zu vermerken, warum der Testator gehindert war, ein schriftliches Testament zu erstellen, § 51 Abs. 1 Erbgesetz.

42

Von der gesetzlichen Voraussetzung von zwei Zeugen bei einem mündlichen Testament des Testators kann nicht abgewichen werden. So wurde in einem Fall, in dem nur ein Zeuge bei dem mündlichen Testament anwesend war, das Testament für nichtig erklärt.[15]

b) Nottestament ohne Zeugen

Soweit eine plötzliche und gefährliche Krankheit oder eine andere Notsituation gegeben ist und auch keine Möglichkeit für den Testator besteht, Zeugen herbeizuziehen, kann der Testator das Testament schriftlich erstellen und unterschreiben, § 51 Abs. 2 Erbgesetz.

43

Es ist in diesem Zusammenhang umstritten, inwieweit eine Person, die Selbstmord begeht, ein Testament ohne Zeugen errichten kann. Das Oberste Norwegische Gericht hat in einer Entscheidung[16] eine restriktive Sichtweise an den Tag gelegt und die alleinige schriftliche Erklärung des Testators nicht ausreichen lassen.

Ein Testament, welches in den oben genannten Notfällen erstellt worden ist, wird jedoch dann nichtig, wenn der Testator in einem Zeitraum von drei Monaten, nachdem das Testament erstellt worden ist, nicht daran gehindert war, den Bestimmungen des § 49 Erbgesetz zu folgen.

---

14 *Lødrup/Asland*, S. 105 mit weiteren Hinweisen.
15 Norsk Rettstidende 1995, S. 845.
16 Norsk Rettstidende 1984, S. 1425.

5. Notartestament

44 Während das norwegische Erbgesetz aus dem Jahre 1854 neben der Möglichkeit des Zeugentestaments auch die Möglichkeit eines Notartestaments vorsah, enthält das Erbgesetz aus dem Jahre 1972 die letztere Möglichkeit nicht mehr. Ein Notartestament in diesem Sinne bedeutet, dass das Testament beim Notarius Publicus aufgesetzt wird. Der Notarius Publicus ist eine öffentliche Dienststelle bei Gericht, in Oslo die *Oslo byfogdembete*, wo bestimmte Tätigkeiten wie Beglaubigungen von Schriftstücken oder Unterschriften vorgenommen werden. Einen Notar, wie etwa nach deutschem Recht, kennt das norwegische Recht nicht.

6. Vorschlag im neuen Erbgesetz

45 Im Vorschlag für ein neues Erbgesetz sollen zunächst die bestehenden grundsätzlichen Formerfordernisse beibehalten werden, jedoch die Möglichkeit eines Notartestaments wieder eingeführt werden. Dies vor dem Hintergrund, dass in Norwegen die Möglichkeit einer Aufbewahrung des Testaments bei Gericht sehr populär ist, der Testator gleichzeitig die Möglichkeit bekommt, sich zu versichern, dass notwendige Voraussetzungen für die Erstellung eines Testaments eingehalten werden und schließlich unter Hinweis darauf, dass das Notartestament z.B. im skandinavischen Nachbarland Dänemark sehr verbreitet ist.[17]

III. Pflichtteil

46 Um den Pflichtteil zu berechnen, ist eine Bewertung des Vermögens des Erblassers vorzunehmen. Dabei ist der Wert zugrunde zu legen, der bei einem Verkauf auf dem freien Markt erzielt werden kann. Von diesem Bruttovermögen sind eventuelle Verbindlichkeiten abzuziehen. In Bezug auf das dann bleibende Nettovermögen ist der Pflichtteil zu berechnen.

1. Pflichtteil der Abkömmlinge

47 Neben dem überlebenden Ehegatten sind die Abkömmlinge des Erblassers pflichtteilsberechtigt.

Der Pflichtteil der Abkömmlinge beläuft sich auf zwei Drittel des tatsächlich hinterlassenen Nachlasses (Nettovermögen des Erblassers). Eine Zurechnung lebzeitiger Schenkungen zum Nachlass zur Berechnung der Pflichtteile erfolgt nicht. Die Abkömmlinge sind nicht dagegen geschützt, dass der Erblasser zu Lebzeiten sein Vermögen so stark reduziert, dass nur noch geringe Werte für sie übrigbleiben. Dies kann durch eigenen Verbrauch oder auch durch Zuwendungen an andere geschehen.[18] Der Erblasser kann auch noch auf dem Totenbett alles verschenken.[19]

48 Die Höhe des Pflichtteils ist jedoch für jedes Kind auf 1 Mio. Norwegische Kronen begrenzt.[20] Die Wertgrenze gilt bei Eintritt weiter entfernter Abkömmlinge in die Position

---

17 Siehe dazu NOU 1 ny arvelov 8.3.4.
18 *Lødrup/Asland*, S. 119.
19 So ausdrücklich das Oberste Norwegische Gericht in einer Entscheidung von 1985, zitiert bei *Lødrup*, in: Röthel, Reformfragen des Pflichtteilsrechts, S. 241.
20 Eingeführt 1918 durch die sog. lex Michelsen.

Sedlmayr

eines vorverstorbenen Kindes für jede Linie, wobei aber der Höchstbetrag pro Kopf nicht unter 200.000 Norwegische Kronen fällt, § 29 Abs. 1 Erbgesetz.

Diese Pflichtteilsregeln gelten auch für Adoptivkinder und uneheliche Kinder.[21]

2. Einwirkungen des Erblassers auf den Pflichtteil

Testamentarische Verfügungen, die den Pflichtteil verletzen, sind ipso iure unwirksam. Der Erblasser kann deshalb grundsätzlich nicht im Wege eines Testaments auf den Pflichtteil einwirken, § 29 Abs. 2 Erbgesetz, es sei denn, es liegt die Zustimmung der Abkömmlinge dazu vor oder gesetzlich geregelte Ausnahmen geben dazu eine Grundlage. Die Abkömmlinge können auch bereits zu Lebzeiten des Erblassers erklären, dass sie das Testament des Erblassers trotz für sie negativer Einwirkungen auf den Pflichtteil akzeptieren. Ebenso kann eine Verfügung, die gegen § 29 Erbgesetz verstößt, aufgrund der Passivität der Erben wirksam sein.[22]

49

3. Gesetzlich geregelte Einwirkungsmöglichkeiten

a) Pflichtteil in bestimmten Vermögenswerten

Eine wichtige Ausnahme findet sich in § 30 Erbgesetz. Danach kann der Erblasser in einem Testament verfügen, dass ein Abkömmling sein Erbe in näher bestimmten Vermögenswerten erhalten soll. Damit soll einem möglichen besonderen Interesse des Erblassers Rechnung getragen werden, Vermögenswerte zwischen den Abkömmlingen zu verteilen.

50

b) Pflichtteil unterliegt der Gütertrennung

Nach § 31 Erbgesetz kann der Erblasser in seinem Testament bestimmen, dass der Pflichtteil, den der Berechtigte erhalten soll, einer Gütertrennung (*særeie*) unterworfen werden soll. Diese Bestimmung kann der Erblasser sowohl in Bezug auf eine bestehende Ehe als auch in Bezug auf eine zukünftige Ehe des Abkömmlings treffen, soweit dieser bei der Errichtung des Testaments noch unverheiratet ist.[23] Die Bestimmung braucht nicht sämtliche Pflichtteilsberechtigte zu betreffen, sondern kann auch nur auf einen Abkömmling bezogen sein. Ebenso kann sie nur einen Teil des Pflichtteils betreffen.

51

c) Verfügungsbeschränkung für den Pflichtteilsberechtigten

Der Erblasser kann in besonderen Fällen und wenn die Fürsorge für den Berechtigten dies gebietet in seinem Testament dessen Recht einschränken, frei über den Pflichtteil zu verfügen, § 32 Abs. 1 Erbgesetz.

52

Typisch hierfür sind Fälle, in denen Abkömmlinge psychische Störungen haben oder in ihrer psychischen Entwicklung gehemmt sind und ihnen deshalb ein reales Verständnis etwa für Geld und dessen Wert fehlt. Der Pflichtteilsberechtigte soll hier gemäß den Vorschriften für die Verwaltung von Mitteln Entmündigter geschützt werden oder es soll ihm auf andere Weise eine gleich gute Sicherheit und ein gleich guter Ertrag gesichert werden. Der Erblasser kann deshalb anstelle der Bestimmung in Abs. 1 bestimmen, dass der Pflichtteil ganz oder teilweise dazu benutzt wird, eine Lebensrente für den Berechtigten zu erwerben. Über die jeweiligen Erträge kann der Berechtigte jedoch dann frei verfügen.

---

21 Siehe dazu *Asland*, § 29, Note 179.
22 *Hambro*, S. 201.
23 *Lødrup/Asland*, S. 127.

d) Entziehung des Pflichtteils

53 Das Recht, einem Pflichtteilsberechtigten seinen Pflichtteil ganz zu entziehen, findet sich in § 34 Erbgesetz. Danach kann der Erblasser in einem Testament bestimmen, dass ein Berechtigter, der zum Zeitpunkt der Testamentserrichtung das 18. Lebensjahr vollendet hat, nicht seinen Pflichtteil erhalten soll, wenn er sich gegenüber einem bestimmten Personenkreis wegen eines Verbrechens strafbar gemacht hat. Dieser Personenkreis sind der Erblasser sowie Verwandte des Berechtigten in gerader auf- oder absteigender Linie, seine Geschwister oder deren Abkömmlinge.

54 Weiterhin ist eine Entziehung des Pflichtteils möglich, wenn der Berechtigte es unterlassen hat, dem Erblasser mit seinen ihm zur Verfügung stehenden Möglichkeiten zu helfen, als dieser der Hilfe bedurfte. Dies umfasst Fälle, wo sich der Erblasser in einer gesundheitsgefährdenden Situation oder auch in einer wirtschaftlichen Notlage befunden hat.[24]

Ein Testament, welches dem Pflichtteilsberechtigten dieses Recht entzieht, bedarf einer Bestätigung durch das norwegische Justizministerium, § 34 Abs. 1 S. 2 Erbgesetz.

4. Schutzvorschriften für Kinder des Erblassers

55 Das Erbgesetz enthält weiterhin in § 36 besondere Schutzvorschriften für die Kinder des Erblassers, wozu auch uneheliche Kinder oder Adoptivkinder gehören. Danach haben diese Kinder, soweit sie im Zeitpunkt des Todes des Erblassers noch nicht großgezogen worden sind, unter gewissen Umständen einen Vorausanspruch auf einen Betrag aus dem Nachlass, § 36 Abs. 1 Erbgesetz. Ein solcher Anspruch kann auch von erwachsenen Kindern geltend gemacht werde, die im Haus wohnen geblieben sind, um ihre Eltern zu pflegen oder die wieder zu den Eltern gezogen sind, um sich um diese zu kümmern, § 36 Abs. 2 Erbgesetz.

56 Weiterhin setzt § 36 Erbgesetz voraus, dass keine Vereinbarung über eine Vergütung zwischen Erblasser und den Kindern für deren Arbeitseinsatz vorliegt.[25]

57 Der Vorausanspruch ist vor allen anderen Erbansprüchen zu erfüllen, hat aber keine Auswirkung auf die Rechte des überlebenden Ehegatten auf den ungeteilten Nachlass. Er kann also nicht geltend gemacht werden, solange der überlebende Ehegatte über diesen ungeteilten Nachlass verfügt.

58 Die in § 36 Erbgesetz genannten Schutzvorschriften, können nicht durch ein Testament eingeschränkt werden. Gleichwohl finden auch hier die vorgenannten §§ 31–34 Erbgesetz Anwendung.

5. Vorschlag im neuen Erbgesetz

59 Der Vorschlag für ein neues Erbgesetz sieht vor, den Pflichtteil für die Abkömmlinge auf die Hälfte des Erbes zu begrenzen, soweit der Erblasser keinen Ehegatten oder nichtehelichen Lebensgefährten hinterlässt. Ist ein Ehegatte oder ein nicht ehelicher Lebensgefährte vorhanden, soll der Pflichtteil für die Abkömmlinge zukünftig ein Viertel betragen. Es wird weiterhin vorgeschlagen, den Pflichtteil für einen Abkömmling in jedem Fall auf 40 G zu begrenzen.

---

24 *Asland*, § 34 Note 209.
25 *Asland*, § 36 Note 218.

IV. Erbvertrag

Das norwegische Recht kennt keinen Erbvertrag gemäß dem deutschen Recht. Erbvertrag bedeutet hier, dass der Testator sich seiner Testierfreiheit begibt. Diese Möglichkeit sieht § 56 Abs. 1 Erbgesetz vor.

60

Bereits das norwegische Erbgesetz aus dem Jahre 1854 enthielt die Möglichkeit, dass der Testator sich vertragsmäßig binden konnte, das Testament nicht zu ändern oder nicht zu widerrufen. Dem lag auch zu Grunde, dass man sich binden konnte, kein Testament zu errichten.

61

Neu im Erbgesetz vom 1972 war nur, dass derartige Verträge den Formvorschriften für Testamente unterliegen.

Damit besteht in Norwegen eine lange Tradition und im Gegensatz zu vielen anderen Ländern die Möglichkeit für den Erblasser, sich durch einen Erbvertrag seiner Testierfreiheit zu begeben.

Die Frage, ob auch in dem Vorschlag für ein neues Erbgesetz weiterhin die Möglichkeit gegeben werden sollte, sich durch einen Erbvertrag binden zu können, war im Gremium umstritten. Die Mehrheit hat sich dafür ausgesprochen, die Möglichkeit auch zukünftig beizubehalten. Dies eben zum einen unter Hinweis auf die lange Tradition. Zum anderen könne ein Erbvertrag durchaus auch positive Wirkungen in einzelnen Situationen haben. So kann ein Testator etwa in einer frühen Phase einer Demenz bereits festlegen, was mit seinem Nachlass mit endgültiger Wirkung geschehen soll, um sich selbst gegen spätere Verfügungen seinerseits zu schützen, die dann möglicherweise schon von der Krankheit beeinflusst werden. Weiterhin könne es auch der Wunsch des Erblassers sein, sich frühzeitig zu binden, um späteren Druck oder den späteren Versuch der Einflussnahme durch die Erben zu vermeiden.[26]

62

V. Auslegung von Testamenten

Die Regeln für die Auslegung von Testamenten finden sich in Kap. XI des Erbgesetzes. Ausgangspunkt ist § 65 Abs. 1 Erbgesetz. Danach ist ein Testament in Übereinstimmung mit dem auszulegen, was der Testator gemeint hat. In § 65 Abs. 2 Erbgesetz heißt es, wenn ein Testament durch einen Schreibfehler oder infolge eines anderen Versehens einen anderen Inhalt erhalten hat, als der Testator gemeint hat, soll das Testament so gelten, wie es der Testator gemeint hat, wenn dies ermittelt werden kann.

63

VI. Gegenseitige und gemeinsame Testamente

In Norwegen besteht die Möglichkeit, dass mehrere Personen zusammen ein Testament errichten (gemeinsames Testament), § 49 Abs. 3 Erbgesetz. Nach der gleichen Vorschrift ist es ebenfalls möglich, dass mehrere Personen ein Testament zum gegenseitigen Vorteil füreinander errichten (gegenseitiges Testament).

64

Gegenseitige Testamente unterliegen in Bezug auf Errichtung und Inhalt den vorgenannten Regelungen. Es gibt jedoch einige Sonderregelungen, insbesondere was den Widerruf oder die Änderung einer getroffenen Verfügung betrifft. So regelt § 57 Abs. 3 Erbgesetz, dass bei einem gegenseitigen Testament ein Widerruf oder eine Änderung nur dann gültig ist, wenn der andere Testator davon vor dem Tod des Erblassers Kenntnis erhalten hat, es sei denn,

65

---

26 Siehe dazu NOU 1 ny arvelov 9.2.

es war unmöglich oder den Umständen nach unverhältnismäßig schwierig, den anderen Testator zu benachrichtigen.

66 Hat bei einem gegenseitigen Testament zwischen Ehegatten der überlebende Ehegatte das Erbe bereits übernommen und enthält dieses Testament Bestimmungen über die Verteilung des Erbes nach dem Tod des Überlebenden, so kann dieser die testamentarischen Bestimmungen nur widerrufen oder ändern, soweit sie seine eigenen Erben betreffen, nicht in Bezug auf die anderen Erben, § 58 Abs. 1 Erbgesetz.

VII. Widerruf und Änderung eines Testaments

67 Die Regeln für den Widerruf und die Änderung eines Testaments finden sich in § 57 Erbgesetz; gemäß Abs. 1 S. 1 gelten die Regeln für die Errichtung eines Testaments auch für dessen Widerruf oder Änderung.

Eine Ausnahme gilt jedoch für einen Testator, der das 18. Lebensjahr noch nicht vollendet hat. Hier bedarf es bei einem Widerruf keiner Bestätigung durch das norwegische Justizministerium. Will ein Minderjähriger jedoch sein Testament ändern, ist eine Bestätigung notwendig.[27]

68 Soweit eine testamentarische Verfügung widerrufen werden kann, fällt diese auch weg, wenn das Dokument vernichtet oder überstrichen ist und wo weiterhin wahrscheinlich ist, dass diese Verfügung nicht gelten soll, § 57 Abs. 2 S. 1 Erbgesetz.

Dabei muss es sich um das Originaldokument handeln, welches vernichtet wurde oder überstrichen ist. In dem Fall, wo mehrere Originale vorhanden sind, ist streitig, ob für einen Widerruf alle Originale vernichtet werden müssen, oder ob es genügt, dass eines der Originale vernichtet worden ist.[28]

Weiterhin fällt eine testamentarische Verfügung weg, wenn es aufgrund von Umständen, die später eingetreten sind, zweifelsfrei ist, dass die Verfügung nicht gelten soll, § 57 Abs. 2 S. 2 Erbgesetz. Die typischen Fälle sind hier, dass der Erblasser von den geänderten Umständen keine Kenntnis hatte. Dabei kann auch eine einzelne Verfügung wegfallen, ohne dass das gesamte Testament davon betroffen ist. „Zweifelsfrei" in diesem Zusammenhang bedeutet, dass die weitere Entwicklung der Umstände es offensichtlich macht, dass das Testament in Nichtübereinstimmung mit den eigentlichen Willen des Testators steht.

VIII. Aufbewahrung eines Testaments

69 Es gibt in Norwegen keine Vorschriften in Bezug auf die Aufbewahrung eines Testaments. Es besteht aber die Möglichkeit, ein Testament beim Gericht erster Instanz (*tingrett*), in dem Bezirk, in dem man wohnt, in Oslo bei der *Oslo byfogdembete* zur Aufbewahrung zu geben, § 68 Erbgesetz. Für die Aufbewahrung ist eine Gebühr zu entrichten. Das Testament wird beim Gericht registriert.

Bei den Gerichten besteht eine landesweite Übersicht über die zur Aufbewahrung eingelieferten Testamente. Soweit ein Todesfall registriert worden ist, wird dann automatisch untersucht, ob unter der betreffenden Geburtsnummer (*fødselsnummer*) ein Testament registriert wurde.

---

27 *Asland*, § 57 Note 304.
28 Dazu *Asland*, § 57 Note 306 mit weiteren Hinweisen.

IX. Abhandengekommenes Testament

Das Abhandenkommen eines Testaments ist in § 69 Erbgesetz geregelt. Danach ist ein Testament, welches zum Zeitpunkt des Todes des Testators nicht aufgefunden werden kann, gleichwohl gültig, wenn dieser Inhalt des Testaments klargelegt werden kann. Das bedeutet, dass es möglich sein muss, den Inhalt des Testaments zu rekonstruieren. Ausreichend ist insoweit nicht, dass man in etwa weiß, auf was das Testament hinauslaufen sollte.

X. Verjährung des Erbanspruchs

Das Erbgesetz regelt in § 75 die Verjährungsfrist in Bezug auf das Erbrecht. Danach entfällt das Recht, einen Erbanspruch geltend zu machen, wenn der Erbe dies nicht in einem Zeitraum von 10 Jahren nach dem Tode des Erblassers gemacht hat. Diese Frist gilt sowohl für gesetzliche als auch für testamentarische Erbansprüche. Es ist hierbei auch ohne Bedeutung, ob der Erbe von dem Todesfall und von dem Umstand Kenntnis hat, dass er Erbe ist.[29]

Die Verjährungsfrist wird dadurch unterbrochen, dass der Erbanspruch bei dem Gericht erster Instanz, welches mit dem Todesfall befasst ist, angemeldet wird. Die Verjährung wird auch durch den Antrag auf eine öffentliche Nachlassteilung unterbrochen, solange die private Teilung noch nicht abgeschlossen ist. Ebenso verjährt der Anspruch nicht, solange die öffentliche Nachlassteilung noch nicht abgeschlossen ist.

Soweit der überlebende Ehegatte den Nachlass ungeteilt übernommen hat und diesen bis zu seinem Tod ungeteilt behält, beginnt die Verjährungsfrist erst ab dem Zeitpunkt des Todes des überlebenden Ehegatten zu laufen.

Von der 10-jährigen Verjährungsfrist ist die Frist zu unterscheiden, die im Falle der Geltendmachung von Rechten in Bezug auf ein Testament oder für die Geltendmachung von Einwendungen gegen ein Testament gilt. Nach § 70 Abs. 1 Erbgesetz kann ein Recht in Bezug auf ein Testament nur geltend gemacht werden, wenn mindestens einer der Erben das zuständige Gericht innerhalb von 6 Monaten, nachdem der testamentarische Erbe Kenntnis vom Testament und vom Tod des Testators erhalten hat, entsprechend benachrichtigt hat. Dabei ist ausreichend, dass der Erbe Kenntnis davon hat, dass ein Testament existiert, die genaue Kenntnis des Inhalts ist nicht notwendig.[30] Das Gesetz verlangt weder eine bestimmte Form der Benachrichtigung noch eine bestimmte Form in Bezug auf den Inhalt. Auch eine mündliche Benachrichtigung ist insoweit ausreichend.[31]

Die Frist, Einwendungen gegen die Gültigkeit einer testamentarischen Verfügung geltend zu machen, beträgt ebenfalls 6 Monate, § 70 Abs. 2 Erbgesetz. Auch hier ist notwendig, dass mindestens ein testamentarischer Erbe, nachdem dieser Kenntnis über die Verfügung, über den Tod des Testators sowie über die Grundlage für die Behauptung, die Verfügung sei ungültig, erhalten hat, innerhalb dieser Frist das Gericht benachrichtigt.

---

29 *Asland*, § 75 Note 399.
30 *Asland*, § 70 Note 375.
31 *Asland*, § 70 Note 373.

XI. Verträge über zukünftiges Erbe

76 Der Ausgangspunkt des norwegischen Erbgesetzes ist, dass der Erblasser Bestimmungen über die Verteilung des Erbes nur in der Form eines Testaments vornehmen kann, §§ 49, 53 Erbgesetz. Weiterhin, dass die Erben nicht über ein zukünftiges Erbe disponieren können, § 44 Erbgesetz. Danach darf keiner ein Erbe, welches er erwartet, veräußern oder verpfänden.

77 Diese Vorschrift umfasst das gesetzliche Erbe, das testamentarische Erbe sowie ein Vermächtnis. Nach allgemeiner Meinung ist es auch unerheblich, ob dieses Erbe durch einen Erbvertrag oder Pflichtteilsregeln gesichert ist. Die juristische Theorie begründet dieses Verbot von Dispositionen über ein zukünftiges Erbe überwiegend damit, dass es anstößig sei, wenn der zukünftige Tod des Erblassers zu einem Vermögenswert gemacht wird. Außerdem soll es für mögliche Miterben vermieden werden, dass Außenstehende in den Prozess der Nachlassteilung mit einbezogen werden.

Auch wenn eine Veräußerung oder Verpfändung nicht möglich ist, so kann jedoch gemäß § 45 Erbgesetz der Verzicht auf ein zukünftiges Erbe erklärt werden.

XII. Anrechnung von Vorempfängen

78 Die Voraussetzungen für die Anrechnung von Vorempfängen finden sich in Kapitel VI des Erbgesetzes. Die zentrale Bestimmung ist § 38 Erbgesetz, wo es heißt:

> *Hat der Erblasser einem Abkömmling eine beträchtliche unentgeltliche Zuwendung gemacht, ohne, dass die anderen Abkömmlinge entsprechende Werte erhalten haben, so soll diese Zuwendung das Erbe des Empfängers als Vorschuss abkürzen, wenn der Erblasser dies festgelegt hat oder wenn dargelegt werden kann, dass dies in Übereinstimmung mit den Voraussetzungen des Erblassers steht.*

Diese Vorschrift gilt nur für Zuwendung an die direkten Abkömmlinge des Erblassers. Wurden z.B. unentgeltliche Zuwendungen an die Enkel gemacht, können diese nicht in Bezug auf das Erbe des Abkömmlings in Abzug gebracht werden.

Weiterhin muss die Zuwendung beträchtlich sein. Diese Bewertung ist anhand der Einkommens- und Vermögensverhältnisse des Gebers vorzunehmen.[32]

79 Der Erblasser muss weiterhin in der einen oder anderen Weise zum Ausdruck gebracht haben, dass er eine Anrechnung der Zuwendung in Bezug auf das Erbe wünscht. Dies kann auch noch geschehen, nach dem die Zuwendung erfolgt ist. Eine bestimmte Form ist dabei nicht notwendig. Der Bezeichnung, etwa „Vorschuss auf das Erbe", wird man jedenfalls diese Bedeutung zumessen können.

80 Gleiches wie für die oben genannten Zuwendungen gilt auch für vom Erblasser bezahlte Versicherungen oder Forderungen Dritter gegenüber dem Abkömmling, nicht jedoch Zahlungen für Unterhalt und Ausbildung, soweit diese den normalen Unterhaltsverpflichtungen entsprechen.

---

32 Siehe dazu die Entscheidung des *Jæren Herredsrett* (alte Bezeichnung für ein erstinstanzliches Gericht in ländlichen Gebieten) in Rettens Gang 1994 S. 1188, wo eine Zuwendung in Höhe von mindestens 4 Jahresgehältern eines Industriearbeiters, die zwei Drittel der Vermögenswerte der Zuwendungsgeber ausmachte, als wesentlich angesehen wurde.

Sedlmayr

XIII. Entziehung des Erbrechts durch Urteil

Die Voraussetzungen, dass jemand sein Erbrecht durch ein Urteil verliert, sind in § 73 Erbgesetz aufgeführt.

Zum einen muss der Erbe entweder eine strafbare Handlung gegenüber dem Erblasser oder gegenüber einer anderen Person, durch deren Tod der Erbanteil des Erben grösser geworden ist, begangen haben. Zweitens muss die strafbare Handlung den Tod des Erblassers verursacht haben. Umfasst sind damit eine vorsätzliche oder fahrlässige Tötung sowie auch eine Körperverletzung mit Todesfolge. Drittens muss der Erbe für diese Tat zu einer Gefängnisstrafe ohne Bewährung verurteilt worden sein.

Der Verlust des Erbrechts tritt in Norwegen im Gegensatz zu anderen Ländern nicht automatisch ein. Das Urteil auf Verlust des Erbrechts muss nicht notwendigerweise in einem strafrechtlichen Verfahren erfolgen, sondern kann auch in einem späteren Zivilprozess erfolgen, § 73 Abs. 3 Erbgesetz.

Da das Gesetz vom Wortlaut vom Verlust des Erbrechts spricht, unterfällt auch das Recht auf ungeteilte Übernahme des Nachlasses (*uskifte*) unter diese Vorschrift.[33]

D. Nachlassabwicklung

Die Auseinandersetzung des Nachlasses ist im Gesetz über die Nachlasteilung vom 21.2.1930 *lov om skifte* (Teilungsgesetz) geregelt. Es gibt zwei Formen der Nachlasteilung, die Teilung durch die Erben selbst (private Teilung) und die Teilung durch das Nachlassgericht (öffentliche Teilung).

I. Aufgebot (proklama)

Die Erben können zunächst eine Übersicht über die Verpflichtungen des Erblassers erhalten, in dem sie ein Aufgebot (*proklama*) ausstellen lassen. Die geschieht in Form einer Mitteilung, in der Gläubiger aufgefordert werden, ihre Ansprüche geltend zu machen. So kann ein Erbe, der die Verantwortung für die Schulden des Erblassers im Rahmen einer privaten Teilung übernommen hat, eine *proklama* ausstellen. In Fällen, in denen der Nachlass öffentlich geteilt werden soll, stellt das Gericht eine *proklama* aus. Das Gericht kann aber auch auf Begehren eines Erben eine *proklama* ausstellen, bevor entschieden wird, ob der Nachlass privat oder öffentlich geteilt werden soll.

Eine *proklama* hat den Namen, die Geburtsnummer, seine Stellung und den letzten Wohnsitz zu enthalten; weiterhin eine Aufforderung an die Gläubiger, ihre Forderungen innerhalb der Frist anzumelden sowie die Information, dass nach Ablauf der Frist die Forderung nicht mehr berücksichtigt wird. Die Frist beträgt 6 Wochen nach der letzten Veröffentlichung. Diese geschieht zweimal mit mindestens einer Woche Zwischenraum im Staatsanzeiger (*Norsk Lysningsblad*) sowie in einer örtlichen Zeitung.

Soweit die Frist abgelaufen ist, können Forderungen nicht mehr geltend gemacht werden. Dies gilt jedoch nicht für steuerliche Forderungen oder Forderungen der Sozialversicherung. Ebenso hat die Frist keine Bedeutung für Pfand- und Zurückbehaltungsrechte.

---

33 Grundlegend dazu das Oberste Norwegische Gericht, Norsk Rettstidende 1982 S. 1256.

II. Private Teilung

87 Die Nachlassabwicklung wird in Norwegen in den meisten Fällen durch eine private Teilung vorgenommen. Diese setzt voraus, dass zumindest einer der Erben, welcher volljährig sein muss, gegenüber dem Gericht eine Erklärung abgeben muss, dass er die Verantwortung für die Nachlassverbindlichkeiten übernimmt, § 78 Teilungsgesetz. Bei Beteiligung minderjähriger Erben muss der Vormund einer privaten Teilung zustimmen. In diesem Fall kann nur der Vormund die Haftung übernehmen.

88 Das Teilungsgericht stellt den Erben, die die persönliche Haftung übernommen haben, bzw. dem Testamentsvollstrecker einen Erbschein (*skifteattest*) aus. Soweit der Erblasser ein Testament hinterlassen hat, müssen der oder die Erben, die die Verantwortung für die Teilung übernommen haben, Vermächtnisnehmer und andere, die ein Recht an dem Erbe haben, über ihre jeweiligen Rechte zu informieren, § 82 Abs. 3 Teilungsgesetz. Besondere Regeln, wie die private Nachlassteilung durchzuführen ist (etwa in welcher Form), existieren nicht. Auch gibt es keine etwaige Kontrolle einer privaten Teilung.

89 Der Erblasser kann in seinem Testament eine bestimmte Person benennen, die als Testamentsvollstrecker (*testamentsfullbyrder*) die Nachlassteilung vornehmen soll, § 87a Abs. 1 S. 1 Teilungsgesetz. Eine solche testamentarische Bestimmung ist jedoch für die Abkömmlinge oder die überlebende Ehefrau des Erblassers nicht bindend.

III. Öffentliche Teilung

90 Die öffentliche Teilung wird vom Gericht erster Instanz (*tingrett*) durchgeführt, § 1 Teilungsgesetz. In Oslo gibt es eine eigene Gerichtsbarkeit für Teilungssachen, die *Oslo byfogdembete*.

Das Gericht soll zunächst aufgrund eigener Veranlassung eine öffentliche Teilung vornehmen, wenn die Voraussetzungen für eine private Teilung nicht gegeben sind und anzunehmen ist, dass die vorhandenen Mittel die Beerdigungskosten und die Kosten der Teilung decken, § 83 Teilungsgesetz. Die Voraussetzungen für eine private Teilung sind dann nicht gegeben, wenn keiner der Erben innerhalb einer Frist von 60 Tagen die Verantwortung für die Verbindlichkeiten des Verstorbenen übernommen hat.

91 Das Gericht soll dann jedenfalls die öffentliche Teilung aufgrund eigener Veranlassung vornehmen, wenn der Nettovermögenswert nach Abzug von Beerdigungskosten und den Kosten der Teilung 1 G der norwegischen Sozialversicherung oder mehr beträgt.[34]

92 Weitere Fälle, wann eine öffentliche Teilung vorgenommen werden kann, finden sich in § 84 des Teilungsgesetzes.

Der Ausgangspunkt gemäß § 84 Abs. 1 ist, dass diejenigen, die nach § 60 Teilungsgesetz die Teilung verlangen können, auch verlangen können, dass das Gericht die Nachlassteilung übernimmt. Dies sind gesetzliche und testamentarische Erben, der Ehegatte sowie der nichteheliche Lebensgefährte, soweit er gesetzlicher Erbe ist.

93 Weiterhin kann ein Vermächtnisnehmer, der einen wesentlichen Teil des Nachlasses erhalten soll, die öffentliche Teilung verlangen, § 84 Abs. 3 Teilungsgesetz. Dies kann ebenso ein Vermächtnisnehmer, der keinen wesentlichen Teil erhalten soll, ein Jahr nach dem Erbfall, wenn er bis zu diesem Zeitpunkt noch nicht sein Vermächtnis erhalten hat. Anders ist dies, wenn die Erben darlegen können, dass sie für den langen Zeitraum, den die Teilung bisher

---

34 *Moe*, § 83 Note 487.

in Anspruch genommen hat, nicht verantwortlich gemacht werden können, § 84 Absatz 4 Teilungsgesetz.

Eine öffentliche Teilung kann so lange verlangt werden, solange eine private Teilung noch nicht abgeschlossen ist. Ist dies jedoch der Fall, ist eine öffentliche Teilung nicht mehr möglich und ein möglicher Anspruch ist dann vor den ordentlichen Gerichten geltend zu machen.[35]

94

Derjenige, der eine öffentliche Teilung beantragt, hat eine Sicherheit für die Kosten der Teilung zu leisten, bevor die Nachlassteilung eröffnet wird, soweit nicht sicher feststeht, dass die vorhandenen Mittel ausreichend sind. Die Höhe der Sicherheitsleistung wird durch das Gericht festgesetzt.

95

Eine Sicherheitsleistung ist nicht notwendig, wenn die öffentliche Teilung von Seiten des norwegischen Staates begehrt wird.

IV. Nachlassverwalter (bobestyrer)

Bei einer öffentlichen Nachlassteilung soll das Gericht im Regelfall einen Nachlassverwalter (*bobestyrer*) ernennen, der die gesamten notwendigen Tätigkeiten bis zur Verteilung des Nachlasses vornimmt, § 91 Abs. 1 Teilungsgesetz.

96

Die Einsetzung eines Nachlassverwalters (dieser ist im Regelfall ein Advokat) dient der Entlastung der Gerichte. Seine Aufgabe umfasst sämtliche Tätigkeiten von der Eröffnung bis zum Abschluss der öffentliche Nachlassteilung, wie die Erben und andere, die einen Anspruch haben, zu ermitteln, die Treffen mit den Erben abzuhalten, die wirtschaftlichen Mittel des Nachlasses zu verwalten sowie einen Entwurf für den Beschluss und die Verteilung des Nachlasses zu erarbeiten. Der selbige Beschluss über die Verteilung des Nachlasses erfolgt dann durch das Gericht. Gegen diesen Beschluss kann innerhalb eines Monats Rechtsmittel (*anke*) eingelegt werden, § 35 Teilungsgesetz i.V.m. mit § 40 Abs. 1 S. 1 Teilungsgesetz.

V. Sonderregel bei geringen Nachlässen

Für den Fall, dass es sich um einen Nachlass in bescheidenem Umfang handelt, d.h. in Fällen, wo nach Deckung der Beerdigungskosten nur noch sehr wenig vorhanden ist, kann das Gericht die noch vorhandenen Mittel demjenigen überlassen, der sich um die Beerdigung gekümmert hat oder auch einem anderen, der dem Verstorbenen nahestand, § 80 Abs. 1 S. 1 Teilungsgesetz. Im Normalfall wird dies ein Erbe sein, es kann auch ein nicht erbberechtigter Freund oder Nachbar sein, z.B. in Fällen, wo die Erben sich an einem anderen Ort aufhalten. Der Betreffende ist dann auch nur im Rahmen der ihm überlassenen Mittel für etwaige Verpflichtungen des Verstorbenen oder Verpflichtungen in Bezug auf den Nachlass verantwortlich, § 80 Abs. 1 S. 2 Teilungsgesetz.

97

Das Gericht ist in seiner Würdigung recht frei zu entscheiden, ob die Mittel des Nachlasses sich in einer Größenordnung befinden, die die Anwendung der Vorschrift gebietet. In den Vorarbeiten zum Gesetz wird ein Wert bis zu einem G (Grundbetrag der Sozialversicherung) nach Abzug der Beerdigungskosten angedeutet.[36]

---

35 *Moe*, § 85 Note 513.
36 *Moe*, § 80 Note 458.

VI. Streitigkeiten bei der der Nachlassteilung

98 Soweit bei einer Nachlassteilung Streitigkeiten zwischen den Beteiligten entstehen, sind diese bei einer privaten Teilung, soweit notwendig, durch einen Prozess vor dem Gericht erster Instanz (*tingrett*) im Rahmen eines ordentlichen Zivilprozesses zu klären.

Bei einer öffentlichen Nachlassteilung gelten bei einer Streitigkeit für das mit der Teilung befasste Teilungsgericht vereinfachte prozessuale Regeln. Das bedeutet im Normalfall eine schnellere Lösung der Streitigkeit als im normalen Zivilprozess, da das Gericht auf freier Grundlage die Sachbehandlung dem jeweiligen Charakter der Streitigkeit anpassen kann.

VII. Schiedsgerichtsbarkeit im Erbrecht

99 Die Frage, inwieweit Schiedsvereinbarungen und Schiedsklauseln im Bereich des norwegischen Erbrechts möglich sind, ist bisher kaum ein Thema in juristischer Literatur und Rechtsprechung.

Nach § 10 Abs. 1 des norwegischen Schiedsgerichtsgesetzes (LOV 14.05.2004 nr. 25 om voldgift) können die Parteien die Anwendung von Schiedsgerichtsbarkeit für entstandenen Streitigkeiten oder für alle oder besondere Streitigkeiten, die einem Rechtsverhältnis entstehen können, vereinbaren. Selbst, wenn das Gesetz den Begriff vereinbaren benutzt, so muss angenommen werden, dass die Anwendung von Schiedsgerichtsbarkeit auch in einer einseitigen Erklärung, wie in einem Testament bestimmt werden kann.

Durch die Entgegennahme des Erbes akzeptiere der Empfänger dies, sodass eine Vereinbarung somit als eingegangen angesehen werden kann.[37]

E. Erbschaftsteuer

100 Mit Wirkung vom 1.1.2014 wurde in Norwegen die Erbschaft- und Schenkungsteuer aufgehoben. Diese Änderung findet Anwendung für unentgeltliche Zuwendungen, die nach dem 31.12.2013 gegeben worden sind, sowie für Nachlässe, bei denen der Todesfall nach dem 31.12.2013 eingetreten ist.

Für Zuwendungen, die vor dem Jahreswechsel erfolgt sind, oder für ein Erbe, bei dem der Todesfall vor dem Jahreswechsel eingetreten ist, ist die Erbschaftsteuer gemäß den für das Jahr 2013 geltenden Sätzen zu zahlen. Dies gilt selbst dann, wenn der Erbe die Verfügungsmöglichkeit über sein Erbe nach einem Todesfall in 2013 erst 2014 erlangt. Ebenso, wenn bei einem Todesfall im Jahr 2013 die öffentliche Teilung erst 2014 oder später abgeschlossen ist.

101 Das norwegische Parlament hat damit auch für das Jahr 2014 einen entsprechenden Beschluss (*vedtak*) mit den geltenden Sätzen und Freibeträgen gefasst.

Der Erwerb durch den überlebenden Ehegatten, den registrierten Lebenspartner und durch den mit dem Erblasser zusammenwohnenden Lebensgefährten ist vollständig von der Erbschaftsteuer befreit. Alle anderen Erwerber erhalten einen Freibetrag von 470.000 NOK. Dieser persönliche Freibetrag erhöht sich für minderjährige und in der Ausbildung befindliche jugendliche Erben um 85.245 NOK für jedes Jahr bis zum Abschluss des 21. Lebensjahres.

---

[37] *Høgetveit Berg*, S. 129.

Der Tarif beträgt für die nächsten 330.000 NOK 6 % für Kinder, Adoptivkinder, Pflegekinder und Eltern sowie 8 % für andere. Der über 800.000 NOK bzw. für jugendliche Erben noch hinausgehende Wert wird für Kinder, Adoptivkinder, Pflegekinder und Eltern mit 10 %, für alle anderen Personen mit 15 % besteuert.[38]

Ein Doppelbesteuerungsabkommen mit Deutschland besteht auf erbrechtlichem Gebiet nicht.

Weitere Informationen und Materialien, wie z.B. Muster, Formulare, amtliche Texte und Internetadressen befinden sich auf der beiliegenden CD-Rom.

---

38 Stand 2014.

Österreich

Dr. Franz Haunschmidt, Rechtsanwalt, Linz

Inhalt

A. Gerichtszuständigkeit und anwendbares Recht aus österreichischer Sicht 1
   I. Gerichtszuständigkeit 1
   II. Anwendbares Recht 2
   III. Gestaltungsmöglichkeiten 3
   IV. Bilaterale Abkommen 4
B. Materielles Erbrecht 5
   I. Grundbegriffe 5
   II. Gesetzliche Erbfolge................ 7
     1. Einführung...................... 7
     2. Verwandte 8
     3. Ehepartner 14
     4. Vermächtnisnehmer 17
     5. Staat 18
   III. Gesetzliche Sondererbfolge 19
     1. Mietwohnung 19
     2. Eigentumswohnung 22
     3. Landwirtschaft 26
     4. Abfertigung 29
     5. Hinterbliebenenpension 31
     6. Leichnam 32
     7. Grabstätte 33
   IV. Pflichtteilsrecht 34
     1. Allgemeines 34
     2. Pflichtteilsanrechnung 38
     3. Schenkungsanrechnung 41
   V. Gewillkürte Erbfolge 46
     1. Testament 46
       a) Begriff 46
       b) Testamentsformen 50
       c) Testamentsauslegung 56
       d) Aufbewahrungsort 57
       e) Kosten eines Testaments 58
     2. Vermächtnis 59
     3. Privatstiftung von Todes wegen ... 62
     4. Pflichtteilsminderung 64
     5. Enterbung 66
   VI. Vertragliche Erbfolge 69
     1. Allgemeines 69
     2. Erbvertrag 70
     3. Schenkungsvertrag auf den Todesfall .. 74
     4. Vereinbarungen bei gemeinsamer Eigentumswohnung 77
     5. Erb- und Pflichtteilsverzichtsvertrag .. 78
   VII. Wege der Nachlassregelung außerhalb des Erbrechts 81
     1. Allgemeines 81
     2. Schenkungs- und Übergabevertrag ... 82
     3. Rechtsnachfolgeklauseln in Gesellschaftsverträgen 83
     4. Anordnung einer Stiftung 86
     5. Bezugsberechtigung in der Lebensversicherung 89
     6. Gemeinsames Verfügungsrecht über Sparvermögen 90
   VIII. Testamentsvollstreckung 91
   IX. Nachlassabwicklung 93
   X. Probleme bei der Vererbung bestimmter Rechte von und an Ausländer 94
C. Erbverfahrensrecht 96
   I. Notwendigkeit eines Nachlassverfahrens in Österreich 96
     1. Allgemeines 96
     2. Sicherungsmaßnahmen 97
     3. Ausfolgungs- und Umsetzungsverfahren 98
   II. Abwicklung eines Nachlassverfahrens in Österreich 100
     1. Allgemeines 100
     2. Verfahrenseinleitung 103
       a) Todesfallaufnahme 103
       b) Übermittlung und Übernahme letztwilliger Anordnungen 106
       c) Sicherung des Nachlassvermögens 110
       d) Nachlassabsonderung 113
     3. Unterbleiben des ordentlichen Verfahrens 117
       a) Unterbleiben der Abhandlung 117
       b) Überlassung an Zahlungs statt ... 119
       c) Insolvenz des Nachlasses 124
     4. Das ordentliche Verlassenschaftsverfahren 126
       a) Parteien 127
       b) Erbantrittserklärung 128
       c) Benützung, Verwaltung und Vertretung des Nachlasses 137
       d) Vermögenserklärung 139
       e) Inventar 141
       f) Gläubigereinberufung 145
       g) Abhandlungsnachweise 146
       h) Erbteilungsübereinkommen ... 152
       i) Pflichtteilsübereinkommen 155
       j) Einantwortung des Nachlasses .. 157
     5. Rechtsmittel 162
     6. Kosten des Verlassenschaftsverfahrens 163
       a) Gebühren des Gerichtskommissärs 163
       b) Honorar des Erbenmachthabers ... 166
       c) Gerichtsgebühren 167
       d) Gebühren des Sachverständigen ... 171
       e) Gebühren des Verlassenschaftskurators 172
       f) Honorar des Testamentsvollstreckers 177
   III. Zivilverfahren 178
     1. Erbrechtsverfahren 178
     2. Erbschaftsklage 180
     3. Erbteilungsklage 181
     4. Pflichtteils(ergänzungs-)klage 182
     5. Schenkungspflichtteilsklage 184
     6. Vermächtnisklage 185

D. Besteuerung der Erbfolge 186
   I. Wegfall der Erbschaftsteuer 186
   II. Grunderwerbsteuer 187
III. Weitere im Rahmen der Erbfolge anfallende Steuern 191

Literatur

Österreichische Literatur (Auswahl)

Internationales Privatrecht: *Bajons*, Die Nachlassabwicklung in internationalen Erbsachen nach zukünftigen Recht, ecolex 2014, 204; *Faber/Grünberger*, Vorschlag der EU-Kommission zu einer Erbrechts-Verordnung, NZ 2011, 97; *Rechberger*, Das Europäische Nachlasszeugnis und seine Wirkungen, ÖJZ 2012, 14; *Rudolf*, Die Erbrechtsverordnung der europäischen Union; VO zum Internationalen Erb- und Erbverfahrensrecht in Kraft – ein Überblick, NZ 2013, 225; *Schauer/Scheuba* (Hrsg), Europäische Erbrechtsverordnung, Wien 2012; *Schwimann/Verschraegen*, Kommentierung des IPRG, in: Rummel, ABGB-Kommentar II/6, 4. Aufl., Wien 2014; *Steiner*, EU-Verordnung in Erbsachen sowie zur Einführung eines europäischen Nachlasszeugnisses, NZ 2012, 104.

Materielles Erbrecht: *Eccher*, in: Apathy, Bürgerliches Recht VI, 4. Aufl., Wien 2010; *Ferrari/Likar-Peer*, Erbrecht, Wien 2007; *Gruber*, Erbrecht und Vermögensnachfolge, Wien 2010; *Haunschmidt*, Erbschaft und Testament, 4. Aufl., Wien 2013; *Welser/Zöchling-Jud*, Bürgerliches Recht II, 14. Aufl., Wien 2015.

Verfahrensrecht: *Fucik*, Das neue Verlassenschaftsverfahren, Wien 2005; *Mayr/Fucik*, Das neue Verfahren außer Streitsachen, 3. Aufl., Wien 2006; *Winkler*, Handbuch Erbrecht Österreichisches Erbrecht und Verlassenschaftsverfahren, Wien 2006; *Rechberger*, Kommentar zum Außerstreitgesetz, Wien 2006; *Schilchegger/Gruber*, Österreichisches Verlassenschaftsverfahren, Wien 2013.

Steuerrecht: *Doralt*, Steuerrecht 2014/15, 16. Aufl., Wien 2014.

Deutsche Literatur

Dörner, Zur Anwendung des § 1371 Abs. 1 BGB aus österreichischer Sicht, IPRax 1999, 125; *Dörner*, in: Staudinger, Neubearb. 2000, Anh. zu Art. 25 f. EGBGB Rn 484 ff.; *Ferrari*, Familienerbrecht und Testierfreiheit in Österreich, in: Henrich/Schwab, Familienerbrecht und Testierfreiheit im europäischen Vergleich, 2001, S. 173 ff.; *Ferrari*, Neueste Entwicklungen im österreichischen Familien- und Erbrecht, FamRZ 2005, 1634; *Firsching/Wirner*, Österreich (Stand: 1.1.1985), in: Ferid/Firsching/Dörner/Hausmann, Internationales Erbrecht; *Haas*, in: Bengel/Reimann, Handbuch der Testamentsvollstreckung, 5. Aufl. 2013, Kap. 9 Rn 219 ff.; *Heinrich/Moritz*, Die Abgeltungswirkung der Kapitalertragsteuer für die Erbschaftsteuer in Österreich, ZEV 1995, 325; *Hoyer*, Italienisches Legats- und Noterbrecht vor österreichischen Gerichten, IPRax 1988, 255; *Hubert/Hinz*, Verfassungswidrigkeit der Erbschaftssteuer in Österreich, IWB Fach 5 Gruppe 2 S. 711 vom 27.6.2007; *Ludwig*, Die Änderung der internationalen Zuständigkeit österreichischer Nachlassgerichte und ihre Auswirkung auf das österreichische Erbkollisionsrecht, ZEV 2005, 419; *M. Meyer*, Grundzüge und Besonderheiten des österreichischen Erbrechts, ZEV 1995, 8; *Süß*, in: Mayer/Süß/Tanck/Bittler/Wälzholz, Handbuch Pflichtteilsrecht, 3. Aufl. 2013, § 19 Rn 314 ff.; *von Oertzen/Mondl*, Anwendbares Erbrecht in deutsch-österreichischen Erbfällen, ZEV 1997, 240; *Schömmer/Bauer/Faßold*, Internationales Erbrecht Österreich, 2. Aufl. 2003; *Schwimann*, Erbstatut und Pflichtteilsanspruch im österreichischen IPR, IPRax 1988, 45; *Schwind*, Erbstatut und Pflichtteilsanspruch im österreichischen IPR, IPRax 1988, 45; *Solomon*, Erbfolge und Erbgang in deutsch-österreichischen Erbfällen, ZVglRWiss 99 (2000) 170; *Stein*, Grundfragen der Pflichtteilsergänzung im österreichischen Erbrecht – Ein Bericht, FS DNotI 2003, S. 369; *Steiner*, Gestaltungspraxis gemeinschaftlicher Testamente und Erbverträge bei gemischtnationalen Ehen, insbesondere bei deutsch-österreichischen Ehepaaren, ZEV 2004, 362; *Süß*, Länderbericht Österreich, in: NomosKommentar BGB, 4. Aufl. 2014, S. 1917 ff.; *Tersteegen/Riering*, Steine statt Brot, ZfRV 2007, 211; *Wirner*, „Le mort saisit le vif" oder „hereditas iacens" – eine Grundsatzfrage bei der Abwicklung österreichisch-deutscher Erbfälle, FS Schippel, 1996, S. 981.

Abkürzungen

Österreichische Gesetze

ABGB = Allgemeines Bürgerliches Gesetzbuch vom 1.6.1811; **AnerbenG** = Anerbengesetz (BGBl 1958/106); **AußStrG** = Bundesgesetz über das gerichtliche Verfahren in Rechtsangelegenheiten außer Streitsachen (Außerstreitgesetz) vom 12.12.2003 (BGBl I 2003/111); **JN** = Gesetz vom 1.8.1895 über die Ausübung der Gerichtsbarkeit und die Zuständigkeit der ordentlichen Gerichte in bürgerlichen Rechtssachen (Jurisdiktionsnorm) (RGBl 1895/111); **IO** = Insolvenzordnung (BGBl); **NO** = Notariatsordnung (RGBl 1871/75); **östWEG** = Bundesgesetz über das Wohnungseigentum 2002 (BGBl I 2002/70); **PSG** = Privatstiftungsgesetz (BGBl 694/1993).

Österreichische Verkündungsblätter und Zeitschriften

BGBl = Österreichisches Bundesgesetzblatt; **EvBl** = Evidenzblatt der Rechtsmittelentscheidungen, seit 1946 enthalten in der Österreichische Juristen-Zeitung (**ÖJZ**); **JBl** = Juristische Blätter; **NZ** = Österreichische Notariatszeitung; **LGBl** = Landesgesetzblatt; **RdW** = Österreichisches Recht der Wirtschaft; **RGBl** = Reichsgesetzblatt; **ZfRV** = (österreichische) Zeitschrift für Rechtsvergleichung.

Bei sämtlichen Rechtsprechungsnachweisen wird die Geschäftszahl der jeweiligen Entscheidung angeführt. Diese können kostenlos im Internet über das frei zugängliche RIS (http://ris.bka.gv.at) nachgelesen werden.

A. Gerichtszuständigkeit und anwendbares Recht aus österreichischer Sicht

I. Gerichtszuständigkeit

Bislang war für die Frage, ob bei einer internationalen Erbschaft ein Verlassenschaftsverfahren in Österreich stattfindet, neben der Staatsangehörigkeit und dem Wohnsitz des Erblassers entscheidend, ob sich das Nachlassvermögen im In- oder Ausland befand. Ab 17.8.2015 gilt in Österreich die EU-Erbrechtsverordnung (EU-ErbVO). Anknüpfungspunkt für die Gerichtszuständigkeit ist ab diesem Zeitpunkt primär der **gewöhnliche Aufenthaltsort** des Erblassers in der EU.[1]

II. Anwendbares Recht

Gemäß § 28 Abs. 1 IPRG war bislang die Rechtsnachfolge von Todes wegen (das Erbstatut) nach dem Personalstatut des Erblassers im Zeitpunkt seines Todes zu beurteilen. Nach Art. 21 EU-ErbVO unterliegt nun die **gesamte Rechtsnachfolge von Todes wegen** dem Recht jenes Mitgliedstaates, in dem der Erblasser seinen letzten **gewöhnlichen Aufenthalt** hatte. Ergibt sich aus der Gesamtheit der Umstände eine „engere Verbindung" zu einer anderen Rechtsordnung, ist diese anwendbar. Auf die Staatsangehörigkeit des Erblassers kommt es jedenfalls nicht mehr an.

Aus österreichischer Sicht stellen die Sondererbfolgeregelungen des Anerbenrechts und des § 14 WEG (Wohnungseigentum von 2 Partnern im Ablebensfall) sowie die Bestimmungen des Grundverkehrsrechts Ausnahmen dar, für die der Grundsatz der Nachlasseinheit nicht gilt (Art. 30 EU-ErbVO).[2]

Für die Zulässigkeit und Rechtswirksamkeit einer letztwilligen Anordnung ist auf das Recht des Aufenthaltsortes des Erblassers oder dessen zulässige Rechtswahl zum Zeitpunkt der Errichtung abzustellen (Art. 24 Abs. 1 EU-ErbVO).

---

1 Vgl. *Bajons*, ecolex 2014, 204.
2 *Rudolf*, NZ 2013, 237.

III. Gestaltungsmöglichkeiten

3 Erblasser und Erbanwärter können nach den Bestimmungen der EU-ErbVO auf Erbstatut und Gerichtszuständigkeit Einfluss nehmen. Der Erblasser kann mittels letztwilliger Anordnung das Recht jenes Staates wählen, dem der Erblasser zum Zeitpunkt seiner Rechtswahl oder seines Todes als Staatsbürger angehört. In diesem Fall können die Erbprätendenten eine Verlagerung der Gerichtszuständigkeit vom Aufenthaltsstaat zum Heimatstaat des Erblassers vereinbaren oder beantragen.

IV. Bilaterale Abkommen

4 Zusätzliche Regelungen bestehen aufgrund **bilateraler Abkommen** mit Bulgarien (BGBl 1976/342), Estland (1929/266), Frankreich (BGBl 1967/288), Griechenland (RGBl 1856/169), Großbritannien (BGBl 1964/19 idF BGBl 1980/416), Iran (BGBl 1966/45), Italien (BGBl 1974/521), Jugoslawien und Nachfolgestaaten (BGBl 1955/224), Polen (BGBl 1974/79, 1975/383), Rumänien (BGBl 1972/317), Russland (BGBl 1960/21), Tschechien (BGBl 1962/309, 1980/526) und Ungarn (BGBl 1967/306, 1977/146).

B. Materielles Erbrecht

I. Grundbegriffe

5 Grundsätzlich kann nach österreichischem Recht jeder von Todes wegen über sein Vermögen frei verfügen (Prinzip der **Testierfreiheit**). Für den Fall, dass der Verstorbene keine Regelung getroffen hat, tritt die **gesetzliche Erbfolge** ein. Diese orientiert sich am Willen eines durchschnittlichen Erblassers und weist das vererbbare Vermögen dem Ehepartner und den nächsten Verwandten des Verstorbenen zu.

6 Zwischen Testierfreiheit und gesetzlicher Erbfolge schafft das **Pflichtteilsrecht** einen gewissen Ausgleich. Der Erblasser muss bestimmten nahen Angehörigen eine Quote seines Vermögens zukommen lassen. Wenn er dies unterlässt, räumt das Pflichtteilsrecht den nahen Angehörigen das Recht ein, vom Testamentserben die Zahlung eines entsprechenden Wertes zu verlangen.

II. Gesetzliche Erbfolge

1. Einführung

7 Erbe ist derjenige, der einen Anspruch auf den ganzen Nachlass oder auf eine bestimmte Quote des Nachlasses besitzt. Der Erbe hat ein **absolutes**, d.h. ein gegen jedermann durchsetzbares Recht. Der Erbe ist Gesamtrechtsnachfolger des Erblassers. Zum Kreis der gesetzlichen Erben gehören der Ehepartner bzw. der eingetragene Partner und die nächsten leiblichen Verwandten des Erblassers.

2. Verwandte

8 Erbberechtigt sind Verwandte aus ehelicher und unehelicher **Abstammung**. Ein durch Anerkenntnis oder Feststellungsurteil begründetes Abstammungsverhältnis bleibt solange bestehen, als es nicht auf dem gesetzlich vorgesehenen Weg beseitigt wird. Die einmal erfolgte Feststellung der Vaterschaft ist daher dem Verlassenschaftsverfahren bindend zu-

grunde zu legen. Die Abstammung ist nicht im Verlassenschaftsverfahren als selbstständige Vorfrage zu prüfen.³

Probleme bei der Feststellung des Verwandtschaftsverhältnisses entstehen bei **künstlicher Befruchtung**, weil in diesem Fall fraglich ist, welche Personen als Eltern des Kindes in Betracht kommen (Samenspender, Ehegatte der Mutter, Eispenderin, Leihmutter) und ab welchem Zeitpunkt überhaupt von einem ungeborenen Kind gesprochen werden kann.⁴ Diese Fragen regelt zum Teil das Fortpflanzungsmedizingesetz.

Die Reihenfolge, in der die Verwandten als gesetzliche Erben zum Zug kommen, gliedert sich in vier Linien (**Parentelen**):

1. Linie: Darunter fallen die direkten Nachkommen des Erblassers, also **Kinder**, einschließlich Adoptivkinder, uneheliche und gezeugte, aber noch nicht geborene Kinder, Enkelkinder, Urenkel. Wenn alle Kinder noch leben, so wird die Erbschaft unter ihnen nach Köpfen geteilt. Bei vier Kindern erhält z.B. jedes Kind 1/4. Wenn ein Kind bereits vorverstorben ist, so treten dessen Nachkommen an seine Stelle, die wiederum zu gleichen Teilen erben (Repräsentation). Wenn ein Kind kinderlos verstorben ist, so wächst dessen Anteil gleichteilig den übrigen Kindern zu (Anwachsung). **Neben dem Ehepartner** erben Angehörige der ersten Linie zusammen zwei Drittel des Nachlasses.

2. Linie: Nur wenn Verwandte der 1. Linie nicht vorhanden sind, nicht erben wollen oder können, kommt die 2. Linie zum Zug. Dazu gehören die **Eltern** des Erblassers und deren Nachkommen (Geschwister, Nichten, Neffen des Verstorbenen). Adoptiveltern gehen den leiblichen Eltern vor. Wenn beide Elternteile noch leben, erbt jeder die Hälfte des Nachlasses. Ist ein Elternteil verstorben, treten an seine Stelle dessen Nachkommen, also die Brüder und Schwestern des Verstorbenen. Hat der vorverstorbene Elternteil keine Nachkommen, so erhält dessen Anteil der andere Elternteil. Vollbürtige Geschwister (die mit dem Erblasser beide Eltern gemeinsam haben) erhalten je einen Erbteil von beiden vorverstorbenen Eltern, halbbürtige Geschwister (die mit dem Erblasser nur einen Elternteil gemeinsam haben) erhalten einen Erbteil nur vom gemeinsamen vorverstorbenen Elternteil. **Neben dem Ehepartner** erben die Eltern und bei deren Vorableben die Geschwister des Erblassers, nicht aber deren Nachkommen (Neffen, Nichten des Erblassers) zusammen ein Drittel des Nachlasses.

3. Linie: Sind auch Angehörige der zweiten Linie nicht vorhanden, können oder wollen diese nicht erben, dann fällt die Erbschaft an die Angehörigen der dritten Linie. Zur dritten Linie gehören die **Großeltern** des Erblassers und – bei Vortod der Großeltern – deren Nachkommen (Onkel, Tanten, Cousins, Cousinen des Erblassers). **Neben dem Ehepartner** erben nur die Großeltern, nicht aber deren Nachkommen. Deren Erbteil fällt dem Ehepartner zu.

4. Linie: Die **Urgroßeltern** bilden die 4. Linie. Noch weiter entfernte Verwandte (z.B. die Nachkommen der Urgroßeltern oder die Ururgroßeltern und deren Nachkommen) haben kein gesetzliches Erbrecht. Wenn also ein Urgroßelternteil vorverstorben ist, haben seine Nachkommen kein Eintrittsrecht. Ist ein **Ehepartner vorhanden**, haben die Urgroßeltern kein gesetzliches Erbrecht.

---

3 OGH 28.5.2013, 8 Ob 49/13h.
4 OGH 16.12.1996, 1 Ob 2259/96d.

3. Ehepartner

14 Erbrechte des Ehepartners bestehen nur **während aufrechter Ehe**. Ist die Ehe im Zeitpunkt des Todes des Erblassers rechtskräftig geschieden, hat der frühere Ehegatte kein Erbrecht.[5]

Der **eingetragene Partner** ist dem Ehepartner erbrechtlich gleichgestellt (§ 537a ABGB).

Lebensgefährten haben kein gesetzliches Erbrecht.

15 Das Erbrecht des Ehepartners richtet sich danach, welche Verwandten des Verstorbenen sonst noch erben. Der Ehepartner erhält als gesetzlichen Erbteil neben den Kindern des Erblassers und deren Nachkommen (Angehörigen der ersten Linie) **1/3 des Nachlasses**, neben den Eltern des Erblassers und dessen Geschwistern 2/3 des Nachlasses sowie jenen Erbteil, der auf Nachkommen vorverstorbener Geschwister (Neffen, Nichten des Erblassers) entfiele, neben den Großeltern 2/3 des Nachlasses sowie jenen Erbteil, der auf Nachkommen vorverstorbener Großeltern entfiele, sonst den gesamten Nachlass (§ 757 Abs. 1 ABGB).

16 Zusätzlich zu seinem Erbteil erhält der Ehepartner das sog. **Vorausvermächtnis**:
   – die **zum ehelichen Haushalt gehörenden beweglichen Sachen**, soweit sie zu dessen Fortführung entsprechend den bisherigen Lebensverhältnissen erforderlich sind (Möbel, Einrichtungsgegenstände, Hausrat, Geschirr, Teppiche, Bilder, Fernseh-, Rundfunk-, Videogeräte, Stereoanlage etc., nicht aber die Gemäldegalerie, die Briefmarkensammlung, das unbenutzte chinesische Porzellan oder der Tresorinhalt); sowie
   – das **Recht, in der Ehewohnung weiter zu wohnen**, soweit der Erblasser bei Ableben über die Wohnung verfügungsberechtigt war[6] und der überlebende Ehepartner die Ehewohnung nicht ohnehin im Erbweg oder aufgrund anderer Sonderbestimmungen (nach MRG oder WEG) erwirbt oder bereits besitzt; Hauptanwendungsfälle sind Eigentumswohnungen oder Einfamilienhäuser im Alleineigentum des Erblassers; das Wohnrecht kann unentgeltlich ausgeübt werden, der Ehepartner hat aber die Betriebs- und Erhaltungskosten zu tragen; bei mehreren Ehewohnungen bezieht sich das Recht auf die Hauptwohnung.[7]

4. Vermächtnisnehmer

17 Wollen oder können weder gesetzliche noch letztwillig eingesetzte Erben (einschließlich Ersatz- und Nacherben) die Verlassenschaft annehmen oder sind Erben nicht vorhanden, hat der Erblasser aber eine letztwillige Anordnung mit Vermächtnissen hinterlassen, steht den bedachten Vermächtnisnehmern ein **außerordentliches Erbrecht** hinsichtlich des gesamten Nachlasses zu (§ 726 ABGB). Mehrere Vermächtnisnehmer erben quotenmäßig nach dem Verhältnis des Wertes der vermachten Vermögensgegenstände. Sind Vermächtnisse wertlos oder wirkungslos, kommen sie bei mehreren Vermächtnisnehmern nicht zum Zug.[8] Die Vermächtnisnehmer (auch wirkungslose oder wertlose Vermächtnisse) gehen dem heimfallsberechtigten Staat vor.

---

5 OGH 12.12.2002, 6 Ob 259/02k.
6 OGH 19.6.1997, 6 Ob 132/97y.
7 OGH 10.7.1996, 3 Ob 2229/96.
8 OGH 6.5.1998, 2 Ob 508/96.

5. Staat

Ist ein Nachlass **erblos**, fällt das Vermögen des Verstorbenen der Republik Österreich zu.

III. Gesetzliche Sondererbfolge

1. Mietwohnung

Miet- und Pachtrechte sind grundsätzlich frei vererblich. Bei Wohnungen gibt es allerdings auf Mieterseite gem. § 14 Abs. 2 MRG ein **Eintrittsrecht** zugunsten naher Angehöriger, die ein dringendes Wohnbedürfnis besitzen und mit dem Verstorbenen im gemeinsamen Haushalt gelebt haben. Zu den nahen Angehörigen zählen:
- der Ehepartner, der eingetragene Partner;
- der Lebensgefährte; die Lebensgemeinschaft muss in der Wohnung mindestens drei Jahre gedauert haben; bei kürzerem gemeinsamen Aufenthalt in der Mietwohnung genügt es, wenn die Wohnung gemeinsam mit dem Erblasser bezogen wurde; dem gleichgeschlechtlichen Lebenspartner kommt dieses Eintrittsrecht mittlerweile ebenfalls zu;[9]
- Verwandte in gerader Linie (Eltern, Großeltern, Kinder, Enkelkinder);
- Adoptivkinder;
- Geschwister.

Mehrere eintrittsberechtigte Personen treten gemeinsam ein.

Ob **Baukostenbeiträge** (gem. § 17 WGG), **Mietkautionen** und **Mietzinsvorauszahlungen** sowie nicht verbrauchte **Erhaltungs- und Verbesserungsbeiträge** in den Nachlass fallen oder dem eintrittsberechtigten Mieter zustehen, ist nicht restlos geklärt.[10]

2. Eigentumswohnung

Eine Eigentumswohnung[11] kann an eine juristische Person, an eine Personengesellschaft oder an **maximal zwei natürliche Personen** je zur Hälfte übertragen werden. Die Erbteilung hat zwingend im Verlassenschaftsverfahren zu erfolgen; kommt es zu keiner Einigung, ist die Eigentumswohnung zu versteigern (§ 12 WEG).[12]

Steht eine Eigentumswohnung im Eigentum von zwei natürlichen Personen (Eigentümerpartnerschaft), erhält der **überlebende Partner** von Gesetzes wegen (§ 14 WEG) den Anteil des verstorbenen Partners an der gemeinsamen Eigentumswohnung, soweit der überlebende Partner innerhalb einer vom Verlassenschaftsgericht festzusetzenden angemessenen Frist weder darauf verzichtet noch mit den Erben und Pflichtteilsberechtigten eine anderweitige gesetzlich zulässige Vereinbarung (Übertragung an eine Person ungeteilt oder an zwei natürliche Personen je zur Hälfte) trifft. Es handelt sich um einen sondergesetzlich geregelten Eigentumsübergang außerhalb des Verlassenschaftsverfahrens.

Der überlebende Partner hat für den Erwerb einen **Übernahmepreis** in den Nachlass zu bezahlen. Der Übernahmepreis beträgt i.d.R. die Hälfte des Verkehrswertes der Eigentumswohnung. Ist der überlebende Partner selbst pflichtteilsberechtigt und dient die Eigentumswohnung dem überlebenden Partner zur Befriedigung seines dringenden Wohnbedürfnis-

---

9 OGH 16.5.2006, 5 Ob 70/06i; anders noch OGH 5.12.1996, 6 Ob 2325/96.
10 OGH 27.9.2001, 5 Ob 216/01b; OGH 23.4.2002, 5 Ob 90/02z; *Vonkilch*, NZ 2000, 321.
11 Ausführlich: *Wachter*, Besonderheiten bei der Vererbung von Wohnungseigentum in Österreich, ZErb 2003, 306.
12 OGH 11.5.2004, 5 Ob 191/03d.

ses, hat dieser bei Existenz weiterer pflichtteilsberechtigter Personen ein Viertel des Verkehrswertes der Eigentumswohnung in den Nachlass zu bezahlen. Bei Überschuldung des Nachlasses hat der überlebende Partner den für die Abdeckung der Verbindlichkeiten erforderlichen Betrag, maximal ein Viertel des Verkehrswertes der Eigentumswohnung in den Nachlass zu bezahlen. Bei Unzumutbarkeit der sofortigen Einzahlung kann das Verlassenschaftsgericht Zahlungserleichterungen bewilligen.

25 Verzichtet der überlebende Wohnungseigentümerpartner auf den gesetzlichen Eigentumsübergang und kommt auch keine andere gesetzlich zulässige Vereinbarung zwischen dem überlebenden Wohnungseigentümerpartner, den Erben und den Pflichtteilsberechtigten zustande, hat das Verlassenschaftsgericht eine **Versteigerung** der gesamten Eigentumswohnung durchzuführen.

3. Landwirtschaft

26 Rechtsgrundlage für die bäuerliche Sondererbfolge ist das **Anerbengesetz**.[13] Das Anerbengesetz gilt nicht in Tirol und Kärnten. Dort sind besondere Höferechte rechtswirksam.[14] Das bäuerliche Anerbenrecht verfolgt den Zweck, bei Eintritt der gesetzlichen Erbfolge land- und forstwirtschaftliche Güter bestimmter Größe nur auf einen einzigen Nachfolger zu übertragen und damit die Zersplitterung landwirtschaftlicher Höfe und das Entstehen von Kleinstwirtschaften zu verhindern.

27 Das Anerbengesetz findet nur auf **Erbhöfe** Anwendung, das sind land- oder forstwirtschaftliche Betriebe, die einen **Durchschnittsertrag** haben, der mindestens für eine bäuerliche Familie von zwei erwachsenen Personen ausreicht und das Zwanzigfache dieses Ausmaßes nicht übersteigt (§ 1 Abs. 1 AnerbenG). In die Berechnung des Durchschnittsertrages sind alle vom Umfang des Erbhofs umfassten Vermögensbestandteile und alle erzielbaren Einkünfte einzubeziehen.[15]

28 Die **bäuerliche Erbteilung** hat abweichend von den sonst geltenden Bestimmungen (§ 181 AußStrG) **zwingend im Verlassenschaftsverfahren** zu erfolgen. Sind mehrere Miterben vorhanden, muss das Verlassenschaftsgericht von Amts wegen vor Einantwortung des Nachlasses eine Erbteilung durchführen und den Erbhof dem Anerben zuweisen. Dieser hat den sog. Übernahmepreis in die Verlassenschaft zu bezahlen. Der Übernahmepreis liegt i.d.R. weit unter dem Verkehrswert und orientiert sich am Ertragswert. Anstelle des Erbhofes tritt die Abfindungsforderung gegen den Anerben. Der Erbhof ist selbst nicht Gegenstand des Verlassenschaftsverfahrens.

4. Abfertigung

29 Beim **Abfertigungsanspruch im Todesfall** nach § 23 Abs. 6 Angestelltengesetz (AngG) handelt es sich ebenfalls um einen sondergesetzlichen Anspruch bestimmter gesetzlicher Erben. Der Arbeitnehmer kann weder zu Lebzeiten noch von Todes wegen über diese Ansprüche verfügen.[16] Stirbt ein Arbeitnehmer, so gebührt seinen gesetzlichen Erben, zu deren Unterhalt er verpflichtet war, die Hälfte dessen, was der Arbeitnehmer zu diesem

---

13 BGBl 1958/106 i.d.F. BGBl 1989/659.
14 Kärntner Erbhöfegesetz, BGBl 1989/658 über die bäuerliche Erbteilung in Kärnten sowie das Tiroler Höfegesetz, LGBl 1900/47 i.d.F. BGBl 1989/657 betreffend die besonderen Rechtsverhältnisse geschlossener Höfe.
15 OGH 5.12.1996, 6 Ob 2308/96x; OGH 20.6.1996, 6 Ob 2045/96; OGH 14.3.1996, 6 Ob 2027/96.
16 OGH 15.5.1996, 9 Ob A 2012/96i.

Zeitpunkt als Abfertigung bekommen hätte. Mehrere begünstigte Erben teilen sich die Abfertigung nach Köpfen. Die Abfertigung von Todes wegen fällt nicht in den Nachlass.

Auch die **Abfertigung** gem. § 14 Abs. 5 **Betriebliches Mitarbeitervorsorgegesetz** (BMVG) gebührt den unterhaltsberechtigten gesetzlichen Erben nach Köpfen. Sind keine solchen Erben vorhanden, fällt diese Abfertigung in den Nachlass.

5. Hinterbliebenenpension

Pensionsansprüche sind originäre Ansprüche der Hinterbliebenen. Eine Pension gebührt – über Antrag – der Witwe, dem Witwer, dem eingetragenen Partner, dem geschiedenen, unterhaltsberechtigten Ehepartner (Witwenpension) und den nicht selbsterhaltungsfähigen, ehelichen und unehelichen Kindern (Waisenpension). Über die Pensionsberechtigung und die Pensionshöhe gibt die jeweilige Pensionsversicherungsanstalt Auskunft.

6. Leichnam

Der **Leichnam** als sterblicher Überrest einer Person ist ebenfalls nicht vererblich. Er ist keine Sache, sondern gilt als fortgesetzte Persönlichkeit. Über die Art und den Ort der Bestattung bestimmen die nahen Angehörigen, gleichgültig, ob sie Erben sind oder nicht. Dabei ist vom wirklich bestehenden Naheverhältnis im Einzelfall auszugehen. An eine allfällige letztwillige Anordnung des Erblassers sind die Angehörigen gebunden, soweit sie den zahlreichen öffentlich-rechtlichen Vorschriften nicht widerspricht.[17] Zulässig ist z.B. die Anordnung, dass der Erblasser seinen Körper nach seinem Ableben anatomischen Zwecken zur Verfügung stellt.[18]

7. Grabstätte

Verfügungsrechte an **Grabmälern** und Gruften werden durch Friedhofsordnungen geregelt. Diese berücksichtigen i.d.R. letztwillige Anordnungen des Erblassers.

IV. Pflichtteilsrecht

1. Allgemeines

Zum Kreis der potentiell Pflichtteilsberechtigten gehören grundsätzlich **alle Nachkommen** und die **Vorfahren**. Das Pflichtteilsrecht des **Ehepartners** besteht neben dem Pflichtteilsanspruch der Nachkommen oder Vorfahren. Im Einzelfall sind aber nur jene Personen pflichtteilsberechtigt, die bei Fehlen eines Testaments tatsächlich aufgrund des Gesetzes zu Erben berufen wären. Vorfahren sind daher nicht pflichtteilsberechtigt, solange erbberechtigte Nachkommen vorhanden sind (§ 762 ABGB). Enkelkinder sind nicht pflichtteilsberechtigt, solange das Kind, das sie repräsentieren, als Erbe in Betracht kommt. Der Ehepartner ist immer pflichtteilsberechtigt, weil sein gesetzliches Erbrecht neben dem von Verwandten besteht.

Der **eingetragene Partner** ist dem Ehepartner pflichtteilsrechtlich gleichgestellt.

---

17 OGH 27.10.1999, 7 Ob 225/99k.– Exhumierung und Feuerbestattung nach zwei Jahren.
18 In diesem Fall wendet man sich in Österreich am besten an die medizinischen Universitäten Wien, Graz, Linz oder Innsbruck. Die Begräbnis- und Überführungskosten werden von den Universitätsinstituten i.d.R. getragen.

35 Wird dem Pflichtteilsberechtigten die ihm zukommende Quote am Nachlassvermögen nicht oder nicht zur Gänze überlassen,[19] hat er einen **Geldanspruch** auf Ergänzung oder Auszahlung seiner Pflichtteilsquote.

36 Als Pflichtteil gewährt das Gesetz jedem Nachkommen und dem Ehepartner die **Hälfte** dessen, was ihm nach der gesetzlichen Erbfolge zugefallen wäre. Vorfahren gebührt ein **Drittel** des gesetzlichen Erbteils. Der Pflichtteil gebührt **vom reinen Nachlass**, d.h. von den aktiven Vermögenswerten des Erblassers, vermindert um die Schulden des Verstorbenen und die Todfallsschulden (Begräbniskosten, Gebühren des Gerichtskommissärs, der Sachverständigen für die Schätzung des Nachlassvermögens, des Verlassenschaftskurators, der Gerichtsgebühren etc.). Die Kosten der Nachlassverwaltung einschließlich der Kosten des Rechtsvertreters der mit der Verwaltung des Nachlasses betrauten Erben (z.B. für die Vertretung im Steuerverfahren) können bei der Pflichtteilsberechnung ebenfalls als Nachlasspassiva berücksichtigt werden.[20] Bei der Berechnung des Pflichtteils sind die **im Ausland** gelegenen Vermögensgüter einzubeziehen.[21]

37 **Zeitpunkt der Wertermittlung** ist der Todestag, jedoch unter Berücksichtigung späterer Erträgnisse und Wertänderungen (z.B. Kursverluste) bis zur endgültigen Festlegung durch Pflichtteilsübereinkommen oder gerichtliches Urteil (Schluss der mündlichen Streitverhandlung).

2. Pflichtteilsanrechnung

38 Um eine Ungleichbehandlung zwischen den Pflichtteilsberechtigten zu verhindern und die Testierfreiheit des Erblassers zu vergrößern, müssen sich über Verlangen eines Erben oder Pflichtteilsberechtigten andere Pflichtteilsberechtigte **bestimmte Zuwendungen** auf den Pflichtteil anrechnen lassen.

39 **Alle Pflichtteilsberechtigten** (Nachkommen, Vorfahren und Ehegatte) müssen sich letztwillige Zuwendungen[22] und Zuwendungen unter Lebenden, die der Erblasser als **Vorschuss** auf den Pflichtteil geleistet hat (z.B. Schenkungen, Schuldenzahlung durch den Erblasser), anrechnen lassen. Die Anrechnung auf den Pflichtteil muss zwischen Erblasser und Pflichtteilsberechtigten vereinbart werden. Einseitig kann der Erblasser die Anrechnung nicht verfügen.[23]

40 Darüber hinaus müssen sich pflichtteilsberechtigte **Nachkommen** die Ausstattung (das Heiratsgut und sonstige Leistungen des Erblassers im Zusammenhang mit der Eheschließung oder der Eingehung einer eingetragenen Partnerschaft), Zuwendungen für den Berufsantritt und Aufwendungen, die der Erblasser zur Bezahlung der Schulden eines volljährigen Kindes getätigt hat (Einrechnung muss nicht vereinbart werden), sowie derartige Vorempfänge ihrer (vorverstorbenen) Vorfahren und der pflichtteilsberechtigte **Ehepartner** das Vorausvermächtnis[24] auf den Pflichtteil anrechnen lassen.

---

19 OGH 4.7.1996, 6 Ob 666/95; OGH 9.7.1997, 3 Ob 47/97a m. Anm. *Jud*, NZ 2000, 44.
20 OGH 3.10.1967, 8 Ob 234/67;OGH 23.1.1968, 8 Ob 358/67; OGH 14.4.1999, 7 Ob 158/98f.
21 OGH 27.5.1986, 2 Ob 526/86.
22 OGH 4.7.1996, 6 Ob 666/95.
23 OGH 6.2.1992, 6 Ob 627/91.
24 Außer bei Nutzlosigkeit – OGH 18.3.1997, 1 Ob 2364/96w.

Haunschmidt

3. Schenkungsanrechnung

Durch Schenkungsanrechnung wird **verhindert**, dass der Pflichtteilsanspruch aller oder bestimmter Personen vom Erblasser durch unentgeltliche Zuwendungen zu Lebzeiten geschmälert oder vereitelt wird. Auf Verlangen eines pflichtteilsberechtigten Kindes oder des pflichtteilsberechtigten Ehegatten sind deshalb bestimmte Schenkungen an pflichtteilsberechtigte Personen oder Dritte rechnerisch dem aktiven Nachlassvermögen hinzuzufügen, so als wäre die Schenkung nicht vorgenommen worden, und ist ausgehend von diesem erhöhten Nachlass der Pflichtteilsanspruch jedes Pflichtteilsberechtigten neu zu berechnen. Jeder Pflichtteilsberechtigte, der selbst eine Schenkung erhalten hat, muss sich diese auf den durch die hinzugefügten Schenkungen entstandenen Erhöhungsbetrag anrechnen lassen. Dieser erhöhte Pflichtteil ist aus dem zum Todeszeitpunkt vorhandenen Nachlassvermögen zu entrichten; reicht dieses nicht aus, kann der Pflichtteilsberechtigte den Rest vom Geschenknehmer fordern. Unter mehreren Geschenknehmern haftet in erster Linie der zuletzt Beschenkte;[25] gleichzeitig Beschenkte haften anteilsmäßig (§ 951 Abs. 3 ABGB).

41

Bei **gemischten Schenkungen** (Rechtsgeschäften, die zum Teil Schenkung, zum Teil Kaufvertrag sind) ist der geschenkte Teil anzurechnen.[26] Ob eine gemischte Schenkung vorliegt, hängt vom geäußerten Willen der Parteien (**Schenkungsabsicht**[27]) und – weil insbesondere unter nahen Angehörigen auch eine Verschleierung möglich ist – von der Relation der versprochenen Leistungen zum Übergabewert ab. Bei einem krassen Missverhältnis der beiderseitigen Leistungen, das nach der Judikatur selbst bei einem Entgelt von mehr als 50 % des Übergabewertes vorliegen kann, ist Schenkungsabsicht anzunehmen.[28]

42

Die Bestimmungen über die Schenkungsanrechnung sind analog auch auf die **Einbringung von Vermögen in Stiftungen** anzuwenden.[29] Auch die Zuwendung einer **Lebensversicherung** stellt eine anrechenbare Schenkung dar. Der Anrechnung unterliegt die gesamte Versicherungssumme – und nicht nur die eingezahlten Prämien oder der Rückkaufswert.[30] Eine **Schenkung auf den Todesfall** ist Teil des Nachlasses und deshalb auch dann einzurechnen, wenn der Vertragsabschluss mehr als zwei Jahre vor dem Tod des Geschenkgebers stattfand.[31]

43

Folgende Schenkungen sind **nicht anzurechnen**:
- Schenkungen, die der Erblasser aus bloßen Erträgnissen gemacht hat;
- Schenkungen zu gemeinnützigen Zwecken, in Entsprechung einer sittlichen Pflicht, z.B. bei Leistungen eines Kindes, die weit über die nach familienrechtlichen Vorschriften bestehenden Pflichten hinausgehen,[32] oder aus Rücksichten des Anstandes;
- Schenkungen, die früher als **zwei Jahre vor dem Tod** des Erblassers **an nicht pflichtteilsberechtigte** Personen (z.B. die Lebensgefährtin, der Schwiegersohn, Kinder, die auf ihr Pflichtteilsrecht verzichtet haben) gemacht worden sind. Das bedeutet umgekehrt, dass Schenkungen an pflichtteilsberechtigte Personen unbefristet anzurechnen sind. Die letzte

44

---

25 OGH 21.7.2005, 8 Ob 79/04g.
26 *Delle Karth*, NZ 2007, 106.
27 OGH 24.1.2011, 5 Ob 191/10i; OGH 21.1.2014, 5 Ob 188/13b.
28 OGH 25.6.1998, 6 Ob 359/97f; OGH 19.12.2002, 6 Ob 290/02v; OGH 19.12.2002, 6 Ob 290/02v; OGH 19.12.2002, 6 Ob 290/02v.
29 OGH 23.8.2001, 6 Ob 180/01s.
30 OGH 10.6.1997, 4 Ob 136/97x.
31 OGH 4.6.1997 7 Ob 2373/96p.
32 OGH 24 4.2001, 1 Ob 46/01y.

Befreiungsbestimmung bereitet in der Praxis die größten Probleme. Sie führt immer wieder zu einer groben Ungleichbehandlung mehrerer Pflichtteilsberechtigter.[33]

45 Bei der Berechnung des Schenkungspflichtteils ist der Wert der Zuwendung zum Zeitpunkt des Todes des Erblassers (nicht der Zuwendungszeitpunkt und nicht der Schluss der mündlichen Streitverhandlung) maßgeblich.[34] Wertentwicklungen nach dem Erbanfall sind dagegen unerheblich. Der Schenkungspflichtteil ist ein Ergänzungsanspruch, sodass eine allfällige **Überschuldung des Nachlasses** vom Wert der Schenkung abzuziehen ist.[35]

V. Gewillkürte Erbfolge

1. Testament

a) Begriff

46 Ein Testament ist die jederzeit widerrufbare Erklärung des Erblassers, an wen das zum Zeitpunkt seines Todes vorhandene aktive und passive Nachlassvermögen (Rechte und Pflichten) zur Gänze oder quotenmäßig übergehen soll. Der Erblasser ändert damit die gesetzliche Erbfolge ab oder schließt die gesetzlichen Erben zur Gänze von der Rechtsnachfolge aus. **Widerruflichkeit** und Abänderbarkeit sind für Testamente begriffswesentlich.[36]

47 Erben sind immer mit einer **Quote** (z.B. zur Gänze, zur Hälfte, zu einem Drittel, zu zwei Neuntel) an den Nachlassaktiva und Nachlasspassiva beteiligt. Erfolgt keine Erbteilungsanordnung und kommt unter den Erben kein Erbteilungsübereinkommen zustande, werden die Erben Miteigentümer sämtlicher Nachlasswerte.

48 Die Einsetzung von **Nacherben** ist zulässig (**fideikommissarische Substitution**). Zur Vermeidung weit reichender und langfristiger Vermögensbindungen dürfen allerdings bei Angehörigen zukünftiger Generationen hinsichtlich beweglicher Vermögensgüter nur zwei Personen, hinsichtlich des unbeweglichen Vermögens nur eine Person als Nacherbe eingesetzt werden. Der Vorerbe kann die Erbschaft unbeschränkt nutzen, darf sie aber ohne Zustimmung des Nacherben weder belasten noch veräußern.

49 Unter einem **negativen Testament** versteht man eine letztwillige Erklärung, die keine Erbseinsetzung enthält, sondern einen oder mehrere gesetzliche Erben ganz oder zum Teil von der Erbschaft oder vom Pflichtteil ausschließt.

b) Testamentsformen

50 Das **eigenhändige Testament** ist die einfachste und häufigste Testamentsform. Es kann leicht an geänderte Verhältnisse angepasst werden. Die Gefahr von Formfehlern ist relativ gering. Nachteilig wirkt sich beim eigenhändigen Testament aus, dass es leicht beseitigt werden kann, weil es ohne Zeugen errichtet und meist in der Wohnung des Erblassers aufbewahrt wird. Zu seiner Gültigkeit ist erforderlich, dass es eigenhändig geschrieben und eigenhändig am Ende unterschrieben wird.[37]

---

33 OGH 7.3.1995, 4 Ob 519/95.
34 OGH 12.1.1984, 6 Ob 805/82.
35 OGH 11.7.2002, 6 Ob 117/02b.
36 OGH 11.7.2002, 6 Ob 117/02b.
37 OGH 22.6.1993, 1 Ob 571/93; OGH 5.11.1996, 10 Ob 2335/96x; OGH 16.3.2004, 4 Ob 29/04z; OGH 30.11.2004, 4 Ob 237/04p.

Das **fremdhändige Testament** muss vom Erblasser unterschrieben werden, der Text kann aber mit PC, Schreibmaschine oder von einem Dritten geschrieben werden. Zur Gültigkeit dieser Testamentsform ist erforderlich, dass der Erblasser vor drei fähigen Zeugen, von denen mindestens zwei gleichzeitig anwesend sein müssen, ausdrücklich bestätigt, dass die Urkunde seinen letzten Willen enthält – die drei Zeugen müssen den Inhalt des Testaments aber nicht kennen –, und die drei Zeugen das Testament am Ende (nicht auf dem Umschlag oder Kuvert) mit einem eigenhändigen, auf ihre Zeugeneigenschaft hindeutenden Zusatz unterschreiben. Die Zeugen müssen die Identität des Erblassers bestätigen können; persönliche Bekanntschaft ist hingegen nicht erforderlich. Als Zeugen kommen nicht in Betracht:
– Personen, die das 18. Lebensjahr nicht vollendet haben;
– Blinde, Taube, Stumme, Sinnlose;
– Personen, die die Sprache, in der das Testament verfasst bzw. erklärt wurde, nicht verstehen;
– die sog. befangenen Zeugen; das sind der durch die letztwillige Anordnung Begünstigte (Erbe, Vermächtnisnehmer), dessen Ehegatte,[38] dessen Eltern und Schwiegereltern, dessen (Wahl-)Kinder und Schwiegerkinder, dessen Geschwister und die Geschwister seines Ehegatten sowie die im Haushalt des Begünstigten lebenden Dienstnehmer (nicht Angestellte des Unternehmens). Befangen sind auch die Organe einer begünstigten juristischen Person oder Personengesellschaft.

51

Ein **mündliches Testament** ist seit 1.1.2005 nur mehr in **Notsituationen** (Gefahr des Todes oder der Testierunfähigkeit) unter gleichzeitiger Anwesenheit von zwei fähigen Testamentszeugen zulässig und verliert drei Monate nach Wegfall der Notsituation seine Gültigkeit (§ 597 ABGB).

52

Beim **gemeinschaftlichen Testament**, welches nur zwischen Ehepartner gültig ist, setzen diese einander oder eine dritte Person als Erben ein. Beim eigenhändig geschriebenen Testament bietet diese Sonderform im Vergleich zu zwei getrennten, inhaltlich gleich lautenden Verfügungen keinen Vorteil, weil jeder Ehepartner die gesamte letztwillige Erklärung nicht nur eigenhändig unterschreiben, sondern auch eigenhändig schreiben muss. Die Unterschrift beider Ehepartner unter dem von einem der Ehepartner geschriebenen Text reicht nicht! Beide Ehepartner müssen das gleiche Testament eigenhändig verfassen. Wenn nur ein Ehepartner das Testament schreibt und beide unterschreiben, ist nur die letztwillige Anordnung des Schreibers wirksam. Das gemeinschaftliche Testament ist kein Vertrag; jeder Ehepartner kann über sein eigenes Vermögen unter Lebenden frei verfügen, und es kann jeder Ehepartner die von ihm getroffene Verfügung jederzeit widerrufen, ohne dies dem anderen Ehepartner mitteilen zu müssen. Dadurch wird die Verfügung des anderen Ehepartners nicht unwirksam.

53

Nur beim sog. **wechselbezüglichen** gemeinschaftlichen **Testament** unter Ehepartnern soll der Widerruf des Testaments durch einen Ehepartner zur Unwirksamkeit seiner Erbeinsetzung durch den anderen führen. Anders als im deutschen Recht bestimmt allerdings § 1248 S. 2 ABGB, dass auch bei gegenseitigen Verfügungen der Eheleute eine Wechselbezüglichkeit nicht vorliegt. In der Praxis besteht dabei aber die Gefahr, dass der überlebende Ehepartner seinen Widerruf verschweigt und dadurch das eigentlich unwirksame Testament aufrechterhalten kann.

54

Gerichtliche und **notarielle Testamente** werden im Gegensatz zu den bisher behandelten privaten Testamentsformen als öffentliche Testamente bezeichnet. Von diesen Testaments-

55

---

38 Der Lebensgefährte des Bedachten ist ein tauglicher Testamentszeuge, OGH 28.4.2003, 7 Ob 64/03t; OGH 28.4.2003, 7 Ob 64/03t.

formen wird in der Praxis wenig Gebrauch gemacht. Manche Personengruppen sind auf diese Testamentsformen aber angewiesen. So können Jugendliche, die zwar das 14., aber noch nicht das 18. Lebensjahr vollendet haben, sowie behinderte, unter Sachwalterschaft stehende Personen, sofern dies im Einzelfall gerichtlich (im Sachwalter-Bestellungsbeschluss) angeordnet ist, nur mündlich vor einem Notar oder Gericht testieren. Richter und Notar müssen sich vor der Testamentserrichtung durch geeignete Fragen vom Testierwillen und der Einsichtsfähigkeit dieser Personen überzeugen und haben das Ergebnis dieser Prüfung im Protokoll festzuhalten (§ 569 ABGB). Die Aufnahme des Ergebnisses dieser Prüfung in das Protokoll des Notars oder des Richters ist Gültigkeitserfordernis.[39]

c) Testamentsauslegung

56 Die Auslegung einer letztwilligen Verfügung hat sich an ihrem **Wortlaut** zu orientieren und muss den wahren Willen des Erblassers erforschen. Zur Ermittlung des Willens können auch schriftliche oder mündliche Äußerungen des Erblassers sowie das sonstige Verhalten des Erblassers herangezogen werden.[40] Ein Testament ist generell so auszulegen, dass es wirksam und aufrecht bleibt. Sind einzelne Anordnungen eines Testaments ungültig, bleibt zumindest der Rest wirksam. Das Gesetz sieht zahlreiche **Auslegungsregeln** vor (§§ 555 f., 559 f., 562, 614, 681 f. ABGB). Der Nachweis eines von diesen Auslegungsregeln abweichenden Erblasserwillens ist möglich.

d) Aufbewahrungsort

57 Das eigenhändige Testament kann bei den Personaldokumenten aufbewahrt werden, es kann aber auch gegen eine geringe Gebühr bei einem Notar oder Rechtsanwalt hinterlegt werden. Zu empfehlen ist in jedem Fall die Registrierung des Testaments im **Testamentsregister** der Österreichischen Notariatskammer oder der österreichischen Rechtsanwälte. Die Registrierung übernimmt der Notar oder Rechtsanwalt, bei dem das Testament hinterlegt ist. In den Testamentsregistern werden die persönlichen Daten des Testamentserrichters, das Datum der Testamentserrichtung und der Ort der Hinterlegung registriert. Im Sterbefall fragt der Gerichtskommissär bei diesen Stellen an und bekommt dort die Auskunft, ob und wo ein Testament hinterlegt ist.

e) Kosten eines Testaments

58 Die Kosten der Errichtung eines einfachen Testaments durch einen Rechtsanwalt oder Notar betragen einschließlich Beratung, Verwahrung und Registrierung bei einem Testamentsregister zwischen **140 EUR** bis **210 EUR** zuzüglich Barauslagen und Umsatzsteuer. Eine laufende Gebühr für die Dauer der Hinterlegung wird nicht berechnet. Bei komplizierten Testamenten, die eine oder mehrere Besprechungen notwendig machen, sind die Kosten entsprechend höher.

2. Vermächtnis

59 Im Gegensatz zur Erbeinsetzung werden beim **Vermächtnis (Legat)** bestimmte Nachlasswerte (konkret bestimmte Sachen, einzelne Gattungen von Sachen, ein Geldbetrag oder ein bestimmtes Recht) übertragen. Im Gegensatz zum Erben ist der Vermächtnisnehmer nicht Gesamt-, sondern Einzelrechtsnachfolger. Sein Recht leitet sich vom Erben ab.

---

39 OGH 28.8.1991 9 Ob 710/91;OGH 28.8.1991, 9 Ob 710/91; OGH 28.4.1998, 1 Ob 373/97b.
40 OGH 21.11.1979, 3 Ob 123/79; OGH 14.11.1985 6 Ob 699/85.

Ein **Kodizill** ist eine letztwillige Anordnung, die nur Vermächtnisse enthält. Da sich Erblasser gelegentlich im Ausdruck vergreifen, wird nach der herrschenden Rechtsprechung ein „Vermächtnis", das im Wesentlichen den gesamten Nachlass umfasst, ebenso als Erbeinsetzung angesehen wie die Auflistung und Zuweisung sämtlicher Bestandteile des Nachlassvermögens an verschiedene Personen.[41] Es ist die tatsächliche Absicht des Erblassers zu ermitteln und nicht der von ihm gebrauchte Ausdruck (§ 655 ABGB).

Für Testierfähigkeit, Formgültigkeit, Auslegung, sonstige Klauseln, Aufbewahrung, Kosten, Widerruf, Abänderung von Vermächtnissen gelten dieselben Regeln wie für Testamente. Vermächtnisse gelten überdies als widerrufen, wenn der Erblasser zu Lebzeiten über die Sache verfügt hat und sich diese nicht mehr im Nachlassvermögen findet.

3. Privatstiftung von Todes wegen

Privatstiftungen können zu Lebzeiten des Stifters oder mit seinem Ableben gegründet werden. In beiden Fällen bedarf die Stiftungserklärung der **Notariatsaktform** (§ 39 Abs. 1 PSG). Wird die Stiftung durch letztwillige Stiftungserklärung errichtet, so ist zusätzlich die für letztwillige Anordnungen vorgesehene Form (meist durch Beiziehung der erforderlichen Testamentszeugen) einzuhalten. Begnügt sich der Stifter mit der Testamentsform, so ist sein letzter Wille als Auftrag an die Erben zu deuten, eine Stiftung in Notariatsaktform zu errichten.

Bis zu seinem Ableben kann der Stifter daher **frei** über sein Vermögen **verfügen** und die letztwillige Stiftungserklärung abändern oder widerrufen. Der Stifter kann die Stiftung als Erbe oder als Vermächtnisnehmer einsetzen. Die Art der Rechtsnachfolge (Erbeinsetzung oder Vermächtnis) sollte aufgrund der unterschiedlichen Haftungsfolgen deutlich aus der Stiftungserklärung hervorgehen.

4. Pflichtteilsminderung

Mittels letztwilliger Verfügung[42] kann der Erblasser anordnen, dass sich der Pflichtteil eines Elternteils oder seiner Vorfahren sowie der Pflichtteil des Kindes und seiner Nachkommen (maximal) **um die Hälfte** mindert, wenn zwischen Elternteil und Kind zu keiner Zeit ein Naheverhältnis bestand,[43] wie es in der Familie zwischen Eltern und Kindern gewöhnlich besteht (§ 773a ABGB). Bei der Beurteilung der Nahebeziehung kommt es auf das konkrete Verhältnis zwischen Erblasser und Pflichtteilsberechtigten an.

Kindern gebührt demnach bei Pflichtteilsminderung durch den Erblasser zumindest ein Viertel, Eltern ein Sechstel ihres gesetzlichen Erbteils. Eine solche Pflichtteilsminderung erhöht den Pflichtteil der übrigen Pflichtteilsberechtigten nicht (§ 767 Abs. 2 ABGB), sie vergrößert die Testierfreiheit des Erblassers und begünstigt damit den Erben. Nachkommen eines vorverstorbenen Pflichtteilsberechtigten, dessen Pflichtteil gemindert worden ist, können nur den geminderten Pflichtteil fordern (§ 779 Abs. 2 ABGB). Eheliche und uneheliche Kinder sind vollkommen gleichgestellt, eine Pflichtteilsminderung ist auch in ehelichen Verhältnissen möglich, wird aber in außerehelichen Verhältnissen häufiger in Betracht kommen. Die Voraussetzungen für die Pflichtteilsminderung sind vom Erben (bzw. vom Geschenknehmer bei der Schenkungsanrechnung) zu beweisen.

---

41 OGH 11.5.1994, 7 Ob 554/94.
42 OGH 11.3.1996, 1 Ob 510/96; OGH 10.6.1997, 4 Ob 136/97x.
43 OGH 25.10.1996, 1 Ob 2247/96i.

Haunschmidt

65 Das Minderungsrecht steht nicht zu, wenn der Erblasser **Besuchskontakte** mit dem Pflichtteilsberechtigten **grundlos abgelehnt** hat.[44]

5. Enterbung

66 Unter Enterbung versteht man die gänzliche oder teilweise **Entziehung des gesetzlichen Erb- und Pflichtteils** durch letztwillige Verfügung. Bedeutung erlangt die Enterbung vor allem bei den Pflichtteilsberechtigten. Für den wirksamen Entzug des Pflichtteils muss ein **Enterbungsgrund**[45] vorliegen. Die §§ 768 bis 770, 773 ABGB enthalten eine taxative Aufzählung der Enterbungsgründe.

67 Dem rechtmäßig Enterbten bleibt jedenfalls der Anspruch auf den **notwendigen Unterhalt**, soweit ihm dieser fehlt (§ 795 ABGB). Dieser Anspruch kann niemals entzogen werden.

68 Eine Enterbung wird nur durch letztwillig verfügten **Widerruf** beseitigt. Dieser kann ausdrücklich oder stillschweigend (z.B. durch Erbeinsetzung in einem nachträglichen Testament, Vernichtung der Enterbungserklärung) erfolgen. Die Verzeihung durch den Erblasser oder der spätere Wegfall eines Enterbungsgrundes allein genügt nicht.[46]

VI. Vertragliche Erbfolge

1. Allgemeines

69 Neben einseitigen, jederzeit widerruflichen Anordnungen besteht die Möglichkeit, mit den designierten Erben verbindliche Absprachen über die Vermögensnachfolge von Todes wegen zu vereinbaren. Einseitige letztwillige Verfügungen dürfen vertraglichen Vereinbarungen nicht widersprechen.

2. Erbvertrag

70 Ein Erbvertrag kann **nur zwischen Ehepartnern** (eingetragenen Partnern) oder Brautleuten – unter der Bedingung der nachfolgenden Eheschließung – abgeschlossen werden. Selbstverständlich können die Vertragspartner unter Lebenden über ihr Vermögen frei verfügen. Der Erbvertragserbe erhält nur das, was im Todeszeitpunkt vorhanden ist. Allerdings kann hinsichtlich des Liegenschaftsvermögens zwischen den Ehepartnern zu Lebzeiten bereits ein dinglich wirkendes Belastungs- und Veräußerungsverbot vereinbart werden (§ 364c ABGB). In der Regel setzen sich die Ehepartner im Erbvertrag wechselseitig zu Erben ein. Zulässig wäre aber auch ein Erbvertrag, in dem nur einer der Ehepartner den anderen zum Erben einsetzt. Daneben ist die Erbeinsetzung dritter Personen, bspw. für den Fall des gemeinsamen Ablebens oder des Ablebens des Zuletztversterbenden der Ehepartner, möglich und üblich. Solchen Anordnungen zugunsten Dritter fehlt jedoch der zweiseitig verbindliche Charakter, sie sind von jedem Ehepartner einseitig widerruflich.

71 Ein Erbvertrag ist nur in der Form eines **Notariatsaktes** gültig. Zusätzlich muss die Form letztwilliger Verfügungen eingehalten werden.

72 Erbvertraglich kann **nur über drei Viertel** des Nachlassvermögens verfügt werden. Ein Viertel des Nachlassvermögens muss dem Erblasser jedenfalls zur freien Verfügung bleiben.

---

44 Dazu eingehend *Spitzer*, NZ 2003, 353; OGH 27.9.2005, 1 Ob 155/04g.
45 Vgl. OGH 8.3.1995, 7 Ob 505/95.
46 OGH 29.4.1997, 1 Ob 95/97w.

Infolge der beabsichtigten engen Bindung wird i.d.R. auch dieses Viertel mittels gemeinsamer testamentarischer Verfügung dem Erbvertragspartner überlassen, doch kann diese testamentarische Erbeinsetzung im Gegensatz zur vertraglichen jederzeit einseitig widerrufen werden.

Ein Erbvertrag kann grundsätzlich nur im beiderseitigen Einvernehmen aufgehoben werden. Der Erbvertrag erlischt i.d.R. mit der Scheidung, Aufhebung oder Nichtigerklärung der Ehe. Trifft einen Ehepartner kein oder nur geringes Verschulden an der Auflösung der Ehe, kann er sich trotz Auflösung der Ehe bei Ableben des (überwiegend) schuldigen Teils auf den Erbvertrag berufen. Der Erbvertrag wird bei kinderlosen Ehepartnern auch durch **nachträgliche Geburt** eines Nachkommen oder Adoption aufgehoben, wenn im Erbvertrag diesbezüglich keine Vorsorge getroffen wird.

3. Schenkungsvertrag auf den Todesfall

Mit Schenkungsvertrag auf den Todesfall verpflichtet sich der Erblasser zu Lebzeiten, im Falle seines Ablebens dem Begünstigten eine bestimmte Sache zuzuwenden. Der Geschenkgeber darf daher die Sache bei Lebzeiten nicht veräußern, weil er sonst dem Begünstigten schadenersatzpflichtig wird. Bei Liegenschaften kann das Verfügungsverbot durch ein vertraglich vereinbartes, dinglich wirkendes Belastungs- und Veräußerungsverbot abgesichert werden, sofern nahe Angehörige Vertragspartner sind (§ 364c ABGB). Ein Ehe- oder Verwandtschaftsverhältnis zwischen den Vertragspartnern ist aber keine Voraussetzung für die Gültigkeit des Vertrages. Der Schenkungsvertrag auf den Todesfall ist **notariatsaktspflichtig**.

Der Geschenkgeber kann sein gesamtes gegenwärtiges und **maximal** die **Hälfte seines künftigen Vermögens** verschenken (§ 944 ABGB).

Die Schenkung auf den Todesfall ist ein **zweiseitiges Rechtsgeschäft**. Ein einseitiger Widerruf ist – im Gegensatz zum Vermächtnis – nicht möglich, der Erblasser muss in der Vertragsurkunde auf sein Widerrufsrecht sogar ausdrücklich verzichten.[47]

4. Vereinbarungen bei gemeinsamer Eigentumswohnung

Die Wohnungseigentümerpartner können **zu Lebzeiten schriftlich** vor einem Notar oder unter anwaltlicher Mitwirkung vereinbaren, dass anstelle des gesetzlichen Eigentumsübergangs der Anteil des Verstorbenen an der Eigentumswohnung einer anderen natürlichen Person zukommen soll. In diesem Fall findet kein automatischer (gesetzlicher) Eigentumsübergang auf den Dritten statt, dieser hat vielmehr seinen Übereignungsanspruch gegenüber dem Nachlass geltend zu machen. Die Rechte der Pflichtteilsberechtigten und Nachlassgläubiger können durch solche Vereinbarungen nicht beschränkt werden.

5. Erb- und Pflichtteilsverzichtsvertrag

Beim Erb- und Pflichtteilsverzicht handelt es sich um einen Vertrag, mit dem ein Erbanwärter oder Pflichtteilsberechtigter gegenüber dem Erblasser zu dessen Lebzeiten – im Voraus – auf seinen künftigen Erb- oder Pflichtteilsanspruch verzichtet. Ein solcher Verzicht erfolgt meist **gegen Abfindung**. Der Erbverzicht hat in der Praxis große Bedeutung, weil durch ihn zu Lebzeiten des Erblassers – also im Vorhinein – verbindlich die Erbfolge geregelt werden kann. Der Verzicht wirkt auch auf die Nachkommen des Verzichtenden, wenn sich

---

47 OGH 3.8.2006, 8 Ob 107/05a.

aus dem Vertrag nichts anderes ergibt (§ 551 ABGB). Selbst wenn minderjährige oder pflegebefohlene Nachkommen des Verzichtenden durch einen solchen Vertrag benachteiligt sein könnten, ist hierfür keine pflegschaftsbehördliche Genehmigung erforderlich. Der Verzichtende ist nämlich nicht verpflichtet, den Nachlass für seine Nachkommen zu erhalten.[48]

79 Erb- und Pflichtteilsverzichtsverträge dürfen nur zwischen dem Erblasser und potentiell Erbberechtigten abgeschlossen werden. Verträge unter Erbanwärtern zu Lebzeiten des Erblassers über das mögliche künftige Erbrecht sind gem. § 879 Abs. 2 Ziff. 3 ABGB unwirksam. Erb- und Pflichtteilsverzichtsverträge bedürfen der Form des **Notariatsakts**.

80 Der Erbverzichtsvertrag **erhöht** im Gegensatz zum Pflichtteilsverzichtsvertrag den **Pflichtteilsanspruch** der übrigen Pflichtteilsberechtigten, weil bei Berechnung der Pflichtteilsansprüche der auf seinen Erbteil Verzichtende als nicht vorhanden betrachtet wird. Nur bei Abschluss eines Pflichtteilsverzichtsvertrages wird daher die Testierfreiheit des Erblassers vergrößert. Der Pflichtteilsverzicht ist daher i.d.R. dem Erbverzicht vorzuziehen, weil der Ausschluss vom gesetzlichen Erbrecht auch durch entsprechende Testamentsgestaltung erreicht werden kann.

VII. Wege der Nachlassregelung außerhalb des Erbrechts

1. Allgemeines

81 Die Erbfolge kann durch Rechtsgeschäfte unter Lebenden **vorweggenommen** werden. Die vorsorgende Vermögensübertragung wird oft gewählt, um das Vermögen im Familienbesitz zu erhalten, Erbstreitigkeiten zu vermeiden, Steuern und Gebühren zu vermeiden sowie Pflichtteilsansprüchen „auszuweichen".

2. Schenkungs- und Übergabevertrag

82 Liegenschaften und Unternehmen werden oft zu Lebzeiten übertragen. Es lassen sich natürlich auch alle anderen Vermögenswerte, wie z.B. Fahrzeuge, Sparbücher oder Bargeld, verschenken oder übergeben. Zur Vermeidung einer hohen Steuerbelastung oder unerwünschter Schenkungspflichtteilsansprüche Dritter empfiehlt es sich, im Vertrag **Gegenleistungen** für den Erwerb, wie z.B. Fruchtgenussrechte, Wohnungsrechte oder Renten, zu vereinbaren.

3. Rechtsnachfolgeklauseln in Gesellschaftsverträgen

83 Vertragliche Nachfolgeregeln finden sich häufig in Gesellschaftsverträgen. Bei **Personengesellschaften** (OG, KG) kann durch gesellschaftsvertragliche Bestimmung erreicht werden, dass der Anteil des Verstorbenen nicht in den Nachlass fällt, sondern ohne Zwischenschaltung des Nachlasses den übrigen Gesellschaftern, einem zum Eintritt berechtigten Dritten oder auch einem im Gesellschaftsvertrag bestimmten Nachfolger unmittelbar anwächst. Den Erben steht lediglich ein Abfindungsanspruch zu. Selbst dieser kann vertraglich eingeschränkt (Buchwertklausel) oder gänzlich ausgeschlossen werden. Wenn eine solche Nachfolgeklausel ohne Abfindung für alle Gesellschafter wechselseitig gilt und sie auch tatsächlich für alle relevant ist, liegt keine Schenkung, sondern ein gesellschaftsrechtlicher „Glücksvertrag" vor, für den weder die Formvorschriften für letztwillige Verfügungen oder

---

48 OGH 30.1.1990, 5 Ob 512/90.

Schenkungsverträge noch die Bestimmungen über Pflichtteilserhöhung und Schenkungsanrechnung gelten.[49]

Aus der Vererblichkeit von **GmbH-Anteilen** wird geschlossen, dass diese zwingend in den Nachlass fallen. Der Anteil kann durch Gesellschaftsvertrag nicht als unvererblich erklärt werden. Eine Fortsetzungsklausel („Zum Todestag geht der Anteil auf die überlebenden Gesellschafter über") ist unzulässig. Die Einräumung von Aufgriffsrechten im Todesfall ist möglich – und zwar auch zu Buchwerten oder unentgeltlich – und bei Familiengesellschaften üblich. Bei Gesellschaften mit personalistischer Struktur finden sich häufig wechselseitige Aufgriffsrechte mit Ausnahme bei Übertragung an leibliche Nachkommen des Gesellschafters. Eine Zersplitterung der Anteile im Todesfall wird durch die vertraglich festgelegte Verpflichtung verhindert, dass Vermächtnisnehmer und Miterben ihre Anteile innerhalb einer bestimmten Frist an den letztwillig bestimmten Nachfolger bzw. bei dessen Fehlen an die Mitgesellschafter zu übertragen haben. 84

Satzungen von **Aktiengesellschaften** können keinen Einfluss auf die Rechtsnachfolge von Todes wegen nehmen. 85

4. Anordnung einer Stiftung

Bis 1993 konnten Stiftungen in Österreich **nur zu gemeinnützigen** oder **mildtätigen Zwecken** errichtet werden. Durch das Privatstiftungsgesetz (PSG) wurde der Anwendungsbereich für Stiftungen in Österreich wesentlich erweitert. Die Privatstiftung kann auch **eigennützigen Zwecken** (zugunsten des Stifters und seiner Familie) dienen. Sie unterliegt keiner staatlichen Kontrolle; es bestehen keine Einschränkungen bei der Veranlagung. 86

Motive für die Gründung einer Privatstiftung sind steuerliche Überlegungen, die Sicherung und die Erhaltung von Vermögenswerten, die Vermeidung von aus dem Erbrecht resultierenden „Vermögenszerteilungen", das Streben nach Kontinuität in der Unternehmensleitung, die Wahrung der Interessen des Unternehmens und seiner Arbeitnehmer, die Versorgung von Familienangehörigen, die Vermeidung unerwünschter Rechtsnachfolge. 87

Grundlage der Privatstiftung ist eine einseitige Willenserklärung des Stifters, die sog. **Stiftungserklärung**. Sie bedarf der **Notariatsaktform** (§ 39 Abs. 1 PSG). 88

5. Bezugsberechtigung in der Lebensversicherung

Nach § 166 VersVG hat der Versicherungsnehmer die Möglichkeit, ohne Zustimmung des Versicherers einen Dritten als Bezugsberechtigten zu bezeichnen. Die Lebensversicherungssumme wird vom Versicherer dem Bezugsberechtigten **direkt ausbezahlt**; die Versicherungssumme fällt nicht in den Nachlass und ist weder in die Vermögenserklärung noch in das Inventar aufzunehmen.[50] Die Versicherungssumme ist grundsätzlich bei der Ermittlung der Pflichtteilsansprüche zu berücksichtigen. Da die Versicherungssumme nicht in den Nachlass fällt, wird dem Pflichtteilsberechtigten die Existenz einer Lebensversicherung aber oft verborgen bleiben. 89

---

49 OGH 3.6.1950, 2 Ob 547/49; OGH 10.9.1992, 8 Ob 644/91.
50 OGH 2.10.1986, 7 Ob 647, 648/86.

6. Gemeinsames Verfügungsrecht über Sparvermögen

90 Nach österreichischem Recht besteht die Möglichkeit, dass mehrere Personen gemeinsam Inhaber eines Safes, Sparbuches oder Wertpapierdepots werden. Jeder Inhaber ist einzeln zugriffsberechtigt. Mit Einführung der Kapitalertragssteuer ist die Verpflichtung der Banken, Sparvermögenswerte ihrer Kunden bei deren Ableben dem Finanzamt zu melden, weggefallen. Seither werden solche gemeinsamen Bankvermögenswerte immer beliebter.

VIII. Testamentsvollstreckung

91 Der Erblasser kann in seiner letztwilligen Anordnung einen **Testamentsvollstrecker** einsetzen.[51] Da in Österreich der Erbschaftserwerb ohnehin unter Aufsicht des Verlassenschaftsgerichts erfolgt, ist die Bestellung eines Testamentsvollstreckers **meist überflüssig**. Nur dort, wo die Erfüllung des letzten Willens vom Gericht nicht überwacht wird, z.B. bei Anordnung von Auflagen, an deren Erfüllung kein öffentliches Interesse besteht, kommt dem Amt des Testamentsvollstreckers Bedeutung zu. Nach den gesetzlichen Bestimmungen kommt dem Testamentsvollstrecker bloß **überwachende Funktion** zu (§ 816 ABGB, § 174 AußStrG). Er hat insbesondere die Erfüllung des letzten Willens zu überwachen.

92 Mittels letztwilliger Anordnung können die recht spärlichen gesetzlichen Aufgaben des Testamentsvollstreckers erweitert und ihm insbesondere **Verwaltungsaufgaben** überlassen werden.[52] Dem Testamentsvollstrecker können einzelne Aufgaben der Nachlassverwaltung übertragen werden. Der Testamentsvollstrecker kann letztwillig aber auch als **Nachlasskurator** mit der Vertretung und Verwaltung des Nachlasses – allenfalls auch über den Zeitpunkt der Einantwortung des Nachlasses hinaus – beauftragt werden. Die Verwaltungs- und Vertretungsrechte des erbantrittserklärten und ausgewiesenen Erben gehen jedoch den Befugnissen eines solchen Testamentsvollstreckers vor. Weder das Verlassenschaftsgericht noch die Erben sind daran gebunden, dass der Erblasser einen „Nachlassvertreter" bestellt hat. Ein vom Erblasser bestellter Machthaber ist nur dessen Vertreter und nicht jener der Erben. Der Erbe kann daher die erteilte Vollmacht jederzeit widerrufen. Der Erblasser hat nur die Möglichkeit, durch entsprechende letztwillige Anordnungen, wie auflösende Bedingungen oder Auflagen, die bei Abberufung des Machthabers zum Verlust der Nachlasszuwendung führen, einen Widerruf der Bevollmächtigung zu verhindern. Der Pflichtteilsanspruch kann durch derartige Verfügungen aber nicht beschränkt oder entzogen werden.

IX. Nachlassabwicklung

93 Erbe und Vermächtnisnehmer werden in Österreich nicht automatisch Rechtsnachfolger des Erblassers. Sie dürfen das Nachlassvermögen erst nach Durchführung des gerichtlichen **Verlassenschaftsverfahrens** in Besitz nehmen (§ 797 ABGB).

X. Probleme bei der Vererbung bestimmter Rechte von und an Ausländer

94 Nach Art. 10 Abs. 1 Ziff. 6 i.V.m. Art. 15 Bundes-Verfassungsgesetz (B-VG) haben die einzelnen Bundesländer die Kompetenz zur Regelung des Inländer- und **Ausländergrundverkehrs** einschließlich des Rechtserwerbes von Todes wegen durch Personen, die nicht zum Kreis der gesetzlichen Erben gehören. Alle Bundesländer haben von dieser Regelungskom-

---

51 Ausführlich auch *Haas*, in: Bengel/Reimann, Testamentsvollstreckung, IX Rn 243 ff.
52 OGH 14.3.2013, 1 Ob 3/13t.

petenz Gebrauch gemacht und Grundverkehrsgesetze erlassen. Die Bestimmungen sind daher bei allen Vermögensübertragungen zu Lebzeiten und von Todes wegen an Begünstigte, die nicht zum Kreis der gesetzlichen Erben gehören, zu beachten. EU-Bürger sind zwar grundsätzlich österreichischen Staatsbürgern gleichgestellt, allerdings stehen bestimmte Genehmigungskriterien wie z.B. der Ortsansässigkeit (Beschränkung von Zweitwohnsitzen) oder der Selbstbewirtschaftung regelmäßig im Spannungsfeld mit unionsrechtlichen Vorgaben.[53]

Weitere Spezialnormen, die bei der Vererbung von und an Ausländer zu beachten sind, finden sich im **Wohnungseigentumsrecht** (siehe Rn 22 ff.) und **Anerbenrecht** (siehe Rn 26). 95

C. Erbverfahrensrecht

I. Notwendigkeit eines Nachlassverfahrens in Österreich

1. Allgemeines

Die internationale Zuständigkeit österreichischer Gerichte in Verlassenschaftsangelegenheiten wurde mit 17.8.2015 durch die EU-ErbVO neu geregelt. Zuständig für die gesamte Nachlassabwicklung ist grundsätzlich das Gericht am **Aufenthaltsort** des Erblassers. 96

2. Sicherungsmaßnahmen

Für Sicherungsmaßnahmen bleibt die internationale Zuständigkeit jedes Mitgliedstaates zur Erlassung einstweiliger Maßnahmen aufrecht (Art. 19 EU-ErbVO). 97

3. Ausfolgungs- und Umsetzungsverfahren

Liegt keine Voraussetzung für die Durchführung eines Verlassenschaftsverfahrens im Inland vor, ist der **inländische bewegliche Nachlass** (z.B. Sparvermögen, Kontoguthaben, Wertpapiere und Safeinhalte) aufgrund einer Bestätigung des Wohnsitzstaates des Erblassers über Antrag den jeweiligen Berechtigten mittels Ausfolgungsverfahrens zu überlassen (§ 150 AußStrG).[54] Ein Erbschein kann als eine solche Bestätigung angesehen werden.[55] Ebenso ein Europäisches Nachlasszeugnis. 98

Beim **unbeweglichen Vermögen** stellt sich die Frage, ob ein Europäisches Nachlasszeugnis den österreichischen Einantwortungsbeschluss ersetzen kann, sodass aufgrund dieser Urkunde auch Eintragungen im österreichischen Grundbuch (insb. Eigentümerwechsel) erfolgen können. Während dem Einantwortungsbeschluss rechtsgestaltende Wirkung zukommt, handelt es sich beim Europäischen Nachlasszeugnis um keinen vollstreckbaren Titel, sondern lediglich um einen Ausweis über die nach dem anwendbaren Recht (Erbstatut) bestehende Rechtslage. Da der Zweck des Nachlasszeugnisses darin besteht, gerichtliche Entscheidungen und öffentlichen Urkunden Wirkung in anderen Mitgliedstaaten zu verleihen, sollte es möglich sein, auch ohne Verlassenschaftsverfahren in Österreich Eintragungen im 99

---

53 EuGH, Rs C-302/97 Slg. 1999 I-3099 (Konle); VfGH 28.6.2001, B 2067/98; 5.3.1992, G 255/91; OGH 21.12.2006, 3 Ob 258/06x; *Lienbacher*, WoBl 1998, 321; *Eilmansberger*, ecolex 1993, 5.
54 OGH 23.11.2000, 2 Ob 15/00w.
55 *Gumpoltsberger*, ecolex 2006, 197.

Grundbuch zu bewirken. Art. 69 Abs. 5 EU-ErbVO bezeichnet deshalb das Europäische Nachlasszeugnis als „wirksames Schriftstück" für die Eintragung des Nachlassvermögens in ein Register eines Mitgliedstaates. Die Mitgliedstaaten haben daher das Europäische Nachlasszeugnis als **Nachweis der Erbenstellung** zu akzeptieren.[56]

Nach österreichischem Recht müssen im Einantwortungsbeschluss jene Grundbuchskörper angeführt werden, bei den die Grundbuchsordnung nach den Ergebnissen des Verlassenschaftsverfahrens herzustellen ist und es ist – zur Beurteilung der grundverkehrsrechtlichen Bestimmungen – anzugeben, ob die Rechtsnachfolger zum Kreis der gesetzlichen Erben gehören. Diese Informationen müssen daher auch im Europäischen Nachlasszeugnis enthalten sein, um ein inländisches Umsetzungsverfahren zu vermeiden.

II. Abwicklung eines Nachlassverfahrens in Österreich

1. Allgemeines

100 **Zuständig** für das Verlassenschaftsverfahren ist das **Bezirksgericht** am letzten Wohnsitz oder gewöhnlichen Aufenthaltsort des Erblassers bzw. am Ort des Vermögens des Erblassers (§ 105 JN). Das Verlassenschaftsverfahren ist ein mündliches Verfahren vor dem Notar, der laut Geschäftsverteilung des Gerichtes für die Verlassenschaftsabhandlung zuständig ist. Dieser Notar wird als **Gerichtskommissär** bezeichnet.[57] In Gerichtsbezirken mit nur einem Notar ist dieser für Verlassenschaftsabhandlung zuständig. Bei mehreren Notaren im Gerichtssprengel erfolgt die Zuteilung nach einer vom Gericht festgelegten Geschäftsverteilung, die sich nach den Anfangsbuchstaben, nach dem Todestag oder dem letzten Wohnsitz des Verstorbenen richtet. Die für den Verfahrensablauf notwendigen Erklärungen, Anträge und Nachweise werden vor dem Gerichtskommissär (bei Tagsatzungen in seiner Kanzlei) zu Protokoll gegeben.

101 Im Verlassenschaftsverfahren können die Parteien die für den Fortgang des Verfahrens erforderlichen Erklärungen, Anträge und Nachweise auch schriftlich verfassen und unmittelbar dem Verlassenschaftsgericht vorlegen (§ 144 AußStrG, § 3 Abs. 1 Gerichtskommissärgesetz – GKG). Hierfür können sich die Parteien eines (auch ausländischen) Bevollmächtigten (Rechtsanwalt, Notar) bedienen.[58] Dieser Vertreter wird **Erbenmachthaber** genannt. Übersteigt der Wert der Nachlassaktiven voraussichtlich einen Betrag von 5.000 EUR, kann nur ein öffentlicher Notar oder Rechtsanwalt als Bevollmächtigter einschreiten (relativer Anwalts- und Notarszwang). Stellt sich während des Verlassenschaftsverfahrens heraus, dass das aktive Nachlassvermögen mehr als 5.000 EUR beträgt, hat das Verlassenschaftsgericht dies den Parteien und ihre Vertretern mitzuteilen. Mit Zustellung dieser Mitteilung erlischt die Vertretungsbefugnis des bisher Bevollmächtigten (§ 3 GKG). Die Parteien müssen in diesem Fall entweder weitere Schriftsätze ohne Einschaltung des bisherigen Vertreters persönlich im eigenen Namen oder unter Beiziehung eines Notars oder Rechtsanwaltes überreichen. Selbstverständlich kann jederzeit auch zum mündlichen Verfahren zurückgekehrt werden. Der Gerichtskommissär hat im schriftlichen Verlassenschaftsverfahren ledig-

---

[56] *Faber/Grünberger*, NZ 2011, 113; *Rudolf*, NZ 2013, 241.
[57] Der Gerichtskommissär ist Organ der Republik, sodass diese nach den Bestimmungen des Amtshaftungsgesetzes für allfälliges Fehlverhalten des Gerichtskommissärs haftet – OGH 18.3.1997, 1 Ob 2309/96g; OGH 26.2.2002, 1 Ob 310/01x.
[58] OGH 16.9.1976 7 Ob 665/76; LGZ Graz 17.7.1995, 3 R 188/95; OGH 20.10.1999, 7 Ob 115/99h; OGH 29.9.1999, 6 Ob 161/99s.

lich die Todesfallaufnahme zu errichten und die damit in Zusammenhang stehenden unaufschiebbaren Maßnahmen zu setzen sowie gegebenenfalls ein Inventar zu errichten.

Das **Verlassenschaftsgericht** selbst (und weder der Gerichtskommissär noch ein Erbenmachthaber) ist zuständig für (§ 1 Abs. 2 GKG):
– die Registrierung und Verwaltung der Verlassenschaftsakten;
– Beschlüsse (Entscheidungen) über die Erklärungen, Anträge und Nachweise der Parteien;
– das Verfahren bei Erbrechtsstreitigkeiten;
– die Einberufung der Verlassenschaftsgläubiger und unbekannter Erben;
– Rechtshilfeersuchen an ausländische Behörden.

102

2. Verfahrenseinleitung

a) Todesfallaufnahme

Das Verlassenschaftsverfahren wird von Amts wegen eingeleitet, sobald aufgrund einer **öffentlichen Urkunde** (Sterbeurkunde, Sterbemitteilung, Todeserklärung oder Todesbeweis) oder sonst auf unzweifelhafte Weise ein Todesfall bekannt wird. Die Personenstandsbehörden sind verpflichtet, das für den Wohnort eines Verstorbenen zuständige Bezirksgericht zu verständigen. Das Bezirksgericht hat wiederum den Gerichtskommissär hiervon zu verständigen. Der Gerichtskommissär hat zunächst die Todesfallaufnahme zu errichten. Die Todesfallaufnahme findet in der Kanzlei des Gerichtskommissärs statt. Sie dient insbesondere der Feststellung der erbberechtigten Personen sowie der vollständigen Erfassung des Nachlassvermögens. Die Angehörigen des Verstorbenen werden hierzu unter der letzten Adresse des Verstorbenen schriftlich vorgeladen und über die näheren Lebens- und Vermögensverhältnisse des Erblassers befragt, wobei ein Formblatt ausgefüllt wird. Schreitet ein Erbenmachthaber ein, übersendet dieser das Todesfallaufnahmeformular dem Gerichtskommissär.

103

Der **Zweck der Todesfallaufnahme** ist die Ermittlung des erblasserischen Vermögens, der Verbindlichkeiten, der gesetzlichen und testamentarischen Erben, der Pflichtteilsberechtigten, allfälliger letztwilliger Verfügungen – vor allem auch durch Anfrage beim Testamentsregister – und die Prüfung, ob Sicherungsmaßnahmen, wie z.B. die Sicherstellung und Verwahrung von Wertgegenständen, durchzuführen sind. Sind Angehörige nicht zu erreichen, wird die Todesfallaufnahme nach der Aktenlage errichtet.

104

Das **Ergebnis der Todesfallaufnahme** bildet die Grundlage für das weitere Verlassenschaftsverfahren. Gegebenenfalls hat der Gerichtskommissär im Anschluss an die Todesfallaufnahme letztwillige Anordnungen zu übernehmen, die Versiegelung des Nachlassvermögens zu veranlassen und alle unaufschiebbaren Vorkehrungen im Zusammenhang mit dem Verlassenschaftsverfahren zu treffen (§§ 146 ff. AußStrG).

105

b) Übermittlung und Übernahme letztwilliger Anordnungen

Schriftliche Testamente und sonstige letztwillige Anordnungen sind dem Gerichtskommissär zu übergeben (§ 151 AußStrG). Der Notar hat sie bei der Todesfallaufnahme oder im Anschluss an diese zu übernehmen. Darüber wird vom Gerichtskommissär ein Protokoll aufgenommen. Im Übernahmeprotokoll sind alle für die Beurteilung der Echtheit und Gültigkeit allenfalls bedeutende Umstände anzuführen. Zur Übernahme des letzten Willens werden die Beteiligten nicht vorgeladen. Der Gerichtskommissär hat den gesetzlichen Erben Kopien der letztwilligen Anordnungen zu übersenden.

106

Haunschmidt

107 Bei einer **mündlichen letztwilligen Anordnung** hat der Gerichtskommissär die Zeugen über den Inhalt und die für die Gültigkeit bedeutsamen Umstände zu befragen und dies im Übernahmeprotokoll anzuführen (§ 151 Abs. 4 AußStrG).

108 Zur **Auffindung letztwilliger Anordnungen** richtet der Gerichtskommissär eine Anfrage an die Testamentsregister der Notare und Rechtsanwälte über die dort registrierten letztwilligen Anordnungen des Erblassers. Im Falle einer positiven Auskunft hat der Gerichtskommissär die Identitätsprüfung einzuleiten und weitere Nachforschungen beim Verwahrer der letztwilligen Anordnung darüber anzustellen, ob die letztwillige Anordnung vom Erblasser stammt.

109 Eine **nach Beendigung des Verlassenschaftsverfahrens** entdeckte letztwillige Erklärung ist ebenfalls vom Gerichtskommissär zu übernehmen (§ 183 Abs. 4 AußStrG). Es erfolgt aber keine Neuaufnahme des Verlassenschaftsverfahrens. Erben, die ihre Erbberechtigung auf ein nachträglich aufgefundenes Testament stützen, haben ihre Ansprüche bzw. die Erbschaftsklage gegen die bis dahin als Erben ausgewiesenen Personen zu erheben.

c) Sicherung des Nachlassvermögens

110 Das Nachlassvermögen verbleibt i.d.R. in Verwahrung der Angehörigen, die sich jeder eigenmächtigen Verfügung über den Nachlass zu enthalten haben. Die Sicherung des Nachlassvermögens stellt einen Schutz gegen eigenmächtige Verfügung über Nachlassgegenstände dar (§ 147 AußStrG). In der Praxis werden Sicherungsmaßnahmen äußerst selten und nur über Antrag eines Beteiligten bei **Vorliegen gerechtfertigter Gründe** vorgenommen. Die Sicherung der Verlassenschaftsmasse verfügt und vollzieht der Gerichtskommissär.

111 Als Sicherungsmaßnahmen des Gerichtskommissärs, die eine **Sicherstellung** des Nachlassvermögens bewirken, kommen in Betracht:
– das Versperren oder die Versiegelung von Wohnungs-, Zimmer-, Kastentüren;
– die gerichtliche Sperre von Sparbüchern, Konten, Depots, Safes etc.;
– die gerichtliche bzw. notarielle Verwahrung von Geld, Wertpapieren, Sparbüchern, Schmuck;
– die Anfertigung eines Verzeichnisses über die unversperrt gebliebenen Fahrnisse.

Die Kosten der Sicherung hat die Verlassenschaft zu tragen.

112 Durch Sicherungsmaßnahmen darf nicht in die **Rechte Dritter** eingegriffen werden. So kann z.B. keine Versiegelung der gesamten Wohnung stattfinden, wenn diese nicht nur vom Erblasser bewohnt wurde.

d) Nachlassabsonderung

113 Bis zur Beendigung des Verlassenschaftsverfahrens (**Einantwortung des Nachlasses**) ist der Nachlass vom Vermögen des Erben getrennt. Daher können Nachlassschulden nur aus dem Nachlass befriedigt werden.[59] Eine Überschuldung des Erben gefährdet aber bereits während des Verlassenschaftsverfahrens die Einbringlichkeit der Forderungen der Verlassenschaftsgläubiger, weil für Verlassenschaftsgläubiger die Gefahr besteht, dass Erben Nachlassvermögen ihrem Zugriff entziehen. Über Antrag eines **Nachlassgläubigers**, Vermächtnisnehmers oder Pflichtteilsberechtigten kann daher vom Verlassenschaftsgericht die Nachlassabsonderung (Nachlassseparation) bewilligt werden (§ 812 ABGB, § 175 AußStrG). Der Antragsteller hat seine Forderung zu bescheinigen und seine subjektive Besorgnis, dass

---

59 OGH 19.12.2001, 3 Ob 195/01z.

Nachlassvermögen den Nachlassgläubigern entzogen wird, konkret zu begründen. Schon vor einer Beschlussfassung über den Antrag kann das Verlassenschaftsgericht den Erben die Verwaltung und Benützung des Nachlassvermögens entziehen und einen Verlassenschaftskurator bestellen.

Bei **Bewilligung** der Nachlassabsonderung ist: 114
- ein Inventar zu errichten;
- das Nachlassvermögen zu sichern;
- das Nachlassvermögen durch einen Verlassenschaftskurator zu verwalten.

Bei Liegenschaften kann die Nachlassabsonderung im Grundbuch angemerkt werden. 115

Die Nachlassabsonderung muss sich auf den **gesamten Nachlass** beziehen und ist in Ansehung von Nachlassteilen oder einzelnen Nachlassgegenständen (z.B. einer Liegenschaft, eines Kontos) unzulässig.[60] Die einmal bewilligte Nachlassabsonderung erlischt nicht mit der Einantwortung des Nachlasses. Sie endet erst nach Befriedigung oder Sicherstellung der Gläubiger.[61] 116

3. Unterbleiben des ordentlichen Verfahrens

a) Unterbleiben der Abhandlung

Bei **geringfügigem Nachlassvermögen** sieht das Gesetz ein vereinfachtes Verfahren vor. Stellt sich bei der Todesfallaufnahme heraus, dass der Verstorbene überhaupt kein Vermögen oder nur Gegenstände ohne Wert (z.B. gebrauchte Möbel oder Kleidung) hinterlassen hat, ist schon aus logischen Gründen kein weiteres Verlassenschaftsverfahren durchzuführen. 117

Übersteigen die aktiven Nachlasswerte nicht den Betrag von 4.000 EUR und gehört keine Liegenschaft zum Nachlassvermögen, sind allfällige letztwillige Anordnungen vom Gerichtskommissär zu übernehmen; ein weiteres Verfahren findet aber nur in Ausnahmefällen statt (§ 153 AußStrG). Das Verlassenschaftsgericht hat den voraussichtlichen Erben über Antrag die Verfügungsberechtigung über allfällige aktive Vermögenswerte einzuräumen. 118

b) Überlassung an Zahlungs statt

Bei **überschuldetem Nachlass** ist das aktive Nachlassvermögen den Gläubigern beschlussmäßig zu überlassen, wenn 119
- keine unbedingte Erbantrittserklärung abgegeben und
- kein Nachlassinsolvenzverfahren eröffnet wurde (§ 153 AußStrG).

Auch **Gesellschaftsanteile**[62] des Verstorbenen oder **Liegenschaften**[63] im Nachlass schließen eine Überlassung an Zahlungs statt nicht aus, allerdings empfiehlt sich in diesen Fällen ein Verkauf dieser Nachlassgegenstände im Verlassenschaftsverfahren durch einen zu bestellenden Nachlasskurator, damit in der Folge der Verkaufserlös überlassen werden kann. 120

Wird die Überlassung an Zahlungs statt von den Gläubigern beantragt, so hat die **Verteilung** nach der in § 154 Abs. 2 AußStrG festgelegten Rangordnung zu erfolgen, die sich im Wesentlichen an der Insolvenzordnung orientiert. Durch eine Überlassung an Zahlungs statt soll im Verlassenschaftsverfahren ein einem Insolvenzverfahren entsprechendes Ergeb- 121

---

60 OGH 23.4.1996, 1 Ob 2086/96.
61 OGH 17.10.2001, 7 Ob 164/01w.
62 OGH 28.6.2000, 6 Ob 18/00s.
63 Anders zur alten Rechtslage OGH 17.1.1995, 4 Ob 501/95.

nis unter Vermeidung der damit verbundenen Kosten erzielt werden. Es sind daher die im Konkurs geltenden Vorschriften über Aussonderungs- und Absonderungsansprüche, über die Masseforderungen und über die sonstigen Insolvenzforderungen sinngemäß anzuwenden.

122 Bei einem aktiven **Nachlassvermögen über 4.000 EUR** hat der Gerichtskommissär zur Wahrung des rechtlichen Gehörs die aktenkundigen Gläubiger, Erben und Pflichtteilsberechtigen zu verständigen und ihnen Gelegenheit zur Äußerung zu geben.

123 Bei einem aktiven **Nachlassvermögen über 20.000 EUR** hat der Gerichtskommissär die Verlassenschaftsgläubiger einzuberufen.

c) Insolvenz des Nachlasses

124 Über ein Nachlassvermögen wird das **Insolvenzverfahren** nur eröffnet, wenn
– der Nachlass zahlungsunfähig oder überschuldet ist;
– sofort realisierbares Vermögen zur Abdeckung der Verfahrenskosten (zumindest 4.000 EUR) vorhanden ist;
– besondere Verwertungsmaßnahmen erforderlich sind, Sonderrechte von Verlassenschaftsgläubigern bestehen, Forderungen von Verlassenschaftsgläubigern strittig sind.[64]

Die Eröffnung eines Insolvenzverfahrens können Verlassenschaftsgläubiger, der Verlassenschaftskurator oder die erbantrittserklärten Erben beantragen.

125 Dabei findet die Liquidation zur Befriedigung der Gläubiger nach den Bestimmungen der Insolvenzordnung statt. Insolvenzfreies Vermögen unterliegt jedoch den Bestimmungen des Verlassenschaftsverfahrens.

4. Das ordentliche Verlassenschaftsverfahren

126 In allen übrigen Fällen findet ein einheitliches Verfahren statt, durch das die Erben in den Besitz des Verlassenschaftsvermögens gelangen.

a) Parteien

127 Parteien des Verlassenschaftsverfahrens sind die nach der Aktenlage mutmaßlichen **Erben** und **Pflichtteilsberechtigten**.[65] Werden Erben oder Pflichtteilsberechtigte vom Verlassenschaftsverfahren nicht verständigt, obwohl sie dem Gericht nach der Aktenlage bekannt sein mussten, haftet die Republik Österreich für den entstandenen Schaden.[66]

b) Erbantrittserklärung

128 Erste Voraussetzung für den Erbschaftserwerb ist die Abgabe der **Erbantrittserklärung**. Mit der Erbantrittserklärung erklärt der potentiell Erbberechtigte ausdrücklich, die Erbschaft anzutreten (§ 159 AußStrG). Die Erbantrittserklärung ist vom Erbansprecher oder seinem ausgewiesenen Vertreter eigenhändig zu unterschreiben. In der Erbantrittserklärung ist der jeweilige Erbrechtstitel (Gesetz, Testament, Erbvertrag) anzuführen, auf den sich der Erbe stützt, sowie, ob die Erbschaft „bedingt" oder „unbedingt" angetreten wird. Die Anführung der Erbquote gehört nicht zum notwendigen Inhalt einer Erbantrittserklärung

---

64 *Reckenzaun*, NZ 2007, 97.
65 OGH 5.12.1996, 6 Ob 2332/96a, 2333/96y; OGH 3.7.2001, 7 Ob 177/01g.
66 OGH 19.12.1995, 1 Ob 51/95.

(§ 159 Abs. 2 AußStrG), ist aber zweckmäßig, um allfällige Widersprüche in den Erbantrittserklärungen sofort und eindeutig zu erkennen.[67] Das Gericht hat das Erbrecht der Berechtigten festzustellen und die übrigen Erbantrittserklärungen abzuweisen (§ 161 AußStrG). Eine Zurückweisung der Erbantrittserklärung kommt nur dann in Betracht, wenn von vornherein zweifelsfrei feststeht, dass ein Erbrecht des Bewerbers nicht besteht und die Erbantrittserklärung unter keinen Umständen zu einer Einantwortung führen kann.[68]

Erben ist vom Gerichtskommissär eine (mindestens vierwöchige, maximal einjährige) **Frist** zur Abgabe der Erbantrittserklärung zu setzen (§ 157 AußStrG). Einem Erben, der trotz Aufforderung i.S.d. § 157 AußStrG keine Erbantrittserklärung abgegeben hat, kommt im weiteren Verlassenschaftsverfahren keine Parteistellung mehr zu. Er ist von jeder Einflussnahme auf den weiteren Verlauf der Verlassenschaftsabhandlung ausgeschlossen, verliert aber nicht sein Erbrecht. Die Erbantrittserklärung kann bis zum Abschluss des Verlassenschaftsverfahrens in erster Instanz nachgeholt werden. Danach kann das Erbrecht mit der Erbschaftsklage geltend gemacht werden (§ 164 AußStrG).

129

Die Erbantrittserklärung kann **nicht widerrufen** werden.[69]

130

Unbedingte Erbantrittserklärung bedeutet unbeschränkte Haftung des Erben für Schulden des Erblassers nach Abschluss des Verlassenschaftsverfahrens. Der Erbe ist für die Verbindlichkeiten des Erblassers persönlich, d.h. mit seinem ganzen Vermögen, ohne jede Beschränkung, verantwortlich. Mehrere Erben haften solidarisch für Schulden des Erblassers. Der in Anspruch genommene Erbe hat aber im Innenverhältnis ein Rückgriffsrecht gegenüber den Miterben. Für die Abgabe einer unbedingten Erbantrittserklärung im Vollmachtsnamen bedarf es einer Spezialvollmacht des Vertreters (§ 1008 ABGB).

131

Bedingte Erbantrittserklärung bedeutet beschränkte Haftung des Erben für Schulden des Erblassers. Bei Abgabe einer bedingten Erbantrittserklärung haftet der Erbe nach Abschluss des Verlassenschaftsverfahrens zwar persönlich für Schulden des Erblassers, d.h. mit seinem ganzen Vermögen, jedoch der Höhe nach nur bis zum Wert der ihm zugefallenen Erbschaft. Mehrere Erben haften nur anteilsmäßig nach ihrer Erbquote für Schulden des Erblassers. Bei Abgabe einer bedingten Erbantrittserklärung ist (zur Feststellung des konkreten Haftungsumfangs des Erben) regelmäßig durch den Gerichtskommissär ein Inventar, ein Verzeichnis über die aktiven und passiven Vermögenswerte des Nachlasses, zu errichten (§ 165 Abs. 1 AußStrG) und es sind die Verlassenschaftsgläubiger einzuberufen (§ 165 Abs. 2 AußStrG). Die Errichtung eines Inventars ist aufwändig und teuer. Zur Errichtung eines Inventars ist nämlich i.d.R. erforderlich, dass sämtliche Nachlassgegenstände durch einen Sachverständigen geschätzt werden; die Gläubigereinberufung ist im Internet in der Ediktsdatei der Gerichte (www.ediktsdatei.justiz.gv.at) zu veröffentlichen.

132

Ist man sich über die Vermögensverhältnisse des Erblassers im Klaren, ist die unbedingte Erbantrittserklärung aus Kostengründen und Gründen der Verfahrensvereinfachung der bedingten Erbantrittserklärung vorzuziehen. In der Praxis überwiegt daher die unbedingte Erbantrittserklärung.

133

Unter **Erbausschlagung** versteht man die nach dem Tod des Erblassers gegenüber dem Verlassenschaftsgericht abgegebene Erklärung, eine Erbschaft nicht anzutreten, sondern auf sie zu verzichten (negative Erbantrittserklärung).

134

---

67 OGH 25.1.1994, 5 Ob 508/94.
68 OGH 13.4.1999, 4 Ob 58/99d; OGH 7.8.2001, 1 Ob 176/01s.
69 OGH 25.1.1994, 5 Ob 533/94; OGH 12.4.2000, 4 Ob 80/00v.

135 Bei der **qualifizierten Erbausschlagung** wird eine bestimmte Person genannt, zu deren Gunsten auf das Erbrecht verzichtet wird und die bei Wegfall des Verzichtenden nicht ohnehin Erbe wäre. Je nachdem, ob für den Verzicht vom Begünstigten eine Abfindung geleistet wird oder nicht, ist eine solche qualifizierte Ausschlagung als **Erbschaftskauf** oder als **Erbschaftsschenkung** zu verstehen. Alle qualifizierten Erbausschlagungen bedürfen der Form des Notariatsaktes oder des gerichtlichen Protokolls. Die Protokollierung durch den Gerichtskommissär steht dem gerichtlichen Protokoll gleich.

136 Werden **widersprechende** (in Widerspruch stehende) **Erbantrittserklärungen** abgegeben, hat das Verlassenschaftsgericht im Rahmen des Vorbringens der Parteien und ihrer Beweisanbote ein Zwischenverfahren durchzuführen, das Erbrecht des besser Berechtigten festzustellen und die übrigen Erbantrittserklärungen abzuweisen. Auch während dieses Verfahrens sind all jene Abhandlungsmaßnahmen weiterzuführen, die von der Feststellung des Erbrechts unabhängig sind (§§ 161 ff. AußStrG).

c) Benützung, Verwaltung und Vertretung des Nachlasses

137 Verlassenschaftsverfahren dauern i.d.R. mehrere Monate. Während dieses Zeitraumes bedarf der Nachlass eines Vertreters, der **unaufschiebbare Rechtshandlungen** für den Nachlass setzt, Begräbniskosten und sonstige offene Forderungen berichtigt, Prozesse führt, Vermögen verwaltet etc. Insbesondere bei Fortführung eines Unternehmens sind die rasche Bestellung eines Vertreters des Nachlasses und dessen Eintragung im Firmenbuch (Verlassenschaftsprovisorium) unumgänglich, weil die Unternehmensführung laufend Entscheidungen und finanzielle Transaktionen erfordert.

138 Die Verwaltung der Verlassenschaft regelt § 810 ABGB. Demnach kommt den **erbantrittserklärten Erben**, die ihr Erbrecht hinreichend nachgewiesen haben, **gemeinsam** die Befugnis zur Vertretung und Verwaltung des Nachlasses zu.[70] Diese Vertretungsbefugnis ergibt sich unmittelbar aus dem Gesetz und bedarf keiner gerichtlichen Übertragung mehr. Der Gerichtskommissär hat darüber im Bedarfsfall den Berechtigten eine entsprechende Amtsbestätigung auszustellen (§ 172 AußStrG). Im Einvernehmen unter den Miterben kann auch eine andere Vertretungsregelung vereinbart werden. Im Fall der Uneinigkeit unter den Miterben ist für die Verwaltung und Vertretung des Nachlasses vom Gericht ein **Verlassenschaftskurator** zu bestellen (§ 173 AußStrG). Durch Einsetzung eines **Testamentsvollstreckers** hat der Erblasser die Möglichkeit, den Erben in bestimmtem Umfang die Verwaltung und Vertretung des Nachlasses zu entziehen (siehe näher Rn 91 f.).

d) Vermögenserklärung

139 Im Falle einer unbedingten Erbantrittserklärung muss der Erbe im weiteren Verlauf des Verlassenschaftsverfahrens eine Vermögenserklärung abgeben. Darunter versteht man ein **Verzeichnis des Erben** über die aktiven und passiven Nachlasswerte. Sämtliche Vermögenswerte, wie Liegenschaften, Fahrzeuge, Schmuck, Sparbücher, Forderungen und Schulden sind einzeln anzuführen und ziffernmäßig zu bewerten. In die Vermögenserklärung sind auch die Begräbniskosten – nicht aber die Kosten der Trauerkleidung und die Kosten des Verlassenschaftsverfahrens – als Nachlassverbindlichkeiten aufzunehmen. Der Erbe bzw. sein ausgewiesener Vertreter haben unter Hinweis auf strafrechtliche Konsequenzen einer unrichtigen Erklärung die Richtigkeit und Vollständigkeit der Vermögenserklärung schriftlich zu bestätigen. Die Richtigkeit der Vermögenserklärung wird aber weder vom Verlassenschaftsgericht noch vom Gerichtskommissär geprüft. Es dürfen hierüber auch keine amts-

---

[70] *Spitzer*, NZ 2006, 33; *Mondel*, NZ 2006, 225.

wegigen Ermittlungen angestellt werden. Mehrere Erben können sogar unterschiedliche Vermögenserklärungen abgeben. Der Gerichtskommissär unterstützt die Erben bei der Errichtung der Vermögenserklärung. Ungeachtet dieser Unterstützung durch den Gerichtskommissär ist die Vermögenserklärung eine Erklärung des Erben, für die dieser verantwortlich ist.

Die **Wertansätze** in der Vermögenserklärung sind dem weiteren Verlassenschaftsverfahren zugrunde zu legen. Nach ihnen bemessen sich die Gebühren des Gerichts und des Gerichtskommissärs. Für die Berechnung der Pflichtteilsansprüche hat die Vermögenserklärung keine Bedeutung, es sei denn, dass der Pflichtteilsberechtigte die dort enthaltenen Wertansätze akzeptiert. 140

e) Inventar

Das Inventar ist ein **Verzeichnis des Gerichtskommissärs** über die aktiven und der passiven Nachlasswerte. Das Inventar ist vom Gerichtskommissär bei Abgabe einer bedingten Erbantrittserklärung, bei minderjährigen oder pflegebefohlenen Erben oder Pflichtteilsberechtigten oder über Antrag eines Pflichtteilsberechtigten oder sonst Berechtigten zu errichten (§ 165 AußStrG). In das Inventar sind alle Gegenstände aufzunehmen, die zum Todeszeitpunkt im Besitz des Erblassers standen (§ 166 AußStrG). Es gibt zahlreiche Abgrenzungsprobleme.[71] 141

Das Nachlassvermögen ist i.d.R. unter Beiziehung eines gerichtlich zertifizierten Gutachters zu **schätzen** und mit dem vom Gutachter ermittelten Schätzwert in das Inventar aufzunehmen. Liegenschaften allerdings mit dem dreifachen Einheitswert, wenn von niemandem eine Schätzung verlangt wird und diese auch im Interesse von Minderjährigen oder Pflegebefohlenen nicht notwendig ist (§ 167 Abs. 2 AußStrG). 142

Die nicht unbeträchtlichen **Kosten des Inventars** hat die Verlassenschaft zu tragen (§ 168 Abs. 3 AußStrG). Neben den Gebühren des Gerichts und des Gerichtskommissärs belasten insbesondere die Kosten der gerichtlich zertifizierten Sachverständigen den Nachlass. 143

Die Schätzung und Eintragung des Wertes in das Inventar hat **nur Bedeutung für das Verlassenschaftsverfahren**. Durch das Inventar wird der Pflichtteilsberechnung nicht vorgegriffen. Im streitigen Verfahren zur Geltendmachung der Pflichtteilsansprüche ist das Prozessgericht an die Werte im Inventar nicht gebunden. 144

f) Gläubigereinberufung

Die Gläubigereinberufung dient dazu, genaue **Kenntnis über die Nachlasspassiva** zu erhalten. Bei Abgabe einer bedingten Erbantrittserklärung sind die Verlassenschaftsgläubiger einzuberufen. Zur Ermittlung der (unbekannten) Nachlassverbindlichkeiten sind die Verlassenschaftsgläubiger mit gerichtlichem Edikt aufzufordern, ihre Ansprüche binnen einer bestimmten Frist anzumelden. Das Edikt ist im Internet in der Ediktsdatei der Gerichte (www.ediktsdatei.justiz.gv.at) zu veröffentlichen. Verlassenschaftsgläubiger, die ihre Forderung nicht rechtzeitig anmelden, gehen leer aus, wenn der gesamte Nachlass bereits an bekannte Gläubiger verteilt wurde. Bei Abgabe einer unbedingten Erbantrittserklärung ist die Gläubigereinberufung überflüssig, weil der unbedingt erbantrittserklärte Erbe ohnehin unbeschränkt haftet. 145

---

71 OGH 15.1.1986 1 Ob 726/85; OGH 17.7.1996, 7 Ob 622, 623/95;OGH 25.11.1997, 1 Ob 280/97a; OGH 2.4.1998, 6 Ob 85/98p; OGH 18.5.1999, 8 Ob 10/99z; OGH 13.9.2001, 8 Ob 298/00g.

g) Abhandlungsnachweise

146 Um eine Erbschaft endgültig zu erlangen, muss der Erbe im Verlassenschaftsverfahren bestimmte Nachweise erbringen (§ 176 AußStrG).

147 Der Erbe hat zunächst mit **Erbrechtsnachweis** sein Erbrecht nachzuweisen, und zwar entweder durch Vorlage eines gültigen Erbrechtstitels (Testament oder Erbvertrag), oder wenn er sich auf die gesetzliche Erbfolge beruft, durch die Behauptung eines Verwandtschaftsverhältnisses und Vorlage von Standesurkunden (§ 161 AußStrG).

148 Um die Einantwortung des Nachlasses bei Vorliegen einer letztwilligen Anordnung zu bewirken, muss der Erbe mit **Testamentserfüllungsnachweis** dem Verlassenschaftsgericht nachweisen, dass er Verfügungen zugunsten Pflegebefohlener bezahlt oder sichergestellt hat und die übrigen Begünstigten von ihren Rechten nachweislich (z.B. mit Rückschein-Einschreibebrief) verständigt hat.

149 Bei pflegebefohlenen Pflichtteilsberechtigten ist vom Erben vor der Einantwortung ein **Pflichtteilsnachweis** über die konkrete Höhe und die Sicherstellung/Erfüllung des Pflichtteilsanspruchs zu erstatten. In den Pflichtteil einzurechnende Vorausempfänge oder anzurechnende Schenkungen sind in den Pflichtteilsnachweis nur dann aufzunehmen, wenn hierüber eine Einigung zwischen den Parteien zustande kommt. Sonst hat darüber das Prozessgericht zu entscheiden. Bei eigenberechtigten Pflichtteilsberechtigten erfolgt im Verlassenschaftsverfahren keine Ermittlung ihres Pflichtteilsanspruchs.

150 Sind pflegebefohlene Miterben vorhanden, ist vor der Einantwortung der **Erbteilungsnachweis** zu erstatten. Wie beim Pflichtteilsnachweis ist beim Erbteilungsnachweis vom reinen Nachlassvermögen auszugehen und es sind die Kosten des Verlassenschaftsverfahrens abzuziehen. Aus der sich ergebenden Endsumme sind die einzelnen Erbteile ziffernmäßig zu berechnen und die Erbteile der Pflegebefohlenen sicherzustellen oder zu erfüllen.

151 Ist der Alleinerbe pflegebefohlen, muss spätestens mit Beendigung des Verlassenschaftsverfahrens vom gesetzlichen Vertreter eine **Schlussrechnung** über den reinen Aktivstand der Verlassenschaft und über die seit dem Todestag geführte Verwaltung zu legen.

h) Erbteilungsübereinkommen

152 Sind mehrere Miterben vorhanden, bilden diese eine **Erbengemeinschaft**. Jeder von mehreren Miterben erbt einen ideellen Anteil des Nachlasses. Es kommt mit der Einantwortung des Nachlasses an mehrere Erben zu Miteigentum an den einzelnen Nachlassgegenständen. Die Gemeinschaft wird erst mit der Erbteilung aufgehoben, die von jedem Miterben verlangt werden kann. Die Erbteilung erfolgt i.d.R. durch Abschluss eines Erbteilungsübereinkommens zwischen den Miterben. Darunter versteht man die Vereinbarung mehrerer Erben, wie sie den Nachlass in natura aufteilen wollen. Diese kann im Verlassenschaftsverfahren oder außergerichtlich, vor oder nach der Einantwortung des Nachlasses abgeschlossen werden.

153 Nur bei **pflegebefohlenen Miterben**, bei Eigentumswohnungen und im Bereich des Anerbenrechts muss die Erbteilung von Amts wegen vor der Einantwortung erfolgen. Erbteilungsübereinkommen mit Pflegebefohlenen bedürfen der Genehmigung durch das Pflegschaftsgericht (§ 181 Abs. 2 AußStrG).

154 In der Praxis bereitet die Erbteilung vor allem bei **unteilbarem Nachlassvermögen** von großem Wert (Eigentumswohnung, Unternehmen) Schwierigkeiten. Bei Nichteinigung der Erben müssen solche Nachlassteile versteigert und der Erlös unter den Miterben aufgeteilt werden (vgl. § 12 Abs. 2 WEG). Sonderregeln bestehen für Erbhöfe nach dem AnerbenG.

i) Pflichtteilsübereinkommen

Pflichtteilsübereinkommen mit **eigenberechtigten Noterben** können – wie Erbteilungsübereinkommen – im Verlassenschaftsverfahren oder außergerichtlich, vor oder nach der Einantwortung des Nachlasses abgeschlossen werden. Eine Abfindung der Pflichtteilsansprüche in Geld ist der Regelfall; ebenso kann aber im Einvernehmen zwischen den Erben und den Pflichtteilsberechtigten eine Abfindung durch Übergabe von Nachlassteilen (z.B. von Liegenschaften oder Wertgegenständen) erfolgen. Hauptstreitpunkte sind meist die Bewertung der Nachlassaktiven (insbesondere des Grundvermögens) sowie die Anrechnung von Vorempfängen und Vorschenkungen. Kommt zwischen Erben und Pflichtteilsberechtigten keine Einigung zustande, müssen volljährige Pflichtteilsberechtigte ihre Ansprüche mittels Pflichtteilsklage geltend machen.

155

Ohne Zahlung oder Sicherstellung der aufgrund des Pflichtteilsnachweises ermittelten Pflichtteilsansprüche **pflegebefohlener Noterben** darf das Verlassenschaftsverfahren nicht beendet werden und kann der Erbe das Verlassenschaftsvermögen nicht erwerben. Pflichtteilsübereinkommen mit Pflegebefohlenen bedürfen der Genehmigung durch das Pflegschaftsgericht (§ 181 Abs. 3 AußStrG).

156

j) Einantwortung des Nachlasses

Durch die Einantwortung erwerben die Erben endgültig alle dem Erblasser gehörenden Vermögensbestandteile. Sie ist der Endpunkt des Verlassenschaftsverfahrens. Mit der Einantwortung wird der Erbe **Rechtsnachfolger** des Erblassers; Besitz, Eigentum, Forderungen, aber auch die Verbindlichkeiten gehen auf den Erben über. Dies gilt auch für das Liegenschaftsvermögen. Der Erbe erwirbt das Eigentum an Nachlassgrundstücken schon mit der Einantwortung und nicht erst mit der Eintragung des Eigentumsrechts im Grundbuch. Die **Voraussetzungen** für die Einantwortung des Nachlasses sind:
- eine positive, formgültige Erbantrittserklärung;
- die Erbringung des Erbrechtsnachweises, das Feststehen der Erben und ihrer Quoten (§ 177 AußStrG);
- das Vorliegen des Inventars oder der Vermögenserklärung; sowie
- die Erbringung eines allfälligen Testamentserfüllungs-, Pflichtteils- oder Erbteilungsnachweises (§ 176 AußStrG).

157

Die Einantwortung erfolgt durch Gerichtsbeschluss. Dieser wird **Einantwortungsbeschluss** genannt und enthält den Namen des Erblassers, seinen Geburtstag, seinen Todestag, seinen letzten Wohnsitz, die Namen der Erben, deren Geburtstag, Anschrift, den Erbrechtstitel (Erbvertrag, Testament, Gesetz), die Art der Erbantrittserklärung (bedingt oder unbedingt), die jeweilige Erbquote und die Grundbuchskörper, bei denen aufgrund der Einantwortung die Grundbuchsordnung hergestellt werden muss, wobei anzugeben ist, ob die Erben zum Kreis der gesetzlichen Erben zählen (§ 178 AußStrG). Vermächtnisnehmern, denen Liegenschaftsvermögen aus dem Nachlass zufällt, ist über Antrag und mit Zustimmung sämtlicher Erben eine **Amtsbestätigung** über den Erwerb der Liegenschaft auszustellen (§ 182 Abs. 3 AußStrG). Diese stellt wie der Einantwortungsbeschluss einen gerichtlichen Beschluss dar. Die Vermächtnisnehmer erwerben aber nicht im Rahmen der Einantwortung das Eigentum an den Grundstücken, sondern erst durch Eintragung ihres Eigentumsrechts im Grundbuch aufgrund der Amtsbestätigung des Verlassenschaftsgerichts.

158

Parallel zum Einantwortungsbeschluss hat das Verlassenschaftsgericht alle übrigen noch offenen Punkte des Verlassenschaftsverfahrens zu erledigen. So können in Entsprechung eines Erbteilungsübereinkommens einzelnen Erben oder Dritten Verfügungsrechte über

159

Konten, Sparbücher, Wertpapierdepots, Safe, Pkw etc. eingeräumt und die Gebühren des Gerichtskommissärs, der Sachverständigen und des Verlassenschaftskurators bestimmt werden.

160 Mit der Erlassung und Zustellung des Einantwortungsbeschlusses, allfälliger Amtsbestätigungen und der übrigen beschlussmäßigen Verfügungen ist das Verlassenschaftsverfahren beendet.

161 Die **Eintragung des Eigentumsrechts** der Erben oder Vermächtnisnehmer in das Grundbuch erfolgt **über Antrag der Berechtigten** durch das zuständige Grundbuchsgericht nach Zahlung der vorgeschriebenen Grunderwerbsteuer und Vorliegen der steuerlichen Unbedenklichkeitsbescheinigung (§ 160 BAO). Die Berechtigten haben die Grundbuchsanträge binnen angemessener, ein Jahr nicht erheblich übersteigender Frist zu stellen (§ 182 AußStrG). Damit wird erreicht, dass eine ererbte Liegenschaft weiterveräußert werden kann, ohne die Erben im Grundbuch einzutragen, wodurch die gerichtliche Eintragungsgebühr gespart werden kann. Zu einer amtswegigen Verbücherung des Einantwortungsbeschlusses durch den Gerichtskommissär kommt es nur bei Säumnis der Parteien.

5. Rechtsmittel

162 Gegen formelle Entscheidungen des Verlassenschaftsgerichts (Einantwortungsbeschlüsse, Amtsbestätigungen, sonstige Beschlüsse) haben die sich dadurch beschwert erachtenden Beteiligten die Möglichkeit, **Rekurs** an das übergeordnete Landesgericht zu erheben. Gegen die Entscheidung des Rekursgerichts kann unter den Voraussetzungen der §§ 62 ff. AußStrG der **Revisionsrekurs** an den OGH erhoben werden. Der OGH entscheidet endgültig. Alle Rechtsmittel sind beim Verlassenschaftsgericht einzubringen. Die Rechtsmittelfrist beträgt 14 Tage.

6. Kosten des Verlassenschaftsverfahrens

a) Gebühren des Gerichtskommissärs

163 Der Gebührenanspruch des Gerichtskommissärs wird durch das Gerichtskommissionstarifgesetz geregelt. Bei Durchführung des **gesamten Verlassenschaftsverfahrens** steht dem Gerichtskommissärs ein Pauschalhonorar zu, dessen Höhe vom Wert des aktiven Nachlassvermögens (ohne Abzug der Schulden, Barauslagen und Gebühren) abhängig ist. Es beträgt bei durchschnittlichem Verlassenschaftsvermögen zwischen 2 % und 7 % des Bruttonachlasses. Zusätzlich zu dieser Gebühr haben die zahlungspflichtigen Erben die Verwahrkosten des Gerichtskommissärs, seine Barauslagen und die Umsatzsteuer zu bezahlen.

164 Wird der Gerichtskommissär nur **in bestimmten Abschnitten des Verlassenschaftsverfahrens** tätig, beispielsweise weil die Durchführung des Verlassenschaftsverfahrens auf schriftlichem Weg erfolgt oder das Nachlassvermögen auf mehrere Gerichtssprengel verteilt ist, oder findet ein vereinfachtes Verfahren statt, stehen dem Gerichtskommissär nur anteilige Gebühren zu. Bei ungewöhnlichem Umfang kann die Gebühr um maximal 100 % erhöht, in besonderen Härtefällen um maximal 50 % herabgesetzt werden (§§ 6, 11 Gerichtskommissionstarifgesetz – GKTG).

165 Auch bei Durchführung eines Ausfolgungsverfahrens stehen dem Gerichtskommissär für seine Tätigkeiten die Gebühren zu. Die Höhe der Gebühren wird über Antrag des Gerichtskommissärs vom Gericht bestimmt. Der Gebührenbestimmungsbeschluss kann vom Gerichtskommissär und vom Erben mittels **Kostenrekurses** an das übergeordnete Landesge-

richt bekämpft werden. Gegen dessen Rekursentscheidung steht kein weiteres Rechtsmittel zur Verfügung (§ 62 Abs. 2 AußStrG).

b) Honorar des Erbenmachthabers

Wird ein Notar oder Rechtsanwalt im Verlassenschaftsverfahren als Vertreter einzelner oder aller Erben tätig, richten sich seine Honoraransprüche nach der mit den Erben getroffenen **Vereinbarung**. Wurde nichts vereinbart, steht dem Vertreter ein angemessenes Entgelt zu. Honorarschuldner ist der jeweilige Auftraggeber. Honorarstreitigkeiten sind vor dem ordentlichen Zivilgericht auszutragen.

166

c) Gerichtsgebühren

Die Gerichtsgebühren sind im Gerichtsgebührengesetz (GGG) geregelt. Für die Inanspruchnahme der Tätigkeit des Verlassenschaftsgerichts haben die Erben mit Beendigung des Verfahrens eine **Pauschalgebühr** von 0,5 % des reinen Nachlassvermögens (Nachlassaktiva abzüglich Nachlasspassiva), mindestens jedoch 68 EUR an das Verlassenschaftsgericht zu bezahlen. Diese Gebühr ist auch bei Durchführung eines Ausfolgungsverfahrens zu entrichten. Mehrere Erben sind zur ungeteilten Hand zahlungspflichtig. Bei Berechnung des reinen Nachlassvermögens werden Vermächtnisse, Pflichtteilsrechte, Verfahrenskosten und die Grunderwerbsteuer nicht abgezogen. Zur Entrichtung der Pauschalgebühr sind die Erben verpflichtet. Diese sind jedoch berechtigt, von Vermächtnisnehmern und Pflichtteilsberechtigten den Teil der Gebühr, der auf das diesen auszufolgende Vermögen entfällt, zurückzufordern, es sei denn, dass ihnen der Erblasser die Gebührenentrichtung auferlegt hat (§ 24 Abs. 2 GGG). Bei Entscheidung des Verlassenschaftsgerichts über widersprechende Erbantrittserklärungen erhöht sich die Gebühr auf 0,6 % des Nachlassvermögens, mindestens 102 EUR.

167

Findet mangels Vermögens oder bei Nachlässen geringen Wertes keine Verlassenschaftsabhandlung statt oder wird der Nachlass an Zahlungsstatt überlassen, ist **keine Pauschalgebühr** zu entrichten.

168

Gehören Liegenschaften zum Nachlassvermögen, wird neben der Pauschalgebühr für die **Eintragung des Eigentumsrechts** im Grundbuch vom Liegenschaftserwerber eine Gebühr in der Höhe von 1,1 % des Verkehrswertes der Liegenschaft eingehoben. Bei Erwerb durch nahe Angehörige (Ehepartner, eingetragenen Partner, Lebensgefährten mit gemeinsamen Hauptwohnsitz, Verwandten/Verschwägerten in gerader Linie, Stiefkinder, Adoptivkinder, Pflegekinder oder deren Kinder, Ehepartner oder eingetragenen Partner, oder Geschwister, Nichten oder Neffen des Erblassers) reduziert sich die Bemessungsgrundlage auf den dreifachen steuerliche Einheitswert, maximal jedoch auf 30 % des Verkehrswertes.

169

Die Gerichtsgebühren werden vom Kostenbeamten des Verlassenschaftsgerichts bzw. Grundbuchgerichts mit Zahlungsaufforderung und anschließendem **Zahlungsauftrag** eingehoben. Gegen den Zahlungsauftrag des Kostenbeamten kann binnen 14 Tagen ein Berichtigungsantrag an den Präsidenten des übergeordneten Landesgerichts eingebracht werden (§ 7 GEG). Dessen Entscheidung kann mittels Beschwerde an das Bundesverwaltungsgericht und in der Folge durch Beschwerde an den Verwaltungsgerichtshof oder an den Verfassungsgerichtshof bekämpft werden.

170

d) Gebühren des Sachverständigen

171 Die Gebühren des gerichtlich zertifizierten Sachverständigen für die Schätzung des Nachlassvermögens (bei Errichtung eines Inventars) richten sich nach dem **Gebührenanspruchsgesetz** (GebAG). Gebührenschuldner ist bei regelmäßigem Verlauf des Verlassenschaftsverfahrens der Nachlass, nach der Einantwortung der Erbe. In streitigen Fällen haben die Antragsteller die Kosten des Inventars vorschussweise zu tragen. Sie besitzen allerdings einen Rückersatzanspruch gegenüber der Verlassenschaft bzw. den Erben. Gegen den **Kostenbestimmungsbeschluss** ist der Rekurs an das übergeordnete Landesgericht zulässig. Dessen Entscheidung kann nicht weiter bekämpft werden.

e) Gebühren des Verlassenschaftskurators

172 Nach § 5 Abs. 3 AußStrG trägt die Kosten eines Kurators die Partei, zu deren Vertretung der Kurator bestellt wurde. Die Kosten des Verlassenschaftskurators tragen daher der Nachlass bzw. nach Einantwortung die Erben. Die Festsetzung der Höhe der Entlohnung des Verlassenschaftskurators steht im Ermessen des Verlassenschaftsgerichtes (§ 276 ABGB). Im Rahmen der Angemessenheit hat die Rechtsprechung eine Reihe von Kriterien entwickelt. Die Höhe der Entlohnung ist abhängig vom Umfang der Mühewaltung und Verantwortung des Verlassenschaftskurators.

173 Nach § 276 ABGB ist die Höhe der Entlohnung **mehrfach begrenzt**. Es darf die jährliche Entlohnung nur aus den erzielten Erträgnissen gewährt werden und maximal 10 % sämtlicher Einkünfte nach Abzug der hiervon zu entrichtenden gesetzlichen Steuern und Abgaben betragen. Übersteigt der Wert des verwalteten Vermögens 10.000 EUR, kann das Gericht zusätzlich 2 % des Mehrbetrages als jährliche Entlohnung gewähren. Auch eine Minderung der Entlohnung ist vorgesehen. Dauert die Tätigkeit des Verlassenschaftskurators z.B. nur einige Monate ist die Entlohnung zu aliquotieren.

Neben seiner Entlohnung stehen dem Verlassenschaftskurator der Ersatz seiner Barauslagen sowie die Kosten einer Haftpflichtversicherung für seine Tätigkeiten zu.

174 Soweit der Verlassenschaftskurator Tätigkeiten übernimmt, die jenen eines Masseverwalters in einem Insolvenzverfahren gleichzuhalten sind (z.B. Erhaltung, Verwaltung, Bewirtschaftung, Verwertung des Nachlassvermögens), kommt eine analoge Anwendung der **Entlohnungsregeln der §§ 82 ff. IO** in Betracht.[72]

175 Erbringt ein Verlassenschaftskurator im Rahmen seines Berufes als Rechtsanwalt oder Notar allerdings **Fachleistungen** für den Nachlass, zu deren Vornahme ein über diese Fachkenntnisse nicht verfügender Verlassenschaftskurator einen solchen Fachmann gegen Entgelt heranziehen müsste (Rechtsanwaltszwang, Notariatsaktspflicht) oder üblicherweise heranzieht, bemisst sich seine Entlohnung für diese Tätigkeiten nach den für diese Berufsgruppen geltenden Honorarordnungen.

176 Die Höhe der Entlohnung wird über Antrag des Kurators vom Verlassenschaftsgericht beschlussmäßig bestimmt.[73] Der Kurator sowie die Erben können den Kostenbestimmungsbeschluss mit **Rekurs** an das übergeordnete Landesgericht bekämpfen. Gegen dessen Entscheidung ist kein weiteres Rechtsmittel zulässig (§ 62 Abs. 2 AußStrG).

---

72 OGH 20.6.2002, 6 Ob 184/01d.
73 OGH 7.9.2001, 1 Ob 285/00v.

f) Honorar des Testamentsvollstreckers

Dem Testamentsvollstrecker gebührt **im Zweifel keine Entlohnung**. Ein Ersatz seiner Barauslagen steht ihm jedoch zu. Gebührenschuldner ist bis zur Einantwortung der Nachlass, dann der Erbe. Das Honorar des Testamentsvollstreckers wird nicht im Verlassenschaftsverfahren bestimmt; der Testamentsvollstrecker muss seine Ansprüche auf dem Zivilrechtsweg geltend machen.[74]

III. Zivilverfahren

1. Erbrechtsverfahren

Ein Erbrechtsstreit wird in einem besonderen Verfahren **während des Verlassenschaftsverfahrens** entschieden. Geben mehrere Erben einander widersprechende Erbantrittserklärungen ab, hat zunächst der Gerichtskommissär auf eine einvernehmliche Regelung hinzuwirken. Gelingt dies nicht, hat das Verlassenschaftsgericht nach Durchführung einer mündlichen Verhandlung das Erbrecht der Berechtigten festzustellen und die übrigen Erbantrittserklärungen abzuweisen. Damit wird verbindlich über das Erbrecht der Erbansprecher entschieden.

Eine gesonderte Zivilrechtsklage auf Feststellung des besseren Erbrechts ist nicht möglich.

Voraussetzung für das Erbrechtsverfahren ist, dass widersprechende Erbantrittserklärungen abgegeben worden sind. Derjenige, der im Verlassenschaftsverfahren keine Erbantrittserklärung abgegeben hat, verliert durch ungenütztes Verstreichenlassen der Frist für die Erbantrittserklärung nicht sein Erbrecht, er wird nur dem weiteren Verlassenschaftsverfahren nicht mehr zugezogen, kann aber nach Abschluss des Verlassenschaftsverfahrens innerhalb der allgemeinen Verjährungsfrist **von 30 Jahren** die Erbschaftsklage einbringen (§ 823 ABGB).

2. Erbschaftsklage

Nach Beendigung des Verlassenschaftsverfahrens werden die Erbansprüche mittels Erbschaftsklage geltend gemacht, mit der der Kläger die (quotenmäßige) Herausgabe bzw. Abtretung der Erbschaft vom eingeantworteten Erben begehrt (Leistungsklage). Mit der Erbschaftsklage wird im Wesentlichen dasselbe Ziel wie im Erbrechtsverfahren verfolgt. Den Schnittpunkt stellt die Fassung des Einantwortungsbeschlusses durch das Verlassenschaftsgericht 1. Instanz dar. Bis dahin (also während des Verlassenschaftsverfahrens) ist ein Erbrecht im Verlassenschaftsverfahren geltend zu machen, danach mit der Erbschaftsklage. Da Grundlage und Ziel beider Verfahren gleich ist, können Ansprüche, die bereits erfolglos Gegenstand eines Erbrechtsverfahrens waren, nicht nochmals mittels Erbschaftsklage geltend gemacht werden. Für die Erbschaftsklage ist das Gericht am Wohnsitz oder gewöhnlichen Aufenthaltsort des eingeantworteten Erben zuständig (§ 77 Abs. 1 JN).

3. Erbteilungsklage

Das Verlassenschaftsgericht kann eine Erbteilung unter eigenberechtigten Erben nicht erzwingen. Die Einantwortung hat im Allgemeinen ohne Rücksicht auf das Vorliegen einer Erbteilung zu erfolgen (§ 181 AußStrG). Mangels Einigung auf ein Erbteilungsübereinkom-

---

74 OGH 13.10.1954 3 Ob 665/54; OGH 13.10.1954 3 Ob 665/54; OGH 3.3.1970, 8 Ob 48/70.

men ist die **Aufhebung der Erbengemeinschaft** mittels Erbteilungsklage durchzusetzen.[75] Zuständig für Erbteilungsklagen ist gem. § 77 Abs. 2 JN das Verlassenschaftsgericht.[76]

4. Pflichtteils(ergänzungs-)klage

182 Eine Durchsetzung der **Pflichtteilsansprüche** im Verlassenschaftsverfahren ist nicht vorgesehen.[77] Pflichtteils(ergänzungs-)ansprüche müssen mangels einvernehmlicher Regelung mittels Pflichtteilsklage geltend gemacht werden. Bis zur rechtskräftigen Einantwortung ist die Klage gegen den Nachlass, nach der Einantwortung gegenüber den eingeantworteten Testamentserben einzubringen.[78]

183 Bis zur Einantwortung bestimmt sich die **örtliche Zuständigkeit** für Pflichtteilsprozesse nach dem Sitz des Verlassenschaftsgerichts (Wohnsitz oder gewöhnlicher Aufenthaltsort des Erblassers), ab diesem Zeitpunkt nach dem Wohnsitz oder gewöhnlichen Aufenthaltsort des eingeantworteten Erben (§ 77 Abs. 1 JN).

5. Schenkungspflichtteilsklage

184 Reicht der Nachlass für die Deckung der erhöhten Pflichtteile aus, wird der Beschenkte durch die Anrechnung nicht berührt. Der verkürzte Pflichtteilsberechtigte hat sich an den Erben zu wenden. Soweit das Nachlassvermögen zur Befriedigung des Schenkungspflichtteils nicht ausreicht, hat der Geschenknehmer den **Fehlbetrag** zu bezahlen (§ 951 Abs. 1 ABGB).

6. Vermächtnisklage

185 Mit der Vermächtnisklage wird der schuldrechtliche Anspruch auf **Erfüllung des Vermächtnisses** geltend gemacht. Vor Rechtskraft der Einantwortung ist die Vermächtnisklage gegen den Nachlass (vertreten durch einen Kurator oder die erbantrittserklärten Erben), nach der rechtskräftigen Einantwortung gegen die Erben zu erheben. Bis zur Einantwortung bestimmt sich die **örtliche Zuständigkeit** für Vermächtnisklagen nach dem Sitz des Verlassenschaftsgerichts, ab diesem Zeitpunkt nach dem Wohnsitz bzw. gewöhnlichen Aufenthaltsort des eingeantworteten Erben (§ 77 Abs. 1 JN).

D. Besteuerung der Erbfolge

I. Wegfall der Erbschaftsteuer

186 Für Vermögenserwerbe von Todes wegen (in Wege einer Erbschaft oder eines Vermächtnisses) ist in Österreich **keine Erbschaftsteuer** mehr zu entrichten, wenn der Erblasser nach dem 31.7.2008 verstorben ist. Lediglich für Erbschaften, bei denen der Erblasser vor dem 1.8.2008 verstorben ist, muss Erbschaftsteuer bezahlt werden.

---

75 OGH 22.2.1990, 7 Ob 525/90.
76 OGH 21.11.2002, 2 Ob 236/02y.
77 Ist der Pflichtteilsberechtigte allerdings pflegebefohlen, muss das Verlassenschaftsgericht von Amts wegen den Pflichtteilsanspruch ermitteln und hat der Erbe dann nachzuweisen, dass er den gebührenden Pflichtteil berichtigt oder sichergestellt hat, ehe ihm eingeantwortet werden darf (Pflichtteilsausweis – § 174 AußStrG). Als Voraussetzung dafür ist von Amts wegen ein Inventar zu errichten.
78 OLG Innsbruck 14.10.1998, 4 R 256/98y m. abl. Anm. *König*.

Vorsicht ist allerdings **bei ausländischen Wohnsitzen** des Erblassers, Erben oder Vermächtnisnehmers geboten. In solchen Fällen können auch inländische Vermögenswerte der ausländischen Erbschaftsteuer unterliegen, weil nach ausländischem Recht oft der gesamte Erbschaftserwerb besteuert wird und Doppelbesteuerungsabkommen (mangels inländischer Steuerpflicht) nicht bestehen oder nicht eingreifen.

Derzeit wird die **Wiedereinführung** einer Erbschaftsteuer in Österreich von politisch maßgeblichen Entscheidungsträgern vehement gefordert.

II. Grunderwerbsteuer

Das Auslaufen der Erbschaftsteuerverpflichtung hat allerdings Auswirkungen auf die Grunderwerbsteuer. Der Erwerb **inländischer Grundstücke von Todes wegen**, z.B. im Wege einer Erbschaft, eines Vermächtnisses oder in Erfüllung eines Pflichtteilsanspruches unterliegt der Grunderwerbsteuer. **187**

Unter den **Begriff des Grundstücks** fallen Grund und Boden, Gebäude, Gebäude auf fremden Grund (Superädifikate), Miteigentum an Grund und Gebäuden, Wohnungseigentum, Baurechte und Baurechtswohnungseigentum.

Bemessungsgrundlage für die Grunderwerbsteuer ist grundsätzlich der Verkehrswert der Immobilie, bei Erwerb durch nahe Angehörige (Ehepartner, eingetragenen Partner, Lebensgefährten mit gemeinsamen Hauptwohnsitz, Eltern, Kinder, Enkelkinder, Stiefkinder, Adoptivkinder oder Schwiegerkinder) des Erblassers reduziert sich die Bemessungsgrundlage auf den dreifachen steuerlichen Einheitswert – maximal auf 30 % des Verkehrswerts der Liegenschaft. **188**

Der **Steuersatz** beträgt bei Erwerben durch nahe Angehörige (Ehepartner, eingetragenen Partner, Lebensgefährten mit gemeinsamen Hauptwohnsitz, Eltern, Kinder, Enkelkinder, Stiefkinder, Adoptivkinder oder Schwiegerkinder) 2 % der Bemessungsgrundlage, in allen anderen Fällen 3,5 %. Bei Erwerb von Grundstücken durch Privatstiftungen erhöht sich der Steuersatz nochmals um 2,5 % (Stiftungseingangssteueräquivalent). **189**

Steuerbefreit ist der Erwerb eines Grundstückes, wenn der für die Berechnung der Steuer maßgebliche Wert 1.100 EUR nicht übersteigt (Bagatellgrenze). Bei Erwerb von **land- und forstwirtschaftlichen** Grundstücken ermäßigt sich die Grunderwerbsteuer um höchstens 110 EUR. Beim Erwerb von **Betrieben** und Teilbetrieben gibt es für die zum Betrieb gehörenden, übertragenen Grundstücke bei Vorliegen bestimmter weiterer Voraussetzungen einen Freibetrag in Höhe von 365.000 EUR (§ 3 Abs. 1 Z 2 GrEStG). **190**

III. Weitere im Rahmen der Erbfolge anfallende Steuern

Solange ein Erbteilungsübereinkommen im Verlassenschaftsverfahren **vor der Einantwortung des Nachlasses** abgeschlossen wird und ausschließlich Nachlassvermögen betrifft, ist die durch diese Vereinbarung ausgelöste Steuer- und Gebührenbelastung gering. **191**

192 Werden Erbübereinkommen erst **nach der Beendigung des Verlassenschaftsverfahrens** geschlossen oder Aufteilungsregelungen vereinbart, die nicht nur das Nachlassvermögen betreffen, liegen insoweit gesonderte Rechtsvorgänge vor, die zusätzlichen Abgaben unterliegen können (Grunderwerbsteuer, Gesellschaftsgebühr, Einkommensteuer, Umsatzsteuer etc.). Steuerliche Überlegungen sind insbesondere dann anzustellen, wenn sich im Nachlassvermögen Liegenschaften oder Unternehmen befinden.

Weitere Informationen und Materialien, wie z.B. Muster, Formulare, amtliche Texte und Internetadressen befinden sich auf der beiliegenden CD-Rom.

Polen

Sławomir Łakomy, Notar, Murowana Goślina
übersetzt und umfassend überarbeitet von Jakub Müller-Judenau, Rechtsreferendar bei OIRP zu Poznań

Inhalt

A. Rechtsanwendung im Erbrecht 1
   I. Quellen des Internationalen Erbrechts ... 1
   II. Bestimmung des Erbstatuts 7
   III. Besonderheiten bei testamentarischer Erbfolge 9
   IV. Gestaltungsmöglichkeiten/Rechtswahl ... 12
B. Materielles Erbrecht 15
   I. Gesetzliche Erbfolge 15
      1. Die Erbordnungen 15
      2. Sonderregeln für das gesetzliche Erbrecht des Ehegatten 28
      3. Gesetzliches Erbrecht aufgrund Adoption 30
      4. Besondere Rechte bedürftiger Großeltern des Erblassers 33
      5. Das Landwirtschaftserbrecht 34
   II. Testamentarische Erbfolge 36
      1. Arten testamentarischer Verfügungen 36
      2. Testamentsformen 38
      3. Testamentsregister 45
      4. Möglicher Inhalt der Testamente 47
   III. Pflichtteilsrecht 52
   IV. Testamentsvollstreckung 56
   V. Erbvertrag, Erbverzicht 58
   VI. Wege der Nachlassregelung außerhalb des Erbrechts 59
VII. Nachlassabwicklung 61
      1. Struktur der Erbengemeinschaft 61
      2. Annahme und Ausschlagung der Erbschaft 66
VIII. Probleme bei der Vererbung bestimmter Rechte von und an Ausländer 71
C. Erbverfahrensrecht 81
   I. Notwendigkeit eines Nachlassverfahrens im Inland 82
   II. Abwicklung von im Inland belegenem Nachlass deutscher Staatsangehöriger ... 84
   III. Anerkennung deutscher Erbscheine 93
   IV. Durchführung des Nachlassverfahrens ... 96
   V. Erbscheinserteilung durch den Notar ... 101
D. Besteuerung der Erbfolge 103
   I. Das System der Erbschaftsteuer 103
      1. Gegenstand der Erbschaftsteuer 103
      2. Steuertarif 107
      3. Bewertung des Nachlasses 110
   II. Beschränkte und unbeschränkte Steuerpflicht 113
   III. Weitere im Rahmen der Erbfolge anfallende Steuern 115
   IV. Beispiele zur Berechnung der Erbschaftsteuer 117

Literatur

Deutschsprachige Literatur

Bogen/Łakomy, Länderbericht Polen, in: Frank/Wachter, Handbuch Immobilienrecht in Europa, Zivil- und steuerrechtliche Aspekte des Erwerbs, der Veräußerung und der Vererbung von Immobilien, 2. Aufl. 2015, S. 937 ff.; Polen (Stand: 2015), in: Ferid/Firsching/Dörner/Hausmann, Internationales Erbrecht; *Gralla*, Das polnische Erbrecht, ZNotP 1997, 47; *Haas*, in: Bengel/Reimann, Handbuch der Testamentsvollstreckung, 5. Aufl. 2013, 9. Kapitel, S. 539 ff.; *Jülicher*, in: Troll/Gebel/Jülicher, Erbschaftsteuer- und Schenkungssteuergesetz, Anhang zu § 21 Rn 122 (Stand: 10/2014); *Łakomy*, Erwerb von Immobilien durch Ausländer, NotBZ 2000, 402 und NotBZ 2001, 330; *Łakomy*, Verwendbarkeit deutscher Urkunden in Polen, Legalisation im polnischen Recht, NotBZ 2003, 254; *Ludwig*, Länderbericht Polen, in: Kroiß/Ann/Mayer, NomosKommentar BGB, Band 5, Erbrecht, 4. Aufl. 2014, S. 1935 ff.; *Maczynski*, Länderbericht Polen, in: Henrich/Schwab, Familienerbrecht und Testierfreiheit im europäischen Vergleich, 2001, S. 191 ff.; *Martiny/Guttzeit*, Fragen des anwendbaren Erbrechts mit deutschen und polnischen Beteiligten, NotBZ 2001, 5; *Oplustil*, Probleme internationaler Doppelbesteuerung im deutschen und polnischen Erbschaftssteuerrecht, IWB Fach 3, Gruppe 9, S. 127 (1998); Polnische Wirtschaftsgesetze, C.H. Beck, 8. Aufl., Warszawa 2010.

Literatur in polnischer Sprache

Biernat/Cybula, Prawo spadkowe, Testy. Kazusy. Tablice, 2003 (Erbrecht, Texte, Kasus, Tafeln, 2003); *Brzeszczyńska*, Spadki 2000 (Erbschaften 2000); *Fabian*, Statut spadkowy w nowym prawie prywatnym międzynarodowym (Erbschaftsstatut im neuen internationalen Privatrecht), PiP 1968, Heft 11; *Kordasiewicz* (Hrsg.), System prawa prywatnego, Tom X (System des Privatrechtes, Band X), 2009; *Księżak*, Zachowek w polskim prawie spadkowym (Pflichtteil in dem polnischen Erbrech), 2010; *Osajda*, Testamenty wspólne (Gemeinsame Testamente), 2005; *Pazdan*, Prawo prywatne międzynarodowe (Internationales Privatrecht), 1996; *Pietrzykowski* (Hrsg.), Kodeks cywilny, Komentarz, Tom II (Zivilgesetzbuch, Kommentar, Band II), 2005; *Piątowski*, Prawo spadkowe, Zarys wykładu (Erbrecht, Abriss eines Vortrags), 1987; *Skowrońska-Bocian*, Testament w prawie polskim (Das Testament in dem polnischen Recht), 2004;*Skowrońska-Bocian*, Komentarz do kodeksu cywilnego, Księga czwarta, Spadki (Kommentar zum Zivilgesetzbuch, Viertes Buch, Erbschaften), 2007; *Skowrońska-Bocian*, Prawo spadkowe (Erbrecht), 2011.

Die wichtigsten Rechtsquellen

ZGB – Zivilgesetzbuch (*Kodeks cywilny*) vom 23.4.1964 (Neufassung im Gesetzblatt *Dziennik Ustaw* von 2014 Pos. 121 mit späteren Änderungen); EGZGB – Einführungsgesetz zum Zivilgesetzbuch (*Przepisy wprowadzające Kodeks cywilny*) vom 23.4.1964 (Gesetzblatt *Dziennik Ustaw* von 1964 Nr. 16, Pos. 94 mit späteren Änderungen); IPRG – Gesetz über das internationale Privatrecht (*Prawo prywatne międzynarodowe*) vom 4.2.2011 (Gesetzblatt *Dziennik Ustaw* von 2011 Nr. 80, Pos. 432 mit späteren Änderungen); Haager Abkommen vom 5.10.1961 über die Rechtskollision in Fragen der Form der testamentarischen Vermächtnisse; Gesetz über den Erwerb von Immobilien durch Ausländer (*Ustawa o nabywaniu nieruchomości przez cudzoziemców*) vom 24.3.1920 (Neufassung im Gesetzblatt *Dziennik Ustaw* von 2004 Nr. 167, Pos. 1758 mit späteren Änderungen); ZPO – Zivilprozessordnung (*Kodeks postępowania cywilnego*) vom 17.11.1964 (Neufassung im Gesetzblatt *Dziennik Ustaw* von 2014, Pos. 101 mit späteren Änderungen); Gesetz über Erbschaft- und Schenkungsteuer (*Ustawa o podatku od spadków i darowizn*) vom 28.7.1983 (Gesetzestext in der neuesten Fassung – Gesetzblatt *Dziennik Ustaw* von 2009 Nr. 93, Pos. 768 mit späteren Änderungen); *ustawa z dnia 14 lutego 1991 roku – Prawo o notariacie* (Neufassung im Gesetzblatt *Dziennik Ustaw* von 2014, Pos. 164 mit späteren Änderungen).

A. Rechtsanwendung im Erbrecht

I. Quellen des Internationalen Erbrechts

1 Grundlage für die Bestimmung des Erbstatuts sind die Landesvorschriften des Internationalen Privatrechts. In der Republik Polen ist dieses im Gesetz vom 4.2.2011 über das Internationale Privatrecht[1] (**IPRG 2011**) geregelt. Dieses ersetzt das Gesetz vom 12.11.1965 (im Folgenden „**IPRG 1965**"[2]).

2 Neben dem IPRG finden die Bestimmungen der internationalen Abkommen Anwendung. Von großer Bedeutung ist das **Haager Abkommen über die Testamentsform** vom 5.10.1961, das ein multilaterales Abkommen ist.[3]

3 Polen ist auch verpflichtet, die neue Verordnung (EU) Nr. 650/2012 des Europäischen Parlaments und des Rates vom 4. Juli 2012 über die Zuständigkeit, das anzuwendende Recht, die Anerkennung und Vollstreckung von Entscheidungen und die Annahme und Vollstreckung öffentlicher Urkunden in Erbsachen sowie zur Einführung eines Europäi-

---

1 Gesetzblatt *Dziennik Ustaw* Nr. 80, Pos. 432 mit späteren Änderungen.
2 Prawo międzynarodowe prywatne (Gesetzblatt *Dziennik Ustaw* Nr. 46, Pos. 290 mit späteren Änderungen).
3 Text auf der beiliegenden CD-ROM unter der Rubrik „Haager Konventionen".

schen Nachlasszeugnisses⁴ (**EU-Erbrechtsverordnung**), in Kraft getreten am 18.8.2012, anzuwenden. Die Verordnung gilt ab dem 17.8.2015 und findet somit auf die Rechtsnachfolge von Personen Anwendung, die am 17.8.2015 oder danach verstorben sind.

Darüber hinaus gibt es auch **bilaterale Verträge**. Dabei handelt es sich insbesondere um folgende Verträge:
- Vertrag mit der ehemaligen Sowjetunion vom 28.12.1957 über die Leistung der Rechtshilfe in Zivil-, Familien- und Strafsachen;⁵
- Vertrag mit Ungarn vom 6.3.1959 über den Rechtsverkehr in Zivil-, Familien- und Strafsachen;⁶
- Vertrag mit dem ehemaligen Jugoslawien von 6.2.1960 über den Rechtsverkehr in Zivil-, Familien- und Strafsachen;⁷
- Vertrag mit Bulgarien vom 4.12.1961 über die Rechtshilfe in Zivil-, Familien- und Strafsachen;⁸
- Vertrag mit Rumänien vom 25.1.1962 über die Leistung der Rechtshilfe in Zivil-, Familien- und Strafsachen;⁹
- Vertrag mit der Republik Österreich vom 11.12.1963 über die gegenseitigen Beziehungen im Bereich des Zivilrechts und bezüglich der Dokumente;¹⁰
- Vertrag mit der ehemaligen Tschechoslowakei vom 21.12.1987 über die Rechtshilfe in Zivil-, Familien-, Arbeitsrechts- und Strafsachen.¹¹

Bezüglich der **Kollisionsnormen** gelten zwischen der Republik Polen und Bundesrepublik Deutschland keine bilateralen Verträge. Von Bedeutung sind allerdings die Kollisionsnormen des Vertrages zwischen der Deutschen Demokratischen Republik und der Volksrepublik Polen vom 1.2.1957.¹²

Für die Geltendmachung der aus der Erbfolge hervorgehenden Rechte sind die im Dritten Teil der Zivilprozessordnung vom 17.11.1964¹³ enthaltenen **Verfahrensvorschriften** maßgeblich.

---

4 ABl. EU L 201 vom 27.7.2012, S. 107.
5 Gesetzblatt *Dziennik Ustaw* von 1958 Nr. 32, Pos. 147; in Kraft getreten am 7.6.1958; geändert durch das Protokoll vom 23.1.1980 (Gesetzblatt *Dziennik Ustaw* Nr. 28, Pos. 121), gültig ab 16.11.1980.
6 Gesetzblatt *Dziennik Ustaw* von 1969 Nr. 8, Pos. 54; in Kraft getreten am 26.2.1960; geändert durch das Protokoll vom 18.9.1980 (Gesetzblatt *Dziennik Ustaw* von 1982 Nr. 5, Pos. 32), gültig ab 4.10.1981.
7 Gesetzblatt *Dziennik Ustaw* von 1963 Nr. 27, Pos. 162; in Kraft getreten am 5.6.1963.
8 Gesetzblatt *Dziennik Ustaw* von 1963 Nr. 27, Pos. 88; in Kraft getreten am 19.4.1963; geändert durch das Protokoll vom 27.6.1980 (Gesetzblatt *Dziennik Ustaw* von 1981 Nr. 10, Pos. 43), gültig ab 25.2.1981.
9 Gesetzblatt *Dziennik Ustaw* Nr. 63, Pos. 501; in Kraft getreten am 6.12.1962; geändert durch das Protokoll vom 14.9.1972 (Gesetzblatt *Dziennik Ustaw* von 1973 Nr. 41, Pos. 243), gültig ab 18.7.1973.
10 In Kraft getreten am 20.2.1974; ergänzt durch das Zusatzprotokoll vom 25.1.1973 (Gesetzblatt *Dziennik Ustaw* von 1973 Nr. 6, Pos. 33 und 34).
11 Gesetzblatt *Dziennik Ustaw* von 1989 Nr. 39, Pos. 210; in Kraft getreten am 9.4.1989.
12 Vertrag zwischen der Deutschen Demokratischen Republik und der Volksrepublik Polen über den Rechtsverkehr in Zivil-, Familien- und Strafsachen vom 1.2.1957 (Gesetzblatt *Dziennik Ustaw* von 1958, Nr. 27, Pos. 114); geltend im Zeitraum vom 11.9.1957 bis zum 3.10.1990; Art. 40 ff. betreffen Erbrecht.
13 Neufassung im Gesetzblatt *Dziennik Ustaw* von 2014, Pos. 101 mit späteren Änderungen.

II. Bestimmung des Erbstatuts

7   In vielen Rechtssystemen bestimmt sich in Nachlasssachen das Erbstatut nach dem **Heimatrecht** des Erblassers. Auch der polnische Gesetzgeber hat diese Konstruktion dem IPRG 1965 zugrunde gelegt. Gemäß Art. 34 IPRG 1965 fand in Nachlasssachen das Heimatrecht des Erblassers zur Zeit seines Todes Anwendung. Über die Gültigkeit eines Testaments und anderer von Todes wegen vorgenommener Rechtsgeschäfte entschied das Heimatrecht des Erblassers zur Zeit der Vornahme dieser Geschäfte. Es genügte jedoch die Beachtung der Form, die nach dem Recht des Staates vorgeschrieben ist, in dem das Rechtsgeschäft vorgenommen wird (Art. 35 IPRG 1965). Sah das Gesetz die Anwendung des Heimatrechts vor und ließ sich die Staatsangehörigkeit des Erblassers nicht feststellen oder hatte der Erblasser keine Staatsangehörigkeit, so fand das Recht des Staates Anwendung, in dem er zur Zeit seines Todes seinen Wohnsitz hatte (Art. 3 IPRG 1965). Gemäß Art. 7 IPRG 1965 fand auch das polnische Erbrecht Anwendung, wenn der Wohnsitz des Erblassers zur Zeit seines Todes nicht festgestellt werden konnte.

8   Nach dem Erbstatut, das in Art. 34 IPRG 1965 bestimmt wurde, wurden die Erbvoraussetzungen beurteilt (Anfall der Erbschaft, Erbfähigkeit, Erbunwürdigkeit und Verträge über die Ausschlagung der Erbschaft), der Nachlass ermittelt und die gesetzliche oder testamentarische Berufung zur Erbschaft beurteilt. Nach dem Erbstatut richteten sich darüber hinaus die Möglichkeiten, die Erbschaft anzunehmen oder auszuschlagen, die Haftung für die Erbschulden, die Beziehungen zwischen den Erben, der Pflichtteil, das testamentarische Vermächtnis und die Testamentsvollstreckung. Das Erbstatut war auch für die Erbteilung von wichtiger Bedeutung.

III. Besonderheiten bei testamentarischer Erbfolge

9   Die Republik Polen ist Unterzeichnerin des Haager Testamentsformübereinkommens vom 5.10.1961.[14] Bezüglich der Republik Polen trat dieses Abkommen am 2.11.1969 in Kraft. Mit dem Inkrafttreten dieses Abkommens wurde die Bedeutung des Art. 35 des polnischen IPRG 1965 wesentlich modifiziert. Artikel 35 IPRG 1965 regelte das Statut der Rechtsgeschäfte *mortis causa*, also nicht nur die Fragen der Gültigkeit des Testaments, sondern auch die Fragen seines Inhalts, von Fehlern der Willenserklärung des Erblassers und der Formerfordernisse selber. Das **Haager Abkommen** hat **Vorrang vor** dem **IPRG** und vor bilateralen Verträgen mit Staaten, die zugleich Vertragspartner des Abkommens sind. Dies bedeutet, dass das Haager Abkommen vorrangig gegenüber Art. 35 IPRG 1965 anzuwenden ist. Gemäß Art. 66 Abs. 1 IPRG 2011 richtet sich das für die Form und den Widerruf eines Testaments gültige Recht nach dem Haager Testamentsformübereinkommen vom 5.10.1961. Das so bestimmte maßgebliche Recht ist auch für die Form der anderen Verfügungen von Todes wegen entsprechend anzuwenden (Art. 66 Abs. 2 IPRG 2011).

10 Art. 65 IPRG 2011 bestimmt, dass – vorbehaltlich Art. 66 IPRG 2011 – die Gültigkeit des Testaments und der anderen Verfügungen von Todes wegen dem Heimatrecht des Erblassers zur Zeit der Vornahme dieser Geschäfte unterliegt. Auf diese Weise hat der Gesetzgeber den Vorrang des Haager Testamentsformübereinkommens vom 5.10.1961 ausdrücklich hervorgehoben.

---

14 Gesetzblatt *Dziennik Ustaw* von 1969 Nr. 34, Pos. 284.

Die Republik Polen hat gem. Art. 12 des Haager Abkommens einen Vorbehalt eingeführt, wonach vom Geltungsbereich des Abkommens solche testamentarischen Klauseln ausgeschlossen sind, die nach dem polnischen Recht keinen erbrechtlichen Charakter haben.

IV. Gestaltungsmöglichkeiten/Rechtswahl

Noch im IPRG 1965 hatte der polnische Gesetzgeber im Bereich der Nachlassangelegenheiten **keine Möglichkeit** vorgesehen, das **Erbstatut zu wählen**, wie es z.B. bei Verbindlichkeiten oder Arbeitsverhältnissen gemacht wurde. Das polnische IPRG 1965 beinhaltete insoweit keine Vorschriften wie z.B. Art. 25 Abs. 2 des deutschen EGBGB.

Nunmehr allerdings kann gem. Art. 64 Abs. 1 IPRG 2011 der Erblasser in einem Testament oder in einer anderen Verfügung von Todes wegen für die Rechtsnachfolge von Todes wegen sein Heimatrecht, das Recht seines Wohnortes oder das Recht seines gewöhnlichen Aufenthalts zur Zeit der Rechtswahl oder seines Todes wählen. Die Rechtswahl muss ausdrücklich erfolgen (Art. 4 Abs. 2 IPRG 2011) oder sich aus der Gesamtheit der Umstände eindeutig erkennen lassen. Eine Teilrechtswahl ist ausgeschlossen. Wurde für die Rechtsnachfolge von Todes wegen kein Recht gewählt, so gilt das Heimatrecht des Erblassers zur Zeit seines Todes (Art. 64 Abs. 2 IPRG 2011).

Zu beachten ist in diesem Zusammenhang aber, dass die EU-Erbrechtsverordnung unmittelbar anzuwenden ist (siehe Rn 77).

B. Materielles Erbrecht

I. Gesetzliche Erbfolge

1. Die Erbordnungen

Die gesetzliche Erbfolge ist in den Art. 931–940 Zivilgesetzbuch (ZGB)[15] geregelt. Der Gesetzgeber hat die Vorschriften, die die Erbfolge betreffen, insbesondere die Regelungen der gesetzlichen Erbfolge, ausführlich bestimmt. Am 28.6.2009 ist das Gesetz zur Änderung des Zivilgesetzbuches[16] in Kraft getreten, das zu umfangreichen Änderungen bei der gesetzlichen Erbfolge führte.

Zur gesetzlichen Erbfolge sind an **erster Stelle** die **Kinder des Erblassers** sowie sein **Ehegatte** berufen. Sie erben zu gleichen Teilen. Der dem Ehegatten zufallende Erbteil darf jedoch nicht geringer als ein Viertel der Erbschaft sein (Art. 931 § 1 ZGB). Hat ein Kind des Erblassers den Erbfall nicht erlebt, so fällt der Erbteil, der ihm angefallen wäre, seinen Kindern zu gleichen Teilen zu. Diese Regelung findet auf weitere Abkömmlinge entsprechende Anwendung (Art. 931 § 2 ZGB).

---

15 Vom 23.4.1964 (Neufassung Gesetzblatt *Dziennik Ustaw* von 2014, Pos. 201) mit späteren Änderungen.
16 Gesetzblatt *Dziennik Ustaw* von 2009 Nr. 79, Pos. 662.

17 Sind keine Abkömmlinge des Erblassers vorhanden, so sind sein Ehegatte und seine Eltern zu gesetzlichen Erben berufen (Art. 932 § 1 ZGB). Der Erbteil jedes Elternteils, der zusammen mit dem Ehegatten des Erblassers erbt, beträgt ein Viertel des Nachlasses. Wäre die Vaterschaft des Elternteils nicht festgestellt worden, beträgt der Erbteil der Mutter des Erblassers, die zusammen mit seinem Ehegatten erbt, die Hälfte der Erbschaft (Art. 932 § 2 ZGB).

18 Sind Abkömmlinge und ein Ehegatte des Erblassers nicht vorhanden, so erben seine Eltern zu gleichen Teilen (Art. 932 § 3 ZGB). Hat ein Elternteil den Erbfall nicht erlebt, so fällt der Erbteil, der ihm angefallen wäre, den Geschwistern des Erblassers zu gleichen Teilen zu (Art. 932 § 4 ZGB).

19 Hat ein Geschwister des Erblassers den Erbfall nicht erlebt, aber Abkömmlinge hinterlassen, so fällt der Erbteil, der ihm angefallen wäre, seinen Abkömmlingen zu (Art. 932 § 5 ZGB). Dieser Erbteil wird nach den Regeln, die für die weiteren Abkömmlinge des Erblassers gelten, geteilt.

20 Hat ein Elternteil den Erbfall nicht erlebt und sind keine Geschwister oder deren Abkömmlinge vorhanden, beträgt der Erbteil des Elternteils, der zusammen mit dem Ehegatten des Erblassers erbt, die Hälfte der Erbschaft (Art. 932 § 6 ZGB).

21 Der Erbteil des Ehegatten, der zusammen mit den Eltern, den Geschwistern und deren Abkömmlingen erbt, beträgt die Hälfte der Erbschaft (Art. 933 § 1 ZGB).

22 Sind Abkömmlinge, Eltern, Geschwister und Abkömmlinge von Geschwistern des Erblassers nicht vorhanden, so fällt die ganze Erbschaft seinem Ehegatten zu (Art. 933 § 2 ZGB).

23 Sind Abkömmlinge, Ehegatte, Eltern, Geschwister und Abkömmlinge von Geschwistern des Erblassers nicht vorhanden, so fällt die ganze Erbschaft seinen Großeltern zu, die zu gleichen Teilen erben (Art. 934 § 1 ZGB).

24 Hat ein Großelternteil den Erbfall nicht erlebt, so fällt der Erbteil, der ihm angefallen wäre, seinen Abkömmlingen zu. Dieser Erbteil wird nach den Regeln, die für die Abkömmlinge des Erblassers gelten, geteilt (Art. 934 § 2 ZGB).

25 Sind Abkömmlinge eines Großelternteils, der den Erbfall nicht erlebt hat, nicht vorhanden, so fällt der Erbteil, der ihm angefallen wäre, den überlebenden Großeltern zu gleichen Teilen zu (Art. 934 § 3 ZGB).

26 Sind der Ehegatte des Erblassers und die Verwandten, die zur gesetzlichen Erbfolge berufen sind, nicht vorhanden, so fällt die Erbschaft den Kindern des Ehegatten des Erblassers, deren Elternteil den Erbfall nicht erlebt hat, zu gleichen Teilen zu (Art. 934[1] ZGB).

27 Sind der Ehegatte des Erblassers und zur gesetzlichen Erbfolge berufene Verwandte und die Kinder des Ehegatten des Erblassers nicht vorhanden, so fällt die Erbschaft der **Gemeinde**, in welcher der Erblasser seinen letzten Wohnsitz hatte, als gesetzlichem Erben zu. Kann der letzte Wohnsitz des Erblassers in der Republik Polen nicht festgestellt werden

Łakomy

oder war der letzte Wohnsitz des Erblassers im Ausland, so fällt die Erbschaft dem **Fiskus** als dem gesetzlichen Erben zu (Art. 935 ZGB).[17]

2. Sonderregeln für das gesetzliche Erbrecht des Ehegatten

Die Vorschriften über die gesetzliche Erbfolge gelten nicht für einen Ehegatten des Erblassers, der mit diesem Erblasser in der **Separation** (gesetzliche Trennung von Tisch und Bett) lebte (Art. 935¹ ZGB). Eine Ausnahme von der Regelung in Art. 931 § 1 ZGB ist Art. 940 ZGB. Der Ehegatte ist von der Erbfolge schon dann ausgeschlossen, wenn der Erblasser aufgrund Verschuldens des anderen Teils die Scheidungs- oder Separationsklage eingereicht hat und das Scheidungs- oder Separationsbegehren begründet gewesen ist. Der **Ausschluss des Ehegatten** von der Erbfolge erfolgt durch Gerichtsentscheidung. Die Ausschließung kann jeder der übrigen zur gesetzlichen Erbfolge berufenen Erben zusammen mit dem Ehegatten verlangen. Die Frist zur Klageerhebung beträgt sechs Monate ab dem Tage, an dem der Erbe vom Erbfall erfahren hat, jedoch nicht länger als ein Jahr seit dem Erbfall.

28

Der Ehegatte, der aufgrund gesetzlicher Erbfolge zusammen mit anderen Erben – ausgenommen den Abkömmlingen des Erblassers, die mit ihm im Zeitpunkt seines Todes zusammengewohnt haben – erbt, kann über seinen Erbteil hinaus aus der Erbschaft die **Haushaltsgegenstände** verlangen, die er zu Lebzeiten des Erblassers mit diesem zusammen oder alleine benutzt hat. Auf diesen Anspruch des Ehegatten finden die Vorschriften über das Vermächtnis entsprechende Anwendung (Art. 939 § 1 ZGB). Dieser Anspruch steht dem Ehegatten aber nicht zu, wenn das eheliche Zusammenleben zu Lebzeiten des Erblassers bereits beendet war (Art. 939 § 2 ZGB).

29

---

17 Bis zum 27.6.2009 war die gesetzliche Erbfolge wie folgt geregelt:
Sind keine Abkömmlinge des Erblassers vorhanden, so sind sein Ehegatte, seine Eltern und seine Geschwister berufen (Art. 932 § 1 ZGB). Der Erbteil des Ehegatten, der entweder zusammen mit den Eltern oder mit den Geschwistern oder mit den Eltern und den Geschwistern des Erblassers erbt, beträgt die Hälfte der Erbschaft (Art. 932 § 2 ZGB).
Der Erbteil jedes Elternteils, der zusammen mit den Geschwistern des Erblassers erbt, beträgt ein Viertel dessen, was den Eltern und Geschwistern zusammen zufällt. Den verbleibenden Teil erben die Geschwister zu gleichen Teilen (Art. 933 § 1 ZGB). Hat ein Elternteil den Erbfall nicht erlebt, so fällt der Erbteil, der ihm angefallen wäre, je zur Hälfte dem anderen Elternteil und den Geschwistern des Erblassers zu (Art. 933 § 2 ZGB). Sind neben dem Ehegatten nur die Eltern oder nur die Geschwister zur Erbschaft berufen, so erben sie zu gleichen Teilen das, was den Eltern und Geschwistern zusammen zufällt (Art. 933 § 3 ZGB). Hat ein Geschwister des Erblassers den Erbfall nicht erlebt, aber Abkömmlinge hinterlassen, so fällt der Erbteil, der ihm angefallen wäre, seinen Abkömmlingen zu. Die Verteilung dieses Erbteils erfolgt nach den Grundsätzen, die für die Verteilung zwischen weiteren Abkömmlingen des Erblassers gelten (Art. 934 ZGB).
Sind Abkömmlinge, Eltern, Geschwister und Abkömmlinge von Geschwistern des Erblassers nicht vorhanden, so fällt die ganze Erbschaft seinem Ehegatten zu (Art. 935 § 1 ZGB).
Sind Abkömmlinge und ein Ehegatte des Erblassers nicht vorhanden, so fällt die ganze Erbschaft seinen Eltern, Geschwistern und den Abkömmlingen von Geschwistern zu (Art. 935 § 2 ZGB). Sind ein Ehegatte des Erblassers und zur gesetzlichen Erbfolge berufene Verwandte nicht vorhanden, so fällt die Erbschaft der Gemeinde, in welcher der Erblasser den letzten Wohnsitz hatte, als gesetzlichem Erben zu. Wenn der letzte Wohnsitz des Erblassers in der Republik Polen nicht festgestellt werden kann oder der letzte Wohnsitz des Erblassers im Ausland war, so fällt die Erbschaft dem Fiskus als dem gesetzlichen Erben zu (Art. 935 § 3 ZGB).

3. Gesetzliches Erbrecht aufgrund Adoption

30 Im polnischen Erbrecht beerbt ein Adoptierter den Annehmenden und seine Verwandten so, als wenn er ein leibliches Kind des Annehmenden wäre, und der Annehmende und seine Verwandten beerben einen Adoptierten so, als wenn der Annehmende ein leiblicher Elternteil des Adoptierten wäre (Art. 936 § 1 ZGB).

31 Gemäß Art. 936 § 2 ZGB beerbt der Adoptierte aber nicht seine natürlichen Verwandten aufsteigender Linie und ihre Verwandten. Die erwähnten Personen beerben den Adoptierten ebenfalls nicht. Eine Ausnahme gilt, wenn ein Ehegatte das Kind des anderen Ehegatten adoptiert. Dann finden die Vorschriften des Art. 936 § 2 ZGB keine Anwendung in Bezug auf diesen Ehegatten und seine Verwandten und, wenn eine solche Adoption nach dem Tode des zweiten Elternteils des Adoptierten erfolgte, auch in Bezug auf die Verwandten des Verstorbenen, deren aus der Verwandtschaft herrührende Rechte und Pflichten durch die Entscheidung über die Adoption aufrechterhalten wurden (Art. 936 § 3 ZGB).

32 In Art. 937 ZGB hat der Gesetzgeber eine Situation geregelt, in welcher die Rechtswirkungen der Adoption ausschließlich auf der Entstehung eines Rechtsverhältnisses zwischen dem Annehmenden und dem Adoptierten beruhen. In dieser Situation beerbt erstens der Adoptierte den Annehmenden gleich seinen Kindern, und die Abkömmlinge des Adoptierten beerben den Annehmenden nach den gleichen Grundsätzen wie weitere Abkömmlinge des Erblassers. Zweitens beerben der Adoptierte und seine Abkömmlinge nicht die Verwandten des Annehmenden, und Verwandte des Annehmenden beerben nicht den Adoptierten und seine Abkömmlinge. Drittens beerben die leiblichen Eltern des Adoptierten nicht den Adoptierten, und an ihrer Stelle beerbt der Annehmende den Adoptierten. Darüber hinaus beeinträchtigt die Adoption die Berufung zur Erbschaft aus Verwandtschaft nicht.

4. Besondere Rechte bedürftiger Großeltern des Erblassers

33 Besondere Rechte haben die Großeltern des Erblassers, die sich in Not befinden und die ihnen zustehende Unterhaltsmittel von ihnen gesetzlich zum Unterhalt verpflichteten Personen nicht erhalten können. Gemäß Art. 938 ZGB können sie von einem Erben, dem eine derartige Verpflichtung nicht obliegt, Unterhaltmittel entsprechend ihren Bedürfnissen und entsprechend dem Wert seines Erbteils verlangen. Der Erbe kann diesen Anspruch auch in der Weise erfüllen, dass er den Großeltern des Erblassers einen Geldbetrag in Höhe des Wertes von einem Viertel seines Erbteils zahlt.

5. Das Landwirtschaftserbrecht

34 Besondere Regeln betreffen den Erwerb von Landwirtschaftsbetrieben im Wege der Erbfolge, wenn es um Nachlässe geht, welche vor dem 14.2.2001 eröffnet worden sind. Auf das gesetzliche Erbrecht von landwirtschaftlichen Betrieben mit landwirtschaftlichem Grundbesitz von über 1 Hektar finden die allgemeinen Regeln des ZGB mit den sich aus den Art. 1059–1087 ZGB ergebenden Änderungen Anwendung. Die größte Bedeutung hat Art. 1059 ZGB, der die Voraussetzungen für die Erbschaft regelt. Die gesetzlichen Erben beerben die Landwirtschaft, wenn sie im Zeitpunkt des Erbfalls unmittelbar in der landwirtschaftlichen Produktion dauerhaft beschäftigt sind oder wenn sie eine Berufsausbildung für die Ausübung der landwirtschaftlichen Produktion haben oder wenn sie minderjährig oder in der Berufsausbildung sind oder die Schule besuchen oder wenn sie dauernd arbeitsunfähig sind. In diesem Bereich sind die Vorschriften sehr kasuistisch. Man sollte also die konkreten Erwerbsfälle analysieren.

Łakomy

Gemäß Art. XXIII § 1 EGZGB steht den Erben oder Vermächtnisnehmern, die Angehörige eines fremden Staates sind und deren Rechte auf eine Landwirtschaft aufgrund der Sondervorschriften ausgeschlossen bzw. beschränkt wurden, von den übrigen Erben, zugunsten derer dieser Ausschluss bzw. Beschränkung erfolgt ist, eine **Geldvergütung** in Höhe des Nachlasses oder des Vermächtnisses in einem solchen Bereich zu, in welchem der Nachlass oder das Vermächtnis – nach Abzug der Schulden – diesen Erben oder den Vermächtnisnehmern zufallen würde, wenn ihr Recht auf Erbfolge oder das Vermächtnis nicht ausgeschlossen oder beschränkt worden wäre. Diese Vorschrift findet nur dann Anwendung, wenn in dem Staat, dessen Staatsangehöriger der zum Erhalt der Vergütung berechtigte Erbe oder der Vermächtnisnehmer ist, Gegenseitigkeit besteht.

II. Testamentarische Erbfolge

1. Arten testamentarischer Verfügungen

Über Vermögen kann von Todes wegen nur durch Testament verfügt werden (Art. 941 ZGB). Gemäß Art. 942 ZGB darf ein **Testament** die **Verfügungen nur eines Erblassers** enthalten. Gemeinschaftliche Testamente sind im polnischen Recht nicht vorgesehen. Ein Vertrag über den Nachlass einer noch lebenden Person ist unwirksam (Art. 1047 ZGB). Nach dem polnischen Recht ist als Erbvertrag nur der Erbverzicht möglich (Art. 1048 ZGB).

Gemäß Art. 944 § 1 ZGB kann nur ein voll Geschäftsfähiger ein Testament errichten und widerrufen. Ein Testament kann nicht durch einen Vertreter errichtet oder widerrufen werden (Art. 944 § 2 ZGB).

2. Testamentsformen

Im polnischen Recht sind gewöhnliche Testamente (eigenhändiges Testament, notarielles Testament, allographes Testament) und besondere Testamente (Nottestament, Nottestament auf Reisen, Militärtestament) vorgesehen.

Der Erblasser kann ein Testament in der Weise errichten, dass er es insgesamt handschriftlich niederlegt, unterschreibt und mit dem Datum versieht (**eigenhändiges Testament**), Art. 949 § 1 ZGB. Gemäß Art. 949 § 2 ZGB zieht das Fehlen des Datums die Unwirksamkeit eines handschriftlichen Testaments nicht nach sich, wenn hierdurch keine Zweifel hinsichtlich der Fähigkeit des Erblassers zur Testamentserrichtung, hinsichtlich des Testamentsinhalts oder hinsichtlich der gegenseitigen Verhältnisse mehrerer Testamente entstehen.

Gemäß Art. 950 ZGB kann ein Testament in der Form einer notariellen Urkunde errichtet werden (**notarielles Testament**).

Das **allographe Testament** ist in Art. 951 ZGB geregelt. Der Erblasser kann ein Testament auch in der Weise errichten, dass er in Gegenwart von zwei Zeugen seinen letzten Willen vor dem Leiter einer Gemeinde, dem Landrat, dem Woiwodschaftsvorsitzenden, dem Kreissekretär oder dem Leiter des Standesamtes mündlich erklärt (Art. 951 § 1 ZGB). Die Erklärung des Erblassers wird unter Angabe des Datums seiner Errichtung zu Protokoll genommen. Das Protokoll wird dem Erblasser in Gegenwart der Zeugen vorgelesen. Dann muss dieses Protokoll vom Erblasser, von der Person, der gegenüber die Erklärung abgegeben worden ist, und von den Zeugen unterschrieben werden. Wenn der Erblasser das Protokoll nicht unterschreiben kann, sollte ein Vermerk im Protokoll unter Angabe des Grundes für das Fehlen der Unterschrift aufgenommen werden (Art. 951 § 2 ZGB). Ein allographes Testament kann nicht von Tauben und Stummen errichtet werden (Art. 951 § 3 ZGB).

Łakomy

42 Die praktische Bedeutung der **besonderen Testamente** ist nicht so groß wie die praktische Bedeutung der gewöhnlichen Testamente. Es ist darauf hinzuweisen, dass die besonderen Testamente sechs Monate nach dem Ende der Umstände, die die Nichtwahrung der Form eines gewöhnlichen Testaments begründet haben, **kraftlos** werden. Eine Ausnahme sieht Art. 955 ZGB vor, wenn der Erblasser vor dem Ablauf der vorgenannten Frist verstorben ist. Der Lauf der Frist ruht während der Zeit, innerhalb derer der Erblasser keine Möglichkeit hat, ein gewöhnliches Testament zu errichten.

43 Wenn es um besondere Testamente geht, hat ein **Nottestament** die größte Bedeutung. Besteht die Gefahr eines baldigen Todes des Erblassers oder ist infolge besonderer Umstände die Wahrung der gewöhnlichen Testamentsform unmöglich oder sehr erschwert, so kann der Erblasser seinen letzten Willen bei gleichzeitiger Anwesenheit von mindestens drei Zeugen mündlich erklären. Diese Regel ist in Art. 952 § 1 ZGB vorgesehen. Gemäß Art. 952 § 2 ZGB kann der Inhalt eines mündlichen Testaments in der Weise festgestellt werden, dass einer der Zeugen oder ein Dritter die Erklärung des Erblassers vor Ablauf eines Jahres seit ihrer Abgabe unter Angabe des Ortes und des Datums der Erklärung sowie des Orts und des Datums der Errichtung des Schriftstücks schriftlich niederlegt und das Schriftstück vom Erblasser und von zwei oder allen Zeugen unterzeichnet wird. Ist der Inhalt eines mündlichen Testaments in der vorgenannten Weise nicht feststellbar, kann er innerhalb von sechs Monaten seit dem Erbfall durch übereinstimmende Aussagen der Zeugen vor Gericht festgestellt werden (Art. 952 § 2 ZGB). Das Gericht kann es bei den übereinstimmenden Aussagen von zwei Zeugen bewenden lassen, wenn die Vernehmung eines Zeugen nicht möglich ist oder sie auf schwer überwindbare Hindernisse stößt.

44 Während einer Reise auf einem polnischen See- oder Luftfahrzeug kann ein Testament vor dem Kapitän oder seinem Stellvertreter errichtet werden, indem ihm der Erblasser in Gegenwart von zwei Zeugen seinen letzten Willen erklärt (Art. 953 ZGB).[18]

3. Testamentsregister

45 In Polen gibt es kein staatliches oder öffentliches Testamentsregister. Die Notare informieren sich untereinander über den Testamentswiderruf. Sollte dieser erfolgt sein, tragen sie einen Vermerk in das Original der notariellen Urkunde ein. Dieses Verfahren soll zweifellos auch rechtlich bestätigt werden und zwar auf ähnliche Weise, wie es in den abgeschafften staatlichen Notariaten angenommen worden war.

46 Vor einigen Jahren hat die Notarkammer ein Testamentsregister eingeführt. Dieses Register hat allerdings Privatcharakter, die Registrierung eines Testaments ist freiwillig. Zugang zu den Registerdaten hat nur der Erblasser, nach seinem Tod auch jeder, der bei einem Notar mit einer Sterbeurkunde erscheint. Der Zugang ist nur durch Vermittlung eines Notars möglich. Eintragungen sind mit der digitalen Signatur bestätigt. In das Register werden Informationen über Art und Datum des Testaments und über den Erblasser eingetragen. Das polnische Testamentsregister ist Bestandteil des Europäischen Testamentsnetzes.

4. Möglicher Inhalt der Testamente

47 Gemäß Art. 959 ZGB kann der Erblasser eine oder mehrere Personen zur gesamten Erbschaft oder zu einem Teil der Erbschaft berufen. Wenn der Erblasser **mehrere Erben** zur gesamten Erbschaft oder zu einem bestimmten Teil der Erbschaft berufen hat, ohne ihre

---

18 Die besondere Verordnung des Verteidigungsministers vom 30.1.1965 (GB Nr. 7, Pos. 38) regelt die Militärtestamente.

Erbteile zu bestimmen, so erben sie zu gleichen Teilen (Art. 960 ZGB). Im polnischen Erbrecht ist es zulässig, einen **Ersatzerben** zu berufen: Ein testamentarischer Erbe kann für den Fall berufen werden, dass eine andere als gesetzlicher oder testamentarischer Erbe berufene Person nicht Erbe sein will oder kann.

Hat der Erblasser im Testament einer Person einzelne Vermögensgegenstände zugesprochen, die fast den ganzen Nachlass erschöpfen, so gilt diese gem. Art. 961 ZGB im Zweifel nicht als Vermächtnisnehmer, sondern als zur gesamten Erbschaft berufener Erbe. Ist eine solche Testamentsverfügung zugunsten mehrerer Personen erfolgt, so gelten diese im Zweifel als zur gesamten Erbschaft in Bruchteilen berufen, die dem Wertverhältnis der für sie bestimmten Gegenstände entsprechen. 48

Das polnisches Erbrecht kennt auch das **Vermächtnis** – das **einfache** (Art. 968 ZGB) und das **Vindikationsvermächtnis (Vermächtnis mit Eigentumsherausgabeanspruch)** (Art. 981 § 1 ZGB), ferner die **Auflage** (Art. 982 ZGB). Der Erblasser kann durch testamentarische Verfügung einen gesetzlichen oder testamentarischen Erben zur Erfüllung einer bestimmten Vermögensleistung zugunsten einer bestimmten Person verpflichten. Der Vermächtnisnehmer kann von dem Erblasser mit einem Vermächtnis beschwert werden (**Untervermächtnis**). 49

In einem **notariellen Testament** kann der Erblasser verfügen, dass eine bestimmte Person einen Gegenstand beim Erbfall erwirbt. Mit einem **Vindikationsvermächtnis** können vermacht werden: eine unvertretbare Sache, ein veräußerbares Vermögensrecht, ein Unternehmen oder ein Landwirtschaftsbetrieb und die zugunsten des Erben bestellten Dienstbarkeiten oder ein Nießbrauchsrecht. Das Vindikationsvermächtnis ist unwirksam, soweit sich der vermachte Gegenstand zur Zeit des Erbfalls nicht im Eigentum des Erblassers befand oder der Erblasser verpflichtet war, den Gegenstand zu veräußern. Der **Termin- und Bedingungsvorbehalt** gilt beim Vindikationsvermächtnis nicht. Lässt sich aber aus dem Testamentsinhalt oder aus der Gesamtheit der Umstände erkennen, dass der Erblasser das Vermächtnis ohne Termin- oder Bedingungsvorbehalt nicht angeordnet hätte, ist das Vindikationsvermächtnis unwirksam, es sei denn, der Eintritt oder Nichteintritt der Bedingung erfolgte noch vor dem Erbfall. Das wegen Termin- oder Bedingungsvorbehalts unwirksame Vindikationsvermächtnis gilt dann als **einfaches Vermächtnis** mit Termin- oder Bedingungsvorbehalt, es sei denn, aus dem Testamentsinhalt oder aus der Gesamtheit der Umstände lässt sich anderes erkennen. Mit einem einfachen Vermächtnis kann der Erblasser auch die Person beschweren, zugunsten derer er ein Vindikationsvermächtnis angeordnet hat. 50

Der Erblasser kann im Testament auch dem Erben oder dem Vermächtnisnehmer die Verpflichtung zu einer bestimmten Handlung oder Unterlassung auferlegen, ohne einen Gläubiger zu bestimmen. In einem solchen Fall spricht man von einer **Auflage**. 51

III. Pflichtteilsrecht

Den Abkömmlingen, dem Ehegatten sowie den Eltern des Erblassers, die gesetzliche Erben sein würden, stehen, wenn der Berechtigte dauernd arbeitsunfähig oder wenn ein berechtigter Abkömmling minderjährig ist, **zwei Drittel** des Wertes des Erbteils, der ihnen im Falle der gesetzlichen Erbfolge zugefallen wäre, und in anderen Fällen der **halbe Wert dieses Erbteils** zu (Art. 991 § 1 ZGB). Hat der Berechtigte den ihm zustehenden Pflichtteil weder in Gestalt eines ihm vom Erblasser gemachten Geschenks noch in Gestalt einer Berufung zur Erbschaft oder in Gestalt eines Vermächtnisses erhalten, so steht ihm gegen den Erben ein Anspruch auf Zahlung des zur Deckung des Pflichtteils oder zu seiner Ergänzung 52 erforderlichen Geldbetrags zu (Art. 991 § 2 ZGB). Der Pflichtteil ist daher wie im deutschen Recht als **Geldanspruch** ausgestaltet.

53 Die **Ergänzung des Pflichtteils** (Art. 1000 ZGB) findet statt, wenn der Berechtigte den ihm zustehenden Pflichtteil vom Erben oder von der Person, zugunsten derer ein Vindikationsvermächtnis angeordnet wurde, nicht erlangen kann. In einer solchen Situation kann der Berechtigte von einer Person, die vom Erblasser eine dem Nachlass hinzugezählte Schenkung erhalten hat, den zur Ergänzung des Pflichtteils erforderlichen Geldbetrag verlangen. Der Beschenkte ist zur Zahlung des vorgenannten Betrags nur innerhalb der Grenzen der Bereicherung, die die Folge der Schenkung ist, verpflichtet. Wenn der Beschenkte selbst pflichtteilsberechtigt ist, so haftet er anderen Pflichtteilsberechtigten gegenüber nur bis zur Höhe des seinen eigenen Pflichtteil übersteigenden Überschusses. Durch die Herausgabe des Schenkungsgegenstands kann sich der Beschenkte von der Verpflichtung zur Zahlung des zur Ergänzung des Pflichtteils erforderlichen Betrags befreien.

54 In Art. 1008 ZGB sind die Gründe für eine **Enterbung** geregelt. Die Enterbung ist eine Entziehung des Pflichtteils der Abkömmlinge, des Ehegatten und der Eltern, welche der Erblasser im Testament vorsehen kann. Die Enterbung ist zulässig, wenn der Pflichtteilsberechtigte entgegen dem Willen des Erblassers hartnäckig in einer den Grundsätzen des gesellschaftlichen Zusammenlebens widersprechenden Weise handelt oder wenn der Pflichtteilsberechtigte dem Erblasser oder einem seiner nächsten Angehörigen gegenüber eine vorsätzliche Straftat gegen das Leben, die Gesundheit oder die Freiheit begangen oder seine Ehre grob verletzt hat. Außerdem ist eine Enterbung möglich, wenn der Pflichtteilsberechtigte dem Erblasser gegenüber seine familienrechtlichen Verpflichtungen hartnäckig nicht erfüllt. Der Grund für die Enterbung des Pflichtteilsberechtigten muss sich aus dem Inhalt des Testaments ergeben. Der Erblasser kann einen Pflichtteilsberechtigten nicht enterben, wenn er ihm verziehen hat (Art. 1010 § 1 ZGB). War der Erblasser im Zeitpunkt der Verzeihung nicht geschäftsfähig, so ist diese wirksam, wenn sich der Erblasser ihrer Folgen hinreichend bewusst war (Art. 1010 § 2 ZGB).

55 Im polnischen Recht **verjähren** die Ansprüche aus dem Pflichtteil sowie die Ansprüche der Erben auf Herabsetzung von Vermächtnissen und Auflagen nach Ablauf von fünf Jahren seit der Veröffentlichung des Testaments (Art. 1007 § 1 ZGB). Gemäß Art. 1007 § 2 ZGB verjährt der Anspruch gegen den aufgrund einer vom Erblasser erhaltenen Schenkung zur Ergänzung des Pflichtteils Verpflichteten nach Ablauf von fünf Jahren seit dem Erbfall.

IV. Testamentsvollstreckung

56 Gemäß Art. 986 § 1 ZGB kann der Erblasser im Testament einen oder mehrere **Testamentsvollstrecker** berufen, der die Erbmasse verwalten und die Nachlassverbindlichkeiten begleichen soll. Der Testamentsvollstrecker muss voll geschäftsfähig sein (Art. 986 § 2 ZGB). Die Befugnisse des Testamentsvollstreckers sind in Art. 988 ZGB geregelt. Insbesondere soll der Testamentsvollstrecker die Vermächtnisse und Auflagen vollziehen und den Erben die Erbmasse in Übereinstimmung mit dem Willen des Erblassers und mit dem Gesetz herausgeben. In Rechtsstreitigkeiten, die sich aus der Verwaltung des Nachlasses ergeben, kann der Testamentsvollstrecker klagen und verklagt werden. Gemäß Art. 988 § 2 ZGB kann der Testamentsvollstrecker in Prozessen über zum Nachlass gehörende Rechte klagen und in Prozessen über Nachlassverbindlichkeiten verklagt werden. Der Erblasser kann einen Testamentsvollstrecker einsetzen, der die Erbschaft oder den abgesonderten oder bestimmten Erbschaftsteil verwaltet (Art. 986 § 1 ZGB). Der Testamentsvollstrecker soll der Person, zugunsten derer ein Vindikationsvermächtnis angeordnet wurde, den Gegenstand des Vermächtnisses aushändigen (Art. 986 § 3 ZGB).

Die praktische Bedeutung des Testamentsvollstreckers ist in der Republik Polen nicht so groß wie in Deutschland, nimmt aber angesichts der Möglichkeit, ein Vindikationsvermächtnis anzuordnen, zu.

V. Erbvertrag, Erbverzicht

Ein Vertrag über den Nachlass einer noch lebenden Person ist nach dem polnischen Recht unwirksam. Ein gesetzlicher Erbe kann nur durch Vertrag mit dem zukünftigen Erblasser auf die Erbfolge nach diesem verzichten. Ein derartiger Erbverzichtsvertrag bedarf einer notariellen Beurkundung (Art. 1048 ZGB). Der Verzicht auf die Erbfolge erstreckt sich auch auf die Abkömmlinge des Verzichtenden, es sei denn, es wird etwas anderes vereinbart. Der Verzichtende und seine Abkömmlinge, auf die sich der Verzicht erstreckt, werden von der Erbfolge ausgeschlossen, als ob sie den Erbfall nicht erlebt hätten.

VI. Wege der Nachlassregelung außerhalb des Erbrechts

An dieser Stelle soll nur angedeutet werden, dass der polnische Gesetzgeber gewisse Rechte vorgesehen hat, die nicht Bestandteil des Nachlasses werden. Sie unterliegen einem anderen Regime der Rechtsnachfolge als dem Erbrecht. Dies betrifft insbesondere **Bankanlagen** – bis zu einer in den Vorschriften vorgesehenen Höhe – und Mittel, die durch den **Rentenversicherungsfonds** ausbezahlt werden.[19]

Gemäß Art. 56 Bankgesetz[20] kann der Spar- oder Girokontoinhaber die Bank schriftlich verpflichten, nach seinem Tod die Auszahlung eines bestimmten Betrags an die von ihm genannten Personen (Ehegatte, Vorfahren, Abkömmlinge oder Geschwister) zu veranlassen (**Verfügung mit Kontoguthaben von Todes wegen**). Der Auszahlungsbetrag – ohne Rücksicht auf die Anzahl der Verfügungen – darf das Zwanzigfache des Gehalts, das gemäß der Bekanntgabe des Präsidenten des Hauptamtes für Statistik auf den letzten Monat vor dem Tode des Sparkontoinhabers im Bereich der Unternehmen, ausgenommen Gewinnauszahlungen, zufällt, nicht übersteigen. Der ausgezahlte Betrag fällt nicht in den Nachlass.

VII. Nachlassabwicklung

1. Struktur der Erbengemeinschaft

Wenn die Erbschaft **mehreren Erben** zufällt, entsteht eine **Nachlassgütergemeinschaft**. Auf diese Gemeinschaft und auf die Nachlassteilung finden die Vorschriften über das **Miteigentum nach Bruchteilen** entsprechende Anwendung. Gemäß Art. 1035 ZGB werden diese Vorschriften unter Berücksichtigung der Art. 1035–1046 ZGB angewendet.

Ein Erbe kann mit Zustimmung der übrigen Erben über seinen Anteil an einem zum Nachlass gehörenden Gegenstand **verfügen**. Mangels Zustimmung eines der übrigen Erben ist die Verfügung insoweit unwirksam, als sie die diesem zustehenden Rechte aufgrund der Vorschriften über die Nachlassteilung beeinträchtigen würde (Art. 1036 ZGB). Daraus ist zu ersehen, dass der Gesetzgeber in diesem Fall als Sanktion nicht die Nichtigkeit des

---

19 Vgl. Art. 82 des Gesetzes vom 28.8.1997 über die Organisation und das Funktionieren von Rentenversicherungsfonds, Gesetzblatt *Dziennik Ustaw* von 2013, Gesetzestext in der neuesten Fassung, Pos. 989 mit späteren Änderungen.
20 Gesetz vom 29.8.1997, Gesetzestext im Gesetzblatt *Dziennik Ustaw* von 2012, Pos. 1376 mit späteren Änderungen.

Rechtsgeschäfts vorgesehen hatte, sondern nur ihre Unwirksamkeit gegenüber dem geschädigten Miterben. Das zuständige Gericht, das sich mit der Erbteilung beschäftigt, kann den betroffenen Gegenstand so behandeln, als ob der Anteil daran dem Erben gehörte. Der Erwerber eines unwirksam erworbenen Anteils kann in diesem Fall nur eine Abfindung verlangen.

63 Die Verfügung über einen Anteil an einem zum Nachlass gehörenden Gegenstand ist etwas anderes als die Veräußerung der ganzen Erbschaft oder eines Erbteils. Gemäß Art. 1051 ZGB kann ein Erbe, der die Erbschaft angenommen hat, diese ganz oder teilweise veräußern. In einem solchem Fall tritt der Erwerber des Nachlasses in die Rechte und Pflichten des Erben ein (Art. 1053 ZGB). Der zur Veräußerung eines Nachlasses verpflichtende Vertrag bedarf der notariellen Beurkundung. Das Gleiche gilt für einen Vertrag, durch den der Nachlass übereignet wird und der zum Zwecke der Vollziehung einer vorher bestehenden Verpflichtung zur Veräußerung des Nachlasses geschlossen worden ist (Art. 1052 § 3 ZGB).

64 Der **Erwerber des Nachlasses haftet** für die Nachlassverbindlichkeiten im gleichen Umfang wie der Veräußerer (Art. 1055 § 1 ZGB). Der Erwerber und der Veräußerer haften den Gläubigern gegenüber gesamtschuldnerisch. Mangels abweichender Vereinbarung haftet der Erwerber dem Veräußerer gegenüber dafür, dass die Gläubiger von ihm nicht die Erfüllung von Leistungen zum Zwecke der Befriedigung von Nachlassverbindlichkeiten verlangen (Art. 1055 § 2 ZGB). Die **Haftung des Erben** ist in Art. 1056 ZGB geregelt. Der Erbe haftet bei Veräußerung des Nachlasses nicht für Sach- und Rechtsmängel einzelner zum Nachlass gehörender Gegenstände aufgrund von Gewährleistung.

65 Artikel 1037 ZGB regelt, dass die **Nachlassteilung** durch Vertrag zwischen allen Erben oder durch eine gerichtliche Entscheidung auf Verlangen eines der Erben erfolgen kann. Gehört zum Nachlass ein Grundstück, bedarf der Nachlassteilungsvertrag der notariellen Beurkundung. Die gerichtliche Nachlassteilung muss den gesamten Nachlass umfassen. Aus wichtigen Gründen kann sie jedoch auf einen Teil des Nachlasses beschränkt werden (Art. 1038 § 1 ZGB). Die vertragliche Nachlassteilung kann den ganzen Nachlass umfassen oder auf einen Teil des Nachlasses beschränkt werden (Art. 1038 § 2 ZGB).

2. Annahme und Ausschlagung der Erbschaft

66 Gemäß Art. 1012 ZGB kann der Erbe die Erbschaft entweder ohne Beschränkung seiner Haftung für die Nachlassverbindlichkeiten annehmen (**einfache Annahme**), die Erbschaft mit einer Beschränkung dieser Haftung annehmen (**Annahme unter Vorbehalt der Inventarerrichtung**) oder die Erbschaft ausschlagen (**Ausschlagung**). Bei Letzterer geht es immer um den ganzen Nachlass; es ist nicht möglich, die Erbschaft teilweise anzunehmen und teilweise auszuschlagen.

67 Die Erklärung über die Annahme oder die Ausschlagung der Erbschaft kann **innerhalb von sechs Monaten** seit dem Tage abgegeben werden, an dem der Erbe vom Grunde seiner Berufung Kenntnis erlangt hat (Art. 1015 § 1 ZGB). Diese Erklärung kann vor jedem Notar oder vor dem Amtsgericht, wo der Erschienene seinen Wohnsitz hat, abgegeben werden (Art. 640 § 1 ZPO). Sofern der Erbe keine Erklärung innerhalb der Sechs-Monats-Frist abgegeben hat, hat er die Erbschaft einfach angenommen (Art. 1015 § 2 ZGB). Ist jedoch entweder ein nicht voll Geschäftsfähiger (z.B. Minderjähriger) oder eine Person, hinsichtlich derer ein Grund für ihre Entmündigung in vollem Umfange besteht, oder eine juristische Person Erbe, so steht das Fehlen der fristgerechten Erklärung des Erben der Annahme der Erbschaft unter dem Vorbehalt der Inventarerrichtung gleich.

Łakomy

Die **Haftung der Erben** für die Nachlassverbindlichkeiten ist in den Art. 1030–1034 ZGB geregelt. Generell haften die Erben für die Nachlassverbindlichkeiten bis zum Zeitpunkt der Annahme der Erbschaft nur mit dem Nachlass. Vom Zeitpunkt der Annahme der Erbschaft an haften sie für die erwähnten Nachlassverbindlichkeiten mit ihrem ganzen Vermögen. Der Erbe, der die Erbschaft ausgeschlagen hat, bleibt von der Erbfolge ausgeschlossen, als ob er den Erbfall nicht erlebt hätte (Art. 1020 ZGB). Ein solcher „Erbe" haftet nicht für die Nachlassverbindlichkeiten. Im Falle einer einfachen Annahme der Erbschaft haftet der Erbe für die Nachlassverbindlichkeiten unbeschränkt.

Der Erbe, der die Erbschaft **unter dem Vorbehalt der Inventarerrichtung** angenommen hat, haftet für die Nachlassverbindlichkeiten nur bis zu dem im Inventar festgestellten Wert des Nachlasses. Diese **Haftungsbeschränkung** entfällt, wenn der Erbe arglistig zum Nachlass gehörende Gegenstände nicht inventarisiert oder wenn er nicht vorhandene Schulden inventarisiert hat. Gemäß Art. 1016 ZGB hat die Annahme der Erbschaft unter dem Vorbehalt der Inventarerrichtung durch nur einen der Erben zur Folge, dass auch die Erben, die keine fristgerechte Erklärung abgegeben haben, die Erbschaft unter dem Vorbehalt der Inventarerrichtung angenommen haben.

Die Gemeinde und der Fiskus dürfen eine Erbschaft, die ihnen kraft Gesetzes zugefallen ist, nicht ausschlagen. Sie geben keine Erklärung über die Annahme der Erbschaft ab; diese gilt von ihnen als unter dem Vorbehalt der Inventarerrichtung angenommen.

VIII. Probleme bei der Vererbung bestimmter Rechte von und an Ausländer

Eine besondere Beschränkung im polnischen Immobilienverkehr betrifft Ausländer. Ein **Ausländer** i.S.d. Gesetzes vom 24.3.1920 über den Erwerb von Immobilien durch Ausländer ist:
- eine natürliche Person, die keine polnische Staatsangehörigkeit besitzt;
- eine juristische Person, die ihren Sitz im Ausland hat;
- eine Gesellschaft der vorstehend genannten Personen, die keine Rechtspersönlichkeit besitzt und ihren Sitz im Ausland hat und nach einem ausländischen Recht errichtet wurde;
- eine juristische Person sowie eine Gesellschaft ohne Rechtspersönlichkeit mit Sitz auf dem Gebiet der Republik Polen, die unmittelbar oder mittelbar durch die vorstehend genannten Personen oder Gesellschaften kontrolliert ist.

Gemäß Art. 1 Abs. 1 Satz 1 des Gesetzes vom 24.3.1920 bedarf ein Ausländer zum Erwerb von Immobilien einer Genehmigung. Diese **Genehmigung** ist ein Verwaltungsakt des Ministers für Inneres. Wenn vom „Erwerb von Immobilien" die Rede ist, so wird darunter der Erwerb des Eigentumsrechts an Immobilien oder des Erbnießbrauchs aufgrund eines Rechtsgeschäfts verstanden (Art. 1 Abs. 4 des Gesetzes).

Art. 8 Abs. 1 des Gesetzes über den Erwerb von Immobilien durch Ausländer bestimmt die Fälle, in welchen dieses Gesetz nicht zur Anwendung kommt. Beispielsweise bedarf gem. Art. 8 Abs. 1 Ziff. 1 des Gesetzes der Erwerb eines Wohnungseigentums keiner Genehmigung. Artikel 8 Abs. 1 Ziff. 4 des Gesetzes bestimmt, dass der Immobilienerwerb durch einen Ausländer keiner Genehmigung bedarf, wenn der Ausländer am Tag des Erwerbs berechtigt ist, aufgrund gesetzlicher Erbfolge den Veräußerer der Immobilie zu beerben, und der Veräußerer der Immobilienbesitzer oder Erbbauberechtigter seit mindestens fünf Jahren ist. Ein Ausländer, der aufgrund eines Testaments eine zur Erbschaft gehörende Immobilie erworben und innerhalb von zwei Jahren nach dem Erbfall die Genehmigung beantragt hat und keine Genehmigung erlangt, verliert das Eigentumsrecht oder Erbbaurecht zugunsten der Personen, die zur gesetzlichen Erbfolge berufen wären (Art. 7 Abs. 3 des Gesetzes).

74 Nach dem EU-Beitritt der Republik Polen (1.5.2004) wurde das Gesetz über den Erwerb von Immobilien durch Ausländer wesentlich novelliert, was von großer Bedeutung auch für den Erwerb der in Polen gelegenen Immobilien durch Erbschaft deutscher Staatsangehöriger ist. Gemäß Art. 8 Abs. 2 des vorstehenden Gesetzes bedürfen Ausländer, die Staatsangehörige oder Unternehmer des Europäischen Wirtschaftsraumes sind, keiner Genehmigung, mit Ausnahme des Erwerbs
– von landwirtschaftlichen und Forstgrundstücken: 12 Jahre lang, gerechnet ab Polens Beitritt zur Europäischen Union;
– des zweiten Hauses: 5 Jahre lang, gerechnet ab Polens Beitritt zur Europäischen Union.

75 Der „**Erwerb des zweiten Hauses**" in diesem Sinne ist der Erwerb eines für Wohn- oder Erholungszwecke vorgesehenen Grundstücks durch einen Ausländer, das kein ständiger Wohnsitz des Ausländers werden soll. Der Erwerb eines getrennten Wohnungseigentums ist natürlich von der Genehmigung immer befreit, auch wenn der Ausländer Eigentümer mehrerer Wohnungen ist, wenn nur die erworbene Wohnung die nächste in Polen gelegene Wohnung wird.

76 Art. 8 Abs. 2a des Gesetzes über den Erwerb von Immobilien durch Ausländer bestimmt, dass Ausländer, die Angehörige der Staaten des Europäischen Wirtschaftsraumes sind, im Zeitraum, der in Abs. 2 festgelegt wurde, keiner Genehmigung bedürfen:
1. beim Erwerb von landwirtschaftlichen Grundstücken
    – in Woiwodschaften: *dolnośląskie, kujawsko-pomorskie, lubuskie, opolskie, pomorskie, warmińsko-mazurskie, wielkopolskie, zachodniopomorskie* – nach Ablauf von sieben Jahren seit Pachtvertragsabschluss mit festem Datum, wenn der Ausländer in diesem Zeitraum auf diesem Grundstück eine landwirtschaftliche Tätigkeit geführt und auf dem Gebiet Polens legal gewohnt hat;
    – in Woiwodschaften: *łódzkie, małopolskie, mazowieckie, podkarpackie, podlaskie, śląskie, świętokrzyskie* – nach Ablauf von drei Jahren seit Pachtvertragsabschluss mit festem Datum, wenn der Ausländer in diesem Zeitraum auf diesem Grundstück die landwirtschaftliche Tätigkeit persönlich geführt und auf dem Gebiet Polens legal gewohnt hat;
2. beim Erwerb eines zweiten Hauses
    – wenn der Erwerber mindestens vier Jahre lang legal und ununterbrochen auf dem Gebiet Polens wohnt; oder
    – wenn es der Gewerbeausübung im Bereich der Touristik nutzt.

77 Darüber hinaus können Angehörige der Staaten des Europäischen Wirtschaftsraumes, die beim Beitritt Polens in die EU Anteilseigner oder Aktionäre der Handelsgesellschaften mit Sitz auf dem Gebiet der Republik Polen waren, auf die in Art. 8 Abs. 2a Ziff. 1 vorgesehene Pachtdauer die Pachtdauer des von der Gesellschaft verpachteten Grundstücks anrechnen, wenn sie als Anteilseigner oder Aktionäre der Gesellschaft in diesem Zeitraum auf dem Grundstück die landwirtschaftliche Tätigkeit persönlich geführt und auf dem Gebiet Polens legal gewohnt haben (Art. 8 Abs. 2b).

78 Bei den in der Grenzzone gelegenen Grundstücken und den landwirtschaftlichen Grundstücken mit einer Fläche von über 1 Hektar findet die Befreiung, von der in Art. 8 Abs. 1 des Gesetzes über den Erwerb von Immobilien durch Ausländer die Rede ist, keine Anwendung; diese Beschränkung betrifft die Staatsangehörigen der Staaten des Europäischen Wirtschaftsraumes nicht.

Unter „**Immobilienerwerb**" sind der Erwerb des Eigentums an Immobilien und der Erwerb des ewigen Erbnießbrauchs durch ein Rechtsgeschäft zu verstehen. Der Begriff des **Erwerbs** hat eine breite Konnotation. Die Immobiliengenehmigungspflicht besteht beim Erwerb des Eigentums durch Kaufvertrag (Art. 535 ZGB), Tauschvertrag (Art. 603 ZGB), Schenkungsvertrag (Art. 888 ZGB), Leibrentenvertrag (Art. 908 ZGB), Ersitzung (Art. 172 ZGB), durch Erfüllung eines Vermächtnisses (Art. 968 ZGB), durch testamentarische Auflage (Art. 982 ZGB), durch Einbringung einer Sacheinlage durch die Gesellschafter in eine Gesellschaft mit beschränkter Haftung oder durch Gründer einer Aktiengesellschaft sowie beim Erwerb von Immobilien im Zwangsvollstreckungsverfahren.

Der Immobilienerwerb durch einen Ausländer ist ohne die erforderliche Genehmigung nichtig (Art. 6 Abs. 1 des Gesetzes). Ein solches Rechtsgeschäft kann nachträglich nicht geheilt werden.

C. Erbverfahrensrecht

Das Nachlassverfahren ist in den Art. 627–691 ZPO geregelt. Die größte praktische Bedeutung haben die Vorschriften über die Bestätigung des Erbschaftserwerbs (Art. 669–679 ZPO) und über die Nachlassteilung (Art. 680–689 ZPO).

I. Notwendigkeit eines Nachlassverfahrens im Inland

Auf Antrag einer Person, die hieran ein Interesse hat, bestätigt das Amtsgericht den Erbschaftserwerb durch den Erben (Art. 1025 § 1 ZGB). Es wird vermutet, dass eine Person, die die **Bestätigung des Erbschaftserwerbs** erlangt hat, Erbe ist (Art. 1025 § 2 ZGB). Die Bestätigung des Erbschaftserwerbs kann nicht vor Ablauf von sechs Monaten seit dem Erbfall erfolgen, es sei denn, dass alle bekannten Erben schon eine Erklärung über die Annahme oder die Ausschlagung der Erbschaft abgegeben haben (Art. 1026 ZGB). Gemäß Art. 1027 ZGB kann der Erbe gegenüber einem Dritten, der keine Rechte auf die Erbschaft aufgrund der Erbfolge geltend macht, seine sich aus der Erbfolge ergebenden Rechte nur mittels der Bestätigung des Erbschaftserwerbs nachweisen.

Gemäß Art. 1029 § 1 ZGB finden die vorstehenden Vorschriften auf die Bestätigung des Erwerbs eines Gegenstandes aus einem Vindikationsvermächtnis entsprechende Anwendung.

II. Abwicklung von im Inland belegenem Nachlass deutscher Staatsangehöriger

Hinterlässt ein verstorbener deutscher Staatsangehöriger ein in Polen gelegenes Vermögen, so ist Kontakt mit dem Generalkonsulat der Bundesrepublik Deutschland in Polen aufzunehmen. Dieses wird den deutschen Staatsangehörigen, die über das hinterlassene Vermögen verfügen wollen, Hilfe leisten.[21]

Zur Erlangung des **Erbscheins** für einen **in Polen verstorbenen deutschen Staatsangehörigen** soll man an das Amtsgericht an dem Ort, an dem der Verstorbene wohnhaft war, einen

---

21 Botschaft der Bundesrepublik Deutschland in Polen – Ambasada Republiki Federalnej Niemiec w Polsce – ul. Jazdów nr 12, 00–467 Warszawa – Tel. 00 48 22 5841 700, http://www.polen.diplo.de l; Justizministerium der Republik Polen – Ministerstwo Sprawiedliwości Rzeczypospolitej Polskiej – Al. Ujazdowskie nr 11, 00–567 Warszawa – Tel. 00 48 22 521 28 88, http://www.ms.gov.pl.

Łakomy

entsprechenden **Antrag** stellen. Dem Antrag sind die Sterbeurkunde des Erblassers und die Geburtsurkunden der Erben beizulegen. Personen, die ihren Familiennamen anlässlich der Eheschließung geändert haben, haben dem Antrag auch die Heiratsurkunde beizulegen. Alle Unterlagen sind **in Original** vorzulegen. Sind sie in einer anderen als der polnischen Sprache angefertigt, so ist auch eine **beglaubigte Übersetzung** vorzulegen. An das Gericht soll man keine Ablichtungen übersenden, weil diese nicht als Dokumente anerkannt werden können.

86 Im Antrag auf Erbscheinerteilung sind die Namen und die Wohnanschriften aller Verfahrensbeteiligter anzugeben. **Beteiligte** am Nachlassverfahren sind – auch wenn testamentarische Erbfolge eintritt – alle gesetzlichen Erben des Verstorbenen. Meistens sind dies die Kinder und der Ehegatte des Verstorbenen. Hat der Verstorbene keine Kinder hinterlassen, sind seine Geschwister Erben. Abschriften der Standesamtsurkunden dieser Personen sollen in diesem Fall dem Gericht ebenfalls vorgelegt werden. Die Gerichte verfügen sehr oft über entsprechende Formulare, auf denen der Antrag auf Erteilung des Erbscheins auszufüllen ist. Der Antrag auf Erbscheinerteilung muss von einer dem Kreise der Erben angehörenden Person unterzeichnet werden.

87 Beim Verfahren zur Feststellung des Erbschaftserwerbs ist es nicht zwingend notwendig, einen professionellen Bevollmächtigten zu bestellen. In dieser Hinsicht gibt es in Polen keinen Rechtsanwalts- bzw. Rechtsberaterzwang. Man darf natürlich dabei nicht vergessen, dass den deutschen Erben, die der polnischen Sprache nicht mächtig sind, ein vereidigter Dolmetscher der deutschen Sprache gesichert werden soll.

88 Gibt es **mehrere Erben**, die den Nachlass übereinstimmend unter sich verteilen wollen, sollen die Familienangehörigen des verstorbenen Ausländers einen **Notar** aufsuchen. Im Beisein des Notars wird ein entsprechender Vertrag unterzeichnet, aufgrund dessen die Erben ihre Vermögensangelegenheiten (Erbteilung) regeln. Ein diesbezüglicher Vertrag ist insbesondere dann erforderlich, wenn in Polen gelegene **Immobilien** Bestandteil des Nachlasses sind. Die Erben haben auf Verlangen des Notars sowohl eine Abschrift des Beschlusses über die Erteilung des Erbscheins als auch eine Bescheinigung darüber vorzulegen, dass sie die fällige Erbschaftsteuer entrichtet haben, oder darüber, dass sie von der Entrichtung dieser Steuer befreit sind.

89 Oft kommt es vor, dass es unter den Familienangehörigen des ausländischen Erblassers **keine Übereinstimmung** gibt, wie das Nachlassvermögen aufgeteilt werden soll. In diesem Fall ist für die Entscheidung des Streits ein Gericht zuständig. Man muss sich aber darüber im Klaren sein, dass nur bei einer übereinstimmenden Akzeptanz die Erbschaftsangelegenheiten schnell und reibungslos erledigt werden können. Ansonsten entstehen viele unnötige Probleme.

90 Seht dem polnischen Gericht keine Gerichtsbarkeit zu, den Nachlass nach einem verstorbenen Ausländer abzusichern, **sichert das Gericht** gem. Art. 1139 § 1 ZPO den Nachlass selbst und übernimmt die **Eröffnung und Bekanntmachung des Testaments**. Darüber wird auch ein **zuständiger Konsul** in Kenntnis gesetzt. Der Konsul kann am Verfahren teilnehmen. Den zuständigen Organen des Staates, dessen Staatsangehöriger der Erblasser war, kann auf Verlangen eine Abschrift des Testaments und des Protokolls der Eröffnung und der Bekanntmachung erteilt werden. Unter der Bedingung der Gegenseitigkeit kann das Original des Testaments zur Verfügung gestellt werden, wenn keine weiteren gesetzlichen Schritte in Polen mehr vorgesehen sind (Art. 1139 § 2 ZPO). Das Gericht wird in dem für die Bekanntmachungen über die Ladung der Erben vorgesehenen Verfahren anordnen, dass die Erben und die Gläubiger des Erblassers innerhalb von drei Monaten ihre Rechte unter Angabe von Gründen anmelden. In der Bekanntmachung ist auf die Staatsangehörig-

keit des Erblassers hinzuweisen. Diese Bekanntmachung ist dem zuständigen Organ der Finanzverwaltung und dem zuständigen Konsul zuzustellen (Art. 1140 ZPO).

Sollte sich in der o.g. Frist (Rn 74) kein Erbe gemeldet haben, wird das Nachlassgericht gem. Art. 1141 § 1 ZPO eine Entscheidung über die Herausgabe des beweglichen Vermögens des Erblassers an den zuständigen Konsul treffen. Andernfalls wird ein neuer Termin festgesetzt, zu dem alle Interessenten zu laden sind. Nach Anhörung der Erschienenen wird das Gericht einen Beschluss über die Sicherung der angemeldeten und nachgewiesenen Rechte sowohl der in Polen wohnhaften Personen als auch der im Ausland wohnhaften polnischen Staatsbürger und die Sicherung der Vermögenserwerbsteuer fassen. Das nicht herausgegebene bewegliche Vermögen wird der Befriedigung der gesicherten Rechte dienen. Den Rest des beweglichen Vermögens wird das Gericht dem zuständigen Konsul zur Verfügung stellen. Die Zurverfügungstellung des Vermögens kann nur unter der Bedingung der Gegenseitigkeit erfolgen (Art. 1141 ZPO).

Wenn ein Ausländer auf einer Reise in Polen verstorben ist und dieser während dieser Reise keinen ständigen Wohnort bzw. Aufenthaltsort und kein Vermögen – ausgenommen der Sachen, die bei ihm aufgefunden wurden – in Polen hatte, werden diese Sachen gem. Art. 1142 § 1 ZPO unter Benachrichtigung des zuständigen Konsuls durch das Gericht gesichert. Ein Teil dieser Sachen wird unter Beachtung der Vorschriften über den Verkauf der gesicherten Mobilien veräußert und die dadurch erzielten Verkaufserlöse werden zur Deckung der Aufenthaltskosten in Polen und der Bestattung des Erblassers verwendet. Der Rest des Verkaufserlöses und die nicht veräußerten Immobilien werden dem zuständigen Konsul übergeben (Art. 1142 § 2 ZPO).

III. Anerkennung deutscher Erbscheine

An dieser Stelle soll auf einige grundlegende Prinzipien der **internationalen Zuständigkeit im nichtstreitigen Verfahren** hingewiesen werden. Der polnischen Gerichtsbarkeit unterliegen die Nachlassangelegenheiten, wenn der Erblasser zum Zeitpunkt seines Todes die polnische Staatsbürgerschaft hatte oder in Polen als Staatenloser wohnte (Art. 1108 § 1 ZPO). Die polnische Gerichtsbarkeit ist eine ausschließliche, wenn der Tod des polnischen Staatsangehörigen in Polen erfolgte (Art. 1108 § 2 ZPO). In einer Nachlasssache, die im Ausland eröffnet wurde und der Gerichtsbarkeit eines polnischen Gerichts unterliegt, kann das Gericht die Feststellung über den Erwerb des Nachlasses auch auf Antrag der polnischen diplomatischen Vertretung oder des Konsulats treffen (Art. 1109 ZPO).

Gemäß Art. 1110² ZPO ist das polnische Gericht in nichtstreitigen Verfahren im Bereich der Grundstückssachenrechte oder des Besitzes eines Grundstücks, das in der Republik Polen liegt, ausschließlich zuständig.

Polen ist verpflichtet, die Verordnung (EU) Nr. 650/2012 des Europäischen Parlaments und des Rates vom 4. Juli 2012 über die Zuständigkeit, das anzuwendende Recht, die Anerkennung und Vollstreckung von Entscheidungen und die Annahme und Vollstreckung öffentlicher Urkunden in Erbsachen sowie zur Einführung eines Europäischen Nachlasszeugnisses[22] (**EU-Erbrechtsverordnung**) ab Geltung (17.8.2015) unmittelbar anzuwenden.

---

22 ABl. EU L 201 vom 27.7.2012, S. 107.

IV. Durchführung des Nachlassverfahrens

96 Das Verfahren in den Angelegenheiten aus dem Bereich des Erbrechts gehört zu den Amtsgerichten. **Zuständig ist das Amtsgericht am letzten Wohnsitz des Erblassers.** Lässt sich der Wohnsitz des Erblassers in Polen nicht feststellen, so entscheidet das Amtsgericht des Ortes, an dem sich das Vermögen des Erblassers oder ein Teil davon befindet (Nachlassgericht). Ist auch das nicht der Fall, so ist für die Entscheidung das Amtsgericht der Stadt Warszawa (Art. 628 ZPO) zuständig.

97 In der Zivilprozessordnung ist besonders das Verfahren der Sicherung des Nachlasses, der Inventaraufnahme, der Annahme und Ausschlagung der Erbschaft, der Eröffnung des Testaments, der Enthüllung der Erbgegenstände, der Vernehmung der Zeugen des mündlichen Testaments, der Verwaltung des nicht übernommenen Nachlasses, der Feststellung des Erbschaftserwerbs, der gerichtlichen Erbteilung und auch der Angelegenheiten, die den Testamentsvollstrecker betreffen (Art. 627–691 ZPO), geregelt. Diese Verfahren werden als **nichtstreitige** durchgeführt.

98 Gemäß Art. 669 ZPO beschließt das **Nachlassgericht** nach durchgeführter Verhandlung über die **Erteilung des Erbscheins.** Zu dieser Verhandlung werden der Antragsteller und die Personen, die als gesetzliche Erben in Betracht kommen, geladen. Das Gericht prüft von Amts wegen, wer zum Kreise der Erben gehört und ob der Erblasser ein Testament hinterlassen hat. Nach durchgeführter Verhandlung fasst das Gericht einen diesbezüglichen Beschluss. In dem Beschluss wird festgestellt, welche Personen Erben sind und in welchem Bruchteil sie sich am Nachlass beteiligen. Dieser Beschluss kann nach festgestellter Rechtskraft Grundlage für die weiteren Rechtsgeschäfte sei.

99 Art. 646 § 1 ZPO bestimmt, dass die Person, bei der sich das Testament befindet, verpflichtet ist, nachdem sie von dem Tode des Erblassers Kenntnis erhalten hat, dieses Testament dem Nachlassgericht vorzulegen. Das Gericht oder Notar **eröffnet** und **verkündet** das Testament erst dann, wenn die **Sterbeurkunde** des Erblassers vorliegt (Art. 649 § 1 ZPO). Wer sich unbegründet der Pflicht entzieht, das in seinem Besitz befindliche Testament dem Nachlassgericht vorzulegen, wird für einen dadurch entstandenen Schaden zur Verantwortung gezogen. Darüber hinaus kann das Nachlassgericht der sich dieser Pflicht entziehenden Person eine Geldstrafe auferlegen (Art. 646 § 2 ZPO).

100 Für den **Erbscheinsantrag** wird eine **Gerichtsgebühr** i.H.v. 50 PLN erhoben.

V. Erbscheinserteilung durch den Notar

101 Nach der Novellierung des Gesetzes über Notariatsrecht können Notare seit März 2009 Erbscheine erteilen, wenn der Erbenkreis unbestritten ist. Das heißt, Nachlassangelegenheiten können beim Gericht oder beim Notar erledigt werden. Ein **Notar-Erbschein** wird rechtskräftig, sobald der Erbschein von dem Notar in das von der Landesnotarkammer geführte amtliche elektronische Register eingetragen wird (Art. 95j Notarrecht).

102 Der Notar erteilt einen Erbschein nach der testamentarischen (ausgenommen sind die besonderen Testamentsarten, siehe Rn 102) oder gesetzlichen Erbfolge in der Form einer notariellen Urkunde (Art. 95a Notarrecht). Vor Erteilung des Erbscheins errichtet der Notar ein Erbprotokoll mit allen Personen, die zum gesetzlichen oder testamentarischen Erbenkreis gehören und zugunsten derer der Erblasser die Vindikationsvermächtnisse angeordnet hat (Art. 95b Notarrecht). Ein Erbschein kann von einem Notar nicht erteilt werden, wenn der Erblasser vor dem 1.7.1984 gestorben ist (vor diesem Datum ist ein PESEL-Identifikati-

onsnummernregister nicht vorhanden). Die Kosten eines Notar-Erbscheins betragen maximal ca. 700 PLN.

D. Besteuerung der Erbfolge

I. Das System der Erbschaftsteuer

1. Gegenstand der Erbschaftsteuer

Grundlegender Rechtsakt im Bereich der Erbschaft- und Schenkungsteuer ist das Gesetz vom 28.7.1983 über die Erbschaft- und Schenkungsteuer (**ErbStG**).[23] Dieses Gesetz regelt – was man schon aus dessen Titel ersehen kann – die **Besteuerung des Vermögenserwerbs** nicht nur im Wege der Vererbung, sondern auch im Wege einer Schenkung.

103

Gemäß Art. 1 ErbStG unterliegt der Erbschaft- und Schenkungsteuer der Erwerb – ausschließlich durch natürliche Personen – des Eigentumsrechts an Vermögensgegenständen und Vermögensrechten aus
– einer Erbschaft, einem Vermächtnis, einem Untervermächtnis, einem Vindikationsvermächtnis, einer Testamentsauflage;
– einer Schenkung, einer Auflage des Schenkers;
– einer Ersitzung;
– einer unentgeltlichen Aufhebung des Miteigentums;
– einem Pflichtteil, wenn der Berechtigte diesen nicht im Wege einer durch den Erblasser geleisteten Schenkung oder im Wege der Beerbung bzw. in der Form eines Vermächtnisses erworben hat;
– einem Erwerb des Rechts auf Spargutbaben des Erblassers gemäß der von diesem gemachten Verfügung von Todes wegen;
– einer unentgeltlichen Rente, einem unentgeltlichen Nießbrauch, einer unentgeltlichen Dienstbarkeit.

104

Die Liste der gegenständlichen **Befreiungen** ist sehr ausführlich. Der Gesetzgeber begünstigt den Erwerb der Sachen und Rechte, die mit dem Betrieb einer **Landwirtschaft** sowie der Ausstattung des Haushalts verbunden sind. Diese Fragen müssen im Lichte von konkreten Tatbeständen analysiert werden.

105

Die **Steuerpflicht** entsteht beim Erwerb im Wege der Erbschaft zum Zeitpunkt der Annahme der Erbschaft. Findet die Annahme der Erbschaft statt, so übersendet das den Erbschein erteilende Nachlassgericht dem Finanzamt zur Ermittlung der Höhe der Steuerpflicht die Beschreibung der Erbschaft. Das Steuerverfahren wird durch das zuständige Finanzamt durchgeführt.

106

2. Steuertarif

Die Steuerpflicht geht zu Lasten des Erwerbers der Eigentumsrechte an Sachen und Vermögensrechten (Art. 5 ErbStG). Die Höhe der diesbezüglichen Steuer wird nach der Steuergruppe ermittelt, der der Erwerber zugerechnet wird. Die Zurechnung zur **Steuergruppe** erfolgt anhand der persönlichen Beziehung des Erwerbers zu der Person, von der oder nach

107

---

[23] Gesetzestext in der neuesten Fassung, Gesetzblatt *Dziennik Ustaw* von 2009 Nr. 93, Pos. 768 mit späteren Änderungen.

der die Sachen und Vermögensrechte erworben worden sind. Die einzelnen Steuergruppen werden wie folgt aufgeteilt:
- **Gruppe I:** der Ehegatte, Verwandte in absteigender und aufsteigender Linie, Stiefkinder, Schwiegersohn, Schwiegertochter, Geschwister, Stiefvater, Stiefmutter, Schwiegereltern.
- **Gruppe II:** Verwandte in absteigender Linie der Geschwister, Geschwister der Eltern, Verwandte in absteigender Linie und die Ehegatten der Stiefkinder, Ehegatten der Geschwister und Geschwister der Ehegatten, Ehegatten der Geschwister von den Ehegatten, Ehegatten und sonstiger Verwandten in absteigender Linie.
- **Gruppe III:** sonstige Erwerber.

108 Versteuert wird der Erwerb durch den Erwerber, soweit der Wert der jeweils von ihm erworbenen Eigentumsrechte an Sachen und Vermögen die nachstehende Höhe übersteigt (**steuerfreie Beträge**):
- 9.637 PLN, wenn der Erwerber zur Steuergruppe I gehört;
- 7.276 PLN, wenn der Erwerber zur Steuergruppe II gehört;
- 4.902 PLN, wenn der Erwerber zur Steuergruppe III gehört (Art. 9 Abs. 1 ErbStG).

109 Die Steuer wird von dem Überschuss der Besteuerungsgrundlage über den steuerfreien Betrag gemäß der in Art. 15 Abs. 1 des Gesetzes vorgesehenen **Skala** berechnet (**Stufentarif**). Nach Art. 4a Abs. 1 des Gesetzes ist der Gegenstands- und Rechtserwerb im Wege der Erbschaft von einem Ehegatten, einem Verwandten in ab- oder aufsteigender Linie, Stiefkindern, Geschwistern und Stiefeltern von der Steuer **befreit**, vorausgesetzt, der Erwerb wird innerhalb von einem Monat ab Inkrafttreten des Erbscheins oder Notar-Erbscheins vom Betroffenen dem Finanzamtsleiter gemeldet; das gilt nicht für Schwiegersohn, Schwiegertochter, Schwiegermutter und Schwiegervater.

3. Bewertung des Nachlasses

110 Artikel 7 Abs. 1 ErbStG bestimmt, dass zur Errechnung der Bemessungsgrundlage der Wert der erworbenen Gegenstände und Vermögensrechte nach Abzug der Lasten und Schulden (reiner Wert) ermittelt, gemäß dem Zustand der Gegenstände und der Vermögensrechte zum Tage deren Erwerbs und der Marktpreise vom Tage der Entstehung der Steuerpflicht, zugrunde gelegt wird. Diese Regelung findet besonders bei Liegenschaften Anwendung. Gemäß Art. 8 ErbStG wird der Wert der erworbenen Gegenstände und Vermögensrechte in der vom Erwerber angegebenen Höhe angenommen. Voraussetzung hierfür ist, dass diese Angaben mit dem **Marktwert** der Gegenstände und Rechte übereinstimmen.

Tabelle: Überschussbetrag in PLN Steuersatz 111

	über ... PLN[24]	bis ... PLN	
Steuergruppe I		10.278	3 %
	10.278	20.556	308,30 PLN und 5 % von dem Überschuss über 10.278 PLN
	20.556		822,20 PLN und 7 % von dem Überschuss über 20.556 PLN
Steuergruppe II		10.278	7 %
	10.278	20.556	719,50 PLN und 9 % von dem Überschuss über 10.278 PLN
	20.556		1.644,50 PLN und 12 % von dem Überschuss über 20.556 PLN
Steuergruppe III		10.278	12 %
	10.278	20.556	1.233,40 PLN und 16 % von dem Überschuss über 10.278 PLN
	20.556		2.877,90 PLN und 20 % von dem Überschuss über 20.556 PLN

Der **Marktwert der Gegenstände und Rechte** wird anhand der geltenden Durchschnittspreise, die mit dem Verkehr der Gegenstände derselben Gattung und Art unter Berücksichtigung des Ortes, des Zustands und Abnutzungsgrades sowie mit dem Verkehr der Vermögensrechte derselben Art zum Tage der Entstehung der Steuerpflicht verbunden sind, ermittelt. Hat der Erwerber den Wert der von ihm erworbenen Sachen und Vermögensrechte nicht bestimmt oder stimmen die von ihm bestimmten Werte nach Einschätzung des Finanzamtes mit dem Marktwert dieser Sachen nicht überein, wird er innerhalb von 14 Tagen durch das Finanzamt aufgefordert, den Wert der von ihm erworbenen Gegenstände und Vermögensrechte zu bestimmen, zu erhöhen oder zu senken. Kommt der Betroffene der Aufforderung des Finanzamtes nicht nach, wird das Finanzamt nach Einholung eines Sachverständigengutachtens den Wert der Gegenstände und Vermögensrechte selbst bestimmen. Sollte der so ermittelte Wert den durch den Erwerber angegebenen Wert um 33 % übersteigen, gehen die Kosten der Erstellung des Gutachtens zu Lasten des Erwerbers. 112

II. Beschränkte und unbeschränkte Steuerpflicht

Der Erbschaft- und Schenkungsteuer unterliegt der Erwerb der Eigentumsrechte an den sich auf dem Hoheitsgebiet der Republik Polen befindenden Sachen oder den auf diesem Gebiet ausgeübten Vermögensrechten (Art. 1 Abs. 1 des Gesetzes). Gemäß Art. 2 des Gesetzes unterliegt der Erwerb der Eigentumsrechte an den sich im Ausland befindenden Sachen oder den im Ausland ausgeübten Vermögensrechten der Erbschaft- und Schenkungsteuer nur dann, wenn zum Zeitpunkt des Anfalls der Erbschaft oder der Unterzeichnung eines Schenkungsvertrages der **Erwerber polnischer Staatsangehöriger** war oder seinen **ständigen Wohnsitz** auf dem Territorium der Republik Polen hatte. 113

---

24 1,00 EUR = ca. 4,1 PLN (Stand: März 2015).

114 Der Erwerb der sich auf dem Gebiet der Republik Polen befindenden beweglichen Güter oder der Vermögensrechte, die auf diesem Gebiet zu erfüllen sind, ist steuerfrei, wenn zum Tage des Erwerbs weder der Erwerber noch der Erblasser bzw. Schenker polnischer Staatsangehörige war bzw. einen ständigen Wohnsitz bzw. Aufenthaltsort auf dem Gebiet der Republik Polen hatte (Art. 3 Ziff. 1 ErbStG).

III. Weitere im Rahmen der Erbfolge anfallende Steuern

115 Der polnischen Gesetzgebung ist der Begriff einer Steuer auf Bereicherung in Verbindung mit der Annahme der Erbschaft nicht bekannt. Der Staat nimmt in diesem Fall nur eine Erbschaft- und Schenkungsteuer ein. Die Annahme der Erbschaft durch natürliche Personen ist steuerfrei. Bei juristischen Personen führt die Erbschaft zur Entstehung einer Einkunft, die gemäß den im Gesetz vom 15.2.1992 über die Körperschaftsteuer[25] enthaltenen Grundsätzen zu versteuern ist. Veräußert eine natürliche Person einen Vermögensgegenstand, der als Erbschaft oder Schenkung erworben worden ist, innerhalb von 5 Jahren seit dem Erwerb (bei der Fristabrechnung wird das Erwerbsjahr nicht berücksichtigt), so kann sie verpflichtet werden, Einkommensteuer in Höhe von 19 % zu bezahlen (Art. 30e Gesetz vom 26.7.1991 über Einkommensteuer).[26]

116 Der Erwerb von bestimmten Erbschaftsbestandteilen kann dazu führen, dass der Erwerber davon befreit ist, gewisse Verwaltungsgebühren zu entrichten. Handelt es sich hierbei um ein Grundstück, so soll sich der neue Eigentümer in ein Grundbuch eintragen lassen, wobei die Gebühr für die Grundbucheintragung der Eigentumsrechte 150 PLN beträgt.

IV. Beispiele zur Berechnung der Erbschaftsteuer

117 **Beispiel 1:** Eine fremde Person erwirbt im Wege einer Erbschaft einen Pkw im Wert von 40.000 PLN. Die Erbschaftsteuer beträgt unter Berücksichtigung des steuerfreien Betrages von 4.902 PLN 5.786 PLN.

118 **Beispiel 2:** Zwei Personen, die der Steuergruppe II angehören, erwarben im Wege einer Erbschaft von je zur Hälfte eine Wohnung mit dem Wert von 150.000 PLN. Jeder der Personen steht ein steuerfreier Betrag i.H.v. 7.276 PLN zu. Jede der Personen wird also eine Steuer i.H.v. 7.305 PLN entrichten müssen.

---

25 Gesetzestext in der neuesten Fassung, Gesetzblatt *Dziennik Ustaw* von 2014, Pos. 851654 mit späteren Änderungen.
26 Gesetzestext in der neuesten Fassung, Gesetzblatt *Dziennik Ustaw* von 2012, Pos. 361 mit späteren Änderungen.

Portugal[1]

Prof. Dr. Erhard Huzel, Fachhochschule des Bundes, Lübeck, Fachkoordinator Rechtswissenschaften
Ines Wollmann, Rechtsanwältin, Porto/Bremen

Inhalt

- A. Internationales Privatrecht 1
  - I. Bestimmung des Erbstatuts aus portugiesischer Sicht 1
    1. Staatsangehörigkeitsprinzip und Nachlasseinheit 1
    2. Der Anwendungsbereich des Erbstatuts 9
    3. Form letztwilliger Verfügungen 14
    4. Deutscher Erblasser mit Wohnsitz in Portugal bzw. gewöhnlicher Aufenthalt nach EU-ErbVO 17
    5. Die Besonderheiten gemeinschaftlicher Testamente 20
    6. Die Besonderheiten vertraglicher Erbeinsetzungen 21
    7. Der ordre public (ordem pública) 24
    8. Abgrenzung des Erbstatuts zu anderen Statuten 26
       - a) Ehegüterstatut 26
       - b) Ehewirkungsstatut 27
       - c) Scheidungsstatut 28
       - d) Schenkungsstatut 29
       - e) Adoptionsstatut 31
  - II. Bestimmung des Erbstatuts aus deutscher Sicht 33
    1. Erbstatut bei deutschem Erblasser ... 33
    2. Erbstatut bei portugiesischem Erblasser 34
    3. Besonderheiten bei gemeinschaftlichen Testamenten 35
    4. Besonderheiten bei Erbverträgen 38
- B. Materielles Erbrecht 39
  - I. Gesetzliche Erbfolge 39
    1. Der Grundsatz der Universalsukzession 39
    2. Erbfähigkeit 40
    3. Erbunwürdigkeit 41
    4. Die Erbfolgeordnungen 44
    5. Das gesetzliche Erbrecht des Ehegatten 46
    6. Das Erbrecht des Staates 48
  - II. Die testamentarische Erbfolge nach portugiesischem Recht 49
    1. Allgemeines 49
    2. Testierfähigkeit und Erbfähigkeit im Besonderen 51
    3. Testamentsformen – Unzulässigkeit des eigenhändigen Testaments 54
       - a) Allgemeines 54
       - b) Das Verschlossene Testament 56
       - c) Das Öffentliche Testament 59
       - d) Das im Ausland errichtete Testament 60
    4. Das gemeinschaftliche Testament – Verbot nach dem Código Civil 63
    5. Erbverträge – Verbot des Erbvertrags nach dem Código Civil 69
    6. Inhalt des Testaments 72
    7. Bestellung von Ersatzerben – Substitução directa 75
    8. Vor- und Nacherbschaft – Substituição fideicomissária 78
       - a) Allgemeines 78
       - b) Die Stellung des Vorerben 80
       - c) Die Stellung des Nacherben 81
    9. Vermächtnisse – Legados 82
    10. Widerruf – Revogação 85
  - III. Das materielle Noterbrecht der nächsten Angehörigen 87
    1. Allgemeines 87
    2. Der Kreis der Noterbberechtigten und die Höhe ihrer Beteiligung 91
    3. Die Feststellung der (Überschreitung) der disponiblen Quote 94
    4. Folgen der Überschreitung 95
  - IV. Annahme und Ausschlagung der Erbschaft 97
    1. Erbschaftsannahme und Ausschlagung 97
    2. Annahme unter dem Vorbehalt des Inventars 103
    3. Erbverzicht 104
  - V. Die Rechte der Miterben und die Erbteilung (Partilha da herança) 105
    1. Die Miterben 105
    2. Die Erbteilung 107
  - VI. Die Testamentsvollstreckung 110
- C. Erbverfahren und Nachlassabwicklung .. 113
  - I. Meldung des Erbfalls 113
  - II. Testamentseröffnung 119
    1. Vorbemerkung 119
    2. Testamentsregister 122
    3. Eröffnung des Verschlossenen und des Internationalen Testaments 128
  - III. Der Nachweis der Erbeneigenschaft 131
    1. Hinterlegung von Testamenten 131
    2. Notarielles Erbenfeststellungsverfahren – habilitação notarial 136
    3. Gerichtliches Erbenfeststellungsverfahren 145

---

1 In den Vorauflagen wurden Teil A und Teil B von *Prof. Dr. Erhard Huzel* und *Dr. Burckhardt Löber* verfasst, Teil C überwiegend von *Ines Wollmann* und Teil D von *Ines Wollmann*. Für die vorliegende Auflage wurden sämtliche Teile von *Ines Wollmann* aktualisiert.

IV. Erbschaftsannahme – Aceitação da herança 150	3. Die Anerkennung ausländischer Entscheidungen in Portugal 178
V. Anerkennung deutscher Erbscheine und Testamentsvollstreckerzeugnisse 151	D. **Die Besteuerung der Erbfolge** 182
VI. Erbauseinandersetzung 155	I. Vorbemerkung 182
1. Die einverständliche Erbteilung 156	II. Umfang der Steuerpflicht 186
2. Notarielles und gerichtliches Erbteilungsverfahren 158	III. Bemessungsgrundlage der Stempelsteuer .. 188
3. Verfahren für Alleinerben 171	IV. Befreiungen von der Stempelsteuer 192
VII. Zivilverfahren 172	V. Tarif der Stempelsteuer 194
1. Die internationale Zuständigkeit portugiesischer Gerichte 172	VI. Die Abwicklung der Stempelsteuer 195
2. Die Anwendung ausländischen Rechts 175	VII. Steueranrechnung 203
	1. Doppelbesteuerung 203
	2. Erbschaftsteuervermeidung durch Wohnsitzverlegung nach Portugal 207

Literatur

Deutschsprachige Literatur

Ferid/Firsching/Dörner/Hausmann, Internationales Erbrecht (Loseblatt), Länderteil Portugal (Texte, zusammengestellt und übersetzt von *Jayme und Malheiros*); *Grundmann*, Qualifikation gegen die Sachnorm. Deutsch-portugiesische Beiträge zur Autonomie des internationalen Privatrechts, 1985; *Huzel*, Zur Zulässigkeit eines Auflagenbeschlusses im Rahmen des § 293 ZPO, IPRax 1990, 77; *Huzel/Löber/Wollmann*, Erben und Vererben in Portugal, Edition für internationale Wirtschaft, 2009; *Jayme*, Zur Errichtung eines gemeinschaftlichen Testaments durch portugiesische Eheleute im Ausland (port. Supremo Tribunal de Justiça, 14.3.1979, B.M.J. 285, 341), IPRax 1982, 20; *Jayme*, Nochmals: Zur Errichtung eines gemeinschaftlichen Testaments durch portugiesische Eheleute im Ausland, IPRax 1983, 308; *Jayme*, Das Recht der lusophonen Länder – Tagungsreferate, Rechtsprechung, Gutachten, 2000; *Lafontaine*, in: Deutsch-Portugiesische Industrie- und Handelskammer (Hrsg.), Das Steuersystem in Portugal, Lissabon, 2. Aufl. 2008; *Neuhaus/Rau*, Das internationale Privatrecht im neuen portugiesischen Zivilgesetzbuch, RabelsZ 32 (1968), 500; *Rau*, Letztwillige Verfügungen portugiesischer Staatsangehöriger in Deutschland, ZVglRWiss 80 (1981), 241; *Samtleben*, Länderbericht Spanien, Portugal und Lateinamerika, in: Müller (Hrsg.), Die Anwendung ausländischen Rechts im internationalen Privatrecht, 1968, S. 49 ff.; *Stieb*, Länderteil Portugal, in: Mennel/Förster, Steuern in Europa, Amerika und Asien, Loseblatt; *Wachter*, Erbschaft- und Schenkungsteuer in Portugal: Risiken und Gestaltungspotential, Praxis Internationale Steuerberatung 2003, 74; *Wollmann*, Länderbericht Portugal, in: Frank/Wachter, Handbuch Immobilienrecht in Europa, 2. Aufl. 2015.

Portugiesisch- und fremdsprachige Literatur

Capelo de Sousa, Lições de Direito das Sucessões, Vol. I, 4. Aufl., Coimbra 2000, Vol. II, 3. Aufl., Coimbra 2002; *Fernando Neto Ferreirinha*, Processo de Inventário, Manuais Processuais, Almedina 2014; *Fernando Neto Ferreirinha e Zulmira Neto Lino da Silva*, Formulários BDJUR, Testamento, Escrituras e Instrumentos, Almedina, 2. Edição 2014; *Gouveia Rocha*, Manual Teórico e Prático do Notariado, 2. Aufl., Coimbra 1998; *Hayton* (Hrsg.), European Succession Laws (Länderteil Portugal von *Ferreira Pinto*), 2. Aufl., Bristol 2002; *de Lima Pinheiro*, Direito Internacional Privado, Vol. II – Direito de Conflictos, 2. Aufl., Coimbra 2002; *Machado*, Lições de Direito Internacional Privado, 3. Aufl., Coimbra 2002; *Neto*, Código civil anotado, 13. Aufl., Lissabon 2001; *Oliveira Ascensão*, Direito civil – Sucessões, 5. Aufl., Coimbra 2000; *Pereira Coelho*, Direito das Sucessões, 4. Aufl., Coimbra 2002; *Rodrigues da Silva*, Testamentos e Heranças, Fiscalidade, Procedimentos administrativos, Segurança Social, 2001; *Tomé d'Almeida Ramião*, O novo regime do processo de inventário, Quid Juris sociedade editora, Lisboa 2014; *Valada*, Guia do testamento, Mem Martins 1993; *Vieira/Barbosa Leão*, Divórcio, Herança e Partilha, Coimbra 2003.

A. Internationales Privatrecht

I. Bestimmung des Erbstatuts aus portugiesischer Sicht

1. Staatsangehörigkeitsprinzip und Nachlasseinheit

Das Internationale Privatrecht Portugals findet sich im Einleitungstitel des *Código Civil* von 1966,[2] in den Art. 14–65 CC. Diese stellen eine ausführliche Kodifikation[3] mit bisweilen Einzelfallcharakter dar. Die Regelungen des portugiesischen Internationalen Erbrechts befinden sich in den Art. 62–65 CC.[4] Dabei wird Art. 63 CC in Art. 2223 CC mit einer Sonderregel für die Wirksamkeit der von Portugiesen im Ausland errichteten Testamente ergänzt.

Nach Art. 62 i.V.m. Art. 31 CC richtet sich das Erbstatut für das gesamte Vermögen nach der letzten Staatsangehörigkeit des Erblassers. Zwar spricht Art. 62 CC vom **Personalstatut** des Erblassers; dieses ist aber gem. Art. 31 CC das Recht des Staates, dessen Staatsangehörigkeit die Person besitzt. Als Erbstatut ist das Heimatrecht des Erblassers im Zeitpunkt seines Todes anzuwenden. Wie das deutsche Recht geht damit das portugiesische Internationale Erbrecht vom **Staatsangehörigkeitsprinzip** aus. Für **Mehrstaater** finden sich besondere kollisionsrechtliche Bestimmungen im Staatsangehörigkeitsgesetz. So ist in Art. 27 Staatsangehörigkeitsgesetz der Vorrang der portugiesischen Staatsangehörigkeit vorgesehen (vgl. Art. 5 Abs. 1 S. 2 EGBGB). Bei sonstigen Mehrstaatern findet das Recht des Staates Anwendung, in dessen Gebiet die Person ihren gewöhnlichen Aufenthalt hat; fehlt ein solcher, wird auf die engere Verbindung abgestellt (Art. 28 Staatsangehörigkeitsgesetz). Personalstatut eines **Staatenlosen** ist das Recht seines gewöhnlichen Aufenthaltsortes oder bei Minderjährigen oder Entmündigten das Recht des gesetzlichen Wohnsitzes (Art. 32 CC).

Des Weiteren ist nach der Regelung des portugiesischen *Código Civil* eine Spaltung des Nachlasses nicht vorgesehen; es gilt mithin das Prinzip der **Nachlasseinheit** (*unidade da sucessão*).[5] Zudem wird bei internationalen Erbfällen keine Unterscheidung zwischen beweglichem und unbeweglichem Nachlass getroffen.

Die Verweisung auf ein ausländisches Recht versteht sich nach Art. 16 CC grundsätzlich als **Sachnormverweisung**. Die Verweisungsregelungen finden im Verhältnis zu Drittstaaten weiterhin unverändert Anwendung. Änderungen ergeben sich aus der ab 17.8.2015 geltenden Erbrechtsverordnung (EU-ErbVO), die in Art. 34 die **Rück- und Weiterverweisung** im Verhältnis der Mitgliedstaaten für unbeachtlich erklärt. Dänemark, Großbritannien und Irland werden allerdings weiterhin als Drittstaaten behandelt.

Im Falle einer **interlokalen Spaltung** des berufenen Rechts – wie etwa in Spanien[6] – bestimmt das interne Recht dieses Staates das anwendbare Recht (Art. 20 CC und Art. 36 EU-ErbVO).

Europäisches Recht: Für die Europäische Union (mit Ausnahme von Dänemark, Irland und Großbritannien) wurde zwischenzeitlich die Verordnung (EU) Nr. 650/2012 des Euro-

---

2 Código Civil vom 25.11.1966 (Decreto-Lei No. 47344, Diário do Governo 1966 No. 274).
3 Die Regelung des port. CC galt zu seiner Zeit als eine der fortschrittlichsten auf dem Gebiet des IPR, vgl. *Frada de Sousa/Moreira de Almeida/Costa Barreira*, Livre Bleu, Portugal, S. 2087.
4 Einen Überblick über die Regelungen des IPR, darunter auch die erbrechtlichen Bestimmungen, im neuen portugiesischen Zivilgesetzbuch von 1966 geben *Neuhaus/Rau*, RabelsZ 32 (1968), 500–512.
5 *Baptista Machado*, S. 434; siehe auch *de Lima Pinheiro*, S. 312.
6 Siehe Länderbericht Spanien.

päischen Parlaments und des Rates vom 4.7.2012 über die Zuständigkeit, das anzuwendende Recht, die Anerkennung und Vollstreckung von Entscheidungen und die Annahme und Vollstreckung öffentlicher Urkunden in Erbsachen sowie zur Einführung eines Europäischen Nachlasszeugnisses (**Rom IV-Verordnung, EU-ErbVO**) verabschiedet, die im August 2012 in Kraft getreten ist und ab dem 17.8.2015 gilt, wobei die Art. 77 und 78 bereits ab dem 16.1.2014 und die Art. 79, 80 und 81 seit dem 5.7.2012 gelten.

7 Nach dieser Verordnung wird grundsätzlich das Erbrecht des Staates angewendet, in dem der Erblasser seinen letzten gewöhnlichen Aufenthalt hatte. Die Definition des Begriffs **„gewöhnlicher Aufenthalt"** in diesem Zusammenhang ist noch nicht abschließend geklärt. Für alle Menschen mit der Staatsangehörigkeit eines Mitgliedstaates, die z.B. auf Dauer in Deutschland leben und dann versterben, gilt jedoch künftig deutsches Erbrecht, gleichgültig, welche Staatsangehörigkeit sie besitzen. Umgekehrt begründen dauerhaft ins Ausland ziehende Deutsche ihren gewöhnlichen Aufenthalt im Ausland. Deutsche Rentner, die den überwiegenden Teil des Jahres im Ausland – z.B. in Portugal – verbringen, können ihren gewöhnlichen Aufenthalt ggf. dort begründen. Im Falle ihres Todes wird daher auf ihren Erbfall nach der neuen Regelung portugiesisches Erbrecht angewandt. Allerdings begründet die Verordnung ein **Wahlrecht**, das sich wiederum nach der Nationalität des Erblassers richtet, jedoch aktiv, beispielsweise im Rahmen einer letztwilligen Verfügung, ausgeübt werden muss.

8 **Bilaterale Abkommen** zwischen der Bundesrepublik Deutschland und der Republik Portugal auf dem Gebiet des Erbrechts liegen nicht vor, insbesondere existiert kein Deutsch-Portugiesisches Konsularabkommen mit erbrechtlichen Bestimmungen.[7] Diese wären im Hinblick auf die nunmehr geltende Erbrechtsverordnung, die sowohl in Deutschland als auch in Portugal Anwendung findet, auch gegenstandslos.

2. Der Anwendungsbereich des Erbstatuts

9 Die **Reichweite des Erbstatuts** entspricht weitgehend der des spanischen Rechts. Das Erbstatut regelt den erbrechtlichen Bereich grundsätzlich in seiner ganzen Breite.[8] Es gilt insbesondere für folgende Fragen: Erbfähigkeit, Erbschaftsannahme (Art. 2050–2061 CC), Ausschlagung (Art. 2062–2067 CC) und Erbverzicht, Auskunftsrecht gegen Erbschaftsbesitzer, Umfang des Nachlasses. Weiter entscheidet es über den Kreis der gesetzlichen Erben, die Art des Erwerbs des Nachlasses, die Haftung für Nachlassverbindlichkeiten (Art. 2068–2074 CC), über die Rechte und Pflichten der Miterben, die Rechtsverhältnisse der Miterben zueinander[9] und der Erbauseinandersetzung, die Pflichtteilsrechte (*Sucessão legítima*, Art. 2131–2155 CC) wie auch über die Bestimmung des Kreises der Berechtigten sowie über die Schenkung von Todes wegen und schließlich über die Testamentsvollstreckung. Dies entspricht der Regelung des Art. 23 EU-ErbVO, der ebenfalls die gesamte Rechtsnachfolge von Todes wegen dem gem. Art. 21 oder Art. 22 EU-ErbVO anwendbaren Recht unterwirft.

10 **Ausnahmen** vom Prinzip der Geltung des Heimatrechts des Erblassers gelten allein für die Erbfolge aufgrund letztwilliger Verfügung. Abweichend vom allgemeinen Erbstatut (Art. 62 CC – Heimatrecht zum Zeitpunkt des Todes) gilt in einigen Punkten das Personalstatut

---

[7] Vgl. BGBl 2007 II, Fundstellennachweis B (abgeschlossen am 30.6.2007), siehe auch *Kegel/Schurig*, Internationales Privatrecht, § 21 V 2 (S. 1025).
[8] Vgl. *de Lima Pinheiro*, II, S. 314 f.; *Baptista Machado*, S. 435 f.; s.a. *Kropholler*, Internationales Privatrecht, S. 381–384; *Kegel/Schurig*, Internationales Privatrecht, § 21 II (S. 1004–1008).
[9] Eine Erbengemeinschaft wie nach deutschem Recht kennt das portugiesische Recht nicht.

A. Internationales Privatrecht 1023

des Erblassers zur Zeit der Errichtung seiner letztwilligen Verfügung (**Errichtungsstatut**).[10] Dies betrifft v.a.: die Testier- und Widerrufsfähigkeit (Art. 63 Abs. 1 CC); die Erfordernisse einer besonderen Form der Verfügung infolge des Alters des Verfügenden; die Fähigkeit, eine Erklärung auch nach dem Wechsel des Personalstatuts noch zu widerrufen (Art. 63 Abs. 2 CC); die Auslegung der Erklärung mangels ausdrücklicher oder stillschweigender Bezugnahme auf ein anderes Recht, desgleichen Willensmängel (Art. 64 lit. a, b CC); die Zulässigkeit von gemeinschaftlichen Testamenten und Erbverträgen mit Ausnahme der vorehelichen Vereinbarungen[11] (Art. 64 lit. c CC); die Form der Erklärung, und zwar neben dem Erbstatut und dem Recht des Errichtungsortes, soweit das Personalstatut nicht zwingend eine bestimmte Form vorschreibt.

Bedeutung erlangten diese Ausnahmen erst, wenn nach Errichtung der letztwilligen Verfügung ein **Staatsangehörigkeitswechsel** des Erblassers eintrat.[12] Denn das allgemeine Erbstatut bestimmte sich nach dem Heimatrecht des Erblassers[13] (Personalstatut, Art. 31 CC) zur Zeit seines Todes, die Ausnahmen dagegen nach dem Heimatrecht zur Zeit der Erklärung. Lag ein Staatsangehörigkeitswechsel zwischen letztwilliger Verfügung und Eintritt des Erbfalls nicht vor, blieb es bei der alleinigen Geltung des allgemeinen Erbstatuts. 11

Dies hat sich nunmehr geändert. Unter Anwendung der Erbrechtsverordnung kann der Erblasser das anwendbare Recht gem. Art. 22 EU-ErbVO **wählen**, d.h., es kann das Heimatrecht oder eines der Heimatrechte des Erblassers im Zeitpunkt der Rechtswahl Anwendung finden. 12

Des Weiteren ändert sich das Erbstatut, wenn der Erblasser eine Rechtswahl nicht trifft und zur Zeit seines Todes einen gewöhnlichen Aufenthalt in einem anderen Mitgliedstaat begründet, der nicht sein Heimatstaat ist. 13

3. Form letztwilliger Verfügungen

Portugal hat das **Haager Übereinkommen** über das auf die Form letztwilliger Verfügungen anzuwendende Recht vom 5.10.1961 zwar am 29.6.1967 gezeichnet, jedoch bislang nicht ratifiziert. Hinsichtlich der Form letztwilliger Verfügungen gilt vielmehr weiterhin das autonome portugiesische Recht nach dem *Código Civil* von 1966. Nach Art. 65 CC ist die Verfügung von Todes wegen wie auch ihr Widerruf oder ihre Änderung dann formgültig, wenn sie dem am Ort der Vornahme der jeweiligen Rechtshandlung (**Errichtungsort**) geltenden Recht oder dem **Heimatrecht** des Erblassers im Errichtungs- oder Todeszeitpunkt oder auch dem für die Erbfolge maßgeblichen Recht entsprechen. Die portugiesische Regelung enthält damit die wesentlichen Prinzipien, die auch dem Testamentsformabkommen zugrunde liegen – nämlich Gültigkeit eines Testaments grundsätzlich immer dann, wenn es in seiner Form den Regeln des **Heimatrechts** des Verfügenden oder gemäß der Bestimmungen des **Errichtungsortes** oder – bei unbeweglichen Sachen – nach den Formvorschriften des Belegenheitsortes errichtet worden ist. Mit anderen Worten: Die bei Erarbeitung des neuen portugiesischen *Código Civil* von 1966 bereits vom Haager Testamentsformabkommen von 1961 her bekannten Möglichkeiten werden bei den Reformarbeiten in 14

---

10 Vgl. *Neuhaus/Rau*, RabelsZ 32 (1968) 511.
11 Vgl. Art. 49 CC (*Capacidade para contrair casamento ou celebrar convenções antenupciais* – Fähigkeit zur Eingehung der Ehe ...) – darin die ausdrückliche Gleichstellung der güter- und erbrechtlichen vorehelichen Vereinbarungen mit der Eheschließung. – Zu vorehelichen Vereinbarungen siehe *Huzel*, Länderteil Portugal, in: Süß/Ring, Eherecht in Europa, S. 1013 Rn 40–42.
12 Siehe auch *Rau*, ZVglRWiss 80 (1981), 243.
13 Personalstatut, Art. 31 CC.

Portugal nicht unberücksichtigt geblieben sein. Freilich besteht für Portugiesen insoweit eine gültige Ausnahme (siehe Rn 60). Dies steht im Einklang mit der Erbrechtsverordnung, die in Art. 24 EU-ErbVO darauf abstellt, dass die Verfügung von Todes wegen wie auch ihr Widerruf oder ihre Änderung dann formgültig sind, wenn sie dem Recht entsprechen, das anwendbar gewesen wäre, wenn der Erblasser im Zeitpunkt der Errichtung verstorben wäre. Kommt es nicht zu einer Rechtswahl, wäre insoweit auf das Rechts des gewöhnlichen Aufenthalts abzustellen.

15 Weiterhin ist seit dem 9.2.1978 für Portugal das **„Washingtoner UNIDROIT-Übereinkommen** über ein einheitliches Recht der Form eines internationalen Testaments" vom 26.10.1973[14] in Kraft, das aus portugiesischer Sicht u.a. gegenüber Kanada sowie Belgien, Italien, Frankreich und Bosnien-Herzegowina wie auch Slowenien vorrangig Anwendung findet.[15] Deutschland ist bislang nicht Mitglied dieses Abkommens geworden. Zuständige Registerstelle i.S.d. Übereinkommens ist für Portugal das Zentralregister in Lissabon.

16 Zudem gilt für Portugal bereits seit dem 21.7.1982 das in Basel beschlossene Europäische Übereinkommen über die Errichtung einer Organisation zur **Registrierung von Testamenten** vom 16.5.1972.[16] Erwähnenswert ist insoweit, dass öffentliche Register in Portugal eine gewisse Tradition besitzen. Für die Bundesrepublik Deutschland gilt das Abkommen – mangels Ratifikation – noch nicht. Somit funktioniert die Organisation zur Registrierung von Testamenten bislang allein in den neun Mitgliedsländern; zuständige Registerstelle i.S.d. Übereinkommens ist für Portugal das Zentralregister in Lissabon.

4. Deutscher Erblasser mit Wohnsitz in Portugal bzw. gewöhnlicher Aufenthalt nach EU-ErbVO

17 Auf die Erbfolge nach einem deutschen Erblasser fand aus portugiesischer Sicht infolge des nach portugiesischem – wie auch nach deutschem – IPR geltenden Staatsangehörigkeitsprinzips grundsätzlich deutsches Recht als das letzte Heimatrecht Anwendung (Art. 62 i.V.m. Art. 31 CC bzw. Art. 25 Abs. 1 EGBGB). Besonderheiten ergaben sich allenfalls bei einem Doppelstaater. Insbesondere ein deutsch-portugiesischer Doppelstaater wurde aus deutscher Sicht nach seinem deutschen Heimatrecht (Art. 5 Abs. 1 S. 2 EGBGB), aus portugiesischer Sicht insgesamt nach portugiesischem Recht beerbt (vgl. Art. 27 port. Staatsangehörigkeitsgesetz, siehe Rn 2).

18 Dies ändert sich durch die **EU-ErbVO** grundlegend. Nicht abschließend geklärt ist bisher die Frage, wie sich der Begriff **„gewöhnlicher Aufenthalt"** definiert. Einigkeit besteht darin, dass auf die Definitionen im Steuerrecht zur Frage der Ansässigkeit nicht ohne Weiteres zurückgegriffen werden kann. Auch ein Wohnsitz allein reicht nicht aus. Vielmehr ist der Begriff „gewöhnlicher Aufenthalt" autonom auszulegen. Für die Bestimmung des gewöhnlichen Aufenthalts werden Fragen des Mittelpunkts des Lebensinteresses, der sozialen Kontakte, die Nationalität des Erblassers, der Ort und die Lage des Hauptvermögens, der Sitz der Gläubiger, Meldeadresse, Arbeitserlaubnis, Arbeitsort, Wohnort der Erben und Ähnliches herangezogen werden.

19 Dies wird in der Praxis, soweit eine Rechtswahl nicht getroffen wurde, in vielen Fällen zu einem Wechsel des anwendbaren Rechts führen. Verzieht der deutsche Rentner nach Portu-

---

14 Decreto-Lei No. 252/75 vom 8.5.1978; deutsche Übersetzung bei Staudinger/*Dörner*, Vorbem. 141 zu Art. 25 f. EGBGB.
15 Vgl. *Jayme/Hausmann*, Internationales Privat- und Verfahrensrecht, Vor Nr. 60 Anm. 4 (das Abkommen gilt weiter für Libyen, Niger und Ecuador).
16 Von Portugal ratifiziert mit Decreto No. 3/82 vom 19.1.1982; siehe dazu auch Rn 122; *de Lima Pinheiro*, II, S. 315; *Kegel/Schurig*, § 21 V 3 c (S. 1028 f.).

gal, um seinen Lebensabend zu genießen, und verlegt er seinen gesamten Lebensmittelpunkt in das neue Land, um nur noch im Urlaub nach Deutschland zurückzukehren, kann sich das auf den Erbfall anwendbare Recht zukünftig ändern und portugiesisches Recht Anwendung finden. Für Deutsche, die nur vorübergehend nach Portugal im Rahmen ihrer beruflichen Tätigkeit entsandt werden, stellt sich insbesondere im Hinblick auf die Entsendung bereits die Frage, ob ein gewöhnlicher Aufenthalt i.S.d. Erbrechtsverordnung überhaupt begründet werden konnte. Schließlich wird es zu einem Wechsel des anwendbaren Erbrechts für all diejenigen kommen, die nach Portugal verziehen und dort als Selbstständige, Unternehmer oder Angestellte tätig sind. Die Ergebnisse können für den betroffenen Personenkreis durchaus überraschend sein.

5. Die Besonderheiten gemeinschaftlicher Testamente

In der Tradition romanischer Rechte verbietet auch der portugiesische *Código Civil* das gemeinschaftliche Testament (*Testamento de mão comum*) – sei es ein wechselbezügliches (*recíproco*) oder ein einfaches „verbundenes" gemeinschaftliches (*simplesmente conjunto – mere simultaneum*):[17] Das Verbot des Art. 2181 CC gilt für Portugiesen absolut. Nach portugiesischem IPR wird das Verbot des gemeinschaftlichen Testaments nicht als eine Frage der Form qualifiziert, vielmehr als eine solche des Inhalts.[18] Das Problem der Qualifikation habe der Gesetzgeber mit der Regelung des Art. 64 lit. c CC unmittelbar im Sinne der Sachbezogenheit (*qualificação da substância*) gelöst,[19] wonach sich die Zulässigkeit gemeinschaftlicher Testamente eindeutig nach dem Personalstatut des Erblassers zur Zeit seiner Erklärung regelt. Dabei war es Intention des Gesetzgebers, die Freiheit und Spontanität des Erblasserwillens zu garantieren, m.a.W. die freie Widerruflichkeit der Testamente zu gewährleisten. Demnach ist das Verbot des gemeinschaftlichen Testaments zweifelsfrei als sachbezogen zu qualifizieren (siehe näher Rn 63 ff.).[20]

6. Die Besonderheiten vertraglicher Erbeinsetzungen

Bisher galt: Ein Deutscher und eine Portugiesin konnten nur dann wirksam beide vertragsmäßig verfügen, wenn dies nach beider Heimatrechten zulässig war. Wie zuvor gezeigt, verbietet das portugiesische Recht grundsätzlich den **Erbvertrag**. Damit war ein zwischen einem Deutschen und einer Portugiesin geschlossener Erbvertrag unzulässig. Lediglich in der Form des vor Eingehung der Ehe geschlossenen **Ehevertrages** (*convenção antenupcial*) waren entsprechende Verfügungen *mortis causa* als *pacto sucessório* anzusehen und erlaubt (siehe Rn 70).

Die **EU-ErbVO** verfolgt einen anderen Ansatz. Die Wirksamkeit eines **Erbvertrages**, der eine einzige Person betrifft, unterliegt gem. Art. 25 EU-ErbVO dem Recht, das anzuwenden gewesen wäre, wenn die Person zum Zeitpunkt der Errichtung des Erbvertrages verstorben

---

[17] Vgl. *Baptista Machado*, S. 446.
[18] Vgl. *Baptista Machado*, S. 447; *de Lima Pinheiro*, II, S. 316; *Rau*, ZVglRWiss 80 (1981) 241; vgl. auch *Jayme*, IPRax 1982, 210. Anders aber *Neto*, Código civil anotado, Art. 2156 – Anm. 4. I., der unter Verweis auf die Vorgängernorm Art. 1753 des *Código Civil* von 1867, deren Regelung in Art. 2156 CC wiederholt sei, von einer Regel über die Form spricht: „... é uma regra relativa à forma do acto e não à sua substancia."
[19] *De Lima Pinheiro*, II, S. 316.
[20] Siehe *de Lima Pinheiro*, II, S. 316; *Baptista Machado*, S. 447 (... *garantir a liberdade e espontaneidade da vontade do testador*). Deutsche Gerichte sind freilich an diese Qualifikation nicht gebunden, sondern haben autonom nach deutschem Recht zu qualifizieren.

wäre. Der Erbvertrag, der den Nachlass mehrerer Personen betrifft, ist nur zulässig, wenn er nach jedem der Rechte zulässig ist, die danach der Verordnung auf die Rechtsnachfolge der einzelnen beteiligten Personen anzuwenden wären. Dies hat zur Folge, dass ein deutsches Ehepaar mit gewöhnlichem Aufenthalt in Portugal, soweit eine Rechtswahl nicht getroffen wurde, keinen wirksamen Erbvertrag mehr schließen kann.

23 Angesichts des grundsätzlichen Verbots des Erbvertrages nach dem portugiesischen *Código Civil* ist fraglich, ob ein deutscher Erbvertrag in Portugal Wirkung entfalten kann. Dies ist im Sinne der Erbrechtsverordnung nunmehr zu bejahen. Gleichwohl können in Portugal Schwierigkeiten etwa bei der Umschreibung von Grundstücken aufgrund eines vor einem deutschen Notar protokollierten Erbvertrages entstehen. Hier wird das **Europäische Nachlasszeugnis** wohl Abhilfe schaffen.

7. Der ordre public (ordem pública)

24 Die portugiesische *ordre-public*-Klausel findet sich in Art. 22 CC. Nach dessen Absatz 1 sind die von der Kollisionsnorm bezeichneten Vorschriften einer ausländischen Rechtsordnung nicht anwendbar, wenn diese Anwendung einen Verstoß gegen die Grundprinzipien des internationalen *ordre public* des portugiesischen Staates bedeutet. Damit wird eine Negativfassung der Norm als Vorbehaltsklausel geboten, deren Anwendung zudem nur auf Verstöße gegen Grundprinzipien beschränkt ist.[21] Dass dabei allerdings die Grundprinzipien als solche des portugiesischen Staates konkretisiert werden, stieß hierzulande bereits früh auf Kritik[22] – nicht zu Unrecht, man müsse allmählich an einen überstaatlichen *ordre public* denken. Liegt ein Verstoß gegen die portugiesische *ordem pública* vor, sind die geeignetsten Normen des nach portugiesischem IPR berufenen ausländischen Rechts, ersatzweise die Regeln des internen portugiesischen Rechts anwendbar (Art. 22 Abs. 2 CC).

25 Indes wird von Fällen in Bezug auf erbrechtliche Institute, in denen die portugiesische *ordem pública* hätte betroffen sein können, nicht berichtet.[23] Somit ist davon auszugehen, dass es sich insbesondere etwa bei dem Verbot des gemeinschaftlichen Testaments oder dem besonderen portugiesischen Noterbrecht nicht um durch die *ordem pública* geschützte Rechtsmaterien handelt.

8. Abgrenzung des Erbstatuts zu anderen Statuten

a) Ehegüterstatut

26 Vereinbarungen über den Güterstand sind grundsätzlich zulässig – jedoch allein vor der Eheschließung (*convenções antenupciais*, Art. 53 Abs. 1 CC);[24] maßgebend ist das Heimatrecht der Eheschließenden zum Zeitpunkt der Eheschließung. Im Übrigen unterliegt das

---

[21] *Frada de Sousa/Moreira de Almeida/Costa Barreira*, Livre bleu, Portugal, No. 19 (S. 2096) sprechen daher von einer Regelung *„fondamentalement traditionelle"*.
[22] *Neuhaus/Rau*, RabelsZ 32 (1968), 506.
[23] *Baptista Machado*, S. 272 nennt beispielhaft lediglich einen Fall, in dem eine bestimmte Vertragsklausel gegen die portugiesische *ordem pública* verstoßen habe, ohne diese Klausel bzw. den Vertrag näher zu bezeichnen.
[24] Siehe auch Art. 1698 CC (*Liberdade de convenção*) im Abschnitt „*Convenções antenupciais*". – Zu vorehelichen Vereinbarungen siehe *Huzel*, Länderteil Portugal, in: Süß/Ring, Eherecht in Europa, S. 1007 f. Rn 24 sowie S. 1013 f. Rn 40–42.

(gesetzliche) Güterrecht[25] primär dem gemeinsamen Heimatrecht der Ehegatten im Zeitpunkt der Eheschließung (Art. 53 Abs. 1 i.V.m. Art. 49 CC). Haben sie keine gemeinsame Staatsangehörigkeit, gilt subsidiär das Recht ihres gemeinsamen gewöhnlichen Aufenthalts im Zeitpunkt der Eheschließung und mangels eines solchen das Recht des ersten ehelichen Wohnsitzes (Art. 53 Abs. 2 CC).[26] Schließlich kann ein Güterstand des *Código Civil* gewählt werden, wenn das nach Art. 53 Abs. 1 und 2 CC bestimmte Recht ein ausländisches ist und einer der Eheschließenden seinen gewöhnlichen Aufenthalt auf portugiesischem Gebiet hat (Art. 53 Abs. 3 CC). Eine spätere Änderung des gewählten Güterstandes ist den Ehegatten gestattet, wenn das allgemeine Ehewirkungsstatut nach Art. 52 CC dies zulässt (Art. 54 Abs. 1 CC). Im Übrigen geht auch das portugiesische IPR von der Unwandelbarkeit des Ehegüterstatuts aus.[27]

b) Ehewirkungsstatut

Für die allgemeinen Beziehungen zwischen den Ehegatten (*relações entre os conjuges* – Ehewirkungen) gilt zunächst das gemeinsame Heimatrecht der Ehegatten (Art. 52 Abs. 1 CC), subsidiär das Recht ihres gemeinsamen gewöhnlichen Aufenthalts und mangels eines solchen das Recht des Staates, mit dem das Familienleben die engste Verbindung aufweist (Art. 52 Abs. 2 CC).[28]

27

c) Scheidungsstatut

Die Ehescheidung unterliegt nach portugiesischem IPR dem Recht, das auch für die allgemeinen Ehewirkungen gilt (Art. 55 Abs. 1 i.V.m. Art. 52 CC), also zunächst dem gemeinsamen Heimatrecht der Eheleute im Zeitpunkt der Klageerhebung,[29] ersatzweise dem Recht des gemeinsamen gewöhnlichen Aufenthalts und weiter hilfsweise dem Recht des Staates, mit dem das Familienleben die engsten Verbindungen aufgewiesen hat.

28

d) Schenkungsstatut

Für **Schenkungen unter Lebenden** (*inter vivos*) – als schuldrechtlicher Vertrag – ist zunächst die **Verordnung Nr. 593/2008** des Europäischen Parlaments und des Rates über das auf vertragliche Schuldverhältnisse anzuwendende Recht vom 17.6.2008 (**Rom I-VO**) einschlägig. Im Verhältnis Deutschlands zu Portugal gilt sie seit dem 17.6.2009. Nach Art. 3 Rom I-VO ist zunächst auf das gewählte Recht abzustellen, hilfsweise auf das Recht des Staates, in dem die Partei, welche die für den Vertrag charakteristische Leistung zu erbringen hat, ihren gewöhnlichen Aufenthalt hat, soweit nicht eine offensichtlich engere Verbindung zu einem anderen Staat besteht (Art. 4 Rom I-VO). Auch nach portugiesischem autonomen IPR richtet sich die Schenkung zunächst nach dem von den Parteien gewählten oder beabsichtigten Recht (Art. 41 CC), mangels Rechtswahl nach dem Recht des gemeinsamen gewöhnlichen Aufenthalts (Art. 42 Abs. 1 CC). Fehlt ein gemeinsamer Aufenthalt, so ist

29

---

25 Gesetzlicher Güterstand portugiesischen Rechts ist die Errungenschaftsgemeinschaft (*comunhão de adquiridos* – Art. 1717 ff. CC), welche durch den Tod eines Ehegatten beendet wird und zur Auseinandersetzung des Gesamtguts führt, siehe dazu *Huzel*, Länderteil Portugal, in: Süß/Ring, Eherecht in Europa, S. 1008 Rn 25 sowie S. 1011 ff. Rn 34–39.
26 Vgl. *Baptista Machado*, S. 408 f. mit Verweis auf die Lehren *Kegels*.
27 *Baptista Machado*, S. 408; siehe auch *Grundmann*, S. 108 ff. sowie *Huzel*, Länderteil Portugal, in: Süß/Ring, Eherecht in Europa, S. 1017 Rn 50.
28 Dazu etwa *Baptista Machado*, S. 404 f.
29 *De Lima Pinheiro*, II, 301 (unter Verweis auf *Baptista Machado*, S. 415 f.); siehe auch *Huzel*, Länderteil Portugal, in: Süß/Ring, Eherecht in Europa, S. 1023 Rn 66.

für unentgeltliche Verträge das Recht des gewöhnlichen Aufenthalts des Zuwendenden maßgeblich (Art. 42 Abs. 2 CC).

30 **Schenkungen von Todes wegen** (*mortis causa*) unterliegen – wie nach deutschem IPR – dem Erbstatut.[30] Dies ergibt sich zunächst aus dem erbrechtlichen Charakter dieser Form der Schenkung, lässt sich aber auch mit Art. 64 lit. c CC begründen, wonach sich die Zulässigkeit auch von Erbverträgen nach dem Personalstatut des Erblassers, mithin nach dessen Heimatrecht, beurteilt und jetzt neu nach dem Recht, das anwendbar gewesen wäre, wenn der Schenker im Zeitpunkt der Errichtung des Vertrages verstorben wäre. Das Schuldstatut nach Art. 42 CC ist hier nicht einschlägig.

e) Adoptionsstatut

31 Nach autonomem portugiesischem IPR[31] bestimmt sich die Begründung der Adoptivkindschaft (*Filiação adoptiva*) grundsätzlich nach dem Personalstatut (= Heimatrecht) des Adoptierenden (Art. 60 Abs. 1 CC). Findet die Adoption durch Eheleute statt, ist deren gemeinsames Heimatrecht maßgebend. Ersatzweise gilt das Recht des gemeinsamen gewöhnlichen Aufenthalts der Ehegatten; fehlt auch ein solches, ist „das Recht des Landes anwendbar, mit dem das Familienleben der Adoptierenden die engste Verbindung aufweist" (Art. 60 Abs. 2 CC).[32]

32 Für die Beziehungen des Adoptierten zu den Adoptierenden wie auch zu seiner Ursprungsfamilie gilt das Heimatrecht des Adoptierten (Personalstatut; Art. 60 Abs. 3 CC).[33] Die erbrechtlichen Auswirkungen der Adoption bestimmen sich indes nach dem Erbstatut.[34]

II. Bestimmung des Erbstatuts aus deutscher Sicht

1. Erbstatut bei deutschem Erblasser

33 Ausgehend vom sowohl in Deutschland wie auch in Portugal Geltung beanspruchenden Staatsangehörigkeitsprinzip fand bisher auf die Erbfolge nach einem deutschen Staatsangehörigen deutsches Recht – als dessen letztes Heimatrecht – Anwendung (Art. 25 Abs. 1 EGBGB; Art. 62 CC – Personalstatut – i.V.m. Art. 31 CC – Staatsangehörigkeitsprinzip). Dies hat sich durch die Erbrechtsverordnung nunmehr geändert, da entscheidend für die Bestimmung des anwendbaren Erbrechts die Bestimmung des gewöhnlichen Aufenthalts ist, wobei dieser autonom durch Auslegung zu ermitteln ist (vgl. Rn 18).

---

30 *Baptista Machado*, S. 447, 449 – begrifflich ist allerdings von *actos ou negócios jurídicos „inter vivos" com repercussões sucessórias* (Rechtsgeschäfte *inter vivos* mit erbrechtlichen Wirkungen) die Rede.
31 Das Haager Übereinkommen über den Schutz von Kindern und die Zusammenarbeit auf dem Gebiet der internationalen Adoption vom 29.5.1993 (BGBl 1993 II, S. 1035) ist von Portugal noch nicht ratifiziert, vgl. *de Lima Pinheiro*, II, S. 309; für Deutschland ist es am 1.3.2002 in Kraft getreten (BGBl 2002 II, S. 2872) – Liste der Vertragsparteien in BGBl 2007 II, Fundstellennachweis B (abgeschlossen am 30.6.2007) – Portugal.
32 Siehe dazu *Huzel*, Länderteil Portugal, in: Süß/Ring, Eherecht in Europa, S. 1040 Rn 107.
33 Zudem bestimmt Art. 60 Abs. 4 CC, wann eine Adoption nicht statthaft ist – wenn sie nach dem Heimatrecht (Personalstatut) des zu Adoptierenden unbekannt oder nach diesem Recht in bestimmten Fällen (familiäre Lage des zu Adoptierenden) unzulässig ist; dazu etwa *de Lima Pinheiro*, II, S. 307.
34 *Baptista Machado*, S. 430.

2. Erbstatut bei portugiesischem Erblasser

Gleiches gilt für die Erbfolge nach einem portugiesischen Staatsangehörigen. Bisher richtete sich in internationalen Erbfällen das Erbstatut nach der Staatsangehörigkeit, mithin nach portugiesischem Recht als Heimatrecht (Personalstatut). Nunmehr richtet sich das anwendbare Recht nach dem gewöhnlichen Aufenthalt des Erblassers. 34

3. Besonderheiten bei gemeinschaftlichen Testamenten

Auszugehen war auch hier vom grundsätzlichen Gleichlauf der im deutsch-portugiesischen Erbrechtsverhältnis möglichen beiden Erbstatute nach dem in beiden Rechten geltenden Staatsangehörigkeitsprinzip: Insoweit kann aus deutscher Sicht im Grunde auf die Darstellung zur Rechtssituation aus portugiesischer Sicht verwiesen werden (siehe Rn 20). Damit hat natürlich beispielsweise auch ein deutscher Richter oder Nachlassbeamter im Hinblick auf die Geltung des portugiesischen Erbstatuts die Ungültigkeit eines von Portugiesen in Deutschland errichteten gemeinschaftlichen Testaments zu beachten – sofern er mit der derzeit wohl überwiegenden Auffassung die Zulässigkeit der gemeinschaftlichen Testamentserrichtung als Frage nach dem Inhalt des Testaments einordnet und unter Art. 25 Abs. 1 EGBGB qualifiziert. 35

Unter Geltung der **EU-ErbVO** wird der Prüfungsumfang noch etwas erweitert, denn es muss geprüft werden, ob auf einen deutschen Staatsangehörigen zum Zeitpunkt der Errichtung des gemeinschaftlichen Testaments eventuell portugiesisches Erbrecht Anwendung findet, weil dieser seinen gewöhnlichen Aufenthalt in Portugal begründet hat, und umgekehrt. Hier wird der Rechtswahl eine große Bedeutung zukommen. 36

In einem gemeinschaftlichen Testament bedeutet dies, dass die letztwillige Verfügung immer dann keine Wirkung entfalten kann, wenn bei Errichtung des Testaments in Bezug auf einen der beiden Ehegatten oder auf beide portugiesisches Erbrecht zur Anwendung kommt. Es gilt das Verbot des Art. 2181 CC. Ein Notar dürfte in einem solchen Fall ein gemeinschaftliches Testament nicht protokollieren. Liegt gleichwohl ein derartiges Testament vor, ist dieses gem. Art. 25 Abs. 2 EU-ErbVO unwirksam. 37

4. Besonderheiten bei Erbverträgen

Die in Rn 35 ff. angestellte Erwägung lässt sich auch auf den Bereich der Erbverträge beziehen: Der deutsche Anwender portugiesischen Rechts hat von dem grundsätzlichen **Verbot** des Erbvertrages nach dem *Código Civil* auszugehen. Die Wirksamkeit richtet sich nunmehr nach Art. 25 EU-ErbVO. 38

B. Materielles Erbrecht

I. Gesetzliche Erbfolge

1. Der Grundsatz der Universalsukzession

Der Erbgang wird im Moment des Todes des Erblassers und an dem Ort seines letzten Wohnsitzes eröffnet (Art. 2031 CC). Die Regelungen über die gesetzliche Erbfolge finden sich in den Art. 2131–2155 *Código civil*. Die gesetzliche Erbfolge tritt ein, wenn ein gültiges Testament des Erblassers nicht vorliegt (Art. 2131, 2132 CC). 39

2. Erbfähigkeit

40 Grundsätzlich sind alle natürlichen Personen, die im Zeitpunkt des Anfalls der Erbschaft geboren oder bereits gezeugt sind, erbfähig, soweit sie nicht von Gesetzes wegen ausgeschlossen sind (Art. 2033 Abs. 1 CC). Eine Erweiterung der Erbfähigkeit (*capacidade sucessória*) ist nach Art. 2033 Abs. 2 CC für die testamentarische wie auch für die vertragliche Erbfolge vorgesehen (siehe Rn 51 ff.). Die gesetzlichen Ausschlussgründe sind in Art. 2034–2038 CC aufgeführt, nämlich die Erbunfähigkeit wegen Unwürdigkeit (siehe Rn 41 f.).

3. Erbunwürdigkeit

41 Nach Art. 2034 CC kommen folgende Personen wegen Erbunwürdigkeit nicht als Erbe oder Vermächtnisnehmer in Betracht:[35]
- wer wegen vorsätzlicher Tötung des Erblassers, seines Ehegatten oder eines nahen Verwandten oder wegen bestimmter Verleumdungen dieser Personen verurteilt worden ist (lit. a und b);
- wer den Erblasser durch Zwang oder Täuschung veranlasst hat, ein Testament zu errichten, zu widerrufen oder abzuändern (lit. c); oder
- wer das Testament – vor oder nach dem Tode des Erblassers – verborgen, unterdrückt oder manipuliert oder von solchen Machenschaften profitiert hat (lit. d).

42 Zu den Ziffern a) und b) stellt Art. 2035 CC klar, dass die Verurteilung wegen eines solchen Verbrechens auch nach Eröffnung des Erbganges erfolgt sein kann, die Tat selbst indes zuvor begangen sein muss. Beachtlich ist die Erbunwürdigkeit, wenn sie vom Gericht auf einen innerhalb von zwei Jahren nach dem Erbfall zu stellenden Antrag hin erklärt wird; im Fall der Ziff. c) und d) des Art. 2034 CC beträgt die Frist ein Jahr ab Kenntnis der Erbunwürdigkeit (Art. 2036 CC).

43 Die Feststellung der Erbunwürdigkeit hat zur Folge, dass die Berufung des Erbunwürdigen zum Erben als nicht erfolgt gilt und er selbst als bösgläubig anzusehen ist. In der gesetzlichen Erbfolge allerdings schließt die Erbunwürdigkeit nicht das Repräsentationsrecht der Abkömmlinge des Erbunwürdigen aus (Art. 2037 CC). Schließlich kann der Erbunwürdige durch den Erblasser selbst nach gerichtlicher Feststellung dieses Umstandes „rehabilitiert" werden, sei es durch ausdrückliche Erklärung des Erblassers, per Testament oder in öffentlicher Urkunde, sei es durch das Testament selbst, wenn der Erblasser den Grund der Erbunwürdigkeit kannte; dann kann der ursprünglich Erbunwürdige im Rahmen der testamentarischen Verfügungen gleichwohl erben (Art. 2038 CC).

4. Die Erbfolgeordnungen

44 Innerhalb einer Ordnung wird nach dem Grad der Verwandtschaft zum Erblasser geerbt; innerhalb einer Ordnung und innerhalb eines Grades zu gleichen Teilen (pro Kopf). Die Erben einer früheren Ordnung schließen die einer späteren Ordnung von der gesetzlichen Erbfolge aus (Art. 2134 CC).[36] Dabei ist die nachfolgende Ordnung berufen, wenn die Erben der vorgehenden Ordnung entweder erbunfähig sind oder die Erbschaft nicht annehmen. Nimmt einer von mehreren Erben innerhalb einer Ordnung seine Erbschaft nicht an oder ist einer erbunwürdig, fällt der auf ihn entfallende Erbteil zu gleichen Teilen den verbleibenden anderen zu (**Anwachsung** – *direito de acrescer*, vgl. Art. 2137 CC).

---

35 Vgl. *Rau*, ZVglRWiss 80 (1981), 252 f.
36 So kommen Aszendenten (2. Ordnung) erst zum Zuge, wenn kein Kind, Enkel, Urenkel etc. (1. Ordnung) die Erbschaft annehmen will oder kann.

Die gesetzlichen Erben listet Art. 2133 Abs. 1 CC in **fünf Ordnungen**[37] auf.

- Zur **ersten Ordnung** gehören der überlebende Ehegatte[38] und die Abkömmlinge des Erblassers – bei diesen ohne Unterscheidung zwischen ehelichen und nichtehelichen Kindern (Art. 2139 Abs. 2 CC). Falls eines oder mehrere der Kinder seine Erbschaft nicht annehmen will oder kann, rücken dessen Abkömmlinge im Wege der Repräsentation nach (Art. 2140–2142 CC).
- Erben **zweiter Ordnung** sind der Ehegatte und die Aszendenten. Ist ein überlebender Ehegatte nicht vorhanden, sind zunächst die Eltern des Erblassers auf den ganzen Nachlass berufen, dann die Großeltern zu gleichen Teilen.
- Gesetzliche Erben **dritter Ordnung** sind die Geschwister des Erblassers und deren Abkömmlinge.
- Die übrigen Seitenverwandten bis zum vierten Grade bilden die **vierte Erbfolgeordnung**.
- Sind Erben der vierten Ordnung nicht vorhanden, ist – als **fünfte Ordnung** – der Staat gesetzlicher Erbe (siehe Rn 48).

5. Das gesetzliche Erbrecht des Ehegatten

Der überlebende Ehegatte gehört zur ersten wie zur zweiten Ordnung (siehe Rn 45). Sein Erbteil differiert je nachdem, ob er mit Abkömmlingen zusammentrifft oder nur mit Aszendenten. Erbt er mit gesetzlichen **Erben erster Ordnung**, wird grundsätzlich nach Kopfteilen geerbt (siehe Rn 44), doch erhält er auf jeden Fall **mindestens ein Viertel** des Nachlasses (Art. 2139 Abs. 1 CC). So erbt der Ehegatte neben zwei Kindern zu $1/3$, bei vier Kindern erhält er $1/4$ und jedes Kind $3/16$. Dagegen erbt der überlebende Ehegatte **neben Erben zweiter Ordnung zu zwei Dritteln**. Sind keine Vorfahren vorhanden, ist der Ehegatte Alleinerbe.

Dabei wird für das gesetzliche Erbrecht des überlebenden Ehegatten stets vorausgesetzt, dass dieser im Zeitpunkt des Erbfalls weder durch rechtskräftig gewordenes oder rechtskräftig werdendes Urteil geschieden noch gerichtlich getrennt ist. Ein anhängiges, aber noch nicht entschiedenes Scheidungs- oder Trennungsverfahren hindert den überlebenden Ehegatten daran zu erben, wenn das Verfahren nach dem Erbfall fortgesetzt wird und ein entsprechendes Urteil später ergeht.[39]

6. Das Erbrecht des Staates

Bei Fehlen vorrangiger Erben, wenn also weder Ehegatte noch erbberechtigte Verwandte des Erblassers vorhanden sind, ist der Staat[40] zur Erbschaft berufen (Art. 2152 CC) – als gesetzlicher Erbe fünfter Ordnung (Art. 2133 Abs. 1 lit. e CC).[41] Nach dem Gesetzeswortlaut handelt es sich dabei um ein echtes Erbrecht und nicht lediglich um ein Heimfallrecht

---

37 Art. 2133 Abs. 1 lit. a–e CC; *Capelo de Sousa*, I, S. 240 f., spricht von 7 Ordnungen (*clases*), wobei er in den vorhergehenden Ordnungen bei den Adoptierten zwischen *adoptantes plenos* und *adoptantes restritos* (beschränkt) unterscheidet und Letzteren zwei eigene Ordnungen zuweist. – Zu diesen Adoptionsformen siehe Huzel, Länderteil Portugal, in: Süß/Ring, Eherecht in Europa, S. 1039 f. Rn 103–106.
38 Bis zur Reform von 1978 war der überlebende Ehegatte vermögensrechtlich nur über die ehegüterrechtlichen Regelungen abgesichert; vgl. *Rau*, ZVglRWiss 80 (1981), 246.
39 So *Rau*, ZVglRWiss 80 (1981), 246.
40 Auch insoweit gilt nach h.M. das Erbstatut, für das deutsche Recht vgl. Staudinger/*Dörner*, Art. 25 EGBGB Rn 190.
41 Nach *Capelo de Sousa*, I, S. 241 ist der Staat gesetzlicher Erbe „7. Klasse" (vgl. oben Rn 45).

für einen erbenlosen Nachlass (*bona vacantia*).[42] So stellt Art. 2153 CC klar, dass der Staat hinsichtlich der Erbschaft die gleichen Rechte und Pflichten hat wie jeder andere Erbe. Allerdings hat dieser als letzter gesetzlicher Erbe nicht das Recht, die Erbschaft auszuschlagen (Art. 2154 CC). Davon unberührt ist das Erfordernis eines gerichtlichen Verfahrens zur Feststellung, dass keine erbberechtigten Verwandten vorhanden sind.[43] Insgesamt wird daraus abgeleitet, dass es sich bei dem gesetzlichen Erbrecht des Staates um ein echtes privates Erbrecht des Staates handelt.[44]

II. Die testamentarische Erbfolge nach portugiesischem Recht

1. Allgemeines

49 Das Testament ist ein höchstpersönlicher, einseitiger und widerrufbarer Akt; es darf nicht von einem Vertreter errichtet oder vom Gutdünken eines Dritten abhängig gemacht werden (Art. 2179, 2182 Abs. 1 CC – *acto pessoal*). Allerdings kann der Testator einem Dritten die Teilung des Nachlasses oder eines Vermächtnisses dann anvertrauen, wenn eine Personenmehrheit (*generalidade de pessoas*) begünstigt wird, sowie die Auswahl aus mehreren vom Erblasser benannten Vermächtnisnehmern (Art. 2182 Abs. 2 CC). Nichtig ist die Bestimmung, mittels derer auf die einem anderen im Geheimen erteilten Weisungen oder Empfehlungen sowie auf nicht öffentliche Urkunden Bezug genommen wird, welche nicht vom Erblasser gleichzeitig mit dem Testament oder früher geschrieben und unterschrieben worden sind (Art. 2184 CC). Ebenfalls nichtig ist die Verfügung zugunsten einer unbestimmten, nicht bestimmbaren Person (Art. 2185 CC).

50 Für das Öffentliche Testament (*testamento público*) fordert Art. 58 des Notariatsgesetzbuches, dass ausschließlich die portugiesische **Sprache** verwendet wird.[45] In der Form des Verschlossenen Testaments (*testamento cerrado*) wie auch des Internationalen Testaments kann sich der Erblasser jeder anderen Sprache bedienen.

2. Testierfähigkeit und Erbfähigkeit im Besonderen

51 **Testierfähig** sind grundsätzlich die **volljährigen Personen**. Ausdrücklich geregelt ist die allgemeine Testierunfähigkeit: Die Testierfähigkeit ist nicht gegeben bei nicht emanzipierten Minderjährigen (d.h. vor vollendetem 18. Lebensjahr, vgl. Art. 122 CC) sowie bei wegen geistiger Anomalien in der Geschäftsfähigkeit beschränkten Personen (Art. 2189 i.V.m. Art. 138 f. CC).

52 Gegenüber der gesetzlichen Erbfolge ist die **Erbfähigkeit** für die testamentarische Erbfolge nach Art. 2033 Abs. 2 CC erweitert: Erbfähig sind danach auch die noch nicht empfangenen *nascituri*, die Abkömmling einer bestimmten Person sein werden und im Zeitpunkt des Erbfalls leben. Des Weiteren sind für die testamentarische Erbfolge auch juristische Personen und Gesellschaften erbfähig.[46]

---

42 Siehe etwa *Firsching*, Das Anfallsrecht des Fiskus bei erblosem Nachlass, IPRax 1986, 25 ff.
43 *Capelo de Sousa*, I, S. 256.
44 So *Capelo de Sousa*, I, S. 256 ausdrücklich: „… o estrado na sucessão legítima, apesar de nao poder aceitar o repudiar a herança, permanece como um verdadeiro sucessível, a título privado …"
45 Da es sich hierbei um kein materiell-rechtliches, sondern ein verfahrensrechtliches Erfordernis handelt, greift es bei Beurkundung durch einen deutschen Notar – der nicht dem portugiesischen Beurkundungsrecht unterliegt – nicht ein.
46 Beide genannten Erweiterungen der Erbfähigkeit gelten im Übrigen ausdrücklich auch für die erbvertragliche Erbfolge (siehe dazu Rn 69 f.).

Eine Besonderheit stellt insoweit die Regelung des Art. 2224 CC dar: Danach sind auch Verfügungen zugunsten der Seele des Erblassers zulässig (*disposições a favor da alma*) – allerdings nur, wenn sich die hierdurch auf den Erben oder Vermächtnisnehmer zukommende Belastung anhand der vom Erblasser hierfür bestimmten Vermögensgegenstände oder anderswie quantifizieren lässt. Diese Form der Verfügung wird als eine solche immateriellen Charakters (*carácter não patrimonial*) verstanden.[47] Die Sondernorm über die „Erbfähigkeit der Seele des Erblassers" findet sich im Übrigen als erste Norm des Abschnitts „Allgemeine Bestimmungen" im Kapitel über den zulässigen Inhalt des Testaments, was den Stellenwert dieser Verfügungsbefugnis wie auch die Beachtlichkeit des Erblasserwillens[48] unterstreicht.

3. Testamentsformen – Unzulässigkeit des eigenhändigen Testaments

a) Allgemeines

Abweichend von anderen romanischen Rechten erkennt der portugiesische *Código Civil* das eigenhändige Testament (*testamento ológrafo*) grundsätzlich nicht als wirksame letztwillige Verfügung an. Das *testamento ológrafo*, d.h. das holographische Testament, das vom Erblasser eigenhändig geschrieben und unterschrieben ist, findet lediglich in der Form des verschlossenen, auch mystisch genannten, Testaments (*testamento cerrado*, Art. 2206 CC) Anwendung (siehe Rn 56 ff.).[49] Der Erblasser kann außerdem in der Form des öffentlichen Testaments (*testamento público*, Art. 2205 CC) wirksam testieren.

Daneben kennt auch das portugiesische Recht Sonderregeln für bestimmte Personengruppen oder Ausnahmesituationen wie auch für den Erblasser, der sich in Todesgefahr befindet. Vorgesehen sind folgende besondere Testamentsformen:[50] das Öffentliche bzw. Verschlossene Militärtestament (*testamento militar público*, Art. 2211 CC; bzw. *testamento militar cerrado*, Art. 2212 CC),[51] das Seetestament (*testamento marítimo*, Art. 2214–2118 CC),[52] das Lufttestament (Art. 2219 CC)[53] sowie das Katastrophentestament (Art. 2220 CC).[54] Bei diesen Sonderformen handelt es sich um vorläufige Testamente; sie gelten nur für die Dauer von zwei Monaten nach Beendigung des betreffenden Ausnahmezustandes.

b) Das Verschlossene Testament

Nach portugiesischem Recht kann ein Verschlossenes Testament (*testamento cerrado*) nur von Volljährigen errichtet werden. Allerdings kann in dieser Form nicht testieren, wer aus intellektuellen oder körperlichen Gründen nicht in der Lage ist zu lesen (Art. 2208 CC). Grundsätzlich wird dieses Testament vom Testator eigenhändig geschrieben und unterschrieben (siehe auch Rn 55). Dabei verlangt das portugiesische Recht noch besondere Wirksamkeitsvoraussetzungen, deren Nichtbeachtung das Verschlossene Testament nichtig macht (Art. 2206 CC).[55]

---

47 *Capelo de Sousa*, I S. 167.
48 *Capelo de Sousa*, I S. 203.
49 Klarstellung gegenüber dem Länderbericht Portugal, Rn 45, in: Süß/Haas (Hrsg.), Erbrecht in Europa, 1. Aufl. 2004.
50 Vgl. *Rau*, ZVglRWiss 80 (1981), 249 mit entsprechendem Hinweis.
51 Art. 2210 CC, gilt für Soldaten und diesen gleichgestellte Personen (d.h. Zivilisten im Dienst des Militärs, vgl. *Valada*, S. 8).
52 Dazu etwa *Valada*, S. 10 f.
53 Mit Verweis auf Seetestament, siehe dazu etwa *Valada*, S. 10 f.
54 Dazu *Valada*, S. 11.
55 Vgl. dazu *Rau*, ZVglRWiss 80 (1981), 250 f.

57 Die speziellen Gültigkeitserfordernisse des portugiesischen Rechts betreffen zwar **Formfragen**, so dass bei Errichtung in Deutschland die Einhaltung des deutschen Rechts genügt. Soll ein Testament aber in Portugal im Rechtsverkehr zur Geltung kommen, so empfiehlt es sich für den deutschen Notar aber, soweit möglich, auch die Bestimmungen des portugiesischen Rechts zu beachten.[56] Daher seien die besonderen Formalia hier im Einzelnen genannt:
- Der Testator darf von der Unterzeichnung nur absehen, wenn er dazu intellektuell oder körperlich nicht imstande ist; in einem solchen Fall ist in der Niederschrift der Grund für das Fehlen der Unterschrift zu vermerken.
- Wer das Testament unterzeichnet, muss die übrigen Blätter desselben rubrizieren.
- Der Testator hat das Testament ausdrücklich zu billigen, die entsprechende Erklärung wird unmittelbar an die unter das Testament gesetzte Unterschrift angefügt und muss insbesondere Erklärungen des Testators darüber enthalten, dass
  - das Schriftstück seine letztwilligen Verfügungen enthält;
  - es von ihm selbst geschrieben und unterschrieben oder auf seine Bitte von einem anderen geschrieben und von ihm selbst unterschrieben oder aber, dass es auf seine Bitte von einem anderen geschrieben und unterschrieben worden ist, weil er selbst zur Unterschrift intellektuell oder körperlich nicht imstande war;
  - das Testament keine Streichungen, Berichtigungen oder Einfügungen, Radierungen, Verstümmelungen oder Randvermerke enthält bzw. dass diese einzeln von dem Schreibenden mit dessen Unterschrift bestätigt worden sind; und dass schließlich alle Blätter mit Ausnahme des Unterschriftsblattes vom Unterzeichner des Testaments rubriziert worden sind.
- Der Notar hat in der Niederschrift die Zahl vollständig beschriebener und die Anzahl der Linien nicht vollständig beschriebener Seiten des Testaments zu vermerken sowie gegebenenfalls, dass er sich überzeugt hat, dass der Testator intellektuell oder körperlich außerstande ist zu lesen.
- Die Blätter des Testaments werden vom Notar rubriziert und auf dem Umschlag wird vermerkt, wem das Testament gehört.
- Das Testament muss handschriftlich geschrieben sein, es kann auch auf Bitten des Testators durch den Notar geschrieben werden, vor welchem es gebilligt wird.
- Nur auf ausdrücklichen Wunsch des Testators darf der Notar das Testament lesen oder laut vorlesen.

58 Bei Übergabe einer verschlossenen letztwilligen Verfügung an den Notar nimmt dieser keinen Einfluss auf Inhalt und Gestaltung des Testaments. Vielmehr beurkundet er durch seine Mitwirkung lediglich, dass die vom Erblasser übergebene Schrift dessen letzten Willen beinhaltet – in Portugal mit den oben genannten besonderen formellen Erfordernissen. Dieses Testament gestaltet der Erblasser hier wie dort allein ohne Mitwirkung der Urkundsperson.

c) Das Öffentliche Testament

59 Dem Öffentlichen Testament des § 2232 BGB entspricht das portugiesische öffentliche Testament (*testamento público*, Art. 2205 CC). Der portugiesische Notar hat die vor ihm errichteten öffentlichen Testamente in einem besonderen Buch zu beurkunden.[57] Auch ist festzustellen, ob der Erblasser die Testierfähigkeit besitzt. Die Testamentserrichtung wie auch die Aufbewahrung erfolgt unter Wahrung der Vertraulichkeit. So ist es den Mitarbei-

---

[56] So schon der berechtigte Hinweis von *Rau*, ZVglRWiss 80 (1981), 249.
[57] Vgl. Art. 7 Nr. 1a *Código do Notariado*.

tern des Notariats nicht gestattet, an der Errichtung des Testaments mitzuwirken. Allein der Notar in seiner Funktion als Geheimnisträger erhält Kenntnis vom Inhalt des Testaments.

d) Das im Ausland errichtete Testament

Besonders geregelt ist das Testament, das von Portugiesen im Ausland errichtet worden ist (*testamento feito por português em país estrangeiro*, Art. 2223 CC). Dabei handelt es sich um keine echte Sonderform. Vielmehr wird so dem Umstand Rechnung getragen, dass es – selbstverständlich – auch den Portugiesen im Ausland möglich ist, ein Testament zu errichten, also insbesondere vor einem portugiesischen Konsularbeamten in den allgemeinen Formen des Öffentlichen oder des Verschlossenen Testaments. Zudem ist das von einem Portugiesen im Ausland unter Beachtung der dortigen Gesetze (Ortsform) errichtete Testament auch in Portugal wirksam.[58] Dieses Testament wird freilich in Portugal gem. Art. 65 Abs. 2 CC nur dann anerkannt, wenn die nach dem Personalstatut des Erblassers, d.h. hier also nach Art. 2223 CC, zwingend vorgeschriebene **feierliche Form** (*forma solene*) bei seiner Errichtung oder Genehmigung eingehalten wurde.[59] Unter feierlicher Form ist die **Schriftform mit notarieller Bestätigung** im Sinne des verschlossenen Testaments zu verstehen. In der Praxis ist die nach Art. 2223 CC vorgeschriebene *forma solene* nach jüngster Auskunft des *Instituto dos Registos e do Notariado* (IRN) – ein dem portugiesischen Justizministerium (*Ministério de Justiça*) angeschlossenes Institut – auch dann gewahrt, wenn das Testament unter Mitwirkung eines deutschen Notars errichtet wurde.[60] Dagegen hat sich das zuvor – zur Wahrung der *forma solene* nach Art. 2223 CC – empfohlene Verfahren, nämlich das Testament unter Mitwirkung eines Vertreters der portugiesischen Botschaft zu errichten oder nachträglich von der portugiesischen Botschaft oder einem Notar in Portugal bestätigen zu lassen,[61] in der Praxis letztlich nicht bewährt. Die Errichtung eines Testaments vor einem **deutschen Notar** genügt nach diesen jüngsten Erkenntnissen demnach den Formerfordernissen des portugiesischen Rechts der *forma solene*.[62]

60

Im Hinblick auf diese Regelung des *Código Civil* wird der Begriff „portugiesischer Staatsangehöriger" zukünftig so zu verstehen sein, dass auch andere Staatsangehörige erfasst werden, soweit die EU-ErbVO Anwendung findet, eine wirksame Rechtswahl nicht getroffen wurde und aufgrund des gewöhnlichen Aufenthalts des Verfügenden portugiesisches Recht zur Anwendung kommt. Wie dies der deutsche Notar bei einem deutschen Staatsangehörigen feststellen will, wenn dieser beispielsweise seinen gewöhnlichen Aufenthalt in einem anderen Land verschweigt, bleibt in der Praxis abzuwarten. Auch hier wird vermutlich die Rechtswahl Rechtsklarheit bringen.

61

Das letztgenannte, von Portugiesen im Ausland errichtete Testament ist nicht zu verwechseln mit dem **Internationalen Testament**. Diese Sonderform ist nicht im portugiesischen *Código Civil* vorgesehen, ergibt sich vielmehr aus Portugals Beitritt zum Washingtoner UNIDROIT-Abkommen über ein einheitliches Recht der Form eines internationalen Testaments vom 16.10.1973. Diese Form kann auch bei Beurkundung in Deutschland eingehalten

62

---

58 Vgl. *Valada*, S. 12.
59 *Neto* Código Civil Anotado, Art. 2223; *Oliveira Ascensão*, S. 75; siehe auch *Neuhaus/Rau*, RabelsZ 32 (1968), 524.
60 *Rau*, ZVglRWiss 80 (1981), 241, 249 f.
61 So die früher vom *Ministério de Justiça – Direcção Geral dos Registos e do Notariado* (vgl. Rn 118) – auch gegenüber dem DNotI (in dessen Gutachtenpraxis) – wiederholt bestätigte Verfahrensweise.
62 So bereits *Rau*, ZVglRWiss 80 (1981), 249; vgl. auch Staudinger/*Dörner*, Anh. Art. 25 f. EGBGB Rn 540. Nach *Hayton*, Rn 12.92 bedeute „forma solene" in diesem Zusammenhang allein die Einhaltung der Schriftform.

werden. Damit genügt die Errichtung eines Testaments nach dem Washingtoner Abkommen durch deutsche Notare letztlich immer den Anforderungen in Portugal.

4. Das gemeinschaftliche Testament – Verbot nach dem Código Civil

63 Das portugiesische Recht verbietet ausdrücklich – wie andere romanische Rechte in der Regel auch[63] – das gemeinschaftliche Testament: Nach Art. 2181 CC dürfen zwei oder mehr Personen nicht in einer Urkunde testieren – unabhängig, ob zu wechselseitigem Vorteil oder zugunsten eines Dritten. Das Verbot gilt für alle Portugiesen, zumindest im portugiesischen Inland (einschließlich der Inselgruppe Madeira sowie den Azoren).

64 Besonders einzugehen ist hier auf einen Streit, der das portugiesische Recht lange beschäftigt hat: nämlich die Frage nach der Wirksamkeit des **durch portugiesische Eheleute im Ausland errichteten gemeinschaftlichen Testaments**.[64] Nach einer Entscheidung des portugiesischen *Supremo Tribunal de Justiça* von 1979 könne ein gemeinschaftliches Testament – trotz des Verbots nach Art. 2181 CC – wirksam sein, wenn das ausländische Recht am Ort der Errichtung (Ortsrecht – *lex loci*) diese Form gestattet. Durch den zwischenzeitlich neu eingefügten Art. 64 lit. c CC wird Art. 2181 CC nicht mehr unter die Formvorschrift subsumiert, auch wenn es sich bei Art. 2181 CC eigentlich um eine Formvorschrift handelt. Damit hat sich die Entscheidung des *Supremo Tribunal de Justiça* aus portugiesischer Sicht zwar erledigt; der Gesetzgeber hat den Streit entschieden. Doch macht das Urteil des obersten portugiesischen Gerichts, das auch in der deutschen Literatur Beachtung gefunden hat und hier daher noch Erwähnung verdient, noch einmal ganz deutlich, dass das Verbot gemeinschaftlicher Testamente nach Art. 2181 CC eine Formvorschrift ist, die im *Código Civil* kraft gesetzlicher Vorschrift (Art. 64 lit. c CC) – systemwidrig – abweichend qualifiziert wird.[65] Folgender Sachverhalt lag der Entscheidung zugrunde:

Beispiel: Im Jahre 1962 hatten aus Portugal stammende Eheleute im US-Bundesstaat Pennsylvania ein gemeinschaftliches Testament errichtet – nach dortigem Recht – und sich gegenseitig zu Erben eingesetzt. Der Ehemann war amerikanischer Staatsangehöriger, die Ehefrau Portugiesin. Bald nach Testamentserrichtung verstarb die Ehefrau, der Ehemann im Jahre 1969. Eine Nichte der Ehefrau begehrte später die Feststellung, dass das Testament nichtig und sie gesetzliche Alleinerbin ihrer Tante geworden sei.

65 Entscheidend für die Lösung dieses Falles war, wie das Verbot des gemeinschaftlichen Testaments nach dem portugiesischen CC (als dem auf die Erbfolge nach der portugiesischen Staatsangehörigen anwendbaren Recht, dem Erbstatut) zu „qualifizieren" sei. Handelte es sich um eine Frage der Form, wäre das in Pennsylvania errichtete Testament wirksam, wenn die dortigen Formvorschriften eingehalten waren (was hier der Fall war). Geht es bei dem Verbot dagegen um sachliche Gesichtspunkte (Inhalt der gemeinschaftlichen Verfügung), wäre obiges Testament ungültig. Der portugiesische *Supremo Tribunal de Justiça* entschied, dass das gemeinschaftliche Testament, das von einer Portugiesin im Ausland errichtet wurde, wirksam sei, wenn es dem Ortsrecht entspricht (damit blieb die Klage der Nichte der portugiesischen Erblasserin ohne Erfolg).

66 Bemerkenswert ist die Entscheidung noch immer deshalb, weil sich der *Supremo Tribunal de Justiça* damit gegen die herrschende und mit Art. 64 lit. c CC nun Gesetz gewordene

---

[63] Vgl. zur Parallele im spanischen Recht *Löber/Huzel*, S. 44 (Art. 669, 733 span. CC).

[64] Siehe *Jayme*, IPRax 1982, 210 f.; allgemein *Rau*, Letztwillige Verfügungen portugiesischer Staatsangehöriger in Deutschland, ZVglRWiss 80 (1981) 241–251.

[65] *Supremo Tribunal de Justiça* (vergleichbar dem deutschen Bundesgerichtshof – BGH), Urt. v. 14.3.1979 (BMJ 285, S. 341); siehe auch *Jayme*, IPRax 1982, 210 f.

Meinung der portugiesischen Lehre ausgesprochen hat. Die Lehre hat das Verbot des gemeinschaftlichen Testaments fast ausnahmslos als **sachbezogen qualifiziert**; denn die Testierfreiheit sei geschützt, insbesondere die freie Widerruflichkeit der Testamente. Für die Maßgeblichkeit des Ortsrechts hatten sich nur wenige Autoren ausgesprochen.[66] Die Rechtsprechung hatte schon früh in diesem Sinne entschieden,[67] was mit dem Spruch 1979 höchstrichterlich bestätigt wurde – aus heutiger Sicht freilich nur ein Zwischenergebnis. Der *Supremo Tribunal de Justiça* argumentierte, dass eine wechselseitige Erbeinsetzung in **verschiedenen** Testamenten nicht verboten sei; zudem seien Formvorschriften ohnehin stets auch sachlich begründet.[68] Es schien, als habe der *Supremo Tribunal de Justiça* mit dieser Entscheidung für an Bedeutung zunehmende internationale Sachverhalte einen wichtigen Schritt getan: Spezifisch international-privatrechtliche Interessen – wie der Schutz im Ausland testierender Portugiesen (gerade auch in gemischtnationalen Ehen) – sollten auch vom (portugiesischen) Gericht anerkannt werden. Doch, wie beschrieben, ist die – aus international-privatrechtlicher Sicht – unbefriedigende Lösung mit Art. 64 lit. c CC nun Gesetz geworden.

Als **Ergebnis** bleibt festzuhalten: (Deutsch-)Portugiesische Eheleute können – aus Sicht des portugiesischen Rechts – in Deutschland ebenso wenig wirksam ein gemeinschaftliches Testament errichten wie dies auch (deutsch-)portugiesischen Eheleuten in Portugal nach Art. 2181 CC verboten ist. Aus deutscher Sicht freilich wäre die Qualifikation durch den portugiesischen Gesetzgeber nicht zu beachten und richtigerweise das Testament unter Rückgriff auf die deutsche Ortsform als wirksam zu behandeln.

Die Beurteilung nach der Erbrechtsverordnung richtet sich nach Art. 25 EU-ErbVO, d.h., eine solche Verfügung ist immer dann unwirksam, wenn portugiesisches Erbrecht zur Anwendung kommt.

5. Erbverträge – Verbot des Erbvertrags nach dem Código Civil

Auch Erbverträge entfalten nach portugiesischem Recht grundsätzlich keine Rechtswirkung (Art. 2028 i.V.m. Art. 946 CC). Zwar enthält der *Código Civil* in Art. 2028 eine Begriffsbestimmung, wann eine vertragliche Erbfolge (*sucessão contratual*) vorliegt, nämlich wenn jemand per Vertrag auf eine Erbfolge verzichtet, über den eigenen Nachlass oder den noch nicht angefallenen Nachlass eines Dritten verfügt. Daraus ergibt sich jedoch nicht die allgemeine Zulässigkeit von Erbverträgen.[69] Begründet wird dieses Verbot zunächst damit, dass die Erbeinsetzung nach portugiesischem Verständnis zu Lebzeiten grundsätzlich frei widerruflich sein muss. Erbverträge sind vielmehr nur in den vom Gesetz vorgesehenen Fällen erlaubt, etwa wenn die Testamentsformalitäten eingehalten sind.[70] Insoweit wird darauf hingewiesen, dass es sich dann nicht um Erbverträge im technischen Sinn handelt. So finden sich die entsprechenden Vorschriften nicht im erbrechtlichen Teil des *Código Civil*.

---

66 *Jayme*, IPRax 1982, 211 Fn 6.
67 Eine gewisse Tradition solcher Rechtsprechung hat ihren Ursprung u.a. durch in Brasilien auch nach Einführung des Verbots in Art. 2181 CC (1867) fortgeltendes altes Recht des port. CC (bis 1917), vgl. *Jayme*, IPRax 1982, 211 m.w.N.
68 *Jayme*, IPRax 1982, 211 verweist insoweit zu Recht darauf, dass andernfalls die Regel „*locus regit actum*" quasi abgeschafft würde.
69 Vgl. etwa *de Oliveira Ascensão*, S. 106; anders noch im *Código Civil* von 1867.
70 Vgl. Art. 2028 Abs. 2 i.V.m. Art. 946 CC, dazu *de Oliveira Ascensão*, S. 106–108; siehe auch *Rau*, ZVglRWiss 80 (1981) 250.

70 Eine gesetzlich erlaubte Ausnahme sind die **Verfügungen mittels eines Ehevertrages** (*convenção antenupcial*), welcher nur von Verlobten, also **vor** der Eheschließung, abgeschlossen werden kann (Art. 1698 CC). Auch wenn darin eine Schenkung *mortis causa* im Hinblick auf die Eheschließung versprochen wird, ist diese Schenkung nach Art. 1755 Abs. 2 CC ausdrücklich als *pacto sucessório* zulässig.[71]

71 Zur Begründung des Verbots des Erbvertrages wird angeführt, dass das Geschäft *mortis causa* seiner Art nach einseitig sei. So werde Druck auf den Erblasser vermieden, er behalte zu seinen Lebzeiten die Verfügungsgewalt über sein Vermögen; vorschnelle Entscheidungen, die nicht (einseitig) widerrufbar wären – ein Essential der letztwilligen Verfügung –, sollen vermieden werden.[72] Allerdings kann ein unwirksamer Erbvertrag nach Art. 946 Abs. 2 CC in ein Testament **umgedeutet** werden.

6. Inhalt des Testaments

72 Erbrechtliche Verfügungen können auch nach portugiesischem Recht in der Form der Einsetzung als Erbe (*Herdeiro*) oder durch Aussetzung eines Vermächtnisses (*Legado*, siehe Rn 82) bestehen.

73 Diese Einsetzungen können grundsätzlich unter einer aufschiebenden oder auflösenden **Bedingung** getroffen (Art. 2229 ff. CC) wie auch mit **Auflagen** belastet werden (Art. 2244–2248 CC). Als nicht geschrieben gelten aber tatsächlich oder rechtlich unmögliche Bedingungen wie auch solche, die gegen das Gesetz, die öffentliche Ordnung (*ordem pública*) oder die guten Sitten verstoßen, selbst wenn der Testator Gegenteiliges bestimmt hat (Art. 2230 CC). Darüber hinaus ist nach Art. 2231 CC auch die unter der Bedingung getroffene Verfügung nichtig, dass der Erbe oder der Vermächtnisnehmer seinerseits zugunsten des Erblassers oder eines Dritten letztwillig verfügt (*Condição captatória*). Als nicht geschrieben gelten ausdrücklich die – damit unzulässigen – Bedingungen, irgendwo zu wohnen oder nicht zu wohnen, mit jemandem zusammenzuleben oder nicht zusammenzuleben, ein Testament nicht zu errichten, die Nachlassgegenstände nicht an eine bestimmte Person weiterzugeben, den Nachlass nicht zu teilen, nicht die Errichtung des Inventars zu verlangen, den Priesterstand oder einen bestimmten Beruf zu ergreifen oder nicht zu ergreifen (Art. 2232 CC – *Condições contra à lei*). Ebenfalls als nicht geschrieben gilt die Bedingung, zu heiraten oder nicht zu heiraten (*Condição de casar ou não casar*, Art. 2233 Abs. 1 CC). Zulässig ist jedoch die Zuwendung einer kontinuierlichen oder periodisch wiederkehrenden Leistung, wie Nießbrauch, Benutzung, Wohnung oder Rente, für den Zeitraum, in welchem der Vermächtnisnehmer ledig oder verwitwet ist (Art. 2233 Abs. 2 CC).

74 Der unter einer auflösenden Bedingung berufene Erbe hat den Nachlass bis zum Bedingungseintritt zu verwalten bzw. seine Ersatzerben, wenn er nicht annimmt, oder seine Miterben (Art. 2237, 2238 CC). Der Eintritt der auflösenden Bedingung wirkt auf den Zeitpunkt des Erbfalls zurück (Art. 2242 CC).

---

71 Vgl. *de Oliveira Ascensão*, S. 109–111; *Rau*, ZVglRWiss 80 (1981) 249.
72 *De Oliveira Ascensão*, S. 106.

7. Bestellung von Ersatzerben – Substituição directa

Wie in anderen romanischen Rechten, etwa dem spanischen Recht, vorgesehen, gestattet es auch das portugiesische Recht dem Erblasser, für bestimmte Erbsituationen Vorsorge zu treffen und Ersatzerben zu bestellen (Art. 2281–2285 CC). Folgende Fälle umfasst Art. 2281 CC (*Substituição directa*):
– Der eingesetzte Erbe **kann** die Erbschaft nicht annehmen.
– Der eingesetzte Erbe **will** die Erbschaft nicht annehmen.

In jeder der vorbezeichneten Alternativen erfolgt der Eintritt des Ersatzerben aufgrund des Wegfalls des eingesetzten Erben in dessen Rechtsstellung (Art. 2284 CC). Zulässig ist es auch, für den Ersatzerbfall den Erbteil des eingesetzten Erben auf mehrere Ersatzerben zu splitten oder umgekehrt bei Wegfall mehrerer eingesetzter Erben nur einen Ersatzerben zu bestellen (Art. 2282 CC). Zudem kann der Erblasser bestimmen, dass sich die Miterben gegenseitig substituieren (*Substituição recíproca*, Art. 2283 CC).

Schließlich ist für den Fall, dass minderjährige Kinder vor Erreichen der Volljährigkeit oder testierunfähige volljährige Kinder versterben, die Berufung von Ersatzerben (oder Ersatzvermächtnisnehmern) in der Rechtsform der Pupillarsubstitution (*Substituição pupilar*,[73] Art. 2297 CC) bzw. der Quasi-Pupillarsubstitution (*Substituição quase-pupilar*, Art. 2298 CC) vorgesehen (Art. 2297–2300 CC).

8. Vor- und Nacherbschaft – Substituição fideicomissária

a) Allgemeines

Im Anschluss an die Regelungen über die Ersatzerbschaft (*Substituição directa*) finden sich im portugiesischen *Código Civil* Bestimmungen über die *Substituição fideicomissária* (oder *fideicomisso*; Art. 2286–2296 CC). Die **fideikommissarische Substitution**, quasi die treuhänderische Ersatzerbschaft, entspricht ihrem Wesen nach der diesbezüglichen Regelung des deutschen Rechts. Dies wird auch nach der Begriffsbestimmung in Art. 2286 CC deutlich: Der „belastete" Erbe wird als *fiduciário* bezeichnet, als *fideicomissário* indes der Begünstigte der Substitution (*beneficiário da substituição*). So wird der portugiesische Terminus bei *Jayme/Neuss*[74] konsequenterweise mit „Vorerbschaft/Nacherbschaft" wiedergegeben.[75] Der **Vorerbe** ist also gewissermaßen der zeitliche Ersatzmann für den, der nach dem Willen des Erblassers durch Eintritt des Nacherbfalls die Position des (Nach-)Erben erhalten soll.[76] Wenn auch das portugiesische Recht damit dieses Rechtsinstitut grundsätzlich zulässt, so ist doch in Art. 2288 CC eine maßgebliche Einschränkung vorgesehen: Danach ist die Einsetzung eines **Nacherben** unwirksam, wenn sie über mehr als eine Generation erfolgt. Die Einsetzung eines Nacherben (oder Nachvermächtnisnehmers) ist mithin nur einmalig möglich. Der Vater kann also seinen Sohn als Vor- und seinen Enkel als Nacherben einsetzen, nicht aber einen möglichen Urenkel als Nachnacherben. Mittels der *substituição fideicomissária* kann auch eine entsprechende Eintragung ins portugiesische Grundbuch (*cadastro*) veranlasst werden.

---

73 *Jayme/Neuss*, Dicionário jurídico e económico – Wörterbuch der Rechts- und Wirtschaftssprache, Teil 1: Portugiesisch-Deutsch, 1994, S. 447 geben den Terminus mit „testamentarische Vormundschaft" wieder.
74 *Jayme/Neuss*, Dicionário jurídico e económico, S. 446 f.
75 Ebenso *Rau*, ZVglRWiss 80 (1981), S. 254.
76 Zur Parallele im spanischen Recht vgl. *Löber/Huzel*, S. 21.

79 Daneben nennt der *Código Civil* in Art. 2295 Fälle außergewöhnlicher Vor- und Nacherbschaft (*Fideicomissos irregulares*): Das gilt zunächst für Verfügungen, mit denen der Erblasser dem Erben untersagt, über Nachlassgegenstände zu verfügen – sei es durch Rechtsgeschäft *inter vivos*, sei es mittels letztwilliger Verfügung (Art. 2295 Abs. 1 lit. a CC); des Weiteren für letztwillige Verfügungen, mit denen der Erblasser eine Person bestimmt, der die Erbschaft beim Tod des Erben verbleiben soll (Art. 2295 Abs. 1 lit. b CC), sowie für solche, mit denen der Erblasser bestimmt, dass die einer juristischen Person hinterlassenen Vermögensgegenstände einer bestimmten Person zufallen sollen, falls Erstere aufgelöst wird (Art. 2295 Abs. 1 lit. c CC).

b) Die Stellung des Vorerben

80 Das Grundbild des Vorerben portugiesischen Rechts ist geprägt von dessen treuhänderischer Aufgabe, „den Nachlass" zu erhalten (*conservar a herança*, Art. 2286 CC), damit dieser bei seinem Tod dem Begünstigten (Nacherben) zufällt. Die Verwaltung des Nachlasses obliegt dem Vorerben entsprechend den für den Nießbrauch geltenden Regeln, soweit diese nicht dem Wesen der Vor-/Nacherbschaft entgegenstehen (Art. 2290 CC). Verkäufe oder Belastungen von der Vor-/Nacherbschaft unterliegenden Vermögensgegenstände darf er nur mit gerichtlicher Genehmigung vornehmen (Art. 2291 CC). Dementsprechend ist es auch den persönlichen Gläubigern des Vorerben untersagt, sich aus den zur „treuhänderischen Ersatzerbschaft" gehörenden Vermögensgegenständen zu befriedigen; dieses Recht steht ihnen lediglich auf deren Früchte zu (Art. 2292 CC). Damit findet dieses Rechtsinstitut seine Entsprechung in der deutschen Vor- und Nacherbschaft.

c) Die Stellung des Nacherben

81 Nach Art. 2293 Abs. 1 CC fällt der Nachlass dem Nacherben (*fideicomissário*) mit dem Tode des Vorerben (*fiduciário*) zu. Demgemäß kann der Nacherbe die Erbschaft auch nicht vorher annehmen oder ausschlagen, noch über die entsprechenden Vermögensgegenstände verfügen – selbst per entgeltlicher Verfügung nicht (Art. 2294 CC). Wenn der Nacherbe die Erbschaft nicht annehmen kann oder will, bleibt die Bestimmung über die fideikommissarische Ersatzerbschaft ohne Wirkung; die Rechtsträgerschaft an den Nachlassgütern gilt als vom Zeitpunkt des Todes des Erblassers an endgültig dem Vorerben zugefallen (Art. 2293 Abs. 2 CC). Im umgekehrten Fall, wenn der Vorerbe die Erbschaft nicht annehmen kann oder will, wird die Vor- und Nacherbschaft in eine direkte Ersatzerbschaft (*substução directa*, Art. 2281 ff. CC) **umgedeutet**, sofern nicht das Testament Gegenteiliges vorsieht (Art. 2293 Abs. 3 CC).

9. Vermächtnisse – Legados

82 Als weitere Gestaltungsmöglichkeit zur Regelung der Vermögensnachfolge kann der Erblasser einem anderen per Testament bestimmte Vermögensgegenstände vermachen (Vermächtnis – *Legado*, Art. 2250 CC). Auf diese Weise erhält der Vermächtnisnehmer einen bestimmten Vermögensvorteil (Geldbetrag, Wertgegenstand oder auch Erlass einer Schuld). Der Bedachte wird unmittelbar mit dem Erbfall Eigentümer der ihm vermachten Sache. Anders als der zur Erbschaft Berufene rückt der Vermächtnisnehmer aber nicht zugleich in die Erbenstellung ein, haftet mithin nicht für Nachlassschulden. Diese Form der Einzelrechtsnachfolge ist in Form des **Vindikationslegats** als aus dem Eigentum des Vermächtnisnehmers fließender dinglicher Anspruch gegenüber dem/den Erben oder dem Testamentsvollstrecker ausgestaltet (Art. 2249 f. CC). So steht dem Vermächtnisnehmer hinsichtlich des vermachten Gegenstandes der Herausgabeanspruch gegen einen Dritten zu (Art. 2279 CC –

Reivindação da coisa legada). Der Vermächtnisnehmer erlangt das Eigentum an der vermachten Sache bereits mit dem Erbfall.

Gehört die vermachte Sache nicht dem Erblasser oder ihm nicht ganz, so ist das Vermächtnis nichtig, falls sich aus dem Testament nicht ergibt, dass der Erblasser diesen Umstand kannte (Art. 2251, 2252 CC). Unter welchen Voraussetzungen die Anordnung eines Vermächtnisses wirksam oder unwirksam ist, in welcher Reihenfolge Vermächtnisse zu erfüllen sind, wenn der Nachlass nicht ausreicht (Art. 2278 CC), was bei einem Gattungsvermächtnis (*legado de coisa genérica*, Art. 2253 CC), was bei einem Nießbrauchvermächtnis (*legado de usufruto*, Art. 2258) gilt, wie ein Wahlvermächtnis (*legados alternativos*, Art. 2267) zu erfüllen ist, was bei einem Vermächtnis zugunsten eines Minderjährigen gilt (Art. 2274 CC), ist Inhalt der zahlreichen Einzelregelungen der Art. 2249–2280 CC.[77] Das Vermächtnis zugunsten einer gemeinnützigen Organisation bzw. einer sozialen Einrichtung (*legados pios*) richtet sich gem. Art. 2280 CC nach besonderen Gesetzen: dem *Decreto Lei* 39 499 vom 24.11.1953.[78] Hervorzuheben ist die Möglichkeit, das Vermächtnis – wie auch das Testament – mit Auflagen zu belasten (Art. 2229 CC). Im Falle zweier Vermächtnisse zugunsten einer Person, kann der Vermächtnisnehmer nur dann das eine annehmen und das andere ausschlagen, wenn dieses zweite nicht durch den Erblasser mit einer Belastung beschwert ist (Art. 2250 Abs. 1 CC). Ebenso kann der Erbe, der zugleich Vermächtnisnehmer ist, nur dann das Erbe annehmen und das Vermächtnis ausschlagen bzw. umgekehrt, wenn der ausgeschlagene Teil nicht beschwert ist (Art. 2250 Abs. 2 CC).

Die Regelung über die Bestellung von Ersatzerben (Art. 2281 ff. CC) gilt gem. Art. 2285 Abs. 1 CC *expressis verbis* auch für die Bestellung von Ersatzvermächtnisnehmern.

10. Widerruf – Revogação

Der **Widerruf** von Testamenten ist in den Art. 2179 Abs. 1, 2311 CC vorgesehen; auch ein teilweiser Widerruf ist möglich. Auf das Recht zum Widerruf kann nicht wirksam verzichtet werden. Der Widerruf kann – wie nach deutschem Recht – ausdrücklich oder stillschweigend (konkludent) erfolgen; Letzteres wird auch als tatsächlicher Widerruf (*revogação real*) – z.B. Zerstörung des Testaments oder Veräußerung eines als Vermächtnis ausgesetzten Vermögensgegenstandes – bezeichnet.[79]

Daneben enthält der *Código Civil* auch Bestimmungen über die **Anfechtung von Verfügungen**, die aufgrund von Irrtum, Arglist oder Zwang getroffen worden sind (Art. 2201 CC).[80] Es gilt eine Anfechtungsfrist von regelmäßig zwei Jahren ab Kenntnis der Sachlage – im Gegensatz zur Ein-Jahres-Frist nach deutschem Recht.

III. Das materielle Noterbrecht der nächsten Angehörigen

1. Allgemeines

Unter dem Noterbrecht (*legítima*) versteht man denjenigen Teil der Güter, über den der Testierende nicht verfügen kann, weil er von Gesetzes wegen für die „Legitimerben" (*her-

---

[77] Dazu etwa *Capelo de Sousa*, I S. 205–210.
[78] Geändert durch Decreto Lei 43/209 vom 10.10.1960, vgl. *Capelo de Sousa*, I S. 210 f.
[79] *De Oliveira Ascensão*, S. 70–72; siehe auch *Valada*, S. 20 f.
[80] *De Oliveira*, S. 97 f.; *Valada*, S. 23.

deiros legitimários) bestimmt ist (Art. 2156 CC). Nach dieser Legaldefinition ist der Pflichtteil ein **Noterbrecht**[81] einzelner Personen in Bezug auf einen bestimmten Teil der Erbschaft.

88 Im portugiesischen Recht umstritten ist die Frage, ob das Noterbrecht dinglich wirkt oder aber nur ein Forderungsrecht beinhaltet (ähnlich § 2303 BGB).[82] Die Umschreibung des Art. 2156 CC spricht für ein dingliches Recht, also ein echtes Erbrecht (*pars hereditatis*) und nicht nur ein bloßes Forderungsrecht.[83] Damit hat der portugiesische Noterbe die Stellung eines gesetzlichen Erben, d.h., der Noterbe kann nicht ganz enterbt werden. Will er sein Noterbrecht geltend machen, muss er die Erbschaft annehmen (siehe Rn 97 f.) und gegenüber den Testamentserben die Herabsetzung, erforderlichenfalls klageweise, verlangen (siehe Rn 96).

89 Das **Recht auf den Noterbteil** nach dem portugiesischen *Código Civil* (*legítima*) unterscheidet sich damit wesentlich vom Pflichtteilsrecht nach dem BGB. Bei Beurkundung eines deutschen Testaments vor einem portugiesischen Notar kann es im Zusammenhang mit der Umschreibung von Grundeigentum dann zu Problemen kommen, wenn Pflichtteilsberechtigte durch den deutschen Erblasser enterbt werden. Der Noterbe portugiesischen Rechts kann aber gerade nicht ganz enterbt werden (zur engen Ausnahme siehe Rn 90). Daraus erklärt sich das Spannungsfeld für den portugiesischen Notar im genannten Fall.

90 Der das Noterbrecht umfassende Anteil am Nachlass ist nicht disponibel. Im Hinblick auf mögliche Belastbarkeit des Noterbrechts, dessen Ersetzung durch ein Vermächtnis und Enterbung ist auf Folgendes hinzuweisen:
- Der Noterbteil **darf vom Erblasser nicht belastet werden** (etwa mit einem Nutzungsrecht oder einer lebenslangen Rente), Art. 2163 CC. Bei Nichtbeachtung haben die Noterben die Wahl, das Vermächtnis zu erfüllen oder dem Vermächtnisnehmer nur die verfügbare Quote (den die Noterbrechte überschießenden Wert bis zur Höhe des Vermächtnisses) zu übergeben (Art. 2164 CC).
- Der Erblasser kann das **Noterbrecht „ablösen"**, indem er dem Berechtigten ein Vermächtnis aussetzt (Art. 2165 CC: *Legado em substitução da legítima*). Dieser hat dann die Wahl zwischen beiden: Nimmt er das Vermächtnis an, so verliert er damit sein Noterbrecht wie er umgekehrt bei Annahme des Noterbrechts das Recht auf das Vermächtnis verliert (Art. 2165 Abs. 2 CC). Übersteigt der Wert des Vermächtnisses den Noterbteil, wird er insoweit der disponiblen Quote hinzugerechnet.
- Schließlich ist eine **Enterbung des Noterbberechtigten** möglich – unter Angabe des Grundes im Testament, z.B. im Falle der Erbunwürdigkeit (Art. 2166 CC: *Deserdação*).[84] Der Enterbte kann dies innerhalb von zwei Jahren nach Testamentseröffnung gerichtlich anfechten (Art. 2167 CC: *Impugnação da deserdação*).

---

[81] Wie in anderen romanischen Rechten, etwa zum spanischen Recht siehe *Steinmetz/Huzel/Garcia*, Länderbericht Spanien. Die Verwendung des für das deutsche Recht passenden Terminus „Pflichtteil" – auch – für das portugiesische Recht erscheint daher unangemessen; so schon zutreffend *Rau*, ZVglRWiss 80 (1981), 251 Fn 31.
[82] *Neto/Martins*, Código civil anotado, Art. 2156 CC Anm. 4.
[83] Siehe bereits *Rau*, ZVglRWiss 80 (1981), 251 mit zutreffendem Hinweis (Fn 31).
[84] Weitere Enterbungsgründe sind (vgl. Art. 2166 CC): wenn der Noterbberechtigte wegen bestimmter vorsätzlicher Handlungen gegen den Erblasser oder gegen dessen nahe Angehörige strafrechtlich verurteilt worden ist oder wenn er sich ohne gerechtfertigten Grund geweigert hat, dem Erblasser oder dessen Ehegatten den geschuldeten Unterhalt zu leisten.

2. Der Kreis der Noterbberechtigten und die Höhe ihrer Beteiligung

Noterben sind der **Ehegatte**, die **Vorfahren** und die **Nachkommen**; für sie gelten gem. Art. 2157 CC die Reihenfolge und die Regeln der gesetzlichen Erbfolge (siehe Rn 45 ff.). 91

Die **Höhe des Noterbteils** richtet sich nach Rang und Anzahl der vorhandenen Noterben. Der Ehegatte allein erhält als Noterbteil die Hälfte des Nachlasses (Art. 2158 CC); bei Zusammentreffen mit Kindern erhalten alle zusammen 2/3 des Nachlasses (Art. 2159 Abs. 1 CC). Die Berechnung folgt nach den Regeln der gesetzlichen Erbfolge, hier also Art. 2139 CC: Bei zwei Kindern erhalten diese als Pflichterben je ein Drittel (wegen der Pro-Kopf-Verteilung, Art. 2139 Abs. 1 CC) von 2/3, d.h. also 2/9, beide gemeinsam also 4/9, während der überlebende Ehegatte ein Drittel von den 2/3, über die der Erblasser nicht verfügen darf, erhält, also 2/9. Sind nur Kinder vorhanden, so beträgt der Noterbteil für ein einziges Kind die Hälfte des Nachlasses und für mehrere Kinder zusammen zwei Drittel des Nachlasses (Art. 2159 Abs. 2 CC). Dabei werden, wie bei der gesetzlichen Erbfolge, nicht erbende Kinder durch ihre Nachkommen repräsentiert. 92

Die *legítima* bei Zusammentreffen des überlebenden Ehegatten mit Aszendenten beträgt zwei Drittel des Nachlasses (Art. 2161 Abs. 1 CC). Sind allein Vorfahren vorhanden, so beläuft sich der Noterbteil bei Verwandten des ersten Grades auf die Hälfte und bei Verwandten des zweiten oder eines entfernteren Grades auf ein Drittel des Nachlasses (Art. 2161 Abs. 2 CC). 93

3. Die Feststellung der (Überschreitung) der disponiblen Quote

Berechnungsgrundlage für das Noterbrecht ist der im Zeitpunkt des Erbfalles vorhandene Nachlass. Diesem werden grundsätzlich die vom Erblasser vorgenommenen Schenkungen sowie die den Nachkommen geleisteten außergewöhnlichen Zuwendungen hinzugerechnet, und hiervon dann die Nachlassschulden abgezogen (Art. 2110, 2162 CC). Unberücksichtigt bleiben hierbei ausdrücklich die den Nachkommen geleisteten außergewöhnlichen Zuwendungen für Hochzeit, Unterhalt und Einrichtung, jedenfalls soweit sie dem sozialen und wirtschaftlichen Stand des Schenkers angemessen waren (Art. 2110 Abs. 2 CC). Gegenstände, die der Bedachte zu Lebzeiten des Schenkers verloren hat, bleiben für den Erbausgleich ebenfalls unberücksichtigt (Art. 2112 CC). Wie der Ausgleich wertmäßig im Übrigen durchzuführen ist, bestimmt sich nach den ausführlichen weiteren Einzelregelungen der Art. 2104–2118 CC. Reicht der so bestimmte Nachlasswert nicht zur Befriedigung der Noterbrechte aus, so können auf Verlangen der Noterben unter bestimmten Voraussetzungen Freigiebigkeiten des Erblassers unter Lebenden oder von Todes wegen rückgängig gemacht werden, soweit sie das Noterbrecht verletzen (siehe dazu Rn 95 f.). 94

4. Folgen der Überschreitung

Wird das Noterbrecht (Legitimarerbrecht) durch eine Verfügung von Todes wegen beeinträchtigt (vgl. Rn 91 ff.), so unterliegt die Verfügung den Bestimmungen über die Reduktion der Freigebigkeiten des Erblassers, *liberalidades inoficiosas* (Art. 2168 ff. CC). Erfasst werden dabei auch Verfügungen des Erblassers unter Lebenden.[85] Die betroffenen Noterben bzw. deren Erben haben das Recht, eine **Herabsetzung zu verlangen**. Auf dieses Recht kann zu Lebzeiten des Erblassers nicht verzichtet werden (Art. 2170 CC).[86] Die Reihenfolge 95

---

85 Vgl. Legalumschreibung der *liberalidades inoficiosas* in Art. 2168 CC.
86 Nach Anfall der Erbschaft mit dem Tode des Erblassers bedarf es ohnehin der Annahme durch den Erben bzw. des Noterben.

der zu kürzenden Verfügungen bestimmt sich nach Art. 2171 CC: Die Herabsetzung betrifft zunächst die testamentarischen Erbeinsetzungen, dann die Vermächtnisse und schließlich die Verfügungen, die der Erblasser unter Lebenden traf. Wie die Herabsetzung im Einzelnen durchgeführt wird, regeln die Art. 2172 und 2173 CC. Für die **Herabsetzungsklage** (*acção de redução de liberalidades inoficiosas*)[87] gilt nach Art. 2178 CC eine **Frist** von zwei Jahren seit Erbschaftsannahme.

96 Allerdings dürfte auch eine außergerichtliche Einigung der Parteien über die Herabsetzung zulässig sein; jedenfalls spricht Art. 2169 CC nur von dem Herabsetzungsverlangen (*requerimento dos herdeiros legitimários*) und nicht zugleich davon, dass dieses nur per Klage geltend gemacht werden kann. Ein Klageverfahren erscheint nur dann unumgänglich, wenn der Noterbe die Erbschaft annimmt (vgl. Rn 87, 97 ff.) und die Testamentserben mit der gem. Art. 2169 CC verlangten *redução* nicht einverstanden sind.

IV. Annahme und Ausschlagung der Erbschaft

1. Erbschaftsannahme und Ausschlagung

97 Wenn auch der portugiesische *Código Civil* u.a. vom deutschen Recht beeinflusst wurde,[88] hat sich dies bei den Regeln für den Anfall und die Annahme der Erbschaft nicht ausgewirkt. Das portugiesische Recht beruht vielmehr auf dem römisch-rechtlichen Gedanken einer *hereditas iacens*, einer **ruhenden Erbschaft** (*herança jacente*).[89] Eine solche liegt nach der Umschreibung in Art. 2046 CC bei der eröffneten, aber noch nicht angenommen oder bei einer vom Staat zur vakanten Erbschaft erklärten Erbschaft vor. Ein Vonselbsterwerb der Erbschaft tritt nicht ein. Der Erbe muss die Erbschaft annehmen (und braucht sie nicht auszuschlagen): Nach Art. 2050 Abs. 1 CC gehen das Eigentum und der Besitz an den Gütern der Erbschaft – erst – mit der Annahme über; es gilt das **Erfordernis einer Erbschaftsannahme**.

98 Die Annahme der Erbschaft wird als einseitige, nicht empfangsbedürftige Rechtshandlung angesehen; damit gelten nach Art. 295 CC die Vorschriften über Rechtsgeschäfte, insbesondere die über Willenserklärungen. Die Annahme kann ausdrücklich oder, durch entsprechende Handlungen bekundet, stillschweigend (konkludent) erfolgen (Art. 2056 CC). Eine ausdrückliche Annahme liegt nach Art. 2056 Nr. 2 CC namentlich bei der schriftlichen Form vor; doch ist diese nicht ausschließlich, sondern nur als Beispiel zu verstehen – die Annahme kann auch mündlich erklärt werden.[90] Hinsichtlich der konkludenten Annahme stellt Art. 2056 Nr. 3 CC klar, dass die durch den Erbberechtigten vorgenommenen Akte der Verwaltung nicht die stillschweigende Annahme der Erbschaft implizieren. In jedem Fall muss die Absicht, die Erbschaft anzunehmen, hinreichend deutlich geworden sein,[91] wie etwa bei Inbesitznahme von Erbschaftsgütern, Ausfahrt mit dem vom Erblasser gekauften Fahrzeug etc.[92] Die Annahme wirkt auf den Zeitpunkt der Eröffnung der Erbschaft zurück

---

87 *Pereira Coelho*, Direito das sucessões, S. 314 f.
88 Bei Erarbeitung des port. *Código Civil* von 1967 wurden – neben der schweizerischen und italienischen (*de Oliveira Ascensão*, S. 13 spricht insoweit von *influência dominante* des italienischen *Codice civile* von 1942) – auch die deutsche Gesetzgebung herangezogen, vgl. *Zweigert/Kötz*, Einführung in die Rechtsvergleichung, S. 119 f. (wie im BGB – Buch IV und V des *Código Civil*: Familien- und Erbrecht).
89 iehe etwa *Capelo de Sousa*, II S. 5 f.
90 *Capelo de Sousa*, II S. 22: „... é feita por palavras".
91 *Capelo de Sousa*, a.a.O.
92 Vgl. *Neto*, Código civil anotado, Art. 2056 Anm. 5 f. mit Beispielen für stillschweigende Annahme.

(Art. 2050 Abs. 2 CC).⁹³ Die Erklärung der Erbschaftsannahme ist unwiderruflich (Art. 2061 CC), kann jedoch wegen arglistiger Täuschung oder Nötigung, nicht aber allein wegen Irrtums annulliert werden (Art. 2060 CC).

Das Recht auf Annahme der Erbschaft **erlischt** mit **Ablauf von zehn Jahren**, gerechnet ab dem Zeitpunkt, in dem der Erbberechtigte Kenntnis von seiner Berufung als Erbe erhalten hat (Art. 2059 Abs. 1 CC).

99

Die **Erbausschlagung** (*repúdio da herança*) ist in den Art. 2062–2067 CC geregelt. Sie muss in derselben Form erklärt werden (Art. 2063 CC), welche für die Veräußerung der Erbschaft (*alienação da herança*, Art. 2124–2130 CC) vorgeschrieben ist: Diese muss ausdrücklich erfolgen und bezüglich der Vermögensgüter, deren Veräußerung der öffentlichen Form (*por escritura pública*) bedarf, ebenfalls in öffentlicher Form, im Übrigen genügt die Erklärung durch Privaturkunde (*documento particular*; Art. 2126 Abs. 1 bzw. 2 CC). Solche Urkunden gelten gem. Art. 363 Abs. 3 CC als beglaubigt, wenn sie von den Parteien vor einem Notar in den Formen des portugiesischen Notargesetzbuchs (*Código do Notariado*) bestätigt wurden.⁹⁴ Als stillschweigende Erbausschlagung dürfte die Veräußerung der Erbschaft anzusehen sein.⁹⁵ Der Erbe, der ausschlägt, gilt als nicht zum Erben berufen, vorbehaltlich der Wirkungen der Repräsentation (Art. 2062 CC). Die Ausschlagung darf im Übrigen nicht unter einer Bedingung oder einer Befristung erfolgen, noch sich nur auf einen Teil der Erbschaft beziehen (Art. 2064 CC). Wie die Erbschaftsannahme ist auch die Erbausschlagung unwiderruflich (Art. 2066 CC), kann jedoch wegen arglistiger Täuschung oder Nötigung, nicht aber allein wegen Irrtums annulliert werden (Art. 2065 CC). Nach Art. 2067 CC besteht für die Gläubiger des Ausschlagenden ein Surrogationsrecht: Sie können dann an seiner Stelle die Erbschaft annehmen, innerhalb einer Frist von sechs Monaten ab deren Kenntnis von der Ausschlagung.

100

Eine **Ausschlagungsfrist** sehen die Bestimmungen der Art. 2062 ff. CC nicht ausdrücklich vor. Auszugehen ist auch hier von dem oben genannten Verständnis des portugiesischen Rechts, dass mit dem Tode des Erblassers zunächst eine **ruhende Erbschaft** vorliegt, die von dem Erben angenommen oder ausgeschlagen werden muss. So findet sich in den Bestimmungen über die *herança jacente* (ruhende Erbschaft) mit Art. 2049 Abs. 1 CC eine für die Annahme wie auch für die Ausschlagung heranzuziehende Regel. Danach kann das Gericht dem Erbberechtigten, der nicht innerhalb von 15 Tagen nach Anfall der Erbschaft und Kenntnis seiner Erbberechtigung annimmt oder ausschlägt, eine amtliche Mitteilung machen, damit er in der ihm gesetzten Frist eine Erklärung abgibt, ob er die Erbschaft annimmt oder ausschlägt. Wird die Annahme des Erbes in der festgesetzten Frist nicht erklärt und legt der Erbe keine Urkunde vor, aus der sich die Ausschlagung der Erbschaft ergibt, gilt diese als angenommen (Art. 2049 Abs. 2 CC).

101

Eine gesonderte Verjährungsfrist hinsichtlich des Rechts zur Ausschlagung ist nicht vorgesehen. Allerdings enthält Art. 2059 Abs. 1 CC eine Verfallfrist von zehn Jahren, die für die Annahme der Erbschaft gilt. Hat der Erbe innerhalb von zehn Jahren ab Kenntnis seines Erbrechts die Erbschaft nicht angenommen, verfällt der entsprechende Anspruch. Faktisch

102

---

93 Die portugiesische Regelung steht insoweit in der Tradition anderer südeuropäischer Kodifikationen; zur Parallele im spanischen Recht siehe *Löber/Huzel*, Erben und Vererben in Spanien, 4. Aufl. 2004, S. 63 f.
94 Vgl. *Capelo de Sousa*, II, S. 32.
95 So *de Oliveira Ascensão*, S. 437, der insoweit von „*conversão legal da alienação da herança num repudio tácito*" spricht.

ist die Erbschaft in diesem Fall ausgeschlagen, wobei der Ausschlagung mit Verstreichen der Zehn-Jahres-Frist des Art. 2059 CC keine Bedeutung mehr zukommt.[96]

2. Annahme unter dem Vorbehalt des Inventars

103 Nach Art. 2052 Abs. 1 CC kann der Erbe die Erbschaft in schlichter Weise oder unter dem Vorbehalt des Inventars annehmen („*... pura e simplesmente ou a benefício de inventário*"). Handelt es sich um minderjährige Erben, so kann die Annahme nur erfolgen, wenn sie unter dem Vorbehalt der Inventarerrichtung erfolgte (Art. 2053 CC). Wenn die Erbschaft unter dem Vorbehalt des Inventars angenommen wird, ist die Haftung der Erben auf das Vermögen beschränkt, dessen Vorhandensein in einem gerichtlichen Inventarerrichtungsverfahren festgestellt wurde; dabei können Gläubiger und Vermächtnisnehmer die Existenz weiterer Vermögensgegenstände nachweisen (Art. 2071 Abs. 1 CC). Die Haftung des Erben ist auf das inventarisierte Vermögen beschränkt und die Beweislast für das Vorliegen weiterer Vermögensgüter liegt bei den Gläubigern bzw. Vermächtnisnehmern. Für den Fall, dass die Erbschaft ohne Inventarerrichtung angenommen wurde, haftet der Erbe ebenfalls nur mit dem Nachlass; allerdings hat der Erbe zu beweisen, dass der Nachlass gegebenenfalls nicht zur Erfüllung der Verbindlichkeiten ausreicht (Art. 2071 Abs. 2 CC).

3. Erbverzicht

104 Einen Erbverzicht kennt das portugiesische Recht nicht.

V. Die Rechte der Miterben und die Erbteilung (Partilha da herança)

1. Die Miterben

105 Eine Miterbengemeinschaft, wie sie vom deutschen Recht bekannt ist, kennt das portugiesische Erbrecht nicht. Vielmehr ist nach den Regelungen der Art. 2079–2096 CC vorgesehen, dass der ungeteilte Nachlass bis zu seiner Abwicklung, d.h. der Erbteilung (*Partilha da herança*), der Verwaltung eines der Miterben unterliegt (*Administração da herança*); dieser wird als **Cabeça-de-casal** bezeichnet (Art. 2079 CC), also als **Erb(ver-)walter**.[97] Die Aufgabe des Erbverwalters fällt einem der Miterben in der in Art. 2080 Abs. 1 CC vorgesehenen **Reihenfolge** zu: Zunächst ist der überlebende Ehegatte dazu berufen, dann der Testamentsvollstrecker (vorbehaltlich anders lautender Bestimmung des Testators), dann die übrigen gesetzlichen Erben und schließlich die testamentarischen Erben. Innerhalb der gleichen Gruppe hat der Gradnähere den Vorrang, unter gleichen Verwandtschaftsgraden der Ältere (Art. 2080 Abs. 2–4 CC). Zulässig ist auch einvernehmliche Benennung durch die Miterben untereinander (Art. 2084 CC). Nur in den gesetzlich bestimmten Ausnahmefällen darf der

---

[96] So auch *Jayme* in einem 1999 für das AG Neustadt/Weinstraße erstatteten Gutachten (unveröffentlicht).

[97] Die deutsche Bezeichnung „Erbverwalter" dürfte der Funktion des *„cabeça-de-casal"* am nächsten kommen, wo es in Art. 2079 CC ausdrücklich um *„administração da herança"* geht, also um Verwaltung des Nachlasses; bei *Jayme/Neuss*, Wörterbuch, S. 62 findet sich – ausgehend vom brasilianischen Sprachgebrauch – allein die Wiedergabe mit „Haushaltsvorstand, Haushaltsvorstand" (*cabeça* – Kopf, *casal* – Eheleute, Ehepaar), keine spezifisch erbrechtliche Übertragung.

Berufene das Amt ablehnen (Art. 2085 CC);[98] letztlich wird der Erbverwalter auf Antrag durch das Gericht bestimmt (Art. 2083 CC).[99]

Den **Aufgaben** nach ist das Amt dieses „Miterbenverwalters" dem des Testamentsvollstreckers deutschen Rechts vergleichbar, auch hinsichtlich seiner Pflichten und Haftung: Der *Cabeça-de-casal* hat die Nachlassverbindlichkeiten zu berichten, für eine ordnungsgemäße Verwaltung des Nachlasses zu sorgen und die Erbteilung der Nachlassgegenstände „in die Hand zu nehmen" (siehe im Einzelnen Rn 158 f.). Doch sei bereits hier darauf hingewiesen, dass das portugiesische Recht neben dem *Cabeça-de-casal* noch den *Testamenteiro* kennt (Art. 2320 ff. CC) – nach der wörtlichen Übersetzung also ein (weiterer) Testamentsvollstrecker (siehe dazu Rn 110 f.). Die Wahrnehmung des Amts des *Cabeça-de-casal* erfolgt unentgeltlich (Art. 2094 CC).

106

2. Die Erbteilung

Die Erbauseinandersetzung bzw. Erbteilung (*Partilha da herança*) ist in den Art. 2101–2123 CC ausführlich geregelt. Hier seien nur folgende Grundsätze erwähnt, im Übrigen auf die diesbezügliche Darstellung im Teil „Erbverfahrensrecht" (siehe Rn 155 ff.) verwiesen.

107

Jeder Miterbe wie auch der mit einem Nießbrauch bedachte Ehegatte haben das Recht, jederzeit die Erbteilung zu verlangen; auf dieses Recht kann nicht verzichtet werden, doch können die Miterben vereinbaren, dass die Erbschaft für einen Zeitraum von fünf Jahren ungeteilt erhalten bleibt und diesen Zeitraum mit neuer Vereinbarung ein oder mehrere Male verlängern (Art. 2101 CC). Vor der Teilung sind die Geschenke des Erblassers an die Noterben von diesen an die Erbmasse zurückzugeben (*Colação*; Art. 2104–2118 CC). Geschenke an den Ehegatten werden von der Ausgleichspflicht nicht erfasst (Art. 2107 Abs. 1 CC).

108

Kann oder will einer von mehreren Miterben seine Erbschaft nicht annehmen, wächst sein Erbteil zu gleichen Teilen den anderen Miterben zu (*Direito de acrescer*; Art. 2301 ff. CC). Eine **Anwachsung** findet allerdings nicht statt, wenn der Erblasser anderes bestimmt hat, ebenso wenig im Fall eines rein persönlichen Vermächtnisses oder bei Repräsentation (Art. 2304 CC).

109

VI. Die Testamentsvollstreckung

Neben den Aufgaben der Testamentsvollstreckung, die dem *Cabeça-de-casal* obliegen (siehe Rn 106), enthält das portugiesische Recht – im abschließenden Kapitel des *Código Civil* – noch gesonderte Bestimmungen über die Testamentsvollstreckung (*Testamentária*, Art. 2320–2334 CC). Es ist die Befugnis des Testators, selbst eine oder mehrere Personen, auch Erben oder Vermächtnisnehmer, zum *Testamenteiro* zu ernennen; der Berufene muss voll geschäftsfähig sein (Art. 2320, 2321 CC) und kann die Testamentsvollstreckung (*Testamentária*) annehmen oder zurückweisen (Art. 2322 CC). Die Annahme der Testamentsvollstreckung kann ausdrücklich oder stillschweigend (konkludent) erfolgen, jedoch nicht unter einer Bedingung, befristet oder nur teilweise (Art. 2323 CC). Die Zurückweisung muss vor einem Notar erklärt werden (Art. 2324 CC).

110

---

[98] Wenn er etwa über 70 Jahre alt ist oder seinen Wohnsitz außerhalb des Bezirks des für die Inventarerrichtung zuständigen Gerichts hat (Art. 2085 Abs. 1 lit. a bzw. c CC).

[99] Antragsberechtigt ist jeder, der ein berechtigtes Interesse an der Erbteilung hat (vgl. Wortlaut der Norm).

111 Der Umfang dieser Testamentsvollstreckung bestimmt sich in erster Linie nach den Festlegungen des Testators – innerhalb der gesetzlichen Grenzen: Hat der Testator diesbezüglich keine Bestimmungen getroffen, so steht es dem *Testamenteiro* zu, das Begräbnis des Erblassers auszurichten, über die Einhaltung der testamentarischen Verfügungen zu wachen und erforderlichenfalls vor Gericht für die Gültigkeit des Testaments einzutreten sowie im Falle des Art. 2080 Abs. 1 lit. a CC die Funktionen des Erbverwalters (*Cabeça-de-casal*) zu übernehmen, d.h. wenn kein Ehegatte des Erblassers als Erbe oder als Empfänger einer hälftigen güterrechtlichen Beteiligung vorhanden ist, den Nachlass bis zur Teilung desselben zu verwalten (Art. 2326, 2079, 2080 CC). Der Testator kann dem *Testamenteiro* auch die Erfüllung der Vermächtnisse auferlegen; zu diesem Zweck ist der Testamentsvollstrecker nach entsprechender Weisung des Testators befugt, einzelne – bewegliche wie auch unbewegliche – Nachlassgegenstände zu verkaufen (Art. 2327, 2328 CC).

112 Über seine Aufgabenwahrnehmung hat der Testamentsvollstrecker jährlich Rechnung zu legen; für Schäden hat der *Testamenteiro* gegenüber den Erben und Vermächtnisnehmern nur bei Verschulden zu haften (Art. 2332 CC). Die Wahrnehmung der Aufgaben des *Testamenteiro* erfolgt – wie auch beim Amt des *Cabeça-de-casal* – unentgeltlich, wenn nicht der Testator eine Vergütung bestimmt hat (Art. 2333). Schließlich ist die Testamentsvollstreckung weder übertragbar noch darf sie delegiert werden; allerdings dürfen Hilfspersonen zur Aufgabenwahrnehmung hinzugezogen werden (Art. 2334 CC).

C. Erbverfahren und Nachlassabwicklung

I. Meldung des Erbfalls

113 Das Erbverfahren beginnt mit dem Versterben des Erblassers. Wird der Tod einer Person festgestellt, ist dies innerhalb von 48 Stunden dem Personenstandsregister mitzuteilen (Art. 192 *Código do Registo Civil*). Fällt der Todeszeitpunkt auf einen Freitag oder Samstag, beginnt die Mitteilungsfrist am ersten darauffolgenden Werktag.

114 Die folgenden Personen sind in der angegebenen Reihenfolge **meldepflichtig** (Art. 193 *Código do Registo Civil*):
– Nahe Verwandte des Verstorbenen, die zum Zeitpunkt des Versterbens anwesend waren;
– andere anwesende Familienangehörige;
– der Hauseigentümer, in dessen Haus der Todesfall eingetreten ist;
– Leiter oder Verwalter der Einrichtungen, in denen der Tod eingetreten ist, festgestellt oder in denen die Autopsie durchgeführt wurde;
– Geistliche, die zum Zeitpunkt des Todes anwesend waren;
– Bestattungsunternehmer;
– Verwaltungsbehörden bzw. die Polizei, falls es sich um eine verlassene Leiche bzw. einen Leichenfund (*cadáver achado*) handelt.

115 Die Erklärung hat Angaben zum Namen, Geschlecht, Geburtsdatum, Personenstand, Geburtsort und dem letzten Wohnort, sowie den Namen der Eltern, des Ehegatten zu enthalten. Anzugeben sind des Weiteren die Uhrzeit, das Datum und der Ort des Versterbens oder der Ort, an dem der Leichnam aufgefunden wurde. Der Erklärung ist eine Sterbeurkunde beizufügen (Art. 201 *Código do Registo Civil*).

116 **Zuständig** ist das Personenstandsregister am Ort des Versterbens des Erblassers bzw. am Ort, an dem sich die Leiche befindet, oder am letzten Wohnort, soweit der Verstorbene im Krankenhaus gestorben ist und dieses sich im selben Kreis wie der Wohnort befindet.

Verstirbt eine Person im Ausland, ist das Personenstandsregister am Geburtsort zu benachrichtigen (Art. 200 *Código do Registo Civil*).

Das Personenstandsregister stellt sodann eine amtliche **Sterbemitteilung** aus. Innerhalb von acht Tagen nach der Mitteilung des Todes benachrichtigt das Personenstandsregister die Staatsanwaltschaft (*Ministério Público*), in ihrer Funktion als Vertreter des öffentlichen Interesses, und das Finanzamt (Art. 210 *Código do Registo Civil*). Die Mitteilung des Personenstandsregisters entbindet die Erben nicht von ihrer eigenen Meldepflicht gegenüber dem Finanzamt.[100]

Der Notar kann vom Versterben einer Person Kenntnis durch jedwede Person oder durch eine öffentliche Behörde erlangen. Die Register und Notariate sind in Portugal über die Generaldirektion der Register und Notariate[101] miteinander vernetzt. Sobald der Notar vom Versterben einer Person Kenntnis erlangt, hat er von Amts wegen zu prüfen, ob der Tod bereits im **Testamentsregister** vermerkt wurde. Ist dies nicht der Fall, hat der Notar eine Sterbeurkunde beim zuständigen Personenstandsregister anzufordern und den Sterbevermerk aufzunehmen (Art. 135 *Código do Notariado*).

II. Testamentseröffnung

1. Vorbemerkung

Nach portugiesischem Recht wird zwischen dem Offenen und dem Verschlossenen Testament unterschieden (Art. 106 *Código do Notariado*). Letzterer Testamentsform unterfällt auch das sog. Internationale Testament – also ein solches, das nach den Regeln des Washingtoner UNIDROIT-Übereinkommens über ein einheitliches Recht der Form eines internationalen Testaments vom 26.10.1973[102] erstellt wurde. Das Übereinkommen sieht einen Bestätigungsvermerk vor, der dem Bestätigungsvermerk des verschlossenen notariell bestätigten Testaments des nationalen portugiesischen Rechts ähnelt. Es finden daher auf das Internationale Testament dieselben Regelungen wie für das verschlossene notariell bestätigte Testament Anwendung.

Für die **im Ausland errichteten Testamente** portugiesischer Staatsangehöriger ergibt sich aus Art. 65 Abs. 2 i.V.m. Art. 2223 CC, dass ein solches Testament in Portugal nur dann wirksam ist, wenn die feierliche Form – *forma solene* – eingehalten wurde (siehe auch Rn 60).[103] Unter feierlicher Form ist die **Schriftform mit notarieller Bestätigung** im Sinne des verschlossenen Testaments zu verstehen.

Das **eigenhändige** Testament kennt das portugiesische Recht nicht (Rn 54). Diese Testamentsform wird in Portugal lediglich dann anerkannt, wenn im Rahmen der Anwendung der portugiesischen Kollisionsnormen alternativ das Recht des Errichtungsortes, das Heimatrecht des Erblassers zum Zeitpunkt der Errichtung oder des Todes oder das Ortsrecht, auf das weiterverwiesen wird, die Form des eigenhändigen Testaments kennt (Art. 65 CC). Allerdings ist für die Eröffnung des Testaments die Darlegung des entsprechenden Rechts erforderlich. Für portugiesische Staatsangehörige scheidet diese Testamentsform aufgrund des besonderen Formerfordernisses der notariellen Bestätigung aus. Hinsichtlich der Wirksamkeit eines solchen Testaments ist zukünftig Art. 24 EU-ErbVO zu beachten.

---

100 *Rodrigues da Silva*, S. 64 ff.
101 *Direcção Geral dos Registos e Notariados* (DGRN).
102 In Portugal ist das Übereinkommen seit dem 9.2.1978 in Kraft, Decreto n.°252/75 de 8.5. Für die Bundesrepublik Deutschland ist das Übereinkommen bisher nicht in Kraft.
103 *Neto*, Código Civil Anotado, Art. 2223; *Oliveira Ascensão*, S. 75.

2. Testamentsregister

122 Alle nach portugiesischem Recht errichteten Testamente werden zum jetzigen Zeitpunkt – bis zur Errichtung eines gesonderten Testamentsregisters durch Verordnung im Nachlassregister (*Conservatória dos Registos Centrais*) – von einer Unterabteilung des Personenstandsregisters geführt, das wiederum dem *Instituto dos Registos e do Notariado* (IRN – Institut der Register und Notariate) und damit unmittelbar dem portugiesischen Justizministerium (*Ministerio de Justiça*) angegliedert ist.

Direccão Geral dos Registos e Notariados
Conservatória dos Registos Centrais
Rua Rodrigo Fonseca, 202
1099–033 Lissabon
crcentrais@dgrn.mj.pt
www.dgrn.mj.pt

123 Die Notare sind verpflichtet, gesondert und verschlossen Buch über folgende Dokumente zu führen: Offene Testamente, Beurkundungen des Widerrufs von Testamenten, Bestätigungsvermerke und Hinterlegungsvermerke von Verschlossenen und Internationalen Testamenten sowie die Eröffnung von Verschlossenen und Internationalen Testamenten (Art. 25 Abs. 2 *Código do Notariado*).

124 **Ausländische letztwillige Verfügungen**, die durch Ausländer im Ausland vor den dort zuständigen Behörden erklärt worden sind, können in das Zentralregister eingetragen werden. Die Eintragung erfolgt in der besonderen Form der Umschreibung (Art. 11 lit. g *Código do Registo Civil*). Die Urkunden, die entsprechend der ausländischen erstellt wurden, können ohne Legalisation registriert werden, soweit an der Echtheit der Urkunden keine Zweifel bestehen.[104] Zu beachten ist lediglich, dass den Urkunden eine durch den Registerführer oder den Notar gefertigte oder bestätigte Übersetzung beizufügen ist und dass die Formerfordernisse der Notarordnung zu beachten sind, wonach gem. Art. 85 Abs. 2 *Código do Notariado* anhand eines glaubwürdigen Dokuments das anwendbare Recht nachzuweisen ist. In der Praxis ist es dann erforderlich, bspw. von einem im deutschen Recht ausgebildeten Rechtsanwalt ein Kurzgutachten zur erbrechtlichen Situation anfertigen zu lassen. Die Identität des Ausstellers des Gutachtens ist sodann mittels Unterschriftsbeglaubigung durch die deutsche Auslandsvertretung oder durch einen deutschen Notar versehen mit der Apostille herbeizuführen. Von den Notaren werden die entsprechenden Ausführungen als Nachweis im Sinne des Art. 85 Abs. 2 *Código do Notariado* anerkannt.

125 Die Registrierung und deren Inhalt ist in den Artikeln 140 und 141 *Código do Notariado* geregelt. Die entsprechenden Eintragungen werden in den ersten drei Werktagen einer Woche an die *Conservatória dos Registos Centrais* übermittelt (Art. 187 *Código do Notariado*). Ein Gesamtbestätigungsvermerk über alle innerhalb des vorangegangenen Jahres vorgenommenen Handlungen übermitteln die Notariate dem entsprechenden Register jeweils bis zum 28. Februar des Folgejahres.[105]

126 Soweit die Testamentseröffnung nicht von einem Berechtigten beantragt wird, erfolgt die **Eröffnung des Testaments von Amts wegen** (Art. 115 *Código do Notariado*). Der Notar teilt den im Testament benannten Erben und Testamentsvollstreckern sowie allen anderen

---

[104] Da Portugal wie Deutschland dem Haager Übereinkommen zur Befreiung ausländischer öffentlicher Urkunden von der Legalisation vom 5.10.1961 beigetreten ist (BGBl 1969 II, S. 120), genügt für in Deutschland beurkundete Testamente jedenfalls die Anbringung der Apostille.
[105] *Gouveia Rocha*, S. 409 ff.

offensichtlichen Verwandten mittels eingeschriebenen Briefes die Existenz des Testaments mit (Art. 115 *Código do Notariado*).

Die vor der Eheschließung im Rahmen eines **Ehevertrages** geschlossenen Vereinbarungen auf den Todesfall werden mit dem Ehevertrag ebenfalls beim Zentralen Personenstandsregister (*Conservatória dos Registos Centrais*) verwahrt (Art. 189–191 *Código do Registo Civil*). Auf Antrag kann nach dem Versterben des Erblassers eine beglaubigte Abschrift der Vereinbarung beim entsprechenden Register angefordert werden.[106]

127

3. Eröffnung des Verschlossenen und des Internationalen Testaments

Die Eröffnung der Verschlossenen und der Internationalen Testamente obliegt den Notaren. **Zuständig** ist jedwedes **Notariat** in Portugal (Art. 111 *Código do Notariado*). Sollte das Testament hinterlegt worden sein, obliegt dessen Eröffnung dem Notariat, in dem das Testament hinterlegt wurde (Art. 111 *Código do Notariado*). Die Eröffnung des Testaments erfolgt gegen Vorlage der Sterbeurkunde oder auf Anordnung des Gerichts (Art. 112 *Código do Notariado*).

128

Die Testamentseröffnung umfasst verschiedene Verfahrensschritte: zunächst die rein stoffliche Öffnung des Dokuments, soweit dieses vernäht, gesiegelt oder mit einer Hülle verschlossen ist. In einem zweiten Schritt prüft der Notar den Zustand des Testaments auf Beschädigungen, Ausstreichungen, Zwischenzeilen, Randnotizen, Tintenflecke und Ähnliches, soweit deren Existenz nicht ausdrücklich im Testament im Rahmen einer Korrekturanmerkung dokumentiert ist (Art. 113 *Código do Notariado*). Schließlich wird das Testament bei gleichzeitiger Anwesenheit der Berechtigten und der Zeugen (siehe Rn 136) durch den Notar laut vorgelesen (Art. 113 lit. c *Código do Notariado*). Das geöffnete Testament wird sodann auf allen Seiten vom Vorlegenden, den Berechtigten, den Zeugen und dem Notar mit Handzeichen versehen und archiviert (Art. 113 Abs. 2 *Código do Notariado*). Vom Eröffnungstermin wird eine **Eröffnungsurkunde** gefertigt, in der die Einhaltung der vorgenannten Formalitäten, der Todestag oder das Datum der gerichtlichen Entscheidung vermerkt werden (Art. 114 *Código do Notariado*).

129

Erlangt der Notar von Amts wegen Kenntnis vom Versterben einer Person und hat diese ein Verschlossenes oder ein Internationales Testament im Notariat hinterlegt, hat der Notar, soweit kein Berechtigter die Öffnung des Testaments beantragt, eine Sterbeurkunde beim zuständigen Personenstandsregister zu beantragen, die Öffnung des Testaments von Amts wegen durchzuführen und sodann die Erben und die testamentarisch Bedachten von der Existenz des Testaments in Kenntnis zu setzen (Art. 115 *Código do Notariado*).

130

III. Der Nachweis der Erbeneigenschaft

1. Hinterlegung von Testamenten

Sowohl das Internationale als auch das notariell bestätigte Verschlossene Testament können vom Erblasser selbst, von einem beauftragten Dritten oder auf Wunsch des Erblassers vom Notariat verwahrt werden (Art. 109 *Código do Notariado*). Der Registervermerk des Notars umfasst auch die Angabe, wer das Testament in Verwahrung nimmt, soweit eine Hinterlegung beim amtierenden Notar selbst nicht gewünscht wird. Eine Person, die ein solches Testament in Verwahrung hat, ist verpflichtet, das Testament innerhalb von drei Tagen nach Kenntnis vom Versterben des Testators dem örtlich zuständigen Notar vorzulegen. Bei

131

---

106 Auskunft des *Conservatória dos Registos Centrais* vom November 2003.

Zuwiderhandlung ist der Dritte schadenersatzpflichtig und verliert wegen Unwürdigkeit kraft Gesetz die Fähigkeit, den Erblasser zu beerben oder ein Vermächtnis zu empfangen, sei es in testamentarischer, sei es in gesetzlicher oder vertraglicher Erbfolge.[107] Wird das Testament im Notariat hinterlegt, wird es immer vernäht und mit dem Siegel des Notars verschlossen (Art. 109 Abs. 2 *Código do Notariado*).

132 Daneben besteht die Möglichkeit, ausländische Testamente beim portugiesischen Notar zu hinterlegen; es findet auch insoweit die Regelung des Art. 85 Abs. 2 *Código do Notariado* Anwendung. Die Kosten der Verwahrung ergeben sich aus der Kostenordnung der Notariate und dem Stempelsteuergesetz.

133 Eine Einsichtnahme in die Testamente, gleich welcher Kategorie oder Bestätigungsvermerke, sowie in alle mit dem Testament in Zusammenhang stehenden Register ist grundsätzlich ausgeschlossen (Art. 164 *Código do Notariado*). Lediglich der noch lebende Erblasser selbst oder ein von diesem mit Spezialvollmacht beauftragter Bevollmächtigter sind zur Einsichtnahme berechtigt; sie haben dann den entsprechenden Auszug persönlich entgegenzunehmen. In allen anderen Fällen ist eine Einsichtnahme erst nach dem Versterben des Erblassers und nach Eintragung des Sterbevermerks aufgrund des Nachweises der Sterbeurkunde möglich (Art. 164 *Código do Notariado*).

134 Der Erblasser erhält bei Errichtung des Testaments kostenlos eine Abschrift. Die Kosten jeder weiteren Abschrift ergeben sich aus der Kostenordnung der Notare und richten sich nach dem Umfang des Dokuments (Art. 109 Abs. 3 *Código do Notariado*).

135 Der Nachweis der Erbenstellung kann im notariellen oder im gerichtlichen Verfahren erfolgen.

2. Notarielles Erbenfeststellungsverfahren – habilitação notarial

136 Das notarielle Verfahren ist in den Art. 82 ff. *Código do Notariado* geregelt. Es sieht die Beurkundung der **Erklärung dreier Personen** vor, die der Notar für glaubwürdig hält und die bestätigen, dass es sich bei den benannten Erben um die Erben des Erblassers handelt, dass niemand bevorrechtigt ist und dass keine anderen Erben in direkter Konkurrenz zu den benannten Erben stehen (Art. 83 *Código do Notariado*).

137 Das Merkmal der **Glaubwürdigkeit** ist im Gesetz nicht näher definiert. In der Praxis müssen die Zeugen klaren Verstandes sein und die portugiesische Sprache verstehen; zudem dürfen die Zeugen nicht blind, taub oder stumm sein, müssen des Schreibens mächtig sein und sollten volljährig bzw. für volljährig erklärt (*emancipado*) worden sein. Alternativ kann die Erklärung durch den Erbwalter (*cabeça-de-casal*) abgegeben werden.[108] Als Zeugen ausgeschlossen sind erbberechtigte Verwandte der Erben und deren Ehegatten sowie Urkundspersonen, wie z.B. Angestellte des Notariats, in dem die Beurkundung durchgeführt wird. Ebenso ausgeschlossen sind Familienangehörige des Notars in gerader Linie und bis zum zweiten Grad der Seitenlinie (Art. 84 *Código do Notariado*).

138 Die Erklärung beinhaltet den vollständigen Namen des Erblassers und der Zeugen/des Erbwalters, den Personenstand, den Geburtsort und den letzten bzw. aktuellen Wohnort. Falls einer der Zeugen minderjährig sein sollte, ist auch dieses Merkmal in die Urkunde aufzunehmen (Art. 83 Abs. 3 *Código do Notariado*). Sowohl die Zeugen als auch der Erb-

---

107 Vgl. *Valada*, S. 19 f.
108 *Carla Vieira/Barbosa Leão*, S. 145 f.

walter werden vom Notar zur Wahrheit ermahnt und auf die Strafbarkeit der vorsätzlichen und gegebenenfalls einen Dritten schädigenden Falschaussage hingewiesen.

Im Nachweisverfahren sind folgende **Urkunden** vorzulegen (Art. 85 *Código do Notariado*): 139
- Sterbeurkunde;
- Dokumente, die die gesetzliche Erbfolge belegen, soweit die Erben die Eigenschaft von gesetzlichen Erben haben;
- eine beglaubigte Abschrift des Testaments oder der Urkunde, die die Schenkung von Todes wegen belegt, soweit sich die Berechtigung aus einem solchen Dokument ableiten lässt.

Zukünftig soll das **Europäische Nachlasszeugnis** gem. Art. 62 ff. EU-ErbVO die Rechtstatsachen, insbesondere die Rechtsstellung des Erben, den jeweiligen Anteil am Nachlass, die Zuweisung bestimmter Vermögenswerte etc. bestätigen. Die Verwendung ist allerdings nicht verpflichtend, so dass verschiedene Nachweise nebeneinander existieren können. 140

Soweit nicht das portugiesische Recht die Erbansprüche regelt (*Erbstatut*) und der Notar dieses Recht nicht kennt, ist gem. Art. 85 Abs. 2 *Código do Notariado* das anwendbare Recht anhand einer **Rechtsbescheinigung** (durch ein „glaubwürdiges Dokument") nachzuweisen. In der Praxis stellt die Botschaft der Bundesrepublik Deutschland in Lissabon die Bescheinigung zum Nachweis des anwendbaren Erbrechts aus: 141

Botschaft der Bundesrepublik Deutschland
Campo dos Mátires da Pátria, 38
1169–043 Lissabon
info@lissabon.diplo.de
www.lissabon.diplo.de

Allerdings ist zu beachten, dass die Botschaft einen einzelfallbezogenen konkreten Nachweis lediglich aufgrund eines von einem deutschen Amtsgericht ausgestellten Erbscheins ausstellt. Liegt kein deutscher Erbschein vor oder verfügt der Erblasser in Deutschland über keinerlei Vermögen und wird daher ein deutscher Erbschein nicht ausgestellt oder hat der Erblasser ein öffentliches Testament errichtet, so wird von der Botschaft lediglich eine allgemeine Information zum deutschen Erbrecht erteilt. Diese Bescheinigung reicht zum Nachweis des auf den konkreten Erbfall anwendbaren Rechts bei den portugiesischen Notaren nicht aus.[109] In der Praxis ist es dann erforderlich, bspw. von einem im deutschen Recht ausgebildeten Rechtsanwalt ein Kurzgutachten zur erbrechtlichen Situation anfertigen zu lassen. Die Identität des Ausstellers des Gutachtens ist sodann mittels Unterschriftsbeglaubigung durch die deutsche Auslandsvertretung oder durch einen deutschen Notar, versehen mit der Apostille, herbeizuführen. Von den Notaren werden die entsprechenden Ausführungen als Nachweis i.S.d. Art. 85 Abs. 2 *Código do Notariado* anerkannt. 142

Der übergangene Erbe, der die notarielle Feststellung der Erben anfechten möchte, wird auf den Zivilrechtsweg verwiesen und hat bei Gericht unverzüglich zu beantragen, dass die Anhängigkeit eines Anfechtungsprozesses dem zuständigen Notariat mitgeteilt wird (Art. 87 *Código do Notariado*). 143

Die Regelungen für die Erbenbestellung finden mit den notwendigen Anpassungen auch auf die Bestellung der Vermächtnisnehmer Anwendung. 144

---

109 Auskunft der Botschaft der Bundesrepublik Deutschland in Lissabon.

3. Gerichtliches Erbenfeststellungsverfahren

145 Das gerichtliche Verfahren ist in den Art. 2031 ff. CC geregelt – Eröffnung der Erbschaft. Zuständig ist das Gericht am letzten Wohnort des Erblassers (Art. 2031 CC). Erben und Vermächtnisnehmer haben sich auf ihre rechtliche Verbindung zum Erblasser zu berufen und sich zur Annahme bzw. Ausschlagung der Erbschaft zu äußern.

146 Die Annahme der Erbschaft wird im portugiesischen Recht als einseitige, nicht empfangsbedürftige Rechtshandlung angesehen.[110] Der Zeitraum, in dem die Erbschaft zwar eröffnet, aber noch kein Erbe die Erbschaft angenommen hat und diese auch nicht auf den Fiskus als gesetzlichen Erben[111] übergegangen ist, ist unter dem Stichwort „ruhende Erbschaft" (*herança jacente*[112]) in den Art. 2046–2049 CC geregelt (siehe auch Rn 97 f.). Erklärt sich der Erbe nicht innerhalb der 15-Tage-Frist zur Annahme oder Ausschlagung der Erbschaft, kann er auf Antrag des Vertreters des öffentlichen Interesses oder eines Berechtigten aufgefordert werden, sich innerhalb einer vom Gericht bestimmten Frist zur Annahme oder Ausschlagung zu äußern (Art. 2049 CC). Wird die Annahme des Erbes in der festgesetzten Frist nicht erklärt und legt der Erbe keine Urkunde vor, aus der sich die Ausschlagung der Erbschaft ergibt, gilt diese als angenommen (Art. 2049 Abs. 2 CC; siehe auch Rn 101).

147 Soweit erforderlich, wird auf Antrag des Vertreters des öffentlichen Interesses (*Ministério Público*) oder eines Berechtigten zur Erhaltung des Erbes für die Dauer des Verfahrens ein amtlicher Erbwalter (*curador da herança jacente*) bestellt (Art. 2048 CC).

148 Wurde die Erbschaft angenommen, wirkt die Erbschaftsannahme auf den Zeitpunkt der Eröffnung der Erbschaft zurück (Art. 2050 Abs. 2 CC). Die gerichtliche Feststellung der Qualität des Erben oder Vermächtnisnehmers kann vom Vertreter des öffentlichen Interesses und auch von jedem anderen Berechtigten angefochten werden. Das Verfahren ist je nach Streitwert ein einfaches oder summarisches Verfahren vor den ordentlichen Gerichten (Art. 1132 Abs. 2 *Código do Processo Civil* – CPC).

149 Der notarielle Nachweis der Erbenstellung hat dieselbe Wirkung wie die gerichtliche Erbenfeststellung. Beide Nachweise sind geeignet, zugunsten aller Erben und des überlebenden Ehegatten Eintragungen im Grundbuch (*cadastro*), im Handelsregister und im Fahrzeugregister vorzunehmen sowie Schuldtitel und Rechte am künstlerischen, literarischen, wissenschaftlichen und gewerblichen Eigentum zu übertragen. Schließlich berechtigt der Nachweis der Erbenstellung dazu, Geld und andere Werte abzuheben (Art. 86 *Código do Notariado*).

IV. Erbschaftsannahme – Aceitação da herança

150 Das portugiesische Erbrecht setzt die ausdrückliche oder stillschweigende Annahme der Erbschaft voraus.[113] Die Annahme der Erbschaft ist in den Art. 2050 ff. CC geregelt und erfolgt durch einseitige, nicht empfangsbedürftige Willenserklärung. Die stillschweigende Annahme gem. Art. 2056 CC ist an besondere zusätzliche Voraussetzungen geknüpft

---

110 *Jayme*, Das Recht der lusophonen Länder, S. 186, unter Verweis auf *Capelo de Sousa*, II, S. 17.
111 Gemäß Art. 2154 CC wird der Fiskus gesetzlicher Erbe, wenn keine Erben aufgefunden werden oder alle Berechtigten die Erbschaft ausgeschlagen haben; ein Ausschlagungsrecht steht dem Fiskus nicht zu (siehe bereits Rn 48).
112 Römisch-rechtlicher Gedanke der *hereditas iacens*, einer ruhenden Erbschaft, ein Vonselbsterwerb tritt nicht ein; vgl. *Jayme*, Das Recht der lusophonen Länder, S. 181.
113 Des Zusammenhangs wegen wird auch hier auf die Erbschaftsannahme eingegangen; im Übrigen sei auf die Ausführungen in Rn 97 f. verwiesen.

(z.B. Inbesitznahme von Vermögensgegenständen aus der Erbmasse und deren Nutzung).[114] Das Recht, die Erbschaft anzunehmen, erlischt zehn Jahre, nachdem der Erbberechtigte Kenntnis von der Aufforderung erlangt hat, das Erbe anzutreten (Art. 2059 CC).

V. Anerkennung deutscher Erbscheine und Testamentsvollstreckerzeugnisse

Deutsche Erbscheine und Testamentsvollstreckerzeugnisse bedürfen zur Anerkennung in Portugal der Apostille nach dem Haager Übereinkommen zur Befreiung ausländischer öffentlicher Urkunden von der Legalisation vom 5.10.1961.[115] Die Urkunde ist für die Verwendung im portugiesischen Rechtskreis zu übersetzen. Die Anerkennung der Übersetzung kann durch Anwälte, Notare oder die Vertretung der Bundesrepublik Deutschland in Portugal, d.h. die Botschaft in Lissabon, vorgenommen werden.

151

Das in Portugal belegene unbewegliche Vermögen, insbesondere Immobilien, wird im Wege der notariell beurkundeten Nachlassteilung oder im Wege des gerichtlichen Teilungsverfahrens übertragen (Rn 155 f., 158 f.). Zur Durchsetzung der Erbansprüche reicht insofern der deutsche Erbschein allein nicht aus. Die Notariate müssen gem. Art. 85 Abs. 2 *Código do Notariado* einen Nachweis des anwendbaren Rechts verlangen. Dieser Nachweis wird in der Praxis üblicherweise durch eine Rechtsbestätigung der Deutschen Botschaft in Lissabon erbracht (Rn 141 f.). Die Notarordnung schreibt allerdings lediglich den Nachweis durch eine glaubwürdige Urkunde vor, die das anwendbare Recht nachweist. Erst nachdem der entsprechende Beleg vorliegt, kann die notarielle Beurkundung erfolgen und die Eigentumsänderung eingetragen werden. Gelegentlich verfügt der portugiesische Notar über eigene Kenntnisse des deutschen Erbrechts. Üblicherweise wird sodann lediglich eine Kopie der anwendbaren deutschen Normen verlangt, die in die portugiesische Sprache übertragen werden müssen.

152

Im gerichtlichen Verfahren sind ausländische Urkunden in beglaubigter Übersetzung vorzulegen; sie können als Beweismittel in das Verfahren eingeführt werden.

153

Zukünftig kann das **Europäische Nachlasszeugnis** den deutschen Erbschein ersetzen. Allerdings werden auch hier weitere Nachweise erbracht werden müssen, soweit ein Recht zur Anwendung kommt, das der zuständige Notar nicht kennt.

154

VI. Erbauseinandersetzung

Die Erbauseinandersetzung kann außergerichtlich im Wege der Einigung zwischen den Berechtigten oder im Wege des notariellen Erbteilungsverfahrens erfolgen, das allerdings auch im Wege des Vergleichs abgeschlossen werden kann.

155

1. Die einverständliche Erbteilung

An die außergerichtliche Erbteilung werden keine besonderen Anforderungen gestellt. Formbedürftig ist die Auflösung der Erbengemeinschaft nur dann, wenn von der Teilung registerpflichtige Sachen, zumeist Immobilien, betroffen sind. In diesen Fällen muss die Teilung des Erbes in Form eines notariell beurkundeten Vertrags vorgenommen werden (Art. 80 Abs. 2 lit. j *Código do Notariado*).

156

---

114 *Neto*, Código Civil Anotado, Art. 2056.
115 BGBl 1965 II, S. 876.

157 Die einverständliche Erbteilung ist immer dann ausgeschlossen, wenn sich unter den Erben oder Vermächtnisnehmern geschäftsunfähige Personen befinden. In diesen Fällen ist das gerichtliche Erbteilungsverfahren vorgeschrieben; dabei wird der geschäftsunfähige Erbe zur Wahrung seiner Rechte vom Vertreter des öffentlichen Interesses (*Ministério Público*) vertreten (Art. 2102 Abs. 2 CC).

2. Notarielles und gerichtliches Erbteilungsverfahren

158 Die Zuständigkeit für die Durchführung des Erbteilungsverfahrens wurde im Jahr 2013 grundsätzlich den Notaren zugewiesen.

159 Das Erbteilungsverfahren setzt sich aus zwei Verfahrensschritten zusammen. Zunächst erfolgt die **Inventarisierung des Erbes** (*inventário*) und sodann die **Teilung** (*partilha*). Das Verfahren ist in einem Spezialgesetz (Gesetz Nr. 23/2013, vom 5.3.2013) geregelt.

160 Auf Antrag eines Berechtigten oder der Staatsanwaltschaft im Sinne des Vertreters des öffentlichen Interesses kann die Beendigung der Erbengemeinschaft zum Zwecke der Erbteilung oder zur Nachlassliquidation herbeigeführt werden (Art. 4, 5). Die Eröffnung des Inventarverfahrens wird zunächst allen Berechtigten im Wege der Zustellung des Eröffnungsbeschlusses bekannt gegeben (Art. 28). Die Berechtigten, die keine Nachricht von der Verfahrenseröffnung erhalten haben, können sich jederzeit zu einem späteren Zeitpunkt dem Verfahren anschließen.

161 Der Antragsteller hat den **Antrag auf Auflösung der Erbengemeinschaft** zu stellen. Dem Antragsschriftsatz ist eine Sterbeurkunde beizufügen.

162 Des Weiteren ist der **Erb(ver-)walter** (*cabeça-de-casal*) zu **benennen** (Art. 22). Der Erbwalter ist verantwortlich für die Beibringung der notwendigen Unterlagen zur Inventarisierung des Erbes (Art. 24). Dem Erbwalter obliegt im weiteren Verfahrensverlauf die Pflicht, den Erblasser, dessen letzten Wohnort und Tag und Ort des Versterbens anzugeben. Zudem hat er die Aufgabe, die berechtigten Erben, Vermächtnisnehmer, Erbschaftsgläubiger und Beschenkte zu benennen und dem Gericht deren aktuelle Wohnanschrift und Arbeitsplatz mitzuteilen. Der Erbwalter hat sodann Nachweis über die Berechtigung der einzelnen Personen zu erbringen, indem er Eheverträge, Testamente, Schenkungsurkunden und Ähnliches beibringt. Die Berechtigten werden daraufhin zur Stellungnahme aufgefordert und haben Gelegenheit, dem Vortrag des Erbwalters zu widersprechen. Im Anschluss daran wird eine Aufstellung der Aktiva und Passiva erstellt sowie eine Bewertung der entsprechenden Positionen vorgenommen. Die Bewertung obliegt wiederum dem Erbwalter. Auch gegen die Inventarisierung des Erbes besteht wiederum die Möglichkeit des Einspruchs (Art. 32).

163 Das Verfahren kann vom Notar immer dann ausgesetzt werden, wenn schwierige Rechts- oder Sachfragen aufzuklären sind, die zunächst gerichtlich entschieden werden müssen. Es erfolgt in diesem Fall eine Abgabe der Teilfrage an das zuständige Gericht. Eine Aussetzung des Verfahrens ist auch möglich, wenn ein entscheidungserheblicher Vorprozess abzuwarten ist.

164 Das Verfahren ist kostenintensiv, da ein **Notarkostenvorschuss**, der sich nach der Gerichtskostentabelle berechnet, zu entrichten ist. Anders als die Gerichtskosten, die im Eingangsverfahren auf einen maximalen Vorschuss in Höhe von 1.632 EUR beschränkt sind, richtet sich der Notarkostenvorschuss nach dem vollen Gegenstandswert, ohne diese Beschränkung. Zwar kann für das Verfahren Prozesskostenhilfe beantragt werden, diese wird jedoch grundsätzlich dann, wenn eine Immobilie zum Nachlass gehört, nicht gewährt.

Sobald das Verfahren der Aufstellung des Inventars und dessen Bewertung abgeschlossen ist, beruft der Notar eine **Versammlung der Berechtigten** ein, zu der alle Berechtigten geladen werden und in der zunächst auf eine einvernehmliche Entscheidung über die Bewertung der Erbgüter sowie die Benennung der Erbgüter, die im Wege der Auslosung zwischen den Berechtigten aufgeteilt werden sollen (Art. 48), gedrungen wird. Die Versammlung der Berechtigten kann außerdem den Verkauf des gesamten Erbes und die Aufteilung des Erlöses zwischen den Berechtigten beschließen. Zu entscheiden ist schließlich über die Tilgung der Schulden (Art. 48). Kommt es zu keiner Einigung, wird das streitige Verfahren eröffnet. Im Rahmen des streitigen Verfahrens werden die einzelnen Aktiv- und Passivposten bewertet und gegebenenfalls durch einen Gutachter festgestellt.

165

Ist das Inventarverfahren einvernehmlich oder auch streitig zum Abschluss gelangt, folgt die Erbteilung (*partilha*, Art. 57). Es besteht Anwaltspflicht, soweit rechtliche Fragen aufgeworfen oder diskutiert werden.

166

Im eigentlichen **Erbteilungsverfahren**, also nach Abschluss des Inventarisierungsverfahrens, wird zunächst den Vertretern (**Anwaltspflicht**) der Berechtigten nochmals Gelegenheit zur Stellungnahme gegeben (Art. 57). Sodann erfolgt die Teilung gemäß einem **Teilungsplan**, der durch den Notar aufgestellt wird; darin finden die Erbquoten ebenso wie Sonderrechte aus Schenkung oder Vermächtnis Berücksichtigung (Art. 59). Sollten die Sonderrechte die verfügbare Quote übersteigen, wird dies im Teilungsplan vermerkt (Art. 60). Die Berechtigten haben in diesem Fall Ausgleichszahlungen (sog. *tornas*) an das Erbe zu leisten (Art. 61). Sowohl den Teilungsplan als auch die Ausgleichszahlungen können die Berechtigten bzw. Verpflichteten beanstanden (Art. 63).

167

Das Teilungsverfahren wird durch **Urteil** abgeschlossen. Die materielle Teilung erfolgt, sobald das Urteil in Rechtskraft erwachsen ist (Art. 66). Es ist dem Berechtigten möglich, auch vor Rechtskraft des Urteils das Teilungsgut in Empfang zu nehmen, soweit er bei registerpflichtigen Gütern den Zusatz der fehlenden Rechtskraft der Entscheidung in den Registerantrag aufnimmt bzw. bei beweglichen Sachen Kaution hinterlegt. Über Geldmittel und Wertpapiere kann der Berechtigte erst nach Eintritt der Rechtskraft verfügen. Dieser Vermerk wird bei den zuständigen Stellen wie Banken und Versicherungen etc. aufgenommen (Art. 68). Wurden einzelne Güter bei der Aufstellung des Inventars übersehen, kommt es zu einer **Nachverteilung** des Nachlasses (Art. 75).

168

Sind sich alle Berechtigten einig, kann das rechtskräftige Teilungsurteil berichtigt werden, soweit ein Irrtum über die Bezeichnung oder über die Qualifizierung der Güter vorlag oder soweit ein Irrtum vorliegt, der dazu geeignet ist, den Willen der Parteien nachteilig zu beeinflussen (Art. 70). Erfolgt die **Berichtigung** nicht im Einvernehmen aller Berechtigten, kann innerhalb eines Jahres nach Kenntnis des Irrtums ein gerichtliches Berichtigungsverfahren eingeleitet werden (Art. 71).

169

Ist ein **Miterbe übergangen** oder nicht in das Teilungsverfahren einbezogen worden, weil die anderen Berechtigten ihn vorsätzlich und böswillig ausgeschlossen haben, so kann es zur Aufhebung des Teilungsurteils kommen (Art. 72). Ist ein vorsätzliches und böswilliges Verhalten der anderen Berechtigten nicht gegeben, erhält der übergangene Erbe seine Erbquote in Geld (Erbersatzanspruch), indem eine Versammlung der Berechtigten im Sinne des Inventarverfahrens einberufen und die Erbquote festgestellt wird. Steht die Erbquote fest, werden die anderen Berechtigten zur Leistung der Ausgleichszahlung aufgefordert (Art. 73).

170

3. Verfahren für Alleinerben

171 Für einen Alleinerben besteht die Pflicht zur Inventarisierung des Erbes lediglich in den Fällen, in denen der Vertreter des öffentlichen Interesses (*Ministério Público*) diese zum Schutz des Geschäftsunfähigen beantragt. Das Feststellungsverfahren beschränkt sich in diesen Fällen auf die Inventarisierung des Erbes (Art. 4).

VII. Zivilverfahren

1. Die internationale Zuständigkeit portugiesischer Gerichte

172 Für Erblasser aus **Drittstaaten** richtet sich die gerichtliche Zuständigkeit weiterhin nach Art. 62 CPC. Danach sind die portugiesischen Gerichte lediglich zuständig für Klagen, die die Feststellung des Erbrechts zum Gegenstand haben. Zuständig ist das Gericht an dem Ort, an dem die Erbschaft eröffnet wird; gem. Art. 2031 CC ist dies das Gericht am letzten Wohnsitz des Erblassers. Fehlt es an einem ständigen Wohnsitz, kann eine Zuständigkeit am gelegentlichen Wohnsitz des Erblassers gegeben sein, soweit nicht die Zuständigkeit des Gerichts der belegenen Sache vorrangig ist.[116] Das Inventarisierungs- und Teilungsverfahren wurde zwischenzeitlich sowohl hinsichtlich des einvernehmlichen als auch hinsichtlich des streitigen Verfahrens den Notaren übertragen. Die Gerichte werden in dieses Verfahren nur noch punktuell einbezogen. Zuständig ist der Notar an dem Ort, an dem die Erbschaft eröffnet wird, mithin auch hier der letzte Wohnsitz des Erblassers.

173 Wird die Erbschaft **außerhalb von Portugal** eröffnet und hat der Erblasser unbewegliche Vermögensgegenstände in Portugal hinterlassen, ist der Notar am Ort der belegenen Sache zuständig bzw. der Notar, in dessen Gemeinde sich die Sachmehrheit befindet. Hinterlässt der Erblasser nur bewegliches Vermögen, ist der Notar zuständig, in dessen Bezirk sich die Sachmehrheit des beweglichen Vermögens befindet. Hinterlässt der Erblasser keinerlei Vermögen in Portugal, sind die Gerichte am Wohnort des Berechtigten zuständig.

174 Fällt der Erbfall in den **Anwendungsbereich der EU-ErbVO**, sind zukünftig die Gerichte des Mitgliedstaates für Entscheidungen in Erbsachen zuständig, in dessen Hoheitsgebiet der Erblasser im Zeitpunkt seines Todes seinen gewöhnlichen Aufenthalt hatte (Art. 4 EU-ErbVO). Die Zuständigkeit umfasst den gesamten Nachlass. Sonderzuständigkeiten ergeben sich aus Art. 5–10 EU-ErbVO. Die Parteien haben danach einen größeren Spielraum, sich auf die Zuständigkeit eines Gerichts zu einigen.

2. Die Anwendung ausländischen Rechts

175 **Gerichtssprache** in Portugal ist Portugiesisch (Art. 139 CPC). Rechtshandlungen sind daher in portugiesischer Sprache vorzunehmen. Äußert sich ein Ausländer vor einem portugiesischen Gericht und ist dieser der portugiesischen Sprache nicht mächtig, kann er sich in einer anderen Sprache äußern. Ihm ist zu diesem Zweck ein Dolmetscher zur Seite zu stellen. Allerdings ist die Tätigkeit des Dolmetschers auf das notwendige Maß zu beschränken (Art. 139 Abs. 2 CPC). In der Praxis erfolgt die Bestellung eines Dolmetschers zumeist erst auf ausdrücklichem Antrag der betroffenen Partei.

176 Ausländische Urkunden, die dem Gericht vorgelegt werden, sind auf Anordnung des Gerichts oder auf Antrag der Parteien zu übersetzen. Bestehen Zweifel an der Qualität der

---

116 Entscheidung des *Supremo Tribunal de Justiça* (vergleichbar dem deutschen Bundesgerichtshof), Ac. STJ, de 8.1.1991, BMJ, 403. – 331.

Übersetzung, kann das Gericht die notarielle oder konsularische Bestätigung der Übersetzung einfordern. In Portugal ist der Beruf des vereidigten Übersetzers/Dolmetschers nicht bekannt, so dass die Qualität der Übersetzungen trotz Bestätigungsvermerk des Notars oder des Konsulats oftmals fragwürdig ist, denn beide Institutionen nehmen dem Übersetzer lediglich die Versicherung ab, dass dieser die Übersetzung nach bestem Wissen und Gewissen gefertigt hat. Inhaltlich werden die Übersetzungen nicht überprüft.

Soweit ausländisches Recht zur Anwendung kommt, bestimmt Art. 23 CC, dass das entsprechende Recht im Rahmen der Herkunftsrechtsordnung und nach den dort getroffenen Auslegungsregelungen zu interpretieren und anzuwenden sei. Ist der Inhalt des ausländischen Rechts nicht feststellbar, ist zur Auslegung das subsidiär anwendbare Recht heranzuziehen. Gleiches gilt, soweit die Tatsachen oder Rechte, die zur Anwendung einer bestimmten Rechtsordnung führen, nicht festgestellt werden können. 177

3. Die Anerkennung ausländischer Entscheidungen in Portugal

Bisher erfolgte die Anerkennung ausländischer Entscheidungen nach den allgemeinen Regeln der portugiesischen Zivilprozessordnung (*Código de Processo Civil*, CPC). Art. 49 CPC schreibt insoweit die Überprüfung und Bestätigung durch das zuständige portugiesische Gericht vor. Die Einzelheiten zum Verfahren sind in den Art. 978 ff. CPC geregelt. **Zuständig** ist das *Tribunal de Relação*, vergleichbar einem deutschen Oberlandesgericht, des Bezirks, in dem der Beklagte seinen Wohnsitz hat. 178

Überprüft werden die Echtheit des Urteils, die Rechtskraft, die Zuständigkeit des ausländischen Gerichts, insbesondere hinsichtlich der Umgehung ausschließlicher Zuständigkeiten portugiesischer Gerichte, des Weiteren, ob doppelte Rechtshängigkeit mit Verfahren gegeben ist, die bei portugiesischen Gerichten rechtshängig sind, zudem die ordnungsgemäße Ladung des Beklagten nach den Regelungen des Rechts, die für das urteilende Ursprungsgericht Anwendung finden, und schließlich, ob das Urteil nicht grundsätzlich gegen die öffentliche Ordnung (*ordem pública*) in Portugal verstößt. Dies bleibt im Hinblick auf Entscheidungen aus Drittstaaten auch so. 179

Die Verfahren der Urteilsüberprüfung dauern je nach Gericht ca. ein halbes Jahr und unterliegen der Anwaltspflicht. 180

Nach der **EU-ErbVO** werden die Entscheidungen der Mitgliedstaaten zukünftig anerkannt, ohne dass es hierfür eines besonderen Verfahrens bedarf (Art. 39 EU-ErbVO). 181

D. Die Besteuerung der Erbfolge

I. Vorbemerkung

Die EU-ErbVO hat keinen Einfluss auf die Besteuerung der Erbfolge. Entscheidend für die Prüfung der steuerlichen Pflichten ist vielmehr die Frage, ob Erblasser bzw. Erben nach steuerrechtlichen Kriterien in Portugal und/oder Deutschland ansässig sind oder über einen Wohnsitz verfügen. Die Definition der steuerlichen Ansässigkeit und des Wohnsitzes ist nicht gleichbedeutend mit der Definition des gewöhnlichen Aufenthalts im Sinne der Verordnung. Eine Vereinheitlichung des Steuerrechts und insbesondere des Erbschaftsteuerrechts hat durch die Erbrechtsverordnung nicht stattgefunden, so dass es grundsätzlich bei der doppelten Steuerpflicht zumindest hinsichtlich des in Portugal belegenen, registerpflichtigen Vermögens im Zusammenhang mit grenzüberschreitenden Sachverhalten zwischen Deutschland und Portugal verbleibt. 182

183 Das Jahr 2003 war in Portugal von durchgreifenden Reformen im Steuerrecht geprägt. Reformiert wurde der gesamte mit entgeltlichen und unentgeltlichen Vermögensverfügungen in Zusammenhang stehende Bereich. Mit Gesetzesdekret Nr. 287/2003 vom 12.11.2003 wurden das Gesetzbuch der Gemeindesteuer auf Immobilien, *Código do Imposto Municipal sobre Imóveis* (CIMI), und das Gesetzbuch der Gemeindesteuer für die entgeltliche Übertragung von Immobilien, *Código do Imposto Municipal sobre as Transmissões Onerosas de Imóveis* (CIMT), erlassen. Mit dem Erlass dieser neuen Gesetze zur Bewertung und Übertragung von Immobilien gehen Gesetzesänderungen im Stempelsteuergesetz, *Código do Imposto do Selo*, im Steuervergünstigungsgesetz, *Estatuto dos Benefícios Fiscais*, im Einkommensteuergesetz, *Código do IRS* und im Körperschaftsteuergesetz, *Código do IRC* einher.

184 **Abgeschafft** wurden die Steuer für Gebäude und landwirtschaftliche Industrie (*Código Predial e do Imposto sobre a Indústria Agrícola*), das Grundsteuergesetz (*Código da Contribuição Autárcica*) und – hier ganz entscheidend – ebenfalls **aufgehoben** wurde das **Gesetz über die Grunderwerbsteuer und die Erbschaft- und Schenkungsteuer** vom 24.11.1958 i.d.F. des Haushaltsgesetzes 2002, der *Código do Imposto Municipal de Sisa e do Imposto sobre as Sucessões e Doações*.

185 Mit Ausnahme der Bewertungsnormen des *CIMI* sind alle Gesetzesänderungen mit Wirkung ab dem 1.1.2004 in Kraft getreten.[117]

II. Umfang der Steuerpflicht

186 Ein Erbschaft- und Schenkungsteuergesetz, das diesen Namen trägt, gibt es in Portugal nunmehr nicht mehr. Weggefallen ist damit auch die Erbersatzsteuer (*Imposto sobre as Sucessões e Doações por Avença*), die anstelle der Erbschaftsteuer als Abgeltungssteuer auf Einkünfte aus Dividenden inländischer wie ausländischer Aktionäre erhoben wurde. Die Besteuerung der Übertragung von Geschäftsanteilen findet nunmehr nicht im Voraus pauschaliert, sondern erst zum Zeitpunkt der tatsächlichen Übertragung statt. Allerdings hat der Gesetzgeber unentgeltliche Vermögensverfügungen nicht vollständig von der Besteuerung freigestellt. Der Anwendungsbereich des bereits existierenden **Stempelsteuergesetzes** wurde insoweit um den Tatbestand der **unentgeltlichen Vermögensverfügungen** ergänzt (Art. 1 Abs. 1 *Código do Imposto do Selo*).

187 Es gilt das **Territorialitätsprinzip**, d.h. es werden **alle unentgeltlichen Übertragungsvorgänge** der Besteuerung unterworfen, die sich auf **Güter beziehen, die in Portugal belegen** sind (Art. 4 *Código do Imposto do Selo*). Erfasst werden außerdem Rechte an beweglichen und unbeweglichen Sachen, in Portugal register- oder einschreibungspflichtiges bewegliches Vermögen und Forderungen oder Eigentumsrechte sowie Beteiligungen an Unternehmen, soweit der Schuldner seinen Sitz in Portugal hat und der Erwerber ebenfalls in Portugal ansässig ist. Unter Sitz im Sinne des Gesetzes sind der Wohnsitz ebenso wie der Firmensitz und die Betriebsstätte zu verstehen. Schließlich werden Marken- und Autorenrechte und

---

117 Zum alten, bis 31.12.2003 geltenden Recht siehe *Deutsch-Portugiesische Industrie- und Handelskammer* (Hrsg.), Das Steuersystem in Portugal (mit Anhang: Das Deutsch-Portugiesische Doppelbesteuerungsabkommen), 2. Aufl. 1996, spez. S. 111–118 zur Erbschaft- und Schenkungsteuer, sowie *Stieb*, in: Mennel/Förster, Steuern in Europa, Amerika und Asien, Rn 151–164; siehe auch *Wachter*, Praxis internationale Steuerberatung, 2003, S. 74–81 (auch mit Berechnungsbeispielen nach altem Recht); *Schwarz*, Erwerb und Besitz einer Immobilie in Portugal, in: Haus- und Grundbesitz im Ausland (Gruppe 4/K) S. 76 f.

andere artverwandte Rechte besteuert, soweit diese in Portugal registriert oder registerpflichtig sind (Art. 4 Abs. 3 *Código do Imposto do Selo*).

III. Bemessungsgrundlage der Stempelsteuer

Der Anwendungsbereich des Stempelsteuergesetzes ist weit gefasst. Es werden in größerem Umfang Vermögenswerte besteuert, die früher von der Erbschaft- und Schenkungsteuer faktisch freigestellt waren. So beziehen die neuen Tatbestände sämtliche Eigentumsrechte oder Teilrechte, einschließlich der durch Ersitzung erworbenen Rechtspositionen des unbeweglichen Vermögens ein. Besteuert werden bewegliche Sachen, soweit sie registerpflichtig sind (Art. 1 Abs. 3 lit. a–g *Código do Imposto do Selo*). Unter diesen Tatbestand fallen in Portugal insbesondere Fahrzeuge, die in einem speziellen Fahrzeugregister registriert sind. Beteiligungen an Unternehmen und Wertpapiere sowie öffentliche Schuldverschreibungen fallen ebenso unter das steuerpflichtige Vermögen wie Geschäftslokale, Industrieanlagen und landwirtschaftliche Betriebe. Markenrechte, Autorenrechte und verwandte Rechte, Gesellschafterkredite in jeder Form und Erwerbe, die mit der Unwirksamkeit, dem Rücktritt, dem Widerruf oder dem Verzicht, der Auflösung und der Aufhebung der Schenkung unter Lebenden in Zusammenhang stehen.

188

Die **Bewertung** der entsprechenden Vermögenswerte ist gesetzlich geregelt und für jedes Wirtschaftsgut gesondert festzustellen (Art. 13–21 *Código do Imposto do Selo*). Für **Immobilien** finden die Regelungen des CIMI (Bewertungsgesetz für das unbewegliche Vermögen) Anwendung; dadurch hat sich im Bereich der Übertragung von Immobilien die Bemessungsgrundlage erhöht (Art. 13 *Código do Imposto do Selo*). In den kommenden zehn Jahren beabsichtigt der portugiesische Staat, das gesamte in Portugal belegene Grundvermögen neu zu bewerten.

189

Zwischenzeitlich ist die Erfassung von Hausgrundstücken/Bauland (*prédios urbanos*) soweit fortgeschritten, dass in jedweder Finanzbehörde landesweit die Grundstücksdaten abgefragt werden können und der Erwerber des Grundstücks automatisch aufgefordert wird, die Neubewertung des Grundstücks nach *CIMI* zu beantragen, wenn es zu einer entgeltlichen oder unentgeltlichen Übertragung des Eigentums am Grundstück kommt. Der steuerliche Wert der Grundstücke wurde durch die Gesetzesänderung dergestalt aktualisiert, dass er ca. zwei Drittel des Marktwertes erreicht und teilweise den Marktwert angesichts der Krise im Immobiliensektor sogar übersteigt. Das Erfassungsverfahren ist insoweit automatisiert, als dass die Änderungserklärungen für Firmen ausschließlich via Internet abgegeben werden können und auch der einzelne Steuerpflichtige immer mehr auf den Weg der elektronischen Datenerfassung verwiesen wird.

190

Nach dem Gesetz wird nicht mehr die einzelne Erbquote der Besteuerung unterworfen, sondern die Steuer für die gesamte Erbmasse im Sinne einer Nachlasssteuer in der Person des Erbwalters (*cabeça-de-casal*) und der Vermächtnisnehmer festgesetzt (Art. 2 Abs. 2 *Código de Imposto do Selo*). Die vorherige Teilung des Erbes – und sei es die ideelle Teilung – ist zur Erhebung der Steuer nicht mehr erforderlich. Ziel ist es, die Steuererhebung zu vereinfachen und zu entbürokratisieren.[118] Aufgehoben wurde daher auch die Aussetzung des Besteuerungsverfahrens hinsichtlich der Rechtsgüter, die mit einem dinglichen Nutzungsrecht belastet sind.[119]

191

---

118 *Preâmbulo ao Código do Imposto do Selo* (Präambel zum Stempelsteuergesetz).
119 *Preâmbulo ao Código do Imposto do Selo* (Präambel zum Stempelsteuergesetz).

IV. Befreiungen von der Stempelsteuer

192 Von der Stempelsteuer befreit sind unentgeltliche Vermögensverfügungen, die der Umsatzsteuer unterliegen und nicht von dieser befreit sind (Art. 1 Abs. 2 *Código do Imposto do Selo*). Steuerbefreit sind außerdem der Staat, die autonomen Regionen, die Gemeinden, die Körperschaften und Vereinigungen des öffentlichen Rechts, die Sozialversicherung, Unternehmen von öffentlichem Interesse und soziale Einrichtungen und diesen gleichgestellte Institutionen (Art. 6 lit. a–d *Código do Imposto do Selo*).

193 Die entscheidende Neuerung des Gesetzes liegt jedoch darin, dass **unentgeltliche Vermögensverfügungen zwischen Ehegatten oder gegenüber ihren Abkömmlingen sowie gegenüber Verwandten in aufsteigender Linie von der Stempelsteuer** befreit sind (Art. 6 lit. e *Código do Imposto do Selo*). Dieser Verzicht auf jegliche Besteuerung der Verwandten in gerader Linie und der Ehegatten bedeutet gegenüber dem bisher geltenden Freibetrag von lediglich 3.641,22 EUR eine erhebliche Verbesserung und hat eine steuerliche Entlastung des Vermögens zur Folge.

V. Tarif der Stempelsteuer

194 Der Steuersatz für die unentgeltliche Übertragung von Eigentum an jedweden Gütern durch Erbschaft beläuft sich auf **10 %**.[120] Der Steuersatz ist damit erheblich geringer als die bisher geltende Erbschaft- und Schenkungsteuer, die Steuersätze bis zu 50 % vorsah.

VI. Die Abwicklung der Stempelsteuer

195 **Steuerschuldner** ist im Erbfall der sog. **Erbwalter** (*cabeça-de-casal*). Wer diese Funktion ausübt, ist in den Art. 2080 ff. CC geregelt. Grundsätzlich ist der Erbwalter der überlebende Ehegatte, soweit dieser nicht rechtlich vom Erblasser getrennt gelebt hat (siehe Rn 105 f.). Die Entrichtung der Steuer erfolgt im Falle der unentgeltlichen Übertragung von Gütern an die Zentralstelle der Generaldirektion für Steuern und Abgaben (*Serviços Centrais da Direcção de Contribuições e Impostos*). Zuständig sind die Finanzbehörden am Wohnort des Erblassers. Falls der Erblasser im Inland über keinen Wohnsitz verfügte, liegt die Zuständigkeit beim Finanzamt am Wohnsitz des Erbwalters. Sind sowohl der Erblasser als auch der Erbwalter nicht in Portugal ansässig, ist das Finanzamt 3 in Lissabon für Fälle mit Auslandsberührung zuständig.

196 Der Erbwalter und jeder Begünstigte sind zudem verpflichtet, den Tod des Erblassers, die Todesvermutung oder die gerichtliche Todeserklärung dem zuständigen Finanzamt anzuzeigen. Für die Anzeige halten die Finanzbehörden entsprechende amtliche Vordrucke bereit. Erfolgt die Anzeige vor Ort beim zuständigen Finanzamt, wird diese unmittelbar im System erfasst und eines Antragsformulars in Papierform bedarf es nicht mehr. In der Anzeige sind der Erblasser, die Erben und die familiäre Bindung derselben (ein entsprechender Nachweis ist beizufügen) zu benennen, sowie eine Aufstellung der Erbgüter und deren Bewertung beizufügen. Die einzureichenden Belege ergeben sich aus Art. 26 Abs. 6 *Código do Imposto do Selo* (Stempelsteuergesetz). Die Anzeige ist vom Verpflichteten selbst, von seinem gesetzlichen Vertreter oder vom Bevollmächtigten zu unterschreiben. Parallel zur Meldepflicht stehen den Behörden über die interne Datenbank der Finanzbehörden Informationen über die Todesfälle in ihrem Einzugsgebiet zur Verfügung.

---

120 *Tabela Geral do Imposto do Selo* 1.2.

Die Anzeige hat **bis zum Ende des dritten auf die Übertragung folgenden Monats** zu erfolgen. Die Frist ist nur in Ausnahmefällen und aus wichtigem Grund vom Behördenleiter um bis zu 60 Tage verlängerbar (Art. 26 Abs. 3 *Código do Imposto do Selo*). Erfolgt die Anzeige nicht fristgerecht, wird vom Finanzamt ein Bußgeld in Höhe von ca. 100 EUR erhoben.

197

Erlangt die Finanzbehörde Kenntnis von unentgeltlichen Übertragungsvorgängen, die nicht angezeigt wurden, kann sie die Erhebung der Steuer von Amts wegen anordnen. Der Steuerschuldner ist vor Erhebung der Steuer von Amts wegen zur Anmeldung und Entrichtung der Steuer unter Androhung der Einziehung der betroffenen Güter aufzufordern (Art. 29 *Código do Imposto do Selo*). Die **Festsetzungsfrist** beträgt im Falle der unentgeltlichen Übertragung **acht Jahre** ab dem Zeitpunkt der Übertragung (Art. 39 Abs. 1 *Código do Imposto do Selo*).

198

Die **Zahlung der Steuer** erfolgt mittels amtlichen Vordrucks.[121] Die Steuer ist innerhalb einer **Frist** von **zwei Monaten** nach Zustellung des Steuerfestsetzungsbescheides zu entrichten. Die Zahlung kann in Raten erfolgen, soweit die zu entrichtende Steuer einen Betrag von 1.000 EUR übersteigt. Die Anzahl der Raten darf zehn nicht übersteigen und die einzelne Rate muss mindestens 200 EUR betragen. Entrichtet der Steuerschuldner den Gesamtbetrag der geschuldeten Steuer innerhalb der Zweimonatsfrist, sieht das Gesetz eine Steuerermäßigung in Höhe von 0,5 % der angenommenen monatlichen Rate vor. Will der Steuerpflichtige von der Steuerermäßigung Gebrauch machen, hat er dies dem zuständigen Finanzamt innerhalb einer Frist von 15 Tagen nach Zustellung des Steuerfestsetzungsbescheides mit Ratenzahlungsvereinbarung mitzuteilen. Unterbleibt die Mitteilung, ist die Steuer in Raten zu entrichten (Art. 45 *Código do Imposto do Selo*).

199

Kommt der Steuerschuldner mit der Entrichtung der Steuer oder der Zahlung einer Rate in Verzug, werden Verzugszinsen fällig (Art. 45 Abs. 4 *Código do Imposto do Selo*). Außerdem wird die gesamte verbleibende Steuerschuld fällig gestellt.

200

Der Eingang der Zahlung wird mittels amtlichen Vordrucks[122] von den Finanzbehörden schriftlich bestätigt. Die Bescheinigung wird im Erbfall im Namen des Erblassers unter Benennung des Erbwalters ausgestellt.

201

Die festgesetzte Steuer **verjährt** – von Unterbrechungs- und Hemmungsvorschriften abgesehen – grundsätzlich nach acht Jahren. Die Verjährungsfrist beginnt am Ende des Kalenderjahres, in dem der Anspruch erstmals fällig geworden ist (Art. 48 *Código do Imposto do Selo*).

202

VII. Steueranrechnung

1. Doppelbesteuerung

Portugal hat mit ca. 70 Staaten (Stand 2014) Doppelbesteuerungsabkommen geschlossen, wobei sich diese Abkommen auf Regelungen zur Besteuerung des Einkommens beschränken und die Besteuerung von Erbschaften und Schenkungen nicht erfassen. Gesonderte Abkommen zur Vermeidung der Doppelbesteuerung von Erbschaften und Schenkungen hat Portugal nicht geschlossen.

203

---

121 Die notwendigen amtlichen Vordrucke sind im Internet im Portal des portugiesischen Finanzministeriums unter http://www.e-financas.gov.pt erhältlich.
122 Wie vor.

204 Die Besteuerung von Erbschaften kann entweder nach dem Territorialitätsprinzip oder nach dem Universalitätsprinzip erfolgen. In Portugal gilt das **Territorialitätsprinzip**, d.h., es werden **alle unentgeltlichen Übertragungsvorgänge** der Besteuerung unterworfen, die sich auf **Güter beziehen, die in Portugal belegen** sind. Erfasst werden Rechte an beweglichen und unbeweglichen Sachen, die sich auf portugiesischem Staatsgebiet befinden. Dazu zählen bewegliches Vermögen, das in Portugal registriert oder registerpflichtig ist, Forderungen oder Eigentumsrechte und Beteiligungen an Unternehmen, soweit der Schuldner seinen Sitz in Portugal hat und der Erwerber ebenfalls in Portugal ansässig ist. Ferner Bankguthaben bei Banken mit Sitz in Portugal. Des Weiteren Marken- und Autorenrechte und andere artverwandte Rechte, soweit diese in Portugal registriert oder registerpflichtig sind. Unter „Sitz" im Sinne des Gesetzes sind der Wohnsitz ebenso wie der Firmensitz und die Betriebsstätte zu verstehen.

205 Auch das zwischen Deutschland und Portugal bestehende Abkommen zur Vermeidung der Doppelbesteuerung aus dem Jahr 1980[123] erfasst weder die Erbschaft- noch die Schenkungsteuer. Dies hatte bisher zur Folge, dass der in Deutschland unbeschränkt steuerpflichtige Erbe zumindest hinsichtlich des in Portugal belegenen Vermögens einer doppelten Steuerpflicht unterlag, deren Beseitigung in Deutschland durch den nationalen Gesetzgeber im Wege der Anrechnung der in Portugal festgesetzten Erbschaftssteuer gem. § 21 ErbStG erfolgte. Auch die Stempelsteuer wird vom Doppelbesteuerungsabkommen nicht erfasst. Es ist jedoch davon auszugehen, dass es bei der Steueranrechnung gem. § 21 ErbStG bleibt (siehe Rn 203). Selbst wenn in Portugal im Einzelfall für den in Deutschland unbeschränkt steuerpflichtigen Erben keine Erbschaftsteuer anfallen sollte, unterliegt dieser der deutschen Erbschaftsteuer.

206 Bei der Stempelsteuer handelt es sich gerade nicht um eine Erbschaftsteuer im herkömmlichen Sinne, sondern vielmehr um eine **Nachlasssteuer**, die noch für die Person des Erblassers festgesetzt wird. In § 21 ErbStG heißt es insoweit wörtlich: „Bei Erwerbern, die in einem ausländischen Staat mit ihrem Auslandsvermögen zu einer der deutschen Erbschaftsteuer entsprechenden Steuer – ausländische Steuer – herangezogen werden ..." Danach muss die ausländische Steuer der inländischen Erbschaftsteuer inhaltlich entsprechen, wobei das Gesetz nicht festlegt, wann eine ausländische Steuer der deutschen Erbschaftsteuer entspricht. Zur Anrechenbarkeit der Steuer ist nicht auf die Steuersubjektidentität im formalen Sinne abzustellen, sondern vielmehr auf den Anlass der Steuererhebung.[124] Die Steuer muss durch den Tod einer Person oder durch einen unentgeltlichen Vermögensübergang entstanden sein. Diese Kriterien erfüllt auch die erweiterte Stempelsteuer des portugiesischen Rechts, so dass wohl von einer Anrechenbarkeit der Steuer auszugehen ist.

2. Erbschaftsteuervermeidung durch Wohnsitzverlegung nach Portugal

207 Eine Wohnsitzverlegung nach Portugal zur Vermeidung der Erbschaftsteuer wird in den meisten Fällen keinen praktischen Erfolg haben. Das deutsche Steuerrecht knüpft die persönliche Steuerpflicht nicht nur an die Inländereigenschaft des Erblassers zum Zeitpunkt des Todes, sondern besteuert den Erwerbsvorgang auch dann, wenn der Erwerber zum Zeitpunkt des Erwerbes Inländer ist. Zur Vermeidung der Erbschaftsteuer müsste mithin der potenzielle Erblasser mitsamt seinen Erben ins Ausland verziehen.

---

123 Wortlaut etwa bei *Deutsch-Portugiesische Industrie- und Handelskammer* (Hrsg.), Das Steuersystem in Portugal (mit Anhang: Das Deutsch-Portugiesische Doppelbesteuerungsabkommen), 2. Aufl., Gütersloh 1996.
124 BFH v. 6.3.1990, BStBl 1990 II, S. 786.

Diese Möglichkeit besteht natürlich dann, wenn sich die Eheleute gegenseitig zu Alleinerben eingesetzt haben und beide nach Portugal verziehen. Ist der Nachbesteuerungszeitraum von fünf Jahren abgelaufen und ist es tatsächlich zu einer Verlegung des Wohnsitzes gekommen, dann besteht die Möglichkeit, in den Genuss der portugiesischen Steuerbefreiung zu kommen. Die weiteren Erben – Kinder und Kindeskinder – verziehen üblicherweise nicht zusammen mit ihren Eltern, wenn diese das Rentenalter erreicht haben. Hier wird der Befreiungstatbestand nur insoweit greifen, als es nicht zu einer Doppelbesteuerung kommt, weil der Erwerb in Portugal von der Steuer befreit ist.

208

Weitere Informationen und Materialien, wie z.B. Muster, Formulare, amtliche Texte und Internetadressen, befinden sich auf der beiliegenden CD-ROM.

Rumänien

Dr. Rembert Süß

Inhalt

A. Internationales Erbrecht 1
   I. Erbfälle, die nach dem 16.8.2015 eingetreten sind 1
   II. Erbfälle, die ab dem 1.10.2011 und vor dem 17.8.2015 eingetreten sind 2
   III. Erbfälle die vor dem 1.10.2011 eingetreten sind 3
B. Neuregelung des materiellen Erbrechts durch den Codul Civil 4
C. Gesetzliche Erbfolge 5
   I. Das gesetzliche Erbrecht der Verwandten 5
   II. Das gesetzliche Erbrecht des Ehegatten .. 9
     1. Die Erbberechtigung des Ehegatten 9
     2. Die Erbquote des Ehegatten 10
     3. Die Auswirkungen des Ehegüterrechts auf die Nachlassteilung 11
     4. Der Voraus des Ehegatten 12
D. Testamentarische Erbfolge 13
   I. Die Formwirksamkeit der Testamente 13
     1. Das holographe Testament 13
     2. Das öffentliche Testament 14
     3. Das verschlossene Testament 15
     4. Außerordentliche Testamentsformen ... 16
     5. Auswirkungen von Formmängeln 17
     6. Gemeinschaftliches Testament 18
     7. Der Widerruf des Testaments 19
     8. Der Erbvertrag 21
   II. Erbeinsetzung und Vermächtnisse 22
   III. Die Nacherbfolge 25
   IV. Elterliche Teilungsanordnungen 27
   V. Die Testamentsvollstreckung 28
E. Das Pflichtteilsrecht 30
F. Nachlassabwicklung 35
   I. Die Annahme der Erbschaft 35
   II. Die Ausschlagung der Erbschaft 40
   III. Die Teilung des Nachlasses 42
   IV. Das Nachlassverfahren 46
     1. Zuständigkeit 46
     2. Inventar 47

Literatur

Avasilencei, La codification des conflits de lois dans le nouveau Code civil roumain; une nouvelle forme en attente d'un contentieux, Revue critique de droit international privé 2012, 247; *Berthold*, Rumänien, in: Burandt/Rojahn, Erbrecht Kommentar, 1. Aufl. 2010, S. 1367; *Borcan/Ciuruc,* Nouveau Code Civil Roumain, Traduction commentée, Paris 2014; *Oancea*, Eherecht in Rumänien, in: Süß/Ring, Eherecht in Europa, 2. Aufl. 2012, S. 975.

A. Internationales Erbrecht

I. Erbfälle, die nach dem 16.8.2015 eingetreten sind

Das Internationale Erbrecht wird in Rumänien seit dem 17.8.2015 auf der Basis der EU-ErbVO bestimmt. Für die Zeit davor ist zwischen zwei Zeiträumen zu unterscheiden, je nachdem, ob der Erbfall vor oder nach Inkrafttreten des neuen Zivilgesetzbuchs (Codul Civil Nou) vom 17.7.2009 (am 1.10.2011) eingetreten ist. Das Haager Testamentsformübereinkommen vom 5.10.1961 ist für Rumänien nicht in Kraft.

II. Erbfälle, die ab dem 1.10.2011 und vor dem 17.8.2015 eingetreten sind

Für die Erbfälle, die vor dem Anwendungsstichtag für die EU-ErbVO und nach dem Inkrafttreten des CCN eingetreten sind, bestimmt sich das anwendbare Recht nach den Kollisionsnormen im letzten Buch des CCN: „Internationales Privatrecht".

Diese Regeln haben bereits in mehrfacher Hinsicht mit dem System von 1992 gebrochen und die damals noch im Entwurfsstadium befindliche EU-ErbVO vorweggenommen:
- Das objektive Erbstatut wird nicht mehr an die Staatsangehörigkeit, sondern an den gewöhnlichen Aufenthalt des Erblassers angeknüpft, Art. 2633 CCN.
- Die Nachlassspaltung ist aufgegeben. Auch für die Vererbung der Immobilien gilt das Aufenthaltsrecht des Erblassers, Art. 2633 CCN.
- Der Erblasser hat die Möglichkeit einer Rechtswahl. Er kann die Erbfolge hinsichtlich des gesamten Nachlasses und hinsichtlich sämtlicher Aspekte der Erbfolge durch Erklärung in der für ein Testament erforderlichen Form dem Recht seines Heimatstaates unterstellen, Art. 2634 CCN.
- Für die Formwirksamkeit eines Testaments gilt weiterhin eine dem Haager Testamentsformübereinkommen entlehnte Regelung, Art. 2635 CCN.

III. Erbfälle die vor dem 1.10.2011 eingetreten sind

3   Vor dem Inkrafttreten des neuen Codul Civil Nou wurde das IPR durch das Gesetz über die Verhältnisse des Internationalen Privatrechts (IPRG) vom 22. September 1992[1] geregelt. Die objektive Anknüpfung des Erbstatuts differenzierte danach, ob es sich um bewegliche oder unbewegliche Nachlassgegenstände handelte (Nachlassspaltung). Für Fahrnis wurde das Erbstatut an die **Staatsangehörigkeit** des Erblassers angeknüpft. Für Immobilien galt das **Belegenheitsrecht**, d.h. das Recht des Ortes, an dem sich die Sache befindet; Art. 66 IPRG. Zu den unbeweglichen Sachen zählte das IPRG auch das Geschäftsvermögen (*fond comercial*). Der Inhalt des Begriffs ähnelt dem Begriff des *fonds de commerce* des französischen Rechts und umfasst grundsätzlich die Gesamtheit der dem Geschäftsbetrieb dienenden beweglichen, unbeweglichen sowie materiellen Güter; hinzugezählt wird etwa auch der Kundenstamm.

Es war auch eine erbrechtliche **Rechtswahl** möglich. Der Kreis der wählbaren Rechtsordnungen war nicht beschränkt, Art. 68 Abs. 1 IPRG. Die Rechtswahl durfte aber nicht die Geltung der zwingenden Vorschriften des objektiv bestimmten Rechts ausschließen. Als zwingendes Recht behandelte die rumänische Rechtsordnung beispielsweise die Vorschriften hinsichtlich der Vererbung unbeweglicher Gegenstände, so dass hinsichtlich der Immobilien eine Rechtswahl insgesamt wieder ausgeschlossen wurde.

Hinsichtlich der **Testamentsform** enthielt Art. 68 Abs. 3 IPRG eine liberale Regelung, die sich an das Haager Testamentsformübereinkommen anlehnte.

B. Neuregelung des materiellen Erbrechts durch den Codul Civil

4   Das materielle Erbrecht ist in Rumänien durch den Codul Civil Nou vom 17.7.2009 (CCN) vollständig neu kodifiziert worden. Die neuen Regelungen gelten für alle ab dem 1. Oktober 2011 eingetretenen Erbfälle. Der CCN hat die bislang verstreute Regelung zusammengeführt, so dass jetzt z.B. das Ehegattenerbrecht nicht mehr durch Sondergesetz geregelt ist. Es ist deutlich erkennbar, dass der CCN die Verbundenheit mit dem französischen Recht beibehalten und fortgeführt hat. So wurden vor allem auch einige der Reformen des französischen Rechts von 2006 übernommen.

---

1 Dazu *Capatina*, Das neue rumänische Internationale Privatrecht, RabelsZ 1994, 465; *Leonhard*, Das neue Internationale Privatrecht Rumäniens, IPRax 1994, 156; Staudinger/*Dörner*, Anh. zu Art. 25 Rn 690 ff.

C. Gesetzliche Erbfolge

I. Das gesetzliche Erbrecht der Verwandten

Nach dem neuen CC bestehen weiterhin **vier Erbordnungen**, Art. 964 Abs. 1 CC. Angehörige niedrigerer Ordnungen werden durch solche höherer Ordnungen von der Erbfolge ausgeschlossen. Nach dem Vorversterben von Angehörigen nehmen deren Abkömmlinge ihre Position ein, Art. 966 CCN. Keine Repräsentation erfolgt dagegen für den ausschlagenden Erben, da dieser so behandelt wird, als sei er nie Erbe gewesen. Innerhalb der gleichen Ordnung schließen Angehörige mit einem näheren Verwandtschaftsgrad solche mit einem entfernteren aus.

Die **erste Erbordnung** bilden die Abkömmlinge des Erblassers, d.h. dessen Kinder und Kindeskinder, Art. 964 Abs. 1 lit. a CCN. Nichteheliche Kinder erben gleichberechtigt, soweit diese anerkannt wurden oder aber ihre Abstammung durch Gerichtsurteil festgestellt wurde. Adoptierte Kinder erwerben die Rechtsstellung eines ehelichen Kindes. Sie erben zu gleichen Teilen, Art. 964 Abs. 4 CC. Für adoptierte Kinder gelten keine Besonderheiten; diese werden wie leibliche Kinder behandelt.

Die **zweite Erbordnung** bilden die Eltern des Erblassers sowie deren Abkömmlinge, also die Geschwister des Erblassers und deren Abkömmlinge, Art. 964 Abs. 1 lit. b CCN. Die Eltern des Erblassers erben gemeinsam mit den Geschwistern. Jeder überlebende Elternteil erhält dabei ein Viertel des Nachlasses, Art. 978 CNN. Sind ein oder beide Eltern vorverstorben, so fällt die gesamte Erbschaft den Geschwistern zu, Art. 978 CCN. Vollbürtige Geschwister erben zu gleichen Teilen. Soweit Geschwister aus anderen Beziehungen vorhanden sind (halbbürtige Geschwister bzw. Stiefgeschwister), wird jeweils nach väterlicher und mütterlicher Linie differenziert, Art. 981 Abs. 3 CNN.

In **dritter Ordnung** erben die weiteren Aszendenten des Erblassers sowie deren Abkömmlinge, Art. 964 Abs. 1 lit. c, 982 CCN. Die Angehörigen dieser Erbordnung erben zu gleichen Teilen. Zur **vierten Erbordnung** gehören die Seitenverwandten bis zum vierten Grad, also Tanten, Onkel, Cousins und Cousinen des Erblassers. Eine Repräsentation vorverstorbener Angehöriger scheidet bei diesen beiden Erbordnungen aus. Soweit mehrere Angehörige gleichen Grades vorhanden sind, erben diese zu gleichen Teilen, weiter entfernte Seitenverwandte sind dann gesetzlich nicht mehr erbberechtigt, Art. 982 Abs. 3 CCN.

II. Das gesetzliche Erbrecht des Ehegatten

1. Die Erbberechtigung des Ehegatten

Der überlebende Ehegatte gehört keiner der Ordnungen an, sondern erbt konkurrierend mit und neben diesen. Er erbt zu bestimmten Bruchteilen neben den Verwandten des Erblassers. Voraussetzung der Erbberechtigung ist, dass zum Zeitpunkt des Todes des Erblassers eine wirksame Ehe besteht. Das gesetzliche Ehegattenerbrecht erlischt nicht mit Trennung, sondern erst mit rechtskräftiger gerichtlicher Scheidung der Ehe, Art. 970 CCN. Die Nichtigkeit der Ehe schließt die Erbberechtigung nicht aus, wenn der überlebende Ehegatte bei Eingehung der Ehe gutgläubig war und die Nichtigkeit nicht mehr vor dem Tod des Erblassers gerichtlich festgestellt wurde.

2. Die Erbquote des Ehegatten

10 Die Erbquote des überlebenden Ehegatten richtet sich danach, welchen Erbordnungen die miterbenden Verwandten des Erblassers angehören. Dabei wächst sein Anteil mit der Entfernung der überlebenden Verwandten des Erblassers. Neben Angehörigen der ersten Erbordnung (Abkömmlingen) erbt der überlebende Ehegatte ein Viertel, Art. 972 Abs. 1 lit. a CCN. Hinsichtlich der Angehörigen der zweiten Ordnung wird differenziert. Wenn der überlebende Ehegatte zugleich sowohl neben den Eltern oder einem Elternteil als auch neben den Geschwistern des Erblassers bzw. deren Abkömmlingen erbt, so erhält er gem. Art. 972 Abs. 1 lit. b CCN. ein Drittel. Erbt aber neben ihm nur eine einzige der genannten Personengruppen (also nur die Eltern oder nur die Geschwister und deren Abkömmlinge), so beträgt sein Anteil am Nachlass die Hälfte. Neben anderen Verwandten in aufsteigender oder in Seitenlinie beträgt der Anteil des überlebenden Ehegatten dagegen drei Viertel des Nachlasses, Art. 972 Abs. 1 lit. d CCN. Fehlen Verwandte der genannten Ordnungen, so erhält der überlebende Ehegatte den gesamten Nachlass.

3. Die Auswirkungen des Ehegüterrechts auf die Nachlassteilung

11 Gesetzlicher Güterstand in Rumänien ist die gesetzliche Gütergemeinschaft (sog. Errungenschaftsgemeinschaft, Art. 339 CCN).[2] Danach werden alle während der Ehe von den Ehepartnern erworbenen Vermögensgegenstände gemeinsames Eigentum der Eheleute. Abweichende vertragliche Vereinbarungen von dieser Regelung sind nach der Neuregelung des Familienrechts durch den CCN nun zulässig. Daneben definiert das Gesetz jeweils die Vermögensmassen, die den Eheleuten zu persönlichem Eigentum verbleiben, Art. 340 CCN. Zum Eigengut gehören insbesondere die von den Eheleuten in die Ehe eingebrachten Gegenstände und Rechte sowie alles, was diese während der Dauer der Ehe durch gesetzliche Erbfolge, durch Vermächtnis oder durch Schenkung erworben haben. Die Verteilung des Nachlasses nach dem Tode eines der Eheleute erfolgt erst im Anschluss an die güterrechtliche Auseinandersetzung. Soweit keine besonderen Umstände vorliegen, wird die gemeinsame Vermögensmasse hälftig geteilt; davon fällt ein Teil an den überlebenden Ehepartner, der andere wird dem Nachlass zugeordnet. Der überlebende Ehegatte erhält somit seinen Anteil an der Gütergemeinschaft wie auch sein Eigengut, und die ihm kraft Erbrecht zustehende Quote an dem dem Nachlass zugeordneten Teil des gemeinsamen Eigentums wie auch an dem dem persönlichen Eigentum des verstorbenen Ehegatten zugeordneten Teil.

4. Der Voraus des Ehegatten

12 Das Erbrecht des überlebenden Ehegatten umfasst auch ein besonderes Wohnrecht des überlebenden Ehegatten in der gemeinsamen Ehewohnung, Art. 973 CCN. Dieses Recht erlischt mit der Nachlassteilung, beträgt aber jedenfalls ein Jahr und verfällt, wenn der überlebende Ehegatte in dieser Zeit wieder heiratet, Art. 973 Abs. 4 CCN.

---

2 Dazu *Oancea*, in: Süß/Ring, Eherecht in Europa, Länderbericht Rumänien Rn 23 ff.

D. Testamentarische Erbfolge

I. Die Formwirksamkeit der Testamente

1. Das holographe Testament

Die Errichtung eines holographen Testaments verlangt gem. Art. 1041 CCN die eigenhändige Niederschrift, Datierung und Unterzeichnung durch den Erblasser. Die handschriftliche Erstellung durch den Verfügenden wird als Authentizitätsmerkmal angesehen, eine maschinenschriftliche Abfassung ist daher nicht zulässig. Die Datierung soll auch ermöglichen, frühere von späteren Verfügungen zu unterscheiden und muss daher so erfolgen, dass aus ihr klar hervorgeht, dass sie sich auf den gesamten Text der Verfügung bezieht. Die Unterschrift ist so anzubringen, dass sie die Erklärung räumlich abschließt; es ist mit Namen und Vornamen zu unterzeichnen. Änderungen können auf der gleichen Urkunde erfolgen, sind jedoch wiederum zu datieren und zu unterzeichnen. Fehlt eines der genannten Formmerkmale, führt dies zur Nichtigkeit des Testaments bzw. des entsprechenden Teils, soweit der Mangel nur eine Änderung oder Ergänzung der Verfügung betrifft.

13

2. Das öffentliche Testament

Das öffentliche Testament bedarf der Form einer Urkunde durch einen Notar oder eine andere zur Beurkundung gesetzlich ermächtigte Person, Art. 1043 CCN. Dazu erklärt der Verfügende seinen letzten Willen gegenüber dem Notar mündlich. Der Notar erstellt dann eine entsprechende Niederschrift, die er dem Testator vorliest und zum Lesen übergibt, Art. 1044 CCN. Der Testator kann dem Notar auch das Schriftstück mit der letztwilligen Verfügung übergeben, die dann verlesen wird. Abschließend wird die Urkunde vom Testator genehmigt und von ihm sowie dem Notar unterschrieben.

14

Art. 1045 CCN enthält Sonderregeln für die Beurkundung von Testamenten für Testatoren, die taub, stumm oder blind sind oder die, aus welchem Grund auch immer, nicht das Testament unterschreiben können.

3. Das verschlossene Testament

Als dritte ordentliche Testamentsform sah der alte CC das verschlossene bzw. das geheime Testament vor (Art. 864–867 CC). Der CCN enthält dieses Verfahren nicht mehr. Damit ist diese Testamentsform offenbar abgeschafft worden.

15

4. Außerordentliche Testamentsformen

Art. 1047 CCN regelt die üblichen Formen der Nottestamente wie das Militärtestament, die Testamentserrichtung in wegen Seuchengefahr oder aus anderen Gründen von der Außenwelt abgeschnittenen Orten, im Krankenhaus sowie die Testamentserrichtung auf Seeschiffen. Die Abfassung dieser Testamente erfordert regelmäßig die Anwesenheit von zwei **Zeugen**. Das Testament wird innerhalb von zwei Wochen hinfällig, sobald der Testator wieder in ordentlicher Form hätte testieren können.

16

5. Auswirkungen von Formmängeln

Die Nichtbeachtung formeller Erfordernisse hat grundsätzlich *ipso iure* die Nichtigkeit des Testaments zur Folge. Ausgenommen ist der Fall, dass das Testament die Voraussetzungen

17

einer anderen gesetzlichen Testamentsform erfüllt. In diesem Fall erfolgt gem. Art. 1050 CCN eine Heilung.

6. Gemeinschaftliches Testament

18 Art. 1036 CCN bestimmt wie das französische Vorbild (Art. 968 frz. c.c.), dass zwei oder mehr Personen nicht in demselben Testament verfügen können, sei es zugunsten des anderen oder zugunsten eines Dritten. Diese Regel befand sich im alten CC im Abschnitt zu den Formvorschriften. Daraus wurde abgeleitet, die Wirksamkeit gemeinschaftlicher Testamente sei auch in internationalprivatrechtlicher Hinsicht als Formfrage zu qualifizieren.[3] Das würde vor allem auch der intensiven Verbindung des rumänischen mit dem französischen Recht entsprechen. Daher war ein von einem Rumänen im Ausland errichtetes Testament auch als Teil eines gemeinschaftlichen Testaments wirksam, wenn dieses z.B. nach dem ausländischen Ortsrecht zulässig war. Da diese Frage die obergerichtliche Rechtsprechung offenbar bisher nicht beschäftigt hat, ist sie aber nicht mit abschließender Sicherheit geklärt.

7. Der Widerruf des Testaments

19 Das Testament kann jederzeit widerrufen werden. Der Widerruf erfolgt entweder in ausdrücklicher Form durch Errichtung eines neuen Testaments oder notarielle Urkunde, Art. 1051 Abs. 1 CCN. Der Widerruf durch ein neues Testament greift nur so weit, wie das neue Testament mit dem alten widersprechende oder unvereinbare Bestimmungen enthält. Der Widerruf des Widerrufs führt dazu, dass der Widerruf seine Wirkungen verliert, Art. 1053 Abs. 1 Abs. 2 CCN, das widerrufene Testament also wieder auflebt.

20 Der Widerruf kann stillschweigend erfolgen, indem der Testator ein holograph errichtetes Testament zerstört, zerreißt oder Streichungen vornimmt und diese mit einer neuen Unterschrift versieht. Interessant ist in diesem Zusammenhang die Regelung, wonach auch die Zerstörung des Testaments durch einen Dritten zu seiner Aufhebung führt. Dies gilt unter der Bedingung, dass der Testator davon wusste und in der Lage gewesen wäre, das Testament neu zu errichten.

Ein Vermächtnis gilt darüber hinaus auch dann als widerrufen, wenn der Erblasser den vermachten Gegenstand veräußert, Art. 1068 Abs. 2 CCN.

8. Der Erbvertrag

21 Gem. Art. 956 CCN sind – vorbehaltlich einer abweichenden Anordnung – sämtliche Rechtsgeschäfte *ipso iure* unwirksam, die sich auf eine noch nicht eingetretene Erbfolge beziehen. Das gleiche gilt für Rechtsgeschäfte, durch die Rechte aus einer künftigen Erbfolge versprochen oder veräußert werden. Wegen des Grundsatzes der jederzeitigen Widerruflichkeit der testamentarischen Verfügung lässt das rumänische Recht daher Erbverträge nur in Ausnahmefällen zu. Eine wesentliche Ausnahme stellt die Zulässigkeit von Vereinbarungen in Gesellschaftsverträgen dar, die Gesellschaft nach dem Ableben eines Gesellschafters mit dessen Erben fortzusetzen. Ein Ersatz, etwa durch eine Schenkung unter Lebenden, ist nur eingeschränkt möglich, da diese jederzeit widerruflich ist. So bestimmt Art. 1031 CCN aber, dass eine Schenkung unter Ehegatten nur während der Ehe widerruflich ist.

---

3 So *Berthold*, Rumänien, in: Burandt/Rojahn, Erbrecht Kommentar, 1. Aufl. 2010, Länderbericht Rumänien Rn 28, unsicher in Bezug auf die Neuregelung durch den CCN, dort Rn 61.

II. Erbeinsetzung und Vermächtnisse

Wie das französische Vorbild kennt das rumänische Recht auch in der neuen Form keine testamentarische Erbeinsetzung, sondern ausschließlich die gesetzlich angeordnete Erbenstellung. Der Testator kann daher seinen Nachlass ausschließlich durch Vermächtnisse zuwenden.

Hinsichtlich der Vermächtnisse unterscheidet das rumänische Recht zwischen dem Universalvermächtnis, dem Quotenvermächtnis und dem Stückvermächtnis, Art. 1054 Abs. 1 CCN. Das **Universalvermächtnis** überträgt gem. Art. 1055 CCN die Gesamtheit des Nachlasses auf eine oder mehrer Personen.

Das **Quotenvermächtnis** überträgt gem. Art. 1056 CCN einer oder mehreren Personen einen Teil des Nachlasses. Dies gilt für den Fall, dass das Eigentum an einer Quote des Nachlasses zugewandt wird, für die Aufteilung des Eigentums an der Gesamtheit oder einer Quote des Nachlasses (also z.B. bei Abspaltung eines Nießbrauchs am Nachlass) oder schließlich auch für den Fall, dass das Eigentum oder ein Teilrecht allen oder einer Quote der nach ihrer Eigenschaft oder Herkunft bestimmten Nachlassgegenstände (also z.B. am gesamten unbeweglichen Nachlass) zugewandt wird, Art. 1056 Abs. 2 lit. a bis c CCN.

Ein **Stückvermächtnis** liegt immer dann vor, wenn weder ein Universalvermächtnis noch ein Quotenvermächtnis angeordnet wurde, Art. 1057 CCN. Das Stückvermächtnis überträgt bei einer Speziessache mit dem Eintritt des Erbfalls unmittelbar das Eigentum an den zum Vermächtnis gehörenden Vermögensgegenständen, Art. 1059 CCN. Ist der vermachte Gegenstand nicht individualisiert, so hat der Vermächtnisnehmer einen schuldrechtlichen Anspruch gegen den Nachlass, Art. 1059 Abs. 2 CCN. Universalvermächtnisnehmer und Teilvermächtnisnehmer haften für die Lasten und Schulden des Nachlasses in der Höhe, die ihrem Anteil am Nachlass entspricht; für den Einzelvermächtnisnehmer besteht eine derartige Haftung nicht.

Testamentarische Vermächtnisse können ohne weitere Zusätze, mit Bedingungen, befristet oder mit Auflagen versehen werden, Art. 1054 Abs. 2 CCN.

III. Die Nacherbfolge

Die **Nacherbeinsetzung** war, wie die Verpflichtung eines Beschenkten durch den Schenker zur Weitergabe der Schenkung an einen Dritten, nach dem rumänischen Recht bislang unzulässig. Eine entsprechende Verfügung führte nicht nur zur Nichtigkeit der Anordnung der Nacherbfolge, sondern machte auch die Berufung des Vorerben hinfällig. Der CCN hat nun wie der französische Gesetzgeber auch von noch aus der französischen Revolution stammenden Vorbehalten Abstand genommen und die Nacherbfolge zugelassen. Art. 993 CCN bestimmt zwar nun weiterhin den Grundsatz, dass die fideikommissarische Substitution unzulässig sei. Eine solche treuhänderische Erbfolge wird jedoch nun für eine Stufe zugelassen, Art. 994 Abs. 1 CCN. Diese Substitution führt dazu, dass der belastete Erbe über diese Gegenstände nicht mehr verfügen kann. Die Substitution beschränkt sich vielmehr auf den Rest der Erbschaft, der sich beim Tode des Erben noch in seinem Vermögen befindet. Der Erbe kann über seinen eigenen Nachlass hingegen frei verfügen, Art. 996 Abs. 3 CCN.

Der Erblasser kann aber auch anordnen, dass der Begünstigte Dritte das erhält, was nach dem Tode des zunächst durch Schenkung oder Vermächtnis begünstigten verbleibt, Art. 1001 CCN. In diesem Fall kann der zunächst bedachte über die ihm zugewandten Gegenstände nicht durch Testament verfügen. Er kann aber durch Schenkung unter Lebenden verfügen, soweit der Erblasser ihm nicht die Schenkung verboten hat. Ausgenommen von einem solchen Verbot sind allein die Gegenstände, die von dem Pflichtteil des zunächst Bedachten erfasst wären, Art. 1003 Abs. 3 CCN.

IV. Elterliche Teilungsanordnungen

27 Das rumänische Erbrecht kennt weiterhin die elterliche Teilungsanordnung, Art. 1160 ff. CCN. Die Teilungsanordnung kann sowohl durch lebzeitige Schenkung als auch durch testamentarische Vorausteilung erfolgen. Soweit von der Anordnung nicht alle Vermögensgegenstände erfasst wurden, unterfallen die verbleibenden Vermögensgegenstände der gesetzlichen Erbfolge. Berechtigt zur Vornahme der Teilungsanordnung sind nicht nur die Eltern, sondern auch alle weiteren Vorfahren. Die Teilungsanordnung muss alle Abkömmlinge einbeziehen, die bei der Eröffnung des Nachlasses leben; eine Nichtbeachtung dieser Regel führt zur Nichtigkeit, Art. 1163 CCN.

V. Die Testamentsvollstreckung

28 Der Erblasser kann durch sein Testament einen oder mehrere **Testamentsvollstrecker** ernennen, Art. 1077 CCN. Entsprechend der romanischen Tradition kennt das rumänische Recht nur die Abwicklungsvollstreckung, nicht aber die Dauertestamentsvollstreckung. Die Aufgaben und die Kompetenzen des Testamentsvollstreckers sind dementsprechend sehr beschränkt. Grundsätzlich ist er ausschließlich für die Verwaltung des Nachlasses zuständig, hat aber nur beschränkte Verfügungsbefugnisse. So sorgt er für die Sicherung des Nachlasses, die Einziehung der Nachlassforderungen und die Erstellung eines Inventars. Er leitet die Erfüllung des Testaments ein und verteidigt seine Echtheit gegenüber einer Anfechtung. Nachlassverbindlichkeiten kann er aus den liquiden Mitteln des Nachlasses nur dann bezahlen, wenn er dazu testamentarisch ermächtigt worden war oder die Genehmigung durch das Gericht erhalten hat. Die Teilung darf er dann selber vornehmen, wenn er dazu testamentarisch ermächtigt worden war und wenn der Teilungsplan von allen Erben und Vermächtnisnehmern genehmigt worden ist, Art. 1080 Abs. 2 CCN. Über seine Tätigkeit hat der Testamentsvollstrecker in diesem Fall nach Ablauf eines jeden Jahres Rechnung zu legen, Art. 1082 CCN.

29 Die Testamentsvollstreckung ist auf die Höchstdauer von zwei Jahren beschränkt, Art. 1079 Abs. 1 CCN. Ausnahmsweise kann sie auf Antrag vom Gericht aus besonderen Gründen um ein einziges weiteres Jahr verlängert werden, Art. 1079 Abs. 3 CCN.

Der Testamentsvollstrecker hat gegen den Nachlass Anspruch auf Ersatz seiner Auslagen, Art. 1084 CCN. Im Übrigen handelt er unentgeltlich, soweit nicht der Testator ihm eine Vergütung im Testament zugesprochen hat, Art. 1083 CCN.

E. Das Pflichtteilsrecht

30 Das rumänische Recht unterscheidet wie das französische Recht zwischen dem pflichtteilsgebundenen Teil des Nachlasses und dem Teil, über den der Erbe frei verfügen kann, Art. 1086 CCN. Der verfügbare Teil des Nachlasses wird dabei negativ dadurch definiert, dass es sich hierbei um den Teil des Nachlasses handelt, der nach dem Gesetz nicht vorbehalten hat und über den der Erblasser mithin unbeschränkt durch freigebige Zuwendung unter Lebenden oder von Todes wegen verfügen kann, Art. 1089 CCN.

Pflichtteilsberechtigt sind gem. Art. 1087 CCN der überlebende Ehegatte, die Abkömmlinge und – soweit sie zur gesetzlichen Erbfolge berufen wären – beide Elternteile. Nach dem bis 2011 geltenden alten Recht galten für die Angehörigen unterschiedliche Pflichtteilsquoten. Der CCN hat das System vereinfacht und die Pflichtteilsquoten erheblich reduziert. Nunmehr umfasst das Pflichtteil die Hälfte der gesetzlichen Erbquote, Art. 1088 CCN.

Art. 1091 CCN enthält ein Schema zur Berechnung des Pflichtteils. Zunächst sind zur Berechnung des Brutto-Nachlasswertes die Werte sämtlicher zum Nachlass gehörenden Gegenstände und Rechte zum Zeitpunkt des Eintritts des Erbfalls zu bewerten. Sodann werden zur Berechnung des Netto-Nachlasswertes die Passiva vom Brutto-Nachlasswert abgezogen. Schließlich werden zur Bildung der der Pflichtteilsberechnung zugrunde zu legenden fiktiven Nachlassmasse dem Netto-Nachlasswert sämtliche vom Erblasser ausgeführten lebzeitigen Schenkungen hinzugerechnet. Im Gegenzug muss sich der Pflichtteilsberechtigte sämtliche unentgeltlichen Zuwendungen durch den Erblasser auf seinen Pflichtteil anrechnen lassen, und zwar auch dann, wenn der Erblasser dies nicht ausdrücklich angeordnet hatte, Art. 1099 Abs. 2 CCN.

Der Herabsetzung unterliegen zunächst die testamentarischen Zuwendungen, und zwar vorbehaltlich einer abweichenden Anordnung des Erblassers gleichrangig und zu gleichen Teilen. Genügt die vollständige Aufhebung der testamentarischen Anordnungen nicht, um das Pflichtteil wiederherzustellen, so werden die vom Erblasser vorgenommenen Schenkungen in umgekehrter zeitlicher Reihenfolge aufgehoben, Art. 1096 Abs. 3 CCN.

Hat der Erblasser durch die testamentarische Verfügung, oder gar schon durch unentgeltliche Verfügung unter Lebenden die freiverfügbare Quote überschritten, so kann der pflichtteilsberechtigte Erbe eine **Herabsetzung** der Verfügungen verlangen, Art. 1092 CCN. Diese erfolgt nun vorrangig durch Vereinbarung der Beteiligten, Art. 1094 Abs. 1 CCN. Sie führt dazu, dass das Vermächtnis oder die Schenkung mit der Quote unwirksam wird, die erforderlich ist, um dem Berechtigten sein Pflichtteil wieder zu gewähren, Art. 1097 CCN. Die früher als Regel vorgesehene Korrektur der Erbverteilung durch Urteil (Herabsetzungsklage) ist jetzt nur noch subsidiär vorgesehen, Art. 1094 Abs. 2 CCN. Für die Klageerhebung gilt eine Verjährungsfrist von drei Jahren ab Eintritt des Erbfalles, Art. 1095 CCN.

Ein **Pflichtteilsverzicht** wie auch ein Erbverzicht hinsichtlich einer noch nicht eröffneten Erbschaft ist gem. Art. 956 CCN ipso iure nichtig. Ist die Erbschaft eröffnet, so greifen insoweit die Regeln über die Ausschlagung der Erbschaft.

F. Nachlassabwicklung

I. Die Annahme der Erbschaft

Die Verwaltung und der Besitz des Nachlasses setzt die Einweisung voraus (im französischen Recht: „saisine"), Art. 1125 CCN. Die Abkömmlinge des Erblassers, die Eltern – und nach dem neuen CCN auch der Ehegatte – erlangen den Besitz an den Nachlassgegenständen *ipso iure* mit Eintritt des Erbfalls, Art. 1126 CCN. Alle anderen Erben bedürfen einer sog. „Einweisung in den Besitz". Diese erfolgt durch Aushändigung des Erbschein, Art. 1127 CCN und wirkt auf den Eintritt des Erbfalls zurück.

Die Annahme der Erbschaft kann ausdrücklich, aber auch stillschweigend erfolgen. Eine stillschweigende Annahme liegt vor, sobald der zur Erbfolge Berufene eine Handlung oder ein Rechtsgeschäft vornimmt, das er nur in seiner Eigenschaft als Erblasser vornehmen kann, Art. 1108 Abs. 3 CCN. Als stillschweigende Annahme gelten kraft Gesetzes gem.

Art. 1110 CCN insbesondere die Verfügung über Nachlassgegenstände, die Ausschlagung der Erbschaft zugunsten eines oder mehrerer bestimmter anderer Erben sowie der Verzicht bzw. die Ausschlagung auf die Erbfolge gegen Entgelt. Dagegen sind Handlungen, die der provisorischen Verwaltung und Erhaltung, die dem Werterhalt des Nachlasses dienen und dringend notwendig sind, gem. Art. 1110 Abs. 3, 4 CCN noch nicht als stillschweigende Annahme.

Die gesetzliche **Frist** für die Annahme der Erbschaft beträgt ein Jahr und beginnt regelmäßig mit dem Eintritt des Erbfalls, Art. 1103 CCN. Sie kann vom Gericht auf Antrag verkürzt werden, Art. 1113 CCN.

37 Hat der Berechtigte die Annahme nicht innerhalb dieser Frist erklärt oder vorgenommen, so gilt die Erbschaft gem. Art. 1112 Abs. 1 CCN als ausgeschlagen. Dies gilt allerdings nur dann, wenn dem Berechtigten die Berufung mindestens 30 Tage vor dem Ablauf der Frist für die Annahme der Erbfolge mitgeteilt worden ist, Art. 1112 Abs. 2 CCN.

38 Mit der Annahme fällt der Nachlass rückwirkend auf den Tag des Eintritts der Erbfolge an den Erben. Die Erben, die Universalvermächtnisnehmer und die Quotenvermächtnisnehmer haften für die Nachlassverbindlichkeiten und Lasten des Nachlasses gem. Art. 1114 Abs. 2 CCN nicht unbeschränkt, sondern ausschließlich mit den Nachlassaktiva, und zwar in Höhe der ihnen zustehenden Erbquote.

39 Die Annahme der Erbschaft unter Vorbehalt der **Inventarerrichtung** sieht der CCN – anders als noch das davor geltende Recht – nicht mehr vor. Durch die Annahme unter Inventarerrichtung blieb nach altem Recht die Erbmasse als separate Vermögensmasse neben dem sonstigen Vermögen des Erben erhalten; dieser musste dann Nachlassverbindlichkeiten lediglich aus dieser begleichen. Nachdem das neue Recht die Haftungsbeschränkung bereits von Gesetzes wegen vorsieht, ist offenbar für diese dritte Möglichkeit der Option die *ratio* entfallen. Freilich enthält das Gesetz weiterhin die Möglichkeit, der Errichtung eines Nachlassinventars (Art. 1115 f. CCN), mit dem sich dann der Erbe oder ein Nachlassgläubiger gegen die Gefahren aus der Vermögensvermischung absichern kann.

II. Die Ausschlagung der Erbschaft

40 Die Ausschlagung der Erbschaft bedarf keiner entsprechenden Erklärung. Vielmehr gilt die Erbschaft auch dann als ausgeschlagen, wenn sie nicht innerhalb der vorgesehenen gesetzlichen Frist bzw. innerhalb der vom Gericht festgesetzten Frist angenommen wird (Art. 1112, 1113 CCN, dazu oben Rn 36). Wird die Ausschlagung innerhalb der vorgesehenen Frist erklärt, so kann der Erbe sie, sofern kein anderer Erbe die Erbschaft bislang angenommen hat, widerrufen, so lange die Frist für die Annahme der Erbschaft noch nicht abgelaufen ist.

41 Die Erklärung der Ausschlagung bedarf der notariell beurkundeten Erklärung gegenüber dem für die Abwicklung des Nachlasses zuständigen Notar, Art. 1120 Abs. 2 CCN. Die Beurkundung kann auch gegenüber einem diplomatischen oder konsularischen Vertreter der Republik Rumänien erfolgen. Die Ausschlagung entfaltet rückwirkende Kraft; der Ausschlagende wird so gestellt, als wäre er niemals Erbe geworden, Art. 1121 CCN. Sein Anteil am Erbe fällt an die Berufenen, die er aus der Erbfolge verdrängt hat (Fall der Repräsentation), oder deren Anteil er vermindert hätte (Fall der Anwachsung), wenn er Erbe geworden wäre, Art. 1121 Abs. 2 CCN.

III. Die Teilung des Nachlasses

Bei einer Mehrzahl von Erben tritt eine Erbengemeinschaft ein. Diese bildet keine gesamthänderische Gemeinschaft, sondern eine Bruchteilsgemeinschaft, für die die Vorschriften des Sachenrechts entsprechend gelten, Art. 1143 Abs. 2 CCN. Jeder Miterbe kann jederzeit die Teilung der Erbengemeinschaft verlangen, und zwar selbst dann, wenn aufgrund einer Vereinbarung oder aufgrund einer testamentarischen Anordnung die Teilung ausgeschlossen ist, Art. 1143 Abs. 1 CCN.

42

Die Teilung kann einvernehmlich erfolgen, Art. 1144 CN. Die Teilungsvereinbarung bedarf keiner besonderen Form. Befinden sich im Nachlass aber Immobilien, so bedarf die Teilung der notariellen Beurkundung. Die Teilungsklage kann, wie das Teilungsverlangen selbst, durch jeden der Miterben erhoben werden. Zuständig ist das Nachlassgericht, i.d.R. das Gericht am letzten Wohnsitz des Erblassers.

43

Zwischen den Abkömmlingen und dem Ehegatten des Erblassers findet zunächst eine **Ausgleichung** lebzeitiger Schenkungen des Erblassers statt. Ausgenommen hiervon sind aber solche Schenkungen, bei denen der Erblasser von der Ausgleichung befreit ist, Art. 1146, 1150 Abs. 1 lit. a CCN. Ebenfalls ausgenommen sind entgeltliche Zuwendungen (auch wenn sie nur scheinbar entgeltlich sind), übliche Gelegenheitsgeschenke, belohnende Schenkungen, Hochzeitsgeschenke, Zuwendungen zum Unterhalt oder zur Ausbildung etc. Auch sind nur solche Schenkungen ausgleichungspflichtig, die der Erbe persönlich erhalten hat. Der Enkel ist also für eine Zuwendung an seinen Elternteil nicht ausgleichungspflichtig, wenn er aufgrund eigener Berufung und nicht im Wege der Repräsentation zur Erbfolge berufen ist, Art. 1149 CCN. Ausgleichungsberechtigt sind der Ehegatte und die Abkömmlinge, auf eine spezielle Klage hin auch deren Gläubiger, Art. 1148 CCN.

44

Anschießend erfolgt die **Begleichung der Schulden**. Diese geht ausschließlich zu Lasten der Erben, der Universalvermächtnisnehmer und der Quotenvermächtnisnehmer, Art. 1155 Abs. 1 CCN. Die Begünstigten eines Stückvermächtnisses haften also nicht und werden durch die Nachlassschulden auch nicht belastet.

45

Wie im französischen Recht so entfaltet auch im rumänischen Erbrecht die Teilung Rückwirkung zum Zeitpunkt des Anfalls der Erbschaft, d.h., jeder Miterbe wird so gestellt, als hätte er die ihm infolge der Teilung zugeordneten Gegenstände bereits zum Todeszeitpunkt des Erblassers von diesem erhalten. Daher lässt das Gesetz grundsätzlich zu, dass Mitglieder einer Erbengemeinschaft über Nachlassgegenstände auch schon vor der Teilung verfügen; diese Verfügung steht jedoch unter dem Vorbehalt, dass der Gegenstand, den die Verfügung betrifft, bei der Vornahme der Teilung auch tatsächlich dem Verfügenden zufällt; andernfalls wird die betreffende Verfügung erst mit Zustimmung des Verfügungsberechtigten wirksam.

IV. Das Nachlassverfahren

1. Zuständigkeit

Die Zuständigkeit für das Nachlassverfahren liegt bei dem für den Wohnsitz des Erblassers zuständigen Notar. Zuständig ist damit jeder im Amtsgerichtsbezirk des Erblassers zugelassene Notar. Hatte der Erblasser seinen letzten Wohnsitz im Ausland, so ist der Notar zuständig, in dessen Bezirk wesentliche Vermögensteile des Erblassers belegen sind. Der Notar hat seine Zuständigkeit selbst zu prüfen. Im Falle seiner Unzuständigkeit hat er das Verfahren an einen zuständigen Notar zu verweisen.

46

2. Inventar

47 Der Notar erstellt, soweit dies von den Erben oder einem Nachlassgläubiger oder einer anderen betroffenen Person beantragt wird, ein Nachlassinventar, Art. 1115 CCN.

Nach erfolgreicher Beendigung des Erbenermittlungs- und Verteilungsverfahrens stellt der Notar einen **Erbschein** aus, Art. 1132 CCN. Der Erbschein enthält Angaben zum Nachlass, zur Anzahl der Erben und ihrer jeweiligen Stellung sowie zu deren Erbquoten. Er dient dem Beweis der gesetzlichen oder testamentarischen Erbenstellung und der Eigentümerstellung der Erben hinsichtlich des Nachlasses, Art. 133 CCN. Jeder der Erben sowie die Vermächtnisnehmer erhalten ein Exemplar des Erbscheins.

48 Der Erbschein entfaltet keine materielle Rechtswirkung und ist keine Voraussetzung für den Erbantritt, sondern ist deklaratorischer Natur. Er hat lediglich die Funktion einer Beweisurkunde, die zur Geltendmachung der im Wege der Erbschaft erworbenen Rechte gegenüber Dritten oder Behörden dient.

49 Nach Ausstellung des Erbscheins können Personen, die sich durch dessen Inhalt in ihren Rechten verletzt sehen, beim Nachlassgericht innerhalb einer Frist von drei Jahren Klage auf Feststellung der Nichtigkeit des Erbscheins erheben. Soweit das Gericht die Rechtswidrigkeit des Erbscheins feststellt, stellt der Notar auf der Grundlage der Feststellungen des Gerichts einen weiteren Erbschein aus.

Russische Föderation

Helge Masannek, Rechtsanwalt, Moskau

Inhalt

A. Rechtsgrundlagen und Einführung 1
B. Internationales Erbrecht 2
   I. Objektive Anknüpfung des Erbstatuts ... 2
   II. Möglichkeiten der Rechtswahl 4
   III. Erbstatut nach einem Deutschen mit letztem Wohnsitz in Russland 6
   IV. Erbstatut nach einem russischen Staatsangehörigen mit letztem Wohnsitz in Deutschland 8
   V. Testamentsform 10
C. Gesetzliche Erbfolge 11
   I. Prinzipien der gesetzlichen Erbfolge 11
   II. Die acht Kategorien 18
   III. Erbrecht des Ehegatten 24
   IV. Übergang des Erbes auf die Russischen Föderation, föderale Gebietskörperschaften oder Gemeinden 25
D. Testamentarische Erbfolge 26
   I. Grundsätze der Testamentserrichtung ... 27
   II. Testamentsformen 31
      1. Notariell beurkundete Testamente (Grundform) 31
      2. Geschlossene Testamente 32
      3. Gleichgestellte Testamente 33
      4. Nottestamente 36
      5. Testamentarische Verfügungen über Bankeinlagen 37
      6. Widerruf und Änderung des Testaments 38
   III. Testamentsinhalt 39
      1. Erben 39
      2. Erbeinsetzung und Vermächtnisse 41
      3. Auflagen und Bedingungen 42
   IV. Testamentsvollstreckung 46
   V. Pflichtteilsrecht 51
   VI. Sonstige Möglichkeiten zur Nachlassgestaltung 55
E. Nachlassabwicklung 56
   I. Erbfall 56
   II. Zuständigkeit für das Nachlassverfahren 57
   III. Annahme der Erbschaft 59
   IV. Ausschlagung der Erbschaft 66
   V. Maßnahmen zur Sicherung des Nachlasses 72
   VI. Erbscheinserteilung 76
   VII. Aufteilung des Nachlasses 77
   VIII. Besonderheiten bezüglich einzelner Nachlassgegenstände 80
      1. Gesellschaftsanteile und Aktien 81
      2. Unternehmen 83
      3. Ausstehende Unterhaltsleistungen 84
F. Erbschaftsteuer 85

Literatur

Abovoj/Bogoslavskij/Kabalkina/Lisizyna-Svetlanova, Kommentar zum Zivilgesetzbuch der Russischen Föderation, Jurajt-Izdat, 2005; *Abovoj/Bogoslavskij/Svetlanova*, Kommentar zum Zivilgesetzbuch der Russischen Föderation, Teil Drei, Jurajt-Izdat, 2004; *Anufrievoj*, Kommentar zum Zivilgesetzbuch der Russischen Föderation, Teil drei, 2004; *Guev*, Artikelweiser Kommentar zum Dritten Teil des Zivilgesetzbuches der Russischen Föderation, INFRA-M, 2002; *Teljukina*, Kommentar zu Abschnitt V des Zivilgesetzbuches der Russischen Föderation, Zakonodatelstvo i Ekonomika, NN 8–10, August–Oktober 2002.

A. Rechtsgrundlagen und Einführung

Während Art. 35 Abs. 4 der Verfassung der Russischen Föderation aus dem Jahr 1993 bereits das Erbrecht garantiert, dauerte es bis zum 1.3.2002, bis ein modernes Erbrecht im Rahmen der Kodifizierung des Zivilrechts mit dem Dritten Teil des Zivilgesetzbuches[1] in Kraft trat. Der **Dritte Teil des Zivilgesetzbuches (ZGB)** enthält neben dem **Erbrecht** auch das **Internationale Privatrecht**. Damit wurden die bis dahin geltenden Regelungen des alten

---

[1] Zivilgesetzbuch der Russischen Föderation – Dritter Teil, 26.11.2001, Föderales Gesetz Nr. 146-FS, in englischer Übersetzung unter http://www.russian-civil-code.com/PartIII/.

Zivilgesetzbuches von 1964 und der Grundlagen der Zivilgesetzgebung der UdSSR von 1991 aufgehoben. Merkmal des neuen Erbrechts ist insbesondere die Stärkung der Testierfreiheit. So wird die Testierfreiheit garantiert, neue Formvorschriften für Testamente wurden vorgesehen und der gesetzliche Pflichtteil von früher zwei Drittel wurde auf die Hälfte des gesetzlichen Erbteils beschränkt. Weiterhin wurde der Kreis der gesetzlichen Erben erweitert.

B. Internationales Erbrecht

I. Objektive Anknüpfung des Erbstatuts

2   Gemäß Art. 1224 ZGB knüpft das Erbstatut grundsätzlich an den letzten Wohnsitz des Erblassers an. Hiervon wird bei Immobilien jedoch eine Ausnahmen gemacht, die u.U. zu einer Nachlassspaltung führen kann: Für Immobilien gilt grundsätzlich das Recht des Belegenheitsstaates, also bei Immobilien, die in der Russischen Föderation registriert sind, zwingend russisches Recht. Diese Regelung entspricht auch der Regelung in Art. 28 Abs. 3 des **Deutsch-Sowjetischen Konsularvertrages vom 25.4.1958**,[2] welcher nach der Auflösung der Sowjetunion in Bezug auf die Russische Föderation weiter gilt.

3   Gemäß Art. 20 ZGB wird als Wohnsitz der Ort angesehen, an dem ein Bürger ständig oder überwiegend lebt. Als Wohnsitz von Nichtvolljährigen unter 14 Jahren gilt der Wohnsitz der gesetzlichen Vertreter. Die Feststellung des Wohnsitzes kann in der Praxis im Falle von mehreren Wohnsitzen Probleme bereiten, wobei russische Notare, Behörden und Gerichte, sofern ein Wohnsitz in Russland vorliegt und es sich um einen russischen Staatsangehörigen handelt, im Zweifel russisches Recht anwenden. Gegebenenfalls müsste im gerichtlichen Verfahren bewiesen werden, dass der Mittelpunkt der Lebensinteressen und somit der letzte Wohnsitz des Erblassers im Ausland gelegen ist.

II. Möglichkeiten der Rechtswahl

4   Art. 1224 ZGB legt fest, dass grundsätzlich das Recht des Wohnsitzes des Erblassers gilt, sofern in diesem Artikel nicht etwas anderes bestimmt ist. Da eine Öffnungsklausel hin zu einer privatautonomen Rechtswahl in diesem Artikel fehlt, ist eine Rechtswahl durch den Erblasser ausgeschlossen.

5   Wenn es um die Nachfolgeplanung größerer Vermögen in Russland geht, wird in der russischen Praxis jedoch häufig auf Möglichkeiten wie z.B. Stiftungsmodelle in Liechtenstein ausgewichen, mit deren Hilfe das russische Erbrecht weitest gehend umgangen werden kann. Dieses galt insbesondere bis zur Abschaffung der Erbschaftsteuer im Jahr 2006.

III. Erbstatut nach einem Deutschen mit letztem Wohnsitz in Russland

6   Da das russische Erbrecht nicht an die Staatsangehörigkeit, sondern primär an den letzten Wohnsitz (sofern nicht das Belegenheitsstatut bezüglich Immobilien greift) anknüpft, ist nach russischem Recht für einen Ausländer, z.B. einen Deutschen, das Erbrecht des Landes anwendbar, in dem er seinen letzten Wohnsitz hatte, also russisches Erbrecht.

7   Da das deutsche Erbrecht wiederum an die Staatsangehörigkeit anknüpft, kommt es zu einem Nebeneinander zweier Erbstatute, was zu einem Nachlasskonflikt führen kann.

---

[2] BGBl 1959 II S. 233. Siehe hierzu § 2 Rn 193.

Daher sollte in einem solchen Fall sorgfältige Nachlassplanung betrieben werden und mittels testamentarischer Verfügungen, die nach russischem Recht sehr weit gehend möglich sind, eine Harmonisierung angestrebt werden.

IV. Erbstatut nach einem russischen Staatsangehörigen mit letztem Wohnsitz in Deutschland

Bei einem russischen Staatsangehörigen gilt aus russischer Sichtweise grundsätzlich das Erbrecht des letzten Wohnsitzes, d.h. deutsches Erbrecht. Gemäß Art. 1190 ZGB stellt eine solche Verweisung eine Verweisung auf das materielle Recht unter Ausschluss der deutschen Kollisionsnormen dar, so dass die Rückverweisung auf russisches Erbrecht durch Art. 25 Abs. 1 EGBGB nicht angenommen wird und es bei deutschem Erbrecht bleibt. 8

Aus deutscher Sicht erfolgt gem. Art. 25 Abs. 1 EGBGB eine Verweisung auf das russische Erbrecht. Dabei ist gem. Art. 4 Abs. 1 S. 1 EGBGB auch das russische Internationale Privatrecht anzuwenden. Insbesondere ist der in Art. 1224 ZGB enthaltenen Verweisung auf das deutsche Wohnsitzrecht zu folgen. Kraft dieser Rückverweisung ist gem. Art. 4 Abs. 1 S. 2 EGBGB also auch aus deutscher Sicht das deutsche Recht Erbstatut. Vorbehalten freilich ist das Immobilienvermögen, für das der Deutsch-Sowjetische Konsularvertrag zu beachten ist (siehe Rn 2). 9

V. Testamentsform

Fragen der Testierfähigkeit, der Testamentsform und des Testamentswiderrufs unterliegen gem. Art. 1224 Abs. 2 ZGB grundsätzlich ebenfalls dem Recht des Staates, in dem der Erblasser zum Zeitpunkt der Testamentserrichtung seinen Wohnsitz hatte. Allerdings gilt eine Testamentserrichtung oder ein Testamentswiderruf in Bezug auf die Form auch dann als wirksam, wenn entweder die rechtlichen Anforderungen des Staates, in dem das Testament errichtet bzw. widerrufen wurde, oder die Anforderungen des russischen Rechts eingehalten wurden. Dadurch ergeben sich indirekt gewisse Rechtswahlmöglichkeiten hinsichtlich der Formanforderungen für das Testament, indem das Testament in dem Land errichtet wird, dessen Recht für die Formanforderungen gewünscht wird. Um Probleme in der Praxis zu vermeiden, sollten jedoch Testamente gemäß den russischen Formerfordernissen errichtet werden. Theoretisch wäre zwar auch z.B. ein handschriftliches Testament, das in Deutschland errichtet wurde, gültig. Es ist in der Praxis jedoch mit erheblichen Problemen bei der Anerkennung zu rechnen. Soll ein Testament in Deutschland errichtet werden, jedoch später in Russland vorgelegt werden, ist zu empfehlen, es zur Niederschrift bei einem Notar zu errichten. Anschließend ist es mit Apostille zu versehen, ins Russische zu übersetzen und in Russland die Übersetzung notariell beglaubigen zu lassen. 10

C. Gesetzliche Erbfolge

I. Prinzipien der gesetzlichen Erbfolge

Das russische Erbrecht gruppiert die möglichen gesetzlichen Erben in **acht Kategorien**, wobei jeweils die Erben einer Kategorie mögliche Erben der nachfolgenden Kategorien grundsätzlich ausschließen. Anknüpfungspunkt ist zwar der Grad der Verwandtschaft, jedoch wird die Ehe als gleichrangiger Anknüpfungspunkt angesehen, so dass Ehegatten in der gleichen Kategorie wie die Kinder zu finden sind. Ein weiterer Anknüpfungspunkt ist 11

12 Das russische Erbrecht kennt grundsätzlich das **Repräsentationsprinzip**. Wenn z.B. ein Kind des Erblassers vor dem Erbfall gestorben ist, so erben die hinterbliebenen Abkömmlinge dieses Kindes anteilig statt seiner. Wurde ein Erbe gem. Art. 1117 ZGB wegen Erbunwürdigkeit von der Erbschaft ausgeschlossen, so sind seine Abkömmlinge ebenfalls ausgeschlossen.

13 Gemäß Art. 1117 ZGB gelten als **erbunwürdig** Personen, die kumulativ
    – vorsätzliche, gesetzwidrige Handlungen gegen den Erblasser, einen der Erben oder gegen die Verwirklichung des letzten Willen des Erblassers begangen haben,
    – dazu beigetragen haben oder versucht haben, dazu beizutragen, dass sie Erbe werden oder dass Dritte Erben werden, oder versucht haben, ihren Erbteil zu vergrößern, und
    – dieses durch ein Gericht festgestellt wurde.

14 Die Erbunwürdigkeit hat weiterhin den Verlust des Pflichtteilsanspruchs zur Folge.

15 Ferner ist zu beachten, dass das Repräsentationsprinzip nur für die ersten drei Kategorien von Erben, nicht jedoch für die weiteren Kategorien gilt.

16 Erben einer Kategorie erben jeweils zu gleichen Teilen, sofern sie nicht aufgrund des Repräsentationsprinzips zu Erben werden.

17 Im Rahmen des Erbrechts sind Adoptivkinder gem. Art. 1147 ZGB den leiblichen Kindern, z.B. des Erblassers, gleichgestellt. Da bei Adoptivkindern die Verwandtschaftsverhältnisse zu ihren leiblichen Eltern und Verwandten grundsätzlich aufgehoben werden, scheiden sie bezüglich ihrer leiblichen Eltern und Verwandten als gesetzliche Erben aus. Eine Ausnahme von diesem Grundsatz liegt nur dann vor, wenn gerichtlich angeordnet wurde, dass die Verwandtschaftsbeziehung zu den leiblichen Eltern bestehen bleibt.

II. Die acht Kategorien

18 Zur **ersten Kategorie** von Erben gehören die Kinder, der Ehegatte und die Eltern des Erblassers. Enkelkinder können im Rahmen des Repräsentationsprinzips ebenfalls Erben der erste Kategorie werden (vgl. Art. 1142 ZGB). Zur **zweiten Kategorie** von Erben gehören Brüder, Schwestern, Halbbrüder, Halbschwestern und Großeltern (sowohl väterlicher- als auch mütterlicherseits) des Erblassers. Ferner können Nichten und Neffen aufgrund des Repräsentationsprinzips ebenfalls Erben der zweiten Kategorie werden (vgl. Art. 1143 ZGB). Zur **dritten Kategorie** von Erben gehören Brüder, Schwestern, Halbbrüder, Halbschwestern der Eltern des Erblassers. Auch in dieser Kategorie gilt – im Gegensatz zu den folgenden Kategorien – gegebenenfalls das Repräsentationsprinzip.

19 Zur **vierten bis sechsten Kategorie** von Erben gehören Verwandte des Erblassers im dritten bis fünften Verwandtschaftsgrad, sofern sie nicht unter die vorherigen Kategorien fallen. Dabei wird der Verwandtschaftsgrad durch die Anzahl von Geburten, die die Verwandten voneinander trennen, festgestellt. Die Geburt des Erblassers wird dabei nicht mitgezählt. Zur vierten Kategorie gehören demnach Verwandte im dritten Verwandtschaftsgrad (Urgroßeltern), zur fünften Kategorie Verwandte im vierten Verwandtschaftsgrad (Kinder von Neffen und Nichten des Erblassers) sowie Geschwister seiner Großeltern und zur sechsten Kategorie Verwandte im fünften Verwandtschaftsgrad.

20 Sofern es keine Erben in den ersten sechs Kategorien von Erben gibt, erben als Erben der **siebten Kategorie** Stiefkinder und Stiefeltern des Erblassers.

Masannek

Eine Besonderheit – und eine **achte Kategorie** von Erben – sieht das russische Erbrecht bei **arbeitsunfähigen Personen** vor, die **vom Erblasser** mindestens ein Jahr lang vor seinem Tod faktisch **Unterhalt bezogen** haben. Um ihnen den bislang bezogenen Unterhalt im gewissen Rahmen zu sichern, werden sie zu privilegierten Erben, wobei jedoch zwei Gruppen zu unterscheiden sind:

- Arbeitsunfähige Personen, die vom Erblasser Unterhalt bezogen haben und zur zweiten bis siebten Kategorie von Erben zählen: Für sie gilt die Ausschlusswirkung von Erben einer Kategorie gegenüber Erben folgender Kategorien nicht. Gemäß Art. 1148 ZGB erben sie zu gleichen Teilen mit den anderen Miterben auch dann, wenn sie in eine ausgeschlossene Kategorie fallen. Dieses gilt – im Unterschied zur zweiten Gruppe – auch dann, wenn sie nicht mit dem Erben zusammengelebt haben.
- Arbeitsunfähige Personen, die vom Erblasser Unterhalt bezogen und mit dem Erblasser mindestens ein Jahr zusammengelebt haben, erben gleichberechtigt mit den Erben der jeweils zur Erbschaft berechtigten Kategorie. Dieses gilt auch dann, wenn sie mit dem Erblasser nicht verwandt sind und nicht in eine der ersten sieben Kategorien fallen.

Sofern es keine Erben der ersten bis siebten Kategorie gibt, stellen diese Erben als Erben der achten Kategorie eine eigene Kategorie dar.

Zur Frage der Arbeitsunfähigkeit sieht das russische Erbrecht keine speziellen Regelungen vor. Somit ist dieses Merkmal anhand der allgemeinen Praxis festzustellen. Demnach zählen zu den arbeitsunfähigen Personen neben Behinderten in der ersten, zweiten und dritten Kategorie auch Personen, von denen eine Arbeitstätigkeit nicht erwartet wird: Personen im Rentenalter (Frauen über 55 Jahren und Männer über 60 Jahren), Kinder bis 16 Jahren und Jugendliche bis zum Ende ihres Studiums/ihrer Ausbildung, jedoch maximal bis zum 23. Lebensjahr. Dabei spielt es grundsätzlich keine Rolle, ob sie nicht doch einer Arbeit nachgehen oder nicht. Allerdings wird das Merkmal „Unterhalt vom Erblasser bezogen" so ausgelegt, dass die Unterstützungsleistungen des Erblassers eine dauerhafte und grundlegende Quelle für den Lebensunterhalt gewesen sein müssen. Wenn Einkünfte aus eigener Arbeitstätigkeit vorliegen, die zum Unterhalt der arbeitsunfähigen Person ausreichen, kann dieses u.U. zur Folge haben, dass das Merkmal „Unterhalt vom Erblasser bezogen" nicht erfüllt ist.

Zur Frage, ob das Kriterium „mit dem Erblasser mindestens ein Jahr zusammengelebt" eine formelle Registrierung („*Propiska*", „*Registrazija*") in der Wohnung des Erblassers erfordert, führt das Oberste Gericht der Russischen Föderation im Beschluss Nr. 8 vom 31.10.1995 aus, dass das Fehlen einer Registrierung kein Grund für die Einschränkung der Rechte der Bürger der Russischen Föderation darstellt. Somit ist das Vorliegen einer Registrierung zwar ein wichtiger Hinweis auf ein Zusammenleben, entscheidend ist jedoch, ob die Unterhalt bezogene Person faktisch die Räumlichkeiten des Erblassers genutzt hat. Eine gemeinsame Haushaltsführung wird dabei ebenfalls nicht als zwingend angesehen.

III. Erbrecht des Ehegatten

Wie dargestellt (siehe Rn 18) ist der Ehegatte Erbe in der ersten Kategorie und erbt gleichberechtigt mit Kindern und Eltern des Erblassers. Gemäß Art. 1150 ZGB hat diese Erbenstellung keinen Einfluss auf die Ansprüche auf güterrechtliche Auseinandersetzung. Gemäß Art. 256 ZGB und Art. 33, 34 Familiengesetzbuch gilt, sofern ehevertraglich keine andere Regelung getroffen wurde, der Güterstand des gemeinschaftlichen Eigentums (**Errungenschaftsgemeinschaft**).[3] D.h., jegliches Vermögen, das die Eheleute während der Ehe im

---

3 Hierzu *Himmelreich/Solotych*, Russland, in: Süß/Ring, Eherecht in Europa, Rn 17.

Rahmen ihrer Arbeitstätigkeit, unternehmerischen Tätigkeit etc. erhalten haben, ist gemeinschaftliches Eigentum beider Eheleute. Ausgenommen von dem gemeinschaftlichen Eigentum sind Vermögensgegenstände, die vor der Ehe erworben wurden, zweckgerichtete Zuwendungen an einen bestimmten Ehegatten (z.B. Schenkungen, Schadenersatzleistungen) und die persönlichen Dinge (Kleidung etc.) der Ehegatten. Diese Vermögensgegenstände bleiben persönliches Eigentum des entsprechenden Ehegatten. Der Tod eines Ehegatten führt zwar nicht automatisch zu einer Auseinandersetzung des gemeinschaftlichen Eigentums. In aller Regel wird jedoch durch den mit der Nachlassabwicklung befassten Notars eine Teilung des gemeinschaftlichen Eigentums durchgeführt und das Vermögen, das dem verstorbenen Ehegatten nach der Durchführung der Aufteilung des gemeinschaftlichen Eigentums zuzuteilen ist, fällt in die Erbmasse.

IV. Übergang des Erbes auf die Russischen Föderation, föderale Gebietskörperschaften oder Gemeinden

25 Wenn es weder testamentarisch eingesetzte noch gesetzliche Erben der acht Kategorien gibt oder alle Erben das Erbe ausgeschlagen haben, geht gem. Art. 1151 ZGB das Vermögen auf die Russische Föderation, föderale Gebietskörperschaften der Russischen Föderation oder Gemeinden über. Wohnungen, Grundstücke oder Bruchteilseigentum an Wohnungen oder Grundstücken gehen auf die Gemeinde, in deren Gebiet sich das Vermögen befindet, über. Wenn sich solche Vermögensgegenständen in Moskau oder St. Petersburg befinden, gehen sie auf die föderalen Gebietskörperschaften der Stadt Moskau bzw. der Stadt St. Petersburg über. Bei sonstigem Vermögen ist die Russische Föderation Erbe.

D. Testamentarische Erbfolge

26 Art. 1118 ff. ZGB regeln die testamentarische Erbfolge. Im Rahmen der Kodifizierung des Erbrechts im Dritten Teil des Zivilgesetzbuches wurden die Regelungen zur testamentarischen Erbfolge gestärkt. Dieses wird daran deutlich, dass in Art. 111 ZGB an erster Stelle als Grund für eine Erbfolge die Ernennung zum Erben durch Testament erwähnt wird, während erst an zweiter Stelle die Erbenstellung kraft Gesetzes folgt. Weiterhin zeugen von der Bedeutung, die dem Testament als Möglichkeit der Nachlassregelung eingeräumt wird, das Prinzip der Testamentsfreiheit, das Prinzip des Testamentsgeheimnisses, die Verringerung des Pflichtteils von früher zwei Drittel auf die Hälfte des gesetzlichen Erbteils und die Erweiterung der Testamentsformen.

I. Grundsätze der Testamentserrichtung

27 Gemäß Art. 1118 ZGB muss das Testament **höchstpersönlich** errichtet werden; eine Vertretung ist grundsätzlich nicht zulässig. Im Gegensatz zum deutschen Recht sind gemeinschaftliche Testamente nicht zulässig, da das Testament nur die letztwillige Verfügung einer Person enthalten kann (Art. 1118 Abs. 4 ZGB).

28 Weiterhin ist das Testamten grundsätzlich **eigenhändig** zu unterschreiben. Art. 1125 Abs. 3 ZGB sieht lediglich in den Fällen, in denen der Erblasser aufgrund von Behinderungen, schwerer Krankheit oder Analphabetismus nicht in der Lage ist, das Testament eigenhändig zu unterschreiben, vor, dass eine andere Person das Testament für den Erblasser unter Anwesenheit eines Notars unterzeichnen kann. In diesem Fall sind der Grund für die nicht eigenhändige Unterzeichnung und der volle Name und die Adresse des Vertreters

Masannek

anzugeben. Gemäß den Empfehlungen des Justizministeriums der RSFSR[4] sind neben der Unterschrift auf dem Testament grundsätzlich auch handschriftlich der Familien-, Vor- und Vatersname des Vertreters auf dem Testament anzubringen, wobei die Angaben genau mit den Angaben im Pass übereinstimmen müssen.

Zur Testamentserrichtung ist die **unbeschränkte Geschäftsfähigkeit** notwendig. Somit kann grundsätzlich ein Testament ab dem 18. Lebensjahr errichtet werden. Hiervon gibt es jedoch zwei Ausnahmen: Da nach russischem Recht verheiratete Minderjährige ebenfalls unbeschränkt geschäftsfähig sind, können sie bereits ein Testament errichten. Weiterhin erlangen gem. Art. 27 ZGB Minderjährige über 16 Jahren, die bereits einer Arbeit nachgehen oder als Einzelunternehmer tätig sind, die unbeschränkte Geschäftsfähigkeit, so dass sie ebenfalls testierfähig sind.

Gemäß Art. 1123 ZGB gilt für alle Personen, die an der Testamentserrichtung beteiligt sind (Notar und andere Personen, wie Übersetzer, Vertreter, Zeugen), eine **Schweigeverpflichtung**. Sollte eine dieser Personen das Testamentsgeheimnis verletzen, ist sie dem Erblasser gegenüber zum Schadenersatz verpflichtet (inkl. Schmerzensgeld). Über die Verpflichtung, das Testamentsgeheimnis zu wahren, hat der Notar gegebenenfalls andere beteiligte Personen aufzuklären, vgl. Art. 1125 Abs. 5 ZGB.

II. Testamentsformen

1. Notariell beurkundete Testamente (Grundform)

Gemäß Art. 1124 Abs. 1, 1125 Abs. 1 ZGB wird ein Testament grundsätzlich schriftlich ausgefertigt – gegebenenfalls mittels technischer Mittel (PC, Schreibmaschine etc.) –, vom Erblasser unterzeichnet und notariell beurkundet. Weiterhin muss gem. Art. 1124 Abs. 4 ZGB das Testament einen Vermerk über das Datum und den Ort der Beurkundung enthalten (Ausnahme: geschlossene Testamente gem. Art. 1126 ZGB). Im Ausland sind Konsularbeamte der Russischen Föderation gem. Art. 1125 Abs. 7 ZGB i.V.m. Art. 35–38 der Gesetzesgrundlagen über das Notariat befugt, die Beurkundung durchzuführen. Grundsätzlich sind gem. Art. 1125 Abs. 7 ZGB auch Beamte der Selbstverwaltungsorgane berechtigt, Testamente zu beurkunden, sofern diesen gesetzlich entsprechende Befugnisse zur Notarhandlungen übertragen wurden. Hintergrund dieser Regelung ist, dass nicht an jedem Ort in der Russischen Föderation Notare verfügbar sind. Allerdings fehlen derzeit noch entsprechende gesetzliche Regelungen zur Übertragung dieser Befugnisse, so dass faktisch bei den Selbstverwaltungsorganen Testamtente noch nicht beurkundet werden können.

2. Geschlossene Testamente

Gemäß Art. 1126 ZGB kann der Erblasser ein Testament aufsetzen, ohne dass irgendeine weitere Person Kenntnis von dem Inhalt erhält. Ein solches geschlossenes Testament muss vom Erblasser handschriftlich aufgesetzt und unterzeichnet werden. Werden diese Voraussetzungen nicht eingehalten, ist es unwirksam. Dieses Testament muss der Erblasser in einem verschlossenen Umschlag unter Anwesenheit von zwei Zeugen, die auf dem Umschlag unterzeichnen müssen, einem Notar übergeben. Der Notar muss den Umschlag in einen weiteren Umschlag legen, der von dem Notar mit einem Siegelabdruck versehen wird. Weiterhin muss der Notar auf dem zweiten Umschlag vermerken, von wem er den Umschlag erhalten hat, und den Ort und das Datum des Erhalts und die Namen und Anschriften

---

[4] Vom 27.2.1987 Nr. 8–76/83–16–86.

der Zeugen notieren. Der Notar ist dabei verpflichtet, dem Erblasser zu erklären, dass das Testament von ihm zwingend handschriftlich errichtet und unterzeichnet sein muss, und ihn über die Pflichtteilsrechte seiner Angehörigen zu informieren. Hierüber muss ebenfalls ein Vermerk auf dem zweiten Umschlag gemacht werden. Das Testament wird bei dem Notar aufbewahrt und nach dem Tod des Erblassers vom Notar in Anwesenheit von zwei Zeugen geöffnet. Auch nach der Eröffnung des geschlossenen Testaments verbleibt das Schriftstück zur Aufbewahrung beim Notar. Lediglich ein Protokoll über die Testamentseröffnung wird an den Erben übergeben.

3. Gleichgestellte Testamente

33   Gemäß Art. 1127 ZGB stehen notariell beurkundeten Testamenten gleich:
- Testamente von Bürgern, die sich in medizinischer Behandlung in Krankenhäusern und anderen stationären medizinischen Einrichtungen, Altenheimen und Behindertenheimen befinden. Diese Testamente können von dem leitenden Arzt, seinem Vertreter, dem diensthabenden Arzt oder dem Leiter der Einrichtung beurkundet werden.
- Testamente von Bürgern, die sich auf einem Schiff auf hoher See befinden. Sofern das Schiff unter der Flagge der Russischen Föderation fährt, ist der Kapitän berechtigt, das Testament zu beurkunden.
- Testamente von Teilnehmern von Forschungs-, Arktis-, Antarktis- und ähnlichen Expeditionen können von dem Leiter der Expedition bzw. des Stationsleiters beurkundet werden.
- Testamente von Militärangehörigen und Zivilisten, die beim Militär angestellt sind, und deren Familienmitglieder können, sofern an dem jeweiligen Ort kein Notar verfügbar ist, von dem Kommandeur der Militäreinheit beurkundet werden.
- Gefängnisinsassen können Testamente beim Gefängnisleiter beglaubigen lassen.

34   Diese Testamente müssen vom Erblasser unter Anwesenheit eines Zeugen und der zur Beurkundung berufenen Person unterzeichnet werden. Dabei – wie auch in allen anderen Fällen, in denen das russische Erbrecht die Anwesenheit von Zeugen vorschreibt – scheiden als Zeuge gem. Art. 1127 Abs. 2, 1124 Abs. 2 ZGB folgende Personen aus: die im Testament benannten Erben, der Ehegatte, Kinder und Eltern des Erblassers, nicht unbeschränkt geschäftsfähige Personen, Analphabeten und Personen, die unter Behinderungen leiden oder der Sprache, in der das Testament verfasst ist, nicht mächtig sind, so dass sie den Inhalt des Testaments nicht verstehen.

35   Das errichtete Testament muss gem. Art. 1127 Abs. 3 ZGB unverzüglich von der beurkundenden Person über die Vertretung des Justizministeriums an einen Notar am Wohnort des Erblassers weitergeleitet werden.

4. Nottestamente

36   Gemäß Art. 1129 ZGB kann ein Bürger in einer offensichtlich lebensbedrohenden Situation, aufgrund der es ihm nicht möglich ist, ein ordnungsgemäßes Testament zu errichten, ein Testament in einfacher schriftlicher Form errichten. Hierbei ist als Formvoraussetzung zu beachten, dass der letzte Wille handschriftlich unter Anwesenheit von zwei Zeugen verfasst werden muss. Ein solches Nottestament wird unwirksam, sofern der Erblasser nicht innerhalb eines Monats nach dem Ende der lebensbedrohenden Situation ein ordentliches Testament errichtet hat. Weiterhin ist ein solches Nottestament nur dann wirksam, wenn ein Gericht das Bestehen der Notsituation bestätigt hat.

5. Testamentarische Verfügungen über Bankeinlagen

Neben der Möglichkeit, in den oben genannten Testamentsformen zu verfügen, sieht Art. 1128 ZGB vor, dass letztwillige Verfügungen über Bankeinlagen auch direkt bei der zuständigen Geschäftsstelle der Bank vorgenommen werden können. Diese Verfügungen stehen notariellen Testamenten gleich. Sie müssen vom Erblasser unterzeichnet werden, das Datum der Verfügung enthalten und von dem Bankangestellten beglaubigt werden. Die Verfügung kann sich auf alle Einlagen bei der Bank beziehen oder nur auf bestimmte Konten oder Geldbeträge. Weiterhin können Bedingungen für die Auszahlung der Gelder nach dem Tod des Erblassers festgelegt werden, z.B. dass die Auszahlung an ein Kind des Erblassers erst nach dem Erreichen der Volljährigkeit erfolgen soll.

6. Widerruf und Änderung des Testaments

Gemäß Art. 1130 ZGB kann der Erblasser zu Lebzeiten jederzeit das Testament durch ein neues Testament widerrufen oder ändern. Sofern kein ausdrücklicher Widerruf in einem neuen Testament enthalten ist, tritt das vorherige Testament so weit außer Kraft, wie das neue Testament dem vorherigen widerspricht. Ein Widerruf des neuen Testaments lässt gem. Art. 1130 Abs. 2 ZGB das vorherige Testament nicht automatisch wieder aufleben. Besonderheiten gibt es bezüglich Nottestamenten: Diese können nur anders lautende Nottestamente widerrufen und ändern, jedoch nicht ordnungsgemäß errichtete Testamente.

III. Testamentsinhalt

1. Erben

Gemäß Art. 1117 ZGB können testamentarische Erben sein:
- Natürliche Personen. Hierbei kommen auch ungeborene Erben in Betracht, sofern sie zu Lebzeiten des Erblassers gezeugt wurden.
- Juristische Personen. Bei juristischen Personen ist Voraussetzung, dass sie zum Zeitpunkt des Erbfalls ordnungsgemäß registriert sind.
- Die Russische Föderation, Subjekte der Russischen Föderation, Gemeinden, ausländische Staaten und internationale Organisationen.

Es können ein Erbe oder mehrere Erben eingesetzt werden. Ebenfalls können **Ersatzerben** bezeichnet werden für den Fall, dass Erbe vor Annahme des Erbes verstirbt, das Erbe ausschlägt oder erbunwürdig wird. Die Benennung von **Vor- und Nacherben** oder die Verpflichtung, dass ein Erbe einen anderen Erben bezüglich des vermachten Vermögens einsetzt, ist nach russischem Erbrecht unzulässig.

2. Erbeinsetzung und Vermächtnisse

Im Testament kann bestimmt werden, dass ein Erbe bestimmte Vermögensgegenstände und/oder einen bestimmten Anteil am Nachlass erhalten soll. Lediglich höchstpersönliche Rechte des Erblassers, die nicht in den Nachlass fallen (z.B. Schmerzensgeld, Recht auf Unterhalt, persönliche Nichtvermögensrechte), können nicht testamentarisch vererbt werden. Eine testamentarische Verfügung über Vermögen, das der Erblasser erst nach Abfassung des Testaments, jedoch vor dem Erbfall, erwirbt, ist möglich. Wenn der Erblasser lediglich die Erben benennt, ohne ihnen Vermögensgegenstände oder einen bestimmten Anteil am Nachlass zuzuweisen, so gelten sie gem. Art. 1122 Abs. 1 ZGB als zu gleichen Teilen eingesetzt. Weiterhin kann gem. Art. 1119 ZGB auch die Enterbung von einem oder mehrere gesetzlicher Erben im Testament erfolgen. Somit kann bestimmt werden, dass bestimmte testamentarische Erben bestimmte Gegenstände erhalten und andere – gesetzliche – Erben enterbt werden. Das restliche Vermögen fällt dann den nicht enterbten gesetzlichen Erben zu. Grenze der Testamentsfreiheit ist lediglich das Pflichtteilsrecht (siehe Rn 51 ff.).

3. Auflagen und Bedingungen

42 Im Testament kann der Erblasser die Erbeinsetzung mit Verpflichtungen verbinden. Damit sind auch teilungsanordnungsähnliche Regelungen möglich. Beispielsweise kann eine Wohnung mehreren Personen vermacht werden, wobei im Testament bestimmt wird, welcher Erbe welches Zimmer nutzen darf. Weiterhin sind Bedingungen für die Erbeinsetzung möglich (z.B. Vermächtnis eines Pkw an ein Kind unter der Bedingung, dass es eine bestimmte Ausbildung erfolgreich beendet). Die Erfüllung der Bedingung kann dadurch gesichert werden, dass eine Person als Testamentsvollstrecker eingesetzt wird. Schranken für Auflagen und Bedingungen stellen gesetzliche Vorschriften (insbesondere Verbote) und die guten Sitten dar.

43 Gemäß Art. 1137 ZGB können einem oder mehreren Erben vermögensrechtliche Pflichten zugunsten Dritter auferlegt werden. Der Dritte wiederum kann aus dem Testament das Recht ableiten, von dem Erben die Zuwendung oder die Erfüllung einer bestimmten Pflicht zu fordern. Zu den möglichen Pflichten gehört die Überlassung einer Sache zur Nutzung und zum Besitz, Leistung von zu definierende Arbeiten oder Dienstleistungen zugunsten des Dritten, Leistung von Rentenzahlungen an einen Dritten etc. Beispielsweise kann der Erbe einer Wohnung verpflichtet werden, diese Wohnung für einen bestimmten Zeitraum oder für die Lebenszeit des Dritten diesem Dritten zur Nutzung zu überlassen. Die möglichen Pflichten, die einem Erben auferlegt werden können, sind jedoch begrenzt durch das Erbe, das er erhält, bzw. wenn der Erbe pflichtteilsberechtigt ist, durch den Wert des Erbes, das den Pflichtteil überschreitet. Somit ist ein Erbe, der das Erbe ausschlägt, nicht verpflichtet, die Auflagen des Erblassers zu erfüllen. Die Beziehungen zwischen dem Erben und dem berechtigten Dritten sind gem. Art. 1137 Abs. 3 ZGB grundsätzlich schuldrechtlicher Natur. Hiervon sieht allerdings Art. 1137 Abs. 2 S. 3 ZGB eine Ausnahme vor: Wenn der Erbe die Sache, die Gegenstand der Pflicht ist, veräußert, geht die Pflicht auf den Erwerber über. Somit ist diese Sache sachenrechtlich durch die erbrechtliche Auflage belastet. Ebenso geht die vermögensrechtliche Pflicht auf denjenigen Erben über, der die Sache erhält, wenn der mit der Pflicht belegte Erbe das Erbe ausschlägt.

44 Der berechtigte Dritte kann innerhalb einer Frist von drei Jahren nach dem Erbfall den Anspruch gegen den belasteten Erben bzw. Eigentümer der Sache geltend machen. Der Dritte ist nicht berechtigt, den Anspruch weiter zu übertragen. Der Anspruch ist daher auch nicht vererblich. Lediglich der Erblasser kann einen Ersatzberechtigten für den Fall, dass der Berechtigte vor dem Erbfall verstirbt, das Recht nicht in Anspruch nimmt oder aufgrund Erbunwürdigkeit gem. Art. 1117 ZGB nicht berechtigt ist, bestimmen, der berechtigt sein soll, den Anspruch geltend zu machen. Im Übrigen ist die Stellung als Erbe unabhängig von der Berechtigung, gegen andere Erben vermögensrechtliche Ansprüche aufgrund des Testaments geltend zu machen – die Ausschlagung eines Erbes hat nicht zu Folge, dass der Anspruch nicht geltend gemacht werden kann und umgekehrt ist der Verzicht auf den vermögensrechtlichen Anspruch nicht gleichzustellen mit einer Erbausschlagung.

45 Neben vermögensrechtlichen Auflagen können im Testament auch nichtvermögensrechtliche Pflichten den Erben auferlegt werden. Art. 1139 ZGB nennt als Beispiel für solche

Pflichten, dass der Erblasser die Erben verpflichten kann, sich um seine Haustiere zu kümmern.

IV. Testamentsvollstreckung

Grundsätzlich sind die Erben dazu berufen, den letzten Willen des Erblassers zu erfüllen. Der Erblasser kann jedoch gem. Art. 1134 ZGB einen Testamentsvollstrecker einsetzten, der für die ordnungsgemäße Erfüllung des letzten Willens Sorge tragen soll. Dabei kann der Testamentsvollstrecker auch gleichzeitig Erbe sein. Der Erblasser kann aber auch einen unabhängigen Dritten als Testamentsvollstrecker benennen. Der Testamentsvollstrecker muss jedoch im Testament benannt werden. Die **Zustimmung** der benannten Person, diese Aufgabe auch auszuüben, kann auf unterschiedliche Art und Weise erfolgen: 46
- Die benannte Person erklärt ihre Zustimmung im Testament des Erblassers, indem sie das Testament ebenfalls unterzeichnet;
- die benannte Person richtet einen schriftlichen Antrag auf Ernennung zum Testamentsvollstrecker an den Erblasser, der dem Testament beigelegt wird;
- die benannte Person beantragt beim zuständigen Notar innerhalb eines Monats nach dem Erbfall, als Testamentsvollstrecker tätig zu werden; oder
- die benannte Person übt Aufgaben eines Testamentsvollstreckers faktisch innerhalb eines Monats nach dem Erbfall aus.

Nach dem Erbfall kann auf Antrag des Testamentsvollstreckers oder auf Antrag einer der Erben der Testamentsvollstrecker durch Gerichtsurteil von seinen Pflichten entbunden werden, sofern Umstände die Erfüllung seiner Pflichten behindern. 47

Gemäß Art. 1135 ZGB richten sich die Befugnisse des Testamentsvollstreckers nach den Regelungen im Testament. Weiterhin erhält er eine Urkunde über seine Bestellung durch den zuständigen Notar. Sofern das Testament keine anderen Regelungen enthält, gehört zu den **Aufgaben** des Testamentsvollstreckers, 48
- dafür Sorge zu tragen, dass das Erbe entsprechend den Regelungen im Testament auf die einzelnen Erben übergeht (einschließlich gegebenenfalls der Suche nach den entsprechenden Erben);
- die Sicherung und Verwaltung des Erbes entsprechend den Vorgaben des Erblassers im Testament, gegebenenfalls mit Hilfe des zuständigen Notars;
- Forderungen des Erblassers gegen Dritte gem. Art. 1183 ZGB (siehe Rn 84) geltend zu machen und die Gelder an die berechtigten Personen bzw. Erben weiterzuleiten;
- dafür Sorge zu tragen, dass die Auflagen und Bedingungen, die das Testament enthält, durch die Erben erfüllt werden.

Insbesondere in folgenden Fällen ist die Einsetzung eines Testamentsvollstreckers **sinnvoll**: 49
- Der Erblasser verbindet die Erbeinsetzung mit Auflagen und Bedingungen;
- minderjährige Kinder ohne Eltern werden Erbe;
- juristische Personen oder der Staat werden zum Erben eingesetzt; und
- in sonstigen Erbfällen, bei denen ein größerer Aufwand für die Nachlassabwicklung anfällt.

Der Testamentsvollstrecker ist gem. Art. 1136 ZGB berechtigt, aus der Erbmasse die **Erstattung** seiner notwendigen Auslagen und eine Vergütung zu verlangen, sofern das Testament keine anderweitigen Regelungen enthält. Demgegenüber sind die Erben berechtigt, von dem Testamentsvollstrecker entsprechende Abrechnungen und Berichte über seine Tätigkeit zu erhalten. 50

V. Pflichtteilsrecht

51 Gemäß Art. 1149 ZGB sind die Pflichtteilsberechtigten unabhängig von anders lautenden testamentarischen Verfügungen zur **Hälfte** des ihnen gemäß der gesetzlichen Erbfolge zustehenden Erbteils zwingend berechtigt. Aufgrund der hohen Priorität, die die Reform des Erbrechts testamentarischen Verfügungen einräumt, ist der Kreis der pflichtteilsberechtigten Personen jedoch vergleichsweise gering. So sind **pflichtteilsberechtigt** lediglich minderjährige oder behinderte (d.h. arbeitsunfähige) Kinder des Erblassers, arbeitsunfähige Ehegatten, Eltern und sonstige Personen, die gem. Art. 1148 ZGB erben würden, also zur achten Kategorie von Erben zählen. Somit sind lediglich diejenigen Personen pflichtteilsberechtigt, die nicht für sich selbst sorgen können und vom Erblasser Unterhalt bezogen haben oder unterhaltsberechtigt waren.

52 Zu beachten ist, dass während das deutsche Pflichtteilsrecht lediglich die Abfindung in Geld vorsieht, das russische Erbrecht vorsieht, dass ein Pflichtteilsberechtigter einen Anspruch auf Beteiligung an der Erbmasse in natura hat. Die Pflichtteilsberechtigten erhalten ihren Pflichtteil gem. Art. 1149 Abs. 2 ZGB primär aus den Vermögensgegenständen, die zum Erbe gehören und nicht bereits testamentarisch anderen Erben zugewiesen wurden. Sollte dieses Vermögen nicht ausreichen, so wird das Vermögen, das testamentarisch vermacht wurde, zur Befriedigung der Pflichtteilsberechtigten herangezogen.

53 Allerdings kann auch ein Pflichtteil in folgendem Fall gerichtlich verringert werden: Wenn ein Vermögensgegenstand (i.d.R. eine Wohnung, aber auch Arbeitsräumlichkeiten, wie ein Atelier), der in die Erbmasse fällt, während der Lebzeiten des Erblassers nicht von einem Pflichtteilsberechtigten, sondern von dem testamentarischen Erben genutzt wurde und dieser Vermögensgegenstand nicht an den testamentarischen Erben übergeben werden kann, ohne den Pflichtteilsberechtigten zu benachteiligen, da nicht ausreichend sonstiges Vermögen vorhanden ist, um seinen Anspruch zu befriedigen, so kann ein Gericht den Pflichtteil, der dem Pflichtteilsberechtigten zusteht, so weit kürzen, dass der Vermögensgegenstand an den testamentarischen Erben übergeben werden kann.

54 Wie bereits erwähnt (siehe Rn 14), hat die Erbunwürdigkeit gem. Art. 1117 ZGB ebenfalls den Verlust des Anspruchs auf den Pflichtteil zur Folge.

VI. Sonstige Möglichkeiten zur Nachlassgestaltung

55 Insbesondere wenn es um die Nachlassplanung von größeren Vermögen in Russland geht, wird, wie in Rn 5 angesprochen, häufig auf Möglichkeiten, die z.B. Stiftungsmodelle in Liechtenstein bieten, zurückgegriffen. Weiterhin gibt es im russischen Recht keine Möglichkeit, den Erbteil reduzierende Schenkungen oder sonstige Vermögensdispositionen zu Lebzeiten des Erblassers anzufechten. Somit kann ein Erblasser entweder mittels Schenkungen oder der Einrichtung von Stiftungen seine Nachlassplanung durchführen, ohne – wie in Deutschland – Gefahr zu laufen, dass diese Verfügungen noch innerhalb einer bestimmten Zeit angefochten werden. Weiterer Hintergrund für die Einrichtung von Stiftungen im Ausland ist, dass Erblasser ihr Vermögen außerhalb Russland vor dem Zugriff des russischen Staates sichern möchten und – bis Anfang 2006 – die russische Erbschaftsteuer vermeiden wollten.

Masannek

E. Nachlassabwicklung

I. Erbfall

Gemäß Art. 1114 ZGB stellt der Todestag des Erblassers das Datum des Erbfalls dar. Zu beachten ist, dass gem. Art. 1114 Abs. 2 ZGB Personen, die am selben Kalendertag sterben, als gleichzeitig gestorben angesehen werden, so dass sie nicht voneinander erben.

Beispiel: Ehemann M und Ehefrau F sterben bei einem Autounfall, wobei beide am selben Tag sterben, F jedoch zwei Stunden nach M. Da M und F als gleichzeitig gestorben gelten, erbt F kein Vermögen von M. Die Erben von F erben somit nur das Vermögen der F ohne den Nachlass, den F von M geerbt hätte.

II. Zuständigkeit für das Nachlassverfahren

Zuständig für das Nachlassverfahren ist nicht, wie in Deutschland, ein Gericht, sondern der örtlich zuständige **Notar**. Hierbei bestimmt sich die örtliche Zuständigkeit nach dem **Ort des Erbfalls**, welcher sich grundsätzlich nach dem letzten Wohnsitz des Erblassers richtet, vgl. Art. 1115 S. 1 ZGB. Sofern der letzte Wohnort eines Erblassers, der Eigentum in der Russischen Föderation besaß, nicht feststellbar ist oder sich außerhalb der Russischen Föderation befindet, so gilt gem. Art. 1115 S. 2 ZGB der Ort, an dem sich das Vermögen befindet, als Ort des Erbfalls. Sofern sich Vermögen an verschiedenen Orten befindet, so ist der Ort des Erbfalls der Ort, an dem sich Immobilienvermögen befindet, sofern sich an mehreren Orten Immobilienvermögen befindet, der Ort, an dem sich das wertvollste Immobilienvermögen befindet, und wenn kein Immobilienvermögen vorhanden ist, dann der Ort, an dem sich das wertvollste bewegliche Vermögen befindet.

Sollte somit ein Erblasser mit Wohnsitz in Deutschland Immobilienvermögen in Russland gehabt haben, so ist der Notar am Belegenheitsort des Immobilienvermögens in Russland zuständig. Da aufgrund des Deutsch-Sowjetischen Konsularabkommens russisches Erbrecht anwendbar ist, erfolgt auch keine Anerkennung deutscher Erbscheine, sondern es ist das Nachlassverfahren in Russland durchzuführen. Zum Nachweis des Todes des Erblassers ist die Sterbeurkunde in Deutschland mit Apostille zu versehen, zu übersetzen und die Übersetzung in Russland notariell beglaubigen zu lassen. Sofern ein Erblasser mit Wohnsitz in Deutschland bewegliches Vermögen in Russland vererbt, ist ebenfalls der Notar am Belegenheitsort des Vermögens in Russland für das Nachlassverfahren zuständig. Damit ein deutscher Erbschein als offizielles Dokument in Russland anerkannt werden kann, muss er mit Apostille versehen und notariell beglaubigt übersetzt werden.

III. Annahme der Erbschaft

Gemäß Art. 1152 ZGB muss ein Erbe die Erbschaft annehmen. Lediglich der russische Staat bedarf zur Annahme der Erbschaft keiner Annahmeerklärung. Die Annahme der Erbschaft stellt ein einseitiges Rechtsgeschäft dar, so dass die Annahme die unbeschränkte Geschäftsfähigkeit des Erben voraussetzt. Daher können Minderjährige nur mit Zustimmung oder vertreten durch ihre Eltern eine Erbschaft annehmen. Eine teilweise oder bedingte Annahme der Erbschaft (z.B. nur des Vermögens ohne die Schulden des Erblassers) ist grundsätzlich nicht möglich. Allerdings sieht Art. 1152 Abs. 2 S. 2 ZGB vor, dass dann, wenn ein Erbe aufgrund verschiedener Gründe erbt, er die Erbschaft hinsichtlich einzelner Gründe annehmen oder ausschlagen kann. So kann z.B. ein Erbe, dem testamentarisch ein bestimmter Vermögensgegenstand vererbt wurde, der jedoch gleichzeitig gesetzlicher Erbe bezüglich des nicht durch das Testament abgedeckten Vermögens ist, den testamentarisch vermachten Vermögensgegenstand annehmen und den Erbteil aufgrund gesetzlicher Erbfolge ausschlagen.

60 Formell erfolgt die Annahme der Erbschaft grundsätzlich durch einen entsprechenden **Antrag**, der beim zuständigen Notar eingereicht wird. Sofern der Antrag nicht persönlich durch den Erben beim Notar abgegeben wird, muss die Unterschrift auf dem Antrag notariell beglaubigt werden. Sofern ein Vertreter den Antrag auf Annahme der Erbschaft stellt, benötigt dieser eine Vollmacht, die ausdrücklich zur Annahmeerklärung bevollmächtigt und notariell beglaubigt ist. Wenn die Vollmacht in Deutschland erstellt wurde, muss die Unterschrift ebenfalls notariell beglaubigt, die Vollmacht mit Apostille versehen und notariell beglaubigt übersetzt werden.

61 Weiterhin **gilt** eine Erbschaft gem. Art. 1153 Abs. 2 ZGB bis zum Beweis des Gegenteils als angenommen, wenn der Erbe Maßnahmen im Hinblick auf die Erbschaft getroffen hat, die eine Annahme indizieren, z.B. Maßnahmen zur Sicherung des Vermögens, Aufwendungen zur Erhaltung des Vermögens oder Zahlung von Schulden des Erblassers. Für den Erhalt eines Erbscheins, der z.B. für die Umschreibung des Eigentumsrechts an Immobilien im Immobilienregister benötigt wird, ist jedoch ein Antrag beim zuständigen Notar nötig.

62 Gemäß Art. 1154 Abs. 1 ZGB beträgt die **Frist** zur Annahme der Erbschaft grundsätzlich sechs Monate ab dem Erbfall. Sofern ein Erbe erst infolge der Ausschlagung der Erbschaft durch einen anderen Erben oder aufgrund der gerichtlichen Feststellung der Erbunwürdigkeit des anderen Erben zum Erben wird, beginnt der Lauf für die Sechs-Monats-Frist erst im Zeitpunkt der Ausschlagung des Erbens bzw. der Rechtskraft der Gerichtsentscheidung. Erben, die erst aufgrund der Nichtannahme der Erbschaft durch andere Erben zum Erben werden, müssen die Erbschaft innerhalb von drei Monaten nach Ablauf der Sechs-Monats-Frist annehmen.

63 Im Falle des Fristversäumnisses gibt es gem. Art. 1155 ZGB zwei Möglichkeiten, doch noch die Erbschaft anzunehmen: Wenn alle Erben, die das Erbe bereits angenommen haben, schriftlich der verspäteten Annahme des Erbes zustimmen, ist das Fristversäumnis unerheblich. Eine solche Zustimmung ist Voraussetzung dafür, dass der zuständige Notar neue Erbscheine ausstellt und bereits bestehende gegebenenfalls annulliert. Sofern die Erben nicht zustimmen, ist eine Wiedereinsetzung in den vorherigen Stand möglich, wenn der Erbe vor Gericht nachweist, dass er nicht von dem Erbfall wusste oder wissen konnte oder Gründe vorbringen kann, die sein Fristversäumnis entschuldigen (z.B. Krankheit). Ein entsprechender Antrag auf Einsetzung als Erbe muss bei dem zuständigen Gericht innerhalb von sechs Monaten ab Kenntnis vom Erbfall bzw. Wegfall des entschuldigenden Grundes gestellt werden, vgl. Art. 1155 ZGB. Neben der Erbeinsetzung erklärt das Gericht im Erfolgsfalle alle bereits erteilen Erbscheine für unwirksam.

64 Wenn ein Erbe nach dem Erbfall, jedoch vor Annahme der Erbschaft verstirbt, geht das Recht zur Annahme des Erbes auf seine Erben über. Ausgenommen ist hiervon lediglich das Recht auf einen Pflichtteil, da dieses Recht eng mit Voraussetzungen in der Person des Erben verbunden ist, so dass es nicht vererblich ist. Sofern die Annahmefrist für die Erbschaft nur noch weniger als drei Monate beträgt, so verlängert sich diese Frist gem. Art. 1156 Abs. 2 ZGB auf drei Monate. Im Falle eines Fristversäumnisses gilt Art. 1155 ZGB entsprechend.

65 Die Annahme der Erbschaft hat gem. Art. 1152 Abs. 4 ZGB rückwirkende Wirkung, so dass der Erbe so gestellt wird, als wenn er die Erbschaft zum Zeitpunkt des Erbfalls, d.h. zum Todeszeitpunkt des Erblassers, erhalten hätte.

Masannek

IV. Ausschlagung der Erbschaft

Gemäß Art. 1157 ZGB ist ein Erbe berechtigt, die Erbschaft auszuschlagen. Dabei ist eine generelle Ausschlagung, aber auch eine Ausschlagung zugunsten eines anderen Erben möglich, der dann den Vermögensgegenstand oder den Erbteil erhält.

Gemäß Art. 1158 ZGB ist eine Ausschlagung zugunsten anderer testamentarischer oder gesetzlicher Erben, d.h. Personen, die zu einer der acht Kategorien von Erben gehören, möglich. Weiterhin ist eine Ausschlagung zugunsten eigener Erben möglich. Fraglich ist, ob es erforderlich ist, dass die begünstigten Personen auch ohne die Ausschlagung geerbt hätten. Ursprünglich ging die Gerichtspraxis[5] davon aus, dass eine Erbenstellung nicht erforderlich sein. Das Plenum des Obersten Gerichts der Russischen Föderation hat im Jahr 2012 jedoch entschieden, dass eine Ausschlagung nur zugunsten von Personen möglich ist, die auch ohne die Ausschlagung geerbt hätten.[6] Das Verfassungsgericht ist dieser Auslegung nicht gefolgt, sondern hat entschieden, dass Art. 1158 Ziffer 11 ZGB nicht eindeutig festlegt, zugunsten welcher Personen eine Ausschlagung erfolgen kann und somit verfassungswidrig ist.[7] Unabhängig von dieser Frage ist in folgenden Fällen eine Ausschlagung zugunsten einer bestimmten Person nicht möglich:
- die begünstigte Person ist testamentarisch durch den Erblasser enterbt worden;
- der Erblasser hat sein ganzes Vermögen testamentarisch verteilt;
- die Ausschlagung betrifft den Pflichtteil;
- der Erblasser hat einen Ersatzerben eingesetzt.

Im Fall der generellen Ausschlagung der Erbschaft – wie auch bei einer Nichtannahme der Erbschaft oder Erbunwürdigkeit gem. Art. 1117 ZGB – geht gem. Art. 1161 ZGB der betroffene Erbteil anteilig auf die gesetzlichen Erben, bzw. wenn der Erblasser sein ganzes Vermögen testamentarisch verteilt hat, anteilig auf die übrigen testamentarischen Erben über, sofern der Erblasser keine anderweitigen testamentarischen Verfügungen (z.B. Einsetzung eines Ersatzerben) für diesen Fall getroffen hat.

Eine Ausschlagung ist grundsätzlich auch nach bereits erfolgter Annahme der Erbschaft möglich. Allerdings sind **Fristen** zu beachten: Für die Ausschlagung gelten die Fristen gem. Art. 1154 ZGB, also grundsätzlich die Sechs-Monats-Frist. Eine gerichtliche Wiedereinsetzung ist beim Vorliegen entschuldigender Gründe entsprechend Art. 1155 ZGB ebenfalls möglich, sofern lediglich eine faktische Annahme durch Handlungen, die auf eine Annahme hindeuten, gem. Art. 1153 Abs. 2 ZGB erfolgt ist, nicht jedoch bei einer notariellen Annahmeerklärung. Eine erneute Annahme nach erklärter Ausschlagung ist nicht mehr möglich.

Eine Ausschlagung eines Teils der Erbschaft ist, wie auch eine teilweise Annahme der Erbschaft, nicht möglich. Möglich sind lediglich die Annahme der Erbschaft aus einem bestimmten Grund (z.B. Annahme eines testamentarisch vererbten Vermögensgegenstands) und die Ausschlagung der Erbschaft hinsichtlich eines anderen Grundes (z.B. des gemäß gesetzlicher Erbfolge zustehenden Erbteils).

Formell muss eine Ausschlagung beim zuständigen Notar erklärt werden, vgl. Art. 1159 ZGB. Hierfür ist grundsätzlich persönliches Erscheinen beim Notar erforderlich. Wenn dieses nicht möglich ist, muss die Unterschrift auf dem Antrag auf Ausschlagung notariell

---

5 Siehe hierzu Ziffer 5.2 der Entscheidung des Verfassungsgerichts der Russischen Föderation Nr. 29-P vom 23.12.2013.
6 Siehe Ziffer 45 der Entscheidung des Plenums des Obersten Gerichts der Russischen Föderation Nr. 9 vom 29.5.2012.
7 Entscheidung des Verfassungsgerichts der Russischen Föderation Nr. 29-P vom 23.12.2013.

beglaubigt werden oder ein Vertreter muss eine notariell beglaubigte Vollmacht vorweisen, die ausdrücklich zur Ausschlagung des Erbes ermächtigt. Besonderheiten gelten für die Ausschlagung einer Erbschaft durch Minderjährige. Aufgrund eines möglichen Interessenkonflikts der Eltern des minderjährigen Erben ist eine Ausschlagung nur mit Zustimmung der Vormundschaftsbehörde möglich.

V. Maßnahmen zur Sicherung des Nachlasses

72 Der zuständige Notar ist gem. Art. 1171 ff. ZGB während der Zeit, in der der Nachlass angenommen werden kann, d.h. grundsätzlich innerhalb der Sechs-Monats-Frist, in bestimmten Fällen auch darüber hinaus, jedoch nicht länger als für insgesamt neun Monate, verpflichtet, Maßnahmen zur Sicherung des Nachlasses zu ergreifen und diesen zu verwalten. Sollte ein Testamentsvollstrecker testamentarisch eingesetzt worden sein, muss der Notar die Maßnahmen mit ihm abstimmen. Ferner ist der Testamentsvollstrecker auch selbst dazu befugt, entsprechende Maßnahmen zu ergreifen, wobei für ihn keine zeitliche Beschränkung gilt. Sollten Vermögensgegenstände außerhalb des Notarbezirks gelegen sein, so kann der Notar den am Belegenheitsort zuständigen Notar mit Sicherungsmaßnahmen beauftragen.

73 Gemäß Art. 1172 ZGB soll der Notar ein **Inventar des Nachlasses** aufstellen, welches durch zwei Zeugen zu unterzeichnen ist. Sofern notwendig oder von einem Erben, dem Testamentsvollstrecker oder gegebenenfalls von der Vormundschaftsbehörde verlangt, ist eine **Bewertung des Vermögens** durchzuführen. Weiterhin hat der Notar dafür zu sorgen, dass Bargeld aus dem Nachlass bei ihm und Devisen, Edelmetall und Edelsteine sowie Wertpapiere aus dem Nachlass bei einer Bank deponiert werden. Sollte der Notar feststellen, dass sich unter dem Nachlass Waffen befinden, so ist die zuständige Stelle des Innenministeriums von ihm davon in Kenntnis zu setzen. Weiterhin ist der Notar befugt, einzelne Gegenstände aus dem Nachlass entweder bei sich oder einem der Erben zur Aufbewahrung zu deponieren. Sollte eine gesonderte Verwaltung des Nachlasses (z.B. bei einem Unternehmen im Nachlass) erforderlich sein, so schließt der Notar für diese Verwaltung einen entsprechenden Vertrag ab.

74 Die Ausgaben für die Sicherung und Verwaltung des Nachlasses wie auch die Krankheitskosten des Erblassers vor seinem Tod, die Kosten für ein angemessenes Begräbnis und sonstige Testamentskosten sind aus dem Nachlass zu begleichen. Hierbei ist zu beachten, dass zuerst die Kosten für die Krankenbehandlung des Erblassers und sein Begräbnis zu decken sind. Zweitrangig sind die Auslagen für die Verwaltung und Sicherung des Nachlasses. Testamentarische Kosten sind drittrangig. Erst danach sind sonstige Schulden des Erblassers zu befriedigen.

75 Während der Verwaltung des Nachlasses durch den Notar sind gem. Art. 1174 Abs. 2 ZGB diese Forderungen an den Notar (bzw. gegebenenfalls alternativ an den Testamentsvollstrecker) zu richten, der sie aus den Bankeinlagen und dem Geld des Erblassers befriedigt. Nach Annahme der Erbschaft sind diese Forderungen – wie auch sonstige Verbindlichkeiten des Erblassers – an die Erben zu richten, die im Rahmen ihres jeweiligen Erbteils haften, vgl. Art. 1175 ZGB. Eine Haftung über den Wert des erhaltenen Erbes hinaus ist im russischen Erbrecht nicht vorgesehen. Dementsprechend gibt es – im Gegensatz zum deutschen Erbrecht – auch keine Anfechtung der Annahme der Erbschaft wegen Überschuldung. Eine Besonderheit sieht Art. 1175 Abs. 2 ZGB für den Fall vor, dass ein Erbe die noch nicht angenommene Erbschaft eines anderen Erblassers erbt (siehe Art. 1156 ZGB). In diesem Fall haftet der Erbe mit dem Erbteil nur für die Schulden des ersten Erblassers, jedoch

VI. Erbscheinserteilung

Nach Annahme der Erbschaft erteilt der zuständige Notar gem. Art. 1162 ZGB einen oder mehrere Erbscheine. Die Erteilung eines gemeinsamen Erbscheins für alle Erben ist auf Antrag möglich. Sofern später weitere Erbstücke entdeckt werden, die von dem Erbschein nicht abgedeckt werden, können weitere Erbscheine diesbezüglich erteilt werden. Grundsätzlich werden Erbscheine erst nach Ablauf der Sechs-Monats-Frist erteilt, sofern nicht nachgewiesen werden kann, dass alle potenziellen Erben sich bei dem Notar gemeldet haben.

76

VII. Aufteilung des Nachlasses

Sofern mehrere Erben den Nachlass gemeinschaftlich erhalten, haben diese Erben gemeinschaftliches Eigentum an diesem Nachlass, welches jedoch durch Vereinbarung zwischen ihnen aufgeteilt werden kann. Sollte unter den Erben ein noch ungeborenes Kind sein, so ist eine Aufteilung des Nachlasses gem. Art. 1166 ZGB erst nach der Geburt des Kindes möglich. Sollten unter den Erben Minderjährige sein, so ist die Vormundschaftsbehörde über die Aufteilungsvereinbarung zu informieren.

77

Sofern der Nachlass innerhalb von drei Jahren ab dem Erbfall (vgl. Art. 1164 ZGB) aufgeteilt wird, sind folgende **Vorrechte** zu beachten:
- Ein Erbe, der bereits Gemeinschaftseigentum zusammen mit dem Erblasser an einem nicht teilbaren Vermögensgegenstand hatte oder diesen – ohne Eigentumsrechte daran zu besitzen – dauerhaft genutzt hat, hat gem. Art. 1168 Abs. 1, 2 ZGB ein Vorrecht auf diesen Gegenstand.
- Wenn unteilbare Wohnräume (Haus, Wohnung etc.) in den Nachlass fallen, so hat ein Erbe, der diese zum Zeitpunkt des Erbfalls bewohnt hat und der über keine andere Unterkunft verfügt, gem. Art. 1168 Abs. 3 ZGB ein Vorrecht auf diese Immobilie.
- Erben, die zum Zeitpunkt des Erbfalls mit dem Erblasser zusammengelebt haben, haben gem. Art. 1169 ZGB ein Vorrecht auf die Haushaltsgegenstände des Erblassers.

78

Sollten sich bei der Aufteilung der Nachlassgegenstände unter den Erben aufgrund der gesetzlich vorgesehenen Vorrechte Unterschiede zwischen dem testamentarischen oder gesetzliche Erbteil und dem tatsächlich erhaltenen Vermögen ergeben, so sind diese gem. Art. 1170 ZGB durch Geld auszugleichen. Dabei sieht Art. 1170 Abs. 2 ZGB vor, dass ein Vorrecht erst nach erfolgtem finanziellem Ausgleich ausgeübt werden kann.

79

VIII. Besonderheiten bezüglich einzelner Nachlassgegenstände

Für bestimmte Nachlassgegenstände sieht das Zivilgesetzbuch in Art. 1176–1185 Besonderheiten vor. Dazu gehören:

80

1. Gesellschaftsanteile und Aktien

Fallen **Anteile an einer Gesellschaft** mit beschränkter Haftung in den Nachlass, so werden die Erben entweder Mitgesellschafter oder erhalten eine Abfindung für ihre Anteile in Höhe des Buchwertes. Ob eine Aufnahme als Mitgesellschafter erfolgt oder die Erben abgefunden werden, hängt davon ab, ob die Satzung der Gesellschaft vorsieht, dass die Aufnahme der

81

Erben als Mitgesellschafter einer Zustimmung der anderen Gesellschafter bedarf und ob diese Zustimmung erteilt wurde. Zu beachten ist, dass eine Registrierung der Erben als Mitgesellschafter erst erfolgen kann, wenn ein Erbschein erteilt wurde, also regelmäßig erst nach Ablauf der Sechs-Monats-Frist nach dem Erbfall.

82 Wenn **Aktien** einer Aktiengesellschaft in den Nachlass fallen, werden die Erben automatisch gem. Art. 1176 Abs. 3 ZGB Aktionäre dieser Gesellschaft.

2. Unternehmen

83 Wenn ein Erbe zum Zeitpunkt des Erbfalls als Einzelkaufmann registriert ist oder über ein Unternehmen verfügt, so hat er gem. Art. 1178 ZGB ein Vorrecht, ein Unternehmen, das in den Nachlass fällt, zu übernehmen. Dieses Vorrecht gilt unabhängig von der in Rn 76 erwähnten zeitlichen Beschränkung auf drei Jahre. Wenn er dieses Vorrecht geltend macht, muss er den anderen Erben gegebenenfalls gem. Art. 1170 ZGB einen Ausgleich in Geld zahlen.

3. Ausstehende Unterhaltsleistungen

84 Zum Zeitpunkt des Todes des Erblassers bereits fällige Gehalts-, Pensions-, Stipendien-, Sozialversicherungs-, Schadenersatz- und sonstige Geldforderungen, die zur Sicherung seines Lebensunterhalts dienen, stehen gem. Art. 1183 ZGB den Familienmitgliedern des Erblassers, die mit ihm zusammengelebt haben, und unterhaltsberechtigten Familienmitgliedern, unabhängig davon, ob sie mit ihm zusammengelebt haben, zu. Diese Forderungen müssen allerdings von den berechtigten Personen innerhalb von vier Monaten nach dem Erbfall geltend gemacht werden. Sollten keine entsprechenden Personen vorhanden sein oder die Frist versäumt werden, so fallen diese Forderungen in den zu verteilenden Nachlass.

F. Erbschaftsteuer

85 Die Erbschaftsteuer wurde in Russland zum 1.1.2006 aufgehoben.

Weitere Informationen und Materialien, wie z.B. Muster, Formulare, amtliche Texte und Internetadressen, befinden sich auf der beiliegenden CD-ROM.

San Marino

Dr. Rembert Süß, Rechtsanwalt, Würzburg

Inhalt

A. Internationales Erbrecht 1
B. Gesetzliche Erbfolge 3
C. Testamentarische Erbfolge 6

Literatur

Mansel/Hufer, Gutachten zum Erbrecht San Marinos, Jahrbuch für Italienisches Recht 14 (2001), S. 225; *Reinkenhof*, Die Anwendung von ius commune in der Republik San Marino – Einführung in die Grundlagen und Erbrecht, 1997.

A. Internationales Erbrecht

Das Recht von San Marino nimmt im Internationalen Erbrecht eine Nachlassspaltung vor und unterstellt bewegliches Vermögen dem **Heimatrecht** des Erblassers. Für unbewegliches Vermögen hingegen gilt das jeweilige **Belegenheitsrecht**.[1] Da San Marino nicht Mitgliedstaat der Europäischen Union ist, wird dort die Europäische Erbrechtsverordnung nicht in Kraft treten. Das bislang bestehende System des internationalen Erbrechts bleibt daher durch die EU-ErbVO unberührt. 1

San Marino hat das Haager Abkommen über die Anerkennung von **Trusts** vom 1.7.1985[2] ratifiziert. Das **Haager Testamentsformübereinkommen** von 1961 ist dagegen für San Marino **nicht** in Kraft. 2

B. Gesetzliche Erbfolge

Das Zivilrecht ist nicht durchgehend kodifiziert, sondern beruht noch weitgehend auf dem *ius commune*, wie es in Italien vor dem Inkrafttreten des *Code Napoléon* galt. Das Gesetz Nr. 49 vom 26.4.1986 (*Riforma del Diritto di Famiglia*)[3] regelt nun teilweise auch das gesetzliche Erbrecht des Ehegatten und der Kinder. 3

Gemäß Art. 137 Reformgesetz erben die Kinder als gesetzliche Erben **erster Ordnung** zu gleichen Teilen. Nichteheliche Kinder erben gleichberechtigt, wenn sie anerkannt worden sind oder die Abstammung gerichtlich festgestellt worden ist. In der **zweiten Ordnung** erben die Eltern, sonstige Vorfahren und vollbürtige Geschwister. In der **dritten Ordnung** 4

---

1 *Reinkenhof*, S. 124 f. Insoweit beruft man sich auf das *ius commune*. Das ist unzutreffend, denn dieses Recht knüpfte das Erbstatut für die Fahrnis an den Wohnsitz des Erblassers an.
2 Text der Konvention auf der beiliegenden CD-ROM unter der Rubrik „Haager Konventionen".
3 Text des Gesetzes auf der beiliegenden CD-ROM unter der Rubrik „San Marino", Datei „Familienrechtsreform".

erben die Halbgeschwister und in der **vierten Ordnung** sonstige Verwandte in der Seitenlinie, wobei der Grundsatz der sukzessiven Berufung gilt.[4]

5   Der **überlebende Ehegatte** erhält neben den Kindern im Rahmen der gesetzlichen Erbfolge den Nießbrauch am gesamten Nachlass und eine Erbquote in Höhe des Anteils eines Kindes, Art. 138 Abs. 2 Reformgesetz. Sind keine Kinder vorhanden, erwirbt der Ehegatte neben dem Nießbrauch am gesamten Nachlass die Hälfte des Vermögens zu Eigentum, Art. 138 Abs. 1 Reformgesetz. Das gesetzliche Erbrecht endet gem. Art. 140 Reformgesetz mit der Scheidung der Ehe. Die gerichtliche Trennung der Ehegatten von Tisch und Bett hat den Verlust des Erbrechts nur dann zur Folge, wenn dem überlebenden Ehegatten die Schuld an der Trennung angelastet worden ist. In diesem Fall kann er nur einen Unterhaltsanspruch (*assegno vitalizio*) geltend machen, Art. 139 Reformgesetz.

C. Testamentarische Erbfolge

6   Der Erblasser kann nur durch einseitiges Testament verfügen. Erbverträge sind dem marinesischen Recht fremd, und wohl auch gemeinschaftliche Testamente. Das **Testament** konnte herkömmlich nur als öffentliches Testament vor dem Notar schriftlich mit Unterschrift vor zwei Zeugen errichtet werden. 1985 wurde die Möglichkeit geschaffen, ein Testament auch in der Weise zu errichten, dass es vollständig eigenhändig verfasst, mit vollständigem Datum der Errichtung versehen und am Ende unterschrieben wird (*testamento olografo*).[5] Der Erblasser kann Erben einsetzen, Nacherbfolge anordnen (*Universalfideikommiss*), Vermächtnisnehmer und Erben mit Auflagen belasten oder einen Testamentsvollstrecker ernennen.

7   Der **Pflichtteil** ist echtes Noterbrecht. Den Abkömmlingen ist ein Drittel der Erbschaft vorbehalten, hinterlässt der Erblasser vier und mehr Kinder, die Hälfte. Dem Ehegatten ist ein Nießbrauch an der Hälfte des Nachlasses vorbehalten, Art. 138 Abs. 3 Reformgesetz.

Weitere Informationen und Materialien, wie z.B. Muster, Formulare, amtliche Texte und Internetadressen, befinden sich auf der beiliegenden CD-ROM.

---

4   *Reinkenhof*, S. 130 f.
5   Gesetz Nr. 78 vom 4.7.1985. Gesetzestext auf der beiliegenden CD-ROM unter der Rubrik „San Marino".

Süß

Schweden

*Ernst Johansson, Rechtsanwalt und Notar a.D., Kiel,
Honorarkonsul des Königreichs Schweden a.D.*

Inhalt

A. Internationales Privatrecht 1
  I. Bestimmung und Umfang des Erbstatuts 1
  II. Testamente (IPR) 19
  III. Rechtswahl 26
  IV. Nachlassabwicklung (IPR) 27
  V. Anerkennung, Vollstreckbarkeit und Vollstreckung von Entscheidungen 38
  VI. Die internordischen Erbregelungen 43
    1. Allgemeines Erbstatut 43
    2. Testamentserrichtung 46
    3. Erbverträge 53
B. Materielles Erbrecht in Schweden 54
  I. Gesetzliche Erbfolge 54
    1. Allgemeines 54
    2. Die Erben der ersten Klasse 56
      a) Kinder des Erblassers 56
      b) Erblasser in erster Ehe verheiratet 57
      c) Erblasser in zweiter (oder weiterer) Ehe verheiratet 64
      d) Unverheirateter Erblasser 66
      e) Eingetragene Partnerschaft 67
    3. Die Erben der zweiten Klasse 68
    4. Die Erben der dritten Klasse 71
    5. Das Erbrecht des Fiskus 72
    6. Voraussetzungen für die Erbeneigenschaft 74
    7. Verwirkung des Erbrechts 79
  II. Testament 81
  III. Form des Testaments 87
  IV. Gemeinsames Testament 95
  V. Erbvertrag 99
  VI. Die Auslegung von Testamenten und die Behandlung von Vermächtnissen 102
  VII. Anfechtung des Testaments 110
  VIII. Pflichtteil 114
  IX. Das Europäische Nachlasszeugnis 125
  X. Die Behandlung des Nachlasses 126
    1. Rechtsnatur des Nachlasses, Beteiligte 126
    2. Testamentsvollstrecker, Nachlassverwalter 132
    3. Nachlassverzeichnis 137
    4. Vermögensbewertung 141
    5. Güterteilung aufgrund des Eherechts 146
    6. Nachlassteilung und Erbauseinandersetzung 149
  XI. Nachlassbehandlung bei Lebenspartnerschaft 156
  XII. Erbenhaftung 157
  XIII. Anrechnung von Vorausempfang (Förskott på arv) 161
  XIV. Verjährung des Erbanspruchs 169
  XV. Behandlung von Lebensversicherungen .. 179
C. Nachlassbehandlung und Erbauseinandersetzung in internationalen Erbfällen 183
D. Erbschaftsteuer 194
  I. Allgemeines 194
  II. Doppelbesteuerungsabkommen Deutschland–Schweden 196

Literatur

Schwedische Literatur

Gesetzestexte im *Sveriges Rikeslag*, 128. Aufl. mit Zusatz für 2007, Norstedts Juridik; *Agell*, Testamentsrätt, 2. Aufl. 1999; *Åkerblom*, Bouppteckning, 3. Aufl. 2002; *Bogdan*, Den nya EU Förordning om internationell successionsrätt, SvJT 2014, 745; *Bogdan*, Internationelltprivatsrättsliga rättsfall, 3. Aufl., Lund 2006; *Bogdan*, Svensk Internationell Privat- och Processrätt, 6. Aufl. 2004 (zit. *Bogdan*, IPR); *Bogdan*, in: Norstedts Juridiska Handbok (zit. *Bogdan*, NJH); *Eek*, I lagkonflikter i tvistemål, Stockholm 1972; *Håkansson*, in: Norstedts Juridiska Handbok; *Karlgren*, Kortfattad lärobok i internationell privat och processrätt, 5. Aufl. 1974; *Malmström & Agell*, Civlrätt 16. Aufl. 1999; *Nyström*, Familjens Juridik, Norstedts, 2010 (zit. *Nyström*); *Pålsson*, Svensk Rättspraxis i Internationell Familje och Arvsrätt, 2. Aufl., Stockholm 2006; *Saldeen*, Arvsrätt, 3. Aufl., Uppsala 2006; *Teleman* Bodelning, Norstedts Juridik, 5. Aufl. 2011; *Walin*, 6. Kommentar till Ärvdabalken Del I, 5. Aufl. 2000; *Waller*, Lärobok om arvs och gåvoskatt, 5. Aufl. 2000 (zit. *Waller*, AGL).

Deutsche Literatur

Bogdan, Schwedisches Erbrecht, Vortrag am 12.5.2001 in Bergen auf der Tagung der DNJV (zit. *Bogdan*, Vortrag); *Boström*, Familienbeziehungen und Testierfreiheit in Schweden und anderen skandinavischen Ländern, in: Henrich/Schwab (Hrsg.), Familienerbrecht und Testierfreiheit im europäischen Vergleich, 2001; *Carsten*, Schweden (Stand: 1.1.2006), in: Ferid/Firsching/Dörner/Hausmann, Internationales Erbrecht; *Dübeck*, Gütertrennungsreform in Dänemark und skandinavisches Güterstandsrecht, ZEuP 1995, 827; *Korkisch*, Einführung in das Privatrecht der nordischen Länder, 1977; *Michaeli*, Internationales Privatrecht gemäß schwedischem Recht und schwedischer Rechtsprechung, 1948; *Ring/Olsen-Ring*, Einführung in das skandinavische Recht, 2. Aufl. 2014; *Schaeferdiek*, Immobilienerwerb in Schweden, MittBayNot 2003; *Vogel*, Schwedisches Erbrecht, Lund 1979.

A. Internationales Privatrecht

I. Bestimmung und Umfang des Erbstatuts

1 Ein ausländischer Staatsangehöriger kann im Inland ebenso wie ein schwedischer Staatsangehöriger erben (ÄB 1:3).[1]

2 Gemäß dem **Gesetz 1937:81 über die internationalen Rechtsverhältnisse betreffend Nachlässe (IDL)** 1:1, 1. Abs., bestimmt die **Staatsangehörigkeit** des Erblassers das Recht bezüglich seines Nachlasses. Dies gilt sowohl für das Immobilienvermögen als auch das bewegliche Eigentum. Das schwedische IPR geht also vom **Prinzip der Nachlasseinheit** aus.[2] Das IDL gilt jedoch nicht für internordische Rechtsverhältnisse.

3 Durch die Verordnung (EU) Nr. 650/2012 vom 4. Juli 2012[3] (**EU-Erbrechtsverordnung**) gilt allerdings ab dem 17.8.2015 auch in Schweden nicht mehr das Staatsangehörigkeitsprinzip, sondern das Prinzip, dass der **gewöhnliche Aufenthalt** für das Erbrecht entscheidend ist. Ein deutscher Staatsangehöriger, der in Schweden seinen gewöhnlichen Aufenthalt hat und dort stirbt, wird dann nach schwedischem Recht und nicht – wie bisher – nach deutschem Recht beerbt. Für Schweden, das eine große Anzahl von Migranten und Flüchtlingen aufgenommen hat, stellt diese neue Anknüpfung eine große Erleichterung für Gerichte und Verwaltungen dar.[4] Ausnahmsweise kann ein anderes Recht zur Anwendung kommen, wenn der Verstorbene bei seinem Tode offensichtlich eine engere Verbindung zu einem anderen Land als dem des Wohnsitzstaates hatte (Art. 21 Abs. 2 EU-ErbVO). Als Beispiel wird der Fall genannt, dass ein Einwanderer kurz nach seiner Wohnsitznahme dort in Schweden verstirbt; dann kann das Recht seines bisherigen Aufenthaltsstaates angewendet werden.

4 **Rück- und Weiterverweisung** kennt das schwedische IPR derzeit nicht.[5] Nach dem 17.8.2015 (Geltung der EU-ErbVO) allerdings ist für Schweden die Neuregelung in Art. 34

---

1 Weiter heißt es in 1:3, 2. Satz: „Sind in dem anderen Staat schwedische Staatsangehörige den Inländern hinsichtlich des gesetzlichen Erbrechts nicht gleichgestellt oder würden ihnen dort größere Abzüge als diesen auferlegt, so ist die Regierung berechtigt anzuordnen, dass für die Staatsangehörigen dieses Staates im Inland entsprechende Beschränkungen gelten sollen." Eine solche Abwehrregelung ist jedoch bisher nicht erfolgt.
2 *Carsten*, S. 10. Soweit in einem Land für bestimmte Immobilien gesonderte Rechte gelten – z.B. Höfeordnung – soll das Recht des Ortes zur Anwendung kommen, IDL 1 Kap. § 2.
3 Verordnung (EU) Nr. 650/2012 des Europäischen Parlaments und des Rates vom 4. Juli 2012 über die Zuständigkeit, das anzuwendende Recht, die Anerkennung und Vollstreckung von Entscheidungen und die Annahme und Vollstreckung öffentlicher Urkunden in Erbsachen sowie zur Einführung eines Europäischen Nachlasszeugnisses (ABl. EU L 201 vom 27.7.2012, S. 107).
4 *Bogdan*, SvJT 2014, 739.
5 *Carsten*, S. 10; *Bogdan*, IPR, S. 54; NJA 1969, S. 163. In diesem Rechtsfall, der allerdings kein Erbrecht, sondern Schuldrecht berührte, erklärte der Höchste Gerichtshof, dass Rückverweisungen „nach schwedischem internationalen Privatrecht ohne Bedeutung" seien. *Bergquist*, S. 38; *Pålsson*, S. 37 f.

EU-ErbVO zu beachten, die die Rückverweisung zulässt. Allerdings nur, wenn der Renvoi eine Rückverweisung auf ein Recht eines Mitgliedstaates beinhaltet oder auf das Recht eines Nichtmitgliedstaates, das mit der Verweisung sein eigenes Recht anwendet.

Nach dem 17.8.2015 sind außerdem die Gerichte des Mitgliedstaates, in dem der Erblasser seinen gewöhnlichen Aufenthalt im Zeitpunkt seines Todes gehabt hat, für den gesamten Nachlass **zuständig**. Ausnahmen für Immobilien – wie das IDL es noch vorsieht – werden grundsätzlich nicht gemacht. Allerdings lässt Art. 30 EU-ErbVO die Beachtung von besonderen nationalen Regelungen bei unbeweglichen Sachen, Unternehmen und anderen besonderen Vermögenswerten aus wirtschaftlichen, familiären oder sozialen Erwägungen zu. 5

Hat jemand die Staatsangehörigkeit eines Staates, der verschiedene Rechtsordnungen hat (z.B. USA), so bestimmt Kap. 3 § 1 IDL, dass die Frage, welches Recht anzuwenden ist, sich nach dem Recht dieses Staates richtet. Gibt es keine solchen Regeln, soll das Recht des Teilstaates angewandt werden, zu dem der Betroffene die engste Bindung hat.[6] Eine Ausnahme wird nur gemacht bezüglich des Grundvermögens, das nach den gesetzlichen Regeln des Landes, in dem es sich befindet, besonderen Bestimmungen unterliegt (z.B. Höferecht, Fideikommiss). Für dieses Vermögen gilt der Grundsatz der **lex rei sitae**. Der Wohnsitz spielt im nichtnordischen Erbrecht praktisch keine Rolle.[7] Soweit jedoch auf den **Wohnsitz** (*hemvist*) verwiesen wird, ist auch im schwedischen Recht nicht der formelle – angemeldete – Wohnsitz entscheidend, sondern der tatsächliche dauerhafte Aufenthaltsort. Schwedische Gerichte haben wiederholt den Wohnsitz in Schweden als gegeben angesehen, obwohl die Anmeldung bei der Steuerbehörde, die Einwohnermeldeamt ist, nicht vorlag.[8] 6

Inwieweit ein Vermögen zum Nachlass gehört, wird ebenfalls nach dem Recht des Erblassers bestimmt. So entschied das Höchste Gericht in einem Fall in der Frage eines gemeinsamen Bankkontos (*joint account*) in den USA, dass dieses nach dem Tode des einen Kontoinhabers gemäß dem Recht des Staates Washington automatisch auf den anderen Kontoinhaber übergeht und somit nicht in den Nachlass fällt.[9] 7

Die *lex patriae* bestimmt also die Erbfolge, deren Erbanteile, auch die Frage, wie weit jemand über seinen Erbteil hinaus Unterhalt aus dem Nachlass erhält, sowie auch, inwieweit ein Erbe sein Recht auf Erbschaft verwirkt hat (IDL 1:1, Abs. 2). Auch die Frage, inwieweit eine Schenkung auf das Erbe anzurechnen ist, richtet sich nach der Staatsangehörigkeit des Erblassers, allerdings zum Zeitpunkt der Schenkung (IDL 1:8). 8

Wer **schwedischer Staatsangehöriger** ist, wird nach dem Staatsangehörigkeitsgesetz vom 1.7.2001 geregelt (SFS 2001:82, geändert durch das Gesetz 2014:481). Im IDL gibt es keinen Hinweis, wie zu verfahren ist, wenn der Erblasser zwei oder mehr Staatsangehörigkeiten hatte. Auch die Gesetzesmaterialien geben keine Lösung. Sie wird der Gerichtspraxis überlassen.[10] Hat ein Erblasser im Zeitpunkt seines Todes neben der schwedischen auch eine andere Staatsangehörigkeit, z.B. die deutsche, so wenden die schwedischen Gerichte schwedisches Recht an.[11] Hat der in Schweden verstorbene Erblasser zwei oder mehr ausländische 9

---

6 *Pålsson*, S. 35. Entscheidungen gibt es nur im Zusammenhang mit den USA.
7 *Bogdan*, Vortrag, S. 10 f. Dies ändert sich am 17.8.2015 wie oben ausgeführt.
8 NJA 1962, S. 123; NJA 1973, S. 57. In Schweden ist das zuständige Finanzamt auch Einwohnermeldeamt.
9 NJA 1967, S. 175; *Bogdan*, IPR, S. 227, 239 meint, dass der HD das Prinzip des *lex rei sitae* angewandt hat, das sich aus § 3 Kap. 3 IDL indirekt ergibt. Dafür spricht auch NJA 1967, S. 175.
10 Siehe dazu *Bergquist*, S. 31; *Pålsson*, S. 33.
11 HD NJA 1976, S. 472 und *Bergquist*, S. 31; *Carsten*, S. 10; *Bogdan*, IPR, S. 153. Auch HD NJA 1976, S. 351; RÅ 1985 Ref. 2:8; *Pålsson*, S. 34 f., kritisiert diese feststehende Regel.

Staatsangehörigkeiten, soll die Staatsangehörigkeit bestimmend sein, die „die effektivste" ist, z.B. durch den Wohnsitz.[12] Es gibt jedoch Ausnahmen. In einem Fall hat *Svea Hovrätt* entschieden, dass deutsches Recht anzuwenden sei, da der Erblasser – zwar auch die schwedische Staatsangehörigkeit hatte –, aber sein ganzes Leben in Deutschland seinen Wohnsitz hatte.[13]

10 Bei **Staatenlosen** ist der Wohnsitz entscheidend. Ist dieser nicht feststellbar, der Aufenthaltsort.[14] Im Gesetz 1904:26 über gewisse internationale Rechtsverhältnisse betreffend Ehe und Vormundschaft ist dies im 7. Kapitel § 3 so geregelt. Personen, deren Staatsangehörigkeit ungewiss ist, werden Staatenlosen gleichgestellt.[15] Für politische Flüchtlinge, die ihre Staatsbürgerschaft noch haben, ist nach der Rechtsprechung des Höchsten Gerichts ebenfalls der Wohnsitz, ggf. der Aufenthaltsort entscheidend.[16]

11 Die Bindung an einen **Erbvertrag** mit dem Erblasser oder einer Schenkung auf den Todesfall wird nach der *lex patriae* im Zeitpunkt der Vornahme der Rechtshandlung beurteilt (IDL 1:7).[17] Der spätere Wechsel der Staatsangehörigkeit bleibt unbeachtlich. Nach IDL 1:7 Abs. 2 sind aber Erbverträge über das Erbe nach einer Person, die noch lebt, unwirksam, wenn sie mit einem anderen als dem Erblasser geschlossen sind. Nach schwedischer Rechtsauffassung verstößt ein solcher Vertrag gegen den *ordre public*.[18] Bei Erbverträgen muss beachtet werden, dass diese nach IDL 1:7 Abs. 2 nur als wirksam angesehen werden können, wenn sie mit dem Erblasser selbst geschlossen sind. Bei Vor- und Nacherbschaft ist das Statut des Erblassers entscheidend. – Mit Geltung der **EU-ErbVO** ab dem 17.8.2015 richtet sich die Zulässigkeit, die materielle Wirksamkeit und die Bindungswirkung eines Erbvertrages, soweit es den Nachlass einer einzigen Person betrifft, nach dem Recht, das nach dieser Verordnung auf die Rechtsnachfolge von Todes wegen anzuwenden wäre, wenn diese Person zu dem Zeitpunkt verstorben wäre, in dem der Erbvertrag geschlossen wurde. Ein Erbvertrag, der den Nachlass mehrerer Personen betrifft, ist nur zulässig, wenn er nach jedem der Rechte zulässig ist und nach dieser Verordnung auf die Rechtsnachfolge der einzelnen beteiligten Personen anzuwenden wäre, wenn sie zu dem Zeitpunkt verstorben wären, in dem der Erbvertrag geschlossen wurde.

12 Wer **berechtigt** ist zu **erben**, soll gem. IDL 1:9 nach dem Recht des Staates geprüft werden, dem der Erbe oder Testamentserbe angehört. Ausschlaggebend ist das Recht im Zeitpunkt des Todes, nicht zum Zeitpunkt der Errichtung des Testaments.[19] Die Staatsangehörigkeit des Erblassers ist ohne Bedeutung.

13 **Diskriminierende Bestimmungen** im Heimatrecht oder ausländische Entscheidungen diskriminierender Art aufgrund von Rasse, Religion, Abstammung oder wegen strafrechtlicher Verurteilungen, die mit dem Erblasser nichts zu tun haben, verstoßen gegen den „**ordre public**" Schwedens. In Kap. 1 § 12 IDL heißt es: „Bestimmungen in ausländischen Gesetzen, die offensichtlich mit den Grundsätzen der Rechtsordnung hier im Reich unvereinbar sind,

---

12 *Bergquist*, S. 31 und 33; *Bogdan*, IPR, S. 153.
13 RH 1993:2, siehe auch den bei *Bergquist*, S. 32 f., geschilderten Fall eines schwedischen und US-Bürgers, der in der US-Armee gedient hatte und nach 15 Jahren in Schweden zuletzt 55 Jahre in den USA lebte.
14 *Bergquist*, S. 33; *Pålsson*, S. 29; NJA 1939, S. 96.
15 *Pålsson*, S. 30; *Bogdan*, IPR, S. 154; *Eek*, S. 182.
16 NJA 1949, S. 82. Eine entsprechende Bestimmung ist für Ehestreitigkeit in JAL Kap. 7 § 3 geregelt; siehe auch *Bogdan*, IPR, S. 154–156; *Eek*, I. S. 182 f.; *Pålsson*, S. 31 f.
17 *Bogdan*, IPR, S. 228; NJH 1934, S. 750; NJA 1934, S. 320; *Karlgren*, S. 140.
18 *Bergquist*, S. 57.
19 *Bergquist*, S. 58.

dürfen hier keine Anwendung finden."[20] Schwedische Gerichte sind sehr zurückhaltend mit der Anwendung des „*ordre public*".[21] Besondere Probleme hat es wiederholt in Schweden in Bezug auf Staatsangehörige gegeben – insbesondere aus den baltischen Staaten –, deren nationales Recht nach der Besetzung durch die Sowjetunion durch sowjetische rückwirkende Dekrete z.B. zur Frage, wer Erbe ist, geändert wurde. Hier scheint es mir keine Entscheidung des HD zu geben. Aber aus dem Fall des *Svea Hovrätt* NJA A37 ist zu erkennen, dass in den Fällen, in dem die Rechtsordnung eines selbstständigen Staates durch die Besatzungsmacht rückwirkend geändert wird, nach schwedischer Auffassung die nationalen Gesetze weiter maßgebend sind.[22]

Bei **gezeugten**, aber **noch nicht geborenen** Kindern gilt bezüglich des Rechts, **Erbe zu sein**, die *lex patriae* des gesetzlichen Erben oder Testamentserben im Zeitpunkt des Todes des Erblassers. Soweit eine Rechtsordnung nicht nur die Lebendgeburt, sondern auch verlangt, dass das Kind mindestens einige Stunden oder Tage gelebt hat, so würde dies von den schwedischen Gerichten wohl anerkannt werden. Für die Erbfähigkeit ist das Heimatrecht des Erben im Zeitpunkt des Todes maßgebend (Kap. 1 § 9 IDL). Dies gilt auch für besondere Regeln wie beispielsweise, dass ein Arzt, der einen Patienten „auf dem Totenbett behandelt", nicht in dessen Testament bedacht sein darf.[23] Wann der Tod eingetreten ist (Gehirntod oder Herztod), richtet sich nach der Staatsangehörigkeit des Erblassers.[24] Eine Erklärung, dass jemand für tot erklärt wird, kann für einen schwedischen Staatsbürger nur nach schwedischem Recht erfolgen; dies gilt auch für Ausländer, die ihren Wohnsitz in Schweden haben. Bei Ausländern, die ihren Wohnsitz im Ausland hatten, richtet sich die Erklärung nach der Staatsangehörigkeit des Verstorbenen.[25]

14

Ob eine Rechtshandlung wegen des Geisteszustandes des Testators oder wegen Täuschung, Irrtums oder Zwangs oder einer anderen unzulässigen Beeinflussung ungültig ist (**Testierfähigkeit**), ist nach der *lex patriae* des Testators zur Zeit der Errichtung oder des Widerrufs zu beurteilen (Kap. 1 § 6 IDL). Entsprechendes gilt für Erbverträge und Schenkungen von Todes wegen. Auch die Frage, ob eine Zuwendung, die ein gesetzlicher Erbe zu Lebzeiten des Erblassers erhalten hat, als Erbschaftsempfang anzusehen ist, wird nach dem Heimatrecht des Erblassers entschieden.[26] Der Wechsel der Staatsangehörigkeit oder andere gesetzliche Bestimmungen beim Tode des Erblassers sind unbeachtlich.

15

Die **Verwirkung** eines testamentarischen Erbrechts richtet sich nach dem Heimatrecht des Erblassers im Zeitpunkt seines Todes (Kap. 1 § 10 IDL).

16

Gehört zu den am Nachlass Beteiligten eine **juristische Person**, die in einem anderen Land in einem Register (z.B. Handelsregister oder Vereinsregister) eingetragen ist (**Inkorporationstheorie**), so gilt das Recht des Registrierungslandes. Ist die juristische Person nicht in einem Register eingetragen, so gilt das Recht des Landes, in dem deren Tätigkeit hauptsächlich betrieben wird. Ein ausländischer Staat oder eine Gebietskörperschaft wird nach dem Recht der jeweiligen öffentlichen Körperschaft beurteilt.[27]

17

---

20 NJA II 1938, S. 217; *Bogdan*, IPR, S. 248; *Michaeli*, IPR, S. 248; *Karlgren*, S. 138.
21 *Bergquist*, S. 59.
22 *Pålsson*, S. 231 f. Die EU-ErbVO bringt hier keine Änderung (Art. 35).
23 *Bogdan*, IPR, S. 231; *Karlgren*, S. 139; NJA II 1938, S. 214 und 218.
24 *Bergquist*, S. 59.
25 Betreffend Todeserklärung s. ÄB 25. Kap.
26 *Carsten*, S. 12; *Bergquist*, S. 55.
27 *Bogdan*, IPR, S. 151.

18 Sollte der Erblasser keine Angehörigen und auch nicht durch Testament einen oder mehrere Erben bestimmt haben und sollte die *lex patriae* des nicht nordischen Erblassers in diesem Fall bestimmen, dass der Nachlass dem Staat des Erblassers, einer anderen öffentlichen Körperschaft oder einer anderen allgemeinen Einrichtung zufallen soll (**Fiskuserbrecht**), so fällt das in Schweden befindliche Vermögen an den schwedischen Allgemeinen Erbschaftsfonds (IDL 1:11). Der **Allgemeine Erbschaftsfonds** hat die Auffassung vertreten, dass ihm auch im Ausland belegene Grundstücke zufallen, die schwedischen Staatsangehörigen oder in Schweden bei ihrem Tode lebenden Ausländern gehören und bei denen keine Erben vorhanden sind.[28]

II. Testamente (IPR)

19 Die Gültigkeit der Errichtung eines Testaments richtet sich ebenfalls nach dem Staatsangehörigkeitsprinzip.[29] Sowohl die Errichtung als auch die Beurteilung der **Testierfähigkeit** soll sich nach IDL 1:3 nach dem Recht richten, dessen Staatsangehöriger der Erblasser im Augenblick der Errichtung war (**Errichtungsstatut**).[30] Eine nach Errichtung des Testaments erfolgte Änderung der Staatsangehörigkeit berührt nicht die Gültigkeit des Testaments und auch nicht das Recht des Erblassers auf Widerruf des Testaments, falls er dieses Recht im Augenblick der Errichtung gemäß dem damaligen Recht des Staates, dessen Staatsbürger er war, gehabt hätte. Die Unwirksamkeit einer letztwilligen Verfügung – oder auch eines Widerrufs –, z.B. wegen Geistesschwäche oder Zwang, richtet sich ebenso nach dem Recht des Staates, dem der Erblasser im Zeitpunkt der Errichtung bzw. des Widerrufs angehörte (IDL 1:6).[31]

20 Die Rechtswirksamkeit des Inhalts des Testaments, z.B. inwieweit sein Inhalt das Pflichtteilsrecht verletzt oder Bestimmungen zugunsten noch nicht geborener Personen gültig sind oder nicht, werden nach der *lex patriae* im Augenblick des Todes des Erblassers beurteilt (IDL 1:5), „in Bezug auf Grundstücke nebst Zubehör ist jedoch eine Bestimmung zugunsten Ungeborener nicht als gültig anzusehen, soweit sie im Widerspruch zu dem Recht an dem Ort, in dem das Grundstück belegen ist, steht" (IDL 1:5, letzter Hs.).

21 **Formgültig** ist ein Testament, wenn es am Ort der Errichtung den Formen des dortigen Rechts oder dem Recht des Ortes, an dem der Testator zur Zeit seines Todes seinen Wohnsitz oder seinen gewöhnlichen Aufenthalt[32] hatte, entsprach oder nach dem Recht des Staates, dessen Staatsangehöriger der Testator zur Zeit seines Todes war[33] (IDL 1:4).

Beispiel: Ein in Deutschland mit Schreibmaschine geschriebenes Testament, das ein schwedischer Erblasser unterschrieben hat und dessen Unterschrift von zwei unabhängigen Zeugen

---

28 *Carsten*, S. 12; a.A. KG OLGZ 1985, S. 280 (deutscher Grundbesitz); ÖOGH IPRax 1986, 43 (österreichischer Grundbesitz) und *Firsching*, IPRax 1986, 25.
29 *Bogdan*, Vortrag, S. 11; *Bogdan*, IPR, S. 230.
30 *Bogdan*, IPR, S. 230; *Carsten*, S. 11.
31 Abweichend von diesem Grundsatz *Svea Hovrätt*, SvJt 1950, S. 958. Diese Entscheidung wird zu Recht kritisiert sowohl von *Eek*, TfR 1955, S. 132, 144 f., 149 als auch bei *Pålsson*, S. 233.
32 Der Begriff „hemvist" ist in den §§ 7:2 JÄL und in § 14 IMF definiert. „*Hemvist*" liegt vor, wenn die Wohnsitznahme „unter Berücksichtigung der Dauerhaftigkeit und den Umständen im Übrigen als ständig angesehen werden muss". Zwei Voraussetzungen müssen für einen „*hemvist*" erfüllt sein: Objektiv muss die Person ihren gewöhnlichen Aufenthaltsort geändert haben in der Weise, dass sie sich nunmehr „normal" im neuen Land aufhält, und subjektiv soll die Person die Absicht haben, sich dauerhaft im neuen Land aufzuhalten (*animus remanendi*), *Bogdan*, IPR, S. 142.
33 *Carsten*, S. 11; *Bogdan*, NJH, S. 750; dies ändert sich nicht durch die EU-ErbVO (Art. 27).

beglaubigt worden ist, würde aufgrund der schwedischen Staatsangehörigkeit des Erblassers von schwedischen Gerichten als wirksam angesehen werden.

Soweit es **Grundeigentum** betrifft, wird ein Testament auch als formwirksam angesehen, wenn es den Vorschriften des Landes entspricht, in dem das Grundstück liegt.[34]

Bei **Doppelstaatsangehörigkeit** ist ein Testament wirksam, wenn es dem Recht eines der Staaten entspricht, dem der Erblasser angehört.

Hinweis: Schweden und Deutschland haben das Haager Übereinkommen vom 5.10.1961 ratifiziert. *Carsten*[35] weist aber zu Recht darauf hin, dass vorsorglich das Testament so errichtet werden sollte, dass es dem Recht beider Staaten entspricht. So sollte beispielsweise bei einem privatschriftlichen Testament die Unterschrift von zwei unabhängigen Zeugen beglaubigt werden.

Nach welchem Recht eine testamentarische Bestimmung **ausgelegt** werden soll, ist gesetzlich nicht geregelt. Hat der Erblasser insofern eine Rechtswahl getroffen, so wird dies von schwedischen Gerichten akzeptiert, soweit das gewählte Recht nicht gegen ausdrückliche Bestimmungen in der *lex patriae* des Testators im Zeitpunkt seines Todes verstößt.[36] Im Übrigen ist in der Literatur offen, ob das Recht des Wohnsitzes (*lex domicilii*), seine *lex patriae* oder das Recht des Errichtungslandes jeweils im Zeitpunkt der Errichtung angewendet werden soll.[37]

III. Rechtswahl

Nach dem IDL und insbesondere nach den internordischen Regeln war eine Rechtswahl zulässig, wenn das Recht des Wohnsitzes oder das der Staatsangehörigkeit im Testament gewählt wurde. In der EU-ErbVO ist dies in Art. 22 darauf beschränkt, dass eine Person nur für die Rechtsnachfolge von Todes wegen das Recht des Staates wählen kann, dem sie im Zeitpunkt der Rechtswahl oder im Zeitpunkt ihres Todes angehört. Neu ist gegenüber dem bis 16.8.2015 geltenden Recht, dass eine Regelung bei Mehrstaatlichkeit jetzt statuiert ist. In Art. 22 Abs. 1 und Abs. 2 EU-ErbVO heißt es: „Eine Person, die mehrere Staatsangehörigkeiten besitzt, kann das Recht eines der Staaten wählen, denen sie im Zeitpunkt der Rechtswahl oder im Zeitpunkt ihres Todes angehört." Dies entspricht der internordischen Regelung in § 1 NÄ. Die Rechtswahl muss in einer letztwilligen Verfügung getroffen worden sein.

IV. Nachlassabwicklung (IPR)

Die Nachlassabwicklung ist im 2. Kapitel des IDL geregelt. Nachlassfeststellung, -teilung und Erbauseinandersetzung nach demjenigen, der in Schweden seinen Wohnsitz im Zeitpunkt seines Todes hatte, richten sich nach schwedischem Recht und zwar auch bezüglich seines Auslandseigentums (Kap. 2 § 1 Abs. 1 IDL). Nachdem die Nachlassfeststellung nach einem ausländischen Staatsbürger abgeschlossen ist, können, wenn die am Nachlass Beteiligten sich einig sind, die Teilung des Nachlasses und die Erbauseinandersetzung nach dem Recht des Landes erfolgen, dessen Staatsangehöriger der Verstorbene war. Das Eigentum

---

34 *Bogdan*, NJH, S. 750; *Carsten*, S. 11.
35 A.a.O., S. 11.
36 NJA II 1938, S. 215.
37 *Bogdan*, IPR, S. 231.

28 Ist der Verstorbene schwedischer Staatsangehöriger, hatte aber keinen Wohnsitz in Schweden, wohl aber Eigentum in Schweden, so ist dieses zur Verwaltung an denjenigen abzutreten, der den Nachlass feststellen soll (*boutredningsman*). Die Nachlassfeststellung, die Nachlassteilung und die Erbauseinandersetzung sollen nach schwedischem Gesetz erfolgen (Kap. 2 § 3 IDL).

darf dann von demjenigen in Besitz genommen und verwaltet werden, der nach dem Recht des Landes, dem der Verstorbene angehörte, dazu berechtigt ist (Kap. 2 § 1 Abs. 2 IDL).

29 Derjenige, der Eigentum eines Verstorbenen im Besitz hat, soll, falls für den Nachlass kein *boutredningsman* bestellt ist, dies der Sozialbehörde unverzüglich melden. Ist der Nachlass von geringem Wert und besteht er hauptsächlich aus Kleidern, geringem Bargeld und Sachen von geringem Wert, kann die Sozialbehörde den Nachlass den Angehörigen aushändigen, wenn der Verstorbene schwedischer Staatsangehöriger war; war er Ausländer, dann an den zuständigen Konsul (Kap. 2 § 3 IDL). Zum *boutredningsman* und zum Nachlassverwalter dürfen keine am Nachlass Beteiligten bestellt werden (Kap. 2 § 4 IDL).

30 Wenn die Nachlassfeststellung, -teilung und Erbauseinandersetzung nach schwedischem Recht erfolgen, soll dies auch das im Ausland befindliche Eigentum umfassen (Kap. 2 § 5 Abs. 1 IDL). Auf Antrag des *boutredningsman* oder nachdem er angehört worden ist, kann das Gericht, falls es findet, dass dies ohne Schaden für den Berechtigten erfolgen kann, anordnen, dass das Eigentum oder ein Teil davon für die Nachlassfeststellung, -teilung und Erbauseinandersetzung demjenigen übertragen wird, der nach dem Recht der Landes, dem der Verstorbene angehörte, zuständig ist. Die eventuellen übrigen Beteiligten sind vorher zu hören (Kap. 2 § 5 Abs. 2 IDL).

31 Bei der Nachlassfeststellung, -teilung und Erbauseinandersetzung nach einem ausländischen Staatsbürger, der keinen Wohnsitz in Schweden hatte, soll die Feststellung, Teilung und Auseinandersetzung nur das in Schweden befindliche Eigentum umfassen. Festzustellen sind auch die Schulden, die der Verstorbene gegenüber schwedischen Staatsbürgern hatte (Kap. 2 § 6 Abs. 1 IDL). Ist ein Überschuss vorhanden, soll dieser an die ausländische Nachlassverwaltung überwiesen werden (Kap. 2 § 6 Abs. 2 IDL).

32 Für die **Haftung der Erben** für die Schulden des Verstorbenen ist, falls die Nachlassfeststellung, -teilung und Erbauseinandersetzung in Schweden stattfindet, schwedisches Recht anzuwenden (Kap. 2 § 7 IDL). Schwedisches Recht gilt auch für das Recht des Testamentserben (oder Vermächtnisnehmers) betreffend Nachlassfeststellung und Erbauseinandersetzung, die in Schweden erfolgen, sowie auch für Zustellungen und die Anfechtung eines Testaments (Kap. 2 § 7 IDL). Schwedisches Recht ist auch anzuwenden auf die Frage der Verjährung von Ansprüchen auf ein Erbe oder aus einem Testament (Kap. 2 § 8 IDL).

33 **Streitigkeiten** über das Erbe oder Testamente oder über das Recht des längstlebenden Ehegatten am Nachlass sollen von schwedischen Gerichten entschieden werden, wenn der Verstorbene
 – schwedischer Staatsbürger war,
 – seinen Wohnsitz in Schweden hatte oder
 – sich auf das in Schweden befindliche Vermögen bezieht (Kap. 2 § 10 Abs. 1 IDL).

34 Berührt der Streit Vermögen, das nach dem IDL einer ausländischer Nachlassverwaltung unterstellt worden ist, so endet die Zuständigkeit schwedischer Gerichte (Kap. 2 § 10 Abs. 2 IDL).

35 War der Verstorbene nicht schwedischer Staatsangehöriger und hat an einem **ausländischen Ort** die Nachlassteilung oder Erbenauseinandersetzung durch eine Behörde oder durch besonders für die Teilung bestellte Person (*skiftesman*) stattgefunden oder ist der Rechts-

streit über das Erbe bzw. das Testament durch ein **ausländisches Gericht** entschieden worden, ist die Teilung oder die Gerichtsentscheidung anzuerkennen, wenn der Verstorbene bei seinem Tode Staatsbürger des Landes war, in dem die Entscheidung gefällt wurde, oder wenn er dort seinen Wohnsitz hatte. Dies gilt jedoch nicht, wenn die Entscheidung Eigentum betrifft, das in Schweden von einer Nachlassteilung betroffen war oder hätte sein sollen (Kap. 2 § 12 Abs. 3 IDL). Im Übrigen darf die ausländische Entscheidung nicht der Rechtsordnung Schwedens widersprechen (Kap. 2 § 12 Abs. 6 IDL). Auch muss bei einem Versäumnisurteil die Partei, gegen die ein solches ergangen ist, Gelegenheit gehabt haben, selbst oder durch einen Bevollmächtigten am Gerichtsverfahren teilzunehmen (Kap. 2 § 12 Abs. 7 IDL). Der **Antrag auf Anerkennung des ausländischen Urteils** ist ab dem 10.1.2015 beim zuständigen *tingsrätt* zu stellen (Gesetz 2014:915). Den anderen Beteiligten ist Gelegenheit zu geben, zum Antrag Stellung zu nehmen (Kap. 2 § 13 IDL).

Die Bestimmungen über schwedische Staatsbürger als Erbe, Gläubiger oder sonst am Nachlass Beteiligte sind entsprechend anzuwenden auf den schwedischen Staat, die Gemeinde, auf Gesellschaften, Vereine oder sonstige Körperschaften oder Stiftungen in Schweden (Kap. 2 § 16 IDL).

Die schwedische Regelung, die eine Bestellung eines Nachlassverwalters in aller Regel vorsieht, ist nach Art. 29 EU-ErbVO auch weiterhin zulässig.

V. Anerkennung, Vollstreckbarkeit und Vollstreckung von Entscheidungen

Nach der EU-ErbVO sind die in einem Mitgliedstaat ergangenen Entscheidungen in Erbsachen in den anderen Mitgliedstaaten **anzuerkennen**, ohne dass es hierfür eines besonderen Verfahrens bedarf (Art. 39 Abs. 1 EU-ErbVO). Eine Entscheidung wird **nicht anerkannt** (Art. 40 EU-ErbVO), wenn
- die Anerkennung gegen den *ordre public* des Mitgliedstaates, in dem sie geltend gemacht wird, offensichtlich verstoßen würde;
- dem Beklagten, der sich auf das Verfahren nicht eingelassen hat, das verfahrenseinleitende Schriftstück oder ein gleichwertiges Schriftstück nicht so rechtzeitig und in einer Weise zugestellt worden ist, dass er sich verteidigen konnte, es sei denn, der Beklagte hat die Entscheidung nicht angefochten, obwohl er die Möglichkeit dazu hatte;
- die Entscheidung mit einer anderen Entscheidung unvereinbar ist, die in einem Verfahren zwischen denselben Parteien in dem Mitgliedstaat, in dem die Anerkennung geltend gemacht wird, ergangen ist; und schließlich
- die Entscheidung mit einer früheren Entscheidung unvereinbar ist, die in einem anderen Mitgliedstaat oder einem Drittstaat in einem Verfahren zwischen denselben Personen wegen desselben Anspruchs ergangen ist, sofern die frühere Entscheidung die notwendigen Voraussetzungen für ihre Anerkennung in dem Mitgliedstaat, in dem die Anerkennung geltend gemacht wird, erfüllt.
- Gemäß Art. 3 Abs. 2 EU-ErbVO bezeichnet der Begriff „Gericht" nicht nur Gerichte, sondern auch sonstige Behörden und Angehörige von Rechtsberufen, die gerichtliche Befugnisse ausüben, wie z.B. Notare in Württemberg, soweit sie als Nachlassverwalter tätig werden.[38]

Die **örtliche Zuständigkeit** wird durch den Ort des Wohnsitzes der Partei, gegen die die **Vollstreckung** erwirkt werden soll, oder durch den Ort, an dem die Vollstreckung durchgeführt werden soll, bestimmt (Art. 45 Abs. 2 EU-ErbVO).

---

38 *Müller-Lukoschek*, Die neue EU-Erbrechtsverordnung, Rn 264.

40 Für das Verfahren ist das Recht des Vollstreckungsmitgliedstaates maßgebend (Art. 46 Abs. 1 EU-ErbVO).

41 Die EU-ErbVO sieht in Art. 56 die Gewährung von **Prozesskostenhilfe** oder einer **Kosten- und Gebührenbefreiung** für den Fall vor, dass der Antragsteller in der Entscheidung, die der Antragstellung auf Vollstreckbarkeitserklärung vorhergegangen ist, bereits Prozesskostenhilfe oder Kosten- und Gebührenbefreiung erhalten hat.[39]

42 Eine **Sicherheitsleistung** oder **Hinterlegung** bei einem Verfahren, in dem die Anerkennung, Vollstreckbarerklärung oder Vollstreckung einer in einem anderen Mitgliedstaat ergangenen Entscheidung beantragt wurde, darf nicht auferlegt werden (Art. 57 EU-ErbVO).

VI. Die internordischen Erbregelungen

1. Allgemeines Erbstatut

43 Bezüglich der Fälle, in denen ein Staatsbürger der Staaten des Nordischen Rates[40] in Schweden verstirbt oder dort Vermögen hinterlässt, gelten die Gesetze 1935:44, 45, 46.[41] Befindet sich der Nachlass in Schweden und ist der Erblasser ein dänischer, finnischer, norwegischer oder isländischer Staatsangehöriger, so regeln dies die Gesetze 1935:44 betreffend den Nachlass nach einem dänischen, finnischen, isländischen oder norwegischen Staatsangehörigen, der seinen Wohnsitz im Inland hat, das Gesetz 1935:46 betreffend die Aufsicht über das ungeteilte Gut dänischer, finnischer, isländischer oder norwegischer Staatsangehöriger in bestimmten Fällen und das Gesetz 1935:45 betreffend den Nachlass von Personen, die ihren Wohnsitz in Dänemark, Finnland, Island oder Norwegen hatten. Die Gesetze bauen auf dem **Domizilprinzip** auf. Ein nordischer Bürger mit Wohnsitz in Schweden wird nach schwedischem Recht beerbt (§ 1 NDL 1935:44), und zwar bezüglich allen Vermögens, gleich ob es sich im Norden oder woanders in der Welt befindet (§§ 19, 20 NDL).

44 Hat der Verstorbene bei seinem Tod weniger als fünf Jahre seinen gewöhnlichen Aufenthalt (*hemvist*) in Schweden gehabt, soll seine letzte *lex patriae* Anwendung finden, wenn einer der Erben oder Testamentsnehmer, „dessen Recht darauf beruht", dies fordert (§ 1 NDL 1935:44). Wenn nach dem Recht des Heimatlandes der Nachlass dem Staat zufallen würde, kann ein solcher Antrag nicht gestellt werden. Wird ein solcher Antrag gestellt und ist dies nicht im Sinne der übrigen Erben, können diese den Nachlassbeteiligten gemäß seinem Anteil, der ihm nach der *lex patriae* des Verstorbenen zustehen würde, befriedigen und für den übrigen Nachlass schwedisches Recht anwenden.[42] Nach § 2 NDL 1935:44 finden die Bestimmungen des § 1 über das Erbrecht auch Anwendung auf das Recht des überlebenden Ehegatten, in ungeteiltem Gut zu verbleiben, sofern nicht Abkömmlinge vorhanden sind, desgleichen auch auf den Anspruch auf Unterhalt und Ausbildungsbeiträge, die einem gesetzlichen Erben oder dem überlebenden Ehegatten aus dem Nachlass zustehen. Das gilt auch für den Anspruch des überlebenden Ehegatten, dem Nachlass Vermögen bis zu einem bestimmten Geldwert zu entnehmen.

45 Der **Antrag auf Anwendung des Heimatrechts** ist innerhalb von sechs Monaten nach dem Ableben zu stellen oder, wenn die Erbauseinandersetzung nach Ablauf der vorgenann-

---

[39] In der EU-ErbVO heißt es, dass „die günstigste Behandlung, die das Recht des Vollstreckungsmitgliedstaats vorsieht", zu gewähren ist.
[40] Staaten des Nordischen Rates sind Dänemark, Finnland, Island, Norwegen und Schweden.
[41] Sie beruhen auf der Konvention 1934 von Kopenhagen zwischen Dänemark, Finnland, Island, Norwegen und Schweden über Erbe, Testament und Nachlassbestimmung, SÖ 1935:97.
[42] NJA II 1935, S. 365; *Bogdan*, IPR, S. 229.

ten Frist stattfindet, spätestens bei der Erbauseinandersetzung. Ist die Erbauseinandersetzung durchgeführt, so kann derjenige, der an dieser teilgenommen hat, unter keinen Umständen mehr den erwähnten Antrag stellen (§ 3 NDL 1935:44). Wer gemäß diesem Paragraphen die Anwendung des Heimatrechts verlangt, hat auf Anforderung zu beweisen, dass die Voraussetzungen für dessen Anwendung gegeben sind, desgleichen hat er den Inhalt des genannten Rechts nachzuweisen.

2. Testamentserrichtung

Hinsichtlich der **Form eines Testaments** sowie des Widerrufs eines Testaments eines Erblassers, der zur Zeit seines Ablebens Angehöriger eines Vertragsstaates war und in einem solchen Staat seinen Wohnsitz hatte, sind die Bestimmungen des Gesetzes über die internationalen Rechtsverhältnisse in Nachlasssachen entsprechend anzuwenden (§ 9 NDL 1935:44). 46

Die **Fähigkeit**, ein **Testament** zu **errichten** oder ein solches zu **widerrufen**, bestimmt sich nach dem Recht des Vertragsstaates, in dem der Testator zur Zeit der Vornahme der entsprechenden Verfügung seinen Wohnsitz hatte. Hatte er jedoch noch nicht mindestens seit fünf Jahren seinen Wohnsitz in diesem Staat, so ist das Testament gleichwohl wirksam, wenn hierbei entsprechend dem Recht des Heimatlandes verfahren wurde. 47

Die Nichtigkeit eines Testaments oder seines Widerrufs aufgrund des Geisteszustands des Testators oder aufgrund von Betrug, Irrtum, Zwang oder anderer unzulässiger Beeinflussung bestimmt sich nach dem Recht des Vertragsstaates, in dem er zur Zeit der Vornahme der entsprechenden Handlung seinen Wohnsitz hatte. 48

Hatte der Angehörige eines anderen Vertragsstaates zur Zeit seines Ablebens seinen Wohnsitz im Inland, findet schwedisches Recht hinsichtlich der Geltendmachung und Anfechtung eines Testaments nach ihm Anwendung (§§ 10–12 NDL). 49

Das Vorstehende gilt auch hinsichtlich der Entscheidung der Frage, ob Zuwendungen, die der Erblasser zu seinen Lebzeiten einem gesetzlichen Erben gewährt hat, als Vorschuss auf den Erbteil anzusehen sind (§ 13 NDL). 50

Über die **Verjährung** des gesetzlichen oder testamentarischen Erbrechts nach dem Angehörigen eines anderen Vertragsstaates, der zur Zeit seines Ablebens seinen Wohnsitz im Inland hatte, entscheidet schwedisches Recht (§ 17 NDL 1935:44). Ebenso gilt schwedisches Recht bezüglich des Anspruchs des Ehegatten auf Hausrat und eventuelle Arbeitsgeräte (§ 21 NDL). Die Haftung der Erben, die Nachlassabwicklung, Güterteilung und Erbauseinandersetzung richten sich nach schwedischem Recht (§§ 18, 19 NDL 1935:44). Entsprechend regelt das Gesetz 1935:44, dass schwedische Gerichte sich nicht mit dem Nachlass eines Schweden befassen sollen, wenn der Erblasser seinen Wohnsitz in einem anderen nordischen Staat hatte (§ 1 NDL 1935:45). 51

Schwedisches Recht gilt stets in Bezug auf die **Verwirkung** (§ 16 NDL). Soweit besondere Bestimmungen hinsichtlich von Immobilien in den anderen nordischen Staaten, in denen sie belegen sind, gelten, so gehen diese dem schwedischen Recht vor (§ 14 Abs. 1 NDL). 52

3. Erbverträge

Die Rechtswirksamkeit eines Erbvertrages mit dem Erblasser, der zur Zeit seines Ablebens Wohnsitz im Inland hatte, sowie einer Schenkung von Todes wegen bestimmt sich nach dem Recht des Vertragsstaates, in dem der Erblasser zur Zeit der Vornahme der entsprechenden 53

Rechtshandlung seinen Wohnsitz hatte, sofern er im Zeitpunkt seines Ablebens Angehöriger eines Vertragsstaates war (§ 13 NDL).

B. Materielles Erbrecht in Schweden

I. Gesetzliche Erbfolge

1. Allgemeines

54 Die Regeln über gesetzliches und testamentarisches Erbrecht sind im **Erbgesetzbuch** (1958:637, **Ärvdabalken – ÄB**) zu finden, das wiederholt in vielerlei Hinsicht novelliert worden ist. 1969 erhielt das nichteheliche Kind volles Erbrecht. 1981 wurden die Regeln über die Schulden des Verstorbenen neu geregelt, 1988 die Bestimmungen über das Erbrecht des Ehegatten vor den gemeinsamen Kindern. Eine ausdrückliche verfassungsrechtliche Vorschrift, die das Erbrecht schützt, gibt es in den schwedischen Verfassungsgesetzen nicht.[43]

55 Voraussetzung für ein Erbe ist, dass jemand gestorben oder für Tod erklärt worden ist. Dass der Tod eingetreten ist, hat nach § 2 des Gesetzes 1987:269 ein Arzt „in Übereinstimmung mit der Wissenschaft und seiner anerkannten Erfahrung" festzustellen.[44] Dieser soll unmittelbar die Sterbeurkunde ausstellen und diese der Steuerbehörde einreichen. Wie im deutschen Recht gibt es eine Rangordnung der Erben.[45]

2. Die Erben der ersten Klasse

a) Kinder des Erblassers

56 Erben der ersten Klasse sind die **Kinder** des Erblassers zu gleichen Teilen bzw., falls ein Kind verstorben ist, dessen Abkömmlinge.[46] Jeder Stamm erhält einen gleichen Anteil (ÄB 2:1). Bei den Kindern sind **eheliche, nichteheliche** seit 1969 und **Adoptivkinder** (FB 4:8) gleichgestellt.[47] Erben der ersten Ordnung schließen die Erben der zweiten und dritten Ordnung aus.[48] Erbe ist auch ein Kind, das während der Ehe geboren, aber nicht das biologische Kind des Ehemannes ist. Dies ergibt sich aus FB Kap. 1 § 1. Der HD wies darauf hin, dass die Bestimmung in FB Kap. 1 § 1 langen Rechtstraditionen in Schweden entspreche und der Rechtssicherheit diene.[49] Der Erbe muss zum Zeitpunkt des Todes des Erblassers geboren oder zumindest gezeugt und später lebend geboren sein.

---

[43] *Carsten*, S. 16. Gesetzliche Regelungen für Todesfälle, die insbesondere vor dem 1.1.1988 (Änderung zum Erbrecht des Ehegatten) gelten, werden hier nicht behandelt.
[44] *Lag 1987: 269 om kriterer för bestämmande av mäniskans död*.
[45] Erbe: „*arvingar*" sind in der schwedischen Rechtssprache nur gesetzliche Erben. Testamentserben werden „*testamentstagare*" genannt. „*Arvsordning*" steht für die gesetzliche Erbfolge (siehe hierzu *Carsten*, S. 15–18, der sehr gut die schwedische Terminologie erklärt).
[46] Die Abkömmlinge werden „*bröstarvingar*" im Gegensatz zu den Testamentserben (*testamentstagare*) genannt.
[47] *Håkansson*, S. 704.
[48] Zur Rangordnung der Erben siehe auch *Saldeen*, S. 42 ff.
[49] FB Kap. 1 § 1; dazu NJA 1997, S. 645; *Saldeen*, S. 40 f.

b) Erblasser in erster Ehe verheiratet

Ist der **Erblasser in erster Ehe verheiratet**, so erbt zunächst der **Ehegatte** allein,[50] und zwar auch vor den gemeinsamen Kindern (ÄB 3:1). Dies gilt nicht, wenn im Zeitpunkt des Todes ein Scheidungsverfahren anhängig war (ÄB 3:10). Ein Getrenntleben – auch ein längeres – beeinträchtigt nicht das Erbrecht des Längstlebenden.[51] Nach dem Tode des längstlebenden Ehegatten erben die gemeinsamen Kinder (ÄB 3:2, Abs. 1). Sind keine Kinder vorhanden, erben die gesetzlichen Erben der zweiten Klasse. Die Kinder sind bis zum Tode des Längstlebenden Nacherben (*efterarvingar*). Nur wenn der zuerst verstorbene Ehegatte weder Abkömmlinge noch Verwandte der zweiten Klasse hinterließ und auch keine anders lautenden testamentarischen Verfügungen getroffen hat, wird der längstlebende Ehegatte Vollerbe.[52]

Der **erbende Ehegatte** kann das ererbte Vermögen verwalten, verbrauchen oder veräußern.[53] Der überlebende Ehegatte hat gegenüber den Nacherben keine Berichtspflicht. Grundsätzlich kann er auch Nachlassgegenstände verschenken.[54] Verursacht er jedoch durch Geschenke oder eine ähnliche Handlung ohne Rücksicht auf die Erben des Erstverstorbenen eine wesentliche Minderung des Vermögens, so geht dies bei seinem Tode zu Lasten seiner Erben (ÄB 3:3).[55] Dies gilt nicht nur für Schenkungen an die eigenen Verwandten, sondern auch für Schenkungen an Dritte, auch z.B. an Stiftungen.[56] Der Beschenkte kann die Zuwendung behalten. Nur unter sehr eingeschränkten Bedingungen können die Nacherben gegen den Zuwendungsempfänger Ansprüche erheben, und zwar binnen fünf Jahren, gerechnet vom Empfang der Zuwendung an (ÄB 3:3, Abs. 2). Der Beschenkte muss bösgläubig gewesen sein (*ond tro*).[57] Der erbende Ehegatte darf aber nicht durch Testament das Recht der gemeinsamen Kinder einschränken,[58] soweit es das vom Ehegatten geerbte Vermögen betrifft. Er darf also nicht, wenn Nacherben vorhanden sind, letztwillige Verfügungen über Güter treffen, die er als gesetzliches Vorbehaltsgut von seinem verstorbenen Ehegatten geerbt hat.

Zur Klarstellung: Beim Tode des Längstlebenden haben die Nacherben einen Anspruch auf die Hälfte des Erbes des Längstlebenden (ÄB 3:2, Abs. 1). Hatte der Längstlebende einen anderen Anteil als die Hälfte beim Tode des Ehegatten erhalten, so erhalten die Nacherben diesen Anteil.[59] Der Anspruch besteht auf eine Quote, nicht auf bestimmte Gegenstände.[60]

Ist der Wert des Vermögens beim Tode des Längstlebenden höher als der Wert beim Tode des zuerst Verstorbenen und beruht dies auf einer Erbschaft, Schenkung oder auf dem Arbeitseinkommen des Längstlebenden, so kommt dieser Überschuss allein seinen Erben zugute (ÄB Kap. 3 § 4 Abs. 1). Die Beweislast, dass dies für die Werterhöhung zutrifft, liegt bei den Erben des Längstlebenden.[61] Bei der Werterhöhung aufgrund von Arbeitseinkünften

---

50 Frauen haben seit 1845 – auch auf dem Lande – das gleiche Erbrecht wie Männer.
51 *Håkansson*, S. 705; *Saldeen*, S. 57.
52 *Carsten*, S. 22.
53 *Håkansson*, S. 705; *Carsten*, S. 22 und 24; *Waller*, AGL, S. 50; *Saldeen*, S. 52 und 72.
54 *Waller*, AGL, S. 50.
55 *Håkansson*, S. 705; *Saldeen*, S. 56 und 83.
56 *Saldeen*, S. 83.
57 *Saldeen*, S. 84.
58 *Håkansson*, S. 702, 704; *Carsten*, S. 22; *Saldeen*, S. 52.
59 *Håkansson*, S. 707; *Saldeen*, S. 52.
60 So HD NJA 1995, S. 303; *Saldeen*, S. 53.
61 *Saldeen*, S. 85.

sind die Beweisanforderungen nicht sehr hoch. Im Gesetz heißt es „må antages", wenn dies angenommen werden kann.⁶²

60 Der Längstlebende kann jedoch in seinem Testament bestimmen, dass ein bestimmter Gegenstand einem Nacherben, aber auch einer dritten Person zufallen soll, wenn dadurch der Quotenwert nicht verändert wird.

61 Eine neue Heirat des Längstlebenden löst keine Nacherbschaft aus (ÄB 3.6). Stirbt der erneut verheiratete Längstlebende, so ist zuerst die **Güterteilung** (*bodeling*) zugunsten der Nacherben durchzuführen, bevor die Güterteilung gemäß der neuen Ehe durchgeführt wird. Die Reihenfolge ist also:
– Bodeling mit den Nacherben;
– Bodeling in der neuen Ehe;
– Erbteilung für den Fall, dass der neue Ehegatte durch Testament vom Erbrecht ausgeschlossen ist oder der verstorbene Längstlebende Kinder außerhalb der zweiten Ehe hatte (ÄB Kap. 3 § 6 Abs. 1).

62 Wird die **Ehe neu geschieden**, so soll bei der *bodeling* das zur Nacherbschaft gehörende Vermögen herausgerechnet und erst dann die Güterteilung zwischen den Eheleuten vorgenommen werden (ÄB Kap. 3 § 6).⁶³

63 Jedes Kind schließt – wie im deutschen Recht – seine Abkömmlinge von der Erbfolge nach dem Erblasser aus. Auch im schwedischen Recht wird nach **Stämmen** vererbt (ÄB 2:1, Abs. 2).

c) Erblasser in zweiter (oder weiterer) Ehe verheiratet

64 Ist der Verstorbene in **zweiter (oder weiterer) Ehe verheiratet**, so erben die Kinder aus erster Ehe – oder einer weiteren Ehe vor der Ehe zum Zeitpunkt des Todes – neben der Ehefrau aus der letzten Ehe. Dies gilt auch, wenn Abkömmlinge vorhanden sind, die nicht zugleich Abkömmlinge des überlebenden Ehegatten sind (*särkullbarn*), also z.B. nichteheliche Kinder.⁶⁴ Verlangen sie ihr Erbe nach dem Tode ihres Vaters/ihrer Mutter, muss sowohl eine güterrechtliche Teilung (*bodelning*) als auch eine erbrechtliche Teilung (*arvskifte*) stattfinden.⁶⁵ Sie können aber auch zugunsten des längstlebenden Ehegatten auf die Geltendmachung verzichten und werden dann wie Nacherben behandelt (ÄB 3:9). Sind die Erben noch nicht volljährig, kann ihr Vormund die Verzichtserklärung zugunsten des Längstlebenden unter der Voraussetzung abgeben, dass der übergeordnete Vormund (*överförmyndare*) dem zustimmt (FB 15:6).⁶⁶ Natürlich können Erben auch zugunsten ihrer Abkömmlinge verzichten.⁶⁷ Es kommt bei der Erklärung sehr auf die Formulierung an. Erklärt das Kind nicht ausdrücklich, dass es zugunsten des Längstlebenden verzichtet (*avstår*), so wird die Erklärung so ausgelegt, dass der Verzicht zugunsten der eigenen Abkömmlinge erfolgt.⁶⁸ Ein „*särkullbarn*" kann auch nur teilweise das Erbe verlangen, also z.B. einen Teil zugunsten des überlebenden Stiefvaters/der überlebenden Stiefmutter „stehen lassen" und/oder mit einem Teil zugunsten seiner Kinder zurücktreten und einen Teil des Erbes behalten.⁶⁹ Das

---

62 *Walin*, Kommentar ÄB Teil I, S. 91 f.
63 *Saldeen*, S. 88.
64 *Carsten*, S. 21; *Saldeen*, S. 56.
65 *Carsten*, S. 25; *Håkansson*, S. 702.
66 *Håkansson*, S. 702; *Waller*, AGL, S. 52.
67 *Waller*, AGL, S. 53; *Saldeen*, S. 56.
68 *Saldeen*, S. 56 f.
69 *Waller*, AGL, S. 53.

Wort „Verzicht" („*avstå*") bedeutet insofern nicht Verzicht auf das Erbe wie die Ausschlagung im deutschen Recht.[70]

Der überlebende Ehegatte hat keinen Pflichtteil, aber immer das Recht, aus dem Nachlass des verstorbenen Ehegatten, soweit der Nachlass ausreicht, Vermögen (im Gesetzestext „*egendom*") zu einem so hohen Wert zu erhalten, dass dieses zusammen mit dem Vorbehaltsvermögen (im Gesetzestext „*egendom*"), das der überlebende Ehegatte bei der Güterteilung (*bodelning*) erhielt, oder seinem Vorbehaltsgut (*enskilda egendom*) das Vierfache des zur Zeit des Todesfalles nach dem Gesetz (1962:381) über die „allgemeine Versicherung" geltenden Grundbetrages ausmacht (ÄB 3:1).[71] Dieses Recht kann auch nicht durch eine testamentarische Verfügung beschränkt werden.[72] Der Grundbetrag für das Jahr 2010 betrug 42.400 SEK, d.h., die Garantie betrug für 2010 169.600 SEK (SFS 2005:650).[73] Der tragende Gedanke hinter dieser **Grundbetrags- und Wertsicherungsregelung** besteht darin, dass der überlebende Ehegatte normalerweise Werte entsprechend den Haushaltsgegenständen erhalten oder behalten soll und nicht gezwungen sein soll, Hausrat zu verkaufen, um Erben des vorverstorbenen Ehegatten befriedigen zu können. Anzumerken ist auch, dass der längstlebende Ehegatte wie auch „nicht versorgte" Kinder, auch Adoptivkinder, für drei Monate – gerechnet vom Todestag an – ein **Recht auf Unterhalt aus dem Nachlass** haben (ÄB 18:5). Ist dem Ehegatten durch Testament etwas zugewendet worden, so ist dies auf den Basisbetrag anzurechnen,[74] es sei denn, der Testator hat im Testament ausdrücklich bestimmt, dass der im Testament zugewandte Betrag nicht auf den Basisbetrag anzurechnen ist.[75] Ein Betrag aus einer Lebensversicherung ist nicht auf den Grundbetrag anzurechnen.[76] Der Längstlebende kann darüber hinaus aus dem Haushalt gem. ÄktB Kap. 10 § 2 „Kleider und andere Gegenstände entnehmen, die er ausschließlich zum persönlichen Gebrauch benutzt, sowie persönliche Geschenke".[77] Ob der Wert der Gegenstände, die nach ÄktB Kap. 10 § 2 entnommen werden, auf die Anteile bei der Nacherbschaft anzurechnen sind, ist sehr strittig.[78]

Eine Besonderheit des schwedischen Erbrechts ist, dass der Längstlebende erklären kann, dass er sein *giftorättsgods* behalten möchte – also eine Teilung nicht stattfindet – und Erben nur das Vermögen des Erstvererbenden erhalten.[79]

d) Unverheirateter Erblasser

Ist der **Erblasser** zum Zeitpunkt seines Todes **nicht verheiratet**, so erben seine Abkömmlinge, die von ihm in gerader Linie abstammen. Sie erben zu gleichen Teilen ohne Rücksicht darauf, ob sie ehelich oder nichtehelich geboren sind. Adoptivkinder sind den biologischen Abkömmlingen gleichgestellt.[80] Ist ein Kind vorverstorben, treten seine Kinder an seine Stelle und zwar so, dass alle Zweige gleichgroße Anteile erhalten (ÄB 2:1, Abs. 2). Adoptiert ein Ehegatte ein Kind des anderen Ehepartners, so erbt das Kind so, als ob es deren

---

70 *Waller*, AGL, S. 53.
71 *Håkansson*, S. 702.
72 *Saldeen*, S. 58.
73 1,00 EUR = ca. 9,15 SEK; *Saldeen*, S. 63.
74 *Saldeen*, S. 64.
75 *Saldeen*, S. 64.
76 *Saldeen*, S. 65; nach *Agell*, S. 215, ist dies jedoch nicht unbedingt so.
77 *Saldeen*, S. 80.
78 Dagegen: *Walin*, Kommentar ÄB Teil I, S. 50; dafür: *Agell*, SvJT 1990, S. 23 f.
79 *Nyström*, S. 296.
80 *Håkansson*, S. 702.

gemeinsames Kind wäre. Die Pflichtteilsberechtigten müssen zum Zeitpunkt des Todes des Längstlebenden leben (ÄB Kap. 1 § 2).[81]

e) Eingetragene Partnerschaft

67 Haben zwei Personen gleichen Geschlechts ihre Partnerschaft gemäß dem Gesetz (1994:1117) über die **eingetragene Partnerschaft** registrieren lassen, so beerben sie einander so, als ob sie verheiratet gewesen wären (Kap. 3 § 1 Gesetz 1994:1117).[82] Bei nicht registrierten nichtehelichen Lebensgemeinschaften gilt bezüglich der gemeinsamen Wohnstätte das Gesetz 2003:376, das der überlebenden Partei eine Sicherheit für das gemeinsam bewohnte Grundstück, die Wohnung und den gemeinsamen Hausrat gibt (§ 18 *Sambolag* 2003:376). Auch für den *„sambo"* gilt die Grundbetragsregel, allerdings erhält er nur den zweifachen Grundbetrag (§ 18 Abs. 1 Gesetz 2003:376).

3. Die Erben der zweiten Klasse

68 Ist der Erblasser nicht verheiratet und hat er keine Kinder, so erben die Verwandten der zweiten Erbklasse (ÄB 2:2).

69 Die zweite Erbklasse umfasst die **Eltern des Erblassers und ihre Abkömmlinge.** Leben beide Eltern, erben sie jeweils zur Hälfte (ÄB 2:2). Ist ein Elternteil vorverstorben, treten seine Kinder (die Geschwister des Erblassers) bzw. seine Kindeskinder (die Kinder der Geschwister des Erblassers) oder die Kinder der Kindeskinder (die Enkelkinder der Geschwister des Erblassers) an seine Stelle, wobei wieder gilt, dass alle Zweige gleichgroße Anteile erhalten. Hat der vorverstorbene Elternteil keine Abkömmlinge hinterlassen, fällt die gesamte Erbschaft an den überlebenden Elternteil (ÄB 2:2, Abs. 2).[83] Erben der zweiten Erbklasse erben erst, wenn es keinen Erben der ersten Erbklasse gibt.[84]

70 Sind **Halbgeschwister** des Erblassers vorhanden, so teilen sie sich mit den Vollgeschwistern oder deren Abkömmlingen den Anteil, der ihrem Vater oder Mutter hätte zufallen sollen. Sind keine Vollgeschwister vorhanden und beide Eltern gestorben, so erhalten die Halbgeschwister des Erblassers die ganze Erbschaft. An die Stelle verstorbener Halbgeschwister treten deren Abkömmlinge (ÄB 2:2, Abs. 3).[85]

Beispiel: Bestehen die Erben aus der Mutter des Erblassers, zwei Brüdern, einer Schwester und vier Kindern eines vorverstorbenen Bruders, dann erben die Mutter $1/2$, die Geschwister je $1/8$ und die Kinder des Vorverstorbenen je $1/32$.[86]

4. Die Erben der dritten Klasse

71 Die dritte Erbklasse, die aktuell wird, wenn weder Abkömmlinge, Eltern, Geschwister oder Abkömmlinge von Geschwistern vorhanden sind, umfasst die **Großeltern** väterlicher- und mütterlicherseits, die zu gleichen Teilen – also jeweils ein Viertel des Nachlasses – erben. Ist ein Großelternteil vorverstorben, treten seine Kinder (die Onkel oder Tanten des Erblassers) an seine Stelle. Solange Vater- und Mutterseite vertreten sind, erhält jede Seite eine

---

[81] *Saldeen*, S. 71.
[82] *Håkansson*, S. 702.
[83] *Bogdan*, Vortrag, S. 1 ff.; *Saldeen*, S. 44.
[84] *Håkansson*, S. 703.
[85] *Carsten*, S. 20; *Håkansson*, S. 703; *Saldeen*, S. 45.
[86] *Saldeen*, S. 44. Diese Regelung entspricht § 1925 BGB, aber auch dem norwegischen und dänischen Recht, nicht dem französischem Art. 748 *Code Civil*.

Hälfte ohne Rücksicht auf die Zahl der Erbberechtigten. Fehlt es an Erbberechtigten auf einer Seite, fällt die gesamte Erbschaft der anderen Seite zu (ÄB 2:3).[87] Weitere Verwandte erben seit der Gesetzesreform von 1928 nicht. Also nicht mehr die Kinder der Onkel und Tanten.[88]

5. Das Erbrecht des Fiskus

Mit den Erben der dritten Klasse endet das Erbrecht der Angehörigen. Kindeskinder der Großeltern (Vettern, Cousinen) des Erblassers sind keine gesetzlichen Erben nach schwedischem Recht (ÄB 2:4).[89] Gibt es keine Erben aus der dritten Erbklasse und liegt keine wirksame letztwillige Verfügung vor, fällt die Erbschaft dem **Allgemeinen Erbschaftsfonds** zu, der ein staatliches Sondervermögen darstellt, dessen Ziel es ist, gemeinnützige Arbeit für Kinder, Jugendliche und Behinderte zu fördern (ÄB 5. Kap.).[90] Die Auffassung des KG Berlin,[91] dass es sich hier nicht um ein Erb-, sondern um ein Okkupationsrecht handelt, ist m.E. nicht richtig, da der Allgemeine Erbschaftsfonds den Charakter einer gemeinnützigen Stiftung hat und nicht das Einkommen des Staates – wie eine Steuer oder Abgabe – erhöht.[92] Die schwedische Rechtsauffassung ist, dass es sich um ein wirkliches Erbrecht handelt.[93] Der Fonds wird im Gesetz als „*arvinge*" (Erbe) bezeichnet (z.B. ÄB Kap. 19 § 2) und im Gesetz selbst § 17.[94] Der Fonds darf Mittel nicht für Tätigkeiten verwenden, „die der Allgemeinheit obliegen".[95] Einzelheiten regelt das Gesetz 1994:243 (*om Allmänna Arvsfonden*). Die Verwaltung des Fonds erfolgt durch das Kammerkollegium, der auch den Fonds vor Gericht vertritt (§ 14 Gesetz 1994:243).

72

Zu beachten ist ÄB 3:8. Hat der längstlebende Ehegatte keine Erben, sind aber Erben des zuerst Verstorbenen vorhanden, fällt die Erbschaft an diese und nicht an den Allgemeinen Erbschaftsfonds.[96]

73

6. Voraussetzungen für die Erbeneigenschaft

Erbe kann nur sein, wer den Erblasser überlebt hat.[97] Ist zweifelhaft, wer den Erblasser überlebt hat, z.B. bei einem gemeinsamen Unfall, müssen die Rechtsnachfolger des Erben das Überleben beweisen. Kann der Beweis nicht geführt werden, wird unterstellt, dass der Erbe vor dem Erblasser verstorben ist (ÄB 15:19, Abs. 2).[98]

74

Die Todeserklärung ist im *Lag* 2005:130 geregelt. Steht der Tod fest, so kann die **Todeserklärung** sofort erfolgen (§ 2). Steht dies nicht fest, aber ist dies mit großer Wahrscheinlichkeit der Fall, darf die Bearbeitung des Falles erst ein Jahr nach dem Verschwinden begonnen werden. Hängt das Verschwinden mit einer Naturkatastrophe, einem großen Unglück oder

75

---

87 *Bogdan*, IPR, S. 2 und *Håkansson*, S. 703; *Saldeen*, S. 88. Vor 1987 erbte der Allgemeine Erbschaftsfonds die Hälfte des Nachlasses.
88 *Saldeen*, S. 47 ff.
89 *Håkansson*, S. 703 ff.; *Carsten*, S. 21.
90 *Bogdan*, IPR, S. 2; *Håkansson*, S. 708. Bis 1928 erbte die „Krone".
91 KG Berlin OLGZ 1985, 280.
92 Über die Verteilung der Fondsmittel Prop. 1955/96 S. 138.
93 *Saldeen*, S. 93.
94 2003 war der Marktwert des Fonds 2.627 Milliarden SEK, *Saldeen*, S. 94.
95 *Saldeen*, S. 95.
96 *Waller*, AGL, S. 54.
97 *Bogdan*, Vortrag, S. 7.
98 *Håkansson*, S. 713.

mit ähnlichen Umständen ab und ist der Tod mit großer Wahrscheinlichkeit erfolgt, darf jedoch der Fall unmittelbar behandelt werden (§ 3).[99] In den Fällen, die nicht nach §§ 2 und 3 vorliegen, darf die Behandlung des Falles erst nach fünf Jahren beginnen (§ 4). Antragsteller können die Ehegatten oder ein Erbe sein (§ 5 Abs. 1 S. 2).[100] Soweit nicht ein Fall des § 3 vorliegt, kann derjenige, der durch die Todeserklärung einen Anspruch haben könnte, den Antrag stellen (§ 5 Abs. 2).[101] Die Steuerbehörde kann auch von sich aus die Frage, ob jemand als tot erklärt werden soll, stellen (§ 5 Abs. 3).

76 Der Ehegatte oder die nächsten Angehörigen sind zu hören – falls nicht besondere Gründe dagegen sprechen (§ 6). In den Fällen nach §§ 3 und 4 soll die Steuerbehörde eine Bekanntmachung in der Zeitung „*Post- och Inrikes Tidningar*"[102] veröffentlichen, mit der Aufforderung an den Verschwundenen, sich bei der Steuerbehörde zu melden (§ 7). Sind die Voraussetzungen nach § 2 gegeben oder hat sich der Verschwundene nicht gemeldet, so erklärt die Steuerbehörde ihn für tot. Im Beschluss ist ein Todestag zu nennen. Als Todestag soll der wahrscheinlichste Tag angegeben werden. Ist ein solcher nicht festzustellen, ist der letzte Tag des Monats, an dem der Verschwundene nachweislich noch lebte, der Todestag (§ 8). Soweit ein Gesetz/eine Verordnung (*författning*) einen Todestag angibt, ist dieser maßgebend (§ 9). Der Beschluss der Steuerbehörde kann vor dem Verwaltungsgericht binnen drei Wochen, gerechnet vom Tage des Beschlusses an, angefochten werden (§ 4).

77 Der Erbe muss beim Tode des Erblassers **bereits leben**. Als lebend werden auch gezeugte, aber noch nicht geborene Abkömmlinge gewertet, wenn sie lebend geboren werden. Handelt es sich um ein Recht auf einen Anteil am Nachlass des überlebenden Ehegatten eines Erblassers, so ist der Todeszeitpunkt des Ehegatten maßgebend (ÄB 1:1).

78 Ist ungewiss, wo sich der Erbe befindet und ob er lebt, wird bis zum Beweis des Gegenteils vermutet, dass er lebt. Seine Erbansprüche werden bis zum Ablauf der Verjährungsfrist beachtet.[103]

7. Verwirkung des Erbrechts

79 Wer einen Erblasser vorsätzlich durch strafbare Handlung tötet, verwirkt sein Erbrecht (ÄB 15:1). Wenn jemand einen Miterben vorsätzlich durch strafbare Handlung tötet, so werden im Verhältnis zum Täter dessen Ansprüche so behandelt, als ob der Getötete noch lebte (ÄB 15:1, Abs. 2).[104] Verwirkt wird das Erbrecht auch, wenn der Tod durch vorsätzliche Gewaltanwendung verursacht wird und die strafbare Handlung mit mindestens ein Jahr Gefängnis bestraft werden kann (ÄB 15 § 1 Abs. 2). Hat der Erbe den Tod des Erblassers nicht vorsätzlich herbeigeführt, ist der Tod aber durch vorsätzliche und schwerwiegende Gewalttat verursacht worden, geht das Erbrecht des Täters ebenfalls verloren.

80 Die Verwirkung tritt nicht ein, wenn der Täter das 15. Lebensjahr nicht vollendet hatte oder unter 18 war und sein Handeln auf offenbar fehlender Entwicklung, fehlender Erfahrung und fehlendem Urteilsvermögen beruhte oder unter Einfluss schwerwiegender psychischer Störungen erfolgte (ÄB 15:1, Abs. 3). Die Verwirkung kann auch bei Beihilfe eintreten

---

99 Diese Bestimmung ist stark von den Erfahrungen der Estonia und der Tsunami-Katastrophe geprägt, siehe dazu Prop. 2004/05:88.
100 Obwohl es im Gesetz nur „*arvinge*" und nicht auch „*Testamentsarvinge*" heißt, sind Testamentserben auch berechtigt, so *Saldeen*, S. 29 mit Hinweis auf die Prop. S. 27.
101 Bis zum Gesetz 2005:130 waren die Gerichte zuständig.
102 Entspricht dem Bundesanzeiger.
103 *Carsten*, S. 19.
104 *Håkansson*, S. 723.

(ÄB 15:3). Auch wer vorsätzlich ein Testament vernichtet oder es unterdrückt (*undanhållit*), verliert sein Erbrecht, „soweit nicht besondere Gründe dagegen sprechen" (ÄB 15:2). Hat jemand sein Erbrecht verwirkt, wird er behandelt, als ob er vor dem Erblasser gestorben ist.[105] Die Verwirkung trifft immer nur den Täter, schließt also ein Erbrecht seiner Abkömmlinge nicht aus.[106]

II. Testament

Das 9. Kapitel des Erbgesetzbuches enthält die Bestimmungen „über das Recht, ein Testament zu errichten oder aufgrund eines Testaments etwas zu erhalten". Das schwedische Recht geht vom Grundsatz der **Testierfähigkeit** aus.[107]

Testierfähig ist, wer das 18. Lebensjahr vollendet hat. Testierfähig ist aber auch, wer das 16. Lebensjahr vollendet hat und verheiratet ist oder war (ÄB 9:1). Ferner kann ein Jugendlicher nach Vollendung des 16. Lebensjahres über Vermögen ein Testament errichten, über das er gem. FB 9:3 und 9:4 verfügungsberechtigt ist. Der unter Betreuung/Verwaltung Stehende ist testierfähig, soweit es Eigentum betrifft, das nicht von der Betreuung betroffen ist. Ist die Verwaltung aus Gründen einer ernsthaften psychischen Störung angeordnet, entfällt i.d.R. die Testierfähigkeit vollständig.[108]

Testamentsnehmer kann jede natürliche oder juristische Person sein. ÄB 9:2 sagt jedoch: „Eine Verfügung zugunsten einer anderen als einer zur Zeit des Todes des Testators geborenen oder damals bereits gezeugten und später lebend geborenen Person ist unwirksam." Ungeachtet dieser Bestimmung ist eine Verfügung gültig, nach der künftige erbberechtigte Abkömmlinge einer Person, die nach Absatz 1 testamentarisch bedacht werden kann, Vermögen erst bei deren Tod zu vollem Eigentum erhalten sollen oder wenn ein anderer, der in den Genuss des Rechts an dem Vermögen kommen soll, stirbt oder wenn sein Recht sonst wie erlischt. In einer solchen Verfügung darf zwischen Geschwistern, die beim Tode des Testators noch nicht geboren oder gezeugt waren, kein Unterschied gemacht werden. Auch eine Stiftung kann durch Testament errichtet werden und auch dadurch z.B. eine Familie in den Genuss von Vergünstigungen kommen. In AGL § 3 ist ein Katalog von Zwecken angegeben, bei denen Steuerfreiheit gegeben sein kann. **Steuerfreiheit** wird gegeben bei **Stiftungen** und ideellen Vereinen etc.,[109] die
– Kinder- und Jugendbetreuung, Erziehung und Ausbildung fördern;
– die Pflege von Bedürftigen (Alten, Kranken oder Behinderten) betreiben;
– wissenschaftliche Untersuchungen und Forschungen betreiben.[110]

Ein Testament kann nur durch eine **persönliche** Rechtshandlung errichtet werden. Der Erblasser muss die **Testamentserrichtung** persönlich vornehmen und kann sie nicht einem Bevollmächtigten überlassen.[111] Beispielsweise kann ein Vormund kein Testament für sein Mündel errichten.

---

[105] *Håkansson*, S. 714.
[106] *Saldeen*, S. 126.
[107] *Agell*, S. 133 ff.; *Carsten*, S. 10 und 29.
[108] *Håkansson*, S. 715.
[109] NJA 1946, S. 614.
[110] *Waller*, AGL, S. 120.
[111] *Håkansson*, S. 715.

85 Eine Verpflichtung eines Testators, sein Testament nicht zu ändern oder es nicht zu widerrufen (**Testiervertrag**), ist unwirksam. Der Testator kann bis zu seinem Tode sein Testament ändern oder widerrufen. Ein später errichtetes Testament gilt immer vor dem älteren.[112]

86 Die Bestimmungen über **Fideikommisse**, die seit dem Gesetz 1963:583 – soweit diese Form des Schutzes der Familie auf unbestimmte Zeit gelten sollte – ihre Abwicklung bestimmen, sollen hier nicht behandelt werden.

III. Form des Testaments

87 Ein öffentliches Testament kennt Schweden nicht. Schweden kennt auch kein lateinisches Notariat. Der *notarius publicus* muss nicht Jurist sein. Es gibt auch keine öffentliche Verwahrung der Testamente oder Erbverträge.[113]

88 Testamente bedürfen der **Schriftform** und der Unterschrift durch den Testator. Sie müssen in Anwesenheit von **zwei Zeugen** errichtet werden (ÄB 10:1). Die Mitwirkung eines Juristen – etwa eines *notarius publicus* – ist weder erforderlich noch üblich. Die beiden Zeugen müssen bei der Unterschrift durch den Testator oder bei der Anerkennung durch den Testator, dass es sich um seine Unterschrift handelt, gleichzeitig anwesend sein. Sie müssen auch wissen, dass es um ein Testament geht, dessen Errichtung sie bezeugen sollen. Den Inhalt des Testaments brauchen sie jedoch nicht zu kennen (ÄB 10:1).[114] Ein in Schweden errichtetes Testament kann daher auch – und dies ist auch die Regel – mit der Schreibmaschine bzw. dem Computer geschrieben werden, es kann sogar gedruckt sein. Lediglich die Unterschriften des Testators und der Zeugen müssen handgeschrieben sein. Ist der Testator des Schreibens nicht fähig, kann er mit einem Zeichen „*bomärke*" unterzeichnen. Kann der Testator z.B. aus Krankheitsgründen nicht unterzeichnen, darf dies auf sein Ersuchen hin eine andere Person für ihn tun.[115] Dies muss auf dem Testament vermerkt werden. Der Inhalt des Testaments kann durch eine andere Person, z.B. einen Anwalt, verfasst und von einer Sekretärin geschrieben sein. Selbst ein gedrucktes Formular kann benutzt werden. Auch in welcher Sprache das Testament verfasst worden ist, ist unerheblich.[116] Die Zeugen sollen durch ihre Unterschrift bezeugen, dass der Testator das Testament unterschrieben hat. Kann der Testator nicht lesen, muss ihm das Testament vorgelesen werden.[117]

89 Nicht jeder kann als **Zeuge** hinzugezogen werden. Ausgeschlossen sind Personen, die das 15. Lebensjahr noch nicht vollendet haben. Ferner solche Personen, die aufgrund psychischer Störungen nicht in der Lage sind, die Bedeutung einer Beglaubigung eines Testaments zu erkennen, ferner nicht der Ehegatte des Testators, Verwandte in gerader Linie, Schwiegereltern, auch keine Adoptivkinder, Schwäger, Schwägerinnen, Geschwister des Testators (ÄB 10:4). Zeugen dürfen auch keine Personen sein, die im Testament bedacht sind oder mit solchen Personen verwandt, verheiratet oder verschwägert sind. Der Testamentsvollstrecker darf jedoch Zeuge sein (ÄB 10:4, Abs. 2).

90 Das Gesetz empfiehlt, dass die Zeugen außer ihrem Namen auch ihren Beruf und ihren Wohnsitz (*hemvist*) angeben sowie den Zeitpunkt und den Ort der Unterschrift (ÄB 10:2). Empfohlen vom Gesetzgeber wird auch, Tatsachen, die für das Testament und seine Beglaubigung von Bedeutung sind, bei der Unterschrift anzugeben, z.B. dass der Testator bei

---

112 *Håkansson*, S. 714.
113 *Carsten*, S. 30.
114 *Håkansson*, S. 716; *Carsten*, S. 32.
115 *Håkansson*, S. 716.
116 *Carsten*, S. 31.
117 *Carsten*, S. 31 f.

vollem Verstand war und das Testament aus freiem Willen errichtet hat.[118] Haben die Zeugen ausgeführt, dass die Testamentserrichtung dem Gesetz entspricht, muss derjenige, der das Testament anfechten will, das Gegenteil beweisen.[119]

In bestimmten Notlagen, z.B. Krankheit, lässt das Gesetz im Übrigen auch Testamentserrichtung durch **mündliche** Erklärung in Anwesenheit von zwei Zeugen oder aber Errichtung durch eine gänzlich handgeschriebene Erklärung, bei deren Errichtung Zeugen nicht anwesend zu sein brauchen, zu. Ein derartiges **Nottestament** verliert jedoch seine Gültigkeit, wenn es der Testator nicht spätestens drei Monate nach Beendigung der Notlage in der in § 1 des 10. Kapitels vorgeschriebenen „ordentlichen" Form wiederholt (ÄB 10:3, Abs. 2).[120] Für die Zeugen gelten die gleichen Voraussetzungen wie beim „normalen" Testament.

Will der Testator ein Testament später abändern, muss er dies wieder schriftlich und vor zwei unabhängigen Zeugen tun (ÄB 10:6).[121] Eine eigenhändig später vorgenommene **Änderung**, z.B. durch Streichen oder Abänderung einer Verfügung, ist unwirksam. Hier kann sich aber die Frage stellen: Wollte der Erblasser mit der Änderung den Teil des Testaments widerrufen oder nur – wenn auch unwirksam – abändern. Streicht er etwa bei einem Vermächtnis einen Betrag von z.B. 10.000 SEK aus und schreibt er 20.000 SEK darüber, dürfte ein Widerruf des ursprünglichen Vermächtnisses nicht gegeben sein.

Die schwedischen Gerichte haben in einigen Fällen auch Testamentskopien – falls das Original nicht auffindbar war – akzeptiert, z.B. bei Aufbewahrung im Bankfach, wenn es dort in einem Kuvert mit der Aufschrift Testament verwahrt war.[122]

Der **Widerruf** eines Testaments ist immer möglich, auch wenn der Testator ausdrücklich auf die Widerrufsmöglichkeit verzichtet haben sollte (ÄB 10:5). Der Widerruf kann in der Form der Errichtung eines neuen Testaments erfolgen oder z.B. dadurch, dass der Testator das Testament vernichtet. Das Gesetz (ÄB 10:5) sieht es für einen Widerruf als ausreichend an, „wenn (der Testator) unzweideutig zu erkennen gibt, dass die letztwillige Verfügung nicht länger Ausdruck seines letzten Willens ist".

Ein Testament kann verschiedene rechtsgeschäftliche Anordnungen enthalten, z.B. Teilungsanordnungen, Auflagen, die Anordnung der Testamentsvollstreckerschaft etc.[123]

IV. Gemeinsames Testament

Das schwedische Recht erlaubt das gemeinsame Testament. Das gemeinsame Testament wird auch in Schweden üblicherweise von Eheleuten errichtet. Jedoch können auch andere – sogar mehr als zwei – nicht miteinander verheiratete Personen (z.B. Geschwister) ein gemeinsames Testament errichten.[124] Die Form entspricht der des Einzeltestaments.

Auch das gegenseitige Testament kann jederzeit – selbst nach dem Tode des/der anderen Testamentserrichter/s widerrufen werden.[125] Es hat keine bindende Wirkung wie ein Erbvertrag im deutschen Recht.

---

118 *Håkansson*, S. 716; *Nyström*, S. 162.
119 *Håkansson*, S. 717; *Carsten*, S. 32.
120 *Bogdan*, S. 5; *Håkansson*, S. 717.
121 *Håkansson*, S. 717; *Carsten*, S. 33.
122 *Nyström*, S 165.
123 *Carsten*, S. 29 und 33.
124 *Håkansson*, S. 718; *Carsten*, S. 39.
125 *Håkansson*, S. 718; *Bogdan*, S. 5; *Carsten*, S. 29 f.

97 Der Widerrufende verliert i.d.R. seine Rechte aus dem Testament (ÄB 10:7). Wird der Widerruf erst nach dem Tode des Widerrufenden entdeckt, so muss sein Rechtsnachfolger auf das aufgrund des Testaments ihm Zukommende verzichten.

98 Wird ein gemeinsames Testament errichtet, in dem sich die Ehegatten zu jeweiligen Erben einsetzen, ohne dass verfügt wird, wer Erbe des Längstlebenden ist, wird – falls gemeinsame Kinder vorhanden sind – dies nicht als Fall der Nacherbschaft angesehen, und der gesamte Nachlass des Längstlebenden unterfällt der Erbschaftsteuer.[126] Die hierzu ergangenen Urteile betreffen allerdings Fälle vor der Erbrechtsreform.

V. Erbvertrag

99 Verträge zwischen zwei oder mehr Personen über den Nachlass einer noch lebenden Person sind ungültig (IDL Kap. 1 § 7; ÄB 17:1). Niemand kann daher seinen eventuellen zukünftigen Erbteil veräußern oder sonst überlassen. Eine vertragliche Regelung einer zukünftigen Erbschaft, sei es durch Gesetz oder Testament, ist daher unwirksam.[127]

100 Innerhalb gewisser Grenzen können der Erblasser und ein volljähriger Erbe einen schriftlichen Vertrag schließen, in dem der Erbe auf sein Recht als Erbe verzichtet. Ein Minderjähriger darf nicht auf sein gesetzliches Erbe verzichten, auch nicht mit Zustimmung seiner Eltern (FB 15:1), ein Betreuter nur mit Zustimmung seines Betreuers (FB 11:7). Jedoch ist die Zustimmung des Obervormundes notwendig (ÄB 3:9; FB 15:6, Abs. 2). Dem Erben verbleibt sein Pflichtteil, es sei denn,
– er hat für seinen Verzicht eine angemessene Entschädigung erhalten;
– wenn Eigentum, das seinem Pflichtteil entspricht, durch Testament an seinen (des Erben) Ehegatten fällt;
– wenn Eigentum, das seinem Pflichtteil entspricht, an seine gesetzlichen Abkömmlinge oder durch Testament an diese fällt und dem entspricht, was sie als gesetzliche Erben erben würden (ÄB 17:2).

101 Ein Verzicht bindet auch die Abkömmlinge des Verzichtenden (ÄB 17:2). Ist der Erbfall eingetreten, kann eine vertragliche Vereinbarung über den Nachlass erfolgen.[128]

Nach der EU-ErbVO können Schweden, soweit sie ihren gewöhnlichen Aufenthalt im Ausland (z.B. Deutschland) haben, einen Erbvertrag schließen. Das ist möglich, wenn im Aufenthaltsstaat der Abschluss eines Erbvertrages auch über den Nachlass noch lebender Personen zulässig ist.[129]

VI. Die Auslegung von Testamenten und die Behandlung von Vermächtnissen

102 Für die Auslegung von Testamenten hat das Erbgesetzbuch im 11. Kapitel Anweisungen gegeben. Hauptgrundsatz ist, „dass einem Testament die Auslegung zu geben ist, die als mit dem Willen des Testators als übereinstimmend anzusehen ist" (ÄB 11:1, Abs. 1). In Abs. 2 heißt es: „Hat ein Testament durch einen Schreibfehler oder sonst wie infolge eines Versehens einen anderen Inhalt bekommen als der Testator beabsichtigt hat, so ist es dennoch zu vollziehen, soweit der wahre Wille ermittelt werden kann."[130]

---

126 NJA 1974, S. 225 und NJA 1999, S. 79; *Waller*, AGL, S. 104, die für Schweden seit dem 17.12.2004 nicht mehr erhoben wird.
127 *Saldeen*, S. 20.
128 *Håkansson*, S. 725; *Saldeen*, S. 77.
129 *Müller-Lukoscheck*, S. 216 ff.
130 *Håkansson*, S. 708; *Carsten*, S. 36.

Die Behandlung von Vermächtnissen ist in ÄB 11:2 geregelt. Zunächst ist zu klären, ob eine Person **„universeller Testamentserbe"** (Alleinerbe) ist oder nur Vermächtnisnehmer (*legatarie*). Kapitel 11 § 10, Abs. 2 formuliert dazu: „Ein universeller Testamentsnehmer ist derjenige, den der Testator an Stelle eines gesetzlichen Erben in der Weise eingesetzt hat, dass er ihm den Nachlass in seiner Gesamtheit, einen bestimmten Teil des Nachlasses oder den Überrest desselben vermacht hat." Den **Vermächtnisnehmer** definiert ÄB 11:10, Abs. 1: „Unter einem Vermächtnis ist ein besonderer im Testament gewährter Vorteil zu verstehen, wie etwa eine bestimmte Sache oder ein bestimmter Geldbetrag oder ein Nutzungsrecht an einem Vermögensgegenstand oder das Recht, davon Zinsen oder Erträge zu erhalten."

Ein Vermächtnis ist dem ungeteilten Nachlass zu entnehmen und nicht auf einen bestimmten Anteil anzurechnen (ÄB 11: 2). Das Vermächtnis ist somit dem ungeteilten Nachlass zu entnehmen, also bevor die Erben ihre Anteile erhalten. Dies gilt natürlich nicht, wenn z.B. in einem Testament angeordnet ist, dass der Erbe aus seinem Anteil an den Vermächtnisnehmer X die Summe Y auszahlen soll.[131]

Können nicht sämtliche Vermächtnisse erfüllt werden, so genießt das Vermächtnis eines bestimmten Vermögensgegenstandes den Vorzug vor anderen, im Übrigen hat jedoch eine Herabsetzung entsprechend dem Wert der Vermächtnisse zu erfolgen (ÄB 11:3).

Betrifft eine Verfügung einen bestimmten Vermögensgegenstand und findet sich dieser nicht im Nachlass, so ist die Verfügung unwirksam (ÄB 11:4).

Ist ein bestimmter Vermögensgegenstand, auf den sich eine Verfügung bezieht, mit einem Pfandrecht oder einem anderen Recht belastet, so ist der testamentarisch Bedachte nicht berechtigt, aus diesem Grunde einen Ersatz zu erhalten (ÄB 11:5).

Stirbt ein testamentarisch Bedachter, ehe sein Recht entstanden ist, oder kann das Testament, soweit es ihn angeht, sonst wie nicht vollzogen werden, so treten seine Abkömmlinge an seine Stelle, sofern sie im Hinblick auf die gesetzliche Erbfolge nach dem Testator dazu berechtigt sind (ÄB 11:6).

Ist der Kreis der Erbberechtigten nach Errichtung des Testaments erweitert worden, so geht die h.L. davon aus, dass der Erblasser mit der neuen Gesetzgebung einverstanden ist. Wird der Kreis der Erbberechtigung eingeschränkt – so z.B. Abschaffung des Cousinenerbrechts –, so gilt dieser Grundsatz nicht.[132]

VII. Anfechtung des Testaments

Verstirbt der Testator, ist das Testament allen gesetzlichen Erben förmlich mitzuteilen. Eine Frist für die Mitteilung ist jedoch nicht vorgeschrieben. Der Zeitpunkt der Mitteilung ist wichtig für eine eventuelle Anfechtung des Testaments, die binnen sechs Monaten nach der förmlichen Mitteilung erfolgen muss.[133]

Die Mitteilung kann denjenigen Erben gegenüber unterbleiben, die das Testament anerkannt haben. Diese Anerkennung kann auch schon zu Lebzeiten des Erblassers geschehen. Die Anerkennung vor dem Tode des Erblassers muss schriftlich erfolgen.[134] Die Zustellung an Erben soll in der Form einer beglaubigten Abschrift erfolgen. Handelt es sich um einen

---

131 *Håkansson*, S. 719.
132 *Carsten*, S. 37.
133 *Bogdan*, Vortrag, S. 5.
134 *Håkansson*, S. 723.

mündlich erklärten letzten Willen, so ist das Protokoll über die Anhörung der Testamentszeugen zuzustellen. Gibt es mehrere durch das Testament Begünstigte, so ist die Zustellung an alle vorzunehmen (ÄB 14:4).

112 Meint ein Erbe, dass das Testament gemäß dem 13. Kapitel des Erbgesetzbuches ungültig sei, muss er die Anfechtungsklage binnen sechs Monaten nach erfolgter Zustellung erheben. Lässt er die Frist verstreichen, so verliert er sein Recht auf Anfechtung (ÄB 14:5). Dieser Verlust bezieht sich jedoch nur auf die im 13. Kapitel aufgeführten Fälle.[135] Diese im 13. Kapitel genannten **Anfechtungsgründe** sind:
- Wenn der Testator nicht befugt („*behörig*") war, über seinen Nachlass zu verfügen (ÄB 13:1).
- Wenn das Testament nicht in der vom Gesetz vorgeschriebenen Form errichtet wurde (ÄB 13:1).
- Wenn das Testament unter Einfluss einer psychischen Störung errichtet wurde. Es kommt auf die Situation im Zeitpunkt der Errichtung an (ÄB 13:2).[136]
- Wenn jemand den Testator gezwungen hat, das Testament zu verfassen (ÄB 13:3). Der Zwang muss die Willensfreiheit des Testators eingeschränkt haben.
- Wenn jemand unter Ausnutzung der fehlenden Einsichtfähigkeit, Willensschwäche oder abhängigen Stellung den Testator zur Errichtung des Testaments veranlasst hat (ÄB 13:3).
- Wenn der Testator durch Täuschung (*svikligen*) veranlasst wurde, das Testament zu errichten (ÄB 13:3).
- Wenn der Testator sich in einem Irrtum befand, der seinen Willen, das Testament zu errichten, bestimmte (ÄB 13:3). Der Irrtum muss so sein, dass ohne ihn der Testator eine letztwillige Verfügung nicht errichtet hätte.[137]

113 Das Recht des Erben, ein Testament anzufechten, geht nicht auf seine Gläubiger über.[138]

VIII. Pflichtteil

114 Das Pflichtteilsprinzip in der heutigen Form wurde 1857 eingeführt. Schon im ersten großen Gesetzbuch Schwedens, dem Gesetzbuch von 1734, gab es die Möglichkeit, durch ein Testament Teile des Vermögens an andere Personen als die Erben nach dem Gesetz zu vermachen. Jedoch durfte auf dem Land nicht das ererbte Land fortgegeben werden, wohl aber das Land, das der Testator hinzuerworben hatte.[139] Der **Pflichtteil** (*laglott*) ist heute im 7. Kapitel des Erbgesetzbuches geregelt. In § 1 heißt es, „dass die Hälfte des Erbteils, das einem Leibeserben (*bröstarvinge*) nach dem Gesetz zusteht, seinen Pflichtteil bildet".

115 Pflichtteilsberechtigt sind **nur Abkömmlinge**, also Kinder – auch nichteheliche oder adoptierte –, sowie deren Abkömmlinge, soweit sie nicht durch vorgehende Abkömmlinge ausgeschlossen sind. Alle anderen, selbst Ehegatten und Eltern des Erblassers, sind nicht pflichtteilsberechtigt.[140] Grundsätzlich kann der Testator alle als Erben in Frage kommenden Personen durch Testament von der Erbschaft ausschließen.[141] Die Summe der Pflichtteile macht grundsätzlich die Hälfte des Nachlasses aus.[142] In Schweden wird die andere Hälfte

---

135 *Håkansson*, S. 724.
136 *Håkansson*, S. 723; *Carsten*, S. 34.
137 *Håkansson*, S. 723.
138 *Carsten*, S. 34.
139 *Saldeen*, S. 108.
140 *Bogdan*, Vortrag, S. 4; *Carsten*, S. 27; *Saldeen*, S. 110.
141 *Håkansson*, S. 714.
142 Hinsichtlich des Voraus des Ehegatten siehe *Håkansson*, S. 702, 704; *Carsten*, S. 22; *Saldeen*, S. 111.

die „**disponible Quote**" genannt,[143] da der Erblasser über diesen Teil testamentarisch frei verfügen kann. Beeinträchtigt eine letztwillige Verfügung Pflichtteilsrechte, ist sie insoweit unwirksam.[144] Der Anspruch richtet sich immer auf eine **Quote** am Nachlass, nicht auf einzelne Gegenstände.[145] Der Nachlass (*dödsbo*) kann auch im Grundbuch verzeichnet werden und grundbuchlich gesicherte Darlehen aufnehmen (IB 20. Kap. §§ 1, 2, 3); zum Nachlass siehe im Einzelnen Rn 126 ff.

Der Pflichtteilsberechtigte hat die **Stellung eines Miterben** und ist am Nachlass (*dödsbo*) beteiligt. Er ist im Erbschein aufzuführen.[146] 116

Er muss sich darauf anrechnen lassen, was er vom Erblasser als **Vorempfang** auf sein Erbe erhalten hat, „sowie auch das aufgrund eines Testaments Empfangene, falls dies nicht etwas anderes anordnet" (7:2 ÄB). 117

Um seinen Pflichtteil zu erhalten, muss der Pflichtteilsberechtigte eine **Abänderung des Testaments** verlangen (*jämkning*) (ÄB Kap. 7 § 3 Abs. 1 und 3). Das Verlangen muss innerhalb einer **Frist von sechs Monaten**, nachdem er vom Inhalt des Testaments Kenntnis erhalten hat, gestellt werden (ÄB 7:3 und ÄB 14:5). Der Anspruch auf den Pflichtteil kann gegenüber dem Testamentserben oder durch Klage geltend gemacht werden. Wird diese Frist versäumt, ist das Klagerecht verwirkt (ÄB 7:3, Abs. 3 und ÄB 14:5, Abs. 1) und die Verfügung im Testament wirksam, selbst wenn sie gegen das Pflichtteilsrecht verstößt.[147] Die Kenntnis muss ihm, wie in Kap. 14 ÄB vorgeschrieben, durch Übergabe der Testamentsurkunde in beglaubigter Abschrift oder – falls es sich um ein mündliches Testament handelt – durch Übergabe des Protokolls über die Vernehmung der Testamentszeugen oder einer anderen schriftlichen Aufzeichnung über den Inhalt des Testaments verschafft werden (ÄB 14:4). 118

Sieht das Testament den **Ehegatten als Alleinerben** vor, so ist hinsichtlich des Pflichtteilsrechts der gemeinsamen Kinder und solcher, die nur Kinder des Verstorbenen sind, zu unterscheiden: Die gemeinsamen Kinder können nur erreichen, dass der Längstlebende nicht Eigentümer wird; sein freies Verfügungsrecht können sie nicht verhindern und sie erhalten ihr Erbe erst nach dem Tode des Längstlebenden (ÄB 7:3). Anders ist es, wenn der Verstorbene ein Testament zum Nachteil des überlebenden Ehegatten gemacht hat. Dann können die gemeinsamen Kinder sofort ihren Pflichtteil verlangen. Dem überlebenden Ehegatten steht kein Pflichtteil zu; er kann sich aber auf die Grundbetragsregel gem. ÄB 3:1, Abs. 2 beziehen (siehe Rn 65). Die nicht gemeinsamen Kinder können dagegen ihren Pflichtteil fordern.[148] 119

Das schwedische Recht sieht auch eine Art **Pflichtteilsergänzungsanspruch** vor. In ÄB 7:4 heißt es: „Hat der Erblasser zu Lebzeiten Vermögen unter solchen Umständen oder unter solchen Bedingungen verschenkt, dass die Schenkung ihrem Zweck nach einem Testament gleichzustellen ist, so finden im Hinblick auf die Schenkung die Vorschriften der §§ 2 und 3 über das Testament entsprechende Anwendung, wenn nicht besondere Gründe dagegen sprechen; bei einer Herabsetzung der Schenkung ist ein entsprechender Teil des verschenkten Vermögens zurückzuerstatten oder, wenn dies nicht möglich ist, Ersatz für seinen Wert 120

---

143 *Håkansson*, S. 711; *Saldeen*, S. 111.
144 *Bogdan*, Vortrag, S. 4.
145 *Saldeen*, S. 111.
146 *Carsten*, S. 28.
147 *Saldeen*, S. 111.
148 *Håkansson*, S. 712; *Saldeen*, S. 71.

zu leisten. Bei der Berechnung des Pflichtteils ist der Wert des verschenkten Vermögens dem Nachlass hinzuzurechnen."[149]

121 „Will ein Leibeserbe einem Beschenkten gegenüber das in Absatz 1 vorgesehene Recht geltend machen, so muss er die Klage innerhalb eines Jahres nach Fertigstellung des Nachlassinventars anhängig machen. Wird diese Frist versäumt, so ist das Klagerecht verwirkt" (ÄB 7:4, Abs. 1).

122 War die Schenkung beim Todesfall noch nicht vollzogen, darf sie, falls nicht besondere Gründe dafür sprechen, nur soweit geltend gemacht werden, als dies den Pflichtteil der Leibeserben nicht beeinträchtigt. In diesem Falle muss der Pflichtteilsberechtigte nicht Klage erheben, sondern, wenn der Beschenkte seinen Anspruch geltend macht, den Anspruch auf *„jämkning"* des Geschenks wegen seines Pflichtteils geltend machen.

123 § 5 ergänzt: „Hat der Erblasser jemandem durch Testament ein Nutzungsrecht, Erträge oder einen anderen aus dem Nachlass zu leistenden Vorteil zuerkannt oder durch Vorschriften über die Verwaltung des Nachlasses oder auf andere Weise das Verfügungsrecht über den Nachlass eingeschränkt, so ist ein Leibeserbe berechtigt, ungeachtet einer solchen Verfügung seinen Pflichtteil als frei verfügbares Vermögen zu erhalten."

124 Gläubiger des Erben können das Recht des Erben auf Abänderung des Testaments nicht pfänden. Es fällt auch nicht in die Insolvenzmasse.[150]

IX. Das Europäische Nachlasszeugnis

125 In Schweden war ein Erbscheinsverfahren wie in Deutschland bisher nicht bekannt. Dies ändert sich ab 17.8.2015 durch die Einführung eines Europäischen Nachlasszeugnisses gem. Art. 62 ff. EU-ErbVO. Ein Nachlasszeugnis war für die schwedische Nachlassabwicklung bisher auch nicht unbedingt erforderlich. Der Nachlass ging in die Verwaltung eines Nachlassverwalters (*Boutredningsman*) über, der Verfügungsmacht hatte und zunächst ein Nachlassverzeichnis zu erstellen und die Gläubiger, soweit entsprechende Masse vorhanden war, zu befriedigen hatte. Der Nachlassverwalter (siehe Rn 135 f.) kann über den Nachlass mit bindender Wirkung verfügen.

X. Die Behandlung des Nachlasses

1. Rechtsnatur des Nachlasses, Beteiligte

126 Der Nachlass (*dödsbo*) geht nicht wie im deutschen Recht in der Sekunde des Todes auf eine oder mehrere Personen über, sondern ist im schwedischen Recht eine **juristische Person**.[151] Im *boutredningslag* von 1933 war der Nachlass noch ein Vermögen ohne „Rechtspersönlichkeit".[152] Der Nachlass kann in eigenem Namen Verträge schließen und bei Gerichten Partei sein (ÄB 18:1).[153] Er kann im Grundbuch eingetragen werden. Ist ein *boutredningsman* eingesetzt, so vertritt er den Nachlass gegenüber Dritte (ÄB Kap. 19 § 12). Nur wenn dieser den Rechtsstreit nicht führen will, kann auch ein am Nachlass Beteiligter den Rechtsstreit, wenn die anderen Nachlassberechtigten die Gegner sind (ÄB Kap. 19

---

149 *Håkansson*, S. 712; *Carsten*, S. 28 und 41; *Saldeen*, S. 132 ff.
150 *Håkansson*, S. 712.
151 *Carsten*, S. 16 und 41; *Bogdan*, Vortrag, S. 6.
152 *Saldeen*, S. 132.
153 *Bogdan*, Vortrag, S. 6; *Saldeen*, S. 133.

§ 12a), den Rechtsstreit führen. Hat der Erblasser einen Testamentsvollstrecker eingesetzt, ist dieser der Vertreter des Nachlasses.

Am Nachlass können, soweit vorhanden, **beteiligt** sein:
- der Ehegatte;
- der „*sambo*" (Lebenspartner), und zwar sowohl der registrierte als auch der tatsächliche (*Sambolagen* 2003:376 § 1);
- die Erben inkl. Pflichtteilsberechtigte und inkl. des Allgemeinen Erbschaftsfonds;[154]
- die durch ein Testament als Erben/Miterben Begünstigten.

Logischerweise schließen sich Ehegatte und Lebenspartner aus, da das Gesetz über Lebenspartnerschaft voraussetzt, dass die Partner unverheiratet sind.[155]

Ist die Frage, ob ein Testament wirksam ist, streitig, so sind dennoch die Begünstigten zunächst als Nachlassbeteiligte aufzunehmen.[156]

Ein am Nachlass Beteiligter kann seinen Anteil am Nachlass an einen Dritten überlassen.[157] Der Anteil kann gepfändet werden. Der Anteil ist vererbbar.[158]

Nacherben und Vermächtnisnehmer sind nicht Beteiligte am Nachlass.[159]

2. Testamentsvollstrecker, Nachlassverwalter

Diejenigen, die den Nachlass im Besitz haben, sind verpflichtet, sich als **vorläufige Nachlassverwalter** um die Verwaltung zu kümmern (ÄB 18:2) und die übrigen Nachlassbeteiligten zu informieren.

Als erstes muss binnen drei Monaten ein **Nachlassverzeichnis** (*bouppteckning*) von den Nachlassbeteiligten oder dem Testamentsvollstrecker bzw. dem Nachlassverwalter erstellt werden (ÄB 20:1 i.d.F. des am 1.1.2004 in Kraft getretenen Gesetzes 2003:675). Solange kein Nachlassverwalter/Testamentsvollstrecker vorhanden ist, können die am Nachlass Beteiligten nur gemeinsam handeln.[160] Nur bei Maßnahmen, die keinen Aufschub dulden, kann ein Einzelner tätig werden.

Die **Rechte des Testamentsvollstreckers** sind im 19. Kapitel des ÄB geregelt. Er hat ein Recht auf Verwaltung des Nachlasses und darüber zu verfügen (ÄB Kap. 19 § 3 Abs. 3). Ist ein Testamentsvollstrecker vorgesehen, soll er zum *boutredningsman* bestellt werden, falls nicht besondere Gründe dagegen sprechen (ÄB Kap. 19 § 3 Abs. 3). Der Testamentsvollstrecker kann über den Nachlass, auch über Grundstücke, verfügen, ohne die Genehmigung eines Dritten, z.B. des Nachlassgerichts oder der Nachlassbeteiligten, einzuholen.[161] Eine Kontrolle über seine Verwaltung hat das Gesetz nicht vorgesehen. Er macht sich aber schadenersatzpflichtig, wenn er den Nachlass schädigt und dabei vorsätzlich oder grob fahrlässig handelt (ÄB Kap. 19 § 18). Er kann auf Antrag eines Nachlassberechtigten seines Amtes vom Gericht enthoben werden, wenn er sich als ungeeignet erweist (ÄB Kap. 19 § 5 Abs. 2).

---

154 *Saldeen*, S. 133.
155 *Waller*, AGL, S. 65; so auch *sambolag* 2003:376, § 1.
156 *Saldeen*, S. 134.
157 *Saldeen*, S. 134; SvTJ 1949, S. 430.
158 *Saldeen*, S. 135.
159 *Waller*, AGL, S. 65 ff.
160 *Saldeen*, S. 135.
161 *Saldeen*, S. 138.

135 Der **Nachlassverwalter** (*boutredningsman*) ist vom Gericht zu bestellen, sobald einer der Nachlassbeteiligten dies beantragt oder das Gericht dies als erforderlich ansieht.[162] Der Nachlass wird dann „zur Verwaltung an den *boutredningsman* abgetreten" (ÄB Kap. 19 § 1). Das Gericht kann auch mehrere *boutredningsman* bestellen, wenn dieses zweckmäßig erscheint. Auch juristische Personen, z.B. eine Bank, können für dieses Amt bestellt werden.[163]

136 Der **Nachlassverwalter** übernimmt die gesamte Verwaltung des Nachlasses. Er hat – im Gegensatz zum Testamentsvollstrecker – die Nachlassberechtigten um Stellungnahme zu bitten (ÄB Kap. 19 § 11). Grundeigentum oder Rechte an Grundstücken darf er überlassen, wenn sämtliche Nachlassberechtigte schriftlich ihr Einverständnis gegeben haben oder das Gericht die Überlassung genehmigt (ÄB Kap. 19 § 13). Für Grundstücksbelastungen, z.B. durch Hypotheken, benötigt er diese Zustimmung nicht. Die Haftung entspricht der des Testamentsvollstreckers.[164] Auch beim *boutredningsman* gibt es keine Kontrolle durch ein Gericht oder eine Behörde, jedoch kann dies auf Antrag eines Nachlassberechtigten durch einen Treuhänder (*godeman*), der vom Gericht eingesetzt wird, aber auch durch eine vom Gericht angeordnete Revision, erfolgen.[165] Ist der Nachlass überschuldet, kann Konkurs sowohl von den Nachlassbeteiligten als auch vom Nachlassverwalter angemeldet werden. Gibt es einen Nachlassverwalter, so kann nur er und nicht die Nachlassbeteiligten Konkurs anmelden. Der Antrag ist bei dem *Tingsrätt* zu stellen, in dessen Bezirk der Tote als Beklagter seinen Gerichtsstand hatte (KL Kap. 2 § 1). Der Testamentsvollstrecker kann Konkurs nicht beantragen.[166]

3. Nachlassverzeichnis

137 Das Nachlassverzeichnis ist in einer Frist von drei Monaten zu erstellen und ist binnen eines Monats nach seiner Erstellung bei der Steuerbehörde einzureichen (ÄB 20:8; Gesetz 2003:675, § 8). Werden die Fristen nicht eingehalten, kann die Steuerbehörde Bußgelder auferlegen und jemanden mit der Errichtung des Nachlassverzeichnisses beauftragen (ÄB-Kap. 20 § 9).[167] Auf Antrag kann die Steuerbehörde, wenn dafür Gründe vorliegen, die Frist verlängern. Sie tut dies nach meiner Erfahrung immer, wenn zu den Nachlassbeteiligten Ausländer gehören oder im Ausland befindliches Vermögen zum Nachlass gehört. Ist der Nachlass arm, genügt eine schriftliche Nachlassanmeldung über das Sozialamt bei der Steuerbehörde (ÄB 20:8a).

138 In dem Nachlassverzeichnis sind das Datum der Errichtung und die am Nachlass Beteiligten aufzuführen. Das Vermögen und die Schulden sind auf den Todestag zu verzeichnen. Zur Aufstellung des Nachlassverzeichnisses sind zwei Vertrauenspersonen (*gode män, bouppteckningsförättare*) hinzuzuziehen (ÄB 20:2, Abs. 1). Die Nachlassbeteiligten sind zum Termin der Nachlassaufstellung zu laden. Ist ein Nachlassbeteiligter nicht erschienen, ist seine ordnungsgemäße Ladung nachzuweisen. Gemäß ÄB Kap. 20 § 3a sind in das Nachlassverzeichnis aufzunehmen:
– Vollständiger Name und die Personen- oder Zuordnungsnummer gemäß dem Gesetz 1991:481 über die Bevölkerungsbuchführung;

---

162 HD NJA 2002, S. 136.
163 *Saldeen*, S. 139.
164 *Saldeen*, S. 141.
165 *Saldeen*, S. 141.
166 *Saldeen*, S. 141.
167 *Saldeen*, S. 143.

- gewöhnlicher Aufenthalt;
- Todestag;
- Personenstand;
- Eheverträge und
- Grundstücksbesitz;
- Angaben über den Namen und den Grundstücksbesitz des überlebenden Ehegatten sowie die Anschrift des Nachlasses.

Des Weiteren sind anzugeben: 139
- Lebensversicherungen, Beiträge bei Pensionssparkassen nach dem Gesetz 1993:931;
- Namen und Anschriften der Nachlassbeteiligten, bei Minderjährigen das Geburtsdatum;
- bei gesetzlichen Erben die Verwandtschaft mit dem Verstorbenen; dies auch, wenn ein Erbe von der Beteiligung am Nachlass ausgeschlossen ist;
- ist ein Ehegatte vorhanden, ist für die Abkömmlinge anzugeben, ob sie auch Abkömmlinge des Ehegatten sind;
- wer bei der Errichtung anwesend war.

Die Angaben im Nachlassverzeichnis müssen auf Ehre und Gewissen versichert werden. 140
Unter Umständen sind sie zu beeiden (ÄB 20:6, Abs. 2). Die Vertrauenspersonen (*gode män*) sollen bezeugen, dass alles richtig aufgezeichnet ist und alles Vermögen nach bestem Verstand bewertet wurde (ÄB 20:6, Abs. 3). Sind die Angaben unvollständig, kann die Steuerbehörde die Nachbesserung durch Geldbußen erzwingen (ÄB 20:9). Werden nach Einigung über das Verzeichnis weitere Werte oder Schulden entdeckt, soll binnen eines Monats ein Zusatzverzeichnis erstellt werden (ÄB Kap. 20 § 10).

4. Vermögensbewertung

Gemäß ÄB 20:4 ist das Vermögen zu bewerten. Im Erbrechtsgesetz fehlen allerdings Regeln 141
für die Bewertung,[168] so dass im Verhältnis unter den am Nachlass Beteiligten die wahren Werte anzusetzen sind. Jedoch enthält das Gesetz 1941:416 über Erbschaft- und Schenkungsteuer diesbezüglich Anweisungen (AGL §§ 22, 23). In der Praxis wurden vor Abschaffung der Erbschaftsteuer, schon um Steuern zu sparen, die AGL-Regeln angewendet, da das Nachlassverzeichnis die Grundlage für die Erbschaftsteuer bildete. Bestimmte Ansprüche fallen nicht in den Nachlass, so z.B. das Recht auf Pension (ÄktB 10:3, Abs. 1) aufgrund des Gesetzes 1993:931 über das individuelle Sparen für eine Pension, auch nicht die Pensionsansprüche aufgrund einer Versicherung. Von dem Nachlassvermögen können die Begräbniskosten und die Kosten der Erstellung des Nachlassverzeichnisses abgezogen werden (AGL § 13 Abs. 1).

Der **längstlebende Ehegatte** hat auch das Recht, die Anteile am ehelichen Gut so zu 142
bestimmen, dass jede Seite ihren Anteil am ehelichen Gut behält (ÄktB 12:2), also z.B. das behält, was im Augenblick des Todes sein Eigentum war, so dass die anderen Nachlassbeteiligten nur am Eigentum des Verstorbenen beteiligt sind. Der Anspruch des Längstlebenden bedeutet nicht, dass der Anteil der anderen am Nachlass Beteiligten am ehelichen Gut dem des Längstlebenden gleich sein muss.[169] Der längstlebende Ehegatte behält trotzdem auch sein Recht, zunächst alles zu erben.[170]

---

168 *Waller*, AGL, S. 19 und 67.
169 *Håkansson*, S. 659 ff.
170 *Håkansson*, S. 702.

143 Das „*giftorättsgods*", also das gemeinsame Vermögen der Ehegatten, muss im Nachlassverzeichnis aufgeführt werden sowie welche Schulden er bzw. sie hat (ÄB 20:4). Das Vorbehaltseigentum (*enskild egendom*) der Ehegatten wird ebenfalls besonders aufgeführt. *Enskild egendom*, also das Vorbehaltseigentum (siehe dazu ÄB 7:2 und ÄB 7:3), kann während einer Ehe nur
– durch Vertrag zwischen den Ehegatten,
– durch eine Bedingung bei einer Schenkung oder
– durch eine Bedingung in einem Testament
erworben werden (ÄB 7:2)[171] sowie auch durch Ehevertrag (*äktenskapsförord*).

144 Der Ehevertrag kann auch **Gütertrennung** vorsehen. Besteht Gütertrennung, so ist der überlebende Ehegatte/Lebenspartner nicht Nachlassbeteiligter, falls er nicht zugleich gesetzlicher Erbe oder universeller Testamentsnehmer ist.[172]

145 Hat während der Ehe oder der Lebenspartnerschaft einer der Partner Grundeigentum oder ein so genanntes *bostadsrätt*[173] erworben, so wird nach der Rechtsprechung **Miteigentum angenommen**, wenn es sich um die gemeinsame Wohnung bzw. das gemeinsame Wohnhaus handelt und beide Partner in irgendeiner Weise zum Erwerb (wirtschaftlich) beigetragen haben. Wenn nicht bestimmte Gründe dagegen sprechen, wird angenommen, dass beide Partner bei der Immobilie je zur Hälfte als Eigentümer anzusehen sind. Neben dem „offenen" Eigentümer gibt es also den „versteckten" Eigentümer, der einen Anspruch auf die Hälfte des Eigentums hat.

5. Güterteilung aufgrund des Eherechts

146 War der Verstorbene beim Erbfall verheiratet, findet nach Aufstellung des Nachlassverzeichnisses die hälftige Teilung des ehelichen Gutes statt (*bodelning*). Der schwedische **Güterstand** wird „*giftorättsgemenskap*" genannt. Während der Ehe besteht grundsätzlich Gütertrennung. Jeder Ehegatte kann sein in die Ehe gebrachtes oder während der Ehe erworbenes Vermögen nutzen, verwalten und mit Einschränkungen – z.B. bei Grundstücksverkäufen des gemeinsamen Wohngrundstücks – darüber verfügen. Soweit es nicht ausdrücklich „*enskild egendom*" (Vorbehaltsgut) ist (ÄktB 7:1), ist es „*giftorättsgods*" (ÄktB 7:1), also Gut, das bei der Auflösung der Ehe (Tod, Scheidung) grundsätzlich zur Hälfte ausgeglichen werden muss.[174]

147 Falls ein Nachlassbeteiligter dies verlangt, sind alle Schulden des Verstorbenen zu bezahlen oder zumindest entsprechende Mittel in „besondere Verwaltung" zu stellen.[175] Die Bestimmungen hierüber befinden sich im Ehegesetzbuch (*Äktenskapsbalken*) von 1987, 7. Kapitel. Es kann folgende Abweichungen geben:
– Vereinbarung mit den Nacherben, dass Vorbehaltseigentum in die Teilung einbezogen werden soll (ÄktB 10:4);
– wenn ein Ehegatte aus seinem ehelichen Gut Vorschuss auf das Erbe gegeben hat (ÄktB 11:5);

---

171 *Waller*, AGL, S. 44.
172 *Carsten*, S. 42.
173 Beim „*bostadsrätt*" erwirbt man einen Genossenschaftsanteil, verbunden mit einem Sonderumsetzungsrecht an einer Immobilie.
174 *Carsten*, S. 22 f.
175 *Håkansson*, S. 659.

– der längstlebende Ehegatte bestimmt, dass jeder sein in der Ehe erworbenes Gut behalten soll (ÄktB 12:2). Diese Bestimmung sollte schriftlich dokumentiert sein und muss, wenn es mehrere Erben gibt, spätestens bei der Nachlassteilung erfolgen. Ist der Ehegatte alleiniger Nachlassberechtigter, soll diese Bestimmung „in nahem zeitlichen Anschluss an den Tod des Ehegatten erfolgen";[176]
– der Ehevertrag ist unangemessen und wird daher angepasst (ÄktB 12:3).[177]

Die Steuerbehörde registriert das Nachlassverzeichnis und versieht es mit einem „Beweis" (ÄB 20:9). Diese **Registrierung** und die daraus sich ergebende Feststellung dient in Schweden als **Erbschein**.

6. Nachlassteilung und Erbauseinandersetzung

Nachdem die eheliche Güterteilung erfolgt und damit festgestellt ist, was zum Nachlass gehört, und alle bekannten Schulden beglichen sind oder ihre Begleichung sichergestellt ist (ÄB 23:2), erfolgt die erbrechtliche **Verteilung** des Nachlasses (*arvsskifte*). Entsprechendes gilt für die Erfüllung von Vermächtnissen (*legat*). Die Bestimmungen über die Erfüllung von **Vermächtnissen** befinden sich im 22. Kapitel des Erbgesetzbuches. Die Vermächtnisse sind so schnell wie möglich zu erfüllen. In 22:1 heißt es:

> „Ein Vermächtnis ist dem ungeteilten Nachlass zu entnehmen, sobald das ohne Nachteil für jemanden, dessen Rechte von der Nachlassabwicklung abhängen, möglich ist. Wird eine Erbauseinandersetzung vorgenommen, ehe das Vermächtnis entnommen oder ein dazu erforderlicher Vermögensteil unter gesonderte Obhut gestellt worden ist, haften die Nachlassbeteiligten als Gesamtschuldner für die Vollziehung der Verfügung so, als ob eine Auseinandersetzung nicht stattgefunden hätte. Das so Geleistete ist auf sie nach den in Kapitel 18 § 6 geregelten Grundsätzen aufzuteilen.*
> *Soll ein bestimmter gesetzliche Erbe oder testamentarisch Bedachter ein Vermächtnis erfüllen, so ist er verpflichtet, die Verfügung auszuführen, nachdem er das für die Erfüllung des Vermächtnisses bestimmte Vermögen erhalten hat. Beruht die Nichtherausgabe des Vermögens an ihn auf seiner Nachlässigkeit, hat er Schadensersatz zu leisten."

Können nicht alle Vermächtnisse erfüllt werden, so ist zuerst ein Vermächtnis zu erfüllen, das einen bestimmten Vermögensgegenstand als Vermächtnis ausweist.[178]

Ist der Verstorbene unverheiratet und lebt er nicht in Lebenspartnerschaft, so entfällt natürlich die eheliche Güterteilung (*bodelning*). Gibt es keine gemeinsamen Kinder, erfolgt die Erbauseinandersetzung, da der Ehegatte oder *sambo* seinen Nachlassanteil bereits durch die eheliche Güterteilung erhalten hat, nur zwischen den gesetzlichen Erben und dem alleinigen Testamentserben, *universella testamentstagere* (ÄB 23:1, Abs. 1). Sehr oft werden *bodelning* und Erbauseinandersetzung unmittelbar nacheinander und in derselben Urkunde vorgenommen.[179]

Der Nachlass kann jedoch auch **ungeteilt** bleiben (*oskiftat bo*). Dies kann einmal dadurch erfolgen, dass keiner der Erben die Initiative zur Nachlassteilung ergreift oder die am Nachlass Beteiligten einen Vertrag schließen, den Nachlass ungeteilt zu lassen. Dies ist nur möglich, wenn die Erben den Nachlass selbst verwalten (ÄB 24:1). Wird ein am Nachlass

---

176 Prop. Lagrådet 1986/87:1, S. 310.
177 *Waller*, AGL, S. 70 ff.
178 *Carsten*, S. 37; *Nyström*, S. 174.
179 *Håkansson*, S. 738.

Beteiligter von einem Vormund, Verwalter oder Treuhänder vertreten, bedarf seine Zustimmung der Genehmigung durch den „Obervormund" (*överförmyndare*) (FB 15:7).[180]

153 Die **steuerlichen** Vorteile, im „ungeteilten Nachlass" zu verbleiben, sind heute nicht mehr von Bedeutung. Bei landwirtschaftlichen Grundstücken muss der Nachlass spätestens nach vier Jahren nach Schluss des Kalenderjahres, in dem der Todesfall eintrat, abgewickelt sein (ÄB 18:7).

154 Die Nachlassteilung ist ein **privatrechtlicher Vertrag**, bei dem die Beteiligten auch eine andere Verteilung vereinbaren können, als es die gesetzliche Regelung vorschreibt. Sie bedarf aber der Schriftform und muss von allen Nachlassbeteiligten unterschrieben sein.[181]

155 Ein Vermächtnisnehmer kann verlangen, dass sein Vermächtnis unter die Verwaltung eines Nachlassverwalters gestellt wird und so der Verwaltung durch die am Nachlass Beteiligten entzogen wird (ÄB 19:1). Die Erträge eines Vermächtnisgegenstandes (z.B. Mieten) stehen – falls im Testament nichts anderes bestimmt ist – ab Todesfall dem Vermächtnisnehmer zu. Allerdings hat er auch die Aufwendungen zu tragen (ÄB 22:4). Geld ist bis zur Auszahlung zunächst mit 2 % über dem Reichsbankdiskont, bei längerer Dauer bis zur Auszahlung mit 8 % über dem Reichsbankdiskont (ÄB 22:5 und Zinsgesetz 1975:635) zu **verzinsen**.[182]

XI. Nachlassbehandlung bei Lebenspartnerschaft

156 Auch beim Tode des Lebenspartners (*sambo*) muss ein Verzeichnis des Vermögens und der Schulden aufgestellt werden. Soweit ein Lebenspartner Eigentum/Vermögen innehat, das von den Teilungsregeln des Lebenspartnerschaftsgesetzes umfasst wird (**Wohnung oder Hausrat für den gemeinsamen Gebrauch**), so soll dieses Eigentum getrennt vom Nachlassverzeichnis aufgeführt und bewertet werden.[183] Dazu gehören auch Schulden, die in der gemeinsamen Wohnung oder dem gemeinsamen Hausrat (*bohag*) begründet sind. Muss das gemeinsame Heim in Anspruch genommen werden, um die Schulden zu decken, sollen das Vermögen und Schulden des längstlebenden Lebenspartners aufgeführt und bewertet werden (Gesetz 1987:232 über das gemeinsame Heim von Lebenspartnern). Auch bei Lebenspartnern kann das Problem des „versteckten" (*dold*) Miteigentums eine Rolle spielen (siehe Rn 145).

XII. Erbenhaftung

157 Die Erbenhaftung richtet sich nach dem Heimatrecht des Erblassers zum Zeitpunkt des Todes, d.h., die deutschen Erben eines schwedischen Erblassers haften nach schwedischem Recht.

158 Das schwedische Recht sieht **keine persönliche Haftung des/der Erben**, sondern die des Nachlasses als juristische Person vor.[184] Dies gilt auch, wenn es nur einen Erben oder Testamentsnehmer gibt. Daher gibt es auch keine Ausschlagungsfrist. Die schwedischen Erben eines deutschen Staatsangehörigen würden der wesentlich gefährlicheren Regelung des deutschen Erbrechts unterliegen, das eine Ausschlagungsfrist von nur sechs Wochen vorsieht (§ 1944 Abs. 1 BGB), bei ausländischen Erben von sechs Monaten.

---

180 *Håkansson*, S. 736.
181 *Håkansson*, S. 738.
182 *Håkansson*, S. 738.
183 *Waller*, AGL, S. 69.
184 *Carsten*, S. 41 und 46; *Saldeen*, S. 146.

Johansson

Bevor der Nachlass geteilt wird, sind zuerst alle Schulden zu begleichen. Reicht der Nachlass hierfür nicht aus, so sind die Gläubiger anteilig gleich zu behandeln.[185]

Hierbei muss Kap. 2 § 7 IDL beachtet werden. Schwedisches Recht gilt hinsichtlich der Haftung des Nachlasses und der Nachlassbeteiligung, wenn die **Nachlassabwicklung in Schweden** erfolgt. Dies bedeutet, dass Erben nach einem deutschen Staatsangehörigen mit Wohnsitz in Schweden nach schwedischem Recht haften. Auch Erben eines Schweden mit Wohnsitz in Deutschland haften ebenfalls nach schwedischem Recht, wenn sie den Nachlass entsprechend den Bestimmungen des schwedischen Rechts feststellen und teilen.[186] Die **Ausschlagung** (*arvsavslående* oder *arvsavsägelse*) kam praktisch nur im Steuerrecht vor, wenn ein Erbe durch einen Erbverzicht ganz oder teilweise, z.B. zugunsten seiner Kinder, die hohe und progressive schwedische Erbschaftsteuer verringern wollte.

Eine Erbenhaftung ist nur dann gegeben, wenn ein Nachlassbeteiligter vorsätzlich (*medveten*) die Möglichkeiten eines Gläubigers des Verstorbenen, seinen Anspruch durchzusetzen, verschlechtert (ÄB 18:6).

XIII. Anrechnung von Vorausempfang (Förskott på arv)

§ 1 im 6. Kapitel schreibt vor: „Was der Erblasser zu Lebzeiten einem Leibeserben gegeben hat, ist als Vorempfang auf dessen Erbe nach dem Erblasser anzusehen, wenn nichts anderes vom Erblasser angeordnet worden ist oder den Umständen nach als beabsichtigt angesehen werden muss. Ist der Empfänger ein Dritter, so hat eine Anrechnung nur zu erfolgen, wenn dies angeordnet wurde oder den Umständen nach zu dem Zeitpunkt, als der Vermögensgegenstand übergeben wurde, als beabsichtigt anzusehen war."[187]

Der Gesetzgeber geht also bei **Abkömmlingen** von der Vermutung aus, dass ein Ausgleich bei der Erbauseinandersetzung erfolgen soll. Dies gilt nicht nur für Geldzuwendungen oder Schenkungen von Vermögensgegenständen, sondern z.B. auch dann, wenn der Erblasser dem Abkömmling eine Darlehensforderung erlässt[188] oder eine Schuld des Abkömmlings bezahlt, aber auch beim Verzicht auf eine Forderung gegen den Beschenkten, Verkauf zu einem offenbar zu niedrigen Preis oder bei der Bezahlung einer Schuld.[189] Bei Abkömmlingen wird also die **Schenkung als Vorschuss gesetzlich vermutet,** bei Dritten wird vermutet, dass sie nicht angerechnet werden sollte. Der Erblasser sollte daher bei der Zuwendung deutlich machen, dass ein Ausgleich nicht zu erfolgen hat, falls er dies wollte. Der Empfänger ist für die fehlende Ausgleichspflicht beweispflichtig. Eine Zuwendung an einen Abkömmling, der im Zeitpunkt der Zuwendung nicht erbberechtigt wäre (z.B. Enkel, bei denen die Eltern noch leben), ist nicht ausgleichspflichtig, wenn er später beim Tode des Erblassers Erbe wird, es sei denn, dies ist ausdrücklich angeordnet.[190]

Als Wert wird der Wert im Zeitpunkt des Empfangs zugrunde gelegt, es sei denn, aus den Umständen ergibt sich etwas anderes (ÄB 6:3). Eine Erstattung – falls der Wert das dem Erben zustehende Erbe übersteigt – findet nicht statt, es sei denn, diese war ausdrücklich angeordnet (ÄB 6:4).[191] Die Einsetzung als Berechtigter bei einer Lebensversicherung ist

---

185 *Nyström*, S. 358.
186 *Carsten*, S. 15.
187 *Håkansson*, S. 709.
188 *Håkansson*, S. 709.
189 *Saldeen*, S. 98.
190 *Carsten*, S. 26.
191 *Håkansson*, S. 709 f.

i.d.R. kein Vorschuss auf das Erbe, es sei denn, dies würde zu einer „Ungerechtigkeit gegenüber dem Ehegatten oder seinen Abkömmlingen führen".[192]

164 Ist der Empfänger nicht gesetzlicher Erbe (*bröstarving*), muss er nur ausgleichen, wenn dies ausdrücklich angeordnet war oder sich aus den Umständen ergibt (ÄB 6:1).[193]

165 Bei der Berechnung, wie ausgeglichen werden soll, ist der Vorschuss zum übrigen Nachlass hinzuzurechnen und dann in gleiche Teile zu teilen. *Håkansson*[194] bringt folgendes Beispiel: Hat der Erblasser drei Söhne, von denen einer bereits 5.000 SEK erhalten hat, und beträgt der Nachlass 25.000 SEK, so wären 30.000 SEK durch drei zu teilen (ÄB 6:5).

166 „Hat ein Ehegatte einem gemeinsamen Leibeserben der Ehegatten aus seinem ehelichen Ausgleichsgut (*giftorättsgods*) einen Erbschaftsvorempfang gegeben, so hat die Anrechnung hierfür auf das Erbe nach dem zuerst verstorbenen Ehegatten zu erfolgen, und zwar ganz gleich, welcher Ehegatte den Vorschuss auf das Erbe gegeben hat.[195] Wenn dieses Erbe nicht ausreicht, ist der Restbetrag auf das Erbe nach dem anderen Ehegatten anzurechnen. Dasselbe gilt, wenn ein überlebender Ehegatte dem Leibeserben des zuerst verstorbenen Ehegatten einen Erbschaftsvorempfang aus solchem Vermögen gegeben hat, das vom Erbrecht der Leibeserben gemäß dem 3. Kapitel § 2 umfasst wird" (ÄB 6:1, Abs. 2).

167 Übliche Geschenke, Aufwendungen für Unterhalt und die Zahlung der Ausbildung durch die Eltern sind nicht auszugleichen (ÄB 6:2).

168 Ist ein Vorausempfänger oder Abkömmling vor dem Erblasser verstorben, so sind seine Erben verpflichtet, aus ihrem Erbanteil den Vorausempfang auszugleichen (ÄB 6:6).[196]

XIV. Verjährung des Erbanspruchs

169 Hält sich zur Zeit der Errichtung des Nachlassverzeichnisses ein namentlich bekannter gesetzlicher Erbe des Verstorbenen an einem unbekannten Ort auf, so hat derjenige, der den Nachlass in seiner Obhut hat, dies dem Gericht anzuzeigen. Wenn eine solche Anzeige erfolgt oder die Tatsache ihm sonst wie bekannt wird, hat das Gericht in der Zeitung *„Post- och Inrikes Tidningar"* unverzüglich bekannt zu machen, dass dem Abwesenden eine Erbschaft nach dem Verstorbenen zugefallen ist, mit der Aufforderung an ihn, sein Recht auf die Erbschaft **innerhalb von fünf Jahren** nach dem Tage, an dem die Bekanntmachung in den Zeitungen erfolgt ist, geltend zu machen. In die Bekanntmachung ist der Name des Abwesenden aufzunehmen (ÄB 16:1). Bei Nacherben beginnt die Verjährungsfrist mit dem Tode des längstlebenden Ehegatten.[197]

170 Lässt sich bei Errichtung des Inventars nicht ermitteln, ob ein gesetzlicher Erbe vorhanden ist, der vor dem Allgemeinen Erbschaftsfonds oder vor oder neben einem anderen bekannten gesetzlichen Erben erbberechtigt ist, hat das Gericht auf Anzeige dessen, der den Nachlass in seiner Obhut hat, oder wenn ihm die Tatsache auf andere Weise bekannt wird, den Erbfall in der Zeitung *„Post- och Inrikes Tidningar"* unverzüglich bekannt zu machen, mit der Aufforderung an unbekannte gesetzliche Erben, ihr Recht auf die Erbschaft innerhalb von fünf Jahren nach dem Tage, an dem die Bekanntmachung in der Zeitung erfolgt ist, geltend zu machen. Diese Vorschrift gilt auch, wenn bei der Errichtung des Nachlassver-

---

192 HD NJA 1996, S. 428; siehe auch FAL § 104, Abs. 2.
193 *Carsten*, S. 26; *Håkansson*, S. 710 f.
194 *Håkansson*, S. 710.
195 *Håkansson*, S. 709.
196 *Håkansson*, S. 711.
197 *Saldeen*, S. 127.

zeichnisses ein gesetzlicher Erbe bekannt ist, aber sowohl sein Name als auch sein Aufenthalt unbekannt sind (ÄB 16:2). Die Fristen können ausnahmsweise auf bis zu 15 Jahren verlängert werden (Gesetz 1958:52).[198]

Der Antrag auf **Verlängerung** ist beim Gericht einzureichen, ehe die Verjährung eintritt, und kann von demjenigen eingebracht werden, der das Recht des gesetzlichen Erben oder des testamentarisch Bedachten an dem Nachlass geltend zu machen hat. Die übrigen Nachlassbeteiligten müssen durch besondere Mitteilungen des Gerichts Gelegenheit erhalten, sich zu dem Antrag zu äußern. 171

Sobald der **Verlängerungsbeschluss** rechtskräftig geworden ist, ist eine Bekanntmachung des Beschlusses auf Veranlassung des Gerichts in die Zeitung *„Post- och Inrikes Tidningar"* aufzunehmen. Ist ein testamentarisch Bedachter unbekannt oder hält er sich an einem unbekannten Ort auf, so sind die Vorschriften des § 1 Abs. 1 über die Anzeige und Bekanntmachung der Erbschaft im Hinblick auf die testamentarische Verfügung entsprechend anzuwenden. Soll das Recht des testamentarisch Bedachten zu einem anderen Zeitpunkt als dem Tod des Testators wirksam werden, so darf die Bekanntmachung nicht vor diesem Zeitpunkt erfolgen (ÄB 16:3). 172

Ist beim Tode einer Person die **Vaterschaft nicht festgestellt** und ist der Vater den anderen Nachlassbeteiligten, dem Nachlassverwalter oder demjenigen, der im Besitz des Nachlasses ist, auch nicht auf andere Weise bekannt, so muss derjenige, der sein Erbrecht auf die Vaterschaft gründen will, seinen Anspruch innerhalb von drei Monaten nach dem Todesfall oder, wenn die Errichtung des Nachlassverzeichnisses später erfolgt, spätestens bei der Errichtung geltend machen (ÄB 16:3 a).[199] 173

Unterlässt es ein gesetzlicher Erbe oder ein testamentarisch Bedachter bekannt zu geben, ob er auf die Erbschaft oder auf ein Recht aus dem Testament Anspruch erheben will, kann das Gericht ihm aufgeben, sein Recht innerhalb von sechs Monaten, nachdem ihm diese Auflage zugestellt worden ist, geltend zu machen. Eine solche Auflage ist zu erlassen, wenn jemand, der am Anteil des gesetzlichen Erben oder des testamentarisch Bedachten an der Erbschaft ein Recht hat, dies beantragt, sofern diese es versäumt haben, ihr Recht geltend zu machen (ÄB 16:5). 174

Der gesetzliche Erbe muss seinen Anspruch, soweit er nicht nach den ÄB Kap. 16 §§ 1–3a sein Recht geltend machen muss, spätestens **innerhalb von 10 Jahren** nach dem Todesfall oder, wenn sein Recht erst zu einem späteren Zeitpunkt eintritt, nach diesem geltend machen (ÄB 16:4). 175

Will ein Erbe seinen Erbanspruch geltend machen, so muss er dies gegenüber einem Treuhänder (*godeman*) tun, der eingesetzt worden ist, oder gegenüber einem am Nachlass Beteiligten oder – solange der Nachlass nicht verteilt worden ist – bei dem Nachlassverwalter oder dem Nachlassbesitzer oder beim Nachlassgericht (ÄB 16:6).[200] Durch die Anmeldung wird die Verjährung unterbrochen; sie beginnt nicht wieder zu laufen. 176

Hat ein gesetzlicher Erbe oder ein testamentarisch Bedachter nicht innerhalb der in den §§ 1–5 des 16. Kap. ÄB für jeden Fall festgesetzten Frist die Erbschaft angetreten oder seinen Anteil daran angenommen oder seinen Anspruch darauf nach den Bestimmungen des § 16:6 angemeldet, so hat er sein Recht verloren (ÄB 16:7). Die Verjährungsfrist für Nacherben beginnt mit dem Tode des längstlebenden Ehegatten zu laufen. 177

---

198 *Håkansson*, S. 714.
199 *Saldeen*, S. 128.
200 *Håkansson*, S. 714; *Carsten*, S. 35 f.

178 Eine Erbschaft, deren gesetzlicher Erbe nach § 7 verlustig gegangen ist, fällt demjenigen zu, der ein Recht darauf hätte, wenn der gesetzliche Erbe vor dem Erblasser oder in dem in Kap. 3 § 2 geregelten Fall vor dem zuletzt verstorbenen Ehegatten gestorben wäre (ÄB 16:8).

XV. Behandlung von Lebensversicherungen

179 Lebensversicherungen auf den Todesfall ohne schriftliche Bestimmung eines Begünstigten oder, falls die Einsetzung eines Begünstigten widerrufen wurde, ohne neue Bestimmung, fallen in den Nachlass. Liegt die Nennung eines Begünstigten vor, fällt der Versicherungsbetrag nicht in den Nachlass (FAL § 104, Abs. 1).[201] Hat der Verstorbene als Begünstigte „Ehegatte und Kinder" benannt, so erhält der Längstlebende die Hälfte, die Kinder die andere Hälfte (FAL § 105).

180 Hat der Verstorbene einen Ehegatten oder Abkömmlinge in direkter Linie hinterlassen und ist die Begünstigung durch die Lebensversicherung „ungerecht" (oskälligt), können Ehegatten und die Abkömmlinge verlangen, dass die **Versicherungssumme anders verteilt** wird (jämkas). Die Veränderung kann darin liegen, dass der Versicherungsbetrag ganz oder teilweise dem Ehegatten oder den Abkömmlingen zufällt (FAL § 104, Abs. 2).[202] Der Gesetzgeber hat diese Möglichkeit geschaffen, damit nicht ein Erblasser – um seine Familienangehörigen zu umgehen – sein Vermögen veräußert und den Veräußerungserlös in eine einmalige Kapitalversicherung einbringt und dann z.B. seine Geliebte als Begünstigte einsetzt.[203] Nicht als ungerecht gegenüber anderen Kindern würde eine solche Maßnahme angesehen werden, wenn diese zum Vorteil eines behinderten Kindes getroffen wird, wohl aber, wenn Kinder aus zweiter Ehe gegenüber einem Kind aus erster Ehe erheblich begünstigt werden.[204] Es werden bei der Beurteilung sowohl die wirtschaftlichen Verhältnisse des Begünstigten als auch die des längstlebenden Ehegatten oder der Abkömmlinge berücksichtigt.

181 Das **Recht auf Angleichung** (jämkning) verjährt ein Jahr nach der endgültigen Erstellung des Nachlassverzeichnisses (FAL § 104, Abs. 4). Der Anspruch muss durch Klage gegen den Begünstigten in dieser Frist geltend gemacht werden.

182 Bei den Rechten aus dem Gesetz 1993:931 über das individuelle **Pensionssparen** (IPS) wird wie bei den Lebensversicherungen verfahren. Die Ansprüche fallen nicht in den Nachlass (IPS Kap. 4 § 6). Auch für die Angleichung gilt Entsprechendes (IPS Kap. 4 § 7).

C. Nachlassbehandlung und Erbauseinandersetzung in internationalen Erbfällen

183 Die Feststellung, was zum Nachlass gehört (boutredning), die Verteilung des ehelichen Gutes (bodelning) und eine Erbauseinandersetzung (arvskifte) nach einem schwedischen Staatsangehörigen oder einem Erblasser, der seinen ständigen Aufenthalt/Wohnsitz (hemvist) in Schweden zum Zeitpunkt des Todes hatte, hat gem. IDL 2:1 Abs. 1, 2:2 und 2:5 Abs. 1 in Schweden zu erfolgen und umfasst auch das zum Nachlass gehörende Eigentum im Ausland.[205]

---

201 *Håkansson*, S. 704.
202 *Håkansson*, S. 704.
203 *Waller*, AGL, S. 75.
204 Prop. 1986/87, S. 60; *Waller*, AGL, S. 76.
205 *Bogdan*, IPR, S. 222.

Das schwedische Recht (IDL 2:2) geht sogar noch weiter und schreibt vor, dass die Nachlassfeststellung, Nachlasteilung und Erbauseinandersetzung auch dann in Schweden vorgenommen werden müssen, selbst wenn der Verstorbene nicht schwedischer Staatsangehöriger war und auch keinen Wohnsitz in Schweden hatte, aber Vermögen in Schweden.[206] Hier wird i.d.R. ein unabhängiger, nicht am Nachlass beteiligter **Nachlassverwalter** eingesetzt (*boutredningsman*) (IDL 2:4). Das schwedische Recht geht von dem Grundsatz der **Nachlasseinheit** aus. Auch für Grundvermögen ist die Staatsangehörigkeit des Erblassers maßgebend.[207] Zuständig ist für die Einsetzung, falls es keinen inländischen Wohnsitz oder ständigen Aufenthalt gab, das *Tingsrätt* in Stockholm. Diese Nachlassregelung umfasst dann nur das in Schweden befindliche Vermögen.[208]

184

Das IDL (Kap. 2 § 2) bestimmt, dass Vermögen einer Person, das sich in Schweden befindet und nicht einem Nachlassverwalter übergeben worden ist, unverzüglich von dem Besitzer der Sozialbehörde (*socialnämnden*) zu melden ist, damit diese Sicherungs- und Fürsorgemaßnahmen treffen kann. Geringwertiges Vermögen (Kap. 2 § 3 Abs. 2 IDL) kann einem Angehörigen des Verstorbenen oder dem Konsul des Landes, dem der Verstorbene angehört, übergeben werden.[209]

185

Hatte der Verstorbene Schulden bei schwedischen Staatsangehörigen bzw. schwedischen Unternehmen oder Institutionen, so können diese beim Nachlassverwalter angemeldet werden (IDL 2:6). Geschieht eine solche Anmeldung nicht, geht der Anspruch verloren. Eine Anerkennung „von Amts wegen" erfolgt nicht.

186

Von dem oben dargelegten Grundsatz gibt es Ausnahmen (siehe IDL 2:1 Abs. 2, 2:3 Abs. 2, 2:5 Abs. 2 und 2:6 Abs. 2).

187

Inhaber von Rechten im Zusammenhang mit einem Erbfall, also Erben, Vermächtnisnehmer, aber auch Gläubiger des Verstorbenen, die nicht die schwedische Staatsangehörigkeit und auch keinen Wohnsitz in Schweden haben, werden im Prinzip mit schwedischen Staatsbürgern oder Personen, die in Schweden ihren Wohnsitz haben, gleich behandelt. Allerdings muss der ausländische Nachlassgläubiger seine Forderung beim „*boutredningsman*" angemeldet haben.[210]

188

Die schwedische Regierung kann jedoch das Recht von Ausländern, in Schweden durch Gesetz oder Testament zu erben, einschränken, wenn schwedische Staatsangehörige im Heimatland des Erblassers in erbrechtlicher Hinsicht diskriminiert werden. Eine solche Einschränkung ist bisher nicht Gesetz geworden, auch nicht gegenüber Staaten, die den Erwerb von Grundeigentum im eigenen Land an die eigene Staatsangehörigkeit knüpfen.

189

Schwedische Gerichte sind für alle Rechtsstreite über Nachlass und Erbauseinandersetzung **zuständig**, soweit Nachlass in Schweden ermittelt, verwaltet und auseinandergesetzt wird (IDL 2:10).

190

Soweit die Nachlassbehandlung und Erbauseinandersetzung im Ausland stattgefunden hat, gelten die IDL §§ 2:11–13: Befindet sich Nachlassvermögen in Schweden, werden **ausländische Urteile** oder Nachlassverteilung/Erbauseinandersetzungen **nicht anerkannt**, soweit die in dem Urteil/der Auseinandersetzung angewandten Bestimmungen dem schwedischen Recht widersprechen (IDL 2:12). Allerdings gilt dies nur für Erbauseinandersetzungen, die

191

---

206 2:2 und 2:6 Abs. 1 IDL; *Bogdan*, NJH, S. 750.
207 *Carsten*, S. 10; künftig der gewöhnliche Aufenthalt.
208 *Bogdan*, IPR, S. 223.
209 *Carsten*, § 13.
210 *Bogdan*, IPR, S. 223.

von Behörden oder einem von der öffentlichen Hand eingesetzten „*skiftesman*" durchgeführt werden. Bei Erbauseinandersetzungen, die von den am Nachlass Beteiligten vorgenommen werden, gilt der Grundsatz „*lex loci actus*" (IDL 2:11) oder das Heimatrecht des Erblassers als Alternative.[211]

192 Schwedische Gerichte bejahen ihre Zuständigkeit in erbrechtlichen Streitigkeiten, wenn die Bestimmungen des IDL schwedisches Recht für die Behandlung des Erbes, des Testaments oder der Nachlassbehandlung zugrunde legen.[212]

193 Soweit es Staatsbürger aus einem Land des Nordischen Rates betrifft, richtet sich sowohl die Nachlassfeststellung (*boutredning*), die erbrechtliche Güterteilung (*bodelning*) als auch die Erbauseinandersetzung (*arvskifte*) nach dem Recht des Staates seines ständigen Aufenthalts und umfasst das gesamte im Norden befindliche Vermögen.[213] Zur Fünf-Jahres-Regel siehe Rn 204 f.

D. Erbschaftsteuer

I. Allgemeines

194 Die erste schriftliche Erbschaftsteuerregelung in Schweden stammt aus dem 14. Jahrhundert, dem jüngeren Westgotengesetz (*västgötalagen*). Danach musste der Erbe 1/10 des ererbten beweglichen Vermögens binnen 30 Tagen nach dem Todestage seiner Mutter oder seines Vaters zahlen.[214]

195 Mit der 1914 in Kraft getretenen Verordnung über die Erbschaft- und Schenkungsteuer trat für diese ein gesondertes Gesetz in Kraft, das durch das Gesetz 1941:416 ersetzt wurde. Das Gesetz 1941:416 wurde wiederholt geändert.[215] Es lagen verschiedene Vorschläge vor, das Erbschaft- und Schenkungsteuergesetz zu reformieren.[216] Mit Gesetz 2004:1341 wurde das Gesetz 1941:413 über Erbschaft- und Schenkungsteuer mit Wirkung zum Jahresende 2004 aufgehoben.[217] Aufgrund des Tsunami-Unglücks in Südostasien im Dezember 2004, bei dem u.a. über 500 schwedische Staatsbürger umkamen, verabschiedete der schwedische Reichstag das Gesetz 2005:194, nachdem die Befreiung von der Erbschaft- und Schenkungsteuer bereits ab dem 17. Dezember gelten sollte.[218] In den Vorarbeiten zu diesem Gesetz kam eindeutig zum Ausdruck, dass die Erbschaft- und Schenkungsteuer nicht als gerecht angesehen wurde. Die Regierung wollte auch mit ihrem Vorschlag den Generationenwechsel erleichtern.[219]

II. Doppelbesteuerungsabkommen Deutschland–Schweden

196 Deutschland und Schweden haben am 14.7.1992 ein neues Abkommen zur Vermeidung der Doppelbesteuerung geschlossen. Die Regelungen über Erbschaft und Schenkungen sind in

---

211 *Bogdan*, IPR, S. 224.
212 *Bogdan*, NJH, S. 750.
213 *Bogdan*, NJH, S. 750.
214 *Kyrkobalken* 72; *Waller*, AGL, S. 13.
215 *Waller*, S. 14.
216 JOU 1987: 62, Prop. 1994/95:25, SOU 1966:160, Prop. 1999/2000; siehe dazu *Waller*, AGL, S. 14 f.
217 2004:1341 *lagen om upphörande av lagen 1941:413 om arvsskatt och gåvoskatt*. Dazu Prop. 2004/05:25.
218 *Lagen 2005:194 om undantag från arvsskatt och gåvskatt*. Dazu Prop. 2004/05:97.
219 Prop. 2004/05:22.

den Artikeln 24–28 geregelt. Das Abkommen ist trotz der Abschaffung der Erbschaft- und Schenkungsteuer in Schweden zumindest für deutsche Staatsangehörige sowie für Schweden mit Vermögen in Deutschland von Interesse.

Es gilt, dass unbewegliches Vermögen, das Teil des Nachlasses oder einer Schenkung einer in einem Vertragsstaat ansässigen Person ist und im anderen Vertragsstaat liegt, im anderen Vertragsstaat besteuert werden kann. 197

Bewegliches Vermögen eines Unternehmens, das Teil des Nachlasses oder einer Schenkung einer in einem Vertragsstaat ansässigen Person ist und 198
– Betriebsvermögen einer im anderen Vertragsstaat gelegenen Betriebsstätte darstellt oder
– der Ausübung eines freien Berufs oder einer sonstigen selbstständigen Tätigkeit dient und das zu einer im anderen Vertragsstaat gelegenen festen Einrichtung gehört,
kann im anderen Staat besteuert werden.

Alles andere Vermögen, das Teil des Nachlasses oder einer Schenkung einer in einem Vertragsstaat ansässigen Person ist, kann ohne Rücksicht auf seine Belegenheit nur in diesem Staat besteuert werden, soweit Art. 26 nichts anderes bestimmt (Art. 24). 199

War der Erblasser, der Schenker oder ein Erwerber in der Bundesrepublik Deutschland ansässig, so wird die Doppelbesteuerung in der Bundesrepublik Deutschland wie folgt beseitigt: 200

War der Erblasser im Zeitpunkt seines Todes oder der Schenker im Zeitpunkt der Ausführung der Schenkung in der Bundesrepublik Deutschland ansässig, so rechnet die Bundesrepublik Deutschland nach Maßgabe der Vorschriften des deutschen Rechts über die Anrechnung ausländischer Steuern auf ihre Steuer die Steuer an, die in Schweden für das Vermögen gezahlt wird, das nach Art. 24 Abs. 1 und 2 in Schweden besteuert werden kann. 201

War im Zeitpunkt des Todes des Erblassers oder der Schenkung ein Erwerber in der Bundesrepublik Deutschland ansässig, so kann die Bundesrepublik Deutschland den Erwerb dieser Person nach den Bestimmungen des deutschen Rechts besteuern. Sie rechnet aber nach Maßgabe der Vorschriften des deutschen Rechts über die Anrechnung ausländischer Steuern auf ihre Steuer die Steuer an, die in Schweden für alles Vermögen gezahlt wird, das nicht nach Art. 24 Abs. 1 und 2 in der Bundesrepublik Deutschland besteuert werden kann. Der anzurechnende Betrag darf jedoch den Teil der vor der Anrechnung ermittelten deutschen Steuern nicht übersteigen, der auf das Vermögen entfällt, für das die Anrechnung zu gewähren ist. 202

Entsprechendes gilt für Schweden. 203

Zu beachten ist die **Fünf-Jahres-Regel** des Art. 27: War der Erblasser im Zeitpunkt seines Todes oder der Schenker im Zeitpunkt der Schenkung 204
– Staatsangehöriger eines Vertragsstaates, ohne gleichzeitig Staatsangehöriger des anderen Vertragsstaates zu sein, und
– wird er in dem erstgenannten Staat nach dessen Steuerrecht wie eine dort ansässige Person besteuert und – war er in dem anderen Vertragsstaat aufgrund des Art. 4 Abs. 1 Buchst. b für die Dauer von nicht mehr als fünf Jahren ansässig gewesen,
so gilt er abweichend von Art. 4 als in dem Vertragsstaat ansässig, dessen Staatsangehöriger er war.

Absatz 1 gilt entsprechend für die Besteuerung eines Erben oder Beschenkten, wenn er in seiner Person im Zeitpunkt des Erbfalls oder der Schenkung die Voraussetzungen nach Abs. 1 erfüllt. Ist ein Deutscher länger als fünf Jahre vor seinem Tode nach Schweden 205 gezogen und hatte dort seinen festen Wohnsitz, so richtet sich die Erbschaftsteuer nach schwedischem Recht und entfällt somit gegenwärtig.

Abkürzungsverzeichnis

ÄB	Ärvdabalken (Erbgesetzbuch von 1958)
	Die erste Ziffer bedeutet das Kapitel des ÄB, die Ziffer nach dem Doppelpunkt den entsprechenden Paragraphen.
AGL	Lag 1941:416 om arvsskatt och gåvoskatt (Gesetz 1941:416 über Erbschaft- und Schenkungsteuer)
ÄktB	Äktenskapsbalken (Ehegesetzbuch)
FAL	Lag 1927:77 om försäkringsavtal (Gesetz 1927:77 über Versicherungsverträge)
FB	Föräldrarbalken (Elterngesetzbuch)
HD	Högsta Domstolen (= das oberste Gericht Schwedens)
IDL	Lag 1937:81 om internationella rättsförhållanden rörande dödsbo (Gesetz 1937:81 betreffend internationale Verhältnisse in Nachlasssachen)
	Schwedische Einzelgesetze werden – mit Ausnahme der Gesetzbücher, wie z.B. dem Erbgesetzbuch oder Ehegesetzbuch – mit dem Datum des Jahres, in dem sie veröffentlicht werden, und der Nummer der Gesetzesveröffentlichung in diesem Jahr benannt. Dies gilt auch für Änderungsgesetze bei den Gesetzbüchern.
IMF	Lag 1990:272 om vissa internationella frågor rörande makars förmögenhetsförhållanden (Gesetz 1990:272 über gewisse internationale Fragen betreffend die Vermögensverhältnisse von Ehegatten)
JÄL	Lag 1904:26 om vissa internationella rättsförhållanden rörande äktenskap och förmynderskap (Gesetz 1904:26 über gewisse internationale Rechtsverhältnisse betreffend Ehe und Vormundschaft)
Kyrkobalken	Kirchengesetzbuch
NDL	Lag 1935:44 om dödsbo efter dansk, finsk, isländsk eller norsk medborgere som hade hemvist här i riket m.m (Gesetz betreffend den Nachlass nach einem dänischen, finnischen, isländischen oder norwegischen Staatsangehörigen, der seinen Wohnsitz im Inlande hat, und anderes mehr)
NDL II	Lag 1935:45 om kvarlåtenskap efter den som hade hemvist i Danmark, Finland, Island eller Norge (Gesetz 1935:45 betreffend den Nachlass von Personen, die ihren Wohnsitz in Dänemark, Finnland, Island oder Norwegen hatten)
NJA	Nytt Juridisk Arkiv, avd. I (Neues Juristisches Archiv, I. Abteilung)
	Hier handelt es sich um die Sammlung der Rechtsprechung des Höchsten Gerichtshofes.
NJA II	Nytt Juridisk Arkiv, avd. II (Neues Juristisches Archiv, II. Abteilung)
	In dieser Reihe ist die Rechtsprechung der Hovrätt (Oberlandesgerichte) enthalten. In Schweden gibt es im Zivil- und Strafrecht drei Gerichtsarten: Tingsrätt, Hovrätt und Högsta Domstolen.

NJH	Norsteds Juridiska Handbok
PROP	proposition (= Vorschlag)
RH	Rättsfall från hovrätterna Die Rechtsprechung der 2. Instanz unserer Oberlandesgerichte ist damit in etwa vergleichbar.
SFL	Lag 1997:323 om statlig förmögenhetsskatt (Gesetz 1997:323 über die staatliche Vermögenssteuer)
SFS	Svensk Författningssamling (Schwedische Verfassungssammlung; in ihr sind Gesetze und Verordnungen des öffentlichen Rechts veröffentlicht)
SÖ	Sveriges internationella överenskommelser (Schwedens internationales Übereinkommen; vor 1991 hieß diese Sammlung „Schwedens Übereinkommen mit fremden Mächten")
SOU	Statens offentliga utredningar (Die öffentlichen Untersuchungen des Staates)
TfR	Tidsskrift for Rettvitenskap

Weitere Informationen und Materialien, wie z.B. Muster, Formulare, amtliche Texte und Internetadressen, befinden sich auf der beiliegenden CD-ROM.

Schweiz

Prof. Dr. iur. Stephan Wolf, Fürsprecher und Notar, Ordinarius für Privatrecht, sowie Notariatsrecht an der Universität Bern
Andrea Dorjee-Good, Rechtsanwältin, Zürich

Inhalt

A. Internationales Privatrecht (IPR) 1
  I. Zuständigkeit und Erbstatut aus Sicht der Schweiz 1
    1. Einleitung 1
    2. Wohnsitz als zentrales Anknüpfungskriterium 5
      a) Der Schweizer Wohnsitzbegriff ... 5
      b) Abgrenzung vom Begriff des gewöhnlichen Aufenthalts gemäß EU-ErbVO 6
      c) Nachlasszuständigkeit 7
        aa) Grundsatz: Wohnsitzzuständigkeit 7
        bb) Ausnahmen: Zuständigkeit am Ort der gelegenen Sache/Heimatzuständigkeit 8
      d) Erbstatut 12
        aa) Unterscheidung von Erbstatut und Eröffnungsstatut 12
        bb) Anwendbares Erbrecht (Erbstatut) 17
      e) Besonderheiten bei Verfügungen von Todes wegen 20
      f) Anwendbares Güterrecht (Güterrechtsstatut) 24
      g) Abstammung und Adoption 27
      h) Anknüpfung von Vorfragen 30
      i) Renvoi 31
      j) Eingreifen des ordre public 32
  II. Der deutsch-schweizerische Erbfall im Besonderen 38
    1. Deutscher Erblasser mit letztem Wohnsitz und letztem gewöhnlichen Aufenthalt in der Schweiz 38
      a) Aus Sicht der Schweiz 38
      b) Aus deutscher Sicht 42
    2. Deutscher Erblasser mit letztem Wohnsitz und gewöhnlichem Aufenthalt in Deutschland 47
      a) Aus Sicht der Schweiz 47
      b) Aus deutscher Sicht 49
    3. Schweizer Erblasser mit letztem Wohnsitz und gewöhnlichem Aufenthalt in der Schweiz 50
      a) Aus Sicht der Schweiz 50
      b) Aus deutscher Sicht 52
    4. Schweizer Erblasser mit letztem Wohnsitz und letztem gewöhnlichen Aufenthalt in Deutschland 55
      a) Aus Sicht der Schweiz 55
      b) Aus deutscher Sicht 57

B. Materielles Erbrecht 60
  I. Gesetzliche Erbfolge 60
    1. Allgemeines 60
    2. Parentelensystem (Verwandtenerbrecht) 62
    3. Ehegatte bzw. eingetragener Partner .. 65
    4. Gemeinwesen 66
    5. Erbrecht des adoptierten Kindes ... 67
    6. Erbrecht des außerehelichen Kindes .. 68
    7. Ausgleichungspflicht der gesetzlichen Erben 69
  II. Gewillkürte Erbfolge 71
    1. Allgemeines 71
    2. Letztwillige Verfügung und Erbvertrag 74
      a) Allgemeines 74
      b) Letztwillige Verfügung (Testament) 75
      c) Erbvertrag 76
      d) Zentrales Testamentenregister (ZTR) 78
    3. Formzwang 79
    4. Typenzwang 82
      a) Übersicht 82
      b) Erbeinsetzung 83
      c) Vermächtnis (Legat) 84
      d) Nacherbschaft 87
      e) Auflage 89
  III. Pflichtteilsrecht 91
    1. Allgemeines 91
    2. Pflichtteile und verfügbare Quote 94
    3. Durchsetzung der Pflichtteile 98
    4. Verzicht auf den Pflichtteil 101
  IV. Testaments- bzw. Willensvollstreckung .. 103
    1. Einsetzung 103
    2. Beginn und Ende des Willensvollstreckeramtes 104
    3. Inhalt der Willensvollstreckung 106
  V. Erwerb und Teilung der Erbschaft 109
    1. Erwerb der Erbschaft 109
    2. Ausschlagung der Erbschaft 111
    3. Möglichkeiten der Haftungsbeschränkung 113
      a) Öffentliches Inventar 113
      b) Amtliche Liquidation 116
    4. Die Erbengemeinschaft und ihre Auflösung 118
  VI. Wege der Nachlassregelung außerhalb des Erbrechts 125
    1. Abgrenzung 125
    2. Schenkung auf den Todesfall 126
    3. Begünstigungsklausel bei der Lebensversicherung 127
    4. Transmortale und postmortale Vollmacht 128
    5. Compte-joint 130
    6. Nachfolge- und Abfindungsklauseln bei Personengesellschaften 131

- 7. Trust ... 132
- 8. Güterrechtliche Begünstigung ... 133
- VII. Einfluss des ehelichen Güterrechts ... 134
  - 1. Überblick ... 134
  - 2. Errungenschaftsbeteiligung ... 138
  - 3. Gütergemeinschaft ... 140
  - 4. Gütertrennung ... 142
  - 5. Modifikationsmöglichkeiten innerhalb der Errungenschaftsbeteiligung ... 143
  - 6. Wahl und Modifikation der Gütergemeinschaft ... 146
  - 7. Ehegattengesellschaft ... 147
- VIII. Einfluss des Vermögens- bzw. Güterrechts bei der eingetragenen Partnerschaft ... 151
- IX. Sonderprobleme ... 153
  - 1. Erwerb von Grundstücken durch Ausländer ... 153
  - 2. Gesellschaftsrecht ... 155
  - 3. Bäuerliches Bodenrecht ... 156
  - 4. Schiedsgerichtsbarkeit im Erbrecht ... 159
- C. Erbverfahrensrecht ... 162
  - I. Vorbemerkungen ... 162
  - II. Freiwillige Gerichtsbarkeit: die Sicherungsmaßregeln (Art. 551–559 ZGB) ... 164
    - 1. Allgemeines und Grundsätze ... 164
    - 2. Zuständigkeit und Verfahren ... 165
    - 3. Überblick über die einzelnen Sicherungsmaßregeln ... 168
      - a) Siegelung (Art. 552 ZGB) ... 168
      - b) Inventar (sog. Erbschaftsinventar, Art. 553 ZGB) ... 169
      - c) Erbschaftsverwaltung (Art. 554 ZGB) ... 172
      - d) Erbenruf (Art. 555 ZGB) ... 175
      - e) Eröffnung von Verfügungen von Todes wegen und Ausstellung des Erbenscheins (Art. 556–559 ZGB) ... 176
  - III. Streitige Gerichtsbarkeit: Zivilrechtliche Klagen (Überblick) ... 184
- D. Besteuerung der Erbfolge ... 186
  - I. System der Erbschafts- und Schenkungssteuer ... 186
    - 1. Übersicht ... 186
    - 2. Konzeption der Erbschaftssteuer ... 189
    - 3. Steuerobjekt ... 191
      - a) Erbschaftssteuer ... 191
      - b) Schenkungssteuer ... 192
    - 4. Subjektive Steuerpflicht ... 194
    - 5. Steuerbefreiungen ... 197
    - 6. Steuerbemessung ... 200
    - 7. Steuertarif ... 201
  - II. Steuerpflicht im internationalen Verhältnis ... 202
    - 1. Anknüpfungspunkte im schweizerischen Erbschaftssteuerrecht ... 202
    - 2. Doppelbesteuerungsabkommen (DBA) unter besonderer Berücksichtigung des DBA zwischen der Schweiz und Deutschland ... 204
  - III. Weitere im Rahmen des Erbganges anfallende Steuern ... 208

Literatur

Abt, Daniel/Weibel, Thomas (Hrsg.), Praxiskommentar Erbrecht: Nachlassplanung, Nachlassabwicklung, Willensvollstreckung, Prozessführung, 2. Aufl., Basel 2011; *Breitschmid, Peter* (Hrsg.), Testament und Erbvertrag, Bern 1991; *Bucher, Andreas,* Das neue internationale Erbrecht, ZBGR 69 (1988), 145 ff.; *Druey, Jean Nicolas,* Grundriss des Erbrechts, 5. Aufl., Bern 2002; *Druey, Jean Nicolas/Breitschmid, Peter* (Hrsg.), Güter- und erbrechtliche Planung, Bern 1999; *Druey, Jean Nicolas/Breitschmid, Peter* (Hrsg.), Praktische Probleme der Erbteilung, Bern 1997; *Druey, Jean Nicolas/Breitschmid, Peter* (Hrsg.), Willensvollstreckung, Bern 2000; *Furrer, Andreas/Girsberger, Daniel/Müller-Chen, Markus* (Hrsg.), Handkommentar zum Schweizer Privatrecht, Internationales Privatrecht, 2. Aufl., Zürich/Basel/Genf 2012; *Girsberger, Daniel/Heini, Anton/Keller, Max/Kren Kostkiewicz, Jolanta/Siehr, Kurt/Vischer, Frank/Volken, Paul* (Hrsg.), Zürcher Kommentar zum IPRG, 2. Aufl., Zürich 2004; *Hamm, Michael/Flury, Robert,* Zuwendungen im Todesfall: Wie können die Verfügungsfreiheit erweitert und die Gefangenschaft in der Erbengemeinschaft vermieden werden?, ST 2002, S. 33 ff.; *Hausheer, Heinz/Geiser, Thomas/Aebi-Müller, Regina Elisabeth,* Das Familienrecht des Schweizerischen Zivilgesetzbuches: Eheschließung, Scheidung, Allgemeine Wirkungen der Ehe, Güterrecht, Kindesrecht, Erwachsenenschutzrecht, eingetragene Partnerschaft, Konkubinat, 5. Aufl., Bern 2014; *Hausheer, Heinz/Reusser, Ruth/Geiser, Thomas,* Berner Kommentar zum schweizerischen Privatrecht, Band II: Das Familienrecht, 1. Abteilung: Das Eherecht, 3. Teilband: Das Güterrecht der Ehegatten, 1. Unterteilband: Allgemeine Vorschriften, Art. 181–220 ZGB, Bern 1992; *Höhn, Ernst/Waldburger, Robert,* Steuerrecht, Band I, 9. Aufl., Bern 2001; *Honsell, Heinrich/Vogt, Nedim Peter/Geiser, Thomas* (Hrsg.), Basler Kommentar zum Schweizerischen Zivilgesetzbuch, Bd. 2, 4. Aufl., Basel 2011; *Honsell, Heinrich/Vogt, Nedim Peter/Schnyder, Anton K./Berti, Stephen V.* (Hrsg.), Basler Kommentar zum Internationalen Privatrecht, 3. Aufl., Basel 2013; *Kalt, Michelle/Uhl, Matthias,* Die EU-Erbrechtsverordnung und die Schweiz, in: Fahrländer, Lukas/Heinzmann, Reto A. (Hrsg.), Europäisierung der schweizerischen Rechtsordnung, Zürich 2013; *Majer, Christian F.,* Die Geltung der EU-Erbrechtsverordnung für reine Drittstaatssachverhalte, ZEV 2011, S. 445 ff.; *Mauerhofer, Marc A.,*

Schiedsgerichtliche Zuständigkeit in Erbstreitigkeiten aufgrund Parteivereinbarung und erblasserischer Anordnung, ZBJV 142 (2006), S. 375 ff.; *Richner, Felix,* Das Internationale Erbschaftssteuerrecht der Schweiz, ASA 69, S. 129 ff.; *Schlumpf, Michael,* Testamentarische Schiedsklauseln, Diss. Zürich, Zürich/St. Gallen 2011; *Siehr, Kurt,* Das Internationale Privatrecht der Schweiz, Zürich 2002; *Steinauer, Paul-Henri,* Le droit des successions, Berne 2006; *Tuor, Peter/Schnyder, Bernhard/Schmid, Jörg/Rumo-Jungo, Alexandra,* Das Schweizerische Zivilgesetzbuch, 13. Aufl., Zürich/Basel/Genf 2009; *Verband bernischer Notare* (Hrsg.), Musterurkunden, Bern 1981 ff., mit jährlichen Nachführungen; *Weimar, Peter,* Berner Kommentar zum schweizerischen Privatrecht, Band III: Erbrecht, 1. Abteilung: Die Erben, 1. Teilband: Die gesetzlichen Erben, Die Verfügungen von Todes wegen, 1. Teil: Die Verfügungsfähigkeit, die Verfügungsfreiheit, die Verfügungsarten, die Verfügungsformen, Art. 457–516 ZGB, Bern 2009; *Weiss, Kinga M./Bigler, Manuel,* Die EU Erbrechtsverordnung – Neue Herausforderungen für die internationale Nachlassplanung aus schweizerischer Sicht, successio 2014, S. 163 ff.; *Wolf, Stephan,* Die Sicherungsmaßregeln im Erbgang (Art. 551–559 ZGB), ZBJV 135 (1999), 181 ff.; *Wolf, Stephan,* Grundstücke in der güter- und erbrechtlichen Auseinandersetzung, ZBJV 136 (2000), S. 241 ff.; *Wolf, Stephan,* Vorschlags- und Gesamtgutzuweisung an den überlebenden Ehegatten, Bern 1996; *Wolf, Stephan/Berger-Steiner, Isabelle/Schmuki, Deborah,* Länderbericht Schweiz, in: Süß, Rembert/Ring, Gerhard (Hrsg.), Eherecht in Europa, 2. Aufl., Bonn 2012; *Wolf, Stephan/Genna, Gian Sandro,* Schweizerisches Privatrecht IV/1, Erbrecht, 1. Teilband, Basel 2012; *Zobl, Dieter,* Probleme im Spannungsfeld von Bank-, Erb- und Schuldrecht, AJP 2001, S. 1007 ff.; *Zuppinger, Ferdinand,* in: Höhn, Ernst (Hrsg.), Handbuch des Internationalen Steuerrechts der Schweiz, 2. Aufl., Bern 1993.

Rechtsquellen im Internet

Sämtliche Bundesgesetze und Staatsverträge können über die Internetadresse www.admin.ch/ch/d/sr/sr.html durch Eingabe der SR-Nummer oder der Gesetzesabkürzung im Volltext abgerufen werden und sind auf dem aktuellsten Stand. (Wichtige Gesetze befinden sich auch auf der beiliegenden CD-ROM unter der Rubrik „Schweiz").

Kantonale Erlasse können über die Internetadresse www.weblaw.ch unter der Rubrik „Services/Juristische Datenbank/Linkliste/Gesetzgebung/Schweiz Kantone" im Volltext auf dem aktuellsten Stand abgerufen werden.

Das Bundesblatt (zit. BBl) ist ab 1999 über www.admin.ch/ch/d/ff/index.html ebenfalls im Volltext abrufbar.

Hinweis

Die an den beiden Vorauflagen beteiligte Autorin Dr. Isabelle Berger-Steiner, Rechtsanwältin, hat auf eine Mitwirkung an der 3. Auflage verzichtet.

A. Internationales Privatrecht (IPR)

I. Zuständigkeit und Erbstatut aus Sicht der Schweiz[1]

1. Einleitung

Die Schweiz ist nicht Mitglied der Europäischen Union und zählt entsprechend auch nicht zu den Mitgliedstaaten der **EU-Erbrechtsverordnung** (EU-ErbVO). Fragen hinsichtlich

---

[1] Dazu weiterführend *Lorenz,* Schweiz, in: Ferid/Firsching/Dörner/Hausmann (Hrsg.), Internationales Erbrecht, Band V (Loseblatt), Grundzüge, S. 23 ff.; *Schnyder/Liatowitsch,* in: Honsell/Vogt/Schnyder/Berti (Hrsg.), Basler Kommentar zum Internationalen Privatrecht, 3. Aufl., Basel 2013 (zit. BSK-IPRG), Art. 86 IPRG Rn 1 ff., Art. 90 IPRG Rn 1 ff. (zit. *Schnyder/Liatowitsch*); *Graham-Siegenthaler,* in: Abt/Weibel (Hrsg.), Praxiskommentar Erbrecht: Nachlassplanung, Nachlassabwicklung, Willensvollstreckung, Prozessführung, 2. Aufl., Basel 2011 (zit. PraxKomm), Anhang IPR Rn 13 ff., 51 ff. (zit. *Graham-Siegenthaler*).

der Zuständigkeit und des anwendbaren Rechts in grenzüberschreitenden Erbfällen bestimmen sich aus Schweizer Perspektive deshalb sowohl gegenüber Mitgliedstaaten der EU-ErbVO als auch gegenüber Drittstaaten weiterhin nach den Bestimmungen des **schweizerischen internationalen Privatrechts**. Gleiches gilt in Bezug auf die Frage, unter welchen Voraussetzungen im Ausland ergangene erbrechtliche Entscheide, Maßnahmen und Urkunden in der Schweiz anerkannt werden. Maßgebend sind das Bundesgesetz über das Internationale Privatrecht (IPRG[2]) sowie allfällige völkerrechtliche Verträge, welche den Bestimmungen des IPRG vorgehen.

2 Da die Bestimmungen der EU-ErbVO auch im Verhältnis zu Drittstaaten Geltung beanspruchen,[3] wird die Schweiz von der Verordnung aber nicht gänzlich unberührt bleiben. Erinnert sei daran, dass bestehende Staatsverträge zwischen Mitgliedstaaten der EU-ErbVO und der Schweiz jeweils vorab zu prüfen sind, weil solche Verträge den Bestimmungen der EU-ErbVO gemäß Art. 75 EU-ErbVO vorgehen.

3 Die Schweiz hat einige **Staatsverträge** abgeschlossen, welche im Bereich des internationalen Erbrechts relevant sind.[4] Zu erwähnen sind die Staatsverträge mit:
– Österreich (SR 0.142.111.631)
– Italien (SR 0.142.114.541)
– Großbritannien (SR 0.142.113.671)
– Griechenland (SR 0.142.113.721)
– Persien (SR 0.142.114.362)
– Portugal (SR 0.191.116.541)
– Rumänien (SR 0.191.116.631)
– USA (SR 0.142.113.361).

4 Zwischen der Schweiz und Deutschland bestehen auf dem Gebiet des Erbrechts keine staatsvertraglichen Sonderbestimmungen,[5] so dass auf deutsch-schweizerische Erbfälle aus schweizerischer Sicht die **Kollisionsnormen des IPRG** anwendbar sind, namentlich die Art. 86–96 IPRG.[6]

2. Wohnsitz als zentrales Anknüpfungskriterium

a) Der Schweizer Wohnsitzbegriff

5 Im schweizerischen internationalen Erbrecht bildet der letzte Wohnsitz des Erblassers das zentrale Anknüpfungselement. Der Wohnsitzbegriff bestimmt sich im internationalen

---

2 Bundesgesetz über das Internationale Privatrecht (IPRG; SR 291).
3 Zu den Auswirkungen der EU-ErbVO auf reine Drittstaatensachverhalte vgl. auch *Weiss/Bigler*, successio 2014, S. 163 ff., S. 165 (zit. *Weiss/Bigler*); *Kalt/Uhl*, Die EU-Erbrechtsverordnung und die Schweiz, in: Fahrländer/Heinzmann (Hrsg.), Europäisierung der schweizerischen Rechtsordnung, Zürich 2013, S. 103 ff., 110 f. (zit. *Kalt/Uhl*); *Majer*, ZEV 2011, S. 445 ff. (zit. *Majer*).
4 Vgl. auch die Übersicht bei *Schnyder/Liatowitsch*, (Fn 1) Art. 86 IPRG Rn 23 ff. Der Staatsvertrag mit Frankreich (SR 0.276.183.491) ist aufgehoben (*Schnyder/Liatowitsch*, (Fn 1) Art. 86 IPRG Rn 25; *Graham-Siegenthaler*, (Fn 1) Anhang IPR Rn 35).
5 Ausgenommen das Haager Testamentsübereinkommen (das Lugano Übereinkommen ist gem. Art. 1 Abs. 2 Ziff. 1 nicht anwendbar); hinzuweisen ist ferner auf den früheren Staatsvertrag mit dem Großherzogtum Baden, BS 11, 611. Dieser wurde mit Wirkung ab dem 28.2.1979 gekündigt, die Schweiz hat jedoch erklärt, dass sie Art. 6 des Vertrages weiterhin auf Erbschaften anwenden werde, sofern deren Teilung aufgrund einer vor der Aufhebung des Staatsvertrages errichteten letztwilligen Verfügung zu erfolgen hat.
6 *Schneider*, Die Nachlassabwicklung deutsch-schweizerischer Erbfälle in Deutschland und in der Schweiz, Diss. Regensburg 1996, S. 3.

Verhältnis nach Art. 20 Abs. 1 lit. a IPRG. Danach hat eine natürliche Person ihren Wohnsitz in dem Staat, in dem sie sich mit der Absicht dauernden Verbleibens aufhält. Maßgebend ist, wo eine Person aufgrund objektiv erkennbarer Umstände den **Mittelpunkt ihrer Lebensinteressen** hat.[7] Nur subsidiär, falls der Erblasser nirgends einen Wohnsitz hat, tritt der gewöhnliche Aufenthalt an dessen Stelle (Art. 20 Abs. 2 IPRG).[8]

b) Abgrenzung vom Begriff des gewöhnlichen Aufenthalts gemäß EU-ErbVO

Der Wohnsitzbegriff des schweizerischen IPRG deckt sich nicht mit dem Begriff des gewöhnlichen Aufenthalts gemäß EU-ErbVO. Während für den „letzten gewöhnlichen Aufenthalt" gemäß Verordnung im Rahmen einer Gesamtbeurteilung auf die objektiven, aktuellen Lebensumstände im Zeitpunkt des Todes und in den Jahren zuvor abzustellen ist,[9] bezieht sich der Wohnsitzbegriff nach Schweizer Kollisionsrecht auf denjenigen Ort, an dem sich der Erblasser im Zeitpunkt des Todes mit der Absicht des dauernden Verbleibens aufgehalten hat. Der Schweizer Wohnsitzbegriff enthält damit ein subjektives und zukünftiges Element. In den meisten Fällen dürften der Wohnsitz und der gewöhnliche Aufenthaltsort zusammenfallen, so dass sich aus den unterschiedlichen Umschreibungen keine Schwierigkeiten ergeben sollten.[10] Dennoch sind Konstellationen denkbar, wo dies nicht zutrifft. Eine Diskrepanz könnte sich etwa bei Grenzgängern, privaten Langzeitpendlern (z.B. „Mallorca-Rentnern"), bei Auslandstudenten oder bei Aufenthalten in Pflegeheimen ergeben.[11] In solchen Fällen kann es insbesondere im Verhältnis zu Mitgliedstaaten der EU-ErbVO zu Kompetenzkonflikten und – vorbehältlich einer Rechtswahl – zur Anwendung unterschiedlichen Erbrechts kommen (mit der Folgeproblematik des *forum runnings*). Hinzuweisen ist in diesem Zusammenhang darauf, dass am gewöhnlichen Aufenthaltsort ergangene Entscheide in der Schweiz unter Umständen nicht anerkannt und vollstreckt werden.[12]

c) Nachlasszuständigkeit

aa) Grundsatz: Wohnsitzzuständigkeit

Gemäß Art. 86 Abs. 1 IPRG sind für das Nachlassverfahren und die erbrechtlichen Streitigkeiten grundsätzlich die schweizerischen Gerichte und Behörden am **letzten Wohnsitz** des Erblassers zuständig. Die Zuständigkeit erstreckt sich dabei grundsätzlich auf den gesamten, weltweiten Nachlass.[13]

---

7   *Keller/Kren Kostkiewicz*, in: Girsberger/Heini/Keller/Kren Kostkiewicz/Siehr/Vischer/Volken (Hrsg.), Zürcher Kommentar zum IPRG, 2. Aufl., Zürich 2004 (zit. ZK-IPRG), Art. 20 IRPG Rn 16 ff.; *Westenberg*, in: BSK-IPRG (Fn 1), Art. 20 IPRG Rn 8 ff.
8   Vgl. zum gewöhnlichen Aufenthalt die Definition in Art. 20 Abs. 1 lit. b IPRG.
9   Vgl. dazu die Ausführungen in § 2 Rn 1 ff.
10 *Weiss/Bigler*, (Fn 3) S. 180.
11 *Weiss/Bigler*, (Fn 3) S. 180.
12 Vgl. dazu Art. 96 Abs. 1 IPRG, wonach ausländische Entscheide in der Schweiz grundsätzlich nur dann anerkannt werden, wenn sie im Wohnsitzstaat des Erblassers ergangen sind oder im Staat dessen Recht er gewählt hat oder wenn sie in einem dieser Staaten anerkannt werden. Für Entscheide betreffend Grundstücke vgl. Art. 96 Abs. 2 IPRG.
13 Zur Zuständigkeit im deutsch-schweizerischen Erbfall im Besonderen vgl. unten Rn 38 ff.

bb) Ausnahmen: Zuständigkeit am Ort der gelegenen Sache/Heimatzuständigkeit

8 Vom Grundsatz der Schweizer Wohnsitzzuständigkeit gilt es folgende Ausnahmen zu beachten:

9 Der Schweizer Wohnsitzgerichtsstand greift nicht für **im Ausland gelegene Immobilien**, sofern der ausländische Staat für auf seinem Territorium gelegene Grundstücke die ausschließliche Zuständigkeit beansprucht (Art. 86 Abs. 2 IPRG). Diesfalls geht die ausländische Zuständigkeit für das entsprechende Grundstück der Schweizer Zuständigkeit vor, was in vielen Fällen zu einer Nachlassspaltung führt.[14] Ob die ausländische Zuständigkeit für ein Grundstück eine ausschließliche Zuständigkeit i.S.v. Art. 86 Abs. 2 IPRG darstellt, hängt davon ab, ob der Belegenheitsstaat eine schweizerische Zuständigkeit und damit einen Schweizer Entscheid in Bezug auf das entsprechende Grundstück anerkennt oder nicht.[15] Weil die EU-ErbVO nur die Anerkennung von in anderen Mitgliedstaaten ergangenen Entscheiden regelt, nicht aber diejenige von Schweizer Entscheiden, dürfte davon auszugehen sein, dass in Bezug auf die Anerkennung von in der Schweiz ergangenen Entscheiden – und damit auch für die Frage, ob die ausländische Zuständigkeit eine ausschließliche im Sinne von Art. 86 Abs. 2 IPRG darstellt – wie bis anhin auf das nationale IPR der jeweiligen Staaten zurückzugreifen ist.[16] Es bleibt abzuwarten, ob und gegebenenfalls inwieweit die einzelnen EU-Mitgliedstaaten (z.B. Frankreich) im Verhältnis zu Drittstaaten an der bisher beanspruchten ausschließlichen Zuständigkeit für im eigenen Staat gelegene Grundstücke festhalten werden.

10 Ausnahmsweise erachten sich die Schweizer Gerichte und Behörden auch ohne Schweizer Wohnsitz des Erblassers für zuständig. Dies ist einmal dann der Fall, wenn sich **Nachlassvermögen in der Schweiz** befindet und sich die ausländischen Behörden mit diesem nicht befassen (Art. 88 IPRG). Weiter erachtet sich die Schweiz auch für den **Nachlass eines im Ausland lebenden Schweizers** zuständig, soweit sich die ausländische Behörde mit dem Nachlass nicht befasst oder wenn ein im Ausland lebender Schweizer seinen Nachlass dem **Schweizer Heimatrecht** und/oder der Schweizer Zuständigkeit unterstellt hat (Art. 87 IPRG). Schließlich sind die Schweizer Behörden in jedem Fall für die **Sicherung des inländischen Nachlasses** eines im Ausland verstorbenen Erblassers zuständig (Art. 89 IPRG). Auf sichernde Maßnahmen wenden die Behörden Schweizer Recht an.[17] Das Verfahren richtet sich je nachdem, ob das kantonale Organisationsrecht als zuständige Behörde ein Gericht oder eine Verwaltungsbehörde bezeichnet, nach der Schweizerischen ZPO[18] oder dem kantonalen Verwaltungsverfahrensrecht[19].[20]

---

14 Die entsprechenden Vermögenswerte können bei der Berechnung der Pflichtteilsmasse nach Schweizer Recht jedoch berücksichtigt werden; vgl. *Schnyder/Liatowitsch*, (Fn 1) Art. 86 IRPG Rn 18a; *Heini*, in: ZK-IPRG (Fn 7), Art. 86 IPRG Rn 11 (zit. *Heini*).
15 *Schnyder/Liatowitsch*, (Fn 1) Art. 86 IPRG Rn 15.
16 *Weiss/Bigler*, (Fn 3) S. 181 Fn 123.
17 *Schnyder/Liatowitsch*, (Fn 1) Art. 89 IPRG Rn 5.
18 Schweizerische Zivilprozessordnung (Zivilprozessordnung, ZPO; SR 272).
19 Art. 92 Abs. 2 S. 2 IPRG; *Karrer/Vogt/Leu*, in: Honsell/Vogt/Geiser (Hrsg.), Basler Kommentar zum Schweizerischen Zivilgesetzbuch, Bd. 2, 4. Aufl., Basel 2011 (zit. BSK-ZGB), Vorbemerkungen zu Art. 551–559 ZGB Rn 10 (zit. *Karrer/Vogt/Leu*).
20 Zu den Sicherungsmaßregeln siehe Rn 164 ff.

Obschon im Gesetz nicht explizit geregelt, erachtet es die herrschende Lehre unter bestimmten Voraussetzungen als zulässig, dass der in der Schweiz wohnhafte Ausländer in Durchbrechung des Wohnsitzprinzips neben einer Rechtswahl zugunsten seines Heimatrechts (Art. 90 Abs. 2 IPRG) auch eine **Zuständigkeitswahl zugunsten der Heimatbehörden** trifft (Art. 87 Abs. 2 IPRG per analogiam).[21] Dies deckt sich mit Art. 96 Abs. 1 lit. a IPRG, wonach die Zuständigkeit des ausländischen Heimatstaates anerkannt wird, wenn der Erblasser dessen Recht gewählt hat.[22] Ob die Parteien hinsichtlich einer einzelnen Erbschaftsstreitigkeit gestützt auf Art. 5 und 6 IPRG einen anderen **Gerichtsstand vereinbaren** können – und sei es bloss zum Zweck einer interregionalen Prorogation –, ist umstritten.[23]

d) Erbstatut

aa) Unterscheidung von Erbstatut und Eröffnungsstatut

Das schweizerische IPRG unterscheidet bei der Frage des anwendbaren Rechts zwischen **Erb(folge)statut** und **Eröffnungsstatut**. Das Erbstatut bestimmt die materiell-rechtlichen Fragen und damit namentlich was zum Nachlass gehört, wer in welchem Umfang daran berechtigt ist und welche Rechtsbehelfe und Maßnahmen zulässig sind (Art. 92 Abs. 1 IPRG); es richtet sich nach dem gem. Art. 90 f. IPRG anwendbaren Erbrecht. Demgegenüber regelt das Eröffnungsstatut die Durchführung der einzelnen Maßnahmen und damit die verfahrensrechtlichen Fragen, welche gem. Art. 92 Abs. 2 IPRG stets der **lex fori** unterliegen. Die Unterscheidung zwischen Erbstatut und Eröffnungsstatut wirkt sich allerdings nur dann aus, wenn die zuständigen schweizerischen Gerichte oder Behörden zur Anwendung eines ausländischen Erbstatuts gehalten sind. Solchenfalls tritt aufgrund dieser Regelung eine **Spaltung zwischen materiellem und formellem Recht** ein.[24]

Die **sachliche Abgrenzung zwischen Eröffnungs- und Erbstatut** erweist sich in der Praxis mitunter als schwierig. Grundsätzlich kann festgehalten werden, dass das Eröffnungsstatut nur die Verfahrensfragen i.e.S. umfasst, so dass das Erbstatut zu einer extensiven Anwendung gelangt.[25]

Vom **Erbstatut** werden insbesondere folgende Bereiche erfasst:[26]
– Gegenstand und Wert des Nachlasses;

---

21 Die herrschende Lehre erachtet dies grundsätzlich für zulässig, sofern die Zuständigkeitswahl zusammen mit einer Rechtswahl gemäss Art. 90 Abs. 2 IPRG getroffen wird und vorausgesetzt der Heimatstaat nimmt die Zuständigkeitswahl an. Tut er dies nicht, bleibt es bei der regulären Wohnsitzzuständigkeit nach Art. 86 IPRG, vgl. *Schnyder/Liatowitsch*, (Fn 1) Art. 87 IPRG Rn 16; weiterführend *Weiss/Bigler*, (Fn 3) S. 183 Fn 127.
22 Vgl. *Heini*, (Fn 14) Art. 86 IPRG Rn 7.
23 Zustimmend *Bucher*, ZBGR 69 (1988), S. 145 ff., 146 (zit. *Bucher*); ablehnend: *Heini*, (Fn 14) Art. 86 IPRG Rn 8 f., mit Hinweis auf den Grundsatz der Nachlasseinheit; *Schnyder/Liatowitsch*, (Fn 1) Art. 86 IPRG Rn 19 ff.; *Göksu/Olano*, in: Furrer/Girsberger/Müller-Chen (Hrsg.), Handkommentar zum Schweizer Privatrecht, Internationales Privatrecht, 2. Aufl., Zürich/Basel/Genf 2012 (zit. HandKomm), Art. 86 IPRG Rn 4 (zit. *Göksu/Olano*).
24 *Heini*, (Fn.14) Art. 92 IPRG Rn 2.
25 Zum Ganzen *Heini*, (Fn 14) Art. 92 IPRG Rn 5 ff.
26 Vgl. zur Abgrenzung Erbstatut vs. Eröffnungsstatut auch *Schnyder/Liatowitsch*, (Fn 1) Art. 92 IPRG Rn 5 ff. und *Graham-Siegenthaler*, (Fn 1) Anhang IPR Rn 53 ff.

- Berechtigung am Nachlass im weitesten Sinn;[27]
- Modalitäten des Erwerbs der Erbschaft;
- Voraussetzungen, Inhalt und legitimationsrechtliche Wirkungen des Erbscheins;
- Voraussetzungen und Wirkungen von mit der Verwirklichung erbrechtlicher Ansprüche eng verknüpften Klagen und Maßnahmen;
- Zulässigkeit und Frist der Ausschlagung;
- rechtliches Schicksal der Nachlassschulden;
- inhaltliche (nicht aber formelle) Aspekte der Willensvollstreckung, insb. die Frage, ob der Erblasser überhaupt befugt war, einen Willensvollstrecker einzusetzen, sowie die Rechte und Pflichten des Willensvollstreckers.

15 Dem **Eröffnungsstatut** sind insbesondere folgende Aspekte unterworfen:
- Siegelung und Inventarisierung der Erbschaft;
- verfahrensrechtliche Aspekte von Klagen und Maßnahmen;
- Eröffnung des Erbgangs, einschließlich Testamentseröffnung;
- Ausstellung des Erbscheins (in formeller Hinsicht, nicht jedoch die materiell-rechtlichen Wirkungen des Erbscheins);
- Verfahren der Ausschlagung und zuständige Behörden;
- Verfahren zur Errichtung eines öffentlichen Inventars/einer Nachlassverwaltung;
- Verfahren zur amtlichen Liquidation;
- formelle, verfahrensrechtliche Aspekte der Willensvollstreckung.

16 Infolge des Ineinandergreifens von formeller und materieller Regelung ist eine separate Betrachtung des einen ohne Berücksichtigung des jeweils anderen Aspekts oft nicht möglich.

bb) Anwendbares Erbrecht (Erbstatut)[28]

17 Auch in Bezug auf das Erbstatut knüpft das IPRG in erster Linie am **letzten Wohnsitz** des Erblassers an.

18 Der Nachlass einer Person mit **letztem Wohnsitz in der Schweiz** untersteht grundsätzlich dem Schweizer Erbrecht (Art. 90 Abs. 1 IPRG). Es gilt der Grundsatz der Nachlasseinheit. Ein in der Schweiz wohnhafter Ausländer kann jedoch eine **Rechtswahl** (sog. *professio iuris*) treffen und dadurch den Nachlass einem seiner Heimatrechte unterstellen (Art. 90 Abs. 2 IPRG). Anders als unter der EU-ErbVO steht diese Rechtswahlmöglichkeit nur Ausländern offen, nicht aber Personen, die auch die Schweizer Staatsangehörigkeit besitzen oder diese später erwerben. Neben der Verfügungsfähigkeit[29] des Erblassers ist **Voraussetzung für eine Rechtswahl**, dass sie sich mit genügender Deutlichkeit aus einer formgültigen

---

27 Nach der Botschaft (BBl 1983 I 390 f.) sind davon folgende Aspekte erfasst: Bestimmung der gesetzlichen Erben und deren Quoten, Erbrecht des Gemeinwesens, Pflichtteilsrecht, Enterbung, Arten der erbrechtlichen Verfügung, Auflagen und Bedingungen, Vermächtnisse, Stellung des Vermächtnisnehmers, Ersatzverfügung, Nacherbeneinsetzung, Erbverzicht, Voraussetzungen und Wirkungen der Erbschafts-, der Herabsetzungs- und der Ungültigkeitsklage, Erbfähigkeit, Erbunwürdigkeit, Erleben des Erbgangs, Ausschlagung, Reihenfolge des Antragsrechts, erbrechtlicher Unterhaltsanspruch der Erben und der zur Zeit des Todes im Haushalt des Erblassers lebenden Personen, Bildung der Teile, Ausgleichung, Verträge unter Erben über Erbteile, Haftung, Gewährleistungspflicht.
28 Zum anwendbaren Erbrecht im deutsch-schweizerischen Erbfall im Besonderen, vgl. unten Rn 38 ff.
29 Die Verfügungsfähigkeit wird gesondert angeknüpft; vgl. dazu Rn 23.

Verfügung von Todes wegen ergibt.[30] Die Wahl des Heimatrechts kann infolge des Grundsatzes der Nachlasseinheit nicht bloß teilweise erfolgen, und sie bezieht sich im Zweifelsfall auf das materielle Erbrecht und nicht auf das IPR.[31] Eine Ausnahme besteht für im Ausland wohnhafte Schweizer, die im Sinne einer Teilrechtswahl auch bloß den in der Schweiz belegenen Nachlass dem Schweizer Erbrecht unterstellen können (Art. 87 Abs. 2 IPRG). Eine Rechtswahl fällt dahin, wenn die fragliche Staatsangehörigkeit im Zeitpunkt des Todes nicht mehr besteht (Art. 90 Abs. 2 Satz 2 IPRG). Keinen Einfluss hat eine *professio iuris* auf das Eröffnungsstatut; diesbezüglich sieht das Gesetz keine Rechtswahlmöglichkeit vor, sondern lässt immer die *lex fori* zur Anwendung kommen.[32] Eine Rechtswahl ist für den Erblasser namentlich dann interessant, wenn ihm das Heimatrecht eine größere Verfügungsfreiheit einräumt als das Wohnsitzrecht.[33] Im Lichte der EU-ErbVO dürfte eine *professio iuris* zudem auch aus Überlegungen der Rechtssicherheit häufig sinnvoll sein.[34] Eine Rechtswahl kann unter Schweizer Kollisionsrecht zu einem Auseinanderfallen sowohl der Zuständigkeit und des anwendbaren Rechts als auch des Erb- und Güterrechts führen. Um den Gleichlauf von *ius* und *forum* sicherzustellen, sollte der Erblasser daher neben der Rechtswahl auch eine Wahl zugunsten der ausländischen Zuständigkeit in Erwägung ziehen (Art. 87 Abs. 2 IPRG per analogiam).[35]

Der Nachlass einer Person mit **letztem Wohnsitz im Ausland** untersteht grundsätzlich dem Recht, auf welches das Kollisionsrecht des Wohnsitzstaates verweist (Art. 91 Abs. 1 IPRG); vorbehalten bleibt die Wahl eines im Ausland wohnhaften Schweizers zugunsten des Schweizer Heimatrechts. Eine Rechtswahl zugunsten des Schweizer Heimatrechts wird in der Schweiz anerkannt und wirkt gleichzeitig zuständigkeitsbegründend (Art. 87 Abs. 2 i.V.m. Art. 91 Abs. 2 IPRG).

e) Besonderheiten bei Verfügungen von Todes wegen

Hinsichtlich der **Form von letztwilligen Verfügungen** erklärt das Schweizer IPR das **Haager Testamentsübereinkommen**[36] für anwendbar (Art. 93 Abs. 1 IPRG). Das Haager Testamentsübereinkommen gilt gem. Art. 93 Abs. 2 IPRG sinngemäß auch für die Form von Erbverträgen. Damit entspricht die Rechtslage nach schweizerischem IPR in Bezug auf die Formfrage weitgehend derjenigen unter der EU-ErbVO (vgl. insb. Art. 75 Abs. 1 Unterabs. 2 sowie Art. 27 EU-ErbVO).

Gültigkeitsvoraussetzungen und Wirkungen eines Erbvertrages, der nur eine Partei als Erblasser verpflichtet, unterstehen grundsätzlich dem Recht am Wohnsitz des Erblassers zur Zeit des Vertragsabschlusses (Art. 95 Abs. 1 IPRG). Ein späterer Wohnsitzwechsel ist unbeachtlich.[37] Der Erblasser kann im Erbvertrag aber auch eine Rechtswahl zugunsten

---

30 Die Form richtet sich gem. Art. 93 IPRG nach den Vorschriften des Haager Testamentsübereinkommens. Für die Anforderungen an die Bestimmtheit der Wahlerklärung siehe den instruktiven BGE 125 III 35 ff. betreffend eine deutsche Erblasserin mit letztem Wohnsitz im Tessin und *Heini*, (Fn 14) Art. 90 IPRG Rn 10 ff.
31 *Siehr*, Das internationale Privatrecht der Schweiz, Zürich 2002, S. 163 (zit. *Siehr*).
32 Hier führt die Unterscheidung zwischen Erb- und Eröffnungsstatut zu einer Rechtsspaltung.
33 Dazu *Bucher*, (Fn 23) S. 149, und die Hinweise in Fn 56 hiernach. Eingehend zur *professio iuris Schnyder/Liatowitsch*, (Fn 1) Art. 90 IPRG Rn 11 ff.
34 Verweis auf Ausführungen zur Rechtswahlmöglichkeit unter der Verordnung in § 2 Rn 74 ff.
35 Vgl. dazu Fn 21.
36 Haager Übereinkommen über das auf die Form letztwilliger Verfügungen anwendbare Recht (SR 0.211.312.1).
37 Für das schweizerische IPR BGE 138 III 489 ff. E. 3.

seines Heimatrechts treffen, indem er den ganzen Nachlass seinem Heimatrecht unterstellt (Art. 95 Abs. 2 IPRG).[38]

22 **Gegenseitige Verfügungen von Todes wegen,** die den Nachlass mehrerer Personen betreffen (einschließlich Erbverträge sowie gemeinschaftliche und korrespektive Testamente[39]) müssen dem Wohnsitzrecht jedes Verfügenden entsprechen. Für die Bindungswirkung ist also die kumulative Zulässigkeit nach beiden Statuten erforderlich, wobei wiederum auf den Verfügungszeitpunkt abgestellt wird.[40] Alternativ können die Parteien die Verfügung ihrem gemeinsamen Heimatrecht unterstellen (Art. 95 Abs. 3 IPRG).[41] Indem Art. 95 Abs. 3 IPRG die Unterstellung unter das gemeinsame Heimatrecht der Verfügenden gestattet, wird implizit die Gültigkeit von **gemeinschaftlichen und korrespektiven Testamenten** anerkannt, die im Schweizer Recht problematisch sind.[42]

23 In Bezug auf die Frage der **Verfügungsfähigkeit** sieht Art. 94 IPRG in *favorem actus* drei alternative Anknüpfungen vor. Danach kann eine Person von Todes wegen verfügen, wenn sie im Zeitpunkt der Verfügung nach dem Recht am Wohnsitz oder am gewöhnlichen Aufenthalt oder nach dem Rechte eines ihrer Heimatstaaten verfügungsfähig ist.

f) Anwendbares Güterrecht (Güterrechtsstatut)

24 Die für die erbrechtliche Auseinandersetzung zuständigen Schweizer Gerichte und Behörden befassen sich im Falle des Todes eines verheirateten Erblassers grundsätzlich auch mit der güterrechtlichen Auseinandersetzung (Art. 51 Abs. 1 lit. a i.V.m Art. 65a ff. IPRG).[43] Die nachfolgenden Ausführungen zum Güterrecht gelten sinngemäß für die eingetragene Partnerschaft gleichgeschlechtlicher Paare (Art. 65a IPRG).[44]

25 Die güterrechtlichen Verhältnisse unterstehen grundsätzlich dem von den Ehegatten **gewählten Recht** (Art. 52 IPRG). Die Rechtswahlmöglichkeiten sind gesetzlich allerdings beschränkt auf das gemeinsame gegenwärtige oder zukünftige **Wohnsitzrecht** und das **Heimatrecht** eines jeden Ehegatten. Art. 53 Abs. 1 IPRG verlangt für die Gültigkeit der Rechtswahl die **Schriftform**. Vorbehältlich der Formfrage untersteht die Gültigkeit der Rechtswahl den Bestimmungen der gewählten Rechtsordnung. Die Rechtswahl kann **jederzeit** getroffen oder geändert werden und wirkt mangels gegenteiliger Anordnung der Ehegatten auf den Zeitpunkt der Eheschließung zurück.

26 Bei **Fehlen einer Rechtswahl** unterstehen die güterrechtlichen Verhältnisse im Sinne einer „Anknüpfungsleiter"[45] dem Recht desjenigen Staates, in dem die Ehegatten beide gleichzeitig ihren Wohnsitz haben bzw. ihren letzten gemeinsamen Wohnsitz hatten, oder ihrem gemeinsamen Heimatrecht (Art. 54 Abs. 1 und 2 IPRG). Für den seltenen Fall, dass die

---

38 Dabei handelt es sich um eine Rechtswahlvereinbarung, nicht um eine *professio iuris strictu sensu*; vgl. *Heini,* (Fn 14) Art. 95 IPRG Rn 5.
39 Vgl. dazu Rn 75.
40 *Heini,* (Fn 14) Art. 95 IPRG Rn 8; *Schnyder/Liatowitsch,* (Fn 1) Art. 95 IPRG Rn 5.
41 Zur Auslegung von Art. 95 Abs. 3 IPRG vgl. BGE 138 III 489 ff. E. 3; nach h.L. sind Art. 95 Abs. 1 und 3 IPRG als Gesamtnormverweisungen zu verstehen, so dass die Kollisionsnormen des Wohnsitzrechts des Erblassers berücksichtigt werden müssen, vgl. *Heini,* (Fn 14) Art. 95 IPRG Rn 10.
42 Vgl. dazu Rn 75.
43 Es ist weder das Lugano Übereinkommen noch ein Staatsvertrag mit Deutschland zu berücksichtigen.
44 Das Bundesgesetz über die eingetragene Partnerschaft gleichgeschlechtlicher Paare (PartG; SR 211.231), welches die Begründung, die Wirkungen und die Auflösung der eingetragenen Partnerschaft regelt, ist seit dem 1.1.2007 in Kraft. Siehe dazu *Wolf/Berger-Steiner/Schmuki,* Länderbericht Schweiz, in: Eherecht in Europa, 2. Aufl., Bonn 2012, Rn 124 ff. (zit. *Wolf/Berger-Steiner/Schmuki*).
45 *Siehr,* (Fn 31) S. 500.

Ehegatten nie gleichzeitig Wohnsitz im gleichen Staat hatten und auch über keine gemeinsame Staatsangehörigkeit verfügen, gilt die Gütertrennung des schweizerischen Rechts (Art. 54 Abs. 3 IPRG). Art. 55 Abs. 1 IPRG statuiert die **Wandelbarkeit des Güterrechtsstatuts**, indem beim Wechsel des Wohnsitzes das Recht des neuen Staates rückwirkend auf den Zeitpunkt der Eheschließung anwendbar ist. Die Ehegatten können aber schriftlich die Rückwirkung ausschließen (Art. 55 Abs. 1 IPRG). Haben die Ehegatten einen Ehevertrag abgeschlossen, bleibt für einen Statutenwechsel kein Raum (Art. 55 Abs. 2 IPRG); das Gleiche gilt, wenn die Ehegatten die Weitergeltung des früheren Rechts schriftlich vereinbart haben (Art. 55 Abs. 2 IPRG).[46]

g) Abstammung und Adoption

Die **Entstehung des Kindesverhältnisses** richtet sich nach dem **Recht am gewöhnlichen Aufenthalt des Kindes** (Art. 68 Abs. 1 IPRG). Für den Fall, dass weder Vater noch Mutter Wohnsitz im Staat des gewöhnlichen Aufenthalts des Kindes haben, die Eltern und das Kind aber über eine gemeinsame Staatsangehörigkeit verfügen, tritt das Recht am gewöhnlichen Aufenthalt zugunsten des gemeinsamen Heimatrechts zurück (Art. 68 Abs. 2 IPRG). Für die Anknüpfung ist der Zeitpunkt der Geburt maßgebend.[47]

27

Die **Voraussetzungen der Adoption** in der Schweiz bestimmen sich grundsätzlich nach **Schweizer Recht** (Art. 77 Abs. 1 IPRG). Wird eine Adoption im Wohnsitz- oder Heimatstaat der adoptierten Person oder der adoptierenden Ehegatten nicht anerkannt und erwächst dem Kind daraus ein schwerwiegender Nachteil, kann auch das ausländische Wohnsitz- oder Heimatrecht des Adoptierten berücksichtigt werden (Art. 77 Abs. 2 IPRG).

28

Die **Wirkungen der Adoption**[48] unterstehen grundsätzlich dem für die Wirkungen des Kindesverhältnisses geltenden Recht und damit dem **Recht am gewöhnlichen Aufenthalt des Kindes** (Art. 82 Abs. 1 IPRG).[49] Wie bei der Abstammung tritt das Recht am gewöhnlichen Aufenthalt zugunsten des gemeinsamen Heimatrechts zurück, wenn weder Vater noch Mutter Wohnsitz im Staat des gewöhnlichen Aufenthalts des Kindes haben, die Eltern und das Kind aber über eine gemeinsame Staatsangehörigkeit verfügen (Art. 82 Abs. 2 IPRG). Allerdings kann das Adoptionsstatut nicht gänzlich außer Acht gelassen werden. Dieses entscheidet vielmehr darüber, ob ein Adoptionstypus bestimmte Wirkungen – wie z.B. ein Erbrecht gegenüber den Adoptiveltern – überhaupt erzeugen kann.[50]

29

h) Anknüpfung von Vorfragen[51]

Das schweizerische IPR kennt keine allgemeine Regel für die Anknüpfung von Vorfragen. Diese sind vielmehr **von Fall zu Fall** nach folgenden Grundsätzen anzuknüpfen:
– Ist eine Frage bereits als kollisionsrechtliche Teilfrage separat beantwortet worden, darf dieses Ergebnis durch das Statut der Hauptfrage nicht mehr anders beantwortet werden; es hat mit anderen Worten eine selbstständige Anknüpfung der Vorfrage zu erfolgen.

30

---

46 Für die Form des Ehevertrages stellt Art. 56 IPRG alternativ zwei Anknüpfungen zur Verfügung: das auf den Ehevertrag anwendbare Recht oder das Recht am Abschlussort.
47 Bei der gerichtlichen Feststellung oder Anfechtung des Kindesverhältnisses ist demgegenüber der Zeitpunkt der Klageerhebung maßgebend, wenn ein überwiegendes Interesse des Kindes es erfordert.
48 Vgl. den Wortlaut von Art. 77 Abs. 1 IPRG.
49 Art. 82 Abs. 3 IPRG behält u.a. die Bestimmungen über das Erbrecht vor.
50 *Siehr*, (Fn 31) S. 98 f.
51 Zum Folgenden weiterführend *Siehr*, (Fn 31) S. 580 ff.; *Schnyder/Liatowitsch*, Internationales Privat- und Zivilverfahrensrecht, 3. Aufl., Zürich/Basel/Genf 2011, Rn 155 ff.

- Im Inland ausgesprochene oder anerkannte Statusauflösungen sind selbstständig anzuknüpfen.
- Führen die selbstständige und die unselbstständige Anknüpfung zu unterschiedlichen Ergebnissen, ist die Anknüpfung gemäß derjenigen Rechtsordnung zu bevorzugen, zu welcher der engste Zusammenhang besteht.
- Im Zweifel sind Vorfragen unselbstständig anzuknüpfen.
- Wird unselbstständig angeknüpft, ist das gesamte ausländische Recht, einschließlich dessen IPR, anzuwenden.

i) Renvoi

31 Die Behandlung des *renvoi* ist im schweizerischen IPR **umstritten**. Einigkeit herrscht in der neueren Literatur wohl einzig darüber, dass der *renvoi* unter praktischen, an Nützlichkeitserwägungen orientierten Gesichtspunkten zu beurteilen ist. Sofern das Gesetz keine ausdrückliche Lösung enthält, sind im Übrigen aber kaum allgemeine Gesichtspunkte zur Beurteilung der *renvoi*-Problematik im Einzelfall ersichtlich.[52]

j) Eingreifen des ordre public

32 Ähnlich wie die EU-ErbVO (Art. 35 EU-ErbVO) kennt auch das Schweizer IPR einen *ordre public*-Vorbehalt. Danach ist die Anwendung von Bestimmungen eines ausländischen Rechts ausgeschlossen, wenn sie zu einem mit dem schweizerischen *ordre public* unvereinbaren Ergebnis führen würde (sog. **negativer ordre public**; Art. 17 IPRG).[53]

33 Der *ordre public*-Vorbehalt wird nur mit äußerster Zurückhaltung und unter folgenden **Voraussetzungen** angewendet:[54]
- Es werden fundamentale Rechtsgrundsätze verletzt bzw. der fragliche Akt ist mit der schweizerischen Rechts- und Werteordnung unvereinbar.[55]
- Das **Ergebnis** der Fremdrechtsanwendung ist stoßend, nicht der abstrakte Rechtssatz als solcher.
- Es besteht eine hinreichende **Binnenbeziehung** des zu beurteilenden Sachverhalts zur Schweiz.
- Das ausländische Recht ist **offensichtlich** mit dem *ordre public* der Schweiz unvereinbar.
- Die Beurteilung zum **heutigen** Zeitpunkt ist maßgebend.

34 Wenn die bloße Nichtanwendung der zu einem stoßenden Ergebnis führenden Norm zu einer Lücke führt, muss **Ersatzrecht** an die Stelle des eliminierten ausländischen Rechts treten. Das IPRG enthält aber dazu keine Regelung, so dass entweder die ausländische *lex*

---

52 Vgl. *Schwander*, Einführung in das internationale Privatrecht, Erster Band, 3. Aufl., St. Gallen/Lachen SZ 2000, S. 153 ff.; *Schnyder/Liatowitsch*, (Fn 1) Art. 91 IPRG Rn 6; gl.M. *Göksu/Olano*, (Fn 23) Art. 91 IPRG Rn 2, welche die Behandlung als Sachnormverweisung befürworten, indes eine Tendenz im Schrifttum zur *foreign court-theory* ausmachen, die u.a. von *Heini*, (Fn 14) Art. 91 IPRG Rn 3 vertreten wird.
53 Vgl. BGE 128 III 204.
54 Dazu *Siehr*, (Fn 31) S. 604 f.; *Mächler-Erne/Wolf-Mettier*, in: BSK-IPRG (Fn 1), Art. 17 IPRG Rn 10, 13 (zit. *Mächler-Erne/Wolf-Mettier*); *Schramm/Buhr*, in: HandKomm (Fn 23), Art. 17 IPRG Rn 6 ff.; *Heini*, (Fn 14) Art. 17 IPRG Rn 33 ff.
55 BGE 119 II 266; in einem neueren Entscheid (BGE 128 III 200) verwendet das Bundesgericht folgende Formulierung: „Dieser Vorbehalt [gemeint ist Art. 17 IPRG] greift erst ein, wenn das Ergebnis […] das einheimische Rechtsgefühl in unerträglicher Weise verletzt bzw. auf stoßende Weise Sinn und Geist der eigenen Rechtsordnung widerspricht."

causae, die *lex fori* oder eine spezielle Sachnorm als Ersatzrecht herangezogen werden muss.⁵⁶

Für den Bereich des Erbrechts hat das Bundesgericht entschieden, dass das Fehlen eines **Pflichtteilsrechts** der Kinder gemäß englischem Recht nicht gegen den schweizerischen *ordre public* verstößt.⁵⁷ Weitere einschlägige Entscheide sind nicht ersichtlich. 35

Einen weiteren Ausschluss der Anwendung des ausländischen Rechts sieht Art. 18 IPRG vor. Gemäß dieser Norm werden Bestimmungen des schweizerischen Rechts vorbehalten, denen wegen ihres besonderen Zwecks **zwingend** Geltung verschafft werden muss. Es handelt sich dabei um die den **positiven ordre public** umfassenden *„lois d'application immédiate"*. Dazu gehören namentlich Normen, welche den wesentlichen Interessen der Gesellschaftsordnung bzw. der politischen oder wirtschaftlichen Ordnung Rechnung tragen.⁵⁸ Einen Anwendungsfall von Art. 18 IPRG stellt namentlich das **Rechtsmissbrauchsverbot** des Art. 2 Abs. 2 ZGB dar.⁵⁹ 36

Schließlich sind die Möglichkeiten der Berücksichtigung **zwingender Bestimmungen einer ausländischen Rechtsordnung** gem. Art. 19 IPRG⁶⁰ sowie die **Ausnahmeklausel** von Art. 15 IPRG zu beachten. Letztere führt zur Nichtanwendbarkeit des berufenen ausländischen Rechts, wenn der Sachverhalt mit diesem Recht nach den gesamten Umständen offensichtlich in einem geringen, mit einem anderen Recht aber in viel engerem Zusammenhang steht.⁶¹ 37

II. Der deutsch-schweizerische Erbfall im Besonderen⁶²

1. Deutscher Erblasser mit letztem Wohnsitz und letztem gewöhnlichen Aufenthalt in der Schweiz

a) Aus Sicht der Schweiz

Stirbt ein Deutscher Erblasser mit letztem Wohnsitz in der Schweiz, so sind gemäß Art. 86 Abs. 1 IPRG grundsätzlich die **Schweizer Gerichte und Behörden** für die Behandlung des gesamten, weltweiten Nachlasses zuständig. Ein Vorbehalt gilt für im Ausland gelegene Grundstücke, falls der ausländische Staat die ausschließliche Zuständigkeit für diese bean- 38

---

56 Vgl. *Siehr*, (Fn 31) S. 607 f., m.w.N.
57 BGE 102 II 136 ff.; dazu kritisch *Bucher*, (Fn 23) S. 149 f., insbesondere mit dem Hinweis auf die durch diesen Entscheid zu Tage getretenen fragwürdigen Folgen einer *professio iuris*.
58 BGE 138 III 750 E. 2.5; BGE 136 III 23 E. 6.6.1. Aus dem Schrifttum: *Mächler-Erne/Wolf-Mettier*, (Fn 54) Art. 18 IPRG Rn 10 ff.; *Heini*, (Fn 14) Art. 18 IPRG Rn 3 ff.
59 BGE 128 III 201 ff. In Bezug auf das Verbot der Errichtung von Familienfideikommissen gem. Art. 335 Abs. 2 ZGB hält BGE 135 III 614 – in Abweichung von einem Teil der Lehre – fest, dass es sich nicht um eine *„loi d'application immédiate"* handelt, welche die Anwendung ausländischen Rechts, das die Errichtung einer Familienunterhaltsstiftung für zulässig erklärt, verdrängen könnte (im konkreten Fall ging es um die Zulässigkeit einer liechtensteinischen Stiftung).
60 BGE 138 III 489 E. 4; BGE 136 III 392 E. 2.3.
61 Vgl. zur Kasuistik *Mächler-Erne/Wolf-Mettier*, (Fn 54) Art. 15 IPRG Rn 17 ff. sowie Art. 19 IPRG Rn 25 ff.
62 Nachfolgend wird der Einfachheit halber vom Regelfall ausgegangen, in welchem sich der letzte Wohnsitz und der letzte gewöhnliche Aufenthaltsort gemäß EU-ErbVO decken. Wohnsitz und letzter gewöhnlicher Aufenthalt müssen aber nicht zwingend zusammenfallen; vgl. dazu die Ausführungen in Rn 6. Im Übrigen wird vorliegend darauf verzichtet, auf die Notzuständigkeit (Art. 11 EU-ErbVO), die Ausweichklausel (Art. 21 Abs. 2 EU-ErbVO) sowie auf Art. 30 EU-ErbVO (Sondererbfolge) einzugehen. Siehe zum deutsch-schweizerischen Erbfall auch die tabellarische Übersicht bei *Weiss/Bigler*, (Fn 3) S. 181 ff.

sprucht (Art. 86 Abs. 2 IPRG). Dieser Vorbehalt greift im Verhältnis zu Deutschland nicht, weil Deutschland einen in der Schweiz ergangenen Entscheid betreffend in Deutschland gelegene Grundstücke grundsätzlich anerkennt und damit keine ausschließliche Zuständigkeit für deutsche Grundstücke beansprucht.[63] Offen bleibt, ob Deutschland unter Geltung der EU-ErbVO an dieser Regelung festhalten wird.

39 Der gesamte Nachlass untersteht sodann grundsätzlich **Schweizer Erbrecht** (Art. 90 Abs. 1 IPRG). Ein Deutscher kann jedoch mittels Testament oder Erbvertrag eine Rechtswahl zugunsten seines deutschen Heimatrechts treffen (Art. 90 Abs. 2 IPRG). Deutsch-schweizerischen Doppelbürgern ist eine solche Rechtswahlmöglichkeit verwehrt; auf den Nachlass eines Schweizer Doppelbürgers wird in der Schweiz stets Schweizer Recht angewendet. Außerdem gilt es zu beachten, dass eine Rechtswahl nur für das Erbstatut und nicht für das Eröffnungsstatut möglich ist (Art. 92 Abs. 2 IPRG).[64]

40 Ist eine **Rechtswahl** zugunsten des deutschen Heimatrechts nach Art. 90 Abs. 2 IPRG zulässig, räumt die herrschende Lehre dem Erblasser überdies das Recht ein, den Nachlass gleichzeitig der deutschen Zuständigkeit zu unterstellen, vorausgesetzt Deutschland nimmt die entsprechende Zuständigkeitsverweisung an.[65] Derzeit ist nicht vollständig klar, ob dies in Deutschland unter Geltung der EU-ErbVO der Fall wäre.[66]

41 Zu berücksichtigen ist, dass in Deutschland ergangene Entscheide (vorbehältlich sichernder Maßnahmen[67]) in vorliegender Konstellation in der Schweiz grundsätzlich nur dann anerkannt und vollstreckt werden können, wenn der Erblasser eine Rechtswahl zugunsten des deutschen Heimatrechts getroffen hat oder soweit sie Grundstücke in Deutschland betreffen (Art. 96 Abs. 1 IPRG).

b) Aus deutscher Sicht

42 Aus deutscher Perspektive bestimmen sich die Fragen der Zuständigkeit und des anwendbaren Rechts grundsätzlich nach der **EU-ErbVO**. Unklar ist derzeit allerdings, ob die Verordnung im Verhältnis zur Schweiz auch dann zur Anwendung gelangt, wenn der Erblasser weder seinen gewöhnlichen Aufenthalt noch Vermögenswerte in Deutschland hatte und auch keine Rechtswahl zugunsten des deutschen Rechts getroffen hat (Problematik der Anwendung der EU-ErbVO bei reinen Drittstaatensachverhalten[68]).

43 Unter der EU-ErbVO hängt die Zuständigkeit Deutschlands insbesondere davon ab, ob der Erblasser **Vermögenswerte in Deutschland** hinterlässt oder nicht. Befindet sich Nachlassvermögen in Deutschland, so erachten sich die deutschen Behörden und Gerichte gestützt auf die EU-ErbVO grundsätzlich für den gesamten, weltweiten Nachlass eines deutschen Erblassers zuständig, und zwar ungeachtet dessen, dass der Erblasser seinen Wohnsitz und letzten gewöhnlichen Aufenthalt in der Schweiz hatte (Art. 10 Abs. 1 lit. a EU-ErbVO). Daraus resultiert bei einem deutschen Staatsangehörigen mit letztem Wohnsitz in der

---

63 Vgl. zur Frage der ausschließlichen Zuständigkeit auch vorne, Rn 9.
64 Vgl. dazu oben Rn 12.
65 Vgl. oben Fn 21.
66 *Weiss/Bigler*, (Fn 3) S. 183 Fn 127, halten dafür, dass eine Wahl der Zuständigkeit der deutschen Behörden berücksichtigt wird.
67 Sichernde Maßnahmen des Staates, in dem Vermögen des Erblassers liegt, werden in der Schweiz anerkannt, vgl. Art. 96 Abs. 3 IPRG.
68 *Kalt/Uhl*, (Fn 3) S. 110 f.; *Majer*, (Fn 3) S. 445 ff.; *Weiss/Bigler*, (Fn 3) S. 164 ff. Für die übrigen Autoren ist die Geltung der EU-ErbVO im Verhältnis zu Drittstaaten gem. Art. 20 EU-ErbVO unproblematisch (siehe nur MüKo/*Dutta*, Art. 20 EU-ErbVO Rn 1).

Schweiz und Vermögenswerten in Deutschland ein **positiver Kompetenzkonflikt,** weil sich sowohl die deutschen als auch die Schweizer Behörden für die Behandlung des gesamten Nachlasses zuständig erachten. Eine Milderung dieser Problematik lässt sich allenfalls über Art. 12 Abs. 1 EU-ErbVO erreichen, wonach das deutsche zuständige Gericht in der Schweiz gelegene Vermögenswerte vom Verfahren ausnehmen kann, wenn zu erwarten ist, dass seine Entscheidung in Bezug auf die entsprechenden Vermögenswerte in der Schweiz nicht anerkannt oder nicht vollstreckt wird. Zur Vermeidung von Kompetenzkonflikten sollte ferner eine ausdrückliche Unterstellung unter die deutsche Zuständigkeit geprüft werden.

Hinterlässt der Erblasser **kein Nachlassvermögen in Deutschland,** besteht gestützt auf die EU-ErbVO grundsätzlich auch keine deutsche Zuständigkeit. Unter diesen Umständen ist gegebenenfalls zu prüfen, ob subsidiär auf das nationale deutsche Recht abgestellt werden kann, um eine deutsche Zuständigkeit zu begründen. Ob ein solcher Rückgriff auf das nationale deutsche Recht unter Geltung der EU-ErbVO zulässig ist, bleibt derzeit allerdings offen.[69] 44

Gestützt auf die EU-ErbVO untersteht der Nachlass auch aus deutscher Sicht grundsätzlich dem **Schweizer Erbrecht** als dem Recht am Ort des gewöhnlichen Aufenthalts (Art. 21 Abs. 1 EU-ErbVO i.V.m. Art. 20 EU-ErbVO). Allerdings steht es dem Erblasser frei, mittels **Rechtswahl** sein deutsches Heimatrecht zur Anwendung zu bringen (Art. 22 EU-ErbVO). Anders als unter dem Schweizer IPRG genügt es unter der EU-ErbVO, wenn die Staatsangehörigkeit im Zeitpunkt der Rechtswahl bestanden hat; außerdem steht die Rechtswahlmöglichkeit auch deutsch-schweizerischen Doppelbürgern offen. 45

Bei Vorliegen einer Rechtswahl können die betroffenen Parteien unter der EU-ErbVO vereinbaren, dass die Gerichte in Deutschland für Entscheidungen in Erbsachen ausschließlich zuständig sein sollen (Art. 5 Abs. 1 EU-ErbVO). Eine Verfahrensbeschränkung nach Art. 12 EU-ErbVO ist diesfalls nicht erforderlich, weil in Deutschland ergangene Entscheide in der Schweiz aufgrund der Rechtswahl gem. Art. 96 Abs. 1 lit. a IPRG anerkannt werden. 46

2. Deutscher Erblasser mit letztem Wohnsitz und gewöhnlichem Aufenthalt in Deutschland

a) Aus Sicht der Schweiz

Dem Wohnsitzprinzip folgend, erachten sich die Schweizer Gerichte und Behörden für den Nachlass eines deutschen Erblassers mit letztem Wohnsitz in Deutschland grundsätzlich nicht für zuständig. Vielmehr sind aus Schweizer Sicht die **Gerichte und Behörden in Deutschland** für den gesamten Nachlass zuständig, einschließlich das Nachlassvermögen in der Schweiz. Allerdings sieht Art. 88 Abs. 1 IPRG eine subsidiäre schweizerische Zuständigkeit vor, falls sich die deutschen Behörden mit dem in der Schweiz belegenen Vermögen nicht befassen. Weil aber das deutsche Nachlassgericht gem. Art. 4 EU-ErbVO bei letztem gewöhnlichen Aufenthalt des Erblassers in Deutschland für den gesamten Nachlass zuständig ist, dürfte für diese subsidiäre Zuständigkeit schweizerischer Gerichte und Behörden kaum Raum bestehen. 47

Aus Schweizer Sicht untersteht der Nachlass demjenigen Recht, auf welches das **deutsche Kollisionsrecht,** einschließlich die EU-ErbVO, verweist (Art. 91 Abs. 1 IPRG). Die Frage 48

---

69 Bejahend *Majer,* (Fn 3) S. 447, 450. Bei Anwendung des nationalen deutschen Rechts käme § 343 Abs. 1 FamFG zur Anwendung, der bei deutschen Staatsangehörigen mit Wohnsitz im Ausland die Zuständigkeit des Amtsgerichts Schöneberg in Berlin vorsieht.

nach dem anwendbaren Recht dürfte sich aus Schweizer Sicht freilich gar nicht erst stellen, weil Deutschland gestützt auf die EU-ErbVO in der vorliegenden Konstellation eine umfassende Zuständigkeit beansprucht.

b) Aus deutscher Sicht

49 Gemäß Art. 4 EU-ErbVO sind die **deutschen Gerichte** für den gesamten Nachlass eines Erblassers mit letztem gewöhnlichem Aufenthalt in Deutschland zuständig, auch für das in der Schweiz gelegene Vermögen. Der gesamte Nachlass untersteht sodann bei Fehlen einer Rechtswahl **deutschem Erbrecht** (Art. 21 Abs. 1 EU-ErbVO).

3. Schweizer Erblasser mit letztem Wohnsitz und gewöhnlichem Aufenthalt in der Schweiz

a) Aus Sicht der Schweiz

50 Stirbt ein Schweizer Erblasser mit letztem Wohnsitz in der Schweiz, so sind aus Schweizer Sicht grundsätzlich die **Schweizer Gerichte und Behörden** für die Behandlung des gesamten, weltweiten Nachlasses zuständig (Art. 86 Abs. 1 IPRG). Der Vorbehalt in Bezug auf im Ausland gelegene Grundstücke (Art. 86 Abs. 2 IPRG) greift im Verhältnis zu Deutschland nicht.[70] Der Nachlass untersteht **Schweizer Erbrecht** (Art. 90 Abs. 1 IPRG); eine Rechtswahlmöglichkeit besteht für Schweizer Bürger nicht.

51 Liegen **Vermögenswerte in Deutschland**, erachtet sich Deutschland unter der EU-ErbVO aber ebenfalls ganz oder teilweise für den Nachlass zuständig,[71] so dass diesbezüglich ein positiver Kompetenzkonflikt entsteht. Dabei gilt es wiederum zu beachten, dass in Deutschland ergangene Entscheide – mit Ausnahme von solchen, die in Deutschland gelegene Grundstücke betreffen, sowie bei Vorliegen einer gültigen Rechtswahl zugunsten des deutschen Heimatrechts – in der Schweiz nicht anerkannt und vollstreckt werden können (Art. 96 Abs. 1 IPRG).[72]

b) Aus deutscher Sicht

52 Befindet sich **Nachlassvermögen** eines Schweizer Erblassers (mit letztem gewöhnlichen Aufenthalt in der Schweiz) **in Deutschland**, so sind die **deutschen Gerichte** gestützt auf Art. 10 Abs. 1 EU-ErbVO grundsätzlich für den gesamten, weltweiten Nachlass zuständig, einschließlich das Nachlassvermögen in der Schweiz, sofern der Erblasser entweder neben der Schweizer auch die deutsche Staatsbürgerschaft besaß (lit. a) oder wenn er seinen vorhergehenden gewöhnlichen Aufenthalt in Deutschland hatte, sofern die Änderung dieses gewöhnlichen Aufenthalts zum Zeitpunkt der Anrufung des Gerichts nicht länger als fünf Jahre zurückliegt (lit. b). Ist dies nicht der Fall, sind die deutschen Gerichte einzig für den in Deutschland belegenen Nachlass zuständig (Art. 10 Abs. 2 EU-ErbVO).

53 Daraus kann wiederum ein positiver Kompetenzkonflikt resultieren, zumal sich unter den Voraussetzungen von Art. 10 Abs. 1 EU-ErbVO sowohl die deutschen als auch die Schweizer Behörden für die Behandlung des gesamten Nachlasses zuständig erachten. Eine Verfahrensbeschränkung gem. Art. 12 EU-ErbVO wäre denkbar.

54 Gestützt auf Art. 21 Abs. 1 EU-ErbVO ist auf den Nachlass mangels Rechtswahl grundsätzlich **Schweizer Erbrecht** anwendbar. Ein deutsch-schweizer Doppelbürger kann aus deutscher Perspektive jedoch eine Rechtswahl zugunsten des deutschen Heimatrechts treffen.

---

70 Vgl. dazu oben Rn 38.
71 Vgl. dazu Rn 52 sogleich.
72 Vgl. auch oben Rn 41.

4. Schweizer Erblasser mit letztem Wohnsitz und letztem gewöhnlichen Aufenthalt in Deutschland

a) Aus Sicht der Schweiz

Gestützt auf das Wohnsitzprinzip sind aus Schweizer Perspektive grundsätzlich die **deutschen Gerichte und Behörden** für die Behandlung des gesamten, weltweiten Nachlasses zuständig. Mangels Schweizer Zuständigkeit ist die Frage des anwendbaren Rechts diesfalls grundsätzlich aus deutscher Sicht zu beantworten. Allerdings hat ein in Deutschland lebender Schweizer die Möglichkeit, mittels letztwilliger Verfügung oder Erbvertrag eine **Rechtswahl** zugunsten des Schweizer Heimatrechts zu treffen und/oder den in der Schweiz gelegenen oder seinen gesamten Nachlass der Schweizer Zuständigkeit zu unterstellen (Art. 87 Abs. 2 IPRG; vorbehalten bleibt Art. 86 Abs. 2 IPRG). Damit kann eine Schweizer Heimatzuständigkeit begründet werden. Die Schweizer Behörden und Gerichte wenden diesfalls Schweizer Erbrecht an, es sei denn, der Erblasser habe ausdrücklich das Recht an seinem letzten Wohnsitz vorbehalten (Art. 91 Abs. 2 IPRG). 55

Auch in dieser Konstellation kann unter der Geltung der EU-ErbVO ein positiver Kompetenzkonflikt eintreten. Ein in Deutschland ergangener Entscheid wird in der Schweiz grundsätzlich nicht anerkannt, soweit der Nachlass testamentarisch oder erbvertraglich der schweizerischen Zuständigkeit unterstellt wurde.[73] 56

b) Aus deutscher Sicht

Gemäß Art. 4 EU-ErbVO sind die **deutschen Gerichte und Behörden** für den gesamten Nachlass zuständig. Eine Gerichtsstandsvereinbarung nach Art. 5 EU-ErbVO zugunsten der Schweizer Heimatgerichte ist auch bei Vorliegen einer Rechtswahl nicht möglich, wenn der Erblasser seinen letzten gewöhnlichen Aufenthalt in Deutschland hatte, weil die Schweiz ein Drittstaat – und kein Mitgliedstaat der EU-ErbVO – ist (Art. 5 EU-ErbVO). 57

Daraus kann wiederum ein Zuständigkeitskonflikt entstehen. Eine Verfahrensbeschränkung gemäß Art. 12 Abs. 1 EU-ErbVO ist denkbar. 58

Nach Art. 21 Abs. 1 EU-ErbVO untersteht der Nachlass sodann **deutschem Erbrecht**. Der Erblasser kann aber eine **Rechtswahl** zugunsten des Schweizer Erbrechts treffen. Eine solche Rechtswahlmöglichkeit zugunsten des Schweizer Heimatrechts ist auch aus Schweizer Sicht möglich (Art. 87 Abs. 2 IPRG), begründet aber gleichzeitig auch eine Schweizer Zuständigkeit, woraus wiederum ein positiver Zuständigkeitskonflikt resultiert. 59

---

73 Bei der Wahl der Schweizer Zuständigkeit gemäß Art. 87 Abs. 2 IPRG fehlt es nach h.L. an der ausländischen indirekten Wohnsitzzuständigkeit gemäß Art. 96 Abs. 1 lit. a IPRG; vgl. *Schnyder/Liatowitsch*, (Fn 1) Art. 96 IPRG Rn 8 m.w.H.

B. Materielles Erbrecht[74]

I. Gesetzliche Erbfolge

1. Allgemeines

60 Die gesetzliche Erbfolge greift immer dann ein, wenn der Erblasser keine gültige Verfügung von Todes wegen getroffen hat oder diese nur einen Teil des Nachlasses betrifft.[75] Die gesetzliche Erbfolge ist damit **dispositiver**[76] und **subsidiärer** Natur.

61 Die gesetzliche Erbfolge wird durch **formelle familienrechtliche Beziehungen** bestimmt.[77] Dies hat die praktisch bedeutsame Folge, dass namentlich der nichteheliche Lebenspartner nicht die Stellung eines gesetzlichen Erben einnimmt, sondern auf die gewillkürte Erbfolge verwiesen ist.[78]

2. Parentelensystem (Verwandtenerbrecht)

62 Die blutsverwandten Angehörigen des Erblassers werden aufgrund ihrer unterschiedlichen verwandtschaftlichen Nähe zum Erblasser durch das Parentelensystem in Gruppen (**Parentelen**)[79] zusammengefasst, unter Schaffung einer **Rangordnung** sowohl zwischen den Parentelen als auch innerhalb derselben (Art. 457–460 ZGB).

63 Eine **Parentel** umfasst eine Person (Aszendent) mit allen ihren Nachkommen (Deszendenten). Die erste Parentel (Art. 457 ZGB) erfasst die Kinder des Erblassers und deren Nachkommen, während zur zweiten Parentel (Art. 458 ZGB) dessen Eltern und alle von ihnen – gemeinsam oder einzeln – abstammenden Personen gehören. Zur dritten und letzten Parentel (Art. 459 f. ZGB) zählen die Großeltern des Erblassers und alle von ihnen – gemeinsam oder einzeln – abstammenden Personen.

64 Für das **Verhältnis zwischen den drei Parentelen** gilt ausnahmslos der Grundsatz, dass eine nachfolgende Parentel nur dann zum Zug kommt, wenn sämtliche Angehörigen der vorangehenden Parentel als Erben ausscheiden.[80] Die **Erbberechtigung innerhalb einer Parentel** wird durch verschiedene Prinzipien bestimmt:[81]

---

[74] Das Erbrecht insgesamt ist im Dritten Teil des Schweizerischen Zivilgesetzbuches (ZGB; SR 210), in den Art. 457–640, geregelt. Die erste Abteilung („Die Erben"; Art. 457–536 ZGB) beantwortet die Frage, wer Erbe sein soll; die zweite Abteilung („Der Erbgang"; Art. 537–640 ZGB) regelt die Art und Weise, wie die Erbschaft erlangt wird. Vgl. *Tuor/Schnyder/Schmid/Rumo-Jungo*, Das Schweizerische Zivilgesetzbuch, 13. Aufl., Zürich/Basel/Genf 2009, § 61 Rn 2 (zit. *Tuor/Schnyder/Schmid/Rumo-Jungo*).

[75] Im letzteren Fall geht der nicht verfügte Teil an die gesetzlichen Erben (Art. 481 Abs. 2 ZGB).

[76] Diesbezüglich vorzubehalten ist das Pflichtteilsrecht (zu diesem siehe Rn 91 ff.), dem zwingender Charakter zukommt und das deswegen auch als „potenziertes gesetzliches Erbrecht" – so *Tuor/Schnyder/Schmid/Rumo-Jungo*, (Fn 74) § 68 Rn 2 – bezeichnet wird.

[77] Vgl. *Weimar*, Berner Kommentar zu Art. 457–516 ZGB, Bern 2009, Die gesetzlichen Erben, Einleitung Rn 1 (zit. *Weimar*). Zum Sonderfall der gesetzlichen Erbenstellung des Gemeinwesens siehe Rn 66.

[78] Dazu *Breitschmid*, in: Druey/Breitschmid (Hrsg.), Güter- und erbrechtliche Planung, Bern 1999, S. 45 ff.

[79] Das Gesetz spricht von „Stamm" (vgl. z.B. Art. 458 Abs. 1 ZGB), meint damit aber auch eine Personengruppe innerhalb der Parentel mit gemeinsamen Vorfahren (siehe etwa Art. 458 Abs. 3 ZGB).

[80] *Wolf/Genna*, Schweizerisches Privatrecht IV/1, Erbrecht, 1. Teilband, Basel 2012, S. 115 (zit. *Wolf/Genna*, SPR IV/1).

[81] Vgl. *Staehelin*, in: BSK-ZGB (Fn 19), Vorbemerkungen zu Art. 457–466 ZGB Rn 4 (zit. *Staehelin*).

- Der Aszendent geht in jeder Parentel den übrigen Angehörigen vor.
- Fällt ein Erbe aus,[82] rücken dessen Kinder nach und treten an seine Stelle (**Eintrittsprinzip**).[83]
- Sind keine Nachkommen des ausgefallenen Erben vorhanden, wächst der Anteil des ausgefallenen Erben seinen gleichstufigen Miterben anteilsmäßig an (**Anwachsungsprinzip**).[84]
- Hinterlässt der Erblasser keine Nachkommen, zerfällt die Erbschaft in zwei Hälften, die der Vater- bzw. der Mutterseite zugewiesen werden (Gleichheit der väterlichen und der mütterlichen Linie, **Linienteilung**).[85]
- Geschwister und weitere Seitenverwandte untereinander erben schließlich immer zu gleichen Teilen (**Gleichheitsprinzip**).

3. Ehegatte bzw. eingetragener Partner

Der überlebende Ehegatte und der überlebende eingetragene Partner[86] stehen als nicht blutsverwandte Angehörige des Erblassers außerhalb des Parentelensystems. Sie sind neben den Parentelen und damit **zusätzlich erbberechtigt** (Art. 462 ZGB). Der Erbanteil des überlebenden Ehegatten bzw. des überlebenden eingetragenen Partners ist davon abhängig, welche Parentel konkurrierend mit ihm erbberechtigt ist. Die ihm zustehende Quote umfasst die Hälfte des Nachlasses, wenn er mit Angehörigen der ersten Parentel zu teilen hat (Art. 462 Ziff. 1 ZGB), und erhöht sich auf 3/4 des Nachlasses, wenn sie in Konkurrenz zu Personen der zweiten Parentel stehen (Art. 462 Ziff. 2 ZGB). Gegenüber Angehörigen der dritten Parentel setzt sich der Erbanspruch des überlebenden Ehegatten bzw. des überlebenden eingetragenen Partners vollumfänglich durch (Art. 462 Ziff. 3 ZGB).

4. Gemeinwesen

Hinterlässt der Erblasser weder verwandte Angehörige noch einen Ehegatten bzw. eingetragenen Partner und hat er auch keinen Erben eingesetzt, so fällt die Erbschaft gem. Art. 466 ZGB an das Gemeinwesen. Diesem kommt mithin die Stellung des **letzten gesetzlichen Erben** zu.[87]

5. Erbrecht des adoptierten Kindes

Das Adoptivkind erhält die **Rechtsstellung eines Kindes der Adoptiveltern**; das bisherige Kindesverhältnis erlischt (Art. 267 Abs. 1 und 2 ZGB). Dem adoptierten Kind kommt somit

---

82 Zufolge Vorversterbens, Ausschlagung der Erbschaft (Art. 572 Abs. 1 ZGB), Enterbung (Art. 478 Abs. 2 ZGB) oder Erbunwürdigkeit (Art. 541 Abs. 2 ZGB); vgl. demgegenüber für den Erbverzicht Art. 495 Abs. 3 ZGB.
83 Art. 457 Abs. 3 ZGB. Dieser Vorgang kann sich über mehrere Stufen fortsetzen.
84 Art. 458 Abs. 4 und Art. 459 Abs. 4 und 5 ZGB.
85 Art. 458 Abs. 2 und 459 Abs. 2 ZGB.
86 Seit dem 1.1.2007 ist das Bundesgesetz über die eingetragene Partnerschaft (PartG; SR 211.231), welches die Begründung, die Wirkungen und die Auflösung der eingetragenen Partnerschaft gleichgeschlechtlicher Paare regelt, in Kraft. Siehe dazu *Wolf/Berger-Steiner/Schmuki* (Fn 44). Ausführlich zum Erbrecht der eingetragenen Partnerschaft *Wolf/Genna*, in: Geiser/Gremper (Hrsg.), Zürcher Kommentar zum Partnerschaftsgesetz, Zürich/Basel/Genf 2007, S. 597 ff.
87 Ausführlich *Wolf/Genna*, SPR IV/1, (Fn 80) S. 127 ff.

das volle Erbrecht in der Adoptivfamilie zu, während sein Erbrecht in der angestammten Familie untergeht.[88]

6. Erbrecht des außerehelichen Kindes

68 Ist ein Kindesverhältnis[89] gegeben, unterscheidet sich die erbrechtliche Stellung des außerehelichen Kindes nicht von derjenigen eines ehelich geborenen. Es liegt ein **volles und gegenseitiges Erbrecht** vor.

7. Ausgleichungspflicht der gesetzlichen Erben

69 **Unentgeltliche Vorempfänge** (Erbvorbezüge) mindern den beim Ableben des Erblassers real vorhandenen Nachlass. Ob solche lebzeitige Zuwendungen unter Anrechnung an die Erbquote des Vorempfängers durch Real- oder Idealausgleichung (Art. 628 Abs. 1 ZGB) im Nachlass zu berücksichtigen sind, richtet sich primär nach dem Willen des Erblassers.[90] Fehlt eine ausdrückliche anderslautende Verfügung des Erblassers, sind dessen Nachkommen in Bezug auf Zuwendungen mit Ausstattungscharakter[91] von Gesetzes wegen der Ausgleichungspflicht unterworfen (Art. 626 Abs. 2 ZGB).[92] Bezüglich der übrigen gesetzlichen Erben ist eine Ausgleichungspflicht demgegenüber nur dann gegeben, wenn der Erblasser diese angeordnet hat (Art. 626 Abs. 1 ZGB). Weiter nimmt das Gesetz übliche Gelegenheitsgeschenke von der Ausgleichungspflicht aus (Art. 632 ZGB) und lässt eine solche hinsichtlich Auslagen für die Ausbildung und Erziehung einzelner Kinder vermutungsweise nur greifen, soweit sie „das übliche Maß" übersteigen (Art. 631 Abs. 1 ZGB).

---

88 Soweit eine vor dem 1.4.1973 ausgesprochene, sog. altrechtliche Adoption in Frage steht und keine Unterstellung unter das neue Recht erfolgt ist (Art. 12a f. SchlT ZGB), richtet sich das Adoptionsrecht in erster Linie nach dem Adoptionsvertrag (aArt. 268 Abs. 3 ZGB), in dem beliebige Abweichungen von der gesetzlichen Regelung festgelegt werden konnten. Dies gilt grundsätzlich auch für die erbrechtliche Bestimmung von aArt. 465 ZGB, wonach das Adoptivkind seine leiblichen Verwandten und seine Adoptiveltern, nicht aber die weiteren Adoptivverwandten beerbt. Allerdings konnte eine Erbberechtigung des Adoptivkindes gegenüber den Verwandten des Annehmenden oder eine Erbberechtigung des Annehmenden gegenüber dem Adoptivkind nur mittels Verfügung von Todes wegen begründet werden. Gegenüber dem Adoptivkind bleiben die Blutsverwandten erbberechtigt, ein Erbrecht der Adoptivverwandten ist ausgeschlossen. Vgl. zum Ganzen *Weimar*, Berner Kommentar zu Art. 457–480 ZGB, Vorauflage, Bern 2000, aArt. 465 ZGB.
89 Vgl. dazu Art. 252 ff. ZGB.
90 *Tuor/Schnyder/Schmid/Rumo-Jungo*, (Fn 74) § 84 Rn 2. Vorschriften über die Ausgleichung stellen Verfügungen von Todes wegen dar und haben als solche namentlich die Pflichtteile zu wahren (BGE 77 II 231). Der Erblasser kann über den Wortlaut von Art. 626 Abs. 1 ZGB hinaus auch eingesetzte Erben der Ausgleichungspflicht unterwerfen (BGE 124 III 104).
91 Welche Zuwendungen im Einzelnen von Art. 626 Abs. 2 ZGB erfasst werden, ist umstritten; vgl. *Druey*, Grundriss des Erbrechts, 5. Aufl., Bern 2002, § 7 Rn 35 ff. (zit. *Druey*, Grundriss); *Tuor/Schnyder/Schmid/Rumo-Jungo*, (Fn 74) § 84 Rn 5 f.; beide m.w.N.
92 Ob Art. 626 Abs. 2 ZGB auch auf den überlebenden Ehegatten anzuwenden ist, wenn er gemeinsam mit Nachkommen am Nachlass partizipiert, wird kontrovers beurteilt; vgl. *Forni/Piatti*, in: BSK-ZGB (Fn 19), Art. 626 ZGB Rn 6.

Durch **Ausschlagung** (Art. 566 ff. ZGB)[93] kann sich ein Erbe der Ausgleichung entziehen, setzt sich diesfalls aber Herabsetzungsansprüchen von Pflichtteilserben aus (Art. 527 Ziff. 1 ZGB).[94]

II. Gewillkürte Erbfolge

1. Allgemeines

Dem Erblasser steht es grundsätzlich frei, seinen Nachlass mittels Verfügung von Todes wegen zu regeln und damit die gesetzliche Erbfolge ganz oder teilweise außer Kraft zu setzen. Verfügungsfreiheit besteht allerdings nur innerhalb bestimmter Grenzen. Damit die Verfügung von Todes wegen durchsetzbar ist, muss der Erblasser verfügungsfähig sein (Art. 467 f. ZGB),[95] die Verfügungsformen (Art. 498 ff. ZGB)[96] und Verfügungsarten (Art. 481 ff. ZGB)[97] beachten sowie die Pflichtteile (Art. 470 ff. ZGB)[98] wahren.[99]

Ob ein Erbe seine Stellung aufgrund der gesetzlichen Erbfolgeordnung oder gestützt auf eine erblasserische Verfügung erworben hat, spielt keine Rolle. Die Erbenposition ist in beiden Fällen dieselbe.[100]

Die Verfügung von Todes wegen stellt ein **absolut höchstpersönliches Rechtsgeschäft** dar, bei welchem jede Art der Vertretung ausgeschlossen ist. Die Höchstpersönlichkeit bewirkt in formeller Hinsicht eine Bindung des Verfügungsaktes an die Person des Erblassers und verlangt in materieller Hinsicht, dass der wesentliche Inhalt der Verfügung von Todes wegen vom Erblasser selbst bestimmt wird.[101]

2. Letztwillige Verfügung und Erbvertrag

a) Allgemeines

Der Begriff der Verfügung von Todes wegen umfasst als **Unterarten** die letztwillige Verfügung (Testament) und den Erbvertrag. Letzterer kann als entgeltlicher oder unentgeltlicher Erbzuwendungs- oder Erbverzichtsvertrag ausgestaltet sein. Er bewirkt entweder die Begünstigung einer Person oder die Nichtteilnahme bzw. – im Vergleich zum gesetzlichen Erbrecht – bloß beschränkte Teilnahme eines Erben an der Erbfolge.

---

93 Zu dieser siehe Rn 111 f.
94 Zur kontroversen Frage, ob Art. 527 Ziff. 1 ZGB nur die Konstellationen des Ausfalls eines Erben erfassen will oder ob auch der erblasserische Dispens von der Ausgleichungspflicht darunter zu subsumieren ist, vgl. *Druey*, Grundriss, (Fn 91) § 6 Rn 75 ff.
95 Eine im Zustand fehlender Verfügungsfähigkeit errichtete Verfügung von Todes wegen unterliegt der Ungültigkeitsklage (Art. 519 Abs. 1 Ziff. 1 ZGB).
96 Vgl. dazu Rn 74 ff.
97 Vgl. dazu Rn 82 ff.
98 Vgl. dazu Rn 91 ff.
99 Dazu und zu weiteren Voraussetzungen der Durchsetzbarkeit einer Verfügung von Todes wegen *Wolf/Genna*, SPR IV/1, (Fn 80) S. 136 f.
100 Siehe immerhin die unterschiedliche Behandlung in Art. 626 ff. ZGB über die Ausgleichung.
101 Vgl. *Druey*, Grundriss, (Fn 91) § 8 Rn 16 ff.; ausführlicher *Wolf/Genna*, SPR IV/1, (Fn 80) S. 171 ff.

b) Letztwillige Verfügung (Testament)

75 Das Testament kann als einseitiges Rechtsgeschäft durch den Testator **jederzeit widerrufen** werden (Art. 509 ZGB). Dieser Umstand hat Auswirkungen auf die Zulässigkeit korrespektiver und gemeinschaftlicher Testamente. Bei einem korrespektiven Testament hat der letzte Wille des Erblassers für sich genommen keinen Bestand, sondern ist vom letzten Willen einer anderen Person abhängig. Die eine letztwillige Verfügung ist mithin durch die andere bedingt. Weil damit die jederzeitige Widerrufbarkeit des Testaments gefährdet wird, unterliegt eine solche Verfügung der Ungültigkeitsklage.[102] Sind die gegenseitigen erblasserischen Willen sogar in einer einzigen Urkunde verbunden, was häufig unter Ehegatten vorkommt, spricht man von einem gemeinschaftlichen Testament. Werden die Formvorschriften des Erbvertrages nicht berücksichtigt, unterliegt das gemeinschaftliche Testament gem. Art. 520 ZGB der Ungültigkeitsklage.[103]

c) Erbvertrag

76 Anders als das Testament bewirkt der Erbvertrag als zweiseitiges Rechtsgeschäft eine **Bindung** des Erblassers schon zu Lebzeiten.[104] Eine Aufhebung der Bindung ist durch *contrarius actus* der Vertragsparteien in der Form der einfachen Schriftlichkeit möglich (Art. 513 Abs. 1 ZGB).[105] Beim Vorliegen eines Willensmangels (Art. 469 ZGB), eines Enterbungsgrundes (Art. 513 Abs. 2 i.V.m. Art. 477 ZGB) oder bei Säumnis in der Erbringung einer Gegenleistung (Art. 514 ZGB) sieht das Gesetz sodann die Möglichkeit der einseitigen Aufhebung des Erbvertrages vor.[106]

77 In der **Praxis** ist der Erbvertrag häufig als kombinierter „Ehe- und Erbvertrag" zwischen Ehegatten oder in der Form des Erbauskaufes – im Zuge dessen der Vertragspartner des Erblassers beim Erbgang außer Betracht fällt – anzutreffen.[107] Namentlich aus der Sicht des Erblassers ist sodann die Erbverpfründung nach Art. 521 Abs. 2 OR[108] interessant. Bei diesem Vertrag steht die Einsetzung als Erbe oder Vermächtnisnehmer in einem synallagmatischen Verhältnis zur lebenszeitlichen Gewährung von Unterhalt und Pflege durch den Vertragspartner des Erblassers. Die vom Gesetz ausdrücklich vorgesehene Erbzuwendung an einen am Vertragsschluss nicht beteiligten Dritten schließlich kommt v.a. dann vor, wenn Großeltern ihre Enkel als Erben einsetzen wollen.[109]

---

102 Umstritten; vgl. *Druey*, Grundriss, (Fn 91) § 9 Rn 6; *Tuor/Schnyder/Schmid/Rumo-Jungo*, (Fn 74) § 69 Rn 9; beide m.w.N.

103 U.U. ist Konversion möglich; vgl. *Druey*, Grundriss, (Fn 91) § 9 Rn 7 m.w.N. Näher zur Problematik der gemeinschaftlichen und korrespektiven Testamente *Wolf/Genna*, SPR IV/1, (Fn 80) S. 177 ff.

104 Wie sich aus Art. 494 Abs. 2 und 3 ZGB ergibt (Recht des Erblassers, über sein Vermögen frei zu verfügen; Vorbehalt von Verfügungen von Todes wegen und Schenkungen), bezieht sich die Bindungswirkung grundsätzlich nur auf die Erbeinsetzung als solche; weiterführend *Druey*, Grundriss, (Fn 91) § 10 Rn 34 ff. Ausführlich zur Bindung des Erblassers an den Erbvertrag *Wolf/Genna*, SPR IV/1, (Fn 80) S. 374 ff., m.w.N.

105 Demgegenüber bedarf der Abschluss des Erbvertrages der öffentlichen Beurkundung; vgl. Rn 80.

106 Gestützt auf Art. 514 ZGB ist auch der Vertragspartner des Erblassers zum Rücktritt vom Vertrag befugt; vgl. *Druey*, Grundriss, (Fn 91) § 9 Rn 21.

107 Bei entsprechender Anordnung der Ehegatten ist ein solcher Vertrag scheidungsresistent. Vgl. für das Erbrecht Art. 120 Abs. 2 ZGB und BGE 122 III 308; für die verbreitete Vorschlags- bzw. Gesamtgutszuweisung des Eheguterrechts siehe Art. 217 ZGB und Art. 242 Abs. 3 ZGB; siehe dazu Rn 134 ff.

108 Obligationenrecht (OR; SR 220).

109 Erbverträge mit Zuwendung zugunsten Dritter sind insofern problematisch, als sie für den Erblasser im Falle des Vorversterbens seines Vertragspartners unwiderruflich werden (vgl. den klaren Wortlaut von Art. 513 Abs. 1 ZGB).

d) Zentrales Testamentenregister (ZTR)

Der Schweizerische Notarenverband (SNV) betreibt auf privater Basis ein Zentrales Register für Verfügungen von Todes wegen. In diesem Register können Erbverträge, Testamente und Eheverträge zur Registrierung angemeldet werden, sofern sie bei einem Notar oder einer Amtsstelle in der Schweiz deponiert sind. Unter dieser Voraussetzung ist auch die Registrierung von im Ausland beurkundeten Verfügungen von Todes wegen möglich. Zweck des Registers ist das erleichterte **Auffinden** der erwähnten Dokumente. Unter Vorweisung eines Todesscheins oder einer Ermächtigung des Verfügenden kann – namentlich auch von einem deutschen Anwalt oder Notar – die schriftliche Anfrage an das ZTR gerichtet werden, ob und gegebenenfalls wo ein solches Schriftstück hinterlegt worden ist.[110] Zu beachten bleibt freilich, dass keinerlei Verpflichtung zur Anmeldung beim ZTR besteht, so dass auch nichtregistrierte Verfügungen von Todes wegen und Eheverträge vorkommen.

3. Formzwang[111]

Der Gesetzgeber stellt dem Erblasser, der eine **letztwillige Verfügung** errichten will, drei mögliche Errichtungsformen zur Auswahl (Art. 498 ZGB):
- Das **öffentliche Testament** (Art. 499–504 ZGB) wird von einer Urkundsperson unter Mitwirkung von zwei Zeugen in einem gesetzlich vorgeschriebenen Verfahren errichtet und bei der Urkundsperson selbst oder einer Amtsstelle aufbewahrt.[112]
- Das **eigenhändige Testament** (Art. 505 ZGB) wird ohne Mitwirkung von Drittpersonen errichtet. Um die damit verbundene Gefahr von Fälschungen und Beeinflussungen möglichst zu unterbinden, bestehen gesetzliche Formvorschriften, die strikt einzuhalten sind.[113] Das holographe Testament ist unter Beifügung des Errichtungsdatums von Anfang bis zum Ende eigenhändig niederzuschreiben und zu unterzeichnen.[114] Nach dem Errichtungsdatum eingefügte Änderungen und Ergänzungen an der bestehenden Urkunde werden als neue Verfügung von Todes wegen qualifiziert und unterliegen als solche wiederum den erwähnten Formvorschriften.[115]
- Das **mündliche Testament** (Art. 506–508 ZGB) ist wie das öffentliche Testament eine amtliche Testamentsform. Sein Charakter als Nottestament hat zur Folge, dass es ausschließlich bei Vorliegen einer entsprechenden, gesetzlich vorgesehenen außerordentlichen Situation zur Anwendung gelangen kann und nach deren Dahinfallen innerhalb von 14 Tagen unwirksam wird.[116]

Anders als für die letztwillige Verfügung ist für den **Erbvertrag** (Art. 512 ZGB) nur eine Errichtungsform vorgesehen, welche im Wesentlichen derjenigen des öffentlichen Testa-

---

110 Siehe zum Ganzen die detaillierten Angaben auf der Homepage des *Schweizerischen Notarenverbandes* (www.testamentenregister.ch), m.w.N.
111 Siehe eingehend zu den Formen der Errichtung der Verfügungen von Todes wegen *Wolf/Genna*, SPR IV/1, (Fn 80) S. 196 ff.
112 Vgl. für Beispiele öffentlich beurkundeter letztwilliger Verfügungen *Verband bernischer Notare* (Hrsg.), Musterurkunden, Bern 1981 ff., Musterurkunden Nrn. 511–513 (zit. *Verband bernischer Notare*).
113 Vgl. BGE 54 II 357. Fehlt gar der wirkliche Wille des Erblassers, über sein Vermögen für die Zeit nach seinem Tod zu verfügen (*animus testandi*), ist die Verfügung von Todes wegen nichtig; vgl. BGE 88 II 67 ff.
114 Zu Erfordernis, Stellung und Bedeutung der Unterschrift BGE 135 III 206 ff.
115 Vgl. BGE 80 II 305 f.; *Druey*, Grundriss, (Fn 91) § 9 Rn 58 m.w.N. Siehe auch BGE 129 III 580 ff.
116 *Druey*, Grundriss, (Fn 91) § 9 Rn 52.

ments entspricht.[117, 118] Allerdings ergeben sich beim Erbvertrag infolge des Auftretens einer nicht erbrechtlich verfügenden Gegenpartei Besonderheiten. Insbesondere stellt sich die noch ungeklärte Frage, ob die erbrechtlichen Formvorschriften auch auf den Vertragspartner des Erblassers uneingeschränkt anwendbar sind.[119]

81 Wird die gesetzlich vorgeschriebene Form nicht eingehalten, unterliegt die Verfügung von Todes wegen der **Ungültigkeitsklage** (Art. 520 f. ZGB).[120] Grundsätzlich handelt es sich dabei um einen Anfechtungstatbestand; ausnahmsweise kann der Formmangel aber derart schwerwiegend sein, dass er die Nichtigkeit des Rechtsgeschäfts nach sich zieht.[121]

4. Typenzwang

a) Übersicht

82 Das Gesetz statuiert hinsichtlich der möglichen Anordnungen des Erblassers folgenden **numerus clausus**:[122]
- Einsetzung als Erbe (Art. 483 ZGB);
- Einsetzung als Vermächtnisnehmer (Art. 484 ZGB);
- Einsetzung als Ersatzerbe oder Ersatzvermächtnisnehmer (Art. 487 ZGB);[123]
- Einsetzung als Nacherbe oder Nachvermächtnisnehmer (Art. 488 ZGB);
- Anordnung eines Untervermächtnisses;
- Anfügung einer Auflage oder Bedingung (Art. 482 ZGB);
- Errichtung einer Stiftung (Art. 81 und 493 ZGB);
- Anordnung einer Enterbung (Art. 477–480 ZGB);
- Einsetzung eines Willensvollstreckers (Art. 517 ZGB);
- Erlassen von Teilungsvorschriften (Art. 608 ZGB);[124]
- Erlassen von Vorschriften über die Ausgleichungspflicht (Art. 626, 629, 631 ZGB);
- Begründung von Stockwerkeigentum (Art. 712d Abs. 3 ZGB);
- Kindesanerkennung (Art. 260 Abs. 3 ZGB).[125]

b) Erbeinsetzung

83 Eine Erbeinsetzung liegt dann vor, wenn der Erblasser der begünstigten Person eine bestimmte **Quote** am Nachlass oder den gesamten Nachlass zuweist.[126] Die eingesetzten

---

117 Der Erbvertrag kann auch letztwillige Verfügungen enthalten, sog. testamentarische Klauseln.
118 Für Beispiele möglicher Erbverträge siehe *Verband bernischer Notare*, (Fn 112) Musterurkunden Nr. 514–518.
119 *Druey*, Grundriss, (Fn 91) § 10 Rn 14; *Tuor/Schnyder/Schmid/Rumo-Jungo*, (Fn 74) § 70 Fn 18. Solange diese Fragen nicht abschließend geklärt sind, empfiehlt es sich, die vorgeschriebene Form strikt einzuhalten.
120 Zu dieser siehe auch Rn 184 f.
121 *Tuor/Schnyder/Schmid/Rumo-Jungo*, (Fn 74) § 69 insbesondere Fn 1 m.w.N.
122 Dazu auch *Wolf/Genna*, SPR IV/1, (Fn 80) S. 235.
123 Der Ersatzerbe/-vermächtnisnehmer hat eine (durch den Nichtantritt des anderen Anwärters) bedingte Stellung als Erbe/Vermächtnisnehmer. Da im Rahmen der gesetzlichen Erbfolge das Eintrittsprinzip (vgl. Rn 64) greift, macht eine Ersatzerbeneinsetzung regelmäßig nur bei der gewillkürten Erbfolge Sinn.
124 Diese können im Falle der Einstimmigkeit durch sämtliche Miterben außer Kraft gesetzt werden; vgl. zur Teilungsvorschrift auch Rn 120.
125 Hier handelt es sich nur formell um eine Verfügung von Todes wegen; vgl. *Druey*, Grundriss, (Fn 91) § 11 Rn 7.
126 Die Erbeinsetzung lässt sich insofern mit Bezug auf die Erbschaft als quotal oder total charakterisieren.

Erben treten – gleich wie die gesetzlichen Erben – mit dem Tod des Erblassers *uno actu* und *ipso iure* in alle vererblichen Rechtspositionen des Erblassers ein, und die Schulden des Erblassers werden zu persönlichen Schulden der Erben (Art. 560 ZGB).[127] Bei einer Mehrheit von Erben entsteht bezüglich des ganzen Nachlassvermögens ein Gesamthandsverhältnis gem. Art. 652 ff. ZGB (Erbengemeinschaft, Art. 602 ZGB).[128]

c) Vermächtnis (Legat)

Das Vermächtnis eröffnet dem Erblasser die Möglichkeit, einer Person einen Vermögensvorteil zu verschaffen, ohne sie als Erbin einzusetzen.[129] Die **fehlende Erbenstellung** des Vermächtnisnehmers hat namentlich zur Folge, dass ihn keine Haftung für Nachlassschulden trifft. Im Gegenzug gehen die Rechte der Erbschaftsgläubiger seinem Anspruch vor.[130] [131]

84

Art. 484 Abs. 2 ZGB zählt mögliche **Vermächtnisinhalte** nur beispielhaft auf. Nach dem Gegenstand der Zuwendung können als gängige Legatstypen das Vermächtnis einer einzelnen Erbschaftssache,[132] das Nutznießungsvermächtnis, Leistungen an den Legatar als Dauerschuldverhältnis[133] sowie das Liberationsvermächtnis[134] unterschieden werden.[135]

85

Im Unterschied zur absolut-dinglichen Wirkung der Erbenposition begründet das Legat eine bloß **obligatorische Berechtigung**. Der Anspruch des Vermächtnisnehmers bezieht sich nicht unmittelbar auf den Nachlass, sondern richtet sich gegen die Beschwerten, d.h. mangels anderslautender Anordnung des Erblassers gegen die gesetzlichen oder eingesetzten Erben (Art. 562 Abs. 1 ZGB). Dem Vermächtnisnehmer steht zur Durchsetzung seiner Forderung die Vermächtnisklage nach Art. 601 ZGB zu.[136] Hat das Legat eine bestimmte Sache zum Inhalt und ist sie mangelhaft oder im Nachlass nicht vorhanden, hat der Bedachte dies ohne gegenteilige Anordnung des Erblassers hinzunehmen. Für den ersten Fall statuiert das Gesetz einen Gewährleistungsausschluss (Art. 485 Abs. 2 ZGB) und im zweiten Fall ist die Vermächtnisobligation nicht entstanden (Art. 484 Abs. 3 ZGB). Mit der Eröffnung des Erbganges[137] ist der Anspruch des Vermächtnisnehmers entstanden (Art. 543 Abs. 1

86

---

127 Die dinglich-absolute Rechtsstellung der Erben betrifft namentlich Besitzeslagen und das Eigentum an Grundstücken (Art. 656 Abs. 2 ZGB, außerbuchlicher Erwerb).
128 Vgl. dazu im Weiteren Rn 118 ff.
129 Es ist dem Erblasser unbenommen, einen Erben im Sinne eines Vorausvermächtnisses (Art. 486 Abs. 3 ZGB) zusätzlich zu begünstigen. Das Gesetz vermutet bei der Zuweisung einer Erbschaftssache an einen Erben allerdings eine Teilungsvorschrift (Art. 608 Abs. 3 ZGB), was ggf. zur Anrechnung an den Erbteil führt.
130 Bei vorbehaltlosem Erwerb der Erbschaft gilt dies auch für die Erbengläubiger; vgl. Art. 564 ZGB.
131 Zur Abgrenzung von Vermächtnis und Erbeinsetzung *Huwiler*, in: BSK-ZGB (Fn 19), Art. 484 ZGB Rn 1–3 (zit. *Huwiler*).
132 Darunter fallen auch Sach- und Rechtsgesamtheiten sowie die Zuwendung gattungsmäßig bestimmter Gegenstände (insbesondere eine bestimmte Summe Geld). Die Sache muss sich nicht im Nachlass befinden: Der Erblasser kann nicht nur über sein eigenes Vermögen letztwillig verfügen, sondern auch ein sog. Verschaffungsvermächtnis anordnen (vgl. BGE 101 II 28).
133 Hierunter fallen das auf die periodische Leistung vertretbarer Sachen (insb. Geld) gerichtete Rentenvermächtnis und das auf persönliche Leistungen gerichtete Alimentenvermächtnis.
134 Darunter ist die Befreiung des Vermächtnisnehmers von Verbindlichkeiten gegenüber dem Nachlass bzw. gegenüber einer Drittperson zu verstehen.
135 Vgl. zum Ganzen ausführlich *Huwiler*, (Fn 131) Art. 484 ZGB, insb. Rn 56 ff.; weiter auch *Wolf/Genna*, SPR IV/1, (Fn 80) S. 248 ff.
136 Diese verjährt zehn Jahre nach der Mitteilung der Verfügung von Todes wegen bzw. der später eintretenden Fälligkeit.
137 Der Erbgang wird durch den Tod des Erblassers eröffnet (Art. 537 Abs. 1 ZGB).

ZGB),[138] und das Verhältnis zwischen diesem und dem Beschwerten unterliegt sinngemäß den Regeln über die Geschäftsführung ohne Auftrag (Art. 485 Abs. 2 ZGB i.V.m. Art. 419 ff. OR). Übersteigt das Vermächtnis den Betrag der Erbschaft, den Betrag der Zuwendung an den Beschwerten oder den verfügbaren Teil, kann die verhältnismäßige Herabsetzung des Vermächtnisses verlangt werden (Art. 486 Abs. 1 ZGB).

d) Nacherbschaft[139]

87 Der Erblasser kann Nacherben einsetzen (Art. 488 ZGB).[140] Dabei ist nur eine einmalige Nacherbfolge zulässig (Art. 488 Abs. 2 ZGB). Der Vorerbe hat das Erbgut zu schonen und zu erhalten, so dass seine Stellung derjenigen eines Nutznießers ähnlicher ist als jener eines Volleigentümers.[141] Der Nacherbe erwirbt die Erbschaft mit dem Tod des Vorerben oder zu einem anderen, vom Erblasser bestimmten Zeitpunkt als dessen Rechtsnachfolger.[142] Der Nacherbe ist **suspensiv bedingter Erbe**, während dem Vorerben die Stellung eines **resolutiv bedingten Erben** zukommt. Tritt die Bedingung nicht ein, fällt die Erbschaft mangels anderweitiger Anordnung des Erblassers dem Vorerben bzw. dessen Erben zu (Art. 489 Abs. 3 und 492 Abs. 2 ZGB).

88 Die Praxis lässt im Sinne einer Verbesserung der Position des Vorerben die sog. „**Nacherbeneinsetzung auf den Überrest**" zu. Der Vorerbe kann hier grundsätzlich frei über die Erbschaft verfügen. Er hat aber diesbezügliche Verfügungen von Todes wegen sowie Schenkungen und anderweitige, die Anordnungen des Erblassers unterlaufende Verfügungen zu unterlassen.[143] Neu findet sich für den Fall des Vorhandenseins urteilsunfähiger Nachkommen eine ausdrückliche Regelung der Nacherbeneinsetzung auf den Überrest in Art. 492a ZGB.[144]

e) Auflage

89 Die Auflage erlaubt dem Erblasser die Anordnung verschiedenster **Verhaltensweisen** gegenüber den Erben oder Vermächtnisnehmern. Möglicher Gegenstand der Auflage ist alles, was Inhalt einer Schuldverpflichtung sein kann.[145] Das Bundesgericht verlangt keinen Bezug der Auflage zu den Nachlassobjekten. Kann eine Auflage weder mit der Person des Erblassers noch mit dem Nachlass in Verbindung gebracht werden, besteht allerdings die Gefahr ihrer Ungültigkeit infolge Eingriffs in die persönliche Sphäre des Beschwerten.[146] Die Auflage ist in analoger Anwendung von Art. 486 Abs. 1 ZGB herabsetzbar.

---

138 Für den Fälligkeitszeitpunkt vgl. Art. 562 Abs. 2 ZGB.
139 Sämtliche unter diesem Titel für die Nacherbschaft gemachten Ausführungen gelten sinngemäß auch für das Nachvermächtnis.
140 Gemäß Art. 545 Abs. 1 ZGB kann die Nacherbenstellung sogar einem *nondum conceptus* eingeräumt werden.
141 *Druey*, Grundriss, (Fn 91) § 11 Rn 39. Aus diesem Grund statuiert Art. 531 ZGB denn auch die Ungültigkeit bzw. Herabsetzbarkeit der Nacherbeneinsetzung im Umfang des ggf. bestehenden Pflichtteils des Vorerben. Die Nacherbeneinsetzung unterliegt insoweit der Herabsetzungsklage (Art. 522 ZGB).
142 Der Nacherbe erwirbt also nicht als Nachfolger des Vorerben. Zufolge in Abhängigkeit zum Verwandtschaftsgrad ausgestalteten Steuersätze kann die Nacherbeneinsetzung deshalb steuerlich vorteilhaft sein; vgl. *Druey*, Grundriss, (Fn 91) § 11 Rn 43; siehe ferner Rn 194 ff. und 201.
143 *Druey*, Grundriss, (Fn 91) § 11 Rn 40.
144 In Kraft getreten am 1.1.2013 durch das Bundesgesetz vom 19.12.2008 (Erwachsenenschutz, Personenrecht und Kindesrecht).
145 BGE 94 II 92.
146 So *Druey*, Grundriss, (Fn 91) § 11 Rn 29.

Wird durch die Auflage eine **Drittperson begünstigt**,[147] unterscheidet sich deren Stellung 90
insofern von derjenigen des Vermächtnisnehmers, als der Auflagebegünstigte nicht über
eine Forderung verfügt. Die Auflage vermittelt somit keine Gläubigerstellung.[148] Dieser
im Vergleich zur Position des Vermächtnisnehmers bestehende Nachteil wird durch das
Klagerecht[149] auf Vollzug der Auflage (Art. 482 Abs. 1 ZGB) in seiner praktischen Auswirkung gemindert.[150] Allerdings steht dem Auflagebegünstigten für den Fall der Nichtbeachtung der Auflage kein Schadenersatzanspruch zu.[151]

III. Pflichtteilsrecht

1. Allgemeines

Im Gegensatz zur derogierbaren Ordnung der gesetzlichen Erbfolge umfasst das Pflicht- 91
teilsrecht diejenigen Bestimmungen, die sich auch gegen abweichende Anordnungen des
Erblassers durchsetzen lassen. Dem Pflichtteilsrecht kommt mithin zwingende Bedeutung
zu, und die **gebundene Quote** bleibt der Verfügung des Erblassers entzogen in dem Sinne,
als eine die Pflichtteile nicht beachtende Anordnung anfechtbar ist.[152] Will der Erblasser
trotz Vorhandenseins von Pflichtteilserben die volle Verfügungsfreiheit erlangen, muss er
mit seinen sämtlichen Noterben einen Erbverzichtsvertrag[153] abschließen, was in der Praxis
nur selten möglich sein dürfte.

Der Pflichtteil muss dem Berechtigten **ungemindert, unbelastet, unbedingt und frei von** 92
Auflagen zu Eigentum zukommen.[154] Ebenso unzulässig zu Lasten des Pflichtteils sind
eine Nacherbeneinsetzung – allerdings unter Vorbehalt der Bestimmung von Art. 492a
ZGB über urteilsunfähige Nachkommen[155] (Art. 531 ZGB) – oder die Anordnung der
Erbschaftsverwaltung auf Lebenszeit.[156] Umstritten ist, ob der Pflichtteilsberechtigte – unter
Vorbehalt der Enterbung, der Ausschlagung und des Erbverzichtes – in jedem Fall Anspruch
auf Einräumung der Erbenstellung hat.[157]

---

147 Wird in einer letztwilligen Verfügung eine bestimmte Person vermögensrechtlich begünstigt, liegt vermutungsweise ein Vermächtnis und nicht eine Auflage vor; vgl. BGE 101 II 28.
148 BGE 99 II 382; BGE 105 II 260. Vgl. zur Abgrenzung der Auflage vom Vermächtnis auch *Huwiler*, (Fn 131) Art. 484 ZGB Rn 4.
149 Dieses steht jedermann zu, der ein Interesse hat (vgl. BGE 108 II 286), womit der Kreis der zur Klage legitimierten Personen im Vergleich zum Vermächtnis weit gefasst ist.
150 Vgl. *Tuor/Schnyder/Schmid/Rumo-Jungo*, (Fn 74) S. § 71 Rn 21.
151 *Druey*, Grundriss, (Fn 91) § 11 Rn 26 ff. Vgl. zur Durchsetzung der Auflage näher *Wolf/Genna*, SPR IV/1, (Fn 80) S. 325 ff.
152 Aus diesem Grund wird mit Blick auf das Pflichtteilsrecht auch von Noterbrecht im Sinne eines notwendigen Erbrechts gesprochen.
153 Vgl. dazu Rn 101 f.
154 *Staehelin*, (Fn 81) Art. 470 ZGB Rn 5 ff.; *Steinauer*, Le droit des successions, Berne 2006, Rn 600 (zit. *Steinauer*); *Wolf/Genna*, SPR IV/1, (Fn 80) S. 447. Teilweise abweichend *Tuor/Schnyder/Schmid/Rumo-Jungo*, (Fn 74) § 68 Rn 5, und *Druey*, Grundriss, (Fn 91) § 6 Rn 50–53, welche ideelle Auflagen zu Lasten des Pflichtteils als zulässig erachten.
155 Zu dieser siehe Rn 88 hievor.
156 *Tuor/Schnyder/Schmid/Rumo-Jungo*, (Fn 74) § 68 Rn 5; weiterführend *Staehelin*, (Fn 81) Art. 470 ZGB Rn 5 ff.
157 Nach einer neueren, mittlerweile herrschenden Lehrmeinung entfällt der Anspruch auf die Erbenstellung, wenn der Pflichtteilsberechtigte durch Zuwendungen unter Lebenden oder durch Vermächtnisse wertmäßig abgefunden worden ist; vgl. *Tuor/Schnyder/Schmid/Rumo-Jungo*, (Fn 74) § 68 Rn 6; *Staehelin*, (Fn 81) Art. 470 ZGB Rn 4; *Steinauer*, (Fn 154) Rn 359 und 816 ff.; *Wolf/Genna*, SPR IV/1, (Fn 80) S. 460.

93 Der Erblasser kann einem Erben den **Pflichtteil entziehen**, wenn dieser den Familiengedanken in schwerwiegender Weise verletzt hat (Strafenterbung, Art. 477 ZGB), mit der Folge, dass seine Erbenstellung entfällt (Art. 478 Abs. 1 ZGB). Im Sinne einer sog. Präventiventerbung kann sodann einem überschuldeten Erben die Hälfte seines Pflichtteils entzogen werden (Art. 480 ZGB).

2. Pflichtteile und verfügbare Quote

94 **Pflichtteilsgeschützt** sind nicht sämtliche gesetzlichen Erben, sondern nur die Nachkommen des Erblassers, seine Eltern und der überlebende Ehegatte bzw. der überlebende eingetragene Partner (Art. 470 Abs. 1 ZGB). Der Pflichtteil berechnet sich als Bruchteil des jeweiligen gesetzlichen Erbanspruchs: Er beträgt für Nachkommen drei Viertel,[158] für Vater und Mutter je die Hälfte und für den überlebenden Ehegatten bzw. den überlebenden eingetragenen Partner ebenfalls die Hälfte (Art. 471 ZGB).

95 Der Pflichtteil der **Nachkommen** umfasst drei Viertel der Pflichtteilsberechnungsmasse (Art. 474 ff. ZGB),[159] wenn sie nicht mit dem überlebenden Ehegatten bzw. dem überlebenden eingetragenen Partner teilen müssen; andernfalls beträgt er drei Achtel.[160] Für den **überlebenden Ehegatten** bzw. den **überlebenden eingetragenen Partner**, der weder zu Nachkommen noch zu Erben der zweiten Parentel in Konkurrenz steht, macht der Pflichtteil die Hälfte der Pflichtteilsberechnungsmasse aus. Sind Nachkommen vorhanden, beträgt der Pflichtteil des überlebenden Ehegatten bzw. des überlebenden eingetragenen Partners einen Viertel, während er sich bei einer Teilung mit Erben des **elterlichen Stammes** auf drei Achtel der Berechnungsmasse beläuft.[161] Letztere sind in diesem Fall im Umfang von je einem Sechzehntel pflichtteilsgeschützt. Ist kein überlebender Ehegatte oder überlebender eingetragener Partner vorhanden, beträgt der Pflichtteil jedes Elternteils einen Viertel der Berechnungsmasse.[162]

96 Während die Summe der Pflichtteile die gebundene Nachlassquote bildet, versteht sich die verfügbare Quote – der Freiteil – als Differenz zwischen sämtlichen Pflichtteilen und dem Gesamtnachlass. Dabei handelt es sich allerdings nur um einen abstrakten Prozentsatz, der erst nach der Bestimmung der Berechnungsmaße konkrete Gestalt annimmt.[163]

97 Art. 473 ZGB erlaubt eine **besondere Begünstigung des überlebenden Ehegatten**,[164] indem diesem anstelle des gesetzlichen Erbrechts die **Nutznießung** am ganzen Nachlass eingeräumt werden kann. Diese Möglichkeit besteht allerdings nur, wenn der überlebende Ehegatte mit gemeinsamen Nachkommen teilen muss. Anderen Miterben, insbesondere nicht

---

158 Bei zwei Kindern beläuft sich der Pflichtteil auf drei Achtel je Kind, bei drei Kindern auf einen Viertel je Kind.
159 Dazu näher Rn 96 sogleich mit Fn 163.
160 Art. 462 Ziff. 1 ZGB i.V.m. Art. 471 Ziff. 1 ZGB.
161 Art. 462 ZGB i.V.m. Art. 471 Ziff. 3 ZGB.
162 Art. 458 ZGB i.V.m. Art. 471 Ziff. 3 ZGB.
163 Art. 474 ff. ZGB. Auszugehen ist vom Stand des Vermögens beim Tod des Erblassers; davon sind die Passiven abzuziehen und die Zuwendungen unter Lebenden – soweit sie der Herabsetzungsklage oder (über den Gesetzeswortlaut hinaus) der Ausgleichung unterstehen – hinzuzurechnen. Dazu eingehend *Tuor/Schnyder/Schmid/Rumo-Jungo*, (Fn 74) § 68 Rn 16 ff.; *Wolf/Genna*, SPR IV/1, (Fn 80) S. 453 ff.; je m.w.N.
164 Für eingetragene Partner besteht diese besondere Begünstigungsmöglichkeit nicht. Personen, die in einer eingetragenen Partnerschaft leben, sind weder zur Adoption noch zu fortpflanzungsmedizinischen Verfahren zugelassen (Art. 28 PartG); sie können deshalb keine gemeinsamen Nachkommen haben.

gemeinsamen Kindern, ist ein solcher Eingriff in ihren Pflichtteil nicht zuzumuten.[165] Darüber hinaus kann der Erblasser dem überlebenden Ehegatten die **daneben bestehende verfügbare Quote von einem Viertel** zu Eigentum zuweisen (Art. 473 Abs. 2 ZGB).[166]

3. Durchsetzung der Pflichtteile

Hat der Erblasser seine Verfügungsbefugnis überschritten, können die Erben, die nicht dem Werte nach ihren Pflichtteil erhalten haben, die **Herabsetzung** der Verfügung auf das erlaubte Maß verlangen (Art. 522 Abs. 1 ZGB).

98

Die Pflichtteilsverletzung kann mit der **Herabsetzungsklage** – einer Gestaltungsklage[167] – bis ein Jahr ab Kenntnis des Klagegrundes,[168] spätestens aber zehn Jahre nach der Eröffnung der Verfügung von Todes wegen bzw. bei Zuwendungen zu Lebzeiten seit dem Tod des Erblassers, durchgesetzt werden (Art. 533 Abs. 1 ZGB).[169] Während die Klage innert der erwähnten Fristen zu erheben ist, kann die entsprechende Einrede ohne zeitliche Beschränkung erhoben werden (Art. 533 Abs. 3 ZGB).[170] Die Klage bzw. Einrede steht dem in seinem Pflichtteil Verletzten bzw. dessen Erben zu und richtet sich gegen den zu Unrecht Begünstigten.[171]

99

Herabgesetzt werden in erster Linie die Verfügungen von Todes wegen, und zwar proportional (Art. 532 i.V.m. Art. 525 Abs. 1 ZGB). Erst wenn deren Kürzung zur Beseitigung der Pflichtteilsverletzung nicht ausreicht, wird auf die lebzeitigen Verfügungen des Erblassers gegriffen, wobei hier nicht eine verhältnismäßige Herabsetzung stattfindet, sondern die späteren vor den früheren Zuwendungen herabgesetzt werden (Art. 532 ZGB).

100

4. Verzicht auf den Pflichtteil

Ein Erbe kann gegenüber dem Erblasser in einem **Erbvertrag** ganz oder teilweise auf seine Erbansprüche, insbesondere auf den Pflichtteil, verzichten. Weil ein nicht pflichtteilsgeschützter Erbe ohne Begründung übergangen, ein testamentarisch eingesetzter Erbe jederzeit mittels einer neuen Verfügung von Todes wegen (Art. 509 Abs. 1 ZGB) und ein erbvertraglich eingesetzter Erbe durch schriftliche Übereinkunft (Art. 513 Abs. 1 ZGB) seiner Erbenstellung enthoben werden kann, wird ein Erbverzichtsvertrag in der Praxis regelmäßig nur mit einem pflichtteilsberechtigten Erben abgeschlossen.

101

---

165 Im Falle der Wiederverheiratung des überlebenden Ehegatten entfällt deshalb die Nutznießung auf jenem Teil der Erbschaft, der im Zeitpunkt des Erbganges nach den ordentlichen Bestimmungen über den Pflichtteil der Nachkommen nicht hätte mit der Nutznießung belastet werden können (Art. 473 Abs. 3 ZGB).
166 Mit dieser am 1.3.2002 in Kraft getretenen Revision hat der Gesetzgeber den sog. „Achtelsstreit" beendet.
167 Wenn die umstrittene Zuwendung bereits ausgerichtet worden ist, muss die eine bloße Umgestaltung der Rechtslage bewirkende Herabsetzungsklage mit einer Leistungsklage verbunden werden; dazu *Tuor/Schnyder/Schmid/Rumo-Jungo*, (Fn 74) § 68 Rn 41.
168 Der in seinem Pflichtteilsanspruch beeinträchtigte Erbe muss nur diejenigen Elemente des Sachverhalts kennen, die den möglichen Erfolg einer Herabsetzungsklage erwarten lassen; absolute Gewissheit ist nicht erforderlich (vgl. *Regeste* zu BGE 121 III 249 ff.).
169 Es handelt sich entgegen dem Wortlaut des Gesetzes um Verwirkungs-, nicht um Verjährungsfristen; siehe *Druey*, Grundriss, (Fn 91) § 6 Rn 90.
170 Vgl. zur einredeweisen Geltendmachung der Herabsetzung bei einem Rentenlegat BGE 135 III 97 ff.
171 Zur Klage legitimiert sind unter bestimmten Voraussetzungen auch die Konkursverwaltung und die Gläubiger der Pflichtteilserben (Art. 524 ZGB).

102 Der verzichtende Erbe fällt – soweit er nicht bloß teilweise von seiner Erbenstellung Abstand nimmt – beim **Erbgang außer Betracht** (Art. 495 Abs. 2 ZGB). Er verliert sowohl den Anspruch auf wertmäßige Beteiligung am Nachlass als auch seine Mitwirkungsrechte in der Erbengemeinschaft.[172] Erfolgt der Verzicht gegen ein Entgelt (**Erbauskauf**), unterliegt dieses bei gegebenen Voraussetzungen bis zum Betrag des Pflichtteils anderer Erben der Herabsetzung (Art. 535 ZGB). Nach überwiegender Auffassung wirkt der Erbverzicht zugunsten der verfügbaren Quote und nicht zugunsten der anderen Pflichtteile. Er führt damit zu einer Vergrößerung des erblasserischen Gestaltungsspielraums.[173]

IV. Testaments- bzw. Willensvollstreckung[174]

1. Einsetzung

103 Das Gesetz sieht zur **Verwaltung des Nachlasses** – welche an sich in erster Linie den Erben zusteht (vgl. Art. 602 Abs. 2 ZGB)[175] – drei mögliche Amtsträger vor: den Erbschaftsverwalter, den Erbenvertreter und den Willensvollstrecker. Während der Erbschaftsverwalter[176] in den von Art. 554 ZGB erwähnten Fällen und der – in der Praxis selten anzutreffende – Erbenvertreter gem. Art. 602 Abs. 3 ZGB auf Antrag eines Erben behördlich eingesetzt werden, kann ein Willensvollstrecker als Person seines Vertrauens durch den Erblasser **letztwillig bestimmt** werden (Art. 517 Abs. 1 ZGB).[177] Soweit ein Willensvollstrecker vorhanden ist, besteht für die Ernennung eines Erbschaftsverwalters oder eines Erbenvertreters grundsätzlich kein Raum, da die gesetzlichen Aufgaben des Testamentsvollstreckers auch die Bereiche der beiden anderen Ämter umfassen.[178]

2. Beginn und Ende des Willensvollstreckeramtes

104 Nach dem Tod des Erblassers wird der Willensvollstrecker von der zuständigen Behörde von Amtes wegen über seinen Auftrag in Kenntnis gesetzt, und er hat innerhalb von 14 Tagen **Annahme oder Ablehnung** des Amtes zu erklären (Art. 517 Abs. 2 ZGB).[179]

105 Die **Beendigung** des Willensvollstreckeramtes ist gesetzlich nicht geregelt; insbesondere besteht keine zeitliche Schranke für die Dauer der Willensvollstreckung. Ordentlicherweise endet sie *ipso iure* mit der Erfüllung der übertragenen Aufgaben und der Vorlage der

---

172 Vermutungsweise wirkt ein Erbverzicht auch zulasten der Nachkommen des Verzichtenden, und zwar nach dem Gesetzeswortlaut auch beim unentgeltlichen Erbverzicht (umstritten); vgl. Art. 495 Abs. 3 ZGB und *Breitschmid*, in: BSK-ZGB (Fn 19), Art. 495 ZGB Rn 11.
173 *Druey*, Grundriss, (Fn 91) § 10 Rn 28 m.w.N.
174 Dazu für den Praktiker instruktiv *Druey/Breitschmid* (Hrsg.), Willensvollstreckung, Bern 2000; *Haas*, in: Bengel/Reimann (Hrsg.), Handbuch der Testamentsvollstreckung, 5. Aufl., München 2013, 9. Kapitel Rn 299 ff.
175 Siehe dazu Rn 118 hienach.
176 Vgl. zur Erbschaftsverwaltung siehe auch Rn 172 ff.
177 Der Willensvollstrecker darf keiner Interessenkollision unterliegen, welche die Amtsausübung wesentlich beeinträchtigt. Hierin liegt gem. BGE 90 II 384 f. ein „besonderer Ungültigkeits- oder Anfechtungsgrund".
178 *Druey*, Grundriss, (Fn 91) § 14 Rn 39. Zum Erbschaftsverwalter und Erbenvertreter *Druey*, Grundriss, (Fn 91) § 14 Rn 52–63.
179 Die behördliche Mitteilung ist allerdings bloß von deklaratorischer Natur; hat der Willensvollstrecker bereits vorher Kenntnis von seiner Einsetzung, kann er selbstständig mit der Wahrnehmung der Aufgabe beginnen. Vgl. *Studer*, in: Druey/Breitschmid (Hrsg.), Willensvollstreckung, Bern 2000, S. 72 (zit. *Studer*).

Schlussabrechnung; eine behördliche Entlassung aus dem Amt ist nicht erforderlich. Wenn der Erblasser das Amt zeitlich befristet oder unter eine Resolutivbedingung gestellt hat, endet es aufgrund der Verfügung von Todes wegen. Von Gesetzes wegen erlischt das Amt mit dem Verlust der Handlungsfähigkeit (Art. 517 Abs. 1 ZGB). Schließlich kann der Willensvollstrecker sein Amt in analoger Anwendung der Bestimmungen des Auftragsrechts (Art. 394 ff. OR) jederzeit[180] und ohne Angabe eines Grundes beenden. Die Erben ihrerseits können das Mandat des Willensvollstreckers nicht kündigen. Sie sind bei gegebenen Voraussetzungen auf die aufsichtsrechtliche Entlassung des Willensvollstreckers verwiesen.[181]

3. Inhalt der Willensvollstreckung

Der Willensvollstrecker ist gewissermaßen das Verbindungsglied zwischen dem Erblasser und den Erben; so verstanden sind seine Pflichten und Befugnisse auf das **Ziel der Überführung des Nachlasses** vom einen auf ein anderes bzw. mehrere andere Rechtssubjekt(e) ausgerichtet.[182] Der Willensvollstrecker hat den Willen des Erblassers zu vertreten, die Erbschaft zu verwalten, die Schulden des Erblassers zu bezahlen, die Vermächtnisse auszurichten und die Teilung nach den vom Erblasser getroffenen Anordnungen oder nach Vorschrift des Gesetzes auszuführen (Art. 518 Abs. 2 ZGB). Es bleibt dem Erblasser unbenommen, die Kompetenzen des Willensvollstreckers anders zu umschreiben. Dabei **kann er den Kreis der gesetzlich umschriebenen Aufgaben** nicht erweitern, sondern nur einschränken.[183] Die Willensvollstreckung ist ein **persönlich auszuführendes Amt**.[184] Während der Dauer der Willensvollstreckung ist den Erben das Recht zur Verwaltung des Nachlasses entzogen (vgl. Art. 602 Abs. 2 ZGB). Der Willensvollstrecker hat Anspruch auf eine **angemessene Vergütung** für seine Tätigkeit (Art. 517 Abs. 3 ZGB).[185]

Der Willensvollstrecker handelt **in fremder Sache** zum Zweck der ordnungsgemäßen Durchführung des Erbganges. Dabei hat er nicht allein dem rechtsgültig ausgedrückten Willen des Erblassers zum Durchbruch zu verhelfen, sondern sich auch an die objektiv geltenden Normen zu halten.[186] An Weisungen der Erben ist der Willensvollstrecker grundsätzlich nicht gebunden. Der Willensvollstrecker ist in diesem Sinne nicht Vertreter von Partikularinteressen des Erblassers oder der Erben und es kommt ihm weder im Streit um die Gültigkeit einer Verfügung von Todes wegen (Art. 519 f. ZGB)[187] noch im Rahmen der Herabsetzungs- oder Teilungsklage (Art. 604 ZGB) Parteistellung zu. Etwas anderes gilt nur, soweit Ansprüche des Nachlasses oder Ansprüche gegen den Nachlass den Streitgegenstand bilden.[188]

---

180 Vorzubehalten ist eine „Kündigung zur Unzeit", welche den Willensvollstrecker Schadenersatzansprüchen aussetzen kann (Art. 404 Abs. 2 OR sinngemäß).
181 Zum Ganzen *Studer*, (Fn 179) S. 85 ff.
182 Vgl. *Druey*, in: Druey/Breitschmid (Hrsg.), Willensvollstreckung, Bern 2000, S. 6 (zit. *Druey*, Willensvollstreckung).
183 *Druey*, Willensvollstreckung, (Fn 182) S. 3; weiterführend, insbesondere mit der Unterscheidung unübertragbarer und delegierbarer Aufgaben *Breitschmid*, in: Druey/Breitschmid (Hrsg.), Willensvollstreckung, Bern 2000, S. 168 ff. (zit. *Breitschmid*).
184 *Druey*, Willensvollstreckung, (Fn 182) S. 18 m.w.N.
185 Zur Vergütung des Willensvollstreckers BGE 138 III 449 ff.
186 Vgl. BGE 90 II 383.
187 Es sei denn, seine eigene Ernennung wäre betroffen.
188 *Druey*, Grundriss, (Fn 91) § 14 Rn 69 f. Weiterführend *Künzle*, in: Druey/Breitschmid (Hrsg.), Willensvollstreckung, Bern 2000, S. 49 ff.

108 Der Willensvollstrecker untersteht **behördlicher Aufsicht**.[189] Anders als die deutsche ist die schweizerische Aufsichtspraxis vom Prinzip der Stufenfolge geprägt, welche zwischen präventiven und disziplinarischen Anordnungen sowie Kombinationen hiervon unterscheidet. Die aufsichtsrechtliche Absetzung erscheint in diesem Konzept als *ultima ratio*.[190]

V. Erwerb und Teilung der Erbschaft

1. Erwerb der Erbschaft

109 Mit dem Tod des Erblassers erwerben die Erben die Erbschaft als Ganzes – d.h. sowohl das Aktivvermögen als auch die Schulden (vgl. Art. 560 Abs. 2 ZGB) – von Gesetzes wegen (Art. 560 Abs. 1 ZGB). Die Erbschaft fällt den gesetzlichen wie den eingesetzten[191] Erben demnach von selbst und *ex lege*, auch ohne ihr Wissen, zu (**Grundsatz des eo-ipso-Erwerbs**). Einer besonderen Annahme der Erbschaft durch die Erben bedarf es grundsätzlich nicht. In einer Erklärung, die Erbschaft annehmen zu wollen, ist daher regelmäßig nichts anderes als ein Verzicht der Erben auf die Ausschlagung zu erblicken.

110 In drei Fällen verlangt das ZGB **ausnahmsweise** eine **ausdrückliche Annahme** der Erbschaft:
– bei offensichtlicher Zahlungsunfähigkeit des Erblassers (Art. 566 Abs. 2 ZGB);
– wenn die berufenen Erben zugunsten nachfolgender Erben ausschlagen (Art. 575 ZGB);
– wenn die Nachkommen die Erbschaft ausschlagen und demzufolge der überlebende Ehegatte an deren Stelle die Annahme erklären kann (Art. 574 ZGB).

In allen drei Fällen handelt es sich um überschuldete oder doch jedenfalls um wenig lukrative Erbschaften, so dass die Annahme nicht vermutet werden kann. Wird keine Annahmeerklärung abgegeben, gilt die Erbschaft als abgelehnt.[192]

2. Ausschlagung der Erbschaft

111 Die – gesetzlichen und eingesetzten – Erben haben die Befugnis, die ihnen zugefallene Erbschaft auszuschlagen (Art. 566 Abs. 1 ZGB). Die **Ausschlagung** ist schriftlich oder mündlich bei der gemäß dem anwendbaren kantonalen Recht zuständigen Behörde[193] zu erklären (Art. 570 Abs. 1 ZGB). Die Ausschlagungserklärung hat innert einer Frist von drei Monaten (Art. 567 Abs. 1 ZGB)[194] unbedingt und vorbehaltlos (Art. 570 Abs. 2 ZGB) zu erfolgen. Über die Ausschlagungen wird von der Behörde ein Protokoll geführt (Art. 570 Abs. 3 ZGB). Stirbt ein Erbe vor Ausschlagung oder Annahme der Erbschaft, geht die Befugnis zur Ausschlagung auf seine Erben über (Art. 569 Abs. 1 ZGB), für welche die Frist neu läuft (Art. 569 Abs. 2 ZGB). Schlägt der erste Erbe die Erbschaft aus, beginnt für

---

189 Vgl. etwa für den Kanton Bern Art. 7 EG ZGB (Gesetz betreffend die Einführung des Schweizerischen Zivilgesetzbuches; BSG 211.1), wonach die Aufsicht über den Willensvollstrecker dem Regierungsstatthalter obliegt.
190 *Breitschmid*, (Fn 183) S. 151 ff. m.w.N.
191 Art. 560 Abs. 3 ZGB. Dazu BGE 101 II 226.
192 Zum Ganzen *Tuor/Schnyder/Schmid/Rumo-Jungo*, (Fn 74) § 76 Rn 5. Weiter auch *Wolf/Genna*, SPR IV/1, (Fn 80) S. 32 ff.
193 Die Kompetenzzuweisung findet sich i.d.R. in den kantonalen Einführungsgesetzen zum ZGB. Vgl. für den Kanton Bern Art. 7 EG ZGB, wonach der Regierungsstatthalter die für die Entgegennahme von Erbschaftsausschlagungen zuständige Behörde ist.
194 Der Fristbeginn richtet sich im Allgemeinen nach Art. 567 Abs. 2 ZGB und für den Sonderfall, dass ein Inventar als Sicherungsmaßregel aufgenommen wird, nach Art. 568 ZGB.

die an seine Stelle tretenden Erben ebenfalls eine neue Frist zu laufen (Art. 569 Abs. 3 ZGB). Aus wichtigen Gründen kann die Behörde die Ausschlagungsfrist verlängern oder eine neue Frist ansetzen (Art. 576 ZGB).[195] Wird die Ausschlagung nicht frist- und formgerecht erklärt (Art. 571 Abs. 1 ZGB) oder hat sich ein Erbe vor Ablauf der Frist in Erbschaftsangelegenheiten eingemischt (Art. 571 Abs. 2 ZGB), verwirkt die Befugnis zur Ausschlagung.[196]

Mit der Ausschlagung **entfällt die Erbenstellung** des Ausschlagenden **rückwirkend** auf den Zeitpunkt des Erbgangs. Von der Ausschlagung nicht betroffen sind allfällige andere Zuwendungen des Erblassers an den Ausschlagenden (z.B. lebzeitige Zuwendungen und Vermächtnisse).[197] Ein ausschlagender Miterbe wird so behandelt, wie wenn er vorverstorben wäre (Art. 572 ZGB). Für den Fall der Ausschlagung aller nächsten Erben finden sich Sonderregelungen in Art. 573–575 ZGB. Verletzt eine Ausschlagung der Erben die Interessen der Erben- oder Erbschaftsgläubiger, greifen besondere Schutzbestimmungen ein (Art. 578 f. ZGB).

112

3. Möglichkeiten der Haftungsbeschränkung

a) Öffentliches Inventar

Als Instrument der Haftungsbeschränkung für die Erben dient vorab das **öffentliche Inventar** (Art. 580–592 ZGB). Das Begehren um Errichtung des öffentlichen Inventars kann von jedem Erben gestellt werden, der zur Ausschlagung befugt ist (Art. 580 Abs. 1 ZGB), d.h. solange er weder die Erbschaft angenommen noch ausgeschlagen hat und weder die Befugnis verwirkt (Art. 571 Abs. 2 ZGB) noch die amtliche Liquidation verlangt hat (Art. 593 Abs. 1 ZGB).[198] Das Begehren muss innert Monatsfrist bei der durch das kantonale Recht zu bestimmenden zuständigen Behörde angebracht werden (Art. 580 Abs. 2 ZGB).[199] Für den Fristbeginn gelten dieselben Regeln wie bei der Ausschlagung (Art. 567 Abs. 2, Art. 569, Art. 571 Abs. 2 ZGB).[200] Auch wenn nur einer von mehreren Miterben das Begehren stellt, erfasst das öffentliche Inventar die ganze Erbschaft (Art. 580 Abs. 3 ZGB).[201] [202]

113

Nach Abschluss des Inventars hat jeder Erbe die Möglichkeit, sich innert einer Frist von einem Monat (vgl. Art. 587 ZGB) für eine der **vier** folgenden **Alternativen** auszusprechen:
– Ausschlagung der Erbschaft;
– Begehren um amtliche Liquidation;

114

---

195 Dazu BGE 114 II 220.
196 Siehe zum Ganzen auch *Druey*, Grundriss, (Fn 91) § 15 Rn 27 ff. und *Tuor/Schnyder/Schmid/Rumo-Jungo*, (Fn 74) § 76 Rn 3 f.
197 *Druey*, Grundriss, (Fn 91) § 15 Rn 42.
198 *Druey*, Grundriss, (Fn 91) § 15 Rn 54.
199 Im Kanton Bern ist – wie für die Entgegennahme der Ausschlagungserklärung – der Regierungsstatthalter für die Bewilligung und Anordnung des öffentlichen Inventars zuständig (Art. 7 EG ZGB).
200 Vgl. dazu BGE 138 III 545.
201 *Tuor/Schnyder/Schmid/Rumo-Jungo*, (Fn 74) § 77 Rn 2.
202 Das Verfahren des öffentlichen Inventars besteht im Wesentlichen aus den beiden Elementen der Inventarisierung der Vermögenswerte und Schulden der Erbschaft (Art. 581 Abs. 1 ZGB) sowie des behördlichen Rechnungsrufes an die Gläubiger und Schuldner des Erblassers (Art. 582 Abs. 1 ZGB). Diese „öffentliche Auskündung" erfolgt regelmässig in den kantonalen Amtsblättern. Die Gläubiger sind dabei unter Ansetzung einer Frist von mindestens einem Monat (Art. 582 Abs. 3 ZGB) auf die Folge der Verwirkung ihrer Ansprüche bei nicht rechtzeitiger Anmeldung hinzuweisen (Art. 582 Abs. 2 ZGB). Aus öffentlichen Büchern oder aus Papieren des Erblassers ersichtliche Schulden sind von Amtes wegen aufzunehmen (Art. 583 ZGB).

- Annahme der Erbschaft unter öffentlichem Inventar;[203]
- vorbehaltlose Annahme der Erbschaft (Art. 588 Abs. 1 ZGB).

115 Gibt der Erbe **keine Erklärung** ab, so hat er die Erbschaft unter öffentlichem Inventar angenommen (Art. 588 Abs. 2 ZGB).

b) Amtliche Liquidation

116 Das ZGB stellt den Erben mit der **amtlichen Liquidation** (Art. 593–597 ZGB) eine zweite, im Vergleich zum öffentlichen Inventar noch radikalere Maßnahme der Haftungsbeschränkung zur Verfügung. Der Nachlass wird dabei versilbert, soweit dies zur Deckung der Erbschaftsschulden notwendig ist. Daraus werden vorab die Erbschafts- und Erbgangsgläubiger befriedigt; ihnen gegenüber entfällt deshalb jede weitere Haftung der Erben (Art. 593 Abs. 3 ZGB).[204] Die amtliche Liquidation verhindert die sonst eintretende Verschmelzung der Erbschaft mit dem Vermögen der Erben.

117 Die amtliche Liquidation wird auf **Antrag** eines Berechtigten[205] von der nach kantonalem Recht zuständigen Behörde oder durch einen oder mehrere von dieser beauftragte(n) Erbschaftsverwalter durchgeführt (Art. 595 Abs. 1 ZGB). Es wird ein Inventar erstellt und ein Rechnungsruf vorgenommen (Art. 595 Abs. 2 ZGB). Anschließend erfolgt die Liquidation (Art. 596 ZGB). Ein allfälliger Überschuss wird den Erben überwiesen. Ist die Erbschaft überschuldet, findet eine konkursamtliche Liquidation statt (Art. 597 ZGB).[206]

4. Die Erbengemeinschaft und ihre Auflösung

118 Beerben mehrere Erben den Erblasser, entsteht unter ihnen bis zur Erbteilung eine Gemeinschaft aller Rechte und Pflichten der Erbschaft (Art. 602 Abs. 1 ZGB).[207] Die Erbengemeinschaft ist eine **Gemeinschaft zur gesamten Hand** im Sinne der Art. 652–654 ZGB. Die Miterben werden Gesamteigentümer der Erbschaftsgegenstände und können grundsätzlich nur gemeinsam über die Rechte der Erbschaft verfügen; vorbehalten bleiben vertragliche oder gesetzliche Verwaltungsbefugnisse (Art. 602 Abs. 2 ZGB). Jeder Miterbe hat das Recht, bei der zuständigen Behörde die Bestellung eines Erbenvertreters zu beantragen (Art. 602 Abs. 3 ZGB). Anders als auf der Aktivseite, wo das Gesamthandsprinzip gilt, findet sich auf der Passivseite das Solidaritätsprinzip: für die Schulden des Erblassers werden die Erben **persönlich** (Art. 560 Abs. 2 ZGB) und **solidarisch haftbar** (Art. 603 Abs. 1 ZGB).

119 Jeder Miterbe hat hinsichtlich der Erbschaft einen **Teilungsanspruch**, der zu grundsätzlich beliebiger Zeit geltend gemacht werden kann (Art. 604 Abs. 1 ZGB).[208]

120 Für die Vorbereitung und Durchführung der erbrechtlichen Auseinandersetzung gelten die Grundsätze der **freien Erbteilung** (vgl. Art. 607 Abs. 2 ZGB) und der **Gleichberechtigung**

---

203 Die Annahme unter öffentlichem Inventar zieht die besondere Haftungsregelung der Art. 589–591 ZGB nach sich. Siehe zu den Wirkungen des öffentlichen Inventars sodann *Tuor/Schnyder/Schmid/Rumo-Jungo*, (Fn 74) § 77 Rn 8 ff.
204 *Druey*, Grundriss, (Fn 91) § 15 Rn 74 f.
205 Die Liquidation beantragen können 1.) jeder Erbe, der dazu noch berechtigt ist (vgl. Art. 593 Abs. 1 ZGB), 2.) jeder Gläubiger des Erblassers, der begründete Besorgnis hat, dass seine Forderung nicht bezahlt wird (vgl. Art. 594 Abs. 1 ZGB), in welchem Fall die Liquidation auch gegen den Willen sämtlicher Erben eintreten kann, 3.) ausnahmsweise jeder Erbengläubiger, sofern die Voraussetzungen von Art. 578 Abs. 1 und 2 ZGB gegeben sind.
206 Zum Ganzen *Tuor/Schnyder/Schmid/Rumo-Jungo*, (Fn 74) § 77 Rn 2 ff.
207 Wird der Erblasser von einem Alleinerben beerbt, so erübrigt sich eine Erbteilung.
208 Für Ausnahmen siehe insbesondere die Fälle von Art. 604 Abs. 2 und Art. 605 ZGB.

der Erben (Art. 610 ZGB). Der für alle Erben gleiche Anspruch auf die Erbschaftsgegenstände (Art. 610 Abs. 1 ZGB) richtet sich auf die Zuteilung von Nachlassobjekten **in natura**.[209] Die Grundsätze der Gleichberechtigung und Zuteilung *in natura* werden allerdings durch verschiedene Bestimmungen des ZGB selbst,[210] des BGBB[211] und der kantonalen Einführungsgesetze durchbrochen. Der Erblasser kann sodann seinerseits mittels einer Verfügung von Todes wegen **Teilungsvorschriften** aufstellen (Art. 608 Abs. 1 ZGB).[212] Jeder Erbe, der an der Einhaltung einer erblasserischen Teilungsvorschrift ein berechtigtes Interesse hat, kann deren Durchsetzung gegenüber den anderen Erben verlangen. Die Erben sind allerdings bei Einstimmigkeit frei, die Teilung in Abweichung von den Vorschriften des Erblassers vorzunehmen.[213] Nach der praktisch bedeutsamen Vermutung des Art. 608 Abs. 3 ZGB gilt die Zuweisung einer Erbschaftssache an einen Erben als Teilungsvorschrift und nicht als (Voraus-)Vermächtnis, sofern kein anderer Wille des Erblassers aus der Verfügung ersichtlich ist. Die Übernahme der Erbschaftssache durch den berechtigten Erben hat mithin auf Anrechnung an seine Erbquote zu erfolgen.[214]

Im Rahmen der erbrechtlichen Auseinandersetzung sind unter bestimmten Voraussetzungen auch **lebzeitige Zuwendungen** zu berücksichtigen.[215] Diesbezüglich bezweckt die **Ausgleichung** (Art. 626 ff. ZGB) die Gleichbehandlung der Nachkommen: der Erbe hat sich dafür den zu Lebzeiten des Erblassers bezogenen „Vorempfang" auf seinen Erbteil anrechnen zu lassen (vgl. Art. 626 Abs. 1 ZGB). Lebzeitige Zuwendungen können auch der **Herabsetzung** unterliegen (Art. 475 und 527 f. ZGB). Diese dient der Herstellung des Pflichtteilsrechts.[216]

121

Der **Abschluss der Erbteilung** erfolgt regelmäßig auf dem Wege des **schriftlichen Teilungsvertrages** (Art. 634 Abs. 1 und 2 ZGB). Der Teilungsvertrag erzeugt die obligatorische Verpflichtung, die zum Vollzug der Teilung erforderlichen Handlungen – wie Eintragung im Grundbuch, Übergabe beweglicher Sachen usw. – nachfolgen zu lassen. Erst mit der Vornahme der entsprechenden Verfügungsgeschäfte durch die Erben wird das bisherige Gesamteigentum zu Individualeigentum.[217] Alternativ dazu besteht die Möglichkeit der Teilung durch „Aufstellung und Entgegennahme der Lose" (Art. 634 Abs. 1 ZGB). Bei dieser in der Praxis seltenen sog. **Realteilung** fallen Verpflichtungs- und Verfügungsgeschäft zusammen. Die Teilung erfolgt durch direkten Übergang des Besitzes auf die einzelnen Erben mit dem Willen sämtlicher Miterben.[218] Die Erbteilung kann eine vollständige oder eine partielle[219] sein.

122

---

209 BGE 94 II 233.
210 So setzen insbesondere die gesetzlichen Regeln der Art. 612, 612a, 613, 613a und 614 ZGB der gleichmäßigen Aufteilung der Erbschaftsgegenstände in natura Grenzen; vgl. zum Ganzen *Tuor/Schnyder/Schmid/Rumo-Jungo*, (Fn 74) § 82 Rn 12 ff.
211 Bundesgesetz über das bäuerliche Bodenrecht (BGBB; SR 211.412.11). Hinsichtlich landwirtschaftlicher Gewerbe und landwirtschaftlicher Grundstücke sieht dieses Gesetz Vorzugsrechte für bestimmte Personen vor. Siehe zum BGBB auch Rn 156 ff.
212 Siehe dazu bereits Rn 82.
213 Vgl. *Tuor/Schnyder/Schmid/Rumo-Jungo*, (Fn 74) § 82 Rn 5.
214 Dazu aus der bundesgerichtlichen Rechtsprechung: BGE 100 II 444 ff.; BGE 103 II 92 f.; BGE 115 II 323.
215 Dazu ausführlich *Eitel*, Die Berücksichtigung lebzeitiger Zuwendungen im Erbrecht: Objekte und Subjekte von Ausgleichung und Herabsetzung, Bern 1998.
216 Vgl. dazu bereits Rn 91 ff.
217 BGE 102 II 184; *Tuor/Schnyder/Schmid/Rumo-Jungo*, (Fn 74) § 85 Rn 7.
218 *Druey*, Grundriss, (Fn 91) § 16 Rn 18.
219 Zu dieser *Druey*, Grundriss, (Fn 91) § 16 Rn 14–17.

123 Der einzelne Miterbe kann auch **Verfügungen über seinen Erbanteil** treffen (Art. 635 ZGB), d.h. er kann seinen Erbanteil veräußern. Die Abtretung des Erbanteils bedarf der Schriftform (Art. 635 Abs. 1 ZGB). Zu unterscheiden sind dabei die Abtretung des Erbanteils an einen Miterben und diejenige an einen Dritten. Die Abtretung des Erbanteils an einen Dritten gibt diesem kein Recht auf Mitwirkung bei der Teilung, sondern nur einen Anspruch auf den Anteil, der dem Erben aus der Teilung zugewiesen wird (Art. 635 Abs. 2 ZGB). Der Erwerber erlangt diesfalls keinen erbrechtlichen, sondern einen bloß schuldrechtlichen Anspruch gegen den mit ihm kontrahierenden Erben. Demgegenüber kann die Abtretung an einen Miterben nicht nur auf obligatorischer Basis, sondern auch mit erbrechtlich-dinglicher Wirkung erfolgen. Gegenstand einer Abtretung des Erbanteils unter Miterben kann mithin das gesamte Erbrecht bilden, so dass der Zedent zugunsten des Zessionar-Miterben aus der Erbengemeinschaft ausscheidet.[220]

124 Auch nach erfolgtem Abschluss der Erbteilung bleiben die Miterben in verschiedener Hinsicht weiter miteinander verbunden. So haben die Miterben einander **Gewähr zu leisten** (Art. 637 ZGB) und es besteht die Möglichkeit der **Anfechtung der Teilung** (Art. 638 ZGB). Im externen Verhältnis haften die Erben für **Schulden** des Erblassers während fünf Jahren weiterhin solidarisch und mit ihrem ganzen Vermögen, es sei denn, die Gläubiger hätten in die Teilung oder Übernahme der Schulden eingewilligt (Art. 639 ZGB). Hat ein Erbe eine Schuld des Erblassers bezahlt, die ihm anlässlich der Erbteilung nicht zugewiesen worden ist, oder hat er mehr als den übernommenen Anteil an eine Schuld bezahlt, kann er auf seine Miterben Regress nehmen (Art. 640 ZGB).

VI. Wege der Nachlassregelung außerhalb des Erbrechts

1. Abgrenzung

125 Entscheidendes Kriterium für die Abgrenzung der Verfügungen von Todes wegen von den Rechtsgeschäften unter Lebenden ist der **Zeitpunkt, in dem das Rechtsgeschäft seine Wirkungen entfalten soll**. Während die Wirkungen der Rechtsgeschäfte unter Lebenden schon vor dem Tod des Verpflichteten eintreten – und allenfalls darüber hinaus fortgelten –, somit dessen Vermögen zu Lebzeiten betreffen, entfalten Verfügungen von Todes wegen ihre Wirkung erst im Nachlass des Verpflichteten.[221]

2. Schenkung auf den Todesfall

126 Soll ein Schenkungsversprechen erst im Zeitpunkt des Todes des Schenkers vollzogen werden, wird es von Gesetzes wegen den **erbrechtlichen Vorschriften** unterstellt (Art. 245 Abs. 2 OR).[222] Das gilt auch bei einer Begünstigung eines Dritten durch Verwendung der Rechtsfigur des **Vertrages zugunsten Dritter** nach Art. 112 OR.[223] Hier ist in der Praxis oftmals unklar, ob überhaupt eine Schenkung auf den Todesfall vorliegt oder ob die Schenkung bereits vollzogen ist. Liegt eine Schenkung unter Lebenden vor, entfällt die Anwend-

---

220 Vgl. BGE 102 Ib 322 ff.; BGE 118 II 519. Zum Ganzen *Tuor/Schnyder/Schmid/Rumo-Jungo*, (Fn 74) § 85 Rn 9 ff.
221 BGE 113 II 273; *Druey*, Grundriss, (Fn 91) § 8 Rn 34 ff. Zum Ganzen ausführlich *Weimar*, (Fn 77) Einleitung zum 14. Titel Rn 96 ff., und *Wolf/Genna*, SPR IV/1, (Fn 80) S. 137 ff.
222 Es handelt sich dabei gemäß herrschender Lehre um eine Verweisung auf die formellen und materiellen Vorschriften des Erbrechts; vgl. *Zobl*, AJP 2001, S. 1007 ff., 1012 (zit. *Zobl*).
223 *Druey*, Grundriss, (Fn 91) § 8 Rn 44 mit Verweis auf BGE 127 III 395; vgl. näher auch *Wolf/Genna*, SPR IV/1, (Fn 80) S. 155 ff.

barkeit der qualifizierten Formvorschriften der Verfügungen von Todes wegen, und es sind ggf. Herabsetzungs- und Ausgleichungsansprüche zu gewärtigen.[224]

3. Begünstigungsklausel bei der Lebensversicherung[225]

Hat der Verstorbene eine **Lebensversicherung**[226] auf sein eigenes Leben abgeschlossen und Begünstigte bezeichnet, erwerben diese ihren Anspruch gegenüber der Lebensversicherungsgesellschaft aus eigenem Recht und nicht aus Erbrecht (Art. 563 Abs. 2 ZGB i.V.m. Art. 78 VVG). Die Begünstigten können die Versicherungssumme daher auch dann beanspruchen, wenn sie die Erbschaft ausschlagen (Art. 85 VVG). Ob und gegebenenfalls wie die Versicherungsleistungen bei der Berechnung des Nachlasses mit Blick auf den Pflichtteilsschutz zu behandeln sind, ergibt sich aus den Art. 476 und 529 ZGB, wonach nur der Rückkaufswert in die Pflichtteilsberechnung einbezogen wird. Die Tragweite dieser Bestimmungen ist jedoch umstritten. Die überwiegende Lehre geht davon aus, dass sie nicht nur die selten anzutreffenden, fest auf die ganze Lebensdauer abgeschlossenen Todesfallversicherungen, sondern auch die gemischten, temporären Lebensversicherungen – analog oder direkt – erfassen.[227] Die über keinen Rückkaufswert verfügende reine, temporäre Todesfallversicherung steht demgegenüber außerhalb des Erbrechts. Mit einer solchen Versicherung kann deshalb gegebenenfalls eine über die erbrechtlichen Möglichkeiten hinausreichende Begünstigung einzelner Personen erzielt werden.

127

4. Transmortale und postmortale Vollmacht[228]

Zu diesen besonderen Vollmachten gehört zunächst die im Bankgeschäft weit verbreitete **Vollmacht über den Tod hinaus** (transmortale Vollmacht), mithin der von Art. 35 Abs. 1 OR u.a. vorgesehene Fall, in welchem eine Vollmacht bereits zu Lebzeiten des Vollmachtgebers erteilt wird und dessen Tod überdauern soll. Es handelt sich dabei um ein **Rechtsgeschäft unter Lebenden**, das als solches nicht den für die Verfügungen von Todes wegen geltenden Formvorschriften untersteht. Nachdem der Tod des Vollmachtgebers gemäß der ausdrücklichen gesetzlichen Regelung des Art. 35 Abs. 1 OR keinen zwingenden Erlöschensgrund der Vollmacht begründet, ist für deren Fortwirkung über den Tod hinaus die Zustimmung der Erben nicht erforderlich. Allerdings können die Erben – und zwar jeder einzeln[229] – die Vollmacht jederzeit widerrufen, so dass insofern die Vertretungsbefugnis des Bevollmächtigten auf unsicherer Grundlage steht.[230] Die Vollmacht über den Tod hinaus bietet gegenüber der Willensvollstreckung[231] den Vorteil, dass sie ohne große Formalitäten erteilt werden kann und das Treffen der vom Vollmachtgeber gewünschten Vorkehrungen

128

---

224 *Zobl*, (Fn 222) S. 1014 ff., insbesondere mit Hinweisen auf die Rechtslage in Deutschland und Ausführungen zu internationalprivatrechtlichen Aspekten im Verhältnis Schweiz–Deutschland.
225 Zum Folgenden und weiterführend *Geiser*, in: Druey/Breitschmid (Hrsg.), Güter- und erbrechtliche Planung, Bern 1999, S. 87 ff.; *Druey*, Grundriss, (Fn 91) § 13 Rn 27 ff. Zur Nachlassplanung im Bereich der beruflichen Vorsorge siehe *Hamm/Flury*, ST 2002, S. 33 ff., 37 f. (zit. *Hamm/Flury*) und unten Fn 266.
226 Die hier interessierenden, außerhalb der beruflichen Vorsorge stehenden Lebensversicherungen unterliegen dem Bundesgesetz über den Versicherungsvertrag (VVG; SR 221.229.1).
227 *Druey*, Grundriss, (Fn 91) § 13 Rn 35 m.w.N.; a.A. etwa *Hamm/Flury*, (Fn 225) S. 37 f.
228 Zum Folgenden *Zobl*, (Fn 222) S. 1007 ff.; *Hamm/Flury*, (Fn 225) S. 36; *Wolf/Genna*, SPR IV/1, (Fn 80) S. 167 ff.
229 *Wolf/Genna*, SPR IV/1, (Fn 80) S. 169 m.w.N.
230 Anders als die vom Erblasser verfügte Willensvollstreckung; siehe Rn 105.
231 Siehe zu dieser Rn 103 ff.

bereits unmittelbar nach dessen Ableben ermöglicht. Im Gegenzug birgt die transmortale Vollmacht das Risiko, dass die Bank gemäß den Anordnungen des Vollmachtgebers „gutgläubig", d.h. ohne dass sie ein Verschulden trifft, für die Erben nachteilige Dispositionen trifft.[232]

129 Die zweite Sonderart stellt die erst auf den Tod des Vollmachtgebers hin wirksame **Vollmacht auf den Todesfall** (postmortale Vollmacht) dar. Nach überwiegender Auffassung handelt es sich dabei um eine in den Formen für die Rechtsgeschäfte mortis causa zu errichtende **Verfügung von Todes wegen**. Sie ist mit zahlreichen ungeklärten Fragen verbunden und deshalb zur Nachlassregelung ungeeignet.[233]

5. Compte-joint[234]

130 Für diese Art des Gemeinschaftskontos ist die Alleinverfügungsberechtigung jedes Kontoinhabers gegenüber der Bank charakteristisch, was ein uneingeschränktes Vertrauensverhältnis unter den mehreren Berechtigten voraussetzt. Gerade Ehegatten verabreden im Rahmen einer sog. **Erbenausschlussklausel** häufig, dass das Vertragsverhältnis beim Ableben eines Kontoinhabers ausschließlich mit dem überlebenden Partner fortgesetzt wird.[235] Auf diese Weise bleibt die Verfügungsmacht über das Konto in jedem Fall erhalten, weil die Gefahr eines Widerrufs durch die Erben nicht besteht. Die Erbenausschlussklausel ist grundsätzlich als **Rechtsgeschäft unter Lebenden** zu qualifizieren, unterliegt demnach nicht den erbrechtlichen Formvorschriften, hat aber die Pflichtteile zu wahren.

6. Nachfolge- und Abfindungsklauseln bei Personengesellschaften[236]

131 Nach der dispositiven gesetzlichen Ordnung werden Personengesellschaften mit dem Tod eines Gesellschafters aufgelöst.[237] Um ein solches, den Interessen der Gesellschafter oft zuwiderlaufendes Ergebnis zu vermeiden und stattdessen die Fortführung der Unternehmung zu gewährleisten, können verschiedene vertragliche Vorkehrungen getroffen werden. So sind als Vereinbarungen unter Lebenden die **Fortsetzungsklausel**, wonach die Unternehmung unter den verbleibenden Gesellschaftern weitergeführt wird, und die **Eintrittsklausel**, welche einzelne oder alle Erben zum Eintritt in die Gesellschaft berechtigt, gebräuchlich. Mit der **Nachfolgeklausel** wird bestimmten oder allen Erben die Stellung als Gesellschafter eingeräumt. Hierbei handelt es sich um eine Verfügung von Todes wegen. Eine weitere in der Praxis anzutreffende Gestaltungsvariante ist die **Abfindungsklausel**. Sofern der Abfindungsbetrag tiefer als der innere Wert der Beteiligung ist oder in der Gesellschaft stehen gelassen wird, mithin eine – jedenfalls teilweise – unentgeltliche Zuwendung vorliegt, und

---

232 *Zobl*, (Fn 222) S. 1008 f. m.w.N.
233 Vgl. *Hamm/Flury*, (Fn 225) S. 35 f.
234 Zum Folgenden *Zobl*, (Fn 222) S. 1007 ff. m.w.N.; *Hamm/Flury*, (Fn 225) S. 37 f.
235 Die Zulässigkeit der Erbenausschlussklausel ist umstritten, sie wird aber von der überwiegenden Lehre in Übereinstimmung mit der höchstrichterlichen Rechtsprechung (BGE 94 II 167 ff.) bejaht; siehe *Zobl*, (Fn 222) S. 1011.
236 Zum Folgenden *Druey*, Grundriss, (Fn 91) § 8 Rn 46 ff.; *Weimar*, (Fn 77) Einleitung zum 14. Titel Rn 110 f.; *Wolf/Genna*, SPR IV/1, (Fn 80) S. 148 ff. Vgl. sodann auch *Wolf*, ZBGR 2000, S. 1 ff.; *Wolf*, in: Wolf, Güter- und erbrechtliche Fragen zur einfachen Gesellschaft und zum bäuerlichen Bodenrecht, Bern 2005, S. 47 ff.; zum Spezialfall der Nachfolgeplanung im Familienunternehmen *Staehelin*, in: Druey/Breitschmid (Hrsg.), Güter- und erbrechtliche Planung, Bern 1999, S. 115 ff.
237 Vgl. Art. 545 Abs. 1 Ziff. 2 OR für die einfache Gesellschaft, Art. 574 Abs. 1 OR für die Kollektivgesellschaft und Art. 619 OR für die Kommanditgesellschaft (mit dem Vorbehalt des Weiterbestehens der Gesellschaft beim Ausscheiden eines Kommanditärs).

die Abfindungsklausel zudem mit einer Überlebensklausel gekoppelt ist, liegt eine Verfügung von Todes wegen vor.[238]

7. Trust

Der Trust ist ein vorab in den Staaten des *common law* bekanntes Rechtsinstitut, dessen Bedeutung indessen auch in der Schweiz stetig zunimmt. Er bezeichnet ein Rechtsverhältnis, bei dem der Treugeber (Settlor) Vermögenswerte auf eine Person (Trustee) überträgt, welche diese verwaltet und für einen vom Treugeber bestimmten Zweck oder zugunsten von bestimmten Begünstigten (Beneficiaries) verwendet bzw. verwaltet. Der Trust kann die Funktion diverser Institute des schweizerischen Rechts übernehmen. Zu denken ist insbesondere an die Verwaltungstreuhand, die Sicherungsübereignung, die (Familien-)Stiftung, die Auflage bei Schenkung oder Verfügung von Todes wegen, das Vermächtnis, die Nacherbeneinsetzung oder das Nachvermächtnis.[239] Es gibt freilich weder einen „Trust nach schweizerischem Recht", noch ein inländisches Trustrecht; der Trust ist und bleibt stets ein Institut des ausländischen Rechts. Mit dem **Haager Trust-Übereinkommen** besteht aber eine sichere rechtliche Grundlage für die Einrichtung und die Verwaltung von Trusts in der Schweiz.[240] Ergänzend finden sich ein Kapitel 9a mit Sonderbestimmungen zum Trust im IPRG sowie die Bestimmungen von Art. 284a und 284b SchKG,[241] um der Trennung von Trust- und Trustee-Vermögen Rechnung zu tragen.[242]

132

8. Güterrechtliche Begünstigung[243]

Siehe dazu Rn 134 ff.

133

VII. Einfluss des ehelichen Güterrechts

1. Überblick

Beim Ableben eines verheirateten Erblassers bestehen regelmäßig sowohl ehegüter- als auch erbrechtliche Ansprüche, die voneinander zu unterscheiden sind. Dem Grundsatze nach ist die güterrechtliche Auseinandersetzung zwischen dem überlebenden Ehegatten und den Erben vorgängig vorzunehmen, weil erst ihr Ergebnis in die Erbschaft fällt und diese mithin umfangmäßig beeinflusst.

134

Gemäß Art. 181 ZGB unterstehen die Ehegatten den Vorschriften über die Errungenschaftsbeteiligung, sofern sie nicht durch Ehevertrag etwas anderes vereinbaren oder der außerordentliche Güterstand eingetreten ist. Der **Errungenschaftsbeteiligung** (Art. 196 ff. ZGB) kommt somit nach dem Willen des Gesetzgebers die Funktion des **subsidiären ordentlichen**

135

---

238 BGE 113 II 270 ff. Umstritten; vgl. *Druey*, Grundriss, (Fn 91) § 8 Rn 48; *Weimar*, (Fn 77) Einleitung zum 14. Titel Rn 111.
239 Botschaft zur Genehmigung und Umsetzung des Haager Übereinkommens über das auf Trusts anzuwendende Recht und über ihre Anerkennung, BBl 2006, S. 551 ff., 558 f.
240 Zu beachten ist insbesondere, dass der Trust gestützt auf Art. 11 Abs. 2 lit. c des Übereinkommens ein Sondervermögen darstellt und weder in eine der eherechtlichen Gütermassen noch in den Nachlass des Trustee oder des Settlors fällt; vgl. Botschaft (Fn 239), S. 572.
241 Bundesgesetz über Schuldbetreibung und Konkurs (SchKG; SR 281.1).
242 Für Trusts, die eine erbrechtliche Funktion übernehmen, gehen die Bestimmungen des IPRG zum Erbrecht als *lex specialis* vor. Vgl. Art. 4 und 15 Abs. 1 lit. c des Übereinkommens sowie die Botschaft (Fn 239), insb. S. 563, 571, 588 f., 592 und 593.
243 Eingehend zum Güterrecht *Wolf/Berger-Steiner/Schmuki*, (Fn 44) insb. Rn 16 ff., 49 ff. und 112.

Güterstandes zu, welcher für den Regelfall fehlender Dispositionen der Ehegatten zur Anwendung gelangt.[244]

Ehevertraglich können die Ehegatten den Güterstand der **Gütergemeinschaft** (Art. 221 ff. ZGB) oder denjenigen der **Gütertrennung** (Art. 247 ff. ZGB) vereinbaren. Weiter können die Ehegatten im Rahmen des gesetzlich Zulässigen auch **modifizierend** in einen Teilbereich der gewählten güterrechtlichen Ordnung eingreifen. Beide Einsatzmöglichkeiten des Ehevertrages bestehen sowohl bei der Begründung als auch während der Dauer des Güterstandes (Art. 182 Abs. 1 ZGB).

136 Ist die Ehe in wirtschaftlicher Hinsicht gefährdet oder sind die wirtschaftlichen Interessen des einen Ehegatten gegenüber dem anderen Ehegatten – allenfalls zusammen mit Gläubigerinteressen – zu schützen, tritt **von Gesetzes wegen** (vgl. Art. 188 ZGB)[245] oder auf **gerichtliche Anordnung** hin (vgl. Art. 185 und 189 ZGB) die **Gütertrennung** ein.[246] Der Gütertrennung kommt demnach der Charakter sowohl eines vertraglichen als auch eines außerordentlichen Güterstandes zu. Diese Unterscheidung bleibt aber in materieller Hinsicht grundsätzlich bedeutungslos; unterschiedlich geregelt sind einzig die Möglichkeiten der Aufhebung des Güterstandes.[247]

137 **Übergangsrechtlich** sind die Art. 9a ff. SchlT ZGB zu beachten. Demnach unterstehen die Ehegatten weiterhin dem bis zum **31.12.1987** in Kraft gestandenen subsidiären ordentlichen Güterstand der Güterverbindung, wenn sie unter altem Recht eine ehevertragliche Änderung vorgenommen (Art. 10 SchlT ZGB) und bis am 31.12.1988 nicht vereinbart haben, sich dem neuen ordentlichen Güterstand zu unterstellen (Art. 10b SchlT ZGB), oder wenn sie bis zu diesem Datum eine Beibehaltungserklärung abgegeben haben (Art. 9e SchlT ZGB).

2. Errungenschaftsbeteiligung

138 Die Errungenschaftsbeteiligung kennt kein eheliches Vermögen, das in besonderer Weise in den Dienst der ehelichen Gemeinschaft gestellt ist bzw. beiden Ehegatten gemeinsam gehört.[248] Vielmehr sind **je zwei getrennte Gütermassen jedes Ehegatten** zu unterscheiden: die Errungenschaft (Art. 197 ZGB) und das Eigengut (Art. 198 f. ZGB). Die zu diesen Gütermassen gehörenden Vermögenswerte kann grundsätzlich jeder Ehegatte selbstständig nutzen, verwalten und zum Verfügungsgegenstand machen (Art. 201 ZGB). Für seine Schulden haftet gem. Art. 202 ZGB jeder Ehegatte mit seinem gesamten Vermögen. Die Errungenschaftsbeteiligung führt also weder zu einer Haftungsbeschränkung noch zu einer Mithaftung des anderen Ehegatten. Ein Eingreifen eherechtlicher Art des einen Ehegatten in das Vermögen des anderen ergibt sich einzig aufgrund der Vertretung der ehelichen Gemeinschaft, welche die solidarische Mithaftung des anderen Ehegatten auslöst (Art. 166 ZGB).[249]

139 Kommt es zur Auflösung des Güterstandes (Art. 204 ZGB), steht im Rahmen der **güterrechtlichen Auseinandersetzung** aufgrund der dispositiven gesetzlichen Regelung jedem

---

244 *Hausheer/Reusser/Geiser*, Berner Kommentar zu Art. 181–220 ZGB, Bern 1992, Art. 181 ZGB Rn 9 f. (zit. *Hausheer/Reusser/Geiser*).
245 Von Gesetzes wegen tritt die Gütertrennung weiter im Fall der – in der Praxis selten anzutreffenden – Ehetrennung ein (Art. 118 Abs. 1 ZGB).
246 *Hausheer/Reusser/Geiser*, (Fn 244) Art. 181 ZGB Rn 13 ff.
247 *Hausheer/Geiser/Aebi-Müller*, Das Familienrecht des Schweizerischen Zivilgesetzbuches, 5. Aufl., Bern 2014, Rn 11.61 und 11.09 (zit. *Hausheer/Geiser/Aebi-Müller*).
248 *Hausheer/Geiser/Aebi-Müller*, (Fn 247) Rn 12.01.
249 *Hausheer/Geiser/Aebi-Müller*, (Fn 247) Rn 12.45. Es handelt sich dabei um eine allgemeine und nicht um eine güterstandsspezifische Wirkung der Ehe.

Ehegatten oder seinen Erben die Hälfte des Vorschlags des anderen (Art. 215 ZGB) zu. Der **Vorschlag** stellt den positiven Saldo der Errungenschaft dar.[250] An einem allfälligen Negativsaldo der Errungenschaft, dem sog. **Rückschlag**, partizipieren dagegen der andere Ehegatte bzw. seine Erben nicht (Art. 210 Abs. 2 ZGB).

3. Gütergemeinschaft

Für die Gütergemeinschaft kennzeichnend ist das unter den Bestimmungen über das Gesamteigentum[251] stehende **Gesamtgut** der Ehegatten (Art. 222–224 ZGB). Die gemeinschaftliche Berechtigung der Ehegatten an einem Teil[252] der Einkünfte und des Vermögens führt zu einer **materiellen Gleichstellung** der Ehepartner in vermögensrechtlicher Hinsicht und bringt damit die Idee der Ehe als engster Lebens- und Schicksalsgemeinschaft auch in diesem Bereich zum Ausdruck.[253] Daneben verfügt jeder Ehegatte über ein als Sondervermögen ausgestaltetes Eigengut (Art. 225 ZGB). Die Verwaltung des Gesamtgutes steht grundsätzlich beiden Ehegatten zu (Art. 227 ff. ZGB).[254] Hinsichtlich der Haftung unterscheidet das Gesetz zwischen Eigen- und Vollschulden (Art. 233 f. ZGB). Ausgangspunkt der Regelung sind die Eigenschulden, für welche jeder Ehegatte mit seinem Eigengut und seinem wertmäßigen Anteil am Gesamtgut haftet. Für eine begrenzte Zahl besonderer Schulden, die sog. Vollschulden, bilden über das Eigengut des Schuldnerehegatten hinaus auch die einzelnen Vermögenswerte des Gesamtgutes – und damit teilweise auch das Vermögen des Nichtschuldnerehegatten – das Haftungssubstrat.[255]

140

Der jedem Ehegatten im Rahmen der **güterrechtlichen Auseinandersetzung** zustehende Anteil am Gesamtgut differiert gemäß der dispositiven gesetzlichen Ordnung je nach dem Grund für die Auflösung des Güterstandes. Im Falle der Güterstandsauflösung durch Tod eines Ehegatten oder zufolge Vereinbarung eines anderen Güterstandes steht jedem Ehegatten die Hälfte des Gesamtgutes zu (Art. 241 ZGB). Demgegenüber nimmt bei gerichtlicher Auflösung der Ehe oder dem Eintritt des außerordentlichen Güterstandes jeder Ehegatte vom Gesamtgut zurück, was unter der Errungenschaftsbeteiligung sein Eigengut wäre; das verbleibende Gesamtgut wird hälftig geteilt (Art. 242 i.V.m. Art. 198 ZGB).

141

4. Gütertrennung

Die Gütertrennung ist streng genommen ein **Nichtgüterstand**, weil die Eheschließung grundsätzlich weder während der Dauer des Güterstandes noch bei dessen Auflösung einen Einfluss auf das Vermögen der Ehegatten hat.[256] Die Ehegatten werden insofern wie unverheiratete Personen behandelt.[257]

142

---

250 Vgl. Art. 210 Abs. 1 ZGB.
251 Art. 652–654 ZGB.
252 Der Umfang des Gesamtguts ist davon abhängig, welche der drei Varianten der Gütergemeinschaft (Allgemeine Gütergemeinschaft, Errungenschaftsgemeinschaft, Ausschlussgemeinschaft) die Ehegatten ehevertraglich gewählt haben; vgl. *Hausheer/Geiser/Aebi-Müller*, (Fn 247) Rn 13.06 ff.
253 *Hausheer/Geiser/Aebi-Müller*, (Fn 247) Rn 13.01.
254 *Hausheer/Geiser/Aebi-Müller*, (Fn 247) Rn 13.14 ff. m.w.N.
255 *Hausheer/Reusser/Geiser*, Berner Kommentar zu Art. 221–251 ZGB, Bern 1996, Art. 233 und 234 ZGB Rn 15 f.
256 Eine Ausnahme statuiert einzig Art. 251 ZGB betreffend die Zuweisung von im Miteigentum der Ehegatten stehenden Vermögenswerten.
257 *Hausheer/Geiser/Aebi-Müller*, (Fn 247) Rn 13.48.

5. Modifikationsmöglichkeiten innerhalb der Errungenschaftsbeteiligung

143 Die Ehegatten können im Rahmen der Errungenschaftsbeteiligung gestützt auf Art. 216 ZGB eine von der gesetzlichen Regelung **abweichende Vorschlagsbeteiligung** vereinbaren. In der Mehrzahl der Fälle[258] wird mit Blick auf eine Meistbegünstigung des überlebenden Ehegatten eine Zuweisung des gesamten Vorschlags an diesen stipuliert.[259] Die dogmatische Qualifikation solcher Überlebensklauseln ist umstritten.[260]

144 Da die Vorschlagsforderung einen wertmäßigen Anspruch begründet, führen ehevertragliche Vereinbarungen über die Vorschlagsbeteiligung immer bloß zu einer Änderung des rechnerischen Teilungsschlüssels. Soll ein Ehegatte dagegen berechtigt sein, bestimmte Vermögenswerte zu übernehmen, bedarf es – vorbehältlich der spärlich vorhandenen gesetzlichen güterrechtlichen Teilungsvorschriften (vgl. diesbezüglich insbesondere Art. 219 ZGB) – des Erlasses rechtsgeschäftlicher **güterrechtlicher Teilungsvorschriften**. Dem Berechtigten wird dadurch – auf Anrechnung an seine güterrechtlichen Ansprüche – ein obligatorischer Anspruch auf Übernahme eines bestimmten Vermögensobjekts eingeräumt.[261] Zulässig ist sodann die Einräumung eines Wahlrechts zugunsten des überlebenden Ehegatten, anrechnungsweise und gegebenenfalls gegen Aufzahlung beliebige Objekte aus den Gütermassen des verstorbenen Ehegatten an sich zu ziehen.[262] Weitere Modifikationsmöglichkeiten bestehen aufgrund von Art. 199 ZGB hinsichtlich der Zuordnung bestimmter Vermögenswerte der Errungenschaft zum Eigengut und aufgrund von Art. 206 Abs. 3 ZGB betreffend den Ausschluss oder die Änderung des Mehrwertanteils.[263]

145 Vereinbarungen über die Änderung der gesetzlichen Vorschlagsbeteiligung haben die **Pflichtteilsansprüche** der nichtgemeinsamen Kinder und deren Nachkommen zu beachten (Art. 216 Abs. 2 ZGB). Nur dieser beschränkte Kreis von Noterben – dazu würden an sich sämtliche Nachkommen und auch die Eltern gehören (vgl. Art. 471 Ziff. 1 und 2 ZGB) – kann die Herabsetzung geltend machen. Vereinbarungen über die Vorschlagsbeteiligung gelten vermutungsweise nur für den Fall der Auflösung des Güterstandes durch Tod oder durch Ehevertrag (Art. 217 ZGB).

6. Wahl und Modifikation der Gütergemeinschaft

146 Unterstellen die Ehegatten ihre güterrechtlichen Verhältnisse dem Güterstand der Gütergemeinschaft, umschreiben sie den Umfang des Gesamtgutes durch Wahl der Variante der allgemeinen Gütergemeinschaft möglichst weit und weisen sie das ganze Gesamtgut dem überlebenden Ehegatten zu, kann der Nachlass des vorversterbenden Ehegatten auf die persönlichen Gebrauchsgegenstände und die Genugtuungsansprüche beschränkt werden

---

258 Vgl. *Wolf*, Vorschlags- und Gesamtgutszuweisung an den überlebenden Ehegatten, Bern 1996, S. 7 Fn 33 (zit. *Wolf*, Vorschlagszuweisung).
259 Dazu *Wolf*, Vorschlagszuweisung, (Fn 258) S. 48 ff. Für weitere Varianten siehe die ausführliche Kommentierung in *Hausheer/Reusser/Geiser*, (Fn 244) Art. 216 ZGB Rn 14 ff.
260 Nach BGE 102 II 313 ff. handelt es sich materiell um eine Schenkung von Todes wegen (Art. 245 Abs. 2 OR); BGE 137 III 113 lässt die dogmatische Qualifikation offen, lässt aber die Form des Ehevertrages genügen. Die neuere Lehre spricht sich tendenziell mehrheitlich für die Einordnung als Rechtsgeschäft unter Lebenden aus; vgl. *Weimar*, (Fn 77) Einleitung zum 14. Titel Rn 106 ff.; *Steinauer*, (Fn 154) Rn 285e; *Tuor/Schnyder/Schmid/Rumo-Jungo*, (Fn 74) § 32 Rn 25; *Wolf/Genna*, SPR IV/1, (Fn 80) S. 143, mit Fn 518; ausführlich bereits *Wolf*, Vorschlagszuweisung, (Fn 258) S. 104 ff. m.w.N.
261 *Wolf*, ZBJV 136 (2000), S. 241 ff., 257 (zit. *Wolf*, Grundstücke).
262 *Hausheer/Aebi-Müller*, in: Druey/Breitschmid (Hrsg.), Güter- und erbrechtliche Planung, Bern 1999, S. 11 (zit. *Hausheer/Aebi-Müller*).
263 Vgl. *Wolf*, Vorschlagszuweisung, (Fn 258) S. 8 Fn 38.

(Art. 222 ZGB i.V.m. Art. 225 Abs. 2 ZGB). Damit lässt sich gegebenenfalls[264] eine **maximale Begünstigung des überlebenden Ehegatten** erreichen.[265] [266]

Vereinbarungen über die Gesamtgutsteilung dürfen die **Pflichtteilsansprüche** der nichtgemeinsamen und – anders als im Rahmen der Errungenschaftsbeteiligung (vgl. Art. 216 Abs. 2 ZGB)[267] – auch der gemeinsamen Kinder nicht verletzen (Art. 241 Abs. 3 ZGB).[268] Zudem gilt hier ebenfalls[269] die Vermutung, dass die vom Gesetz abweichende Teilung des Gesamtguts nur bei Auflösung des Güterstandes durch Tod oder Vereinbarung eines anderen Güterstandes Wirkung entfalten soll (Art. 242 Abs. 3 ZGB).

7. Ehegattengesellschaft[270]

Art. 168 ZGB erlaubt den Ehegatten im Rahmen der gesetzlichen Vorgaben den Abschluss beliebiger Rechtsgeschäfte unter sich und mit Dritten. Beim **Erwerb von Grundstücken** begründen die Ehegatten, gestützt auf diese ihnen offen stehende Möglichkeit und im Sinne einer Alternative zum Miteigentum, vielfach eine einfache Gesellschaft (**Ehegattengesellschaft**).[271] Diese Rechtsfigur ermöglicht Ehegatten, denen die Vermögensverschmelzung im Rahmen der Gütergemeinschaft zu weit geht, die auf ein spezifisches **Teilvermögen beschränkte Begründung von Gesamteigentum**.

---

264 Zu berücksichtigen ist hier allerdings v.a. der im Vergleich mit der Vorschlagszuweisung erweiterte Pflichtteilsschutz. Dazu sogleich nachfolgend und insbesondere Fn 266.

265 *Hausheer/Aebi-Müller*, (Fn 262) S. 13 f.

266 Im Zusammenhang mit der Begünstigung des überlebenden Ehegatten im Allgemeinen ist BGE 129 III 305 ff. erwähnenswert, in dem klargestellt wird, dass Ansprüche aus der beruflichen Vorsorge und Freizügigkeitsleistungen außerhalb des Erbrechts stehen und weder in den Nachlass fallen noch der erbrechtlichen Herabsetzung unterliegen. *Koller*, Jusletter vom 2.6.2003 „Sind Ansprüche von Hinterbliebenen aus der beruflichen Vorsorge des Verstorbenen erbrechtlich relevant? Ein grundlegendes Urteil des Bundesgerichts zum Verhältnis zwischen Vorsorgerecht und Erbrecht" führt dazu zutreffend aus: „Im Ergebnis wird die Position [des überlebenden Ehegatten] nun dadurch, dass Vorsorgeansprüche des überlebenden Ehegatten erbrechtlich unbeachtlich sind, noch deutlich verstärkt. Dies sollte bei der güter- und erbrechtlichen Planung von den Betroffenen in Betracht gezogen werden. Je nach den Umständen mag es unter Berücksichtigung der vorsorgerechtlichen Ansprüche nicht bzw. nicht mehr sachgerecht sein, beim Abschluss von Ehegüter- und Erbverträgen eine maximale Begünstigung des überlebenden Ehegatten anzustreben. Denn daraus könnte allenfalls – insbesondere zulasten der gemeinsamen Nachkommen – eine „Überbegünstigung" resultieren, die übers Ganze betrachtet suboptimal ist."

267 Der im Vergleich zur Vorschlagszuweisung an den überlebenden Ehegatten erweiterte Pflichtteilsschutz liegt darin begründet, dass das Gesamtgut auch Vermögensgegenstände umfasst, die im ordentlichen Güterstand zum Eigengut gehören und mithin von der sich auf die Errungenschaft beziehenden Vorschlagszuweisung nicht erfasst werden.

268 Weil die Berechnung der Pflichtteile aufgrund der hälftigen Teilung des Gesamtgutes erfolgt, ermöglicht die Gütergemeinschaft im Vergleich zur ehevertraglich modifizierten Errungenschaftsbeteiligung grundsätzlich nur dann eine zusätzliche Besserstellung, wenn derjenige Ehegatte vorverstirbt, der unter dem Güterstand der Errungenschaftsbeteiligung das größere Eigengut besäße; vgl. *Hausheer/Aebi-Müller*, (Fn 262) S. 14 m.w.N.

269 Vgl. für die Vorschlagszuweisung bei der Errungenschaftsbeteiligung Art. 217 ZGB.

270 Diese ist nicht in allen Kantonen (gleich stark) verbreitet; häufig kommt sie im Kanton Bern vor. Siehe zur Ehegattengesellschaft *Hausheer/Lindenmeyer Lieb*, in: Wolf, Güter- und erbrechtliche Fragen zur einfachen Gesellschaft und zum bäuerlichen Bodenrecht, Bern 2005, S. 1 ff.

271 Weil eine einfache Gesellschaft formlos begründet werden kann (Art. 530 OR *e contrario*), tritt der entsprechende übereinstimmende Wille der Ehegatten regelmäßig erst anlässlich der beim Grundstückkauf notwendigen öffentlichen Beurkundung zutage.

148 Weil das Gesellschaftsvermögen ebenfalls zum Vermögen der Ehegatten gehört, zieht die Auflösung der Ehe regelmäßig die **Auflösung** auch der einfachen Gesellschaft nach sich.[272] Auf die Auflösung der einfachen Gesellschaft folgt diesfalls die güterrechtliche Auseinandersetzung und schließlich die Erbteilung.[273] Der nach der Tilgung der Gesellschaftsschulden und der Rückerstattung der Einlagen erzielte Gewinn oder Verlust (vgl. Art. 549 Abs. 1 und 2 OR) ist nach den güterrechtlichen Vorschriften auf die Ehegatten zu verteilen, wobei mangels anderer Vereinbarung auf jeden Ehegatten die Hälfte entfällt (Art. 533 OR).[274]

149 Eine **Begünstigung des weniger leistungsfähigen Ehegatten** kann durch die schenkungsweise (Mit-)Finanzierung seines Gesellschaftsanteils seitens des anderen Ehegatten erreicht werden.[275]

150 Haben die Ehegatten eine **Fortsetzungsklausel** zugunsten des überlebenden Gesellschafters vereinbart, wird dieser mit dem Ableben des vorversterbenden Ehegatten ohne vorgängige Liquidation der Gesellschaft kraft Anwachsung Alleinberechtigter des Gesellschaftsvermögens.[276] Den anderen Erben steht diesfalls ein schuldrechtlicher Abfindungsanspruch zu.[277]

VIII. Einfluss des Vermögens- bzw. Güterrechts bei der eingetragenen Partnerschaft

151 Das am 1.1.2007 in Kraft getretene Bundesgesetz über die eingetragene Partnerschaft gleichgeschlechtlicher Paare[278] sieht im Vermögensrecht keine Gleichbehandlung zwischen eingetragenen Partnerinnen und Partnern mit Ehegatten vor. Eingetragene Partner unterstehen von Gesetzes wegen einer Ordnung, die sich materiell an die **Gütertrennung des Eherechts** anlehnt (vgl. Art. 18 ff. PartG sowie Art. 247–251 ZGB). Die eingetragenen Partner haben gestützt auf Art. 25 PartG die Möglichkeit, mit einem Vermögensvertrag von der subsidiären gesetzlichen Regelung abzuweichen.

152 Im Zusammenhang mit diesem Vermögensvertrag bestehen zahlreiche offene Fragen, welche in der Rechtsprechung bisher noch nicht geklärt worden sind. Unklarheit besteht insbesondere über den zulässigen Gegenstand des Vermögensvertrages. Nach der hier vertretenen Auffassung können die eingetragenen Partnerinnen und Partner ihre vermögensrechtlichen Verhältnisse nur dem eherechtlichen **Güterstand der Errungenschaftsbeteiligung** (Art. 196 ff. ZGB) unterstellen.[279] Die Gütergemeinschaft (Art. 221 ff. ZGB) steht ihnen

---

272 *Hausheer/Geiser/Aebi-Müller*, (Fn 247) Rn 14.78.
273 Dazu *Hausheer/Aebi-Müller*, (Fn 262) S. 36 ff. m.w.N.
274 Damit wird die Nennwertgarantie von Art. 206 ZGB (ggf. zum Nachteil des wirtschaftlich schwächeren Ehegatten) aufgehoben; vgl. *Hausheer/Geiser/Aebi-Müller*, (Fn 247) Rn 14.79.
275 Die Schenkung führt beim Beschenkten zur Bildung von Eigengut (Art. 198 Ziff. 2 ZGB), mit der Folge, dass der schenkende Ehegatte im Rahmen der güterrechtlichen Auseinandersetzung daran nicht mehr partizipiert, seinen ggf. aus Errungenschaftsmitteln finanzierten eigenen Gesellschaftsanteil aber im Rahmen der Vorschlagsbeteiligung ein weiteres Mal teilen muss; vgl. *Hausheer/Geiser/Aebi-Müller*, (Fn 247) Rn 14.84 m.H.a. 14.95.
276 Vgl. BGE 119 II 119 ff. und oben Rn 131.
277 *Wolf*, Grundstücke, (Fn 261) S. 261.
278 PartG; SR 211.231.
279 Die vom Gesetz vorgesehenen Möglichkeiten der Modifikation dieses Güterstandes stehen auch eingetragenen Partnern zur Verfügung (vgl. Rn 151 ff.).

demgegenüber nicht zur Verfügung.[280] Die Partner können aber – außerhalb des Vermögensvertrages i.S.v. Art. 25 PartG – wie Ehegatten im Rahmen einer einfachen Gesellschaft Gesamteigentum begründen und insofern jedenfalls sachenrechtlich der Gütergemeinschaft entsprechende Verhältnisse schaffen.

IX. Sonderprobleme

1. Erwerb von Grundstücken durch Ausländer[281]

Die sog. „Lex Friedrich"[282] beschränkt den Erwerb von Grundstücken durch Personen im Ausland, um die Überfremdung des einheimischen Bodens zu verhindern (Art. 1 BewG).[283] Angehörige eines Mitgliedstaates der Europäischen Gemeinschaft gelten dann als **Ausländer** im Sinne der Lex Friedrich, wenn sie ihren rechtmäßigen und tatsächlichen Wohnsitz nicht in der Schweiz haben (Art. 5 Abs. 1 lit. a BewG).[284]

153

Wird einem ausländischen Erben in der Nachlassteilung eine schweizerische Liegenschaft zugewiesen, so besteht nur dann Befreiung von der Bewilligungspflicht, wenn er die Stellung eines **gesetzlichen** Erben einnimmt (Art. 7 Abs. 1 lit. a BewG). Ein ausländischer **eingesetzter** Erbe bedarf demgegenüber einer Bewilligung, welche ihm nur unter der Auflage der Weiterveräußerung des Grundstücks innerhalb von zwei Jahren erteilt wird (Art. 8 Abs. 2 BewG).

154

2. Gesellschaftsrecht

Art. 685d Abs. 1 OR i.V.m. Art. 4 der Schlussbestimmungen zum 26. Titel des Obligationenrechts ermöglicht einer Aktiengesellschaft im Rahmen der **Vinkulierung** von Namenaktien die Ablehnung von Aktionären, soweit und solange deren Anerkennung die Gesellschaft daran hindern könnte, durch Bundesgesetze geforderte Nachweise über die Zusammensetzung des Kreises der Aktionäre zu erbringen.[285] Beim Erwerb börsenkotierter Namenaktien durch Erbgang, Erbteilung oder eheliches Güterrecht kann jedoch der Erwerber – und zwar auch der ausländische – nicht abgelehnt werden (Art. 685d Abs. 3 OR).

155

3. Bäuerliches Bodenrecht[286]

Das bäuerliche Erbrecht war als **Sonder-Erbrecht** für landwirtschaftliche Grundstücke und Betriebe ursprünglich im Schweizerischen Zivilgesetzbuch geregelt. Mit dem Inkrafttreten

156

---

280 Dazu und zu den weiteren offenen Punkten im Vermögensrecht siehe den (insbesondere ein Vertragsbeispiel enthaltenden) Beitrag von *Wolf/Steiner*, in: Wolf (Hrsg.), Das Bundesgesetz über die eingetragene Partnerschaft gleichgeschlechtlicher Paare, NR 3, Bern 2006, S. 60 ff. Generell zum Partnerschaftsgesetz *Büchler* (Hrsg.), FamKomm Eingetragene Partnerschaft, Bern 2006, und *Geiser/Gremper* (Hrsg.), Zürcher Kommentar zum Partnerschaftsgesetz, Zürich/Basel/Genf 2007.
281 Siehe dazu das Merkblatt des Bundesamtes für Justiz, abrufbar unter www.bj.admin.ch, Dienstleistungen, Grundstückerwerb durch Personen im Ausland.
282 Bundesgesetz über den Erwerb von Grundstücken durch Personen im Ausland (BewG; SR 211.412.41).
283 Die als Grundstückserwerb im Sinne des Gesetzes geltenden Tatbestände ergeben sich aus Art. 4 BewG.
284 Siehe auch die weiteren Tatbestände in lit. a[bis] bis d (insbesondere betreffend juristische Personen und vermögensfähige Gesellschaften ohne juristische Persönlichkeit).
285 Das kann u.a. ausländische Aktionäre betreffen, z.B. gestützt auf die bereits angesprochene „Lex Friedrich"; vgl. Rn 153 f.
286 Dazu ausführlich *Sekretariat des schweizerischen Bauernverbandes* (Hrsg.), Das bäuerliche Bodenrecht, Kommentar zum Bundesgesetz über das bäuerliche Bodenrecht vom 4. Oktober 1991, 2. Aufl., Brugg 2011; vgl. auch die Übersicht bei *Tuor/Schnyder/Schmid/Rumo-Jungo*, (Fn 74) § 83.

des Bundesgesetzes über das bäuerliche Bodenrecht[287] am 1.1.1994 ist es aus dem ZGB herausgelöst worden.[288]

157 Der **Anwendungsbereich** des BGBB umfasst vorab einzelne oder zu einem landwirtschaftlichen Gewerbe gehörende landwirtschaftliche Grundstücke, die außerhalb einer Bauzone im Sinne des RPG[289] liegen und für welche die landwirtschaftliche Nutzung zulässig ist (Art. 2 Abs. 1 BGBB).

158 Der in den Art. 11–35 BGBB enthaltene erbrechtliche Teil des bäuerlichen Bodenrechts ist von den drei **Grundgedanken** der Bevorzugung des Selbstbewirtschafters,[290] der Bindung des Bodens an die Familie und der Bewertung des Landwirtschaftsbetriebs zum Ertragswert[291] geprägt. Das bäuerliche Bodenrecht macht sich die Unteilbarkeit jener landwirtschaftlicher Bewirtschaftungseinheiten zum Ziel, die eine reale ökonomische Chance des Weiterbestandes haben, und beschränkt zu diesem Zweck die Verfügungsfreiheit des Erblassers.[292]

4. Schiedsgerichtsbarkeit im Erbrecht[293]

159 Die Schiedsgerichtsbarkeit im Erbrecht hat in der Schweiz eher geringe Bedeutung, kann aber – etwa bei internationalen Sachverhalten oder mit Blick auf die Möglichkeit, eine mit der konkreten Erbschaft vertraute Person als Schiedsrichterin zu berufen – durchaus von Vorteil sein.[294] Im Einzelnen zu unterscheiden sind die Schiedsgerichtsbarkeit aufgrund erblasserischer Anordnung (Schiedsklausel) und diejenige gestützt auf eine Parteivereinbarung (Schiedsvereinbarung).

160 Die **testamentarische Anordnung der Schiedsgerichtsbarkeit (Schiedsklausel)** durch den Erblasser wird in Rechtsprechung und Lehre kontrovers diskutiert.[295] Als Auflage ist eine testamentarische Schiedsklausel zwar grundsätzlich möglich, doch lassen sich damit die pflichtteilsberechtigten Erben nicht einbinden. Vorzugsweise ist deshalb die Schiedsbindung der Pflichtteilserben zu Lebzeiten des Erblassers mit einer vertraglichen Einigung herzustellen.[296]

161 Der **Schiedsgerichtsbarkeit gestützt auf eine Parteivereinbarung (Schiedsvereinbarung)** sind die erbrechtlichen Klagen grundsätzlich zugänglich. Allerdings bestehen gewisse Ein-

---

287 BGBB (SR 211.412.11).
288 Einzig Art. 613a und Art. 619 ZGB enthalten noch bäuerliches Erbrecht. Für das Ehegüterrecht sind sodann auch die Art. 212–214 ZGB zu beachten.
289 Bundesgesetz über die Raumplanung (RPG; SR 700).
290 Zu deren Sicherung besteht für den Übernehmer grundsätzlich ein zehnjähriges Veräußerungsverbot (Art. 23 BGBB).
291 Art. 17 Abs. 1 BGBB. Diese Übernahme zum Ertrags- statt zum Verkehrswert dient der Vermeidung einer Überschuldung.
292 Vgl. *Druey*, Grundriss, (Fn 91) § 17 Rn 7 f.; Art. 19 i.V.m. Art. 11 BGBB.
293 Für einen Überblick vgl. *Mauerhofer*, ZBJV 142 (2006), S. 375 ff. (zit. *Mauerhofer*); insbesondere zu durch den Erblasser letztwillig angeordneten Schiedsklauseln *Schlumpf*, Testamentarische Schiedsklauseln, Diss. Zürich, Zürich/St. Gallen 2011 (zit. *Schlumpf*).
294 *Mauerhofer*, (Fn 293) S. 400.
295 So zusammengefasst *Schlumpf*, (Fn 293) S. 478, m.H. auf die ausführlichen Darlegungen in seiner Arbeit.
296 Zum Ganzen ausführlich *Mauerhofer*, (Fn 293) S. 387 ff., insbesondere S. 397.

schränkungen.[297] So entfalten etwa Feststellungsurteile von Schiedsgerichten nur Wirkung zwischen den an der Schiedsvereinbarung beteiligten Parteien.[298]

C. Erbverfahrensrecht

I. Vorbemerkungen

Mit seinem Ableben fällt der Erblasser als bisheriger Träger der seiner Person zugeordneten Rechte und Pflichten weg. Allerdings entsteht damit nach schweizerischem Recht nicht ein subjektloser Nachlass; vielmehr gewährleistet Art. 560 ZGB die unmittelbare Nachfolge der Erben in das Vermögen des Erblassers. Trotz dieser gesetzlich verankerten Unmittelbarkeit der Erbfolge und der daraus sich ergebenden Kontinuität in der Vermögensträgerschaft ist der Erbgang in mehrfacher Hinsicht mit Gefahren und Unsicherheiten verbunden. So kann über den Bestand des Nachlasses Unsicherheit vorliegen oder Streit ausbrechen, es können Vermögenswerte der Erbschaft verschwinden oder verderben und Erben ganz oder teilweise unbekannt sein.[299] Auch die Erbberechtigung als solche kann umstritten sein.

162

Der Gesetzgeber hat den für derartige Situationen bestehenden Regelungsbedarf erkannt und stellt ein verfahrensrechtliches Instrumentarium zur Verfügung, das einerseits die angesprochenen Unsicherheiten und Gefahren beheben oder doch zumindest beschränken soll und andererseits materiellrechtliche Streitigkeiten dem Zivilrichter zur Entscheidung überträgt. Entsprechend lässt sich für das Erbrecht in grundsätzlicher Hinsicht unterscheiden zwischen Verfahren der **freiwilligen Gerichtsbarkeit**[300] und solchen der **streitigen Gerichtsbarkeit**.[301]

163

II. Freiwillige Gerichtsbarkeit: die Sicherungsmaßregeln (Art. 551–559 ZGB)

1. Allgemeines und Grundsätze

Die Sicherungsmaßregeln bezwecken die Gewährleistung einer **ordnungsgemäßen Abwicklung des Erbganges**. Sie sollen sicherstellen, dass „kein Erbunrecht geschieht", sondern „die kraft Erbrechts Berufenen zu ihrem Recht kommen".[302] Die Sicherungsmaßregeln des ZGB verfolgen mithin einen zivilrechtlichen Zweck. Sie werden allerdings häufig auch steuerrechtlichen Zwecken dienstbar gemacht; das gilt besonders für die Siegelung und das Inventar.[303] Da die Sicherungsmaßregeln um der „öffentlichen Ordnung willen" aufgestellt worden sind,[304] kommt den Bestimmungen der Art. 551–559 ZGB grundsätzlich **zwingender Charakter** zu, so dass weder der Erblasser noch die Erben eine andere Ordnung des Verfahrens verlangen können.[305]

164

---

297 Zum Ganzen ausführlich *Mauerhofer*, (Fn 293) S. 378 ff., insbesondere S. 381 ff.
298 *Mauerhofer*, (Fn 293) S. 375 f.
299 Siehe *Wolf*, ZBJV 135 (1999), S. 181 ff., 183 (zit. *Wolf*, Sicherungsmaßregeln).
300 Siehe dazu Rn 164 ff.
301 Siehe dazu Rn 184 f.
302 *Schnyder*, in: Breitschmid (Hrsg.), Testament und Erbvertrag, Bern 1991, S. 103 (zit. *Schnyder*).
303 *Wolf*, Sicherungsmaßregeln, (Fn 299) S. 183 f.
304 *Herzer*, Die Eröffnung von Verfügungen von Todes wegen in der Praxis der Kantone, Diss. Zürich 1976, S. 24 f.
305 *Wolf*, Sicherungsmaßregeln, (Fn 299) S. 186.

2. Zuständigkeit und Verfahren

165 **Örtlich zuständig** zur Anordnung von Sicherungsmaßregeln ist die Behörde am letzten **Wohnsitz** des Erblassers (Art. 28 Abs. 2 ZPO). Im internationalen Verhältnis und damit namentlich für Erblasser mit letztem Wohnsitz im Ausland bestimmt sich die Zuständigkeit gem. Art. 86–89 IPRG. Besteht danach eine Zuständigkeit von schweizerischen Behörden, so ist auch für die Durchführung der Maßnahmen schweizerisches Recht maßgebend (Art. 92 Abs. 2 IPRG).

166 Die Festlegung der **sachlichen Zuständigkeit** erfolgt durch das kantonale Recht.[306] Je nach Zuständigkeitsregelung durch den Kanton ist das zur **freiwilligen Gerichtsbarkeit** gehörende Verfahren auf Erlass von Sicherungsmaßregeln nach der Schweizerischen Zivilprozessordnung oder nach kantonalem Recht durchzuführen. Gegenstand von Sicherungsmaßregeln ist einzig die ordnungsgemäße Abwicklung des Erbganges, nicht aber der autoritative Entscheid von Streitigkeiten unter den Erbanwärtern über die materielle Rechtslage. Dieser ist vielmehr dem Zivilrichter vorbehalten.[307] Den von den Sicherungsbehörden getroffenen Entscheiden, insbesondere auch den ausgestellten Erbenscheinen, kommt keine materielle Rechtskraft zu; vielmehr können sie abgeändert oder zurückgenommen werden, wenn ihr Grund nachträglich weggefallen ist, sie sich als unrichtig erweisen oder die Verhältnisse sich geändert haben.[308]

167 Die **Rechtsmittel** richten sich zunächst nach dem konkret anwendbaren Recht, d.h. nach der Zivilprozessordnung bzw. dem kantonalen Recht. Gegen den kantonal letztinstanzlichen Entscheid kann das Bundesgericht mit einer Beschwerde in Zivilsachen gem. Art. 72 ff. BGG[309] angerufen werden, sofern die Angelegenheit als vermögensrechtliche qualifiziert und die Streitwertgrenze von 30.000 Fr. (Art. 74 Abs. 1 lit. b BGG) erreicht wird. Sind die Voraussetzungen der Beschwerde in Zivilsachen nicht gegeben, steht die subsidiäre Verfassungsbeschwerde (Art. 113 ff. BGG) zur Verfügung.

3. Überblick über die einzelnen Sicherungsmaßregeln

a) Siegelung (Art. 552 ZGB)

168 Mit der Siegelung soll der Nachlass vor tatsächlichen Veränderungen durch Erben oder Dritte gesichert werden. Ist – wie bei Bankguthaben bzw. Bankdepots oder Grundstücken – das eigentliche Anbringen von Siegeln nicht möglich, kann eine **Verfügungssperre** angeordnet werden.[310]

b) Inventar (sog. Erbschaftsinventar, Art. 553 ZGB)

169 Das Erbschaftsinventar bezweckt die Sicherung des Nachlasses durch behördliche Feststellung seines Bestandes. Dadurch soll verhindert werden, dass Erbschaftsgegenstände zwischen Erbgang und Erbteilung unbemerkt verschwinden.[311]

---

306 Von Bundesrechts wegen wird dabei nicht die Einsetzung einer Gerichtsbehörde verlangt, so dass die Handhabung der Sicherungsmaßregeln auch an Verwaltungsbehörden übertragen werden kann. Im Einzelnen besteht eine große Vielfalt kantonaler Regelungen.
307 Siehe zur streitigen Gerichtsbarkeit Rn 184 f.
308 *Karrer/Vogt/Leu*, (Fn 19) Vorbemerkungen zu Art. 551–559 ZGB Rn 10. Zum Ganzen auch *Wolf*, Sicherungsmaßregeln, (Fn 299) S. 188 f. m.w.N.
309 Bundesgesetz über das Bundesgericht (BGG; SR 173.110).
310 *Druey*, Grundriss, (Fn 91) § 14 Rn 80 ff.; *Wolf*, Sicherungsmaßregeln, (Fn 299) S. 190–192.
311 BGE 118 II 270; BGE 120 II 296.

Das Erbschaftsinventar ist als Sicherungsmittel abzugrenzen vom **öffentlichen Inventar** (Art. 580 ff. ZGB). Die diesem eigenen Wirkungen insbesondere der Haftungsbeschränkung kommen dem Erbschaftsinventar nicht zu.[312] Im Weiteren ist das Erbschaftsinventar abzugrenzen vom **Steuerinventar**, welches im Bundessteuerrecht[313] sowie in den Steuergesetzen der meisten Kantone[314] geregelt wird. Das Steuerinventar ist nicht zivilrechtliche Sicherungsmaßregel, sondern dient steuerrechtlichen Zwecken.[315]

170

Ein Erbschaftsinventar ist anzuordnen, wenn ein minderjähriger Erbe unter Vormundschaft steht oder zu stellen ist (Art. 553 Abs. 1 Ziff. 1 ZGB), ein Erbe dauernd und ohne Vertretung abwesend ist (Art. 553 Abs. 1 Ziff. 2 ZGB), einer der Erben oder die Erwachsenenschutzbehörde es verlangt (Art. 553 Abs. 1 Ziff. 3 ZGB) oder ein volljähriger Erbe unter umfassender Beistandschaft steht oder zu stellen ist (Art. 553 Abs. 1 Ziff. 4 ZGB). Das kantonale Recht kann die Inventaraufnahme auch für weitere Fälle vorschreiben (Art. 553 Abs. 3 ZGB). Seinem Wesen nach ebenfalls ein Sicherungsinventar ist das bei der Nacherbeneinsetzung zwingend vorgesehene Inventar (Art. 490 Abs. 1 ZGB).[316]

171

c) Erbschaftsverwaltung (Art. 554 ZGB)

Ist ungewiss, wer Erbe ist, oder sind Erben unbekannt, so muss die sonst übliche Verwaltung der Erbschaft durch die Erben (vgl. Art. 602 Abs. 2 ZGB) entfallen. An ihrer Stelle sieht das ZGB die behördliche Anordnung einer Erbschaftsverwaltung vor. Diese bezweckt die Sicherung und Erhaltung des Nachlasses sowie die Vornahme unaufschiebbarer Verwaltungs- und – falls notwendig – auch Verfügungshandlungen.[317]

172

Anwendungsfälle der Erbschaftsverwaltung sind die dauernde und vertretungslose Abwesenheit eines Erben (Art. 554 Abs. 1 Ziff. 1 ZGB), der nicht genügende Nachweis des Erbrechts oder die Ungewissheit über das Vorhandensein eines Erben (Art. 554 Abs. 1 Ziff. 2 ZGB), das Nichtbekanntsein aller Erben (Art. 554 Abs. 1 Ziff. 3 ZGB) sowie durch das Gesetz weiter vorgesehene besondere Fälle (Art. 554 Abs. 1 Ziff. 4 ZGB).[318]

173

Die Kompetenzen des Erbschaftsverwalters sind bloß **konservatorischer Natur**; sie beschränken sich auf die zur Erhaltung des Nachlasses notwendigen Maßnahmen.[319]

174

d) Erbenruf (Art. 555 ZGB)

Der zur Ermittlung unbekannter Erben vorgesehene Erbenruf wird unter den Bestimmungen über die Erbschaftsverwaltung geregelt. Er stellt insofern **keine selbstständige Sicherungsmaßregel** dar, als er immer auch die Anordnung einer Erbschaftsverwaltung aufgrund

175

---

312 Siehe zum öffentlichen Inventar Rn 113 ff.
313 Vgl. Art. 154 ff. des Bundesgesetzes über die direkte Bundessteuer (DBG; SR 642.11) und die Verordnung über die Errichtung des Nachlassinventars für die direkte Bundessteuer (InvV; SR 642.113).
314 Siehe für den Kanton Bern Art. 209 ff. des Steuergesetzes (StG; BSG 661.11) und die Verordnung über die Errichtung des Inventars (BSG 214.431.1).
315 *Wolf*, Sicherungsmaßregeln, (Fn 299) S. 195.
316 Vgl. zu den Anwendungsfällen eingehend *Karrer/Vogt/Leu*, (Fn 19) Art. 554 ZGB Rn 6 ff. Siehe im Übrigen zum Ganzen *Wolf*, Sicherungsmaßregeln, (Fn 299) S. 193–199 m.w.N.
317 Zum Ganzen *Karrer/Vogt/Leu*, (Fn 19) Art. 554 ZGB Rn 1 f.
318 Zu den besonderen Fällen zählen die Nacherbeneinsetzung (Art. 490 Abs. 3 ZGB), die Verschollenheit eines Erben (Art. 548 Abs. 3 ZGB), das Vorliegen einer zu eröffnenden Verfügung von Todes wegen (Art. 556 Abs. 3 ZGB), die Anordnung als vorsorgliche Maßnahme im Rahmen der Erbschaftsklage (Art. 598 Abs. 2 ZGB) oder bei einem zahlungsunfähigen Erben (Art. 604 Abs. 3 ZGB); vgl. dazu auch *Wolf*, Sicherungsmaßregeln, (Fn 299) S. 200–202 m.w.N.
319 *Karrer/Vogt/Leu*, (Fn 19) Art. 554 ZGB Rn 39.

von Art. 554 Abs. 1 Ziff. 2 oder 3 ZGB voraussetzt.[320] Das Verfahren besteht in einer von der zuständigen Behörde vorzunehmenden öffentlichen Aufforderung an die Berechtigten, sich innert Jahresfrist zum Erbgang zu melden (Art. 555 Abs. 1 ZGB). Geht während dieser Frist keine Anmeldung ein und sind der Behörde keine Erben bekannt, so fällt die Erbschaft – vorbehältlich einer Erbschaftsklage der Erben, die die Anmeldung unterlassen haben – an das erbberechtigte Gemeinwesen (Art. 555 Abs. 2 ZGB).[321]

e) Eröffnung von Verfügungen von Todes wegen und Ausstellung des Erbenscheins (Art. 556–559 ZGB)

176 Die Bestimmungen der Art. 556–559 ZGB enthalten Regelungen für den Fall, dass im Erbgang eine Verfügung von Todes wegen vorhanden ist.

177 Art. 556 ZGB sieht vorab eine allgemeine **Pflicht zur Einlieferung** letztwilliger Verfügungen (Testamente) vor. Einzuliefern sind sämtliche Dokumente, die inhaltlich als Testamente erscheinen.[322] Über den sich auf letztwillige Verfügungen beschränkenden Wortlaut des Gesetzes (Art. 556 Abs. 1 ZGB) hinaus ist mit der neueren Lehre eine Einlieferungspflicht auch für Erbverträge zu bejahen.[323] In personeller Hinsicht ist die Einlieferungspflicht weit auszulegen, d.h. sie besteht für jedermann, der eine Verfügung von Todes wegen findet (vgl. Art. 556 Abs. 2 ZGB). Insofern handelt es sich um eine allgemeine Bürgerpflicht.[324]

178 Die **Eröffnung** der Verfügung von Todes wegen (Art. 557 ZGB) besteht in der Kundgabe des Inhaltes durch die Behörde.[325] Zu eröffnen sind neben Testamenten auch Erbverträge.[326] Die Eröffnung der Verfügung von Todes wegen (Art. 557 ZGB) bzw. die Mitteilung an die Beteiligten (Art. 558 ZGB) ist Voraussetzung für die Ausstellung des Erbenscheins an die eingesetzten Erben (vgl. Art. 559 Abs. 1 ZGB).

179 Der **Erbenschein**[327] ist eine behördliche Bescheinigung darüber, dass bestimmte Personen unter Vorbehalt der erbrechtlichen Klagen als einzige Erben des Erblassers anerkannt sind (vgl. Art. 559 Abs. 1 ZGB). Über die in Art. 556–559 ZGB anvisierten testamentarisch eingesetzten Erben hinaus besteht ein Bedürfnis nach Ausstellung eines Erbenscheins als Legitimationsausweis bezüglich der Erbberechtigung ebenso für Erbvertragserben und gesetzliche Erben. Insbesondere verlangt Art. 65 Abs. 1 lit. a GBV[328] für sämtliche Erben – unabhängig davon, ob sie von Gesetzes wegen oder durch Testament oder Erbvertrag berufen sind – einen Erbenschein als Ausweis über den Eigentumsübergang an Grundstücken. Mit der Praxis und der neueren Lehre ist folgerichtig ein bundesrechtlicher Anspruch aller Erben auf Ausstellung eines Erbenscheins zu bejahen.[329] Je nachdem, ob gesetzliche Erben, eingesetzte Testamentserben oder Erbvertragserben vorhanden sind, bestehen im

---

320 *Karrer/Vogt/Leu*, (Fn 19) Art. 555 ZGB Rn 1.
321 Zum Ganzen auch *Wolf*, Sicherungsmaßregeln, (Fn 299) S. 205 f.
322 *Karrer/Vogt/Leu*, (Fn 19) Art. 556 ZGB Rn 7 m.w.N.
323 *Karrer/Vogt/Leu*, (Fn 19) Art. 556 ZGB Rn 13; *Wolf*, Sicherungsmaßregeln, (Fn 299) S. 207 f.
324 *Karrer/Vogt/Leu*, (Fn 19) Art. 556 ZGB Rn 18; *Wolf*, Sicherungsmaßregeln, (Fn 299) S. 208 f. mit Hinweisen auf die Rechtsfolgen bei Nichterfüllung.
325 *Karrer/Vogt/Leu*, (Fn 19) Art. 557 ZGB Rn 1.
326 Bei Erbverträgen hat dabei u.U. eine bloß teilweise Eröffnung zu erfolgen; vgl. *Schnyder*, (Fn 302) S. 123; *Karrer/Vogt/Leu*, (Fn 19) Art. 557 ZGB Rn 13 ff.
327 In der Praxis der Kantone finden sich auch die Bezeichnungen Erbschein, Erbbescheinigung, Erbgangsbescheinigung oder Erbgangsurkunde.
328 Grundbuchverordnung (GBV; SR 211.432.1).
329 *Wolf*, Sicherungsmaßregeln, (Fn 299) S. 212 mit Hinweisen in Fn 155.

Einzelnen unterschiedliche Voraussetzungen für die Ausstellung des Erbenscheins.[330] Bei eingesetzten Erben ist stets erforderlich, dass innerhalb der Monatsfrist seit Eröffnung der Verfügung bzw. Mitteilung seitens der gesetzlichen Erben oder der aus einer früheren Verfügung Bedachten keine Bestreitung der Berechtigung erfolgt ist (Art. 559 Abs. 1 ZGB).

Der Erbenschein stellt für die darin anerkannten Erben einen bloß **provisorischen Legitimationsausweis** dar, der unter dem Vorbehalt des materiellen Erbrechts steht. Er ist insofern von bloß deklaratorischer Natur,[331] öffnet aber den darin anerkannten Erben weitgehend die Tür, indem er Verfügungen über Grundstücke (vgl. Art. 65 Abs. 1 lit. a GBV), Guthaben und Wertschriften bei Banken, Forderungen etc. ermöglicht.[332]

180

Für die Ausstellung des Erbenscheins ist grundsätzlich die Eröffnungsbehörde **zuständig** (vgl. Art. 551 Abs. 1 ZGB). Diese wird durch das kantonale Recht bestimmt; je nach Kanton und der im Einzelfall gegebenen Situation werden Erbenscheine durch Gerichts- bzw. Verwaltungsbehörden oder Notare ausgestellt.[333]

181

Im **internationalen Verhältnis** wird ein schweizerischer Erbenschein im Sinne von Art. 559 ZGB nur ausgestellt, wenn schweizerische Behörden für die Nachlassabwicklung zuständig sind. An einer schweizerischen Zuständigkeit fehlt es in der Regel, wenn der Erblasser Ausländer mit letztem Wohnsitz im Ausland war. Vorbehalten bleibt die Schweizer Zuständigkeit für Nachlassvermögen, das sich in der Schweiz befindet, soweit sich die ausländischen Behörden damit nicht befassen (vgl. Art. 88 Abs. 1 IPRG). Im Nachlass eines Schweizer Bürgers mit letztem Wohnsitz im Ausland sind schweizerische Behörden nur zuständig, wenn der Erblasser schweizerisches Recht oder die schweizerische Zuständigkeit gewählt hat (Art. 87 Abs. 2 i.V.m. Art. 91 Abs. 2 IPRG) oder sich die ausländischen Behörden nicht mit seinem Nachlass befassen (Art. 87 Abs. 1 IPRG). Kann mangels schweizerischer Zuständigkeit kein Erbenschein ausgestellt werden, so lässt sich der Nachweis der Erbfolge für Grundstücke gemäß langer Praxis auch mittels **ausländischer Erbrechtszeugnisse** erbringen.[334] Dabei ist erforderlich, dass die Voraussetzungen der Art. 96 sowie Art. 25–27 IPRG erfüllt sind und zusätzlich die ausländische Urkunde einem Erbenschein im Sinne von Art. 559 ZGB im Wesentlichen gleichwertig ist (Äquivalenz).[335] Nach Art. 96 IPRG werden ausländische Entscheidungen und Urkunden, die den Nachlass betreffen, dann anerkannt, wenn sie im Staat des letzten Wohnsitzes des Erblassers oder im Staat, dessen Recht er gewählt hat, getroffen, ausgestellt oder festgestellt worden sind oder wenn sie in einem dieser Staaten anerkannt werden. Für das Verhältnis zu **Deutschland** ist von dem im deutschen internationalen Erbrecht maßgebenden Grundsatz der Nachlasseinheit auszugehen. Der Erbenschein bezieht sich folglich dem Grundsatze nach auch auf außerhalb Deutschlands gelegenes Erbschaftsvermögen, soweit die Erbfolge deutschem Recht bzw.

182

---

330 Dazu *Wolf*, Notarielle Feststellung von aussergrundbuchlichen Eigentumsübergängen, BN 1998, S. 241 ff., 246 ff.; *Wolf*, Sicherungsmaßregeln, (Fn 299) S. 212–214.

331 *Dallafior*, Die Legitimation des Erben, Eine rechtsvergleichende und international privatrechtliche Studie, Diss. Zürich 1990, S. 24.

332 *Tuor/Schnyder/Schmid/Rumo-Jungo*, (Fn 74) § 75 Rn 17; *Wolf*, Sicherungsmaßregeln, (Fn 299) S. 211 f.

333 Vgl. dazu *Sulser*, in: PIFF, Travaux de recherche, cahier N° 8, Fribourg 1999.

334 Die vorliegend spezifisch auf Grundstücke Bezug nehmenden Ausführungen gelten *mutatis mutandis* ebenso für bewegliche Sachen und Rechte, namentlich für Schweizer Bankkonti des Erblassers, denn die hier interessierende Problematik des Nachweises der Erbberechtigung ist nicht eine nur auf Immobilien bezogene, sondern eine allgemeine.

335 Vgl. Bundesamt für Justiz, Ausländische Erbfolgezeugnisse als Ausweis für Eintragungen im schweizerischen Grundbuch, Bern 2001, S. 3 f., mit Berichten für die einzelnen Länder (zit. *Bundesamt für Justiz*). Das Dokument ist abrufbar auf der Homepage des Bundesamtes für Justiz www.bj.admin.ch unter der Rubrik Themen, Wirtschaft, Internationales Privatrecht, Dokumente.

ausländischem Heimatrecht gemäß einer nach EU-ErbVO zulässigen Rechtswahl untersteht. Ein diesfalls ausgestellter sog. **Eigenrechtserbschein** wird in der Schweiz unter den oben erwähnten Voraussetzungen als Ausweis über die Erbberechtigung grundsätzlich anerkannt. Keine Anerkennung wird dagegen dem Fremdrechtserbschein (§ 2369 BGB) zuteil, dessen Beschränkung auf das in Deutschland gelegene Vermögen auch im Rahmen von Art. 96 IPRG zu respektieren ist. Neben dem Eigenrechtserbschein stellt – entsprechend § 35 Abs. 1 S. 2 der deutschen Grundbuchordnung – auch ein **öffentliches Testament** in Verbindung mit der **Niederschrift über seine Eröffnung** einen genügenden Ausweis dar, ebenso ein von den deutschen Behörden ausgestelltes **Europäisches Nachlasszeugnis** nach Art. 62 ff. EU-ErbVO.[336]

183 Fehlt es an einer ausländischen Urkunde, die in der Schweiz anerkannt werden kann, so ist grundsätzlich ein schweizerisches Eröffnungsverfahren einzuleiten. Die internationale Zuständigkeit der schweizerischen Behörden ergibt sich aus Art. 87 Abs. 1 IPRG (Behörden am schweizerischen Heimatort), wenn es um einen Schweizer Bürger mit letztem Wohnsitz im Ausland geht, bzw. aus Art. 88 IPRG (Behörden am Ort der gelegenen Sache), wenn es sich um einen Ausländer mit letztem Wohnsitz im Ausland handelt. Haben sich ausländische Behörden mit dem Nachlass befasst, besteht in der Schweiz gem. Art. 3 IPRG eine Zuständigkeit am Ort, mit dem der Sachverhalt einen genügenden Zusammenhang aufweist; das dürfte regelmäßig der Ort der gelegenen Sache sein.[337]

III. Streitige Gerichtsbarkeit: Zivilrechtliche Klagen (Überblick)

184 Die wichtigsten Klagen zur Durchsetzung des materiellen Erbrechts sind:[338]
- Die **Ungültigkeitsklage** (Art. 519–521 ZGB): Es handelt sich um eine Gestaltungsklage, mit welcher jeder interessierte Erbe oder Bedachte die Ungültigerklärung einer Verfügung von Todes wegen aufgrund in der Person des Erblassers begründeter, inhaltlicher oder formeller Mängel verlangen kann.
- Die **Herabsetzungsklage** (Art. 522–533 ZGB): Sie ist eine Gestaltungsklage, mit welcher jeder in seinem Pflichtteil verletzte Erbe die Herabsetzung der Verfügung auf das erlaubte Maß verlangen kann.
- Die **Erbschaftsklage** (Art. 598–600 ZGB): Sie stellt eine Leistungsklage dar, mit welcher der nichtbesitzende Erbe die Herausgabe der Erbschaft oder die Herausgabe von Erbschaftssachen verlangen kann. Mehrere Erben müssen als notwendige Streitgenossenschaft gemeinsam klagen.
- Die **Vermächtnisklage** (Art. 562 und 601 ZGB): Sie ist eine Leistungsklage des Vermächtnisnehmers zur Erlangung des Vermächtnisses.
- Die **Erbteilungsklage** (Art. 604 und 607 ff. ZGB): Es handelt sich um eine gegen alle übrigen Miterben gerichtete Klage des oder der teilungswilligen Miterben, mit welcher er bzw. sie die Anordnung oder Durchführung der Teilung der Erbschaft bzw. die Entscheidung einzelner Teilungsfragen verlangt/en.

185 Sämtliche Klagen sind am **letzten Wohnsitz des Erblassers** anzuheben (Art. 28 Abs. 1 ZPO).[339] Die sachliche Zuständigkeit richtet sich nach kantonalem Recht.

---

336 *Bundesamt für Justiz*, (Fn 335) Länderbericht Deutschland 2/2; zur Anerkennung des Europäischen Nachlasszeugnisses in der Schweiz vgl. *Weiss/Bigler*, (Fn 3) S. 198 ff.
337 *Bundesamt für Justiz*, (Fn 335) S. 12.
338 Vgl. zum Folgenden *Riemer*, recht Studienheft 3, Bern 1996, S. 6 f., und eingehend *Brückner/Weibel*, Die erbrechtlichen Klagen, 3. Aufl., Zürich 2012. Für alle Einzelheiten ist neben dem privatrechtlichen auch das einschlägige zivilprozessuale Schrifttum zu beachten.
339 Betreffend die internationale Zuständigkeit vgl. oben Rn 9 f. und 14 f.

D. Besteuerung der Erbfolge

I. System der Erbschafts- und Schenkungssteuer

1. Übersicht

Die Steuerhoheit für die Erbschafts- und Schenkungssteuern liegt bei den Kantonen. Der Bund ist zu deren Erhebung nicht befugt.[340] [341] Damit gelten in der Schweiz hinsichtlich der Erbschafts- und Schenkungssteuern **26 verschiedene kantonale Regelungen**.

Innerhalb des jeweiligen Kantons wird die Steuerhoheit vom Kanton selbst ausgeübt, wobei die Gemeinden teilweise am Ertrag der Steuer beteiligt sind oder ausnahmsweise selbst Besteuerungsbefugnisse haben. Im interkantonalen Verhältnis steht die Steuerhoheit grundsätzlich dem Wohnsitzkanton des Erblassers bzw. des Schenkers zu. Vorbehalten ist einzig der Übergang von unbeweglichem Vermögen, welches im Kanton besteuert wird, in dem es liegt.[342]

Angesichts der Vielzahl der gesetzlichen Grundlagen und der kantonalen Unterschiede können die nachfolgenden Ausführungen lediglich einen groben Überblick über die Grundzüge der Erbschafts- und Schenkungssteuer schaffen. Einzelheiten müssen im konkreten Fall vor dem Hintergrund jederzeit möglicher Gesetzesänderungen unter allen Umständen auf ihre Aktualität überprüft werden.[343] Der Kanton Schwyz kennt weder eine Erbschafts- noch eine Schenkungssteuer, während im Kanton Luzern grundsätzlich keine Schenkungssteuer erhoben wird. Ansonsten besteuern alle Kantone sowohl Erbschaften als auch Schenkungen.

---

340 Da es sich um indirekte Steuern handelt, darf der Bund keine Harmonisierungsvorschriften erlassen. Vgl. Art. 129 BV (Bundesverfassung; SR 101).

341 Allerdings ist im Jahr 2013 eine eidgenössische Volksinitiative eingereicht worden, welche anstelle der kantonalen Erbschafts- und Schenkungssteuern eine als Nachlasssteuer konzipierte eidgenössische Erbschafts- und Schenkungssteuer einführen will; vgl. für den Initiativtext BBl 2011, 6459 ff. sowie zum Zustandekommen der Initiative BBl 2013, 2267 f. Gemäss Initiativtext soll der Steuersatz einheitlich auf 20 % festgesetzt werden, unter Berücksichtigung eines Freibetrages von 2.000.000 CHF pro Nachlass (unter Einschluss früherer Schenkungen) resp. bei Schenkungen von 20.000 CHF pro Jahr und Person. Die Steuer würde für alle Begünstigten mit Ausnahme von Ehegatten und eingetragenen Partnern sowie steuerbefreiten juristischen Personen gelten. Bei Schenkungen/Vererbungen von Unternehmen und landwirtschaftlichen Betrieben sind unter bestimmten Voraussetzungen Ermässigungen vorgesehen. Noch ist allerdings unklar, ob und wann diese Steuer eingeführt wird, weil die Initiative zunächst Volk und Ständen zur Abstimmung vorgelegt werden muss. Brisant und höchst umstritten ist die Tatsache, dass die Initiative eine Rückwirkungsklausel enthält, wonach grundsätzlich sämtliche Schenkungen ab dem 1. Januar 2012 dem Nachlass hinzugerechnet werden müssen.

342 Vgl. *Höhn/Waldburger*, Steuerrecht, Band I, 9. Aufl., Bern 2001, § 27 Rn 11 (zit. *Höhn/Waldburger*) und für den Kanton Bern Art. 2 lit. c des Gesetzes über die Erbschafts- und Schenkungssteuer (ESchG; BSG 662.1). Siehe auch *Bürgin/Filli/Müller*, in: PraxKomm (Fn 1), Anhang Steuern (zit. *Bürgin/Filli/Müller*).

343 Für eine instruktive Zusammenstellung der in den einzelnen Kantonen geltenden Regelungen siehe Steuermäppchen III. Teil, Erbschafts- und Schenkungssteuern, Ausgabe 2013, hrsg. von der Eidgenössischen Steuerverwaltung sowie Dossier Steuerinformationen, Teil D, Die Erbschafts- und Schenkungssteuern, März 2013, hrsg. von der Schweizerischen Steuerkonferenz (zit. *Steuerinformationen*). Beides ist auf der Homepage der Eidgenössischen Steuerverwaltung abrufbar und wird regelmässig aktualisiert (www.estv.admin.ch, Dokumentation, Publikationen, Übrige Publikationen).

2. Konzeption der Erbschaftssteuer

189 Die Besteuerung der Erbschaften erfolgt je nach Kanton entweder als **Erbanfall-** oder als **Nachlasssteuer** oder durch eine **Kumulation** der beiden Steuerarten. Die Erbanfallsteuer wird auf dem Erbteil jedes Erben individuell erhoben und nicht auf dem Nachlass insgesamt. Dies erlaubt eine Bemessung nach der Höhe der einzelnen Erbanfälle/Vermächtnisse sowie eine Abstufung nach dem Verwandtschaftsgrad. Die Nachlasssteuer wird demgegenüber vom gesamten Wert des Nachlasses berechnet, ohne Rücksicht auf die Zahl der Erben und das Verwandtschaftsverhältnis.

190 Mit Ausnahme des Kantons Graubünden wenden alle Kantone die Erbanfallsteuer an. Im Kanton Solothurn wird die Erbanfallsteuer sodann kumulativ zur Nachlasssteuer erhoben.

3. Steuerobjekt

a) Erbschaftssteuer

191 Gegenstand der Erbschaftssteuer sind die **von Todes wegen erfolgenden Vermögensübergänge**. Darunter fallen die Vermögensübertragungen aufgrund der gesetzlichen Erbfolge bzw. aufgrund einer Verfügung von Todes wegen.[344] Da die jeweilige kantonale Gesetzgebung über die Begriffsauslegung bestimmt, können zusätzlich auch andere mit dem Tod zusammenhängende Tatbestände der Erbschaftssteuer unterliegen. Dies ist z.B. für Zuwendungen von infolge Todes fällig werdenden Versicherungsleistungen, für Vorempfänge auf Rechnung zukünftiger Erbschaft oder für Zuwendungen durch den Erlass von privaten Schulden gegenüber einem solventen Schuldner denkbar.

b) Schenkungssteuer

192 Die meisten kantonalen Gesetze kennen **eigenständige Umschreibungen** des Gegenstandes der Schenkungssteuer. Obwohl demzufolge der Schenkungsbegriff des Zivilrechts nicht ohne Weiteres maßgebend ist, werden auch für den steuerrechtlichen Schenkungstatbestand die Elemente der Vermögenszuwendung und der (teilweisen)[345] Unentgeltlichkeit durchwegs vorausgesetzt. Demgegenüber ist die Notwendigkeit des Schenkungswillens umstritten.[346]

193 Soweit für die vorliegende Thematik von Bedeutung, werden in der Mehrzahl der Kantone Zuwendungen aus Erbauskauf, Vorempfänge auf Rechnung zukünftiger Erbschaft und Zuwendungen durch Verpfründungsvertrag **der Schenkung gleichgestellt**.

4. Subjektive Steuerpflicht

194 Steuerpflichtig sind grundsätzlich in praktisch allen Kantonen die **Empfänger** der Vermögensanfälle (Erben oder Vermächtnisnehmer) und Zuwendungen (Beschenkte). Handelt es sich um eine Nachlasssteuer (Kantone Solothurn und Graubünden), ist die Erbschaftssteuer gesamthaft geschuldet und wird aus dem Nachlassvermögen in einem Betrag eingezogen.

---

344 Damit sind in den Kantonen sowohl der Vermögensanfall aus Vermächtnis als auch derjenige aus Schenkungen auf den Todesfall der Erbschaftssteuer unterstellt. Vgl. exemplarisch Art. 7 ESchG (Fn 342): „Der Vermögenserwerb von Todes wegen (gesetzliche, erbvertragliche oder testamentarische Erbfolge, Vermächtnis, Schenkung auf den Todesfall) unterliegt der Erbschaftssteuer."

345 Zur gemischten Schenkung vgl. etwa die Definition des bernischen Gesetzgebers in Art. 8 Abs. 2 ESchG (Fn 342).

346 *Höhn/Waldburger*, (Fn 342) § 27 Rn 33.

Für den Sonderfall der **Nacherbeneinsetzung** sehen die meisten Kantone eine zweimalige Erhebung der Steuer vor.[347] Bei der Steuerbemessung ist in der Regel das Verwandtschaftsverhältnis von Vor- bzw. Nacherben zum Erblasser maßgebend; nur in einzelnen Fällen wird für die Besteuerung des Nacherben auf dessen Verwandtschaftsverhältnis zum Vorerben abgestellt.

Für die Steuerpflicht von **Nutznießern** kennen alle Kantone mit Ausnahme von Graubünden, welcher sich (ausschließlich) für das System der Nachlasssteuer entschieden hat und für welchen sich die Unterscheidung zwischen der Besteuerung des Nutznießers und jener des Eigentümers somit nicht stellt, besondere Vorschriften. Bei der Nutznießung ist der Kapitalwert der Nutznießung regelmäßig durch den Nutznießer zu versteuern; der Eigentümer schuldet die Steuer lediglich auf dem bloßen, um den Kapitalwert der Nutznießung reduzierten Eigentum.[348]

5. Steuerbefreiungen

In allen Kantonen sind Zuwendungen an **öffentlich-rechtliche Körperschaften** (Bund, Kantone, Gemeinden) steuerfrei; teilweise bestehen Einschränkungen hinsichtlich von Zuwendungen an andere Kantone. In der überwiegenden Mehrzahl der Kantone sind sodann Zuwendungen an im Kanton domizilierte **öffentliche, gemeinnützige, wohltätige oder religiöse/kirchliche Anstalten und Stiftungen** steuerfrei. Im Kanton domizilierte juristische Personen mit ausschließlich gemeinnützigen Zwecken sind in der Hälfte der Kantone steuerbefreit. Für kantonsfremde Institutionen sehen unter der Voraussetzung des Gegenrechts fast alle Kantone Steuerfreiheit vor. Dasselbe gilt in mehreren Kantonen für **Einrichtungen der beruflichen Vorsorge** sowie **Ausgleichs- und Sozialversicherungskassen**.[349]

Der **überlebende Ehegatte** bzw. der **überlebende eingetragene Partner** wird in allen Kantonen von der Erbschafts- und Schenkungssteuer befreit. Die Mehrheit der Kantone sieht eine Steuerbefreiung auch für die Nachkommen (inklusive Adoptivkinder und teilweise Stief- und Pflegekinder) vor,[350] während dieses Privileg für Vorfahren nur vereinzelt zur Anwendung kommt. Die meisten Kantone sehen aber persönliche Abzüge, sog. Steuerfreibeträge, vor. Diese variieren mit Beträgen zwischen 500 und 200.000 CHF von Kanton zu Kanton erheblich.

Vermögensübergänge wie Beiträge an Unterhalt, Erziehung und Ausbildung, Vermächtnisse, Gelegenheitsgeschenke und Vermögensanfälle bis zu einem bestimmten Betrag, Heiratsgut und Hausrat werden im Interesse der Einfachheit und Billigkeit in einer Mehrzahl der Kantone von der Besteuerung ausgenommen.[351]

---

347 Eine einmalige Besteuerung kennen z.B. die Kantone Jura und Waadt.
348 Demgegenüber besteht für den Nutznießer im Kanton Luzern keine Steuerpflicht und in den Kantonen Genf und Tessin wird die Steuer auf den Erben und den Nutznießer aufgeteilt.
349 Vgl. zum Ganzen *Steuerinformationen*, (Fn 343) S. 18 ff.
350 Alle Kantone außer Appenzell-Innerrhoden, Neuenburg, Waadt. Im Kanton Luzern gilt die allgemeine Steuerbefreiung nur auf kantonaler, nicht aber auf Gemeindeebene.
351 Vgl. *Steuerinformationen*, (Fn 343) S. 26 ff.; *Höhn/Waldburger*, (Fn 342) § 27 Rn 46.

6. Steuerbemessung

200 Berechnungsgrundlage für die Erbschafts- und Schenkungssteuern ist grundsätzlich der **Verkehrswert**[352] des Vermögens bei Eröffnung des Erbgangs[353] bzw. beim Vollzug der Schenkung. Da die Erbschaftssteuer auf dem **Nettovermögen** des Erblassers berechnet wird, sind die zu Lebzeiten des Erblassers begründeten Schulden sowie die Erbgangsschulden mit Ausnahme der Erbschaftsteuer in Abzug zu bringen.[354] In einem Großteil der Kantone ist zudem für Erben, die mit dem Erblasser in gemeinsamem Haushalt lebten („Hausgenossen"), ein auf 30 Tage begrenzter Unterhaltsanspruch[355] abzugsfähig.

7. Steuertarif

201 Die Steuertarife sind für Erbschaften und Schenkungen grundsätzlich identisch,[356] variieren aber von Kanton zu Kanton. Die Steuerberechnung erfolgt in den meisten Kantonen **progressiv** und in **Abhängigkeit vom Verwandtschaftsgrad sowie von der Höhe des Vermögensanfalls**. Zunächst wird bestimmt, wie viele Prozente des Vermögensanfalls die Erben bzw. Beschenkten aufgrund des Verwandtschaftsgrads zu entrichten haben (einfache Steuer). Gegebenenfalls sind in Abhängigkeit von der Höhe des Vermögensanfalls progressive Zuschläge hinzuzurechnen.[357]

II. Steuerpflicht im internationalen Verhältnis

1. Anknüpfungspunkte im schweizerischen Erbschaftssteuerrecht

202 Anders als etwa im deutschen Erbschaftssteuerrecht ist für die Begründung der Steuerpflicht im Schweizer Erbschaftssteuerrecht einzig die Person des **Erblassers** maßgebend. Auf die Verhältnisse bei den steuerpflichtigen Erben kommt es in keinem Fall an.[358]

203 Eine **unbeschränkte Steuerpflicht**, welche den gesamten Nachlass weltweit erfasst, wird in der Schweiz begründet, wenn der Erblasser seinen letzten steuerrechtlichen Wohnsitz[359] oder Aufenthalt in der Schweiz hatte oder wenn der Nachlass in der Schweiz eröffnet worden ist.[360] Hat beispielsweise ein deutscher Erblasser seinen letzten Wohnsitz in der Schweiz, sind seine Erben somit für den gesamten weltweiten Nachlass in der Schweiz bzw. im betreffenden Kanton steuerpflichtig. Fehlt es an einer unbeschränkten Steuerpflicht in der Schweiz, hinterlässt jedoch z.B. ein deutscher Erblasser hier Grundstücke oder

---

352 Namentlich für Wertpapiere, Grundstücke, periodische Leistungen u. dgl. können abweichende Regeln bestehen; vgl. *Steuerinformationen*, (Fn 343) S. 31 ff.
353 Ein späterer Zeitpunkt für die zeitliche Bemessung gilt bei Ersatzverfügungen, Nacherbeneinsetzung und beim Vorliegen von aufschiebenden Bedingungen.
354 *Höhn/Waldburger*, (Fn 342) § 27 Rn 48; *Steuerinformationen*, (Fn 343) S. 37 f.
355 Vgl. Art. 606 ZGB.
356 Außer in den Kantonen Genf (unterschiedliche Tarife), Graubünden (keine Steuer auf den Erbteilen, sondern nur auf den gesamten Nachlass und auf Schenkungen) und Luzern (keine Schenkungssteuer).
357 Dazu im Einzelnen *Steuerinformationen*, (Fn 343) S. 42 f.
358 Vgl. *Zuppinger*, in: Höhn (Hrsg.), Handbuch des Internationalen Steuerrechts der Schweiz, 2. Aufl., Bern 1993, S. 403 (zit. *Zuppinger*).
359 Dieser befindet sich am Ort, wo sich der Erblasser mit der Absicht dauernden Verbleibens tatsächlich aufgehalten hat; vgl. etwa Art. 4 Abs. 2 des Steuergesetzes des Kantons Bern (StG, Fn 314).
360 *Richner*, ASA 69, S. 129 ff., S. 137 (zit. *Richner*). Vgl. etwa Art. 2 lit. a EschG (Fn 342).

diesbezügliche Rechte, liegt eine **beschränkte Steuerpflicht**[361] vor. Eine solche ist im internationalen Verhältnis je nach Kanton zusätzlich für in der Schweiz gelegenes bewegliches Vermögen wie z.B. Hausrat oder Betriebsstättevermögen vorgesehen.[362]

2. Doppelbesteuerungsabkommen (DBA) unter besonderer Berücksichtigung des DBA zwischen der Schweiz und Deutschland[363]

Auf dem Gebiet der Nachlass- und Erbschaftssteuern hat die Schweiz nur gerade mit zehn Staaten besondere **Abkommen zur Vermeidung bzw. Milderung der Doppelbesteuerung** abgeschlossen.[364] Die Abkommen sind mehrheitlich in Anlehnung an das Musterabkommen der OECD zur Vermeidung der Doppelbesteuerung auf dem Gebiet der Nachlass-, Erbschafts- und Schenkungssteuern ausgestaltet,[365] weisen jedoch im Einzelnen unterschiedliche Besonderheiten auf. Schenkungen werden von diesen Abkommen nicht erfasst.[366]

204

Ein Abkommen auf dem Gebiet der Nachlass- und Erbschaftssteuern hat die Schweiz namentlich mit **Deutschland** abgeschlossen.[367] Das DBA mit Deutschland gelangt immer dann zur Anwendung, wenn der Erblasser im Zeitpunkt seines Todes Wohnsitz in mindestens einem Vertragsstaat hatte (vgl. Art. 1 DBA). Es stellt den Grundsatz auf, wonach bewegliches Vermögen – soweit es sich nicht um am Ort der Betriebstätte zu besteuerndes bewegliches Betriebsstättevermögen handelt (vgl. Art. 6 DBA) – am letzten Wohnsitz[368] des Erblassers (vgl. Art. 8 Abs. 1 DBA) und unbewegliches Vermögen am Belegenheitsort (vgl. Art. 5 Abs. 1 DBA) besteuert wird. Es liegt folglich Übereinstimmung mit der internen schweizerischen Regelung vor.

205

Gemäss Art. 8 Abs. 2 DBA besteht eine **zusätzliche Besteuerungsbefugnis Deutschlands**, welche das aufgrund beschränkter oder unbeschränkter Steuerpflicht bestehende Besteuerungsrecht der Schweiz nicht beschneidet, wenn der **Erwerber** im Zeitpunkt des Todes über eine ständige Wohnstätte in Deutschland verfügte oder dort seinen gewöhnlichen Aufenthalt hatte. Dasselbe gilt gem. Art. 4 Abs. 3 DBA im Falle einer unbeschränkten Steuerpflicht in der Schweiz, wenn der **Erblasser** im Zeitpunkt seines Todes seit mindestens fünf Jahren über eine ständige Wohnstätte in Deutschland verfügte oder eine Wohnsitzverlegung gem. Art. 4 Abs. 4 DBA vorliegt.[369]

206

Hatte der Erblasser seinen letzten Wohnsitz in der Schweiz, vermeidet die Schweiz eine **Doppelbesteuerung**, indem sie das in Deutschland gelegene Nachlassvermögen unter Pro-

207

---

361 Hier besteht eine Steuerpflicht nur in Bezug auf das fragliche Vermögensobjekt, aber zum Satz des gesamten Vermögensanfalls (sog. Progressionsvorbehalt); vgl. etwa Art. 20 Abs. 2 StG (Fn 314).
362 Vgl. etwa Art. 3 Abs. 1 ESchG (Fn 342). Dazu auch *Zuppinger*, (Fn 358) S. 404.
363 SR 0.672.913.61. Vom methodischen Vorgehen her ist zuerst zu fragen, ob aufgrund des internen Rechts überhaupt ein staatlicher Steueranspruch besteht. Dann ist zu prüfen, ob dieser durch ein DBA eingeschränkt wird; vgl. *Locher*, Einführung in das internationale Steuerrecht der Schweiz, 3. Aufl., Bern 2005, S. 95; vgl. auch die Übersicht von *Gehlhaar*, ZErb 2003, 344 ff.
364 Vgl. auch *Bürgin/Filli/Müller*, (Fn 342) Rn 68.
365 Vgl. *Mäusli-Allenspach*, successio 2012, S. 184, 197.
366 Vgl. aber z.B. das DBA mit Deutschland, das in Art. 12 Abs. 3 DBA die Möglichkeit eines Verständigungsverfahrens hinsichtlich Schenkungen vorsieht; siehe hierzu die weiterführenden Angaben bei *Zuppinger*, (Fn 358) S. 416 f.
367 Siehe auch § 7 Rn 136 ff.
368 Der Begriff des Wohnsitzes ist in Art. 4 Abs. 1 DBA für beide Vertragsstaaten uneinheitlich definiert. Resultiert daraus ein Doppelwohnsitz, bestimmt sich das Besteuerungsrecht nach den Vorgaben von Art. 4 Abs. 2 DBA.
369 Vgl. zum Ganzen *Richner*, (Fn 360) S. 162–165.

gressionsvorbehalt von der Erbschaftssteuer ausnimmt (**Freistellungsmethode**). Besteht für einen deutschen Erblasser eine unbeschränkte Steuerpflicht in Deutschland bzw. kommt Deutschland im Sinne von Art. 4 Abs. 3 und 4 DBA ein konkurrierendes Nachbesteuerungsrecht zu, wendet Deutschland die **Methode der Steueranrechnung** gemäß internem Recht an.[370]

III. Weitere im Rahmen des Erbganges anfallende Steuern

208 Die Erbfolge bzw. die Erbteilung kann neben der Erbschaftssteuer auch **weitere Steuern** auslösen. Zu erwähnen sind insbesondere die Handänderungssteuer (nur Kantone), die Grundstückgewinnsteuer (nur Kantone), die Vermögenssteuer (nur Kantone) und die Einkommens- bzw. Gewinnsteuer (Bund und Kantone).[371]

209 Mit dem Steuerharmonisierungsgesetz hat der Bund in die kantonalen Kompetenzen auf dem Gebiet der direkten Steuern eingegriffen.[372] Art. 12 Abs. 3 lit. a StHG schreibt für den Fall des Eigentumswechsels durch Erbgang (Erbfolge, Erbteilung, Vermächtnis), Erbvorbezug oder Schenkung den Aufschub der **Grundstückgewinnsteuer** vor. Der Aufschub hat zur Folge, dass der bzw. die Erwerber in Bezug auf sämtliche latenten Steuerlasten in die Rechtsstellung des Erblassers eintreten.[373] Ein allfälliger Grundstückgewinn wird demnach erst bei der Weiterveräußerung des übernommenen Grundstücks besteuert.[374] Für die Gewinnberechnung gilt der amtliche Wert zum Zeitpunkt des Erbgangs oder des Erbvorbezugs.[375]

210 Gemäß Art. 7 Abs. 4 lit. c StHG ist der Vermögensanfall infolge Erbschaft, Vermächtnis, Schenkung oder güterrechtlicher Auseinandersetzung von der **Einkommenssteuer** (natürliche Personen) befreit. Damit fällt eine einkommenssteuerrechtliche Erfassung in sämtlichen Kantonen außer Betracht.[376] Dasselbe gilt für die Einkommenssteuer des Bundes[377] sowie für die **Gewinnsteuer** (juristische Personen) auf Kantons- und Bundesebene.[378] Die anfallenden Erträge sind demgegenüber sowohl einkommenssteuerrechtlich[379] als auch gewinnsteuerrechtlich relevant und unterliegen ggf. zusätzlich der Verrechnungssteuer.[380]

211 Das infolge Erbschaft[381] oder Erbteilung[382] angefallene Vermögen ist Gegenstand der kantonalen **Vermögenssteuer**. Per 1.1.2003 haben sämtliche Kantone den Wechsel zur einjährigen

---

370 Art. 10 DBA und *Richner*, (Fn 360) S. 169.
371 Für eine instruktive Zusammenstellung der in den einzelnen Kantonen geltenden Regelungen siehe die Erläuterung der jeweiligen Steuer in *Steuerinformationen* (Fn 343).
372 Vgl. Art. 1 des Bundesgesetzes über die Harmonisierung der direkten Steuern der Kantone und Gemeinden (StHG; SR 642.14).
373 Vgl. etwa Art. 131 Abs. 1 StG (Fn 314).
374 Vgl. etwa Art. 136 Abs. 1 StG (Fn 314).
375 Vgl. etwa Art. 140 lit. a StG (Fn 314).
376 Vgl. etwa Art. 19 Abs. 1 lit. b StG (Fn 314).
377 Art. 24 lit. a DBG (Fn 313).
378 Art. 24 Abs. 2 lit. c StHG für die Kantone; Art. 60 lit. c DBG für den Bund.
379 Vgl. Art. 20 Abs. 1 lit. a DBG (Fn 313).
380 Art. 4 Abs. 1 lit. c des Bundesgesetzes über die Verrechnungssteuer (VStG; SR 642.21).
381 Regelmäßig sind die einzelnen Erben (nicht die Erbengemeinschaft) steuerpflichtig; vgl. etwa Art. 12 StG (Fn 314).
382 Sofern die dem einzelnen Erben zugewiesenen Erbschaftsgegenstände wertmäßig seinem bisherigen Anteil am unverteilten Nachlass entsprechen, ist die Erbteilung vermögenssteuerrechtlich nicht von Belang; vgl. weiterführend *Huber*, in: Druey/Breitschmid (Hrsg.), Praktische Probleme der Erbteilung, Bern 1997, S. 217 f. (zit. *Huber*).

Gegenwartsbemessung vollzogen.[383] Die Vermögenssteuer ist gem. Art. 17 StHG **pro rata temporis** zu erheben. Erbt der Steuerpflichtige während der Steuerperiode Vermögen, wird dieses somit ab dem Zeitpunkt seines Anfalls dem übrigen Vermögen zugerechnet.[384]

Steuerobjekt der **Handänderungssteuer** ist der Übergang von dinglichen Rechten an einem Grundstück von einer Person auf eine andere. Die **Grundstückgewinnsteuer** erfasst demgegenüber nicht die Handänderung als solche, sondern den dabei erzielten Gewinn. Als indirekte Steuer ist die Handänderungssteuer nicht Gegenstand der Steuerharmonisierung, so dass diesbezüglich ausschließlich die kantonalen Regelungen maßgebend sind. Um eine Konkurrenz zur Erbschaftssteuer zu vermeiden, werden die Tatbestände des Erbgangs und der Erbteilung regelmäßig mindestens teilweise von der Besteuerung ausgenommen oder durch eine Ermäßigung des Steuersatzes privilegiert.[385]

212

Weitere Informationen und Materialien, wie z.B. Muster, Formulare, amtliche Texte und Internetadressen, befinden sich auf der beiliegenden CD-ROM.

---

383 *Reich/Beusch*, SJZ 99 (2003), S. 273.
384 Vgl. dazu etwa Art. 73 lit. b StG (Fn 314).
385 Vgl. etwa Art. 12 lit. d des bernischen Gesetzes über die Handänderungs- und Pfandrechtssteuern (HPG; BSG 215.326.2). Zu steuerrechtlichen Sonderproblemen im Rahmen der Erbteilung *Huber*, (Fn 382) S. 206 ff.

Serbien

Dr. Rembert Süß, Rechtsanwalt, Würzburg

Inhalt

A. Zur rechtlichen Situation in der Republik Serbien 1
B. Internationales Erbrecht 4
C. Gesetzliche Erbfolge 6
D. Testamentarische Erbfolge 10
E. Pflichtteilsrecht 22
F. Nachlassabwicklung 26
G. Besteuerung der Erbfolge 29

Literatur

Antic, Serbia and Montenegro (2006), in: Pintens, International Encyclopedia of Laws: Family and Succession Law; *Cekovic-Vuletic/Pürner*, Republik Serbien (Stand: 30.6.2011), in: Ferid/Firsching/Dörner/Hausmann, Internationales Erbrecht; *Djordjevic*, Länderbericht Serbien, in: Burandt/Rojahn, Erbrecht Kommentar, 2. Aufl. 2014, S. 1621–1644; *Firsching*, Das neue jugoslawische IPR-Gesetz, IPRax 1983, 1; *Kristic*, Serbien, in: Schlitt/Müller, Handbuch Pflichtteilsrecht, 2010, S. 797; *Plank*, Das Testamentsrecht der Föderativen Volksrepublik Jugoslawien, ZfRVgl 1965, 104; *Pouch*, Das Gesetz über die Lösung von Gesetzes- und Zuständigkeitskollisionen im Bereich des Statusrechts sowie der familien- und erbrechtlichen Beziehungen vom 27.2.1979, StAZ 1979, 173; *Povh*, Zur Wirksamkeit des sogenannten Berliner Testaments nach jugoslawischem Recht, FamRZ 1992, 511; *Schweisfurth/Blöcker*, Zur Fortgeltung des Haager Übereinkommens über den Zivilprozess im Verhältnis zur Bundesrepublik Jugoslawien, IPRax 1996, 9; *Tersteegen*, Länderbericht Serbien (mit Erläuterungen zu Montenegro), in: Kroiß/Ann/Mayer, NomosKommentar BGB, Band 5: Erbrecht, 3. Aufl. 2012; *Zupančič*, Umriss der rechtlichen Regelung der Erbfolge in Jugoslawien, ZfRV 1986, 18.

A. Zur rechtlichen Situation in der Republik Serbien

Der Zerfall der ehemaligen Sozialistischen Föderation Jugoslawien, später der Bundesrepublik Jugoslawien, scheint immer noch nicht gestoppt zu sein. Der zuletzt aus den verbliebenen beiden Republiken Serbien und Montenegro gebildete „Staatenbund Serbien-Montenegro" löste sich im Juni 2006 auf, als sich auch Montenegro für unabhängig erklärte und damit den Bund einseitig aufkündigte. Die Republik **Serbien** ist seitdem souverän.

Auf dem Gebiet des **Erbrechts** gilt in der Republik Serbien das Gesetz über die Beerbung, das am 5.5.1996 in Kraft getreten ist (serbErbG).[1] Dieses ersetzte ein noch aus sozialistischen Zeiten stammendes Erbgesetz von 1974.

Die serbische Provinz **Wojwodina** war bis 1993 autonom und besaß ein eigenes Erbgesetz. Dieses ist mit dem serbischen Verfassungsreformgesetz vom 10.3.1993 aufgehoben worden. Anders als im Kosovo ist es auch nicht später wieder in Kraft gesetzt worden, so dass auch in der Provinz Wojwodina nun das Erbgesetz der Republik Serbien von 1995, ohne die Modifikationen des Provinzrechts anzuwenden ist.

---

1 Gesetz vom 4.11.1995; deutsche Übersetzung von *Pürner*, Serbien Texte B Nr. 1, in: Ferid/Firsching/Dörner/Hausmann, Internationales Erbrecht.

B. Internationales Erbrecht

4 Die Erbfolge unterliegt gem. Art. 30 des Gesetzes zur Lösung von Gesetzeskollisionen mit den Vorschriften anderer Staaten für bestimmte Verhältnisse (IPRG) der ehemaligen Sozialistischen Föderation Jugoslawien vom 15.7.1982[2] – welches nach Erlangung der Souveränität der Republik Serbien hier als autonomes Recht fortgilt – dem Recht des Staates, dessen Staatsangehöriger der Erblasser im Zeitpunkt des Todes gewesen ist. Nach serbischem IPR ist damit das **Heimatrecht** des Erblassers Erbstatut. Rechtswahlmöglichkeiten gibt es nicht. Ein Mehrstaater, der auch die serbische Staatsangehörigkeit besitzt, wird gem. Art. 11 Abs. 1 IPRG stets als serbischer Staatsangehöriger behandelt. Rück- und Weiterverweisungen des ausländischen Rechts werden gem. Art. 6 Abs. 1 IPRG beachtet. Nach einer Rückverweisung auf das serbische Recht findet unmittelbar das serbische Sachrecht Anwendung. Nachdem in Deutschland nun nicht mehr an die Staatsangehörigkeit des Erblassers angeknüpft wird, wird im deutsch-serbischen Verhältnis nun eine Rückverweisung in Betracht kommen. Häufiger dürften freilich in der Praxis die Fälle werden, in denen in Deutschland lebende serbische Staatsangehörige aus serbischer Sicht ihrem serbischen Heimatrecht und aus deutscher Sicht wegen eines gewöhnlichen Aufenthalts in Deutschland (Art. 21 Abs. 1 EU-ErbVO) dem deutschen Erbrecht unterstehen (internationaler Entscheidungsdissens).

5 Das serbische IPR kennt kein echtes Errichtungsstatut für Verfügungen von Todes wegen. Art. 30 Abs. 2 IPRG verweist allein für die Testierfähigkeit auf das Recht des Staates, dem der Testator zum Zeitpunkt der Errichtung des Testaments angehörte. Zumindest insoweit findet daher eine unwandelbare Anknüpfung nach den Verhältnissen bei Errichtung des Testaments statt. Für die Formwirksamkeit von Testamenten gilt das **Haager Testamentsformübereinkommen** vom 5.10.1961.[3] Darüber hinaus gilt für die Republik Serbien das **Washingtoner Abkommen** über ein einheitliches Recht der Form eines Internationalen Testaments vom 26.10.1973,[4] welches noch die Sozialistische Föderation Jugoslawien ratifiziert hatte und in Serbien als Nachfolgestaat fortgilt. Die einschlägigen Regeln des Washingtoner Abkommens befinden sich in den Art. 92 ff. serbErbG.

C. Gesetzliche Erbfolge

6 Erben **erster Ordnung** sind die Abkömmlinge des Erblassers. Es gelten die Regeln der Repräsentation und der Erbfolge nach Stämmen (Art. 9 serbErbG). Eheliche, nichteheliche und adoptierte Abkömmlinge erben gleichberechtigt. Erben **zweiter Ordnung** sind die Eltern des Erblassers; bei Vorversterben eines Elternteils treten dessen Abkömmlinge in die Erbfolge ein; mangels Abkömmlinge erhält ersatzweise der andere Elternteil bzw. erhalten dessen Abkömmlinge den Anteil des Vorverstorbenen (Art. 12 f. serbErbG). Erben **dritter Ordnung** sind die Großeltern beider Linien je zur Hälfte. Bei Vorversterben eines Teils von ihnen erben jeweils dessen Abkömmlinge (Art. 16 serbErbG). In **vierter Ordnung**

---

2 Dieses Gesetz gilt nicht nur in der Republik Serbien, einschließlich des Kosovo, und in Montenegro fort, sondern auch in Bosnien-Herzegowina, Kroatien und Mazedonien.
3 Seit dem 5.1.1964, BGBl 1966 II S. 11; siehe auch BGBl 2002 II S. 49 für die Zeit ab dem 27.4.1992. Kopie der englischsprachigen Fassung auf der beiliegenden CD-ROM unter der Rubrik „Haager Konventionen".
4 Siehe § 4 Rn 19. Text des Abkommens auf der beiliegenden CD-ROM unter der Rubrik „Washingtoner Abkommen".

erben die Urgroßeltern des Erblassers und ggf. weiter entfernte Vorfahren. Ein Eintrittsrecht für die Abkömmlinge der Urgroßeltern und der weiteren Vorfahren gibt es aber nicht, Art. 19, 20 serbErbG.

Der überlebende Ehegatte erbt in der ersten Ordnung mit Kindern des Erblassers zu gleichen Teilen nach Köpfen (Art. 9 Abs. 2 serbErbG). Hinterlässt der Erblasser ein nicht gemeinschaftliches Kind (also ein Stiefkind des überlebenden Ehegatten), so kann gem. Art. 9 Abs. 3 serbErbG die Erbquote des Ehegatten vermindert werden, wenn das unter Berücksichtigung seines Anteils an dem ehelichen Gesamtgut dem Ehegatten insgesamt verbleibende Vermögen größer ist, als der ihm bei Teilung des Nachlasses in gleiche Teile zukommende Anteil am Nachlass. Infolge dieser Verminderung werden die Erbteile sämtlicher, also auch der gemeinsamen Kinder, bis auf den doppelten Erbteil des Ehegatten erhöht. Die Verminderung ist nicht zwingend, sondern erfolgt erst auf Antrag des Stiefkindes[5] und nach Ermessensentscheidung des Gerichts. Das Gericht hat also im eigenen Ermessen darüber zu entscheiden, ob die Erbquoten der Kinder erhöht werden und in welchem Umfang sie erhöht werden. Hinterlässt also der Erblasser neben seinem Ehegatten und zwei gemeinsamen Kindern ein Kind aus erster Ehe, so kann das Gericht z.B. entscheiden, dass diese nicht alle zu je einem Viertel erben, sondern die Kinder je $3/11$ und der Ehegatte $2/11$ erhalten. Eine Erhöhung der Erbquote des bedürftigen überlebenden Ehegatten ist – anders als im montenegrinischen Recht – im Rahmen der ersten Erbordnung serbischen Rechts nicht vorgesehen.

Neben Erben der zweiten Ordnung erhält der Ehegatte die Hälfte des Nachlasses (Art. 12 Abs. 2 serbErbG). Ein bedürftiger Ehegatte kann, wenn er neben Erben der zweiten Ordnung erbt, gem. Art. 23 serbErbG bei Gericht einen **Nießbrauch** am gesamten Nachlass beantragen. Sind dagegen beide Eltern oder ist ein Elternteil bedürftig und verfügen sie nicht über die zum Lebensunterhalt erforderlichen Mittel, so können sie gem. Art. 31 serbErbG innerhalb eines Jahres nach Eintritt des Erbfalls bei Gericht beantragen, dass dieses ihnen einen Nießbrauch an dem Erbteil des Ehegatten einräumt. Dieser Nießbrauch kann sich auf den gesamten Erbteil des überlebenden Ehegatten erstrecken, er kann aber auch auf einen Teil davon beschränkt werden. Ist der Nachlass von geringem Wert, so dass eine entsprechende Teilung die Eltern in Not bringen würde, so können diese auch beantragen, dass ihnen das Eigentum am gesamten Nachlass zugewiesen wird, Art. 31 Abs. 4 serbErbG. Neben Angehörigen der dritten und der weiteren Ordnungen wird der Ehegatte gesetzlicher Alleinerbe.

Das gesetzliche Erbrecht des Ehegatten **erlischt** selbstverständlich, wenn vor dem Erbfall schon die Scheidung oder Nichtigerklärung der Ehe erfolgt ist. Der Ehegatte verliert aber auch dann sein Recht, wenn der Erblasser vor seinem Tode Scheidungsklage erhoben hatte und das Gericht nach seinem Tode feststellt, dass die Klage begründet war, Art. 22 Abs. 2 Nr. 1 serbErbG. Die gleichen Folgen hat eine tatsächliche Trennung der Eheleute, wenn die Lebensgemeinschaft mit dem Erblasser aufgrund Schuld des überlebenden Ehegatten (Mitschuld ist im Fall beiderseitigen Verschuldens ausreichend) oder aufgrund Einvernehmens mit dem Erblasser dauerhaft beendet worden war, Art. 22 Abs. 1 Nr. 3 serbErbG.

---

5 So *Pürner*, Jugoslawien Grundzüge Rn 136, unter Hinweis auf die serbische Literatur, in: Ferid/Firsching/Dörner/Hausmann, Internationales Erbrecht.

D. Testamentarische Erbfolge

10 Der Erblasser kann durch Testament Erben einsetzen, Vermächtnisse aussetzen und Testamentsvollstrecker bestellen. Das **Vermächtnis** begründet im serbischen Rechtssystem einen schuldrechtlichen Anspruch und lässt den vermachten Gegenstand noch nicht mit dem Erbfall auf den Vermächtnisnehmer übergehen (Damnationslegat). Schließlich kann der Erblasser einen Erben oder Vermächtnisnehmer mit einer **Auflage** belasten, Art. 132 serbErbG. Der schuldhafte Verstoß gegen die Auflage hat gem. Art. 134 Abs. 1 serbErbG die Wirkung wie der Eintritt einer auflösenden Bedingung in Bezug auf die Zuwendung. Gemäß Art. 118 Abs. 2 serbErbG kann der Erblasser durch Testament auch eine **Stiftung** errichten.

11 Der Erblasser kann im Testament auch Ersatzerben einsetzen (Substitution). Die **Vor- und Nacherbfolge** kennt das serbische Recht dagegen nicht. Art. 159 Abs. 1 serbErbG untersagt ausdrücklich Anordnungen, womit der Erblasser eine Person als Erbe des Erben oder des Vermächtnisnehmers benennt. Insoweit wird in Serbien angenommen, die Anordnung von Vor- und Nacherbfolge sei absolut nichtig.[6] Ob die Ersatzlösung, die eine Person auflösend und den „Nacherben" aufschiebend zum Erben einsetzt,[7] hier wirksam ist, ist unklar. Eigentlich müsste auch sie unter das Verbot der „Kettenerbfolge" subsumiert werden. Sicherheitshalber sollte der „Nacherbe" zum unbedingten Erben eingesetzt werden und mit einem Nießbrauchsvermächtnis zugunsten des „Vorerben" belastet werden. Diese Konstruktion ist anerkannt.

12 Unzulässig sind **Verfügungsverbote** zu Lasten der Erben. So darf dem Erben oder Vermächtnisnehmer die Veräußerung eines Vermächtnisgegenstands nicht verboten werden. Auch der Ausschluss oder die **Einschränkung der Teilung** der Erbschaft ist unwirksam, Art. 159 Abs. 2, 3 serbErbG.

13 Die **Testamentsvollstreckung** ist in den Art. 172 bis 175 serbErbG äußerst knapp und unzulänglich geregelt worden. Der Testamentsvollstrecker soll – vorbehaltlich anderer Anordnung im Testament – den Nachlass verwalten und sich darum kümmern, dass die Schulden beglichen und die testamentarischen Anordnungen erfüllt werden. Nicht ausdrücklich der gesetzlichen Regelung zu entnehmen ist dabei, ob er auch selber über den Nachlass verfügen kann oder nur die Durchführung der testamentarischen Anordnungen „beaufsichtigen" soll. Für eine entsprechend starke Stellung spricht, dass der Testamentsvollstrecker gem. Art. 174 serbErbG Rechenschaft legen muss und Anspruch auf eine über den reinen Auslagenersatz hinausgehende Vergütung hat. Sicherheitshalber sollte der Erblasser im Testament Aufgaben, Befugnisse und Vergütung des Testamentsvollstreckers vollständig regeln.

14 Die **Testierfähigkeit** tritt gem. Art. 79 serbErbG mit Vollendung des 15. Lebensjahres ein. Das Testament ist jederzeit widerruflich.

15 Ordentliche **Testamentsformen** sind zunächst das eigenhändige (**holographe**) **Testament**, das vom Erblasser eigenhändig niederzuschreiben und zu unterzeichnen ist (Art. 84 serbErbG). Ein nicht eigenhändig verfasstes Testament (**allographes Testament**) ist formwirksam, wenn der Testator es in Gegenwart von mindestens zwei Zeugen eigenhändig unterschreibt und die Zeugen durch ihre Unterschrift auf dem Testament die Unterzeichnung durch den Erblasser bestätigen (Art. 85 serbErbG).

---

6 *Pürner*, Serbien Grundzüge Rn 191, unter Hinweis auf die serbische Literatur, in: Ferid/Firsching/Dörner/Hausmann, Internationales Erbrecht.
7 So der Vorschlag von NK-BGB/*Tersteegen*, Länderbericht Serbien Rn 60 (3. Aufl. 2012).

Das **öffentliche Testament** kann aufgrund des Umstands, dass in Serbien das Notariat noch **16** nicht wiederhergestellt worden ist und die entsprechenden Aufgaben auf die Gerichte übertragen worden sind, nur als „Gerichtstestament" erstellt werden (Art. 87 serbErbG). Das Verfahren ist in den Art. 175 ff. des serbischen Gesetzes über das Außerstreitverfahren geregelt. Im Ausland können Serben ein öffentliches Testament in diesem Verfahren vor dem serbischen Konsul errichten (**konsularisches Testament** gem. Art. 91 serbErbG). Darüber hinaus dürfte bei Errichtung in Deutschland die Beurkundung durch einen deutschen Notar nach den Vorschriften des deutschen Beurkundungsgesetzes diese Form einhalten, da in Deutschland die Beurkundungstätigkeit durch die Notare und nicht die Gerichte wahrgenommen wird.[8] Das öffentliche Testament kann schließlich – vom Gericht wie auch vom Konsul – in der vom Washingtoner Abkommen über die einheitliche Testamentsform vorgesehenen Form errichtet werden.

Darüber hinaus kennt das serbische Recht Nottestamente wie das Seetestament, das Militär- **17** testament und das mündliche Testament vor drei Zeugen.

Die Verletzung von Formvorschriften führt regelmäßig nur zur **relativen Unwirksamkeit** **18** des Testaments. Das bedeutete, dass das Testament nicht von Amts wegen als unwirksam behandelt werden kann. Vielmehr muss das Testament innerhalb einer Frist von einem Jahr durch eine Person mit einem rechtlichen Interesse an der Nichtigkeit gerichtlich angefochten und durch Urteil für unwirksam erklärt werden, Art. 165 ff. serbErbG.

Erbverträge sind im Vorentwurf eines serbischen ZGB als Ehegattenerbverträge vorgese- **19** hen.[9] Nach noch aktuell geltendem Recht sind sie gem. Art. 197 serbErbG **unzulässig**. Dies gilt nicht nur für den verfügenden Erbvertrag, wie das deutsche Recht ihn regelt, sondern auch für den schuldrechtlichen Vertrag, mit dem der Erblasser sich verpflichtet, in bestimmter Weise zu testieren oder nicht zu testieren (Testiervertrag, Art. 181 serbErbG). Der Erblasser kann allenfalls mit seinen Abkömmlingen einen Vertrag über eine **vorweggenommene Erbfolge** treffen und mit ihnen vereinbaren, dass bestimmte Teile seines gegenwärtigen Vermögens schon zu seinen Lebzeiten auf einen oder mehrere der Abkömmlinge übergehen. Der Vertrag muss durch das Gericht beurkundet werden (Art. 184 serbErbG). Am Abschluss des Vertrages müssen sämtliche Abkömmlinge des Erblassers mitwirken. Er hat dann gem. Art. 187 serbErbG zur Folge, dass den am Vertrag beteiligten Abkömmlingen gegenüber die Zuwendung nicht als Geschenk gilt, sie mit Pflichtteilsergänzungsansprüchen also insoweit ausgeschlossen werden. Daher kommt dem Vertrag auch die Funktion eines gegenständlich beschränkten Verzichts auf Pflichtteilsansprüche zu.

In einem **Leibrentenvertrag** über die Gewährung **lebenslangen Unterhalts** kann der Erb- **20** lasser eine Zuwendung von Nachlassvermögen auf den Todesfall vornehmen, Art. 194 serbErbG. Auch ein solcher Vertrag muss notariell beurkundet werden. Freilich kann sich ein solcher Vertrag ausschließlich auf zum Zeitpunkt des Vertragsabschlusses dem Erblasser zustehende Sachen und Rechte beziehen, Art. 194 Abs. 2 serbErbG. Er muss die Rechte, die auf den Unterhaltsleistenden übergehen sollen, genau bezeichnen. Daher sind mit dem Leibrentenvertrag keine Universalsukzession und erst recht keine Erbeinsetzung verbunden. Es geht allein um einen schuldrechtlichen Vertrag mit einer auf den Tod des Leibrentenberechtigten aufschiebend bedingten Übertragung der Gegenleistung für die Rente.

---

8 Abgesehen von Teilen Baden-Württembergs. Unabhängig davon würde die Beurkundung des Testaments durch den deutschen Notar stets gem. Art. 1 lit. a Haager Testamentsformübereinkommen genügende Ortsform einhalten (siehe Rn 5).
9 *Djordjevic*, in: Burandt/Rojahn, Serbien, Rn 100.

21 Zu **gemeinschaftlichen Testamenten** enthält das serbische Recht keinerlei gesetzliche Regelung. Die Literatur nimmt teilweise an, dass sie nur dann unwirksam sind, wenn sie wechselbezügliche Verfügungen enthalten.¹⁰ Da mithin inhaltlich voneinander unabhängige Verfügungen von Todes wegen auch nach serbischem Recht – soweit jeder der Testierenden sämtliche Formerfordernisse einhält – in einer einzigen Urkunde zusammengefasst errichtet werden können, handelt es sich bei der Zulässigkeit der gemeinschaftlichen Errichtung aus serbischer Sicht um eine reine Formfrage.¹¹

E. Pflichtteilsrecht

22 Der **Pflichtteil** ist ein auf Geldzahlung gerichteter Anspruch, Art. 43 serbErbG. Gemäß Art. 39 Abs. 1 serbErbG sind die Abkömmlinge und der Ehegatte, bei Berufung der entsprechenden Erbordnung im Rahmen der (hypothetischen) gesetzlichen Erbfolge auch die Eltern und die Adoptiveltern pflichtteilsberechtigt. Geschwister, Großeltern und weitere Vorfahren sowie „schwach" Adoptierte sind gem. Art. 39 Abs. 2 serbErbG nur dann pflichtteilsberechtigt, wenn sie dauerhaft erwerbsunfähig sind und ihren Unterhalt nicht aus eigenen Mitteln bestreiten können.

23 Die **Pflichtteilsquote** beläuft sich für leibliche und adoptierte Abkömmlinge und den Ehegatten auf die Hälfte, für alle übrigen Berechtigten auf ein Drittel des gesetzlichen Erbteils – wobei die Erhöhungen und Verminderungen des Ehegattenerbteils (siehe Rn 7) einbezogen werden, Art. 40 serbErbG. Scheidet ein Pflichtteilsberechtigter kraft Ausschlagung oder aus anderem Grunde aus, wächst sein Anteil gem. Art. 40 Abs. 3 serbErbG den anderen Pflichtteilsberechtigten nicht zu – erhöht also den Anteil des testamentarischen Erben.

24 Zur Berechnung des Pflichtteilbetrages sind dem Wert des Nachlasses sämtliche lebzeitigen Schenkungen des Erblassers zuzurechnen, die dieser den gesetzlichen Erben (gleich welcher Erbenordnung) zugewandt hatte, und die Schenkungen an dritte Personen, die er innerhalb des letzten Lebensjahres zugewandt hatte, Art. 48 serbErG. Lebzeitige Schenkungen muss sich der Pflichtteilsberechtigte gem. Art. 42 serbErbG auf seinen Pflichtteil anrechnen lassen.

25 Ein **Erb- oder Pflichtteilsverzicht** ist nicht möglich (Art. 180 Abs. 1 serbErbG). Auch die in den anderen jugoslawischen Nachfolgestaaten verbreitet anzutreffende Möglichkeit, dass ein Abkömmling durch gerichtlich beurkundeten Vertrag mit dem Erblasser die künftige Erbfolge unwiderruflich ausschlägt, kennt das serbische Erbrecht ausdrücklich nicht an (Art. 218 serbErbG).

F. Nachlassabwicklung

26 Der Nachlass geht – vorbehaltlich der **Ausschlagung** – mit dem Tod des Erblassers *ipso iure* auf die Erben über. Die Ausschlagung ist dem Gericht oder im Ausland einem Konsul

---

10 *Povh*, FamRZ 1992, 511 f.; nach *Djordjevic*, in: Burandt/Rojahn, Serbien, Rn 99, komme dem gemeinschaftlichen Testament nach dem Tod eines der Erblasser die Wirkung eines Erbvertrages zu, woraus sich die Nichtigkeit ergebe. Auch hieraus folgt, dass eine gegenseitige Erbeinsetzung ebenso möglich sein müsste wie eine Schlusserbeinsetzung unter ausdrücklichem Widerrufsvorbehalt.
11 Zur vergleichbaren rechtlichen Situation in Kroatien vgl. NK-BGB/*Kristic*, Länderbericht Kroatien Rn 100; OLG Zweibrücken ZErb 2003, 162.

gegenüber zu erklären. Die Annahme und Ausschlagung der Erbschaft wird während des Nachlassverfahrens erklärt; die Erklärung kann und muss bis spätestens zum Abschluss des erstinstanzlichen Nachlassverfahrens abgegeben werden, Art. 213 serbErbG. Eine ausdrückliche Annahmeerklärung ist dagegen nicht erforderlich. Die Erben haften für die Nachlassverbindlichkeiten beschränkt auf den Wert des jeweils auf sie entfallenden Erbteils.

Mehrere Erben bilden eine **Erbengemeinschaft**, Art. 229 serbErbG. Sie verfügen über den Nachlass gemeinsam. Die Erben haften für die Nachlassverbindlichkeiten solidarisch, jeder aber beschränkt auf den Wert des jeweils auf ihn entfallenden Erbteils, der Alleinerbe auf den Wert des gesamten Nachlasses, Art. 222, 224 serbErbG. Jeder Erbe kann jederzeit die Erbauseinandersetzung verlangen. Ein Ausschluss der Teilung durch Vertrag der Erben ist nicht wirksam. Auch der Erblasser kann nicht testamentarisch die Teilung ausschließen, Art. 228 serbErbG. Ein Erbe kann seinen Erbteil durch öffentlich beglaubigten Vertrag nur auf einen der Miterben übertragen. Ein Erbschaftskauf durch Dritte ist also nicht möglich. Vielmehr erwirbt der Dritte in diesem Fall nur einen Anspruch auf das, was der Erbe im Zuge der Erbauseinandersetzung erwirbt, Art. 321 serbErbG. 27

Das **Nachlassverfahren** wird von Amts wegen durch das Gericht am letzten Wohnsitz des Erblassers eingeleitet. War dies im Ausland, ist das Gericht des Ortes zuständig, an dem sich der überwiegende Teil des Nachlasses befindet. Das Verfahren wird mit einem **Beschluss über die Beerbung** abgeschlossen. Der Beschluss kann jederzeit angefochten und aufgehoben werden. 28

G. Besteuerung der Erbfolge

Die Erbfolge wird nach dem Gesetz über die Vermögensteuer besteuert. Die unbeschränkte Steuerpflicht für die Erbschaft- und Schenkungsteuer knüpft in Serbien an die Ansässigkeit des Erwerbers (Wohnsitz) an.[12] Für in der Republik Serbien belegenes Vermögen tritt die beschränkte Steuerpflicht ein. 29

Nach dem Gesetz über die Vermögensteuer gelten weit reichende Befreiungen. So sind die Erben der ersten Ordnung (also die Abkömmlinge) und der Ehegatte wie auch die Eltern von der Steuer befreit. Erben zweiter Ordnung zahlen keine Erbschaftsteuer für landwirtschaftliches Vermögen und die Wohnung des Erblassers, wenn sie mit dem Erblasser für eine bestimmte Zeit in häuslicher Gemeinschaft gelebt haben. 30

Erben der zweiten Ordnung zahlen einen Steuerbetrag in Höhe von 1,5 % vom Netto-Nachlasswert. Erben der dritten und aller weiteren Ordnungen sowie mit dem Erblasser nicht verwandte Personen zahlen 2,5 % auf den gesamten Netto-Wert des Nachlasses.[13] 31

---

12 *Jülicher*, in: Troll/Gebel/Jülicher, § 21 ErbStG Rn 107a (Stand 2013); *Djordjevic*, in: Burandt/Rojahn, Serbien, Rn 173.
13 *Djordjevic*, in: Burandt/Rojahn, Serbien, Rn 175.

Süß

Serbien: Provinz Kosovo

Dr. Rembert Süß, Rechtsanwalt, Würzburg

Inhalt

A. Internationales Erbrecht 1
B. Gesetzliche Erbfolge 4
C. Testamentarische Erbfolge 8
D. Nachlassabwicklung 15
E. Erbschaftsteuer 17

Literatur

Morina, Länderbericht Kosovo, in: Kroiß/Ann/Mayer, NomosKommentar BGB, Band 5, Erbrecht, 4. Aufl. 2014, S. 1854; *Pürner*, Republik Serbien (Stand: 30.10.2006), in: Ferid/Firsching/Dörner/Hausmann, Internationales Erbrecht; *Pürner*, Neues Erbrechtsgesetz im Kosovo, ZErb 2007, 159; *Schwarz*, Das anwendbare Recht des Kosovo, IPRax 2002, 238.

A. Internationales Erbrecht

Das Erbgesetz des Kosovo[1] (kosvErbG)[2] enthält in den Art. 146 ff. kollisionsrechtliche Bestimmungen auf dem Gebiet des Erbrechts. Anscheinend geht man also im Kosovo davon aus, dass nicht nur das zuvor geltende materielle Erbrecht der Republik Serbien, sondern auch das Jugoslawische Bundesgesetz über die Rechtskollisionen vom 15.7.1982 zumindest auf dem Gebiet des Erbrechts nicht mehr fortgelten. 1

Ausgehend vom Grundsatz der Anknüpfung an die Staatsangehörigkeit unterliegt gem. Art. 147 kosvErbG die Erbfolge nach einem ausländischen Staatsangehörigen dem ausländischen **Heimatrecht** zum Zeitpunkt seines Todes. Die Bestimmung des Erbstatuts für Kosovaren ist auf der Grundlage des Staatsangehörigkeitsprinzips schwierig, da es keine Staatsangehörigkeit des Kosovo gibt. Artikel 146 Abs. 1 kosvErbG bestimmt daher, dass das Erbrecht des Kosovo für alle Kosovaren gelte, die zum Zeitpunkt ihres Todes ihren Wohnsitz im Kosovo hatten, unabhängig vom Ort des Todes und der Belegenheit ihres Vermögens. Haben diese Personen keinen Aufenthalt im Kosovo, so können sie gem. Art. 146 Abs. 2 kosvErbG im Testament zugunsten des im Aufenthaltsland geltenden Erbrechts optieren. Daraus ergibt sich m.E., dass das Erbrecht des Kosovo im Wesentlichen am Fortbestehen eines „Wohnsitzes" im Kosovo anknüpft, wobei der Wohnsitz dann nach den Maßstäben des kosovarischen Rechts zu bestimmen ist. Offenbar ist dieser von einem Aufenthalt unabhängig und bleibt auch bei längerem Auslandsaufenthalt bestehen. In Deutschland lebende Kosovaren können aber wohl durch testamentarische Rechtswahl zugunsten des deutschen Erbrechts optieren. Diese Optionsmöglichkeit wäre dann aus deutscher Sicht als **Rückverweisung** i.S.v. Art. 4 Abs. 1 S. 2 EGBGB zu befolgen. 2

An das **Haager Testamentsformübereinkommen** vom 5.10.1961 sowie das **Washingtoner Abkommen** über ein einheitliches Recht der Form eines Internationalen Testaments vom 3

---

1 Zur völkerrechtlichen Situation des Kosovo siehe Länderbericht Serbien (Rn 2).
2 Englische Fassung des Erbgesetzes auf der beiliegenden CD-ROM unter der Rubrik „Kosovo".

26.10.1973,[3] welche vom ehemaligen Jugoslawien ratifiziert worden waren und in sämtlichen Nachfolgestaaten der Jugoslawischen Föderation weiterhin beachtet werden, fühlt man sich im Kosovo offenbar gebunden.[4] Die besondere Form des Internationalen Testaments wird auch im kosvErbG nicht erwähnt. Für die Rechtsanwendung in Bezug auf die Formwirksamkeit eines Testaments enthält Art. 148 kosvErbG allerdings die reiche Anknüpfungspalette und weitere Bestimmungen des Testamentsformübereinkommens. Insoweit kann man daher im Ergebnis von der weiteren Anwendung der Regeln des Haager Abkommens ausgehen.

B. Gesetzliche Erbfolge

4   Erben **erster Ordnung** sind die Abkömmlinge des Erblassers. Es gelten die Regeln über die Repräsentation und die Erbfolge nach Stämmen (Art. 13 kosvErbG). Eheliche, nichteheliche und adoptierte Abkömmlinge erben gleichberechtigt. Erben **zweiter Ordnung** sind gem. Art. 15 kosvErbG die Eltern des Erblassers; bei Vorversterben eines Elternteils treten dessen Abkömmlinge ein, ersatzweise der andere Elternteil bzw. dessen Abkömmlinge (Art. 15 Abs. 2 kosvErbG). Erben **dritter Ordnung** sind die Großeltern beider Linien je zur Hälfte. Bei Vorversterben eines Teils von ihnen erben jeweils dessen Abkömmlinge (Art. 19 Abs. 2 kosvErbG). Über die dritte Ordnung hinaus gibt es keine gesetzlichen Erbordnungen.

5   Der **überlebende Ehegatte** erhält vorab seinen Anteil an der Gütergemeinschaft aus dem gesetzlichen Güterstand der Errungenschaftsgemeinschaft (Art. 26 kosvErbG). Er erbt mit Kindern des Erblassers in der ersten Erbenordnung zu gleichen Teilen nach Köpfen (Art. 12 kosvErbG). Hinterlässt der Erblasser ein uneheliches Kind, ein Kind aus einer vorherigen Ehe oder ein einseitiges Adoptivkind und verbleibt dem überlebenden Ehegatten schon nach der güterrechtlichen Auseinandersetzung mehr Vermögen, als der Teil am Nachlass betragen würde, der ihm bei Teilung des Nachlasses in gleiche Teile zukommen würde, so erhält jedes der Kinder des Erblassers automatisch einen doppelt so hohen Anteil am Nachlass wie der Ehegatte (Art. 23 kosvErbG).

6   Neben Erben der zweiten Ordnung erhält der Ehegatte die Hälfte des Nachlasses (Art. 14 kosvErbG). Neben Erben der dritten Ordnung wird der Ehegatte gem. Art. 17 kosvErbG gesetzlicher Alleinerbe. Das Ehegattenerbrecht erlischt nicht erst mit Scheidung, sondern auch schon mit Erhebung der Scheidungsklage durch den Erblasser, wenn das Gericht nach seinem Tode feststellt, dass die Klage begründet war, Art. 27 kosvErbG.

7   Dem Ehegatten bei der gesetzlichen Erbfolge (aber nicht im Pflichtteilsrecht) gleichgestellt ist der überlebende Lebensgefährte aus einer nichtehelichen Lebensgemeinschaft, die durch den Tod des Erblassers aufgelöst worden ist, Art. 11 Abs. 2 kosvErbG. Die Lebensgemeinschaft muss mindestens zehn Jahre, bei Geburt von Kindern fünf Jahre gedauert haben, Art. 28 kosvErbG.

---

3   Siehe § 4 Rn 19.
4   *Morina*, Kosovo Rn 7; *Bockstetter*, StAZ 2000, 232, weist darauf hin, dass man auch im Haag mangels einer offiziellen Rechtsnachfolgeerklärung aus dem Kosovo davon ausgeht, dass die Haager Konventionen dort nicht mehr angewandt werden.

C. Testamentarische Erbfolge

Die **Testierfähigkeit** tritt gem. Art. 70 kosvErbG erst mit Vollendung des 18. Lebensjahres ein. Das **gemeinschaftliche Testament** ist gem. Art. 69 Abs. 2 kosvErbG unwirksam – und zwar unabhängig davon, ob gegenseitige Verfügungen getroffen werden oder nicht.

Ordentliche **Testamentsformen** sind:
- das – mangels eines Notariats im Kosovo – als „gerichtliches Testament" bezeichnete öffentlich beurkundete Testament, Art. 76 kosvErbG;
- das vollständig eigenhändig errichtete und unterschriebene (holographe) Testament, welches zwingend auch mit dem Errichtungsdatum zu versehen ist,[5] Art. 74 kosvErbG; und
- das schriftlich errichtete und eigenhändig vor zwei Zeugen unterschriebene (allographe) Zwei-Zeugen-Testament, Art. 75 kosvErbG.
- Daneben gibt es verschiedene Formen des Nottestaments (Art. 81 ff. kosvErbG).

Der Erblasser kann durch Testament
- Erben einsetzen, Art. 87 kosvErbG;
- Vermächtnisse aussetzen, Art. 92 ff. kosvErbG;
- testamentarische Verfügungen mit Bedingungen oder zeitlichen Befristungen versehen, Art. 89 Abs. 2 kosvErbG;
- die Errichtung einer Stiftung anordnen, Art. 88 kosvErbG;
- Erben oder Vermächtnisnehmer mit Auflagen belasten, Art. 89 Abs. 1 kosvErbG; und
- Testamentsvollstrecker bestellen, Art. 102 kosvErbG.

Das Testament ist jederzeit widerruflich. Eine vertragsmäßige Verfügung ist gem. Art. 6 kosvErbG unwirksam. Ausnahme ist der Vertrag über die **vorweggenommene Erbfolge**, der wie im serbischen Recht bewirkt, dass die Angehörigen, die dem Vertrag zugestimmt haben, mit Pflichtteilsansprüchen bezogen auf das übergebene Vermögen ausgeschlossen sind, Art. 61 f. kosvErbG. Der Vertrag muss gerichtlich beurkundet werden.

Möglich ist auch eine Zuwendung von Nachlassvermögen auf den Todesfall gegen eine Verpflichtung des Vertragspartners, dem Erblasser oder einer anderen Person lebenslangen Unterhalt zu leisten. Insoweit verweist Art. 68 kosvErbG auf die Vorschriften des Schuldrechtsgesetzes. Auch ein solcher Vertrag muss beurkundet werden.

Es ist umstritten, ob nach kosovarischem Recht der **Pflichtteil** eine dingliche Beteiligung des Pflichtteilsberechtigten in Höhe seiner Pflichtteilsquote an allen Nachlassgegenständen gewährt oder ob der Berechtigte einen schuldrechtlichen Anspruch gegen den testamentarischen Erben erhält. Art. 31 Abs. 1 kosvErbG definiert den Pflichtteil als den Teil des Nachlasses, über den der Erblasser nicht testamentarisch verfügen kann. Nach der wohl überwiegenden Ansicht hat der Berechtigte keinen Pflichtteilsanspruch, sondern ein echtes Noterbrecht.[6] Gemäß Art. 30 kosvErbG sind die Abkömmlinge, der Ehegatte, die Adoptiveltern und deren Abkömmlinge pflichtteilsberechtigt. Die Großeltern und die Geschwister des Erblassers haben einen Pflichtteil nur dann, wenn sie dauerhaft erwerbsunfähig sind und ihren Unterhalt nicht aus eigenen Mitteln bestreiten können und im Fall der gesetzlichen Erbfolge mangels vorrangiger Erben zur Erbfolge berufen wären, Art. 30 Abs. 3 kosvErbG. Nichteheliche Lebensgefährten haben – obgleich im Rahmen der gesetzlichen Erbfolge erbberechtigt – keinen Pflichtteil.

---

[5] Zu dieser Neuerung: *Pürner*, ZErb 2007, 162.
[6] So *Morina*, Kosovo Rn 52; *Pürner* vermutet, dass der Pflichtteil (wie in Serbien) als schuldrechtlicher Anspruch auf Geldzahlung ausgestaltet sei.

14 Die **Pflichtteilsquote** beläuft sich für leibliche und adoptierte Abkömmlinge und den Ehegatten auf die Hälfte, für alle übrigen Berechtigten auf ein Drittel des gesetzlichen Erbteils. Die gesetzlichen Verminderungen des Ehegattenerbteils (siehe Rn 5) sind einzubeziehen, Art. 31 kosvErbG. Lebzeitige Schenkungen des Erblassers zugunsten einer Person aus dem Kreis der gesetzlich erbberechtigten Personen sind dem Nachlass zur Berechnung der Pflichtteile zuzurechnen, Art. 32 Abs. 4 kosvErbG. Der Anspruch auf Geltendmachung des Pflichtteils verjährt nach Ablauf von drei Jahren seit Testamentseröffnung, Art. 46 kosvErbG.

D. Nachlassabwicklung

15 Der Nachlass geht – vorbehaltlich der **Ausschlagung** – mit dem Tod des Erblassers *ipso iure* auf die Erben über, Art. 4 kosvErbG. Die Ausschlagung ist dem Gericht oder im Ausland einem Konsul gegenüber zu erklären. Die Ausschlagung muss bis zum Ende des erstinstanzlichen Nachlassverfahrens erklärt werden, Art. 130 kosvErbG.

16 Mehrere Erben bilden eine **Erbengemeinschaft**, Art. 140 kosvErbG. Sie verfügen über den Nachlass gemeinsam. Jeder Erbe kann jederzeit die Erbauseinandersetzung verlangen, Art. 139 kosvErbG. Ein Erbe kann seinen Erbteil durch öffentlich beglaubigten Vertrag nur auf Miterben übertragen. Ein Erbschaftskauf durch Dritte ist also nicht möglich, Art. 6 kosvErbG.

E. Erbschaftsteuer

17 Im Kosovo wird eine Erbschaftsteuer mangels einer einschlägigen gesetzlichen Grundlage vorläufig nicht erhoben.[7]

---

[7] *Pürner*, Republik Serbien Grundzüge Rn 408, in: Ferid/Firsching/Dörner/Hausmann, Internationales Erbrecht.

Slowakei

JUDr. Margareta Sovova, Bratislava
JUDr. Michal Baloga, Bratislava

Inhalt

A. Rechtsanwendung im Erbrecht 1
   I. Bestimmung des Erbstatuts 2
   II. Besonderheiten bei testamentarischer Erbfolge 4
   III. Auf die Nachlassabwicklung anwendbares Recht 6
B. Materielles Erbrecht 12
   I. Gesetzliche Erbfolge 12
      1. Erste Parentel 13
      2. Zweite Parentel 19
      3. Dritte Parentel 23
      4. Vierte Parentel 26
      5. Erbrecht des Staates 27
   II. Testamentarische Erbfolge 28
      1. Erbeinsetzung 28
      2. Testamentsformen 42
         a) Holographes Testament 43
         b) Allographes Testament 45
            aa) Einfaches allographes Testament 47
            bb) Qualifiziertes allographes Testament 49
         c) Notarielles Testament 57
      3. Aufhebung des Testaments 63
      4. Notarielles Zentralregister der Testamente 67
         a) Verfügungen von Todes wegen in der Form des notariellen Protokolls 68
         b) Verfügungen von Todes wegen in sonstigen gesetzlichen Formen 69
         c) Im Ausland errichtete Verfügungen von Todes wegen 74
         d) Auskunft aus dem Zentralregister .. 76
   III. Pflichtteilsrecht 77
      1. Pflichtteilsberechtigte Personen, Umfang des Pflichtteilsrechts 77
      2. Einbeziehung lebzeitiger Verfügungen des Erblassers 88
      3. Durchsetzung des Pflichtteilsrechts ... 93
   IV. Vertragliche Erbfolge 95
   V. Nachlassabwicklung 96
      1. Annahme und Ausschlagung der Erbschaft 96
      2. Struktur der Erbengemeinschaft und Erbauseinandersetzungsvereinbarung .. 102
      3. Haftung der Erben 107
   VI. Probleme bei der Vererbung bestimmter Rechte von und an Ausländer, Grundstücke, Bauernhöfe, Gesellschaftsanteile o.Ä. 114
C. Erbverfahrensrecht 115
   I. Allgemeines 115
   II. Verfahrensbeteiligte 117
   III. Einleitung des Verfahrens 118
   IV. Vorverfahren 120
   V. Einstellung des Nachlassverfahrens 121
   VI. Hauptverfahren 122
   VII. Anerkennung ausländischer Erbscheine .. 129

Literatur

Literatur in slowakischer Sprache

IPR

Lysina et al, Zákon o medzinárodnom práve súkromnom a procesnom, Praha: C. H. Beck, 2012; *Štefánková et al*, Medzinárodné právo súkromné, Praha: C. H. Beck, 2011.

Materielles Erbrecht

Fekete, I./Feketeová, M., Občiansky zákonník – Prehl'adný komentár, Bratislava: EPOS, 2012; *Lazar et al*, Občianske právo hmotné 1, Bratislava: Iura Edition, 2010; *Vojčík et al*, Občiansky zákonník – Stručný komentár, Bratislava: Iura Edition, 2008.

Erbprozessrecht

Števček et al, Občiansky súdny poriadok – Komentár, Praha: C. H. Beck, 2009; *Števček et al*, Civilné právo procesné, Bratislava: Eurokódex, s.r.o., 2010.

A. Rechtsanwendung im Erbrecht

1 Ab dem 17.8.2015 gilt in der ganzen Europäischen Union die Verordnung (EU) Nr. 650/2012 des Europäischen Parlaments und des Rates über die Zuständigkeit, das anzuwendende Recht, die Anerkennung und Vollstreckung von Entscheidungen und die Annahme und Vollstreckung öffentlicher Urkunden in Erbsachen sowie zur Einführung eines Europäisches Nachlasszeugnisses (EU-ErbVO).

Bis dahin regelt das Internationale Privatrecht in der Slowakischen Republik das Gesetz Nr. 97/1963 Slg. über das internationale Privat- und Prozessrecht (weiterhin nur „IPR-SK"), dessen Bestimmungen entscheiden, ob in dem konkreten Falle die Regelungen des slowakischen Bürgerlichen Gesetzbuches (weiterhin nur „BGB-SK"), oder die gegenständlichen Rechtsnormen eines anderen Staates angewendet werden.

Die Bestimmungen der eventuellen völkerrechtlichen Verträge im Bereich des Erbrechts gehen dem IPR-SK vor. Zwischen der Slowakischen Republik und Bundesrepublik Deutschland wurde kein solches bilaterales Abkommen abgeschlossen.

I. Bestimmung des Erbstatuts

2 Gemäß § 17 IPR-SK werden die Erbrechtsverhältnisse durch die Rechtsordnung des Staates, dessen Staatsangehöriger der Erblasser zum Zeitpunkt seines Todes war, geregelt. Das **Erbstatut** ist in der slowakischen Rechtsordnung daher **an die Staatsangehörigkeit des Erblassers**, *lex patriae*, streng gebunden. Die Regelung des IPR-SK geht vom Konzept des einheitlichen Erbstatuts aus und unterscheidet nicht zwischen dem Erbfall der beweglichen und unbeweglichen Sachen.

Falls der Erblasser auch die Staatsangehörigkeit eines anderen Staates besitzt, ist nach Bestimmungen des § 33 IPR-SK ausschließlich die slowakische Staatsangehörigkeit entscheidend.

Die Möglichkeit der Rechtswahl steht den Rechtsunterworfenen in der Slowakischen Republik nicht zu.

3 Wenn aufgrund des oben Angeführten die Rechtsordnung eines anderen Staates angewendet werden sollte und diese wieder auf die Anwendung der slowakischen Rechtsordnung verweist, ist es dann laut slowakischer Rechtsprechung erforderlich, die gesetzliche Voraussetzung der Annahme solcher Rückverweisung nicht als Pflicht oder Notwendigkeit, sondern stets als die Möglichkeit zu betrachten,[1] und das nur, wenn die Annahme solcher Rückverweisung einer sinnvollen und gerechten Gestaltung des betroffenen Verhältnisses entspricht.

Im Weiteren regelt § 36 IPR-SK, dass die Anwendung der Rechtsordnung eines anderen Staates unzulässig ist, wenn dies zu einem Verstoß gegen den *ordre public* führen könnte.

II. Besonderheiten bei testamentarischer Erbfolge

4 Nach § 18 Abs. 1 IPR-SK sind sowohl die **Fähigkeit zur Errichtung und Widerruf des Testaments** als auch die **Auswirkungen der Willensmängel und Willensäußerungen** durch Rechtsordnung des Staates geregelt, dessen Angehörige der Erblasser in der Zeit der Willensäußerung war.

---

[1] *Lysina et al*, Zákon o medzinárodnom práve súkromnom a procesnom, S. 103.

Das Kriterium der Staatsangehörigkeit ist hierbei zeitlich begrenzt. Eine eventuelle Änderung der Staatsangehörigkeit nach solcher Willensäußerung bleibt ohne Einfluss auf die Gültigkeit des Testaments oder seines Widerrufs.

Diesem Regime unterliegen auch andere Verfügungen *mortis causa*. D.h., obwohl das slowakische Erbrecht z.B. die Institute der Erbverträge oder gemeinschaftliche Testamente nicht kennt, werden diese anerkannt, falls diese Verfügungen die Rechtsordnung des Staates, dessen Angehörige der Erblasser in der Zeit ihrer Errichtung war, zulässt und diese alle formellen und materiellen Anforderungen der Rechtsordnung dieses Staates erfüllen.

Da die Slowakische Republik dem Haager Testamentsformübereinkommen nicht beigetreten ist, wird dieser in der Slowakischen Republik nicht angewendet.

Grundsätzlich muss die **Form des Testaments** oder **Testamentswiderrufs** die Anforderungen der Rechtsordnung des Staates, dessen Angehöriger der Erblasser in der Zeit der Errichtung des Testaments oder Testamentswiderrufs war, erfüllen. Das Testament oder der Widerruf des Testaments wird jedoch auch als gültig und wirksam betrachtet, wenn dieses/dieser die Anforderungen der Rechtsordnung des Staates erfüllen wird, auf dem Gebiet dessen dieses Testament oder Widerruf des Testaments verfasst wurde.

Dies betrifft auch die Formerfordernisse der anderen Verfügungen *mortis causa*, die in der slowakischen Rechtsordnung nicht verankert wurden.

III. Auf die Nachlassabwicklung anwendbares Recht

Die **Zuständigkeit der slowakischen Gerichte** in Erbangelegenheiten mit einem internationalen Element wird in den Bestimmungen §§ 44 und 45 IPR-SK geregelt. § 44 IPR-SK verankert die Regeln der Nachlassabwicklung in dem Falle, dass der Erblasser slowakische Staatsangehörigkeit besessen hat, demgegenüber werden die Bestimmungen § 45 IPR-SK angewendet, wenn der Erblasser fremder Staatsangehöriger war.

Diese Bestimmungen beziehen sich weder auf die Verfahren, die mit der Nachlassabwicklung zusammenhängen (z.B. das Verfahren über die Erklärung der Nichtigkeit der Enterbung), noch auf die Klagen, die im Zusammenhang mit dem Schutz des berechtigten Erbes erhoben wurden.[2] In diesen Fällen wird § 37 IPR-SK angewendet, wonach die Zuständigkeit der slowakischen Gerichte gegeben ist, wenn die Person, gegen die die Klage erhoben wurde, in der Slowakischen Republik ihren Wohnsitz oder Sitz hat, oder wenn das Vermögen einer solcher Person sich in der Slowakischen Republik befindet, falls die erhobene Klage die Vermögensrechte betrifft.[3]

Wenn der **Erblasser** zum Zeitpunkt seines Todes **slowakischer Staatsangehöriger** war, sind nach § 44 IPR-SK stets die slowakischen Gerichte zur Durchführung eines Nachlassverfahrens zuständig.

Falls der Erblasser ein sich im Ausland befindliches Vermögen hinterlassen hat, sind die slowakischen Gerichte zuständig das Nachlassverfahren durchzuführen, wenn der Erblasser zum Zeitpunkt seines Todes ein slowakischer Staatsangehöriger war und gleichzeitig eine von folgenden Bedingungen erfüllt ist:
– der betroffene Nachlass, der sich im Ausland befindet, wird nicht von ausländischen Gerichten verhandelt, sondern slowakischen Gerichten zur Durchführung des Nachlassverfahrens überlassen, oder

---

2 *Lysina et al*, Zákon o medzinárodnom práve súkromnom a procesnom, S. 254.
3 § 37 IPR-SK.

- der andere Staat die Rechtsfolgen der Entscheidung der slowakischen Gerichte über solchen Nachlass anerkennt und aufgrund dessen den Nachlass den berechtigten Erben herausgibt.

8 Ob der andere Staat den im Ausland befindlichen Nachlass des Erblassers den slowakischen Gerichten herausgibt oder die Rechtsfolgen der Entscheidungen der slowakischen Gerichte über solchen Nachlass anerkennt, übermittelt das Justizministerium der Slowakischen Republik dem betroffenen Gericht in der auf Antrag dieses Gerichtes erlassenen Stellungnahme.[4]

Falls das slowakische Gericht erfährt, dass seine Zuständigkeit zur Durchführung des Nachlassverfahrens und folgenden Entscheidung in der Sache mit internationalem Element nicht gegeben ist, wird das Verfahren eingestellt. Das Gericht kann jedoch nicht die Sache an das Gericht des anderen Staates verweisen.[5]

9 § 45 IPR-SK regelt mehrere Bedingungen, unter denen das slowakische Gericht befugt ist, den in der Slowakischen Republik befindlichen Nachlass eines **Erblassers**, der **fremde Staatsangehörigkeit** besitzt, abzuwickeln. Grundsätzlich definiert der angegebene Paragraph verschiedene Regime für die Durchführung des Nachlassverfahrens, das unbewegliche und bewegliche Sachen betrifft.

Die sich in der Slowakischen Republik **befindlichen Liegenschaften** kann in einem Nachlassverfahren ausschließlich das slowakische Gericht abwickeln. Die Frage, ob es sich um eine Liegenschaft handelt, muss stets nach slowakischen Rechtsnormen beurteilt werden.[6]

10 Die Zuständigkeit eines slowakischen Gerichtes zur Abhandlung eines **beweglichen Nachlasses** ist im Sinne des Grundsatzes der materiellen Gegenseitigkeit gegeben, wenn der Staat, dessen Staatsangehöriger der Erblasser war, weder das Erbe der slowakischen Staatsangehörigen slowakischen Gerichten herausgibt noch die Rechtsfolgen der Entscheidungen der slowakischen Gerichte anerkennt.

Das slowakische Gericht ist für einen solchen Nachlass gleichfalls zuständig, wenn sich der andere Staat weigert, das Erbe abzuhandeln, oder sich in dem konkreten Falle nicht äußert.

11 Wenn ein Erblasser, der keine slowakische Staatsangehörigkeit hatte, seinen Wohnsitz in der Slowakischen Republik hatte und einer der Erben die Abhandlung des Nachlasses in der Slowakischen Republik beantragte, ist auch in diesem Falle das slowakische Gericht befugt, das Nachlassverfahren durchzuführen.

In sonstigen Fällen beschränkt das slowakische Gericht seine Tätigkeiten nur auf die Sicherung des Nachlasses eines fremden Erblassers.[7]

B. Materielles Erbrecht

I. Gesetzliche Erbfolge

12 Das Institut der gesetzlichen Erbfolge findet Anwendung im Falle, wenn der Erblasser nicht über sein gesamtes Vermögen per Testament *mortis causa* disponiert hat, oder der

---

[4] Judikat R26/1987, S. 531.
[5] Judikat R26/1987, S. 505.
[6] *Lysina et al*, Zákon o medzinárodnom práve súkromnom a procesnom, S. 258.
[7] § 45 Abs. 2 IPR-SK.

Erblasser über sein ganzes Vermögen von Todes wegen testamentarisch verfügt, diese Verfügung jedoch aus irgendwelchen Gründen nicht wirksam ist.

Die gesetzliche Erbfolge regelt das BGB-SK in §§ 473–475a. Für die Rechtsregelung der gesetzlichen Erbfolge ist die **Aufteilung der Verwandtschaft in Parentelen** (Erbengruppen) charakteristisch. Die Aufteilung der Erben in Parentelen bestimmt das BGB-SK aufgrund der Parentelerbfolge, ergänzt durch das Repräsentationsprinzip[8] (jedoch nicht ausnahmslos, in zweiter Parentel wird dieses Prinzip nicht angewendet). Im BGB-SK ist das System von **vier Parentelen** verankert.

1. Erste Parentel

In der ersten Parentel erben die **Kinder** und **Ehegatte des Erblassers**, jeder **zum gleichen Teil**.[9] Die Kinder des Erblassers erben ausschließlich in der ersten Parentel und ihre Stellung als Erben ist nicht an Erbstellung der Ehegatten in der ersten Parentel gebunden. Falls ein Kind nicht erbt, geht sein Erbteil zu gleichen Teilen auf seine Kinder über. Erben auch diese Kinder oder eines von ihnen nicht, so erben zu gleichen Teilen weiter ihre Abkömmlinge.

Der Ehegatte kann jedoch in der ersten Parentel nie alleine erben. Seine Erbberechtigung in der ersten Parentel ist daher von Vorhandensein mindestens eines erbwürdigen Kindes des Erblassers abhängig.

Die **Kinder** des Erblassers sind ohne Rücksicht darauf, ob sie in der Ehe oder außer der Ehe geboren oder sogar von dem Erblasser adoptiert worden sind, erbberechtigt. Auch *nasciturus* genießt gemäß § 7 BGB-SK eine unbeschränkte Erbfähigkeit.

Gemäß § 82 des Gesetzes Nr. 36/2005 Slg. Familien Gesetz (weiterhin nur „FamG-SK") ist die Mutter des Kindes die Frau, die das Kind geboren hat.

Die Vaterschaft eines Mannes kann nach der slowakischen Rechtsordnung in dreifacher Weise bestimmt werden. § 85 Abs. 1 FamG-SK verankert die Vermutung, nach der der Mann als Vater des Kindes betrachtet wird, der in den von dem FamG-SK festgelegten Zeiträumen mit der Mutter des Kindes verheiratet war. Falls die Vaterschaft des Mannes nicht nach der oben erwähnten Rechtsvermutung bestimmt wurde, kann gemäß § 90 FamG-SK die Vaterschaft durch übereinstimmende Erklärung beider Eltern über Vaterschaft des Mannes vor dem zuständigen Staatsorgan anerkannt werden. Wenn die Vaterschaft nicht durch die genannten Weisen bestimmt wurde, steht dem Vater, der Mutter und auch dem Kind die Möglichkeit zu, einen Antrag auf die Bestimmung der Vaterschaft an das zuständige Gericht zu stellen.

Wie bereits erwähnt, sind auch die adoptierten Kinder erbberechtigt und das aufgrund der Bestimmung des § 97 FamG-SK, wonach durch die Adoption zwischen Adoptierender und Adoptierten das gleiche Verhältnis wie zwischen Eltern und Kinder entsteht.

Pflege- oder Stiefkinder sind nicht fähig, in der ersten Parentel zu erben. Diese Personen stellen unter bestimmten Umständen Erben in der zweiten oder dritten Parentel dar.

Eine gesetzliche Voraussetzung der Erbfähigkeit der **Ehegatten** ist eine gültige Ehe mit dem Erblasser zum Zeitpunkt seines Todes. Das Zusammenleben in dem gemeinsamen Haushalt ist dabei nicht erforderlich. Demgegenüber entsteht durch das Zusammenleben

---

8 *Fekete, I./Feketeová, M.*, Občiansky zákonník – Prehľadný komentár, S. 574.
9 § 473 Abs. 1 BGB-SK.

in einem gemeinsamen Haushalt in dem Verhältnis, das ähnlich dem Familienverhältnis ist, nicht das Recht zum Erben in der ersten Parentel.[10]

Falls vor dem Tod des Erblassers ein Ehescheidungsverfahren vor dem zuständigen Gericht initiiert wurde und das Gericht ein Urteil über Scheidung der Ehe erlassen hat, das jedoch zum Zeitpunkt des Todes des Erblassers nicht rechtskräftig geworden ist, ist der Ehegatte zum Erben berufen.

18 Wurde der Güterstand in der Ehe des Erblassers und des hinterlassenen Ehegatten dem Institut des ehelichen Miteigentums nach dem slowakischen Recht unterworfen, muss nach dem Tod des Erblassers zuerst zu der Auseinandersetzung der Güter aus diesem ehelichen Miteigentum kommen. Der Teil dieser Güter, der dem Anteil des Erblassers während seines Lebens entsprechen würde, wird dann zum Gegenstand des Nachlassverfahrens.

Wie aus der Diktion des § 473 Abs. 1 BGB-SK folgt, erben alle Erben, die in der ersten Parentel gemeinsam erben, zum gleichen Teil. Die Höhe des Erbteils jedes Erbberechtigten hängt daher von der Anzahl aller Erben ab. Zwischen Erben der ersten Parentel gilt der Grundsatz des Zuwachses der Erbteile (Akreszenz), was bedeutet, dass, wenn einer der Erben nicht erbt, sein freigewordener Erbteil den anderen Erben zuwächst. Im Falle, dass der Ehegatte des Erblassers nicht erbt (z.B. weil er das Erbe abgelehnt hat), kommt es stets zum Zuwachs der Erbteile zugunsten der Kinder des Erblassers. Falls jedoch das Kind des Erblassers nicht erbt, kommt es zur Akreszenz nur dann, wenn *ius representationis* nicht seine Anwendung findet.[11] In dieser Parentel erbt der Ehegatte höchstens die Hälfte des ganzen Nachlasses.

2. Zweite Parentel

19 In der zweiten Parentel erbt nach § 474 Abs. 1 BGB-SK der **Ehegatte**, die **Eltern des Erblassers** und **Personen**, die mit dem Erblasser mindestens ein Jahr vor seinem Tod **im gemeinsamen Haushalt** gelebt und aus diesem Grund den gemeinsamen Haushalt versorgt haben oder auf den Unterhalt des Erblassers angewiesen waren.

Zum Erben in dieser Parentel kommt, wenn es keinen Abkömmling gibt, der erben würde, d.h. wenn der Erblasser keine Kinder hatte, oder keiner von der Abkömmlingen (nicht nur von den Kindern, sondern auch von den weiteren Abkömmlingen) den Tod des Erblassers erlebt hat, eventuell alle Abkömmlinge erbunfähig, gültig enterbt, nicht berücksichtigt, nicht bekannt oder am unbekannten Ort sind.[12]

Die Ehe und die Elternschaft werden nach den gleichen gesetzlichen Kriterien wie in der ersten Parentel bestimmt.

20 Die **Eltern des Erblassers** erben in der zweiten Parentel ohne Rücksicht darauf, ob sie verheiratet sind oder sogar jemals waren. Zur Erbfolge sind gleichfalls eventuelle Adoptiveltern nach dem bereits erwähnten § 97 FamG-SK berufen, der das Verhältnis zwischen Adoptiveltern und Adoptivkindern dem Verhältnis der leiblichen Eltern und Kindern gleichstellt.

In der zweiten Parentel wird das Repräsentationsprinzip nicht angewendet. Wenn die Eltern des Erblassers nicht erben, treten an ihre Stelle somit nicht ihre Kinder, d.h. die Geschwister des Erblassers. Die Geschwister des Erblassers erben erst in der dritten Parentel.

---

10 *Fekete, I./Feketeová, M.*, Občiansky zákonník – Prehl'adný komentár, S. 575.
11 *Lazar et al*, Občianske právo hmotné 1, S. 642.
12 *Lazar et al*, Občianske právo hmotné 1, S. 642–643.

Personen, die mit dem Erblasser **in dem gemeinsamen Haushalt** gelebt haben, sind zum Erben in der zweiten Parentel unter folgenden Bedingungen berufen:

Das Zusammenleben des Erblassers und Personen im gemeinsamen Haushalt musste vor dem Tod des Erblassers mindestens ein Jahr dauern und diese Personen haben den gemeinsamen Haushalt mitversorgt oder wurden auf den Unterhalt des Erblassers angewiesen.

Nach der Rechtsprechung wird der Begriff „Haushalt" so ausgelegt, dass dieser grundsätzlich das gemeinsame Wohnen voraussetzt.[13] Die Person, die den Erblasser gepflegt hat, mit ihm jedoch nicht im gemeinsamen Haushalt gewohnt hat, ist nicht der Erbe im Sinne des § 474 BGB-SK.[14]

Weder das Gesetz noch die Judikatur bestimmt den Umfang und die Weise der Versorgung des gemeinsamen Haushalts. Es ist erforderlich, diesen Begriff aus der Sicht der Erfahrungen des praktischen Lebens zu erklären, wobei auch der Gesundheitszustand und die Fähigkeit dieser Person zur Hilfe im Haushalt in Betracht genommen werden muss. Als solche Pflege wird z.B. die Besorgung der gewöhnlichen Hausarbeiten, Kochen, Aufräumen usw.,[15] aber auch die finanzielle Unterstützung betrachtet.

Die Angewiesenheit der mitlebenden Person am Unterhalt des Erblassers ist nicht identisch mit der gesetzlichen Unterhaltspflicht im Sinne der Bestimmungen des FamG-SK. Hierbei handelt es sich bloß um die faktische Angewiesenheit, die in keiner Weise rechtlich begründet werden musste.

Gemäß § 474 Abs. 2 BGB-SK erben die Erben der zweiten Parentel **zu gleichen Teilen**, der **Ehegatte** jedoch stets **mindestens** die **Hälfte** der Erbschaft.

In dieser Parentel ist daher der Ehegatte des Erblassers als Erbe präferiert. In der zweiten Parentel können der Ehegatte und die Eltern des Erblassers die alleinigen Erben werden.[16] Die mitlebenden Personen können in der zweiten Parentel nicht alleine erben und in den Fällen, dass es keinen anderen Erben der zweiten Parentel gibt, gehen diese in die dritte Parentel über. Ersatzerben kommen hierbei nicht in Frage.[17]

3. Dritte Parentel

Sind weder der Ehegatte noch einer der Eltern zur Erbfolge berufen, erben in der dritten Parentel **zu gleichen Teilen** die **Geschwister des Erblassers** und **Personen**, die mit dem Erblasser mindestens ein Jahr vor seinem Tod **im gemeinsamen Haushalt** gelebt und aus diesem Grund den gemeinsamen Haushalt versorgt haben oder auf den Unterhalt des Erblassers angewiesen waren.

Im Sinne der Bestimmungen des § 117 BGB-SK werden als **Geschwister** Personen betrachtet, die mindestens einen gemeinsamen direkten Vorfahren haben. Das Gesetz unterscheidet daher nicht zwischen Geschwistern und Halbgeschwistern.

In der dritten Parentel wird das Repräsentationsprinzip angewendet und das in der Weise, dass, wenn der Geschwister des Erblassers nicht erbt (da er z.B. bereits gestorben ist), erben seinen Erbteil seine Kinder zu gleichen Teilen.[18] Mit den Kindern des Geschwisters ist die

---

13 Judikat R 12/1968.
14 Judikat Z IV, S. 836.
15 *Lazar et al*, Občianske právo hmotné 1, S. 645.
16 *Vojčík et al*, Občiansky zákonník – Stručný komentár, S. 590.
17 *Vojčík et al*, Občiansky zákonník – Stručný komentár, S. 590.
18 § 475 BGB-SK.

Anwendung des Repräsentationsprinzips in dieser Parentel ausgeschöpft. Deshalb, wenn eins der Kinder des Geschwisters des Erblassers nicht erbt, wächst der Erbteil dieses nichterbenden Kindes den sonstigen Kindern des Geschwisters des Erblassers, die die Bedingungen der Erbfähigkeit erfüllen,[19] zu.

25 Der Erbe kann in der dritten Parentel nur einen Erbteil erwerben, obwohl er z.B. sowohl als Geschwister als auch die im Haushalt mitlebende Person zum Erben berufen wurde.

Jede Person, die erbfähig ist, in der dritten Parentel zu erben, kann in dieser Parentel alleine erben. Kein Erbe der dritten Parentel geht in die vierte Parentel über.[20]

4. Vierte Parentel

26 Im Falle, dass kein Erbe aus der dritten Parentel zum Erben berufen wurde oder das Erbe angenommen hat, erben in der vierten Parentel die **Großeltern** des Erblassers **zu gleichen Teilen**, und wenn keiner von ihnen erbt, erben zu gleichen Teilen ihre Kinder.[21]

Die oben angeführte Bestimmung kann nach der slowakischen Rechtstheorie in mehrfacher Weise ausgelegt werden.

Nach erster Ansicht ist das Erben des Kindes der Großeltern ausgeschlossen, falls mindestens ein Großelternteil des Erblassers zum Erben berufen wurde. Wenn nur ein Großelternteil des Erblassers erbfähig und gewillt ist, das Erbe anzunehmen, erbt dieser alleine den gesamten Nachlass. Erst im Falle, dass keiner der Großeltern erbt, sind zum Erben die Kinder der Großeltern berufen. Auch das Kind der Großeltern kann alleine in dieser Parentel erben.

Im Sinne der zweiten Ansicht erben nach jedem Großelternteil des Erblassers, der nicht erbt, seinen Anteil seine Kinder und das zu gleichen Teilen.

Eine dritte Ansicht geht davon aus, dass unter dem Begriff „Großeltern" im Sinne des § 475a BGB-SK der Gesetzgeber stets die entsprechende Linie der Großeltern des Erblassers versteht, und zwar die Eltern des Vaters einerseits und die Eltern des Mutters andererseits. In diesem Falle haben sowohl die Eltern des Vaters (ohne Rücksicht darauf, ob beide oder nur ein von ihnen erbt) als auch die Eltern der Mutter den Anspruch auf die Hälfte des Nachlasses. Falls keiner von der entsprechenden Linie erbt, erwerben ihre Hälfte des Nachlasses ihre Kinder zu gleichen Teilen, während die zweite Hälfte des Nachlasses die zweite Linie der Großeltern erbt. Wenn eine Linie der Großeltern und auch ihre Kinder nicht erben, wächst ihre Hälfte des Nachlasses den Erben der anderen Seite zu, d.h. der zweiten Linie der Großeltern (erbt nur einer von diesem Paar, erbt dieser den ganzen Nachlass).[22]

Man muss hierbei anmerken, dass es zur Berufung der Erben aus vierter Parentel sehr selten kommt. Aus diesem Grund ist die Rechtsprechung in diesem Bereich nicht genügend entwickelt, um die fraglichen Aspekte der Auslegung des § 475a BGB-SK zu klären.

---

19 *Fekete, I./Feketeová, M.*, Občiansky zákonník – Prehľadný komentár, S. 578.
20 *Vojčík et al*, Občiansky zákonník – Stručný komentár, S. 592.
21 § 475 BGB-SK.
22 *Fekete, I./Feketeová, M.*, Občiansky zákonník – Prehľadný komentár, S. 579.

5. Erbrecht des Staates

Nach § 460 BGB-SK fällt die Erbschaft, die kein sonstiger Erbe erwirbt, dem Staat zu. Der Staat ist daher hierbei kein Erbe im Sinne des Erbrechts. Den Nachlass erwirbt der Staat *ex lege* zum Tage des Todes des Erblassers und ist nicht berechtigt, diesen abzulehnen.

In der Praxis kann man zwischen **vollständigen** und **partikulären Staatserbrecht** unterscheiden. Um partikuläres Staatserbrecht handelt es sich in dem Falle, wenn der Erblasser nur über einen Teil seines Vermögens testamentarisch verfügt und keinen gesetzlichen Erben hinterlassen hat, oder einer von den testamentarischen Erben das Erbe nicht angenommen hat, wobei kein gesetzlicher Erbe zum Erbe berufen wurde.[23]

Der Staat kann jedoch auch Erbe im eigentlichen Sinne werden, falls der Staat von dem Erblasser in seinem Testament als Erbe eingesetzt wurde. In solchen Fällen genießt der Staat dieselbe Erbstellung wie die anderen testamentarischen Erben.

II. Testamentarische Erbfolge

1. Erbeinsetzung

Die Gestaltung des slowakischen Erbrechts kennt lediglich nur ein Rechtsinstitut der Verfügung *mortis causa* – die **Erbeinsetzung**.

Die in anderen Rechtsordnungen bekannten testamentarischen Verfügungen von Todes wegen, wie z.B. das Vermächtnis, die Nacherbschaft, Erbverträge, Auflagen oder trust, sieht die slowakische Rechtsordnung nicht vor.

Solche Verfügungen wurden nicht anerkannt und daher als *ex tunc* nichtig betrachtet.

Im Testament bestimmt der Erblasser die Erben und gegebenenfalls auch ihre Erbteile oder Sachen und Rechte, die ihnen zufallen sollen. Wenn das Testament nicht die Anteile mehrerer Erben bestimmt, gilt, dass die Erben zu gleichen Teilen erben.[24]

Ein gültiges Testament kann die Person errichten (*testamenti factio*), d.h. **testierfähig** ist eine solche Person, die die volle Geschäftsfähigkeit genießt. Das Testament kann jedoch auch von einem Minderjährigen, der bereits älter als 15 Jahre ist, in der Form des notariellen Testaments errichtet werden. Personen, die jünger als 15 Jahre oder nicht geschäftsfähig sind, können ein rechtswirksames Testament nicht errichten.

Falls die Geschäftsfähigkeit einer Person durch ein Gerichtsurteil beschränkt wurde, kann diese das Testament nur dann errichten, wenn ihre Testierfähigkeit von dem Gericht nicht ausdrücklich ausgeschlossen wurde.[25] Wirksam kann das Testament auch nicht von einer Person errichtet werden, die in einer Geistesstörung gehandelt hat, infolge derer diese Person zur diesem Rechtsgeschäft unfähig ist. Entscheidend ist stets der Stand der Geschäftsfähigkeit zum Zeitpunkt der Errichtung des Testaments.[26]

Der **Wille des Erblassers** muss nach der slowakischen Rechtsprechung gegeben, frei und ernst sein und bestimmt und deutlich im Testament geäußert werden, sonst ist das Testament

---

[23] *Fekete, I./Feketeová, M.*, Občiansky zákonník – Prehľadný komentár, S. 557.
[24] § 477 BGB-SK.
[25] *Lazar et al*, Občianske právo hmotné 1, S. 653.
[26] *Lazar et al*, Občianske právo hmotné 1, S. 653.

ungültig. Für die Beurteilung des im Testament geäußerten Willens des Erblassers sind die Umstände entscheidend, unter welchen das Testament errichtet wurde.[27]

33 Die Gültigkeit des Testaments verlangt auch eine strenge **Schriftform**. Das Testament in jeder gesetzlichen Form muss schriftlich verfasst und mit der Angabe des Tages, Monates und Jahres der Unterzeichnung des Testaments versehen werden. Hat der Erblasser das Testament mit seinem Nachnamen unterzeichnet, ist das Unterzeichnungserfordernis erfüllt, insofern über die Identität des Erblassers kein Zweifel besteht.[28]

34 Ein Testament darf den Willen ausschließlich eines Erblassers beinhalten. Das Gesetz lässt ein gemeinsames Testament mehrerer Personen nicht zu.

35 Die **Bestimmung der Erben** ist *esentialia negotii* eines Testaments. Erben aus dem Testament kann eine natürliche Person, juristische Person und der Staat. Der Erbe muss im Testament ausreichend bestimmt werden. Das Gesetzt erfordert nicht eine ausdrückliche Benennung des Erbes, aus dem Testament muss jedoch zweifellos feststellbar werden, wer das Erbe erwerben soll.

36 Gemäß der Rechtsprechung resultiert aus der Auslegung der Bestimmungen des § 477 BGB-SK die Möglichkeit des Erblassers, für den Fall, dass der primäre testamentarische Erbe aus irgendwelchen Gründen nicht erben wird, einen **Ersatzerben** einzusetzen (*substitutio vulgaris*). Der Ersatzerbe tritt im solchen Falle die Stelle des ursprünglichen Erbes in dem Ausmaß seines Erbanteils an.[29] Solche Einsetzung des Ersatzerbes wird nicht als die Bedingung im Sinne des § 478 BGB-SK (der unten erläutert wird) betrachtet.

Erbt der Erbe, ggf. der Ersatzerbe, den ihm testamentarisch hinterlassenen Erbanteil nicht, sind zum Erben dieses Erbanteils die gesetzlichen Erben nach der Regeln der gesetzlichen Erbfolge berufen.

37 Den ganzen Nachlass kann auch ein **einziger testamentarischer Erbe** erben, falls keine pflichtteilsberechtigte Personen in dem konkreten Falle in Frage kommen.

Hat der Erblasser vor, **mehrere Erben** einzusetzen, ist es erforderlich, entweder ihre Anteile an dem ganzen Nachlass oder die konkreten Güter, die die einzelnen Erben erben sollen, (mit der Rücksicht auf die potenziell vorhandenen pflichtteilsberechtigten Personen) zu bestimmen. Sonst gilt eine gesetzliche unwiderlegliche Vermutung, dass die testamentarischen Erben zu gleichen Teilen erben. Hat der Erblasser die Absicht, bestimmte Güter, Sachen oder Rechte, konkreten Erben zu hinterlassen, muss er diese in seinem Testament so bezeichnen, damit zweifellos ist, um welche Sache oder Recht es sich handelt.

38 Im Testament kann der Erblasser vor allem über
– bestimmte Sachen oder Rechte,
– einen Geldbetrag,
– einen Miteigentumsanteil,
– ein dingliches Recht und
– das Vermögen im ehelichen Miteigentum im Rahmen des slowakischen Familienrechts
verfügen.

---

27 Judikat R 9/1978.
28 Judikat R 51/1984.
29 *Fekete, I./Feketeová, M.*, Občiansky zákonník – Prehl'adný komentár, S. 597.

Der Erblasser ist befugt, nur über solche Sachen *mortis causa* zu verfügen, die zum Zeitpunkt seines Todes in seinem Eigentum waren, anderenfalls ist solche Bestimmung des Testaments ungültig.[30]

Hinterlässt der Erblasser dem testamentarischen Erben einen **Geldbetrag**, der sich in dem hinterlassenen Vermögen nicht befindet, bleibt dennoch diese Bestimmung des Testaments gültig und wirksam. Die sonstigen Erben sind verpflichtet, einen solchen Erben im Rahmen der Erbauseinandersetzung zu befriedigen. Der Erblasser kann den Erben im Testament auch die Pflicht auferlegen, einem dritten Erben bestimmten Betrag auszuzahlen. Solche Bestimmung genießt nicht den Charakter der unzulässigen Bedingung im Sinne des § 478 BGB-SK. Wenn die Höhe einer solchen Auszahlung den üblichen Wert des geerbten Vermögens übersteigt, hat der Erbe des Geldbetrags den Anspruch nur auf den verhältnismäßig reduzierten Geldbetrag.

Der Erblasser ist befugt, über seinen **Miteigentumsanteil** *mortis causa* freiwillig und ohne Beschränkungen zu disponieren. Der andere Miteigentümer ist nicht gegen die Testiermaßnahmen, die der Miteigentümer bezüglich seines Miteigentumsanteils macht, geschützt.[31]

Die Verhältnisse zwischen Erben kann der Erblasser auch solcherweise anordnen, dass er in seinem Testament ein **der dinglichen Last entsprechendes Recht** zugunsten eines Erbes errichtet, das an die Liegenschaft, die einem anderen Erben hinterlassen wurde, gebunden ist.[32]

Das **Vermögen in der ehelichen Gütergemeinschaft** im Sinne des slowakischen Familienrechts kann Gegenstand der testamentarischen Disposition von Todes wegen werden. Der Auseinandersetzung eines solchen Erbanteiles muss jedoch die Auseinandersetzung der ehelichen Gütergemeinschaft vorgehen.

Gemäß § 478 BGB-SK sind alle **im Testament enthaltenen Bedingungen**, außer der oben angeführten Ausnahmen, **unwirksam**. Die Erbstellung darf nicht an Bedingungen, wie sich der Erbe benehmen oder wie der Erbe über das Erbe verfügen soll etc., gebunden werden.

Dies gilt auch für jegliche **Anordnung**, die der Erblasser in seinem Testament verankert hat. Das betrifft jedoch nicht die Anordnungen nach § 484 BGB-SK. Gemäß diesem Paragraphen kann der Erblasser anordnen, dass alles, was der Erbe zu Lebzeiten des Erblassers außer gewöhnlichen Geschenken von diesem unentgeltlich erhalten hat, an seinen Erbanteil angerechnet wird.

2. Testamentsformen

Nach § 476 BGB-SK kann der Erblasser das Testament entweder eigenhändig (holographes Testament), in einer qualifizierter Schriftform unter Anwesenheit von Zeugen (allographes Testament) oder in der Form einer notariellen Urkunde errichten. Aus der Diktion dieser gesetzlichen Bestimmung resultiert, dass das Testament nur in einer von den aufgezählten Formen errichtet werden darf, falls dieses dasselbe Vermögen betrifft. Das Gesetz lässt jedoch die Möglichkeit zu, für einzelne Vermögensanteile mehrere Testamente, und diese auch in verschiedenen Formen, zu errichten.

In jeder der oben erwähnten Testamentsformen müssen Tag, Monat und Jahr, an dem es unterzeichnet wurde, angegeben werden, da der Grundsatz *suprema voluntas potior habetur*

---

30 *Fekete, I./Feketeová, M.*, Občiansky zákonník – Prehl'adný komentár, S. 596.
31 Judikat 54/1973.
32 *Fekete, I./Feketeová, M.*, Občiansky zákonník – Prehl'adný komentár, S. 597.

(letzte Willensäußerung ist stärker als die vorgehende) gilt.³³ Anderenfalls ist das Testament nichtig.

Ein gemeinsames Testament mehrerer Erblasser ist unzulässig und deshalb *ex tunc* nichtig.

a) Holographes Testament

43 Das holographe oder auch eigenhändige Testament muss mit eigener Hand geschrieben und unterzeichnet sein, ansonsten ist nichtig.³⁴

Nach dem Gesetz und der Rechtsprechung müssen daher in dieser Form des Testaments
– der ganze Text,
– das Datum der Unterzeichnung und
– die Unterschrift
eigenhändig geschrieben werden.

Die Wahl der Sprache und Schrift, in der das Testament verfasst wurde, obliegt ausschließlich dem Erblasser.

44 Das Erfordernis der Datumsangabe in dem Testament hängt mit der Bestimmung des § 480 S. 1 BGB-SK zusammen, da gemäß dieser Bestimmung das Testament durch ein späteres wirksames Testament, neben dem dieses nicht bestehen kann, widerrufen wird.

Das Testament kann bloß mit dem Nachnamen des Erblassers unterschrieben werden. Die Unterschrift des Erblassers kann sogar unleserlich sein. Es muss jedoch zweifellos feststellbar sein, wer das Testament unterschrieben hat. Die Unterschrift muss sich am Ende der Urkunde befinden, auf den Text unter der Unterschrift wird keine Rücksicht genommen.

Das Testament ist zu dem Zeitpunkt gültig, zu dem dieses in der vorgeschriebenen Form verfasst und unterzeichnet wurde und inhaltlich im Einklang mit dem Gesetz ist. Eine Zustellung des eigenhändigen Testaments ist nicht erforderlich. Das Testament tritt zum Zeitpunkt des Todes des Erblassers in Kraft.

b) Allographes Testament

45 Das BGB-SK unterscheidet zwei Formen des allographen Testaments und zwar das **einfache**³⁵ und das **qualifizierte**³⁶ allographe Testament.

Für die Gültigkeit und Wirksamkeit des allographen Testaments in beiden Formen ist die **Mitwirkung von Zeugen** erforderlich. Gemäß § 476e BGB-SK können als Zeugen nur die Personen gestellt werden, die geschäftsfähig sind. Als Zeugen ausgeschlossen sind:
– Personen ohne Seh-, Hör- oder Sprachvermögen,
– Personen, die die Sprache, in der die Erklärung über den letzten Willen abgegeben wurde, nicht beherrschen, sowie
– Personen, die nach dem Testament erben sollen,
– der Erbe und ihm nahestehenden Personen.

46 Das Testament, das von dem Erblasser nicht eigenhändig verfasst wurde, muss von dem Erblasser eigenhändig unterschrieben werden und der Erblasser muss vor zwei gleichzeitig

---

33 § 480 S. 1 BGB-SK.
34 § 476a BGB-SK.
35 § 476b BGB-SK.
36 § 476c BGB-SK.

anwesenden Zeugen ausdrücklich erklären, dass die Urkunde seinen letzten Willen enthält.[37] Das Testament ist dann von diesen zwei Zeugen zu unterschreiben.

aa) Einfaches allographes Testament

Das **einfache allographe Testament** kann daher mit der Hand einer anderen Person, auf der Schreibmaschine, auf dem Computer usw. geschrieben werden. Dieses Testament muss jedoch von dem Erblasser **eigenhändig unterzeichnet** werden. 47

Zweite Bedingung der Gültigkeit dieser Form des Testaments ist die **Erklärung des Erblassers vor zwei** gleichzeitig anwesenden **Zeugen**, dass das Testament seinen letzten Willen enthält. Es ist nicht erforderlich, dass diese Zeugen den Inhalt des Testaments kennen. Hierbei handelt es sich um rein faktische Pflicht, die nicht in dem Testament ausdrücklich notiert werden muss.

Sobald ein solches Testament von diesen Zeugen unterzeichnet ist, ist dieses gültig errichtet. Laut der Rechtsprechung ist es nicht notwendig, das Testament durch den Erblasser vor den Zeugen zu unterzeichnen. Das Testament muss jedoch sowohl von dem Erblasser als auch von Zeugen an demselben Tage unterzeichnet werden. 48

bb) Qualifiziertes allographes Testament

Das **allographe Testament in qualifizierter Form** gemäß § 476c BGB-SK kann nur solcher Erblasser wirksam errichten, der infolge gesundheitlicher oder sonstiger Hindernisse nicht lesen oder schreiben kann. Diese Form des Testaments ist auch im Falle des Erblassers ohne Seh- oder Hörvermögen[38] erforderlich. 49

Nach § 476c Abs. 1 BGB-SK erklärt ein solcher Erblasser seinen letzten Willen zur Urkunde **vor drei** gleichzeitig anwesenden **Zeugen**. Die Urkunde ist vorzulesen und von den Zeugen zu unterschreiben. Dabei muss der Erblasser vor den Zeugen bestätigen, dass die Urkunde seinen letzten Willen enthält. Die Urkunde kann auch von einem der Zeugen geschrieben und vorgelesen werden. Derjenige, der sie geschrieben hat, darf sie jedoch nicht auch vorlesen. 50

Das Testament in dieser Form muss folgende Angaben enthalten: 51
- ausdrückliche Angabe, dass der Erblasser nicht schreiben oder lesen kann,
- wer das Testament geschrieben hat,
- wer das Testament gelesen hat,
- auf welcher Weise der Erblasser bestätigt, dass das Testament seinen ernsten letzten Willen enthält.

Bei der Errichtung des qualifizierten allographen Testaments ist somit die Mitwirkung von **drei Zeugen**, eines **Schreibers** und eines **Vorlesers** des Testaments erforderlich. Die Zeugen können bei der Errichtung des Testaments auch als Schreiber oder Vorleser tätig sein. Der Schreiber kann jedoch nicht auch Vorleser sein.[39] 52

Im Unterschied zu dem einfachen allographen Testament setzt man bei dieser Testamentsform voraus, dass die Zeugen mit dem Text des Testaments und damit, dass dieser Text den letzten Willen des Erblassers beinhaltet, bekannt gemacht wurden.

---

37 § 476b BGB-SK.
38 § 476d Abs. 3 BGB-SK; § 476 Abs. 4 BGB-SK.
39 *Vojčík et al*, Občiansky zákonník – Stručný komentár, S. 599.

53 Der **Schreiber** des Testamentes ist die Person, die den letzten Willen des Erblassers schriftlich erfasst hat. Die Person des Schreibers muss die gleichen Bedingungen wie ein Zeuge erfüllen.

Der **Vorleser** des Testaments liest das Testament dem Erblasser und den Zeugen vor. Auf die Person der Vorleser sind dieselben Anforderungen gelegt, wie auf die Zeugen und den Schreiber des Testaments.

54 Im Falle, dass einer der Zeugen, der Schreiber oder der Vorleser die oben angeführten Bedingungen im Verhältnis zu einem von mehreren Erben, die zum Erben aufgrund dieses Testaments berufen wurden, nicht erfüllt, ist das Testament nur in dem Teil ungültig, der diesen Erben betrifft.[40]

55 Alle beteiligten Personen (d.h. der Erblasser, Zeugen, der Schreiber und der Vorleser) müssen bei dem ganzen Vorgang der Errichtung des Testamentes gleichzeitig anwesend sein. Der Vorgang der Errichtung des Testamentes besteht nach der Rechtsprechung aus folgenden Schritten:
– Erklärung des Erblassers über seinen letzten Willen,
– Verfassen des Testaments,
– Vorlesen des Testaments,
– Bestätigung des Erblassers, dass das vorgelesene Testament seinen letzten Willen beinhaltet,
– Unterzeichnen des Testaments von den Zeugen.

Auch hierbei gilt, dass sowohl das einfache als auch das qualifizierte allographe Testament in der Sprache nach der Wahl des Erblassers errichtet werden kann. Erforderlich ist nur, dass alle beteiligten Personen diese Sprache beherrschen.

56 Im § 476d Abs. 3 und 4 BGB-SK wurden **Sonderformen des qualifizierten allographen Testaments** verankert. So können neben der Möglichkeit des notariellen Testaments im Sinne des § 476d Abs. 1 BGB-SK die Personen ohne Seh- und Hörvermögen ihren letzten Willen vor drei gleichzeitig anwesenden Zeugen zu einer Urkunde erklären. Im Weiteren unterliegen diese Sonderformen des Testaments denselben gesetzlichen Bedingungen wie das qualifizierte allographe Testament gemäß § 476c BGB-SK.

c) Notarielles Testament

57 Jede Person, die testierfähig ist, kann das Testament auch in der Form des notariellen Testaments errichten. Bei dieser Form des Testaments erklärt der Erblasser seinen letzten Willen mündlich ins notarielle Protokoll. Solcherweise errichtetes Testament ist im Notariellen Zentralregister der Testamente registriert und somit vor potenzieller Zerstörung, Verlust oder Verheimlichung geschützt.

58 Da für die Zwecke der Errichtung des notariellen Testaments keine örtliche oder sachliche Zuständigkeit der Notare gesetzlich festgelegt wurde, kann der Erblasser einen Notar nach seiner Wahl beauftragen. Dies gilt jedoch ausschließlich für die Errichtung des Testaments, die Zuständigkeit der Notare in den Nachlassverfahren ist nach dem letzten Wohnsitz des Erblassers geregelt.

Minderjährige, die älter als 15 Jahre sind, können im Sinne des § 476 Abs. 2 BGB-SK ihren letzten Willen nur in der Form des notariellen Testaments erklären.

---

40 *Fekete, I./Feketeová, M.*, Občiansky zákonník – Prehľadný komentár, S. 589.

Gesetzliche Anforderungen an die Verfassung des notariellen Protokolls wurden in §§ 46– 55 des Gesetzes Nr. 323/1992 Slg. Notariatsordnung (weiterhin nur „NO-SK") verankert. Gemäß § 47 NO-SK muss das notarielle Protokoll beinhalten:
- Ort, Tag, Monat und Jahr der Verfassung des notariellen Protokolls,
- Ort, Nachname und Sitz des Notars,
- Name, Nachname, Geburtsnummer (falls erteilt), Geburtsdatum und Wohnsitz des Erblassers, der Vertreter, Zeugen, Vertrauteren und Dolmetschern,
- Erklärung des Erblassers über seine Testierfähigkeit,
- Angabe über den Beweis der Identität des Erblassers und der Zeugen,
- Inhalt des letzten Willen,
- Angabe, dass der Erblasser das notarielle Protokoll nach dem Vorlesen genehmigen hat,
- Unterschriften des Erblassers, ggf. der Vertreter, Zeugen, Vertrauteren, Dolmetschern,
- Stempelabdruck und Unterschrift des Notars.

Errichtet der Notar das notarielle Protokoll mit der Person, die nicht lesen oder schreiben kann, zieht er zwei Zeugen zu.[41] Die Zeugen müssen während des ganzen Vorgangs der Errichtung des notariellen Testaments (d.h. die Willensäußerung des Erblassers, Vorlesen des Protokolls und Genehmigung des Inhalts des Protokolls seitens Erblassers) anwesend sein. Dies muss im notariellen Protokoll notiert sein.

Wenn der Erblasser kein Hör- oder Sprachvermögen hat und dieser gleichzeitig nicht lesen oder schreiben kann, muss zur Errichtung des notariellen Testaments neben den Zeugen auch ein Vertrauter des Erblassers zugezogen werden. Mit der Hilfe des Vertrauten ermittelt dann der Notar, ob der Erblasser den Inhalt des notariellen Protokolls genehmigt.[42]

Die Tatsache, dass zu der Errichtung des notariellen Protokolls aus den oben erwähnten Gründen die Zeugen oder der Vertrauter zugezogen werden mussten, auch mit der ausdrücklichen Angabe dieser Gründen, muss in dem notariellen Protokoll von dem Notar eingetragen werden.[43]

Falls der Erblasser oder einer der Zeugen die Sprache des notariellen Protokolls nicht beherrscht, muss gemäß der Bestimmungen des § 53 NO-SK ein Dolmetscher zugezogen werden. Spricht jedoch der Notar die Sprache, in der der Erblasser oder Zeuge handelt, ist die Zuziehung des Dolmetschers nicht erforderlich. Eventuelle Dolmetscherkosten sind vom Erblasser zu zahlen.

3. Aufhebung des Testaments

§ 480 BGB-SK verankert folgende Arten der Testamentsaufhebung:
- Errichtung eines neuen Testamentes, neben dem das ältere nicht bestehen kann,
- Widerruf des Testaments,
- Zerstörung der Urkunde, auf der das Testament geschrieben wurde.

Das **frühere Testament** wird ungültig, wenn sein Inhalt durch den Inhalt eines späteren Testaments ersetzt wird.

Falls das spätere Testament gültig erstellt wurde und die gleiche Vermögensgüter betrifft, wird das frühere Testament durch die Errichtung des späteren ersetzt und somit aufgehoben, und zwar zum Zeitpunkt der Errichtung des späteren Testaments.

---

41 § 49 S. 1 NO-SK.
42 § 51 NO-SK.
43 § 52 NO-SK.

64 Auf den **Widerruf des Testaments** werden die gleichen gesetzlichen Anforderungen wie auf die Errichtung eines gültigen Testaments gestellt.

Die Form des Widerrufs des Testaments muss jedoch nicht der Form des Testaments entsprechen, d.h. der Erblasser kann sein eigenhändiges Testament auch durch den Widerruf in der Form eines notariellen oder allographen Testaments verfassen. Dies betrifft nicht die Bestimmungen des BGB-SK, die für bestimmte Personen, wie z.B. Minderjährige, die Freiheit der Testamentsformwahl beschränken.

65 Die Wirkungen des Testamentswiderrufs treten erst zum Zeitpunkt des Todes des Erblassers und nicht zu der Zeit dieses Rechtsgeschäftes auf,[44] da auch das Testament die Rechtswirkungen erst zum Zeitpunkt des Todes des Erblassers veranlasst.

Auch der Widerruf des Testaments kann widerrufen werden. Die Rechtswirkungen des Testaments werden jedoch nicht wiederherstellt.

66 Die **Zerstörung der Urkunde**, auf der das Testament geschrieben wurde, als Art der Testamentsaufhebung kommt in der Frage nur im Falle des Testaments, das nicht in der Form des notariellen Testaments errichtet wurde. Wirkungen der Aufhebung des Testaments hat nur solche Zerstörung der Urkunde, zu der es absichtlich gekommen ist. Falls das Testament in mehreren Gleichschriften ausgefertigt wurde und jede Gleichschrift von dem Erblasser eigenhändig unterzeichnet und datiert wurde, kann die Aufhebung eines solchen Testaments nur durch die Zerstörung aller Gleichschriften erzielt werden.[45]

4. Notarielles Zentralregister der Testamente

67 Gemäß der Bestimmungen des § 73c Abs. 1 NO-SK führt die slowakische Notarkammer das Notarielle Zentralregister der Testamente. Das Zentralregister der Testamente beinhaltet die Testamente, Enterbungsurkunden und die Wiederrufe dieser Verfügungen *mortis causa*, die in der Form eines notariellen Protokolls errichtet wurden, und dies ohne Rücksicht darauf, ob diese Verfügungen bereits kundgegeben wurden oder noch nicht.

In dem Zentralregister der Testamente werden jedoch auch die von Todes wegen errichteten Urkunden hinterlegt, die von dem Notar in die notarielle Verwahrung angenommen wurden.

a) Verfügungen von Todes wegen in der Form des notariellen Protokolls

68 Nach der Verfassung des Testaments oder einer sonstigen Verfügung von Todes wegen in der Form des notarielles Protokolls ist dieses gemäß § 18 Abs. 3 der Verordnung des Justizministeriums der Slowakischen Republik Nr. 16975/2004–53 Büroordnung der Notare (weiterhin nur „BO") in einen Stahlschrank in dem Notaramt einzuschließen.

Der Notar ist nach § 74 BO weiterhin verpflichtet, die solcherweise errichtete Urkunde, die die Verfügung *mortis causa* beinhaltet, in dem Zentralregister der Testamente zu registrieren.

Die Mitteilung für das Zentralregister der Testamente beinhaltet Name des Erblassers, Geburtsnummer (falls erteilt), ggf. Geburtsdatum des Erblassers und Aktenzeichen, unter dem das notarielle Protokoll errichtet wurde.

---

44 *Fekete, I./Feketeová, M.*, Občiansky zákonník – Prehľadný komentár, S. 602.
45 *Lazar et al*, Občianske právo hmotné 1, S. 670.

b) Verfügungen von Todes wegen in sonstigen gesetzlichen Formen

Das Testament, die Enterbungsurkunde oder ihre Widerrufe, die nicht in der Form des notariellen Protokolls errichtet wurden, können gemäß den Bestimmungen der §§ 65–69 NO-SK und § 73 BO in die **notarielle Verwahrung** gelegt werden.

Die Annahme des Testaments in die notarielle Verwahrung beantragt der Erblasser persönlich oder schriftlich. Der Erblasser kann zu der Beantragung der Testamentsannahme auch einen Vertreter bevollmächtigen.[46]

Im Sinne des § 73 Abs. 2 BO ist der Notar bei der persönlichen Beantragung der Testamentsannahme verpflichtet, den Erblasser über formelle und inhaltliche Erfordernisse des Testaments zu belehren. Über die Annahme des Testaments in die notarielle Verwahrung ist ein Protokoll in zwei Gleichschriften anzufertigen. Falls die Verwahrung des Testaments der Vertreter des Erblassers beantragt hat, wird ein Protokoll in drei Gleichschriften angefertigt (eine für den Vertreter, die zweite wird dem Erblasser per Post zugesendet und die dritte bleibt bei dem Notar).

In dem Protokoll müssen Name, Nachname (ggf. auch Geburtsnachname), Geburtsdatum, Geburtsnummer (falls erteilt), Geburtsort, Wohnsitz, Datum der Testamentserrichtung, Testamentsblattanzahl und auch Material, auf dem das Testament verfasst wurde,[47] aufgeführt sein.

Am Tage der Annahme der Urkunde, die die Verfügung von Todes wegen beinhaltet, ist der Notar verpflichtet, diese auch ins Zentralregister der Testamente zu registrieren und dies unter denselben Bedingungen, wie die letztwillige Verfügungen in der Form des notariellen Protokolls.[48]

Der Notar gibt das verwahrte Testament, die Enterbungsurkunde oder deren Widerruf zu Lebzeiten des Erblassers nur dem Erblasser persönlich oder seinem Vertreter heraus, der zur Übernahme dieser Urkunde aus der notariellen Verwahrung von dem Erblasser mit einer Sondervollmacht bevollmächtigt wurde. Die Unterschrift auf solcher Vollmacht muss gemäß § 74 Abs. 4 BO amtlich beglaubigt werden.

Nach § 75 BO ist die Herausgabe der Verfügung von Todes wegen aus der notariellen Verwahrung am selben Tag im notariellen Zentralregister der Testamente zu registrieren.

c) Im Ausland errichtete Verfügungen von Todes wegen

Die Registrierung der Verfügungen *mortis causa*, die im Ausland errichtet wurden, sehen die betroffenen Rechtsvorschriften nicht vor. In die notarielle Verwahrung können nur die Testamente, Enterbungsurkunden und ihre Widerrufe gelegt werden, die Anforderungen der slowakischen erbrechtlichen Rechtsvorschriften erfüllen.

Erfüllt das holographe oder allographe Testament die Rechtsanforderungen des slowakischen Erbrechts, ist von dem Notar nicht zu prüfen, wo die letztwillige Verfügung verfasst wurde.

Die Verfügungen *mortis causa*, die in der Form des notariellen Protokolls bei einem ausländischen Notar errichtet wurden, werden im notariellen Zentralregister der Testamente nicht registriert.

---

46 § 73 Abs. 1 BO.
47 § 66 NO-SK; § 73 BO.
48 § 74 BO.

Hätte ein deutscher Erblasser das Interesse, über sein in der Slowakischen Republik befindliches Vermögen *mortis causa* zu verfügen und diese Verfügung im Zentralregister der Testamente registriert zu haben, wäre es daher empfehlenswert, solche letztwillige Verfügung entweder in der Form des holographen oder allographen Testaments zu errichten und die Annahme in die notarielle Verwahrung bei dem slowakischen Notar zu beantragen, oder die Verfügung von Todes wegen in der Form des notariellen Protokolls bei dem slowakischen Notar zu errichten.

Ein Sonderregister der im Ausland errichteten Testamente wurde in der Slowakischen Republik nicht gegründet.

d) Auskunft aus dem Zentralregister

76 Das Notarielle Zentralregister der Testamente ist eine nichtöffentliche Evidenz der Verfügungen *mortis causa*. Aus diesem Grund hat nur die Notarkammer und *ad hoc* auch der in dem Nachlassverfahren tätige Notar den Zugang zu den Daten dieses Registers. Aufgrund einer Anfrage des Gerichtes oder Notars, der als Gerichtskommissar zur Durchführung der Rechtsgeschäfte im Nachlassverfahren beauftragt wurde, teilt die Notarkammer mit, ob die Notarkammer ein Testament registriert und bei wem dieses hinterlegt wurde.[49] Die Notarkammer ist jedoch nicht berechtigt, solchem Anliegen zu Lebzeiten des Erblassers nachzukommen.[50]

III. Pflichtteilsrecht

1. Pflichtteilsberechtigte Personen, Umfang des Pflichtteilsrechts

77 Zu Zwecken des Schutzes der Interessen der Abkömmlinge beschränkt das Gesetz die Testierfreiheit des Erblassers[51] im § 479 BGB-SK, der das Recht auf einen Pflichtanteil aus der Erbschaft zugunsten der **Abkömmlinge** des Erblassers, die zur gesetzlichen Erbfolge als Erben der ersten Parentel berufen sind, verankert. Nach der slowakischen Pflichtteilsrechtsregelung betrifft das Pflichtteilsrecht somit ausschließlich die Abkömmlinge des Erblassers, und im Unterschied zu mehreren Rechtsordnungen Europas ist der Ehegatte des Erblassers nicht pflichtteilsberechtigt.

78 Das Gesetz unterscheidet zwischen minderjährigen und volljährigen Abkömmlingen des Erblassers. Nach Bestimmungen des § 479 BGB-SK haben die **minderjährigen** Abkömmlinge des Erblassers den Anspruch mindestens darauf, was ihnen nach den Regeln der gesetzlichen Erbfolgen zustehen sollte. Demgegenüber steht den **volljährigen** Abkömmlingen mindestens die Hälfte ihres gesetzlichen Erbteils zu.

79 Der gesetzliche Erbanteil im Sinne der Bestimmung des § 479 BGB-SK ist der Anteil, der aus der ganzen Erbschaft und nicht nur aus dem Teil der Erbschaft, der in dem konkreten Falle aus dem Testament geerbt wurde, berechnet ist.[52] Für die Bestimmung des Maßes des Pflichtanteils ist nicht der Stand zur Zeit der Errichtung des Testamentes, sondern der Stand zur Zeit des Todes des Erblassers entscheidend.

---

49 § 73c S. 1 NO-SK.
50 § 73c S. 2 NO-SK.
51 *Fekete, I./Feketeová, M.*, Občiansky zákonník – Prehl'adný komentár, S. 599.
52 Judikat R 45/1990.

Die Erbschaftsansprüche der pflichtteilsberechtigten Personen sind keine Ansprüche auf Auszahlung ihrer Anteilen von Testamentserben, sondern Ansprüche auf entsprechenden Anteil von dem Vermögen, das vom Erblasser hinterlassen wurde.[53]

Übergeht der Erblasser die pflichtteilsberechtigten Personen in seinem Testament, ist das Testament in diesem Teil nicht *ipso facto* ungültig. Es handelt sich um die relative Ungültigkeit dieser Testamentsbestimmung, die der Pflichtteilsberechtigte anfechten müsste, so dass die Rechtswirkungen dieser Ungültigkeit eintreten würden.

Der Anspruch auf den Pflichtanteil besteht jedoch nicht, soweit der Pflichtteilsberechtigte **erbunwürdig** oder **enterbt** worden ist. Gemäß § 469 BGB-SK ist von der Erbschaft ausgeschlossen, d.h. **erbunwürdig**, wer eine **vorsätzliche Straftat** gegen den Erblasser, seinen Ehegatten, seine Kinder oder Eltern begangen oder sich in **verachtenswerter Weise gegen** den zum Ausdruck gebrachten **letzten Willen** des Erblassers verhalten hat. Er kann jedoch erben, wenn ihm der Erblasser die Tat verziehen hat (dieser Paragraph betrifft sowohl die testamentarischen als auch die gesetzlichen Erben)

Das Gesetz stellt also zwei Gründe der Erbunwürdigkeit eines Erben fest. Der erste Grund entsteht infolge der Begehung einer **vorsätzlichen Straftat** des Erbes gegen folgende Personen:
– Erblasser,
– Ehegatte des Erblassers,
– Kinder des Erblassers,
– Eltern des Erblassers.

Zu der Begehung der erwähnten Tat muss es spätestens bis zum Zeitpunkt des Todes des Erblassers kommen. Diese Erbunwürdigkeit ist gesetzlich nicht dadurch bedingt, dass der Straftäter für die Straftat auch verurteilt wurde oder die Strafverfolgung des Straftäters bereits eingeleitet wurde.[54] Eventuelle Amnestie oder Untergang der Strafbarkeit der Tat wird in diesem Zusammenhang nicht berücksichtigt.

Das Gesetz geht weiterhin davon aus, dass es unvereinbar mit den Grundsätzen des Erbrechts wäre, dass das Erbe demjenigen zufallen würde, der bemüht ist, einen solchen Zustand herbeizuführen, der dem wahren Willen des Erblassers nicht entspricht.[55]

Da das Gesetz den Ausdruck „**verachtenswerte Weise**" nicht näher bestimmt, ist es erforderlich, das Verhalten des Erben unter Umständen des konkreten Falles zu beurteilen. Das Verhalten des Erben muss jedenfalls einen solchen Eingriff in den letzten Willen des Erblassers darstellen, der im Widerspruch mit guten Sitten ist,[56] in concreto das Verhalten, durch das der Erbe sich bemühen würde, vorteilhaftere Stellung als ihm sonst zusteht zu erreichen. Es wird keine Rücksicht genommen, ob es zu solchem Handeln zu Lebzeiten des Erblassers oder erst nach seinem Tod gekommen ist.

Die Erbunwürdigkeit tritt bei der Erfüllung der oben angeführten Tatbestandsmerkmalen *ipso facto ex lege* ein und das Gericht ist in dem Nachlassverfahren verpflichtet, das Vorliegen dieser Gründe von Amts wegen zu prüfen.

Verzeiht der Erblasser solchem Erben, ist dieser wieder erbfähig. Dabei ist nicht entscheidend, ob der Erblasser dies schriftlich, mündlich oder sogar konkludent tut. Es ist jedoch erforderlich, dass der Erblasser seinen Verzeihwillen deutlich genug äußert.

---

53 Judikat Z IV, S. 830.
54 *Fekete, I./Feketeová, M.*, Občiansky zákonník – Prehľadný komentár, S. 563.
55 *Lazar et al*, Občianske právo hmotné 1, S. 626–627.
56 *Vojčík et al*, Občiansky zákonník – Stručný komentár, S. 577.

86 Der § 469a BGB-SK verankert das Institut der **Enterbung**. Gemäß diesem Paragraphen ist der Erblasser befugt, die Erbschaft seines Erben, der pflichtteilsberechtigt ist, auszuschließen, und zwar in dem Falle, dass der Erbe
- entgegen guten Sitten dem Erblasser bei einer Krankheit, im Alter oder in anderen Fällen der Not die notwendige Hilfe nicht geleistet hat,
- dauerhaft kein echtes Interesse am Erblasser zeigt, welches er als Abkömmling zeigen sollte,
- wegen einer vorsätzlichen Straftat zu einer Freiheitsstrafe von mindestens einem Jahr verurteilt worden ist,
- dauerhaft ein ungeregeltes Leben führt.

87 Eine gültige und wirksame Enterbung muss sowohl die formellen als auch materiellen gesetzlichen Anforderungen erfüllen. Eine **materielle Anforderung der Enterbung** ist das Vorhandensein eines konkreten gesetzlich bestimmten Grundes der Enterbung. Dieser Grund muss bei der Enterbung von dem Erblasser ausdrücklich angegeben werden, bloße Existenz des Grundes reicht nicht aus.[57]

Die Enterbungsurkunde unterliegt denselben **formellen** gesetzlichen **Anforderungen** wie das Testament, dies gilt analog auch für den Widerruf der Enterbung.

2. Einbeziehung lebzeitiger Verfügungen des Erblassers

88 Im slowakischen Erbrecht ist bloß das **Institut der Anrechnung von Schenkungen** bekannt. Die Anrechnung von Schenkungen ist im § 484 BGB-SK geregelt, der unterschiedliche Regime für Fälle der gesetzlichen und testamentarischen Erbfolge verankert.

Bei der **gesetzlichen Erbfolge** wird an den Erbteil des Erben das angerechnet, was er zu Lebzeiten des Erblassers, außer gewöhnlichen Geschenken, von diesem unentgeltlich erhalten hat.[58] Im Falle, dass statt des ursprünglichen Erben seine Abkömmlinge erben, wird außerdem auch das angerechnet, was dieser ursprüngliche Erbe vom Erblasser erhalten hat.

Liegt eine Schenkung vor, die der Anrechnungspflicht gemäß § 484 BGB-SK unterliegt, ist bei der gesetzlichen Erbfolge die Anrechnung stets durchzuführen.

89 Demgegenüber ist bei der **testamentarischen Erbfolge** erforderlich, die Anrechnung nur in folgenden Fällen durchzuführen, und das wenn
- der Erblasser dies im Testament ausdrücklich angeordnet hat,
- der Erbe gegenüber einem pflichtberechtigten Erben grundlos begünstigt wäre.

Solche Anrechnung wird von dem Gericht auf Antrag der Erben durchgeführt.[59]

90 Was als **gewöhnliches Geschenk** betrachtet wird, ist nach dem konkreten Fall zu beurteilen. Entscheidend ist hierbei die Vermögenslage des Erblassers, der Erben, ggf. ihrer Familien, dies muss das handelnde Gericht, eventuell der Notar als Gerichtskommissar, untersuchen. Die Schenkung von einer Immobilie wird grundsätzlich nicht mehr als ein gewöhnliches Geschenk betrachtet.

91 Nach dem Judikat Z I S. 548 soll man die **Anrechnung** im Sinne des § 484 BGB-SK in solcher Art und Weise durchführen, dass zu dem Nettowert des Erbes alle Schenkungen zugerechnet werden, diese Gesamtsumme als Grundlage für Festlegung der Erbanteile genommen wird und dann die einzelnen Schenkungen von einzelnen Erbanteilen abgezogen

---

57 *Lazar et al*, Občianske právo hmotné 1, S. 629.
58 § 484 S. 2 BGB-SK.
59 *Vojčík et al*, Občiansky zákonník – Stručný komentár, S. 614.

werden. Übersteigern solche Schenkungen den eigenen Erbanteil des beschenkten Erben, ist dieser nicht verpflichtet, etwas zurückzuerstatten. Im solchen Falle wird der fehlende Unterschied zwischen anderen Erben entsprechend ihren Erbanteilen verteilt.

Man geht grundsätzlich von dem allgemeinen **Wert der Leistung** in der Zeit aus, wenn diese der Erbe bekommen hat. Dieser Grundsatz gilt für die Verhältnisse, in denen die Werte stabilisiert sind; außerordentliche Fälle muss man stets nach konkreten Umständen beurteilen, weil es nicht gerecht wäre, dem Erben solche Schenkungen, die ihm trotz seiner höchsten Sorgfalt keinen Gewinn gebracht haben, anzurechnen.[60]

3. Durchsetzung des Pflichtteilsrechts

Falls der Erblasser einen pflichtteilsberechtigten Erben in seinem Testament übergeht, ist ein solches Testament gemäß der Bestimmungen des § 479 S. 2 BGB-SK ungültig. Die Ungültigkeit des Testaments im Sinne des § 479 BGB-SK ist eine relative Ungültigkeit, die in einem Nachlassverfahren von dem Pflichtteilsberechtigten geltend gemacht werden muss und dies vor dem im Nachlassverfahren handelnden Notar, der dieses Nachlassverfahren als Gerichtskommissar führt. Macht der Pflichtteilsberechtigte die Ungültigkeit des Testaments nicht geltend, bedeutet es, dass er mit der Erbfolge nach dem Testament einverstanden ist. Falls die Ungültigkeit des Testamentes nur einer von den pflichtteilsberechtigten Erben geltend macht, macht dieser nur sein eigenes Pflichtteilsrecht geltend[61] und diese Geltendmachung bezieht sich nicht auf die anderen übergegangenen Erben.

Wird nach der Beendigung des Nachlassverfahrens festgestellt, dass ein anderer der berechtigte Erbe ist, ist derjenige, der die Erbschaft erlangt hat, verpflichtet, dem berechtigten Erben das Erlangte herauszugeben.[62]

Aufgrund des § 485 BGB-SK i.V.m. § 175y Abs. 2 des Gesetzes Nr. 99/1963 Zivilprozessordnung (weiterhin nur „ZPO-SK") steht demjenigen, der pflichtteilsberechtigt ist, aber trotzdem nicht Beteiligter des Nachlassverfahrens war, zu, eine Klage in der allgemeinen Frist von 3 Jahren zu erheben. Diese 3-jährige Verjährungsfrist beginnt am Tage der Rechtskräftigkeit des Beschlusses über Erbschaft, mit dem das Nachlassverfahren geschlossen wurde.

Die Klage auf Herausgabe des Vermögens aus der Erbschaft gemäß § 485 BGB-SK kann nur derjenige erfolgreich erheben, der nicht Beteiligte des Nachlassverfahrens war.[63]

IV. Vertragliche Erbfolge

Die **Institute der vertraglichen Erbfolge**, die in den Rechtsordnungen anderer Staaten bekannt sind, sieht das slowakische Erbrecht nicht vor. Gemäß der Bestimmung des § 476 Abs. 3 BGB-SK ist ein gemeinsames Testament mehrerer Erblasser nichtig. Diese Nichtigkeit ist absolut und kann daher niemals konvalidiert werden.

Da nach § 461 Abs. 1 BGB-SK die Erbfolge kraft Gesetzes, Testaments oder kraft beider dieser Gründe eintritt, ist der Erbvertrag im Rahmen des slowakischen Erbrechts unzulässig.

---

60 Judikat R 5/1970.
61 *Fekete, I./Feketeová, M.*, Občiansky zákonník – Prehl'adný komentár, S. 601–602.
62 § 485 BGB-SK.
63 Judikat R 44/1986.

Falls keine andere Rechtsordnung gemäß §§ 17 und 18 IPR-SK angewendet wird, sind solche vertraglichen Verfügungen von Todes wegen unwirksam und werden bei der Erbauseinandersetzung nicht berücksichtigt.

V. Nachlassabwicklung

1. Annahme und Ausschlagung der Erbschaft

96 Die Erbschaft erwirbt man mit dem Tode des Erblassers.[64] Mit dem Tode des Erblassers treten die Erben als **universale Sukzessoren** in alle Vermögensrechte des Erblassers, sowohl als neue Eigentümer und auch als neue Schuldverhältnisbeteiligte, *ipso iure* ein. Es ist daher nicht erforderlich, ein Rechtsgeschäft vorzunehmen, um Erbe zu werden.[65]

97 Will der Erbe die Erbschaft nicht annehmen, steht ihm im Sinne der §§ 463–467 BGB-SK das Recht zu, diese Erbschaft auszuschlagen. Die **Ausschlagung der Erbschaft** erfolgt durch mündliche Erklärung gegenüber dem Gericht oder durch eine an das Gericht zugesandte schriftliche Erklärung,[66] und das in der Frist von einem Monat ab dem Tage, an dem er von dem Gericht über das Recht, die Erbschaft auszuschlagen und die Folgen dieser Ausschlagung belehrt wurde. Aus wichtigen Gründen kann das Gericht diese Frist verlängern.[67] Um die Verlängerung der Frist muss das Gericht von dem Erben noch vor dem Ablauf dieser Frist ersucht werden.

98 Der Erbe kann die Erbschaft nicht ausschlagen, wenn er durch sein Verhalten zum Ausdruck gebracht hat, dass er die Erbschaft nicht ausschlagen will.[68] Als solches Verhalten werden die der Erbschaftssicherung dienenden Geschäfte, die Fürsorge für die zur Erbschaft gehörenden Sachen oder die Zahlung der Schulden des Erblassers usw. betrachtet. Um das Verhalten als Erbe geht es nicht in solchen Fällen, wenn der Erbe die allernötigsten Geschäfte vornimmt, mit denen er bloß den Zweck verfolgt, eventuelle Verluste oder Schäden zu vermeiden.[69]

99 Der Erblasser kann an die Ausschlagung der Erbschaft im Sinne des § 466 BGB-SK keine Vorbehalte oder Bedingungen knüpfen. Nach Bestimmungen desselben Paragraphen ist eine Teilausschlagung auch ausgeschlossen. Solche Erklärungen haben keine Rechtsfolgen und sind daher nichtig.

100 Gemäß § 467 BGB-SK ist die Erklärung der Erbschaftsausschlagung unwiderruflich. Dasselbe gilt auch, wenn der Erbe erklärt, dass er die Erbschaft nicht ausschlägt. Die Erklärung über Ausschlagung oder Nichtausschlagung der Erbschaft bezieht sich auf den ganzen Nachlass des Erblassers, also auch auf das neuentdeckte Vermögen.[70] Die Ausschlagung bezieht sich auf die ganze Erbschaft auch in dem Sinne, dass, wenn der Erbe sowohl aus dem Gesetz als auch aus dem Testament erbt, ihm nicht das Recht zusteht, die Erbschaft aus dem Testament auszuschlagen und die Erbschaft aus dem Gesetz anzunehmen oder umgekehrt.

---

64 § 460 BGB-SK.
65 *Fekete, I./Feketeová, M.*, Občiansky zákonník – Prehľadný komentár, S. 558.
66 § 463 Abs. 1 S. 2 BGB-SK.
67 § 464 BGB-SK.
68 § 465 BGB-SK.
69 Judikat Z I S. 554.
70 Judikat R 37/1974.

Nach § 463 Abs. 2 BGB-SK ist der Erbe befugt, **zur Ausschlagung** der Erbschaft seinen Vertreter zu **bevollmächtigen**. Die von dem Erben erteilte Vollmacht muss den Vertreter jedoch ausdrücklich zu der Ausschlagung der Erbschaft bevollmächtigen.

2. Struktur der Erbengemeinschaft und Erbauseinandersetzungsvereinbarung

Ist nur ein Erbe vorhanden, bestätigt das Gericht, dass er die Erbschaft erworben hat.[71] Erben jedoch mehrere Erben, so setzen die sich in einer **Erbauseinandersetzungsvereinbarung** auseinander.[72] Diese Vereinbarung muss entweder von dem Gericht bestätigt oder von dem Notar, der als Gerichtskommissar im Nachlassverfahren handelt, bescheinigt werden. Im Sinne des § 482 Abs. 2 BGB-SK darf solche Vereinbarung nicht gegen das Gesetz oder die guten Sitten verstoßen.

Die **Beteiligten der Erbauseinandersetzungsvereinbarung** sind alle zur Erbfolge berufenen Erben. Der Widerspruch auch nur eines der Erben hat das Scheitern dieser Vereinbarung zur Folge. Zum Vereinbarungsabschluss kommt es nur dann, wenn alle Erben einen bestimmten Willen äußern, der sich auf den ganzen Inhalt der Vereinbarung bezieht.[73]

Eine solche Vereinbarung muss das gesamte Vermögen, das im Verzeichnis der Aktiva und Passiva der Erbschaft gemäß § 175m ZPO-SK aufgenommen wurde, umfassen. In der **Erbauseinandersetzungsvereinbarung** sollten die Erben vereinbaren, wer welches Vermögen, welche Sachen oder Rechte aus dem Nachlass erwerben wird, wer welche Schulden des Erblassers übernimmt und wie sich die Erben in diesem Zusammenhang finanziell auseinandersetzen. Die Vereinbarung kann auch die Errichtung einer dinglichen Last[74] oder eines Pfandrechts[75] beinhalten.[76]

Die Verteilung der Vermögenswerte in einer Erbauseinandersetzungsvereinbarung muss nicht den gesetzlichen oder testamentarischen Erbteilen einzelner Erben entsprechen. Sowohl das Gesetz als auch die Rechtsprechung lassen sogar den Erbanteilsverzicht eines Erben zugunsten eines anderen Erben zu.

Einigen sich die Erben über den Inhalt der Vereinbarung nicht, oder die Vereinbarung verstößt gegen das Gesetz und/oder guten Sitten, bestätigt das Gericht gemäß § 483 BGB-SK die Erbenstellung derjenigen, die ihr Erbrecht nachgewiesen haben. Das Gericht bestätigt diese Erbenstellung genau nach gesetzlichen oder testamentarischen Erbteilen einzelner Erben.[77]

3. Haftung der Erben

Der Erbe haftet bis zur Höhe der erlangten Erbschaft für **angemessene Kosten der Bestattung** des Erblassers und die **Schulden** des Erblassers, die mit dem Tod des Erblassers auf ihn übergegangen sind.[78] Im Falle, dass mehrere Erben vorhanden sind, tragen diese gemäß § 470 Abs. 2 BGB-SK die Bestattungskosten und die Schulden im Verhältnis ihrer Erbteile zur gesamten Erbschaft.

---

71 § 481 BGB-SK.
72 § 482 Abs. 1 BGB-SK.
73 *Fekete, I./Feketeová, M.*, Občiansky zákonník – Prehľadný komentár, S. 606.
74 Nach § 151o BGB-SK.
75 Nach § 151b BGB-SK.
76 *Vojčík et al*, Občiansky zákonník – Stručný komentár, S. 610.
77 § 484 BGB-SK.
78 § 470 Abs. 1 BGB-SK.

Der Erblasser ist daher nicht berechtigt, in dem Testament zu bestimmen, wie die Haftung für **Schulden** aus der Erbschaft zwischen den einzelnen Erben verteilt werden soll.[79]

108 Erben also haften *in concreto* nur für folgende Schulden:
- Schulden, die auf den Erben mit dem Tod des Erblassers übergegangen sind,
- angemessene Kosten der Bestattung des Erblassers.

Den Gegenstand der Erbenhaftung bilden nur die Schulden, die spätestens zum Zeitpunkt des Todes des Erblassers entstanden sind. Auf die nach dem Tod des Erblassers entstandenen Schulden wird keine Rücksicht genommen.

109 Bezüglich der Kosten der Bestattung des Erblassers betont das Gesetz die Angemessenheit dieser Kosten. Die Bestattungskosten müssen sowohl der Person des Erblassers, dem Maß der hinterlassenen Erbschaft als auch lokalen Gewohnheiten entsprechen.[80]

Der Erbe haftet nicht damit, was er erworben hat (*in natura*), sondern mit seinem ganzen Vermögen und das jedoch bis zu dem Wert, welchen die von ihm erworbene Erbschaft hat.[81]

110 Wenn die Erbschaft überschuldet ist, können sich die Erben mit den Gläubigern gemäß § 471 Abs. 1 BGB-SK darauf einigen, dass sie ihnen die **Erbschaft zur Tilgung der Schulden** überlassen. Eine solche Vereinbarung muss jedoch von dem Gericht genehmigt werden. Das Gericht wird solche Vereinbarung genehmigen, wenn diese nicht gegen das Gesetz oder gute Sitten verstößt.

111 Kommt eine Vereinbarung zwischen den Erben und den Gläubigern aus irgendwelchen Grund nicht zustande, so richtet sich die Pflicht der Erben, die Schulden zu erfüllen, nach den Bestimmungen der Zivilprozessordnung über den **Nachlasskonkurs**.[82] Gemäß § 175t Abs. 2 ZPO-SK fordert das Gericht in dem Beschluss über Anordnung des Nachlasskonkurses die Gläubiger auf, ihre Forderungen in der Frist, die das Gericht in diesem Beschluss bestimmt, anzumelden.

112 Während des Nachlasskonkurses verwertet der Gerichtskommissar das ganze Vermögen des Erblassers. Aus dem Erlös solcher Verwertung befriedigt das Gericht die Gläubiger des Erblassers nach folgenden Gruppen:
- Kosten der Krankheit und Bestattung des Erblassers, Verfahrenskosten und fälliger Unterhalt,
- Steuer und Gebühren,
- sonstige Forderungen.

Übersteigern die Forderungen den Erlös aus dem Nachlasskonkurs, werden alle Forderungen aus jeder Gruppe verhältnismäßig befriedigt. Forderungen, die nicht im Nachlasskonkursverfahren befriedigt werden, erlöschen.

113 Fällt die Erbschaft dem Staat zu, haftet dieser für die Schulden des Erblassers und angemessene Bestattungskosten in gleicher Weise wie der Erbe.[83] Wenn die Schulden nicht vollständig oder nur zum Teil mit dem Geld aus der Erbschaft getilgt werden können, kann der Staat gemäß § 472 Abs. 2 BGB-SK zu diesen Zwecken auch die Sachen nutzen, die zur Erbschaft gehören und wertmäßig der Schuld entsprechen.

---

79 *Fekete, I./Feketeová, M.*, Občiansky zákonník – Prehl'adný komentár, S. 578.
80 Judikat R 50/1982; Judikat Z IV, S. 853.
81 *Vojčík et al*, Občiansky zákonník – Stručný komentár, S. 582.
82 §§ 175t–175v ZPO-SK.
83 § 472 Abs. 1 BGB-SK.

Lehnt der Gläubiger solche Sachen ab, kann der Staat den Nachlasskonkurs beantragen. Auf Antrag des Staates, der damit begründet wurde, dass der Gläubiger die Annahme der Sache aus der Erbschaft abgelehnt hat, kann man auch den Nachlasskonkurs einer nicht überschuldeten Erbschaft anzuordnen.[84]

Der Staat haftet daher, im Gegensatz zur Haftung eines Erben, für die Schulden und angemessene Kosten der Bestattung des Erblassers ausschließlich mit dem Nachlassvermögen in natura und nicht mit seinem ganzen Vermögen.

VI. Probleme bei der Vererbung bestimmter Rechte von und an Ausländer, Grundstücke, Bauernhöfe, Gesellschaftsanteile o.Ä.

Auf die Staatsangehörigkeit der Erben wird keine Rücksicht genommen. Die Ausländer treten in die Rechte und Pflichten des Erblassers im Wege des Erbfalles auf die gleiche Weise wie die Inländer ein und sind keinen Beschränkungen aus dem Titel der Staatsangehörigkeit gegenübergestellt.

C. Erbverfahrensrecht

I. Allgemeines

Das Nachlassverfahren als ein Sonderzivilverfahren, das von einem als Gerichtskommissar handelnden Notar unter der Aufsicht des zuständigen Gerichtes geführt ist, wird in der §§ 175a–175zd ZPO-SK und §§ 481–484 BGB-SK geregelt.

Im Sinne der gegenständlichen Bestimmungen des ZPO-SK ist **das Bezirksgericht** örtlich **zuständig**, in dessen Bezirk der Erblasser seinen letzten Wohnsitz gehabt hat, oder, wenn er keinen Wohnsitz gehabt hat oder sein letzter Wohnsitz nicht ermittelt werden kann, in dessen Bezirk der Erblasser seinen letzten Aufenthalt gehabt hat.

Ist es nicht möglich, nach diesen Kriterien die Zuständigkeit des Gerichtes zu bestimmen, ist das Gericht örtlich zuständig, in dessen Bezirk sich das Nachlassvermögen befindet.[85]

Falls sich das Nachlassvermögen in Bezirken mehrerer Bezirksgerichte befindet, ist das Gericht örtlich zuständig, das die erste Prozesshandlung vorgenommen hat.

Die Rechtstheorie definiert zwei **Stadien des Nachlassverfahrens**:
- **Vorverfahren** (die Vorbereitung auf das Hauptverfahren, deren Hauptziel eine Ermittlung und Bestimmung des Erbenkreises und Vermögens des Erblassers ist), und
- **Hauptverfahren** (die eigentliche Erörterung der Erbschaft und die Entscheidung über die Erbschaft).

II. Verfahrensbeteiligte

Gemäß § 175b ZPO-SK und der Rechtsprechung sind folgende Personen am Nachlassverfahren zu beteiligen:
- die in Betracht kommenden Erben,
- der Staat, falls kein gesetzlicher oder testamentarischer Erbe zur Erbfolge berufen wurde,

---

84 Judikat R 14/1971.
85 Števček et al, Občiansky súdny poriadok – Komentár, S. 473.

- die Gläubiger des Erblassers, soweit ihre Forderungen gegen Erblasser auseinandergesetzt werden oder der Nachlasskonkurs angeordnet wurde,
- der, dem das geringe Nachlassvermögen überlassen wurde, weil er die Bestattung des Erblassers ausgerichtet hat,
- der hinterlassene Ehegatte im Falle, dass das eheliche Miteigentum des Erblassers in dem Nachlassverfahren auseinanderzusetzen ist.

III. Einleitung des Verfahrens

118 Im Sinne des § 32 des Gesetzes Nr. 154/1994 Slg. Personenstandsgesetz ist das Standsamt im Bezirk des Gerichtes, das zur Vornahme des Nachlassverfahrens zuständig ist, verpflichtet, das zuständige Gericht über jeden Todesfall in seinem Bezirk zu benachrichtigen. Das Gericht kann das Nachlassverfahren entweder auf Antrag der berechtigten Person (grundsätzlich sind zur Stellung solches Antrags die Personen berechtigt, die als Verfahrensbeteiligten im vorstehenden Punkt erwähnt wurden) oder von Amts wegen einleiten.[86]

119 Aufgrund des erhaltenen Antrags oder von Amts wegen erlässt das zuständige Gericht den **Beschluss über die Einleitung des Nachlassverfahrens** (es ist jedoch zu beachten, dass dieser Beschluss den Beteiligten des Nachlassverfahrens nicht zugestellt werden muss) und die **Beauftragung des zuständigen Notars** als Gerichtskommissars zur selbstständigen **Durchführung des Nachlassverfahrens**.

IV. Vorverfahren

120 Nach der Zustellung der Beantragung zur Durchführung des Nachlassverfahrens ist seitens des Notars gemäß § 175c ZPO-SK zu ermitteln, ob der Erblasser ein Testament, eine Enterbungsurkunde oder eventuelle Widerrufe dieser Rechtsgeschäfte im Notariellen Zentralregister der Testamente hinterlegt hat. Erfährt der Notar, dass der Erblasser eine Verfügung *mortis causa* errichtet hat, so überprüft er ihre Gültigkeit und Wirksamkeit.[87] Im Weiteren ist der Notar im Sinne des § 175d Abs. 1 ZPO-SK verpflichtet, den Erbenkreis, das Vermögen und eventuelle Schulden des Erblassers zu bestimmen. Diese Phase wird als **Vorermittlung** bezeichnet.

Nach der Vorermittlungsphase stellt der Notar fest, ob es erforderlich sein wird, eventuelle **unaufschiebbare Maßnahmen** nach § 175e ZPO-SK anzuordnen, und zwar z.B. Sicherung der Erbschaft, Übergabe der persönlichen Gegenstände des Erblassers an den hinterlassenen Ehegatten oder an ein anderes Haushaltsmitglied, oder Bestellung des Nachlassverwalters.

Der Ausgang des Vorverfahrens kann den weiteren Vorgang des Nachlassverfahrens beeinflussen. Wenn man nämlich im Rahmen des Vorverfahrens erfährt, dass der Erblasser kein oder nur ein geringes Vermögen hinterlassen hat, stellt das Gericht das Nachlassverfahren ein.[88]

V. Einstellung des Nachlassverfahrens

121 Das Gericht stellt das Nachlassverfahren ein, wenn
1. es sich während des Verfahrens ergibt, dass der Erblasser lebt oder seine Todeserklärung aufgehoben wurde,

---

86 § 175a Abs. 2 ZPO-SK.
87 § 175d Abs. 2 ZPO-SK.
88 Števček et al, Civilné právo procesné, S. 408.

2. der Erblasser kein Vermögen hinterlassen hat,[89]
3. der Erblasser das geringwertige Vermögen (d.h. laut Rechtsprechung das Vermögen in der Maximalhöhe von 1.000 EUR) hinterlassen hat und dieses dem Ausrichter der Bestattung des Erblassers überlassen wurde.[90]

Gegen die Beschlüsse nach Punkt 2 und 3 ist kein Rechtsmittel zulässig.[91]

Wurde das Nachlassverfahren aus den oben erwähnten Gründen nicht eingestellt, führt der Notar als Gerichtskommissar das Nachlassverfahren fort.

VI. Hauptverfahren

Wurden die materiellrechtlichen Voraussetzungen des Erbens erfüllt und das Nachlassverfahren nicht wegen der Geringwertigkeit oder Nichthinterlassen eines Vermögens eingestellt, eröffnet der Gerichtskommissar das Hauptverfahren.[92] Nach Bestimmung des Kreises der in Betracht kommenden Erben benachrichtigt der Notar im Sinne des § 175i ZPO-SK diese Erben über ihr Erbrecht und belehrt sie über die Möglichkeit, dieses Erbrecht in der Frist von einem Monat ab dem Tage des Erhalts der Benachrichtigung abzulehnen. Der Notar ist auch verpflichtet, die Erben über die formellen Anforderungen und Auswirkungen solcher Ablehnung zu belehren. Die Benachrichtigung samt der Belehrung stellt der Notar den Erben zu eigenen Händen zu, falls dies nicht mündlich vorgenommen und anschließend im Protokoll eingetragen wurde.

Gemäß § 175j ZPO-SK ist keine Verhandlung anzuordnen, falls das Gericht den Erwerb der Erbschaft des alleinigen Erben bestätigt oder der ganze Nachlass ins Eigentum des Staates zufallen würde.

Als Nächstes ist im Laufe des Hauptverfahrens das Verzeichnis über Aktiva und Passiva der Erbschaft zu erstellen. Hat der Erblasser zum Zeitpunkt seines Todes mit dem hinterlassenen Ehegatten das **Vermögen in der ehelichen Gütergemeinschaft** der Ehegatten gehabt, wird die Erstellung des Verzeichnisses über Aktiva und Passiva der Erbschaft durch die Auseinandersetzung dieses Gesamtgutes[93] im Rahmen des Hauptverfahrens bedingt. Das Vermögen aus der ehelichen Gütergemeinschaft wird durch die Vereinbarung (schriftlich oder mündlich ins Protokoll angebracht) zwischen den Erben und dem hinterlassenen Ehegatten auseinandergesetzt. Kommt eine solche Vereinbarung nicht zustande, setzt das Gericht die Gütergemeinschaft auseinander.

Die Vereinbarung oder der Beschluss des Gerichtes über die Auseinandersetzung der Gütergemeinschaft beinhaltet die Bestimmung des Vermögens und der Schulden des Erblassers mit der Angabe über den Vermögenswert und die Bestimmung, was aus diesem Vermögen zum Nachlass und was dem hinterlassenen Ehegatten gehört.[94] Danach ermittelt der Notar das Vermögen und die Schulden des Erblassers und erstellt das **Verzeichnis über Aktiva und Passiva der Erbschaft**.[95] Ergibt sich aus dem Verzeichnis über Aktiva und Passiva der Erbschaft, dass die Erbschaft überschuldet ist, steht den Erben nach § 471 Abs. 1 BGB-SK

---

89 § 175h Abs. 1 ZPO-SK.
90 § 175h Abs. 2 ZPO-SK.
91 § 175h Abs. 3 ZPO-SK.
92 Števček et al, Občiansky súdny poriadok – Komentár, S. 485.
93 Števček et al, Civilné právo procesné, S. 410.
94 § 175l ZPO-SK.
95 § 175m ZPO-SK.

die bereits erwähnte Möglichkeit zu, die Erbschaft den Gläubigern zur Tilgung der Schulden zu überlassen.

Der Nachlasskonkurs stellt eine weitere Sonderart der Nachlassverfahrensschließung für den Fall der Nachlassüberschuldung[96] dar.

126 Die Auseinandersetzung einer nichtüberschuldeten Erbschaft ist von der Anzahl der Erben abhängig. Ist **nur ein Erbe** vorhanden, so bestätigt das Gericht im Sinne des § 481 BGB-SK, dass die Erbschaft zum Zeitpunkt des Todes des Erblassers auf diesen Erben übergegangen ist. Falls **mehrere Erben** zum Erben berufen wurden, bevorzugt das Gesetz eine Auseinandersetzung der Erbschaft zwischen diesen Erben durch eine vor dem Notar abgeschlossene Vereinbarung.[97]

Wurde eine Vereinbarung über Auseinandersetzung der Erbschaft zwischen den Erben nicht abgeschlossen oder von dem Gericht nicht genehmigt, bestätigt das Gericht im Beschluss über die Erbschaft die Erbenstellung derjenigen, deren Erbrecht nachgewiesen wurde und dies nach ihren Erbanteilen.

127 Mit dem Erlass des **Beschlusses über die Erbschaft** wird das Nachlassverfahren abgeschlossen. Der Beschluss über die Erbschaft deklariert sowohl die Rechte als auch Pflichten der Erben mit Wirkung zu dem Tage des Todes des Erblassers.[98]

128 § 175zca ZPO-SK regelt eine Sonderform des Nachlassabschlusses, die der Vereinfachung des Nachlassverfahrens dienen soll. Stimmen alle Erben während des Hauptverfahrens vor dem Notar zu, erlässt der Notar als Gerichtskommissar im Sinne des oben erwähnten Paragraphen eine **Bescheinigung über die Erbschaft**. Diese Bescheinigung hat die Kraft einer Gerichtsentscheidung und damit dieselben Rechtswirkungen wie der oben angeführte Beschluss über die Erbschaft.

Der Notar kann die Bescheinigung über die Erbschaft in folgenden Fällen erlassen:
– die Erbschaft hat ein Alleinerbe erworben,
– die Erbschaft, die kein Erbe erworben hat, ist dem Staat zugefallen,
– die Erben haben die Erbschaft durch eine Vereinbarung auseinandergesetzt,
– die Erben haben die überschuldete Erbschaft den Gläubigern des Erblassers zur Tilgung der Schulden überlassen.

VII. Anerkennung ausländischer Erbscheine

129 Entscheidungen ausländischer Staatsorgane, von diesen Organen genehmigte Vereinbarungen und Vergleiche sowie ausländische Notarurkunden sind gemäß § 63 IPR-SK auch in der Slowakischen Republik wirksam, soweit diese von slowakischen Staatsorganen anerkannt worden sind. Eine ausländische Entscheidung wird solcherweise anerkannt, dass das slowakische Gericht die **Vollstreckung** dieser Entscheidung **anordnet**. Erfordert jedoch eine ausländische Entscheidung keine Vollstreckung, wird diese Entscheidung mit der Betrachtung und Behandlung von slowakischen Staatsorganen **als ob es eine Entscheidung des slowakischen Staatsorgans wäre**,[99] anerkannt. Im Falle, dass die Entscheidung mehrere Aussprüche beinhaltet, muss jeder Ausspruch gesondert anerkannt werden.[100]

---

96 *Števček et al*, Civilné právo procesné, S. 411.
97 *Števček et al*, Civilné právo procesné, S. 410.
98 *Števček et al*, Civilné právo procesné, S. 413.
99 § 67 Abs. 3 IPR-SK.
100 *Lysina et al*, Zákon o medzinárodnom práve súkromnom a procesnom, S. 335.

Im Sinne des § 67 Abs. 4 IPR-SK kann das Gericht auf Antrag einer Person, die das Rechtsinteresse an der Sache belegt, eine ausländische Entscheidung oder notarielle Urkunde in dem Sonderverfahren nach §§ 68a–68h IPR-SK anerkennen, obwohl eine solche **Sonderentscheidung** nach der Bestimmungen des IPR-SK oder eines völkerrechtlichen Abkommens nicht erforderlich ist.

Die Entscheidung eines ausländischen Staatsorgans, die von dem zuständigen slowakischen Staatsorgan anerkannt wurde, hat also dieselben Rechtswirkungen wie eine Entscheidung des slowakischen Staatsorgans.[101]

---

[101] § 68 IPR-SK.

Slowenien

ao. Univ.-Prof. Dr. Claudia Rudolf, Rechtswissenschaftliche Fakultät Wien

Inhalt

A. Internationales Erbrecht und Verfahren . 1	III. Inhalt des Testaments 47
I. EU-ErbVO 1	IV. Auslegung 54
II. IPRG 2	V. Verwahrung 55
III. Internationale Übereinkommen 4	VI. Zentrales Testamentsregister 56
B. Einleitung 5	VII. Widerruf 57
C. Gesetzliche Erbfolge 6	F. Vertragliche Gestaltungen mit erbrecht-
I. Allgemeines 6	licher Bedeutung 58
II. Gesetzliche Erben erster Ordnung 7	I. Ungültige Verträge 58
III. Gesetzliche Erben zweiter Ordnung 16	II. Erbverzicht 59
IV. Gesetzliche Erben dritter Ordnung 19	III. Übergabevertrag 60
V. Republik Slowenien 20	IV. Lebenslanger Unterhalt 61
VI. Land- und Forstwirtschaften 21	V. Ausgedinge (Altenteilsvertrag) 62
VII. Verringerung des Erblasservermögens	VI. Schenkungsvertrag auf den Todesfall 63
aufgrund Sozialhilfe 22	G. Nachlasserwerb 64
VIII. Aussonderung aus dem Erblasser-	H. Haftung der Erben 69
vermögen oder Nachlass 23	I. Miterben 75
IX. Anrechnung auf den gesetzlichen	J. Nachlassverfahren 79
Erbteil 25	I. Zuständigkeit 79
D. Pflichtteilsrecht 28	II. Ablauf des Verfahrens 80
E. Gewillkürte Erbfolge 36	III. Notar 85
I. Errichtung – Allgemein 36	K. Erbschaftsteuer 86
II. Testamentsformen 37	

Literaturhinweise

Deutschsprachige Literatur

Geč-Korošec/Kraljič, in: Henrich/Schwab (Hrsg.), Familienerbrecht und Testierfreiheit im europäischen Vergleich, 2001, S. 273; *Kristic*, Länderbericht Slowenien, in: Kroiß/Ann/Mayer (Hrsg.), Nomos Kommentar BGB Erbrecht, Band V., 4. Aufl. 2014; *Paintner*, in: Ferid/Firsching/Dörner/Hausmann (Hrsg.), Internationales Erbrecht, Slowenien, Stand 1.2.2014; *Rijavec*, Die Grundzüge des Erbrechts in Slowenien, in: Welser (Hrsg.), Erbrechtsentwicklung in Zentral- und Osteuropa, 2009, S. 95; *Rudolf*, Slowenien: Neues Internationales Privat- und Prozessrecht, IPRax 2003, S. 158; *Süß*, Länderbericht Slowenien, in: Mayer/Süß/Tanck/Bittler/Wälzholz (Hrsg.), Handbuch Pflichtteilsrecht, 3. Aufl. 2013; *Žnidaršič Skubic*, Die Erbfolge der gleichgeschlechtlichen Partner in der Republik Slowenien, FamRZ 2007, 1511.

Literatur in slowenischer Sprache

Frantar, 32. člen zakona o dedovanju (Art. 32 Gesetz über die Erbfolge), Podjetje in delo 1996, S. 1051; *Geč- Korošec*, Mednarodno zasebno pravo, druga knjiga – posebni del (Internationels Privatrecht, zweites Buch – Besonderer Teil), 2002; *Goršek*, Omejitev dedovanje premoženja osebe, ki je prejemala pomoč v skladu s predpisi o socialnem varstvu (Beschränkung der Vererbung des Vermögens einer Person, die Hilfe gemäß den Vorschriften über den sozialen Schutz erhalten hat), Pravnik 2002, S. 571; *Ilešič/Polajnar-Pavčnik/Wedam-Lukič*, Mednarodno zasebno pravo, komentar z zakonom, II. dopolnjena izdaja (Internationales Privatrecht, Kommentar mit Gesetz, II. vervollständigte Auflage), 1992; *Podgoršek*, in Juhart/Plavšak (Hrsg.), Obligacijski Zakonik s komentarjem (Schuldgesetzbuch mit Kommentar), 2004; *Metelko*, Dednopravne pogodbe (dednopravna razpolaganja) [Erbrechtliche Verträge (erbrechtliche Verfügungen)], Podjetje in delo 2002, S. 1210; *Rijavec*, Dedovanje – Procesna ureditev (Die Erbfolge – Prozessuale Regelung), 1999; *Rijavec*, Postopek v primeru nujnega dedovanja (Das Verfahren im Fall des Noterbrechts), in Žnidaršič Skubic/Vlahek/Podobnik (Hrsg.), FS Zupančič, 2014, S. 271; *Zupančič*, Lastninska vprašanja pri dedovanju kmetij (Eigentumsfragen bei der landwirtschaftlichen Erbfolge), Podjetje in delo 1997, S. 1132; *Zupančič/Žnidaršič Skubic*, Dedno pravo (Erbrecht), 2009 (zit.: Zupančič/Žnidaršič Skubic, Rn); *Žnidaršič Skubic*, Izročilna pogodba – pogodba obligacijskega prava z dednopravnimi elementi (Übergabevertrag – Schuldrechtlicher Vertrag mit erbrechtlichen Elementen, Pravnik 2013, 145.

Abkürzungen

a.b.F. = (letzte) amtlich bereinigte Fassung (betr. Fundstellennachweis Rechtsvorschriften); **U.l. RS** = Uradni list Republike Slovenije (Amtsblatt der Republik Slowenien); **U.l. SRS** = Uradni list Socialistične Republike Slovenije (Amtsblatt der Sozialistischen Republik Slowenien); **VS RS** = Vrhovno sodišče Republike Slovenije (Oberster Gerichtshof der Republik Slowenien)

A. Internationales Erbrecht und Verfahren

I. EU-ErbVO

1   Für internationale Erbrechtsfälle ab dem 17.8.2015 ist die EU-ErbVO maßgebend, wobei für die Formgültigkeit letztwilliger Verfügungen das Haager Testamentsformübereinkommen (HTestÜ)[1] zu beachten ist (Art. 75 Abs. 1 UAbs. 2 EU-ErbVO).

II. IPRG

2   Art. 32 Abs. 2 und Art. 33 Gesetz über das Internationale Privatrecht und Verfahren (IPRG)[2] enthalten eine **Sonderanknüpfung** für die Testierfähigkeit[3] und Testamentsform. Alle anderen Fragen beurteilen sich nach dem Personalstatut des Erblassers in seinem Todeszeitpunkt (allgemeines Erbstatut, Art. 32 Abs. 1 IPRG).[4] Eine Rechtswahl ist unzulässig. Das **allgemeine Erbstatut** ist für erbrechtliche Fragen sowohl in Bezug auf bewegliches als auch unbewegliches Nachlassvermögen zu beachten. Die Formgültigkeit letztwilliger Verfügungen oder des Widerrufs beurteilt sich gemäß Art. 4 IPRG (Vorrang internationaler Übereinkommen) nach dem HTestÜ. Obwohl das HTestÜ unabhängig von der Gegenseitigkeit oder von Beziehungen zu anderen Vertragsstaaten gilt, enthält Art. 33 IPRG eine Art. 1 Abs. 1 und Art. 2 Abs. 2 HTestÜ entsprechende Vorschrift, wobei als weiterer möglicher Anknüpfungspunkt das Recht der Republik Slowenien vorgesehen ist.[5]

3   Die **Zuständigkeit slowenischer Gerichte** für die Todeserklärung, den Nachlass eines slowenischen oder ausländischen Staatsangehörigen oder Staatenlosen bestimmt sich gemäß Art. 78–81 IPRG. Für den in Slowenien belegenen **unbeweglichen Nachlass** besteht die ausschließliche Zuständigkeit slowenischer Gerichte. Für das Verfahren über den **beweglichen Nachlass eines slowenischen Staatsangehörigen** ist das Gericht der Republik Slowenien zuständig, wenn sich die beweglichen Sachen auf dem Gebiet der Republik Slowenien

---

1 Die Rechtsnachfolgeerklärung der Republik Slowenien ist veröffentlicht in U.l. RS Nr. 24/1992.
2 Zakon o mednarodnem zasebnem pravu in postopku, U.l. RS Nr. 56/1999. *Rudolf*, IPRax 2003, 158.
3 Personalstatut im Zeitpunkt der Testamentserrichtung, ein Statutenwechsel ist unbeachtlich. Hinsichtlich der Testierfähigkeit gilt somit nicht der favor testamenti. *Geč-Korošec*, S. 106 f.
4 Z.B. Erbfähigkeit, Erbrechtstitel, Erbunwürdigkeit, Schenkungsanrechnung, Pflichtteil, Enterbung, Nachlasserwerb, Haftung für Nachlassschulden, Stellung der Miterben, Heimfallsrecht des Staates (Kaduzität).
5 Um einen Gleichlauf mit dem HTestÜ zu erzielen, sind die Verweisungen nach Art. 33 IPRG als Sachnormverweisungen zu verstehen. So *Ilešič/Polajnar-Pavčnik/Wedam-Lukić*, S. 62, zur inhaltlich identen Vorschrift im alten Gesetz.

befinden oder wenn nach dem Recht des Staates, in dem sich die beweglichen Sachen befinden, dessen Organ nicht zuständig ist oder dieses Organ den Nachlass nicht abhandeln will. Für das Verfahren über den in der Republik Slowenien befindlichen **beweglichen Nachlass eines ausländischen Staatsangehörigen** ist das Gericht der Republik Slowenien zuständig, außer das Gericht im Staat des Erblassers ist nicht zuständig für das Verfahren über den beweglichen Nachlass eines slowenischen Staatsangehörigen.

III. Internationale Übereinkommen

Neben dem HTestÜ ist das Washingtoner Übereinkommen über die einheitliche Testamentsform zu beachten (siehe Rn 43).

B. Einleitung

In der Republik Slowenien ist das Erbrecht in der Verfassung[6] verankert (Art. 33). Das **Gesetz über die Erbfolge**[7] (ErbG), in Kraft seit 1.1.1977 und mehrfach novelliert,[8] regelt sowohl das materielle Erbrecht als auch das Verfahrensrecht.

Den **Gegenstand der Erbfolge** bilden Sachen und Rechte, deren Eigentümer oder Inhaber eine Einzelperson ist (Art. 2 ErbG). Als **Erbrechtstitel** kommen das Gesetz und eine letztwillige Verfügung in Betracht (Art. 7 ErbG). Ausländische Staatsbürger sind bei bestehender Gegenseitigkeit bzgl. des Erbrechts Inländern gleichgestellt (Art. 6 ErbG). **Erbfähig** ist, wer bei Anfall der Erbschaft (Tod des Erblassers, Art. 123 ErbG) lebt oder unter der Voraussetzung der Lebendgeburt bereits gezeugt ist (Art. 125 Abs. 1, 2 ErbG). Juristische Personen können grundsätzlich aufgrund letztwilliger Verfügung erben (Art. 125 Abs. 3 ErbG). Die **Erbunwürdigkeitsgründe** (taxative Aufzählung in Art. 126 ErbG[9]) erstrecken sich nicht auf die Nachkommen des Erbunwürdigen; diese erben, als wäre der Erbunwürdige vorverstorben (Art. 127 Abs. 1 ErbG). Die Erbunwürdigkeit kann durch Verzeihung beseitigt werden (Art. 127 Abs. 2 ErbG).

C. Gesetzliche Erbfolge

I. Allgemeines

Der Kreis der gesetzlichen Erben folgt aus Art. 10 Abs. 1, 2 ErbG, wobei diese in „Erbordnungen" (Parentelen, im Folgenden „Ordnung") eingeteilt werden (Art. 10 Abs. 3 ErbG), sowie aus zwei Erkenntnissen des Verfassungsgerichts (dazu im Folgenden). Erben der näheren Ordnung schließen Erben einer entfernteren Ordnung aus (Art. 10 Abs. 4 ErbG).

---

[6] Ustava Republike Slovenije, U.l. RS Nr. 33/1991, zuletzt U.l. RS 47/2013.
[7] Zakon o dedovanju, U.l. SRS Nr. 15/1976. Deutsche Übersetzung von *Geč-Korošec* und *Paintner* (Neubearbeitung) in: Ferid/Firsching/Dörner/Hausmann, Internationales Erbrecht.
[8] Zuletzt U.l. RS Nr. 31/2013.
[9] Z.B. Fälschung oder Unterdrückung der letztwilligen Verfügung des Erblassers, schwerwiegender Verstoß gegen eine gesetzliche Unterhaltspflicht gegenüber dem Erblasser.

II. Gesetzliche Erben erster Ordnung

7   Gesetzliche Erben erster Ordnung sind die **Kinder** sowie der **Ehegatte** des Erblassers. Grundsätzlich erben sie zu gleichen Teilen (Art. 11 Abs. 1, 2 ErbG).

Uneheliche Kinder sind ehelichen gleichgestellt (Art. 4 Abs. 2 ErbG).[10] Bei einer Adoption ist zwischen einer Volladoption und einer schwachen Adoption zu unterscheiden. Das Gesetz über die Ehe und Familienbeziehungen[11] (EheFamG) sieht ausschließlich eine **Volladoption** minderjähriger Personen vor (Art. 7, 134, 142 EheFamG). Mangels abweichender Bestimmung entstehen zwischen dem Angenommenen und dessen Nachkommen einerseits und dem Annehmenden und seinen Verwandten andererseits die gleichen Verhältnisse wie zwischen Verwandten (Art. 142 EheFamG). Adoptierte Kinder und ihre Nachkommen sind gemäß Art. 21 Abs. 1 ErbG den leiblichen Kindern des Erblassers erbrechtlich gleichgestellt. Ebenso sind der Annehmende und seine Verwandten gesetzliche Erben des Angenommenen (Art. 21 Abs. 3 ErbG). Der Angenommene und seine Nachkommen haben jedoch kein gesetzliches Erbrecht nach den (leiblichen) Eltern, deren Nachkommen und anderen Verwandten; dies gilt auch vice versa (Art. 21 Abs. 4 ErbG). Eine **„schwache" Adoption** war nach dem GrundsatzG über die Adoption[12] möglich. Dieses Gesetz ist seit dem Inkrafttreten des EheFamG (1.1.1977) mit Ausnahme der Vorschriften über die Wirkungen und die Beendigung einer „schwachen" Adoption (Art. 17–26 GrundsatzG über die Adoption) nicht mehr anzuwenden (Art. 227 Abs. 1, Art. 232 Abs. 1 3. Alinea EheFamG). Bei nicht erfolgter Umwandlung einer schwachen Adoption in eine Volladoption gelten nach Art. 228 Abs. 2 ErbG die einschlägigen Vorschriften des (an sich derogierten) Bundesgesetzes[13] über die Erbfolge. Demnach kann das Erbrecht des Adoptierten und seiner Nachkommen nach dem Annehmenden unter bestimmten Voraussetzungen im Adoptionsvertrag ausgeschlossen werden. Die Angenommenen erben nach ihren leiblichen Verwandten. Es besteht kein gesetzliches Erbrecht des Annehmenden und seiner Verwandten nach dem Adoptierten.[14]

8   Nach dem Gesetz über die Behandlung der Unfruchtbarkeit und das Verfahren der **Befruchtung durch bio-medizinische Hilfe**[15] ist eine homologe und eine heterologe Befruchtung zulässig. Die Spenderinnen von Eizellen und die Spender von Samenzellen haben gegenüber dem durch medizinisch unterstützte Befruchtung gezeugten Kind keine rechtlichen oder anderen Verpflichtungen und keine Rechte (Art. 27 leg cit). Als Mutter des durch bio-medizinische Hilfe gezeugten Kindes gilt die Frau,[16] die es geboren hat (Art. 41 Abs. 1 leg cit). Dies gilt unabhängig davon, wessen Eizelle verwendet wird. Wird eine fremde Eizelle für die Befruchtung verwendet, ist die Feststellung der Mutterschaft der Spenderin der Eizelle unzulässig (Art. 41 Abs. 3 leg cit). Als Vater des durch bio-medizinische Hilfe gezeugten Kindes gilt der Ehemann oder nichteheliche Partner der Mutter, sofern beide

---

10 Nach Art. 54 Abs. 2 der slowenischen Verfassung haben eheliche und uneheliche Kinder dieselben Rechte; Art. 10 Abs. 1 ErbG verwendet den neutralen Begriff „Nachkommen".
11 Zakon o zakonski zvezi in družinskih razmerjih, U.l. SRS Nr. 15/1976; U.l. RS Nr. 69/2004 a.b.F., zuletzt U.l. RS Nr. 84/2012.
12 Amtsblatt Föderative Volksrepublik Jugoslawien Nr. 30/1947, Nr. 24/1952; Amtsblatt Sozialistische Föderative Republik Jugoslawien Nr. 10/1965.
13 Amtsblatt Föderative Volksrepublik Jugoslawien Nr. 42/1965.
14 *Zupančič/Žnidaršič Skubic*, Rn 118 f., die hervorheben, dass schwache Adoptionen nach wie vor existieren.
15 Zakon o zdravljenju neplodnosti in postopkih oploditve z biomedicinsko pomočjo, U.l. RS Nr. 70/2000.
16 Voraussetzung für eine Befruchtung ist, dass die Frau in einer Ehe oder nichtehelichen Lebensgemeinschaft lebt.

der medizinisch unterstützten Befruchtung zugestimmt haben (Art. 42 Abs. 1 leg cit). Bei Verwendung einer fremden Samenzelle ist die Feststellung der Vaterschaft des Spenders der Samenzelle unzulässig (Art. 42 Abs. 3 leg cit). Ein durch medizinisch unterstützte Befruchtung gezeugtes Kind erbt somit sowohl nach seiner Mutter und seinem Vater als auch deren Verwandten (im Rahmen der Parentelen) und kann von ihnen beerbt werden.[17]

Ist ein Kind (Enkel, Urenkel usw.) des Erblassers vorverstorben, so treten die Enkel (Urenkel, Ururenkel usw.) des Erblassers zu gleichen Teilen ein (Art. 12 ErbG, Eintrittsrecht, **Repräsentation**). Kann ein vorverstorbenes Kind nicht repräsentiert werden, kommt es zur **Anwachsung** (Akkreszenz) dieses Erbteils an die Miterben (Kinder und Ehegatte) im Verhältnis ihrer Anteile.[18]

Dem **Ehegatten** steht kein gesetzliches Erbrecht zu, wenn die Ehe geschieden oder für ungültig erklärt worden ist. Gleiches gilt bei dauerhafter Aufhebung der Lebensgemeinschaft, unabhängig davon, ob die Aufhebung im Einvernehmen oder aufgrund Verschuldens des überlebenden Ehegatten erfolgt ist (Art. 22 Abs. 1 ErbG). Erweist sich eine Klage des Erblassers auf Scheidung nach seinem Tod als begründet oder kommt es nach seinem Tod zur Ungültigerklärung der Ehe aus einem Grund, den der überlebende Ehegatte bei der Eheschließung kannte, so bewirkt dies den Verlust des gesetzlichen Ehegattenerbrechts (Art. 22 Abs. 2 ErbG).

Grundsätzlich erben die Kinder des Erblassers und sein Ehegatte zu gleichen Teilen. Das ErbG sieht jedoch die Möglichkeit einer **Erhöhung des Erbteils** der Erben erster Ordnung vor. Das Gericht hat bei seiner Entscheidung insbesondere die Vermögensverhältnisse und die Erwerbsfähigkeit der Miterben sowie den Wert des Nachlasses zu berücksichtigen (Art. 13 Abs. 5 ErbG). Verfügt der überlebende Ehegatte nicht über den erforderlichen Lebensunterhalt, so kann er zu Lasten einzelner oder aller Miterben (Kinder oder im Fall einer Repräsentation Enkel oder Urenkel) eine Erhöhung seines Erbteils beantragen. Geriete der überlebende Ehegatte bei der Teilung eines kleinen Nachlasses in Not, kann ihm das Gericht den gesamten Nachlass zusprechen (Art. 13 Abs. 1 ErbG). Ebenso können auch einzelne Nachkommen zu Lasten des Ehegatten oder ihrer Miterben eine Erhöhung ihres Erbteils beantragen. Auch in diesem Fall können kleine Nachlässe zur Gänze einem oder einzelnen Nachkommen zugesprochen werden (Art. 13 Abs. 2–4 ErbG).

Zudem haben der überlebende Ehegatte,[19] die (adoptierten und leiblichen) Nachkommen des Erblassers sowie deren Nachkommen, sofern sie mit dem Erblasser im selben Haushalt gelebt haben, ein Recht auf Aussonderung von **Haushaltsgegenständen**, die der Befriedigung alltäglicher Bedürfnisse dienen und keinen höheren Wert aufweisen (Art. 33 Abs. 1 ErbG). Diese Haushaltsgegenstände werden weder bei der Pflichtteilsberechnung berücksichtigt noch auf den Erbteil angerechnet (Art. 33 Abs. 2 ErbG) (vgl. Rn 24).

Verschiedengeschlechtliche Partner einer länger dauernden Lebensgemeinschaft, die keine Ehe geschlossen haben, erben **als Ehegatten**, sofern keine Gründe vorliegen, aus welchen eine Eheschließung zwischen ihnen ungültig[20] wäre (Art. 10 Abs. 2 ErbG).[21] Die

---

17 *Zupančič/Žnidaršič Skubic*, Rn 115.
18 Ausführlicher *Zupančič/Žnidaršič Skubic*, Rn 108.
19 Oder registrierte Partner, homo- und heterosexuelle Partner einer länger dauernden Lebensgemeinschaft.
20 Z.B. Herr A und Frau B sind verheiratet, A lebt mit Frau C in einer länger dauernden Lebensgemeinschaft: eine Eheschließung zwischen A und C wäre aufgrund bestehender Ehe zwischen A und B ungültig; vgl. *Zupančič/Žnidaršič Skubic*, Rn 128.
21 VS RS II Ips 699/2004 v. 15.12.2004.

Gleichstellung mit den Ehegatten erfasst nach Art. 10 Abs. 2 i.V.m. Abs. 1 ErbG nur das gesetzliche Erbrecht. Die Lebensgemeinschaft muss bis zum Tod eines Partners Bestand haben.[22] Das Rechtsinstitut der nichtehelichen Lebensgemeinschaft regelt auch das EheFamG. Diese ist hinsichtlich der Rechtsfolgen, die nach dem EheFamG für die Ehegatten gelten, einer Ehe gleichgestellt, sofern keine Gründe vorliegen, nach welchen eine Ehe zwischen ihnen ungültig wäre (Art. 12 Abs. 1 EheFamG). Nach der Judikatur des Obersten Gerichtshofs besteht die nichteheliche Lebensgemeinschaft aus verschiedenen Elementen.[23] Sie setzt eine gefühlsmäßige,[24] moralische, geistige und sexuelle Verbundenheit[25] voraus.[26] Von Bedeutung sind ein gemeinsamer Haushalt, das gemeinsame Wohnen,[27] das Bestehen einer Wirtschaftsgemeinschaft,[28] die Wahrnehmung als „Mann und Frau" durch ihre Umgebung[29] sowie die Dauer[30] der Beziehung.[31] Gemeinsame Kinder sind nicht von entscheidender Bedeutung.[32] Über das Bestehen einer nichtehelichen Lebensgemeinschaft ist im **Nachlassverfahren** mit ausschließlicher Wirkung für dieses Verfahren als **Vorfrage**[33] zu entscheiden[34] (vgl. auch Art. 12 Abs. 2 EheFamG). Eine selbstständige Feststellungsklage über das Bestehen einer nichtehelichen Lebensgemeinschaft ist unzulässig.[35] Ist im Nachlassverfahren das Bestehen einer nichtehelichen Lebensgemeinschaft strittig, so unterbricht das Gericht das Verfahren und verweist die Parteien auf das streitige Verfahren (Art. 210 Abs. 1 ErbG).

14 Eine **registrierte Partnerschaft** ist eine Gemeinschaft zweier Frauen oder Männer, die ihre Gemeinschaft vor der Verwaltungsbehörde registrieren (Art. 2 Gesetz über die Registrierung einer gleichgeschlechtlichen Partnerschaft, RgPG).[36] Das Verfassungsgericht hat die Verfassungswidrigkeit des Art. 22 RgPG, der das Erbrecht regelt, festgestellt (Verstoß gegen Art. 14 Abs. 1 Verfassung Republik Slowenien).[37] Bis zur Behebung der Verfassungswidrigkeit[38] gelten für die Erbfolge zwischen registrierten Partnern **dieselben Vorschriften, die für die Erbfolge zwischen Ehegatten nach dem ErbG gelten**.

15 Für die Erbfolge zwischen **gleichgeschlechtlichen Partnern**, die **keine registrierte Partnerschaft** nach dem RgPG geschlossen haben[39] und für welche keine Gründe vorliegen,

---

22 *Zupančič/Žnidaršič Skubic*, Rn 131.
23 VS RS II Ips 40/2004 v. 17.3.2005; VS RS II Ips 127/2003 v. 19.2.2004.
24 VS RS II Ips 698/2005 v. 21.12.2006: Das Fehlen einer gefühlsmäßigen Verbundenheit allein reicht nicht, um das Nichtbestehen einer Lebensgemeinschaft i.S.d. Art. 12 EheFamG zu begründen.
25 VS RS VIII Ips 124/2008 v. 23.2.2010; VS RS II Ips 104/2003 v. 5.2.2004.
26 VS RS 373/2003 v. 14.7.2004 wendet Art. 35 EheFamG (Eheschließung zum Zweck der Lebensgemeinschaft) sinngemäß an.
27 VS RS II Ips 104/2003 v. 5.2.2004.
28 VS RS II Ips 834/2005 v. 29.3.2006; VS RS II Ips 215/2001 v. 13.6.2001.
29 VS RS II Ips 127/2003 v. 19.2.2004.
30 VS RS II Ips 104/2003 v. 5.2.2004.
31 VS RS II Ips 1265/2008 v. 31.3.2011.
32 VS RS II Ips 236/2008 v. 21.1.2010.
33 VS RS II Ips 437/2005 v. 8.10.2009; VS RS II Ips 834/2005 v. 29.3.2006.
34 *Zupančič/Žnidaršič Skubic*, Rn 132.
35 VS RS II Ips 437/2005 v. 8.10.2009.
36 Zakon o registraciji istospolne partnerske skupnosti, U.l. RS Nr. 65/2005; 55/2009. I.K. am 23.7.2005, anwendbar seit 23.7.2006 nach Verabschiedung der Ordnung zur Registrierung von gleichgeschlechtlichen Partnerschaften (Pravilnik o registraciji istospolnih partnerskih skupnosti), U.l. RS Nr. 55/2006, 91/2011.
37 Erkenntnis des Verfassungsgerichts v. 2.7.2009, U.l. RS Nr. 55/2009.
38 Dies hätte innerhalb von 6 Monaten erfolgen sollen.
39 Die Partnerschaft muss inhaltlich der Lebensgemeinschaft eingetragener gleichgeschlechtlicher Partner entsprechen.

aus welchen eine Registrierung der Partnerschaft ungültig gewesen wäre (vgl. Art. 5 RgPG), gelten gemäß dem Erkenntnis des Verfassungsgerichts vom 14.3.2013[40] bis zur Behebung der Verfassungswidrigkeit[41] des ErbG[42] dieselben Vorschriften, die nach der geltenden gesetzlichen Regelung für die **Erbfolge zwischen verschiedengeschlechtlichen Partnern einer länger dauernden Lebensgemeinschaft** gelten.

III. Gesetzliche Erben zweiter Ordnung

Sind keine Nachkommen vorhanden, erben die **Eltern** des Erblassers die Hälfte des Nachlasses zu gleichen Teilen, die andere Hälfte erbt der **Ehegatte**.[43] Mangels eines Ehegatten erben die Eltern je die Hälfte des gesamten Nachlasses (Art. 14 ErbG). Der Ehegatte ist gesetzlicher Alleinerbe, wenn die Eltern des Erblassers ohne weitere Nachkommen vorverstorben sind (Art. 17 ErbG).

16

Ist ein Elternteil vorverstorben und gibt es (weitere) Kinder (d.h. Geschwister des Erblassers), Enkelkinder (d.h. Nichten und Neffen des Erblassers) usw., so kommt es zur **Repräsentation**. Sind beide Elternteile vorverstorben, erben den Anteil der Mutter des Erblassers ihre Nachkommen und den Anteil des Vaters seine Nachkommen. Bei diesen Personen kann es sich sowohl um Geschwister als auch um Halbgeschwister des Erblassers handeln (Art. 15 ErbG). Ist ein Elternteil ohne (weitere) Nachkommen vorverstorben, wächst dessen Anteil dem anderen Elternteil zu (Akkreszenz). Ist jedoch auch „der andere" Elternteil vorverstorben und hinterlässt er (weitere) Nachkommen, so erben diese, was den Elternteilen zugekommen wäre (Art. 16 ErbG).

17

Der Ehegatte kann die **Erhöhung seines Erbteils** zu Lasten anderer Erben zweiter Ordnung beantragen. Das Gericht kann ihm auch den gesamten Nachlass zusprechen, wenn dieser von geringem Wert ist und er bei dessen Teilung in Not geriete. Das Gericht hat insb. die Vermögensverhältnisse und die Erwerbsfähigkeit des Ehegatten und der anderen Erben sowie den Wert des Nachlasses zu berücksichtigen (Art. 23 Abs. 1, 2 ErbG). Ebenso kann das Gericht jedoch auch zugunsten der Eltern des Verstorbenen entscheiden, sofern diese nicht über den erforderlichen Lebensunterhalt verfügen und eine Erhöhung beantragen (Art. 24 Abs. 1 ErbG). Ist die Lebensgemeinschaft zwischen den Eltern des Erblassers beendet, so kann ein Elternteil, dem es am erforderlichen Lebensunterhalt mangelt, sowohl zu Lasten des Ehegatten als auch zu Lasten des anderen Elternteils des Erblassers eine Erhöhung beantragen (Art. 24 Abs. 2 ErbG). Ist ein Elternteil vorverstorben, ist eine Erhöhung auch zu Lasten der Erben des vorverstorbenen Elternteils möglich (Art. 24 Abs. 3 ErbG). Die vom Gericht bei seiner Entscheidung zu berücksichtigenden Kriterien entsprechen jenen gemäß Art. 23 Abs. 1 ErbG (Art. 24 Abs. 4 ErbG).

18

---

40 U.l. RS Nr. 31/2013.
41 Diese hätte innerhalb von 6 Monaten erfolgen sollen.
42 Die Verfassungswidrigkeit besteht in der Unterlassung des Gesetzgebers für gleichgeschlechtliche Lebensgemeinschaften hinsichtlich der gesetzlichen Erbfolge dieselben Rechtsfolgen wie für verschiedengeschlechtliche Lebensgemeinschaften vorzusehen; darin liegt ein Verstoß gegen Art. 14 Abs. 1. Verfassung Republik Slowenien.
43 Der Begriff „Ehegatte" umfasst auch registrierte Partner sowie Partner einer gleich- oder verschiedengeschlechtlichen Lebensgemeinschaft (siehe Rn 13, 14, 15).

Rudolf

IV. Gesetzliche Erben dritter Ordnung

19 In Ermangelung eines Erben zweiter Ordnung erben die Großeltern des Verstorbenen, d.h. die Großeltern mütterlicher- und väterlicherseits, je die Hälfte (Art. 18 ErbG), somit jeder Großelternteil ein Viertel des Nachlasses. Ist ein Großelternteil vorverstorben, kommt es zur Repräsentation (somit zunächst Tante und Onkel des Verstorbenen). Hinterlässt ein vorverstorbener Großelternteil keine Nachkommen, wächst sein Viertel seinem Ehegatten zu, den entweder sein Ehegatte oder seine Nachkommen erben (Akkreszenz im engeren Sinn, Art. 19 ErbG). Sind jedoch beide Großelternteile, z.B. mütterlicherseits vorverstorben und kommt es zu keiner Repräsentation, wächst diese Hälfte den Großeltern väterlicherseits zu (Akkreszenz im weiteren Sinn, Art. 20 ErbG).

V. Republik Slowenien

20 Sind weder gesetzliche (dazu zählen auch pflichtteilsberechtigte Personen) noch testamentarische Erben bekannt, fordert das Gericht durch Edikt diejenigen, die meinen, ein Recht auf die Erbschaft zu haben, auf, sich innerhalb eines Jahres bei Gericht zu melden. Meldet sich kein Erbe, wird der Nachlass zum Eigentum der Republik Slowenien erklärt (Art. 9, 130 ErbG).[44] Dabei handelt es sich um kein Erbrecht der Republik Slowenien, sondern um einen Nachlassübergang sui generis im Todeszeitpunkt des Erblassers auf Grundlage des Art. 9 ErbG (spezifisches öffentlich-rechtliches Aneignungsrecht).[45] Die Republik Slowenien kann auf diesen Übergang nicht verzichten und haftet für die Verbindlichkeiten bis zum Wert des Nachlasses.[46]

VI. Land- und Forstwirtschaften

21 Für „**geschützte Landwirtschaften**" besteht eine **Sondererbfolge** nach dem Gesetz über die Erbfolge bei Landwirtschaften (LandwErbG),[47] deren Zweck vor allem die Erhaltung von land- oder forstwirtschaftlichen Wirtschaftseinheiten sowie die Übernahme durch einen Erben unter besonderen Bedingungen ist. Eine „geschützte Landwirtschaft" weist eine bestimmte Größe auf[48] und befindet sich im Eigentum bestimmter Personen[49] (Art. 2 LandwErbG). Grundsätzlich soll nur eine Person eine geschützte Landwirtschaft erben (Art. 5 LandwErbG), daher kann diese im Wege einer **letztwilligen Verfügung** nur einer Person

---

44 Das Recht, den Nachlass als Erbe zu beanspruchen, verjährt gegenüber einem redlichen Besitzer innerhalb eines Jahres ab Kenntnis des Erben von seinem Recht und vom Besitzer, spätestens jedoch innerhalb von 10 Jahren. Die 10-Jahresfrist beginnt für den gesetzlichen Erben im Todeszeitpunkt des Erblassers, für den testamentarischen Erben ab Bekanntgabe der letztwilligen Verfügung zu laufen. Gegenüber einem unredlichen Besitzer beträgt die Verjährungsfrist 20 Jahre (Art. 141 ErbG).
45 *Zupančič/Žnidaršič Skubic*, Rn 80 f.
46 *Zupančič/Žnidaršič Skubic*, Rn 81 f.
47 Zakon o dedovanju kmetijskih gospodarstev, U.l. RS Nr. 70/1995, zuletzt U.l. RS Nr. 30/2013. Ausführlich *Zupančič*. Podjetje in delo 1997, S. 1132.
48 Mindestens 5 ha, maximal 100 ha »vergleichbarer landwirtschaftlicher Fläche« (Legaldefinition Art. 2 Abs. 1 LandwErbG).
49 Eigentum einer natürlichen Person, Eigentum (Sondervermögen), Miteigentum oder Gesamtgut von Ehegatten, registrierten Partnern, hetero- oder homosexuellen Partnern einer länger dauernden Lebensgemeinschaft, Miteigentum von einem Elternteil und Kindern oder Adoptierten sowie ihren Nachkommen.

hinterlassen werden, außer⁵⁰ der Testator setzt ein Ehepaar⁵¹ oder einen Elternteil und dessen Kind oder Adoptivkind (oder dessen Nachkommen) als Erben ein; bei Nichtbeachtung dieser Vorschrift kommt es zur gesetzlichen Erbfolge (Art. 21 LandwErbG). Sind bei **gesetzlicher Erbfolge** mehrere Erben derselben Ordnung vorhanden und war der Erblasser Alleineigentümer einer geschützten Landwirtschaft, sieht Art. 7 LandwErbG einen detaillierten stufenweisen Auswahlkatalog für die Bestimmung des Erben der geschützten Landwirtschaft vor.⁵² Weitere Vorschriften betreffen jene Fälle, in denen Ehegatten⁵³ (Art. 8 LandwErbG) oder ein Elternteil und ein (adoptiertes oder leibliches) Kind (oder dessen Nachkommen) Eigentümer waren (Art. 9 LandwErbG). Personen, die nach den Vorschriften des ErbG im konkreten Fall erbberechtigt sind, aber die geschützte Landwirtschaft nicht erhalten, gebührt ein **Geldersatz in Höhe ihres Pflichtteils**. Dieser Pflichtteil kann unter bestimmten Voraussetzungen sowohl gemindert als auch erhöht werden (Art. 14 LandwErbG).

VII. Verringerung des Erblasservermögens aufgrund Sozialhilfe

Hat der Erblasser **Sozialhilfe** aus dem Budget der Republik Slowenien oder einer Gemeinde erhalten, so wird sein Vermögen um den Wert der empfangenen Sozialhilfe gemindert.⁵⁴ Das Vermögen des Erblassers geht insoweit in das Eigentum der Republik/Gemeinde über (Art. 128 ErbG) und ist nicht Gegenstand der Erbfolge. Die Republik/Gemeinde ist kein Erbe (mangels Erbfolge) und haftet somit auch nicht für die Verbindlichkeiten.⁵⁵ Eine Verringerung des Vermögens des Erblassers unterbleibt bei einer Verpflichtung der Erben, den der Sozialhilfe entsprechenden Wert rückzuerstatten.⁵⁶ Die Republik/Gemeinde kann auf eine Rückerstattung verzichten, wenn der Ehegatte⁵⁷ oder die Kinder des Erblassers Erben sind und diese selbst unterstützungsbedürftig sind (Art. 129 ErbG).

22

VIII. Aussonderung aus dem Erblasservermögen oder Nachlass

Die (leiblichen und adoptierten) Nachkommen sowie deren Nachkommen, die zusammen mit dem Erblasser gelebt und ihn beim Erwerb unterstützt haben,⁵⁸ können die Aussonderung jenes Teils aus dem Erblasservermögen⁵⁹ verlangen (dieses ist somit nicht Gegenstand der Erbfolge), der ihrem **Beitrag**⁶⁰ **zur Erhöhung** oder **zum Erhalt des Wertes des Erblas-**

23

---

50 Eine physische Teilung ist in beiden Fällen unzulässig (Art. 21 Abs. 2 LandwErbG); *Zupančič/Žnidaršič Skubic*, Rn 590 f.
51 Oder registrierte Partner, homo- oder heterosexuelle Partner einer länger dauernden Lebensgemeinschaft.
52 Ein Ausschluss des Erben, der nach Art. 7 LandwErbG eine geschützte Landwirtschaft erben würde, ist in bestimmten Fällen (Art. 11 Abs. 1 LandwErbG, z.B. körperliche oder seelische Krankheit, Alkoholsucht) auf Antrag eines Miterben möglich.
53 Oder registrierte Partner und hetero- oder homosexuelle Partner einer länger dauernden Lebensgemeinschaft (Art. 2 Abs. 4, 5 LandwErbG).
54 *Goršek*, Pravnik 2002, S. 571.
55 *Zupančič/Žnidaršič Skubic*, Rn 66; vgl. auch Art. 214 Abs. 4 ErbG.
56 Bis zur vollständigen Zahlung hat die Republik/Gemeinde ein gesetzliches Pfandrecht an den Nachlassgegenständen (Art. 128 Abs. 4 ErbG).
57 Oder registrierte Partner, in der Praxis auch hetero- oder homosexuelle Partner einer länger dauernden Lebensgemeinschaft.
58 VS RS II Ips 115/2005.
59 Ein Anspruch auf Geld entsprechend dem Beitrag besteht nur, wenn die Aussonderung eines Vermögensteils wirtschaftlich untunlich wäre, VS RS II Ips 587/2004; VS RS II Ips 56/2000.
60 VS RS Ips 378/2005.

servermögens entspricht (Art. 32 Abs. 1 ErbG). Der Aussonderungsanspruch ist kein erbrechtlicher Anspruch, sondern ein Anspruch *sui generis*. Der Anpruchsberechtigte muss somit nicht die Voraussetzungen eines Erben oder Vermächtnisnehmers erfüllen.[61] Der ausgesonderte Teil fällt nicht in den Nachlass und wird weder bei der Pflichtteilsberechnung berücksichtigt noch auf den Erbteil angerechnet (Art. 32 Abs. 2 ErbG).[62]

24 Der überlebende Ehegatte[63] und jene (leiblichen und adoptierten) Nachkommen sowie deren Nachkommen, die mit dem Erblasser im selben Haushalt[64] gelebt haben, haben ein Recht auf Aussonderung jener **Haushaltsgegenstände** aus dem Nachlass des Erblassers, die der Befriedigung alltäglicher Bedürfnisse dienen und keinen höheren Wert aufweisen (Art. 33 Abs. 1 ErbG). Art. 33 ErbG stellt ein gesetzliches Vermächtnis dar. Die berechtigten Personen müssen die Voraussetzungen eines Vermächtnisnehmers erfüllen; sie können, müssen jedoch nicht Erben sein.[65] Diese Haushaltsgegenstände sind weder bei der Pflichtteilsberechnung zu berücksichtigen noch auf den Erbteil anzurechnen (Art. 33 Abs. 2 ErbG).

IX. Anrechnung auf den gesetzlichen Erbteil

25 Die Anrechnung von Schenkungen,[66] einer Verbindlichkeit, die der Erbe dem Erblasser schuldet (Art. 57 ErbG), oder eines Vermächtnisses auf den gesetzlichen Erbteil erfolgt nur auf Verlangen eines Miterben (Art. 58 ErbG). Übliche kleinere Geschenke unterliegen ebenso wenig der Anrechnung (Art. 55 ErbG) wie die Kosten für den Unterhalt und die Pflichtschulausbildung des Erben (Art. 54 Abs. 1 ErbG).[67] Auf den Erbteil des Repräsentanten werden die Geschenke an denjenigen, den er repräsentiert, nur angerechnet, wenn diese Person vorverstorben ist oder die Erbschaft ausgeschlagen hat, nicht jedoch in anderen Fällen, z.B. Enterbung (Art. 56 ErbG). Schlägt ein Erbe die Erbschaft aus, so kann er zwar sein Geschenk behalten und die Erfüllung eines Vermächtnisses fordern, jedoch nur bis zur Höhe des verfügbaren Teils (siehe Rn 32), Art. 50 ErbG.

26 Die Anrechnung einer Schenkung[68] oder eines Vermächtnisses[69] unterbleibt, wenn dies dem Erblasserwillen[70] entspricht (Art. 46 Abs. 3, Art. 47 ErbG).[71] Sind jedoch Pflichterben vorhanden, so kann der Erbe – zu dessen Gunsten der Erblasser eine Anrechnung ausgeschlossen hat – das Geschenk oder Vermächtnis nur bis zur Höhe des verfügbaren Teils (siehe Rn 32) behalten oder fordern (Art. 49 Abs. 2 ErbG).

---

61 *Zupančič/Žnidaršič Skubic*, Rn 60.
62 *Frantar*, Podjetje in delo 1996, S. 1051.
63 Entsprechend dem Zweck der Vorschrift ebenso der hetero- oder homosexuelle Partner einer länger dauernden Lebensgemeinschaft und aufgrund der Gleichstellung der registrierte Partner (siehe Rn 13, 14, 15); *Zupančič/Žnidaršič Skubic*, Rn 61.
64 Dies ist anhand objektiver und subjektiver Kriterien zu prüfen, VS RS II Ips 465/1998.
65 *Zupančič/Žnidaršič Skubic*, Rn 61.
66 Früchte und sonstige Nutzungen aus dem Geschenk werden nicht angerechnet (Art. 46 Abs. 2 ErbG). Für Versicherungen zum Vorteil des Beschenkten gilt Art. 31 ErbG (Art. 53 ErbG); siehe Rn 31 „Geschenke"; weitere Bsp. für Schenkungen Art. 29 ErbG.
67 Es liegt im Ermessen des Gerichts, ob weitere Ausbildungskosten angerechnet werden, wobei insb. der Nachlasswert, die Ausbildungskosten und die Fähigkeit der anderen Erben zur selbstständigen Lebensführung zu werten sind (Art. 54 Abs. 2 ErbG).
68 Eine Schenkungsanrechnung auf den Pflichtteil bleibt davon jedoch unberührt (Art. 46 Abs. 4 ErbG).
69 Siehe auch Art. 33 ErbG (siehe Rn 24).
70 Schenkung: Erklärung des Erblassers anlässlich der Schenkung, danach, im Testament oder Rückschluss aus Umständen. Vermächtnis: der entsprechende Erblasserwille muss aus dem Testament hervorgehen.
71 In diesem Fall teilt er mit den übrigen Erben den Nachlass; das Geschenk oder Vermächtnis bleibt unberücksichtigt (Art. 49 Abs. 1 ErbG).

Die Anrechnung von Geschenken und Vermächtnissen erfolgt, indem die anderen Erben vorab einen – dem Geschenk oder Vermächtnis – entsprechenden Wert aus dem Nachlass erhalten (Idealkollation).[72] Bei unzureichendem Nachlass ist der anrechnungspflichtige Erbe jedoch nicht verpflichtet, sein Geschenk zurückzugeben (Art. 48 Abs. 1, 2 ErbG).[73] Eine Anrechnung auf den Erbteil des Beschenkten unterbleibt, wenn er das Geschenk „in den Nachlass" zurückgibt (Realkollation).[74] Bzgl. der Aufwendungen oder eines Schadens am Geschenk gilt er bis zum Beweis des Gegenteils als redlicher Besitzer (Art. 51 Abs. 1, 2 ErbG).[75]

D. Pflichtteilsrecht

Das Recht auf den Pflichtteil ist ein **Erbrecht** (Art. 27 ErbG) und kein schuldrechtlicher Anspruch. Die Gesamtheit aller Pflichtteile bildet den „reservierten Teil", die „Reserve",[76] sodass der Erblasser nur über den Rest, den sogenannten „verfügbaren Teil" des Nachlasses frei verfügen kann (Art. 26 Abs. 1, 3 ErbG). Der Pflichtteilsberechtigte ist als Rechtsnachfolger des Erblassers im Umfang seiner Pflichtteilsquote am Nachlass beteiligt und haftet aliquot für die Verbindlichkeiten.[77] Der Erblasser kann jedoch bestimmen, dass der Pflichtteil durch die Zuwendung von Sachen, Rechten oder Geld erfüllt wird (Art. 27 ErbG).

Pflichtteilsberechtigt sind die Nachkommen des Erblassers, die Adoptierten und ihre Nachkommen, seine Eltern, sein Ehegatte (Art. 25 Abs. 1 ErbG) sowie – aufgrund der Gleichstellung bei der gesetzlichen Erbfolge – der Partner einer länger dauernden Lebensgemeinschaft (Art. 10 Abs. 2 i.V.m. Art. 25 Abs. 1 ErbG, absolute Pflichterben). Auch registrierte Partner[78] und gleichgeschlechtliche Partner, die keine registrierte Partnerschaft geschlossen[79] haben, sind, da sie zum Kreis der gesetzlichen Erben zählen, pflichtteilsberechtigt (vgl. Rn 14 und 15). Die Großeltern und Geschwister des Erblassers sind pflichtteilsberechtigt, sofern sie auf Dauer arbeitsunfähig sind und nicht über den notwendigen Lebensunterhalt verfügen[80] (Art. 25 Abs. 2 ErbG, relative Pflichterben). Alle genannten Personen sind jedoch nur Pflichterben, sofern sie **im konkreten Fall als gesetzliche Erben berufen** wären (Art. 25 Abs. 3 ErbG). So sind beispielsweise die Eltern des Verstorbenen nur in Ermangelung von Nachkommen gesetzliche Erben (zweiter Ordnung) und somit pflichtteilsberechtigt.

Der Pflichtteil der Nachkommen, der Adoptierten und ihrer Nachkommen sowie des Ehegatten[81] umfasst die **Hälfte**, jener der Eltern, Großeltern und Geschwister **ein Drittel** des (hypothetischen) **gesetzlichen Erbteils** (Art. 26 Abs. 2 ErbG). Bei der Berechnung sind

---

72 Bei einer Schenkung wird der anrechenbare Wert anhand des Wertes des Geschenks im Todeszeitpunkt des Erblassers und seines Zustandes im Schenkungszeitpunkt bestimmt (Art. 52 ErbG).
73 Die Bestimmungen über den Pflichtteil bleiben davon unberührt (Art. 48 Abs. 3 ErbG).
74 Bei einem Vermächtnis unterbleibt dessen Geltendmachung; *Zupančič/Žnidaršič Skubic*, Rn 180.
75 I.V.m. Art. 28, 95, 96 Sachenrechtsgesetzbuch (SachGB, Stvarnopravni zakonik), U.l. RS Nr. 87/2002, 91/2013.
76 *Zupančič/Žnidaršič Skubic*, Rn 135.
77 *Zupančič/Žnidaršič Skubic*, Rn 139.
78 Erkenntnis des Verfassungsgerichts U.l. RS Nr. 55/2009.
79 Erkenntnis des Verfassungsgerichts U.l. RS Nr. 31/2013.
80 Maßgeblicher Zeitpunkt für die Beurteilung dieser Voraussetzungen ist der Todestag des Verstorbenen, *Zupančič/Žnidaršič Skubic*, Rn 145.
81 Oder des Partners einer länger dauernden Lebensgemeinschaft, eines registrierten Partners sowie eines gleichgeschlechtlichen Partners, der keine registrierte Partnerschaft geschlossen hat.

alle Personen zu berücksichtigen, die im konkreten Fall neben dem Erben, für den der Pflichtteil berechnet wird, gesetzliche Erben sein könnten, unabhängig davon, ob es sich dabei auch um Pflichterben handelt. Weiterhin ist die Möglichkeit einer Erhöhung des Erbteils zugunsten oder einer Verringerung des Erbteils zu Lasten des Erben, dessen Pflichtteil berechnet wird, zu berücksichtigen (siehe Art. 13, 23 und 24 ErbG; Rn 11, 18).[82] Erbunwürdige oder enterbte Personen werden als vorverstorben betrachtet (Art. 127 und Art. 44 ErbG). Personen, die als potenzielle gesetzliche Erben durch Vertrag mit dem Erblasser für sich und ihre Nachkommen eine noch nicht angefallene Erbschaft ausgeschlagen haben (Art. 137 Abs. 2, 5 ErbG), werden ebenso wenig bei der konkreten Pflichtteilsberechnung berücksichtigt wie jene Pflichterben, die für sich und ihre Nachkommen im Nachlassverfahren auf den Pflichtteil verzichten (Art. 133 i.V.m. 208 Abs. 3, 5 ErbG).[83] Der Ausschlagende oder Pflichtteilsverzichtende kann jedoch auch nur im eigenen Namen verzichten. Aufgrund des Eintrittsrechts (Repräsentation) können sodann seine Nachkommen, sofern sie Pflichterben sein können, den Pflichtteil erben.[84]

31 Ausgangspunkt für die Berechnung des verfügbaren Teils des Nachlasses ist der **reine Nachlass**.[85] Dem Wert des reinen Nachlasses sind bestimmte **Geschenke**[86] hinzuzurechnen. Dazu zählen Geschenke an Personen, die im konkreten Fall mangels testamentarischer Verfügung erben würden (gesetzliche Erben in concreto[87]), wobei Geschenke an die Erbschaft Ausschlagende ebenso zu berücksichtigen sind wie jene, für die der Erblasser ein Unterbleiben der Anrechnung angeordnet hat (Art. 28 Abs. 4 ErbG). Weiterhin sind Geschenke hinzuzurechnen, die der Erblasser im letzten Lebensjahr Personen gemacht hat, die keine gesetzlichen Erben sind, wobei jedoch übliche kleinere Geschenke ausgenommen sind (Art. 28 Abs. 5 ErbG). Geschenke zu Wohltätigkeitszwecken und jene, die nach Art. 54, 55 und 56 Abs. 1 ErbG (siehe Rn 25) von der Anrechnung auf den Erbteil ausgenommen sind, bleiben ebenso außer Betracht (Art. 28 Abs. 6 ErbG). Die Bewertung eines Geschenks erfolgt nach dem Wert im Todeszeitpunkt des Erblassers und nach dem (Zu)Stand im Zeitpunkt der Schenkung (Art. 30 ErbG).

32 Die Summe aus dem reinen Nachlass und den Geschenken stellt den „**rechnerischen**" **Nachlasswert** dar. Von diesem Wert (oder vom reinen Nachlass in Ermangelung von Geschenken) werden die einzelnen Pflichtteile berechnet. Der **verfügbare Teil des Nachlasses** folgt aus dem Abzug der Summe der einzelnen Pflichtteile vom reinen Nachlass.[88] Über-

---

82 *Zupančič/Žnidaršič Skubic*, Rn 147.
83 *Zupančič/Žnidaršič Skubic*, Rn 149.
84 Vgl Art. 133 Abs. 2, 140 ErbG für die Ausschlagung der Erbschaft; Art. 133 Abs. 2, 208 Abs. 3, 5 ErbG für den Pflichtteil; *Zupančič/Žnidaršič Skubic*, Rn 149.
85 Vermögen des Erblassers unter Abzug jener Gegenstände, die nicht Gegenstand der Erbfolge sind (Art. 32 und 128 ErbG), der Haushaltsgegenstände, die bestimmten Personen zukommen (Art. 33 ErbG) sowie Abzug der Nachlassschulden und Erbfallkosten; vgl. Art. 28 Abs. 2, 3 ErbG; *Zupančič/Žnidaršič Skubic*, Rn 151.
86 Jede unentgeltliche Verfügung, z.B. auch der Erlass einer Schuld oder Zuwendungen zur Begründung des Haushalts oder der Berufsausübung (detaillierter Art. 29 ErbG). Bei einer Versicherung zugunsten des Erben ist – je nachdem, welcher Wert niedriger ist – entweder die Summe der Prämienzahlungen durch den Erblasser oder die Versicherungssumme als Wert des Geschenks anzurechnen (Art. 31 ErbG).
87 *Zupančič/Žnidaršič Skubic*, Rn 151; Art. 28 Abs. 4 ErbG.
88 *Zupančič/Žnidaršič Skubic*, Rn 153.

steigt der Gesamtwert der letztwilligen Verfügungen und Geschenke[89] den verfügbaren Teil, liegt eine Pflichtteilsverkürzung vor (Art. 34 Abs. 2 ErbG). Diejenigen Geschenke und letztwilligen Verfügungen, die dem Pflichterben auf seinen Erbteil angerechnet werden, werden bei der Feststellung des Gesamtwertes der letztwilligen Verfügungen und Geschenke nur soweit berücksichtigt, als sie seinen Pflichtteil übersteigen (Art. 34 Abs. 4, 48 Abs. 3 ErbG).[90] Die Geltendmachung des Pflichtteils bedarf einer **Klage**, die ausschließlich von den Pflichterben eingebracht werden kann (Art. 40, 41 ErbG). Die Pflichtteilsergänzung erfolgt zunächst durch eine Verringerung der letztwilligen Verfügungen (Testament und Vermächtnis) und, sofern dies nicht ausreichend ist, durch eine Rückgabe von Geschenken (Art. 35 ErbG). Mangels gegenteiliger Anordnung des Erblassers[91] sind die letztwilligen Verfügungen im gleichen Verhältnis, d.h. im Verhältnis ihrer Höhe bzw. ihres Wertes, zu kürzen (Art. 36 Abs. 1 ErbG). Die Geschenke werden mit dem letzten Geschenk beginnend zurückgegeben (Art. 38 ErbG). Das Recht, den Pflichtteil zu fordern, verjährt in 3 Jahren (Art. 41 ErbG).[92]

Einen **Verzicht auf den Pflichtteil zu Lebzeiten des Erblassers** sieht das ErbG nicht vor. Zulässig ist jedoch eine Ausschlagung der Erbschaft zu Lebzeiten des Erblassers durch Vertrag zwischen Nachkommen und Erblasser (Art. 137 Abs. 2 ErbG). 33

Bei Vorliegen bestimmter **Enterbungsgründe**[93] kann der Erblasser durch testamentarische Verfügung einer pflichtteilsberechtigten Person den Pflichtteil ganz oder teilweise entziehen (Art. 42, 43 ErbG). Die Aufzählung ist taxativ. Der Enterbungsgrund ist im Streitfall von demjenigen zu beweisen, der sich auf dessen Vorliegen beruft (Art. 43 Abs. 3 ErbG). Aus Sicht der anderen Erben gilt der Enterbte im Umfang der Enterbung als vorverstorben (Art. 44 ErbG). Der Erblasser kann eine Enterbung in testamentarischer Form widerrufen.[94] 34

Nach Art. 45 ErbG ist ein gänzlicher oder teilweiser Entzug des Pflichtteils eines überschuldeten oder verschwenderischen (leiblichen oder adoptierten) Nachkommens zugunsten von dessen – im Todeszeitpunkt des Erblassers – minderjährigen oder volljährigen, aber erwerbsunfähigen Kindern oder (bei Vorversterben seines Kindes) Enkelkindern zulässig. In Analogie zu Art. 43 Abs. 2 ErbG soll der Enterbungsgrund entfallen, wenn der Enterbte im Todeszeitpunkt weder überschuldet ist noch verschwenderisch lebt.[95] Der Pflichtteil steht allen minderjährigen oder volljährigen, aber erwerbsunfähigen Kindern oder Enkelkin- 35

---

89 Es werden auch jene letztwilligen Verfügungen und Geschenke berücksichtigt, für die der Erblasser ein Unterbleiben der Anrechnung auf den Erbteil des Pflichterben angeordnet hat (Art. 34 Abs. 3 ErbG). Gemäß Art. 49 Abs. 2 ErbG kann der Pflichterbe dieses Geschenk (oder Vermächtnis) im Umfang des verfügbaren Teils behalten.
90 Im Umfang bis zur Pflichtteilshöhe ist der Pflichtteil durch das Geschenk oder die letztwillige Verfügung (z.B. Vermächtnis) erfüllt; *Zupančič/Žnidaršič Skubic*, Rn 155.
91 Die Kürzung einer derart begünstigten Verfügung kommt erst in Betracht, wenn dies für die Pflichtteilsdeckung erforderlich ist; für Vermächtnisse vgl. Art. 36 Abs. 2 ErbG; *Zupančič/Žnidaršič Skubic*, Rn 157.
92 Nicht nur Verlust des Rechts auf klageweise Geltendmachung, so *Zupančič/Žnidaršič Skubic*, Rn 160. Für einzelne verfahrensrechtliche Fragen siehe *Rijavec*, Verfahren, S. 285 ff.
93 Art. 42 Abs. 1 ErbG: Schwere Verfehlung gegenüber dem Erblasser durch Verletzung einer gesetzlichen oder moralischen Pflicht (Nr. 1); Begehung einer schweren Straftat mit Vorsatz gegen den Erblasser oder näher bezeichnete Angehörige (Nr. 2); Müßiggang und unredliches Leben des Pflichtteilsberechtigten (Nr. 3). Die Enterbungsgründe gemäß Nr. 1 und 2 müssen im Zeitpunkt des Verfassens des Testaments, jener nach Nr. 3 ErbG auch noch im Todeszeitpunkt des Testators vorliegen (Art. 43 Abs. 2 ErbG).
94 *Zupančič/Žnidaršič Skubic*, Rn 164.
95 *Zupančič/Žnidaršič Skubic*, Rn 169.

dern des Enterbten entsprechend der gesetzlichen Pflichtteilsquote zu. Eine gegenteilige Verfügung des Erblassers ist unwirksam (z.B. Änderung der Pflichtteilsquote).[96]

E. Gewillkürte Erbfolge

I. Errichtung – Allgemein

36 **Testierfähig** ist, wer im Zeitpunkt der Errichtung der letztwilligen Verfügung urteilsfähig[97] ist und das 15. Lebensjahr vollendet hat. Bei fehlender Testierfähigkeit ist das Testament ungültig (Art. 59 Abs. 1, 2 ErbG), wobei es jedoch einer **Ungültigerklärung** bedarf (Art. 61 ErbG).[98] Als weitere Ungültigkeitsgründe nennt Art. 60 ErbG die Errichtung durch Drohung oder Gewalt, aufgrund einer Täuschung oder eines Irrtums. Anfechtungsberechtigt ist, wer ein rechtliches Interesse an der Ungültigerklärung hat. Die subjektive (Verjährungs[99])Frist für die Geltendmachung beträgt 1 Jahr ab Kenntnis des Ungültigkeitsgrundes durch den Anfechtungsberechtigten,[100] die objektive Verjährungsfrist 10 Jahre ab Eröffnung des Testaments (Art. 61 Abs. 1 ErbG).[101] Eine letztwillige Verfügung kann jederzeit teilweise oder zur Gänze **widerrufen** werden (Art. 99 ErbG).[102]

Das ErbG regelt nicht das **gemeinschaftliche Testament**. Nach der Judikatur[103] ist es bei gemeinsamer Verfügung zugunsten Dritter wirksam, jedoch unwirksam, wenn sich zwei Personen gegenseitig zum Erben einsetzen (wechselbezügliche Verfügung[104]).[105]

II. Testamentsformen

37 Die Einhaltung einer der gesetzlich bestimmten Formen ist Gültigkeitsvoraussetzung (Art. 62 ErbG); die Nichteinhaltung ermöglicht eine **Anfechtung**[106] des Testaments. Anfechtungsberechtigt ist jeder, der ein rechtliches Interesse an der (gänzlichen oder teilweisen) Ungültigerklärung des Testaments hat. Die subjektive Frist beträgt 1 Jahr[107] ab Kenntnis vom Bestehen des Testaments (nicht des Formfehlers) durch den Anfechtungsberechtigten, die objektive Frist 10 Jahre ab Testamentseröffnung (Art. 76 Abs. 1 ErbG).[108]

---

96 *Zupančič/Žnidaršič Skubic*, Rn 170.
97 Die Urteilsfähigkeit im Rahmen der Testierfähigkeit wird milder beurteilt als bei Beurteilung der Geschäftsfähigkeit; *Zupančič/Žnidaršič Skubic*, Rn 188.
98 Die fehlende Testierfähigkeit hat derjenige zu beweisen, der die Ungültigerklärung verlangt; dies gilt auch im Falle einer von einem Geschäftsunfähigen im lucidum intervallum errichteten letztwilligen Verfügung, so *Zupančič/Žnidaršič Skubic*, Rn 191.
99 *Zupančič/Žnidaršič Skubic*, Rn 193.
100 Frühestens ab Eröffnung des Testaments (Art. 61 Abs. 2 ErbG); VS RS II Ips 563/2001.
101 Gegen eine unredliche Person beträgt die Frist 20 Jahre ab Testamentseröffnung (Art. 61 Abs. 3 ErbG).
102 Daher ist auch eine vertragliche Verpflichtung ungültig, eine letztwillige Verfügung zu widerrufen oder nicht zu widerrufen (Art. 105 ErbG).
103 Die Judikatur ist allerdings vor dem ErbG ergangen. Nachweise bei *Zupančič/Žnidaršič Skubic*, Rn 219 Fn 268.
104 Nach *Zupančič/Žnidaršič Skubic*, Rn 219, aufgrund der Nähe zum verbotenen Erbvertrag.
105 *Metelko*, Podjetje in delo 2002, S. 1210 (1212).
106 Nach *Zupančič/Žnidaršič Skubic*, Rn 206, Nichtigkeit des Testaments bei derart gravierenden Formmängeln, dass das Nichtvorliegen eines Testaments sogleich erkennbar ist, z.B. mündliches Testament ohne Zeugen.
107 Fristbeginn frühestens ab Testamentseröffnung (Art. 76 Abs. 2 ErbG).
108 Art. 76 ErbG enthält keine Art. 61 Abs. 3 ErbG entsprechende Frist.

Das ErbG enthält keine Bestimmung zur **Konversion**. Jedoch wird sowohl die Umdeutung eines formungültigen in ein formgültiges Testament als auch eines unwirksamen Erbvertrags (Art. 103 ErbG) in ein Testament (sofern die vertragliche Verpflichtung die testamentarischen Voraussetzungen erfüllt) als zulässig erachtet.[109]

Das **eigenhändige Testament** ist vom Testator zu schreiben und zu unterzeichnen (Art. 63 Abs. 1 ErbG). Ein Stenogramm ist ausreichend.[110] Es ist irrelevant, womit, auf welchem Material und in welcher Sprache das Testament verfasst wird. Eine Fotokopie entspricht nicht Art. 63 ErbG.[111] Als Unterschrift kann auch eine Paraphe[112] oder die Angabe des Familienverhältnisses, sofern die Identifikation des Erblassers möglich ist, genügen. In der Lehre ist strittig, ob ausschließlich eine Unterschrift am Ende des Textes das Formerfordernis erfüllt.[113] Weder die Angabe eines Errichtungsdatums (Art. 63 Abs. 2 ErbG) noch des Ortes sind Gültigkeitsvoraussetzungen. 38

Wird das Testament **fremdhändig**[114] errichtet, so hat der des Schreibens und Lesens mächtige Testator die Urkunde in Anwesenheit von zwei (zeitgleich anwesenden) Zeugen zu unterzeichnen und zu erklären, dass dies sein Testament sei. Die Zeugen haben auf der Urkunde selbst mit dem Zusatz auf ihre Zeugeneigenschaft zu unterschreiben, wobei der Zusatz keine Gültigkeitsvoraussetzung darstellt (Art. 64 ErbG). Die Zeugen müssen den Inhalt des Testaments nicht kennen.[115] 39

Das **gerichtliche** Testament wird vom Einzelrichter des Bezirksgerichts[116] nach mündlichem Vortrag des Testators protokolliert, vom Testator gelesen und unterzeichnet. Der Richter bestätigt auf dem Testament, dass es der Testator in seiner Anwesenheit gelesen und unterschrieben hat (Art. 65 ErbG). Kann der Testator das Testament nicht lesen, bedarf es zweier Zeugen, in deren Anwesenheit der Richter das Testament verliest sowie der Testator erklärt, dass dies sein letzter Wille sei und es sodann unterzeichnet oder ein Handzeichen anfügt. Die Zeugen unterschreiben ebenfalls das Testament (Art. 66 ErbG). 40

Entsprechend den Vorschriften über das gerichtliche Testament können slowenische Staatsangehörige im Ausland vor dem slowenischen Konsul ein **(konsularisches) Testament** errichten (Art. 69 ErbG).

Als **absolut unfähige Zeugen** für die Errichtung eines fremdhändigen oder gerichtlichen Testaments gelten Geschäftsunfähige sowie Schreib- und Leseunkundige. Bei einem gerichtlichen Testament müssen die Zeugen zudem die Sprache, in der das Testament errichtet ist, verstehen (Art. 67 Abs. 1 ErbG). Bestimmte Personen gelten als **relativ unfähige Zeugen** oder dürfen nicht als Richter fungieren (Art. 67 Abs. 2 ErbG).[117] In beiden Fällen ist das Testament anfechtbar. Dies gilt auch, wenn der Richter, die Zeugen oder deren Vorfahren, 41

---

109 *Zupančič/Žnidaršič Skubic*, Rn 208.
110 *Zupančič/Žnidaršič Skubic*, Rn 221.
111 VS RS II Ips 408/2000.
112 VS RS II Ips 42/2003.
113 *Zupančič/Žnidaršič Skubic*, Rn 222.
114 Das Testament kann per Hand oder Maschine entweder vom Testator selbst oder von einem Erben, Zeugen oder Dritten errichtet werden; *Zupančič/Žnidaršič Skubic*, Rn 223.
115 *Zupančič/Žnidaršič Skubic*, Rn 224.
116 Art. 99 Abs. 2 Ziff. 2 Gesetz über die Gerichte (Zakon o sodiščih), U.l. RS Nr. 94/2007 a.b.F., zuletzt U.l. RS Nr. 17/2015.
117 Ehegatte, leibliche und adoptierte Nachkommen sowie deren Nachkommen, leibliche und adoptierte Vorfahren, Verwandte in der Seitenlinie bis zum 3. Grad, die Ehegatten der genannten Personen. Entsprechend dem Zweck der Vorschrift auch registrierte Partner sowie hetero- und homosexuelle Partner einer länger dauernden Lebensgemeinschaft.

deren Nachkommen, deren Geschwister oder deren Ehegatten[118] testamentarisch bedacht werden (Art. 68 i.V.m. Art. 76 ErbG).[119]

42 Ein Testament kann auch in Form einer **notariellen Niederschrift** (Art. 43 NotariatsG[120]) der mündlichen Erklärung des Erblassers unter Mitwirkung eines Notars und zweier Beurkundungszeugen[121] oder eines weiteren Notars errichtet werden (Art. 51 Abs. 1 Zif. 1, Abs. 3, Art. 53 NotG). Nach Art. 45 NotG haben bestimmte Formfehler[122] einer notariellen Niederschrift den Verlust der Rechtswirkungen einer öffentlichen Urkunde zu Folge, andere Formfehler[123] können ihre Beweiskraft mindern oder ausschließen. Als weitere Form kommt eine **notarielle Beglaubigung** einer vom Erblasser übergebenen schriftlichen Verfügung in Betracht (Art. 49 NotG). Die Anwesenheit von Zeugen ist dabei nicht erforderlich (Art. 51 Abs. 1 Zif. 1 NotG e contrario). Beide Formen des notariellen Testaments[124] haben die Rechtswirkungen eines gerichtlichen Testaments (Art. 46 Abs. 1 NotG).

43 Das internationale Testament nach dem **Washingtoner Abkommen** über die einheitliche Testamentsform ist eine besondere Form des öffentlichen Testaments und in den Art. 71a–71g ErbG geregelt.

44 Das ErbG kennt **drei außerordentliche Testamentsformen**. Entsprechend den Vorschriften über das gerichtliche Testament kann ein Schiffskapitän auf einem **slowenischen Schiff**[125] für In- und Ausländer ein Testament errichten, wobei ein derartiges Testament nach Ablauf von 30 Tagen ab der Rückkehr des Testierenden in die Republik Slowenien ungültig wird (Art. 70 ErbG). Militärangehörige können während eines **Ausnahme- oder Kriegszustands** vor dem Truppenkommandanten nach den Vorschriften über das gerichtliche Testament eine letztwillige Verfügung errichten (Art. 71 ErbG). Auch ihre Wirksamkeit ist befristet.[126]

45 Kann sich der Erblasser aufgrund außerordentlicher Umstände keiner ordentlichen Testamentsform[127] bedienen, kommt ein **mündliches Testament** vor zwei (gleichzeitig[128]) anwesenden Zeugen in Betracht (Art. 72 Abs. 1 ErbG). Liegen zwar außerordentliche Umstände[129] vor, wäre jedoch die Errichtung eines ordentlichen, z.B. eigen- oder fremdhändigen Testaments möglich, ist das mündliche Testament unwirksam. Die Zeugen müssen die Verfügung entweder unverzüglich niederschreiben und sie sobald als möglich dem Gericht übergeben oder die Verfügung mündlich bei Gericht wiedergeben, wobei dies keine Wirk-

---

118 Entsprechend dem Zweck der Vorschrift auch registrierte Partner sowie hetero- und homosexuelle Partner einer länger dauernden Lebensgemeinschaft.
119 Art. 68 ErbG („Ungültige Verfügungen in einer letztwilligen Verfügung") stellt systematisch betrachtet eine Formvorschrift dar; *Zupančič/Žnidaršič Skubic*, Rn 226f, Rn 232.
120 NotG, Zakon o notariatu, U.l. RS Nr. 2/2007 a.b.F., zuletzt U.l. RS Nr. 91/2013.
121 Die Voraussetzungen für die Zeugeneigenschaft weichen teilweise von Art. 67 ErbG ab, vgl. Art. 52 Abs. 1, Art. 53 i.V.m. Art. 22 NotG.
122 Verstoß gegen Art. 43 Abs. 1 Ziff. 5 und 7 NotG.
123 Verstoß gegen Art. 43 Abs. 1 Ziff. 1–4 und 6 NotG.
124 Eine Errichtung in elektronischer Form ist nach Art. 46 Abs. 3 NotG nicht zulässig.
125 Analoge Anwendung auf in Slowenien registrierte Flugzeuge; *Zupančič/Žnidaršič Skubic*, Rn 234.
126 Unwirksam 60 Tage nach Beendigung des Zustandes (objektive Frist) oder 30 Tage nach dem Militärdienstende (subjektive Frist), wenn der Militärdienst des Verfügenden früher oder später endet.
127 Art. 72 Abs. 1 ErbG „schriftliches Testament".
128 *Zupančič/Žnidaršič Skubic*, Rn 245.
129 Z.B. Naturkatastrophen, Epidemien, Krieg (Art. 71 ErbG gilt nur für Militärangehörige) oder subjektive Umstände, z.B. unerwartete Verschlechterung des Gesundheitszustandes, Unglück in den Bergen. Das Vorliegen außerordentlicher Umstände ist unter Berücksichtigung des Einzelfalles zu beurteilen und restriktiv zu interpretieren, da es sich beim mündlichen Testament um eine außerordentliche Testamentsform handelt; *Zupančič/Žnidaršič Skubic*, Rn 246.

samkeitsvoraussetzung[130] ist (Art. 74 ErbG). Ein wirksam errichtetes mündliches Testament verliert 30 Tage nach Wegfall des außerordentlichen Umstandes seine Gültigkeit (Art. 72 Abs. 2 ErbG).

Als fähige Zeugen für ein mündliches Testament kommen jene Personen in Betracht, die auch bei einem gerichtlichen Testament fähige Zeugen wären, allerdings müssen sie nicht des Lesens und Schreibens kundig sein (Art. 73 i.V.m. Art. 67 ErbG). Zudem sind gemäß Art. 75 ErbG Verfügungen zugunsten bestimmter Personen, zu welchen auch die Zeugen zählen, ungültig. Wirken unfähige Zeugen mit, ist das Testament anfechtbar (Art. 76 ErbG).

III. Inhalt des Testaments

Der Erblasser kann einen oder mehrere **Erben** bestimmen.[131] Diese Personen erben das gesamte Vermögen oder Teile des Vermögens des Testators (Universalsukzession, Art. 78 Abs. 1, 2 ErbG). Hinterlässt der Erblasser einer Person ausschließlich bestimmte Gegenstände oder Rechte, ist durch Auslegung zu ermitteln, ob es sich um eine Erbeneinsetzung oder ein Vermächtnis handelt (Art. 78 Abs. 3 ErbG).[132] Zulässig ist eine Bestimmung von **Ersatzerben** (Art. 79 Abs. 1 ErbG[133]), nicht hingegen von Nacherben[134] (Art. 79 Abs. 3 ErbG).

Der Testator kann zudem **Vermächtnisse** (Legate) aussetzen (Art. 80 ErbG) und Ersatzvermächtnisnehmer[135] (Art. 79 Abs. 2 ErbG) bestimmen. Der Vermächtnisnehmer hat einen schuldrechtlichen Anspruch auf Erfüllung des Vermächtnisses gegenüber den mit dem Vermächtnis Belasteten[136] (Damnationslegat, Art. 86 Abs. 1 ErbG). Der Vermächtnisnehmer **haftet** nicht für einzelne oder bestimmte Verbindlichkeiten des Testators, es sei denn, dieser bestimmt Gegenteiliges; in diesem Fall ist seine Haftung jedoch mit dem Wert des Vermächtnisses beschränkt (Art. 92 ErbG). Der Vermächtnisnehmer kann ein Dritter, aber auch ein gesetzlicher oder testamentarischer Erbe sein. Ein Vermächtnis zugunsten eines gesetzlichen Erben stellt im Zweifel ein Hineinvermächtnis dar und ist somit auf seinen Erbteil anzurechnen (Art. 47 ErbG). Für den testamentarischen Erben gilt diese Auslegungsregel nicht.[137] Alles, was Gegenstand einer Verpflichtung sein kann, kann auch **Inhalt eines Vermächtnisses** sein, z.B. Herausgabe einer Sache, Übertragung eines Rechts, Auszahlung einer Geldsumme, Unterhaltsleistung, Schulderlass, ein Tun, Unterlassen oder eine Duldung des Belasteten (Art. 85 Abs. 1 ErbG).

Die Gläubiger des Testators sind vorrangig vor den Vermächtnisnehmern zu befriedigen (Art. 87 ErbG). Ist der Belastete testamentarischer Erbe und müsste sein Erbteil verringert werden, um den Pflichtteil zu ergänzen, so kann er mangels gegenteiliger Anhaltspunkte

---

130 Das mündliche Testament bleibt jedoch ohne rechtliche Wirkung. Für einen Nachweis des Bestehens in Analogie zu Art. 77 ErbG *Zupančič/Žnidaršič Skubic*, Rn 247.
131 Bestimmbarkeit der Person anhand der Angaben im Testament genügt, Art. 83 ErbG.
132 Bsp. für Einsetzung als Erbe: Der Gegenstand umfasst nahezu das gesamte Vermögen; Übergang von Verbindlichkeiten und nicht nur Rechten betreffend den Gegenstand, *Zupančič/Žnidaršič Skubic*, Rn 259.
133 Eingesetzter Erbe stirbt vor dem Testator, schlägt die Erbschaft aus oder wird erbunwürdig.
134 Eine vergleichbare Wirkung kann erzielt werden, wenn man eine Person als Erben („Nacherben") einsetzt und einer anderen Person (dem „Vorerben") den Nießbrauch am Nachlass einräumt, *Zupančič/Žnidaršič Skubic*, Rn 293 m.w.N.
135 Die Bestimmung von Nachvermächtnisnehmern ist unzulässig (Art. 79 Abs. 3 ErbG).
136 Jeder, der einen Vorteil aus dem Nachlass erlangt, i.d.R. die testamentarischen oder gesetzlichen Erben, nicht jedoch Pflichterben im Umfang ihres Pflichtteils, *Zupančič/Žnidaršič Skubic*, Rn 271.
137 *Zupančič/Žnidaršič Skubic*, Rn 274.

im Testament die verhältnismäßige Kürzung der Vermächtnisse verlangen, die er auszahlen müsste (Art. 37 Abs. 1 ErbG). Übersteigen die Vermächtnisse den frei verfügbaren Teil des Nachlasses, so kann der Erbe ebenso eine Kürzung begehren (Art. 88 Abs. 1 ErbG). Zudem ist der Belastete nicht verpflichtet, mehr aus dem Titel des Vermächtnisses herauszugeben als er selbst aus dem Nachlass erhalten hat (ausdrückliche Bestimmung für den Nachlegatar [Art. 88 Abs. 2 ErbG], gilt auch für den Belasteten).[138] In den Fällen gemäß Art. 88 Abs. 1, 2 ErbG kommt es zu einer verhältnismäßigen Kürzung der Vermächtnisse, es sei denn, der Erblasser möchte z.B. ein Vermächtnis ungekürzt lassen (Art. 88 Abs. 3 ErbG). Der Legatar erwirbt das Recht, das Vermächtnis zu fordern, ipso iure im Todeszeitpunkt des Erblassers (vgl. Art. 132 ErbG), es sei denn, der Testator hat eine Frist oder Bedingung bestimmt.[139] Das Recht, die Erfüllung des Vermächtnisses zu fordern, verjährt in 1 Jahr ab dem Tag, an dem der Vermächtnisnehmer Kenntnis von seinem Recht hatte und die Erfüllung fordern durfte (Art. 94 ErbG).

50 Der Erblasser kann die Verwendung des gesamten oder teilweisen Nachlasses für einen zulässigen Zweck verfügen (Art. 81 ErbG). Dabei handelt es sich um eine **„unselbstständige" Stiftung**, da der Erblasser keine juristische Person gründet, die mit dem gestifteten Vermögen den Zweck verwirklichen[140] würde. Der Testator kann diese „Verwendung für einen zulässigen Zweck" bewirken, indem er den Nachlass oder Teile davon einer bestimmten Person als Erbe oder Legatar verbunden mit einer entsprechenden Auflage hinterlässt, oder diese Personen mit der Auflage belastet, den Nachlass oder Teile des Nachlasses einer juristischen Person zu übergeben oder diese zu bestimmen, oder indem er einen Testamentsvollstrecker bestimmt. Andernfalls teilt das Nachlassgericht den Nachlass einer juristischen Person zu, die aufgrund ihres Unternehmensgegenstandes den vom Testator bestimmten Zweck verfolgen kann.[141]

51 Der Erblasser kann die Erben und Vermächtnisnehmer mit einer **Auflage** belasten (Art. 82 Abs. 1 ErbG). Die Nichterfüllung kann nach dem Willen des Erblassers den Verlust der Erbschaft oder des Vermächtnisses zur Folge haben.[142] Die Nichterfüllung der Auflage wird in diesem Fall einer auflösenden Bedingung gleichgestellt.[143] Ihre Erfüllung kann ein Testamentsvollstrecker (Art. 96 Abs. 1 ErbG) oder ein Erbe, wenn ein Vermächtnisnehmer belastet ist, erzwingen.[144] Unmögliche, unerlaubte, unmoralische, unverständliche und widersprüchliche Auflagen gelten als nicht angeordnet (Art. 82 Abs. 3 ErbG).

52 Der Testator kann Bedingungen und Fristen festlegen (Art. 82 Abs. 2 ErbG). Dies gilt nicht für das Recht des Erben auf den Pflichtteil.[145] Unmögliche, unerlaubte, unmoralische, unverständliche und widersprüchliche Bedingungen gelten als nicht angeordnet (Art. 82

---

138 *Zupančič/Žnidaršič Skubic*, Rn 273.
139 Für die Zwischenzeit kann der Vermächtnisnehmer eine Sicherung des Vermächtnisses beantragen (Art. 217 ErbG).
140 Nach dem Gesetz über Stiftungen ist die testamentarische Gründung einer Stiftung als juristische Person möglich, Zakon o ustanovah, U.l. RS Nr. 70/2005 a.b.F., zuletzt U.l. RS Nr. 91/2005; *Zupančič/Žnidaršič Skubic*, Rn 297.
141 *Zupančič/Žnidaršič Skubic*, Rn 296.
142 *Zupančič/Žnidaršič Skubic*, Rn 314.
143 Dies folgt aus Art. 214 Abs. 2 Zif. 5 ErbG, wonach im Beschluss über die Erbfolge anzugeben ist, ob das Recht des Erben von einer Auflage, die als auflösende Bedingung gilt, abhängig ist. Diejenige Person, auf welche die Erbschaft oder das Vermächtnis im Fall einer Nichterfüllung der Auflage übergeht, kann die Sicherung der Erbschaft/des Vermächtnisses beantragen (Art. 217 ErbG); *Zupančič/Žnidaršič Skubic*, Rn 314.
144 Ausführlicher *Zupančič/Žnidaršič Skubic*, Rn 315.
145 *Zupančič/Žnidaršič Skubic*, Rn 298.

Abs. 3 ErbG). Ein unter **aufschiebender Bedingung** eingesetzter **Erbe** kann bis zum ex nunc wirkenden Bedingungseintritt die Sicherung seines bedingten Erbrechts fordern (Art. 217 ErbG), da er das Erbrecht nicht im Todeszeitpunkt des Erblassers erwirbt (vgl. Art. 214 Abs. 2 Zif. 5 ErbG). Hat der Testator die Verwaltung der Erbschaft bis zum Bedingungseintritt keinem Testamentsvollstrecker übertragen, steht sie bis dahin im Zweifel den gesetzlichen Erben als Fruchtnießer zu. Es ist unzulässig, bis zum Bedingungseintritt eine andere Person als Erben einzusetzen, da dies dem Verbot der Nacherbschaft (Art. 79 Abs. 3 ErbG) widersprechen würde.[146] Bei einem unter aufschiebender Bedingung angeordneten **Vermächtnis** bleibt der Belastete bis zum Bedingungseintritt Eigentümer/Inhaber des Vermächtnisses. Ein unter **auflösender Bedingung** eingesetzter Erbe oder Vermächtnisnehmer erwirbt das Erbrecht/Vermächtnis mit dem Tod des Erblassers, der Bedingungseintritt wirkt ex nunc. Das Bestimmen eines Erben für den Zeitpunkt nach dem Eintritt der auflösenden Bedingung ist unzulässig (Verbot der Nacherbschaft, Art. 79 Abs. 3 ErbG).[147] Einer aufschiebenden Bedingung gleichgestellt ist das Einsetzen eines Erben oder Vermächtnisnehmers mit **Anfangstermin**; im Fall eines **Endtermins** gelten sinngemäß die Regeln über eine auflösende Bedingung.[148] Auch in diesen Fällen sind abweichende Verfügungen des Testators (z.B. Bestellung eines Testamentsvollstreckers) sowie das Verbot der Nacherbschaft zu beachten.[149]

Der Erblasser kann durch Testament eine oder mehrere Personen zu Testamentsvollstreckern (Art. 95–98 ErbG) bestellen und ihre Rechte und Pflichten spezifizieren. Mangels Bestimmung durch den Testator sieht Art. 96 ErbG folgende Pflichten (demonstrativ) vor: Verwaltung des Nachlasses, Erfüllung der Verbindlichkeiten und Vermächtnisse sowie allgemein des Testaments i.S.d. Erblasserwillens. Während der Verwaltung des Nachlasses durch den Testamentsvollstrecker sind die Erben von der Verwaltung und der Verfügung über den Nachlass ausgeschlossen.[150] Gegenüber dem Gericht ist der Testamentsvollstrecker zur Rechnungslegung verpflichtet und hat einen Anspruch auf Vergütung aus dem verfügbaren Teil des Nachlasses (Art. 97 ErbG).

IV. Auslegung

Grundsätzlich ist das Testament nach dem wahren Willen[151] des Testators auszulegen (Art. 84 Abs. 1 ErbG). Im Zweifel ist eine Bestimmung zugunsten[152] des gesetzlichen Erben oder desjenigen, der durch das Testament belastet wird, auszulegen (Art. 84 Abs. 2 ErbG). Die Auslegung des Testaments zum Vorteil des gesetzlichen Erben wird von Teilen der Lehre[153] kritisiert, da sie den Grundsatz des *in favorem testamenti* missachte.

V. Verwahrung

Es obliegt der Entscheidung des Testators, wo er sein Testament verwahrt (z.B. bei sich, Bank, Testamentszeugen, Erben, Notar).[154] Mit der Verwahrung ist keine Rechtswirkung

---

146 *Zupančič/Žnidaršič Skubic*, Rn 301ff.
147 *Zupančič/Žnidaršič Skubic*, Rn 306.
148 *Zupančič/Žnidaršič Skubic*, Rn 309.
149 *Zupančič/Žnidaršič Skubic*, Rn 311.
150 *Zupančič/Žnidaršič Skubic*, Rn 317.
151 Wörtlich „Absicht".
152 Entsprechend Art. 84 SchGB (Schuldgesetzbuch, Obligacijski Zakonik) U.l. RS Nr. 97/2007 a.b.F. für unentgeltliche Verträge.
153 *Zupančič/Žnidaršič Skubic*, Rn 258.
154 Dies gilt auch für gerichtliche und internationale Testamente (Art. 155 Abs. 4, Art. 157 ErbG).

verbunden. Bei Gericht können sowohl gerichtliche und internationale als auch ohne Mitwirkung eines Richters verfasste letztwillige Verfügungen und die Urkunde über ein mündliches Testament hinterlegt werden (Art. 155–158 ErbG). Das NotG regelt die Verwahrung eines notariellen Testaments beim Notar (Art. 46 Abs. 2 NotG).[155] Erlangt der Notar Kenntnis vom Tod des Testators, hat er die Urschrift der letztwilligen Verfügung oder der notariellen Niederschrift an das zuständige Nachlassgericht zu übersenden (Art. 94 NotG).

VI. Zentrales Testamentsregister

56 Die Notarkammer Sloweniens führt seit 15.10.2007[156] ein zentrales Testamentsregister in Form einer Datenbank.[157] Das Testamentsregister enthält Daten[158] über in Form einer notariellen Niederschrift, von einem Rechtsanwalt errichtete sowie gerichtliche Testamente und Daten über bei einem Notar, Rechtsanwalt oder bei Gericht in Verwahrung gegebene Testamente (Art. 108b Abs. 1 NotG). Gerichte, Notare und Anwälte sind verpflichtet, innerhalb von 15 Tagen ab Erstellung oder Beginn der Verwahrung einen Antrag auf Registrierung bei der Notarkammer zu stellen (Art. 108b Abs. 2–4 NotG). Vor dem Bestehen des Registers verfasste Testamente werden nur auf Verlangen des Testators im Testamentsregister eingetragen.[159] Die Eintragung ist zu Lebzeiten des Testators geheim. Nach dem Tod können Gerichte und Personen, die ein berechtigtes Interesse nachweisen, Daten anfordern (Art. 108č Abs. 1, 2 NotG).

VII. Widerruf

57 Eine vertragliche Verpflichtung des Testators, eine Bestimmung zu widerrufen oder nicht zu widerrufen, ist ungültig (Art. 105 ErbG). Ein gänzlicher oder teilweiser **ausdrücklicher Widerruf** erfolgt in Form eines Testaments, wobei für den Widerruf eine von der Errichtung abweichende Form gewählt werden kann (Art. 99 Abs. 1 ErbG), da alle Formen die gleiche Wirkung entfalten. Als **stillschweigender Widerruf** kommt eine Vernichtung des schriftlichen Testaments (Art. 99 Abs. 2 ErbG) oder die Errichtung eines neuen wirksamen Testaments mit abweichendem Inhalt in Betracht. Die Bestimmungen des früheren Testaments, die dem späteren nicht widersprechen, bleiben mangels ausdrücklichen Widerrufs des früheren Testaments gültig (Art. 101 Abs. 1 ErbG). Vernichtet der Erblasser das „jüngere" Testament, wird das „ältere" Testament wieder gültig (Art. 101 Abs. 2 ErbG).[160] Einen stillschweigenden Widerruf einer Zuwendung stellt auch die Verfügung über eine Sache dar, die der Testator jemandem zugewendet hat (Art. 102 ErbG). Ein Vermächtnis kann konkludent widerrufen werden, indem der Testator den Gegenstand des Vermächtnisses veräußert, verbraucht, dieser auf andere Weise bereits zu seinen Lebzeiten nicht mehr vorhanden ist oder nach seinem Tod zufällig untergeht (Art. 91 ErbG).[161]

---

155 Vgl. Art. 78 NotG für die Ausfertigung und Abschriften notarieller Niederschriften über letztwillige Verfügungen.
156 Sklep o vzpostavitvi centralnega registra oporok (Beschluss über die Errichtung eines zentralen Testamentsregisters), U.l. RS Nr. 90/2007.
157 Einfügung Art. 108a – č NotG (U.l. RS Nr. 73/2004). Das Verfahren betreffend die Eintragung und Einsicht regelt Pravilnik o centralnem registru oporok (Reglement über das zentrale Testamentsregister), U.l. RS Nr. 2/2007, zuletzt U.l. RS Nr. 37/2009.
158 Angeführt in Art. 108c NotG.
159 Art. 34 U.l. RS Nr. 115/2006.
160 Der Beweis des gegenteiligen Erblasserwillens ist zulässig, Art. 101 Abs. 2 ErbG.
161 Nach *Zupančič/Znidaršič Skubic*, Rn 327, ist dies lediglich eine Vermutung, die durch den Beweis des Gegenteils widerlegt werden kann.

F. Vertragliche Gestaltungen mit erbrechtlicher Bedeutung

I. Ungültige Verträge

Ein Erbvertrag (Art. 103 ErbG),[162] ein Vertrag über eine noch nicht angefallene Erbschaft/Vermächtnis (Art. 104 ErbG)[163] sowie eine vertragliche Verpflichtung, etwas Bestimmtes zu verfügen oder nicht zu verfügen, zu widerrufen oder nicht zu widerrufen, (Art. 105 ErbG) sind ungültig.

58

II. Erbverzicht

Zulässig ist jedoch eine (entgeltliche oder unentgeltliche) Vereinbarung zwischen einem Nachkommen und dem Erblasser, mit welcher der Nachkomme zu Lebzeiten des Erblassers die ihm noch nicht angefallene Erbschaft ausschlägt (Art. 137 Abs. 2 ErbG).[164] Der Vertrag ist in Form einer notariellen Niederschrift unter Mitwirkung eines Notars und zweier Beurkundungszeugen oder eines weiteren Notars zu errichten (Art. 51 Abs. 1 Zif. 1 NotG). Die Erklärung des Nachkommens ist unwiderruflich (Art. 138 ErbG). Die Ausschlagung bezieht sich auf den Erbteil und umfasst somit auch den Pflichtteil.[165] Mangels abweichender Vereinbarung wirkt die Ausschlagung auch für die Nachkommen des Ausschlagenden (Art. 137 Abs. 5 ErbG). Der Erblasser kann trotz der Vereinbarung den Nachkommen letztwillig bedenken (Grundsatz der Testierfreiheit).[166]

59

III. Übergabevertrag

Vertragspartner des Übergabevertrags (Art. 546–556 SchGB)[167] sind der Übergeber und seine Nachkommen sowie deren Nachkommen (für den Ehegatten siehe Art. 552 SchGB).[168] Mit dem Übergabevertrag, der in Form einer notariellen Niederschrift zu schließen ist (Art. 547 Abs. 2 SchGB), überträgt der Übergeber teilweise oder zur Gänze sein zum Zeitpunkt des Vertragsabschlusses bestehendes Vermögen (Art. 548 Abs. 1 SchGB).[169] Voraussetzung dafür ist die Zustimmung aller Nachkommen, die nach dem Gesetz erbberechtigt wären (Art. 547 Abs. 1 SchGB). Stimmt ein Nachkomme nicht zu, gilt das an die anderen Nachkommen übertragene Vermögen nach dem Tod des Übergebers als Schenkung (Art. 550 SchGB). Wird der Ehegatte[170] des Übergebers nicht „berücksichtigt", bleibt sein Pflichtteilsrecht unberührt; das übertragene Vermögen gilt bei der Berechnung des Nach-

60

---

162 Abweisung der Prüfung der Verfassungsmäßigkeit des Art. 103 ErbG durch Erkenntnis des Verfassungsgerichts U-I-123/94 vom 9.10.1997.
163 Z.B. zwischen „Miterben" über die Aufteilung der noch nicht angefallenen Erbschaft.
164 Grundsätzlich zeitigt die Ausschlagung einer noch nicht angefallenen Erbschaft keine Rechtsfolgen (Art. 137 Abs. 1 ErbG).
165 *Zupančič/Žnidaršič Skubic*, Rn 352.
166 *Zupančič/Žnidaršič Skubic*, Rn 351, 353.
167 Ausführlich *Žnidaršič Skubic*, Pravnik 2013, S. 145; *Metelko*, Podjetje in delo 2002, S. 1210 (1215 ff.); *Podgoršek*, in: Juhart/Plavšak, Art. 546 ff.
168 *Zupančič/Žnidaršič Skubic*, Rn 362 Beschränkung auf Nachkommen, die im konkreten Fall erbberechtigt wären. AA – auch Nachkommen, die im konkreten Fall nicht erbberechtigt sind (z.B. Enkelkind, dessen nach dem Erblasser erbberechtigter Elternteil noch lebt) – VS RS II Ips 62/94, 13.9.1995.
169 Der Erblasser kann für sich oder eine andere Person das Fruchtgenussrecht am übergebenen Vermögen, eine lebenslange Rente oder einen anderen Ersatz vereinbaren (Art. 551 SchGB).
170 Strittig, ob diese Vorschrift für Partner einer länger dauernden Lebensgemeinschaft und registrierte Partner gilt; *Zupančič/Žnidaršič Skubic*, Rn 361, 363; *Podgoršek*, in: Juhart/Plavšak, Art. 546.

lasswertes als Schenkung an die Nachkommen (Art. 552 SchGB). Eine „Berücksichtigung" liegt vor, wenn der Ehegatte (mit seiner Zustimmung) einen Teil des Vermögens erhält oder dem Übergabevertrag zustimmt. Ein Widerruf des Übergabevertrags durch den Übergeber ist bei Vorliegen bestimmter Gründe zulässig (Art. 555 SchGB). Bei Tod des Übergebers ist das übertragene Vermögen nicht Teil seines Nachlasses (Art. 549 SchGB).

IV. Lebenslanger Unterhalt

61 Mit dem Vertrag[171] über die Leistung lebenslangen Unterhalts (Art. 557–563 SchGB)[172] überträgt eine Vertragspartei (Unterhaltsberechtigter) unter der aufschiebenden Bedingung ihres Todes ihr im Zeitpunkt des Vertragsabschlusses bestehendes[173] unbewegliches Vermögen oder Teile des unbeweglichen Vermögens[174] auf eine Person, die sich verpflichtet, Unterhalt an sie oder eine andere Person zu leisten (Unterhaltsverpflichteter). Der Unterhaltsberechtigte kann zugunsten des Verpflichteten auf sein Verfügungsrecht bzgl. des vom Vertrag umfassten Vermögens verzichten (Art. 559 SchGB). Als Verträge über die Leistung lebenslangen Unterhalts gelten auch Vereinbarungen über eine Lebens- oder Vermögensgemeinschaft, die Obsorge einer Vertragspartei, die Verwaltung von deren Anwesen (Gut), deren Grabpflege oder über etwas Zweckentsprechendes, wobei als „Gegenleistung die Erbschaft versprochen wird"[175] (Art. 557 Abs. 3 SchGB).

V. Ausgedinge (Altenteilsvertrag)

62 Im Vertrag[176] über das Ausgedinge[177] verpflichtet sich der Ausgedingeberechtigte zur Übertragung seines unbeweglichen Vermögens[178] auf den Übernehmer, der sich wiederum zu bestimmten Leistungen an den Ausgedingeberechtigten oder eine andere Person bis zu dessen/deren Tod verpflichtet (Art. 564–568 SchGB).[179] Die Leistungen des Vertragspartners des Ausgedingeberechtigten können in Geldleistungen, in der Sicherstellung von Wohnraum oder Zurverfügungstellung von Bedarfsgegenständen oder im Nießbrauch eines bestimmten Grundstücks bestehen (Art. 565 SchGB). Sofern das Ausgedinge im Grundbuch eingetragen ist (Reallast), ist im Fall der Veräußerung der Liegenschaft der Erwerber zur Erbringung der vereinbarten Leistungen verpflichtet (Art. 566 SchGB).

VI. Schenkungsvertrag auf den Todesfall

63 Ein nach dem Tod des Geschenkgebers zu erfüllender Schenkungsvertrag ist wirksam, wenn er in Form einer notariellen Niederschrift geschlossen und die Vertragsurkunde

---

171 Formerfordernis notarielle Niederschrift (Art. 558 SchGB).
172 *Podgoršek*, in: Juhart/Plavšak, Art. 557 ff.
173 *Zupančič/Žnidaršič Skubic*, Rn 365.
174 Sofern es sich beim beweglichen Vermögen nicht um Zubehör des unbeweglichen Vermögens handelt, ist dieses im Vertrag anzuführen (Art. 557 Abs. 2 SchGB).
175 Missverständlicher Wortlaut; keine Verfügung über den Nachlass (dies wäre ein unzulässiger Erbvertrag), sondern über das Vermögen im Zeitpunkt des Vertragsabschlusses; *Podgoršek*, in: Juhart/Plavšak, Art. 557.
176 Formerfordernis notarielle Niederschrift (Art. 567 SchGB).
177 *Podgoršek*, in: Juhart/Plavšak, Art. 564ff.
178 Sowie mangels abweichender Vereinbarung des beweglichen Vermögens, das dem Gebrauch des unbeweglichen Vermögens dient (Art. 564 Abs. 2 SchGB).
179 Wobei das Ausgedinge nicht mit dem Fruchtgenussrecht (ususfructus) gleich zu stellen ist; *Zupančič/Žnidaršič Skubic*, Rn 371 Fn 476.

dem Geschenknehmer übergeben wird (Art. 545 SchGB).[180] Der Geschenkgeber kann den Schenkungsvertrag bei Vorliegen bestimmter Gründe (Art. 539–541 SchGB) widerrufen.

G. Nachlasserwerb

Der Nachlass geht im Todeszeitpunkt des Erblassers ipso iure auf die Erben über (Art. 132 ErbG). In diesem Zeitpunkt kommt es zur Erbfolge (Art. 123 Abs. 1 ErbG), die Erben werden Träger von Rechten und Pflichten des Erblassers, z.B. Eigentümer der Nachlassgegenstände (Art. 41 SachGB).[181]

Eine **Annahme der Erbschaft**[182] ist somit nicht erforderlich, jedoch möglich. Diese kann ausdrücklich[183] oder stillschweigend erfolgen, indem ein Erbe über die gesamte Erbschaft oder Teile davon verfügt (Art. 135 Abs. 1, 146 Abs. 1 ErbG). Maßnahmen der laufenden Verwaltung und Erhaltung des Nachlasses stellen kraft ausdrücklicher Anordnung keine stillschweigende Annahme dar (Art. 135 Abs. 2 ErbG). Ein Widerruf (Art. 138 Abs. 1 ErbG)[184] der Annahmeerklärung ist ebenso ausgeschlossen wie eine teilweise Annahme der Erbschaft oder eine bedingte oder befristete Annahmeerklärung (Art. 136 Abs. 1 ErbG analog[185]).

Eine **Ausschlagung der Erbschaft** ist bis zum Schluss des erstinstanzlichen Verfahrens (somit bis zum Erlass des Beschlusses über die Erbfolge) durch eine unterschriebene Erklärung vor dem Nachlassgericht oder einem anderen sachlich zuständigen Gericht möglich (Art. 133 Abs. 1, 205 Abs. 3, 208 Abs. 1, 4 ErbG). Eine Annahme der Erbschaft schließt deren Ausschlagung aus. Mangels ausdrücklicher gegenteiliger Erklärung gilt die Ausschlagung auch für die Nachkommen des Ausschlagenden (Art. 133 Abs. 2 ErbG). Das Gericht trifft eine entsprechende Belehrungspflicht (Art. 208 Abs. 5 ErbG). Stirbt der Erbe vor dem Beschluss über die Erbfolge, geht das Ausschlagungsrecht auf seine Erben über (Art. 134 ErbG). Eine teilweise oder bedingte Ausschlagung ist nicht möglich (Art. 136 Abs. 1 ErbG). Die Ausschlagung zugunsten eines bestimmten Erben gilt als Erklärung über die Abtretung seines Erbteils (Art. 136 Abs. 2 ErbG).

Ein nur in seinem Namen Ausschlagender wird behandelt, als ob er nie Erbe gewesen wäre (Art. 133 Abs. 4 ErbG). Ein nur im eigenen Namen **ausschlagender gesetzlicher Erbe** gilt als vorverstorben (Art. 140 ErbG). Hat der Erblasser für diesen Fall keinen Ersatzerben bestellt, kommt es zur Repräsentation. Wirkt die Ausschlagung auch für die Nachkommen, können oder wollen diese nicht erben oder sind keine vorhanden, kommt es zur Akkreszenz. Der Anteil eines **ausschlagenden testamentarischen Erben** gebührt mangels abweichenden Erblasserwillens (z.B. Bestellung eines Ersatzerben) den gesetzlichen Erben (Art. 139 ErbG).

---

180 *Podgoršek*, in: Juhart/Plavšak, Art. 545.
181 Selbst wenn der Erblasser unredlich war, ist der Erbe gutgläubiger Besitzer, außer er kannte oder hätte die Unredlichkeit kennen müssen (Art. 28 SachGB). Die Ersitzungszeit läuft ab dem Todeszeitpunkt des Erblassers (Art. 45 SachGB).
182 I.S.e. Verzichts auf das Ausschlagungsrecht; damit wird die bis zum Ende des erstinstanzlichen Verfahrens bestehende Unsicherheit über eine mögliche Ausschlagung beseitigt.
183 Die Annahmeerklärung ist zu unterschreiben, Art. 208 Abs. 1 ErbG.
184 Zulässig ist ein Antrag auf Ungültigerklärung der Annahmeerklärung aufgrund Gewalt, Drohung, Täuschung, Irrtum (Art. 138 Abs. 2 ErbG).
185 *Zupančič/Žnidaršič Skubic*, Rn 399 f.

68 Auch ein **Vermächtnis** kann ausgeschlagen werden. Das Vermächtnis erlischt, sofern der Erblasser nichts Abweichendes verfügt hat (Art. 90 ErbG), z.B. Bestimmung eines Ersatzvermächtnisnehmers (Art. 79 Abs. 2 ErbG).

H. Haftung der Erben

69 Eine abweichende testamentarische Verfügung des Erblassers bzgl. der gesetzlichen Haftungsbestimmungen ist wirkungslos.[186] Zur Haftung verpflichtet (mit dem gesamten Vermögen, somit dem geerbten und persönlichen) sind die gesetzlichen und/oder testamentarischen Erben; daher auch ein Pflichterbe bis zur Höhe seines Pflichtteils.[187] Ein **Alleinerbe** haftet für die Verbindlichkeiten des Erblassers beschränkt mit der Höhe des Nachlasswertes (Art. 142 Abs. 1 ErbG). **Miterben** haften solidarisch, und zwar jeder bis zur Höhe des Wertes seines Erbteils, unabhängig davon, ob es bereits zu einer Teilung des Nachlasses gekommen ist (Art. 142 Abs. 3 ErbG). Der Gläubiger kann somit die Bezahlung seiner Forderung nur von einem Miterben (bis zur Höhe seines Erbteils), von einzelnen oder allen Miterben fordern. Im Innenverhältnis sind die Verbindlichkeiten mangels abweichender testamentarischer Verfügung des Erblassers entsprechend den einzelnen Erbteilen zu tragen (Art. 142 Abs. 4 ErbG). Erhält ein Miterbe aufgrund der Anrechnung von Geschenken oder Vermächtnissen nichts aus dem Nachlass, so haftet er dennoch in der Höhe seines Erbteils. Für die Berechnung des Ausgleichs im Innenverhältnis ist jedoch nicht von seinem Erbteil, sondern vom Erbteil unter Abzug des Wertes des Geschenks oder Vermächtnisses auszugehen (dies wird mit Art. 48 Abs. 2 ErbG begründet).[188]

70 Im Falle eines unter aufschiebender oder auflösender Bedingung oder mit einem Anfangs- oder Endtermin berufenen Erben, haftet derjenige, der im Zeitpunkt der Zahlungsaufforderung durch den Gläubiger die Erbschaft innehat. Der Zahler, der nicht die Erbschaft behält, kann von demjenigen, der sie bekommt, Regress verlangen.[189]

71 Die beschränkte Haftung ist unabhängig von einer Inventarisierung. Obwohl in Art. 142 ErbG nicht erwähnt, haften die Erben auch für bestimmte nach dem Tod des Erblassers entstandene Verbindlichkeiten, z.B. Begräbniskosten, Aufwand und Entgelt des Testamentsvollstreckers, Schätzung und Inventarisierung des Nachlasses, Kosten der Sicherung des Nachlasses.[190] Der Nachlasswert bestimmt sich nach dem Verkehrswert des Nachlasses im Todeszeitpunkt des Erblassers, wobei die Erben auch mit später aufgefundenem Vermögen haften.[191] Nicht zum Nachlass zählen Versicherungsleistungen aus der Lebensversicherung des Erblassers, gemäß Art. 32 und 33 ErbG ausgesondertes Vermögen sowie der Wert der Sozialhilfe, die der Erblasser erhalten hat (Art. 128 ErbG).

72 Die Haftung der **Republik Slowenien** entspricht jener der Erben. Die **Vermächtnisnehmer** trifft keine Haftung, außer der Erblasser bestimmt Abweichendes; die Haftung ist mit der Höhe des Vermächtnisses beschränkt (Art. 92 ErbG).

73 Gemäß Art. 143 ErbG können die Gläubiger innerhalb von 3 Monaten ab dem Tod des Erblassers eine **Nachlassseparation** verlangen. Dies erfordert eine Inventarisierung und

---

186 *Zupančič/Žnidaršič Skubic*, Rn 442.
187 *Zupančič/Žnidaršič Skubic*, Rn 452.
188 *Zupančič/Žnidaršič Skubic*, Rn 449.
189 *Zupančič/Žnidaršič Skubic*, Rn 451.
190 *Zupančič/Žnidaršič Skubic*, Rn 445.
191 *Zupančič/Žnidaršič Skubic*, Rn 446.

Schätzung des Nachlasses. Das Gericht ordnet zudem einstweilige Maßnahmen zur Sicherung des Nachlasses an (Art. 204 i.V.m. 191 ErbG). Während der Separation kann der Erbe nicht über das geerbte Vermögen verfügen (Art. 143 Abs. 1 ErbG). Jene Gläubiger, die eine Nachlassseparation begehren, können Zahlung nur aus dem Nachlass verlangen (Art. 143 Abs. 2 ErbG). Für jene, die keine Separation verlangen, gilt sie nicht, jedoch werden sie aus dem Nachlassvermögen nur nachrangig befriedigt (Art. 143 Abs. 1 ErbG).[192] Gläubiger, die eine Separation verlangen, müssen lediglich den Bestand ihrer Forderung glaubhaft machen, nicht jedoch eine Gefahr für ihre Befriedigung nachweisen.[193]

Für die **Verjährung der Forderungen** gelten die Art. 335–370 SchGB. Begleicht der Erbe eine fällige Verbindlichkeit nicht freiwillig, ist der Gläubiger zur Klage gezwungen. Begleicht er Forderungen einzelner Gläubiger, die in Summe der Höhe seines Erbteils entsprechen, so ist er gegenüber den anderen Gläubigern haftungsfrei. Dies gilt jedoch nur bis zur Eröffnung eines Nachlassinsolvenzverfahrens. 74

I. Miterben

Mehrere Erben bilden, unabhängig vom Berufungsgrund, ab dem Tod des Erblassers bis zur Teilung des Nachlasses eine Erbengemeinschaft. Noterben sind nicht Teil der Erbengemeinschaft, wenn der Erblasser verfügt hat, dass sie bestimmte Sachen, Rechte oder Geld erhalten sollen (Art. 27 ErbG) und ihr Pflichtteil damit gedeckt ist.[194] Der Nachlass steht nach h.A.[195] im **Gesamthandeigentum**[196] der Miterben. Die Miterben verwalten und verfügen gemeinsam über den Nachlass (Art. 145 Abs. 1 ErbG).[197] Dies erfordert Einstimmigkeit, außer bei Gefahr in Verzug.[198] Ein Miterbe kann vor der Teilung seinen Erbteil zur Gänze oder teilweise auf einen Miterben übertragen (Art. 146 Abs. 1 ErbG).[199] Eine Übertragung auf einen Dritten stellt lediglich einen obligatorischen Anspruch auf Übertragung[200] nach der Teilung dar (Art. 146 Abs. 3 ErbG). Die Miterben **haften** – jeweils bis zur Höhe des Erbteils – **solidarisch**, unabhängig davon, ob es bereits zur Teilung gekommen ist (Art. 142 Abs. 3 ErbG). 75

Hat der Erblasser einen **Testamtentsvollstrecker** bestimmt, obliegt diesem die Verwaltung (Art. 96 ErbG). Ist dies nicht der Fall, kann ein **Verwalter** entweder einstimmig durch die Erben oder auf Antrag eines Erben (Art. 145 Abs. 2 ErbG) durch das Gericht[201] bestellt 76

---

192 *Zupančič/Žnidaršič Skubic*, Rn 457.
193 *Zupančič/Žnidaršič Skubic*, Rn 458.
194 *Zupančič/Žnidaršič Skubic*, Rn 412.
195 *Zupančič/Žnidaršič Skubic*, Rn 413 m.w.N. Das ErbG äußert sich nicht zur Rechtsnatur der Gemeinschaft.
196 Art. 72 Abs. 1 SachGB. Für die Eintragung des Eigentumsrechts an Liegenschaften wird Art. 55 EheFamG analog angewendet; VS RS II Ips 357/03; *Zupančič/Žnidaršič Skubic*, Rn 415.
197 Die Verwaltung (Ausnahme: Maßnahmen der laufenden Verwaltung und Erhaltung des Nachlasses) oder Verfügung bedeutet eine stillschweigende Annahme der Erbschaft (Art. 135 ErbG).
198 *Zupančič/Žnidaršič Skubic*, Rn 417, 418.
199 Durch schriftlichen, beglaubigten Vertrag (Art. 146 Abs. 2 ErbG; VS RS II Ips 533/00; VS RS II Ips 303/97) oder durch Erklärung über die Ausschlagung zugunsten eines bestimmten Erben (dies ist gemäß Art. 136 Abs. 2 ErbG keine Ausschlagung der Erbschaft, sondern eine Erklärung über die Abtretung des Erbteils).
200 Jener Nachlassgegenstände, die der Erbe nach der Teilung entsprechend seinem Erbteil erhält.
201 Das Gericht kann auch einen Erben zum Verwalter bestellen (Art. 145 Abs. 3 ErbG) oder jedem Erben einen Teil des Nachlasses zur Verwaltung zuweisen (Art. 145 Abs. 2 ErbG).

werden. Der Verwalter kann nur unter bestimmten Voraussetzungen über den Nachlass verfügen und benötigt dafür die Zustimmung des Gerichts (Art. 145 Abs. 4 ErbG). Er ist Vertreter aller Erben und ihnen gegenüber zu sorgfältiger Tätigkeit und Rechnungslegung verpflichtet.[202]

77 Außer zur Unzeit[203] kann die **Teilung** jederzeit begehrt werden, wobei das Recht auf Teilung unverjährbar ist (Art. 144 Abs. 1, 2 ErbG).[204] Die Teilung erfolgt gemäß Art. 70 Abs. 1, 72 Abs. 5 SachGB außergerichtlich durch Teilungsvertrag[205] oder durch das Gericht[206] (vgl. Art. 70 Abs. 2 SachGB). Die Erben werden Alleineigentümer an Teilen des Nachlasses entsprechend ihrem Erbanteil. Auch die Vereinbarung, Miteigentum an einzelnen Nachlassgegenständen im Verhältnis der Erbteile zu begründen, gilt als Teilung (Art. 146 Abs. 4 ErbG). Das Gericht kann einem Erben, der gemeinsam mit dem Erblasser gelebt oder erwerbstätig war, auf dessen Antrag und bei Vorliegen eines gerechtfertigten Grundes, Sachen, die als Erbteil einem anderen Erben zufallen würden, gegen eine Geldabfindung[207] belassen (Art. 147 Abs. 1 ErbG).[208] Ein Erbe, der in Haushaltsgemeinschaft mit dem Erben gelebt hat, jedoch weder sein Ehepartner[209] noch Nachkomme ist, kann die Überlassung von Haushaltsgegenständen, die zur Befriedigung der alltäglichen Bedürfnisse dienen, verlangen; diese werden auf seinen Anteil angerechnet. Übersteigt der Wert der Haushaltsgegenstände den Wert des Anteils, hat er die Differenz in Geld zu begleichen (Art. 148 ErbG).

78 Die Miterben haften in der Höhe ihres jeweiligen Erbteils für Rechts- und Sachmängel einer Sache sowie für das Bestehen und die Durchsetzbarkeit einer Forderung,[210] die ein Miterbe im Zuge der Teilung erhalten hat (Art. 149 ErbG).[211]

---

202 *Zupančič/Žnidaršič Skubic*, Rn 421.
203 Z.B. Vorliegen von Umständen, die die Mitwirkung eines Miterben bei der Teilung verhindern; *Zupančič/Žnidaršič Skubic*, Rn 426.
204 Letztwillig verfügte Teilungsverbote oder -beschränkungen durch den Erblasser sind ungültig, ebenso ein Verzichtsvertrag mit dem Erben (Art. 144 Abs. 3 ErbG).
205 Kommt dieser während des Nachlassverfahrens zustande, nimmt ihn das Gericht in den Beschluss über die Erbfolge auf (Art. 214 Abs. 3 ErbG).
206 Unter Anwendung der Art. 118–130 Gesetz über das Außerstreitverfahren (Zakon o nepravdnem postopku, U.l. SRS Nr. 30/1986, zuletzt U.l. RS 77/2008).
207 Bis zur Zahlung haben die Miterben ein gesetzliches Pfandrecht an den zugeteilten Nachlassgegenständen. Zahlt der Erbe nicht innerhalb der vom Gericht bestimmten Frist, können seine Miterben entweder Zahlung oder die Herausgabe jener Sachen verlangen, die ihnen als Erbteil gebührt hätten (Art. 147 Abs. 2, 3 ErbG).
208 Nach *Zupančič/Žnidaršič Skubic*, Rn 434, unter Anrechnung auf seinen Erbteil; zur Zahlung kommt es nur, wenn der Wert dieser Gegenstände seinen Erbteil übersteigt.
209 Oder registrierter Partner, Partner einer gleich- oder verschiedengeschlechtlichen Lebensgemeinschaft (siehe Rn 13, 14, 15).
210 Nur für Forderungen wird eine Gewährleistungsfrist von 3 Jahren bestimmt: für im Teilungszeitpunkt bereits fällige Forderungen 3 Jahre ab erfolgter Teilung, für nach der Teilung fällige 3 Jahre ab dem Fälligkeitszeitpunkt.
211 Der Miterbe trägt somit den seinem Anteil entsprechenden Schaden selbst (Art. 149 Abs. 5 ErbG).

J. Nachlassverfahren

I. Zuständigkeit

Das Nachlassverfahren regeln die Art. 162–227 ErbG. Sofern das ErbG nichts Abweichendes bestimmt, ist die ZPO[212] anzuwenden (Art. 163 ErbG). Alle Entscheidungen trifft ein Einzelrichter (Art. 168 Abs. 2 ErbG). Sachlich zuständig ist das Bezirksgericht (Art. 99 Abs. 2 Ziff. 2. Gesetz über die Gerichte). Die örtliche Zuständigkeit beruht auf dem letzten ständigen Wohnsitz oder Aufenthaltsort des Erblassers (Art. 177 Abs. 1 ErbG); hatte der Erblasser weder einen Wohnsitz noch einen Aufenthaltsort in der Republik Slowenien, ist der Ort maßgebend, an dem sich der Nachlass[213] befindet (Art. 177 Abs. 2 ErbG). Eine Gerichtsstandsvereinbarung ist unzulässig (Art. 178 Abs. 2 ErbG).

79

II. Ablauf des Verfahrens

Begrifflich ist zwischen dem Nachlassverfahren (*zapuščinski postopek*) und der Nachlassabhandlung (*zapuščinska obravnava*), die Teil des Nachlassverfahrens ist, zu unterscheiden.[214] Das Nachlassverfahren wird mit dem Bekanntwerden des Todesfalles oder einer Todeserklärung **von Amts wegen** eröffnet (Art. 164 ErbG).[215] Parteien des Nachlassverfahrens sind die Erben und Vermächtnisnehmer sowie Personen, die ein Recht am Nachlass geltend machen (Art. 175 ErbG), z.B. Gläubiger, die eine Nachlassseparation (Art. 143 ErbG) verlangen.[216]

80

Als verpflichtende vorbereitende Handlung sieht das ErbG die Abfassung der **Todesfallaufnahme**[217] (Art. 179–183 ErbG) vor; sie erfolgt grundsätzlich durch den Standesbeamten und nur ausnahmsweise durch das Nachlassgericht. Weitere mögliche vorbereitende Handlungen sind die Inventarisierung und Schätzung des Nachlasses (Art. 184 ff. ErbG),[218] die Sicherung des Nachlasses (Art. 191 ErbG) und die Bestellung eines einstweiligen Nachlasspflegers (Art. 192 ErbG).

81

Hinterlässt der Erblasser kein Vermögen (dies folgt aus der Todesfallaufnahme), findet **keine Nachlassabhandlung** statt (Art. 203 Abs. 1 ErbG),[219] hinterlässt er ausschließlich bewegliches Vermögen, wird sie nur auf Antrag eines Erben durchgeführt (Art. 203 Abs. 2 ErbG).

---

212 Zakon o pravdnem postopku (Gesetz über das Streitverfahren), U.l. RS Nr. 73/2007 a.b.F., zuletzt U.l. RS Nr. 10/2014.

213 Befindet sich dieser an mehreren Orten, entscheidet die Belegenheit des überwiegenden Nachlasses (Art. 177 Abs. 3 ErbG).

214 Das ErbG selbst hält sich nicht konsequent an diese Differenzierung; *Zupančič/Žnidaršič Skubic*, Rn 469.

215 Ausführlich zum Ablauf des Nachlassverfahrens *Rijavec*, Erbfolge, 135 ff.

216 Weitere Beispiele: Die Sozialhilfe gewährende öffentliche Hand (Art. 128 ErbG), Aussonderungsberechtigte nach Art. 32 ErbG oder Art. 58 Abs. 1 EheFamG; *Zupančič/Žnidaršič Skubic*, Rn 473.

217 Öffentliche Urkunde, umfasst Daten über den Tod einer Person und für das Nachlassverfahren relevante Angaben.

218 Auf Grundlage einer gerichtlicher Entscheidung (Art. 184 Abs. 1, 2 ErbG) oder auf Verlangen eines Erben oder Vermächtnisnehmers bei der Abfassung der Todesfallaufnahme (Art. 184 Abs. 3 ErbG).

219 Das Gericht erlässt somit keinen Beschluss über die Erbfolge.

82 Zu einer Nachlassabhandlung werden alle „betroffenen"[220] Personen geladen[221] (Art. 205 ErbG). **Gegenstand der Nachlassabhandlung** sind gemäß Art. 207 Abs. 1 ErbG „alle Fragen, die sich auf den Nachlass beziehen", z.B. Umfang des Nachlasses, Berufungsgründe, Erbunwürdigkeit, Enterbung, Rückgabe von Geschenken, Aussonderung gemäß Art. 32 ErbG. Über **Rechtsfragen** entscheidet das Gericht im Nachlassverfahren selbst (Art. 210 Abs. 3 ErbG).[222] Sind zwischen den Parteien des Nachlassverfahrens **rechtserhebliche Tatsachen** strittig, unterbricht das Gericht die Nachlassabhandlung und verweist auf den Zivilprozess oder das Verwaltungsverfahren (Art. 210 Abs. 1 ErbG). Art. 210 Abs. 2 ErbG führt u.a. an: Gültigkeit des Testaments, Verhältnis zwischen dem Erben und Erblasser als Grundlage des gesetzlichen Erbrechts,[223] Tatsachen, von denen eine wirksame Enterbung abhängt. Zu einer Unterbrechung und Verweisung kommt es auch in den Fällen des Art. 212 ErbG,[224] unabhängig davon, ob der Streit eine Rechtsfrage oder rechtserhebliche Tatsache betrifft. Bei einem Streit über ein Vermächtnis oder „irgendein anderes Recht aus dem Nachlass"[225] kommt es zwar zu einer Verweisung, jedoch zu keiner Unterbrechung des Nachlassverfahrens (Art. 211 ErbG).

83 Das Nachlassgericht verweist jene Partei auf den Zivilprozess (oder das Verwaltungsverfahren), deren Recht es für weniger glaubhaft hält. Unterbricht es darüber hinaus das Verfahren, so bestimmt es eine Frist, innerhalb welcher das Verfahren eingeleitet werden soll (Art. 213 ErbG). Wird dieses nicht fristgerecht eingeleitet, setzt das Nachlassgericht das Verfahren fort und beendet es ungeachtet der Ansprüche (Art. 213 Abs. 4 ErbG). Dennoch kann die Partei ihr Recht weiterhin im Zivilprozess (oder Verwaltungsverfahren) geltend machen (Art. 213 Abs. 5 ErbG).

84 Der deklaratorische **Beschluss über die Erbfolge**[226] beendet die Nachlassabhandlung.[227] Bestehen keine Einwendungen gegen ein Vermächtnis, kann das Gericht auf Antrag des Vermächtnisnehmers bereits vor dem Beschluss über die Erbfolge einen Beschluss über das Vermächtnis erlassen (Art. 218 ErbG). Ein rechtskräftiger Beschluss über die Erbfolge bindet die am Verfahren Beteiligten, soweit sie ihren Anspruch nicht im Prozessweg geltend machen können, und nur soweit es um Rechte erbrechtlicher Natur geht, nicht jedoch bei Rechten aus einem anderen vermögensrechtlichen Verhältnis, das zu Lebzeiten des Erblassers entstanden ist, z.B. Anspruch des Ehegatten auf den Anteil am gemeinschaftlichen Vermögen (Art. 51 Abs. 2, 58 ff. EheFamG).[228] Nach Rechtskraft des Beschlusses können die Betroffenen nur in bestimmten Fällen ihre Rechte im Prozessweg geltend machen.[229]

---

220 Wer das ist, entscheidet das Gericht unter Berücksichtigung der jeweils vorliegenden Angaben; dazu zählen z.B. die gesetzlichen und testamentarischen Erben, Vermächtnisnehmer, Aussonderungsberechtigte, der Testamentsvollstrecker oder einstweilige Nachlasspfleger; *Zupančič/Žnidaršič Skubic*, Rn 489.
221 Durch Edikt (öffentliche Bekanntmachung), wenn z.B. unbekannt ist, ob Erben bestehen oder deren Aufenthalt unbekannt ist (Art. 206 ErbG).
222 Ausnahme: Art. 212, 128 ErbG; Art. 58ff EheFamG; *Zupančič/Žnidaršič Skubic*, Rn 497.
223 Z.B. Wirksamkeit der Adoption, Bestehen einer länger dauernden Lebensgemeinschaft.
224 Streit zwischen den Erben, ob ein Vermögen Teil des Nachlasses ist (z.B. Art. 128 ErbG), und Streit zwischen den Erben über Art. 32 ErbG.
225 Das Recht betrifft jedoch nicht das Erbrecht, z.B. Streit über den Umfang des Nachlasses zwischen den Erben und Dritten, *Zupančič/Žnidaršič Skubic*, Rn 498.
226 Der Inhalt desselben folgt aus Art. 214 Abs. 2 ErbG.
227 Er ergeht somit nicht, wenn keine Nachlassabhandlung stattfindet und bei Übergabe des Vermögens an den Staat (Art. 219 ErbG).
228 *Zupančič/Žnidaršič Skubic*, Rn 512.
229 Beispiele: Art. 213 Abs. 5 ErbG, bei Auffinden eines (neuen) Testaments (Art. 222 ErbG), Auftreten eines „neuen" Erben (Art. 223 ErbG) oder bei Vorliegen der Voraussetzungen für eine Wiederaufnahme nach der ZPO (Art. 224 ErbG).

III. Notar

Im Rahmen des Nachlassverfahrens kann das Nachlassgericht einen Notar mit der Inventarisierung und Schätzung des Nachlasses sowie der Verwahrung des Nachlassvermögens zur Sicherung beauftragen und ihn zum Nachlasspfleger bestellen (Art. 71 NotG).

K. Erbschaftsteuer

Die Erbschaftsteuer samt verfahrensrechtlichen Vorschriften ist im Gesetz über die Steuer auf Erbschaften und Schenkungen[230] (ErbStG) geregelt.[231] **Steuerpflichtig** sind natürliche und juristische Personen des Privatrechts,[232] die im Erbweg[233] Vermögen erlangen (Art. 3 Abs. 1 ErbStG), das kein Einkommen nach dem Einkommens- oder Körperschaftsteuergesetz ist (Art. 2 Abs. 1 ErbStG). Umfasst ein Nachlass nur bewegliches Vermögen, besteht die Steuerpflicht ab einem Wert von 5.000 EUR (Art. 2 Abs. 4 ErbStG). **Bemessungsgrundlage** ist der Wert des Vermögens[234] nach Abzug von Schulden, Kosten und Lasten (Art. 5 Abs. 1 ErbStG). Bei beweglichem Vermögen ist dies der Marktwert (Ausnahme Geld) minus 5000 EUR (Art. 5 Abs. 3, 4 ErbStG). Bei unbeweglichem Vermögen sind 80 % des pauschalen Marktwertes, festgestellt durch die Massenbewertung von Immobilien,[235] heranzuziehen (Art. 5 Abs. 2 ErbStG), außer der Steuerpflichtige verlangt die Berücksichtigung des auf seine Kosten zu ermittelnden Einzelmarktwertes (Art. 19 ErbStG).[236]

Die **Steuerpflicht entsteht** am Tag der Rechtskraft des Beschlusses über die Erbfolge oder das Vermächtnis, bei Verträgen über lebenslangen Unterhalt oder Schenkungen auf den Todesfall mit dem Tod des Unterhaltsempfängers oder Geschenkgebers (Art. 6 ErbStG). Von der **Steuerpflicht befreit** sind gemäß Art. 9 Abs. 1 ErbStG Erben oder Geschenknehmer, die der ersten Ordnung des Erblassers oder Geschenkgebers angehören[237] sowie gemeinnützige juristische Personen des Privatrechts, sofern der Nachlass dem jeweiligen Zweck gewidmet ist. Erben eines land- oder forstwirtschaftlichen Grundstücks oder einer geschützten Landwirtschaft i.S.d. LandwErbG sind ebenfalls von der Steuerpflicht befreit (Art. 10 Abs. 1 ErbStG).

Die **Steuersätze** sind progressiv und vom Verwandtschaftsgrad sowie vom Wert des geerbten Vermögens abhängig. Die Steuersätze betragen gemäß Art. 8 ErbStG für Erben zweiter

---

230 Zakon o davku na dediščine in darila, U.l. RS 117/2006.
231 Die folgenden Ausführungen beziehen sich grundsätzlich nur auf die Erbschaftsteuer.
232 Art. 3 Abs. 2 ErbStG: Vereine, Stiftungen, Fonds, Anstalten, private Institute und wirtschaftliche Interessensvereinigungen.
233 Oder aufgrund einer Schenkung, eines Vertrags über den lebenslangen Unterhalt oder Schenkungsvertrags auf den Todesfall.
234 Haushaltsgegenstände mit Ausnahme höherwertiger Gegenstände sind ausgenommen (Art. 5 Abs. 6 ErbStG).
235 Immobilien-Massenbewertungsgesetz (Zakon o množičnem vrednotenju nepremičnin), U.l. RS Nr. 50/2006, zuletzt U.l. RS Nr. 22/2014. Das Verfassungsgericht hat jedoch am 21.3.2014 (U.l. RS 22/2014) das Immobiliensteuergesetz sowie das Immobilien-Massenbewertungsgesetz, soweit es sich auf die Massenbewertung von Immobilien zwecks Besteuerung bezieht, als verfassungswidrig aufgehoben. Eine Neuregelung ist bis zur Drucklegung nicht erfolgt.
236 Bis zur Ermittlung des pauschalen Marktwertes ist der Verkehrswert zum Zeitpunkt der Entstehung der Steuerpflicht maßgeblich (Art. 23 ErbStG).
237 Gemäß Art. 9 Abs. 2 ErbStG zählen dazu auch: Schwiegersohn, -tochter, Stiefkind, Erbe (Geschenknehmer), der mit dem Erblasser (Geschenkgeber) in einer eingetragenen gleichgeschlechtlichen Partnerschaft gelebt hat.

Ordnung (Eltern, Geschwister und ihre Nachkommen) zwischen 5 % und 14 %,[238] für Erben dritter Ordnung (Großeltern) zwischen 8 % und 17 %[239] und für andere Personen zwischen 12 % und 39 %.[240] Diese Steuersätze gelten auch für Vermächtnisnehmer (Art. 14 Abs. 3 ErbStG).

Weitere Informationen und Materialien, wie z.B. Muster, Formulare, amtliche Texte und Internetadressen, befinden sich auf der beiliegenden CD-ROM.

---

[238] Z.B. Wert bis 10.000 EUR: 5 %; Wert über 10.000 EUR – 50.000 EUR: 500 EUR + 6 % über 10.000 EUR; höchster Satz Wert über 400.000 EUR: 36.400 EUR + 14 % über 400.000 EUR.
[239] Z.B. Wert bis 10.000 EUR: 8 %; Wert über 10.000 EUR – 50.000 EUR: 800 EUR + 9 % über 10.000 EUR; höchster Satz Wert über 400.000 EUR: 48.400 EUR + 17 % über 400.000 EUR.
[240] Z.B. Wert bis 10.000 EUR: 12 %; Wert über 10.000 EUR – 50.000 EUR: 1.200 EUR + 16 % über 10.000 EUR; höchster Satz Wert über 400.000 EUR: 107.600 EUR + 39 % über 400.000 EUR.

Spanien[1]

Dr. Alexander Steinmetz, Mag. iur., Rechtsanwalt, Frankfurt
Prof. Dr. Erhard Huzel, Hochschule des Bundes, Lübeck;
Fachkoordinator Rechtswissenschaften
Rocío García Alcázar, Abogada, Köln

Inhalt

A. Vorbemerkung	1
B. Internationales Privatrecht	6
I. Spanisches Erbkollisionsrecht und EU-ErbVO	6
II. Bestimmung des Erbstatuts aus spanischer Sicht	7
1. Staatsangehörigkeitsprinzip und Grundsatz der Nachlasseinheit	7
2. Der Anwendungsbereich des Erbstatuts	11
3. Form letztwilliger Verfügungen	18
4. Deutscher Erblasser mit Wohnsitz in Spanien	20
5. Die Besonderheiten gemeinschaftlicher Testamente	22
6. Die Besonderheiten vertraglicher Erbeinsetzungen	24
a) Verbot vertraglicher Verfügungen nach dem Código Civil/Zulässigkeit in bestimmten Teilrechtsordnungen	24
b) Erbvertragliche Verfügungen bei Erbfällen, die vor dem 17.8.2015 eintreten	25
c) Erbvertragliche Verfügungen unter Geltung der EU-ErbVO	30
7. Der ordre public	34
8. Abgrenzung des Erbstatuts zu anderen Statuten	37
a) Güterstatut	37
b) Ehewirkungsstatut	39
c) Statut der Lebensgemeinschaften	41
d) Scheidungsstatut	42
e) Schenkungsstatut	43
f) Adoptionsstatut	44
g) Vollmachtsstatut	46
III. Interregionales und interlokales spanisches Recht: Geltung von Foralrechten	50
1. Einführung	50
2. Verhältnis der Kollisionsnormen der EU-ErbVO zum interregionalen Privatrecht Spaniens	55
3. Anknüpfung des Erbstatuts an die vecindad civil (bürgerlich-rechtliche Gebietszugehörigkeit)	57
a) Einleitung	57
b) Erwerb durch Geburt	58
c) Einfluss der Eheschließung auf die vecindad civil?	61
d) Erwerb einer anderen vecindad civil	62
e) Zwingendes Recht	64
4. Einzelne Fragestellungen	65
a) Fortgeltung der vecindad civil für Auslandsspanier: Rechtswahl nach Art. 22 EU-ErbVO	65
aa) Unmittelbare Wahl des Rechts einer Teilrechtsordnung?	65
bb) Sonderfall: Rechtswahl und spätere Aufgabe der spanischen Staatsangehörigkeit	69
b) Erbfälle nach ausländischen Staatsangehörigen und vecindad civil	70
c) Gesetzliches Erb- und Pflichtteilsrecht des Ehegatten	73
IV. Bestimmung des Erbstatuts aus deutscher Sicht	75
1. Erbstatut bei deutschem Erblasser	75
2. Erbstatut bei spanischem Erblasser	76
3. Besonderheiten bei gemeinschaftlichen Testamenten	77
4. Besonderheiten bei Erbverträgen	79
C. Materielles Erbrecht	82
I. Einleitung	82
II. Gesetzliches Erbrecht (sucesión intestada)	83
1. Grundsätze	83
2. Erbfähigkeit	84
3. Erbunwürdigkeit	86
4. Die Erbfolgeordnung nach Linien	88
5. Das gesetzliche Erbrecht des Ehegatten	89
6. Das Erbrecht des Staates	96
III. Die testamentarische Erbfolge nach spanischem Recht (sucesión testamentaria)	97
1. Testierfähigkeit	97
2. Testamentsformen	99
a) Allgemeines	99
b) Das eigenhändige Testament	100
c) Das offene bzw. öffentliche Testament	102
d) Das verschlossene Testament	105
e) Das im Ausland errichtete Testament	111
3. Das gemeinschaftliche Testament – Verbot nach dem Código Civil	112
4. Erbverträge – Verbot nach dem Código Civil	114

---

[1] Zum Erbrecht in Katalonien siehe den Länderbericht Katalonien in diesem Buch.

5. Bestellung von Ersatzerben 116
6. Vor- und Nacherbschaft 118
   a) Allgemeines 118
   b) Die Stellung des Vorerben 119
   c) Die Stellung des Nacherben 120
7. Vermächtnisse 122
8. Widerruf 125
IV. Das materielle Noterbrecht der nächsten Angehörigen 126
1. Allgemeines 126
2. Der Kreis der Noterbberechtigten und die Höhe ihrer Beteiligung 129
3. Die Feststellung der disponiblen Quote 132
4. Folgen der Überschreitung 133
V. Annahme und Ausschlagung der Erbschaft 137
1. Erbschaftsannahme und Ausschlagung 137
2. Annahme unter Vorbehalt der Inventarerrichtung 143
VI. Die Testamentsvollstreckung 145
VII. Die Erbengemeinschaft und die Erbauseinandersetzung 152
1. Die Erbengemeinschaft 152
2. Die Erbauseinandersetzung 153
VIII. Schenkungen auf den Todesfall 155
IX. Sondervorschriften in den Foralrechtsgebieten 158
1. Allgemeines 158
2. Aragonien 160
3. Balearen 163
4. Baskenland 168
5. Galicien 171
6. Katalonien 176
7. Navarra 177
D. Erbverfahrensrecht 181
I. Vorbemerkung 181
II. Testamentseröffnung 185
1. Das eigenhändige Testament 185
2. Das offene und das verschlossene (notarielle) Testament 187
3. Sonderfall: Eröffnung eines Testaments eines Deutschen in Spanien 189
III. Der Nachweis der Erbeneigenschaft 191
1. Notarielles Verfahren 192
2. Gerichtliches Verfahren 195
IV. Erbschaftsannahme 197
V. Anerkennung deutscher Erbscheine und Testamentsvollstreckerzeugnisse 200
VI. Erbteilung 203
1. Die einverständliche Erbteilung 203
2. Sondersituation bei einem Alleinerben 204
3. Streitiges Erbteilungsverfahren 205
VII. Zivilverfahren 207
1. Die internationale Zuständigkeit spanischer Gerichte 207

2. Die Anwendung ausländischen Rechts 211
3. Die Anerkennung ausländischer Entscheidungen in Spanien 215
VIII. Besonderheiten im deutschen Nachlassverfahren bei Beerbung eines spanischen Erblassers (Erbfälle vor dem 17.8.2015) .. 217
1. Vorbemerkung 218
2. Konkurrierende internationale Zuständigkeit 219
3. Feststellung des anwendbaren Rechts 220
4. Anerkennung spanischer Erbzeugnisse 223
5. Anerkennung eines spanischen Testamentsvollstreckerzeugnisses 225
6. Gegenständlich beschränkter Erbschein oder Fremdrechtserbschein 226
7. Eigenrechtserbschein für Spanier 231
8. Erbscheinsprobleme wegen unterschiedlicher spanischer Rechtsinstitutionen 233
   a) Legalnießbrauch des überlebenden Ehegatten nach spanischem Recht 233
   b) Berücksichtigung von Noterbrechten 234
   c) Berücksichtigung von Vindikationslegaten 236
E. Die Besteuerung der Erbfolge 237
I. Gesetzliche Grundlage 237
II. Eigenes Erbschaft- und Schenkungsteuerrecht Autonomer Gemeinschaften 241
III. Reform 2015 des spanischen Schenkungs- und Erbschaftsteuergesetzes 244
IV. Beschränkte und unbeschränkte Steuerpflicht 252
V. System der Erbschaftsteuer 258
1. Grundsätze 258
2. Hinzurechnungstatbestände 262
3. Selbstveranlagung und Veranlagung von Amts wegen 267
VI. Die Steuerklassen 273
VII. Steuersätze 274
VIII. Multiplikationskoeffizienten – Erhöhung der Steuerquote 276
IX. Freibeträge 277
X. Die Abwicklung der Erbschaftsteuer 283
1. Fälligkeit 283
2. Verjährung 284
3. Steuererklärungspflichten und zuständiges Finanzamt 286
4. Abgabefrist 288
5. Teilsteuererklärung 291
6. Informationspflichten und Wirkung der Steuerzahlung 292
7. Steuervertreter 293
XI. Doppelbesteuerung 295

Literatur

Deutschsprachige Literatur

Adomeit/Frühbeck, Einführung in das spanische Recht, 3. Aufl. 2007; *Brandt/Palanco Bührlen*, Erbrechtsbrevier für Spanienfreunde, 3. Aufl. 2007; *Brunner*, Rechtsvergleichende Studie des deutschen und spanischen internationalen Erbrechts im Hinblick auf die deutsch-spanischen Beziehungen, Diss., München 1955; *Chocomeli/Idelmann*, Pflichtteilsrecht und testamentarische Enterbung im spanischen Recht im Kontext der aktuellen höchstrichterlichen Rechtsprechung, INF 2014, 175–180; *Dörner*, Probleme des neuen Internationalen Erbrechts, DNotZ 1988, 67–109; *Gantzer*, Spanisches Immobilienrecht, 9. Aufl. 2003; *Gantzer*, Eintragung deutscher Erben im spanischen Eigentumsregister, ZEV 1999, 473 ff.; *Gebel*, Erbschaftsteuer bei deutsch-spanischen Nachlässen, 1999; *Gergen*, Das Erbrecht nach balearischem Lebenspartnerschaftsgesetz, ZErb 2009, 348; *Hellwege*, Die Besteuerung deutsch-spanischer Erb- und Schenkungs-Fälle, 2002; *Hellwege*, Vererbung und Vermögen in Spanien. Grundzüge und Berechnung der Erbschaftsteuer, ErbStB 2003, 194–197; *Hellwege*, Erbschaft- und Schenkungsteuerrecht in Spanien. Lokales Recht einiger autonomer Gemeinschaften, ErbStB 2006, 282–285; *Hermann*, Erbausschlagung bei Auslandsberührung, ZEV 2002, 259–263; *Herzig/Watrin/Walkter*, Grundzüge des spanischen Erbschaft- und Schenkungsteuerrechts, ZEV 2000, 473–485; *Hierneis*, Das besondere Erbrecht der sogenannten Foralrechtsgebiete Spaniens, 1966; *Hohn Abad/Rodríguez Gómez*, Katalanisches Erbrecht – Ein Überblick, INF 2014, 180–186; *Huzel*, Zur Bedeutung „wiederholter Rechtsprechung des Tribunal Supremo" für das spanische Zivilrecht, ZfRV 31 (1990), 256–260; *Jayme*, Rechtsspaltung im spanischen Privatrecht und deutsche Praxis (Pluralidad legislativa en el Derecho privado español y práctica jurídica alemana), in: Deutsch-Spanische Juristenvereinigung (Hrsg.), Informaciones 1990, 46–59 (zweisprachig); *Jülicher*, Erbschaft- und Schenkungsteuerprobleme bei deutsch-spanischen Erbfällen und Schenkungen, ZErb 2000, 139–146; *Jülicher*, in: Troll/Gebel/Jülicher, Erbschaftsteuer- und Schenkungsteuergesetz (Loseblattsammlung, Stand: 48. EL, Okt. 2014, § 21 Rn 130 – Länderteil Spanien; *Kirchmayer*, Das reformierte internationale und interregionale Privatrecht in Spanien, StAZ 1991, 158 f.; *Korth*, Die Besteuerung deutsch-spanischer Erbschaften und Schenkungen, 2003; *Kroiß/Horn/Solomon*, Nachfolgerecht (Bearb.: Köhler), 2015; *Löber*, Deutschspanisches Erbschaftsmodell: Schenkung in Deutschland – Erwerbssplitting in Spanien: Nießbrauch und „nacktes" Eigentum, Informaciones 2003, 47 ff.; *Löber/Huzel*, Erben und Vererben in Spanien, 5. Aufl. 2015; *Löber/Lozano/Steinmetz*, Behandlung eingetragener Lebenspartnerschaften nach spanischem Erbrecht und Erbschaftsteuerrecht, ZEV 2009, 496; *Löber/Steinmetz/Lozano*, Ausländer in Spanien. Hinweise – Rechte – Möglichkeiten, 6. Aufl. 2012; *López*, IPR und Erbrecht in der Praxis deutsch-spanischer Erbrechtsfälle, ZErb 2002, 278–285; *Martín Casals/Solé Feliu*, Testierfreiheit im innerspanischen Vergleich, in: Henrich/Schwab, Familienerbrecht und Testierfreiheit im europäischen Vergleich, 2001, S. 295–333; *Meyer, Stefan*, Die Anwendung deutschen Rechts im spanischen Zivilprozeß, IPRax 1993, 340–342; *Peuster*, Código Civil – Das spanische Zivilgesetzbuch, Spanisch-deutsche Textausgabe, 2002; *Peuster*, Das spanische internationale Privatrecht, in: Löber/Peuster (Hrsg.), Aktuelles spanisches Handels- und Wirtschaftsrecht, 1991, S. 1–18; *Rau*, Das in Deutschland von spanischen Ehegatten errichtete gemeinschaftliche Testament (El testamento mancomunado hecho en Alemania por cónyuges españoles, in: DSJV (Hrsg.), Informaciones 1987, 12 (zweisprachig); *Reckhorn-Hengemühle*, Aktuelles spanisches Erbschaft- und Schenkungsteuerrecht, 2003; *Rudolph*, Grundzüge des spanischen Ehe- und Erbrechts unter Berücksichtigung des internationalen Privatrechts im Verhältnis zur Bundesrepublik Deutschland, MittRhNotK 1990, 93–107; *Samtleben*, Spanien, Portugal und Lateinamerika, in: Müller, Die Anwendung ausländischen Rechts im internationalen Privatrecht, 1968, S. 49–65; *Sanchez-Henke*, Das Ehegattenerbrecht im spanischen Erbrecht, 1999; *Schindhelm*, Erbfälle mit Auslandsberührung im deutschen Erbschaftsteuerrecht – Grundzüge des deutschen Internationalen Erbschaftsteuerrechts, 1997; *Schömmer/Gebel*, Internationales Erbrecht – Spanien, 2003; *Selbherr*, Immobilien in Spanien im Erbfall, MittBayNotK 2002, 165–172; *Sohst*, Das spanische Gesetz über die Besteuerung der nicht in Spanien Ansässigen – Das spanische Erbschaft- und Schenkungsteuergesetz, 7. Aufl. 2011; *Stadler*, Das interregionale Recht in Spanien, 2008; *Staudinger/Dörner*, Neubearb. 2007, Anh. zu Art. 25 f. EGBGB; *Steinmetz/García*, Spanien: Oberster Gerichtshof bestätigt Nachlassspaltung, ZEV 2014, 489; *Steinmetz/B. Löber*, Testamentsvollstreckung in Spanien, Tagungsband des 6. Testamentsvollstreckertages, 2013, S. 61 ff.; *Steinmetz/B. Löber/García*, EU-Erbrechtsverordnung: Voraussichtliche Rechtsänderungen für den Erbfall von in Spanien ansässigen deutschen Staatsangehörigen, ZEV 2010, 234; *dies.*, Sind gemeinschaftliche Testamente und Erbverträge für in Spanien belegenes Vermögen zulässig und zweckmäßig?, ZEV 2011, 554 ff.; *Steinmetz/J. Löber/García*, Die EU-ErbVO und ihre Anwendbarkeit im Mehrrechtsstaat Spanien, ZEV 2013, 535 ff.; *Steinmetz/Lozano*, Deutsch-spanisches Ehepaar: erbrechtliche Probleme beim Tod des spanischen Ehepartners, ZErb 2008, 64; *Süß*, Nachlasseinheit und gespaltene Rückverweisung – Die Entscheidung des spanischen Tribunal Supremo vom 21. Mai 1999, IPRax 2001, 488; *ders.*, Die Rückverweisung im Internationalen Erbrecht – Einführung und Länderübersicht, ZEV 2000, 486–491; *Wachter*, Gestaltungsüberlegungen zur steueroptimalen Übertragung von Immobilien in Spanien, ZEV 2003, 137–144; *ders.*, Europäische Erbrechtsverordnung: Chancen und Risiken für die Nachfolgeplanung, Tagungsband des Instituts für Erbrecht, 2014.

Spanischsprachige und weitere Literatur

Albaladejo García, Manuel, Comentarios al Código civil y Compilaciones forales, Tomo IX, Vol. 2, Madrid 1983; *Albaladejo García, Manuel*, Curso de Derecho Civil, Tomo V – derecho de sucesiones, 7. Aufl., Barcelona 1997; *Álvarez González, Santiago*, Derecho internacional privado europeo, plurilegislación civil española y derecho interregional, Dereito, 2006, Vol. 15 no. 1, S. 263–285; *Álvarez Torné, María*, El tratamiento de los sistemas legislativos no unificados en los textos internacionales y de la UE: El caso del reglamento en materia sucesoria, S. 291 ff.; *Azcárraga Monzonís*, Sucesiones Internacionales, Valencia 2008; *Bercovitz Rodríguez-Cano, Rodrigo (coord.)*, Comentarios al Código Civil, 4. Auflage, 2013; *Biedma Ferrer, José María*, Uniones de Hecho y Principio de Igualdad, Anuario Facultad de Derecho Universidad de Alcalá IV, 2011, 199 ff.; *Blanca-Morales Limones, Pilar*, No se puede exigir el certificado sucesorio para inscribir en el Registro de la Propiedad los bienes heredados de un causante alemán, Diario La Ley No. 8262, 2014; *Calvo Caravaca, Alfonso/Carracosa González, Javier* (Hrsg.), Derecho Internacional Privado – Vol. II, Granada 2002; *Calvo Caravaca, Alfonso/Carracosa González, Javier*, Textos Legales de Derecho Internacional Privado Espanol, Granada 2001; *Camara Alvarez, Manuel de la*, Compendio de Derecho Sucesorio, Madrid 1990; *Carrascosa González*, El Reglamento Sucesorio Europeo 650/2012 de 4 de julio 2012 – Análisis crítico, Granada, 2014; *ders.*, Reglamento Europeo y Actividad Notarial, Cuadernos de Derecho Transnacional 2014, Vol. 6, 5–44; *ders.*, Nuevos modelos de Familia y Derecho Internacional Privado en el siglo XXI, Anales de Derecho Universidad de Murcia 2003, 109–143; *Cayatalud Sierra, Adolfo*, El Reglamento sobre sucesiones y el derecho interregional español: Dos sistemas de solución de conflictos: Sus diferencias y su encaje, RDCA-2013-XVIII, S. 125 ff.; *Criado, Enrique/Cuyás, Esteban/Veciana, Juan José/Criado, José Luis*, Herencias, Testamentos y Donaciones, 3. Aufl., Barcelona 1998; *Fernández Hierro, José Manuel*, Teoría General de la sucesión. Sucesión legítima y contractual, Granada 2007; *Garcia, José Pascual*, Herencia y testamento, Madrid 2003; *González Campos, Julio D.*, Derecho Internacional Privado, Parte especial II, Oviedo 1984; *Lois Puente, José Manuel*, El Llamado Testamento en Lengua extranjera, RDP 1988, 971–988; *Martín Moreno, José Luis*, Comentarios a la Ley del Impuesto sobre Sucesiones y Donaciones, Granada 1988; *O'Callaghan Muñoz, Xavier*, Compendio de Derecho Civil, Tomo V – Derecho de Sucesiones, 6. Aufl., Madrid 2007; *O'Callaghan Muñoz, Xavier*, Código Civil comentado, 2003; *O'Callaghan Muñoz, Xavier*, La Partición de la Herencia, Madrid 2007; *Pascal Garcia, José*, Herencia y Testamento, Boletín Oficial del Estado, Madrid 2003; *Pertiñez Vílchez, Francisco*, Problems of application of EU Regulation 650/2012 in matters of succession in Spanish law, in: Löhnig u.a. (Hrsg.), Erbfälle unter Geltung der Europäischen Erbrechtsverordnung, Bielefeld, 2014, S. 81 ff.; *Puig Brutau, José*, Fundamentos de Derecho Civil, Band 5–2, 3. Aufl., Barcelona 1990; *Quinzá Redondo, Pablo, Christandl, Gregor*, Ordenamientos plurilegislativos en el Reglamento (UE) de Sucesiones con especial referencia al ordenamiento jurídico español, InDret 3/2013; *Riva Martinez, Juan José*, Derecho de Sucesiones Común y Foral, Tomo II, Madrid 1992; *Sánchez Aristi*, Dos alternativas a la sucesión testamentaria: pactos sucesorios y contratos post mortem, Granda 2003; *Verwilghen, Michel* (Hrsg.), Régimes matrimoniaux, succesions et liberalités dans les relations internationales et interns, Kap. 5: Espagne (Bearbeiter: *Planells del Pozo, María Cristina* und *Checa Martínez, Miguel*), 2004; *Zabalo Escudero, Elena*, Autonomía de la voluntad, vecindad civil y normas para resolver los conflictos de leyes internos, Diario La Ley No. 7847, 27.4.2012, Editorial La Ley.

Der Co-Autor der 1. und 2. Auflage Dr. Burckhardt Löber ist als Bearbeiter ausgeschieden. Das Autorenteam der 3. Auflage dankt Herrn Dr. Löber für seine Mitarbeit in den Vorauflagen.

A. Vorbemerkung

Die nachfolgende Abhandlung hat – dem Konzept des Gesamtwerkes folgend – die Darstellung der **spanischen Erbrechtssituation** zum Gegenstand. Die spanische Rechtslage wird zunehmend für Nachlässe nach deutschen Staatsangehörigen relevant, soweit für **Erbfälle**, die **ab dem 17.8.2015** eintreten, in Ermangelung einer Rechtswahl gem. Art. 21 Abs. 1 EU-ErbVO[2] das Recht des letzten gewöhnlichen Aufenthalts („**Domizilprinzip**") des Erblassers Anwendung findet.

Soweit sich die Ausführungen auf „spanisches Recht" beziehen, ist klarstellend vorauszuschicken, dass Spanien insbesondere in erbrechtlicher Hinsicht ein **Mehrrechtsstaat** ist. Die nachfolgenden Ausführungen beschränken sich grundsätzlich auf die Darstellung der Rechtslage nach gemeinspanischem Recht, welches in den Vorschriften des *Código Civil* geregelt ist.

Das **interregionale Kollisionsrecht** Spaniens beinhaltet die Regelungen, mit deren Hilfe die für die Regelung eines Nachlasses einschlägige spanische **Teilrechtsordnung** aufzufinden ist. Da die EU-ErbVO bei Mehrrechtsstaaten gem. Art. 36 Abs. 1 EU-ErbVO grundsätzlich vorrangig auf die Regelung des innerstaatlichen Normenkonflikts durch das Recht des betroffenen Staates abstellt, wird auch das interregionale Kollisionsrecht Spaniens in die Darstellung einbezogen.

Auch wenn Gegenstand der Abhandlung das spanische Erbrecht ist, wird bei problematischen Einzelfällen, wie etwa dem gemeinschaftlichen Testament oder dem Erbvertrag, auf das deutsche Recht eingegangen.

Es sei ausdrücklich darauf hingewiesen, dass *Löber/Huzel* in ihrer 2015 erschienenen 5., neu bearbeiteten Auflage von „Erben und Vererben in Spanien" speziell auf die Rechtslage bei Geltung deutschen Rechts für spanisches Nachlassvermögen eingehen. Nicht nur für Erbfälle nach deutschen Staatsangehörigen, die bis zum 16.8.2015 eintreten, ist dies von Interesse. Auch unter Geltung der EU-ErbVO kommt spanisches Recht nur dann auf einen deutschen Staatsangehörigen zur Anwendung, wenn dieser seinen gewöhnlichen Aufenthalt in Spanien hatte und keine Rechtswahl getroffen wurde. Ansonsten unterliegen auch in Zukunft unverändert in Spanien belegene Vermögenswerte deutscher Erblasser dem deutschen Erbstatut. Hierbei sind die Autoren naturgemäß im Rahmen der erbrechtlichen Gestaltung und Umsetzung letztwilliger Verfügungen wie auch von Erbscheinen auf die spanische Situation und die anwendbaren Rechtsinstitute ausführlich eingegangen. Wenn also das **spanische Erbstatut** überhaupt nicht zur Debatte steht, sondern vielmehr deutsches Erbrecht anwendbar ist, ist die Abhandlung „Erben und Vererben in Spanien, 5. Auflage" der Rechtssituation für deutsche Staatsangehörige adäquater, ausführlicher und detaillierter als die vorliegende.

---

[2] Verordnung (EU) Nr. 650/2012 des Europäischen Parlaments und des Rates vom 4. Juli 2012 über die Zuständigkeit, das anzuwendende Recht, die Anerkennung und Vollstreckung von Entscheidungen und die Annahme und Vollstreckung öffentlicher Urkunden in Erbsachen sowie zur Einführung eines Europäischen Nachlasszeugnisses (ABl EU L 201 vom 27.7.2012, S. 107).

B. Internationales Privatrecht

I. Spanisches Erbkollisionsrecht und EU-ErbVO

6 Die Darstellung des spanischen internationalen Erbkollisionsrechts wird auch durch das Inkrafttreten der EU-ErbVO nicht obsolet. Zwar verdrängt die EU-ErbVO in ihrem Anwendungsbereich das nationale IPR der Mitgliedstaaten, so dass die Bestimmung der Rechtsordnung, die das Erbstatut ausfüllen soll, nicht mehr Art. 9.8 CC,[3] sondern vielmehr den Kollisionsvorschriften der EU-ErbVO zu entnehmen ist. Einerseits finden aber auf Erbfälle, die bis zum 16.8.2015 eintreten, nach Art. 83 Abs. 1 EU-ErbVO weiterhin die jeweiligen nationalen Vorschriften des deutschen und des spanischen IPR Anwendung, selbst wenn sie erst nach diesem Datum abgewickelt werden. Andererseits gelten für die Lösung des internen spanischen Normenkonflikts zum Zwecke der Bestimmung der maßgeblichen **Teilrechtsordnung** innerhalb Spaniens die Vorschriften des spanischen internationalen Erbkollisionsrechts entsprechend mit der Maßgabe, dass die Staatsangehörigkeit des Erblassers gem. Art. 14.1, 16.1 CC durch die sog. *vecindad civil*, die bürgerlich-rechtliche Gebietszugehörigkeit, ersetzt wird.[4] Dies leuchtet zunächst für rein spanische Erbfälle, die keinen Auslandsbezug aufweisen, die somit außerhalb des Anwendungsbereichs der EU-ErbVO liegen, ein. Auch innerhalb des Anwendungsbereichs der EU-ErbVO bleibt die Kenntnis der betreffenden spanischen Vorschriften aber unerlässlich. Anders als der Entwurf der EU-ErbVO, der bei Mehrrechtsstaaten in Art. 28 noch eine direkte Verweisung auf das Recht der betreffenden Teilrechtsordnung vorsah – und damit die Anwendung der spanischen interregionalen Kollisionsnormen „ausgeschaltet" hätte[5] –, ist nach der EU-ErbVO in Art. 36 Abs. 1 zur Regelung des **internen Normenkonflikts** nunmehr vorrangig das Recht des betroffenen Mitgliedstaates berufen (vgl. Rn 56). Die Frage, welche der spanischen Teilrechtsordnungen bei Anwendbarkeit spanischen Rechts zur Regelung eines internationalen Erbfalls berufen ist, ist demnach dem **interregionalen Recht Spaniens** (vgl. Rn 57 ff.) zu entnehmen.[6] Letzteres greift auf die Normen des spanischen IPR zurück und wendet diese entsprechend auf den interregionalen Normenkonflikt an,[7] so dass diese auch für die Regelung internationaler Erbfälle unter Geltung der EU-ErbVO ungeminderte Aktualität und Relevanz genießen.

II. Bestimmung des Erbstatuts aus spanischer Sicht

1. Staatsangehörigkeitsprinzip und Grundsatz der Nachlasseinheit

7 Außerhalb des Anwendungsbereichs der EU-ErbVO wird unmittelbar –zur Lösung des interregionalen Normenkonflikts nach Art. 16.1 CC entsprechend – auf die Vorschriften des spanischen internationalen Erbkollisionsrechts abgestellt. Die Regelungen des spanischen IPR finden sich im *Titulo Prelimar* des *Código Civil* (CC), insbesondere in den Art. 8–12 CC. Zudem enthält Art. 107 CC eine Sonderregel zum spanischen Internationalen Trennungs- und Scheidungsrecht. Gemäß Art. 149 Abs. 1 Ziff. 8 *Constitución Española*

---

[3] Artikel des spanischen *Código Civil* im Original mit deutscher Übersetzung bei *Peuster*, Código Civil, Frankfurt/M. 2002 (mit Nachtrag 2010 von *B. Löber/F. Lozano*).
[4] *Hierneis*, in: Ferid/Firsching/Dörner/Hausmann, Spanien, Rn 28c; *Carrascosa Gonzalez*, in: Pasquau Liaño, Jurisprudencia Civil Comentada, Art. 9.8, Ziff. 2.1 und 8.
[5] *Steinmetz/B. Löber/García*, ZEV 2010, 234, 235.
[6] *Steinmetz/J. Löber/García*, ZEV 2013, 535, 536.
[7] *Álvarez González*, Dereito 2006, S. 263, 274.

(CE – Spanische Verfassung)⁸ fällt das spanische Internationale Privatrecht in die ausschließliche Gesetzgebungskompetenz des Staates, so dass insoweit kein Raum für abweichende Regeln innerhalb des Zuständigkeitsbereichs der Foralrechte verbleibt.⁹

Über das spanische Internationale Erbrecht bestimmt Art. 9.8 CC, dass die Rechtsnachfolge von Todes wegen sich nach dem Heimatrecht des Erblassers richtet, und zwar „unabhängig von der Art der Güter und dem Land, in dem sie sich befinden". Das Erbstatut wird nach spanischem IPR **ausschließlich objektiv angeknüpft**; die Möglichkeit einer **Rechtswahl** durch den Erblasser ist **nicht** vorgesehen. Allerdings bestehen – wenn auch in begrenztem Maße – Einflussmöglichkeiten des Erblassers auf das anwendbare Erbrecht. So bestimmt beispielsweise die Wahl eines bestimmten Ehewirkungsrechts nach Art. 9.3 CC letztlich auch das gesetzliche Ehegattenerb- und Pflichtteilsrecht (Art. 9.8. S. 3 CC). Darüber hinaus kann nach den Regeln des interregionalen Normenkonflikts zwar nicht unmittelbar das Recht einer **Teilrechtsordnung** gewählt werden. Mittelbar kann aber durch Erwerb einer anderen bürgerlich-rechtlichen Gebietszugehörigkeit die Anwendbarkeit des Rechts der entsprechenden Teilrechtsordnung erreicht werden. Den von der Annahme einer neuen Gebietszugehörigkeit ausgehenden Wirkungen für das anwendbare Erbrecht sind aber unter dem Gesichtspunkt des Rechtsmissbrauchs, insbesondere dem Schutz der Pflichtteils- bzw. Noterbrechte, Grenzen gesetzt.¹⁰

8

Das spanische Recht geht vom **Staatsangehörigkeitsprinzip** aus: Anwendbarkeit des Heimatrechts des Erblassers im Zeitpunkt seines Todes. Zum anderen gilt nach spanischem Recht auch der **Grundsatz der Nachlasseinheit**; eine Unterscheidung der Erbfolge in Bezug auf bewegliches oder unbewegliches Vermögen oder hinsichtlich der Belegenheit des Nachlassgegenstandes, ob im Inland oder im Ausland, findet nicht statt. Die gesamte Erbfolge unterliegt aus spanischer Sicht einheitlich dem Heimatrecht des Erblassers im Zeitpunkt seines Todes.¹¹

9

Im Weiteren versteht sich die Verweisung auf ein ausländisches Recht nach Art. 12 (2) CC als Sachnormverweisung. Eine **Weiterverweisung** lässt das spanische IPR nicht zu. Sofern allerdings das berufene ausländische Recht eine **Rückverweisung** auf das spanische Recht treffen sollte, wird diese angenommen. Die Rechtsprechung hat indes eine Ausnahme für den Fall gemacht, dass das ausländische Recht nicht dem Grundsatz der Nachlasseinheit folgt und eine Rückverweisung nur für das in Spanien belegene Vermögen ausspricht. So hat der *Tribunal Supremo* (TS), der oberste spanische Gerichtshof in Madrid, es in einer 1999 gefällten Entscheidung abgelehnt, den Kindern des englischen Erblassers – aufgrund der nur teilweisen Rückverweisung – nach spanischem Recht Pflichtteilsrechte lediglich auf dessen in Spanien belegenes Anwesen zuzuerkennen. Insoweit steht der **Grundsatz der Nachlasseinheit** der Anerkennung der sich durch das englische Internationale Erbrecht ergebenden gespaltenen Rückverweisung entgegen.¹²

10

2. Der Anwendungsbereich des Erbstatuts

Zunächst findet sich in Art. 12 (1) CC die ausdrückliche Regel, dass die **Qualifikation** zur Bestimmung der anwendbaren Kollisionsnormen immer nach spanischem Recht geschieht

11

---

8 Spanische Verfassung bei *Adomeit/Frühbeck*, Anhang, S. 165 ff. (deutsche Übersetzung bei *López Pina*, Spanisches Verfassungsrecht, 1993, S. 555 ff.).
9 Siehe auch *Hierneis*, in: Ferid/Firsching/Dörner/Hausmann, Spanien, Rn 29.
10 *Calatayud Sierra*, RDCA 2013, S. 125, 130.
11 Vgl. OLG Frankfurt, Beschl. v. 12.12.2013 – 20 W 281/12.
12 Entscheidung v. 21.5.1999, INF 2000, 28; hierzu auch *Süß*, IPRax 2001, 488.

(*lex fori*-Qualifikation). Das **Erbstatut** selbst regelt den erbrechtlichen Bereich in seiner Breite. So entscheidet es insbesondere über die Erbfähigkeit, die Erbschaftsannahme, die Ausschlagung und den Erbverzicht sowie über den Kreis der gesetzlichen Erben,[13] während vom Anwendungsbereich des Erbstatuts die Erbfähigkeit[14] sowie die Geschäftsfähigkeit zur Vornahme der Ausschlagung oder des Verzichts ausgenommen sind und sich nach Art. 9.1 CC (bzw. die Form nach Art. 11 CC) beurteilen.[15] Das Erbstatut bestimmt auch den Umfang des Nachlasses und die Höhe der Erbquoten. Zudem entscheidet das Erbstatut darüber, in welchem Umfang die Erben für Nachlassverbindlichkeiten haften, über die Rechte und Pflichten der Miterben, die Rechtsverhältnisse der Erbengemeinschaft und der Erbauseinandersetzung, die Pflichtteilsrechte einschließlich der Bestimmung des Kreises der Berechtigten wie auch über die Testamentsvollstreckung. Dagegen richtet sich die Frage, ob der Erblasser testierfähig war, nach dessen Heimatrecht im Zeitpunkt der Errichtung der letztwilligen Verfügung. Die Bestimmung der Verwandtschaftsverhältnisse der möglichen Erben richtet sich nach deren jeweiligem **Personalstatut**.

12 Für Rechte, die kraft Gesetzes dem überlebenden Ehegatten zustehen, gilt nach Art. 9.8 a.E. CC jedoch das **Ehewirkungsstatut**, allerdings nur, soweit dadurch nicht Noterbteile der Abkömmlinge betroffen sind. Insoweit gilt also: Das **Ehegüterstatut bestimmt das Erbstatut**. Da es bei **unterschiedlichem Erb- und Güterstatut** zu (Gesetzes-)Kollisionen kommen kann, hat der spanische Gesetzgeber die entsprechende Kollisionsnorm in Art. 9.8 S. 3 CC unmittelbar an die Regelung des Erbstatuts angehängt. Dieser Regelung kommt durchaus Überraschungscharakter zu und bedarf deshalb einer eingehenden Erläuterung. Ihr Zweck ist es, „Angleichungsprobleme zwischen Erb- und Güterstatut zu vermeiden".[16]

13 Gemäß Art. 9.8 S. 3 CC gilt für die „Rechte, die kraft Gesetzes dem überlebenden Ehegatten zugewiesen werden, das Recht, welches die Ehewirkungen regelt". Dies bedeutet ein Abgehen von dem Prinzip, dass die Staatsangehörigkeit das Erbstatut bestimmt (Art. 9.8 S. 1 CC), und von dem Grundsatz der kollisionsrechtlichen Nachlasseinheit; vielmehr ist für einen Teilbereich (das gesetzliche Erb- und Pflichtteilsrecht) das hiervon abweichende Recht der Ehewirkungen (**Güterstatut**) maßgeblich.[17] Es tritt insoweit eine „**subjektive Nachlassspaltung**" ein.[18] Insbesondere die Aufsichtsbehörde für Register und Notariate (*Dirección General de los Registros y del Notariado*) hatte in der Vergangenheit wiederholt versucht, den Anwendungsbereich des Art. 9.8 S. 3 CC restriktiv auf Fragen des Ehewirkungsrechts zurückzudrängen, um hierdurch eine Nachlassspaltung zu vermeiden.[19] Der *Tribunal Supremo* (fortan: TS, Oberster Gerichtshof) hat mit seinem Urteil vom 28.4.2014 (rec. 2105/2011) diesen nun seit langer Zeit schwelenden Streit zugunsten einer dem Wortlaut und dem Gesetzeszweck treuen Auslegung von Art. 9.8 S. 3 CC entschieden:[20] Die gesetzlichen Rechte des Ehegatten (gesetzliches Erb- und Pflichtteilsrecht) beurteilen sich nach dem Ehegüterrecht, so dass insoweit das Güterstatut das Erbstatut ausfüllt, während sich das Erbrecht im Übrigen – für die weiteren Nachlassbeteiligten – nach dem Recht der Staatsangehörigkeit des Erblassers bestimmt. Der freilich noch immer (für den Fall eines interregio-

---

13 Aus spanischer Sicht dazu AP Cantabria, Urt. v. 9.11.2000.
14 *Stadler*, Das interregionale Recht Spaniens, S. 170.
15 *Rodrigo Bercovitz Rodriguez-Cano*, Comentarios al Código Civil, Art. 9.8 Ziff. 1.
16 *Süß*, in: Mayer/Süß/Tanck/Wälzholz, Handbuch Pflichtteilsrecht, § 15 Rn 349.
17 Eingehend hierzu *Steinmetz/Lozano*, ZErb 2008, 64 ff.
18 *Hierneis*, in: Ferid/Firsching/Dörner/Hausmann, Spanien, Rn 49, 72, 73.
19 Entscheidungen der DGRN v. 11.3.2003 (BOE 100/2003) und v. 18.6.2003 (BOE 181/2003) mit Besprechung in *Steinmetz/Lozano*, ZErb 2008, 64, 65; vgl. auch *Audiencia Provinvial* (AP) Soria v. 3.12.2007, rec. 192/2007.
20 Urteilsbesprechung bei *Steinmetz/García*, ZEV 2014, 489.

nalen Normenkonflikts) erhobenen Gegenauffassung[21] müsste durch die Entscheidung des Obersten Gerichtshofs der Boden entzogen sein.

Das auf die Ehewirkungen anwendbare Recht (Güterstatut) ist in Art. 9.2 CC normiert (siehe auch Rn 37 f.). Bei fehlendem gemeinsamen Heimatrecht der Eheleute gilt das von den Eheleuten durch vor der Eheschließung errichtete öffentliche Urkunde gewählte Recht eines Staates, dem einer von ihnen angehört oder in dem er seinen gewöhnlichen Aufenthalt hat. Hilfsweise und bei nicht erfolgter Wahl wird an den gemeinsamen gewöhnlichen Aufenthalt unmittelbar nach der Eheschließung angeknüpft und bei dessen Fehlen an den Ort der Eheschließung. 14

Ein vom Erbstatut abweichendes Güterstatut kann im Hinblick auf die spanische Mehrrechtsordnung (vgl. Rn 50 f.) nicht nur international, sondern auch interregional bestehen. Artikel 9.8 S. 3 CC gilt deshalb nicht nur für den Fall, dass der spanische Ehepartner beispielsweise mit einer Deutschen die Ehe eingegangen ist und sich die Ehewirkungen nach deutschem Recht richten, sondern auch bei Eheschließung zwischen einem Katalanen mit einer Andalusierin. In beiden Fällen lautet zwingend die Vorfrage: Ist das Güterstatut identisch mit dem Erbstatut? Das Ergebnis lautet: Bei einer Aufspaltung bestimmt das Güterstatut das Erbstatut.[22] Diese Anknüpfung dürfte auch für das mit der Sache befasste deutsche Gericht maßgeblich sein, da die Einheitlichkeit beider Statuten nach dem spanischen Recht gewollt ist.[23] 15

Beispiel: Lebt eine Deutsche mit ihrem spanischen Ehemann in Madrid im gesetzlichen Güterstand gemeinspanischen Rechts, so bedeutet dies, dass der Ehemann nach spanischem Recht nicht nur die Auseinandersetzung der ehelichen Errungenschaft verlangen kann, sondern auch sein Ehegattenerbrecht – bei Geltung deutschen Erbstatuts im Übrigen – sich nach spanischem Recht bestimmt, er also regelmäßig einen Nießbrauch an einer Quote des Nachlasses erhält (neben Abkömmlingen $1/3$, neben Eltern oder anderen Aszendenten $1/2$, Art. 834, 837 CC; siehe Rn 89).

Die Angleichung des Erbstatuts an das der Ehewirkungen (Güterstatut) ist jedoch nicht total: Denn etwaige **Pflichtteilsrechte der Abkömmlinge** richten sich weiterhin nach dem **Heimatrecht des Erblassers** und setzen sich gegenüber dem Erbrecht des Ehegatten, das durch das Ehegüterstatut ausgefüllt ist, durch. 16

Berechnungsbeispiel: Bei einem (gemein-)spanischen Erblasser, der mit einer Deutschen verheiratet ist – maßgebliches Güterstatut ist deutsches Recht –, reduziert sich die „deutschrechtliche" Ehegattenquote von $1/2$ auf $1/3$, weil die den Abkömmlingen nach spanischem Recht zustehende Noterbquote $2/3$ beträgt (siehe Rn 129 f.).

Der spanische Erblasser hinterlässt	100.000,00 EUR
Das Noterbrecht – die *legítima* – des Abkömmlings beläuft sich auf $2/3$, mithin auf	66.666,66 EUR
Im Hinblick auf das vereinbarte deutsche Güterrechtsstatut geht nach § 1371 BGB ein Viertel hiervon zugunsten der Witwe, mithin	25.000,00 EUR

---

21 Urteil des *Audiencia Provincial Baleares* (Landgerichtder Balearen) v. 11.6.2014 (rec. 166/2014).
22 So auch im Ergebnis: *Calvo Carravaca/Carrascosa González*, Derecho Internacionl Privado, Vol. II, 3. Aufl. 2002, S. 261 ff.
23 *Steinmetz/Lozano*, ZErb 2008, 64, 65; vgl. auch *Süß*, in: Mayer/Süß/Tanck/Wälzholz, Handbuch Pflichtteilsrecht, § 15 Rn 350 mit differenzierenden Lösungen.

Ein **weiteres Viertel** steht ihr aus **§ 1931 BGB** nach dem anwendbaren deutschen Erbrecht zu (25.000,00 EUR). Dies wird jedoch begrenzt durch die Noterbrechte der Kinder, die sich nach dem ursprünglichen spanischen Erbstatut des Erblassers richten.

Rein erbrechtlich verbleibt für die Witwe von dem Gesamtbetrag von	100.000,00 EUR
nur der Differenzbetrag zu der Summe aus ²/₃ als *legítima* (für den/die Abkömmlinge)	66.666,66 EUR
und ihrem Zugewinnausgleich	25.000,00 EUR,
mithin nur	8.333,34 EUR

Praxishinweis: Bei Immobilienvermögen des spanischen Erblassers in Deutschland kann es sich im vorgenannten Beispiel durchaus empfehlen, dieses letztwillig nach Art. 25 Abs. 2 EGBGB dem deutschen Erbstatut zu unterstellen, um die für deutsche Verhältnisse exorbitanten spanischen Noterbrechte einzudämmen.

17 Komplexer ist die Fragestellung, wie unter Anwendung von Art. 9.8 S. 3 CC zu entscheiden ist, wenn mit den Rechten des Ehegatten nicht die der Abkömmlinge des Erblassers, sondern „sonstige" Erbberechtigte (z.B. Geschwister) konkurrieren. Hier gibt das Gesetz keinen konkreten Anhaltspunkt, wie die erbrechtlichen Rechtspositionen der Beteiligten aus verschiedenen Rechtsordnungen miteinander in Einklang zu bringen sind. In solchen Fällen ist zunächst die Erbquote des Ehegatten nach Maßgabe des Rechts, welches das Ehegüterstatut ausfüllt, zu bestimmen. Das Erbrecht der übrigen Erbberechtigten (z.B. der Eltern des Erblassers, die ebenfalls noterbberechtigt sein können) erstreckt sich sonach nur auf die noch freie Nachlassmasse bzw. die nicht dem Ehegatten zustehenden Erbquoten.[24]

3. Form letztwilliger Verfügungen

18 Vorrangig zu beachten sind insoweit die Sonderregeln nach dem Haager Übereinkommen über das auf die Form letztwilliger Verfügungen anzuwendende Recht vom 5.10.1961. Wie bereits für Deutschland seit 1966 in Kraft, gilt das **Haager Testamentsformabkommen** auch im Verhältnis zu Spanien seit dem 10.6.1988. Gemäß Art. 75 Abs. 1 EU-ErbVO ist dieses Abkommen auch nach Inkrafttreten der EU-ErbVO weiterhin anwendbar. Grundsätzlich ist ein Testament in seiner Form immer dann als gültig anzusehen, wenn es nach den Regeln des Heimatrechts des Verfügenden oder nach den Bestimmungen des Errichtungsortes oder, bei unbeweglichen Sachen, gemäß der Bestimmungen des Belegenheitsortes (*lex rei sitae*) errichtet worden ist (siehe im Einzelnen Art. 1 Abs. 1 des Abkommens; inhaltsgleich Art. 26 Abs. 1 EGBGB).

19 Weiter ist für Spanien seit 29.9.1985 das **Baseler Übereinkommen** über die Errichtung einer Organisation zur Registrierung von Testamenten vom 16.5.1972 in Kraft, welches indes für die Bundesrepublik Deutschland – mangels Ratifikation – noch nicht gilt.[25]

4. Deutscher Erblasser mit Wohnsitz in Spanien

20 Nach dem für bis zum 16.8.2015 eingetretene Erbfälle im spanischen – wie auch im deutschen – IPR geltenden Staatsangehörigkeitsprinzip findet aus spanischer Sicht auf die Erb-

---

24 *Carrascosa Gonzalez*, in: Pasquau Liaño, Jurisprudencia Civil Comentada, Art. 9.8, Ziff. 4.3 i); so auch *Steinmetz/Lozano*, ZErb 2008, 64.
25 Vgl. *Löber/Huzel*, S. 15 m.w.N.

folge nach einem deutschen Staatsangehörigen grundsätzlich deutsches Recht als dessen letztes Heimatrecht Anwendung (Art. 9.8 CC bzw. Art. 25 Abs. 1 EGBGB). Auch die Erbfolge nach einem deutschen Erblasser mit *residencia* in Spanien unterliegt nach spanischem IPR dem deutschen (Sach-)Recht als dem Heimatrecht des Erblassers. Eine eigenständige Bedeutung kommt dem (letzten) Wohnsitz des deutschen Erblassers in Spanien bei der Frage nach dem auf den Erbfall anwendbaren Recht gemäß spanischem IPR nicht zu.

Für internationale Erbfälle, die ab dem 17.8.2015 eintreten, wird gem. Art. 83 Abs. 1 EU-ErbVO nicht mehr auf das nationale IPR Spaniens bzw. Deutschlands abgestellt, sondern auf die Kollisionsnormen der Art. 21 ff. EU-ErbVO. Wird spanisches Recht (in Bezug auf einen deutschen Staatsangehörigen durch objektive Anknüpfung, Art. 21 EU-ErbVO) berufen, ist das Recht der maßgeblichen spanischen Teilrechtsordnung in Übereinstimmung mit Art. 36 EU-ErbVO i.V.m. den spanischen Vorschriften des interregionalen Privatrechts anwendbar. 21

5. Die Besonderheiten gemeinschaftlicher Testamente

Das gemeinspanische Recht verbietet – wie andere romanische Rechte auch – das gemeinschaftliche Testament: Nach Art. 669 CC ist es spanischen Staatsangehörigen untersagt, ein gemeinschaftliches Testament zu errichten. Um ein gemeinschaftliches Testament im Sinne dieser Vorschrift handelt es sich bei einer sog. *unidad instrumental*, d.h. die gemeinschaftliche Abfassung in einer Urkunde.[26] Dieses Verbot gilt für Spanier, die der Geltung des *Código Civil* unterliegen, absolut; es bezieht sich ausdrücklich auch auf im Ausland von Spaniern errichtete gemeinschaftliche Testamente (Art. 733 CC). Lediglich in einigen Foralrechten ist die Zulässigkeit von gemeinschaftlichen Testamenten vorgesehen, nämlich in Aragón,[27] in Navarra[28] sowie in Galicien. Deutsche Staatsangehörige können ihren Nachlass jedoch auch aus spanischer Sicht wirksam in der Form des gemeinschaftlichen Testaments regeln.[29] 22

Die Ungültigkeit des gemeinschaftlichen Testaments nach gemeinspanischem Recht wird von Rechtsprechung und Literatur damit begründet, dass sich das Verbot nach Art. 669, 733 CC auf den Inhalt bzw. die innere Gültigkeit des Testaments erstrecke.[30] Die Verbotsnorm sei eine **Sach**vorschrift und keine **Form**vorschrift.[31] Dies wird aus Art. 733 CC gefolgert, wodurch – wie bereits erwähnt (Rn 22) – gerade das von Spaniern im Ausland errichtete gemeinschaftliche Testament ausdrücklich für ungültig erklärt wird.[32] Mittels der 23

---

26 *Tribunal Supremo*, Urt. v. 13.2.1984, No. 75/1984.
27 Vgl. Art. 409–411 der *Compilación de Aragón* – zulässig nur für aragonesische Eheleute (Text bei *Hierneis*, in: Ferid/Firsching/Dörner/Hausmann, Spanien – Texte B I 2, S. 19 f.).
28 Vgl. Leyes 199–205 der *Compilación de Navarra*; keine Beschränkung nur auf Eheleute noch auf nur zwei Testierende (Text bei *Hierneis*, in: Ferid/Firsching/Dörner/Hausmann, Spanien – Texte B VI 2), dazu etwa *Jayme*, Informaciones 1990, 47.
29 Urteil des spanischen Obersten Gerichtshofs v. 8.10.2010, 313/2010; Urteilsbesprechung bei *Steinmetz/B. Löber/García*, ZEV 2011, 454 ff.
30 TS seit Urt. v. 29.1.1960 (bei *Aranzadi*, 1960 Nr. 894 – zur Bedeutung wiederholter Rechtsprechung des TS: *Huzel*, ZfRV 1990, 256); für die Lehre: *Ortiz de la Torre*, in: Albaladejo, IX 2, S. 342 f.; *Calvo Caravaca*, in: González Campos, S. 252.
31 *Hierneis*, in: Ferid/Firsching/Dörner/Hausmann, Spanien, Rn 41 und 250.
32 So bereits *Brunner*, S. 67; ebenso *Rau*, INF 1987, 12 f.; nach IPG 1997 Nr. 39b (Hamburg) S. 529 geht nach Ratifikation des Haager Testamentsformübereinkommens die mittlerweile überwiegende Auffassung in Spanien von einer Qualifikation als Formvoraussetzung aus (dort mit ausführlichen Nachweisen in Fn 29 und 30).

Qualifizierung des Verbots als sachbezogen wird die Testierfreiheit geschützt, vor allem die freie Widerruflichkeit der Testamente.[33] Das Verbot wird von der spanischen „Kollisionsrechts"-Lehre (IPR-Lehre) allerdings differenziert betrachtet:[34] Da das Haager Testamentsformabkommen nach seinem Art. 4 auch auf die Form gemeinschaftlicher Testamente anzuwenden sei, sei das Verbot gemeinschaftlicher Testamente als **Formfrage** zu qualifizieren und daher Art. 733 CC außer Kraft getreten.[35] In den zivilrechtlichen Kommentaren hat sich diese Auffassung bisher freilich nicht durchgesetzt. Hier wird unverändert vertreten, dass die Frage der Zulässigkeit des gemeinschaftlichen Testierens dem Erbstatut – und nicht dem Formstatut – unterstellt ist.[36]

6. Die Besonderheiten vertraglicher Erbeinsetzungen

a) Verbot vertraglicher Verfügungen nach dem Código Civil/Zulässigkeit in bestimmten Teilrechtsordnungen

24 Im Gegensatz zum deutschen Recht lässt das (gemein-)spanische Recht erbrechtliche Verfügungen im Rahmen eines Erbvertrages nicht zu; in Art. 1271 CC ist vielmehr ein entsprechendes **Verbot** enthalten.[37] Einige Foralrechte dagegen enthalten ausdrückliche Regelungen über letztwillige Verfügungen durch Erbvertrag, so in **Katalonien**,[38] **Aragón**, **Navarra** wie auch auf den **Balearen**.[39] Auch darauf zurückgehend erwähnt der Código Civil in seinem 1974 neu gefassten Einführungstitel ausdrücklich die Möglichkeit, durch Erbvertrag letztwillige Verfügungen zu treffen (Art. 9.8 S. 2 CC). Das Verbot des Art. 1271 CC, Erbverträge abzuschließen, findet sich allerdings im schuldrechtlichen Teil des Código Civil. Dem Erbvertrag wird damit eher schuldrechtlicher, nicht erbrechtlicher Charakter zugemessen.

b) Erbvertragliche Verfügungen bei Erbfällen, die vor dem 17.8.2015 eintreten

25 Bei deutsch-spanischen Ehen[40] ist zu differenzieren, ob der spanische Partner einem Foralrecht unterliegt, welches den Erbvertrag zulässt, oder aber dem gemeinspanischen Recht des Código Civil. Wird also ein Erbvertrag zwischen einem Deutschen und einer Katalanin geschlossen, ist er als gültig anzusehen, wenn die Voraussetzungen beider (Heimat-)Rechte – des deutschen wie des katalanischen (Foralrechts) – eingehalten sind. Unterliegt der spanische Ehepartner dagegen dem Código Civil, wäre ein Erbvertrag mit einer deutschen Frau bzw. umgekehrt grundsätzlich unzulässig (siehe Rn 24).

26 Dies gilt jedenfalls für solche Erbverträge, mittels derer eine gegenseitige Erbeinsetzung von Personen mit unterschiedlicher Staatsangehörigkeit beabsichtigt ist. Hier müssen beide Erbstatute berücksichtigt werden, demzufolge auch die jeweiligen Voraussetzungen beider

---

33 *Steinmetz/B. Löber/García*, ZEV 2011, 454 m.w.N.
34 Vgl. IPG 1997 Nr. 39b (Hamburg), S. 515 (529).
35 Etwa *Marín López* u.a., Derecho internacional privado – II, S. 252.
36 *Martínez Espín*, in: Rodrigo Bercovitz Rodriguez-Cano, Comentarios al Codigo Civil, Art. 733 Ziff. 3; vgl. zur entsprechenden Situation im italienischen Recht: OLG Hamm, Beschl. v. 22.7.2014 – I-15 W 138/14 und OLG Koblenz, Urt. v. 21.2.2013 – 2 U 917/12, ZEV 2013, S. 557 f.
37 Dies betrifft insbesondere auch das Verbot eine Erbteilung vor Eintritt des Erbfalls zwischen den Erben zu vereinbaren, vgl. SAP Asturias v. 4.6.2002, rec. 364/2001.
38 Art. 431–1 ff. Código Civil de Catalunña, Gesetz 10/2008 v. 10.7.2010; vgl. *Hohn Abad/Rodríguez Gómez*, INF 2014, 180, 185.
39 *de la Cámara Alvarez*, S. 51–53; siehe auch *Jayme*, INF 1990, 59.
40 Zur Frage der Besonderheiten bei Erbverträgen zwischen nichtehelichen Lebenspartnern unter Geltung der verschiedenen Foralrechte siehe *Biedma Ferrer*, AFDUA, 2011, 199, 214 ff.

Rechte erfüllt werden. So wäre also ein **gegenseitiger** Erbvertrag eines Deutschen mit seiner Madrider Ehefrau (*Madrileña*) ungültig; denn nach ihrem Erbstatut, dem gemeinspanischen Heimatrecht des *Código Civil*, kann sie nicht mittels Erbvertrages über ihren Nachlass letztwillig verfügen.[41]

Anders beurteilt es sich dagegen, wenn ein Erbvertrag lediglich eine **einseitige** Erbeinsetzung enthält, etwa wenn ein Deutscher sein Appartement auf Teneriffa seiner spanischen Nichte „vermacht". Der Erbvertrag ist als wirksam anzusehen, auch wenn das Heimatrecht des sich erbrechtlich nicht verpflichtenden Teils, hier der spanischen Nichte, letztwillige Verfügungen in Form eines Erbvertrages nicht erlaubt.

Zudem stellt sich die Frage nach der Auswirkung eines möglichen Staatsangehörigkeitswechsels eines der Ehepartner nach Abschluss des Erbvertrages. Zweifelsohne ändert sich damit das Erbstatut dieses Ehegatten (Heimatrecht im Zeitpunkt seines Todes). Die Gültigkeit des Erbvertrages wie seine Auslegung richten sich weiter nach dem Recht im Zeitpunkt seiner Errichtung.

Auch der umgekehrte Fall – Wirksamkeit des in Deutschland geschlossenen Erbvertrages in Spanien – ist im Ergebnis positiv zu beurteilen. Aus der ausdrücklichen Erwähnung des Erbvertrages in Art. 9.8 S. 2 CC ist zu folgern, dass ein Erbvertrag keinen Verstoß gegen den spanischen *orden público* (*ordre public*) darstellt, wenn das ausländische Erbstatut die Rechtsfigur des Erbvertrages anerkennt und zumal auch das spanische Hypothekengesetz ausdrücklich diese Rechtsfigur nennt (Art. 14 LH). Folglich ist ein von Deutschen abgeschlossener Erbvertrag in Spanien als rechtswirksame letztwillige Verfügung anzuerkennen.[42] Denn das spanische Internationale Privatrecht erkennt in Art. 11 Abs. 1 S. 1 CC Rechtsgeschäfte als formwirksam an, wenn sie unter Beachtung des (deutschen) Ortsrechts errichtet worden sind. Auch im Grundbuchrecht findet sich die Rechtsnorm des Art. 14 LH, wonach aufgrund eines Erbvertrages eine Sicherungsvormerkung (*anotación preventiva*) eintragbar ist. Der bei Geltung deutschen Erbrechts in Deutschland errichtete Erbvertrag ist damit auch aus spanischer Sicht als wirksam anzusehen.[43]

c) Erbvertragliche Verfügungen unter Geltung der EU-ErbVO

Jedenfalls für Erbfälle, die ab dem 17.8.2015 eintreten, finden auf die „Zulässigkeit, die materielle Wirksamkeit und die Bindungswirkungen eines Erbvertrages" die Regelungen des Art. 25 EU-ErbVO Anwendung.[44] Die Wirksamkeit eines Erbvertrages, der den Nachlass nur einer einzigen Person betrifft, wird hiernach dann zu bejahen sein, wenn nach Maßgabe von Art. 25 Abs. 1, Art. 21, 22 EU-ErbVO auf einen Erbfall der betreffenden Person zum Zeitpunkt des Zustandekommens des Erbvertrages entweder deutsches oder das Erbrecht einer solchen spanischen Teilrechtsordnung anwendbar wäre, nach welcher der Abschluss eines Erbvertrages zulässig ist.

Regelt der Erbvertrag dagegen den Nachlass mehrerer Beteiligter, so ist er nur zulässig, wenn er nach sämtlichen zum Zeitpunkt seiner Errichtung nach Maßgabe der EU-ErbVO anwendbaren Erbrechten zulässig wäre (Art. 25 Abs. 2 EU-ErbVO). Ein **mehrseitiger** Erb-

---

41 *Hierneis*, in: Ferid/Firsching/Dörner/Hausmann, Spanien, Rn 79.
42 So ausdrücklich gemäß Urteil des spanischen Obersten Gerichtshofs v. 8.10.2010, 313/2007 für ein deutsches gemeinschaftliches Ehegattentestament, Urteilsbesprechung bei *Steinmetz/B. Löber/García*, ZEV 2011, 454 ff.; in gleicher Weise bejahend DNotI-Report 10/2002, 73–75.
43 Siehe dazu *Löber/Huzel*, S. 64 f., auch zur praktischen Umsetzung deutscher Erbverträge in Spanien.
44 Für Erbfälle, die vor diesem Zeitpunkt eintreten, findet weiterhin das alte IPR Anwendung, vgl. DGRN v. 13.8.2014, BOE v. 6.10.2014, Nr. 10140 – auch eine Rechtswahl geht insoweit ins Leere.

steuerpflichtig. Ist der Erblasser hingegen nicht Einwohner Belgiens, ist der Nachlass in Belgien beschränkt steuerpflichtig, in dem Sinne, dass nur auf die im Inland belegenen Immobilien Erbschaftsteuern fällig werden. Die persönliche Beziehung des Erben oder Vermächtnisnehmers zu Belgien (Wohnort und Nationalität) ist – anders als etwa im deutschen Erbschaftsteuerrecht – vollkommen ohne Belang. In Belgien werden keinerlei Steuern fällig, wenn ein Belgier oder ein in Belgien wohnhafter Ausländer von Todes wegen Vermögensbestandteile aus dem Nachlass eines Nichteinwohners des Königreichs, der keine in Belgien belegenen, unbeweglichen Gegenstände hinterlässt, erwirbt.

140 Artikel 1 ErbStGB **definiert** den Begriff „**Einwohner**": „Als Einwohner des Königreichs gilt derjenige, der dort zum Zeitpunkt seines Todes seinen Wohnsitz oder den Sitz seines Vermögens hat." Im Sinne dieser Definition der Einwohnerstellung kommt es nicht auf den gesetzlichen Wohnsitz des Erblassers, sondern auf seinen tatsächlichen Wohnsitz (Aufenthaltsort) oder den Sitz seines Vermögens (Ort der Vermögensverwaltung) an. Die Einwohnereigenschaft richtet sich nach objektiven Anhaltspunkten, die im Laufe der Zeit durch Rechtsprechung und Literatur festgelegt wurden (dauerhaftes Unterhalten einer Wohnung im Inland, Aufenthaltsort der Familie, Zentrum der privaten und geschäftlichen Tätigkeiten usw.). Ausschlaggebend ist einzig die Stellung des Erblassers als Einwohner Belgiens zum Zeitpunkt des Todes. Die Beweislast liegt bei der Steuerverwaltung. Vorschriften gegen die Steuervermeidung durch einen Wohnsitzwechsel ins Ausland bestehen in der belgischen Erbschaftsteuergesetzgebung nicht. Sobald der Erblasser nicht mehr Einwohner des Königreichs ist, wird eine Besteuerung des zum Nachlass gehörenden Weltvermögens nicht mehr in Belgien erfolgen. Anders als bei einem internationalen Wohnsitzwechsel, bewirkt eine Verlegung des Wohnsitzes von einer der drei belgischen Regionen in eine andere Region hingegen nicht die sofortige Anwendbarkeit der Erbschaftsteuergesetzgebung der neuen Wohnsitzregion. Nach dem Verlassen einer Wohnsitzregion wird der Verbleib einer steuerbegründenden Verbindung mit dieser Region unter gewissen Voraussetzungen fingiert, um so das Steueraufkommen dieser Region zu sichern.[140]

2. Beschränkte Steuerpflicht

141 Ist der Erblasser zum Zeitpunkt seines Todes nicht Einwohner des Königreichs, werden in Belgien nur auf das im Inland belegene Immobilienvermögen des Erblassers Erbschaftsteuern (in diesem Fall **Übertragungsteuern** (*droits de mutation/recht van overgang bij overlijden*) genannt) erhoben.

3. Unbeschränkte Steuerpflicht

142 Ist der Erblasser zum Zeitpunkt seines Todes Einwohner des Königreichs, findet in Belgien eine Besteuerung des Weltnachlasses statt. Die Steuer bezieht sich auf den gesamten Nettowert des Nachlasses, wobei im Ausland belegene Nachlassgegenstände ebenfalls Bestandteil der Bemessungsgrundlage sind.[141]

---

140 Die Nichtanwendbarkeit dieser Fiktion im internationalen Kontext wurde zuletzt insbesondere bestätigt durch einen Entscheid des Appellationshofes in Antwerpen vom 27.2.2007 (Rec. gén. enr. not., 2008, n°25.886, p. 60).
141 Zur Anrechnung ausländischer Steuern zu Vermeidung der Doppelbesteuerung in diesem Fall siehe Rn 227.

vertrag, der zwischen Personen geschlossen wird, auf deren Nachlass nach Maßgabe ihres

kann die Vorschrift nunmehr u.U. die Möglichkeit zum Abschluss eines Erbvertrages eröffnen. Schließen also beispielsweise spanische Eheleute mit bürgerlich-rechtlicher Gebietszugehörigkeit zu einer spanischen Region, die erbrechtlich dem *Código Civil* unterliegt, einen Erbvertrag, ist dies dann zulässig, wenn sie zum Zeitpunkt des Abschlusses des Erbvertrages

civil bis zu ihrem Tode ab 17.8.2015 ihren „dritten Lebensabschnitt" (Ruhestand) verbringen, findet auf den Nachlass gemeinspanisches Recht Anwendung. Die Zulässigkeit des Erbvertrages ist nach Art. 25 Abs. 2 EU-ErbVO zu bejahen; streng zu trennen ist hiervon aber die Frage, ob die darin ggf. nach deutschem Vorbild angeordnete Vollerbschaft zugunsten

übergangen werden. Der überlebende Ehegatte kann durch den Erstverstorbenen neben dessen Kindern nach gemeinspanischem Recht sonach höchstens zu 1/3 in Bezug auf das

in erbvertraglicher Form binden. Erst recht gilt dies für deutsch-spanische Eheleute. Sie müssen sich aber bewusst sein, dass die „inhaltliche Umsetzbarkeit" der in ihren Verfügungen getroffenen Anordnungen letztlich ihre Grenzen in dem Recht des Staates (bspw. im

trag" sogar bei gewöhnlichem Aufenthalt aller Parteien in Spanien in Betracht, soweit nur einer von ihnen, dessen Nachlass ebenfalls durch den Erbvertrag betroffen ist, die deutsche

Verfügungen in der Form des Erbvertrages niederlegen, wenn sie diesen durch Rechtswahl

tungsoption steht unter dem Vorbehalt, dass der erste Erbfall nicht vor dem 17.8.2015

bestehende Teilrechtsordnungen gemeinschaftliche Testamente zulassen.⁵⁵ Zumindest seit Spaniens Beitritt zum Haager Testamentsformabkommen (siehe Rn 18) können solche Testamente, die von deutschen Eheleuten (noch) in der Heimat errichtet worden sind, auch in Spanien Gültigkeit und Anerkennung beanspruchen, wenn sie in Form und Inhalt dem deutschen (Sach-)Recht entsprechen.

36 Für das besondere spanische **Pflichtteilsrecht** (*Legítima*) hat der *Tribunal Supremo* 1996⁵⁶ entschieden, dass es sich dabei um keine durch den spanischen *ordre public* geschützte Rechtsmaterie handele. Selbst in Bezug auf eine Rechtsordnung, die überhaupt keine Pflichtteilsansprüche vorsieht, wie etwa die englische, ist die Frage verneint worden – unter Hinweis darauf, dass auch das Foralrecht von Navarra dem Erblasser die Vereinbarung eines Erbverzichts gestatte.⁵⁷

8. Abgrenzung des Erbstatuts zu anderen Statuten

a) Güterstatut

37 Wie in anderen romanischen Rechten gilt auch in Spanien, dass im Todesfall die güterrechtliche Abwicklung der erbrechtlichen vorgeht. Die Frage nach dem Güterstatut stellt sich zwingend als **Vorfrage**. So entschied der spanische Oberste Gerichtshof (*Tribunal Supremo* – TS), dass eine Erbteilung, die ohne vorherige güterrechtliche Auseinandersetzung mit der ersten Ehefrau des Erblassers durchgeführt wurde, nichtig ist.⁵⁸ Das Güterstatut bestimmt so den Umfang des Nachlasses.⁵⁹ Im Güterrecht herrscht grundsätzlich Parteiautonomie, so dass primär auf eine – allein vor der Eheschließung zulässige – Rechtswahl der Eheleute abzustellen ist. Das maßgebliche Recht für Eheverträge, die das Güterstatut vereinbaren, ändern oder ersetzen, ist nach Art. 9.3 CC vorrangig dasjenige, welches auch die Ehewirkungen regelt (d.h. mit der Rechtswahlmöglichkeit des Art. 9.2 CC, siehe Rn 38), oder das Heimatrecht oder das des gewöhnlichen Aufenthalts einer der Parteien zum Zeitpunkt der Vereinbarung der güterrechtlichen Abmachung.⁶⁰

38 Für eine spanische Erblasserin, die mit einem Deutschen verheiratet war, ohne dass zwischen den Ehegatten güterrechtliche oder erbrechtliche Vereinbarungen getroffen waren, ergibt sich Folgendes: Mangels Rechtswahl für das Güterrecht kommt es auf die konkreten Um-

---

55 Besprechung des Urteils des Obersten Gerichtshofs bei *Steinmetz/Löber/García*, ZEV 2011, 454, 456; nachfolgend im selben Sinne: SAP Elche v. 17.1.2013, rec. 359/2013.
56 TS, Urt. v. 15.11.1996 (dazu *Calvo Caravaca/Carrascosa González*, S. 240); Urt. v. 21.5.1999, Informaciones 2000, 28; hierzu auch *Süß*, IPRax 2001, 488; zum deutschen Pflichtteilsrecht: SAP Barcelona v. 28.2.2002, rec. 685/1999; SAP Málaga v. 18.5.2011, rec. 531/2010.
57 *Carrascosa Gonzalez*, in: Pasquau Liaño, Jurisprudencia Civil Comentada, Art. 9.8, Ziff. 4.2 n); vgl. dazu Ley 80 f. der *Compilación de Navarra* (Text bei *Hierneis*, in: Ferid/Firsching/Dörner/Hausmann, Spanien, B VI 2, S. 369).
58 TS, Urt. v. 17.10.2002, in: El Derecho v. 26.12.2002, Nr. 2002/44021. Siehe dazu den besonderen Abschnitt in der spanischen ZPO (*Ley de Enjuiciamiento*, LEC 2000), Art. 806–810 – „*Procedimiento para la liquidación del régimen matrimonial*".
59 Die Berücksichtigung des Güterrechts für die (erbrechtlichen) Rechte des überlebenden Ehegatten hat nach Art. 9.8 CC jedoch stets „unbeschadet der Noterbrechte der Abkömmlinge" zu erfolgen; dazu siehe *González Beilfuss*, IPRax 1990, 399; *Planells del Pozo/Checa Martínez*, Länderteil Espagne, S. 1102.
60 Diese Anknüpfungsleiter – der Kegel'schen Leiter im deutschen IPR (Art. 14 Abs. 1 EGBGB) nachempfunden – wurde ins spanische IPR neu eingeführt mit Änderung des *Código Civil* durch Gesetz 11/1990 vom 15.10.1990 in Anwendung des Grundsatzes der Gleichbehandlung von Mann und Frau; siehe auch *Kirchmayer*, StAZ 1991, 158.

stände an. Fand die Eheschließung am gemeinsamen Wohnsitz in Deutschland statt, gilt deutsches Güterrechtsstatut (Art. 9.3 i.V.m. Art. 9.2 Abs. 1 CC). Wurde der Ehebund dagegen in Spanien geschlossen und fehlt ein gemeinsamer gewöhnlicher Aufenthalt unmittelbar nach der Eheschließung, ist das spanische Güterrecht maßgeblich (Art. 9.3 i.V.m. Art. 9.2 Abs. 1 a.E. CC).[61]

b) Ehewirkungsstatut

Für die allgemeinen Ehewirkungen gilt zunächst das gemeinsame Heimatrecht der Eheleute (Art. 9.2 CC), hilfsweise das Heimatrecht oder das Recht des gewöhnlichen Aufenthalts eines jeden von beiden, sofern dieses Recht in öffentlicher Form **vor** der Eheschließung gewählt wurde. Mangels Rechtswahl gilt das Recht des ersten gemeinsamen gewöhnlichen Aufenthalts nach der Eheschließung und letztlich, bei Fehlen eines solchen Aufenthalts, das Recht des Ortes der Eheschließung (Art. 9.2 CC).[62]

Haben Spanier unterschiedlicher Foralrechtszugehörigkeit (vgl. Rn 52 f.) die Ehe im Ausland ohne vereinbarte Rechtswahl geschlossen und dort ihren Aufenthalt genommen, so gilt als Güterstand der der Errungenschaftsgemeinschaft (*sociedad de gananciales*),[63] Art. 1316 CC. Als Ausnahme von dieser Regel ist jedoch die Gütertrennung der gesetzliche Güterstand, wenn die Foralrechte beider Ehegatten die Gütertrennung als gesetzlichen Güterstand ausweisen.

c) Statut der Lebensgemeinschaften

Fragen des Personenstands sind gem. Art. 1 Abs. 2 lit. a) EU-ErbVO vom Anwendungsbereich der EU-ErbVO ausgeklammert, sie sind gesondert anzuknüpfen.[64] Im spanischen IPR ist das Statut der (nichtehelichen) Lebensgemeinschaft – anders als in Art. 17b EGBGB – nicht geregelt.[65] Grund hierfür ist das Fehlen einer einheitlichen Regelung des Rechts der Lebensgemeinschaften im gemeinspanischen Recht des *Código Civil*; allein in den Foralrechten ist diese Materie geregelt.[66] Hier stellt sich das weitere Problem, dass die Anwendbarkeit der Vorschriften der autonomen Regionen an unterschiedliche Voraussetzungen geknüpft sind: Teilweise wird die bürgerlich-rechtliche Gebietszugehörigkeit oder die verwaltungsrechtliche Gebietszugehörigkeit vorausgesetzt, mitunter die Eintragung in das Melderegister oder aber es wird nur der gewöhnliche Aufenthalt in der entsprechenden *Comunidad Autónoma* verlangt.[67] Mit dem Bestehen einer Lebenspartnerschaft sind nach Erfüllung der ggf. weiteren Voraussetzungen in den einzelnen *Comunidades Autónomas*

---

61 Dazu *Löber/Huzel*, S. 117 ff. sowie S. 119 f. zur Sonderproblematik, ob die „Zugewinnausgleichsautomatik" des § 1371 BGB in Spanien gilt.
62 Siehe *Huzel*, Spanien, in: Süß/Ring, Eherecht in Europa, 2006, S. 1213 Rn 34.
63 Siehe *Huzel*, Spanien, in: Süß/Ring, Eherecht in Europa, 2006, S. 1213 Rn 17.
64 *Müller-Lukoschek*, Die neue EU-Erbrechtsverordnung, Rn 50 ff.
65 Zur Anwendbarkeit katalanischen Rechts auf eine nichteheliche Lebensgemeinschaft zwischen in Katalonien ansässigen Ausländern: (bejahend) SAP Girona v. 2.10.2002, rec. 234/2002; *Carrascosa González* (Anales de Derecho, 2003, S. 136 ff.) vertritt hierzu die „*tesis de la autonomía de la voluntad conflictual*", wonach in erster Linie auf das durch die Parteien gewählte und in Ermangelung auf das Recht der Registrierung bzw. Errichtung der Partnerschaft in öffentlicher Urkunde abgestellt wird.
66 Siehe *Huzel*, Spanien, in: Süß/Ring, Eherecht in Europa, 2006, S. 1233–1242 (Rn 70–82), danach haben (Stand 2005) zwölf der 17 *Autónomas* – mehr oder weniger weit reichende – eigene Gesetze über die nichteheliche Lebensgemeinschaft; *B. Löber/Lozano/Steinmetz*, ZEV 2009, 496 ff.; für das balearische Recht *Gergen*, ZErb 2009, 348 ff.
67 *Biedna Ferrer*, AFDUA, 2011, 199, 210.

Steuererleichterungen im Bereich der Schenkungs- und Erbschaftsteuer verbunden.[68] Gemäß Art. 44 CC hat die Ehe dieselben Voraussetzungen und Wirkungen, wenn beide Ehegatten gleichen oder verschiedenen Geschlechts sind.

d) Scheidungsstatut

42 Nach spanischem IPR unterliegt die Scheidung in erster Linie ebenfalls dem gemeinsamen Heimatrecht der Eheleute im Zeitpunkt der Klageerhebung, ersatzweise dem am gewöhnlichen Aufenthalt des Ehepaares geltenden Recht und bei Fehlen eines gemeinsamen Aufenthalts dem Recht des letzten gemeinsamen gewöhnlichen Aufenthalts, wenn einer der Ehegatten noch in diesem Staat seinen gewöhnlichen Aufenthalt hat. Unter bestimmten Voraussetzungen wird indes durch spanische Gerichte hier nach Art. 9.2 Abs. 2 i.V.m. Art. 107 Abs. 2 CC[69] spanisches Recht angewandt.

e) Schenkungsstatut

43 Für ab dem 17.9.2009 geschlossene Schenkungen unter Lebenden (*inter vivos*) – als rein schuldrechtlicher Vertrag – ist die Verordnung (EG) Nr. 593/2008 (Rom I-VO)[70] zu beachten. Vor diesem Stichtag abgeschlossene Verträge unterliegen dem Römischen EWG-Übereinkommen über das auf vertragliche Schuldverhältnisse anzuwendende Recht vom 19.6.1980 (EuVÜ), welches im Verhältnis Deutschlands zu Spanien seit dem 1.9.1995 gilt. Nach spanischem autonomem IPR unterliegen Schenkungen dem Heimatrecht des Schenkers (Art. 10.7 CC). Schenkungen auf den Todesfall (*mortis causa*)[71] dagegen richten sich, wie nach deutschem IPR, nach dem Erbstatut – wegen des erbrechtlichen Charakters dieser Form der Schenkung (vgl. Rn 155 ff.).

f) Adoptionsstatut

44 Spanien ist Mitgliedstaat des Haager Übereinkommens über den Schutz von Kindern und die Zusammenarbeit auf dem Gebiet der internationalen Adoption vom 29.5.1993.[72] Nach Art. 9.5 CC beurteilt sich eine internationale Adoption nach dem Gesetz 54/2007 (*Ley 54/ 2007 de Adopción Internacional de 28 de diciembre, BOE de 29.12.2007*). Auch Adoptionen, die vor ausländischen Behörden vollzogen wurden, entfalten nach Maßgabe des vorbezeichneten Gesetzes in Spanien Wirkung.

45 Aus Art. 9.8 CC ergibt sich, dass das Heimatrecht des Erblassers das Erbrecht des Adoptierten bestimmt. Dies lässt sich auch im Umkehrschluss aus Art. 12.3 CC herleiten, wonach eine letztwillige Verfügung des Erblassers in Bezug auf die Nichtberücksichtigung von Adoptivkindern gegen den Gleichbehandlungsgrundsatz des Art. 14 *Constitución Española* sowie der Art. 807 und 108 CC verstößt und damit auch einen Verstoß gegen den *orden público* darstellt.

---

68 *B. Löber/Lozano/Steinmetz*, ZEV 2009, 496, 498 f.
69 Vgl. *Huzel*, Spanien, in: Süß/Ring, Eherecht in Europa, S. 1213 Rn 63.
70 Verordnung (EG) Nr. 593/2008 des Europäischen Parlaments und des Rates vom 17. Juni 2008 über das auf vertragliche Schuldverhältnisse anzuwendende Recht (Rom I) (ABl EU L 177 vom 4.7.2008, S. 6).
71 Dazu *Löber/Huzel*, S. 73 f.; zur Einordnung einer Schenkung auf den Todesfall nach der EU-ErbVO siehe *Müller-Lukoschek*, Die neue EU-Erbrechtsverordnung, Rn 85 ff.
72 Deutscher Text bei *Jayme/Hausmann*, Internationales Privat- und Verfahrensrecht, Nr. 223; siehe auch das deutsche Ausführungsgesetz vom 5.11.2001 (BGBl I S. 2950).

g) Vollmachtsstatut

Bei Vollmachten gilt nach Art. 10.11 CC grundsätzlich das Recht des Landes, in dem die übertragenen Befugnisse ausgeübt werden. Das bedeutet, dass für eine vor einem spanischen Notar errichtete Vollmacht, von der in Deutschland Gebrauch gemacht werden soll, als Verwendungsstatut deutsches Recht gilt. Im umgekehrten Fall beurteilt sich die vor einem deutschen Notar errichtete Vollmacht[73] bei ihrer Verwendung in Spanien nach spanischem Recht.[74] Der Vollmachtgeber ist jedoch nach Art. 10.11 CC befugt, die Vollmacht ausdrücklich einem anderen Vollmachtstatut zu unterwerfen. Im Hinblick auf die unterschiedliche Regelung bei einer Vollmacht über den Tod hinaus soll nachstehend auf die Entscheidung der *Audiencia Provincial* (AP) de Baleares (Landgericht von Palma de Mallorca) vom 15.7.2002[75] zur Frage der Wirksamkeit einer ausländischen Vollmacht über den Tod hinaus und ihrer Verwendung in Spanien eingegangen werden. Die *Audiencia Provincial* hatte den Verkauf einer spanischen Immobilie nach Ableben des ausländischen Vollmachtgebers als nichtig, die Vollmacht als nach spanischem Recht unanwendbar bezeichnet.

46

Das Gericht kam aufgrund folgender Erkenntnisse zu dem vorgenannten Ergebnis:
- Die Unterwerfung der Vollmacht unter deutsches Recht, welches die Rechtsfigur der Vollmacht über den Tod hinaus kennt, sei nicht ausdrücklich i.S.v. Art. 10.11 CC gewesen. Deswegen kam es zu dem Schluss, dass sich im vorliegenden Fall das Vollmachtstatut nach dem Ort der Verwendung (Spanien) beurteilt.[76]
- Nach spanischem Recht (Art. 1732 CC) erlischt die Vollmacht mit dem Tode des Vollmachtgebers.[77]
- Da im Gerichtsverfahren das deutsche Recht nicht wie eine Tatsache durch Rechtsgutachten oder Rechtsbescheinigungen belegt und damit bewiesen wurde, durfte das spanische Gericht nach seinen eigenen Prozessregeln auf das Vollmachtsverhältnis spanisches Recht anwenden.[78]
- Sodann ist das Gericht auch im Hinblick auf den unbewiesen gebliebenen Umstand, dass nach deutschem Recht eine Vollmacht über den Tod hinaus zulässig ist, zu dem Ergebnis gelangt, der abgeschlossene Immobilienkaufvertrag sei aufgrund der ungültigen Vollmacht nichtig.

47

Vom Ergebnis her durfte das Gericht im zu entscheidenden Fall aus den genannten spezifischen Gründen von der Ungültigkeit der Vollmacht ausgehen. Allerdings muss das Gericht grundsätzlich zwischen **Vollmachtstatut** und **Vertragsstatut** unterscheiden. Dabei unterliegt das Vertragsstatut im Hinblick auf die Belegenheit der Sache in Spanien im Regelfall dem spanischen Recht. Beide Statute dürfen jedoch nicht verwechselt, müssen vielmehr exakt getrennt werden.[79]

48

---

73 Unverzichtbar ist hierbei, dass die ausländische Vollmacht mit der Haager Apostille versehen ist, vgl. Entscheidung der DGRN v. 23.2.2015 (Editorial La Ley, 16774/2015).
74 Urteil der Audiencia Provincial (SAP) Málaga v. 27.5.2014, rec. 258/2012.
75 EDJ 2002/46310, siehe dazu *Löber/Lozano Giménez*, Informaciones 3/2003, 184.
76 Aus den Urteilsgründen ist der Wortlaut der Vollmacht nicht ersichtlich. Wenn die ausdrückliche Unterwerfung der Vollmacht unter deutsches Recht nicht vorhanden war, beurteilt sich das Vollmachtstatut nach dem Recht am Ort der Verwendung. Ort der Verwendung war Spanien.
77 SAP Málaga v. 27.5.2014, rec. 258/2012. Wenn eine Vollmacht jedoch ausdrücklich dem deutschen Recht unterworfen worden ist, so wie dies Art. 10.11 CC vorsieht, muss man die Gültigkeit einer solchen Vollmacht über den Tod hinaus auch in Spanien bejahen, vgl. *Löber/Huzel*, S. 123 ff.
78 In einem entsprechenden Rechtsstreit muss man als Partei jedoch das fremde Recht beweisen (siehe dazu Rn 211 ff.) – durch entsprechende Rechtsgutachten oder Rechtsbescheinigungen. Unterbleibt dies, darf das Gericht das spanische Recht zugrunde legen, nach dem die Vollmacht mit dem Tode erlischt.
79 *Calvo Caravaca/Carrascosa González*, DIP – Vol. II, S. 434 ff.

49 Demnach ist eine Vollmacht über den Tod hinaus, die ausdrücklich dem deutschen Recht unterworfen ist und in Spanien Verwendung findet, aufgrund der Bestimmung des Art. 10.11 CC grundsätzlich gültig. Allerdings führt eine Vollmacht über den Tod hinaus nicht dazu, dass nach dem Tode des Vollmachtgebers die Übertragung erbschaftsteuerfrei ist.

III. Interregionales und interlokales spanisches Recht: Geltung von Foralrechten

1. Einführung

50 Nach dem Inkrafttreten der EU-ErbVO tritt für die Bestimmung des Erbstatuts an die Stelle des objektiven Anknüpfungskriteriums der Staatsangehörigkeit des Erblassers (Art. 9.8 CC) nach Art. 21 Abs. 1 EU-ErbVO der **„gewöhnliche Aufenthalt"** des Erblassers zum Zeitpunkt des Todes. Hat der Erblasser zum Zeitpunkt des Todes seinen gewöhnlichen Aufenthalt im spanischen Staatsgebiet (und hat er keine Rechtswahl zugunsten des Rechts seiner Staatsangehörigkeit getroffen), so findet auf ihn spanisches Erbrecht Anwendung. Die Relevanz des spanischen Erbrechts für deutsche Staatsangehörige liegt im Hinblick darauf, dass derzeit etwa 150.000 deutsche Staatsangehörige in Spanien ansässig sind,[80] auf der Hand. Im spanischen Staatsgebiet stehen allerdings mehrere Teilrechtsordnungen mit jeweils eigenen Erbrechten gleichberechtigt nebeneinander,[81] so dass für jeden Erbfall konkret geprüft werden muss, welche der spanischen **Teilrechtsordnungen** das Erbstatut ausfüllt.

51 Der Lösung des **interregionalen Normenkonflikts** kommt essentielle Bedeutung zu. Die Erbrechte (insbesondere die Pflichtteilsrechte und das Ehegattenerbrecht) weisen in den einzelnen Teilrechtsordnungen erhebliche Unterschiede auf, so dass der Gebietszugehörigkeit häufig streitentscheidende Rolle zukommt. Wird beispielsweise ein gemeinschaftliches Testament (*testamento de hermandad*) durch den Erblasser in der irrigen Annahme errichtet, er sei Angehöriger der Teilrechtsregion Navarra, besitzt er aber schon zum Zeitpunkt der Testamentserrichtung die katalanische *vecindad civil*, ist das errichtete gemeinschaftliche Testament nichtig.[82]

52 Die Anwendbarkeit spanischen Rechts ist nicht gleichbedeutend mit der Anwendbarkeit des Erbrechts des gemeinspanischen *Código Civil*. In einigen Regionen beanspruchen besondere Rechte Geltung, die sog. **Foralrechte**. Besondere Bedeutung haben die Sonderrechte auf dem Gebiet des Ehe- sowie vor allem des Erbrechts.[83] Nach Art. 13 CC genießen sie **Vorrang vor dem Código Civil**, dessen Erbrecht in den Sonderrechtsgebieten lediglich subsidiär gilt – lückenfüllend als *derecho supletorio*. Spanien ist sonach – nicht nur, aber insbesondere – in erbrechtlicher Hinsicht ein Mehrrechtsstaat. Unterliegt der Erbfall nach einem deutschen Staatsangehörigen gem. Art. 21 EU-ErbVO aufgrund seines gewöhnlichen Aufenthalts zum Zeitpunkt des Erbfalls in Spanien spanischem Recht, bleibt noch zu klären, welche spanische Teilrechtsordnung maßgeblich ist (siehe Rn 70 ff.). Nicht nur für den

---

80 Nachweise für 2013 bei *Blanco-Morales Limones*, Diario La Ley Nr. 8262, 2014, Fn 16.
81 Urteil des spanischen Verfassungsgerichts v. 8.7.1993, rec. 148/1991.
82 SAP Barcelona v. 7.1.2014, rec. 172/2012; SAP Rioja v. 7.4.2014, rec. 68/2013.
83 Siehe insbesondere die Monographie von *Hierneis*, Das besondere Erbrecht der sogenannten Foralrechtsgebiete Spaniens, 1966; siehe auch *Hierneis*, in: Ferid/Firsching/Dörner/Hausmann, Spanien, Rn 63 ff., 75 ff. sowie *Rudolph*, MittRhNotK 1990, 103–105; *Planells del Pozo/lCheca Martínez*, Länderteil Espagne, S. 1095 (… exclut l'application de l'article 10.7 du Code civil …). Die Form der Schenkung *mortis causa* unterliegt deshalb den Regelungen des Haager Testamentsformabkommens von 1961 (vgl. dessen Art. 9). Zur Bedeutung der Foralrechte für das Eherecht siehe *Huzel*, Spanien, in: Süß/Ring, Eherecht in Europa, 2006, S. 1200 Rn 4, S. 1209 Rn 29 sowie insbesondere für die nichteheliche Lebensgemeinschaft dort S. 1233 Rn 70–81.

rein innerspanischen (Art. 38 EU-ErbVO), auch für den internationalen Erbfall ist dieser Normenkonflikt grundsätzlich durch das interregionale spanische Kollisionsrecht geregelt.

Im Einzelnen handelt es sich um folgende Gebiete und Foralrechte: **Aragón** (siehe Rn 160 ff.),[84] die **Balearen** (siehe Rn 163 ff.),[85] **Baskenland** (siehe Rn 168 ff.), **Galicien** (siehe Rn 171 ff.),[86] **Katalonien**[87] sowie **Navarra** (siehe Rn 177 ff.).[88] Somit gelten in Spanien nebeneinander – einschließlich des *Código Civil* – auf regionaler Ebene sieben verschiedene Erbrechtsordnungen. Zudem ist auf örtliches erbrechtliches Gewohnheitsrecht in **Asturien** und **Murcia** hinzuweisen.[89]

53

Das Erbrecht ist darüber hinaus teilweise innerhalb des Anwendungsbereichs einer Teilrechtsordnung interlokal gespalten. Dies wird als *„conflicto interlocal"* bezeichnet. Besonders relevant ist der **interlokale Normenkonflikt** für die **Balearen** und das **Baskenland**. Die Inseln Mallorca, Menorca sowie Ibiza (gemeinsam mit Formentera) besitzen jeweils ein eigenes Erbrecht. Gelangt balearisches Recht nach Maßgabe der Normen des interregionalen Kollisionsrechts zur Anwendung, ist in derartigen Fällen weiter zu klären, welches Recht welcher Insel zur Anwendung gelangt.[90]

54

2. Verhältnis der Kollisionsnormen der EU-ErbVO zum interregionalen Privatrecht Spaniens

Weist ein erbrechtlicher Sachverhalt also keinen Auslandsbezug auf, so wird das für einen rein innerspanischen Nachlassfall maßgebliche Erbrecht nach Maßgabe des spanischen interregionalen Kollisionsrechts berufen. Die EU-ErbVO bestimmt nach Art. 38 ausdrücklich, dass sie bei Mehrrechtsstaaten auf innerstaatliche Kollisionen keine Anwendung findet.

55

Im Anwendungsbereich der EU-ErbVO verdrängen ihre Kollisionsnormen Art. 25 EGBGB und Art. 9.8 CC. Bei internationalen Erbfällen stellt sich hingegen die weitere Frage, ob die EU-ErbVO über die Anwendbarkeit spanischen Rechts hinaus auch die Bestimmung der maßgeblichen **Teilrechtsordnung** regelt. Eine solche Verweisung der europäischen Kollisionsnormen unmittelbar auf das Recht einer Teilrechtsordnung würde man aus spanischer Sicht als „direkte Verweisung" (*remisión directa*) bezeichnen. Demgegenüber beschränkt sich die EU-ErbVO bei Annahme einer „indirekten Verweisung" (*remisión indirecta*) darauf, auf das Recht des Mitgliedstaates zu verweisen, und es bleibt dem spanischen interregionalen Erbrecht überlassen, die Teilrechtsordnung Spaniens zu bestimmen, die letztlich das Erbstatut ausfüllt. Der Verordnungsentwurf sah in Art. 28 noch ausschließlich eine „direkte Verweisung" vor.[91] Hiernach hätte sich der Anwendungsbereich der interregionalen Kollisionsnormen Spaniens ausschließlich auf innerspanische Nachlässe ohne Auslandsbezug beschränkt (Art. 38 EU-ErbVO). Bei internationalen Erbfällen wäre – auch für Nachlässe nach spanischen Staatsangehörigen – das Recht der maßgeblichen Teilrechtsordnung

56

---

84 Decreto Legislativo 1/2011, de 22 de marzo del Gobierno de Aragón, por el que se aprueba, con el título de „Código del Derecho Foral de Aragón", BOA número 63 de 29 de marzo de 2011.(Gesetzesdekret 1/2011 der Regierung von Aragonien, durch das die „Kodifikation des Rechts von Aragón" beschlossen wurde.
85 Gesetzesdekret 79/1990 v. 6.9.1990.
86 Ley 2/2006 de 14 de junio de derecho civil de Galicia. (Gesetz 2/2006 über das Zivilrecht von Galicien)
87 Ley 1/1973 de 1 de marzo, por la que se aprueba la Compilación del Derecho Civil Foral de Navarra. (Gesetz 1/1973, durch das die „Kodifikation des Rechts von Navara" beschlossen wurde.
88 Auflistung der Foralrechtsgebiete mit Landkarte bei *Hierneis*, in: Ferid/Firsching/Dörner/Hausmann, Länderteil Spanien, S. 2–4.
89 *Löber/Huzel*, S. 18 f.
90 *Stadler*, Das interregionale Recht Spaniens, S. 34.
91 *Steinmetz/Löber/García*, ZEV 2010, 234, 235.

unmittelbar durch europäisches Kollisionsrecht berufen worden.[92] In der Verordnung ist hingegen der Grundsatz der Vorrangigkeit der mitgliedstaatlichen Kollisionsvorschriften zur Regelung des interregionalen Normenkonflikts in Art. 36 Abs. 1 EU-ErbVO verankert worden. Verweist die EU-ErbVO also auf spanisches Recht, bestimmt sich die maßgebliche Teilrechtsordnung grundsätzlich **vorrangig** nach **spanischem interregionalem Kollisionsrecht**.[93] Nur in Ermangelung mitgliedstaatlicher Vorschriften zur Regelung des interregionalen Normenkonflikts ist nach Art. 36 Abs. 2 EU-ErbVO die direkte Verweisung auf das Recht einer Teilrechtsordnung vorgesehen. Da das spanische Recht Vorschriften zur Regelung des interregionalen Normenkonflikts bereithält, greift der Mechanismus der „indirekten Verweisung": Die EU-ErbVO verweist auf spanisches Recht. Gemäß Art. 36 Abs. 1 EU-ErbVO ist das Recht der maßgeblichen spanischen Teilrechtsordnung sodann nach spanischem interregionalem Recht zu bestimmen (vgl. Rn 57 ff.).[94] Dies gilt auch für ausländische Staatsangehörige (vgl. Rn 70 ff.). Zur Frage der Wählbarkeit einer spanischen Teilrechtsordnung durch spanische Staatsangehörige vgl. Rn 65 ff.

3. Anknüpfung des Erbstatuts an die vecindad civil (bürgerlich-rechtliche Gebietszugehörigkeit)

a) Einleitung

57 Das interregionale Kollisionsrecht Spaniens knüpft an die sog. *vecindad civil*, d.h. die bürgerlich-rechtliche Gebietszugehörigkeit, an. Soweit Art. 9.8 CC die Erbfolge von Todes wegen an die Staatsangehörigkeit anknüpft, wird dieser Anknüpfungspunkt auf Ebene des spanischen interregionalen Normenkonflikts gem. Art. 16.1 CC durch die *„vecindad civil"* ersetzt.[95] Das Erbstatut wird also gem. Art. 9.8, 14.1, 16.1 CC durch das Erbrecht derjenigen Teilrechtsordnung ausgefüllt, deren Gebietszugehörigkeit der Erblasser besaß.

b) Erwerb durch Geburt

58 Die bürgerlich-rechtliche Gebietszugehörigkeit hebt weder auf die Eintragung ins Melderegister noch auf eine verwaltungsrechtliche Zugehörigkeit ab.[96] Der Erwerb der Gebietszugehörigkeit unterliegt dem *ius-sanguinis*-Prinzip: Die gemeinschaftliche bürgerlich-rechtliche Gebietszugehörigkeit der Eltern wird gem. Art. 14.2 CC originär durch die Geburt erworben.

59 Ist nur einer der Ehegatten Spanier (und hat also nur dieser eine *vecindad civil*), so erwirbt das Kind dessen bürgerlich-rechtliche Gebietszugehörigkeit.[97] Haben die Eltern abweichende Gebietszugehörigkeiten, wird nach Art. 14.3.1, 1. Hs. CC die *vecindad civil* des Elternteils erworben, zu dem die Abstammung früher festgestellt wird. Diese Anknüpfungsregel versagt für eheliche Kinder, weil hier die (gleichzeitige) Vaterschaft des Ehemannes nach Art. 116 CC vermutet wird.[98] Kinder (mit spanischer Staatsangehörigkeit) aus einer

---

92 Nachweis der Vertreter einer „direkten Verweisung" bei *Steinmetz/Löber/García*, ZEV 2013, 535, 537.
93 *Hierneis*, in: Ferid/Firsching/Dörner/Hausmann, Spanien, Rn 28b; *Steinmetz/J. Löber/García*, ZEV 2013, 535, 536; MüKo/*Dutta*, Art. 36 EuErbVO Rn 3 und 4; Kroiß u.a./*Köhler*, Art. 36 EuErbVO Rn 2.
94 *Carrascosa González*, El Reglamento Sucesorio ..., S. 268/269; *Calatayud Sierra*, RDCA 2013, 125, 137; MüKo/*Dutta*, Art. 36 EuErbVO Rn 3.
95 *Hidalgo García*, RDC 2014, 41, 51, der zugleich darauf hinweist, dass bspw. Katalonien in Art. 111-3 Código Civil de Cataluna die Anwendbarkeit des katalanischen Rechts auch auf die Ansässigkeit im verwaltungsrechtlichen Sinne (*vecindad administrativa*) anordnet.
96 SAP Zaragoza v. 28.5.2012, rec. 330/2010.
97 *Rodrigo Bercovitz Rodriguez-Cano*, in: ders., Comentarios al Codigo Civil, Art. 14 Ziff. 2.1.
98 *Stadler*, S. 74.

deutsch-spanischen Ehe erwerben die Gebietszugehörigkeit des spanischen Ehepartners.⁹⁹ Wird die Abstammung gleichzeitig festgestellt und haben die Eltern unterschiedliche Gebietszugehörigkeiten, so erwirbt das im spanischen Inland geborene Kind die des Geburtsortes (Art. 14.3.1, 2. Hs. CC). Über die Eintragung beim Personenstandsregister am gemeinsamen Wohnort können die Eltern allerdings erreichen, dass nur der Wohnort als Geburtsort (insbesondere in Geburtsurkunden) eingetragen wird und auch als solcher gilt (Art. 16.2 LRC).¹⁰⁰

Wird ein Kind im Ausland geboren und besitzen die Eltern unterschiedliche Gebietszugehörigkeiten und wird die Abstammung von einem Elternteil nicht früher festgellt, erwirbt es die *vecindad civil* gemeinspanischen Rechts (*vecindad civil común*). Dies ist verfassungsgemäß und verletzt nicht den Grundsatz der Gleichberechtigung der verschiedenen Teilrechtsordnungen untereinander.¹⁰¹ Die Eltern können den subsidiär vorgesehenen Erwerb der Gebietszugehörigkeit des Geburtsortes wie auch die Unterstellung unter gemeinspanisches Recht abwenden, wenn sie innerhalb von sechs Monaten nach der Geburt die Gebietszugehörigkeit bestimmen. Ausgewählt werden kann zwischen den Gebietszugehörigkeiten beider Eltern. Die entsprechende Erklärung ist vor dem Personenstandsregister abzugeben.¹⁰²

c) Einfluss der Eheschließung auf die vecindad civil?

Zwar ändert die Eheschließung für sich betrachtet nichts an der einmal erworbenen Gebietszugehörigkeit. Die diskriminierende Vorschrift des Art. 14.4 CC a.F., wonach die Ehefrau mit der Eheschließung die bürgerlich-rechtliche Gebietszugehörigkeit des Ehemannes erwirbt, ist obsolet. Allerdings haben die Ehegatten nach Art. 14.4 CC die Option, durch Wahl der *vecindad civil* eines der Ehegatten zugunsten einer gemeinschaftlichen *vecindad civil* zu optieren. Die Wahl bestimmt gem. Art. 9.8.3 CC letztlich indirekt das auf das Ehegattenerbrecht anwendbare Recht der maßgeblichen Teilrechtsordnung.

d) Erwerb einer anderen vecindad civil

Die Gebietszugehörigkeit ist grundsätzlich keiner Wahl zugänglich. Der Erwerb einer (anderen) Gebietszugehörigkeit tritt nach Art. 14.5 CC insbesondere in zwei Fällen ein:
- durch den zweijährigen, andauernden Aufenthalt in einer anderen Teilrechtsregion, wenn der Betreffende erklärt, dass er die neue *vecindad civil* annehmen möchte (Art. 14.5 Ziff. 1 CC),¹⁰³ oder
- durch den zehnjährigen Aufenthalt in einer anderen Teilrechtsregion ohne gegenteilige Erklärung vor dem Standesamt (Art. 14.5 Ziff. 2 CC).¹⁰⁴

Die Erklärungen zur Wahl der Gebietszugehörigkeit sind grundsätzlich persönlich oder auf Grundlage einer Spezialvollmacht vor dem Personenstandsregister abzugeben. Die Erklärung kann nicht vor einem Notar abgegeben werden, auch wenn dies angesichts des Sachzusammenhangs – beispielsweise bei Errichtung eines Testaments – zweckmäßig erscheinen

---

99 *Rodrigo Bercovitz Rodriguez-Cano*, in: ders., Comentarios al Codigo Civil, Art. 14 Ziff. 2.2.
100 Ley de 8.6.1957 del Registro Civil.
101 Urteil des spanischen Verfassungsgerichts v. 8.7.1993, rec. 148/1991.
102 *Rodrigo Bercovitz Rodriguez-Cano*, in: ders., Comentarios al Codigo Civil, Art. 14 Ziff. 2.3.
103 SAP Lugo v. 12.11.2009, rec. 537/2009: Ist einmal eine Erklärung nach Art. 14.5 Ziff. 1 CC abgegeben, sind spätere Erklärungen, die hierdurch erworbene Gebietszugehörigkeit aufrechtzuerhalten, entbehrlich.
104 Der Erwerb der neuen *vecindad civil* tritt nach Art. 14.5 Ziff. 2 CC ein, ohne dass dem Erblasser der Wechsel der Gebietszugehörigkeit bewusst gewesen oder gar der Wille des Erblassers hierauf gerichtet gewesen sein müsste, vgl. SAP Zaragoza v. 21.1.2008, rec. 591/2007.

würde.[105] Zum 15.7.2015 tritt das neue Personenstandsgesetz[106] in Kraft, nach dessen Art. 27.1, 68 ff. LRC zukünftig auch vor einem Notar Erklärungen über den Erwerb oder die Aufrechterhaltung einer *vecindad civil* abgegeben werden können. Somit kann der Testator zukünftig bei Errichtung einer letztwilligen Verfügung auch gewünschte, u.U. rechtsgestaltende Erklärungen in Bezug auf seine Gebietszugehörigkeit abgeben und hierdurch auch Einfluss auf das anwendbare Erbrecht nehmen.[107]

e) Zwingendes Recht

64 Die *vecindad civil* ist nur in den vorbezeichneten (siehe Rn 62), engen Grenzen einer Bestimmung bzw. Option zugänglich.[108] Der rechtsmissbräuchlichen Annahme einer anderen Gebietszugehörigkeit zum Zwecke der erbrechtlichen Gestaltung sind Grenzen gesetzt. Soweit Rechtsprechung dazu ergangen ist, zielt sie darauf ab, Pflichtteilsansprüche der Abkömmlinge zu schützen.[109]

4. Einzelne Fragestellungen

a) Fortgeltung der vecindad civil für Auslandsspanier: Rechtswahl nach Art. 22 EU-ErbVO

aa) Unmittelbare Wahl des Rechts einer Teilrechtsordnung?

65 Wählen „Auslandsspanier" nach Art. 22 EU-ErbVO spanisches Recht, stellt sich die Frage, ob über die Wahl spanischen Rechts hinaus unmittelbar das Recht einer Teilrechtsordnung Gegenstand der Rechtswahl sein kann oder bei Rechtswahl die Bestimmung der maßgeblichen Teilrechtsordnung den Vorschriften des spanischen interregionalen Kollisionsrechts überantwortet ist. Ist spanisches Recht auf einen Erbfall mit Auslandsbezug infolge Rechtswahl nach Art. 22 EU-ErbVO anwendbar, bestimmen die Art. 14 ff., 9.8 CC anhand der *vecindad civil* des Erblassers die das Erbstatut ausfüllende maßgebliche Teilrechtsordnung (vgl. Rn 56). Das maßgebliche Erbrecht bestimmt sich also in zwei Schritten.[110] Nicht nur bei objektiver Anknüpfung, sondern insbesondere in Fällen, in denen der Erblasser spanisches Recht nach Art. 22 EU-ErbVO wählt, überzeugt die indirekte Verweisung nach Art. 36 Abs. 1 EU-ErbVO (siehe Rn 56).

Selbst bei der direkten Wahl der Teilrechtsordnung nach Art. 36 Abs. 2 EU-ErbVO (siehe Rn 56) könnte die Wahl allerdings nicht beliebig,[111] sondern nur zugunsten der Teilrechtsordnung ausgeübt werden, zu der die „**engste Verbindung**" i.S.v. Art. 36 Abs. 2 lit. b) EU-ErbVO zum Zeitpunkt der Vornahme der Rechtswahl bzw. des Eintritts des Erbfalls

---

105 *Rodrigo Bercovitz Rodriguez-Cano*, in: ders., Comentarios al Codigo Civil, Art. 14 Ziff. 4.1; die Erklärung des Erblassers in notarieller Urkunde kann allerdings seinen Willen zum Erwerb einer *vecindad civil* indizieren, vgl. SAP Navarra v. 8.4.2013, rec. 253/2011.
106 Ley 20/2011, de 21 de julio, del Registro Civil.
107 *Calatayud Sierra*, a.a.O., 125, 129.
108 SAP Navarra v. 8.4.2013, rec. 253/2011; SAP Zaragoza v. 28.5.2012, rec. 330/2010.
109 Vgl. TS, Urt. v. 5.4.1994 (La Ley 558/1994): Rechtsmissbräuchlichkeit einer Erklärung über die Annahme der *Vecindad Civil Vizcaina* gem. Art. 14.5 Ziff. 2 CC zum Zwecke der Pflichtteilsminderung; SAP Rioja v. 7.4.2014, rec. 68/2013: Missbräuchlichkeit des Erwerbs der *Vecindad Civil* von Navarra, um Pflichtteilsansprüche zu unterlaufen, was zur Nichtigkeit des gemeinschaftlichen Testaments (*testamento de hermandad*) führt.
110 *Carrascosa González*, El Reglamento Sucesorio ..., S. 125, Ziff. 3; *Hierneis*, in: Ferid/Firsching/Dörner/Hausmann, Spanien, Rn 28e; MüKo/*Dutta*, Art. 22 Rn 6; a.A.: Palandt/*Thorn*, Art. 36 Eu-ErbVO Rn 2.
111 Die Rechtswahl muss so auf eine Rechtsordnung begrenzt sein, damit Pflichtteilsrechte nicht unterlaufen werden können, vgl. *Álvarez González*, AEDIPr, T XI, 2011, 369, 375.

bestand.¹¹² Die Wahl des Rechts einer nicht konkret bezeichneten Teilrechtsordnung, zu der jeweils die „engste Verbindung" besteht ist – wie „die Wahl des Heimatrechts als solchem" – unzulässig,¹¹³ da eine Wandelbarkeit des gewählten Rechts nicht in Betracht kommt. Es liegt auf der Hand, dass eine Rechtswahl, die zugunsten einer Teilrechtsordnung aufgrund der „engsten Verbindung" des Erblassers ausgeübt wird, auf „tönernen Füßen steht"¹¹⁴ und die – nicht nur für den Erblasser – mit großen Unsicherheiten für den Erblasser verbunden ist.¹¹⁵ Gerade in Streitfällen (z.B. wegen variierender Noterbrechte oder Erbquoten zwischen den in Betracht kommenden Teilrechtsordnungen) wäre sie u.U. leicht angreifbar, denn die Frage nach der „engsten Verbindung" des Erblassers zu einer konkreten Teilrechtsordnung wird sich häufig erst Jahre oder Jahrzehnte nach dem Wegzug des Erblassers ins Ausland stellen und dann nur noch schwerlich klären lassen. Gegebenenfalls ist der Bezug zur Heimat zum Zeitpunkt des Erbfalls dann schon vollständig eingeschlafen. Die *vecindad civil* bleibt jedoch trotz dauerhaften gewöhnlichen Aufenthalts außerhalb Spaniens unverändert bestehen und kann anhand relativ klarer Kriterien geprüft werden.

Gerade diese Erwägungen legen nahe, dass es nicht nur aufgrund des in Art. 36 Abs. 1 EU-ErbVO vorgesehenen Vorrangs des mitgliedstaatlichen interregionalen Rechts vor der direkten Verweisung nach Art. 36 Abs. 2 EU-ErbVO geboten, sondern sogar zweckmäßig ist, für die Bestimmung der maßgeblichen spanischen Teilrechtsordnung auch bei Vorliegen einer Rechtswahl hinsichtlich der Bestimmung der maßgeblichen Teilrechtsordnung an die *vecindad civil* anzuknüpfen, da sie gegenüber dem Merkmal der „engsten Verbindung" deutlich greifbarere Konturen aufweist und sie grundsätzlich auch Jahrzehnte nach dem Wegzug aus Spanien noch feststellbar und beweisbar ist. Während die „direkte Verweisung" bzw. Wählbarkeit der Teilrechtsordnung der „engsten Verbindung" dem Erblasser „mehr Steine als Brot geben" wird,¹¹⁶ bietet die „indirekte Verweisung" dem Erblasser bei seiner Nachfolgegestaltung eine größere Sicherheit¹¹⁷ (vgl. Erwägungsgrund 38 der EU-ErbVO). 66

Beispiel A, mit bürgerlich-rechtlicher Gebietszugehörigkeit von Navarra zieht von Navarra nach Valencia, wo er bei einem international operierenden Unternehmen Arbeit findet, während seine Familie in Navarra verbleibt, wo er sie an den Wochenenden gelegentlich besucht. Da die Immobilienpreise niedrig sind, kauft er sich eine Eigentumswohnung in Valencia. Nach zwei Jahren wird A eine neue Anstellung bei der gleichen Firma in Köln angeboten, woraufhin er zusammen mit seiner Familie nach Köln zieht. Vor dem Kölner Notar lässt A ein Testament protokollieren, in dem er eine Rechtswahl zu Gunsten des Rechts von Navarra trifft. A verstirbt 25 Jahre später in Köln. Es kommt zum Streit um die Erbschaft und das anwendbare Erbrecht. Wird das Erbstatut durch das Recht von Navarra oder das gemeinspanische Recht (Valencia) ausgefüllt? Die Frage, zu welchem Recht die engere Verbindung bestand, stellt sich im Falle der indirekten Verweisung nicht, denn nach Art. 36 Abs. 1, 22 EU-ErbVO wird über Art. 9.8 CC das Recht von Navarra als maßgebliches Erbrecht berufen, da dieses Recht seiner klar feststellbaren *vecindad civil* entsprach, die er durch den zweijährigen Aufenthalt in Valencia nicht eingebüßt hatte. 67

---

112 Maßgeblich können sein: „Dauer und Art der Aufenthaltes, familiäre Beziehungen, Belegenheit des Vermögens etc.", vgl. Kroiß u.a./*Köhler*, Art. 36 Eu-ErbVO Rn 3
113 Palandt/*Thorn*, Art. 22 Eu-ErbVO, Rn 3; a.A. Kroiß u.a./*Köhler*, Art. 22 EuErbVO Rn 5.
114 *Hidalgo García*, RDC 2014, 41, 59.
115 MüKo/*Dutta*, Art. 22 Eu-ErbVO Art. 22 Rn 6.
116 So aber: Palandt/*Thorn*, Art. 36 Eu-ErbVO, Rn 2.
117 Wie hier: *Carrascosa González*, El Reglamento Sucesorio ..., S. 125, Ziff. 3; *Hierneis*, in: Ferid/Firsching/Dörner/Hausmann, Spanien, Rn 28e.

68 Aufgrund des in Art. 36 Abs. 1 EU-ErbVO niedergelegten Vorrangs des Prinzips der „indirekten Verweisung" (siehe Rn 56) kommt die direkte Berufung einer Teilrechtsordnung durch Rechtswahl nur dann in Betracht, wenn das spanische Recht keine Vorschriften zur Regelung des internen Normenkonflikts vorsieht. Dies ist aber – wie ausgeführt (siehe Rn 56, 57) – jedenfalls dem Grundsatz nach – der Fall. Ist also der Anwendungsbereich von Art. 36 Abs. 1 EU-ErbVO eröffnet, wird deshalb spanisches Recht durch Rechtswahl (subjektiv) und das Recht der maßgeblichen Teilrechtsordnung objektiv nach dem Anknüpfungspunkt der *vecindad civil* bestimmt.[118] Selbst dann, wenn der Erblasser seinen gewöhnlichen Aufenthalt im Ausland hat, behält er seine *vecindad civil*. Mit Rücksicht auf Art. 36 Abs. 1 EU-ErbVO erlaubt Art. 22 EU-ErbVO dem spanischen Erblasser sonach ausschließlich eine Rechtswahl des Rechts seiner Staatsangehörigkeit, nicht aber die Wahl einer bestimmten Teilrechtsordnung.[119] Im Ergebnis wird sonach durch die Rechtswahl eines spanischen Erblassers nach Art. 22, 36 Abs. 1 EU-ErbVO zu Gunsten des spanischen Rechts über Art. 9.8 CC (als interregionale Kollisionsnorm) das Recht zur Anwendung kommen, welches seiner *vecindad civil* zum Zeitpunkt des Todes entsprach. Das Erbrecht einer Teilrechtsordnung, deren bürgerlich-rechtliche Gebietszugehörigkeit der Erblasser bereits vor dem Erbfall abgelegt hatte, kann somit nicht durch Rechtswahl – auch nicht durch indirekte Verweisung – berufen werden, denn gemäß Art. 9.8 CC kommt es auf die Gebietszugehörigkeit zum Zeitpunkt des Todes an.[120]

bb) Sonderfall: Rechtswahl und spätere Aufgabe der spanischen Staatsangehörigkeit

69 Dieser Mechanismus versagt methodisch nur dann, wenn der Erblasser eine Rechtswahl zugunsten des spanischen Erbrechts als spanischer Staatsangehöriger vornimmt und später eine andere Staatsangehörigkeit unter Aufgabe der spanischen annimmt. Denn mit dem Verlust der spanischen Staatsangehörigkeit geht auch die *vecindad civil* unter. Die Wahl spanischen Rechts bleibt trotz nachfolgender Aufgabe der spanischen Staatsangehörigkeit nach Art. 22 EU-ErbVO wirksam. Auf der Ebene des interregionalen Kollisionsrechts fehlt es allerdings an einem Anknüpfungspunkt, denn dem inzwischen ausländischen Erblasser fehlt es zu dem nach Art. 14 ff., 9.8 CC maßgeblichen Zeitpunkt seines Todes an einer bürgerlich-rechtlichen Gebietszugehörigkeit. Für die Aufhebung des Vorrangs des interregionalen spanischen Kollisionsrechts lässt sich in dieser Konstellation anführen, dass das spanische Recht keinen Anknüpfungspunkt bietet. Hier ist es beispielsweise denkbar, dass man für diesen konkreten Fall eine direkte Verweisung nach Art. 36 Abs. 2 lit. b) EU-ErbVO zulässt, so dass die spanische Teilrechtsordnung Anwendung findet, zu der der Erblasser zum Zeitpunkt der Rechtswahl „die engste Verbindung" hatte[121] bzw. die seiner *vecindad civil* entsprach.

b) Erbfälle nach ausländischen Staatsangehörigen und vecindad civil

70 Das Anknüpfungskriterium der *vecindad civil* versagt allerdings, wenn der Erblasser nicht spanischer Staatsangehöriger war.[122] Da die bürgerlich-rechtliche Gebietszugehörigkeit untrennbar an die spanische Staatsangehörigkeit geknüpft ist,[123] kommen die Normen des

---

118 Kroiß u.a./*Köhler*, Art. 22 EuErbVO Rn 4.
119 *Carrascosa González*, El Reglamento Sucesorio, S. 125, Ziff. 3.
120 MüKo/*Dutta*, Art. 22 EuErbVO Rn 6.
121 So im Ergebnis auch: *Hierneis*, in: Ferid/Firsching/Dörner/Hausmann, Spanien, Rn 28e
122 Entscheidung der Dirección General de Derecho y de Entidades Jurídicas v. 18.9.2006 (JUS/3360/2006), Diari Oficial de la Generalitat de Catalunya Núm. 4748 v. 26.10.2006.
123 Vgl. Rechtsprechungsnachweise bei *Steinmetz/B. Löber/García*, ZEV 2010, 234; *Hierneis*, in: Ferid/Firsching/Dörner/Hausmann, Spanien, Rn 28c; *Álvarez Torné*, 291, 307.

spanischen interregionalen Kollisionsrechts, soweit sie für einen ausländischen Erblasser auf die Gebietszugehörigkeit abstellen, zu keinem klaren Ergebnis. Es stellt sich also für den Erbfall ab 17.8.2015 eines deutschen Staatsangehörigen mit letztem gewöhnlichen Aufenthalt in Spanien (Art. 21 EU-ErbVO) die Frage, woran die Bestimmung der maßgeblichen Teilrechtsordnung angeknüpft wird.

Im Prinzip kommen zwei Lösungen in Betracht:[124] 71
(1) Es wird vertreten, dass bei Anwendung spanischen Erbrechts auf Ausländer eine direkte Verweisung auf das Recht einer spanischen Teilrechtsordnung erfolgt (Art. 36 Abs. 2 EU-ErbVO), weil das spanische interregionale Kollisionsrecht nicht geeignet sei, den Normenkonflikt selbst zu lösen.[125]
(2) Nach der Gegenauffassung wird an der „indirekten Verweisung" nach Art. 36 Abs. 1 EU-ErbVO festgehalten und die maßgebliche spanische Teilrechtsordnung durch entsprechende Anwendung der Regelungen des interregionalen spanischen Kollisionsrechts ermittelt. An die Stelle der *vecindad civil* tritt als Anknüpfungspunkt der „gewöhnliche Aufenthalt".[126] Dies lässt sich unter Bezugnahme auf Art. 9.10 CC[127] damit begründen, dass dann, wenn die Staatsangehörigkeit (bzw. hier: die Gebietszugehörigkeit) unbestimmt ist, bezüglich des Personalstatuts auf das Recht des „gewöhnlichen Aufenthalts" abgestellt wird.
Diese Lösung erscheint insoweit vorzugswürdig, da mit ihr der in Art. 36 EU-ErbVO niedergelegte Grundsatz der Subsidiarität der direkten Verweisung gem. Art. 36 Abs. 1 EU-ErbVO respektiert und ein Eingriff in das nationale interregionale Kollisionsrecht vermieden wird.

Der Umstand, dass auf einen ausländischen Staatsangehörigen unter Anwendung von 72
Art. 9.10 CC das Recht seines letzten gewöhnlichen Aufenthalts Anwendung findet, vermag einen gewissen Wertungswiderspruch darstellen, denn spanische Staatsangehörige erwerben eine neue *vecindad civil* gem. Art. 14.5 CC erst nach zwei bzw. zehn Jahren. Ausländer können die Anwendbarkeit des Rechts einer Gebietseinheit somit deutlich schneller erreichen, als dies für spanische Staatsangehörige denkbar wäre.

c) Gesetzliches Erb- und Pflichtteilsrecht des Ehegatten

Einen weiteren Sonderfall stellt die Anknüpfung der „gesetzlichen Rechte des Ehegatten" 73
von Todes wegen dar. Art. 9.8.3 CC stellt insoweit nicht auf das Heimatrecht (die *vecindad civil*) des Erblassers ab, sondern auf das Ehegüterstatut (vgl. Rn 13). Diese Anordnung gilt in spanischen Inlandssachverhalten für den rein interregionalen Normenkonflikt gem. Art. 38 EU-ErbVO uneingeschränkt.

In Erbfällen mit Auslandsbezug kann bei Anwendbarkeit spanischen Erbrechts nach 74
Art. 21, 22 EU-ErbVO in Bezug auf die Anwendung von Art. 9.8.3 CC auf Ebene des interregionalen Rechts allerdings zu unterscheiden sein:[128] Unterliegt das Ehegüterstatut gemeinspanischem Recht oder dem Recht einer Teilrechtsordnung, so kann die Anknüpfung

---

124 Vgl. Darstellung der unterschiedlichen Auffassungen bei *Steinmetz/B. Löber/García*, ZEV 2013, 535, 536 f.
125 Vgl. z.B. *Hidalgo García*, RDC 2014, 41, 53.
126 Wie hier: *Carrascosa González*, El Reglamento Sucesorio ..., S. 268/269; *Hierneis*, in: Ferid/Firsching/Dörner/Hausmann, Spanien, Rn 28c; offen: *Steinmetz/B. Löber/García*, ZEV 2013, 535, 536.
127 *Carrascosa González*, El Reglamento Sucesorio ..., S. 268/269; die Anwendung dieser Vorschrift auf den interregionalen Normenkonflikt wird freilich in der Literatur in Frage gestellt, vgl. *Rodrigo Bercovitz Rodriguez-Cano*, in: ders., Comentarios al Codigo Civil, Art. 16 Ziff.1.1.2.
128 Zur Fragestellung siehe *Steinmetz/J. Löber/García*, ZEV 2013, 535, 538.

des Erbrechts an das Ehegüterstatut zu beachten sein,[129] auch wenn sie ggf. zu einer spanisch-spanischen Nachlassspaltung zwischen einerseits dem Erbrecht des Ehegatten und andererseits dem Erbrecht der übrigen Erben führt („subjektive Nachlassspaltung"). Hiergegen sprechen die vom europäischen Verordnungsgeber angestrebte Nachlasseinheit und der Wortlaut von Art. 36 Abs. 1 EU-ErbVO.[130] Wird das Ehegüterstatut von einer aus spanischer Sicht fremden Rechtsordnung ausgefüllt, so würde die Anwendung des Art. 9.8 S. 3 CC zu einer Verweisung auf die Rechtsordnung eines anderen Staates führen. Rück- oder Weiterverweisungen sind aber nur in den Grenzen und Voraussetzungen des Art. 34 EU-ErbVO beachtlich. Ist das Recht eines Mitgliedstaates zur Ausfüllung des Erbstatuts (hier: spanisches Recht) berufen, ist jedenfalls eine Rückverweisung (hier durch das spanische Kollisionsrecht) auf das Recht eines anderen Staates (nach Art. 9.8.3 CC) unbeachtlich.[131]

IV. Bestimmung des Erbstatuts aus deutscher Sicht

1. Erbstatut bei deutschem Erblasser

75 Ausgehend vom sowohl in Deutschland als auch in Spanien für bis zum 16.8.2015 eingetretene Erbfälle Geltung beanspruchenden Staatsangehörigkeitsprinzip findet auf die Erbfolge nach einem deutschen Staatsangehörigen deutsches Recht als dessen letztes Heimatrecht Anwendung (Art. 25 Abs. 1 EGBGB; Art. 9.8 CC).

2. Erbstatut bei spanischem Erblasser

76 Nach dem hier wie dort in internationalen Erbfällen zugrunde zu legenden Staatsangehörigkeitsprinzip richtet sich aus deutscher Sicht die Erbfolge nach einem spanischen Staatsangehörigen nach spanischem Recht als dessen Heimatrecht. Das auch nach spanischem Recht geltende Prinzip der Nachlasseinheit kann nach Art. 25 Abs. 2 EGBGB indes auch für spanische Staatsangehörige durchbrochen werden: wenn sie Immobilieneigentum in Deutschland haben. Hier gestattet das deutsche IPR ausdrücklich, mittels letztwilliger Verfügung unbewegliche Gegenstände – also „Grundbesitz" in Deutschland allgemein oder *eine* bestimmte in Deutschland belegene Immobilie – dem deutschen Recht zu unterstellen.[132] Allein in Bezug auf den in Deutschland belegenen unbeweglichen Nachlassgegenstand gilt dann deutsches Erbstatut, auf die Erbfolge im Übrigen findet – wegen der spanischen Staatsangehörigkeit des Erblassers – spanisches Recht (Erbstatut) Anwendung (partielle Nachlassspaltung).

3. Besonderheiten bei gemeinschaftlichen Testamenten

77 Wegen des grundsätzlichen Gleichlaufs der im deutsch-spanischen Erbrechtsverhältnis möglichen beiden Erbstatute nach dem für Erbfälle, die vor dem 17.8.2015 eintreten, in beiden nationalen Kollisionsrechten geltenden Staatsangehörigkeitsprinzip kann insoweit aus deutscher Sicht im Grunde auf die Darstellung zur Rechtssituation aus spanischer Sicht verwiesen werden (siehe Rn 20). Damit hat natürlich etwa auch ein deutscher Richter oder

---

129 *Hierneis*, in: Ferid/Firsching/Dörner/Hausmann, Spanien, Rn 28h; *Rodríguez Mateos*, REEI 2014, 23/24.
130 *Steinmetz/J. Löber/García*, ZEV 2013, 535, 538.
131 *Müller-Lukoschek*, Die neue EU-Erbrechtsverordnung, Rn 120.
132 BGH, Urt. v. 22.3.2006 – IV ZR 93/05, NJW-RR 2006, 948 = MDR 2006, 1248.

Nachlassbeamter im Hinblick auf die Geltung des spanischen Erbstatuts die Ungültigkeit eines von Spaniern, die dem Erbrecht des *Código Civil* unterliegen, in Deutschland errichteten gemeinschaftlichen Testaments zu beachten – sofern er mit der derzeit überwiegenden Auffassung die Unzulässigkeit der gemeinschaftlichen Testamentserrichtung als Frage nach dem Inhalt des Testaments einordnet und unter Art. 25 Abs. 1 EGBGB qualifiziert.

Praxishinweis: Für eine gemischt deutsch-spanische Ehe bedeutet das: In einem gemeinschaftlichen Testament kann zumindest die letztwillige Verfügung des spanischen Ehepartners keine Wirkung entfalten. Für diesen gilt sein spanisches Heimatrecht (Erbstatut) und damit das Verbot der Art. 669, 733 CC. Ein Notar dürfte in einem solchen Fall ein gemeinschaftliches Testament nicht protokollieren. Liegt gleichwohl ein derartiges Testament eines deutsch-spanischen Ehepaares vor, fragt sich, was aus der Unwirksamkeit der einen Verfügung für die andere folgt. Zumindest für wechselbezügliche Testamente gilt, dass die Ungültigkeit der ersten Verfügung stets die der anderen nach sich zieht, auch wenn diese Folge nach dem anderen Erbstatut (Heimatrecht des zweiten Ehegatten) nicht vorgesehen ist. Dem ist in Anlehnung an § 2270 Abs. 1 BGB zuzustimmen.[133]

Für Erbfälle, die ab dem 17.8.2015 eintreten, entspricht die Rechtslage den Ausführungen in Rn 31, soweit Art. 25 EU-ErbVO auch **gemeinschaftliche Testamente** umfasst.

4. Besonderheiten bei Erbverträgen

Die in Rn 77 angestellte Erwägung lässt sich auch auf den Bereich der Erbverträge beziehen: Der deutsche Anwender spanischen Rechts hat für vor dem 17.8.2015 eingetretene Erbfälle von dem grundsätzlichen Verbot des Erbvertrages nach dem *Código Civil* auszugehen, zum anderen aber von dessen Zulässigkeit in einigen Foralrechten (siehe Rn 24). Das genannte Beispiel (siehe Rn 26) eines gegenseitigen Erbvertrages eines Deutschen mit seiner Madrider Ehefrau muss auch aus deutscher Sicht im Fall des Todes der Ehefrau, die dem gemeinspanischen Recht (CC) unterliegt, zur Unwirksamkeit des Erbvertrages führen; denn Erbstatut ist spanisches Recht. Umgekehrt ist ein Erbvertrag zwischen einem Deutschen und einer Spanierin, welcher lediglich eine **einseitige** Erbeinsetzung durch den deutschen Testator enthält, – auch aus deutscher Sicht – als wirksam anzusehen (vgl. wie Rn 22 f.).

Ausnahmen von dem generellen Verbot des Erbvertrages im *Código Civil* sind unter anderem Folgende:
- **Vereinbarte Schenkung künftigen Vermögens durch die Eheleute** in einem Ehevertrag: Nach Art. 1341 CC können sich zukünftige Ehegatten in Ansehung der Ehe vorhandene Güter schenken. Zulässig ist es auch, in einem vor der Ehe abgeschlossenen Ehevertrag (*Capitulación matrimonial*)[134] künftige Güter zu schenken, allerdings nur für den Todesfall und in dem Ausmaß, das durch die Bestimmungen über die testamentarische Erbfolge festgelegt ist.
- **Erhöhung des Erbteils** nach den Art. 826 und 827 CC. Vor Eingehung der Ehe darf ein in öffentlicher Urkunde abgeschlossener Ehegütervertrag[135] das Versprechen enthalten, den Abkömmlingen eine erhöhte Zuwendung (*mejora*) zu machen oder diese nicht zu machen (Art. 826 Abs. 1 CC). Begünstigte der sog. *mejora* können nur Abkömmlinge sein (Art. 823 CC).

---

133 Siehe insbesondere *Umstätter*, DNotZ 1984, 532 (536 – unter Verweisung auf *Dopffel*, DNotZ 1976, 335); *Planells del Pozo/lCheca Martínez*, Länderteil Espagne, S. 106 1; *Zabalo Escudero*, S. 257–259.
134 Zu Eheverträgen siehe auch *Huzel*, Spanien, in: Süß/Ring, Eherecht in Europa, S. 1209 Rn 26 f. sowie S. 1212 Rn 33.
135 Vgl. *Huzel*, Spanien, in: Süß/Ring, Eherecht in Europa, S. 1209 Rn 26 f.

81 Im Übrigen kann für Erbfälle, die nach Eröffnung des zeitlichen Anwendungsbereichs der EU-ErbVO eintreten (Erbfälle ab dem 17.8.2015), auf Art. 25 EU-ErbVO und die Ausführungen in Rn 31 verwiesen werden.

C. Materielles Erbrecht

I. Einleitung

82 Nach spanischem Rechtsverständnis handelt es sich bei den erbrechtlichen Bestimmungen um eine der „verschiedenen Arten, das Eigentum zu erwerben" – so der Titel des 3. Buches des *Código Civil* (Art. 609–1087 CC). Anders als nach deutschem Recht wird nach der Systematik des CC vorrangig auf den testamentarisch geäußerten Willen des Erblassers (Art. 658 CC) abgestellt. So finden sich zunächst Regeln über die testamentarische Erbfolge (Art. 662–743 CC), sodann die über die Berücksichtigung u.a. der Noterbteile (Pflichtteilsrechte) wie auch die Möglichkeit der Enterbung und erst im Weiteren die gesetzliche Erbfolge (Art. 912–929 CC). Trotz dieser Wertung des spanischen Gesetzgebers wird nachfolgend – vor allem ausgehend vom deutschen Verständnis – die Darstellung der gesetzlichen der testamentarischen Erbfolge vorangestellt.

II. Gesetzliches Erbrecht (sucesión intestada)

1. Grundsätze

83 Wie das deutsche sieht auch das spanische Recht die Gesamtrechtsnachfolge vor, es gilt der Grundsatz der **Universalsukzession** (Art. 661 CC). Zur gesetzlichen Erbfolge kommt es nur dann, wenn einer der Gründe des Art. 912 CC gegeben ist, insbesondere wenn der Erblasser ohne oder ohne gültiges Testament verstirbt, das Testament keine Erbeinsetzung enthält oder der berufene Erbe erbunwürdig ist.

2. Erbfähigkeit

84 Erbfähig sind natürliche und juristische Personen. Um Erbe – ob testamentarischer oder gesetzlicher – werden zu können, darf die natürliche Person gem. Art. 744 CC vom Gesetz nicht für **erbunfähig** erklärt worden sein. Dies sind nach Art. 745 Nr. 1 CC zunächst die „lebensunfähigen Frühgeburten" (*criaturas abortivas*), also solche, die vor vollständiger Entnahme aus dem Mutterleib verstorben sind. Demgegenüber sind erbfähig diejenigen, die nach vollständiger Entnahme aus dem Mutterleib leben (Art. 30 CC). Erbunfähig sind des Weiteren vom Gesetz nicht erlaubte Vereinigungen oder Körperschaften; im Übrigen können juristische Personen gemäß der Satzung und den Gesetzen Vermögen jeder Art erwerben (Art. 38 CC).

85 Neben diesen Formen absoluter Erbunfähigkeit sind in bestimmten Fällen testamentarische Verfügungen unwirksam (**relative** Erbunfähigkeit).[136] So kann nach Art. 752 CC der Priester, der dem Erblasser während dessen letzter Krankheit[137] die Beichte abgenommen hat, nicht Erbe werden, falls der Testator während der Krankheit testiert hat, ebenso wenig die Verwandten des Geistlichen bis zum vierten Grad, seine Kirche, sein Kapitel, seine Ge-

---

[136] Criado u.a., S. 103 f.; zu entsprechenden Fällen relativer Erbunfähigkeit im deutschem Recht siehe *Ebenroth*, Erbrecht, Rn 18 a.E.
[137] D.h. die, die der Erblasser nicht überlebt hat, vgl. *Criado* u.a., S. 103.

meinde oder seine Anstalt. Unwirksam ist auch eine letztwillige Verfügung zugunsten des **Vormunds** oder **Pflegers** (es sei denn, dieser ist Verwandter in gerader aufsteigender Linie, Abkömmling, Geschwister oder Ehegatte des Erblassers, Art. 753 CC), die vor der Genehmigung der Schlussrechnung und, wenn eine solche nicht zu erbringen ist, vor der Beendigung der Pflegschaft getroffen worden ist. Nach Art. 754 Abs. 1 CC darf auch nicht zugunsten des Notars, der das Testament beurkundet hat, verfügt werden,[138] auch nicht zugunsten dessen Ehegatten, seiner Verwandten oder Verschwägerten bis zum vierten Grad. Wirksam ist das Vermächtnis eines beweglichen Gegenstands oder von Geld, wenn der Wert der Zuwendung in Relation zum Nachlass gering ist (Art. 682 CC). Das Verbot gilt auch für die Zeugen des offenen Testaments und die Personen, vor denen Sondertestamente errichtet werden (Art. 754 Abs. 2 bzw. 3 CC).[139] Im Falle relativer Erbunfähigkeit tritt statt der unwirksamen gewillkürten die gesetzliche Erbfolge ein.

3. Erbunwürdigkeit

Artikel 756 CC nennt Fälle von Erbunwürdigkeit. Die Verwirklichung eines der gesetzlichen Tatbestände hat *ipso iure* die Erbunfähigkeit zur Folge – sowohl bei testamentarischer als auch bei gesetzlicher Erbfolge.[140] Dies gilt für Eltern, die ihre Kinder im Stich gelassen oder der Prostitution anheim gegeben haben, für Verurteilte, die eine gegen das Leben des Erblassers oder eines seiner nahen Verwandten gerichtete Tat begangen haben, für denjenigen, der den Erblasser verleumderisch eines mit bestimmter Strafandrohung zu ahndenden Verbrechens beschuldigt hat, für den volljährigen Erben, der trotz Kenntnis nicht den gewaltsamen Tod des Erblassers innerhalb eines Monats angezeigt hat. Der Erbunwürdigkeitsgrund kommt nicht zur Anwendung, wenn der Fall nicht von Amts wegen zu verfolgen ist. Erbunwürdig sind auch diejenigen, die den Testator durch Drohung oder Gewalt gezwungen haben zu testieren bzw. gehindert haben zu testieren, oder Testamente geändert oder deren Existenz unterdrückt haben.[141] Soweit es sich um den Erbfall nach einem Behinderten handelt, sind solche Personen erbunwürdig, die dem Erblasser nicht die gebührliche Achtung i.S.v. Art. 142 und 146 CC geschenkt haben. Allerdings entfalten diese Gründe keine Wirkung mehr, wenn der Testator sie bei Testamentserrichtung kannte oder später in notarieller Form verziehen hat (Art. 757 CC).

Die Erbunwürdigkeit ist gem. Art. 762 CC binnen einer Ausschlussfrist[142] von fünf Jahren ab Inbesitznahme des Nachlasses durch den Erbunwürdigen gerichtlich geltend zu machen. Hat der erbunwürdige Abkömmling seinerseits Abkömmlinge, so fällt dessen gesetzliche Noterbteil im Wege der Erbstellvertretung seinen Abkömmlingen zu (Art. 761 CC).

4. Die Erbfolgeordnung nach Linien

Wer gesetzlicher Erbe wird, bestimmt sich nach dem gemeinspanischen Recht des *Código Civil* (Art. 930–958 CC) nach Erbfolgeordnungen. Unterschieden wird zunächst zwischen der direkt absteigenden Linie (Art. 930–934 CC) und der direkt aufsteigenden Linie

---

138 Zulässig ist dagegen die Verfügung zugunsten des Notars, der Funktionen des Testamentsvollstreckers oder Nachlassteilers wahrnimmt.
139 Zu weiteren Sonderfällen relativer Erbunfähigkeit siehe *Criado* u.a., S. 104 f.: etwa des Testamentsvollstreckers, der ungerechtfertigt sein Amt nicht annimmt (unbeschadet dessen Noterbrechts – *legítima*).
140 Die Erbunwürdigkeit erstreckt sich auch auf das Noterbrecht, vgl. *Marín López*, in: Rodrigo Bercovitz Rodriguez-Cano, Comentarios al Codigo Civil, Art. 756 Ziff. 2.
141 Vgl. im Einzelnen den Wortlaut der Norm, etwa bei *Peuster*, Código Civil, S. 434 f.
142 *Marín López*, in: Rodrigo Bercovitz Rodriguez-Cano, Comentarios al Codigo Civil, Art. 762 Ziff. 1.

(Art. 935–942 CC). Eheliche und nichteheliche Abkömmlinge des Erblassers sind nach der klaren Regelung in Art. 108 Abs. 2 CC einander gleichgestellt.[143] Die frühere Ordnung schließt die spätere Ordnung von der Erbfolge aus. Innerhalb der Ordnungen wird nach dem Grad der Verwandtschaft geerbt, bei gleichem Grad zu gleichen Teilen (Art. 921 Abs. 1 und 2 CC); dabei gelten auch die Grundsätze der **Repräsentation** (*Representación* oder auch **Erbstellvertretung**[144]). Diese findet ausschließlich in der geraden absteigenden Linie sowie in der Seitenlinie statt, soweit es sich um Geschwisterkinder handelt (Art. 925 Abs. 1 bzw. 2 CC). Im Fall der Repräsentation findet dann eine Teilung nach Stämmen statt (Art. 926 CC).

5. Das gesetzliche Erbrecht des Ehegatten

89 Der überlebende Ehegatte hat nach dem gemeinspanischen Recht des *Código Civil* grundsätzlich eine erbrechtlich recht schwache Position (siehe bereits Rn 11 f.).[145] Er ist zwar gem. Art. 807 Nr. 3 CC auch Noterbe (*heredero forzoso*), haftet aber nicht für Nachlassverbindlichkeiten.[146] In dem regelmäßigen Fall aber, dass Abkömmlinge oder Aszendenten (Voreltern) vorhanden sind, besitzt er lediglich ein gesetzliches **Nießbrauchsrecht** am Nachlass.[147] Zweifelhaft ist, ob das spanische Ehegattenerbrecht in Form des Nachlassnießbrauchs in den deutschen Erbschein aufzunehmen ist.[148]

90 Dieses Nießbrauchsrecht beträgt neben Abkömmlingen $1/3$, neben Eltern oder anderen Aszendenten die Hälfte des Nachlasses (Art. 834, 837 CC). Allerdings steht den Erben nach Art. 839 CC ein **Ablösungsrecht** zu durch Zahlung einer lebenslangen Rente an den überlebenden Ehegatten, die Gewährung von Erträgen aus bestimmten Vermögensgegenständen oder durch die Zahlung eines bestimmten Geldbetrages. Das Ablösungsrecht können die Erben notfalls auch im Klageweg geltend machen (Art. 839 Abs. 1 CC). Ein entsprechendes eigenes Ablösungsrecht steht auch dem überlebenden Ehegatten zu, wenn er neben den Kindern des Erblassers erbt (Art. 840 CC).

91 Bei Fehlen von Abkömmlingen oder Aszendenten wird der überlebende Ehegatte dagegen selbst dann Alleinerbe, wenn Geschwister des Erblassers, Halbgeschwister oder deren Abkömmlinge vorhanden sind (Art. 944 CC).[149]

92 Voraussetzung für die Geltendmachung des Noterbrechts nach dem verstorbenen Ehegatten ist allerdings, dass die Ehe nicht durch gerichtliche Entscheidung getrennt ist oder eine **tatsächliche Trennung** erfolgt ist (Art. 834 CC). Anders als im deutschen Recht führt nach Inkrafttreten der Gesetzesreform gemäß Gesetz 15/2005 schon die tatsächliche Trennung der Ehegatten zum Verlust des Ehegattenerbrechts.[150] Soweit auf einen deutschen Staatsangehörigen nach Inkrafttreten der EU-ErbVO das Erbrecht des CC Anwendung findet, kann sonach durch die rein tatsächliche Trennung das Ehegattenerbrecht entfallen.

---

143 Dies gilt seit Inkrafttreten der Verfassung v. 31.10.1978, vgl. *Rudolph*, MittRhNotK 1990, 98.
144 Vgl. *Peuster*, Código Civil, S. 509 (vor Art. 924 CC); siehe auch *Criado* u.a., S. 106 f.
145 Vgl. *Hierneis*, in: Ferid/Firsching/Dörner/Hausmann, Spanien, Rn 46.
146 *Busto Lago*, in: Rodrigo Bercovitz Rodriguez-Cano, Comentarios al Codigo Civil, Art. 834 Ziff. 3.
147 Der Nießbrauch des überlebenden Ehegatten ist erbrechtlich zu qualifizieren, vgl. STS v. 23.12.1992, rec. 2123/1990.
148 Für einen Ehegattenlegalnießbrauch belgischen Rechts vgl. BayObLG, Beschl. v. 26.10.1995, FamRZ 1996, 694, 698 und *Chocomeli/Idelmann*, INF 2014, 175, 177.
149 Klarstellung gegenüber Ansicht der *Verf.* in der 1. Auflage 2004.
150 *Busto Lago*, in: Rodrigo Bercovitz Rodriguez-Cano, Comentarios al Codigo Civil, Art. 834 Ziff. 1; auch das früher auch in Art. 834 CC eingeflossene Verschuldensprinzip ist entfallen.

Bei einer **deutsch-spanischen Ehe** würde sich dies bei einem vor dem 17.8.2015 eingetretenen Erbfall – also nach deutschem IPR – aus **Sicht des deutschen Richters** wie folgt auswirken:[151] Bei Versterben des spanischen Ehemannes gilt für das Erbrecht der deutschen Ehefrau zunächst das spanische Recht (Art. 25 Abs. 1 EGBGB: Geltung [gemein-]spanischen Rechts als dem Heimatrecht des verstorbenen *spanischen* Ehegatten). Dieses spaltet das Erbstatut funktionell auf. Soweit nach spanischem Recht deutsches Recht Ehewirkungsstatut ist (vgl. Art. 9.8 S. 3 CC), richtet sich das Ehegattenerbrecht nach dem deutschen Recht (Rückverweisung auf das deutsche Recht, Art. 4 Abs. 1 S. 2 EGBGB). Die deutsche Ehefrau erhielte in diesem Fall 1/2 – aber reduziert auf 1/3 (wegen des zu berücksichtigenden Noterbrechts der Abkömmlinge). Umgekehrt würde der überlebende *spanische* Ehegatte bei Versterben seines deutschen Partners aufgrund deutschen Erbstatuts als dessen Heimatrecht (Art. 25 EGBGB) hälftiger Miterbe neben den Abkömmlingen.

Aus **Sicht des spanischen Richters** stellt sich dieser Fall – spanischer Ehemann einer deutschen Ehefrau, Eheschließung in Deutschland ohne Ehevertrag und anschließend gewöhnlicher Aufenthalt in Deutschland, verstirbt und hinterlässt u.a. auch in Spanien belegenes Vermögen[152] – nach spanischem, unvereinheitlichten IPR ebenso dar: Der spanische Richter wendet auf den internationalen Erbfall zunächst sein eigenes, d.h. spanisches IPR an. Nach dessen Art. 9.8 S. 3 CC gelangt er im Hinblick auf das deutsche Güterstatut (Art. 9.2 CC) insoweit zur Anwendbarkeit deutschen Rechts. Dies gilt allerdings mit der Einschränkung, dass sich die *legítima*-Ansprüche (der Abkömmlinge) nach spanischem Recht richten (vgl. Wortlaut des Art. 9.8 CC).[153]

Unter **Geltung der EU-ErbVO** für ab dem 17.8.2015 eintretende Erbfälle käme das nach Art. 21 (gewöhnlicher Aufenthalt des Erblassers) oder gem. Art. 22 EU-ErbVO (Rechtswahl) maßgebliche nationale Erbrecht zur Anwendung. Wird spanisches Erbrecht berufen, so bestimmt sich das Recht der maßgeblichen Teilrechtsordnung nach dem interregionalen Erbrecht Spaniens. Eine Anknüpfung des Ehegattenerbrechts an das Ehegüterstatut gem. Art. 9.8 S. 3 CC kann insoweit beachtlich sein, als eine andere spanische Teilrechtsordnung für die Bestimmung der „gesetzlichen Rechte des Ehegatten" berufen wird. Eine Anknüpfung des Ehegattenerbrechts an das dem Recht eines anderen Staates unterstehende Ehegüterstatut kommt hingegen nicht in Betracht (vgl. Rn 74).

6. Das Erbrecht des Staates

An letzter Stelle, wenn weder erbberechtigte Verwandte noch erbberechtigter Ehegatte vorhanden sind, erbt der Staat. Aufgrund dieses gesetzlichen Erbrechts des spanischen Staates kann dieser auch Erbe von in Deutschland belegenem Nachlassvermögen spanischer Staatsangehöriger werden.[154] Artikel 956 CC schreibt die Verwendung des Erbes genau vor, u.a. Zuweisung eines Drittels an gemeindliche Einrichtungen am Wohnsitz des Verstorbenen, ein Drittel an entsprechende Institutionen in der Provinz des Erblassers und ein Drittel

---

151 Siehe auch *Löber/Huzel*, S. 32 sowie *Hierneis*, in: Ferid/Firsching/Dörner/Hausmann, Spanien, Rn 53–56.
152 Zur Sicht nach deutschem IPR vgl. *Hierneis*, in: Ferid/Firsching/Dörner/Hausmann, Spanien, Rn 82 ff., insbesondere Rn 87.
153 Vgl. *Calvo Caravaca/Carrascosa González*, S. 436 f. (Ziff. 80).
154 Umgekehrt kann aufgrund des gesetzlichen Noterbrechts des deutschen Staates gem. § 1936 Abs. 1 S. 1 BGB der entsprechende Landesfiskus oder ggf. der Bundesfiskus Erbe von in Spanien belegenem Nachlassvermögen deutscher Staatsangehöriger werden.

zur Tilgung von Staatsschulden, es sei denn, der Ministerrat trifft die Bestimmung, die vererbten Güter hiervon abweichend einzusetzen.[155]

III. Die testamentarische Erbfolge nach spanischem Recht (sucesión testamentaria)

1. Testierfähigkeit

97 Testierfähig ist, wer mindestens 14 Jahre alt und geschäftsfähig ist (Art. 662, 663 CC). Bei eigenhändigen Testamenten ist nach Art. 688 Abs. 1 CC Volljährigkeit[156] gefordert.

98 Wie nach deutschem Recht ist die Testamentserrichtung ein höchstpersönliches Rechtsgeschäft (*acto personalísimo*), demzufolge Vertretung oder Drittbestimmung nicht statthaft ist (Art. 670 CC). Doch kann der Erblasser es einem Dritten überlassen, wie die einer bestimmten Personenklasse (also den Verwandten, den Armen oder Wohltätigkeitseinrichtungen) zugedachten Beträge zu verteilen sind; dem Dritten kann auch die Auswahl der einzelnen zu bedenkenden Personen oder Einrichtungen überlassen werden (Art. 671 CC).

2. Testamentsformen

a) Allgemeines

99 Das spanische Recht unterscheidet zwischen ordentlichen und außerordentlichen Testamenten (Art. 676 CC). Ordentliche oder „gewöhnliche" Testamente sind das eigenhändige (Art. 678 CC), das offene (Art. 679, 694 CC) und das verschlossene Testament (Art. 707 f. CC). Außerordentliche Formen (*testamentos especiales*, Art. 677 CC) sind vorgesehen als Militär-, See- sowie als „das im Ausland errichtete Testament" (dazu Art. 732–736 CC).[157] Weitere Sonderformen sind in den Foralrechten vorgesehen (siehe Rn 35 und Rn 158 ff.). Nach gemeinspanischem Recht unzulässig sind sowohl gemeinschaftliche Testamente (Art. 669 CC) als auch Erbverträge (Art. 1271 CC); eine Umdeutung in ein wirksames einseitiges Testament ist nicht möglich. In einigen Foralrechten sind diese Formen letztwilliger Verfügungen indes zugelassen.

b) Das eigenhändige Testament

100 Das Gesetz verlangt – neben Volljährigkeit des Testators – weiter, dass das eigenhändige Testament (*testamento ológrafo*) vom Erblasser vollständig selbst geschrieben sowie unterschrieben ist. Zudem muss das Errichtungsdatum genau angegeben sein. Streichungen, Verbesserungen und zwischen die Zeilen geschriebene Zusätze erfordern einen Berichtigungsvermerk mit Unterschrift (Art. 678 i.V.m. Art. 688 Abs. 3 CC). Zugelassen ist auch das von Ausländern in ihrer Heimatsprache errichtete eigenhändige Testament (Art. 688 Abs. 4 CC). Der Umkehrschluss ist aber nicht richtig: Spanier müssen nicht in spanischer Sprache testieren; auch letztwillige Verfügungen in den Sprachen des Foralrechtsraums – also etwa auf baskisch oder katalanisch – wie auch in ausländischer Sprache sind zulässig.[158]

---

155 Siehe im Einzelnen den Wortlaut der Norm (bei *Peuster*); zur Inbesitznahme und Annahme siehe Art. 957 CC und Art. 958 CC.
156 Die Volljährigkeit beginnt – wie nach deutschem Recht – mit Vollendung des 18. Lebensjahres, Art. 315 Abs. 1 CC.
157 Zu weiteren Sonderformen (u.a. in Epidemiezeiten) siehe *Löber/Huzel*, S. 44 f.; siehe auch *Hierneis*, in: Ferid/Firsching/Dörner/Hausmann, Spanien, Rn 155.
158 Vgl. hierzu *de la Cámara Álvarez*, S. 91.

Weitere Wirksamkeitsvoraussetzung ist nach Art. 689 CC die Vorlegung des eigenhändigen Testaments an den erstinstanzlichen Richter (*Juzgado de Primera Instancia*) des letzten Wohnsitzes oder des Sterbeortes innerhalb von fünf Jahren seit dem Tod des Erblassers. Verspätete Vorlage führt zur Unwirksamkeit des eigenhändigen Testaments. Zur Vorlage verpflichtet ist, wer das Testament in Besitz hat; die Zuwiderhandlung – Vorlage nicht innerhalb von zehn Tagen ab Tod des Erblassers – begründet eine Schadenersatzpflicht (Art. 690 Abs. 1 CC). Vorlegen kann außerdem jeder, der am Testament ein rechtliches Interesse hat, etwa als Erbe, Vermächtnisnehmer oder Testamentsvollstrecker (Art. 690 Abs. 2 CC). Die Eröffnung des eigenhändigen Testaments vollzieht sich gemäß den Art. 691–693 CC.

c) Das offene bzw. öffentliche Testament

Ein *testamento abierto* liegt nach der Definition in Art. 679 CC dann vor, wenn der Testator seinen letzten Willen in Anwesenheit der zur Beurkundung erforderlichen Personen, wobei diese von der Verfügung Kenntnis erhalten, erklärt hat. Insofern ist auch die deutsche Bezeichnung **„öffentliches** Testament" zutreffend.[159] Das öffentliche Testament ist vor einem am Ort der Errichtung zugelassenen Notar zu errichten (Art. 694 Abs. 1 CC). Das frühere Erfordernis der Anwesenheit von drei Zeugen[160] ist mit Neuregelung der Norm (Gesetz 30/1991 vom 20.12.1991) weggefallen. Der Testator erklärt gegenüber dem Notar seinen letzten Willen mündlich oder schriftlich. Der Notar fasst diesen Willen ab, hat Ort, Jahr, Monat, Tag und Stunde der Errichtung zu vermerken, sodann dem Erblasser zu verlesen; die Urkunde ist von diesem zu genehmigen und von ihm und dem Notar zu unterschreiben (Art. 695 Abs. 1CC). Zudem hat sich der Notar von der Identität wie auch der Testierfähigkeit des Testators zu überzeugen und dies in der Urkunde zu beglaubigen (Art. 696 CC).

Ist der Testator des Schreibens unkundig oder zur Unterschrift konkret nicht in der Lage,[161] müssen zwei geeignete Zeugen (Art. 681 f. CC) anwesend sein, von denen einer auf Bitten des Testators an dessen Stelle die Unterschrift leistet (Art. 695 Abs. 2 CC). Ebenso müssen zwei Zeugen hinzugezogen werden, wenn der Testator zwar das Testament unterzeichnen kann, er aber blind ist oder erklärt, dass er das Dokument nicht selbst lesen kann. Zudem müssen zwei Zeugen zugegen sein, wenn der Erblasser oder der Notar es wünschen.

Im Falle unmittelbarer Lebensgefahr ist die Errichtung eines Testaments allein vor fünf geeigneten Zeugen zulässig; die Hinzuziehung eines Notars ist nicht erforderlich (Art. 700 CC).[162] Unwirksamkeit des **Testaments in Todesgefahr** tritt ein, wenn zwei Monate seit Errichtung verstrichen sind (Art. 703 CC).[163]

---

159 So auch die Übersetzung bei *Peuster*, Código Civil, S. 391.
160 So noch die Darstellungen bei *Rudolph*, MittRhNotK 1990, 99; *Kroiß*, Internationales Erbrecht, Rn 284. Vor 1991 ohne Einhaltung des Drei-Zeugen-Erfordernisses errichtete offene Testamente sind nach der Übergangsbestimmung des Gesetzes 30/1991 gültig – sofern sie nicht durch gerichtlichen Beschluss annulliert wurden, vgl. *Castro Garcia* u.a., Código Civil, Anm. zu Art. 694.
161 Vgl. dazu *Peuster*, Código Civil, S. 401 (Anm. zu Art. 695).
162 OLG Frankfurt, Beschl. v. 12.12.2013 – 20 W 281/12.
163 Gleiches gilt für das besondere Testament in Epidemiezeiten (Art. 701 CC); hier reichen bereits drei – über 16-jährige – Zeugen aus, ebenfalls ohne Mitwirkung eines Notars.

d) Das verschlossene Testament

105 Ein *testamento cerrado* liegt gem. Art. 680 CC vor, wenn der Testator – ohne seinen letzten Willen zu enthüllen – erklärt, dass dieser in dem Umschlag enthalten ist, welchen er den Personen vorlegt, die die Urkunde amtlich ausfertigen müssen. Das verschlossene Testament kann vom Testator selbst oder von einer anderen Person geschrieben werden. Hat es der Testator eigenhändig geschrieben, muss er am Schluss unterschreiben. Hat es eine andere Person oder ist es mit einem mechanischem Hilfsmittel geschrieben, setzt der Testator seine Unterschrift auf alle Blätter und an den Schluss des Testaments (Art. 706 Abs. 1, 2 und 3 CC). Im Fall der Schreibunfähigkeit des Erblassers unterschreibt auf seine Bitte jeweils eine andere Person unter Angabe des Grundes der Unmöglichkeit (Art. 706 Abs. 4 CC). Wie beim eigenhändigen Testament sind verbesserte, ausgestrichene oder zwischen die Zeilen geschriebene Wörter mit Berichtigungsvermerk zu versehen (Art. 706 Abs. 5 CC).

106 Folgende weitere Formerfordernisse sind vorgeschrieben: Das Testament wird dem zu beurkundenden Notar übergeben, wobei der Testator es vorher oder vor dem Notar in einen Umschlag zu geben und diesen zu verschließen und zu versiegeln hat (Art. 707 Nr. 1 und 2 CC). In Gegenwart des Notars erklärt der Erblasser dann, dass der Umschlag sein Testament enthalte und ob es von ihm geschrieben und unterschrieben ist oder von fremder Hand oder mit einem mechanischen Hilfsmittel geschrieben und von ihm auf allen Blättern und am Ende unterschrieben worden ist (Art. 707 Nr. 3 CC). Sodann beurkundet der Notar auf dem Umschlag die Errichtung des Testaments, wobei er auch bezeugt, dass er sich über Identität und Testierfähigkeit des Testators vergewissert hat. Anschließend wird die Urkunde verlesen und vom Testator wie auch dem Notar unter Angabe von Ort, Stunde, Tag, Monat und Jahr der Errichtung unterzeichnet (Art. 707 Nr. 5–7 CC).

107 Wie beim öffentlichen Testament ist auch hier das frühere zwingende Erfordernis der Zuziehung von Zeugen weggefallen; nur auf Verlangen des Testators oder des Notars müssen zwei geeignete Zeugen anwesend sein (Art. 707 Nr. 7 CC). Zeugen müssen im Übrigen nur in dem Fall mitwirken, dass der Testator nicht unterschreiben kann oder nicht dazu in der Lage ist (Art. 707 Nr. 5 Abs. 2 CC).[164]

108 Das Außerachtlassen der gesetzlichen Förmlichkeiten führt zur **Nichtigkeit** des Testaments; gegebenenfalls zieht dies auch die Haftung des Notars nach sich (Art. 715 S. 1 CC). Doch kann ein fehlerhaftes verschlossenes Testament, wenn es vom Testator vollständig geschrieben und unterschrieben ist, als eigenhändiges Testament gültig sein (Art. 715 S. 2 CC).

109 Sondervorschriften gelten für Personen, die zwar schreiben, sich jedoch nicht mündlich ausdrücken können (wie Taubstumme; Art. 709 CC). Dagegen können Blinde und des Lesens Unkundige kein verschlossenes Testament errichten (Art. 708 CC).

110 Das verschlossene Testament verbleibt in **Verwahrung** entweder beim Notar oder beim Erblasser oder bei einer Person seines Vertrauens (Art. 711 CC). Es muss nach dem Tod des Erblassers dem zuständigen Richter vorgelegt werden; sollte dies nicht innerhalb von zehn Tagen ab Kenntnis des Todes erfolgen, sei es durch den Notar oder denjenigen, der das Testament in Besitz hat, so haftet dieser für die durch seine Nachlässigkeit hervorgerufenen Schäden (Art. 712 CC). Wer die fristgerechte Ablieferung arglistig unterlässt oder das Testament entzieht, verbirgt, zerstört oder sonst unbrauchbar macht, verliert zudem jegliches Erbrecht, ob testamentarisch oder gesetzlich einschließlich des Noterbrechts (Art. 713 CC).

---

164 Zu weiteren Sonderfällen relativer Erbunfähigkeit siehe *Criado* u.a., S. 104 f.: etwa des Testamentsvollstreckers, der ungerechtfertigt sein Amt nicht annimmt (unbeschadet dessen Noterbrechts – *legítima*).

e) Das im Ausland errichtete Testament

Spanier können außerhalb Spaniens ein Testament unter Beachtung der nach Ortsrecht geltenden Formvorschriften errichten. Ein eigenhändiges Testament nach Art. 688 CC können sie selbst dann errichten, wenn das Ortsrecht diese Form nicht vorsieht (Art. 732 Abs. 1, 3 CC). Ein öffentliches oder verschlossenes Testament nach spanischem Recht können Spanier auch im Ausland errichten, und zwar vor entsprechend befugten Personen des spanischen diplomatischen oder konsularischen Dienstes. Diese nehmen das Testament in Verwahrung und übersenden eine beglaubigte Kopie des öffentlichen Testaments bzw. der Errichtungsurkunde beim verschlossenen Testament dem Ministerium für Auswärtige Angelegenheiten (*Ministerio de Asuntos Exteriores*) zwecks Weiterleitung an das spanische Zentrale Testamentsregister in Madrid. Nach dem Tod des Erblassers wird das Testament zusammen mit der Sterbeurkunde ebenfalls dorthin übersandt. Das Ministerium hat die Todesnachricht im *Boletín Oficial del Estado*, früher *Gaceta de Madrid*, zu veröffentlichen, damit die am Nachlass Beteiligten das Testament erlangen und dessen formgerechte Protokollierung betreiben können (Art. 736 CC).

111

3. Das gemeinschaftliche Testament – Verbot nach dem Código Civil

Das gemeinspanische Recht verbietet – wie andere romanische Rechte in der Regel auch – das gemeinschaftliche Testament (*testamento mancomunado*): Nach Art. 669 CC ist es spanischen Staatsangehörigen untersagt, ein gemeinschaftliches Testament zu errichten. Dieses Verbot gilt für Spanier, die der Geltung des *Código Civil* unterliegen, absolut; es bezieht sich ausdrücklich auch auf im Ausland von Spaniern errichtete gemeinschaftliche Testamente (Art. 733 CC).

112

Die Ungültigkeit des gemeinschaftlichen Testaments wird von Rechtsprechung und Literatur damit begründet, dass sich das Verbot nach Art. 669, 733 CC auf den Inhalt bzw. die innere Gültigkeit des Testaments erstreckt.[165] Es wird auf die Ausführungen in Rn 23 verwiesen.

113

4. Erbverträge – Verbot nach dem Código Civil

Das (gemein-)spanische Recht lässt erbrechtliche Verfügungen im Rahmen eines Erbvertrages grundsätzlich nicht zu; Art. 1271 CC enthält ein entsprechendes Verbot. Allerdings ist die letztwillige Verfügung durch Erbvertrag in diversen Foralrechten ausdrücklich geregelt (siehe dazu Rn 158 ff.). Siehe dazu im Einzelnen bereits die Ausführungen in Rn 24.

114

Ist alleiniger Gegenstand des Erbvertrages in Deutschland belegenes Vermögen, dürfen spanische Staatsangehörige insoweit nach Art. 25 Abs. 2 EGBGB deutsches Recht wählen und dieses dem Erbvertrag zugrunde legen. Allerdings muss hierbei trotz erfolgter Wahl des deutschen Erbrechts nach Art. 25 Abs. 2 EGBGB die generelle Unzulässigkeit des Verzichts auf das spanische Erbstatut nach spanischem Recht beachtet werden. Aus diesem Gesichtspunkt wäre der – spätere – Widerruf der Rechtswahl mittels Testament durch den spanischen Partner des Erbvertrages eine Gefahr für den anderen Vertragspartner, der von der Unwiderruflichkeit des Erbvertrages ausgeht.

115

---

165 TS seit Urt. v. 29.1.1960 (bei *Aranzadi*, 1960 Nr. 894 – zur besonderen Bedeutung solch wiederholter Rechtsprechung des TS: *Huzel*, ZfRV 1990, 256); für die Lehre: *Ortiz de la Torre*, in: Albaladejo, IX 2, S. 342 f.; *Calvo Caravaca*, in: González Campos, S. 252.

5. Bestellung von Ersatzerben

116 Auch im spanischen Recht kann der Erblasser im Rahmen der vorausschauenden Vorsorge Erbgestaltungsmaßnahmen treffen und Ersatzerben bestellen (Art. 774–805 CC). Folgende drei Fälle umfasst Art. 774 CC (*Sustitución vulgar*):
– Ersatzerbenbestellung für den Fall des Vorversterbens des eingesetzten Erben.
– Der eingesetzte Erbe **kann** die Erbschaft nicht annehmen.
– Der eingesetzte Erbe **will** die Erbschaft nicht annehmen.

117 In jeder der vorbezeichneten Varianten erfolgt der Eintritt des Ersatzerben aufgrund des Wegfalls des eingesetzten Erben in dessen Rechtsstellung (Art. 779, 780 CC). Zulässig ist es auch, für den Ersatzerbfall den Erbteil des eingesetzten Erben auf mehrere Ersatzerben zu splitten oder umgekehrt bei Wegfall mehrerer eingesetzter Erben nur einen Ersatzerben zu bestellen (Art. 778 CC).

6. Vor- und Nacherbschaft

a) Allgemeines

118 Die Vor- und Nacherbschaft spanischen Rechts (*sustitución fideicomisaria*; Art. 781 ff. CC) wird in anderssprachigen Werken als „treuhänderische" Ersatzerbschaft abgehandelt, entspricht aber ihrem Wesen nach der diesbezüglichen Regelung des deutschen Rechts. Konsequenterweise heißt der „*fiduciario*" bei *Peuster* in seiner deutschen Übersetzung des Spanischen Zivilgesetzbuches deshalb auch „Vorerbe" und der „*fideicomisario sustituto*" „Nacherbe".[166] Der Vorerbe ist also gewissermaßen der zeitliche Ersatzmann für den, der nach dem Willen des Erblassers durch Eintritt des Nacherbfalls die Position des (Nach-)Erben erhalten soll.

b) Die Stellung des Vorerben

119 Das Bild des Vorerben spanischen Rechts ist geprägt von dessen treuhänderischer Aufgabe, „den gesamten Nachlass" zu erhalten (Art. 781 CC) und diesen dem Nacherben zu übergeben. Damit findet dieses Rechtsinstitut seine Entsprechung in der deutschen Vor- und Nacherbschaft.[167] Selbst die befreite Vorerbschaft ist, wie sich aus Art. 783 Abs. 2 CC ergibt, zulässig. Sie kann sogar noch weitergehender sein als die des deutschen Rechts, die dem Vorerben gem. §§ 2136, 2113 Abs. 2 BGB Schenkungen des Erbschaftsgegenstandes ausdrücklich untersagt. Nach spanischem Recht kann der Erblasser es dem Vorerben sogar gestatten, dem Nacherben lediglich den bei Eintritt des Nacherbfalls noch vorhandenen Erbschaftsrest zu übertragen (*fideicomiso de residuo*).[168] Allerdings darf durch diese Gestaltung der Noterbteil nicht belastet werden (Art. 782 CC).[169]

c) Die Stellung des Nacherben

120 Die Einsetzung des Nacherben muss gem. Art. 783 Abs. 1 CC „ausdrücklich" geschehen. Nach Art. 784 CC erwirbt der Nacherbe das Recht auf die Erbschaft durch das Ereignis des Todes des Erblassers selbst dann, wenn er vor dem Vorerben stirbt; in diesem Falle treten die Erben des Nacherben in die Rechtsposition des Erblassers ein.

---

166 *Peuster*, Código Civil, Anm. zu Art. 781 CC (S. 445).
167 So schon *Brunner*, S. 103.
168 So schon TS, Urt. v. 13.11.1948 (zitiert nach *Brunner*, S. 106).
169 TS, Urt. v. 26.2.1968: „*Sustituto Fidei no puede gravar la legítima.*"

Unwirksam ist die Anordnung einer Vorerbschaft im Rahmen der **fideikommissarischen Substitution** gem. Art. 785 CC in den darin genannten Fällen. Es soll hiermit einerseits eine Perpetuierung der letztwilligen Verfügung des Erblassers verhindert werden (insbesondere dauerndes Veräußerungsverbot) oder solche, die unabsehbare oder ferne Ereignisse betreffen (Ersatzerben gehen über den zweiten Grad hinaus oder leben zum Zeitpunkt des Todes des Erblassers nicht; Art. 785 Nr. 2 i.V.m. Art. 781 CC). Die Unwirksamkeit der angeordneten Vor- und Nacherbschaft gem. Art. 785 CC hat nicht die Gesamtnichtigkeit der letztwilligen Verfügung zur Folge; die Nichtigkeit bezieht sich lediglich auf die Treuhandklausel (Art. 786 CC).

7. Vermächtnisse

Neben der Erbeinsetzung hat der Erblasser die Möglichkeit, einem anderen per Testament einzelne Gegenstände „zu vermachen" (Vermächtnis, Art. 660, 881 CC). Auf diese Weise erhält der Vermächtnisnehmer einen bestimmten Vermögensvorteil (Geldbetrag, Wertgegenstand oder auch Erlass einer Schuld).[170] Anders als der kraft Gesetzes oder aufgrund Testaments Berufene rückt der Vermächtnisnehmer nicht zugleich in die Erbenstellung ein, haftet mithin nicht für Nachlassschulden. Er erlangt zwar das Eigentum an einem bestimmten, dem Erblasser gehörenden Gegenstand bereits mit dem Erbfall (Art. 882 CC). Doch darf er die vermachte Sache nicht eigenmächtig in Besitz nehmen. Diese Form der Einzelrechtsnachfolge ist vielmehr in der Form des **Vindikationslegats** als aus dem Eigentum des Vermächtnisnehmers fließender dinglicher Anspruch gegenüber dem/den Erben oder dem Testamentsvollstrecker ausgestaltet (Art. 885 CC).

Unter welchen Voraussetzungen die Anordnung eines Vermächtnisses wirksam oder unwirksam ist, in welcher Reihenfolge Vermächtnisse zu erfüllen sind, wenn der Nachlass nicht ausreicht (Art. 887 CC), was bei einem Wahlvermächtnis (Art. 874 CC), was bei einem Vermächtnis einer Ausbildung gilt (Art. 879 CC), ist Inhalt der zahlreichen Einzelregelungen der Art. 858–891 CC. Hervorzuheben ist die Möglichkeit, das Vermächtnis mit **Auflagen** zu belasten (Art. 858 CC). Im Falle zweier Vermächtnisse zugunsten einer Person, von denen eines beschwert ist, kann der Vermächtnisnehmer nicht allein das unbeschwerte annehmen und das beschwerte ausschlagen (Art. 890 CC). Ebenso wenig kann er ein nur teilweise belastendes Vermächtnis nur mit dem unbelasteten Teil annehmen, im Übrigen ausschlagen (Art. 889 CC).

Die Regelung über die Bestellung von Ersatzerben (Art. 774 ff. CC) gilt gem. Art. 789 CC auch für die Bestellung von Ersatzvermächtnisnehmern.

8. Widerruf

Alle testamentarischen Verfügungen können jederzeit frei widerrufen werden (*revocación*), selbst wenn der Testator eine gegenteilige Bestimmung im Testament getroffen hat (Art. 737 CC).[171] Die Form des Widerrufs entspricht den für die Errichtung vorgesehenen Förmlichkeiten (Art. 738 CC). Ein früheres Testament wird grundsätzlich durch ein wirksames späteres widerrufen, es sei denn, der Testator bringt darin seinen Willen zum Ausdruck, dass das frühere Testament ganz oder zum Teil wirksam bleiben solle (Art. 739 Abs. 1 CC). Der Widerruf des späteren Testaments kann das frühere wieder wirksam werden lassen,

---

170 Vgl. statt vieler Palandt/*Weidlich*, § 1939 BGB Rn 3.
171 Vgl. Art. 737 Abs. 2 CC über die Unbeachtlichkeit von einen möglichen Widerruf betreffenden Klauseln.

wenn der Testator diese Wirkung ausdrücklich als seinen Willen erklärt (Art. 739 Abs. 2 CC).[172] Ein verschlossenes Testament, das beim Erblasser in Verwahrung war und dessen Umschlag zerstört oder dessen Siegel zerbrochen ist, wird kraft Gesetzes als widerrufen angesehen; Gleiches gilt, wenn die auf dem Umschlag befindlichen Unterschriften durchgestrichen, ausradiert oder verbessert sind (Art. 742 Abs. 1 CC). Die gesetzliche Vermutung ist jedoch nach Maßgabe des Art. 742 Abs. 2 CC widerlegbar.

IV. Das materielle Noterbrecht der nächsten Angehörigen

1. Allgemeines

126 Etwaige Pflichtteilsansprüche beurteilen sich nach dem Recht, welches für die Erbfolge insgesamt gilt, dem **Erbstatut**. Dieses bestimmt sich für Erbfälle, die bis zum 16.8.2015 eintreten, nach den jeweiligen nationalen Kollisionsnormen (Art. 25 EGBGB einerseits, Art. 9.8 CC andererseits). Für Erbfälle, die ab dem 17.8.2015 eintreten, ist auf die Art. 21, 22 EU-ErbVO abzustellen.

127 Das Recht auf den **Noterbteil** nach dem (gemein-)spanischen *Código Civil* (die *legítima*)[173] unterscheidet sich wesentlich vom deutschen Pflichtteilsrecht. Der Noterbe nach spanischem Recht hat die Stellung eines gesetzlichen Erben, d.h., der Noterbe kann nicht ganz enterbt werden. Das Noterbrecht ist damit **echter Anteil am Nachlass** (*pars hereditatis*), kein bloßes Forderungsrecht. Der Noterbe (*heredero forzoso* – zwingender Erbe) wird Miterbe und ist demzufolge als solcher auch in einen gegenständlich beschränkten Erbschein eines deutschen Nachlassgerichts (vgl. § 2369 BGB) aufzunehmen.[174]

128 Als *legítima* (**Noterbteil**) wird derjenige Teil des Nachlasses bezeichnet, über den der Erblasser nicht verfügen kann (im Sinne von „nicht dürfen"). Der Noterbteil ist von Gesetzes wegen für den oder die Noterben bestimmt; er ist nicht disponibel und kann nur bei Vorliegen eines Erbunwürdigkeitsgrundes i.S.d. Art. 852 ff. CC entzogen werden[175] bzw. fällt bei Erbunwürdigkeit des Noterbberechtigten ggf. seinen Abkömmlingen zu (Art. 761 CC). Auch kann die *legítima* nicht beschwert oder mit einer Bedingung belastet werden (Art. 813 S. 1 bzw. 2 CC).[176] Zudem ist ein Verzicht der Noterben auf ihren künftigen Noterbteil nach Art. 816 CC unzulässig; jeder Verzicht wie auch entsprechende Vereinbarungen mit den Noterben sind nichtig.[177]

---

172 Sonderfälle der Wirkung eines Widerrufs sehen die Art. 740 und 741 CC vor: Wirksamkeit bei Hinfälligkeit des Testaments wegen Erbunfähigkeit oder Verzicht der Bedachten bzw. Wirksamkeit der Anerkennung eines Kindes trotz Widerrufs der diesbezüglichen letztwilligen Verfügung.
173 Vgl. dazu *Lacruz Berdejo*, S. 781–790; *O'Callaghan Muñoz*, S. 285–289; siehe auch *Selbherr*, MittBayNot 2002, 167.
174 So auch *Schömmer/Gebel*, Rn 358, 373; zur Problematik siehe auch *Rudolph*, MittRhNotK 1990, 101 f., insb. zu der Frage, ob das Noterbrecht auch dann auszuweisen ist, wenn der Noterbe von den ihm zustehenden Mitteln zur Begründung der ihm vorbehaltenen Miterbenstellung keinen Gebrauch gemacht hat, siehe z.B. *Süß*, in: Mayer/Süß/Tanck/Wälzholz, Handbuch Pflichtteilsrecht, § 15 Rn 311 ff.
175 Zu den Enterbungsgründen im Einzelnen *Chocomeli/Idelmann*, INF 2014, 175, 178 f.
176 Sog. *intangibilidad cualitativa*, vgl. *Busto Lago*, in: Rodrigo Bercovitz Rodriguez-Cano, Comentarios al Codigo Civil, Art. 813 Ziff. 2.
177 Selbst wenn der Noterbberechtigte einen entsprechenden Verzichtsvertrag geschlossen hat, darf er doch nach dem Tod des Erblassers seinen Noterbteil geltend machen; das, was er für den Verzicht erhalten hat, ist jedoch anzurechnen (Art. 816 2. Halbs. CC), vgl. Fallbeispiel bei *Everts*, NotBZ 2015, 3, 5.

2. Der Kreis der Noterbberechtigten und die Höhe ihrer Beteiligung

Noterben, auch „zwingende Erben" (*herederos forzosos*), sind **Kinder und deren Abkömmlinge**, die **Eltern** und **Vorfahren**, sofern der Erblasser keine Abkömmlinge hat, sowie der überlebende **Ehegatte** (Art. 807 CC). Nur wer keine *herederos forzosos* hat, kann frei über sein gesamtes Vermögen verfügen (Art. 763, 806 CC).

129

Der nach Bedeutung und Häufigkeit wohl wichtigste Fall – das **Noterbrecht der Abkömmlinge** – ist wie folgt ausgestaltet:

130

Übersicht: Noterbrecht der Abkömmlinge

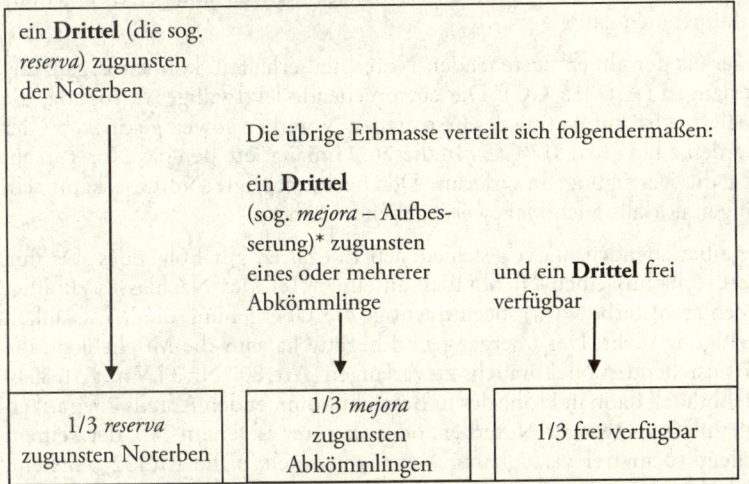

* Ausführlich *O'Callaghan Munoz*, S. 303–310; rechtsvergleichend *Henrich*, DNotZ 2001, 441, 449 f.

Das (Not-)Erbrecht der Abkömmlinge umfasst damit **zwei Drittel** des Reinnachlasses der Eltern (Art. 806 CC). Deren Noterbrecht wie das entfernterer Verwandter beträgt die Hälfte des Reinnachlasses ihrer Kinder und sonstigen Abkömmlinge.[178] Treffen Eltern und entferntere Verwandte mit dem überlebenden Ehegatten des Erblassers zusammen, beträgt das Noterbrecht der Eltern nur noch ein Drittel des Nachlasses (Art. 809 S. 1 CC). Die Eltern des Erblassers sind zu gleichen Teilen noterbberechtigt; bei Vorversterben des einen fällt dessen Noterbteil dem anderen Elternteil zu (Art. 810 CC).[179]

131

3. Die Feststellung der disponiblen Quote

Nach spanischem Recht darf der Erblasser bei Vorhandensein von Noterben über seinen Nachlass nur innerhalb des Rahmens verfügen, den ihm das Gesetz gestattet. Die **disponible Quote** richtet sich insbesondere danach, ob Abkömmlinge des Erblassers und ob daneben weitere Noterbberechtigte vorhanden sind: Der Erblasser kann damit nur über $1/3$ seines Vermögens frei verfügen, wenn Abkömmlinge vorhanden sind; über $2/3$, wenn keine Abkömmlinge, aber sonstige Noterben vorhanden sind; wenn keine Abkömmlinge, aber Eltern bzw. Großeltern vorhanden sind, erben diese zu $1/2$ Noterbteil; lebt der Ehegatte des Erblas-

132

---

[178] Hier gilt oben erwähnte Einschränkung (siehe Rn 129), dass keine Abkömmlinge des Erblassers vorhanden sein dürfen.
[179] Zum Noterbrecht der Aszendenten bei Vorversterben beider Elternteile siehe Art. 810 Abs. 2 CC.

sers noch, reduziert sich das Noterbrecht auf ⅓ Erbteil (Art. 809 CC). Über das gesamte Vermögen kann er nur verfügen, wenn es überhaupt keine Noterben gibt.

4. Folgen der Überschreitung

133 Wird ein Noterbe vollständig übergangen,[180] so ergeben sich dessen Rechte aus Art. 814 CC. In diesem Fall wahrt der Noterbe seine Rechte durch Erhebung einer **Herabsetzungsklage**,[181] die von dem übergangenen Noterben gegen die übrigen, nicht übergangenen Noterben wie auch die sonstigen Nachlassbeteiligten zu erheben ist, die durch die Herabsetzungsklage betroffen sind. Zweifelhaft ist, welche Rechtslage bei vollständiger Übergehung in den Erbschein aufzunehmen ist.[182]

134 Noterben, die weniger als den ihnen zustehenden Noterbteil erhalten, können Ergänzung ihres Noterbteils verlangen (Art. 815 CC). Die entsprechende letztwillige Verfügung, die den Noterbteil schmälert, wird auf Antrag des betroffenen Noterben soweit gekürzt, bis der Noterbteil erfüllt werden kann (Art. 817 CC). In diesem Umfang, um den das Noterbrecht geschmälert wird, ist die Verfügung unwirksam. Der beeinträchtigte Noterbe kann sein Herabsetzungsverlangen notfalls auch klageweise geltend machen.

135 Bei Übergehung des überlebenden, nicht geschiedenen Ehegatten gilt Folgendes: Da ihm das Gesetz als Noterbrecht nur einen Nießbrauch an einem Teil des Nachlasses zubilligt (er also auch nicht echter Miterbe wird), beeinträchtigt die Übergehung die Wirksamkeit der letztwilligen Verfügung nicht. Der übergangene Ehegatte hat nur die Möglichkeit, die Einräumung des ihm zustehenden Nießbrauchs zu verlangen (Art. 807 Nr. 3 i.V.m. Art. 834–839 CC). Ob der Nießbrauch dann in Höhe des in Betracht kommenden Anteils am **ganzen** Nachlass, damit auch zulasten etwaiger Noterben, oder aber nur an **jenem** Teil, der **keinem Noterbrecht unterliegt** (dem frei verfügbaren Vermögensanteil, siehe Rn 132) entsteht, beantwortet sich nach dem Gesetz nicht eindeutig. Aus dem Wesen des Noterbrechts des überlebenden Ehegatten sowie letztlich auch wegen des Umstands, dass der Noterbteil nicht beschwert werden darf (Art. 813 CC), ergibt sich im Ergebnis zutreffend, dass beim Zusammentreffen von Noterben und Abkömmlingen als Erben der Nießbrauch des überlebenden Ehegatten ausschließlich zu Lasten des *Mejora*-Anteils geht (Art. 834 CC).[183]

136 Schenkungen der Aszendenten (Eltern, Großeltern) an ihre Kinder werden im Falle des Versterbens des Kindes vor den Eltern nach Art. 812 CC *ipso iure* unwirksam, wenn das Kind selbst keine Nachkommen hat. Das Vorversterben des beschenkten Kindes wirkt in Ansehung der Schenkung wie das Eintreten einer auflösenden Bedingung.[184] Sind Kinder

---

180 Eine Übergehung in diesem Sinne liegt vor, wenn der Noterbe weder unter Lebenden noch von Todes wegen vom Erblasser Zuwendungen erhält, vgl. *Busto Lago*, in: Rodrigo Bercovitz Rodriguez-Cano, Comentarios al Codigo Civil, Art. 814 Ziff. 1; *Martín Pérez*, in: Pasqueau Liaño/Jurisprudencia Civil Comentada, Art. 814 Ziff. 1.1; Tribunal Supremo, Urt. v. 22.6.2006 (RJ 2006, 3082).

181 Die Rechte von Noterben, die im Testament übergangen worden sind, können nach Auffassung des OLG Frankfurt (Beschl. v. 2.5.2013 – Az 20 W 260/12 – betr. italienisches Noterbrecht) im deutschen Erbschein nur dann Berücksichtigung finden, wenn sie auf Aufforderung des Nachlassgerichts wenigstens die Erhebung der Herabsetzungsklage verlangen. Ansonsten soll der Erbschein auf Grundlage der letztwilligen Verfügung zu erteilen sein.

182 *Martín Pérez*, in: Pasqueau Liaño/Jurisprudencia Civil Comentada, Art. 814 Ziff. 5.2.

183 Siehe auch *Hierneis*, S. 237. Ohne hierzu auf Art. 834 CC einzugehen noch *Rudolph*, MittRhNotK 1990, 101 und ihr folgend *Schömmer/Gebel*, Rn 467.

184 *Busto Lago*, in: Rodrigo Bercovitz Rodriguez-Cano, Comentarios al Codigo Civil, Art. 812 Ziff. 4.

vorhanden, sind diese erbunwürdig oder schlagen die Erbschaft aus, so greift die angeordnete Sonderrechtsnachfolge nicht ein.[185]

V. Annahme und Ausschlagung der Erbschaft

1. Erbschaftsannahme und Ausschlagung

Das spanische Recht verlangt in romanischer Rechtstradition[186] – anders als das deutsche Recht, wonach das Vermögen des Erblassers mit seinem Tode, jedoch **ohne** Zutun der Erben auf diese übergeht (§ 1922 BGB) – zunächst die **Annahme** der Erbschaft, bevor der Erbe etwa aus der Erbschaft erwachsene Rechte ausüben kann. Mit anderen Worten: Mit dem Tod des Erblassers erwirbt der Erbe spanischen Rechts bloß das Recht, die Erbschaft durch Annahme tatsächlich zu erwerben.[187] Ist die Annahme oder anderenfalls die Ausschlagung erfolgt, wirkt sie auf den Zeitpunkt des Erbfalls zurück (Art. 989 CC).[188] Sie können weder auf einen Teil der Erbschaft beschränkt noch unter einer Bedingung oder Befristung vorgenommen werden (Art. 990 CC). Annehmen oder ausschlagen kann jeder, der die freie Verfügungsgewalt über sein Vermögen hat, also geschäftsfähig ist (Art. 992 Abs. 1 CC). Im Fall der Annahme durch eine verheiratete Person ist in Art. 995 CC vorgesehen, wenn ohne Mitwirkung des anderen Ehegatten und ohne Beschränkung der Erbenhaftung angenommen wird, dass das Vermögen der ehelichen Gütergemeinschaft nicht für die Nachlassschulden haftet. Im Übrigen sind Annahme und Ausschlagung unwiderruflich; angefochten werden können sie nur, wenn sie an einem Mangel leiden, der zur Nichtigkeit führt, oder wenn ein bis dahin unbekanntes Testament auftaucht (Art. 997 CC).

In formeller Hinsicht gilt Folgendes: Die Annahme kann *pura y simplemente* (schlicht und einfach) oder *a beneficio de inventario* (wörtlich: „unter der Rechtswohltat des Inventars") erfolgen (Art. 998 CC).[189]

Die schlichte oder unbedingte Annahme kann ausdrücklich oder stillschweigend erfolgen: Wird **ausdrücklich angenommen**, muss dies in öffentlicher oder privater Urkunde erklärt werden (Art. 999 Abs. 1 und 2 CC). Dabei ist die Erklärung zu notarieller Urkunde gar zwingend erforderlich, um überhaupt als Erbe im Eigentumsregister/Grundbuch eingetragen werden zu können.[190]

Eine **stillschweigende** (*tácita*) **Annahme** liegt vor, wenn der als Erbe Berufene eine Handlung vornimmt, die notwendigerweise den Annahmewillen voraussetzt oder zu deren Vornahme er nur als Erbe berechtigt wäre (Art. 999 Abs. 3 CC). Nach Art. 1000 CC gilt die Erbschaft insbesondere bei folgenden Handlungen kraft Gesetzes als angenommen: bei Verkauf, Schenkung oder Abtretung des Erbrechts sowie bei – auch unentgeltlichem – Verzicht oder Ausschlagung zugunsten eines oder mehrerer seiner Miterben. Die Wirkung

---

185 *ÓCallaghan*, Compendio de Derecho Civil, S. 237.
186 Siehe etwa den Länderbericht Frankreich (Rn 156 ff.).
187 Vgl. Art. 1006 CC, wonach diese Rechtsposition – zwischen Erbfall und Annahme der Erbschaft – ihrerseits vererblich ist.
188 Nach der Systematik des *Código Civil* gelten daher für Annahme und Ausschlagung weitgehend gemeinsame Regelungen (vgl. die Abschnittsüberschrift der Art. 988–1009 CC: „Von der Annahme und der Ausschlagung der Erbschaft").
189 In der Übersetzung bei *Peuster*, S. 535: „... unbedingt oder unter Beschränkung der Erbenhaftung ..."; siehe auch *Hierneis*, in: Ferid/Firsching/Dörner/Hausmann, Spanien, Rn 96.
190 Vgl. Art. 14 LH (Hypotheken-Gesetz), Art. 76 f. RH (Hypotheken-Verordnung).

der unbedingten (einfachen) Annahme besteht darin, dass der Erbe für sämtliche Nachlassverbindlichkeiten haftbar wird (Art. 1003 CC).

141 Die **Ausschlagung** muss stets ausdrücklich sowie in öffentlicher oder öffentlich beglaubigter Urkunde erfolgen, oder aber durch ein Schriftstück, welches dem zur Entscheidung über die gesetzliche oder testamentarische Erbfolge berufenen Richter vorgelegt wird (Art. 1008 CC).[191] Nach Ausschlagung steht der Erbe so, als ob ihm die Erbschaft nie angefallen wäre. Ist der Erblasser Deutscher und der Gegenstand der Erbschaft eine in Spanien belegene Immobilie, so richtet sich die Ausschlagung wegen des deutschen Erbstatuts (Heimatrecht des Erblassers) allein nach deutschem Recht.

142 Eine **Frist** zur Annahme oder Ausschlagung ist nicht bestimmt: In Art. 1005 CC ist lediglich der Fall geregelt, dass auf Antrag eines Dritten, der ein legitimes Interesse an der Annahme oder Ausschlagung hat, der Richter dem oder den Erben eine Frist von längstens 30 Tagen zur Abgabe der Erklärung setzt. Erfolgt die Erklärung dann nicht fristgerecht, gilt die Erbschaft als angenommen.[192]

2. Annahme unter Vorbehalt der Inventarerrichtung

143 Nach spanischem Recht kann der Erbe die Annahme der Erbschaft ohne Haftungsbeschränkung erklären (Art. 1003 CC). Dann haftet er für Nachlassschulden nicht nur mit dem Nachlass, sondern auch mit seinem eigenen (auch zukünftigen) Vermögen. Aus Art. 1023 CC ist zu schließen, dass sich dann beide Vermögensmassen zu einer einzigen vereinigen. Nimmt der Erbe indes mit Haftungsbeschränkung (*a beneficio de inventario*, Art. 998 CC) an, so haftet er nur mit dem Nachlassvermögen (Art. 1023 CC).[193] Dazu ist dem Erben in Art. 1010 Abs. 2 CC ein Überlegungsrecht eingeräumt, nämlich zunächst die Errichtung eines Inventars zu verlangen, um sich schlüssig zu werden, ob er annimmt oder ausschlägt (*derecho de deliberar*).

144 Von der umfangreichen Regelung über die Annahme unter dem Vorbehalt der Inventarerrichtung sei hier noch Folgendes hervorgehoben: Jeder Erbe kann die Annahme unter Beschränkung der Erbenhaftung erklären, selbst wenn der Erblasser ihm dies untersagt hat (Art. 1010 Abs. 1 CC). Die entsprechende Annahmeerklärung hat vor einem Notar oder schriftlich vor dem zuständigen Richter zu erfolgen (Art. 1011 CC). Der Erklärung muss ein „zuverlässiges und genaues" Inventar aller Nachlassgüter vorangehen; ansonsten ist sie wirkungslos (Art. 1013 CC). Die Annahme unter Vorbehalt der Inventarerrichtung kann grundsätzlich solange erklärt werden, als der Anspruch auf Annahme der Erbschaft noch nicht verjährt ist (Art. 1016 CC).[194] Besonderheiten gelten indes für den Erben, der den Nachlass in Gewahrsam hat (Art. 1014, 1015 CC). Während der Errichtung des Inventars bzw. der Überlegungsfrist i.S.d. Art. 1010 Abs. 2 CC können Vermächtnisnehmer die Auszahlung ihrer Vermächtnisse nicht verlangen (Art. 1025 CC). Schließlich gilt die Erbschaft nach Art. 1026 CC bis zur Befriedigung aller bekannten Gläubiger und Vermächtnisnehmer als unter Verwaltung stehend.[195]

---

191 Siehe auch *Hierneis*, in: Ferid/Firsching/Dörner/Hausmann, Spanien, Rn 97.
192 Über diese Folge hat der Richter zu belehren, Art. 1005 (2. Halbs.) CC.
193 Vgl. Wortlaut in Übersetzung bei *Peuster*, Código Civil, S. 547: „… Für keinerlei Zweck werden zum Schaden des Erben seine privaten Güter mit denen, die zum Nachlass gehören, vermischt."
194 D.h. im Allgemeinen nach 15 Jahren, vgl. *Peuster*, Código Civil, S. 543 (Anm. zu Art. 1016 CC); jedenfalls, solange keine Ansprüche gegen den Erben erhoben worden sind.
195 Zu weiteren Einzelregelungen siehe *Schömmer/Gebel*, Rn 404–410.

VI. Die Testamentsvollstreckung

Das Recht der Testamentsvollstreckung richtet sich – auch nach Inkrafttreten der EU-ErbVO – weiterhin nach innerstaatlichem Recht.[196]

145

Das spanische Recht kennt zunächst die Rechtsfigur des **Testamentsvollstreckers** (*albacea*; Art. 892 CC) sowie die des **Nachlassteilers** (*contador/partidor*; Art. 1057 CC). Der Erblasser kann eine oder mehrere Personen als **Universal-** oder **Einzel**testamentsvollstrecker berufen; sie können auch nacheinander oder gesamtschuldnerisch ernannt werden (Art. 894 CC). Dem Testamentsvollstrecker spanischen Rechts kommt eine ähnliche Funktion zu wie dem deutschen; in der rechtlichen Ausgestaltung zeigen sich jedoch Unterschiede. Testamentsvollstrecker kann nur werden, wer geschäftsfähig ist (Art. 893 CC). Sein Aufgabenbereich nach Art. 902 CC lässt sich wie folgt umschreiben:[197] „Die Durchführung des Begräbnisses des Erblassers sowie die Bestellung und die Bezahlung der Totenmesse; die Auszahlung der in Bargeld bestehenden Vermächtnisse; die Überwachung der Ausführung aller übrigen letztwilligen Anordnungen, gegebenenfalls auch die Erhaltung der Wirksamkeit des Testaments im Rechtsweg."[198]

146

Der vom Erblasser zum Testamentsvollstrecker Berufene kann das Amt annehmen oder ablehnen. Lehnt er nicht fristgerecht – innerhalb von sechs Tagen ab Kenntniserlangung – ab, gilt das Amt als angenommen (Art. 898 CC). Ein Verzicht auf das Amt ist nur aus einem – nach richterlicher Prüfung – gerechtfertigten Grund zulässig (Art. 899 CC). Bei Nichtannahme oder ungerechtfertigtem Verzicht verliert er das ihm vom Erblasser Zugedachte; ihm verbleibt allein sein Noterbteil (Art. 900 CC). Im Übrigen ist der spanische *albacea* nicht befugt, über Nachlassgegenstände zu verfügen (vgl. Art. 907 CC),[199] es sei denn, der Erblasser hat die entsprechende Befugnis ausdrücklich erteilt (Art. 901 CC). Der Testamentsvollstrecker kann somit durch den Erblasser insbesondere zur Veräußerung von Nachlassgegenständen befugt werden.[200] Seine Tätigkeitsdauer ist grundsätzlich auf ein Jahr befristet, wenn auch mit Verlängerungsmöglichkeit (Art. 904 CC). Über seine Tätigkeit hat der Testamentsvollstreckers grundsätzlich den Erben gegenüber Rechenschaft abzulegen (Art. 907 CC). Die Ausübung seines Amtes erfolgt grundsätzlich unentgeltlich, doch kann der Erblasser eine ihm angemessen erscheinende Vergütung aussetzen (Art. 908 CC). Das Amt endet durch Tod, Unvermögen, Amtsniederlegung oder Absetzung des Testamentsvollstreckers sowie durch den Ablauf der vom Erblasser gesetzten, ersatzweise der vom Gesetz vorgesehenen oder von den Beteiligten vereinbarten Frist (Art. 910 CC). In vorge-

147

---

[196] Das grundsätzlich einschlägige Haager Abkommen über die internationale Abwicklung von Nachlässen vom 2.10.1973 (dazu ausführlich *Lipstein*, RabelsZ 1975, 29–55; siehe auch *Kegel/Schurig*, § 21 V 3 d, S. 1029 f.) ist bislang für keinen der hier beteiligten Staaten in Kraft getreten.

[197] Vgl. *Rudolph*, MittRhNotK 1990, 100.

[198] Vgl. *O'Callaghan Muñoz*, S. 275, 277 („*las obligaciones … se reducen a dos esenciales: cumplir el encargo, es decir, ejecutar las disposiciones testamentarias, y dar cuenta*"). Zu eng *Gantzer*, S. 110, wonach der *albacea* „praktisch nur eine Überwachungsfunktion" habe.

[199] Siehe auch die Ausnahme des Art. 903 CC: Verkauf der beweglichen Güter durch den Testamentsvollstrecker, wenn im Nachlass nicht genug Geld für Trauerfeier und Vermächtnisse vorhanden ist und die Erben es nicht von ihrem Geld beitragen (dazu *O'Callaghan Muñoz*, S. 276). Wie hier *Planells del Pozo/Checa Martinez*, Länderteil Espagne, S. 1104 (Anwendbarkeit des Erbstatuts – unter Verweis auf *Tribunal Supremo* vom 10.12.1966, so auch die spanische Lehre). Die konträre Entscheidung des *Tribunal Supremo* vom 11.2.1952, wonach auf das Recht am Ort der Testamentsvollstreckung abzustellen sei, hat offensichtlich in Rechtsprechung und Lehre kein bestätigendes Echo gefunden.

[200] TS, Urt. v. 9.6.1993, RJ 1993, 4474.

nannten Fällen obliegt die Ausführung des letzten Willens dann den Erben, auch wenn der Testamentsvollstrecker das Amt nicht angenommen hat (Art. 911 CC).

148 Bei gerichtlichen Erbauseinandersetzungen (Art. 782 ff. LEC 2000)[201] besteht die Möglichkeit, einen **Nachlassverwalter** (*administrador de la herencia*) zu ernennen. Sein Amt ist beim Grundbuchamt eintragbar (Art. 797 (3) LEC 2000); er vertritt den Nachlass (Art. 798 LEC 2000), hat den Nachlass zu verwalten. Er ist jedoch grundsätzlich[202] nicht zur Verfügung über den Nachlass berechtigt (Art. 803 LEC 2000).

149 Innerstaatliche Behörden orientieren sich, wenn es um die Abwicklung von Nachlässen auf ihrem eigenen Gebiet geht, naturgemäß zunächst an den ihnen bekannten Rechtsfiguren des eigenen Rechts. Verständlich sind daher Schwierigkeiten, wenn im Einzelfall eine fremde Rechtsordnung maßgeblich ist, welche andere Gestaltungsformen vorsieht.[203]

150 Auch im umgekehrten Verhältnis – Nachlassvermögen in Deutschland, Testamentsvollstreckung unterliegt dem spanischen Erbstatut – darf das international zuständige deutsche Nachlassgericht aufgrund der entsprechenden letztwilligen Verfügung des Erblassers ein **gegenständlich beschränktes Testamentsvollstreckerzeugnis** ausstellen (§§ 2368 Abs. 3, 2369 BGB). Es sollte jedoch hierin im Hinblick auf die Unzulässigkeit der so genannten Dauertestamentsvollstreckung nach spanischem Recht die Befugnisse des Testamentsvollstreckers und die beschränkte Dauer seines Amtes zum Ausdruck bringen.[204] Hierzu gehört auch die im Gegensatz zum deutschen Recht nicht gegebene Verfügungsbefugnis des spanischen *albacea* über das Nachlassvermögen (Art. 907 CC).

151 In der deutschen gerichtlichen Praxis wird dagegen bei einer sog. nur beaufsichtigten Testamentsvollstreckung ohne eigene Verfügungsbefugnisse des Testamentsvollstreckers die Ausstellung eines Fremdrechts-Testamentsvollstreckerzeugnisses abgelehnt.

VII. Die Erbengemeinschaft und die Erbauseinandersetzung

1. Die Erbengemeinschaft

152 Ausdrückliche Bestimmungen über die Erbengemeinschaft wie im BGB in den §§ 2032–2063 BGB enthält der *Código civil* nicht. Jedoch wird die Erbengemeinschaft (*comunidad hereditaria*) in den Regelungen über die Erbauseinandersetzung (Art. 1051 ff. CC) genannt und damit vorausgesetzt. Dabei ist die Erbengemeinschaft des spanischen Rechts der des deutschen vergleichbar.[205] Es sind die Vorschriften über die Gütergemeinschaft (Art. 392 ff. CC) anzuwenden. Somit gelten die vom deutschen Recht her bekannten Grundsätze der gesamten Hand: Keinem der Miterben gehört ein bestimmter Nachlassgegenstand allein oder zu einem bestimmten Bruchteil;[206] auch können alle Miterben nur gemeinsam über

---

201 Normtexte (zweisprachig) bei *Hierneis*, in: Ferid/Firsching/Dörner/Hausmann, Spanien – Texte A II 3.a.
202 Es gelten für bestimmte Tatbestände Ausnahmen, so bspw., wenn die Veräußerung eines Nachlassgegenstands zur Begleichung von Nachlassverbindlichkeiten erforderlich ist.
203 Zum Verfahren der Verwendung des von einem deutschen Nachlassgericht ausgestellten Testamentsvollstreckerzeugnisses in Spanien (bei Geltung deutschen Erbstatuts) siehe *Löber/Huzel*, Rn 294 f.
204 Vgl. hierzu allgemein Staudinger/*Dörner*, 2007, Anh. zu Art. 25 EGBGB Rn 900.
205 Vgl. *O'Callaghan Muñoz*, S. 80; *Brunner*, S. 85 mit ausf. Nachweis.
206 Insoweit kann auch nicht die Aufhebung der Gemeinschaft an einem einzelnen Vermögensgegenstand durch einzelne Miterben nach Art. 400 CC verlangt werden. TSJ Navarra, Urt. v. 6.3.2008, rec. 24/2007.

einen Nachlassgegenstand verfügen (*comunidad forzosa*).²⁰⁷ Aufgrund der gesamthänderischen Bindung wird der Nachlass zu einem Sondervermögen (*conjunto unitario*); dieses ist rechtlich getrennt vom sonstigen Vermögen der Erben. Wie im deutschen Recht (§ 2038 BGB) steht bis zur Auseinandersetzung des Nachlasses das Recht zur Verwaltung allen Miterben gemeinschaftlich zu; sämtliche Miterben sind zur ordnungsgemäßen Verwaltung verpflichtet. An notwendigen Maßnahmen hat der einzelne Miterbe auch dann mitzuwirken, wenn er von der Mehrheit überstimmt worden ist.²⁰⁸ Lediglich bei Notmaßnahmen dürfen Noterhaltungsmaßnahmen von jedem Miterben allein getroffen werden.

2. Die Erbauseinandersetzung

Die Erbteilung (*partición*) ist geregelt in den Art. 1051 ff. CC. Ein jeder Miterbe hat einen **Erbteilungsanspruch**, er kann somit grundsätzlich **jederzeit** die Auseinandersetzung des Nachlasses verlangen, es sei denn, der Erblasser hat die Auseinandersetzung ausdrücklich untersagt (Art. 1051, 1052 CC). Es gilt der Grundsatz, dass erst nach Abwicklung der ehelichen Gütergemeinschaft (*liquidación de la comunidad post matrimonial*) die Miterben über den Nachlass verfügen dürfen.²⁰⁹ Ehegatten können ohne Mitwirkung des anderen die Erbteilung verlangen (Art. 1053 CC). Den Erben steht es allerdings frei, die Auseinandersetzung bis zu maximal 20 Jahren vertraglich auszuschließen.²¹⁰ Der Erblasser kann letztwillig anordnen, dass die Erbengemeinschaft für einen bestimmten Zeitraum fortbestehen soll. Umgekehrt kann der Erblasser auch Teilungsanordnungen hinsichtlich des Nachlasses bezüglich einzelner Miterben bestimmen (Art. 1056 f. CC). Ansonsten können die Erben die Erbengemeinschaft nach freiem Ermessen auseinandersetzen (Art. 1058 CC).

Eine **Teilungsklage** eines oder mehrerer Miterben kommt in Betracht, wenn eine Einigung über die Auseinandersetzung nicht erzielt werden kann; dann entscheidet das Gericht im streitigen Verfahren (Art. 1059 CC i.V.m. Art. 782 LEC 2000²¹¹). Gehören Immobilien zum Nachlass, kann sich eine **Teilungsversteigerung** anbieten. Mit Abschluss der Erbteilung erlangt jeder Miterbe Alleineigentum an den ihm zugewiesenen Gütern (Art. 1068 CC). Nach erfolgter Teilung haften die Miterben nach Maßgabe der Art. 1070–1072 CC untereinander für Sach- und Rechtsmängel.²¹²

VIII. Schenkungen auf den Todesfall

Für die **Schenkung von Todes wegen**, also eher die lediglich versprochene und noch nicht vollzogene Schenkung, sind die (erbrechtlichen) Vorschriften über die Verfügungen von Todes wegen anzuwenden.²¹³ Durch ein solches Schenkungsversprechen kann der Erblasser

---

207 Vgl. AP Cantabria, Urt. v. 9.11.2000: Nichtigkeit eines Kaufvertrages, der ohne Zustimmung der übrigen Miterben von einem Miterben abgeschlossen wurde.
208 Vgl. *Criado* u.a., S. 123 f.
209 TS, Urt. v. 25.11.1999.
210 Nach den allgemeinen Regeln über das Miteigentum (zehn Jahre mit Verlängerungsmöglichkeit um zehn weitere Jahre) vgl. *Rudolph*, MittRhNotK 1990, 108.
211 Normtext LEC 2000 (zweisprachig) bei *Hierneis*, in: Ferid/Firsching/Dörner/Hausmann, Spanien – Texte A II 3.a.
212 In bestimmten Fällen kann die Erbauseinandersetzung wieder aufgehoben werden, siehe dazu die differenzierte Regelung der Art. 1073–1081 CC.
213 Maßgeblich soll sein, ob der Rechtsübergang sich noch zu Lebzeiten des Erblassers einstellt (dann Schenkung inter vivos) oder ob der Rechtserwerb mit dem Tod des Schenkers eintritt (dann Schenkung mortis causa nach Art. 621 CC), *Zurilla Carinana*, in: Rodrigo Bercovitz Rodriguez-Cano, Comentarios al Codigo Civil, Art. 621.

seine Vermögensverhältnisse ähnlich wie etwa durch Testament regeln. Er soll damit aber insbesondere nicht die Formvorschriften für letztwillige Verfügungen umgehen können. Daher richten sich die Schenkungen von Todes wegen nach den Regeln über Verfügungen von Todes wegen. Dementsprechend muss sie also in der Form einer Verfügung von Todes wegen erfolgen.[214] Grundvoraussetzung für solche Schenkungsversprechen ist natürlich, dass der Beschenkte den Erblasser überlebt.

156 Nach spanischem Internationalen Privatrecht unterliegt die Schenkung von Todes wegen wie nach deutschem Recht dem Erbstatut (erbrechtlicher Charakter).[215] Im *Código Civil* sind beide Formen der Schenkung – anders als im BGB – im Zusammenhang geregelt (in Art. 618 f. CC), die Schenkung von Todes wegen speziell in Art. 620 CC.[216]

157 Die wirksame Schenkung von Todes wegen unterscheidet sich gegenüber dem nach Art. 1271 CC zweiseitigen Erbvertrag dadurch, dass die Schenkung von Todes wegen erst mit dem Ableben des Erblassers eine zweiseitige Rechtsbeziehung wird. Die Unwiderruflichkeit des Erbvertrages widerspricht der Testierfreiheit des gemeinspanischen Rechts.

IX. Sondervorschriften in den Foralrechtsgebieten

1. Allgemeines

158 Die besondere Bedeutung der Foralrechte[217] liegt auf dem Gebiet des Familien- und insbesondere des Erbrechts. Handelt es sich bei dem Erblasser um eine Person mit Gebietszugehörigkeit (*vecindad civil*) zu einem der Foralrechtsgebiete, so ist vorrangig dessen besonderes Erbrecht anzuwenden. Diese Sonderrechte sind zum Teil **umfassende** Kompilationen, die in ihren erbrechtlichen Regelungen teilweise von denen des gemeinspanischen *Código Civil* abweichen, aber durchaus auch manche übereinstimmende Aspekte aufweisen. Die Regelungen des CC sind grundsätzlich als *derecho supletorio* ergänzend heranzuziehen (Art. 13 Nr. 2 CC) – ausgenommen in Katalonien.[218] Die nachfolgende Darstellung beschränkt sich daher bewusst auf die Hervorhebung der markantesten Besonderheiten der Foralrechte.

159 Zur Anwendung einer Foralrechtsordnung kann es nur für solche Spanier kommen, die die besondere Gebietszugehörigkeit des Foralrechtsgebietes besitzen (*vecindad civil foral*).[219] Für Ausländer, die einen ausländischen Staatsangehörigen in einem spanischen Foralrechtsgebiet heiraten und dort Aufenthalt nehmen, richtet sich der eheliche Güterstand zwar nach dem jeweiligen Foralrecht. Dies gilt jedoch nicht für das Erbrecht. Denn Ausländer erwerben nie die Gebietszugehörigkeit des Foralrechtsgebietes;[220] sie sind deshalb gewissermaßen

---

214 Je nach Ausgestaltung ist die Schenkung von Todes wegen dann als Vermächtniszuwendung oder auch als Erbeinsetzung zu werten.
215 Schenkungen unter Lebenden – als (rein) schuldrechtlicher Vertrag – dagegen beurteilen sich gem. Art. 10.7 CC nach dem Heimatrecht des Schenkers (siehe Rn 43).
216 „*Las donaciones que hayan de producir sus efectos por muerte del donante ...*" (Wortlaut u.a. bei *Peuster*, Código Civil, S. 366 f.).
217 Grundlegend hierzu *Hierneis*, in: Ferid/Firsching/Dörner/Hausmann, Spanien – Texte A II 3.a.; Wiedergabe der Foralrechte durchweg bei *dems.*, in: Ferid/Firsching/Dörner/Hausmann, Spanien – Texte B. Siehe auch *Pascual Garcia*, S. 67–73 mit Überblick über die foralrechtlichen Besonderheiten sowie *Schömmer/Gebel*, Rn 433–699 (S. 141–209).
218 *Pascual Garcia*, S. 67.
219 Die Gebietszugehörigkeit eines Spaniers bestimmt sich nach der ausführlichen Regelung des Art. 14 CC, die eines Ausländers, der die spanische Staatsangehörigkeit erwirbt, nach Art. 15 CC.
220 Anders nur bei Staatsangehörigkeitswechsel im Fall des Art. 15 CC.

immun gegen die foralrechtlichen Erbrechte.[221] So ist zweifelhaft, ob der in Palma de Mallorca lebende dänische Erblasser, dessen Erbfolge kraft *renvoi* durch das dänische Recht aus spanischer Sicht insgesamt dem spanischen Recht unterliegt, nach dem gemeinspanischen Recht des *Código Civil* oder nach balearischem Foralrecht beerbt wird.[222] Hat er allerdings die spanische Staatsangehörigkeit erworben, hat er auch – gemäß der Optionsmöglichkeiten des Art. 15 CC – eine bestimmte Gebietszugehörigkeit, etwa die der Balearen als die seines Aufenthaltsortes,[223] erworben, mit der Folge, dass im Falle seines Todes dann auch das forale Erbrecht der Balearen zur Anwendung kommt.

2. Aragonien

Das besondere Erbrecht ist geregelt in dem am 23.4.2011 in Kraft getretenen *Código del Derecho Foral de Aragón*.[224] Die Erbfolge fällt an aufgrund Testaments, Erbvertrages (*pacto sucesorio*) oder gesetzlicher Bestimmung (Art. 317 Gesetz 1/2011). 160

Neben dem **einseitigen** ist auch das **gemeinschaftliche Testament** (*testamento mancomunado*) zulässig (Art. 417 Gesetz 1/2011), wenn zumindest einer der Testierenden Aragonese ist und es nach dem Recht des anderen (Personalstatut) nicht verboten ist (Art. 417 Gesetz 1/2011). Beide Testamentsarten können eigenhändig (*ológrafo*), offen vor dem Notar oder in geschlossener Form vor dem Notar errichtet werden (Art. 409 ff. Gesetz 1/2011). Testierfähig ist man – mit Ausnahme beim eigenhändigen Testament – bereits mit 14 Jahren (Art. 408.1 Gesetz 1/2011). Mittels **Erbvertrages** können alle letztwilligen Bestimmungen zugunsten eines der Vertragsschließenden oder zugunsten eines Dritten getroffen werden (Art. 381.1 Gesetz 1/2011). 161

Die Höhe des **Pflichtteils** umfasst die Hälfte des Nachlasses, wobei der Erblasser frei ist in der Aufteilung zu gleichen oder ungleichen Teilen zwischen seinen Abkömmlingen – es handelt sich damit um einen kollektiven Noterbteil (Art. 486 Gesetz 1/2011); Ermittlung und Berechnung des Pflichtteils regelt Art. 487 a 489 Gesetz 1/2011. **Ehevertragliche** Bestimmungen haben keine Wirkung, wenn bei Versterben eines der Ehepartner die Ungültigkeit der Ehe, die Trennung oder Scheidung erklärt worden ist oder das Verfahren auf Antrag eines der Ehegatten eingeleitet wurde (Art. 404 Gesetz 1/2011). 162

3. Balearen

Die foralrechtliche Regelung über die Rechtsnachfolge von Todes wegen – wie auch über den ehelichen Güterstand – ist abgehandelt im Gesetzesdekret 79/1990 vom 6.9.1990.[225] In dessen *Libro I* finden sich die für die Insel **Mallorca**, im *Libro II* die auf der Insel **Menorca** und im *Libro III* die auf den Inseln **Ibiza und Formentera** anwendbaren Vorschriften. 163

Die Erbfolge fällt an aufgrund von Testament, **Erbvertrag** (*pacto sucesorio* – zugunsten eines oder mehrerer)[226] oder gesetzlicher Bestimmung (Art. 6 G 79/1990). Mangels spezieller 164

---

221 AP Girona, Urt. v. 2.10.2002, in: El Derecho EDJ 2002/66324.
222 *Pérez Milla*, Sesión IV del Derecho Aragonés, S. 307, 310 ff.
223 Vgl. Art. 15 (1) CC mit der Nennung von vier Optionsmöglichkeiten, in erster Linie die des Aufenthaltsortes (Text bei *Peuster*, Código Civil, S. 26 f.).
224 Real Decreto Legislativo 1/2011, e 22 de marzo, del Gobierno de Aragón, por el que se aprueba, con el título de „Código del Derecho Foral de Aragón" („Kodifikation des Rechts von Aragón"), BOA Nr. 63 vom 29.3.2011.
225 Siehe auch *Hierneis*, in: Ferid/Firsching/Dörner/Hausmann, Spanien, Rn 22, 111.
226 Zur Zulässigkeit des Erbvertrages im Foralrecht *Cámara Alvarez*, S. 51–53.

Regelung der Testamentsformen gilt insoweit die des *Código Civil*. Mittels eines Kodizills darf der Erblasser im Testament bestimmte Verfügungen zulasten der eingesetzten Erben treffen (Art. 17 G 79/1990), jedoch nicht einen Erben einsetzen, eine frühere Erbeinsetzung widerrufen, einen Erben von der Erbfolge ausschließen oder ihm Bedingungen auferlegen, einen Noterben enterben oder Substitutionen anordnen.

165 Die Höhe des **Pflichtteils** ist wie folgt geregelt (Art. 42 ff. G 79/1990): Der Noterbteil der Abkömmlinge umfasst ein Drittel des Nachlasses, wenn bis zu vier Kinder vorhanden sind, und die Hälfte des Nachlasses bei mehr als vier Abkömmlingen. Der Pflichtteil der Eltern macht ein Viertel des Nachlasses aus; der des überlebenden Ehegatten besteht im Nießbrauchsrecht an der Hälfte der Erbmasse, wenn er mit Abkömmlingen zusammentrifft; das Nießbrauchsrecht besteht an zwei Dritteln, wenn der Ehegatte mit Eltern des Erblassers zusammentrifft, und am ganzen Nachlass, wenn nur entferntere Aszendenten vorhanden sind. Auf Ibiza und Formentera kommt den überlebenden Ehegatten nicht die Eigenschaft eines Pflichtteilsberechtigten zu und das Pflichtteilsrecht der Eltern wird dem gemeinspanischem Recht entnommen.

166 Nach den Sonderregeln für die Insel **Mallorca** ist der Erbvertrag in Form der sog. Universalschenkung (*donación universal*) zulässig (Art. 6 G 79/1990). Bei dieser Form der Schenkung handelt es sich um eine grundsätzlich unwiderrufliche Schenkung des gegenwärtigen und zukünftigen Vermögens, was dem Beschenkten die Rechtsstellung eines vertraglichen Erben zukommen lässt (Art. 8 Abs. 1, Art. 9 Abs. 1 G 79/1990); sie bedarf der öffentlichen Beurkundung (Art. 12 Abs. 1 G 79/1990). Die Schenkung kann entweder zu vollem Eigentum erfolgen oder – wie in der Praxis üblich – belastet mit einem Nießbrauch zugunsten des Schenkenden (Art. 8 G 79/1990). Mit dem Tod des Schenkers fallen die Vermögensgegenstände, über die der Schenker nach Abschluss der *donación universal* nicht verfügt hat, an den Beschenkten (Art. 11 G 79/1990).

167 Auf der Insel **Menorca** dagegen ist der Erbvertrag ausdrücklich nicht zugelassen (Art. 64 f. [*Libro II*] G 79/1990).[227]

4. Baskenland

168 Die Regelung über die Rechtsnachfolge von Todes wegen findet sich im Gesetz 3/1992 vom 1.7.1992 über das Foralrecht des Baskenlandes i.d.F. des Gesetzes vom 26.12.1999 (*Libro I* zum Sonderzivilrecht von **Biskaya**, *Libro II* zum Foralrecht in **Alava**, *Libro III* zu dem in **Gipuzkoa**[228]).[229]

169 Die Berufung zum Erben erfolgt aufgrund Testaments, aufgrund Erbvertrages, Ehevertrages, einer Schenkungsurkunde oder kraft gesetzlicher Bestimmungen (Art. 27 G 3/1992). Ehegatten ist es ausdrücklich gestattet, ein **gemeinschaftliches Testament** zu errichten; dies bedarf – wie auch die spätere Änderung oder der Widerruf – der notariellen Form (Art. 49 f. G 3/1992). Als Spezialformen sind weiter das Testament *hil buruko* (bei Lebensgefahr vor drei Zeugen schriftlich oder wörtlich errichtet, Art. 31 G 3/1992) wie auch die Testiervollmacht zu nennen (Testament durch einen Beauftragten – *alkar-poderoso*, Art. 32–48 G 3/1992); durch diese werden ein oder mehr Vertreter mit der Benennung der Erben und mit der Verteilung der Vermögensgüter beauftragt einschließlich der zur Übertragung derselben erforderlichen Befugnissen.

---

227 Zu weiteren Inhalten des Foralrechts der Balearen siehe *Schömmer/Gebel*, S. 157–163.
228 Dieses beruht auch heute noch weitgehend auf Gewohnheitsrecht.
229 Siehe auch *Hierneis*, in: Ferid/Firsching/Dörner/Hausmann, Spanien, Rn 23.

Das **Noterbrecht** steht in erster Linie den Kindern und den übrigen Abkömmlingen zu, sodann den Eltern und übrigen Aszendenten (Art. 53). Das Noterbteil der Kinder und übrigen Abkömmlinge umfasst **vier Fünftel** des Nachlasses; frei verfügbar ist mithin nur ein Fünftel (Art. 55). Das Recht des überlebenden Ehegatten besteht im Nießbrauchsrecht an der Hälfte des gesamten Vermögens, wenn er mit Abkömmlingen oder Aszendenten zusammentrifft, und an zwei Dritteln beim Zusammentreffen mit Seitenverwandten (Art. 58). Die gesetzliche Erbfolge weicht nur geringfügig von der des gemeinspanischen Rechts ab (Art. 67 ff.);[230] falls nur entferntere Verwandte als solche des vierten Grades vorhanden sind, erbt die Foralverwaltung des Territoriums, das der Gebietszugehörigkeit des Erblassers entspricht (Art. 73).

170

5. Galicien

Die foralrechtliche Regelung über die Rechtsnachfolge von Todes wegen ist in dem Gesetz 2/2006 über das Zivilrecht von Galicien enthalten,[231] dort in Titel X (Art. 181–308).

171

Die Erbfolge tritt ein aufgrund Testaments, Gesetzes oder **Erbvertrages** (Art. 181). Die gesetzliche Erbfolge ist nicht dem Gesetz 2/2006, sondern dem gemeinspanischen *Código Civil* zu entnehmen. Auch das galicische Foralrecht lässt das **gemeinschaftliche Testament** zu, das von galicischen Eheleuten – auch außerhalb Galiciens – errichtet werden kann (Art. 188). Eine weitere Besonderheit ist das Testament durch einen Beauftragten: Hierdurch oder auch im Erbvertrag kann der andere Ehegatte mit der Verteilung des Nachlasses betraut werden (Art. 196).

172

Ehegatten können sich gegenseitig oder einseitig den Witwennießbrauch (*usufructo universal de viudedad*) einräumen, der mit dem Tode oder mit der erneuten Heirat des überlebenden Ehegatten endet (Art. 228–237). Mittels besonderer Vereinbarung oder Erbvertrages, dem sog. *pacto de mejora*, kann nach Art. 214 f. die Aufbesserung zugunsten der Kinder oder Abkömmlinge vereinbart werden – ohne weitere Beschränkungen bis auf die Noterbrechte der übrigen.

173

Eine regionale Sonderregel sieht Art. 219 vor: Eltern, die einen **landwirtschaftlichen Betrieb** ungeteilt erhalten wollen, sind danach befugt, durch Vereinbarung diesen Betrieb einem ihrer Kinder oder Abkömmlingen mittels Verfügung unter Lebenden oder von Todes wegen ganz zu übertragen.

174

Nach Art. 238 sind die Kinder und Abkömmlinge von vorverstorbenen, enterbten oder erbunwürdigen Kindern sowie der (nicht geschiedene oder vom Erblasser getrennte) überlebende Ehegatte **pflichtteilsberechtigt**. Bei dem Pflichtteilsrecht handelt es sich um ein Forderungsrecht, nicht um eine dingliche Nachlassbeteiligung. Der Pflichtteil der Abkömmlinge besteht nach Art. 243 in einem Zahlungsanspruch auf $1/4$ des Nettonachlasswertes, wobei jedem Abkömmling je nach Anzahl der Pflichtteilsberechtigten hiervon nur ein entsprechender, individueller Bruchteil zusteht. Der Pflichtteil des überlebenden Ehegatten besteht neben Abkömmlingen in $1/4$ Nießbrauch am Nachlassguthaben; sind keine Abkömmlinge vorhanden, wächst das Nießbrauchsrecht auf $1/2$-Anteil an (Art. 253, 254).

175

---

230 *Pascual Garcia*, S. 72.
231 Ley 2/2006 de 14 de junio de derecho civil de Galicia („Gesetz betreffend das Zivilrecht Galiciens"), BOE Nr. 191 vom 11.8.2006, in Kraft getreten am 19.7.2006.

6. Katalonien

176 Das Erbrecht Kataloniens ist Regelungsgegenstand des Vierten Buches des *Código Civil de Cataluña* (CCC).[232] Dessen Vorschriften sind zum 1.1.2009 in Kraft getreten.[233] Das Erbrecht Kataloniens wird in einem eigenen Länderbericht in diesem Werk dargestellt; auf diesen wird an dieser Stelle verwiesen.

7. Navarra

177 Das Foralrecht hat seine gesetzliche Grundlage in der Kompilation des Zivilrechts von Navarra (*Fuero Nuevo* i.d.F. vom 1.4.1987 mit späteren Änderungen);[234] die Regelung über die Rechtsnachfolge von Todes wegen findet sich im Zweiten Buch (*Leyes* 148 ff.).[235]

178 Neben dem notariellen offenen und dem geschlossenen Testament ist als Sonderform das (Not-)Testament bei drohender Lebensgefahr vor dem Ortspfarrer vorgesehen; in jedem Fall müssen – somit anders als nach gemeinspanischem Recht – bei der Errichtung mindestens zwei, beim verschlossenen Testament sogar sieben Zeugen mitwirken (*Leyes* 188 ff.). Auch kennt das Sonderzivilrecht von Navarra das von mehreren Personen errichtete Testament, das sog. Brudertestament (*testamento hermandad*); Ehegatten ist dieses damit als gemeinschaftliche Testament statthaft (*Leyes* 199 ff.). Eine weitere Besonderheit ist in der Figur des Vertrauenserben (*heredero de confianza*, auch treuhänderischer Erbe) zu sehen: Als solchen kann der Erblasser eine natürliche oder juristische Person einsetzen, die er ermächtigt, für den Nachlass verantwortlich zu sein und nach seinen mündlichen oder schriftlichen Anweisungen zu verfügen (*Leyes* 289 ff.). Eine spezielle Beschränkung der Testierfreiheit stellt der dem überlebenden Ehegatten zustehende Treuenießbrauch dar (*usufructo legal de fidelidad*; *Leyes* 253 ff.). Er erstreckt sich auf grundsätzlich alle dem Erblasser im Zeitpunkt seines Todes gehörenden Vermögensgegenstände und Rechte.[236]

179 Der navarresische Pflichtteil hat in Abweichung vor allem vom gemeinspanischen Recht keinen vermögensrechtlichen Inhalt; er ist rein formeller Natur. Er besteht vielmehr in der Zuwendung von „fünf im Wert herabgesetzten Geldstücken als bewegliches Vermögen" (*cinco sueldos jebles o carlines, por bienes muebles*) „und einem Landstreifen (etwa 8,9 Ar umfassend) im Gemeindegebiet als unbewegliches Vermögen" (*y una robada de tierra en los montes comunes por bienes inmuebles*), *Ley* 267. Rein tatsächlich ist es daher wohl nicht zwingend, den Pflichtteilsberechtigten etwas zu hinterlassen, weshalb sich in der Kautelarpraxis die Fälle häufen, in denen Erblasser versuchen, eine bürgerlich-rechtliche Gebietszugehörigkeit zu Navarra zu fingieren, um ihre Rechtsnachfolge dem Erbrecht von Navarra zu unterstellen und die Rechte der Pflichtteilsberechtigten zu unterlaufen.[237]

---

232 Ley 10/2008 de 10 de julio, del libro cuarto del Código Civil de Cataluña relativa a sucesiones, BOE Nr. 190 vom 7.8.2008.
233 Siehe auch *Hierneis*, in: Ferid/Firsching/Dörner/Hausmann, Spanien, Rn 25, 112.
234 Ley 1/1973 de 1 de marzo, por la que se aprueba la Compilación del Derecho Civil Foral de Navarra; zuletzt mit Foralgesetz Nr. 6 vom 3.7.2000 über die rechtliche Gleichstellung fester Partnerschaften (BOE Nr. 214 vom 6.9.2000). Texte des Foralrechts bei *Hierneis*, in: Ferid/Firsching/Dörner/Hausmann, Spanien, Texte B VI; siehe auch *Hierneis*, in: Ferid/Firsching/Dörner/Hausmann, Spanien, Rn 26, 113.
235 Eine Eigentümlichkeit der Kompilation Navarras besteht darin, dass die Einzelbestimmungen nicht – wie sonst im spanischen Recht üblich – mit *Artículo(s)*, sondern mit *Ley* bzw. *Leyes* bezeichnet werden.
236 Zu weiteren Einzelregelungen des Treuenießbrauchs siehe *Schömmer/Gebel*, Rn 568–575 (S. 176–178); davon ausgenommene Vermögensgegenstände und Rechte nennt Ley 255.
237 Vgl. z.B. SAP Rioja v. 7.4.2014, rec. 68/2013, und oben Rn 64.

Bei der gesetzlichen Erbfolge wird zwischen der Erbfolge in Stammesvermögen (*bienes troncales*) und der in Nicht-Stammesvermögen (*bienes no troncales*) unterschieden – mit jeweils anderen Erbfolgeordnungen[238] (*Leyes* 304 ff.).

180

D. Erbverfahrensrecht

I. Vorbemerkung

Dem Grundsatz nach lässt die EU-ErbVO die innerstaatlichen mitgliedstaatlichen Vorschriften betreffend die Zuständigkeit in Erbsachen unberührt (Art. 2 EU-ErbVO). Es gilt somit weiterhin der nach spanischem Recht gültige Grundsatz der **freien Wahl des Notars**[239] beispielsweise für die Errichtung von Erbteilungsurkunden, letztwilligen Verfügungen etc.[240] Die **internationale Zuständigkeit** nach mitgliedstaatlichem Recht wird nur insoweit von den Zuständigkeitsvorschriften der EU-ErbVO verdrängt, als es um die gerichtliche Zuständigkeit geht. „Gerichtliches Tätigwerden" in diesem Sinne kann allerdings auch in notariellem Handeln bestehen, wie es beispielsweise in Bezug auf den *acta de notoriedad*, den notariellen Erbschein nach Art. 979 LEC 1881, der Fall ist.[241]

181

Das **Europäische Nachlasszeugnis** (ENZ) schließt nicht die Möglichkeit aus (jedenfalls in rein innerstaatlichen, wohl aber auch staatenübergreifenden Sachverhalten),[242] das „nationale Erbscheinsverfahren" zu betreiben (Art. 62 Abs. 2 EU-ErbVO). Insoweit bleiben die nachfolgenden Ausführungen zum spanischen Erbverfahrensrecht unverändert gültig. Ob die Erwägungsgründe 29 und 36 der EU-ErbVO in dem Sinne zu verstehen sind, dass bei Befassung eines spanischen Notars mit einer Erbsache nicht nur das Verfahren, sondern auch dessen eigene Zuständigkeit selbst in internationalen Nachlassangelegenheiten dem Recht des Mitgliedstaates (hier: Spanien) entnommen werden kann,[243] bleibt abzuwarten. Bislang sind keine spanischen Vorschriften in Kraft getreten, welche die Zuständigkeit für die Erteilung des Europäischen Nachlasszeugnisses regeln.

182

Charakteristikum der spanischen Erbverfahrenslandschaft ist das institutionelle Zusammenspiel zwischen Notar und Gericht. Hierbei spielt der **Notar** die Hauptrolle, insbesondere dann, wenn im Rahmen der vorsorgenden Rechtspflege eine letztwillige Verfügung des Erblassers notariell protokolliert worden ist. Ein dem deutschen Testamentseröffnungs- und anschließenden Erbscheinsverfahren vergleichbares allgemeines Verfahren kennt das spanische Recht nicht. In die Domäne des Richters im Rahmen der freiwilligen Gerichtsbarkeit (*jurisdicción voluntaria*) gehören letztlich nur die Verfahren im Zusammenhang mit der Eröffnung des eigenhändigen Testaments (Art. 689–693 CC) und des verschlossenen Testaments (Art. 714 CC), also der verschlossenen Schrift, die der Erblasser dem Notar mit dem Bemerken übergeben hat, es handele sich um seinen letzten Willen. Werden Erbsachen dagegen streitig, wird die gerichtliche Zuständigkeit eröffnet, insbesondere bei der Erbteilung (Art. 782 ff. LEC 2000).

183

---

238 Siehe *Schömmer/Gebel*, Rn 566 (S. 175) mit jeweiliger Auflistung der Ordnungen.
239 Vgl. Art. 126 Reglamento Notarial, Decreto 2 de junio de 1944.
240 *Carrascosa González*, Reglamento Sucesorio, S. 14.
241 *Carrascosa González*, Reglamento Sucesorio, S. 16.
242 *Carrascosa González*, Reglamento Sucesorio, S. 39 (Ziff. 63).
243 *Carrascosa González*, Reglamento Sucesorio, S. 42 (Ziff. 66).

184 Wer die in vielen Gesetzen und Verordnungen versteckten Elemente des spanischen Erbverfahrens[244] zusammenstellen will, benötigt neben einer anständigen Kompilationsgabe auch ein gewisses Quantum des „Entdecker Kolumbus-Syndroms" – nicht nur mit Blick auf die unterschiedlichen Foralrechte, und dort insbesondere auf die unterschiedlichen Pflichtteilsquoten.

II. Testamentseröffnung

1. Das eigenhändige Testament

185 Hat der Erblasser eine letztwillige Verfügung errichtet, ist im Fall seines Todes festzustellen, wo sich diese Verfügung befindet. Das eigenhändige Testament ist, sofern noch nicht geschehen, dem Richter der ersten Instanz am letzten Wohnsitz des Erblassers oder demjenigen des Ortes, an dem dieser verstorben ist, vorzulegen (Art. 689 CC). Es ist dann von diesem nach Nachweis des Todes des Erblassers zu eröffnen (Art. 691 Abs. 1 CC). Die Wirksamkeit des eigenhändigen Testaments ist davon abhängig, dass es binnen eines Zeitraums von fünf Jahren ab Todestag des Erblassers gerichtlich eröffnet wird (Art. 689 CC). Es wird richterlich in Anwesenheit von drei **Zeugen**, die Handschrift und Unterschrift des Testators kennen, auf seine Echtheit überprüft; notfalls ist auch ein Schriftsachverständigengutachten einzuholen (Art. 691 Abs. 2 CC).

186 Nach positiver Echtheits- und Gültigkeitsprüfung durch das Gericht ordnet dieses an, dass es bei einem zuständigen Notar mit den gerichtlich durchgeführten Maßnahmen auf Antrag eines Beteiligten zu Protokoll genommen wird (Art. 213 RN). Die Beteiligten erhalten die erforderlichen notariellen Abschriften und Bescheinigungen (Art. 693 CC).

2. Das offene und das verschlossene (notarielle) Testament

187 Das normale notarielle **offene** Testament (Art. 694 ff. CC) wird von diesem oder einem anderen Notar eröffnet und üblicherweise im Rahmen der Erbschaftsannahme und Zuweisung nach dem Willen des Erblassers umgesetzt. Dies setzt neben Vorlage der Sterbeurkunde eine vorherige aktuelle Bescheinigung des Zentralen Nachlassregisters voraus, dass sonstige letztwillige Verfügungen in notarieller Form dort nicht eingetragen sind. Hier bedarf es also lediglich einer **notariellen**, nicht jedoch einer gerichtlichen **Testamentseröffnung**.

188 Das **verschlossene** Testament (Art. 714 CC) wird nach Vorlage beim Gericht (Art. 1956 ff. LEC 1881) vom **Gericht eröffnet**. Das Gericht prüft, ob sämtliche Formen und Förmlichkeiten eingehalten sind (Art. 1.966 LEC 1881). Auch hier geht der Weg des weiteren Nachlassverfahrens zum zuständigen Notar unter Beifügung des Testaments, der gerichtlichen Eröffnung und des gerichtlichen Protokolls. Die Beteiligten sind durch entsprechende Urkundenabschriften und Bescheinigungen von der Testamentssituation zu unterrichten.

3. Sonderfall: Eröffnung eines Testaments eines Deutschen in Spanien

189 Hat ein deutscher Erblasser sein Testament vor einem spanischen Notar errichtet, ist dieses zweckmäßigerweise auch dort zu eröffnen – ebenfalls vor einem spanischen Notar. Er

---

244 Bei den vorgenannten Gesetzen und Verordnungen handelt es sich insbesondere um folgende: *Código Civil* (CC); *Ley de Enjuiciamiento Civil 1881* (LEC 1881); *Ley Hipotecaria* (LH); *Ley de Enjuiciamiento Civil 2000* (LEC 2000); *Reglamento Hipotecario* (RH); *Reglamento Notarial* (RN); *Ley Orgánica del Poder Judicial* (LOPJ).

benötigt in diesem Fall eine Bescheinigung des Zentralen Nachlassregisters in Madrid (*Registro General de Actos de Última Voluntad*), dass keine andere als die ihm vorliegende letztwillige Verfügung des Erblassers getroffen wurde. Diese Bescheinigung kann frühestens 15 Tage nach dem Tode des Erblassers beim Zentralregister in Madrid angefordert werden. Dabei ist stets eine Sterbeurkunde beizufügen sowie es sind nähere Angaben über die Person des Antragstellers wie auch über seine Beziehungen zum Erblasser zu machen. In aller Regel wird der spanische Notar vom testamentarisch eingesetzten Erben – nach den Voraussetzungen des spanischen Rechts – eine ausdrückliche Erbschaftsannahmeerklärung[245] verlangen. Dies ist zwar nach dem **deutschen** Erbstatut (nach dem deutschen Erblasser – Heimatrecht) nicht erforderlich; sich aber gegenüber dem eingeschalteten spanischem Notar allein darauf zu berufen, dürfte in der Praxis nicht zum gewünschten Erfolg führen.[246]

Es empfiehlt sich im Hinblick auf das Prinzip der Nachlasseinheit im deutsch-spanischen Verhältnis, dem spanischen Notar nicht nur eventuelle spanische letztwillige Verfügungen vorzulegen, sondern auch eröffnete privatschriftliche und deutsche notarielle Testaments- oder Erbvertragsurkunden. Dies ist erforderlich, um den Erben zuverlässig bestimmen zu können. Allerdings gilt für spanische Notare, vor denen Testamentsurkunden spanischer Erblasser errichtet werden, der Amtsermittlungsgrundsatz. Dies bedeutet, dass der spanische Notar anhand des Familienbuchs und sonstiger Urkunden die Familiensituation prüfen muss, insbesondere im Hinblick auf die nicht testamentarisch abdingbaren Noterbrechte (*legítimas*).

190

III. Der Nachweis der Erbeneigenschaft

Ist der Erblasser **ohne** Hinterlassung einer letztwilligen Verfügung oder eines Erbvertrages verstorben, wird die Erbeigenschaft je nach Art der Rechtsbeziehung zwischen Erblasser und Erben durch ein **notarielles Verfahren** (*acta de notoriedad*) oder durch ein gerichtliches Verfahren (*declaración judicial de herederos ab intestato*) nachgewiesen. Beide genannten Verfahrensarten setzen aber immer voraus, dass gerade **kein** Testament vorliegt, auf welches – soweit vorhanden – normalerweise zurückgegriffen wird.

191

1. Notarielles Verfahren

Bei überschaubaren Rechtsbeziehungen zwischen Erblasser und Erben – dann, wenn als testamentslose Erben der Ehegatte, die Abkömmlinge oder die Voreltern in Betracht kommen – gilt das **notarielle Verfahren** (*acta de notoriedad*)[247] (Art. 979 LEC 1881 und 209bis RN). Zuständiger Notar ist derjenige, an dessen Sitz der Erblasser seinen letzten Wohnsitz in Spanien (*su último domicilio en España*) hatte. Ein jeder der vorgenannten Erben ist befugt, bei dem vorbezeichneten Notar zu erscheinen und unter Darlegung der konkreten Umstände und Vorlage der entsprechenden Urkunden die *Acta de Notoriedad* zu beantragen.

192

Bei den vorzulegenden Urkunden handelt es sich um folgende:
- Reisepass oder Personalauswis des Erben;
- Internationale Sterbeurkunde;
- Negativbescheinigung des Spanischen Zentralen Nachlassregisters (Madrid);

193

---

245 Art. 988 ff. CC (siehe Rn 137 ff.).
246 Siehe *Löber/Huzel*, Rn 230 sowie – zum Vorgehen bei mehreren Miterben – Rn 231.
247 Dazu *Criado* u.a., S. 86 f.

- Familienbuch oder Bescheinigungen des Standesamtes über die Verwandtschaft (z.B. Geburtsurkunde) oder über die Ehe (internationale Heiratsurkunde);[248]
- mindestens zwei Zeugen müssen mit einem der Miterben die Richtigkeit dessen bekunden, was der Mit- oder Alleinerbe in der notariellen Urkunde erklärt;
- Angaben und Urkunden zwecks Errichtung des Inventarverzeichnisses.
- Ist der Erblasser aus spanischer Sicht Ausländer und findet aufgrund der deutschen Staatsangehörigkeit des Erblassers deutsches Recht Anwendung, empfiehlt es sich, zugleich auch eine Rechtsbescheinigung zweier deutscher Rechtsanwälte, versehen mit notarieller Unterschriftsbeglaubigung und der Apostille, vorzulegen, aus der ersichtlich ist, wie sich die gesetzliche Erbfolge nach deutschem Recht bei Nichtvorliegen eines Testaments gestaltet.[249]

194 Diese notarielle „Erbscheinsurkunde" gilt als Erbtitel (*título de la sucesión hereditaria*) im Sinne des Art. 14 LH zu Zwecken der Eigentumsumschreibung von Liegenschaften oder auch als Bescheinigung für Banken, bei denen der Erblasser Konten oder Depots besaß. Bei ausländischen Erblassern mit gleicher Familiensituation wie beschrieben hat sich jedoch in der Praxis gezeigt, dass die zuständigen spanischen Notare wegen der Anwendbarkeit ausländischen Erbstatuts die Ausstellung der *acta de notoriedad* verweigern, dies sogar dann, wenn entsprechende Rechtsbescheinigungen von Rechtsanwälten oder Notaren des Heimatstaates des Erblassers vorgelegt wurden. In diesen Fällen sollte entweder der Erbschein deutschen Rechts beantragt werden oder der Weg des gerichtlichen Verfahrens in Spanien (siehe Rn 195 ff.) gewählt werden.

2. Gerichtliches Verfahren

195 Bei Überschreitung des im notariellen Verfahren genannten engen Verwandtschaftsverhältnisses zwischen Erblasser und erbmäßig Berechtigten ist in Fällen testamentslosen Nachlasses die gerichtliche Zuständigkeit für das Nachlassverfahren (*declaración judicial de herederos ab intestato*)[250] gegeben (Art. 980 LEC 1881). Das Gericht hat zunächst erforderliche Sicherungsmaßnahmen in Bezug auf den Nachlass anzuordnen, wobei auch eine **Inventaraufnahme** vorzunehmen ist (Art. 977 LEC 1881). Hierfür gelten die Sicherungsregeln der Art. 790 ff. LEC 2000.

196 Unabhängig hiervon hat das Gericht die Erbbescheinigung in Bezug auf den testamentslosen Nachlass (*declaración de herederos ab intestato*) vorzubereiten. Diese Erklärung kann auch auf Antrag eines Beteiligten erfolgen (Art. 978 LEC 1881). Hierbei ist der Nachweis des Ablebens des Erblassers zu erbringen und der Verwandtschaftsgrad zu belegen. Dies erfolgt i.d.R. durch Vorlage des Familienbuchs und ähnlicher Standesamtsurkunden. Weiterhin bedarf es der Vorlage der Bescheinigung des Zentralen Testamentsregisters (*Registro General de Actos de Última Voluntad*)[251] und eines Zeugenbeweises (*información testifical*), dass der Erblasser ohne Hinterlassung eines Testaments verstorben ist, weiterhin der Erklärung, dass diejenigen bezeichnet werden, die gesetzliche Erben des Erblassers sind. Nach entsprechender positiver Prüfung erlässt das Gericht einen Beschluss und erteilt eine Erbbescheinigung (*auto de declaración de herederos ab intestato*; Art. 981 LEC 1881) oder weist bei Nichtvor-

---

248 In der Regel genügt allerdings die Vorlage des Familienbuches.
249 Zur Zurückhaltung spanischer Notare bei Anwendung dieses Verfahrens bei ausländischen Erblassern siehe *Löber/Huzel*, S. 85.
250 Art. 977 ff. LEC 1881.
251 Die Anschrift lautet: Registro General de Actos de Última Voluntad, Ministerio de Justicia, Plaza de Jacinto Benavente n°3, E 28012 Madrid.

liegen der Voraussetzungen den entsprechenden Antrag ab. Zuständig ist das Gericht (*Juzgado de Primera Instancia*), an dessen Sitz der Erblasser seinen letzten Wohnsitz hatte.

IV. Erbschaftsannahme

Die Erbschaftsannahme (*aceptación de herencia*) ist in den Art. 988 ff. CC geregelt. Insbesondere unter Vorlage folgender Urkunden erscheinen die Erben beim Notar zwecks Errichtung der Urkunde über die Erbannahme, Erbteilung und Erbzuwendung (*Escritura pública de aceptación y adjudicación de herencia*): 197
- Sterbeurkunde;
- Bescheinigung des Zentralen Testamentsregisters;
- Vorlage letztwilliger Verfügungen notarieller (*acta de notoriedad*) oder gerichtlicher Beschlüsse in Erbsachen (*autos*);
- Dokumentation über den Nachlass.

Die Bescheinigung des Zentralen Testamentsregisters ist anzufordern unter Vorlage der amtlichen **Sterbeurkunde** (übersetzt) oder der internationalen Sterbeurkunde. Diese Urkunden bedürfen nicht der Apostille. 198

Aufgrund der Erbschaftsannahmeurkunde wird – bei mehreren Erben – entsprechend den testamentarischen oder gesetzlichen Bestimmungen die Erbteilung und Zuweisung der einzelnen Vermögensgegenstände oder ideellen Anteile an die Erben verfügt. Nach Zahlung der jeweiligen Steuern durch die erbmäßig Berechtigten können diese die entsprechende Umschreibung im Grundbuch bzw. die Umschreibung von Bankkonten auf sich betreiben. 199

V. Anerkennung deutscher Erbscheine und Testamentsvollstreckerzeugnisse

In Spanien kann auch mit einem **deutschen Erbschein** der Nachweis der Erbfolge erbracht werden. Der Erbschein deutschen Rechts entfaltet **volle Beweiskraft** für den Tod des Erblassers wie auch für das Bestehen des Erbrechts. Er ist mit der Apostille und einer amtlichen Übersetzung in die spanische Sprache zu versehen, wobei auch die Übersetzung einer Apostille bedarf.[252] Die Praxis der Landgerichtspräsidenten ist unterschiedlich. Während beispielsweise der Präsident des Landgerichts Frankfurt am Main auch beglaubigte Übersetzungen von im Landgerichtsbezirk Frankfurt am Main zugelassenen ermächtigten Übersetzern ohne notarielle Zwischenbeglaubigung mit einer Apostille versieht, werden von anderen Landgerichtspräsidenten entsprechende notarielle Beglaubigungen verlangt. In der Praxis ist den Verfassern bisher kein Fall bekannt geworden, in welchem eine mit der Apostille versehene beglaubigte Übersetzung aus der deutschen Sprache in Spanien nicht anerkannt worden ist. 200

Der Erbschein deutschen Rechts gilt als ausländischer erbrechtlicher Titel i.S.d. Art. 14 Abs. 1 LH i.V.m. Art. 36 und 37 RH.[253] Die Anerkennung von ausländischen Entscheidungen der freiwilligen Gerichtsbarkeit erfolgt im Rahmen einer inzidenten Prüfung durch die mit einem konkreten Antrag befasste spanische Behörde (z.B. das *Registro de la Propiedad*).[254] Allerdings darf beispielsweise die Umschreibung durch das spanische Grundbuch- 201

---

252 Vgl. *Löber/Huzel*, S. 105 f.
253 Siehe auch Art. 77 RH, wonach der durch einen Erbvertrag Begünstigte berechtigt ist, eine Vormerkung eintragen zu lassen.
254 Tribunal Supremo, Beschl. v. 18.7.2000, rec. 774/2000.

amt nicht mit der Begründung verweigert werden, es sei kein deutscher Erbschein vorgelegt worden, wenn die Rechtsnachfolge auf andere Art und Weise nachgewiesen ist.[255]

202 Bei der Anordnung einer Testamentsvollstreckung gilt für die amtlich ausgestellten **Testamentsvollstreckerzeugnisse** das gleiche Prozedere, wie bei den Erbscheinen beschrieben (Rn 200 f.).[256] Da insbesondere bei der nach deutschem Recht zulässigen Langzeittestamentsvollstreckung im Hinblick auf die anderweitige Regelung in Spanien Probleme bei den zuständigen Behörden auftreten könnten, empfiehlt es sich, eine Rechtsbescheinigung zweier deutscher Rechtsanwälte oder Notare ausstellen zu lassen, die die rechtlichen Befugnisse des Testamentsvollstreckers nach deutschem Recht näher umschreibt sowie darauf eingeht, dass nach dem spanischen Internationalen Privatrecht der Testamentsvollstrecker dem deutschen Erbstatut unterliegt (Art. 9.8 CC).[257] Insbesondere sollte die vom spanischen Recht abweichende Befugnis des Testamentsvollstreckers erwähnt werden, über Nachlassgegenstände auch ohne Zustimmung der Erben verfügen zu dürfen.[258] Es kann sich bei Rechtsbescheinigungen dieser Art auch als nützlich erweisen, den öffentlichen Glauben sowohl des Erbscheins als auch des Testamentsvollstreckerzeugnisses ausdrücklich zu erwähnen. Die Rechtsbescheinigung ist gleichfalls in die spanische Sprache zu übersetzen oder in dieser zu erstellen und nach der Unterschriftsbeglaubigung durch den Notar und mit der Apostille des zuständigen Landgerichtspräsidenten zu versehen.[259]

VI. Erbteilung

1. Die einverständliche Erbteilung

203 Bei Vorhandensein mehrerer Miterben erfolgen die Erbauseinandersetzung und Erbteilung (*Partición de la Herencia*) **im Rahmen einer notariellen Urkunde**, insbesondere wenn es um Liegenschaften oder um Bankkonten geht. Nach Inventarerrichtung in der Notariatsurkunde und der Erklärung der Erbschaftsannahme (*aceptación de herencia*) erfolgt die Zuweisung der einzelnen Vermögensgegenstände (*adjudicación*) gemäß dem letzten Willen des Erblassers oder aufgrund gesetzlicher Erbfolge. Die Erbteilung durch einverständliche *adjudicación* kann aber auch freihändig erfolgen, solange keiner der (Mit-)Erben mehr als 50 % der Erbmasse erhält.[260] Diese Urkunde – in Verbindung mit dem Testament oder der *acta de notoriedad* bzw. *declaración judicial de herederos* – legitimiert den einzelnen Erben gegenüber spanischen Behörden und Dritten. Erbzeugnisse spanischen Rechts genießen nicht denselben öffentlichen Glauben wie der Erbschein deutschen Rechts. Aufgrund dieser Urkunde und nach Zahlung der spanischen Erbschaftsteuer kann beispielsweise beim Eigentumsregister die Umschreibung von Eigentumsrechten beantragt oder bei spanischen Banken die Auszahlung von Guthaben erreicht werden. Während eines Zeitraums von zwei Jahren seit dem Ableben des Erblassers gilt grundsätzlich gegenüber Dritten ein eingeschränkter Gutglaubensschutz hinsichtlich der ererbten Rechte (Art. 28 LH).

---

255 *Blanco-Morales Limones*, Diario La Ley No. 8262, 2014.
256 Vgl. *Steinmetz/B. Löber*, Tagungsband des 6. Testamentsvollstreckertages, S. 61 ff.
257 Vgl. *Steinmetz/B. Löber*, Tagungsband des 6. Testamentsvollstreckertages, S. 61 (Ziff. 1).
258 Hingewiesen sei nochmals darauf, dass ein Testamentsvollstrecker nach deutschem Recht (d.h. bei deutschem Erbstatut) in Spanien nur innerhalb seiner ihm vom deutschen Recht eingeräumten Befugnisse tätig werden und dementsprechend seine Funktionen ausüben darf, also die letztwilligen Verfügungen des Erblassers ausführen.
259 Vgl. *Löber/Huzel*, S. 83 mit Hinweis zum praktischen Verfahren; *Steinmetz/B. Löber*, Tagungsband des 6. Testamentsvollstreckertages, S. 61, 67.
260 Der 50 % übersteigende Teil wäre sonst als Schenkung zu versteuern.

2. Sondersituation bei einem Alleinerben

Insoweit sieht Art. 14.3 LH die Möglichkeit vor, dass der Alleinerbe beim Grundbuchamt unter Vorlage des Erbtitels mit den entsprechenden Grundbuchurkunden die Umschreibung des Eigentums auf seinen Namen beantragt. Der Einschaltung eines spanischen Notars bedarf es in diesem Falle grundsätzlich nicht. Aus praktischen Erwägungen sollte aber auch der Alleinerbe zwecks Verfahrensvereinfachung insbesondere eine Sterbeurkunde und den Nachweis der Steuerzahlung vorlegen, um im Grundbuch (*Registro de la Propiedad*) eingetragen zu werden.

204

3. Streitiges Erbteilungsverfahren

Falls sich Miterben oder Vermächtnisnehmer hinsichtlich der Aufteilung der Erbschaft nicht einigen, können im Rahmen des streitigen Verfahrens die Gerichte angerufen werden (Art. 782 ff. LEC 2000). Voraussetzung hierfür ist jedoch, dass der Erblasser keinen Erbteiler (*contador/partidor*) ernannt hat. Dem Antrag ist neben der Sterbeurkunde die Urkunde (Testament oder Vermächtnis), auf die der Kläger sein Recht stützt, beizufügen. Gläubiger haben nicht die Möglichkeit, die Erbteilung zu verlangen (Art. 782.3 LEC 2000); Gläubiger von Miterben sind befugt, bei der Teilung zu intervenieren, um eine Gefährdung oder den Verlust ihrer Rechte zu verhindern. Nach Eingang des gerichtlichen Erbteilungsantrags kann eine Inventarerrichtung erfolgen. Es kann gleichfalls eine Erbenversammlung einberufen werden unter Mitwirkung der Vermächtnisnehmer und des überlebenden Ehegatten binnen eines nachfolgenden Zeitraums von 10 Tagen (Art. 783 Ziff. 2 LEC 2000). Bei minderjährigen Erben zu deren Schutz gleichfalls die Behörde *Ministerio Fiscal* eingeschaltet werden. Dies gilt u.a. auch für abwesende Erben (Art. 783 Ziff. 4 LEC 2000). Auch ist die Ernennung von Sachverständigen zulässig aufgrund der Bestimmungen der Art. 784 ff. LEC 2000. Die eigentliche Teilung und Übergabe der jedem Miterben zugewiesenen Nachlassgegenstände erfolgt nach den Bestimmungen der Art. 786–789 LEC 2000.

205

Bestimmungen über Sicherungsmaßnahmen des Nachlasses und von Urkunden des Verstorbenen enthalten die Art. 790 und 791 LEC 2000. Solange die Erbschaft noch nicht von den Miterben angenommen ist, wird diese von dem „Nachlassverwalter" (*administrador de la herencia*) vertreten (Art. 798 LEC 2000). Zum Aufgabenbereich dieses besonderen Nachlassverwalters gehören die Betreuung und Bewahrung der Erbschaftsgegenstände und alle damit zusammenhängenden Handlungen (Art. 801 LEC 2000). Nicht zu den Befugnissen des *administrador de la herencia* gehört grundsätzlich die Veräußerung oder Belastung von Nachlassgegenständen, allerdings mit gewissen Ausnahmen (Art. 803 LEC 2000). Das Amt des Nachlassverwalters ist nicht unentgeltlich. Das Honorar bemisst sich nach dem Wert des Nachlasses.

206

VII. Zivilverfahren

1. Die internationale Zuständigkeit spanischer Gerichte

Art. 22.3 LOPJ bestimmt die **internationale Zuständigkeit** spanischer Gerichte „in der Erbmaterie, wenn der Erblasser seinen letzten Wohnsitz auf spanischem Gebiet hatte oder unbewegliche Sachen in Spanien besitzt". Danach besteht eine Zuständigkeit spanischer Gerichte mithin **auch für Nachlassangelegenheiten deutscher Erblasser.**

207

Zu einer konkurrierenden internationalen Zuständigkeit kann es u.a. kommen bei deutschen Staatsangehörigen mit Vermögen in Spanien, die in Spanien verstorben sind, oder die neben der deutschen auch noch die spanische Staatsangehörigkeit besitzen. Dann ist eine konkur-

208

rierende deutsche *und* spanische internationale Zuständigkeit gegeben.[261] Bei Personen mit deutscher und spanischer Staatsangehörigkeit, sog. **Mehrstaatern**,[262] kann die Erbfolge je nachdem eine andere sein, welches Gericht angerufen wird: ein spanisches oder ein deutsches. Ein **spanisches Nachlassgericht** stellt nach seinem, dem spanischen IPR, bei einem spanischen Mehrstaater allein auf die spanische Staatsangehörigkeit ab und wendet das spanische Erbrecht an. Entsprechend verhielte sich das **deutsche Nachlassgericht**. Es wendet nach deutschem IPR bei einem deutschen Mehrstaater allein das deutsche Recht (Erbstatut) an.[263] Daneben besteht die konkurrierende internationale Zuständigkeit aber immer dann, wenn ein deutscher Erblasser Vermögen in Spanien hinterlassen hat: Der Erbe kann immer den deutschen Erbschein beantragen und kann auch in Spanien – im Rahmen der aufgezeigten Möglichkeiten – das Erbverfahren betreiben.

209 Über die **örtliche Zuständigkeit** in Erbsachen befindet Art. 52.1.4 LEC 2000[264] in der Weise, dass das Gericht des letzten Wohnsitzes zuständig ist und bei letztem Wohnsitz im Ausland das Gericht des letzten Wohnsitzes in Spanien oder das für den größten Teil des Nachlassvermögens zuständige Gericht, und zwar nach Wahl des Klägers. Auch wenn ein deutscher Erblasser mit Vermögen in Spanien in Deutschland verstorben ist, besteht in Spanien eine Zuständigkeit für die Erteilung eines Nachlasszeugnisses. In diesem Fall ist das Gericht zuständig, in dessen Bereich der überwiegende Teil des Vermögens in Spanien belegen ist.

210 Zum **Verfahren** sei auf Folgendes hingewiesen: Außer der **Sterbeurkunde** ist eine **Bescheinigung des Zentralen Nachlassregisters** in Madrid vorzulegen, aus der sich ergibt, ob und gegebenenfalls welche letztwilligen Verfügungen in notarieller Form des Erblassers vorhanden sind. Weiter beizubringen sind Geburtsurkunden der Antragsteller; sodann eine Heiratsurkunde des Erblassers, um gesetzliche Erben feststellen zu können. Schließlich ist der Nachweis über die gesetzliche Erbfolge – bei deutschen Erblassern also gemäß deutschem Recht (Erbstatut) – zu führen[265] durch Vorlage eines Rechtsgutachtens zweier deutscher praktizierender Anwälte oder Notare.[266]

2. Die Anwendung ausländischen Rechts

211 Es gilt der Grundsatz *„iura novit curia"* nicht auch im spanischen Recht.[267] Ausländisches Recht wird im Prozess vor spanischen Gerichten wie eine Tatsache behandelt. Dies galt schon nach der wiederholt bestätigten Rechtsprechung des spanischen Obersten Gerichtshofes[268] (*Tribunal Supremo*) so, hat seit 1974 auch Gesetzeskraft erhalten – zunächst mit

---

261 Siehe dazu *Weigend*, S. 306 f. m.w.N. Die entsprechenden Normen im deutschen Recht finden sich in § 343 FamFG und §§ 27, 28 ZPO.
262 Siehe auch *Löber/Huzel*, A 26.1 (Rn 354–356).
263 Vgl. Art. 5 Abs. 1 S. 2 EGBGB.
264 BOE Nr. 7 vom 8.1.2000; Text (auszugsweise) bei *Hierneis*, in: Ferid/Firsching/Dörner/Hausmann, Spanien, Texte A II 3.a. (unter A II 3 auch noch Texte des alten, z.T. auch weiterhin in Kraft befindlichen Gesetzes *LEC 1881*).
265 Dieses Erfordernis ist zurückzuführen auf den Umstand, dass nach spanischem Recht ausländisches Recht wie eine Tatsache behandelt wird – es muss von den Parteien behauptet und bewiesen werden; siehe dazu Rn 211 ff.). Für das Erb(scheins-)verfahren gilt nichts anderes.
266 Gutachten und beglaubigte Übersetzung sind mit der Apostille zu versehen, vgl. *Löber/Huzel*, Rn 220 mit Hinweis zum praktischen Verfahren.
267 Vgl. *Adomeit/Frühbeck*, S. 83 Fn 2.
268 Vgl. *Meyer*, IPRax 1993, 341 f. (seit TS, Urt. v. 13.1.1885); zur Bedeutung wiederholter Rechtsprechung des TS siehe *Huzel*, ZfRV 31 (1990), 256 ff.

der Reform des spanischen IPR in Form des Art. 12.6 Abs. 2 CC und nunmehr mit Inkrafttreten der neuen spanischen Zivilprozessordnung (LEC 2000) in dessen Art. 281.2.[269] Darin ist zunächst bestimmt, dass Beweisgegenstand das ausländische Recht sei. Wer sich auf ausländisches Recht beruft, hat seinen Inhalt und seine Geltung mit den im spanischen Recht zugelassenen Beweismitteln[270] nachzuweisen.[271]

Hinsichtlich der Möglichkeiten des **Beweises** von Inhalt und Gültigkeit ausländischen Rechts zeigt sich die spanische ZPO insoweit „großzügig", als grundsätzlich alle erforderlichen Erkenntnismittel, die für die Anwendbarkeit notwendig sind, zugelassen werden (Art. 281.2 S. 3 LEC 2000). Nach der Rechtsprechung des *Tribunal Supremo* soll das fremde Recht von den Parteien mittels eines sog. *certificado de ley* (**Gutachten zum ausländischen Recht**) in den Prozess eingebracht werden. Dabei haben zwei in dem Land, dessen Recht in das Verfahren eingebracht wird, zugelassene Rechtsanwälte die aufgeworfene Frage nach ihrem, dem anwendbaren Recht, darzustellen.[272] Deren Unterschriften müssen dann von einer spanischen Urkundsperson, etwa dem spanischen Generalkonsul, oder von einem ausländischen Notar beglaubigt und mit der Apostille versehen werden (vgl. Art. 323.2 Nr. 2 LEC 2000). Darauf kann dieses Zertifikat – das *certificado de ley* – zum Beweis des ausländischen Rechts in den Prozess eingeführt werden.[273] Der **Richter** kann sich aber auch aller von ihm für erforderlich gehaltenen Erkenntnismittel bedienen und hierzu die zweckdienlichen Verfügungen erlassen (Art. 281.2 S. 3 LEC 2000).[274] Anders als für den deutschen Richter, dem nach § 293 ZPO die Pflicht zur Ermittlung des anwendbaren ausländischen Rechts („*iura novit curia*") obliegt, besteht für den spanischen Richter keine solche Pflicht; das Gesetz hat sein Tätigwerden in Art. 281.2 S. 3 LEC 2000 (wie inhaltsgleich zuvor in Art. 12.6 Abs. 2 CC) lediglich als „Kann-Vorschrift" ausgestaltet.[275]

212

Gelingt der **Beweis nicht**, hat der spanische Richter das eigene, spanische Recht anzuwenden.[276] So haben spanische Gerichte auch dann, wenn das Erbstatut gem. Art. 9.8 CC durch das deutsche Erbrecht ausgefüllt wird, spanisches Recht zur Anwendung gebracht. Unklar ist, ob in derartigen Fällen gemeinspanisches Recht oder das einer Teilrechtsordnung als subsidiär anwendbares Recht maßgeblich ist.[277] Da die EU-ErbVO dem Grundkonzept nach einen Gleichlauf von anwendbarem Recht einerseits und gerichtlicher Zuständigkeit andererseits anstrebt, mag das Konfliktpotenzial gering sein, weil regelmäßig ein Gericht des Staates zur Entscheidung berufen sein dürfte, dessen materielles Recht zur Anwendung gelangt. Ist ein spanisches Gericht nach der EU-ErbVO gem. Art. 21, 22 gehalten, das Recht eines anderen Staates anzuwenden, stellt sich aber die Frage, ob die Anwendung fremden Rechts durch Art. 281.2 LEC letztlich „ausgehebelt" werden kann oder ob in solchen Fällen

213

---

269 Mit Inkrafttreten des LEC 2000 wurde zugleich Art. 12.6 Abs. 2 CC widerrufen, dessen Regelung nun Inhalt des Art. 281.2 LEC 2000 geworden ist.
270 Vgl. Art. 340 LEC 1881.
271 *Pérez Milla*, Sesión IV del Derecho Aragonés, S. 307, 319.
272 TS, Urt. v. 4.7.2006, rec. 2421/1999.
273 Siehe auch *Meyer*, IPRax 1993, 341.
274 Insoweit ähnlich den Befugnissen des deutschen Richters nach § 293 ZPO, vgl. *Huzel*, IPRax 1990, 77–82.
275 Vgl. Wortlaut der Norm, etwa bei *Hierneis*, in: Ferid/Firsching/Dörner/Hausmann, Spanien – Texte A I, S. 9; *Meyer*, IPRax 1993, 342.
276 TS, Urt. v. 30.4.2008, rec. 1832/2001, v. 10.6.2005, rec. 4787/1998, v. 9.2.1999, v. 25.1.1991; TS, Sala 3a, Urt. v. 4.11.2004, rec.2652/2003; siehe bereits *Samtleben*, RabelsZ (1968), 46 (49–52).
277 SAP Girona v. 1.10.2014, rec. 313/2014: Anwendung katalonischen Erbrechts auf einen Erbfall nach einem deutschen Staatsangehörigen; *Pérez Milla*, Sesión IV del Derecho Aragonés, S. 307, 320 m.w.N.

eine gemeinschaftsrechtskonforme Auslegung von Art. 281 LEC geboten ist und somit eine Amtsermittlungspflicht des spanischen Richters begründet wird.

214 Der Beweis des ausländischen Rechts ist nach der Rechtsprechung des *Tribunal Supremo* allerdings dann nicht notwendig, wenn bei den Parteien Einigkeit über das Bestehen und den Inhalt ausländischen Rechts bestünde[278] und deren Normen den spanischen *orden público* nicht berühren. Mit der Revision kann, wenn auch unter Beachtung von Besonderheiten, eine Verletzung des materiellen ausländischen Rechts durch das spanische Gericht gerügt werden.[279]

3. Die Anerkennung ausländischer Entscheidungen in Spanien

215 Für Erbfälle, die ab dem 17.8.2015 eintreten (Art. 83 Abs. 1 EU-ErbVO), finden die Art. 39 ff. EU-ErbVO Anwendung. Für Erbfälle, die vor dem Anwendungsstichtag eingetreten sind, gilt im deutsch-spanischen Verhältnis zum Teil nach wie vor das **deutschspanische Abkommen über die Anerkennung und Vollstreckung** von gerichtlichen Entscheidungen und Vergleichen sowie vollstreckbaren Urkunden in Zivil- und Handelssachen (in Kraft ab 19.4.1988) vom 14.11.1983.[280] Im Übrigen besteht ohnehin eine gegenseitige Verpflichtung zur Rechtshilfe gemäß dem Haager Übereinkommen über den Zivilprozess vom 1.3.1954.

216 Das deutsch-spanische Abkommen von 1983 regelt im Einzelnen, ob und unter welchen Voraussetzungen gerichtliche Entscheidungen und sonstige Schuldtitel in Zivil- und Handelssachen aus dem einen Staat im jeweils anderen anerkannt und vollstreckt werden können. Nicht indes findet eine internationale Zuständigkeitsregelung durch das Abkommen statt, so dass es eine konkurrierende gerichtliche Zuständigkeit der spanischen und der deutschen Gerichte gibt.[281] Vor Erhebung einer Klage, deren zu erwartendes Urteil in dem anderen Vertragsstaat vollstreckt werden muss, sollte deshalb stets geprüft werden, ob die Anerkennungs- und Vollstreckungsvoraussetzungen nach vorgenanntem bilateralem Abkommen vorliegen.

VIII. Besonderheiten im deutschen Nachlassverfahren bei Beerbung eines spanischen Erblassers (Erbfälle vor dem 17.8.2015)

217 Die nachfolgenden Ausführungen beziehen sich auf die Rechtslage für Erbfälle, die nicht in den zeitlichen Anwendungsbereich der EU-ErbVO fallen, also für solche **Erbfälle, die vor dem 17.8.2015** eingetreten sind.

1. Vorbemerkung

218 Wer sich als Deutscher mit spanischen Erbfällen in Deutschland befasst, findet im Hinblick auf sieben mögliche anwendbare spanische Rechte (das gemeinspanische Recht des *Código Civil* und die sechs Foralrechte) ein überaus reiches Betätigungsfeld vor. Dem deutschen Gesetzgeber war die Zahl 7 offensichtlich nicht genug, denn er hat als weitere Variante die

---

278 So auch *Meyer*, IPRax 1993, 342 zum übereinstimmenden Parteivortrag des fremden Rechts („*doctrina de hechos admitidos*" des *Tribunal Supremo*).
279 TS, Urt. v. 4.7.2006, rec. 2412/1999; a.A. *Meyer*, IPRax 1993, 342.
280 Zum Ganzen siehe *Löber/Huzel*, Rn 36. m.w.N.; siehe auch *Hiernes*, in: Ferid/Firsching/Dörner/Hausmann, Spanien, Rn 81.
281 *Löber*, Abkommen Deutschland/Spanien, S. 13 ff., insb. S. 20.

Optionsmöglichkeit – für ausländische Erblasser mit Immobilienvermögen in Deutschland – eingeführt, dieses insgesamt oder auch nur für einzelne Objekte dem deutschen Erbrecht gem. Art. 25 Abs. 2 EGBGB zu unterstellen. Das macht in einem einzigen Erbfall und im vereinten Europa des 21. Jahrhunderts *summa summarum* acht mögliche anwendbare Erbrechte aus! Diese wollen mit ihren vielfältigen Varianten in einem **Fremdrechtserbschein** (§ 2369 BGB) oder in einem **Eigenrechtserbschein** (§ 2353 BGB) untergebracht oder als spanische Erbzeugnisse in Deutschland anerkannt (§§ 108, 109 FamFG)[282] werden. Aufgrund der aufgezeigten acht Erbrechtsvarianten, die trotz des spanischrechtlichen Prinzips der **Nachlasseinheit** (Art. 9.8 CC) wegen der Optionsmöglichkeit des Art. 25 Abs. 2 EGBGB zu einer **Nachlassspaltung** führen können, ist die Verwandlung eines spanischen Erbrechtsfalles in einen spanischen Erbfolgekrieg leicht vorstellbar.

2. Konkurrierende internationale Zuständigkeit

Hinsichtlich der internationalen Zuständigkeit im Nachlassverfahren bei der Beerbung spanischer Staatsangehöriger in Deutschland ist die gleiche Situation spiegelverkehrt maßgeblich wie für Deutsche mit Nachlassvermögen in Spanien: Es gibt eine konkurrierende internationale Zuständigkeit der Gerichte und Nachlassbehörden beider Länder. Bei **Doppelstaatern** kann dies zu sehr unterschiedlichen Ergebnissen führen: Für die Witwe eines Deutsch-Spaniers mit Grundvermögen in Deutschland und Spanien, der ohne Hinterlassung eines Testaments verstirbt, kann sich ein *forum shopping*[283] durchaus lohnen: Betreibt die Witwe die Umschreibung des spanischen Nachlassvermögens aufgrund eines **deutschen Erbscheins**, erhält sie neben den Kindern des Erblassers eine Eigentümerstellung, dagegen in einem spanischen notariellen Erbzeugnisverfahren (*acta de notoriedad*) dank Anwendung spanischen Erbrechts lediglich ein lebenslanges Nießbrauchsrecht an einem Teil des spanischen Nachlasses. Denn bei Doppelstaatern erkennen die jeweiligen Nachlassbehörden lediglich die eigene Staatsangehörigkeit an.

219

3. Feststellung des anwendbaren Rechts

Spanien gehört mit seinen sieben möglichen Erbrechten zu den Mehrrechtsstaaten Europas.[284] Weder der spanische Reisepass noch die Geburtsurkunde des Erblassers geben zuverlässig Auskunft darüber, welchem Recht sein Nachlass unterliegt, welches die Erbquote des Berechtigten ist und ob ein spanischer Erbtitel, z.B. Ehegattennießbrauch, im deutschen Fremdrechtserbschein aufzunehmen ist.

220

Das anwendbare spanische Erbrecht (gemeinspanisches oder Foralrecht) leitet sich gem. Art. 14 CC von dem der Eltern ab[285] oder aus dem zumindest zehnjährigen Aufenthalt des Erblassers in einem Gebiet Spaniens, das entweder dem gemeinrechtlichen *Código Civil* oder dem dort anwendbaren Foralrecht unterliegt: Wusste *Pablo Picasso*, der als Andalusier dem spanischen *Código Civil* unterlag, dass der bloße Umstand des zehnjährigen Maleraufenthalts in Barcelona ihn zum Katalanen machte,[286] für den die Gesetze der katalanischen

221

---

282 Wobei hierunter nach wohl h.M. nur „rechtskräftige Entscheidungen" ausländischer Gerichte fallen, so dass die Anerkennung spanischer Erbzeugnisse nach diesen Vorschriften zweifelhaft bzw. eher abzulehnen ist. Vgl. z.B. OLG Bremen, Beschl. v. 19.5.2011 – 3 W 6/10 und KG, Beschl. v. 25.9.2012 – 1 W 270–271.
283 Dazu *Schack*, Internationales Zivilverfahrensrecht, Rn 220 ff.
284 Vgl. *Johnen*, MittRhNotK 1986, 58.
285 Siehe im Einzelnen Art. 14 (3) CC, Text mit Übersetzung bei *Peuster*, S. 22 f.
286 Vgl. Art. 14 (5) Nr. 2 CC, Text wie vor.

Gebietszugehörigkeit gelten? Zum anderen kann jeder Spanier schon nach zweijährigem Aufenthalt in einem Gebiet Spaniens für die Anwendbarkeit der für ihn zuständigen Gebietszugehörigkeit (*vecindad civil*) optieren (Art. 14 (5) Nr. 1 CC). Der Wegzug ins Ausland führt jedoch nicht zu einer Änderung der ursprünglichen oder auf vorgenannte Weise erworbenen Gebietszugehörigkeit.[287]

222 Hierauf basierend hat das deutsche Nachlassgericht von Amts wegen das anwendbare spanische Erbrecht des spanischen Erblassers zu ermitteln und festzustellen.[288] Hierbei kann sich durchaus eine Kontaktaufnahme mit dem zuständigen spanischen Generalkonsulat in Deutschland lohnen, das die Funktionen des Standesamts wie auch des Einwohnermeldeamts neben der sonstigen konsularischen Tätigkeit ausübt. Auch aufgrund des Europäischen Übereinkommens betreffend Auskünfte über ausländisches Recht vom 7.6.1968, dem Spanien und Deutschland angehören, kann erforderlichenfalls ein entsprechendes Ersuchen an die zuständigen spanischen Behörden gerichtet werden. Allerdings in der Regel ein eher langwieriges Verfahren.[289]

4. Anerkennung spanischer Erbzeugnisse

223 Ob § 108 FamFG grundsätzlich die Möglichkeit der Anerkennung spanischer Erbzeugnisse bietet, ist bereits zweifelhaft.[290] Da diese jedoch – anders als der deutsche Erbschein – nicht mit öffentlichem Glauben und dem damit verbundenen Gutglaubensschutz versehen sind, reicht nach überwiegender Ansicht ein spanisches Erbzeugnis nicht für die Grundbuchberichtigung i.S.d. § 35 GBO aus. Für die Anerkennung spanischer Erbzeugnisse ist kein förmliches Verfahren vorgesehen.[291] Hinsichtlich der örtlichen Zuständigkeit gilt alternativ die Anknüpfung an den letzten Wohnsitz oder gegebenenfalls letzten Aufenthalt des Erblassers bzw. an den inländischen Belegenheitsort seines Vermögens (§ 343 FamFG).

224 Da deutsche Banken aufgrund ihrer Allgemeinen Geschäftsbedingungen für die Auszahlung des Erblasservermögens nur das Erfordernis eines Erbzeugnisses oder gegebenenfalls eines gerichtlich eröffneten Testaments kennen, nicht aber immer auf einen Erbschein deutschen Rechts bestehen, bedarf es bei Vorliegen eines ausländischen Erbzeugnisses wohl nur in den seltenen Fällen der zusätzlichen Ausstellung eines Fremdrechtserbscheins durch ein deutsches Nachlassgericht.[292]

5. Anerkennung eines spanischen Testamentsvollstreckerzeugnisses

225 Für die Anerkennung eines ausländischen Testamentsvollstreckerzeugnisses gilt das Gleiche wie für ausländische Erbzeugnisse (siehe Rn 202). Zu beachten ist, dass die Befugnis des Testamentsvollstreckers spanischen Rechts von dem Zeitablauf seiner Tätigkeit (keine Langzeitvollstreckung in Spanien, Art. 904–906 CC) nicht mit der des deutschen Rechts vergleichbar ist. Im Einzelfall kann es sich dennoch als zweckmäßig erweisen, einen Fremdrechtserbschein gem. § 2369 BGB zu beantragen. Immerhin hat man dann eine deutsche öffentliche Urkunde, mit der man vielleicht im Inland sein Amt effizienter ausüben kann.

---

[287] Entsprechend bei Wiedererwerb der spanischen Staatsangehörigkeit: Der Betreffende erlangt gem. Art. 15 (3) CC diejenige Gebietszugehörigkeit, die er zur Zeit ihres Verlustes besessen hat.
[288] BGH, Urt. v. 14.1.2014 – II ZR 192/13 (Rn 15), NJW 2014, 1244.
[289] Vgl. *Otto*, JbItalR 1994, 514 – auch zu praktischen Erfahrungen mit diesem Übereinkommen.
[290] Gegen eine Anerkennung ausländischer Erbzeugnisse gem. § 108 FamFG vgl. z.B. KG, Beschl. v. 25.9.2012 – 1 W 270–271/12 (m.w.N.).
[291] BGH NJW 1989, 2197.
[292] So *Ott-Eulberg*, in: Ott-Eulberg/Schebesta/Bartsch, Erbrecht und Banken, 2000, S. 17.

6. Gegenständlich beschränkter Erbschein oder Fremdrechtserbschein

Örtlich zuständig für die Ausstellung des gegenständlich beschränkten Erbscheins ist das Amtsgericht des letzten Wohnsitzes oder des letzten Aufenthalts des ausländischen Erblassers bzw. das der inländischen Belegenheit seines Vermögens.[293]

226

Das Nachlassgericht sollte vor Ausstellung des **gegenständlich beschränkten Erbscheins** im Falle spanischer Staatsangehöriger stets eine Auskunft beim Spanischen Zentralen Testamentsregister (*Registro General de Actos de Última Voluntad*) in Madrid einholen, um dort registrierte, vor spanischen Urkundspersonen errichtete letztwillige Verfügungen zu berücksichtigen. Dies geschieht durch Übersendung der internationalen Sterbeurkunde des Erblassers an vorgenannte Behörde, gegebenenfalls über die Deutsche Botschaft in Madrid. Deren Nichtberücksichtigung könnte zu späteren Rechtskonflikten führen, insbesondere zur Einziehung eines bereits erteilten Erbscheins wegen Unrichtigkeit, weil eine zeitlich spätere Verfügung des Erblassers, die in Spanien registriert ist, der gesetzlichen Erbfolge vorgehen oder aber eine in Deutschland vorhandene letztwillige Verfügung widerrufen könnte. Als Richter sollte man diese Erkenntnismöglichkeit durchaus als Amtspflicht betrachten, deren Verletzung Ansprüche nach § 839 BGB hervorrufen könnte. Dies lässt sich auch aus dem von Deutschland parafierten und von Spanien ratifizierten Baseler Abkommen[294] herleiten.

227

Der **Fremdrechtserbschein** hat außer dem Erblasser und Erben u.a. das maßgebliche Recht zu benennen. In einem Mehrrechtsstaat wie Spanien gehört hierzu die ausdrückliche Benennung des gegebenenfalls anwendbaren Foralrechts.

228

> „… ist in Anwendung des gesetzlichen spanischen Erbrechts (Gebietszugehörigkeit von Katalonien) allein hinsichtlich seines Inlandsvermögens beerbt worden von …"

Hat der spanische Erblasser hinsichtlich des unbeweglichen Inlandsvermögens für das deutsche Erbrecht optiert, muss die Einschränkung im vorbezeichneten Formulierungsbeispiel erfolgen:

229

> „… ist hinsichtlich seines inländischen beweglichen Vermögens allein beerbt worden von …"

Hat der spanische Erblasser testiert, ist zu prüfen, ob die dinglichen Noterbrechte der gesetzlichen Erben, die dem spanischen Recht unterliegen, hiervon berührt oder diese gar verletzt worden sind (vgl. hierzu Rn 234 f.).

230

7. Eigenrechtserbschein für Spanier

Bei Spaniern, die letztwillig die Vererbung ihres in Deutschland belegenen Immobilienvermögens dem deutschen Erbstatut unterworfen haben (Art. 25 Abs. 2 EGBGB), wird kein gegenständlich beschränkter Erbschein nach § 2369 BGB ausgestellt, sondern im Hinblick auf das anwendbare deutsche Recht ein **Eigenrechtserbschein** gem. § 2353 BGB.[295]

231

> „Der mit letztem Wohnsitz in … verstorbene spanische Staatsangehörige … (Gebietszugehörigkeit von Navarra) ist testamentarisch hinsichtlich seines im Inland befindlichen unbeweglichen Nachlasses (oder hinsichtlich folgender Immobilie: …) beerbt worden von …"

---

293 Vgl. *Johnen*, MittRhNotK 1986, 62 ff.
294 Baseler Übereinkommen über die Errichtung einer Organisation zur Registrierung von Testamenten vom 16.5.1972 (siehe dazu Rn 19).
295 So zutr. *Johnen*, MittRhNotK 1986, 64.

232 In aller Regel handelt es sich bei vorbezeichneten Eigenrechtserbscheinen um solche zum Zwecke der Grundbuchberichtigung i.S.v. § 35 GBO.

8. Erbscheinsprobleme wegen unterschiedlicher spanischer Rechtsinstitutionen

a) Legalnießbrauch des überlebenden Ehegatten nach spanischem Recht

233 Der überlebende Ehegatte des spanischen Erblassers hat neben Abkömmlingen und Verwandten des Erblassers ein gesetzliches Nießbrauchsrecht an einer Quote des Nachlasses (Art. 834 CC). Hier fragt sich, ob das gesetzliche Nießbrauchsrecht im deutschen Fremdrechtserbschein zu vermerken ist. Nach überwiegender Rechtsansicht stellt der **Legalnießbrauch** keine dingliche Erbrechtsquote dar, sondern gilt eher als Vermächtnis, das im deutschen Recht nicht dinglicher Natur ist. Als obligatorisches Recht hat es aber keinen Platz in dem Erbschein, da auch testamentarische Vermächtnisse nicht im Erbschein aufgeführt werden können.[296]

b) Berücksichtigung von Noterbrechten

234 Das Noterbrecht des spanischen Rechts – *legítima* (Art. 806 ff. CC) – hat im Gegensatz zum obligatorischen Pflichtteilsanspruch des deutschen Rechts (§§ 2303 ff. BGB) eine **dingliche Rechtsnatur**. Es handelt sich mithin um eine Institution spanischen Rechts, die das deutsche Recht so nicht kennt. Die Situation ist unproblematisch, wenn der Erblasser keine letztwilligen Verfügungen hinterlassen hat oder Noterben nicht vorhanden sind. In diesem Falle wird der gegenständlich beschränkte Erbschein aufgrund gesetzlicher spanischer Regelung erteilt, so dass die Noterben entsprechend der gesetzlichen Quote im Erbschein als Erben aufgeführt werden.

235 Hat jedoch der Erblasser über die zulässigen Quoten hinaus verfügt, würde die Erteilung des Erbscheins auf Testamentsbasis die Rechte der Noterben zumindest gefährden. Denn bei einer – mit Gutglaubensschutz dank Erbschein – vorgenommenen Verfügung des testamentarischen Erben würden die Noterben hinsichtlich ihrer Erbrechte leer ausgehen. Deshalb sind nach Ansicht der Verfasser die Noterben im Fremdrechtserbschein als solche mit ihrer Quote aufzuführen, zumindest jedoch, solange ihr Anspruch nicht verjährt ist.[297] Nach anderer Auffassung soll die Noterbquote nur Berücksichtigung finden, wenn dem Gericht gegenüber der Nachweis der Erhebung einer Herabsetzungsklage erbracht ist.[298]

c) Berücksichtigung von Vindikationslegaten

236 Vindikationslegate des spanischen Rechts (Art. 858 ff. CC) haben im Gegensatz zum Damnationslegat deutschen Rechts (§ 2147 BGB) dinglichen Charakter. Der BGH[299] hat für Vindikationslegate kolumbianischen Rechts – gleichfalls mit dinglicher Wirkung versehen – festgestellt, dass der Vermächtnisnehmer kein Erbe ist, sein Recht deshalb auch nicht in einen Erbschein aufzunehmen ist. Es ist deshalb kein vernünftiger Grund zu erkennen, das Vindikationslegat spanischen Rechts anders als das des kolumbianischen Rechts zu behandeln. Es ist deshalb im Erbschein nicht aufzuführen.

---

296 Zum Legalnießbrauch des Ehegatten im romanischen Rechtskreis: BayObLG, Beschl. v. 26.10.1995 – 1Z BR 163/94, FamRZ 1996, 694, 698; auch *Johnen*, MittRhNotK 1986, 67.
297 Umstr., vgl. zur umfassenden Darstellung des weiten Meinungsspektrums aus Rechtsprechung und Literatur bei OLG Frankfurt, Beschl. v. 2.5.2013 – 20 W 260/12.
298 OLG Frankfurt, Beschl. v. 2.5.2013 – 20 W 260/12 (betr. italienisches Noterbrecht).
299 BGH, Urt. v. 18.9.1994, NJW 1995, 59; *Dörner*, IPRax 1996, 27

E. Die Besteuerung der Erbfolge

I. Gesetzliche Grundlage

Die gesetzliche Grundlage ist das Spanische Erbschaft- und Schenkungsteuergesetz (**Ley de impuestos sobre sucesiones y donaciones** – spanErbStG) vom 18.12.1987 (in Kraft ab 1.1.1988).[300] Die dazu ergangene Durchführungsverordnung vom 8.11.1991 (Real *Decreto* Nr. 1629/91) enthält wichtige Einzelregelungen. Wichtige Änderungen – insbesondere für Nichtansässige – hat das spanErbStG durch das Gesetz 26/2014 vom 27.11.2014 erfahren.

Ein Abkommen zwischen Deutschland und Spanien auf dem Gebiet der Erbschaft- und Schenkungsteuer, das die doppelte Besteuerung des Nachlasses vermeidet oder mildert (**DBA**), liegt **nicht** vor. Der entsprechenden Verpflichtung aus Art. 293 EG-Vertrag sind die Staaten bisher nicht nachgekommen. So kann es grundsätzlich durchaus vorkommen, dass **Spanien** das auf seinem Gebiet belegene Grundstück eines in Deutschland zuletzt ansässigen verstorbenen Erblassers gegenüber dessen in Spanien ansässigen Erben der **beschränkten** Steuerpflicht unterzieht **und** gleichzeitig der **deutsche Fiskus** dieses Auslandsvermögen im Rahmen der **unbeschränkten** Steuerpflicht zur Besteuerung heranzieht.

In einem solchen Fall helfen nur die innerstaatlichen Maßnahmen der jeweiligen Steuergesetze. So wird die Doppelbesteuerung üblicherweise durch die Technik der **Anrechnung** ausgeglichen (vgl. Art. 23 spanErbStG). Aufgrund des Prinzips der Anrechenbarkeit muss die ausländische Steuer vergleichbar sein.

Die **Vergleichbarkeit der ausländischen Steuer** mit einer inländischen Steuer (z.B. Erbschaft- und Schenkungsteuer oder *capital gains tax*) muss vorliegen: In einigen Staaten besteht eine Beschränkung auf ausländische Steuern für in dem Staat belegenes Vermögen (keine Anrechnung von reinen Wohnsitzstaatsteuern). In anderen Staaten existieren Anrechnungshöchstbeträge, es findet keine Erstattung ausländischer Steuern bei höherem ausländischen Steuerniveau statt.

II. Eigenes Erbschaft- und Schenkungsteuerrecht Autonomer Gemeinschaften

Aufgrund der *Ley de Cesión* hat der spanische Staat den Autonomen Gemeinschaften eine eigene Regelungsbefugnis auf dem Gebiet des Erbschaft- und Schenkungsteuerrechts eingeräumt (Art. 32 und 48 des Gesetzes Nr. 22/2009 vom 18. Dezember). Die *Autonomías* haben damit eine eigene Gesetzgebungskompetenz erhalten hinsichtlich der Freibeträge, der Steuertarife und der Multiplikatonskoeffizienten, die letztlich die Höhe der Erbschaftsteuer bestimmen.[301]

Folgende *Autonomías* haben von der Gesetzgebungsbefugnis Gebrauch gemacht und eigene Regelungen geschaffen:[302] Andalusien, Aragón, Balearische Inseln, Baskenland, Asturias,

---

[300] Eine ausführlichere Darstellung der spanischen Erbschaftsteuersituation mit einer deutschen Textausgabe des spanischen Erbschaft- und Schenkungsteuergesetzes findet sich bei *Löber/Huzel*, Erben und Vererben in Spanien, S. 141–200 sowie S. 209 f. („Spanische Erbschaftsteuer-Checkliste").

[301] Vgl. hierzu *Hellwege*, in: Ferid/Firsching/Dörner/Hausmann, Spanien, Erbschaftsteuerrecht Bl. 11 f. sowie *dies.*, Erbschaft- und Schenkungsteuerrecht in Spanien. Lokales Recht einiger autonomer Gemeinschaften, ErbStB 2006, 282 ff.

[302] Vgl. Übersicht bei *Löber/Huzel*, Rn 458.

Canarias, Cantabria, Castilla-León, Castilla-La Mancha, Extremadura, Galicia, Katalonien,[303] Madrid, Murcia, Navarra, Rioja, Santander und Valencia.

243 Es handelt sich i.d.R. um Vergünstigungen gegenüber der allgemeinen Regelung des gemeinspanischen Gesetzgebers. Da diese Vergünstigungen jedoch gem. Art. 20 spanErbStG nur dann eintreten, wenn sowohl der Steuerpflichtige als auch der Erblasser seinen gewöhnlichen Aufenthalt in Spanien hat, konnten die günstigeren Vorschriften der *Comunidades Autónomas* in der Vergangenheit nicht in Anspruch genommen werden, wenn der Steuerpflichtige aus spanischer Sicht in Spanien nicht ansässig war.

III. Reform 2015 des spanischen Schenkungs- und Erbschaftsteuergesetzes

244 Der EuGH hat inzwischen mit Urteil vom 3.9.2014 (C-127/12) festgestellt, dass Spanien die Kapitalverkehrsfreiheit nach Art. 63 AEUV und Art. 40 des Abkommens über den europäischen Wirtschaftsraum vom 2.5.1992 verletzt, „soweit das spanische Steuerrecht die ungleiche Behandlung bei Schenkungen und Erbschaften von ansässigen und nichtansässigen Erben und Beschenkten, bei in Spanien ansässigen und nichtansässigen Erblassern und bei Schenkungen und vergleichbaren Verfügungen über innerhalb und außerhalb des spanischen Staatsgebiets belegenen Immobilien zulässt".

245 Der EuGH betonte, dass nicht die Steuergesetzgebung der einzelnen *Comunidades Autónomas* (*CAs*) Gegenstand des Verfahrens war, sondern vielmehr die staatlichen Kompetenzzuweisungen, die sich aus dem Gesetz 21/2001 und dem Nachfolgegesetz 22/2009 ergeben (Rn 65 d. Urteils). Schon die Möglichkeit, dass es zu einer steuerlichen Ungleichbehandlung aufgrund der Ansässigkeit kommt, stelle eine Verletzung der Kapitalverkehrsfreiheit dar (Rn 66 d. Urteils). Der EuGH ist also nicht in die konkrete Prüfung eines Vergleichs der verschiedenen spanischen (zentralstaatlichen und autonomen) Schenkungsteuervorschriften eingestiegen, sondern konnte sich darauf beschränken, dass schon die nach Art. 32 des Gesetzes 22/2009 vorgesehene Übertragung der Steuerkompetenzen im Bereich der Schenkungs- und Erbschaftsteuer auf die *CAs* für die Besteuerung von in Spanien ansässigen Steuerpflichtigen eine Verletzung der Kapitalverkehrsfreiheit darstellt, weil dies eine nicht nach Art. 65 Abs. 1 AEUV gerechtfertigte Ungleichbehandlung von Ansässigen und Nichtansässigen zur Folge haben kann – und auch häufig hat.

246 Spanien hat hierauf reagiert und zum Zwecke der Beseitigung der vom EuGH gerügten **steuerlichen Diskriminierung** sein Schenkungs- und Erbschaftsteuerrecht angepasst. Das Gesetz 26/2014, vom 27.11.2014 (BOE Nr. 288 v. 28.11.2014) sieht entsprechende Vorschriften vor, die in das spanische Schenkungs- und Erbschaftsteuergesetz (29/1987) als „Zweite Zusatzbestimmung" inkorporiert werden. Das Gesetz trat zum 1.1.2015 in Kraft. Steuerpflichtigen mit Ansässigkeit in einem Mitgliedstaat der EU oder innerhalb des Europäischen Wirtschaftsraumes wird die Möglichkeit eingeräumt, anstelle des zentralstaatlichen Steuerrechts für das der maßgeblichen *CA* zu **optieren**.

247 Übersetzung der hier relevanten „Dritten Schlussbestimmung" der Ley 26/2014:

„Schlussbestimmung Nr. 3. Änderung des Erbschaft- und Schenkungsteuergesetzes Nr. 29/1987 vom 18. Dezember
Die zweite Zusatzbestimmung des Erbschaft- und Schenkungsteuergesetzes Nr. 29/1987 vom 18.12.1987 erhält die nachstehende Fassung:

---

303 Zum Erbschaft- und Schenkungsteuerrecht in Katalonien siehe ausführlich den Länderbericht Katalonien in diesem Buch.

"Zweite Zusatzbestimmung. Anpassung der Steuergesetzgebung an die Bestimmungen des Urteils des Europäischen Gerichtshofs vom 3. September 2014 (Aktenzeichen C-127/ 12) und Regelung der Steuerfestsetzung der Steuerpflichtigen gegenüber der Staatlichen Steuerverwaltung.
Eins. Anpassung des Steuergesetzes an das Urteil des Europäischen Gerichtshofs vom 3. September 2014.
1. Die Steuerberechnung für jeglichen unentgeltlichen Erwerb von Vermögen und Rechten anwendbaren Steuer unterliegt in den nachstehend aufgeführten Fällen folgenden Bestimmungen:
a) Beim Erwerb von Vermögen und Rechten aufgrund einer Erbschaft, eines Vermächtnisses oder aufgrund sonstigem erbrechtlichen Erwerbsgrund eines in einem EU-Mitgliedstaat, der nicht Spanien ist, oder des Europäischen Wirtschaftsraums ansässigen Erblassers, sind die Steuerpflichtigen berechtigt, die Anwendung der Steuerbestimmungen der jeweiligen Autonomen Gemeinschaft zu verlangen, in der sich der wertmäßig größte Teil des in Spanien belegenen Nachlassvermögens und der Nachlassrechte befindet. Befinden sich in Spanien kein Nachlassvermögen oder keine Nachlassrechte, gilt für jeden Steuerpflichtigen die Gesetzgebung der Autonomen Gemeinschaft, in der er ansässig ist.
b) War der Erblasser in einer Autonomen Gemeinschaft ansässig, sind beim Erwerb von Nachlassvermögen oder Nachlassrechten aufgrund einer Erbschaft, eines Vermächtnisses oder eines sonstigen erbrechtlichen Erwerbsgrundes, sind die nicht ansässigen Steuerpflichtigen, jedoch mit Ansässigkeit in einem EU-Mitgliedstaat oder solche im Europäischen Wirtschaftsraum berechtigt, die Anwendung der Steuerbestimmungen der jeweiligen Autonomen Gemeinschaft zu verlangen.
c) Beim Erwerb von in Spanien belegenem unbeweglichen Vermögen aufgrund einer Schenkung oder eines sonstigen unentgeltlichen Rechtsgeschäfts unter Lebenden sind die nicht ansässigen Steuerpflichtigen mit Ansässigkeit in einem anderen EU-Mitgliedstaat oder in einem des Europäischen Wirtschaftsraums berechtigt, die Anwendung entsprechender Steuerbestimmungen der jeweiligen Autonomen Gemeinschaft zu verlangen, in der sich das genannte unbewegliche Vermögen befindet.
d) Beim Erwerb unbeweglichen Vermögens, welches in einem EU-Mitgliedstaat oder im Europäischen Wirtschaftsraum außerhalb Spaniens belegen ist, aufgrund einer Schenkung oder eines unentgeltlichen Rechtsgeschäfts unter Lebenden sind die in Spanien ansässigen Steuerpflichtigen berechtigt, die Anwendung der jeweiligen Steuerbestimmungen der Autonomen Gemeinschaft zu verlangen, in der sie ansässig sind.
e) Im Falle des Erwerbs von in Spanien belegenem beweglichen Vermögens aufgrund einer Schenkung oder eines sonstigen unentgeltlichen Rechtsgeschäfts unter Lebenden sind die nicht ansässigen Steuerpflichtigen mit Ansässigkeit in einem EU-Mitgliedstaat oder im Europäischen Wirtschaftsraum berechtigt, die Anwendung der jeweiligen Bestimmungen der Autonomen Gemeinschaft zu verlangen, in der sich das bewegliche Vermögen während der Mehrzahl der Tage der vorangegangenen fünf Jahre befindet, gerechnet von Datum zu Datum, bis zu dem Tag, der dem Tag der Steuerfälligkeit vorausgeht.
2. Im Sinne dieses Artikels gelten auf spanischem Staatgebiet ansässige natürliche Personen als im Gebiet einer Autonomen Gemeinschaft ansässig, wenn sie sich in den letzten fünf Jahren die Mehrzahl der Tage in deren Gebiet aufgehalten haben, gerechnet von Zeitpunkt zu Zeitpunkt, bis zu dem Zeitpunkt der Steuerfälligkeit.
3. Wenn in einer einzigen Urkunde von demselben Schenker an denselben Beschenkten verschiedene Vermögensgegenstände oder Rechte geschenkt werden und aufgrund der Anwendung der in Absatz 1 ausgeführten Bestimmungen die Gesetzgebung verschiede-

ner Autonomer Gemeinschaften Anwendung findet, erfolgt die Bestimmung der zu entrichtenden Steuerschuld auf folgende Weise:
1.°Der mittlere Steuersatz wird aus dem Gesamtwert der geschenkten Vermögensgegenstände und Rechte für den Staat einerseits und andererseits für den für die jeweilige Autonome Gemeinschaft, in denen ein Teil dieser Güter und Rechte oder Teile davon belegen sind, bestimmt.
2.°Hinsichtlich der in jeder Autonomen Gemeinschaft belegenen und bestehenden Güter und Rechte findet in Bezug auf deren Wert der jeweils durch die eigenen Vorschriften ermittelte durchschnittliche Steuersatz Anwendung, woraus sich der in Bezug auf die jeweiligen Güter und Rechte einzuzahlende Steuerbetrag ergibt
Zwei. Regelung der Steuererklärung und Steuerfestsetzung der Steuerpflichtigen gegenüber der staatlichen Steuerverwaltung
Die Steuerpflichtigen, die ihre Verpflichtungen aus dieser Steuer gegenüber der Staatlichen Steuerverwaltung erfüllen, sind verpflichtet, eine Selbstbesteuerung vorzunehmen, wobei sie die erforderlichen Handlungen zwecks Bestimmung der Steuerschuld vornehmen müssen; hierbei sind die Dokumente oder Erklärungen vorzulegen, aus denen sich der Steuertatbestand ergibt. Mit der Vorlage der Selbstbesteuerungs-Erklärung besteht die Verpflichtung zur Einzahlung der Steuerschuld am Ort, in der Art und Weise und innerhalb der Fristen, die aufgrund einer Verordnung des Ministeriums für Finanzen und Öffentliche Verwaltungen bestimmt werden.

…

Schlussbestimmung Sechstens.
Inkrafttreten.
Dieses Gesetz tritt am 1. Januar 2015 in Kraft …"

248 Im Falle eines Erwerbes von Todes wegen nach einem nichtansässigen Erblasser kann aufgrund des Gesetzes 26/2014 nunmehr die Anwendung des Steuerrechts der CA verlangt werden, in welcher sich der dem Wert nach größte Teil der Nachlassgüter befindet (Art. 1 lit. a). War der Erblasser in einer CA ansässig, so findet auf Verlangen des Steuerpflichtigen hingegen das Recht dieser CA Anwendung. Bei Schenkungen wird nach der Art des Gegenstands unterschieden: Wird eine spanische Immobilie geschenkt, so ist das Recht der CA maßgeblich, in der sie belegen ist (Art. 1 lit. c). Für die Besteuerung der Schenkung von beweglichen Sachen ist das Recht der CA maßgeblich, in der sich die Sache die überwiegende Zeit während der vergangenen fünf Jahre befand (Art. 1 lit. e). Werden hingegen in einer einzigen Urkunde mehrere Sachen geschenkt, die sich in verschiedenen CAs befinden, sieht Art. 3 hierfür eine Regelung vor.

249 Auch wenn der Steuerpflichtige für die Anwendung des Rechts einer CA optiert, bleibt die zentralstaatliche Steuerbehörde für das Steuerverfahren **zuständig**.

250 Weiterhin besteht in dem Falle, dass die Anwendung des Steuerrechts einer CA verlangt wird, die Pflicht, die Steuern im Wege der Selbstveranlagung zu erklären und zu zahlen. Die Besteuerung durch Erlass eines Steuerbescheids kann folglich nicht beantragt werden. Der spanische Steuergesetzgeber hat die mit der Gesetzesreform verbundene gesteigerte Komplexität der Steuerberechnung somit vollständig auf den Steuerpflichtigen umgelegt. In der Regel werden allerdings jedenfalls enge Verwandte in den Genuss steuerlicher Früchte nach dem Recht der CAs kommen, wie z.B. gegenüber dem zentralstaatlichen Steuerrecht höhere Freibeträge und auch Steuergutschriften (*bonificaciones*), die vor dem EuGH-Urteil und der Gesetzesreform ausschließlich Steueransässigen vorbehalten waren.

251 Da die Gesetzesreform erst zum 1.1.2015 in Kraft getreten ist und das Reformgesetz **keine Rückwirkung** anordnet, unterliegen „Altfälle" grundsätzlich den bisher geltenden Vor-

schriften,[304] die allerdings europarechtskonform im Lichte des EuGH-Urteils auszulegen sind. Ein Steuererstattungsverfahren für zu viel gezahlte Steuer ist in diesen Fällen also kein Automatismus. Hier ist zu beachten, dass Ansprüche auf Steuererstattung nach Art. 221 spanAO (LGT 58/2003 vom 17.12.2003) grundsätzlich binnen vier Jahren seit Zahlung verjähren. Sind hiernach Erstattungsansprüche bereits verjährt, kann ein fristgebundener Staatshaftungsanspruch, gestützt auf Art. 106 der spanischen Verfassung, in Betracht gezogen werden.

IV. Beschränkte und unbeschränkte Steuerpflicht

Die **beschränkte** Steuerpflicht (*obligación real*) ist in Art. 7 spanErbStG geregelt. Liegt der gewöhnliche Aufenthalt des Steuerpflichtigen, also des Erben bzw. des Schenkungsempfängers (nur natürliche Personen), nicht in Spanien, so besteht beschränkte Steuerpflicht. Allerdings unterliegt in diesen Fällen nur der Erwerb von Inlandsvermögen aus spanischer Sicht der Erbschaftsteuer. **Inlandsvermögen** sind: 252

- unbewegliche, in Spanien belegene Gegenstände;
- alle beweglichen Sachen;
- sämtliche Forderungen und Rechte, die in Spanien geltend gemacht werden können oder erfüllt werden müssen (Art. 7 spanErbStG). **Beispiel:** Aktien einer spanischen S.A. und spanische Schuldscheine, die in einer ausländischen Bank deponiert sind. Voraussetzung ist jedoch, dass die Forderungen in Spanien geltend gemacht werden können;
- Guthaben bei spanischen Banken oder Filialen ausländischer Banken;
- bei spanischen Banken hinterlegte Wertpapiere;
- Lebensversicherungspolicen spanischer Versicherer.

Der beschränkt Steuerpflichtige ist verpflichtet, einen in Spanien ansässigen Fiskalvertreter gegenüber der Steuerverwaltung zu benennen (Art. 18 Ziff. 4 spanErbSt-VO). 253

Die **unbeschränkte** spanische Erbschaftsteuerpflicht ist in Art. 6 spanErbStG normiert. Unbeschränkte Steuerpflicht auf Spanisch heißt *obligación personal de contribuir*. Von der unbeschränkten spanischen Steuerpflicht werden alle Erwerbe durch natürliche Personen mit **gewöhnlichem Aufenthalt** in Spanien, unabhängig von deren Belegenheit, erfasst (Art. 3 spanErbStG). 254

Der für die Erbschaftsteuerpflicht geltende Anknüpfungspunkt ist der gewöhnliche Aufenthalt – die *residencia habitual* des Erwerbers. Der gewöhnliche Aufenthalt wird nach den Regeln der Einkommensteuer ermittelt. Nach Art. 9 des spanischen Einkommensteuergesetzes gilt der Steuerpflichtige als Inländer, wenn er sich mindestens 183 Tage innerhalb der letzten zwölf Monate vor Steuerentstehung tatsächlich in Spanien aufgehalten hat. Es besteht für den spanischen Fiskus eine widerlegbare Vermutung der Anwesenheit. Das bedeutet, dass der Steuerpflichtige seinen gewöhnlichen Aufenthalt im Ausland nachzuweisen hat. 255

Weiterer Anknüpfungspunkt neben dem gewöhnlichen Aufenthalt ist folgender: **Schwerpunkt der unternehmerischen oder beruflichen Tätigkeit** oder der wirtschaftlichen Interessen in Spanien. Auch hier besteht eine widerlegbare Vermutung des Aufenthaltes in Spanien etwa im Fall eines spanischen Arztes mit Praxis in Spanien: Vermutung der unbeschränkten Steuerpflicht. 256

---

304 *Juárez González*, El Impuesto de Sucesiones, veröffentlicht unter www.notariosyregistradores.com (zuletzt abgerufen am 10.2.2015).

257 Auf den gewöhnlichen Aufenthalt des Erblassers bzw. des Schenkers hingegen kommt es nicht an. In Deutschland lebende Erben unterliegen also auch in einem solchen Fall nur mit dem in Spanien belegenen Vermögen der (beschränkten) Steuerpflicht.

V. System der Erbschaftsteuer

1. Grundsätze

258 Die spanische Erbschaft- und Schenkungsteuer ist eine **direkte Personalsteuer**. Sie belastet eine Einnahme, nämlich den unentgeltlichen Vermögenszuwachs einer natürlichen Person. Sie knüpft zur Bestimmung der Steuerbelastung an persönliche Verhältnisse des Erben bzw. Beschenkten an:
- Verwandtschaft;
- Alter;
- Vorvermögen des Erben;
- Berücksichtigung einer eventuellen Behinderung des Erben bzw. des Beschenkten.

259 Des Weiteren sind folgende grundlegenden Aspekte des spanischen Erbschaft- und Schenkungsteuerrechts zu nennen:
- Maßgeblicher Bezugspunkt („Anknüpfung") ist der gewöhnliche Aufenthalt des Erwerbers (Erbe, Vermächtnisnehmer, Beschenkter, Begünstigter) zwecks Bestimmung der beschränkten und unbeschränkten Erbschaftsteuerpflicht.
- Unentgeltliche Zuwendungen aus Lebensversicherungsverträgen bilden einen steuerpflichtigen Vorgang.
- Nur natürliche Personen unterliegen der Erbschaft- und Schenkungsteuer.
- Im Falle unentgeltlicher Zuwendungen zugunsten juristischer Personen unterliegen diese der Körperschaftsteuer.[305]
- Der Verkehrswert (*valor real*) ist der Bewertungsmaßstab des angefallenen Vermögens.
- Das Erbschaft- und Schenkungsteueraufkommen fließt den *Autonomías* (spanische „Bundesländer") zu.

260 Das Erbschaft- und Schenkungsteuergesetz gilt nach seinem Art. 2 („Räumlicher Anwendungsbereich") in ganz Spanien, unbeschadet der in den autonomen Regionen geltenden besonderen Steuersysteme (z.B. Baskenland und Navarra). Unter das spanische Erbschaftsteuergesetz fällt jeder unentgeltliche Erwerb von Todes wegen oder zwischen Lebenden sowie Auszahlungen von Lebensversicherungen an Dritte, die nicht Vertragspartner des Lebensversicherungsvertrages sind.

261 Die spanische Erbschaftsteuer knüpft die unbeschränkte Steuerpflicht ausschließlich an die **Ansässigkeit** des Erwerbers an.

Beispiel: Bei einem in Spanien verstorbenen deutschen Staatsangehörigen, der in Spanien unbeschränkt steuerpflichtig war, der sein in Deutschland belegenes Haus an einen nur in Deutschland Ansässigen vererbt, fällt in Spanien keine Erbschaftsteuer an (wichtig wegen der hohen deutschen Freibeträge).

---

305 *Ley del Impuesto sobre Sociedades* (LIS), Gesetz Nr. 27/2014, zum (alten) Körperschaftsteuergesetz: *Courage*, in: Courage/Dechant/González/Lampreave/Wolf, Steuerfibel Spanien, 2000, S. 79–99.

2. Hinzurechnungstatbestände

Der spanische Gesetzgeber hat in Art. 11 spanErbStG im Rahmen widerlegbarer Vermutungen Vermögensgegenstände der Erbmasse im Wege der **Fiktion** zugerechnet (*bienes adicionales*), die während eines Zeitraums vor dem Ableben des Erblassers sein Eigentum bildeten, zum Zeitpunkt seines Todes aber nicht mehr zu seinem Vermögen gehörten. Es handelt sich um hinzuzurechnende Vermögensgegenstände. Im Wege der Beweislastumkehr wird dem Erben auferlegt, den Beweis anzutreten, dass die jetzt in seinem Vermögen und Eigentum befindlichen Gegenstände entgeltlich vom Erblasser erworben wurden. Die Hinzurechnungstatbestände sind folgende: 262

Ein Jahr: Es wird gem. Art. 11 Ziff. 1a spanErbStG vermutet, dass die nicht mehr vorhandenen Gegenstände zum Nachlass gehören (Hinzurechnungstatbestand), z.B.: 263
– Banksaldi;
– bewegliche Gegenstände (Picassobild)/unbewegliche Gegenstände (Villa auf Mallorca);
– Forderungen des Erblassers (z.B. Hypothekenlöschung auf Appartement der Lieblingstochter bis zu einem Jahr), aber: keine Mehrfachbesteuerung. Das bedeutet: Anrechnung etwa der spanischen Grunderwerbsteuer auf die Erbschaftsteuer (Art. 11 Ziff. 3 spanErbStG).

Drei Jahre: Nießbrauchserwerb (Art. 11 Ziff. 1b spanErbStG) durch den Erblasser. Der Erbe muss gleichzeitig mit dem Erblasser verwandt sein und die sog. *nuda propiedad* (bloßes Eigentum) erwerben. Der Vermutungstatbestand währt drei Jahre. Dazu muss der Erbe nachweisen, dass er die *nuda propiedad* aus eigenen Mitteln erworben hat, sonst unterliegt sein Erwerb des bloßen Eigentums der spanischen Erbschaftsteuer. 264

Vier Jahre: Beim bloßen Eigentum (Art. 11 Ziff. 1c spanErbStG) werden keine verwandtschaftlichen oder persönlichen Beziehungen vorausgesetzt. Wird zugunsten des Erblassers ein Nießbrauch oder ein sonstiges Nutzungsrecht bei Übertragung von Gegenständen an Dritte eingeräumt, so wird vermutet, dass dieses unentgeltlich eingeräumt wurde. Gegenbeweispflichtig ist der Erbe. 265

Werden im Nachlass Wertpapiere (z.B. Namensaktien) vorgefunden, die zugunsten des Erben indossiert sind, ohne dass die Übertragung in dem entsprechenden Register vermerkt wäre, gilt gleichfalls der Hinzurechnungstatbestand. In diesem Falle sind nicht einmal verwandtschaftliche Beziehungen erforderlich. 266

3. Selbstveranlagung und Veranlagung von Amts wegen

Als weiteren Grundsatz kennt das spanische Steuerrecht das **Prinzip der Selbstveranlagung** (*autoliquidación*) und eher als Ausnahme das System der Veranlagung von Amts wegen (*sistema de liquidación administrativa u oficial*, Art. 101 LGT). 267

Wer als Erbe in absehbarer Zeit über das spanische Erblasserbankkonto verfügen oder ein dortiges Immobilienobjekt verkaufen will, sollte das System der Selbstveranlagung (*autoliquidación*) wählen, weil dies **schneller** zur Verfügungsmöglichkeit und Umschreibung führt. Es muss jedoch sogleich vor Umschreibung im Grundbuch die gesamte Erbschaftsteuer entrichtet werden. Zulässig ist auch, dass der Erbe zwecks Bezahlung der Erbschaftsteuer den Fiskus autorisiert, die Erbschaftsteuer von dem Bankkonto des Erblassers abzubuchen. Der spanische Fiskus hat jedoch beim Verfahren der *autoliquidación* die Möglichkeit der **Nachschätzung** für einen Zeitraum von vier Jahren ab Abgabe der Steuererklärung. Das Verfahren der *autoliquidación* ist nur zulässig, wenn sämtliche Erben hiermit einverstanden sind. 268

269 Wer beispielsweise als Erbe das ererbte Haus in Spanien behalten will, sollte das Verfahren der *liquidación oficial*, also des System der Veranlagung von Amts wegen, wählen. Dieser Weg ist jedoch in den Fällen, in denen der Steuerpflichtige die Anwendung des Steuerrechts einer *Comunidad Autónoma* verlangt (vgl. Zweite Zusatzbestimmung des spanErbStG nach Maßgabe des Gesetzes 26/2014; siehe dazu Rn 247), nicht gangbar, denn der Steuerpflichtige ist auf die Selbstveranlagung verwiesen. Auch die Veranlagung durch die Verwaltung bedarf der Mitwirkung des Steuerpflichtigen (Art. 31 spanErbStG). Der erbmäßig Berechtigte, der Erbschaftsteuerpflichtige, ist verpflichtet, dem Fiskus alle erforderlichen Unterlagen zu übergeben, angefangen von der Sterbeurkunde des Erblassers bis hin zur Dokumentation des Erblasservermögens. Auch sollte man, falls Vermutungstatbestände i.S.d. Art. 11 spanErbStG vorliegen, entsprechende Gegenbeweise – soweit vorhanden – antreten.

270 Folgende Unterlagen sind vorzulegen:
- Sterbeurkunde;
- beglaubigte Kopie des Testaments oder des Erbvertrages;
- beglaubigte Kopie des Erbscheins mit beglaubigter Übersetzung in die spanische Sprache;
- Vorlage von spanischen Lebensversicherungspolicen in beglaubigter Form;
- Dokumentation über das Erblasservermögen.

271 Wird der Erwerber in Spanien besteuert, so ist auch eine Bescheinigung des zuständigen spanischen Finanzamtes über das vorhandene Vorvermögen des Erwerbers vorzulegen. Ausreichend in diesen Fällen ist jedoch die Vorlage der letzten **Vermögensteuererklärung** des Erwerbers. Weiterhin bedarf es der Angabe einer spanischen Zustellungsadresse.

272 Steuerpflichtig sind i.d.R. die Begünstigten, d.h.
- bei Erbfall: die Rechtsnachfolger (Erben/Vermächtnisnehmer);
- bei Schenkung: der Beschenkte;
- bei Zahlung einer Lebensversicherung: der Drittbegünstigte;
- bei Zahlung des Pflichtteils: der Pflichtteilsberechtigte (Art. 3.1a spanErbStG: „sonstiger erbrechtlicher Titel" – *cualquier otro título sucesorio*).

VI. Die Steuerklassen

273 Die Steuergruppen richten sich nach zentralspanischem ErbStG (Gesetz 29/1987) ebenso wie die persönlichen Freibeträge nach dem Verwandtschaftsgrad zum Erblasser. Auch ist bei Abkömmlingen das Alter des Abkömmlings von Bedeutung.

Steuergruppe I	Nachkommen, unabhängig ihres Kindschaftsverhältnisses zum Erblasser (ehelich, nichtehelich), oder Adoptivkinder, die unter 21 Jahre alt sind
Steuergruppe II	Nachkommen und Adoptivkinder, die nicht durch Steuerklasse I erfasst werden (21 Jahre alt oder älter), Ehepartner, Aszendenten (Eltern, Voreltern) und Adoptiveltern
Steuergruppe III	Seitenverwandte zweiten oder dritten Grades, verschwägerte Aszendenten und Nachkommen
Steuergruppe IV	Seitenverwandte vierten oder entfernteren Grades und Außenstehende

VII. Steuersätze

Die aktuellen Steuersätze ergeben sich aus nachfolgender Tabelle (Art. 21 spanErbStG): 274

Steuerpflichtiger Erwerb bis … EUR	Steuerschuld in EUR	Restwert in EUR	Effektiver Steuersatz für übersteigenden Restwert
0,00	0,00	7.993,46	7,65
7.993,46	611,50	7.987,45	8,50
15.980,91	1.290,43	7.987,45	9,35
23.968,36	2.037,26	7.987,45	10,20
31.955,81	2.851,98	7.987,45	11,05
39.943,26	3.734,59	7.987,45	11,90
47.930,72	4.685,10	7.987,45	12,75
55.918,17	5.703,50	7.987,45	13,60
63.905,62	6.789,79	7.987,45	14,45
71.893,07	7.943,98	7.987,45	15,30
79.880,52	9.166,06	39.877,15	16,15
119.757,67	15.606,22	39.877,15	18,70
159.634,83	23.063,25	79.754,30	21,25
239.389,13	40.011,04	159.388,41	25,50
398.777,54	80.655,08	398.777,54	29,75
797.555,08	199.291,40	Von jetzt an	34,00

Zur Berechnung der endgültigen Steuerschuld ist der sich aus vorstehender Tabelle ergebende Steuerbetrag noch mit den Korrekturfaktoren gem. Art. 22 Ziff. 1 spanErbStG zu multiplizieren. Diese sind abhängig vom Vorvermögen des Begünstigten und seinem Verwandtschaftsgrad zum Erblasser. Bei nichtansässigen Erben oder erbmäßig Berechtigten zählt nicht das aus spanischer Sicht im Ausland befindliche Vermögen als Vorvermögen. 275

VIII. Multiplikationskoeffizienten – Erhöhung der Steuerquote

276 Für die sich nach dem Bisherigen ergebenden Steuerquoten gelten folgende Multiplikatoren (auch diese Angaben beziehen sich auf die Regelung nach gemeinspanischem Recht; gegebenenfalls in den Rechten der *Autonomías* enthaltene Sonderregeln wären gem. Art. 22 Abs. 2 spanErbStG vorrangig zu beachten):

Vorvermögen in EUR	Verwandtschaftsgrad zum Erblasser		Ohne Verwandtschaftsverhältnis zum Erblasser
	Gruppe I und II (Abkömmlinge und Adoptivkinder, Ehepartner und Vorfahren)	Gruppe III (Geschwister, Neffen, Nichten und Verschwägerte)	Gruppe IV
Von 0 bis 402.678,11	1,0000	1,5882	2,0000
> 402.678,11 bis 2.007.380,43	1,0500	1,6676	2,1000
> 2.007.380,43 bis 4.020.770,98	1,1000	1,7471	2,2000
> 4.020.770,98	1,2000	1,9059	2,400

IX. Freibeträge

277 Artikel 20 spanErbStG in Zusammenhang mit Art. 42 der DVO regelt die persönlichen Freibeträge von Personen, die etwas von Todes wegen erwerben. Die persönlichen Freibeträge richten sich nach dem Verwandtschaftsgrad zum Erblasser, der in den Steuerklassen I bis IV zum Ausdruck gelangt. Da zahlreiche autonome Gemeinschaften eigene Regelungen über persönliche Freibeträge geschaffen haben, kommt diesen Vorrang vor den Freibeträgen gem. Art. 20 spanErbStG zu. Nur dann, wenn der Erwerber seinen Wohnsitz in der entsprechenden *Autonomía* hat, haben deren Bestimmungen Vorrang gegenüber der allgemeinen Norm des Art. 20 spanErbStG.[306] Nach der Zweiten Zusatzbestimmung des spanErbStG kann allerdings auch der in der EU oder im Europäischen Wirtschaftsraum ansässige Steuerpflichtige jedenfalls für Erwerbe ab dem 1.1.2015 nunmehr die Freibeträge der *Autonomías* in Anspruch nehmen, wenn er hierfür optiert (siehe Rn 246 ff.). Hinzuweisen ist darauf, dass die Zuständigkeit des zentralstaatlichen Finanzamts für nichtansässige Steuerpflichtige sowie die Anwendung der zentralstaatlichen Verfahrensvorschriften hiervon unberührt bleiben.

---

[306] Für folgende *Autonomías* gelten insoweit Sonderregelungen: Balearen, Katalonien, Valencia, Castilla/León, Aragón, Madrid; siehe auch *Hellwege*, ErbStB 2006, 195 mit entsprechendem Hinweis.

Nachstehend werden die persönlichen Freibeträge[307] des (gemein-)spanischen Erbschaftsteuergesetzes dargestellt: 278
- **Gruppe I:** Erwerb durch Abkömmlinge und Adoptivkinder **unter 21 Jahren**. Der Ausgangswert beläuft sich auf 15.956,87 EUR. Wer jünger als 21 Jahre ist, erhält zusätzlich weitere Freibeträge in Höhe von 3.990,72 EUR je weiteres Jahr unter 21 Jahren; der maximale Freibetrag darf indes 47.858,59 EUR nicht überschreiten.
- **Gruppe II:** Erwerb durch Abkömmlinge und Adoptivkinder **über 21 Jahren**, Ehepartner und Vorfahren. Der Ausgangswert beläuft sich auf 15.956,87 EUR.
- **Gruppe III:** Erwerb durch Geschwister, Neffen, Nichten und Verschwägerte (Seitenlinie des zweiten und dritten Grades und verschwägerte Abkömmlinge). Der Ausgangswert wird um 7.993,46 EUR reduziert.
- **Gruppe IV:** Erwerb durch sonstige Verwandte und Fremde, die in keinem verwandtschaftlichem Verhältnis zum Erblasser stehen. Keine Freibeträge.

Freibeträge behinderter Personen (Art. 20 Ziff. 2a spanErbStG): Die Behinderung muss 279
33 % oder mehr betragen und rechtlich festgestellt sein. Beläuft sich die Behinderung auf weniger als 65 %, beträgt der Freibetrag 47.858,59 EUR. Beträgt er mehr als 65 %, kann der Behinderte einen Freibetrag in Höhe von 150.253,03 EUR geltend machen.

Persönlicher Freibetrag bei Erwerb von Lebensversicherungspolicen: Ehegatten und Verwandte in gerader Linie erhalten beim Erwerb von solchen Versicherungspolicen einen 280
einmaligen Freibetrag je Erwerber von 9.195,49 EUR – unabhängig von der Anzahl der Policen.[308]

Persönlicher Freibetrag bei Erwerb eines Familienbetriebes gem. Art. 20 Ziff. 2c span- 281
ErbStG: Diese Regelung gilt nicht nur für den schenk- oder erbweisen Erwerb eines Familienbetriebes, sondern auch für Beteiligungen bzw. einem Nießbrauch an Beteiligungen durch Schenkung oder Erbfolge. Aufgrund der verwandtschaftlichen Beziehungen können Freibeträge von 95 % des Erworbenen geltend gemacht werden.[309]

Freibetrag bei Erwerb der ständigen Wohnung (vivienda habitual) des Erblassers: 282
„Vivienda habitual" kann auch ein Wohnhaus sein. Voraussetzung für die Anerkennung ist nicht die Anmeldung in der zuständigen Gemeinde oder das Halten der *residencia*; maßgeblich ist vielmehr das faktische Innehalten, nicht nur vorübergehende Innehaben der Wohnung durch den Erblasser. Die Befreiung gilt damit nicht für einen Nebenwohnsitz, also z.B. ein bloßes Ferienhaus.[310] Wer als Ehegatte, Verwandter aufsteigender oder absteigender Linie oder als Verwandter der Seitenlinie mit einem Alter von 65 Jahren oder mehr die Wohnung des Erblassers durch Erbfolge erwirbt, kann einen persönlichen Freibetrag in Höhe von 95 % des Wertes der Wohnung geltend machen. Dies gilt bis zu einem Höchstbetrag von 122.606,47 EUR. Wer als Verwandter der Seitenlinie Erbe wird, kann den persönlichen Freibetrag allerdings nur dann in Anspruch nehmen, wenn er in den letzten zwei Jahren vor dem Ableben des Erblassers mit diesem zusammengelebt hatte. In jedem Falle gilt diese Freibetragsregelung auch nur dann, wenn die Wohnung des Erblassers 10 Jahre lang im Vermögen des Erwerbers verbleibt. Verkauft der Erwerber das Objekt innerhalb

---

307 Mit gleichen Wertbeträgen wie hier auch *Jülicher*, in: Troll/Gebel/Jülicher, ErbStG, § 21 Rn 130 (S. 79). Weitere Freibeträge und die Freibeträge der zuvor genannten autonomen Regionen werden im Einzelnen dargestellt bei *Hellwege*, S. 128 ff.
308 Vgl. *Jülicher*, in: Troll/Gebel/Jülicher, ErbStG, § 21 Rn 130 (S. 79).
309 Ziel des Gesetzgebers war es, mittels dieser Norm Familienbetriebe zu erhalten und nicht durch übermäßige Erbschaftsbesteuerung „kaputt" zu besteuern. Vgl. hierzu *Hellwege*, ErbStB 2004, 158 f.
310 So auch *Jülicher*, in: Troll/Gebel/Jülicher, ErbStG, § 21 Rn 130 (S. 78 unten).

des **Zehn-Jahres-Zeitraums**, erfolgt eine Nachbesteuerung, wobei auch Verzugszinsen vom Fiskus erhoben werden können (Art. 20 Ziff. 2c Abs. 3 spanErbStG).

X. Die Abwicklung der Erbschaftsteuer

1. Fälligkeit

283 Nach Art. 24 spanErbStG wird die Steuer fällig:
- bei Erwerb von Todes wegen und bei Bezug aus einem Lebensversicherungsvertrag: mit dem Erbfall;
- bei Schenkung unter Lebenden: mit der Zuwendung und dem Vertragsschluss;
- ist der Erwerb von einer Bedingung, Befristung oder einer sonstigen Beschränkung abhängig, wird die Steuer erst mit dem Eintritt der Bedingung, Ablauf der Befristung oder dem Wegfall der Beschränkung fällig.

2. Verjährung

284 Die Erbschaftsteuer verjährt nach Art. 25 spanErbStG innerhalb von vier Jahren; bis zum Erlass des Gesetzes 25/1998 vom 13.7.1998 betrug die Verjährungsfrist fünf Jahre. Sie beginnt nicht mit dem Todesfall, vielmehr mit Ablauf der Fristen, innerhalb derer die Steuererklärung spätestens hätte vorgelegt werden müssen. So verjährt die Erbschaftsteuer **frühestens nach vier Jahren und sechs Monaten und spätestens fünf Jahre nach dem Todesfall**, wenn die regulären (Abgabe-)Fristen nicht gehemmt werden. Eine Hemmung der Frist kann durch den genehmigungsbedürftigen Antrag auf Verlängerung nach Art. 69 spanErbSt-VO erreicht werden, und zwar um nochmals sechs Monate (Abs. 1). Damit ergibt sich eine frühestmögliche Verjährung in viereinhalb Jahren nach dem Todesfall. Wegen der „Haltbarkeitsdauer" nicht dem spanischen Gericht übergebener Testamente von fünf Jahren (Art. 689 CC) sollten die Fristen genau beachtet werden.

285 Ab 1.1.2003 gilt für **Urkunden, die vor ausländischen Urkundspersonen errichtet** wurden, eine bedeutsame Neuerung (Gesetz 53/2002): Die Verjährungsfrist beginnt erst mit Vorlage der entsprechenden Urkunde vor einer spanischen Verwaltungsbehörde (Art. 25.2 spanErbStG). Ausländische Urkundspersonen (*fedatarios extranjeros*) sind üblicherweise Notare oder ihnen gleichgestellte Personen, wie z.B. Konsuln, die gleichfalls Urkunden errichten dürfen. Dies bedeutet etwa, dass der Verjährungsbeginn hinsichtlich der vorgenannten Urkunden nicht mit dem Tode des Erblassers beginnt, sondern erst mit der Urkundenvorlage vor spanischen Finanzbehörden. Ob als ausländische Urkundspersonen auch ausländische Standesbeamte gelten, die etwa die Sterbeurkunden von Personen ausstellen, die in Spanien Erblasser sind, ist nicht ganz auszuschließen.[311] Der Neuregelung kommt mangels besonderer Übergangsbestimmung keine Rückwirkung auf Altfälle zu; sie gilt vielmehr nur für Rechtsgeschäfte nach dem 1.1.2003.[312]

3. Steuererklärungspflichten und zuständiges Finanzamt

286 Im Erbfall wird die Veranlagung durch das **Finanzamt** des Wohnsitzes des Erblassers durchgeführt. Hat der Erblasser seinen Wohnsitz außerhalb Spaniens, so ist nach seiner

---

311 Vgl. hierzu *Hellwege*, Vererbung von Vermögen in Spanien, ErbStB 2003, 194 ff.
312 Ebenso nun auch *Jülicher*, in: Troll/Gebel/Jülicher, ErbStG, § 21 Rn 130 (S. 80 oben); a.A. *Hellwege*, ErbStB 2004, 157, 158.

Wahl entweder das Finanzamt Madrid oder das Finanzamt **zuständig**, in dessen Amtsbezirk der in Spanien residente, erbberechtigte Begünstigte seinen gewöhnlichen Wohnsitz hat.

Im Fall der Schenkung eines **Grundstücks** ist das **Belegenheitsfinanzamt** zuständig; in den Fällen der Schenkung von anderen Objekten an beschränkt Steuerpflichtige das Finanzamt Madrid. Im Hinblick auf die langen Bearbeitungszeiten des Finanzamts von Madrid sollte man gleichwohl versuchen, den erbschaftsteuerlichen Vorgang beim zuständigen Belegenheitsfinanzamt der jeweiligen *Autonomía* anhängig zu machen. Dies wird i.d.R. auch akzeptiert und empfiehlt sich insbesondere bei einem vorgesehenen baldigen Verkauf des Erblassergrundstücks. 287

4. Abgabefrist

Im Erbfall sind die Begünstigten verpflichtet, die Unterlagen und die Steuererklärung innerhalb von **sechs Monaten** nach dem Tode des Erblassers oder ab dem Tag, an dem sie Kenntnis von dem Tod des Erblassers haben, bei der Steuerverwaltung einzureichen. Bei Schenkungen gilt eine Frist von 30 Tagen. Diese Fristen können auf Antrag, der binnen fünf Monaten ab dem Tode des Erblassers zu stellen ist, verlängert werden. 288

Im Rahmen der Selbstveranlagung (*autoliquidación*) oder der Veranlagung von Amts wegen (*liquidación oficial*) sind folgende Unterlagen vorzulegen: 289
- Todesfallbescheinigung (Internationale Sterbeurkunde);
- beglaubigte Kopie des Testaments oder – bei gesetzlicher Erbfolge – Angabe des Verwandtschaftsgrads mit dem Erblasser;
- Erbschein und beglaubigte spanische Übersetzung, jeweils mit Apostille;
- urkundsmäßige Nachweise der abzugsfähigen Lasten und Schulden einschließlich von Konten bei Kreditinstituten, Anteilen an nicht börsennotierten Gesellschaften; und
- Kaufvertrag des Erblassers über Grundstücke.

Die **Selbstveranlagung** (*autoliquidación*) ist nur zulässig, wenn alle Begünstigten eines Erbfalles in die Steuererklärung eingeschlossen werden und diese den Gesamtvermögenserwerb umfasst. Auch bei der Schenkung ist die Selbstveranlagung nur zulässig, wenn sie den Gesamtvermögenserwerb umfasst. Abzugeben ist die Selbstveranlagung auf amtlichem Vordruck. Den selbst errechneten Betrag hat der Steuerpflichtige beim Finanzamt einzuzahlen. Unter Vorlage der darauf erteilten Quittung und weiterer Unterlagen und Erklärungen kann er dann etwa die Eigentumsumschreibung im Eigentumsregister/Grundbuch beantragen. 290

5. Teilsteuererklärung

Nach Art. 35 spanErbStG kann auf Antrag eine Teilsteuererklärung abgegeben werden. So kann der Erbe bereits vor endgültiger Veranlagung in den Genuss von Vermögensvorteilen aus der Erbschaft bzw. der Lebensversicherung gelangen. Möglich ist dies nur zum Zweck des Empfangs von Leistungen aus Lebensversicherungen, des Einzugs von Forderungen von Gegenständen, fälliger Guthaben, Wertpapieren oder Geld im Depot oder vergleichbaren Hinterlegungsstellen. Der Nachweis der (Teil-)Steuerzahlung dient zugleich als Nachweis der Empfangsberechtigung. 291

6. Informationspflichten und Wirkung der Steuerzahlung

Alle Gerichte, Behörden und Register sowie Notare müssen den Steuerbehörden die Unterlagen übersenden, aus denen sich Anzeichen für eine Erbschaft- oder Schenkungsteuer- 292 pflicht ergeben. Nach Art. 33 spanErbStG dürfen **ohne den Nachweis der Steuerzahlung keine Gegenstände oder Rechte an den Rechtsnachfolger ausgehändigt**, bescheinigt oder Zahlungen geleistet werden. Bei Zuwiderhandlungen wird eine Steuerbuße verhängt. Zudem haben Dokumente, die einen Rechtswechsel beurkunden, ohne den Nachweis der Erbschaft- oder Schenkungsteuerzahlung keine rechtsverbindliche Wirkung. Das bedeutet, dass etwa die Erbfolge ohne Nachweis der Steuerzahlung nicht in das Eigentumsregister (Grundbuch) eingetragen werden darf.

7. Steuervertreter

293 Gemäß Art. 18.4 spanErbSt-VO ist der aus spanischer Sicht beschränkt steuerpflichtige Erbe verpflichtet, „eine Person mit Aufenthaltsort in Spanien" als Steuerrepräsentant (*representante fiscal*) hinsichtlich seiner steuerlichen Verpflichtungen gegenüber den spanischen Steuerbehörden zu benennen.[313]

294 Insoweit verdient Erwähnung, dass die spanische Steuerverwaltung berechtigt ist, eine einmal aufgetretene Vertrauensperson (regelmäßig ein Fiskalvertreter, siehe Rn 256) des Steuerpflichtigen anzusprechen; auch kann sie Nachschätzungen an diesen schicken. Mit dem Zugang etwa der oben erwähnten Nachschätzung bei der einmal beauftragten Vertrauensperson beginnen dann auch die Rechtsmittelfristen zu laufen – ohne dass der in Spanien überhaupt nicht ansässige Steuerpflichtige davon zu wissen braucht. Die Auswahl dieser Vertrauensperson als Steuerrepräsentant ist daher mit besonderer Sorgfalt vorzunehmen.

XI. Doppelbesteuerung

295 Spanien hat Doppelbesteuerungsabkommen auf dem Gebiet der Erbschaftsteuer mit Frankreich, Griechenland und Schweden. Zwischen **Spanien und Deutschland** gilt indes **kein** solches **Abkommen zur Vermeidung der Doppelbesteuerung** in Fällen der Erbschaft- und Schenkungsteuer.[314] Nach Art. 23 spanErbStG kann jedoch bei unbeschränkter spanischer Steuerpflicht die bereits gezahlte und nachgewiesene ausländische Steuer ganz oder teilweise **angerechnet** werden.

296 Über das **Prinzip der Anrechnung** (*método de imputación ordinaria*) bestimmt Art. 23 spanErbStG:

> „*Im Falle der unbeschränkten Steuerpflicht ist der Steuerpflichtige zum Abzug des geringeren der beiden nachfolgenden Beträge berechtigt:*
> – *Den effektiv im Ausland aufgrund einer vergleichbaren Steuerschuld abgeführten Steuerbetrag für einen in Spanien der Steuer unterliegenden Vermögenszuwachs;*
> – *den Betrag, der sich aus der Anwendung des effektiven Durchschnittsteuersatzes auf den Vermögenszuwachs der außerhalb Spaniens belegenen Güter und ausübbaren Rechte ergibt, sofern die betreffenden Güter und Rechte im Ausland bereits zu einer vergleichbaren Steuer herangezogen wurden."*

297 Voraussetzung der Anrechnung beispielsweise der deutschen Erbschaftsteuer ist, dass diese der spanischen Erbschaft- bzw. Schenkungsteuer entspricht. Da die deutsche Erbschaft- und Schenkungsteuer entsteht wie in Spanien, d.h. mit Eintritt des Erbfalls bzw. mit Ausführung der Schenkung, und im Rahmen der Erbanfallsteuer der beim Erwerber angefallene

---

313 Deutscher Wortlaut der Norm bei *Löber/Huzel*, S. 132.
314 Vgl. *Jülicher*, in: Troll/Gebel/Jülicher, ErbStG, § 21 Rn 130 (S. 80); siehe auch *Hellwege*, in: Ferid/Firsching/Dörner/Hausmann, Spanien, Rn 84.

Vermögenszuwachs bzw. dessen Bereicherung besteuert wird, liegt das gleiche Prinzip vor. Damit kann die deutsche Erbschaftsteuer auf die spanische angerechnet werden. Umgekehrt kann auch die spanische Erbschaftsteuer auf die deutsche Steuer angerechnet werden (§ 21 dtErbStG).

Die auch in Erbfällen entstehende gemeindliche **Wertzuwachssteuer** (*Impuesto sobre el incremento del valor de los terrenos de naturaleza urbano*, die sog. **plusvalía**) entsteht zwar nicht nur bei der Übertragung erb- oder schenkweise erworbenen Immobilienvermögens, sondern auch in sonstigen Erwerbsfällen, etwa durch Kaufvertrag. Man muss sie jedoch aufgrund ihrer Natur und aufgrund des Wertzuwachses des Erben bzw. des Beschenkten als eine der deutschen Erbschaft- und Schenkungsteuer vergleichbare Steuer ansehen, so dass diese auch auf die deutsche Erbschaftsteuer gem. § 21 dtErbschStG angerechnet werden kann.[315]

298

Weitere Informationen und Materialien, wie z.B. Muster, Formulare, amtliche Texte und Internetadressen, befinden sich auf der beiliegenden CD-ROM sowie in der Monographie von Löber/Huzel, Erben und Vererben in Spanien, 5. Auflage 2015.

---

315 Ebenso *Jülicher*, in: Troll/Gebel/Jülicher, ErbStG, § 21 Rn 130 (S. 80).

Tschechien

Dr. Claudie Rombach, Notarin, Düsseldorf

Inhalt

A. **Rechtsgrundlagen und Einführung** 1
B. **Rechtsanwendung im Erbrecht** 4
  I. Bestimmung des anwendbaren Rechts aus tschechischer Sicht 4
    1. Rechtsgrundlage 4
    2. Bestimmung des Erbstatuts 5
    3. Testierfähigkeit und Testamentsform ... 10
  II. Erbstatut aus deutscher Sicht 12
C. **Materielles Erbrecht** 13
  I. Gesetzliche Erbfolge 13
    1. Erste Gruppe 14
    2. Zweite Gruppe 22
    3. Dritte Gruppe 28
    4. Vierte, fünfte und sechste Gruppe 30
    5. Erbrecht des Staates 33
  II. Testamentarische Erbfolge 34
    1. Formen der Verfügungen von Todes wegen 34
    2. Inhalt einer Verfügung von Todes wegen 36
      a) Erbeinsetzung 37
      b) Vor- und Nacherbschaft 44
      c) Vermächtnis 50
      d) Nachlassverwalter und Testamentsvollstrecker 58
        aa) Allgemeines 58
        bb) Testamentsvollstrecker 59
        cc) Nachlassverwalter 61
      e) Auflage 69
      f) Andere Verfügungen 70
    3. Testamentsformen 71
      a) Allgemeines 71
      b) Eigenhändiges Testament 73
      c) Testament in anderer Schriftform ... 74
      d) Notarielles Testament 76
      e) Nottestament 77
    4. Widerruf eines Testaments 78
    5. Testamentsregister und Hinterlegung ... 80
      a) Allgemeines 80
      b) Notarielles Testament und notarielle Urkunden über Nachlassverwaltung 82

      c) Sonstige Testamente 83
      d) Im Ausland errichtete Testamente ... 85
      e) Auskunft aus dem Testamentsregister 86
  III. Pflichtteilsrecht 87
    1. Pflichtteilsberechtigte Personen, Umfang des Rechts 87
    2. Berechnung und Erfüllung des Pflichtteils 91
    3. Anrechnung auf den Erb- und Pflichtteil 95
      a) Anrechnung auf den Pflichtteil 96
      b) Anrechnung auf den Erbteil 97
    4. Pflichtteilsentziehung 98
    5. Erb- und Pflichtteilsverzicht 103
    6. Versorgungsrechte bestimmter Personen 107
  IV. Bindende Erbfolge 110
    1. Voraussetzungen und Form 111
    2. Umfang der Bindungswirkung 112
    3. Verfügungen zu Lebzeiten 113
    4. Besonderheiten bei Ehegatten 115
  V. Wege der Nachlassregelung außerhalb des Erbrechts 117
    1. Vorweggenommene Erbfolge 117
    2. Transmortale Vollmacht 118
  VI. Nachlassabwicklung 119
    1. Annahme und Ausschlagung der Erbschaft 119
    2. Aufgabe des Erbrechts 124
    3. Struktur der Erbengemeinschaft und Auseinandersetzungsvereinbarung 126
    4. Haftung der Erben 130
D. **Erbverfahrensrecht** 135
  I. Allgemeines 135
  II. Vorverfahren 138
  III. Einstellung des Nachlassverfahrens 140
  IV. Hauptverfahren 142
  V. Anerkennung deutscher Erbscheine 153
E. **Besteuerung der Erbfolge** 154

Literatur

Deutschsprachige Literatur

Bohata, Neugestaltung des tschechischen Zivilrechts, WiRO 2012, 193; *Kurzböck/Sladká*, Tschechien: Neues Privatrecht verabschiedet, ZEV 2012, 589.

Literatur in tschechischer Sprache

Bartoš, Nová procesní úprava dědického práva, ad notam 2013, 16 ff.; *Novotný/Novotná*, Nový občanský zákoník, dědické právo, 1. Aufl., Praha 2014; *Schelleová/Schelle*, Dědické právo podle nového občanského zákoníku, 1. Aufl., Praha 2013; *Šešina*, Pořízení pro případ smrti podle nového občankého zákoníku, ad notam 2012, 3 ff.; *Švestka/Dvořák/Fiala/Šešina/Wawerka*, Občanský zákoník, komentář, Band IV, 1. Aufl., Praha 2014.

A. Rechtsgrundlagen und Einführung

1 Mit Wirkung zum 1.1.2014 ist in Tschechien nach langjährigen fachlichen und politischen Diskussionen ein neues **Zivilgesetzbuch (ZGB)**[1] in Kraft getreten, das das mehrfach geänderte sozialistische Recht aus dem Jahr 1964 abgelöst hat. Ziel des Gesetzes war es, alle privatrechtlichen Rechtsverhältnisse in einem Gesetzbuch zu regeln. Das neue Zivilgesetzbuch sollte den geänderten gesellschaftlichen und politischen Verhältnissen Rechnung tragen und Prinzipien und Standards des Privatrechts in Mitteleuropa entsprechen. Aus diesem Grund ließ sich der tschechische Gesetzgeber vom Recht vieler europäischer Staaten inspirieren, wie etwa Deutschland, Schweiz, Österreich, Italien oder Niederlande. Insbesondere das **Erbrecht** wurde grundlegend geändert und die Gestaltungsmöglichkeiten des Erblassers wurden erheblich erweitert. Das bisher aus 41 Paragraphen bestehende Erbrecht ist auf über 200 Paragraphen (§§ 1475–1720 ZGB) angewachsen. Viele Fragen, die mit der (Wieder-)Einführung neuer Rechtsinstitute entstehen, sind noch offen und werden von der Praxis und der Rechtsprechung in den kommenden Jahren gelöst werden müssen.

2 Zusammen mit dem Zivilgesetzbuch wurde auch das aus dem Jahr 1963 stammende Gesetz über das internationale Privat- und Prozessrecht (**IPPRG**) grundlegend überarbeitet und neu gefasst.[2] Es ist wie das Zivilgesetzbuch zum 1.1.2014 in Kraft getreten.

3 Parallel hierzu wurden auch zahlreiche andere Rechtsvorschriften geändert, erweitert und angepasst, u.a. die Zivilprozessordnung und die Notariatsordnung. Das Nachlassverfahren ist nicht mehr in der ZPO, sondern in einem neuen, eigenständigen Gesetz über unstrittige Verfahren[3] geregelt (BGVG).

B. Rechtsanwendung im Erbrecht

I. Bestimmung des anwendbaren Rechts aus tschechischer Sicht

1. Rechtsgrundlage

4 Das tschechische Internationale Privatrecht ist durch das Gesetz über das internationale Privat- und Prozessrecht (IPPRG) geregelt, das mit Wirkung zum 1.1.2014 vollständig neu gefasst worden ist (siehe auch Rn 2). Das IPPRG wird jedoch von der ab dem 17.8.2015 geltenden Europäischen Erbrechtsverordnung (EU-ErbVO) überlagert, die vorrangig anzuwenden ist.

2. Bestimmung des Erbstatuts

5 Das tschechische Recht knüpft das Erbstatut **nicht** mehr an die **Staatsangehörigkeit** des Erblassers an, sondern – wie die ab 17.8.2015 maßgebliche Europäische Erbrechtsverordnung (siehe Rn 4) – grundsätzlich an den **Aufenthalt**. Gemäß § 76 IPPRG richten sich die

---

[1] Gesetz Nr. 89/2012 Slg.
[2] Gesetz Nr. 91/2012 Slg.
[3] Gesetz Nr. 292/2013 Slg.

erbrechtlichen Rechtsbeziehungen nach der Rechtsordnung des Staates, in dem der Erblasser im Zeitpunkt seines Todes seinen gewöhnlichen Aufenthalt hatte. Besitzt jedoch der Erblasser die tschechische Staatsangehörigkeit und hat zumindest einer der Erben seinen gewöhnlichen Aufenthalt in der Tschechischen Republik, richtet sich das Erbstatut nach dem tschechischen Recht. Verstirbt also ein Deutscher mit gewöhnlichem Aufenthalt in Tschechien, ist wegen der Anknüpfung an den gewöhnlichen Aufenthalt aus tschechischer Sicht tschechisches Recht anzuwenden.

Internationale Verträge und bilaterale Abkommen gehen, wie bisher, der allgemeinen Kollisionsnorm vor. Sie können insbesondere im Verhältnis zu früher sozialistischen Staaten bestehen. Bilaterale Abkommen zwischen Deutschland und Tschechien existieren nicht.

Nach dem Erbstatut richtet sich insbesondere, ob ein Erbfall vorliegt, was zur Erbmasse gehört, wer erbfähig oder erbunwürdig ist, wer als gesetzlicher Erbe in Betracht kommt oder wie der Erbe haftet. Bei testamentarischer Erbfolge entscheidet die allgemeine Kollisionsnorm darüber, ob ein Testament überhaupt errichtet werden darf und inwieweit ein solches pflichtteilsberechtigte Personen benachteiligen darf. Dagegen richtet sich die Frage nach der Testierfähigkeit, Willensmängeln bei der Testamentserrichtung, der Testamentsform und der Zulässigkeit der Testamentsarten nach den spezielleren Bestimmungen des § 77 IPPRG.

Das neue tschechische Recht sieht nunmehr die Möglichkeit einer **Rechtswahl** vor. Nach § 77 Abs. 4 IPPRG kann der Erblasser im Testament anstelle der anwendbaren Rechtsordnung die Rechtsordnung des Staates wählen, in dem er im Zeitpunkt der Testamentserrichtung seinen gewöhnlichen Aufenthalt hat, oder auch die Rechtsordnung des Staates, dessen Staatsangehöriger er im Zeitpunkt der Errichtung ist. Dies gilt auch für Immobilien. Einem Erblasser steht es jetzt also uneingeschränkt offen, sein Heimatrecht oder das Recht des gewöhnlichen Aufenthalts zu wählen.

Rück- und Weiterverweisungen werden nach § 21 IPPRG grundsätzlich angenommen. Hiervon ausgenommen sind lediglich schuldrechtliche und arbeitsrechtliche Rechtsverhältnisse, es sei denn, die Beteiligten haben etwas anderes vereinbart.

Verstirbt also ein Tscheche mit gewöhnlichem Aufenthalt in Deutschland, ist bis zur Ablauf des 16.8.2015 aus tschechischer Sicht zunächst das deutsche Recht anzuwenden. Da aber das deutsche Recht gemäß Art 25 Abs. 1 EGBGB auf das Heimatrecht verweist und das tschechische Recht die Rückverweisung annimmt, ist tschechisches Recht anzuwenden. Hat allerdings einer der Erben seinen gewöhnlichen Aufenthalt in Tschechien, findet aufgrund der oben beschriebenen Sonderregel (vgl. Rn 5) unmittelbar tschechisches Recht Anwendung.

3. Testierfähigkeit und Testamentsform

Gemäß § 77 Abs. 1 IPPRG richtet sich die **Testierfähigkeit** nach der Rechtsordnung, deren Staatsangehörigkeit der Erblasser im Zeitpunkt der Errichtung oder des Widerrufs des Testaments besaß, oder nach der Rechtsordnung des Staates, in dem er zu dem vorgenannten Zeitpunkt seinen gewöhnlichen Aufenthalt hatte.

Hinsichtlich der **Testamentsform** enthält § 77 Abs. 2 IPPRG großzügige Bestimmungen. Es genügt, wenn die Form desjenigen Staates gewahrt wird, dessen Staatsangehöriger der Erblasser im Zeitpunkt der Errichtung oder des Todes war, oder auf dessen Gebiet das Testament errichtet worden ist, oder in dem der Erblasser im Zeitpunkt der Errichtung oder des Todes seinen gewöhnlichen Aufenthalt hatte, oder nach dessen Rechtsordnung sich das Erbstatut richtet und ferner bei Immobilien die Rechtsordnung des Belegenheitsortes. Das Gleiche gilt für Erbverträge und andere Verfügungen für den Todesfall.

II. Erbstatut aus deutscher Sicht

12 Aus deutscher Sicht ist bis zum Ablauf des 16.8.2015 nach Art. 25 Abs. 1 EGBGB das Heimatrecht anzuwenden. Verstirbt also ein tschechischer Staatsangehöriger mit gewöhnlichem Aufenthalt in Deutschland, richtet sich sein Erbstatut aus deutscher Sicht zuerst nach tschechischem Recht. Da das tschechische Recht jedoch auf das deutsche Recht als Recht des letzten gewöhnlichen Aufenthalts verweist und das deutsche Kollisionsrecht diese Rückverweisung annimmt, wird der Erblasser nach deutschem Recht beerbt. Ein deutscher Staatsangehöriger mit Aufenthalt in Tschechien wird aus deutscher Sicht nach deutschem Recht beerbt.

C. Materielles Erbrecht

I. Gesetzliche Erbfolge

13 Liegt keine oder keine wirksame Verfügung von Todes wegen vor (Testament oder Erbvertrag), tritt die gesetzliche Erbfolge ein. Das Gesetz ordnet in den neuen §§ 1635–1641 ZGB die gesetzlichen Erben je nach ihrer Nähe zum Erblasser nunmehr in **sechs Gruppen** ein, wobei die Erben einer nachfolgenden Gruppe erst erben können, wenn Erben der vorgehenden Gruppe nicht zur Erbfolge gelangen. Der Kreis der gesetzlichen Erben ist im Gegensatz zur Rechtslage vor dem 1.1.2014 deutlich erweitert worden.

1. Erste Gruppe

14 Innerhalb der **ersten Gruppe** erben **Kinder des Erblassers** und dessen **Ehegatte** zu gleichen Teilen (§ 1635 Abs. 1 ZGB). An die Stelle eines Kindes treten ersatzweise dessen Kinder zu gleichen Teilen (§ 1635 Abs. 2 Hs. 1 ZGB). Entsprechendes gilt für die weiteren Abkömmlinge des weggefallenen Kindes (§ 1635 Abs. 2 Hs. 2 ZGB). Im Gegensatz zu § 473 ZGB a.F. wird der **eingetragene Lebenspartner** nicht mehr explizit als gesetzlicher Erbe erster Ordnung genannt. Das gesetzliche Erbrecht des eingetragenen Lebenspartners ergibt sich jedoch aus § 3020 ZGB, der anordnet, dass die Bestimmungen des Ersten, Dritten und Vierten Teils des ZGB über Rechte und Pflichten von Ehegatten auch für eingetragene Partner entsprechend gelten.[4]

15 Das gesetzliche Erbrecht der **Kinder** ist unabhängig davon, ob sie ehelich oder nicht in einer Ehe geboren worden sind und unabhängig davon, ob ihre Eltern noch miteinander verheiratet sind. Zur Erbfolge berufen ist auch ein nasciturus, wenn er lebend geboren wird. Mutter eines Kindes ist stets die Frau, die dieses Kind geboren hat (§ 775 ZGB). Vater eines Kindes ist der Mann, dessen Vaterschaft vermutet wird, weil er in den gesetzlich festgelegten Zeiträumen mit der Mutter verheiratet war (§ 776 ZGB). Falls diese Vermutung nicht gilt, kann die Vaterschaft durch übereinstimmende Erklärung beider Elternteile anerkannt werden (§ 779 ZGB) oder durch gerichtliches Urteil festgestellt werden (§ 783 ZGB). Erbberechtigt sind auch angenommene Kinder, da durch die Annahme zwischen dem Angenommenen und dem Annehmenden und dessen Verwandten die gleichen verwandtschaftlichen Beziehungen

---

4 *Šešina/Wawerka*, in: Švestka/Dvořák/Fiala/Šešina/Wawerka, Občanský zákoník, komentář, Band IV, § 1635 ZGB S. 335; *Novotný/Novotná*, Nový občanský zákoník, dědické právo, S. 23.

entstehen wie bei leiblichen Kindern (§ 832 Abs. 1 ZGB). Dies gilt auch für die nunmehr zulässige **Volljährigenadoption**. Die verwandtschaftlichen Beziehungen zu den leiblichen Eltern bzw. zum Elternteil erlöschen (§ 833 ZGB) durch die Annahme, so dass der Angenommene sein Erbrecht nach den leiblichen Verwandten verliert. Entsprechendes gilt auch für eine Volljährigenadoption mit starken Wirkungen, nicht jedoch bei einer mit schwachen Wirkungen. Im letzteren Fall verlieren der Angenommene und seine Abkömmlinge nicht die Rechte zu seiner eigenen Familie.

Nicht erbberechtigt sind hingegen **Pflegekinder** oder sog. **Stiefkinder**, die nicht angenommen worden sind. Diese können jedoch beim Erfüllen der erforderlichen Voraussetzungen in der zweiten oder dritten Gruppe zur Erbfolge gelangen.

Wie im deutschen Recht erben die Abkömmlinge nach **Stämmen**, wobei die ferneren Abkömmlinge jeweils durch die dem Erblasser näheren Abkömmlinge ausgeschlossen werden. Ist also beispielsweise ein Kind des Erblassers vorverstorben, hat es ausgeschlagen oder ist es wirksam ohne Erstreckung auf seine Abkömmlinge enterbt worden, fällt dessen Anteil dessen Kindern (den Enkeln des Erblassers) untereinander zu gleichen Teilen zu. Falls auch diese oder einzelne von ihnen nicht zur Erbfolge gelangen können oder wollen, fällt der entsprechende Anteil dessen Abkömmlingen zu gleichen Teilen zu. Solange ein Kind des Erblassers erbt, können dessen Kinder (Enkelkinder des Erblassers) nicht zur Erbfolge gelangen.

Im Gegensatz zum Ehegatten oder Lebenspartner können Kinder und deren Abkömmlinge nur in der ersten Gruppe erben. Sie können innerhalb dieser Gruppe auch alleine erben, wenn kein Ehegatte oder Lebenspartner vorhanden ist.

Das Erbrecht des **Ehegatten** oder **Lebenspartners** in der ersten Gruppe hängt davon ab, dass mindestens ein Abkömmling des Erblassers Erbe wird. Er kann also innerhalb der ersten Gruppe niemals allein erben. Gelangt kein Abkömmling zur Erbfolge, erbt der Ehegatte oder Lebenspartner in der zweiten Gruppe neben den dort genannten Personen.

Die **Höhe** des Erbteils des überlebenden Ehegatten oder Lebenspartners hängt stets von der Anzahl der Kinder als Repräsentanten ihres Stammes ab. Bei Ehegatten ist sie unabhängig vom Güterstand. Haben die Ehegatten im gesetzlichen Güterstand der Errungenschaftsgemeinschaft gelebt, muss vor der Erbauseinandersetzung erst die Auseinandersetzung des Gesamtguts erfolgen, aus der dem überlebenden Ehegatten sein Anteil zusteht. Diesen Anteil erwirbt er jedoch durch die Auseinandersetzung des Gesamtguts und nicht durch Erbfolge. Auswirkungen auf die Höhe des gesetzlichen Erbteils ergeben sich daher nicht. Der Anteil des verstorbenen Ehegatten am Gesamtgut fällt hingegen in den Nachlass und steht dem überlebenden Ehegatten als Erben in Höhe seines Erbteils zu. Die Begründung einer Lebenspartnerschaft hat hingegen keine güterrechtlichen Rechtswirkungen. Da die Errungenschaftsgemeinschaft ausschließlich Ehegatten vorbehalten ist und von Lebenspartnern auch nicht vertraglich vereinbart werden kann, kommt eine Auseinandersetzung von Gesamtgut im Vorfeld der Erbauseinandersetzung bei eingetragenen Lebenspartnern nicht in Betracht.

Voraussetzung für die Erbberechtigung des Ehegatten oder Lebenspartners ist eine im Zeitpunkt des Todes **gültige Ehe** oder **registrierte Partnerschaft**. Diese kann auch unmittelbar vor dem Tod geschlossen oder registriert worden sein. Bei der Beendigung der Ehe durch Scheidung oder bei der gerichtlichen Auflösung der Partnerschaft kommt es auf den Zeitpunkt der Rechtskraft des Urteils an. War dieses zum Zeitpunkt des Todes bereits rechtskräftig, scheidet der (frühere) Ehegatte oder Lebenspartner aus der Erbfolge aus. Ist die Rechtskraft im Zeitpunkt des Todes noch nicht eingetreten, ist der Noch-Ehegatte oder Noch-Lebenspartner gesetzlicher Erbe. Eine dem § 1933 BGB entsprechende Bestimmung kennt das tschechische ZGB nicht. Möglich ist jedoch nunmehr, dass ein Ehegatte **erbunwürdig** ist. Dies ist – neben den allgemeinen Erbunwürdigkeitsgründen des § 1481 ZGB – dann der Fall, wenn im Zeitpunkt des Todes des Erblassers ein Scheidungsverfahren rechtshängig war, das infolge einer Tat häuslicher Gewalt des Ehegatten des Erblassers eingeleitet worden ist (§ 1482 Abs. 1 ZGB).

2. Zweite Gruppe

22 Gelangen keine Abkömmlinge des Erblassers zur Erbfolge, erben innerhalb der **zweiten Gruppe** der Ehegatte oder Lebenspartner, die Eltern des Erblassers und ferner die Personen, die mit dem Erblasser mindestens ein Jahr vor dessen Tod im gemeinsamen Haushalt gelebt haben und aus diesem Grund den gemeinsamen Haushalt mitgeführt haben oder auf Unterhalt des Erblassers angewiesen waren (§ 1636 Abs. 1 ZGB). Sie erben zu gleichen Teilen, der Ehegatte oder Lebenspartner jedoch mindestens die Hälfte (§ 1636 Abs. 2 ZGB). Innerhalb dieser Gruppe erbt der Ehegatte nach Auseinandersetzung des Gesamtguts oder der Lebenspartner somit mindestens zur Hälfte neben den genannten Personen. Sind solche nicht vorhanden, erbt der Ehegatte oder Lebenspartner allein.

23 **Eltern des Erblassers** sind dessen Mutter und dessen Vater, wiederum unabhängig davon, ob diese noch verheiratet sind oder jemals waren. Hinsichtlich Stief-, Pflege- und adoptierter Kinder gelten die Ausführungen zu Abkömmlingen entsprechend (siehe Rn 15 f.). Sind andere Erben der zweiten Gruppe nicht vorhanden, erben die Eltern zu gleichen Teilen allein. Im Gegensatz zum deutschen Recht treten an die Stelle weggefallener Elternteile nicht deren Abkömmlinge. Diese gelangen erst in der dritten Gruppe zur Erbfolge, so dass Eltern und Geschwister des Erblassers niemals zusammen gesetzliche Erben sein können. Beim Wegfall eines oder beider Elternteile erhöhen sich die Erbteile der übrigen Erben dieser Gruppe.

24 Ist einem Elternteil die elterliche Sorge entzogen worden, scheidet dieser als gesetzlicher Erbe des Kindes aus (Erbunwürdigkeitsgrund nach § 1482 Abs. 2 ZGB).

25 Weitere erbberechtigte Personen dieser Gruppe sind Personen, die mit dem Erblasser im Zeitpunkt seines Todes seit mindestens einem Jahr im **gemeinsamen Haushalt** gelebt haben und aus diesem Grund entweder den Haushalt mitversorgt haben oder auf Unterhalt angewiesen waren. Hier kommt es also nicht auf verwandtschaftliche Verhältnisse an, sondern allein auf bestimmte tatsächliche Bedingungen, welche erforderlichenfalls im streitigen Gerichtsverfahren zu klären sind. Zu diesen Personen können z.B. **Pflegekinder**, nicht adoptierte Stiefkinder, frühere leibliche Kinder, die adoptiert worden sind, Lebensgefährte bzw. Lebensgefährtin oder auch der geschiedene Ehegatte gehören. Leben beide Elternteile nicht mehr, kann es also vorkommen, dass die getrennt lebende Ehefrau und die neue Lebensgefährtin des Erblassers je zur Hälfte erben. Das Erbrecht dieser Personen in der zweiten Gruppe hängt davon ab, dass die Eltern und/oder der überlebende Ehegatte oder Lebenspartner Erbe werden. Gelangt keiner der letzteren zur Erbfolge, können die früher mit dem Erblasser zusammenlebenden Personen nicht allein erben, sondern nur mit den Erben der dritten Gruppe.

26 Unabdingbare Voraussetzung für einen **gemeinsamen Haushalt** ist das sog. Wirtschaften aus einem gemeinsamen Topf, insbesondere also eine **gemeinsame Einkommensverwendung** und **gemeinsame Haushaltsführung**. Nach der Rechtsprechung schadet die Zahlung eines Entgelts für die Hausarbeit nicht, wenn im Übrigen ein gemeinsamer Haushalt vorliegt. Dagegen liegt ein gemeinsamer Haushalt nicht vor, wenn die Lebensgefährtin des Erblassers noch mit ihrem Ehemann wohnt und nur gelegentlich den Erblasser besucht

und teilweise zum Haushalt beiträgt.⁵ Auch die Pflege und Betreuung des Erblassers ohne einen gemeinsamen Haushalt genügt nicht.

Personen, die auf den Unterhalt des Erblassers angewiesen waren, sind nicht nur Abkömmlinge und Eltern, die i.d.R. bereits in der ersten oder zweiten Erbgruppe zur Erbfolge gelangen, sondern z.B. die **geschiedene Ehefrau**. Nach dem Wortlaut des Gesetzes sind aber auch andere Personen, die nicht aufgrund Gesetzes unterhaltsberechtigt sind, aber die der Erblasser freiwillig unterstützt hat, wie z.B. **Pflege- oder Stiefkinder**, erfasst, sofern das Merkmal des gemeinsamen Haushalts vorliegt.⁶ Erfüllt ein Erbe zwei Merkmale, wie z.B. Eltern, die im gemeinsamen Haushalt mit dem Erblasser gelebt haben und auf dessen Unterhalt angewiesen waren, so steht ihnen dennoch nur ein Erbteil zu.

3. Dritte Gruppe

Erben weder Ehegatte oder Lebenspartner noch Eltern, gelangen als Erben **dritter Gruppe** die **Geschwister des Erblassers** und ferner die Personen, die mit dem Erblasser mindestens ein Jahr vor dessen Tod **im gemeinsamen Haushalt mitgelebt** haben und aus diesem Grund den Haushalt mitgeführt haben oder auf Unterhalt des Erblassers angewiesen waren, zu gleichen Teilen zur Erbfolge (§ 1637 Abs. 1 ZGB). Erbt eines der Geschwister nicht, erben dessen Anteil dessen Kinder zu gleichen Teilen (§ 1637 Abs. 2 ZGB). Das Erbrecht jedes dieser Erben ist unabhängig davon, ob andere Personen dieser Gruppe Erbe werden. Jeder der genannten Erben kann somit allein zur Erbfolge gelangen.

Bei den **Geschwistern des Erblassers** kommt es nicht darauf an, ob und aus welcher Ehe sie stammen oder ob sie nur Halbgeschwister sind. Gelangt ein Bruder oder eine Schwester nicht zur Erbfolge, geht der Erbteil auf dessen oder deren Kinder (Neffen und Nichten des Erblassers) zu gleichen Teilen über. Anders als in der ersten Gruppe sind weitere Abkömmlinge nicht erbberechtigt. Erben also weder Nichten noch Neffen, wächst der Anteil den anderen Miterben an, auch wenn die Nichten oder Neffen Abkömmlinge haben.

4. Vierte, fünfte und sechste Gruppe

Können oder wollen keine Personen der dritten Gruppe erben, erben die **Großeltern** als Erben **vierter Gruppe** zu gleichen Teilen (§ 1638 ZGB). Frühere Unklarheiten über die Erben und deren Anteile bei Wegfall eines Großelternteils⁷ sind seit der Reform durch klare Regelungen beseitigt. Weitere Erben werden in der vierten Gruppe nämlich nicht benannt. Verstirbt also ein Großelternteil oder versterben mehrere Großelternteile, tritt ohne Berücksichtigung etwaiger Abkömmlinge der Großeltern Anwachsung unter den verbleibenden Großeltern ein.

Sind keine Erben der vierten Gruppe vorhanden, also kein Großelternteil, erben in der **fünften Gruppe** die **Urgroßeltern** des Erblassers (§ 1639 Abs. 1 S. 1 ZGB). Nach der gesetzlichen Bestimmung erben die (vier) Urgroßeltern väterlicherseits und die (vier) Urgroßeltern mütterlicherseits jeweils die Hälfte, wobei sich jeweils die zwei Paare der Urgroßeltern die ihnen zufallende Hälfte zu gleichen Teilen teilen. Kann ein Urgroßelternteil nicht erben, wächst sein Achtel dem verbleibenden Mitglied dieses Urgroßelternpaares an. Kann kein Mitglied eines Urgroßelternpaares erben, wächst das freie Viertel dem verbleibenden Paar dieser Seite an. Können beide Urgroßelternpaare einer Seite (Mutter oder Vater)

---

5 *Muzikář*, in: Holub a kolektiv, Občanský zákoník, komentář, Band 1, § 474 ZGB S. 629.
6 *Muzikář*, in: Holub a kolektiv, Občanský zákoník, komentář, Band 1, § 475 ZGB S. 630.
7 Siehe hierzu ausführlich Vorauflage (2. Aufl. 2008), a.a.O., Rn 29 f.

nicht erben, wächst die freie Hälfte den Urgroßelternpaaren der anderen Seite im Verhältnis ihrer Erbteile an.

32 Erst wenn überhaupt keine Urgroßeltern des Erblassers zur Erbfolge gelangen, erben in der **sechsten Gruppe** die Abkömmlinge der Kinder der Geschwister, also **Abkömmlinge der Neffen und Nichten**, und die Abkömmlinge der Großeltern des Erblassers zu gleichen Teilen (§ 1640 Abs. 1 ZGB). An die Stelle der vorverstorbenen Abkömmlinge der Großeltern treten jeweils ihre Kinder.

5. Erbrecht des Staates

33 Weitere Gruppen kennt das tschechische ZGB nicht. Ist von den vorgenannten gesetzlichen Erben niemand vorhanden, fällt die Erbschaft, ungeachtet eventueller entfernterer Verwandter, dem **Staat** zu (§ 1634 ZGB). Dieser wird zwar nicht Erbe, jedoch wie ein solcher behandelt. Ein Ausschlagungsrecht steht ihm nicht zu. Gegenüber Dritten hat der Staat die Stellung eines Erben, der sich die Erstellung eines Nachlassverzeichnisses vorbehalten hat (vgl. Rn 130 f.). Dies hat zur Folge, dass der Staat kraft Gesetzes nur bis zur Höhe des Nachlasses haftet (§ 1706 ZGB).

II. Testamentarische Erbfolge

1. Formen der Verfügungen von Todes wegen

34 Nach der früheren Rechtslage konnte der Erblasser lediglich ein **einseitiges Testament** errichten, in dem er nur wenige Verfügungen treffen konnte. Eine wesentliche Änderung des materiellen Erbrechts liegt darin, dass der Gesetzgeber nunmehr auch die Möglichkeit eines bindenden **Erbvertrages** vorsieht. Hingegen ist das **gemeinschaftliche Testament** von Ehegatten als weitere Form der Erbregelung weiterhin nicht vorgesehen.

35 Eine weitere neue Form ist das sog. **Kodizill**, das auch dem österreichischen Recht bekannt ist. Das Kodizill ist eine einseitige Anordnung des Erblassers, die keine Erbeinsetzung bewirkt, wie z.B. eine **Vermächtnisanordnung**, Aufstellung bestimmter Bedingungen oder Befristungen für den Vermächtnisnehmer oder Erben oder die Anordnung einer **Auflage**. Die Vorschriften über ein Testament gelten hierfür entsprechend. Das Kodizill kann selbstständig oder Teil eines Testaments sein.

2. Inhalt einer Verfügung von Todes wegen

36 Der Kreis der dem Erblasser zur Verfügungen stehenden Arten von Anordnungen, die er testamentarisch treffen kann, ist wesentlich erweitert worden. Während der Erblasser früher grundsätzlich nur Erben einsetzen und ggf. ihre Anteile sowie die Sachen und Rechte, die ihnen zufallen sollen, bestimmen konnte, stehen ihm seit dem 1.1.2014 zusätzliche Instrumentarien zur Absicherung seines Willens zur Verfügung.

a) Erbeinsetzung

37 Zum Erben kann jede natürliche und juristische Person eingesetzt werden, die zum Zeitpunkt des Todes rechtsfähig ist. Rechtsfähig ist auch ein bereits gezeugtes Kind, wenn es lebend geboren wird. Der Erblasser kann einen oder mehrere Erben benennen. Im Gegensatz zur früheren Rechtslage muss der Erblasser nicht mehr zwingend einen Erben bestimmen, sondern kann sich darauf beschränken, bestimmte Personen zu enterben (§ 1649 Abs. 2 ZGB). Die Bestimmung der Erben durch einen Dritten ist nicht möglich.

Die Erbeinsetzung darf nunmehr auch an **Bedingungen** oder **Befristungen** geknüpft werden (§§ 1561 ff. ZGB). Bis zum Eintritt der Bedingung gelten bestimmte Regelungen für die Vor- und Nacherbschaft entsprechend. 38

Die Möglichkeit, einen **Ersatzerben** zu benennen, die früher nur durch die Rechtsprechung zulässig war, ist im neuen ZGB in den §§ 1507 ff. ausführlich geregelt. Hiernach kann der Erblasser einen oder mehrere Ersatzerben sowie im Falle ihres Wegfalls weitere Ersatzerben benennen. Die Ersatzerbenstellung erlischt, wenn der (erstgenannte) Erbe die Erbschaft erwirbt. Hat der Erblasser zu einem Zeitpunkt, in dem ein Kind keine Abkömmlinge hat, einen Ersatzerben für das Kind bestimmt, erlischt die angeordnete Ersatzerbschaft, wenn das Kind erbfähige Abkömmlinge hinterlässt. Der Erblasser kann jedoch eine abweichende Bestimmung treffen. 39

Der Erblasser kann auch **mehrere Erben** benennen. Bestimmt der Erblasser keine Anteile, erben mehrere Erben zu gleichen Teilen. Auch nach der neuen Rechtslage kann der Erblasser wohl bestimmen, dass bestimmten Erben bestimmte **einzelne Sachen oder einzelne Rechte** zufallen. Da jedoch nunmehr auch die Anordnung eines **Vermächtnisses** mit lediglich schuldrechtlicher Wirkung möglich ist, muss im Zweifel durch Auslegung ermittelt werden, ob es sich um ein Vermächtnis (§§ 1594 ff. ZGB) oder um eine **Teilungsanordnung** (§§ 1694 ff. ZGB) handelt. Dies kann insbesondere für die Frage der Beteiligung am Nachlassverfahren oder für die Frage der Erbenhaftung von Bedeutung sein. Im Falle einer Erbeinsetzung ergibt sich dann der Anteil eines jeden Erben aus dem Verhältnis des Wertes der ihm zugewandten Sache zum Wert des Gesamtnachlasses. Zu beachten ist bei der Anordnung einer bestimmten Verteilung, dass einzelne Sachen und/oder Rechte nicht bekannt sind oder übersehen werden. Zudem ist es oft faktisch fast nicht möglich, den kompletten Nachlass zum Zeitpunkt eines späteren Todes zu erfassen. Fehlt bezüglich eines solchen Nachlasses eine Regelung, entsteht eine Lücke, die durch das Eintreten der gesetzlichen Erbfolge ausgefüllt wird (§ 1500 Abs. 2 ZGB). Dies gilt nur dann nicht, wenn der Erblasser offenkundig den ganzen Nachlass regeln wollte, auch wenn er bei der Auflistung der Anteile oder der Sachen etwas übersehen hat (§ 1500 Abs. 2 S. 2 ZGB). 40

Verteilt der Erblasser Nachlass, dessen Eigentümer er nicht mehr ist oder niemals war, so entfällt die Erbeinsetzung der insoweit zu Erben eingesetzten Personen, falls sie nicht noch anderen Nachlass erhalten. Der Erblasser kann auch über Gesamtgut der Errungenschaftsgemeinschaft letztwillig verfügen und dieses verteilen. Ein solches Testament ist dahingehend auszulegen, dass die letztwillige Verfügung nur das Vermögen umfasst, das nach der Auseinandersetzung des Gesamtguts in den Nachlass fällt.[8] 41

Der Erblasser kann testamentarisch auch eine **Stiftung** errichten. Das bisherige Stiftungsgesetz ist mit Wirkung zum 1.1.2014 aufgehoben; die Regelungen finden sich nunmehr in den §§ 306 ff. ZGB. Die Gründung der Stiftung muss stets in Form einer öffentlichen Urkunde erfolgen. Die Gründungsurkunde in Form einer letztwilligen Verfügung muss die in § 311 ZGB angeordneten Angaben beinhalten. 42

Nicht verfügen kann der Erblasser über Vermögen, das kraft Gesetzes oder aufgrund eines Vertrages zugunsten Dritter auf den Todesfall auf Dritte übergeht und daher nicht in den Nachlass fällt. Hierzu gehören z.B. noch offene Rentenversicherungs- und Krankenversicherungsleistungen, Lebensversicherungen, Lohnansprüche, Mietverträge über Wohnräume etc.[9] 43

---

8 *Muzikář*, in: Holub a kolektiv, Občanský zákoník, komentář, Band 1, § 477 ZGB S. 668.
9 Vgl. hierzu ausführlich *R. Kučera*, Dědictví, S. 45 ff.; *Špoková*, ad notam 2001, 112 ff.; *Špoková*, ad notam 2002, 12 ff. und 25 ff.

b) Vor- und Nacherbschaft

44 Wieder eingeführt in das neue ZGB wurde das Institut der Vor- und Nacherbschaft, das in den §§ 1512 ff. ZGB geregelt ist. Es steht dem Erblasser jetzt offen, im Falle des Todes seines Erben oder auch für bestimmte andere Fälle für seinen Erben einen weiteren Erben (**Nacherben**) zu bestimmen. Der Nacherbe ist im Zweifel auch als **Ersatzerbe** zu sehen. Ist zweifelhaft, ob der Erblasser einen Nacherben oder einen Ersatzerben benennen wollte, wird vermutet, dass die benannte Person Ersatzerbe sein soll. Hingegen ist von einer Vor- und Nacherbschaft auszugehen, wenn der Erblasser für seine Erben weitere Erben benennt oder seinem Erben ein Veräußerungsverbot auferlegt oder eine Person zum Erben bestimmt, die im Zeitpunkt des Todes noch nicht existiert, oder für den Erben eine Bedingung oder Befristung bestimmt.

45 Der Erblasser kann auch **mehrere Nacherben** benennen, sei es zusammen oder hintereinander als weitere Nacherben. Auf eine zeitliche Begrenzung der Vorerbschaft wie im deutschen Recht hat der Gesetzgeber verzichtet. Die Beschränkung des Erblassers in der Berufung weiterer Nacherben ergibt sich daraus, dass die Nacherbschaft in dem Zeitpunkt erlischt, in dem die Nacherbschaft eine Person erwirbt, die im Zeitpunkt des Todes des Erblassers noch nicht gelebt hat.

46 Die angeordnete Nacherbschaft erlischt ferner, wenn kein Nacherbe vorhanden ist oder das Ereignis, für das die Nacherbschaft angeordnet worden ist, nicht eintritt. Sofern nicht ein anderer Wille des Erblassers anzunehmen ist, erlischt die für ein Kind, das zum Zeitpunkt der Errichtung keine Abkömmlinge hatte, angeordnete Nacherbschaft, wenn das Kind Abkömmlinge hinterlässt.

47 Der Nacherbe hat das Recht, die Erstellung eines **Nachlassverzeichnisses** in Form einer öffentlichen Urkunde zu verlangen. Sofern der Erblasser nicht ein anderes bestimmt, darf der Vorerbe über die Gegenstände des Nachlasses nicht verfügen und hat die Stellung eines Nießbrauchers. Die Verfügung ist jedoch wirksam, wenn der Nacherbe zustimmt. Die Zustimmung muss in einer öffentlichen Urkunde erklärt werden. Die Zustimmung des Nacherben kann jedoch gerichtlich ersetzt werden, wenn die Verfügung des Vorerben zur ordnungsgemäßen Verwaltung erforderlich ist.

48 Sofern öffentliche Register geführt werden, in die ein Nachlassgegenstand und der Eigentümer eingetragen werden, ist die Nacherbschaft dort ebenfalls **einzutragen**. So ist z.B. nach § 23 Abs. 2 Buchst. d) KatG die Vor- und Nacherbschaft im Immobilienkataster zu vermerken.

49 Der Nacherbe ist **Erbe des Erblassers**, nicht des Vorerben. Der Nacherbe **haftet** daher nicht für die Schulden des Vorerben.

c) Vermächtnis

50 Wieder eingeführt ist auch das im Jahr 1964 abgeschaffte Vermächtnis, das wie im deutschen Recht nur **schuldrechtliche Wirkung** hat. Als ein wesentlicher Vorteil wurde vom Gesetzgeber angesehen, dass ein Vermächtnisnehmer – im Gegensatz zum Erben, dem eine bestimmte Sache zugewandt werden soll –, mangels Erbenstellung nicht für Schulden des Erblassers haftet und auch nicht am Nachlassverfahren zu beteiligen ist. Dadurch werde das Nachlassverfahren beschleunigt, das ansonsten oftmals durch Streitigkeiten der Erben verzögert werde.

51 Das Vermächtnis ist ausführlich in den §§ 1594 ff. ZGB geregelt. Der Erblasser kann jede beliebige Sache oder Forderung vermachen. Der Erblasser kann auch zugunsten eines Erben

ein **Vorausvermächtnis** anordnen. **Beschwert** sind stets alle Miterben im Verhältnis ihrer Erbteile, soweit der Erblasser nicht ein anderes anordnet. Ein Vermächtnisnehmer selbst kann mit einem **Untervermächtnis** belastet werden. Gegenstand des Vermächtnisses kann auch eine Sache sein, die dem Erben oder Vermächtnisnehmer gehört.

Möglich ist ferner, dass der Erblasser einen **Ersatzvermächtnisnehmer** oder einen **Nachvermächtnisnehmer** bestimmt. Alle Vorschriften über den Ersatzerben oder über die Vor- und Nacherbschaft gelten entsprechend. 52

Sofern eine vermachte Sache oder Forderung vernichtet, veräußert oder sonst wesentlich verändert wird, wird vermutet, dass das Vermächtnis **widerrufen** ist. 53

Um die Erben nicht unangemessen zu benachteiligen, muss jedem Erben aus dem Nachlass **mindestens ein Viertel verbleiben**, das nicht mit einem Vermächtnis belastet ist. Andernfalls kann der Erbe eine anteilige Kürzung des Vermächtnisses verlangen. Ist der Nachlass nahezu erschöpft und macht der Erbe von der Möglichkeit der anteiligen Kürzung keinen Gebrauch, kann er sich zur Beschränkung seiner Haftung die Erstellung eines Nachlassverzeichnisses vorbehalten (siehe Rn 130 f.). 54

Für den Fall, dass kein Testamentsvollstrecker benannt ist und der Erbe den Anspruch nicht erfüllen mag, kann das Nachlassgericht auf Antrag des Vermächtnisnehmers einen **Nachlassverwalter** zur Erfüllung dieser Aufgabe bestimmen oder einen bereits ernannten Nachlassverwalter mit der Erfüllung des Vermächtnisses betrauen. 55

Die **Übereignung** des vermachten Vermögenswertes erfolgt nach den allgemeinen Vorschriften über den Eigentumserwerb (§ 1621 ZGB). Der Rechtsgrund ist die Verfügung von Todes wegen. Eine bewegliche Sache muss daher lediglich übergeben werden, eine Immobilie muss aufgrund einer öffentlich beglaubigten Erklärung der beschwerten Person oder des Testamentsvollstreckers im Kataster umgeschrieben werden. Die Eintragung des Vermächtnisnehmers im Kataster erfolgt grundsätzlich ohne Zwischeneintragung des Erben. 56

Da der Vermächtnisnehmer nicht am Nachlassverfahren beteiligt wird, darf das Nachlassgericht zu seinem Schutz das Nachlassverfahren erst beenden, wenn ihm nachgewiesen ist, dass der Vermächtnisnehmer von seinem Anspruch verständigt worden ist (§ 1691 Abs. 1 ZGB und § 184 BGVG[10]). Bei bestimmten schutzwürdigen Personen und bei Vermächtnissen zugunsten von juristischen Personen mit öffentlichem Interesse muss das Vermächtnis vor der Beendigung des Nachlassverfahrens erfüllt oder sichergestellt sein. 57

d) Nachlassverwalter und Testamentsvollstrecker

aa) Allgemeines

Bis zum 1.1.2005 war lediglich das Nachlassgericht befugt, im Rahmen des Nachlassverfahrens bis zu dessen Abschluss einen **Nachlassverwalter** nach §§ 175e ff. ZPO zu bestellen, wenn dies erforderlich war, so z.B. wenn zum Nachlass ein Unternehmen gehörte. Durch die ab dem 1.1.2005 neu eingeführten §§ 480a–480e ZGB wurde die Bestellung eines solchen Verwalters auch dem Erblasser ermöglicht. Die gerichtliche Bestellung eines Verwalters blieb erhalten und kam z.B. in Betracht, wenn der Erblasser keinen Verwalter bestellt hat bzw. der Verwalter nicht das gesamte Vermögen zu verwalten hat oder wenn der bestellte Verwalter verstorben ist (§ 175f Abs. 1 ZPO). Durch das neue ZGB wurde die frühere Möglichkeit der Nachlassverwaltung übernommen und um die Zulässigkeit einer Testamentsvollstreckung erweitert. 58

---

10 Gesetz Nr. 292/2013 Slg., über besondere gerichtliche Verfahren.

bb) Testamentsvollstrecker

59 Gemäß §§ 1553 ff. ZGB kann der Erblasser durch Testament einen Testamentsvollstrecker ernennen und ggf. dessen Pflichten und Vergütung bestimmen. Der Testamentsvollstrecker hat dafür zu sorgen, dass die letztwilligen Verfügungen des Erblassers erfüllt werden. Zur Erfüllung dieser Aufgaben stehen ihm alle notwendigen Rechte zu. Zu diesem Zwecke ist er auch berechtigt, die Gültigkeit des Testaments gerichtlich zu verteidigen oder die Erbunwürdigkeit der Erben geltend zu machen. Sofern der Erblasser nicht einen Nachlassverwalter benannt hat, hat der Testamentsvollstrecker auch den Nachlass zu verwalten; die Vorschriften zur Nachlassverwaltung gelten insoweit entsprechend. Der Testamentsvollstrecker kann sein Amt jederzeit durch eine Erklärung gegenüber dem Gericht niederlegen.

60 Der Testamentsvollstrecker wird durch Verfügung von Todes wegen ernannt. Es kann auch eine juristische Person benannt werden. Der Erblasser kann für den Fall der Nichtannahme oder des Wegfalls eines Testamentsvollstreckers einen Ersatztestamentsvollstrecker bestimmen. Die Testamentsvollstreckung dauert so lange wie die ihr zugrunde liegenden Aufgaben. Die Testamentsvollstreckung kann daher – anders als die Nachlassverwaltung – auch für die Zeit nach Abschluss des Nachlassverfahrens fortdauern.[11]

cc) Nachlassverwalter

61 Neben dem Testamentsvollstrecker kann der Erblasser wie nach bisheriger Rechtslage nach §§ 1556 ff. ZGB einen **Nachlassverwalter** benennen. Sofern beide ernannt sind, hat der Nachlassverwalter nach den Weisungen des Testamentsvollstreckers zu handeln (§ 1558 ZGB).

62 **Aufgabe** des Nachlassverwalters ist, wie bisher, die Verwaltung des Nachlasses oder Teile des Nachlasses, wobei dem Verwalter alle Rechte und Pflichten zustehen, die der Erblasser hatte. Die Verwaltung ist nur bis zum Abschluss des Gerichtsverfahrens möglich. Eine darüber hinausgehende Verwaltung ist nicht möglich. Ebenso wenig kann der Nachlassverwalter die Einhaltung der vom Erblasser im Testament bestimmten Anordnungen überwachen. Zur Erfüllung dieser Aufgaben kann nach der neuen Rechtslage ein Testamentsvollstrecker ernannt werden.

63 Die Verwaltung des Nachlasses oder Teile hiervon umfasst alle Handlungen, die der Erhaltung und Erweiterung dieses Vermögens dienen. Der Verwalter handelt im eigenen Namen. Für Rechtsgeschäfte, die den Rahmen einer gewöhnlichen Verwaltung überschreiten, bedarf der Verwalter der Zustimmung der Erben. Sofern sich die Erben nicht einigen, muss das Nachlassgericht zustimmen. Der Nachlassverwalter hat ferner die Vermächtnisnehmer, die Gläubiger und die Banken, bei denen der Erblasser Konten geführt hat, zu verständigen.

64 Der Nachlassverwalter wird vom Erblasser bestellt. Die **Bestellung** muss nicht durch eine Verfügung von Todes wegen erfolgen. Sie bedarf jedoch stets einer öffentlichen Urkunde. Wie bei einem Testament muss der Erblasser testierfähig sein und die Bestellung persönlich vornehmen. Der Erblasser kann auch die Pflichten des Nachlassverwalters und die Vergütung bestimmen. Die Urkunde muss in das Testamentsregister eingetragen werden (siehe näher Rn 80 ff.).

65 Zum Nachlassverwalter kann jede geschäftsfähige natürliche oder juristische Person bestellt werden. Es kann sich auch um einen Miterben handeln. Das Erfordernis der vorherigen Zustimmung des Verwalters sieht der Gesetzgeber nicht mehr vor.

---

11 *Šešina/Wawerka*, in: Švestka/Dvořák/Fiala/Šešina/Wawerka, Občanský zákoník, komentář, Band IV, § 1553 ZGB S. 161.

Die Bestellung zum Nachlassverwalter kann auf die gleiche Art wie ein Testament widerrufen werden.

Den **Nachweis** über die Bestellung zum Nachlassverwalter oder Testamentsvollstrecker wird mit Vorlage einer Ausfertigung der Bestellungsurkunde, die nach dem Tod des Erblassers der die Urkunde verwahrende Notar nach § 91 Abs. 2 NotO ausstellt, geführt.

Das Gericht kann in bestimmten Fällen von Amts wegen einen Nachlassverwalter bestellen (§§ 157 ff. BGVG[12]).

e) Auflage

Der Erblasser kann nunmehr auch eine Auflage anordnen (§§ 1569 ff. ZGB). Hat der Erblasser nicht etwas anderes bestimmt, ist die Nichterfüllung der Auflage als auflösende Bedingung zu sehen. Die Auferlegung eines Veräußerungsverbots ist grundsätzlich nur zulässig, wenn es zeitlich angemessen beschränkt und durch wichtige Interessen gerechtfertigt ist. Ansonsten kann das Gericht auf Antrag bestimmten, dass die Auflage unbeachtlich ist. Welche zeitliche Bestimmung angemessen ist und was als wichtiges Interesse anerkannt wird, werden Literatur und Rechtsprechung noch klären müssen.

f) Andere Verfügungen

Nicht ausdrücklich vorgesehen ist auch nach der neuen Rechtslage die Möglichkeit des Erblassers, eine Ausschließung der Erbauseinandersetzung anzuordnen. Wie nach bisheriger Rechtslage ist das gesamte Nachlassverfahren darauf ausgerichtet, den Nachlass unter den Miterben zu verteilen (§§ 1694 ff. ZGB).

3. Testamentsformen

a) Allgemeines

Das neue Zivilgesetzbuch lässt wie bisher drei Testamentsformen zu. Gemäß §§ 1532 ff. ZGB kann ein Testament eigenhändig oder in anderer Schriftform unter Beteiligung von Zeugen oder durch notarielle Beurkundung errichtet werden. Die Errichtung kann nur **persönlich** erfolgen; eine Vertretung ist unzulässig (§ 1496 ZGB). Die Bezeichnung als „Testament" oder „Letzter Wille" ist nicht zwingend erforderlich. Gesetzliche oder rechtsgeschäftliche Vertretung bei der Testamentserrichtung ist ausgeschlossen. Anders als nach früherer Rechtslage müssen im Testament nicht mehr zwingend der **Tag, der Monat und das Jahr der Unterschrift** angegeben werden. Das Fehlen dieser Angaben macht das Testament nicht mehr ungültig.

Die Sonderform des **gemeinschaftlichen Testaments** durch Ehegatten ist auch nach der neuen Rechtslage weiterhin verboten (§ 1496 ZGB). Ehegatten können daher zwei Einzeltestamente errichten oder einen notariellen Erbvertrag schließen.

b) Eigenhändiges Testament

Das eigenhändige Testament (*holografní závět*) muss nach § 1533 ZGB im vollen Umfang eigenhändig geschrieben und unterschrieben werden. Die Zuziehung von Zeugen oder anderen Personen ist nicht erforderlich. Daher kommt diese Testamentsform in der Praxis am häufigsten vor. Die Unterschrift nur mit Zunamen ist nach der Rechtsprechung ausrei-

---

12 Gesetz Nr. 292/2013 Slg., über besondere gerichtliche Verfahren.

chend.¹³ Sie muss nicht zwingend leserlich sein. Eine Beglaubigung der Unterschrift ist nicht erforderlich.

c) Testament in anderer Schriftform

74 Ein Testament, das der Erblasser nicht eigenhändig geschrieben hat (*allografní závět*), muss er eigenhändig unterschreiben und vor zwei gleichzeitig anwesenden Zeugen ausdrücklich erklären, dass die Urkunde seinen letzten Willen beinhaltet (§ 1534 ZGB). Wer das Testament verfasst hat, ist unerheblich. Der Inhalt muss den Zeugen nicht bekannt sein. Ebenso wenig ist entscheidend, wann das Testament geschrieben worden ist; die Zuziehung von Zeugen ist hier sowie beim Vollzug der Unterschrift nicht erforderlich. Die Zeugen müssen das Testament ebenfalls unterzeichnen (§ 1539 Abs. 1 S. 2 ZGB); sie sollen der Unterschrift einen Hinweis auf ihre Eigenschaft als Zeuge sowie Angaben über ihre Identität beifügen.

75 **Zeuge** kann nur sein, wer geschäftsfähig ist. Als Zeuge ist ferner ausgeschlossen, wer blind, taub oder stumm ist, ferner wer die Sprache, in der das Testament errichtet wird, nicht beherrscht oder derjenige, der in dem Testament als Erbe oder Vermächtnisnehmer bedacht ist (§ 1540 Abs. 1 ZGB). Dem Erben oder Vermächtnisnehmer stehen ihm nahe Personen gleich. Als nahe Personen wird man wie früher Verwandte gerader Linie, Geschwister und den Ehegatten sowie auch andere Personen, sofern sie im Lager des Erben oder Vermächtnisnehmers stehen, ansehen müssen. Desgleichen sind Arbeitnehmer des Erben oder des Vermächtnisnehmers als Zeuge ausgeschlossen. Sollen als Zeuge ausgeschlossene Personen bedacht werden, muss das Testament eigenhändig oder unter Beteiligung von drei Zeugen errichtet werden.

d) Notarielles Testament

76 Ein Testament kann ferner durch notarielle Beurkundung errichtet werden. Die Errichtung in **notarieller Form** ist vorgeschrieben, wenn durch das Testament eine Stiftung errichtet wird (vgl. Rn 42) oder wenn ein Minderjähriger, der mindestens fünfzehn Jahre alt ist, ein Testament errichten möchten. Mit der Beurkundung kann jeder Notar beauftragt werden. Bei der notariellen Beurkundung sind insbesondere die Verfahrensvorschriften der §§ 62 ff. NotO einzuhalten.

e) Nottestament

77 Das neue ZGB sieht die Möglichkeit der Errichtung eines Nottestaments mit Erleichterungen für Personen vor, die sich unvorhergesehen in einer gefährlichen Notlage befinden und daher kein herkömmliches Testament errichten können (§§ 1542 ff. ZGB).

4. Widerruf eines Testaments

78 Ein Testament kann nach §§ 1575 ff. ZGB durch ein späteres Testament, soweit dieses dem früheren widerspricht, durch ein Widerrufstestament oder durch Vernichtung widerrufen werden. Als späteres Testament wird auch eine letztwillige Verfügung, die eine Enterbung anordnet oder aufhebt, betrachtet. Ein reines Widerrufstestament muss nicht in derselben Form wie das zu widerrufende Testament, sondern es kann in jeder beliebigen Testamentsform errichtet werden. Es kann das gesamte frühere Testament oder Teile hiervon erfassen. Es kann sich auf ein konkretes Testament beziehen oder allgemein alle früheren Verfügungen

---

13 *Muzikář*, in: Holub a kolektiv, Občanský zákoník, komentář, Band 1, § 476a ZGB S. 644.

von Todes wegen aufheben. Anders als nach früherer Rechtslage wird beim Widerruf eines neueren Testaments vermutet, dass das frühere Testament wieder gelten soll (§ 1580 ZGB).

Ist das Testament notariell errichtet worden, hat der Erblasser – anders als nach früherer Rechtslage – das Recht, jederzeit die Rückgabe der Urkunde zu verlangen. Die Rückgabe kann nur an den Erblasser persönlich erfolgen. Das Testament gilt in diesem Fall als widerrufen. Das gleiche Recht steht dem Erblasser zu, wenn er ein in anderer Form errichtetes Testament in die amtliche Verwahrung gegeben hat. Anders als bei notariellen Urkunden führt die Rückgabe jedoch nicht zum Widerruf des Testaments.

5. Testamentsregister und Hinterlegung

a) Allgemeines

Die Tschechische Notarkammer in Prag führt diverse landesweite elektronische Verzeichnisse und Register, u.a. auch ein **Testamentsregister**. Mit dem Inkrafttreten des neuen ZGB wurden die eintragungspflichtigen Urkunden erweitert; geführt wird nunmehr ein Register über alle rechtlichen Verhandlungen für den Todesfall. Eingetragen werden nach § 35b Abs. 1 NotO folgende Urkunden:
- Testamente, Kodizille und Erbverträge,
- Enterbungen,
- Anrechnung auf den Erbteil, sofern diese nicht bereits im Testament enthalten ist,
- Berufung als Nachlassverwalter, sofern diese nicht bereits in einem Testament enthalten ist,
- Erbverzichte,
- Widerrufe aller vorstehenden Verhandlungen.

Urkunden über Bestellungen zum **Nachlassverwalter** und Urkunden über den Widerruf der Bestellung zum Nachlassverwalter werden in einer gesonderten Abteilung registriert. Gleiches gilt für die Bestellung zum **Testamentsvollstrecker**, wenn das Testament notariell beurkundet oder in notarielle Verwahrung gegeben worden ist.[14] In diesem Fall wird das Testament in beiden Abteilungen des Testamentsregisters erfasst.

b) Notarielles Testament und notarielle Urkunden über Nachlassverwaltung

Unmittelbar nach der Beurkundung ist die Urschrift der Urkunde in einen Stahlschrank oder Tresor einzuschließen (§ 98 Abs. 2 NotO i.V.m. § 19 Abs. 2 DNotO). Die Beurkundung ist der Notarkammer zu melden. Dies geschieht durch direkte elektronische Eintragung durch den Notar in das Verzeichnis.[15] Über die elektronische Eintragung in das Register fertigt der Notar einen Kontrollausdruck an, der in die Akte einzulegen ist. Von der Urschrift dürfen zu Lebzeiten des Erblassers nur einfache Abschriften erteilt werden (§ 90 Abs. 2 NotO), es sei denn, es handelt sich um einen Erbvertrag oder um einen Erbverzicht. Ein Einsichtsrecht in die Verhandlungen für den Todesfall steht zu Lebzeiten des Erblassers nur den Beteiligten zu (§ 99 Abs. 1 NotO). Eine **Rückgabe** des Testaments

---

[14] Während die Bestellung zum Testamentsvollstrecker durch ein Testament in allen zulässigen Formen erfolgen kann, muss ein Nachlassverwalter zwingend in einer notariellen Urkunde bestellt werden (siehe Rn 64).

[15] Die genaue Vorgehensweise bei der Eintragung sowie die einzutragenden Daten sind in den Ausführungsvorschriften der Tschechischen Notarkammer über die Führung und Verwaltung des Testamentsregisters geregelt, die aufgrund der Ermächtigungsnorm des § 37 Abs. 3 Buchst. q) NotO erlassen wurden.

an den Erblasser ist nunmehr möglich; das Testament gilt in diesem Fall als widerrufen (vgl. Rn 79). Ändern sich Personalien oder Wohnort des Erblassers, kann die Änderung auf Antrag des Erblassers in das Testamentsverzeichnis eingetragen werden. Der Antrag kann bei jedem Notar gestellt werden.

c) Sonstige Testamente

83 Auch nicht notariell errichtete Testamente können bei jedem Notar in notarielle Verwahrung gegeben werden (§ 81 Abs. 1 Buchst. a), §§ 82 ff. NotO). Die Hinterlegung kann durch den Erblasser persönlich, durch dessen Vertreter oder auf dem Postweg erfolgen. Der Notar fertigt über die Annahme ein Protokoll an, das die in §§ 82 Abs. 1 und 83 Abs. 1 NotO vorgeschriebenen Angaben enthalten muss. Werden diese Angaben, ggf. auf Nachfrage, nicht mitgeteilt, wird die Verwahrung abgelehnt. Die Hinterlegung des Testaments ist unverzüglich in das Testamentsregister einzutragen.

84 Wie beim notariellen Testament ist auch hier die **Rückgabe** jederzeit zulässig. Die Rückgabe darf nur an den Erblasser persönlich oder an seinen Bevollmächtigten erfolgen. Der Bevollmächtigte muss eine behördlich beglaubigte Spezialvollmacht, die ihn ausdrücklich zur Rücknahme des Testaments aus der notariellen Verwahrung ermächtigt, vorlegen (§ 84 NotO). Über die Tatsache der Rückgabe ist wiederum ein Protokoll zu fertigen. Die Eintragung im Testamentsregister ist nach der Rückgabe des Testaments vom Notar zu löschen. Eine Vermutung des Widerrufs ist mit der Rückgabe nicht verbunden; hierbei verbleibt es vielmehr bei den allgemeinen Vorschriften (vgl. Rn 78 f.).

d) Im Ausland errichtete Testamente

85 Hat ein Erblasser sein Testament im Ausland errichtet, hat er aber Vermögen, insbesondere Grundbesitz in Tschechien, möchte er i.d.R. gewährleistet wissen, dass sein Testament auch in Tschechien aufgefunden wird. Die Eintragung eines durch einen ausländischen Notar errichteten Testaments durch diesen selbst in das bei der tschechischen Notarkammer geführte Testamentsregister ist nach der derzeitigen Rechtslage nicht möglich, da alle Vorschriften nur auf Notare, die dem Anwendungsbereich der tschechischen Notarordnung unterliegen, zugeschnitten sind. Eine Ablieferung in tschechische notarielle Verwahrung mit anschließender Eintragung durch den tschechischen Notar gestaltet sich zumindest bei deutschen notariellen Testamenten als schwierig, da der deutsche Notar nach § 34 BeurkG das Testament verschließen und unverzüglich in die besondere amtliche Verwahrung nach deutschem Recht bringen soll. Die sicherste Form ist natürlich die – ggf. nochmalige – Errichtung vor einem tschechischen Notar, der die Eintragung in das Testamentsregister vornimmt. Möglich ist aber auch die Errichtung eines solchen Testaments in einer anderen zulässigen Form mit anschließender notarieller Verwahrung.

e) Auskunft aus dem Testamentsregister

86 Zugang zu den Daten des Testamentsregisters haben zu Lebzeiten des Erblassers nur der beurkundende Notar und die Notarkammer. Nach dem Tod des Erblassers, der stets durch eine Sterbeurkunde nachzuweisen ist, erteilt die Notarkammer auf Antrag eines Gerichts oder einer anderen Behörde, auf Antrag des Notars, der als Gerichtskommissar mit der Durchführung des Nachlassverfahrens betraut worden ist, oder auf Antrag einer Person, die ihr rechtliches Interesse darlegt, Auskunft darüber, ob ein oder mehrere Testamente registriert sind und ggf. bei welchem Notar diese verwahrt werden. Auf Antrag eines Gerichts, einer anderen Behörde oder des betrauten Gerichtskommissars teilt die Notarkammer ferner mit, ob Urkunden über Nachlassverwaltung registriert sind und bei wem

diese verwahrt werden. Bei Urkunden über Nachlassverwaltung und Testamentsvollstreckung erteilt ferner jeder Notar auf Antrag einer Person, die ihr rechtliches Interesse darlegt, einen Auszug aus dem Testamentsregister über die Eintragung dieser Urkunden. Ist keine Nachlassverwaltung registriert, erteilt der Notar eine entsprechende Negativbescheinigung. Ein **rechtliches Interesse** haben grundsätzlich der Nachlassverwalter, der Testamentsvollstrecker und ein möglicher Erbe. Bei anderen Personen kommt es auf den jeweiligen Einzelfall an.

III. Pflichtteilsrecht

1. Pflichtteilsberechtigte Personen, Umfang des Rechts

Pflichtteilsberechtigt sind wie bisher lediglich **Abkömmlinge** des Erblassers. Die Aufnahme des Ehegatten in den Kreis der pflichtteilsberechtigten Personen wurde zwar erörtert, konnte sich jedoch nicht durchsetzen. Als Ausgleich hierfür wurden dem verbliebenen Ehegatten bestimmte Rechte zugesprochen (vgl. Rn 108). 87

Eine wesentliche Änderung des Pflichtteilsanspruchs liegt darin, dass es sich nicht mehr um einen echten Erbteil am Nachlass handelt, sondern wie im deutschen Recht nunmehr um einen **reinen Geldanspruch** gegen den Erben. 88

Bei der **Höhe** des Pflichtteils unterscheidet das Gesetz weiterhin zwischen minderjährigen und volljährigen Abkömmlingen. Die Quote wurde jedoch jeweils um ein Viertel gesenkt. So beträgt der Pflichtteil minderjähriger Abkömmlinge nach neuer Rechtslage drei Viertel des gesetzlichen Pflichtteils. Bei volljährigen Abkömmlingen beträgt er die Hälfte des gesetzlichen Erbteils. Wie im deutschen Recht steht der Pflichtteil nur den Abkömmlingen zu, die kraft Gesetzes zur Erbfolge gelangen würden. Lebt also beispielsweise der Sohn des Erblassers, ist nur dieser und sind nicht auch dessen Abkömmlinge pflichtteilsberechtigt. 89

Der Pflichtteil muss dem Berechtigten ohne Beschränkungen und Beschwerungen in Form eines Erbteils oder eines Vermächtnisses zukommen. Anordnungen des Erblassers, die den Pflichtteil beschweren, sind unbeachtlich. Ist das Zugewandte höher als der Pflichtteil, sind beschwerende Anordnungen des Erblassers nur insoweit wirksam, als sie sich nur auf den den Pflichtteil übersteigenden Teil beziehen. Der Erblasser kann aber auch anordnen, dass der Pflichtteilsberechtigte eine Entscheidung zwischen unbeschwertem Pflichtteil oder dem ihm Zugewandten mit Beschwerungen treffen muss. Ist das Zugewandte niedriger als der Pflichtteil, kann der Pflichtteilsberechtigte Ergänzung bis zur Höhe seines Pflichtteils verlangen. 90

2. Berechnung und Erfüllung des Pflichtteils

Die Berechnung des Pflichtteils ist in den §§ 1654 ff. ZGB geregelt. Hiernach hat der Pflichtteilsberechtigte einen **Geldanspruch** in Höhe seines Pflichtteils. Zu diesem Zwecke ist im Nachlassverfahren ein Verzeichnis des Nachlassvermögens zu erstellen und das Vermögen zu bewerten. Verbindlichkeiten des Erblassers, die bereits im Zeitpunkt seines Todes bestanden haben, sind abzuziehen, nicht jedoch Vermächtnisse und andere Beschwerungen, die erst aufgrund der Verfügung von Todes wegen entstehen. Unklar ist, ob **Beerdigungskosten** abzugsfähig sind. In der Literatur wird dies bejaht. Dasjenige, das nach §§ 1660 f. ZGB auf den Pflichtteil anzurechnen ist, ist zum Nachlass hinzuzurechnen. Gewinne und Verluste des Nachlassvermögens sind bis zur Bestimmung des Pflichtteils zu berücksichtigen. Der Pflichtteilsberechtigte hat das Recht, bei der Bewertung des Nachlassvermögens anwesend zu sein, Fragen zu stellen und Anmerkungen zu machen. 91

92 Nicht hinzugerechnet werden jedoch auch nach der neuen Rechtslage **Schenkungen**, die der Erblasser zu Lebzeiten gemacht hat. Eine Pflichtteilsergänzung i.S.v. § 2325 BGB kennt das tschechische Recht nicht. Durch entsprechende Schenkungen zu Lebzeiten lässt sich damit der Anspruch eines Pflichtteilsberechtigten reduzieren.

93 Der Pflichtteil ist direkt **fällig**. Das Nachlassgericht kann dem Erben eine Stundung des Pflichtteils oder eine Ratenzahlung gestatten, wenn beim Erben besonders wichtige Gründe vorliegen und dies dem Berechtigten zumutbar ist. Die Forderung ist in diesem Fall zu verzinsen.

94 Die Erben und der Pflichtteilsberechtigte können stets eine **Vereinbarung** über den Pflichtteil treffen. Rechte der Gläubiger werden hierdurch jedoch nicht berührt. Soweit die Beteiligten eine Abgeltungsvereinbarung treffen und diese vom Nachlassgericht genehmigt wird, sind die Erstellung des Nachlassverzeichnisses und die Bewertung des Vermögens entbehrlich. Vereinbaren die Beteiligten im Rahmen des Nachlassverfahrens, dass zur Erfüllung des Anspruchs anstelle von Geld ein Vermögensgegenstand übertragen wird, der in öffentlichen Registern geführt wird, wird der Pflichtteilsberechtigte unmittelbar nach dem Erblasser als Eigentümer in das Register eingetragen (§ 1654 Abs. 2 S. 2 ZGB). Eine gesonderte Übertragung von Immobilien zur Erfüllung des Pflichtteilsanspruchs ist daher nicht erforderlich. Die Umschreibung erfolgt unmittelbar aufgrund des gerichtlichen Beschlusses.

3. Anrechnung auf den Erb- und Pflichtteil

95 Sowohl beim Pflichtteilsberechtigten als auch beim Erben findet eine Anrechnung statt. Diese kann jedoch grundsätzlich nicht dazu führen, dass der Anrechnungsverpflichtete etwas zurückzugeben hat. Im ungünstigsten Fall erhalten also ein Erbe oder ein Pflichtteilsberechtigter nichts aus dem Nachlass. Bei der Anrechnung ist stets der Wert zum Zeitpunkt der Übergabe der Sache zugrunde zu legen. In außerordentlichen Fällen kann das Nachlassgericht etwas anderes anordnen.

a) Anrechnung auf den Pflichtteil

96 Auf den Pflichtteil anzurechnen ist alles, was der Berechtigte aus dem Nachlass tatsächlich erwirbt. Ferner sind alle Schenkungen anzurechnen, die der Berechtigte in den letzten drei Jahren vor dem Tod des Erblassers erhalten hat, gewöhnliche Schenkungen ausgenommen. Der Erblasser kann anordnen, dass auch Schenkungen, die länger als drei Jahre zurückliegen, anzurechnen sind. Handelt es sich bei den Schenkungen um Zuwendungen des Erblassers, die dieser getätigt hat, um einem Abkömmling die Begründung eines eigenen Haushalts, die Begründung einer Ehe oder den Berufseinstieg zu erleichtern, findet die Anrechnung auch dann statt, wenn die Zuwendung länger als drei Jahre zurückliegt, es sei denn, der Erblasser hat ein anders bestimmt. Die gleiche Regelung gilt auch für die Tilgung von Verbindlichkeiten eines volljährigen Abkömmlings. Es bleibt dem Erblasser immer unbenommen, die Anrechnung auf den Pflichtteil gänzlich auszuschließen.

b) Anrechnung auf den Erbteil

97 Die Anrechnung auf den Erbteil findet sowohl bei der gesetzlichen als auch bei der testamentarischen Erbfolge statt, wenn der Erblasser dies in Form eines Testaments bestimmt hat. Das Gericht kann auch bei einer fehlenden Anordnung des Erblassers eine Anrechnung auf den Erbteil anordnen, wenn ansonsten ein Pflichtteilsberechtigter unangemessen benachteiligt würde.

4. Pflichtteilsentziehung

Der Pflichtteilsanspruch besteht nicht, soweit ein Pflichtteilsberechtigter nach §§ 1481 ff. ZGB erbunwürdig ist oder vom Erblasser wirksam nach §§ 1646 ff. ZGB enterbt worden ist. Während die **Erbunwürdigkeit** kraft Gesetzes bei Vorliegen der im Gesetz abschließend genannten Gründe eintritt, muss die **Enterbung** eines Abkömmlings (Pflichtteilsentziehung) aus den im Gesetz abschließend genannten Gründen durch Verfügung von Todes wegen erfolgen. Eine Enterbung ist zulässig, wenn

- der Abkömmling dem Erblasser in einer Notlage nicht die erforderliche Hilfe geleistet hat,
- der Abkömmling am Erblasser dauerhaft kein echtes Interesse zeigt, das er als Abkömmling zeigen sollte,
- der Abkömmling wegen einer vorsätzlichen Tat verurteilt worden ist, deren Umstände auf eine verwerfliche Besinnung hinweisen,
- der Abkömmling dauerhaft ein ungeordnetes Leben führt.

Ferner ist nunmehr zulässig, einem Abkömmling den Pflichtteil zu entziehen, wenn er überschuldet ist oder verschwenderisch mit dem Vermögen umgeht, so dass zu befürchten ist, dass der Pflichtteil für seine Abkömmlinge gefährdet ist. Diese Enterbung ist jedoch nur zulässig, wenn der Pflichtteil dieses Abkömmlings dessen Kindern bzw. weiteren Abkömmlingen zugewandt wird.

Es ist zulässig, dass sich die Pflichtteilsentziehung nur auf einzelne Vermögenswerte beschränkt oder lediglich die Quote verringert wird.

Der **Grund der Pflichtteilsentziehung** muss angegeben werden. Hat dies der Erblasser unterlassen, muss der Erbe darlegen und **beweisen**, dass ein Entziehungsgrund vorlag. Es ist daher nach neuer Rechtslage auch möglich, dass eine Pflichtteilsentziehung stillschweigend erfolgt. Dies führt jedoch zu einer Umkehr der Beweislast.[16]

Lebt ein Abkömmling, dessen Pflichtteil wirksam entzogen worden ist, im Zeitpunkt des Todes des Erblassers, erstreckt sich die Entziehung auch auf dessen Abkömmling, also auf den gesamten Stamm, es sei denn, dass der Erblasser etwas anderes bestimmt hat. Lebt ein Abkömmling, dessen Pflichtteil entzogen worden ist, beim Tod des Erblassers nicht mehr, erben dessen Abkömmlinge bzw. sind dessen Abkömmlinge pflichtteilsberechtigt, es sei denn, dass in ihrer Person auch ein Enterbungsgrund vorliegt.

5. Erb- und Pflichtteilsverzicht

Nach der neuen Rechtslage ist es nunmehr möglich, dass ein Erbe durch Vertrag mit dem Erblasser auf seinen Erbteil verzichtet (§ 1484 ZGB). Der Erbverzicht erstreckt sich auch auf die Abkömmlinge, sofern die Beteiligten nicht etwas anderes vereinbaren. Der Verzicht auf den Erbteil umfasst auch den Pflichtteil. Der Verzichtende verzichtet auf sein Erbrecht im Ganzen, unabhängig vom Rechtsgrund. Dies bedeutet, dass der Verzicht auch einen Zuwendungsverzicht umfasst. Eine testamentarische oder erbvertragliche Zuwendung an den Verzichtenden, die zeitlich vor dem Verzicht getätigt worden ist, wird durch den Verzicht aufgehoben.[17]

---

16 Vgl. hierzu *Novotný/Novotná*, Nový občanský zákoník, dědické právo, S. 27.
17 *Šešina*, in: Švestka/Dvořák/Fiala/Šešina/Wawerka, Občanský zákoník, komentář, Band IV, § 1484 ZGB S. 40.

104 Der Erbverzicht kann allgemein oder zugunsten einer anderen Person erfolgen. Im letzteren Fall ist der Verzicht nur wirksam, wenn die begünstigte Person auch tatsächlich Erbe wird. Ein Verzicht nur auf den Pflichtteil ist ebenfalls zulässig. Das gesetzliche oder testamentarische Erbrecht bleibt dann bestehen. Obwohl es im Gesetz nicht ausdrücklich geregelt ist, geht die Gesetzesbegründung davon aus, dass sich ein Erbverzicht und Pflichtteilsverzicht auch nur auf einen Teil des Erbrechts bzw. des Pflichtteils beziehen kann. Der Verzicht kann auch unter einer Bedingung erfolgen.

105 Der jeweilige Verzichtsvertrag muss notariell beurkundet werden. Für die Aufhebung hingegen genügt die Schriftform. Weitere Voraussetzungen sieht das Gesetz nicht vor. Soweit sich diesbezüglich Ansichten in der Literatur finden, gehen diese daher davon aus, dass die Abgabe des Verzichts auch durch einen gesetzlichen oder rechtsgeschäftlichen Vertreter erfolgen könne. Auch ein Betreuer könne den Verzicht mit gerichtlicher Genehmigung erklären.[18]

106 Der Verzicht kann mit oder ohne Gegenleistung erfolgen. Er ist weder eine Schenkung noch eine Vermögensübertragung und daher nicht durch Gläubiger anfechtbar.[19]

6. Versorgungsrechte bestimmter Personen

107 Ein Abkömmling, der nicht erbt und auch keinen Pflichtteil erhält, hat Anspruch auf notwendigen Unterhalt, wenn er bedürftig und nicht in der Lage ist, sich selbst zu unterhalten (§ 1665 ZGB). Der Anspruch ist durch die Höhe des fiktiven Pflichtteils begrenzt. Er ist ferner ausgeschlossen, wenn ein Abkömmling des Pflichtteilsberechtigten erbt oder seinen Pflichtteil erhält.

108 Der Ehegatte oder der eingetragene Lebenspartner, der nicht zu den pflichtteilsberechtigten Personen gehört, hat auf die Dauer von sechs Wochen nach dem Tod des Erblassers Anspruch auf angemessenen Unterhalt (§§ 1666 f. ZGB). Bei einer Schwangerschaft besteht der Anspruch bis zum Ende der sechsten Woche nach der Geburt. Ferner hat der Ehegatte, der nicht erbt, Anspruch auf notwendige Versorgung bis zu einer neuen Eheschließung, wenn er sich selbst nicht unterhalten kann. Auch hier ist der Anspruch durch die Höhe des halben fiktiven Erbteils begrenzt. Schließlich stehen dem Ehegatten bewegliche Gegenstände zu, die zur Grundausstattung eines Haushalts gehören.

109 Unter bestimmten Voraussetzungen hat auch ein Elternteil, der enterbt worden ist, einen Anspruch auf notwendige Versorgung (§ 1668 ZGB).

IV. Bindende Erbfolge

110 Neu eingeführt wurde die Möglichkeit, einen Erbvertrag zu schließen (§§ 1582 ff. ZGB). Das gemeinschaftliche Testament hingegen ist weiterhin unzulässig (§ 1496 S. 2 ZGB).

1. Voraussetzungen und Form

111 Durch den Erbvertrag kann der Erblasser den Vertragspartner oder eine dritte Person zum Erben oder Vermächtnisnehmer vertraglich einsetzen. Andere Verfügungen können nicht

---

[18] Šešina, in: Švestka/Dvořák/Fiala/Šešina/Wawerka, Občanský zákoník, komentář, Band IV, § 1484 ZGB S. 41.

[19] Šešina, in: Švestka/Dvořák/Fiala/Šešina/Wawerka, Občanský zákoník, komentář, Band IV, § 1484 ZGB S. 39.

mit bindender Wirkung getroffen werden. Der Erblasser muss volljährig und geschäftsfähig sein. Ist der Erblasser in der Geschäftsfähigkeit beschränkt, kann er einen Erbvertrag nur mit Zustimmung seines Betreuers schließen und ändern. Der Erbvertrag kann von den Vertragsbeteiligten nur höchstpersönlich geschlossen werden; eine Vertretung ist unzulässig. Er bedarf stets der notariellen Beurkundung.

2. Umfang der Bindungswirkung

Wie im österreichischen Recht darf der Erbvertrag nicht den gesamten Nachlass umfassen. Ein Viertel des Nachlasses muss dem Erblasser zur freien Verfügung bleiben. Will er auch über dieses testamentarisch verfügen, ist dies nur durch ein einseitiges Testament möglich. Hat der Erblasser in einem Erbvertrag über seinen gesamten Nachlass verfügt, kann die unwirksame Verfügung über das nicht freie Viertel des Nachlasses als wirksames Einzeltestament aufrechterhalten werden (§ 1591 ZGB). Der Erblasser kann den Erbvertrag jederzeit durch ein Testament aufheben. Er bedarf hierzu jedoch der Zustimmung des Vertragserben in Form einer notariellen Urkunde.

112

3. Verfügungen zu Lebzeiten

Der Abschluss eines Erbvertrages hindert den Erblasser nicht, zu seinen Lebzeiten über sein Vermögen beliebig zu verfügen. Errichtet der Erblasser jedoch eine Verfügung von Todes wegen oder macht er zu Lebzeiten eine Schenkung, die den vertraglich berufenen Erben oder Vermächtnisnehmer beeinträchtigt, können Letztere sich auf die relative Unwirksamkeit dieses Testaments oder dieser Verfügung nach §§ 589 ff. ZGB berufen. Gewöhnliche Schenkungen werden hiervon nicht umfasst. Vielmehr ist wohl erforderlich, dass der Erblasser das Testament oder die Schenkung mit der Absicht, den Vertragserben zu schädigen, also das ihm Hinterlassene zu schmälern, vorgenommen hat.[20]

113

Der Vertragserbe oder -vermächtnisnehmer kann seine Rechte aus dem Erbvertrag zu Lebzeiten des Erblassers nicht an einen Dritten abtreten, es sei denn, dass die Beteiligten ausdrücklich etwas anderes vereinbart haben (§ 1588 Abs. 1 S. 2 ZGB).

114

4. Besonderheiten bei Ehegatten

Grundsätzlich kann sich nur ein Erblasser durch einen Erbvertrag binden. Eine gegenseitige Erbeinsetzung in einem Erbvertrag ist daher nicht möglich. Für Ehegatten sieht das Gesetz jedoch eine Ausnahme vor. Diese können sich in einem Erbvertrag gegenseitig zu Erben oder Vermächtnisnehmern einsetzen (§§ 1592 f. ZGB). Die gleiche Möglichkeit steht Verlobten offen; der Erbvertrag wird jedoch erst mit Eheschließung wirksam. Durch die allgemeine Verweisung des § 3020 ZGB wird man annehmen müssen, dass der gegenseitige Erbvertrag auch für eingetragene Lebenspartner zulässig ist.

115

Wird die Ehe geschieden, bleibt der Erbvertrag wirksam, es sei denn, die Ehegatten haben etwas anderes bestimmt. Im Falle der Wirksamkeit des Erbvertrages kann jeder Ehegatte nach der Scheidung die gerichtliche Aufhebung des Erbvertrages beantragen. Der Antrag ist jedoch abzulehnen, falls die Aufhebung zu Lasten des Ehegatten ginge, der die Scheidung nicht verschuldet hat und mit der Scheidung nicht einverstanden war.

116

---

20 *Dvořák*, in: Švestka/Dvořák/Fiala/Šešina/Wawerka, Občanský zákoník, komentář, Band IV, § 1588 ZGB S. 214.

V. Wege der Nachlassregelung außerhalb des Erbrechts

1. Vorweggenommene Erbfolge

117 Die vorweggenommene Erbfolge spielt in der tschechischen Praxis keine große Rolle. Zwar kommen Schenkungen und Überlassungen von Eltern an Kinder durchaus vor. Aufgrund der Steuerfreiheit beim Erwerb von Todes wegen (siehe Rn 154) besteht jedoch i.d.R. kein Handlungsbedarf.

2. Transmortale Vollmacht

118 Die Erteilung einer transmortalen Vollmacht ist bei ausdrücklicher Anordnung der Geltung über den Tod hinaus zulässig (§ 448 Abs. 2 S. 2 ZGB), in der Praxis jedoch nicht weit verbreitet. Eine Handlungsvollmacht oder Prokura gilt auch über den Tod des Vollmachtgebers hinaus, soweit nicht ein anderes bestimmt ist (§ 456 S. 2 ZGB).

VI. Nachlassabwicklung

1. Annahme und Ausschlagung der Erbschaft

119 Mit dem Tod des Erblassers entsteht für den oder die Erben das **Erbrecht**, also das Recht auf den Nachlass oder Teilen hiervon (§ 1479 ZGB). Der Erwerb wird nach § 1670 ZGB vom Nachlassgericht bescheinigt. Bei gesetzlicher Erbfolge geht der Nachlass unmittelbar mit dem Tod des Erblassers auf den oder die Erben über. Dies gilt auch bei gewillkürter Erbfolge, es sei denn, der Erblasser hat eine Bedingung oder Befristung angeordnet. Dann erfolgt der Erwerb erst bei Eintritt der Bedingung. Die Bescheinigung des Gerichts ist wie bisher deklaratorisch.

120 Das Gericht bestimmt nach Eröffnung des Nachlassverfahrens eine Frist zur Geltendmachung des Erbrechts. Die Frist ist rein verfahrensrechtlicher Natur. Erben, die sich nicht melden, werden am Nachlassverfahren nicht beteiligt. Ihr etwaiges Erbrecht bleibt unberührt. Für unbekannte Erben oder für Erben unbekannten Aufenthalts wird ein Pfleger bestellt. Dieser ist jedoch nicht berechtigt, die Erbschaft anzunehmen oder auszuschlagen (§ 1671 Abs. 2 ZGB).

121 Jeder Erbe kann nach dem Tod des Erblassers die Erbschaft ausschlagen, es sei denn, dass die Ausschlagung durch einen Erbvertrag ausgeschlossen worden ist (§ 1485 Abs. 1 S. 1 Hs. 2 ZGB). Die **Ausschlagung** muss durch mündliche Erklärung vor dem Nachlassgericht oder durch schriftliche, dem Gericht eingesandte Erklärung erfolgen (§ 1487 Abs. 1 S. 1 ZGB). Vertretung ist zulässig. Die Vollmacht muss das Recht zur Ausschlagung ausdrücklich umfassen (§ 1485 Abs. 2 ZGB). Eine Beglaubigung der Unterschrift schreibt das Gesetz nicht vor. Die Ausschlagung kann nicht unter einem Vorbehalt oder unter einer Bedingung erklärt werden. Ebenso wenig kann sie sich nur auf Teile des Nachlasses beziehen (§ 1489 Abs. 1 ZBG). Ist der Erbe teils durch Verfügung von Todes wegen und teils kraft Gesetzes als Erbe berufen, so kann er nicht lediglich die Erbschaft kraft Gesetzes ausschlagen und umgekehrt. Die Ausschlagung umfasst stets das ganze Erbrecht eines Erben, egal aus welchem Rechtsgrund er erben würde. Gehört der Erbe zu den pflichtteilsberechtigten Personen, kann er sich bei der Ausschlagung aber vorbehalten, dass diese nicht seinen Pflichtteil umfasst (§ 1485 Abs. 1 S. 2 ZGB). Bei einem solchen ausdrücklichen Vorbehalt bleibt der Pflichtteil daher unberührt. Gesetzliche Vertreter Minderjähriger bedürfen zur Wirksamkeit der Ausschlagung der vormundschaftsgerichtlichen Genehmigung (§ 461 Abs. 2 ZGB). Das Recht zur Ausschlagung ist vererblich. Die Ausschlagung ist ausgeschlossen, wenn der Erbe

durch sein Verhalten zu erkennen gegeben hat, dass er die Erbschaft nicht ausschlagen will (§ 1489 Abs. 2 S. 1 ZGB).

Die **Ausschlagung** kann der Erbe innerhalb eines Monats erklären. Die **Frist** beginnt mit Ablauf des Tages, an dem der Erbe vom Nachlassgericht über die Möglichkeit der Ausschlagung und deren Rechtsfolgen benachrichtigt worden ist (§ 1487 Abs. 1 S. 2 ZGB). Hat der Erbe seinen Wohnsitz im Ausland, beträgt die Frist drei Monate. Aus wichtigen Gründen kann das Gericht die Frist jeweils angemessen verlängern (§ 1487 Abs. 2 S. 3 ZGB). Ein wichtiger Grund kann z.B. vorliegen, wenn der Erbe schwer krank ist. Ob Unklarheiten und Ermittlungen über den Umfang des Nachlasses und der Verbindlichkeiten als wichtiger Grund gelten, ist umstritten.[21] Auch auf Antrag des Erben kann die Frist aus wichtigem Grunde vor ihrem Ablauf verlängert werden. Bei der Frist handelt es sich um eine materielle Ausschlussfrist.[22] Mit ihrem Ablauf erlischt das Ausschlagungsrecht (§ 1487 Abs. 2 ZGB). Eine Wiedereinsetzung in den vorherigen Stand bei Versäumung ist daher nicht möglich. Die Erteilung einer etwa erforderlichen Genehmigung muss nicht innerhalb der Frist erfolgen; entscheidend ist die fristgerechte Erklärung des Erben oder seines Vertreters.[23]

Die Erklärung der Ausschlagung ist **unwiderruflich**. Das Gleiche gilt, wenn der Erbe die Erbschaft ausdrücklich angenommen hat (§ 1489 Abs. 2 S. 2 ZGB). Ist zu der Erklärung eine gerichtliche Genehmigung, z.B. durch das Vormundschaftsgericht, erforderlich, kann die Erklärung bis zu deren Erteilung widerrufen werden.

2. Aufgabe des Erbrechts

Nach der früheren Rechtslage war es nicht möglich, die Erbschaft zugunsten einer bestimmten Person auszuschlagen. Schlug ein Erbe die Erbschaft aus, gelangte sein gesetzlicher oder testamentarischer Ersatzerbe zur Erbfolge. In der Praxis ist diese unerwünschte Rechtsfolge oft dadurch umgangen worden, dass eine entsprechende Erbauseinandersetzungsvereinbarung geschlossen wurde, nach welcher ein Erbe alles und der andere nichts aus der Erbschaft erhielt. Nach der neuen Regelung des § 1490 BGB kann ein Erbe, der nicht ausgeschlagen hat, im Rahmen des Nachlassverfahrens zu Protokoll sein Erbrecht **zugunsten eines anderen Erben aufgeben**, wenn dieser dem **zustimmt**. Die Zustimmung der weiteren Miterben ist nicht erforderlich. Nach der Gesetzesbegründung handelt es sich hierbei um einen Sonderfall einer Erbteilveräußerung, für die im Übrigen die Vorschriften über einen Erbteilkauf Anwendung finden. War der aufgebende Erbe mit einem Vermächtnis oder einer Auflage beschwert, die er nur höchstpersönlich erfüllen kann, wird er durch die Aufgabe seines Erbrechts hiervon nicht frei. Sowohl der aufgebende als auch der annehmende Erbe haften den Gläubigern gesamtschuldnerisch für die Nachlassverbindlichkeiten (§ 1720 ZGB).

Trotz der neuen Möglichkeit, sein Erbrecht zugunsten eines Miterben aufzugeben, bleibt den Erben grundsätzlich die frühere Möglichkeit offen, den Nachlass im Rahmen der **Erbauseinandersetzung frei zu verteilen** und die Quoten abweichend festzulegen. Daher können ein oder mehrere Erben immer noch nichts und der oder die anderen alles erhalten. Zwar bedarf es hierzu im Gegensatz zu einer Aufgabe der Zustimmung aller Miterben. Der

---

21 So z.B. *Mikeš*, in: Jehlička/Švestka/Škárová a kolektiv, Občanský zákoník, komentář, § 468 ZGB S. 839; *Bohata*, Tschechische Republik Rn 93, in: Ferid/Firsching/Dörner/Hausmann, Internationales Erbrecht; a.A. *Muzikář*, in: Holub a kolektiv, Občanský zákoník, komentář, Band 1, § 464 ZGB S. 578.
22 *Šešina*, in: Švestka/Dvořák/Fiala/Šešina/Wawerka, Občanský zákoník, komentář, Band IV, § 1487 ZGB S. 50.
23 *Muzikář*, in: Holub a kolektiv, Občanský zákoník, komentář, Band 1, § 464 ZGB S. 577 f.

„weichende" Erbe verbleibt jedoch bis zum Abschluss des Nachlassverfahrens Beteiligter. Die Vereinbarung umfasst zudem nur den bekannten Nachlass. Stellt sich später heraus, dass noch weiterer Nachlass vorhanden war, ist der weichende Erbe immer noch am Nachlass mitberechtigt. Der Erbe, der sein Erbrecht zugunsten eines anderen Miterben aufgegeben hat, hat hingegen seinen Erbteil „veräußert" und profitiert daher nicht mehr vom weiteren Nachlass.

3. Struktur der Erbengemeinschaft und Auseinandersetzungsvereinbarung

126 Erben mehrere Personen, so soll der Nachlass grundsätzlich im Rahmen des Nachlassverfahrens vollständig verteilt und auseinandergesetzt werden (§§ 1694 ff. ZGB). Dadurch sollen die Rechtsbeziehungen unter den Erben möglichst vereinfacht werden, damit künftigen Rechtsstreitigkeiten vorgebeugt wird. Die **Auseinandersetzung** erfolgt vorrangig nach den Anordnungen des Erblassers oder durch eine dritte Person, die der Erblasser bestimmt hat. Hat der Erblasser ausdrücklich eine abweichende Verteilung zugelassen, können sich die Erben auch anderweitig einigen. Hat der Erblasser keine Anordnung getroffen oder handelt es sich um Erben kraft gesetzlicher Erbfolge, können sich die Erben einvernehmlich frei über die Auseinandersetzung des Nachlasses einigen. Die Vereinbarung bedarf zu ihrer Wirksamkeit der **gerichtlichen Genehmigung**. Die Genehmigung ist zu erteilen, wenn die Vereinbarung nicht gegen das Gesetz oder die guten Sitten verstößt (§ 1696 Abs. 1 S. 1 ZGB).

127 Kommt zwischen den Erben keine Vereinbarung zustande, kann das Gericht die Auseinandersetzung vornehmen, wenn dies alle Erben beantragen und der Umfang des Nachlasses unstrittig ist (§ 1697 Abs. 2 ZGB). Andernfalls wird der Nachlass nicht auseinandergesetzt, sondern das Erbrecht der Erben entsprechend den Erbquoten vom Gericht bestätigt (§ 1697 Abs. 3 ZGB).

128 Während des Nachlassverfahrens wird der Nachlass vom Nachlassverwalter oder vom Testamentsvollstrecker verwaltet, soweit der Erblasser einen solchen benannt hat. Andernfalls wird der Nachlass von dem Alleinerben oder allen Miterben gemeinschaftlich verwaltet, die jedoch einen Miterben ermächtigen können. Derjenige, der den Nachlass verwaltet, ist zur laufenden Verwaltung berechtigt. Eine Veräußerung oder Belastung ist nur zulässig, wenn dies dem Erhalt der Nachlassmasse dient. Darüber hinausgehende Rechtsgeschäfte dürfen nur mit Zustimmung der Erben, hilfsweise mit Zustimmung des Gerichts erfolgen (§ 1679 Abs. 2 ZGB).

129 Soweit nicht eine bindende Anordnung des Erblassers vorliegt, sind die Erben bei der einvernehmlichen Auseinandersetzung weitgehend frei. Sie können insbesondere von den Erbquoten abweichen, anrechnungspflichtige Geschenke unberücksichtigt lassen oder bestimmen, dass ein Erbe alles erhält und die verbleibenden Erben durch Ausgleichszahlungen aus eigenem Vermögen des Übernehmers abgefunden werden. Desgleichen können die Miterben vereinbaren, dass ein Erbe nichts aus dem Nachlass erhält. Die Vereinbarung muss das gesamte Aktivvermögen des Nachlasses umfassen (§ 1696 Abs. 2 S. 1 ZGB). Dies schließt es jedoch nicht aus, dass die Erben auch Sachen in Miteigentum entsprechend ihren Erbquoten erwerben.

4. Haftung der Erben

130 Mit dem Tod des Erblassers gehen alle seinen Verbindlichkeiten auf den Erben über. Er haftet auch für die Beerdigungskosten. Im Gegensatz zur früheren Rechtslage haftet der Erbe nicht automatisch nur bis zum Wert der erworbenen Erbschaft. Vielmehr muss er sich

ausdrücklich die Erstellung eines **Nachlassverzeichnisses vorbehalten**, um seine Haftung auf den Nachlass zu beschränken. Erben, die sich die Erstellung eines Nachlassverzeichnisses nicht vorbehalten, haften für die Nachlassverbindlichkeiten unbeschränkt und gesamtschuldnerisch (§ 1704 ZGB). Der Vorbehalt eines Miterben wirkt nicht zugunsten der anderen Erben (§ 1705 ZGB), so dass jeder Miterbe – abhängig von seinen Handlungen – in unterschiedlicher Höhe haften kann. Erben, die den Vorbehalt erklärt haben, haften ebenfalls gesamtschuldnerisch, jedoch beschränkt auf den Wert des Nachlasses (§ 1707 ZGB).

Auf das Recht, die Erstellung eines Nachlassverzeichnisses zum Zwecke der Haftungsbeschränkung vorzubehalten, kann nicht im Erbvertrag verzichtet werden. Diesbezügliche Anordnungen eines Erblassers sind unwirksam (§ 1674 ZGB). Der Vorbehalt muss durch mündliche Erklärung vor dem Nachlassgericht oder durch schriftliche, dem Gericht eingesandte Erklärung erfolgen (§ 1474 Abs. 2 S. 1 ZGB). Der Vorbehalt kann nicht unter einem Vorbehalt oder unter einer Bedingung erklärt werden. Den Vorbehalt kann der Erbe nur innerhalb eines Monats erklären, nachdem er vom Nachlassgericht über dieses Recht benachrichtigt worden ist (§ 1475 S. 1 ZGB). Aus wichtigen Gründen kann das Gericht die Frist verlängern, und zwar auch nur gegenüber einzelnen Erben, so dass für die Erben verschiedene Fristen laufen können. Der Vorbehalt kann nachträglich nicht mehr erklärt werden (§ 1767 Abs. 2 ZGB).

Im Gegensatz zur früheren Rechtslage dürfen Gläubiger nunmehr bereits vor Abschluss des Nachlassverfahrens die Begleichung ihrer Forderungen verlangen, wenn die Befriedigung aus der Substanz des Nachlasses möglich ist (§ 1703 ZGB). Ferner können Gläubiger, die eine Überschuldung des Erben befürchten, eine Absonderung der Nachlassmasse beantragen (§§ 1709 ff. ZGB).

Auf Antrag eines Erben, der sich die Erstellung eines Nachlassverzeichnisses vorbehalten hat, auf Antrag des Staates, der geerbt hat, oder auf Antrag eines Gläubigers kann das Nachlassgericht eine **Nachlassliquidation** anordnen (§§ 195 ff. GBVG).

Die Erbenhaftung tritt **kraft Gesetzes** ein und ist unabhängig davon, ob die entsprechenden Verbindlichkeiten im Nachlassverfahren verhandelt und aufgelistet wurden. Die Erben können auch eine Auseinandersetzungsvereinbarung bezüglich der Verbindlichkeiten treffen und diese z.B. nur einem Erben zuordnen. Anders als früher sind die Gläubiger nicht zu beteiligen. Die Vereinbarung wirkt jedoch nur im Innenverhältnis und lässt die gesamtschuldnerische Haftung aller Erben gegenüber den Gläubigern unberührt (§ 1699 Abs. 1 ZGB).

D. Erbverfahrensrecht

I. Allgemeines

Das Nachlassverfahren, das früher in den §§ 175a–175 zd ZPO, §§ 481 ff. ZGB und §§ 74 ff. der Gerichtsverfahrensordnung geregelt war, ist seit dem 1.1.2014 in einem speziellen Gesetz über unstreitige Verfahren, dem Gesetz Nr. 292/2013 Slg. über besondere gerichtliche Verfahren, geregelt. Die einschlägigen Vorschriften finden sich im Allgemeinen Teil des Gesetzes, der für alle Verfahren Anwendung findet, und in den §§ 98 ff., die speziell das Nachlassverfahren regeln. Obwohl es sich um ein gerichtliches Verfahren handelt, werden fast alle Verfahrensschritte von dem vom Gericht beauftragten **Notar als Gerichtskommissar als erste Instanz des Gerichts** durchgeführt. Die Tätigkeit des Gerichts beschränkt sich auf wenige Ausnahmen, die in § 100 Abs. 2 BGVG aufgezählt sind.

136 Das den Todesfall aufnehmende Standesamt ist verpflichtet, das zuständige Nachlassgericht durch Übersendung der Sterbeurkunde von dem Todesfall zu **benachrichtigen**. Zuständig ist das Amtsgericht, in dessen Bezirk der Erblasser gemeldet war, hilfeweise ist der Wohnsitz entscheidend (§ 98 Abs. 1 Buchst. a) und b) BGVG). Falls beide nicht feststellbar sind, ist das Gericht zuständig, in dessen Bezirk sich der unbewegliche Nachlass befindet, weiterhin hilfsweise richtet sich die Zuständigkeit nach dem Sterbeort. Nach Eingang der Mitteilung wird durch Beschluss **von Amts wegen** das Nachlassverfahren eröffnet und der nach vorheriger Geschäftseinteilung zuständige Notar als Gerichtskommissar mit der Durchführung des Nachlassverfahrens beauftragt.[24] Das Gericht hat das Nachlassverfahren auch dann ohne Antrag zu eröffnen, wenn es auf andere Weise vom Tod einer Person erfährt.

137 **Verfahrensbeteiligte** sind nach §§ 110 ff. BGVG die in Betracht kommenden Erben und, falls solche nicht vorhanden sind, der Staat. Gläubiger sind dann zu beteiligen, wenn sie eine Absonderung der Nachlassmasse oder die Erstellung eines Nachlassverzeichnisses beantragt haben. Im Fall der Einstellung des Verfahrens wegen Geringfügigkeit des Nachlasses (§§ 153 f. BGVG) ist nur derjenige Beteiligter, der die Beerdigung ausgerichtet hat. Ferner ist der Ehegatte zu beteiligen, wenn Gesamtgut auseinandergesetzt werden muss. Besteht Streit über die Erbberechtigung einer Person,[25] so ist diese bis zur gerichtlichen Klärung zu beteiligen. Ein Pflichtteilsberechtigter ist zu beteiligen, soweit es um die Berechnung seines Pflichtteils geht. Der Testamentsvollstrecker ist grundsätzlich zu beteiligen, der Nachlassverwalter, soweit es um die Verwaltung des Nachlasses geht. Falls erforderlich, bestellt das Gericht zur Vertretung eines Erben, der seine Rechte nicht selbst oder durch einen Vertreter wahrnehmen kann, einen Pfleger.

II. Vorverfahren

138 Nach Eingang der Akte stellt der Notar zunächst durch Einsicht in das Zentrale Testamentsregister fest, ob der Erblasser eine für das Erbrecht oder das Verfahren relevante Verfügung hinterlassen hat. Ist dies der Fall, hat der Notar die Form und den Inhalt zu überprüfen und hierüber ein Protokoll anzufertigen. Wird das Testament bei einem anderen Notar verwahrt, erfolgt diese Prüfung auf Aufforderung des Gerichtskommissars durch den verwahrenden Notar. Ist ein Nachlassverwalter oder Testamentsvollstrecker bestellt, ist dieser jeweils zu benachrichtigen und aufzufordern, seine Tätigkeit aufzunehmen.

139 Zweck des anschließenden Vorverfahrens ist es, alle erforderlichen Angaben zum Kreis der möglichen Erben festzustellen sowie den Umfang des Nachlassvermögens und der Verbindlichkeiten zu ermitteln. Hierzu hat der Notar **Einsicht** in ihm zur Verfügung stehende Register zu nehmen, die für das Nachlassverfahren Bedeutung haben können, z.B. das Ehevertragsregister. Durch Einsicht in das Immobilienkataster ist ferner festzustellen, ob der Erblasser Grundbesitz hinterlassen hat. Im Übrigen geschieht die Ermittlung des Nachlasses üblicherweise durch eine **Ladung** von Personen, die als Beteiligte in Betracht kommen, insbesondere also Kinder oder Ehegatte. Sind solche nicht vorhanden oder unbekannt, wird der Ausrichter der Beerdigung geladen.[26] Die Geladenen werden aufgefordert, alle vorhandenen Urkunden, insbesondere Testamente sowie Unterlagen über den Nachlass und die Verbindlichkeiten (Kontoauszüge, Sparbücher, Auszüge aus dem Immobilienkatas-

---

[24] Eine freie Notarwahl haben die Beteiligten – anders als bei den übrigen Notartätigkeiten – nicht.
[25] So z.B. bei Personen, die mit dem Erblasser im gemeinsamen Haushalt gelebt haben, oder bei Streitigkeiten, ob ein die Enterbung rechtfertigender Grund vorlag.
[26] Dieser wird in der Sterbeurkunde aufgeführt, so dass dem Gerichtskommissar i.d.R. umfangreiche Nachforschungen erspart bleiben.

ter, Rechnung über die Beerdigungskosten etc.) und genaue Angaben und Personalien über dem Erblasser nahe Personen, insbesondere Ehegatten, Abkömmlinge, möglicherweise auch Geschwister und Eltern, mitzubringen. Die **Ermittlung der Erben** und des Nachlasses geschieht dann durch Befragung der erschienenen Person, über die ein Protokoll verfasst wird.[27] Soweit erforderlich, können anschließend unaufschiebbare Maßnahmen angeordnet oder ein Verwalter für die Dauer des Nachlassverfahrens bestellt werden.

III. Einstellung des Nachlassverfahrens

Ergibt das Vorverfahren, dass der Erblasser **keinen Nachlass** hinterlassen hat, wird das Verfahren nach § 153 BGVG eingestellt. Eine Begründung oder Zustellung des Beschlusses ist nicht erforderlich. Rechtsmittel sind nicht zulässig.

140

Hat der Erblasser nur **geringwertigen Nachlass** hinterlassen, kann das Verfahren eingestellt und dieser Nachlass demjenigen, der die Beerdigung besorgt hat, herausgegeben werden (§ 154 BGVG). Gerade in ländlichen Gebieten ist diese Verfahrensbeendigung in der Praxis nicht selten. Als geringwertig wird i.d.R. ein Nachlass betrachtet, der 10.000 bis 15.000 Kč nicht übersteigt.[28] Etwaige Verbindlichkeiten bleiben hierbei unberücksichtigt. Der Ausrichter der Beerdigung ist nicht Erbe, sondern erwirbt das Eigentum aufgrund einer gerichtlichen Entscheidung. Er haftet daher nicht für die Nachlassverbindlichkeiten. Erben oder ihre Erbquoten werden nicht ermittelt. Der Beschluss wird vom Notar erlassen. Dieser muss zugestellt werden. Eine Begründung ist nicht erforderlich. Rechtsmittel sind nicht statthaft. Bestand der geringwertige Nachlass aus Kontoguthaben, die ausgezahlt werden müssen, erlässt das Gericht eine entsprechende Überweisungsanordnung. Sollte sich später herausstellen, dass der Erblasser doch Vermögen hinterlassen hat, muss das Verfahren wieder aufgenommen werden.

141

IV. Hauptverfahren

Sobald feststeht, dass der Erblasser nicht nur geringfügigen Nachlass hinterlassen hat, geht das Verfahren unmittelbar in das Hauptverfahren über. Die Ergebnisse des Vorverfahrens werden durch Anforderung der noch erforderlichen Unterlagen überprüft sowie alle Aktiva und Passiva zusammengestellt. Die in Betracht kommenden Erben sind von ihrem Erbrecht und der Möglichkeit der Ausschlagung zu benachrichtigen. Gleichzeitig sind sie über die Ausschlagungsfrist und die Rechtsfolgen zu belehren. Die Benachrichtigung und Belehrung sind zuzustellen oder haben mündlich zu erfolgen, wobei Letzteres im Protokoll zu vermerken ist. Ferner hat der Notar als Gerichtskommissar die möglichen Erben über die Möglichkeit des Vorbehalts der Erstellung eines Nachlassverzeichnisses und die damit verbundenen Rechtsfolgen für die Erbenhaftung zu belehren.

142

Im Übrigen ist die nicht öffentliche **Nachlassverhandlung** vorzubereiten. Hierzu gehören die Auseinandersetzung des Gesamtguts und die Erstellung eines Verzeichnisses über Aktiva und Passiva. Die Beteiligten sind zu der Nachlassverhandlung zu laden. Die Auseinandersetzung des Gesamtguts und die Nachlassverhandlung können in einer Verhandlung zusammengefasst werden. Werden Unwirksamkeitsgründe nicht vorgebracht und sind sich alle Beteiligten einig, wird das Gesamtgut auseinandergesetzt, so dass der Umfang des Nachlasses feststeht. Sodann wird die Verteilung des Nachlasses unter den Miterben entsprechend

143

---

27 Dies geschieht i.d.R. durch einen vom Notar betrauten Angestellten.
28 *Drápal*, in: Bílek/Drápal/Jindřich/Wawerka, Notářský řád a řízení o dědictví, komentář, § 175h ZPO S. 618.

der Anordnung des Erblassers, eines Dritten oder der Vereinbarung der Miterben vorgenommen. Über alle Tatsachen wird ein Protokoll aufgenommen. Jeder Beteiligte kann sich in der Verhandlung vertreten lassen. Ist ein Erbe unstrittig Alleinerbe, ist eine Nachlassverhandlung entbehrlich.

144 Bei der **Auseinandersetzung des Gesamtguts** sind die Beteiligten weitgehend frei. So kann z.B. bestimmt werden, dass einzelne oder alle Gegenstände in den Nachlass fallen und dem Ehegatten eine Ausgleichsforderung zusteht. Ebenso kann Bruchteilseigentum gebildet oder bestimmt werden, dass einzelne oder alle Gegenstände dem überlebenden Ehegatten zustehen und die Ausgleichsforderung in den Nachlass fällt. Hängt die Entscheidung über die Auseinandersetzung des Gesamtguts von Tatsachen ab, die zwischen den Beteiligten strittig sind, werden diese im Protokoll festgehalten und das Nachlassverfahren ohne deren Berücksichtigung fortgesetzt. Die strittigen Tatsachen sind dann vor einem Zivilgericht zu klären.

145 Behauptet jemand vor Beendigung des Nachlassverfahrens, er sei Alleinerbe oder Miterbe, ist er zunächst als Beteiligter zu behandeln. Hängt seine **Erbenstellung** von einer zwischen den Erben strittigen Tatsache ab, verweist das Nachlassgericht denjenigen Beteiligten, dessen Erbberechtigung weniger wahrscheinlich erscheint, nach vergeblichem Einigungsversuch auf den ordentlichen Gerichtsweg. Im Verweisungsbeschluss ist eine Frist zur Klageerhebung zu bestimmen, die nicht kürzer als zwei Monate sein darf. Wird die Klage nicht fristgerecht eingereicht oder wird sie abgewiesen, wird das Nachlassverfahren ohne diesen Beteiligten fortgesetzt. Andernfalls ist das Nachlassverfahren bis zur gerichtlichen Klärung der Streitfrage zu unterbrechen.

146 Bestehen zwischen den Erben hingegen Meinungsverschiedenheiten hinsichtlich eines Teils des **Nachlassvermögens**, ist dies im Protokoll festzuhalten und das Verfahren ohne Berücksichtigung dieses Vermögen fortzusetzen. Über den Streit muss dann vor den ordentlichen Zivilgerichten entschieden werden. Die Klage kann bereits vor Abschluss des Nachlassverfahrens eingereicht werden.

147 Das Nachlassverfahren kann **beendet** werden, wenn das Erbrecht und der Umfang des Nachlasses festgestellt, die Anordnungen des Erblassers erfüllt und die gesetzlichen Verpflichtungen gegenüber etwaigen Vermächtnisnehmern erfüllt worden sind (vgl. Rn 57). Der Notar als erste Instanz des Gerichts erlässt nach § 185 BGVG mit Wirkung zum Tage der Entstehung des Erbrechts seinen **Beschluss**, in dem
a) der Erwerb des Nachlasses eines Alleinerben bestätigt wird, oder
b) der Nachlass entsprechend der Anordnung des Erblassers unter mehreren Erben verteilt und deren Erbrecht bestätigt wird, oder
c) der Nachlass entsprechend der Anordnung einer dritten Person, die der Erblasser bestimmt hat, verteilt und das Erbrecht der Miterben bestätigt wird, oder
d) die Vereinbarung mehrerer Erben über die Verteilung des Nachlasses genehmigt und ihr Erbrecht entsprechend bestätig wird, oder
e) der Nachlass auf Antrag der Erben unter ihnen verteilt und ihr Erbrecht bestätigt wird, oder
f) der Erwerb mehrerer Miterben entsprechend der Erbquoten, auf die sich die Erben geeinigt haben, ohne sich auf eine Nachlassverteilung zu einigen, bestätigt wird, oder
g) der Erwerb mehrerer Miterben entsprechend ihrer gesetzlichen Erbquoten bestätigt wird, wenn sich die Erben nicht über die Erbquoten und die Verteilung des Nachlasses geeinigt haben, oder
h) bestätig wird, dass die Erbschaft dem Staat zugefallen ist.

In dem Beschluss ist ferner über den Anspruch des Pflichtteilsberechtigten zu entscheiden oder die Vereinbarung mit dem Pflichtteilsberechtigten zu genehmigen, wenn der Pflichtteil geltend gemacht worden ist.

Mit **Rechtskraft** der Entscheidung erlöschen alle Maßnahmen, die im Rahmen des Nachlassverfahrens getroffen worden sind. Insbesondere erlischt auch eine etwa angeordnete Nachlassverwaltung (§ 188 BGVG).

148

Nach Abschluss des Verfahrens hat der Notar Behörden, die ein öffentliches Register oder Verzeichnis führen, darüber zu **unterrichten**, wer Eigentümer von Nachlassvermögen geworden ist. Hierzu gehört insbesondere das Katasteramt, das das Immobilienkataster führt. Die Benachrichtigung erfolgt durch elektronische Übermittlung einer Ausfertigung des Beschlusses über die Nachlassverhandlung. Der Eigentümer wird aufgrund des Beschlusses im Wege der Berichtigung im Kataster eingetragen. Auf Antrag ist auch dem Gewerbeamt Auskunft zu erteilen, wenn ein Unternehmen betroffen ist.

149

Ferner hat derjenige, der den Nachlass verwaltet hat, bekannte Gläubiger und Schuldner, insbesondere Banken, darüber zu unterrichten, wer Inhaber einer Forderung oder Schuld geworden ist. Eine Form ist hierfür nicht vorgeschrieben. Die Benachrichtigung kann durch Übersendung einer Ausfertigung der gerichtlichen Entscheidung oder – falls nicht der gesamte Nachlass, der im Beschluss aufgeführt wird, offengelegt werden soll –, mittels einer einfachen schriftlichen Mitteilung des Verwalters erfolgen. Wird eine einfache Mitteilung nicht akzeptiert, muss der Notar dem Verwalter eine Bescheinigung ausstellen, aus der sich ergibt, wer Verwalter war und wer Inhaber einer Forderung oder Schuld geworden ist.[29]

150

Der Auflistung der Aktiva und Passiva im Nachlassverfahren kommt keine Beweiswirkung zu. Wurde Nachlassvermögen in die Nachlassverhandlung einbezogen, das nicht dem Erblasser gehört hat, kann der wahre Eigentümer sein Eigentum wie vom Erblasser herausverlangen. Ist bestimmter Nachlass vergessen worden, muss dieser in einem nachträglichen Nachlassverfahren neu verhandelt werden (§§ 192 ff. BGVG).

151

Die **Gebühren** des Notars und seine Auslagen sind von den Erben zu erstatten. Sie richten sich nach §§ 11 ff. der Notariatsgebührenverordnung[30] und sind prozentual degressiv aus dem Nachlasswert zu berechnen.

152

V. Anerkennung deutscher Erbscheine

Entscheidungen ausländischer Justizorgane in Erbsachen, die in dem Staat erlassen werden, in der der Erblasser seinen gewöhnlichen Aufenthalt hatte oder dessen Staatsbürger er war, werden grundsätzlich ohne weiteres anerkannt. Die Anerkennung ist jedoch ausgeschlossen, wenn, wie bei Immobilien, eine ausschließliche Zuständigkeit tschechischer Gerichte gegeben ist (§ 79 IPPRG i.V.m. § 74 Abs. 2 IPPRG). Für die Umschreibung von dinglichen Rechten im Immobilienkataster ist daher stets die Vorlage eines Beschlusses des tschechischen Nachlassgerichts erforderlich; ein deutscher Erbschein dürfte daher wie bisher nicht genügen.

153

---

29 Šešina, in: Švestka/Dvořák/Fiala/Šešina/Wawerka, Občanský zákoník, komentář, Band IV, S. 665.
30 Gesetz Nr. 196/2001 Slg., in der Fassung späterer Vorschriften.

E. Besteuerung der Erbfolge

154 Im Zuge der großen Zivilrechtsreform wurde das bisherige Gesetz über Erbschaft-, Schenkungs- und Immobilienübertragungsteuer mit Wirkung zum 31.12.2013 aufgehoben. Der Erwerb von Todes wegen ist jetzt im Gesetz über Steuern aus Einkünften geregelt. Er wird als eine unentgeltliche Einkunft angesehen. Gemäß § 4a Abs. 1 Buchst. a) sind unentgeltliche Einkünfte natürlicher Personen durch Erbschaft oder Vermächtnis von der Steuer gänzlich befreit. Das Gleiche gilt nach § 19b Abs. 1 Buchst. a) für juristische Personen. Damit wurde die Erbschaftsteuer mit Wirkung zum 1.1.2014 – im Gegensatz zur Schenkungsteuer, die für bestimmte Personengruppen bestehen bleibt – abgeschafft.

Weitere Informationen und Materialien, wie z.B. Muster, Formulare, amtliche Texte und Internetadressen, befinden sich auf der beiliegenden CD-ROM.

Türkei

Memet Kiliç, LL.M., Avukat, Heidelberg

Inhalt

A. Internationales Erbrecht 1
   I. Bestimmung und Umfang des Erbstatuts 1
   II. Besonderheiten bei deutsch-türkischen Doppelstaatern 8
   III. Kollision von Erb- und Güterstatut 12
B. Materielles Erbrecht 15
   I. Gesetzliche Grundlage für das materielle Erbrecht 15
   II. Gesetzliche Erbfolge 18
     1. Grundlagen der gesetzlichen Erbfolge 18
     2. Nachkommen des Erblassers 19
     3. Adoptivkinder 20
     4. Eltern 21
     5. Großeltern 22
     6. Ehegatte 23
       a) Erbrechtliche Position des Ehegatten 23
       b) Güterrechtliche Position des überlebenden Ehegatten 26
       c) Güterrechtliche Ansprüche des Ehegatten im Erbfall beim gesetzlichen Güterstand 28
       d) Beendigung des Ehegattenerbrechts im Rahmen der Scheidung 32
     7. Erbrecht des Staates 37
   III. Testamentarische Erbfolge 39
     1. Testierfähigkeit 40
     2. Testamentsformen 41
       a) Das öffentliche Testament 42
       b) Das eigenhändige (holographe) Testament 47
       c) Nottestamente 48
     3. Der Widerruf des Testaments 50
     4. Inhalt testamentarischer Verfügungen 54
     5. Vor- und Nacherbfolge 57
   IV. Pflichtteilsrecht 63
     1. Pflichtteilsquote 63
     2. Berechnungsgrundlage für den Pflichtteil 66
     3. Geltendmachung des Pflichtteils 67
     4. Ausschluss vom Pflichtteil 71
   V. Testamentsvollstreckung 76
   VI. Vertragliche Erbfolge 78
   VII. Wege der Nachlassregelung außerhalb des Erbrechts 86
     1. Vereinbarungen auf güterrechtlicher Ebene 86
     2. Lebensversicherung 88
     3. Gesellschaftsrechtliche Nachfolgeklauseln in Personengesellschaften 89
   VIII. Nachlassabwicklung 90
     1. Haftung der Erben 90
     2. Annahme und Ausschlagung der Erbschaft 91
     3. Nachlassinventar und amtliche Liquidation 95
     4. Die Erbengemeinschaft 98
     5. Die Erbauseinandersetzung 100
   IX. Probleme bei der Vererbung ländlicher Grundstücke an Ausländer 102
C. Erbverfahrensrecht 104
   I. Ausstellung des Totenscheins 104
   II. Erbenfeststellungsklage (Erbscheinklage) 105
   III. Widerspruch gegen den Erbschein und Annullierung des Erbscheins 110
D. Besteuerung der Erbfolge 113
   I. Beschränkte und unbeschränkte Steuerpflicht 114
   II. Gegenstand der Erbschaftsteuer und Befreiungen 116
   III. Steuersätze und Freibeträge 119
   IV. Bemessungsgrundlage 122
   V. Zuständigkeit und Fristen 123

Literatur

Deutschsprachige Literatur

Ansay/Wallace, Introduction to Turkish Law, Den Haag 1996; *Davran/Davran*, Türkei, in: Ferid/Firsching/Dörner/Hausmann, Internationales Erbrecht; *Dörner*, Das deutsch-türkische Nachlassabkommen, ZEV 1996, 90; *Druey*, Grundriss des Erbrechts, 5. Aufl., Bern 2002; *Dural*, Landesbericht Türkei, in: Taupitz (Hrsg.), Zivilrechtliche Regelungen zur Absicherung der Patientenautonomie am Ende des Lebens, 2002; *Kesen*, Erbfall in der Türkei: Rechtliche und steuerliche Aspekte, ZEV 2003, 152; *Kiliç*, Auswirkungen der deutschen Staatsangehörigkeitsreform, in: Deutsch-Türkische Juristenvereinigung e.V. (Hrsg.), Deutsch-Türkische Verhältnisse, 2002, S. 33; *Kiliç*, Anerkennung und Vollstreckung ausländischer Scheidungsurteile durch türkische Gerichte, IPRax 1994, 477; *Krüger*, Das türkische IPR-Gesetz von 1982, IPRax 1982, 252; *Krüger*, Türkei: Internationales Privat- und Zivilverfahrensrecht, StAZ 1983, 49; *Malkoc/Han*, Das neue türkische Zivilgesetzbuch – der gesetzliche Güterstand der Errungenschaftsbeteiligung, FuR 2003, 347; *Naumann*, Grundzüge des neuen türkischen Ehegüter- und Erbrechts, RNotZ 2003, 343; *Odendahl*, Das neue türkische Ehegüterrecht, FamRZ 2003, 648; *Rumpf*, Das neue türkische Zivilgesetzbuch, StAZ 2002, 97; *Saltas-Özcan*, Die Scheidungsfolgen nach türkischem materiellen Recht, 2002; *Schömmer/Faßold/Bauer/Baetge/Nomer*, Internationales Erbrecht Türkei, 1997; *Serozan*, Das türkische Erbrecht verglichen mit dem deutschen Erbrecht: mehr Gemeinsamkeiten als Besonderheiten, ZEV 1997, 473; *Tekinalp*, Der türkische „Gesetzesentwurf über internationales Privat- und Zivilverfahrensrecht", RabelsZ 46 (1982) 26; *Tekinalp*, Gesetz über Internationales Privatrecht und Zivilverfahrensrecht vom 22.5.1982 (= Übersetzung des IPRG der Türkei), RabelsZ 47 (1983) 131; *Ulusan*, Die Neugestaltung des Familienrechts durch das neue türkische Zivilgesetzbuch, NZ 2002, 225; *Yüksel*, Die türkische Steuerreform, IWB Nr. 13 (2000), Türkei, Gruppe 2 S 69.

Literatur in türkischer Sprache

Antalya, Miras Hukuku (= Erbrecht), Istanbul 2003; *Ayan*, Miras Hukuku (= Erbrecht), Konya 2014.

A. Internationales Erbrecht

I. Bestimmung und Umfang des Erbstatuts

1 Ein neues IPRG wurde im Jahr 2007 vom türkischen Gesetzgeber verabschiedet und ist am 12.12.2007 in Kraft getreten.[1] Die Regelung zum Erbrecht ist jedoch identisch geblieben.[2]

Das IPRG enthält keine Übergangsbestimmungen, da in Art. 1 EinfG zum ZGB[3] der allgemeine Grundsatz des Rückwirkungsverbots von Gesetzen festgeschrieben ist. Daher sind auf die Erbfolge die (unveränderten) Normen des neuen Gesetzes anzuwenden, wenn der Erblasser nach dem Inkrafttreten des neuen Gesetzes verstorben ist.[4]

Die Erbfolge unterliegt gem. Art. 22 des türkischen Gesetzes über das internationale Privat- und Zivilverfahrensrecht (**IPRG**)[5] dem **Heimatrecht** des Verstorbenen. Ausgenommen ist das **in der Türkei belegene Immobiliarvermögen**, welches nach dem **türkischen Belegenheitsrecht** vererbt wird. Darüber hinaus unterliegen auch die Eröffnung des **Erbgangs**, der Erwerb und die Teilung der Erbschaft dem jeweiligen Belegenheitsrecht (Art. 22 Abs. 2 IPRG), also die gesamte **Nachlassabwicklung**.[6]

2 Sowohl nach Art. 75 Abs. 1 EU-ErbVO[7] als auch nach Art. 1 Abs. 2 IPRG gehen Regelungen in völkerrechtlichen Vereinbarungen den nationalen IPR-Regelungen vor.[8]

3 Im **deutsch-türkischen Verhältnis** bestimmt sich das auf die Erbfolge anwendbare Recht nach den §§ 14 ff. der Anlage zu Art. 20 des Deutsch-Türkischen Konsularvertrages vom

---

1 Amtsblatt Nr. 26728 v. 12.12.2007; *Krüger/Nomer-Ertan*, Neues Internationales Privatrecht in der Türkei, IPRax 2008, 281.
2 *Sebnem Akipek*, Länderbericht Türkei, in: NomosKommentar BGB, Band V: Erbrecht, 4. Aufl. 2014, S. 2103; *Kiliç*, in: Fischer/Kühne/Warlich, Anwaltformulare Bankvermögen im Erbfall, S. 571 f.
3 Gesetz Nr. 4722/2001.
4 *Krüger*, Neues Internationales Privatrecht in der Türkei, IPRax 2008, 281.
5 In Kraft seit dem 22.11.1982, deutsche Übersetzung von *Krüger*, IPRax 1982, 256.
6 *Tekinalp*, RabelsZ 1982, 46.
7 „Verordnung (EU) Nr. 650/2012 des europäischen Parlaments und des Rates vom 4. Juli 2012 über die Zuständigkeit, das anzuwendende Recht, die Anerkennung und Vollstreckung von Entscheidungen und die Annahme und Vollstreckung öffentlicher Urkunden in Erbsachen sowie zur Einführung eines Europäischen Nachlasszeugnisses; Veröffentlichung im Amtsblatt der EU am 27.7.2012; sie gilt für alle Erbfälle der EU-Staatsangehörigen innerhalb der EU ab dem 17.8.2015 (Art. 84).
8 *Kiliç*, in: Fischer/Kühne/Warlich, Anwaltformulare Bankvermögen im Erbfall, S. 572; Siehe auch *Müller-Lukoschek*, § 3 Rn 63 bis 65.

28.5.1929 (**Nachlassabkommen/NA**).⁹ Dieses Abkommen gilt laut Bekanntmachung vom 26.2.1952¹⁰ im Verhältnis der Bundesrepublik Deutschland zur Türkei fort.¹¹ Gemäß § 14 NA bestimmen sich die erbrechtlichen Verhältnisse in Ansehung des beweglichen Nachlasses nach den Gesetzen des Landes, dem der Erblasser zur Zeit seines Todes angehörte (§ 14 Abs. 1 NA), und in Ansehung des unbeweglichen Nachlasses nach den Gesetzen des Landes, in dem dieser Nachlass liegt (§ 14 Abs. 2 NA). Auch hiernach unterliegt die Erbfolge grundsätzlich dem Heimatrecht des Erblassers, bei einer in der Türkei belegenen Immobilie dem türkischen Recht. Für in Deutschland belegenen unbeweglichen Nachlass gilt jedoch auch bei einem türkischen Erblasser zwingend deutsches Recht. Auch ohne Ausübung einer Rechtswahl gem. Art. 25 Abs. 2 EGBGB tritt für deutsche Immobilien eines türkischen Erblassers mithin stets **Nachlassspaltung** ein. Ein weiterer Unterschied zum autonomen deutschen Erbkollisionsrecht ergibt sich daraus, dass das Nachlassabkommen kein Errichtungsstatut vorsieht.¹²

Was zum beweglichen und zum unbeweglichen Nachlass gehört (**Qualifikation**), wird nach dem Recht des Staates entschieden, in dem sich der Nachlass befindet (§ 12 Abs. 3 NA). 4

Angesichts der zwingenden Normen des Nachlassabkommens scheint eine **Rechtswahl** nach Art. 25 Abs. 2 EGBGB lediglich deklaratorische Bedeutung zu haben. Jedoch wird eine Rechtswahl zu Recht für sinnvoll gehalten, weil hiermit eventuellen Änderungen der Rechtslage z.B. einer eventuellen Aufhebung des Nachlassabkommens Rechnung getragen würde.¹³ 5

Für das für die **Formwirksamkeit letztwilliger Verfügungen** anwendbare Recht gilt seit dem 22.10.1983 in Ansehung der Türkei das Haager Testamentsformübereinkommen.¹⁴ Zwischen Deutschland¹⁵ und der Türkei sind dessen Bestimmungen vorrangig anwendbar.¹⁶ Freilich betrifft dies nur den Anwendungsbereich des Abkommens, also nicht Erbverträge und Erbverzichtsverträge. Für die Formwirksamkeit derartiger Verfügungen gilt also weiterhin gem. Art. 16 Abs. 1 NA alternativ die Formwirksamkeit nach dem Ortsrecht (*lex loci actus*) und dem Heimatrecht (*lex patriae*) des Erblassers bei Errichtung. 6

Da beide Rechtssysteme als kontinentaleuropäische ein gleiches Familien-, Eigentums- und Erbrechtsverständnis aufweisen, spielt der **ordre public** (Art. 5 IPRG) i.d.R. keine große Rolle. Trotzdem sollte man in der deutsch-türkischen Rechtspraxis auf solche Institutionen wie gemeinschaftliche Testamente, die das türkische Rechtssystem nicht zulässt, verzichten.¹⁷ 7

---

9 RGBl 1930 II S. 747, Text z.B. in *Ferid/Firsching/Dörner/Hausmann*, Deutschland Texte A II 2 Nr. 12; mit Kommentar in Staudinger/*Dörner*, Vorbem. zu Art. 25 f. EGBGB Rn 164–191; siehe auch § 1 Rn 19 ff.
10 BGBl II S. 608.
11 Siehe *Dörner*, ZEV 1996, 90 ff.
12 Ausführlich zu den Besonderheiten *Dörner*, ZEV 1996, 93 ff.
13 *Naumann*, RNotZ 2003, 346 (insb. Fn 28).
14 BGBl 1983 II S. 720.
15 Deutschland ist dem Übereinkommen am 1.1.1966 beigetreten.
16 Staudinger/*Dörner*, Vorbem. zu Art. 25 f. EGBGB Rn 185.
17 *Schömmer/Faßold*, Rn 117.

II. Besonderheiten bei deutsch-türkischen Doppelstaatern

8   Die Anknüpfung in deutschen sowie in türkischen Kollisionsnormen an die Staatsangehörigkeit führt bei **deutsch-türkischen Doppelstaatern** zu Problemen.[18] Die Frage, wie zu verfahren ist, wenn deutsche und türkische Behörden sich für das Personenrecht eines deutsch-türkischen Doppelstaaters zuständig oder umgekehrt für unzuständig erklären, ist bisher nicht geklärt. Diese Frage taucht auch im Bereich der Scheidungsurteile auf.[19]

9   Wird auf das Recht des Staates verwiesen, dem eine Person angehört, geht bei Doppelstaatern in Deutschland die deutsche Staatsangehörigkeit vor (Art. 5 Abs. 1 S. 2 EGBGB). Nach Art. 5 Abs. 1 S. 2 EGBGB wird die türkische Staatsangehörigkeit eines deutsch-türkischen Doppelstaaters vor den deutschen Gerichten nicht berücksichtigt. Im türkischen Internationalen Privatrecht ist dies nicht anders: Die Türkei hat sich für die Beibehaltung des **Staatsangehörigkeitsprinzips** im Internationalen Personen-, Familien- und Erbrecht entschieden.[20] Artikel 4 Abs. 1 lit. b IPRG entspricht exakt der Regelung des Art. 5 Abs. 1 EGBGB.[21]

10 Art. 4 Abs. 1 lit. b IPRG sowie Art. 5 Abs. 1 S. 2 EGBGB werden mit einem angeblichen Bedürfnis gerichtlicher und standesamtlicher Praxis begründet.[22] Es wird schlicht angenommen, das inländische materielle Recht sei viel sicherer anzuwenden als das nicht so bekannte fremde Recht. Auf diese Weise ignoriert man die Herstellung internationaler Entscheidungsharmonie und den kollisionsrechtlichen Grundsatz des Gleichheitsgebots. In Wirklichkeit führen diese Regelungen die Rechtspraxis in eine Sackgasse. Wenn z.B. ein in Deutschland lebender deutsch-türkischer Doppelstaater sich vor einem deutschen Gericht scheiden lässt, wird nur seine deutsche Staatsangehörigkeit berücksichtigt und es werden deutsche Sachnormen angewandt. Wenn er sich aber vor einem türkischen Gericht scheiden lässt, so müssen türkische Sachnormen angewandt werden. Dieser Zustand des internationalen Privatrechts beider Länder kann Konflikte im Rahmen von Rechtshängigkeit und Anerkennung verursachen.[23] Hierfür sind die Anerkennung und Vollstreckung der ausländischen Gerichtsurteile ein guter Beweis. Wenn von den deutschen Gerichten bei einem Scheidungsverfahren eines deutsch-türkischen Doppelstaaters deutsche Sachnormen angewandt werden, so wird nicht das nach türkischem internationalen Privatrecht maßgebende Recht angewandt, das sich nach Art. 13 IPRG i.V.m. Art. 4 Abs. 1 lit. b) IPRG bestimmt (Art. 42 Abs. 1 und Art. 38 lit. e) IPRG).[24] Zur Abweisung des Anerkennungs- und Vollstreckungsantrags reicht es aus, dass der Antragsgegner anführt, er sei Türke und das ausländische

---

18 Über die deutsch-türkische Doppelstaatsangehörigkeit siehe ausführlicher *Kiliç*, Auswirkungen der deutschen Staatsangehörigkeitsreform, in: Deutsch-Türkische Juristenvereinigung e.V. (Hrsg.), Deutsch-Türkische Verhältnisse, 2002, S. 33–47; *Kiliç*, Deutsch-türkische Doppelstaatsangehörigkeit? in StAZ 3/1994, 77 f.; *Ansay*, Doppelstaatsangehörigkeit für Türken?, InfAuslR 1981, 84 ff.; *Martiny*, Probleme der Doppelstaatsangehörigkeit im deutschen Internationalen Privatrecht, JZ 1993, 1145 ff.

19 *Ansay*, Zur Scheidung von Türken in der Bundesrepublik Deutschland nach Inkrafttreten des neuen IPR-Gesetzes, StAZ 1983, 29 (30).

20 Vgl. *Krüger*, ZfRV 1982, 171.

21 Wortlaut des Art. 4 Abs. 1 lit. b türk. IPRG: „In den Fällen, in denen aufgrund der Vorschriften dieses Gesetzes das anzuwendende Recht nach dem Staatsangehörigkeitsprinzip zu bestimmen ist, wird, falls in diesem Gesetz nichts Gegenteiliges vorgesehen ist, angewandt: besitzt jemand mehr als eine Staatsangehörigkeit und ist eine davon die türkische, so wird in diesem Fall türkisches Recht angewandt."

22 *Nomer*, Devletler Hususi Hukuku (Internationales Privatrecht), 7. Aufl., Istanbul 1993, S. 126; *Jayme*, Internationales Familienrecht heute, in: FS Müller-Freienfels, S. 364; *Mansel*, Personalstatut, Staatsangehörigkeit und Effektivität, 1988, S. 205.

23 *Martiny*, a.a.O., S. 1150.

24 *Ansay*, StAZ 1983, 29 (30).

Gericht habe bei der Urteilsfindung nicht das gemäß türkischem Kollisionsrecht (gem. Art. 13 IPRG) maßgebliche Recht angewandt.²⁵

Angesichts solcher Konflikte sollte m.E. im deutschen und türkischen Internationalen Privatrecht bei Mehrstaatern an die effektive Staatsangehörigkeit angeknüpft werden.²⁶ Dies kann nur dadurch sinnvoll geschehen, dass die Art. 5 Abs. 1 S. 1 EGBGB und Art. 4 Abs. 1 Buchst. b) IPRG aufgehoben werden.²⁷

III. Kollision von Erb- und Güterstatut

Probleme können auftreten, wenn türkisches Erb- und deutsches Ehegüterrecht oder umgekehrt zusammentreffen (Erbstatut und Ehegüterstatut). In solchen Fällen ist der **Güterstand als Vorfrage** zu behandeln.

Es ist eine allgemein vertretene Meinung, dass die selbstständige Anknüpfung von Vorfragen die internationale Entscheidungsharmonie zwischen den Vertragsstaaten gefährdet, die durch den Abschluss eines Staatsvertrages erstrebt ist.²⁸ Um dies zu vermeiden, können zwei mögliche Wege beschritten werden:
- Erstens können die Vorfragen legislatorisch in die einheitliche Regelung des Staatsvertrages aufgenommen werden. Was das Güterrecht anbetrifft, lässt sich eine solche Lösung für das Nachlassabkommen zwischen der Türkei und Deutschland nicht erkennen. Obwohl in § 14 Abs. 2 NA allgemein von den „erbrechtlichen Verhältnissen in Ansehung des unbeweglichen Nachlasses" die Rede ist, wäre es zu weit gegriffen, die erbrechtliche Verweisung auf den güterrechtlichen Anspruch zu erstrecken.
- Die zweite Möglichkeit zur Herstellung der Entscheidungsharmonie ist die unselbstständige Anknüpfung der güterrechtlichen Vorfragen.²⁹ Dies wäre auch bei der Lösung der Anpassungsprobleme ein akzeptabler Weg, nämlich die Beurteilung des Erbrechtes des Ehegatten nach dem Güterstatut.³⁰

Da das Nachlassabkommen beide Möglichkeiten nicht zulässt, muss m.E. der **Güterstand als Vorfrage** selbstständig angeknüpft werden. Während für die allgemeinen Wirkungen der Erbfolge das deutsche oder türkische Recht gilt, muss somit auch ermittelt werden, welcher Güterstand zwischen den beiden Ehegatten maßgebend war. Gemäß Art. 15 EGBGB i.V.m. Art. 14 EGBGB (Errichtungsstatut) unterliegen die güterrechtlichen Wirkungen der Ehe dem bei der Eheschließung für die allgemeinen Wirkungen der Ehe maßgebenden Recht. Die Regelung des türkischen Kollisionsrechts (Art. 14) entspricht weitgehend Art. 15 EGBGB. Stellt der türkische Richter fest, dass der deutsche Erblasser und sein Ehegatte im Güterstand der Zugewinngemeinschaft lebten, muss er auch den **Zugewinnausgleich im Todesfall nach § 1371 BGB** durchführen. Im türkischen Recht findet wie im deutschen Recht die güterrechtliche Auseinandersetzung vor der erbrechtlichen statt.

---

25 *Nomer*, JZ 1993, 1144.
26 Es ist nicht zutreffend, wenn manche Verfasser annehmen, dass bei den deutsch-türkischen Doppelstaatern an die effektive Staatsangehörigkeit angeknüpft wird. So bspw. *Schömmer/Faßold*, Rn 110.
27 *Kılıç*, IPRax 1994, 479.
28 Vgl. *Wienke*, Zur Anknüpfung der Vorfrage bei internationalprivatrechtlichen Staatsverträgen, 1977; *Kropholler*, Internationales Privatrecht, § 32 VI S. 209.
29 Vgl. *Meyer-Sparenberg*, Staatsvertragliche Kollisionsnormen, 1990, S. 144 ff.; *Kropholler*, Internationales Privatrecht, § 32 VI S. 210.
30 *Kropholler*, Internationales Privatrecht, § 32 VI S. 218; § 51 III 2 S. 391.

B. Materielles Erbrecht

I. Gesetzliche Grundlage für das materielle Erbrecht

15 Das türkische materielle Zivilrecht ist **vom schweizerischen Recht geprägt**. Nach der Gründung der türkischen Republik (1923) hat die Türkei einen wichtigen Rezeptionsprozess in ihrem Rechtssystem erlebt. Anstelle des bisher gültigen islamischen Rechts (Scharia) wurde ein neues Rechtssystem geschaffen, mit dem man den neuen Entwicklungen in der Welt besser Rechnung tragen wollte.[31] Im Rahmen der Reformen *Mustafa Kemals* (*Atatürk*) war das schweizerische ZGB a.F. ins Türkische übersetzt und im Wesentlichen inhaltlich unverändert in Kraft gesetzt worden.[32] Ähnlich wie 1988 in der Schweiz erfolgte 1990 in der Türkei eine Gesetzesänderung, mit der der Nießbrauch des Ehegatten am Nachlass abgeschafft und durch eine Erbquote ersetzt wurde.[33] Der türkische Gesetzgeber hat am 22.11.2001 ein neues Zivilgesetzbuch verabschiedet, welches das bisher gültige türkische ZGB reformiert und gleichzeitig die bisherige Systematik mit einigen kleinen Ausnahmen beibehält. Das neue Recht trat am 1.1.2002 in Kraft.[34]

16 Die Verwirklichung der Gleichberechtigung zwischen Mann und Frau und der Schutz der Kinder bilden die Hauptachse der Gesetzesreform. Dabei fanden die „Konvention zur Abschaffung aller Diskriminierungen gegen Frauen"[35] vom 3.9.1981, die seit dem 14.11.1985 als innerstaatliches Recht der Türkei gilt,[36] und das „Haager Übereinkommen über den Schutz von Kindern und Zusammenarbeit auf dem Gebiet der internationalen Adoption" vom 29.5.1993 Berücksichtigung.[37]

---

31 Für eine kurze Ausführung der Geschichte des türkischen ZGB siehe *Hirsch*, Türkisches Recht vor deutschen Gerichten, 1981, S. 7–9. Zur Gleichberechtigung von Mann und Frau siehe *Kiliç*, Die Reform im türkischen Familienrecht bahnt den Weg zur Gleichberechtigung, FamRZ 1993, 1282 ff.

32 Vgl. *Zweigert/Kötz*, Einführung in die Rechtsvergleichung, 3. Aufl. 1996, S. 175 f.; die weitgehende Überstimmung der Texte ermöglichte es sogar, im Länderteil „Türkei" in *Ferid/Firsching/Dörner/ Hausmann*, Internationales Erbrecht, von einem Abdruck des überwiegenden Teils des Gesetzes abzusehen und sich unter Verweisung auf das schweizerische ZGB im Übrigen auf Hinweise zur unterschiedlichen Nummerierung von Artikeln und Absätzen sowie inhaltlich abweichender Regelungen zu beschränken.

33 Hierzu *Serozan*, ZEV 1997, 474.

34 Veröffentlicht am 8.12.2001 im türkischen Amtsblatt (Resmi Gazete-Nr. 24607) mit der Gesetznummer 4721 und trat gem. Art. 1029 türkZGB am 1.1.2002 in Kraft. Für die Übersetzung des familienrechtlichen Teils ins Deutsche siehe *Rumpf/Odendahl*, StAZ 2002 100 ff. und auszugsweise Übersetzung des erbrechtlichen Teils ins Deutsche *Rumpf*, RNotZ 2003, 372 ff.

35 „Convention on the Elimination of All Forms of Discrimination against Women", in: General Assembly-Official Records: Thirty-Fourth Session Supplement No. 46 (A/34/46), United Nation, New York, 1980, S. 193–198.

36 Mit der Veröffentlichung im türkischen Amtsblatt (Nr. 18898) vom 14.10.1985 trat diese Konvention in der Türkei in Kraft. Das türkische Außenministerium hat sich mit einem Antrag (Nr. CTUK 721.701.30–220) bei der UNO gemeldet, nachdem durch ein Bestätigungsgesetz (Nr. 3232) diese Konvention für die Türkei verbindlich wurde.

37 Vorwort des Justizministers der Republik Türkei Herrn *Hikmet Sami Türk*, Türk Medeni Kanunu Tasarisi ve TMKnin yürürlügü ve uygulama sekli hakkinda kanun tasarisi, T.C. Adalet Bakanligi, Ankara 1999, S. VII; Allgemeine Begründung des Gesetzes: *Kilicoglu*, Edinilmis Mallara Katilma Rejimi, Ankara 2002, S. 4.

Die **verfassungsmäßige Erbrechtsgarantie** des Art. 35 Abs. 1 türk. Verfassung (ähnlich wie Art. 14 Abs. 1 S. 1 GG) gewährleistet das Erbrecht als Rechtsinstitut und als Individualrecht. Grundlegend für sie ist die Anerkennung der Privaterbfolge.[38]

II. Gesetzliche Erbfolge

1. Grundlagen der gesetzlichen Erbfolge

Gesetzliche Erben nach türkischem Recht sind nach der Systematik des ZGB die Blutsverwandten des Erblassers (eheliche und außereheliche Kinder, Eltern und Großeltern, Art. 495–498 ZGB), der überlebende Ehegatte (Art. 499 ZGB), das Adoptivkind des Erblassers (Art. 500 ZGB) und schließlich der Staat (Art. 501 ZGB). Diese werden, wie es das deutsche Erbrecht auch kennt (§§ 1924 ff. BGB), in **Ordnungen** (**Parentelensystem**) Erben des Erblassers.[39] Die Angehörigen der näheren Ordnung schließen grundsätzlich die Angehörigen der entfernteren Ordnung von der gesetzlichen Erbfolge aus.[40] Innerhalb der Ordnung erfolgt die Beerbung nach **Stämmen**. Die Nachkommen schließen die Eltern und die Eltern (oder deren Nachkommen) schließen die Großeltern des Erblassers von der Erbfolge aus. Fällt eine Person als Erbe wegen Vorversterbens (Art. 495 Abs. 2 ZGB), Enterbung (Art. 511 Abs. 2 ZGB), Erbunwürdigkeit (Art. 579 Abs. 2 ZGB) oder Ausschlagung der Erbschaft (Art. 611 ZGB) weg, so treten ihre Nachkommen an ihre Stelle (**Eintrittsprinzip**).[41] Gleiche Prinzipien der deutschen Familienerbfolge, wie die Gleichheit zwischen den Linien, das Eintrittsprinzip und das Anwachsungsprinzip (Akkreszens), gelten in der türkischen gesetzlichen Erbfolge.[42]

2. Nachkommen des Erblassers

Erben **erster Ordnung** sind die Abkömmlinge, Art. 495 ZGB (zuvor Art. 439 ZGB). Seit der Entscheidung des Verfassungsgerichts von 1987 erben eheliche und uneheliche Abkömmlinge zu gleichen Teilen, Art. 498 ZGB.[43] Die Verwandtschaft der außerehelichen Kinder muss entweder durch Anerkennung oder durch richterliche Entscheidung (Art. 301 ff. ZGB) feststehen. Die Anerkennung der Vaterschaft kann auch durch ein Testament erfolgen (Art. 295 ZGB).[44]

---

38 *Antalya*, Miras Hukuku (= Erbrecht), 2003, S. 8; *Ayan*, Miras Hukuku (= Erbrecht), 2014, S. 7 f.; *Dural/Öz*, Miras Hukuku Dersleri (= Erbrechtsvorlesungen), Istanbul 2001, S. 3. Vgl. BVerfGE 67, 329, 340 = FamRZ 1985, 256; BVerfGE 91, 346 358 = FamRZ 1995, 405.
39 Für eine graphische Darstellung des (schweizerischen – gleich der türkischen) Parentelensystems siehe *Druey*, § 5 Rn 21.
40 *Schömmer/Faßold*, Rn 128; *Serozan*, ZEV 1997, 475; *Kesen*, ZEV 2003, 152; *Naumann*, RNotZ 2003, 360.
41 Hier wird die Erbenposition geerbt, nicht etwa die Erbanwartschaft. Also hier wird kein Erbeserbe geschaffen. D.h., der Eintritt gilt nur für die Kinder. Dagegen würde zu den Erbeserben etwa auch der überlebende Ehegatte des verstorbenen Erben gehören. Dieser tritt aber nicht ein; eine Schwiegertochter bspw. ist also nie gesetzliche Erbin.
42 *Druey*, § 5 Rn 29–47; *Serozan*, ZEV 1997, 475.
43 *Serozan*, ZEV 1997, 475; Urteil des Verfassungsgerichts vom 11.9.1987, Nr. 1/18. Entsprechend diesem Urteil hat der Gesetzgeber mit dem Gesetz vom 14.11.1990 Nr. 3678 außereheliche Kinder den ehelichen Kindern gleichgestellt.
44 Nach altem Recht (vor 1.1.2002) durfte auch der Vater des Verstorbenen, im Namen des Verstorbenen, die Vaterschaft anerkennen. Nach neuem Recht darf nur der Vater allein die Anerkennung vornehmen, *Ulusan*, ÖNZ 2002, 232.

3. Adoptivkinder

20 Adoptierte Personen erben doppelt: Adoptivkinder und deren Nachkommen beerben den Adoptierenden und seine Blutsverwandten und beerben zugleich ihre biologischen Eltern (Art. 500 Abs. 1 ZGB), da ihre Verwandtschaft zu ihren biologischen Eltern andauert (Art. 314 Abs. 2 ZGB). Der Adoptierende und seine Verwandten können dagegen das Adoptivkind nicht beerben. Die Erbeneigenschaft des Adoptivkindes ist aber in einer Hinsicht begrenzt: Das Adoptivkind kann nur Erbe des Adoptierenden sein, nicht jedoch der Verwandten des Adoptierenden. Dieses einseitige Recht des als Adoptivkind Angenommenen und seiner Nachkommen besteht ausschließlich gegenüber der annehmenden Person, nicht dagegen nach deren Aszendenten oder Seitenverwandten, und solange die Adoption keine „gemeinsame" gewesen ist, auch nicht nach dem Ehegatten. Das heißt, dass der Angenommene im Stamm nicht an die Stelle des Adoptierenden treten kann (Art. 500 Abs. 1 S. 1 ZGB).[45]

4. Eltern

21 Erben **zweiter Ordnung** sind die Eltern des Erblassers. Leben beide Elternteile, erben diese zu gleichen Teilen. Ein Vorverstorbener oder aus einem anderen Grund (z.B. Erbausschlagung) nicht in Betracht kommender Elternteil wird dabei durch seine Abkömmlinge repräsentiert, Art. 496 ZGB (zuvor Art. 440 ZGB). Sind keine Abkömmlinge vorhanden, fällt der gesamte Nachlass dem anderen Elternteil zu (Art. 496 Abs. 3 ZGB).

5. Großeltern

22 In **dritter und letzter Ordnung** erben die Großeltern bzw. deren Abkömmlinge, Art. 497 ZGB (zuvor Art. 441 ZGB). Das Parentelensystem funktioniert hier gleichermaßen wie bei den Kindern oder Eltern.

6. Ehegatte

a) Erbrechtliche Position des Ehegatten

23 Der Ehegatte hat ein konkurrierendes Erbrecht gegenüber anderen gesetzlichen Erben. Er erbt **neben Abkömmlingen** (Erben erster Ordnung) **ein Viertel**, neben Erben der zweiten Ordnung (Eltern bzw. deren Abkömmlingen) die Hälfte und neben Großeltern und deren Abkömmlingen drei Viertel; sind auch keine Großelternteile vorhanden, wird der Ehegatte Alleinerbe, Art. 499 ZGB (zuvor Art. 444 Abs. 1 ZGB).

24 Die sog. **variable Erbquote** des Ehegatten existiert seit dem Jahre 1990 nicht mehr. Zuvor konnte der Ehegatte sich statt einem Viertel des Nachlasses als Eigentum für die Nutznießung an der Hälfte der Erbschaft entscheiden.[46] Ein **Nießbrauchs- bzw. Wohnrecht** oder Eigentumsrecht am Familienhaus bzw. an der Familienwohnung und das Eigentumsrecht am Hausrat kann dem überlebenden Ehegatten auf sein eigenes Verlangen hin und auf Anrechnung auf seinen Errungenschaftsanteil zugeteilt werden, damit dieser seine bisherige Lebensweise beibehalten kann. Eine andere Regelung durch Güterrechtsvertrag bleibt vor-

---

45 *Ayan*, Miras Hukuku, S. 49.
46 Anders als im schweizerischen Gesetz (Art. 473 schwZGB) sieht das neue türkische ZGB die Möglichkeit nicht vor, dass der Erblasser durch Verfügung von Todes wegen gegenüber den Abkömmlingen die Nutznießung an dem ganzen ihnen zufallenden Teil der Erbschaft zuwendet, *Naumann*, RNotZ 2003, 361 f.

behalten (Art. 240 ZGB).⁴⁷ Diese Regelung ist dann anzuwenden, wenn die Ehegatten in dem gesetzlichen Güterstand „Errungenschaftsbeteiligung" lebten. Die gleiche und von der Art des Güterstandes unabhängige Möglichkeit bietet Art. 652 ZGB.⁴⁸

Ob die letztere Möglichkeit durch Verfügung von Todes wegen beschränkt oder ganz ausgeschlossen werden kann, wird bis zu einer höchstrichterlichen Entscheidung in der Türkei umstritten bleiben. In der amtlichen Begründung des Art. 652 ZGB bringt der türkische Gesetzgeber die Schutzfunktion des Artikels für den überlebenden Ehegatten zum Ausdruck. In Konsequenz dieses gesetzgeberischen Willens kann die Möglichkeit einer Außerkraftsetzung des Art. 652 durch Verfügung von Todes wegen nicht vertreten werden. Im gleichen Atemzug legt der Gesetzgeber in der gleichen Begründung dar, dass er diesen Artikel in Anlehnung an den im Jahre 1984 im schweizerischen ZGB verankerten Art. 612a schwZGB formuliert hat. Diese widersprüchliche Begründung des Gesetzgebers vermag Klarheit nicht zu schaffen; sie könnte vielmehr zur Folge haben, dass die türkische Praxis dem rezipierten Gesetz (schwZGB) folgt und die Beschränkung oder den Ausschluss des Art. 652 ZGB bejaht.⁴⁹

b) Güterrechtliche Position des überlebenden Ehegatten

Nachdem der überlebende Ehegatte seinen Anteil an dem Gesamtvermögen der Ehegatten bekommen hat, der ihm güterrechtlich zusteht, bleibt der Rest als Nachlass. Die güterrechtlichen Positionen waren nach dem alten gesetzlichen Güterstand klarer geregelt, da die Gütertrennung gesetzlicher Güterstand war. Mit dem Inkrafttreten des neuen ZGB am 1.1.2002 hat der türkische Gesetzgeber die bisherige Gütertrennung als gesetzlichen Güterstand aufgegeben und die **„Errungenschaftsbeteiligung"** als gesetzlichen Güterstand übernommen, der in der Schweiz durch das Gesetz vom 5.1.1984 am 1.1.1988 in Kraft getreten ist. Neben diesem Güterstand kennt das ZGB weiterhin die gesetzlichen alternativen Güterstandsregelungen der **„Gütertrennung"**, **„Gütergemeinschaft"** und den vom türkischen Gesetzgeber geschaffenen Güterstand der **„Gütertrennung mit Beteiligung"**.⁵⁰ Ein Güterstandsvertrag ist vor oder während der Ehe möglich (Art. 203 ZGB) und entweder beim Standesamt bei der Eheschließung schriftlich zu schließen oder notariell zu beurkunden (Art. 205 ZGB).

---

47 Vgl. Art. 219 schwZGB.
48 Es ist zu beachten, dass es für die Gewerbe- und bäuerlichen Betriebe (Art. 659–668 ZGB) besondere Vorschriften gelten (Art. 240 und 652, jeweils letzter Absatz ZGB).
49 *Naumann*, RNotZ 2003, 362 (insb. Fn 233).
50 *Malkoc/Han*, FuR 2003, 347–355; *Odendahl*, FamRZ 2003, 648–657.

27 Mit einer **Übergangsregelung** wurden auch die Güterstände geregelt:[51] Der bisherige Güterstand zwischen den Eheleuten setzt sich fort. Entscheiden sich die Ehegatten bis zum 1.1.2003 für keinen anderen Güterstand, gilt ab dem 1.1.2002 der neue gesetzliche Güterstand als vereinbart. Der Gesetzgeber gewährt den Eheleuten auch die Möglichkeit, durch einen Güterrechtsvertrag bis zum 1.1.2003 zu vereinbaren, dass der neue gesetzliche Güterstand vom Zeitpunkt der Eheschließung an gelten soll.

c) Güterrechtliche Ansprüche des Ehegatten im Erbfall beim gesetzlichen Güterstand

28 Der **gesetzliche Güterstand** der Errungenschaftsbeteiligung umfasst die Errungenschaft und das Eigengut jedes Ehegatten.[52] **Errungenschaft** sind die Vermögenswerte, die ein Ehegatte während der Dauer des Güterstandes entgeltlich erwirbt. Die Errungenschaft eines Ehegatten umfasst insbesondere seinen Arbeitserwerb, die Leistungen von Einrichtungen der sozialen Sicherheit und Fürsorge oder Personalfürsorgeeinrichtungen und dergleichen, die Entschädigungen wegen Arbeitsunfähigkeit, die Erträge seines Eigengutes und Ersatzanschaffungen für Errungenschaft.[53] **Eigengut** sind von Gesetzes wegen die Gegenstände, die einem Ehegatten ausschließlich zum persönlichen Gebrauch dienen; die Vermögenswerte, die einem Ehegatten zu Beginn des Güterstandes gehören oder ihm später durch Erbgang oder sonst wie unentgeltlich zufallen; Immaterielle Schadensersatzansprüche und Ersatzanschaffungen für Eigengut.[54]

29 Angesichts der komplizierten Natur der Frage, welche Vermögensteile zur Errungenschaft gehören und welche Eigengut sind, hat der Gesetzgeber für eine **Beweiserleichterung** gesorgt. Das gesamte Vermögen eines Ehegatten gilt bis zum Beweis des Gegenteils als Errungenschaft. Wer behauptet, ein bestimmter Vermögenswert sei Eigentum des einen

---

51 Das Gesetz über Anwendungs- und Einführungsbestimmungen des türkischen Zivilgesetzbuches („*Türk Medeni Kanununun Yürürlügü ve Uygulama Sekli Hakkinda Kanun*" Gesetz Nr. 4722, verabschiedet am 3.12.2001, veröffentlicht im türkischen Amtsblatt (Resmi Gazete) Nr. 24607 vom 8.12.2001, Düstur: T. 5, C. 40.). Artikel 10 EGZGB (vgl. Art. 9a–f, 10 schwAuEZGB): „(1) Zwischen den Eheleuten, die vor dem Inkrafttreten des (neuen) Türkischen Zivilgesetzbuches die Ehe geschlossen haben, setzt sich der bisherige Güterstand fort. Entscheiden sich die Ehegatten innerhalb von einem Jahr seit dem Zeitpunkt des Inkrafttretens des Gesetzes für keinen anderen Güterstand, gilt von jenem Zeitpunkt an der gesetzliche Güterstand als vereinbart. (2) Bis zum Abschluss der vor dem Inkrafttreten des (neuen) Türkischen Zivilgesetzbuches erhobenen Scheidungs- oder Ungültigkeitsklagen gilt der bisherige Güterstand fort. Wird das Verfahren mit der Scheidung oder Ungültigerklärung der Ehe abgeschlossen, werden die für die Beendigung dieses Güterstandes geltenden Vorschriften angewandt. Wird die Klage abgewiesen und haben die Parteien nicht innerhalb von einem Jahr nach Rechtskraft des Urteils einen anderen Güterstand gewählt, gilt vom Zeitpunkt des Inkrafttretens des Gesetzes an der gesetzliche Güterstand als vereinbart.
(3) Jedoch können die Eheleute innerhalb der in den vorstehenden Absätzen vorgesehenen Jahresfrist durch Güterrechtsvertrag vereinbaren, dass der gesetzliche Güterstand vom Zeitpunkt der Eheschließung an gelten soll.
Wandelt sich nach vorstehenden Vorschriften die Güterverbindung oder Gütergemeinschaft in den gesetzlichen Güterstand, sind die Bestimmungen des alten Türkischen Zivilgesetzbuches für die Beendigung des Güterstandes anzuwenden." (Übersetzung des Verfassers).
52 Art. 218, vgl. Art. 196 schwZGB.
53 Art. 219 türkZGB. Vgl. Art. 229 und 230 Abs. 3 türkZGB. *Akintürk*, Aile Hukuku (Familienrecht), 6. Aufl., Istanbul 2002, S. 144–147; *Kilicoglu*, Edinilmis Mallara Katilma Rejimi (Errungenschaftsbeteiligung als Güterstand), Ankara 2002, S. 20–22.
54 Art. 220, vgl. Art. 198 schwZGB.

oder anderen Ehegatten, muss dies beweisen. Kann dieser Beweis nicht erbracht werden, so wird Miteigentum beider Ehegatten angenommen.[55]

Diese Beweiserleichterung wird mit dem Prinzip des „guten Glaubens" verstärkt.[56] Unentgeltliche Zuwendungen, die ein Ehegatte während des letzten Jahres vor der Auflösung des Güterstandes ohne Zustimmung des anderen Ehegatten gemacht hat, oder Vermögensentäußerungen, die ein Ehegatte während der Dauer des Güterstandes vorgenommen hat, um den Beteiligungsanspruch des anderen zu schmälern, werden zur Errungenschaft hinzugerechnet.[57] Ausgenommen hiervon sind die üblichen Gelegenheitsgeschenke. Das Gesetz sieht für den Ehegatten und seinen Nachkommen eine **Beteiligung am Wertzuwachs** vor. Jedem Ehegatten oder seinen Erben steht die Hälfte des Wertzuwachses (in der Schweiz als „Vorschlag" genannt) des anderen zu. Die Forderungen werden verrechnet (Art. 236 Abs. 1 ZGB, vgl. Art. 215 schwZGB).[58] Sterben die Ehegatten gleichzeitig, können sie nicht Erben voneinander werden. Jedoch gehen die Forderungen hinsichtlich des Güterrechts an deren jeweiligen Erben über. Für diese Forderung gilt die allgemeine Verjährungsfrist von 10 Jahren.[59]

Güterrechtliche Vereinbarungen sind in der Türkei nicht verbreitet. Ein überwältigender Teil der Ehegatten bleibt im gesetzlichen Güterstand.[60]

d) Beendigung des Ehegattenerbrechts im Rahmen der Scheidung

Mit der **Scheidung entfällt** i.d.R. das **Ehegattenerbrecht**. „Geschiedene Ehegatten haben zueinander kein gesetzliches Erbrecht und können aus Verfügungen von Todes wegen, die sie vor der Scheidung errichtet haben, keine Ansprüche erheben, sofern aus der Verfügung nicht das Gegenteil hervorgeht" (Art. 181 ZGB).[61]

Diesem Artikel wurde ein zweiter und aus meiner Sicht etwas problematischer Absatz zugefügt: „Führt einer der Erben nach dem Tod des Erblassers während des Scheidungsverfahrens das Scheidungsverfahren fort, und wird das Verschulden des Beklagten nachgewiesen, so gilt auch in diesem Falle der vorstehende Absatz." Es ist ein eigenartiges Rechtsverständnis, dass die Erben des Verstorbenen stellvertretend die Scheidungsklage weiterbetrei-

---

55 Art. 222, vgl. Art. 200 schwZGB; *Kilicoglu*, Edinilmis Mallara Katilma Rejimi (Errungenschaftsbeteiligung als Güterstand), Ankara 2002, S. 14 f.
56 *Kilicoglu*, a.a.O., S. 15, 28–30; *Akintürk*, Aile Hukuku (Familienrecht), 6. Aufl., Istanbul 2002, S. 157 f.
57 Art. 229 türkZGB: „Zur Errungenschaft hinzugerechnet werden:
 1. unentgeltliche Zuwendungen, die ein Ehegatte während des letzten Jahres vor Auflösung des Güterstandes ohne Zustimmung des anderen Ehegatten gemacht hat, ausgenommen die üblichen Gelegenheitsgeschenke;
 2. Vermögensentäußerungen, die ein Ehegatte während der Dauer des Güterstandes vorgenommen hat, um den Beteiligungsanspruch des anderen zu schmälern. Bei Streitigkeiten über solche Zuwendungen oder Entäußerungen kann das Urteil dem begünstigten Dritten entgegengehalten werden, wenn ihm der Streit verkündet worden ist.
58 Was vom Gesamtwert der Errungenschaft, einschließlich der hinzugerechneten Vermögenswerte und der Ersatzforderungen, nach Abzug der auf ihr lastenden Schulden verbleibt, bildet den Wertzuwachs (Art. 231, vgl. Art. 210 schwZGB). Vgl. BGE 121 III 304; *Ulusan*, ÖNZ 2002, 213.
59 Vgl. Entscheidung des Kassationshofes vom 11.4.2011, 8. HD, E: 2010/4114, K: 2011/2038 (Veröffentlicht in der Entscheidungssammlung des Kassationshofes Band. 38, 2012, S. 53–56); Ayan, Miras Hukuku, S. 58.
60 Über die Güterstände im türkischen Recht *Saltas-Özcan*, Die Scheidungsfolgen, S. 25–53.
61 Vgl. Entscheidung des Kassationshofes vom 4.2.2013, 3. HD, E: 2012/18038, K: 2013/1487 (Veröffentlicht in der Entscheidungssammlung des Kassationshofes Band 39, 2013, S. 939–941).

ben können.⁶² Der Gesetzgeber begründet diese Regelung damit, dass es hier nicht um die Scheidung geht, sondern um die Feststellung des Verschuldens, damit der Beklagte, der mit Ehebruch, versuchtem Mord, Misshandlung oder unehrenhafter Lebensführung die Ehe zum Scheitern gebracht hat, nicht Erbe des Klägers werden darf.⁶³ Hiergegen kann eingewandt werden, dass der Gesetzgeber in diesem Fall mit den Regelungen über Enterbung (Art. 510 ZGB) und Erbunwürdigkeit (Art. 578 ZGB) bedient ist.

34 Der zweite Schwachpunkt dieses Absatzes besteht darin, dass einfach vom „Verschulden" des Beklagten gesprochen wird. Ein Blick in den Art. 174 ZGB zeigt, dass der Gesetzgeber mit der Partei, die die Scheidung verschuldet („*kusurlu taraf*"), die Partei meint, die *überwiegend* die Scheidung verschuldet hat, weil die andere Partei als Partei, die die Scheidung *weniger* verschuldet hat („*daha az kusurlu taraf*"), bezeichnet wird. Dieser Vergleich zeigt, dass die Formulierung in Art. 181 Abs. 2 ZGB ein Missgriff des Gesetzgebers ist, der nicht einmal dem Verschuldensprinzip der Gesetzessystematik gerecht geworden ist. Hier muss m.E. das Verschulden des überlebenden Ehegatten so schwer wiegen, dass es die Voraussetzungen der Enterbung (Art. 510 ZGB) und Erbunwürdigkeit (Art. 578 ZGB) erfüllt.⁶⁴

35 Auch eine richterlich angeordnete **Trennung** (Art. 170–172 ZGB) hat keinen Einfluss auf die Erbberechtigung des überlebenden Ehegatten (Art. 156 ZGB, vgl. Art. 109 Abs. 1 schwZGB).

36 Eine mit **Ungültigkeit** (*nisbi butlan*) oder unbefristeter Ungültigkeit (*mutlak butlan*) behaftete Ehe wird erst mit gerichtlichem Urteil aufgelöst und hat alle Wirkungen einer gültigen Ehe.⁶⁵ Die Ungültigkeitsklage kann nicht von den Erben erhoben werden. Jedoch können diese an der bereits erhobenen Klage festhalten. Wird durch das Urteil festgestellt, dass der überlebende Ehegatte bei der Eheschließung nicht in gutem Glauben war, kann er nicht gesetzlicher Erbe werden und verliert die Rechte aus einer vorherigen letztwilligen Verfügung (Art. 159 ZGB, vgl. Art. 108 Abs. 2 schwZGB).⁶⁶

7. Erbrecht des Staates

37 Sind weder die oben aufgezählten gesetzlichen Erben noch eine wirksame Verfügung von Todes wegen vorhanden oder haben alle gesetzlichen Erben und Begünstigten die Erbschaft ausgeschlagen, fällt der gesamte Nachlass dem türkischen Staat als letztem gesetzlichen Erbe zu (Art. 501 ZGB).⁶⁷ Hier tritt der Staat in eine privatrechtliche Position des Erben ein.⁶⁸ Der Staat haftet jedoch nur mit dem erworbenen Nachlassvermögen für Nachlassverbindlichkeiten (Art. 631 Abs. 2 ZGB). Der Staat kann innerhalb einer dreimonatigen Frist nach dem Erbfall den Nachlass ausschlagen (Art. 605, 606 ZGB).

38 Das türkische Recht kennt im Gegensatz zum deutschen Recht weder das sog. Gradualsystem, wonach ab der vierten Ordnung der Erbe nach der Nähe des Verwandtschaftsgrades zum Erblasser berufen wird, noch ein Erbrecht von Ordnungen über den dritten Grad

---

62 Über die historische Entwicklung ausführlicher *Saltas-Özcan*, Die Scheidungsfolgen, S. 175 ff.
63 Vgl. sowohl die allgemeine Begründung des Gesetzes als auch die Begründung des Artikels.
64 Gleiche Meinung *Saltas-Özcan*, Die Scheidungsfolgen, S. 178.
65 Art. 156 ZGB, vgl. Art. 109 Abs. 1 schwZGB; *Ayan*, Miras Hukuku, S. 51 ff.
66 Vgl. Entscheidung des Kassationshofes vom 10.3.2011, 7. HD, E: 2010/4637, K: 2011/1411 (Veröffentlicht in der Entscheidungssammlung des Kassationshofes Band 37, 2011, S. 1978–1980).
67 Dieser Zustand ist auch international privatrechtlich genauso geregelt. Art. 22 Abs. 3 IPRG enthält folgende Regelung: „Ein in der Türkei befindlicher Nachlass, der ohne Erben ist, fällt an den Staat." Übersetzung von *Tekinalp*, RabelsZ 1983, 135.
68 *Schömmer/Faßold*, Rn 139.

hinaus. In der Türkei belegener unbeweglicher Nachlass eines deutschen Erblassers bspw. wird, sofern dieser weder einen Ehegatten noch Verwandte bis zur dritten Ordnung hinterlässt, vom türkischen Staat geerbt. Sein beweglicher Nachlass in der Türkei dagegen steht gemäß dem Nachlassabkommen und §§ 1928, 1929 BGB seinen Verwandten in der vierten Ordnung zu. Will der Erblasser dieses Ergebnis verhindern, kann er sich letztwilliger Verfügungen bedienen.

III. Testamentarische Erbfolge

Wie das schweizerische kennt auch das türkische Recht neben Testamenten die Möglichkeit vertraglicher Verfügungen. Gemeinschaftliche Testamente sind ihm fremd.[69] Inhaltlich sind Erbeinsetzungen, Teilungsanordnungen und Vermächtnisse möglich, ferner die Einsetzung von Nacherben und Testamentsvollstreckern.

1. Testierfähigkeit

Wer urteilsfähig ist und das 15. Lebensjahr vollendet hat, ist befugt, unter Berücksichtigung der gesetzlichen Schranken und Formen über sein Vermögen letztwillig zu verfügen (Art. 502 ZGB). Urteilsfähig im Sinne des ZGB ist ein jeder, dem nicht wegen seines Kindesalters oder infolge von Geisteskrankheit,[70] Geistesschwäche, Trunkenheit oder ähnlichen Zuständen die Fähigkeit fehlt, vernunftsgemäß zu handeln (Art. 13 ZGB).

2. Testamentsformen

Die Typenstrenge und der „rigorose Formalismus" werden im türkischen Recht durch den Grundsatz *favor testamenti* abgemildert.[71] Eine letztwillige Verfügung kann mit öffentlicher Beurkundung, eigenhändig oder durch mündliche Erklärung errichtet werden (Art. 531 ZGB).

a) Das öffentliche Testament

Unter Mitwirkung von zwei Zeugen erfolgt die öffentliche letztwillige Verfügung vor dem „offiziellen Beamten", Friedensgericht, Notar oder einem anderen Beauftragten, der nach dem Gesetz mit diesen Geschäften betraut ist (Art. 532 ZGB). Was mit dem „offiziellen Beamten" gemeint ist, wird in der Literatur möglicherweise zu einem lebendigen Streit führen.[72] Dabei gibt es eine einfache Erklärung: Der Gesetzgeber wollte bei der Reform keine inhaltlichen Änderungen zu diesem Artikel vornehmen.[73] Bei der Angleichung des Wortlauts zum schweizerischen ZGB (Art. 499 schwZGB) hat sich der türkische Gesetzge-

---

69 Zur umstrittenen Zulässigkeit der Umdeutung eines dennoch errichteten gemeinschaftlichen Testaments bei türkischem Erbstatut: *Serozan*, ZEV 1997, 476.
70 Nach türkischem Recht ist die Testierunfähigkeit nur mit einem ärztlichen Attest nachzuweisen. Siehe Entscheidung des Kassationshofes vom 27.11.1989, 1. HD, E: 1989/12808, K: 1989/14021 (Veröffentlicht in der Entscheidungssammlung des Kassationshofes Band 16, 3/1990, S. 350–351); *Ayan*, Miras Hukuku, S. 138.
71 *Serozan*, ZEV 1997, 476.
72 Für manche Verfasser kommt jeder „Amtsträger" in Betracht, so *Kesen*, ZEV 2003, 154.
73 Siehe Amtliche Begründung des Artikels und alte Fassung des Artikels (Art. 479 ZGB a.F.).

ber in einen unsinnigen Wortsalat begeben.[74] Der **Konsul** gehört zu den „Beauftragten", die nach dem Gesetz mit diesen Geschäften betraut sind (siehe auch Art. 16 Deutsch-Türkischer Konsularvertrag).

43   Der „Beamte" sorgt dafür, dass das Testament nach dem Willen des Testierenden verfasst, von dem Testierenden gelesen und unterschrieben wird (Art. 533 ZGB). Kann der Testierende das Testament nicht lesen und unterschreiben, ist das Testament durch den Beamten in Gegenwart der beiden Zeugen zu verlesen (Art. 535 ZGB). Die Zeugen haben nicht nur die Erklärung des Testierenden zu bezeugen, sondern auch, dass der Testierende nach ihrer Wahrnehmung verfügungsfähig[75] ist und ihm das Testament ggf. vorgelesen worden ist (Art. 534, 535 ZGB).

44   Handlungsunfähige Personen oder Personen, die durch Strafurteil für öffentliche Ämter als untauglich erklärt worden sind, oder Analphabeten sowie der Ehegatte des Erblassers, die Verwandten in gerader Linie und die Geschwister des Erblassers und deren Ehegatten können bei der Errichtung eines öffentlichen Testaments weder als Beamte noch als Zeugen mitwirken (**Mitwirkungsverbot**, Art. 536 Abs. 1 ZGB). Folgende Personen, die bei der Beurkundung der öffentlichen Verfügung mitgewirkt haben, dürfen mit dieser Verfügung nicht bedacht werden: der beurkundende Beamte und die Zeugen sowie die Blutsverwandten in gerader Linie und die Geschwister oder Ehegatten dieser Personen (Art. 536 Abs. 2 ZGB). Die Missachtung des Mitwirkungsverbots begründet eine Anfechtungsklage (Art. 557 Abs. 1 Nr. 4 bzw. Art. 558 Abs. 3 ZGB).

45   Ein öffentliches Testament vor dem türkischen Beamten muss in **türkischer Sprache** verfasst werden.[76] Kann der Testierende kein Türkisch, hat der Beamte einen Dolmetscher heranzuziehen.[77] Bei anderen Arten des Testaments gibt es keinen Sprachenzwang. Das türkische Privatrecht kennt grundsätzlich keine Obliegenheit, sich der türkischen oder einer anderen Sprache zu bedienen.[78] Das ist auch einhellige Meinung in Literatur und Rechtsprechung und gilt sowohl für das Testament als auch für Verträge: „Weil keine Obliegenheit dazu besteht, ein Testament auf Türkisch zu schreiben, berührt es dessen Gültigkeit nicht, dass der Erblasser sein Testament eigenhändig auf Französisch verfasst hat."[79] In einem anderen früheren Urteil entschied der türkische Kassationshof, dass die Tatsache, dass ein Testament mit arabischen Buchstaben geschrieben worden ist, dieses nicht ungültig macht.[80]

46   Die **Verwahrung** der öffentlichen Verfügung obliegt dem Beamten, der die Beurkundung vorgenommen hat (Art. 537 ZGB). Diese Verwahrungsmöglichkeit ist auch für Ausländer

---

74   Es gibt keine „inoffiziellen" Beamten. Deshalb ist in den Art. 533 Abs. 1 S. 2 und Abs. 3, Art. 534, 535 und 537 nur noch von „Beamten" die Rede. Dass die Dorfvorsteher zur Errichtung öffentlicher Testament nicht befugt sind, wurde bereits durch den Kassationshof entschieden (Kassationshof 16. HD., 13.10.1989, E. 1988/10845 K. 1989/14561 = YKD., C. 16, S. 5, 1990, s. 721–722); *Ayan*, Miras Hukuku, S. 85 f.

75   Das 15. Lebensjahr vollendet und urteilsfähig ist (Art. 502 ZGB).

76   Nach Art. 3 Abs. 1 S. 2 türk. Verfassung (TV) ist die Sprache des Staates „Türkisch".

77   Gemäß Art. 10 TV ist jedermann ohne Rücksicht auf Unterschiede wegen Sprache ... vor dem Gesetz gleich (Abs. 1) und die Staatsorgane und Verwaltungsbehörden sind verpflichtet, bei all ihren Schritten gemäß dem Gleichheitsprinzip vor dem Gesetz zu handeln (Abs. 3).

78   Vgl. zum deutschen Recht *Spellenberg*, Fremdsprache und Rechtsgeschäft, S. 463.

79   Y. 2. HD. v. 20. 1. 1981, Entscheidungs-Nr. 5977/79; *Sener*, Türk Medeni Kanunu (Das türkische Zivilgesetzbuch), Ankara 1989, S. 802.

80   Y. 2. HD. v. 22. 12. 1949, Entscheidungs-Nr. 5393/6298; *Sener*, Türk Medeni Kanunu (Das türkische Zivilgesetzbuch), Ankara 1989, S. 802.

zugänglich, wenn es auch wenig praktikabel ist, weil Ausländer nicht in das Personenstandsregister (Zivilstandesregister) eingetragen werden. Selbst auf Dauer in der Türkei sich aufhaltenden deutschen Staatsbürgern ist daher zu empfehlen, ihr öffentliches Testament bei der deutschen Vertretung in der Türkei zu errichten. Dazu sind die deutschen Konsularbeamten ermächtigt.[81] Das Amtsgericht Schöneberg in Berlin ist für die besondere amtliche Verwahrung der Testamente von Auslandsdeutschen zuständig. Jedoch kann der Testierende jederzeit die Verwahrung bei einem anderen Amtsgericht verlangen.[82]

b) Das eigenhändige (holographe) Testament

Der Erblasser muss den ganzen Text der Urkunde, einschließlich der Angabe von Jahr, Monat und Tag der Errichtung, selbst mit der Hand schreiben und unterzeichnen (Art. 538 ZGB). Mit der Reform wurde die Angabe des Errichtungsortes als Gültigkeitsvoraussetzung aufgehoben. Die Zeitangabe ist im Gegensatz zum deutschen Erbrecht (vgl. § 2247 Abs. 2 BGB als sog. Soll-Vorschrift) zwingend. In der türkischen Literatur aber wird teilweise die Meinung vertreten, dass es genüge, wenn der Errichtungszeitpunkt feststellbar sei (*favor testamenti*-Grundsatz).[83] Solche Verfügungen können – müssen aber nicht – offen oder verschlossen einem Notar, dem Friedensgericht oder den zuständigen Beamten zur Aufbewahrung übergeben werden (Art. 538 Abs. 2 ZGB).

c) Nottestamente

Das türkische Recht kennt neben den bisher behandelten ordentlichen Testamentsformen als außerordentliche Testamentsart das mündliche Testament (Art. 539 Abs. 1 ZGB). Diese Art der Testamentsform ist zulässig, wenn eine im Gesetz näher beschriebene Notlage gegeben ist, in der der Erblasser kein öffentliches oder eigenhändiges Testament errichten kann. Als eine solche Ausnahmesituation zählt das Gesetz die nahe Todesgefahr, eine Absperrung, Krankheit[84] oder Kriegsereignisse nicht abschließend auf. Das ZGB hat die Geltungsdauer des außerordentlichen Testaments eingeschränkt, um damit der Gefahr eines Missbrauchs vorzubeugen. Wird es dem Erblasser nachträglich möglich, sich einer der anderen Verfügungsformen zu bedienen, so verliert nach einem Monat, von diesem Zeitpunkt an gerechnet, die mündliche Verfügung ihre Gültigkeit (Art. 541 ZGB).

Der Erblasser muss seinen letzten Willen vor zwei Zeugen erklären und diese damit beauftragen, seiner letztwilligen Verfügung die nötige Beurkundung zu verschaffen (Art. 539 Abs. 2 ZGB). Für die Wirksamkeit des mündlichen Testaments gelten – mit Ausnahme der Lese- und Schreibkundigkeit – dieselben Mitwirkungsvoraussetzungen wie für die Zeugen beim öffentlichen Testament (Art. 539 Abs. 3 ZGB). Die Zeugen haben die mündliche letztwillige Verfügung unter Angabe von Ort, Tag, Monat, Jahr in Schriftform niederzulegen und zu unterschreiben. Dieses Schreiben haben beide Zeugen unverzüglich und mit der Erklärung, dass der Erblasser diese Angaben im Zustand der Verfügungsfähigkeit und in einer Ausnahmesituation gemacht hat, dem Gericht zu übergeben (Art. 540 Abs. 1 ZGB).

---

81 § 11 Abs. 1 Konsulargesetz vom 11.9.1974 (BGBl I S. 2317).
82 § 11 Abs. 2 Konsulargesetz.
83 *Köprülü*, Miras Hukuku Dersleri (Erbrechtsvorlesungen), 2. Aufl., Istanbul 1985, S. 156; vgl. BGE 117 II 239.
84 In Art. 506 des schweizerischen ZGB und in Art. 486 des alten türk. ZGB hieß es nicht „Krankheit", sondern „Epidemien". Der türkische Gesetzgeber stellt lediglich darauf ab, dass der Erblasser keine der anderen beiden Möglichkeiten hat, um seinen letzten Willen abzugeben. Siehe amtliche Begründung des Art. 539 ZGB.

Die Zeugen können diese Erklärung auch bei einem Gericht direkt zu Protokoll geben (Art. 540 Abs. 2 ZGB). Anstelle des Gerichts ist zuständig:
- bei einem Erblasser im Militärdienst: ein Offizier im Leutnants- oder höheren Rang;
- bei einem Erblasser, der in einem Verkehrsmittel im Ausland unterwegs ist: der jeweilige verantwortliche Verwalter des Verkehrsmittels;
- bei einem Erblasser, der sich in stationärer Behandlung befindet: der höchstrangige Direktor der Anstalt (Art. 540 Abs. 3 ZGB).

3. Der Widerruf des Testaments

50 Der Widerruf kann gem. § 542 Abs. 1 ZGB jederzeit durch ein Testament erklärt werden. Dies kann in einer der Formen geschehen, die das Gesetz für die Testamentserrichtung vorsieht (§ 542 Abs. 2 ZGB). Ein öffentliches Testament kann durch ein handschriftliches Testament widerrufen werden.[85] Eine spätere Verfügung, die mit der früheren in Widerspruch steht, also keine zweifellose Ergänzung darstellt, hebt die frühere auf (Art. 544 Abs. 1 ZGB).

51 Der Aufhebungswille des Erblassers kann auch in der Weise erklärt werden, dass dieser die Testamentsurkunde vernichtet oder an ihr Veränderungen vornimmt (Art. 543 Abs. 1 ZGB). Dies kann durch Zerreißen, Zerschneiden oder Verbrennen der Testamentsurkunde, Durchstreichen oder Markierung der Ungültigkeit des Textes zum Ausdruck gebracht werden. Ein durch Zufall oder Fremdverschulden vernichtetes Testament verliert seine Gültigkeit, wenn sein Inhalt nicht genau und vollständig festgestellt werden kann (Art. 543 Abs. 2 ZGB).

52 Im Gegensatz zum deutschen Recht (§ 2257 BGB) fehlt im türkischen Recht eine ausdrückliche Regelung des **Widerrufs des Widerrufs**. Es ist jedoch zu erwarten, dass die türkische Rechtspraxis der Praxis des sog. Quellengesetzes der Schweiz folgt und einen Widerruf des Widerrufs ermöglicht.[86]

53 Oben wurde bereits dargelegt, dass mit Verstreichen der Einmonatsfrist bei den mündlichen Testamenten (Art. 541 ZGB) das Testament und mit der Scheidung oder Aufhebung der Ehe (Art. 181 ZGB) das Erbrecht der Ehegatten wirkungslos wird. Ein Testament kann auch auf Antrag des Berechtigten vom Gericht annulliert werden.[87] Daneben kann die Aufhebung auch in einem Erbvertrag erfolgen.

4. Inhalt testamentarischer Verfügungen

54 Bei den testamentarischen Verfügungen herrscht im türkischen ZGB das Prinzip des *numerus clausus*.[88] Das Gesetz räumt dem Erblasser nur bestimmte Arten von Möglichkeiten ein, bereits zu Lebzeiten auf seinen Nachlass einzuwirken. Die folgenden Verfügungen können sowohl durch Testament, aber auch durch einen Erbvertrag getroffen werden:
- Erbeinsetzung[89] (Art. 516 ZGB);
- Vermächtnis (Art. 517 ZGB);
- Auflagen und Bedingungen (Art. 515 ZGB).

---

85 Zum Widerruf eines Erbvertrages durch Rücknahme aus der amtlichen Verwahrung im deutschen Recht siehe *Reimann*, FamRZ 2002, 1384 ff.
86 *Druey*, § 10 Rn 70; BGE 101 II 211, 215 ff.
87 *Ayan*, Miras Hukuku, S. 97.
88 *Serozan*, ZEV 1997, 478.
89 *Schömmer/Faßold*, Rn 171–175; *Serozan*, ZEV 1997, 478; *Naumann*, RNotZ 2003, 366.

Der Erblasser kann durch Verfügung von Todes für den Fall, dass ein anderer Erbe vor oder nach dem Eintritt des Erbfalls wegfällt, einen oder mehrere **Ersatzerben** einsetzen (Art. 520 Abs. 1 ZGB). Das Gleiche besteht für die Einsetzung eines Vermächtnisses (Art. 520 Abs. 2 ZGB).

Die folgenden Verfügungen dürfen nur durch Testament erfolgen: Der Erblasser kann nur mit dem verfügbaren Teil des Nachlasses eine **Stiftung** gründen (Art. 526 Abs. 1 ZGB). Diese Stiftung erlangt erst den Status einer juristischen Person, wenn sie ins Register des Amtsgerichts (*Asliye Hukuk Mahkemesi*) des letzten Wohnsitzes des Stiftungsgründers eingetragen ist (Art. 102 Abs. 1 S. 1 ZGB und Art. 526 Abs. 2 ZGB).[90] Die **Abgabe einer Vaterschaftsanerkennung** kann durch Testament erfolgen (Art. 295 Abs. 1). Da dies ein Gestaltungsakt ist, kann sie im Gegensatz zu anderen letztwilligen Verfügungen nur widerrufen werden, wenn ein Willensmangel (Art. 23–31 OR) vorliegt.[91] Auch die Benennung des **Testamentsvollstreckers** hat durch das Testament zu erfolgen.

5. Vor- und Nacherbfolge

Die Anordnung der Nacherbschaft ist im türkischen Recht – wie im schweizerischen Recht – nur einstufig möglich; eine Bestimmung von Nach-Nacherben ist folglich nicht möglich (Art. 521 Abs. 2 und Art. 522 Abs. 3 ZGB).[92] Der Erblasser kann gem. Art. 521 Abs. 1 ZGB durch Verfügung von Todes wegen den eingesetzten Vorerben verpflichten, die Erbschaft an den Nacherben herauszugeben.

Der Vorerbe wird Eigentümer der Erbschaft unter der Verpflichtung zur Auslieferung an den Nacherben (Art. 524 ZGB). Der Vorerbe kann erst gegen Stellung einer Sicherheit die Erbschaft in Besitz nehmen, es sei denn, der Erblasser hat ihn ausdrücklich von dieser Pflicht befreit. Bei Immobilien kann ein Vermerk in das Grundbuch als nötige Sicherheit betrachtet werden (Art. 523 Abs. 2 ZGB). Der Vorerbberechtigte hat als solcher keine volle Eigentümerposition inne, sondern eine **dem Nießbraucher ähnliche Stellung**. Ist der Vorerbberechtigte jedoch selbst pflichtteilsberechtigt, braucht er die Einsetzung eines Nacherben über seinen Pflichtteil nicht zu dulden und kann sich der Herabsetzungsklage bedienen (Art. 569 ZGB).

Will der Erblasser, dass der Vorerbe eine bessere Rechtsstellung hat als die eines bloßen Nießbrauchers, kann er den **Nacherben „auf den Überrest"** einsetzen. Der Vorerbe erlangt auf diesem Wege die freie Verfügungsmöglichkeit über das Erbgut, kann aber nicht selbst von Todes wegen darüber verfügen und muss die Schenkungen und anderen Verfügungen unterlassen, die die Disposition des Erblassers unterlaufen (vgl. Art. 527 Abs. 2 ZGB).

Der **Zeitpunkt** des Übergangs der Erbschaft vom Vor- auf den Nacherben kann im Testament festgelegt werden. Fehlt diese Festlegung, wird der Tod des Vorerben als dieser Zeitpunkt angenommen (Art. 522 Abs. 1 ZGB). Ist der Vorerbe vor Eintritt des im Testament festgelegten Zeitpunkts gestorben, geht die Erbschaft gegen Stellung einer Sicherheit auf die Erben des Vorerben über (Art. 522 Abs. 2 ZGB). Kann die Erbschaft aus irgendeinem Grunde nicht mehr an den Nacherben ausgeliefert werden, geht die Erbschaft auf den Vorerben, wenn dieser auch gestorben ist, endgültig auf die Erben des Vorerben über (Art. 522 Abs. 3 ZGB).

---

[90] *Ayan*, Miras Hukuku, S. 119 f.
[91] *Ayan*, Miras Hukuku, S. 120.
[92] *Druey*, § 11 Rn 41.

61 Das Inventar aus dem Nachlass, das in die Obhut der Vorerben gelangt ist, wird vom Friedensgericht (*sulh mahkemesi*) aufgenommen (Art. 523 Abs. 1 ZGB). In den Fällen, in denen der Vorerbe die Stellung einer Sicherheit nicht leistet oder die Anwartschaft des Nacherben gefährdet (Art. 523 Abs. 3 ZGB), kann auch eine amtliche Erbschaftsverwaltung angeordnet werden.

62 Für die Praxis ist die Nacherbeneinsetzung meistens in den Fällen interessant, wenn der Erblasser kinderlos ist, seinem Ehegatten die bestmögliche finanzielle Situation sichern möchte und nach Ableben des Ehegatten über das Erbgut nach eigenem Willen Anordnungen treffen möchte. Bspw. wenn er nicht will, dass die Kinder des Ehegatten aus einer eventuellen neuen Heirat Erben werden, sondern jemand anderes aus der eigenen Familie. Da bei der Bemessung der Erbschaftsteuer den Nachkommen und Ehegatten Steuerfreibeträge zustehen, ist diese Lösung **erbschaftsteuerrechtlich** die **günstigere Lösung**, wenn der Erblasser diese nahen Verwandten zu Nacherben bestimmt.[93]

IV. Pflichtteilsrecht[94]

1. Pflichtteilsquote

63 **Pflichtteilsberechtigt** sind gem. Art. 505 Abs. 1 ZGB und Art. 506 ZGB (zuvor Art. 453) die Abkömmlinge, die Eltern, der Ehegatte, aber **auch die Geschwister** des Erblassers. Der Pflichtteil ist im Gegenteil zum deutschen Recht kein lediglich schuldrechtlicher Anspruch, sondern ein **echtes Noterbrecht**.[95] Es ist die den Noterben vorbehaltene quotale Beteiligung am Vermögen des Erblassers, die der Verfügung des Erblassers entzogen ist.

64 Die Pflichtteilsquote beträgt für einen Nachkommen die Hälfte des gesetzlichen Erbanspruches (zuvor ¾), für jeden Elternteil ein Viertel (zuvor ½) und für jeden Geschwisterteil ein Achtel (zuvor ¼) des gesetzlichen Erbteils. Der Ehegatte erhält neben gesetzlichen Erben das gesamte Erbteil und in den übrigen Fällen drei Viertel (zuvor ½) des gesetzlichen Erbteils als Pflichtteil.

---

[93] Der Steuerfreibetrag beträgt für Nachkommen (auch Adoptivkind) und Ehegatten je 33.328.000.000 Lira für bewegliche oder unbewegliche Erbanteile. Sind Nachkommen nicht vorhanden, beträgt dieser Freibetrag 66.694.000.000 Lira. Das Finanzministerium der Türkei hat diese Beträge in Anlehnung auf seine Ermächtigung durch Art. 16 VVK mit einer Allgemeinen Bekanntmachung des Steuerverfahrensgesetzes Nr. 301 für die Zeit ab 1.1.2001 festgelegt, *Antalya*, Miras Hukuku, S. 27 f.

[94] Ich bedanke mich bei Herrn Rechtsanwalt Dr. *Rembert Süß*, dass er durch Zurverfügungstellung dieses Teils mir die Arbeit weitgehend erleichtert hat, so dass ich mich auf wenige Ergänzungen bemühen musste: *Süß*, in: Mayer/Süß/Tanck/Bittler/Wälzholz, Handbuch Pflichtteilsrecht, § 19.

[95] Nach Ansicht von *Serozan* (ZEV 1997, 479) hat dieser Unterschied zum deutschen Recht keine wesentliche praktische Bedeutung.

Kinder	Eltern	Geschwister	Ehegatte	Noterbquoten	Freiteil
x	/	/	–	alleiniges Kind bzw. alle Kinder insgesamt $1/2$	$1/2$
x	/	/	x	Kinder insgesamt $3/8$ Ehegatte $1/4$	$3/8$
–	–	–	x	Ehegatte $3/4$[96]	$1/4$
–	x	–	x	Ehegatte $1/2$ beide Eltern insgesamt $1/4$	$1/4$
–	x	/	–	Eltern insgesamt $1/4$	$3/4$
–	–	x	x	Ehegatte $1/2$ Geschwister insgesamt $1/16$	$7/16$
–	–	x	–	Geschwister insgesamt $1/8$	$7/8$

Die Umgehung des Pflichtteils wird in der Praxis häufig mit **lebzeitigen Scheingeschäften** versucht. Der Scheinverkauf (angeblich kein Geschenk) von Grundstücken oder Schein-Leibgedingsvertrag[97] (Verpfründungsvertrag = Unterhalt und Pflege auf Lebenszeit) sind die meist gebrauchten Formen hierfür. Der türkische Kassationshof geht unnachgiebig gegen diese Scheingeschäfte mit Nichtigkeitsurteilen vor, die für die Gerichte verbindlich sind. Auch solche erbrechtlichen Geschäfte werden vom Kassationshof in der Gesamtheit nichtig erklärt, die nur zum Teil nichtig sind. Der wirksame Teil wird wegen Formmangels (Art. 557 Abs. 4 ZGB) oder wegen Rechts- oder Sittenwidrigkeit (Art. 557 Abs. 3 ZGB) annulliert.[98] Zu Lebzeiten des potenziellen Erblassers darf eine solche Klage nicht eingereicht werden.[99]

Geschädigte der Scheingeschäfte können eine Grundstück-Berichtigungsklage einreichen. Diese Klage unterliegt keinen Verjährungsfristen.[100]

2. Berechnungsgrundlage für den Pflichtteil

Die Zeit des Todes des Erblassers ist bei der **Berechnung des verfügbaren Teils** maßgebend. Der Stand des Vermögens zu diesem Zeitpunkt wird grundsätzlich berücksichtigt (Art. 507 Abs. 1 ZGB). Die Schulden des Erblassers, die Begräbnisauslagen, Auslagen für Siegelung

---

96 Sollten weitere gesetzliche Erben vorhanden sein, also Großeltern oder deren Abkömmlinge, reduziert sich die Pflichtteilsquote auf 3/8.
97 Art. 511–519 OR; vgl. Art. 521–529 schweizer OR; Art. 96 EGBGB.
98 Vgl. Entscheidung des Kassationshofes vom 8.3.2012, 1. HD, E: 2012/580, K: 2012/2568 (Veröffentlicht in der Entscheidungssammlung des Kassationshofes Band 38, 7/2012, S. 1273 ff.); vom 21.1.2013, 1. HD, E: 2012/13587, K: 2013/439 (Veröffentlicht in der Entscheidungssammlung des Kassationshofes Band 39, 5/2013, S. 925 ff.); *Serozan*, ZEV 1997, 479; *Ayan*, Miras Hukuku, S. 187 f.
99 Vgl. Entscheidung des Kassationshofes vom 9.2.2010, 1. HD, E: 2009/10655, K: 2010/1248 (Veröffentlicht in der Entscheidungssammlung des Kassationshofes Band 36, 9/2010, S. 1583 ff.).
100 Vgl. Entscheidung des Kassationshofes vom 25.9.2006, 1. HD, E: 2006/7105, K: 2006/9159 (Veröffentlicht in der Entscheidungssammlung des Kassationshofes Band 33, 7/2007, S. 1252 ff.); vom 25.12.2006, 1. HD, E: 2006/12445, K: 2006/13020 (Veröffentlicht in der Entscheidungssammlung des Kassationshofes Band. 34, 2/2008, S. 204 ff.); vom 8.3.2012, 1. HD, E: 2012/580, K: 2012/2568 (Veröffentlicht in der Entscheidungssammlung des Kassationshofes Band 38, 7/2012, S. 1273 ff.); *Ayan*, Miras Hukuku, S. 189 f.

und Inventaraufnahme sowie die dreimonatigen Unterhaltskosten der Hausgenossen, deren Unterhalt der Erblasser geleistet hat, sind bei der Berechnung abzuziehen (Art. 507 Abs. 2 ZGB). Die Zuwendungen unter Lebenden werden dem Vermögen in der Höhe hinzugerechnet, in der sie der Herabsetzungsklage unterstellt sind (Art. 508 ZGB).[101] Auch die Versicherungsansprüche, die zugunsten eines Dritten begründet oder bei Lebzeiten des Erblassers unentgeltlich auf einem Dritten übertragen worden sind, werden in Höhe des Rückkaufswertes im Zeitpunkt des Todes des Erblassers zu dessen Vermögen gerechnet (Art. 509 ZGB).

3. Geltendmachung des Pflichtteils

67 Das Pflichtteilsrecht gewährt dem Pflichtteilsberechtigten eine dingliche Beteiligung am Nachlass. Das Pflichtteilsrecht wird aber nicht von Amts wegen berücksichtigt, sondern muss durch **Herabsetzungsklage** geltend gemacht werden. Der Pflichtteilsberechtigte lässt die testamentarischen Verfügungen soweit herabsetzen, bis seine Noterbquote wiederhergestellt ist. Das Recht auf Erhebung der Herabsetzungsklage ist nach Ablauf **eines Jahres** verwirkt. Die Frist beginnt mit Kenntnis des Noterben von den beeinträchtigenden Verfügungen.[102] Die Verwirkung tritt aber spätestens zehn Jahre (nach altem Recht fünf) nach Eröffnung der letztwilligen Verfügung bzw. bei lebzeitigen Verfügungen nach Eintritt des Erbfalls ein, Art. 571 ZGB (zuvor Art. 513 ZGB). Nach Verwirkung kann das Herabsetzungsrecht nur noch einredeweise geltend gemacht werden.

68 Führt auch die Herabsetzung der testamentarischen Verfügungen nicht zur vollständigen Wiederherstellung der Pflichtteile, werden die **lebzeitigen Schenkungen** in umgekehrter zeitlicher Reihenfolge herabgesetzt, insb. Zuwendungen auf den Erbteil und Ausstattungen, Erbabfindungen, widerrufliche Schenkungen, Schenkungen, die der Erblasser in seinem letzten Lebensjahr vorgenommen hat, sowie in Umgehungsabsicht vorgenommene Schenkungen, Art. 565 ZGB (zuvor Art. 507 ZGB).[103]

69 **Klageberechtigt** sind auch die Konkursverwaltung eines Erben oder dessen Gläubiger, die zur Zeit des Erbganges Vollstreckungstitel mit Zahlungsunfähigkeitsbescheinigung[104] besitzen, wenn der Erblasser den verfügbaren Teil zum Nachteil des Erben überschritten hat und dieser trotz ihrer Aufforderung hin keine Klage erhebt. Gegenüber einer Enterbung, die der Enterbte nicht anficht, besteht die gleiche Klagebefugnis (Art. 562 Abs. 1 ZGB). Für diese Kläger gelten die gleichen Klagefristen, die den Pflichtteilsberechtigten zustehen (Art. 562 Abs. 2 ZGB). Das rechtskräftige Herabsetzungsurteil wirkt als Gestaltungsurteil unmittelbar auf bestehende Rechtsverhältnisse. Er wirkt auch *ex tunc*, so dass der Pflichtteilsberechtigte rückwirkend zum Miterben wird.[105]

70 Zu beachten ist, dass gem. § 15 des Deutsch-Türkischen Nachlassabkommens für Pflichtteilsklagen die Gerichte des Heimatstaates, bzgl. unbeweglichen Vermögens die des Belegen-

---

101 Vgl. Entscheidung des Kassationshofes vom 24.6.2008, 1. HD, E: 2008/3016, K: 2008/7904 (Veröffentlicht in der Entscheidungssammlung des Kassationshofes Band 35, 3/2009, S. 426 f.).
102 Vgl. Entscheidung des Kassationshofes vom 9.9.2013, 1. HD, E: 2013/10332, K: 2013/12170 (Veröffentlicht in der Entscheidungssammlung des Kassationshofes Band 39, 11/2013, S. 2261 ff.).
103 Vgl. Entscheidung des Großen Senats des Kassationshofes vom 6.12.1989, HGK, E: 1989/2–480, K: 1989/644 (Veröffentlicht in der Entscheidungssammlung des Kassationshofes Band 16, 4/1990, S. 512 ff.); vom 13.12.2011, 3. HD, E: 2011/14754, K: 2011/20454 (Veröffentlicht in der Entscheidungssammlung des Kassationshofes Band 38, 2/2012, S. 221 ff.).
104 Art. 105, 143 und 165–166 Zwangsvollstreckungs- und Konkursgesetz.
105 *Schömmer/Faßold*, Rn 194.

heitsstaates, ausschließlich zuständig sind. **Deutsche Gerichte sind also unzuständig**, wenn es um die Pflichtteile an dem beweglichen Nachlass eines türkischen Erblassers geht. Die Ausstellung eines Fremdrechtserbscheins ist allerdings zulässig.[106] Die internationale Zuständigkeit deutscher Prozess- und Nachlassgerichte fehlt ebenfalls für den aus den türkischen Immobilien bestehenden Spaltnachlass nach einem deutschen Erblasser.

4. Ausschluss vom Pflichtteil

Ein **Erbverzicht** erfolgt durch notariell beurkundeten Erbverzichtsvertrag, Art. 528 ZGB (zuvor Art. 475 ZGB). Der Erblasser muss den Erbverzichtsvertrag persönlich abschließen. Kommt der Erbverzichtsvertrag durch eine Vertretung zustande, ist dieser unwirksam.[107]

71

Der **Ausschluss von der Erbfolge** ist zum **Schutz der Nachkommen eines zahlungsunfähigen Erben** gegen dessen Gläubiger möglich. Der Erblasser kann die Hälfte des Pflichtteils eines seiner Erben entziehen, wenn dieser Erbe zahlungsunfähig ist und gegen ihn ein Vollstreckungstitel mit Zahlungsunfähigkeitsbescheinigung[108] besteht. Dieser Teil muss jedoch den vorhandenen und später geborenen Kindern des zahlungsunfähigen Erben zugewendet werden (Art. 513 Abs. 1 ZGB). Die Enterbung wird auf Begehren des Enterbten aufgehoben, wenn bei der Eröffnung des Erbgangs Zahlungsunfähigkeit nicht mehr besteht oder wenn der Gesamtbetrag des Vollstreckungstitels die Hälfte des Erbteils nicht übersteigt (Art. 513 Abs. 2 ZGB).

72

Der Erblasser kann einen Abkömmling von der Erbfolge ausschließen (**Enterbung**), wenn der Erbe gegen den Erblasser oder gegen eine diesem nahe verbundene Person eine schwere Straftat begangen hat oder gegenüber dem Erblasser oder einem von dessen Angehörigen die ihm obliegenden familienrechtlichen Pflichten schuldhaft[109] schwer verletzt hat (Art. 510 ZGB).[110] Der im deutschen Recht bekannte Enterbungsgrund „ehrlose oder unsittliche Lebenswandel" (§ 2333 BGB) kommt im türkischen Recht mittelbar zum Ausdruck. Nach Art. 322 ZGB sind Eltern und Kinder „Achtung und Rücksicht auf die Familienwürde schuldig". Zu den Familienpflichten, deren Verletzung die Enterbung begründet, gehören Beistands- und Unterstützungsverpflichtungen der Familienmitglieder (Art. 322, 339, 340 ZGB), die Unterhaltspflicht (Art. 364 ZGB) und die Treuepflicht in der Ehe (Art. 161 ZGB). Das Testament ist die richtige Form dafür. Ist der Enterbungsgrund nicht genannt, ist die Enterbung ungültig.[111] Ist die Enterbung in den Erbvertrag aufgenommen, macht dies das Rechtsgeschäft nicht ungültig, jedoch bleibt es weiterhin ein einseitiges Rechtsgeschäft, welches von dem Erblasser jederzeit aufgehoben werden kann.

73

---

106 Staudinger/*Dörner*, Vorbem. zu Art. 25 EGBGB Rn 188.
107 Vgl. Entscheidung des Kassationshofes vom 14.5.2007, 2. HD, E: 2007/6349, K: 2007/7938 (Veröffentlicht in der Entscheidungssammlung des Kassationshofes Band 33, 9/2007, S. 1659); vom 12.10.1992, 2. HD, E: 1992/8409 K: 1992/9487 (Veröffentlicht in der Entscheidungssammlung des Kassationshofes Band 19, 7/1993, S. 993; *Ayan*, Miras Hukuku, S. 82, 125.
108 Art. 105, 143 und 165–166 Zwangsvollstreckungs- und Konkursgesetz.
109 *Ayan*, Miras Hukuku, S. 166 f.
110 Die schwere Straftat wird nicht mit Maßstäben des Strafgesetzbuches beurteilt. Jede Tat, die geeignet ist, das Verwandtschaftsverhältnis zwischen dem Erblasser und dem Erben zu zerrütten, gehört in diese Kategorie. Schlägt ein Kind seine Mutter, stellt dies zum Beispiel einen Enterbungsgrund dar. Siehe Entscheidung des Kassationshofes vom 18.2.2010, 2. HD, E: 2010/553, K: 2010/2901 (Veröffentlicht in der Entscheidungssammlung des Kassationshofes Band. 36, 6/2010, S. 1010 f); *Ayan*, Miras Hukuku, S. 166.
111 Entscheidung des Kassationshofes vom 18.2.2010, 2. HD, E: 2010/553, K: 2010/2901 (Veröffentlicht in der Entscheidungssammlung des Kassationshofes Band 36, 6/2010, S. 1010 f.); *Ayan*, Miras Hukuku, S. 168 f.

74 Die **Erbunwürdigkeitsgründe** in Art. 578 ZGB sind ähnlich denen in § 2339 BGB und ebenso wie in Art. 540 schwZGB festgelegt. Der erbunwürdige Erbe verliert seine Erbeneigenschaft, wenn einer der Erbunwürdigkeitsgründe eingetreten ist, ohne dass hierfür eine Willenserklärung seitens des Erblassers erforderlich wäre. Sie wirkt *ex tunc*. Sie wird wie in § 2343 BGB durch Verzeihung des Erblassers aufgehoben (Art. 578 Abs. 2 ZGB). Die Verzeihung bedarf keiner besonderen Form.

75 Sowohl bei der Enterbung (Art. 510 Abs. 2–3 ZGB) als auch bei der Erbunwürdigkeit (Art. 578 Abs. 2 ZGB) beerben die Nachkommen der Enterbten bzw. Unwürdigen den Erblasser, wie wenn er vor dem Erblasser gestorben wäre.

V. Testamentsvollstreckung

76 Der Erblasser kann durch Verfügung von Todes wegen eine oder mehrere handlungsfähige Personen zu Testamentsvollstreckern bestimmen (Art. 550 Abs. 1 und 2 ZGB). Die Ernennung kann auch unter einer Bedingung oder Befristung[112] erfolgen. Im Gegensatz zum deutschen Erbrecht (§ 2200 BGB) kann der Erblasser die Bestimmung des Testamentsvollstreckers nicht der Nachlassbehörde überlassen. Ein Schweigen der zum Testamentsvollstrecker ernannten Person auf die Mitteilung des Friedensgerichts gilt nach Ablauf von fünfzehn Tagen als Annahme des Amtes (Art. 550 Abs. 3 ZGB). Er kann zwar später mit einer Mitteilung zum Friedensgericht seine Stellung kündigen, jedoch ist eine Kündigung zur Unzeit nicht zulässig (Art. 554 Abs. 2 ZGB).

77 Den Erben gegenüber ist der Testamentsvollstrecker wie ein Bevollmächtigter (Art. 386–398 OR) verantwortlich (Art. 556 ZGB). Hat es der Erblasser nicht anders vorgesehen, so ist er mit der Abwicklung des Nachlasses entsprechend dem Erblasserwillen umfassend beauftragt (Art. 552 ZGB); die Veräußerung oder dingliche Belastung der Nachlassgegenstände erfordert allerdings die vorherige Genehmigung des Friedensrichters (Art. 553 ZGB). Bei Unfähigkeit zur Geschäftsführung, Amtsmissbrauch oder grober Nachlässigkeit wird der Testamentsvollstrecker vom Friedensgericht seiner Aufgabe entbunden (Art. 555 Abs. 3 ZGB). Da der Friedensrichter mit der Überwachung der Aufgabenerfüllung durch den Testamentsvollstrecker nach Gesetz beauftragt ist, kann er diese Maßnahmen auf Antrag oder von Amts wegen ergreifen (Art. 555 Abs. 1 und 2, Art. 553 ZGB).

VI. Vertragliche Erbfolge

78 Mit dem Erbvertrag kann der Erblasser entweder eine Person begünstigen (**positiver Erbvertrag**, Art. 527 Abs. 1 ZGB) oder den Verzicht eines zukünftigen Erbberechtigten entgegennehmen (**negativer Erbvertrag**). Die Erbverträge können, wie im deutschen Recht, ein- oder zweiseitig verfügend und entgeltlich oder unentgeltlich sein.

79 Die Testierfähigkeit des Vertragserblassers genügt nicht, weil er sich vertragsmäßig bindet. Zum **Abschluss** eines Erbvertrages bedarf der Erblasser daher der Urteilsfähigkeit, Mündigkeit und Volljährigkeit (Art. 503 ZGB). Volljährig ist, wer das 18. Lebensjahr vollendet hat. Heirat macht volljährig (Art. 11 ZGB). Eine **Vertretung** des Vertragserblassers ist ausgeschlossen. Verfügt der Vertragsgegner nicht ebenfalls von Todes wegen, kann er durch seinen gesetzlichen oder gewillkürten Vertreter handeln.[113]

---

112 *Schömmer/Faßold*, Rn 186.
113 *Antalya*, Miras Hukuku, S. 140; *Serozan*, Miras Hukuku, S. 92 Rn 187.

Beim Erbgang bleibt der Erbe außer Betracht, mit dem der Erblasser einen (entgeltlichen 80
oder unentgeltlichen) **Erbverzichtsvertrag** geschlossen hat (Art. 528 Abs. 1 und 2 ZGB).
Ist im entgeltlichen Erbverzichtsvertrag nichts anderes bestimmt, scheiden die Nachkommen des Verzichtenden ebenfalls aus der Erbfolge aus (Art. 528 Abs. 3 ZGB). Der Erbverzichtsvertrag wird **unwirksam**, wenn die Erben, die im Vertrag anstelle des Verzichtenden
begünstigt werden sollen, die Erbschaft aus irgendeinem Grunde nicht erwerben (Art. 529
Abs. 1 ZGB). Ist der Verzicht zugunsten von Miterben erfolgt, so wird vermutet, dass
die Nachkommen des nächsten gemeinsamen Vorfahren durch den Erbverzicht begünstigt
werden sollen. Der Verzichtsvertrag ist ebenfalls unwirksam, wenn die Personen aus diesem
Begünstigtenkreis aus irgendeinem Grunde nicht erben (Art. 529 Abs. 2 ZGB).

Auf Erbverträge ist das „Haager Übereinkommen über das auf die Form letztwilliger 81
Verfügungen anzuwendende Recht" nicht anwendbar. Daher sind sie gem. § 16 des **Nachlassabkommens formgültig**, wenn die Gesetze des Errichtungsortes oder die Gesetze des
Staates, dem der Erblasser zur Zeit der Errichtung angehörte, beachtet sind. Angesichts
dieser Vorschrift genügt es, wenn ein deutscher Erblasser die deutschen Formvorschriften
für den Erbvertrag einhält. Bei der Durchsetzung der ausländischen (hier deutschen) Urkunde in der Türkei ist zu beachten, dass sowohl Deutschland als auch die Türkei Vertragsstaaten des „Haager Übereinkommens zur Befreiung ausländischer öffentlicher Urkunden
von der **Legalisation**" vom 5.10.1961 sind.[114] Nach diesem Übereinkommen wird in den
Vertragsstaaten die erforderliche Legalisation durch die „Apostille" ersetzt.

Was **Grundstücke** angeht, ist die Türkei im wahrsten Sinne des Wortes „äußerst empfind- 82
lich". Daher wird es unnötigen Ärger und Zeitverlust ersparen, wenn für die in der Türkei
belegenen Gründstücke die türkischen Formvorschriften (eventuell zusätzlich) beachtet
werden. Im **türkischen Recht** ist für den **Erbvertrag** die **Form des öffentlichen Testaments** vorgeschrieben (Art. 545 Abs. 1 ZGB). Die Vertragsparteien haben *gleichzeitig* vor
dem Beamten ihren Willen zu erklären (Art. 545 ZGB Abs. 2). Erbverträge in der Form
des eigenhändigen und außerordentlichen Testaments sind ausgeschlossen. Nur bei dem
einseitigen Rücktritt vom Erbvertrag können auch die anderen gesetzlichen Testamentsformen in Anspruch genommen werden (Art. 546 Abs. 3 ZGB).

Die **Bindungswirkung** des Erbvertrages hindert den Vertragserblasser nicht, über sein 83
Vermögen frei zu verfügen. Jedoch unterliegen die Verfügungen von Todes wegen oder
Schenkungen, die mit seinen Verpflichtungen aus dem Erbvertrag nicht vereinbar sind, der
Anfechtung (Art. 527 Abs. 2 ZGB).[115] Die vertragswidrigen Verfügungen werden erst nach
einer erfolgreichen Herabsetzungsklage unwirksam.[116] Tritt für den Erblasser eine Beschränkung der Verfügungsfreiheit nach Errichtung ein, so wird die Verfügung nicht ungültig,
wohl aber der Herabsetzungsklage unterstellt (Art. 549 ZGB).

Die **Beseitigung der Bindungswirkung** kann wie im deutschen Recht durch Aufhebung, 84
Rücktritt und Anfechtung oder *ipso iure* eintreten. Die Vertragsparteien können den Erbvertrag mit einem neuen schriftlichen Vertrag jederzeit **aufheben** (Art. 546 Abs. 1 ZGB). Im
Gegensatz zum deutschen Recht (§ 2290 Abs. 4 BGB) bedarf der Aufhebungsvertrag der

---

114 Der Text des Übereinkommens ist abgedr. in *Jayme/Hausmann*. Das Übereinkommen ist für die Bundesrepublik Deutschland am 29.9.1985 (BGBl II S. 1108) im Verhältnis zur Türkei in Kraft getreten. Neben IPR-Vorschrift auch nach Art. 195 Abs. 1 S. 2 des türkischen Notariatsgesetzes (Nr. 1512 vom 18.1.1972, in Kraft seit 5.5.1972; abgedr. in *Ferid/Firsching/Dörner/Hausmann*, Türkei, Texte) gehen die Vorschriften dieses Übereinkommens vor.
115 Vgl. § 2286 BGB.
116 *Schömmer/Faßold*, Rn 165–166.

Form des Erbvertrages nicht, es genügt eine einfache schriftliche Übereinkunft.[117] Anders als im deutschen Recht kann der Erbvertrag durch gemeinschaftliches Testament der Parteien (§ 2292 BGB) aber nicht aufgehoben werden, weil nach türkischem Recht diese Testamentsart nicht zulässig ist. Die **einseitige Aufhebung** des Erbvertrages ist dem Vertragserblasser möglich, wenn gegen den Begünstigten ein Enterbungsgrund (Art. 510 ZGB) vorliegt (Art. 546 Abs. 2 ZGB). Diese Aufhebung muss jedoch in einer der Formen der letztwilligen Verfügungen erfolgen (Art. 546 Abs. 3 ZGB). Der Erblasser hat nach Art. 547 ZGB auch ein **Rücktrittsrecht**, wenn der Vertragspartner zur Erbringung der Gegenleistungen an den Erblasser für dessen Lebenszeit verpflichtet ist und seiner Verpflichtung nicht nachkommt oder die nötige Sicherheit nicht erbringt. In diesen Fällen kann der Widerruf entsprechend Art. 106–108 OR formlos erfolgen.[118] Dieses Rücktrittsrecht muss naturgemäß auch dem erbvertraglich Begünstigten zustehen, wenn der Erblasser arglistig sein Vermögen verschwendet oder die Auslieferung des vertraglichen Vermächtnisses unmöglich macht.[119] Der Rücktritt kann auch aufgrund eines im Erbvertrag ausdrücklich vorbehaltenen Rücktrittsrechts erfolgen.[120]

85 Bei **Willensmängeln** (Irrtum, arglistige Täuschung, Drohung oder Zwang) kann der Erblasser binnen Jahresfrist die Gültigkeit aufheben, nachdem er von dem Irrtum oder von der Täuschung Kenntnis erhalten hat oder der Einfluss von Drohung oder Zwang weggefallen ist (Art. 504 Abs. 1 ZGB). Auch ein rechtskräftiges **Aufhebungsurteil des Gerichts** hebt die Gültigkeit des Erbvertrages auf. Ein Ehevertrag ist *ipso iure* ungültig, wenn die Ehe durch gerichtliche Ungültigerklärung oder durch Scheidung zu Ende gegangen ist (Art. 158 Abs. 2, Art. 181 Abs. 1 ZGB) oder der Begünstigte vor dem Erblasser stirbt.[121] Die Erben des verstorbenen Begünstigten können von dem Vertragserblasser die Bereicherung durch den Vertrag herausverlangen, wenn nicht anders bestimmt worden ist (Art. 548 ZGB und Art. 61 OR).

VII. Wege der Nachlassregelung außerhalb des Erbrechts

1. Vereinbarungen auf güterrechtlicher Ebene

86 Oft geht es um die möglichst weitgehende Begünstigung des überlebenden Ehegatten. Dies kann **güterrechtlich** geregelt werden. Leben die Ehepartner im gesetzlichen Güterstand der Errungenschaftsbeteiligung, ist schon von Gesetzes wegen jeder von ihnen zur Hälfte an der Errungenschaft des anderen, am sog. **Vorschlag**, beteiligt. Art. 237 Abs. 1 ZGB bietet die Möglichkeit, durch öffentlich beurkundeten Ehevertrag einem der Ehegatten einen über die hälftige Beteiligung an der Errungenschaft hinausgehenden Anteil zuzuweisen. Jedoch dürfen solche Vereinbarungen die Pflichtteilsansprüche der nicht gemeinsamen Kinder und deren Nachkommen nicht beeinträchtigen (Art. 237 Abs. 2 ZGB).[122] Sind die Eheleute kinderlos oder haben sie nur gemeinsame Nachkommen, können sie die Vorschlagszuteilung

---

117 *Ayan*, Miras Hukuku, S. 101. Zum schweizerischen Recht: BGE 104 II 341, 344–347; *Druey*, § 10 Rn 19.
118 Vgl. *Druey*, § 10 Rn 20.
119 Vgl. *Tuor*, Berner Kommentar zum BGB, Bände III/1 und 2, Das Erbrecht, Art. 514 ZGB Rn 28, 2. Aufl.; *Druey*, § 10 Rn 21.
120 Vgl. Entscheidung des Kassationshofes vom 2.3.1990, 2. HD, T.E: 1989/9067, K: 2434, YKD. 1990/9 S. 1296, abgedr. auch in Talih Uyar, Türk Medeni Kanunu, Bd. I Art. 546 S. 909.
121 *Ayan*, Miras Hukuku, S. 104.
122 Das türkische Recht hat auch insoweit die Regelung des schweizerischen Rechts übernommen, siehe hierzu Art. 216 Abs. 2 schwZGB sowie *Süß*, in: Mayer/Süß/Tanck/Bittler/Wälzholz, Handbuch Pflichtteilsrecht, § 19 Rn 428 ff.

beliebig vereinbaren und sogar den Vorschlag insgesamt dem überlebenden Ehegatten zuweisen, so dass allein das Sondergut des Erblassers in den Nachlass fällt. Das Risiko, dass die Ehe nicht durch den Tod, sondern beispielsweise durch Scheidung aufgelöst wird und dadurch ein ungewolltes Ergebnis durch Errungenschaftszuweisung entsteht, wurde durch das Gesetz abgewendet. Im Zweifel gelten solche Vereinbarungen über die Zuteilung der Errungenschaftsbeteiligung nur für die Auflösung der Ehe wegen Todes (Art. 238 ZGB). Ist im Ehevertrag nicht ausdrücklich etwas anderes vereinbart, wird die Errungenschaft nach den gesetzlichen Regeln je zur Hälfte geteilt. Hierbei ist nicht zu vergessen, dass die Eheverträge nur im gegenseitigen Einverständnis wieder aufgehoben und geändert werden können.

Die maximale Begünstigung der Ehegatten kann auch durch **Erbverzichtsvertrag** mit sämtlichen Pflichtteilserben und durch die gegenseitige Begünstigung der beiden Ehepartner mit Erbvertrag auf den Todesfall hin erreicht werden. 87

2. Lebensversicherung

Die Regelung einer **Unternehmensnachfolge** erlangt i.d.R. bei den kleineren und mittleren Unternehmen eine wichtige Rolle. Der Unternehmer kann durch eine testamentarische Verfügung oder Teilungsvorschrift oder Erbvertrag den Erben begünstigen, der das Unternehmen übernehmen soll. Auch der Abschluss einer **Riskolebensversicherung** zugunsten der Nachfolgerin/des Nachfolgers kann ein gutes Steuerungsinstrument sein. Dadurch erfolgt eine Begünstigung außerhalb des Nachlasses, weil diese Lebensversicherung keinen Rückkaufswert hat. Somit kann der Wunschnachfolger finanziell in die Lage versetzt werden, die anderen Erben auszuzahlen. 88

3. Gesellschaftsrechtliche Nachfolgeklauseln in Personengesellschaften

Der Tod eines Gesellschafters bringt bei einer Kollektiv- oder einer Kommanditgesellschaft (Personengesellschaften) i.d.R. die Auflösung der Gesellschaft mit sich. Im Gesellschaftsvertrag kann jedoch eine Vereinbarung getroffen werden, die eine Nachfolge-, Eintritts- oder Fortsetzungsklausel enthält. Dass die Gesellschaft mit den Erben fortgeführt wird, kann mit einer **Nachfolgeklausel** erreicht werden. Durch die **Eintrittsklausel** erhalten die Erben den Anspruch, in die Gesellschaft aufgenommen zu werden; sie sind hierzu aber nicht verpflichtet. Dass die Gesellschaft ohne einen verstorbenen Gesellschafter und seine Erben fortgeführt wird, kann durch eine **Fortsetzungsklausel** vereinbart werden. In diesem Fall müssen die Erben sich mit der Auszahlung des Anteils des Erblassers an der Gesellschaft begnügen. 89

VIII. Nachlassabwicklung

1. Haftung der Erben

Nach dem Anfallprinzip fällt die Erbschaft mit dem Tode des Erblassers dem Erben und Vermächtnisnehmer kraft Gesetzes zu (Art. 599 Abs. 1 und 3 ZGB). Die Haftung der Erben für die gesamten Erbschaftsschulden und Vermächtnisse ist grundsätzlich solidarisch, persönlich und unbeschränkt. Ist ein bestimmter Erbe mit einem Vermächtnis beschwert, haftet nur dieser dafür. Gemäß dem öffentlich-rechtlichen Einzelhaftungsprinzip haften die Erben für Steuerschulden nicht solidarisch. 90

2. Annahme und Ausschlagung der Erbschaft

91 Während für die Annahme der Erbschaft ein Zutun des Erben nicht erforderlich ist, muss die Ausschlagung der Erbschaft grundsätzlich deutlich und innerhalb der gesetzlichen Frist zum Ausdruck gebracht werden. Der Erbe verwirkt sonst sein Ausschlagungsrecht und erwirbt die Erbschaft vorbehaltlos (Art. 610 Abs. 1 ZGB). Die Frist zur Ausschlagung beträgt **drei Monate ab Kenntnis** vom Erbfall (Art. 606 ZGB). Hat das Friedensgericht wegen Nachlasssicherung eine Inventaraufnahme angeordnet, beginnt die Frist mit der Mitteilung des Gerichts, dass die Inventaraufnahme beendet ist (Art. 607 ZGB). Der Friedensrichter kann diese Frist aus wichtigen Gründen verlängern oder eine neue Frist einsetzen (Art. 615 ZGB). Ob der Auslandsaufenthalt der Erben ein wichtiger Grund ist, der die Fristverlängerung rechtfertigen kann, ist in der türkischen Literatur nicht behandelt. Jedoch macht der türkische Gesetzgeber in der amtlichen Begründung zu Art. 615 ZGB deutlich, dass nicht jeder berechtigte Grund als wichtiger Grund anerkannt werden soll.[123] Dies spricht gegen eine extensive Auslegung des Begriffs „wichtiger Grund". Jedoch ist diesbezüglich die neue Rechtsprechung abzuwarten. Stirbt ein Erbe innerhalb der Frist, ohne eine Erklärung abgegeben zu haben, geht die Befugnis zur Ausschlagung auf seine Erben über und die Frist beginnt für diese Erben mit ihrer Kenntnis vom Erbfall. Die Frist für die Erbes-Erben beginnt dann neu zu laufen (Art. 608 Abs. 1 und 2 ZGB). Schlagen die Erben aus und gelangt die Erbschaft an andere Erben, die vorher nicht berechtigt waren, so beginnt für diese die Frist mit dem Zeitpunkt, da sie von der Ausschlagung Kenntnis erhalten haben (Art. 608 Abs. 3 ZGB).

92 Ist diese Frist unentschuldigt verpasst worden und die **Erbschaft überschuldet**, bietet das türkische Recht einen Rettungsanker für die glücklosen Erben: Ist im Zeitpunkt des Todes die Zahlungsunfähigkeit des Erblassers offenkundig oder amtlich festgestellt, wird die Ausschlagung angenommen (Art. 605 Abs. 2 ZGB; vgl. auch die Art. 612 und 614 ZGB).[124] Mit der „Offenkundigkeit" meint der Gesetzgeber den faktischen Zustand. In strittigen Fällen ist es die Aufgabe des Gerichts zu prüfen, ob der Nachlass zum Zeitpunkt des Todes überschuldet war. War der Nachlass zu diesem Zeitpunkt überschuldet, wird die Ausschlagung des Nachlasses angenommen.[125] Für die „Offenkundigkeit" der Überschuldung des Erblassers genügt es, wenn dies den Erben bekannt ist. Mit jedem Beweismittel kann die Überschuldung des Erblassers zum Zeitpunkt des Todes nachgewiesen werden.[126] Die Überschuldung des Nachlasses kann sowohl mit einer Klage aber auch gegen eine Vollstreckung als Einrede (*def'i*) geltend gemacht werden.[127]

93 Die **Form der Ausschlagung** wurde gem. Art. 609 Abs. 5 ZGB in Art. 40 der Erbgangsverordnung ausführlich geregelt. Die Ausschlagung ist bedingungs- und vorbehaltlos und

---

[123] Begründung des Art. 615 ist auch abgedr. in *Basöz/Cakmakci*, Türk Medeni Kanunu, Istanbul 2001, S. 459; *Ayan*, Miras Hukuku, S. 259 Fn 25.

[124] Der Gläubigerschutz erlaubt an dieser Stelle keine Haftungsbefreiung, sondern lediglich eine Haftungsbeschränkung. Siehe Art. 618 Abs. 1 ZGB.

[125] Entscheidung des Kassationshofes vom 20.12.2010, 2. HD., E. 2010/8323, K. 2010/21464, (Zeitschrift der Rechtsanwaltskammer von Istanbul, Band 85, 4/2011, S. 184).

[126] *Imre/Erman*, Miras Hukuku (Erbrecht), 2. Auflage, Istanbul 1993, S. 305; *Ayan*, Miras Hukuku, S. 260.

[127] Entscheidung des Kassationshofes vom 23.11.1992, 4. HD., E. 1991/8220, K. 1992/14732, (Entscheidungssammlung des Kassationshofes, Band 19, 1/1993, S. 24 f.; Entscheidung des Großen Senats des Kassationshofes vom 16.4.2008, E. 2008/4–332, K. 2008/336, (Entscheidungssammlung des Kassationshofes, Band 34, 9/2008, S. 1702 ff.; *Ayan*, Miras Hukuku, S. 260 f.

endgültig[128] von dem Erben oder seinem Vertreter[129] bei dem Friedensgericht mündlich oder schriftlich zu erklären (Art. 609 Abs. 1 und 2 ZGB). Die **Verwirkung der Ausschlagungsbefugnis** tritt dadurch ein, dass er vor Ablauf der Frist Handlungen vornimmt oder sich in die Erbschaftsangelegenheiten einmischt, die nichts mit der gewöhnlichen Verwaltung der Erbschaft und mit der Fortsetzung der Geschäfte des Erblassers zu tun haben. Auch die Erben können die Erbschaft nicht mehr ausschlagen, wenn sie sich die Erbschaftssachen angeeignet oder verheimlicht haben (Art. 610 Abs. 2 ZGB). Die Vollstreckung eines Titels oder Klageerhebung, um die Verjährung oder Verwirkung abzuwenden, hebt die Ausschlagungsbefugnis nicht auf (Art. 610 Abs. 3 ZGB).

Der **Gläubigerschutz** hat in diesem Bereich einen hohen Stellenwert erhalten.[130] Die Gläubiger eines zahlungsunfähigen Erben oder die Konkursverwaltung können die Ausschlagung innerhalb von sechs Monaten anfechten und zur amtlichen Liquidation bringen, wenn der Erbe die Forderungen nicht sicherstellt und das Erbe zu dem Zwecke ausschlägt, die Erbschaft den Gläubigern zu entziehen (Art. 617 Abs. 1 und 2 ZGB). Auch die Gläubiger des zahlungsunfähigen Erblassers können von den Erben, die die Erbschaft ausschlagen, die ausgleichungspflichtigen Vermögenswerte verlangen, die ihnen in den letzten fünf Jahren vor dem Erbfall von dem Erblasser zugewendet worden sind (Art. 618 Abs. 1 ZGB). Die gutgläubigen Erben haften nur in Höhe ihrer Bereicherung (Art. 618 Abs. 3 ZGB). Die Gläubiger des Erblassers haben einen Anspruch auf amtliche Liquidation, wenn ihre Forderung nicht ausgeglichen oder keine Sicherheit für die Befriedigung der Forderung gegeben ist (Art. 633 ZGB). Die Ansprüche der Gläubiger haben gegenüber Ansprüchen der Vermächtnisnehmer Vorrang (Art. 603 ZGB). Darüber hinaus haben die Nachlassgläubiger ein Anrecht auf Erbabfindung (Art. 530 ZGB).

3. Nachlassinventar und amtliche Liquidation

Zwischen den Extrempositionen Annahme und Ausschlagung gibt es zwei weitere Möglichkeiten zur Haftungsbegrenzung bzw. zum Haftungsausschluss. Entscheiden sich die Erben für die amtliche Liquidation, schließen sie damit ihre persönliche Haftung aus. Diese ist jedoch nur dann möglich, wenn sich alle Miterben für die amtliche Liquidation entscheiden (Art. 632 Abs. 2 ZGB).

Statt der amtlichen Liquidation können die Erben auch binnen eines Monats ab dem Erbfall beim Friedensgericht am letzten Wohnsitz des Erblassers die Aufnahme des Inventars verlangen (Art. 619 Abs. 1, 2 ZGB). Für die Aufnahme des Inventars genügt der Antrag eines einzigen Erben (Art. 619 Abs. 3 ZGB). In diesem Falle beschränkt sich die Haftung aller Erben auf die Schulden, die ins Inventar aufgenommen worden sind (Art. 628 ZGB). Die Erben haften gegenüber den Gläubigern, die ihre Forderungen trotz des Rechnungsrufs des Friedensgerichts durch öffentliche Auskündigung (Art. 621 ZGB) nicht ins Inventar aufnehmen lassen (Art. 629 Abs. 1 ZGB) weder mit dem Nachlass noch mit ihrem persönlichen Vermögen. Trifft die Gläubiger bei dieser Versäumnis keine Schuld, haften die Erben, soweit sie aus der Erbschaft bereichert sind (Art. 629 Abs. 2 ZGB). Nach Abschluss des Inventars wird jeder Erbe von dem zuständigen Friedensgericht aufgefordert, innerhalb

---

128 Eine Ausschlagung kann nicht rückgängig gemacht werden, *Antalya*, Miras Hukuku, S. 273.
129 Eltern können die Ausschlagung für ihre Kinder vornehmen, ohne dafür die Genehmigung des Gerichts einzuholen: Kassationshof, 2. HD, 4.7.1950, E. 4707 – K. 3420; *Inan/Ertas*, Miras Hukuku (Erbrecht), 4. Aufl., Istanbul 2000, S. 419 Fn 184. Diese Regelung hinsichtlich Minderjähriger verstößt nicht gegen die Verfassung.
130 *Serozan*, ZEV 1997, 480.

Monatsfrist sich über den Erwerb der Erbschaft zu erklären (Art. 626 Abs. 1 ZGB).[131] Schlägt er innerhalb der Frist weder die Erbschaft aus noch verlangt er die amtliche Liquidation, so wird nach Fristablauf angenommen, dass der Erbe die Erbschaft unter dem Vorbehalt des öffentlichen Inventars annimmt (Art. 627 ZGB).

97 Da die Nachlassabwicklung ein sehr folgenreiches Rechtsverfahren ist, muss im Falle eines Interessenkonflikts zwischen der gesetzlichen Vertretung des Minderjährigen und dem Minderjährigen ein Pfleger bestellt werden (Art. 426 Abs. 2 ZGB).[132] Die Türkei ist ebenso wie Deutschland Vertragspartei des Haager Minderjährigenschutzabkommens (MSA).[133] Gemäß Art. 1 und 4 MSA hat sowohl das Heimatland, aber auch das Aufenthaltsland des Minderjährigen das Recht und die Pflicht, die nötigen **Maßnahmen zum Schutze des Vermögens des Minderjährigen** zu treffen. Die Zivilstandsbeamten, Verwaltungsbehörden, Notare und Gerichte haben die zuständige Vormundschaftsbehörde über die minderjährigen Kinder zu informieren, die sich nicht unter elterlicher Sorge befinden (Art. 404 ZGB; Art. 6 Erbgangsverordnung).[134] Der Erblasser kann durch Verfügung von Todes wegen den Pflichtteil des Kindes von der elterlichen Verwaltung ausnehmen und einem Dritten übertragen und diesen Dritten zur periodischen Berichterstattung gegenüber dem Friedensgericht anhalten (Art. 358 ZGB).

4. Die Erbengemeinschaft

98 Die Struktur der Erbengemeinschaft ist der deutschen vergleichbar. Hinterlässt der Erblasser mehrere Erben, bilden diese eine **Gesamthandsgemeinschaft** (Erbengesellschaft).[135] Diese verfügen innerhalb gesetzlicher Schranken über die Rechte der Erbschaft gemeinsam und werden Gesamthandseigentümer des Nachlasses (Art. 640 Abs. 2 ZGB). Ein Erbe kann jedoch seinen Anteil am Gesamtnachlass vor der Teilung an einen Miterben (mit schriftlichem Vertrag) oder einen Dritten veräußern, wobei der Dritte lediglich einen schuldrechtlichen Anspruch erwirbt und nicht zur Gesamthandsgemeinschaft gehört, also kein Mitwirkungsrecht bei der Teilung erwirbt (Art. 677 Abs. 1 und 2 ZGB).

99 Die Erbengesellschaft ist keine juristische Person und nicht parteifähig. Grundsätzlich muss der Prozess gegen alle Miterben gerichtet bzw. von allen Miterben in notwendiger **Prozessgenossenschaft** geführt werden.[136] Juristische Notbrücken waren notwendig, um die Rechte der einzelnen Erben zu wahren, weil in jedem Fall die Erbengemeinschaft nicht

---

131 In begründeten Fällen, wie der Einholung eines Gutachtens oder Erledigung der Ansprüche, kann das Friedensgericht eine weitere Frist einräumen (Art. 626 Abs. 2 ZGB).
132 Dauert dieser Zustand nach dem Erbfall weiter an und ist das Kindesvermögen gefährdet, kann das Gericht die Verwaltung des Kindesvermögens einem Beistand übertragen (Art. 361 ZGB).
133 Haager Übereinkommen über die Zuständigkeit der Behörden und das anzuwendende Recht auf dem Gebiet des Schutzes von Minderjährigen vom 5.10.1961 (BGBl 1971 II S. 219). Die Türkei ist seit dem 16.4.1984 Vertragspartei (BGBl II S. 460).
134 Verordnung betreffend die Durchführung der Bestimmungen des türkischen Zivilgesetzbuches über elterliche Gewalt, Vormundschaft und Erbgang, Ministerratsbeschluss Nr. 6/5100 vom 24.7.1965, in Kraft seit dem 16.10.1965, abgedr. in deutscher Sprache in *Ferid/Firsching/Dörner/Hausmann*, Türkei Texte II Nr. 5.
135 Für das Gesamteigentum siehe Art. 701–703 ZGB (vgl. Art. 652–654 schwZGB).
136 Solange nicht nachgewiesen ist, dass der Nachlass geteilt ist, wird die Gesamthandsgemeinschaft angenommen. Entscheidung des Kassationshofes, vom 31.12.2004, 17. HD., E. 2004/1209, K. 2004/14662, (Entscheidungssammlung des Kassationshofes, Band 31, 4/2005, S. 575 f.

reibungslos funktioniert hat.[137] Auf Antrag eines Erben kann das Friedensgericht einen Nachlassverwalter bestimmen (Art. 640 Abs. 3 ZGB). Jeder Erbe kann die Sicherung des Nachlasses beantragen (Art. 640 Abs. 4 ZGB). Eine Verjährung unter den Erben tritt nicht an. Es wird angenommen, dass derjenige, der die Erbteile im Besitz hat, den Besitz lediglich für die anderen verwaltet.[138] Auch Klagen wegen Geldforderungen hinsichtlich Schulden des Erblassers (nicht Nachlassgegenstände) können gegen einzelne Erben gerichtet werden, da die Erben solidarisch haften (Art. 641 Abs. 1 ZGB).[139] Ist das im Nachlass vorhandene Grundstück vom Kataster (Bodenortung) nicht erfasst, kann ein Miterbe allein zum Zweck der Aufnahme ins Grundbuch ein Verfahren einleiten (Art. 29 Abs. 2 Katastergesetz).[140]

5. Die Erbauseinandersetzung

Grundsätzlich kann jeder Erbe zu jeder Zeit die Auseinandersetzung der Erbschaft verlangen (Art. 642 Abs. 1 ZGB). Würde die sofortige Vornahme der Teilung der Erbschaft den Wert der Erbschaft erheblich schädigen, kann das Friedensgericht die Verschiebung der Teilung des Nachlasses oder einzelner Erbschaftssachen anordnen (Art. 642 Abs. 3 ZGB). Ist ein noch nicht geborenes Kind (Leibesfrucht) als potenzieller Erbe vorhanden, muss die Teilung des Nachlasses bis zur Geburt verschoben werden (Art. 643 Abs. 1 ZGB). Ist ein Miterbe urteilsfähig, jedoch noch nicht volljährig, kann die Teilung bis zu seiner Volljährigkeit verschoben oder eine Gesellschaft der Familiengüter (Gemeinderschaft)[141] gegründet werden (Art. 663, 373 ZGB). Solange der Erblasser durch Verfügung von Todes wegen keine Teilungsanordnung getroffen hat (Art. 647 Abs. 1 und 2 ZGB), können die Miterben die Teilung frei vereinbaren (Art. 646 Abs. 2 ZGB). Auch die Errichtung einer Familienstiftung ist nach türkischem Recht möglich (Art. 372 ZGB).[142]

Der überlebende Ehegatte kann die Zuteilung des Eigentums am Familienhaus oder an der Familienwohnung oder am Hausrat verlangen (Art. 652 Abs. 1 ZGB), in der die Ehegatten gelebt haben.[143]

Der Abschluss eines Nachlassteilungsvertrages ist grundsätzlich nach dem Ableben des Erblassers möglich. Ist jedoch der Erblasser an diesem Vertrag mitbeteiligt, so ist der Nachlassteilungsvertrag gültig und für die Vertragsparteien verbindlich (Art. 678 ZGB).[144]

---

137 Vor 2002 konnte jeder Erbe in dringenden Fällen, um bspw. die Verjährung abzuwenden, allein Klage erheben, jedoch diese nicht allein weiterbetreiben. In diesem Falle wird die Klage vom Richter nicht wegen Parteiunfähigkeit abgelehnt, sondern eine Frist dafür eingeräumt, dass der Kläger die Beteiligung anderer Miterben oder die Benennung eines Erbschaftsverwalters herbeiführt. Vgl. Großer Senat für Rechtsprechungsvereinheitlichung des Kassationshofs vom 11.10.1982, Nr. 3/2, Amtsblatt vom 30.11.1982 Nr. 17884, S. 5.
138 Entscheidung des Kassationshofes vom 30.9.1991, 8. HD., E. 1991/3200, K. 1991/12837, (Entscheidungssammlung des Kassationshofes, Band 17, 11/1991, S. 1658 f.).
139 *Kuru/Aslan/Yilmaz*, Medeni Usul Hukuk (ZPO), 14. Aufl., Ankara 2002, S. 273 f.
140 Kataster Gesetz Nr. 3402, *Kuru/Aslan/Yilmaz*, Medeni Usul Hukuk (ZPO), 14. Aufl., Ankara 2002, S. 901.
141 Vgl. Art. 336 schwZGB; Art. 373, 664 ZGB.
142 Vgl. Art. 335 schwZGB.
143 Art. 652 Abs. 1 ZGB; Vgl. Entscheidung des Kassationshofes, vom 1.6.2010, 8. HD., E. 2010/1695, K. 2010/2923, (Entscheidungssammlung des Kassationshofes, Band 36, 8/2010, S. 1428 ff.; *Ayan*, Miras Hukuku, S. 305.
144 Vgl. Entscheidung des Kassationshofes, vom 8.5.2008, 8. HD., E. 2008/1597, K. 2008/2554, (Entscheidungssammlung des Kassationshofes, Band 35, 2/2009, S. 262 f.

IX. Probleme bei der Vererbung ländlicher Grundstücke an Ausländer

102 Hinsichtlich der Errichtung der dinglichen Rechte auf Immobilien zwischen Deutschland und der Türkei ist die Gegenseitigkeit, die in Art. 35 des türkischen Grundbuchgesetzes als Voraussetzung zum Erwerb der Immobilien durch Ausländer vorgesehen ist, gegeben.[145] Obwohl es keine Hindernisse dafür gibt, dass Ausländer in der Türkei erben können, gibt es manche Beschränkungen, nach denen Ausländer ererbten Grundbesitz nicht behalten dürfen. Gemäß Art. 87 des Dorfgesetzes[146] vom 18.3.1927 dürfen Ausländer innerhalb des Dorfbereiches kein Grundstück besitzen. Außerhalb der Dorfbereiche dürfen sie Grundstücke besitzen. Jedoch brauchen sie die Erlaubnis des Ministerrates, wenn diese Grundstücke größer als 30 Hektar sind. Wenn der ausländische Erbe aber gesetzlicher Erbe des Erblassers ist (nicht etwa bloß testamentarischer Erbe), braucht er diese Erlaubnis nicht (Art. 36 Grundstücksregistergesetz). Eine ähnliche Beschränkung gilt auch für die militärischen Verbots- und Sicherheitszonen.[147] Wenn Ausländer in solchen unerlaubten Bereichen erben, muss das Grundstück verkauft werden.[148] Der Ministerrat kann für Ausländer (auch juristische Personen) die Begrenzungen des Grundstücks- (Art. 35) und Dorfgesetzes (Art. 87) aufheben, wenn der Ausländer das in touristischen Zentren und Gebieten belegene Grundstück zu dem Zweck erwirbt, dort ein touristisches Gewerbe zu gründen (Art. 8/E Tourismusförderungsgesetz).[149] Der türkische Gesetzgeber hat mit einem Gesetz (Gesetz Nr. 6302) das Grundstückregistergesetz und Katastergesetz geändert.[150] Mit dieser Regelung wurde zum Erwerb von Immobilien durch Ausländer das Gegenseitigkeitsprinzip aufgehoben. Stattdessen wurde der Ministerrat ermächtigt die Länder zu bestimmen, deren Staatsangehörige in der Türkei Grundstücke erwerben können. Nach dieser Regelung dürfen die Ausländer in einem Provinzbezirk (*Ilce*) nicht mehr als 10 % des Bezirkes und landesweit nicht mehr als 30 Hektar erwerben (Art. 35 des Grundstückregistergesetzes).

103 Ist der deutsche Erblasser **ehemaliger türkischer Staatsangehöriger,** so ist zu prüfen, ob er mit Erlaubnis des Ministerrates aus dem türkischen Staatsverband ausgebürgert worden und somit von dem persönlichen Anwendungsbereich des Gesetzes Nr. 6304 vom 29.5.2009 (Blaue-Karte-Regelung) erfasst ist.[151] Diese Personen und deren Nachkommen gehören in der Türkei zu den privilegierten Ausländern und genießen fast alle Rechte eines türkischen

---

145 Entscheidung des Kassationshofes vom 21.10.1986, 8. HD., E. 1986/9681, K. 1986/10741, (Entscheidungssammlung des Kassationshofes, 2/1987, S. 224; vom 13.2.2008, 2. HD., E. 2007/21466, K. 2008/1471, (Entscheidungssammlung des Kassationshofes, Band 34, 5/2008, S. 853 f.).
146 Text abgedr. bei *Ferid/Firsching/Dörner/Hausmann*, Türkei Texte und *Çelike/Sanli*, Türk Milletlerarasi Özelhukuk Mevzuati, 10. Aufl., Istanbul 2001, S. 365.
147 Siehe „*Askeri Yasak Bölgeler ve Güvenlik Bölgeleri Kanunu*" (Militärisches Verbots- und Sicherheitszonengesetz) vom 18.12.1981 Nr. 2565 türkisches Amtsblatt vom 22.12.1981.
148 Näheres *Çelikel*, Yabancilar Hukuku (Ausländerrecht), 4. Aufl., Istanbul 1987, S. 200–208 und 236–253.
149 Gesetz Nr. 2634.
150 Türkisches Amtsblatt vom 18.5.2012, Nr. 28296.
151 Ehemals Rosarote-Karte-Regelung, Gesetz Nr. 4112 vom 7.6.1995.

Staatsangehörigen.¹⁵² Die o.g. Beschränkungen gelten folglich nicht für diesen Personenkreis und deren Nachkommen.¹⁵³

C. Erbverfahrensrecht

I. Ausstellung des Totenscheins

Der Totenschein wird unter Vorlage des Ausweises des Erblassers durch den Vorsteher des Stadtbezirks oder Dorfes (*Muhtar*) ausgestellt. Der Vorsteher behält den Ausweis des Erblassers bei sich. Die Bestattungserlaubnis wird durch den Amtsarzt der Stadtverwaltung, falls ein solcher nicht vorhanden ist, durch den staatlich bestellten Amtsarzt (*Hükümet Doktoru*), und falls auch ein solcher nicht vorhanden ist, durch den Gesundheitsbeamten (*Saglik Memuru*) gegen Vorlage des Totenscheins ausgestellt.¹⁵⁴ Ist der Leichnam an einen anderen Ort zu überführen, wird auch die Überführungsgenehmigung benötigt. Nach dem Begräbnis ist ein Exemplar des Totenscheins erneut dem *Muhtar* vorzulegen. Der *Muhtar* stellt einen neuen Totenschein aus und gibt den Ausweis des Verstorbenen zurück. Beide Dokumente, Ausweis des Erblassers und Totenschein, sind dem Direktor des Zivilstandsregisters vorzulegen. Nur dann wird der Ausweis des Erblassers endgültig eingezogen und der Erblasser im Zivilstandsregister als verstorben eingetragen.

104

II. Erbenfeststellungsklage (Erbscheinklage)

Für in Deutschland befindliches bewegliches Vermögen wird gem. § 2369 BGB ein **Fremdrechtserbschein** erteilt, da auf diesen Teil des Nachlasses das türkische Recht anwendbar ist (§ 14 NA).¹⁵⁵

105

Im türkischen Rechtssystem werden fast alle Anträge, die an ein Gericht gerichtet sind, unter dem großen Oberbegriff **Klage** (*Dava*) zusammengefasst. Obwohl es sich bei der Erteilung des Erbscheins um die Erteilung eine Urkunde handelt, deren Unrichtigkeit jederzeit geltend gemacht werden kann (Art. 598 Abs. 3 ZGB), wird in der Praxis i.d.R. eine Erbscheinklage erhoben, um einen Erbschein zu erlangen (Art. 8 Abs. II Nr. 6 türk. ZGB).¹⁵⁶ Auf Antrag stellt das Friedensgericht einen Erbschein aus, der die Feststellung der Erbeneigenschaft enthält (Art. 598 Abs. 1 ZGB).

106

---

152 Art. 42 Abs. 2 der Verwaltungsvorschrift zum Staatsangehörigkeitsgesetzt (Gesetz Nr. 403); vgl. Entscheidung des Kassationshofes vom 12.10.2005, 2. HD., E. 2005/11113, K. 2005/14025, (Entscheidungssammlung des Kassationshofes, Band 32, 2/2006, S. 205 f.; *Kilicoglu*, Miras Hukuku (Erbrecht), Ankara 2013, S. 249.

153 Für mehr Information über und zur Übersetzung des Gesetzes siehe *Kiliç*, Auswirkungen der deutschen Staatsangehörigkeitsreform, S. 38 f. Die Personen, bei denen der Verlust der Staatsangehörigkeit festgestellt wurde, können keinen Erbschein beantragen (Entscheidung des Kassationshofes vom 19.11.1990, 2. HD., E. 1990/4934, K. 1990/11153, Entscheidungssammlung des Kassationshofes, Band 17, 3/1991, S. 336. Die Personen, die mit Erlaubnis des Ministerrates aus der türkischen Staatsbürgerschaft ausgetreten sind, dürfen einen Erbschein beantragen (Entscheidung des Kassationshofes vom 12.10.2005, 2. HD., E. 2005/11113, K. 2005/14025, Entscheidungssammlung des Kassationshofes, Band 32, 2/2006, S. 205 ff.).

154 Gesetz für Allgemeine Gesundheit (*Umumi Hifzisihha Kanunu*), Art. 216, 218, 219.

155 *Naumann*, RNotZ 2003, 370.

156 Lassen Sie sich hierbei aber nicht davon irritieren, dass es in der türkischen Rechtspraxis mehrere Begriffe für den Erbschein gibt: *Veraset ilami, Veraset Belgesi, Mirascilik Belgesi* (der gesetzliche Begriff nach dem neuen ZGB); alle Begriffe haben die gleiche Bedeutung.

107 Nach Ablauf eines Monats seit der Mitteilung an die Beteiligten wird den eingesetzten Erben auf ihr Verlangen von dem Friedensgericht ein Erbschein ausgestellt, wenn die gesetzlichen Erben oder die aus einer früheren Verfügung Bedachten nicht ausdrücklich deren Berechtigung bestritten haben (Art. 598 Abs. 2 ZGB).

108 Im Gegensatz zum deutschen Recht (§ 2369 BGB) enthält das ZGB keine explizite Regelung für einen Fremderbschein, aber dafür eine allgemeine Regelung. Jeder (also **auch ein Ausländer**), der seine Eigenschaft als gesetzlicher Erbe nachweist, kann einen Erbschein erhalten (Art. 598 Abs. 1 ZGB). Der Erbe muss lediglich den Tod des Erblassers und sein Verwandtschaftsverhältnis dem Gericht nachweisen. Das Weitere muss das Gericht von Amts wegen ermitteln.[157] **Örtlich zuständig** für die **Erbscheinklage** ist jedes Friedensgericht. Klagebefugt ist der Erbe. Die Klagen können auch von mehreren Erben gemeinsam erhoben werden. Sie haben die Feststellung der Erbeneigenschaft zum Ziel. Seit 2011 dürfen auch die Notare den Erbschein ausstellen.[158] Ist jedoch die Ausstellung des Erbscheins strittig oder von einem Ausländer beantragt, sind die Notare nicht mehr zuständig (Art. 71/B türk. Notarengesetz, Art. 2/V Verwaltungsvorschrift.[159] Für die Ausstellung des Erbscheins nötige Unterlagen, die von den diplomatisch/konsularischen Vertretungen der Türkei im Ausland ausgestellt sind, bedürfen keines weiteren Anerkennungsverfahrens in der Türkei.[160] Der Erbschein ist gültig, bis das Gegenteil gerichtlich festgestellt wird. Streitet jedoch ein Erbe die Erbeneigenschaft einer anderen Person ab, wird die Klage gegen diese Person gerichtet. Der Erbschein hat nach rechtskräftigem Urteil des Gerichts die Wirkung eines Gerichtsurteils (*ilam*).

Ein Muster zur Erbscheinklage befindet sich auf der beiliegenden CD-ROM.

109 Das Klageverfahren richtet sich nach der Prozessordnung, wobei kein Anwaltszwang besteht.[161]

III. Widerspruch gegen den Erbschein und Annullierung des Erbscheins

110 Der Erbe kann gegen die Erteilung eines Erbscheins, der einen anderen begünstigt, Widerspruch erheben, falls das Erbscheinurteil noch nicht rechtskräftig ist (*Veraset ilamina itiraz davasi*).

Ein Muster zum Widerspruch gegen die Erbscheinerteilung befindet sich auf der beiliegenden CD-ROM.

111 Ist jedoch das Erbscheinurteil rechtskräftig geworden, wird eine Aufhebungsklage erhoben (*Veraset ilaminin iptali davasi*).[162]

112 Die Klage kann bei jedem Friedensgericht erhoben werden. Ist ein Erbscheinverfahren noch nicht anhängig oder noch nicht rechtskräftig abgeschlossen, empfiehlt es sich, den

---

157 Entscheidung des Kassationshofes vom 30.1.2013, 7. HD., E. 2012/7358, K. 2013/618, (Entscheidungssammlung des Kassationshofes, Band 39, 11/2013, S. 2287 ff.; *Ayan*, Miras Hukuku, S. 243, Fn 41.
158 Mit dem Art. 19 des Gesetzes vom 31.3.2011 (Gesetz Nr. 6217) wurde der Art. 598 tZGB auf die „Notare" ergänzt und dem türkischen Notarengesetz die neuen Artikeln 71A-71C zugefügt.
159 Verwaltungsvorschrift zur Ausstellung von Erbscheinen durch die Notare, Amtsblatt vom 4.10.2011, Nr. 28074.
160 Entscheidung des Kassationshofes vom 11.6.2001, 2. HD., E. 2001/7607, K. 2001/8723, (Entscheidungssammlung des Kassationshofes, Band 28, 1/2002, S. 22 f.
161 Art. 8 Abs. 2 Nr. 6 ZGB.
162 *Kuru/Aslan/Yilmaz*, Medeni Usul Hukuk (ZPO), 14. Aufl., Ankara 2002, S. 71.

Widerspruch bei dem Gericht zu erheben, das sich mit dem Verfahren befasst. Klagegegner sind die Personen, die das Erbscheinurteil erstreiten wollen oder erstritten haben.

D. Besteuerung der Erbfolge

Rechtsgrundlage für das türkische Erbschaftsteuerrecht ist das „Gesetz betreffend die Erbschaft- und Schenkungsteuer" (*Veraset ve Intikal Vergisi Kanunu*, nachfolgend: VVK).[163] Bei der Erbschaftsteuer nach diesem Gesetz handelt es sich um eine **Erbanfallsteuer**, nicht um eine Nachlasssteuer.

I. Beschränkte und unbeschränkte Steuerpflicht

Bei dem Umfang der Erbschaftsteuerpflicht ist zwischen Erben türkischer und ausländischer Staatsangehörigkeit zu unterscheiden. **Erben türkischer Staatsangehörigkeit** sind unabhängig von ihrem Wohnsitz und unabhängig davon, wo sich der Nachlass befindet (Weltnachlass), also unbeschränkt, steuerpflichtig. **Ausländische Erben** sind nur dann steuerpflichtig, wenn sie im Inland (Türkei) befindliche Vermögenswerte erben, unabhängig von der Staatsangehörigkeit des Erblassers, oder im Ausland befindliche Vermögenswerte eines türkischen Staatsangehörigen erben und in der Türkei ihren Wohnsitz haben (Art. 1 Abs. 3 VVK).

Zusammengefasst kann gesagt werden, dass eine **Befreiung** von der Erbsteuerpflicht dann gegeben ist, wenn der Erbe ein Ausländer ist, keinen Wohnsitz in der Türkei hat und das Erbvermögen sich im Ausland befindet. Insofern ist die Steuerpflicht eine beschränkte.[164]

II. Gegenstand der Erbschaftsteuer und Befreiungen

Der Gegenstand der Erbschaftsteuer ist in Art. 1 VVK geregelt. Danach unterliegt der Erbschaftsteuer der Vermögensanfall von Todes wegen. Als Steuerpflichtigen der Erbschaftsteuer stellt das Gesetz ausschließlich auf den Erwerber bzw. Erben ab (Art. 5 VVK). Danach kann Erbe sowohl eine natürliche als auch eine juristische Person sein.[165]

Eine **Befreiung** von der Steuerpflicht sieht das Gesetz in Art. 3 VVK für bestimmte Personengruppen vor, so unter anderem für Botschafter, Gesandte, Geschäftsträger und Konsuln ausländischer Staaten in der Türkei sowie die Angehörigen dieser Institutionen, wenn diese Angehörige des betreffenden Staates sind, ferner Ausländer, die in der Türkei mit der Erfüllung einer dienstlichen Aufgabe beauftragt sind (unter der Bedingung der Gegenseitigkeit). Öffentliche Einrichtungen, Renten- und Pensionsversicherungsanstalten, Sozialversicherungsträger, gemeinnützige Vereine und Stiftungen sowie politische Parteien sind ebenso von der Erbschaftsteuer befreit,[166] wobei die Aufzählung nicht abschließend ist.

Eine Erbschaftsteuerbefreiung wurde in Art. 4 VVK hinsichtlich bestimmter Übergänge vorgesehen. Dazu gehören insbesondere der durch Erbanfall übergehende Hausrat und die

---

163 *Veraset ve Intikal Vergisi Kanunu* (VVK), Gesetz Nr. 7338 vom 8.6.1959, in Kraft seit 15.6.1959, abgedr. „in alter Fassung" in *Ferid/Firsching/Dörner/Hausmann*, Türkei Texte II Nr. 26. Die Währungsangaben sind nicht mehr aktuell und die drei Steuerklassen in Art. 16 existieren seit 1998 nicht mehr.
164 *Kesen*, ZEV 2003, 156.
165 *Kesen*, ZEV 2003, 152, 156.
166 *Kesen*, ZEV 2003, 156.

persönlichen Sachen des Erblassers, dem Brauch entsprechende Geschenke, Aussteuern, Mitgift (Grundstücke ausgenommen), Witwen- und Hinterbliebenenbezüge.

III. Steuersätze und Freibeträge

119 Bei der Erbschaftsbesteuerung gilt unabhängig vom verwandtschaftlichen und persönlichen Verhältnis zum Erblasser und unabhängig von der Staatsangehörigkeit für alle Erwerber ein **einheitlicher Tarif** mit Steuersätzen zwischen 1 % und 10 % (Art. 16 VVK). Bis 1998 waren die Erben in drei unterschiedliche Steuerklassen eingeteilt. Je entfernter das Verwandtschaftsverhältnis zum Erblasser, desto größer war der Steuersatz. Jetzt unterliegt der Erbanfall unabhängig von dem Verwandtschaftsgrad einer progressiven Steuerbelastung.

Bemessungsgrundlage in türk. Lira (TL)[167]	Steuersatz
bis 200.000 TL	1 %
die nächsten 480.000 TL	3 %
die nächsten 1.060.000 TL	5 %
die nächsten 1.900.000 TL	7 %
ab 3.640.000 TL	10 %

120 Den Nachkommen und Ehegatten stehen auch **Steuerfreibeträge** zu.[168] Bedingt durch die hohe Inflations- bzw. Abwertungsrate der türkischen Lira werden die Geldbeträge regelmäßig den neuen Lebensunterhaltsverhältnissen angepasst. Daher müssen über die aktuellen Beträge immer die aktuellen Informationen eingeholt werden.[169]

121 Die Tilgung der festgesetzten Erbschaftsteuer erstreckt sich auf drei Jahre. Sie ist jeweils in zwei Raten pro Jahr zu entrichten (Art. 19 VVK). Bei Immobilien wird die Übertragung der neuen Erben im Grundbuch erst vorgenommen, wenn die Erbschaftsteuer in vollem Umfang getilgt ist, es sei denn, der Steuerpflichtige kann Sicherheiten bieten.

IV. Bemessungsgrundlage

122 Bemessungsgrundlage für die Erbschaftsteuer ist der steuerpflichtige Erwerb, der gem. § 10 VVK i.V.m. dem türkischen Steuerverfahrensgesetz (*Vergi Usul Kanunu*, VUK)[170] ermittelt wird. Von dem so ermittelten steuerpflichtigen Brutto-Erwerb werden die Nachlassverbindlichkeiten in Abzug gebracht. Dieser Nettowert des Nachlasses wird dann besteuert. Bei der Wertermittlung von Betriebs- und Grundvermögen, Wertpapieren, Devisen, Rechten etc. sind die im Art. 10 VVK angeführten Bewertungsmaßstäbe in Verbindung mit den

---

167 Allgemeiner Amtlicher Steuerhinweis für das Jahr 2015 (VERGİ SİRKÜLERİ NO: 2015/5).
168 Der Steuerfreibetrag beträgt für Nachkommen (auch Adoptivkinder) und Ehegatten je 33.328.000.000 Lira für bewegliche oder unbewegliche Erbanteile. Sind Nachkommen nicht vorhanden, beträgt dieser Freibetrag 66.694.000.000 Lira. Das Finanzministerium der Türkei hat diese Beträge in Anlehnung an seine Ermächtigung durch Art. 16 VVK mit einer Allgemeinen Bekanntmachung des Steuerverfahrensgesetzes Nr. 301 für die Zeit ab 1.1.2001 festgelegt, *Antalya*, Miras Hukuku, S. 27 f.
169 Neben offiziellen Stellen wie Konsulate oder Finanzämter kann man auch über eine private Internetseite http://www.ymm.net in türkischer Sprache Erstinformationen einholen. Unter der Internetadresse http://www.turkishtax.com kann man Informationen in englischer Sprache vorfinden. Allerdings sind diese sehr allgemein und oberflächlich.
170 Gesetz Nr. 215 vom 4.1.1961, in Kraft seit 1.1.1961; Auszüge abgedr. in *Ferid/Firsching/Dörner/Hausmann*, Türkei Texte II Nr. 27.

Richtlinien über die Vermögensbewertung im dritten Abschnitt des Steuerverfahrensgesetzes (Art. 258–330 VUK) heranzuziehen. Als Bewertungsstichtag gilt der Todestag.

V. Zuständigkeit und Fristen

Für die Steuerveranlagung zuständig ist nach Art. 6 VVK das Finanzamt des Ortes, in dem zum Zeitpunkt des Erbanfalls der Erblasser seinen Wohnsitz hatte; bei juristischen Personen ist der Sitz entscheidend. Hatte der Erblasser seinen Wohnsitz im Ausland, so kommt es auf den letzten Wohnsitz im Inland an. Falls der Erblasser zu keinem Zeitpunkt einen Wohnsitz im Inland hatte oder der letzte Wohnsitz nicht feststellbar ist, bestimmt die Finanzverwaltung das zuständige Finanzamt.

123

Der Erbschaftsteuerpflichtige Erbe bzw. Erwerber ist verpflichtet, den Erbfall anzuzeigen und eine Erbschaftsteuererklärung bei dem zuständigen Finanzamt einzureichen (Art. 7, 9 VVK). In Fällen, in denen der **Erwerber im Ausland** ansässig ist, kann die Steuererklärung bei den türkischen Konsulaten abgegeben werden (Art. 8 VVK). Mehrere Steuerpflichtige können die Erklärung einzeln oder gemeinsam abgeben.

124

Die Erklärungen sind fristgemäß einzureichen, wobei Art. 9 VVK bei den **Fristen** danach entscheidet, wo der Erbfall eingetreten ist und wo sich die Steuerpflichtigen zu diesem Zeitpunkt aufhalten. Ist der Erbfall in der Türkei eingetreten, wo auch die Steuerpflichtigen leben, so muss die Erklärung binnen vier Monaten ab dem Todestag abgegeben werden. Leben die Steuerpflichtigen dagegen im Ausland, so verlängert sich die Frist auf sechs Monate. Acht Monate beträgt die Frist, wenn sich der Erbfall im Ausland ereignet und sich die Steuerpflichtigen weder in dem betreffenden Land noch in der Türkei, sondern in einem anderen fremden Land befinden. Bei Verschollenheit verstreicht die Anzeigefrist innerhalb des Monats, der auf das Datum der Eintragung der Verschollenerklärung im Todesregister folgt.

125

Weitere Informationen und Materialien, wie z.B. Muster, Formulare, amtliche Texte und Internetadressen, befinden sich auf der beiliegenden CD-ROM.

Ukraine

Dr. Rembert Süß, Rechtsanwalt, Würzburg

Inhalt

A. Internationales Erbrecht 1
B. Gesetzliche Erbfolge 6
C. Testamentarische Erbfolge 10
D. Nachlassabwicklung 16
E. Besteuerung der Erbschaft 18

Literatur

Debryckyi, Länderbericht Ukraine (Stand: 1.7.2005), in: Ferid/Firsching/Dörner/Hausmann, Internationales Erbrecht.

A. Internationales Erbrecht

Im Verhältnis zur Ukraine ist bei der Bestimmung des auf die Erbfolge anwendbaren Rechts gem. Art. 75 Abs. 1 EU-ErbVO der zwischen der Bundesrepublik Deutschland und der damaligen UdSSR geschlossene Konsularvertrag vom 25.4.1958[1] vorrangig zu beachten. Deutschland hat mit der Ukraine insoweit die Weiteranwendung vereinbart.[2] Damit gilt gem. Art. 28 Abs. 3 des Konsularvertrages im Verhältnis zwischen Deutschland und der Ukraine für die Erbfolge des unbeweglichen Vermögens das jeweilige Belegenheitsrecht. Bezüglich des nicht durch den Konsularvertrag erfassten beweglichen Vermögens hingegen ist das autonome (deutsche bzw. ukrainische) Internationale Privatrecht anzuwenden.

Das Internationale Erbrecht ist nun im Rahmen des Gesetzes über das Internationale Privatrecht (IPRG) vom 23.6.2005 geregelt.

Gemäß Art. 70 IPRG unterliegt die Erbfolge des **beweglichen Vermögens** dem Recht des Staates, in dem der Erblasser seinen letzten Wohnsitz hatte. Daneben kann der Erblasser durch testamentarische Verfügung für sein bewegliches Vermögen die Geltung des Rechts des Staates anordnen, dem er angehört. Er kann also sein Heimatrecht wählen. Ausgenommen von dieser Regelung sind gem. Art. 71 IPRG die unbeweglichen Vermögensgegenstände. Für diese gilt zwingend das Recht des Lageortes. Im Verhältnis zu Deutschland freilich ist diese Vorschrift bedeutungslos, da insoweit das Konsularabkommen ohnehin bereits eine gleichlautende Sonderregelung enthält.

Ein Testament ist **formwirksam**, wenn es den Vorschriften am gewöhnlichen Aufenthalt des Erblassers entsprechend errichtet worden ist. Artikel 72 IPRG lässt es für die Formwirksamkeit aber auch genügen, wenn das Recht des Errichtungsortes eingehalten worden ist. Fraglich ist, ob damit auch die Formwirksamkeit eines Erbvertrages umfasst ist. Dafür würde sprechen, dass das ukrainische ZGB neben dem Testament auch den Erbvertrag als Verfügung von Todes wegen anerkennt (Rn 12).

---

1 BGBl 1959 II S. 469; siehe § 1 Rn 11 ff.
2 BGBl 1993 II S. 1189.

5 Bei den Verweisungen des ukrainischen Rechts handelt es sich gem. Art. 9 Abs. 1 IPRG um **Sachnormverweisungen**, so dass unmittelbar das materielle Recht am letzten Wohnsitz gilt. Eine Rückverweisung des deutschen Wohnsitz- auf das ukrainische Heimatrecht würde also nicht beachtet werden, so dass ein internationaler Entscheidungseinklang entstände. Ein in der Ukraine lebender deutscher Staatsangehöriger kann dagegen die Anwendung des ukrainischen Wohnsitzrechts aus ukrainischer Sicht vermeiden, indem er (für das bewegliche Vermögen) von der Möglichkeit zur Wahl seines deutschen Heimatrechts nach Art. 70 IPRG Gebrauch macht.

B. Gesetzliche Erbfolge

6 Das ukrainische Erbrecht ist im ukrainischen Zivilgesetzbuch vom 16.1.2003 geregelt, das das alte, noch auf dem sowjetischen Zivilrecht beruhende ZGB von 1963 ersetzt hat. Dieses hat insbesondere die im sozialistischen Recht bestehende Beschränkung der gesetzlichen Erbfolge auf zwei Erbordnungen durchbrochen und auf fünf Erbordnungen erweitert und die Möglichkeiten testamentarischer Verfügungen erweitert.

7 Gesetzliche Erben **erster Ordnung** sind gem. Art. 1261 ZGB die Kinder des Erblassers, sein Ehegatte und die Eltern. Dabei besteht kein Unterschied zwischen ehelichen und unehelichen, leiblichen und angenommenen Abkömmlingen, Art. 1260 ZGB. Sie alle erben gem. Art. 1267 ZGB zu gleichen Teilen. Für vorverstorbene Kinder, Enkel etc. treten deren jeweilige Abkömmlinge in den Erbteil ein (Repräsentation), Art. 1266 ZGB.

8 In **zweiter Ordnung** erben gem. Art. 1262 ZGB Geschwister und Großeltern des Erblassers. Der Ehegatte ist also „echter" Erbe erster Ordnung, indem er alle weiteren Ordnungen von der gesetzlichen Erbfolge ausschließt. In **dritter Ordnung** erben gem. Art. 1263 ZGB Onkel und Tanten. In **fünfter Ordnung** erben weitere Verwandte bis zum sechsten Verwandtschaftsgrad, Art. 1265 ZGB.

9 Entsprechend sowjetischer Tradition können auch Personen, die nicht der zur Erbfolge berufenen Ordnung angehören oder mit dem Erblasser verheiratet sind, durch entsprechenden Beschluss des Gerichts zur gesetzlichen Erbfolge berufen werden, wenn sie den Erblasser über einen erheblichen Zeitraum gepflegt oder ihm Unterhalt gewährt haben, Art. 1259 Abs. 2 ZGB. Personen, die mit dem Erblasser für die Dauer von mindestens fünf Jahren unmittelbar vor dem Eintritt des Erbfalls in einem familienähnlichen Verhältnis zusammengelebt haben, erben als gesetzliche Erben der **vierten Ordnung**, Art. 1264 ZGB.

C. Testamentarische Erbfolge

10 Als **Testamentsformen** kennt das neue ukrainische Recht ausschließlich die öffentliche Form: Der Testator kann das Testament selber errichten und dem Notar offen übergeben. Der Notar prüft es dann auf inhaltliche und formelle Fehler und bestätigt die Richtigkeit der Unterschrift auf dem Testament, § 1248 Abs. 1 ZGB. Der Erblasser kann es dem Notar auch in einer verschlossenen Schrift übergeben. In diesem Fall beglaubigt der Notar die auf dem Umschlag befindliche Unterschrift des Erblassers durch einen entsprechenden Vermerk und verschließt die Schrift in einen weiteren Umschlag, Art. 1249 ZGB. In beiden Fällen muss der Testator das Testament eigenhändig unterschreiben. Der Text des Testaments muss aber nicht eigenhändig geschrieben werden. Schließlich kann der Erblasser seinen letzten

Willen auch dem Notar diktieren, der diesen dann entsprechend niederlegt. Der Testator muss es dann laut vorlesen und unterschreiben, Art. 1248 Abs. 2 ZGB.

Gemäß Art. 1243 ZGB können verheiratete Personen ein **„gemeinschaftliches Testament"** bezüglich ihres „gemeinsamen Vermögens" errichten. Das Testament kann zu Lebzeiten des anderen Ehegatten jederzeit widerrufen werden. Nach dem Tod eines Ehegatten dagegen hat der Notar für das im Testament genannte Vermögen ein Veräußerungsverbot zu erlassen, Art. 1243 Abs. 4 ZGB. Dadurch geht das gemeinschaftliche Vermögen zunächst auf den Überlebenden und später an eine im Testament benannte dritte Person über. Das Eigengut des Erblassers bleibt dagegen von der gemeinschaftlichen Verfügung unberührt und geht seine eigenen erbrechtlichen Wege. Das Vermögen geht also getrennte Wege, je nachdem, ob es sich um eheliches Gesamtgut oder um das Eigengut des Erblassers handelt. Dementsprechend wird der Ehegatte also nicht erbrechtlicher Universalnachfolger des Erblassers. Daher muss man das „gemeinschaftliche Testament" aus deutscher Sicht wohl eher als eine güterrechtliche Verfügung auf den Todesfall qualifizieren.

Artikel 1302 ZGB führt den **„Erbvertrag"** in das ukrainische Erbrecht ein. Danach übernimmt eine Vertragspartei (Erwerber) nach dem Tod des Veräußerers sein Vermögen gegen die Verpflichtung, die Anordnungen des anderen (Veräußerer) zu übernehmen. Einen solchen Vertrag können einzelne Personen, aber auch Eheleute als gemeinsame Veräußerer mit anderen Personen abschließen, Art. 1303 ZGB. Der Abschluss bedarf gem. Art. 1304 ZGB der notariellen Beurkundung. Dem Erbvertrag widersprechende testamentarische Verfügungen sind gem. Art. 1307 Abs. 2 ZGB sittenwidrig und unwirksam. Da der beurkundende Notar bzgl. „des im Vertrag genannten Vermögens" ein Veräußerungsverbot erlässt, muss der Vertrag offenbar nicht das gesamte Vermögen erfassen, sondern kann auch auf einzelne Vermögensgegenstände beschränkt werden. Es handelt sich also wohl um einen gegenseitig verpflichtenden entgeltlichen Vertrag, mit dem der Erblasser/Veräußerer einen Teil oder sein gesamtes Vermögen auf seinen Tod aufschiebend bedingt auf den Erwerber/Erbvertragspartner überträgt. Fraglich bleibt damit m.E., ob es sich tatsächlich um eine bindende Erbeinsetzung i.S.d. deutschen Erbrechts handelt. Möglich erscheint es vielmehr, dass es sich um eine schuldvertragliche Verfügung handelt, mit der der „Erblasser" – vergleichbar dem Leibrentenvertrag serbischen Rechts – gegen eine entsprechende Verpflichtung des Übernehmers eine schuldvertraglich zu qualifizierende Verbindlichkeit eingeht, die bei seinem Tode dazu führt, dass der Erwerber durch entsprechendes sachenrechtliches Verfügungsgeschäft im Wege der Individualsukzession die betroffenen Nachlassgegenstände quasi außerhalb der Erbfolge erwirbt. Für eine entsprechende Qualifikation als schuldrechtliches entgeltliches Geschäft spricht auch, dass Pflichtteilsrechte wohl im Fall der testamentarischen Erbfolge, nicht aber bei der vertragsmäßigen Erbfolge geltend gemacht werden können.[3]

Der Erblasser kann im Testament gem. Art. 1235 ZGB **Erben einsetzen**. Die Erbeinsetzung kann unter einer Bedingung erfolgen, Art. 1242 ZGB. Insbesondere können Ersatzerben eingesetzt werden, Art. 1244 ZGB. Die Vor- und Nacherbfolge ist nach ukrainischem Erbrecht nicht möglich. Der Erbe kann schließlich mit einem **Vermächtnis** und mit **Auflagen** belastet werden, Art. 1237, 1240 ZGB.

Der Erblasser kann nun auch testamentarisch einen **Testamentsvollstrecker** ernennen, Art. 1286 ZGB. Der Testamentsvollstrecker kann das Amt gegenüber dem zuständigen Notariat (Rn 17) oder auch schon im Testament annehmen, Art. 1289 ZGB. Er ist zur

---

[3] So *Debryckyi*, Ukraine, Grundzüge D, Rn 26, 114, in: Ferid/Firsching/Dörner/Hausmann, Internationales Erbrecht.

Inbesitznahme und Verwaltung des Nachlasses befugt. Hierzu erhält er vom Notar ein Testamentsvollstreckerzeugnis, Art. 1290 Abs. 3 ZGB. Der Testamentsvollstrecker hat für seine Tätigkeit Anspruch auf eine Vergütung, die im Testament, ansonsten durch das Gericht festgesetzt wird, Art. 1291 ZGB.

15 **Pflichtteilsberechtigt** sind gem. Art. 1241 ZGB allein minderjährige oder volljährige, aber arbeitsunfähige Kinder des Erblassers und seine arbeitsunfähigen Eltern und sein arbeitsunfähiger Ehegatte. Der Pflichtteil beläuft sich auf die Hälfte des gesetzlichen Erbteils. Insoweit sind die Voraussetzungen für die Pflichtteilsberechtigung im ukrainischen Recht also erheblich strenger als im deutschen Recht und dürften nur ausnahmsweise gegeben sein. Dafür erhält der Pflichtteilsberechtigte aber nicht allein einen schuldrechtlichen, auf Geld gerichteten Anspruch gegen den Nachlass, sondern ein echtes Noterbecht und wird in Höhe seiner Noterbquote unmittelbarer Miterbe des Nachlasses. Einen Pflichtteilsverzicht hingegen kennt das ukrainische Recht nicht.

D. Nachlassabwicklung

16 Der Nachlass geht nicht *ipso iure*, sondern gem. Art. 1269 ZGB erst mit Annahme der Erbschaft auf den Erben über. Die **Annahme** der Erbschaft geschieht durch entsprechende Erklärung des Erben vor dem Notar. Die Frist für die Annahme der Erbschaft beträgt sechs Monate, Art. 1270 ZGB. Ausgenommen von dem Erfordernis der ausdrücklichen Annahme sind gem. Art. 1268 Abs. 3, 4 ZGB die Personen, die mit dem Erblasser in ständiger Lebensgemeinschaft gelebt haben, sowie Kinder und Minderjährige. Diese erwerben *ipso iure* die Stellung eines Erben, vorbehaltlich der ausdrücklichen Ausschlagung der Erbfolge gem. Art. 1273 ZGB.

17 **Zuständig** für die Nachlassabwicklung ist das Notariat am letzten Wohnsitz des Erblassers. Ausschließlich bei den staatlichen Notariaten kann ein **Erbschein** ausgestellt werden. Ist der letzte Wohnsitz des Erblassers unbekannt, so ergibt sich die Zuständigkeit an dem Ort, an dem der Erblasser unbewegliches Vermögen hinterlassen hat, hilfsweise an dem Ort, an dem beweglicher Nachlass liegt, Art. 1221 ZGB. Fraglich ist, welche Zuständigkeit sich ergibt, wenn der Erblasser seinen letzten Wohnsitz im Ausland hatte. In diesem Fall dürfte sich die Zuständigkeit wohl aus einer entsprechenden Anwendung von Art. 1221 ZGB ergeben.[4]

---

4 Für eine Zuständigkeit des Konsulats der Ukraine im ausländischen Wohnsitzstaat dagegen plädiert *Debryckyi*, Ukraine, Grundzüge D, Rn 37, in: Ferid/Firsching/Dörner/Hausmann, Internationales Erbrecht.

E. Besteuerung der Erbschaft

Erbschaften werden nach den Regeln des Einkommensteuerrechts besteuert. Daher tritt unbeschränkte Steuerpflicht nur dann ein, wenn der Erbe in der Ukraine ansässig ist. Für den Ehegatten und die Kinder besteht ein ermäßigter Steuersatz von 0 %. Der allgemeine Steuersatz beträgt 15 %.[5] Ein Steuersatz von 30 % gilt für den Nachlass vom Nichtresidenten, also nach einem Erblasser, der ebenfalls seinen letzten Wohnsitz im Ausland hatte.

18

Weitere Informationen und Materialien, wie z.B. Muster, Formulare, amtliche Texte und Internetadressen, befinden sich auf der beiliegenden CD-ROM.

---

5 *Troll/Gebel/Jülicher*, § 21 ErbStG Rn 134a (Stand: 2013).

Ungarn

Dr. Ádám Tóth, Notar, Budapest-Franzstadt

Inhalt

- **A. Rechtsanwendung im Erbrecht** 1
  - I. Internationale Aspekte 1
    1. Einführung 1
    2. Europäisches Nachlasszeugnis (ENZ) 2
       - a) Erteilung des ENZ 3
       - b) Anerkennung eines im Ausland erteilten ENZ 6
    3. Staatsverträge 11
    4. Nachlasseinheit 12
  - II. Bestimmung des Erbstatuts 13
  - III. Besonderheiten bei österreichischen Erblassern 20
  - IV. Erwerbsbeschränkungen für ausländische Erben 23
- **B. Materielles Erbrecht** 28
  - I. Einführung 28
  - II. Gesetzliche Erbfolge 30
    1. Die gesetzliche Erbfolge, Erbrecht des Staates 30
    2. Das gesetzliche Erbrecht der Abkömmlinge 32
    3. Das gesetzliche Erbrecht des Ehegatten 33
    4. Die gesetzliche Erbfolge der Eltern und der weiteren Verwandten 47
    5. Erbrecht aufgrund Adoption 50
    6. Besondere Regeln der gesetzlichen Erbfolge (Rückfallerbfolge) 53
    7. Nichteheliche Lebenspartner 58
    8. Die Ausgleichung (Erbausgleich) 61
  - III. Testamentarische Erbfolge 65
    1. Allgemeines 65
    2. Öffentliches Testament 71
    3. Privattestament 75
    4. Allographes Privattestament 76
    5. Holographes Privattestament 83
    6. Beim Notar hinterlegtes Testament ... 84
    7. Mündliches Nottestament 85
    8. Das gemeinschaftliche Testament ... 90
  - IV. Wegfall aus der Erbfolge und die gemeinsame Notlage 104
    1. Allgemeines 104
    2. Erbunwürdigkeit 107
    3. Enterbung und Ausschluss von der Erbfolge 112
    4. Erbverzicht 127
    5. Ausschlagung der Erbschaft 128
    6. Ausfall des Ehegatten wegen Auflösung der Lebensgemeinschaft 133
    7. Wegfall der Vorerben und der Nacherben 135
  - V. Pflichtteilsrecht 136
    1. Allgemeines 136
    2. Pflichtteil der Abkömmlinge 138
    3. Pflichtteil der Eltern 139
    4. Pflichtteil des Ehegatten 141
    5. Bestimmung der Berechnungsgrundlage des Pflichtteils und die Anrechnung 145
    6. Herausgabe des Pflichtteils, Verjährung des Pflichtteilsanspruchs, Verzicht 147
  - VI. Testamentsvollstreckung 154
  - VII. Erbvertrag 162
  - VIII. Erbverzicht 165
  - IX. Verfügung über eine erwartete Erbschaft 170
  - X. Wege der Nachlassregelung außerhalb des Erbrechts 174
    1. Schenkungsversprechen von Todes wegen 174
    2. Verfügung von Todes wegen bei Bankguthaben 178
  - XI. Nachlassgläubiger 179
- **C. Nachlassverfahren** 184
  - I. Erbfall, Ausschlagung der Erbschaft ... 184
  - II. Zuständigkeit, Erbschein, Rechtsgrundlagen 185
  - III. Notwendigkeit eines Nachlassverfahrens im Inland, Nachlassverzeichnis 186
  - IV. Abwicklung von im Inland belegenem Nachlass deutscher Staatsangehöriger ... 191
    1. Überblick 191
    2. Das Nachlassverfahren bei der Gemeindeverwaltung (erster Verfahrensabschnitt) 194
       - a) Zuständigkeit 195
       - b) Aufnahme des Nachlassverzeichnisses 196
       - c) Sicherungsmaßnahmen 199
       - d) Aufgaben der Gemeinde beim Nachlass eines ausländischen Erblassers 204
    3. Das notarielle Verfahren (zweiter Verfahrensabschnitt) 205
       - a) Zuständigkeit 205
       - b) Vorbereitung der Nachlassverhandlung 207
       - c) Ladung zur Nachlassverhandlung 210
       - d) Vertretung im Nachlassverfahren .. 218
       - e) Amtliche Übergabe des Nachlasses ohne Verhandlung 221
       - f) Amtliche Übergabe des Nachlasses aufgrund Verhandlung 227
    4. Rechtsmittel 233
       - a) Berufung 233
       - b) Erbschaftsklage 234
       - c) Wiederholung des Nachlassverfahrens 235
  - V. Anerkennung deutscher Erbscheine 237
  - VI. Gerichtsverfahren 238
- **D. Besteuerung der Erbfolge** 239
  - I. System der Erbschaftsteuer 239

1. Erbschaftsteuer bei gesetzlicher und
testamentarischer Erbfolge 240
2. Höhe der Abgabe beim Erbvertrag ... 244
3. Steuerfreiheit 245
4. Erbschaftsteuer für den Nießbrauch .. 249
II. Beschränkte und unbeschränkte Steuerpflicht 250

Literatur

Deutschsprachige Literatur

Ember, Die Veränderung des ungarischen Erbrechts seit 1945, 1963; *Ember*, Ungarn, in: Ferid/Firsching/Dörner/Hausmann, Internationales Erbrecht; *Kengyel/Bókai/Haas*, in: Bengel/Reimann, Handbuch der Testamentsvollstreckung, 5. Aufl. 2013, IX. Rn 375–384; *Süß*, in: Mayer/Süß/Tanck/Bittler/Wälzholz, Handbuch Pflichtteilsrecht, 3. Auflage 2013, § 19 Rn 546 ff.; *Weiss*, Familienerbrecht und Testierfreiheit im ungarischen Recht, in: Henrich/Schwab (Hrsg.), Familienerbrecht und Testierfreiheit im europäischen Vergleich, 2001, S. 355–370.

Literatur in ungarischer Sprache

Anka, Észrevételek az új Polgári Törvénykönyv tervezetének öröklési jogi szabályaihoz (Stellungnahme zu den erbrechtlichen Regelungen des Entwurfs des neuen Bürgerlichen Gesetzbuches), Közjegyzők Közlönye (Amtsblatt der Notare) 2007/7–8. 3–8.; *Anka*, Öröklési Jog – Hagyatéki Eljárás (Erbrecht – Nachlassverfahren), HVG-ORAC 2014; *Bókai/Szabó*, A végrendelet szabályainak felülvizsgálata tekintettel az új polgári törvénykönyvre (Die Überprüfung der Vorschriften des Testaments unter Berücksichtigung des neuen Bürgerlichen Gesetzbuchs), Közjegyzők Közlönye 11/2000:3–10; *Mádl*, A nemzetközi öröklési jog néhány kérdéséről (Zu einigen Fragen des internationalen Erbrechts), Weiss Emilia-jubileum (Emilia Weiss Jubiläum). 2002. 101–115, Polgári jog. (Bürgerliches Recht) 1960–1996; *Orosz*, Végrendelet (Testament), Opten 2012; *Orosz-Weiss*, Öröklési Jog – Anyagi Jog (Erbrecht – Sachrecht) (Új Magánjog sorozat/Neues Privatrecht/4.), HVG-ORAC 2014; *Szőcs*, Európai öröklési jogi rendelet – a végintézkedések alakiságára vonatkozó szabályozás nélkül? (Europäische Erbrechtsverordnung – ohne Formvorschriften für die letztwilligen Verfügungen?), Közjegyzők Közlönye 2011/1. 11–18; Polgári Törvénykönyvről szóló 2013. évi V. törvény és a kapcsolódó jogszabályok nagykommentárja IV. kötet (Großkommentar zum Gesetz Nr. V aus dem Jahr 2013 über das Bürgerliche Gesetzbuch und die einschlägigen Rechtsvorschriften), Opten 2014. 399–755; *Szőcs*, Vannak „még egyenlőbbek"? – A különböző tagállami közjegyzők jogállása az új európai öröklési rendelet alkalmazási körében (Gibt es „noch Gleichgestelltere"? – Rechtsstellung der Notare in den verschiedenen Mitgliedstaaten bei Anwendung der neuen Europäischen Erbschaftsverordnung), Közjegyzők Közlönye 2013/7, 65–72; *Tóth*, Az utóöröklésről (Zur Nacherbfolge), Közjegyzők Közlönye 9/2001:3–15; *Weiss*, A magyar polgári jogi szabályok felülvizsgálata, különös tekintettel az öröklési jogra (Überprüfung der Vorschriften des ungarischen Bürgerlichen Rechts unter besonderer Berücksichtigung des Erbrechts), Közjegyzők Közlönye 1/2001:3–9; *Weiss*, A Ptk. öröklési jogi könyvének a koncepciója (Konzeption des Buches des ungarischen Bürgerlichen Gesetzbuches über das Erbrecht), Polgári Jogi Kodifikáció (Kodifikation des Bürgerlichen Rechts) 6/2001:16–27; *Weiss*, A végrendeleti öröklés néhány kérdéséről – tekintettel egy elhatározott új polgári törvénykönyvre (Über einige Fragen der testamentarischen Erbfolge – unter Berücksichtigung des beschlossenen neuen Bürgerlichen Gesetzbuches), Peschka-emlékkönyv (Peschka-Festschrift). 1999. 397–421.

A. Rechtsanwendung im Erbrecht

I. Internationale Aspekte

1. Einführung

1 Ungarn ist kein Unterzeichnerstaat eines **Haager Erbrechtsübereinkommens**. Das internationale Erbrecht wird einerseits durch die Gesetzesverordnung Nr. 13. aus dem Jahr 1979 über das internationale Privatrecht (nachfolgend mit der ungarischen Abkürzung: **Tvr.**),

andererseits durch bilaterale Abkommen, den Grundsatz der Gegenseitigkeit und das Internationale Privatrecht bestimmt.

2. Europäisches Nachlasszeugnis (ENZ)

Die Anwendungsregeln der Verordnung (EU) Nr. 650/2012 des Europäischen Parlaments und des Rates (im Folgenden: EU-ErbVO) werden in Ungarn durch das Gesetz Nr. 71/2015 (im Folgenden: Gesetz) festgelegt. Das in der EU-ErbVO deklarierte Ziel des Europäischen Nachlasszeugnisses (im Folgenden: ENZ) besteht darin, dass sich die Erben (Vermächtnisnehmer, Testamentsvollstrecker oder Nachlassverwalter) im Besitz eines ENZ in einem anderen Mitgliedstaat auf ihre Rechtsstellung berufen und von ihrem Recht Gebrauch machen können.

a) Erteilung des ENZ

Zur Erteilung eines ENZ ist in Ungarn der für das Nachlassverfahren nach den allgemeinen Regeln zuständige Notar befugt.

War der Erblasser Staatsangehöriger eines anderen Mitgliedstaates der EU und hatte die Anwendung des Rechts seines Heimatstaates nicht beantragt, hatte aber seinen gewöhnlichen Aufenthalt in Ungarn, ist auf den Erbfall das ungarische Recht anzuwenden. Bezüglich des Nachlasses in Ungarn wird das Nachlassverfahren vom zuständigen Notar nach den allgemeinen Regeln abgewickelt. Auf Grund eines bereits erteilten Bescheids über die Nachlassübergabe kann der Notar jederzeit ein ENZ erteilen.

Der Notar kann auf Antrag der Erben auch sofort ein ENZ erteilen. Das ENZ stellt die Erbfolge auch bezüglich aller ausländischen Vermögenswerte, die sich auf dem Gebiet der EU befinden, fest. Die Existenz ausländischer Vermögenswerte und ihre Zugehörigkeit zum Nachlass sind nachzuweisen. Kann der im Erbfall Betroffene die Existenz ausländischer Vermögenswerte und ihre Zugehörigkeit zum Nachlass nicht nachweisen, hält sie aber für wahrscheinlich, erteilt ihm der Notar – nach Zusendung des Nachlassinventars – auf Antrag eine Bescheinigung über das anhängige Nachlassverfahren, damit der Betroffene die zur Erteilung eines ENZ notwendige Urkunde beschaffen kann.

Die Bescheinigung über das Nachlassverfahren weist nach, dass bezüglich des Nachlasses ein Verfahren vor dem Notar eröffnet wurde, und welche Personen – gemäß den Verfahrensangaben – in der Rechtsnachfolge von Todes wegen betroffen sind. Die Bescheinigung über das anhängige Verfahren begründet kein Recht und stellt keine Verpflichtung fest, berechtigt nicht zur Inbesitznahme, zum Gebrauch, zur Nutzung, zum Nießbrauch und zur Verfügung über das Nachlassvermögen, und stellt keinen rechtswirksamen Rechtstitel zur Eintragung in ein Register dar. Im Beschluss über die Nachlassübergabe ist auf die oben genannten Tatsachen zu verweisen.

b) Anerkennung eines im Ausland erteilten ENZ

Es ist zu vermuten, dass das ENZ die gemäß dem für den Erbfall geltenden Recht festgestellten Rechtsstellungen, Rechte bzw. Sachverhalte glaubwürdig nachweist. Laut EU-ErbVO ist das ENZ ein Schriftstück, das – unter anderem – einen wirksamen Rechtstitel zur Eintragung von Nachlassgegenständen ins Grundbuch oder in das einschlägige Register mit öffentlichem Glauben (im Folgenden zusammen: Register) in dem Mitgliedstaat darstellt, in dem sich der Vermögensgegenstand befindet (Art. 69 EU-ErbVO).

Die Mitgliedstaaten können auf Grundlage der EU-ErbVO nicht verpflichtet werden, für sie unbekannte, in anderen der 27 Mitgliedstaaten jedoch bekannte Rechtsinstitutionen des dinglichen Rechts anzuerkennen. Demzufolge kann es zu Fällen kommen, in denen sich die Parteien auf die im für den Erbfall zuständigen Mitgliedstaat geltenden dinglichen Rechte berufen, die jedoch im Recht des Mitgliedstaates, in dem sich der betroffene Vermögensgegenstand befindet, unbekannt sind, und deren Eintragung durch das Registrationssystem dieses Staates nicht möglich ist. So können auch Organe des ungarischen Staates, denen die Führung solcher Register obliegt, mit Fällen konfrontiert werden, in denen der Antragsteller im Besitz einer auf Grund des ENZ oder der EU-ErbVO entstandenen öffentlichen Urkunde oder eines Beschlusses (gerichtlicher Vergleich) unter Berufung auf eine im ungarischen Rechtssystem fehlende Institution des dinglichen Rechts die Eintragung in ein ungarisches Register begehrt. Zur Heilung solcher Situationen führt Art. 31 EU-ErbVO die sog. Adaptation (Anpassung) ein, die eine Anpassung unterschiedlicher dinglicher Rechte der Mitgliedstaaten an einander vorschreibt. Das Wesen dieser Vorschrift besteht darin, dass der Mitgliedstaat, in dem sich der betroffene Vermögensgegenstand befindet, verpflichtet ist wenigstens zu versuchen, das nach dem auf die Rechtsnachfolge von Todes wegen anzuwendenden Recht entstandene dingliche Recht an das in der Rechtsordnung dieses Mitgliedstaates am ehesten vergleichbare Recht (unter Berücksichtigung der Regeln der Eintragung ins betroffene Register) anzupassen. Die EU-ErbVO enthält keine weiteren Vorschriften darüber, welches Organ und in welchem Verfahren der genannten Verpflichtung in den einzelnen Mitgliedstaaten nachkommen kann.

8   Seiner Verpflichtung zur Anpassung (Adaptation) kommt das ungarische Recht nach, indem es das nichtstreitige sog. Anpassungsverfahren einführt, dessen ausschließlicher Gerichtsstand für das ganze Land in der ersten Instanz das Zentrale Bezirksgericht Buda (*Budai Központi Kerületi Bíróság*), und in der zweiten Instanz der Hauptstädtische Gerichtsstuhl (*Fővárosi Törvényszék*) ist.

9   Das Anpassungsverfahren wird vom Registerführungsorgan eingeleitet, bei dem die Notwendigkeit einer Anpassung im Verfahren (im Folgenden: Grundverfahren) entstanden ist, jedoch nur dann, wenn im Grundverfahren kein Abweisungs- oder Einstellungsgrund besteht, bzw. – wenn im Verfahren Mangelbeseitigung oder Ergänzung möglich ist – wenn Mängel bereits beseitigt wurden und Ergänzungen erfolgt sind. Das Gericht prüft den eingegangenen Anpassungsantrag, ob er von der tatsächlich zuständigen Stelle in einem unter Rechtswirkung der EU-ErbVO stehenden Grundverfahren gestellt wurde; ist das der Fall, fasst das Gericht – bei Bedarf nach Beschaffung des einschlägigen ausländischen Rechtsmaterials – einen Beschluss über die Anpassung des im Antrag genannten ausländischen Rechtsinstituts an ein im ungarischen Recht bestehendes Rechtsinstitut. In Anbetracht dessen, dass insbesondere die Registerorgane (z.B. das Grundbuch, die Firmengerichte) Registrierungsbehörden sind, denen fremd ist, Entscheidungen anderer Organe in einer Fachfrage des eigenen Verfahrens in Erwägung zu ziehen, schreibt das Gesetz die Verbindlichkeit des gerichtlichen Anpassungsbeschlusses vor. Dabei besteht sowohl für das antragstellende Organ als auch für die (in der Rechtsnachfolge von Todes wegen betroffenen) Personen, auf deren Antrag das Grundverfahren eingeleitet wurde, die Möglichkeit der Berufung gegen den Anpassungsbeschluss.

10 § 9 des Gesetzes verfügt über die Kostentragung im Anpassungsverfahren, und macht dabei eindeutig, dass die Kosten des Anpassungsverfahrens die in der Rechtsnachfolge von Todes wegen betroffenen Personen zu tragen haben. Der Betrag ist nicht erst nachträglich zu entrichten, sondern er ist von der betroffenen Person im Grundverfahren vorzuschießen, indem er in der voraussichtlich notwendigen Höhe beim Registerorgan hinterlegt wird. Da das Anpassungsverfahren beim Gericht vom Registerorgan als Antragsteller anhängig gemacht wird, ist das antragstellende Organ verpflichtet, den von der im Rechtsfall von Todes wegen betroffenen Person vorgeschossenen Betrag dem Gericht zu überweisen.

3. Staatsverträge

Zwischen Ungarn und Österreich wurde am 9.4.1965 ein Vertrag zwischen der Republik Österreich und der Ungarischen Volksrepublik über Nachlassangelegenheiten geschlossen. Der Vertrag bekräftigt die Vorschriften des internationalen Privatrechts, stellt jedoch gleichzeitig auch gesonderte Bestimmungen über die gegenseitige Zuständigkeit der Behörden der zwei Staaten in Bezug auf die Vermögensgegenstände auf dem Gebiet des anderen Staates fest.

4. Nachlasseinheit

Das ungarische Recht bekennt sich zu dem Grundsatz der **Einheit des Nachlasses**. Das Erbrecht umfasst alle – beweglichen und unbeweglichen – Vermögensgegenstände sowie sämtliche Elemente des Erbverhältnisses, wie die Fragen der Erbschaft, der Erbfolge, des Pflichtteils, der Wirkungen der Beerbung, der Rechtsstellung der Erben und der Zusammenhänge ihres Verhältnisses zueinander, die Bedingungen der Erbverträge und des Erbrechts des Staates.

II. Bestimmung des Erbstatuts

§ 36 Abs. 1 Tvr. sieht die gesetzliche Erbfolge wie folgt vor:

„*Die Erbverhältnisse sind nach jenem Recht zu beurteilen, das das Personalstatut des Erblassers im Zeitpunkt seines Todes war. Dieses Recht ist auch in der Frage maßgebend, inwieweit der Erbschaftskauf und die Verfügung über die erwartete Erbschaft zulässig sind.*"

Das persönliche Recht des Erblassers ist in § 11 Tvr. geregelt. Danach ist das **Personalstatut** der Person das Recht des Staates, dessen Staatsangehöriger er ist (**Recht des Wohnsitzes**). Von der Änderung der Staatsangehörigkeit bleiben das frühere Personalstatut und die aufgrund dessen entstandenen Rechte und Pflichten unberührt. Hat eine Person **mehrere Staatsangehörigkeiten** und ist eine davon die ungarische, ist ihr Personalstatut das ungarische Recht. Besitzt jemand mehrere Staatsangehörigkeiten und ist keine davon die ungarische oder ist jemand staatenlos, dann ist sein Personalstatut das Recht des Staates, auf dessen Gebiet sein Wohnsitz ist, bzw. das ungarische Recht, wenn er auch in Ungarn einen Wohnsitz hat. Das Personalstatut eines Menschen, der **mehrere ausländische Wohnsitze** hat, ist das Recht des Staates, mit dem er die engste Beziehung hat. Das Personalstatut desjenigen, dessen Personalstatut aufgrund des Vorstehenden nicht festgestellt werden kann, ist nach dem Ort des gewöhnlichen Aufenthalts zu bestimmen. Das Personalstatut desjenigen, der in Ungarn einen gewöhnlichen Aufenthalt hat, ist das ungarische Recht. Gemäß § 12 Tvr. ist der **Wohnsitz** „der Ort, wo jemand ständig oder mit der Absicht der Niederlassung lebt. Der **gewöhnliche Aufenthalt** ist der Ort, wo sich jemand ohne die Absicht der Niederlassung eine längere Zeit aufhält." Für den Personenstand der in Ungarn Asylrecht genießenden Person ist nach § 13 Tvr. das ungarische Recht maßgebend: von dieser Bestimmung bleibt der frühere Personenstand und die aufgrund dessen entstandenen Rechte und Pflichten unberührt.

Die Parteien – in Nachlasssachen die Erben – können abweichend davon gem. § 9 Tvr. gemeinsam die **Anwendung des ungarischen Sachrechts verlangen**. Diese Vergünstigung steht nach Art. 8 Abs. 1 des Vertrages zwischen der Republik Österreich und der Ungarischen Volksrepublik über Nachlassangelegenheiten den österreichischen Staatsbürgern nicht zu. Für die österreichischen Staatsbürger finden bindend die Vorschriften des AGBG Anwendung (siehe Rn 21).

16 Die Anwendung des ausländischen Rechts erfolgt *ex officio*, die Anwendung ist verbindlich und hängt nur ausnahmsweise von der Gegenseitigkeit ab. Gemäß § 6 Tvr. ist die Gegenseitigkeit in einer gesonderten Rechtsvorschrift zu bestimmen; in diesem Fall erteilt der Minister für Justiz Auskunft zur Frage der Gegenseitigkeit.

17 Der *Renvoi* ist nur in der Form der einfachen Rückverweisung möglich, die **Weiterverweisung** ist außer Acht zu lassen. § 4 Tvr. lautet:

> „*Findet im Sinne dieser Gesetzesverordnung das ausländische Recht Anwendung, sind die die aufkommende Frage unmittelbar regelnden Vorschriften des anzuwendenden ausländischen Rechts maßgebend. Weist das ausländische Recht jedoch in der aufkommenden Frage auf das ungarische Recht, findet – mit Rücksicht auf diese Vorschrift – das ungarische Recht Anwendung.*"

18 Kann der Inhalt des ausländischen Rechts nicht festgestellt werden, so sieht § 5 Abs. 3 Tvr. die Anwendung des ungarischen Rechts vor. Natürlich dürfen die Bestimmungen des ausländischen Rechts nicht angewendet werden, wenn diese gegen die ungarische öffentliche Ordnung verstoßen (*ordre public*).[1]

19 Die **internationale Zuständigkeit** der ungarischen Nachlassbehörde kann dadurch begründet werden, dass der Erblasser Vermögen in Ungarn hatte. Hinsichtlich des unbeweglichen Vermögens in Ungarn ist ausschließlich die ungarische Behörde zuständig. Bei beweglichem Vermögen kann darüber ein internationales Abkommen oder die Gegenseitigkeit auch anders verfügen und die internationale Zuständigkeit der ausländischen Behörde auf das Vermögen in Ungarn erstrecken. Die Rechte der ausländischen Behörde in Bezug auf das bewegliche Vermögen kann nach dem Grundsatz der Nachlasseinheit nur dann in Betracht kommen, wenn im Nachlass kein unbewegliches Vermögen enthalten ist.

III. Besonderheiten bei österreichischen Erblassern

20 Bis zum Inkrafttreten der Regelungen über das Europäische Nachlasszeugnis ist nach den Vorschriften des Vertrages zwischen der Republik Österreich und der Ungarischen Volksrepublik über Nachlassangelegenheiten (Art. 6) die Nachlassbehörde des Vertragsstaates zuständig, auf dessen Gebiet sich die beweglichen Sachen befinden. Dies gilt für solche Angelegenheiten, in denen der Nachlass nur aus beweglichem Vermögen besteht. Befinden sich im Nachlass auch Immobilien, ist nach Art. 5 des Vertrages zwischen der Republik Österreich und der Ungarischen Volksrepublik über Nachlassangelegenheiten die Behörde des Vertragsstaates zuständig, auf dessen Gebiet sich die Immobilie befindet; wegen des Grundsatzes der Nachlasseinheit können die beweglichen Vermögensgegenstände davon nicht getrennt werden.

21 In der Praxis ist zu beobachten, dass im ungarisch-österreichischen Verhältnis es gleichwohl zur Trennung des Nachlasses kommt, d.h., die ungarischen Behörden führen das Verfahren nur hinsichtlich der beweglichen Vermögensgegenstände auf ungarischem Gebiet durch, wie der Erbschein durch Beschluss in Bezug auf den Vermögensgegenstand in Ungarn auch

---

1 § 7 Tvr. lautet: „(1) Von der Anwendung des ausländischen Rechts ist abzusehen, wenn das gegen die ungarische öffentliche Ordnung verstößt.
(2) Von der Anwendung des ausländischen Rechts darf nur deshalb nicht abgesehen werden, weil das gesellschaftlich-wirtschaftliche System des ausländischen Staates vom ungarischen abweicht.
(3) Anstelle des nicht angewendeten ausländischen Rechts findet das ungarische Recht Anwendung."

von den österreichischen Behörden nicht gerne ausgegeben wird. Der Grund dafür ist die ähnliche, jedoch trotzdem abweichende Nachlasspraxis der beiden Länder, die beiden unterschiedlichen Sprachen des Verfahrens sowie die Tatsache, dass die Erbschaft in Ungarn *ipso iure* übergeht, in Österreich wird der Nachlass übertragen.

Mit Geltung der **EU-ErbVO** ab dem 17.8.2015 sind die Regelungen des Europäischen Nachlasszeugnisses in Nachlasssachen der österreichischen Erblasser anzuwenden.

IV. Erwerbsbeschränkungen für ausländische Erben

Im ungarischen Recht gibt es kaum Gründe, die die Erbfähigkeit des Erben beschränken. Als ein solcher gilt jedoch § 9 des Gesetzes Nr. CXXII aus dem Jahr 2013, wonach eine ausländische natürliche Person außerhalb der Mitgliedstaaten der Europäischen Union sowie inländische oder ausländische juristische Personen (mit einigen Ausnahmen, z.B. die Kirchen) **kein Eigentum am Ackerboden** erwerben können. Von dieser Beschränkung bleibt die gesetzliche Erbfolge unberührt.

Die nicht als Landwirt geltende inländische natürliche Person (und Bürger eines Mitgliedstaates) kann – es sei denn, sie ist ein naher Angehöriger des Rechtsvorgängers – Eigentum am Boden dann erwerben, wenn die Grundfläche des in ihrem Besitz befindlichen Bodens zusammen mit der Grundfläche des zu erwerben beabsichtigten Bodens 1 Hektar nicht überschreitet. Das Erwerbslimit ist bei Landwirten 300 Ha. Die gesetzliche Erbfolge am Ackerboden wird durch keine Rechtsvorschrift beschränkt. Nach dem Gesetz sind die nahen Angehörigen der Ehegatte, der Verwandte in gerader Linie, Adoptiv-, Stief- und Pflegekind, Adoptiv-, Stief- und Pflegeeltern und die Geschwister.

Das Ende 2013 verabschiedete Gesetzes Nr. CXXII über den Verkehr der land- und forstwirtschaftlichen Flächen hat neue, verfassungsmäßig noch nicht in Frage gestellte Regelungen eingeführt. Nach diesen hat der erkennende Richter oder der in der Nachlasssache handelnde Notar bei einem Vergleich vor dem Notar oder dem Gericht, sofern er eine land- oder forstwirtschaftliche Fläche betrifft, für die vorherige behördliche Bewilligung die zuständige Verwaltungsstelle für Landwirtschaft zu ersuchen, den Vergleich zwischen den Parteien/Erben nur mit deren Zustimmung zu genehmigen.

Eine ähnlich neue, ungewöhnliche und umstrittene Lösung ist für den Fall bestimmt, dass das Testament Ackerboden an einen Erbe zukommen lässt. In diesem Fall übermittelt der handelnde Notar die letztwillige Verfügung – im Rahmen des Nachlassverfahrens – in Bezug auf das Eigentum am Boden zwecks Genehmigung an die Verwaltungsstelle für Landwirtschaft.

Die Verwaltungsstelle für Landwirtschaft prüft, ob der Erbe erwerbsfähig ist und die letztwillige Verfügung nicht die Verletzung oder Umgehung der Beschränkung des Eigentumserwerbs zur Folge hat. Die Verwaltungsstelle für Landwirtschaft teilt ihre Entscheidung auch dem Notar mit. Verweigert die Verwaltungsstelle für Landwirtschaft die Genehmigung des Eigentumserwerbs zugunsten des Erben, ist diese Verfügung des Testaments als unwirksam anzusehen.

B. Materielles Erbrecht

I. Einführung

Das ungarische Erbrecht erhielt im Jahre 2013 die heutige Form. Die neuen Vorschriften sind in Nachlasssachen bei Erbfällen nach dem 15.3.2014 anzuwenden. Grundlage der

Änderung ist das Gesetz Nr. V aus dem Jahr 2013 über das Bürgerliche Gesetzbuch, das das frühere Bürgerliche Gesetzbuch aufgehoben hat. Auch in das neue ungarische Erbrecht wurden speziell ungarische Rechtsinstitute übernommen, die nicht einmal in den Zeiten des dunkelsten politischen Terrors aufgehoben wurden. Von diesen ist in erster Linie die sogenannte **Rückfallerbfolge** hervorzuheben, deren vorrangiges Ziel ist, das von der Familie auf den Erblasser übertragene Vermögen vor der Erbberechtigung des Ehegatten wieder der Familie zukommen zu lassen.

29 Das neue **Ptk.** (Abkürzung für „Ungarisches Bürgerliches Gesetzbuch") hat die gesetzliche Erbfolge in vielen Punkten geändert. Die Vorschriften über die Erbfolge des Witwers/der Witwe des Erblassers/der Erblasserin wurden wesentlich geändert, mag er/sie zusammen mit den Abkömmlingen oder – als neues Rechtsinstitut – zusammen mit den Eltern des Erblassers erben. Bei der Erbfolge der Vorfahren hat das neue Gesetz einen neuen Stamm (Parentel) eingefügt, folglich erscheint neben dem bisherigen Stamm der Eltern und der Großeltern auch der Stamm der Urgroßeltern. In gewisser Hinsicht wurden die Regeln der Rückfallerbfolge strenger. Die Formvorschriften des Testaments wurden vereinfacht und neue Testamentsformen wurden eingeführt. Unter bestimmten Voraussetzungen ist nunmehr auch die Nacherbschaft zulässig. Die Neuregelung hat darüber hinaus die Höhe des Pflichtteils herabgesetzt. Das neue Bürgerliche Gesetzbuch erkennt die gesetzliche Erbfolge des Lebenspartners gänzlich nicht an und tritt auch von der schüchternen Öffnung des früheren Gesetzes zurück. Das Buch 7 des neuen Bürgerlichen Gesetzbuches über die Erbfolge hat auch in der Struktur eine wesentliche Änderung erfahren, indem es – das Primat des Grundsatzes des Willens anerkennend – zuerst die Vorschriften der testamentarischen Erbfolge und im Anschluss daran die Vorschriften der gesetzlichen Erbfolge abhandelt.

II. Gesetzliche Erbfolge

1. Die gesetzliche Erbfolge, Erbrecht des Staates

30 Die Erbfolge tritt ein aufgrund einer Verfügung von Todes wegen (letztwillige Verfügung) oder aufgrund Gesetzes. Ist keine letztwillige Verfügung vorhanden, ist die gesetzliche Erbfolge maßgebend. Sind keine Erben vorhanden, geht der Nachlass auf die ungarische Staatskasse über. Der **Fiskus** ist gesetzlicher, sog. notwendiger Erbe (§ 7:74 Ptk.). Er darf die Erbschaft nicht ausschlagen.

31 Die Regeln der gesetzlichen Erbfolge kennen zwei Erbfolgen: die allgemeinen Vorschriften der gesetzlichen Erbfolge und als spezielle Regelung die Vorschriften der Rückfallerbfolge.

2. Das gesetzliche Erbrecht der Abkömmlinge

32 Nach der allgemeinen Vorschrift der gesetzlichen Erbfolge sind die Kinder die Erben des Erblassers untereinander zu gleichen Teilen. Das ungarische Recht kennt das **Repräsentationsprinzip** *(ius repraesentationis)*, d.h., beim Wegfall des Abkömmlings erben dessen Abkömmlinge gemeinsam soviel, wie der weggefallene Vorfahr allein geerbt hätte. Hat der weggefallene Abkömmling keine Abkömmlinge, erhöht sein Erbteil den Erbteil der anderen Abkömmlinge. Die Erbberechtigung der Abkömmlinge als gesetzliche Erben kommt der Erbberechtigung aller anderen Erben zuvor.

3. Das gesetzliche Erbrecht des Ehegatten

Sind keine Abkömmlinge vorhanden und sind die Eltern des Erblassers schon vor dem Erblasser verstorben, erbt der Ehegatte nach der allgemeinen Erbfolge und wird Alleinerbe (§ 7:76 Ptk.). 33

Neben den Abkömmlingen ist der Ehegatte an der mit dem Erblasser gemeinsam bewohnten **Wohnung** und den dazugehörenden Einrichtungs- und Ausstattungsgegenständen zum **Nießbrauch** berechtigt (§ 7:58 Ptk.). Der Nießbrauch dauert bis zum Tod der Witwe/des Witwers. Nach der Neuregelung des Bürgerlichen Gesetzbuches darf der Nießbrauch nicht beschränkt und dessen Ablösung gegenüber dem Ehegatten nicht beantragt werden. Der Witwer kann jedoch – im Hinblick auf die Zukunft – die Ablösung des Nießbrauchs zu jeder Zeit beantragen (§ 7:59 Ptk.). Die Ablösung des Nießbrauchs hat unter Berücksichtigung der billigenswerten Interessen des Ehegatten und des Abkömmlings zu erfolgen. Aus dem abgelösten Vermögen steht dem Ehegatten – in natura oder in Geld – ein Kindesteil zu. Das Recht des Witwers/der Witwe, die Ablösung des Nießbrauchs zur jeder Zeit, also sogar 30 Jahre nach dem Tod des Erblassers, zu beantragen, kann gegebenenfalls auch bedeuten, dass die im Vergleich zum Erblasser viel jüngere Witwe die Ablösung des Nießbrauchs vor ihrem Tod beantragen kann und so aktives Vermögen für den mit dem Tod erlöschenden Nießbrauch erhält und dadurch ihren eigenen, gegebenenfalls mit dem Erblasser nicht gemeinsamen gesetzlichen Erben Vermögen zukommen lässt. 34

Dem Ehegatten des Erblassers steht neben dem Abkömmling ein Kindesteil aus dem übrigen Teil des Nachlasses außer der gemeinsam bewohnten Wohnung zu. 35

Leben die Eltern des Erblassers und sind keine Abkömmlinge vorhanden, erbt der Ehegatte des Erblassers die mit dem Erblasser gemeinsam bewohnte Wohnung und die zugehörenden Einrichtungs- und Ausstattungsgegenstände. 36

Die Hälfte des übrigen Nachlasses wird vom Ehegatten des Erblassers, die andere Hälfte von den Eltern des Erblassers zu gleichen Teilen geerbt. Anstelle des von der Erbfolge weggefallenen Elternteils erben der andere Elternteil und der Ehegatte des Erblassers zu gleichen Teilen. Im Falle des weggefallenen Elternteils kommt das Repräsentationsprinzip nicht zur Geltung. 37

Die Regeln des ehelichen Vermögensrechts sind in Buch 4 des Bürgerlichen Gesetzbuches enthalten. Als gesetzliches System des Vermögensrechts wird weiterhin die **Gütergemeinschaft** deklariert (§ 4:34 Ptk.). Im Sinne der Vorschriften der Gütergemeinschaft gehört jeder Vermögensgegenstand zum Gesamtgut, der in Buch 4 des Ptk. nicht als Sondergut vorgesehen ist, wie 38
- der beim Zustandekommen der Gütergemeinschaft vorhandene Vermögensgegenstand;
- der während des Bestehens der Gütergemeinschaft geerbte oder als Geschenk erhaltene Vermögensgegenstand und die erbrachte unentgeltliche Leistung;
- das dem Ehegatten als dem Erzeuger eines geistigen Eigentums zustehende Vermögensrecht mit Ausnahme der während des Bestehens der Gütergemeinschaft fälligen Vergütung;
- die Zuwendung für den von seiner Person erlittenen Nachteils;
- der zum persönlichen Gebrauch bestimmte Vermögensgegenstand im üblichen Umfang; ferner
- der gegen den Wert des Sonderguts erworbene Vermögensgegenstand und der an die Stelle des Sonderguts tretende Wert.

39 Die Gütergemeinschaft **endet**, wenn
- die Ehegatten die Gütergemeinschaft im Ehevertrag hinsichtlich der Zukunft ausschließen;
- sie vom Gericht während der ehelichen Lebensgemeinschaft aufgehoben wird; oder
- die eheliche Lebensgemeinschaft aufgehoben wird.

40 Der zum Sondergut gehörende Vermögensgegenstand, der an die Stelle des der alltäglichen Lebensführung dienenden Einrichtungs- und Ausstattungsgegenstands tritt, wird nach einer ehelichen Lebensgemeinschaft von fünf Jahren zum Gesamtgut (§ 4:38 Abs. 3 Ptk.).

41 Die Ehegatten können von dieser Ordnung schon vor der Eheschließung oder während der ehelichen Lebensgemeinschaft abweichen und stattdessen die Teilung des Gesamtguts vereinbaren oder ein sogenanntes Güterstandssystem vorschreiben. Auf den Vertrag über die **Gütertrennung** kann sich gegenüber Dritten nur dann berufen werden, wenn diese Tatsache in das von den Notaren geführte Register der Eheverträge und vermögensrechtlichen Verträge der Lebenspartner eingetragen wurde.

42 Die Grundlage der Gütergemeinschaft bildet das Zusammenleben bzw. die Aufrechterhaltung der gefühlsmäßigen und wirtschaftlichen Vermögensgemeinschaft. Die Beendigung des Zusammenlebens löst die Gütergemeinschaft und das Erbrecht des überlebenden Ehegatten auf (§ 7:62 Ptk.) zusammen mit der Erbeinsetzung, es sei denn, das Testament wurde nach Beendigung des Zusammenlebens bekräftigt (§ 7:46 Ptk.).

43 Ist ein von einem ausländischen Gericht ergangenes **Scheidungsurteil** anzuerkennen, hebt dieses infolge der Ehescheidung auch die Beziehung der gesetzlichen Erbfolge auf. Das Erscheinen des ehemaligen Ehegatten kann nicht zur Folge haben, dass ihm als gesetzlicher Erbe ein Erbschein ausgestellt (der Nachlass amtlich übergeben) wird.[2]

44 Der Ehegatte ist zur Erbfolge nicht berechtigt, wenn beim Erbfall die **Lebensgemeinschaft zwischen den Ehegatten nicht mehr bestand** und aus den Umständen des Falles offensichtlich war, dass es keine Aussicht zur Wiederherstellung der Lebensgemeinschaft gab. Bestand die eheliche Lebensgemeinschaft zur Zeit des Erbfalls nicht mehr, kann sich auf den Wegfall des Ehegatten aus der Erbfolge nur derjenige berufen, der durch den Wegfall selber erben würde oder der von der durch die Verfügung von Todes wegen auferlegten Verpflichtung oder anderen Last befreit wäre.

45 Hat der Erblasser die Ehe unter solchen Umständen geschlossen, dass die Lebensgemeinschaft wegen seines nahen Todes nicht mehr verwirklicht werden konnte, kann der Ausschluss des überlebenden Ehegatten aus der Erbfolgen aus dem Grund nicht festgestellt werden, dass zwischen den Ehegatten keine Lebensgemeinschaft bestand.[3]

46 Vor dem Ehegatten erben die in den Elternstamm gehörenden Erben und auch die weiteren Verwandten dieses Stammes, wenn die besondere gesetzliche Erbfolge, d.h., die **Rückfallerbfolge**, eintritt (siehe näher Rn 53 ff.). Dem Ehegatten steht jedoch bei der Rückfallerbfolge der Nießbrauch zu. Bei einer Ablösung des Nießbrauchs steht dem überlebenden Ehegatten ein Drittel des Vermögens der väterlichen oder mütterlichen Linie zu. Im Falle der Rückfallerbfolge kann nicht nur der Witwer die Ablösung des Nießbrauchs beantragen, sondern auch die Erben; die Ablösung des Nießbrauchs an der mit dem Erblasser gemeinsam bewohnten Wohnung und der zugehörenden Einrichtungs- und Ausstattungsgegenstände kann gegenüber dem Ehegatten nicht beantragt werden.

---

[2] BH (Sammlung der Urteile des Obersten Gerichtshofs) 1988. 145. I.
[3] PK (Zivilrechtliches Kollegium des Obersten Gerichtshofs) Nummer 117, BH 1977/546.

4. Die gesetzliche Erbfolge der Eltern und der weiteren Verwandten

Ohne Abkömmlinge und Ehegatten erben die Eltern des Erblassers zu gleichen Teilen untereinander. Anstelle der weggefallenen Eltern erben deren Abkömmlinge derart, wie anstelle des Kindes dessen Abkömmlinge. Ist ein Elternteil ohne weiteren Abkömmling früher verstorben, werden der andere Elternteil bzw. dessen Abkömmlinge die alleinigen Erben (**Elternstamm**). Ohne Verwandte im Elternstamm sind die Großeltern des Erblassers die gesetzlichen Erben. An Stelle des weggefallenen Großelternteils erben dessen Abkömmlinge bzw. der andere Großelternteil wie der andere Elternteil im Elternstamm. Fällt ein Großelternpaar ohne Abkömmlinge weg, erbt das andere Großelternpaar bzw. im Falle ihres Wegfalls erben dessen Abkömmlinge (**Großelternstamm**).

Als neues Institut erscheint im Wortlaut des Bürgerlichen Gesetzbuches der als literarische Rarität vorkommende **Urgroßelternstamm**. Der Urgroßelternstamm wird angewendet, wenn es in der Erbfolge nach dem Erblasser keine Großeltern und Abkömmlinge der Großeltern gibt. In diesem Fall sind die Urgroßeltern des Erblassers die gesetzlichen Erben zu gleichen Teilen. Anstelle des weggefallenen Urgroßelternteils erben dessen oder deren Abkömmlinge derart, wie anstelle der weggefallenen Großeltern deren Abkömmlinge. Hat der weggefallene Urgroßelternteil keine Abkömmlinge oder können diese nicht erben, erbt an dessen oder deren Stelle sein oder ihr Urgroßelternpaar, wenn auch er oder sie weggefallen ist, an seiner oder ihrer Stelle seine oder ihre Abkömmlinge. Ist ein Urgroßelternpaar weggefallen und gibt es an seiner Stelle keine Abkömmlinge oder können diese nicht erben, wird der ganze Nachlass vom anderen Urgroßelternpaar oder von seinen Abkömmlingen geerbt.

Fallen der Eltern-, Großeltern- und Urgroßelternstamm vollkommen weg, sind die Erben die weiteren Verwandten der aufsteigenden Linie, die bereits zu gleichen Teilen erben (**unvollständiger Stamm**).

5. Erbrecht aufgrund Adoption

Nach dem ungarischen Erbrecht ist nur die Adoption von Minderjährigen zulässig. Die Adoption kann eine offene oder eine Inkognito-Adoption sein. Bei offenen Adoptionen bleiben die leiblichen Eltern des Kindes bekannt, bei Inkognito-Adoptionen wird das Kind im Personenstandsregister so eingetragen, als wären die Adoptiveltern die leiblichen Eltern. Durch die Adoption erwirbt das Adoptivkind denselben Personenstand wie das leibliche Kind. Nach dem neuen Bürgerlichen Gesetzbuch ist dies jedoch für das Erbrecht nicht mehr von Bedeutung.

Nach der geltenden Regelung bleibt das gesetzliche Erbrecht des Adoptivkindes nach seinen leiblichen Verwandten von der Adoption nur in dem Fall unberührt, wenn der Adoptivelternteil Verwandter in gerader aufsteigender Linie, Bruder oder Schwester oder anderer Abkömmling der Verwandten des Adoptivkindes in gerader aufsteigender Linie war (§ 7:72 Ptk.).

Nach dem Adoptivkind erben in erster Linie seine Abkömmlinge und sein Ehegatte, in Ermangelung an Abkömmlingen sein Ehegatte und seine Adoptiveltern, in Ermangelung an Abkömmlingen und Ehegatten die Adoptiveltern und deren Verwandten nach den Vorschriften der gesetzlichen Erbfolge. Die Adoptiveltern und deren Verwandten erben dann, wenn die Adoption bis zum Erbfall bestanden hat. Nach dem Adoptivkind erben seine leiblichen Verwandten nur dann, wenn der Adoptivelternteil Verwandter in gerader aufsteigender Linie, Bruder oder Schwester oder anderer Abkömmling der Verwandten des Adoptivkindes in gerader aufsteigender Linie war (§ 7:73 Ptk.).

Tóth

6. Besondere Regeln der gesetzlichen Erbfolge (Rückfallerbfolge)

53 Die Rückfallerbfolge beruht auf dem uralten ungarischen Grundsatz, dass das von dem Geschlecht stammende Vermögen auf die Familie zurückfällt, von der es stammt, und nicht bei einer „fremden", d.h., beim Ehegatten bleibt. Diese merkwürdige, heute vielleicht schon anachronistisch erscheinende Regel blieb sogar in der härtesten Epoche der politischen Diktatur aufrecht und wurde auch im neuen Bürgerlichen Gesetzbuch beibehalten, mit Rücksicht darauf, dass es als eine als gerecht empfundene Regelung tief im rechtlichen Bewusstsein des ungarischen Volkes verwurzelt ist.

54 Die Rückfallerbfolge ist eine Art der gesetzlichen Erbfolge. Der Erblasser ist jederzeit berechtigt, das Recht zur Rückfallerbfolge zu überschreiben. Der Erblasser kann die Rückfallerbfolge durch ein Testament ausschließen. Von den Erben der väterlichen oder mütterlichen Linie sind die Eltern zum Pflichtteil berechtigt. Die Rückfallerbfolge tritt also nur ein, wenn der Erblasser ohne Testament und Abkömmlinge verstorben ist. In diesem Fall sind die von der Familie stammenden Vermögensgegenstände und der Zugewinn zu trennen. Für den Zugewinn gelten die allgemeinen Vorschriften der Erbfolge (siehe Rn 38), für die von der Familie stammenden Vermögensgegenstände sind die hier beschriebenen speziellen Regeln maßgebend.

55 Als **von der Familie stammend** gelten jene Vermögensgegenstände, die dem Erblasser unentgeltlich, d.h. durch Erbfolge oder Schenkung, von den Vorfahren zugekommen sind. Die Rückfallerbfolge ist an dem von dem Bruder oder der Schwester geerbten oder geschenkt bekommenen Vermögensgegenstand zulässig, wenn der Bruder oder die Schwester oder der Abkömmling des Bruders oder der Schwester von einem mit dem Erblasser gemeinsamen Vorfahren geerbt oder geschenkt bekommen hat. In Bezug auf die gewöhnlichen Geschenke und die gewöhnlichen Einrichtungs- und Ausstattungsgegenstände kommt die Regelung der Rückfallerbfolge gegenüber dem überlebenden Ehegatten nicht mehr zur Geltung.

56 Die **Erben der väterlichen oder mütterlichen Linie** sind in erster Linie die Eltern des Erblassers (die im Falle eines Testaments auch Pflichtteilsberechtigte sind) und die Geschwister bzw. Großeltern und weitere Vorfahren. Die Rückfallerbfolge erstreckt sich nicht auf die Abkömmlinge der Großeltern. Die Vorschriften der Rückfallerbfolge erstrecken sich nicht auf Vermögensgegenstände, die zum Zeitpunkt des Todes des Erblassers nicht mehr vorhanden sind, und auf die gewöhnlichen Geschenke. In diesen Fällen gibt es weder einen Erstattungs- noch einen Ersatzanspruch.[4] Als strengere Vorschrift gilt nunmehr, dass sich die Regeln des Vermögens der väterlichen oder mütterlichen Linie gegenüber der früheren Regelung auf den an die Stelle des Vermögensgegenstands der väterlichen oder mütterlichen Linie getretenen Vermögensgegenstand erstrecken.

57 Der überlebende Ehegatte des Erblassers erbt auch den **Nießbrauch** am Vermögen der väterlichen oder mütterlichen Linie. Wird der Nießbrauch des Witwers abgelöst, steht dem Nießbraucher ein Drittel des Vermögens der väterlichen oder mütterlichen Linie zu. Sowohl der Witwer als auch der Erbe der väterlichen oder mütterlichen Linie können die Ablösung des lebenslangen, jedoch durch das Witwenrecht entstehenden Nießbrauchs am Vermögen der väterlichen oder mütterlichen Linie ohne zeitliche Begrenzung veranlassen.

---

4 Zum Pflichtteilscharakter der Rückfallerbfolge siehe Rn 139 ff.

7. Nichteheliche Lebenspartner

Nach ungarischem Recht erwerben nach den Vorschriften des Bürgerlichen Gesetzbuches auch die Lebenspartner ein Miteigentum an den während der Lebensgemeinschaft erworbenen Gegenständen. Das Gesamtgut der Lebenspartner entsteht aus der Tatsache des Zusammenlebens, wenn sich die Partner durch einen gemeinsamen Vermögensbeitrag ein Zuhause schaffen. Die den Lebenspartnern zustehenden Rechte, wie z.B. der Unterhalt, stehen dem Lebenspartner nach § 4:86 Ptk. nur dann zu, wenn die Lebensgemeinschaft mindestens ein Jahr bestanden hat und aus der Lebenspartnerschaft ein Kind hervorgegangen ist.

Die Lebensgemeinschaft und die Lebenspartnerschaft haben keinen Einfluss auf die Erbfolge. Der Lebenspartner ist **kein gesetzlicher Erbe**. Er kann seinen Anspruch ohne einen Vertrag zwischen den Partnern gegen die Erben im Nachlassverfahren nur durchsetzen, wenn die Erben den Anspruch anerkennen. In allen anderen Fällen kann der Anspruch nur im Gerichtsverfahren unter dem Rechtstitel Miteigentum im Sinne des Bürgerlichen Gesetzbuches oder als Gläubigerforderung geltend gemacht werden.

In der ungarischen Praxis sind Verträge zwischen den Lebenspartnern über die Regelung der Vermögensverhältnisse äußerst selten, weil die Partner dies meiden, da sie voraussetzen, dass der andere Partner dies als Zeichen des Misstrauens ansehen würde. Die Vermögensrechtlichen Verträge zwischen den Lebenspartnern sind ebenfalls in das in Rn 41 erwähnte Register der Eheverträge und Vermögensrechtlichen Verträge der Lebenspartner einzutragen, damit ihre Bestimmungen gegen Dritte durchgesetzt werden können.

8. Die Ausgleichung (Erbausgleich)

Die Ausgleichung beruht darauf, dass der Erblasser ein Testament aufgesetzt hätte, wenn er nicht gewollt hätte, dass seine Abkömmlinge vom Nachlass zu gleichen Teilen beteiligt werden. Eine Ausgleichung erfolgt, wenn ein Abkömmling vom Erblasser noch zu dessen Lebzeiten eine unentgeltliche Zuwendung erhalten hat. Die Ausgleichung löst diese Ungleichheit auf. Nach der Ausgleichung werden im Erbfall bei der Feststellung des Erbteils jene unentgeltlichen Zuwendungen, die die Abkömmlinge zu Lebzeiten des Erblassers erhalten haben, berücksichtigt, und bei der Feststellung der Erbteile fällt der Abkömmling weg, der eine außer Verhältnis stehende große Zuwendung erhalten hat. Beeinträchtigt die Höhe dieser Zuwendung den Pflichtteil der anderen und erfolgte die Zuwendung innerhalb von 10 Jahren vor dem Erbfall, haftet der Begünstigte bis zur Höhe des Pflichtteils. Bei der Festsetzung des Erbteils der mit der Zuwendung begünstigten Person steht ihm die Differenz über der Zuwendung zu. Übersteigt die Zuwendung den Erbteil, verletzt jedoch keinen Pflichtteil, ist sie als aus der Erbschaft befriedigt anzusehen; die Differenz braucht jedoch nicht zurückgezahlt zu werden.

Die Ausgleichung ist in erster Linie bei der gesetzlichen Erbfolge zulässig. Sie ist weiterhin auch dann zulässig, wenn die Abkömmlinge gemeinsam nach ihren Verwandten erben.

Bei einer Ausgleichung ist nur jene **Zuwendung** auszugleichen, die der Abkömmling vom Erblasser mit der Bedingung der Anrechnung erhalten hat. Die gewöhnlichen Geschenke und der Unterhalt der bedürftigen Angehörigen bilden eine Ausnahme. Die gemeinsam erbenden Abkömmlinge sind auch dann durch die Ausgleichungspflicht belastet, wenn sie den ihrem gesetzlichen Erbteil entsprechenden Anteil aufgrund der Verfügung von Todes wegen des Erblassers erben.

Eine wesentliche Frage ist, welcher **Wert** bei der Ausgleichung zu berücksichtigen ist. Das Gesetz sieht in erster Linie den Wert zur Zeit der Zuwendung vor. Wäre dieser jedoch schwer unbillig, kann das Gericht bewilligen, dass ein Wert zu einem anderen Zeitpunkt berücksichtigt wird.

III. Testamentarische Erbfolge

1. Allgemeines

65 Die **Testierfähigkeit** beginnt offiziell mit dem 18. Lebensjahr. Ab dem vollendeten 14. Lebensjahr kann jedoch der Minderjährige in der Form einer notariellen Urkunde letztwillig verfügen. Letztwillig kann nur persönlich verfügt werden.

66 Für die Feststellung des testamentarischen Charakters der Urkunde ist es erforderlich, dass diese eine **Vermögensverfügung** für den Fall des Todes des Erblassers enthält und sich äußerlich als vom Erblasser stammend zeigt (§ 7:12 Ptk.). Das ungarische Recht kennt die **Testierfreiheit**, d.h., der Erblasser kann – abgesehen von den Beschränkungen des Pflichtteils – letztwillig frei verfügen. Letztwillig kann nur persönlich verfügt werden. Das Bürgerliche Gesetzbuch bestimmt, wann eine Verfügung von Tod wegen als **Testament** angesehen werden kann: „Die Feststellung des testamentarischen Charakters der Urkunde bedarf, dass diese eine Vermögensverfügung für den Fall des Todes des Erblassers enthält und sich äußerlich als vom Erblasser stammend zeigt."

67 Grundsätzlich lässt das ungarische Recht die Einsetzung eines **Nacherben** nicht zu, allerdings gibt es bei zwei Tatbeständen Ausnahmen.

68 Eine besondere Art der Erbschaft ist die Anordnung eines **Vermächtnisses**. Hierbei ordnet der Erblasser zu Lasten des Nachlasses einen Vermögensgegenstand oder eine Leistung an, die hinsichtlich des Nachlasses nicht als Erbschaft angesehen werden kann. Bekannt sind das **Vorausvermächtnis**, wenn der Erblasser dem Erben eine Zuwendung über den Erbteil bestimmt, ferner das **Untervermächtnis**, das der Vermächtnisnehmer herauszugeben hat, und weiterhin das **Nachvermächtnis**. Die Vermächtnisse können sachenrechtliche und schuldrechtliche Formen haben.

69 Das ungarische Recht kennt auch den Begriff der **Auflage**. Im Falle einer Auflage wird die an dem Nachlass beteiligte Person vom Erblasser mit einer an einen Dritten zu erfüllenden Verpflichtung beschwert und die im Testament bestimmte Person zur Forderung berechtigt. Die Erfüllung einer Auflage, zu deren Forderung das Testament niemanden berechtigt, kann vom Testamentsvollstrecker und von den an dem Nachlass beteiligten übrigen Personen beansprucht werden. Die Erfüllung einer Auflage im öffentlichen Interesse kann auch von der zuständigen Behörde beansprucht werden.

70 Nach ungarischem Recht kann in einem öffentlichen Testament, Privattestament und ausnahmsweise in einem mündlichen Nottestament letztwillig verfügt werden. Das **gemeinschaftliche Testament** der Ehegatten ist zulässig. Zulässig ist außerdem, dass Ehegatten mit einem Dritten einen gemeinsamen **Erbvertrag** abschließen.

2. Öffentliches Testament

71 Gemäß § 7:14 Ptk. kann ein öffentliches Testament nur vor einem Notar errichtet werden. Bei der Feststellung der Gültigkeit des öffentlichen Testaments sind die Vorschriften über die Abfassung einer öffentlichen Urkunde nach §§ 122–133 Kjtv. (ungarisches Gesetz über die Notare) zu berücksichtigen. Das öffentliche Testament gilt als öffentliche Urkunde, d.h., die darin festgehaltenen Tatsachen sind bis zum Beweis des Gegenteils als wahr anzunehmen.

Beschränkt geschäftsfähige Minderjährige und die hinsichtlich ihrer Vermögenserklärungen teilweise beschränkt Volljährigen, Blinde bzw. Personen, die des Schreibens oder des Lesens nicht kundig oder zur Unterzeichnung ihres Namens unfähig sind, können ausschließlich in einem öffentlichen Testament letztwillig verfügen. Wer jedoch nur mit Druckbuchstaben schreiben kann und sich mit den Regeln der Verwendung der Groß- und Kleinbuchstaben nicht im Klaren ist, kann noch nicht als schreibunkundig angesehen werden. Die Verwendung von großen Druckbuchstaben setzt in jedem Fall – wenn auch auf einem primitiven Niveau – die grundlegende Kenntnis des Schreibens und Lesens voraus.[5] Der Zustand, der Unterzeichnung des Namens unfähig zu sein, darf nicht bloß dadurch festgestellt werden, dass die testamentarische Unterschrift des Erblassers schwer lesbar ist; das Gesetz lässt nämlich eine solche Auslegung nicht zu.[6]

Die Urschrift des öffentlichen Testaments bleibt beim Notar, der die Tatsache der Errichtung des Testaments und den Verwahrungsort des Testaments in das von der Ungarischen Notariatskammer geführte **Landesregister der Testamente** einträgt. Der Testator erhält eine beglaubigte Ausfertigung. Da das Nachlassverfahren in Ungarn von den Notaren durchgeführt wird, fragt der zuständige Notar in jeder Nachlasssache das Register ab. Das Testament kann also nicht verschwinden oder vergessen werden.

Das Gesetz über die Notare[7] enthält keine Zuständigkeitsvorschriften hinsichtlich der Aufnahme eines öffentlichen Testaments, d.h., jeder Notar ist dazu in dem eigenen Tätigkeitsbezirk berechtigt. Hat der Notar dafür den Testator aufzusuchen, ist dazu nur der in dem gegebenen Tätigkeitsbezirk zuständige Notar berechtigt (§ 12 des Gesetzes über die Notare). Die ungarischen Notare dürfen nur im gesetzlich vorgesehenen Zuständigkeitsbereich handeln, der grundsätzlich mit dem Zuständigkeitsbereich des Amtsgerichts gleich ist. Die Notare in Budapest dürfen auf dem ganzen Gebiet der Hauptstadt amtliche Verfahren durchführen.

3. Privattestament

Das Bürgerliche Gesetzbuch sieht als allgemeine Vorschrift für Privattestamente vor, dass dieses wirksam ausschließlich in der Sprache errichtet werden kann, der der Testator mächtig ist und in der er bei einem eigenhändigen Testament schreiben bzw. bei einem von einem anderen niedergeschriebenen Testament lesen kann.

4. Allographes Privattestament

Die **häufigste Form** der Privattestamente ist das allographe Privattestament, das vom Erblasser nicht eigenhändig geschrieben wird. Das Testament kann nicht als eigenhändig geschrieben angesehen werden, wenn es vom Testator mit der Maschine geschrieben wurde. Das stenografisch oder mit einer von der gewöhnlichen Schrift abweichenden sonstigen Zeichen- oder Zifferschrift aufgesetzte Privattestament ist unwirksam. Die Errichtung eines allographen Privattestaments kann auf zweierlei Weisen erfolgen: entweder durch Beiziehung von Zeugen oder durch Hinterlegung beim Notar. In beiden Fällen ist die Einhaltung der folgenden Formvorschriften vorgeschrieben (§ 7:17 Ptk.):

---

5 Pfv. II. 20.165/1993 des Obersten Gerichtshofs.
6 Pfv. V. 21.342/1995 des Obersten Gerichtshofs.
7 Gesetz Nr. XLI aus dem Jahr 1991.

– Die Eigenschaft der Urkunde als Testament soll sich aus der Urkunde selbst heraus ergeben (Nr. 38). Die Urkunde soll ferner das Datum enthalten und vom Erblasser – in Anwesenheit von Zeugen, wenn die Gültigkeit Zeugen bedarf – unterschrieben sein oder die Unterschrift soll vor den Zeugen als seine eigene anerkannt worden sein. Ferner soll es auch von den beiden Zeugen unterschrieben sein. Im Falle des beim Notar persönlich hinterlegten Testaments ist die Beiziehung von Zeugen nicht erforderlich.
– Das aus mehreren Blättern bestehende schriftliche Privattestament ist nur dann gültig, wenn jedes Blatt mit laufenden Nummern, ferner mit der Unterschrift des Testators und – wenn die Gültigkeit des Testaments Zeugen bedarf – mit der Unterschrift der beiden Zeugen versehen ist.

77 In der früheren Praxis war eines der häufigsten **Formmängel** der Testamente das **Fehlen des Datums**. Das jetzt geltende Bürgerliche Gesetzbuch hat diese – früher an einem unheilbaren Formmangel leidenden – letztwilligen Verfügungen für gültig erklärt, wenn der Erbfall nach dem 15.3.2014 eingetreten ist. Diese Vergünstigung des geltenden Rechts kann Probleme hinsichtlich des internationalen Privatrechts aufwerfen, weil nach der geltenden Regelung des internationalen Privatrechts die im Ausland errichteten, nach den Vorschriften des ungarischen Rechts ungültigen Testamente als gültig anzusehen sind, die nach dem anzuwendenden Recht des Ortes der Errichtung gültig sind (§ 36 Abs. 2 Buchst. a Tvr.). Das Fehlen des Ortes der Datumsangabe kann jedoch den Beweis, wo das Testament aufgesetzt wurde, außerordentlich erschweren. Das kann natürlich nur dann Schwierigkeiten bereiten, wenn wegen des Fehlens einer bindenden Formvorschrift bewiesen werden soll, dass das Testament im Ausland aufgesetzt wurde.

78 Der Erblasser hat das Testament **eigenhändig** zu **unterschreiben**. Die Unterschrift muss nicht unbedingt an der gewöhnlichen Stelle, jedoch vom Text getrennt, erscheinen. Die Unterzeichnung des schriftlichen Privattestaments wird nicht dadurch ersetzt, dass der eigenhändig geschriebene Name des Erblassers im Wortlaut des Testaments erscheint.[8]

79 Zuwendungen an die Zeugen des schriftlichen Privattestaments oder an die bei der Errichtung mitwirkenden anderen Personen sowie ihrer Angehörigen sind ungültig, wenn dieser Teil vom Erblasser nicht eigenhändig geschrieben und unterschrieben wurde. Zuwendungen zugunsten eines Zeugen bzw. seiner Angehörigen sind ferner nur dann gültig, wenn an der letztwilligen Verfügung außer ihm noch zwei weitere Zeugen mitgewirkt haben (§ 7:19 Ptk.). Als Mitwirkender gilt der Aufsetzer, der Verfasser, Schreiber des Testaments und alle Personen, deren Tätigkeit es ermöglicht, den Inhalt des Testaments in der Sache zu beeinflussen.

80 **Zeuge** des schriftlichen Privattestaments darf keine Person sein, die
– nicht fähig ist, die Identität des Testators zu bescheinigen;
– minderjährig, geschäftsunfähig volljährig oder in der Geschäftsfähigkeit teilweise derart beschränkt ist, dass dies die Mitwirkung als Zeugen ausschließt;
– schreibunkundig ist.

81 Erfolgte die Zuwendung an eine juristische Person, so darf der Gesellschafter, der leitende Funktionsträger, ein Vertreter, das Mitglied des Aufsichtsrats und der Arbeitnehmer der juristischen Person kein Zeuge sein. Die Mitwirkung dieser Personen an der Errichtung des Testaments macht die für die juristische Person bestimmte Zuwendung unwirksam.

---

8 BH (Sammlung der Urteile des Obersten Gerichtshofs) 1981. 320. I.

Die Wirksamkeit des schriftlichen Privattestaments setzt nicht voraus, dass der Zeuge den Inhalt des Testaments kennt oder weiß, dass er an der Aufsetzung eines Testaments mitgewirkt hat.

5. Holographes Privattestament

Die andere Form des schriftlichen Privattestaments ist das holographe Privattestament, das vom Erblasser vom Anfang bis zum Ende eigenhändig geschrieben wird. Dieses Testament bedarf keiner Zeugen. Auf die Formvorschriften finden sinngemäß – d.h. unter Außerachtlassung der Zeugen – die Regeln des allographen Privattestaments Anwendung (siehe Rn 76 ff.).

6. Beim Notar hinterlegtes Testament

Nach § 7:17 Abs. 1 Buchst. a Ptk. ist das allographe Testament (siehe Rn 76 ff.) auch ohne Mitwirkung von Zeugen als gültig anzusehen, wenn es vom Erblasser bei einem Notar hinterlegt wurde. Diese Vergünstigung steht dem Testament solange zu, wie es beim Notar verbleibt. Durch die Herausnahme aus der notariellen Verwahrung verliert das Testament die Geltung.

7. Mündliches Nottestament

Das mündliche Nottestament wird im Rahmen der Neuregelung als ein Testament mit Sonderstellung ausgewiesen, dem Ausnahmecharakter zukommt (§ 7:20 Ptk.) und das an enge Voraussetzungen gebunden ist. Das mündliche Nottestament ist in erster Linie nicht für die Anwendung durch Analphabeten bestimmt, sondern ermöglicht jenen Personen die Errichtung einer letztwilligen Verfügung, die in einer ihr Leben bedrohenden außerordentlichen Lage sind und ein schriftliches Testament überhaupt nicht errichten können.

Für die mündliche letztwillige Verfügung gelten folgende zwei Voraussetzungen:
– die das Leben bedrohende außerordentliche Lage *und*
– dass der Erblasser nicht fähig ist, ein Testament in einer anderen Form zu errichten.

Diese beiden gesetzlichen Voraussetzungen müssen bei der Errichtung des Testaments gemeinsam – d.h. gleichzeitig und nebeneinander – erfüllt werden.[9] Fehlt eine der beiden Voraussetzungen bei der Errichtung des mündlichen Nottestaments, ist das Testament ungültig. Beide Voraussetzungen müssen objektiv vorliegen, d.h., wenn sich der Erblasser unwohl fühlt, jedoch nicht in einer das Leben bedrohenden außerordentlichen Lage ist, gilt das Testament als nicht errichtet, da eine der beiden Voraussetzungen fehlt.

Wenn der Erblasser, der sich in einer sein Leben bedrohenden außerordentlichen Lage befindet, sich nach der Aufnahme ins Krankenhaus auf die Errichtung des Testaments vorbereitet, auch die Zeugen zu sich ruft, gleichzeitig aber vor dem Tag der Errichtung des mündlichen Nottestaments und auch in den folgenden Tagen in einem Zustand ist, in dem er zur Unterzeichnung mit seinem Namen fähig ist und es für ihn keinen schweren Einschnitt bedeutet hätte, das Testament den Zeugen zu diktieren, dann fehlt die zweite Voraussetzung.[10]

---

9 PK Nr. 88a.
10 Oberster Gerichtshof, Pfv. 22.731/1994.

89 Hat der Erblasser innerhalb von einem Monat nach dem Ende der sein Leben gegenwärtig bedrohenden Gefahr das mündliche Nottestament schriftlich nicht bestätigt, verliert dieses automatisch die Geltung.

Praxishinweis: Aus dem Vorstehenden ergibt sich, dass das mündliche Nottestament einer außerordentlichen **Beweisführung** bedarf. In der ungarischen Praxis berufen sich die Erben oft auf diese Form, wenn der Erblasser ohne letztwillige Verfügung stirbt und die Erben versuchen, nachträglich ein Testament zu kreieren. Das ist oft nicht bloß erfunden, die gesetzlichen Voraussetzungen des mündlichen Nottestaments sind gleichwohl nicht erfüllt. Der Erblasser hat vermutlich erwähnt, dass dieser oder jener nach ihm erben solle, sein Leben war jedoch nicht in gegenwärtiger Gefahr. – Der gesetzliche Tatbestand führt zu einer Vielzahl von Rechtsstreitigkeiten, in der überwiegenden Mehrheit der Fälle stellt sich jedoch heraus, dass das Nottestament nach den Vorschriften des Bürgerlichen Gesetzbuches nicht errichtet wurde. – Bei der Abfassung des neuen Bürgerlichen Gesetzbuches wurde auch in Erwägung gezogen, diese Möglichkeit der Testamentserrichtung völlig aufzuheben. Überraschenderweise war es die Richterschaft, die dieses Rechtsinstitut in Schutz genommen hat. Neben der hohen Belastung der Gerichte sprechen auch andere Erwägungen gegen das mündliche Nottestament. Es stellt sich die Frage, wie objektiv die letztwillige Verfügung in einer das Leben gefährdenden außerordentlichen Lage ist, wie beschränkt die Einsichts- und dadurch die Testierfähigkeit das Bewusstsein und die Entscheidungsfähigkeit des Menschen zwischen Leben und Tod in dieser Lage ist.

8. Das gemeinschaftliche Testament

90 Das gemeinschaftliche Testament erscheint im neuen Bürgerlichen Gesetzbuch als neues Institut. In der Regel wird die letztwillige Verfügung von einer oder mehreren Personen in der gleichen Urkunde, gleich welcher Art, auch weiterhin untersagt. Das während des Bestehens der Lebensgemeinschaft errichtete, in derselben Urkunde abgefasste schriftliche Testament der Ehegatten wird jedoch als gültig anerkannt.

91 Die **Formvorschriften** und das Verfahren zur Errichtung des gemeinschaftlichen Testaments weichen von den allgemeinen Vorschriften ab, da es sich hier um zwei Testatoren handelt, der Gesetzgeber wollte jedoch auch eine holographe und eine allographe Form des gemeinschaftlichen Testaments zulassen.

92 Im Falle des **eigenhändigen Testaments** wird die Urkunde von dem einen Testator von Anfang bis zum Ende selbst geschrieben und unterschrieben, der andere Testator äußert sich in derselben Urkunde in einer eigenhändig geschriebenen und unterschriebenen Erklärung, dass die Urkunde auch seine letztwillige Verfügung enthält. Im Falle des **von einem anderen niedergeschriebenen Testaments** unterschreiben die Testatoren die Urkunde in beiderseitiger Anwesenheit und vor den Zeugen oder beide Testatoren geben in beidseitiger Anwesenheit und vor den Zeugen eine gesonderte Erklärung darüber ab, dass die Unterschrift auf der Urkunde ihre eigene ist.

93 Auch hier sollte die Möglichkeit bestehen, dass die Ehegatten ein **öffentliches Testament** errichten. Das neue Bürgerliche Gesetzbuch hat wahrscheinlich „vergessen", die Möglichkeit zu schaffen, dass auch die ein gemeinschaftliches Testament errichtenden Parteien den Vorteil nutzen können, der den in einer anderen Testamentsform Testierenden vom Gesetz durch die Hinterlegung beim Notar gesichert wird. Folglich ist diese Möglichkeit derzeit nicht gesichert, die erste Gesetzesnovelle wird diesen Mangel wahrscheinlich beseitigen.

94 Besteht ein gemeinschaftliches Testament aus **mehreren Einzelblättern** und wurde dieses von einer anderen Person niedergeschrieben, dann ist das gemeinschaftliche Testament

gültig, wenn jedes Blatt mit einer fortlaufenden Nummerierung versehen ist, ferner wenn jedes Blatt von den Testatoren und beiden Zeugen unterschrieben wurde. Das eigenhändige gemeinschaftliche Testament ist hingegen gültig, wenn jedes Blatt mit einer fortlaufenden Nummerierung versehen ist und jedes Blatt vom anderen Testator unterschrieben wird.

Das gemeinschaftliche Testament der Ehegatten **verliert** die Geltung, wenn
- die Lebensgemeinschaft nach Errichtung des Testaments aufgehoben und bis zum Erbfall nicht wiederhergestellt wird;
- nach seiner Errichtung den Erblassern oder einem von Ihnen ein Kind geboren wird, es sei denn, dass das Testament anders verfügt.

Der **einseitige Widerruf** einer in dem gemeinschaftlichen Testament enthaltenen Verfügung ist nichtig, wenn dieser durch das Testament ausgeschlossen wurde oder ohne die Benachrichtigung des anderen Testators erfolgte. Widerruft ein Ehegatte seine testamentarische Verfügung einseitig wirksam, bleibt das Testament des anderen Ehegatten wirksam, es sei denn, aus dem Testament ergibt sich, dass keiner der Parteien ohne die Verfügung des anderen verfügt hätte.

Das neue Bürgerliche Gesetzbuch hält weiterhin das allgemeine **Verbot der Nacherbfolge** aufrecht. Bei zwei Tatbeständen ist die Nacherbfolge jedoch gem. § 7:28 Ptk. zulässig.

Der erste Tatbestand (§ 7:28 (3) Ptk.), der nur bei der Einsetzung des Ehegatten als **Vorerben** erfüllt werden kann, entspricht dem Institut des „**fideicomissum eius quod super erit**" (sog. **restliche Nacherbschaft**). Dieses lässt die freie Anordnung des Vorerben mit der Maßgabe zu, dass „von der Einsetzung eines Nacherben das Recht des Ehegatten auf die entgeltliche Verfügung und auf das unentgeltliche Spenden in Bezug auf einen Wert, der nicht höher ist als die gewöhnlichen Geschenke, unberührt bleibt" (§ 7:28 (3) Ptk.). Der Nacherbe hat also außer seinem Erbinteresse keine zu sichernden Rechte, er kann nur so viel erhalten, was nach dem Tod des Vorerben verbleibt.

Der Vorerbe darf das geerbte Vermögen frei aufbrauchen und das Vermögen mit dem eigenen Konsum sowie entgeltlichen Geschäften unbeschränkt mindern. In diesem Fall hat er keinerlei Haftung oder Rechenschaftspflicht gegenüber dem Nacherben zulasten des sonstigen Nachlasses. Anders ist es, wenn er das Vermögen durch unentgeltliche Eigentumsübertragungen mindert, sofern diese den von den Gerichten auszulegenden Begriff der „gewöhnlichen" Geschenke überschreitet, weil der Nacherbe in diesem Fall berechtigt ist, Ersatz oder mindestens eine Art Erstattung zu fordern, da er mit einer kleineren Erbschaft, als ihm sonst zustehen würde, rechnen muss. Die Vorschrift enthält keine Aussage darüber, ob die Beschenkten haften oder der Vorerbe, gegen dessen Erben der Nacherbe zulasten des sonstigen Nachlassvermögens als Nachlassgläubiger auftreten kann. Der Nacherbe ist berechtigt zu prüfen, ob der Erblasser entgeltlich oder als gewöhnliches Geschenk den durch die Nacherbfolge betroffenen Nachlass veräußert hat.

Es ist eindeutig, dass die Nacherbfolge bei den Geschäften unter Lebenden in einer im Gesetz vorgesehenen Weise kein Hindernis der freien Verfügung darstellt, der Vorerbe darf jedoch über die den Gegenstand der Nacherbfolge bildenden Vermögensgegenständen nicht von Todes wegen weder unentgeltlich noch entgeltlich verfügen, weil diese nicht zum Nachlass gehören.

Den zweiten Tatbestand (Buch 7 § 28 Abs. 4) stellt das sogenannte „**substitutio pupillaris**" dar. Gemeint ist damit, dass der Elternteil für einen Abkömmling ohne Einsichtsfähigkeit einen Nacherben für den Fall einsetzt, dass dieser bis zu seinem Tod ohne diese Fähigkeit bleiben würde, folglich auch nicht fähig wäre zu testieren. Es kann sein, dass dieser Vorerbe

3. Vertrag zugunsten Dritter auf den Todesfall

152 Insbesondere bei Lebensversicherungsverträgen, aber auch im Zusammenhang mit Sparguthaben wird häufig zwischen Erblasser und Versicherung bzw. Bank vereinbart, dass im Fall des Todes die Versicherungsleistung bzw. das Sparguthaben an einen begünstigten Dritten ausgezahlt werden soll. In derartigen Fällen vollzieht sich der Erwerb häufig nicht erbrechtlich, sondern am Nachlass vorbei.

153 Im Verhältnis zwischen Bank/Lebensversicherung und dem Kunden (Erblasser) (sog. **Deckungsverhältnis**) liegt ein **Vertrag zugunsten Dritter auf den Todesfall** (§§ 328, 331 BGB) vor. Aufgrund dieses Vertrages zugunsten Dritter erwirbt der Dritte mit dem Tod des Erblassers gegen die Bank/Lebensversicherung das Recht, die Leistung zu fordern. Dabei vollzieht sich der Rechtserwerb des Dritten nicht erbrechtlich, sondern auf der rein schuldrechtlichen Ebene.[142] Der Vertrag nach § 331 BGB ist, obwohl er den Erwerb vom Tod des Versprechensempfängers abhängig macht, keine Verfügung von Todes wegen, sondern ein Rechtsgeschäft unter Lebenden.[143]

154 Neben dem Verhältnis zwischen dem Erblasser und der Bank besteht noch ein Rechtsverhältnis zwischen dem Erblasser und dem Empfänger der Zuwendung (dem Dritten) (sog. **Valutaverhältnis**). In diesem Verhältnis liegt regelmäßig ein Schenkungsvertrag vor. Nach h.M. ist auf einen derartigen Schenkungsvertrag, bezogen auf Vertragsansprüche zugunsten Dritter, nicht § 2301 Abs. 1 S. 1 BGB anwendbar.[144] Häufig wird der Schenkungsvertrag dabei in der Weise abgeschlossen, dass die Bank/Lebensversicherung dem Dritten, der bisher von der Zuwendung keine Kenntnis hatte, nach dem Tod des Erblassers das Schenkungsangebot überbringt. Mit Annahme der Zuwendung nimmt der Dritte konkludent auch das Schenkungsangebot an, womit der für das Valutaverhältnis notwendige Rechtsgrund zustandekommt. Die Überbringung des postmortalen Angebots durch die Bank/Lebensversicherung geht auf einen vom Erblasser erteilten Auftrag zurück. Diesen Auftrag können die Erben, sofern er von der Bank bzw. Lebensversicherung noch nicht ausgeführt wurde, widerrufen. Sofern ein solcher Widerruf wirksam erfolgt, erlangt der Dritte kein Recht zum Behaltendürfen und muss die Leistung an die Erben wieder herausgeben. Es kommt insofern zum „Wettlauf zwischen Erben und Begünstigtem".

4. Nachfolge- und Abfindungsklauseln bei Personengesellschaften

155 Soweit zum Nachlass Beteiligungen an Gesellschaften gehören, bedarf es stets einer genauen Abstimmung der gesellschaftsrechtlichen Regelung und der Regelung im Testament bzw. Erbvertrag. Dies gilt in besonderer Weise für die Beteiligung an Personengesellschaften, da diese regelmäßig nicht frei vererbbar sind (siehe Rn 6).

156 Sofern Personengesellschaften nicht mit dem Tod eines der Gesellschafter aufgelöst werden sollen bzw. die Gesellschaft mit den Erben fortgesetzt werden soll, bedarf es dafür spezieller Regelungen im Gesellschaftsvertrag. So kann durch eine sog. **Fortsetzungsklausel** geregelt werden, dass im Falle des Todes eines Gesellschafters die Gesellschaft mit den verbleibenden Gesellschaftern fortgesetzt wird. Der verstorbene Gesellschafter scheidet mit dem Tod aus der Gesellschaft aus. Sein Gesellschaftsanteil geht nicht auf die Erben über, sondern wächst

---

142 BGHZ 41, 95; BGHZ 66, 8; BGH NJW 2004, 767; Palandt/*Grüneberg*, § 331 BGB Rn 1; Staudinger/*Kanzleiter*, § 2301 BGB Rn 42.
143 Staudinger/*Kanzleiter*, § 2301 BGB Rn 42.
144 BGHZ 41, 95; BGHZ 66, 68 = DNotZ 1976, 55; BGH WM 1976, 1130; OLG Köln FamRZ 1996, 380; a.A.: *Walter*, NJW 1971, 2311; *Medicus*, Bürgerliches Recht, 19. Aufl. 2002, Rn 394, 396 ff.

keit) zugrunde liegen könne. Aus der Formulierung „zu töten versucht" lasse sich eindeutig

voiiendeten Verbrechens sei nicht notwendig, der Versuch reiche aus, um den Grund der Erbunwürdigkeit zu verwirklichen; das gelte auch für einen Anstifter oder Gehilfen. Erfor-

von Todes wegen frei zu errichten, oder die Durchsetzung des letzten Willens vereitelt bzw. eines der beiden versucht hat. Dies gilt z.B. für den, der keinen Notar zum Erblasser gerufen

trotz des ausdrücklichen Wunsches des Erblassers nicht vernichtet.

(3) Wer, um am Nachlass teilzuhaben, die Person zu töten versucht hat, die nach dem

gung eingesetzt wurde. Nicht nur das gegen das Leben des Erblassers, sondern auch jegli-

des Angriffs gegen das Leben die Beteiligung des Angreifers an der Erbschaft ist.

In der Praxis werden **Erbunwürdigkeit** einerseits und **Ungültigkeit des Testaments** ande-

Gesetzbuch enthält daher eine Regelung, wonach die erbunwürdig gewordene Person nicht nur mit dem Wegfall aus der Erbfolge bestraft wird, sondern auch die Berechtigung verliert,

Vorschriften über die Verwaltung des der elterlichen Vermögensverwaltung entzogenen

Erbfolge weg. Als **Ausschluss** gilt es, wenn der Erblasser zu Lasten eines Pflichtteilsberech-

derjenige, bei dem die Enterbungsgründe nach dem Bürgerlichen Gesetzbuch vorliegen. Wer wegen der Enterbung aus der Erbfolge wegfällt, ist nicht einmal berechtigt, die Erbschaft der an seine Stelle tretenden Person als gesetzlicher Vertreter zu verwalten. Für die Verwaltung

---

11 BH (Sammlung der Urteile des Obersten Gerichtshofs) 1991. 64. I.
12 BH (Sammlung der Urteile des Obersten Gerichtshofs) 1992. 407.

dieses Vermögens finden die Vorschriften über die Verwaltung des der elterlichen Vermögensverwaltung entzogenen Vermögens entsprechende Anwendung.

114   Die **Enterbungsgründe** sind die folgenden (§ 7:78 Ptk.):

115   (1) Der Erbe ist unwürdig, den Erblasser zu beerben. Die **Erbunwürdigkeitsgründe** wurden bereits ausführlich dargestellt (siehe Rn 107 ff.).

116   (2) Der Erbe hat **zum Nachteil des Erblassers** eine **Straftat** begangen. Dieser Enterbungsgrund wird verwirklicht, wenn der Pflichtteilsberechtigte ein Verbrechen zum Nachteil des Erblassers verübt, das ansonsten keine Erbunwürdigkeit zur Folge hat.

Es ist nicht erforderlich, dass wegen der Straftat ein Verfahren eingeleitet und die Tat von einem Strafgericht in einem rechtskräftigen Urteil festgestellt wird. Eine „Straftat" ist sowohl das Verbrechen als auch das Vergehen. Bei der Beurteilung der Schwere der Straftat geht die Rechtsprechung davon aus, dass diese gesetzliche Bestimmung keine strafrechtliche Kategorie ist, die Straftat sei daher immer im Rahmen des Verhältnisses zwischen dem Erblasser und dem Pflichtteilsberechtigten zu beurteilen. So sei etwa die Tätlichkeit in der Elternteil-Kind-Beziehung aufgrund der menschlichen Aspekte und der verwandtschaftlichen Beziehungen zu beurteilen.[13] Die Rechtsprechung betrachtet die Tätlichkeit des Abkömmlings gegen den Erblasser immer als eine schwere Straftat. In der Rechtsprechung werden die Delikte gegen das Leben, die körperliche Unversehrtheit, den guten Ruf, die persönliche Freiheit und das Vermögen des Erblassers immer als Straftat qualifiziert.

117   (3) Der Erbe hat den **Verwandten des Erblassers in gerader Linie oder seinen Ehegatten zu töten versucht** oder ein anderes schweres Verbrechen begangen. Diese Handlung setzt Vorsatz voraus. Das bedeutet zugleich, dass der Täter deliktsfähig, d.h. geschäftsfähig sein muss, denn nur Handlungen einer geschäftsfähigen Person gelten als vorsätzliches Verhalten, das ihr vorgeworfen werden kann.[14]

118   (4) Der Erbe hat seine **gesetzliche Unterhaltspflicht gegenüber dem Erblasser schwerwiegend verletzt**. Die Unterhaltspflicht muss „schwerwiegend" verletzt worden sein. Wann die Verletzung der Unterhaltspflicht als schwerwiegend gilt, ist unter Würdigung aller Umstände festzustellen. Die Rechtsprechung betrachtet es nicht als schwerwiegende Verletzung, wenn der Unterhaltspflichtige den Unterhalt erst aufgrund eines rechtskräftigen Urteils zahlt. Es gilt ebenfalls nicht als Vernachlässigung der Unterhaltspflicht, wenn der zum Unterhalt Verpflichtete eine andere Person (Pfleger, Betreuer) zur Erfüllung der Leistung in Anspruch nimmt oder den zu Hause nur schwer zu versorgenden Angehörigen in einem Altenheim, Pflegeheim o.Ä. unterbringt.

119   (5) Der Erbe führt einen **unsittlichen Lebenswandel**. Als unsittlich gilt eine Lebensführung, die die Sittlichkeitsregeln regelmäßig und schwer verletzt. Die Rechtsprechung betrachtet z.B. die Verletzung der Regeln der sexuellen Sitten, den Lebenswandel als Alkoholiker oder Straftäter und das Verkommensein als unsittlich, was auch nach öffentlicher Auffassung jeweils als unsittlich und verachtungswürdig gehalten wird.[15] Die öffentliche Gesinnung selbst kann sich ändern, einzelne Gewohnheiten, Moden, die früher noch verurteilt worden sind, z.B. das Zusammenleben als Lebenspartner, können später als natürlich erscheinen. Wird die jeweilige Handlung von der öffentlichen Gesinnung nicht verurteilt, ist das Verhalten jedoch nach dem subjektiven Werturteil des Erblassers unsittlich, kann es nicht als

---

13 BH (Sammlung der Urteile des Obersten Gerichtshofs) 1996. 39; BH 1992. 463.
14 BH (Sammlung der Urteile des Obersten Gerichtshofs) 1991. 64.
15 Polgári Jogi Döntvénytár (Sammlung der Entscheidungen des Bürgerlichen Rechts) 1986–1989. Rechtsfall 259, Közgazdasági és Jogi Könyvkiadó Budapest, 1990; BH 1989. 312.

Enterbungsgrund angenommen werden. Für die Frage, ob der Enterbungsgrund verwirklicht wurde, ist auf den Zeitpunkt der die Enterbung enthaltene Verfügung von Todes wegen und nicht auf den Zeitpunkt des Erbfalls abzustellen.

(6) Der Pflichtteilsberechtigte, der zu einer zu vollstreckenden **Freiheitsstrafe** verurteilt wurde, hat seine Strafe noch nicht verbüßt.

(7) Der Erblasser kann seinen Ehegatten auch wegen des die **ehelichen Pflichten grob verletzenden Verhaltens** enterben. Als ein solches Verhalten gilt alles, was nach allgemeiner Auffassung mit dem sittlichen Inhalt der Ehe nicht vereinbar ist, so z.B. die Verletzung der ehelichen Treue oder das Unterlassen der Pflege und Unterstützung des Ehegatten. Die allgemeine Auffassung stuft auch die Verweigerung des Geschlechtsverkehrs als ein solches Verhalten ein. Zur Verwirklichung dieses Enterbungsgrundes ist es nicht erforderlich, dass die eheliche Lebensgemeinschaft aufgehoben oder die Scheidung beantragt wird. Dieser Enterbungsgrund kann natürlich nur vor dem Hintergrund der gegenseitigen Vereinbarung zwischen den Eheleuten geprüft werden. Bei einem monogamen ehelichen Zusammenleben scheint die Beurteilung des Tatbestands eindeutig, bei einer offenen Ehe sind andere Aspekte miteinzubeziehen.

(8) Der Erbe hat dem Erblasser die ihm **zumutbare Hilfe nicht geleistet**, als der Erblasser diese gebraucht hätte. Die Verfasser des neuen Bürgerlichen Gesetzbuches haben sich intensiv mit der Frage auseinandergesetzt, welche Freiheit sie dem Erblasser bei der Aufrechterhaltung des Pflichtteils in der Verfügung über seinen ganzen Nachlass geben, d.h., aus welchen Gründen jemand enterbt werden kann. Die Auflistung der Enterbungsgründe ist nicht vollkommen, weil man auch oft an der Formulierung der Vorschrift fühlt, dass Genauigkeit nicht angestrebt wurde. Der Begriff „zumutbare Hilfe" wartet auf jeden Fall darauf, von der Rechtsprechung ausgefüllt zu werden, weil dieser Ansatz bisher weder auf der normativen Ebene noch in der Rechtsprechung genommen wurde.

(9) Den volljährigen Abkömmling kann der Erblasser auch wegen **groben Undanks** enterben. Ein neuer, unbekannter Begriff ist auch der grobe Undank, der bisher höchstens als Grund für die Rückforderung des Geschenks erschienen ist. Hier handelt es sich nicht um die Unterlassung der Unterhaltspflicht, auch deswegen nicht, weil der Vorfahre über die für seinen Unterhalt notwendige finanzielle Deckung verfügt. Im gegebenen Verhältnis der Angehörigen gilt jedoch z.B. auch die Vernachlässigung der Heilung der Vorfahren (Elternteil, Großelternteil usw.) seitens des Pflichtteilsberechtigten als grober Undank.

Ebenfalls unter diesen Enterbungsgrund können die nicht als Straftaten qualifizierten Rechtsverletzungen fallen, wie z.B. Tatsachenbehauptungen oder Äußerungen seitens des volljährigen Abkömmlings, die den guten Ruf des Erblassers verletzen oder seine Ehre beschädigen.

Der Gesetzgeber wollte mit diesem Tatbestand auch jene Pflichtteilsberechtigte sanktionieren, die zwar keine Unterhaltspflicht verletzen, weil der Erblasser keines Unterhalts bedarf, mit ihm jedoch einfach **keinen persönlichen Kontakt** halten. Ein solcher Erbe ist der Beteiligung am Pflichtteil nicht würdig.

(10) Der Erblasser kann den Elternteil auch wegen eines Verhaltens enterben, das auch die **Aufhebung des elterlichen Sorgerechts** begründet. Ein neuer, ausschließlich gegen den Elternteil durchzusetzender Ausschlussgrund ist in § 7:78 Abs. 3 Pkt. geregelt. Der Elternteil kann enterbt werden, wenn dieser ein Verhalten zeigt, das auch die Aufhebung des elterlichen Sorgerechts begründet. Aus dieser Formulierung des Gesetzes folgt auch, dass die Aufhebung des elterlichen Sorgerechts durch ein rechtskräftiges Urteil keine Vorausset-

zung der Enterbung ist; erforderlich ist nur, dass die in Buch 4 (Familienrecht) [§ 4:91 Ptk.] geregelten Voraussetzungen für die Aufhebung des elterlichen Sorgerechts bestehen.

125 Die Tatsache, dass der Erblasser im Testament den Enterbungsgrund beschrieben hat, befreit das Gericht von der **Beweisführung** nicht. Das Vorliegen des Enterbungsgrunds muss von demjenigen bewiesen werden, der unter Berufung auf die Enterbung erben will.[16]

126 Die Enterbung ist ungültig, wenn der Erblasser ihren Grund vor der Errichtung des Testaments **verziehen** hat und er die Enterbung auch ohne Widerruf der nachträglichen Verzeihung aufhebt. Ist die Enterbung ungültig, hat der Erbe Anspruch auf den Pflichtteil. Bei durch nachträgliche Verzeihung aufgehobener Enterbung erfolgt die Erbfolge nach den allgemeinen Vorschriften.

4. Erbverzicht

127 Auf die Ausführungen in Rn 165 bis 169 wird verwiesen.

5. Ausschlagung der Erbschaft

128 Die Ausschlagung der Erbschaft ermöglicht das Recht auf den Verzicht auf die Erbschaft nach dem Erbfall. Der ausschlagende Erbe ist so anzusehen, als sei er **aus der Erbfolge weggefallen**. Im heutigen Ungarn ist angesichts zahlreicher überschuldeter Nachlässen die Ausübung des Ausschlagungsrechts nicht selten, so dass dann der Fiskus erbt.

129 Bestimmte Vermögensgegenstände können auch **gesondert ausgeschlagen** werden. Beispielsweise können das der landwirtschaftlichen Produktion dienende Landgut, die zugehörigen Einrichtungs- und Ausstattungsgegenstände, der Viehbestand und die Arbeitsgeräte gesondert ausgeschlagen werden, wenn der Erbe sich beruflich nicht mit der Landwirtschaftsproduktion beschäftigt.

130 Eine neu eingeführte Vorschrift regelt den Fall, dass der Erbe sowohl nach der Verfügung von Todes wegen als auch nach der gesetzlichen Erbfolge erbt. In diesem Fall ist er berechtigt, den unter dem einen Rechtstitel erworbenen Teil auch selbstständig auszuschlagen.

131 Eine an eine Bedingung oder Zeit gebundene, eingeschränkte Ausschlagung und die nicht zulässige Teilausschlagung sind unwirksam.

132 Hat der Erbe nach dem Erbfall auf das Recht der Ausschlagung ausdrücklich oder stillschweigend **verzichtet**, kann er die Erbschaft nicht mehr ausschlagen. Als Verzicht auf das Ausschlagungsrecht ist die Inbesitznahme der Erbschaft oder eine sich auf den Nachlass beziehende sonstige Handlung anzusehen, aus der sich der zweifellose Wille des Erben zur Annahme der Erbschaft entnehmen lässt. Als Verzicht gilt auch, wenn der Erbe innerhalb der von dem in der Nachlasssache handelnden Notar – auf Antrag eines Beteiligten – gesetzten Frist keine Erklärung über die Ausschlagung der Erbschaft abgibt.

6. Ausfall des Ehegatten wegen Auflösung der Lebensgemeinschaft

133 Durch Auflösung der Lebensgemeinschaft wird der überlebende Ehegatte *ipso facto* erbunfähig, vorausgesetzt, es gab keine Aussicht auf Wiederherstellung der Lebensgemeinschaft. Auf den Wegfall des Ehegatten aus der Erbfolge kann sich derjenige berufen, der durch den Wegfall selber erben würde oder von der durch die Verfügung von Todes wegen auferlegten Verpflichtung oder von sonstigen Pflichten befreit wäre.

---

16 BH (Sammlung der Urteile des Obersten Gerichtshofs) 1993. 358.

Folge der Auflösung der Lebensgemeinschaft ist, dass das zugunsten des Ehegatten oder des Lebenspartners während der Lebensgemeinschaft errichtete Testament ungültig ist, wenn die Lebensgemeinschaft beim Erbfall nicht besteht und aus den Umständen des Falls offensichtlich ist, dass es keine Aussicht auf Wiederherstellung der Lebensgemeinschaft gab und der Erblasser dem Ehegatten oder Lebenspartner keine Zuwendung zuteil lassen wollte.

7. Wegfall der Vorerben und der Nacherben

Das Bürgerliche Gesetzbuch enthält keine Regelung für den Fall, dass der Vorerbe bzw. der Nacherbe wegfällt. Es kann nur aus den allgemeinen Vorschriften abgeleitet werden, dass in dem Fall, dass der Vorerbe aus der Erbfolge wegfällt, der Nacherbe als Ersatzerbe anzusehen ist. Fällt der Nacherbe weg (z.B. bei seinem Tod vor dem Vorerben), so treten hinsichtlich des Vermächtnisses seine Erben an seine Stelle.

V. Pflichtteilsrecht

1. Allgemeines

Der Pflichtteil bestimmt die den Erben verbindlich zustehende Mindestzuwendung. **Pflichtteilsberechtigt** sind die Abkömmlinge, der Ehegatte und die Eltern des Erblassers, wenn sie beim Erbfall ohne letztwillige Verfügung gesetzliche Erben des Erblassers wären.

Nach § 7:80 Ptk. liegt dem Pflichtteil der reine Wert des Nachlasses – d.h. der Wert nach Befriedigung der Nachlassverbindlichkeiten – sowie der reine Wert der vom Erblasser unter Lebenden, gleich an wen, gemachten unentgeltlichen Zuwendungen zur Zuwendungszeit zugrunde (siehe Rn 145 ff.). Ist die Berechnung des Werts der Zuwendung zur Zuwendungszeit für einen Beteiligten schwer unbillig, kann das Gericht den Wert der Zuwendung unter Berücksichtigung der Umstände feststellen. Bei der Berechnung des reinen Werts des Nachlasses dürfen Vermächtnisse und Auflagen nicht als Lasten berücksichtigt werden.

2. Pflichtteil der Abkömmlinge

Die Höhe des Pflichtteils eines Abkömmlings richtet sich nach dem gesetzlichen Erbteil und beträgt ein Drittel von diesem. Bei der Bestimmung der Höhe des Pflichtteils ist zuerst der gesetzliche Erbteil zu bestimmen und dieser ist zu dritteln.

3. Pflichtteil der Eltern

Die Höhe des Pflichtteils der Eltern richtet sich ebenfalls nach dem gesetzlichen Erbteil. Unter dem Titel Pflichtteil kann der Elternteil auf ein Drittel seines gesetzlichen Erbteils Anspruch erheben. Bei der Feststellung des Pflichtteils des Elternteils sind jene Vermögensgegenstände, die auf ihn nach den allgemeinen Vorschriften der Erbfolge, und jene Vermögensgegenstände, die auf ihn als Vermögen der väterlichen oder mütterlichen Linie übergehen, getrennt zu berücksichtigen.

Ist kein Ehegatte vorhanden, teilen die erbenden Eltern das Zugewinnvermögen; das Vermögen der väterlichen oder mütterlichen Linie wird von dem Elternteil geerbt, von dessen Stamm das Vermögen auf den Erblasser übergegangen ist. Die Berechnungsgrundlage des Pflichtteils ist in diesem Fall zweifach, weil das Zugewinnvermögen und das Vermögen der väterlichen oder mütterlichen Linie gesondert festzustellen sind. Der Pflichtteil des Elternteils ist also hinsichtlich des Zugewinnvermögens ein Drittel des gesetzlichen Erbteils (ein

Viertel des vollständigen Zugewinnvermögens), ferner ein Drittel des von seinem Stamm übergegangenen Vermögens.

4. Pflichtteil des Ehegatten

141 Auch der Pflichtteil des Ehegatten richtet sich nach seinem gesetzlichen Erbteil, je nachdem, ob er auch den Nießbrauch oder nur das Eigentum erbt (d.h. ob er zusammen mit den Abkömmlingen oder ohne Abkömmlinge erbt). Sind keine Abkömmlinge vorhanden, erbt der Ehegatte den Nießbrauch, sofern es im Nachlass Vermögen der väterlichen oder mütterlichen Linie gibt, oder er erbt zusammen mit den Eltern des Erblassers. Erbt der Ehegatte zusammen mit den Abkömmlingen, steht ihm unter dem Titel gesetzliche Erbfolge auch der Nießbrauch zu. Der dem Ehegatten in Form des Nießbrauchs zustehende Pflichtteil ist ein **beschränkter Nießbrauch** (siehe Rn 144), der ihm seine Bedürfnisse mit Rücksicht auf die von ihm geerbten Vermögensgegenstände sichert. Der im Wege der gesetzlichen Erbfolge den Nießbrauch erbende Ehegatte kann seinen Pflichtteil auch derart verlangen, als wäre sein Nießbrauch abgelöst worden.

142 Sind keine Abkömmlinge vorhanden, hängen die Erbschaft und der Pflichtteil des Ehegatten davon ab, ob es im Nachlass Vermögen der väterlichen oder mütterlichen Linie gibt oder nicht bzw. ob die Eltern des Erblassers den Erblasser überlebt haben. Gibt es im Nachlass kein Vermögen der väterlichen oder mütterlichen Linie und leben die Eltern des Erblassers nicht mehr, erbt der Ehegatte den ganzen Nachlass als gesetzlicher Erbe; die Grundlage des Pflichtteils ist in diesem Fall der nach § 7:80 Ptk. berechnete Wert. Gibt es keine anderen Erben, ist es gleichgültig, ob es im Nachlass Vermögen der väterlichen oder mütterlichen Linie gibt oder nicht. In diesem Fall erbt der Ehegatte jedes Vermögen und ihm steht aus jedem Vermögen ein Pflichtteil zu. Das Gleiche gilt auch, wenn es im Nachlass kein Vermögen der väterlichen oder mütterlichen Linie gibt.

143 Setzt der Erblasser seinen Ehegatten zum **Alleinerben** ein, führt dies zu einer Kollision zwischen dem Nießbrauch und dem Pflichtteil. In diesem Fall ist der beschränkte Nießbrauch des überlebenden Ehegatten auch gegenüber dem Pflichtteil zu sichern. Der Ehegatte darf nicht in eine ungünstigere Lage geraten, weil es ein Testament zu seinen Gunsten gibt. Diese testamentarische Zuwendung ist jedoch bei der Feststellung des Maßes des Nießbrauchs anzurechnen.

144 Die Höhe des Nießbrauchs des Ehegatten hängt davon ab, unter welchen finanziellen Umständen der Erblasser und sein Ehegatte gelebt haben und welchen Wert das Nachlassvermögen hat. Bei der Feststellung des **Umfangs (Anteils) des beschränkten Nießbrauchs** ist zu berücksichtigen, dass dem Ehegatten die Weiternutzung der Ehewohnung – soweit diese das notwendige Maß nicht überschreitet – gesichert werden muss. Das Maß des Nießbrauchs kann aber beschränkt werden bei einem mit der Nutzung der Wohnung nicht unbedingt zusammenhängenden, gesondert nutzbaren Nebengebäude oder einem größeren und die begründeten Bedürfnissen des überlebenden Ehegatten überschreitenden, eventuell nicht genutzten Garten oder einer anderen, zum Anbau geeigneten Bodenfläche. Soweit die Voraussetzungen dafür vorliegen, ist der Umfang (die Art) der Nutzung genau zu bestimmen. Gegenüber dem so bestimmten Umfang der Nutzung ist der Teil des Eigentumsanteils des Erben festzustellen, an dem das Witwenrecht des überlebenden Ehegatten nicht besteht.

5. Bestimmung der Berechnungsgrundlage des Pflichtteils und die Anrechnung

Nicht zur Bemessungsgrundlage des Pflichtteils gehören: 145
- der Wert der unentgeltlichen Zuwendungen durch den Erblasser länger als zehn Jahre vor seinem Tod – gleichgültig, wem gegenüber die unentgeltlichen Zuwendungen gemacht wurden;
- der Wert einer solchen unentgeltlichen Zuwendung, die der Erblasser vor dem Entstehen der zum Pflichtteil berechtigenden Beziehung gemacht hat; der Zeitpunkt des Zustandekommens der die Pflichtteilsberechtigung entstehenden Beziehung ist bei einem ehelichen Kind und bei einem von den Ehegatten durch gemeinsame Adoption adoptierten Kind der Zeitpunkt der Eheschließung, bei einem anderen adoptierten Kind der Zeitpunkt der Adoption, ansonsten die Empfängnis des Kindes;
- der Wert der das übliche Maß nicht übersteigenden unentgeltlichen Zuwendung;
- der Wert des Unterhalts an den Ehegatten oder Lebenspartner, ferner an unterhaltsbedürftige Abkömmlinge;
- der Wert des an eine andere bedürftige Person unentgeltlich geleisteten Unterhalts in der zum Lebensunterhalt erforderlichen Höhe.

Zur Befriedigung des Pflichtteilsanspruchs ist nicht nur das zu berücksichtigen, was dem Berechtigten – gleich, unter welchem Rechtstitel – aus dem Nachlass zusteht, sondern auch alle unentgeltlichen Zuwendungen und Geschenke, die der Erblasser dem Pflichtteilsberechtigten noch zu seinen Lebzeiten gemacht hat. Die Berücksichtigung des der Befriedigung des Pflichtteils dienenden Werts erfolgt durch **Anrechnung**. Die Anrechnung verhindert, dass eine solche Person wiederholt einen Anspruch unter dem Rechtstitel Pflichtteil geltend macht, die bereits zu Lebzeiten des Erblassers Zuwendungen in der Höhe des Pflichtteils erhalten hat. Die unentgeltliche Zuwendung, deren Anrechnung vom Erblasser erlassen wurde, darf der Bemessungsgrundlage des eigenen Pflichtteils des Berechtigten zugerechnet werden, es sei denn, die Anwendung der Anrechnung verletzt den Pflichtteil eines anderen Pflichtteilsberechtigten. Die Anrechnung erfolgt auch bei der oben bereits dargestellten Ausgleichung (siehe Rn 61). 146

6. Herausgabe des Pflichtteils, Verjährung des Pflichtteilsanspruchs, Verzicht

Der Pflichtteil ist ohne jede Last und Beschränkung herauszugeben. Würde bei der Herausgabe des Pflichtteils das verbleibende Vermögen nicht einmal den beschränkten Nießbrauch des Ehegatten des Erblassers sichern, ist der den beschränkten Nießbrauch sichernde Teil des Pflichtteils nach dem Erlöschen des Nießbrauchs herauszugeben. 147

Hat der Erblasser dem Pflichtteilsberechtigten durch Beschränkung oder Belastung ein Vermögen hinterlassen, gilt die Beschränkung auf den Überschuss über den Pflichtteil. Der Erblasser kann auch verfügen, dass der Berechtigte nur seinen Pflichtteil erhält, es sei denn, er hat die Beschränkung oder die Belastung auch hinsichtlich des Pflichtteils angenommen. 148

Eine allgemeine Vorschrift über die Herausgabe des Pflichtteils bestimmt, dass der Berechtigte diesen in **Geld** beanspruchen kann. Der Pflichtteilsberechtigte kann aber in drei Fällen die Herausgabe des Pflichtteils *in natura* fordern: 149
- wenn der Erblasser in seiner Verfügung von Todes wegen so verfügte oder er zu Lebzeiten seinen Willen äußerte, dass der Pflichtteil dem Pflichtteilsberechtigten *in natura*, ggf. sogar in Form eines bestimmten Vermögensgegenstandes, herausgegeben werden solle;
- wenn die Beteiligten die Befriedigung *in natura* vereinbart haben;
- wenn die Befriedigung in Geld nach dem Ermessen des Gerichts entweder für den Berechtigten oder den Verpflichteten nachteilig wäre. Dies ist insbesondere der Fall,

wenn im Nachlass kein Bargeld vorhanden ist und der Verpflichtete den Pflichtteil wegen seiner finanziellen Lage auch nicht in bar erfüllen kann. Das kann außerdem dann angenommen werden, wenn vom Erbfall bis zur Herausgabe des Pflichtteils längere Zeit vergangen ist und sich der Wert der Vermögensgegenstände im Nachlass inzwischen wesentlich geändert hat. Das Gericht entscheidet unter Abwägung der Interessen der Parteien und aller Umstände, ob die Abweichung gerechtfertigt ist und wenn ja, in welchem Umfang. Hält es das Gericht nach diesen Aspekten für gerechtfertigt, kann es die Herausgabe des Pflichtteils ganz oder zum Teil *in natura* anordnen, auch wenn der Berechtigte die Herausgabe in Geld verlangt hat.

150 Der Anspruch auf den Pflichtteil ist keine dinglich-rechtliche, sondern eine **schuldrechtliche Forderung**. Der Berechtigte kann daher den Pflichtteil nur erlangen, wenn er seinen Anspruch gegen die für die Befriedigung des Pflichtteils haftenden Personen geltend macht. Der Anspruch auf den Pflichtteil **verjährt** in **fünf Jahren**. Die Verjährungsfrist beginnt mit dem Erbfall.

151 Der Pflichtteilsberechtigte kann auf seinen Pflichtteilsanspruch **verzichten**.[17] Der Verzicht ist an keine Formvorschriften gebunden, daher kann er ausdrücklich erklärt werden oder auch stillschweigend erfolgen. Der Pflichtteilsverzicht ist aber dem Verzicht auf die Erbschaft nicht gleichgestellt, welcher den Wegfall aus der Erbfolge zur Folge hat. Der Pflichtteilsanspruch ist – als Geldforderung mit Schuldcharakter – **abtretbar**.[18]

152 Der Anspruch auf den Pflichtteil wird mit dem Erbfall **fällig**. Der Verpflichtete hat daher – bei Herausgabe in Geld – von diesem Zeitpunkt an **Verzugszinsen** zu zahlen.[19] Der Pflichtteil erscheint im Nachlassverfahren als **Nachlassverbindlichkeit**. Jeder Pflichtteilsberechtigte kann seinen Anspruch allein geltend machen. Der Anspruch auf den Pflichtteil kann nicht als ein gemeinsames Recht angesehen werden, über das nur dann entschieden werden könnte, wenn alle Pflichtteilsberechtigten gemeinsam klagen, aber auch nicht als ein solches, bei dem sich die getroffene Entscheidung auch ohne Klage auf die übrigen Pflichtteilsberechtigten erstrecken würde.

153 Stirbt der Pflichtteilsberechtigte während des von ihm eingeleiteten Rechtsstreits, so ist dessen Rechtsnachfolger zur **Fortführung des Rechtsstreits** berechtigt. Die Rechtsprechung erkennt die Geltendmachung des Anspruchs des Rechtsnachfolgers des Pflichtteilsberechtigten im eigenen Namen jedoch nur ausnahmsweise dann an, wenn eindeutig festgestellt werden kann, dass der Pflichtteilsberechtigte seinen Anspruch auch selber durchsetzen wollte, daran aber nur durch einen außerhalb seines Willens stehenden Grund verhindert wurde. Um dies festzustellen, reicht – mangels Erklärungen oder Umstände, die auf den wahren Willen des Pflichtteilsberechtigten schließen lassen – allein die Tatsache nicht aus, dass er kurz nach dem Erblasser verstorben ist. Dies ist insbesondere dann maßgebend, wenn der Erblasser in seinem Testament – wenn auch nicht entsprechend den Regeln über die Bemessungsgrundlage des Pflichtteils – dem Pflichtteilsberechtigten eine Zuwendung zukommen ließ.

VI. Testamentsvollstreckung

154 Die Testamentsvollstreckung ist im ungarischen Recht ein **verfahrensrechtlicher** Begriff. Sie ist in den §§ 98 bis 101 Hetv. (ungarisches Gesetz über das Nachlassverfahren) geregelt.

---

17 Zum Verzicht auf die Erbschaft siehe Rn 165 ff.
18 BH (Sammlung der Urteile des Obersten Gerichtshofs) 1994. 367.
19 BH (Sammlung der Urteile des Obersten Gerichtshofs) 1996. 366.

Das Institut der Testamentsvollstreckung kommt in der Praxis nur hin und wieder vor (siehe Rn 161). Für die Rechte und Pflichten des Testamentsvollstreckers ist die Verfügung von Todes wegen maßgebend, er hat seine Aufgaben gemäß den Anordnungen des Erblassers und den Regeln der ordentlichen Bewirtschaftung zu erfüllen. Für verschiedene Aufgaben können verschiedene Testamentsvollstrecker bestellt werden. Sollten Anordnungen des Erblassers gegen Rechtsvorschriften verstoßen, so ist der Testamentsvollstrecker gleichwohl nicht von der Einhaltung jener Erblasseranordnungen befreit; kann das Ziel des Erblassers jedoch durch eine rechtmäßige Verfahrensweise erreicht werden, hat der Testamentsvollstrecker anstelle der Erfüllung der rechtswidrigen Erblasseranordnung sich rechtmäßig zu verhalten.

Bestimmt das Testament die Rechte und Pflichten des Testamentsvollstreckers nicht, ist der Testamentsvollstrecker berechtigt und verpflichtet,
– der zuständigen Behörde bei der Erstellung des Nachlassverzeichnisses behilflich zu sein und zugunsten der Erben bei Bedarf die Anordnung von Sicherungsmaßnahmen zu veranlassen;
– die Durchführung der einzelnen Verfügungen aus der Verfügung von Todes wegen vom Erben und vom Vermächtnisnehmer zu fordern und gegebenenfalls – solange die in der Verfügung von Todes wegen bedachte Person nicht selbst auftritt – zu ihren Gunsten, jedoch im eigenen Namen auch gerichtlich vorzugehen;
– den Nachlass mit der Verwaltungsbefugnis über das Nachlassvermögen in Besitz zu nehmen und
  – die Nachlassgläubiger, insbesondere bei unaufschiebbaren Auszahlungen, im eigenen Namen, jedoch zu Lasten des Nachlasses zu befriedigen,
  – die Nachlassforderungen im eigenen Namen, jedoch zugunsten des Nachlasses geltend zu machen,
  – die Gesellschafterrechte des Erblassers in einer Handelsgesellschaft (Mitgliedsrechte in einer Genossenschaft), die mit dem Erbfall auf den Erben übergegangen sind, auszuüben;
– nach Eintritt der Rechtskraft des Nachlassübergabebeschlusses (einschließlich des Teilnachlassübergabebeschlusses) dessen Bestimmungen selber durchzuführen.

Der Testamentsvollstrecker darf bei der Besorgung seiner Aufgaben in Bezug auf den zum Nachlass gehörenden Vermögensgegenstand
– keine Verbindlichkeiten eingehen bzw. keinen Vermögensgegenstand veräußern, es sei denn, die Beteiligten an der Erbfolge haben dies bewilligt;
– nicht zu Lasten des Nachlasses unentgeltlich verfügen.

Für den Testamentsvollstrecker finden – mit den im Gesetz vorgesehenen Abweichungen – die Vorschriften über den Beauftragten entsprechende Anwendung. Der Testamentsvollstrecker haftet gegenüber den Beteiligten – hinsichtlich des ihnen zustehenden Teils – für den durch seine Tätigkeit in dieser Eigenschaft verursachten Schaden nach den Vorschriften über die außervertragliche Schadenszufügung. Die Erben haben die gerechtfertigten Auslagen des Testamentsvollstreckers zu ersetzen. Hat der Erblasser den Testamentsvollstrecker am Nachlass beteiligt, wird der Wert der Beteiligung – in Ermangelung einer einschlägigen Verfügung im Testament – auf die Vergütung für die Erfüllung des Auftrags nicht angerechnet. Ein Testamentsvollstrecker kann nur im Testament oder im Erbvertrag bestellt werden (siehe Rn 162 ff.). Der Testamentsvollstrecker kann den Auftrag innerhalb von 30 Tagen nach der Benachrichtigung durch den Notar ablehnen.

158 Das Amt des Testamentsvollstreckers **erlischt**
- mit dem Ablauf der in der Verfügung von Todes wegen bestimmten Frist, dem Eintritt einer bestimmten Bedingung oder in Ermangelung dieser mit der rechtskräftigen Beendigung des Nachlassverfahrens;
- mit dem Tod des Testamentsvollstreckers oder der Auflösung der Testamentsvollstreckung;
- durch Rücktritt vom Auftrag als Testamentsvollstrecker; für den Rückstritt sind die Formvorschriften für die Annahme des Auftrags maßgebend; die Wirkung tritt mit dem Eingang beim Notar ein;
- durch Entzug des Auftrags; den Auftrag des Testamentsvollstreckers können die an der Erbfolge beteiligten Personen einstimmig durch eine in der gleichen Urkunde abgefasste Erklärung entziehen. Die Erklärung ist dem Notar zu übermitteln, der dem Testamentsvollstrecker die Entziehung unverzüglich mitteilt; die Wirkung der Entziehung tritt mit dieser Mitteilung ein;
- wenn es zur Annahme des Auftrags erforderliche gesetzliche Voraussetzungen schon nicht im Zeitpunkt der Annahme des Auftrags bestanden oder später erloschen sind.

159 Der Notar kann den Testamentsvollstrecker von der Erfüllung einzelner Verfügungen des Erblassers im Verfahren der freiwilligen Gerichtsbarkeit befreien, wenn dies vom Testamentsvollstrecker und von den an der Erfüllung der Aufgaben interessierten Personen beantragt wird und die Erfüllung der Verfügungen den Nachlass erheblich gefährden würde.

160 Erlischt der Auftrag des Testamentsvollstreckers während des Nachlassverfahrens, wird das Erlöschen des Auftrags – mit Ausnahme des Todes des Testamentsvollstreckers – vom Gemeindedirektor oder Notar auf Antrag eines Beteiligten durch Beschluss festgestellt. Die Befreiung des Testamentsvollstreckers von der Erfüllung einzelner Verfügungen des Erblassers wird vom Notar unter genauer Angabe durch Beschluss festgestellt; der Beschluss ist den Beteiligten mitzuteilen. In der Frage der Befreiung kann der Notar auch in dem das Nachlassverfahren in der Sache beendigenden Beschluss entscheiden. Das Bestehen oder der Eintritt der zur Beendigung des Auftrags und somit zur Feststellung der Enthebung notwendigen Tatsachen und Umstände sind durch eine Privaturkunde mit voller Beweiskraft oder eine öffentliche Urkunde nachzuweisen.

161 In Ungarn kann ein Testament, das den Testamentsvollstrecker zum Verkauf des Nachlassvermögens und zur anschließenden Aufteilung des eingegangenen Betrags unter den Erben verpflichtet, nicht durchgesetzt werden, weil der Notar im Nachlassverfahren verpflichtet ist, den Erben das Eigentum zu übergeben. Sie können bis zur Übergabe, d.h. bis zur Feststellung der Erbfolge, von ihrem Verfügungsrecht keinen Gebrauch machen. In der ungarischen Praxis spielt der Testamentsvollstrecker in Nachlasssachen nur selten eine Rolle.

VII. Erbvertrag

162 Im Erbvertrag verpflichtet sich der Erblasser nach § 7:48 Abs. 1 Ptk., den Vertragspartner im Hinblick auf einen gegenüber ihm bzw. einem im Vertrag bestimmten Dritten zu erbringenden Unterhalt, Leibrente bzw. Fürsorge – bezogen auf sein Vermögen, einen bestimmten Teil davon oder auf bestimmte Vermögensgegenstände – als Erben einzusetzen. Der Erbvertrag muss den Formvorschriften des allographen Testaments entsprechen. Der Erbvertrag ist eigentlich ein entgeltliches Testament; es gelten für ihn daher sämtliche Anforderungen, die auch für das Testament vorgeschrieben sind. Der Erblasser hat somit eine persönliche Erklärung abzugeben.

Der Erbvertrag ist eine Form der letztwilligen Verfügung, die es Ehegatten ermöglicht, eine gemeinschaftliche letztwillige Verfügung zu errichten (§ 73 Ptké., Gesetz über die Übergangs- und Ermächtigungsbestimmungen des Inkrafttretens des Bürgerlichen Gesetzbuches). Der zwischen den Ehegatten oder zwischen den Eltern und den Kindern geschlossene Erbvertrag ist nur dann wirksam, wenn die Höhe der Leibrente über der Höhe des gesetzlichen Unterhalts nach den familienrechtlichen Bestimmungen des Buches 4 des Bürgerlichen Gesetzbuches liegt und die Regelung nicht zu Lasten des Gesamtgutes erfolgt. Auf der Seite der Erben können auch mehrere Personen stehen; Eltern können sogar zugunsten ihres minderjährigen Kindes einen solchen Vertrag abschließen, wobei die Eltern dafür einzustehen haben, das Kind jedoch der begünstigte Erbe wird. Eine Bestimmung des neuen Bürgerlichen Gesetzbuches sieht außerdem vor, dass der Erblasser den vertraglichen Erben gegen einen an einen Dritten zu leistenden Unterhalt als Erben einsetzt, um dadurch z.B. seinen unterhaltsbedürftigen Elternteil oder sein geschäftsunfähiges Kind bzw. seinen Ehegatten zu sichern.

163

Der Erblasser kann in den Erbvertrag jedwede testamentarische Verfügung aufnehmen, eine entsprechende Verfügung des Erben ist aber unwirksam. In der Rechtsprechung wird wegen des zweiseitigen Charakters des Erbvertrags die Ansicht vertreten, dass der Erbvertrag ein sog. „aleatorischer Vertrag" ist, d.h., die vom Erbvertrag betroffenen Vermögensgegenstände gehören nicht in die Bemessungsgrundlage des Pflichtteils, unabhängig davon, welche Leistung der vertragliche Erbe erbracht hat. Diese Ansicht führt in der Praxis dazu, dass der pflichtteilsberechtigte Erbe um seinen Pflichtteil gebracht werden konnte. Nach den Vorschriften des neuen Bürgerlichen Gesetzbuches ist bei einem Erbfall innerhalb von zwei Jahren nach dem Vertragsschluss der Grundlage des Pflichtteils der durch den Wert des tatsächlichen Unterhalts, der Leibrente bzw. der Fürsorge nicht gedeckter Teil des durch einen Erbvertrag, Leibrentenvertrag oder Fürsorgevertrag veräußerten Vermögens zuzurechnen. Der Wert des übertragenen Vermögens, des geleisteten Unterhalts und der Fürsorge sowie der Betrag der Leibrente sind mit dem Wert zum Zeitpunkt des Erbfalles zu berücksichtigen.

164

VIII. Erbverzicht

Der Erbverzicht ist ein auf die Erbschaft bezogener **Vertrag**, der zu Lebzeiten des Erblassers zwischen ihm und seinen künftigen gesetzlichen Erben geschlossen wird. Der Verzicht kann sich auf den ganzen, dem Verzichtenden zufallenden Erbteil (voller Verzicht) oder auf einen Teil des dem Verzichtenden zufallenden Erbteils (teilweiser Verzicht) beziehen.

165

Der Verzicht auf die Erbfolge wirkt sich immer auf den Pflichtteil aus, d.h., der Verzicht auf den Erbteil bedeutet zugleich Verzicht auf den Pflichtteil. Der Verzicht erstreckt sich auf die Abkömmlinge bei einer Befriedigung in einer den Pflichtteil erreichenden Höhe oder bei der ausdrücklichen Erstreckung auf die Abkömmlinge. Der Verzicht kann auch gezielt zugunsten einer bestimmten Person erfolgen, wenn diese Person nach dem Erblasser erbt. Der Verzicht des Abkömmlings des Erblassers dient in Ermangelung einer abweichenden Vereinbarung den Parteien zugunsten der übrigen Abkömmlinge.

166

Der Verzicht ist ein **schriftlich** abzuschließender Vertrag, weitere Formvorschriften sind im Gesetz jedoch nicht vorgesehen. Es ist also zulässig, dass die schriftlichen Erklärungen der Parteien in gesonderten Urkunden abgefasst werden; wichtig ist aber, dass aus dem Vertrag konkret hervorgeht, worauf die Parteien verzichten bzw. ob sie auf die Sache entgeltlich oder unentgeltlich verzichten. Der Verzicht ist ein **Vertrag**, daher gelten für ihn die Vorschriften des Schuldrechts genauso wie bei anderen Verträgen. Der Verzicht kann wegen des Fehlens oder der Mangelhaftigkeit des Vertragswillens wie das Testament **ange-**

167

fochten werden. So kann der Verzicht angefochten werden, wenn der Verzichtende in Bezug auf den Inhalt seiner Verzichtserklärung im Irrtum war oder überhaupt keine Erklärung abgeben wollte oder wenn eine irrtümliche Vermutung oder später vereitelte Erwartung ihn zur Abgabe der Erklärung bestimmt hat, ferner wenn er durch rechtswidrige Drohung oder unredliche Einflussnahme zum Verzicht genötigt wurde, vorausgesetzt, dass er anderenfalls die Verzichtserklärung nicht abgegeben hätte.

168 Was den Inhalt betrifft, so kann sich der Verzicht **auf den Pflichtteil beschränken**, er kann jedoch auch allgemein lauten. Bezieht sich der Verzicht nur auf den Pflichtteil, stellt er keinen Verzicht auf jene Vermögensgegenstände dar, die unter anderen Rechtstiteln (z.B. durch testamentarische Erbeinsetzung) auf den Verzichtenden übergehen. Der Verzicht auf den Pflichtteil und im Namen der Abkömmlinge ist in keinem Maße beschränkt.

169 Der Verzicht erstreckt sich in Ermangelung einer abweichenden Vereinbarung der Parteien auf den Teil des Nachlasses, um den sich der Anteil des Verzichtenden nachträglich infolge des Wegfalls einer anderen Person erhöht, bzw. auch auf das Vermögen, das der Erblasser nach dem Verzicht erworben hat, es sei denn, es erfolgte eine so außerordentliche Anwachsung des Vermögens, dass in dessen Kenntnis die Verzichtserklärung mutmaßlich nicht abgegeben worden wäre.

IX. Verfügung über eine erwartete Erbschaft

170 Abkömmlinge des Erblassers können untereinander schon zu Lebzeiten des Erblassers einen Vertrag über ihre erwartete Erbschaft schließen, andere Personen jedoch nicht. Die Verfügung über die **erwartete (erhoffte) Erbschaft** ist ein Vertrag zwischen den erbenden Abkömmlingen und steht als solcher außerhalb des Kreises der letztwilligen Verfügungen. Gegenstand des Vertrages kann die **Erbanwartschaft** sein, darüber hinaus wird der Vertragsinhalt gesetzlich nicht beschränkt. Die Abkömmlinge können den Vertragsinhalt also frei gestalten (§ 7:54 (1) Ptk.). Zulässig ist beispielsweise eine Vereinbarung, in der die Abkömmlinge die Erbschaft *in natura* teilen, entweder ihren Eigentumsanteilen entsprechend oder sogar davon abweichend. Sie können vereinbaren, wem welcher Nachlassgegenstand gehören soll oder dass ein Abkömmling den auf ihn entfallenden Anteil teilweise oder zur Gänze den übrigen Abkömmlingen oder einem von ihnen überlässt.

171 In einem Vertrag kann die Verfügung über die erwartete Erbschaft oder der entgeltliche Verzicht darauf abgefasst werden.[20]

172 Das Gesetz fordert auch bei diesem Vertrag nicht die Einhaltung der strengen Formvorschriften des Testaments, es genügt **einfache Schriftform** (§ 7:54 Abs. 2 Ptk.). Dies liegt offensichtlich daran, dass bei diesem Vertrag nicht mit solchen Beweisschwierigkeiten zu rechnen ist wie bei einem mit dem Erblasser geschlossenen Erbvertrag oder Schenkungsvertrag von Todes wegen, zumal diese Verträge nicht auf den Fall des Todes der Vertragsparteien, sondern den des Erblassers gerichtet sind.

173 Der Vertrag **erlischt**, wenn die erhoffte Erbfolge nicht eintritt oder die Erfüllung des Vertrages aus einem von den Parteien unabhängigen Grund unmöglich wird (z.B. sind die Vermögensgegenstände, worüber die Abkömmlinge im Vertrag verfügt haben, beim Eintritt des Erbfalls nicht mehr vorhanden, oder der Erblasser hat diese testamentarisch einer anderen Person zugewandt, oder der Erblasser hat die Abkömmlinge auf den Pflichtteil beschränkt oder einen von ihnen enterbt), aber auch dann, wenn eine der Vertragsparteien

---

20 BH (Sammlung der Urteile des Obersten Gerichtshofs) 1996. 477.

stirbt und es keine Person gibt, die ihren Erbteil aufgrund der Vereinbarung über die erwartete Erbschaft erben könnte.

X. Wege der Nachlassregelung außerhalb des Erbrechts

1. Schenkungsversprechen von Todes wegen

Das Schenkungsversprechen von Todes wegen kommt in der Praxis selten vor, da das Bürgerliche Gesetzbuch seine Anwendbarkeit nur in einem äußerst beschränkten Umfang zulässt. Das Schenkungsversprechen von Todes wegen gilt als eine letztwillige Verfügung. Alleine kann es nicht zur Geltung kommen, sondern nur nach Durchführung des Nachlassverfahrens. Voraussetzung des Schenkungsversprechens von Todes wegen ist, dass der Beschenkte den Schenker überlebt, anderenfalls gelten wegen des Wegfalls des Beschenkten die Vorschriften über die gesetzliche oder testamentarische Erbfolge für die Schenkung. Anwendung finden die **Formvorschriften des Erbvertrages** (§ 7:53 (1) Ptk.) mit der Maßgabe, dass diese Rechtsgeschäfte ebenso wie der Erbvertrag mündlich nicht abgeschlossen werden dürfen.

Gegenstand des Schenkungsversprechens von Todes wegen kann nur ein Vermögensgegenstand sein, der hinsichtlich des Nachlasses lediglich als Vermächtnis gelten kann. Bei der Beschränkung des zulässigen Vertragsgegenstandes verweist das Gesetz auf die bei einem Testament als Vermächtnis geltenden Zuwendungen (§ 7:53 (2) Ptk.). Demgemäß kann Gegenstand eines Schenkungsversprechens von Todes wegen sein:

- ein **Vermögensgegenstand im Nachlass**, vorausgesetzt, dessen Zuwendung an den Beschenkten gilt nicht als Erbfolge (Sachvermächtnis);
- eine **Leistung im Vermögenswert**, die der Erbe zugunsten des Beschenkten zu erbringen hat (Schuldvermächtnis).

Dies bedeutet, dass weder der gesamte Nachlass des Erblassers noch ein bestimmter Anteil davon Gegenstand des Schenkungsversprechens von Todes wegen sein kann. Zulässiger Gegenstand kann daher nur ein den erheblichen Teil des ganzen Nachlasses ausmachender, bestimmter Vermögensgegenstand bzw. derartige Vermögensgegenstände sein und dies auch nur dann, wenn der Beschenkte nicht für Nachlassverbindlichkeiten mithaftet. Anderenfalls wäre nämlich auch ein solcher Beschenkter Erbe.

Ein testamentarisch eingesetzter Erbe kann nicht Begünstigter des Schenkungsversprechens von Todes wegen sein, da die mit dem Erblasser einen Vertrag schließende Partei nie Erbe sein kann. Zulässiger Gegenstand dieses Vertrages kann insoweit nämlich nur eine Zuwendung in Form eines Vermächtnisses sein.

2. Verfügung von Todes wegen bei Bankguthaben

Bei Bankguthaben gibt es eine besondere Möglichkeit für das Schenkungsversprechen von Todes wegen. Das unter diese Verfügung fallende Guthaben ist nicht Gegenstand der Nachlassabwicklung. Erscheint der Begünstigte beim Kreditinstitut und weist sich aus, wird ihm gegen Vorlage der Sterbeurkunde des Erblassers das gesamte Bankguthaben ausbezahlt. Im Hinblick darauf, dass der Erbe in diesem Falle ohne Durchführung des Nachlassverfahrens seine Forderung erhält, wurde auch die Ansicht vertreten, dass diese Forderung keine Bemessungsgrundlage des Pflichtteils bildet. Die Art des Erwerbs darf den Pflichtteilsberechtigten nicht in eine rechtlich nachteilige Lage bringen.

XI. Nachlassgläubiger

179 Im ungarischen Recht ist die unbeschränkte Haftung gegenüber den Nachlassgläubigern ausgeschlossen. Die Erben haften in jedem Fall bis zur Höhe des Nachlasses in erster Linie mit ihrem Erbteil (*cum viribus*-Haftung) bzw. nach ihrer Wahl mit ihrem Privatvermögen bis zur Höhe ihres Erbteils (*pro viribus*-Haftung). Ergänzend zu diesem **Haftungsgrundsatz** regelt das neue Bürgerliche Gesetzbuch nunmehr zwei weitere Themenkreise, wonach es jetzt möglich ist, dass die Erben auch über den Nachlass hinaus haften: Der Erbe haftet nunmehr auch für die Nachlasskosten und die Kosten des Nachlassverfahrens auch mit dem eigenen Vermögen (§ 7:96 Abs. 3 Ptk.).

180 Um den Kreis der Nachlassgläubiger zu ermitteln und auch gutgläubige Erben zu befreien, gibt es das Institut des **Aufrufs der Nachlassgläubiger**. Das Aufrufverfahren findet statt, wenn begründet vermutet werden kann, dass es unbekannte Nachlassverbindlichkeiten gibt. Auf Antrag des Erben ruft der Notar die Nachlassgläubiger auf, ihre Forderungen anzumelden. Der Gläubiger, der seine Forderung nicht innerhalb der im Aufgebot des Notars gesetzten Frist angemeldet hat, kann wegen der Rangordnung und des Verhältnisses der Befriedigungen der zu seiner Gruppe gehörenden Forderungen gegen die bis zu seiner Anmeldung erfolgten Befriedigungen keine Einrede erheben. Ist die Nachlassteilung bereits erfolgt, kann der Gläubiger von den Miterben nur eine Befriedigung im Verhältnis zu ihren Erbteilen fordern. Dies gilt allerdings nicht, wenn der Erbe auch ohne die Anmeldung Kenntnis von der Forderung hatte. Wird ein Aufrufverfahren nicht durchgeführt und hat der Erbe die bekannten Gläubiger befriedigt und dabei den Nachlass ausgeschöpft, so haftet er gegenüber den anderen Gläubigern mit seinem ganzen Privatvermögen (§ 7:98 (3) Ptk.).

181 Als **Nachlassverbindlichkeiten** gelten in der nachstehenden Rangfolge:
1. die Kosten einer gebührenden Bestattung des Erblassers;
2. die mit dem Erwerb, der Sicherung und Verwaltung des Nachlasses angefallenen Kosten (sog. Nachlasskosten) sowie die Kosten der Nachlassabwicklung;
3. die Schulden des Erblassers;
4. die aus dem Pflichtteil herrührenden Verpflichtungen;
5. die in Bezug Vermächtnisse und Auflagen gerichteten Verbindlichkeiten.

182 Die vorrangig eingestuften Nachlassschulden gehen bei der Befriedigung den nachgeordneten Verbindlichkeiten vor. Sollten in einer Gruppe sämtliche Forderungen nicht mehr umfassend beglichen werden können, so ist die Befriedigung im Verhältnis der Forderungen zueinander zulässig (**Quote**). Der Gläubiger, der ein Pfandrecht an einem zum Nachlass gehörenden Vermögensgegenstand besitzt, kann – ungeachtet der Rangfolge – bis zur Höhe der Sicherheit volle Befriedigung fordern.

183 Der Erbe haftet gegenüber den Gläubigern für die Nachlassverbindlichkeiten mit den Gegenständen des Nachlasses und deren Früchte. Befinden sich bei der Durchsetzung der Forderung die Gegenstände oder Früchte des Nachlasses nicht im Besitz des Erben, haftet dieser bis zur Höhe des Nachlasses auch mit seinem sonstigen Vermögen. Die Vermögensgegenstände, die nicht in den Besitz des Erben gelangt sind, ferner die Forderungen und Rechte, die nicht durchgesetzt werden konnten, sowie die nicht vorhandenen Früchte der übernommenen Vermögensgegenstände können bei der Feststellung der Erbenhaftung insoweit berücksichtigt werden, als der Erbe um diese aus einem von ihm zu vertretenden Grunde gekommen ist. Der Ehegatte ist verpflichtet, aus dem mit seinem Nießbrauch belastenden Vermögen die Befriedigung der Forderungen der Gläubiger – mit Ausnahme der auf Vermächtnissen und Auflagen beruhenden Forderungen – zu dulden. Miterben haften für Nachlassverbindlichkeiten sowohl vor der Erbteilung als auch danach als Gesamtschuldner. Der Erbe, dem der Erblasser aus dem Nachlass einen bestimmten Vermö-

gensgegenstand, der den Wert eines gewöhnliches Geschenks nicht übersteigt, zugewendet hat, haftet nur dann für die Forderungen der Gläubiger, wenn die Forderung von den übrigen Miterben nicht eingetrieben werden kann.

C. Nachlassverfahren

I. Erbfall, Ausschlagung der Erbschaft

Nach ungarischem Erbrecht erfolgt der **Erbanfall** – vorbehaltlich der Ausschlagung der Erbschaft – *ipso iure*, ohne dass eine Annahmeerklärung erforderlich ist. Die Ausschlagung der Erbschaft ist eine einseitige, nach dem Erbfall abgegebene Erklärung, in der der Erbe erklärt, er wolle nicht erben und sei so zu betrachten, als wäre er vor dem Erblasser verstorben (§ 7:89 Ptk.). Die Ausschlagung ist sowohl bei gesetzlicher als auch bei testamentarischer Erbfolge möglich. Bei testamentarischer Erbfolge erben der vom Erblasser eingesetzte Ersatzerbe oder, ist ein solcher nicht vorhanden, die gesetzlichen Erben des Erblassers.

184

II. Zuständigkeit, Erbschein, Rechtsgrundlagen

Das Nachlassverfahren wird in Ungarn seit 1886 von den **Notaren** durchgeführt. Seit Anfang der 1950er Jahre handeln die Notare nicht als Gerichtskommissare, sondern stellen die Erbfolge in eigener Zuständigkeit fest. Der **Erbschein** (**Nachlassübergabebeschluss**) stellt nicht nur die Erbfolge fest, sondern damit verbunden auch den Bestand des Nachlasses. Die Beschlüsse der Notare sind als gerichtliche Beschlüsse der ersten Instanz anzusehen. Die Wirkung eines im Nachlassverfahren geschlossenen Vergleichs ist dem gerichtlichen Vergleich gleichgestellt. Rechtsgrundlage für das Nachlassverfahren ist das Gesetz Nr. XXXVIII aus dem Jahr 2010 (**Hetv.**), bei Auslandsbezug die Gesetzesverordnung über das internationale Privatrecht (**Tvr.**).

185

III. Notwendigkeit eines Nachlassverfahrens im Inland, Nachlassverzeichnis

Ein Nachlassverzeichnis ist aufzunehmen (**Gründe im Gegenstand des Nachlasses**), wenn
1. sich im Nachlass eine Immobilie im Inland befindet,
2. sich im Nachlass eine Gesellschafter-(Aktien-)Beteiligung an einer im inländischen Handelsregister eingetragenen Handelsgesellschaft bzw. Genossenschaft befindet,
3. sich im Nachlass ein registrierter Vermögensgegenstand befindet,
4. sich im Nachlass bewegliches Vermögen befindet, dessen Wert den erbschaftsteuerfreien Wert übersteigt, oder
5. aufgrund der dem Gemeindedirektor oder dem Notar zur Verfügung stehenden Daten wahrscheinlich ist, dass der Nachlass überschuldet ist (passiver Nachlass),
6. der Erblasser durch Verfügung von Todes wegen die Errichtung einer Stiftung angeordnet hat,
7. es vom an der Erbfolge Beteiligten in Bezug auf den die Beteiligung begründenden Vermögensgegenstand geboten ist

186

187 Ein Nachlassverzeichnis ist auch dann aufzunehmen (**Gründe in der Person des Erben**), wenn der als Erbe Beteiligte
- in der Wahrnehmung seiner Erbinteressen gefährdet ist, da er
  - eine Leibesfrucht ist,
  - ein unter Vormundschaft betreffend die Geschäftsfähigkeit stehender Minderjähriger ist,
  - ein unter Vormundschaft betreffend die Geschäftsfähigkeit stehender Volljähriger ist,
  - eine Person mit unbekanntem Aufenthalt ist,
  - eine an der Führung ihrer Geschäfte verhinderte natürliche Person ist oder
- nur der ungarische Fiskus ist.

188 Daraus ergibt sich, dass bewegliche Sachen nur ausnahmsweise in das Nachlassverzeichnis aufgenommen werden, d.h. nur dann, wenn der Wert derzeit 1.000 EUR erreicht und daneben als gemeinsame Voraussetzungen die in Nr. 1–4 angeführten Aspekte verwirklicht werden. Die Herausgabe nicht registrierter Fahrnisse außerhalb des Nachlassverfahrens ist tägliche Praxis und da es keine Sanktion gibt, erleidet der Staat einen Verlust an Gebühren.

189 In der Praxis können die Erben über jene Vermögensgegenstände verfügen, die in einem Register unter dem Namen des Erblassers geführt sind. Folglich werden **Bankkonten** und **Bankeinlagen**, Wertpapiere, Pkw, geschützte Gemälde und andere Kunstschätze in jedem Fall ins Nachlassverzeichnis aufgenommen.

190 Anzumerken ist, dass Wertgutachten in der ungarischen Praxis – infolge falscher Auslegung – meist nicht den realen Wert wiedergeben. Die Werte werden mindestens um ein Drittel unter dem realen Wert angegeben. Es gibt aber auch Fälle, insbesondere bei Kunstgegenständen, wo der Schätzwert mangels Fachkenntnisse nur ein Zehntel des realen Wertes beträgt. Diese Handhabung führt zwar zu einer Ersparnis bei der Erbschaftsteuer, verschlechtert allerdings die Position des Erben bei Vereinbarungen mit Nachlassgläubigern bzw. beim Vergleich unter den Miterben bzw. bei einem späteren Verkauf, bei dem sich die Steuer nach der Differenz des Erwerbswertes und des Verkaufswertes richtet.

IV. Abwicklung von im Inland belegenem Nachlass deutscher Staatsangehöriger

1. Überblick

191 Das Nachlassverfahren lässt sich in zwei Verfahrensabschnitte einteilen. Im ersten Verfahrensabschnitt wird die Erstellung des Nachlassverzeichnisses vorbereitet, indem die Gemeindeverwaltung den Nachlass ermittelt; am Verfahren der freiwilligen Gerichtsbarkeit ist eine Verwaltungsstelle beteiligt (siehe Rn 194 ff.). Im zweiten Verfahrensabschnitt führt der Notar die Verhandlung durch, wobei er in außergewöhnlichen Fällen den Nachlass den Erben auch ohne Verhandlung übergibt. Gegen den Beschluss des Notars ist Berufung an das zuständige Gericht zweiter Instanz zulässig bzw. es kann auch ggf. Erbschaftsklage erhoben werden. Das in Nachlasssachen ausländischer Staatsangehöriger durchzuführende Verfahren unterscheidet sich ab dem 17.8.2015 hinsichtlich des anzuwendenden Personalstatuts von dem bei ungarischen Staatsangehörigen durchzuführenden Verfahren.

192 Das Verfahren **beginnt** mit dem Tod des Erblassers, sofern der Erblasser in Ungarn gestorben ist. Der Leichenbeschauer ist verpflichtet, den Todesfall dem für den Ort des Todesfalls zuständigen Gemeindedirektor durch Ausfertigung des Leichenschauscheins zu melden. Ist der Erblasser nicht am inländischen Wohnsitz gestorben, übermittelt der Gemeindedirektor den Leichenschauschein dem nach dem letzten inländischen Wohnsitz des Verstorbenen zuständigen Gemeindedirektor, falls der Verstorbene keinen Wohnsitz im Inland hatte, dem

nach der Lage des Nachlassvermögens zuständigen Gemeindedirektor. Der Todesfall kann dem Gemeindedirektor bzw. dem Notar auch von einer Person gemeldet werden, die ein rechtliches Interesse an der Einleitung des Nachlassverfahrens hat. Der Anmeldende hat den Todesfall mit der Sterbeurkunde, einem rechtskräftigen richterlichen Beschluss über die Todeserklärung oder der Feststellung der Tatsache des Todes nachzuweisen und sein rechtliches Interesse (die Eigenschaft als Erbe, Vermächtnisnehmer usw.) glaubhaft zu machen. Bei Unzuständigkeit verständigt der Gemeindedirektor bzw. der Notar den für das Nachlassverfahren zuständigen Gemeindedirektor bzw. Notar.

In Nachlasssachen **deutscher Staatsangehöriger** ist die Beifügung einer Ausfertigung der Sterbeurkunde mit beglaubigter Übersetzung Voraussetzung für die Einleitung des Nachlassverfahrens. Als **beglaubigte Übersetzung** wird nach ungarischem Recht nur eine von dem Ungarischen Nationalbüro für Übersetzungen und Beglaubigungen (*Országos Fordító és Fordításhitelesítő Iroda* – OFFI) erstellte anerkannt.[21] Soweit die Nachlasssache bereits in Deutschland verhandelt wurde, ist es zweckmäßig, auch den nationalen **Erbschein** beizufügen, weil dieser die Information über die Erbfolge erleichtert und dadurch den Abschluss des Nachlassverfahrens beschleunigt; die Beifügung bietet sich aber nicht an bei einer anderen Erbfolge nach ungarischem Recht.

2. Das Nachlassverfahren bei der Gemeindeverwaltung (erster Verfahrensabschnitt)

Das Nachlassverfahren kann auch beim zuständigen Notar eingeleitet werden (siehe Rn 205 ff.). Der Notar darf alle Handlungen vornehmen, zu denen auch die zuständige Gemeindeverwaltung befugt ist. Dennoch ist die Verfahrenseinleitung beim Notar nicht zu empfehlen, da der Notar in der Regel das Verfahren an die zuständige Gemeindeverwaltung zurückverweist gemäß § 21 Abs. 1 Hetv. Es ist daher zweckmäßiger, den Antrag auf Verfahrenseinleitung unmittelbar bei der zuständigen Gemeindeverwaltung zu stellen.

a) Zuständigkeit

Die Zuständigkeit des Gemeindedirektors ist in § 5 Abs. 5 und § 4 Abs. 1 Hetv. geregelt. Danach ist für die Erstellung des Verzeichnisses des inländischen Nachlasses der letzte inländische Wohnsitz des Erblassers, in Ermangelung eines solchen der letzte inländische Aufenthaltsort des Erblassers, wenn es einen solchen nicht gab, der inländische Ort des Todes des Erblassers, wenn auch ein solcher nicht vorhanden ist, der Ort der Lage des Nachlassvermögens maßgebend. Sind nach der Lage des Vermögens mehrere Gemeindedirektoren zuständig, kann das Verfahren vor jedem von ihnen eingeleitet werden. Zuständig wird in diesem Falle dann derjenige, vor dem das Verfahren als Erstem eingeleitet wurde.

Im Zusammenhang mit dem **Nachlass deutscher Staatsangehöriger** wird zumeist die Gemeindeverwaltung zuständig sein, die sich nach der Lage des Vermögens richtet.

b) Aufnahme des Nachlassverzeichnisses

Zweck des Nachlassverzeichnisses ist, die wesentlichen Daten über den Nachlass zu erfassen. Das Nachlassverzeichnis beinhaltet die wichtigsten Angaben zum Erblasser und zu den Erben, dazu, ob ein Testament vorliegt oder nicht, und listet ferner den aktiven und passiven Nachlass auf.

---

21 Nach der heftig umstrittenen Verordnung Nr. 24/1986 (vom 26.6.) MT des Ministerrates über die Fachübersetzung und das Dolmetschen in einheitlicher Fassung mit der Verordnung Nr. 7/1986 (vom 26.6.) IM des Justizministers über die Durchführung.

197　Bei der Aufnahme des Nachlassverzeichnisses prüft der Beamte der Gemeindeverwaltung die Antragsberechtigung zur Einleitung des Verfahrens und füllt anschließend das Nachlassverzeichnis mit den vom Antragsteller mitgeteilten Daten aus. Die Angaben zum Erblasser werden der Sterbeurkunde entnommen. Der Kreis der Erben, ihre Personalien, die Erklärung über das Vorliegen eines Testaments und der Umfang der Nachlassgegenstände werden im Nachlassverzeichnis aufgrund der Angaben des Antragstellers festgehalten.

198　Ist hiernach die Aufnahme des Verzeichnisses zulässig, ist der Sachbearbeiter verpflichtet, innerhalb von **30 Tagen** ab Eingang der Mitteilung über den Todesfall (Leichenschauschein, Todeserklärung usw.) oder des Ersuchens an den Gemeindedirektor das Verzeichnis zu erstellen. Der Sachbearbeiter verständigt dazu die ihm bekannten Beteiligten (im Inland lebende Erben, Vermächtnisnehmer, den Testamentsvollstrecker und – sofern die Bestandsaufnahmen von einem Nachlassgläubiger beantragt wurde – auch den Nachlassgläubiger) über den Ort und die Zeit der Aufnahme des Nachlassverzeichnisses. Er belehrt sie über ihr Anwesenheitsrecht bei der Aufnahme des Verzeichnisses. Das Verzeichnis wird jedoch auch in ihrer Abwesenheit aufgenommen. Die Unterlassung der Mitteilung hindert die Aufnahme nicht. Der Zeitpunkt der Verzeichnisaufnahme kann den bei dem Sachbearbeiter persönlich erscheinenden Beteiligten auch mündlich mitgeteilt werden. Den Wert der ins Verzeichnis aufgenommenen Vermögensgegenstände bestimmt die Finanzabteilung der Gemeindeverwaltung.

c) Sicherungsmaßnahmen

199　Macht ein an der Erbfolge Beteiligter glaubhaft, dass ein zum Nachlass gehörender Vermögensgegenstand gefährdet ist, kann der Gemeindedirektor bzw. der Notar noch vor der Übergabe des Nachlasses Maßnahmen zur Sicherung anordnen. Welche Maßnahmen in Betracht kommen, richtet sich nach dem Stand des Verfahrens. Beispielsweise kann der Nachlassgegenstand in richterliche, notarielle oder behördliche Verwahrung gegeben werden, bestimmte Vermögensgegenstände können in Besitz genommen werden. Geeignete Sicherungsmaßnahmen können auch die Sperrung und Sicherstellung des Gegenstandes, das Sperren des Bankkontos oder der Verkauf schnell verderblicher Vermögensgegenstände und die Verwahrung des Veräußerungserlöses sein.

200　Befindet sich im Nachlass eine Gesellschaftsbeteiligung, kann der Gemeindedirektor bzw. der Notar auf Antrag des Leiters der Gesellschaft einen Sachwalter bestellen, sofern diese Maßnahme zur Wahrung des Gesellschafts-(Genossenschafts-)Vermögens oder im Interesse der Tätigkeit der Gesellschaft (Genossenschaft) offensichtlich erforderlich ist. Bei der Beschlussfassung darüber darf der Sachwalter nicht mitstimmen, ferner darf er zu Lasten des Nachlasses keine finanziellen Verbindlichkeiten eingehen, es sei denn, er wendet dadurch Schaden von der Gesellschaft (Genossenschaft) oder den als Erben Beteiligten ab.

201　Beinhaltet der Nachlass eine Forderung, kann der Notar auf Antrag des an der Erbfolge Beteiligten für deren Eintreibung einen Sachwalter bestellen.

202　Ein **Sachwalter** kann nur bestellt werden, wenn das voraussichtliche Honorar für seine Tätigkeit, Aufwendungen und Auslagen vom Antragsteller vorausgestreckt werden. Auf die Höhe der Kosten des Nachlassverfahrens kommt es nicht an.

203　Ist das Nachlassverzeichnis erstellt, übermittelt die Gemeindeverwaltung dieses an den zuständigen Notar.

d) Aufgaben der Gemeinde beim Nachlass eines ausländischen Erblassers

Der Beamte der Gemeindeverwaltung prüft zunächst die **Staatsangehörigkeit** des Erblassers. Wird festgestellt, dass der Erblasser ausschließlich ausländischer Staatsangehöriger war oder eine Doppelstaatsangehörigkeit besaß, verständigt der Beamte der Gemeinde das Konsulat des betreffenden Staates bzw., wenn dieser keine Vertretung in Ungarn hat, die Konsularische Hauptabteilung des Außenministeriums. Bei der Prüfung der Staatsangehörigkeit ist es zweckmäßig, anhand öffentlicher Urkunden eindeutig zu beweisen, dass der Erblasser, sofern er früher einmal ungarischer Staatsangehöriger war, nun nicht mehr über die ungarische Staatsangehörigkeit verfügt, sei es durch Ausbürgerung oder Verzichtserklärung; über den jeweiligen Vorgang wird immer eine Bescheinigung ausgestellt. Besaß der Erblasser eine doppelte Staatsangehörigkeit, so ist es zweckmäßig, die ungarische Staatsangehörigkeit anhand des ungarischen Passes oder mit anderen öffentlichen Urkunden glaubhaft zu machen. Doppelstaater sind dann als ungarische Staatsangehörige anzusehen, die zweite Staatsangehörigkeit ist außer Acht zu lassen.

204

Praxishinweis: Kann die Staatsangehörigkeit nicht glaubhaft gemacht werden, hat der Notar oder der Verzeichnisreferent die in Staatsangehörigkeitssachen zuständige Stelle zu ersuchen. Das Amt arbeitet jedoch langsam und ist in der Regel erst dann bereit, die Frage, ob die betreffende Person im Zeitpunkt ihres Todes ungarischer Staatsangehöriger war, zu beantworten, wenn zuvor seinerseits gestellte Fragen beantwortet wurden. Daher ist es zweckmäßig, diese Situation zu vermeiden. Diese Aufgabe des Amtes erlischt in Nachlasssachen von EU-Bürgern allerdings am 17.8.2015.

3. Das notarielle Verfahren (zweiter Verfahrensabschnitt)

a) Zuständigkeit

Für das Nachlassverfahren ist der Notar zuständig, in dessen Amtsbezirk sich der letzte inländische Wohnsitz des Erblassers befand. Hatte der Erblasser keinen Wohnsitz im Inland, ist der Notar zuständig, in dessen Amtsbezirk der Erblasser starb. Starb der Erblasser im Ausland, so ist schließlich der Notar zuständig, in dessen Amtsbezirk sich der Nachlass befindet. Sind nach dem Vorstehenden mehrere Notare zuständig, wird das Nachlassverfahren von dem Notar durchgeführt, bei dem es zuerst eingeleitet wurde.

205

Es kann vorkommen, dass der zuständige Notar wegen eines gesetzlichen Hindernisses nicht tätig werden darf und der zuständige Notar nach § 3 der Verordnung Nr. 15/1991 (vom 26.11.) des Justizministers über die Anzahl und den Sitz der Notare nicht festgestellt werden kann. In diesem Fall wird der handelnde Notar durch den Vorstand der nach dem Sitz des Notars zuständigen Gebietsnotariatskammer bestellt. Ist der Erbe oder die an der Erbfolge beteiligte Person mit der Bestellung nicht einverstanden, kamm er/sie sich innerhalb von 15 Tagen an das nach dem Sitz der Gebietskammer zuständige Landgericht wenden.

206

b) Vorbereitung der Nachlassverhandlung

Der Notar prüft das Nachlassverzeichnis innerhalb von 15 Tagen nach Eingang. Folgende Handlungsmöglichkeiten können sich für den Notar nach Prüfung ergeben:
- Er meldet an, dass er wegen eines Ausschlussgrundes nicht handeln darf.
- Er veranlasst die Überweisung der Unterlagen aus einem Zuständigkeitsgrund.
- Er veranlasst in eigener Zuständigkeit bzw. durch das Ersuchen des Gemeindedirektors die Ergänzung des unvollständigen Verzeichnisses.
- Er stellt das Nachlassverfahren ein.

207

208 Zweck der Regelung ist, dass der Notar, sofern dem Verfahren keine rechtlichen Hindernisse entgegenstehen, die Nachlassangelegenheit möglichst in einer Verhandlung abschließt. Dazu soll der Notar die für das Verfahren notwendigen Angaben und Unterlagen bis zum Termin der Verhandlung einholen. Die verschiedenen Behörden und natürlichen Personen sind verpflichtet, den Notar durch die Übermittlung des Testaments bzw. Mitteilung der die Erbfolge betreffenden Informationen bei der Aufgabe zu unterstützen. Beispielsweise kann der Notar die Öffnung des Bankschließfachs anordnen oder von den Banken Auskünfte einholen; das Bankgeheimnis gilt nicht gegenüber dem Notar. Ist die Sache zur Verhandlung nunmehr geeignet, wird unverzüglich Termin zur Nachlassverhandlung angesetzt.

209 Im Rahmen und zum Zwecke der Vorbereitung der Nachlassverhandlung kann der Notar das geschlossene Testament des Testators öffnen (§ 48 Hetv.).
– Der Notar bestellt einen Verfahrenspfleger, wenn der Erbe keinen gesetzlichen Vertreter hat, an der Verfahrensteilnahme gehindert ist oder wenn die Ausübung der Gesellschafterrechte und -pflichten an der zum Nachlass gehörenden Gesellschaft (Genossenschaft) dies erfordert. Auf den Verfahrenspfleger sind die in der Handelsgesellschaft für die Rechtsstellung des Erben geltenden Vorschriften anwendbar mit der Abweichung, dass er nicht an Beschlussfassungen teilnehmen darf, die eine Vermögensminderung zur Folge haben können, und auch keine den Nachlass betreffenden Verbindlichkeiten eingehen darf (siehe Rn 199 ff.).
– Stellt der Notar aufgrund ihm vorliegender Angaben fest, dass ein Erbe an einer die Geschäftsfähigkeit ausschließenden oder beschränkenden Geisteskrankheit oder an einer anderen geistigen Behinderung leidet, verständigt er zwecks eventueller Einleitung eines Pflegschaftsverfahrens den zuständigen Staatsanwalt und das zuständige Jugendamt; zugleich teilt er die Angaben bezogen auf die Beteiligung des Erben mit. Das Nachlassverfahren wird im Falle der Einleitung des Pflegschaftsverfahrens bzw. bis zu dessen rechtskräftigen Beendigung ausgesetzt.
– Tritt während des Nachlassverfahrens ein Interessenkonflikt zwischen einem minderjährigen Kind und dem überlebenden Ehegatten des Erblassers auf, veranlasst der Notar beim zuständigen Jugendamt die Bestellung eines Verfahrenspflegers.
– In Nachlasssachen **ausländischer Staatsangehöriger** erkundigt sich der Notar beim Justizministerium über das anzuwendende Recht, ferner bei Vorliegen eines Testaments über die für das Testament anzuwendenden ausländischen Vorschriften.

Praxishinweis: Letzte Verpflichtung entfällt, wenn für den Nachlass in Ungarn dieselbe Erbfolge gilt wie für den Nachlass in Deutschland. Es ist daher zweckmäßig, einen in Deutschland erteilten Erbschein samt beglaubigter Übersetzung beizufügen, da der Notar in diesem Falle das anzuwendende Recht aus einer öffentlichen Urkunde ersehen kann und somit keine weiteren Erkundigungspflichten hat.

c) Ladung zur Nachlassverhandlung

210 Die wirksame Zustellung ist eine bedeutende Gültigkeitsfrage in Angelegenheiten der freiwilligen Gerichtsbarkeit. Bei nicht ordnungsgemäßer Zustellung sind Verfahrenshandlungen nur gültig, wenn sie von der Partei gesondert anerkannt werden. Die Ladung ist nichts anderes als eine Benachrichtigung über den genauen Zeitpunkt der Verhandlung, in dessen Kenntnis der Beteiligte entscheiden kann, ob er am Verfahren teilnimmt oder nicht. Wer trotz ordnungsgemäßer Ladung am Nachlassverfahren nicht teilnimmt, verzichtet auf sein Recht, in der Verhandlung Erklärungen abzugeben oder einen Vergleich zu schließen.

211 Die Ladung zur Nachlassverhandlung gilt dann als **ordnungsgemäß zugestellt**, wenn sie mindestens 15 Kalendertage vor der Verhandlung zugestellt wird oder ihre Zustellung durch

die Post versucht wurde. Die Ladung erfolgt also mit Rückschein, damit die Zustellung nachweisbar ist. Der Notar prüft nur, ob die Zustellung erfolgt ist, nicht aber, ob die geladene Person die Sendung persönlich entgegengenommen hat. Die Sendung gilt ab dem fünften Tag nach dem zweiten Zustellungsversuch als zugestellt, auch wenn der Empfänger sie nicht entgegengenommen hat. Die Ladung kann auch telefonisch oder unmittelbar mündlich erfolgen.

Der Notar setzt einen Termin für die Nachlassverhandlung und lädt dazu 212

1. **in Ermangelung einer Verfügung von Todes wegen** des Erblassers
   - die gesetzlichen Erben,
   - den Nachlassgläubiger,
   - den im Nachlassverfahren auftretenden Anspruchsteller und
   - denjenigen, der als Besitzer einer zum Nachlass des Erblassers gehörenden Sache oder als Verpflichteter eines zum Nachlass des Erblassers gehörenden und mit dem Tod auf den Erben (Vermächtnisnehmer) übergehenden Rechts oder Forderung die Ladung beantragt hat;

2. **bei Vorliegen einer letztwilligen Verfügung** unter Mitteilung ihres wesentlichen Inhalts
   - den in der Verfügung von Todes wegen angeführten als Erben als Beteiligten,
   - den pflichtteilsberechtigten gesetzlichen Erben,
   - den Testamentsvollstrecker,
   - den Nachlassgläubiger,
   - den im Nachlassverfahren auftretenden Anspruchsteller sowie
   - denjenigen, der als Besitzer einer zum Nachlass des Erblassers gehörenden Sache oder als Verpflichteter eines zum Nachlass des Erblassers gehörenden und mit dem Tod auf den Erben (Vermächtnisnehmer) übergehenden Rechts oder Forderung die Ladung beantragt hat,
   - bei einem gemeinschaftlichen Erbvertrag von Miteigentümern den den Erblasser überlebenden Miteigentümer.

Nimmt der Notar einen Umstand wahr, der auf eine eventuelle Ungültigkeit der Verfügung 213 von Todes wegen des Erblassers schließen lässt, oder hat ein gesetzlicher Erbe – trotz letztwilliger Verfügung des Erblassers – als Erbe einen Anspruch auf den Nachlass angemeldet, sind zur Nachlassverhandlung sämtliche gesetzlichen Erben zu laden.

Bei einem mündlichen Nottestament kann der Notar die damaligen Zeugen zur Nachlass- 214 verhandlung laden, falls sie keine vorherigen Erklärungen abgegeben haben. Sofern von einem an der Erbfolge Beteiligten beantragt, sind die Zeugen zwecks Protokollierung ihrer Aussage zu laden. Werden durch die Zeugenaussagen Angaben über (neue) Beteiligte bekannt, die nicht geladen wurden, so vertagt der Notar die Verhandlung.

Um die **Rückfallerbfolge** zu sichern, sind – wenn keine Abkömmlinge vorhanden sind – 215 neben dem Ehegatten des Erblassers auch die erbberechtigten Vorfahren bzw. die Verwandten der Seitenlinie zu laden, sofern nicht bereits vor der Verhandlung zweifelsfrei festgestellt werden konnte, dass das Nachlassvermögen keine väterliche oder mütterliche Linie aufweist. Alle gesetzlichen Erben sind zu laden, wenn Zweifel an der Gültigkeit des Testaments bestehen oder wenn die gesetzlichen Erben trotz Testaments einen Anspruch auf den Nachlass erheben.

In der Ladung sind die Beteiligten darüber zu **belehren**, dass die Nachlassverhandlung und 216 Beschlussfassungen gleichwohl durchgeführt werden, auch wenn sie trotz ordnungsgemäßer Ladung in der Verhandlung nicht erscheinen. Die Geladenen werden ferner auf die Möglichkeit des Vergleichs und der Inanspruchnahme der Mediation hingewiesen. In der schriftlichen Ladung sind Ort und Zeit der Verhandlung sowie jene Dokumente anzugeben, die die Geladenen zur Nachlassverhandlung mitzubringen haben. Der Erbe ist in der Ladung darüber zu informieren, wen er bevollmächtigen kann und welchen Formvorschriften die Vollmacht entsprechen muss. Da das Verfahren in ungarischer Sprache durchgeführt wird, gilt eine Ladung, die dem Geladenen, der der ungarischen Sprache nicht mächtig ist, in ungarischer Sprache zugestellt wurde, als ordnungsgemäß.

217 Für einen **im Ausland lebenden Erben** bestellt der Notar einen **Zustellungsbevollmächtigten**, sofern der Erbe keinen Bevollmächtigten bestellt hat. Der Zustellungsbevollmächtigte wird zum Verfahrenspfleger, wenn der sich an bekanntem Ort im Ausland aufhaltende Erbe nicht für seine Vertretung gesorgt hat. Lebt der Erbe außerhalb der Europäischen Union, ist er auf diplomatischem Wege zu laden. Es kostet oft Monate, bis die diplomatische Ladung zugestellt wird. Daher ist es zweckmäßig – trotz Unmittelbarkeit der Zustellung –, einen Rechtsanwalt in Ungarn mit der Vertretung des Erben zu beauftragen.

d) Vertretung im Nachlassverfahren

218 Im Nachlassverfahren können als Bevollmächtigte auftreten:
– ein Angehöriger der Partei; Angehörige sind der Verwandte der Partei in gerader Linie und dessen Ehegatte, Adoptiv- und Pflegeeltern, Adoptiv- und Pflegekind, Geschwister, Ehegatte, Verlobte und Lebenspartner, Verwandte des Ehegatten in gerader Linie, Geschwister des Ehegatten sowie Ehegatte des Bruders bzw. der Schwester;
– ein Miterbe der Partei, ferner der gesetzliche Vertreter oder Bevollmächtigte des Miterben;
– ein ungarischer Rechtsanwalt oder eine ungarische Rechtsanwaltskanzlei;
– der Vertreter der juristischen Person oder sein Bevollmächtigter.

219 Die **Vollmacht** ist schriftlich zu erteilen oder zu Protokoll zu geben. Bei schriftlicher Vollmacht hat der Bevollmächtigte dem Notar beim ersten Erscheinen die Urschrift oder eine beglaubigte Abschrift seiner Vollmacht zwecks Beifügung zu den Akten zu übergeben. Die schriftliche Vollmacht ist in der Form einer öffentlichen Urkunde oder einer Privaturkunde mit voller Beweiskraft zu errichten (§§ 195, 196 Pp. – ungarische ZPO). Wird die Vollmacht einem Rechtsanwalt erteilt und von der Partei eigenhändig unterschrieben, sind keine Zeugen erforderlich; auf das Anwaltsmandat sind im Übrigen die diesbezüglichen Sondervorschriften maßgebend. Die **im Ausland ausgestellte Vollmacht** ist in einer öffentlichen Urkunde oder einer von einem Notar beglaubigten Privaturkunde zu beurkunden. Eine solche Vollmacht muss entweder von einer Auslandsvertretung von Ungarn (Konsul, Honorarkonsul usw.) beglaubigt werden oder die beurkundete Vollmacht ist mit einer Apostille zu versehen. Allerdings brauchen Schriftstücke aus solchen Staaten, die mit Ungarn einen bilateralen Vertrag abgeschlossen haben, nicht mit einer Apostille versehen zu werden. Beispielsweise brauchen Schriftstücke aus Österreich und Frankreich oder den Beneluxstaaten mit keiner Apostille versehen zu werden, bei Schriftstücken aus Deutschland oder Schweiz ist die Apostille jedoch erforderlich. Eine beglaubigte ungarische Übersetzung der in einer Fremdsprache erteilten Vollmacht ist nur vorzulegen, wenn der Notar es für erforderlich hält.

220 Die Vollmacht kann entweder auf das gesamte Nachlassverfahren oder auf einzelne Handlungen lauten. Die Vollmacht für das gesamte Nachlassverfahren erstreckt sich auf alle Erklärungen und Handlungen im Zusammenhang mit dem Nachlassverfahren, einschließlich des Vergleichs. Eine Beschränkung der Vollmacht ist nur insoweit wirksam, als diese sich aus der Vollmacht selbst ergibt. Das Erlöschen der Vollmacht durch Widerruf, Kündigung oder Tod der Partei ist gegenüber dem Notar und den Miterben von dem Zeitpunkt

an wirksam, in dem ihnen diese Tatsache mitgeteilt wurde. Die Vertretungsmacht des Bevollmächtigten wird vom Notar in jeder Phase des Verfahrens von Amts wegen geprüft.

e) Amtliche Übergabe des Nachlasses ohne Verhandlung

Der Notar kann den Nachlass auch ohne Verhandlung übergeben.[22] Die außerhalb einer Verhandlung gefassten Beschlüsse haben zwei Formen:

Der **Erbschein** ist eine notarielle Bescheinigung, die die **Eigenschaft als Erbe und die Erbfolge** bescheinigt. Die Ausstellung eines Erbscheins ist zulässig, wenn der Antragsteller glaubhaft macht, dass zur Durchsetzung oder zum Schutz seiner Rechte die Bescheinigung der Erbfolge nach dem Erblasser erforderlich ist und
- vom Erblasser kein Nachlassvermögen hinterlassen wurde oder der Gegenstand des Nachlasses ausschließlich aus einer ausländischen Immobilie besteht oder aus solchen sich im Ausland befindlichen beweglichen Sachen, für deren Übergabe der Notar international nicht zuständig ist, oder
- der Antragsteller nachweist, dass es zwischen den als Erben Beteiligten hinsichtlich der Erbfolge keinen erbrechtlichen Streit gibt und noch kein Nachlassübergabebeschluss gefasst wurde. In diesem Falle hat der Erbschein Bindungswirkung, da der Notar keinen davon abweichenden Beschluss aufgrund eines Vergleichs über die Erbteilung fassen darf und auch die Ablösung des Witwenrechts an dem Nachlass (bzw. an dem Teil des Nachlasses, worauf sich die Ausstellung des Erbscheins bezieht) nur in Geld zulässig ist.

Der Notar setzt auf Antrag des am Nachlassverfahren Beteiligten oder von Amts wegen einen Verhandlungstermin nach den allgemeinen Vorschriften über die Nachlassverhandlung fest, wenn zur Feststellung des zur Ausstellung des Erbscheins notwendigen Sachverhalts die Anhörung der Beteiligten erforderlich ist.

Der Erbschein bescheinigt, unter welchem Rechtstitel und in welchem Verhältnis der Erbe erbt, ferner – soweit bekannt – welchen Bestand der Nachlass hat und dessen Wert schließlich der Höhe der angemeldeten Nachlassverbindlichkeiten. Gegen den vom Notar ausgestellten Erbschein bzw. gegen den die Ausstellung ablehnenden Beschluss ist Berufung zulässig.

Der Nachlass kann ferner ohne Verhandlung übergeben werden, wenn der Erblasser keine Verfügung von Todes wegen hinterlassen hat und
- es nur einen gesetzlichen Erben gibt oder
- die als Erben Beteiligten gleichlautend in einer Privaturkunde mit voller Beweiskraft oder öffentlichen Urkunde erklären, dass sie die alleinigen gesetzlichen Erben des Erblassers sind und die Übergabe des Nachlasses nach der gesetzlichen Erbfolge beantragen, oder den Akten den in einer Privaturkunde mit voller Beweiskraft oder öffentlichen Urkunde abgefassten Vergleich über den Nachlass beifügen, wonach der Nachlass übergeben werden kann entweder
- in einem Ergänzungsnachlassverfahren oder
- der Erblasser nur solche Fahrnisse hinterlassen hat, deren Übergabe erbschaftsteuerfrei ist (300.000 HUF, derzeit ca. 960 EUR).

Nach Zustellung des **Nachlassübergabebeschlusses** – vor Eintritt der Rechtskraft des Beschlusses – kann der Erbe die **Ansetzung der Nachlassverhandlung** beantragen, wenn er

---

22 Die Darstellung aller Verfahrensmöglichkeiten überschreitet den Rahmen des Beitrages. Es werden nur die wichtigsten Nachlassverfahrenshandlungen dargestellt unter Berücksichtigung derjenigen, die für deutsche Staatsangehörige besonders praxisrelevant sind.

die Erbschaft ausschlägt, mit einem anderen Erben einen Vergleich schließen oder von dem Vergleich abweichen bzw. die Erbschaft oder einen Teil davon zur Befriedigung von Gläubigerforderungen auf den Nachlassgläubiger oder auf einen am Nachlassverfahren unmittelbar nicht beteiligten Erben übertragen will. Der Erbe ist über dieses Recht im Nachlassübergabebeschluss zu belehren.

f) Amtliche Übergabe des Nachlasses aufgrund Verhandlung

227 Die **Sprache** des Nachlassverfahrens ist Ungarisch. Der einer Fremdsprache mächtige Notar kann das Verfahren in einer Fremdsprache durchführen, die Schriftstücke des Verfahrens müssen jedoch in ungarischer Sprache abgefasst werden. Die **Kosten der Übersetzung** sind von der der ungarischen Sprache nicht mächtigen Partei zu tragen. Überwiegend wird aber die Nachlassverhandlung seitens der Notare nicht in deutscher Sprache geführt, so dass ein Dolmetscher auf Kosten des Erben beizuziehen ist. Der nicht Ungarisch sprechende Erbe darf seine Muttersprache gebrauchen.

228 Vor Abgabe der Erklärungen hat der Notar die Erben über die möglichen Rechtsfolgen zu **belehren**. Die Erben können Erklärungen im Zusammenhang mit dem Bestand des Nachlasses abgeben, beispielsweise weitere Nachlassgegenstände anmelden oder auch ihre Nachlasszugehörigkeit bestreiten. Sie können Erklärungen zu Gläubigeransprüchen abgeben, diese anerkennen oder ihr Bestehen oder ihre Höhe bestreiten. Die Erben können den Anspruch des Ehegatten in Bezug auf die Gütergemeinschaft anerkennen. Sie können sich zur Gültigkeit des in der Nachlassverhandlung verkündeten Testaments äußern. Sie können erklären, wie sie erben wollen, und einen Vergleich schließen.

229 Das ungarische Nachlassverfahrensrecht überlässt den Erben die **Teilung des Nachlass**. Die Erben können durch einen **Vergleich über die Erbteilung** und einen Vergleich von der gesetzlichen bzw. testamentarischen Erbfolge abweichen. Die Überlassung des Nachlassvermögens an den Nachlassgläubiger und die Ablösung des Nießbrauchs des Witwers, die heute nur noch vom Witwer beantragt werden kann, erfolgen ebenfalls in Form eines Vergleichs. Ein Vergleich ist auch jene Vereinbarung, wenn ein Erbe nicht erben will und seinen Erbteil auf einen anderen Erben überträgt. Der Notar bewilligt den im Nachlassverfahren geschlossenen Vergleich, sofern er gegen keine Rechtsvorschriften verstößt. Der Vergleich über die Erbteilung bedarf keiner notariellen Bewilligung. Der notariell bewilligte Vergleich ist dem gerichtlichen Vergleich gleichgestellt.

230 Der Notar kann den Nachlass mit voller oder vorläufiger Wirksamkeit übergeben. Die Übergabe des Nachlasses erfolgt mit **voller Wirksamkeit**, wenn der Übergabe kein gesetzliches Hindernis entgegensteht und es unter den Erben keinen Erbstreit gibt bzw. es keinen Streit zwischen den Nachlassgläubigern und den Erben gibt.

231 In allen anderen Fällen übergibt der Notar den Nachlass mit **vorläufiger Wirksamkeit**. Bei einer vorläufigen Wirksamkeit kann der Erbe, dem der Nachlass übergeben wurde, den Nachlass in Besitz nehmen, er darf aber 30 Tage lang darüber nicht verfügen, während jene Partei, deren Ansprüche unberücksichtigt blieben, innerhalb von 30 Tagen nach Eintritt der Rechtskraft des Nachlassübergabebeschlusses eine Nachlassklage erheben kann.

232 Das ungarische Recht strebt zwar die **Einheit des Nachlassvermögens** an, allerdings kann trotz sorgfältigster Beschreibung des Nachlasses nicht ausgeschlossen werden, dass verschiedentlich Nachlassgegenstände nicht im Nachlassverzeichnis aufgeführt sind. Diese im Grundnachlass nicht angeführten Nachlassgegenstände werden vom Notar sodann als **Ergänzungsnachlass** übergeben. Die Einleitung eines **Ergänzungsnachlassverfahrens** ist nach Schluss der als Grundlage des Grundnachlassübergabebeschlusses dienenden Verhandlung möglich. Es können nacheinander auch mehrere Ergänzungsnachlassverfahren einge-

leitet werden. Der für die Durchführung des Grundnachlassverfahrens zuständige Notar ist auch für das neue Ergänzungsnachlassverfahren ausschließlich zuständig. Die im Grundnachlassverfahren abgegebenen Erklärungen und vorgenommenen Verfahrenshandlungen – mit Ausnahme der Ausschlagung der Erbschaft oder des Verzichts auf das Ausschlagungsrecht – erstrecken sich allerdings nicht auf das Ergänzungsnachlassverfahren.

4. Rechtsmittel

a) Berufung

Gegen den Nachlassübergabebeschluss ist innerhalb von 15 Tagen nach Zugang Berufung zulässig. Die Berufung ist an das Gericht zweiter Instanz zu richten, jedoch bei dem beschlussfassenden Notar einzulegen. Die Berufungsgebühr ist in Form von Gebührenmarken zu entrichten. 233

b) Erbschaftsklage

Bei vorläufiger Wirksamkeit des Nachlassübergabebeschlusses ist Erbschaftsklage beim Amtsgericht zu erheben. Die Einleitung des Rechtsstreits innerhalb von 30 Tagen ist spätestens innerhalb von acht Tagen nach dem 30. Tag beim Notar nachzuweisen, anderenfalls wird der Notar den Nachlassübergabebeschluss für voll wirksam erklären und der gutgläubige Gegner (Erbe) kann den Nachlass frei veräußern. 234

c) Wiederholung des Nachlassverfahrens

Gegen den das Nachlassverfahren in der Sache beendigenden rechtskräftigen Beschluss kann ein Antrag auf Wiederholung des Verfahrens gestellt werden, wenn der Erbe sich auf eine Tatsache beruft, die im Nachlassverfahren nicht berücksichtigt wurde, vorausgesetzt, dass diese Tatsache – im Falle ihrer Berücksichtigung – zu einer Änderung der Erbfolge oder des Rechtstitels der Erbfolge, ferner im Zusammenhang damit zu einer Änderung der Verhältnisse der Beteiligung am Nachlass geführt hätten. Der Antrag kann innerhalb eines Jahres nach Eintritt der Rechtskraft des Nachlassübergabebeschlusses bei dem beschlussfassenden Notar mündlich oder schriftlich gestellt werden; eine Fristversäumnis wird nicht entschuldigt. Im Antrag auf Wiederholung des Verfahrens ist der Nachlassübergabebeschluss anzuführen, gegen den der Antrag gerichtet ist, ferner die ihm zugrunde liegenden Tatsachen samt Beweise. 235

Der Notar prüft von Amts wegen, ob die Voraussetzungen für die Wiederholung des Verfahrens vorliegen. Hält er die Wiederholung des Verfahrens für zulässig, setzt er einen Termin zur Nachlassverhandlung an, anderenfalls weist er den Antrag durch Beschluss zurück. Gegen den Beschluss ist Berufung zulässig. Erweist sich der Antrag als begründet, kann der Notar die Durchführung des Nachlassübergabebeschlusses auch von Amts wegen aussetzen. Bei Wiederholung des Verfahrens ist die Nachlasssache – unter Berücksichtigung des Antrags – erneut zu verhandeln. Je nach Ergebnis der Verhandlung erhält der Notar die Wirksamkeit des Nachlassübergabebeschlusses aufrecht oder hebt den rechtskräftigen Beschluss – ganz oder zum Teil – auf und fasst einen neuen Nachlassübergabebeschluss bzw. erteilt, sofern die Voraussetzungen vorliegen, einen Erbschein. 236

V. Anerkennung deutscher Erbscheine

Ungarische Behörden erkennen die Gültigkeit deutscher Erbscheine an, der deutsche Erbschein befreit sie jedoch nicht von der Pflicht, die Erbfolge festzustellen. Ein in Ungarn 237 ausgestellter Erbschein wird vor allem für die Geltendmachung der Erbfolge bei den Grundbuchämtern, Banken usw. benötigt.

VI. Gerichtsverfahren

238 In Erbschaftsklagen sind – abhängig vom Streitwert – die Amtsgerichte oder die Landgerichte zuständig. Bei einem Streitwert von über 30.000.000 Forint (ca. 100.000 EUR) sind die Landgerichte zuständig. Im Wege der Erbschaftsklage sollen solche Fragen entschieden werden, die im Nachlassverfahren wegen seines Charakters als Verfahren der freiwilligen Gerichtsbarkeit nicht entschieden werden konnten. Das Nachlassverfahren beruht in erster Linie auf Urkundenbeweise und ermöglicht nur in zwei Ausnahmefällen auch den Zeugenbeweis. Das Gerichtsverfahren ermöglicht dagegen eine vollständige Beweisführung, d.h., auch der geistige Zustand des Erblassers und die Entstehungsumstände des Testaments können geprüft werden.

D. Besteuerung der Erbfolge

I. System der Erbschaftsteuer

239 Im Jahr 2010 wurde das System der Erbschaftsteuer erheblich vereinfacht. Angesichts dessen, dass in zwei Dritteln der Nachlasssachen die Verwandten der geraden Linie oder der Ehegatte erben, wurde der Kreis der Steuerpflichtigen eingeengt. Die Erbschaftsteuer findet sowohl bei der gesetzlichen als auch der testamentarischen Erbfolge Anwendung. Bei einem Erbvertrag ist die für die entgeltlichen Kaufverträge geltende Abgabe maßgebend.

1. Erbschaftsteuer bei gesetzlicher und testamentarischer Erbfolge

240 Der allgemeine Steuersatz der Erbschaftsteuer beträgt 18 % nach dem reinen Wert der an je einen Erben zugewendeten Erbschaft. Im Falle des unentgeltlichen Erwerbs des Wohnungseigentums und des mit dem Wohnungseigentum verbundenen Rechts im Vermögenswert beträgt der Erbschaftsteuersatz 9 %.

241 Bei der Berechnung des reinen Wertes sind vom Verkehrswert des erlangten Vermögens die den Nachlass belastenden Schulden und der auf je einen Erben fallende Teil der sonstigen Verbindlichkeiten abzuziehen. Zu den Nachlassverbindlichkeiten zählt auch das Honorar des während des Nachlassverfahrens bestellten Pflegers und des Testamentsvollstreckers. Schulden und sonstige Verbindlichkeiten sowie deren Höhe hat der Erbe (Vermächtnisnehmer) bzw. der Beschenkte nachzuweisen. Die üblichen Beerdigungskosten können auch ohne Nachweis angesetzt werden.

242 Werden das Eigentum und das Recht am Vermögenswert an einem **Kfz** bzw. Anhänger geerbt, beträgt die Erbschaftsteuer das Zweifache der Abgaben der entgeltlichen Vermögensübertragung des Kfz bzw. des Anhängers. Wird Eigentum am Kfz erworben, richtet sich die Höhe der Erbschaftsteuer nach der im behördlichen Register angegebenen – in Kilowatt ausgedrückten – Leistung des Antriebsmotors des Fahrzeugs und nach dem Baujahr des Fahrzeugs. (Die Beträge in Klammern weisen die Höhe der Erbschaftsteuer aus.)

Leistung des Antriebs-motors (kW)	Alter des Fahrzeugs ab Baujahr[23]		
	0–3 Jahre	4–8 Jahre	über 8 Jahre
0–40	550 (1.100) HUF/kW	450 (900) HUF/kW	300 (600) HUF/kW
41–80	650 (1.300) HUF/kW	550 (1.100) HUF/kW	450 (900) HUF/kW
81–120	750 (1.500) HUF/kW	650 (1.300) HUF/kW	550 (1.100) HUF/kW
über 120	850 (1.700) HUF/kW	750 (1.500) HUF/kW	650 (1.300) HUF/kW

Der Wert des Erbteils des zur Herausgabe verpflichteten Erben ist um den Wert des Pflichtteils zu vermindern. Der Erbe, der die Forderung des Pflichtteilsberechtigten mit nicht zum Nachlass gehörenden Bargeld oder mit einer anderen Gegenleistung befriedigt, hat die Abgabe für die entgeltliche Vermögensübertragung, der Pflichtteilsberechtigte die Erbschaftsteuer zu zahlen.

2. Höhe der Abgabe beim Erbvertrag

Der allgemeine Satz der bei Erbverträgen anzuwendenden Abgabe der entgeltlichen Vermögensübertragung beträgt – soweit das Gesetz nichts anderes bestimmt – 4 % des um die Verbindlichkeiten nicht verminderten Verkehrswerts des erworbenen Vermögens.

3. Steuerfreiheit

Befreit von der Erbschaftsteuer sind:
– die für Zwecke der Wissenschaft, Kunst, öffentlichen Bildung oder des Gemeinwohls zugewendete Erbschaft (Vermächtnis);
– der aufgrund eines Bausparvertrages nach dem Gesetz über die Bausparkassen erfolgte Vermögenserwerb;
– 20.000.000 Forint (63.500 EUR) aus dem reinen Wert des vom **Stief- und Pflegekind, Stief- und Pflegeeltern** des Erblassers erlangten Erbteils;
– der den Verkehrswert von 300.000 Forint (950 EUR) nicht überschreitende Erbteil an **beweglichem Nachlass**. Bei der Feststellung der Wertgrenze bleiben die unter einem anderen Rechtstitel geführten abgabenfreie beweglichen Sachen, ferner der Wert des Kfz/Anhängers des Erblassers, seine Bekleidung und persönlichen Gegenstände unberücksichtigt;
– der Erwerb eines vor dem Zeitpunkt der Rückgabe in Bezug auf einen dem Erben des früheren Eigentümers zurückgegebenen Vermögensgegenstands aus einer öffentlichen Sammlung, bei der der Träger die Staatskasse oder die Gemeinde ist, im Rahmen eines nach den Rechtsvorschriften über Kulturgüter bestimmten Verfahrens;
– der Erwerb des Eigentums (Eigentumsanteils) an einem für den Bau eines Wohnhauses geeigneten Grundstück sowie des Rechts am Vermögenswert an einem solchen Grundstück, wenn der Erbe auf dem geerbten Grundstück innerhalb von vier Jahren nach rechtskräftiger Übergabe des Nachlasses ein Wohnhaus errichtet und in dem errichteten Wohnhaus die Nutzfläche der Wohnung(en) mindestens 10 % der im Bauleitplan bestimmten Höchstbebaubarkeit erreicht. Der Erbe kann über seine Absicht, ein Wohnhaus zu errichten, bei der staatlichen Steuerbehörde spätestens bis zum Eintritt der Rechtskraft der Abgabenauflage eine Erklärung abgeben;

---

23 Umrechnung: 1 EUR ≈ 315 HUF (Stand: April 2015).

- Erwerb von ein Kreditverhältnis verkörpernden Wertpapieren, die von einem Vertragsstaat des Abkommens über den Europäischen Wirtschaftsraum erlassen wurden;
- der **von Verwandten des Erblassers in gerader Linie** (einschließlich der auf Adoption beruhenden Verwandtschaft) sowie **vom überlebenden Ehegatten erlangte Erbteil**.

246 Der minderjährige Erbe kann die Erbschaftsteuer sowie die Gebühr für das Grundbuchverfahren innerhalb von zwei Jahren ab Volljährigkeit ohne Verzugszuschlag entrichten. Bei vorfristiger Zahlung wird diese Schuld für jedes begonnene Kalenderjahr, um das früher geleistet wird, um 10 % – insgesamt jedoch höchstens 70 % – ermäßigt.

247 Wird Eigentum oder ein vermögensgleiches Recht am **Ackerboden** geerbt, ist die Hälfte bzw., wenn der Erbe Landwirt im Familienbetrieb im Sinne des Gesetzes über den Ackerboden ist, ein Viertel der sonst zu entrichtenden Erbschaftsteuer zu bezahlen. Über die Berechtigung zu dieser Vergünstigung hat der Vermögenserwerber bis zum Eintritt der Rechtskraft der Zahlungsauflage eine Erklärung abzugeben. Der Erbe, der den auf ihn entfallenden Ackerboden (Eigentumsanteil) an seinen Miterben, der eine natürliche Person ist und als Landwirt im Familienbetrieb nach dem Gesetz über den Ackerboden gilt, gegen Entgelt überlässt, wird für den überlassenen Ackerboden (Eigentumsanteil) von der Erbschaftsteuer befreit.

248 Wer seinen Erbteil aufgrund eines im Zuge des Nachlassverfahrens geschlossenen Vergleichs unentgeltlich einem Miterben überlässt, hat ebenfalls keine Erbschaftsteuer zu entrichten. Der begünstigte Miterbe zahlt Schenkungsteuer.

4. Erbschaftsteuer für den Nießbrauch

249 Als Jahreswert vermögensgleicher Rechte ist ein Zwanzigstel des – um die Verbindlichkeiten nicht verminderten – Verkehrswerts der damit belasteten Sache anzusetzen. Erstreckt sich das vermögensgleiche Recht auf die Zeit des Lebens, der Ehe oder des Witwentums einer Person, ist dessen Wert in Abhängigkeit des Lebensalters der betroffenen Person wie folgt festzusetzen:

Alter des Berechtigten	Jahreswert
jünger als 25 Jahre	das 10-fache des Jahreswertes
25–50 Jahre	das 8-fache des Jahreswertes
51–65 Jahre, ein Jahreswert	das 6-fache des Jahreswertes
älter als 65 Jahre	das 4-fache des Jahreswertes

II. Beschränkte und unbeschränkte Steuerpflicht

250 Zwischen Ungarn und Deutschland wurde bis heute **kein Doppelbesteuerungsabkommen** über den Ausschluss der Erbschaftsteuer abgeschlossen. Nach § 2 Abs. 1 des Abgabengesetzes[24] finden die Bestimmungen über die Erbschaftsteuer auf den im Inland belegenen Nachlass in jedem Fall Anwendung. Auf den von einem ungarischen Staatsangehörigen bzw. einem in Ungarn lebenden nicht-ungarischen Staatsangehörigen oder einer im Inland ansässigen juristischen Person geerbten, im Ausland befindlichen beweglichen Nachlass sowie auf die zum ausländischen Nachlass gehörenden vermögensgleichen Rechte finden sie in dem Fall Anwendung, wenn in dem Staat, in dem der Nachlass liegt, keine Erbschaftsteuer oder keine einschlägige Abgabe zu entrichten ist. Den Beweis der Tatsache der Abgaben- oder Steuerentrichtung im Ausland hat der Erbe zu führen. Auf unbeweglichem Nachlass im Ausland finden die Bestimmungen über die Erbschaftsteuer keine Anwendung.

---

24 Nr. XCIII/1990.

Weißrussland/Republik Belarus

Alexander Ließem, Rechtsanwalt, Minsk
Sergey Bekgulyan, Mag. iur. (Köln), Dipl. Jur. (Moskau)

Inhalt

A. Grundsätzliches 1	1. Voraussetzungen 10
I. Erbeintritt 1	2. Erbordnung 11
II. Hauptquellen des belarussischen Erbrechts 2	a) Erben erster Ordnung 12
	b) Erben der zweiten Ordnung ... 14
III. Erbfolgewahl und Erbfähigkeit 3	c) Erben der dritten Ordnung ... 15
IV. Vererbbare und nicht vererbbare Positionen 4	d) Erben der vierten Ordnung ... 16
	e) Nachfolgende Erbordnungen ... 17
V. Eingeschränkte Vererbbarkeit von Grundstücken 5	f) Sondererben: arbeitsunfähige Unterhaltsempfänger 18
B. Rechtsanwendung im internationalen Erbrecht 6	II. Gewillkürte Erbfolge 19
I. Belegenheitsrecht für Immobiliarsachen ... 6	1. Testierfreiheit 19
II. Wohnsitzrecht für sonstiges Vermögen ... 7	2. Testierfähigkeit 21
III. Rechtswahl betreffend sonstiges Vermögen 8	3. Form 22
	4. Änderung und Widerruf 24
IV. Formgültigkeit außerhalb von Belarus errichteter Testamente 9	III. Pflichtteilsrecht 25
	IV. Nachlassschutz und Nachlassverwaltung ... 27
C. Materielles Erbrecht 10	V. Erbanfall 28
I. Gesetzliche Erbfolge 10	VI. Nachlassabwicklung 29
	D. Erbschaftsteuer 30

Literatur

Chigir, Zivilrecht, Lehrbuch in 3 Bänden, Band 1 2008, Band 2 2010, Band 3 2011 (zitiert: *Chigir*, Zivilrecht, Band); *Mozolin/Maslyayev*, Zivilrecht, Lehrbuch in 2 Bänden, Band 1, 2014 (zitiert *Mozolin*, Zivilrecht/*Bearbeiter*).

A. Grundsätzliches

I. Erbeintritt

Unter dem Vererben bzw. dem Erbeintritt wird in der Rechtsordnung der Republik Belarus[1] der Übergang von Rechten und Pflichten des Verstorbenen auf andere Personen (Erben) verstanden, der grundsätzlich im Wege der Universalsukzession vollzogen wird, Art. 1031 Abs. 1, 1033 Abs. 1 Zivilgesetzbuch der Republik Belarus (ZGB RB).

II. Hauptquellen des belarussischen Erbrechts

Art. 44 der belarussischen Verfassung garantiert den gesetzlichen Schutz des Eigentums sowie die Testierfreiheit. Die Hauptrechtsquellen des materiellen Erbrechts in Belarus sind hauptsächlich Art. 1031–1092 das ZGB RB. Darüber hinaus werden einzelne wichtigen Fragen im Zivilprozessbuch der Republik Belarus (ZPB RB) und dem Bodengesetz der Republik Belarus geregelt. Zudem existieren zwei Beschlüsse des Plenums des Obersten

---

[1] Im Folgenden wird der Übersichtlichkeit halber die Bezeichnung „Belarus"/„belarussisch" verwendet.

Gerichtes der Republik Belarus, Beschl. v. 21.12.2001 Nr. 16 und v. 20.12.2007 Nr. 17, die die Rechtsprechung und Rechtsanwendung in einigen wesentlichen erbrechtlichen Fragen vereinheitlichen.

III. Erbfolgenwahl und Erbfähigkeit

3   In Belarus ist sowohl die gesetzliche als auch die gewillkürte Erbfolge möglich, Art. 1032 Abs. 1, 1040 ff., 1056 ff. ZGB BY. Dabei genießt die gewillkürte Erbfolge Vorrang, Art. 1032 Abs. 2 ZGB BY. Erbfähig sind alle natürlichen Personen inklusive des noch zu Lebzeiten des Erblassers gezeugten *nasciturus* und juristischen Personen des Privatrechts sowie Gebietskörperschaften der Republik Belarus, Art. 1037 ZGB RB.

IV. Vererbbare und nicht vererbbare Positionen

4   Gem. Art. 1033 Abs. 1 ZGB RB gehen sämtliche zum Zeitpunkt des Todes existierenden Rechte und Pflichten des Erblassers auf den Erben über, sofern diese nicht durch den Tod erlöschen. Gem. Art. 1033 Abs. 2 ZGB RB sind Schadensersatzansprüche aus Gesundheitsschädigung bzw. Körper- oder Lebensverletzung, Unterhaltsansprüche, Rentenansprüche nicht vererbbar. Darüber hinaus können persönliche Rechte nichtvermögensrechtlicher Art, wie etwa Namensrecht,[2] jedenfalls auch der nicht kommerzialisierte Teil des allgemeinen Persönlichkeitsrechtes, nicht vererbt werden.

V. Eingeschränkte Vererbbarkeit von Grundstücken

5   Eine vor allem aus der Perspektive des kontinentalen Rechts ungewöhnliche Regelung besteht in Bezug auf die eingeschränkte Erwerbsmöglichkeit und Vererbbarkeit von auf dem Gebiet der Republik Belarus belegenen Eigentumsgrundstücken. Grundsätzlich können ausländische Rechtssubjekte kein Eigentum an einem Grundstück erwerben. Ausnahmsweise kann der Eigentumserwerb an einem Grundstück im Wege des Erbeintritts eines mit dem Erblasser verwandten ausländischen Staatsbürgers erfolgen, Art. 12 Abs. 4 Bodengesetz der Republik Belarus. Dabei stellt die Verwandtschaft des ausländischen Erben mit dem Erblasser eine Grundvoraussetzung für den einzig möglichen Eigentumserwerb durch eine ausländische natürliche Person im Wege des Erbeintritts dar.

Die Übertragung von Eigentum an in Belarus belegenen Grundstücken an ausländische juristische Personen oder an nichtverwandte ausländische Staatsbürger durch den Erblasser von Todes wegen ist also nicht möglich.

B. Rechtsanwendung im internationalen Erbrecht

I. Belegenheitsrecht für Immobiliarsachen

6   Zwischen der Republik Belarus und der Bundesrepublik Deutschland gilt Art. 28 Abs. 3 des Konsularvertrags mit der UdSSR vom 25.4.1958[3] aufgrund der Zustimmung zur Fortgeltung der deutsch-sowjetischen Verträge zwischen der Bundesrepublik Deutschland und der Republik Belarus[4] fort. Danach findet das Recht der belegenen Sache in Bezug auf

---

2 Mozolin, Zivilrecht/*Mozolin*, Kapitel 9, § 1 Nr. 4
3 BGBl II 1959, S. 232 ff. (239), 469.
4 BGBl II 1994, S. 2533.

unbewegliches Vermögen Anwendung. Daher gilt als Erbstatut für die in Belarus belegenen Grundstücke das belarussische Recht, Art. 1134 ZGB RB. Für die in Deutschland liegenden Grundstücke im Falle der bei der Verfügung von Todes wegen entsprechend getroffenen Rechtswahl gilt das deutsche Recht, Art. 25 Abs. 2 EGBGB bzw. ab dem 17.8.2015 Art. 21 Abs. 2 EU-ErbVO. Für die außerhalb von Belarus und Deutschland belegenen Immobiliarsachen sowie für das bewegliche Nachlassvermögen findet das Erbrecht Anwendung, auf welches das einschlägige selbstständige Kollisionsrecht verweist.

II. Wohnsitzrecht für sonstiges Vermögen

Betreffend das sonstige Vermögen erklärt das belarussische internationale Privatrecht das Personalstatut in Form des ständigen Wohnsitzes für grundsätzlich einschlägig, Art. 1133 ZGB RB. Dabei ist Wohnsitz in Art. 19 ZBG BY als ein Ort legal definiert, an dem der Bürger dauerhaft oder vorwiegend ansässig ist.

III. Rechtswahl betreffend sonstiges Vermögen

Besitzt der Erblasser die Staatsangehörigkeit eines anderen Staates als des Staates, auf dessen Gebiet er seinen ständigen Wohnsitz hat, oder besitzt er mehrere Staatsangehörigkeiten, so kann er das Personalstatut des ständigen Wohnsitzes durch eine wirksame Rechtswahlausübung abbedingen, Art. 1133 ZGB RB, Art. 25 Abs. 2 EGBGB bzw. ab dem 17.8.2015 Art. 21 Abs. 1 EU-ErbVO. Der Erblasser kann also seine Rechtswahl zugunsten der Rechtsordnung des Staates treffen, dessen Staatsangehörigkeit er besitzt. Die Rechtswahl in Bezug auf die in Belarus belegenen Immobilien sowie eintragungspflichtigen Gegenstände wie Boote, Kraft- oder Luftfahrzeuge ist ausgeschlossen. Hierauf findet wie bereits erörtert ausschließlich das Belegenheitsrecht der Republik Belarus Anwendung, Art. 1134 ZGB RB.

IV. Formgültigkeit außerhalb von Belarus errichteter Testamente

Trotz der Tatsache, dass das Haager Übereinkommen über das auf die Form letztwilliger Verfügungen anzuwendende Recht vom 5.10.1961[5] (Haager Testamentsformübereinkommen) in der Republik Belarus nicht ratifiziert wurde, trifft Art. 1135 S. 2 ZGB eine Regelung, die der des Art. 1 Abs. 1 lit a) und Art. 2 Abs. 1 des Haager Übereinkommens entspricht. Demnach ist ein Testament oder sein Widerruf hinsichtlich der Form gültig, wenn diese dem innerstaatlichen Recht der Republik Belarus oder den Formvorschriften des Ortes entspricht, an dem der Erblasser letztwillig verfügt hat.

C. Materielles Erbrecht

I. Gesetzliche Erbfolge

1. Voraussetzungen

Die gesetzliche Erbfolge tritt ein, sofern
- kein Testament vorliegt;
- durch das Testament nicht über das gesamte Vermögen von Todes wegen verfügt wurde;
- das Testament (vollständig oder teilweise) für unwirksam erklärt wurde;

---

5 BGBl II 1965, S. 1145 f.

– der einzige testamentarisch eingesetzte Erbe das Erbe nicht angenommen oder ausgeschlagen, sich als erbunwürdig erwiesen oder rechtmäßige Auflagen des Erblassers nicht erfüllt hat und dabei kein Ersatzerbe eigesetzt wurde.[6]

Art. 1056–1061 ZGB RB legen die gesetzliche Erbfolge und die Erbanteile der Erben fest. Diese Normen sind dahingehend dispositiv, als die Erbfolge und die Erbanteile durch eine nach dem Erbfall getroffene notarielle Erbenvereinbarung verändert beziehungsweise zugunsten anderer Erben verschoben werden können.[7]

2. Erbordnung

11 Das ZGB RB teilt die Erben in vier primäre Ordnungen sowie noch in sogenannte nachfolgende Erbordnungen ein, Art. 1057–1061 ZGB RB. Erben der gleichen Ordnung erben zu gleichen Anteilen, Art. 1056 Abs. 1 S. 2 ZGB RB. Eine Ausnahme hierzu stellt das Repräsentanzprinzip gem. Art. 1062, 1057 Abs. 2, 1058 Abs. 2, 1060 ZGB RB dar, dessen Konstrukt dem Grunde nach der deutschen Erbfolge nach Stämmen gem. § 1924 Abs. 3 BGB entspricht. Danach wird der Erbanteil des verstorbenen Erben unter den ihn „repräsentierenden" Abkömmlingen aufgeteilt. Erben der höheren Erbordnung schließen Erben der nachfolgenden Erbordnung von der gesetzlichen Erbfolge aus, Art. 1056 V ZGB RB.

a) Erben erster Ordnung

12 Erben erster Ordnung sind gem. Art. 1057 Abs. 1 und Abs. 2 ZGB RB die Kinder, der Ehegatte sowie die Eltern des Erblassers. Dabei trifft das Erbrecht keine besonderen Regelungen betreffend nichtehelicher Kinder,[8] welche – ebenso wie gem. Art. 1056 Abs. 2 ZGB RB auch Adoptivkinder – den ehelichen Abkömmlingen des Erblassers gleichgestellt sind. Enkelkinder des Erblassers und ihre unmittelbaren Abkömmlinge beerben ihn gem. Art. 1057 Abs. 2, 1062 ZGB RB nach dem Repräsentanzprinzip.

13 Im Belarussischen Erbrecht existiert kein Pendant zum deutschen Ehegattenerbrecht gem. § 1931 ggf. i.V.m. § 1371 BGB. Der gesetzliche Erbanteil des überlebten Ehegatten bestimmt sich demnach nach der Gesamtzahl von Erben der ersten Ordnung. Ansprüche des überlebten Ehegatten aus dem Zugewinnausgleich bleiben ihm unbenommen, Art. 1065 Abs. 1 ZGB RB. Allerdings kann dem Ehegatten durch einen Gerichtsbeschluss sein gesetzlicher Erbteil entzogen werden, sofern nachgewiesen wird, dass die mit dem Erblasser eingegangene Ehe zum Zeitpunkt des Erbfalls de facto nicht mehr bestand und die Ehegatten zur Zeit der Eröffnung des Nachlassverfahrens seit mindestens fünf Jahren getrennt lebten und keinen gemeinsamen Haushalt führten, Art. 1065 Abs. 2 ZGB RB. Im Falle einer solchen Entziehung des gesetzlichen Erbteils verbleibt dem Ehegatten jedoch sein Pflichtteil, der gemäß Art. 1064 Abs. 1 ZGB RB mindestens die Hälfte des gesetzlichen Teiles beträgt.

b) Erben der zweiten Ordnung

14 Erben der zweiten Ordnung sind Geschwister oder Halbgeschwister des Erblassers, Art. 1058 Abs. 1 ZGB RB. Deren Kinder, also Neffen und Nichten des Erblassers, können nach dem Repräsentanzprinzip für die Geschwister bzw. Halbgeschwister des Erblassers eintreten, Art. 1058 Abs. 2 ZGB RB.

---

6 *Chigir*, Zivilrecht, Band 3, S. 521.
7 *Chigir*, Zivilrecht, Band 3, S. 522.
8 *Chigir*, Zivilrecht, Band 3, S. 523.

c) Erben der dritten Ordnung

Sofern die Erben der ersten und zweiten Ordnung nicht vorhanden sind, treten gem. Art. 1059 ZGB RB die Großeltern des verstorbenen als Erben der dritten Ordnung ein.

15

d) Erben der vierten Ordnung

In vierter Ordnung erben gem. Art. 1060 Abs. 1 ZGB RB Geschwister oder Halbgeschwister der Eltern, also Onkel und Tanten des Erblassers, sofern keine Erben der ersten, zweiten und dritten Ordnung vorhanden sind. Deren Kinder, also Cousins und Cousinen des Erblassers, können nach dem Repräsentanzprinzip für die Onkel und Tanten des Erblassers eintreten, Art. 1060 Abs. 2 ZGB RB

16

e) Nachfolgende Erbordnungen

Sofern keine Erben der ersten vier Ordnungen gem. Art. 1057–1060 ZGB RB vorhanden sind, treten die übrigen Verwandten des Erblassers vom dritten bis zum sechsten Verwandtschaftsgrad ein. Dabei schließt die nähere Verwandtschaft die entferntere Verwandtschaft aus, Art. 1061 Abs. 1 ZGB RB. Verwandte desselben Verwandtschaftsgrades erben zu gleichen Teilen, Art. 1061 Abs. 4 ZGB RB. Der rechtliche Verwandtschaftsgrad (Linie) zwischen zwei Personen bestimmt sich wie im deutschen (§ 1589 Abs. 1 S. 3 BGB), österreichischen (§ 41 ABGB) oder auch Schweizer Recht (Art. 20 Abs. 1 Schweizer ZGB) nach der Zahl der ihre Verwandtschaft vermittelnden Geburten mit Ausnahme der Geburt des Erblassers, Art. 1061 Abs. 2 ZGB RB. Art. 1061 Abs. 3 Nr. 1 bis 4 geben den *numerus clausus* der übrigen Verwandtschaft im Sinne der nachfolgenden Erbordnung vor.

17

f) Sondererben: arbeitsunfähige Unterhaltsempfänger

Art. 1063 ZGB RB legt zwei weitere, aus der Perspektive des kontinentalen Rechts etwas ungewöhnliche Erbengruppen fest. So können diejenigen Erben der zweiten bis zu jeder nachfolgenden Ordnung, die arbeitsunfähig sind und mindestens ein Jahr lang de jure dem Erblasser gegenüber unterhaltsberechtigt oder de facto Unterhaltsempfänger waren, auf Augenhöhe mit den Erben höherer Erbordnungen, jedoch nicht mehr als ein Viertel des Nachlasses, erben. Des Weiteren können diejenigen arbeitsunfähigen Personen, die zwar nicht Erben der zweiten bis zu jeder nachfolgenden Ordnung sind, aber mindestens ein Jahr lang als de facto Unterhaltsempfänger im Haushalt des Erblassers wohnhaft waren, zu gleichen Teilen wie die eintretenden Erben, jedoch nicht mehr als ein Viertel des Nachlasses erben.

18

II. Gewillkürte Erbfolge

1. Testierfreiheit

Die Testierfreiheit im belarussischen Recht ist als Teil der Eigentumsgarantie im Art. 44 der belarussischen Verfassung verankert und speziell im Art. 1041 ZGB BY relativ großzügig geregelt. Die Testierfreiheit ermöglicht dem Erblasser gewillkürt, also ohne Rücksicht auf seine nächste Verwandtschaft, zu bestimmen, an wen sein Vermögen fallen soll. Der Erblasser kann einen oder alle gesetzlichen Erben sowie durch einen gesonderten Hinweis auch deren Abkömmlinge nach dem Repräsentanzprinzip ohne jedwede Begründung enterben bzw. von der Erbfolge ausschließen, Erben und gem. Art. 1042 ZGB RB Ersatzerben einsetzen, gem. Art. 1054 ZGB RB Vermächtnisse und gem. Art. 1055 ZGB RB Auflagen sowie gem. Art. 1053 ZGB RB Testamentsvollstreckung anordnen.

19

20 Diese Freiheit wird hauptsächlich durch das überschaubare Pflichtteilsrecht gem. Art. 1041 Abs. 5 Var. 1 i.V.m. Art. 1064 ZGB RB eingeschränkt. Dabei erfährt die Testierfreiheit geringere Einschränkungen durch das Pflichtteilrecht, als dies etwa in der deutschen Rechtsordnung gem. §§ 2303 ff. BGB der Fall ist. Darüber hinaus sind trotz der grundsätzlichen Testierfreiheit solche Auflagen unzulässig, die testamentarisch eingesetzte Erben zu bestimmten Verfügungen von Todes wegen in Bezug auf das vererbte Vermögen verpflichten, Art. 1041 abs. 5 Var. 2 ZGB RB. Schließlich schränkt noch Art. 1041 Abs. 5 Var. 3 ZGB RB die Testierfreiheit dadurch ein, dass solche Klauseln für unzulässig erklärt werden, die dem testamentarisch eingesetzten Erben zwecks Erbeintritts unrechtmäßige oder aus objektiven Gründen unmögliche bzw. nicht erfüllbare Handlungen abverlangen.

2. Testierfähigkeit

21 Im Unterschied zu der Rechtslage in Deutschland, § 2229 Abs. 1 BGB, oder in Österreich, § 569 ABGB, lässt das belarussische Recht Testierfähigkeit Minderjähriger nicht, auch nicht ausnahmsweise, zu. Insofern entspricht Art. 1040 Abs. 2 ZGB RB dem Art. 467 Schweizer ZGB dahingehend, als nur unbeschränkt geschäftsfähige Personen testierfähig sind.

3. Form

22 Der Erblasser kann ein Testament durch eine von ihm geschriebene, eigenhändig unterschriebene und notariell beglaubigte Erklärung errichten, Art. 1044 Abs. 1 S. 1, Abs. 2 S. 1 ZGB RB. Auch kann ein öffentliches Testament vor einem Zeugen zur Niederschrift bei einem Notar errichtet werden, Art. 1045 Abs. 1 S. 1 ZGB RB. Eine weitere Möglichkeit der Hinterlegung eines geheimen Testaments sieht Art. 1046 ZGB RB vor. Demnach ist ein vom Erblasser eigenhändig verfasstes und unterschriebenes Testament dem Notar im Beisein von Zeugen in einem von den Zeugen zu unterschreibenden Briefumschlag zu übergeben. Des Weiteren können unter den Voraussetzungen des Art. 1047 ZGB RB Nottestamente errichtet werden. Schließlich kann der Erblasser über sein Bankguthaben gem. Art. 1048 ZGB RB direkt bei seiner kontoführenden Bank von Todes wegen verfügen. Ein solches Bankguthabenvermächtnis ist gem. Art. 1048 Abs. 2 ZGB RB durch eine vom Erblasser geschriebene und eigenhändig unterschriebene und sodann von einem Bankmitarbeiter beglaubigte Erklärung zu errichten und wirkt in Bezug auf das vermachte Vermögen wie ein notarielles Testament, Art. 1048 Abs. 1 S. 2 ZGB RB. Den Notar oder eine andere beglaubigende Person sowie die Zeugen der Testamentserrichtung trifft kraft Gesetzes eine Verschwiegenheitspflicht über sämtliche Umstände betreffend Inhalt, Errichtung, ggf. späteren Widerruf oder Änderung des Testaments, § 1050 ZGB RB.

23 Da ein Testament ausschließlich Verfügungen einer Person beinhalten kann, sind gemeinschaftliche Testamente beziehungsweise Erbverträge gem. Art. 1040 Abs. 4 S. 2 ZGB RB unwirksam.

Die Wirksamkeit des Testaments bestimmt sich zum Zeitpunkt seiner Errichtung, Art. 1040 Abs. 5 ZGB RB.

4. Änderung und Widerruf

24 Da ein Testament vor dem Erbfall keine Rechte oder Pflichten der eingesetzten Personen begründen kann,[9] kann der Erblasser das Testament jederzeit vollständig oder teilweise im

---

9 *Chigir*, Zivilrecht, Band 3, S. 517.

Wege der Vernichtung aller Exemplare, Änderung durch wirksame Neuerrichtung oder notariell beurkundete Unwirksamkeitserklärung widerrufen, Art. 1049 Abs. 1 ZGB RB.

Zwar entspricht die Regelung des Art. 1049 Abs. 2 ZGB RB dem § 2258 Abs. 1 BGB und besagt somit, dass durch die Errichtung eines Testaments ein früheres Testament insoweit aufgehoben wird, als das spätere Testament mit dem früheren in Widerspruch steht. Indes ordnet aber Art. 1049 Abs. 3 ZGB RB trotz des identischen Tatbestandes mit § 2258 Abs. 2 BGB die gegenteilige Rechtsfolge an: Wird das spätere Testament widerrufen, lebt in der belarussischen Rechtsordnung das frühere Testament gerade nicht insofern wieder auf, als wenn es nicht aufgehoben worden wäre, sondern es bleibt unwirksam.

III. Pflichtteilsrecht

Das Pflichtteilsrecht in der belarussischen Rechtsordnung schränkt den Erblasser in seiner Testierfreiheit im Vergleich zu dem in den § 2303 ff. BGB geregelten deutschen Pflichtteilsrecht nur in außerordentlichen Fällen ein. So dient Art. 1064 ZGB RB den Interessen minderjähriger oder arbeitsunfähiger Kinder, arbeitsunfähiger Ehegatten und Eltern des Erblassers, indem ausschließlich diesen Personen ein Pflichtteilrecht eingeräumt wird.[10] Sind Kinder des Erblassers achtzehn Jahre alt, also gem. Art. 20 Abs. 1 ZGB RB volljährig und zugleich arbeitsfähig, so können diese wie auch die arbeitsfähigen Ehegatten, Eltern und alle anderen gesetzlichen Erben durch eine entsprechende Verfügung des Erblassers wirksam enterbt werden. Punkt 12 des Plenumbeschlusses des Obersten Gerichtes der Republik Belarus vom 21.12.2001[11] enthält eine verbindliche Kommentierung zu den Art. 1063 f. ZGB RB. Demnach gelten derzeit als arbeitsunfähig: Frauen im Alter ab 55, Männer im Alter ab 60, Behinderte der I, II und III Gruppe unabhängig vom etwaigen Bezug einer Behinderten- oder Altersrente sowie nichtvolljährige Personen.

Die Pflichtteilshöhe der vorbezeichneten Pflichtteilsberechtigten beträgt jeweils nicht weniger als die Hälfte des gesetzlichen Erbteils. Die Pflichtteilsberechtigten können nur im Falle der Feststellung ihrer Erbunwürdigkeit gem. Art. 1038 ZGB RB den Pflichtteilanspruch verwirken. Der Pflichtteilsanspruch ist gem. Art. 1078 ZGB RB auf Begründung des Miteigentums nach Bruchteilen (im Sinne der Art. 246 ff. ZGB RB) am Nachlassvermögen gerichtet und stellt somit keinen Zahlungsanspruch dar.

IV. Nachlassschutz und Nachlassverwaltung

Das ZGB RB sieht diverse Möglichkeiten zum Schutz und zur (treuhänderischen) Verwaltung des Nachlasses in den Art. 1066–1068 ZGB vor.

Demnach leitet der am Ort des Erbfalles zuständige Notar auf Antrag eines oder mehrerer Erben, des Testamentsvollstreckers, eines örtlichen Staatsverwaltungsorganes oder anderer im Interesse der Nachlasserhaltung agierenden Personen Maßnahmen zur Nachlasssicherung ein, Art. 1066 I, II ZGB. Der Notar kann ein Nachlassbestandsverzeichnis erstellen und hierzu Auskünfte bei Banken sowie anderen Finanzinstitutionen auch unter Einschaltung weiterer Justizorgane einholen, Art. 1066 III 1, VI, 1067 I ZGB und ein Verwahrungsverhältnis über das ermittelte Vermögen begründen bzw. über den diplomatischen Dienst begründen lassen, Art. 1067 II ZGB. Die angefragten Informationen sind de lege lata streng vertraulich zu behandeln und nur gegenüber Erben und Testamentsvollstrecker zu offenbaren, Art. 1066 III 2 ZGB.

---

10 *Chigir*, Zivilrecht, Band 3, S. 526.
11 OG RB Beschl. v. 21.12.2001, Nr. 16.

Sofern dem Nachlass Vermögenswerte angehören, welche nicht nur gesichert, sondern auch verwaltet werden müssen (so z.B. Unternehmen, Gesellschaftsanteile, Wertpapiere, sonstige ausschließliche Rechte, wie etwa Marken- und Urheberrechte, oder kommerzielle Teile des allgemeinen Persönlichkeitsrechts), so hat der Notar kraft Gesetz einen Treuhandverwaltungsvertrag gem. Art. 909 ZGB abzuschließen, Art. 1068 I ZGB.

V. Erbanfall

28 Der Erbanfall tritt in der belarussischen Rechtsordnung nicht automatisch ein. Vielmehr muss der Erbe die Erbschaft grundsätzlich innerhalb von sechs Monaten ab dem Erbfall mittels Abgabe einer Annahmeerklärung vor einem Notar am Ort des Erbfalles annehmen, Art. 1069 Abs. 1 S. 1, 1070 Abs. 1, 1071 Abs. 1 ZGB RB. Eine Nichtannahme entfaltet die Rechtsfolgen einer Ausschlagung zugunsten der Erbmasse, Art. 1069 Abs. 5 ZGB. Die Ausschlagung ist gem. Art. 1074 Abs. 1 ZGB RB innerhalb von sechs Monaten ab dem Erbfall – auch entgegen einer bereits erklärten Annahme – möglich. Die Ausschlagung erfolgt durch die Einreichung eines entsprechenden Antrages beim Notar des Erbfallortes, Art. 1074 Abs. 3 S. 1 ZGB RB. Eine wirksame Ausschlagungserklärung ist unwiderruflich, Art. 1074 Abs. 2 ZGB RB. Darüber hinaus sieht Art. 1075 ZGB RB Möglichkeit der Ausschlagung zugunsten anderer Erben vor.

VI. Nachlassabwicklung

29 Gem. Art. 1078 ZGB RB erwerben mehrere Erben jeweils einen Anteil an der Erbschaft zu Miteigentum. Somit entsteht eine Gemeinschaft nach Bruchteilen gem. Art. 246 ff. ZGB RB. Die Art. 1079–1081 ZGB RB regeln im Einzelnen die Auseinandersetzung der Erbengemeinschaft. Diese geschieht vorrangig im Wege einer notariellen Auseinandersetzungsvereinbarung gem. Art. 1079 ZGB RB und erst bei fehlender Einigung der Erben im Rahmen eines gerichtlichen Auseinandersetzungsverfahrens gem. Art. 1080, 255 ZGB RB.

Ein Erbschein wird gem. Art. 1083 Abs. 1, Abs. 2 ZGB RB auf Antrag des oder der Erben bei dem am Erbfallort zuständigen Notar von diesem ausgehändigt.

D. Erbschaftsteuer

30 Eine Erbschaftsteuer existiert in Belarus nicht. Der durch den Erbanfall erfolgte Vermögenszuwachs ist dem Einkommen des Erben hinzuzurechnen. Jedoch werden Erben gem. Art. 163 Punkt 1.17 des Steuergesetzbuches der Republik Belarus grundsätzlich von der Einkommensteuer befreit. Von der Befreiung wird das aus den vererbten Rechtspositionen künstlerischer, urheber-, lizenz- und markenrechtlicher Art erzielte Einkommen ausgenommen.

Zypern (Republik Zypern)

Dr. Rembert Süß, Rechtsanwalt, Würzburg

Inhalt

A. Internationales Erbrecht	1	D. Pflichtteilsrecht	10
B. Gesetzliche Erbfolge	4	E. Nachlassabwicklung	13
C. Testamentarische Erbfolge	7	F. Erbschaftsteuer	15

Literatur

Emilianidis, Cyprus (2012), in: Pintens, International Encyclopedia of Laws: Family and Succession Law; *Tsikkinis*, Law of succession, in: Andreas Neocleous & Co (Hrsg.), Introduction to Cyprus Law, Limassol 2000, S. 617; *Yiolitis*, Cyprus, in: Hayton, European Succession Laws, 2. Aufl. 2002, London, S. 169.

A. Internationales Erbrecht

Hinsichtlich des auf die Rechtsnachfolge von Todes wegen anwendbaren Rechts folgte Zypern bislang den Kollisionsregeln des englischen *common law*.[1] Gemäß Sect. 5 des in *Chapter 195* der *Laws of Cyprus* aufgenommenen Wills and Succession Law aus dem Jahre 1945 unterliegt dem Erbrecht von Zypern die Rechtsnachfolge von Todes wegen hinsichtlich des in Zypern belegenen unbeweglichen Vermögens und die Erbfolge des beweglichen Vermögens eines Erblassers mit letztem *domicile* in Zypern. Die Verweisung auf ausländisches Recht erfasst auch das ausländische Internationale Privatrecht, so dass Rück- und Weiterverweisungen beachtet werden.[2] Offenbar folgt man hier allerdings nicht der deutschen Methode, die Verweisungskette stets im Inland abzubrechen, sondern der in England praktizierten sog. *foreign court doctrine*.[3] Sonderregeln gelten für die Anwendung der zypriotischen Pflichtteilsvorschriften (siehe Rn 12).

Für alle ab dem 17.82015 eingetretenen Erbfälle wird sich auch aus zypriotischer Sicht das anwendbare Recht nach den Vorschriften der EU-ErbVO bestimmen. Möglicherweise wird Zypern der einzige Staat sein, der Gebrauch von den als Entgegenkommen gegenüber den Common Law-Staaten Vereinigtes Königreich und Irland eingefügten Art. 29 EU-ErbVO machen wird.

Das Haager Testamentsformübereinkommen vom 5.10.1961 hat die Republik Zypern nicht ratifiziert. Daher wurde bislang ein Testament nur dann formwirksam behandelt, wenn es den Formvorschriften des Erbstatuts entsprechend errichtet worden ist. Die Einhaltung der am Errichtungsort geltenden Formerfordernisse genügte nicht. Die hat sich nun durch Art. 27 EU-ErbVO geändert. Die Republik Zypern hat aber das Washingtoner Abkommen

---

[1] Ausführlich hierzu Länderbericht Großbritannien: England und Wales (Rn 2).
[2] *Andreas Neocleous*, Introduction to Cyprus Law, Rn 24–36.
[3] Hierzu Länderbericht Großbritannien: England und Wales (Rn 8).

über ein einheitliches Internationales Testament[4] ratifiziert. Des Weiteren hat die Republik Zypern das Haager Abkommen über die Anerkennung von Trusts vom 1.7.1985[5] ratifiziert.

B. Gesetzliche Erbfolge

4 Die Verwandten sind **in vier Ordnungen** zur Erbfolge berufen. Bei gesetzlicher Erbfolge erhalten die Kinder den Nachlass zu gleichen Teilen – bzw. bei Vorversterben eines Kindes dessen Abkömmlinge nach Stämmen (**erste Ordnung**). Nach Sect. 44, 46 *Wills and Succession Law* sind zwar die illegitimen Kinder, d.h. die Kinder, die außerhalb der Ehe geboren wurden und weder durch nachfolgende Heirat der Eltern noch durch gerichtliche Erklärung als ehelich legitimiert worden sind, von der gesetzlichen Erbfolge ausgeschlossen. Durch Ratifikation der Europäischen Konvention über den rechtlichen Status der nichtehelichen Kinder sind diese Bestimmungen aber unanwendbar geworden – was auf Zypern auch höchstrichterlich entschieden wurde.[6] Eheliche und nichteheliche Kinder stehen daher nun gleich. Dabei haben die Abkömmlinge jedoch in Ausgleichung zu bringen, was sie irgendwann einmal vom Erblasser als Vorschuss auf den Erbteil/Ausstattung, als Mitgift oder im Wege der vorweggenommenen Erbfolge erhalten haben, Sect. 51 *Wills and Succession Law*. Der Erblasser kann hiervon jedoch im Testament befreien.

5 In **zweiter Ordnung** sind die Eltern bzw. bei Vorversterben eines von ihnen die entsprechenden Geschwister und halbbürtigen Geschwister bzw. deren Abkömmlinge zur Erbfolge berufen. Hier erben wieder alle zu gleichen Teilen, nur die halbbürtigen Geschwister erben den halben Teil eines Vollbürtigen; die Abkömmlinge der Geschwister erben nach Stämmen. Zu den Erben der dritten Ordnung gehören die weiteren Vorfahren, von denen jeweils diejenigen berufen sind, die dem nächsten Verwandtschaftsgrad angehören. Hier erben Angehörige der väterlichen und mütterlichen Linie jeweils gemeinsam die Hälfte, erben innerhalb der selben Linie aber zu gleichen Teilen. In **vierter** und letzter **Ordnung** erben schließlich alle Verwandten des Erblassers bis zum sechsten Verwandtschaftsgrad zu gleichen Teilen – wobei freilich die Angehörigen des näheren Verwandtschaftsgrades alle Angehörigen des höheren Grades ausschließen.

6 Der überlebende **Ehegatte** erbt – seit der Reform des Erbrechts aus dem Jahre 1989 – mit Abkömmlingen des Erblassers zu einem Kindeserbteil, Sect. 44 (a) *Wills and Succession Law*. Sind keine Abkömmlinge vorhanden, so erbt der Ehegatte neben den Vorfahren und deren Abkömmlingen bis zum dritten Verwandtschaftsgrad (also den Erben der zweiten und der dritten Ordnung) die Hälfte des Nachlasses. Sind nur Angehörige im vierten Verwandtschaftsgrad vorhanden, so erhöht sich der Erbteil des Ehegatten auf drei Viertel des Nachlasses. Den gesamten Nachlass erhält der Ehegatte, wenn auch Erben im vierten Verwandtschaftsgrad nicht vorhanden sind.

C. Testamentarische Erbfolge

7 Ordentliche **Testamentsform** ist das Zwei-Zeugen-Testament, das vom Erblasser und von den Zeugen gemeinsam am Ende und am Ende jeder Seite unterschrieben werden muss.[7]

---

4 Hierzu § 4 Rn 19.
5 Text der Konvention auf der beiliegenden CD-ROM unter der Rubrik „Haager Konventionen".
6 Entscheidung des Supreme Court in *Malachtou v. Armefti* [1987] 1 CLR 207.
7 Zur Errichtung eines Zwei-Zeugen-Testaments siehe Länderbericht Großbritannien: England und Wales (Rn 46).

Jeder Verstoß gegen die Regeln – z.B. wenn keiner der Zeugen das Testament in Gegenwart eines anderen Zeugen unterzeichnet hat – führt zur Nichtigkeit des Testaments. Daneben gilt das **Washingtoner Abkommen** über ein einheitliches Recht der Form eines Internationalen Testaments vom 26.10.1973.[8] Die Testierfähigkeit beginnt mit Vollendung des 18. Lebensjahres. Der Testator muss voll geschäftsfähig (*to be of sound mind, memory and understanding*, Sect. 22 *Wills and Succession Law*) sein.

Im Testament kann der Erblasser Vermächtnisse aussetzen und einen Testamentsvollstrecker (*executor*) ernennen.

Besondere Möglichkeiten gestattet auch in Zypern die Errichtung eines *trust*. Dieser kann sowohl unter Lebenden als auch von Todes wegen errichtet werden. Errichtet der Erblasser den *trust* bereits unter Lebenden (*inter vivos trust*), so kann er das Nachlassverfahren vermeiden. Das ist auch für deutsche Erblasser insbesondere dann attraktiv, wenn er auf Zypern nicht seinen Lebensmittelpunkt, sondern lediglich Vermögen (Ferienimmobilie, Geschäftsvermögen, Geldanlagen) hat.

D. Pflichtteilsrecht

Anders als das englische Recht kennt das zypriotische Recht Pflichtteilsrechte nach dem Muster der westeuropäischen Rechtsordnungen. Diese sollen auf den Einfluss des italienischen Rechts zurückgehen.[9] Der Erblasser kann nur über die sog *disposable portion of the estate* verfügen (Sect. 41 *Wills and Succession Law*).[10] Geht das Testament über die verfügbare Quote hinaus, so kann es insoweit angefochten werden (Sect. 42 (2) *Wills and Succession Law*). Hinterlässt der Erblasser einen Ehegatten und Kinder bzw. andere Abkömmlinge, so beträgt der verfügbare Teil des Nachlasses nur ein Viertel des Nachlasses (die **Pflichtteile** – *the statutory portions* – belaufen sich also auf drei Viertel des Nachlasses). Das Gleiche gilt, wenn er nur Kinder oder Abkömmlinge eines Kindes hinterlässt. Hinterlässt der Erblasser keine Abkömmlinge, aber einen Ehegatten oder einen Elternteil, kann er über den halben Nachlass verfügen. Etwas anderes gilt gem. Sect. 41 (2) *Wills and Succession Law* aber dann, wenn er keine Abkömmlinge hinterlässt und zugunsten seines überlebenden Ehegatten verfügt hat.

Diese strengen Pflichtteilsregeln gelten nicht für den beweglichen Nachlass von Ausländern –wenn diese kein *domicile* in Zypern hatten –, wohl aber für ihre auf Zypern belegenen Immobilien.[11] War der Erblasser selbst oder sein Vater im Vereinigten Königreich oder in einem der meisten Mitgliedstaaten des Britischen *Commonwealth of Nations* geboren, so gelten die Pflichtteilsregeln überhaupt nicht – auch nicht für auf Zypern belegene Grundstücke (Sect. 42 *Wills and Succession Law*).

Eine weitere Möglichkeit zur Umgehung ergibt sich aus dem *Cyprus International Trust Law 1992*. Dieses Gesetz sieht ausdrücklich vor, dass keine Übertragung oder Verfügung zugunsten eines *Cyprus International Trust* durch das zypriotische oder ein ausländisches Erbrecht angefochten oder beeinträchtigt werden kann. Ein solchen *trust* ist daher nach zypriotischen *trust*-Recht pflichtteilsfest. Ob diese Regelung unter den Schutz des Art. 30

---

8 Hierzu auch § 4 Rn 19.
9 *Stokes*, Cyprus Succession Law and Planning, Offshore Investment 2007, 179.
10 Diese Bestimmung ist durch Gesetz Nr. 100 aus dem Jahr 1989 neu gefasst worden. Daher werden die Pflichtteilsquoten in der Republik Zypern und in Nordzypern unterschiedlich bestimmt.
11 So *Yiolitis*, Cyprus Rn 5.22, in: Hayton, European Succession Laws.

EU-ErbVO fallen wird oder aber dem gem. Art. 23 Abs. 2 lit. h EU-ErbVO maßgeblichen Erbstatut zum Opfer fallen wird, ist derzeit wohl noch ungewiss.

E. Nachlassabwicklung

13 Mit dem Erbfall geht die Verfügungsmacht über den Nachlass auf einen vom Erblasser testamentarisch ernannten *executor* oder einen gerichtlich bestellten *administrator* (regelmäßig der Ehegatte) über, der den Nachlass abwickelt und auf die Vermächtnisnehmer bzw. die gesetzlichen Erben verteilt. Zu beachten ist, dass die Regeln der Erbfolge und Nachlassabwicklung nicht für Vermögen gelten, das in einen *trust* eingebracht worden ist.

14 Für den auf Zypern belegenen Nachlass ist grundsätzlich durch die zypriotischen Nachlassgerichte ein *personal representative* zu bestellen. Das gilt auch dann, wenn der Erblasser mit letztem *domicile* in Deutschland verstorben ist, auf Zypern nur bewegliches Vermögen hinterlässt und in Deutschland ein Erbschein ausgestellt worden ist. Ausgenommen ist der Fall, dass durch ein Nachlassgericht des Vereinigten Königreichs, eines *British Dominion* oder eines Mitgliedstaates des *British Commonwealth Letters of administration* ausgestellt worden sind. Diese erhalten nach Hinterlegung einer Abschrift beim zypriotischen *District Court* und Siegelung dort die gleichen Wirkungen wie unmittelbar durch ein zypriotisches Nachlassgericht ausgestellte entsprechende Urteile (sog. *Re-Sealing of Probate*, Sect. 3 *Wills and Succession Law*).

F. Erbschaftsteuer

15 Die Erbschaftsteuer ist in der Republik Zypern mit Wirkung vom 1.4.1997 an abgeschafft worden.

Zypern (Nord)

Dr. Rembert Süß, Rechtsanwalt, Würzburg

Inhalt

A. Vorbemerkung 1
B. Internationales Erbrecht 4
C. Gesetzliche Erbfolge 5
D. Testamentarische Erbfolge 7
E. Erbschaftsteuer 9

Literatur

Tsikkinis, Law of succession, in: Andreas Neocleous & Co (Hrsg.), Introduction to Cyprus Law, Limassol 2000, S. 617; *Yiolitis*, Cyprus, in: Hayton, European Succession Laws, 2. Aufl. 2002, London, S. 169.

A. Vorbemerkung

Der Nordteil von Zypern, etwa ein Drittel der Gesamtfläche der Insel, ist seit 1974 von türkischen Truppen besetzt. Am 15.11.1983 wurde dort die „Türkische Republik Nord Zypern" (*Turkish Republic Northern Cyprus – TRNC*) ausgerufen. Faktisch handelt es sich hierbei um ein Marionettenregime der türkischen Regierung in Ankara. Der im Norden der Insel gebildete Staat wird im Wesentlichen nur von der Regierung der Türkei völkerrechtlich anerkannt und ist politisch weitgehend isoliert.

Ohne Rücksicht auf eine völkerrechtliche Anerkennung der Republik Nord Zypern ist zivilrechtlich jedoch vom *de facto*-Zustand auszugehen. Trotz der fehlenden diplomatischen Anerkennung ist also bei der Anknüpfung des Erbstatuts das dort effektiv fortgeltende Rechtssystem der Republik Nordzypern zu beachten.[1]

Auf dem Bereich des Erbrechts wird das noch aus der britischen Kolonialzeit stammende *Wills and Succession Law* (*Chapter 195 of the Laws of Cyprus*) aus dem Jahre 1945[2] auch in Nordzypern weiterhin angewandt. Insoweit gilt dieses Gesetz also im Nordteil der Republik Zypern – in der bis zur Teilung der Insel geltenden Fassung – fort.

B. Internationales Erbrecht

Dementsprechend gelten also im Internationalen Erbrecht die Grundsätze des englischen *common law* fort, wie sie in der Republik Zypern bis zum Anwendungsstichtag für die EU-ErbVO galten Dies bedeutet insbesondere, dass sich die Ferienwohnung, die der deutsche Erblasser in Nordzypern erworben hat, als Immobilie aus dortiger Sicht nach dem nordzypriotischen Belegenheitsrecht vererbt.

---

[1] *Kegel/Schurig*, Internationales Privatrecht, § 1 IV 2 b, S. 21.
[2] Hierzu *Odersky*, Länderbericht Großbritannien: England Rn 2.

C. Gesetzliche Erbfolge

5 Die gesetzliche Erbfolge ist teilweise anders geregelt als im Süden der Insel. So erhält der überlebende **Ehegatte** neben den legitimen Abkömmlingen des Erblassers einen Kindeserbteil, zumindest aber eine auf ein Sechstel fixierte Quote, Sect. 44 (a) *Wills and Succession Law*. Sind keine erbberechtigten Kinder oder andere Abkömmlinge vorhanden, so erhält der Ehegatte die Hälfte des Nachlasses, während die andere Hälfte an die Eltern bzw. die Geschwister des Erblassers fällt.

6 Eine weitere Besonderheit besteht darin, dass das gesetzliche Erbrecht für Abkömmlinge nur dann besteht, wenn diese entweder ehelich geboren oder aber durch nachfolgende Eheschließung legitimiert worden sind.[3] Andere nichteheliche Kinder erben also nicht. Der nichteheliche Lebensgefährte hat kein Erbrecht.

D. Testamentarische Erbfolge

7 Die **Testierfähigkeit** tritt mit Vollendung des 18. Lebensjahres ein. Ordentliche Testamentsform ist das Zwei-Zeugen-Testament, das vom Erblasser und von den Zeugen gemeinsam am Ende und am Ende jeder Seite unterschrieben werden muss. Daneben gilt das **Washingtoner Abkommen** über ein einheitliches Recht der Form eines internationalen Testaments vom 26.10.1973.[4]

8 Im Testament kann der Erblasser Vermächtnisse aussetzen und einen Testamentsvollstrecker (*executor*) ernennen. Hinterlässt der Erblasser Abkömmlinge, belaufen sich die **Pflichtteile** dieser gemeinsam ggf. mit dem Ehegatten gem. Sect. 41 (a) *Wills and Succession Law* auf zwei Drittel des Nachlasses. Sind in zweiter Ordnung die Eltern und der Ehegatte berufen, können diese als Pflichtteil die Hälfte des Nachlasses geltend machen, Sect. 41 (b) *Wills and Succession Law*. Diese strengen Pflichtteilsregeln gelten allerdings nicht für den beweglichen Nachlass von Ausländern – selbst wenn diese ihr *domicile* in Zypern hatten –, wohl aber für ihre auf Zypern belegenen Immobilien.[5] Die Ausnahme von den Pflichtteilsregeln für die Erbfolge nach einem Erblasser, der selbst bzw. dessen Vater im Vereinigten Königreich oder in einem Mitgliedstaat des britischen *Commonwealth* geboren worden ist,[6] gelten auch in Nordzypern.

E. Erbschaftsteuer

9 Anders als im Süden ist in Nordzypern die Erbschaftsteuer nicht abgeschafft worden. Dabei wird für den Nachlass ein Grundfreibetrag in Höhe des dreißigfachen Jahres-Mindestlohns gewährt. Weitere personenbezogene Freibeträge gibt es für den Ehegatten (dreifacher Jahres-Mindestlohn) und für die ehelichen Kinder, gestaffelt danach, ob diese volljährig sind (zweifacher Jahres-Mindestlohn) oder minderjährig (dreifacher Jahres-Mindestlohn). Der

---

3 Die Republik Nordzypern ist der Europäischen Konvention über die rechtliche Stellung nichtehelicher Kinder nicht beigetreten. Daher ist die dort in Sect. 44, 46 *Law of Succession* ursprünglich niedergelegte Regelung in Nordzypern weiterhin gültig.
4 Hierzu auch § 4 Rn 19.
5 So *Yiolitis*, Cyprus Rn 5.22, in: Hayton, European Succession Laws.
6 Hierzu Länderbericht Zypern (Republik Zypern) Rn 12.

Steuertarif beträgt am Eingang 14,44 % und am oberen Ende 25 %. Der Jahres-Mindestlohn wie auch die Tarife werden der Geldentwertung laufend angepasst.

Die Erbschaftsteuer kann durch vorweggenommene Erbfolge vermieden werden. Schenkungen werden von der Erbschaftsteuer nicht erfasst. Eine Schenkungsteuer gibt es nicht. Die Schenkung von Grundstücken unterliegt stattdessen allein der *Land Registry Charge*, die aber erheblich geringer ist als die Erbschaftsteuer. Diese beträgt grundsätzlich 6 %. Ermäßigte Tarife von 0,2 % gelten für Schenkungen von Eltern an ihre Kinder, der Tarif von 0,4 % gilt für Schenkungen zwischen Ehegatten und von Großeltern an ihre Enkel.

Stichwortverzeichnis

A

Abkommen, bilaterale 1 3 ff., 2 180 ff.
- Anwendung 2 196 ff.
- Aufenthalt, gewöhnlicher 2 211 ff.
- Belegenheit in Mitgliedsstaat, anderem 2 205 ff.
- Deutsch-Persisches Niederlassungsabkommen 1 9 f., 2 185 ff.
- Deutsch-Sowjetischer Konsularvertrag 1 6 ff., 2 193 ff.
- Deutsch-Türkisches Nachlassabkommen 1 4 f., 2 189 ff.
- Doppelbesteuerungsabkommen 7 17, 135 ff.
- für Deutschland geltende 2 184 ff.
- Grundsatzentscheidung 2 180 ff.

Abkommen, internationale 4 19 ff.

Ablaufdatum 6 41

Abstammung 3 37 ff.

Adoption 3 41 ff.
- Dekretadoption 3 43
- Gleichstellungserklärung 3 52
- Minderjährigenadoption 3 42
- schwache 3 44
- Vertragsadoption 3 46
- Volladoption 3 43
- Wirkungen, erbrechtliche 3 47 ff.
- Zustandekommen 3 41 ff.

Albanien
- Ausschlagung der Erbschaft 7
- Erbschaftsteuer 8
- Erbvertrag 6
- Gesetzliche Erbfolge 2
- Internationales Erbrecht 1
  - Erbstatut 1
  - Rechtswahl 1
- Testament 5

Anerkennung/Vollstreckung Entscheidungen 1 28

Angehörigenstatut 3 9 ff.
- Abstammung 3 37 ff.
- Adoption 3 41 ff.
- Ehe 3 9 ff.
- Lebensgemeinschaft, nichteheliche 3 53 ff.
- Lebenspartnerschaft, eingetragene 3 29 ff.

Anknüpfung 1 59 ff., 7 36 ff.
- Abkommen, bilaterale 2 180 ff.
- alternative 4 35
- Anknüpfungsleiter 4 4, 29 ff.
- Aufenthalt, gewöhnlicher 2 1 ff., 142 ff.
- Ausweichklausel 2 37 ff.
- differenzierte 4 37
- distributive 4 36, 66
- Erbschaftsteuerrecht 7 2, 25 ff.
- Erbstatut 2 1 ff.
- Erbvertrag 4 29 ff.
- Güterrecht 3 65 ff.
- Kegelsche Leiter 3 65 ff.
- Kollision von Merkmalen 7 50 ff.
- kumulative 4 34
- Merkmale, unterschiedliche 7 108 ff.
- persönliche 7 39 ff.
- Rück-/Weiterverweisungen 2 43 ff.
- Staatsangehörigkeit 2 145 ff.
- Testament, einseitiges 4 4
- Unteranknüpfung 2 129 ff.
- Vorfragen 1 69 ff.

Anpassung/Umdeutung 6 11

Anrechnungsmethode 7 114 ff.
- Abzug Steuer, ausländische 7 134
- Antragstellung 7 115
- Berechnung 7 120 ff.
- Definition Auslandsvermögen 7 126
- Doppelbesteuerungsabkommen 7 135 ff.
- Erbschaftsteuerpflicht, unbeschränkte 7 116 ff.
- Fünfjahreszeitraum 7 119
- Höchstbetrag 7 125
- Nachfolgeplanung 7 141 ff.

Aufenthalt, gewöhnlicher 1 23 ff., 2 1 ff.
- Bedeutung 2 1 ff.
- Begriff 2 5 ff.
- Bleibewille 2 26 ff.
- Daseinsmittelpunkt 2 18
- Doppeltatbestand 2 19
- Einzelfallbetrachtung 2 25
- Elemente, tatsächliche 2 18 ff.
- Erbschaftsteuerrecht 7 48 f.
- in Mitgliedsstaat, anderem 2 211 ff.
- Manipulationshandlungen 5 27 f.
- mehrfacher 2 33 ff.
- Mindestdauer 2 24
- Probleme, ungeklärte 2 4
- Regelmäßigkeit 2 21 ff.
- Verlegung, schleichende 3 36

Ausführungsgesetz zur EU-ErbVO 6 25

Ausweichklausel Art. 21 Abs. 2 EU-ErbVO 2 37 ff.

B

Belegenheitsrecht 2 174 ff., 205 ff. *siehe auch* Sachenstatut

Belgien
- Annahme der Erbschaft 32 ff., 113
- Aszendententeilung 61
- Auseinandersetzung 118 ff.
- Ausschlagung der Erbschaft 33, 36, 77 ff., 114
- Besitzeinweisung 125
- Brüssel-Hauptstadt
  - Steuertarif 197 ff.
- contractuelle erfstelling 86
- Deutscher Staatsangehöriger
  - mit in Belgien belegenem Nachlass 97 ff.
- Doppelbesteuerung 225 ff.
- Ehegattenerbrecht 41 ff.
  - Entziehung des Erbrechts 73 ff.
  - Güterstandsänderung 79
  - Gütertrennung 45
  - Nießbrauch 46
  - Zugewinngemeinschaft 45
- Ehegattennießbrauch 46
- Ehevertrag 79 ff.
- Einwohner
  - Definition 140
- Einwohnerstellung 139
- Entsiegelung 130

- Entziehung des Erbrechts 73 ff.
- Erbfähigkeit 30
- Erbfolge
  - gesetzliche 37 ff.
- Erbfolgebescheinigung 101 ff.
- Erbfolgeurkunde 101 ff.
- Erbklassen 40
- Erbrecht des Staates 112
- Erbschaft
  - Annahme 32 ff., 113
  - Ausschlagung 33, 36, 114
- Erbschaftsteuer 136 ff.
  - Steuerobjekt 152 ff.
  - Steuerpflicht 138 ff.
- Erbstatut 1 ff.
- Erbstückvermächtnis 58
- Erbteilvermächtnis 57
- Erbunwürdigkeit 72
- Erbverfahrensrecht 89
- Erbvermächtnis 54 ff.
- Erbvertrag 17, 50
- Erbvertretung 39
- Erbverzicht 77 ff.
- EU-ErbVO 91
- Flandern
  - Steuertarif 184 ff.
- Gemeinschaftliches Testament 17
- Gemeinschaftsvermögen
  - Übernahme 80 ff.
- Gerichtliche Todeserklärung 111
- Gesamtrechtsnachfolge 31
- Gesetzliche Erbfolge 37 ff.
- Gesetzlicher Güterstand 80
- Gesetzliches Zusammenwohnen 47 ff.
- Gewöhnlicher Wohnsitz
  - im Ausland 92 f.
  - in Belgien 94
- Gleichgeschlechtliche Partner 47 ff.
- Güterstandsänderung 79
- Hauptniederlassung 8
- Herrenlose Erbschaft 117
- Herrenloser Nachlass 133
- Immobilienverkäufe
  - herrenloser Nachlass 133
  - Nachlass mit geschäftsunfähigen oder vermutlich verschollenen Personen 133
  - Vorbehaltsnachlass 133
- institution contractuelle 86 f.
- Internationaler ordre public 18 f.
- Inventarerrichtung 131 f.
- IPR-Gesetz 2 ff.
- Lebenspartnerschaft 47 ff.
- Lebensversicherung 85
- Materielle Wirksamkeit 14
- Nachlasse mit geschäftsunfähigen oder vermutlich verschollenen Personen 133
- Nachlassspaltung 26 ff.
  - Erbenhaftung 27
  - Rechtsfolgen 26 ff.
  - Vorwegentnahme 29
- Nachlassverfahren 91 ff.
  - Verfahrensschritte 95 f.
- Nießbrauchsrecht 59
- Noterbrecht 65 ff.
  - Abkömmlinge 66
  - Aszendenten 70
  - Ehegatte 68

- Ordre public 13
  - internationaler 18 f.
- Rechtswahl 22 ff.
  - Widerruf 24
- saisine 112, 126
- Schenkung 85 ff.
  - steuerpflichtige 219
- Staat
  - Erbrecht 112
- Steuererklärung
  - Abgabefrist 148
  - Abgabeort 148
  - Form 146
  - Inhalt 147
  - Pflicht 143 ff.
- Steuerobjekt 151 ff.
- Steuerpflicht
  - beschränkte 141
  - unbeschränkte 142
- Steuerpflichtige Schenkung 219
- Steuertarif
  - Brüssel-Hauptstadt 197 ff.
  - Flandern 184 ff.
  - Wallonien 164 ff.
- Steuerzahlung 221 ff.
- Teilung 118 ff.
- Teilungsanordnung 61
- Testament 50 ff.
  - eigenhändiges 50
  - gemeinschaftliches 17, 50
  - Widerruf 71
  - Wirksamkeitsvoraussetzungen 51 ff.
- Testamentseröffnung 124
- Testamentsvollstreckung 62
- Testierfähigkeit 16, 51
- Todeserklärung
  - gerichtliche 111
- tontine (Zuwachsvereinbarung) 84, 220
- Übertragungssteuer 138
  - Steuerobjekt 151
- Universalvermächtnis 54 ff.
- Verjährungsfristen 160 ff.
- Vermächtnisaushändigung 126
- Verschollenheit 109 ff.
- Verschollenheitserklärung 110
- Verschollenheitsvermutung 109
- Versiegelung 127 ff.
- Verwandtenerbrecht 37 ff.
  - Erbklassen 40
- Vollmacht über den Tod hinaus 88
- Vor- und Nacherbschaft 63
- Vorbehalt der Inventarerrichtung 34, 115 f.
- Vorbehaltsnachlass 133
- Vorwegentnahme 29
- Wallonien
  - Steuertarif 164 ff.
- Zurückführung 120 ff.

Berechnung
- Anrechnungsmethode 7 120 ff.
- Doppelbesteuerung 7 113

Betriebsvermögen 7 66 f.
- Freibetrag 7 104 f.

Bewertung, erbschaftsteuerliche 7 92 ff.
- Abzug, quotaler 7 98 f.
- Abzug von Schulden 7 94 ff.
- Bewertungsmaßstab 7 92

- Einbringung in Gesellschaft **7** 97
- Nachlassverbindlichkeiten **7** 94 ff.
- Pflicht, beschränkte **7** 94
- Verkehrswert/Wert, gemeiner **7** 92
- Zusammenhang, wirtschaftlicher **7** 94

Bindungswirkung
- Rechtswahl **2** 100 ff.
- Testament, einseitiges **4** 9 ff.
- Testament, gemeinschaftliches **4** 64 ff.

Bleibewille 2 26 ff.
- Bedeutung **2** 26 ff.
- Grenzen **2** 29 f.

Bosnien und Herzegowina
- Adoption 25 f.
- Ausländer als Erben 7
- Ehegattenerbrecht 27
- Ehegattentestament 45
- Erbenhaftung 87
- Erbfolge
  - adoptierte Kinder 25 f.
  - Ehegatte 27
  - Eltern 29
  - gesetzliche 12 ff.
  - Großeltern 30
  - Staat 32
  - uneheliche Kinder 24
  - unehelicher Partner 28
  - weitere Vorfahren 31
- Erbgemeinschaft 86
- Erbordnung 21 ff.
- Erbquote 34
- Erbschaftserklärung 83 ff.
  - Anfechtung 85
- Erbschaftsteuer 102 ff.
  - Erbschaftsteuersatz 106
  - Steuerbefreiung 107
- Erbunwürdigkeit 17
- Erbvertrag 57 ff.
- Ersatzerbe 50
- EU-ErbVO 4
- Gerichtszuständigkeit
  - Ausschließliche internationale Zuständigkeit 8 ff.
- Gesetzliche Erbfolge 12 ff.
  - Erbordnung 21 ff.
  - Erbunwürdigkeit 17
  - Parentelensystem 21 ff.
- Gleichgeschlechtliche Partnerschaft 19
- Haager Testamentsformübereinkommen 5
- Heimatrecht 3
- Internationales Erbrecht 1 ff.
- Kommorienten 16
- Leibrentenvertrag 63 ff.
- Nachlassabwicklung 83 ff.
- Nachlassverfahren
  - Einleitung 92
  - Erbschaftsbeschluss 100 f.
  - Sicherungsmaßnahmen 99
  - Testamentseröffnung und Verkündung 96 ff.
  - Unterbrechung wegen eines Streites 94
  - Vermögensbewertung 95
  - Zuständigkeiten 88 ff.
- Nasciturus 15
- Parentelensystem 21 ff.
- Pflichtteilsrecht 70 ff.
  - Ausschluss des Pflichtteilsberechtigten 79 ff.
  - Enterbung 79 ff.
- Höhe des Pflichtteils 74 f.
- Minderung der testamentarischen Verfügungen 76
- Pflichtordnungen 72 f.
- pflichtteilsberechtigte Personen 71
- Pflichtteilsberechnung 75
- Pflichtteilsentziehung 82
- Pflichtteilsklage 78
- Rückabwicklung von Schenkungen 77
- Schenkung
  - Anrechnung auf die Erbquote 35
- Staat als Erbe 32
- Sterbeurkunde (smrtovnica) 93
- Steuer *siehe* Erbschaftsteuer
- Stiftung 53
- Testament 37 ff.
  - allographes 40
  - Auflage 51
  - Form 39
  - holographes 39
  - Inhalt 48
  - internationales 43
  - Nichtigkeit 46
  - Nottestament 44
  - öffentliches 41
  - Register 47
  - Stiftung 53
  - Testierfähigkeit 37
  - Widerruf 54 f.
- Testamentseröffnung 96
- Testamentsregister 47
- Testamentsverkündung 96 ff.
  - Arten 97
  - mehrere Testamente 98
- Testamentsvollstreckung 52
- Testierfähigkeit 6, 37
- Übergabevertrag 67 ff.
- Uneheliche Gemeinschaft 19
- Uneheliche Kinder 24
- Vermögensbewertung 95
- Verzicht auf zukünftigen Nachlass 61 f.
- Vor- und Nacherbschaft 50
- Widerruf des Testaments 54 f.

Bulgarien
- Abstammung 17
- Adoption 18
- Anfechtung des Testaments 46 f.
- Annahme der Erbschaft 75
- Auflage 53
- Ausschlagung der Erbschaft 78
- Bedingung 52
- Befristung 52
- Ehegattenerbrecht 30 ff.
- Ehegüterrecht 28
- Ehevertrag 69
- Eigenhändiges Testament 35
- Erbeinsetzung 49
  - Ersatzperson 50
- Erbenhaftung 80 ff.
- Erbfolge
  - gesetzliche 11 ff.
  - testamentarische 34 ff.
- Erbordnungen 15 ff.
- Erbrecht des Staates 27
- Erbschaftsteuer 96 ff.
- Erbschaftsteuererklärung 100
- Erbschein 88, 95
- Erbstatut 1 ff., 4 ff.

- Erbteilung zu Lebzeiten 72
- Erbunwürdigkeit 13 f.
- Erbvertrag 48, 69
- Errungenschaftsgemeinschaft 28
- EU-ErbVO 1
- Gemeinschaftliches Testament 48
- Gesetzliche Erbfolge 11
- Gläubigerstellung 84
- Güterrecht 28 f.
- Kurator 79
- Mönche 24
- Nachlassgericht 74
- Nachlassgläubiger 84 ff.
- Nachlassverfahren 88
- Nichtigkeit des Testaments 45
- Notarielles Testament 40
- Pflichtteilsergänzung 62 ff.
- Pflichtteilsrecht 58 ff.
- Postmortale Vollmacht 69
- Rechtswahl 4
- Repräsentationsprinzip 16, 22 f.
- Schenkung von Todes wegen 69
- Schenkungsteuer 105
- Schiedsgericht 10
- Staat als Erbe 27
- Staatsangehörigkeit 4
- Steuerfestsetzung 106
- Steuersatz 104
- Teilung der Vermögenswerte 89
- Teilungsanordnung 73
- Testamentseröffnung 38
- Testamentsvollstreckung 54 ff.
- Testamentsvorlage 39
- Testamentswiderruf 43
- Testierfähigkeit 9, 41
- Trust 70
- Vaterschaftsvermutung 17
- Vermächtnis 49 ff.
- Vermögensverwaltungsvertrag 70
- Vermögensverzeichnis 55
- Verwandtenerbrecht 15 ff.
- Widerruf des Testaments 43

D

Dänemark
- Aufgebotsverfahren 125 ff.
- Auseinandersetzungsverfahren 120
- Ausländische Testamente 97
- Auslegung letztwilliger Verfügungen 90
- Ausschluss des Erbrecht 112
- Außerordentliches Testament 66
- Ehegattenerbrecht 20 ff.
- Erbrecht
  - Ausschluss 112
  - Wegfall 112
- Erbrechtsreform 2008 4 ff.
- Erbschaft- und Schenkungsteuer 137 ff.
- Erbschuldenaufschub 41 f.
- Erbstatut 12 f.
- Erbvertrag 53 ff.
- Erbverzicht 111
- Erbvorschuss 53 ff.
- Erweitertes Testament von Zusammenlebenden 73 ff.
- EU-ErbVO
  - Nichtanwendung 9 ff.
- Formverstoß bei Testamentserrichtung 76
- Fortgesetzte Gütergemeinschaft 25 ff., 30 ff., 119

- Gemeinschaftliches Testament 67 ff.
- Gesetzliche Erbfolge 15 ff.
- Gewillkürte Erbfolge 48 ff.
- Grundbuchumschreibung 135 f.
- Nachlassabwicklung 115 ff.
- Nachlassgegenstände
  - Übernahme nach Werteinschätzung 43 ff.
- Nachlassverfahren 114
- Nachlassverwaltung 122 ff.
- Notartestament 62 f., 80
- Nottestament 66, 82
- Ordentliches Testament 61
- Pflichtteil
  - „Einfrieren" 107 ff.
- Pflichtteilsrecht 101 ff.
- Rechtsgrundlagen 1 ff.
- Staat als Erbe 98
- Staatsverträge 8 ff.
- Testament 51 f.
- Testamentserrichtung
  - Formverstoß 76
- Testamentsformstatut 14
- Testamentsregister 96
- Testierfähigkeit 78 f.
- Testierfreiheit 91 ff.
- Unwirksamkeitsgründe letztwilliger Verfügungen 80 ff.
- Vorausrecht 110
- Wegfall des Erbrechts 112
- Widerruf des Testaments 95
- Zeugentestament 64 ff., 81

Deutschland
- Abwicklungsvollstreckung 75
- Adoption 18 f.
- Anfechtung
  - Berechtigung 56
  - Gründe 57
- Annahme der Erbschaft 118
- Auflage 71 f.
- Auslegungsregeln 54
- Ausschlagung der Erbschaft 119
- Berliner Testament 79 f.
- Beschränkte Erbenhaftung 141 ff.
- Beschränkte Steuerpflicht 195 ff.
- Bilaterale Abkommen 2
- Dauertestamentsvollstreckung 75
- Dingliche Surrogation 62
- Dreimonatseinrede 146
- Dreißigster 28
- Dürftigkeitseinrede 145
- Ehegattenerbrecht 20 ff.
  - Dreißigster 28
  - Eigentums- und Vermögensgemeinschaft 25
  - Gütergemeinschaft 24
  - Gütertrennung 23
  - Höhe der Erbschaft 21 ff.
  - Voraus 27
  - Zugewinngemeinschaft 22
- Ehegattentestament 79 ff.
- Eigentums- und Vermögensgemeinschaft 25
- Eingetragene Lebenspartnerschaft 29 ff.
- Einheitslösung 81
- Eintrittsrecht 10
- Enterbung 60
- Erbeinsetzung 59
- Erbengemeinschaft 102 ff.
  - Auseinandersetzung 107 ff.
- Erbschaftskauf 116 f.

- Erbschaftsteuer 165
- Erbteilsübertragung 113 ff.
- Gesamthandsgemeinschaft 102
- Haftung für Nachlassverbindlichkeiten 110 ff.
- Haftungsbeschränkung 112
- Miterbenvorkaufsrecht 115
- Sonderrechtsnachfolge 103
- Verwaltungs-und Verfügungsbefugnis 104 ff.
- Erbenhaftung 138 ff.
  - beschränkte 141 ff.
- Erbfallschulden 139
- Erbfolge
  - Adoption 18 f.
  - eheliche/nichteheliche Kinder 15 ff.
  - gesetzliche 5
  - Gradualsystem 13
  - nach Ordnungen 9
- Erblasserschulden 138
- Erbschaftsteuer 163 ff.
  - Bemessungsgrundlage 200
  - beschränkte Steuerpflicht 195 ff.
  - Betriebsvermögen 240 f.
  - Bewertung des Vermögens 206 ff.
  - Bewertung von Einzelunternehmen 210 f.
  - Bewertung von Pflichtteilsansprüchen 219 f.
  - Bewertung von Vermächtnissen 212 ff.
  - Entstehung 183 ff.
  - Erbengemeinschaft 165
  - erweiterte beschränkte Steuerpflicht 199
  - Grundstücksbewertung 208 f.
  - Rückerwerb von Todes wegen 239
  - Steuerbefreiung 221 f.
  - Steuertarif 244
  - Steuertatbestände 164 ff.
  - Tarifbegrenzung für Vermögen 246
  - Übertragung eines Familienwohnheims 236 ff.
  - Umfang der Steuerpflicht 187 ff.
  - unbeschränkte Steuerpflicht 189 ff.
  - Vermögensarten 207
  - Versorgungsfreibetrag 225 ff.
  - Zugewinnausgleich 230 ff.
- Erbschein 122 ff.
  - Alleinerbschein 123
  - Ersatz 128
  - Fremdrechtserbschein 124
  - Gebühren 126
  - gemeinschaftlicher 123
  - Inhalt 122
  - Teilerbschein 123
  - Verfahren 125
- Erbstatut 1 ff.
- Erbteilsübertragung 113 ff.
- Erbvertrag 44 ff.
  - Aufhebung 52
  - Auslegung 53
  - Bindungswirkung 46
  - Errichtung 44 f.
  - Verwahrung 47 f.
- Erbverzicht 97 f.
- Erweiterte beschränkte Steuerpflicht 199
- EU-ErbVO 1 ff.
  - Güterrecht 3
- Familienwohnheim
  - Übertragung 236
- Gemeinschaftliches Testament
  - Wechselbezüglichkeit 83
- Gesamtrechtsnachfolge 5
  - landwirtschaftliche Besitzungen 7

- Personengesellschaft 6
- Vonselbsterwerb 8
- Gesetzliche Erbfolge 5
- Gesamtrechtsnachfolge 5 ff.
- Gradualsystem 13
- Grundstück
  - Vererbung von 147 f.
- Grundstücksbewertung 208 f.
- Gütergemeinschaft 24
- Güterrecht
  - Auswirkung auf gesetzliche Erbfolge 158 ff.
  - EU-ErbVO 3
- Gütertrennung 23
- Höchstpersönlichkeit 34
- Internationales Erbrecht 1 ff.
- Konstruktive Nacherbfolge 65
- Landwirtschaftsrecht 161
- Legat 66 ff.
- Miterbengemeinschaft siehe Erbengemeinschaft
- Nachlassabwicklung 118 ff.
- Nachlasserbenschulden 140
- Nachlassgericht 120, 130
- Nachlassinsolvenzverfahren 143 ff.
- Nachlasspflegschaft 133 ff.
- Nachlassverbindlichkeiten 138 ff.
- Nachlassverfahren 129 ff.
  - Nachlassgericht 130
  - Nachlasspflegschaft 133 ff.
  - Sicherung des Nachlasses 131 ff.
- Nichteheliche Kinder 15 ff.
- Parentelsystem 9 ff.
- Personengesellschaft
  - Nachfolge- und Abfindungsklauseln 155 ff.
- Pflichtteilsrecht 84 ff.
  - Anrechnungspflicht 90
  - Ausgleichungspflicht 91
  - Höhe des Pflichtteilsanspruchs 88 ff.
  - Pflichtteilsberechtigte 86 f., 96
  - Pflichtteilsentziehung 92
  - Pflichtteilsergänzung 93 ff.
  - Pflichtteilsrest 87
  - Zusatzpflichtteil 87
- Pflichtteilsverzicht 99 ff.
- Postmortale Vollmacht 137
- Rechtswahl 1
- Repräsentationsprinzip 10
- Schenkung auf den Todesfall 150 f.
- Schenkung unter Lebenden
  - Steuerrecht 176 ff.
- Schenkungsteuer 163 ff.
  - Entstehung 183 ff.
  - Schenkung unter Lebenden 176 ff.
- Schiedsklausel 162
- Sicherung des Nachlasses 131 ff.
- Sondererbfolge
  - Landwirtschaftsrecht 161
- Steuerbefreiung 221
- Steuerpflicht
  - beschränkte 195 ff.
  - erweiterte beschränkte 199
  - Umfang 187 ff.
  - unbeschränkte 189 ff.
- Steuertatbestände 164 ff.
- Teilungsanordnung 77
- Testament 37 ff.
  - Auslegung 53
  - eigenhändiges 38
  - gemeinschaftliches 40 ff.

– Kosten 49
– öffentliches 39
– Verwahrung 47 f.
– Widerruf 50 f.
– Testamentsvollstrecker 74 ff.
– Testamentsvollstreckerzeugnis 73, 127
– Testamentsvollstreckung 73 ff.
– Testierfähigkeit 33
– Testierfreiheit 32
  – Beschränkung 35
– Transmortale Vollmacht 137
– Trennungslösung 80
– Unbeschränkte Steuerpflicht 189 ff.
– Verbotsgesetz 35
– Verfügung von Todes wegen 32 ff.
  – Anfechtung 55
  – Auslegung 53
  – Höchstpersönlichkeit 34
  – Kosten 49
  – Schiedsklausel 162
  – Testierfähigkeit 33
  – Testierfreiheit 32
  – Verwahrung 47
– Vermächtnis 66 ff.
  – Auflage 71 f.
  – Ausschlagung 70
– Vermächtnisnehmer 68
– Vermögensarten 207
– Vermögensbewertung 206 ff.
– Versorgungsfreibetrag 225 ff.
– Vertrag zugunsten Dritter auf den Todesfall 152 ff.
– Verwandtenerbrecht 9 ff.
– Vonselbsterwerb 8
– Vor- und Nacherbschaft 61 ff.
– Voraus des Ehegatten 27
– Vorausvermächtnis 68
– Vorweggenommene Erbfolge 149
– Wahlvermächtnis 69
– Zentrales Testamentsregister 48
– Zugewinnausgleich 230 ff.
– Zugewinngemeinschaft 22
– Zuwendungsverzicht 101

Deutsch-Persisches Niederlassungsabkommen 1 9 f., 2 185 ff.

Deutsch-Sowjetischer Konsularvertrag 1 6 ff., 2 193 ff.

Deutsch-Türkisches Nachlassabkommen 1 4 f., 2 189 ff.

Doppelbesteuerung 7 12 ff.
– Abkommen 7 17, 135 ff.
– Anknüpfungsmerkmale, unterschiedliche 7 108 ff.
– Anrechnungsmethode 7 114 ff.
– Berechnung 7 113
– Erbschaftsteuerrecht 7 107 ff.
– Freistellungsmethode 7 112 ff.
– Kollision von Merkmalen 7 50 ff.
– rechtliche 7 13 f.
– Umqualifizierung Vermögen 7 22
– Vermeidung 7 16 ff., 111 ff.
– wirtschaftliche 7 13

E

Ehe 3 9 ff., 60 ff.
– Eheschließung 3 10 ff.
– gleichgeschlechtliche 3 29 ff.
– hinkende 2 172
– Lockerung Eheband 3 21 ff.
– Rechtsgrundlage 3 9

– Scheidung 3 15 ff.
– Zustandekommen 3 9 ff.

Entscheidungsdissens, internationaler 2 167 ff.
– Belegenheitsrecht 2 174 ff.
– Inländerprivilegien 2 178 f.
– Ursachen 2 170 ff.

Erbanfallsteuer 7 9, 32, 35, 73

Erbnachweis
– Altfälle 6 46 ff.
– Europäisches Nachlasszeugnis (ENZ) 6 1 ff.

Erbschaftskauf 4 83 f.

Erbschaftsteuerrecht 7 1 ff.
– Anknüpfung 7 36 ff., 50 ff.
– Aufenthalt, gewöhnlicher 7 48 f.
– Ausgestaltung 7 9 ff.
– Auslandsbezug Erbfall 7 25 ff.
– Auslandsvorfälle 7 82 ff.
– Betriebsvermögen, inländisches 7 66 f.
– Betriebsvermögensfreibetrag 7 104 f.
– Bewertung, erbschaftsteuerliche 7 92 ff.
– Doppelbesteuerung 7 12 ff., 107 ff.
– Ehegattenfreibetrag 7 86 ff.
– Erbanfallsteuer 7 9, 32, 35, 73
– Erbeinsetzung 7 74
– Erwerb von Todes wegen 7 83 ff.
– Freibetrag 7 101 ff.
– Gegenstand 7 4
– Kapitalvermögen 7 68 f.
– Nachfolgeplanung 7 53 ff.
– Nachlassspaltung 7 81
– Nachlassverbindlichkeiten 7 94 ff.
– Pflicht, beschränkte 7 57 ff., 94
– Pflicht, erweiterte beschränkte 7 70 ff.
– Pflicht, unbeschränkte 7 39 ff., 116 ff.
– Recht, internationales 7 1 f.
– Rechtsgrundlage 7 29 ff.
– Rechtsprechung EuGH 7 4
– Rechtswahl 7 81
– Steuerpflicht, sachliche 7 57 ff.
– Steuertarif in Deutschland 7 100 ff.
– Tarifbegünstigung 7 106
– Teilungsanordnung 7 75 ff.
– Territorialitätsprinzip 7 57
– Vermächtnis 7 79 ff.
– Versorgungsfreibetrag 7 101 ff.
– Völkerrecht 7 1 f.
– Wohnsitz 7 43 ff.
– Zielrichtung 7 5 ff.

Erbschein 6 49 ff.
– Verhältnis zum ENZ 6 18 f.

Erbstatut 1 67 f.
– Abgrenzung zu anderen Statuten 3 1 ff.
– Abkommen, bilaterale 2 180 ff.
– Anknüpfung 2 1 ff.
– Bestimmung 2 1 ff., 74 ff.
– effektives 4 8
– Erbschaftskauf 4 84
– Gesellschaftsrecht 3 120 ff.
– Güterrecht 3 60 ff.
– Nachlass, erbenloser 3 57 ff.
– Qualifikation 3 1 ff.
– Rechtswahl 2 74 ff.
– Regelungsbereich 3 1 ff.
– Unterhaltsansprüche 3 95 ff.

Erbvertrag 4 26 ff.
– Anknüpfungsleiter 4 29 ff.
– Erbverzicht 4 70 f.
– Formwirksamkeit 4 44 f.
– mehrseitiger 4 33 ff.
– Rechtswahl 4 38
– Umdeutung 4 32
– Verbindung mit anderen Vereinbarungen 4 43
– Wirksamkeit, materielle 4 26 ff.

Erbverzicht 4 69 ff.
– Erbvertrag 4 70 f.
– Formwirksamkeit 4 74 f.
– Wirksamkeit, materielle 4 69 ff.
– Wirkung 4 72 f.

Errichtungsstatut 4 77
– Inhalt 4 6 ff.
– Rechtswahl 2 104 ff.
– Testament, einseitiges 4 1 ff.
– Testament, gemeinschaftliches 4 64

Estland
– Annahme und Ausschlagung 46 ff.
– Ehegattentestament 39 f.
– Erbengemeinschaft 57
– Erbfähigkeit/Erbunfähigkeit 6
– Erbfolge
  – gesetzliche 6 ff.
  – testamentarische 16 ff.
– Erbregister 26 f.
– Erbschaft- und Einkommensteuer 63 f.
– Erbschein
  – ausländischer 62
– Erbvertrag 41 ff.
– Gegenseitiges Testament 39 f.
– Gesellschaftsrecht 43
– Gesetzliche Erbfolge 6 ff.
  – Ehegatte 13
– Häusliches Testament 24
– Inventur 55 f.
– Nachlassverwaltung 36 ff.
– Notar 49 ff.
– Notarielles Testament 25
– Pflichtteilsrecht 28 ff.
– Rechtsgrundlagen 1 ff.
– Schenkung von Todes wegen 44
– Testamentarische Erbfolge 16 ff.
– Testamentsvollstreckung 33 ff.

EU-ErbVO 1 1 ff.
– Abkommen, bilaterale 1 3 ff.
– Anerkennung/Vollstreckung Entscheidungen 1 28
– Anknüpfung 1 59 ff., 69 ff.
– Anwendungsstichtag 1 34 f.
– Ausführungsgesetz 2 102
– Entstehung 1 11 ff.
– Erbstatut 1 67 f.
– Prüfungsschema 1 75
– Qualifikation 1 55 ff.
– Recht, anwendbares 1 23 ff.
– Rechtswahl 1 27
– Rück-/Weiterverweisung 1 62 ff.
– Übereinkommen, multilaterale 1 1 f.
– Übergangsrecht 1 30 ff.
– Übersicht 1 21 ff.
– Verfügungen, nachlassbezogene 4 1 ff.
– Vorgehen bei Erbfall, internationalem 1 51 ff.
– Zuständigkeit 1 22

Europäisches Nachlasszeugnis (ENZ) 6 1 ff.
– Ablaufdatum 6 41
– Anpassung/Umdeutung 6 11
– Aufbau 6 3 f.
– Ausstellung 6 40 f.
– Ausstellungsverfahren 6 35 ff.
– Bedeutung 6 1 f.
– Beweisfunktion/-wirkung 6 16 f.
– einander widersprechende 6 22 f.
– Erben 6 7 ff.
– Erbschein neben - 6 49 ff.
– Formblatt 6 4
– Grundlagen, rechtliche 6 3
– Güterrecht 6 8 ff.
– Gutglaubenswirkung 6 16 f., 20 ff.
– Inhalt 6 3 ff.
– Korrektur 6 42 ff.
– Legitimationswirkung 6 16 f.
– Nachweis Verwendung 6 39
– Nachweismöglichkeiten, verbleibende 6 46 ff.
– Quoten 6 7 f.
– Rubrum 6 3
– Schenkung 6 15
– Singularsukzession 6 11 ff.
– Subsidiaritätsgrundsatz 6 36
– Tenor 6 3
– Umfang 6 5 f.
– unrichtiges 6 42 ff.
– Verhältnis zum BGB-Erbschein 6 18 f.
– Vermächtnis 6 13 f.
– Verwendung im Grundbuchverfahren 6 24 f.
– Viertel, güterrechtliches 6 8 ff.
– Voll-/Teilzertifikat 6 5 f.
– Widerruf 6 42 ff.
– Wirkungen 6 16 ff.
– Zuständigkeit 6 26 ff.

F

Finnland
– Adoptionsstatut 17 f.
– Adoptivkinder 38
– Anwaltskosten 106
– Auflage 62
– Außereheliche Kinder 35
– Doppelbesteuerungsabkommen 111
– Ehegattenerbrecht 39 ff.
– Ehegüterrecht 41 ff.
– Ehewirkungsstatut 14
– Erbanfallsteuer 108
– Erbauseinandersetzung 97
  – Teilungsbeauftragter 98 ff.
– Erbenhaftung 95 f.
– Erbfolge
  – gesetzliche 31 ff.
  – Parentelenprinzip 31
  – vertragliche 85
– Erbschaftsteuerrecht 107 ff.
– Erbstatut 14 ff.
  – Adoptionsstatut 17 f.
  – Bestimmung aus finnischer Sicht 3 ff.
  – Ehewirkungsstatut 14
  – Güterstatut 15 f.
  – internationales Abstammungsrecht 18 f.
– Erbverfahrensrecht 102 ff.
– Erbvertrag 20
– EU-ErbVO 2
– Exklusivvorschriften 10 ff.

- Finanzielle Unterstützung 12
- Gleichgeschlechtliche Partner 44
- Güterstatut 15 f.
- Heimatrecht 5
- Internationales Abstammungsrecht 18 f.
- Kollisionsrecht 1 f.
- Lebensversicherung 88
- Lex hereditatis 7
- Nachlassabwicklung 89
- Nachlassbereinigung 22 ff.
- Nachlassbewertung 121
- Nachlassinventar 73 ff.
- Nachlasteilung 27 f.
- Nachlassverfahren
  - im Inland 102
  - in Finnland belegener Nachlass deutscher Staatsangehöriger 103
- Nachlassverwalter 81
- Nachlassverwaltung 79 ff.
- Nottestament 66
- Parentelensystem 32 ff.
- Pflichtteilsergänzungsanspruch 71
- Pflichtteilsrecht 68 ff.
- Rechtswahl 29 f.
- Registrierte Partnerschaften 44
- Renvoi 9
- Schenkung von Todes wegen 86
- Staat
  - als Erbe 49
- Staatsangehörigkeitsprinzip 3
- Steuer 107 ff.
  - Befreiung 117 ff.
  - Doppelbesteuerung 111
  - Erbanfallsteuer 108
  - Freibeträge 116
  - Steuerklassen 112
  - Steuerpflicht bei deutsch-finnischen Konstellationen 109 f.
  - Steuersätze 113 f.
- Teilungsbeauftragter 98 ff.
- Testament
  - Auflage 62
  - Form 63 ff.
  - gemeinsames 67
  - Nottestament 66
- Testamentsrecht 51 ff.
- Testamentsvollstrecker 82 ff.
- Verlobungskinder 37
- Vermächtnis 51 ff.
  - Anfechtung 91
  - Annahme 90
  - Ausschlagung 93 f.
  - Nutzungsvermächtnis 57 ff.
  - Quotenvermächtnis 53
  - Stückvermächtnis 54
  - zu beschränktem Recht 56
  - zu unbeschränktem Recht 55
- Wohnsitz 4
- Wohnung
  - Nutzungsrecht des überlebenden Ehegatten 11

Fiskuserbrecht 3 57 ff.

Flüchtlinge, Rechtsstellung 2 86

Form
- Eheschließung **3** 12 ff.
- Erbvertrag **4** 44 f.
- Erbverzicht **4** 74 f.

- Europäisches Nachlasszeugnis (ENZ) **6** 4
- Rechtswahl **2** 103
- Testament, einseitiges **4** 12 ff.
- Testament, gemeinschaftliches **4** 67 f.
- Testamentsformübereinkommen **4** 12 ff.

Frankreich
- Abänderungsehevertrag 177
- Abkömmlinge 61 f.
- Abstammungsrecht 23
- acte de notoriété 189
- Adoptionsstatut 24
- Adoptivkind 61
- Annahme der Erbschaft 156 ff.
- Anrechnung
  - ausländischer Erbschaftsteuer 210
- attestation notariée 29, 190
- Auflagen 102
- Auflassung 26
- Ausschlagung der Erbschaft 156, 159
- avantages matrimoniaux 15 ff., 178 ff.
- clause de préciput 166 ff.
- clause de prélèvement moyennant indemnité 162 ff.
- clause d'accroissement 185
- clause d'acquisition ou d'attribution de biens propres 184
- clause d'attribution de la totalité de la communauté 171 ff.
- clause tontine 185
- Damnationslegat 26, 28
- Disponible Quote 112 ff.
- donation cumulative de biens présents et à venir 146
- donation-partage 154
- Doppelbesteuerungsabkommen 192 ff.
- délivrance 26, 95
- Ehegattenerbrecht
  - Erbberechtigung 69
  - Höhe 70 ff.
- Ehegattennießbrauch 30, 75, 81
- Ehenichtigkeitsklage 47
- Ehevertrag
  - Abschluss 52
  - Änderungen 177
  - Güterrechtsstatut 5
  - Unwandelbarkeitsgrundsatz und Ausnahmen 53 ff., 136
- Ehewirkungsstatut 20
- Eigengut 49, 57
- Eigentumsübergang 25 ff.
- Erbauseinandersetzung 31, 149 ff.
- Erbeneigenschaft, Nachweis
  - streitiger Sachverhalt 191
  - unstreitiger Sachverhalt 189 f.
- Erbengemeinschaft 31, 148
- Erbenhaftung 157 f.
- Erbfähigkeit 58
- Erbfolge
  - gesetzliche 46 f.
  - testamentarische 82 ff.
  - vertragliche 118 ff.
- Erbordnungen 60 ff.
- Erbschaftsklage 191
- Erbschaftsteuer
  - Abwicklung 211
  - Anrechnung von ausländischer 210
  - Berücksichtigung früherer Erwerbe 208
  - Betriebsvermögen 200, 209
  - Doppelbesteuerungsabkommen 192 ff.

- Freibeträge 201 ff., 208
- Steuerklassen 201 ff.
- Steuerobjekt 199 f.
- Steuerpflicht 196 ff.
- Steuersatz 201 ff.
- Erbstatut
  - Abgrenzung Ehewirkungsstatut 20
  - Abgrenzung Güterrechtsstatut 3 ff.
  - Abgrenzung Sachstatut 25
  - Abgrenzung Scheidungsstatut 21
  - Abgrenzung Schenkungsstatut 22
- Erbstückvermächtnis 26, 95 f.
- Erbteilvermächtnis 94
- Erbunwürdigkeit 59
- Erbvermächtnis 92 f.
- Erbvertrag
  - und EU-ErbVO 34 ff.
  - und ordre public 34 ff.
  - Verbot 118 ff.
- Erbverzicht 36
- Errungenschaftsgemeinschaft 49
- Erwachsenenpflegschaft 87
- Erwachsenenvormundschaft 87
- EU-ErbVO
  - und Ehewirkungsstatut 20
  - und Güterrechtsstatut 3 ff.
  - und Sachstatut 25
  - und Scheidungsstatut 21
  - und Schenkungsstatut 22
  - vorrangige Staatsverträge 2
  - zeitlicher Geltungsbereich 1
- Europäisches Nachlasszeugnis
  - Ausstellungsbehörde 42
  - Einordnung der legataires 43
  - Noterbenrecht 44
  - und französisches Grundbuchsystem 29
- fente 64
- fichier central des dispositions de dernièrs volonté 85
- Gemeinschaftliches Testament
  - formelles Verbot 40, 103 f.
  - und EU-ErbVO 41
- Gesamtgut 49, 57
- Gewöhnlicher Aufenthalt 9
- Grundbuchregistrierung 27
- Grundbuchvollzug 26
- Grundstücksvermächtnis 26
- Gütergemeinschaft 51
- Güterrecht (IPR) 3 ff.
- Güterrechtsstatut 5
  - Heirat nach dem 1.9.1992 7 ff.
  - Heirat vor dem 1.9.1992 4 ff.
- Güterstand 49 ff.
- Gütertrennung 51
- Haager Testamentsformübereinkommen 2
- Haftung des Erben 157 f.
- Herabsetzungsklage 113, 115
- Immobilien 1
- institution contractuelle
  - als Ausnahme zum Verbot der Erbverträge 120
  - donation cumulative de biens présents et à venir 146
  - durch Dritte zugunsten künftiger Ehegatten 121 ff.
  - IPR 35 ff.
  - promesse d'égalité 147
  - zwischen Ehegatten während der Ehe 137 ff.
  - zwischen künftigen Ehegatten im Ehevertrag 132 ff.
- Kindschaftsrecht 23
- legs particulier 26, 95
- libéralités 82

- libéralités-partages 153 ff.
- Mitarbeit im Betrieb des Ehegatten 80
- Mobiliarvermögen 1
- Nachlasspfleger 188
- Nachlassspaltung 1
- Nachweis der Erbeneigenschaft 189 ff.
- Noterbrecht
  - disponible Quote 112 ff.
  - Herabsetzungsklage 113, 115
  - Höhe 105
  - Noterbberechtigte 106 ff.
- Nutzungsrecht an Ehewohnung 78 f.
- ordre public 32 f.
- ordre public international 32, 36
- ordre public interne 32, 35
- participation aux aquêts 14, 51
- Pflichtteilsrecht 105 ff.
- promesse d'égalité 147
- Repräsentationsprinzip 62 ff.
- Sachstatut 25 ff.
- saisine 81
- Scheidung 69, 101, 128, 134, 143
- Scheidungsstatut 21
- Schenkungen auf den Todesfall 160
- Schenkungen unter Lebenden 22
- Schenkungsstatut 22
- Sicherungsmaßnahmen 188
- Staatsverträge 2
- Steuerpflicht 196 ff.
- stipulation de parts inégales 171 ff.
- succession vacante 188
- Teilung der Nachlassmasse 149 ff.
- Testament
  - causa 89
  - Formverstoß 83
  - Hinfälligkeit 100
  - holographisches 84
  - Inhalt 90 ff.
  - mystisches 86
  - öffentliches 85
  - Widerruf durch Erblasser 101
  - Widerruf durch Gericht 102
  - Willensmängel 88
- testament-partage 155
- Testamentseröffnung 187
- Testamentsvollstreckerzeugnis 117
- Testamentsvollstreckung 116
- Testierfähigkeit 87
- Umsetzungsrecht 75
- Unentgeltliche Zuwendungen 22
- Universalsukzession 46
- Universalvermächtnis 92 f.
- Unterhaltsrente 77
- Unvererbliche Rechte 47
- Unwandelbarkeitsgrundsatz 53 ff., 136
- Vererbliche Rechte 47
- Vermächtnis 91 ff.
  - deutsches V. an französischem Grundbesitz 27 ff.
- Vermächtnisnehmer 91
- Verschaffungsvermächtnis 95
- Vertragliche Erbfolge 118 ff.
- Verwandtenerbrecht 60
- Vindikationslegat 95
- Vollmacht über den Tod hinaus 186
- Vor- und Nacherbschaft 97 ff.
- Vorausteilung 153 ff.
- Widerruf des Testaments 101 f.
- Wiederverheiratungsklausel 135

- Wohnrecht an Ehewohnung 78 f.
- Zugewinnausgleich (§ 1371 BGB)
  - Qualifikation 14

Freistellungsmethode 7 112 ff.

G

Gesellschaftsrecht 3 120 ff.

Gesetzesumgehung, vorsätzliche 5 22 ff.
- Aufenthalt, gewöhnlicher 5 27 f.
- Erscheinungsformen 5 23 ff.
- Erwerb Staatsangehörigkeit, weitere 5 30
- Manipulationshandlungen 5 26 ff.
- Rechtswahlausübung 5 29
- Tatbestandsvoraussetzungen 5 25
- Vermögensumschichtung 5 31 ff.

Grenzen
- Anwendung europäisches ErbR 5 1 ff.
- Bleibewille 2 29 f.
- Gesetzesumgehung, vorsätzliche 5 22 ff.
- ordre-public-Vorbehalt 5 3 ff.
- Sachenstatut 5 34 ff.

Griechenland
- Adoption 98
- Adpotionsrecht 18 ff.
- Annahme der Erbschaft 10, 54
- Anwaltspflicht 67
- Ausschlagung der Erbschaft 10, 54
- Bankguthaben
  - Auszahlung an die Erben 73
- Besteuerung der Erbfolge
  - Berechnung der Steuer 97 ff.
  - Erbschaftswert 81 ff., 91
  - Fälligkeit der Steuer 89 f.
  - Festsetzungsverfahren 107
  - Frist für Steuererklärung 106
  - Rechtsgrundlagen 78
  - Sanktionen 109
  - Steuerbefreiung 96
  - Steuererklärung 105
  - Steuerklassen 81 ff.
  - Steuerpflicht 79 ff.f., 83
  - steuerpflichtige Vermögensanfälle 82
  - Verjährung 108
- Doppelbesteuerungsabkommen 88
- Ehegattenerbrecht 30
- Ehegüterrecht 14 ff.
- Eigenhändiges Testament 38
- Erbeinsetzung 33
- Erbengemeinschaft 56
- Erbenhaftung 57
- Erbfolge
  - gesetzliche 27 ff.
  - testamentarische 31 ff.
- Erbschaftswert
  - Bestimmung 91 ff.
- Erbschein 13, 62 ff., 70
  - deutscher 68
  - griechischer 63 ff.
- Erbstatut 1
- Erbverfahrensrecht 59 ff.
- Erbvertrag 12, 48 ff.
- Festsetzungsverfahren 107
- Geheimes Testament 39
- Gemeinschaftliches Testament 40
- Gesellschaftsanteile einer GmbH 58
- Gesellschaftsrecht 21 ff., 58
- Gesetzliche Erbfolge 27 ff.
  - Parentelensystem 28 ff.
- Griechischer Erblasser
  - Ehegattenerbquote 74
  - Erbscheinserteilung 75
  - Testamentsvollstreckungsvermerk 76
- Grundstücksabwicklung 70 ff.
- Haager Testamentsformübereinkommen 7 f.
- Kapitalgesellschaft 22
- Kommorientenvermutung 2
- Lebzeitige Zuwendungen auf den Todesfall 51 ff.
- Lex hereditatis 5 ff.
- Lex Onassis 48
- Militärtestament 40
- Miterbengemeinschaft 56
- Nacherbfolge 34
- Nachlass
  - im Inland belegener Nachlass deutscher Staatsangehöriger 62 ff.
- Nachlassabwicklung 54 ff.
- Nachlasseinheit 3 f.
- Nachlassverfahren
  - Notwendigkeit 59
- Notarielle Erbschaftsannahme 70 ff.
- Nottestament 40
- Öffentliches Testament 37
- Ordre public 26
- Parentelensystem 28 ff.
- Personengesellschaft 21
- Pflichtteilsquote 43
- Pflichtteilsrecht 41 ff.
- Schenkung von Todes wegen 11, 51 ff.
- Seetestament 40
- Steuerbefreiung 96
- Steuerberechnung 97 ff.
- Steuererklärung 105
  - Frist 106
- Steuerklassen 97 ff.
- Steuern *siehe* Besteuerung der Erbfolge
- Steuerpflicht 83 ff.
  - Ausnahme 86
  - beschränkte 83 ff.
  - unbeschränkte 83 ff.
- Territorialitätsprinzip 4
- Testament
  - eigenhändiges 38
  - geheimes 39
  - gemeinschaftliches 40
  - öffentliches 37
- Testamentarische Erbfolge 31 ff.
- Testamentseröffnung 60 f.
- Testamentsvollstreckung 46 f.
- Testierfreiheit 27
- Todeszeitpunkt 2
- Transmortale Vollmacht 69
- Verfügung von Todes wegen 31 ff.
- Vermächtnis 35
- Vermögensanfälle
  - steuerpflichtige 82
- Verwaltungsvollstrecker 46
- Vorfragen 23
- Willensvollstrecker 46

Großbritannien: England und Wales
- Abkömmlinge des Erblassers 37 ff.
- Administration in Deutschland 18 ff.

- administrator 62 ff., 100
  - Bestellung 63
  - Bestimmung 67
- Anwartschaftsrecht 37
- Ausgleichung 42
- Auslandsbezug
  - Steuerrecht 129
- Capital Gains Tax (CGT) 131 ff.
- Deutsch-englische Erbfälle 10
- Deutsches Erbscheinsverfahren 110 ff.
- Domizil 5 ff.
  - Arten 6
  - Begriff 5
- Doppelbesteuerung 132 f.
- Ehegattenerbrecht 31 ff.
- Eingetragene Lebenspartnerschaft 36
- Erbfolge
  - bei deutsch-englischen Erbfällen 10
  - gesetzliche 31 ff.
  - teilweise gesetzliche 42
  - testamentarische 44
- Erbschaftsteuer 123 ff.
- Erbschaftsverwalterzeugnis 115
- Erbstatut
  - Bestimmung aus Sicht Englands 3
  - Umgehung 26
- EU-ErbVO 1 f.
- executor 62 ff.
  - Auswahl 65 f.
  - Ernennung 63
  - Nachlassverfahren bei Domizil im Ausland 97 ff.
- Familienvorsorge 51 ff.
  - Klage 53 ff.
  - Voraussetzungen 52
- family provisions *siehe* Familienvorsorge
- Gemeinschaftliches Testament 83 ff.
- Gesetzliche Erbfolge 31 ff.
  - Abkömmlinge 37 ff.
  - Verwandte 39 ff.
- Gesonderte Nachlassabwicklung 14 ff., 28 f.
- Haager Testamentsformabkommen 11
- Inheritance Tax (IHT) 117 ff.
- joint tenancy 88
- joint will 83
- Lebzeitige Zuwendungen 87 ff.
- Mehrrechtsstaat 2
- mutual will 84
- Nachlassabwickler *siehe auch* executor
  - Aufgaben 74
  - Verteilung an die Begünstigten 80
- Nachlassabwicklung 62 ff.
  - Prinzip der gesonderten 14 ff.
- Nachlassplanung
  - unter steuerlichen Gesichtspunkten 127 ff.
- Nachlasssteuer 117 ff.
- Nachlassverfahren 91 ff.
  - Domizil im Ausland 96 ff.
  - nichtstreitiges Verfahren 93 ff.
  - Notwendigkeit 91
  - streitiges Verfahren 105 ff.
- personal representative 64 *siehe auch* Nachlassabwickler
  - Einkommensteuer 134
- Qualifikationsverweisung 4
- Rückverweisung 9
- Schenkung auf den Todesfall 89
- Schenkungsteuer 119 ff.
- Steuerrecht
  - bei Auslandsbezug 129
- Steuervergünstigungen 126 ff.
- Testament
  - Errichtung 47
  - Formgültigkeit 11
  - gemeinschaftliches 13
  - Testierfähigkeit 12
  - Widerruf 50
  - Wirksamkeitsvoraussetzungen 47
- Testamentarische Erbfolge 44
- testamentary trust 44
- Testamentsvollstreckerzeugnis 113
- Testamentsvollstreckungsvermerk 113
- Testierfähigkeit 12
- Testierfreiheit 30
- Trust 24 ff.
- Vermächtnis
  - Zuwendungsarten 45 f.
- Versicherungsvertrag auf den Todesfall 90
- Verwandte des Erblassers 39 ff.
- Zuwendungsarten 45 f.

Großbritannien: Schottland
- Adoptierte Kinder 10
- Bewegliches Vermögen 2
- dead's part 13
- Deutsches Erbscheinsverfahren 52 f.
- Ehegattenerbrecht 6 ff.
- Erbfähigkeit 10
- Erbfolge
  - gesetzliche 5 ff.
  - teilweise gesetzliche 14 ff.
  - testamentarische 18 ff.
- Erbverzicht 28
- executor-dative 3
  - Amtsbeginn 34
  - Auswahl 37
  - Bürgschaft 44
- executor-nominate 3
  - Amtsbeginn 34
  - Auswahl 36
- free estate 13
- Gesetzliche Erbfolge 5 ff.
- Gesonderte Nachlassabwicklung 3
- Immobilie
  - in Schottland belegen 8
  - special destination 40
- Inventar 45
- legal rights 9 ff.
- Nachlassabwicklung 33 ff.
- Nachlassbesteuerung 4
- Nachlassverfahren 41 ff.
  - bei Domizil im Ausland 48
  - Gerichtszuständigkeit 42
  - nichtstreitiges Verfahren 43 ff.
  - Notwendigkeit 41
- Nichteheliche Kinder 10
- Nichtehelicher Lebenspartner 30 ff.
- oath 45
- Pflichtteilsergänzungsanspruch 26
- Pflichtteilsrecht 25 ff.
- prior rights 6 ff.
- Rechtsordnung
  - Unterschied zu England und Wales 1
- Schenkung auf den Todesfall 39
- special destination 40
- Testament
  - Formgültigkeit 21
  - Widerruf 23 f.

– Wirksamkeitsvoraussetzungen 19 ff.
– Testamentarische Erbfolge 18 ff.
– Unbewegliches Vermögen 2
– Versicherungsvertrag 39
– Wills Act 1963 2

Grundbuchverfahren 6 24 f.

Güterrecht 3 60 ff.
– Abgrenzung zum Erbstatut 3 77 ff.
– Anknüpfung, objektive 3 65 ff.
– deutsches internationales 3 61 ff.
– Ehegattenfreibetrag 7 86 ff.
– Ehegattennießbrauch 3 114 ff.
– Einheitlichkeit 3 62
– Europäisches Nachlasszeugnis (ENZ) 6 8 ff.
– Güterstände, vergleichbare europäische 7 88 f.
– Kegelsche Leiter 3 65 ff.
– Rechtswahl 3 63 f.
– Regelung, künftige europäische 3 76
– Übergangsrecht 3 67 ff.
– Unwandelbarkeit 3 61
– Vereinbarungen auf den Todesfall 3 91 ff.
– Viertel, güterrechtliches 6 8 ff.
– Vorrang vor Nachlassverteilung 3 83

Gutglaubenswirkung 6 16 f., 20 ff.

H

Herabsetzungsurteil 3 117 ff.

I

Inländerprivilegien 2 178 f.

IntErbRVG
– ENZ, örtliche Zuständigkeit 6 33
– ENZ, sachliche Zuständigkeit 6 31

Irland
– administration 146 ff.
– administrator 137
– Annahme der Erbschaft 142
– Ausgleichung 32
– Ausschlagung
  – Wirkungen bei gesetzlicher Erbfolge 144
– Ausschlagung der Erbschaft 143 ff.
– Ausschlagung einer testamentarischen Zuwendung 145
– Belegenheitsrecht 2
– Bestimmungsrecht 80
– disclaimer 143
– domicile
  – Begriff 4 ff.
– Doppelbesteuerungsabkommen 180
– Ehegattenerbrecht 34 ff.
– Ehemaliger Lebenspartner
  – Ansprüche 101
– Ehewohnung 37 ff.
– Eingetragener Lebenspartner 40
– enduring power 128
– Enterbung 117
– Erbfähigkeit 42 ff.
– Erbrecht des eingetragenen Lebenspartners 40
– Erbschaftsteuer 171 ff.
– Erbstatut
  – Bestimmung aus deutscher Sicht 10 ff.
  – Bestimmung aus irischer Sicht 1 ff.
– Erbunwürdigkeit 113 ff.
– Erbvertrag 19 f., 52
  – einseitiger 20
– mehrseitiger 20
– Erbverzicht 118
– Errichtungsstatut 18 ff.
– EU-ErbVO 10 ff.
  – Rechtswahl 21
  – Regelanknüpfung 11 ff.
– Europäisches Nachlasszeugnis 165
– executor 131 ff.
– Gegenseitiges Testament 49
– Gemeinschaftliches Testament 48
– Geschiedener Ehegatte
  – Ansprüche f 101
– Gesetzliche Erbfolge 25 ff.
– Gleichzeitiges Versterben 46
– Güterstand 36
– Gütertrennung 36
– Haager Testamentsformabkommen 17
– Haager Testamentsformübereinkommen 8
– Haftung für Verbindlichkeiten 74
– Hausrat 37
– Inland Revenue Affidavit 177
– Internationale Zuständigkeit
  – deutscher Gerichte 151 ff.
  – irischer Gerichte 150
– joint tenancy 72, 125
– joint will 48
– Juristische Person 45
– Kinder
  – Ansprüche 104 ff.
– Kodizill 47
– Kommorientenvermutung 46
– Lebensversicherung 127
– legal right
  – des Ehegatten 94 ff.
  – des eingetragenen Lebenspartners 94 ff.
  – Wahlrecht 97
– life estate 73
– life interest 126
– Minderjähriger Erbe 43 f.
– mutual will 49 ff.
– Nachlass
  – Verteilung 148 f.
– Nachlassabwicklung 9, 129 ff.
– Nachlassinsolvenz 147
– Nachlassspaltung 2
– Nachlassverteilung 9
– Nichtehelicher Lebenspartner
  – Ansprüche 103 ff.
– Nichtverpartnerter Lebenspartner
  – Ansprüche 103 ff.
– Nießbrauch 78
– personal representative 129 f.
– Pflichtteilsrecht 93 ff.
– Pflichtteilsrechtsentziehung 117
– power of appointment 80
– Rechtswahl
  – nach EU-ErbVO 21
– renvoi 3
– revival 90
– right of appropiation 37 ff.
– Schenkung
  – lebzeitige 109 ff.
– Schenkung von Todes wegen 121 f.
– Schlusserben 77
– Staat als Erbe 41
– tenancy in common 125
– Testament
  – Formwirksamkeit 17

- Inhalt 66 ff.
- Unwirksamkeitsgrund 65
- Widerruf 85 ff.
- Widerrufsfiktion 89
- Wiederaufleben 90
- Wirksamkeitserfordernis 62 ff.
- Testamentarische Erbfolge 47 ff.
- Testamentsauslegung 7, 82 f.
- Testamentsform 8, 53 ff.
- Testamentsregister 91
- Testamentsvollstreckung 84
- Testierfähigkeit 62 ff.
- Testierfreiheit
  - Beschränkung 92 ff.
- trust 123 f.
- Vermächtnis 67 ff.
  - Bedingung 69
- Vermächtnis auf den Überrest 70
- Verwandtenerbrecht 26 ff.
- Vor- und Nacherbfolge 77
- Vormund 79
- Vorsorgevollmacht 128
- Widerruf des Testaments 85 ff.
- Zusammentreffen von Zugewinngemeinschaft und irischem Erbrecht 36
- Zuwendung an mehrere Personen 72
- Zwei-Zeugen-Testament 53 ff.

Island

- Änderung von Testamenten 23
- Auslegung von Testamenten 24
- Erbauseinandersetzung 29 ff.
- Erbrecht des Ehegatten 9 ff.
- Erbschaftsteuerbefreiung 32
- Erbschaftsteuerpflicht 32
- Erbunwürdigkeit 16
- Erbvertrag 26
- Fortsetzung der Gütergemeinschaft 11 ff.
- Gemeinschaftliches Testament 22
- Gesetzliche Erbfolge 5 ff.
- Internationales Erbrecht 1 ff.
- Nottestament 21
- Ordentliches Testament 17 ff.
- Pflichtteilsrecht 25
- Schenkung von Todes wegen 27
- Testamentarische Erbfolge 17 ff.
- Verwandtenerbrecht 5 ff.
- Vorschenkung 28
- Widerruf von Testamenten 23

Italien

- Abkömmlinge
  - Verwandtenerbfolge 73 ff.
- Abstammung 45 ff.
- Anerkennung deutscher Erbscheine 265
- Annahme der Erbschaft
  - Abgabe der Annahmeerklärung 218 ff.
  - unter Vorbehalt der Inventarerrichtung 213 ff.
  - vorbehaltslose Annahme 216 f.
- Anwachsungsprinzip 72
- Atti di destinazione 191 f.
- Auflagen 108
- Auseinandersetzung der Erbengemeinschaft 237 f.
- Ausschlagung der Erbschaft 222 ff.
- Bankverfügungen/Bankdepots 183 ff.
- Bedingungen 105
- Bewertung des Nachlasses 282 ff.
- cautela sociniana 151 f.
- Doppelbesteuerungsabkommen 297 ff.
- Ehegattenerbrecht
  - Einfluss des Güterrechts 84, 158
  - Erbquote 67, 84
  - Nutzungsrecht an Ehewohnung und Hausrat 68, 127, 129, 272
  - Voraussetzungen 69 f.
- Ehevertrag 157
- Enterbung 98
- Erbauseinandersetzung
  - Rechtswahl 29 f.
- Erbberechtigung 66, 155
- Erbeinsetzung 96 ff.
- Erbeneigenschaft
  - Nachweis 244 ff., 261 ff., 267
- Erbengemeinschaft 234 f.
- Erbfähigkeit 97
- Erbfälle ab 17.8.2015
  - EU-ErbVO 1 ff.
- Erbfälle bis 16.8.2015
  - Kollisionsrecht 14 ff.
- Erbordnungen 71
- Erbschaftsklage 247
- Erbschaftsregister 259 f.
- Erbschaftsteuer
  - Bewertung des Nachlasses 282 ff.
  - Doppelbesteuerungsabkommen 297 ff.
  - Festsetzung 296
  - Freibeträge 288 ff.
  - Rechtsgrundlage 275
  - Steuerklassen 288 f.
  - Steuerpflicht 276 ff.
  - Steuersatz 288 f.
- Erbschaftsteuererklärung 293 ff.
- Erbschein
  - Anerkennung deutscher Erbscheine 265
  - Einführung durch EU-ErbVO 64, 244, 261
  - Erteilungsverfahren 262
- Erbstatut
  - Abgrenzung zum Sachenrechtsstatut 62
  - Regelungsgehalt 19, 21, 57
- Erbunwürdigkeit 154
- Erbvertrag
  - ordre public 39 ff.
  - Qualifizierung nach EU-ErbVO 53 ff.
  - Rechtswahl 21
  - Verbot 159 f.
- Erbverzicht 153, 161
- Errungenschaftsgemeinschaft 70, 84, 156
- Ersatzerbschaft 109 ff.
- EU-ErbVO
  - gesellschaftsrechtliche Nachfolge- und Eintrittsklauseln 202 ff.
  - Grundsatz der Nachlasseinheit 3
  - intertemporale Wirkung 8 ff.
  - räumlicher Anwendungsbereich 17
  - Rechtswahl 20 f., 30
  - Regelungsgehalt 2 f.
  - zeitliche Geltung 1
- Europäisches Nachlasszeugnis 244 f., 261 f., 266
- Gemeinschaftliches Testament
  - ordre public 39 f., 42
  - Qualifizierung nach EU-ErbVO 53 f., 56
  - Verbot 92, 159 f.
- Gemeinschaftsnießbrauch 177
- Gerichtsstandsvereinbarung 3
- Geschwister
  - Verwandtenerbfolge 76 ff.

- Gesellschaftsrechtliche Gestaltungen 194 ff.
- Gesetzliche Erbfolge
  - Ehegattenerbrecht 67 ff., 84
  - gesetzlicher Erbe 66
  - Verwandtenerbfolge 71 ff.
- Gewöhnlicher Aufenthalt 2, 4 ff., 26 f.
- Güterrecht 84, 156 ff.
- Güterrechtsstatut 48 f.
- Haager Testamentsformübereinkommen 51 f.
- Haftung
  - Erben 227 ff.
  - Erbschaftskäufer 230
- Herabsetzungsklage 138
  - Durchsetzung des Pflichtteils 137
  - Klagearten 137
  - Minderung der lebzeitigen Schenkungen 141 f.
  - Minderung der testamentarischen Zuwendungen 140
  - Vorbehalt der Inventarerrichtung 138
- Herausgabeklage
  - gegen Dritterwerber 145 ff.
  - gegen Empfänger der Zuwendung 143 f.
- Hinkende Erbfolge 10, 24
- Hypothekensteuer 302 ff.
- Immobilien im Nachlass 253 ff.
- Impresa familiare 201
- Kapitalgesellschaften
  - Gestaltungsmöglichkeiten 198 ff.
- Katastersteuer 302 ff.
- Kollation 241 f.
- Lebensversicherung 178, 277
- legato in conto di legittima 148
- legato in luogo di legittima 149
- Linearsystem 71, 73
- Modus 57 ff.
- Nacherbschaft
  - ordre public 43
- Nachfolgenießbrauch 177
- Nachlassabwicklung 207 ff.
- Nachlassabwicklung (IPR) 57
- Nachlasseinheit 3, 14, 24
- Nachlassspaltung 24
- Nießbrauch 100, 177
- Noterbrecht 121 ff., 273 f.
- Nutzungsrecht
  - als Sondererbfolgen 127, 129
- Ordre public
  - Erbvertrag 39 ff.
  - gemeinschaftliches Testament 39 f., 42
  - Inhalt und Verstoß 33 f.
  - Nacherbschaft 43
  - Pflichtteilsrecht 35 ff.
  - und sonstige sachliche Verbote des it. Rechts 39 ff.
- Patto di famiglia 163 ff.
- Personengesellschaften
  - Gestaltungsmöglichkeiten 195 ff.
- Pflichtteilsentziehung 154
- Pflichtteilsrecht
  - Durchsetzung 137 ff.
  - Herabsetzungsklage 137 f.
  - ordre public 35 ff.
  - Pflichtteilsberechtigte 121, 155
  - Pflichtteilsquote 122 ff.
  - Rechtsnatur 121
  - Rechtswahl 32
  - Sondererbfolgen 127 ff.
  - Umfang 135 f.
  - Vorbehalt der Inventarerrichtung 138
- Pflichtteilsverzicht 153

- Postmortale Vollmacht 180 ff.
- Rechtswahl
  - Erbauseinandersetzung 29 f.
  - intertemporale Wirkung 8 ff.
  - nach Art. 25 Abs. 2 EGBGB 23 f.
  - nach Art. 46 Abs. 2 it. IPRG 25 ff.
  - nach EU-ErbVO 20 f., 30
  - Pflichtteilsrecht 32
  - Rechtswahlmöglichkeiten bis 16.8.2015 22 ff.
  - Schranken 31 f.
- Rechtswahlvermutung 11 ff.
- Registersteuern 302 ff.
- Rentenanspruch
  - des geschiedenen Ehegatten 132
  - des getrennt lebenden Ehegatten 131
  - des nicht anerkennungsfähigen Kindes 133 f.
- Renvoi 16 ff., 271
- Repräsentationsprinzip 72 f.
- residenza 4 f., 26 f.
- Rückverweisung 16, 18
- Sachnormverweisung 18
- Sachstatut
  - Abgrenzung zum Erbstatut 62
  - Regelungsgehalt 57
- Schenkung von Todes wegen 19, 161, 175 ff.
- Schenkungen zu Lebzeiten 141 f.
- Schenkungsteuer
  - Doppelbesteuerungsabkommen 297 ff.
  - Freibeträge 288 ff.
  - Steuerklassen 288 f.
  - Steuerpflicht 279 ff.
  - Steuersatz 288 f.
- Sondererbfolgen 127 ff.
- Staat als Erbe 82 f.
- Staatsangehörigkeit 15, 20, 271
- Stiftung 187
- Teilung bei Erbengemeinschaft
  - Durchführung 239 f.
  - Struktur der Erbengemeinschaft 234 ff.
  - Wirkung 233
- Teilungsanordnung 104
- Testament
  - außerordentliches 88
  - eigenhändiges 86, 90
  - Enterbung 98
  - Erbeinsetzung 94, 96 ff.
  - familienrechtliche Anordnungen 120
  - gemeinschaftliches 92
  - Höchstpersönlichkeit 92
  - Inhalt 93 f., 96 ff.
  - Nichtigkeit 90
  - notarielles 87
  - Widerruf 92, 95
- Testamentseröffnung 249 ff.
- Testamentsform (IPR) 31, 51 f.
- Testamentsregister 87, 91
- Testamentsvollstreckung 116 ff.
- Testierfähigkeit 89 f.
- Testierfähigkeit (IPR) 21, 31, 50
- Testierfreiheit 159
- Titulus 57 ff.
- Treuhandgesellschaft 187
- Treuhandverfügung 115
- Trust 188 ff., 193
- Vermächtnis
  - Abgrenzung zur Erbeinsetzung 96
  - Auflagen 108
  - Ausschlagung 103

- Befristung 107
- Bestimmungsrecht des Erblassers 101
- Ersatzvermächtnisnehmer 109
- Gegenstand 99 f.
- Rechtsnatur 99
- Repräsentationsprinzip 101
- Untervermächtnis 101
- Vindikationslegat 99
- Vorausvermächtnis 101
- Vermächtnisschein 262
- Vermögenssonderung 231 f.
- Verschaffungsvermächtnis 100
- Vertrag zugunsten Dritter auf den Todesfall 19
- Vindikationslegat 99, 102
  - Abgrenzung Erb-/Sachenrechtsstatut 62 f.
- Vor- und Nacherbschaft 112 ff.
- Vorausteilung 63, 104
- Vorbehalt der Inventarerrichtung 138
- Vorfragen
  - Anknüpfung 44 ff.
- Vorkaufsrecht des Miterben 236
- Weiterverweisung 16, 18
- Wiederverheiratungsklausel 106, 113
- Wohnrecht
  - als Sondererbfolge 127, 129
- Zölibatsklausel 105 f.
- Zuständigkeit
  - Geltungsbereich der EU-ErbVO 270
  - Klagen in Erbschaftssachen 269
  - Nachlassverfahren 268

K

Kapitalvermögen 7 68 f.

Katalonien
- Anknüpfungspunkt 6 ff.
- Annahme der Erbschaft 71 ff.
- Auseinandersetzung der Erbengemeinschaft 82 ff.
- Ausländischer Erblasser
  - Anknüpfungspunkt 8 f.
- Auslegung letztwilliger Verfügungen 37
- Ausschlagung der Erbschaft 71 ff.
- Besteuerung der Erbfolge 90 ff.
- Bewertung des Nachlasses 106 f.
- Ehegattenerbrecht 23 ff.
  - Witwenviertel 67 f., 85
- Eigenhändiges Testament 33
- Erbe mit der Funktion eines Testamentsvollstreckers 41
- Erbeinsetzung 38 ff.
- Erbengemeinschaft
  - Erbauseinandersetzung 82 ff.
  - Haftung 81
  - Verfügungsbefugnis 82
- Erbenhaftung 75 f.
- Erbfähigkeit 16 ff.
- Erbfolge
  - gesetzliche 14 ff.
  - Liniensystem 22 f.
  - testamentarische 29 ff.
- Erbgesetzbuch 10 ff.
- Erbrecht
  - Ehegatte 23 ff.
  - nach Heranwachsenden 27
  - nichteheliche Lebensgemeinschaft 26
  - Prinzipien 13
  - Rechtsgrundlage 10 ff.
  - Regierung 28
- Erbschaftsteuer
  - Bewertung des Nachlasses 106 f.
  - familiäre Liegenschaften 102
  - Familienbetrieb 103
  - Gesetzgebungskompetenz 90
  - Lebensversicherung 104
  - Rechtsgrundlagen 90
  - Steuerpflicht 91
  - Steuersatz 94 ff.
  - Steuervergünstigung 99 ff.
  - Verjährung 105
  - Verwandtschaftsverhältnis 100 f.
  - Zuständigkeiten 90, 92 f.
- Erbunwürdigkeit 19 ff.
- Erbunwürdigkeitsklage 19
- Erbverfahrensrecht 86 ff.
- Erbvertrag 52 f.
- Ersatzerbschaft 42 f.
- Familiäre Liegenschaften
  - Steuervergünstigung 102
- Familienbetrieb
  - Steuervergünstigung 103
- Fiduziarischer Erbe 41
- Gebietszugehörigkeit 7 f.
- Gesetzliche Erbfolge 14 ff.
- Grundbuchamt 89
- Haftung
  - Erbe 75 f.
  - Miterbe 81
  - Vorbehalt der Inventarerrichtung 76
- Internationale Übereinkommen 5
- Inventarerrichtung
  - Vorbehalt der I., Haftungsbeschränkung 75 f.
- Kodizill
  - Inhalt 30, 34
  - Nichtigkeit 35
  - Widerruf 36
- Kollisionsrecht 4 ff.
- Lebensversicherung
  - Steuervergünstigung 104
- Liniensystem 22 f.
- Nacherbenrecht auf den Überrest 51
- Nacherbschaft 44, 49 ff.
- Nachlassesbewertung 106 f.
- Nachzettel
  - Inhalt 30, 34
  - Nichtigkeit 35
  - Widerruf 36
- Nichteheliche Lebensgemeinschaft 26
- Nichtigkeit des Testaments 35
- Nießbrauch 24 f., 67
- Notarielles Testament 32
- Ordre public 5
- Pflichtteilsrecht
  - Ehegatte 67
  - Enterbungsgrund 63
  - Erlöschen 65
  - Höhe des Pflichtteils 58 ff.
  - Pflichtteilsberechtigte 58
  - Rechtsnatur 57, 59, 61
  - Schiedsverfahren 85
- Renvoi 5
- Schenkung von Todes wegen 55
- Schenkung zu Lebzeiten 60
- Schiedsverfahren 85
- Steuererklärung 105
- Testament
  - Auslegung 37

– eigenhändiges 33
– Nichtigkeit 35
– notarielles 32
– Widerruf 36
– Testamentarische Erbfolge 29 ff.
– Testamentsformen 30 ff.
– Testamentsvollstrecker 41, 77 ff.
– Testierfähigkeit 29
– Treuhand 41
– Verjährung der Erbschaftsteuer 105
– Vermächtnis 45 ff.
– Vorbehalt der Inventarerrichtung 76
– Wahlrecht des Ehegatten zwischen Nießbrauch und Erbteil 25
– Widerruf des Testaments 36
– Witwenrechte 69
– Witwenviertel 67 f., 85
– Zivilgesetzgebung (katalanische) 2 f.
– Zivilrecht (katalanisches)
  – Anwendbarkeit auf Ausländer 4 ff.
  – Rechtsgrundlage 3
– Zuständigkeit des TSJC 87 f.
– Zuwendungen, erbrechtliche 56 ff.

Kegelsche Leiter 3 65 ff.

Kroatien
– Adoption 6
– Auflage 30
– Ausschlagung der Erbschaft 50
– Ehegattenerbrecht 7 ff.
– Eingetragener Lebenspartner 7
– Eintrittsrecht 5
– Enterbung 32
– Erbauseinandersetzung 54
– Erbeinsetzung 28
– Erbengemeinschaft 53
– Erbfolge
  – gesetzliche 4
  – testamentarische 16 ff.
– Erbschaftskauf 54
– Erbschaftsteuer 57 ff.
– Erbschaftsvertrag 36
– Erbschein 51
– Erbvertrag 36
– Erbverzicht 36, 49
– Ersatzerbe 29
– EU-ErbVO 1
– Gesetzliche Erbfolge 4 ff.
– Gleichgeschlechtliche Lebenspartnerschaft 12
– Gleichgeschlechtlicher Partner 7
– Haager Testamentsformübereinkommen 3
– Heimatrecht 2
– Internationales Erbrecht 1 ff.
– Leibrentenvertrag 38
– Nachlass 50 ff.
  – Ausschlagung 50
  – landwirtschaftlich genutztes Land 56
– Nachlassverfahren
  – Erbschein 51
  – internationale Zuständigkeit 52
  – örtliche Zuständigkeit 52
– Nichteheliche Lebensgemeinschaft 11
– Nottestament 26
– Pflichtteil
  – Entziehung 32, 47
  – Höhe 40

– Pflichtteilsberechtigter 40 f.
  – Ausscheiden 42
– Pflichtteilsentziehung 32
– Pflichtteilsrecht 40 ff.
  – Pflichtteilsentziehung 32
  – relative Noterben 41
  – Schenkung zu Lebzeiten 44
  – Verjährung 48
– Rechtswahl 2
– Scheidung 8
– Schenkung von Todes wegen 39
– Schenkung zu Lebzeiten 10
– Staatsangehörigkeit 2
– Stiftungserrichtung 33
– Testament
  – Anfechtung 27
  – gemeinschaftliches 17
  – holographes 21
  – internationales 25
  – Mängel 18
  – mündliches 26
  – öffentlich beurkundetes 23
  – Widerruf 19
– Testamentarische Erbfolge 16 ff.
– Testamentsformen 20 ff.
– Testamentsregister 24
– Testamentsvollstrecker 34 f.
– Testierfähigkeit 16 ff.
– Testiervertrag 36
– Übergabevertrag 37
– Vermächtnis 31
– Vor- und Nacherbschaft 29
– Voraus 43
– Washingtoner Abkommen 3
– Zwei-Zeugen-Testament 22

L

Lebensgemeinschaft, nichteheliche 3 53 ff.

Legitimationswirkung 6 16 f.

Lettland
– Adoptivkinder 12
– Aktien 58
– Annahme der Erbschaft 46 ff.
– Ausschlagung der Erbschaft 52 ff.
– Belegenheitsrecht 1
– Bestreiten der Erbschaft 60
– Ehegattenerbrecht 7 f.
– Enterbung 26 ff.
– Erbfähigkeit 23
– Erbfolge
  – gesetzliche 5 f.
  – testamentarische 14 ff.
  – vertragliche 43 f.
– Erblasserwille 16
– Erbschaft
  – Annahme 46 ff.
  – Ausschlagung 52 ff.
  – Bestreiten 60
  – Frist zur Antretung 51
– Erbschaftsteuer 61
– Erbschein 55 f.
– Erbvertrag 17
– Ersatzerbe 29
– EU-ErbVO 2 f.
– Gesetzliche Erbfolge 5 f.

- Haftung
  - mehrere Erben 50
  - Staat 50
- Internationales Erbrecht 1 ff.
- Inventar 49
- Legat 30
- Nachlassinventar 49
- Nachlasskurator 42
- Nichteheliche Kinder 11
- Notar
  - Zuständigkeit 45
- Notargebühren 61
- Öffentliches Testament 19
- Personalunternehmen 57
- Pflichtteilsrecht 33 ff.
- Privattestament 21
- Repräsentationsprinzip 9
- Ruhender Nachlass 59
- Staatserbrecht 13
- Testament
  - Änderung 36 ff.
  - Bedingungen 31
  - einseitiges 17
  - Enterbung 26 ff.
  - Ergänzung 36 ff.
  - Errichtung 14 ff.
  - gegenseitiges 32
  - gemeinschaftliches 17
  - Inhalt 22 ff.
  - öffentliches 19 f.
  - privates 21
  - Widerruf 36 ff.
  - Wirksamkeit 24 f.
- Testamentarische Erbfolge 14 ff.
- Testamentsvollstrecker
  - Aufgaben 40
  - Aufwandsentschädigung 41
  - Haftung 41
  - Person 39
- Testamentsvollstreckung 39 ff.
- Testierfähigkeit 15
- Universalsukzession 49
- Vermächtnis 30
- Vertragliche Erbfolge 43 f.
- Verwandtenerbrecht 9
- Vor- und Nacherbfolge 29

lex fori 5 13 ff.

Liechtenstein
- Erbschaftsteuer 25 f.
- Erbverfahrensrecht 22 f.
- Erbvertrag 15
- EU-ErbVO 1
- Gesetzliche Erbfolge 10 f.
- Internationales Erbrecht 1 ff.
- Personalstatut 2
- Pflichtteilsrecht 13
- Rechtswahl 5
- Schiedsvereinbarungen 27 ff.
- Stiftung
  - Auskunfts- und Informationsrechte 17
  - Begünstigung und Erbfall 16
  - Steuerrecht 18
- Testamentsformen 12
- Testamentsvollstreckung 14
- Trust 19
  - Wesen 20

- Verlassenschaftsabhandlung 4
- Vollstreckung 24

Litauen
- Aktien 73
- Annahme der Erbschaft 55 f.
  - Frist 59
- Ausschlagung der Erbschaft 60 f.
- Ehegattenerbrecht 14 f.
- Eigenhändiges Testament 31 ff.
- Erbe
  - Geschäftsfähigkeit 62 f.
- Erbenhaftung 56 ff.
  - Ausnahmen 57
- Erbschaft
  - Annahme 55 f.
  - Ausschlagung 60 f.
  - Bestreiten 74
- Erbschaftsteuer 77 ff.
  - Befreiung 79
  - Besteuerungswert 78
  - im Ausland 80
- Erbschein 64 ff.
- Erbvertrag 54
- EU-ErbVO 1 ff.
- Franchiseverträge 72
- Gemeinschaftliches Testament 34 f.
- Geschäftsfähigkeit 62 f.
- Gesetzliche Erbfolge 9 ff.
- Grundstück
  - Vererbung an Ausländer 70 f.
- Internationales Erbrecht 1 ff.
- Nachlass
  - Umfang 8
- Öffentliches Testament 25 ff.
- Personalunternehmen 69
- Pflichtteilsrecht 44 ff.
- Schiedsverfahren 41 ff.
- Staatserbrecht 16
- Testament
  - Änderung 47 ff.
  - eigenhändiges 31 ff.
  - Ergänzung 47 ff.
  - Errichtung 17 ff.
  - gemeinschaftliches 34 f.
  - Inhalt 37 ff.
  - Nichtigkeit 21 f.
  - öffentliches 25 ff.
  - Widerruf 47 ff.
- Testamentsregister 30
- Testamentsvollstrecker 40
- Testamentsvollstreckung 51 ff.
  - Beendigung 53
- Testierfähigkeit 19
- Testierwille 20
- Unterhaltsbedürftigkeit 46
- Vermächtnis 38
- Verwandtenerbrecht 11 ff.

Luxemburg
- Abkömmlinge
  - gesetzliches Erbrecht 47 ff.
- Abstammung 21
- Adoptionsstatut 21
- Adoptivkind 49
- Anerkennung deutscher Erbscheine 160 f.
- Annahme der Erbschaft 38, 133 f.

- Annahme unter Vorbehalt der Inventarerrichtung 136, 139
- attestation notariée 26, 157 f.
- Auflagen 79
- Auflassung 23 ff.
- Ausländisches Testament 96
- Ausschlagung der Erbschaft 38, 134 f.
- Bedingungen 79
- Besitzeinweisung 130
- Doppelbesteuerungsabkommen 170
- Ehegattenerbrecht 50 ff.
- Eigenrechtserbschein 164
- Eingetragene Lebenspartnerschaft 64, 102, 185
- Enregistrementverwaltung 96
- Erbe-Begriff 67
- Erbeinsetzung 67 ff.
- Erbengemeinschaft 125 ff.
- Erbfähigkeit 13, 40 ff.
- Erbfolge
  - gesetzliche 43 ff.
  - testamentarische 66 ff.
  - vertragliche 117 ff.
- Erbrecht des Staates 65
- Erbschaftserklärung 153, 159, 193
- Erbschaftsteuer
  - Bemessungsgrundlage 179 ff.
  - Berechnungsbeispiel 204 f.
  - Steuerbefreiungen 185 f.
  - Steuerschuldner 176
  - Steuertarif 188 ff.
  - Steuertatbestand 174
  - Steuerverfahren 193 ff.
  - Terminologie 173
  - unbeschränkte Steuerpflicht 197 ff.
- Erbschein 156, 161, 164 ff.
- Erbstatut
  - Abgrenzung zu anderen Statuten 13 ff.
  - Abgrenzung zum Sachenrecht 22 ff.
  - Bestimmung aus luxemburgischer Sicht 1 ff.
  - Bestimmung nach EU-ErbVO 11 ff.
  - bewegliches Vermögen 5
  - Erbfähigkeit 13
  - gewöhnlicher Aufenthalt 5
  - Rechtslage vor Geltung der EU-ErbVO 1 ff.
  - unbewegliches Vermögen 4
  - vorrangige Staatsverträge 9
  - vorweggenommene Erbfolge 15
- Erbstückvermächtnis 24, 74
- Erbteilvermächtnis 24, 72
- Erbunwürdigkeit 111
- Erbverfahrensrecht 143 ff.
- Erbvermächtnis 71
- Erbvertrag 33 f., 118
- Erbverzicht 33
- Errichtungsstatut 13
- Errungenschaftsgemeinschaft 18 f., 57 ff.
- Ersatzerbe 78
- EU-ErbVO
  - Bestimmung des Erbstatuts 11 ff.
  - zeitliche Geltung 11
- Europäisches Nachlasszeugnis 26, 158, 160, 169
- fente 46, 62 f.
- Form letztwilliger Verfügungen 30 f.
- Fremdrechtserbschein 165 f.
- Gemeinschaftliches Testament 32, 119
- Gesetzliche Erbfolge 43 ff.
- Gewöhnlicher Aufenthalt 5, 163
- Gütergemeinschaft 57 ff.

- Güterrechtsstatut 16 ff.
- Haager Testamentsformübereinkommen 30 f.
- Haftung 137 ff.
- Herabsetzungsanspruch
  - Durchsetzung des Noterbrechts 100, 107 f.
- Immobilienschenkung 202
- institution contractuelle 20, 120 ff.
- Kommorierententheorie 41
- Militärtestament 91
- Nachlassabwicklung
  - IPR 35 ff.
  - Verfahren 151 ff.
- Nachlassspaltung 8
- Nachlasssteuer
  - Bemessungsgrundlage 183
  - beschränkte Steuerpflicht 200
  - Steuerbefreiungen 187
  - Steuerschuldner 176
  - Steuertarif 188 ff.
  - Steuertatbestand 175
  - Terminologie 173
- Nachlassverfahren
  - Abwicklung von in Luxemburg belegenem Nachlass deutscher Staatsangehöriger 146 ff.
  - deutsches Nachlassverfahren bei Beerbung eines Luxemburgers 162 f.
  - Notwendigkeit 143 ff.
- Nachweis der Erbenstellung 156 ff.
- Nießbrauch 25, 167
- Noterbrecht
  - Durchsetzung 107 f.
  - Herabsetzungsanspruch 100, 107
  - noterbberechtigte Personen 101 f.
  - Noterbquote 103 ff.
  - Rechtsnatur 99
  - Wirkung 99
- Offenkundigkeitserklärung 26, 153, 157 f.
- Pflichtteilsrecht 99 ff.
- Postmortale Vollmacht 124
- Rechtswahl 7
- Registersteuer
  - Bemessungsgrundlage 184
  - Steuerbefreiungen 187, 192
  - Steuerpflicht 201
  - Steuerschuldner 178
  - Steuertatbestand 177
- Repräsentationsprinzip 45
- Sachenrecht 23 ff.
- Schenkung auf den Todesfall 123
- Schenkung unter Lebenden 14
- Schenkungsteilung 82
- Seetestament 91
- Staatsverträge 9
- Steigerungstarif 191
- Sterbeurkunde 152, 161
- Steuerpflicht 197 ff.
- Steuertarif 188 ff.
- Steuerverfahren 193 ff.
- Teilungsanordnung 80 ff.
- Teilungserklärung 39
- Testament
  - geheimes 89
  - gemeinschaftliches 32, 119
  - handschriftliches 85
  - notarielles 153
  - öffentliches 86 ff.
  - Widerruf 94
- Testamentarische Erbfolge 66 ff.

- Testamentsregister 96 ff.
- Testamentsteilung 83
- Testamentsvollstreckung 112 ff.
- Testierfähigkeit 13, 92 f.
- Testierfreiheit 67
- Transmortale Vollmacht 124, 161
- Umsetzungsrecht 53
- Unentgeltliche Zuwendung 14
- Universalsukzession 129
- Universalvermächtnis 24, 71
- Verfügbare Quote 68, 99, 104
- Vermächtnis 67, 70 ff.
- Verwandtenerbrecht
  - bevorrechtigte Verwandte 61
  - gewöhnliche Verwandte 62
- Verwandtschaftsgrad 44
- Verzicht zu Lebzeiten 109 ff.
- Vor- und Nacherbfolge 75 ff.
- Vorbehaltserbe 101
- Vorweggenommene Erbfolge 15
- Vorwegnahmerecht 27 ff., 142
- Widerruf des Testaments 94
- Zuständigkeit
  - deutsche Gerichte 162 f.
  - Luxemburger Gerichte 146 ff.
  - Steuerverfahren 195

M

Mallorca-Rentner 2 23, 33 ff.

Malta
- Ehegattenerbrecht 9 f.
- Erbengemeinschaft 15
- Erbschaftsteuer 16
- Gesetzliche Erbfolge 2 ff.
- Internationales Erbrecht 1 ff.
- Nottestament 8
- Pflichtteilsrecht 13 f.
- Testament
  - Formwirksamkeit 8
- Testamentarische Erbfolge 6 ff.
- Testamentsvollstrecker 7
- Trust 11
- Vor- und Nacherbfolge 6

Mazedonien
- Ausschlagung der Erbschaft 14
- Ehegattenerbrecht 6 f.
- Erbschaftsteuer 15
- Gesetzliche Erbfolge 3 ff.
- Gleichgeschlechtliche Lebenspartnerschaft 8
- Internationales Erbrecht 1 f.
- Nichtehelicher Lebensgefährte 8
- Pflichtteilsrecht 13
- Testament
  - Form 12
  - gemeinschaftliches 10
- Testamentarische Erbfolge 9 ff.
- Testierfähigkeit 9

Minderjährigenadoption 3 42

Moldawien
- Annahme der Erbschaft 12
- Ausschlagung der Erbschaft 12
- Ehegattenerbrecht 6
- Erbschein 15
- Gesetzliche Erbfolge 5 ff.

- Internationales Erbrecht 1 ff.
- Nachlassverbindlichkeiten 14
- Pflichtteilsrecht 11
- Rechtswahl 3
- Testament
  - Formwirksamkeit 4
- Testamentarische Erbfolge 8 ff.

Monaco
- Ehegattenerbrecht 5
- EU-ErbVO 2
- Gesetzliche Erbfolge 3 ff.
- Internationales Erbrecht 1 f.
- Pflichtteilsrecht 6
- Rechtswahl 2
- Testament
  - Form 6
- Testamentarische Erbfolge 6

Montenegro
- Ausschlagung der Erbschaft 16 f.
- Ehegattenerbrecht 5 ff.
- Erbengemeinschaft 19
- Erbschaftsteuer 20
- Erbvertrag 12
- Erbverzicht 16
- EU-ErbVO 3
- Gesetzliche Erbfolge 4 ff.
- Haager Testamentsformübereinkommen 3
- Internationales Erbrecht 3
- Nachlassverfahren 18
- Pflichtteilsquote 15
- Pflichtteilsrecht 14 ff.
- Pflichtteilsverzicht 16
- Testament
  - Wiederruf 11
- Testamentarische Erbfolge 8 ff.
- Testamentsformen 9
- Testierfähigkeit 8
- Übergabevertrag 12
- Washingtoner Abkommen 3

N

Nachfolgeplanung 7 43, 53 ff., 141 ff.

Nachlass, erbenloser 3 57 ff.

Nachlassabkommen, Deutsch-Türkisches 1 4 f., 2 189 ff.

Nachlassspaltung 2 58 ff., 160 ff., 4 5, 7 81

Nachlasssteuer 7 10 f., 32, 35

Nachlasszeugnis, europäisches *siehe* Europäisches Nachlasszeugnis (ENZ)

Niederlande
- Abfindungen 98 f.
- Abstammung 51 ff.
- Adoptionsstatut 57 ff.
- Adoptivkind 63
- Anerkanntes Kind 63
- Anknüpfungsleiter 40, 46
- Annahme der Erbschaft 107
- Auflage 91
- Chelouche/Van Leer-Entscheidung 45
- Codicil 86 f.
- Ehe
  - Bestehen der Ehe als Vorfrage (IPR) 31 ff.
- Ehegattenerbrecht 71 ff.
- Eintrittsrecht 65

- Erbenhaftung 109
- Erbfähigkeit 62
- Erbfolge
  - gesetzliche 61 ff.
  - testamentarische 84 ff.
- Erbordnungen 64 f.
- Erbrecht des Staates 67
- Erbschaftsteuer 110 ff.
- Erbstatut
  - Bestimmung anhand der objektiven Kollisionsleiter 16 ff.
  - Bestimmung durch Rechtswahl 12 ff.
  - Haager Erbrechtsübereinkommen 9 ff.
- Erbunwürdigkeit 82 f.
- Erklärung der Erbfolge 105
- Estate Planning 101 ff.
- EU-ErbVO 2 f.
  - Ausführungsgesetz 5 ff.
  - Europäisches Nachlasszeugnis 8
  - Vollstreckbarkeit 7
- Europäisches Nachlasszeugnis 8
- Gesetzliche Erbfolge 61 ff.
- Gewöhnlicher Aufenthalt 16
- Güterrechtliche Vereinbarungen 103
- Güterstatut 37 ff.
- Haager Ehegüterstandsübereinkommen von 1978 38 ff.
- Haager Ehewirkungsabkommen von 1905 41 ff.
- Haager Erbrechtsübereinkommen 9 ff.
- Haftung der Erben 109
- Härteklauseln 48 ff.
- Kinder
  - Forderungsrecht 71 ff.
- Last 91
- Liquidator 26, 92
- Nachlass
  - Schulden 69 f., 107 f.
  - Umfang 68 ff.
- Nachlassabwicklung 25 ff., 105 ff.
- Nachlasseinheit 19 ff.
- Näherberechtigung 22
- Nießbrauch 74, 97
- Ordre public 28 f., 34
- Pflichtteilsrecht 93 ff.
- Rechtswahl 11 ff., 19, 24
- Rhodesië-Urteil 44, 50
- Rückverweisung 4
- Sabah-Härteklausel 49
- Sachnormverweisung 4
- Saisine 106
- Schenkung von Todes wegen 102
- Staatsangehörigkeit 16
- Steuerfreibeträge 115 f.
- Steuerklassen 114
- Steuerpflicht 111 f.
- Steuerschuldner 113
- Steuertarif 113 f.
- Testamentsformen 84
- Testamentsinhalt 88 f.
- Testamentsregister 85, 105
- Testamentsvollstrecker 100
- Unannehmbarkeits-Härteklausel 48
- Vaterschaftsfeststellung 56, 63
- Vermächtnis 90
- Vertrag über die Erbfolge 23 f.
- Vorfrage
  - Abstammung 51 ff.
  - Adoptionsstatut 57 ff.
  - Bestehen der Ehe 31 ff.
- Güterstatut 37 ff.
- Weiterverweisung 4, 21
- Wiederverheiratung 74, 76
- Willensrecht des Kindes 74, 76 f.

Niederlassungsabkommen, Deutsch-Persisches 1 9 f., 2 185 ff.

Nießbrauch 3 114 ff.

Norwegen
- Änderungsabkommen 6 f.
- Ehegattenerbrecht 16 ff.
  - Mindesterbe 17
  - Pflichtteil 17
  - Recht auf das ungeteilte eheliche Gesamtgut 19 ff.
- Erbanspruch
  - Verjährung 71 ff.
- Erbfolge
  - gesetzliche 14 ff.
  - testamentarische 32 ff.
- Erbrecht
  - Entzug durch Urteil 81
- Erbrecht des nichtehelichen Lebensgefährten 26
  - Vermögensgegenstände 29
  - Voraussetzungen 27
- Erbrecht des Staates 31
- Erbschaftsteuer 100
- Erbvertrag 60 ff.
- EU-ErbVO 6
- Gegenseitiges Testament 64 ff.
- Gesetzliche Erbfolge 14 ff.
- Gewohnheitsrecht 9 ff.
- Haager Testamentsformübereinkommen 8
- Heimatrecht 10
- Internationales Erbrecht 3 ff.
- Lebzeitige Schenkung 47
- Mindesterbe 17
- Nachlassabwicklung 83 ff.
  - Aufgebot 84 ff.
  - bei geringem Nachlass 97
  - öffentliche Teilung 90 ff.
  - private Teilung 87 ff.
  - Sreitigkeiten 98
- Nachlassteilung 83 ff.
- Nachlassverwalter 96
- Nichtehelicher Lebensgefährte 26
  - Erbrecht 26
- Nordisches Abkommen über Erbschafts- und Nachlassteilung 4
- Notartestament 44
- Nottestament 41 ff.
  - mit Zeugen 42
  - ohne Zeugen 43
- Öffentliche Teilung 90 ff.
- ordre public 13
- Pflichtteil
  - Abkömmlinge 47
  - Einwirkungsmöglichkeiten 50 ff.
  - Entziehung 53 f.
  - Gütertrennung 51
  - Höhe 48
  - lebzeitige Schenkung 47
  - Verletzung 49
  - Vermögenswerte 50
- Pflichtteilsberechtigter
  - Verfügungsbeschränkung 52
- Pflichtteilsentziehung 53 f.

- Pflichtteilsrecht 46 ff.
  - Schutzvorschriften 55 ff.
  - Vorausanspruch 55 ff.
- Pflichtteilsverletzung 49
- Private Teilung 87 ff.
- Recht auf das ungeteilte eheliche Gesamtgut 19 ff.
  - Ausschluss 24
  - Verfügungsbeschränkung 25
  - Voraussetzung 21
- Rechtswahlregeln 12
- Schiedsgerichtsbarkeit 99
- Testament
  - Änderung 67
  - Aufbewahrung 69
  - Form 36 f.
  - gegenseitiges 64 ff.
  - gemeinsames 64
  - Nichtigkeit 34 f.
  - Rekonstruktion 70
  - Widerruf 67
  - Zeugen 37 ff.
- Testamentarische Erbfolge 32 ff.
- Testamentsauslegung 63
- Testamentsform 36 f.
- Testierfähigkeit 33
- Vorausanspruch 55
- Vorempfang 78
- Zukünftiges Erbe 76 f.

O

Ordre public-Vorbehalt 5 3 ff.
- Definition 5 6
- Eingriff, geringstmöglicher 5 21
- Ergebnis Rechtsanwendung 5 9 ff.
- Gegenwartsbeziehung 5 18
- Inlandsbezug, erheblicher 5 18
- Korrekturwege 5 21
- Pflichtteilrecht 5 15 f.
- Rechtsgrundlage 5 4 ff.
- Relativität, örtliche/zeitliche 5 18 ff.
- Unvereinbarkeit mit lex fori 5 13 ff.

Österreich
- Abfertigung 29 f.
- Ausländergrundverkehr 94
- Bilaterale Abkommen 4
- Ehepartner
  - gesetzliche Erbfolge 14 ff.
- Eigenhändiges Testament 50
- Eigentumswohnung 22 ff., 77
- Einantwortung des Nachlasses 157 ff.
- Eingetragener Partner
  - gesetzliche Erbfolge 14
- Enterbung 66 ff.
- Erb- und Pflichtteilsverzichtsvertrag 78 ff.
- Erbantrittserklärung 128 ff., 136
- Erbausschlagung 134 f.
- Erbe
  - Definition 7
- Erbengemeinschaft 152 ff.
- Erbenmachthaber 101
  - Honorar 166
- Erbfolge
  - vertragliche 69 ff.
- Erbrechtsnachweis 147
- Erbrechtsverfahren 178 f.
- Erbschaftsklage 180
- Erbschaftsteuer 186 ff.
- Erbteilungklage 181
- Erbteilungsnachweis 150
- Erbteilungsübereinkommen 152
- Erbvertrag 70 ff.
- EU-ErbVO 1 ff.
- Fremdhändiges Testament 51
- Gemeinschaftliches Testament 53
- Gerichtsgebühren 167 ff.
- Gerichtskommissär
  - Gebühren 163 ff.
- Gerichtszuständigkeit 1
  - Verlassenschaftsverfahren 96
- Gesellschaftsvertrag 83 ff.
  - Nachfolgeklausel 83
- Gesetzliche Erbfolge 7 ff.
  - Begriff 5
  - Ehepartner 14 ff.
  - eingetragener Partner 14
  - Parentelen 9 ff.
  - Verwandte 8
- Grabstätte 33
- Grunderwerbsteuer 187
  - Bemessungsgrundlage 188
  - Steuerbefreiung 190
  - Steuersatz 189
- Insolvenz des Nachlasses 124 f.
- Insolvenzverfahren 124
- Internationales Erbrecht
  - anwendbares Recht 2
  - Gerichtszuständigkeit 1
- Kodizill 60
- Landwirtschaft 26 ff.
- Lebensversicherung 89
- Legat 59 ff.
- Leichnam 32
- Letztwillige Anordnung 106 ff.
- Mietwohnung 19 ff.
- Mündliches Testament 52
- Nachlassabsonderung 113 ff.
- Nachlasskurator 92
- Nachlassverfahren 96 ff.
- Negatives Testament 49
- Öffentliches Testament 55
- Parentelen 9 ff.
- Pensionsansprüche 31
- Pflichtteilsklage 182 f.
- Pflichtteilsminderung 64 f.
- Pflichtteilsnachweis 149
- Pflichtteilsrecht 6, 34 ff.
  - Höhe des Pflichtteils 36
  - Pflichtteilsanrechnung 38
  - Pflichtteilsberechtigte 34
  - Schenkungsanrechnung 41 ff.
- Pflichtteilsübereinkommen 155 f.
- Privatstiftung von Todes wegen 62 f.
- Sachverständiger
  - Gebühren 171 f.
- Schenkungspflichtteilsklage 184
- Schenkungsvertrag 82
  - auf den Todesfall 74
- Sicherung des Nachlassvermögens 110 ff.
- Sondererbfolge
  - Abfertigung 29 f.
  - Eigentumswohnung 22 ff.
  - Grabstätte 33
  - Landwirtschaft 26 ff.
  - Leichnam 32

- Mietwohnung 19 ff.
- Pensionsansprüche 31
– Sparvermögen 90
– Staat
  - als Erbe 18
– Steuern
  - sonstige 191
– Stiftung 86 ff.
– Testament 46 ff.
  - Aufbewahrungsort 57
  - Auslegung 56
  - Begriff 46 ff.
  - eigenhändiges 50
  - fremdhändiges 51
  - gemeinschaftliches 53
  - Kosten 58
  - mündliches 52
  - negatives 49
  - öffentliches 55
  - Zeugen 51
– Testamentsauslegung 56
– Testamentserfüllungsnachweis 148
– Testamentsregister 57
– Testamentsvollstrecker
  - Honorar 177
– Testamentsvollstreckung 91 f., 138
– Testierfreiheit 5
– Todesfallaufnahme 103 ff.
– Übergabevertrag 82
– Überlassung an Zahlungs statt 119 ff.
– Verlassenschaftsgericht 102
– Verlassenschaftskurator 138
  - Gebühren 172 ff.
– Verlassenschaftsverfahren
  - Abhandlungsnachweis 146 ff.
  - Abwicklung 100 ff.
  - Ausfolgungsverfahren 98
  - Erbantrittserklärung 128 ff.
  - Erbrechtsstreit 178 f.
  - Erbschaftsklage 180
  - Erbteilungsklage 181
  - Gerichtszuständigkeit 96
  - Gläubigereinberufung 145
  - Inventar 141 ff.
  - Kosten 163 ff.
  - letztwillige Anordnung 106
  - Nachlassabsonderung 113 ff.
  - Nachlassabwicklung 93
  - ordentliches 126
  - Parteien 127
  - Pflichtteilsklage 182 f.
  - Rekurs 162
  - Schenkungspflichtteilsklage 184
  - Sicherung des Nachlassvermögens 110
  - Sicherungsmaßnahmen 97
  - Todesfallaufnahme 103 ff.
  - Umsetzungsverfahren 98
  - unbewegliches Vermögen 99
  - vereinfachtes 117
  - Verfahrenseinleitung 103 ff.
  - Vermächtnisklage 185
  - Vertretung 137 f.
  - Verwaltung 137 f.
– Vermächtnis 59 ff.
– Vermächtnisklage 185
– Vermächtnisnehmer 17
– Vermögenserklärung 139 f.

- Vorausvermächtnis 16
- Vorweggenommene Erbfolge 81

P

personal representative 2 165 f., 4 84

Pflichtteilrecht 5 15 f.

Polen
– Adoption 30 ff.
– Anerkennung deutscher Erbscheine 93 ff.
– Annahme der Erbschaft 66 ff.
– Auflage 49, 51
– Ausländer
  - Immobilienerwerb 71 ff.
– Ausschlagung der Erbschaft 66 ff.
– Bankanlagen 59
– Bestätigung des Erbschaftserwerbs 82
– Besteuerung der Erbfolge 103
– Bewertung des Nachlasses 110 ff.
– Ehegattenerbrecht
  - Ausschluss bei Separation 28
  - gesetzliche Erbfolge 16 ff.
  - Haushaltsgegenstände 29
– Enterbung 54
– Erbeinsetzung 47
– Erbengemeinschaft 61 ff., 88 f.
– Erbenhaftung 68 f.
– Erbfolge
  - testamentarische 36 ff.
– Erbrecht der Gemeinde 27
– Erbrecht des Fiskus 27
– Erbschaftsteuer
  - Befreiungen 105
  - Berechnungsbeispiele 117 f.
  - Bewertung des Nachlasses 110 ff.
  - Gegenstand 103 f.
  - Steuerpflicht 106, 113 f.
  - Steuertarif 107 ff.
– Erbschein
  - Anerkennung deutscher Erbscheine 93 ff.
  - Antrag auf Erteilung 85 ff.
  - Erbengemeinschaft 88 f.
  - Erteilung durch Notar 101 f.
  - Gerichtsgebühr 100
  - Zuständigkeit des Nachlassgerichts 98
– Erbstatut 7 f.
– Erbverfahrensrecht 81 ff.
– Erbvertrag 36, 58
– Erbverzicht 36, 58
– Ersatzerbe 47
– EU-ErbVO 3, 14, 95
– Gemeinschaftliches Testament 36
– Gesetzliche Erbfolge
  - Adoption 30 ff.
  - Ehegattenerbrecht 28 f.
  - Erbordnungen 16 ff.
– Großeltern des Erblassers 33
– Haager Testamentsformübereinkommen 2, 9 ff.
– Haftung
  - Erbe 64, 68 f.
  - Nachlasserwerber 64
– Haftungsbeschränkung 69 f.
– Immobilienerwerb durch Ausländer 71 ff.
– Kollisionsnormen 5
– Landwirtschaftserbrecht 34 f.
– Nachlassabwicklung 61 ff.

- Nachlassgericht
  - Sicherung des Nachlasses 90 ff.
- Nachlassgütergemeinschaft 61
- Nachlasssicherung 90 ff.
- Nachlassteilung 65
- Nachlassverfahren im Inland 82 f., 96 ff.
- Notar-Erbschein 101 f.
- Notarielles Testament 40, 50
- Nottestament 43
- Pflichtteilsrecht
  - Enterbungsgründe 54
  - Geldanspruch 52
  - Pflichtteilsergänzung 53
  - Pflichtteilshöhe 52
  - Verjährung 55
- Rechtswahl 12 ff.
- Rentenversicherungsfonds 59
- Sterbeurkunde 99
- Steuerpflicht 106, 113 f.
- Steuertarif 107 ff.
- Testament
  - allographes 41
  - eigenhändiges 39
  - Erbeinsetzung 47
  - Errichtung 37
  - gemeinschaftliches 36
  - Inhalt 47 ff.
  - notarielles 40, 50
  - Nottestament 43
  - Testierfähigkeit 37
  - Widerruf 37
- Testamentarische Erbfolge 36 ff.
- Testamentseröffnung 99
- Testamentsformen 38 ff.
- Testamentsregister 45 f.
- Testamentsverkündung 99
- Testamentsvollstreckung 56 f.
- Testierfähigkeit 37
- Untervermächtnis 49
- Verfahrensvorschriften 6
- Verfügung mit Kontoguthaben von Todes wegen 60
- Verjährung 55
- Vermächtnis 49
- Vindikationsvermächtnis 49 f., 56 f., 83
- Vorbehalt der Inventarerrichtung 69 f.
- Zeugen bei Testamentserrichtung 41, 43 f.
- Zuständigkeit des Nachlassgerichts 96 ff.
- Zuständigkeit im nichtstreitigen Verfahren 93 ff.

Portugal
- Adoptionsstatut 31 f.
- Anerkennung
  - ausländische Entscheidungen in Portugal 178 ff.
  - deutscher Erbschein 151 ff.
  - deutsches Testamentsvollstreckerzeugnis 151 ff.
- Anfechtung letztwilliger Verfügungen 86
- Annahme der Erbschaft 97 ff., 150
- Annahme unter Vorbehalt des Inventars 103
- Anwachsung 44, 109
- Auflagen 73
- Ausschlagung der Erbschaft 100 ff.
- Bedingung 73
- Bilaterale Abkommen 8
- Cabeça-de-casal 105 f.
- Doppelbesteuerungsabkommen 203 ff.
- Ehegattenerbrecht 46 f.
- Ehegüterstatut 26
- Ehevertrag 21, 70, 127

- Ehewirkungsstatut 27
- Erbeneigenschaft
  - Nachweis 131 ff.
- Erbenfeststellungsverfahren
  - gerichtliches 145 ff.
  - notarielles 136 ff.
- Erbfähigkeit 40, 52 f.
- Erbfolge
  - gesetzliche 44 f.
  - testamentarische 49 ff.
- Erbfolgeordnungen 44 f.
- Erbschaftsteuer 184, 186
- Erbschaftsteuervermeidung
  - Wohnsitzverlegung nach Portugal 207 f.
- Erbschein 151 ff.
- Erbstatut
  - Abgrenzung zum Adoptionsstatut 31 f.
  - Abgrenzung zum Ehegüterstatut 26
  - Abgrenzung zum Ehewirkungsstatut 27
  - Abgrenzung zum Scheidungsstatut 28
  - Abgrenzung zum Schenkungsstatut 29 f.
  - Anwendungsbereich 9 ff.
  - Bestimmung aus deutscher Sicht 33 ff.
  - EU-ErbVO 9
- Erbteilung 107 ff.
  - einverständliche 156 f.
  - notarielles/gerichtliches Verfahren 158 ff.
- Erbunwürdigkeit 41 ff.
- Erbverfahren 113 ff.
- Erbvertrag 21 ff., 38, 69 ff.
- Erbverwalter 105 f.
- Erbverzicht 104
- Erbwalter 162, 195 ff.
- Errichtungsstatut 10
- Ersatzerbe 75 f.
- EU-ErbVO
  - Erbstatut 9
  - Erbvertrag 22, 38
  - Geltungsbereich 6
  - gemeinschaftliches Testament 36 f., 68
  - gewöhnlicher Aufenthalt 7, 18 f.
  - Rechtswahl 7, 12
  - Zuständigkeit der Gerichte 174
- Europäisches Nachlasszeugnis 23, 140, 154
- Fideikommissarische Substitution 78
- Form letztwilliger Verfügungen (IPR) 14 ff.
- Gemeinschaftliches Testament 20, 35 ff., 63 ff.
- Gerichtssprache 175
- Gewöhnlicher Aufenthalt 7, 18 f.
- Haager Testamentsformübereinkommen 14
- Herabsetzungsklage 88, 95 f.
- Hinterlegung von Testamenten 131 ff.
- Interlokale Rechtsspaltung 5
- Internationale Zuständigkeit portugiesischer Gerichte 172 ff.
- Internationales Testament 62, 128 ff.
- Inventarisierung des Erbes 103, 159
- Mehrstaater 2
- Meldung des Erbfalls 113 ff.
- Miterben 105 f., 155 ff.
- Nacherbe 81
- Nachlasseinheit 3
- Nachweis der Erbeneigenschaft 131 ff.
- Notarkostenvorschuss 164
- Noterbrecht
  - Begriff 87
  - disponible Quote 94
  - Folgen der Überschreitung 95 f.

- Höhe des Noterbteils 92 f.
- Noterbberechtigte 91
- Rechtsnatur 88 ff.
- Öffentliches Testament 59
- Ordre public 24 f.
- Personalstatut 2, 10 f., 20
- Rechtsbescheinigung 141
- Rechtswahl
  - EU-ErbVO 7, 12
- Rom IV-Verordnung 6
- Rückverweisung 4
- Ruhende Erbschaft 97, 101, 146
- Sachnormverweisung 4
- Scheidungsstatut 28
- Schenkungsstatut 29 f.
- Sprache 50, 175
- Staat
  - Erbrecht 48
- Staatenloser 2
- Staatsangehörigkeitsprinzip 2
- Stempelsteuer
  - Abwicklung 195 ff.
  - als Nachlasssteuer 206
  - Befreiung 192 f.
  - Bewertung 188 ff.
  - Festsetzungsfrist 198
  - steuerpflichtige Vorgänge 186 ff.
  - Steuerschuldner 195
  - Tarif 194
  - Verjährung 202
- Sterbemitteilung 117
- Steueranrechnung 203 ff.
- Steuerpflicht 186 f.
- Testament
  - Anfechtung 86
  - eigenhändiges 54, 56, 121
  - Errichtung 49
  - gemeinschaftliches 20, 35 ff., 63 ff.
  - Hinterlegung 131 ff.
  - im Ausland errichtetes 60 f., 120
  - Inhalt 72 ff.
  - internationales 62, 128 ff.
  - öffentliches Testament 59
  - Sonderformen 55
  - Sprache 50
  - verschlossenes Testament 56 ff., 128 ff.
  - Widerruf 85
- Testamentseröffnung 119 ff.
- Testamentsformen 54 f.
- Testamentsregister 118, 122 ff.
- Testamentsvollstreckerzeugnis 151 f.
- Testamentsvollstreckung 110 ff.
- Testierfähigkeit 51
- Universalsukzession 39
- Vermächtnis 82 ff.
- Verschlossenes Testament 56 ff., 128 ff.
- Vindikationslegat 82
- Vor- und Nacherbschaft 78 ff.
- Vorbehalt des Inventars 103
- Vorerbe 80
- Washingtoner UNIDROIT-Übereinkommen 15, 62, 119
- Weiterverweisung 4
- Widerruf des Testaments 85
- Wohnsitz 17
- Zuständigkeit
  - internationale Z. portugiesischer Gerichte 172 ff.

Progressionsvorbehalt 7 112

Q

Qualifikation 1 55 ff., 3 1 ff.
- adoptionsrechtliche 3 48, 51
- Doppelqualifikation 3 86
- erbrechtliche 3 86
- Erbschaftskauf 4 83
- Erbvertrag 4 28
- güterrechtliche 3 87 ff.
- scheidungsrechtliche 3 27
- Testament, gemeinschaftliches 4 55
- Umqualifizierung Vermögen 7 22
- von § 1371 Abs. 1 BGB 3 85 ff.

R

Rechtsspaltung 2 129 ff.
- interlokale 1 64, 2 84, 130, 135 ff.
- interpersonale 2 84, 131, 157 ff.
- Renvoi 2 151 ff.

Rechtswahl 1 27, 2 74 ff.
- Änderung 2 94 ff.
- antizipierte 2 114 ff.
- Ausdrücklichkeit 2 89 ff.
- Ausübung, manipulative 5 29
- Bedeutung 2 74 ff.
- Bestandsschutz 2 114 ff.
- Bindungswirkung 2 100 ff.
- dynamische 2 83
- Erbschaftsteuerrecht 7 81
- Erbvertrag 4 38
- Errichtungsstatut 2 104 ff.
- Fiktion 2 118 ff.
- Form 2 103
- Güterrecht 3 63 f.
- IPR, ausländisches 2 109 ff.
- Möglichkeiten, weitergehende 2 104 ff.
- Rechtsordnungen, wählbare 2 79 ff.
- Sachnormverweisung 2 88
- Sonderprobleme 2 123 ff.
- Übergangsrecht 1 47 ff., 2 114 ff.
- Versteinerungsklausel 2 87
- Widerruf 2 95 ff.
- Wirksamkeit, materielle 2 89 ff.

Rückverweisung/renvoi 1 62 ff., 2 43 ff.
- auf Recht Mitgliedstaat, anderes 2 54 ff.
- Ausnahmen 2 51 ff.
- einfache 2 43 ff.
- gespaltene 2 58 ff.
- Güterrecht 3 63 f., 66
- mittelbare 2 72
- Qualifikationsrückverweisung 2 62
- Rechtsspaltung 2 151 ff.

Rumänien
- Annahme der Erbschaft 35 ff.
- Ausschlagung der Erbschaft 40 ff.
- Codul Civil Nou 4
- Ehegüterrecht 11
- Erbengemeinschaft 42 f.
- Erbvertrag 21
- Formmängel
  - Testament 17
- Gemeinschaftliches Testament 18
- Gesetzliches Erbrecht
  - Ehegatten 9 ff.
  - Verwandte 5 ff.
- Internationales Erbrecht 1 ff.

- Nacherbfolge 25 f.
- Nachlassverfahren 46 ff.
- Pflichtteilsrecht 30 ff.
- Pflichtteilsverzicht 34
- Teilungsanordnung 27
- Testament
  - Formmängel 17
- Testamentarische Erbfolge 13 ff.
- Testamentsformen
  - holographes Testament 13
  - Nottestament 16
  - öffentliches Testament 14
  - verschlossenes Testament 15
- Testamentsvollstreckung 28 f.
- Testamentswiderruf 19 ff.
- Vermächtnis 22 ff.

Russische Föderation
- Ausschlagung der Erbschaft 66 ff.
  - Frist 69
  - Notar 71
- Bankeinlagen
  - testamentarische Verfügung 37
- Ehegattenerbrecht 24
- Erbeinsetzung 41
- Erben
  - testamentarische 39 f.
- Erbfolge
  - gesetzliche 11
- Erbrecht des Staates 25
- Erbschaft
  - Ausschlagung 66 ff.
- Erbschaftsannahme 59 ff.
  - Antrag 60
  - Frist 62 f.
- Erbschaftsteuer 85
- Erbscheinerteilung 76
- Erbstatut 2, 6 ff.
- Erbunwürdigkeit 13
- Errungenschaftsgemeinschaft 24
- Gesetzliche Erbfolge 11 ff.
- Kategorien von Erben 18 ff.
- Nachlass
  - Aufteilung 77 ff.
  - Vorrechte 78
- Nachlassabwicklung 56 ff.
  - Erbfall 56
- Nachlassgegenstand 80 ff.
  - Aktien 82
  - Gesellschaftsanteile 81
  - Unterhaltsleistungen 84
  - Unternehmen 83
- Nachlasssicherung 72 ff.
- Nachlassverfahren
  - Zuständigkeit 57 f.
- Nottestament 36
- Pflichtteilsrecht 51 ff.
- Rechtsgrundlage 1
- Rechtswahl 4 f.
- Repräsentationsprinzip 12
- Testament
  - Änderung 38
  - Auflagen 42 ff.
  - Bankeinlagen 37
  - Bedingung 42 ff.
  - geschlossenes 32
  - gleichgestelltes 33 ff.
  - notariell beurkundetes 31

- Widerruf 38
- Testamentarische Erbfolge 26
- Testamentserrichtung 27 f.
- Testamentsform 10
- Testamentsgeheimnis 30
- Testamentsinhalt 39 ff.
- Testamentsvollstreckung 46 ff.
- Unterhaltsleistungen
  - des Erblassers 21 ff.
  - Nachlassgegenstand 84
- Unternehmen
  - Nachlassgegenstand 83
- Vermächtnis 41
- Wohnsitz 3

S

Sachenstatut 3 103 ff. *siehe auch* Belegenheitsrecht
- Anpassung Institute, erbrechtliche an - 5 34 ff.
- Ehegattennießbrauch 3 114 ff.
- Europäisches Nachlasszeugnis (ENZ) 6 13 f.
- Herabsetzungsurteil 3 117 ff.
- Teilungsanordnung 3 107
- Trust 3 110 ff.
- Vindikationslage 3 106 ff.

Sachnormverweisung 4 17

San Marino
- Ehegattenerbrecht 5
- EU-ErbVO 1
- Gesetzliche Erbfolge 3 ff.
- Internationales Erbrecht 1 f.
- Pflichtteilsrecht 7
- Testamentarische Erbfolge 6 f.

Schenkung
- Europäisches Nachlasszeugnis (ENZ) 6 15
- Schenkungsstatut 4 77
- von Todes wegen 4 77 ff.

Schweden
- Adoptivkind 56
- Allgemeiner Erbschaftsfonds 18, 72
- Änderung des Testaments 92
- Anerkennung von Entscheidungen 35, 38
- Anfechtung des Testaments 110 ff.
- Aufenthalt 3
- Auslegung des Testaments 25, 102
- Bewertung des Vermögens 141 ff.
- Disponible Quote 115
- Doppelbesteuerungsabkommen 196 ff.
- Ehegattenerbrecht 57 ff.
- Ehegüterstand 146 f.
- Ehevertrag
  - Regelungsinhalt 144
- Eingetragene Partnerschaft 67
- Erbanspruch
  - Verjährung 169 ff.
- Erbauseinandersetzung 149 ff., 183 ff.
- Erbberechtigung 12, 14
- Erbeneigenschaft 74 ff.
- Erbenhaftung 32, 157 ff.
- Erbschaftsteuer 194 f.
- Erbschein 148
- Erbstatut
  - internordische Erbregelungen 43 ff.
  - IPR 1 ff.
- Erbvertrag
  - internordische Erbregelungen 53

- IPR 11
  - Regelungsinhalt 99 ff.
- Errichtungsstatut 19
- EU-ErbVO 3
- Europäisches Nachlasszeugnis 125
- Fiskuserbrecht 18, 72 f.
- Formwirksamkeit des Testaments 21 ff.
- Gemeinsames Testament 95 ff.
- Gerichtszuständigkeit 5
- Gesetzliche Erbfolge
  - eingetragene Partnerschaft 67
  - Klassen 56 ff.
  - Rechtsgrundlage 54
  - unverheirateter Erblasser 66
  - Verwandtenerbrecht 68 ff.
  - Voraussetzungen 55
- Grundbetragsregelung 65
- Güterstand 146 f.
- Güterteilung 61
- Gütertrennung 144
- Haftung der Erben
  - IPR 32, 157, 159
  - Voraussetzungen 158, 160
- Hinterlegung 42
- Interkorporationstheorie 17
- Internordische Erbregelungen 43 ff.
- Kinder des Erblassers 56
- Lebenspartnerschaft
  - Nachlassbehandlung 156
- Lebensversicherung 179 ff.
- Nachlass
  - Beteiligte 127 ff.
  - Ehegüterstand 146
  - Erbschein 148
  - Lebenspartnerschaft 156
  - Rechtsnatur 126
  - Teilung 149 ff.
  - Vermögensbewertung 141 ff.
- Nachlassabwicklung (IPR) 27 ff.
- Nachlasseinheit 2
- Nachlassverfahren 132 ff.
- Nachlassverwalter
  - Aufgaben 136
  - Bestellung 37, 135
- Nachlassverzeichnis 133, 137 ff.
- Nottestament 91
- Ordre-public-Verstoß 13
- Pensionssparen 182
- Pflichtteilsergänzungsanspruch 120
- Pflichtteilsrecht
  - disponible Quote 115
  - Geltendmachung 118
  - Pflichtteilsberechtigte 115 ff.
  - Pflichtteilshöhe 114
- Prozesskostenhilfe 41
- Rechtswahl 26
- Rückverweisung 4
- Sicherheitsleistung 42
- Staat, Erbrecht 18, 72 f.
- Staatenloser 10
- Staatsangehörigkeit 2, 6, 9
- Stiftung
  - Steuerfreiheit 83
- Testament
  - Anfechtung 110 ff.
  - Auslegung 25, 102
  - Doppelstaatsangehörigkeit 23
  - Errichtung 84
- Errichtungsstatut 19
- Form 87 ff.
- Formgültigkeit 21 f.
  - gemeinsames 95 ff.
  - internordische Erbregelungen 46 ff.
- IPR 19 ff.
- Nottestament 91
- Widerruf 93
- Testamentsänderung 92
- Testamentsnehmer 83
- Testamentsvollstrecker 134
- Testierfähigkeit 15, 19, 81 f.
- Testiervertrag 85
- Todeserklärung 75
- Universeller Testamentserbe (Alleinerbe) 103
- Verjährung des Erbanspruchs 169 ff.
- Vermächtnis
  - Auslegung 103
  - Erfüllung 104 f., 149 f.
  - Vermächtnisnehmer 103
- Vermögensbewertung 141 ff.
- Verwandtenerbrecht 68 ff.
- Verwirkung des Erbrechts 16, 52, 79 f.
- Vollstreckung von Entscheidungen 39 f.
- Vorausempfang
  - Anrechnung 161 ff.
- Vorempfang 117
- Weiterverweisung 4
- Wertsicherungsregelung 65
- Widerruf des Testaments 93
- Wohnsitz 3, 6
- Zeuge bei Testamentserrichtung 88 ff.
- Zuständigkeit schwedischer Gerichte 33 f., 190

Schweiz
- Adoption 28 f.
- Amtliche Liquidation 116 f.
- Anknüpfung von Vorfragen 30
- Auflage 89 f.
- Ausgleichungspflicht 69 f.
- Ausländer
  - Rechtswahl 18
- Bäuerliches Bodenrecht 156 ff.
- Compte-joint 130
- Deutscher Erblasser
  - letzter Wohnsitz in der Schweiz 38 ff.
  - letzter Wohnsitz in Deutschland 47 ff.
- Doppelbesteuerungsabkommen 204 ff.
  - mit Deutschland 205 ff.
- Ehegatte
  - Güterrecht 24 ff., 134 ff.
- Ehegattenerbrecht 65
- Ehegattengesellschaft 147 ff.
- Eheliches Güterrecht 134 ff.
- Eingetragene Partnerschaft 65
  - Güterrecht 24 ff.
  - Vermögens-/Güterrecht 151 f.
- Einkommens- bzw. Gewinnsteuer 210
- Erbeinsetzung 83
- Erbengemeinschaft 118 ff.
  - freie Erbteilung 120
  - Teilungsanspruch 119
  - Teilungsvertrag 122
  - Teilungsvorschriften 120
- Erbenruf 175
- Erbenschein 179 ff.
  - internationales Recht 182 f.
  - Zuständigkeit 181

- Erbenvertreter 103
- Erbrecht
  - adoptiertes Kind 67
  - außereheliches Kind 68
  - Ehegatte 65
  - eingetragene Partnerschaft 65
- Erbschaft
  - Ausschlagung 111 f.
  - Erwerb 109 f.
- Erbschafts- und Schenkungssteuer
  - kantonale Regelungen 186 ff.
- Erbschaftsinventar 169 ff.
- Erbschaftsklage 184
- Erbschaftssteuer
  - Gegenstand 191
  - Konzeption 189
- Erbschaftsverwalter 103
- Erbschaftsverwaltung 172 ff.
- Erbstatut 12 ff.
  - Abgrenzung zu Eröffnungsstatut 12 f.
  - Bestimmung aus Schweizer Sicht 1
  - Wohnsitz 17 f.
- Erbteilungsklage 184
- Erbverfahrensrecht 162 ff.
- Erbverpfründung 77
- Erbvertrag 76 f.
  - einseitige Aufhebung 76
  - Form 80
- Erbvorbezüge 69
- Eröffnungsstatut 15
- Errungenschaftsbeteiligung 135, 138 f.
  - Modifikation 143 ff.
- EU-ErbVO 1 f.
- Formwirksamkeit 20 ff.
- Freiwillige Gerichtsbarkeit 164 ff.
- Gesellschaftsrecht
  - Aktiengesellschaft 155
- Gesetzliche Erbfolge 60 ff.
- Gewillkürte Erbfolge 71 ff.
- Grundstückgewinnsteuer 209
- Grundstückserwerb durch Ausländer 153
- Gütergemeinschaft 140 f.
- Güterrecht 24 ff.
  - eheliches 134 ff.
- Gütertrennung 142
  - Modifikation 146
- Haager Testamentsübereinkommen 20
- Haftungsbeschränkung 113 ff.
  - amtliche Liquidation 116 f.
  - öffentliches Inventar 113 ff.
- Handänderungssteuer 212
- Herabsetzungsklage 99, 184
- Internationales Privatrecht 1 ff.
- Kindesverhältnis 27
- Lebensversicherung 127
- Legat 84 ff.
  - Typen 85
- Nacherbeneinsetzung auf den Überrest 88
- Nacherbschaft 87 f.
- Nachlassregelung
  - außerhalb des Erbrechts 125 ff.
- Öffentliches Inventar 113 ff.
- ordre public 32 ff.
- Parentelensystem 62 ff.
- Personengesellschaft
  - Nachfolge- und Abfindungsklauseln 131
- Pflichtteil
  - Berechnung 94 f.
  - Durchsetzung 98 ff.
  - Entzug 93
  - Herabsetzungsklage 99 f.
  - Verzicht 101 f.
- Pflichtteilsrecht 91 ff.
  - gebundene Quote 91
  - verfügbare Quote 94 ff.
- Rechtswahl
  - für Ausländer 18
- Renvoi 31
- Schenkung auf den Todesfall 126
- Schenkungssteuer
  - Gegenstand 192 f.
- Schiedsgerichtsbarkeit 159 ff.
- Schweizer Erblasser
  - letzter Wohnsitz in der Schweiz 50 ff.
  - letzter Wohnsitz in Deutschland 55 ff.
- Sicherungsmaßregeln 164 ff.
  - Erbenruf 175
  - Erbenschein *siehe* Erbenschein
  - Erbschaftsverwaltung 172 ff.
  - Inventar 169 ff.
  - Siegelung 168
  - Zuständigkeit 165 ff.
- Steuerbefreiungen 197 ff.
- Steuerbemessung 200
- Steuerpflicht
  - internationales Verhältnis 202 ff.
  - subjektive 194 ff.
- Steuertarif 201
- Testament 75
  - eigenhändiges 79
  - Einlieferungspflicht 177
  - Formzwang 79
  - mündliches 79
  - öffentliches 79
  - Ungültigkeitsklage 75
- Testamentsform 20
- Testamentsvollstrecker 103 ff.
- Trust 132
- Ungültigkeitsklage 75, 81, 184
- Verfügung von Todes wegen
  - Eröffnung 178
- Verfügungsfähigkeit 23
- Vermächtnis 84 ff.
- Vermächtnisklage 184
- Vermögenssteuer 211
- Verwandtenerbrecht 62 ff.
- Vollmacht
  - postmortale 129
  - transmortale 128
- Vorfragen 30
- Willensvollstrecker 103 ff.
  - Aufgaben 106 ff.
  - Beginn/Ende 104 f.
  - behördliche Aufsicht 108
  - Einsetzung 103
- Wohnsitz 5 ff.
  - Abgrenzung vom gewöhnlichen Aufenthalt gem. EU-ErbVO 6
  - Begriff 5
- Wohnsitzzuständigkeit 7 ff.
  - Ausnahmen 8 ff.
- Zentrales Testamentsregister 78

Serbien
- Ausschlagung 26
- Ehegattenerbrecht 7 ff.

- Erbengemeinschaft 27
- Erbschaftsteuer 29 ff.
- Erbvertrag 19
- Ersatzerbe 11
- Gemeinschaftliches Testament 21
- Gesetzliche Erbfolge 6 ff.
- Haager Testamentsformübereinkommen 5
- Internationales Erbrecht 4 f.
- Konsularisches Testament 16
- Leibrentenvertrag 20
- Nachlassverfahren 28
- Nottestament 17
- Öffentliches Testament 16
- Pflichtteil
  - Berechnung 24
  - Quote 23
  - Verzicht 25
- Pflichtteilsrecht 22 ff.
- Rechtliche Situation 1 f.
- Testament
  - Auflage 10
  - gemeinschaftliches 21
  - konsularisches 16
  - öffentliches 16
  - relative Unwirksamkeit 18
- Testamentarische Erbfolge 10 ff.
- Testamentsformen 15 ff.
- Testamentsvollstreckung 13
- Testierfähigkeit 5, 14
- Verfügungsverbot 12
- Vor- und Nacherbfolge 11
- Vorweggenommene Erbfolge 19
- Wojwodina 3

Serbien: Provinz Kosovo
- Ausschlagung 15
- Ehegattenerbrecht 5 ff.
- Erbschaftsteuer 17
- Gemeinschaftliches Testament 8
- Gesetzliche Erbfolge 4
- Internationales Erbrecht 1 ff.
- Pflichtteilsrecht 13 f.
- Testamentarische Erbfolge 8
- Testamentsformen 9

Singularsukzession 6 11 ff.

Slowakei
- Allographes Testament 45 f.
  - einfaches 47 f.
  - qualifiziertes 49 ff.
- Annahme der Erbschaft 96, 96
- Ausländer
  - als Erbe 114
- Ausschlagung der Erbschaft 97 ff., 97 ff.
- Bestattungskosten 107, 109
- Erbauseinandersetzungsverfahren 102 ff.
- Erbeinsetzung 28 ff.
- Erbengemeinschaft 102 ff.
- Erbenhaftung 107 ff.
  - Staat 113
- Erbfolge
  - gesetzliche 12 ff.
  - vertragliche 95
- Erblasserwille 32
- Erbschaft
  - Schuldentilgung 110
- Erbstatut 2 f.
- Erbverfahrensrecht 115 ff.

- Ersatzerbe 36
- EU-ErbVO 1
- Gesetzliche Erbfolge
  - Adoption 16
  - Ehegatte 17
  - Geschwister 23 f.
  - Großeltern 26
  - Repräsentationsprinzip 24
  - Vaterschaft 15
- Haftung
  - der Erben 107 ff.
- Holographes Testament 43 f.
- Internationales Privatrecht 1
- Materielles Erbrecht 12 ff.
- Nachlassabwicklung 6 f., 96 ff.
- Nachlasskonkurs 111 f.
- Nachlassverfahren 115 ff.
  - ausländische Entscheidungen 129
  - Bescheinigung über die Erbschaft 128
  - Einleitung 118 f.
  - Einstellung 121
  - Hauptverfahren 122 ff.
  - Verfahrensbeteiligte 117
  - Vorverfahren/Vorermittlung 120
- Notarielle Verwahrung 69 ff.
- Notarielles Protokoll 57 ff., 68 ff.
- Notarielles Testament 57 ff.
- Notarielles Zentralregister der Testamente 67
  - Auskunftspflicht 76
- Parentelensystem 12 ff.
- Pflichtteilsergänzung 88 ff.
- Pflichtteilsrecht 77 ff.
  - berechtigte Personen 77 ff.
  - Durchsetzung 93 f.
  - Enterbung 86 f.
  - Erbunwürdigkeit 82 ff.
  - minderjähriger Abkömmling 78
  - Schenkung 88 ff.
  - Umfang 77 ff.
  - volljähriger Abkömmling 78
- Schenkung
  - Anrechnung auf den Pflichtteil 88 ff.
- Staatserbrecht 27
- Testament
  - allographes 45 f.
  - Aufhebung 63 f.
  - Geldbetrag 39
  - holographes 43 f.
  - notarielles 57 ff.
  - notarielles Zentralregister 67
- Testamentarische Erbfolge 28 ff.
  - Besonderheiten 4
- Testamentsform 33 ff.
- Testamentsformen 42 ff.
- Testierfähigkeit 30 f.
- Verfügung von Todes wegen 69 ff.
  - im Ausland errichtet 74 f.
- Vertragliche Erbfolge 95

Slowenien
- Adoption 7
- Altenteilsvertrag 62
- Annahme der Erbschaft 65
- Anrechnung auf den gesetzlichen Erbteil 25 ff.
- Ausgedinge 62
- Ausschlagung der Erbschaft 59, 66 f.
- Ausschlagung des Vermächtnisses 68
- Aussonderung aus dem Erblasservermögen 23

- Bio-medizinische Befruchtung 8
- Damnationslegat 48
- Ehegatte 7
  - Erhöhung des Erbteils 18
- Ehegattenerbrecht 10
- Eltern 16 f.
- Enterbung 34
- Erbengemeinschaft 75 ff.
- Erbenhaftung 69 ff.
- Erbfähigkeit 5
- Erbfolge
  - gesetzliche 6 ff.
  - gewillkürte 36 ff.
  - Parentelen 6 ff.
- Erblasservermögen
  - Aussonderung 23
- Erbschaft
  - Annahme 65
  - Ausschlagung 66 f.
- Erbschaftsteuer 86 ff.
- Erbstatut 2
- Erbunwürdigkeit 5
- Erbvertrag 58
- Erbverzicht 59
- Erhöhung des Erbteils 11
- Ersatzerbe 47
- EU-ErbVO 1
- Gerichtszuständigkeit 3
- Gesetzliche Erbfolge 6 ff.
- Gewillkürte Erbfolge 36 ff.
- Gleichgeschlechtliche Partnerschaft 15
- Großeltern 19
- Haager Testamentsformübereinkommen 2
- Haftung der Erben 69 ff.
- Haushaltsgegenstände 12
- Internationales Privatrecht 2
- Kinder
  - gesetzliche Erbfolge 7
- Land- und Forstwirtschaft 21
- Lebensgemeinschaft
  - nichteheliche 13
- Lebenslanger Unterhalt 61
- Legat 48
- Nachlasserwerb 64 ff.
- Nachlassverfahren 79 ff.
  - Ablauf 80 ff.
  - Nachlassabhandlung 82
  - Notar 85
  - Todesfallaufnahme 81
  - Zuständigkeit 79
- Nichteheliche Lebensgemeinschaft 13
- Parentelen 6 ff.
- Partnerschaft
  - gleichgeschechtliche 15
  - registrierte 14
- Pflichtteil
  - Berechnung 31
  - Berechtigte 29
  - Entzug 34 f.
  - Höhe 30
  - Verzicht 33
- Pflichtteilsrecht 28 ff.
- Registrierte Partnerschaft 14
- Schenkung
  - Anrechnung auf den Erbteil 25 ff.
- Schenkungsvertrag auf den Todesfall 63
- Sozialhilfe 22
- Staatserbrecht 20

- Steuerrecht 86 ff.
- Stiftung
  - unselbständige 50
- Testament
  - Anfechtung 37
  - Auflage 51
  - Auslegung 54
  - außerordentliches 44
  - Bedingung/Frist 52
  - eigenhändiges 38
  - fremdhändiges 39
  - gerichtliches 40
  - Inhalt 47 ff.
  - internationales 43
  - mündliches 45 f.
  - notarielles 42
  - Ungültigkeit 36
  - Verwahrung 55
  - Widerruf 57
  - zentralesTestamentsregister 56
  - Zeugen 41
- Testamentsformen 37 ff.
- Testamentsvollstrecker 53
- Testierfähigkeit 36
- Übergabevertrag 60
- Uneheliche Kinder
  - gesetzliche Erbfolge 7
- Universalsukzession 47
- Unselbständige Stiftung 50
- Vermächtnis 48
  - Anrechnung auf den Erbteil 25 ff.
  - Ausschlagung 68
- Zentrales Testamentsregister 56

Sonderregime 2 160 ff.
- Immobilien/Unternehmen 2 161 ff.
- personal representative 2 165 f.

Spanien
- Adoptionsstatut 44 f.
- Anerkennung
  - ausländische Entscheidungen in Spanien 215 f.
  - deutscher Erbschein 200 f.
  - deutsches Testamentsvollstreckerzeugnis 202
  - spanisches Erbzeugnis 223 f.
  - spanisches Testamentsvollstreckerzeugnis 225
- Annahme der Erbschaft 137 ff., 197 ff.
- Annahme der Erbschaft unter Vorbehalt der Inventarerrichtung 143 f.
- Anrechnung, Doppelbesteuerung 295 ff.
- Aragón 22, 24, 53, 160 ff.
- Asturien 53
- Auflagen 123
- Ausschlagung der Erbschaft 141 f.
- Autonomías
  - Erbschaft- und Schenkungsteuer 241 ff.
- Balearen 24, 53 f., 163 ff.
- Baseler Übereinkommen 19
- Baskenland 53 f., 168 ff.
- Besteuerung der Erbfolge 237 ff.
- Disponible Quote 132
- Doppelbesteuerungsabkommen 238, 295 ff.
- Ehegattenerbrecht 89 ff.
- Ehegattenerbrecht (IPR) 73 f.
- Ehewirkungsstatut 12 f., 39 f.
- Eigenrechtserbschein 218, 231 f.
- Erbauseinandersetzung 153 f.

- Erbeneigenschaft
  - Nachweis 191 ff.
- Erbengemeinschaft 152
- Erbfähigkeit 84 f.
- Erbfolge
  - gesetzliche 88
  - testamentarische 97 ff.
- Erbfolgeordnung nach Linien 88
- Erbrecht des Staates 96
- Erbsatzerbe 117
- Erbschaftsteuer
  - Abgabefrist Steuererklärung 288
  - Anknüpfung 259
  - Anrechnung Doppelbesteuerung 295 ff.
  - Autonomías 241 ff.
  - Doppelbesteuerungsabkommen 238, 295 ff.
  - Fälligkeit 283
  - Freibetrag 277 ff.
  - Geltungsbereich 260 f.
  - Hinzurechnungstatbestände 262 ff.
  - Informationspflichten 292
  - Multiplikationskoeffizienten 276
  - Personalsteuer 258
  - Reform 244 ff.
  - Steuererklärung 289 f.
  - Steuerklassen 273
  - Steuerpflicht 252 ff., 272
  - Steuersatz 274 f.
  - Steuervertreter 293 f.
  - Teilsteuererklärung 291
  - Veranlagung 267 ff., 289 f.
  - Verjährung 284 f.
  - Verkehrswert 259
  - zuständiges Finanzamt 286 f.
- Erbschein
  - Anerkennung deutscher Erbschein 200 f.
  - Eigenrechtserbschein 218, 231 f.
  - Fremdrechtserbschein 218, 227 f.
  - gegenständlich beschränkt 227 f.
  - und Legalnießbrauch 233
  - und Noterbrechte 234 f.
  - und Vidikationslegat 236
- Erbstatut
  - Abgrenzung zu Adoptionsstatut 44 f.
  - Abgrenzung zu Ehewirkungsstatut 39 f.
  - Abgrenzung zu Güterstatut 37 f.
  - Abgrenzung zu Scheidungsstatut 42
  - Abgrenzung zu Schenkungsstatut 43
  - Abgrenzung zu Statut der Lebensgemeinschaften 41
  - Abgrenzung zu Vollmachtsstatut 46 ff.
  - Anknüpfung an vecindad civil 57 ff., 65 ff.
  - Anwendungsbereich 11 ff.
  - Bestimmung aus deutscher Sicht 75 ff.
  - Bestimmung aus spanischer Sicht 7 ff.
- Erbstellvertretung 87 f.
- Erbteilung
  - einverständliche 203
  - Grundbuchumschreibung bei Alleinerben 204
  - streitiges Verfahren 205 f.
- Erbunwürdigkeit 86 f.
- Erbverfahrensrecht 181 ff.
- Erbvertrag
  - Bestimmung des Erbstatuts aus deutscher Sicht 79 ff.
  - und EU-ErbVO 30 ff.
  - Verbot 24 ff., 114 f.
- Ersatzerbe 116
- EU-ErbVO
  - Anwendungsbereich 6
  - Domizilprinzip 1, 50
  - Ehegattenerbrecht 95
  - Erbverfahrensrecht 181 ff.
  - Erbvertrag 30 ff.
  - gemeinschaftliches Testament 33
  - Verhältnis zum interregionalen Privatrecht Spaniens 55 f.
- Europäisches Nachlasszeugnis 182
- Fälligkeit der Erbschaftsteuer 283
- Fideikommissarische Substitution 121
- Finanzamt 286 f.
- Foralrechte 50 ff., 158 f.
- Foralrechtsgebiete 158 ff.
- Form letztwilliger Verfügungen (IPR) 18 f.
- Fremdrechtserbschein 218, 227 f.
- Galicien 22, 53, 171 ff.
- Gebietszugehörigkeit (vecindad civil) 57 ff., 65 ff.
- Gemeinschaftliches Testament
  - Bestimmung des Erbstatuts aus deutscher Sicht 77 f.
  - und EU-ErbVO 33
  - Verbot 22 f., 112 f.
- Gesamtrechtsnachfolge 83
- Gewöhnlicher Aufenthalt (EU-ErbVO) 1, 50
- Grundbucheintragung 204
- Güterstatut 12 ff., 37 f.
- Haager Testamentsformübereinkommen 18, 23
- Inlandsvermögen 252
- Internationale Zuständigkeit 181, 207 ff., 219
- Interregionaler Normenkonflikt 50 ff.
- Inventarerrichtung
  - Annahme der Erbschaft unter Vorbehalt der 143 f.
- Katalonien 24, 53, 176
- Kollisionsrecht, interregionales 3, 54 ff.
- Lebensgemeinschaften, Statut 41
- Legalnießbrauch
  - Erbschein 233
- Legítima 36, 127 f., 234 f.
- Mallorca 166
- Mehrrechtsstaat 2
- Mehrstaater 208, 219
- Menorca 167
- Murcia 53
- Nacherbe 120 f.
- Nachlasseinheit 9 f., 76, 190, 218
- Nachlassgericht 208
- Nachlassspaltung 76, 218
- Nachlassteiler 146
- Nachlassverfahren
  - Anwendung ausländischen Rechts 211 ff.
  - Beerbung eines spanischen Erblassers 217 ff.
  - vorzulegende Urkunden etc. 210
- Nachlassverwalter 148
- Nachweis der Erbeneigenschaft
  - gerichtliches Verfahren 195 f.
  - notarielles Verfahren 192 ff.
- Navarra 22, 24, 53, 177 ff.
- Nießbrauchsrecht 233
- Notar 181, 183
- Noterbrecht
  - disponible Quote 132
  - Erbschein 234 f.
  - Erbstatut 126
  - Folgen der Überschreitung 133 ff.
  - Höhe 130 f.
  - Noterbberechtigung 129 f.
  - Rechtsnatur 127 f.
- Ordre public 34 ff.
- Personalstatut 11

- Pflichtteilsrecht
  - ordre public 36
- Pflichtteilsrecht des Ehegatten (IPR) 73 f.
- Rechtswahl 8, 65 ff.
- Repräsentationsprinzip 88
- Rückverweisung 10
- Scheidungsstatut 42
- Schenkung von Todes wegen 155 ff.
- Schenkungsstatut 43
- Staat, Erbrecht 96
- Staatsangehörigkeitsprinzip 9
- Sterbeurkunde 198, 204, 210
- Steuerfreibetrag 277 ff.
- Steuerklassen 273
- Steuerpflicht
  - Begünstigter 272
  - beschränkte 252 f.
  - unbeschränkte 254 f.
- Steuersatz 274 f.
- Steuervertreter 293 f.
- Teilrechtsordnung 3, 6, 8, 50 ff., 56, 65 ff.
- Teilungsklage 154
- Teilungsversteigerung 154
- Testament
  - eigenhändiges 100 f., 185 f.
  - Eröffnung eines T. eines Deutschen in Spanien 189 f.
  - Form (IPR) 18 f.
  - im Ausland errichtetes 111
  - öffentliches 102 ff., 187
  - verschlossenes 105 ff., 188
  - Verwahrung 110
  - Widerruf 125
- Testamentseröffnung 185 ff.
- Testamentsformen 99
- Testamentsvollstrecker 145 ff.
- Testamentsvollstreckerzeugnis
  - Anerkennung deutsches 202
  - Anerkennung spanisches 225
  - gegenständlich beschränktes 150
- Testierfähigkeit 97 f.
- Universalsukzession 83
- vecindad civil
  - Anknüpfung des Erbstatuts 57, 58 f.
  - Auslandsspanier und Rechtswahl 65 ff.
  - und ausländischer Staatsangehöriger 70 ff.
- Verjährung der Erbschaftsteuer 284 f.
- Vermächtnis 122 ff.
- Vertragsstatut 48
- Vindikationslegat 122, 236
- Vollmachtsstatut 46 ff.
- Vor- und Nacherbschaft 118 ff.
- Vorbehalt der Inventarerrichtung 143 f.
- Vorerbe 119
- Weiterverweisung 10
- Wertzuwachssteuer 298
- Widerruf testamentarischer Verfügungen 125
- Wohnsitz
  - deutscher Erblasser mit W. in Spanien 20 f.
- Zuständigkeit
  - internationale 181, 207 ff., 219
  - örtliche 209

Staatenloser 2 85

Subsidiaritätsgrundsatz 6 36

Substitution 3 90

T
Tarifbegünstigung 7 106
Teilungsanordnung 3 107, 7 75 ff.
Territorialitätsprinzip 7 57
Testament, einseitiges 4 1 ff.
- Anknüpfungsleiter 4 4
- Bindungswirkung 4 9 ff.
- Errichtungsstatut 4 1 ff.
- Erschwerung Widerruf 4 11
- Formwirksamkeit 4 12 ff.
- mündliche 4 13
- Regelungsbereich Errichtungsstatut 4 6 ff.
- Registrierung 4 22 ff.
- Testamentsformübereinkommen 4 12 ff.
- Washingtoner Abkommen 4 19 ff.

Testament, gemeinschaftliches 4 46 ff.
- Bindungswirkung 4 64 ff.
- Errichtungsstatut 4 64
- Erschwerung Widerruf 4 64
- EU-ErbVO 4 46 ff.
- Formwirksamkeit 4 67 f.
- Wechselbezüglichkeit Verfügungen 4 62 ff.
- Zulässigkeit 4 53 ff.

Trust 3 110 ff.

Tschechien
- Anerkennung deutscher Erbscheine 153
- Annahme der Erbschaft 119 f.
- Anrechnung auf den Erb- und Pflichtteil 95 ff.
- Aufenthalt 5
- Aufgabe des Erbrechts zugunsten eines Miterben 124 f.
- Auflage 35, 69, 124
- Auseinandersetzung der Erbengemeinschaft 126 ff.
- Auseinandersetzungsvereinbarung 125 ff.
- Auskunft aus dem Testamentsregister 86
- Ausschlagung der Erbschaft 121 ff.
- Beerdigungskosten 130
- Besteuerung der Erbfolge 154
- Bilaterale Abkommen 6
- Eigenhändiges Testament 73
- Eingetragener Lebenspartner
  - gesetzliche Erbfolge 14, 19 f.
- Einsichtnahme in Register 139
- Einstellung des Nachlassverfahrens 140 f.
- Enterbung 98 f.
- Erbeinsetzung 37 ff.
- Erben, mehrere 40
- Erbengemeinschaft 126 ff.
- Erbfolge
  - gesetzliche 13 ff.
  - testamentarische 34, 36 f.
  - vorweggenommene 117
- Erbrecht des Staates 33
- Erbschaftsteuer 154
- Erbschein
  - Anerkennung deutscher Erbscheine 153
- Erbstatut 5 ff., 12
- Erbteilveräußerung 124
- Erbunwürdigkeit 98
  - Ehegatte 21
- Erbvertrag
  - als zulässige Verfügung von Todes wegen 34, 110
  - Besonderheiten bei Ehegatten 115 f.
  - Umfang der Bindungswirkung 112
  - Verfügungen zu Lebzeiten 113 f.
  - Voraussetzungen und Form 111

wird ohne Rücksicht darauf, ob das französische Recht ursprüngliches oder neues Güterrechtsstatut ist, keine gerichtliche Genehmigung nach Art. 1397 C.C. mehr verlangt.[11]

12 Haben Ehegatten keine Rechtswahl getroffen, so kann sich das Güterrechtsstatut während der Ehe auch **automatisch ändern.** Gemäß Art. 7 Abs. 2 HGA wird statt des vorher aufgrund der bei Eheschließung bestehenden Umstände anwendbaren Rechts das Recht am gemeinsamen gewöhnlichen Aufenthaltsort anwendbar, wenn die Ehegatten nach Eheschließung ihren gewöhnlichen Aufenthalt in ihren gemeinsamen Heimatstaat verlegen (Nr. 1), wenn sie nach Eheschließung zehn Jahre gemeinsam in einem Land gelebt haben (Nr. 2) oder wenn sie im Fall des Art. 4 Abs. 2 Nr. 3 HGA einen gemeinsamen Aufenthaltsort erstmals begründen. Der Wandel des Güterrechtsstatuts wirkt vorbehaltlich einer anderen Erklärung durch die Ehegatten (Art. 8 Abs. 2 HGA) gem. Art. 8 Abs. 1 HGA nur *ex nunc*. Die Ehegatten können die automatische Wandelung des Güterrechtsstatuts durch eine gemeinsame Erklärung verhindern.

13 Das HGA bestimmt nicht ausdrücklich den **Anwendungsbereich** des Güterrechtsstatuts. In Art. 1 HGA ist nur negativ geregelt, dass Unterhaltsansprüche, das Erbrecht des überlebenden Ehegatten und die Geschäftsfähigkeit der Ehegatten nicht erfasst sind. Für die Geschäftsfähigkeit gilt also wie nach bisherigem französischen Internationalen Privatrecht das Personalstatut. Auch im Übrigen ist der Anwendungsbereich des Güterrechtsstatuts nach den vor Inkrafttreten des HGA geltenden Regelungen zu ermitteln.

dd) Qualifikation von § 1371 BGB

14 Interessant ist in diesem Zusammenhang die französische Sicht zu § 1371 Abs. 1 BGB. Die wohl überwiegende französische Auffassung will § 1371 Abs. 1 BGB erbrechtlich qualifizieren, so dass die Vorschrift bei Geltung französischen Erbrechts nicht anwendbar ist. Es soll aber ggf. in jedem Fall nach dem anwendbaren deutschen Güterrecht ein rechnerischer Zugewinnausgleich durchzuführen sein, ohne dass eine Erbausschlagung des längerlebenden Ehegatten erforderlich ist.[12] Auch das französische Recht kennt als Güterstand die Teilhabe am Zugewinn (*participation aux aquêts*), allerdings keine § 1371 Abs. 1 BGB vergleichbare Vorschrift; der Zugewinnausgleich wird im Todesfall nach den allgemeinen Regeln abgewickelt.

ee) Besonderheiten bei avantages matrimoniaux

15 Die Wirksamkeit der Vereinbarung von *avantages matrimoniaux* (siehe hierzu Rn 161 ff.) richtet sich nach bisher h.M. in Frankreich nach dem Güterrechtsstatut und nicht nach dem Erbstatut.[13] Dies korrespondiert mit der in Art. 1527 Abs. 1 C.C. für das materielle Recht getroffenen Einordnung, dass *avantages matrimoniaux* keine *donations*, sondern Regelungen über die Auseinandersetzung des ehelichen Gesamtgutes darstellen. Nach französischem Internationalen Privatrecht gelten damit für die Ermittlung der Wirksamkeit der Vereinbarung von *avantages matrimoniaux* die allgemein für Eheverträge geltenden Regeln. Eine Sonderanknüpfung gilt aber für die Frage, nach welchem Recht zu ermitteln ist, ob Noterben bzw. Pflichtteilsberechtigte eine Verletzung ihrer Rechte bei der Vereinbarung von *avantages matrimoniaux* geltend machen können. Art. 1527 Abs. 2 C.C. ist erbrechtlich

---

11 *Loussouarn/Bourel/de Vareilles-Sommières*, Droit international privé, Rn 621; *Revillard*, Droit international privé et européen, Rn 486 m.w.N.
12 *Revillard*, Droit international privé et européen, Rn 984 m.w.N.
13 *Revillard*, Droit international privé et européen, Rn 982; weitere Nachweise bei *Döbereiner*, Ehe- und Erbverträge im deutsch-französischen Rechtsverkehr, S. 273 f.

- Erbverzicht 103 ff.
- Ersatzerbe 32, 44
- Erwerb des Erblassers 32
- Gemeinschaftliches Testament 11, 71
- Geschlechtskommunion 137 f, 142
- Gesetzliche Erbfolge
  - Abkömmlinge der Neffen/Nichten 32
  - Ehegatte 14, 19 ff.
  - eingetragener Lebenspartner 14, 19 ff.
  - Eltern des Erblassers 23 f.
  - Erbunwürdigkeit 21
  - geschiedener Ehegatte 27
  - Geschwister des Erblassers 28 f.
  - Großeltern 30
  - Hofe 14, 20
  - im gemeinsamen Haushalt lebende Personen 25 f., 28
  - Kinder 15, 17
  - Pflegekinder 16, 25, 27
  - Staat 31
  - Stiefkinder 16, 27
  - Urgroßeltern 31
  - Volljährigenadoption 15
  - Wirkung des Todes 18
- Hauptverfahren 142 ff.
- Hinterlegung des Testaments 82 ff.
- Kodizill 35
- Mehrere Erben 40
- Nachlass
  - kein/geringwertiger 140 f.
- Nachlassabwicklung 119 ff.
- Nachlassliquidation 133
- Nachlassverfahren
  - Beendigung 147 ff.
  - Einsichtnahme in Register 139
  - Einstellung 140 f.
  - Ermittlung der Erben 139
  - Ermittlung des Nachlasses 139
  - Eröffnung 136
  - Gebühren 152
  - Hauptverfahren 142 ff
  - Informationspflicht nach Verfahrensabschluss 148
  - Mitteilung vom Todesfall 136
  - Rechtsgrundlagen 133
  - Streit über Erbensteilung 145
  - Streit über Nachlassvermögen 146
  - Verfahrensbeteiligte 137
  - Vorverfahren 138 f.
  - Zuständigkeit 136
- Nachlassverhandlung 143
- Nachlassverwalter
  - Bestellung und Aufgaben 61 ff.
  - Testamentsregister 81
- Nachlassverzeichnis
  - Vorbehalt der Erstellung des N. zur Haftungsbeschränkung 130 ff.
- Nachvermächtnisnehmer 52
- Notarielles Testament
  - Errichtung 76
  - Hinterlegung 82
  - Rückgabe an Erblasser 79
- Nottestament 77
- Pflegekinder
  - gesetzliche Erbfolge 16, 25, 27
- Pflichtteilsrecht
  - Abgeltungsvereinbarung 94
  - Anrechnung auf den Erbteil 97
  - Anrechnung auf den Pflichtteil 96

- Berechnung des Pflichtteils 91 f
- Enterbung 98 f.
- Fälligkeit des Pflichtteilsanspruchs 97
- Höhe des Pflichtteils 89 f.
- Pflichtteilsberechtigte Personen 87, 89
- Stundung 98 ff.
- Pflichtteilsverzicht 103 ff.
- Rechtsnatur 88
- Versorgungsrechte bestimmter Personen 107 ff.
- Rechtswahl 8
- Rückverweisung 9
- Staatsangehörigkeit 5
- Stiefkinder
  - gesetzliche Erbfolge 16, 27
- Teilungsanordnung 40
- Testament
  - eigenhändiges 73
  - Einschluss 74
  - Errichtung 71
  - Hinterlegung 82 ff.
  - im Ausland errichtetes 83
  - in anderer Schriftform als eigenhändig geschrieben 74 f.
  - notarielles 76, 79, 82
  - Nottestament 77
  - Vor- und Nacherbschaft 44 ff.
  - Widerruf 78 f
- Testamentarische Erbfolge 34, 36 f.
- Testamentsform 11, 71
- Testamentsregister
  - Auskunftsrecht 86
  - Eintragung von im Ausland errichteten Testamenten 85
  - eintragungsfähige Urkunden 80 f.
- Testamentsvollstrecker
  - Bestellung und Aufgaben 59 f.
  - Testamentsregister 81
- Testierfähigkeit 10
- Transmortale Vollmacht 118
- Untervermächtnis 51
- Verfügungen von Todes wegen
  - Formen 34 f.
  - Inhalt 36
- Vermächtnis 35, 40, 50 ff.
- Volljährigenadoption
  - gesetzliche Erbfolge 15
- Vor- und Nacherbschaft 44 ff.
- Vorausvermächtnis 51
- Vorverfahren 138 f.
- Vorweggenommene Erbfolge 117
- Weiterverweisung 9
- Widerruf des Testaments 78 f.
- Zeuge bei Testamentserrichtung 71, 74 f.
- Zuständigkeit im Nachlassverfahren 135 f.

Türkei
- Abkömmlinge 19
- Adoptivkinder 20
- Amtliche Liquidation 95 ff.
- Annahme der Erbschaft 91 ff.
- Anullierung
  - Erbschein 110
- Auflagen 54
- Ausschlagung der Erbschaft 91 ff.
  - Form 93

– Vorschlag 86
– Widerruf des Testaments 50 ff.
– Widerspruch gegen Erbschein 110
– Wohnrecht 24

U

Übergangsrecht 1 30 ff.
– Anwendungsstichtag 1 34 ff.
– Bestandsschutz 2 114 ff.
– Erbnachweis 6 46 ff.
– Güterrecht 3 67 ff.
– Rechtswahl 1 47 ff., 2 114 ff.
– Verfügungen von Todes wegen vor 17.8.2015 1 38 ff.

Ukraine
– Annahme der Erbschaft 16
– Auflagen 13
– Besteuerung 18
– Erbeinsetzung 13
– Erbschein 17
– Erbvertrag 12
– Formwirksamkeit des Testaments 4
– Gemeinschaftliches Testament 11
– Gesetzliche Erbfolge 6 ff.
– Internationales Erbrecht 1
– Pflichtteilsrecht 15
– Sachnormverweisung 5
– Testamentarische Erbfolge 10 ff.
– Testamentsformen 10
– Testamentsvollstrecker 14
– Vermächtnis 13

Umdeutung 4 32

Ungarn
– Abkömmlinge
  – gesetzliches Erbrecht 32
  – Pflichtteilsrecht 138
– Adoption 50 ff.
– Anerkennung deutscher Erbscheine 237
– Anrechnung
  – Pflichtteilsrecht 146
– Auflage 69
– Ausgleichung 61 ff.
– Ausschlagung der Erbschaft 128 ff.
– Ausschluss von der Erbfolge 112 ff.
– Bankguthaben 178, 189
– Doppelbesteuerungsabkommen 250
– Ehegatten
  – Ausfall wegen Auflösung der Lebensgemeinschaft 133 f.
  – gesetzliches Erbrecht 33 ff.
  – Gütergemeinschaft 38 ff.
  – Nießbrauch 57
  – Pflichtteilsrecht 141 ff.
  – Scheidung 43
– Eltern
  – gesetzliche Erbfolge 47 ff.
  – Pflichtteilsrecht 139 f.
– Elternstamm 47
– Enterbung 112 ff.
– Erbanfall 184
– Erbausgleich 61 ff.
– Erbenhaftung 183
– Erbrecht des Staates 30
– Erbschaftsklage 234, 238
– Erbschaftsteuer
  – Doppelbesteuerungsabkommen 250

– Erbvertrag 244
– Nießbrauch 249
– Steuerfreiheit 245 ff.
– Steuerpflicht 250
– Steuersatz 240 f.
– Erbschein
  – Anerkennung deutscher Erbscheine 237
  – Funktion 185
  – Nachlassübergabe ohne Verhandlung 221 ff.
  – Rechtsmittel 233
– Erbstatut 13 ff.
– Erbunwürdigkeit 107 ff.
– Erbvertrag 70, 162 ff., 244
– Erbverzicht 165 ff.
– Erwartete (erhoffte) Erbschaft 170 ff.
– Erwerbsbeschränkungen für ausländische Erben 23 ff.
– EU-ErbVO 2 ff., 22
– Europäisches Nachlasszeugnis (ENZ) 2 ff.
– Fiskuserbrecht 30
– Gemeinsame Notlage 105
– Gemeinschaftliches Testament 70, 90 ff.
– Gerichtsverfahren 238
– Gesetzliche Erbfolge 30 ff.
– Gewöhnlicher Aufenthalt 14
– Großelternstamm 47
– Gütergemeinschaft 38 ff.
– Gütertrennung 41
– Haager Erbrechtsübereinkommen 1
– Haftung des Erben 183
– Internationale Zuständigkeit 19
– Ladung zur Nachlassverhandlung 210 ff.
– Landwirtschaftlicher Grund und Boden 23 ff.
– Mehrstaater 14
– Nacherbschaft 67, 97, 135
– Nachlasseinheit 12
– Nachlassgläubiger 179 f.
– Nachlassteilung 229
– Nachlassübergabe
  – aufgrund Verhandlung 227 ff.
  – ohne Verhandlung 221 ff.
– Nachlassübergabebeschluss 185
– Nachlassverbindlichkeiten 181 ff.
– Nachlassverfahren
  – im Inland belegener Nachlass deutscher Staatsangehöriger 191 ff.
  – Rechtsmittel 233 ff.
  – Sicherungsmaßnahmen 199 ff.
  – Vertretung 218 ff.
  – Wiederholung 235 f.
  – Zuständigkeit der Gemeinde 195
  – Zuständigkeit des Notars 185, 205 f.
– Nachlassverhandlung
  – Ladung 210 ff.
  – Notar 207 ff.
  – Sprache 227
  – Vorbereitung 207 ff.
– Nachlassverzeichnis 186 ff., 196 ff.
– Nachvermächtnis 103
– Nichteheliche Lebenspartner 58 ff.
– Nießbrauch
  – beschränkter 141, 144
  – Ehegattenerbrecht 34, 57
  – Erbschaftsteuer 249
– Notar
  – Zuständigkeit im Nachlassverfahren 205 f.
– Nottestament 85 ff.
– Ordre public 18
– Österreichischer Erblasser 20 ff.

- Personalstatut 14
- Pflichtteilsrecht
  - Abkömmlinge 138
  - Anrechnung 146
  - Bemessungsgrundlage 137, 145 f.
  - Ehegatten 141 ff.
  - Eltern 139 f.
  - Fälligkeit des Anspruchs 152
  - Herausgabe des Pflichtteils 147 ff.
  - Pflichtteilberechtigung 136
  - Rechtsnachfolge 153
  - Verjährung des Anspruchs 150
  - Verzicht 151
- Privattestament 75
- Rechtsmittel im Nachlassverfahren 233 ff.
- Renvoi 17
- Rückfallerbfolge 28, 46, 53 ff., 215
- Sachwalter 202
- Scheidung 43
- Schenkung von Todes wegen 174 ff.
- Sicherungsmaßnahmen 199 ff.
- Staatsangehörigkeit 14, 204
- Staatsvertrag 11
- Testament
  - allographes 76 ff.
  - gemeinschaftliches 70, 90 ff.
  - hinterlegtes 84
  - holographes 83
  - mündliches 85 ff.
  - öffentliches 71 ff.
  - Privattestament 75
- Testamentsvollstreckung 154 ff.
- Testametarische Erbfolge 65 ff.
- Testierfähigkeit 65
- Testierfreiheit 66
- Unvollständiger Stamm 49
- Urgroßelternstamm 48
- Verfügung über eine erwartete Erbschaft 170 ff.
- Vermächtnis 68
- Vertretung im Nachlassverfahren 218 ff.
- Vorerbschaft 98 f., 135
- Wegfall aus der Erbfolge 104 ff.
- Weiterverweisung 17
- Wiederholung des Nachlassverfahrens 235 f.
- Wohnsitz des Erblassers 14
- Wohnung der Ehegatten 34
- Zuständigkeit
  - Nachlassverfahren 185
- Zustellungsbevollmächtigter 217

Unteranknüpfung 2 129 ff.

Unterhaltsansprüche 3 95 ff.

V

Verfügung, nachlassbezogene 4 1 ff.
- Erbschaftskauf 4 83 f.
- Erbvertrag 4 26 ff.
- Erbverzicht 4 69 ff.
- mündliche 4 13
- Schenkung von Todes wegen 4 77 ff.
- Testament, einseitiges 4 1 ff.
- Testament, gemeinschaftliches 4 46 ff.
- Vermächtnis 4 81
- Vertrag zu Gunsten Dritter 4 82

Vermächtnis 4 81
- Erbschaftsteuerrecht 7 79 ff.
- Europäisches Nachlasszeugnis (ENZ) 6 13 f.

Versorgungsfreibetrag 7 101 ff.

Versteinerungsklausel 2 87

Vertrag zu Gunsten Dritter 4 82

Viertel, güterrechtliches 6 8 ff.

Vindikationslage 3 106 ff.

Völkerrecht 7 1 f.

W

Washingtoner Abkommen 4 19 ff.

Weißrussland/Republik Belarus
- Adoptivkinder 12
- Belegenheitsrecht 6
- Ehegattenerbrecht 12
- Erbanfall 28
- Erbeintritt 1
- Erbfähigkeit 3
- Erbfolgenwahl 3
- Erbordnung 11 ff.
  - Adoptivkinder 12
  - Ehegattenerbrecht 12
  - Erben dritter Ordnung 15
  - Erben erster Ordnung 12 f.
  - Erben vierter Ordnung 16
  - Erben zweiter Ordnung 14
  - nachfolgende Erbordnungen 17
  - nichteheliche Kinder 12
  - Sondererben 18
- Erbschaftsteuer 30
- Erbschein 29
- Gesetzliche Erbfolge 10 ff.
  - Erbordnung 11 ff.
- Grundstücke
  - eingeschränkte Vererbbarkeit 5
- Immobiliarsachen
  - Belegenheitsrecht 6
- Internationales Erbrecht 6 ff.
- Nachlassabwicklung 29
- Nachlassschutz 27
- Nachlassverwaltung 27
- Nichteheliche Kinder 12
- Pflichtteilsrecht 25 f.
- Rechtswahl 8
- Sondererben 18
- Testament
  - Änderung 24
  - Form 22
  - Widerruf 24
- Testierfähigkeit 21
- Testierfreiheit 19 f.
- Wohnsitzrecht 7

Weiterverweisung 1 62 ff.
- auf Recht Drittstaat 2 67 ff.
- Güterrecht 3 63 f., 66

Widerruf
- Europäisches Nachlasszeugnis (ENZ) 6 42 ff.
- Testament, einseitiges 4 11
- Testament, gemeinschaftliches 4 64

Wohnsitz 7 43 ff.

Z

Zuständigkeit 1 22
- Europäisches Nachlasszeugnis (ENZ) 6 26 ff.

Zypern (Nord)
- Erbschaftsteuer 9 f.
- Gesetzliche Erbfolge 5
- Internationales Erbrecht 4
- Pflichtteilsrecht 8
- Testamentarische Erbfolge 7

Zypern (Republik Zypern)
- Ehegattenerbrecht 6
- Erbschaftsteuer 15
- EU-ErbVO 2 f.
- Gesetzliche Erbfolge 4
- Internationales Erbrecht 1
- Nachlassabwicklung 13 f.
- Pflichtteilsrecht 10 ff.
- Testamentarische Erbfolge 7 ff.
- Trust 9, 12

MIT RECHT: SPANIEN

Unser Verlagsprogramm ist auch unser Anwaltsprogramm

Unsere Sachkompetenz als bedeutende deutsch-spanische Wirtschaftskanzleien wird belegt durch mehr als 40-jährige Erfahrung sowie unsere auflagenstarken Fachbücher. Sie finden uns in Deutschland und in Spanien.

Aus dem Verlagsprogramm
- Grundeigentum in Spanien
- Wohnungseigentum und Urbanisationen in Spanien
- Firma in Spanien
- Ausländer in Spanien

Löber & Steinmetz
Partnerschaft von Rechtsanwälten

Kanzlei Frankfurt/Main
Tel.: +49.69.962211-23
Fax: +49.69.962211-11
E-Mail: info@loeber-steinmetz.de

Kanzlei Köln
Tel.: +49.221.55405518
Fax: +49.221.540545
E-Mail: r.garcia@loeber-steinmetz.de

Loeber & Lozano, S.L.P.
Rechtsanwälte und Abogados

Kanzlei Valencia
Tel.: +34.963.287793
Fax: +34.963.287794
E-Mail: info@loeberlozano.com

Kanzlei Denia
Tel.: +34.965.782754
Fax: +34.965.785364
E-Mail: denia@loeberlozano.com

„... vorzügliche Darstellung."*

2. Auflage 2015
Mit Ausführungsgesetz

Die neue EU-Erbrechtsverordnung
Einführung in die neue Rechtslage
Prof. Dr. Jutta Müller-Lukoschek
2. Auflage 2015,
ca. 400 Seiten, kartoniert,
ca. 49,– €
ISBN: 978-3-95661-028-8

Besprechung zur 1. Auflage ZErb 1/2014:

„Die Europäische Erbrechtsverordnung ist bereits am 4. Juli 2012 vom Rat verabschiedet worden. Sie stellt das internationale Erbrecht in Deutschland am 16. August 2015 auf völlig neue Beine. Die Umstellung auf die Anknüpfung an den gewöhnlichen Aufenthalt führt dazu, dass die meisten bisherigen „Auslandsfälle" nun plötzlich Inlandserbrechtsfälle sind, und in manchen bislang harmlosen Konstellationen für deutsche Erblasser plötzlich ausländisches Erbrecht zur Anwendung steht. Dem zerb Verlag verdanken wir, dass es jetzt endlich auch eine einführende Monografie zu dieser Verordnung gibt. (...)

Das Buch ist an den Bedürfnissen des Rechtsanwenders ausgerichtet. *Die Darstellung ist stets klar verständlich, anschaulich und übersichtlich.* Müller-Lukoschek stellt der Neuregelung durch die Erbrechtsverordnung stets die aktuelle Situation nach den Regeln des EGBGB gegenüber, sodass der Leser die bevorstehenden Änderungen deutlich erkennt. *Die praktischen Auswirkungen der Neuregelung stehen im Vordergrund.* Dies gilt insbesondere für die Rechtsanwendungsregeln, die in der Nachlassplanung schon heute zu berücksichtigen sind. (...)

Müller-Lukoschek ist es gelungen, *eine verständliche Einführung in die neue Rechtslage zu schreiben.* Diese kann vor allem solchen Kollegen empfohlen werden, denen die Mechanismen des IPR bislang noch nicht geläufig waren. Ihnen verschafft die Lektüre einen *direkten Einstieg in die neue Erbrechtsverordnung.* Zum gegenwärtigen Zeitpunkt ist die Einführung von Frau Prof. Müller-Lukoschek *praktisch alternativlos.* Und das alles gibt es zu einem *unschlagbar günstigen Preis.*

Dr. Rembert Süß; Rechtsanwalt, Würzburg

Besprechung zur 1. Auflage ZEV 10/2013:

„Insgesamt handelt es sich bei dem Buch von Jutta Müller-Lukoschek um eine *vorzügliche Darstellung, die an Aktualität und Informationsdichte ihresgleichen sucht. Der positive Gesamteindruck wird durch die gute Ausstattung, das handliche Format und – nicht zuletzt – durch den günstigen Preis abgerundet. Dem Werk ist daher eine weite Verbreitung zu wünschen."

Dr. Thomas Wachter, Notar, München

zerb verlag
Fachverlag für die Erbrechtspraxis

Bestellen Sie über Ihre Fachbuchhandlung, im Internet unter **www.zerb.de** oder direkt beim zerb verlag, Rochusstraße 2–4, 53123 Bonn, Tel.: 0228/91911-50, Fax: 0228/91911-59

3. Auflage 2015

„Es gibt kein vergleichbares Werk am Markt..."*

Auf der beiliegenden CD-ROM finden sich umfangreiche ergänzende Informationen und Materialien, wie z.B. Muster von Satzungen, Anteilsübertragung und Handelsregisteranmeldungen, nützliche Adressen und weiterführende Internet-Links sowie umfassende Materialien zu zahlreichen weiteren Ländern.

Pressestimmen zur Vorauflage:

NJW 7/2012: „... Für den grenzüberschreitend beratenden Praktiker ist das Handbuch eine unentbehrliche Informationsquelle."
Notar a. D. Dr. Sebastian Spiegelberger, Rosenheim

DNotI-Report 21/2011: „... Das Werk ist weiterhin in seiner Zusammenstellung einzigartig. Da deutsche Notare heute vielfach in unterschiedlichen Konstellationen mit ausländischen Kapitalgesellschaften konfrontiert werden, kann das Werk uneingeschränkt zur Anschaffung empfohlen werden."
Notarassessor Stefan Heinze

GmbH-Report 7/2012: „... Das Handbuch des internationalen GmbH-Rechts ermöglicht eine schnelle und ausführliche Orientierung hinsichtlich der rechtlichen Rahmenbedingungen für die Gründung und Tätigkeit einer GmbH im Ausland. Es ist daher den bei international agierenden Unternehmen tätigen Syndikusanwälten sowie Rechts- und Unternehmensberatern sehr zu empfehlen."
Dr. Roman Jordans, LLM (NZ), Banksyndikus sowie Rechtsanwalt und Fachanwalt für Bank- und Kapitalmarktrecht Aachen

Süß/Wachter
Handbuch des internationalen GmbH-Rechts

3. Auflage 2015,
ca. 2.200 Seiten, gebunden,
inkl. CD-ROM, ca. 189,– €
ISBN 978-3-95661-032-5

Aus dem Inhalt:
- Grundlagen des internationalen Gesellschafts- und Steuerrechts
- Zweigniederlassungen von EU-Auslandsgesellschaften im deutschen Handelsregister
- Schnittstellen zwischen internationalem Gesellschafts- und Insolvenzrecht
- Sitzverlegung und Verschmelzung
- Grenzüberschreitende Unternehmensverträge
- Europäische Privatgesellschaft
- Ausführliche Berichte zum GmbH-Recht in 45 Ländern (neu aufgenommen wurden Chile, Indien und Pakistan)

Bestellen Sie über Ihre Fachbuchhandlung, im Internet unter **www.zerb.de** oder direkt beim zerb verlag, Rochusstraße 2–4, 53123 Bonn, Tel.: 0228/91911-50, Fax: 0228/91911-59